Difficult Litigation Cases' Judgment Essences and References in Motor Vehicle and Traffic Acidents

# 机动车与交通事故疑难案件裁判要点与依据

（第四版）

陈枝辉　编著

——— 上册 ———

## 图书在版编目（CIP）数据

机动车与交通事故疑难案件裁判要点与依据：上下册 / 陈枝辉编著. -- 4 版. -- 北京：法律出版社，2024. -- ISBN 978-7-5197-9580-1

Ⅰ. D922.145

中国国家版本馆 CIP 数据核字第 2024VJ1795 号

| 机动车与交通事故疑难案件裁判要点与依据（第四版）（上下册） JIDONGCHE YU JIAOTONG SHIGU YI'NAN ANJIAN CAIPAN YAODIAN YU YIJU（DI-SI BAN）（SHANG XIA CE） | 陈枝辉 编著 | 策划编辑 孙　慧　余群化 责任编辑 孙　慧　余群化 装帧设计 李　瞻 |

出版发行　法律出版社　　　　　　　　　　开本　787 毫米×1092 毫米　1/16
编辑统筹　司法实务出版分社　　　　　　　印张　132　　字数　2515 千
责任校对　王晓萍　李慧艳　　　　　　　　版本　2024 年 12 月第 4 版
责任印制　胡晓雅　　　　　　　　　　　　印次　2024 年 12 月第 1 次印刷
经　　销　新华书店　　　　　　　　　　　印刷　三河市兴达印务有限公司

地址：北京市丰台区莲花池西里 7 号（100073）
网址：www.lawpress.com.cn　　　　　　　　销售电话：010-83938349
投稿邮箱：info@lawpress.com.cn　　　　　　客服电话：010-83938350
举报盗版邮箱：jbwq@lawpress.com.cn　　　　咨询电话：010-63939796
版权所有·侵权必究

书号：ISBN 978-7-5197-9580-1　　　　　　　定价（上下册）：408.00 元

凡购买本社图书，如有印装错误，我社负责退换。电话：010-83938349

# 第四版修订说明

距离第三版修订已过去三年。此次修订,主要对交通事故纠纷领域相关规范性文件尤其是地方司法性文件做了一些更新或补遗,同时,对附录部分的损害赔偿标准做了相应更新。

行政法规方面,由于国务院《道路运输条例》2023年7月20日第五次修订并实施,各省地方法规亦做了相应修订,江苏、安徽、云南、西藏等省、自治区的道路交通安全条例做了相应更新。

地方司法性文件方面,更新了河南高院《关于机动车交通事故责任纠纷案件审理中疑难问题的解答》(2024年5月)、北京高院、北京市劳动人事争议仲裁委《关于印发〈北京市高级人民法院、北京市劳动人事争议仲裁委员会关于审理劳动争议案件解答(一)〉的通知》(京高法发〔2024〕534号 2024年4月30日)、山东高院审监二庭《关于审理机动车交通事故责任纠纷案件若干问题的解答(一)》(2024年4月)、广东高院《关于审理机动车交通事故责任纠纷案件的指引》(粤高法发〔2024〕3号 2024年1月31日),补遗了安徽亳州中院《关于审理道路交通事故损害赔偿案件的裁判指引(试行)》(2020年4月1日)、安徽黄山中院《关于印发〈审理道路交通事故损害赔偿纠纷案件相关事项的会议纪要(试行)〉的通知》(2019年9月2日 黄中法〔2019〕82号)、陕西榆林中院《人身损害赔偿标准调研座谈会会议纪要》(2018年1月3日)等十余份文件。

废止的地方司法性文件方面,主要有:上海市《机动车道路交通事故赔偿责任若干规定》(2005年4月1日,2021年1月1日起废止);广东高院、省公安厅《关于处理道路交通事故案件若干具体问题的通知》(1996年7月13日 粤高法发〔1996〕15号,2021年1月1日起被粤高法〔2020〕132号文废止);江苏高院、省公安厅《关于处理交通事故损害赔偿案件有关问题的指导意见》(2005年9月1日 苏高法〔2005〕282号,2020年12月31日被苏高法〔2020〕291号文废止)等。

附录部分的损害赔偿标准方面,本次修订对原有的2021年及后续2022年至2024年标准,结合各省份新出炉统计数据做了相应更新。笔者在收集和考证这些数据时,发现其中丧葬费赔偿标准之"上一年度职工平均工资"在各地司法实践中,存在一些理解和处理上的差异。

平均工资的统计和发布方面,一般由各省、自治区、直辖市统计局发布,各地叫法不一。主要表述就是"职工平均工资""城镇非私营单位就业人员年平均工资""从业人员年平均工资""在岗职工平均工资"等。2019年3月26日,国务院常务会议将以往非私营单位平均工资与私营单位平均工资进行加权计算,于是有了"全口径城镇单位就业人员年平均工资"概念。自此以后,原由人社局、统计局联合发布本地区职工平均工资的做法,变成了人社局发布全口径工资、统计局发布城镇私营单位与非私营单位就业人员平均工资两项统计数据。

全口径数据方面,原本是基于核定调低社保缴费基数考虑,但部分法院同时以"全口径城镇单位就业人员年平均工资"作为计算人身损害赔偿中丧葬费的依据;在绝大部分的其他省、市、自治区,还是按"城镇非私营单位就业人员年平均工资"或"城镇非私营单位在岗职工平均工资"来作为计算丧葬费的依据。此一实务中参差不齐的做法,牵涉对相关人身损害赔偿法律及司法解释规定之"上一年度职工平均工资"理解,有必要由最高人民法院以司法解释或指导案例的方式进行统一。

本次修订,自起稿至付梓,延宕一年有余。一方面,在于正缪订讹,工程繁剧;另一方面,在于力图搜抉靡遗,尤其2024年最新赔偿数据,基本上在7月中旬各省市数据全部出来,因是重梓之期,积有时日。唯以耳目弇陋,艰于搜辑,又赋分蹇薄,矻矻成帙,不免掩卷旁皇,蕲俟同道方家不吝指正。

陈枝辉<br>
2024 年 8 月 8 日

# 修订说明

自上版2017年修订以来，与机动车和交通事故有关的大量新的司法解释或最高人民法院司法性文件及行政法规、部门规章，尤其地方司法性文件层出不穷，同时在司法实践中也出现了很多权威、典型同案类案，新型、疑难案件，加上此前几版遗漏的裁判依据，在《民法典》2021年1月1日施行之际，编者从裁判依据或参考、权威典型类案、赔偿数据等方面，对本书做了全面修订。

本书参考案例，基本上来源于权威案例刊物，且经一线裁判者精心编写、刊物编辑再次遴选、本书编者加工提炼，分专题进行归集，编者力图将20年来司法实务界相关类案个性特征及核心要旨尽可能准确、全面地传递给读者。

本书裁判依据或参考，尤其地方司法性文件，编者尽可能以原始文件为样本，修订期间，也叨扰了不少地方法院的裁判者，从而获得了大量堪为稀世珍宝的素材。每次获得一份盖着法院红印、清晰标注发文日期及文号的地方司法性文件时，其间喜悦，无异于觅回流失海外国家文物一般。尤需说明的是，《民法典》实施后，最高人民法院对大量法律法规及司法解释进行了相应梳理，导致过去长期适用、引用的法律法规及司法解释出现废止、修订情形，为使读者了解立法沿革、方便对照阅读案例，相关法律法规及司法解释如《侵权责任法》、最高人民法院《关于审理道路交通事故损害赔偿案件适用法律若干问题的解释》等在增订新的法条内容时，编者就原有条文予以保留，并在法规后毗邻括号中对其效力作出相应备注或说明。特别要感谢的是，本书所引用及增删法条繁多，法律出版社责任编辑对编者在法规部分所引用条文及法规名称、时效进行了逐一核对，专业、敬业精神让编者深有感触。

本书附录的交通事故损害赔偿标准，编者力求每个数字都有准确、权威出处。尤其2020年，几乎全国开始实施城乡统一赔偿标准，考虑到各地实施日期不一样，故对该年数据做了特别分段处理，目的在于读者使用时能快速查找、便捷核对。

法律文字,死生之地,不可不慎;法律图书,犹如大厦,当具匠心。经年伏案,数载打磨,惠己助人,用心至诚,以求无愧法律同道。囿于编者绵力薄材,难免存留疵缪讹舛,蕲望后来诸君之斥正。

　　值本书修订完成,时间已迈入2021年4月底,此时大部分省份统计公报已发布,个别省份统计部门通过新闻发布会方式对部分经济运行指标进行了发布,对与人身损害赔偿标准相关的2020年度"人均可支配收入""人均消费性支出"统计数据亦部分做了披露,但2020年"在岗职工平均工资"仍只能沿用2019年标准。鉴于此种权威统计数据发布的滞后性,为求完整和准确,2021的赔偿标准及数据,部分只能留待后续修订时补充。为满足读者的需求,尤其是从事相关法律实务工作的读者,笔者会通过微信公众号"机动车与交通事故疑难案件交流群"(微信号:jtsgcl)对相关数据进行及时更新,也欢迎各位同道、同行,就本书任何数据、观点或案例提出交流、反馈或批评意见,以便下版更新、修订时加以完善。

陈枝辉<br>
2021年4月

# 面对交通事故,保持清醒头脑
# (代序)

据世界卫生组织、英国道路交通与运输研究所和中国交通工程专家段里仁的研究报告,全世界每年因交通事故死亡人数,20世纪末为50万人,21世纪已经突破了100万人;致伤人数20世纪末为1000万人,21世纪已经突破2000万人。2009年世界卫生组织发布最新全球《道路安全全球现状报告》,该报告称经178个国家统计分析,全世界每年有127万人丧生于车祸,其中2/3死亡人数,来自中国、印度、尼日利亚、美国、巴基斯坦、印度尼西亚、俄罗斯、巴西、埃及、埃塞俄比亚等十国。该报告预言,2030年全世界每年车祸死亡人数将上升到240万人!请问上帝,全球的公路到底要埋藏多少人?

作为人口大国的中国,交通事故发生数和人员死伤数,近十年来几乎稳居世界第一。据我国公安部的权威统计2001年到2011年十年间(不含港澳台地区,下同),全国共发生交通事故473.54万起,死亡95.28万人,伤236.97万人(缺2001年、2003年、2004年、2011年统计数),经济损失172亿元(缺2004年、2012年统计数)。平均每年发生交通事故接近50万起,死亡9.5万人,伤35万人,造成财产损失19亿元。2012年五一小长假,全国发生808起交通事故,死亡278人;十一大长假,全国发生交通事故6.8万起,死亡764人!

看了上述统计数据,让人十分震惊!其实,在我国对交通事故的统计,往往只限于上了台面的事故,两车小小摩擦的事故,相当多就私了了,如果加上那些鸡毛蒜皮的小事故,远远不止50万件!客观上交通事故的危害远不止这些!请看以下几组数字:A. 全世界每年有十万分之二十的人死于交通事故,我国因为人口基数大,交通死亡绝对数很大,但占总人口比率却低于世界平均水平,大约为十万分之八;B. 交通事故造成死亡人数,高居所有事故之最,几乎占到事故死亡总数的50%

以上,基本上与心脏病、癌症、恶性肺炎等严重疾病的死亡人数排在同一序列;C.青少年在交通事故中丧身的比重惊人,高达50%,是5岁至29岁青少年的主要死因;D.公路交通事故高发,约占整个交通事故总数的90%以上,公路交通是铁路交通事故的200倍,是航空、水运的350倍;E.交通事故经济损失十分严重,有统计表明,全世界每年因交通事故造成经济损失高达5000亿美元,约占同期国民生产总值1%以上,最高年份达到3%。

读了这些让人不寒而栗的惊人数据,难道你还能对交通事故无动于衷吗?难道你还质疑交通事故猛于虎吗?

顺着交通专家的思路,我也抒发一点感慨,虽然只是井蛙之见,只是一些朦朦胧胧的感受,但也令人咋舌!我认识的所有会驾驶道路交通工具的朋友不下300人,几乎没有一个人能够彻底避免交通事故发生的厄运;我工作生活圈周围的成年人,没有一个人敢言:从来没有耳闻目睹过一次交通事故!应该坦言,我没有统计数据佐证这两个不伦不类的结论,但我也敢放言:没有人可以提出有力证据来否定我的这个无须争辩的结论。作为一个学者,这样轻率地推出一个论断,看来有些可笑,但客观上我们周围天天发生的交通事故不就是"频繁+频繁"吗?!

你看看众多电影、电视导演要蹂躏演员和欺骗观众眼泪的高招,就是编设交通事故,因为只有交通事故才能如导演、编剧之意,可伤、可残、可废、可死,一次交通事故,平添多少离奇曲折。艺术是这么表现,现实就是如此残酷!

有人会问:交通事故难道就无法避免吗?回答是否定的。2012年公安部公布交通事故处罚规则,被民众称为史上最严厉的交规法,仅仅实行一个月,各地交管部门汇集的交通事故数据就明确显示,违章现象下降,交通事故下降!如果持续下去我们完全有理由相信,我国居世界第一"交通事故大国"的帽子,总有一天会被甩到太平洋去。据报载,2013年元旦期间,我国许多城市交通事故比2012年同期呈明显下降趋势,其中北京下降9.3%,天津23%,南京27%,杭州18%,大连33%。

我拿驾照也有十五年的历史了,每天小心谨慎驾驶,不敢闯灯、不敢超速、不敢压线、不敢乱停,开车从来不接电话,十多年了基本上没有被扣分罚款。尽管如此却也难免在最严厉的交规实施下不发生违规驾驶现象。2013年我随意上网查自驾车辆违章记录,大吃一惊,上一年居然被我和我的外地朋友无视交通法规屡屡违章,网上明确显示已经有扣9分罚800元的"光荣记录"在案。到车管所一查,一次超速、二次停车不当、一次违反行驶标识、一次占用专用车道。除了超速比较容易控制外,道路停车下人、停车不当等平时已经养成习惯的小小违规,要改正起来还真是不太容易,看来习惯性违规真是防不胜防呀。"网上通牒"意味着本人2013年9月底以前,必须做到一次违章也不能再发生,否则就得重考交规,激活驾照。一想到随时面临吊销驾照的命运,不免有些诚惶诚恐。公平公正地说句良心话,其实对于道路交通严管严抓真不是坏事,而是关心民众的大好事,只有通过严扣严罚,彰显交通法规的威慑力,才能切实督促驾驶人员严格遵守交通规则,谨慎驾驶,远离交通事故,实现快乐、平安驾驶。提起交通事故的危害,我也有切身感受。两年前秋天,小侄独自驾车为单位办事,在拐进郊区一个院落时,被当地农民驾驶的两轮摩托车,拦腰猛撞,行驶惯性使两轮摩托上两男一女从小汽车顶上翻过,然后三人倒在另一侧马路边上。一人无事,两人腿部骨折。从这天起,事故双方四家人,就围绕事故开始折腾。待伤员进医院治疗后,就开始了事故认定、行政处罚和民事诉讼,直到2013年春节,这起官司依然没有完全利落。

经历了这场官司,我们全家人和小侄子都深刻认识到学习交通安全政策与法律知识有多么的重要!

经历了这场事故,我有几点肤浅的收获,对交通事故的麻烦事,也大致了解了一二,在此大胆向读者表白:

首先把好事故责任认定关。事故一出就有人建议我方承担事故的全部责任,理由是我方上了汽车全险,这样可以保证事故各方的经济利益最大化。当然前提是让我方车辆保险公司承担事故全部损失。经过多方讨教和研究,我们觉得这是陷阱。于是,回绝了好心人的规劝,坚持要求依照法律规定承担我方真实的责任,因为我们更不愿意看到事故处理完后依然有后续麻烦跟着。因此,在交管部门最后认定同等责任后,我方及时提出复议,指出事故分析报告中既然明确列举了对方超载、无驾照、无牌照等五个方面违规行为,理应是严重违规,所以我方主张只能承担次要责任。当然,这次复议被法庭诉讼终止了。但是,回过头来看,当时坚持我方意见,至少让对方违章人员清醒地认识到自己在事故中的过错,以至于能够心平气和地与我们商谈赔偿事宜。

交通事故责任认定,是交通事故处理的基础和依据,责任划分清楚了,搞准了,弄对了,后面的赔偿问题,也就好办多了,保险公司也理赔痛快。因此,事故责任认定很重要,千万不能马虎。在这一过程中,至少有四点必须引起高度注意:一是弄清公安交管部门认定事故责任时适用法律条文准不准;二是弄清责任划分是依据事故本身客观公正,还是掺杂了人情、权力的干扰;三是弄清事故负全责和负部分责任不同的法律后果;四是事故当事人要勇于承担自身的违章责任,不要为保险理赔担当全责而违心揽事故责任。特别是机动车与行人发生交通事故,有保险的机动车与无保险的机动车发生交通事故,责任和理赔十分复杂,千万要三思而后行,不能被人误导而放弃原则。违心揽全责,必定后患无穷。

其次要了解赔偿范围与赔偿项目的法律规定,把好赔偿责任的划分尺度。一旦出了事故,就应该尽快了解清楚,哪些医疗费用可以列入事故赔偿的项目,哪些医疗费用是不可以列为赔偿的范围,从而在伤者提出要求之初就达成事故双方或者多方的共识,以减少今后赔偿过程的矛盾。对于事故有关人员的生活费、护理费、陪护费,哪些可以在法院诉讼中当作证据使用,哪些不行,也应了解清楚,以免时过境迁而悔之晚矣。事故当事人双方,都很有必要对于交通法规规定的赔偿范围、赔偿额度、赔偿种类等咨询清楚,甚至对以往同类事故的审判惯例都争取有个了解。

最后要认真了解保险公司的事故赔偿程序和操作细节。要搞清楚保险公司对于票据的认定与要求,对于车辆修理的地点、厂家的具体要求,医疗费用支付包括的内容,非住院医院的费用和死伤者自己或者家人未经允许自寻医师医治的费用由谁承担,死、伤者护理费、陪床费、误工费、营养费、交通费、伤残费、丧葬费等如何分担。向保险公司寻求赔偿的程序、操作方式、报告制度等细节,都是必须了解清楚的。

出了事故再来研究如何应对事故,的确是亡羊补牢之举,也是不得已而为之之举。事故当事人若是一位法律人,还勉强可以"现学现卖",大致弄个明白,不至于犯常识性的错误,能够避免不必要的麻烦。如果是一位非法律人士,靠个人能力和精力,现学现用恐怕是十有八九难以做到,更不可能做到完美无缺。

怎么办?难道就只能坐以待毙任人宰割吗?不,我们面前这位从业近十年的资深律师陈枝辉先生,抱着匡扶正义之良心,之责任,积勤劳与智慧,广泛收集交通事故典型案例,精心策划,精心编写,给社会民众提供了这部《机动车与交通事故疑难案件裁判要点与依据》专著,用法律职业人的眼光,分析和判断交通事故中的各种复杂现象和问题,熟练运用现有的法律和行业性、地方性法规,一一结合实际交通事故案例,抽绎出同类事故的共性,提纲挈领地列出法官裁判同类案件的所有裁判要点。这部案例专著,具有通俗易懂,切中要害,说理透彻,结论清晰的四大特点,任何一位公民,只要认真读一读,就能够立即从中得到有益的启示,从而从容面对交通事故,冷静思考,正确决策,合理解决,积极推进事故的妥善处理。

《机动车与交通事故疑难案件裁判要点与依据》,一共列举了100种交通事故常见的疑难现象,提出了100个法律问题,并且在每个问题的后面还归纳出每个法律问题的核心价值主题,这也是该书画龙点睛的神妙之处。该书的编排体例十分合理,引经据典非常完备,说理论法一针见血,题目设计苦费心机,实在是一部不可多得的编撰佳作。全书分为责任编、赔偿编、保险编,囊括机动车与交通事故判决、调处中的三个重要环节。其中尤以责任编内容最为充实,把事故责任认定、特殊性质车辆、特殊活动事故、特殊偿付主体、混合责任情形,作为五大类事故责任划分的情形,用50个主题案件作为裁判分析主线,同时引用了数百个类似典型案例的判决加以印证。这样一来,现实发生过的绝大多数交通事故案件的责任认定都有了可以比照之例。这既对交通行政管理人员分析判断事故责任有很大帮助,对于法官审判也具有相当的参考价值。尤其是对发生事故正面临责任划分，继而要诉讼、承担赔偿和保险理赔的事故当事人，更是雪中送炭。这正是笔者在前述中反复强调的责任认定对于交通事故整个处理的核心作用和奠基作用，马虎了这个环节，必将麻烦频繁，甚至追悔莫及。因为，个人赔偿和保险理赔，都是依据事故责任认定书而例行公事罢了。

《机动车与交通事故疑难案件裁判要点与依据》还有一个独一无二特殊之处，那就是作者把同类案件可能涉及的法律、法规、部委规章和地方性法规，甚至是个别地方的行政执法机关和司法机关的区域性规定，都能够列举出来，供使用者理论研究或实务操作时参考，所有规定大都给予了详尽的出处，既便于使用者查找，又给参考、学习者以真实可信之感。从提供法律法规的完整性和收集案例的多样性来看，陈枝辉律师的这部书，以及先前出版的有关劳动争议和房屋买卖两部疑难案例裁判要点和依据的系列图书，犹如美国汤姆森出版集团（现为汤森路透法律信息集团）蜚声海外的法律图书《钥匙码》的孪生兄弟。从陈枝辉拿出第一部《劳动争议疑难案件仲裁审判要点与依据》的初稿时，我就感到眼前一亮。这就是我带团访美后一直偏爱多年，曾企图组织力量为之编撰的——引进版中国钥匙码图书。陈枝辉以个人的刻苦和细心，使我的梦想成真。我对这位敢于创新的年轻俊才敢于编写"中国钥匙码"图书叫好！现在看来，当年我以法律出版的资深编辑，力主出版他的系列图书，是符合客观需求的。我盼望他为自己开创的"中国钥匙码"系列丛书不断增添新的筹码，为中国法律运用与实施做出更多的学术贡献。四年过去了，他已经编辑出版了三部超百万字的案例大作，真是可喜可贺，令我高兴，令我喝彩！

交通事故发生导致法律诉讼、行政处罚的发生，作为一种救济手段，也是不得已而为之。庞大的交通事故案件和令人痛心的人员死伤、财产损毁，如果不能采用积极有效的措施加以大幅度减少和强力管控打压，那么交通处罚和交通事故的调处和判决都只能是一种消极、被动的工作。面对每年几十万件道路交通事故，耳闻目睹每天被交通设备撞死撞伤几千人的悲剧，我们每一个有社会责任的公民都应该拿出时间和勇气，为减少交通事故数量和降低交通事故等级而做出一点小小的贡献。特别是手中握有方向盘的驾驶员，能不能宣誓从我做起，坚决摒弃"强行超车、加塞抢行、抢过斑马线、开车打手机、不系安全带、胡乱鸣笛、向车外乱扔乱吐"的交通陋习？作为行人我们能不能克服"无视红灯争分抢秒、马路中间乱穿行、自行车与机动车较劲"等交通陋习？至于"酒后开车、闯红灯、肇事逃逸、无证驾驶、遮挡车牌、超载超速、违法停车"等违章行车的行为，更是发生事故的罪魁祸首，我们没有任何理由不去认真防范和克服。这样保住了自己的性命，也维护了行人的安全，这也是一种责任！

世界卫生总干事陈冯富珍在2012年年底接受《卫报》记者的采访时说："交通

事故正演变成为一场发展危机!"我赞同她的看法,她的观点也十分符合我国经济发展的现状。前些年,我国各地司机考试拿本,有些太容易,马路杀手培养的太多了,可以说有驾驶陋习的人比比皆是。如果继续我行我素,总有一天事故缠身。因此,我倡导全国广大的驾驶员,好好读读陈枝辉律师这本书,学会处理交通事故的方式方法,经济实惠地了结每一起交通事故。更希望广大司乘人员也能从我这篇短文中回顾一下交通事故猛于虎的血淋淋事实,为了行人的安全,为了自己家庭的幸福,下狠心改改自己的驾驶陋习!

最后,我需要声明:在此所言,不光是说别人,也是说我自己。

最高人民法院咨询委原秘书长　王运声
2013年春节写于楠竹斋

# 自 序

　　车祸猛于虎,轻则误时靡费,重则家破人亡。故于驾驶员而言,安全行车重于天,切勿矜意。然一旦意外肇成,无论有责方,还是无责方,无论事故参与者,抑或利益关联者,以妥帖方式处理,达致最大程度降低或弥补损失,便显重要。

　　本书囊括了机动车与交通事故相关疑难及焦点问题处理的若干规则,将司法实践中常见疑难问题分门别类,以法规和案例为依托,务求详赡,完整呈现每一焦点问题的解决途径或视角。法规部分,从法律、行政法规到司法解释、部门规章,至地方司法性文件、地方规范性文件,靡不毕集,其中尤以各地方法院所制司法性文件收集最为殊胜,因其基本不脱上位法矩镬,唯就某一类或某一具体案件所做处理意见,或强调,或补充,自有逻辑,言之成理,故形式上不拘于解答、指南、指导意见、纪要,本书皆援撷为据。

　　案例即"活法"。每年交通事故纠纷不暇悉数,由此形诸司法案例亦蔚为壮观,司法实务中有影响的案例载体,编者略加梳理,凡不过十种。其中,作为最具权威指导作用的当是最高人民法院每年定期公布的公报案例;次之,均是来自由法院系统司法审判一线法官撰稿的《人民法院案例选》《中国审判案例要览》;此外,《人民司法》《人民法院报》,最高人民法院业务庭编辑的诸如《民事审判指导与参考》《审判监督指导》等连续出版物亦有专门的栏目或版面登载司法实务可资借鉴的指导案例,由此形成业内较为认可的权威或典型案例处理规则的系列媒介。尤值一提的是,迩来部分地方高院,已通过编写指导案例、参阅案例方式,致力于实现区域化裁判标准统一,如苏、沪等高院,所刊公报或参阅案例中,不乏新颖而具参阅价值的办案范例,亦乃本书参考案例渊源。

　　编者力图在单本范围,将所有上述载体刊录有关机动车与交通事故相关的指导、参阅案例网罗殆尽。原案体例,多基于裁判文书,述论成案,至纤至悉;编者化繁为简,原始察终,撮其大要,粹精沥华,不规模于前人;分曹部署,保留索引,骛于取易查捷,纲举目张。全书仍其系列成例,百篇专题,每什一编,诸编成篇。竟篇围绕主旨,法规案例为重,条其所以,莫不究殚胜举,每造于深微而后止,务极该贯,以烛厥旨。用是一册在手,诸刊尽览;要义微旨,一一毕具;深切著明,可为大观。

作为民商裁判要点与依据系列图书之一部,兹书拟意最早,筹备最先,第因他故,至去岁冬,录目篇什方有次第。原冀最高人民法院司法解释甫出即应景而梓,奈何体例校勘,费时尚多,致定稿之期一再延宕。迫于今岁仲春,校定科比,蠲除故条,一其体例,反复校雠,始交责编审校。殆因编著之事,由来为重,一讹行印,谬种万传,奚可不慎也!

自起稿,讫书成,间有断续,常如深水泳,又如芒刺在背,前后两年余,潜行得浮,尘土面目,靠岸始得一浣。闲力暇晷,湛沔于斯,筋骸之劳,可不懋欤?最是春节期间,可隐几读书,弥日兀坐,韦编成绝,浸观凫志之渐,始得研读之乐,信无此逾也。

王师运声,六年前于一研讨会上相识,师时膺人民法院出版社总编一职,会后饮啖,众皆耽酒自放,独师远离曲蘖,处之有素,颇有樽节,令人生敬。尝提倩为属序事,王师爽然允之,竟不思一诺至今。曩某五年前首册拙作行世,迄今四稿之交通卷付梓,其间王师虽从总编移职至最高院咨询委,后至退休,然每帙皆有长者翰墨弁首,信腕信口,烦扰不辞,令某感佩。

案例法规收集整理过程中,《人民法院报》宁杰,《人民司法》杂志张科,人民法院出版社郭继良、张珺,法律出版社戴伟、孙慧等同志,畀以诸多方便;天津击水律所潘强主任、安刚律师及山东德宇律所李明国律师,就其分别经办的"许云鹤案"和"李保珍案"热忱为编者释疑,并提供了准确的生效法律文书案号,感谢他们的同行情谊;中国政法大学民商经济法学院民法所隋彭生教授,北京京都律所杨大民律师,北京颐合中鸿律所孙亚玲律师、乔羽律师、林峰律师、吕凤丽律师,广东合桓律所易伟律师等同道,在本书写作过程中,就机动车与交通事故部分疑难问题的相互讨论、交流,给了笔者诸多启发教益,在此一并鸣谢。

拙著梓行,不能亡言,遂书数语以志铭。向慕祖宗文字蕴简,故每卷序辄雕琢几言,以掩鄙陋,识者可发噱哂。绌于己力,书中阙谬,冀同行同道不吝指正。

陈枝辉
癸巳年仲春于北京

# 目 录

## 上编 责任编

### 事故责任认定

1. 事故认定书证据效力——事故认定书,不服可起诉?【事故认定】……（ 5 ）
2. 意外事故与民事责任——事故属意外,责任谁来担?【意外事故】……（ 44 ）
3. 无法认定责任的处理——责任无法定,过错靠推定?【无法定责】……（ 59 ）
4. 二次事故与连环事故——连环事故伤,责任如何分?【二次事故】……（ 78 ）
5. 事故无责与民事赔偿——事故无责任,侵权亦当赔?【民事责任】……（ 101 ）
6. 行人违章与责任比例——行人有违章,责任如何分?【行人违章】……（ 114 ）
7. 行人全责与赔偿义务——行人负全责,撞了算白撞?【行人全责】……（ 137 ）
8. 事故主次责任与赔偿——责任分主次,赔偿何比例?【主次责任】……（ 149 ）
9. 同等责任与事故赔偿——事故同等责,赔偿各一半?【同等责任】……（ 164 ）
10. 非机动车与行人碰撞——均非机动车,损害如何赔?【过错责任】……（ 177 ）

### 特殊性质车辆

11. 无偿借用车肇事责任——借车出事故,损失找谁赔?【出借车辆】………………………………………………………………………（ 201 ）
12. 承租车辆的赔偿主体——租车出事故,损失如何赔?【租赁车辆】………………………………………………………………………（ 226 ）

13. 借名车主的法律责任——借名办登记,该负何等责?【借名登记】
................................................................（247）

14. 套牌车肇事责任主体——肇事套牌车,谁是责任人?【套牌车辆】
................................................................（255）

15. 挂靠车辆的责任区分——挂靠车肇事,是否连带责?【挂靠车辆】
................................................................（263）

16. 分期付款车肇事责任——分期付款车,谁负事故损?【分期付款】
................................................................（291）

17. 盗抢机动车肇事责任——盗抢机动车,车主有无责?【盗抢车辆】
................................................................（303）

18. 擅自偷开机动车肇事——偷开他人车,肇事该谁赔?【擅自偷开】
................................................................（315）

19. 未过户车辆事故责任——买卖未过户,肇事谁来赔?【未办过户】
................................................................（324）

20. 特种车辆优先通行权——特种机动车,肇事怎定责?【特种车辆】
................................................................（346）

## 特殊活动事故

21. 无偿搭乘的车主责任——好意搭乘车,肇事车主赔?【好意同乘】
................................................................（359）

22. 情谊活动中事故责任——相约户外游,车祸共同担?【情谊活动】
................................................................（373）

23. 帮工活动中事故责任——帮工出车祸,损失谁负担?【帮工活动】
................................................................（379）

24. 代驾情形与事故责任——代驾出事故,赔偿谁之责?【代驾肇事】
................................................................（386）

25. 维修期间的车辆损害——车辆维修期,事故谁之责?【维修车辆】
................................................................（397）

26. 学习驾驶员事故赔偿——新手出车祸,教练陪练责?【培训陪练】
................................................................（409）

27. 事故救援期间的损害——事故救援期,损害谁赔偿?【事故救援】
................................................................（423）

28. 上下车辆时事故致损——上下车受伤,是否车方责?【上下车辆】
　　　　　　　　　　　　　　　　　　　　　　　　　　（428）

29. 乘客非事故损害赔偿——乘客受损害,车方有无责?【安全保障】
　　　　　　　　　　　　　　　　　　　　　　　　　　（438）

30. 非道路事故责任承担——非道路事故,责任如何定?【特殊交通】
　　　　　　　　　　　　　　　　　　　　　　　　　　（449）

## 特殊偿付主体

31. 雇员受损与雇主赔偿——雇员事故伤,雇主是否赔?【雇员损害】
　　　　　　　　　　　　　　　　　　　　　　　　　　（473）

32. 雇员肇事与雇主责任——雇员闯的祸,对外雇主赔?【雇主责任】
　　　　　　　　　　　　　　　　　　　　　　　　　　（488）

33. 胎儿利益的民法保护——胎儿未出生,事故可索赔?【胎儿利益】
　　　　　　　　　　　　　　　　　　　　　　　　　　（503）

34. 无名受害人死亡赔偿——死者无名氏,损失如何赔?【无名死者】
　　　　　　　　　　　　　　　　　　　　　　　　　　（515）

35. 侵权人死亡赔偿主体——司机肇事亡,损失谁来赔?【赔偿主体】
　　　　　　　　　　　　　　　　　　　　　　　　　　（531）

36. 受害人死亡求偿主体——受害人死亡,如何去求偿?【求偿主体】
　　　　　　　　　　　　　　　　　　　　　　　　　　（541）

37. 涉外事故的特殊规定——外籍受害人,处理何特殊?【涉外事故】
　　　　　　　　　　　　　　　　　　　　　　　　　　（559）

38. 高速公路管理者责任——高速路出事,管理者何责?【高速公路】
　　　　　　　　　　　　　　　　　　　　　　　　　　（569）

39. 道路通行障碍致事故——道路障碍物,肇事谁负责?【通行障碍】
　　　　　　　　　　　　　　　　　　　　　　　　　　（590）

40. 道路设施或设计缺陷——设施有缺陷,事故谁该赔?【道路设施】
　　　　　　　　　　　　　　　　　　　　　　　　　　（609）

## 混合责任情形

41. 侵权责任与工伤赔偿——工伤已获赔,侵权再主张?【工伤赔偿】
　　　　　　　　　　　　　　　　　　　　　　　　　　（625）

· 3 ·

42. 违约与侵权责任竞合——乘车受伤害,违约侵权赔?【违约竞合】
................................................................（658）

43. 两车相撞致他人损害——两车致人伤,是否连带责?【数人侵权】
................................................................（676）

44. 承揽关系与事故赔偿——承揽人受伤,定作人赔否?【承揽关系】
................................................................（703）

45. 刑事责任与民事赔偿——交通肇事罪,民事如何赔?【刑民冲突】
................................................................（708）

46. 医疗侵权与事故责任——交通再医疗,两事故怎赔?【医疗侵权】
................................................................（733）

47. 职务行为与法人责任——驾驶单位车,肇事谁负责?【法人责任】
................................................................（743）

48. 侵权责任与人身保险——侵权已获赔,保险再一份?【人身保险】
................................................................（759）

49. 夫妻关系与侵权之债——乘坐配偶车,受伤是否赔?【夫妻关系】
................................................................（771）

50. 旅游过程中交通事故——交通肇事亡,旅行社何责?【安保义务】
................................................................（777）

# 中编　赔偿编

## 人身损害赔偿

51. 交通事故医疗费赔偿——伤者医疗费,如何去主张?【医疗费用】
................................................................（793）

52. 误工费赔偿原则确定——误工费赔偿,如何定标准?【误工费用】
................................................................（832）

53. 护理费赔偿计算标准——护理人员费,如何定标准?【护理费用】
................................................................（877）

54. 被扶养人生活费计算——扶养生活费,确定何标准?【被扶养人】
................................................................（906）

55. 交通住宿营养等费用——差旅营养费,支付何条件?【其他费用】
................................................................（957）

56. 后续治疗费用的索赔——后续治疗费,是否可再诉?【后续治疗】
　　　　　　　　　　　　　　　　　　　　　　　　　　　　( 987 )

57. 精神损害抚慰金承担——精神抚慰金,多少如何定?【精神损害】
　　　　　　　　　　　　　　　　　　　　　　　　　　　　(1004)

58. 残疾赔偿金确定标准——残疾赔偿金,如何来确定?【残疾赔偿】
　　　　　　　　　　　　　　　　　　　　　　　　　　　　(1040)

59. 死亡赔偿金计算标准——死亡赔偿金,地域定标准?【同命同价】
　　　　　　　　　　　　　　　　　　　　　　　　　　　　(1123)

60. 死亡赔偿金法律性质——死亡赔偿金,是否算遗产?【法律性质】
　　　　　　　　　　　　　　　　　　　　　　　　　　　　(1157)

### 财产损害赔偿

61. 宠物犬损害赔偿责任——撞死宠物犬,损失如何算?【宠物侵权】
　　　　　　　　　　　　　　　　　　　　　　　　　　　　(1171)

62. 车辆贬值损失的赔偿——车辆贬值损,是否应当赔?【贬值损失】
　　　　　　　　　　　　　　　　　　　　　　　　　　　　(1177)

63. 车辆修理费赔偿范围——车辆修理费,是否能全赔?【修理费用】
　　　　　　　　　　　　　　　　　　　　　　　　　　　　(1191)

64. 机动车停运损失赔偿——因事故停运,损失应否偿?【停运损失】
　　　　　　　　　　　　　　　　　　　　　　　　　　　　(1213)

65. 鉴定费用等其他损失——鉴定等费用,损失都能赔?【其他损失】
　　　　　　　　　　　　　　　　　　　　　　　　　　　　(1234)

66. 车辆爆胎责任的认定——爆胎致事故,厂家有无责?【产品责任】
　　　　　　　　　　　　　　　　　　　　　　　　　　　　(1247)

67. 盗损车辆与物业责任——小区丢了车,物业是否赔?【物业服务】
　　　　　　　　　　　　　　　　　　　　　　　　　　　　(1255)

68. 经营场所与安保义务——机动车丢失,商家是否赔?【安保义务】
　　　　　　　　　　　　　　　　　　　　　　　　　　　　(1264)

69. 机动车购销合同纠纷——新车出故障,损失卖家赔?【购销合同】
　　　　　　　　　　　　　　　　　　　　　　　　　　　　(1278)

70. 赔偿协议的法律效力——事故已私了,协议有无效?【赔偿协议】
　　　　　　　　　　　　　　　　　　　　　　　　　　　　(1294)

# 下编　保险编

## 一般原则规定

71. 保险公司的诉讼地位——追加保险人,共同做被告?【保险公司】 ……………………………………………………………………………………………（1341）

72. 机动车险第三者认定——车上人员险,何为第三者?【车上人员】 ……………………………………………………………………………………………（1376）

73. 挂车保险责任的赔付——挂车出事故,保险如何赔?【挂车保险】 ……………………………………………………………………………………………（1418）

74. 过渡期三者险的性质——三者责任险,性质如何定?【过渡期间】 ……………………………………………………………………………………………（1432）

75. 保险合同成立与生效——保险订合同,效力如何定?【合同生效】 ……………………………………………………………………………………………（1453）

76. 保险车辆的价值认定——保值和实值,哪个为标准?【保险价值】 ……………………………………………………………………………………………（1469）

77. 争议条款的解释规则——条款有争议,如何来解释?【解释规则】 ……………………………………………………………………………………………（1482）

78. 无证驾驶机动车认定——驾车需资格,如何算无证?【驾驶资格】 ……………………………………………………………………………………………（1506）

79. 未注册年检保险赔付——车辆未检验,保险是否赔?【注册年检】 ……………………………………………………………………………………………（1531）

80. 保险索赔时效的认定——索赔时间久,保险照样赔?【索赔时效】 ……………………………………………………………………………………………（1548）

## 机动车交强险

81. 酒驾肇事与保险赔偿——酒驾出事故,保险赔不赔?【醉酒驾驶】 ……………………………………………………………………………………………（1565）

82. 无证驾驶与保险责任——无证驾驶车,肇事保险赔?【无证驾驶】 ……………………………………………………………………………………………（1587）

83. 保险公司追偿权行使——保险已理赔,能否再追偿?【保险追偿】 ……………………………………………………………………………………………（1605）

84. 肇事逃逸与保险赔付——肇事司机逃,保险能否赔?【肇事逃逸】
................................................................(1635)

85. 未投交强险赔偿责任——未投交强险,肇事如何赔?【未投保险】
................................................................(1657)

86. 交强险比例赔付原则——多人数份保,保险怎分配?【比例赔付】
................................................................(1681)

87. 未办交强险过户责任——保险未过户,肇事照样赔?【保险过户】
................................................................(1704)

88. 超责任限额保险赔付——损失超限额,保险如何赔?【分项限额】
................................................................(1710)

89. 重复投保交强险赔付——两份交强险,出事都得赔?【重复投保】
................................................................(1736)

90. 损伤参与度与赔偿额——损伤参与度,是否应考虑?【责任构成】
................................................................(1742)

## 机动车商业险

91. 保险车辆与保险利益——投保他人车,保险赔给谁?【保险利益】
................................................................(1761)

92. 无责免赔条款的效力——事故无责任,保险赔不赔?【无责免赔】
................................................................(1773)

93. 免责条款的法律效力——免责有约定,是否生效力?【免责条款】
................................................................(1790)

94. 未办理保险批改手续——保险未过户,是否应当赔?【批改法条】
................................................................(1850)

95. 汽车自燃损责任认定——机动车自燃,损失怎弥补?【车辆自燃】
................................................................(1857)

96. 车辆盗抢险赔付原则——机动车毁损,盗抢险赔否?【盗抢险损】
................................................................(1866)

97. 车辆用途变更的认定——家用改营运,出险是否赔?【车辆用途】
................................................................(1873)

98. 车辆超载与保险拒赔——机动车超载,保险赔不赔?【车辆超载】
................................................................(1886)

99. 准驾车型与保险责任——小货开大车,肇事保险赔?【准驾车型】
................................................................（1895）

100. 理赔前置程序的效力——理赔设前提,是否有效力?【前置程序】
................................................................（1910）

# 附　录

附录1:本书典型案例来源及载体索引(本书引用典型案例来源) ……（1923）
附录2:交通事故相关法律规范性文件(本书主要引用法条来源) ……（1925）
附录3:2011—2024年全国各地道路交通事故人身损害赔偿标准 ……（1977）

# 上编 责任编

# 事故责任认定

# 1. 事故认定书证据效力

——事故认定书，不服可起诉？

【事故认定】

**【案情简介及争议焦点】**

2008年9月，魏某驾驶妻子马某名下并投保车损险的机动车肇事致车损人伤。交通队《事故认定书》记载魏某驾车撞隔离护栏，并认定魏某全责。马某起诉保险公司索赔时亦称其夫驾车撞道路护栏致损。事故现场照片显示：保险车辆前保险杠中部撞在道路隔离护栏的顶端，车辆前端呈"V"字形；事故车驾驶员一侧车身有明显的刮擦痕迹，该痕迹一直延伸至车顶处高于道路护栏的位置。

争议焦点：1. 事故认定书效力？2. 保险公司应否赔付？

**【裁判要点】**

**1. 交通事故认定书的证据效力。** 交管部门所制《事故认定书》是法院审理道路交通事故人身损害赔偿案件确定事故各方应负责任比例的重要依据，但其只是证据的一种形式，法院在审理中如有充分证据证实该认定书所采信事实有疏漏或责任认定明显不当，可予纠正。本案中，根据事故现场照片和车辆受损照片，使法院产生如下判断：保险车辆所发生的交通事故，并非简单地与道路护栏发生正面碰撞。结合马某向保险公司报案时描述，法院认为保险车辆在行驶过程中，其驾驶员一侧车身先与顺行的其他车辆剐蹭，然后正面又与道路护栏顶端发生撞击的可能性较大。法院进而产生以下判断：保险车辆驾驶员一侧的损失，很可能是与其他车辆剐蹭所致；车辆正面的损失，是与道路护栏碰撞所致。故马某谎称事故原因，向法院作了不实陈述。公安机关出具的《事故认定书》认定的事故原因和法院结合本案全部证据推断的事故原因不一致，故该交通事故认定书存在瑕疵，不能作为认定事实的依据。

**2. 保险公司仍需承担赔付责任。** 案涉保险事故，无论系单方事故，抑或双方事故，其性质均属"碰撞"，系保险责任范围。保险公司未证明本案不属于保险责任范围，或虽在保险责任范围但符合免责情形，故应按保险合同约定承担车辆损失的赔偿责任。

**【裁判依据或参考】**

**1. 法律及司法解释规定。**《民法典》(2021年1月1日)第1208条:"机动车发生交通事故造成损害的,依照道路交通安全法和本法的有关规定承担赔偿责任。"《道路交通安全法》(2004年5月1日实施,2011年4月22日修正)第73条:"公安机关交通管理部门应当根据交通事故现场勘验、检查、调查情况和有关的检验、鉴定结论,及时制作交通事故认定书,作为处理交通事故的证据。交通事故认定书应当载明交通事故的基本事实、成因和当事人的责任,并送达当事人。"第74条:"对交通事故损害赔偿的争议,当事人可以请求公安机关交通管理部门调解,也可以直接向人民法院提起民事诉讼。经公安机关交通管理部门调解,当事人未达成协议或者调解书生效后不履行的,当事人可以向人民法院提起民事诉讼。"《保险法(2015年修正)》(2015年4月24日)第22条:"保险事故发生后,按照保险合同请求保险人赔偿或者给付保险金时,投保人、被保险人或者受益人应当向保险人提供其所能提供的与确认保险事故的性质、原因、损失程度等有关的证明和资料。保险人按照合同的约定,认为有关的证明和资料不完整的,应当及时一次性通知投保人、被保险人或者受益人补充提供。"最高人民法院《关于适用〈保险法〉若干问题的解释(二)》(2013年6月8日,2020年修正,2021年1月1日实施)第18条:"行政管理部门依据法律规定制作的交通事故认定书、火灾事故认定书等,人民法院应当依法审查并确认其相应的证明力,但有相反证据能够推翻的除外。"

**2. 行政法规。**《道路交通安全法实施条例》(2004年5月1日,2017年10月7日修订)第91条:"公安机关交通管理部门应当根据交通事故当事人的行为对发生交通事故所起的作用以及过错的严重程度,确定当事人的责任。"第93条:"公安机关交通管理部门对经过勘验、检查现场的交通事故应当在勘查现场之日起10日内制作交通事故认定书。对需要进行检验、鉴定的,应当在检验、鉴定结果确定之日起5日内制作交通事故认定书。"

**3. 最高人民法院司法解释及其他司法性文件。**全国人大常委会法工委办公室《关于交通事故责任认定行为是否属于具体行政行为,可否纳入行政诉讼受案范围的意见》(2005年1月5日 法工办复字〔2005〕1号):"……根据道路交通安全法第七十三条的规定,公安机关交通管理部门制作的交通事故认定书,作为处理交通事故案件的证据使用。因此,交通事故责任认定行为不属于具体行政行为,不能向人民法院提起行政诉讼。如果当事人对交通事故认定书牵连的民事赔偿不服的,可以向人民法院提起民事诉讼。"最高人民法院《关于审理道路交通事故损害赔偿案件适用法律若干问题的解释》(2012年12月21日,2020年修改,2021年1月1日实施)第24条:"公安机关交通管理部门制作的交通事故认定书,人民法院应依法审查并确认其相应的证明力,但有相反证据推翻的除外。"最高人民法院民一庭负责人《在全国高级人民法院民一庭庭长座谈会上的总结讲话》(2012年2月17日)第2条:"……一般而言,交警部门作出的交通事故认定书,载明了案件的基本事实,并对各方应承担的责任作出了认定,这是交警部门通过现场勘查、调查取证后作出的认定,该证据的效力较高,在庭审质证中,除非对此提出异议的当事人举出足够充分的证据,一般应当作为据以定案的证据。但是,对于确实存在疑点的案件,我们也不能仅简单凭交警部门的有关鉴定就草率下结论,而是要正确运用证据规则,对包括公安机关出具的鉴定在内的有关鉴定结论,综合案件的具体情况,充分运用各种技术手段判定是否可以采信。"最高人民法院《关于审理铁路运输人身损害赔偿纠纷案件适用法律若干问题的解释》(2010年3月16日,2020年修改,2021年1月1日实施)第14条:"有权作出事故认定的组织依照《铁路交通事故应急救援和调查处理条例》等有关规定制作的事故认定书,经庭审质证,对于事故认定书所认定的事实,当事人没有相反证据和理由足以推翻的,人民法院应当作为认定事实的根据。"最高人民法院行政审判庭负责人《在全国法院行政审判工作座谈会暨先进集体先进个人表彰会上的总结讲话》(2004年11月12日):"……副院长在讲话中对交通事故责任认定案件是否受理问题,讲得已经很清楚了,这也是最高法院研究室征求全国人大法工委的意见。这类案件的受理问题几年来一直存在分歧意见,为了解决这个问题,最高法院行政庭作了大量工作,多次与有关部门沟通,召开研讨会进行论证,许多法院和行政审判人员也作出了很大的努力。从法律和法理上分析,法院作为行政案件受理是有一定根据的。但是由于意见难以统一,实践中的阻力很大,客观上给许多法院受理、审理案件造成很多困难。另外,有的法院受理有的法院不受理,也严重影响了法治的统一和司法的严肃性。特别是《道路交通安全法》出台以后,问题就更加复杂。在这种情况下,与其强调有条件的受理没有条件的不受理,使法院处于被动地位,还不如暂不受理为宜。何况全国人大法工委已有了明确意见。在这个问题上,我们要有一个正确的认识和统一的说法,不能认为这是一种倒退,只是对此类问题的一个规范。"最高人民法院副院长《在全国法院行政审判工作座谈会上的讲话——全面提高行政审判司法能力 为党的执政能力建设提供有力的司法保障》(2004年11月10日):"……关于交通事故责任认定案件的受理问题。近几年来,不少法院受理和审理了一批不服交通事故责任认定行为提起诉讼的行政案件。应该说,法院受理这类案件是有一定根据的,但是认识不一致,实践中有的法院受理,有的法院不受理,很不严肃。今年5月1日起施行的《道路交通安全法》中第七十三条明确规定,公安机关交通管理部门制作的交通事故认定书,作为处理交通事故的证据。据此,我们认为对于一项证据是否成立、合法问题,完全没有必要通过一个独立的诉讼案件来解决。最高人民法院正在就此问题研究制定相关的司法解释,在司法解释正式出台之前,对此类案件以暂不受理为宜。对于已经受理的应当尽快审结,已经判决的仍然有效。"最高人民法院、公安部《关于处理道路交通事故案件有关问题的通知》(1992年12月1日 法发〔1992〕39号 2013年1月18日废止)第1条:"自1992年1月1日《办法》(指《道路交通事故处理办法》,已被于2004年5月1日实施的《道路交通安全法实施条例》废止,下同。——编者注)实施后,当事人因道路交通事故损害赔偿问题提起民事诉讼时,除诉状外,还应提交公安机关制作的调解书、调解终结书或者该事故不属于任何一方当事人违章行为造成的结论。人民法院对于符合民事诉讼法第一百零八条规定的起诉,应予受理。1992年1月1日以前发生的道路交通事故,仍按各省、自治区、直辖市原有规定处理。"第4条:"当事人仅就公安机关作出的道路交通事故责任认定和伤残评定不服,向人民法院提起行政诉讼或民事诉讼的,人民法院不予受理。当事人对作出的行政处罚不服提起行政诉讼或就损害赔偿问题提起民事诉讼的,以及人民法院审理交通肇事刑事案件时,人民法院经审查认为公安机关所作出的责任认定、伤残评定确属不妥,则不予采信,以人民法院审理认定的案件事实作为定案的依据。"

**4. 部门规章。** 公安部《道路交通事故处理程序规定》(2018年5月1日)第24条:"交通警察适用简易程序处理道路交通事故时,应当在固定现场证据后,责令当事人撤离现场,恢复交通。拒不撤离现场的,予以强制撤离。当事人无法及时移动车辆影响通行和交通安全的,交通警察应当将车辆移至不妨碍交通的地点。具有本规定第十三条第一款第一项、第二项情形之一的,按照《中华人民共和国道路交通安全法实施条例》第一百零四条规定处理。撤离现场后,交通警察应当根据现场固定的证据和当事人、证人陈述等,认定并记录道路交通事故发生的时间、地点、天气、当事人姓名、驾驶证号或者身份证号、联系方式、机动车种类和号牌号码、保险公司、保险凭证号、道路交通事故形态、碰撞部位等,并根据本规定第六十条确定当事人的责任,当场制作道路交通事故认定书。不具备当场制作条件的,交通警察应当在三日内制作道路交通事故认定书。道路交通事故认定书应当由当事人签名,并现场送达当事人。当事人拒绝签名或者接收的,交通警察应当在道路交通事故认定书上注明情况。"第25条:"当事人共同请求调解的,交通警察应当当场进行调解,并在道路交通事故认定书上记录调解结果,由当事人签名,送达当事人。"第30条:"交通警察到达事故现场后,应当立即进行下列工作:(一)按照事故现场安全防护有关标准和规范的要求划定警戒区域,在安全距离位置放置发光或者反光锥筒和警告标志,确定专人负责现场交通指挥和疏导。因道路交通事故导致交通中断或者现场处置、勘查需要采取封闭道路等交通管制措施的,还应当视情在事故现场来车方向提前组织分流,放置绕行提示标志;(二)组织抢救受伤人员;(三)指挥救护、勘查等车辆停放在安全和便于抢救、勘查的位置,开启警灯,夜间还应当开启危险报警闪光灯和示廓灯;(四)查找道路交通事故当事人和证人,控制肇事嫌疑人;(五)其他需要立即开展的工作。"第32条:"交通警察应当对事故现场开展下列调查工作:(一)勘查事故现场,查明事故车辆、当事人、道路及其空间关系和事故发生时的天气情况;(二)固定、提取或者保全现场证据材料;(三)询问当事人、证人并制作询问笔录;现场不具备制作询问笔录条件的,可以通过录音、录像记录询问过程;(四)其他调查工作。"第33条:"交通警察勘查道路交通事故现场,应当按照有关法规和标准的规定,拍摄现场照片,绘制现场图,及时提取、采集与案件有关的痕迹、物证等,制作现场勘查笔录。现场勘查过程中发现当事人涉嫌利用交通工具实施其他犯罪的,应当妥善保护犯罪现场和证据,控制犯罪嫌疑人,并立即报告公安机关主管部门。发生一次死亡三人以上事故的,应当进行现场摄像,必要时可以聘请具有专门知识的人参加现场勘验、检查。现场图、现场勘查笔录应当由参加勘查的交通警察、当事人和见证人签名。当事人、见证人拒绝签名或者无法签名以及无见证人的,应当记录在案。"第34条:"痕迹、物证等证据可能因时间、地点、气象等原因导致改变、毁损、灭失的,交通警察应当及时固定、提取或者保全。对涉嫌饮酒或者服用国家管制的精神药品、麻醉药品驾驶车辆的人员,公安机关交通管理部门应当按照《道路交通安全违法行为处理程序规定》及时抽血或者提取尿样等检材,送交有检验鉴定资质的机构进行检验。车辆驾驶人员当场死亡的,应当及时抽血检验。不具备抽血条件的,应当由医疗机构或者鉴定机构出具证明。"第37条:"因调查需要,公安机关交通管理部门可以向有关单位、个人调取汽车行驶记录仪、卫星定位装置、技术监控设备的记录资料以及其他与事故有关的证据材料。"第38条:"因调查需要,公安机关交通管理部门可以组织道路交通事故当事人、证人对肇事嫌疑人、嫌疑车辆等进行辨认。辨认应当在交通警察的主持下进行。主持辨认的交通警察不得少于二人。多名辨认人对同一辨认对象进行辨认时,应当由辨认人个别进行。辨认时,应当将辨认对象混杂在特征相类似的其他对象中,不得给辨认人任何暗示。辨认肇事嫌疑人时,被辨认的人数不得少于七人;对肇事嫌疑人照片进行辨认的,不得少于十人的照片。辨认嫌疑车辆时,同类车辆不得少于五辆;对肇事嫌疑车辆照片进行辨认时,不得少于十辆的照片。对尸体等特定辨认对象进行辨认,或者辨认人能够准确描述肇事嫌疑人、嫌疑车辆独有特征的,不受数量的限制。对肇事嫌疑人的辨认,辨认人不愿意公开进行时,可以在不暴露辨认人的情况下进行,并应当为其保守秘密。对辨认经过和结果,应当制作辨认笔录,由交通警察、辨认人、见证人签名。必要时,应当对辨认过程进行录音或者录像。"第41条:"经过调查,不属于公安机关交通管理部门管辖的,应当将案件移送有关部门并书面通知当事人,或者告知当事人处理途径。公安机关交通管理部门在调查过程中,发现当事人涉嫌交通肇事、危险驾驶犯罪的,应当按照《中华人民共和国刑事诉讼法》《公安机关办理刑事案件程序规定》立案侦查。发现当事人有其他违法犯罪嫌疑的,应当及时移送有关部门,移送不影响事故的调查和处理。"第49条:"需要进行检验、鉴定的,公安机关交通管理部门应当按照有关规定,自事故现场调查结束之日起三日内委托具备资质的鉴定机构进行检验、鉴定。尸体检验应当在死亡之日起三日内委托。对交通肇事逃逸车辆的检验、鉴定自查获肇事嫌疑车辆之日起三日内委托。对现场调查结束之日起三日后需要检验、鉴定的,应当报经上一级公安机关交通管理部门批准。对精神疾病的鉴定,由具有精神病鉴定资质的鉴定机构进行。"第59条:"道路交通事故认定应当做到事实清楚、证据确实充分、适用法律正确、责任划分公正、程序合法。"第60条:"公安机关交通管理部门应当根据当事人的行为对发生道路交通事故所起的作用以及过错的严重程度,确定当事人的责任。(一)因一方当事人的过错导致道路交通事故的,承担全部责任;(二)因两方或者两方以上当事人的过错发生道路交通事故的,根据其行为对事故发生的作用以及过错的严重程度,分别承担主要责任、同等责任和次要责任;(三)各方均无导致道路交通事故的过错,属于交通意外事故的,各方均无责任。一方当事人故意造成道路交通事故的,他方无责任。"第62条:"公安机关交通管理部门应当自现场调查之日起十日内制作道路交通事故认定书。交通肇事逃逸案件在查获交通肇事车辆和驾驶人后十日内制作道路交通事故认定书。对需要进行检验、鉴定的,应当在检验报告、鉴定意见确定之日起五日内制作道路交通事故认定书。有条件的地方公安机关交通管理部门可以试行在互联网公布道路交通事故认定书,但对涉及的国家秘密、商业秘密或者个人隐私,应当保密。"第64条:"道路交通事故认定书应当载明以下内容:(一)道路交通事故当事人、车辆、道路和交通环境等基本情况;(二)道路交通事故发生经过;(三)道路交通事故证据及事故形成原因分析;(四)当事人导致道路交通事故的过错及责任或者意外原因;(五)作出道路交通事故认定的公安机关交通管理部门名称和日期。道路交通事故认定书应当由交通警察签名或者盖章,加盖公安机关交通管理部门道路交通事故处理专用章。"第65条:"道路交通事故认定书应当在制作后三日内分别送达当事人,并告知申请复核、调解和提起民事诉讼的权利、期限。当事人收到道路交通事故认定书后,可以查阅、复制、摘录公安机关交通管理部门处理道路交通事故的证据材料,但证人要求保密或者涉及国家秘密、商业秘密以及个人隐私的,按照有关法律法规的规定执行。公安机关交通管理部门对当事人复制的证据材料应当加盖公安机关交通管理部门事故处理专用章。"第71条:"当事人对道路交通事故认定或者出具道路交通事故证明有异议的,可以自道路交通事故认定书或者道路交通事故证明送达之日起三日内提出书面复核申请。当事人逾期提交复核申请的,不予受理,并书面通知申请人。复核申请应当载明复核请求及其理由和主要证据。同一事故的复核以一次为限。"第72条:"复核申请人通过作出道路交通事故认定的公安机关交通管理部门提出复核申请的,作出道路交通事故认定的公安机关交通管理部门应当自收到复核申请之日起二日内将复核申请连同道路交通事故有关材料移送上一级公安机关交通管理部门。复核申请人直接向上一级公安机关交通管理部门提出复核申请的,上一级公安机关交通管理部门应当通知作出道路交通事故认定的公安机关交通管理部门自收到通知之日起五日内提交案卷材料。"第74条:"上一级公安机关交通管理部门自受理复核申请之日起三十日内,对下列内容进行审查,并作出复核结论:(一)道路交通事故认定的事实是否清楚、证据是否确实充分、适用法律是否正确、责任划分是否公正;(二)道路交通事故调查及认定程序是否合法;(三)出具道路交通事故证明是否符合规定。复核原则上采取书面审查的形式,但当事人提出要求或者公安机关交通管理部门认为有必要时,可以召集各方当事人到场,听取各方意见。办理复核案件的交通警察不得少于二人。"第76条:"上一级公安机关交通管理部门认为原道路交通事故认定事实清楚、证据确实充分、适用法律正确、责任划分公正、程序合法的,应当作出维持原道路交通事故认定的复核结论。上一级公安机关交通管理部门认为调查及认定程序存在瑕疵,但不影响道路交通事故认定的,在责令原办案单位补正或者作出合理解释后,可以作出维持原道路交通事故认定的复核结论。上一级公安机关交通管理部门认为原道路交通事故认定有下列情形之一的,应当作出责令原办案单位重新调查、认定的复核结论:(一)事实不清的;(二)主要证据不足的;(三)适用法律错误的;(四)责任划分不公正的;(五)调查及认定违反法定程序可能影响道路交通事故认定的。"第77条:"上一级公安机关交通管理部门审查原道路交通事故证明后,按下列规定处理:(一)认为事故成因确属无法查清,应当作出维持原道路交通事故证明的复核结论;(二)认为事故成因仍需进一步调查的,应当作出责令原办案单位重新调查、认定的复核结论。"第78条:"上一级公安机关交通管理部门应当在作出复核结论后三日内将复核结论送达各方当事人。公安机关交通管理部门认为必要的,应当召集各方当事人,当场宣布复核结论。"第79条:"上一级公安机关交通管理部门作出责令重新调查、认定的复核结论后,原办案单位应当在十日内依照本规定重新调查,重新作出道路交通事故认定,撤销原道路交通事故认定书或者原道路交通事故证明。重新调查需要检验、鉴定的,原办案单位应当在检验报告、鉴定意见确定之日起五日内,重新作出道路交通事故认定。重新作出道路交通事故认定的,原办案单位应当送达各方当事人,并报上一级公安机关交通管理部门备案。"司法部办公厅《道路交通事故涉案者交通行为方式鉴定(SF/Z JD 0101001—2016)》(2016年9月22日)第4.2.4条:"典型证据优先原则。交通行为方式鉴定依据最有典型特征的证据为判断支撑点,可以根据损伤典型特征推断,可以根据碰撞后运动轨迹典型特征推断,也可以利用生物检材、织物纤维等物质交换进行个体识别。交通行为方式鉴定还可运用计算机仿真事故再现等技术进行辅助分析。"第4.3条:"交通行为方式判断的依据。4.3.1 根据事故所涉人、车、道路及周围环境等的痕迹物证勘验,客观分析出道路交通事故形态及处在不同道路交通事故形态中涉案各方的行为状态。4.3.2 根据分析得出的碰撞形态及车的运动过程,结合有关信息,查找人与车的二次碰撞形成的痕迹和附着物,推断事故所涉人在事发时所处的位置。4.3.3 根据人体(活体或尸体)体表痕迹及损伤形态特征,结合有关信息,分析致伤物和致伤方式,汇总分析重建道路交通事故过程,推断处于不同事故现象中所涉当事人的交通行为方式。"公安部《关于印发〈道路交通事故处理工作规范〉的通知》(2009年1月1日 公交管〔2008〕277号)第61条:"道路交通事故调查报告经审批后,交通警察应当根据审批意见制作道路交通事故认定书。"第62条:"发生死亡交通事故,公安机关交通管理部门应当在制作道路交通事故认定书前,召集各方当事人到场,公开调查取得的证据。证据公开的过程及各方当事人的意见应当予以记录。当事人无故不到场的,视为对证据没有异议。证人要求保密或者涉及国家秘密、商业秘密以及个人隐私的证据不得公开。在证据公开过程中当事人提供新的证据的,交通警察报经公安机关交通管理部门负责人批准后,应当按照本规范有关要求开展补充调查。"第65条:"当事人及其代理人收到道路交通事故认定书后,要求查阅道路交通事故证据材料的,应当提交书面的查阅申请,明确查阅、复制、摘录的具体内容,除涉及国家秘密、商业秘密或者个人隐私,以及应当事人、证人要求保密的内容外,公安机关交通管理部门应当安排其在指定的地点按规定查阅。当事人及其代理人可以自费复制证据材料,公安机关交通管理部门应当在当事人复制的材料上注明复制时间,并加盖交通事故处理专用章。"公安部《关于对交通事故损害赔偿调解达成协议后当事人又申请重新认定问题的批复》(2000年12月18日):"《道路交通事故处理办法》第二十二条规定:'当事人对交通事故责任认定不服,可以在接到交通事故责任认定书后十五日内,向上一级公安机关申请重新认定;上一级公安机关接到重新认定申请书后三十日内,应当作出维持、变更或者撤销的决定。'在法定期限内,不论当事人之间的损害赔偿调解是否达成协议,均可向上一级公安机关提出责任重新认定申请,上一级公安机关应当按照责任重新认定程序和有关规定依法办理。当事人在责任重新认定时限内未申请重新认定的,上级公安机关发现责任认定明显错误,应当按照《公安机关人民警察执法过错责任追究责任》(公安部令第41号)予以纠正。"公安部《关于对地方政府法制机构可否受理对交通事故责任认定的复议申请的批复》(2000年1月15日 2011年1月18日废止):"交通事故责任认定是公安机关在查明交通事故事实后,根据当事人的违章行为与交通事故之间的因果关系,以及违章行为在交通事故中的作用所作出的鉴定结论。在公安机关处理道路交通事故中起的是证据作用,其本身并不确定当事人之间的权利义务,不属于具体行政行为。最高人民法院、公安部《关于处理道路交通事故案件有关问题的通知》(法发〔1992〕39号)第四条对此已予明确。如果当事人对交通事故责任认定不服,根据《道路交通事故处理办法》第二十二条的规定,可以在接到交通事故责任认定书后15日内,向上一级公安机关申请重新认定。因此,地方人民政府法制机构受理交通事故责任认定的复议没有法律依据。"

**5. 地方司法性文件**。河南高院《关于机动车交通事故责任纠纷案件审理中疑难问题的解答》(2024年5月)第1条:"审理机动车交通事故责任纠纷案件,应查明哪些事实?答:审理机动车交通事故责任纠纷案件,主要围绕以下十个方面查明事实:一是事故发生及造成人员、财产损害概况。1.事故发生时间、地点;2.案涉车辆概况,如是否系营运车辆或特种车辆、车辆行驶路线;3.事故造成何种后果,如人员受伤、车辆受损等。二是事故责任认定情况。1.事故责任认定书中的具体责任认定及申请复核情况;2.是否涉嫌酒驾、逃逸、无证驾驶等情形及交警部门认定的具体表述。三是车辆权属、使用及投保情况。1.车辆所有人和车辆驾驶人。车辆所有人与驾驶人不一致的,应查明驾驶人使用该车辆的来源(如借用、出租、挂靠、职务行为等);2.车辆所投保险情况,包括投保人、保险人、保险时间、保险金额、保险险种等。3.对免责条款是否生效存在争议的,应列明保险合同中争议免责条款的约定内容。四是受害人概况。受害人年龄、职业、社保及家庭成员情况等。如事故还造成其他人受伤,需查明其他受害人是否提起诉讼及诉讼结果、保险赔付情况等。五是受害人治疗及医疗费支出情况。1.住院时间、出院时间、住院天数;2.入院及出院伤情诊断情况;3.支出医疗费、残疾辅助器具费情况;4.外购药情况,长(短)期医嘱单就该药物医嘱情况;5.医嘱载明的陪护情况;6.出院时医嘱情况。六是人身伤残或财产损失鉴定/评估情况。1.鉴定/评估申请人、申请事项;2.委托人或单位、鉴定/评估机构名称;3.委托鉴定/评估时间;4.鉴定/评估报告作出日期、鉴定/评估结论;5.鉴定/评估费支出情况;6.鉴定/评估中检查费支出情况;7.重新鉴定/评估情况,包括对鉴定/评估意见书面异议、补充鉴定/评估、鉴定人或评估人出庭情况、停运损失的评估情况等。七是财产损失情况。1.车辆维修施救情况;2.车载物品损失情况;3.停车费用支出情况;4.营运车辆受损后的实际停运情况。八是其他赔偿权利人概况。包括年龄、职业、与受害人关系、是否有其他扶养人等。九是受害方已获得赔偿情况。包括是否存在垫付费用、何人或何单位何时垫付、垫付数额、垫付款性质、双方是否达成调解协议及实际履行情况。十是相关费用计算标准。包括受诉法院所在地一审庭审辩论终结前上一年度城镇居民人均可支配收入、城镇居民人均消费性支出、农林牧渔业在岗职工年平均工资或居民服务和其他服务业年平均工资、职工月平均工资。"江西宜春中院《关于印发〈审理机动车交通事故责任纠纷案件的指导意见〉的通知》(2020年9月1日　宜中法〔2020〕34号)第3条:"公安机关交通管理部门制作的交通事故认定书是公文书证,人民法院应当依法审查并确认其相关的证明力。当事人对交通事故认定书有异议的,应承担充分的举证责任,其举证仅能证明交通事故认定书的内容真伪不明的,仍应以交通事故认定书的内容认定相关案件事实。但有充分相反证据推翻的除外。公安机关交通管理部门仅出具道路交通事故证明的,人民法院可以根据当事人的申请或者依职权调取事故卷宗材料,结合其他证据对事故责任予以认定。前款规定,仍不能确定事故责任的,按以下规则处理:(1)机动车与机动车之间发生交通事故的,由事故各方承担同等民事责任;(2)非机动车之间、非机动车与行人之间发生交通事故的,由事故各方承担同等民事责任;(3)机动车与非机动车之间、机动车与行人之间发生交通事故的,由机动车方承担主要民事责任。"辽宁沈阳中院**《机动车交通事故责任纠纷案件审判实务问题解答》**(2020年3月23日)第3条:"公安交警部门制作的道路交通事故处理文书证明效力如何认定?解答:对交警部门出具的道路交通事故责任认定书应依法审查并确认道路交通事故认定书的证明力,但有相反证据足以推翻的除外。交警部门仅出具道路交通事故证明的,人民法院应根据当事人申请或者依职权,调取事故卷宗材料入卷,综合认定民事责任。理由:1.有明确交通事故责任认定时,一般情况人民法院应当予以采信。如存在足以推翻交通事故责任的证据,应按照司法解释规定和民事证据规则规定分析,交通事故责任认定书能否作为定案证据使用。2.仅有交通事故证明时,人民法院可将事故证明作为案件客观事实认定的依据,予以采信。并依据《中华人民共和国道路交通安全法》《中华人民共和国侵权责任法》《最高人民法院关于审理道路交通事故损害赔偿案件适用法律若干问题的解释》等法律规定对交通事故中交通事故参与认定的过错、因果关系、原因力大小等进行认定。"湖南高院《关于印发〈审理道路交通事故损害赔偿纠纷案件的裁判指引(试行)〉的通知》(2019年11月7日　湘高法〔2019〕29号)第10条:"认定商业三者险免责情形,应以《道路交通事故认定书》为依据,但有相反证据足以推翻事故认定书的除外。公安交警部门没有作出事故认定书,或者事故认定书未认定驾驶人存在免责情形的,由保险公司承担举证责任,但发生交通事故后,驾驶员未及时向公安交警部门报案的,致使交通事故的性质、原因、损失程度等难以确定的情形除外。"第11条:"人民法院认为公安交通管理部门作出的交通事故认定不当,应当书面征求作出事故认定的公安交通管理部门的上级部门的意见,有关公安交通管理部门在收到书面征求意见的函件之日起15天内未作出书面回复的,不影响人民法院依法对案件进行审理。在没有交通事故责任认定书的情形下,应根据事故发生时的道路交通状况、事故双方对交通规则的遵守情况、造成危险局面的成因、危害回避能力的大小、事故双方车辆安全性能、造成损害后果的原因等具体情况,综合考虑事故双方过错责任大小,判定各方的事故责任。"四川高院《**关于印发〈四川省高级人民法院机动车交通事故责任纠纷案件审理指南〉的通知**》(2019年9月20日 川高法〔2019〕215号)第7条:"**【对交警部门事故处理文书的认定】**公安机关交通管理部门制作的交通事故认定书,人民法院应当依法审查并确认其相应的证明力,但有相反证据推翻的除外。公安机关交通管理部门仅出具道路交通事故证明的,人民法院应当根据当事人申请或者依职权调取事故卷宗材料,结合当事人提交的其他证据,对事故责任予以认定。"安徽合肥中院《**关于道路交通事故损害赔偿案件的审判规程(试行)**》(2019年3月18日)第23条:"**【事故认定书的证明力】**当事人对事故责任认定有异议的,应提供证据证明事故责任认定明显依据不足,否则仍应以交通事故认定书的内容认定事故经过和责任,并参照事故责任划分侵权赔偿责任。"安徽阜阳中院《**机动车交通事故责任纠纷案件裁判标准座谈会会议纪要**》(2018年9月10日)第12条:"交警部门的《**交通事故认定书**》一般情况下予以认可,但有重大瑕疵或有相反证据可以推翻的除外。同时需注意公安机关认定的责任于法院认定的侵权责任并非统一概念,不能简单等同。"广东惠州中院《**关于审理机动车交通事故责任纠纷案件的裁判指引**》(2017年12月16日)第16条:"公安交通管理部门作出的交通事故认定书,属于道路交通事故人身损害赔偿纠纷案件中的证据。人民法院认为公安交通管理部门未出具交通事故责任认定书,或者责任认定不符合《中华人民共和国道路交通安全法》等法律规定,书面向作出交通事故责任认定的公安交通管理部门的上级部门征求意见,有关公安交通管理部门在收到书面征求意见的函件之日起15天内未作出书面回复的,不影响案件的审理。原则上不得改变公安交通管理部门的责任认定。"江西高院《**关于印发〈审理人身侵权赔偿案件指导意见(试行)〉的通知**》(2017年9月5日 赣高法〔2017〕169号)第10条:"交通事故发生后,一方当事人在规定期限内对交通管理部门出具的事故责任认定书提出复核,受害方直接起诉到人民法院,如交通管理部门以此为由终止复核的,对于事故责任问题,人民法院可以征求交通管理部门的技术分析意见,并根据交通管理部门意见、建议进行责任划分。负有职责的交通管理部门拒绝出具意见的,人民法院可以书面向其上级主管部门要求协助。"第11条:"交通事故未经交通管理部门事故责任认定或处理,受害人直接起诉到人民法院的,应当受理。(1)被告否认发生交通事故事实或者否认其为侵权人的,受害人应当对发生交通事故的事实和被告系侵权责任人的事实承担举证责任;受害方不能证明的,驳回起诉;(2)双方当事人对事故责任产生争议的,人民法院应当根据举证责任分配原则确定各方举证义务,同时严格审核各方证据的真实性、合法性;对事故责任划分存在困难的,应当将相关证据提交给交通管理部门作责任认定或者事故责任技术分析,并根据交通管理部门出具的责任认定书或者技术分析意见、建议进行责任划分;(3)当事人以有关事故责任证据为有关部门持有难以取得而申请法院调查的,人民法院应当准许。"四川成都中院**《关于印发〈机动车交通事故责任纠纷案件审理指南(试行)〉的通知》**(2017年7月5日　成中法发〔2017〕116号)第7条:"法院应依法审查并确认道路交通事故认定书的证明力,但有相反证据推翻的除外。交警部门仅出具道路交通事故证明的,法院应根据当事人申请或者引导当事人提出申请,调取事故卷宗材料入卷,综合认定事故责任。"北京三中院**《类型化案件审判指引:机动车交通事故责任纠纷类审判指引》**(2017年3月28日)第2-1.1部分"机动车交通事故责任纠纷的认定—常见问题解答"第5条:"如何认定公安交通管理部门交通事故认定书的效力?公安部门出具的事故认定书只能作为证明材料使用,仅是对道路交通事故责任的认定。而交通事故民事侵权赔偿责任,应由人民法院依据《侵权责任法》、《道交法》等法律法规予以认定。《道交解释》第二十七条规定,公安机关交通管理部门制作的交通事故认定书,人民法院应依法审查并确认其相应的证明力,但有相反证据推翻的除外。由此可见,交通事故认定书是人民法院处理交通事故损害赔偿案件的重要证据之一,如果当事人一方或者双方无相反证据足以推翻,应成为人民法院认定案件事实的依据。"天津高院**《关于印发〈机动车交通事故责任纠纷案件审理指南〉的通知》**(2017年1月20日　津高法〔2017〕14号)第2条:"对交通事故认定书应进行质证。交通事故认定书系公文书证,援引该证据的当事人提交了交通事故认定书原件或公安交通管理部门确认的副本的,推定该交通事故认定书的内容为真实。当事人对交通事故认定书真实性有异议的,应承担本证的证明责任,其所提供的证据应达到能够证明交通事故认定书内容不真实的状态。其举证仅使交通事故认定书的内容真伪不明的,仍应以交通事故认定书的内容认定案件事实。当事人无相反证据推翻公安机关交通管理部门制作的交通事故认定书的,应以交通事故认定书的内容认定事故的经过和责任划分。"河北石家庄中院**《关于规范机动车交通事故责任纠纷案件审理工作座谈会会议纪要》**(2016年1月11日　石中法〔2016〕4号)第1条:"关于交通事故责任认定书的采信问题。公安交管部门制作的事故认定书作为处理交通事故的证据,具有重要的证明价值。事故认定书中关于交通事故发生情形的认定,具有国家机关出具的公文书证的性质;事故认定书中关于事故责任的认定,具有鉴定结论的性质。原则上,如果公安交管部门制作的交通事故认定书对于交通事故发生的情形及责任划分,作出了明确认定的,人民法院应当采信。但具有下列情形之一的,人民法院可对事故认定书不予采信,并根据案件具体情况,对交通事故的事实和责任进行重新认定:(一)当事人提出新的证据,足以推翻事故认定书的;(二)公安交管部门制作事故认定书的过程严重违反法定程序的;(三)事故认定书本身自相矛盾,或者明显违背正常逻辑和常识的。"安徽马鞍山中院《关于审理交通事故损害赔偿案件的指导意见(试行)》(2015年3月)第7条:"【赔偿责任的确定】交警部门出具的《道路交通事故认定书》作为公文书证,应推定为真实,原则上应作为人民法院认定案件事实和划分责任比例的依据使用。当事人对交通事故认定书有异议,且有证据证明责任认定错误或明显不当的,人民法院应当进行调查核实,并对《道路交通事故认定书》是否具有证明力及证明力的大小作出认定。《道路交通事故认定书》证明力被推翻,或者交警部门未作出交通事故责任认定的,应根据现有的证据分析认定各方当事人对事故的发生有无过错及过错程度,合理划分责任。过错难以认定的,对超出交强险赔偿限额部分的损失,按下列原则确定赔偿责任:(1)机动车之间发生交通事故的,机动车各方平均承担责任;(2)机动车与非机动车、行人之间发生道路交通事故的,机动车方承担全部责任;(3)非机动车与行人之间发生道路交通事故的,非机动车方承担主要责任,行人承担次要责任。"河北承德中院《2015年民事审判工作会议纪要》(2015年)第35条:"对于不公平的交通事故认定的处理。最高人民法院《关于审理道路交通事故损害赔偿案件适用法律若干问题的解释》第27条规定:'公安机关交通管理部门制作的交通事故认定书,人民法院应依法审查并确认其相应的证明力,但有相反证据推翻的除外。'据此当事人在诉讼中对交通事故认定书提出异议,经审查确有证据证实公安机关作出的交通事故认定不公平的,可以不采纳交通事故认定书,应当结合案件实际情况运用民事诉讼证据规则作出合理的责任认定。"广东深圳中院《关于道路交通事故损害赔偿纠纷案件的裁判指引》(2014年8月14日深中法发〔2014〕3号)第7条:"道路交通事故中交通事故肇事人弃车逃逸,经公安交通管理部门调查并公告,无法找到交通肇事逃逸人,公安交通管理部门应受害人的要求出具交通事故认定,赔偿权利人以此交通事故认定书中列明的'车驾驶人'、'无名氏'为被告提起诉讼的,人民法院不予受理。"第8条:"人民法院认为公安交通管理部门作出的交通事故认定不准确,书面征求作出事故认定的公安交通管理部门的上级部门的意见,有关公安交通管理部门在收到书面征求意见的函件之日起15天内未作出书面回复的,不影响案件的审理。"安徽高院《关于审理道路交通事故损害赔偿纠纷案件若干问题的指导意见》(2014年1月1日 皖高法〔2013〕487号)第4条:"认定驾驶人事故后逃逸、逃离事故现场、伪造现场、酒后驾驶、无证驾驶、证驾不符等商业三者险合同约定的免责情形的,应以《道路交通事故认定书》为依据,但有相反证据推翻事故认定书的除外。公安交警部门没有作出事故认定书,或者事故认定书未认定驾驶人存在上述情形的,由保险公司承担举证责任。"第17条:"《道路交通事故认定书》认定的事故责任一般作为划分当事人交通事故侵权责任比例的依据,但不能将侵权责任与事故责任直接等同。"第18条:"无《道路交通事故认定书》或者事故责任认定不当,保险公司要求按被保险人无事故责任赔偿的,除有充分证据证明机动车一方确无事故责任外,人民法院不予支持。交强险赔偿不足部分,当事人按照以下原则承担责任:(一)机动车之间发生的道路交通事故,按照过错大小承担责任;过错大小无法认定的,机动车各方平均承担责任。(二)机动车与行人、非机动车之间发生的道路交通事故,机动车方承担赔偿责任;机动车方能够举证证明行人、非机动车驾驶人对事故发生有过错的,可以减轻或者免除其相应的赔偿责任。"贵州贵阳中院《关于适用〈中华人民共和国侵权责任法〉若干问题的解答》(2013年3月13日 筑中法发〔2013〕32号)第2部分第1条:"关于交警部门做出的交通事故认定书,人民法院审理案件中是否必须予以采信?答:一般而言,交警部门做出的交通事故认定书,载明了事故的基本事实,并对各方应承担的责任作出了认定,这是交警部门通过现场查勘、调查取证后作出的认定,该证据的效力较高,在庭审质证中,除非对此提出异议的当事人举出足够充分的证据,一般应当作为据以定案的证据。但是,对于确实存在疑点的案件,不能仅简单凭交警部门的有关鉴定就草率下结论,要正确运用证据规则,对包括公安机关出具的鉴定在内的有关鉴定结论,综合案件的具体情况,充分运用各种技术手段判定是否可以采信。"内蒙古高院、公安厅、保监会内蒙古监管局《关于处理交通事故纠纷相互协调配合的指导意见》(内高法〔2013〕188号)第4条:"在诉讼中,当事人对公安交管部门出具的道路交通事故认定书有较大异议,请求公安交管部门派员出庭的,人民法院应通知作出道路交通事故认定书的公安交管部门。收到通知的公安交管部门应当作出书面说明。公安交管部门作出书面说明后,当事人对道路交通事故认定书所认定的事实、原因、责任仍持有较大异议,并提供相反证据予以证实,人民法院审查后认为该道路交通事故认定书可能存在影响案件公正审理情形的,可以书面建议作出道路交通事故认定书的上级公安交管部门对案件进行再审查。上级公安交管部门接到人民法院的书面建议后,应当在30日内组织作出该认定书的公安交管部门以外的专家人员、业务骨干,对案件进行再审查,并形成书面意见后反馈人民法院。"第5条:"公安交管部门应对无法确定责任的交通事故加强监督管理。凡做出无法查清事故成因,出具交通事故证明的,都应向上一级公安交管部门备案。人民法院在审理公安交管部门无法确定交通事故责任的案件时,需要与公安交管部门研究讨论的,公安交管部门应予积极配合。"黑龙江高院《关于道路交通安全法施行后处理道路交通事故损害赔偿案件若干问题的指导意见》(2008年7月 黑高法〔2007〕287号)第7条:"在道路交通事故发生后,公安交通管理部门应依照有关规定查明事故原因,确定当事人的责任,并在将扣留的车辆返还给机动车所有人或实际支配人前作出交通事故认定书,送达各方当事人(含机动车所有人、实际支配人)。经调查,确实无法确定交通事故事实的,公安交通管理部门应在将扣留的车辆返还给当事人前,依据《交通事故处理程序规定》的相关规定制作交通事故认定书,送达各方当事人。"第8条:"因交通事故当事人处于抢救或昏迷状态的特殊原因,无法收集当事人证据、且无其他证据佐证交通事故事实时,经上一级公安交通管理部门批准,交通事故认定的时限可中止计算,但中止的时间最长不超过两个月。中止原因消除后,应及时作出交通事故认定;中止时间期满后当事人仍然昏迷的,公安交通管理部门可参照本意见第7条的规定处理。"广东高院《关于审理保险合同纠纷案件若干问题的指导意见》(2011年9月2日 粤高法发〔2011〕44号)第21条:"被保险人与保险人在诉讼中对保险事故原因或损失有争议的,如保险合同约定或者保险事故发生后双方同意由相应保险公估机构或其他中介机构对保险事故原因进行鉴定或损失评估,该保险公估机构或中介机构作出的鉴定结论应作为法院确定事故原因和损失的依据。双方对鉴定机构没有约定的,人民法院在诉讼中指定的鉴定机构所作出的鉴定结论应作为确定事故原因和损失的依据。"江苏南通中院《关于处理交通事故损害赔偿案件中有关问题的座谈纪要》(2011年6月1日 通中法〔2011〕85号)第21条:"公安机关交通管理部门制作的交通事故责任认定书应作为人民法院审理案件的依据,但当事人提供证据足以证明该责任认定与事实不符的,人民法院可根据查明的事实认定责任。"浙江高院《关于交通肇事逃逸等问题的会议纪要》(2011年3月4日)第5条:"关于交通事故认定书的性质和逃逸后的责任承担。交通肇事刑事案件中的交通事故认定书,是公安机关交通管理部门根据交通事故现场勘验、检查、调查情况和有关的检验、鉴定结果制作的一种法律文书,本质上具有证据性质。人民法院应当结合全案的其它证据综合分析,从而正确认定肇事者的责任,公正处理案件。根据我国道路交通安全法及其实施条例第九十二条规定,对肇事者不履行法定义务而逃逸的,应当推定为承担事故的全部责任。但是,有证据证明对方当事人也有过错的,可以减轻肇事者的责任。人民法院审理此类案件时,也应按此原则处理。"江西鹰潭中院《关于审理道路交通事故损害赔偿纠纷案件的指导意见》(2011年1月1日 鹰中法〔2011〕143号)第11条:"人民法院认为公安交通管理作出的交通事故认定不准确的,书面征求作出交通事故认定的公安交通管理部门的上级部门的意见,有关公安交通管理部门在收到书面征求意见的函件之日起15个工作日内未作出书面回复的,不影响案件的审理。"山东淄博中院民三庭《关于审理道路交通事故损害赔偿案件若干问题的指导意见》(2011年1月1日)第25条:"交警部门对交通事故作出的责任认定结论是确定当事人赔偿责任的重要证据,但有充分证据证明交通事故责任认定结论与事实不符的,可以根据查明的事实确定当事人的赔偿责任。"江苏高院民一庭《侵权损害赔偿案件审理指南》(2011年)第7条:"道路交通事故责任……11.交通事故责任书的效力。公安交通管理部门制作的交通事故责任认定书应作为人民法院审理案件的依据,但当事人提供证据足以证明该责任认定与事实不符的,人民法院可根据查明的事实认定责任。《江苏省高级人民法院、江苏省公安厅关于处理交通事故损害赔偿案件有关问题的指导意见》(苏高法〔2005〕282号)第14条有明确规定:'公安机关交通管理部门制作的交通事故认定书是人民法院认定当事人承担民事赔偿责任或者确定受害人一方也有过失的重要证据材料。人民法院经审查认为交通事故认定确属不妥,则不予采信,以人民法院审理认定的案件事实作为定案的依据。'"安徽六安中院《关于印发〈审理道路交通事故人身损害赔偿案件若干问题的意见〉的通知》(2010年12月7日 六中法〔2010〕166号)第27条:"公安交警部门作出的事故责任认定,一般应作为法院处理交通事故人身损害赔偿案件认定当事人责任的依据,但当事人举出充分证据证明公安交警部门作出的事故责任认定明显不当且事故责任可以依据已查清的案件事实作出清晰认定的,法院可以依据事故的具体情况重新划分当事人的责任。因机动车在公共交通道路以外的地方发生事故致人损害,以及其他原因,公安交警部门未作出责任认定的,法院可直接根据事故发生的具体情况确定当事人所应承担的责任。"江苏无锡中院《关于印发〈关于审理道路交通事故损害赔偿案件若干问题的指导意见〉的通知》(2010年11月8日 锡中法发〔2010〕168号)第26条:"【人民法院对交通事故责任的重新认定】人民法院一般应当根据公安机关交通管理部门出具的事故认定书确定事故责任,并以此作为确定赔偿责任的参考依据。公安机关交通管理部门未作事故认定,或有证据足以推翻原有事故认定的,人民法院应当调取公安机关交通管理部门事故处理的全部卷宗,询问办案民警,并依据已查明的事实,按照《道路交通安全法》、《道路交通安全法实施条例》及其他相关规定,综合运用逻辑推理和日常生活经验,对交通事故发生的事实以及各方当事人有无过错进行判断并作出认定,以确定各方当事人的民事责任。"福建高院民二庭《关于审理保险合同纠纷案件的规范指引》(2010年7月12日 〔2010〕闽民二3号)第24条:"(交通事故民事责任认定)公安机关交通管理部门对机动车之间发生交通事故的责任认定结果,经审查,人民法院可以直接作为确定当事人民事责任的依据。但当事人有充分证据证明公安机关交通管理部门对事故的责任认定结果存在错误的,人民法院可以根据重新查明的事实作为确定当事人民事责任的依据。公安机关交通管理部门对机动车与非机动车、行人之间发生交通事故的责任认定结果,人民法院不能直接作为确定当事人民事责任的依据。"山东东营中院《关于印发道路交通事故处理工作座谈会纪要的通知》(2010年6月2日)第1条:"交通事故认定书系交警部门依据法定程序所作出,具有很强的证明力,除非一方或者双方当事人有充分的反驳证据外,应当作为人民法院认定交通事故损害赔偿案件基本事实及因果关系的重要证据。如果当事人对交通事故认定书有异议,并提供充分证据证明交通事故认定书认定事实可能有误,人民法院需调取交警部门的卷宗,并可依职权调查搜集其他相关证据,在此基础上组织当事人对相关证据进行充分质证,以确定案件的基本事实。"第7条:"交警部门交通事故卷宗中的证据是人民法院审理案件的重要证据,交通事故卷宗中的事故情况、现场照片、勘验笔录、询问笔录、车辆检验报告、事故认定等证据,是交警部门依照法定程序所作出的,对于人民法院查明案件事实、正确处理案件具有很强的证明力。审判人员持人民法院调卷函及工作证到交警部门调取事故卷宗,交警部门的内勤或承办案件的民警应协助办理有关调卷手续。人民法院在案件审结后,应于15日内将卷宗退还交警部门。"江西南昌中院《关于审理道路交通事故人身损害赔偿纠纷案件的处理意见(试行)》(2010年2月1日)第16条:"公安交通管理部门作出的交通事故认定书,属于道路交通事故人身损害赔偿纠纷案件中的证据。公安交通管理部门未出具交通事故责任认定书,或者责任认定不符合《道路交通安全法》等法律规定,或者当事人有充分的证据证明交通事故责任认定书不符合客观情况的,人民法院可以根据审查认定的事实直接确定双方当事人在交通事故中应承担的民事责任。"湖南长沙中院《关于道路交通事故人身损害赔偿纠纷案件的审理意见》(2010年)第一部分第2条:"……道路交通事故认定书:作为一份民事证据来审查其'三性'——真实性、合法性、关联性,必要时可与交警部门进行沟通和联系(如询问作为第一亲历人的办案交警或调阅相关办案材料等),通常来说,道路交通事故认定书的证明效力非常高,如无足以推翻的相反证据,应予采信……"广东广州中院《民事审判若干问题的解答》(2010年)第7条:"【交通事故认定书的性质及过错的认定】交通事故损害赔偿纠纷案件中,如何理解交通事故认定书的性质,交通事故认定书未对各方的责任情况作出认定的,应当如何确定各方当事人的过错情况?答:交通事故认定书是认定交通事故中各方当事人过错的重要证据,但并非绝对的认定依据。交通事故认定书对各方的过错情况未做认定,或人民法院认为公安交通管理部门作出的交通事故认定不准确的,人民法院可以根据当事人提供的证据具体确定各方当事人的过错程度。交通事故认定书对各方的过错情况未做认定,且根据当事人提供的证据难以认定交通事故责任或当事人的过错的,人民法院可按如下规则确定当事人的民事责任:(一)机动车与机动车发生交通事故的,由事故各方承担同等民事责任;(二)机动车与非机动车驾驶人、行人发生交通事故的,由机动车方承担全部民事责任;(三)非机动车之间、非机动车与行人之间发生交通事故的,由事故各方承担同等民事责任;(四)法律、行政法规以及地方性法规有具体规定的,可以根据相应规定处理。"山东临沂中院《民事审判工作座谈会纪要》(2009年11月10日 临中法〔2009〕109号)第1条:"……(二)关于道路交通事故认定书的证据效力及异议审查问题。根据多年来的司法实践及相关司法共识,道路交通事故认定书仅具有民事证据效力。但是,交警作为相关行政专业部门,其认定结论具有较强的技术优势,人民法院原则上应予尊重,作为有效证据采纳,但个别明显不合理的事故认定除外。根据公安部《道路交通事故处理程序规定》(2009年1月1日起施行)第五十二条的规定,对于道路交通事故认定书不服的,可以申请上级公安机关复核,但人民法院已经受理案件的除外,故在人民法院受理道路交通事故案件期间,当事人对道路交通事故认定书提出异议的,原则上不予支持。但如当事人向上级公安机关申请复核,为慎重起见,可以暂时停止但不要书面或口头裁定中止案件审理,等待该上级公安机关的处理结果。如该上级机关否认原事故认定书,可参照行政前置程序的原则,等待新的事故认定书确定后,再行认定处理。"江苏南京中院民一庭《关于审理交通事故损害赔偿案件有关问题的指导意见》(2009年11月)第1条:"当事人因2004年5月1日以后发生的交通事故(包括公安机关接到报案的非道路交通事故)引起的损害赔偿纠纷提起民事诉讼的,除需符合《民事诉讼法》第一百零八条规定的起诉条件外,还应提供公安机关交通管理部门制作的交通事故认定书或其他相关证明。"第37条:"公安机关交通管理部门是处理交通事故的行政职能部门,其作出的事故责任认定结论是人民法院审理交通事故赔偿纠纷案件确定民事赔偿责任的重要证据,如无足够的相反证据,一般应认定其效力。人民法院对事故责任认定结论持有异议的,可与公安机关交通管理部门交换意见后依法确定民事赔偿责任。"福建泉州中院民一庭《全市法院民一庭庭长座谈会纪要》(泉中法民一〔2009〕05号)第20条:"在道路交通事故人身损害赔偿案件中,当事人一方对交通事故认定书不服的,是否可以申请重新认定?答:交通事故认定是交警部门的职责,目前没有规定对交通事故认定可以申请重新认定及进行重新认定的机构,故审理中应直接对事故认定书的证据效力进行审查,不应进行重新认定。一般情况下,可将交警部门作出的责任认定作为定案的依据,但如果经审查认为该责任认定程序违法或者认定结论与查明事实严重不符,不能作为定案依据的,应不予采信,而以法院查明的事实作出判决。"云南高院《关于审理人身损害赔偿案件若干问题的会议纪要》(2009年8月1日)第2条:"……交警部门的事故认定书是公安交通管理机关依据法定程序做出的现场认定,是证明道路交通事故发生的基本证据,在审理交通事故损害赔偿案件时一般应根据事故认定书确定案件的因果关系和责任比例。但有充分证据足以证明交警部门做出的交通事故认定与事实不符的,人民法院可以根据查明的事实对交通事故的因果关系和责任重新认定。"广东佛山中院《关于审理道路交通事故损害赔偿案件的指导意见》(2009年4月8日)第44条:"公安交通管理部门制作的交通事故责任认定书一般应作为人民法院审理案件的依据。人民法院经审理认为公安交通管理部门的交通事故责任认定不准确,应先书面征求作出事故责任认定的公安交通管理部门的上级部门的意见。有关公安交通管理部门在收到书面征求意见的函件之日起超过15日未作书面回复的,不影响案件的审理,人民法院以审查认定的事实作为定案的依据。人民法院有充分证据足以证明公安交通管理部门做出的交通事故责任认定与事实不符,或者适用法律不当的,可以根据查明的事实对交通事故的民事赔偿责任比例进行划分。"甘肃高院《关于对交警部门道路交通事故责任认定不服提起行政诉讼的案件法院应否受理的答复》(2009年6月10日 甘高法〔2005〕179号):"……对交警部门道路交通事故责任认定不服提起行政诉讼的案件,人民法院目前暂不宜受理。"辽宁大连中院《当前民事审判(一庭)中一些具体问题的理解与认识》(2008年12月5日 大中法〔2008〕17号)第25条:"如何采信公安部门出具的责任认定书?《道路交通安全法》第七十三条规定了交通事故认定书作为证据的性质,该认定书是法院处理交通事故损害赔偿案件、确定当事人责任的重要依据。从效力上看,认定书仅是民事诉讼证据的一种,还应当在诉讼中进行审查。法院对认定书不予采信的条件当严格掌握。在实践中可以这样把握:当事人对认定书有如下异议的,并提出相关证据证明,法院对此可以不予采信(主体有误;制作、送达程序严重违法;其所依据的证据材料采集违法或明显证据不足的;当事人有足够的证据和理由推翻该认定书)。"浙江高院民一庭《全省法院民事审判业务培训班问题解答》(2008年6月25日)第1条:"在审理交通事故损害赔偿纠纷案件中,人民法院能否根据查明事实否定公安机关所作出的事故认定书的结论? 比如交通事故中,肇事司机逃逸,交警部门因此认定其对事故负全责,但经审理发现事故双方过错明确,对该事故认定书的结论是否仍应采纳?当事人申请对事故认定书重新鉴定,或者申请法院调查收集证据,是否准许?答:(1)交警部门所作出的事故认定书,只是民事诉讼中的一种诉讼材料。当事人可以对交警部门所作出的事故认定书进行质证。事故认定书不在于确定当事人的法律责任,而仅仅是对当事人的违法行为以及违法行为与事故发生之间的因果关系及原因力等情况所作的分析。因此,人民法院经审理认为公安机关所作出的责任认定确属不妥,则不予采信,以人民法院审理认定的案件事实作为定案的依据。(2)对于逃逸的情形,可参照《道路交通安全法实施条例》第九十二条规定处理,即'发生交通事故后当事人逃逸的,逃逸的当事人承担全部责任。但是,有证据证明对方当事人也有过错的,可以减轻责任。''当事人故意破坏现场、伪造现场、毁灭证据的,承担全部责任'。(3)当事人申请对事故认定重新鉴定,不应准许,因为公安机关所作出的事故认定不是一般意义上的司法鉴定,不存在重新鉴定的问题。当事人如果不服事故认定的,可以向公安机关申诉。当事人申请人民法院调查收集证据的,人民法院可以根据案件处理的实际需要,向公安机关调取事故处理的有关材料。"四川高院民一庭《关于审理交通事故损害赔偿案件法律适用问题研讨会纪要》(2008年5月8日)第1条:"分歧不大,认识基本一致的问题。(一)关于交通事故责任认定书的审查问题。我们认为,公安交通管理部门责任事故认定书在道路交通事故人身损害赔偿案件中,仅是一份证据,其合法性、真实性和关联性应当在人民法院质证过程中进行审查已确定效力后,再结合其他证据综合使用。在审理过程中应按照民事诉讼法和证据规则的规定,对交通事故责任认定书组织双方当事人进行质证,如确有证据足以推翻交通事故责任认定书的,不应再拘泥于交警部门作出的交通事故责任认定书的结论。"江苏宜兴法院《关于审理交通事故损害赔偿案件若干问题的意见》(2008年1月28日 宜法〔2008〕第7号)第49条:"交通事故认定书,是对交通事故原因、事实的确认,一般可作为认定当事人造成交通事故后果的过错责任大小的重要证据材料,但当事人有证据足以证明其过错和违章行为与损害结果之间没有因果关系,或者其过错和违章行为对损害大小的影响程度较弱,可以另行作出过错责任认定,但改变交通事故责任认定的,须经分管院长参加的集体讨论会讨论通过。"陕西高院《关于审理道路交通事故损害赔偿案件若干问题的指导意见(试行)》(2008年1月1日 陕高法〔2008〕258号)第21条:"公安交通管理部门制作的交通事故责任认定书应作为人民法院审理案件的依据,但当事人提供证据足以证明该责任认定与事实不符的,人民法院可根据查明的事实认定责任。"湖北武汉中院《关于审理交通事故损害赔偿案件的若干指导意见》(2007年5月1日)第1条:"交通事故发生后,经过公安交通管理部门处理制作交通事故认定书(或事故认定书)或者就交通事故损害赔偿达成协议的,当事人应当提交交通事故认定书(或事故认定书)或协议书。"第2条:"公安交通管理部门制作的交通事故认定书(或事故认定书)一般应作为人民法院审理案件的依据。人民法院有充分证据足以证明公安交通管理部门做出的交通事故认定与事实不符的,可以根据查明的事实对交通事故的赔偿比例进行划分。"江西高院民一庭《关于审理道路交通事故人身损害赔偿案件适用法律若干问题的解答》(2006年12月31日)第26条:"根据《中华人民共和国道路交通安全法》第七十三条的规定,交通事故认定书是处理交通事故的证据。如果案件在起诉到人民法院后,在法庭辩论终结前,公安机关交通管理部门仍未出具交通事故责任认定书,或者内容不符合该法的规定,或者当事人有直接的证据证明交通事故责任认定书不符合客观情况的,人民法院可以根据当事人提供的证据直接确定双方当事人在交通事故中应当承担的民事责任。"江苏溧阳法院《关于审理交通事故损害赔偿案件若干问题的意见》(2006年11月20日)第6条:"《常州中院事故纪要》第一条规定'提起诉讼的,除符合《民诉法》第一百零八条规定的起诉条件外,一般应提供公安机关交通管理部门制作的交通事故认定书(或事故认定书),或无法查清事实的通知书',但发生交通事故未报案而起诉到法院的,则不能以当事人未提供认定书或通知书为由驳回起诉,可直接作出事故认定而实体下判。"广东深圳罗湖区法院《关于交通事故损害赔偿案件的处理意见》(2006年11月6日)第5条:"事故责任认定。(一)道路交通事故损害赔偿纠纷案件,交警部门依法作出《交通事故认定书》。对交警部门作出的《交通事故认定书》中的责任认定,经审理后认为是合理的,则依照该责任认定书确认的当事人的过错程度作为划分责任的依据;当事人对于《交通事故认定书》争议较大的,在审理案件时,可要求作出交通事故认定的交警部门作出书面说明或派员出庭作证。如果认为交警部门作出的《交通事故认定书》不准确的,应书面征求作出《交通事故认定书》的交警部门的上级部门的意见,如果该上级部门在15天内不作出答复或者认为答复仍然不准确的,法院可不予采信该《交通事故认定书》,以法院审查认定的事实作为定案的依据。(二)非道路交通事故损害赔偿案件,交警部门不制作《交通事故认定书》,事故责任由法院根据交警部门的现场笔录和事故具体情况作出认定。"江西赣州中院**《关于审理道路交通事故人身损害赔偿案件的指导性意见》**(2006年6月9日)第24条:"交警部门对交通事故作出的责任认定结论是确定当事人赔偿责任的重要证据。但有充分证据证明交通事故责任认定结论与事实不符的,可以根据查明的事实确定当事人的赔偿责任。"贵州高院、省公安厅**《关于处理道路交通事故案件若干问题的指导意见(一)》**(2006年5月1日)第2条:"公安机关交通管理部门适用一般程序处理交通事故时,应当按照规定查明机动车所有人、实际支配人、驾驶人的姓名、住所或实际居住地、联系方式以及机动车保险等有关详细情况,并依法及时扣留肇事机动车。机动车所有人、实际支配人、驾驶人书面申请缴纳事故责任保证金的,可予准许。在其缴纳了相当于承担全部责任时的损害赔偿数额的保证金后,公安机关交通管理部门可将检验、鉴定完毕后的机动车予以返还,但无牌证、拼装、达到报废标准等无合法来源的机动车除外。"第3条:"投保第三者责任强制保险的机动车发生交通事故造成人员伤亡,需支付抢救或尸体处理费用的,由公安机关交通管理部门应依照《道路交通安全法》第七十五条、《道路交通安全法实施条例》第九十条等有关规定通知相关保险公司或社会救助基金管理机构垫付,也可通知机动车一方垫付。保险公司、社会救助基金管理机构、机动车一方不在规定的时间内垫付的,公安机关交通管理部门应及时制作交通事故认定书送达当事人,并告知其可向人民法院起诉并申请先予执行。人民法院应依法及时立案,并裁定先予执行。"第5条:"在道路交通事故发生后,公安机关交通管理部门应依照有关规定尽快查明事故原因,确定当事人的责任,并在将扣留的机动车返还前作出交通事故认定书,送达各方当事人(含机动车所有人、实际支配人)。经调查,确实无法确定交通事故事实的,公安机关交通管理部门应在将扣留的机动车返还给当事人前,依据《交通事故处理程序规定》的相关规定制作交通事故认定书,送达各方当事人。"第6条:"因交通事故当事人处于抢救或昏迷状态无法取证,而现有证据不足以判明案件事实等特殊原因,经上一级公安机关交通管理部门批准,中止交通事故认定,提交《交通事故调查报告书》的时间相应顺延,但中止的时间最长不超过两个月。中止原因消除后,应及时提交《交通事故调查报告书》,并依法作出交通事故认定;中止时间期满后当事人仍然昏迷的,公安机关交通管理部门可参照本意见第 5 条的规定处理。"第 14 条:"当事人仅就公安机关作出的道路交通事故认定书不服,向人民法院提出诉讼的,人民法院不予受理。"第 27 条:"道路交通事故认定书是处理道路交通事故民事损害赔偿案件的重要证据材料。各方当事人对交通事故认定书责任划分未提出异议的,人民法院在审理案件时一般应当采用。当事人对交通事故认定书提出异议的,人民法院应根据庭审调查情况和已有的证据进行综合分析审查后,确定当事各方的责任划分。相关公安机关交通管理部门应积极配合人民法院的庭审调查工作。"山东高院《2008 年民事审判工作会议纪要》(2008 年 9 月)第 2 条:"……(四)关于交通事故认定书的效力问题。根据《道路交通安全法》的规定,公安交通管理部门出具交通事故认定书的行为不是具体行政行为,只是人民法院处理道路交通事故损害赔偿案件的重要证据之一,如当事人一方或者双方无相反的证据或者足以推翻其结论的理由,交通事故认定书应当成为人民法院认定案件事实的依据。当事人一方或者双方对交通事故认定书提出异议的,应当提供相关的证据或者说明理由,并承担结果意义上的举证责任。"山东高院《关于印发〈全省民事审判工作座谈会纪要〉的通知》(2005 年 11 月 23 日 鲁高法〔2005〕201 号)第 3 条:"……(十)关于道路交通事故认定书的性质问题。交通事故认定书是公安交通管理机关依据法定程序做出的,是证明道路交通事故发生的基本证据,具有较强的证明力,在没有充分反驳证据的情况下,应当根据认定书确定案件事实及因果关系。交通事故认定书对于事故原因、责任等无法做出认定的,人民法院应当根据双方的举证情况确定具体的赔偿责任。"广东深圳罗湖区法院《处理道路交通事故赔偿纠纷案件实施意见》(2005 年 10 月 14 日)第 3 条:"对交警部门作出的《道路交通事故责任认定书》中的责任认定,认为合理的,依照该责任认定确认当事人的过错程度,给受害方计算赔偿;认为不准确的,法院可不予采信,以法院审查认定的事实作为定案依据,在决定不予采信之前应征求交警部门意见,妥善处理。对交警部门作出的伤残评定,也按上述原则处理。"广东深圳中院《道路交通事故损害赔偿案件研讨会纪要》(2005 年 9 月 26 日)第 8 条:"人民法院认为公安交通管理部门作出的交通事故认定不准确,书面征求作出事故认定的公安交通管理部门的上级部门的意见,有关公安交通管理部门在收到书面征求意见的函件之日起 15 天内未作出书面回复的,不影响案件的审理。"江苏常州中院《关于印发〈常州市中级人民法院关于审理交通事故损害赔偿案件若干问题的意见〉的通知》(2005 年 9 月 13 日 常中法〔2005〕第 67 号)第 1 条:"当事人因 2004 年 5 月 1 日以后发生的道路交通事故(包括公安机关接到报案的非道路交通事故,下同)引起的人身损害赔偿纠纷提起民事诉讼的,除需符合《民事诉讼法》第一百零八条规定的起诉条件外,一般应提供公安机关交通管理部门(以下简称交警部门)制作的交通事故认定书(或事故认定书),或无法查清事实的通知书。人民法院受理交通事故损害赔偿案件后,可以向处理该案的交警部门发出调卷函或由承办法官持函调阅交警部门处理该案的全部案卷。"第10条:"交警部门是处理交通事故的专业部门,对交警部门作出的事故责任认定书,人民法院在审理交通事故赔偿案件时应作为重要的民事证据在民事诉讼中审查使用。审理中如无足够的相反证据,一般应认定其效力。对事故责任认定确有错误的,可与交警部门进行必要的联系听取意见后,依法重新确定各方的责任。"江苏高院、省公安厅《关于处理交通事故损害赔偿案件有关问题的指导意见》(2005年9月1日 苏高法〔2005〕282号 2020年12月31日被苏高法〔2020〕291号文废止)第12条:"交通事故发生后,公安机关交通管理部门应当依照有关规定查明事故原因,确定当事人的责任,及时作出交通事故认定书送达各方当事人。"第13条:"因交通事故当事人处于抢救或昏迷状态的特殊原因,无法收集当事人的证据、且无其他证据佐证交通事故事实时,经上一级公安机关交通管理部门批准,交通事故认定的时限可中止计算,但中止的时间最长不超过2个月。"第14条:"公安机关交通管理部门制作的交通事故认定书是人民法院认定当事人承担民事赔偿责任或者确定受害人一方也有过失的重要证据材料。人民法院经审查认为交通事故认定确属不妥,则不予采信,以人民法院审理认定的案件事实作为定案的依据。"浙江杭州中院《关于审理道路交通事故损害赔偿纠纷案件问题解答》(2005年5月)第3条:"如果当事人对公安机关事故责任认定有异议,是让其进行行政诉讼还是由人民法院按《道路交通安全法》的相关规定,通过审查证据直接改变?人民法院在审理道路交通事故损害赔偿案件中,若根据当事人提交的证据,有充分依据,可以不按照公安机关的事故责任认定来确定双方的责任比例。即,把公安机关的事故责任认定和民事损害赔偿责任比例分开。公安机关的事故责任认定是行政处罚的依据,而民事赔偿责任的确定还需要考虑优者危险负担原则,两者并非完全等同。"上海高院《关于贯彻实施〈上海市机动车道路交通事故赔偿责任若干规定〉的意见》(2005年4月1日 沪高法民一〔2005〕4号)第5条:"机动车之间因交通事故损害赔偿致讼的,法院可以参照公安机关交通管理部门出具的交通事故认定书中认定的事故责任,确定双方的过错大小,并据此确定双方的责任比例。"江苏高院《关于审理交通事故损害赔偿案件适用法律若干问题的意见(一)》(2005年2月24日 苏高法审委〔2005〕3号 2020年12月31日被苏高法〔2020〕291号文废止)第11条:"对于超过机动车第三者责任保险限额的赔偿部分,由交通事故当事人根据《道路交通安全法》第七十六条第一款、《省道路交通安全条例》第五十二条的规定,按照下列方式承担赔偿责任:(一)对于机动车之间发生交通事故的,由有过错的一方承担赔偿责任;双方都有过错的,按照各自过错的比例分担责任。除经过质证认定不能作为证据使用的情形以外,一般可根据公安机关交通部门的交通事故责任认定来确定交通事故当事人的赔偿责任,并参照下列比例承担……"广东高院、省公安厅《关于〈道路交通安全法〉施行后处理道路交通事故案件若干问题的意见》(2004年12月17日 粤高法发〔2004〕34号 2021年1月1日起被粤高法〔2020〕132号文废止)第7条:"在道路交通事故发生后,公安交通管理部门应依照有关规定查明事故原因,确定当事人的责任,并在将扣留的车辆返还给机动车所有人或实际支配人前作出交通事故认定书,送达各方当事人(含机动车所有人、实际支配人)。经调查,确实无法确定交通事故事实的,公安交通管理部门应在将扣留的车辆返还给当事人前,依据《交通事故处理程序规定》的相关规定制作交通事故认定书,送达各方当事人。"第18条:"当事人对于交通事故认定争议较大的,人民法院在审理案件时,可要求作出交通事故认定的公安交通管理部门作出书面说明或派员出席法庭作证。人民法院认为公安交通管理部门作出的交通事故认定不准确的,应书面征求作出事故认定的公安交通管理部门的上级部门的意见,有关公安交通管理部门应在收到书面征求意见的函件之日起15天内作出书面回复。"广东高院立案庭、行政庭《关于行政案件立案受理有关问题的意见(试行)》(2004年12月16日 粤高法立字〔2004〕第24号)第8条:"当事人对公安机关作出的道路交通事故责任认定不服起诉的,暂不予受理。"山东高院《关于审理道路交通事故损害赔偿案件的若干意见》(2004年5月1日)第1条:"自2004年5月1日起,当事人因道路交通事故损害赔偿纠纷向人民法院提起民事诉讼的,人民法院不再以道路交通管理部门作出交通事故认定书和调解终结书作为受理案件的前置条件,但一方当事人起诉时应当附有发生道路交通事故的基本证据,经审查当事人起诉符合《民事诉讼法》第108条规定条件的,人民法院应予受理。"第2条:"道路交通管理部门出具的交通事故认定书作为法定证据,是法定职能部门依据法定程序作出的,具有较强的证明力,除一方或者双方有充分的反驳证据外,应当作为人民法院认定交通事故损害赔偿案件基本事实、因果关系以及划分当事人责任的基本依据。"吉林高院《关于印发〈关于审理道路交通事故损害赔偿案件若干问题的会议纪要〉的通知》(2003年7月25日 吉高法〔2003〕61号)第2条:"当事人仅就公安机关作出的道路交通事故责任认定和伤残评定不服,向人民法院提起民事诉讼的,人民法院不予受理。"第31条:"人民法院审理因道路交通事故提起的损害赔偿案件,应将公安机关就该事故作出的责任认定书及伤残评定作为定案的证据及赔偿的依据。如果经审查认为该责任认定或伤残评定确属不妥,不予采信的,应以人民法院所查实的为准。"北京高院《关于在民事审判中正确对待〈交通事故责任认定书〉的通知》(2002年7月2日):"鉴于《交通事故责任认定书》系交通管理部门依行政职权对交通事故有关事实与责任做出的综合确认,同时交通事故责任确认关联到刑事责任、行政责任与民事责任三类责任的认定,为规范民事审判中对《交通事故责任认定书》的运用,明确司法与行政的职责划分,避免受害人一方以民事判决书的责任认定为依据要求追究交通事故肇事人的刑事责任,现提出以下两点处理原则:一、在民事审判中应将《交通事故责任认定书》作为重要证据材料使用,经审查后确定能否作为认定案件事实的依据。二、在民事判决书中不宜直接对交通事故责任予以认定,而应立足民事责任的认定,即依据民事责任归责原则将交通事故责任认定转化为民事责任认定。审判中如认为《交通事故责任认定书》认定结论不当,或者涉及案件属于依据《道路交通事故处理办法》第四十五条不具体认定交通事故责任的案件,应根据当事人的过错或法律的特别规定确定民事赔偿责任。对交通管理部门针对非道路交通纠纷形成的《事故成因分析意见》应予参考,并应根据损害发生的原因确定当事人各方应当承担的民事赔偿责任。"内蒙古高院《全区法院交通肇事损害赔偿案件审判实务研讨会会议纪要》(2002年2月)第13条:"公安机关作出的《交通事故责任认定书》是对交通事故当事人行政违章责任的划分,不应作为确认当事人过失程度、承担民事责任大小的惟一依据。人民法院在适用过失相抵规则时,经审查认为公安机关作出的责任认定确属不妥,则不予采信,由人民法院以审理认定的案件事实确定当事人的过失程度。"第14条:"在适用过失相抵规则判断交通事故当事人过失程度及赔偿责任比例时,对公安机关作出的《交通事故责任认定书》的证据效力按以下原则掌握:(1)机动车辆之间发生的交通事故,可以将公安机关认定的事故责任比例作为判断双方过失比例的依据。(2)机动车辆与行人或非机动车之间发生的交通事故中,不能将公安机关认定的事故责任比例作为双方过失比例相抵的惟一依据,而应结合侵权行为的具体情形,按照优者负担、照顾弱者的原则合理相抵,相应减轻加害方的责任。受害人如年满70周岁,或不满10周岁,或系残疾人,不能适用过失相抵规则。"北京高院《关于办理各类案件有关证据问题的规定(试行)》(2001年10月1日 京高法发〔2001〕219号)第83条:"道路交通事故赔偿纠纷案件,如果当事人有相反证据能够证明公安机关作出的道路交通事故责任认定和伤残评定是不正确的,该责任认定和伤残评定不能作为认定案件事实的证据。"河南高院《关于审理道路交通事故损害赔偿案件若干问题的意见》(1997年1月1日 豫高法〔1997〕78号)第2条:"当事人仅就公安机关作出的道路交通事故责任认定和伤残评定不服,向人民法院提起民事诉讼的,人民法院不予受理。"第19条:"人民法院审理因道路交通事故提起的赔偿案件,一般情况下,应当将公安机关就该事故作出的责任认定及伤残评定作为定案的证据及赔偿的依据。如果经审查认为该责任认定或伤残评定确属不妥,则不予采信,而以人民法院所查实的为准。"广东高院、省公安厅《关于处理道路交通事故案件若干具体问题的通知》

(1996年7月13日 粤高法发〔1996〕15号 2021年1月1日起被粤高法〔2020〕132号文废止)第5条:"道路交通事故发生后,公安交通管理部门应依照《办法》和《道路交通事故处理程序规定》等有关规定,查明事故原因,在规定的期限内作出责任认定,制作《道路交通事故责任认定书》(以下简称事故责任认定书),对不属于任何一方当事人违章行为造成的事故,及时作出书面结论,并将事故责任认定书或者书面结论及时送交各方当事人。"第6条:"人民法院在审理案件时认为公安交通管理部门作出的交通事故责任认定不准确的,在决定不予采信之前,应征求公安交通管理部门的意见,妥善处理。"

**6. 地方规范性文件。**西藏自治区《道路交通安全条例》(2023年1月18日修正实施)第49条:"在道路上发生交通事故,造成交通事故的车辆驾驶人应当立即停车保护现场,并立即抢救伤员,迅速报告公安机关交通管理部门;公安机关交通管理部门接到交通事故报警后,应当及时赶赴现场、处理事故、尽快恢复交通;乘车人、过往车辆、行人应予以协助。"第54条:"道路交通事故当事人对公安机关交通管理部门做出的交通事故认定有异议的,自接到公安机关交通管理部门送达的交通事故认定书之日起七个工作日内,可以向上一级公安机关交通管理部门提出书面复核申请。公安机关交通管理部门收到申请人的书面复核申请后,应当在五日内做出是否予以受理的决定,并告知申请人;对已受理的复核申请,应当在三十日内做出复核结论,并书面告知申请人。"云南省《道路交通安全条例》(2022年11月30日修正实施)第60条:"因交通事故当事人处于抢救或者昏迷状态等特殊原因,无法收集证据,且现有证据不足以认定案件事实的,经上一级公安机关交通管理部门批准,可以中止交通事故认定时限。中止原因消除后,应当在10日内作出交通事故认定。"第61条:"投保交通事故责任强制保险及商业车损险的车辆发生交通事故仅造成自身车辆单方财产损失且未损坏公共设施的,或者仅造成财产损失且各方财产损失都在5000元以内的,当事人应当在确保安全的前提下对现场拍照或者标划事故车辆现场位置后,及时撤离事故现场,将车辆移至不妨碍交通的地点进行协商,由当事人按照保险合同约定向其投保的保险公司报案并索赔,保险公司应当依法及时理赔。公安机关交通管理部门可以不再作出交通事故认定。除公安机关交通管理部门要求外,任何单位和个人不得以任何理由阻碍车辆撤离交通事故现场。"江西省公安厅《关于印发〈江西省道路交通事故责任认定规则〉的通知》(2015年11月27日 赣公字〔2015〕184号)第7条:"公安机关交通管理部门应当在查明交通事故事实的基础上,确定当事人的过错行为,全面分析其过错行为与事故发生或事故后果扩大的因果关系,并根据当事人的过错行为对发生交通事故所起作用的大小以及过错的严重程度,认定当事人的责任。"第8条:"交通事故当事人的过错行为既包括违反道路交通安全法律、法规、规章的违法、违规行为,也包括与事故发生或事故后果扩大有因果关系的其他过错行为。"第19条:"遇有特殊情形的疑难复杂交通事故,依据本规则认定当事人责任不能体现公正的,报请上一级公安机关交通管理部门同意后,由上一级公安机关交通管理部门组织专家研究,根据交通事故当事人的行为对发生交通事故所起的作用以及过错的严重程度,认定当事人的责任。"第9条:"确定当事人的过错行为与交通事故发生之间有无因果关系,应当以一般安全原则和道路通行规定作为判断标准,查证交通事故发生的全过程,分析引起交通事故发生或导致事故后果扩大的原因,确定因果关系。"第10条:"判定交通事故当事人过错行为对发生交通事故所起作用大小以及过错的严重程度,应当以当事人过错行为引发交通事故的危险性和避让避免的可能性作为依据。当事人过错行为具有突然性、主动性的作用大;当事人过错行为具有稳定性、被动性的作用小;不具有安全驾驶能力或者存在重大安全隐患,对于应当避免的交通事故未能避免的作用大,难以避免的作用小。"第11条:"交通事故当事人具有下列情形之一的,可以认定当事人的过错行为对发生交通事故所起作用较大:(一)侵犯对方通行权或先行权的;(二)与对方临近时突然改变通行状态,造成对方难以避让的;(三)主动逼近对方,造成对方难以及时发觉或难以被动避让的;(四)明知危及交通安全的险情出现后,仍然冒险或强行通行的。"第13条:"因两方(或两方以上)当事人的过错行为共同导致交通事故的,其过错行为在事故中所起作用较大的,认定为主要责任;其过错行为在事故中所起作用较小的,认定为次要责任。"第14条:"因两方(或两方以上)当事人的过错行为共同导致交通事故的,其过错行为在事故中作用基本相当的,认定为同等责任。"广东省《道路交通事故责任认定规则(试行)》(2008年10月1日)第3条:"除法律法规特别规定的情形外,公安机关交通管理部门应当依据交通事故当事人交通违法行为对发生交通事故所起的作用大小和过错的严重程度确定其事故责任。"第5条:"根据通常情形下当事人交通违法行为引发交通事故的危险性大小,将道路交通违法行为分为严重过错行为(以下简称A类行为)和一般过错行为(以下简称B类行为)。A类行为是指制造了发生交通事故的危险且危险性较大,难以被对方及时发现和避让的行为;B类行为是指制造了发生事故的危险但是危险性较小、对方能够提前发现和避让,或者仅仅提高了发生交通事故的危险,或者只是加大交通事故损害后果的行为。A类行为和B类行为由《广东省道路交通事故当事人交通违法行为分类表》具体列举。"第6条:"公安机关交通管理部门应当在查明案件事实、判断当事人交通违法行为与交通事故具有因果关系的基础上,确定其交通违法行为所属过错行为类型,并依据本条规定确定当事人交通事故责任。因一方当事人的过错行为导致交通事故的,确定为全部责任。因双方当事人的过错行为导致交通事故的,依照以下规则确定当事人责任:(一)一方当事人有A类过错行为,另一方当事人仅有B类过错行为的,具有

A类过错行为方承担主要责任,另一方承担次要责任。(二)双方当事人在交通事故中均有A类或均仅有B类过错行为的,各承担同等责任。(三)当事人具有两种以上过错行为的,仅以其中作用大的一类适用上述(一)(二)项规定确定当事人责任,但各种过错行为均应当在交通事故认定书中载明。"第7条:"机动车驾驶人具有未取得机动车驾驶证、饮酒、醉酒、过度疲劳、服用国家管制的精神药品或麻醉药品驾驶机动车,或者驾驶超过强制报废期、非法组装、拼装的机动车等交通违法行为的,根据已有证据无法判断其上述违法行为与交通事故有因果关系时,依据以下原则加重当事人责任:(一)一方当事人有上述过错行为之一的,加重其一档责任;但加重责任方已确定为主要或全部责任的,不再加重其责任。(二)双方当事人同时具有上述过错行为之一的,均不加重责任,但至少应承担事故的次要责任。根据已有证据能够证明当事人上述违法行为与交通事故没有因果关系时,不适用上款规定加重当事人交通事故责任。"第9条:"交通事故案件事实清楚,各方当事人交通违法行为对交通事故作用大小明确,但一方当事人有本规则第八条(一)、(二)项规定情形的,应在认定书中载明各方当事人的违法行为,并按照第十条(一)、(二)项规则适用相关法律法规认定责任。案件事实虽不清楚,但部分事实已经查明的,应当载明已经查清的事实。"第12条:"县级公安交通管理部门认为具体案件中适用本规则第六条规定确定各方当事人责任显失公平的,由办案单位提出事故认定意见并报地级以上市公安交通管理部门审核或组织讨论。县级公安交通管理部门认为具体案件中当事人的交通违法行为所起作用大小与广东省道路交通事故当事人交通违法行为分类表所规定的类型不一致,需要改变其过错行为类型的,应当报地级以上市公安交通管理部门审核或组织讨论。遇有《广东省道路交通事故当事人交通违法行为分类表》未列入的过错行为造成交通事故的,由办案机关按照本规则第五条规定确定其行为所属的过错行为类型,并依照本规则第六条规定确定当事人责任。"江苏省公安厅交通巡逻警察总队《关于印发〈江苏省道路交通事故当事人责任确定规则(试行)〉的通知》(2006年3月15日 苏公交〔2006〕28号)第3条:"对当事人的过错行为,根据其在交通事故中的形态特征和所起作用,分为主动型、被动型、缺失型三类(见附件):(一)主动型行为是与对方临近时突然改变运动状态,或者主动逼近对方,造成对方难以避让的严重过错行为,在交通事故中起主要以上作用。(二)被动型行为是处于持续稳定运动或者静止状态,对方能够采取措施避让的一般过错行为,在交通事故中起次要作用或者不起作用。但是静止状态的被动型行为难以被对方及时发现的,起主要以上作用。(三)缺失型行为是不具有安全驾驶能力或者存在安全隐患的过错行为。缺失型行为对于应当避免的交通事故未能避免的,起主要以上作用;难以避免的,起次要作用或者不起作用。评判缺失型行为对于交通事故的发生是否应当避免、静止状态的被动型行为能否被对方及时发现,应当以法律法规对安全驾驶的要求和一般驾驶人的安全驾驶能力作为依据。"第4条:"公安机关交通管理部门应当在现场勘查、调查取证、检验鉴定的基础上,根据查明的交通事故事实和当事人过错行为,依照本规则第三条规定确定当事人过错行为所属类型和作用大小。当事人同时有两种以上过错行为,以其中作用大的一类行为作为确定当事人责任的依据。但是其他过错行为应当在交通事故认定书中载明。"甘肃高院《关于对交警部门道路交通事故责任认定不服提起行政诉讼的案件法院应否受理的答复》(2005年6月10日 甘高法〔2005〕179号):"……对交警部门道路交通事故责任认定不服提起行政诉讼的案件,人民法院目前暂不宜受理。"

**7. 最高人民法院审判业务意见。**● 对交通事故形成原因的举证责任应由谁来承担?最高人民法院民一庭意见:"公安交通管理部门出具的'交通事故认定书'是人民法院处理交通事故损害赔偿案件的重要证据之一,如当事人一方或者双方无相反的证据或者足以推翻其结论的理由,'交通事故认定书'应当成为人民法院认定案件事实的依据。在因交通事故引发的损害赔偿案件中,当事人应当根据《道路交通安全法》的规定,对各自的主张分别承担举证责任,公安交通管理部门对交通事故中待证事实的真伪不承担举证责任。当事人一方或者双方在民事诉讼中对'交通事故认定书'提出异议的,应当提供相反的证据或理由,并承担结果意义上的举证责任。"○ 交警部门对交通事故责任认定有误,法院能否直接重新划分责任?最高人民法院民一庭《民事审判实务问答》编写组:"关于人民法院在审理因道路交通事故引起的民事赔偿案件中,发现公安机关作出的道路交通事故责任认定有误,能否根据查明的事实予以认定问题,1992年12月1日最高人民法院、公安部《关于处理道路交通事故案件有关问题的通知》第4条中作出了明确的答复:'当事人对作出的行政处罚不服提起行政诉讼或就损害赔偿问题提起民事诉讼的,以及人民法院审理交通肇事刑事案件时,人民法院经审查认为公安机关所作出的责任认定、伤残评定确有不妥,则不予采信,以人民法院审理认定的案件事实作为定案的依据'。联合通知的上述规定符合民事诉讼法基本原则。根据《民事诉讼法》第6条、第7条规定的精神,民事案件的审判权由人民法院行使。人民法院依照法律规定对民事案件独立进行审判,认定案件事实,确定当事人的责任是人民法院民事审判中不可缺少的重要部分,是正确适用法律、保护当事人合法权益的前提条件。如果人民法院在审理民事案件中,不能独立地认定案件事实,确定当事人之间的责任分担,而要以其他部门确认的责任作为事实依据,就违反了民事案件审判权由人民法院独立行使这一民事诉讼法的基本原则,也不利于维护当事人的合法权益。公安机关所作出的责任认定书属于案件证据材料之一,人民法院经审查认为确属不妥则不予采信,以人民法院审理认定的案件事实作为定案的依据。人民法院在审理案件时认为公安交通管理部门作出的交通事故责任认定不准确的,在决定不予采信之前,可征求公安交通管理部门的意见,妥善处理。"

**8. 参考案例。**①2007年北京某保险合同纠纷案,2016年,郭某车辆起火,事故认定书认定车辆碰撞高速路护栏后起火。保险公司委托鉴定机构作出的鉴定意见为"排除发生碰撞事故引发车辆本身起火的可能"。2017年,郭某诉请保险公司依事故认定书认定赔偿200万余元,保险公司主张按直接碰撞损伤的公估结果26万余元进行赔付。法院认为:交通事故认定书只是作为郭某请求保险公司支付保险金的初步证据,但属于可推翻证据;一方当事人自行委托鉴定机构作出的鉴定意见书属于书证一种,并非不可采信。最高人民法院《关于民事诉讼证据的若干规定》第28条规定:"一方当事人自行委托有关部门作出的鉴定结论,另一方当事人有证据足以反驳并申请重新鉴定的,人民法院应予准许。"其中"一方当事人有证据足以反驳",法院可依《司法鉴定程序通则》中对司法鉴定的程序性要求,从鉴定程序形式合法性角度进行审查。本案中,交通事故认定书中记载"A车右前部与右侧护栏相撞后起火"只是一种客观描述,并未明确认定碰撞与起火之间具有因果关系。在保险公司提交了鉴定中心出具的鉴定意见书后,郭某无证据足以反驳且在审理中未提出重新鉴定申请,故保险公司提交的鉴定意见书中"排除发生碰撞事故引发车辆本身起火的可能"的结论,应予采信。根据保险公司提交的公估报告,本案车辆因碰撞造成的损失为26万余元,郭某提交的证据不能证明公估报告定损存在不合理之处,故郭某认为公估报告不具有公信力和公正性理由不能成立。判决保险公司支付郭某保险金26万余元。②2017年天津某交通事故纠纷案,2016年,刘某驾车撞伤骑自行车的张某,交警认定同等责任。刘某以案外停放车辆影响其驾驶为由,要求追加案外车辆所有人为被告。法院认为:交管部门作出的道路交通事故认定书,是道路交通事故案件中据此查明事实和划分责任的重要依据,应作为民事诉讼证据使用。当事人若对该事故认定书不服,法院应在审理案件中对该事故认定书及其所采用的视听资料、证人证言、勘验笔录、鉴定结论等证据一并进行实质审查。当事人若无确实、充分的相反证据证明道路交通事故认定书所采信的证据有误,则不能推翻事故认定书已认定的结论。本案中,交管部门出具的道路交通事故认定书认定事实清楚、适用法律正确、划分责任明确,刘某虽有异议,但其所举证据不足以推翻上述认定书,该认定书可作为确定本案民事责任依据。因刘某所驾车辆投保交强险,故对张某损失,保险公司应首先在交强险责任限额内先行赔付,不足部分,由刘某承担60%赔偿责任。因事发时案外车辆处于停放静止状态,且系在停车场正常停放,并未参与张某与刘某之间道路交通,不属于交强险意义上的无责车辆,故对刘某所提追加案外车辆所有人申请,不予准许。判决保险公司在交强险限额范围内赔偿张某11万余元,超出限额部分,由刘某按60%责任比例赔偿张某3万余元。③**2015年广东某保险合同纠纷案**,2010年,陈某投保车辆肇事,并称系其妻子厉某驾驶,事故认定书据此认定厉某全责。保险公司以报警电话、厉某与陈某电话清单等证据证明实际驾驶人为陈某,并怀疑系酒驾而拒赔致诉。法院认为:涉案交通事故发生后,陈某本人致电保险公司,明确陈述事故发生时驾驶人为陈某。此后陈某否认其为驾驶人,但并未对此作出合理解释,先称报险时其在睡梦中,迷迷糊糊,又称报险时在与朋友聊天,其解释前后矛盾,有悖常理,不足采信。厉某电话清单显示,事故发生后至陈某报险前,陈某曾致电厉某,并无厉某致电陈某记录,与厉某所称事故发生后其致电陈某要求其报险的陈述不符。此外,厉某与陈某均陈述,事发时陈某在睡觉,未到现场协助处理事故,由陈某通知其亲属到现场。据电话清单反映,事发期间,陈某与厉某通话高达12次,其中九次由陈某致电厉某,反映陈某对事故处理进展十分关心。在保险公司工作人员明确要求陈某到场情况下,陈某以睡觉为由不到现场协助处理亦有悖常理。涉案事故认定书记载,事故发生时司机为厉某,但据保险公司所作询问笔录反映,陈某及厉某均陈述事故发生时交警并未到现场,是由陈某及厉某到交警部门处理事故,因无第三方在场,涉案事故认定书只是依陈某及厉某陈述作出,在有相反证据情况下,不能仅凭该事故认定书认定涉案事故发生时厉某为驾驶人。在保险公司调查涉案事故时,陈某及厉某均陈述事发时交警未到现场处理,陈某事后称交警在事故发生后20~30分钟后到现场,但并未提供相应证据。陈某上述陈述前后矛盾,反映陈某在诉讼过程中缺乏诚信。综上所述,根据陈某报险时的陈述并结合全案证据,<u>应认定涉案事故发生时驾驶人为陈某</u>。《保险法》第5条规定,保险活动当事人行使权利、履行义务应当遵循诚实信用原则。保险合同所确定的最大诚信原则,要求投保人在发生约定的保险事故时履行如实告知义务,不得有隐瞒、欺骗等行为。双方当事人所签保险条款明确规定,<u>驾驶人故意破坏现场、伪造现场、毁灭证据的,保险人不负有赔偿责任</u>。本案中,陈某驾驶涉案车辆发生事故后,故意调换驾驶人,在保险公司明确要求陈某到现场处理时仍拒绝到事发现场,致使保险公司无法查清事发时驾驶人是否存在酒驾等不予赔偿情形,对此,应由陈某承担不利法律后果。本案具体情况符合保险条款规定的保险人不负责赔偿情形,判决驳回陈某诉请。④**2014年广东某保险合同纠纷案**,2011年,杨某报案称在丁字路口越线拐弯时与陈某车辆碰撞。交警据此作出事故认定书,认定杨某全责。杨某、陈某车辆损坏,分别产生修理费2万余元、4万余元。杨某向保险公司索赔时,保险公司发现事故疑点,并申请鉴定,<u>结论显示陈某车辆头部车身前表面碰撞肇事痕迹,不是与杨某车头部车身相碰撞而形成</u>。法院认为:最高人民法院《关于适用〈保险法〉若干问题的解释(二)》第18条规定:"行政管理部门依据法律规定制作的交通事故认定书、火灾事故认定书等,人民法院应当依法审查并确认其相应的证明力,但有相反证据能够推翻的除外。"本案中,杨某向保险公司申请保险理赔,应以发生保险合同约定的保险责任范围内保险事故为前提,但结合案件实际,能支持杨某所称发生保险事故的主要证据为事故认定书。由于交警是事后才到达现场,且事故双方当事人无争议,故事故认定书易受当事人陈述影响,因此应结合其他证据来综合认定。依司法鉴定中心所作司法鉴定检验报告书,认为陈某车辆头部车身前表面碰撞肇事痕迹,不是与杨某车头部车身相碰撞而形成。鉴定专家在庭上解释了鉴定过程和方法,并具体说明陈某车辆痕迹是从前往后撞击造成,不是垂直撞击造成;杨某车头引擎盖左前角上表面有条状痕迹,但陈某车无条状痕迹部位;两车破损不是在同一起交通事故两车相应部位相撞形成。司法鉴定中心是具有痕迹鉴定资质的鉴定机构,其鉴定人员具有相应专业知识,且鉴定人员在庭上解释具有说服力,鉴定报告具有客观性和公正性,应予采信。同时,经审核本案其他证据,杨某陈述和事故现场存在以下可疑和不合理之处:第一,根据杨某陈述,"杨某驾车到了正果镇路段看到一条大路就快速行了过去右转",但根据现场照片和道路交通事故现场图中两车停放位置,杨某车辆越过路中间线在道路左侧,车头偏左。根据驾驶习惯,车辆靠右侧行驶,如车辆要右转弯,应在道路右侧,且车头应偏右。即使车辆是垂直进入大路与左侧陈某车辆相撞,车头亦会被撞至偏右,不应偏左。第二,现场为一丁字路口,视野较好,夜间行车在正常情况下能注意到对方车灯,且根据常理,两车在即将相撞时驾驶员会下意识采取紧急制动措施,但现场未见两车有刹车痕迹。第三,即使杨某是在丁字路口左转弯进入大路,在两车车速很快且未采取刹车措施情况下相撞,由于车辆行驶惯性,两车相撞后会偏离原来行驶方向和碰撞地点,但现场照片和道路交通事故现场图显示两车在丁字路口垂直停放,既未偏离原来行驶方向,亦未偏离杨某所称碰撞地点,与物体运动规律不符。第四,根据现场照片显示,双方车辆损毁严重,车灯缺失,保险杠破损,但现场未见任何碰撞碎片和遗落零件,与常理不符。第五,保险公司在交警停车场拍摄照片显示,双方车辆前挡玻璃均破裂,且陈某车辆前挡风玻璃驾驶员位置往外凸出破裂,应系受到驾驶员头部猛烈撞击所致。在如此猛烈撞击下两车驾驶员未受伤,存在可疑之处。在法院多次要求下,杨某不到庭接受询问及作出解释,亦未提供其他证据证实其所陈述事实,有违《保险法》第5条"保险活动当事人行使权利、履行义务应当遵循诚实信用原则"规定,故认定杨某应承担不能充分查清事故原因及性质的法律后果。综上所述,应认定陈某车头部车身前表面碰撞肇事痕迹,不是与杨某车头部车身相碰撞形成。杨某未能提供足够证据证实发生了其所诉称保险事故,保险公司不承担赔偿责任,判决驳回杨某诉请。⑤2013年广东某交通事故纠纷案,2012年某晚,梁某下班骑摩托车回家途中,被垂落电线绊倒。当晚回家后出现脑疝,交警接到报案后做了现场勘查,认定路侧电线杆系鸡场业主欧某架设、欧某当天雇人接驳过电线、摩托车下落不明、梁某脖子有三条勒痕,"凭现有证据,无法查清事故发生地点及成因"。就医疗费10万余元,梁某诉请欧某及供电局共同赔偿。法院认为:本案虽只有一个目击证人,但证人证言与交警现场勘验及拍摄现场照片,以及法院现场勘验相吻合,故对证人证言予以采信。况且欧某在庭审中对交警现场照片有关电线接驳口指认位置和欧某雇请线路人员在法院现场勘验时指认电线接驳口位置,将交警现场照片与现场可见参照物对比,可与勘验现场景象吻合,故可肯定事故发生当天在勘验现场确实有电线断掉过,并由人重新接驳。虽欧某指认另一个接驳口所在地,但该地点无法与其在庭审中指认现场照片及接驳人在勘验现场指认现场相片相吻合,故欧某所指认并非事发时现场。欧某未提供证据证明梁某在此期间发生过其他事故,而梁某提供的证据能够形成较为完整的证据链,可证明其在案涉路段被电线绊倒致伤,即本案事故发生现场和原因可确定。欧某作为电线产权人,依法应尽到完全的管理义务,对于从线杆上脱落电线未及时处理,负有疏于监督检查过错,是造成本案事故主要原因,对于梁某损失应依法承担主要责任。供电局虽非电线产权人,但作为供电企业未落实用户安全生产责任,特别是未针对类似欧某户这样供电线路较长用户制定明确的安全巡查制度,未督促用户做好安全用电措施,负有疏于督促检查过错,是造成本案事故原因之一,对于梁某损失依法应承担相应责任。梁某驾驶二轮摩托车在道路上行驶,未注意路面情况,遇事采取措施不当,操作失误,未及时避险,对于自身受到伤害亦有过错,应减轻对方当事人民事责任。考虑到本案实际情况,酌定欧某承担赔偿梁某60%责任,供电局承担10%责任,梁某自负30%责任。由于欧某与供电局侵权行为无共同意思联络,虽造成同一损害,但能确定责任大小,应各自承担相应责任。判决欧某赔偿梁某5万余元,供电局赔偿梁某9000余元。⑥2012年河南某交通事故纠纷案,2012年,张某驾驶摩托车因与周某驾驶摩托车相撞致10级伤残,双方皆系无证驾驶无牌车辆,该事故未经交警处理。张某事后起诉周某赔偿各项损失4万余元。法院认为:《道路交通安全法》第76条规定:"机动车发生交通事故造成人身伤亡、财产损失的,由保险公司在机动车第三者责任强制保险责任限额范围内予以赔偿;不足的部分,按照下列规定承担赔偿责任:(一)机动车之间发生交通事故的,由有过错的一方承担赔偿责任;双方都有过错的,按照各自过错的比例分担责任……"本案中,因双方发生交通事故均未报警,导致事故责任无法查清,依法推定双方负该事故同等责任。本案应认定的赔偿项目及数额包括医疗费、今后治疗费、误工费、护理费、营养费、住院伙食补助费、伤残赔偿金、交通费等共计4万余元。张某诉请精神损害抚慰金,因其无证驾驶无牌号车辆,负此事故同等责任,该项诉请不予支持,判决周某赔偿张某损失2万余元。⑦2011年四川某交通事故纠纷案,2011年,杨某驾车撞伤行人陈某致7级伤残。现场交警出具交通事故证明书,确认杨某事后将车移至路边,杨某所驾车挡风玻璃左侧有直径约为70厘米的凹陷撞击痕迹,但未作出责任认定。法院认为:《道路交通安全法》第73条规定:"公安机关交通管理部门应当根据交通事故现场勘验、检查、调查情况和有关的检验、鉴定结论,及时制作交通事故认定书,作为处理交通事故的证据。"故法院在案件受理过程中对于事故认定书由当事人进行质证,对于其真实性、合法性、关联性进行审查,如法院认为责任认定书事实根据、法律适用、伤残认定等确属有误,即可直接作出不予认定决定,通过庭审认定事实进行事故责任划分。公安机关虽未对本案事故责任作出认定,但在交通事故证明书中确认杨某事后将车移至路边,该确认说明与陈某发生碰撞时,杨某驾驶车辆未在路边而在路中心机动车道内、杨某移车行为非公安机关不能作出事故责任的原因。从交通事故造成后果分析,杨某所驾车挡风玻璃左侧有直径约为70厘米的凹陷撞击痕迹,该事实说明陈某是在杨某所驾车左侧与杨某所驾车发生碰撞,根据上述分析,结合公安机关制作的事故现场图纸上没有人行横道线的事实,应认定:陈某是在没有人行横道线情况下,在道路中心的机动车道内与杨某所驾车发生碰撞,据此,应认定对于事故发生,陈某有过错;发生事故时是冬天夜晚、天正下雨、路面有积水、天色昏暗,杨某未尽到观察仔细、安全谨慎驾驶义务,造成与陈某碰撞,杨某有过错;关于事故责任划分,杨某应负事故主要责任、陈某应负次要责任。判决保险公司支付陈某交强险赔偿款11万元,杨某赔偿陈某14万余元。⑧2011年浙江某交通事故损害赔偿案,2011年1月,吴某无证驾驶车辆与张某驾驶的车辆碰撞致张某死亡,交警认定吴某、张某分负主、次责任。张某近亲属起诉后,交通队复核认定改为同等责任。法院认为:道路交通事故认定书应属于民事证据的一种,人民法院应当对认定书的关联性、合法性和客观性进行审查。交通队受理道路交通事故认定复核申请及作出复核认定均是在法院受理本案之后,违反法律规定,且前后两份事故认定书描述事故经过、所依据的证据、法律规定均为一致,复核认定书改变原认定书的结论依据不足。从本案道路交通事故发生的实际情况看,吴某为无证驾驶,夜间行车速度过快,在驾车时亦未注意观察道路情况,应负事故的主要责任;而受害人张某系在通过无交通信号指示灯、无交警指挥的交叉路口时,未按交通标识行驶,未及时避让吴某车辆,责任相对较轻,应负事故的次要责任。法院采信原原道路事故认定书作为本案认定事实的依据,即吴某应负事故主要责任,并承担主要的民事赔偿责任,故判决吴某承担60%的赔偿责任。⑨2007年内蒙古某交通事故损害赔偿案,2005年,关某驾驶货车因故障停在路边,截住曲某货车求援,正巧货车后面由郑某驾驶的客车遇前方二车停止情况后,采取紧急措施,将路边的靳某撞伤致死。交警认定郑某弯道超速行驶负全部责任。郑某认为关某、曲某亦应负相应责任。法院认为:交通事故认定书作为处理交通事故的证据,是允许当事人在道路交通事故损害赔偿调解或诉讼中,就其作为证据的真实性、可靠性和科学性提出疑问,如有其他证据可推翻,法院不应采用该认定书作为证据。关某、曲某虽对靳某死亡无共同故意或共同过失,但在关某截车寻求帮助、曲某驾车缓行至关某车辆旁时,客观上造成了道路堵塞。郑某为避免车辆相撞,同时也因车速较快,无奈之下采取紧急措施将车辆驶入路下造成靳某死亡后果,关、曲分别实施的截车、缓行行为间接结合,也是此次事故的一个原因。其中关某原因力比例较大,二人已构成多因一果,应按原因力比例各自承担相应赔偿责任。⑩**2004年江苏某行政处罚案**,2004年8月,蔡某驾驶大客车发生交通事故。公安局以涉嫌交通肇事罪立案侦查,交警队认定蔡某负主要责任,并随后作出吊销蔡某驾驶证行政处罚。法院认为:<u>交通肇事吊销驾驶证应以定罪为前提</u>。蔡某肇事尚处于涉嫌犯罪阶段,不能认定已构成犯罪,交警队处以吊销驾照处罚认定事实证据不足。⑪**2005年湖北某交通事故损害赔偿案**,2004年11月,谢某未戴安全帽无证驾驶无牌摩托车,夜间撞到建筑公司未经批准施工占道脚手架上致重伤,交警认定谢某负主要责任、建筑公司负次要责任。谢某诉讼中提出责任认定遗漏建筑公司夜间未设置灯光照明标志。法院认为:<u>交管部门制作的事故认定书是法院审理道路交通事故人身损害赔偿案确定交通事故双方当事人所应承担责任比例的重要依据,但其只是证据的一种形式,法院在审理中如有充分证据证实该认定书所采信的事实有疏漏或责任认定明显不当,可予纠正</u>。建筑公司未经交管部门批准占道施工,在施工现场晚上未设置灯光照明等明显标志,是发生事故造成谢某受伤的重要原因,然而交通事故认定书中遗漏建筑公司该违法事实,故法院重新划分责任比例,确定双方承担同等责任,各负担一半损失。⑫**2003年江苏某事故责任认定案**,2001年,苏某驾驶的货车与赵某驾驶的车辆相撞,造成2死6伤的重大交通事故。公安以涉嫌交通肇事罪刑事立案后,交警认定苏某负主要责任,赵某负次要责任。苏某不服申请重新认定,被维持原认定结论。法院认为:案涉责任认定书,不同于一般的道路交通事故责任认定。它是公安机关在查明苏某违章肇事,致二人死亡,负事故主要责任情况下,在依法作出刑事案件立案决定后,为进一步查明苏某涉嫌交通肇事犯罪事实,而作出的责任认定,已成为公安机关刑事侦查行为中一个重要组成部分。根据《刑事诉讼法》和最高人民法院《关于审理交通肇事刑事案件具体应用法律若干问题的解释》的有关规定,人民法院在对涉嫌交通肇事犯罪案件的审理过程中,必须对犯罪嫌疑人是否负事故全部或者主要责任进行审查,而这一审查的重点就是公安机关的交通事故责任认定书。故<u>不能将进入刑事程序的交通事故责任认定书纳入行政诉讼受案范围进行审查并作出判决</u>。苏某认为被诉的交通事故责任认定书侵犯了自己的合法权益,可以通过在刑事诉讼中行使自己相关的权利,获得救济,而非提起行政诉讼。⑬**2001年四川某事故责任认定案**,2000年9月,罗某之子康某驾驶农用车途经桥面施工段时,为躲避路面堆放的炭渣翻车,导致康某与乘车人李某死亡。交警认定康某因措施处置不当导致翻车应负全责,李某不负事故责任。罗某不服该责任认定。法院认为:案涉事故发生时桥面堆放炭渣,桥面是否属于整修范围,是否准许堆放炭渣,堆放炭渣而不设立安全标志和防围设施是否合法,这种行为与事故是否有直接因果关系,交警队既未认定亦未排除,故该责任认定事实不清。⑭2001年河南某事故责任认定案,2001年4月,张某驾驶公交车驶出站点时,正超车的杨某驾驶的出租车撞上前面骑自行车的李某,李某倒地后被公交车轧伤死亡。交警认定杨某负全责,杨某不服,重新鉴定改为张某、杨某负同等责任。张某不服。交警队称重新认定中公交停车位置离道沿1米左右误为距站牌1米左右。法院认为:案涉交通事故责任重新认定决定书,认定张某驾驶公交车停车位置离站牌有1米左右,经现场测量站牌距离道沿1.05米。显而易见,交警队在重新认定决定书中用文字中记载的这一事实与现场测量矛盾。庭审中,交警队将其辩称为因校对错误,将"道沿"误定为"站牌",更进一步说明文字叙述不清,属于认定事实不清。⑮2001年福建某事故责任认定案,2000年,李某驾驶小客车与相向驾驶摩托车的邱某距离30米时,邱某因变道逆行,与他人车辆相撞身亡。交警队重新认定时认为李某占道行驶,邱某占道行驶、无证驾驶、违章载人,二人负同等责任。李某对该认定不服。法院认为:现场勘验简图和照片证实,李某在发现险情前虽有占道行驶行为,但该行为不会使相向驾驶摩托车的邱某认为前行无路,从而采取进行逆行车道的避险措施。邱某无证驾驶,驾驶技术不熟练影响其作出正确判断,又因摩托车严重超载,邱某无法把握车辆行驶正确方向,从而发生事故。本次事故中,邱某无证驾车、违章载人和占道行驶等违章行为,显系事故发生主要原因,而李某违章行为,却与事故发生不存在因果关系,故不应承担责任。道路交通事故责任认定,首先要查明道路交通事故发生时,各方当事人的哪些行为与事故的发生有因果关系,然后认定这些行为是否违章,行为人应承担什么责任。本案交警队认定李某负事故同等责任,根据前述分析,显然不当。

**【同类案件处理要旨】**

公安交管部门制作的事故认定书是法院审理道路交通事故损害赔偿案确定交通事故各方当事人所应承担责任比例的重要依据。作为证据的一种形式,人民法院应在综合分析交通管理部门依法制作的交通事故认定书、交通事故现场照片、鉴定结论、勘查笔录、影像数据及其他证据的基础上,根据机动车交通事故各方当事人的过错及原因力等因素认定各自的损害赔偿责任。法院在审理中如有充分证据证实该认定书所采信的事实有疏漏或责任认定明显不当,可予纠正。

**【相关案件实务要点】**

1.【事故认定可诉性沿革】2007年12月29日发布、2008年5月1日实施的

《道路交通安全法》第73条规定:"公安机关交通管理部门应当根据交通事故现场勘验、检查、调查情况和有关的检验、鉴定结论,及时制作交通事故认定书,作为处理交通事故的证据。交通事故认定书应当载明交通事故的基本事实、成因和当事人的责任,并送达当事人。"该规定明确了交警部门就事故作出的结论文本为"交通事故认定书",而非以往《道路交通事故处理办法》规定的"交通事故责任认定书"。同时明确了交通事故认定书的性质,是作为处理交通事故的证据使用,故不具有强制力,该交通事故认定行为不属于具体行政行为,不能提起行政诉讼。对该认定行为有异议,当事人一方或双方可以在民事诉讼中,通过提供相反证据或理由达到推翻该事故认定书的目的。在《道路交通安全法》实施之前,理论界和实务界对交通事故责任认定书的性质有各种不同观点。最高人民法院公报刊登的"李治芳不服交通事故责任重新认定决定案"(2001年)体现了当时的主流观点:道路交通事故责任认定书是公安机关依职权单方面作出的针对特定主体的、具有法律效力并对特定主体之间的权利义务关系产生实质性影响的一种典型的具体行政行为。但在此之前,最高人民法院、公安部《关于处理道路交通事故案件有关问题的通知》(1992年12月1日)第4条规定:"当事人仅就公安机关作出的道路交通事故责任认定和伤残评定不服,向人民法院提起行政诉讼或民事诉讼的,人民法院不予受理……"公安部《关于对地方政府法制机构可否受理对交通事故责任认定的复议申请的批复》(2000年1月15日发布,2011年1月18日废止)规定:"交通事故责任认定是公安机关在查明交通事故后,根据当事人的违章行为与交通事故之间的因果关系,以及违章行为在交通事故中的作用所作出的鉴定结论。在公安机关处理道路交通事故中起的是证据作用,其本身并不确定当事人之间的权利义务,不属于具体行政行为……"具有准司法解释的上述规范性文件,与公报案例和大量审判指导案例对事故责任认定书性质的判别,是过去两种轩轾观点的反映。虽然在《道路交通安全法》颁布、实施后,对这一问题在理论研究和司法实践中几近共识,但交通事故责任认定程序及实体本身存在的问题,仍摆在那里,仍然需要通过最终的司法救济途径来解决。本专题有关责任认定的指导案例,关于交通事故事实确认、逻辑推理、责任认定提供的视角和方法,不失鲜活,故予录之。

2.【附带性审查】交警部门作出的道路交通事故认定书是证据的一种,人民法院在处理道路交通事故类案件时应对道路交通事故认定书进行审查。目前在司法实践中,对交通事故责任认定是进行附带司法审查。附带性审查是对具体行政行为予以采信或拒绝采纳的一种方式,但不能对具体行政行为撤销、变更。附带性审查交通事故认定在民事审判中,并非专门确定交通事故认定是否合法有效。案见浙江省衢州中院(2011)浙衢民终字第489号"徐某等诉吴某道路交通事故损害赔偿案"。

3.【作为民事证据质证】交通事故认定书作为处理交通事故的证据,是允许当事人在道路交通事故损害赔偿调解或诉讼中,可就其作为证据的真实性、可靠性和科学性提出疑问,如有其他证据可推翻,法院不应采用该认定书作为证据。案见内蒙古呼和浩特中院(2007)呼民终字第1045号"靳某诉郑某等交通肇事损害赔偿案"。

4.【刑事诉讼优先】已经刑事立案的交通事故责任认定,不能再作为行政案件立案,继而继续对本案进行审理并作出实体判决,否则有悖于"刑事诉讼优先"原则。案见江苏无锡中院2003年9月15日判决"苏某诉某交警队行政诉讼案"。

5.【无罪推定原则】公安部《交通事故处理程序规定》第49条,"对发生重大交通事故,构成犯罪的,在案件移送之前,由公安机关交通管理部门作出吊销驾驶证的行政处罚决定。"[该部门规章后被2009年1月1日实施的《道路交通事故处理程序规定》废止,新法规第58条(2018年5月1日实施的最新版调整为第82条)规定:"对发生道路交通事故构成犯罪,依法应当吊销驾驶人机动车驾驶证的,应当在人民法院作出有罪判决后,由设区市公安机关交通管理部门依法吊销机动车驾驶证;同时具有逃逸情形的,公安机关交通管理部门应当同时依法作出终生不得重新取得机动车驾驶证的决定。"——编者注]《道路交通安全法》第101条,"违反道路交通安全法律、法规的规定,发生重大交通事故,构成犯罪的,依法追究刑事责任,并由公安机关交通管理部门吊销机动车驾驶证"。依上位法优于下位法及无罪推定原则,发生重大交通事故,构成犯罪,依法追究刑事责任,方为交管部门吊销驾照处罚前提。案见江苏无锡崇安法院(2004)崇行初字第32号"蔡某诉某交警队行政处罚案"。

6.【事故责任认定原则】公安机关交通管理部门应根据交通事故当事人的行为对发生交通事故所起的作用以及过错的严重程度,确定当事人的责任。案见福建龙岩中院2001年4月4日判决"李某诉某交警队行政诉讼案"。

7.【瑕疵事故认定书不能作为定案依据】公安机关出具的交通事故认定书认定的事故原因和法院结合本案全部证据推断的事故原因不一致,应认定该交通事故认定书存在瑕疵,不能作为认定事实的依据。案见北京西城法院(2009)西民初字第13602号"马某与某保险公司保险合同纠纷案"。

【附注】

参考案例索引:北京西城区法院(2009)西民初字第13602号"马某与某保险公司保险合同纠纷案",法院判决保险公司赔付马某车损险7.2万余元,马某诉请的车上人员险因魏某系合法驾驶员,不符合赔付条件而未予支持。见《马春玲诉中国太平洋财产保险股份有限公司北京分公司保险合同案》(黄冠猛),载《中国审判案例要览》(2010商事:268)。(题引案例"裁判要点"之"交通事故认定书的证据效力"部分参考并综合其他同类案件主旨。——编者注)①北京一中院(2017)京01民终7527号"郭某与某保险公司保险合同纠纷案",见《郭登强诉中国人民财产保险股份有限公司北京市直属支公司财产保险合同纠纷案——交通管理部门制作的交通事故认定书证明力的确定》(曹明哲),载《人民法院案例选》(201804/122:104)。②天津高院(2017)津民申2078号"张素敏与刘希强、阳光财产保险股份有限公司天津市分公司交通事故赔偿纠纷案",见《对交通事故认定书的审查》(刘畅、张彦海),载《人民司法·案例》(201905:39)。③广东广州中院(2015)穗中法审监民抗再字第27号"陈某与某保险公司保险合同纠纷案",见《诚实信用原则对案件裁判的影响——陈建金诉中国太平洋保险公司保险合同纠纷再审案》(廖俊莲、温国林,广东广州中院审监庭),载《审判监督指导·地方法院案例评注》(201603/57:111)。④广东广州中院(2014)穗中法金民终字第261号"杨某与某保险公司保险合同纠纷案",见《杨松雷诉中国太平洋财产保险股份有限公司广州市黄埔支公司保险合同纠纷案("交通事故认定书"的审查和认定)》(赖鹏友),载《中国审判案例要览》(2015商:345);另见《鉴定结论可以否定交通事故认定书的证据效力》(王灯、赖鹏有),载《人民司法·案例》(201418:40)。⑤广东肇庆中院(2013)肇中法民四终字第149号"梁青青与欧国如、广东电网公司肇庆广宁供电局交通事故损害赔偿纠纷案",见《交通事故认定书的证据属性》(彭汉文、何宝新),载《人民司法·案例》(201412:42)。⑥河南睢县法院(2012)睢民初字第1008号"张某与张献某机动车交通事故责任纠纷案",见《张亚彬诉张献周机动车交通事故责任纠纷案——无交通事故责任认定书赔偿责任的认定》(梁锦学、丁兴魁),载《人民法院案例选》(201303/85:12)。⑦四川成都青羊区法院(2011)青羊民初字第2179号"陈某与杨某等交通事故责任纠纷案",见《陈雨丝诉杨秋龙等道路交通事故责任案》(张千书),载《中国审判案例要览》(2012民:507)。⑧浙江省衢州中院(2011)浙衢民终字第489号"徐某等诉吴某道路交通事故损害赔偿案",见《道路交通事故认定书的性质——浙江衢州中院判决徐彩虹等诉吴海滨道路交通事故纠纷案》(郑一珺、常东岳),载《人民法院报·案例指导》(20120712:6)。⑨内蒙古呼和浩特中院(2007)呼民终字第1045号"靳某诉郑某等交通肇事损害赔偿案",见《裁判要旨·民事》(孟祥莉),载《人民法院案例选·月版》(200901:223)。⑩湖北武汉中院(2005)武民终字第621号"谢某诉某建筑公司等人身损害赔偿案",见《谢某诉武汉建工第一建筑公司、武汉绕城公路建设指挥部道路交通事故人身损害赔偿纠纷案》(童库生),载《人民法院案例选》(200604:121)。⑪江苏无锡崇安法院(2004)崇行初字第32号"蔡某诉某交警队行政处罚案",见《蔡国强诉无锡市公安局交通云锣警察支队行政处罚案》(朱重岱),载《人民法院案例选》(200504:

445）。⑫江苏无锡中院2003年9月15日判决"苏某诉某交警队行政诉讼案"，见《苏井乔不服江阴市公安局交警大队交通事故责任认定案》（张学雁），载《人民法院案例选》（200304：375）。⑬四川泸州中院（2001）泸行终字第29号"罗某诉某交警队事故责任认定案"，见《罗伦富不服道路交通事故责任认定案》，载《最高人民法院公报·案例》（2002：318）；另见《罗伦富不服泸州市公安局交警支队三大队道路交通事故责任认定案》（姜学东），载《人民法院案例选》（200104：369）。⑭河南平顶山卫东区法院2001年10月8日判决"张某诉某交警队行政诉讼案"，见《张小朋不服平顶山市公安交警支队道路交通事故责任认定决定案》（美虹），载《人民法院案例选》（200104：376）。⑮福建龙岩中院2001年4月4日判决"李某诉某交警队行政诉讼案"，见《李治芳不服交通事故责任重新认定决定案》，载《最高人民法院公报·案例》（2001：315）。

**参考观点索引**：●对交通事故形成原因的举证责任应由谁来承担？见《对交通事故形成原因的举证责任应由谁来承担问题》（贺小荣），载《中国民事审判前沿》（200502：56）。○交警部门对交通事故责任认定有误，法院能否直接重新划分责任？见《交警部门对交通事故责任认定有误，法院能否直接重新划分责任？》，载《民事审判实务问答》（2008：150）。

# 2. 意外事故与民事责任

——事故属意外，责任谁来担？

## 【意外事故】

### 【案情简介及争议焦点】

2009年6月，汽运公司司机鲍某驾驶码表已损坏的车辆，因前轮爆胎致车辆失控撞断隔离带护栏后冲入逆向车道，与正常行驶的邢某驾驶的机动车发生碰撞，造成邢某车上的葛某受伤，医疗费、护理费、精神损害抚慰金等各项损失共计12万余元。交警认定属交通意外事故，各当事人均无事故责任。

争议焦点：1. 无事故责任是否无民事责任？2. 葛某损失如何承担？

### 【裁判要点】

**1. 事故认定书的性质。** 交通事故认定书是公安机关处理交通事故，作出行政决定所依据的主要证据,虽可在民事诉讼中作为证据使用,但因交通事故认定结论的依据是相应行政法规,运用的归责原则具有特殊性,与民事诉讼中关于侵权行为认定的法律依据、归责原则有所区别。交通事故责任不完全等同于民事赔偿责任,故交通事故认定书不能作为民事侵权损害赔偿案件责任分配的唯一依据。行为人在侵权行为中的过错程度,应结合案件实际情况,根据民事诉讼的归责原则进行综合认定。

**2. 本案民事责任认定。**本案中,鲍某在驾驶车辆码表已损坏的情况下,仍将具有安全隐患的车辆驶入高速公路,主观上具有过失。涉案车辆爆胎后,鲍某在车辆制动、路面情况均正常且车辆系空载的情况下,未能采取有效的合理措施,导致车辆撞断隔离带护栏后冲入逆向车道,与正常行驶的邢某驾驶的车辆发生碰撞,致葛某受伤。鲍某的不当行为与损害事实的发生存在因果关系,其主观上亦存在一定过失,邢某驾车系正常行驶,主观上不存在任何过错。鲍某系汽运公司雇佣司机,案发时正履行职务,故涉案事故法律后果应由汽运公司负担,汽运公司应对葛某受伤后的合理经济损失承担全部赔偿责任。保险公司认为事故系交通意外事故,鲍某在事故发生时无过错,主张应在交强险无责任赔偿限额内赔偿,是对民法上"过错"含义的片面理解,故判决保险公司在交强险责任赔偿限额内赔偿葛某的经济损失,超过责任限额部分由汽运公司承担。

**【裁判依据或参考】**

**1. 法律规定。**《民法典》(2021年1月1日)第1168条:"二人以上共同实施侵权行为,造成他人损害的,应当承担连带责任。"第1172条:"二人以上分别实施侵权行为造成同一损害,能够确定责任大小的,各自承担相应的责任;难以确定责任大小的,平均承担责任。"第1177条:"合法权益受到侵害,情况紧迫且不能及时获得国家机关保护,不立即采取措施将使其合法权益日,2021年1月1日废止受到难以弥补的损害的,受害人可以在保护自己合法权益的必要范围内采取扣留侵权人的财物等合理措施;但是,应当立即请求有关国家机关处理。受害人采取的措施不当造成他人损害的,应当承担侵权责任。"第1186条:"受害人和行为人对损害的发生都没有过错的,依照法律的规定由双方分担损失。"《侵权责任法》(2010年7月1日,2021年1月1日废止)第8条:"二人以上共同实施侵权行为,造成他人损害的,应当承担连带责任。"第12条:"二人以上分别实施侵权行为造成同一损害,能够确定责任大小的,各自承担相应的责任;难以确定责任大小的,平均承担赔偿责任。"第31条:"因紧急避险造成损害的,由引起险情发生的人承担责任。如果危险是由自然原因引起的,紧急避险人不承担责任或者给予适当补偿。紧急避险采取措施不当或者超过必要的限度,造成不应有的损害的,紧急避险人应当承担适当的责任。"《道路交通安全法》(2004年5月1日实施,2011年4月22日修正)第21条:"驾驶人驾驶机动车上道路行驶前,应当对机动车的安全技术性能进行认真检查;不得驾驶安全设施不全或者机件不符合技术标准等具有安全隐患的机动车。"第73条:"公安机关交通管理部门应当根据交通事故现场勘验、检查、调查情况和有关的检验、鉴定结论,及时制作交通事故认定书,作为处理交通事故的证据。交通事故认定书应当载明交通事故的基本事实、成因和当事人的责任,并送达当事人。"第76条:"机动车发生交通事故造成人身伤亡、财产损失的,由保险公司在机动车第三者责任强制保险责任限额范围内予以赔偿;不足的部分,按照下列规定承担赔偿责任:(一)机动车之间发生交通事故的,由有过错的一方承担赔偿责任;双方都有过错的,按照各自过错的比例分担责任。(二)机动车与非机动车驾驶人、行人之间发生交通事故,非机动车驾驶人、行人没有过错的,由机动车一方承担赔偿责任;有证据证明非机动车驾驶人、行人有过错的,根据过错程度适当减轻机动车一方的赔偿责任;机动车一方没有过错的,承担不超过百分之十的赔偿责任。"第119条:"……(五)'交通事故',是指车辆在道路上因过错或者意外造成的人身伤亡或者财产损失的事件。"《民法通则》(1987年1月1日,2021年1月1日废止)第129条:"因紧急避险造成损害的,由引起险情发生的人承担民事责任。如果危险是由自然原因引起的,紧急避险人不承担民事责任或者承担适当的民事责任。因紧急避险采取措施不当或者超过必要的限度,造成不应有的损害的,紧急避险人应当承担适当的民事责任。"第131条:"受害人对于损害的发生也有过错的,可以减轻侵害人的民事责任。"第132条:"当事人对造成损害都没有过错的,可以根据实际情况,由当事人分担民事责任。"

**2. 行政法规及部门规章。** 公安部《道路交通事故处理程序规定》(2009年1月1日)第46条:"公安机关交通管理部门应当根据当事人的行为对发生道路交通事故所起的作用以及过错的严重程度,确定当事人的责任……(三)各方均无导致道路交通事故的过错,属于交通意外事故的,各方均无责任。一方当事人故意造成道路交通事故的,他方无责任。省级公安机关可以根据有关法律、法规制定具体的道路交通事故责任确定细则或者标准。"第48条:"道路交通事故认定书应当载明以下内容:……(三)道路交通事故证据及事故形成原因的分析;(四)当事人导致道路交通事故的过错及责任或者意外原因……"《道路交通安全法实施条例》(2004年5月1日,2017年10月7日修订)第91条:"公安机关交通管理部门应当根据交通事故当事人的行为对发生交通事故所起的作用以及过错的严重程度,确定当事人的责任。"

**3. 司法解释。** 最高人民法院《关于审理道路交通事故损害赔偿案件适用法律若干问题的解释》(2012年12月21日,2020年修改,2021年1月1日实施)第24

条:"公安机关交通管理部门制作的交通事故认定书,人民法院应依法审查并确认其相应的证明力,但有相反证据推翻的除外。"最高人民法院《关于审理铁路运输人身损害赔偿纠纷案件适用法律若干问题的解释》(2010年3月16日,2020年修改,2021年1月1日实施)第9条:"铁路机车车辆与机动车发生碰撞造成机动车驾驶人员以外的人人身损害的,由铁路运输企业与机动车一方对受害人承担连带赔偿责任。铁路运输企业与机动车一方之间,按照各自的过错分担责任;双方均无过错的,按照公平原则分担责任。对受害人实际承担赔偿责任超出应当承担份额的一方,有权向另一方追偿。铁路机车车辆与机动车发生碰撞造成机动车驾驶人员人身损害的,按照本解释第四条至第七条的规定处理。"最高人民法院《关于审理人身损害赔偿案件适用法律若干问题的解释》(2004年5月1日 法释〔2003〕20号,2020年修正)第17条:"受害人遭受人身损害,因就医治疗支出的各项费用以及因误工减少的收入,包括医疗费、误工费、护理费、交通费、住宿费、住院伙食补助费、必要的营养费,赔偿义务人应当予以赔偿。受害人因伤致残的,其因增加生活上需要所支出的必要费用以及因丧失劳动能力导致的收入损失,包括残疾赔偿金、残疾辅助器具费、被扶养人生活费,以及因康复护理、继续治疗实际发生的必要的康复费、护理费、后续治疗费,赔偿义务人也应当予以赔偿。受害人死亡的,赔偿义务人除应当根据抢救治疗情况赔偿本条第一款规定的相关费用外,还应当赔偿丧葬费、被扶养人生活费、死亡补偿费以及受害人亲属办理丧葬事宜支出的交通费、住宿费和误工损失等其他合理费用。"最高人民法院《关于贯彻执行〈中华人民共和国民法通则〉若干问题的意见(试行)》(1988年4月2日 法〔办〕发〔1988〕6号2021年1月1日废止)第156条:"因紧急避险造成他人损失的,如果险情是由自然原因引起,行为人采取的措施又无不当,则行为人不承担民事责任。受害人要求补偿的,可以责令受益人适当补偿。"

**4. 部门规范性文件**。公安部《道路交通事故处理程序规定》(2018年5月1日)第60条:"公安机关交通管理部门应当根据当事人的行为对发生道路交通事故所起的作用以及过错的严重程度,确定当事人的责任。(一)因一方当事人的过错导致道路交通事故的,承担全部责任;(二)因两方或者两方以上当事人的过错发生道路交通事故的,根据其行为对事故发生的作用以及过错的严重程度,分别承担主要责任、同等责任和次要责任;(三)各方均无导致道路交通事故的过错,属于交通意外事故的,各方均无责任。一方当事人故意造成道路交通事故的,他方无责任。"第64条:"道路交通事故认定书应当载明以下内容:(一)道路交通事故当事人、车辆、道路和交通环境等基本情况;(二)道路交通事故发生经过;(三)道路交通事故证据及事故形成原因分析;(四)当事人导致道路交通事故的过错及责任或者意外原因;(五)作出道路交通事故认定的公安机关交通管理部门名称和日期。道路交通事故认定书应当由交通警察签名或者盖章,加盖公安机关交通管理部门道路交通事故处理专用章。"中国保监会《关于车上责任保险条款有关问题的复函》(2001年9月10日　保监函〔2001〕175号)第1条:"意外事故是指外来的、明显的、不可预料的、突然发生的事故。"第2条:"驾驶员在驾驶机动车辆时,应遵循谨慎驾驶的原则,履行将乘客或车载货物安全运抵目的地的义务。由于驾驶员违反谨慎原则,在路况不好时车速过快,造成车辆颠簸导致乘客伤亡或财产损失,符合意外事故的四个特点。由此产生的依法应由被保险人承担的经济赔偿责任,属于车上责任险的保险责任。"

5. **地方司法性文件**。江苏宿迁中院《机动车交通事故责任纠纷审判工作有关问题的解答》(2018年12月25日　宿中发民三电〔2018〕4号)第5条:"机动车商业第三者责任险的保险范围是否仅限于交通事故造成的损失? 答:对保险条款的理解应从最基础的文字含义出发,商业第三者责任险的保险责任系'车辆使用过程中因意外事故导致的直接损失,在交强险限额之外的部分'。从文义上理解,'使用'的含义不限于驾驶,具有特殊功能的特种车辆,进行特种作业应认定为使用。'意外事故'不限于交通事故,只要系非出于故意,由于不可抗拒或不可预见的原因产生的损害,都应属于意外事故导致的损害。条款最后内容'直接损失中超出交强险限额的部分',只是对商业第三者责任保险与交强险之间的关系的表述,并不能得出交强险各限额的赔付系商业三者险赔前置条件的结论。在交通事故案件中,存在交强险的理赔,这种关系可以适用;在其他事故造成的损失产生时,不存在交强险的理赔,故应直接由商业第三者责任保险赔偿,交强险与商业三者险的这种关系不具备适用的前提。"山东济南中院《关于保险合同纠纷案件94个法律适用疑难问题解析》(2018年7月)第50条:"车险中如何确定'使用被保险车辆'。省法院民二庭对第三者责任险理赔范围问题的电话答复聊城市中级人民法院:你院《关于保险车辆的押车人员在打开车斗挡板卸货时被挡板打倒,货物滑落押车人员被砸死亡,是否属于第三者责任险理赔范围问题的请示》收悉。经研究,答复如下:《机动车第三者责任保险条款》第四条约定:'保险期限内,被保险人或其合法的驾驶人在使用被保险机动车过程中发生意外事故,致使第三者遭受人身伤亡或财产直接损毁,依法应当由被保险人承担的损害赔偿责任,保险人依照本保险合同的约定,对于超过机动车交通事故责任强制保险各分项赔偿限额以上的部分负责赔偿。'你院对该条款规定的'在使用被保险机动车的过程中'存在两种理解:一种意见认为车辆在行驶中才属于使用车辆,另一种意见认为装货和卸货也是使用车辆的一种方式。省法院民二庭审判长联席会研究认为,首先,保险法第三十条规定,采用保险人提供的格式条款订立的保险合同,保险人与投保人、被保险人或者受益人对合同条款有争议的,应当按照通常理解予以解释。按照通常理解,'使用被保险机动车'不仅包括车辆在行驶中的使用,也应包括车辆处于静止状态时装货或卸货的使用。其次,保险法第三十条同时规定了不利解释原则,即采用保险人提供的格式条款订立的保险合同有两种以上解释的,人民法院或仲裁机构应当作出不利于保险人的解释。将装货或卸货理解为对被保险车辆的使用,符合保险法规定的保险法解释原则。因此,保险车辆的押车人员在打开车斗挡板卸货时被挡板打倒,货物滑落押车人员被砸死亡,应当认定被保险车辆使用过程中发生的保险事故。第一种意见认为,车险中的"使用被保险车辆'不仅包括车辆在行驶中的使用,也应当包括车辆处于静止状态时装货或卸货的使用,受害人在上述过程中遭受保险事故的,保险公司应当按照约定承担支付保险金的赔付义务。(倾向性意见)第二种意见认为,交通事故认定的关键在于车辆处于通行状态。静止停放状态的车辆,既没有发挥车辆的行驶或运输功能,也不会对他人车辆带来危险,对损害后果的发生没有发挥作用,不存事故损害上的原因,因人与处于静止状态的机动车发生交通事故造成损失,机动车一方无事故责任,机动车一方不承担赔偿责任。"北京三中院《类型化案件审判指引:机动车交通事故责任纠纷类审判指引》(2017年3月28日)第2-1.2部分"机动车交通事故责任纠纷的构成要件—常见问题解答"第2条:"机动车与非机动车驾驶人、行人发生交通事故,如何确定赔偿责任?……(3)如非机动车驾驶人、行人没有过错,机动车一方证明无过错的,即'意外事件',保险公司在有责赔偿限额内进行赔付,交强险限额之外,机动车一方按照公平原则分担50%的损失……"河北承德中院《2015年民事审判工作会议纪要》(2015年)第38条:"赔偿比例的确定。机动车之间发生交通事故的,由保险公司在交强险责任限额内予以赔偿,不足部分由过错一方承担赔偿责任,双方都有过错的,按照各自过错的比例分担责任。其比例原则为:负全部责任的,承担100%的赔偿责任;负主要责任的,承担70%的赔偿责任;负次要责任的,承担30%的赔偿责任;负同等责任的,各承担50%的赔偿责任;属于交通意外事故,各方均无责任的,其赔偿责任视具体情况确定;事故责任无法认定的,事故责任人为双方的,各承担50%的赔偿责任。"安徽宣城中院《关于审理道路交通事故赔偿案件若干问题的意见(试行)》(2011年4月)第35条:"公安机关认定的道路交通事故责任与人民法院认定的民事侵权赔偿责任并非同一概念,不可简单等同。机动车之间发生交通事故的,由保险公司在交强险责任限额内予以赔偿,不足部分由过错方承担赔偿责任,双方都有过错的,按照各自的过错比例承担责任,其比例可按照下列意见承担:……(六)属于交通意外事故,各方均无责任的,其赔偿责任视具体情况确定;(七)事故责任无法确定的,一般可由双方各承担50%的赔偿责任。非机动车之间发生碰撞,造成人身损害和财产损失的,其赔偿比例可以参照前款意见执行。"河南郑州中院《审理交通事故损害赔偿案件指导意见》(2010年8月20日 郑中法〔2010〕120号)第7条:"机动车之间发生交通事故的,由保险公司在交强险责任限额内予以赔偿,不足部分由过错一方承担赔偿责任,双方都有过错的,按照各自过错的比例分担责任。其比例可按下列意见承担:……(六)属于交通意外事故,各方均无责任的,其赔偿责任视具体情况确定……"河南周口中院《关于侵权责任法实施中若干问题的座谈会纪要》(2010年8月23日 周中法〔2010〕130号)第5条:"适用公平原则的前提是导致损害的发生,受害人和行为人双方在主观状态下都无过错,又没有法律规定无过错责任适用的情形,基于利益平衡和维持社会公德的价值判断,由双方合理分担损失,因公平原则是在不构成侵权责任的情况下,由法官根据实际情况确定损失分担,所以在实践中,应当对公平原则的适用严格掌握,避免该原则无限制的滥用。"湖南长沙中院《关于道路交通事故人身损害赔偿纠纷案件的审理意见》(2010年)第三部分第1条:"……责任划分。首先确定保险公司在交强险责任限额范围内的赔偿责任金额之后,不足的部分再按如下方式划分责任……属于交通意外事故、各方均无责任的,视具体情形确定双方的赔偿责任;属于不能认定事故责任的,双方对此均无过错的或均有过错的,各承担50%;没有道路交通事故认定书的,适用推定来解决问题,分以下情形认定(以下机动车与非机动车驾驶人、行人之间发生交通事故的,出现此种特殊情况的,亦依此认定):A. 当事人逃逸、故意破坏、伪造现场、毁灭证据的,推定该当事人负全部责任;B. 一方当事人有条件报案而没有及时报案导致交警无法认定责任的,推定该一方当事人负全部责任;C. 当事人各方都有条件报案而没及时报案导致交警无法认定责任的,推定双方负同等责任;此种情形下,如系机动车与非机动车驾驶人、行人之间发生交通事故的,机动车一方负主要责任,非机动车驾驶人、行人一方负次要责任。(2)机动车与非机动车驾驶人、行人之间发生交通事故,机动车一方负全部责任的,承担100%;机动车一方负主要责任的,承担80%;机动车一方负同等责任的,承担60%;机动车一方负次要责任的,承担40%;机动车一方无责任的,承担10%;道路交通事故发生在高速公路上的,机动车一方承担5%—10%,但赔偿金额最高不超过1万元……"江苏南京中院民一庭《关于审理交通事故损害赔偿案件有关问题的指导意见》(2009年11月)第34条:"对于超过机动车第三者责任保险限额的赔偿部分,由交通事故当事人根据《道路交通安全法》第七十六条第一款、《省道路交通安全条例》第五十二条的规定,按照下列方式承担赔偿责任:(一)对于机动车之间发生交通事故的,由有过错的一方承担赔偿责任;双方都有过错的,按照各自过错的比例分担责任。除经过质证认定不能作为证据使用的情形以外,一般可根据公安机关交通管理部门的交通事故责任认定来确定交通事故当事人的赔偿责任,并参照下列比例承担:……(6)属于交通意外事故、各方均无责任的,应根据《民法通则》和《人身损害赔偿司法解释》的规定,视具体情形确定双方的赔偿责任;(7)属于不能认定事故责任的,双方各承担50%的赔偿责任。(二)对于机动车与非机动车、行人之间发生交通事故的,由机动车方承担赔偿责任;但是,有证据证明非机动车驾驶人、行人违反道路交通安全法律、法规,机动车驾驶人已经采取必要处置措施的,应当按照下列比例减轻机动车方的赔偿责任:(1)非机动车、行人负事故全部责任的,减轻80%至90%;(2)非机动车、行人负事故主要责任的,减轻60%至70%;(3)非机动车、行人负事故同等责任的,减轻30%至40%;(4)非机动车、行人负事故次要责任的,减轻20%至30%。属于交通意外事故、各方均无责任的或不能认定事故责任的,由机动车方承担全部赔偿责任。"江西高院民一庭《关于审理道路交通事故人身损害赔偿案件适用法律若干问题的解答》(2006年12月31日)第20条:"机动车发生交通事故致人损害是因为紧急避险造成的,如避险人举证证明引起险情发生的当事人存在,赔偿权利人和赔偿义务人均可以申请追加该当事人为被告。引起险情发生的当事人应当按照其过错程度承担全部或者部分的赔偿责任。"江苏常州中院《关于印发〈常州市中级人民法院关于审理交通事故损害赔偿案件若干问题的意见〉的通知》(2005年9月13日 常中法〔2005〕第67号)第8条:"机动车因翻车、撞树(墙)、急刹车、轮胎爆炸等自身原因而导致其同乘人员受到伤、亡的,应按一般人身损害赔偿或其他法律关系处理。同乘人员要求机动车方、保险公司按《道路交通安全法》第七十六条规定承担赔偿责任的,不予支持。"江苏高院《关于审理交通事故损害赔偿案件适用法律若干问题的意见(一)》(2005年2月24日 苏高法审委〔2005〕3号 2020年12月31日起被苏高法〔2020〕291号文废止)第11条:"对于超过机动车第三者责任保险限额的赔偿部分,由交通事故当事人根据《道路交通安全法》第七十六条第一款、《省道路交通安全条例》第五十二条的规定,按照下列方式承担赔偿责任:(一)对于机动车之间发生交通事故的,由有过错的一方承担赔偿责任;双方都有过错的,按照各自过错的比例分担责任。除经过质证认定不能作为证据使用的情形以外,一般可根据公安机关交通部门的交通事故责任认定来确定交通事故当事人的赔偿责任,并参照下列比例承担:……(6)属于交通意外事故、各方均无责任的,应根据《民法通则》和《人身损害赔偿司法解释》的规定,视具体情形确定双方的赔偿责任……属于交通意外事故、各方均无责任的或不能认定事故责任的,由机动车方承担全部赔偿责任。"广东高院、省公安厅《关于〈道路交通安全法〉施行后处理道路交通事故案件若干问题的意见》(2004年12月17日 粤高法发〔2004〕34号 2021年1月1日起被粤高法〔2020〕132号文废止)第7条:"在道路交通事故发生后,公安交通管理部门应依照有关规定查明事故原因,确定当事人的责任,并在将扣留的车辆返还给机动车所有人或实际支配人前作出交通事故认定书,送达各方当事人(含机动车所有人、实际支配人)。经调查,确实无法确定交通事故事实的,公安交通管理部门应在将扣留的车辆返还给当事人前,依据《交通事故处理程序规定》的相关规定制作交通事故认定书,送达各方当事人。"吉林高院《关于印发〈关于审理道路交通事故损害赔偿案件若干问题的会议纪要〉的通知》(2003年7月25日 吉高法〔2003〕61号)第3条:"道路交通事故发生后,已按公安机关指令预付了抢救伤者费用的当事人,或主动支付了抢救伤者费用的其他组织或个人,以其无事故赔偿责任,或责任轻,或因预付款额有异议而向人民法院起诉的,除应符合民事诉讼法规定的起诉条件外,还应当向人民法院提交公安机关出具的事故责任认定书,或事故不属于任何一方当事人违章行为的结论。"第32条:"发生道路交通事故造成损害的,由有过错的机动车一方承担损害赔偿责任。双方均有过错的,依照民法通则第一百三十一条的规定处理。双方均无过错的,可以按照民法通则第一百三十二条的规定,根据实际情况由当事人公平地分担民事责任。"山东高院《关于审理人身损害赔偿案件若干问题的意见》(2001年2月22日)第10条:"因道路交通事故引起的人身损害纠纷,经公安机关调查不能确认是任何一方当事人的违章行为造成的,受害人可以不经交通管理部门调解,直接向人民法院起诉,法院应予受理,不得以未经交通管理部门调解为由拒绝受理。但当事人必须提交交通管理部门作出的该事故不属于任何一方当事人违章行为造成的结论。"河南高院《关于审理道路交通事故损害赔偿案件若干问题的意见》(1997年1月1日 豫高法〔1997〕78号)第21条:"机动车之间发生交通事故,如果能够证明双方均无过错,可依照《民法通则》第132条的规定,适用公平原则,根据实际情况,由双方公平地分担民事责任。"第22条:"如果公安机关经调查不能确认交通事故是任何一方当事人的违章行为造成,当事人向人民法院提起损害赔偿的民事诉讼后,人民法院也不能查明事故责任的,可按照无过错责任原则和公平原则来确定民事责任的承担。(1)机动车与非机动车、行人发生道路交通事故,可以按照无过错责任原则让机动车一方承担赔偿责任。(2)机动车之间、非机动车之间、非机动车与行人之间发生道路交通事故,可以推定双方均无过错,适用公平原则来解决当事人之间的纠纷。"广东高院、省公安厅《关于处理道路交通事故案件若干具体问题的通知》(1996年7月13日 粤高法发〔1996〕15号 2021年1月1日起被粤高法〔2020〕132号文废止)第28条:"经公安交通管理部门确认不属于任何一方当事人违章行为造成的交通事故,当事人持公安交通管理部门制发的不属于任何一方当事人的违章行为造成的书面结论向人民法院提起民事诉讼,符合民事诉讼法第一百零八条规定的起诉条件的,人民法院可以直接受理。"

**6. 地方规范性文件。** 江西省公安厅《关于印发〈江西省道路交通事故责任认定规则〉的通知》(2015年11月27日 赣公字〔2015〕184号)第15条:"各方当事人均无导致交通事故的过错行为,属于交通意外事故的,各方当事人均为无责任。"广东省《道路交通事故责任认定规则(试行)》(2008年10月1日)第4条:"交通事故当事人故意造成交通事故的,他方无责任。因意外原因造成交通事故的,交通事故各方当事人均无事故责任。当事人过失造成交通事故的,以当事人违法行为引发交通事故的危险性为依据,判断当事人违法行为对发生交通事故所起的作用大小以及过错的严重程度。"

**7. 参考案例。**①2016年江苏某交通事故纠纷案,2015年,邹某驾驶物流公司货车搭乘周某途中,因车辆爆胎致周某死亡。交警认定为意外事故。2016年,周某近亲属诉请邹某、物流公司赔偿损失。法院认为:《侵权责任法》第24条规定,受害人和行为人对损害的发生都没有过错的,可以根据实际情况,由双方分担损失。本案中,周某因交通事故导致死亡,该交通事故系因邹某驾驶货车轮胎爆胎而引起,交警部门认定属"交通意外事故,各方当事人均无责任",故受害人周某和行为人邹某在本起交通事故中均无过错。因案涉货车系邹某出资购买,挂靠于物流公司从事营运,故物流公司应对邹某分担的周某因交通事故死亡所造成损失承担连带赔偿责任。判决邹某补偿原告12万余元,物流公司承担连带责任。②2012年江苏某交通事故纠纷案,2011年,余某驾驶实际车主为万某、被保险人为石油公司、挂靠在运输公司的货车因左前轮爆胎,致车辆失控与制衣公司车辆碰擦,导致制衣公司车辆损失13.4万元。交警认定该事故属交通意外事故。法院认为:虽然交通事故认定书认为本起事故是交通意外事故,但交通意外事故并不完全等同于民法上所说意外事件。交通意外事故除可因不可抗力引起外,还存在驾驶人员主观上不存在故意或过失从事违反《道路交通安全法》的驾驶行为,但因车辆自身或车辆以外其他原因造成的交通意外事故情形。本起事故中,余某驾驶机动车上路行驶,其应对机动车安全技术性能进行认真检查,应保证车辆符合安全运行技术条件。车辆爆胎是驾驶员在行驶过程中应当预见到的可能发生的安全隐患之一,且通过日常维护保养和上路前认真检查可加以避免与克服的事件,故车辆爆胎不属不可抗力范畴。本起事故中,虽未有证据显示肇事车辆存在其他安全隐患,但车辆系在驾驶人员掌控之中,因车辆自身原因引起交通事故而造成他人损失的,车辆所有人或控制管理人应赔偿受损害一方损失。余某驾驶的重型货车在事故发生时已使用7年多,在无外力介入情况下,车辆在天气晴好且路况良好的高速路上左前轮突然爆胎,可认定系保养或使用不当等因素造成,亦不能排除余某作为重型货车驾驶员驾驶车辆上路前,未对所驾车辆安全技术性能进行认真检查,未及时发现安全隐患并采取措施排除,应认定其对轮胎爆胎而导致上述交通事故存在过错。制衣公司车辆在道路上正常行驶,并无证据显示其存在任何过错行为,故应由肇事车辆一方当事人承担超出交强险财产损失赔偿限额之外全部财产损失赔偿责任。判决保险公司在财产损失赔偿限额项下赔偿制衣公司4000元,对超出部分13万元,由余某、万某、石油公司、运输公司共同赔偿。③2012年山东某保险合同纠纷案,2010

年,高某驾驶李某挂靠运输公司货车在料场卸石子,货车押运员黎某开启货车自卸门时,被车门碰伤埋入石子中,致其窒息死亡。李某赔偿黎某近亲属52万元后,向保险公司索赔被拒致诉。法院认为:案涉商业第三者责任保险条款中未对何种情形属于"使用被保险车辆"作出明确解释和界定。《保险法》第30条规定,采用保险人提供的格式条款订立的保险合同,保险人与投保人、被保险人或者受益人对合同条款有争议的,应当按照通常理解予以解释。按通常理解,"使用被保险车辆"不仅应包括车辆在行驶中的使用,亦应包括车辆处于静止状态时装货或卸货的使用。本案中,李某投保的车辆系货车,货车主要经营的是运输货物业务,装货和卸货系货车使用方式之一,并不能狭义地认为车辆在行驶中才属使用车辆。《保险法》第30条同时规定了不利解释原则,即采用保险人提供的格式条款订立的保险合同有两种以上解释的,法院或仲裁机构应作出有利于被保险人和受益人的解释,故将装货或卸货理解为对被保险车辆的使用符合《保险法》规定的解释原则。因此,黎某在卸车过程中因石子掩埋致窒息死亡,应认定为被保险车辆在使用过程中发生的保险事故。虽该事故非交通事故,但属保险合同约定的被保险人在使用保险车辆过程中发生的意外事故,保险公司应按商业第三者责任险约定承担支付保险金的赔付义务。判决保险公司赔付李某42万余元。④2010年四川某交通事故损害赔偿案,2009年11月,叶某在河边工地运输石料时,被涂某驾驶的货车碾出的飞石击伤致残,交警队作出不予受理决定,保险公司以非属交通事故拒赔。法院认为:本案事故发生时肇事货车行驶在用于公众通行的公路上,行驶过程中因碾出的飞石击伤叶某并致其残疾的事件符合法律关于交通事故的认定,应认定该事故为交通事故并予以依法处理。保险公司对被投保车辆运行过程中致人损害的事件,在交强险范围内承担保险责任,不足部分由第三者商业险赔付。⑤2009年上海某交通事故损害赔偿案,2008年,华某驾驶的车辆失控侧翻撞上旁边道路上为车辆加盖防雨布的谢某,致谢某各项损失计11万余元。交警认定属交通意外,双方均无责任。法院认为:本案交警部门虽认定本次交通事故系因意外发生,双方均无过错,但谢某受伤事实却和华某车辆撞击行为之间存在因果关系,本案也无证据证明谢某有过错,故应由华某承担事故给谢某造成的全部赔偿责任。保险公司应在有责交强险还是无责范围内承担赔偿责任,系由其承保的车辆一方当事人是否承担责任而决定的,因本案华某应承担事故的全部责任,故其投保交强险的保险公司应在有责赔付限额范围内承担保险赔付责任。⑥2009年天津某交通事故责任纠纷案,2008年,张某驾车在高速公路上与一条黄狗相撞后,车辆撞上公路中间隔离护栏,造成车辆及公路设施损害。交警认定属意外事故。法院认为:张某驾驶机动车行驶在高速公路,应充分注意行车安全,虽其在行车中撞上动物,经相关部门鉴定属于意外事故,但其本人对此事故后果应承担未充分注意行车安全的次要责任,以

40%为宜。高速公路公司作为高速公路的管理者,未尽到保障行车安全的义务,应承担此次事故后果的主要民事责任,以60%为宜。⑦2007年**上海某交通事故损害赔偿案**,2007年,行驶在市政公司发包、工程公司施工道路的公交车底盘钩住电力公司管理的垂落电线,电线紧绷将逆行骑自行车的谈某夫吴某弹至空中摔死。法院认为:公交公司驾驶员驾车行驶时,发现横在道路上的电线,但其未遵守道路交通安全法规按操作进行避让,是导致事故发生的主要原因,其赔偿比例酌定为40%。市政公司作为建设单位,未尽管理职责,督促施工单位做好施工路段的安全防范工作。同样,工程公司作为施工单位,对于施工区域内的电杆垂落电线未及时发现并消除隐患,是导致事故发生的次要原因,与市政公司共同赔偿比例酌定为20%。电力公司作为电杆权属单位,未能及时消除安全隐患,其疏于管理也是导致吴某死亡的次要原因,其赔偿比例酌定为20%。吴某事发时驾驶非机动车未按交通信号骑行,其对于事故发生也有过错,故依法可减轻侵害人的赔偿责任,酌定减免责任部分为20%。⑧2006年**江苏某交通事故损害赔偿案**,2006年,孙某下夜班骑电动自行车回家途中,被电信公司所属的钢绞线绊倒,又被同方向行驶的金某驾驶的重型货车剐蹭致伤。交警认定属意外事故。法院认为:国道是供车辆和行人通行的道路,在公路未设置禁行标志或施工障碍标志情况下,均可通行,孙某驾驶电动自行车在国道正常行驶,无法预见空中有钢绞线突然垂落并被刮倒,故受害人孙某对事故发生无过错。电信公司对所属钢绞线负有日常管理和维护职责,因疏于管理、维护,致使垂落的钢绞线与行人碰剐,电信公司存在过错,应承担相应赔偿责任。金某驾驶重型货车时应谨慎驾驶,遇孙某被碰剐紧急情况,未及时采取有效措施,又与孙某发生碰撞,虽被认定为意外事故,但金某在本案中亦存在过错,应承担相应责任。电信公司与金某虽无共同故意,但前者所属钢绞线垂落与孙某碰撞行为直接结合,造成孙某损害后果发生,其中电信公司应负主要责任,金某负次要责任,因二者构成共同侵权,依法应互负连带责任。判决孙某损失由电信公司赔偿60%,金某赔偿40%,二被告负连带责任。⑨2004年**北京某交通事故损害赔偿案**,2003年,王某骑电动车与李某驾驶客运公司的客车接触倒地,被杨某驾驶机械公司的货车碾压致死。因不能确定违章行为,交警对此事故未认定责任。法院认为:直接当事人王某、杨某、李某在此事故中均未发现有违章行为,该事故的发生系由各种偶发因素竞合所致。对因王某在此事故中死亡给其家人带来的经济损失,应依据民法公平原则,在当事人对造成损害都没有过错的情况下,根据实际情况由当事人分担民事责任。又因李某、杨某驾车分别系履行客运公司、机械公司的职务行为,故二人的赔偿数额应由两公司承担。根据交通事故责任认定书,事故的发生完全系因偶发因素竞合所致,几方当事人均对事故的发生没有故意或过失,不存在过错,故三方行为虽直接结合发生了王某死亡的事件,但这只能是意外事件,并非共同侵权的后果。故原告要求两被告承担共同侵权连带责任的依据不足,不予支持。判决机械公司、客运公司各自赔偿原告各项费用6万余元。⑩2002年*江苏某损害赔偿案*,2001年,樊某驾驶所有人和发包人为运输公司的罐式货车因后轮脱落,造成后面正常行驶的车主黄某雇请倪某所驾货车避让时,与准备超车的王某驾驶的挂靠运输集团的客车相撞,致客车上的乘客薛某受伤。交警认定为意外事件。法院认为:樊某驾驶车辆的右后轮脱落而引起的王某和倪某的两车碰撞的事故,交警对该起事故的性质分析并无不当,符合意外事件的法律特征,法院对此予以确认,但在这次意外事件中受到伤害的徐某应得到赔偿。樊某驾驶的车辆是此次事故的<u>险情引发者,应对此次事件引起的损害后果依法承担主要赔偿责任</u>。运输公司系险情发生车辆的所有人和发包者,按照发包时双方约定,并未失去对该车辆的运营情况的控制和管理,亦应承担民事责任。<u>倪某驾车紧急避险,倪某系受益人,且避险时占用了不属于自己正常行驶的超车道,从而与王某驾驶的小客车发生碰撞,与薛某的损害结果具有因果关系,应认定避险行为过当,依法承担一定补偿责任</u>。黄某是倪某雇主,故雇员在执行职务中发生民事责任,依法应由雇主黄某直接承担。王某是薛某的承运人,旅客在运输过程中的安全应该得到承运人的保障,因此,薛某在乘车过程中虽因第三人的原因发生人身和财物损害,但与承运人所采取的措施不力有一定的关联性,仍应负适当的补偿责任。运输集团是王某驾驶车辆的挂靠单位,应对挂靠人发生的民事行为的后果承担相应的民事赔偿责任。判决运输公司对樊某应赔份额承担连带责任,运输集团对王某应赔份额承担连带责任。

**【同类案件处理要旨】**

交通事故认定书认定为交通意外事故的,应根据《民法典》有关规定,视具体情形确定当事人各方的民事赔偿责任:当事人对造成损害都没有过错的,可以根据实际情况,由当事人分担民事责任;因紧急避险采取措施不当或者超过必要的限度,造成不应有的损害的,应当承担适当的民事责任。

**【相关案件实务要点】**

1.【事故认定书证据效力】交通事故认定书是公安机关处理交通事故,作出行政决定所依据的主要证据,虽然可以在民事诉讼中作为证据使用,但由于交通事故认定结论的依据是相应行政法规,运用的归责原则具有特殊性,与民事诉讼中关于侵权行为认定的法律依据、归责原则有所区别。交通事故责任不完全等同于民事法律赔偿责任,因此,交通事故认定书不能作为民事侵权损害赔偿案件责任分配的唯一依据。行为人在侵权行为中的过错程度,应当结合案件实际情况,根据民事诉讼的归责原则进行综合认定。案见最高人民法院公报案例之江苏南京中院2010年4月21日判决"葛某诉某汽运公司等交通事故损害赔偿纠纷"。

2.【意外事故的归责原则】车辆在道路上因过错或意外造成人身伤亡或财产损失的事件都是交通事故,故即使是意外事故,也有可能承担交通事故损害赔偿民事责任,尤其在机动车与非机动车驾驶人、行人之间的交通事故时,适用的是无过错责任原则,加害人只有证明存在法定事由才能减免责任,否则必须承担损害赔偿责任。案见江苏南通中院(2006)通中民一终字第0966号"孙某诉某电信公司等人身损害赔偿案"。

3.【意外事故区别于共同侵权】虽然数个行为与被害人的行为紧密结合,符合最高人民法院司法解释规定的"直接结合"的形式,但任何一方对此事的发生都不存在故意或过失,不存在侵权行为的基本构成要件,因此,不能按照共同侵权而应作为意外事件,适用公平责任原则处理。案见北京一中院(2004)一中民终字第106号"王某等诉某机械公司等交通事故损害赔偿案"。

4.【紧急避险致交通意外】当事人对造成损害都没有过错的,可以根据实际情况,由当事人分担民事责任。因紧急避险采取措施不当或者超过必要的限度,造成不应有的损害的,应当承担适当的民事责任。案见江苏建湖法院(2002)建民一初字第428号"薛某诉某运输公司等损害赔偿案"。

5.【单方意外事故】单方意外交通事故是车辆因意外因素造成自身人身伤亡或者财产损失的单方意外事件。高速公路管理人对高速公路行驶车辆负有法定安全保障义务,如涉诉公路管理人未尽到该义务,对高速公路上发生的单方意外交通事故有过错,应当承担相应的民事责任。案见天津一中院(2009)一中民四终字第508号"张某诉某高速公路公司交通事故责任纠纷案"。

6.【无过错责任归责原则】机动车因意外事故造成非机动车一方人身伤亡且非机动车一方无过错的,应适用无过错责任归责原则。即使机动车没有过错,不承担事故责任,其保险人也应在有责保险范围内承担责任。案见上海一中院(2009)沪一中民一(民)终字第4091号"谢某诉华某等交通事故损害赔偿案"。

7.【混合过错】二人以上没有共同故意或共同过失,但其分别实施的数个行为间接结合发生同一损害后果的,应根据过失大小或原因力比例各自承担相应的赔偿责任。案见上海黄浦区法院(2007)黄民一(民)初字第1967号"谈某诉某公交公司等人身损害赔偿案"。

8.【隐性交通事故】交警队对于机动车在道路上行驶而引起的飞石伤人等隐性交通事故因为不易找到因果关系而作出不予受理的决定,法院应当结合相关证据,对交通事故发生的事实以及各方当事人有无过错进行判断并作出认定,以确定各方当事人的民事责任。案见四川成都新都区法院(2010)新都民初字第1934号"叶某等诉涂某等交通事故损害赔偿案"。

**【附注】**

**参考案例索引**:江苏南京中院2010年4月21日判决"葛某诉某汽运公司等交通事故损害赔偿纠纷",见《葛宇斐诉沈丘县汽车运输有限公司、中国人民财产保险股份有限公司周口市分公司、中国人民财产保险股份有限公司沈丘支公司道路交通事故损害赔偿纠纷案》,载《最高人民法院公报·案例》(2010:540)。①江苏泰州中院(2016)苏12民终2166号"谢某与周某等交通事故责任纠纷案",见《解巧英、周亚兰等诉周宏邹、南通佳润物流有限公司等机动车交通事故责任纠纷案——好意同乘货运机动车发生交通意外事故时公平责任原则的适用》(丁万志),载《人民法院案例选》(201805/123:39)。②江苏苏州中院(2012)苏中民终字第2362号"某制衣公司与某保险公司交通事故纠纷案",见《车辆爆胎引起交通事故不属不可抗力——江苏苏州中院判决宇杰制衣公司诉人寿财保江阴支公司等交通事故纠纷案》(张嘉、刘宏光),载《人民法院报·案例指导》(20130912:6)。③山东聊城中院(2012)聊商终字第143号"李某与某保险公司保险合同纠纷案",见《"使用被保险车辆"的认定——山东聊城中院判决李钦敏等诉永城财险聊城公司保险合同纠纷案》(刘颖),载《人民法院报·案例指导》(20130418:6)。④四川成都新都区法院(2010)新都民初字第1934号"叶某等诉涂某等交通事故损害赔偿案",见《叶伦安等诉涂江等道路交通事故损害赔偿案》(徐勇),载《中国法院2012年度案例:道路交通纠纷》(105)。⑤上海一中院(2009)沪一中民一(民)终字第4091号"谢某诉华某等交通事故损害赔偿案",一审判决保险公司按无责保险限额赔偿6000元,二审改判保险公司赔偿8.9万余元,余款均由华某承担。见《由意外引起的交通事故中机动车主的责任承担》(周啸、孙飞),载《人民司法·案例》(201016:19)。⑥天津一中院(2009)一中民四终字第508号"张某诉某高速公路公司交通事故责任纠纷案",见《张旭诉天津顺通高速公路发展有限责任公司交通事故责任纠纷案》(张健发),载《人民法院案例选》(201102:144)。⑦上海黄浦区法院(2007)黄民一(民)初字第1967号"谈某诉某公交公司等人身损害赔偿案",判决公交公司赔偿40%共计17万余元及精神抚慰金2万元,市政公司、工程公司,以及电力公司各负担20%即8万余元及精神抚慰金1万元。见《多因一果侵权行为的甄别与责任承担》(姜海清、张健),载《人民司法·案例》(200820:28)。⑧江苏南通中院(2006)通中民一终字第0966号"孙某诉某电信公司等人身损害赔偿案",见《孙秀香诉江苏省电信有限公司海安县分公司、金忠交通事故损害赔偿案》(任智峰),载《中国审判案例要览》(2007民事:392);另见《悬挂物脱落造成交通事故,侵权责任如何承担——江苏南通中院判决孙秀香诉电信公司、金忠道路交通事故损害赔偿案》(任智峰),载《人民法院报·案例指导》(20070205:5)。⑨北京一中院(2004)一中民终字第106号"王某等诉某机械公司等交通事故损害赔偿案",见《王大方等四人诉北京瑞宏机械施工有限公司、北京市运通客运有限责任公司道路交通事故损害赔偿案》(谷岳),载《中国审判案例要览》(2005 民事:299)。⑩江苏建湖法院(2002)建民一初字第428号"薛某诉某运输公司等损害赔偿案",见《薛爱国诉南通化学危险品运输有限公司等损害赔偿案》(刘德志),载《中国审判案例要览》(2003 民事:272)。

## 3. 无法认定责任的处理
——责任无法定,过错靠推定？

【无法定责】

【案情简介及争议焦点】

2007年7月,夜间骑自行车的叶某为避免与相向而行的骑摩托车的张某相撞,两车各自右倾倒地,未发生接触碰撞。叶某骨折。交警无法认定事故责任。

争议焦点:1. 本案能否认定为紧急避险？2. 如何承担责任？

【裁判要点】

**1. 紧急避险**。叶某骑自行车与张某驾驶摩托车夜间相向而行,双方交会时采取避让行为发生事故,符合紧急避险的三个条件:险情急迫且客观存在、不得已采取躲避行为、避险造成的损害小于必要的限度,故本案属于紧急避险。

**2. 责任承担**。因紧急避险造成的损害,依法应由引起险情发生的人承担民事责任。本案两车交会的险情主要是张某驾驶二轮摩托车行驶在村道中间,未使用灯光造成,且张某作为险情引发人、避险行为人集于一身者,理应承担较重责任。叶某夜间在村道靠右侧骑自行车,听到前方摩托车声音后,未及时采取措施,亦为险情发生诱因之一,故对损失亦应承担相应责任。

【裁判依据或参考】

**1. 法律规定**。《民法典》(2021年1月1日)第1177条:"合法权益受到侵害,情况紧迫且不能及时获得国家机关保护,不立即采取措施将使其合法权益受到难以弥补的损害的,受害人可以在保护自己合法权益的必要范围内采取扣留侵权人的财物等合理措施;但是,应当立即请求有关国家机关处理。受害人采取的措施不当造成他人损害的,应当承担侵权责任。"《道路交通安全法》(2004年5月1日实施,2011年4月22日修正)第73条:"公安机关交通管理部门应当根据交通事故现场勘验、检查、调查情况和有关的检验、鉴定结论,及时制作交通事故认定书,作为处理交通事故的证据。交通事故认定书应当载明交通事故的基本事实、成因和当事人的责任,并送达当事人。"《侵权责任法》(2010年7月1日,2021年1月1日废止)第31条:"因紧急避险造成损害的,由引起险情发生的人承担责任。如果危险是由自然原因引起的,紧急避险人不承担责任或者给予适当补偿。紧急避险采取措施不当或者超过必要的限度,造成不应有的损害的,紧急避险人应当承担适当的责任。"《民法通则》(1987年1月1日,2021年1月1日废止)第106条:"……公民、法人由于过错侵害国家的、集体的财产,侵害他人财产、人身的应当承担民事责任。没有过错,但法律规定应当承担民事责任的,应当承担民事责任。"第131条:"受害人对于损害的发生也有过错的,可以减轻侵害人的民事责任。"第132条:"当事人对造成损害都没有过错的,可以根据实际情况,由当事人分担民事责任。"

**2. 行政法规。**《道路交通安全法实施条例》(2004年5月1日,2017年10月7日修订)第91条:"公安机关交通管理部门应当根据交通事故当事人的行为对发生交通事故所起的作用以及过错的严重程度,确定当事人的责任。"

**3. 司法解释。**最高人民法院《关于审理道路交通事故损害赔偿案件适用法律若干问题的解释》(2012年12月21日,2020年修改,2021年1月1日实施)第24条:"公安机关交通管理部门制作的交通事故认定书,人民法院应依法审查并确认其相应的证明力,但有相反证据推翻的除外。"最高人民法院《关于贯彻执行〈中华人民共和国民法通则〉若干问题的意见(试行)》(1988年4月2日 法〔办〕发〔1988〕6号 2021年1月1日废止)第156条:"因紧急避险造成他人损失的,如果险情是由自然原因引起,行为人采取的措施又无不当,则行为人不承担民事责任。受害人要求补偿的,可以责令受益人适当补偿。"

**4. 部门规范性文件。**公安部《道路交通事故处理程序规定》(2018年5月1日)第60条:"公安机关交通管理部门应当根据当事人的行为对发生道路交通事故所起的作用以及过错的严重程度,确定当事人的责任。(一)因一方当事人的过错导致道路交通事故的,承担全部责任;(二)因两方或者两方以上当事人的过错发生道路交通事故的,根据其行为对事故发生的作用以及过错的严重程度,分别承担主要责任、同等责任和次要责任;(三)各方均无导致道路交通事故的过错,属于交通意外事故的,各方均无责任。一方当事人故意造成道路交通事故的,他方无责任。"第67条:"道路交通事故基本事实无法查清、成因无法判定的,公安机关交通管理部门应当出具道路交通事故证明,载明道路交通事故发生的时间、地点、当事人情况及调查得到的事实,分别送达当事人,并告知申请复核、调解和提起民事诉讼的权利、期限。"第71条:"当事人对道路交通事故认定或者出具道路交通事故证明有异议的,可以自道路交通事故认定书或者道路交通事故证明送达之日起三日内提出书面复核申请。当事人逾期提交复核申请的,不予受理,并书面通知申请人。复核申请应当载明复核请求及其理由和主要证据。同一事故的复核以一次为限。"第74条:"上一级公安机关交通管理部门自受理复核申请之日起三十日内,对下列内容进行审查,并作出复核结论:(一)道路交通事故认定的事实是否清楚、证据是否确实充分、适用法律是否正确、责任划分是否公正;(二)道路交通事故调查及认定程序是否合法;(三)出具道路交通事故证明是否符合规定。复核原则上采取书面审查的形式,但当事人提出要求或者公安机关交通管理部门认为有必要时,可以召集各方当事人到场,听取各方意见。办理复核案件的交通警察不得少于二人。"

5. 地方司法性文件。湖南高院《关于印发〈审理道路交通事故损害赔偿纠纷案件的裁判指引(试行)〉的通知》(2019年11月7日 湘高法〔2019〕29号)第12条:"非机动车与行人之间发生的道路交通事故,按照过错大小承担赔偿责任;过错大小无法认定的,非机动车使用人与行人应平均承担责任。"安徽合肥中院《关于道路交通事故损害赔偿案件的审判规程(试行)》(2019年3月18日)第25条:"【未出具事故责任认定的过错责任】公安交通管理部门未出具交通事故认定书的,应根据当事人举证、法院调查取证情况,综合运用逻辑推理和日常生活经验,确定各方应承担的责任,难以确定责任的,按照以下规则处理:(1)机动车之间或非机动车之间发生交通事故的,一般由各方当事人承担同等赔偿责任,其中一方在危险控制、风险承受能力等方面明显居于优势地位的,可承担主要赔偿责任;(2)机动车与非机动车、行人之间发生交通事故的,由机动车方承担全部赔偿责任,非机动车驾驶人、行人确有过错的,可根据过错程度适当减轻机动车一方的赔偿责任;(3)非机动车与行人之间发生交通事故的,由非机动车方承担主要赔偿责任。"山东日照中院《机动车交通事故责任纠纷赔偿标准参考意见》(2018年5月22日)第9条:"优者危险负担原则的适用问题。在没有交通事故认定书的情形下,人民法院应根据事故发生时,事故双方的车辆性能、造成危险局面的成因、危害回避能力的大小、造成损害后果的原因等具体情况,准确认定双方过错,判定各方的民事赔偿责任。在有交通事故责任认定书的情形下,除非有相反的证据推翻,否则公安交通管理部门制作的交通事故认定书,人民法院应依法审查并确认其相应的证明力,并根据《山东省实施〈中华人民共和国道路交通安全法〉办法》第六十六条之规定确定赔偿责任。"天津高院《关于印发〈机动车交通事故责任纠纷案件审理指南〉的通知》(2017年1月20日 津高法〔2017〕14号)第2条:"……公安机关交通管理部门未出具交通事故认定书的,应根据当事人举证情况、法院调查取证情况,综合运用逻辑推理和日常生活经验,确定各方应承担的责任。按以上方式难以确定责任的,按照以下规则处理:(1)机动车与机动车之间发生交通事故的,由事故各方承担同等民事责任;(2)非机动车之间、非机动车与行人之间发生交通事故的,由事故各方承担同等民事责任;(3)机动车与非机动车之间发生交通事故的,由事故各方承担同等民事责任;(4)机动车与行人之间发生交通事故的,由机动车方承担主要民事责任。"河北石家庄中院《关于规范机动车交通事故责任纠纷案件审理工作座谈会会议纪要》(2016年1月11日 石中法〔2016〕4号)第2条:"公安交管部门未出具事故责任认定书的,如何处理。(一)事故认定书没有认定是否发生过交通事故的,应当由原告负责举证,证明确实发生过交通事故。原告不能证明发生交通事故的事实的,应当承担不利后果。(二)事故认定书确认了事故发生,但没有进行责任划分,则应当根据当事人举证情况,必要时调取公安交管部门处理交通事故的证据材料,对事故责任进行认定。(三)如果根据当事人提供的证据和人民法院调查的证据,仍然不能够确定事故责任的,按照下列方式处理:1.机动车之间发生交通事故的,推定各方负同等责任;2.机动车与非机动车或行人发生交通事故的,推定机动车一方负主要责任,非机动车或行人负次要责任。"江西南昌中院《机动车交通事故责任纠纷案件指引》(2015年4月30日 洪中法〔2015〕45号)第1条:"……交警事故证明的效力认定。即:交警事故说明或证明完全是根据当事人陈述作出,没有其他证据佐证事故发生,如果保险公司提出异议,则该证明对保险公司没有效力。【注意事项】:如果交警出具的事故证明已经对事故事实做了认定,但对于责任划分未认定,此类证明不适用该条。"河北承德中院《2015年民事审判工作会议纪要》(2015年)第39条:"机动车与非机动车驾驶人、行人之间发生交通事故的,由保险公司在交强险责任限额内予以赔偿,不足部分可按下列比例分担:机动车一方无事故责任的,承担10%的赔偿责任;机动车一方负次要责任的,承担40%的赔偿责任;机动车一方无事故责任的,承担10%的赔偿责任;机动车一方无事故责任的,承担10%的赔偿责任;机动车一方负主要责任的,承担80%的赔偿责任;机动车一方负全部责任的,承担100%的赔偿责任;机动车一方负同等责任的,承担60%的赔偿责任;事故责任无法认定的,可根据具体案情,机动车一方承担50%以上的赔偿责任。"湖南长沙中院民一庭《关于长沙市法院机动车交通事故责任纠纷案件审判疑难问题座谈会纪要》(2014年7月23日)第12条:"事故双方没有接触能否构成交通事故?事故双方没有接触可以构成交通事故。《中华人民共和国道路交通安全法》第一百一十九条第五项对交通事故的定义是:'交通事故是指车辆在道路上因过错或者意外造成的人身伤亡或者财产损失的事件。'交通事故不以发生事故的双方发生直接物理接触为必要条件。交通事故的构成要件之一是要存在加害行为或危险行为,加害行为在交通事故中一般以发生事故的双方发生直接物理接触或间接物理接触并导致损害后果发生的方式表现出来,而危险行为在交通事故中一般是以发生事故的双方未发生直接物理接触,但构成危险、妨碍,导致损害后果发生的方式而表现出来的。因此,未发生直接物理接触行为,但构成对其他车辆危险妨碍的,造成事故发生,也能构成交通事故。"上海高院民一庭《道路交通事故纠纷案件疑难问题研讨会会议纪要》(2011年12月31日)第17条:"无事故责任报告的责任认定。机动车与非机动车相撞,交警部门未出具事故责任报告,而仅出具了事故证明的,但在事故证明中明确非机动车方有过错行为的,法院应结合侵权构成要件一并予以认定责任。如无法根据事故证明作出判断的,则原则上按照《道路交通安全法》第76条的规定,即应由机动车一方证明非机动车是否有过错,如无法证明的,则认定由机动车一方承担全部责任。"安徽宣城中院《关于审理道路交通事故赔偿案件若干问题的意见(试行)》(2011年4月)第35条:"公安机关认定的道路交通事故责任与人民法院认定的民事侵权赔偿责任并非同一概念,不可简单等同。机动车之间发生交通事故的,由保险公司在交强险责任限额内予以赔偿,不足部分由过错方承担赔偿责任,双方都有过错的,按照各自的过错比例承担责任,其比例可按照下列意见承担:……(七)事故责任无法确定的,一般可由双方各承担50%的赔偿责任。非机动车之间发生碰撞,造成人身损害和财产损失的,其赔偿比例可以参照前款意见执行。"山东淄博中院民三庭《关于审理道路交通事故损害赔偿案件若干问题的指导意见》(2011年1月1日)第26条:"交警部门无法认定事故责任的,人民法院也无法认定当事人过错的,如事故发生在机动车之间,认定双方负同等责任,同时可根据双方车辆状况、受损害的程度,在10%范围内予以适当调整;如事故发生在机动车与非机动车、行人之间,机动车应承担60%~70%的责任。"河南郑州中院《审理交通事故损害赔偿案件指导意见》(2010年8月20日郑中法〔2010〕120号)第7条:"机动车之间发生交通事故的,由保险公司在交强险责任限额内予以赔偿,不足部分由过错一方承担赔偿责任,双方都有过错的,按照各自过错的比例分担责任。其比例可按下列意见承担:……(七)事故责任无法认定的,原则上可由双方各承担50%的赔偿责任。"江西南昌中院《关于审理道路交通事故人身损害赔偿纠纷案件的处理意见(试行)》(2010年2月1日)第28条:"机动车发生交通事故造成人身伤亡、财产损失的,由保险公司在机动车第三者责任强制保险责任限额范围内予以赔偿。超出责任限额的部分,按照下列方式承担赔偿责任:(1)机动车之间发生交通事故的,由机动车各方所投保的保险公司在机动车交通事故责任强制保险责任限额范围内予以赔偿;机动车未参加机动车交通事故责任强制保险的,由机动车所有人或管理人在相当于相应的强制保险责任限额范围内予以赔偿。依法应当赔偿的数额超出机动车交通事故责任强制保险责任限额的部分,由有过错的一方承担赔偿责任;双方都有过错的,按照各自过错的比例分担责任;不能认定事故责任的,双方各承担50%的赔偿责任……"湖南长沙中院《关于道路交通事故人身损害赔偿纠纷案件的审理意见》(2010年)第三部分第1条:"……责任划分。首先确定保险公司在交强险责任限额范围内的赔偿责任金额之后,不足的部分再按如下方式划分责任:(1)机动车之间发生交通事故,一方负全部责任的,承担100%;一方负主要责任的,一般承担70%(如有特殊情况,方可自由裁量,并充分说明理由);双方负同等责任的,各承担50%;一方负次要责任的,承担30%(如有特殊情况,方可自由裁量,并充分说明理由);无责任的,不承担赔偿责任;属于交通意外事故、各方均无责任的,视具体情形确定双方的赔偿责任;属于不能认定事故责任的,双方对此均无过错的或均有过错的,各承担50%;没有道路交通事故认定书的,适用推定来解决问题,分以下情形认定(以下机动车与非机动车驾驶人、行人之间发生交通事故的,出现此种特殊情况的,亦依此认定):A. 当事人逃逸、故意破坏、伪造现场、毁灭证据的,推定该当事人负全部责任;B. 一方当事人有条件报案而没有及时报案导致交警无法认定责任的,推定该一方当事人负全部责任;C. 当事人各方都有条件报案而没及时报案导致交警无法认定责任的,推定双方负同等责任;此种情形下,如系机动车与非机动车驾驶人、行人之间发生交通事故的,机动车一方负主要责任,非机动车驾驶人、行人一方负次要责任。(2)机动车与非机动车驾驶人、行人之间发生交通事故,机动车一方负全部责任的,承担100%;机动车一方负主要责任的,承担80%;机动车一方负同等责任的,承担60%;机动车一方负次要责任的,承担40%;机动车一方无责任的,承担10%;道路交通事故发生在高速公路上的,机动车一方承担5%—10%,但赔偿金额最高不超过1万元……"安徽合肥中院民一庭《关于审理道路交通事故损害赔偿案件适用法律若干问题的指导意见》(2009年11月16日)第30条:"道路交通事故致人损害,难以认定各方交通事故责任的,按照以下情形确定赔偿责任:(一)机动车之间或非机动车之间发生道路交通事故的,一般由各方当事人承担同等赔偿责任,其中一方在危险控制、风险承受能力等方面明显居于优势地位的,也可承担主要赔偿责任;(二)机动车与非机动车驾驶人、行人之间发生道路交通事故的,由机动车方承担全部赔偿责任;(三)非机动车与行人之间发生道路交通事故的,由非机动车方承担主要赔偿责任。机动车方依法投保交通事故责任强制保险的,由机动车方在机动车交通事故责任强制保险责任范围外承担前款规定的赔偿责任。"江西九江中院《关于印发〈九江市中级人民法院关于审理道路交通事故人身损害赔偿案件若干问题的意见(试行)〉的通知》(2009年10月1日 九中法〔2009〕97号)第2条:"公安机关交通管理部门对于道路交通事故因客观原因无法作出交通事故责任认定结论的,人民法院经审理也不能查明事故责任的,在机动车交通事故责任强制保险范围外,可以按照以下规则认定当事人的赔偿责任:对机动车之间或非机动车之间的事故,推定各负同等责任;对机动车与非机动车、行人之间的事故,推定机动车负主要责任;非机动车与行人之间的事故,由非机动车方承担主要责任,行人承担次要责任。"福建泉州中院民一庭《全市法院民一庭庭长座谈会纪要》(泉中法民一〔2009〕05号)第21条:"交警部门对事故无法作出责任认定的,在审理中应如何划分事故各方的责任?答:交警部门对事故无法作出责任认定,当事人起诉的,仍应进行审理判决。对责任的认定应根据双方当事人的举证情况、具体案情进行综合认定。如果能够认定一方或双方存在过错的,按过错责任大小确定各自应承担的责任;如果能够证明双方均无过错,可以依照《中华人民共和国民法通则》第132条的规定,适用公平原则,根据实际情况,由当事人分担民事责任;如果不能查明双方的过错情况及事故责任的,可按公平原则来确定民事责任的承担。"陕西高院**《关于审理道路交通事故损害赔偿案件若干问题的指导意见(试行)》**(2008年1月1日 陕高法〔2008〕258号)第17条:"因道路交通事故导致损害,根据当事人提供的证据难以认定交通事故责任或者当事人过错的,在机动车交通事故责任强制保险范围外,可以按照以下规则认定当事人的赔偿责任:(一)机动车与机动车发生交通事故的,由各方当事人承担同等赔偿责任;(二)机动车与非机动车驾驶人、行人发生交通事故的,由机动车方承担主要赔偿责任。"北京高院**《北京市法院道路交通事故损害赔偿法律问题研讨会会议纪要》**(2007年12月4日)第3条:"……在机动车之间发生交通事故而公安机关交通管理部门不定责的情况下,法院如何处理的问题。与会人员一致认为:交通管理部门对交通事故未认定责任的,各方当事人均应就对方当事人存在过错承担举证责任。双方当事人均不能证明对方当事人有过错的,可以推定事故各方对事故的发生均有过错,并酌情确定各方的过错责任大小。"湖北武汉中院《关于审理交通事故损害赔偿案件的若干指导意见》(2007年5月1日)第10条:"机动车发生道路交通事故造成人身伤亡、财产损失,当事人有条件报案、保护现场但没有报案、保护现场,致使事故基本事实无法查清的,由保险公司在机动车第三者责任强制保险范围内先行赔偿,超出责任限额的部分,按照下列标准承担赔偿责任:(一)机动车之间发生交通事故,一方当事人有上述行为的,承担全部责任;两方或两方以上当事人均有上述行为的,平均分担责任;(二)机动车与非机动车、行人发生交通事故,机动车一方有上述行为,又没有证据证明非机动车、行人有交通安全违法行为以及机动车驾驶人采取了必要处置措施的,由机动车一方承担赔偿责任;(三)非机动车与非机动车、非机动车与行人发生交通事故,一方当事人有条件报案、保护现场但没有报案、保护现场,致使事故基本事实无法查清的,承担全部赔偿责任;两方或者两方以上当事人均有前述行为的,平均分担赔偿责任。"重庆高院**《关于审理道路交通事故损害赔偿案件适用法律若干问题**

的指导意见》(2006年11月1日)第22条:"因道路交通事故致人损害,难以认定各方交通事故责任的,按照以下情形处理:(一)机动车之间或者非机动车之间发生道路交通事故的,由各方当事人承担同等赔偿责任;(二)机动车与非机动车驾驶人、行人之间发生道路交通事故的,由机动车方承担全部赔偿责任;(三)非机动车与行人之间发生道路交通事故的,由非机动车方承担主要赔偿责任,行人承担次要赔偿责任。机动车方依法投保交通事故责任强制保险的,由机动车方在机动车交通事故责任强制保险责任范围外承担前款规定的赔偿责任。"江西赣州中院《关于审理道路交通事故人身损害赔偿案件的指导性意见》(2006年6月9日)第25条:"发生交通事故致人损害,当事人有条件报案、保护现场但没有报案、保护现场,致使事故基本事实无法查清的,按照不同情形确定赔偿责任:(1)机动车之间发生交通事故,一方当事人有上述行为的,承担全部责任;当事人均有上述行为的,平均分担责任;(2)机动车与非机动车、行人发生交通事故,机动车一方有上述行为的,由机动车一方承担责任;双方均有上述行为的,由机动车方承担主要责任。"第26条:"交警部门因客观原因无法作出交通事故责任认定结论,人民法院经审理也不能查明事故责任的,对机动车之间的事故,推定各负同等责任;对机动车与非机动车、行人之间的事故,推定机动车负全部责任。"贵州高院、省公安厅《关于处理道路交通事故案件若干问题的指导意见(一)》(2006年5月1日)第5条:"在道路交通事故发生后,公安机关交通管理部门应依照有关规定尽快查明事故原因,确定当事人的责任,并在将扣留的机动车返还前作出交通事故认定书,送达各方当事人(含机动车所有人、实际支配人)。经调查,确实无法确定交通事故事实的,公安机关交通管理部门应在将扣留的机动车返还给当事人前,依据《交通事故处理程序规定》的相关规定制作交通事故认定书,送达各方当事人。"第6条:"因交通事故当事人处于抢救或昏迷状态无法取证,而现有证据不足以判明案件事实等特殊原因,经上一级公安机关交通管理部门批准,中止交通事故认定,提交《交通事故调查报告书》的时间相应顺延,但中止的时间最长不超过两个月。中止原因消除后,应及时提交《交通事故调查报告书》,并依法作出交通事故认定;中止时间期满后当事人仍然昏迷的,公安机关交通管理部门可参照本意见第5条的规定处理。"第28条:"交通事故认定书未对事故责任作出认定,或已有证据难以认定交通事故责任或当事人的过错的,人民法院可按如下规则确定当事人的民事责任:(1)机动车之间或者非机动车之间发生交通事故的,由事故各方承担同等民事责任;(2)机动车与非机动车驾驶人、行人发生交通事故的,由机动车方承担全部民事责任;(3)非机动车与行人之间发生交通事故的,由非机动车一方承担不低于60%的民事责任。"江苏常州中院《关于印发〈常州市中级人民法院关于审理交通事故损害赔偿案件若干问题的意见〉的通知》(2005年9月13日 常中法〔2005〕第67号)第8条:"机动车因翻车、撞树(墙)、急刹车、轮胎爆炸等自身原因而导致其同乘人员受到伤、亡的,应按一般人身损害赔偿或其他法律关系处理。同乘人员要求机动车方、保险公司按《道路交通安全法》第七十六条规定承担赔偿责任的,不予支持。"江苏高院《关于审理交通事故损害赔偿案件适用法律若干问题的意见(一)》(2005年2月24日 苏高法审委〔2005〕3号 2020年12月31日起被苏高法〔2020〕291号文废止)第11条:"对于超过机动车第三者责任保险限额的赔偿部分,由交通事故当事人根据《道路交通安全法》第七十六条第一款、《省道路交通安全条例》第五十二条的规定,按照下列方式承担赔偿责任:(一)对于机动车之间发生交通事故的,由有过错的一方承担赔偿责任;双方都有过错的,按照各自过错的比例分担责任。除经过质证认定不能作为证据使用的情形以外,一般可根据公安机关交通部门的交通事故责任认定来确定交通事故当事人的赔偿责任,并参照下列比例承担:……(6)属于交通意外事故、各方均无责任的,应根据《民法通则》和《人身损害赔偿司法解释》的规定,视具体情形确定双方的赔偿责任;(7)属于不能认定事故责任的,双方各承担50%的赔偿责任。(二)对于机动车与非机动车、行人之间发生交通事故的,由机动车方承担赔偿责任;但是,有证据证明非机动车驾驶人、行人违反道路交通安全法律、法规,机动车驾驶人已经采取必要处置措施的,应当按照下列比例减轻机动车方的赔偿责任:……属于交通意外事故、各方均无责任的或不能认定事故责任的,由机动车方承担全部赔偿责任。"广东高院、省公安厅《关于〈道路交通安全法〉施行后处理道路交通事故案件若干问题的意见》(2004年12月17日 粤高法发〔2004〕34号 2021年1月1日起被粤高法〔2020〕132号文废止)第20条:"根据当事人提供的证据难以认定交通事故责任或当事人的过错的,人民法院可按如下规则确定当事人的民事责任:(1)机动车与机动车发生交通事故的,由事故各方承担同等民事责任;(2)机动车与非机动车驾驶人、行人发生交通事故的,由机动车方承担全部民事责任;(3)非机动车之间、非机动车与行人之间发生交通事故的,由事故各方承担同等民事责任。"吉林高院《关于印发〈关于审理道路交通事故损害赔偿案件若干问题的会议纪要〉的通知》(2003年7月25日 吉高法〔2003〕61号)第1条:"人民法院受理道路交通事故损害赔偿案件,经公安机关处理的,除应当符合《民诉法》第一百零八条的规定外,原告还应当向人民法院提交公安机关出具的事故赔偿调解书、调解终结书或该事故不属于任何一方当事人违章行为造成的结论。因客观原因公安机关对道路交通事故未作现场勘查,且对事故责任未作出认定,但已经书面通知当事人终结处理程序的,符合民事诉讼法第一百零八条规定的,人民法院应当予以受理。"内蒙古高院《全区法院交通肇事损害赔偿案件审判实务研讨会会议纪要》(2002年2月)第13条:"公安机关作出的《交通事故责任认定书》是对交通事故当事人行政违章责任的划分,不应作为确认当事人过失程度、承担民事责任大小的惟一依据。人民法院在适用过失相抵规则时,经审查认为公安机关作出的责任认定确属不妥,则不予采信,由人民法院以审理认定的案件事实确定当事人的过失程度。"第14条:"在适用过失相抵规则判断交通事故当事人过失程度及赔偿责任比例时,对公安机关作出的《交通事故责任认定书》的证据效力按以下原则掌握:(1)机动车辆之间发生的交通事故,可以将公安机关认定的事故责任比例作为判断双方过失比例的依据。(2)机动车辆与行人或非机动车之间发生的交通事故中,不能将公安机关认定的事故责任比例作为双方过失比例相抵的惟一依据,而应结合侵权行为的具体情形,按照优者负担、照顾弱者的原则合理相抵,相应减轻加害方的责任。受害人如年满70周岁,或不满10周岁,或系残疾人,不能适用过失相抵规则。"山东高院《关于审理人身损害赔偿案件若干问题的意见》(2001年2月22日)第10条:"因道路交通事故引起的人身损害纠纷,经公安机关调查不能确认是任何一方当事人的违章行为造成的,受害人可以不经交通管理部门调解,直接向人民法院起诉,法院应予受理,不得以未经交通管理部门调解为由拒绝受理。但当事人必须提交交通管理部门作出的该事故不属于任何一方当事人违章行为造成的结论。"河南高院《关于审理道路交通事故损害赔偿案件若干问题的意见》(1997年1月1日 豫高法〔1997〕78号)第21条:"机动车之间发生交通事故,如果能够证明双方均无过错,可依照《民法通则》第132条的规定,适用公平原则,根据实际情况,由双方公平地分担民事责任。"第22条:"如果公安机关经调查不能确认交通事故是任何一方当事人的违章行为造成,当事人向人民法院提起损害赔偿的民事诉讼后,人民法院也不能查明事故责任的,可按照无过错责任原则和公平原则来确定民事责任的承担。(1)机动车与非机动车、行人发生道路交通事故,可以按照无过错责任原则让机动车一方承担赔偿责任。(2)机动车之间、非机动车之间、非机动车与行人之间发生道路交通事故,可以推定双方均无过错,适用公平原则来解决当事人之间的纠纷。"

**6. 地方规范性文件。**江西省公安厅《关于印发〈江西省道路交通事故责任认定规则〉的通知》(2015年11月27日 赣公字〔2015〕184号)第18条:"公安机关交通管理部门对确实无法查清交通事故成因的,不认定当事人交通事故责任,只在交通事故证明中载明交通事故发生的时间、地点、当事人情况及调查得到的事实,分别送达各方当事人。"广东省《道路交通事故责任认定规则(试行)》(2008年10月1日)第8条:"交通事故当事人有以下情形之一的,按如下规定认定责任:(一)发生交通事故后当事人逃逸,逃逸的当事人承担事故的全部责任;但是,有证据证明对方当事人有过错的,逃逸的当事人承担事故的主要责任。(二)当事人故意破坏、伪造现场、毁灭证据的,承担事故的全部责任。(三)发生交通事故后当事人未立即停车、保护现场,或有条件报案而不及时报案,致使事故基本事实无法查清的,承担全部责任。双方当事人均有上述行为的,均承担同等责任,但机动车与非机动车、行人发生交通事故的,由机动车一方承担事故主要责任。(四)对当事人影响交通事故认定的案件事实无法查清的,载明已经查清的事实情况,不予认定各方当事人责任。"北京市《实施〈道路交通安全法〉办法》(2010年12月23日修正)第73条:"机动车发生道路交通事故造成人身伤亡、财产损失,当事人有条件报案、保护现场但没有依法报案、保护现场,致使事故基本事实无法查清的,由保险公司在机动车第三者责任强制保险责任限额范围内先行赔偿。超出责任限额的部分,按照下列规定承担赔偿责任:(一)机动车之间发生交通事故,一方当事人有上述行为的,承担全部赔偿责任;两方或者两方以上当事人均有上述行为的,平均分担赔偿责任;(二)机动车与非机动车、行人发生交通事故,机动车一方有上述行为,又没有证据证明非机动车、行人有交通安全违法行为以及机动车驾驶人已经采取必要处置措施的,由机动车一方承担赔偿责任。非机动车与非机动车、非机动车与行人发生交通事故,一方当事人有条件报案、保护现场但没有依法报案、保护现场,致使事故基本事实无法查清的,承担全部赔偿责任;两方或者两方以上当事人均有前述行为的,平均分担赔偿责任。"天津市《道路交通事故过错责任认定标准》(2008年12月31日)第4.3条:"对无法查证交通事故事实的,公安机关交通管理部门在制作交通事故认定书时,载明交通事故发生的时间、地点、当事人情况及调查得到的事实,不认定当事人事故过错责任。"上海市公安局《关于印发〈关于道路交通事故责任认定的若干规定〉的批复》(2006年7月8日 沪公发〔2007〕261号)第10条:"对无法查证道路交通事故定责主要事实的,公安机关交通管理部门制作道路交通事故认定书,载明道路交通事故发生的时间、地点、当事人情况及调查得到的事实,但对事故责任不作认定。"

**7. 最高人民法院审判业务意见。**●在没有交通事故责任认定书的情形下,人民法院如何判定各方的民事赔偿责任?最高人民法院民一庭意见:"在没有交通事故责任认定书的情形下,人民法院应根据事故发生时,事故双方的车辆性能、造成危险局面的成因、危害回避能力的大小、造成损害后果的原因等具体情况,判定各方的民事赔偿责任。"○交警部门未能作出交通事故责任认定的,如何确定各方当事人的民事责任?最高人民法院民一庭意见:"机动车发生交通事故,交警部门作出的交通事故认定书是人民法院确定事故发生的事实、原因并认定事故责任的重要证据。对于交警部门认为事实不清,双方的过错无法判明,也无法确定事故责任的,人民法院应当审查现场勘验笔录等交通事故案件的全部相关证据,按照《道路交通安全法》以及《道路交通安全法实施条例》的相关规定,综合运用逻辑推理和日常生活经验,对交通事故发生的事实以及各方当事人有无过错进行判断并作出认定,以确定各方当事人的民事责任。"●交警部门作出不能确定是任何一方当事人的违章行为造成交通事故的结论,可否视为作出了交通事故责任认定?当事人持该结论向法院起诉的应如何处理?最高人民法院民一庭《民事审判实务问答》编写组:"人民法院在审理道路交通事故损害赔偿案件时,应将公安机关交通管理部门制作的交通事故认定书作为确定交通事故责任的证据材料之一。对交警部门作出的上述结论不能视为作出了责任认定。在交警部门没有作出责任认定书的情况下,人民法院应综合全案双方当事人举证的证据材料,根据构成道路交通事故损害赔偿责任的要件要求,综合认定道路交通事故当事人的行为对发生交通事故所起的作用以及过错程度,确定当事人的责任。"

8. 参考案例。①2016年重庆某交通事故纠纷案,2015年,张某车辆先与卢某车辆相撞,张某受伤。不到5分钟,两车又被赵某车辆碰撞。张某死亡。交警无法定责。法院认为:在案涉交通事故前后两次碰撞中,交警部门只出具了两份交通事故证明,并未出具道路交通事故认定书。关于事故责任认定问题,张某死亡系两次碰撞共同作用所致,两次碰撞相隔近5分钟,且张某死于到医院途中,故应作为一次事故处理,但应分为两个阶段各自承担相应责任。因无法区分两次碰撞对张某死亡的参与度,故认定两个阶段即两次碰撞各承担50%责任。第一阶段,张某与卢某两车碰撞,结合两次对卢某询问以及车辆安全技术状况鉴定结果等证据,卢某应承担70%责任,张某承担30%责任。第二阶段,张某、卢某、赵某三车碰撞,根据对卢某、赵某等人询问及现场照片等证据,赵某应承担80%责任,卢某、张某各承担10%责任。综合此次事故二次碰撞造成的死亡后果,由卢某承担原告损失40%、赵某承担40%、张某自负20%。②2013年江苏某交通事故纠纷案,2012年,王某错把油门当刹车,撞到横过马路的金某,倒地金某又被对面朱某驾驶、雇主为徐某的货车碾压,其后,黄某雇佣的吴某驾驶货车碾压到已与金某身体分离的左侧小腿。金某死亡,交警无法定责。法院认为:依交警部门出具的事故证明,在第一次事故中,金某横穿马路应承担事故次要责任,王某为避让行人错将油门当刹车而撞到金某,其应承担事故主要责任。在第二次事故中,徐某雇佣的朱某疏于观察,驾车碾压到倒地的金某,徐某应承担此次事故的主要责任,王某承担该次事故的次要责任,金某在本次事故中不承担责任。二人以上分别实施侵权行为造成同一损害,每个人的侵权行为都足以造成全部损害的,行为人应承担连带责任。由于无法证实是撞倒行为还是碾压行为导致金某死亡,故上述两行为均应对金某死亡承担连带赔偿责任。可以排除吴某与金某死亡存在因果关系,但其碾压到与金某身体分离的左侧小腿,也造成了原告精神损害,故在事故中存在过错,其车辆所在保险公司应按交强险规定承担赔偿责任,至于超限额部分损失,吴某、黄某不承担责任。判决三辆机动车所投保保险公司分别在11万元交强险限额内赔偿,超额部分由王某赔偿11万余元、徐某赔偿7万余元,王某与徐某互负连带责任。③2012年天津

**某人身损害赔偿纠纷案**,2008年,满某因所在船舶被碰撞而溺水死亡。海事局海事调查报告记录朝鲜渔业公司船舶在事发时有急向右转向迹象,初步判断该轮系肇事船舶,但该轮拒绝接受调查,导致责任无法判定。法院认为:本案系具有涉外因素的海上人身损害赔偿纠纷,依我国《海商法》第273条第1款规定,船舶碰撞损害赔偿适用侵权行为地法律。本案碰撞事故发生地为我国天津,故应适用我国法律。在无直接证据情况下,经与海事局、引航站沟通,询问海事专家,现场勘查等多种途径深入调查取证,在全面收集各种间接证据基础上,邀请港航单位和企业资深船长、引航员、大学教授、船级社的验船师及海事调查官等专业人士召开的专家论证会,经过审慎分析论证,从被撞船舶沉没地点与渔业公司轮船右转向地点一致、渔业公司轮船迅速减速行为不正常、VTS截图显示物体与被撞船舶相符、被撞船舶碰撞部位与渔业公司轮船航向及碰撞痕迹、航海日志记载矛盾之处等各方面,确定渔业公司轮船存在重大嫌疑,同时又排除了其他船舶肇事的合理怀疑,最终确定渔业公司轮船为肇事船舶。判决渔业公司赔偿原告32万余元。④2012年**山东某交通事故纠纷案**,2011年,于某横穿马路时摔倒,送医院抢救无效死亡,诊断为重型颅脑损伤,脑挫裂伤。当时旁边倒地的是姜某驾驶的电动自行车。姜某及其爱人罗某否认撞倒于某,于家悬赏证人翟某证言证明系姜某撞倒于某,姜某提交余某证言证明了事发后姜某救人过程。交警未作责任认定,仅出具交通事故证明。2012年,于某丈夫孟某诉请姜某赔偿。法院认为:本案交通事故未保留事故现场,交警部门亦未对本次交通事故形成原因作出认定。关于本次事故发生经过的证据只有交警队出具的道路交通事故证明及其对当事人及证人的询问笔录。罗某、姜某系本案当事人,其在交警询问笔录中所作陈述证明力较低,不予采信。翟某、余某并非当事人,亦无证据证实二人与本案存在利害关系,二人证言能相互印证,反映出事故发生前后情况,证明力较高,予以采信,故认定姜某驾驶电动车与行人于某发生交通事故,并导致于某倒地死亡。交警部门对交通事故责任未作认定,难以分清各自过错责任情况下,法院应考虑双方对道路交通安全注意义务轻重、车辆危险性大小及危险回避能力优劣,分配事故损害赔偿责任。本案交通事故发生地道路两侧设有机动车与非机动车隔离带,姜某本应在非机动车道行驶,但其在事故发生前行驶于机动车道,对本案事故发生负有一定责任。于某未在道路路口确认安全后横穿马路,对事故发生亦负有一定责任,故按同等责任判决姜某赔偿孟某医疗费、死亡赔偿金、丧葬费、精神损害抚慰金共计7万余元。⑤2010年**湖北某交通事故纠纷案**,2009年,黄某手推板车被金某驾驶摩托车撞翻后,又被后面的李某、王某各自驾驶的摩托车撞击致黄某10级伤残。三辆摩托车均未投保交强险。交警未定责,仅出具交通事故证明书。黄某诉请金某、李某、王某及李某所驾摩托车车主梁某连带赔偿其医疗费等损失4万余元。法院认为:根据当事人在公安交警部门陈述,足以认定三人驾驶的摩托车几乎同时抵达事故现场,同时不能排除李某驾驶的摩托车倒地时碰撞黄某板车把或黄某身体事实。当事人陈述及证人证言及其他证据不足以查清事故成因,当事人金某、王某、李某均表示自己在本次事故中无责任,法院根据当事人陈述、证人证言、公安交警部门所作交通事故证明书综合分析认定,金某、王某、李某共同实施了危及他人人身安全的行为,构成共同侵权,应承担连带赔偿责任。机动车应依法参加第三者责任强制保险。投保义务人未投保第三者责任强制保险、车辆发生交通事故致第三者损害的,投保义务人应因未投保过错向第三者在保险赔偿限额范围内承担赔偿责任。金某、王某、梁某作为机动车所有人和使用人,未参加机动车第三者责任强制保险,具有同等过错,应各自在中国保险监督委员会制定的第三者责任险限额内向黄某平均承担赔偿责任。李某代驾车辆系为梁某无偿帮工,李某无证驾驶无牌证车辆,具有重大过错,应对被帮工人梁某的赔偿责任承担连带责任。判决黄某医疗费等损失4万余元,由金某、王某、梁某各赔偿1.4万余元并互负连带责任,李某对梁某赔偿负连带责任。⑥2009年江苏某交通事故纠纷案,2009年,田某被史某所骑投保交强险的摩托车碰撞身亡,交警部门因无法查清事故成因,仅出具道路交通事故证明。权利人蔡某诉请保险公司赔偿。法院认为:《道路交通安全法》第76条规定:机动车与非机动车、行人之间发生交通事故的,由机动车一方承担责任。本案田某所骑自行车与史某驾驶的摩托车发生交通事故,无法查清事故成因,依前述规定,应由保险公司承担交强险赔付责任。判决保险公司赔偿蔡某各项损失7万余元。⑦2010年山东某交通事故损害赔偿案,2009年2月,王某无证驾驶拖拉机为躲避行人,与贾某无证驾驶的无牌摩托车相撞,造成摩托车乘客赵某10级伤残。交警勘查,因无现场,无法查证事实,无法认定责任。法院认为:在难以分清双方各自过错责任的情况下,从车辆冲撞危险性的大小以及危险回避能力的程度分析,王某驾驶的拖拉机比贾某驾驶的摩托车在速度、硬度及重量等方面,均存在更大的危险性。另外,拖拉机所载木材长于拖拉机车身,王某未采取相应防范措施,更增加了车辆的危险性。故王某驾驶拖拉机在从事运输过程中,未履行安全注意义务,采取措施不当,未确保行车安全,承担60%的赔偿责任;贾某无证驾驶无牌摩托车,在行驶中疏于防范,未确保安全,承担40%的赔偿责任,判决保险公司赔偿赵某损失2万余元,王某赔偿赵某损失1万余元。⑧2010年广西某交通事故损害赔偿案,2008年7月,在梯子上固定电线的赖某被倒车的文某驾驶的拖拉机刮中电线,致赖某摔伤,经调解未果,受害人报案,交警以现场变动、证据灭失,无法作出责任认定。法院认为:赖某作为机动车驾驶人,发生本案事件,在事故原因不明情况下,依《道路交通安全法》第70条规定,赖某应保护现场并及时报告交管部门,对事故现场进行勘验、检查和收集证据,以便对事故原因、性质作出认定。而本案文某在赖某伤重需住院治疗无法报案情况下,不及时报案,导致事后无法查明事实,可见,交警无法对事故事实进行认定的主要过错在文某。根据本案证据及举证责任划分,应认定文某侵权事实成立,即本案事故系文某倒车碰刮到赖某所挂电线致赖某摔落而受伤,属于道路交通事故,因赖某非电工,不了解电工操作规程,未采取任何安全防范措施即擅自从事高空悬挂电线的危险作业,故存在过错,应自负10%的损失。判决由保险公司在交强险责任限额内赔偿赖某医疗费、伤残赔偿金12万元,超过限额部分,由文某赔偿赖某90%共计5.4万余元。⑨2010年**江西某交通事故损害赔偿案**,2010年3月,赵某驾驶运输公司客车,与杨某驾驶的二轮电动车相撞,致杨某伤残,交警仅出具了道路交通事故证明及车辆痕迹鉴定。法院认为:在交警部门未出具事故认定书情况下,应由法院根据当事人提供的证据以及审查认定的事实来确定双方当事人在交通事故中应承担的民事责任。赵某驾驶机动车未能在确保安全、畅通的原则下通行,以致发生事故造成杨某受伤,是造成事故的主要原因,应承担主要责任;杨某驾驶二轮电动车未在非机动车道内行驶,是造成事故的次要原因,应负次要责任。因赵某系运输公司司机,驾车发生事故时系行使职务的行为,故赵某所负事故责任应由运输公司承担。判决保险公司在交强险范围内赔偿,超过部分由运输公司按80%的责任比例赔偿。⑩2010年**广西某交通事故损害赔偿案**,2007年11月,杨某驾驶摩托车与黄某驾驶的拖拉机会车后,杨某连人带车侧翻,3天后,交警就两车是否发生碰撞委托司法鉴定,结论为"未检出二车有接触痕迹,杨某体表损伤不符合与拖拉机碰撞形成";6天后,杨某经抢救无效死亡;交警事故认定书载明无法查证事故事实。法院认为:原告提供的证人均非现场目击证人,其证言属传闻证据,根据本案鉴定结论,无充足证据证明杨某驾驶摩托车侧翻受伤与黄某驾驶拖拉机的行为有任何关联,故原告主张黄某驾驶拖拉机碰撞杨某致其死亡的理由不成立,判决驳回原告诉讼请求。⑪2010年**福建某交通事故损害赔偿案**,2010年3月,李某未按驾照载明的准驾车型驾驶张某所有的货车,碰撞玻璃厂厂房拆除工程的待拆电线,电线缠绕驾驶无牌摩托车的洪某,致洪某死亡。交警出具《道路交通事故证明》,认定各方的违法行为,但未对事故责任分担作出认定。法院认为:交警部门作出的《道路交通事故证明》虽未对本事故作出责任认定,但对本案的基本事实以及认为李某的过错行为在本事故中起到一定的作用有事实和法律依据,应予确认。案涉货车已投保,保险公司应在交强险责任限额内承担赔偿责任。本案中两车虽未接触,但损害后果与李某的违法过错行为存在因果关系,应属车辆在道路上因过错造成的交通事故,李某应对本交通事故承担一定的责任,依法应按责任承担损害后果。判决原告因洪某死亡造成的丧葬费、死亡赔偿金以及办理丧葬事宜产生的误工费、交通费、精神损害抚慰金等损失,应由保险公司在事故责任强制保险范围内进行赔偿。⑫2007年**浙江某损害赔偿案**,2007年,何某驾驶金属公司带挂货车撞上骑老年三轮车沿人行横道过路口的张某，左轮碾过张某头颅致张某当场死亡。交警对双方事故责任无法认定。法院认为：肇事车辆及挂车均投保交强险，故保险公司应在两份保险的死亡伤残赔偿限额范围内先行赔偿。肇事司机及张某事故责任虽经交警无法认定，但金属公司作为何某所驾车辆车主，应对原告其余损失承担全部赔偿责任。张某在经人行横道过路口未下车推行，其行为违反了道路交通安全相关法律规定，有一定违章行为，故可适当减轻金属公司赔偿责任。判决保险公司在保险责任限额范围内赔偿死亡赔偿金及部分丧葬费合计10万元，余下丧葬费的80%由金属公司赔偿，金属公司另赔偿原告精神损害抚慰金4万元。⑬2007年浙江某交通事故损害赔偿案，2006年，驾驶大型拖拉机的于某与无证、未戴头盔骑摩托车的姚某会车时碰撞。姚某产生医疗费用等损失36万余元。交警部门无法认定本起事故责任。法院认为：两车交会过程中，虽无证据证明发生过直接碰撞，但于某驾驶的拖拉机对周围环境的危险大于姚某驾驶的摩托车对周围环境的危险，于某控制风险的能力更强，交会时将造成摩托车车主心理上的不安全感，基于这种不安全感会造成事故发生率的增加，而于某亦未能举证证明自己已履行了充分的注意义务，并尽可能回避自己所驾驶车辆对周围的危险。从事故现场图、证人证言综合分析，至少能认定于某驾车超越时与姚某距离过近，客观上给姚某造成了危险，导致姚某避险措施不力，造成摩托车与护栏刮擦而倒地受伤后果，故应认定于某对本案事故发生负有责任。因姚某未戴头盔且无证驾驶，交警部门未作出事故责任认定，综合双方过错程度，以同等责任认定为宜，判决于某承担姚某各项损失计18万余元。⑭2006年江苏某交通事故损害赔偿案，2005年12月，孙某驾驶客运公司投保三者责任险的大客车超车，使驾驶未年检的二轮摩托车的许某刹车不及，撞上了因故障停在路中间的徐某驾驶的三轮电瓶车，交警无法认定责任。许某受伤后病情极其严重，家属放弃治疗。法院认为：根据优者负担原则，在受害人具有过失情况下，考虑到双方对道路交通法规的注意义务轻重，按机动车危险性的大小及危险回避能力优劣，分配交通事故损害后果。虽本案大客车与摩托车之间无明显碰撞痕迹，但从电瓶三轮车和摩托车的碰擦痕迹及孙某陈述可看出，作为大客车驾驶员的孙某在未与前方的摩托车、三轮车保持充足的安全距离情况下，实施超车行为，使许某无足够距离避让，对事故发生应负过错责任。徐某违章将机动车停放在行车道中间，又未设置明显停车标记，亦应负事故责任。许某驾驶不合格车辆上路，发生紧急情况后无法采取有效制动措施避免事故发生，亦应负相应责任。从出院记录可以看出，许某受伤极其严重，继续治疗效果并不乐观，家属放弃治疗实属无奈之举，不能就此否认许某死亡是交通事故所致的事实。故结合本案事故责任认定，由保险公司在三者险责任限额内赔偿后，余下赔偿责任应由负事故同等责任的孙某、徐某、受害人自己均等负担。判决保险公司赔偿20万元，余下14万余元由孙某、徐某、原告方各负担1/3。⑮2006年四川某交通事故损害赔偿案，2006年，配件公司卖给牟某但未过户的货车由牟某雇请的驾驶员王某行驶途中，车门打开，坐副驾驶位的吴某坠落车外被碾压身亡，交警调查认为车门开启原因无法查明，事故责任无法认定。吴某近亲属起诉王某、牟某要求赔偿。法院认为：从事高速运输工具等对周围环境有高度危险的作业造成他人损害的，应承担民事责任，如能够证明损害是由受害人故意造成的，不承担民事责任。吴某搭乘牟某车辆，车辆运行过程中坠落车外身亡，牟某未提出充分证据证明吴某故意造成损害，故作为车主的牟某应承担赔偿责任。王某作为雇员，执行雇佣职务过程中造成损害，不能证明其有故意或重大过失，故依法应由雇主承担责任，本案中不承担连带赔偿责任。吴某作为乘车人，对自身安全亦有注意义务，因现有证据不能证明吴某坠落车外直接原因系被告方完全过错，故可减轻被告赔偿责任，判牟某赔偿7万余元的50%责任。

**【同类案件处理要旨】**

机动车发生交通事故，交警部门作出的交通事故认定书是人民法院确定事故发生的事实、原因并认定事故责任的重要证据。对于交警部门认为事实不清，双方过错无法判明，也无法确定事故责任的，人民法院应当审查现场勘验笔录等交通事故案件的全部相关证据，按照《道路交通安全法》以及《道路交通安全法实施条例》的相关规定，综合运用逻辑推理和日常生活经验，对交通事故发生的事实以及各方当事人有无过错进行判断并作出认定，以确定各方当事人的民事责任。

**【相关案件实务要点】**

1.【优者负担原则】在交通事故侵权纠纷中，如果难以分清双方过错，可以适用"优者危险负担"原则，综合分析车辆冲撞危险性的大小、危险回避能力的程度等因素，判决在速度、硬度及重量等方面存在更大危险性的机动车一方承担主要民事赔偿责任。案见山东日照中院(2010)日民一终字第284号"赵某诉王某等交通事故损害赔偿案"。

2.【过错推定原则】机动车与非机动车驾驶人、行人之间发生交通事故导致责任无法认定时，双方并非没有过错，只是过错无法认定，此情况下并不能适用公平责任原则，应实行举证责任倒置，即过错推定，由机动车一方承担责任，除非有证据证明非机动车驾驶人、行人违反道路交通安全法律法规，机动车驾驶人已经采取必要处置措施的，减轻机动车一方的责任。案见浙江宁波镇海区法院(2007)甬镇民一初字第715号"庄某等诉某金属公司等损害赔偿案"。

3.【法院认定】交警部门根据现场勘查所出具的《道路交通事故证明》，虽未认定事故责任,但可结合其他证据作为确认事故责任的依据。案见福建漳浦法院(2010)漳民终字第1015号"洪某诉某保险公司等人身损害赔偿案"。

4.【严格责任】从事高速运输工具等对周围环境有高度危险的作业造成他人损害的,应承担民事责任,如能够证明损害是由受害人故意造成的,不承担民事责任。案见四川雅安雨城区法院(2006)雨城民初字第730号"蒋某等诉王某等人身损害赔偿案"。

5.【混合过错中的注意义务】判断混合过错中各方的过错程度标准,可根据注意义务的内容和注意标准来决定,同时考虑行为危险性大小和危险回避能力的优劣来区分过错轻重。案见浙江宁波中院(2007)甬民一终字第1580号"姚某诉于某交通事故损害赔偿案"。

6.【非直接接触碰撞】交通事故车辆之间有无直接碰撞痕迹并不是判断事故责任的唯一标准,机动车违规超车,因未与其他车辆保持足以采取紧急制动措施的安全距离而致其他车辆相撞,应承担相应事故责任。案见江苏无锡中院(2006)锡民终字第0644号"何某等诉徐某等人身损害赔偿案"。

7.【紧急避险】因紧急避险造成的交通事故,可以依照各自责任大小来认定事故责任。案见浙江宁波中院(2009)浙甬民二终字第43号"叶某诉张某交通事故损害赔偿案"。

【附注】
**参考案例索引**:浙江宁波中院(2009)浙甬民二终字第43号"叶某诉张某交通事故损害赔偿案",判决张某赔偿叶某损失的80%即2.8万余元。见《紧急避险在道路交通事故人身损害赔偿案中的适用——浙江宁波中院判决叶顶清诉张汉飞道路交通事故人身损害赔偿案》(童文建),载《人民法院报·案例指导》(20090821:5);另见《紧急避险在交通事故损害赔偿案件中的认定》(黄杨),载《人民司法·案例》(200922:85)。①重庆渝中区法院(2016)渝0103民初4454号"周玉秀诉卢传斌等机动车交通事故责任纠纷案",见《交通事故二次碰撞的因果认定与责任划分》(张焱、罗诚),载《人民司法·案例》(201714:57);另见《交通事故二次碰撞的责任划分——重庆渝中法院判决周玉秀等诉赵俊伟等交通事故纠纷案》(张焱、罗诚、蓝兰),载《人民法院报·案例精选》(20170119:06)。②江苏常州中院(2013)常民终字第234号"金某与王某等交通事故损害赔偿纠纷案",见《金宝才等诉王飞等因连续撞击交通事故致被害人死亡损害赔偿案》,载《江苏省高级人民法院公报》(201402/32:76)。③天津海事法院(2009)津海法事初字第29号"满某等与某渔业公司人身损害赔偿纠纷案",见《满孝龙等诉元山渔业会社(Won Shan Fishery Company)海上人身损害责任纠纷案(综合间接证据确定肇事船舶人身损害赔偿)》(曹克),载《中国审判案例要览》(2015民:125)。④山东济南中院(2012)济民二终字第263号"孟某与姜某等机动车交通事故责任纠纷案",见《孟吉福诉姜绪辉等机动车交通事故责任纠纷案——悬赏证人证言效力及优者危险负担原则的适用》(刘彦亭),载《人民法院案例选》(201303/85:1)。⑤湖北宜昌中院(2010)宜中民一终字第00001号"黄某与金某等交通事故损害赔偿纠纷案",见《黄选才诉被告金雄、金虎、黄俊、黄显亮道路交通事故人身损害赔偿案(共同危险行为致人损害赔偿的价值选择和利益平衡)》(黄江),载《中国审判案例要览》(2011民:388)。⑥江苏宿迁宿城区法院(2009)宿民一初字第3294号"蔡某与某保险公司等交通事故人身损害赔偿纠纷案",见《蔡则顶、蔡则连诉永安财产保险股份有限公司徐州中心支公司等道路交通事故人身损害赔偿纠纷案》,载《江苏省高级人民法院公报》(200906/6:43)。⑦山东日照中院(2010)日民一终字第284号"赵某诉王某等交通事故损害赔偿案",见《"优者危险负担"在道路交通事故案中的适用——山东日照中院判决赵洪秀诉王松美等道路交通事故损害赔偿案》(张宝华、杨荣国),载《人民法院报·案例指导》(20110331:6)。⑧广西南宁西乡塘区法院(2010)西民一初字第2103号"赖某诉文某等交通事故损害赔偿案",见《赖坚生诉赖文秀等道路交通事故人身损害赔偿案》(黄丽荣),载《中国法院2012年度案例:道路交通纠纷》(17)。⑨江西安义法院(2010)安石民初字第170号"杨某诉某运输公司等交通事故损害赔偿案",见《杨立旺诉江西长运股份有限公司等道路交通事故人身损害赔偿案》(涂国煌、胡文龙),载《中国法院2012年度案例:道路交通纠纷》(26)。⑩广西南宁中院(2010)南市民终字第1346号"杨某等诉黄某交通事故损害赔偿案",见《杨军等诉黄立华道路交通事故人身损害赔偿案》(郑华飞),载《中国法院2012年度案例:道路交通纠纷》(60)。⑪福建漳浦法院(2010)漳民终字第1015号"洪某诉某保险公司等人身损害赔偿案",见《交警部门出具的事故证明可作为确认事故责任的依据——漳州中院判决洪菜花等诉天安保险漳州支公司等人身损害赔偿案》(林振通),载《人民法院报·案例指导》(20110303:6)。⑫浙江宁波镇海区法院(2007)甬镇民一初字第715号"庄某等诉某金属公司等损害赔偿案",见《庄信龙、庄信海诉金华市恒辉热镀锌有限公司、中国人民财产保险股份有限公司金华市分公司道路交通事故损害赔偿纠纷案》(谢朝宏),载《人民法院案例选》(200803:124)。⑬浙江宁波中院(2007)甬民一终字第1580号"姚某诉于某交通事故损害赔偿案",见《姚月平诉于红军道路交通事故人身损害赔偿纠纷案》(徐虎、崔志宁),载《人民法院案例选》(200802:138);另见《交警无法认定交通事故责任时的责任分配——姚月平诉丁红军道路交通事故人身损害赔偿纠纷案》(徐斌、崔志宁),载《人民法院报·案例指导》(20080829:5)。⑭江苏无锡中院(2006)锡民终字第0644号"何某等诉徐某等人身损害赔偿案",见《何月华等与徐刚、无锡市明珠接送客服务有限公司、中国人民财产保险股份有限公司无锡市锡山支公司等道路交通人身损害赔偿案》(任璐),载《人民法院案例选》(200702:189)。
⑮四川雅安雨城区法院(2006)雨城民初字第 730 号"蒋某等诉王某等人身损害赔偿案",见《蒋廷英等四人诉王涛、牟天军人身损害赔偿案》(郭平),载《人民法院案例选》(200702:171)。

**参考观点索引**:●在没有交通事故责任认定书的情形下,人民法院如何判定各方的民事赔偿责任?见《"优者危险负担"原则在认定交通事故损害赔偿责任中的运用》(李明义),载《民事审判指导与参考·指导性案例》(201203:147)。○交警部门未能作出交通事故责任认定的,如何确定各方当事人的民事责任?见《交警部门未能作出交通事故责任认定的,人民法院可以根据现场勘验笔录等相关证据并依据〈道路交通安全法〉的规定确定各方当事人的民事责任》(邵立忠),载《民事审判指导与参考·指导性案例》(200901:154)。●交警部门作出不能确定是任何一方当事人的违章行为造成交通事故的结论,可否视为作出了交通事故责任认定?当事人持该结论向法院起诉的应如何处理?见《交警部门作出不能确定是任何一方当事人的违章行为造成交通事故的结论,可否视为作出了交通事故责任认定?当事人持该结论向法院起诉的应如何处理?》,载《民事审判实务问答》(2008:149)。

## 4. 二次事故与连环事故
——连环事故伤,责任如何分?

### 【二次事故】

**【案情简介及争议焦点】**

2009 年 1 月,朱某酒后骑摩托车与陶某驾驶的挂靠运输公司的货车相撞,朱某受伤。嗣后,张某驾驶车辆碾压倒地的朱某,造成朱某再次受伤。交警认定前起事故中朱某、陶某分负主、次责任;后起事故中,张某与朱某负同等责任。

争议焦点:1. 侵权责任如何认定?2. 如何赔偿?

**【裁判要点】**

**1. 侵权责任。**两事故先后发生,数行为人之间事先既无共同意思联络,亦无共同过错,唯因行为客观联系和间接结合,共同致同一损害结果,属主观无过错联系之共同加害行为。在无法区分各行为人行为对损害后果的原因力、划分责任份额情况下,推定两起事故对朱某所致损害后果平均承担责任。

**2. 赔偿责任**。超出交强险限额范围外的朱某损失,按事故责任比例,由朱某自负60%(前起事故35%、后起事故25%),陶某承担15%,张某承担25%。陶某与运输公司存在车辆挂靠关系,双方间就运输公司对事故赔偿免责约定不能对抗第三人,运输公司应就陶某赔偿份额负连带责任。

**【裁判依据或参考】**

**1. 法律规定**。《民法典》(2021年1月1日)第1168条:"二人以上共同实施侵权行为,造成他人损害的,应当承担连带责任。"第1170条:"二人以上实施危及他人人身、财产安全的行为,其中一人或者数人的行为造成他人损害,能够确定具体侵权人的,由侵权人承担责任;不能确定具体侵权人的,行为人承担连带责任。"第1171条:"二人以上分别实施侵权行为造成同一损害,每个人的侵权行为都足以造成全部损害的,行为人承担连带责任。"第1172条:"二人以上分别实施侵权行为造成同一损害,能够确定责任大小的,各自承担相应的责任;难以确定责任大小的,平均承担责任。"《侵权责任法》(2010年7月1日,2021年1月1日废止)第12条:"二人以上分别实施侵权行为造成同一损害,能够确定责任大小的,各自承担相应的责任;难以确定责任大小的,平均承担赔偿责任。"第14条:"连带责任人根据各自责任大小确定相应的赔偿数额;难以确定责任大小的,平均承担赔偿责任。支付超出自己赔偿数额的连带责任人,有权向其他连带责任人追偿。"《道路交通安全法》(2004年5月1日实施,2011年4月22日修正)第76条:"机动车发生交通事故造成人身伤亡、财产损失的,由保险公司在机动车第三者责任强制保险责任限额范围内予以赔偿;不足的部分,按照下列规定承担赔偿责任:(一)机动车之间发生交通事故的,由有过错的一方承担赔偿责任;双方都有过错的,按照各自过错的比例分担责任。(二)机动车与非机动车驾驶人、行人之间发生交通事故,非机动车驾驶人、行人没有过错的,由机动车一方承担赔偿责任;有证据证明非机动车驾驶人、行人有过错的,根据过错程度适当减轻机动车一方的赔偿责任;机动车一方没有过错的,承担不超过百分之十的赔偿责任。交通事故的损失是由非机动车驾驶人、行人故意碰撞机动车造成的,机动车一方不承担赔偿责任。"

**2. 司法解释**。最高人民法院《关于审理道路交通事故损害赔偿案件适用法律若干问题的解释》(2012年12月21日,2020年修改,2021年1月1日实施)第10条:"多辆机动车发生交通事故造成第三人损害,当事人请求多个侵权人承担赔偿责任的,人民法院应当区分不同情况,依照民法典第一千一百七十条、第一千一百七十一条、第一千一百七十二条的规定,确定侵权人承担连带责任或者按份责任。"

第24条:"公安机关交通管理部门制作的交通事故认定书,人民法院应依法审查并确认其相应的证明力,但有相反证据推翻的除外。"最高人民法院《关于审理人身损害赔偿案件适用法律若干问题的解释》(2004年5月1日 法释〔2003〕20号,2020年修正,2021年1月1日实施)第2条:"赔偿权利人起诉部分共同侵权人的,人民法院应当追加其他共同侵权人作为共同被告。赔偿权利人在诉讼中放弃对部分共同侵权人的诉讼请求的,其他共同侵权人对被放弃诉讼请求的被告应当承担的赔偿份额不承担连带责任。责任范围难以确定的,推定各共同侵权人承担同等责任。人民法院应当将放弃诉讼请求的法律后果告知赔偿权利人,并将放弃诉讼请求的情况在法律文书中叙明。"

3. 部门规范性文件。公安部《关于印发〈预防道路交通事故"五个一"工作指导意见〉的通知》(2009年5月12日 公交管字〔2009〕85号)第1条:"……要加强高速公路交通事故快速处理工作,做到快出警、快施救、快处置、快疏通。事故现场必须按规定设置警示标志和现场防护设施,严防二次事故的发生。"公安部、交通部《关于加强高速公路交通安全工作的通知》(2006年12月19日 公通字〔2006〕84号)第5条:"……发生交通事故时,公安、交通部门和高速公路经营管理单位要认真履行各自职责,坚持快速反应、快速救援、快速勘查、快速撤除现场,预防和减少二次事故和交通堵塞。"公安部交管局《对〈关于高等级公路机动车临时停车设置警告标志牌的请示〉的答复》(1999年4月19日 公交管〔1999〕97号,2004年8月19日废止)第1条:"对公路上的临时停车,要求其按故障车设置警告标志牌并开启危险信号灯,无法规依据,不能比照《道路交通管理条例》的有关规定予以处罚。"第2条:"针对路边停车多引发交通事故的情况,可以依据《道路交通管理条例》第61条的规定采取设置禁停标志管理措施。对于违反禁止停车规定的,依据《道路交通管理条例》第80条第4项的规定予以处罚。"公安部交管局《关于高速公路上因特殊情况停车造成交通事故应如何认定责任的答复》(1999年3月4日 公交管〔1999〕45号,2004年8月19日废止)第1条:"因事故、施工等原因而滞留在高速公路行车道和超车道上的车辆如何采取安全措施,应当依照《高速公路交通管理办法》第十九条、第二十二条第二款的规定执行。"第2条:"如果因滞留车辆没有采取任何安全措施而造成后方车辆与其追尾相撞的事故,其事故责任应依据《道路交通事故处理办法》第十七条的规定,视双方违章行为与事故的因果关系,以及违章行为在事故中的作用认定责任。"公安部交管局《关于机动车驾驶员违章停放车辆拒不服从交通民警管理对车辆如何处理的答复》(1997年3月12日 公交管〔1997〕39号,2004年8月19日废止):"……机动车驾驶员违章停放车辆,严重影响道路畅通或者交通安全,不听从交通民警劝阻,拒不移开车辆,视为驾驶员不在现场,可以依照公安部《交通管理处罚程序补充规定》第三条第五项规定,暂扣车辆或者机动车行驶证。"公安部交管局《关于道路交通事故现场勘查工作有关问题的通知》（1993年10月4日　公交管〔1993〕138号，2004年8月19日废止）第2条："……在夜间或雨、雾、沙尘等能见度较低的气象条件下勘查事故现场时，勘查车辆须设明显警示标记；勘查现场的人员必须穿着勘查工作装，确保现场和勘查人员的安全。普通道路须在距现场30或50米外；高等级公路或高速路须在距现场50或100米外设置发光或反光的警告、引导标志（如电瓶警灯、反光锥筒等），划出安全区，防止过往车辆驶入现场发生危险。"

4. **地方司法性文件**。江西宜春中院《关于印发〈审理机动车交通事故责任纠纷案件的指导意见〉的通知》（2020年9月1日　宜中法〔2020〕34号）第14条："第三人遭多车碰撞造成损害，部分车辆逃逸且无法查实的，赔偿权利人主张承保未逃逸车辆交强险的保险公司在交强险责任限额内全额赔偿的，人民法院应予支持。先行赔偿的保险公司有权就超出其应承担部分向逃逸车辆方追偿。"湖南高院《关于印发〈审理道路交通事故损害赔偿纠纷案件的裁判指引（试行）〉的通知》（2019年11月7日　湘高法〔2019〕29号）第8条："多车发生交通事故，如存在不承担事故责任的车辆方的，经人民法院释明后赔偿权利人坚持不起诉无责任事故车辆方的交强险承保公司的，人民法院应将该交强险无责限额予以扣除。"第9条："接连多次交通事故造成受害者受伤，无法确定受害者在哪次事故受伤，或者无法确定多次事故分别造成其伤情的关联程度的情况下，依照《民法总则》第六条确定的公平原则，《侵权责任法》第十二条'二人以上分别实施侵权行为造成同一损害，能够确定责任大小的，各自承担相应的责任；难以确定责任大小的，平均承担赔偿责任'的规定，确定本案所涉多次交通事故侵权人分别平均承担民事赔偿责任。"四川高院《关于印发〈四川省高级人民法院机动车交通事故责任纠纷案件审理指南〉的通知》（2019年9月20日　川高法〔2019〕215号）第13条："【多车致一人损害】多车发生交通事故致第三人损害，损失超出各车交强险责任限额之和的，由各保险公司在各自责任限额范围内承担赔偿责任；损失未超出各车交强险责任限额之和的，由各保险公司按照各自责任限额与责任限额之和的比例承担交强险赔偿责任。"第14条："【多车致人损害且部分车辆逃逸】第三人连遭多车碰撞致伤或死亡，部分车辆逃逸且无法查实的，赔偿权利人主张承保未逃逸车辆交强险的保险公司在交强险责任限额内全额赔偿的，人民法院应予支持。先行全额赔偿的保险公司有权就超出其应承担部分向逃逸车辆方追偿。"安徽合肥中院《关于道路交通事故损害赔偿案件的审判规程（试行）》（2019年3月18日）第24条："【侵权赔偿责任比例】机动车之间发生交通事故造成的损失超出交强险责任限额的部分，两车发生交通事故，事故责任认定为主次责任的，可分别承担70%、30%的赔偿责任，多车发生交通事故的，合理确定各车的赔偿责任。机动车与非机动车、行人之间发生交通事故的损失超出交强险责任限额的部分,机动车一方负有事故责任的,可参照事故责任划分,按照下列规定确定机动车一方的赔偿责任:(1)机动车一方在交通事故中负全部责任的,承担100%的赔偿责任;(2)机动车一方在交通事故中负主要责任的,承担80%的赔偿责任;(3)机动车一方在交通事故中负同等责任的,承担60%的赔偿责任;(4)机动车一方在交通事故中负次要责任的,承担40%的赔偿责任。"山东日照中院《机动车交通事故责任纠纷赔偿标准参考意见》(2018年5月22日)第11条:"多辆机动车发生交通事故造成第三人损害的赔偿。多辆机动车发生交通事故造成第三人损害,均承担事故责任的,人民法院应当依法认定侵权人承担连带责任或者按份责任。如有侵权车辆方身份不明确的,则不必追加该身份不明者。多车发生交通事故,如存在不承担事故责任的车辆方的,经人民法院释明后赔偿权利人坚持不起诉无责任事故车辆方的交强险承保公司的,人民法院应将交强险无责限额予以扣除。"广东惠州中院《关于审理机动车交通事故责任纠纷案件的裁判指引》(2017年12月16日)第49条:"多次事故致人损伤或财产损失,难于确定各次事故责任大小的,由多次事故平均分配赔偿责任。事故当事人则根据各次事故的责任认定确定赔偿额。法律法规未规定连带责任的,不得适用连带责任。【如交警部门认定两次事故致人死亡案件,第一次事故由无名氏(待查)负事故的全部责任;第二次事故由梁某某和无名氏(待查)负事故同等责任,受害人的全部损失先由两次事故各分配50%责任后,无名氏负第一次事故的全部责任,梁某某和无名氏各负第二次事故的50%责任,故在全案的损失中无名氏应承担50% + 25% = 75%的责任,梁某某承担25%的赔偿责任,梁某某不对无名氏应当担责部分承担连带责任。】"四川成都中院《关于印发〈机动车交通事故责任纠纷案件审理指南(试行)〉的通知》(2017年7月5日 成中法发〔2017〕116号)第13条:"多车发生交通事故致第三者损害,损失超出各车交强险责任限额之和的,由保险公司在各自责任限额范围内承担赔偿责任;损失未超出各车交强险限额之和的,由各保险公司按照责任限额与责任限额之和的比例承担交强险赔偿责任。"第14条:"第三人连遭多车碰撞致伤或死亡,部分车辆逃逸且无法查实的,未逃逸车辆的交强险可先行全额赔付。"北京三中院《类型化案件审判指引:机动车交通事故责任纠纷类审判指引》(2017年3月28日)第2-4.1部分"交强险的处理—常见问题解答"第8条:"多车相撞,部分车辆未投保交强险,而损失均在交强险限额内,如何处理?《道交解释》第二十一条第三款规定,多辆机动车发生交通事故造成第三人损害,其中部分机动车未投保交强险,当事人请求先由已承保交强险的保险公司在责任限额范围内予以赔偿的,人民法院应予支持。保险公司就超出其应承担的部分向未投保交强险的投保义务人或者侵权人行使追偿权的,人民法院应予支持。"河北石家庄中院《关于规范机动车交通事故责任纠纷案件审理工作座谈会会议纪要》(2016

年1月11日　石中法〔2016〕4号)第6条:"多车相撞,如其中一车的权利人提起诉讼,如何确定诉讼当事人。(一)如果公安交管部门的交通事故认定书对同一事故中的多次碰撞分别进行了责任认定的,按照事故认定书认定的情况确定当事人,即被告应为原告车辆所涉及的碰撞中的其他车辆关系人(所有人、管理人、驾驶人、保险人等)。(二)公安交管部门没有对同一事故中的各次碰撞分别进行责任认定,只对多次碰撞统一进行了责任认定,或者没有作出责任认定,按照因果关系原则确定当事人,即被告应为与原告车辆发生过直接或间接碰撞,并且与原告所受损失有因果关系的其他车辆关系人,没有与原告车辆发生过直接或间接碰撞,与原告所受损失没有因果关系的车辆关系人,原则上不应追加为被告。(三)如果原告起诉只主张财产损失,需要追加的被告中无责车辆(投保了交强险)的关系人可不必追加(原告坚持要求追加的,应当追加),承保其车辆的交强险保险公司在无责限额内应承担的财产赔偿责任,按照保监会的有关规定,由有责车辆的交强险保险公司代为赔付,并在判决论理部分予以说明。(四)对于必须追加的被告,经向原告释明后,原告明确表示不追加的,可不予追加,但对于该部分被告应承担的赔偿责任,应在判决中予以相应扣减。"广东深圳中院《关于道路交通事故损害赔偿纠纷案件的裁判指引》(2014年8月14日　深中法发〔2014〕3号)第27条:"因同一起道路交通事故而起诉的多起道路交通事故损害赔偿案件,均应由最先受理的人民法院管辖,并应由同一审判组织审理。"重庆高院民一庭《关于机动车交通事故责任纠纷相关问题的解答》(2014年)第6条:"发生多车相撞事故公安机关交通事故认定书认定某一车辆为无责时,承保无责车辆交强险的保险公司是否应追加为被告?是否审查车辆与受害人有无接触?无论有无接触均应追加,还是有接触的情况下才追加?应当审查在是一次交通事故还是多次交通事故。如果是一次交通事故,无论无责车辆是否与受害人有无接触,均应将承保无责车辆交强险的保险公司追加为被告。如果当事人不同意追加,应当先从赔偿额中扣除承保无责车辆交强险的保险公司的无责责任限额。"浙江宁波中院《商事审判若干疑难或需统一问题的意见(二)》(2013年11月15日)第7条:"在涉及多车连环碰撞的机动车辆保险纠纷中,无责方已获其保险公司理赔,该无责方的保险公司可否向有责方保险公司代位求偿,诉讼时是否应追加所有无责方当事人?无责方保险公司在承担保险责任后,已取得代位求偿权,可以向有责方及其保险公司主张权利。诉讼时可不追加其他无责方为当事人。"浙江杭州中院民一庭《关于道路交通事故责任纠纷案件相关疑难问题解答》(2012年12月17日)第1条:"……多车事故中的交强险赔付比例具体应如何计算?答:根据省高院的规定,多车事故中的无责方保险公司在无责限额内(即:12100元)承担交强险赔付责任;如果各保险公司的交强险赔付总额不足赔付受害人总损失的,则受害人的总损失在扣除各保险公司应承担的交强险赔付限额后根据过错比例由事故各方进行分担;如果各保险公司的交强险赔付总额超过受害人总损失的,则按照比例计算各保险公司应负担的交强险赔付数额。例如:甲、乙、丙、丁四车相撞,丁车无责任,甲、乙、丙车各负 20%、30%、50% 事故责任,现甲车损失共计 10 万元,并主张乙、丙、丁三车的保险公司在交强险范围内赔偿,各保险公司的赔偿数额计算公式应为:甲车总损失×[各保险公司对应的交强险赔付限额/(乙车交强险赔付限额+丙车交强险赔付限额+丁车交强险赔付限额)],即乙车、丙车保险公司赔偿数额均为 10 万×[12.2 万/(12.2 万+12.2 万+1.21 万)],丁车保险公司赔偿数额为 10 万×[1.21 万/(12.2 万+12.2 万+1.21 万)]。"山东淄博中院《全市法院人身损害赔偿案件研讨会纪要》(2012 年 2 月 1 日)第 21 条:"连环撞车事故中,受害人先后多次遭受撞击,造成死亡后果,及两车相撞致第三人损害的案件如何处理的问题。上述两种情形均属于二人以上分别实施侵权行为造成同一损害后果的情况,依据《侵权责任法》第十一条、十二条的规定,能够依据侵权人过错程度和损害后果因果关系确定责任大小的,各自承担相应责任;难以确定责任大小的,各侵权人平均承担赔偿责任。如其中每个侵权人的行为都足以造成全部损害后果,则侵权人应承担连带责任。"江苏无锡中院《关于印发〈关于审理道路交通事故损害赔偿案件若干问题的指导意见〉的通知》(2010 年 11 月 8 日 锡中法发〔2010〕168 号)第 13 条:"【多车参与事故的交强险赔偿责任分配】两辆或两辆以上的机动车发生交通事故致他人损害的,一般应当由各车交强险保险人在各自交强险赔偿限额内平均承担赔偿责任;不足的部分,依照《道路交通安全法》第七十六条第一款的规定由各机动车方按照各自过错承担相应的责任。"第 14 条:"【多车参与事故交强险赔偿责任分配的例外情形】部分事故车辆未投保交强险的,人民法院可以依据《道路交通安全法》第七十六条的规定,判令已投保车辆的交强险保险人在交强险赔偿限额内先行承担赔偿责任,保险人赔偿后可以依据本意见第十三条的规定向未投保交强险方追偿。"上海高院民五庭《关于印发〈关于审理保险代位求偿权纠纷案件若干问题的解答(一)〉的通知》(2010 年 9 月 19 日 沪高法民五〔2010〕2 号)第 7 条:"对受害人的损失,商业责任保险的被保险人与其他侵权人承担连带赔偿责任时,保险人的保险赔偿责任范围如何确定?商业责任保险的保险人承担保险赔偿责任后,如何行使保险代位求偿权?答:商业责任保险中,保险人的赔偿范围应当根据保险合同的约定予以确定。保险合同对赔偿范围有明确约定的,保险人应按照约定承担保险赔偿责任。但保险人为部分或者全部免除其保险赔偿责任,在其提供的格式合同中规定'按驾驶人在事故中所负事故责任比例,保险人承担相应赔偿责任'、免赔率,免赔额等条款的,法院应当认定为《保险法》第十七条第二款规定的免除保险人责任的条款。保险人未履行提示和明确说明义务的,上述条款不产生效力。如上述条款有效,但保险人与被保险人对该条款含义有争议的,法院应当根据《合同法》第一百二十五条、《保险法》第三十条的规定进行解释。保险合同仅约定'对因由被保险人承担的赔偿责任,保险人负责赔偿'的,一般可以解释为保险人对被保险人所负的全部赔偿责任承担保险赔偿责任,包括对外的连带责任。《侵权责任法》第十四条规定,支付超出自己赔偿数额的连带责任人,有权向其他连带责任人追偿、如保险人对被保险人给付的保险赔偿金已超出被保险人依法应自行承担部分的,保险人有权向其他连带责任人就超出部分行使保险代位求偿权。"河南郑州中院《审理交通事故损害赔偿案件指导意见》(2010年8月20日 郑中法〔2010〕120号)第11条:"多辆机动车分别发生交通事故造成同一损害的,事故责任又难以查清,由保险公司在交强险限额内予以赔偿,不足部分按各机动车在事故发生时给受害人所带来的险情状况的原因力大小,承担相应的赔偿责任。"安徽合肥中院民一庭《关于审理道路交通事故损害赔偿案件适用法律若干问题的指导意见》(2009年11月16日)第25条:"道路交通事故构成共同侵权,其中部分共同侵权人身份明确,赔偿权利人以身份明确的部分共同侵权人为被告提起诉讼的,人民法院应当受理,不必追加其他身份不明确的部分共同侵权人参加诉讼。"北京高院民一庭《关于道路交通损害赔偿案件的疑难问题》(2010年4月9日)第2条:"北京市法院系统尚未统一认识的问题……(3)两车以上多车相撞的情况下,如果有一方事故全责,受害人是否要将其他所有无责的机动车及其保险公司都追加诉讼?调研中发现,有的基层法院如果受害人只起诉全责机动车一方,可以不用追加其他无责的机动车及其保险公司主张,尤其是多车相撞,追加起来相当麻烦。有法院提出,从共同侵权的角度,不管有无事故责任,所有机动车都是交通事故的侵权人,都应参加诉讼……多车相撞,一方承担全部责任,受害方起诉时将全责方车辆的强制险投保公司及无责方车辆强制险的投保公司均列为被告,各个保险公司应如何承担责任?调研中,有法院提出:当前,在审判实践中,常遇到多车相撞,仅有一方为责任方,应承担事故的全部责任,其他车辆均为无责方,但是在起诉时,受害方将所有车辆的强制险保险公司均列为被告或有的是全责方保险公司要求追加无责方保险公司,要求该保险公司在无责赔付范围内承担责任的情况。在法律规定方面,《侵权责任法》与《道路交通安全法》在此问题的规定不是十分明确。按照《道路交通安全法》第七十六条的规定:机动车发生交通事故造成人身伤亡、财产损失的,由保险公司在机动车第三者责任强制保险责任限额范围内予以赔偿;不足的部分,机动车之间发生交通事故的,由有过错的一方承担赔偿责任;双方都有过错的,按照各自过错的比例分担责任。机动车与非机动车驾驶人、行人之间发生交通事故,非机动车驾驶人、行人没有过错的,由机动车一方承担赔偿责任;有证据证明非机动车驾驶人、行人有过错的,根据过错程度适当减轻机动车一方的赔偿责任;机动车一方没有过错的,承担不超过百分之十的赔偿责任。即按照《道路交通安全法》第七十六条的规定,只要机动车发生交通事故造成人身伤亡、财产损失,保险公司均应在机动车第二责任强制保险责任限额内承担赔偿责任,也就是说,强制险保险公司所承担的是法定责任,而不是以投保机动车在事故中是否应承担责任为前提。《侵权责任法》第四十八条规定:机动车发生交通事故造成损害的,依照道路交通安全法的有关规定承担赔偿责任。审判实践中,当受害方将全责方保险公司及无责方保险公司均列为被告要求其承担保险责任时,一般存在几种情况:第一种情况是,无责方车辆与受害方车辆不存在接触,在这种情况下,该院认为无责方车辆未与受害方车辆接触,故与其损害后果间不存在因果关系,故无责方保险公司不应对受害方的损失承担赔偿责任。(案例:A车闯红灯与正常行驶的B车相撞,B车失控后将正在排队等候红灯的C车、D车相撞,A车失控后与正在等候红灯的E车、F车相撞,造成六车损坏,A车的驾驶人及两名乘车人受伤。经交通队认定A车负全部责任,B、C、D、E、F车属无责方。A车的驾驶人及两名乘车人起诉要求B、C、D、E、F车的强制险保险公司承担赔偿责任。最后,该我院判决B车、E车、F车与A车有实际接触,三车的强制险保险公司应在无责范围内承担赔偿责任,C车、D车与A车没有实际接触,与A车上人身及财产损失均不存在因果关系,故保险公司不承担责任。)第二种情况是,受害方车辆与无责方车辆存在接触,受害方损失较大,超过了全责方保险公司的保险限额及无责方保险限额,在此种情况下,各家保险公司在保险限额内承担全额赔付或无责赔付责任,超过部分,由侵权人承担赔偿责任。(举例:三车相撞,造成A车上一死一伤,A车将承担全部责任的B车司机及保险公司、无责任的C车司机及保险公司均列为被告,最后判决B车保险公司承担12万元的赔偿责任、C车保险公司承担1.2万元无责赔付保险责任,超过部分由B车司机承担赔偿责任)第三种情况是,受害方车辆与无责方车辆存在接触,但损失较小,全责方保险公司的保险金额即足以赔偿全部损失,此种情况应如何处理?审判实践中,有两种不同的观点:一种观点认为,应由全责方保险公司在强制保险限额内承担赔偿责任,如果已经足以赔偿受害人的全部损失,则不应再要求无责方保险公司承担无责赔付的责任。另一种观点认为,强制险保险公司所承担的赔偿责任是法定责任,而不以所投保车辆是否承担事故责任为前提,故在此情况下,应由两家保险公司在保险限额内平均承担赔偿责任。比如,两家保险公司的总赔偿金额应为12万元+1.2万元=13.2万元,如果受害人的经济损失为13200元,为总保险金额的10%,则两家保险公司各自在其应赔付金额的10%内赔偿受害人,即全责方保险公司赔偿受害人1.2万元、无责保险公司赔偿受害人1200元。该院认为,依据立案精神和便于受害人获得赔偿的宗旨,应该按照第一种观点,即由全责方保险公司赔偿受害人经济损失为宜,不足以赔偿受害人全部损失时,再由无责方保险公司赔偿,更为简便且符合立法本意。"上海高院《关于处理道路交通事故纠纷若干问题的解答》(2009年6月20日　沪高法民一〔2009〕9号)第2条:"两车或多车相撞引发的交通事故中,机动车双方或多方均有过错,一方或多方车内人员主张损害赔偿的处理。在交通事故中,两车或多车相撞造成一方或多方车内人员损害,车内人员以合同关系主张赔偿的,由合同相对方先行承担责任。车内人员以侵权关系主张赔偿的,造成交通事故的车辆各责任方应对车内人员损害承担连带赔偿责任;如车内人员与本车一方存在配偶关系或车内人员系本车一方未成年子女的,其他各方要求扣除本车一方根据责任大小应承担份额的,可以支持。"四川高院民一庭《关于审理交通事故损害赔偿案件法律适用问题研讨会纪要》(2008年5月8日)第2条:"分歧较大,经我庭审判长联席会议讨论没有结论,仅提出倾向性意见的问题。(一)关于是否追加保险公司以及保险公司的诉讼地位问题……我们倾向认为,如果机动车所有人和管理人投保交强险的,无论当事人是否申请,人民法院均可以依职权追加提供该强制责任险的保险公司参加诉讼;当事人主动申请追加保险公司的,人民法院应当追加提供该强制责任险的保险公司参加诉讼;当事人没有申请追加提供该强制责任险的保险公司的,人民法院可以依职权追加提供该强制责任险的保险公司参加诉讼。机动车所有人、管理人在投保交强险外,又投保商业三者险的,人民法院可以根据当事人的申请,追加提供商业三者险的保险公司参加诉讼。而在连环撞车事故中,人民法院只要决定追加一家保险公司,就应当将其他车辆投保的保险公司一并追加进来。机动车所有人、管理人不论是投保交强险,还是商业三者险,保险公司参加诉讼,均作为无独立请求权的第三人。"重庆高院《关于审理道路交通事故损害赔偿案件适用法律若干问题的指导意见》(2006年11月1日)第20条:"两机动车先后发生道路交通事故,导致同一人受到损害,两机动车各自的原因力可以区分的,由两机动车方根据原因力大小分别承担相应的赔偿责任;两机动车各自的原因力无法区分的,由两机动车方承担连带赔偿责任。"江西赣州中院《民事审判若干问题解答》(2006年3月1日)第29条:"两机动车违章行驶发生交通事故,致第三人受到损害,属于无意思联络的共同侵权。无意思联络的数人侵权属于共同侵权时,各行为人承担连带责任;属于单独侵权时,各行为人分别承担责任。但仅机动车一方违章行驶,他方无违章行驶情形时,不得适用连带责任。"山东高院《关于印发〈全省民事审判工作座谈会纪要〉的通知》(2005年11月23日　鲁高法〔2005〕201号)第3条:"……关于共同侵权中侵害行为直接结合的认定问题。无意思联络的数人侵权中,侵害行为直接结合构成共同侵权是指数个行为结合程度非常紧密,对加害后果而言,各自的原因力和加害部分无法区分。其构成要件包括:1. 各行为人都有积极的加害行为,而且加害行为具有时空上的一致性;2. 损害结果是一个整体,各行为后果在受害人的损害后果中是无法区分的;3. 各行为人的加害行为和损害结之间具有直接因果关系,就是原因行为直接引起损害结果,不存在中间媒介的传递。对于无意思联络数人侵权中加害行为间接结合导致同一损害结果的,不构成共同侵权,应当按照过失程度及原因力的大小来综合确定责任份额。"河南高院民一庭《关于当前民事审判若干问题的指导意见》(2003年11月)第8条:"加害人主观上无共同侵权的意思联络分别实施的加害行为,相互结合构成同一法律关系并发生同一损害后果的,加害人虽无主观上共同侵权的意思联络,也视为构成共同侵权,应当承担连带责任。"第9条:"加害人主观上无共同侵权的意思联络分别实施的加害行为,根据不同原因,分别构成不同法律关系,各法律关系偶然地发生巧合,并产生同一损害后果的,不构成共同侵权。当事人选择其一起诉的,应由该人就其致害原因力的大小承担相应责任;当事人选择共同起诉的;应当根据其过错大小以及原因力比例各自承担相应的民事责任。"

**5. 参考案例。**①2017年河南某交通事故纠纷案,2017年,崔某驾车追尾王某车辆后,停留在高速路上。此后,又有杨某、关某等4车发生追尾事故。其后,李某驾驶物流公司货车因刹车不及发生侧滑,崔某见状为避免二次事故而翻越至高速路护栏外避险,导致滑落桥下坠亡。崔某近亲属起诉王某、李某、物流公司及各自投保的保险公司索赔。法院认为:崔某驾驶车辆与王某车辆相撞,公安部门认定崔某全责,此事故虽未造成崔某伤亡,但此事故导致崔某停留在高速公路这一危险地方,与随后发生二次危险有一定关联性。李某驾驶货车未能按操作规范安全行驶,导致车辆横向朝前滑行,撞向崔某所在位置,崔某在此情况下逃离险境,最终慌不择路,导致坠落桥下死亡,对此,李某、崔某均有责任。综合事故发生过程,引起事故发生及死亡后果原因,首先是崔某驾驶行为不当引发事故,将自己置于危险环境之中,自身存在过错,应负事故主要责任。李某驾驶车辆虽未撞击到崔某车辆,但因其不符合规范驾驶行为,再次将崔某置身于巨大危险之中,最终导致崔某死亡后果,对此应承担事故次要责任。因李某车辆属物流公司所有,在保险公司投保交强险和商业险,应先由保险公司在保险限额内赔偿。王某与二次事故有一定关联性,应由其投保的保险公司在交强险范围内承担无过错责任。在事故现场另外驾驶车辆发生事故的杨某、关某等人,原告表示不向其索赔,属于对自己民事权利的自由处分,应予准许。判决李某投保保险公司赔偿原告27万余元,崔某投保保险公司赔偿原告1万元。②2016年重庆某交通事故纠纷案,2015年,张某车辆先与卢某车辆相撞,张某受伤。不到5分钟,两车又被赵某车辆碰撞。张某死亡。交警无法定责。法院认为:在案涉交通事故前后两次碰撞中,交警部门只出具了两份交通事故证明,并未出具道路交通事故认定书。关于事故责任认定问题,张某死亡系两次碰撞共同作用所致,两次碰撞相隔近5分钟,且张某死于到医院途中,故应作为一次事故处理,但应分为两个阶段各自承担相应责任。因无法区分两次碰撞对张某死亡的参与度,故认定两个阶段即两次碰撞各承担50%责任。第一阶段,张某与卢某两车碰撞,结合两次对卢某询问以及车辆安全技术状况鉴定结果等证据,卢某应承担70%责任,张某承担30%责任。第二阶段,张某、卢某、赵某三车碰撞,根据对卢某、赵某等人询问及现场照片等证据,赵某应承担80%责任,卢某、张某各承担10%责任。综合此次事故二次碰撞造成的死亡后果,由卢某承担原告损失40%、赵某承担40%,张某自负20%。③2016年河南某追偿权纠纷案,2016年,马某驾驶摩托车与孙某拖拉机相撞后,又与赵某货车相撞,致摩托车上乘客张某死亡。交警认定马某负事故同等责任,孙某、赵某共同负事故同等责任,张某不负责任。法院判决认定张某家属损失14万余元,赵某投保保险公司在交强险限额内承担11万元,超出部分,由马某按事故责任比例承担50%;赵某、孙某各承担25%责任。随后,保险公司以孙某未投保交强险为由,诉请返还交强险垫付款5.5万元。法院认为:最高人民法院《关于审理道路交通事故损害赔偿案件适用法律若干问题的解释》第21条第3款规定:"多辆机动车发生交通事故造成第三人损害,其中部分机动车未投保交强险,当事人请求先由已承保交强险的保险公司在责任限额范围内予以赔偿的,人民法院应予支持。保险公司就超出其应承担的部分向未投保交强险的投保义务人或者侵权人行使追偿权的,人民法院应予支持。"本案保险公司在交强险责任限额范围内已对张某家属进行了赔偿,其理应有权就超出其应承担部分向未投保交强险的孙某进行追偿。因孙某与赵某共同承担50%的事故责任,故保险公司在前案判决中支付的11万元交强险赔偿额应由双方平均分担,判决孙某返还保险公司垫付款5.5万元。④2015年江苏某交通事故纠纷案,2013年,王某驾车追尾路边徐某停靠车辆后,王某车辆又被孟某雇请倪某所驾货车追尾,王某死亡。交警认定追尾者全责。法院生效判决在无法认定王某死亡与两次追尾事故之间因果关系情形下,推定两次追尾事故各占50%原因力,认定徐某承担15%民事赔偿责任,倪某承担50%赔偿责任,受害人王某自负35%责任。王某、徐某投保的人保公司,孟某投保的平安保险公司分别赔偿死者家属相关损失后,就人保公司承担王某车损部分13万余元,人保公司起诉平安保险公司分担50%。法院认为:从车辆受损情况看,第一次追尾事故中车辆碰撞程度较第二次追尾事故中车辆碰撞程度严重,该事实有相应现场照片予以证实,且生效判决已进行了认定。但该生效判决确定的是因王某死亡所产生的赔偿责任承担,本案所要确定的是王某所驾驶车辆损失赔偿责任承担问题,在某些特定情形下,物损责任承担并不能简单地等同于人身损害责任承担。本案中,第一次追尾事故中车辆碰撞程度较第二次追尾事故中车辆碰撞程度严重,故第一次追尾事故对造成保险车辆损害后果的原因力比例应较第二次追尾事故更高。对保险车辆损失,孟某作为倪某雇主承担30%赔偿责任;由于死者王某对第一次追尾事故负事故主责,且第一次追尾事故碰撞程度较严重,故其自负40%责任;徐某承担30%赔偿责任。综上,孟某应对保险车辆损失13万余元承担30%即4万余元的赔偿责任。由于孟某名下交强险、商业险(包含车损险)均投保于平安保险公司,且赔偿金额在保险赔偿范围之内,故判决平安保险公司直接赔付人保公司4万余元。⑤2014年<u>江苏某交通事故纠纷案</u>,2012年,王某错把油门当刹车,撞到横过马路的金某,倒地金某又被对面朱某驾驶、雇主为徐某的货车碾压,其后,黄某雇用的吴某驾驶货车碾压到已与金某身体分离的左侧小腿。金某死亡,交警无法定责。法院认为:依交警部门出具的事故证明,在第一次事故中,金某横穿马路应承担事故次要责任,王某为避让行人错将油门当刹车而撞到金某,其应承担事故主要责任。在第二次事故中,徐某雇用的朱某疏于观察,驾车碾压到倒地的金某,徐某应承担此次事故的主要责任,王某承担该次事故的次要责任,金某在本次事故中不承担责任。二人以上分别实施侵权行为造成同一损害,每个人的侵权行为都足以造成全部损害的,行为人应承担连带责任。由于<u>无法证实是撞倒行为还是碾压行为导致金某死亡,故上述两行为均应对金某死亡承担连带赔偿责任</u>。可以排除吴某与金某死亡存在因果关系,但其碾压到与金某身体分离的左侧小腿,也造成了原告精神损害,故在事故中存在过错,其车辆所在保险公司应按交强险规定承担赔偿责任,至于超限额部分损失,吴某、黄某不承担责任。判决三辆机动车所投保保险公司分别在11万元交强险限额内赔偿,超额部分由王某赔偿11万余元、徐某赔偿7万余元,王某与徐某互负连带责任。⑥2014年<u>四川某交通事故纠纷案</u>,2011年,未知名驾驶人驾驶未知号牌车辆与横穿马路的曾某相撞后逃逸,后有未知名驾驶人驾驶未知号牌车辆碾压倒地的曾某后亦逃逸。随后,<u>彭某刹车不及,碾压曾某胸部</u>,随即停车报警,送医抢救期间<u>曾某死亡</u>。交警认定未知名驾驶人肇事逃逸,承担全部责任,同时认定彭某未确保驾驶安全。法院认为:《侵权责任法》第11条规定:"二人以上分别实施侵权行为造成同一损害,每个人的侵权行为都足以造成全部损害的,行为人承担连带责任。"本案中,在彭某驾车碾压曾某前,有两名未知名驾驶人先后驾车与曾某相撞并逃逸。未知名驾驶人与彭某虽无共同故意或共同过失,但每个人分别实施的加害行为均独立构成了对曾某侵权,最终造成曾某死亡后果。该损害后果具有不可分性,且每个人加害行为均系发生损害后果直接原因,即每个人行为均足以造成曾某死亡,故<u>彭某与肇事逃逸者应承担连带赔偿责任</u>。连带责任对外是一个整体责任,连带责任中每个人均有义务对被侵权人承担全部责任。被请求承担全部责任的连带责任人,不得以自己过错程度等为由主张只承担自己责任份额内责任。在其他肇事者逃逸情况下,原告请求彭某承担所有侵权人应承担的全部责任,符合法律规定。判决保险公司赔偿原告31万余元,彭某赔偿原告8000余元。⑦2013年<u>福建某保险合同纠纷案</u>,2012年,叶某驾驶货车在高速路上追尾刘某挂靠运输公司并由李某低速驾驶的带挂货车,嗣后又被王某驾驶货运公司保留所有权的货车追尾,造成叶某及叶某车上孙某死亡,交警认定第一起追尾事故中,叶某、李某分负主、次责任,第二起追尾事故中,王某全责。孙某近亲属诉请各相关责任人及保险公司赔偿。法院认为:叶某驾驶货车,未与同车道行驶前车保持足以采取紧急制动措施的安全距离;李某驾驶机动车,以低于每小时60公里的车速行驶,导致叶某货车追尾,发生第一起事故;王某驾驶货车,对前方道路交通状况观察不足,判断不力,未按操作规范安全驾驶,导致追尾,发生第二起事故。因叶某、李某两人过错发生第一起事故,两人行为与事故有直接因果关系。因王某过错发生第二起事故,王某行为与事故有直接因果关系。依《道路交通安全法》第73条和《道路交通安全法实施条例》第91条的规定,叶某负第一起事故主要责任,李某负第一起事故次要责任;因王某过错发生第二起事故,王某负第二起事故全部责任;孙某无责任。交警队对事故形成原因及事故责任分析认定正确。根据司法鉴定中心对三部车辆碰撞关系鉴定,以及法医学尸体检验鉴定书记载,两起交通事故相继发生,根据现有证据无法证明任一起事故足以造成孙某死亡还是两起事故结合共同造成死亡后果,亦无法确定任一起交通事故造成损失大小,难以确定李某、叶某、王某三人责任大小,根据《侵权责任法》第12条的规定,三人平均承担赔偿责任。机动车之间发生交通事故造成人身伤亡、财产损失的,由保险公司在机动车第三者责任强制保险责任限额范围内予以赔偿;不足部分,按过错程度承担。原告各项损失确认为63万余元。叶某父母作为赔偿权利人亦另案向法院提起诉讼,请求赔偿损失,两起事故造成的损失超过交强险总限额和商业第三者责任险总保险金额,故各赔偿权利人按损失比例分享保险金额。经计算,原告在交强险限额范围内可获得17.7万元赔偿,超过交强险限额部分,由李某、叶某、王某平均承担赔偿责任,即46万余元由三人各赔偿15万余元。受害人叶某应赔偿部分,由叶某继承人在继承遗产范围内承担。李某应承担部分,由其保险公司在商业三责险范围内赔偿。王某应承担部分,因其驾驶车辆投保的商业三责险保险不足,超过保险金额部分由王某承担。叶某货车在保险公司投保了交强险,交强险赔偿对象不包括本车人员,故保险公司在交强险范围内不承担本案赔偿责任。货运公司作为王某所驾驶货车保留所有权人,对事故发生没有过错,不承担本案赔偿责任。李某作为刘某雇员,应由李某赔偿部分由刘某承担。李某驾驶牵引车、半挂车在保险公司投保了交强险和商业险。王某驾驶货车在保险公司投保商业三责险,但未投保不计免赔率险,扣除20%免赔率,保险金额为24万元。保险赔偿不足部分,由王某承担赔偿。判决刘某货车投保保险公司在交强险死亡伤残赔偿限额范围内赔偿原告17.7万元,在商业三责险范围内赔偿原告15万余元,合计33万余元;王某驾驶货车投保的保险公司在商业三责险范围内赔偿原告12万余元;叶某继承人在继承叶某遗产范围内赔偿原告15

万余元;王某赔偿原告 2 万余元;刘某赔偿原告 500 元。⑧2012 年**上海某交通事故纠纷案**,2010 年,金某所驾车辆在高架公路发生故障后,葛某驾驶常某车辆带陈某、余某兜揽修车生意时经过,与金某就车辆故障排除达成合意并着手实施。此过程中,金某下车至故障车辆车尾部后备厢处时,被王某驾驶商务公司车辆撞击身亡。交警认定葛某负主要责任,金某、余某、陈某、王某负次要责任。金某近亲属诉请三车保险公司及各相关当事人赔偿。法院认为:王某驾车直接撞击金某致金某身亡,该侵权行为中,王某未注意安全行驶,肇致车祸,存在一定过错。死者金某在车辆发生故障后,未按道路交通事故相关规定及时在合理位置设置警示标志,在事故中亦应承担相应责任。死者金某驾驶车辆发生故障后,葛某、陈某、余某兜揽修车生意途经故障地点,并实际已与金某就车辆故障排除达成合意并着手实施。恰在此过程中,金某下车至故障车辆车尾部后备厢处,被王某驾驶车辆撞击,以致其身亡,故葛某、陈某、余某在该交通事故发生中存在相当过错。葛某、陈某、余某虽在兜揽修车生意过程中作了一定分工,因三人兜揽修车生意系具备一定组织性的协作行为,故三人行为应作为整体予以评判。案发时,高架公路能见度较低,金某未按规定及时设置警示标志,对事故发生的确存在较大影响。金某在车辆发生故障后,已及时拨打"110"报警并与保险公司联系,坐在车内等待救援过程中遇葛某、陈某、余某兜揽修车生意。据此,综合考虑本案发生原因力、事故具体情节及各方过错程度,认定葛某、陈某、余某承担事故50%责任,王某承担30%责任,金某承担事故20%责任。因王某与葛某、陈某、余某在侵权过程中并无意思联络,故双方之间并不承担连带责任。交强险设置目的在于保障交通事故发生过程中除车上人员、被保险人外的其他人员人身财产损害赔偿。本案中,勘察事故过程可知,王某作为直接侵权方,其撞击直接造成金某死亡,故其驾驶车辆承保单位应在交强险范围内优先承担赔偿责任。葛某驾驶车辆在事故过程中因三车相互撞击亦遭受损坏,在事故发生过程中,金某死亡与三车相撞事实之间可能存在关联,故葛某驾驶车辆实际上仍可能参与事故及损害后果发生,结合交强险设置目的考察,葛某驾驶车辆交强险承保单位亦需在交强险范围内承担赔偿责任。金某驾驶轿车,系因车辆故障无法行驶,停留在道路上,金某系该车车上人员,非属交强险保护对象,故该车辆交强险承保单位无须在交强险范围内承担赔偿责任。判决葛某、王某投保车辆保险公司在交强险范围内各赔偿原告 12 万余元,超出交强险不足赔付部分,王某赔偿 21 万余元,葛某、陈某、余某赔偿 36 万余元,常某对葛某赔偿部分承担连带责任,商务公司对王某赔偿部分承担连带责任。⑨2011 年**上海某保险代位权纠纷案**,2010 年,陈某驾车与陶某所驾车辆相撞后,陈某之子被抛掷地面,被后面遭张某追尾的黄某车辆碾压致死。交警认定第一起事故,陈某、陶某分负主、次责;第二起追尾事故,张某全责。据此,另案生效判决判令相关保险公司在有责交强险和无责交强险范围内赔偿陈某后,超出部分由张某、陶某连带承担65%赔偿责任即25万余元,内部由张某、陶某分别承担50%、15%责任。陶某据此按15%比例向商业三责险保险公司申请赔付7万余元并给付陈某。2011年,陈某起诉陶某投保商业三责险的保险公司要求按连带责任赔付。保险公司以保险合同约定"保险人依据被保险机动车在事故中应负的事故责任比例,承担相应的赔偿责任"为由主张免责,但该免责条款未在"责任免除"条款部分。法院认为:本案诉争保险条款系由保险公司事先拟定,未与投保人协商而制定,应属格式条款。该条款虽在保险合同中未归属于"责任免除"条款部分,但客观上具有免除保险人责任性质,保险公司依法须承担提示和说明义务。保险公司主张其已在保单正面提示被保险人注意责任免除条款部分,但因该条款并未归属于保单正面提示注意的条款部分,且保险公司未能提供证据证明其采取过其他方式提示陶某注意,陶某亦明确否认保险公司就该条款对其进行过提示和说明,故应认定保险公司未履行提示义务。依《保险法》第17条的规定,对于免除保险人责任的条款,保险公司不仅要提示被保险人注意免责条款内容的存在,还应对条款的具体内容进行释明,使投保人理解免责内容的含义。现保险公司仅采取将保险条款送交陶某阅读的方式,依法不构成对说明义务的履行,故本案因保险公司未就诉争条款向陶某履行明确的提示和说明义务,该条款不产生法律效力。保险公司应在保险金额范围内对陶某依法应负赔偿责任承担支付保险金义务。根据另案判决,陶某和张某连带赔付陈某25万余元,据此,陈某有权选择要求陶某在前述金额范围内承担赔偿责任,保险公司则应在陶某对陈某依法应负上述赔偿责任范围内承担支付保险金义务。对于超出陶某对内应承担份额部分,保险公司支付后可依法向张某追偿。《保险法》第65条第2款赋予保险事故的受害人在被保险人怠于请求保险公司支付保险金情况下,代位被保险人有直接要求保险公司向其赔偿保险金权利。对于债权人是否怠于行使债权请求权的认定原则,《合同法》及其司法解释明确规定,债务人不履行其到期债务,又不以诉讼方式或仲裁方式向其债务人主张其享有的具有金钱给付义务的到期债权的,则可依法认定债权人怠于行使请求权。本案中,陶某虽根据另案判决,就其与张某之间应分担的赔偿份额部分请求保险公司赔付,并将该部分款项实际支付给了陈某,但因陶某尚应就张某承担部分对陈某负有连带支付义务,故陶某对陈某仍负有偿付义务。现陶某既未履行其应承担的连带赔偿义务,又未积极向保险公司请求支付保险金,该事实足以表明其怠于行使请求支付保险金权利,该行为损害了陈某合法权益,故陈某就陶某应连带赔偿部分直接要求保险公司赔付保险金依法有据,判决保险公司支付陈某18万余元。⑩2010年*江苏某交通事故纠纷案*,2008年,邓某驾驶运输公司货车争抢通过黄灯路口时,与陈某驾驶客车碰撞,货车撞上顾某摩托车、客车撞上朱某助力车,致顾某死亡、陈某及车上乘客7人受伤。交警不能认定邓某闯红灯,故对事故责任未作认定。顾某近亲属起诉相关责任人及保险公司索赔。法院认为:交通事故责任认定书作为处理交通事故证据,在审理道路交通事故损害赔偿案件中具有非常重要价值,关系到案件事实准确认定和当事人责任合理分担,但在一些道路交通事故赔偿案件中,由于交警部门受主客观条件限制未能对事故责任进行认定,法官即需对该起事故现场图、现场勘验记录、当事人陈述、证人证言、技术鉴定及检验结论审查,结合庭审调查、当事人质证,查明事实,并依民事诉讼证据规则和侵权责任相关法律规定,确认各方当事人民事责任。依道路交通安全法规,黄灯为警示灯,提醒车辆在确认安全后通过。本案中,邓某违反上述规定,在未确认安全情况下,试图争抢强行通过该路口,系发生车祸直接原因,故应认定邓某负事故全部责任。事发时邓某系从事职务行为,故其相应责任应由运输公司承担。鉴于本起事故邓某负全责,事故除造成顾某死亡外,还致朱某及陈某车辆上8人受伤,故酌定预留部分死亡伤残保险金后,其余交强险赔偿限额均向原告承担赔偿责任。判决运输公司及陈某投保交强险公司分别在交强险责任限额范围内赔偿原告10万余元、1万余元,超过限额部分32万余元,由运输公司赔偿。⑪2009年福建某交通事故纠纷案,2009年,林某横穿马路时被刘某所驾医药公司车辆碰倒后,又被杨某驾驶建材公司车辆碾压致残,交警认定刘某、杨某负事故同等责任。法院认为:根据交警事故认定书认定的事实,刘某与杨某对于事故发生并不存在共同的过失,其各自行为亦无法单独造成林某损害结果,故应认定刘某与杨某行为间接结合导致林某损害结果发生,二者应根据其过失大小及原因力比例承担相应责任。刘某与杨某的行为结合林某横穿马路的过失行为,法院酌定林某自行承担25%责任,刘某与杨某各承担37.5%的赔偿责任。鉴于事发时刘某与杨某在履行职务,故其责任应由其单位医药公司、建材公司分别承担。判决两机动车在各自交强险限额赔偿范围内赔偿后不足部分,分别由医药公司、建材公司赔偿林某人身损害赔偿金7.4万余元、精神损害抚慰金5000元。⑫2011年江苏某连环追尾案,2011年4月,许某驾(甲)车,被左某驾驶的(乙)车、王某驾驶的(丙)车、朱某驾驶的(丁)车、胡某驾驶的(戊)车发生连环追尾事故,导致丙车上70岁的乘员姜某死亡。法院认为:机动车之间发生交通事故造成损害后果的,其归责原则为过错责任原则。根据现场勘查笔录、事故现场图、事故照片,后四车在当时并未保持安全车距,最终导致连环追尾事故。根据现有证据,不能说明甲车存在过错,故甲车及其保险公司无须承担赔偿责任;乙车对丙车与其相撞没有过错,但与受害人死亡存在联系,故乙车保险公司应在交强险无责任赔偿限额内承担赔偿责任。本案受害人死亡后果系由短时间内多次撞击所导致,即丙车撞击乙车、丁车撞击丙车、戊车撞击丁车导致再次撞击丙车,故丁车保险公司、戊车保险公司均应在交强险赔偿限额内承担赔偿责任。对于超出交强险赔偿限额的原告损失,根据丙、丁、戊三车驾驶人行为与损害后果之间的原因力比例,酌定各负35%、50%、15%责任。故判决:丙车上姜某死亡造成的人身损失34万余元,由丁、戊两车保险公司在交强险范围内共计赔偿22万元,由乙车在交强险无责任死亡伤残赔偿限额内赔偿1.1万元;不足赔偿部分11万余元,由王某(丙车)赔偿4万余元(35%)、朱某(丁车)赔偿5万余元(50%)、胡某(戊车)赔偿1万余元(15%);原告要求精神损害抚慰金5万元优先在交强险范围内赔付,应予支持,朱某应承担2.5万元,胡某应承担7500元。⑬2011年<u>山东某行政赔偿案</u>,2010年7月,杨某驾车侧翻,所载石子散落,交警告知杨某及受损路产所有人进行清理。7个小时后,赵某无证驾驶无牌摩托车在该处石子堆摔倒致残,造成各项人身损害98万元。赵某起诉交警队要求赔偿。法院认为:<u>交警队执法过程中,虽已告知第一次事故的当事人清理障碍物,但在未确认障碍物已清除或放置警告标志的情况下即撤离现场,致使二次事故发生。交警队未完全履行法定职责,应承担一定的赔偿责任</u>,法院酌定为10%即9.8万元。⑭2010年<u>山东某交通事故损害赔偿案</u>,2009年9月,韩某驾驶摩托车逆行与张某驾驶的电动自行车相撞后,张某又被管某驾驶的车辆撞伤致9级伤残,管某逃逸。交警认定第一次事故中,韩某全责;第二次事故中,管某全责;张某在两次事故中均无责。法院认为:<u>韩某与管某在与张某先后发生的两次交通事故中均承担全部责任,双方均未提供证据证明张某的损害后果是由韩某的第一次交通事故还是管某的第二次交通事故完全所致。张某与韩某发生的第一次事故为其与管某第二次事故的发生创造了条件,系间接结合,但该两次交通事故均可能独立地导致张某产生同样的损害后果。张某的损害后果是由该两次交通事故的侵权行为所致,因该两次交通事故对张某损害后果产生的原因力大小无法判断,故推定韩某与管某各承担50%的赔偿责任</u>。⑮2010年<u>江西某交通事故损害赔偿案</u>,2010年2月,姜某驾驶A车与张某驾驶的B车追尾,B车随后被过某驾驶的C车追尾,C车被何某驾驶的D车追尾,本次连环碰撞事故中,造成姜某8级伤残及B车、C车上的数名乘客受伤,交警认定张某负主要责任,姜某、过某、何某共同承担次要责任。法院认为:<u>本次事故从连贯性上看,4车相撞虽有先后,但只是瞬间,属同一起混合责任事故</u>。本起事故造成多人受伤,向法院提起诉讼的除姜某外,尚有5人(另案解决),交强险赔偿金额应在他们之间分摊,不足部分由肇事车主按事故责任比例承担。⑯2010年<u>山东某交通事故损害赔偿案</u>,2004年12月,高速公路上,赵某驾驶A车遇前方事故堵路而驻车,遭后面历某驾驶的B车追尾,此为第一次事故;后驶的曹某驾驶的C车又撞上B车,此为第二次事故;后驶的置业公司司机咸某驾驶的D车见前方状况,刹车后,被后驶的检疫局司机孙某驾驶的E车追尾,导致D车撞C车,C车起火,蔓延至A、B两车,致A、B、C三车烧毁,此为第三起事故。交警认定三次事故中,追尾的历某、曹某、孙某各自对该次事故负全责。A车起诉B、C、E车,法院对此连环撞车事故责任作了综合划分,该责任比例划分在后来的 B 车起诉 A、C、E 车,以及 C 车起诉 A、B、E 车的诉讼中均作为生效判决的认定予以参照。现 D 车起诉 E 车要求索赔车损 5.7 万元。法院认为:本案交通事故发生在机动车之间,应适用过错责任原则,赔偿责任的分担要根据双方当事人的过错程度以及各自行为与损害结果之间的关系予以认定。本案置业公司戚某驾驶车辆的损失系由检疫局司机孙某驾驶车辆追尾造成,孙某应依事故责任认定对本次事故承担全部责任,与前面三辆车没有任何过错,检疫局对孙某履行职务过程中发生的本次事故,应承担民事赔偿责任。⑰2010 年山东某交通事故损害赔偿案,2009 年 10 月,骑摩托车的王某被杨某驾驶的未投保交强险的货车追尾倒地后,又被刘某雇员张某驾驶的投保交强险的货车碾压,造成王某死亡。交警认定王某负主要责任,张某、杨某负次要责任。法院认为:张某系车主刘某雇员,其应承担的责任由雇主承担。杨某未投保交强险,依法应在交强险责任限额内进行赔偿,超过责任限额部分按事故责任比例承担。判决受害人损失 30 万余元,由刘某投保交强险的保险公司赔偿死亡赔偿金 11 万元,杨某赔偿 14 万余元,刘某赔偿 5 万余元。⑱2007 年江苏某损害赔偿案,2007 年 4 月,交警事故认定书认定周某无证酒驾摩托车碰撞王某,倒地的王某后又被一辆机动车拖带,该机动车逃逸,王某死亡。法院认为:王某在事故中死亡,系受到周某的冲撞倒地,后又被另一机动车拖带导致,因另一机动车逃逸,周某未能举证证明,其与逃逸人无共同过失,亦不能证明其与逃逸人的违法行为间接结合才发生王某死亡的后果,故应认定周某与逃逸人构成共同侵权,原告在另一机动车逃逸未查获情况下要求周某对损害后果承担全部赔偿责任的诉讼请求,应予支持。驾驶人虽未取得驾驶资格且酒后驾驶造成交通事故,对受害人的人身伤亡损失,保险公司仍应在死亡伤残赔偿限额内予以赔偿。⑲2004 年江苏某损害赔偿案,2002 年 12 月,陈某驾驶货车在雨雪天气中为避让赵某停在路边的故障车,刹车减速时与该车追尾,并导致尾随的朱某驾驶的货车与陈某所驾车辆追尾。交警无法确定事故责任。陈某起诉高速公路公司。法院认为:高速公路公司作为经营者,按章收取过路车辆费用,有义务向车辆提供良好的道路交通条件及履行恶劣天气的安全告知义务。高速公路公司已履行了上述管理责任,并不存在管理上的瑕疵。陈某在恶劣天气行驶中未谨慎驾驶,存在重大过失。赵某违章停车,未按规定放置警示标志,是该连环事故发生的另一因素,故陈某相关损失,应通过对责任者的侵权之诉获得救济,判决驳回陈某诉讼请求。⑳2004 年福建某交通事故损害赔偿案,2003 年,白某被林某无证驾驶的无牌摩托车撞倒后,又被一辆货车碾压身亡。交警认定首起事故中林某、白某负同等责任,第二起逃逸的货车司机负全责。法院认为:林某将白某撞倒,虽不可能直接或必然引起白某死亡,但其降低了受害人白某在公路这一危险地带躲避时可能发生危险能力,为大货车碾压受害人的第二起事故发生创造了条件,应认定林某肇事行为与白某死亡之间存在相当因果关系。两行为属间接结合,李某应依其过失大小或原因力比例各自承担相应赔偿责任。货车逃逸不影响林某在其过失范围内承担责任。因交通事故责任认定白某负同等责任,故受害人对第一起事故发生有过错,应适用民法上过失相抵原则,适当减轻李某的赔偿责任。㉑<u>2001年江苏某损害赔偿案</u>,2001年1月,柳某驾驶车主为卞某的货车,因与骑自行车横过马路的不满14周岁的王某避让不及,发生碰撞交通事故,造成王某死亡,驾驶后车的周某车损人伤。交警认定王某负次要责任,柳某负主要责任,周某无责任。柳某及卞某经调解赔偿王某父母丧葬费及死亡赔偿金4.3万元,赔偿周某损失的80%即2.8万元。周某以其无责,向王某父母主张自己损失20%的未受偿部分。法院认为:本案系一起紧急避险行为,在这起事故中,险情虽由违规横过公路的王某引起,但在宽阔的路面上,王某的违规行为,不会迫使柳某只能采取两车相撞的办法去避险。导致两车相撞的根本原因,系柳某超速驾驶和采取的<u>紧急避险措施不当</u>。事故责任认定周某正常行驶,对事故不负责任,那么紧急避险事故责任,自然应由柳某全部负担,与王某无关。故周某起诉请求王某父母承担死者20%的事故赔偿责任,理由不成立。王某死亡时不满14周岁,本人尚需父母抚养,无任何个人财产可供其承担民事责任,亦未留下任何遗产可供其父母继承,案外人柳某及肇事车主给付的丧葬费及死亡补偿费均非遗产,故即使王某应承担赔偿责任,亦因无财产或遗产可供执行,故应驳回周某诉讼请求。

**【同类案件处理要旨】**

　　道路交通事故中发生两次各自独立又互为中介的碰撞时,应由相关保险公司在交强险范围内承担足额赔付义务后,由肇事车辆按各自过错或原因力承担相应赔偿责任。如各机动车先后发生道路交通事故,导致同一人受到损害,肇事车辆各自的原因力可区分,由各机动车方根据原因力大小分别承担相应赔偿责任;如肇事车辆各自原因力无法区分,可根据具体案情和事故发生独立性与否,由各机动车方承担连带赔偿责任或平均责任前提下的按份责任。

**【相关案件实务要点】**

　　1.【无意思联络的数人侵权】二人以上主观上无共同侵权的意思联络分别实施的加害行为,根据不同原因,分别构成不同法律关系,各法律关系偶然地发生巧合,并产生同一损害后果的,不构成共同侵权。当事人择一而诉的,应由该人就其致害原因力的大小承担相应责任;当事人选择共同起诉的;应根据其过错大小及原因力比例各自承担相应责任。案见福建安溪法院(2004)安民初字第371号"白某等诉林某道路交通事故人身损害赔偿案"。

2.【推定同等责任】在连环交通事故中,应当根据侵权人过失大小或者原因力比例各自承担相应的赔偿责任。责任范围难以确定的,推定各共同侵权人承担同等责任。案见山东东营市东营区法院(2010)东民初字第 973 号"张某诉某保险公司交通事故人身损害赔偿案"。

3.【死亡因果关系】高速公路上汽车连环追尾相撞,其中一辆被追尾车上的被害人死因无法查明,交警部门对于事故责任未能认定,人民法院应根据相关证据,依法查明案件事实,认定因果关系,落实各方当事人的民事责任。案见江苏苏州平江区法院(2011)平民初字第 0429 号"姜某等诉徐某等交通事故损害赔偿案"。

4.【事故责任与民事责任】道路交通事故责任认定是一种事故成因分析,对事故当事人有无违章行为及违章行为与事故损害后果间之因果关系进行定性和定量描述,本身并不确定当事人的法律权利和义务,故责任认定中的"责任",并不等同于民事责任、刑事责任及行政责任中指称"责任"内涵。案见福建安溪法院(2004)安民初字第 371 号"白某等诉林某道路交通事故人身损害赔偿案"。

5.【连环碰撞整体认定】《道路交通安全法》第 119 条规定:"交通事故,是指车辆在道路上因过错或者意外造成的人身伤亡或者财产损失的事件。"其中的"造成",既包括直接碰撞造成,也包括间接碰撞造成。故连环碰撞事故,应按一起交通事故划分责任。案见江西玉山法院(2010)玉民一初字第 1229 号"姜某诉张某等交通事故损害赔偿案"。

6.【紧急避险】连环发生的道路交通事故,分别造成两个以上的损害结果,应当首先根据损害结果查明造成损害的原因,然后才能分析每个当事人应负的责任。因紧急避险采取措施不当或超过必要的限度,造成不应有的损害的,紧急避险人应承担适当的民事责任。案见江苏徐州中院 2001 年 12 月 20 日判决"周某诉王某等损害赔偿案"。

7.【交警部门不履行法定职责】交警部门在处理交通事故过程中,对事故中遗留在路面上的洒落物未责令相关责任主体进行清理,应认定为未履行相关法定职责或履行相关法定职责不到位,均构成不履行法定职责,对因此造成的二次交通事故,交警部门应承担责任。案见山东济宁中院(2011)济行终字第 115 号"赵某诉某交警队行政赔偿案"。

8.【肇事逃逸与共同侵权】二次事故或连环事故致受害人死亡,肇事一方逃逸的,肇事另一方虽与逃逸一方无共同过失,但另一方亦不能证明其与逃逸人的违法行为间接结合才发生受害人死亡的后果,应认定构成共同侵权,受害人一方在肇事机动车一方逃逸未查获情况下要求另一方对损害后果承担全部赔偿责任的诉请,应予支持。案见江苏泰州中院(2007)泰民一终字第 827 号"某等诉某汽车租赁公司等交通事故损害赔偿案"。

【附注】

参考案例索引：江苏张家港法院(2010)张乐民初字第0069号"朱某与陶某等交通事故损害赔偿案"，见《无意思联络的两次碰撞下肇事车辆的责任承担——江苏张家港法院判决朱卫春与陶正明等道路交通事故人身损害赔偿案》(张燕)，载《人民法院报·案例指导》(20100610:6)。①河南南阳中院(2017)豫13民终5744号"聂某与李某等交通事故责任纠纷案"，见《聂瑞香、崔鑫涛等诉李仓于、陕西通汇汽车物流有限公司等机动车交通事故责任纠纷案——车辆无接触交通事故的司法认定及责任分配》(成延洲、杨慧文)，载《人民法院案例选》(201804/122:97)。②重庆渝中区法院(2016)渝0103民初4454号"周玉秀诉卢传斌等机动车交通事故责任纠纷案"，见《交通事故二次碰撞的因果认定与责任划分》(张焱、罗诚)，载《人民司法·案例》(201714:57)；另见《交通事故二次碰撞的责任划分——重庆渝中法院判决周玉秀等诉赵俊伟等交通事故纠纷案》(张焱、罗诚、蓝兰)，载《人民法院报·案例精选》(20170119:06)。③河南清丰法院(2016)豫0922民初2733号"某实业公司与孙某追偿权纠纷案"，见《多车事故后保险公司向未投保责任人的追偿问题——河南清丰法院判决长安公司聊城支公司诉孙中亮追偿权纠纷案》(谭会民、赵瑞娜)，载《人民法院报·案例精选》(20161208:06)。④江苏苏州中院(2015)苏中商终字第01604号"中国人民财产保险股份有限公司吴江支公司与孟杰杰等保险人代位求偿权纠纷上诉案"，见《多车事故中人身损害与财产损害的责任比例应分别确定》(戴顺娟)，载《人民司法·案例》(201726:91)。⑤江苏常州中院(2013)常民终字第234号"金某与王某等交通事故损害赔偿纠纷案"，见《金宝才等诉王飞等因连续撞击交通事故致被害人死亡损害赔偿纠纷案》，载《江苏省高级人民法院公报》(201402/32:76)。⑥四川成都中院"曾某某与某保险公司等交通事故责任纠纷案"，见《曾明清诉彭友洪、中国平安财产保险股份有限公司成都市蜀都支公司机动车交通事故责任纠纷案》，载《民事审判指导与参考·权威发布》(201403/59:110)。⑦福建三明中院(2013)三少民终字第8号"郑某、易某等与中国太平洋财产保险股份有限公司泉州中心支公司、中国人民财产保险股份有限公司金溪支公司、晋江市闽峰汽车运输有限公司、晋江市金鑫汽车贸易运输有限公司交通事故损害赔偿纠纷案"，见《平均分担原则在复杂交通事故案件中的运用》(温春玉)，载《人民司法·案例》(201402:81)。⑧上海一中院(2012)沪一中民一(民)终字第691号"中国人民财产保险股份有限公司上海市分公司与金永兵等机动车交通事故责任纠纷上诉案"，见《复杂交通事故案件中事故责任认定与侵权赔偿的关系》(夏万宏)，载《人民司法·案例》(201316:46)。⑨上海一中院(2011)沪一中民六(商)终字第84号"陈某诉某保险公司保险合同代位权纠纷案"，见《陈定海诉安邦财产保险股份有限公司上海分公司保险合同代位权纠纷案》(单素华、张文婷),载《人民法院案例选》(201204/82:170)。⑩江苏太仓法院(2008)太民一初字第2859号"姚某与某运输公司等交通事故损害赔偿纠纷案",见《姚定珍等诉大荣公司等交警未能定责的道路交通事故损害赔偿纠纷案》,载《江苏省高级人民法院公报》(201001/7:29)。⑪福建厦门思明区法院(2009)思民初字第11380号"林某与杨某等交通事故损害赔偿纠纷案",见《林良才诉杨军等人道路交通事故人身损害赔偿案("二次事故"数个侵权人的责任承担)》(李莹),载《中国审判案例要览》(2011民:284)。⑫江苏苏州平江区法院(2011)平民初字第0429号"姜某等诉徐某等交通事故损害赔偿案",见《江锡敏等诉许耀满等高速公路上连环追尾撞击道路交通事故人身损害赔偿纠纷案》(肖明),载《江苏高院公报·参阅案例》(201204:27)。⑬山东济宁中院(2011)济行终字第115号"赵某诉某交警队行政赔偿案",见《交警未履行法定职责造成二次事故应承担赔偿责任》(张玲、陈庆文),载《人民司法·案例》(201202:37)。⑭山东东营市东营区法院(2010)东民初字第973号"张某诉某保险公司交通事故人身损害赔偿案",见《连环交通事故责任认定与民事赔偿责任承担——山东东营市东营区法院判决张磊磊诉联合保险公司等交通事故人身损害赔偿纠纷案》(张德红、郭桂荣),载《人民法院报·案例指导》(20101216:6)。⑮江西玉山法院(2010)玉民一初字第1229号"姜某诉张某等交通事故损害赔偿案",见《姜迪银诉张利彬等道路交通事故人身损害赔偿案》(戴立群),载《中国法院2012年度案例:道路交通纠纷》(29)。⑯山东潍坊中院(2010)潍民再字第15号"某置业公司诉某检疫局交通事故损害赔偿案",见《颐中公司诉黄岛检疫局道路交通事故财产损害赔偿案》(郭丽丽),载《中国法院2012年度案例:道路交通纠纷》(114)。⑰山东临清法院(2010)临少民初字第1号"刘某等诉张某等交通事故损害赔偿案",见《刘晓敏等诉张彪等道路交通事故人身损害赔偿案》(郑永彬),载《中国法院2012年度案例:道路交通纠纷》(136)。⑱江苏泰州中院(2007)泰民一终字第827号"某等诉某汽车租赁公司等交通事故损害赔偿案",见《驾驶人未取得驾驶资格、醉酒发生交通事故造成受害人人身伤亡的,保险公司不能免责——周金付、阳光财产保险股份有限公司泰州中心支公司与丁琴芳、王卫莉道路交通事故损害纠纷案》(王军强),载《全国法院再审典型案例评注》(2011:226)。⑲江苏南京中院(2004)宁民一终字第318号"陈某等诉某高速公路公司损害赔偿案",见《陈连刚、武汉市第一汽车运输公司诉江苏宁沪高速公路股份有限公司损害赔偿案》(吕宁华、杨清贵),载《江苏高院·参阅案例研究》(民事卷01:263)。⑳福建安溪法院(2004)安民初字第371号"白某等诉林某道路交通事故人身损害赔偿案",诉请赔偿3万余元,经调解,林某赔偿1.5万元。见《白建金、陈素珠诉林华东道路交通事故人身损害赔偿案》(王建源),载《中国审判案例要览》(2005民事:266);另见《白建金等诉林华东道路交通事故人身损害赔偿案》

（王建源），载《人民法院案例选》（200501：269）。㉑江苏徐州中院 2001 年 12 月 20 日判决"周某诉王某等损害赔偿案"，一审判决王某父母在继承王某遗产范围内赔偿周某 6000 余元；二审改判驳回周某诉讼请求。见《周庆安诉王家元、李淑荣道路交通事故损害赔偿纠纷案》，载《最高人民法院公报·案例》（2002：280）。

## 5. 事故无责与民事赔偿
——事故无责任，侵权亦当赔？

【民事责任】

【案情简介及争议焦点】

2004 年，刘某乘坐陈某经营的客车，中途下车查看车顶货物时，被郭某驾驶的机动车碰撞死亡，交警认定该起交通事故中，刘某和郭某负事故的同等责任，陈某无责任。

争议焦点：陈某事故中无责任，应否承担民事赔偿责任？

【裁判要点】

1. **事故责任**。交警虽未对陈某作出责任认定，但损害结果发生即刘某的死亡与陈某的不作为、郭某及刘某的作为行为均有原因力。该三人应根据其过失大小或原因力比例各自承担相应赔偿责任。道路交通事故责任认定是一种事故成因分析，交通事故责任认定中"责任"并不等同于民事责任中指称"责任"内涵。本案中，交警部门的交通事故责任认定只是就郭某、刘某二人的行为与事故损害后果之间的因果关系进行了认定，而未涉及陈某的不作为行为与郭某、刘某的作为行为相互结合与刘某死亡之间的因果关系，故审理本案既有赖于交通事故责任认定，又不能将该认定作为确定被告承担民事责任唯一依据。

2. **民事责任**。此次交通事故中，陈某对运输途中的乘客没有尽到安全保障义务，其有一定的过错，应承担相应的民事责任（10%）。郭某是该起交通事故的直接侵权责任人，应承担民事责任比例 45%，余下 45% 责任由原告自负。

【裁判依据或参考】

1. **法律规定**。《民法典》（2021 年 1 月 1 日）第 1165 条："行为人因过错侵害他人民事权益造成损害的，应当承担侵权责任。依照法律规定推定行为人有过错，其不能证明自己没有过错的,应当承担侵权责任。"第1166条:"行为人造成他人民事权益损害,不论行为人有无过错,法律规定应当承担侵权责任的,依照其规定。"第1236条:"从事高度危险作业造成他人损害的,应当承担侵权责任。"第1240条:"从事高空、高压、地下挖掘活动或者使用高速轨道运输工具造成他人损害的,经营者应当承担侵权责任;但是,能够证明损害是因受害人故意或者不可抗力造成的,不承担责任。被侵权人对损害的发生有重大过失的,可以减轻经营者的责任。"第1241条:"遗失、抛弃高度危险物造成他人损害的,由所有人承担侵权责任。所有人将高度危险物交由他人管理的,由管理人承担侵权责任;所有人有过错的,与管理人承担连带责任。"第1243条:"未经许可进入高度危险活动区域或者高度危险物存放区域受到损害,管理人能够证明已经采取足够安全措施并尽到充分警示义务的,可以减轻或者不承担责任。"第1244条:"未经许可进入高度危险活动区域或者高度危险物存放区域受到损害,管理人能够证明已经采取足够安全措施并尽到充分警示义务的,可以减轻或者不承担责任。"《侵权责任法》(2010年7月1日,2021年1月1日废止)第6条:"行为人因过错侵害他人民事权益,应当承担侵权责任。根据法律规定推定行为人有过错,行为人不能证明自己没有过错的,应当承担侵权责任。"《道路交通安全法》(2004年5月1日实施,2011年4月22日修正)第73条:"公安机关交通管理部门应当根据交通事故现场勘验、检查、调查情况和有关的检验、鉴定结论,及时制作交通事故认定书,作为处理交通事故的证据。交通事故认定书应当载明交通事故的基本事实、成因和当事人的责任,并送达当事人。"第76条:"机动车发生交通事故造成人身伤亡、财产损失的,由保险公司在机动车第三者责任强制保险责任限额范围内予以赔偿;不足的部分,按照下列规定承担赔偿责任:(一)机动车之间发生交通事故的,由有过错的一方承担赔偿责任;双方都有过错的,按照各自过错的比例分担责任。(二)机动车与非机动车驾驶人、行人之间发生交通事故,非机动车驾驶人、行人没有过错的,由机动车一方承担赔偿责任;有证据证明非机动车驾驶人、行人有过错的,根据过错程度适当减轻机动车一方的赔偿责任;机动车一方没有过错的,承担不超过百分之十的赔偿责任。交通事故的损失是由非机动车驾驶人、行人故意碰撞机动车造成的,机动车一方不承担赔偿责任。"《合同法》(1999年10月1日,2021年1月1日废止)第302条:"承运人应当对运输过程中旅客的伤亡承担损害赔偿责任,但伤亡是旅客自身健康原因造成的或者承运人证明伤亡是旅客故意、重大过失造成的除外。"《民法通则》(1987年1月1日,2021年1月1日废止)第123条:"从事高空、高压、易燃、易爆、剧毒、放射性、高速运输工具等对周围环境有高度危险的作业造成他人损害的,应当承担民事责任;如果能够证明损害是由受害人故意造成的,不承担民事责任。"第131条:"受害人对于损害的发生也有过错的,可以减轻侵害人的民事责任。"第132

条:"当事人对造成损害都没有过错的,可以根据实际情况,由当事人分担民事责任。"

**2. 行政法规。**《道路交通安全法实施条例》(2004年5月1日,2017年10月7日修订)第91条:"公安机关交通管理部门应当根据交通事故当事人的行为对发生交通事故所起的作用以及过错的严重程度,确定当事人的责任。"

**3. 司法解释。**最高人民法院《关于审理道路交通事故损害赔偿案件适用法律若干问题的解释》(2012年12月21日,2020年修改,2021年1月1日实施)第24条:"公安机关交通管理部门制作的交通事故认定书,人民法院应依法审查并确认其相应的证明力,但有相反证据推翻的除外。"最高人民法院《关于高长林等六人与河南高速公路发展有限责任公司违约赔偿纠纷一案的函复》(2003年6月25日〔2002〕民一他字第6号):"……本案交通事故发生的直接原因在于肇事车辆违章调头,交通事故责任方应当承担侵权的民事责任。河南高速公路发展有限公司(以下简称河南高速公司),为修建高速公路服务区施工方便,在禁止货车通行期间,允许为其运送沙子的货车驶入高速公路,应当预见到该货车通过高速公路中间隔离带开口处就近驶入在建服务区的潜在危险。因此,河南高速公司未尽必要的安全保障义务,其不作为行为亦是事故发生的原因,应当承担相应的民事责任。具体处理时可先由肇事车辆方承担赔偿责任,不足部分由河南高速公司承担补充赔偿责任。"

**4. 部门规范性文件。**公安部《道路交通事故处理程序规定》(2018年5月1日)第60条:"公安机关交通管理部门应当根据当事人的行为对发生道路交通事故所起的作用以及过错的严重程度,确定当事人的责任。(一)因一方当事人的过错导致道路交通事故的,承担全部责任;(二)因两方或者两方以上当事人的过错发生道路交通事故的,根据其行为对事故发生的作用以及过错的严重程度,分别承担主要责任、同等责任和次要责任;(三)各方均无导致道路交通事故的过错,属于交通意外事故的,各方均无责任。一方当事人故意造成道路交通事故的,他方无责任。"

**5. 地方司法性文件。**江西宜春中院《关于印发〈审理机动车交通事故责任纠纷案件的指导意见〉的通知》(2020年9月1日 宜中法〔2020〕34号)第42条:"交强险规定的机动车无责赔偿应以无责机动车对交通事故的发生有无因果关系为前提。无责机动车与交通事故的发生有因果关系的,被保险人及其承保交强险的保险公司应承担交强险无责赔偿责任。无责机动车与交通事故的发生没有因果关系的,被保险人及其承保交强险的保险公司不承担交强险无责赔偿责任。"安徽合肥中院《关于道路交通事故损害赔偿案件的审判规程(试行)》(2019年3月18日)第5条:"【无责车辆方的诉讼主体认定】多辆机动车发生交通事故,其中部分车辆无事故责任的,应向当事人释明追加无责车辆方及承保交强险的保险公司为被告,赔偿权利人坚持不追加的,应在赔偿总额中扣除相应的交强险无责限额。"江西上饶中院《关于机动车交通事故责任纠纷案件的指导意见(试行)》(2019年3月12日)第3条:"……其他要求。(一)同一交通事故中有多名受害人的,其中部分受害人或相关赔偿权利人起诉的,应当受理,法院应通知其他受害人或赔偿权利人及时主张权利;其他未起诉的人及其相关赔偿权利人在开庭前另行起诉的,经双方当事人同意,可合并审理。同一起交通事故的多个受害人在上饶市范围内分别向不同法院起诉的,后受理的法院应将案件移送至先受理的法院审理。如果受诉法院分别是本市辖区法院和外地法院,先受理的法院应当书面告知后受理的法院及相关当事人可将案件移送本法院审理,以便当事人平等、便捷地享受保险公司理赔款,如后受理法院或当事人坚持不移送或坚持在外地起诉的,将告知释明书存卷,本案继续审理。(二)多机动车发生交通事故致人损害的,即使有的车辆被交通事故认定书确定为无责,该车辆的所有人及保险公司亦应作为共同被告参加诉讼,并在交强险限额内承担无责赔付责任。"湖北鄂州中院《关于审理机动车交通事故责任纠纷案件的指导意见》(2018年7月6日)第13条:"机动车与非机动车驾驶人、行人之间发生交通事故的损失超出交通事故强制保险责任限额的部分,机动车一方按照下列比例承担赔偿责任:(一)机动车一方在事故中负全部责任的,承担100%的赔偿责任;(二)机动车一方在事故中负主要责任的,承担70%～80%的赔偿责任;(三)机动车一方在事故中负同等责任的,承担60%的赔偿责任;(四)机动车一方在事故中负次要责任的,承担30%～40%的赔偿责任;(五)机动车一方在事故中无责任的,承担10%的赔偿责任。"山东济南中院《关于保险合同纠纷案件94个法律适用疑难问题解析》(2018年7月)第47条:"交强险、三者险项下按照事故责任比例赔偿保险金的效力认定。交强险、三者险的基本内涵就是就被保险人对第三人应承担的赔偿责任承担保险赔偿责任。事故责任是认定侵权意义上侵权赔偿责任的重要依据,但事故责任与赔偿责任以及保险金赔偿责任三者之间既相互联系又有区别。交强险、三者险项下机动车承担的赔偿责任即保险公司应承担的保险金大于其事故责任比例的主要包括两种情形:一是机动车与非机动车驾驶人、行人之间发生事故,机动车方承担的赔偿责任往往要大于其事故责任比例;二是交强险项下无事故责任被保险人承担赔偿责任的情况下,保险公司不能以被保险人无事故责任而拒赔。《机动车交通事故责任强制保险条款》第八条第一款第(四)项规定:'被保险人无责任时,无责任死亡伤残赔偿限额为11000;无责任医疗费用赔偿限额为1000元;无责任财产损失赔偿限额为100元。'"广东广州中院涉外商事庭《机动车交通事故责任纠纷处理及应对指引》(2015年1月):"……区分交通事故责任认定书中的'责任'与民事赔偿责任。在机动车交通事故责任纠纷中,当事人经常把事故责任认定书中的'责任'直接等同于民事赔偿责任。两者根本区别在于性质不同:交通事故责任认定书中的'责任'是当事人对事故发生所负的责任;民事赔偿责任是当事人对损害后果所负法律责任。司法实践中,交通事故责任认定书属于民事证据,法院根据当事人各方举证证明的事实,完全可以依据不同的责任分担比例作出判决。如无牌摩托车搭载未戴头盔的乘客与小客车相撞,造成乘客颅脑受伤,乘客对事故的发生没有过错,交警部门出具事故责任认定书认定乘客无责任,但由于乘客未戴头盔是其受伤的原因之一,所以法院在确定各方赔偿责任时,在受害人自身存在错过的情况下,会按照其过错程度适当减轻侵权人的责任。"湖南长沙中院民一庭《关于长沙市法院机动车交通事故责任纠纷案件审判疑难问题座谈会纪要》(2014年7月23日)第13条:"机动车一方无责,行人(受害人)全责,保险公司是否应承担赔偿责任? 机动车一方无责时,保险公司仍应在交强险的赔偿限额内承担赔偿责任。交强险具有公共服务、社会公益的性质,其宗旨在于保护受损害的第三人,保险人的赔偿责任与机动车驾驶人是否构成侵权责任及其侵权责任的大小并无关联,保险公司在赔偿限额内对第三人的赔偿责任应当认定为法定责任,其赔偿责任的大小并不以机动车一方的过错或责任大小为依据。因此,保险公司赔限不应区分被保险人有无责任,且保险责任与侵权的法律责任无直接关联,交通事故中机动车一方承担的是侵权责任,保险公司的保险责任是否承担,应根据保险合同约定,而非是根据侵权行为人的侵权责任确定。"重庆高院民一庭《关于机动车交通事故责任纠纷相关问题的解答》(2014年)第6条:"发生多车相撞事故公安机关交通事故认定书认定某一车辆为无责时,承保无责车辆交强险的保险公司是否应追加为被告? 是否审查车辆与受害人有无接触? 无论有无接触均应追加,还是有接触的情况下才追加? 应当审查在是一次交通事故还是多次交通事故。如果是一次交通事故,无论无责车辆是否与受害人有无接触,均应将承保无责车辆交强险的保险公司追加为被告。如果当事人不同意追加,应当先从赔偿额中扣除承保无责车辆交强险的保险公司的无责责任限额。"浙江宁波中院《关于印发〈审理机动车交通事故责任纠纷案件疑难问题解答〉的通知》(2012年7月5日 甬中法〔2012〕24号)第5条:"两机动车发生交通事故造成第三人人身损害,其中一车全责,一车无责,对受害人的损失(指未超过交强险赔偿责任限额),如何确定两机动车承保的保险公司的赔偿责任? 答:两保险公司应在交强险赔偿限额范围内按责任比例分别负担。即对医疗费损失,由有责方保险公司承担其中的10/11,无责方保险公司承担1/11;对死亡或伤残赔偿金,由有责方保险公司承担其中的110/121,无责方保险公司承担11/121。"安徽宣城中院《关于审理道路交通事故赔偿案件若干问题的意见(试行)》(2011年4月)第35条:"公安机关认定的道路交通事故责任与人民法院认定的民事侵权赔偿责任并非同一概念,不可简单等同。机动车之间发生交通事故的,由保险公司在交强险责任限额内予以赔偿,不足部分由过错方承担赔偿责任,双方都有过错的,按照各自的过错比例承担责任,其比例可按照下列意见承担:(一)负全部责任的,承担100%的赔偿责任;(二)负主要责任的,可以在60~90%之间确定,一般以70%赔偿;(三)负次要责任的,可在10~40%之间确定,一般以30%为宜;(四)负同等责任的,各承担50%的责任;(五)不负事故责任的,不承担赔偿责任;(六)属于交通意外事故,各方均无责任的,其赔偿责任视具体情况确定;(七)事故责任无法确定的,一般可由双方各承担50%的赔偿责任。非机动车之间发生碰撞,造成人身损害和财产损失的,其赔偿比例可以参照前款意见执行。"河南郑州中院《审理交通事故损害赔偿案件指导意见》(2010年8月20日 郑中法〔2010〕120号)第1条:"在审理道路交通事故案件时,要坚持优先保护人身权、交强险优先赔偿、优者危险负担,适度平衡赔偿权利人和赔偿义务人利益等原则。"北京高院民一庭《关于道路交通损害赔偿案件的疑难问题》(2010年4月9日)第2条:"北京市法院系统尚未统一认识的问题……(3)两车以上多车相撞的情况下,如果有一方事故全责,受害人是否要将其他所有无责的机动车及其保险公司都追加诉讼?调研中发现,有的基层法院如果受害人只起诉全责机动车一方,可以不用追加其他无责的机动车及其保险公司主张,尤其是多车相撞,追加起来相当麻烦。有法院提出,从共同侵权的角度,不管有无事故责任,所有机动车都是交通事故的侵权人,都应参加诉讼……关于机动车一方在事故中无责任时的赔偿处理原则问题。与会人员一致认为:在机动车一方无责的情况下,在由保险公司对于受害人一方的损失承担赔偿责任后,超过限额的部分,视案件是机动车之间发生的交通事故还是机动车与非机动车、行人之间发生的交通事故而定。若为机动车之间发生的交通事故,应适用过错责任原则,无责的机动车一方不再承担赔偿责任。若为机动车与非机动车、行人之间发生的交通事故,则机动车一方当事人仍应视事故情况,承担非机动车、行人损失5%—20%的赔偿责任……现在交通队确定事故责任往往将行政管理责任纳入事故责任,如一起交通事故中,甲车在人行道上违法停车,行人在机动车道被乙车撞伤,受害人与甲车没有接触,但交通队认定甲车负事故次要责任。还有一个案例,非机动车行驶过程中撞上路边一合法停车的机动车,交通队也认定这是一起交通事故。对此,有法院提出,前者甲车纯粹是行政管理责任,对交通事故没有因果关系;对于后者,该院认为合法停车静止的车辆更像个普通的物,该事故不应认定为交通事故。"重庆高院《印发〈全市法院保险纠纷案件审判实务研讨会会议纪要〉的通知》(2010年4月7日 渝高法〔2010〕101号)第13条规定:"关于第三者责任险的被保险人在交通事故责任中被认定为无责的情况下,保险人应否承担赔付责任的问题。会议认为,第三者责任险中,被保险人在交通事故中被认定为无责的情况下,仍可能基于侵权法上的公平责任等规定承担民事赔偿责任,如果被保险人因此承担了民事赔偿责任,那么保险人应当按照保险合同约定对被保险人应承担的民事赔偿责任予以赔付。"安徽合肥中院民一庭《关于审理道路交通事故损害赔偿案件适用法律若干问题的指导意见》(2009年11月16日)第28条:"公安机关认定的道路交通事故责任与人民法院认定的民事侵权赔偿责任并非同一概念,不可简单等同。机动车与非机动车驾驶人、行人之间发生交通事故的损失超出交通事故责任强制保险责任限额的部分,机动车一方有事故责任的,由机动车一方按照下列规定承担赔偿责任:(一)机动车一方在交通事故中负全部责任的,承担100%的赔偿责任;(二)机动车一方在交通事故中负主要责任的,承担80%的赔偿责任;(三)机动车一方在交通事故中负同等责任的,承担60%的赔偿责任;(四)机动车一方在交通事故中负次要责任的,承担40%的赔偿责任。"广东深圳罗湖区法院《关于交通事故损害赔偿案件的处理意见》(2006年11月6日)第10条:"……非机动车驾驶人、行人在禁止非机动车和行人通行的城市快速路、高速公路发生交通事故,机动车一方无责任的,承担百分之五。交通事故的损失是由非机动车驾驶人、行人故意造成的,机动车一方不承担责任。非机动车驾驶人、行人与处于静止状态的机动车发生交通事故,机动车一方无交通事故责任的,不承担赔偿责任。未参加机动车第三者责任强制保险的,由机动车方在该车应当投保的最低保险责任限额内予以赔偿,对超过最低保险责任限额的部分,按照上述的规定比例赔偿。"江西赣州中院《关于审理道路交通事故人身损害赔偿案件的指导性意见》(2006年6月9日)第20条:"机动车、非机动车、行人与处于静止状态的机动车发生交通事故,处于静止状态的机动车一方无过错的,不承担赔偿责任。"浙江杭州中院《关于审理道路交通事故损害赔偿纠纷案件问题解答》(2005年5月)第4条:"……根据《道路交通安全法》第76条的规定,机动车之间发生交通事故的,适用过错责任原则,机动车与非机动车、行人之间发生交通事故的,适用无过错责任原则。而《道路交通安全法实施条例》第92条规定:'发生交通事故后当事人逃逸的,逃逸的当事人承担全部责任。但是,有证据证明对方当事人也有过错的,可以减轻责任。'如发生事故后,驾驶员逃逸,公安机关未适用上述实施条例第92条的推定原则,而认定逃逸者负次要责任。而受害人要求逃逸者承担全部责任的,应如何处理?在民事赔偿中'逃逸'只是一个情节,不是判定责任的依据。如果是机动车之间相撞,民事责任适用过错原则,机动车与非机动车或行人相撞,适用无过错原则;再考虑是否存在过失相抵的情形。在受害人对公安机关的事故责任认定有异议时,人民法院应审查公安机关的事故责任认定是否符合法律规定。若该事故责任认定并无不当,则人民法院应根据公安机关的事故责任认定和各方过错决定各方的民事赔偿责任。"内蒙古高院《全区法院交通肇事损害赔偿案件审判实务研讨会会议纪要》(2002年2月)第12条:"认定道路交通事故损害赔偿责任必须严格遵循《中华人民共和国民法通则》第一百二十三条规定的无过错责任原则。有证据证明损害是由受害人故意造成的,加害方不承担民事责任。依照《中华人民共和国民法通则》第一百三十一条规定的过失相抵规则,有证据证明受害人对于损害的发生有重大过失的,相应减轻加害方的赔偿责任。"第 14 条:"在适用过失相抵规则判断交通事故当事人过失程度及赔偿责任比例时,对公安机关作出的《交通事故责任认定书》的证据效力按以下原则掌握:(1)机动车辆之间发生的交通事故,可以将公安机关认定的事故责任比例作为判断双方过失比例的依据。(2)机动车辆与行人或非机动车之间发生的交通事故中,不能将公安机关认定的事故责任比例作为双方过失比例相抵的惟一依据,而应结合侵权行为的具体情形,按照优者负担、照顾弱者的原则合理相抵,相应减轻加害方的责任。受害人如年满 70 周岁,或不满 10 周岁,或系残疾人,不能适用过失相抵规则。"

**6. 地方规范性文件。** 四川省《道路交通事故责任确定规则(试行)》(2010 年 1 月 1 日)第 8 条:"确定当事人的行为与事故发生的因果关系应当从以下方面进行分析评判:(一)当事人的行为具有以下特征:1. 当事人的行为侵犯了其他当事人的通行权利;2. 当事人的行为具有突变性;3. 当事人未履行注意义务;4. 当事人在危险出现时,未采取适当的避险措施;5. 当事人明知危及交通安全的险情出现后,未履行法定义务。(二)车辆具有影响行车安全的隐患。(三)道路、环境具有影响安全通行的重大隐患。具有以上特征之一的,应当确定该行为与事故发生有因果关系。"

**7. 参考案例。** ①2015 年广东某保险合同纠纷案,2010 年,陈某投保车辆肇事,并称系其妻子厉某驾驶,事故认定书据此认定厉某全责。保险公司以报警电话、厉某与陈某电话清单等证据证明实际驾驶人为陈某,并怀疑系酒驾而拒赔致诉。法院认为:涉案交通事故发生后,陈某本人致电保险公司,明确陈述事故发生时驾驶人为陈某。此后陈某否认其为驾驶人,但并未对此作出合理解释,先称报险时其在睡梦中,迷迷糊糊,又称报险时在与朋友聊天,其解释前后矛盾,有悖常理,不足采信。厉某电话清单显示,事故发生后至陈某报险前,陈某曾致电厉某,并无厉某致电陈某记录,与厉某所称事故发生后其致电陈某要求其报险的陈述不符。此外,厉某与陈某均陈述,事发时陈某在睡觉,未到现场协助处理事故,由陈某通知其亲属到现场。据电话清单反映,事发期间,陈某与厉某通话多达 12 次,其中九次由陈某致电厉某,反映陈某对事故处理进展十分关心。在保险公司工作人员明确要求陈某到场情况下,陈某以睡觉为由不到现场协助处理亦有悖常理。涉案事故认定书记载,事故发生时司机为厉某,但据保险公司所作询问笔录反映,陈某及厉某均陈述事故发生时交警并未到现场,是由陈某及厉某到交警部门处理事故,因无第三方在场,涉案事故认定书只是依据陈某及厉某陈述作出,在有相反证据情况下,不能仅凭该事故认定书认定涉案事故发生时厉某为驾驶人。在保险公司调查涉案事故时，陈某及厉某均陈述事发时交警未到现场处理，陈某事后称交警在事故发生后20~30分钟后到现场，但并未提供相应证据。陈某上述陈述前后矛盾，反映陈某在诉讼过程中缺乏诚信。综上所述，根据陈某报险时的陈述并结合全案证据，应认定涉案事故发生时驾驶人为陈某。《保险法》第5条规定，保险活动当事人行使权利、履行义务应当遵循诚实信用原则。保险合同所确定的最大诚信原则，要求投保人在发生约定的保险事故时履行如实告知义务，不得有隐瞒、欺骗等行为。双方当事人所签保险条款明确规定，驾驶人故意破坏现场、伪造现场、毁灭证据的，保险人不负有赔偿责任。本案中，陈某驾驶涉案车辆发生事故后，故意调换驾驶人，在保险公司明确要求陈某到现场处理时仍拒绝到事发现场，致使保险公司无法查清事发时驾驶人是否存在酒驾等不予赔偿情形，对此，应由陈某承担不利法律后果。本案具体情况符合保险条款规定的保险人不负责赔偿情形，判决驳回陈某诉请。
②2013年河南某交通事故纠纷案，2012年，张某驾驶摩托车因与周某驾驶摩托车相撞致10级伤残，双方皆系无证驾驶无牌车辆，该事故未经交警处理。张某事后起诉周某赔偿各项损失4万余元。法院认为：《道路交通安全法》第76条规定："机动车发生交通事故造成人身伤亡、财产损失的，由保险公司在机动车第三者责任强制保险责任限额范围内予以赔偿；不足的部分，按照下列规定承担赔偿责任：（一）机动车之间发生交通事故的，由有过错的一方承担赔偿责任；双方都有过错的，按照各自过错的比例分担责任……"本案中，因双方发生交通事故均未报警，导致事故责任无法查清，依法推定双方负该事故同等责任。本案应认定的赔偿项目及数额包括医疗费、今后治疗费、误工费、护理费、营养费、住院伙食补助费、伤残赔偿金、交通费等共计4万余元。张某诉请精神损害抚慰金，因其无证驾驶无牌号车辆，负此事故同等责任，该项诉请不予支持，判决周某赔偿张某损失2万余元。③2008年江苏某交通事故纠纷案，2005年，沈某骑电动自行车撞倒前方推自行车欲上行人道的胡某后自行离去，交警认定沈某肇事逃逸，负全部责任。胡某诉请沈某赔偿损失。诉讼中，沈某称事故主要责任在胡某，事故认定书关于事发地点及引用法条均不准确。法院认为：沈某怠于观察和刹车不及，其电动自行车撞倒前方推自行车欲上人道的胡某，致其倒地受伤。事故发生后，沈某非但没有停车看望、及时报警，反而骑车自行离去，其行为违反《道路交通安全法》第70条关于"在道路上发生交通事故，车辆驾驶人应当立即停车，保护现场"的规定，构成肇事逃逸。交通事故认定书只是本案认定事实诸证据中的一个证据，而非全部证据，且该认定根据沈某在交警部门询问笔录、书写陈述而作出关于事故发生地点的认定，以及认定书中引用法条虽不够准确，但并未影响对案件基本事实及责任的认定。依《道路交通安全法实施条例》第92条第1款关于逃逸人"应承担全部责任"规定，判决沈某赔偿胡某

购药、护理、误工费等费用 8000 余元。④2011 年江苏某交通事故损害赔偿案。2010 年 8 月,吴某乘坐五金厂司机周某驾驶的车辆进行婚庆摄影时,被汽车厂设在乡道上的限高横杆碰伤,交警出具事故证明,对事故责任未认定。吴某起诉周某、五金厂、汽车厂、镇政府、交通局、公路管理处索赔 18 万余元。法院认为:本案系一起多因一果的交通事故。机动车驾驶员应谨慎驾驶、规范操作;乘车人乘坐机动车应注意安全、遵守规章;道路所有人或管理人应加强对道路的管理,及时清除通行障碍及违规设施;道路使用人未经许可,不得擅自设障,否则,对由此造成的道路交通事故均应按各自过错承担相应责任。本案中,周某驾车在道路上行驶时,对地面和前方道路状况疏于观察,未能按照操作规范安全驾驶,是引发此事故的主要原因,造成吴某伤害应承担主要赔偿责任。吴某作为成年人,乘坐机动车未注意自身安全,身体处车体外进行婚庆摄影,有可能造成伤害或发生其他意外事故这是常识,而其心存侥幸,以致本案事故发生,吴某对此负有一定责任,可减轻侵权人的赔偿责任。汽车厂未经许可,在允许社会车辆通行的大道上设置限高横杆,对造成本案事故也有一定责任,应承担相应赔偿责任。事故所发生道路属乡道,在镇政府辖区内,镇政府对该道有管养义务,限高横杆已设多年,镇政府未尽管理职责,亦应适当赔偿。无证据证明交通局、公路管理处对本案发生具有过错,故不承担责任,判决吴某损失 18 万余元,周某赔偿 55%,该责任由雇主五金厂承担,汽车厂赔偿 20%,镇政府赔偿 10%,吴某自负 15%。⑤2011 年山东某交通事故损害赔偿案,2009 年 9 月,受雇于马某的辛某驾驶郁某名下半挂货车,因车厢挡板松开,致车载豆腐渣散落至高速路面,并造成黄某车翻身亡,交警认定属意外事故,辛某无责任。法院认为:车辆在道路上因过错或意外造成的人身伤亡或财产损失的事件即为道路交通事故,综合本案事故具体情况,应认定为交通事故。肇事车辆未采取车厢挡板加固措施且未对车上货物加盖遮盖物,导致车厢挡板松开致车载物品散落,形成重大安全隐患,造成黄某死亡的后果,辛某具有明显的重大过失,应承担事故的主要责任,受害人黄某作为驾驶员未尽安全、谨慎驾驶的注意义务,应承担次要责任。保险公司应在主车和挂车所投两份交强险责任限额范围内分别承担赔偿责任。马某作为肇事车辆实际车主,应在交强险限额赔偿后的余额范围内承担 80% 的赔偿责任;辛某具有重大过失,应与马某负连带责任。余某系登记车主,对事故车辆不具有管控及运营利益,不应承担民事赔偿责任。原告系按交通事故损害赔偿主张权利,高速公路公司非交通事故一方当事人,故不应承担赔偿责任。⑥2010 年江苏某交通事故损害赔偿案,2010 年 6 月,周某驾车过程中压溅的石子将刘某驾驶的车辆前挡风玻璃击坏,交警未作责任认定,仅出具了交通事故证明书,刘某花去修车费、评估费 6230 元。法院认为:刘某驾车正常行驶过程中,车辆被周某车辆行驶过程中溅起的石子击坏,对此损害发生,双方均无过错,属于交通意外,双方均不负事故责任,但周某仍应分担本起事故造成的财产损失的民事赔偿责任。保险公司亦应在交强险限额责任内承担现行赔偿责任。判决刘某损失,由周某交强险保险公司赔偿2000元,余下部分50%即2115元由周某赔偿。⑦**2010年北京某交通事故损害赔偿案**,2009年10月,保安公司员工付某驾驶车辆在医院院内,与突然跑出的刚满1岁的滕某发生碰撞,滕某被碾压致死,交警认定属意外事故。法院认为:在医院院内这种机动车与行人混行的特殊区域,驾驶人负有的注意义务应远大于在一般道路上行车的注意义务,且滕某在跑动过程中先与肇事车辆接触,倒地后被碾压,而非直接倒在车下,在滕某与车辆接触过程中,付某即应及时采取紧急措施,故付某行为存在过错,此次事故非意外交通事故,机动车一方应承担赔偿责任。滕某系无民事行为能力人,其父母未充分尽到监护义务,应承担相应责任,并适当减轻机动车一方的赔偿责任。付某作为机动车驾驶人的过错明显大于原告未尽监护义务的责任,故保安公司应承担80%的赔偿责任。判决保险公司在交强险责任限额内赔偿原告11万余元,保安公司赔偿原告45万余元。⑧**2010年福建某交通事故损害赔偿案**,2010年3月,安某驾驶其子所有的摩托车搭载吴某、施某,因未注意观察前方路况,碰撞道旁小树后翻车,造成乘员吴某4级伤残,交警认定安某全责,吴某无责。法院认为:吴某虽不负交通事故责任,但其在明知安某超载存在危险情况下,仍然乘坐安某驾驶的摩托车,对损害的发生也有过错,可减轻安某的民事责任,结合本案实际情况,可减轻安某20%的责任。车主与安某系父子关系,二者为共同生活的家庭成员,视为该摩托车是家庭成员之间共同使用,不存在借用关系,且摩托车未存在缺陷,车主对事故发生没有过错,故不承担民事赔偿责任。⑨**2009年广西某交通事故损害赔偿案**,2008年12月,李某驾车搭乘车主覃某,因道路维修,路面铺满砾石,导致车辆滑行失控,碰撞停在路边的刘某驾驶的车辆,造成两车损坏。交警认定李某全责。覃某起诉公路局索赔。法院认为:公路局作为道路施工作业单位,在施工路段路面铺装沙石时未能压实,且仅于施工道路的来车方向公路旁的绿化带处设置一个"施工路段,车辆慢行"的警示牌,但未在施工路面采取防护措施或设置信号灯等安全警示标志,尤其是当车辆于夜间行经施工路段时,因灯光昏暗影响视距,令人猝然间难以防备,无法及时作出安全有效的反应,即公路局采取的措施尚不足以防止事故的发生,故对事故的发生存在过错。李某驾车在夜晚行经该路段时,疏于注意路旁的警示标志,且未注意路面状况,仍驾车以较高速度行驶,未能减速慢行,其行为违反了法律规定,对事故发生亦存在过错。综上事实,法院根据本案的实际情况,认定李某对事故承担主要的过错责任,公路局承担次要责任。据此责任划分,酌定李某承担60%的民事责任,公路局承担40%的民事责任。因覃某已放弃对李某的诉讼权利,不要求李某承担本案民事责任,故公路局对李某应当承担的赔偿份额不承担连带责任。⑩**1999年江苏某交通事故损害**

赔偿案**,1998 年 8 月,马某过公路管理处设立的收费站后为索要应找回的零钱,往返收费站期间,因收费员违规操作,导致马某被朱某驾驶的、实际车主为梁某、挂靠在汽修厂的货车剐蹭身亡。交警认定马某负主要责任,朱某负次要责任。法院认为:收费站系道路特定区域,公路管理处对此区域负有管理义务,公路管理处应制定健全的管理制度,建立良好的收费秩序,在收费区域内设置与收费职能相适应的必要设备、设施,在保证收费同时,为区域内过往车辆、人员提供安全保障条件。因公路管理处在收费站所设置的封道机、防逃机,或操作不便或长期未交付使用,公路管理处负有管理不善责任。收费员明知收费区内危险、行人不能入内,在查验马某票据后,应先将零钱交给马某,让其离开,然后再收取朱某的钱。但<u>收费员行为违背常理,具有重大过失</u>。朱某未充分履行注意义务,具有过失。公路管理处系法人,收费员在执行职务中因过错造成马某死亡,其行为应认定为法人行为,公路管理处对此应承担赔偿责任。<u>收费员在这一事故中有重大过失,故公路管理处应承担大部分责任</u>。朱某系梁某雇员,在其从事雇用活动时因过错造成他人损害,雇主梁某应承担赔偿责任,车主汽修厂承担连带赔偿责任,判决原告损失 6 万余元,由公路管理处赔偿 5.2 万余元,梁某赔偿 1.3 万余元,汽修厂承担连带责任。

**【同类案件处理要旨】**

交通事故认定书是公安交通管理部门依据专业技术对交通事故成因作出的一种技术鉴定,属于民事证据的一种,并不能当然地作为确定各方当事人权利义务关系的依据。确定民事赔偿责任的承担,应综合考虑各方当事人依法律规定和合同约定所确定的权利义务的承担、在事故发生过程中存在的过错及该过错与损害后果的因果联系等情形。

**【相关案件实务要点】**

1.**【事故"责任"与民事"责任"】** 交通事故责任认定中的"责任"并不等同于民事责任中指称的"责任"内涵。无意思联络的数人侵权,间接结合发生同一损害后果的,加害人承担与各自的过失大小或者原因力比例相适应的按份责任,而非连带责任。案见甘肃白银中院(2005)白中民终字第 59 号"刘某近亲属诉陈某等人身损害赔偿案"。

2.**【事故认定书证据效力】** 交警部门所作事故责任认定书对当事人责任认定不当,不能作为裁判的依据。案见江苏南京中院(1999)宁民终字第 1179 号"朱某诉某公路管理处等人身损害赔偿案"。

3.**【过错认定】** 机动车驾驶员违反注意义务,对损害后果应当预见因疏忽大意而未预见,对事故发生存在过错,不属于意外交通事故。案见北京海淀法院(2010)

海民初字第1963号"滕某等诉付某等交通事故损害赔偿案"。

4.【受害人过错】乘车人在明知超载极具风险情况下,仍乘坐机动车,对可能出现的风险采取放任态度,对损害发生存在过错,依法可减轻侵害人的民事责任。案见福建安溪法院(2010)安民初字第1401号"吴某诉安某等交通事故损害赔偿案"。

5.【公平责任】双方均无过错,属于交通意外,双方均不负事故责任,但事故一方仍应分担本起事故造成的事故另一方的财产损失的民事责任。案见江苏江阴法院(2010)澄民初字第0984号"刘某诉周某等交通事故损害赔偿案"。

**【附注】**

**参考案例索引**：甘肃白银中院(2005)白中民终字第59号"刘某近亲属诉陈某等人身损害赔偿案",判决原告损失由郭某赔偿45%,陈某赔偿10%,原告自负45%。见《乘客中途下车遭车祸责任谁担——白银中院判决一道路交通事故人身损害赔偿案》(刘侠林),载《人民法院报·案例指导》(20061218:5)。①广东广州中院(2015)穗中法审监民抗再字第27号"陈某与某保险公司保险合同纠纷案",见《诚实信用原则对案件裁判的影响——陈建金诉中国太平洋保险公司保险合同纠纷再审案》(廖俊莲、温国林,广东广州中院审监庭),载《审判监督指导·地方法院案例评注》(201603/57:111)。②河南睢县法院(2012)睢民初字第1008号"张某与张献某机动车交通事故责任纠纷案",见《张亚彬诉张献周机动车交通事故责任纠纷案——无交通事故责任认定书赔偿责任的认定》(梁锦学、丁兴魁),载《人民法院案例选》(201303/85:12)。③江苏淮安中院(2008)淮中民一再终字第0031号"胡某与沈某交通事故人身损害赔偿纠纷案",见《胡建芳诉沈鹏道路交通事故人身损害赔偿纠纷案》,载《江苏省高级人民法院公报》(200906/6:46)。④江苏镇江丹徒区法院(2011)徒民初字第00981号"吴某诉周某等人身损害赔偿案",见《吴杏华诉振华五金厂等因交通违章及限高横杆导致道路交通事故人身损害赔偿纠纷案》(汤金凤、张小康),载《江苏高院公报·参阅案例》(201203:32)。⑤山东东营中院(2011)东民终字第2号"黄某等诉辛某等交通事故损害赔偿案",见《黄景川等诉辛长滨等道路交通事故人身损害赔偿案》(常兴泉),载《中国法院2012年度案例：道路交通纠纷》(70)。⑥江苏江阴法院(2010)澄民初字第0984号"刘某诉周某等交通事故损害赔偿案",见《刘娜诉周文华等道路交通事故财产损害赔偿案》(金国芬、张峥莉),载《中国法院2012年度案例：道路交通纠纷》(126)。⑦北京海淀法院(2010)海民初字第1963号"滕某等诉付某等交通事故损害赔偿案",见《滕谦等诉付居华等道路交通事故人身损害赔偿案》(李宏宇),载《中国法院2012年度案例：道路交通纠纷》(45)。⑧福建安溪法院(2010)安民初字第1401号"吴某诉安某等交通事故损害赔偿案",见《吴金宝诉吴安海等道路交通事故人身身损害赔偿案》(陈琳冰),载《中国法院2012年度案例:道路交通纠纷》(231)。⑨广西南宁市西乡塘区法院(2009)西民一初字第1097号"覃某诉某公路局人身损害赔偿纠纷案",见《覃宝龙诉广西壮族自治区南宁江北公路管理局地面施工损害赔偿纠纷案》(刘萌),载《人民法院案例选》(201004:127)。⑩江苏南京中院(1999)宁民终字第1179号"朱某诉某公路管理处等人身损害赔偿案",见《朱启云诉南京市公路管理处等案》(张雁),载《中国审判案例要览》(2001民事:367)。

# 6. 行人违章与责任比例
—— 行人有违章,责任如何分?

## 【行人违章】

### 【案情简介及争议焦点】

2009年10月,许某驾驶未投保交强险的机动车遇正跨道路隔离护栏的王某,后王某倒地受伤致8级伤残。王某称被许某的车撞伤,许某称系停车救人。司法痕迹鉴定意见为:"小客车未发现接触痕迹,因此,不具备比对检验条件,不能确定小客车与人体接触部位",并进一步说明:"不能确定小客车与行人身体有接触,也不能排除小客车与行人没有接触。"二审期间司法鉴定意见:"小客车在事发路段的位置符合该车在紧急情况下向左避让并制动形成的状态,可以排除该车平缓制动停车的可能性;小客车发动机舱盖的泥灰擦拭痕迹,其右边缘界限明显,形成时间较短,具有与软性物体(如人体)碰擦形成的特征;行人右膝部的损伤特征符合较大钝性外力作用所致,单纯摔跌难以形成上述骨关节及韧带的广泛损伤;住院病案记载显示左胸部和右膝部损伤单纯摔跌一次外力作用难以形成;行人体表检查得到的右下肢损伤高度与车辆检查测量得到的前保险杠防撞条的高度在车辆制动状态下相吻合。王某右膝部损伤符合较大钝性外力直接作用所致,该损伤单纯摔跌难以形成,遭受车辆撞击可能形成。"

争议焦点:1.事故责任如何认定? 2.赔偿责任如何认定?

### 【裁判要点】

1. 案件事实确定。诉讼期间,许某一直主张其看到王某跨越护栏时摔倒受伤,从未辩称事发当时还有任何第三方致伤可能;同时,从王某尚能从容跨越护栏的行为分析,可排除王某在跨越护栏前已被撞受伤的可能。故鉴定结论与事故现场图、照片、勘验笔录、当事人述称等证据可形成完整的证据链,足以认定王某腿伤系许某驾车行为所导致,许某的驾车行为与王某的损害之间存在因果关系。

**2. 事故责任认定。**机动车属于高速运输工具,机动车驾驶人在驾车行驶时应承担高度谨慎的安全注意义务。根据《道路交通安全法》第76条的规定,机动车与行人之间发生交通事故,行人没有过错的,由机动车一方承担全部赔偿责任;有证据证明行人有过错的,根据过错程度适当减轻机动车一方的赔偿责任。本案中,王某横穿马路,跨越中心隔离护栏,且不注意往来的车辆,以致发生交通事故受伤,王某的行为违反了道路交通安全法中"行人不得跨越、倚坐道路隔离设施"的规定,是引发此次交通事故的主要原因。许某驾车发现王某时,未能及时采取有效措施,迅速处理前方出现的紧急情况,故许某对于交通事故发生亦负有一定责任。根据双方过错,确定许某与王某责任比例为4:6。

**3. 赔偿责任分配。**许某驾驶未及时投保交强险的车辆上路行驶,应依法在交强险责任限额内赔偿王某损失10.7万余元,其余损失3700余元,由许某按其事故责任比例承担40%即1400余元的赔偿责任。故判决许某赔偿王某10.8万余元。

**【裁判依据或参考】**

**1. 法律规定。**《道路交通安全法》(2004年5月1日实施,2011年4月22日修正)第36条:"根据道路条件和通行需要,道路划分为机动车道、非机动车道和人行道的,机动车、非机动车、行人实行分道通行。没有划分机动车道、非机动车道和人行道的,机动车在道路中间通行,非机动车和行人在道路两侧通行。"第38条:"车辆、行人应当按照交通信号通行;遇有交通警察现场指挥时,应当按照交通警察的指挥通行;在没有交通信号的道路上,应当在确保安全、畅通的原则下通行。"第47条:"机动车行经人行横道时,应当减速行驶;遇行人正在通过人行横道,应当停车让行。机动车行经没有交通信号的道路时,遇行人横过道路,应当避让。"第61条:"行人应当在人行道内行走,没有人行道的靠路边行走。"第62条:"行人通过路口或者横过道路,应当走人行横道或者过街设施;通过有交通信号灯的人行横道,应当按照交通信号灯指示通行;通过没有交通信号灯、人行横道的路口,或者在没有过街设施的路段横过道路,应当在确认安全后通过。"第63条:"行人不得跨越、倚坐道路隔离设施,不得扒车、强行拦车或者实施妨碍道路交通安全的其他行为。"第76条:"机动车发生交通事故造成人身伤亡、财产损失的,由保险公司在机动车第三者责任强制保险责任限额范围内予以赔偿;不足的部分,按照下列规定承担赔偿责任:(一)机动车之间发生交通事故的,由有过错的一方承担赔偿责任;双方都有过错的,按照各自过错的比例分担责任。(二)机动车与非机动车驾驶人、行人之间发生交通事故,非机动车驾驶人、行人没有过错的,由机动车一方承担赔偿责任;有证据证明非机动车驾驶人、行人有过错的,根据过错程度适当减轻机动车一方的赔偿责任;机动车一方没有过错的,承担不超过百分之十的赔偿责任。交通事故的损失是由非机动车驾驶人、行人故意碰撞机动车造成的,机动车一方不承担赔偿责任。"

2. 行政法规。国务院《道路交通安全法实施条例》(2004年5月1日,2017年10月7日修订)第75条:"行人横过机动车道,应当从行人过街设施通过;没有行人过街设施的,应当从人行横道通过;没有人行横道的,应当观察来往车辆的情况,确认安全后直行通过,不得在车辆临近时突然加速横穿或者中途倒退、折返。"

3. 司法解释。最高人民法院《关于审理道路交通事故损害赔偿案件适用法律若干问题的解释》(2012年12月21日,2020年修改,2021年1月1日实施)第24条:"公安机关交通管理部门制作的交通事故认定书,人民法院应依法审查并确认其相应的证明力,但有相反证据推翻的除外。"

4. 部门规范性文件。国务院法制办《对〈关于对"中华人民共和国道路交通安全法"及其实施条例有关法律条文的理解适用问题的函〉的答复》(2005年12月5日 国法秘函〔2005〕436号)第2条:"关于对《道路交通安全法》第四十七条第二款的理解问题。《道路交通安全法》第四十七条第一款是关于机动车行经人行横道时应当遵守的规定,第二款是针对第一款以外的道路所作的规定,这里的'没有交通信号',既包括了没有《道路交通安全法》第二十五条规定的任何交通信号,也包括虽有某些交通信号但未能明确指示在道路上行驶的机动车和横过道路的行人路权的情形。在上述两种情形下,机动车遇行人横过道路,都应当避让,以保障安全。"公安部《道路交通事故处理程序规定》(2018年5月1日)第60条:"公安机关交通管理部门应当根据当事人的行为对发生道路交通事故所起的作用以及过错的严重程度,确定当事人的责任。(一)因一方当事人的过错导致道路交通事故的,承担全部责任;(二)因两方或者两方以上当事人的过错发生道路交通事故的,根据其行为对事故发生的作用以及过错的严重程度,分别承担主要责任、同等责任和次要责任;(三)各方均无导致道路交通事故的过错,属于交通意外事故的,各方均无责任。一方当事人故意造成道路交通事故的,他方无责任。"公安部交管局《关于交通护栏等设施法律效力的答复》(1995年12月27日 公交管〔1995〕231号,2004年8月19日废止):"……行人横过车行道,需走人行横道;凡设置交通护栏、隔离墩、绿篱等设施的道路,除留有人行横道外,禁止行人穿(跨)越。公共电、汽车站台设置在机动车与非机动车隔离设施中的,不论有无中心隔离设施,只允许乘车人通过非机动车道进、出站台,禁止横穿机动车道。"公安部交管局《关于车行道边缘线有关问题的答复》(1992年12月10日 公交管〔1992〕187号):"……车道中心线

(包括隔离带、隔离设施等)两侧所划的车行道边缘线,是为了保证车辆高速行驶的安全和保护道路设施,两条边缘线之间的区域,禁止行人和车辆通行。违者按交通违章论处;造成交通事故的,应当根据当事人的违章行为与交通事故之间的因果关系,以及违章行为在交通事故中的作用,认定当事人的交通事故责任。"公安部交管局《关于黄灯闪烁时路口通行问题的答复》(1990年6月4日 〔90〕公交管第73号,2004年8月19日废止):"……黄灯闪烁通常是夜间单独设立在路口,用以提醒各方向的车辆驾驶人员和行人注意交叉路口的信号,它不具有控制交通先行和让行的作用。因此,设有黄灯闪烁信号的路口,不同于红绿灯变换控制的路口,应视为没有交通信号控制的交叉路口。车辆、行人通过设有黄灯闪烁信号的路口,既要遵守《道路交通管理条例》第十条第(五)项的规定,即'须在确保安全的原则下通行',也要执行《条例》第四十三条关于'车辆通过没有交通信号或交通标志控制的交叉路口'的规定。"

5. **地方司法性文件**。江西宜春中院《关于印发〈审理机动车交通事故责任纠纷案件的指导意见〉的通知》(2020年9月1日 宜中法〔2020〕34号)第26条:"因道路管理维护缺陷导致机动车发生交通事故造成损害的,应由道路管理者承担相应的赔偿责任。道路管理者能够证明自己已按照法律、法规、规章等规定尽到了安全防护、警示等管理维护义务的除外。在道路上堆放、倾倒、遗撒物品等妨碍通行的行为引发交通事故造成损害的,由堆放、倾倒、遗撒物品的行为人承担赔偿责任。道路管理者不能证明自己已按照法律、法规、规章等规定尽到管理、防护、警示等义务的,承担相应的赔偿责任。未按照法律、法规、规章或者国家标准、行业标准、地方标准的强制性规定设计、施工,致使道路存在缺陷并造成交通事故致人损害的,由建设单位与施工单位承担相应的赔偿责任。不允许进入高速公路的行人、非机动车及其他车辆违法进入高速公路发生交通事故造成损害,赔偿权利人请求高速公路管理者承担相应赔偿责任的,人民法院应予支持。但高速公路管理者已按规定采取了安全措施并尽到警示义务的,可以免除赔偿责任。"山东德州中院《机动车交通事故责任纠纷案件审判疑难问题解答》(2020年4月)第7条:"问题七:机动车与非机动车、行人之间发生交通事故,机动车一方损失是否由非机动车、行人承担?解答:根据《中华人民共和国侵权责任法》第48条和《中华人民共和国道路交通安全法》第76条第2款第2项之规定,机动车与行人、非机动车之间发生交通事故,非机动车驾驶人、行人没有过错的,根据过错程度适当减轻机动车一方的赔偿责任。但机动车一方损失是否由行人、非机动车承担,法律规定尚不明确。对于上述情形,机动车一方要求赔偿损失的,原则上不予支持。"湖北鄂州中院《关于审理机动车交通事故责任纠纷案件的指导意见》(2018年7月6日)第13条:"机动车与非机动车驾驶人、行人之间发生交通事故的损失超出交通事故强制保险责任限额的部分,机动车一方按照下列比例承担赔偿责任:(一)机动车一方在事故中负全部责任的,承担100%的赔偿责任;(二)机动车一方在事故中负主要责任的,承担70%~80%的赔偿责任;(三)机动车一方在事故中负同等责任的,承担60%的赔偿责任;(四)机动车一方在事故中负次要责任的,承担30%~40%的赔偿责任;(五)机动车一方在事故中无责任的,承担10%的赔偿责任。"山东济南中院《关于保险合同纠纷案件94个法律适用疑难问题解析》(2018年7月)第47条:"交强险、三者险项下按照事故责任比例赔偿保险金的效力认定。交强险、三者险的基本内涵就是就被保险人对第三人应承担的赔偿责任承担保险赔偿责任。事故责任是认定侵权意义上侵权赔偿责任的重要依据,但事故责任与赔偿责任以及保险金赔偿责任三者之间既相互联系又有区别。交强险、三者险项下机动车承担的赔偿责任即保险公司应承担的保险金大于其事故责任比例的主要包括两种情形:一是机动车与非机动车驾驶人、行人之间发生事故,机动车方承担的赔偿责任往往要大于其事故责任比例;二是交强险项下无事故责任被保险人承担赔偿责任的情况下,保险公司不能以被保险人无事故责任而拒赔。《机动车交通事故责任强制保险条款》第八条第一款第(四)项规定:'被保险人无责任时,无责任死亡伤残赔偿限额为11000;无责任医疗费用赔偿限额为1000元;无责任财产损失赔偿限额为100元。'"山东济南中院《关于保险合同纠纷案件94个法律适用疑难问题解析》(2018年7月)第5条:"交强险项下机动车无责赔付的问题。道交法第七十六条第一款第(二)项规定:'机动车与非机动车驾驶人、行人之间发生交通事故,非机动车驾驶人、行人没有过错的,由机动车一方承担赔偿责任;有证据证明非机动车驾驶人、行人有过错的,根据过错程度适当减轻机动车一方的赔偿责任;机动车一方没有过错的,承担不超过百分之十的赔偿责任。'交强险项下机动车一方没有过错的,承担不超过百分之十的赔偿责任。应在分项赔偿的前提下进行赔偿。无责机动车在交强险无责赔偿限额外不应再承担损害赔偿责任。"山东日照中院《机动车交通事故责任纠纷赔偿标准参考意见》(2018年5月22日)第12条:"机动车与非机动车、行人相撞时的处理原则。机动车与非机动车、行人相撞,可以将人身损害与财产损失一并计算,通过减轻机动一方的责任实现对行人、非机动车、行人一方的过错评价,原则上不应支持机动车一方请求非机动车、行人一方赔偿的诉讼主张。非机动、行人赔偿机动车一方的财产损失数额原则上不能超过其因人身损害所获得的赔偿数额,且人身损害赔偿具有优先性,原则上不能相互抵销。在机动车一方人员受到损害的情况下,非机动一方应根据其过错大小、机动车驾驶人的高度注意义务、机动车一方的明显优势予以赔偿。"安徽淮北中院《关于审理道路交通事故损害赔偿案件若干问题的会议纪要》(2018年)第2条:"损害赔偿责任比例……(一)机动车与行人(非机动车)之间发生交通事故,机动车方按照下列规定承担赔偿责任:1.全部责任承担100%;2.主要责任承担80%;3.同等责任承担60%;4.次要责任承担40%;5.无责任承担10%以下……"北京三中院《类型化案件审判指引:机动车交通事故责任纠纷类审判指引》(2017年3月28日)第2－1.2部分"机动车交通事故责任纠纷的构成要件—常见问题解答"第2条:"机动车与非机动车驾驶人、行人发生交通事故,如何确定赔偿责任?(1)如非机动车驾驶人、行人没有过错,机动车推定过错(即机动车一方无法证明己方无过错)的,保险公司在有责赔偿限额内进行赔付,交强险限额之外由机动车一方承担全部赔偿责任。(2)如非机动车驾驶人、行人有过错(排除'故意碰撞机动车'的情形),机动车推定过错(即机动车一方无法证明己方无过错)的,保险公司在有责赔偿限额内进行赔付,交强险限额之外根据过错程度适当减轻机动车一方的赔偿责任(减轻后的最低限度必须大于10%)。(3)如非机动车驾驶人、行人没有过错,机动车一方证明无过错的,即'意外事件',保险公司在有责赔偿限额内进行赔付,交强险限额之外,机动车一方按照公平原则分担50%的损失。(4)如非机动车驾驶人、行人有过错(排除'故意碰撞机动车'的情形),机动车一方证明无过错的,保险公司在无责赔偿限额内进行赔付,交强险限额之外在10%以内根据受害人的过错减轻机动车一方的损害赔偿责任,受害人过错越大,减轻程度越高。(5)如非机动车驾驶人、行人'故意碰撞机动车'的,机动车一方不承担赔偿责任。"天津高院《关于印发〈机动车交通事故责任纠纷案件审理指南〉的通知》(2017年1月20日 津高法〔2017〕14号)第4条:"……两方之间发生的交通事故……②机动车与非机动车、行人间的事故,机动车一方的责任比例一般按照全部责任100%、主要责任80%、同等责任60%、次要责任40%确定。上述主要责任、次要责任的具体比例可根据事故双方过错程度、损害后果、道路环境、天气条件等案件事实情况予以调整。"河北石家庄中院《关于规范机动车交通事故责任纠纷案件审理工作座谈会会议纪要》(2016年1月11日 石中法〔2016〕4号)第3条:"2011年4月22日《道路交通安全法》修改后,是否还要在交警部门认定交通事故责任的基础上,减轻非机动车一方的责任,加重机动车一方责任。2011年4月22日之后发生的交通事故,要按照《道路交通安全法》第七十六条的规定处理,如果公安交管部门对事故责任作出了认定并且能够被采信,不需要在此基础上再加重机动车一方的责任,减轻非机动车、行人的责任。"安徽淮南中院《关于审理机动车交通事故责任纠纷案件若干问题的指导意见》(2014年4月24日)第10条:"机动车之间、非机动车之间或非机动车与行人之间发生交通事故的,按照下列规定确定责任比例:(一)负全部责任的一方承担100%的责任;(二)负主要责任的一方承担70%的责任;(三)负次要责任的一方承担30%的责任;(四)无责方不承担责任或在交强险(有购买交强险法定义务的情况下)限额内承担10%的无责赔付责任。"浙江嘉兴中院民一庭《关于机动车交通事故责任纠纷若干问题意见》(2011年12月7日)第1条:"关于机动车交通事故责任强制保险的几个问题……机动车与非机动车或行人发生的交通事故,不论机动车一方是否负事故责任,承保机动车辆交强险的保险公司均应在交强险责任赔偿限额122000元内承担赔偿责任……"江苏南通中院《关于处理交通事故损害赔偿案件中有关问题的座谈纪要》(2011年6月1日 通中法〔2011〕85号)第22条:"机动车一方与非机动车驾驶人、行人对交通事故的发生均有责任,互相抵销赔偿数额的,机动车一方要求非机动车驾驶人、行人赔偿其损失的,应视非机动车驾驶人、行人的过错程度等具体情况,减轻、免除其赔偿责任。"安徽宣城中院《关于审理道路交通事故赔偿案件若干问题的意见(试行)》(2011年4月)第36条:"机动车与非机动车驾驶人、行人之间发生交通事故的,由保险公司在交强险责任限额内予以赔偿,不足部分可以按照下列意见分担:(一)在高速公路、高架道路以及其他封闭道路上发生交通事故的,无责承担5%;在其他道路上发生交通事故的,无责承担10%;(二)机动车一方负次要责任的,承担40%左右的赔偿责任;(三)机动车一方负主要责任的,承担80%左右的赔偿责任;(四)机动车一方负全部责任的,承担100%的赔偿责任;(五)机动车一方负同等责任,承担60%左右的赔偿责任;(六)事故责任无法认定的,可根据具体条件,机动车一方承担50%以上的赔偿责任。"山东淄博中院民三庭《关于审理道路交通事故损害赔偿案件若干问题的指导意见》(2011年1月1日)第27条:"机动车与非机动车、行人之间发生交通事故的,由机动车方承担赔偿责任;但是,有证据证明非机动车驾驶人、行人违反道路交通安全法律、法规,机动车驾驶人已经采取必要处置措施的,应当按照下列比例减轻机动车方的赔偿责任:1.非机动车、行人负事故全部责任的,减轻90%赔偿责任;2.非机动车、行人负事故主要责任的,减轻60%至70%赔偿责任;3.非机动车、行人负事故同等责任的,减轻30%至40%赔偿责任;4.非机动车、行人负事故次要责任的,减轻10%至20%赔偿责任。"河南郑州中院《审理交通事故损害赔偿案件指导意见》(2010年8月20日 郑中法〔2010〕120号)第9条:"机动车与非机动车驾驶人、行人之间发生交通事故的,由保险公司在交强险责任限额内予以赔偿,不足部分可按下列意见分担:(一)机动车一方没有过错、无责任的,承担不超过10%的赔偿责任;(二)机动车一方负次要责任的,承担40%左右的赔偿责任;(三)机动车一方负主要责任的,承担80%左右的赔偿责任;(四)机动车一方负全部责任的,承担100%的赔偿责任;(五)机动车一方负同等责任的,承担60%左右的赔偿责任;(六)事故责任无法认定的,可根据具体案情,机动车一方承担50%以上的赔偿责任。"福建高院民二庭《关于审理保险合同纠纷案件的规范指引》(2010年7月12日 〔2010〕闽民二3号)第24条:"(交通事故民事责任认定)公安机关交通管理部门对机动车之间发生交通事故的责任认定结果,经审查,人民法院可以直接作为确定当事人民事责任的依据。但当事人有充分证据证明公安机关交通管理部门对事故的责任认定结果存在错误的,人民法院可以根据重新查明的事实作为确定当事人民事责任的依据。公安机关交通管理部门对机动车与非机动车、行人之间发生交通事故的责任认定结果,人民法院不能直接作为确定当事人民事责任的依据。"北京高院民一庭《关于道路交通损害赔偿案件的疑难问题》(2010 年 4 月 9 日)第 2 条:"……关于机动车一方在事故中无责任时的赔偿处理原则问题。与会人员一致认为:在机动车一方无责的情况下,在由保险公司对于受害人一方的损失承担赔偿责任后,超过限额的部分,视案件是机动车之间发生的交通事故还是机动车与非机动车、行人之间发生的交通事故而定。若为机动车之间发生的交通事故,应适用过错责任原则,无责的机动车一方不再承担赔偿责任。若为机动车与非机动车、行人之间发生的交通事故,则机动车一方当事人仍应视事故情况,承担非机动车、行人损失 5% -20% 的赔偿责任。"江西南昌中院《关于审理道路交通事故人身损害赔偿纠纷案件的处理意见(试行)》(2010 年 2 月 1 日)第 25 条:"优者危险负担原则。在交通事故中,在证据分析和事实认定、责任比例的划定等方面应当以车辆冲撞在物理上危险性的大小及危险回避能力的优劣,来分配危险责任。机动车比非机动车为优,非机动车比行人为优,机动车之间,速度、硬度、重量和体积超过对方者为优。"第 28 条:"机动车发生交通事故造成人身伤亡、财产损失的,由保险公司在机动车第三者责任强制保险责任限额范围内予以赔偿。超出责任限额的部分,按照下列方式承担赔偿责任:……(2)机动车与非机动车驾驶人、行人之间发生交通事故造成人身伤亡、财产损失的,由机动车所投保的保险公司在机动车交通事故责任强制保险责任限额范围内予以赔偿;机动车未参加机动车交通事故责任强制保险的,由机动车一方在相当于相应的强制保险责任限额范围内予以赔偿。非机动车驾驶人、行人没有过错的,由机动车一方承担赔偿责任。但有证据证明非机动车驾驶人、行人有过错的,按照下列规定适当减轻机动车一方的赔偿责任:①非机动车驾驶人、行人一方负次要责任的,机动车一方承担 70% ~80% 的赔偿责任;②非机动车驾驶人、行人一方负同等责任的,机动车一方承担 60% 的赔偿责任;③非机动车驾驶人、行人一方负主要责任的,机动车一方承担 30% ~40% 的赔偿责任;④非机动车驾驶人、行人一方负全部责任的,在禁止非机动车和行人通行的高速公路、城市快速路上发生交通事故,机动车一方承担不超过 5% 的赔偿责任;在其他道路上发生交通事故,机动车一方承担不超过 10% 的赔偿责任。"湖南长沙中院《关于道路交通事故人身损害赔偿纠纷案件的审理意见》(2010 年)第三部分第 1 条:"……责任划分。首先确定保险公司在交强险责任限额范围内的赔偿责任金额之后,不足的部分再按如下方式划分责任……(2)机动车与非机动车驾驶人、行人之间发生交通事故,机动车一方负全部责任的,承担 100%;机动车一方负主要责任的,承担80%;机动车一方负同等责任的,承担60%;机动车一方负次要责任的,承担40%;机动车一方无责任的,承担10%;道路交通事故发生在高速公路上的,机动车一方承担5%—10%,但赔偿金额最高不超过1万元……"广东广州中院《民事审判若干问题的解答》(2010年)第6条:"【机动车与非机动车驾驶人、行人发生交通事故时责任比例的确定】机动车与非机动车驾驶人、行人发生交通事故,依据《道交法》第七十六条的规定需要减轻机动车方赔偿责任的,应当遵循何种原则?答:根据《道交法》第七十六条、《广东省道路交通安全条例》第四十八条的规定,一般按照下列原则处理:(一)机动车一方负主要责任的,承担80%的赔偿责任;(二)机动车一方负同等责任的,承担60%的赔偿责任;(三)机动车一方负次要责任的,承担40%的赔偿责任;(四)机动车一方无责任的,承担10%的赔偿责任;(五)非机动车驾驶人、行人在禁止非机动车和行人通行的城市快速路、高速公路发生交通事故,机动车一方无责任的,承担5%的赔偿责任;(六)交通事故是由非机动车驾驶人、行人故意造成的,机动车一方不承担赔偿责任。"江苏南京中院民一庭《关于审理交通事故损害赔偿案件有关问题的指导意见》(2009年11月)第34条:"对于超过机动车第三者责任保险限额的赔偿部分,由交通事故当事人根据《道路交通安全法》第七十六条第一款、《省道路交通安全条例》第五十二条的规定,按照下列方式承担赔偿责任……(二)对于机动车与非机动车、行人之间发生交通事故的,由机动车方承担赔偿责任;但是,有证据证明非机动车驾驶人、行人违反道路交通安全法律、法规,机动车驾驶人已经采取必要处置措施的,应当按照下列比例减轻机动车方的赔偿责任:(1)非机动车、行人负事故全部责任的,减轻80%至90%;(2)非机动车、行人负事故主要责任的,减轻60%至70%;(3)非机动车、行人负事故同等责任的,减轻30%至40%;(4)非机动车、行人负事故次要责任的,减轻20%至30%。属于交通意外事故、各方均无责任的或不能认定事故责任的,由机动车方承担全部赔偿责任。"安徽合肥中院民一庭《关于审理道路交通事故损害赔偿案件适用法律若干问题的指导意见》(2009年11月16日)第28条:"公安机关认定的道路交通事故责任与人民法院认定的民事侵权赔偿责任并非同一概念,不可简单等同。机动车与非机动车驾驶人、行人之间发生交通事故的损失超出交通事故责任强制保险责任限额的部分,机动车一方有事故责任的,由机动车一方按照下列规定承担赔偿责任:(一)机动车一方在交通事故中负全部责任的,承担100%的赔偿责任;(二)机动车一方在交通事故中负主要责任的,承担80%的赔偿责任;(三)机动车一方在交通事故中负同等责任的,承担60%的赔偿责任;(四)机动车一方在交通事故中负次要责任的,承担40%的赔偿责任。"江西九江中院《关于印发〈九江市中级人民法院关于审理道路交通事故人身损害赔偿案件若干问题的意见(试行)〉的通知》(2009年10月1日 九中法〔2009〕97号)第1条:"……

机动车与非机动车、行人发生交通事故,由机动车一方承担责任,但有证据证明非机动车驾驶人、行人有过错的,应当按照下列规定适当减轻机动车一方的赔偿责任:(一)非机动车驾驶人、行人负次要责任的,机动车一方承担70%至80%的赔偿责任;(二)非机动车驾驶人、行人负同等责任的,机动车一方承担60%的赔偿责任;(三)非机动车驾驶人、行人负主要责任的,机动车一方承担30%至40%的赔偿责任;(四)非机动车驾驶人、行人负全部责任的,在禁止非机动车和行人通行的高速公路、城市快速路上发生交通事故,机动车一方承担不超过5%的赔偿责任;其他道路上发生交通事故,机动车一方承担不超过10%的赔偿责任。"云南高院《关于审理人身损害赔偿案件若干问题的会议纪要》(2009年8月1日)第2条:"……机动车与行人、非机动车发生交通事故,机动车一方应承担严格责任,但有证据证明非机动车驾驶人、行人违反道路交通安全法律、法规,机动车驾驶人已经采取必要处置措施的,可以相应减轻机动车的赔偿责任。非机动车或行人一方对交通事故承担全部责任的,减轻机动车一方80~90%的责任;非机动车或行人一方对交通事故承担主要责任的,减轻机动车一方60~70%的责任;非机动车或行人一方对交通事故承担同等责任的,减轻机动车一方30~40%的责任;非机动车或行人一方对交通事故承担次要责任的,减轻机动车一方20~30%的责任;行人、非机动车一方对于交通事故的造成具有故意的,机动车一方不承担责任。"广东佛山中院《关于审理道路交通事故损害赔偿案件的指导意见》(2009年4月8日)第41条:"审理交通事故损害赔偿案件,区别以下情形适用归责原则:(一)机动车之间实行过错责任,非机动车之间实行过错责任,非机动车与行人之间实行过错责任;(二)机动车与行人、非机动车之间实行无过错责任。"第42条:"因道路交通事故致人损害,难以认定各方交通事故责任的,按照以下情形处理:(一)机动车之间或者非机动车之间发生道路交通事故的,由各方当事人承担同等赔偿责任;(二)机动车与非机动车驾驶人、行人之间发生道路交通事故的,由机动车方承担全部赔偿责任;(三)非机动车与行人之间发生道路交通事故的,由非机动车方承担主要赔偿责,行人承担次要赔偿责任。"第43条:"机动车致非机动车、行人损害,非机动车驾驶人、行人没有过错的,由机动车一方承担赔偿责任。但有证据证明非机动车驾驶人、行人有过错的,根据过错程度适当减轻机动车一方的赔偿责任。机动车一方按照以下规定承担赔偿责任:(一)机动车一方负主要责任的,承担百分之八十;(二)机动车一方负同等责任的,承担百分之六十;(三)机动车一方负次要责任的,承担百分之四十;(四)机动车一方无责任的,承担百分之十;(五)非机动车驾驶人、行人在禁止非机动车和行人通行的城市快速路、高速公路发生交通事故,机动车一方无责任的,承担百分之五。交通事故的损失是由非机动车驾驶人、行人故意造成的,机动车一方不承担责任。非机动车驾驶人、行人与处于静止状态的机动车发生交通事故,机动车一方无交通事故责任的,不承担赔偿责任。"辽宁大连中院《**当前民事审判(一庭)中一些具体问题的理解与认识**》(2008年12月5日 大中法〔2008〕17号)第26条:"怎样确立交通肇事处理的基本原则及赔偿比例?(1)优者危险负担原则。优者危险负担,其含义是在交通事故中,以车辆冲撞在物理上危险性的大小及危险回避能力的优劣来分配危险责任,机动车比非机动车为优,非机动车比行人为优,机动车之间速度硬度重量和体积超过对方者为优。采取这一原则,将赔偿责任更多地让优者来负担,以最大限度地实现公平。具体标准:10%～20%的比例上下浮动。(2)优先保护人身权的原则。在审理机动车致非机动车乙方人员伤亡的案件时,应当贯彻以人为本,尊重人的生命价值的原则。在一起事故中,有多个受害人,且侵权人履行赔偿义务的能力不足的情况下,在损失认定,责任承担,优先受偿的问题上,要选择人身权优于财产权受到保护的处理方案。(3)适度平衡受害人和赔偿义务人利益的原则也应重视双方利益的大致衡平。特别是在伤残等级较高所形成的一次性支付的护理费等大额损失的认定时,要综合双方过错、受害人康复的可能、赔偿义务人持续赔偿能力、双方经济状况对比等情况作出相对科学的符合情理的判决。"第27条:"……(4)过失相抵原则在道路交通事故责任适用。A. 机动车一方没有过错,交通事故完全是因为非机动车驾驶员、行人的责任造成的,目前对其掌握的比例为不超过10%。B. 非机动车、行人对交通事故负有主要责任,而机动车一方负次要责任,机动车一方承担的责任以事故损失的40%左右为宜。C. 机动车对事故负主要责任,而非机动车、行人负次要责任,机动车一方承担的责任以事故损失的80%左右为宜。D. 机动车与非机动车、行人负同等责任,机动车承担损失的60%左右责任比例为宜。"杭州中院《**关于道路交通事故损害赔偿纠纷案件相关问题的处理意见**》(2008年6月19日)第3条:"……(五)受害人存在过错情形下的交强险赔付问题。受害人存在过错的,应当在交强险份额内赔付后,再对交强险不足赔偿部分依据双方过错大小进行责任分配。交强险以保障受害人获得及时救助为宗旨,采用的是无过错赔偿原则,不论被保险人是否有过错,均由保险公司在《交强险条例》规定的范围内对受害人进行赔付;不足部分,再按照侵权过错责任原则进行责任分配。"江苏宜兴法院《**关于审理交通事故损害赔偿案件若干问题的意见**》(2008年1月28日 宜法〔2008〕第7号)第15条:"机动车一方与非机动车驾驶人、行人对交通事故的发生均有责任的,互相抵销赔偿数额后,机动车一方再要求非机动车驾驶人、行人赔偿损失的,不予支持。"陕西高院《**关于审理道路交通事故损害赔偿案件若干问题的指导意见(试行)**》(2008年1月1日 陕高法〔2008〕258号)第16条:"机动车与非机动车、行人发生交通事故,依据《道路交通安全法》第七十六条的规定,需要减轻机动车方赔偿责任的,可以按照下列规定由机动车方承担赔偿责任:(一)主要责任承担90%;(二)同等责任承担60%;

(三)次要责任承担40%;(四)在高速公路、全封闭汽车专用公路等封闭道路上发生交通事故的,无责任承担5%,但赔偿金额最高不超过50000元;在其他道路上发生交通事故的,无责任承担10%,赔偿金额最高不超过1万元。"湖北十堰中院《关于审理机动车损害赔偿案件适用法律若干问题的意见(试行)》(2007年11月20日)第2条:"机动车与非机动车驾驶人、行人之间发生交通事故而产生的损害赔偿责任适用过错推定原则。即机动车与非机动车驾驶人、行人之间发生交通事故,造成人身、财产损失的,由保险公司在机动车第三者责任强制保险责任限额内予以赔偿。超过责任限额的部分,由机动车一方承担赔偿责任,但是,有证据证明非机动车驾驶人、行人有过错的,按照下列比例减轻机动车一方的赔偿责任:(1)非机动车驾驶人、行人一方负事故全部责任的,机动车一方承担不超过10%的赔偿责任;(2)非机动车驾驶人、行人一方负事故主要责任的,机动车一方承担40%的赔偿责任;(3)非机动车驾驶人、行人负事故同等责任的,机动车一方承担60%的赔偿责任;(4)非机动车驾驶人、行人一方负事故次要责任的,机动车一方承担80%的赔偿责任。"湖北武汉中院《关于审理交通事故损害赔偿案件的若干指导意见》(2007年5月1日)第8条:"审理交通事故损害赔偿案件,区别以下情形适用归责原则:机动车之间实行过错责任,非机动车之间实行过错责任,非机动车与行人之间实行过错责任,机动车对行人、非机动车实行无过错责任。机动车与行人、非机动车发生交通事故,行人、非机动车驾驶人有过错的,实行过失相抵,可以相应减轻机动车的赔偿责任。"第2条:"机动车发生交通事故造成人身伤亡、财产损失的,由保险公司在机动车第三者责任强制保险责任限额范围内予以赔偿。未参加机动车第三者责任强制保险的,由机动车方按照该车应当投保的最低保险责任限额予以赔偿。对超过责任赔偿限额的部分,机动车与机动车之间发生交通事故的,按照各自过错的比例分担损害赔偿责任;机动车与非机动车、行人发生交通事故,由机动车一方承担责任,但有证据证明非机动车驾驶人、行人违反道路交通安全法律、法规,机动车驾驶人已经采取必要处置措施的,应当按照以下规定减轻机动车一方的赔偿责任:(一)非机动车、行人负事故全部责任的,减轻百分之八十至百分之九十;(二)非机动车、行人负事故主要责任的,减轻百分之六十至百分之七十;(三)非机动车、行人负事故同等责任的,减轻百分之三十至百分之四十;(四)非机动车、行人负事故次要责任的,减轻百分之二十至百分之三十。"上海高院民一庭《关于机动车交通事故责任强制保险若干问题的解答》(2006年12月21日 沪高法〔2006〕18号)第3条:"交通事故涉及多方当事人的,强制责任保险金的分配。一辆机动车与非机动车或行人发生一起交通事故,导致多方非机动车或行人受到损害的,只能就一份强制责任保险平均分配。如果一方据此获得的强制责任保险赔偿数额超出其实际损失的,该超出部分由未能得到足额赔偿的其余各方继续分配。两辆或两辆以上机动车与一方机动车或行人发生一起交通事故,不论机动车有否责任及责任大小,机动车各方对非机动车方或行人的损失,均应当在强制责任保险限额范围内平均分担。强制责任金可在参加诉讼的当事人中赔付,未参加诉讼的当事人可在剩余金额中赔付。"辽宁沈阳中院民一庭《关于审理涉及机动车第三者责任险若干问题的指导意见》(2006年11月20日)第3条:"关于归责原则问题。第三者商业险与强制险的区别在于,前者主要是双方当事人合意,权利义务依合同条款约定;后者的权利义务源于道交法和交强险条例的强制性规定,实行保险公司法定、保险条款法定、赔偿责任限额法定、基础费率法定、免赔事由法定等。因此,审理商业险纠纷案件,应按照保险合同的约定确定保险公司的赔偿义务,当事人之间对保险合同格式条款理解发生争议的,依合同法第四十一条处理。审理强制险纠纷案,除交强险条例第二十二条规定的三种情形,即:驾驶人未取得驾驶资格或者醉酒的、被保险机动车被盗抢期间肇事的、被保险人故意制造道路交通事故的,保险公司在强制保险限额范围内垫付抢救费用,并有权向加害人追偿外,其余均应按道交法第七十六条第一款之规定在责任限额范围内予以赔偿。超出限额部分,按道交法第七十六条机动车之间发生交通事故的,实行过错责任原则;机动车与非机动车驾驶人、行人之间发生交通事故的,实行无过错责任原则,即:首先推定机动车一方承担全部责任,只有在有证据证明非机动车驾驶人、行人违反道路交通安全法律、法规,且机动车驾驶人已经采取必要处置措施的,才可以减轻机动车一方的责任。"第4条:"关于超出强制保险限额部分的责任承担问题。超出强制险限额部分责任分担的确定,应将公安交警部门所做的道路交通事故责任认定,作为当事人承担民事责任的重要证据材料,但鉴于公安交警部门所作的事故责任认定是其依据行政法律法规以及相关技术规范对事故成因、自然科学范畴内因果关系以及行政责任的认定,不应简单地将事故责任认定与民事侵权责任等同起来直接套用,而应依据民法通则第一百二十三条和道交法相关规定确定当事人应承担的民事赔偿责任。一般情况下应参照以下比例原则处理:(一)机动车之间发生交通事故的,由过错的一方承担责任;双方都有过错的,按照各自过错的比例分担责任。(二)机动车与非机动车驾驶人、行人之间发生交通事故,经交通事故责任认定,机动车一方负全部责任的,承担100%赔偿责任;负主要责任的,也应承担全部赔偿责任。(三)有证据证明非机动车驾驶人、行人违反道路交通安全法律、法规,机动车驾驶人已经采取必要处置措施,交通事故责任认定行人承担主要责任的,机动车一方最多减轻40%的赔偿责任,应据情承担60%以上的赔偿责任;认定双方负同等责任的,机动车方一般应承担80%的赔偿责任。(四)机动车一方无责任的,如正在高速公路上按规则行驶的车辆,突然从上方坠落行人或物品,致使车辆躲闪不及,发生交通事故造成损害,或责任完全在行人或非机动车一方,又非故意而为的,机动车一方应承担

20%责任。(五)道路交通事故是由受害人故意造成的,机动车一方和保险公司均不赔偿。(六)审理涉及商业保险的责任分担比例,参照强制保险限额责任分担的原则处理,当事人另有约定的除外。"江西赣州中院《关于审理道路交通事故人身损害赔偿案件的指导性意见》(2006年6月9日)第22条:"机动车致非机动车、行人损害的,由机动车方承担责任。但有证据证明非机动车驾驶人、行人违反道路交通安全法律、法规,机动车驾驶人已经采取必要处置措施的,减轻机动车方的责任。在前款情形下,损失超过强制责任保险限额部分,按照下列比例减轻机动车方的赔偿责任:(1)非机动车、行人负事故全部责任的,减轻80%至90%;(2)非机动车、行人负事故主要责任的,减轻60%至70%;(3)非机动车、行人负事故同等责任的,减轻30%至40%;(4)非机动车、行人负事故次要责任的,减轻20%至30%。"贵州高院、省公安厅《关于处理道路交通事故案件若干问题的指导意见(一)》(2006年5月1日)第29条:"机动车与非机动车驾驶人、行人发生交通事故,依据《道路交通安全法》第七十六条第一款第(二)项的规定,损失超出强制保险责任限额的部分,由机动车一方按照下列规定承担赔偿责任:(1)机动车一方在交通事故中负全部责任的,承担100%的赔偿责任;(2)机动车一方在交通事故中负主要责任的,承担不低于80%的赔偿责任;(3)机动车一方在交通事故中负同等责任的,承担不低于60%的赔偿责任;(4)机动车一方在交通事故中负次要责任的,承担不低于40%的赔偿责任;(5)机动车一方无事故责任的,有证据证明非机动车驾驶人、行人违反道路交通安全法律、法规,机动车驾驶人已经采取必要处置措施的,承担不低于20%的赔偿责任。但非机动车驾驶人、行人在高等级公路、高速公路等禁止非机动车和行人通行的全封闭路段内发生交通事故,并承担事故全部责任的,机动车一方承担不低于10%的赔偿责任。"山东高院《关于印发〈全省民事审判工作座谈会纪要〉的通知》(2005年11月23日 鲁高法〔2005〕201号)第3条:"……(八)关于机动车与非机动车驾驶人、行人之间发生交通事故的责任承担问题。在机动车驾驶人有证据证明非机动车驾驶人、行人违反道路交通安全法律、法规,且机动车驾驶人已经采取必要处置措施的情形下,应减轻机动车一方的责任。非机动车一方、行人对交通事故承担全部责任的,减轻机动车一方70%~80%的赔偿责任;非机动车一方、行人对交通事故承担主要责任的,减轻机动车一方50%~60%的赔偿责任;非机动车一方、行人与机动车一方对交通事故负有同等责任的,减轻机动车一方30%~40%的赔偿责任;非机动车一方、行人对交通事故负有次要责任的,减轻机动车一方10%~20%的赔偿责任。"浙江杭州中院《关于审理道路交通事故损害赔偿纠纷案件问题解答》(2005年5月)第4条:"……机动车与行人或非机动车发生交通事故以无过错责任为归责原则确定机动车方的民事赔偿责任,在适用减轻责任时,如何把握减轻的比例?在确立无过错责任为归责原则的前提下,考虑过失相抵原则、优者危险负担原则,合理界定损害赔偿民事责任。根据《道路交通安全法》第76条、《民法通则》第131条、《人身损害赔偿解释》第2条的规定,结合杭州地区的实际情况来处理。一般可按照以下原则减轻机动车方的赔偿责任:(1)非机动车驾驶人、行人在事故中负次要责任的,减轻比例不超过20%;(2)非机动车驾驶人、行人在事故中负同等责任的,减轻30%~40%;(3)非机动车驾驶人、行人在事故中负主要责任的(考虑到该主要责任的范围从50%以上到100%以下,幅度较大),减轻40%~60%;(4)非机动车驾驶人、行人在事故中负全部责任的,减轻80%~90%,但是,在高速公路、高架道路以及其他禁止非机动车和行人通行的封闭道路上发生交通事故的,在有证据证明非机动车驾驶人、行人违反道路交通安全法律、法规,机动车驾驶人已经采取必要处置措施的情形下,机动车方承担5%的赔偿责任,但对每一受害人的赔偿金额最高不超过1万元……4. 机动车与非机动车、行人相碰撞后,根据《道路交通安全法》第76条的规定可以减轻机动车方赔偿责任的情形下,机动车方因该事故所致的损失是否可以向非机动车、行人方要求赔偿?可以作为反诉要求非机动车方或者行人方根据双方对损害发生的过错程度承担赔偿责任。"上海高院《关于贯彻实施〈上海市机动车道路交通事故赔偿责任若干规定〉的意见》(2005年4月1日 沪高法民一〔2005〕4号)第6条:"机动车与非机动车驾驶人、行人之间发生交通事故的损失超出强制保险责任限额的部分,机动车一方有事故责任的,由机动车一方按照下列规定承担赔偿责任:(一)机动车一方在交通事故中负全部责任的,承担100%的赔偿责任;(二)机动车一方在交通事故中负主要责任的,承担80%的赔偿责任;(三)机动车一方在交通事故中负同等责任的,承担60%的赔偿责任;(四)机动车一方在交通事故中负次要责任的,承担40%的赔偿责任。"第7条:"机动车与非机动车驾驶人、行人发生交通事故的损失超出强制保险责任限额的部分,在有证据证明非机动车驾驶人、行人违反道路交通安全法律、法规,机动车驾驶人已经采取必要处置措施的情形下,按照下列规定减轻机动车一方的赔偿责任:(一)在高速公路、高架道路以及其他封闭道路上发生交通事故的,机动车一方按5%的赔偿责任给予赔偿,但赔偿金额最高不超过1万元;(二)在其他道路上发生交通事故的,机动车一方按10%的赔偿责任给予赔偿,但赔偿金额最高不超过5万元。"江苏高院《关于审理交通事故损害赔偿案件适用法律若干问题的意见(一)》(2005年2月24日 苏高法审委〔2005〕3号 2020年12月31日起被苏高法〔2020〕291号文废止)第11条:"……(二)对于机动车与非机动车、行人之间发生交通事故的,由机动车方承担赔偿责任;但是,有证据证明非机动车驾驶人、行人违反道路交通安全法律、法规,机动车驾驶人已经采取必要处置措施的,应当按照下列比例减轻机动车方的赔偿责任:(1)非机动车、行人负事故全部责任的,减轻80%至90%;(2)非机动车、行人负事故主要责任的,减轻60%

至70%；(3)非机动车、行人负事故同等责任的,减轻30%至40%；(4)非机动车、行人负事故次要责任的,减轻20%至30%。属于交通意外事故、各方均无责任的或不能认定事故责任的,由机动车方承担全部赔偿责任。"广东高院、省公安厅《关于〈道路交通安全法〉施行后处理道路交通事故案件若干问题的意见》(2004年12月17日 粤高法发〔2004〕34号 2021年1月1日起被粤高法〔2020〕132号文废止)第19条:"机动车与非机动车驾驶人、行人发生交通事故,依据《道路交通安全法》第七十六条的规定需要减轻机动车方赔偿责任的,一般按照以下原则减轻责任:(1)非机动车驾驶人、行人在事故中负次要责任的,减轻比例不超过20%；(2)非机动车驾驶人、行人在事故中负同等责任的,减轻比例不超过40%；(3)非机动车驾驶人、行人在事故中负主要责任的,减轻比例不超过60%；(4)非机动车驾驶人、行人在事故中负全部责任的,减轻比例不超过80%。但非机动车驾驶人、行人在禁止非机动车和行人通行的城市快速路、高速公路发生交通事故,承担事故全部责任的,机动车方的减轻比例不超过90%。"湖北高院《民事审判若干问题研讨会纪要》(2004年11月)第3条:"……关于道路交通事故人身损害赔偿案件归责原则的适用问题。机动车与非机动车或行人之间发生道路交通事故,致人人身损害的,机动车一方承担无过错责任。但在判令机动车一方承担无过错责任的同时,并不排除过失相抵原则和优者危险负担原则的适用。"山东高院《关于审理道路交通事故损害赔偿案件的若干意见》(2004年5月1日)第4条:"依照《道路交通安全法》第76条的规定,机动车与非机动车驾驶人、行人发生交通事故的,由机动车一方承担责任；但机动车一方如果有证据能够证明非机动车驾驶人、行人有法律规定的过错的,应减轻机动车一方的民事责任,减轻的比例一般控制在赔偿总额的50%以下,但不得低于10%。机动车驾驶人与非机动车驾驶人、行人发生交通事故的,机动车一方应就非机动车驾驶人、行人是否存在违章行为,其是否采取了必要的处置措施承担举证责任。机动车之间发生交通事故造成非机动车驾驶人、行人伤害的,按照各自的过错程度确定赔偿责任,但如果责任难以划分的,可以由发生交通事故的机动车之间承担连带责任。"内蒙古高院《全区法院交通肇事损害赔偿案件审判实务研讨会会议纪要》(2002年2月)第14条:"在适用过失相抵规则判断交通事故当事人过失程度及赔偿责任比例时,对公安机关作出的《交通事故责任认定书》的证据效力按以下原则掌握:(1)机动车辆之间发生的交通事故,可以将公安机关认定的事故责任比例作为判断双方过失比例的依据。(2)机动车辆与行人或非机动车之间发生的交通事故中,不能将公安机关认定的事故责任比例作为双方过失比例相抵的惟一依据,而应结合侵权行为的具体情形,按照优者负担、照顾弱者的原则合理相抵,相应减轻加害方的责任。受害人如年满70周岁,或不满10周岁,或系残疾人,不能适用过失相抵规则。"

**6. 地方规范性文件。** 安徽省《实施〈道路交通安全法〉办法》(2012年10月19日修正)第54条:"机动车与非机动车驾驶人、行人之间发生交通事故的损失超出第三者责任强制保险责任限额的部分,机动车一方有事故责任的,由机动车一方按照下列规定承担赔偿责任:(一)机动车一方在交通事故中负全部责任的,承担百分之一百的赔偿责任;(二)机动车一方在交通事故中负主要责任的,承担百分之八十的赔偿责任;(三)机动车一方在交通事故中负同等责任的,承担百分之六十的赔偿责任;(四)机动车一方在交通事故中负次要责任的,承担百分之四十的赔偿责任。"第55条:"机动车与非机动车驾驶人、行人之间发生交通事故的损失超出第三者责任强制保险责任限额的部分,有证据证明交通事故是由非机动车驾驶人、行人违反道路交通安全法律、法规造成,机动车驾驶人无事故责任,且已经采取必要处置措施的,按照下列规定承担赔偿责任:(一)在高速公路、高架道路以及其他封闭道路上发生交通事故的,机动车一方承担百分之五的赔偿责任;(二)在其他道路上发生交通事故的,机动车一方承担百分之十的赔偿责任。"江苏省《道路交通安全条例》(2012年1月12日修正 2023年7月27日修订 2024年1月1日实施)第49条:"车辆进出道路,应当让在道路内正常行驶的车辆、行人优先通行。机动车进出非机动车道、人行道,不得妨碍非机动车、行人正常通行。车辆进出停车场(库)或者道路停车泊位,不得妨碍其他车辆、行人正常通行。"第50条:"车辆借道通行或者变更车道,应当遵守下列规定:(一)让所借道路内行驶的车辆、行人优先通行;(二)不得妨碍其他车辆、行人正常通行……"第68条:"……机动车与非机动车驾驶人、行人之间发生交通事故,非机动车驾驶人、行人没有过错的,由机动车一方承担赔偿责任;有证据证明非机动车驾驶人、行人有过错的,按照以下规定减轻机动车一方的赔偿责任:1. 非机动车驾驶人、行人负事故全部责任的,减轻百分之九十以上;2. 非机动车驾驶人、行人负事故主要责任的,减轻百分之六十至百分之七十;3. 非机动车驾驶人、行人负事故同等责任的,减轻百分之三十至百分之四十;4. 非机动车驾驶人、行人负事故次要责任的,减轻百分之二十至百分之三十。"甘肃省《道路交通安全条例》(2012年1月1日)第68条:"机动车与非机动车、行人发生交通事故造成人身伤亡、财产损失,超过机动车交通事故责任强制保险责任限额的部分,非机动车、行人没有过错的,由机动车一方承担赔偿责任;有证据证明非机动车驾驶人、行人有过错的,机动车一方按照以下规定承担赔偿责任:(一)在禁止非机动车、行人通行的道路上发生交通事故,机动车一方无过错的,承担不超过百分之五的赔偿责任;(二)在本条第一项规定以外的道路上发生交通事故,机动车一方无过错的,承担不超过百分之十的赔偿责任;(三)机动车一方负次要责任的,承担百分之四十至百分之五十的赔偿责任;(四)机动车一方负同等责任的,承担百分之五十至百分之七十的赔偿责任;(五)机动车一方负主要责任的,承担百分之七十至百分之九十的赔偿责任。交通事故由非机动车驾驶人、行人故意碰撞机动车造成的,机动车一方不承担赔偿责任。"广东省《道路交通安全条例》(2011年10月1日修订)第46条:"机动车与非机动车驾驶人、行人之间发生交通事故,造成人身伤亡、财产损失的,由保险公司在机动车第三者责任强制保险责任限额范围内予以赔偿。不足的部分,按照下列规定承担赔偿责任:(一)非机动车驾驶人、行人无事故责任的,由机动车一方承担赔偿责任;(二)非机动车驾驶人、行人负事故次要责任的,由机动车一方承担百分之八十的赔偿责任;(三)非机动车驾驶人、行人负事故同等责任的,由机动车一方承担百分之六十的赔偿责任;(四)非机动车驾驶人、行人负事故主要责任的,由机动车一方承担百分之四十的赔偿责任;(五)非机动车驾驶人、行人负事故全部责任的,由机动车一方承担不超过百分之十的赔偿责任。交通事故的损失是由非机动车驾驶人、行人故意造成的,机动车一方不承担责任。非机动车驾驶人、行人与处于静止状态的机动车发生交通事故,机动车一方无交通事故责任的,不承担赔偿责任。未参加机动车第三者责任强制保险的,由机动车方在该车应当投保的最低保险责任限额内予以赔偿,对超过最低保险责任限额的部分,按照第一款的规定赔偿。"北京市《实施〈道路交通安全法〉办法》(2010年12月23日修正)第35条:"车辆变更车道不得影响其他车辆、行人的正常通行,并应当遵守下列规定:(一)让所借车道内行驶的车辆或者行人先行;(二)按顺序依次行驶,不得频繁变更机动车道;(三)不得一次连续变更二条以上机动车道;(四)左右两侧车道的车辆向同一车道变更时,左侧车道的车辆让右侧车道的车辆先行。"第57条:"行人和乘车人应当遵守下列规定:(一)行人应当在人行道上行走,没有人行道的,应当在距离道路右侧边缘线向左1米的范围内行走;(二)行人不得进入高速公路、城市快速路或者其他封闭的机动车专用道;(三)行人不得在车行道上行走或者兜售、发送物品;(四)不得在车行道上等候车辆或者招呼营运车辆;(五)遇有交通信号放行机动车时,未被放行的行人不得进入路口;(六)乘坐公共汽车、电车和长途汽车,在停靠站或者指定地点依次候车,待车停稳后,先下后上;(七)乘坐机动车不得影响驾驶人安全驾驶;(八)明知驾驶人无驾驶证、饮酒或者身体疲劳不宜驾驶的,不得乘坐;(九)乘坐货运机动车时,不得站立或者坐在车厢栏板上;(十)乘坐二轮摩托车时,只准在后座正向骑坐;(十一)不得搭乘电动自行车、人力货运三轮车、轻便摩托车;不得违反规定搭乘自行车、残疾人机动轮椅车。"第72条:"机动车与非机动车、行人之间发生交通事故造成人身伤亡、财产损失的,由保险公司在机动车第三者责任强制保险责任限额范围内先行赔偿。超过责任限额的部分,由机动车一方承担赔偿责任;但是,有证据证明非机动车驾驶人、行人违反道路交通安全法律、法规,机动车驾驶人在驾驶中履行了交通安全注意义务并已经采取了适当的避免交通事故的处置措施,机动车一方无过错的,按照国家规定的最低比例、额度承担赔偿责任。机动车一方有过错的,按照过错程度承担赔偿责任。"

**7. 参考案例。**①2013年河南某交通事故纠纷案,2012年,魏某驾车,撞到横穿道路的一条狗,狗随即窜至路东边,与刘某驾驶的三轮摩托车前轮相撞,致使三轮车翻倒,刘某及乘坐人崔某受伤。刘某、崔某诉请魏某、交强险公司赔偿。法院认为:本案中,魏某驾驶肇事车辆虽未直接与刘某驾驶车辆发生碰撞,但魏某驾驶的车辆撞到一条狗,开启了一个危险源,该危险源又致刘某驾驶车辆翻倒,刘某、崔某受伤与魏某驾驶车辆开启的危险源有直接因果关系;魏某驾驶车辆在保险公司投保了交强险,故保险公司理应承担赔偿责任。《侵权责任法》第78条规定,饲养的动物造成他人损害的,动物饲养人或者管理人应当承担侵权责任,但能够证明损害是因被侵权人故意或者重大过失造成的,可以不承担或者减轻责任。第83条规定,因第三人的过错致使动物造成他人损害的,被侵权人可以向动物饲养人或者管理人请求赔偿,也可以向第三人请求赔偿。动物饲养人或者管理人赔偿后,有权向第三人追偿。本案中,魏某驾驶车辆撞到了狗,导致狗在受惊吓情况下,又撞到了被害人驾驶的三轮摩托车,并最终酿成事故。可见,致使狗造成他人伤害是由魏某驾驶车辆操作不当行为过错造成的,那么,保险公司即应为所投保车辆造成的损失承担责任。是否向狗的主人主张权利依法是被害人的一项诉讼选择权,即便向狗主人主张了赔偿权利,狗的主人亦可向保险公司追偿。判决保险公司支付刘某、崔某保险赔偿金。②2013年四川某交通事故纠纷案,2011年,朱某驾驶轿车在道路中心实线附近掉头,使后方黄某驾驶二轮电瓶车牵引尹某骑行的人力货运三轮车不得不避让,造成人力货运三轮车因避让不及发生侧翻,尹某因此受伤后死亡的结果。交警以无法查清事实为由未认定事故责任。法院认为:本次交通事故中,黄某和尹某行为违反《道路交通安全法实施条例》第72条规定,牵引行为使得黄某驾驶的二轮电瓶车受被牵引人力货运三轮车重力影响,在行驶过程中遇到障碍物不能正常避让;尹某骑行的人力货运三轮车被黄某驾驶二轮电瓶车牵引使得人力货运三轮车在行驶过程中无法清楚判断前方障碍物并及时作出处理,故当朱某驾驶车辆准备掉头时,黄某驾驶二轮电瓶车牵引尹某骑行的人力货运三轮车,因两车牵引和被牵引相互作用,黄某和受害人尹某不能有效控制驾驶、骑行车辆及正常避让掉头车辆,导致人力货运三轮车侧翻,尹某受伤后死亡事实,黄某和受害人尹某行为是导致事故发生原因之一。朱某驾驶轿车在道路中心实线附近掉头,违反了黄色实线作为禁止标线禁止压线、越线规定,使后方黄某驾驶二轮电瓶车牵引尹某骑行的人力货运三轮车不得不避让,造成本案损害结果,朱某驾驶轿车在道路中心实线附近掉头行为是事故发生的另一原因。黄某、朱某、死者尹某三者过错行为导致了此次交通事故发生,应由三者共同承担责任。依《侵权责任法》第6条规定,判决朱某应承担此次交通事故40%的损害赔偿责任,黄某承担30%责任,受害人尹某自身具有过错,承担30%责任。③2012年**江苏某交通事故纠纷案**,2011年,李某驾车在公路上违规倒车,导致其后同向驾驶电动三轮车的卢某受惊吓摔倒受伤。法院认为:交警部门虽未能对本案交通事故作出事故成因及责任承担认定,但法院依事故处理卷宗中道路交通事故现场图、双方当事人、目击证人及其他在场人陈述等一系列证据综合认定卢某摔倒与李某违规倒车有关,李某应承担与其过错程度相适应的民事赔偿责任。鉴于李某所驾驶机动车在保险公司投保了交强险,故李某因本案交通事故造成的损失,应由保险公司在交强险限额范围内予以赔偿,超出限额部分损失,由李某按70%赔偿责任比例自行负担。两车有无直接碰撞不影响本案交通事故性质判定,即<u>未直接碰撞亦能形成交通事故</u>,因保持安全距离也是驾驶人当然责任,本案中系由李某违规倒车引起,故保险公司主张本案非交通事故、不应保险赔付的免责理由不能成立。判决卢某损失,由保险公司赔偿1万余元,李某赔偿2000余元。④2010年**福建某交通事故损害赔偿案**,2009年8月,上小学的张某在没有过街设施的路段横过马路时,被陈某驾驶的车辆碰撞。交警勘验后推定陈某超速行驶,未及时采取制动措施,认定其全责。法院认为:事故认定书虽认定陈某驾驶机动车辆上道路行驶,行经村民聚居点路段车速快,未注意观察路面动态情况,遇行人横过公路未注意避让,违反《道路交通安全法》相关规定,在本事故中起主导作用,是事故发生的根本原因,承担事故全部责任,但对行人张某横过公路的行为是否违反道路交通法规未作分析,具有一定的片面性,根据《道路交通安全法》第62条规定,行人通过路口或者横过道路,应当走人行横道或过街设施;通过有交通信号灯的人行横道,应按交通信号灯指示通行;通过没有交通信号灯、人行横道的路口,或者在没有过街设施的路段横过道路,应当在确认安全后通过,其行为违反了该规定,与本起交通事故的发生具有一定的因果关系,依法可以适当减轻机动车一方的赔偿责任。根据当事人违反《道路交通安全法》的违法程度和造成本起交通事故的原因力大小,确定减轻机动车一方20%的赔偿责任。⑤2010年**北京某交通事故损害赔偿案**,2010年6月,运输公司司机秦某驾驶货车撞伤路上独自行走的一级精神病人张某,交警认定秦某全责。法院认为:张某系<u>精神残疾人,残疾等级为一级,故其监护人负有照顾其日常行为的义务</u>,此次交通事故发生,与监护人<u>疏于看护有相应关系</u>,故法院根据事故发生具体情况,兼顾公平原则,认定运输公司应在交强险之外承担80%的赔偿责任。⑥2009年**四川某交通事故损害赔偿案**,2009年3月,孔某酒后驾驶机动车撞伤横过马路的行人黄某,交警认定孔某、黄某分负主、次责任。法院认为:交强险制度设立目的系为第三者提供救济,不因致害人过错而发生转移,孔某在此次交通事故中具有酒后驾车、驾驶机械不合技术标准要求的机动车以及未保持安全车速等多重过错,是构成交通事故的主要原因,应对其造成的损害后果承担主要民事责任。保险公司对孔某给黄某造成的损害仍应在交强险责任限额内承担垫赔责任，其后可根据交强险条例规定和保险合同免责条款向孔某追偿。超过交强险责任限额部分，由孔某根据责任比例，承担85%的赔偿责任。⑦2005年福建某保险合同纠纷案，2004年10月，陈某驾驶投保车辆撞死行人，交警认定负同等责任，调解按65%责任赔偿7万元（含精神损害抚慰金1万余元）。保险公司认为依投保商业三者险合同不应赔偿精神损害部分，陈某认为保险合同约定保险车辆发生保险事故后造成第三者人身伤亡，保险人依最高人民法院《关于审理人身损害赔偿案件适用法律若干问题的解释》规定赔偿范围、项目和标准进行赔偿。法院认为：保险公司应按最高人民法院《关于审理人身损害赔偿案件适用法律若干问题的解释》规定的赔偿范围、项目和标准及保险合同约定，在保险单载明的责任限额内核定赔偿金额，故应赔偿精神损害抚慰金。鉴于事故系机动车撞行人并造成行人死亡，按《道路交通安全法》规定，陈某承担民事责任应比行人责任大，故协议由陈某按65%赔偿不违反法律规定，在扣除约定免赔率后，保险公司应赔付相应款项。⑧2005年四川某交通事故损害赔偿案，2003年6月，张某驾驶袁某所有的运营客车撞伤行人姜某致6级伤残。事发时，车辆位于道路最右侧单虚线的右侧，该虚线系修建道路时标注，距道路右侧边缘距离为4.5米，另有交通部门划的单虚线右侧划有距离右侧道路边缘2.85米的单实线。交警认定张某在非机动车道行驶肇事负全责。法院认为：根据相关法律法规，只有道路交通管理部门才有设置交通标志、标线的权利，道路建设部门无权设置交通标志、标线，故本案中的单虚线不属于交通标线，单实线属于交通标线，张某驾车应按交通标线指示在单实线内行驶。事故发生时，事故车辆距离道路右侧边缘距离显示其基本是在道路单实线左侧行驶，该部分属于机动车道而非人行道，故事故发生原因不仅在于张某驾车时未尽到谨慎的注意义务，且在于姜某未按交通标志横穿公路，对于事故发生，张某与姜某均有过错，判决机动车方承担姜某损失70%的赔偿责任。⑨2003年上海某交通事故损害赔偿案，2000年，行人於某被邹某所驾商业公司车碰撞身亡。於某负主要责任。法院认为：引起受害人於某不幸死亡的交通事故，系邹某和受害人於某均未遵守道路交通法规所致，给原告带来了经济、精神上的损失和痛苦。根据双方未遵守道路交通法规的事实，交警部门作出的本起交通事故责任认定书认定受害人於某应承担主要责任，驾驶员邹某应承担次要责任，并无不当。由于驾驶员邹某系商业公司单位员工，是在为该公司出车过程中发生道路交通事故，属职务行为，故商业公司应承担本起道路交通事故的次要赔偿责任（40%）。对于原告主张的医疗费、丧葬费、死亡补偿费、物损费、交通费、被扶养人生活费、家属误工费、律师费，应根据商业公司过错责任比例及原告实际损失情况，并依据法律规定酌情考虑。对于原告主张的赡养费，因於某母亲系退休人员，有固定经济来源,故该笔费用不予考虑;原告主张的子女医疗费和教育费,业已包括在被扶养人生活费中,故亦不予考虑。

**【同类案件处理要旨】**

机动车与非机动车驾驶人、行人之间发生交通事故造成人身伤亡、财产损失的,由保险公司在交强险责任限额范围内予以赔偿。不足部分,非机动车驾驶人、行人没有过错的,由机动车一方承担赔偿责任;有证据证明非机动车驾驶人、行人有过错的,根据过错程度适当减轻机动车一方的赔偿责任;机动车一方没有过错的,承担不超过10%的赔偿责任。

**【相关案件实务要点】**

1.【无过错责任】在道路交通事故中,机动车操作人造成非机动车一方人员伤亡的,除非出于受害人自杀、行为人难以控制的情形,行为人无论是否有过错,均应承担损害赔偿责任。案见上海二中院(2003)沪二中民一(民)终字第1573号"李某等诉某商业公司交通事故人身损害赔偿案"。

2.【优者危险负担原则】鉴于事故系机动车碰撞行人并造成行人死亡,虽认定同等责任,但按《道路交通安全法》规定,机动车一方承担民事责任应比行人责任大,调解协议约定由机动车一方按65%赔偿行人一方不违反法律规定。案见福建惠安法院(2005)惠民初字第586号"陈某诉某保险公司保险合同案"。

3.【间接证据】机动车与行人是否发生碰撞虽无直接证据证明,但并不意味着,该争议事实真伪不明从而应由承担举证责任一方承担不利后果。依靠各种间接证据亦能证明机动车一方与行人是否发生碰撞。案见天津一中院(2011)一中民四终字第0993号"许某与王某道路交通事故人身损害赔偿案"。

4.【行人过错】行人在没有过街设施的路段横过道路时,未在确认安全后通过,其行为违反了《道路交通安全法》第62条的规定,与交通事故发生具有一定的因果关系,应减轻机动车一方的赔偿责任。案见福建龙岩中院(2010)岩民终字第795号"张某诉陈某等交通事故损害赔偿案"。

5.【监护人过错】无民事行为能力人或限制行为能力人作为交通事故受害人,如存在对交通安全构成隐患的行为,如夜里在路上独自行走,即使无违反交通规则行为,亦应认定其监护人未尽监护之责而减轻侵权人的赔偿责任。案见北京昌平区法院(2010)昌民初字第11134号"张某诉秦某等交通事故损害赔偿案"。

**【附注】**

参考案例索引:天津一中院(2011)一中民四终字第0993号"许某与王某道路

交通事故人身损害赔偿案",见《人民法院应综合各种间接证据认定案件事实——许云鹤与王秀芝道路交通事故人身损害赔偿上诉案》(赵盈、姜强),载《民事审判指导与参考》(201201:189)。①河南南阳中院(2013)南民三终字第00265号"刘某与某保险公司等交通事故纠纷案",见《动物侵权与交通事故纠纷交叉竞合时的责任认定——河南南阳中院判决刘才龙等诉大地财险南阳公司等交通事故案》(王彬、王中强),载《人民法院报·案例指导》(20130620:06)。②四川成都中院(2013)成民终字第166号"黄某等与朱某、何某、彭州市中医院、天平汽车保险股份有限公司四川分公司交通事故侵权赔偿纠纷案",见《碰撞不是承担交通事故侵权责任的必要要件》(陈军、刘莹),载《人民司法·案例》(201418:29)。③江苏宿迁中院(2012)宿中民终字第0694号"卢某与李某等交通事故损害赔偿纠纷案",见《卢延刚诉李二国及保险公司公路上违规倒车致人惊吓摔倒交通事故责任纠纷案》,载《江苏省高级人民法院公报》(201302/26:27)。④福建龙岩中院(2010)岩民终字第795号"张某诉陈某等交通事故损害赔偿案",见《张炎鑫诉陈德仁道路交通事故人身损害赔偿案》(范文强),载《中国法院2012年度案例:道路交通纠纷》(94)。⑤北京昌平区法院(2010)昌民初字第11134号"张某诉秦某等交通事故损害赔偿案",见《张晓强诉秦绍印等道路交通事故人身损害赔偿案》(王玉民、刘洋),载《中国法院2012年度案例:道路交通纠纷》(265)。⑥四川泸州龙马潭区法院(2009)龙马民初字第1554号"袁某等诉孔某等交通事故损害赔偿案",见《袁明珍等诉孔德平道路交通事故人身损害赔偿案》(白联洲、郭春华),载《中国法院2012年度案例:道路交通纠纷》(148)。⑦福建惠安法院(2005)惠民初字第586号"陈某诉某保险公司保险合同案",判赔6.3万元。见《陈清忠诉中国人民财产保险股份有限公司惠安支公司保险合同纠纷案》(陈秀军),载《人民法院案例选》(200604:328)。⑧四川成都中院2005年"姜某诉王某等交通事故人身损害赔偿纠纷案",见《人民法院对于交通事故责任认定书,应结合交通事故发生的事实,客观地分析其证明力,不能先入为主地赋予其预决效力——袁明刚与姜贤芳、王定中、成都市出租汽车服务公司等道路交通事故人身损害赔偿纠纷案》(刘建敏),载《全国法院再审典型案例评注》(2011:208)。⑨上海二中院(2003)沪二中民一(民)终字第1573号"李某等诉某商业公司交通事故人身损害赔偿案",判决商业公司承担40%责任,赔偿原告各项费用11万余元。见《李志健等诉上海龙杰商业发展有限公司道路交通事故人身损害赔偿案》(陈昌强),载《中国审判案例要览》(2004民事:201)。

## 7. 行人全责与赔偿义务
### ——行人负全责，撞了算白撞？

【行人全责】

【案情简介及争议焦点】

2004年6月，张某驾驶出租车在三环辅路上，将醉酒骑自行车逆行进入机动车道的毋某撞倒致死。交警认定毋某全责。

争议焦点：1. 事故责任认定是否正确？2. 是否"撞了白撞"？

【裁判要点】

**1. 事故责任**。机动车与非机动车驾驶人之间发生交通事故的，由机动车一方承担责任；但有证据证明非机动车驾驶人违反道路交通安全法律、法规，机动车驾驶人已经采取必要处理措施的，减轻机动车一方的责任。在此事故中，毋某醉酒骑车逆行进入机动车道的过错行为，直接导致该事故的发生，造成毋某死亡，而作为事故的另一方机动车驾驶员张某已尽到了注意义务，并已采取了必要的措施，但仍未能避免事故的发生，故交管部门根据上述情况认定毋某应承担事故全部责任，张某不承担事故责任，是正确的。

**2. 赔偿问题**。因该交通事故的损失非毋某故意造成，故根据事故责任认定，机动车一方应承担10%~20%的赔偿责任。

【裁判依据或参考】

**1. 法律规定或其他立法文件**。《道路交通安全法》（2004年5月1日实施，2011年4月22日修正）第61条："行人应当在人行道内行走，没有人行道的靠路边行走。"第62条："行人通过路口或者横过道路，应当走人行横道或者过街设施；通过有交通信号灯的人行横道，应当按照交通信号灯指示通行；通过没有交通信号灯、人行横道的路口，或者在没有过街设施的路段横过道路，应当在确认安全后通过。"第63条："行人不得跨越、倚坐道路隔离设施，不得扒车、强行拦车或者实施妨碍道路交通安全的其他行为。"第76条："机动车发生交通事故造成人身伤亡、财产损失的，由保险公司在机动车第三者责任强制保险责任限额范围内予以赔偿；不足的部分，按照下列规定承担赔偿责任：……（二）机动车与非机动车驾驶人、行人之间发生交通事故……机动车一方没有过错的,承担不超过百分之十的赔偿责任。交通事故的损失是由非机动车驾驶人、行人故意碰撞机动车造成的,机动车一方不承担赔偿责任。"全国人大法律委员会负责人《全国人大法律委员会关于〈中华人民共和国道路交通安全法修正案(草案)〉审议结果的报告》(2007年12月23日)第3条:"草案规定:'非机动车驾驶人、行人一方负全部责任的,机动车一方承担不超过10%的赔偿责任。'有的常委委员认为,民法通则规定,高速运输工具在行驶中具有高度危险性,造成他人损害的,应当承担民事责任。草案上述规定体现了以人为本、关爱生命的精神,是恰当的。有的常委委员认为,机动车一方没有过错,承担10%的赔偿责任过高。法律委员会经同内务司法委员会和国务院法制办、公安部研究,认为需要说明:机动车一方没有过错的,都是先由保险公司在机动车第三者责任强制保险限额范围内予以赔偿,不足的部分才由机动车一方承担不超过10%的赔偿责任。草案上述规定与1991年国务院颁布的《道路交通事故处理办法》确定的赔偿原则是一致的,也是多年来公安机关处理交通事故的实际做法,执行中基本可行。据此,法律委员会建议维持草案这一规定。"

**2. 行政法规。** 国务院《道路交通安全法实施条例》(2004年5月1日,2017年10月7日修订)第75条:"行人横过机动车道,应当从行人过街设施通过;没有行人过街设施的,应当从人行横道通过;没有人行横道的,应当观察来往车辆的情况,确认安全后直行通过,不得在车辆临近时突然加速横穿或者中途倒退、折返。"

**3. 司法解释。** 最高人民法院《关于审理道路交通事故损害赔偿案件适用法律若干问题的解释》(2012年12月21日,2020年修改,2021年1月1日实施)第24条:"公安机关交通管理部门制作的交通事故认定书,人民法院应依法审查并确认其相应的证明力,但有相反证据推翻的除外。"

**4. 部门规范性文件。** 国务院法制办《对〈关于对"中华人民共和国道路交通安全法"及其实施条例有关法律条文的理解适用问题的函〉的答复》(2005年12月5日 国法秘函〔2005〕436号)第2条:"关于对《道路交通安全法》第四十七条第二款的理解问题。《道路交通安全法》第四十七条第一款是关于机动车行经人行横道时应当遵守的规定,第二款是针对第一款以外的道路所作的规定,这里的'没有交通信号',既包括了没有《道路交通安全法》第二十五条规定的任何交通信号,也包括虽有某些交通信号但未能明确指示在道路上行驶的机动车和横过道路的行人路权的情形。在上述两种情形下,机动车遇行人横过道路,都应当避让,以保障安全。"公安部《道路交通事故处理程序规定》(2018年5月1日)第60条:"公安机关交通管理部门应当根据当事人的行为对发生道路交通事故所起的作用以及过错的严重程度,确定当事人的责任。(一)因一方当事人的过错导致道路交通事故的,承担全部责任;(二)因两方或者两方以上当事人的过错发生道路交通事故的,根据其行为对事故发生的作用以及过错的严重程度,分别承担主要责任、同等责任和次要责任;(三)各方均无导致道路交通事故的过错,属于交通意外事故的,各方均无责任。一方当事人故意造成道路交通事故的,他方无责任。"公安部交管局《关于交通护栏等设施法律效力的答复》(1995年12月27日　公交管〔1995〕231号):"……行人横过车行道,需走人行横道;凡设置交通护栏、隔离墩、绿篱等设施的道路,除留有人行横道外,禁止行人穿(跨)越。公共电、汽车站台设置在机动车与非机动车隔离设施中的,不论有无中心隔离设施,只允许乘车人通过非机动车道进、出站台,禁止横穿机动车道。"公安部交管局《关于车行道边缘线有关问题的答复》(1992年12月10日　公交管〔1992〕187号):"……车道中心线(包括隔离带、隔离设施等)两侧所划的车行道边缘线,是为了保证车辆高速行驶的安全和保护道路设施,两条边缘线之间的区域,禁止行人和车辆通行。违者按交通违章论处;造成交通事故的,应当根据当事人的违章行为与交通事故之间的因果关系,以及违章行为在交通事故中的作用,认定当事人的交通事故责任。"

5. **地方司法性文件**。江西宜春中院《关于印发〈审理机动车交通事故责任纠纷案件的指导意见〉的通知》(2020年9月1日　宜中法〔2020〕34号)第26条:"因道路管理维护缺陷导致机动车发生交通事故造成损害的,应由道路管理者承担相应的赔偿责任。道路管理者能够证明自己已按照法律、法规、规章等规定尽到了安全防护、警示等管理维护义务的除外。在道路上堆放、倾倒、遗撒物品等妨碍通行的行为引发交通事故造成损害的,由堆放、倾倒、遗撒物品的行为人承担赔偿责任。道路管理者不能证明自己已按照法律、法规、规章等规定尽到管理、防护、警示等义务的,承担相应的赔偿责任。未按照法律、法规、规章或者国家标准、行业标准、地方标准的强制性规定设计、施工,致使道路存在缺陷并造成交通事故致人损害的,由建设单位与施工单位承担相应的赔偿责任。不允许进入高速公路的行人、非机动车及其他车辆违法进入高速公路发生交通事故造成损害,赔偿权利人请求高速公路管理者承担相应赔偿责任的,人民法院应予支持。但高速公路管理者已按规定采取了安全措施并尽到警示义务的,可以免除赔偿责任。"山东济南中院《关于保险合同纠纷案件94个法律适用疑难问题解析》(2018年7月)第5条:"交强险项下机动车无责赔付的问题。道交法第七十六条第一款第(二)项规定:'机动车与非机动车驾驶人、行人之间发生交通事故,非机动车驾驶人、行人没有过错的,由机动车一方承担赔偿责任;有证据证明非机动车驾驶人、行人有过错的,根据过错程度适当减轻机动车一方的赔偿责任;机动车一方没有过错的,承担不超过百分之十的赔偿责任。'交强险项下机动车一方没有过错的,承担不超过百分之十的赔偿责任。应在分项赔偿的前提下进行赔偿。无责机动车在交强险无责赔偿限额外不应再承担损害赔偿责任。"北京三中院《类型化案件审判指引:机动车交通事故责任纠纷类审判指引》(2017年3月28日)第2-1.2部分"机动车交通事故责任纠纷的构成要件—常见问题解答"第2条:"机动车与非机动车驾驶人、行人发生交通事故,如何确定赔偿责任……(4)如非机动车驾驶人、行人有过错(排除'故意碰撞机动车'的情形),机动车一方证明无过错的,保险公司在无责赔偿限额内进行赔付,交强险限额之外在10%以内根据受害人的过错减轻机动车一方的损害赔偿责任,受害人过错越大,减轻程度越高。(5)如非机动车驾驶人、行人'故意碰撞机动车'的,机动车一方不承担赔偿责任。"湖南长沙中院民一庭《关于长沙市法院机动车交通事故责任纠纷案件审判疑难问题座谈会纪要》(2014年7月23日)第13条:"机动车一方无责,行人(受害人)全责,保险公司是否应承担赔偿责任?机动车一方无责时,保险公司仍应在交强险的赔偿限额内承担赔偿责任。交强险具有公共服务、社会公益的性质,其宗旨在于保护受损害的第三人,保险人的赔偿责任与机动车驾驶人是否构成侵权责任及其侵权责任的大小并无关联,保险公司在赔偿限额内对第三人的赔偿责任应当认定为法定责任,其赔偿责任的大小并不以机动车一方的过错或责任大小为依据。因此,保险公司赔限不应区分被保险人有无责任,且保险责任与侵权的法律责任无直接关联,交通事故中机动车一方承担的是侵权责任,保险公司的保险责任是否承担,应根据保险合同约定,而非是根据侵权行为人的侵权责任确定。"安徽滁州中院《关于审理道路交通事故损害赔偿案件座谈会纪要》(2013年8月2日)第5条:"机动车与非机动车驾驶人、行人之间发生交通事故造成的损失超出交强险责任限额的部分,有证据证明系非机动车驾驶人、行人违反道路交通安全法律、法规造成,机动车一方无事故责任的,机动车一方承担赔偿责任的比例按《安徽省实施〈中华人民共和国道路交通安全法〉办法》第五十四条的规定执行。"湖南长沙中院《关于道路交通事故人身损害赔偿纠纷案件的审理意见》(2010年)第三部分第1条:"……责任划分。首先确定保险公司在交强险责任限额范围内的赔偿责任金额之后,不足的部分再按如下方式划分责任……机动车一方无责任的,承担10%;道路交通事故发生在高速公路上的,机动车一方承担5%—10%,但赔偿金额最高不超过1万元……"安徽宣城中院《关于审理道路交通事故赔偿案件若干问题的意见(试行)》(2011年4月)第36条:"机动车与非机动车驾驶人、行人之间发生交通事故的,由保险公司在交强险责任限额内予以赔偿,不足部分可以按照下列意见分担:(一)在高速公路、高架道路以及其他封闭道路上发生交通事故的,无责承担5%;在其他道路上发生交通事故的,无责承担10%……"山东淄博中院民三庭《关于审理道路交通事故损害赔偿案件若干问题的指导意见》(2011年1月1日)第27条:"机动车与非机动车、行人之间发生交通事故的,由机动车方承担赔偿责任;但是,有证据证明非机动车驾驶人、行人违反道路交通安全法律、法规,机动车驾驶人已经采取必要处置措施的,应当按照下列比例减轻机动车方的赔偿责任:1. 非机动车、行人负事故全部责任的,减轻90%赔偿责任……"河南郑州中院《审理交通事故损害赔偿案件指导意见》(2010年8月20日郑中法〔2010〕120号)第9条:"机动车与非机动车驾驶人、行人之间发生交通事故的,由保险公司在交强险责任限额内予以赔偿,不足部分可按下列意见分担:(一)机动车一方没有过错、无责任的,承担不超过10%的赔偿责任……"山东东营中院《关于印发道路交通事故处理工作座谈会纪要的通知》(2010年6月2日)第14条:"机动车与非机动车、行人发生交通事故造成人身伤亡、财产损失,机动车一方没有过错的,由保险公司在机动车第三者责任强制保险责任限额范围内予以赔偿。不足的部分,由机动车一方承担不超过不足部分的百分之十的赔偿责任。"江西南昌中院《关于审理道路交通事故人身损害赔偿纠纷案件的处理意见(试行)》(2010年2月1日)第28条:"机动车发生交通事故造成人身伤亡、财产损失的,由保险公司在机动车第三者责任强制保险责任限额范围内予以赔偿。超出责任限额的部分,按照下列方式承担赔偿责任:……(2)机动车与非机动车驾驶人、行人之间发生交通事故造成人身伤亡、财产损失的,由机动车所投保的保险公司在机动车交通事故责任强制保险责任限额范围内予以赔偿;机动车未参加机动车交通事故责任强制保险的,由机动车一方在相当于相应的强制保险责任限额范围内予以赔偿。非机动车驾驶人、行人没有过错的,由机动车一方承担赔偿责任。但有证据证明非机动车驾驶人、行人有过错的,按照下列规定适当减轻机动车一方的赔偿责任:……④非机动车驾驶人、行人一方负全部责任的,在禁止非机动车和行人通行的高速公路、城市快速路上发生交通事故,机动车一方承担不超过5%的赔偿责任;在其他道路上发生交通事故,机动车一方承担不超过10%的赔偿责任。"广东广州中院《民事审判若干问题的解答》(2010年)第6条:"【机动车与非机动车驾驶人、行人发生交通事故时责任比例的确定】机动车与非机动车驾驶人、行人发生交通事故,依据《道交法》第七十六条的规定需要减轻机动车方赔偿责任的,应当遵循何种原则?答:根据《道交法》第七十六条、《广东省道路交通安全条例》第四十八条的规定,一般按照下列原则处理……(四)机动车一方无责任的,承担10%的赔偿责任;(五)非机动车驾驶人、行人在禁止非机动车和行人通行的城市快速路、高速公路发生交通事故,机动车一方无责任的,承担5%的赔偿责任;(六)交通事故是由非机动车驾驶人、行人故意造成的,机动车一方不承担赔偿责任。"江苏南京中院民一庭《关于审理交通事故损害赔偿案件有关问题的指导意见》(2009年11月)第34条:"对于超过机动车第三者责任保险限额的赔偿部分,由交通事故当事人根据《道路交通安全法》第七十六条第一款、《省道路交通安全条例》第五十二条的规定,按照下列方式承担赔偿责任……(二)对于机动车与非机动车、行人之间发生交通事故的,由机动车方承担赔偿责任;但是,有证据证明非机动车驾驶人、行人违反道路交通安全法律、法规,机动车驾驶人已经采取必要处置措施的,应当按照下列比例减轻机动车方的赔偿责任:(1)非机动车、行人负事故全部责任的,减轻80%至90%;(2)非机动车、行人负事故主要责任的,减轻60%至70%;(3)非机动车、行人负事故同等责任的,减轻30%至40%;(4)非机动车、行人负事故次要责任的,减轻20%至30%。属于交通意外事故、各方均无责任的或不能认定事故责任的,由机动车方承担全部赔偿责任。"安徽合肥中院民一庭《关于审理道路交通事故损害赔偿案件适用法律若干问题的指导意见》(2009年11月16日)第29条:"机动车与非机动车驾驶人、行人之间发生交通事故的损失超出交通事故责任强制保险责任限额的部分,有证据证明交通事故是由非机动车驾驶人、行人违反道路交通安全法律、法规造成,机动车驾驶人无事故责任的,按照下列规定承担赔偿责任:(一)在高速公路、高架道路以及其他封闭道路上发生交通事故的,机动车一方承担5%的赔偿责任;(二)在其他道路上发生交通事故的,机动车一方承担10%的赔偿责任。"第36条:"受害人对道路交通事故负全部责任的,受害人或者赔偿权利人请求精神损害赔偿的,不予支持;受害人对道路交通事故负主要责任的,一般不予支持。"江西九江中院《关于印发〈九江市中级人民法院关于审理道路交通事故人身损害赔偿案件若干问题的意见(试行)〉的通知》(2009年10月1日 九中法〔2009〕97号)第1条:"机动车与非机动车、行人发生交通事故,由机动车一方承担责任,但有证据证明非机动车驾驶人、行人有过错的,应当按照下列规定适当减轻机动车一方的赔偿责任:……(四)非机动车驾驶人、行人负全部责任的,在禁止非机动车和行人通行的高速公路、城市快速路上发生交通事故,机动车一方承担不超过5%的赔偿责任;其他道路上发生交通事故,机动车一方承担不超过10%的赔偿责任。"云南高院《关于审理人身损害赔偿案件若干问题的会议纪要》(2009年8月1日)第2条:"……机动车与行人、非机动车发生交通事故,机动车一方应承担严格责任,但有证据证明非机动车驾驶人、行人违反道路交通安全法律、法规,机动车驾驶人已经采取必要处置措施的,可以相应减轻机动车的赔偿责任。非机动车或行人一方对交通事故承担全部责任的,减轻机动车一方80~90%的责任……行人、非机动车一方对于交通事故的造成具有故意的,机动车一方不承担责任。"广东佛山中院《关于审理道路交通事故损害赔偿案件的指导意见》(2009年4月8日)第4条:"机动车一方和行人发生碰撞,机动车一方无责任,但依据《广东省道路交通安全条例》第四十八条第一款(四)项的规定,机动车一方承担10%赔偿责任的情形下,承保该商业第三者责任险的保险公司不能依据保险合同中'无事故责任,本公司不承担赔偿责任'的约定予以抗辩,保险公司应承担相应保险赔偿责任。"第43条:"机动车致非机动车、行人损害,非机动车驾驶人、行人没有过错的,由机动车一方承担赔偿责任。但有证据证明非机动车驾驶人、行人有过错的,根据过错程度适当减轻机动车一方的赔偿责任。机动车一方按照以下规定承担赔偿责任……机动车一方无责任的,承担百分之十;(五)非机动车驾驶人、行人在禁止非机动车和行人通行的城市快速路、高速公路发生交通事故,机动车一方无责任的,承担百分之五。交通事故的损失是由非机动车驾驶人、行人故意造成的,机动车一方不承担责任。非机动车驾驶人、行人与处于静止状态的机动车发生交通事故,机动车一方无交通事故责任的,不承担赔偿责任。"福建泉州中院民一庭《全市法院民一庭庭长座谈会纪要》(泉中法民一〔2009〕05号)第16条:"行人进入高速公路发生事故受害,交警部门认定其负全责,对此应依《中华人民共和国道路交通安全法》第六十七条的禁止性规定不予判赔,还是依第七十六条的赔偿条款处理?答:应依《中华人民共和国道路交通安全法》第七十六条及《福建省实施〈中华人民共和国道路交通安全法〉办法》第五十三条的规定,判决机动车一方承担不超过10%的赔偿责任。"辽宁大连中院《当前民事审判(一庭)中一些具体问题的理解与认识》(2008年12月5日大中法〔2008〕17号)第27条:"……(4)过失相抵原则在道路交通事故责任适用。A.机动车一方没有过错,交通事故完全是因为非机动车驾驶员、行人的责任造成的,目前对其掌握的比例为不超过10%……"北京高院《北京市法院道路交通事故损害赔偿法律问题研讨会会议纪要》(2007年12月4日)第3条:"……关于机动车一方在事故中无责任时的赔偿处理原则问题。与会人员一致认为:在机动车一方无责的情况下,在由保险公司对于受害人一方的损失承担赔偿责任后,超过限额的部分,视案件是机动车之间发生的交通事故还是机动车与非机动车、行人之间发生的交通事故而定。若为机动车之间发生的交通事故,应适用过错责任原则,无责的机动车一方不再承担赔偿责任。若为机动车与非机动车、行人之间发生的交通事故,则机动车一方当事人仍应视事故情况,承担非机动车、行人损失5%~20%的赔偿责任。"湖北十堰中院《关于审理机动车损害赔偿案件适用法律若干问题的意见(试行)》(2007年11月20日)第2条:"机动车与非机动车驾驶人、行人之间发生交通事故而产生的损害赔偿责任适用过错推定原则。即机动车与非机动车驾驶人、行人之间发生交通事故,造成人身、财产损失的,由保险公司在机动车第三者责任强制保险责任限额内予以赔偿。超过责任限额的部分,由机动车一方承担赔偿责任,但是,有证据证明非机动车驾驶人、行人有过错的,按照下列比例减轻机动车一方的赔偿责任:(1)非机动车驾驶人、行人一方负事故全部责任的,机动车一方承担不超过10%的赔偿责任……"辽宁沈阳中院民一庭《关于审理涉及机动车第三者责任险若干问题的指导意见》(2006年11月20日)第3条:"……(四)机动车一方无责任的,如正在高速公路上按规则行驶的车辆,突然从上方坠落行人或物品,致使车辆躲闪不及,发生交通事故造成损害,或责任完全在行人或非机动车一方,又非故意而为的,机动车一方应承担20%责任。(五)道路交通事故是由受害人故意造成的,机动车一方和保险公司均不赔偿。(六)审理涉及商业保险的责任分担比例,参照强制保险限额责任分担的原则处理,当事人另有约定的除外。"广东深圳罗湖区法院《关于交通事故损害赔偿案件的处理意见》(2006年11月6日)第10条:"……非机动车驾驶人、行人在禁止非机动车和行人通行的城市快速路、高速公路发生交通事故,机动车一方无责任的,承担百分之五。交通事故的损失是由非机动车驾驶人、行人故意造成的,机动车一方不承担责任。非机动车驾驶人、行人与处于静止状态的机动车发生交通事故,机动车一方无交通事故责任的,不承担赔偿责任。未参加机动车第三者责任强制保险的,由机动车方在该车应当投保的最低保险责任限额内予以赔偿,对超过最低保险责任限额的部分,按照上述的规定的比例赔偿。"贵州高院、省公安厅《关于处理道路交通事故案件若干问题的指导意见(一)》(2006年5月1日)第29条:"机动车与非机动车驾驶人、行人发生交通事故,依据《道路交通安全法》第七十六条第一款第(二)项的规定,损失超出强制保险责任限额的部分,由机动车一方按照下列规定承担赔偿责任:……(5)机动车一方无事故责任的,有证据证明非机动车驾驶人、行人违反道路交通安全法律、法规,机动车驾驶人已经采取必要处置措施的,承担不低于20%的赔偿责任。但非机动车驾驶人、行人在高等级公路、高速公路等禁止非机动车和行人通行的全封闭路段内发生交通事故,并承担事故全部责任的,机动车一方承担不低于10%的赔偿责任。"上海高院《关于贯彻实施〈上海市机动车道路交通事故赔偿责任若干规定〉的意见》(2005年4月1日 沪高法民一〔2005〕4号)第7条:"机动车与非机动车驾驶人、行人发生交通事故的损失超出强制保险责任限额的部分,在有证据证明非机动车驾驶人、行人违反道路交通安全法律、法规,机动车驾驶人已经采取必要处置措施的情形下,按照下列规定减轻机动车一方的赔偿责任:(一)在高速公路、高架道路以及其他封闭道路上发生交通事故的,机动车一方按5%的赔偿责任给予赔偿,但赔偿金额最高不超过1万元;(二)在其他道路上发生交通事故的,机动车一方按10%的赔偿责任给予赔偿,但赔偿金额最高不超过5万元。"江苏高院《关于审理交通事故损害赔偿案件适用法律若干问题的意见(一)》(2005年2月24日)第11条:"……(二)对于机动车与非机动车、行人之间发生交通事故的,由机动车方承担赔偿责任;但是,有证据证明非机动车驾驶人、行人违反道路交通安全法律、法规,机动车驾驶人已经采取必要处置措施的,应当按照下列比例减轻机动车方的赔偿责任:(1)非机动车、行人负事故全部责任的,减轻80%至90%……"广东高院、省公安厅《关于〈道路交通安全法〉施行后处理道路交通事故案件若干问题的意见》(2004年12月17日 粤高法发〔2004〕34号 2021年1月1日起被粤高法〔2020〕132号文废止)第19条:"机动车与非机动车驾驶人、行人发生交通事故,依据《道路交通安全法》第七十六条的规定需要减轻机动车方赔偿责任的,一般按照以下原则减轻责任:……非机动车驾驶人、行人在事故中负全部责任的,减轻比例不超过80%。但非机动车驾驶人、行人在禁止非机动车和行人通行的城市快速路、高速公路发生交通事故,承担事故全部责任的,机动车方的减轻比例不超过90%。"山东高院《关于审理道路交通事故损害赔偿案件的若干意见》(2004年5月1日)第11条:"非机动车驾驶人、行人违反《道路交通安全法》的规定,擅自进入高速公路发生交通事故的,属于危险自负行为,可以按照《道路交通安全法》第七十六条第二款的规定处理,但受害人有证据证明机动车驾驶人应当采取必要处置措施而未采取的,机动车驾驶人应适当承担相应的赔偿责任。"内蒙古高院《全区法院交通肇事损害赔偿案件审判实务研讨会会议纪要》(2002年2月)第12条:"认定道路交通事故损害赔偿责任必须严格遵循《中华人民共和国民法通则》第一百二十三条规定的无过错责任原则。有证据证明损害是由受害人故意造成的,加害方不承担民事责任。依照《中华人民共和国民法通则》第一百三十一条规定的过失相抵规则,有证据证明受害人对于损害的发生有重大过失的,相应减轻加害方的赔偿责任。"第14条:"在适用过失相抵规则判断交通事故当事人过失程度及赔偿责任比例时,对公安机关作出的《交通事故责任认定书》的证据效力按以下原则掌握:(1)机动车辆之间发生的交通事故,可以将公安机关认定的事故责任比例作为判断双方过失比例的依据。(2)机动车辆与行人或非机动车之间发生的交通事故中,不能将公安机关认定的事故责任比例作为双方过失比例相抵的惟一依据,而应结合侵权行为的具体情形,按照优者负担、照顾弱者的原则合理相抵,相应减轻加害方的责任。受害人如年满70周岁,或不满10周岁,或系残疾人,不能适用过失相抵规则。"

**6. 地方规范性文件。**辽宁高院、省公安厅《关于道路交通事故案件若干问题的处理意见》(辽公交〔2001〕62号)第32条:"经公安交通管理机关确认属于非道路上发生的与车辆、行人有关的事故引起的损害赔偿纠纷,当事人向人民法院提起民事诉讼时,应提交公安交通管理机关制作的相关法律文书,符合民事诉讼法第108条规定的起诉条件的,人民法院可以直接受理。"第39条:"人民法院对于非道路上发生的与车辆、行人有关的事故引起的赔偿案件,其案由仍确定为'交通事故赔偿',并可参照《办法》和本意见于以处理。公安交通管理机关在事故责任认定方面应给予积极的协助。"四川高院《关于道路交通事故损害赔偿案件审判工作座谈会纪要(试行)》(1999年11月12日 川高法〔1999〕454号)第4条:"……(18)由于受害人的自杀行为发生交通事故导致人身伤亡的,所产生的法律后果由其自行承担。(19)行人、非机动车驾驶人及其他人员违反《高速公路交通管理暂行规则》第四条规定,发生交通事故造成自身伤害和损失的,正常行驶的机动车一方不承担法律责任。"安徽省《实施〈道路交通安全法〉办法》(2012年10月19日修正)第55条:"机动车与非机动车驾驶人、行人之间发生交通事故的损失超出第三者责任强制保险责任限额的部分,有证据证明交通事故是由非机动车驾驶人、行人违反道路交通安全法律、法规造成,机动车驾驶人无事故责任,且已经采取必要处置措施的,按照下列规定承担赔偿责任:(一)在高速公路、高架道路以及其他封闭道路上发生交通事故的,机动车一方承担百分之五的赔偿责任;(二)在其他道路上发生交通事故的,机动车一方承担百分之十的赔偿责任。"江苏省《道路交通安全条例》(2012年1月12日修正 2023年7月27日修订 2024年1月1日实施)第68条:"……机动车与非机动车驾驶人、行人之间发生交通事故,非机动车驾驶人、行人没有过错的,由机动车一方承担赔偿责任;有证据证明非机动车驾驶人、行人有过错的,按照以下规定减轻机动车一方的赔偿责任:1.非机动车驾驶人、行人负事故全部责任的,减轻百分之九十以上……"甘肃省《道路交通安全条例》(2012年1月1日)第68条:"机动车与非机动车、行人发生交通事故造成人身伤亡、财产损失,超过机动车交通事故责任强制保险责任限额的部分,非机动车、行人没有过错的,由机动车一方承担赔偿责任;有证据证明非机动车驾驶人、行人有过错的,机动车一方按照以下规定承担赔偿责任:(一)在禁止非机动车、行人通行的道路上发生交通事故,机动车一方无过错的,承担不超过百分之五的赔偿责任……"广东省《道路交通安全条例》(2011年10月1日修订)第46条:"机动车与非机动车驾驶人、行人之间发生交通事故,造成人身伤亡、财产损失的,由保险公司在机动车第三者责任强制保险责任限额范围内予以赔偿。不足的部分,按照下列规定承担赔偿责任:……(五)非机动车驾驶人、行人负事故全部责任的,由机动车一方承担不超过百分之十的赔偿责任。交通事故的损失是由非机动车驾驶人、行人故意造成的,机动车一方不承担责任。非机动车驾驶人、行人与处于静止状态的机动车发生交通事故,机动车一方无交通事故责任的,不承担赔偿责任。未参加机动车第三者责任强制保险的,由机动车方在该车应当投保的最低保险责任限额内予以赔偿,对超过最低保险责任限额的部分,按照第一款的规定赔偿。"北京市《实施〈道路交通安全法〉办法》(2010年12月23日修正)第72条:"机动车与非机动车、行人之间发生交通事故造成人身伤亡、财产损失的,由保险公司在机动车第三者责任强制保险责任限额范围内先行赔偿。超过责任限额的部分,由机动车一方承担赔偿责任;但是,有证据证明非机动车驾驶人、行人违反道路交通安全法律、法规,机动车驾驶人在驾驶中履行了交通安全注意义务并已经采取了适当的避免交通事故的处置措施,机动车一方无过错的,按照国家规定的最低比例、额度承担赔偿责任。机动车一方有过错的,按照过错程度承担赔偿责任。"

7. **最高人民法院审判业务意见。**●无责机动车一方是否仍需负担全责非机动车一方伤亡损失?最高人民法院民一庭《民事审判实务问答》编写组:"这就是媒体一度称为'撞了白撞'的问题。《道路交通事故处理办法》第44条规定:'机动车与非机动车、行人发生交通事故,造成对方人员死亡或者重伤,机动车一方无过错,应当分担对方10%的经济损失。但按照10%计算,赔偿额超过交通事故发生地十个月平均生活费的,按十个月的平均生活费支付。前款非机动车、行人故意造成自身伤害或者进入高速公路造成损害的除外'。可见,根据该规定,机动车方在一定情况下须作适当补偿。但是,《道路交通安全法》及其《实施条例》施行的同时,废止了该办法,代之以新的责任承担方式。该法第七十六条规定:'机动车发生交通事故造成人身伤亡、财产损失的,由保险公司在机动车第三者责任强制保险责任限额范围内予以赔偿。超过责任限额的部分,按照下列方式承担赔偿责任:(一)机动车之间发生交通事故的,由有过错的一方承担责任;双方都有过错的,按照各自过错的比例分担责任。(二)机动车与非机动车驾驶人、行人之间发生交通事故的,由机动车一方承担责任;但是,有证据证明非机动车驾驶人、行人违反道路交通安全法律、法规,机动车驾驶人已经采取必要处置措施的,减轻机动车一方的责任','交通事故的损失是由非机动车驾驶人、行人故意造成的,机动车一方不承担责任'。因此,对机动车一方是否需负担非机动车一方伤亡的一定损失,应结合案件的具体情况,适用上述规定确定当事人应承担的民事责任。"

  **8. 参考案例。**①**2009年广东某交通事故损害赔偿案**,2008年,晏某驾驶的士公司投保车辆肇事撞死行人万某,交警认定万某全责。法院认为:万某作为非机动车一方负事故全责,故对其所受到的人身损害,应自行承担90%赔偿责任,晏某应承担10%的赔偿责任。鉴于晏某在本次事故中无责任,保险公司应在交强险限额1.1万元范围内承担赔偿责任。原告全部损失扣减交强险赔偿后,以10%计算,由晏某、的士公司承担,保险公司在商业三者险范围内承担连带责任。②**2004年北京某交通事故损害赔偿案**,2004年7月,刘某驾车在二环主路将横穿马路的曹某撞倒致死。刘某作为被告提出反诉要求支付修车费。经检测,刘某车辆制动不合格。法院认为:机动车与非机动车、行人之间发生交通事故,适用无过错责任原则,首先确定机动车一方承担全部赔偿责任,而减轻其赔偿责任的条件就是有证据证明非机动车、行人有过错,即违反道路交通安全法律、法规,同时,机动车驾驶人采取了必要处置措施。本案中,曹某行为违反了道路交通安全法律、法规,其穿行二环主路的行为将其自身和他人的生命健康置于极其危险的境地,是事故发生的直接原因。肇事司机刘某在紧急状态下采取了一系列应变措施,刹车、鸣笛、避让,基本达到了作为机动车驾驶员在遇紧急状况时所应做出的必然反应。曹某行为违法以及刘某采取的应变措施,共同构成减轻刘某应负赔偿责任的条件。但减轻责任的幅度比例,则取决于刘某在发现行人至将行人撞倒致死的过程中所采取的措施是否得当。依刘某在交通队的陈述得知,刘某发现行人时与行人相距约100米,采取的措施是鸣笛、轻踩刹车而未及时踩死刹车,避让行人时与行人所行方向一致,且在采取措施过程中轻信行人可以快速前行避开其车辆,故而法院认定刘某采取的一系列措施具有不当之处,对减轻其所应承担的赔偿责任比例不宜过大。综合考虑行人曹某以及司机刘某的行为,本院认为以减轻刘某对曹某之死之损害后果承担赔偿责任50%责任比例为宜。刘某车辆在事故中受损,系刘某与曹某的行为所致,刘某因修车所花费用,系其合理损失,其反诉主张合理,原告应依曹某对该车损失所应承担的责任比例承担修车费。

**【同类案件处理要旨】**

机动车与非机动车驾驶人、行人之间发生交通事故造成人身伤亡、财产损失的,由保险公司在交强险责任限额范围内予以赔偿。不足部分,有证据证明非机动车驾驶人、行人有过错,机动车一方没有过错的,机动车一方承担不超过百分之十的赔偿责任。交通事故的损失是由非机动车驾驶人、行人故意碰撞机动车造成的,机动车一方不承担赔偿责任。

**【相关案件实务要点】**

1.【受害人过错】行人违反道路交通安全法律、法规,机动车驾驶人已经采取必要处置措施的,减轻机动车一方的赔偿责任。案见北京一中院(2004)一中民终字第11518号"吴某等诉刘某交通事故损害赔偿案"。

2.【无事故责任】行人醉酒骑车逆行进入机动车道导致事故发生并造成死亡后果,机动车一方驾驶员已尽到注意义务,并已采取必要措施,但仍未避免事故发生,在确定行人承担事故全部责任的情况下,机动车一方应承担一定的民事赔偿责任。案见北京二中院2005年判决"毋某等诉某出租车公司交通事故损害赔偿案"。

3.【保险赔付】机动车与行人相撞致行人死亡,鉴于机动车驾驶员在行人全责事故中无责任,其保险公司应在交强险无责赔付限额范围内承担赔偿责任。受害人全部损失扣减交强险赔偿后,以10%计算,由机动车一方承担,保险公司在商业三者险范围内承担连带责任。案见广东佛山中院(2009)佛中法民一终字第21号"甘某等诉晏某等交通事故损害赔偿案"。

**【附注】**

参考案例索引:北京二中院2005年判决"毋某等诉某出租车公司交通事故损害赔偿案",一审以受害人非故意,判决出租车公司赔偿毋某20万余元,二审改判8万余元。见《毋思明等人诉北京新月联合汽车有限公司交通事故损害赔偿纠纷上诉案》,载《北京高院:损害赔偿新型疑难案例判解》(2007)。①广东佛山中院

(2009)佛中法民一终字第 21 号"甘某等诉晏某等交通事故损害赔偿案",判决晏某、的士公司赔偿原告 3 万余元,保险公司负连带责任。见《交通事故责任与保险赔偿责任辨析》(吴行政),载《人民司法·案例》(200910:77)。②北京一中院(2004)一中民终字第 11518 号"吴某等诉刘某交通事故损害赔偿案",见《吴军发、吴某等诉刘某道路交通事故损害赔偿纠纷上诉案》,载《北京高院:损害赔偿新型疑难案例判解》(2006)。

**参考观点索引**:●无责机动车一方是否仍需负担全责非机动车一方伤亡损失?见《交通事故赔偿中,非机动车一方负全责的情况下,机动车一方是否仍需负担非机动车一方伤亡的一定损失?》,载《民事审判实务问答》(2008:148)。

## 8. 事故主次责任与赔偿
——责任分主次,赔偿何比例?

### 【主次责任】

#### 【案情简介及争议焦点】

2000 年,卢某驾车与驾驶摩托车的许某相撞,交警认定许某负主要责任,卢某负次要责任,但交警对卢某实际驾驶车型与准驾车型未作认定,许某提出复议,依然被维持。该省地方法规规定交通事故主要责任应承担 70%～90% 的赔偿比例。

争议焦点:1. 事故责任如何认定? 2. 赔偿责任比例如何确定?

#### 【裁判要点】

1. 事故责任认定。机动车通行属高度危险作业,这种高度危险作业对周围环境造成的危害在一定程度上难以避免,故需要采取司法审查变更责任认定。本案卢某所持驾驶证虽与其所驾驶车辆不符,但交警部门认为其已采取了紧急制动等紧急措施,且该违章行为与交通事故无因果关系,故责任认定适当。

2. 赔偿责任比例。从保护弱者方面考虑,在损失分担比例上可适当偏向受害方。在主次责任的分担上,视本案综合情况和公平原则,按四六比例分担。

#### 【裁判依据或参考】

1. 法律规定。《道路交通安全法》(2004 年 5 月 1 日实施,2011 年 4 月 22 日修正)第76条:"机动车发生交通事故造成人身伤亡、财产损失的,由保险公司在机动车第三者责任强制保险责任限额范围内予以赔偿;不足的部分,按照下列规定承担赔偿责任:(一)机动车之间发生交通事故的,由有过错的一方承担赔偿责任;双方都有过错的,按照各自过错的比例分担责任。(二)机动车与非机动车驾驶人、行人之间发生交通事故,非机动车驾驶人、行人没有过错的,由机动车一方承担赔偿责任;有证据证明非机动车驾驶人、行人有过错的,根据过错程度适当减轻机动车一方的赔偿责任;机动车一方没有过错的,承担不超过百分之十的赔偿责任。交通事故的损失是由非机动车驾驶人、行人故意碰撞机动车造成的,机动车一方不承担赔偿责任。"

2. 行政法规。国务院《工伤保险条例》(2011年1月1日)第14条:"职工有下列情形之一的,应当认定为工伤:……(六)在上下班途中,受到非本人主要责任的交通事故或者城市轨道交通、客运轮渡、火车事故伤害的……"《道路交通安全法实施条例》(2004年5月1日,2017年10月7日修订)第91条:"公安机关交通管理部门应当根据交通事故当事人的行为对发生交通事故所起的作用以及过错的严重程度,确定当事人的责任。"第93条:"公安机关交通管理部门对经过勘验、检查现场的交通事故应当在勘查现场之日起10日内制作交通事故认定书。对需要进行检验、鉴定的,应当在检验、鉴定结果确定之日起5日内制作交通事故认定书。"

3. 司法解释。最高人民法院《关于审理道路交通事故损害赔偿案件适用法律若干问题的解释》(2012年12月21日,2020年修改,2021年1月1日实施)第24条:"公安机关交通管理部门制作的交通事故认定书,人民法院应依法审查并确认其相应的证明力,但有相反证据推翻的除外。"最高人民法院《关于审理交通肇事刑事案件具体应用法律若干问题的解释》(2000年11月21日 法释〔2000〕33号)第2条:"交通肇事具有下列情形之一的,处三年以下有期徒刑或者拘役:(一)死亡一人或者重伤三人以上,负事故全部或者主要责任的……(三)造成公共财产或者他人财产直接损失,负事故全部或者主要责任,无能力赔偿数额在三十万元以上的。交通肇事致一人以上重伤,负事故全部或者主要责任,并具有下列情形之一的,以交通肇事罪定罪处罚:(一)酒后、吸食毒品后驾驶机动车辆的;(二)无驾驶资格驾驶机动车辆的;(三)明知是安全装置不全或者安全机件失灵的机动车辆而驾驶的;(四)明知是无牌证或者已报废的机动车辆而驾驶的;(五)严重超载驾驶的;(六)为逃避法律追究逃离事故现场的。"

4. 部门规范性文件。人力资源和社会保障部办公厅《关于工伤保险有关规定处理意见的函》(2011年6月23日 人社厅函〔2011〕339号)第3条:"'非本人主要责任'事故认定应以公安机关交通管理、交通运输、铁道等部门或司法机关,以及法律、行政法规授权组织出具的相关法律文书为依据。"公安部《道路交通事故处程序规定》(2018年5月1日)第60条:"公安机关交通管理部门应当根据当事人的行为对发生道路交通事故所起的作用以及过错的严重程度,确定当事人的责任。(一)因一方当事人的过错导致道路交通事故的,承担全部责任;(二)因两方或者两方以上当事人的过错发生道路交通事故的,根据其行为对事故发生的作用以及过错的严重程度,分别承担主要责任、同等责任和次要责任;(三)各方均无导致道路交通事故的过错,属于交通意外事故的,各方均无责任。一方当事人故意造成道路交通事故的,他方无责任。"公安部《关于对机动车前照灯贴膜问题的批复》(1999年1月25日 公复字〔1999〕2号,2004年8月19日废止):"……经国家有关部门检测,机动车前照灯粘贴反光蓝膜后,造成相对方向行驶的机动车驾驶员眩目,同时还降低了自身的发光强度,从而严重影响了驾驶员安全驾驶车辆。为了确保交通安全,机动车一律不得粘贴或安装任何影响灯光信号装置正常有效工作的贴膜或遮盖物,也不得随意改变灯光信号装置的原有特性。自本批复下发之日起,公安交通管理部门应当通过报刊、广播、电视等媒体,广泛宣传擅自粘贴或安装贴膜或遮盖物的危害性,动员驾驶人员自行揭除或拆除。从1999年3月1日起,公安交通管理部门在道路值勤和机动车检验时发现机动车粘贴或安装了这类贴膜或遮盖物的,应当强制揭除或拆除,并按照《中华人民共和国道路交通管理条例》第七十七条第四项的规定予以处罚。"公安部交管局《关于在高速公路行车道上正常行驶的车辆超过了超车道上的车辆是否属于违章的答复》(1996年9月4日 公交管〔1996〕162号,2004年8月19日废止):"……车辆在高速公路行车道上未超过最高时速限制行驶,超过了超车道上的车辆不属于违章行为。超车道上的车辆驶回行车道,与该行车道上的车辆发生事故,应当根据法规和具体情况认定交通事故责任。"公安部交管局《关于车行道边缘线有关问题的答复》(1992年12月10日 公交管〔1992〕187号):"……车道中心线(包括隔离带、隔离设施等)两侧所划的车行道边缘线,是为了保证车辆高速行驶的安全和保护道路设施,两条边缘线之间的区域,禁止行人和车辆通行。违者按交通违章论处;造成交通事故的,应当根据当事人的违章行为与交通事故之间的因果关系,以及违章行为在交通事故中的作用,认定当事人的交通事故责任。"公安部交管局《关于交叉路口如何认定等问题的答复》(1991年2月27日 公交管〔1991〕17号,2004年8月19日废止)第2条:"关于在机动车混行的道路上,机动车因超车向左驶离原车道,后方机动车可否跟上被超车的问题。我们认为,在这种情况下,后方机动车跟上被超车辆行驶一般不会发生问题,但如能待前车超车行为完成后再向前跟进更好。鉴于《道路交通管理条例》没有规定,目前应允许后方机动车紧跟被超车辆行驶。"公安部交管局《关于黄灯闪烁时路口通行问题的答复》(1990年6月4日 〔90〕公交管第73号,2004年8月19日废止):"……黄灯闪烁通常是夜间单独设立在路口,用以提醒各方向的车辆驾驶人员和行人注意交叉路口的信号,它不具有控制交通先行和让行的作用。因此,设有黄灯闪烁信号的路口,不同于红绿灯变换控制的路口,应视为没有交通信号控制的交叉路口。车辆、行人通过设有黄灯闪烁信号的路口,既要遵守《道路交通管理条例》第十条第(五)项的规定,即'须在确保安全的原则下通行',也要执行《条例》第四十三条关于'车辆通过没有交通信号或交通标志控制的交叉路口'的规定。"

5. 地方司法性文件。安徽亳州中院《关于审理道路交通事故损害赔偿案件的裁判指引(试行)》(2020年4月1日)第5条:"机动车之间发生交通事故造成的损失超出交强险责任限额的部分,两车发生交通事故认定为主次责任的,分别按照70%、30%的比例承担责任;认定为同等责任的,各自按照50%的比例承担责任。"安徽淮北中院《关于审理道路交通事故损害赔偿案件若干问题的会议纪要》(2018年)第2条:"损害赔偿责任比例……(二)机动车之间发生交通事故,按照下列规定承担赔偿责任:(1)两机动车之间。1.全部责任承担100%;2.主要责任承担70%;3.同等责任承担50%;4.次要责任承担30%。(2)三机动车之间。1.全部责任承担100%;2.两车主要责任各承担40%,另一车次要责任承担20%;3.两车共同主要责任各承担35%,另一车次要责任承担30%;4.同等责任各承担1/3;5.一车主要责任承担60%,另两车次要责任各承担20%;6.一车主要责任承担70%,另两车共同次要责任各承担15%;7.一车主要责任承担70%,一车次要责任承担30%。"北京三中院《类型化案件审判指引:机动车交通事故责任纠纷类审判指引》(2017年3月28日)第2-4.2部分"机动车商业三者险的处理—常见问题解答"第4条:"商业三者险种'不计免赔'特种险的注意事项?商业三者险保险条款一般约定,负次要事故责任的免赔率为5%,负同等事故责任的免赔率为10%,负主要事故责任的免赔率为15%,负全部事故责任的免赔率为20%。对于免赔率的计算方式,可参照《机动车辆保险条款解释》确定。"天津高院《关于印发〈机动车交通事故责任纠纷案件审理指南〉的通知》(2017年1月20日 津高法〔2017〕14号)第4条:"……两方之间发生的交通事故。①两机动车间的交通事故,一般按照全部责任100%、主要责任70%、同等责任50%、次要责任30%确定事故双方的责任比例;②机动车与非机动车、行人间的事故,机动车一方的责任比例一般按照全部责任100%、主要责任80%、同等责任60%、次要责任40%确定。上述主要责任、次要责任的具体比例可根据事故双方过错程度、损害后果、道路环境、天气条件等案件事实情况予以调整。"河北石家庄中院《关于规范机动车交通事故责任纠纷案件审理工作座谈会会议纪要》(2016年1月11日 石中法〔2016〕4号)第4条:"如何处理交通事故责任与民事赔偿责任的关系:如果没有证据证明当事人的损失是由交通事故之外的因素造成的,应按照事故责任确定民事赔偿责任:(一)一方当事人负事故全部责任的,承担100%的赔偿责任,对方当事人不承担赔偿责任;(二)当事人对事故分贝承担主要责任和次要责任的,主要责任方承担70%的赔偿责任,次要责任方承担30%的赔偿责任;(三)当事人对事故负同等责任的,各自承担50%的赔偿责任;(四)同一方当事人包括多人的,按照同等份额分担己方应承担的赔偿责任。"安徽宣城中院《关于审理道路交通事故赔偿案件若干问题的意见(试行)》(2011年4月)第35条:"公安机关认定的道路交通事故责任与人民法院认定的民事侵权赔偿责任并非同一概念,不可简单等同。机动车之间发生交通事故的,由保险公司在交强险责任限额内予以赔偿,不足部分由过错方承担赔偿责任,双方都有过错的,按照各自的过错比例承担责任,其比例可按照下列意见承担:(一)负全部责任的,承担100%的赔偿责任;(二)负主要责任的,可以在60～90%之间确定,一般以70%赔偿;(三)负次要责任的,可在10～40%之间确定,一般以30%为宜;(四)负同等责任的,各承担50%的责任;(五)不负事故责任的,不承担赔偿责任……"第36条:"机动车与非机动车驾驶人、行人之间发生交通事故的,由保险公司在交强险责任限额内予以赔偿,不足部分可以按照下列意见分担……(二)机动车一方负次要责任的,承担40%左右的赔偿责任;(三)机动车一方负主要责任的,承担80%左右的赔偿责任……"山东淄博中院民三庭《关于审理道路交通事故损害赔偿案件若干问题的指导意见》(2011年1月1日)第27条:"机动车与非机动车、行人之间发生交通事故的,由机动车方承担赔偿责任;但是,有证据证明非机动车驾驶人、行人违反道路交通安全法律、法规,机动车驾驶人已经采取必要处置措施的,应当按照下列比例减轻机动车方的赔偿责任……非机动车、行人负事故主要责任的,减轻60%至70%赔偿责任……非机动车、行人负事故次要责任的,减轻10%至20%赔偿责任。"江苏高院民一庭《侵权损害赔偿案件审理指南》(2011年)第7条:"道路交通事故责任。1.归责原则。《道路交通安全法》第76条规定:'机动车发生交通事故造成人身伤亡、财产损失的,由保险公司在机动车第三者责任强制保险责任限额范围内予以赔偿;不足的部分,按照下列规定承担赔偿责任:(一)机动车之间发生交通事故的,由有过错的一方承担赔偿责任:双方都有错的,按照各自过错的比例分担责任。(二)机动车与非机动车驾驶人、行人之间发生交通事故,非机动车驾驶人、行人没有过错的,由机动车一方承担赔偿责任;有证据证明非机动车驾驶人、行人有过错的,根据过错程度适当减轻机动车一方的赔偿责任;机动车一方没有过错的,承担不超过百分之十的赔偿责任。交通事故的损失是由非机动车驾驶人、行人故意碰撞机动车造成的,机动车一方不承担赔偿责任。'据此,机动车之间发生的交通事故,适用过错责任原则。机动车与非机动车驾驶人、行人之间发生的交通事故,适用无过错责任原则。"河南郑州中院《审理交通事故损害赔偿案件指导意见》(2010年8月20日 郑中法〔2010〕120号)第7条:

"机动车之间发生交通事故的,由保险公司在交强险责任限额内予以赔偿,不足部分由过错一方承担赔偿责任,双方都有过错的,按照各自过错的比例分担责任。其比例可按下列意见承担:(一)负全部责任的,承担100%的赔偿责任;(二)负主要责任的,可在90%~60%之间确定,原则以70%为宜;(三)负次要责任的,可在10%~40%之间确定,原则以30%为宜;(四)负同等责任的,各承担50%的赔偿责任……"第9条:"机动车与非机动车驾驶人、行人之间发生交通事故的,由保险公司在交强险责任限额内予以赔偿,不足部分可按下列意见分担……(二)机动车一方负次要责任的,承担40%左右的赔偿责任;(三)机动车一方负主要责任的,承担80%左右的赔偿责任……"江西南昌中院《关于审理道路交通事故人身损害赔偿纠纷案件的处理意见(试行)》(2010年2月1日)第25条:"优者危险负担原则。在交通事故中,在证据分析和事实认定、责任比例的划定等方面应当以车辆冲撞在物理上危险性的大小及危险回避能力的优劣,来分配危险责任。机动车比非机动车为优,非机动车比行人为优,机动车之间,速度、硬度、重量和体积超过对方者为优。"第28条:"……非机动车驾驶人、行人一方负次要责任的,机动车一方承担70%~80%的赔偿责任……非机动车驾驶人、行人一方负主要责任的,机动车一方承担30%~40%的赔偿责任……"湖南长沙中院《关于道路交通事故人身损害赔偿纠纷案件的审理意见》(2010年)第三部分第1条:"……责任划分。首先确定保险公司在交强险责任限额范围内的赔偿责任金额之后,不足的部分再按如下方式划分责任:(1)机动车之间发生交通事故,一方负全部责任的,承担100%;一方负主要责任的,一般承担70%(如有特殊情况,方可自由裁量,并充分说明理由);双方负同等责任的,各承担50%;一方负次要责任的,承担30%(如有特殊情况,方可自由裁量,并充分说明理由);无责任的,不承担赔偿责任;属于交通意外事故、各方均无责任的,视具体情形确定双方的赔偿责任;属于不能认定事故责任的,双方对此均无过错的或均有过错的,各承担50%;没有道路交通事故认定书的,适用推定来解决问题,分以下情形认定(以下机动车与非机动车驾驶人、行人之间发生交通事故的,出现此种特殊情况的,亦依此认定):A.当事人逃逸、故意破坏、伪造现场、毁灭证据的,推定该当事人负全部责任;B.一方当事人有条件报案而没有及时报案导致交警无法认定责任的,推定该一方当事人负全部责任;C.当事人各方都有条件报案而没及时报案导致交警无法认定责任的,推定双方负同等责任;此种情形下,如系机动车与非机动车驾驶人、行人之间发生交通事故的,机动车一方负主要责任,非机动车驾驶人、行人一方负次要责任……"广东广州中院《民事审判若干问题的解答》(2010年)第5条:"【机动车之间发生交通事故时责任比例的确定】机动车之间发生交通事故造成人身伤亡、财产损失的,应当在何种范围内对赔偿权利人承担赔偿责任?答:机动车之间发生交通事故的,由有过错的一方承担赔偿责任。双方都有过错的,按照各自过错的比例分担责任,一般按以下原则处理:(一)承担赔偿义务的机动车一方负主要责任的,由其对受害人承担70%的赔偿责任;(二)双方负同等责任的,由承担赔偿义务的机动车一方对受害人承担50%的赔偿责任;(三)承担赔偿义务的机动车一方负次要责任的,由其对受害人承担30%的赔偿责任。"江苏南京中院民一庭《关于审理交通事故损害赔偿案件有关问题的指导意见》(2009年11月)第34条:"对于超过机动车第三者责任保险限额的赔偿部分,由交通事故当事人根据《道路交通安全法》第七十六条第一款、《省道路交通安全条例》第五十二条的规定,按照下列方式承担赔偿责任:(一)对于机动车之间发生交通事故的,由有过错的一方承担赔偿责任;双方都有过错的,按照各自过错的比例分担责任。除经过质证认定不能作为证据使用的情形以外,一般可根据公安机关交通管理部门的交通事故责任认定来确定交通事故当事人的赔偿责任,并参照下列比例承担:(1)负全部责任的,承担100%的赔偿责任;(2)负主要责任的,承担70%的赔偿责任;(3)负同等责任的,承担50%的赔偿责任;(4)负次要责任的,承担30%的赔偿责任;(5)无责任的,不承担赔偿责任;(6)属于交通意外事故、各方均无责任的,应根据《民法通则》和《人身损害赔偿司法解释》的规定,视具体情形确定双方的赔偿责任;(7)属于不能认定事故责任的,双方各承担50%的赔偿责任。(二)对于机动车与非机动车、行人之间发生交通事故的,由机动车方承担赔偿责任;但是,有证据证明非机动车驾驶人、行人违反道路交通安全法律、法规,机动车驾驶人已经采取必要处置措施的,应当按照下列比例减轻机动车方的赔偿责任:(1)非机动车、行人负事故全部责任的,减轻80%至90%;(2)非机动车、行人负事故主要责任的,减轻60%至70%;(3)非机动车、行人负事故同等责任的,减轻30%至40%;(4)非机动车、行人负事故次要责任的,减轻20%至30%。属于交通意外事故、各方均无责任的或不能认定事故责任的,由机动车方承担全部赔偿责任。"安徽合肥中院民一庭《关于审理道路交通事故损害赔偿案件适用法律若干问题的指导意见》(2009年11月16日)第28条:"公安机关认定的道路交通事故责任与人民法院认定的民事侵权赔偿责任并非同一概念,不可简单等同。机动车与非机动车驾驶人、行人之间发生交通事故的损失超出交通事故责任强制保险责任限额的部分,机动车一方有事故责任的,由机动车一方按照下列规定承担赔偿责任:(一)机动车一方在交通事故中负全部责任的,承担100%的赔偿责任;(二)机动车一方在交通事故中负主要责任的,承担80%的赔偿责任……"江西九江中院《关于印发〈九江市中级人民法院关于审理道路交通事故人身损害赔偿案件若干问题的意见(试行)〉的通知》(2009年10月1日 九中法〔2009〕97号)第1条:"……非机动车驾驶人、行人负次要责任的,机动车一方承担70%至80%的赔偿责任;(二)非机动车驾驶人、行人负同等责任的,机动车一方承担60%的赔偿责任;

(三)非机动车驾驶人、行人负主要责任的,机动车一方承担30%至40%的赔偿责任……"云南高院《关于审理人身损害赔偿案件若干问题的会议纪要》(2009年8月1日)第2条:"……非机动车或行人一方对交通事故承担主要责任的,减轻机动车一方60~70%的责任……非机动车或行人一方对交通事故承担次要责任的,减轻机动车一方20~30%的责任……"广东佛山中院《关于审理道路交通事故损害赔偿案件的指导意见》(2009年4月8日)第41条:"审理交通事故损害赔偿案件,区别以下情形适用归责原则:(一)机动车之间实行过错责任,非机动车之间实行过错责任,非机动车与行人之间实行过错责任;(二)机动车与行人、非机动车之间实行无过错责任。"第42条:"因道路交通事故致人损害,难以认定各方交通事故责任的,按照以下情形处理:(一)机动车之间或者非机动车之间发生道路交通事故的,由各方当事人承担同等赔偿责任;(二)机动车与非机动车驾驶人、行人之间发生道路交通事故的,由机动车方承担全部赔偿责任;(三)非机动车与行人之间发生道路交通事故的,由非机动车方承担主要赔偿责,行人承担次要赔偿责任。"陕西高院《关于审理道路交通事故损害赔偿案件若干问题的指导意见(试行)》(2008年1月1日 陕高法〔2008〕258号)第16条:"机动车与非机动车、行人发生交通事故,依据《道路交通安全法》第七十六条的规定,需要减轻机动车方赔偿责任的,可以按照下列规定由机动车方承担赔偿责任:(一)主要责任承担90%……次要责任承担40%……"湖北十堰中院《关于审理机动车损害赔偿案件适用法律若干问题的意见(试行)》(2007年11月20日)第1条:"机动车之间因交通事故而产生的损害赔偿责任适用过错责任原则。即机动车之间发生交通事故,造成人身、财产损失的,由保险公司在机动车第三者责任强制保险责任限额内予以赔偿。超过责任限额的部分,由有过错的一方承担赔偿责任,双方都有过错的,按照各自过错的比例,参照下列比例分担责任:(1)负全部责任的,承担100%的赔偿责任;(2)负同等责任的,承担50%的赔偿责任;(3)负次要责任的,承担30%的赔偿责任;(4)无责任的,不承担赔偿责任。"第2条:"……非机动车驾驶人、行人一方负事故主要责任的,机动车一方承担40%的赔偿责任……非机动车驾驶人、行人一方负事故次要责任的,机动车一方承担80%的赔偿责任。"江西赣州中院《关于审理道路交通事故人身损害赔偿案件的指导性意见》(2006年6月9日)第21条:"机动车之间发生交通事故致人损害,根据各自的过错程度,按照下列情形确定赔偿责任:(1)负全部责任的,承担100%的赔偿责任;(2)负主要责任的,承担60%~90%的赔偿责任;(3)负同等责任的,承担50%的赔偿责任;(4)负次要责任的,承担10%~40%的赔偿责任;(5)无责任的,不承担赔偿责任。"浙江杭州中院《关于审理道路交通事故损害赔偿纠纷案件问题解答》(2005年5月)第5条:"根据公安机关作出的事故责任认定,如受害人应得到的赔偿少于加害人已经预付的金额时,加害人以不当得利起诉受害人返还多付款时,是否多付涉及责任分担比例、受害人的全部损失的确定等实体问题,如果受害人不配合举证或不应诉,人民法院能否在该案中对此问题直接作出裁判?能否支持原告的诉讼请求要视其是否尽到举证责任而定。受害人的实际损害、双方的责任分担比例、加害人已经承担的责任等事实的举证责任,都应由原告(加害人)承担,因为被告是否存有不当得利的事实的证明责任在原告。但是,不当得利纠纷案件的审理不应直接变成道路交通事故人身损害赔偿案件的审理,若原告无相关证据证明该事故已经处理完毕,不能证明被告的损失、双方的责任比例已经清楚,则人民法院不能在不当得利纠纷案件的审理过程中直接对道路交通事故的损害后果、双方的责任比例作出认定,而应告知原告先提出确认之诉,由人民法院确定其在事故中应赔偿的数额。不当得利纠纷案件中止审理,待确认之诉判决生效后再恢复审理。需要说明的是,确认之诉并非不当得利返还之诉必经的前置程序,只是原告在不当得利之诉中承担证明责任的一种方式,若其有相应证据能够证明上述待证事实,则无需另行提起确认之诉。"内蒙古高院《内蒙古自治区道路交通事故损害赔偿项目和计算办法》(2004年12月10日 〔2004〕内民一通字第11号)第4条:"当事人应承担的损害赔偿责任,按照交通事故认定书认定的当事人责任以及《中华人民共和国道路交通安全法》第七十六条的规定予以确定。机动车发生交通事故造成人身伤亡、财产损失,机动车参加第三者责任强制保险的,由保险公司承担在机动车第三者责任强制保险责任限额范围内的损害赔偿责任;机动车未参加第三者责任强制保险的,由该机动车方按照本车应当投保的最低保险责任限额范围的金额承担损害赔偿责任;超过责任限额范围的部分,按照下列方式承担损害赔偿责任:(一)机动车之间发生交通事故的,按照《交通事故认定书》或者《事故认定书》认定的各方当事人的责任,按比例分别承担损害赔偿责任。(二)机动车与非机动车、行人之间发生交通事故的,由机动车一方承担损害赔偿责任;但是,有证据证明非机动车驾驶人、行人违反道路交通安全法律、法规,机动车驾驶人已经采取必要处置措施的,减轻机动车一方的损害赔偿责任。减轻机动车损害赔偿责任的比例按照下列规定执行:1. 非机动车、行人负事故全部责任的,减轻80% ~ 90%的损害赔偿责任;2. 非机动车、行人负事故主要责任的,减轻60% ~ 70%的损害赔偿责任;3. 非机动车、行人负事故同等责任的,减轻40% ~ 50%的损害赔偿责任;4. 非机动车、行人负事故次要责任的,减轻20% ~ 30%的损害赔偿责任。"

**6. 地方规范性文件。**广东省公安厅交管局《关于高速公路停车导致追尾事故责任确定的指导意见》(2019年12月9日)第1条:"前车驾驶人在高速公路行车道内停车发生追尾事故。(一)前车驾驶人没有采取开启危险报警闪光灯和放置警告标志等防护措施,后车驾驶人采取措施不当的,两车驾驶人(原则上,下同)承担同等责任。有证据证明前车属于发生故障后可移动未移动或者发生轻微事故后依法应撤离未撤离情形的,前车驾驶人承担主要责任,后车驾驶人承担次要责任。后车驾驶人如还有疲劳驾驶、超速、酒驾、违法变道等违法行为的,应视情节轻重适当增加责任。事发时该路段能见度差或者驾驶人视线受影响的,可视情形适当增加前车驾驶人责任。(二)前车驾驶人虽有采取放置警告标志等防护措施,但防护措施不规范,后车驾驶人采取措施不当的,前车驾驶人承担次要责任,后车驾驶人承担主要责任。有证据证明前车属于发生故障后可移动未移动或者发生轻微事故后依法应撤离未撤离情形的,两车驾驶人承担同等责任。后车驾驶人如还有疲劳驾驶、超速、酒驾、违法变道等违法行为的,应视情节轻重适当增加责任。事发时该路段能见度差或者驾驶人视线受影响的,可视情形适当增加前车驾驶人责任。(三)前车驾驶人已经采取放置警告标志等防护措施,且防护措施符合规范,后车驾驶人承担全部责任。如有证据证明前车属于发生故障后可移动未移动或者发生轻微事故后依法应撤离未撤离情形的,前车驾驶人应视情形承担一定责任,但最高不超过次要责任。(四)前车非故障或事故原因,违法停车的,参照发生故障后可移动未移动或者发生轻微事故后依法应撤离未撤离情形确定责任。前车属于变道后突然停车等情形,后车来不及采取有效避让措施的,前车驾驶人承担全部责任。(五)正在高速公路停车实施清洁、养护、施工、工程救险等作业的车辆被后方车辆追尾的,可视情形适当减轻前车驾驶人责任。"第2条:"前车驾驶人在高速公路路肩上或应急车道内停车发生追尾事故。(一)前车因发生事故或故障确需停车的,后车驾驶人承担全部责任。(二)前车驾驶人非紧急情况在路肩上或应急车道内停车,已经采取开启危险报警闪光灯和放置警告标志等安全防护措施且符合规范的,后车驾驶人承担全部责任。前车驾驶人未采取安全防护措施或者采取安全防护措施不规范的,承担次要责任,后车驾驶人承担主要责任;后车属紧急情况在路肩或应急车道行驶的,可适当减轻后车驾驶人责任;事发时该路段能见度差或者驾驶人视线受影响的,可视情形适当增加前车驾驶人责任。"第3条:"前车停在路肩上或应急车道内,一侧车身占用部分行车道发生追尾事故的,参照在行车道内停车确定责任,但有下列情形的,应适当减轻前车驾驶人责任:(一)前车属于因发生事故或故障确需停车的;(二)路肩或应急车道宽度小于前车宽度,前车一侧车身不得已占用行车道的;(三)后车在自己行驶的车道内,无需借用其他车道即可避让,即前车占用部分小于被占用车道宽度与后车宽度之差的。"第4条:"其他。(一)上述意见仅作为处理高速公路该类事故划定责任的参照,具体到每一起事故,还应综合考虑事故发生时的能见度(如夜间、照明、雨雾天气等)、道路状况(是否弯道、湿滑等)、事故各方是否存在其他交通违法行为等各方面因素,依法依规确定责任。(二)上述意见所称'视情形',包括但不仅限于:事发时该路段是否存在能见度差或者驾驶人视线受影响问题(如雨雾天气、夜间无照明路段、急弯等);前车(货车等)尾部反光标识是否符合标准,采取安全防护措施是否符合规范;后车是否存在严重超速、超载、醉驾等严重交通违法行为。(三)前车因故障或事故在高速公路停车,尚未来得及移动、撤离或采取防护措施就被后车碰撞的,或者驾驶人丧失行为能力,无法移动、撤离车辆或采取防护措施的,不适用上述意见,不承担未采取安全防护措施的责任,应按照事故双方行为对事故所起作用以及过错严重程度确定责任。(四)两车(或以上)因发生事故在高速公路停车的,驾驶人共同承担采取安全防护措施的义务(丧失行为能力的除外),并按各自过错及造成后果严重程度分别承担责任。(五)考虑到视觉误差和碰撞导致的移位,前车驾驶人在后方放置的警告标志与车辆的垂直距离超过100米的,可视为符合规范。前车驾驶人放置的警告标志被后方来车碰倒损坏未起作用的,或者前车在已收回警告标志准备撤离时被追尾的,不承担未采取安全防护措施的责任。(六)高速公路因事故、拥堵等原因造成短时间交通停滞,前方车辆排队等候通行时,后车从后驶至碰撞前方等候队列尾部车辆的,后车驾驶人承担全部责任。"安徽省《实施〈道路交通安全法〉办法》(2012年10月19日修正)第54条:"机动车与非机动车驾驶人、行人之间发生交通事故的损失超出第三者责任强制保险责任限额的部分,机动车一方有事故责任的,由机动车一方按照下列规定承担赔偿责任……机动车一方在交通事故中负主要责任的,承担百分之八十的赔偿责任……机动车一方在交通事故中负次要责任的,承担百分之四十的赔偿责任。"江苏省《道路交通安全条例》(2012年1月12日修正 2023年7月27日修订 2024年1月1日实施)第68条:"……机动车与非机动车驾驶人、行人之间发生交通事故,非机动车驾驶人、行人没有过错的,由机动车一方承担赔偿责任;有证据证明非机动车驾驶人、行人有过错的,按照以下规定减轻机动车一方的赔偿责任……非机动车驾驶人、行人负事故主要责任的,减轻百分之六十至百分之七十……非机动车驾驶人、行人负事故次要责任的,减轻百分之二十至百分之三十。"甘肃省《道路交通安全条例》(2012年1月1日)第68条:"非机动车之间、非机动车与行人之间发生交通事故造成人身伤亡、财产损失的,由有过错的一方承担赔偿责任;双方都有过错的,按照各自过错的比例承担赔偿责任。"第69条:"机动车与非机动车、行人发生交通事故造成人身伤亡、财产损失,超过机动车交通事故责任强制保险责任限额的部分,非机动车、行人没有过错的,由机动车一方承担赔偿责任;有证据证明非机动车驾驶人、行人有过错的,机动车一方按照以下规定承担赔偿责任……机动车一方负次要责任的,承担百分之四十至百分之五十的赔偿责任……(五)机动车一方负主要责任的,承担百分之七十至百分之九十的赔偿责任……"广东省《道路交通安全条例》(2011年10月1日修订)第46条:"机动车与非机动车驾驶人、行人之间发生交通事故,造成人身伤亡、财产损失的,由保险公司在机动车第三者责任强制保险责任限额范围内予以赔偿。不足的部分,按照下列规定承担赔偿责任……非机动车驾驶人、行人负事故次要责任的,由机动车一方承担百分之八十的赔偿责任……非机动车驾驶人、行人负事故主要责任的,由机动车一方承担百分之四十的赔偿责任……"四川省《道路交通事故责任确定规则(试行)》(2010年1月1日)第11条:"交通事故当事人有下列违法行为之一的,应当确定为次要责任;如其行为与事故发生有因果关系的,应当确定为主要或者全部责任。(一)当事人无驾驶资格、饮酒后、吸食或者注射毒品、服用国家管制的精神药品或麻醉药品驾驶机动车,醉酒后驾驶非机动车的。(二)车辆严重超载、严重超速或者车辆机械存在严重安全隐患的。(三)驾驶车辆违反交通信号灯、交通警察指挥手势通行的。(四)驾驶机动车逆行或者越过道路中心分道线、隔离设施与其他正常行驶车辆发生交通事故的。(五)驾驶机动车在人行道、人行横道或其他行人通行范围内刮撞行人,在非机动车道或其他非机动车通行范围内刮撞非机动车的。(六)驾驶非机动车在非机动车道逆行或在人行道行驶,与正常行驶的非机动车或行人发生交通事故的。"第13条:"当事人在事故中具有过错行为,但在交通事故中所起的作用较小,是引发事故的次要原因,确定为次要责任。"山东省《**道路交通事故责任确定规则(试行)**》(2010年1月1日)第6条:"根据当事人的过错行为在道路交通事故中的主动型、被动型、隐患型的形态特征,确定当事人严重过错行为和一般过错行为:(一)主动型行为是指与对方临近时突然改变运动状态或者主动逼近对方,造成对方难以避让的过错行为,属于严重过错行为。(二)被动型行为是指处于持续稳定运动或者静止状态,对方能够采取措施避让的过错行为。容易被对方及时发现的属于一般过错行为;难以被对方及时发现的属于严重过错行为。(三)隐患型行为是指人、车、路存在安全隐患的过错行为。应当避免的道路交通事故未能避免的,属于严重过错行为;可以避免的道路交通事故未能避免的,属于一般过错行为。"第7条:"公安机关交通管理部门应当根据当事人的过错行为,按照下列规定确定当事人的责任:(一)因一方当事人的过错行为导致道路交通事故的,确定为全部责任。(二)因两方当事人的过错行为导致道路交通事故的:1.一方当事人具有严重过错行为的,另一方当事人仅有一般过错行为,有严重过错行为的一方当事人承担主要责任,另一方当事人承担次要责任。2.两方当事人同时具有严重过错行为的,严重过错行为数量多的一方当事人承担主要责任,另一方当事人承担次要责任。严重过错行为数量相同的,一般过错行为数量多的一方当事人承担主要责任,另一方当事人承担次要责任。3.两方当事人只有一般过错行为的,一般过错行为数量多的一方当事人承担主要责任,另一方当事人承担次要责任。4.两方当事人具有相同程度和数量的过错行为的,承担同等责任。"

7. 最高人民法院审判业务意见。●**主次责任承担的责任比例如何确定?**最高人民法院民一庭《民事审判实务问答》编写组:"这类问题可根据案件的具体情况来确定,属于法官行使自由裁量权的范围。一般来说,主次责任之分还可以进一步细分:负主要责任的一方如具有故意或重大过失,负次要责任的一方只有轻微过失,双方的过错责任比例为10%~20%上下;负主责的一方如具有故意或重大过失,负次要责任的一方有一般过失,双方的过错责任比例为20%~30%左右;负主要责任的一方如具有较大过失,负次要责任的一方也具有明显的过失,双方的过错责任比例为30%~40%。"

**8. 参考案例。**①2014年浙江某交通事故纠纷案,2010年,吴某驾驶正三轮摩托车超车时,与胡某驾驶的电动自行车发生交通事故。电动自行车失控侧翻致胡某及搭载的其妻戴某受伤。交管部门对事故成因及责任无法认定。吴某超车时为五挡,迎面有一辆黑色轿车快速驶来,吴某称当时感觉有点危险。法院认为:吴某驾驶摩托车超越胡某电动自行车时,其车速较快;结合吴某超车前未注意到对向快速驶来的黑色轿车看,可认定其未尽谨慎的注意义务。交管部门事故责任证明虽未能证实两车是否发生碰撞或剐蹭,但从证人证言反映情况看,正是在吴某超车过程中胡某电动自行车发生左右晃动而侧翻,结合事故现场其他情况,依《民事诉讼法》高度盖然性司法原则,应认定胡某电动自行车翻车与吴某驾驶摩托车超车中疏忽大意存在因果关系,吴某应承担事故主要责任。胡某驾驶电动自行车搭载成年人违反《道路交通安全法》,亦有过错,双方应按三七比例承担胡某等的医疗费、伤残赔偿金、误工费等人身损害赔偿责任。②2011年湖北某交通事故损害赔偿案,2008年7月,唐某驾车为避让社保局司机周某违章车辆,与方某名下由方某丈夫雇佣的司机杨某驾驶的车辆碰撞,造成唐某8级伤残及车辆损失48万余元,交警认定唐某负主要责任,周某、杨某负次要责任。2010年6月,经交警调解,并经法院确认,协议由周某赔偿唐某14万余元、杨某赔偿唐某15万元。2010年10月,周某申诉,要求撤销该调解书。法院认为:周某履行职务期间肇事,应由社保局承担赔偿责任;杨某作为雇员,在此次交通事故中无重大过失和故意,亦不承担责任,应由车主即方某承担赔偿责任。因社保局与方某车辆均投保交强险,故由两保险公司在各自责任限额范围内承担赔偿责任,超过限额部分,由方某和社保局按次要责任比例(40%)各自赔偿唐某20%即4.8万余元。③2010年广西某交通事故损害赔偿案,2008年9月,张某、刘某、李某因所乘货车故障,在应急车道内更换轮胎时,被刘某名下由赵某驾驶的车辆撞倒反光三角警告标志牌后,将张某、刘某、李某三人撞倒致死。交警认定三死者负主要责任,赵某负次要责任。法院认为:张某、刘某、李某因货车轮胎损害急需更换时,已将车停靠在应急车道,开启尾灯及危险警示灯,并放置了反光三角警示标志牌,说明三受害人已采取了相应的安全措施,虽三人在高速公路上发生故障未及时报警,有主观过错,但对事故发生所起作用较小,非造成事故直接原因,故只应负事故次责。赵某未尽谨慎驾驶义务,在前方应急车道出现紧急情况时,未能采取有效制动及避让措施,致三受害人死亡,赵某行为是造成事故的直接原因,对事故发生起的作用较大,其应负事故主要责任。交警认定的主次责任与事实不符,应予纠正,结合事故当事人过错程度,认定赵某负事故70%责任,三受害人负30%责任。判决保险公司在交强险范围内赔偿原告损失,超过责任限额部分的70%,由赵某、刘某连带赔偿。④2010年北京某交通事故损害赔偿案,2008年9月,靳某驾驶投保交强险的小客车与雷某摩托车相撞,致雷某受伤及摩托车后乘门某残疾,交警认定靳某、雷某分负事故主、次责任,门某无责任。雷某人身损失2.2万余元,门某8.7万余元。法院认为:根据《道路交通安全法》第76条规定,保险公司应在交强险医疗费限额责任1.1万元范围内赔偿雷某、门某医疗费、住院伙食补助费、营养费,并在交强险伤残赔偿金11万元范围内赔偿门某误工费、护理费、交通费、残疾赔偿金、精神损害抚慰金。超过责任限额部分,由靳某按事故责任比例对雷某和门某承担主要责任即70%的赔偿责任。因雷某承担30%的责任,门某无责任,门某有权另案诉讼要求雷某赔偿超出保险责任限额的30%的损失。⑤2010年四川某交通事故损害赔偿案,2010年3月,李某酒后驾驶未续保交强险的轿车与刘某驾驶的摩托车相撞,造成刘某车损人伤,交警认定李某、刘某分负主、次责任。刘某妻子与李某达成协议,由李某补偿刘某1000元医疗费用,"以后发生的费用与对方无关"。同年6月,刘某经鉴定构成10级伤残,遂起诉要求李某按2∶8责任划分,赔偿其损失的80%。法院认为:案涉协议达成时,刘某尚在医院检查治疗,未参与签约,且对协议内容不予追认,其伤情经最终评定为10级伤残,刘某据此起诉要求李某赔偿损失,应予支持。因李某车辆肇事时未续保交强险,故李某首先应在交强险限额范围内赔偿,不足部分由双方根据责任分担,但刘某在起诉时即主张按2∶8比例来划分责任、分担损失,是处分自己权利的行为,应准许,故刘某损失,由李某赔偿80%共计1.3万余元。⑥2010年辽宁某交通事故损害赔偿案,2009年12月,刘某驾驶蒋某所有的到期未续保交强险的车辆与骑电动自行车的张某碰撞,交警认定刘某、张某分负主、次责任。法院认为:蒋某作为机动车所有权人,其投保的交强险到期后未续保,导致事故发生时该车无有效的交强险,依法应在交强险责任限额内赔偿张某的损失,超过限额责任部分,根据交警认定的事故责任比例,应由双方各自过错比例承担,判决张某损失,由刘某、蒋某赔偿应由交强险保险人承担的保险金,超过限额责任部分,由刘某、蒋某赔偿70%。

【同类案件处理要旨】

机动车发生交通事故造成人身伤亡、财产损失,由保险公司在交强险责任限额范围内承担赔偿责任;超过责任限额部分,在交通事故认定书已认定事故主次责任的情形下,法官应在综合审查判断证据的基础上,根据机动车交通事故各方当事人的过错及原因力等因素确定各自的损害赔偿责任比例。

**【相关案件实务要点】**

1.【赔偿比例】在交通事故主次责任如何承担赔偿比例的情形下,法官在综合审查判断证据的基础上,可依法作出裁判,不必拘泥于地方性法规或规章确定的主次责任赔偿比例。案见广东揭阳中院(2001)揭民终字第93号"许某诉卢某交通事故损害赔偿案"。

2.【未投保交强险情形】均未投保交强险的两机动车相撞致第三者受伤,交警认定受害人负主要责任、机动车共同负次要责任的,应首先由机动车方在未投保交强险责任限额范围内承担交强险赔付责任,超过部分再按次要责任比例承担。案见湖北枝江法院(2011)枝民再初字第1号"唐某诉周某等交通事故损害赔偿案"。

3.【事故认定书】交警在事故认定书中认定的主次责任与事实不符,法院审理过程中,应结合事故当事人过错程度,予以重新确定。案见北京房山区法院(2010)房民初字第8070号"雷某等诉靳某等交通事故损害赔偿案"。

4.【诉讼请求】未续保交强险的机动车致第三者受伤并负事故主要责任,受害人在起诉时直接主张按2∶8比例来划分责任,可能会被视为受害人放弃侵权人承担交强险赔付责任,系处分自己权利的行为。案见四川名山法院(2010)名山民初字第544号"刘某诉李某交通事故损害赔偿案"。

**【附注】**

**参考案例索引**:广东揭阳中院(2001)揭民终字第93号"许某诉卢某交通事故损害赔偿案",一审判决卢某赔偿许某损失的30%共计1.3万余元,二审改判卢某赔偿40%共计1.7万余元。见《许燕忠诉卢周荣案》(林党欢),载《中国审判案例要览》(2002民事:357)。①浙江金华中院"吴某与胡某等交通事故人身损害赔偿纠纷案",见《吴俊东、吴秀芝与胡启明、戴聪球交通事故人身损害赔偿纠纷案》,载《民事审判指导与参考·权威发布》(201403/59:108)。②湖北枝江法院(2011)枝民再初字第1号"唐某诉周某等交通事故损害赔偿案",见《唐开祥诉周德山等道路交通事故人身损害赔偿案》(余晶晶),载《中国法院2012年度案例:道路交通纠纷》(7)。③广西北海中院(2010)北民一终字第237号"肖某等诉赵某等交通事故损害赔偿案",见《肖子坤等诉赵阳等道路交通事故人身损害赔偿案》(梁龙全),载《中国法院2012年度案例:道路交通纠纷》(22)。④北京房山区法院(2010)房民初字第8070号"雷某等诉靳某等交通事故损害赔偿案",见《雷洋等诉靳燕等道路交通事故人身损害赔偿案》(栾林林),载《中国法院2012年度案例:道路交通纠纷》(1)。⑤四川名山法院(2010)名山民初字第544号"刘某诉李某交通事故损害赔偿案",见《刘某诉李某道路交通事故人身损害赔偿案》(叶正刚),载《中国法院2012年度案例:道路交通纠纷》(54)。⑥辽宁锦州凌河区法院(2010)锦凌河民一初字第00187号"张某诉刘某等交通事故损害赔偿案",见《张凤霞诉刘玉华等道路交通事故人身损害赔偿案》(郭巍),载《中国法院2012年度案例:道路交通纠纷》(85)。

**参考观点索引:**●主次责任承担的责任比例如何确定?见《损害赔偿案中一方负主要责任,另一方负次要责任,双方承担责任的比例如何确定?》,载《民事审判实务问答》(2008:138)。

## 9. 同等责任与事故赔偿
——事故同等责,赔偿各一半?

### 【同等责任】

**【案情简介及争议焦点】**

2006年12月,谢某超速驾车与叶某驾驶的超载校车碰撞,造成叶某车上的学生章某死亡,交警认定叶某、谢某同等责任。

争议焦点:1. 事故责任认定? 2. 民事赔偿责任?

**【裁判要点】**

**1. 事故责任认定。**交通事故责任与事故损害赔偿责任二者在性质、内容上存在本质区别,不能以交警部门的事故责任认定来简单代替法院对民事赔偿责任的确定。在侵权民事损害赔偿案件中,是否承担责任以及应当赔偿多少损失,主要取决于当事人的过错,侵权民事责任中的"过错"不能等同于"违章","注意义务"的违反才是过错的判断标准,而"违章"只是"注意义务"的违反的一种表现。故法院应依据民事诉讼证据认定规则,对包括交通事故认定在内的多种证据进行综合分析后才能确认当事人的过错和责任。结合本案实际情况,谢某在发生碰撞事故时车速太快,未采取有效的制动措施,且未让应优先通行的叶某一方先行,故谢某行为存在明显过错,是导致本案事故发生的主要原因,应承担事故赔偿的主要责任。叶某超载驾驶,具有一定过错,应承担事故赔偿的次要责任。

**2. 民事赔偿责任。**叶某、谢某内部的民事赔偿责任,按2:8比例确定。因叶某、谢某违章驾驶,其共同过失行为致叶某车上乘客章某死亡,构成共同侵权,应对损害结果承担连带赔偿责任。

**【裁判依据或参考】**

**1. 法律规定。**《道路交通安全法》(2004年5月1日实施,2011年4月22日修正)第76条:"机动车发生交通事故造成人身伤亡、财产损失的,由保险公司在机动车第三者责任强制保险责任限额范围内予以赔偿;不足的部分,按照下列规定承担赔偿责任:(一)机动车之间发生交通事故的,由有过错的一方承担赔偿责任;双方都有过错的,按照各自过错的比例分担责任。(二)机动车与非机动车驾驶人、行人之间发生交通事故,非机动车驾驶人、行人没有过错的,由机动车一方承担赔偿责任;有证据证明非机动车驾驶人、行人有过错的,根据过错程度适当减轻机动车一方的赔偿责任;机动车一方没有过错的,承担不超过百分之十的赔偿责任。交通事故的损失是由非机动车驾驶人、行人故意碰撞机动车造成的,机动车一方不承担赔偿责任。"

**2. 行政法规。**《道路交通安全法实施条例》(2004年5月1日实施,2017年10月7日修订)第91条:"公安机关交通管理部门应当根据交通事故当事人的行为对发生交通事故所起的作用以及过错的严重程度,确定当事人的责任。"第93条:"公安机关交通管理部门对经过勘验、检查现场的交通事故应当在勘查现场之日起10日内制作交通事故认定书。对需要进行检验、鉴定的,应当在检验、鉴定结果确定之日起5日内制作交通事故认定书。"

**3. 司法解释。**最高人民法院《关于审理道路交通事故损害赔偿案件适用法律若干问题的解释》(2012年12月21日,2020年修改,2021年1月1日实施)第24条:"公安机关交通管理部门制作的交通事故认定书,人民法院应依法审查并确认其相应的证明力,但有相反证据推翻的除外。"最高人民法院《关于审理交通肇事刑事案件具体应用法律若干问题的解释》(2000年11月21日 法释〔2000〕33号)第2条:"交通肇事具有下列情形之一的,处三年以下有期徒刑或者拘役:(一)死亡一人或者重伤三人以上,负事故全部或者主要责任的;(二)死亡三人以上,负事故同等责任的……"

**4. 部门规范性文件。**公安部《道路交通事故处理程序规定》(2018年5月1日)第60条:"公安机关交通管理部门应当根据当事人的行为对发生道路交通事故所起的作用以及过错的严重程度,确定当事人的责任。(一)因一方当事人的过错导致道路交通事故的,承担全部责任;(二)因两方或者两方以上当事人的过错发生道路交通事故的,根据其行为对事故发生的作用以及过错的严重程度,分别承担主要责任、同等责任和次要责任;(三)各方均无导致道路交通事故的过错,属于交通意外事故的,各方均无责任。一方当事人故意造成道路交通事故的,他方无责任。"

**5. 地方司法性文件。**北京三中院《类型化案件审判指引：机动车交通事故责任纠纷类审判指引》(2017年3月28日)第2-1.2部分"机动车交通事故责任纠纷的构成要件—常见问题解答"第1条："机动车之间发生交通事故如何确定赔偿原则？(1)如各方均有责任(过错)的，各保险公司在有责限额内进行赔付，交强险限额之外按照过错原则互负赔偿责任。(2)如一方无责，另一方全责的，无责方保险公司在无责限额内进行赔付，全责方保险公司在有责赔偿限额内进行赔付，交强险限额之外按照过错原则进行赔付。(3)如各方均无责任，保险公司在无责赔偿限额内进行赔付，交强险限额之外各方之间互不承担赔偿责任。(4)如无法查清任何一方有责任的，推定双方为同等责任，保险公司应在有责赔偿限额内进行赔付，交强险限额之外由各方承担同等赔偿责任。"第2-4.2部分"机动车商业三者险的处理—常见问题解答"第4条："商业三者险种'不计免赔'特种险的注意事项？商业三者险保险条款一般约定，负次要事故责任的免赔率为5%，负同等事故责任的免赔率为10%，负主要事故责任的免赔率为15%，负全部事故责任的免赔率为20%。对于免赔率的计算方式，可参照《机动车辆保险条款解释》确定。"天津高院《关于印发〈机动车交通事故责任纠纷案件审理指南〉的通知》(2017年1月20日 津高法〔2017〕14号)第4条："……两方之间发生的交通事故。①两机动车间的交通事故，一般按照全部责任100%、主要责任70%、同等责任50%、次要责任30%确定事故双方的责任比例；②机动车与非机动车、行人间的事故，机动车一方的责任比例一般按照全部责任100%、主要责任80%、同等责任60%、次要责任40%确定。上述主要责任、次要责任的具体比例可根据事故双方过错程度、损害后果、道路环境、天气条件等案件事实情况予以调整。"河北石家庄中院《关于规范机动车交通事故责任纠纷案件审理工作座谈会会议纪要》(2016年1月11日 石中法〔2016〕4号)第4条："如何处理交通事故责任与民事赔偿责任的关系：如果没有证据证明当事人的损失是由交通事故之外的因素造成的，应按照事故责任确定民事赔偿责任：(一)一方当事人负事故全部责任的，承担100%的赔偿责任，对方当事人不承担赔偿责任；(二)当事人对事故分贝承担主要责任和次要责任的，主要责任方承担70%的赔偿责任，次要责任方承担30%的赔偿责任；(三)当事人对事故负同等责任的，各自承担50%的赔偿责任；(四)同一方当事人包括多人的，按照同等份额分担己方应承担的赔偿责任。"安徽宣城中院《关于审理道路交通事故赔偿案件若干问题的意见(试行)》(2011年4月)第35条："公安机关认定的道路交通事故责任与人民法院认定的民事侵权赔偿责任并非一概念，不可简单等同。机动车之间发生交通事故的，由保险公司在交强险责任限额内予以赔偿，不足部分由过错方承担赔偿责任，双方都有过错的，按照各自的过错比例承担责任，其比例可按照下列意见承担：(一)负全部责任的，承担100%的赔偿责任；(二)负主要责任的，可以在

60~90%之间确定,一般以70%赔偿;(三)负次要责任的,可在10~40%之间确定,一般以30%为宜;(四)负同等责任的,各承担50%的责任;(五)不负事故责任的,不承担赔偿责任……"第36条:"机动车与非机动车驾驶人、行人之间发生交通事故的,由保险公司在交强险责任限额内予以赔偿,不足部分可以按照下列意见分担:……(五)机动车一方负同等责任,承担60%左右的赔偿责任;(六)事故责任无法认定的,可根据具体条件,机动车一方承担50%以上的赔偿责任。"山东淄博中院民三庭《关于审理道路交通事故损害赔偿案件若干问题的指导意见》(2011年1月1日)第26条:"交警部门无法认定事故责任的,人民法院也无法认定当事人过错的,如事故发生在机动车之间,认定双方负同等责任,同时可根据双方车辆状况、受损害的程度,在10%范围内予以适当调整;如事故发生在机动车与非机动车、行人之间,机动车应承担60%~70%的责任。"第27条:"机动车与非机动车、行人之间发生交通事故的,由机动车方承担赔偿责任;但是,有证据证明非机动车驾驶人、行人违反道路交通安全法律、法规,机动车驾驶人已经采取必要处置措施的,应当按照下列比例减轻机动车方的赔偿责任……非机动车、行人负事故同等责任的,减轻30%至40%赔偿责任……"江苏高院民一庭《侵权损害赔偿案件审理指南》(2011年)第7条:"道路交通事故责任。1.归责原则。《道路交通安全法》第76条规定:'机动车发生交通事故造成人身伤亡、财产损失的,由保险公司在机动车第三者责任强制保险责任限额范围内予以赔偿;不足的部分,按照下列规定承担赔偿责任:(一)机动车之间发生交通事故的,由有过错的一方承担赔偿责任;双方都有过错的,按照各自过错的比例分担责任。(二)机动车与非机动车驾驶人、行人之间发生交通事故,非机动车驾驶人、行人没有过错的,由机动车一方承担赔偿责任;有证据证明非机动车驾驶人、行人有过错的,根据过错程度适当减轻机动车一方的赔偿责任;机动车一方没有过错的,承担不超过百分之十的赔偿责任。交通事故的损失是由非机动车驾驶人、行人故意碰撞机动车造成的,机动车一方不承担赔偿责任。'据此,机动车之间发生的交通事故,适用过错责任原则。机动车与非机动车驾驶人、行人之间发生的交通事故,适用无过错责任原则。"河南郑州中院《审理交通事故损害赔偿案件指导意见》(2010年8月20日 郑中法〔2010〕120号)第7条:"机动车之间发生交通事故的,由保险公司在交强险责任限额内予以赔偿,不足部分由过错一方承担赔偿责任,双方都有过错的,按照各自过错的比例分担责任。其比例可按下列意见承担……(四)负同等责任的,各承担50%的赔偿责任……"第9条:"机动车与非机动车驾驶人、行人之间发生交通事故的,由保险公司在交强险责任限额内予以赔偿,不足部分可按下列意见分担……机动车一方负同等责任的,承担60%左右的赔偿责任……"江西南昌中院《关于审理道路交通事故人身损害赔偿纠纷案件的处理意见(试行)》(2010年2月1日)第25条:"优者危险负担原则。

在交通事故中,在证据分析和事实认定、责任比例的划定等方面应当以车辆冲撞在物理上危险性的大小及危险回避能力的优劣,来分配危险责任。机动车比非机动车为优,非机动车比行人为优,机动车之间,速度、硬度、重量和体积超过对方者为优。"第28条:"……非机动车驾驶人、行人没有过错的,由机动车一方承担赔偿责任。但有证据证明非机动车驾驶人、行人有过错的,按照下列规定适当减轻机动车一方的赔偿责任……非机动车驾驶人、行人一方负同等责任的,机动车一方承担60%的赔偿责任……"湖南长沙中院《关于道路交通事故人身损害赔偿纠纷案件的审理意见》(2010年)第三部分第1条:"……责任划分。首先确定保险公司在交强险责任限额范围内的赔偿责任金额之后,不足的部分再按如下方式划分责任:(1)机动车之间发生交通事故,一方负全部责任的,承担100%;一方负主要责任的,一般承担70%(如有特殊情况,方可自由裁量,并充分说明理由);双方负同等责任的,各承担50%;一方负次要责任的,承担30%(如有特殊情况,方可自由裁量,并充分说明理由);无责任的,不承担赔偿责任;属于交通意外事故、各方均无责任的,视具体情形确定双方的赔偿责任;属于不能认定事故责任的,双方对此均无过错的或均有过错的,各承担50%;没有道路交通事故认定书的,适用推定来解决问题,分以下情形认定(以下机动车与非机动车驾驶人、行人之间发生交通事故的,出现此种特殊情况的,亦依此认定):A.当事人逃逸、故意破坏、伪造现场、毁灭证据的,推定该当事人负全部责任;B.一方当事人有条件报案而没有及时报案导致交警无法认定责任的,推定该一方当事人负全部责任;C.当事人各方都有条件报案而没及时报案导致交警无法认定责任的,推定双方负同等责任;此种情形下,如系机动车与非机动车驾驶人、行人之间发生交通事故的,机动车一方负主要责任,非机动车驾驶人、行人一方负次要责任……"广东广州中院《民事审判若干问题的解答》(2010年)第5条:"【机动车之间发生交通事故时责任比例的确定】机动车之间发生交通事故造成人身伤亡、财产损失的,应当在何种范围内对赔偿权利人承担赔偿责任? 答:机动车之间发生交通事故的,由有过错的一方承担赔偿责任。双方都有过错的,按照各自过错的比例分担责任,一般按以下原则处理:(一)承担赔偿义务的机动车一方负主要责任的,由其对受害人承担70%的赔偿责任;(二)双方负同等责任的,由承担赔偿义务的机动车一方对受害人承担50%的赔偿责任;(三)承担赔偿义务的机动车一方负次要责任的,由其对受害人承担30%的赔偿责任。"江苏南京中院民一庭《关于审理交通事故损害赔偿案件有关问题的指导意见》(2009年11月)第34条:"对于超过机动车第三者责任保险限额的赔偿部分,由交通事故当事人根据《道路交通安全法》第七十六条第一款、《省道路交通安全条例》第五十二条的规定,按照下列方式承担赔偿责任:(一)对于机动车之间发生交通事故的,由有过错的一方承担赔偿责任;双方都有过错的,按照各自过错的比例分担责任。除经过质证认定不能作为证据使用的情形以外,一般可根据公安机关交通管理部门的交通事故责任认定来确定交通事故当事人的赔偿责任,并参照下列比例承担:(1)负全部责任的,承担100%的赔偿责任;(2)负主要责任的,承担70%的赔偿责任;(3)负同等责任的,承担50%的赔偿责任;(4)负次要责任的,承担30%的赔偿责任;(5)无责任的,不承担赔偿责任;(6)属于交通意外事故、各方均无责任的,应根据《民法通则》和《人身损害赔偿司法解释》的规定,视具体情形确定双方的赔偿责任;(7)属于不能认定事故责任的,双方各承担50%的赔偿责任。(二)对于机动车与非机动车、行人之间发生交通事故的,由机动车方承担赔偿责任;但是,有证据证明非机动车驾驶人、行人违反道路交通安全法律、法规,机动车驾驶人已经采取必要处置措施的,应当按照下列比例减轻机动车方的赔偿责任:(1)非机动车、行人负事故全部责任的,减轻80%至90%;(2)非机动车、行人负事故主要责任的,减轻60%至70%;(3)非机动车、行人负事故同等责任的,减轻30%至40%;(4)非机动车、行人负事故次要责任的,减轻20%至30%。属于交通意外事故、各方均无责任的或不能认定事故责任的,由机动车方承担全部赔偿责任。"广东佛山中院《关于审理道路交通事故损害赔偿案件的指导意见》(2009年4月8日)第41条:"审理交通事故损害赔偿案件,区别以下情形适用归责原则:(一)机动车之间实行过错责任,非机动车之间实行过错责任,非机动车与行人之间实行过错责任;(二)机动车与行人、非机动车之间实行无过错责任。"第42条:"因道路交通事故致人损害,难以认定各方交通事故责任的,按照以下情形处理:(一)机动车之间或者非机动车之间发生道路交通事故的,由各方当事人承担同等赔偿责任;(二)机动车与非机动车驾驶人、行人之间发生道路交通事故的,由机动车方承担全部赔偿责任;(三)非机动车与行人之间发生道路交通事故的,由非机动车方承担主要赔偿责,行人承担次要赔偿责任。"安徽合肥中院民一庭《关于审理道路交通事故损害赔偿案件适用法律若干问题的指导意见》(2009年11月16日)第28条:"公安机关认定的道路交通事故责任与人民法院认定的民事侵权赔偿责任并非同一概念,不可简单等同。机动车与非机动车驾驶人、行人之间发生交通事故的损失超出交通事故责任强制保险责任限额的部分,机动车一方有事故责任的,由机动车一方按照下列规定承担赔偿责任……机动车一方在交通事故中负同等责任的,承担60%的赔偿责任……"江西九江中院《关于印发〈九江市中级人民法院关于审理道路交通事故人身损害赔偿案件若干问题的意见(试行)〉的通知》(2009年10月1日 九中法〔2009〕97号)第1条:"……机动车与非机动车、行人发生交通事故,由机动车一方承担责任,但有证据证明非机动车驾驶人、行人有过错的,应当按照下列规定适当减轻机动车一方的赔偿责任……非机动车驾驶人、行人负同等责任的,机动车一方承担60%的赔偿责任……"云南高院《关于审理人身损害赔偿案件若干问题的会议纪要》(2009年8月1日)第2条:"……非机动车或行人一方对交通事故承担同等责任的,减轻机动车一方30~40%的责任……"辽宁大连中院《当前民事审判(一庭)中一些具体问题的理解与认识》(2008年12月5日 大中法〔2008〕17号)第26条:"怎样确立交通肇事处理的基本原则及赔偿比例?(1)优者危险负担原则。优者危险负担,其含义是在交通事故中,以车辆冲撞在物理上危险性的大小及危险回避能力的优劣来分配危险责任,机动车比非机动车为优,非机动车比行人为优,机动车之间速度硬度重量和体积超过对方者为优。采取这一原则,将赔偿责任更多地让优者来负担,以最大限度地实现公平。具体标准:10%~20%的比例上下浮动。(2)优先保护人身权的原则。在审理机动车致非机动车乙方人员伤亡的案件时,应当贯彻以人为本,尊重人的生命价值的原则。在一起事故中,有多个受害人,且侵权人履行赔偿义务的能力不足的情况下,在损失认定,责任承担,优先受偿的问题上,要选择人身权优于财产权受到保护的处理方案。(3)适度平衡受害人和赔偿义务人利益的原则也应重视双方利益的大致衡平。特别是在伤残等级较高所形成的一次性支付的护理费等大额损失的认定时,要综合双方过错、受害人康复的可能、赔偿义务人持续赔偿能力、双方经济状况对比等情况作出相对科学的符合情理的判决。"第27条:"……(2)机动车之间归责原则。A.对于机动车之间发生的交通事故,由有过错的一方承担赔偿责任;双方都有过错的,按照各自过错的比例分担责任。B.属于交通意外事故,各方均无责任的,视具体情况确定双方的赔偿责任。C.不能认定事故责任的,通常可由双方各自承担50%的赔偿责任。但也可根据具体情况,考虑优者危险负担原则,对比例作出适当的调整。"陕西高院《关于审理道路交通事故损害赔偿案件若干问题的指导意见(试行)》(2008年1月1日 陕高法〔2008〕258号)第16条:"机动车与非机动车、行人发生交通事故,依据《道路交通安全法》第七十六条的规定,需要减轻机动车方赔偿责任的,可以按照下列规定由机动车方承担赔偿责任……同等责任承担60%……"湖北十堰中院《关于审理机动车损害赔偿案件适用法律若干问题的意见(试行)》(2007年11月20日)第1条:"机动车之间因交通事故而产生的损害赔偿责任适用过错责任原则。即机动车之间发生交通事故,造成人身、财产损失的,由保险公司在机动车第三者责任强制保险责任限额内予以赔偿。超过责任限额的部分,由有过错的一方承担赔偿责任,双方都有过错的,按照各自过错的比例,参照下列比例分担责任:(1)负全部责任的,承担100%的赔偿责任;(2)负同等责任的,承担50%的赔偿责任;(3)负次要责任的,承担30%的赔偿责任;(4)无责任的,不承担赔偿责任。"第2条:"……非机动车驾驶人、行人负事故同等责任的,机动车一方承担60%的赔偿责任……"湖北武汉中院《关于审理交通事故损害赔偿案件的若干指导意见》(2007年5月1日)第2条:"……机动车与非机动车、行人发生交通事故,由机动车一方承担责任,但有证据证明非机动车驾驶人、行人违反道路交通安全法律、法规,机动车驾驶人已经采取必要处置措施的,应当按照以下规定减轻机动车一方的赔偿责任……非机动车、行人负事故同等责任的,减轻百分之三十至百分之四十……"贵州高院、省公安厅《关于处理道路交通事故案件若干问题的指导意见(一)》(2006年5月1日)第29条:"机动车与非机动车驾驶人、行人发生交通事故,依据《道路交通安全法》第七十六条第一款第(二)项的规定,损失超出强制保险责任限额的部分,由机动车一方按照下列规定承担赔偿责任……机动车一方在交通事故中负同等责任的,承担不低于60%的赔偿责任……"

6. **地方规范性文件**。安徽省《实施〈道路交通安全法〉办法》(2012年10月19日修正)第54条:"机动车与非机动车驾驶人、行人之间发生交通事故的损失超出第三者责任强制保险责任限额的部分,机动车一方有事故责任的,由机动车一方按照下列规定承担赔偿责任……机动车一方在交通事故中负同等责任的,承担百分之六十的赔偿责任……"江苏省《道路交通安全条例》(2012年1月12日修正 2023年7月27日修订 2024年1月1日实施)第68条:"……机动车与非机动车驾驶人、行人之间发生交通事故,非机动车驾驶人、行人没有过错的,由机动车一方承担赔偿责任;有证据证明非机动车驾驶人、行人有过错的,按照以下规定减轻机动车一方的赔偿责任……非机动车驾驶人、行人负事故同等责任的,减轻百分之三十至百分之四十……"甘肃省《道路交通安全条例》(2012年1月1日)第68条:"机动车与非机动车、行人发生交通事故造成人身伤亡、财产损失,超过机动车交通事故责任强制保险责任限额的部分,非机动车、行人没有过错的,由机动车一方承担赔偿责任;有证据证明非机动车、行人有过错的,机动车一方按照以下规定承担赔偿责任……机动车一方负同等责任的,承担百分之五十至百分之七十的赔偿责任……"广东省《道路交通安全条例》(2011年10月1日修订)第46条:"机动车与非机动车驾驶人、行人之间发生交通事故,造成人身伤亡、财产损失的,由保险公司在机动车第三者责任强制保险责任限额范围内予以赔偿。不足的部分,按照下列规定承担赔偿责任……非机动车驾驶人、行人负事故同等责任的,由机动车一方承担百分之六十的赔偿责任……"四川省《道路交通事故责任确定规则(试行)》(2010年1月1日)第12条:"因两方(或两方以上)当事人的行为共同导致交通事故的,其行为在事故中作用相当的,确定为同等责任。"江苏省公安厅交通巡逻警察总队《关于印发〈江苏省道路交通事故当事人责任确定规则(试行)〉的通知》(2006年3月15日 苏公交〔2006〕28号)第5条:"因一方当事人的过错行为导致交通事故的,确定为全部责任。因两方当事人的过错行为导致交通事故的,依照下列规则确定当事人责任:(1)当事人在交通事故中有主动型过错行为的,负主要责任。(2)当事人在交通事故中有被动型过错行为的,负次要责任。但是静止状态的被动型过错行为难以被对方及时发现的,负主要责任。(3)当事人在交通事故中有缺失型过错行为,该行为对于应当避免的交通事故未能避免的,负主要责任;难以避免的,负次要责任。(4)两方当事人均有起主要作用过错行为的,各负同等责任。因三方以上当事人的过错行为导致交通事故的,比照前款规则确定当事人责任。"

**7. 参考案例。**①2016年安徽某交通事故纠纷案,2015年,瞿某横过公路折返时,与程某驾驶的无号牌二轮摩托车相撞,程某因抢救无效死亡。交警认定双方同等责任。法院认为:依《侵权责任法》第48条的规定,机动车发生交通事故造成损害的,依《道路交通安全法》有关规定承担赔偿责任,机动车交通事故责任纠纷应适用《道路交通安全法》第76条,但该条规定仅针对交通事故中机动车一方责任,对行人和非机动车责任未作规定,故本案无法适用上述法律规定。但本案机动车驾驶人在事发时为尽量避让行人,紧急刹车,导致自己摔倒死亡,如其直接撞击行人,对行人伤害应是非常大的,而行人受到的却是较轻伤害,故可推断事发时机动车驾驶人有紧急避险情形。据此,本案可适用《侵权责任法》第31条的规定:因紧急避险造成损害的,由引起险情发生的人承担责任。如果危险是由自然原因引起的,紧急避险人不承担责任或者给予适当补偿。紧急避险采取措施不当或者超过必要的限度,造成不应有的损害的,紧急避险人应当承担适当的责任。本案中的行人并非单纯意义上的行人,其在事发前有违章停车行为,其占道停车是否影响到本起交通事故发生不得而知,然后其横穿机动车道捡拾物品后折返,该行人在交通事故中有违反《道路交通安全法》的明显过错,故本案行人应承担赔偿责任。双方侵权责任比例划分,可参照交通事故认定书所确定同等责任,但考虑到事发时瞿某为行人,而程某驾驶的是机动车,故在责任比例划分时应酌情减少瞿某责任,确定瞿某和程某分别承担30%和70%责任。判决瞿某赔偿程某近亲属损失30%即10万余元。

②2016年山东某保险合同纠纷案,2016年,李某驾车碰撞行人黄某致黄某死亡、李某车辆损坏。交警认定同等责任。经交警调解,双方达成赔偿协议,由李某赔偿死者家属16.5万元,特别约定李某"车损自负"。保险公司据此对李某修理费6万余元拒赔。法院认为:依《道路交通安全法》第76条的规定:机动车与非机动车驾驶人、行人之间发生交通事故,非机动车驾驶人、行人没有过错的,由机动车一方承担赔偿责任;有证据证明非机动车驾驶人、行人有过错的,根据过错程度适当减轻机动车一方的赔偿责任;机动车一方没有过错的,承担不超过10%的赔偿责任。不难看出,该条款规定的归责原则是严格责任原则,即在机动车与非机动车、行人的交通事故中,机动车一方具有法定赔偿义务,非机动车和行人对机动车损失不具有法定赔偿义务,且此规定的赔偿是单一的,不是双向的。本案中行人黄某在交通事故中不是故意所为,显然应视为受害者,依前述规定,其对机动车损失应不具有法

定赔偿义务。另外,在机动车与非机动车、行人的交通事故中还应体现优者危险负担原则。因为机动车无论在速度、硬度、重量及对他人危险性上,均远高于非机动车和行人,应负更高的避险义务。本案中,死者黄某是横过马路的行人,而李某驾驶的是机动车,李某控制交通事故危险能力和避险义务要远高于黄某。现实中,非机动车、行人在交通事故中受害程度往往远高于机动车方,通常是非死即伤,而机动车一方一般只是造成车辆损坏等财产损失,很少有人身伤亡。就本案而言,行人黄某在事故中受重伤死亡,事故无疑对黄某及其家属造成了巨大伤害,如支持保险公司向黄某家人行使保险代位追偿权,将会违背公平正义原则。此即《道路交通安全法》第76条前述规定中未规定非机动车方对肇事车辆损失不予赔偿的事实依据,故根据《道路交通安全法》优先保护非机动车方的立法目的及"优者危险负担"原则,行人黄某对肇事机动车的车辆损失亦不应承担赔偿责任。保险人对第三者行使保险代位追偿权,应以被保险人对第三者具有赔偿请求权为前提。因李某作为肇事机动车方不享有向受害人黄某方请求赔偿的权利,亦即保险公司向死者黄某方行使保险代位求偿权缺乏前提条件和基础,保险公司就承保车辆的车损部分对死者及其亲属无追索权。案涉调解书虽约定"修理费凭据自理",在李某不享有对黄某请求赔偿权利前提下,该约定已无实际意义,不能据此认定车损部分的索赔权已由李某在保险公司赔偿保险金之前放弃。判决保险公司支付李某包括修理费在内的保险金。③**2007年福建某保险合同纠纷案**,2006年,王某车辆撞伤邱某致4级伤残,交警认定同等责任。双方诉讼中自愿达成调解,由王某按70%赔偿邱某25万余元。保险公司只按同等责任支付王某50%赔偿款17万余元。2007年,王某诉请保险公司在20万元三责险范围内补足余下2万余元。法院认为:虽然民事调解书与民事判决书具有同等法律效力,但由于法院是否在法律文书中对责任承担比例直接作出明确认定,导致二者在被保险人向保险人申请理赔过程中所起作用不同。调解书仅起到证明事故发生以及造成损失作用,保险公司是否应理赔以及如何理赔还要根据个案具体情况予以确定。诉争保险条款约定"保险人依保险车辆驾驶员在事故中所负责任比例,相应承担赔偿责任",而车辆驾驶员在事故中所负责任比例则由交警部门在事故处理中或法院在案件审理中作出认定。本案所涉交通事故已由交警部门作出机动车驾驶员与案外人邱某双方负同等责任的认定,而王某与邱某又在交通事故引发的人身损害赔偿诉讼中通过调解对责任承担问题达成协议,调解协议中确定的责任比例是双方当事人在自愿合法前提下,综合考虑各种因素后协商一致达成的,王某无证据证明其与邱某通过协商确定的责任比例分担即为双方在事故中依法所应负责任比例情况下,保险公司主张依交警部门认定责任比例进行赔付合法有据。判决驳回王某诉请。④**2011年北京某交通事故损害赔偿案**,2010年10月,王某步行推轮椅与陈某驾驶妻子张某名下的机动车相撞,轮椅上乘坐的王某母亲即沈某经抢救无效死亡。交警认定王某、陈某负同等责任。法院认为:在道路通行中,机动车一方相对于非机动车一方而言,处于优势地位,应当充分地尽到注意义务,在确保安全和畅通的状况下通行,以避免、减少交通事故的发生。王某为非机动车一方,陈某驾驶机动车,其在回避能力和机动性能方面相对王某均处于优势地位。从充分保护受害自然人的角度出发,按照优者危险负担规则,认定陈某负本次交通事故65%的民事责任,王某负本次交通事故35%的民事责任。保险公司应在交强险责任限额内予以赔偿,超出部分,由陈某、王某按上述比例分担民事责任。陈某驾驶张某名下轿车,张某对此有运行支配权,其对陈某所负民事责任承担连带责任。原告诉请主张陈某、张某对超出交强险责任限额之外的数额按照50%的比例分担民事责任,法院对此不持异议。⑤2008年**江苏某保险合同纠纷案**,2006年10月,吴某驾驶投保第三者综合责任险的机动车与骑电动自行车的孙某发生碰撞,交警认定双方负同等责任,法院判决吴某承担70%赔偿责任共计17万余元。保险公司以保险条款中约定的医疗费仅限于公费医疗部分,主张自费部分1万余元不应赔偿,同时只按事故责任赔偿吴某造成孙某损失50%。法院认为:吴某驾驶的机动车与非机动车发生事故,在事故中负同等责任,依法其应承担的赔偿责任比例相应增加,生效法律文书确认吴某承担70%赔偿责任,该赔偿责任在应增加的范围内,故吴某要求保险公司按照道路交通事故人身损害赔偿案中所确定的责任比例承担赔付义务,应予支持。保险条款对自费医疗费和护理费不承担赔偿责任的释义属于保险人责任免除条款,因未向吴某作出明确说明,故该条款不发生效力。⑥2007年**江苏某保险合同纠纷案**,2005年,王某驾车撞伤行人陶某,交警认定负同等责任。法院判决未考虑双方在事故中所负责任比例,王某全部损失3万余元由保险公司和王某分担。王某依判决赔偿陶某1.3万余元后,向保险公司申请理赔。保险公司以保险合同约定要求"按事故责任比例承担相应的赔偿责任",并扣减10%的免赔率。法院认为:保险合同中关于"保险人依据保险车辆驾驶人员在事故中所负的责任比例,承担相应的赔偿责任"的约定仅应在机动车之间适用,对于机动车与非机动车、行人之间发生交通事故的,该"责任比例"应是投保人实际所负的责任比例,而非行政机关所认定的事故责任比例。这既实现了车辆所有人投保目的和投保初衷,使其在遭到实际损失后能及时得到补偿,又体现了保险法的基本原则——损失填补原则,与立法精神相符合。故本案保险公司应根据王某在该起事故中的民事赔偿责任,承担相应的保险理赔责任。⑦2004年**四川某交通事故损害赔偿案**,2003年,禚某驾车交通肇事致盲人夫妇游某、张某伤亡。交警认定游某和禚某负同等责任。法院认为:从《道路交通管理条例》(已被《道路交通安全法》废止——编者注)第63条第2项规定内容看,该条的确是对正常人应当履行的道路交通义务所作规定。司法实践中,依据该条款评价生理机能有缺陷的原告的行为责任,确有不当之处,但这并不等于就应当让事故的对方当事人承担超过法律、法规规定的,在通常情况下所能预见到的自己行为所可能承担的法律责任。如要求道路交通事故中机动车驾驶员对事故中特殊对方当事人——盲人履行特别的注意义务,在缺乏法律依据的情况下,对机动车驾驶员也是不公平的。故公安机关关于本起事故中禚某应负责任比例的认定,应当作为法院认定禚某在这起交通事故民事侵权案中被告是否有过错及过错程度的证据采信。禚某在驾驶机动车辆行驶过程中,违反了《道路交通管理条例》规定的"在确保安全的原则下通行"的原则,驾车造成张某死亡,并被公安机关认定承担事故 50%的事故责任的事实,已能认定禚某对本起事故所造成的张某的死亡有过错,并应对造成的损失承担 50%的民事赔偿责任(该典型判例对行人尤其盲人未予特殊照顾,值得商榷——编者注),判决禚某赔偿原告 7.5 万余元。

**【同类案件处理要旨】**

机动车发生交通事故造成人身伤亡、财产损失,由保险公司在交强险责任限额范围内承担赔偿责任;超过责任限额部分,在交通事故认定书已认定事故同等责任的情形下,法官应在综合审查判断证据的基础上,根据机动车交通事故各方当事人的过错及原因力等因素确定各自的损害赔偿责任比例。

**【相关案件实务要点】**

1.【事故认定书】在侵权民事损害赔偿案件中,是否承担责任以及应当赔偿多少损失,主要取决于当事人的过错,侵权民事责任中的"过错"不能等同于"违章"。"注意义务"的违反才是过错的判断标准,而"违章"只是"注意义务"违反的一种表现。故人民法院应当依据民事诉讼证据认定规则,对包括交通事故认定在内的多种证据进行综合分析后才能确认当事人的过错和责任。案见浙江台州中院(2008)台民一终字第 81 号"谢某等与章某等人身损害赔偿案"。

2.【优者负担】机动车与非机动车发生事故,在事故中负同等责任,机动车一方依法应承担的赔偿责任比例相应增加,在该赔偿责任相应增加的范围内,该机动车一方有权要求保险公司按照道路交通事故人身损害赔偿案中所确定的责任比例承担赔付义务。案见江苏镇江中院(2008)镇民二终字第 0090 号"吴某诉某保险公司保险合同案"。

3.【保险责任】保险合同约定保险公司按事故责任比例承担相应的赔偿责任,不应根据行政机关认定的事故责任比例分担,而应是投保人实际所负的责任。案见江苏常州中院(2007)常民二终字第 384 号"王某诉某保险公司保险合同纠纷案"。

**【附注】**

**参考案例索引**：浙江台州中院(2008)台民一终字第81号"谢某等与章某等人身损害赔偿案"，见《章新武、李如玲诉叶国森、谢宗方、中国人民财产保险股份有限公司台州市路桥支公司、中国太平洋财产保险股份有限公司温岭支公司道路交通事故人身损害赔偿纠纷案》，载《浙江高院·案例指导》(2007\2008:273)。①安徽六安中院(2016)皖15民终548号"周某与瞿某等交通事故纠纷案"，见《交通事故中行人有过错的应否承担赔偿责任——安徽六安中院判决周某、程某诉瞿某机动车交通事故责任纠纷案》(赵应军)，载《人民法院报·案例精选》(20170713:06)。②山东德州中院(2016)鲁14民终2845号"中国人民财产保险股份有限公司德州市分公司与李秀恒保险合同纠纷上诉案"，见《机动车车主放弃对个人的车损赔偿请求权不构成保险免赔事由》(郑春笋、高振平)，载《人民司法·案例》(201732:50)。③福建厦门中院(2007)厦民终字第2293号"王某与某保险公司保险合同纠纷案"，见《王明火诉中国平安财产保险股份有限公司厦门分公司保险合同纠纷案》(章水仙)，载《人民法院案例选》(200904/70:391)。④北京一中院(2011)一中民终字第12889号"王某等诉陈某等道路交通事故人身损害赔偿纠纷案"，见《王效凡等诉王小文、陈轶宁、张萌、中国人民财产保险股份有限公司丰台支公司机动车道路交通事故人身损害赔偿纠纷案》(韩毅强、张璇)，载《人民法院案例选》(201203:189)。⑤江苏镇江中院(2008)镇民二终字第0090号"吴某诉某保险公司保险合同案"，判决保险公司给付吴某保险理赔款17万余元。见《吴善俊诉天安保险股份有限公司镇江中心支公司保险合同案》(徐根法)，载《中国审判案例要览》(2008商事:295)。⑥江苏常州中院(2007)常民二终字第384号"王某诉某保险公司保险合同纠纷案"，一审判决确认按责任比例和免赔率计算为6100余元；二审否认责任比例确认免赔率改判为1.2万余元。见《保险合同的"相应赔偿责任"系投保人实际所负责任——江苏常州中院判决王鹏飞与保险公司理赔纠纷案》(翟翔、朱帅)，载《人民法院报·案例指导》(20071109:5)。⑦四川成都锦江法院(2004)锦江民初字第1445号"游某等诉禚某交通事故损害赔偿案"，见《游泽臣、游千辉、游千红诉禚继红道路交通事故人身损害赔偿案》(杨自强)，载《中国审判案例要览》(2005民事:268)。

## 10. 非机动车与行人碰撞
### ——均非机动车，损害如何赔？

### 【过错责任】

**【案情简介及争议焦点】**

2008年12月，张某骑自行车与邓某驾驶的电动车相撞致张某9级伤残，双方均未报案。关于赔偿费用，张某出院后自行治疗花去医疗费100元及鉴定费1300元，双方有争议。

争议焦点：1. 责任如何划分？2. 医疗费及鉴定费如何赔偿？

**【裁判要点】**

**1. 责任划分。**本案发生的道路交通事故双方均为非机动车，不适用我国《道路交通安全法》，只能适用《民法通则》有关一般民事过错责任的规定。张某自行车带筐及棍装网兜，给其他车辆正常行驶带来不便；邓某电动车行速高于自行车，在其行驶的过程中应当顾及同向行驶中的车辆，注意道路交通安全，但其疏忽大意，对前方观察不周，超越张某时发生交通事故，造成对方受伤，故此次事故的责任划分应按我国民法中的混合过错原则，邓某负事故主要责任，赔偿张某各项物质经济损失的60%，张某负此事故的次要责任，自负损失40%。

**2. 赔偿范围。**张某出院后为治疗与受伤伤情有关的医疗费应由邓某负担；张某自行支付的鉴定费，系用于自己所受伤残程度的鉴定，故应作为其受损失的一部分由邓某按责任比例赔偿。

**【裁判依据或参考】**

**1. 法律规定。**《民法典》（2021年1月1日）第1165条："行为人因过错侵害他人民事权益造成损害的，应当承担侵权责任。依照法律规定推定行为人有过错，其不能证明自己没有过错的，应当承担侵权责任。"第1166条："行为人造成他人民事权益损害，不论行为人有无过错，法律规定应当承担侵权责任的，依照其规定。"第1182条："侵害他人人身权益造成财产损失的，按照被侵权人因此受到的损失或者侵权人因此获得的利益赔偿；被侵权人因此受到的损失以及侵权人因此获得的利益难以确定，被侵权人和侵权人就赔偿数额协商不一致，向人民法院提起诉讼的,由人民法院根据实际情况确定赔偿数额。"第1186条:"受害人和行为人对损害的发生都没有过错的,依照法律的规定由双方分担损失。"《道路交通安全法》(2004年5月1日实施,2011年4月22日修正)第35条:"机动车、非机动车实行右侧通行。"第36条:"根据道路条件和通行需要,道路划分为机动车道、非机动车道和人行道的,机动车、非机动车、行人实行分道通行。没有划分机动车道、非机动车道和人行道的,机动车在道路中间通行,非机动车和行人在道路两侧通行。"第37条:"道路划设专用车道的,在专用车道内,只准许规定的车辆通行,其他车辆不得进入专用车道内行驶。"第38条:"车辆、行人应当按照交通信号通行;遇有交通警察现场指挥时,应当按照交通警察的指挥通行;在没有交通信号的道路上,应当在确保安全、畅通的原则下通行。"第57条:"驾驶非机动车在道路上行驶应当遵守有关交通安全的规定。非机动车应当在非机动车道内行驶;在没有非机动车道的道路上,应当靠车行道的右侧行驶。"第58条:"残疾人机动轮椅车、电动自行车在非机动车道内行驶时,最高时速不得超过十五公里。"第59条:"非机动车应当在规定地点停放。未设停放地点的,非机动车停放不得妨碍其他车辆和行人通行。"第60条:"驾驭畜力车,应当使用驯服的牲畜;驾驭畜力车横过道路时,驾驭人应当下车牵引牲畜;驾驭人离开车辆时,应当拴系牲畜。"第61条:"行人应当在人行道内行走,没有人行道的靠路边行走。"第62条:"行人通过路口或者横过道路,应当走人行横道或者过街设施;通过有交通信号灯的人行横道,应当按照交通信号灯指示通行;通过没有交通信号灯、人行横道的路口,或者在没有过街设施的路段横过道路,应当在确认安全后通过。"第63条:"行人不得跨越、倚坐道路隔离设施,不得扒车、强行拦车或者实施妨碍道路交通安全的其他行为。"第64条:"学龄前儿童以及不能辨认或者不能控制自己行为的精神疾病患者、智力障碍者在道路上通行,应当由其监护人、监护人委托的人或者对其负有管理、保护职责的人带领。盲人在道路上通行,应当使用盲杖或者采取其他导盲手段,车辆应当避让盲人。"第119条:"本法中下列用语的含义:……(三)'机动车',是指以动力装置驱动或者牵引,上道路行驶的供人员乘用或者用于运送物品以及进行工程专项作业的轮式车辆。(四)'非机动车',是指以人力或者畜力驱动,上道路行驶的交通工具,以及虽有动力装置驱动但设计最高时速、空车质量、外形尺寸符合有关国家标准的残疾人机动轮椅车、电动自行车等交通工具。(五)'交通事故',是指车辆在道路上因过错或者意外造成的人身伤亡或者财产损失的事件。"《侵权责任法》(2010年7月1日,2021年1月1日废止)第6条:"行为人因过错侵害他人民事权益,应当承担侵权责任。"第16条:"侵害他人造成人身损害的,应当赔偿医疗费、护理费、交通费等为治疗和康复支出的合理费用,以及因误工减少的收入。造成残疾的,还应当赔偿残疾生活辅助具费和残疾赔偿金。造成死亡的,还应当赔偿丧葬费和死亡赔偿金。"第26条:

"被侵权人对损害的发生也有过错的,可以减轻侵权人的责任。"《民法通则》(1987年1月1日,2021年1月1日废止)第106条:"公民、法人违反合同或者不履行其他义务的,应当承担民事责任。公民、法人由于过错侵害国家的、集体的财产,侵害他人财产、人身的应当承担民事责任。"

**2. 行政法规。** 国务院《道路交通安全法实施条例》(2004年5月1日,2017年10月7日修订)第70条:"驾驶自行车、电动自行车、三轮车在路段上横过机动车道,应当下车推行,有人行横道或者行人过街设施的,应当从人行横道或者行人过街设施通过;没有人行横道、没有行人过街设施或者不便使用行人过街设施的,在确认安全后直行通过。因非机动车道被占用无法在本车道内行驶的非机动车,可以在受阻的路段借用相邻的机动车道行驶,并在驶过被占用路段后迅速驶回非机动车道。机动车遇此情况应当减速让行。"第75条:"行人横过机动车道,应当从行人过街设施通过;没有行人过街设施的,应当从人行横道通过;没有人行横道的,应当观察来往车辆的情况,确认安全后直行通过,不得在车辆临近时突然加速横穿或者中途倒退、折返。"第87条:"非机动车与非机动车或者行人在道路上发生交通事故,未造成人身伤亡,且基本事实及成因清楚的,当事人应当先撤离现场,再自行协商处理损害赔偿事宜。当事人对交通事故事实及成因有争议的,应当迅速报警。"

**3. 司法解释。** 最高人民法院民一庭负责人《关于当前民事审判工作中的若干具体问题》(2015年12月24日)第4条:"关于机动车交通事故责任纠纷案件的审理。目前审判实践中需要注意三个方面:一是要加强诉调对接机制建设。要积极探索与公安交警部门、保险行业、人民调解委员会的调解机制相互结合,利用信息化手段探索纠纷解决的多元机制,实现裁判规则的透明化和统一化,减少案件的成诉数量;二是要贯彻纠纷一次性解决的民事诉讼理念。由于绝大多数交通事故都涉及到机动车保险问题,在审理此类案件时,应根据道交司法解释第二十五条的规定,在当事人请求的前提下,把相关保险问题放在同一案件中处理,不作人为拆分,避免因同一纠纷产生多次诉讼,增加当事人的诉累;三是要贯彻道路交通安全法的价值判断。在机动车与行人、非机动车的交通事故责任纠纷中,应根据该法第七十六条规定,通过减轻机动车一方的责任实现对行人、非机动车一方的过错评价。同时注意,不应支持机动车一方请求行人、非机动车一方赔偿的诉讼主张。"最高人民法院《关于审理人身损害赔偿案件适用法律若干问题的解释》(2004年5月1日法释〔2003〕20号,2020年修正,2021年1月1日实施)第1条:"因生命、身体、健康遭受侵害,赔偿权利人起诉请求赔偿义务人赔偿物质损害和精神损害的,人民法院应予受理。本条所称'赔偿权利人',是指因侵权行为或者其他致害原因直接遭受人身损害的受害人以及死亡受害人的近亲属。本条所称'赔偿义务人',是指因自己或者他人的侵权行为以及其他致害原因依法应当承担民事责任的自然人、法人或者非法人组织。"

**4. 部门规范性文件。**司法部办公厅《道路交通事故涉案者交通行为方式鉴定(SF/Z JD 0101001—2016)》(2016年9月22日)第5.3条:"自行车驾驶/乘坐人员的判定。5.3.1 根据自行车正面碰撞事故的碰撞对象及碰撞形态,分析方法类似于5.2.1,但自行车由于缺乏动力,所发生的交通事故现象与摩托车亦有所区别,进行分析时应充分考虑到车速、动力、自身重量等因素。5.3.2 自行车正面碰撞事故中,应根据其前后座人员的不同损伤进行分析。前座人员的损伤特征以正面直接撞击伤,特别是头面部及四肢前侧为主,后座乘坐人员的损伤则以随自行车倒地摔跌形成的损伤为主。5.3.3 对于自行车侧面被其它车辆碰撞的事故,应在确认两车具体碰撞部位的基础上,区分自行车车上人员是否应受到直接碰撞和可能形成的不同受伤情况。对于自行车前后座踏脚高度不同的情况,可根据受伤人员下肢损伤位置距地高来判断。5.3.4 应注意自行车驾驶人在事故碰撞、倒地中,其上肢和手容易受到的特征性损伤(如大鱼际擦挫伤、腕关节脱位或尺、桡骨下段骨折等)。"第5.4条:"自行车骑行/推行状态的判定。5.4.1 当事人是否具有骑跨伤的特征:双下肢内外侧均有损伤或体表痕迹,其中外侧呈现一侧为直接撞击伤、另一侧为摔跌伤,而内侧通常为在摔跌中与自行车部件接触形成的擦、挫伤。5.4.2 可根据绝大多数自行车当事人的推车习惯位于自行车的左侧的情况(特殊情况除外)及与其它车辆的碰撞形态,分析两车间是否存在直立的当事人,如自行车同侧前后部均有碰擦痕迹,则说明当事人呈骑跨状态的可能性比较大。5.4.3 当事人下肢直接撞击形成的损伤位置偏低,与造成其损伤的汽车保险杠距地高度有偏差,可以考虑碰撞时其脚位于自行车踏板上的可能性。5.4.4 当事人处于推行状态时可与推行的车辆相碰撞产生相应的损伤、痕迹。"公安部《道路交通事故处理程序规定》(2018年5月1日)第19条:"机动车与机动车、机动车与非机动车发生财产损失事故,当事人应当在确保安全的原则下,采取现场拍照或者标划事故车辆现场位置等方式固定证据后,立即撤离现场,将车辆移至不妨碍交通的地点,再协商处理损害赔偿事宜,但有本规定第十三条第一款情形的除外。非机动车与非机动车或者行人发生财产损失事故,当事人应当先撤离现场,再协商处理损害赔偿事宜。对应当自行撤离现场而未撤离的,交通警察应当责令当事人撤离现场;造成交通堵塞的,对驾驶人处以200元罚款。"第60条:"公安机关交通管理部门应当根据当事人的行为对发生道路交通事故所起的作用以及过错的严重程度,确定当事人的责任。(一)因一方当事人的过错导致道路交通事故的,承担全部责任;(二)因两方或者两方以上当事人的过错发生道路交通事故的,根据其行为对事故发生的作用以及过错的严重程度,分别承担主要责任、同等责任和次要责任;(三)各方均无导致道路交通事故的过错,属于交通意外事故的,各方均无责任。一方当事人故意造成道路交通事故的,他方无责任。"

**5. 地方司法性文件**。江西宜春中院《关于印发〈审理机动车交通事故责任纠纷案件的指导意见〉的通知》(2020年9月1日 宜中法〔2020〕34号)第13条:"不符合国家规定的电动二轮车、电动三轮车等统称为超标电动车。超标电动车应按非机动车的性质予以认定。在责任划分上,超标电动车应参照机动车处理。当事人请求超标电动车一方在交强险责任限额内承担赔偿责任的,人民法院不予支持。"四川高院《关于印发〈四川省高级人民法院机动车交通事故责任纠纷案件审理指南〉的通知》(2019年9月20日 川高法〔2019〕215号)第8条:"【对超标车辆性质的认定】对于不符合国家规范的电动二轮车,人民法院应当按照非机动车的标准认定性质并划分责任。对于电动三轮车不宜认定为机动车,但在责任比例划分方面应当参照机动车处理。"江西上饶中院《关于机动车交通事故责任纠纷案件的指导意见(试行)》(2019年3月12日)第3条:"……(十)涉及超标电动车的交通事故,因超标电动车虽为机动车,但现行法律并未要求超标电动车交纳交强险,且目前超标电动车在本市保险公司中也无法购买到交强险,故对于未投保交强险的情形,并非出于超标电动车一方的过错,当事人请求超标电动车一方在交强险责任限额范围内予以赔偿的,不予支持。至于涉及超标电动车交通事故的赔偿责任问题,按照《中华人民共和国道路交通安全法》第七十六条规定确定。"河北唐山中院《关于审理机动车交通事故责任纠纷、保险合同纠纷案件的指导意见(试行)》(2018年3月1日)第2条:"[对超标车辆性质的认定]对于电动二轮车,法院应当按照非机动车的标准认定性质并划分责任。对于电动三轮车,应当参照机动车处理,但不宜让其承担交强险责任。"江西高院《关于印发〈审理人身侵权赔偿案件指导意见(试行)〉的通知》(2017年9月5日 赣高法〔2017〕169号)第12条:"电动自行车,是指以蓄电池作为辅助能源,具有两个车轮,能实现人力骑行、电动或者电助动功能,符合国家标准的非机动车。电动自行车与行人、其他非机动车发生碰撞事故造成损害,受害方在事故发生后,未经交通管理部门进行事故责任认定或处理而直接起诉的,人民法院应当受理。分别以下情况处理:(1)符合前文第11条情形的,分别按照其规定处理;(2)人民法院将当事人提供的有关事故责任的证据提交给交通管理部门,但交通管理部门不能出具事故责任认定书或者无法给出相关意见、建议,当地未出台样规定的,可以参照《南昌市电动自行车管理条例》(2016年2月26日南昌市第十四届人民代表大会常务委员会第三十五次会议通过,2016年6月8日江西省第十二届人民代表大会常务委员会第二十五次会议批准)有关规定对各方责任做出认定。"第13条:"'非机动车'指的是《道路交通安全法》第一百一十九条第四项规定的'非机动车'。不符合'非机动车'标准,是指以动力装置驱动或者牵引,但其设计最高时速、空车质量、外形尺寸超过非机动车标准,达到机动车的部分或者全部标准。(1)该类车辆在与非机动车、行人发生交通事故时,其车辆驾驶员没有过错的,承担不超过百分之十的赔偿责任;(2)非机动车、行人请求申请做车辆类别或者规格参数鉴定的,可以将申请交由交通管理部门、机动车安全技术检验机构进行检验。如被认定为机动车的,按照机动车交通肇事损害赔偿的处理原则处理。"四川成都中院《关于印发〈机动车交通事故责任纠纷案件审理指南(试行)〉的通知》(2017年7月5日 成中法发〔2017〕116号)第8条:"对于不符合国家规范的电动二轮车,法院应当按照非机动车的标准认定性质并划分责任。对于电动三轮车,不宜认定为机动车并让其承担交强险责任,但在责任比例划分方面应当参照机动车处理。"北京三中院《类型化案件审判指引:机动车交通事故责任纠纷类审判指引》(2017年3月28日)第2-1.1部分"机动车交通事故责任纠纷的认定—常见问题解答"第2条:"道路上发生的交通事故是否仅限于机动车之间?虽然《侵权责任法》和《民事案由规定》只列明了'机动车',但是并不排除非机动车因道路交通事故发生的纠纷处理,因为《道交法》第二条规定,中华人民共和国境内的车辆驾驶人、行人、乘车人以及与道路交通活动有关的单位和个人,都应当遵守本法。第一百一十九条第一款第(二)项规定,车辆是指机动车和非机动车;第(五)项规定,交通事故,是指车辆在道路上因过错或者意外造成的人身伤亡或者财产损失的事件。由此可见,机动车交通事故责任纠纷并非仅限于机动车交通事故之间,也包括:机动车与非机动车、行人、路产单位、其他财产权利人等。"浙江省高院、省检察院、省公安厅公布《印发〈关于办理"醉驾"案件若干问题的会议纪要〉的通知》(2017年1月17日 浙高法〔2017〕12号)第3条:"关于机动车的认定。刑法第一百三十三条之一中的'机动车',按道路交通安全法第一百一十九条第(三)项和国家质量监督检验检疫局发布的《机动车运行安全技术条件》等有关规定执行,包括各类汽车、摩托车和轻便摩托车。"重庆高院民一庭《民一庭高、中两级法院审判长联席会议〈机动车交通事故责任纠纷中的法律适用问题解答(二)〉会议综述》(2015年6月26日)第9条:"关于因政策原因无法投保交强险的家用电动车发生交通事故时的责任承担问题。由于政策原因无法投保交强险的家用电动车,因车主不负有按照《交强险条例》规定投保交强险的义务,故处理交通事故责任不适用《交强险条例》。在侵权人和受害人未达成一致意见的情况下,请求按照交强险责任限额予以赔偿的,不予支持。"第10条:"关于'机动车'与'非机动车'的认定问题。事故车辆是否属于'机动车',涉及应否投保交强险问题。人民法院在审理涉及道路交通事故侵权责任案件时,不能仅以公安机关的认定为依据确定事故车辆的性质,而应当根据《中华人民共和国道路交通安全法》第一百一十九条规定,结合中华人民共和国国家标准《电动自行车通用技术条件》和案件实际情况予以确定。"湖北汉江中院民一庭《关于审理交通事故损害赔偿案件疑难问题的解答》

（2014年9月5日）第1条："问：没有机动车参与的交通事故案件是否适用机动车交通事故责任纠纷案由？答：非机动车之间、非机动车与行人之间发生的交通事故按一般侵权纠纷处理，不适用机动车交通事故责任纠纷的案由。"安徽淮南中院《关于审理机动车交通事故责任纠纷案件若干问题的指导意见》（2014年4月24日）第1条："机动车是指以动力装置驱动或牵引在道路上行驶的轮式车辆，如汽车、摩托车、手扶拖拉机等。时速在20公里以上、50公里以下，重量超过40公斤的电动车应视为机动车。"第2条："机动车交通事故责任是指机动车的所有人、使用人或相关责任人在机动车发生交通事故造成他人人身伤害或者财产损失时所应承担的侵权损害赔偿责任。非机动车之间、非机动车和行人之间发生交通事故引发的纠纷，适用机动车交通事故责任纠纷案由。"浙江高院民一庭《民事审判法律适用疑难问题解答》（2014年第9期）："……问：发生道路交通事故的电动车，经交警部门鉴定性能参数超标并定性为'机动车'的，赔偿权利人依据最高院《关于审理道路交通事故损害赔偿案件适用法律若干问题的解释》第十九条的规定，请求超标两轮电动车车主承担未投保交强险责任的，能否予以支持？答：发生道路交通事故的电动车被交警部门鉴定为'机动车'仅表明该电动自行车在最高时速、空车质量、外形尺寸接近或等同于轻型摩托车，但相关法律、法规未明确规定超标两轮电动车属于机动车，超标车车主并无法定义务投保交强险，且客观上也无法投保交强险。因此，道路交通事故的赔偿权利人依据最高院《关于审理人身损害赔偿案件适用法律若干问题的解释》第十九条的规定，请求超标两轮电动车车主承担未投保交强险责任的，不能予以支持。但是电动车的超速或超重等超标问题，客观上加大了车辆的安全隐患，因此加重损害后果的，可以适当加重电动车一方的赔偿责任。"安徽高院《关于审理道路交通事故损害赔偿纠纷案件若干问题的指导意见》（2014年1月1日 皖高法〔2013〕487号）第19条："非机动车与行人之间发生的道路交通事故，按照过错大小承担赔偿责任；过错大小无法认定的，非机动驾驶人承担主要赔偿责任。"安徽滁州中院《关于审理道路交通事故损害赔偿案件座谈会纪要》（2013年8月2日）第3条："公安机关交通管理部门未对事故责任作出认定，并且已有证据难以认定交通事故责任或各方当事人过错的，可以按照如下规则确定当事人的民事责任：（1）机动车之间或非机动车之间发生道路交通事故的，一般由各方当事人承担同等责任；（2）机动车与非机动车驾驶人、行人之间发生道路交通事故的，由机动车一方承担全部赔偿责任；（3）非机动车与行人之间发生道路交通事故的，由非机动车方承担主要赔偿责任。"浙江宁波中院《关于印发〈审理机动车交通事故责任纠纷案件疑难问题解答〉的通知》（2012年7月5日 甬中法〔2012〕24号）第7条："交警部门将速度和重量超标的电动车认定为机动车，且该类机动车无法上牌或上牌后无法进行投保，如发生交通事故，该类车辆的车主是否应在交强险范围内进行赔偿?答:应以该类车辆能否投保交强险为原则分别作出处理。如按规定应投保交强险,则该车辆所有人应先在交强险限额范围内承担赔偿责任,再根据其过错程度承担赔偿责任;如按规定不应投保交强险的,则应根据事故当事人的过错程度承担赔偿责任。"山东淄博中院民三庭《关于审理道路交通事故损害赔偿案件若干问题的指导意见》(2011年1月1日)第28条:"非机动车之间、非机动车与行人之间在道路上发生事故的,按照各自的过错程度承担赔偿责任。"江苏高院民一庭《侵权损害赔偿案件审理指南》(2011年)第7条:"道路交通事故责任。1.归责原则。《道路交通安全法》第76条规定:'……(二)机动车与非机动车驾驶人、行人之间发生交通事故,非机动车驾驶人、行人没有过错的,由机动车一方承担赔偿责任;有证据证明非机动车驾驶人、行人有过错的,根据过错程度适当减轻机动车一方的赔偿责任;机动车一方没有过错的,承担不超过百分之十的赔偿责任。交通事故的损失是由非机动车驾驶人、行人故意碰撞机动车造成的,机动车一方不承担赔偿责任。'据此,机动车之间发生的交通事故,适用过错责任原则。机动车与非机动车驾驶人、行人之间发生的交通事故,适用无过错责任原则。"河南郑州中院《审理交通事故损害赔偿案件指导意见》(2010年8月20日 郑中法〔2010〕120号)第8条:"非机动车之间发生碰撞,造成人身损害和财产损失的,其赔偿比例可参照本意见第七条执行。"江西南昌中院《关于审理道路交通事故人身损害赔偿纠纷案件的处理意见(试行)》(2010年2月1日)第17条:"机动车之间、非机动车之间、非机动车与行人之间发生交通事故的赔偿权利人,对对方有过错承担举证责任。"第35条:"非机动车辆之间、非机动车辆与行人发生交通事故造成损害的,根据各自过错的比例分担责任。"广东佛山中院《关于审理道路交通事故损害赔偿案件的指导意见》(2009年4月8日)第41条:"审理交通事故损害赔偿案件,区别以下情形适用归责原则:(一)机动车之间实行过错责任,非机动车之间实行过错责任,非机动车与行人之间实行过错责任;(二)机动车与行人、非机动车之间实行无过错责任。"第42条:"因道路交通事故致人损害,难以认定各方交通事故责任的,按照以下情形处理:(一)机动车之间或者非机动车之间发生道路交通事故的,由各方当事人承担同等赔偿责任;(二)机动车与非机动车驾驶人、行人之间发生道路交通事故的,由机动车方承担全部赔偿责任;(三)非机动车与行人之间发生道路交通事故的,由非机动车方承担主要赔偿责,行人承担次要赔偿责任。"江苏宜兴法院《关于审理交通事故损害赔偿案件若干问题的意见》(2008年1月28日 宜法〔2008〕第7号)第52条:"电瓶三轮车按机动车处理。"陕西高院《关于审理道路交通事故损害赔偿案件若干问题的指导意见(试行)》(2008年1月1日 陕高法〔2008〕258号)第15条:"机动车之间发生交通事故的,超出第三者责任强制保险限额的部分,按照下列规定承担赔偿责任:(一)负全部责任者承担100%;(二)负主要责任者承担

70%~80%;(三)负同等责任者承担50%;(四)负次要责任者承担20%~30%;(五)无责任者不承担。非机动车之间、非机动车与行人之间发生交通事故的,参照前款规定承担赔偿责任。"湖北武汉中院《关于审理交通事故损害赔偿案件的若干指导意见》(2007年5月1日)第8条:"审理交通事故损害赔偿案件,区别以下情形适用归责原则:机动车之间实行过错责任,非机动车之间实行过错责任,非机动车与行人之间实行过错责任,机动车对行人、非机动车实行无过错责任。机动车与行人、非机动车发生交通事故,行人、非机动车驾驶人有过错的,实行过失相抵,可以相应减轻机动车的赔偿责任。"重庆高院《关于审理道路交通事故损害赔偿案件适用法律若干问题的指导意见》(2006年11月1日)第22条:"因道路交通事故致人损害,难以认定各方交通事故责任的,按照以下情形处理:(一)机动车之间或者非机动车之间发生道路交通事故的,由各方当事人承担同等赔偿责任;(二)机动车与非机动车驾驶人、行人之间发生道路交通事故的,由机动车方承担全部赔偿责任;(三)非机动车与行人之间发生道路交通事故的,由非机动车方承担主要赔偿责任,行人承担次要赔偿责任。机动车方依法投保交通事故责任强制保险的,由机动车方在机动车交通事故责任强制保险责任范围外承担前款规定的赔偿责任。"江西赣州中院《关于审理道路交通事故人身损害赔偿案件的指导性意见》(2006年6月9日)第23条:"非机动车之间、非机动车与行人在道路上发生事故致人损害的;根据民法通则的相关规定,按照各自的过错程度确定赔偿责任。"广东高院、省公安厅《关于〈道路交通安全法〉施行后处理道路交通事故案件若干问题的意见》(2004年12月17日 粤高法发〔2004〕34号 2021年1月1日起被粤高法〔2020〕132号文废止)第20条:"根据当事人提供的证据难以认定交通事故责任或当事人的过错的,人民法院可按如下规则确定当事人的民事责任:(1)机动车与机动车发生交通事故的,由事故各方承担同等民事责任;(2)机动车与非机动车驾驶人、行人发生交通事故的,由机动车方承担全部民事责任;(3)非机动车之间、非机动车与行人之间发生交通事故的,由事故各方承担同等民事责任。"内蒙古高院《内蒙古自治区道路交通事故损害赔偿项目和计算办法》(2004年12月10日 〔2004〕内民一通字第11号)第4条:"……非机动车之间、非机动车与行人之间发生交通事故造成人身伤亡、财产损失的,按照《交通事故认定书》或者《事故认定书》认定的各方当事人的责任,按比例分别承担损害赔偿责任。"四川高院《关于道路交通事故损害赔偿案件审判工作座谈会纪要(试行)》(1999年11月12日 川高法〔1999〕454号)第1条:"根据国务院《道路交通事故处理办法》(以下简称《办法》)的规定,机动车(包括汽车、电车、电瓶车、摩托车、拖拉机、轮式专用机械车等)、非机动车(包括自行车、三轮车、人力车、畜力车、残疾人专用车等)车辆驾驶人员、行人、乘车人以及其他在道路(包括经公路主管部门验收认定的城间、城乡间、乡间能行驶汽车的国道、省道、县道和乡道等公共道路)上进行与交通有关活动的人员,因违反《中华人民共和国道路交通管理条例》(以下简称《条例》)和其他道路交通管理法规、规章的行为,过失造成人身伤亡或者财产损失的事故属道路交通事故。包括机动车与机动车、机动车与非机动车、非机动车与非机动车、机动车与行人、非机动车与行人之间发生的事故。会议认为,根据《办法》和《条例》等有关规定精神,不管车辆是否处于运行状态,不管车辆固有装置本身是否存在问题,只要车辆驾驶人员在道路上违反交通管理法规造成人身伤亡或者财产损失事故的,均应作为道路交通事故处理。非道路上(如单位、住宅小区内部等供车辆、行人通过的地方)发生的交通事故纠纷,一般作为侵权损害赔偿案件受理,在具体处理时可参照道路交通事故损害赔偿案件的有关规定。如经公安部门作出责任认定并进行了调解处理的,人民法院可作为交通事故案件受理。"河南高院**《关于审理道路交通事故损害赔偿案件若干问题的意见》**(1997年1月1日 豫高法〔1997〕78号)第22条:"……机动车之间、非机动车之间、非机动车与行人之间发生道路交通事故,可以推定双方均无过错,适用公平原则来解决当事人之间的纠纷。"

**6. 地方规范性文件。**西藏自治区**《道路交通安全条例》**(2023年1月18日修正实施)第38条:"机动车、非机动车、行人应当各行其道。没有划分机动车道、非机动车道、人行横道的道路,机动车在道路中间通行,非机动车、行人应当靠道路右侧通行;路面宽度七米以上的,从道路右侧有效路面边缘算起,行人应当在路面宽度不超过一米的范围内通行,自行车、电动自行车在路面宽度不超过一点五米的范围内通行,其他非机动车应当在路面宽度不超过两米的范围内通行。路面通行宽度不足时,机动车应当避让非机动车或者行人。"第53条:"机动车与非机动车驾驶人、行人之间发生道路交通事故造成人身伤亡、财产损失的,由保险公司在机动车第三者责任强制保险责任的限额范围内予以赔偿;不足部分按照下列规定承担赔偿责任:(一)非机动车、行人负事故全部责任的,机动车一方承担不超过百分之十;(二)非机动车、行人负事故主要责任的,机动车一方承担百分之二十;(三)非机动车、行人负事故同等责任的,机动车一方承担百分之六十;(四)非机动车、行人负事故次要责任的,机动车一方承担百分之八十。"云南省**《道路交通安全条例》**(2022年11月30日修正实施)第45条:"在未划分非机动车道和人行道的道路上,非机动车和行人应当在道路两侧四分之一路面通行。"第62条:"非机动车之间、非机动车与行人之间发生交通事故的,由有过错的一方承担损害赔偿责任;双方都有过错的,按照各自过错的比例承担损害赔偿责任。"第63条:"机动车与非机动车驾驶人、行人之间发生交通事故造成人身伤亡、财产损失超过强制保险限额的部分,机动车一方负有交通事故责任的,由其按照下列规定承担赔偿责任:(一)负全部责任的,承担100%;(二)负主要责任的,承担80%;(三)负同等责任的,承担

60%;(四)负次要责任的,承担40%。机动车一方无交通事故责任的,承担不超过10%的责任。非机动车驾驶人、行人与处于静止状态的机动车发生交通事故,机动车一方无交通事故责任的不承担赔偿责任。"云南省昆明市《道路交通安全条例》(2012年7月1日)第49条:"非机动车之间、非机动车与行人之间发生交通事故的,由有过错的一方承担赔偿责任;各方都有过错的,按照各自过错的比例分担赔偿责任。"甘肃省《道路交通安全条例》(2012年1月1日)第69条:"非机动车之间、非机动车与行人之间发生交通事故造成人身伤亡、财产损失的,由有过错的一方承担赔偿责任;双方都有过错的,按照各自过错的比例承担赔偿责任。"湖北省《实施〈道路交通安全法〉办法》(2012年1月1日修改)第49条:"非机动车之间、非机动车与行人之间发生交通事故造成人身伤亡、财产损失的,由有过错的一方承担赔偿责任;双方都有过错的,按照各自过错的比例承担赔偿责任;无法确定双方当事人过错的,按照公平原则承担赔偿责任。"青海省《实施〈道路交通安全法〉办法》(2012年1月1日修改)第53条:"机动车之间发生交通事故,损失超出机动车交通事故强制保险责任限额部分,按照各自过错比例分担损害赔偿责任;非机动车之间、非机动车与行人之间发生交通事故造成人身伤亡、财产损失的,按照各自过错比例承担赔偿责任。"北京市《实施〈道路交通安全法〉办法》(2010年12月23日修正)第73条:"……非机动车与非机动车、非机动车与行人发生交通事故,一方当事人有条件报案、保护现场但没有依法报案、保护现场,致使事故基本事实无法查清的,承担全部赔偿责任;两方或者两方以上当事人均有前述行为的,平均分担赔偿责任。"河南省郑州市《城市道路交通安全管理条例》(2009年1月1日)第48条:"非机动车之间、非机动车与行人之间发生交通事故的损害赔偿责任,依各方当事人的过错程度承担。无法确认各方当事人的过错的,由各方当事人共同承担。"第49条:"交通事故损害赔偿争议,当事人可以自行协商解决,也可以共同请求市公安机关交通管理部门进行调解,或者向人民法院提起民事诉讼。"黑龙江省《道路交通安全条例》(2007年7月1日)第93条:"……非机动车与非机动车、非机动车与行人发生交通事故,一方当事人有条件报案、保护现场但没有依法报案、保护现场,致使事故基本事实无法查清的,承担全部赔偿责任;两方或者两方以上当事人均有前述行为的,平均分担赔偿责任。"贵州省《道路交通安全条例》(2007年7月1日)第52条:"非机动车之间、非机动车与行人之间发生交通事故造成人身伤亡、财产损失的,由有过错的一方承担赔偿责任;双方都有过错的,按照各自过错大小的比例承担赔偿责任;无法确定双方当事人过错的,同等承担赔偿责任。"河北省《实施〈道路交通安全法〉办法》(2007年3月1日)第59条:"非机动车之间、非机动车与行人之间发生交通事故造成人身伤亡、财产损失的,由有过错的一方承担赔偿责任;双方都有过错的,按照各自过错的比例承担赔偿责任;当事人对造成损害都没有过错的,可以根据实际情况,由当事人分担赔偿责任。"宁夏回族自治区《道路交通安全条例》(2006年6月1日)第77条:"非机动车之间、非机动车与行人之间发生交通事故造成人员伤亡、财产损失的,由有过错的一方承担赔偿责任;各方都有过错的,按照各自过错的比例承担赔偿责任;无法确定各当事人责任的,平均分担赔偿责任。"陕西省《实施〈道路交通安全法〉办法》(2005年10月1日)第56条:"机动车之间发生交通事故的,超出第三者责任强制保险限额的部分,按照下列规定承担赔偿责任:(一)负全部责任者承担100%;(二)负主要责任者承担70%~80%;(三)负同等责任者承担50%;(四)负次要责任者承担20%~30%;(五)无责任者不承担。非机动车之间、非机动车与行人之间发生交通事故的,参照前款规定承担赔偿责任。"

**7. 参考案例。**①2017年辽宁某交通事故纠纷案,2015年,环卫所刘某驾驶电动车检查路面保洁情况时,撞伤行人赵某致10级伤残。<u>经鉴定,肇事电动车属机动车</u>。交警认定刘某、赵某分负主、次责任。赵某以环卫所未投保交强险为由,要求在交强险限额内先行赔偿。法院认为:依《道路交通安全法》第76条规定,机动车发生交通事故造成人身伤亡、财产损失的,由保险公司在机动车第三者责任强制保险责任限额范围内予以赔偿;不足的部分,按照下列规定承担赔偿责任:(1)机动车之间发生交通事故的,由有过错的一方承担赔偿责任;双方都有过错的,按照各自过错的比例分担责任。(2)机动车与非机动车驾驶人、行人之间发生交通事故,非机动车驾驶人、行人没有过错的,由机动车一方承担赔偿责任;有证据证明非机动车驾驶人、行人有过错的,根据过错程度适当减轻机动车一方的赔偿责任;机动车一方没有过错的,承担不超过10%的赔偿责任。交通事故的损失是由非机动车驾驶人、行人故意碰撞机动车造成的,机动车一方不承担赔偿责任。依最高人民法院《关于审理道路交通事故损害赔偿案件适用法律若干问题的解释》第16条、第19条规定,机动车发生交通事故造成损害,当事人同时起诉侵权人和保险公司的,人民法院应当确定先由承保交强险的保险公司在责任限额范围内予以赔偿;不足部分,由承保商业三责险的保险公司根据保险合同予以赔偿;仍有不足的,依照《道路交通安全法》和《侵权责任法》的相关规定由侵权人予以赔偿。而对未依法投保交强险的机动车上路行驶发生交通事故造成损害,受害人有权请求投保义务人在交强险责任限额范围内予以赔偿。"<u>机动车须投保交强险</u>"规定中涉及的机动车<u>应指一般意义上的机动车</u>。同时,还应注意:交警部门委托鉴定机构对事故电动车作出的鉴定意见,是其为行使行政管理职能而为,系公安交通管理部门在处理交通违法并对违法行为人实施行政处罚的依据;由于两轮电动车并未列入国家发改委公布的机动车目录,电动车在办理机动车登记和保险手续时无法按普通意义上的机动车对待,但这种情形并非电动车所有权人自身原因导致,而是社会管理体制和机制构建问题,将该社会管理责任归咎于电动车一方显然不符合公平原则,亦不合情理;电动车购买人在购买车辆时,并非按机动车初衷购买。故本案中,因涉案电动车未投保交强险,赵某要求环卫所先行在交强险赔偿限额范围内承担赔偿责任的诉请依据不足,法院不予支持。②2017年**陕西某交通事故纠纷案**,2016年,卢某驾驶摩托车与刘某驾驶电动车相撞,卢某死亡。电动车被鉴定为机动车。交警认定双方同等责任。卢某近亲属诉请赔偿时,以刘某未为机动车投保为由要求先行赔付交强险。法院认为:《道路交通安全法》第8条规定:国家对机动车实行登记制度。机动车经交管部门登记后,方可上道路行驶。尚未登记的机动车,需要临时上道路行驶的,应当取得临时通行牌证。第11条规定:驾驶机动车上道路行驶,应当悬挂机动车牌号,放置检验合格标志,并随时携带机动车行驶证。《机动车交通事故责任强制保险条例》第2条规定:中华人民共和国境内道路上行驶的机动车的所有人或者管理人,应当依照道路交通安全法的规定投保机动车交通事故责任强制险。最高人民法院《关于审理道路交通事故损害赔偿案件适用法律若干问题的解释》第19条第1款规定:"未依法投保交强险的机动车发生交通事故造成损害,当事人请求投保义务人在交强险责任限额范围内予以赔偿的,人民法院应予支持。"本案中,刘某骑行的电动车被鉴定为机动车,按现有法规刘某系该机动车投保义务人。民法调整的是平等主体之间的权利义务关系,其基本原则是公平、公正,本案中刘某未给超标电动车购买保险是由于行政管理职能缺位所导致的,法律不能强人所难,刘某为电动车投保由于客观障碍(行政管理缺陷)缺乏可期待性,具有免责事由。让刘某在交强险范围内先行承担责任,势必会加重刘某责任,让刘某为行政职能缺失买单有违公平性,亦不符合民事归责原则,故本案中刘某不应在交强险范围内先行承担赔偿责任。③2017年**浙江某产品责任纠纷案**,2015年,孙某被徐某驾驶的电动自行车碰撞致死。经鉴定,肇事电动车整车质量超出《电动自行车通用技术条件》规定的整车质量不大于40kg标准的两倍多,被认定为二轮摩托车。交警认定徐某全责。刑事附带民事诉讼判决徐某赔偿孙某近亲属125万余元。因无财产可执行,法院裁定终结执行程序。2016年,孙某近亲属以产品缺陷为由,诉请电动车公司赔偿。法院认为:《产品质量法》第43条所规定的受害人是指因产品存在缺陷造成人身、财产损害之后,有权要求获得赔偿的人,包括直接买受缺陷产品的人,亦包括非直接买受缺陷产品但受到缺陷产品损害的其他人。本案中死者孙某虽非肇事车辆直接购买人,但其因肇事车辆受到人身损害,故其死亡后,孙某近亲属作为其第一顺序继承人,有权作为原告参加诉讼。根据孙某近亲属提供的销售单据、售后服务卡、车辆照片、车主手册等证据记载的车辆名称、电机编号以及轮毂上印刻的英文标识,应认定肇事车辆系电动车公司生产的事实。产品缺陷是指产品中存在不合理危险,且这种危险危及人身和他人财产安全。根据已查明事实,肇事电动车被认定为二轮摩托车,且电动车公司在车主手册中已明确表明其生产的轻便电动车是一种低速安全的环保型工具,其额定载员与电动自行车、自行车相同,并在掌握骑行要领后可骑上道路,即向消费者明示了其生产、销售的肇事车辆为非机动车,但对该车辆存在严重超重问题未进行任何必要的说明,故电动车公司在产品警示说明方面存在缺陷,误导了消费者。且这种产品警示方面的缺陷使得肇事电动车具有了不合理危险,足以构成产品缺陷,该缺陷与本案事故之间具有一定因果关系,电动车公司应承担相应赔偿责任。徐某在行驶中未尽到审慎注意义务,盲目行驶,并对前方道路及行人情况注意不足,故对事故发生其自身过错是主要原因。综合评定徐某驾驶车辆过错及肇事车辆产品缺陷与事故发生的关联程度,酌定由电动车公司承担20%责任比例,判决电动车公司赔偿原告25万余元。④2017年湖南某交通事故纠纷案,2016年,黄某驾驶电动自行车与欧某驾驶摩托车相撞,致摩托车上乘客之一曹某受伤。交警认定黄某车辆为机动车,双方过错,故同等责任。黄某认为其属非机动车,欧某酒驾、无驾驶证、无行驶证、超载等,应负主要责任。法院认为:本案中,尽管黄某驾驶电动自行车,但是由于时速等因素,经交警反复调查,并作出了道路交通事故认定书,认定黄某驾驶的是未注册登记的电动自行车,属于机动车,而不是非机动车,故本案案由为机动车交通事故责任纠纷。因属机动车之间发生交通事故,应适用过错责任归责原则。本案交警部门所作事故认定书合法、合理,应予采信。事故认定书虽认定曹某不承担责任,但曹某作为成年人明知欧某饮酒仍乘坐其驾驶的摩托车,对损害结果存在一定过错,故酌定曹某对损害结果自负20%责任。判决曹某损失4万余元,自负20%后剩余3.2万余元,由黄某、欧某按同等责任各赔偿1.6万余元。⑤2016年四川某保险合同纠纷案,2015年,孙某驾驶电动三轮载货摩托车与机动车相撞身亡。生前单位投保的团体意外伤害险的保险公司以保险合同约定"被保险人无合法有效驾驶证、行驶证驾驶机动车致被保险人伤害的,保险人免责"为由拒赔。法院认为:保险合同中约定的"无合法有效驾驶证、行驶证"免责前提条件应为,被保险人客观上有条件取得相应机动交通工具的驾驶证和行驶证。本案中,虽然公安机关认定被保险人孙某系无证驾驶机动车,保险合同亦有相应免责约定,但公安机关将电动三轮车纳入机动车范畴进行事故处理,仅是在发生交通事故之后按《机动车安全技术检验项目与方法》(GB 21861—2014)、《机动车类型或术语》(GA 802—2014)等国家或行业标准,对事故电动三轮车所作技术认定。然而在实践中,公安部门并未对电动三轮车纳入机动车范畴进行证照许可管理,在事故发生之前电动三轮车不能像其他机动车(摩托车、汽车等)一样,领取相应驾驶证、行驶证,投保交强险。如保险人欲规避因电动三轮车具有与其他机动车相同性能而增加的事故责任风险,可在保险合同条款中对此种情形予以特定化,否则将承担给付保险金责任。当前,电动自行车、电动三轮车以其轻便、快捷特点深受大众推崇,已成为广大群众重要的交通或运输工具。因公安部门并未将电动自行车、电动三轮车纳入机动车范畴进行证照许可管理,从社会一般人认知来看,被保险人在购买电动自行车、电动三轮车时无须根据国家对机动车管理规定办理相关驾驶证和车辆行驶证件,一般不会认为电动自行车、电动三轮车属于机动车。但鉴于某些电动自行车、电动三轮车达到了其他机动车相同性能,在意外伤害险中,可能会增加保险人承担责任的风险。保险人因此将其作为免责条款亦符合保险业经营的风险选择原则,但应在保险合同条款中予以特定化。然而,本案保险人并未将此种情形在保险合同条款中予以具体化,立足于保险合同属最大诚信合同,应判定本案被保险人所涉情形不属于合同中约定"无证驾驶免赔"范畴,判决保险公司支付保险金20万余元。⑥2016年**内蒙古某交通事故纠纷案**,2015年,李某驾驶电动三轮车与王某驾驶的电动自行车相撞,造成王某10级伤残,交警认定双方同等责任。王某以李某未投保交强险为由,诉请李某在交强险范围内赔偿。法院认为:《道路交通安全法》对机动车与非机动车作了明确界定,机动车是指以动力装置驱动或牵引,上道路行驶的供人员乘用或用于运送物品以及进行工程专项作业的轮式车辆。非机动车是指以人力或畜力驱动,上道路行驶的交通工具,以及虽有动力装置驱动但设计最高时速、空车质量、外形尺寸符合有关国家标准的残疾人机动轮椅车、电动自行车等交通工具。依该法规定和有关国家标准,电动三轮车应认定为机动车。最高人民法院《关于审理道路交通事故损害赔偿案件适用法律若干问题的解释》第19条规定:"未依法投保交强险的机动车发生交通事故造成损害,当事人请求投保义务人在交强险责任限额范围内予以赔偿的,人民法院应予支持。"该条规定隐含的逻辑内涵包括,机动车投保交强险这一法定义务系投保义务人可控事项,即投保人通过自力行为即可顺利履行该机动车投保交强险法定义务;如无法投保交强险并非投保义务人主观意愿所致,而是客观原因造成,则该种未投保状态不具有可责难性,投保义务人亦不得因此加重责任。由于电动三轮车并未列入国家发改委公布的机动车目录,公安交通管理机关依法不予注册登记,保险企业亦不予办理交强险。在此情况下,让购买电动三轮车的个人承担管理缺位造成的损失,不符合民法归责原则,亦不符合规定本意。判决李某赔偿王某损失50%。⑦2016年**江苏某保险合同纠纷案**,2012年,骑电动三轮车的金某被货车撞死,交警认定金某"未取得机动车驾驶证驾驶未经交管部门注册登记的电动三轮车",负次要责任。法院判决认定"事故发生于机动车之间,双方各承担一半责任"。2016年,金某家属以金某单位曾为员工投保团体人身意外伤害险为由,多次要求保险公司理赔,保险公司以金某"无合法有效驾驶证驾驶机动车"为由拒绝。法院认为:虽然公安机关将金某驾驶的电动三轮车认定为机动车进行事故处理,且法院判决中亦确定金某驾驶的电动三轮车属机动车,但这只是在事故责任认定中,因其动力、速度等因素作出的相当于机动车的推定,即推定事故中的电动车具有与机动车相同的作用力,从而在事故处理时赋予车主与机动车相同的法律义务,这符合我国民事法律公平合理和诚实信用原则。但交警该种推定,系为处理特定案件赔偿问题所作认定,系为区分事故责任而作出的一种推断。这种行为从本质上讲,并非代表公安机关作出的行政行为,而只是行政机关的一种行政确认。实践中,法院在处理类似纠纷时,亦只是把交警事故责任认定作为一种证据对待,并非直接采信适用。如有充分证据可推翻事故认定,法院还可对事故认定不予采信或重新作出认定。可见,这种认定并不具有普遍适用效力,不具有公安机关一般意义上行政审查的权威性。最高人民法院《关于适用〈保险法〉若干问题的解释(二)》第 10 条规定:"保险人将法律、行政法规中的禁止性规定情形作为保险合同免责条款的免责事由,保险人对该条款作出提示后,投保人、被保险人或者受益人以保险人未履行明确说明义务为由主张该条款不生效的,人民法院不予支持。""无合法有效驾驶证驾驶机动车"中的"机动车"应解释为形式与实质及审批程序相一致的狭义上的机动车。由于电动车缺乏办理机动车驾驶证照的正当渠道,如让根本无法申领驾驶证的电动车骑行人,承担无合法有效驾驶证驾驶机动车的同等风险,不符合实事求是的立法精神,同时亦大大增加了被保险人的保险风险,对被保险人不公平。另外,无论是交通安全法律,还是相关行业规范,对机动车和非机动车均作了明确区分,其中关于机动车的范围,并不包括电动车在交警区分事故责任时被认定为机动车的情形。虽然我国《道路交通安全法》关于机动车和非机动车的划分标准并不十分科学,把许多实质上的机动车排除在机动车之外而列入了非机动车之列,且目前上述车辆上路行驶并不需要办理机动车驾驶证和行驶证,不经任何训练的人就可驾驶,增加了交通安全隐患。但这种法律不健全与保险责任承担完全是两码事,对保险合同免责条款解释须严格执行现行法律和行业规定,不能突破法律规定和行业规范框架,否则不利于保护保险合同相对弱势的被保险人和受益人一方利益,亦不符合相关法律规定对格式合同条款的解释精神,故判令保险公司承担保险责任。⑧2014 年江苏某保险合同纠纷案,2012 年,喻某驾车与骑自行车的金某相撞致金某一级伤残,交警认定事故成因无法查清。2013 年,法院以双方违法行为和过错基本相当,判决保险公司承担交强险、商业三责险外,喻某承担65%赔偿责任。保险公司另赔偿喻某车辆损失 10 万余元后,以金某应承担其中 35% 责任向金某行使代位追偿权。法院认为:根据法律规定,机动车一方为交通事故损害赔偿义务人,非机动车方非赔偿义务人。《道路交通安全法》第 76 条规定:机动车与非机动车驾驶人、行人之间发生交通事故,非机动车驾驶人、行人没有过错的,由机动车一方承担赔偿责任;有证据证明非机动车驾驶人、行人有过错的,根据过错程度适当减轻机动车一方的赔偿责任;机动车一方没有过错的,承担不超过 10% 的赔偿责任。依该规定,在机动车与非机动车、行人的交通事故中,机动车一方具有法定赔偿义务,而非机动车和行人不具有法定赔偿义务。根据"优者危险负担"原则,非机动车不应赔偿机动车的车辆损失。机动车无论在速度、硬度、重量及对他人的危险性上,均远远高于非机动车和行人,应负更高的避险义务。本案中,金某并不存在故意,无须对肇事机动车进行赔偿。根据公平原则,非机动车不应赔偿肇事机动车车辆损失。现实中,非机动车、行人在交通事故中受害程度往往远甚于机动车,通常是非死即伤,而机动车一方一般只是造成车辆损坏等财产损失,很少有人身伤亡。如按责任比例承担损失,则可能导致行人所获人身损害赔偿抵不上机动车车辆损失后果。保险人对第三者行使保险代位权应以被保险人对第三者具有赔偿请求权为前提。喻某作为肇事机动车方,不具有向受害人金某请求赔偿的权利,保险公司向金某行使代位权亦缺乏前提条件和基础,判决驳回保险公司诉请。⑨2012年重庆某交通事故纠纷案,2011年,宋某骑"助力车"肇事致黄某死亡,交警认定宋某、黄某分负主、次责任。法院判决宋某在交强险各赔偿项下先行赔偿11万元,对超过交强险赔偿限额部分,由宋某按责任分担 8.7 万元。2012年,宋某以摩托车公司虚假标识为非机动车致使其承担本次交通事故赔偿责任为由,诉请赔偿。法院认为:摩托车公司对其生产的"助力车"发动机排量进行虚假标识行为并未直接侵害宋某民事权利,仅能从宋某在交通事故纠纷中应承担的经济赔偿是否可作为因摩托车公司虚假标识行为所侵害民事利益进行考量。宋某驾驶"助力车"致黄某死亡所应承担经济赔偿分为两部分:其一为超过交强险赔偿限额,宋某按次要责任所分担部分损害赔偿。该部分系因宋某行驶时忽视观察导致,自身存在过错,与摩托车公司虚假标识行为无关,故此部分赔偿数额不能认定为受摩托车公司所侵害民事利益。其二为宋某未投保交强险,在交强险各赔偿项下先行赔偿部分。因摩托车公司虚假标识行为,致使宋某认为所购"助力车"为非机动车,无须投保交强险。换言之,宋某承担该部分经济赔偿系因应投保交强险而未投保所致,其原因与摩托车公司虚假标识直接相关,故此部分赔偿数额可作为受摩托车公司所侵害民事利益予以保护。责任划分方面,摩托车公司明知而违法对车辆发动机排量加以虚假标识,且能够合理预见将损害购买者经济利益,应承担主要责任。宋某疏于注意而未投保交强险,承担次要责任。判决摩托车公司赔偿宋某经济损失 9.6 万元。⑩2011年福建某行政诉讼案,2010年,潘某驾驶电动车与林某驾驶小客车相撞,交警以潘某无照驾驶等事实认定潘某、林某分负主、次责任。交警队委托鉴定结论显示该电动车无自行车脚踏装置,轮胎型号 3.00－10(英寸),轮胎宽度大于 54mm,该电动车不符合通用技术条件(GB 17761—1999)。潘某认为电动车不属于机动车。法院认为:《道路交通安全法》第 119 条规定的"车辆",指的是机动车和非机动车,并做了相应定义。虽然上述法律并未具体明确机动车包括哪些车辆,但《机动车运行安全技术条件》(GB 7258—2004)明确了机动车包括摩托车和轻便摩托车。2008年8月16日福建省公安厅交警总队闽交警法〔2008〕2号答复函中明确了"对设计最高时速、空车质量、外形尺寸不符合有关国家非机动车标准的电动车、燃油助力车等以动力装置驱动或者牵引,上道路行驶的车辆应当界定为机动车"。该文件系政府规范性文件,在福建省范围内,相关执法部门可参照适用。根据鉴定结论,本案潘某所骑电动车无自行车脚踏装置,轮胎型号及尺寸不符合通用技术条件(GB 17761—1999),故应认定为机动车。潘某驾驶机动车违反了道路交通安全的有关法律法规规定,交警部门有权进行处罚,判决驳回潘某诉请。⑪2011年上海某生命权、健康权、身体权纠纷案,2010年9月,赵某驾驶从江某处借来的燃气助动自行车与横过道路的张某相撞,致张某倒地受伤,经抢救无效死亡,交警认定双方同等责任。法院认为:借用他人非机动车发生交通事故的,由事故责任人自己承担责任。本案所涉系非机动车与行人之间发生的交通事故,双方对案发事故致张某死亡这一事实均无异议,故予认定。双方对交警所作事故同等责任的认定均无异议,故该认定应作为确定本案民事损害赔偿责任的依据,赵某作为非机动车驾驶员应对其在行车过程中未确保安全致人死亡的重大过失行为承担相应的民事赔偿义务;而张某作为行人方对于本案事故的发生负同等责任,根据其过错程度可按照50%的比例减轻赵某的赔偿责任。江某虽系肇事助动自行车的车主,但非交通事故的责任人,故对原告要求江某承担连带赔偿责任的诉请不予支持。⑫2011年浙江某交通事故责任纠纷案,2011年7月,金某驾驶未登记的无号牌二轮电动车搭乘他人与骑自行车横过道路的葛某相撞致葛某10级伤残,交警认定金某、葛某分负主、次责任。金某认为葛某手部残疾,不应骑自行车,应承担主要责任。法院认为:本案系非机动车与行人之间发生的交通事故,葛某驾驶自行车横过道路未下车推行,在事故中承担次要责任,金某驾驶未经登记的无号牌电动车不按规定载人,行驶中未确保安全,在事故中承担主要责任,故对葛某的合理损失,由金某承担80%的赔偿责任。我国法律对自行车驾驶人的身体条件并未规定相关的准入制度进行限制,依葛某目前手部残疾程度,对骑行自行车并未造成影响,故金某在庭审中辩称葛某肢体有残疾,不适宜骑自行车,应承担事故的主要责任的该项抗辩,不予认定。判决葛某因事故造成的损失为9万余元由金某赔偿80%共计7万余元。⑬2011年河南某健康权纠纷案,2011年2月,汪某驾驶二轮电动车撞伤行人袁某,交警认定汪某、袁某分负主、次责任。法院认为:非机动车与行人之间发生交通事故,造成人身损害、财产损失的,应当根据各自的过错分担责任。汪某驾驶二轮电动车上路行驶时,负有安全注意、谨慎行驶之义务,而其因采取措施不力,将前方行走的袁某撞伤,其过错明显,应对本案的发生承担主要责任,即对袁某因此所遭受的经济损失承担70%之赔偿责任;袁某未严格按照交通规则通行,对本案的发生亦有一定过错,应承担次要责任,即对自身所遭受的经济损失承担30%之责任。⑭**2011年浙江某生命权纠纷案**,2010年8月,王某骑着刹车故障自行车在未划分车道的公路上,未靠右通行,撞上横过马路的吴某,王某身亡。交警认定王某全责。法院认为:本案的争议焦点在于如何确定交通事故责任。根据交警出具的《道路交通事故认定书》,王某驾驶制动器不完好的自行车上路行驶,在没有划分机动车道与非机动车道的道路上未靠右行驶,遇行人横过道路时未减速避让,其交通违法行为是造成本起事故的直接原因,应承担事故的全部责任,交警队复核维持了该道路交通事故认定。王某近亲属主张吴某对本起事故的发生存有过错,但缺乏相应证据予以证实,且本案系非机动车与行人之间发生的交通事故,应适用过错责任原则,故依据《道路交通事故认定书》确定王某对本次事故承担全责并无不妥,判决驳回原告要求吴某赔偿的诉讼请求。

**【同类案件处理要旨】**

非机动车之间、非机动车与行人之间发生交通事故造成人身伤亡、财产损失的,由有过错的一方承担赔偿责任;各方都有过错的,按照各自过错的比例承担赔偿责任;无法确定各方当事人过错的,平均分担赔偿责任。

**【相关案件实务要点】**

1.【归责原则】道路交通事故发生在非机动车之间时,其归责原则不适用《道路交通安全法》的规定,应适用《民法通则》有关一般民事过错责任的规定。事故双方都有过错的,其责任划分应按我国民法中的混合过错原则。案见河南睢县法院(2009)睢民初字第28号"张某与邓某某等道路交通事故人身损害赔偿纠纷案"。

2.【借用非机动车】借用他人非机动车发生交通事故的,由事故责任人自己承担责任。案见上海二中法院(2011)沪二中民一(民)终字第635号"陈某等与赵某等生命权、健康权、身体权纠纷上诉案"。

3.【事故认定书】公安交通管理部门根据交通事故现场勘验、检查、调查情况及有关的检验、鉴定结论依法制作的交通事故认定书在双方当事人均无确凿证据予以反驳的情况下,可作为处理交通事故的合法证据,具有证明效力。案见浙江杭州萧山区法院(2011)杭萧民初字第5202号"葛某诉金某交通事故责任纠纷案"。

4.【混合过错】非机动车之间、非机动车与行人之间发生交通事故造成人身伤亡、财产损失的,由有过错的一方承担赔偿责任;各方都有过错的,按照各自过错的比例承担赔偿责任。案见河南鄢陵法院(2011)鄢民初字第323号"袁某诉汪某健康权纠纷案"。

**【附注】**

参考案例索引:河南睢县法院(2009)睢民初字第 28 号"张某与邓某某等道路交通事故人身损害赔偿纠纷案",见《张金昌与邓月岭道路交通事故人身损害赔偿案》(王德齐),载《人民法院案例选》(201004:134)。①辽宁沈阳中院(2017)辽 01 民终 650 号"赵志男与刘志宇等机动车交通事故责任纠纷上诉案",见《交强险不适用于被鉴定为机动车的电动车》(李国军、王金利),载《人民司法·案例》(201729:19);另见《电动车应否投保交强险——沈阳市和平区法院判决赵某诉刘某等交通事故赔偿纠纷案》(王金利),载《人民法院报·案例精选》(20170504:06)。②陕西汉中中院(2017)陕 07 民终 423 号"卢汶龙等与刘正机动车交通事故责任纠纷上诉案",见《电动车被鉴定为机动车后的交通事故责任认定》(白咏枝、张革胜、党泽猛),载《人民司法·案例》(201729:21)。③浙江宁波中院(2017)浙 02 民终 901 号"林熙子等与浙江钻豹电动车有限公司产品责任纠纷上诉案",见《超标电动车生产者应对事故受害人承担赔偿责任》(张远金),载《人民司法·案例》(201729:12)。④湖南郴州中院(2017)湘 10 民终 967 号"黄磊与曹周西等机动车交通事故责任纠纷上诉案",见《电动自行车在事故中的责任划分》(陈建华),载《人民司法·案例》(201729:8)。⑤四川德阳中院(2016)川 06 民终 567 号"阮纪琼等与中国人民财产保险股份有限公司德阳市分公司人身保险合同纠纷上诉案",见《保险人应对无证驾驶电动三轮车承担保险责任》(郭文东、费元汉),载《人民司法·案例》(201729:17)。⑥内蒙古乌海中院(2016)内 03 民终 92 号"王某与李某交通事故纠纷案",见《涉电动三轮车交通事故民事赔偿责任的合理划分——内蒙古乌海中院判决王颖芳诉李金峰机动车交通事故责任纠纷案》(王旭光、郭新),载《人民法院报·案例精选》(20160616:06)。⑦江苏常州中院(2016)苏 04 民终 4101 号"中华联合财产保险股份有限公司常州中心支公司与金文文等人身保险合同纠纷上诉案",见《无证驾驶超标电动车不构成保险免责事由》(肖天存),载《人民司法·案例》(201729:4)。⑧江苏南通中院(2014)通中商终字第 0269 号"永诚财产保险股份有限公司通州支公司与金福明保险合同纠纷案",见《非机动车和行人非故意时不赔偿肇事机动车辆损失》(邓建华),载《人民司法·案例》(201605:60)。⑨重庆沙坪坝区法院(2012)沙法民初字第 06218 号"宋某与某实业公司交通事故纠纷案",见《纯粹经济损失具有可赔偿性——重庆沙坪坝法院判决宋正辉诉华帆公司道路交通事故损害赔偿纠纷案》(江河),载《人民法院报·案例指导》(20131031:06)。⑩福建厦门中院(2011)厦行终字第 5 号"潘某与某交警队行政诉讼案",见《潘儒虔诉厦门市公安局交通警察支队同安大队不服道路行政处罚案》(陈为山、吴宇轩),载《人民法院案例选》(201202/80:307)。⑪上海二中法院(2011)沪二中民一(民)终字第 635 号"陈某等与赵某等生命权、健康权、身体权纠纷上诉案"。⑫浙江杭州萧山区法院(2011)杭萧民初字第5202号"葛某诉金某交通事故责任纠纷案"。⑬河南鄢陵法院(2011)鄢民初字第323号"袁某诉汪某健康权纠纷案"。⑭浙江舟山中法院(2011)浙舟民终字第279号"王某等与吴某生命权纠纷案"。

# 特殊性质车辆

## 11. 无偿借用车肇事责任
### ——借车出事故，损失找谁赔？
【出借车辆】

**【案情简介及争议焦点】**

2008年2月，行人黄某被他人所驾摩托车撞致伤残，司机弃车逃逸。交警认定司机负全责。该车系熊某卖给曾某，曾某又卖给赵某，赵某借与李某期间肇事。该车在上述转让过程中未办变更登记，登记车主为熊某。熊某、曾某、赵某均未为该车买交强险和商业三者险。赵某在庭审中称该车已抵账给李某。

争议焦点：1. 赵某应否赔偿？2. 熊某、曾某应否赔偿？

**【裁判要点】**

**1. 实际车主赵某责任。** 赵某以出具署名为李某的领条和欠条，主张案涉摩托车已转让给李某，但该证据缺乏李某的真实身份证明内容，又不能印证领条和欠条中李某的署名确系本人签写，不能支持赵某财产流转的主张，故该主张事实依法不能确认。根据赵某在公安机关所作陈述，可认定肇事车辆系赵某借与李某使用，赵某应是摩托车最后买受人和财产控制人。根据摩托车特有的交通工具财产性能，其在运行过程中存在较大危险性，车主应较管理一般财产负有更大的注意义务。由于赵某是控制该车的实际车主，出借该车时未严格审查借用人，放任他人使用，致使损害事故发生，其行为明显具有疏于履行管理职责与谨慎注意义务的过错，违背了我国《民法通则》赋予财产所有人的管理注意义务，其主观具有过错，该过错行为与实际发生的损害后果之间形成因果关系，赔偿责任依法应由赵某承担。赵某承担赔偿责任后可向侵权人追偿。

**2. 熊某、曾某的责任。** 熊某、曾某虽曾是该车的车辆所有人和使用人，但在将车出卖给他人后就脱离了对车辆的实际控制，其管理注意义务也随车辆的买卖流转变更为实际掌控人负有，故其在机动车转让过程中虽未完善变更登记手续，但按照现行交通事故损害担责的规定，不应属此事故的民事责任主体。

**【裁判依据或参考】**

**1. 法律规定。**《民法典》（2021年1月1日）第1209条：″因租赁、借用等情形机动车所有人、管理人与使用人不是同一人时,发生交通事故造成损害,属于该机动车一方责任的,由机动车使用人承担赔偿责任;机动车所有人、管理人对损害的发生有过错的,承担相应的赔偿责任。"《侵权责任法》(2010年7月1日,2021年1月1日废止)第49条:"因租赁、借用等情形机动车所有人与使用人不是同一人时,发生交通事故后属于该机动车一方责任的,由保险公司在机动车强制保险责任限额范围内予以赔偿。不足部分,由机动车使用人承担赔偿责任;机动车所有人对损害的发生有过错的,承担相应的赔偿责任。"

**2. 行政法规。**《机动车交通事故责任强制保险条例》(2013年3月1日修改施行)第42条:"本条例下列用语的含义:(一)投保人,是指与保险公司订立机动车交通事故责任强制保险合同,并按照合同负有支付保险费义务的机动车的所有人、管理人。(二)被保险人,是指投保人及其允许的合法驾驶人。"

**3. 司法解释。**最高人民法院《关于审理道路交通事故损害赔偿案件适用法律若干问题的解释》(2012年12月21日,2020年修改,2021年1月1日实施)第1条:"机动车发生交通事故造成损害,机动车所有人或者管理人有下列情形之一,人民法院应当认定其对损害的发生有过错,并适用民法典第一千二百零九条的规定确定其相应的赔偿责任:(一)知道或者应当知道机动车存在缺陷,且该缺陷是交通事故发生原因之一的;(二)知道或者应当知道驾驶人无驾驶资格或者未取得相应驾驶资格的;(三)知道或者应当知道驾驶人因饮酒、服用国家管制的精神药品或者麻醉药品,或者患有妨碍安全驾驶机动车的疾病等依法不能驾驶机动车的;(四)其它应当认定机动车所有人或者管理人有过错的。"

**4. 地方司法性文件。**广东高院《关于审理机动车交通事故责任纠纷案件的指引》(粤高法发〔2024〕3号 2024年1月31日)第5条:"机动车缺陷是交通事故发生的原因之一,机动车所有人、管理人知道或者应当知道该机动车缺陷存在,但未采取维修等积极措施使得机动车具备上路行驶的基本安全条件,应认定对该机动车缺陷造成的交通事故具有过错。机动车所有人、管理人以使用人已经知悉机动车存在缺陷为由要求免责的,不予支持。"江西宜春中院《关于印发〈审理机动车交通事故责任纠纷案件的指导意见〉的通知》(2020年9月1日 宜中法〔2020〕34号)第17条:"因租赁、借用、试驾等经机动车所有人或管理人授权导致的所有人、管理人与事故中的驾驶人不一致的,由驾驶人承担赔偿责任,所有人、管理人对损害的发生具有过错的,承担相应的赔偿责任。下列情形应认定所有人、管理人具有过错:(1)知道或者应当知道机动车存在缺陷,且该缺陷是交通事故发生的原因之一;(2)知道或者应当知道驾驶人无驾驶资格或者未取得相应驾驶资格的;(3)知道或者应当知道驾驶人因饮酒、服用国家管制的精神药品或麻醉药品、患有妨碍安全驾驶机动车的疾病、过度疲劳影响安全驾驶等依法不能驾驶机动车的;

(4)其他应当认定机动车所有人或者管理人有过错的。"辽宁沈阳中院《机动车交通事故责任纠纷案件审判实务问题解答》(2020年3月23日)第8条:"如何把握《中华人民共和国侵权责任法》第四十九条中规定的'出借车辆人过错'?解答:机动车出借人有下列行为之一的,应当认为存在《中华人民共和国侵权责任法》第四十九条中的'过错':(一)出借机动车不符合《沈阳市道路车辆管理办法》第十一条规定的上路行驶条件,且机动车存在安全隐患的;(二)出借机动车未按规定投保交强险;(三)出借机动车未进行年检,且交通事故成因与车辆未年检有因果关系的;(四)出借人在明知借用人为未成年人、无驾驶能力人、饮酒人、吸毒人员等人员情况下,继续出借车辆的;(五)其他情形。理由:出租车辆因赔偿责任承担发生纠纷时,应充分考虑出租人和承租人之间的合同利益关系,在此基础上可参照该上述规定执行。《中华人民共和国侵权责任法》第四十九条规定,因租赁、借用等情形机动车所有人与使用人不是同一人时,发生交通事故后属于该机动车一方责任的,由保险公司在机动车强制保险责任限额范围内予以赔偿。不足部分,由机动车使用人承担赔偿责任;机动车所有人对损害的发生有过错的,承担相应的赔偿责任。本条系对四十九条规定情形的细化,规定了四种具体情形,包含但不限于此。《沈阳市道路车辆管理办法》第十一条规定,上道路行驶的机动车应当符合下列规定:(一)机动车号牌保持清晰、完整,不得遮挡、倒置或者号牌作技术处理,影响车辆号牌的识别;变形、残缺、褪色以及字迹模糊的,应当及时换领机动车号牌;(二)不得在车辆外部改装、加装照明设备、光电器材等干扰交通技术监控设备和影响车辆运行安全的装置;(三)不得安装、使用高音和怪音喇叭、大功率音响、与警报器音频相同的装置以及强光、爆闪灯等影响交通安全的装置;(四)不得擅自加高或者降低机动车底盘、改装消声器、改变车身颜色等机动车外观、构造和技术数据;(五)不得在机动车前、后风挡玻璃上喷涂、粘贴妨碍安全驾驶的广告以及妨碍视线的物品;(六)不得在机动车前、后车灯上喷涂、粘贴有色薄膜。"安徽合肥中院《关于道路交通事故损害赔偿案件的审判规程(试行)》(2019年3月18日)第10条:"【所有人、管理人的责任】租赁、借用等情形下,机动车所有人与使用人不是同一人时,发生交通事故后属于该机动车一方责任的,由保险公司在交强险责任限额内予以赔偿;不足部分,由机动车使用人承担赔偿责任;如机动车所有人或者管理人有下列情形之一,应当认定其对损害的发生有过错,并承担相应的赔偿责任:(1)知道或者应当知道机动车存在缺陷,且该缺陷是交通事故发生原因之一的;(2)知道或者应当知道驾驶人无驾驶资格或者未取得相应的驾驶资格的;(3)知道或者应当知道驾驶人因饮酒、服用国家管制的精神药品或者麻醉药品,或者患有妨碍安全驾驶机动车的疾病等依法不能驾驶机动车的;(4)其他应当认定机动车所有人或者管理人有过错的。其他未经允许驾驶他人机动车(盗抢车辆除外)发生交通事故造成损害的,依照上述规定处理。"江西高院《关于印发〈审理人身侵权赔偿案件指导意见(试行)〉的通知》(2017年9月5日 赣高法〔2017〕169号)第14条:"工作人员使用个人车辆执行单位事务途中发生交通事故致他人损害的,分别以下情形处理:(1)工作人员使用自有车辆或者借用他人车辆履行其自有工作职责的,按照其自有车辆或者车辆借用侵权法律关系处理,受害方以该工作人员身份关系或者系执行单位事务为由,要求单位承担赔偿责任的,不予支持;该工作人员提出职务行为抗辩,主张单位应承担赔偿主体责任的,不予支持;(2)工作人员因单位负责人个人要求,使用自有车辆或者单位负责人提供的车辆执行单位事务的,按照义务帮工侵权法律关系处理,该工作人员是帮工人,单位负责人是被帮工人,在车辆保险不能赔偿的部分,由单位负责人承担赔偿责任,工作人员在驾驶车辆中存在故意或者重大过失,单位负责人可以在承担了赔偿责任后要求工作人员承担与其重大过失相适应的赔偿责任;如该工作人员未提出其系帮工行为抗辩,人民法院只列受害方起诉的当事人为被告;工作人员在承担了责任后,可以另行要求单位负责人承担相应责任。"重庆高院《印发〈关于保险合同纠纷法律适用问题的解答〉的通知》(2017年4月20日 渝高法〔2017〕80号)第8条:"机动车在借用、租赁等情形下,被保险人允许的合法驾驶人在使用机动车过程中发生保险事故的,商业三者险赔偿请求权主体如何确定?答:商业三者险系以被保险机动车而不是以驾驶人为基准投保,采随车主义原则。机动车所有人因借用、租赁等原因将机动车交由他人驾驶是正常使用行为,在借用、租赁等合法使用机动车期间所产生的赔偿责任理应属于保险合同约定的赔偿范围。在此情形下,商业三者险合同中载明的被保险人为记名被保险人,应承担赔偿责任的经记名被保险人允许的合法驾驶人为无记名被保险人。根据侵权责任法规定,在借用、租赁等情形下发生交通事故的,应由机动车实际使用人承担赔偿责任,机动车所有人对损害的发生有过错的,承担相应的赔偿责任,因此在借用、租赁等情形下,责任保险的保险利益部分或全部发生了转移。因财产保险的被保险人在保险事故发生时,对保险标的没有保险利益的不得请求支付保险金,故应在保险事故发生时将应承担赔偿责任的记名被保险人、无记名被保险人确定为实际被保险人。实际被保险人有权依据保险法第六十五条的规定要求保险人承担商业三者险赔偿责任。保险事故发生后,实际被保险人与记名被保险人不一致的,应及时通知保险人。在通知到达之前,保险人基于对保险合同的信赖,已根据理赔规程向记名被保险人实际赔付保险金,实际被保险人主张该赔付行为无效的,人民法院不予支持。"北京三中院《类型化案件审判指引:机动车交通事故责任纠纷类审判指引》(2017年3月28日)第2-2.2部分"赔偿义务人范围—常见问题解答"第1条:"当侵权人与车辆所有人或管理人一致时,责任主体及责任承担?《侵权责任法》第三条规定,受害人有权请求侵权人承担侵权责任。第四条规定,侵权人因同一行为应当承担行政责任或者刑事责任的,不影响依法承担侵权责任。毋庸置疑,侵权人为车辆所有人或管理人时,其应当承担侵权赔偿责任。"第2条:"《侵权责任法》第四十九条规定,因租赁、借用等情形机动车所有人与使用人不是同一人时,发生交通事故后属于该机动车一方责任的,由保险公司在机动车强制保险责任限额范围内予以赔偿。不足部分,由机动车使用人承担赔偿责任;机动车所有人对损害的发生有过错的,承担相应的赔偿责任。《道交解释》第一条规定,机动车发生交通事故造成损害,机动车所有人或者管理人有下列情形之一,人民法院应当认定其对损害的发生有过错,并适用侵权责任法第四十九条的规定确定其相应的赔偿责任:(一)知道或者应当知道机动车存在缺陷,且该缺陷是交通事故发生原因之一的;(二)知道或者应当知道驾驶人无驾驶资格或者未取得相应驾驶资格的;(三)知道或者应当知道驾驶人因饮酒、服用国家管制的精神药品或者麻醉药品,或者患有妨碍安全驾驶机动车的疾病等依法不能驾驶机动车的;(四)其它应当认定机动车所有人或者管理人有过错的。"天津高院《关于印发〈机动车交通事故责任纠纷案件审理指南〉的通知》(2017年1月20日 津高法〔2017〕14号)第3条:"……机动车管理人,特指在机动车管理人与所有人分离的情况下,通过机动车所有人的委托、租赁、借用等合法方式取得对机动车的占有、支配或者收益,并因将该机动车再行通过出租、出借等方式交由他人使用而对机动车上道路行驶负有与相同情形下的机动车所有人相同的注意义务的人。因租赁、借用、试驾等经机动车所有人或管理人授权所导致的所有人、管理人与事故中的驾驶人不同一,由驾驶人承担赔偿责任,所有人、管理人对损害的发生具有过错的,承担相应的赔偿责任。以下情形,应认定所有人、管理人具有过错:(1)知道或者应当知道机动车存在缺陷,且被侵权人能够证明该缺陷是交通事故发生的原因之一的;(2)知道或者应当知道驾驶人无驾驶资格或者未取得相应驾驶资格的;(3)知道或者应当知道驾驶人因饮酒、服用国家管制的精神药品或麻醉药品、患有妨碍安全驾驶机动车的疾病、过度疲劳影响安全驾驶等依法不能驾驶机动车的;(4)其它应当认定机动车所有人或者管理人有过错。"重庆高院民二庭《关于2016年第二季度高、中两级法院审判长联席会议综述》(2016年6月30日)第13条:"机动车在借用、租赁等情形下,车辆投保人允许的合法驾驶人在使用机动车过程中发生保险事故的,机动车责任保险保险金请求权主体的问题。一种意见认为,我国机动车责任保险采随车主义,在保险期间机动车所有人因借用、租赁等原因将机动车交由他人驾驶是正常使用行为,符合保险合同目的。责任保险的保险标的是被保险人对第三者所负赔偿责任,在前述情形下发生事故,根据侵权责任法规定,事故责任往往不由记名被保险人承担,实质上是保险利益发生了临时性转移,根据保险法第四十八条规定,财产保险的被保险人在保险事故发生时,对保险标的没有保险利益不得请求支付保险金,故应将具有保险利益的无记名被保险人确定为实际被保险人才符合机动车责任保险缔约目的。实际被保险人有权依据保险法第六十五条的规定要求保险人承担第三者责任保险赔偿责任。不承担责任的记名被保险人无保险金请求权。另一种意见认为,经被保险人同意或允许使用车辆的合格驾驶员驾车造成他人人身伤害或财产损失的,被保险人或经其同意或允许使用车辆的合格驾驶员对受害人实际赔付的,实际赔付人有权行使保险金给付请求权。尚未对实际受害人赔付的,如出借人或实际使用人请求保险人将保险金直接给付受害人的,人民法院应予支持。"重庆高院民一庭《关于机动车交通事故责任纠纷相关问题的解答》(2014年)第12条:"投保人或被保险人将车辆出租、出借给有驾驶执照的使用人,使用人驾驶时致人损害,承保商业三者险合同的保险公司是否应承担商业三者险的理赔责任?商业三者险合同通常既约定了'保险车辆由被保险人或其允许的合法驾驶员驾驶时'发生的事故为保险事故,同时又约定了保险公司的赔偿范围为'被保险人依法应支付的赔偿金额'。我们认为,上述条款属免除保险公司责任的特别条款。在保险公司未对上述免责进行提示和特别说明时,应作不利于格式条款提供方的解释。投保人或被保险人将车辆出租、出借给具有合法驾驶资质,且符合准驾车型的使用人,使用人驾驶车辆致人损害时,承保商业三者险合同的保险公司应当承担商业三者险的理赔责任。"第14条:"非车辆所有人的驾驶人驾车致人损害,受害人要求车辆所有人、驾驶人赔偿,车辆所有人抗辩为借用关系,由谁承担举证责任?受害人只要证明机动车的相关权利关系即完成其举证责任。车辆所有人抗辩为借用关系的,应由车辆所有人承担举证责任。对借用关系的认定应当严格审查。如车辆所有人不能证明其将车辆出借给驾驶人的,应由车辆所有人承担赔偿责任。"第15条:"驾驶员发生交通事故受到伤害,可否请求本车车主承担机动车事故赔偿责任?还是只能请求车主承担雇主责任?此种情况应以受害人或受害人的近亲属的选择为准。当事人既可以选择交通事故损害赔偿,也可选择车主承担雇主责任。但按交通事故损害赔偿起诉的,应当按照《道路交通安全法》和《侵权责任法》的规定办理。"浙江宁波中院《关于印发〈审理机动车交通事故责任纠纷案件疑难问题解答〉的通知》(2012年7月5日 甬中法〔2012〕24号)第2条:"出借未经年检的机动车,车主是否应当承担赔偿责任?答:如事故发生后经交警部门检验机动车性能符合相关规定,车主不承担赔偿责任;如经检验机动车性能不符合相关规定,根据《侵权责任法》第四十九条的规定,机动车所有人对损害的发生有过错的,承担相应的赔偿责任。"第15条:"机动车驾驶员无证驾驶车辆发生交通事故,受害人起诉保险公司,保险公司在交强险限额内进行了赔偿,后对致害人进行追偿。该致害人是否包括出借车辆的车主?答:车主将车辆出借给未取得驾驶资格的人员造成交通事故,应根据其过错程度对受害人的损失承担责任。保险公司在承担交强险赔偿责任后,可向车主和侵权人追偿,车主和侵权人应在其各自的过错责任范围内承担赔偿责任。"广东高院《关于印发〈全省民事审判工作会议纪要〉的通知》(2012年6月26日　粤高法〔2012〕240号)第40条:"因租赁、借用等情形致机动车所有人与使用人不是同一人时,发生交通事故后造成第三人损失的,应根据《侵权责任法》第四十九条的规定,由保险公司在交强险责任限额范围内先予赔偿。不足部分,由机动车使用人依照《道路交通安全法》第七十六条的规定承担赔偿责任;机动车所有人对损害的发生有过错的,应根据过错大小承担相应的赔偿责任。"上海高院《第一次高中院(上海市)金融审判联席会议纪要》(2012年4月10日)第3条:"不承担事故责任的车辆出借人要求商业三责险保险人赔付的问题。出借车辆发生交通事故,借用人依法应承担事故赔偿责任,出借人(车主)不承担责任时,商业三责险保险人是否应承担保险赔偿金?有权主张给保险金的主体是谁?保险人向车主承担保险赔偿责任后,可否向驾驶员追偿?……【倾向性意见】(一)商业三责险保险合同对被保险人有明确定义的,按合同约定处理。商业三责险保险合同对被保险人没有明确定义的,按通常理解,应当将车主(投保人)所允许的合法驾驶人视为被保险人。(二)如依法应承担事故赔偿责任的借用人属于被保险人的,借用人依法承担赔偿责任后,以自己的名义起诉,要求保险人承担保险赔偿责任的,法院应当予以支持。依法不应承担事故赔偿责任的出借人(车主)以自己名义起诉要求保险人赔偿的,法院不予支持。(三)车辆出借后发生事故,借用人依法应承担事故赔偿责任,出借人(车主)依法不应承担赔偿责任时,出借人主动向受害人赔偿,并要求保险人承担保险赔偿责任的,法院不予支持。"上海高院民一庭《道路交通事故纠纷案件疑难问题研讨会会议纪要》(2011年12月31日)第2条:"租用、借用他人机动车发生交通事故,车主过错的认定。《侵权责任法》第49条对租用、借用他人机动车,车主的责任承担作出明确的规定,即车主承担的是与其过错相对应的责任,改变了以往审判实践中车主一律承担的是连带责任的做法。但《侵权责任法》对车主的过错应如何认定并未作出详细的规定,且对于过错责任的承担也未做进一步阐述。我们认为一般可以区分以下几种情况:①出借人对借用人未尽合理的审查义务,如未对借用人是否有驾驶资格进行审查等,在此情况下,出借人虽有过错,但并非是直接侵权人,故应由借用人先承担赔偿责任,出借人承担与之过错对应的补充赔偿责任;②出借人对出借车辆未尽合理的审查注意义务,如知道或者应当知道出借车辆有瑕疵或者车辆未进行年检等,在此情况下,如车辆的瑕疵等因素是造成事故的直接原因之一的,出借人应当承担的是与瑕疵因素所占原因力大小相对应的赔偿责任;③出借人未购买交强险,因交强险具有强制性,车主未按照规定购买交强险,导致受害人丧失了通过交强险得到赔偿保障、使用人丧失了通过交强险分散风险的机会,车主应在交强险范围内与借用人承担连带责任。"江苏高院《保险合同纠纷案件审指南》(2011年11月15日)第4条:"……(1)车辆出借后发生保险事故的,保险公司应否赔偿。车辆出借后发生保险事故,借用人或者借用人安排的驾驶人员具有合法驾驶身份,保险人以被保险人(车主)对第三者不承担赔偿责任为由拒绝赔偿保险金的,人民法院不应支持……"江苏南通中院《关于处理交通事故损害赔偿案件中有关问题的座谈纪要》(2011年6月1日 通中法〔2011〕85号)第10条:"租赁、借用他人机动车发生交通事故致人损害的,由机动车使用人承担赔偿责任。机动车所有人对损害的发生有过错的,承担相应的赔偿责任。前述机动车所有人的过错包括但不限于未对借用人、承租人是否具有相应的行为能力、驾驶能力等影响机动车安全驾驶因素的合理审查,或未对机动车适于运行状态进行合理维护等方面。机动车所有人将未投交强险的机动车出租、出借给使用人发生交通事故致人损害的,机动车所有人在交强险限额内承担责任,限额外的损失由使用人按责赔偿。"安徽宣城中院《关于审理道路交通事故赔偿案件若干问题的意见(试行)》(2011年4月)第12条:"借用或租赁他人车辆发生交通事故致人损害的,由保险公司在机动车第三者强制责任险范围内予以赔偿,不足部分,由借用人或者租赁人予以赔偿。但有下列情形之一的,出借人或者出租人应当承担相应赔偿责任:(一)出借人或者出租人明知道或者应当知道出借或者出租车辆有安全缺陷,因该安全缺陷导致交通事故发生。(二)借用人或者租赁人没有驾驶资质、酒后要求驾驶或者为限制行为能力人。(三)其他依当时情形借用人或者租赁人明显不能驾驶机动车的。"山东高院《关于印发审理保险合同纠纷案件若干问题意见(试行)的通知》(2011年3月17日)第12条:"财产保险中,非保险标的所有人基于租借、挂靠、保管等合同对保险标的享有占有、使用等权利而进行投保的,发生保险事故时,应认定其对保险标的具有保险利益。"第27条:"第三者责任保险中,被保险人允许的合法驾驶人在驾驶被保险车辆时发生交通事故致第三者人身伤亡和财产损失的,在承担损害赔偿责任后,有权要求保险人按照第三者责任保险合同约定赔付。"江苏高院《印发〈关于审理保险合同纠纷案件若干问题的讨论纪要〉的通知》(2011年1月12日 苏高法审委〔2011〕1号)第22条:"车辆出借后发生保险事故,借用人或者借用人安排的驾驶人员具有合法驾驶身份,保险人以被保险人(车主)对第三者不承担赔偿责任为由拒绝赔偿保险金的,人民法院不予支持。"江西鹰潭中院《关于审理道路交通事故损害赔偿纠纷案件的指导意见》(2011年1月1日 鹰中法〔2011〕143号)第7条:"机动车发生交通事故造成人身伤亡、财产损失的,由保险公司在机动车第三者责任强制保险责任限额内予以赔偿。未参加机动车强制保险,发生道路交通事故人身损害的,由机动车所有人在相应的机动车强制保险责任限额范围内先行赔偿,机动车所有人与使用人不是同一人的,对机动车强制保险责任限额范围内的损害赔偿承担连带责任。"江苏高院民一庭《侵权损害赔偿案件审理指南》(2011年)第7条:"道路交通事故责任……3.所有人过失的认定。《侵权责任法》第49条规定:'因租赁、借用等情形机动车所有人与使用人不是同一人时,发生交通事故后属于该机动车一方责任的,由保险公司在机动车强制保险责任限额范围内予以赔偿。不足部分,由机动车使用人承担赔偿责任;机动车所有人对损害的发生有过错的,承担相应的赔偿责任。'机动车所有人没有对使用人是否具有相应的行为能力、驾驶能力等影响机动车安全驾驶因素进行合理审查,或者没有对机动车是否适于运行状态进行合理维护的,应当认定所有人具有过错。"安徽六安中院《关于印发〈审理道路交通事故人身损害赔偿案件若干问题的意见〉的通知》(2010年12月7日 六中法〔2010〕166号)第2条:"因租赁、借用等情形致使事故发生时机动车所有人与使用人不是同一人的,由机动车使用人承担赔偿责任。但机动车所有人具有下列情形的,可以认定为存在过错,应当承担相应的赔偿责任:(一)知道或者应当知道机动车存在安全运行方面的瑕疵,交他人使用的;(二)将机动车交给无相应驾驶资质的人员驾驶的;(三)将机动车交给醉酒、不具备完全民事行为能力等凭正常判断不能驾驶的人员驾驶的。机动车所有人将其机动车交给汽车租赁经营者用于出租谋利,汽车租赁经营者具有前款规定的过错情形的,应与机动车所有人共同承担相应的赔偿责任。通过借用或者租赁等方式使用他人机动车的人,又擅自将车辆通过出租、出借等方式交由他人使用,具备本条第一款规定的过错情形的,应当承担相应的赔偿责任。车辆所有人与使用人之间的免责约定不能对抗第三人。"江苏无锡中院《关于印发〈关于审理道路交通事故损害赔偿案件若干问题的指导意见〉的通知》(2010年11月8日 锡中法发〔2010〕168号)第7条:"【机动车所有人、使用人相分离的事故赔偿责任】因租赁、借用、维修、质押等情形导致机动车所有人与使用人不一致时,机动车发生道路交通事故的,由车辆使用人承担赔偿责任,机动车所有人对损害的发生有过错的,承担相应的赔偿责任。使用人下落不明的,由机动车所有人在事故责任范围内先行承担赔偿责任。机动车所有人有下列情形之一的,应当承担连带赔偿责任:(1)明知使用人没有相应的机动车驾驶资格的;(2)明知使用人存在饮酒、吸毒或患有禁止驾驶疾病的;(3)明知使用人驾驶机动车从事违法追逐竞驶行为的;(4)明知使用人驾驶机动车从事法律、行政法规禁止的其他危害道路安全行为的。"江苏常州中院《关于道路交通事故损害赔偿案件的处理意见》(2010年10月13日 常中法〔2010〕104号)第1条:"……(10)机动车所有人将机动车出借给他人使用期间,借用人使用该机动车发生交通事故,造成第三人损害的,应由借用人承担赔偿责任;机动车所有人对损害的发生有过错的,承担相应的赔偿责任。借用他人机动车发生交通事故,造成借用人本人损害的,由借用人自行承担责任。但机动车所有人明知借用人不具备驾驶机动车资格或者明知机动车存在安全隐患仍然出借的,机动车所有人应对借用人的损害承担相应的赔偿责任。(11)机动车所有人将机动车发包给他人承包期间,承包人使用该机动车发生交通事故的,应由承包人与发包人承担连带赔偿责任。如果二者之间约定发包人对交通事故的损害赔偿免责的,该约定不能对抗第三人……"河南郑州中院《审理交通事故损害赔偿案件指导意见》(2010年8月20日 郑中法〔2010〕120号)第26条:"借用他人车辆发生交通事故的,由借用人承担赔偿责任。但有下列情形之一的,出借人承担补充赔偿责任:(一)明知车辆有缺陷而出借,且该缺陷与事故存在因果关系的;(二)明知借用人无驾驶资质或饮酒或有疾病不宜驾驶等因素的;(三)借用人下落不明的;(四)其他明显过错的。"第27条:"出租、出借的车辆未投交强险发生交通事故的,出租人、出借人在交强险限额内承担连带赔偿责任。"河南周口中院《关于侵权责任法实施中若干问题的座谈会纪要》(2010年8月23日 周中法〔2010〕130号)第10条:"在机动车的所有人和使用人不一致的情形下,责任主体的认定及责任方式确定,主要是采用'运行支配'和'运行利益'两个标准综合判断,同时还要结合过错责任来作为补充。在实践中,既要充分体现对受害人的保护,还要注意促进经济发展、保障行为人的行为自由,另外还要兼顾制裁交通违法行为人、遏制交通事故发生、维护交通安全的目的。结合保险法中分散风险、救济受害人等功能,积极稳妥化解故意逃避赔偿责任等形式的道德风险,应当根据下列不同情形,分别确定责任人及责任方式:……3.机动车在出租、出借期间发生交通事故造成他人损害的,由承租人、借用人承担赔偿责任,出借人或出租人对损害的发生有过错的,承担相应的赔偿责任。出租人或出借人的过错主要有以下情形:(1)出租或出借的车辆达到报废标准、存在安全隐患、没有运行资格等;(2)出租或出借给无驾驶资格或无驾驶能力(醉酒、患病、服精神类药品等)人;(3)没有办理交强险;(4)出借给明显没有经济能力人等。认定出租或出借,需由车辆所有人提供充分证据加以证明,仅凭出租人或出借人与租赁方或借用方的陈述,不能认定。带司机出租或出借时,应当认定车辆的实际支配者仍然是车辆所有人,如果发生交通事故,车辆所有人承担责任。"浙江高院民一庭《关于审理道路交通事故损害赔偿纠纷案件若干问题的意见(试行)》(2010年7月1日)第5条:"《侵权责任法》第四十九条规定的机动车所有人'承担相应的赔偿责任',系与其过错相适应的按份责任;证明机动车所有人过错的举证责任应由主张机动车所有人需承担责任的一方当事人负担。机动车所有人知道或应当知道租用人或借用人不具备驾驶资格、酒后驾车或存在其他不利于安全驾车的事由,或者机动车存在安全隐患等情形的,应认定其具有过错。"第17条:"未参加机动车强制保险,发生道路交通事故致人损害的,由机动车所有人在相应的机动车强制保险责任限额范围内先行赔偿;机动车所有人与使用人不是同一人的,对机动车强制保险责任限额范围内的损害赔偿承担连带责任。"山东东营中院《关于印发道路交通事故处理工作座谈会纪要的通知》(2010年6月2日)第27条:"道路交通事故损害赔偿案件的责任主体,一般应根据机动车运行支配权和运行利益归属予以确定。依据上述原则无法确定的,可以根据机动车注册登记的车主予以认定。"第28条:"因租赁、借用等情形,机动车所有人与使用人非同一人时,发生交通事故后属于该机动车一方责任的,由保险公司在机动车强制保险责任限额范围内予以赔偿。不足部分,由机动车使用人承担赔偿责任;但出借人、出租人在机动车管理或者对借用人、承租人的选任监督上存在过错的,依其过错程度承担相应的赔偿责任。"北京高院民一庭《关于道路交通损害赔偿案件的疑难问题》(2010年4月9日)第1条:"……(二)租赁、借用机动车发生交通事故赔偿责任的承担条文:第四十九条 因租赁、借用等情形机动车所有人与使用人不是同一人时,发生交通事故后属于该机动车一方责任的,由保险公司在机动车强制保险责任限额范围内予以赔偿。不足部分,由机动车使用人承担赔偿责任;机动车所有人对损害的发生有过错的,承担相应的赔偿责任。问题:(1)在调研中发现,对本条的理解分歧在于,机动车所有人承担的是按份责任,还是在其过错责任的范围内与机动车使用人承担连带责任。(2)此外,在借用人借用车辆之后,未经出借人同意,擅自转借、租赁的,是否还适用此条规定?因此情形下,使用权与所有权分离非基于机动车所有人意志,视为保有关系的阻断,故有法院提出,借用人与实际控制人应当承担连带责任,所有人不承担责任,但所有人出借的车辆具有不符合安全技术要求、无合法手续等情况的,所有人应承担连带责任。"重庆高院《印发〈全市法院保险纠纷案件审判实务研讨会会议纪要〉的通知》(2010年4月7日 渝高法〔2010〕101号)第14条规定:"关于车辆借用人在使用投保了第三者责任险的车辆时发生保险事故的,保险金请求权的主体问题。会议认为,经被保险人同意或允许使用车辆的合格驾驶员驾车造成他人人身伤害或财产损失的,被保险人或经其同意或允许使用车辆的合格驾驶员已对受害人实际赔付的,实际赔付人有权行使保险金给付请求权。尚未对实际受害人赔付的,如出借人或实际使用人请求保险人将保险金直接给付受害人的,人民法院应予支持。"广东广州中院《民事审判若干问题的解答》(2010年)第20条:"【机动车所有人与使用人不一致时责任主体的确定】因租赁、借用等情形机动车所有人与使用人不是同一人时,发生交通事故后属于该机动车一方责任的,如何确定赔偿义务主体? 答:首先由保险公司在机动车强制保险责任限额范围内予以赔偿。不足部分,由机动车使用人承担赔偿责任;机动车所有人对损害的发生有过错的,承担相应的赔偿责任。在下列情形下,应当认定机动车所有人有过错:(一)机动车是拼装车或者已达到报废标准以及有存在其他安全隐患的;(二)所有人知道或者应当知道使用人没有相应的驾驶证或驾驶能力的;(三)机动车所有人对于损害的发生有其它过错的情形。"湖南长沙中院《关于道路交通事故人身损害赔偿纠纷案件的审理意见》(2010年)第一部分第1条:"……出租、出借情形下,出租人(也有可能即是所有人)、出借人(不是所有人的情况下)、承租人和使用人承担赔偿责任,所有人(不是出租人和使用人的情况下)不承担赔偿责任;所有人明知借用人(租用人)不具备驾驶车辆的资格或者车辆本身存在安全隐患的,应承担连带赔偿责任……"安徽合肥中院民一庭《关于审理道路交通事故损害赔偿案件适用法律若干问题的指导意见》(2009年11月16日)第6条:"借用或租赁他人机动车发生道路交通事故致人损害的,由借用人或租赁人承担赔偿责任。但有下列情形之一的,出借人或出租人应当承担相应赔偿责任:(一)出借人或出租人知道或者应当知道所出借或出租的机动车有安全缺陷,因该安全缺陷发生道路交通事故的;(二)借用人或租赁人没有驾驶资质、酒后要求驾驶或为限制行为能力人的;(三)其他依当时情形借用人或租赁人明显不能驾驶机动车的。"第62条:"机动车投保了交通事故第三者责任险,被保险人允许的合法驾驶人发生交通事故致第三人损害的,受害人或其他赔偿权利人请求保险人在交通事故第三者责任险范围内赔偿的,人民法院应予支持。"山东临沂中院《民事审判工作座谈会纪要》(2009年11月10日 临中法〔2009〕109号)第1条:"……出借车辆的强制险适用问题。车辆出借后,即存在肇事人与强制险投保人不一致的问题,因此发生事故,强制险所在保险公司是否仍应承担责任?会议认为,应该承担。因为设立强制险的立法初衷在于以社会保障的方式分解个人风险,优先保护受害人的合法权益,减轻车主损失。出借车辆的肇事人对于车主及保险公司来说亦是第三者,由保险公司予以赔偿既符合公平原则,亦与法律规定相符。"江苏南京中院民一庭《关于审理交通事故损害赔偿案件有关问题的指导意见》(2009年11月)第21条:"机动车所有人将车辆出借给他人使用期间,借用人使用该车辆发生交通事故的,应由借用人承担赔偿责任。如果出借人明知借用人不具备驾驶车辆的资格或者出借车辆本身存在安全隐患的,出借人和借用人应承担连带赔偿责任。"云南高院《关于审理人身损害赔偿案件若干问题的会议纪要》(2009年8月1日)第2条:"……因出借机动车发生交通事故致人损害的,按照《道路交通安全法》第七十六条的规定,首先由保险公司在机动车第三者责任强制保险责任限额范围内予以赔偿。超过责任限额的部分由机动车的借用人按照《道路交通安全法》第七十六条第一款第(一)项、第(二)项的规定承担赔偿责任;借用人没有能力赔偿或者赔偿不足部分,由出借人承担补充赔偿责任;但出借机动车存在瑕疵或者出借人对借用人有无驾驶资质或依当时情形是否存在不宜驾驶的具体情况未尽审查义务致人损害发生交通事故的,出借人承担连带赔偿责任。"上海高院《关于处理道路交通事故纠纷若干问题的解答》(2009年6月20日 沪高法民一〔2009〕9号)第3条:"借用、租用他人非机动车发生交通事故赔偿责任主体的确定。非机动车发生交通事故时,当事人应当根据各自过错大小承担相应的责任。借用、租用他人非机动车发生交通事故,由事故责任人自己承担责任。非机动车肇事者逃逸后,非机动车车主无法证明另有肇事者或者未提出其他合法免责事由的,应对损害承担相应的赔偿责任。"四川泸州中院《关于民商审判实践中若干具体问题的座谈纪要(二)》(2009年4月17日 泸中法〔2009〕68号)第10条:"出租、出借车辆发生交通事故,车主是否应当承担赔偿责任?基本观点:有三种不同的意见。倾向性意见:同意省高院民一庭的观点,即无论是否有过错,车主应当与车辆使用人承担连带责任,仅以使用人为赔偿责任人,一旦使用人逃逸或无力赔偿,可能对受害的第三者保护不周。第二种意见认为,应根据机动车辆运行支配与运行利益归属的原则来确定赔偿责任的责任主体,当车主将车辆合法借用、出租给他人占用时,使用人已成为该机动车实际运行的支配者和运行利益的获得者,造成的交通事故应当由使用人承担赔偿责任,车主不承担赔偿责任。第三种意见认为,车主应当按照过错程度承担相应的赔偿责任。如果出借人出借、出租的车辆存在安全瑕疵或疏于对借用人、出租人有无驾驶资格或有无驾驶技能的审查,则车主应依其过错承担赔偿责任。"广东佛山中院《关于审理道路交通事故损害赔偿案件的指导意见》(2009年4月8日)第15条:"机动车所有人按有关规定承担赔偿责任后向实际支配人追偿的,区别以下情形处理:(1)机动车所有人无过错,实际支配人承担全部责任;(2)机动车所有人明知机动车存在缺陷,或者明知实际支配人没有机动车驾驶资格仍然出借、出租的,应自行承担不低50%的责任;(3)机动车所有人与出借人不一致的,出借人对借用人的追偿,适用前款的规定。"第17条:"借用机动车发生道路交通事故致他人损害的,由借用人与出借人承担连带赔偿责任。车辆所有人与出借人不一致的,由车辆所有人与借用人、出借人承担连带赔偿责任。借用机动车发生道路交通事故致自身损害的,由借用人自行承担责任,但有下列情形之一的,出借人应当承担相应的赔偿责任:(1)出借人知道或者应当知道所出借的机动车有缺陷,并因该缺陷发生道路交通事故的;(2)借用人没有驾驶资质的;(3)依当时情形借用人明显不能驾驶机动车的。"辽宁大连中院《当前民事审判(一庭)中一些具体问题的理解与认识》(2008年12月5日 大中法〔2008〕17号)第28条:"交通事故损害赔偿责任主体的具体认定问题。交通事故中赔偿义务人确定的基本原则:由机动车的所有人或实际占有人(实际使用人)承担赔偿责任。处理原则是所有人和实际占有人不一致的,根据运行支配(支配和控制)和运行利益(与机动车运行有关的经济利益)原则确定赔偿义务人。为保证受害人的利益,在诉讼中当行使必要的释明权,告知当事人尽可能将与肇事车有关人员追加为共同被告,对原告在释明后所作出的选择,法院应作好记录……(3)借用他人机动车发生交通事故致人损害的,由借用人承担赔偿责任,由车主承担连带赔偿责任。"福建高院民一庭《关于审理人身损害赔偿纠纷案件疑难问题的解答》(2008年8月22

日)第 6 条:"问:机动车在出租、承包或者借用期间发生交通事故,应如何确定赔偿责任主体?答:对机动车在出租、承包、借用等车辆所有权与使用权分离的状态下所发生的交通事故,如何确定赔偿责任人问题,目前的法律、法规未作明确规定,审判实践中比较一致的观点认为,应根据两方面事实确定赔偿责任主体:一是发生事故的机动车由谁实际支配?二是谁在机动车运行中获利?机动车的实际支配者和运行利益获得者均应对交通事故承担赔偿责任。机动车出租、承包期间,租用人、承包人不仅是车辆的实际控制者,而且在车辆的运行中获得利益;机动车所有人虽未实际控制车辆,但其通过出租和发包的方式从车辆运行中有获得利益。因此,机动车在出租和承包期间发生交通事故的,应由租用人、承包人承担赔偿责任,出租人和发包人承担连带责任。出租人、发包人承担赔偿责任后,可以依法向租用人、承包人追偿。借用他人机动车期间发生交通事故致人损害的,由于借用人是车辆的实际控制者,出借人既未实际控制车辆,也未在车辆运行中获利,故应由借用人承担赔偿责任,出借人不承担责任。但是,出借人存在明知机动车有缺陷、借用人没有驾驶资质仍予出借等过错行为的,应负连带责任。"四川高院民一庭《关于审理交通事故损害赔偿案件法律适用问题研讨会纪要》(2008 年 5 月 8 日)第 2 条:"分歧较大,经我庭审判长联席会议讨论没有结论,仅提出倾向性意见的问题……(二)借用车辆发生交通事故的责任承担问题。第一种意见认为,无论是否有过错,车主应当与车辆使用人承担连带责任。车主对车辆享有所有权,所有权中包括管理权、使用权,出借给何人使用,以何种方式出借,这是所有权的外延内容,所有人应慎重选择,对于出借的后果,所有人更应由预见性,仅以借用人为赔偿责任人,一旦借用人逃逸或无力赔偿,可能对受害第三者的利益保护不周。为了更好地保护受害人的合法权益,也便于保险理赔,应当让车主与车辆使用人承担连带责任。第二种意见认为,借用车辆发生交通事故的,车主不承担责任……第三种意见认为,车主应当按照过错程度承担相应的赔偿责任。交通事故案件的归责原则是过错原则,考虑到汽车是高度危险作业工具,出借人在机动车管理或对借用人选任、监督上应格外审慎,若出借人出借的车辆存在安全瑕疵或疏于对借用人有无驾驶资格或缺乏驾驶技能的审查,则出借人应依其过错承担责任。即使车主在借用车辆时已尽到谨慎审查义务,但是,鉴于汽车系高度危险作业工具,虽然出借机动车本身并不以获得实际的经济利益为目的,但仍在一定程度上获得了情感利益,因而车主的'获利'从广义理解是确定的,应当承担部分责任。我们倾向于第一种意见。"江苏宜兴法院《关于审理交通事故损害赔偿案件若干问题的意见》(2008 年 1 月 28 日 宜法〔2008〕第 7 号)第 5 条:"车辆所有人将车辆出借给他人使用期间,借用人使用该车辆发生交通事故的,应由借用人承担赔偿责任。如果出借人明知借用人不具备驾驶车辆的资格或者出借车辆本身存在安全隐患的,应承担连带赔偿责任。"陕西高院《关于审理道路交通事故损害赔偿案件若干问题的指导意见(试行)》(2008年1月1日　陕高法〔2008〕258号)第1条:"机动车发生道路交通事故致人损害的,应当由该机动车所有权人承担相应的赔偿责任。法律、行政法规及本意见有其他规定的除外。"第6条:"租用他人机动车发生道路交通事故致人损害的,由机动车承租人与出租人承担连带赔偿责任。"第7条:"借用他人机动车发生道路交通事故致人损害的,由机动车借用人承担赔偿责任。但有下列情形之一的,出借人应承担连带赔偿责任:(一)明知所出借的机动车有缺陷仍出借,并因该缺陷发生道路交通事故的;(二)明知借用人没有机动驾驶资质仍出借的;(三)明知借用人存在醉酒、疾病危险因素仍出借的;(四)借用人下落不明的;(五)未投保机动车交通事故责任强制保险的;(六)有其他过错的。"山东潍坊中院《2008年民事审判工作会议纪要(人身损害赔偿部分)》(2008年)第5条:"道路交通事故损害赔偿案件中涉及保险合同的责任承担问题……(3)借用车辆发生交通事故的,出借人即车主所入车辆第三者责任险(包括商业险和强制险)可否赔偿受害人的问题。车辆第三者责任险,即是为了在发生交通事故时以保险额赔偿受害人,以减轻车主的损失,如在出借情况下不以保险额赔偿受害人,有违投保第三者责任险的初衷。按现行的第三者责任强制保险,也应由保险公司先行对受害人进行赔偿。因此,不论从公平原则还是法律规定,事故车辆出险后,即可用保险赔偿款进行赔偿。此问题更多出现在案件执行过程中,在保险公司诉讼地位未明确时,在案件审理中并不涉及。"湖北十堰中院《关于审理机动车损害赔偿案件适用法律若干问题的意见(试行)》(2007年11月20日)第6条:"机动车的有权占有人的责任按照下列原则确定:……(2)出租、出借、发包机动车在运行中造成他人损害的,机动车所有人与承租人、借用人、承包人承担连带责任。机动车所有人与出租人、出借人、发包人对损害发生没有过错的,向受害人赔偿后,可以向承租人、借用人、承包人追偿……"上海高院《关于道路交通事故损害赔偿责任主体若干问题的意见》(2007年6月18日　沪高法民一〔2007〕11号)第8条:"借用、租用他人机动车发生交通事故造成第三者损害的,车辆所有人与实际使用人承担连带赔偿责任。借用人、承租人将车辆转借或转租后发生交通事故造成第三人损害的,借用人、承租人与车辆所有人、实际使用人承担连带赔偿责任。车辆所有人按前款承担责任后,可以就机动车交通事故责任强制保险责任限额以外的部分,向实际使用人追偿。"第9条:"车辆所有人向实际使用人追偿纠纷中,应区分以下几种情况处理:(一)车辆所有人无过错的,实际使用人承担全部责任;(二)车辆所有人明知车辆存在安全隐患仍然出借、出租车辆,并因此造成交通事故的,或者明知借用人、承租人没有机动车驾驶资格仍然出借、出租的,应承担相应责任;(三)车辆所有人已将车辆存在安全隐患告知借用人、承租人,借用人、承租人仍然借用、租用该车辆,并因此造成交通事故的,车辆所有人可减轻或者免除责任。"第10条:"借用、租用他人机动车发生交通事故造成借用人、承租人本人人身伤亡、财产损害的,借用人、租用人自行承担责任。出借人、出租人明知车辆存在安全隐患,或者明知借用人、承租人没有机动车驾驶资格仍然出借、出租,造成借用人、承租人本人人身伤亡、财产损害的,应承担相应赔偿责任。"湖北武汉中院《关于审理交通事故损害赔偿案件的若干指导意见》(2007年5月1日)第12条:"借用车辆发生交通事故的,出借人对借用人承担连带赔偿责任。"江西高院民一庭《关于审理道路交通事故人身损害赔偿案件适用法律若干问题的解答》(2006年12月31日)第18条:"道路交通事故是因机动车运行所致,故运行支配与运行利益的归属是确定责任主体的一般标准。车辆管理人(包括所有人)与借用人均是车辆运行的支配者。借用人是直接的支配者,车辆管理人是间接的支配者。借用人直接从车辆运行中受益,车辆管理人通过出借车辆获得经济上或者其他如人情利益,故二者均对车辆运行所产生的风险负有防范义务,均应对车辆运行所带来的现实损害承接赔偿责任。首先应由借用人承担赔偿责任,车辆管理人对借用人赔偿不足的部分承担补充赔偿责任。"重庆高院《关于审理道路交通事故损害赔偿案件适用法律若干问题的指导意见》(2006年11月1日)第1条:"机动车发生道路交通事故致人损害的,一般由对该机动车具有运行支配力的主体与享有运行利益的主体承担相应赔偿责任。"第7条:"借用他人机动车发生道路交通事故致人损害的,由借用人承担赔偿责任。但有下列情形之一的,出借人应当承担连带赔偿责任:(一)出借人知道或者应当知道所出借的机动车有缺陷,并因该缺陷发生道路交通事故的;(二)借用人没有驾驶资质的;(三)依当时情形借用人明显不能驾驶机动车的。"第10条:"驾驶配偶、父母或者子女所有的机动车发生道路交通事故致人损害的,由驾驶人与机动车所有人承担连带赔偿责任。"江西赣州中院《关于审理道路交通事故人身损害赔偿案件的指导性意见》(2006年6月9日)第7条:"机动车所有人将机动车出借,借用人驾驶机动车致人损害的,由借用人承担赔偿责任,出借人承担补充赔偿责任。在下列情形下,出借人与借用人承担连带赔偿责任:(1)将机动车出借给无驾驶执照的人;(2)将机动车出借给不具备准驾车资质的人;(3)出借人有其他重大过错。出借人与借用人的内部责任根据其过错程度确定。"贵州高院、省公安厅《关于处理道路交通事故案件若干问题的指导意见(一)》(2006年5月1日)第21条:"出借的机动车发生交通事故的,出借人明知或者应当知道借用人没有驾驶资格或者饮酒、患有妨碍安全驾驶的疾病、服用国家管制的精神药品、麻醉药品等不宜驾驶的,出借人与借用人承担连带责任。出借人没有过错的,由借用人承担赔偿责任。因借用人死亡或者逃逸、无力承担赔偿等情形的,出借人在保险公司理赔后,对不足部分赔偿数额,承担补充赔偿责任后,可向借用人追偿。"第42条:"《道路交通安全法》第七十六条所称'机动车一方'指机动车所有人、机动车实际支配人、驾驶人。机动车所有人是指在机动车管理机关注册登记的单位或者个人。实际支配人则包括：机动车买卖中的未办理登记过户的买受人（连环购车未过户的，为最后一次买卖关系的买受人）、挂靠人、承包经营人、租用人、借用人、实行分期付款购买而未办理过户手续的买受人等。"安徽高院《审理人身损害赔偿案件若干问题的指导意见》(2005年12月26日)第12条："借用、租用他人机动车发生交通事故造成第三人伤害的，车辆所有人与使用人承担连带责任。借用人、承租人又擅自将车辆出借或出租的，与车辆所有人、实际使用人一并承担连带责任。"第13条："车辆所有人按前条规定承担责任后，向使用人追偿的，区别以下情形处理：（一）车辆所有人无过错的，使用人承担全部责任；（二）车辆所有人明知车辆存在机械行车安全隐患，或者明知借用人、承租人没有机动车驾驶资格仍然出借、出租的，应自行承担不低于50%的责任。"第14条："借用、租用他人机动车发生交通事故造成借用人、承租人人身伤亡、财产损失的，借用人、租用人自行承担责任。但出借人、出租人明知车辆存在机械行车安全隐患仍然出借、出租的，应承担赔偿责任。"山东高院《关于印发〈全省民事审判工作座谈会纪要〉的通知》(2005年11月23日 鲁高法〔2005〕201号)第3条："……（七）关于交通事故损害赔偿责任主体的确定问题。道路交通损害赔偿案件是一类特殊的侵权案件，根据最高人民法院有关司法解释的精神，其责任主体一般应根据对机动车运行支配权与运行利益的归属来确定。……对于机动车出借情形下发生道路交通事故的，原则上应由借用人承担赔偿责任，但出借人在出借行为中存在过失的，应根据其过错程度承担适当的赔偿责任；对于机动车实行租赁、承包情形下发生道路交通事故的，原则上应由承租人、承包人与出租人、发包人承担连带损害赔偿责任……"浙江杭州中院《关于审理道路交通事故损害赔偿纠纷案件问题解答》(2005年5月)第2条："……5. 借用他人机动车造成交通事故的责任主体确定问题。车辆所有人将车辆借给他人使用，是基于利益关系或信任关系自主支配其车辆使用权。在此情形下，车辆所有人、借用人都是运行支配者，同时也是运行利益的归属者。因此，车辆所有人和借用人应承担连带赔偿责任。"湖北高院《民事审判若干问题研讨会纪要》(2004年11月)第3条："……关于道路交通事故人身损害赔偿案件责任主体的确定问题。确定道路交通事故人身损害赔偿的责任主体，以'运行支配权'和'运行利益归属权'作为判断标准，即谁是肇事机动车一方运行支配权或运行利益归属权的享有者，谁就是道路交通事故损害赔偿的责任主体。"天津高院《关于审理交通事故赔偿案件有关问题经验总结》(2004年5月18日 津高法〔2004〕64号)第6条："机动车所有人将机动车出借的，借用人驾驶该车造成第三人损害的，由借用人根据事故责任比例向第三人承担赔偿责任。在其财产不足以清偿时，不足部分由机动车所有人在出借车辆的价值范围内承担赔偿责任。"山东济南中院《贯彻落实〈道路交通安全法〉座谈会纪要》(2004年5月14日)第5条:"机动车被所有人出借或出租给他人的,所有人已经丧失了对机动车的支配能力,该支配能力转归借用人或租用人,所有人对车辆行驶中发生的道路交通事故不承担责任,由借用人或租用人承担责任。借用人或租用人是机动车所有人的职工、雇员或其近亲属的,所有人因其未完全丧失对车辆的支配,仍应承担责任。借用人或租用人不具有使用、驾驶车辆的资格和技能的,所有人因其错误的出借、出租行为应当与借用人、租用人承担连带责任。"山东高院《关于审理道路交通事故损害赔偿案件的若干意见》(2004年5月1日)第8条:"道路交通事故损害赔偿案件的责任主体,一般应根据机动车运行支配权利和运行利益归属予以确定;依据上述原则无法确定的,可以根据机动车注册登记的所有权人确定。出借、出租机动车发生交通事故的,由借用人、承租人承担赔偿责任;但出借人、出租人在机动车管理或者对借用人、承租人的选任监督上存在过错的,也要依其过错程度承担赔偿责任……"吉林高院《关于印发〈关于审理道路交通事故损害赔偿案件若干问题的会议纪要〉的通知》(2003年7月25日 吉高法〔2003〕61号)第18条:"借用机动车,借用人驾驶机动车发生道路交通事故致人损害的,以出借人和借用人为共同被告,由出借人和借用人承担连带赔偿责任。"内蒙古高院《全区法院交通肇事损害赔偿案件审判实务研讨会会议纪要》(2002年2月)第6条:"租用他人车辆、借用他人车辆发生交通事故引起损害赔偿诉讼的,车辆的承租人、借用人承担责任。承租人、借用人暂时无力赔偿的,由出租人、出借人负责垫付。但出租人、出借人将车辆出租、出借给无车辆驾驶资格的人员的,应承担带赔偿责任。"广东高院、省公安厅《关于印发〈关于处理道路交通事故案件若干具体问题的补充意见〉的通知》(2001年2月24日 粤高法发〔2001〕6号 2021年1月1日起被粤高法〔2020〕132号文废止)第1条:"公安交通管理部门在处理交通事故过程中,应当准确认定交通事故车辆驾驶人的身份,同时查明交通事故车辆所有人、车辆实际支配人的情况,以及交通事故车辆驾驶人、车辆所有、车辆实际支配人之间的关系。"广东高院、省公安厅《关于印发〈关于处理道路交通事故案件若干具体问题的补充意见〉的通知》(2001年2月24日 粤高法发〔2001〕6号)第15条:"当事人只起诉车辆驾驶人、车辆所有人或实际支配人中部分主体的,人民法院应当告知其他有关人员的责任。当事人坚持只起诉部分主体的,人民法院应当准许,对不起诉部分,视为放弃权利。车辆所有人主张因车辆异支致使车辆所有人与车辆实际支配人不一致的,应当承担举证责任。不能查明车辆实际支配人的,车辆所有人应承担交通事故损害赔偿责任。"辽宁高院、省公安厅《关于道路交通事故案件若干问题的处理意见》(辽公交〔2001〕62号)第9条:"机动车所有人是指依法在车辆管理机关注册登记的单位或个人。机动车实际占有人是指借用关系的借用人,租赁关系的承租人,承包关系的承包人、挂靠登记的挂靠人、车辆交易未过户的最后承买人、车辆交易实行分期付款方式的分期付款人、其它合法的实际占有人。机动车所有人与机动车实际占有人不一致时，可按下列不同情况分别确定责任的承担。(1)对于借用人或租用人发生交通事故并负有责任的，由借用人或租用人承担赔偿责任，借用人或租用人暂时无力赔偿的，由机动车所有人负责垫付。但出借人或出租人未履行对借用人或租用人是否具备使用、驾驶车辆的资格和技能的审查义务的，则应由借用、租用关系双方当事人共同承担连带责任。(2)对于承包人发生交通事故并负有责任的，由承包人承担赔偿责任，发包人或车辆所有人承担连带责任……"四川高院《关于道路交通事故损害赔偿案件审判工作座谈会纪要(试行)》(1999年11月12日 川高法〔1999〕454号)第3条："道路交通事故赔偿案件诉讼主体的确定。道路交通事故赔偿案件的原告是指因道路交通事故受到人身损害、财产损失的个人和单位，或者死者的继承人，或者因交通事故被公安机关指定预付抢救费用的有关单位和个人等，具体包括以下几个方面：(1)道路交通事故造成人身伤害的，受害人为原告；受害人死亡的，其父母、配偶、子女、被扶养人为共同原告。(2)道路交通事故造成财产损失的，财产所有人(包括公民、法人、其他组织)或者财产占有、使用人为原告。(3)车辆买卖未过户的事实车主和车辆借用人、租用人、承包人在道路交通事故中无责任或责任轻，要求有过错一方承担赔偿责任的，事实车主车、辆借用人、租用人、承包人为原告……"第4条："道路交通事故案件赔偿责任的具体划分。赔偿责任的划分确定，是处理道路交通事故案件的重点。会议认为，依照我国现行法律法规的规定，结合审判实践，道路交通事故损害赔偿案件民事责任的确定具体可划分为以下情况：……(8)机动车辆发生交通事故，出借人(车辆所有人)对借用人已尽到合理注意义务，或所提供的车辆不存在发生交通事故的危险负担的，出借人不承担责任。出借人有过错的，按照出借人和借用人的责任大小确定赔偿责任，并有出借人和借用人相互承担连带责任；借用人暂时无力偿还时由出借人垫付。借用人未经所有人同意擅自转借车辆发生交通事故的，由借用人和车辆实际使用人(转借用人)承担连带责任；借用人和转借用人暂时无力偿付时由车辆所有人垫付……"江苏高院《全省民事审判工作座谈会纪要》(1999年11月1日 苏高法〔1999〕466号)第3条："……因机动车发生交通事故造成损失的，应区别下列情况予以处理：(1)机动车所有人(包括实际所有人)出借或出租车辆，在借用人或租用人使用期间发生交通事故致人损害，应由借用人或租用人承担损害赔偿责任，机动车所有人不承担赔偿责任。如果借用人或租用人不具备使用车辆的资格和能力，应由机动车所有人与借用人或租用人连带承担赔偿责任。"河南高院《关于审理道路交通事故损害赔偿案件若干问题的意见》(1997年1月1日 豫高法〔1997〕78号)第11条："租赁车辆，承租人自己驾驶发生交通事故，或承租人雇佣的人发生交通事故，应以承租人为被告。"第 12 条:"借用车辆发生道路交通事故的,依照前条规定确认被告。"第 13 条:"出租或出借的车辆发生交通事故,如果出租人或出借人有过错,应将出租人与承租人或出借人与借用人列为共同被告。"

**5. 最高人民法院审判业务意见。**●借用别人的车辆而发生交通故致人伤车损,车辆的维修费应由谁主张?最高人民法院民一庭《民事审判实务问答》编写组:"对由谁来主张受损车辆的维修费用的问题,应当持宽松态度,只要不是车主对由借车人主张持反对异议态度的,则由作为事故一方的借车人或作为受损车辆所有权人的车主两者之一来主张均可。"

**6. 参考案例。**①2015 年河南某交通事故纠纷案,2014 年,岳某借用贾某购自段某但未过户车辆,雇用陈某驾驶并搭乘岳某妻王某拉家具时,碰撞驾驶电动自行车的杨某,致杨某死亡。交警认定陈某、杨某同等责任。法院认为:陈某负该起事故同等责任,因受害人系驾驶非机动车辆,故承担 60% 民事赔偿责任为宜,另 40% 由杨某自行承担。陈某驾驶车辆系受岳某指派拉王某购买家具,陈某与岳某之间为雇佣关系,陈某在本案中无须承担责任,车辆借用人岳某对原告各项损失承担赔偿责任。《侵权责任法》第 49 条规定,因租赁、借用等情形机动车所有人与使用人不是同一人时,发生交通事故后属于该机动车一方责任的,由保险公司在机动车强制保险责任限额范围内予以赔偿。不足部分,由机动车使用人承担赔偿责任;机动车所有人对损害的发生有过错的,承担相应的赔偿责任。据此,出借车辆肇事,车辆所有人有过错是承担责任前提。本案中,段某将车辆转让给贾某,本案中无证据证明其对本案交通事故发生存在过错,故依法不应承担赔偿责任。贾某将车辆出借给岳某并尽到了相应审核义务,本案中贾某对此次交通事故发生不存在过错,故依法不应承担赔偿责任。陈某系受岳某指派驾驶车辆,且原告无证据证明王某在本案中存在过错,故王某在本案中无须承担赔偿责任。因陈某驾驶车辆在保险公司投保交强险及商业险,故保险公司应按照相关法律规定,对杨某死亡损失在交强险和商业险赔偿限额内先行承担支付责任,余额或依法不能由其赔付项目数额,再由岳某、原告依责任分担。②2014 年浙江某保险合同案,2013 年,王某将保险车辆借给施某使用期间肇事致一死一伤,交警认定同等责任。2014 年,经法院调解,施某赔付受害人 28 万余元,保险公司赔付了交强险,剩余款项 1.4 万余元由王某代施某支付给受害人。王某向保险公司主张商业三责险赔付时,保险公司以王某对外无须承担赔偿责任为由拒付致诉。法院认为:《侵权责任法》第 49 条规定:"因租赁、借用等情形机动车所有权与使用人不是同一人时,发生交通事故后属于该机动车一方责任的,由保险公司在机动车强制保险责任限额范围内予以赔偿。不足部分,由机动车使用人承担赔偿责任;机动车所有人对损害的发生有过错的,承担相应的赔偿责任。"王某与保险公司之间所签保险合同,系当事人真实意思表示,未违反法律、行政法规禁止性规定,应认定为合法有效。保险公司承保车辆在保险期间内造成第三人人身损害、财产直接损毁,王某向第三人承担赔偿义务后,保险公司应对超过机动车交强险各分项赔偿限额以上部分,在商业三责险赔偿限额内向王某承担保险责任。对于因交通事故造成被保险机动车损失及合理的、必要的施救费亦应由保险人在车损险保险金额内承担。保险公司未完全履行赔偿责任的行为构成违约,王某有权要求保险公司承担赔偿责任。③2013年**天津某交通肇事案**,2012年,戚某将名下车辆借予刘某,刘某将车交宣某维修期间,宣某擅自将车借给张某,张某又借给彭某。2013年,彭某将车交由无驾驶证的李某驾驶时肇事,致朱某死亡。法院认为:《机动车交通事故责任强制保险条例》第21条规定,被保险机动车发生道路交通事故造成本车人员、被保险人以外的受害人人身伤亡、财产损失的,由保险公司依法在机动车交通事故责任强制保险责任限额范围内予以赔偿。道路交通事故的损失由受害人故意造成的,保险公司不予赔偿。上述规定仅将道路交通事故损失系由受害人故意造成的作为保险公司免责唯一事由,故此次事故,保险公司应在交强险责任限额内先予赔偿,因本案系无证驾驶,故依约不予赔偿商业三责险保险金。保险公司对受害人合理损失不足赔偿部分,因李某系驾驶人,作为侵权人应承担赔偿责任;宣某、张某向他人出借车辆时,对借用人驾驶资格未尽审查义务,致事故发生,故宣某、张某应承担过错赔偿责任;彭某将借用车辆交由未取得驾驶证的李某驾驶,亦应承担过错赔偿责任;戚某作为肇事车辆所有权人,无证据证明其对事故发生存在过错,故不承担责任;刘某将受损车辆交由宣某,宣某交由维修部门维修,此举并不违反相关规定,故亦不承担责任。判决原告损失,交强险不足赔付部分,李某、宣某、张某、彭某分别按60%、10%、10%、20%比例赔偿。④2013年**重庆某交通事故纠纷案**,2012年,魏某将机动车借给张某,张某出租给卓某,卓某将车及钥匙存放在无驾驶资质的王某处,王某将车借给无驾驶资质的陈某,陈某驾车搭乘乔某,在陈某下车购物时,无驾驶资质的乔某驾车停放在路边。陈某购物返还,姚某上车,陈某默许无驾驶资质的姚某驾车发生交通事故,造成行人宋某死亡及黄某等3人受伤的后果。交警认定姚某全责。宋某近亲属诉请魏某、张某、卓某、王某、陈某、乔某、姚某连带赔偿损失。法院认为:《侵权责任法》第49条规定:"因租赁、借用等情形机动车所有人与使用人不是同一人时,发生交通事故后属于该机动车一方责任的,由保险公司在机动车强制保险责任限额范围内予以赔偿。不足部分,由机动车使用人承担赔偿责任;机动车所有人对损害的发生有过错的,承担相应的赔偿责任。"最高人民法院《关于审理道路交通事故损害赔偿案件适用法律若干问题的解释》第1条规定:"机动车发生交通事故造成损害,机动车所有人或者管理人有下列情形之一,人民法院应当认定其对损害的发生有过错,并适用侵权责任法第四十九条的规定确定其相应的赔偿责任:(一)知道或者应当知道机动车存在缺陷,且该缺陷是交通事故发生原因之一的;(二)知道或者应当知道驾驶人无驾驶资格或者未取得相应驾驶资格的;(三)知道或者应当知道驾驶人因饮酒、服用国家管制的精神药品或者麻醉药品,或者患有妨碍安全驾驶机动车的疾病等依法不能驾驶机动车的;(四)其它应当认定机动车所有人或者管理人有过错。"本案保险公司应按交强险合同约定对原告损失予以赔偿。因姚某系无证驾驶,保险公司辩称在商业三责险内不予赔偿理由成立。保险赔偿不足部分,由侵权人即姚某承担主要赔偿责任。魏某将车辆出借给张某,张某又将该车出借给卓某,因张某、卓某具有车辆驾驶资质,且事发车辆经检测合格,被告魏某、张某不承担赔偿责任。卓某租用该车后将车停在王某楼下,并将钥匙交与王某,疏于管理,以致该车被王某借给无驾驶资质的陈某,陈某不具有车辆驾驶资质而借用、驾驶肇事车辆,且在姚某无证驾驶时未予阻止,放任损害后果发生,卓某、王某、陈某均存在一定过错,应承担相应赔偿责任。乔某虽曾无证驾驶该肇事车辆,但其行为与损害后果发生无因果关系,故乔某本案中不承担赔偿责任。判决交强险范围之外原告损失,按姚某70%、卓某5%、王某10%、陈某15%比例承担赔偿责任。⑤2011年河南某交通事故损害赔偿案,2009年1月,刘某驾驶借自颜某的车辆,与张某驾驶王某的车辆相撞,造成刘某受伤。交警认定张某、刘某分负主、次责任。法院认为:出借机动车的,机动车所有人对损害的发生有过错的,应当承担相应的赔偿责任。机动车所有人承担的是与其过错相适应的责任,是按份责任而非连带责任。根据法律规定,机动车所有人投保交强险是法定义务,其目的是保障受害人的损失能得以及时填补。但本案中,张某、王某在庭审中不提供车辆投保交强险的具体情况,使刘某、颜某的损失不能及时得到交强险保险赔偿。故王某作为肇事车辆的车主应在交强险赔偿限额范围内先行承担赔偿责任,对超出交强险赔偿限额以外的损失,再按照责任比例由车辆使用人张某予以赔偿。此外,王某将车辆借给张某使用无证据证明有其他明显过错,原审判决由王某对全部赔偿责任承担连带责任不当,本院予以纠正。按照交强险保险条款的规定,王某应赔偿刘某的损失为医疗费、误工费、营养费、住院伙食费、护理费、交通费,合计1.3万余元。王某应赔偿刘某财产损失2000元。对超出财产损失赔偿限额部分的车辆维修费、鉴定费共3.7万余元,由张某承担80%的赔偿责任,即赔偿3万余元。⑥2010年四川某交通事故损害赔偿案,2009年12月,蔡某驾驶雷某未续保交强险的车辆肇事致李某死亡,交警认定蔡某全责。法院认为:雷某作为车主,未依法履行投保交强险的车主法定义务,出借车辆给蔡某并造成事故发生,使第三人依法享有的交强险保险权益落空,其应在交强险限额内先行承担赔偿责任。⑦2008年江苏某保险合同纠纷案,2005年,吴某借用朱某投保的机动车与非机动车方孙某碰撞致后者伤,造成朱某车损6000余元,交警认定吴某与孙某负事故同等责任,法院判决吴某承担70%责任,由吴某赔偿孙某19万余元,孙某自负30%责任,朱某不承担责任。朱某和吴某要求保险公司理赔时,保险公司以不符合合同约定的第三者责任险拒绝理赔。该三者险的定义为:"被保险人或其允许的合格驾驶员在使用投保第三者责任险车辆过程中发生道路交通事故,致使第三者人身伤亡或第三者财产的直接损失,依法应由被保险人承担经济赔偿的,保险人负责赔偿"。法院认为:第三者责任险保险对象系车辆,保险标的实际系不特定第三者损失,只要保险合同约定的免除保险人责任情形之外,保险人对该车辆发生保险事故所致第三者损失均应承担赔偿责任。保险合同虽对三者险有定义,但该定义属格式条款,且实际情况是投保人抑或被保险人、车辆所有权人、车辆驾驶员非为同一人为常态,被保险车辆在交通事故中的第三者损失承担因侵权责任的归责原因导致侵权责任承担人并非一定为被保险人。而车辆系高速移动之危险物,通常投保人为车辆投保第三者责任险之目的系保险人承担交通事故中不特定第三者损失,而保险人以格式条款形式选择侵权法归责原则限定了三者险适用范围即将借用车辆情形排除在外,从而部分三者险投保人对保险标的不具有保险利益。本案中,吴某借用被保险车辆肇事且已承担了相应的赔偿责任。此交通事故即为保险事故,第三者之损失属第三者责任险范畴。现保险公司不能证明存在保险合同约定的责任免除情形,因吴某赔偿了第三者损失,吴某可以成为享有保险金请求权人。故保险公司应给付保险金。而相应的车辆损失属汽车损失保险范围,享有保险金请求权人应当为投保人即朱某。保险人在保险合同中约定依保险事故责任比例承担相应保险责任并不同于机动车与非机动车驾驶人、行人之间的民事责任。此时的"责任比例"应为保险事故赔偿人实际所负责任比例,而非行政机关所认定事故责任比例。故保险公司应根据吴某在该起事故中的实际赔偿责任,承担相应理赔责任。交通事故中,第三者孙某之损失及吴某责任承担已经法院判决认定,现该损失未超过第三者责任险限额,故保险公司应对赔偿金承担理赔责任。判决保险给付朱某保险金6000余元,给付吴某保险金19万余元。⑧**2008年上海某交通事故损害赔偿案**,2007年11月,陆某将车借给胡某,胡某借给无驾驶资格的张某驾驶并随车同行,因该车肇事致无偿搭乘该车的黄某死亡,交警认定张某负全责。法院认为:张某违反交通运输管理法规,无证驾驶机动车,对交通事故的发生具有重大过错,且驾车时未确保安全,其违法犯罪行为是造成损害后果的直接原因,其也是造成交通事故的唯一的责任人,故应承担相应的赔偿责任。陆某是肇事车辆的车主,其将不存在影响安全运行方面的质量瑕疵或隐患的肇事车辆出借给具有机动车驾驶资格的胡某,该行为不具有违法性,且其出借行为与发生交通事故之间不存在因果关系,亦未从出借行为中取得利益,故无须承担赔偿责任。胡某与张某系多年朋友,知道或者应当知道张某没有驾驶证。其借用肇事车辆后未经车主同意,擅自将车辆交给张某驾驶,故可认定胡某对于张某无证驾驶行为的发生具有一定的过错,应对此承担相应的赔偿责任。但鉴于胡某、张某对损害后果的发生没有共同的故意或过失,胡某的行为与张某的行为是在间接结合下发生了损害后果,故胡某仅对自己的行为承担责任,而无须承担连带赔偿责任。受害人黄某基于与胡某、张某相识,因偶遇而无偿搭乘肇事车辆,依生活常理,黄某可以认为其乘坐的车辆是安全的,且其也无审查张某是否具有驾驶的资质、车辆是否符合安全运行的质量标准等方面的义务,故黄某对损害后果的发生没有过错,不应自负责任,故判决张某、胡某各自赔偿原告6万余元。⑨**2005年北京某交通事故损害赔偿案**,2004年,外地来京旅游的孙某驾驶从技术公司借来的车撞伤梁某。交警认定孙某负全责。法院认为:孙某驾驶技术公司的车辆将梁某撞伤,并被事故责任认定为全责,其行为侵犯了梁某的身体健康权,应当承担赔偿责任。技术公司将本公司所有的车辆借给外地来京旅游的孙某驾驶,<u>技术公司通过对借用人的选任及对机动车在有使用之必要时的处分力,依然享有运行支配权,故该公司应与孙某一起承担连带赔偿责任</u>。⑩**2001年4月湖北某损害赔偿案**,1999年,工商局工作人员钟某将单位车辆交李某酒后驾驶肇事致李某死亡,交警认定李某负全责。法院认为:<u>无偿借用车辆的所有人不产生垫付义务</u>。李某交通肇事致死并负全责,该车辆管理人钟某和车辆所有人对该事故发生无过错,故均无责任,不应赔偿。

【同类案件处理要旨】

借用机动车发生交通事故造成损害,机动车所有人或者管理人有下列情形之一,人民法院应当认定其对损害的发生有过错,并适用《民法典》第1209条的规定确定其相应的赔偿责任:(1)知道或者应当知道机动车存在缺陷,且该缺陷是交通事故发生原因之一的;(2)知道或者应当知道驾驶人无驾驶资格或者未取得相应驾驶资格的;(3)知道或者应当知道驾驶人因饮酒、服用国家管制的精神药品或者麻醉药品,或者患有妨碍安全驾驶机动车的疾病等依法不能驾驶机动车的;(4)其他应当认定机动车所有人或者管理人有过错的。

【相关案件实务要点】

1.【归责原则】无偿借用因无利益上的关系,故车辆所有人法律上也无注意义务,在车辆所有人和肇事者间不能适用过错推定责任原则,车辆所有人无过错,不产生车辆所有人的赔偿义务。案见湖北五峰法院2001年4月24日判决"李某诉钟某等损害赔偿案"。

2.【责任确定】确定机动车所有人责任要从其是否对该机动车的运行于事实上处于支配地位和是否从该机动车的运行中获利两个方面判断。案见北京一中院

(2005)一中民终字第1459号"梁某诉某技术公司人身损害赔偿案"。

3.【借用人保险金请求权】投保人将机动车借给他人使用肇事,借用人向第三者承担赔偿责任后,具有保险金请求权。案见江苏苏州中院(2008)苏中民二终字第0252号"朱某诉某保险公司等保险合同纠纷案"。

4.【实际占有控制人责任】侵权责任不明的交通事故,应根据危险源控制原理和车辆流转的实际掌控事实,将机动车的实际占有控制人作为损害赔偿责任主体。案见四川泸州市龙马潭区法院(2009)龙马民初字第1294号"黄某与熊某交通事故损害赔偿案"。

5.【所有人过错责任性质】出借机动车发生交通事故,机动车所有人对损害有过错的,应承担相应赔偿责任,该责任是按份责任而非连带责任。未投保交强险的机动车发生交通事故的,机动车所有人应比照交强险的相关规定,在交强险赔偿限额内先行承担赔偿责任。机动车所有人不提供交强险投保情况的,应按未投保处理。案见河南洛阳中院(2011)洛民终字第226号"刘某等诉张某等道路交通事故人身损害赔偿纠纷案"。

6.【未投保交强险所有人过错】登记车主将到期未续保交强险的机动车出借给他人驾驶造成交通事故,致第三人人身损害,因其未投保行为,使第三人依法享有的交强险保险权益落空,其应在交强险限额内先行承担赔偿责任。案见四川都江堰法院(2010)都江民初字第1116号"李某诉蔡某等交通事故损害赔偿案"。

【附注】

参考案例索引:四川泸州市龙马潭区法院(2009)龙马民初字第1294号"黄某与熊某交通事故损害赔偿案",见《侵权人不明的交通事故赔偿责任主体的认定——四川泸州龙马潭区法院判决黄文兴与熊云强等交通事故赔偿案》(许进、谢红),载《人民法院报·案例指导》(20100415:6)。①河南洛阳中院(2015)洛民终字第1138号"毛某与陈某等交通事故纠纷案",见《多种法律关系的交通事故责任承担问题——河南洛阳中院判决毛某等诉陈某、岳某等机动车交通事故责任纠纷案》(孙振美、陈雷),载《人民法院报·案例精选》(20151029:06)。②浙江奉化法院(2014)甬奉商初字第948号"王某与某保险公司保险合同纠纷案",见《王甩叶诉中国平安财产保险股份有限公司奉化支公司保险合同纠纷案——被保险人对外不承担赔偿责任时保险公司应否按约理赔》(郭建标),载《人民法院案例选》(201603/97:200)。③天津滨海新区法院(2013)滨塘刑初字第297-1号"朱某与李某等机动车交通事故责任纠纷案",见《朱俊光等诉李春明等机动车交通事故责任纠纷案——多被告共同侵权情形下侵权责任如何确定》(孙潇),载《人民法院案例选》(201503/93:117)。④重庆万州区法院(2013)万法民初字第01782号"佘长文等与魏祥玉、重庆市鸿运汽车租赁有限责任公司、永安财产保险股份有限公司万州中心支公司等交通事故损害赔偿纠纷案",见《连环出借机动车发生交通事故致人损害的责任承担》(吴美来、艾朝辉),载《人民司法·案例》(201705:65)。⑤河南洛阳中院(2011)洛民终字第226号"刘某等诉张某等道路交通事故人身损害赔偿纠纷案",见《刘益欣、刘彦龙诉张国营、王姝琰道路交通事故人身损害赔偿纠纷案》(周朝晖),载《人民法院案例选》(201103:111)。⑥四川都江堰法院(2010)都江民初字第1116号"李某诉蔡某等交通事故损害赔偿案",见《李万福诉蔡波等道路交通事故人身损害赔偿案》(刘忠明),载《中国法院2012年度案例:道路交通纠纷》(198)。⑦江苏苏州中院(2008)苏中民二终字第0252号"朱某诉某保险公司等保险合同纠纷案",见《保险公司应对负赔偿责任的车辆借用人承担保险责任——朱永琪诉天安保险股份有限公司苏州吴中区支公司、第三人吴建伟保险合同纠纷案》(钱东辉、孙宝华),载《人民法院报·案例指导》(20080701:5)。⑧上海南汇区法院(2008)汇民一(民)初字第4104号"黄某等诉张某等道路交通事故人身损害赔偿案",见《黄德平等诉张亮等道路交通事故人身损害赔偿案》(谈卫峰、孟高飞),载《中国审判案例要览》(2009民事:346)。⑨北京一中院(2005)一中民终字第1459号"梁某诉某技术公司人身损害赔偿案",判决孙某、技术公司共同赔偿梁某34万余元。见《梁淑芝诉北京路安通磁电技术有限公司等道路交通事故人身损害赔偿案》(白云),载《中国审判案例要览》(2006民事:380)。⑩湖北五峰法院2001年4月24日判决"李某诉钟某等损害赔偿案",见《李永志诉钟建锋将单位的车交给无驾照的其子驾驶期间发生其子应负全部责任的交通事故并致死要求赔偿及由车辆所属单位承担赔偿和垫付责任案》(朱友学),载《人民法院案例选》(200303:157)。

**参考观点索引**:●借用别人的车辆而发生交通事故致人伤车损,车辆的维修费应由谁主张?见《借用别人的车辆而发生交通事故致人伤车损,车辆的维修费应由车主主张还是由借用人(即事故受害人)主张?》,载《民事审判实务问答》(2008:148)。

## 12. 承租车辆的赔偿主体
——租车出事故,损失如何赔?

【租赁车辆】

【案情简介及争议焦点】

2009年2月,赵某将其投保的家庭自用轿车以每月4500元租借给李某,李某将该车借给王某使用期间肇事,发生保险车辆损、三责车辆损、拖车费,扣除交强险理赔的2000元,赵某就余下2万余元损失向保险公司索赔时,被保险公司以有偿租赁改变车辆使用性质,增加车辆危险程度为由拒赔。

争议焦点:1.有偿使用是否改变车辆使用性质?2.保险公司应否理赔?

**【裁判要点】**

**1. 合法使用。**赵某未为被保险车辆办理营运手续,其将车辆租借给特定人使用,而王某作为合格的驾驶人,与车主本人使用无本质区别。

**2. 保险理赔。**投保人在投保时并未指定驾驶人,出险时被保险车辆的实际使用人王某并未从事商业营运。故赵某将其车辆租借给李某使用,李某又将车借给王某的行为,不能证明赵某的租赁行为增加了车辆的危险程度。对该次保险事故,保险公司应予理赔。

**【裁判依据或参考】**

**1. 法律规定。**《民法典》(2021年1月1日)第1209条:"因租赁、借用等情形机动车所有人、管理人与使用人不是同一人时,发生交通事故造成损害,属于该机动车一方责任的,由机动车使用人承担赔偿责任;机动车所有人、管理人对损害的发生有过错的,承担相应的赔偿责任。"《侵权责任法》(2010年7月1日,2021年1月1日废止)第49条:"因租赁、借用等情形机动车所有人与使用人不是同一人时,发生交通事故后属于该机动车一方责任的,由保险公司在机动车强制保险责任限额范围内予以赔偿。不足部分,由机动车使用人承担赔偿责任;机动车所有人对损害的发生有过错的,承担相应的赔偿责任。"

**2. 行政法规。**《机动车交通事故责任强制保险条例》(2013年3月1日修改施行)第42条:"本条例下列用语的含义:(一)投保人,是指与保险公司订立机动车交通事故责任强制保险合同,并按照合同负有支付保险费义务的机动车的所有人、管理人。(二)被保险人,是指投保人及其允许的合法驾驶人。"

**3. 司法解释。**最高人民法院《关于审理道路交通事故损害赔偿案件适用法律若干问题的解释》(2012年12月21日,2020年修改,2021年1月1日实施)第1条:"机动车发生交通事故造成损害,机动车所有人或者管理人有下列情形之一,人民法院应当认定其对损害的发生有过错,并适用民法典第一千二百零九条的规定确定其相应的赔偿责任:(一)知道或者应当知道机动车存在缺陷,且该缺陷是交通事故发生原因之一的;(二)知道或者应当知道驾驶人无驾驶资格或者未取得相应驾驶资格的;(三)知道或者应当知道驾驶人因饮酒、服用国家管制的精神药品或者麻醉药品,或者患有妨碍安全驾驶机动车的疾病等依法不能驾驶机动车的;(四)其它应当认定机动车所有人或者管理人有过错的。"

**4. 地方司法性文件。** 江西宜春中院《关于印发〈审理机动车交通事故责任纠纷案件的指导意见〉的通知》(2020年9月1日　宜中法〔2020〕34号)第17条:"因租赁、借用、试驾等经机动车所有人或管理人授权的导致的所有人、管理人与事故中的驾驶人不一致的,由驾驶人承担赔偿责任,所有人、管理人对损害的发生具有过错的,承担相应的赔偿责任。下列情形应认定所有人、管理人具有过错:(1)知道或者应当知道机动车存在缺陷,且该缺陷是交通事故发生的原因之一;(2)知道或者应当知道驾驶人无驾驶资格或者未取得相应驾驶资格的;(3)知道或者应当知道驾驶人因饮酒、服用国家管制的精神药品或麻醉药品、患有妨碍安全驾驶机动车的疾病、过度疲劳影响安全驾驶等依法不能驾驶机动车的;(4)其他应当认定机动车所有人或者管理人有过错的。"安徽合肥中院《关于道路交通事故损害赔偿案件的审判规程(试行)》(2019年3月18日)第10条:"【所有人、管理人的责任】租赁、借用等情形下,机动车所有人与使用人不是同一人时,发生交通事故后属于该机动车一方责任的,由保险公司在交强险责任限额内予以赔偿;不足部分,由机动车使用人承担赔偿责任;如机动车所有人或者管理人有下列情形之一,应当认定其对损害的发生有过错,并承担相应的赔偿责任:(1)知道或者应当知道机动车存在缺陷,且该缺陷是交通事故发生原因之一的;(2)知道或者应当知道驾驶人无驾驶资格或者未取得相应的驶资格的;(3)知道或者应当知道驾驶人因饮酒、服用国家管制的精神药品或者麻醉药品,或者患有妨碍安全驾驶机动车的疾病等依法不能驾驶机动车的;(4)其他应当认定机动车所有人或者管理人有过错的。其他未经允许驾驶他人机动车(盗抢车辆除外)发生交通事故造成损害的,依照上述规定处理。"重庆高院《印发〈关于保险合同纠纷法律适用问题的解答〉的通知》(2017年4月20日　渝高法〔2017〕80号)第8条:"机动车在借用、租赁等情形下,被保险人允许的合法驾驶人在使用机动车过程中发生保险事故的,商业三者险赔偿请求权主体如何确定?答:商业三者险系以被保险机动车而不是以驾驶人为基准投保,采随车主义原则。机动车所有人因借用、租赁等原因将机动车交由他人驾驶是正常使用行为,在借用、租赁等合法使用机动车期间所产生的赔偿责任理应属于保险合同约定的赔偿范围。在此情形下,商业三者险合同中载明的被保险人为记名被保险人,应承担赔偿责任的经记名被保险人允许的合法驾驶人为无记名被保险人。根据侵权责任法规定,在借用、租赁等情形下发生交通事故的,应由机动车实际使用人承担赔偿责任,机动车所有人对损害的发生有过错的,承担相应的赔偿责任,因此在借用、租赁等情形下,责任保险的保险利益部分或全部发生了转移。因财产保险的被保险人在保险事故发生时,对保险标的没有保险利益的不得请求支付保险金,故应在保险事故发生时将应承担赔偿责任的记名被保险人、无记名被保险人确定为实际被保险人。实际被保险人有权依据保险法第六十五条的规定要求保险人承担商业三者险赔偿责任。保险事故发生后,实际被保险人与记名被保险人不一致的,应及时通知保险人。在通知到达之前,保险人基于对保险合同的信赖,已根据理赔规程向记名被保险人实际赔付保险金,实际被保险人主张该赔付行为无效的,人民法院不予支持。"北京三中院《类型化案件审判指引:机动车交通事故责任纠纷类审判指引》(2017年3月28日)第2-2.2部分"赔偿义务人范围—常见问题解答"第1条:"当侵权人与车辆所有人或管理人一致时,责任主体及责任承担?《侵权责任法》第三条规定,受害人有权请求侵权人承担侵权责任。第四条规定,侵权人因同一行为应当承担行政责任或者刑事责任的,不影响依法承担侵权责任。毋庸置疑,侵权人为车辆所有人或管理人时,其应当承担侵权赔偿责任。"第2条:"《侵权责任法》第四十九条规定,因租赁、借用等情形机动车所有人与使用人不是同一人时,发生交通事故后属于该机动车一方责任的,由保险公司在机动车强制保险责任限额范围内予以赔偿。不足部分,由机动车使用人承担赔偿责任;机动车所有人对损害的发生有过错的,承担相应的赔偿责任。《道交解释》第一条规定,机动车发生交通事故造成损害,机动车所有人或者管理人有下列情形之一,人民法院应当认定其对损害的发生有过错,并适用侵权责任法第四十九条的规定确定其相应的赔偿责任:(一)知道或者应当知道机动车存在缺陷,且该缺陷是交通事故发生原因之一的;(二)知道或者应当知道驾驶人无驾驶资格或者未取得相应驾驶资格的;(三)知道或者应当知道驾驶人因饮酒、服用国家管制的精神药品或者麻醉药品,或者患有妨碍安全驾驶机动车的疾病等依法不能驾驶机动车的;(四)其它应当认定机动车所有人或者管理人有过错。"天津高院《关于印发〈机动车交通事故责任纠纷案件审理指南〉的通知》(2017年1月20日 津高法〔2017〕14号)第3条:"……机动车管理人,特指在机动车管理人与所有人分离的情况下,通过机动车所有人的委托、租赁、借用等合法方式取得对机动车的占有、支配或者收益,并因将该机动车再行通过出租、出借等方式交由他人使用而对机动车上道路行驶负有与相同情形下的机动车所有人相同的注意义务的人。因租赁、借用、试驾等经机动车所有人或管理人授权所导致的所有人、管理人与事故中的驾驶人不同一,由驾驶人承担赔偿责任,所有人、管理人对损害的发生具有过错的,承担相应的赔偿责任。以下情形,应认定所有人、管理人具有过错:(1)知道或者应当知道机动车存在缺陷,且被侵权人能够证明该缺陷是交通事故发生的原因之一的;(2)知道或者应当知道驾驶人无驾驶资格或者未取得相应驾驶资格的;(3)知道或者应当知道驾驶人因饮酒、服用国家管制的精神药品或麻醉药品、患有妨碍安全驾驶机动车的疾病、过度疲劳影响安全驾驶等依法不能驾驶机动车的;(4)其它应当认定机动车所有人或者管理人有过错。"重庆高院民二庭《关于2016年第二季度高、中两级法院审判长联席会会议综述》(2016年6月30日)第13条:"机动车在借用、租赁等情形下,车辆投保人允许的合法驾驶人在使用机动车过程中发生保险事故的,机动车责任保险保险金请求权主体的问题。一种意见认为,我国机动车责任保险采随车主义,在保险期间机动车所有人因借用、租赁等原因将机动车交由他人驾驶是正常使用行为,符合保险合同目的。责任保险的保险标的是被保险人对第三者所负赔偿责任,在前述情形下发生事故,根据侵权责任法规定,事故责任往往不由记名被保险人承担,实质上是保险利益发生了临时性转移,根据保险法第四十八条规定,财产保险的被保险人在保险事故发生时,对保险标的没有保险利益不得请求支付保险金,故应将具有保险利益的无记名被保险人确定为实际被保险人才符合机动车责任保险缔约目的。实际被保险人有权依据保险法第六十五条的规定要求保险人承担第三者责任保险赔偿责任。不承担责任的记名被保险人无保险金请求权。另一种意见认为,经被保险人同意或允许使用车辆的合格驾驶员驾车造成他人人身伤害或财产损失的,被保险人或经其同意或允许使用车辆的合格驾驶员对受害人实际赔付的,实际赔付人有权行使保险金给付请求权。尚未对实际受害人赔付的,如出借人或实际使用人请求保险人将保险金直接给付受害人的,人民法院应予支持。"重庆高院民一庭《民一庭高、中两级法院审判长联席会议〈机动车交通事故责任纠纷中的法律适用问题解答(二)〉会议综述》(2015年6月26日)第7条:"关于私家车主将车交由租赁公司出租发生交通事故时保险人能否免赔的问题。根据《中华人民共和国侵权责任法》第四十九条之规定,私家车主将车交由租赁公司出租,发生交通事故后,承保交强险的保险公司应在机动车强制保险责任限额范围内予以赔偿。承保三者险的保险公司应当根据合同的具体约定来确定其是否可以免赔。若保险合同约定将车辆用于营运属于危险程度显著增加的,保险公司有权根据《中华人民共和国保险法》第五十二条之规定,主张免赔。若保险合同未对车辆用于营运是否属于危险程度显著增加进行约定,则保险公司不能主张免赔。"重庆高院民一庭《关于机动车交通事故责任纠纷相关问题的解答》(2014年)第12条:"投保人或被保险人将车辆出租、出借给有驾驶执照的使用人,使用人驾驶时致人损害,承保商业三者险合同的保险公司是否应承担商业三者险的理赔责任?商业三者险合同通常既约定了'保险车辆由被保险人或其允许的合法驾驶员驾驶时'发生的事故为保险事故,同时又约定了保险公司的赔偿范围为'被保险人依法应支付的赔偿金额'。我们认为,上述条款属免除保险公司责任的特别条款。在保险公司未对上述免责进行提示和特别说明时,应作不利于格式条款提供方的解释。投保人或被保险人将车辆出租、出借给具有合法驾驶资质,且符合准驾车型的使用人,使用人驾驶车辆致人损害时,承保商业三者险合同的保险公司应当承担商业三者险的理赔责任。"浙江宁波中院《关于商事审判若干疑难或需统一问题的解答》(2013年11月15日)第13条:"租赁期间的车辆因交通事故造成的损失,出租人可否直接要求承租人进行赔偿?车辆在租赁期间因交通事故发生损失,出租人可基于租赁合同法律关系要求承租人承担损害赔偿责任。承租人履行赔偿义务后,如承租人属被保险人允许的合法驾驶人,可直接要求保险公司进行理赔。"广东高院《关于印发〈全省民事审判工作会议纪要〉的通知》(2012年6月26日 粤高法〔2012〕240号)第40条:"因租赁、借用等情形致机动车所有人与使用人不是同一人时,发生交通事故后造成第三人损失的,应根据《侵权责任法》第四十九条的规定,由保险公司在交强险责任限额范围内先予赔偿。不足部分,由机动车使用人依照《道路交通安全法》第七十六条的规定承担赔偿责任;机动车所有人对损害的发生有过错的,应根据过错大小承担相应的赔偿责任。"江苏南通中院《关于处理交通事故损害赔偿案件中有关问题的座谈纪要》(2011年6月1日 通中法〔2011〕85号)第10条:"租赁、借用他人机动车发生交通事故致人损害的,由机动车使用人承担赔偿责任。机动车所有人对损害的发生有过错的,承担相应的赔偿责任。前述机动车所有人的过错包括但不限于未对借用人、承租人是否具有相应的行为能力、驾驶能力等影响机动车安全驾驶因素的合理审查,或未对机动车适于运行状态进行合理维护等方面。机动车所有人将未投交强险的机动车出租、出借给使用人发生交通事故致人损害的,机动车所有人在交强险限额内承担责任,限额外的损失由使用人按责赔偿。"安徽宣城中院《关于审理道路交通事故赔偿案件若干问题的意见(试行)》(2011年4月)第12条:"借用或租赁他人车辆发生交通事故致人损害的,由保险公司在机动车第三者强制责任险范围内予以赔偿,不足部分,由借用人或者租赁人予以赔偿。但有下列情形之一的,出借人或者出租人应当承担相应赔偿责任:(一)出借人或者出租人明知道或者应当知道出借或者出租车辆有安全缺陷,因该安全缺陷导致交通事故发生。(二)借用人或者租赁人没有驾驶资质、酒后要求驾驶或者为限制行为能力人。(三)其他依当时情形借用人或者租赁人明显不能驾驶机动车的。"山东高院《关于印发审理保险合同纠纷案件若干问题意见(试行)的通知》(2011年3月17日)第12条:"财产保险中,非保险标的所有人基于租借、挂靠、保管等合同对保险标的享有占有、使用等权利而进行投保的,发生保险事故时,应认定其对保险标的具有保险利益。"第27条:"第三者责任保险中,被保险人允许的合法驾驶人在驾驶被保险车辆时发生交通事故致第三者人身伤亡和财产损失的,在承担损害赔偿责任后,有权要求保险人按照第三者责任保险合同约定赔付。"江西鹰潭中院《关于审理道路交通事故损害赔偿纠纷案件的指导意见》(2011年1月1日 鹰中法〔2011〕143号)第7条:"机动车发生交通事故造成人身伤亡、财产损失的,由保险公司在机动车第三者责任强制保险责任限额内予以赔偿。未参加机动车强制保险,发生道路交通事故人身损害的,由机动车所有人在相应的机动车强制保险责任限额范围内先行赔偿,机动车所有人与使用人不是同一人的,对机动车强制保险责任限额范围内的损害赔偿承担连带责任。"江苏高院民一庭《侵权损害赔偿案件审理指南》(2011年)第7条:"道路交通事故责任……3.所有人过失的认定。《侵权责任法》第49条规定:'因租赁、借用等情形机动车所有人与使用人不是同一人时,发生交通事故后属于该机动车一方责任的,由保险公司在机动车强制保险责任限额范围内予以赔偿。不足部分,由机动车使用人承担赔偿责任;机动车所有人对损害的发生有过错的,承担相应的赔偿责任。'机动车所有人没有对使用人是否具有相应的行为能力、驾驶能力等影响机动车安全驾驶因素进行合理审查,或者没有对机动车是否适于运行状态进行合理维护的,应当认定所有人具有过错。"安徽六安中院《关于印发〈审理道路交通事故人身损害赔偿案件若干问题的意见〉的通知》(2010年12月7日 六中法〔2010〕166号)第2条:"因租赁、借用等情形致使事故发生时机动车所有人与使用人不是同一人的,由机动车使用人承担赔偿责任。但机动车所有人具有下列情形的,可以认定为存在过错,应当承担相应的赔偿责任:(一)知道或者应当知道机动车存在安全运行方面的瑕疵,交他人使用的;(二)将机动车交给无相应驾驶资质的人员驾驶的;(三)将机动车交给醉酒、不具备完全民事行为能力等凭正常判断不能驾驶的人员驾驶的。机动车所有人将其机动车交给汽车租赁经营者用于出租谋利,汽车租赁经营者具有前款规定的过错情形的,应与机动车所有人共同承担相应的赔偿责任。通过借用或者租赁等方式使用他人机动车的人,又擅自将车辆通过出租、出借等方式交由他人使用,具备本条第一款规定的过错情形的,应当承担相应的赔偿责任。车辆所有人与使用人之间的免责约定不能对抗第三人。"江苏无锡中院《关于印发〈关于审理道路交通事故损害赔偿案件若干问题的指导意见〉的通知》(2010年11月8日 锡中法发〔2010〕168号)第7条:"【机动车所有人、使用人相分离的事故赔偿责任】因租赁、借用、维修、质押等情形导致机动车所有人与使用人不一致时,机动车发生道路交通事故的,由车辆使用人承担赔偿责任,机动车所有人对损害的发生有过错的,承担相应的赔偿责任。使用人下落不明的,由机动车所有人在事故责任范围内先行承担赔偿责任。机动车所有人有下列情形之一的,应当承担连带赔偿责任:(1)明知使用人没有相应的机动车驾驶资格的;(2)明知使用人存在饮酒、吸毒或患有禁止驾驶疾病的;(3)明知使用人驾驶机动车从事违法追逐竞驶行为的;(4)明知使用人驾驶机动车从事法律、行政法规禁止的其他危害道路安全行为的。"江苏常州中院《关于道路交通事故损害赔偿案件的处理意见》(2010年10月13日 常中法〔2010〕104号)第1条:"……(9)机动车所有人将机动车出租给他人使用期间,承租人使用该机动车发生交通事故的,应由承租人承担赔偿责任。机动车所有人对损害的发生有过错的,承担相应的赔偿责任……"河南郑州中院《审理交通事故损害赔偿案件指导意见》(2010年8月20日 郑中法〔2010〕120号)第25条:"出租人将车辆出租给承租人,承租人在控制、支配该车辆时发生交通事故的,由承租人承担赔偿责任;出租人有过错,而且该过错与损害结果有因果关系的,由出租人和承租人承担连带赔偿责任;出租人与承租人均有过错的,按过错责任大小承担按份责任。"第27条:"出租、出借的车辆未投交强险发生交通事故的,出租人、出借人在交强险限额内承担连带赔偿责任。"河南周口中院《关于侵权责任法实施中若干问题的座谈会纪要》(2010年8月23日 周中法〔2010〕130号)第10条:"在机动车的所有人和使用人不一致的情形下,责任主体的认定及责任方式确定,主要是采用'运行支配'和'运行利益'两个标准综合判断,同时还要结合过错责任来作为补充。在实践中,既要充分体现对受害人的保护,还要注意促进经济发展、保障行为人的行为自由,另外还要兼顾制裁交通违法行为人、遏制交通事故发生、维护交通安全的目的。结合保险法中分散风险、救济受害人等功能,积极稳妥化解故意逃避赔偿责任等形式的道德风险,应当根据下列不同情形,分别确定责任人及责任方式:……3.机动车在出租、出借期间发生交通事故造成他人损害的,由承租人、借用人承担赔偿责任,出借人或出租人对损害的发生有过错的,承担相应的赔偿责任。出租人或出借人的过错主要有以下情形:(1)出租或出借的车辆达到报废标准、存在安全隐患、没有运行资格等;(2)出租或出借给无驾驶资格或无驾驶能力(醉酒、患病、服精神类药品等)人;(3)没有办理交强险;(4)出借给明显没有经济能力人等。认定出租或出借,需由车辆所有人提供充分证据加以证明,仅凭出租人或出借人与租赁方或借用方的陈述,不能认定。带司机出租或出借时,应当认定车辆的实际支配者仍然是车辆所有人,如果发生交通事故,车辆所有人承担责任。"浙江高院民一庭《关于审理道路交通事故损害赔偿纠纷案件若干问题的意见(试行)》(2010年7月1日)第5条:"《侵权责任法》第四十九条规定的机动车所有人'承担相应的赔偿责任',系与其过错相适应的按份责任;证明机动车所有人过错的举证责任应由主张机动车所有人需承担责任的一方当事人负担。机动车所有人知道或应当知道租用人或借用人不具备驾驶资格、酒后驾车或存在其他不利于安全驾车的事由,或者机动车存在安全隐患等情形的,应认定其具有过错。"第17条:"未参加机动车强制保险,发生道路交通事故致人损害的,由机动车所有人在相应的机动车强制保险责任限额范围内先行赔偿;机动车所有人与使用人不是同一人的,对机动车强制保险责任限额范围内的损害赔偿承担连带责任。"山东东营中院《关于印发道路交通事故处理工作座谈会纪要的通知》(2010年6月2日)第27条:"道路交通事故损害赔偿案件的责任主体,一般应根据机动车运行支配权和运行利益归属予以确定。依据上述原则无法确定的,可以根据机动车注册登记的车主予以认定。"第28条:"因租赁、借用等情形,机动车所有人与使用人非同一人时,发生交通事故后属于该机动车一方责任的,由保险公司在机动车强制保险责任限额范围内予以赔偿。不足部分,由机动车使用人承担赔偿责任;但出借人、出租人在机动车管理或者对借用人、承租人的选任监督上存在过错的,依其过错程度承担相应的赔偿责任。"北京高院民一庭《关于道路交通损害赔偿案件的疑难问题》(2010年4月9日)第1条:"……(二)租赁、借用机动车发生交通事故赔偿责任的承担条文:第四十九条 因租赁、借用等情形机动车所有人与使用人不是同一人时,发生交通事故后属于该机动车一方责任的,由保险公司在机动车强制保险责任限额范围内予以赔偿。不足部分,由机动车使用人承担赔偿责任;机动车所有人对损害的发生有过错的,承担相应的赔偿责任。问题:(1)在调研中发现,对本条的理解分歧在于,机动车所有人承担是是按份责任,还是在其过错责任的范围内与机动车使用人承担连带责任。(2)此外,在借用人借用车辆之后,未经出借人同意,擅自转借、租赁的,是否还适用此条规定?因此情形下,使用权与所有权分离非基于机动车所有人意志,视为保有关系的阻断,故有法院提出,借用人与实际控制人应当承担连带责任,所有人不承担责任,但所有人出借的车辆具有不符合安全技术要求、无合法手续等情况的,所有人应承担连带责任。"广东广州中院《民事审判若干问题的解答》(2010年)第20条:"【机动车所有人与使用人不一致时责任主体的确定】因租赁、借用等情形机动车所有人与使用人不是同一人时,发生交通事故后属于该机动车一方责任的,如何确定赔偿义务主体?答:首先由保险公司在机动车强制保险责任限额范围内予以赔偿。不足部分,由机动车使用人承担赔偿责任;机动车所有人对损害的发生有过错的,承担相应的赔偿责任。在下列情形下,应当认定机动车所有人有过错:(一)机动车是拼装车或者已达到报废标准以及有存在其他安全隐患的;(二)所有人知道或者应当知道使用人没有相应的驾驶证或驾驶能力的;(三)机动车所有人对于损害的发生有其它过错的情形。"湖南长沙中院《关于道路交通事故人身损害赔偿纠纷案件的审理意见》(2010年)第一部分第1条:"……出租、出借情形下,出租人(也有可能即是所有人)、出借人(不是所有人的情况下)、承租人和使用人承担赔偿责任,所有人(不是出租人的情况下)不承担赔偿责任;所有人明知借用人(租用人)不具备驾驶车辆的资格或者车辆本身存在安全隐患的,应承担连带赔偿责任……"安徽合肥中院民一庭《关于审理道路交通事故损害赔偿案件适用法律若干问题的指导意见》(2009年11月16日)第6条:"借用或租赁他人机动车发生道路交通事故致人损害的,由借用人或租赁人承担赔偿责任。但有下列情形之一的,出借人或出租人应当承担相应赔偿责任:(一)出借人或出租人知道或者应当知道所出借或出租的机动车有安全缺陷,因该安全缺陷发生道路交通事故的;(二)借用人或租赁人没有驾驶资质、酒后要求驾驶或为限制行为能力人的;(三)其他依当时情形借用人或租赁人明显不能驾驶机动车的。"江苏南京中院民一庭《关于审理交通事故损害赔偿案件有关问题的指导意见》(2009年11月)第20条:"机动车所有人将车辆出租给他人使用期间,承租人使用该车辆发生交通事故的,应由出租人与承租人承担连带赔偿责任。"云南高院《关于审理人身损害赔偿案件若干问题的会议纪要》(2009年8月1日)第2条:"……7.有营业资质的出租汽车公司出租机动车交付承租人使用并收取租赁费用,承租人使用该租赁机动车发生交通事故致人损害的,按照《道路交通安全法》第七十六条的规定,首先由保险公司在机动车第三者责任强制保险责任限额范围内予以赔偿。超过责任限额的部分由机动车的承租人按《道路交通安全法》第七十六条第一款第(一)项、第(二)项的规定承担赔偿责任,出租人承担连带赔偿责任。出租人对承租人的驾驶资质尽到审查义务且租赁机动车没有瑕疵的,出租人承担责任后可以向承租人追偿;出租人未尽审查义务或者租赁机动车存在瑕疵的,按照其过错大小及交通事故结果的原因力比例承担相应的民事责任。机动车所有人为个人的,其出租机动车发生交通事故致人损害的,按照上述原则承担民事责任。"上海高院《关于处理道路交通事故纠纷若干问题的解答》(2009年6月20日 沪高法民一〔2009〕9号)第3条:"借用、租用他人非机动车发生交通事故赔偿责任主体的确定。非机动车发生交通事故时,当事人应当根据各自过错大小承担相应的责任。借用、租用他人非机动车发生交通事故,由事故责任人自己承担责任。非机动车肇事者逃逸后,非机动车车主无法证明另有肇事者或者未提出其他合法免责事由的,应对损害承担相应的赔偿责任。"四川泸州中院《关于民商审判实践中若干具体问题的座谈纪要(二)》(2009年4月17日 泸中法〔2009〕68号)第10条:"出租、出借车辆发生交通事故,车主是否应当承担赔偿责任?基本观点:有三种不同的意见。倾向性意见:同意省高院民一庭的观点,即无论是否有过错,车主应当与车辆使用人承担连带责任,仅以使用人为赔偿责任人,一旦使用人逃逸或无力赔偿,可能对受害的第三者保护不周。第二种意见认为,应根据机动车辆运行支配与运行利益归属的原则来确定赔偿责任的责任主体,当车主将车辆合法借用、出租给他人占用时,使用人已成为该机动车实际运行的支配者和运行利益的获得者,造成的交通事故应当由使用人承担赔偿责任,车主不承担赔偿责任。第三种意见认为,车主应当按照过错程度承担相应的赔偿责任。如果出借人出借、出租的车辆存在安全瑕疵或疏于对借用人、出租人有无驾驶资格或有无驾驶技能的审查,则车主应依其过错承担赔偿责任。"广东佛山中院《关于审理道路交通事故损害赔偿案件的指导意见》(2009年4月8日)第18条:"……租赁的机动车发生道路交通事故致人损害的,由承租人与出租人承担连带赔偿责任。"第19条:"挂靠人、承包人或者承租人驾驶机动车发生道路交通事故致其自身受到损害的,被挂靠单位、发包人或者出租人原则上不承担赔偿责任,当事人另有约定的除外。"辽宁大连中院《当前民事审判(一庭)中一些具体问题的理解与认识》(2008年12月5日 大中法〔2008〕17号)第28条:"交通事故损害赔偿责任主体的具体认定问题。交通事故中赔偿义务人确定的基本原则:由机动车的所有人或实际占有人(实际使用人)承担赔偿责任。处理原则是所有人和实际占有人不一致的,根据运行支配(支配和控制)和运行利益(与机动车运行有关的经济利益)原则确定赔偿义务人。为保证受害人的利益,在诉讼中当行使必要的释明权,告知当事人尽可能将与肇事车有关人员追加为共同被告,对原告在释明后所作出的选择,法院应作好记录⋯⋯(5)租用他人机动车发生交通事故致人损害的,出租人和承租人承担连带赔偿责任。(6)承包经营的机动车发生交通事故致人损害的,承包人和发包人承担连带赔偿责任。"福建高院民一庭《关于审理人身损害赔偿纠纷案件疑难问题的解答》(2008年8月22日)第6条:"问:机动车在出租、承包或者借用期间发生交通事故,应如何确定赔偿责任主体? 答:对机动车在出租、承包、借用等车辆所有权与使用权分离的状态下所发生的交通事故,如何确定赔偿责任人问题,目前的法律、法规未作明确规定,审判实践中比较一致的观点认为,应根据两方面事实确定赔偿责任主体:一是发生事故的机动车由谁实际支配? 二是谁在机动车运行中获利? 机动车的实际支配者和运行利益获得者均应对交通事故承担赔偿责任。机动车出租、承包期间,租用人、承包人不仅是车辆的实际控制者,而且在车辆的运行中获得利益;机动车所有人虽未实际控制车辆,但其通过出租和发包的方式从车辆运行中有获得利益。因此,机动车在出租和承包期间发生交通事故的,应由租用人、承包人承担赔偿责任,出租人和发包人承担连带责任。出租人、发包人承担赔偿责任后,可以依法向租用人、承包人追偿。"江苏宜兴法院《关于审理交通事故损害赔偿案件若干问题的意见》(2008年1月28日 宜法〔2008〕第7号)第4条:"车辆所有人将车辆出租给他人使用期间,承租人使用该车辆发生交通事故的,应由出租人与承租人承担连带赔偿责任。"第9条:"车辆被质押期间发生交通事故的,应由质权人承担赔偿责任。但出质人有过错的,应当承担相应的赔偿责任。"陕西高院《关于审理道路交通事故损害赔偿案件若干问题的指导意见(试行)》(2008年1月1日 陕高法〔2008〕258号)第1条:"机动车发生道路交通事故致人损害的,应当由该机动车所有权人承担相应的赔偿责任。法律、行政法规及本意见有其他规定的除外。"第6条:"租用他人机动车发生道路交通事故致人损害的,由机动车承租人与出租人承担连带赔偿责任。"湖北十堰中院《关于审理机动车损害赔偿案件适用法律若干问题的意见(试行)》(2007年11月20日)第6条:"机动车的有权占有人的责任按照下列原则确定:⋯⋯(2)出租、出借、发包机动车在运行中造成他人损害的,机动车所有人与承租人、借用人、承包人承担连带责任。机动车所有人与出租人、出借人、发包人对损害发生没有过错的,向受害人赔偿后,可以向承租人、借用人、承包人追偿……"上海高院《关于道路交通事故损害赔偿责任主体若干问题的意见》(2007年6月18日 沪高法民一〔2007〕11号)第8条:"借用、租用他人机动车发生交通事故造成第三者损害的,车辆所有人与实际使用人承担连带赔偿责任。借用人、承租人将车辆转借或转租后发生交通事故造成第三人损害的,借用人、承租人与车辆所有人、实际使用人承担连带赔偿责任。车辆所有人按前款承担责任后,可以就机动车交通事故责任强制保险责任限额以外的部分,向实际使用人追偿。"第9条:"车辆所有人向实际使用人追偿纠纷中,应区分以下几种情况处理:(一)车辆所有人无过错的,实际使用人承担全部责任;(二)车辆所有人明知车辆存在安全隐患仍然出借、出租车辆,并因此造成交通事故的,或者明知借用人、承租人没有机动车驾驶资格仍然出借、出租的,应承担相应责任;(三)车辆所有人已将车辆存在安全隐患告知借用人、承租人,借用人、承租人仍然借用、租用该车辆,并因此造成交通事故的,车辆所有人可减轻或者免除责任。"第10条:"借用、租用他人机动车发生交通事故造成借用人、承租人本人人身伤亡、财产损害的,借用人、租用人自行承担责任。出借人、出租人明知车辆存在安全隐患,或者明知借用人、承租人没有机动车驾驶资格仍然出借、出租,造成借用人、承租人本人人身伤亡、财产损害的,应承担相应赔偿责任。"江西高院民一庭《关于审理道路交通事故人身损害赔偿案件适用法律若干问题的解答》(2006年12月31日)第22条:"发包、出租的车辆发生交通事故致人身损害的,赔偿权利人可以选择承包人、租赁人或者发包人、出租人为被告,选择后二者为被告的,对发包人、出租人请求以其与承包人、租赁人之间的合同关系确定承包人、租赁人责任的,人民法院不予支持。赔偿权利人既起诉发包人、出租人,又起诉承包人、租赁人的,判决发包人、出租人承担赔偿责任,对发包人、出租人请求根据合同关系判由承包人、租赁人承担责任的,告知另案处理。"第25条:"自有车辆交给汽车租赁公司经营出租业务,租车人驾驶车辆发生交通事故致人损害的,赔偿权利人请求由租车人、汽车租赁公司共同承担赔偿责任的,予以支持。执行租车人、汽车租赁公司财产不足的部分,赔偿权利人还可以向车辆所有人请求补充赔偿。租车人与汽车租赁公司之间、车辆所有人与汽车租赁公司之间责任的承担,分别根据合同确定,但应另案处理。"重庆高院《关于审理道路交通事故损害赔偿案件适用法律若干问题的指导意见》(2006年11月1日)第1条:"机动车发生道路交通事故致人损害的,一般由对该机动车具有运行支配力的主体与享有运行利益的主体承担相应赔偿责任。"第4条:"租赁的机动车发生道路交通事故致人损害的,由承租人与出租人承担连带赔偿责任。"贵州高院、省公安厅《关于处理道路交通事故案件若干问题的指导意见(一)》(2006年5月1日)第22条:"租赁的机动车发生交通事故的,由出租人与承租人承担连带责任。"第 42 条:"《道路交通安全法》第七十六条所称'机动车一方'指机动车所有人、机动车实际支配人、驾驶人。机动车所有人是指在机动车管理机关注册登记的单位或者个人。实际支配人则包括:机动车买卖中的未办理登记过户的买受人(连环购车未过户的,为最后一次买卖关系的买受人)、挂靠人、承包经营人、租用人、借用人、实行分期付款购买而未办理过户手续的买受人等。"安徽高院《审理人身损害赔偿案件若干问题的指导意见》(2005 年 12 月 26 日)第 12 条:"借用、租用他人机动车发生交通事故造成第三人伤害的,车辆所有人与使用人承担连带责任。借用人、承租人又擅自将车辆出借或出租的,与车辆所有人、实际使用人一并承担连带责任。"第 13 条:"车辆所有人按前条规定承担责任后,向使用人追偿的,区别以下情形处理:(一)车辆所有人无过错的,使用人承担全部责任;(二)车辆所有人明知车辆存在机械行车安全隐患,或者明知借用人、承租人没有机动车驾驶资格仍然出借、出租的,应自行承担不低于 50%的责任。"第 14 条:"借用、租用他人机动车发生交通事故造成借用人、承租人人身伤亡、财产损失的,借用人、租用人自行承担责任。但出借人、出租人明知车辆存在机械行车安全隐患仍然出借、出租的,应承担赔偿责任。"山东高院《关于印发〈全省民事审判工作座谈会纪要〉的通知》(2005 年 11 月 23 日 鲁高法〔2005〕201 号)第 3 条:"……(七)关于交通事故损害赔偿责任主体的确定问题。道路交通损害赔偿案件是一类特殊的侵权案件,根据最高人民法院有关司法解释的精神,其责任主体一般应根据对机动车运行支配权与运行利益的归属来确定……对于机动车出借情形下发生道路交通事故的,原则上应由借用人承担赔偿责任,但出借人在出借行为中存在过失的,应根据其过错程度承担适当的赔偿责任;对于机动车实行租赁、承包情形下发生道路交通事故的,原则上应由承租人、承包人与出租人、发包人承担连带损害赔偿责任……"江苏高院、省公安厅《关于处理交通事故损害赔偿案件有关问题的指导意见》(2005 年 9 月 1 日 苏高法〔2005〕282 号)第 34 条:"本意见中的'车辆实际支配人',是指买卖车辆未办理过户手续的买受人连环购车均未办理过户手续的,为最后一次买卖关系中的买受人、受赠人以及车辆承租人、借用人、挂靠人和承包经营者等。"浙江杭州中院《关于审理道路交通事故损害赔偿纠纷案件问题解答》(2005 年 5 月)第 2 条:"……租用他人机动车造成交通事故的责任主体确定问题。租用他人的机动车造成交通事故的,承租人对受害人承担赔偿责任,出租人作为车辆所有人或处分权人承担连带责任。出租人承担责任后,可按租赁合同约定向承租人追偿。这种思路,一方面是从机动车运行支配与运行利益考虑;另一方面从受害者的角度加以考虑。目前,随着经济的发展,纯粹以营利为目的的汽车租赁行业不断发展,出租人在享受利益的同时,也应当承担一定的风险,但出租人可以通过车辆投保等方式来转移或减轻自己的风险。"广东高院、省公安厅《关于〈道路交通安全法〉施行后处理道路交通事故案件若干问题的意见》（2004年12月17日　粤高法发〔2004〕34号　2021年1月1日起被粤高法〔2020〕132号文废止）第37条："根据《道路交通安全法》第九条、第十二条的规定，机动车所有人是指机动车在车辆管理机关登记的单位和个人。指导意见所称'车辆实际支配人'是指在车辆异动中未办理过户手续的买受人（发生多手交易均未过户的，为最后一次买卖关系的买受人）、受赠人、车辆承租人、借用人、挂靠人和承包经营人。"天津高院《关于审理交通事故赔偿案件有关问题经验总结》（2004年5月18日　津高法〔2004〕64号）第7条："机动车所有人或租赁公司将机动车出租的，承租人驾驶租赁的机动车造成第三人损害的，由承租人根据事故责任比例向第三人承担赔偿责任，机动车所有人或汽车租赁公司承担连带责任。"山东济南中院《贯彻落实〈道路交通安全法〉座谈会纪要》（2004年5月14日）第5条："……1.机动车被所有人出借或出租给他人的，所有人已经丧失了对机动车的支配能力，该支配能力转归借用人或租用人，所有人对车辆行驶中发生的道路交通事故不承担责任，由借用人或租用人承担责任。借用人或租用人是机动车所有人的职工、雇员或其近亲属的，所有人因其未完全丧失对车辆的支配，仍应承担责任。借用人或租用人不具有使用、驾驶车辆的资格和技能的，所有人因其错误的出借、出租行为应当与借用人、租用人承担连带责任。2.出租汽车公司将其所有的出租车承包给驾驶员经营并收取管理费用的，因其未完全丧失对机动车的支配，应与承包人承担连带责任。承包人将出租车转包他人从事出租经营的发生事故的，应由车辆驾驶人、转包人和出租汽车公司承担连带责任。"山东高院《关于审理道路交通事故损害赔偿案件的若干意见》（2004年5月1日）第8条："道路交通事故损害赔偿案件的责任主体，一般应根据机动车运行支配权利和运行利益归属予以确定；依据上述原则无法确定的，可以根据机动车注册登记的所有权人确定。出借、出租机动车发生交通事故的，由借用人、承租人承担赔偿责任；但出借人、出租人在机动车管理或者对借用人、承租人的选任监督上存在过错的，也要依其过错程度承担赔偿责任……"吉林高院《关于印发〈关于审理道路交通事故损害赔偿案件若干问题的会议纪要〉的通知》（2003年7月25日　吉高法〔2003〕61号）第16条："租赁机动车的，承租人自己驾驶机动车发生道路交通事故或者雇佣的人驾驶机动车发生道路交通事故致人损害的，以承租人和出租人为共同被告，由承租人和出租人承担连带赔偿责任。"第17条："承租人使用融资租赁的机动车在运行中发生道路交通事故造成损害的，由承租人承担损害赔偿责任，出租人不承担损害赔偿责任。"内蒙古高院《全区法院交通肇事损害赔偿案件审判实务研讨会会议纪要》（2002年2月）第6条："租用他人车辆、借用他人车辆发生交通事故引起损害赔偿诉讼的，车辆的承租人、借用人承担责任。承租人、借用人暂时无力赔偿的，由出租人、出借人负责垫付。但出租人、出借人将车辆出租、出借给无车辆驾驶资格的人员的,应承担带赔偿责任。"第11条:"融资租赁的车辆发生交通事故引起损害赔偿诉讼的,承租人承担责任,出租人、出卖人不承担责任。"广东高院、省公安厅《关于印发〈关于处理道路交通事故案件若干具体问题的补充意见〉的通知》(2001年2月24日 粤高法发〔2001〕6号 2021年1月1日起被粤高法〔2020〕132号文废止)第1条:"公安交通管理部门在处理交通事故过程中,应当准确认定交通事故车辆驾驶人的身份,同时查明交通事故车辆所有人、车辆实际支配人的情况,以及交通事故车辆驾驶人、车辆所有、车辆实际支配人之间的关系。"第15条:"当事人只起诉车辆驾驶人、车辆所有人或实际支配人中部分主体的,人民法院应当告知其他有关人员的责任。当事人坚持只起诉部分主体的,人民法院应当准许,对不起诉部分,视为放弃权利。车辆所有人主张因车辆异支致使车辆所有人与车辆实际支配人不一致的,应当承担举证责任。不能查明车辆实际支配人的,车辆所有人应承担交通事故损害赔偿责任。"辽宁高院、省公安厅《关于道路交通事故案件若干问题的处理意见》(辽公交〔2001〕62号)第9条:"机动车所有人是指依法在车辆管理机关注册登记的单位或个人。机动车实际占有人是指借用关系的借用人、租赁关系的承租人、承包关系的承包人、挂靠登记的挂靠人、车辆交易未过户的最后承买人、车辆交易实行分期付款方式肋分期付款人,其它合法的实际占有人。机动车所有人与机动车实际占有人不一致时,可按下列不同情况分别确定责任的承担。(1)对于借用人或租用人发生交通事故并负有责任的,由借用人或租用人承担赔偿责任,借用人或租用人暂时无力赔偿的,由机动车所有人负责垫付。但出借人或出租人未履行对借用人或租用人是否具备使用、驾驶车辆的资格和技能的审查义务的,则应由借用、租用关系双方当事人共同承担连带责任。(2)对于承包人发生交通事故并负有责任的,由承包人承担赔偿责任,发包人或车辆所有人承担连带责任……"四川高院《关于道路交通事故损害赔偿案件审判工作座谈会纪要(试行)》(1999年11月12日 川高法〔1999〕454号)第3条:"……如何正确确定道路交通事故损害赔偿案件的责任主体,实践中应从以下几个方面审查:第一、车辆的权属关系,按照谁所有谁负责、谁使用谁负责的民法理论,车辆所有人和使用权人(如承包人、承租人、借用人)原则上应承担道路交通事故引发的民事赔偿责任。起出发点在于考虑谁对车辆拥有法律上和事实上的所有权、支配权、使用权、控制占有权。第二、车辆驾驶员与车辆所有人的关系,即两者之间是否存在职务关系、雇用关系,分清内部责任和外部责任,并以此作为判定驾驶员是否承担道路交通事故损害赔偿责任的标准。第三、车辆使用利益归属。考虑此点的目的在于按照民法中风险与利益共存的理论,确定谁受益谁承担责任。需要说明的是,这里的受益不仅指经济利益,而且包括其他利益。至于应由谁作为被告才算合格被告,实践中应根据上述原则,结合以下有关道路交通事故赔偿责任的认定分别处理。"第4条:"道路交通事故案件赔偿责任的具体划分。赔偿责任的划分确定,是处理道路交通事故案件的重点。会议认为,依照我国现行法律法规的规定,结合审判实践,道路交通事故损害赔偿案件民事责任的确定具体可划分为以下情况:……(7)发包人、出租人明知承包人、承租人不具备驾驶资格,或者隐瞒所提供车辆存在的危险负担且承包人、承租人未尽合理审查义务在承包、承租关系存续期间发生交通事故时,按照发包人、出租人和承包人、承租人的过错大小确定赔偿责任,并由承包人、承租人和发包人、出租人相互承担连带责任。承包人、承租人擅自转包、转租机动车发生交通事故的,由承包人、承租人和实际使用车辆人员承担连带赔偿责任,如承包人、承租人及实际使用车辆人员暂时无力偿付的,由发包人、出租人垫付……"江苏高院《全省民事审判工作座谈会纪要》(1999年11月1日 苏高法〔1999〕466号)第3条:"……因机动车发生交通事故造成损失的,应区别下列情况予以处理:(1)机动车所有人(包括实际所有人)出借或出租车辆,在借用人或租用人使用期间发生交通事故致人损害,应由借用人或租用人承担损害赔偿责任,机动车所有人不承担赔偿责任。如果借用人或租用人不具备使用车辆的资格和能力,应由机动车所有人与借用人或租用人连带承担赔偿责任。"河南高院《关于审理道路交通事故损害赔偿案件若干问题的意见》(1997年1月1日 豫高法〔1997〕78号)第11条:"租赁车辆,承租人自己驾驶发生交通事故,或承租人雇佣的人驾驶发生交通事故,应以承租人为被告。"第12条:"借用车辆发生道路交通事故的,依照前条规定确认被告。"第13条:"出租或出借的车辆发生交通事故,如果出租人或出借人有过错,应将出租人与承租人或出借人与借用人列为共同被告。"

**5. 地方规范性文件**。辽宁省鞍山市《道路运输条例》(2012年11月1日)第30条:"汽车租赁经营者应当为承租人提供技术良好、装备齐全的车辆,不得将车辆租赁给不具备相应资格的人员驾驶。承租人利用租赁车辆申请从事实行行政许可道路运输的,应当按照本条例规定,办理道路运输经营许可证。"湖北省武汉市《道路运输管理规定》(2012年8月1日)第30条:"汽车租赁经营者应当与承租人签订租赁合同,约定车辆用途、交接方式、担保方式、维修责任、风险承担等事项,建立车辆技术档案,记载车辆状况、营运轨迹等情况,并配备专人负责租赁车辆动态监控和安全管理。"浙江省《道路运输条例》(2012年7月1日)第58条:"在车辆租赁期间,因承租人、驾驶人员过错发生交通违法、交通责任事故以及其他因承租人、驾驶人员行为造成租赁车辆被扣押、丢失等后果的,由承租人依法承担责任。法律、行政法规另有规定的,从其规定。"江苏省苏州市《道路运输条例》(2012年1月30日修正)第29条:"汽车租赁经营者应当与承租人签订租赁合同,在约定时间内将车辆交付承租人使用,收取租赁费用,不提供驾驶劳务。但婚车租赁和为企事业单位提供一年以上汽车租赁的,可以提供驾驶劳务,其驾驶员应当取得客运从业资格。"西藏自治区《道路运输条例》(2011年11月28日修正)第52条:"汽车租赁经营者应当对所属车辆办理租赁经营手续,未办理租赁经营手续的车辆不得用于租赁经营。车辆租赁经营者应当与承租人签订租赁经营合同,提供技术状况良好、手续齐全的车辆,不得以提供驾驶劳务服务、承运旅客或者货物等方式从事道路运输经营。"

**6. 参考案例。**①2016年**福建某交通事故纠纷案**,2015年,徐某驾驶从专业租车公司租来的车辆过程中,不慎碾压行人陈某脚部,致陈某受伤。法院认为:租车公司将其所有车辆出租给徐某,约定在租期内由徐某占有、使用,并由徐某支付租金。徐某在自行驾驶租赁车辆过程中发生道路交通事故,应适用《侵权责任法》第49条、最高人民法院《关于审理道路交通事故损害赔偿案件适用法律若干问题的解释》第1条规定,<u>由出租人依其过错承担责任</u>。鉴于出租人承担的是过错责任,在无证据证明出租人存在法定过错情况下,其对陈某因本次交通事故造成各项损失不承担赔偿责任。判决保险公司在交强险限额责任范围内赔偿陈某4万余元,不足补偿部分3500元由徐某赔偿。②2012年**北京某交通事故纠纷案**,2012年,吴某雇佣的潘某驾驶物流公司名下货车碰撞赵某,造成赵某死亡,交警认定潘某全责。物流公司以其与吴某签订车辆租赁合同为由主张不承担责任。法院认为:依《侵权责任法》第35条规定,潘某系吴某司机,是在提供劳务过程中致人伤害,故潘某依法对外不承担赔偿责任。依《道路交通安全法》第76条和北京市《实施〈道路交通安全法〉办法》第69条、第72条的规定,对于赵某因此事故造成的合理损失,首先由保险公司在交强险限额内予以赔偿,不足部分由吴某承担全部赔偿责任。根据吴某与物流公司所签书面汽车租赁运输合同,可确定物流公司作为出租方,<u>实际上仍享有对货车运营控制权并直接从该车运营中获得利益</u>,故物流公司仍应对该运营车辆给赵某造成的损失承担赔偿责任。判决保险公司在交强险限额内先行承担赔偿责任,超出部分由吴某和物流公司承担连带赔偿责任。③2012年**北京某交通事故案**,2012年,潘某驾驶吴某租赁物流公司货车撞死赵某,交警认定潘某全责。物流公司与吴某所签租赁协议约定了严格的考核、管理、结算制度。法院认为:《侵权责任法》第49条规定:"因租赁、借用等情形机动车所有人与使用人不是同一人时,发生交通事故后属于该机动车一方责任的,由保险公司在机动车强制保险责任限额范围内予以赔偿。不足部分,由机动车使用人承担赔偿责任;机动车所有人对损害的发生有过错的,承担相应的赔偿责任。"作为机动车出租人、出借人的所有人,将机动车出租或出借后,就丧失了对该机动车的运行控制权和收益权,从而实现了与机动车使用人的分离,故发生交通事故后,应由使用人承担赔偿责任。适用前述规定关键是从运输来源、运行管理、收益结算、车辆控制等方面综合分析机动车所有人与使用人是否完全分离。本案中,根据租赁运输合同约定,出租方享有指导装卸作业、制定运输管理规定、经常性监督检查车辆和司机、指导运输控制全程、考核承租方业绩、对承租方罚款等管理控制权。而承租方则应服从出租方统一安排和领导,遵守出租方规章制度,只能执行出租人的运输任务等。出租方以一定价格获得运输业务后,将运输业务交于承租方,承租方完成运输业务后把相应单据交由出租方办理结算,出租方办理完结算后按双方约定价格支付承租方费用,承租方实际不支付租赁费。可见,出租方并非获得所有权利益即固定租赁费用,而是获得运行利益。综上,从物流公司与吴某所签合同看,该公司在租赁运输中仍享有运行控制和运行利益,并未实现机动车所有人与使用人分离,本案中租赁运输合同中机动车所有人物流公司仍应承担赔偿责任。判决保险公司在交强险限额内赔偿原告11万余元,吴某、物流公司连带赔偿原告丧葬费、死亡赔偿金、精神损害抚慰金等合计49万余元。④**2011年江苏某保险合同纠纷案**,2010年2月,艺校租用李某的车辆发生火灾,保险公司以艺校非实际所有人拒赔。法院认为:从双方签订的合同看,真正的投保人是艺校,且艺校已按约交纳了保险费用,保险车辆实际车主是李某个人,非营运性质,艺校虽非涉保车辆的实际车主,但作为承租人亦是投保人,具有保险利益,应享有保险索赔的权利,另根据保险合同约定,案涉车辆因火灾发生损失属于保险公司承保范围,故判决保险公司赔偿艺校保险金7万余元。⑤2010年**山东某交通事故损害赔偿案**,2009年12月,李某酒后驾驶承租于汽车租赁公司但登记在高某名下的车辆与顾某车辆相撞,致顾某10级伤残,交警认定同等责任。法院认为:事故车辆在事发当时由高某出租给汽车出租公司,该公司又租赁给李某使用,高某及汽车租赁公司仅收取租赁费的行为不能简单认定对该事故车辆具有运行支配权及享有运行利益,租赁公司在交付被租赁机动车时审查了承租人的驾驶资格、提供了合格车辆并为车辆办理了相关保险,尽到了应尽义务,对事故发生没有过错,故不应承担事故损害赔偿责任。判决保险公司交强险限额赔付后的余额,由李某依事故认定书对顾某损害承担50%赔偿责任。⑥2008年**山东某交通事故损害赔偿案**,2005年7月,广告公司职工韩某驾驶从汽车租赁公司租来的车辆肇事,造成他人车辆受损,及其他车辆上的司机、乘员受伤,交警认定韩某全责。法院认为:韩某系执行职务时肇事,故其民事赔偿责任应由其雇主广告公司承担。运输公司作为汽车出租人在签订合同时,已尽到谨慎审查承租主体、保障车辆正常运行的义务,并为车辆办理了相应保险,事发后保险公司已对该起事故进行了保险理赔,且经事故责任认定,并非出租车辆本身瑕疵或缺陷引起事故,故运输公司对事故发生既无过错,也无法律上的因果关系,不应就事故承担连带责任。运输公司收取的租赁费,非直接驾驶车辆获取运行而带来的收益,而是一种经营行为,其收取的租金收益不属于运行利益,而是出租物本身的收益。因汽车租赁公司出租车辆后,不享有支配权和运行利益,故其不承担民事赔偿责任。⑦2005 年**新疆某保险金给付纠纷案**,2004 年10月,龙某租赁被保险人姜某发包给罗某的车辆,因操作不当翻车。龙某将维修费发票2万余元交保险公司,保险公司却将理赔款给了罗某。一审认为:龙某非保险合同被保险人或受益人,且龙某与罗某未在车辆租赁合同中对车辆保险设定权利,故龙某与保险公司不存在法律关系,龙某无权主张保险赔款,判决驳回龙某诉讼请求。二审认为:车辆租赁承租人与作为被保险人的出租应视为利益共同体,保险公司基于保险合同将理赔款支付被保险人罗某并无不妥。因保险公司理赔款是对受损车辆赔付,而受损车辆维修费用系龙某支付,故罗某应将保险公司支付的理赔款偿付给龙某,故改判罗某支付龙某保险理赔款。⑧2004 年**福建某租赁合同案**,航空公司聘用司机张某以个人名义从租赁公司长期租借车辆,押金及租金均由航空公司直接支付给租赁公司。2004 年3月,张某在驾车完成公差后私自驾车外出发生事故,造成一人重伤、两车损害。车辆被交警暂扣长达数月,航空公司以张某私自驾驶公司租赁的车辆外出为由解除聘用关系。接到通知后,租赁公司派人交涉放车未果,诉请航空公司赔偿6个月租金损失4.8万元。法院认为:员工与用人单位订立聘用合同在先,员工与他人订立汽车租赁合同在后,且租赁车辆只用于用人单位日常工作需要,租金也由用人单位直接向他人直接支付,此种情况下,尽管员工与用人单位间无书面委托合同,但应推定员工在订立租赁合同时与用人单位存在委托代理关系。本案事实及证据足以证明张某系受航空公司委托,以自己名义与租赁公司签订汽车租赁合同。在发生交通事故后,张某已向租赁公司告知事故车辆系航空公司所租事实,即向租赁公司披露了委托人,租赁公司依法可向张某或航空公司主张权利,其有权选定委托人即航空公司主张权利。航空公司在租期届满后未依约返还车辆,构成违约,应赔偿损失,故判决航空公司支付租赁公司租金损失4万余元。⑨1999 年**福建某损害赔偿案**,1998 年,罗某将从运输公司所租轿车交给醉酒的李某代为送客并还车,因与彭某所骑三轮车相撞导致事故,交警认定李某负主要责任,彭某负次要责任。法院认为:罗某与运输公司租车协议合法有效。罗某在租用期间,委托李某送客并还车,李某受托后驾车肇事,造成车辆受损事实清楚。运输公司以罗某未妥善保管好租赁物,造成车辆损坏,有权要求罗某承担全部的赔偿责任。汽车受损,虽与第三人李某及彭某的交通违法行为有关,但因运输公司选择依照汽车租赁关系,要求罗某承担损害赔偿责任,而运输公司与第三人之间并不存在合同关系,故运输公司不能主张要求第三人对罗某承担的赔偿责任负连带清偿责任。罗某在承担赔偿责任后,有权依法向第三人追偿。判决罗某赔偿运输公司车损的维修费、材料费、施救费、车损评估费、停车代管费、复勘费、施救评估费、停运期间的经营损失费共计1.2万余元。

**【同类案件处理要旨】**

租赁机动车发生交通事故造成损害,机动车所有人或者管理人有下列情形之一,人民法院应当认定其对损害的发生有过错,并适用《民法典》第1209条的规定确定其相应的赔偿责任:(1)知道或者应当知道机动车存在缺陷,且该缺陷是交通事故发生原因之一的;(2)知道或者应当知道驾驶人无驾驶资格或者未取得相应驾驶资格的;(3)知道或者应当知道驾驶人因饮酒、服用国家管制的精神药品或者麻醉药品,或者患有妨碍安全驾驶机动车的疾病等依法不能驾驶机动车的;(4)其他应当认定机动车所有人或者管理人有过错的。

**【相关案件实务要点】**

1.【赔偿主体】道路交通事故损害赔偿责任的主体,一般应根据机动车运营支配权与运行利益的归属来确定。汽车租赁公司虽系机动车所有人,但其出租车辆后,仅收取租赁费的,应认定其对该车辆不具有支配权和运行利益,只要租赁公司在交付车辆前,审查了承租人的驾驶资格,提供了合格车辆并为车辆办理相关保险,尽到了其应尽义务,对事故的发生没有过错,不应对事故损害承担责任。案见山东济南中院(2008)济民五再终字第20号"徐某等诉某汽车租赁公司等交通事故损害赔偿案"。

2.【连环出租】私家车主将机动车出租给汽车租赁公司,汽车租赁公司又出租给他人,出租人收取租赁费的行为不能简单认定对该事故车辆具有运行支配权及享有运行利益,租赁公司在交付被租赁机动车时审查了承租人的驾驶资格、提供了合格车辆并为车辆办理了相关保险,尽到了应尽义务,对事故发生没有过错,不应承担事故损害赔偿责任。案见山东威海高区法院(2010)威高民初字第65号"顾某诉李某等交通事故损害赔偿案"。

3.【合同相对性】车辆承租方因第三人交通违法的原因造成违约的,应当向出租方承担违约责任。承租人一方和第三人之间的纠纷,依照法律规定或者按照约定解决。案见福建永安法院1999年判决"某运输公司诉罗某等损害赔偿案"。

4.【租借车辆保险理赔】被保险人将车辆租借给有合格驾驶资格的第三人使用,如不能证明被保险车辆的用途发生了改变,且因此增加了保险标的的危险程度,第三人在使用车辆过程中发生交通事故的,保险公司应予理赔。案见江苏南京中院(2010)宁商终字第557号"赵某诉某保险公司保险合同纠纷案"。

5.【承租人保险求偿权】车辆承租人虽对被租赁车辆没有所有权,却拥有车辆的使用权,在租赁期间承租人以自己名义对租赁车辆向保险公司投保,当租赁车辆因发生保险事故受到损害时势必会影响到承租人的实际利益,故承租人对租赁车辆具有保险利益,依法享有保险索赔的权利。案见江苏淮安中院(2011)淮中商字第 0073 号"某学校诉某保险公司保险合同纠纷案"。

6.【承租人不作为代位求偿权对象】车辆租赁合同中的承租人与作为被保险人的出租人应视为利益共同体,保险公司基于车辆损失向出租人赔付后,向承租人主张代位权,不符合被保险人利益,应将承租人排除在可行使保险代位权的第三者之外。案见新疆乌鲁木齐中院(2005)乌中民一终字第 2442 号"龙某诉罗某等给付保险理赔款案"。

【附注】

**参考案例索引**:江苏南京中院(2010)宁商终字第 557 号"赵某诉某保险公司保险合同纠纷案",见《租借车辆发生事故后的保险理赔问题——江苏南京中院判决赵纬武诉天平保险公司保险合同纠纷案》(张琳、邢嘉栋),载《人民法院报·案例指导》(20101202:6)。①福建厦门湖里区法院(2016)闽 0206 民初 169 号"陈惠燕与徐森仁、北京神州汽车租赁有限公司厦门分公司、太平财产保险有限公司上海徐汇支公司交通事故纠纷案",见《出租车辆肇事的损害赔偿责任判定》(陈慧琳),载《人民司法·案例》(201832:38)。②北京顺义区法院(2012)顺民初字第 4309 号"赵某诉潘某等交通事故纠纷案",见《以租赁运输形式规避侵权责任的机动车所有人仍应承担赔偿责任》(熊要先、陆俊芳、于洪群),载《人民司法·案例》(201310:75)。③北京顺义区法院(2012)顺民初字第 4309 号"赵某与潘某等交通事故纠纷案",见《因租赁导致机动车使用人和所有人分离的认定——北京顺义法院判决赵彦鹏诉潘陆等机动车交通事故责任纠纷案》(熊要先、陆俊芳、于洪群),载《人民法院报·案例指导》(20130404:06)。④江苏淮安中院(2011)淮中商字第 0073 号"某学校诉某保险公司保险合同纠纷案",见《淮安艺校为承租车辆投保诉阳光财保淮安支公司拒赔保险合同纠纷案》(柏玲),载《江苏高院公报·参阅案例》(201204:56)。⑤山东威海高区法院(2010)威高民初字第 65 号"顾某诉李某等交通事故损害赔偿案",见《顾兆平诉李琼等道路交通事故人身损害赔偿案》(张红雨),载《中国法院 2012 年度案例:道路交通纠纷》(207)。⑥山东济南中院(2008)济民五再终字第 20 号"徐某等诉某汽车租赁公司等交通事故损害赔偿案",一审判决运输公司系受益人,与广告公司承担连带赔偿受害人 30 万余元的责任;二审改判运输公司不承担责任;抗诉再审认为租赁公司未尽到谨慎审查承租方主体的义务,改判维持一审;申诉再审改判维持二审。见《汽车租赁公司所有的机动车辆发生交通事故时的责任承担——徐一谭、王延山与奥威广告公司、正通汽车租赁有限公司道路交通事故人身损害纠纷案》(赵轶宁),载《全国法院再审典型案例评注》(2011:220)。⑦新疆乌鲁木齐中院(2005)乌中民一终字第 2442 号"龙某诉罗某等给付保险理赔款案",见《龙鑫以自己作为车辆承租人承担了保险车辆修理费用为由诉中华联合财产保险公司新市区支公司和出租人罗朝辉给付理赔款案》(杨善明),载《人民法院案例选》(200602:342)。⑧福建厦门中院(2004)厦民初字第273号"某租赁公司诉某航空公司租赁合同案",见《厦门市盈众汽车租赁有限公司诉马来西亚航空公司汽车租赁合同纠纷案》(叶炳坤),载《人民法院案例选》(200502:318)。⑨福建永安法院1999年判决"某运输公司诉罗某等损害赔偿案",见《永安市运输公司汽车租赁车队诉罗伟租车期间交第三人使用发生交通事故致车损赔偿案》(许锡文、朱建国),载《人民法院案例选》(200101:115)。

# 13. 借名车主的法律责任

——借名办登记,该负何等责?

【借名登记】

【案情简介及争议焦点】

2006年11月,曾某与吕某均属无证驾驶的两辆摩托车相撞,交警认定吕某负主要责任。因户籍限制,吕某所购摩托车系借用徐某身份证办理权属登记。

争议焦点:1. 徐某有无责任? 2. 如何确定赔偿比例?

【裁判要点】

1. 责任。徐某出借身份证给吕某办理机动车登记,违反法律禁止性规定,具有一定过错,但该行为只为吕某侵权行为发生创造了条件,并不直接或必然引发损害后果,应根据行为人过失大小和原因力比例各自承担相应赔偿责任。

2. 赔偿。本案吕某的过错显然大于徐某,酌情判决徐某对曾某损失承担20%的赔偿责任,吕某承担60%的赔偿责任,曾某自行承担20%的赔偿责任。

【裁判依据或参考】

1. 法律规定。《民法典》(2021年1月1日)第1209条:"因租赁、借用等情形机动车所有人、管理人与使用人不是同一人时,发生交通事故造成损害,属于该机动车一方责任的,由机动车使用人承担赔偿责任;机动车所有人、管理人对损害的发生有过错的,承担相应的赔偿责任。"《侵权责任法》(2010年7月1日,2021年1月1日废止)第49条:"因租赁、借用等情形机动车所有人与使用人不是同一人时,发生交通事故后属于该机动车一方责任的,由保险公司在机动车强制保险责任限额范围内予以赔偿。不足部分,由机动车使用人承担赔偿责任;机动车所有人对损害的发生有过错的,承担相应的赔偿责任。"

**2. 司法解释。**最高人民法院《关于审理道路交通事故损害赔偿案件适用法律若干问题的解释》(2012年12月21日,2020年修改,2021年1月1日实施)第1条:"机动车发生交通事故造成损害,机动车所有人或者管理人有下列情形之一,人民法院应当认定其对损害的发生有过错,并适用民法典第一千二百零九条的规定确定其相应的赔偿责任:(一)知道或者应当知道机动车存在缺陷,且该缺陷是交通事故发生原因之一的;(二)知道或者应当知道驾驶人无驾驶资格或者未取得相应驾驶资格的;(三)知道或者应当知道驾驶人因饮酒、服用国家管制的精神药品或者麻醉药品,或者患有妨碍安全驾驶机动车的疾病等依法不能驾驶机动车的;(四)其它应当认定机动车所有人或者管理人有过错的。"

**3. 地方司法性文件。**北京三中院《类型化案件审判指引:机动车交通事故责任纠纷类审判指引》(2017年3月28日)第2-2.2部分"赔偿义务人范围—常见问题解答"第6条:"'借名买车',责任主体及责任承担?限购政策导致一些非本地居民借用他人身份证的情形,或者出现未摇取小客车购车资格的人借用他人资格的情况。尽管出名人将身份证借给他人购买机动车会因其行为违法产生行政责任,但是其就机动车的运行完全不享有支配权,也不存在运行利益。其出借身份证与交通事故的发生无法建立侵权法上的因果关系。因此,在车辆发生事故后,不应由出名人即名义车主承担赔偿责任,而应由借名人即实际车主承担责任。"新疆高院《关于印发〈关于审理道路交通事故损害赔偿案件若干问题的指导意见(试行)〉的通知》(2011年9月29日 新高法〔2011〕155号)第1条:"机动车发生道路交通事故致人损害的,一般应根据机动车支行支配权和运行利益归属的原则确定赔偿责任主体。机动车实际车主身份的确定,应当结合相关合同及购车款等款项支付、车辆交付、投保人变更等证据综合认定;仅有登记车主与实际车主一致自认,并无其他证据印证的,应当根据查明的事实及赔偿权利人的选择确定赔偿主体。"江苏南通中院《关于处理交通事故损害赔偿案件中有关问题的座谈纪要》(2011年6月1日 通中法〔2011〕85号)第5条:"盗用、冒用他人身份证等证件取得车辆管理部门登记的车辆发生交通事故致人损害的,应由盗用人、冒用人或车辆实际控制人承担赔偿责任。"安徽宣城中院《关于审理道路交通事故赔偿案件若干问题的意见(试行)》(2011年4月)第6条:"机动车发生道路交通事故致人损害的,一般由对该机动车具有运行支配力的主体与享有运行利益的主体承担相应赔偿责任。"第9条:"机动车发生交通事故致人损害的,由保险公司在交强险份额内予以赔偿。不足部分,机动车登记所有人承担赔偿责任,机动车登记所有人与实际所有人不一致的,由实际所有人承担赔偿责任。"第 24 条:"盗用他人身份证、营业执照等证件办理入户登记的车辆发生交通事故的,由盗用人或车辆实际控制人承担赔偿责任,但登记车主不能提供身份证、营业执照等证件被盗证据的,不能免责。使用盗窃、抢劫、抢夺等非法手段非法占有的车辆发生交通事故的,由肇事人承担赔偿责任。但车辆所有人或实际控制人不能提供车辆被盗、被抢证据的,不能免责。"山东淄博中院民三庭《关于审理道路交通事故损害赔偿案件若干问题的指导意见》(2011 年 1 月 1 日)第 11 条:"盗用他人身份证、营业执照办理登记的车辆发生交通事故的,应由车辆实际所有人或控制人承担赔偿责任。"安徽六安中院《关于印发〈审理道路交通事故人身损害赔偿案件若干问题的意见〉的通知》(2010 年 12 月 7 日 六中法〔2010〕166 号)第 5 条:"将身份证、营业执照等借与他人用于办理机动车登记的,登记的机动车发生交通事故致人损害的,出借人与实际车主承担连带赔偿责任。登记的名义车主能够举证证明其身份证、营业执照是被他人盗用的,不承担赔偿责任。"江苏无锡中院《关于印发〈关于审理道路交通事故损害赔偿案件若干问题的指导意见〉的通知》(2010 年 11 月 8 日 锡中法发〔2010〕168 号)第 6 条:"【他人身份登记机动车的事故赔偿责任】借用他人身份证件取得车辆管理部门登记的机动车、非机动车发生交通事故的,一般由借用人承担赔偿责任……盗用、冒用他人身份证取得车辆管理部门登记的机动车、非机动车发生交通事故的,由盗用人、冒用人承担赔偿责任。"山东东营中院《关于印发道路交通事故处理工作座谈会纪要的通知》(2010 年 6 月 2 日)第 27 条:"道路交通事故损害赔偿案件的责任主体,一般应根据机动车运行支配权和运行利益归属予以确定。依据上述原则无法确定的,可以根据机动车注册登记的车主予以认定。"第 35 条:"外地人员借用东营市居民的证件,以东营市居民的名义办理机动车注册登记,外地人员发生交通事故后下落不明的,由机动车的名义车主承担赔偿责任。"北京高院民一庭《关于道路交通损害赔偿案件的疑难问题》(2010 年 4 月 9 日)第 2 条:"……借用他人身份证购车的情形在我市法院系统以往的研讨会中,对此有三种意见。第一种意见认为,借用他人身份证购车,借用人因交通事故给他人造成损害,出借人营利为目的出借身份证给他人用于购车的,由出借人与借用人承担连带赔偿责任;出借人非以营利为目的出借身份证给他人用于购车的,由借用人承担损害赔偿责任。第二种意见认为:借用他人身份证购车,借用人因交通事故造成他人损害的,由借用人承担损害赔偿责任,出借人也应在其过错范围内承担相应的赔偿责任。第三种意见认为:借用他人身份证购车,借用人因交通事故给他人造成损害的,由出借人与借用人承担连带赔偿责任。在此次调研中,有法院提出,对于借用身份证购车,登记车主与实际车主不一致的问题。在过去的审判实践中,该院处理的做法是如果能够查清登记车主系出借身份证让他人购车,登记车主不再承担赔偿责任。在 2006 年 8 月北京市交管局刊登公告,责令出借身份证登记车的人员办理有关注销手续。在此之后未注销的车辆发生事故,出借身份证的人与实际车主承担连带责任,并且对于登记车主不能到庭参加诉讼的,一律让其与实际车主承担连带责任。此类案件会越来越少。在《侵权责任法》实施后,此类情形能否归类到第49条有待明确。"福建泉州中院民一庭《全市法院民一庭庭长座谈会纪要》(泉中法民一〔2009〕05号)第17条:"借用他人身份证购买的车辆发生交通事故后,出借身份证的人即登记车主是否应承担赔偿责任?答:出借身份证的人虽然是登记车主,但如果没有对该车辆进行支配、控制,也没有从该车辆的运营中获得利益,就不须承担民事赔偿责任。"安徽合肥中院民一庭《关于审理道路交通事故损害赔偿案件适用法律若干问题的指导意见》(2009年11月16日)第2条:"机动车发生道路交通事故致人损害,由机动车登记所有人承担赔偿责任;机动车登记所有人与实际所有人不一致的,由实际所有人承担赔偿责任。"江苏宜兴法院《关于审理交通事故损害赔偿案件若干问题的意见》(2008年1月28日 宜法〔2008〕第7号)第13条:"盗用他人身份证、营业执照等证件办理入户登记的车辆发生交通事故的,由盗用人或车辆实际控制人承担赔偿责任。但登记车主不能提供身份证、营业执照等证件被盗证据的,不能免责。使用以盗窃、抢劫、抢夺等手段非法占有的车辆发生交通事故的,由肇事人承担赔偿责任。但车辆所有人或者控制人未提供车辆被盗、抢等证据的,不能免责。"上海高院《关于道路交通事故损害赔偿责任主体若干问题的意见》(2007年6月18日 沪高法民一〔2007〕11号)第14条:"盗用、冒用他人身份证取得车辆管理部门登记的机动车、非机动车发生交通事故的,由盗用人、冒用人承担赔偿责任,销售方有过错的,承担连带赔偿责任。"江西赣州中院《关于审理道路交通事故人身损害赔偿案件的指导性意见》(2006年6月9日)第42条:"《道路交通安全法》第七十六条所称'机动车一方'指机动车所有人、机动车实际支配人、驾驶人。机动车所有人是指在机动车管理机关注册登记的单位或者个人。实际支配人则包括:机动车买卖中的未办理登记过户的买受人(连环购车未过户的,为最后一次买卖关系的买受人)、挂靠人、承包经营人、租用人、借用人、实行分期付款购买而未办理过户手续的买受人等。"浙江杭州中院《关于审理道路交通事故损害赔偿纠纷案件问题解答》(2005年5月)第2条:"……借用、捡拾他人身份证购买车辆并领取行驶证后发生道路交通事故的,身份证所有人是否应承担连带责任?对于借用身份证购车的,身份证所有人作为名义上的车辆所有权人,应与车辆实际使用人承担连带责任。对于捡拾他人身份证购车的,因身份证所有人对车辆不享有运行支配权和运行利益,故不应承担因车辆交通事故所致的损害赔偿责任。"内蒙古高院《全区法院交通肇事损害赔偿案件审判实务研讨会会议纪要》(2002年2月)第10条:"借用他人身份证件出借人既未实际控制车辆,又未从车辆运行中受益的,肇事责任人、车辆实际控制人、运行受益人承担责任,身份证件出借人不承担责任。案件审结后,应向身份证件管理机关就当事人出借身份证件的行为发出司法建议。"

**4. 地方规范性文件**。北京市《小客车数量调控暂行规定》(2010年12月23日)第4条:"住所地在本市的个人,名下没有本市登记的小客车,持有效的机动车驾驶证,可以办理摇号登记。住所地在本市的个人包括:(一)本市户籍人员;(二)驻京部队(含武装警察部队)现役军人;(三)在京居住的港澳台人员和外国人;(四)持本市工作居住证的人员;(五)持本市暂住证且连续五年以上在本市缴纳社会保险和个人所得税的人员。单位办理登记的条件和登记的内容由市交通行政主管部门会同相关部门规定。"

**5. 参考案例**。①**2015年北京某交通事故纠纷案**,2004年,洪某借用刘某身份证购买车辆。2015年,洪某因借款将该车质押给邢某,后王某从邢某同事翟某处借用未投保交强险的该车肇事,致华某死亡。交警认定王某、华某分负主、次责任。法院认为:王某驾驶机动车与华某发生交通事故,造成华某死亡,根据交通管理机关所作责任认定,结合本案实际,酌定王某承担过错责任比例为70%。依《道路交通安全法》和最高人民法院《关于审理道路交通事故损害赔偿案件适用法律若干问题的解释》有关规定,未依法投保交强险的机动车发生交通事故造成损害,当事人请求投保义务人在交强险责任限额范围内予以赔偿的,法院应予支持。投保义务人和侵权人不是同一人,当事人请求投保义务人和侵权人在交强险责任限额范围内承担连带责任的,法院应予支持。本案中,洪某购买肇事车辆后实际控制使用该车辆,并一直由其投保交强险,洪某应对肇事车辆保险情况最为了解,故其作为肇事车辆投保义务人,未依法投保交强险,对此事故给原告造成损失应承担赔偿责任。王某作为侵权人未尽到审核所驾驶小客车是否投保交强险注意义务,应在交强险责任限额内与洪某承担连带责任。本案系机动车交通事故责任纠纷,洪某主张质押权人邢某擅自处分质押物造成损害应由其承担赔偿责任的主张属于质押合同纠纷,应另案解决为宜。刘某在此事故中不存在过错,亦并非车辆控制人,故不承担赔偿责任。判决王某赔偿原告损失,洪某在交强险责任限额范围内与王某承担连带责任。②**2008年北京某交通事故纠纷案**,2007年,餐饮公司法定代表人石某向顿某借用身份证购买的车辆由公司雇员徐某驾驶为自家小狗看病途中肇事,造成乘车人郑某死亡,交警认定徐某全责。法院认为:顿某作为事故车辆名义车主,将身份证借给朋友石某供其购买车辆,车辆虽登记在顿某名下,但其并未实际控制和支配车辆,更无证据证明其从车辆营运中获得利益,故根据"运行支配和运行利益"理论,顿某不应承担本案中的损害赔偿责任。石某作为餐饮公司法定代表人,其出面向其朋友借用身份证购买车辆,登记在顿某名下,此行为可理解为其作为法定代表人的行为,即其行为责任承担者为餐饮公司。但石某和餐饮公司均未提供证据证明事故车辆归餐饮公司使用或石某实际控制、支配该车,无法认定谁对机动车辆运行具有支配和控制权,谁从车辆运行中获得利益,亦即无法认定实际车主,故石某和餐饮公司在一定赔偿范围内承担连带赔偿责任。徐某驾车造成交通事故导致受害人死亡是为自家小狗看病,并非从事雇佣活动,且在该起交通事故中徐某负事故全部责任,故应承担主要的损害赔偿责任。判决徐某赔偿原告47万余元,餐饮公司、石某在上述判决10万元范围内承担连带赔偿责任。③2009年广东某行政诉讼案,2003年1月,百货店名下的车辆肇事,因司机无赔偿能力,法院判决百货店负责人陈某承担垫付责任,并冻结其存款4万余元。陈某认为该车在2001年5月过户到百货店名下时,车管所未尽严格审查义务。法院认为:在法定的起诉期限内提起行政诉讼是起诉人必须遵循的程序规则,也是人民法院受理行政诉讼的必备条件之一。《最高人民法院关于执行〈中华人民共和国行政诉讼法〉若干问题的解释》第42条规定,公民、法人或者其他组织不知道行政机关作出的具体行政行为内容的,其起诉期限从知道或者应当知道该行为内容之日起计算,对涉及不动产的具体行政行为从作出之日起超过20年、其他具体行政行为从作出之日起超过5年提起诉讼的,人民法院不予受理。即对于不涉及不动产的具体行政行为,公民、法人或者其他组织应当自该行为作出之日起5年内提起行政诉讼,否则即已超过法定起诉期限,不符合人民法院受理行政诉讼的必备条件。本案的具体被诉行政行为是车管所于2001年作出的核准转移登记行政行为,陈某于2009年向法院针对上述具体行政行为提起行政诉讼已超过从该行为作出之日起5年的起诉期限,且陈某未举证证明其未在法定起诉期限内起诉存在不可抗力或其人身自由受到限制等正当理由,故陈某的起诉不符合起诉的法定要件,应依法予以驳回。④2008年北京某交通事故损害赔偿案,餐饮公司法定代表人石某向顿某借用身份证购买车辆,登记在顿某名下。2007年9月,该车由餐饮公司雇员徐某驾驶为自家小狗看病途中肇事造成乘车人郑某死亡,交警认定徐某负全责。法院认为:顿某作为事故车辆的名义车主,将身份证借给朋友石某供其购买车辆,车辆虽登记在顿某名下,但其并未实际控制和支配车辆,更无证据证明其从车辆营运中获得利益,故根据"运行支配和运行利益"理论,顿某不应承担本案中的损害赔偿责任。石某作为餐饮公司法定代表人,其出面向其朋友借用身份证购买车辆,登记在顿某名下,此行为可理解为其作为法定代表人的行为,即其行为的责任承担者为餐饮公司。但石某和餐饮公司均未提供证据证明事故车辆归餐饮公司使用抑或石某实际控制、支配该车,无法认定谁对机动车辆的运行具有支配和控制的权利,谁从车辆运行中获得利益,亦即无法认定实际车主,故石某和餐饮公司在一定赔偿范围内承担连带赔偿责任。徐某驾车造成交通事故导致受害人死亡是为自家小狗看病,并非从事雇佣活动,且在这起交通事故中徐某负事故的全部责任,故应承担主要的损害赔偿责任。判决徐某赔偿原告47万余元,餐饮公司、石某在上述判决10万元范围内承担连带赔偿责任。⑤**2006年辽宁某交通事故损害赔偿案**,2005年6月,党某驾驶万某名下的农用三轮车撞伤骑自行车的于某。党某称该车系借用万某身份证办理的车辆登记手续。法院认为:本案肇事的农用三轮车虽然在购车发票及车辆登记的各类证件上写的是万某的名字,但依据党某肇事后在交警部门做的询问笔录,其自认该车的实际所有人是其自己,系因外地人无法在本地上牌照而借用的万某的身份证购买的该车,双方于购车当时亦签订了相关协议,对出借身份证买车的事实予以了说明,并约定一旦出现交通事故,所有责任均由买车人党某承担,后经法院到街道办事处调查,证实万某未使用过农用三轮车,故认定该肇事车辆的实际占有人为党某,并非万某,万某在本案中不应承担连带责任。⑥**2006年上海某交通事故损害赔偿案**,摩托车行卖给外地人摩托车,并借用李某身份证上牌照,付李某酬劳200元。该摩托车于2005年4月撞伤马某致残,司机逃逸,交警认定司机负全责。法院认为:机动车一方的责任并非简单的驾驶员责任,而是与该机动车一方有关的人应负责任,其中可包括驾驶员责任、车主管理责任、雇主责任、被挂靠单位的经营管理责任等。本案肇事摩托车司机逃逸,并被认定负全责,故其应对马某损害承担全部赔偿责任。<u>李某系摩托车登记车主,其出借身份证行为,应视为同意由不特定第三人将摩托车登记在其名下,由于其未对挂靠在其名下的摩托车行使管理之责,客观上导致事故发生,故应承担连带赔偿责任</u>。为谋取经济利益,摩托车行违反外地人在本市购买摩托车不得上牌的规定,借用马某身份证为出售的摩托车上牌,成就了肇事摩托车的上道行驶,客观上导致了本案事故发生,同时也导致实际所有人与驾驶人无法查明致受害人无法直接向侵害人主张权利,故其应承担相应的补充赔偿责任,判决李某赔偿马某5万余元,摩托车行对李某承担的给付义务承担50%的补充赔偿责任。

**【同类案件处理要旨】**

机动车发生交通事故造成损害,一般应根据机动车运行支配权和运行利益归属予以确定民事责任主体。机动车借名车主对损害的发生有过错的,应承担相应的赔偿责任。无法确定机动车实际使用人或控制人的,可以根据机动车注册登记的车主予以认定。

**【相关案件实务要点】**

1.【一般原则】借用他人身份证件,出借人既未实际控制车辆,又未从车辆运行中受益的,肇事责任人、车辆实际控制人、运行受益人承担责任,身份证件出借人不承担责任。案见北京昌平区法院(2008)昌民初字第6788号"郑某等诉石某等交通事故人身损害赔偿案"。

2.【逃逸或下落不明】机动车肇事致人损害,驾驶员肇事逃逸或下落不明的,机动车名义车主应承担赔偿责任。案见上海浦东新区法院(2006)浦民一(民)初字第3260号"马某诉李某等交通事故损害赔偿案"。

3.【违规登记责任】借名购买的机动车肇事致人损害的,可由出借身份证违规上牌的登记车主承担连带责任,对违规上牌的其他责任人员应承担与其过错相应的一定比例的补充赔偿责任。案见上海浦东新区法院(2006)浦民一(民)初字第3260号"马某诉李某等交通事故损害赔偿案"。

4.【按份责任】出借身份证给他人办理机动车登记,违反法律禁止性规定,行为人具有一定过错,但该行为只为他人交通肇事侵权行为发生创造了条件,并不直接或必然引发损害后果,应根据行为人过失大小和原因力比例各自承担相应赔偿责任。案见福建漳州龙文区法院(2007)文民初字第235号"曾某诉徐某等人身损害赔偿案"。

5.【诉讼时效】车主不知道车辆登记具体行政行为内容的,其提起行政诉讼的起诉期限从知道或者应当知道该行为内容之日起计算,对涉及不动产的具体行政行为从作出之日起超过20年、其他具体行政行为从作出之日起超过5年提起诉讼的,人民法院不予受理。案见广东深圳中院(2009)深中法行终字第256号"陈某诉某车管所登记行为案"。

【附注】

参考案例索引:福建漳州龙文区法院(2007)文民初字第235号"曾某诉徐某等人身损害赔偿案",见《裁判要旨民事》(严春森、纪荣凯),载《人民法院案例选·月版》(200907:184);另见《出借身份证办理机动车登记行为的归责》(严春森、纪荣凯),载《人民司法·案例》(200910:63)。①北京大兴区法院(2015)大民初字第12307号"佟某与王某等交通事故纠纷案",见《佟雪竹、佟雪松等诉王连智、刘鑫、洪俊杰机动车交通事故责任纠纷案——未投保交强险机动车发生交通事故时登记车主的责任认定》(刘璨),载《人民法院案例选》(201611/105:98)。②北京昌平区法院(2008)昌民初字第6788号"郑某等诉石某等交通事故人身损害赔偿案",见《郑国富等诉石磊等交通事故人身损害赔偿案(名义车主与实际车主的责任分担)》(王玉民),载《中国审判案例要览》(2009民:324)。③广东深圳中院(2009)深中法行终字第256号"陈某诉某车管所登记行为案",见《陈潮亮诉广东省深圳市公安局交通警察支队车辆管理所登记行为案》(鄢宁娟),载《人民法院案例选》(201002:265)。④北京昌平区法院(2008)昌民初字第6788号"郑某等诉石某等交通事故人身损害赔偿案",见《郑国富等诉石磊等交通事故人身损害赔偿案》(王玉民),载《中国审判案例要览》(2009民事:324)。⑤辽宁沈阳中院(2006)沈民(1)权终字第723号"于某与万某等道路交通事故损害赔偿纠纷上诉案"。⑥上海浦东新区法院(2006)浦民一(民)初字第3260号"马某诉李某等交通事故损害赔偿案",见《借用身份证购买机动车发生交通事故的责任承担》(孙少君),载《人民司法·案例》(200810:79)。

## 14. 套牌车肇事责任主体

——肇事套牌车,谁是责任人?

【套牌车辆】

**【案情简介及争议焦点】**

2008年11月,林某驾驶套牌货车与周某驾驶自有但登记在朱某名下的客车相撞,致客车上乘客冯某死亡,交警认定林某、周某分负主、次责任。工程公司系周某雇主,但事发时周某并非履行职务;套牌货车实际所有人系管某,被套车牌系卫某2008年从赵某处购买并挂靠运输公司的货车牌照,该牌照对应的货车已在保险公司投保交强险,牌照被卫某多次以报失并由运输公司盖章确认方式补领,再有偿交给管某套用。冯某近亲属起诉卫某、运输公司、林某、管某、保险公司、工程公司、周某、朱某、客车投保交强险的财保公司要求赔偿。

争议焦点:1. 侵权赔偿主体？2. 套牌车责任认定？

**【裁判要点】**

**1. 侵权赔偿责任人。** 根据事故责任认定,林某负主要责任,而管某系肇事货车实际所有人,又系林某雇主,故管某和林某应就本案事故损失连带承担主要赔偿责任。周某负事故次要责任,周某又系该客车的实际所有人,故周某应对本案事故损失承担次要赔偿责任。朱某虽系该客车的登记车主,但该客车几经转手,朱某既不支配该车,亦未从该车运营中获益,故其对本案事故不承担责任。周某虽受雇于工程公司,但事发时周某并非为工程公司履行职务,故工程公司对本案亦不承担责任。

**2. 套牌车责任认定。** 保险公司承保货车并非实际肇事货车,其亦不知道套牌情形,故保险公司对本案事故不承担赔偿责任。至于承保案涉客车的财保公司,因冯某系本车人员,依法不适用交强险,故财保公司对本案不承担责任。现有证据表明,案涉车牌登记货车的实际所有人卫某和登记车主运输公司系明知管某等人套用自己的车牌而不予干预,且提供方便,纵容套牌货车在公路上行驶。其该行为违反了有关交通管理法律规定,并与本案事故的发生具有因果关系,故卫某、运输公司应就管某一方应承担的赔偿责任份额承担连带责任。

【裁判依据或参考】

**1. 法律规定。**《道路交通安全法》(2004年5月1日实施,2011年4月22日修正)第8条:"国家对机动车实行登记制度。机动车经公安机关交通管理部门登记后,方可上道路行驶。尚未登记的机动车,需要临时上道路行驶的,应当取得临时通行牌证。"第9条:"……公安机关交通管理部门以外的任何单位或者个人不得发放机动车号牌或者要求机动车悬挂其他号牌,本法另有规定的除外。机动车登记证书、号牌、行驶证的式样由国务院公安部门规定并监制。"第11条:"驾驶机动车上道路行驶,应当悬挂机动车号牌,放置检验合格标志、保险标志,并随车携带机动车行驶证。机动车号牌应当按照规定悬挂并保持清晰、完整,不得故意遮挡、污损。任何单位和个人不得收缴、扣留机动车号牌。"第16条:"任何单位或者个人不得有下列行为:(一)拼装机动车或者擅自改变机动车已登记的结构、构造或者特征;(二)改变机动车型号、发动机号、车架号或者车辆识别代号;(三)伪造、变造或者使用伪造、变造的机动车登记证书、号牌、行驶证、检验合格标志、保险标志;(四)使用其他机动车的登记证书、号牌、行驶证、检验合格标志、保险标志。"

**2. 行政法规。**国务院《道路交通安全法实施条例》(2004年5月1日,2017年10月7日修订)第9条:"已注册登记的机动车达到国家规定的强制报废标准的,公安机关交通管理部门应当在报废期满的2个月前通知机动车所有人办理注销登记。机动车所有人应当在报废期满前将机动车交售给机动车回收企业,由机动车回收企业将报废的机动车登记证书、号牌、行驶证交公安机关交通管理部门注销。机动车所有人逾期不办理注销登记的,公安机关交通管理部门应当公告该机动车登记证书、号牌、行驶证作废。"第11条:"机动车登记证书、号牌、行驶证丢失或者损毁,机动车所有人申请补发的,应当向公安机关交通管理部门提交本人身份证明和申请材料。公安机关交通管理部门经与机动车登记档案核实后,在收到申请之日起15日内补发。"第13条:"机动车号牌应当悬挂在车前、车后指定位置,保持清晰、完整。重型、中型载货汽车及其挂车、拖拉机及其挂车的车身或者车厢后部应当喷涂放大的牌号,字样应当端正并保持清晰。"

**3. 司法解释。**最高人民法院《关于审理道路交通事故损害赔偿案件适用法律若干问题的解释》(2012年12月21日,2020年修改,2021年1月1日实施)第3

条:"套牌机动车发生交通事故造成损害,属于该机动车一方责任,当事人请求由套牌机动车的所有人或者管理人承担赔偿责任的,人民法院应予支持;被套牌机动车所有人或者管理人同意套牌的,应当与套牌机动车的所有人或者管理人承担连带责任。"最高人民法院研究室《关于〈关于伪造、变造、买卖民用机动车号牌行为能否以伪造、变造、买卖国家机关证件罪定罪处罚问题的请示〉的答复》(2009年1月1日 法研〔2009〕68号):"……同意你院审委会讨论中的多数人意见,伪造、变造、买卖民用机动车号牌行为不能以伪造、变造、买卖国家机关证件罪定罪处罚……从刑罚处罚上看,如果将机动车号牌认定为国家机关证件,那么非法买卖的机动车号牌如果分别属于人民警察车辆号牌、武装部队车辆号牌、普通机动车号牌,同样一个行为就会得到不同的处理结果:对于前两者,根据刑法第281条、第375条第2款的规定,情节严重的,分别构成非法买卖警用装备罪、非法买卖军用标志罪,法定刑为三年以下有期徒刑、拘役或者管制,并处或者单处罚金。对于非法买卖民用机动车号牌,根据刑法第280条第1款的规定,不论情节是否严重,均构成买卖国家机关证件罪,情节一般的,处三年以下有期徒刑、拘役、管制或者剥夺政治权利;情节严重的,处三年以上十年以下有期徒刑。可见,将机动车号牌认定为证件,将使对非法买卖普通机动车号牌的刑罚处罚重于对非法买卖人民警察、武装部队车辆号牌的刑罚处罚,这显失公平,也有悖立法本意。"

**4. 部门规范性文件。**公安部《道路交通安全违法行为记分分值》(2012年9月12日)第1条:"机动车驾驶人有下列违法行为之一,一次记12分……(五)上道路行驶的机动车未悬挂机动车号牌的,或者故意遮挡、污损、不按规定安装机动车号牌的;(六)使用伪造、变造的机动车号牌、行驶证、驾驶证、校车标牌或者使用其他机动车号牌、行驶证的。"公安部《关于开展机动车涉牌涉证违法行为集中整治工作的通知》(2009年6月5日 公交管〔2009〕116号)第3条:"……对经调查确属被套牌机动车的,依当事人申请,临时换发机动车号牌和行驶证。对经核实确属因机动车被套牌产生的交通违法信息,要及时予以消除。"公安部《道路交通事故处理程序规定》(2018年5月1日)第13条:"发生死亡事故、伤人事故的,或者发生财产损失事故且有下列情形之一的,当事人应当保护现场并立即报警:(一)驾驶人无有效机动车驾驶证或者驾驶的机动车与驾驶证载明的准驾车型不符的;(二)驾驶人有饮酒、服用国家管制的精神药品或者麻醉药品嫌疑的;(三)驾驶人有从事校车业务或者旅客运输,严重超过额定乘员载客,或者严重超过规定时速行驶嫌疑的;(四)机动车无号牌或者使用伪造、变造的号牌的;(五)当事人不能自行移动车辆的;(六)一方当事人离开现场的;(七)有证据证明事故是由一方故意造成的。驾驶人必须在确保安全的原则下,立即组织车上人员疏散到路外安全地点,避免发生次生事故。驾驶人已因道路交通事故死亡或者受伤无法行动的,车上其他人员应当自行组织疏散。"

**5. 地方司法性文件。**江西宜春中院《关于印发〈审理机动车交通事故责任纠纷案件的指导意见〉的通知》(2020年9月1日 宜中法〔2020〕34号)第21条:"套牌机动车发生交通事故造成损害,属于该套牌车一方责任的,由套牌车的所有人或管理人承担赔偿责任。被套牌机动车所有人或管理人同意套牌的,与套牌机动车所有人或管理人承担连带赔偿责任。套牌机动车在交通事故发生时存在借用、租赁等机动车所有人、管理人与事故中驾驶人不一致的,由套牌车的所有人、管理人及驾驶人承担连带赔偿责任。"安徽合肥中院《关于道路交通事故损害赔偿案件的审判规程(试行)》(2019年3月18日)第18条:"【套牌车辆所有人、管理人的责任】套牌机动车发生交通事故造成损害,属于该机动车一方责任的,由套牌机动车的所有人或者管理人承担赔偿责任;被套牌机动车所有人或者管理人同意套牌的,应当与套牌机动车的所有人或者管理人承担连带责任。"山东济南中院《关于保险合同纠纷案件94个法律适用疑难问题解析》(2018年7月)第29条:"套牌车的保险责任问题。关于套牌车的投保人对套牌车投保的行为是否有效,要从投保人或被保险人对套牌车是否具有保险利益来分析。(1)投保人或被保险人在正规汽车销售商处购买了汽车并持有汽车销售发票,只是未按相应的规定办理牌照,套牌上路行驶。从物权的角度来分析,投保人或被保险人对汽车享有物权,其对汽车本身具有法律上承认的利益,故其对汽车享有保险利益。其套牌行为仅仅是违反了汽车管理的相关规定,不能依此而认定投保人或被保险人对保险标的不享有保险利益。保险人与投保人签订的保险合同应为有效合同。如果存在投保人未履行如实告知义务的情况,保险人可以依据保险法十六条的规定,行使合同解除权。(2)套牌车的投保人或被保险人以非法的形式取得汽车,如走私、盗窃。套牌车的投保人或被保险人对套牌汽车不享有法律上承认的利益。保险人与投保人签订的保险合同应为无效。"天津高院《关于印发〈机动车交通事故责任纠纷案件审理指南〉的通知》(2017年1月20日 津高法〔2017〕14号)第3条:"……套牌机动车发生交通事故,属于该套牌车一方责任的,经当事人请求,由套牌车的所有人或管理人承担赔偿责任。被套牌机动车所有人或管理人同意套牌的,与套牌机动车所有人或管理人承担连带责任。以下一项或多项可作为被套牌一方'同意套牌'的证据:(1)被套牌方以文字形式表达同意套牌的证据,具体可包括有关套牌问题的书面协议、短信、电子邮件等;(2)有偿套牌情形下,被套牌方收取套牌费的证据;(3)其他有关被套牌方知道或应当知道套牌人真实身份而未在交通事故发生前向有关部门举报或反映情况的证据。若套牌机动车在事故发生时存在借用、租赁等机动车所有人、管理人与事故中驾驶人不一致的情况,由驾驶人承担赔偿责任,套牌人仅在对损害的发生有过错的情况下承担相应的赔偿责任。被套牌人的责任承担以套牌人承担责任为前提。套牌机动车在被盗窃、抢劫、抢夺期间发生交通事故的,应由盗窃人、抢劫人、抢夺人承担赔偿责任。"江苏南通中院《关于处理交通事故损害赔偿案件中有关问题的座谈纪要》(2011年6月1日 通中法〔2011〕85号)第4条:"挪用他人车牌的车辆发生交通事故致人损害的,应由挪用人或车辆实际控制人承担赔偿责任。如果被挪用人有过错的,承担相应的赔偿责任。"山东淄博中院民三庭《关于审理道路交通事故损害赔偿案件若干问题的指导意见》(2011年1月1日)第12条:"挪用车牌照的车辆发生交通事故的,应由车辆实际所有人或控制人承担损害赔偿责任;如果被挪用人有过错的,则被挪用人承担相应的补充赔偿责任。"广东佛山中院《关于审理道路交通事故损害赔偿案件的指导意见》(2009年4月8日)第16条:"人民法院审理查明肇事机动车属于假冒牌车或套牌车的,应判决驳回赔偿权利人对肇事机动车所涉车牌号码的机动车登记所有人的诉讼请求。但登记的机动车所有人有过错的,应当承担相应的赔偿责任。假冒牌车或套牌车,根据公安交警部门出具《道路交通事故车辆技术鉴定书》以及相关证据材料予以确认。对于假冒牌车或套牌车的主体是否为登记的机动车所有人,由赔偿权利人承担举证责任。"广东高院、省公安厅《关于印发〈关于处理道路交通事故案件若干具体问题的补充意见〉的通知》(2001年2月24日 粤高法发〔2001〕6号 2021年1月1日起被粤高法〔2020〕132号文废止)第8条:"对挪用车辆牌证、使用假牌证以及无牌无证的车辆或者已报废车辆发生交通事故,公安交通管理部门应在查明车辆来源的真实情况后,按下列办法处理:(1)属走私汽车和无进口汽车的,负责事故处理的公安交通管理部门应将车辆上缴市公安交警支队,并按规定予以没收处理,交通事故造成走私汽车和无进口证明汽车损坏所需的修复费不列入交通事故损害赔偿范围;(2)属有合法来源证明,但未依法办理入户、领牌手续的车辆,公安交通管理部门应依法纠正并处罚驾驶员的交通违章行为,因交通事故造成的车辆损坏所需的修复费应列入交通事故损害赔偿范围;(3)属已报废车辆的,公安交通管理部门应对车辆予以强制报废,因交通事故造成报废车辆损坏的,不列入交通事故损害赔偿范围。对挪用车辆牌证、使用假牌证以及无牌无证车辆或报废的车辆发生的交通事故,不论该车辆是否有合法来源证明,车辆的驾驶人、承买人、实际支配人均应依法承担交通事故损害赔偿责任。"辽宁大连中院《当前民事审判(一庭)中一些具体问题的理解与认识》(2008年12月5日 大中法〔2008〕17号)第28条:"交通事故中赔偿义务人确定的基本原则:由机动车的所有人或实际占有人(实际使用人)承担赔偿责任。处理原则是所有人和实际占有人不一致的,根据运行支配(支配和控制)和运行利益(与机动车运行有关的经济利益)原则确定赔偿义务人。为保证受害人的利益,在诉讼中当行使必要的释明权,告知当事人尽可能将与肇事车有关人员追加为共同被告,对原告在释明后所作出的选择,法院应作好记录。机动车所有人是指依法在车辆管理机构注册登记的单位或个人；机动车实际占有人是指借用关系的借用人、租赁关系的承租人、承包关系的承包人、挂靠关系的挂靠人、车辆交易未过户的最后承买人、车辆交易实行分期付款方式的分期付款人、其他合法的实际占有人……套牌车辆，若车主不知道，则不承担责任，若车主允许套牌，应承担连带责任。"

**6. 参考案例。**①2010年广东某保险合同纠纷案，2007年10月，吴某驾驶郑某投保、车主为易某的套牌货车与骑摩托车的谢某相撞，致摩托车上乘坐的谢某子身亡，交警认定吴某、谢某分负主、次责任。经交通队调解，确认谢某一方的损害赔偿总额15万余元，由郑某赔偿11.3万元。郑某向投保交强险的保险公司理赔时被以车辆"套牌"遭拒。法院认为：保险公司在接受车辆投保时，应承担主动审查义务，并在发现投保车辆不符合相关规定时及时拒保。如保险公司在签订保险合同时不严格把关，发生事故后，却又积极审查投保车辆的情况，而后再以投保车辆系"套牌车"为由，认为保险合同无效或依合同免责条款而拒赔，使得双方权利义务明显不对等，损害了投保人的利益，有违公平原则，故保险公司应给付郑某因事故造成的实际损失11.3万元。②2010年辽宁某保险合同纠纷案，2009年2月，吴某携培训学校公章并以培训学校名义为车牌为A的车辆投保，行驶证车主为某代表处。同年4月，肖某驾驶车牌号为B，车内同时放置号码为A车牌的C车肇事，经鉴定，C车的车架号系伪造并与A车一致，A车牌与B车牌车主车牌均未丢失或外借。保险公司诉请确认与培训学校的保险合同无效。法院认为：吴某利用工作便利私自挪用培训学校公章与保险公司签订保险合同，构成表见代理。该合同虽形式合法，但真实目的是将产权不明的肇事车辆的肇事风险转移给保险公司，本案事实充分证明吴某将来源不明的车辆伪装成与A车一模一样的信息，给人造成假象，让不知情者误认为该肇事车就是真实的A车，当肇事车辆在保险期间内出现约定的保险责任时，该肇事车辆就能冒用A车信息得到赔偿，此种套牌行为严重违反了法律的强制性规定，理应受到法律的否定评价，故判决确认以A车车架号为保险标的的保险合同无效。③2007年广东某交通事故损害赔偿案，2006年，孙某被某客车碰撞，肇事司机逃逸。肇事车所挂车牌登记车主系卢某。经调查事故车系套牌车，卢某该号牌车辆早已注销，车主及司机未查获。法院认为：本案交通事故逃逸的肇事车方依法应负事故全部责任。交警部门的登记资料虽证实卢某是案涉车牌登记车主，但经查实系套牌车，故现有证据无法证实卢某是肇事机动车的车主。肇事车辆使用的车牌，可能是真实的车牌，亦可能是伪造的车牌。如果该车牌是伪造的车牌，由于卢某与肇事车辆毫无关系，显然其无须对肇事车辆造成孙某人身损害承担赔偿责任。即使该车牌为真实的车牌，虽然卢某未及时办理车辆报废手续，对该车牌的流失有过错，但由于车牌的使用与交通事故的发生并无因果关系，且无证据证实卢某对于肇事车辆有实际支配地位或可以从该肇事车辆的运行中获得利益,故孙某据此要求卢某承担赔偿责任,亦无事实和法律依据。④2002年**天津某交通事故损害赔偿案**,2001年,廉某骑自行车与冯某驾驶带挂货车相撞受伤,交警认定冯某、廉某分别负主、次责任。案涉货车及车牌系杜某分别从汽车运输场、危险品运输场买来,但均未过户,杜某私改发动机号、车架号,挪挂车牌号后将车卖给冯某。法院认为:车辆买卖是要式法律行为,私自买卖车辆未过户,车辆所有权尚未转移。根据1990年公安部交管局《关于车辆转卖未过户发生事故经济赔偿问题的批复》(2004年8月19日废止)答复意见,及《道路交通事故处理办法》(该法规后被2004年5月1日实施的《道路交通安全法实施条例》废止——编者注)规定,汽车运输场是发生交通事故车辆的所有权人,且在交易车辆时未办过户手续;危险品运输场是案涉牌照车辆的所有权人,该车卖给杜某时也未办过户手续,且在该车发生事故前,对该车进行管理,并收取一定的管理费用。故汽车运输场、危险品运输场在最后承买人冯某暂时无力赔偿时,应当承担垫付责任。杜某不仅买卖车辆未过户,还是挪用汽车牌照、涂改车号、非法拼装车辆的行为人。杜某将非法拼装的车辆卖给不知情的冯某,使证照不符的车辆上路行驶,杜某负有不可推卸的责任,同样应承担垫付责任。

【同类案件处理要旨】

套牌机动车发生交通事故造成损害,属于该机动车一方责任的,套牌机动车的所有人或者管理人应承担相应的赔偿责任;被套牌机动车所有人或者管理人同意套牌的,应当与套牌机动车的所有人或者管理人承担连带责任。

【相关案件实务要点】

1.【归责原则】登记车主对套用同一号牌的车辆发生交通事故是否应承担赔偿责任,可从登记车主对车辆使用同一号牌是否知情、是否与事故的发生存在因果关系等具体方面,结合"危险控制理论""运行支配与运行利益"理论予以分析。案见广东广州中院(2007)穗中法民一终字第626号"孙某诉卢某交通事故损害赔偿案"。

2.【被套牌人过错】套牌使用的机动车发生交通事故造成他人损失,对于套牌肇事车辆一方应承担的民事赔偿责任,出借号牌或放任他人使用自己号牌的登记号牌车辆所有人,因违反道路交通法律规定,具有主观过错,应承担连带责任。案见上海二中院(2010)沪二中民一〔民〕终字第1353号"赵某等诉某保险公司等交通事故损害赔偿案"。

3.【买卖套牌车】私自将挪用汽车牌照、涂改车辆发动机号、车架号的车辆卖给他人,他人驾车发生交通事故,行为人应承担连带民事责任。最高人民法院(2001)民一他字第32号复函的规定,车辆买卖没有办理过户手续的,因车辆已经交付,原车主不能支配该车的运营,也不能从该车的运营中获得利益,故原车主不应对机动车发生交通事故致人损害承担责任。发生在该复函下发之前的道路交通事故损害赔偿纠纷,如将本单位所有的货运汽车卖给他人,他人又转卖,均未办理过户手续。车辆在"实际占有人"使用期间发生交通事故并负有责任,车辆所有人应依当时的法律法规承担垫付的民事责任。案见天津二中院(2002)二中民终字第114号"廉某等诉某运输场人身损害赔偿案"。

4.【套牌骗保】以来源不明的车辆作为保险标的投保,通过套牌行为达到骗取保险金的目的,应认定为以合法形式掩盖非法目的,应确认保险合同无效。案见辽宁沈阳皇姑区法院(2010)皇民三初字第331号"某保险公司诉某培训学校保险合同纠纷案"。

5.【套牌车理赔】保险公司在接受车辆投保时,应当承担主动审查义务,并在发现投保车辆不符合相关规定时及时拒保。投保车辆是否悬挂其他车辆的号牌不影响其正常行驶,与交通事故的发生没有直接因果关系,故套牌车不能简单、绝对地作为保险公司拒绝理赔的理由。案见广东梅州中院(2010)梅中法民三终字第32号"郑某诉某保险公司保险合同纠纷案"。

6.【套牌车拒赔】国家对机动车实行登记制度。机动车经公安机关交通管理部门登记后,方可上道路行驶。根据有关规定,车辆登记的内容应当包括机动车登记编号、登记证书编号、所有人姓名或者单位名称、机动车类型、制造厂、品牌、型号、车辆识别代号(车架号码)、发动机号码、出厂日期、车身颜色等若干事项。列为应当登记的信息事项是识别机动车身份的主要依据。本案中,交警部门在调查事故过程中已查明肇事车辆的车架号、发动机号与同一牌号下的登记车辆车架号、发动机号完全不同,进而在道路交通事故认定书中认定孟某有使用其他机动车号牌的违法行为。现保险公司签发的交强险保单上约定被保险机动车号牌号码、发动机号码、识别代码(车架号),指向的是已登记的该号牌机动车,并非肇事车辆。故肇事车辆不是涉案机动车交通事故责任强制保险中的被保险车辆,不能承受该份交强险合同中的权利义务,保险公司拒绝承担交强险赔偿责任的理由成立。鉴于肇事车辆未购买交强险,导致受害人丧失了通过交强险得到赔偿保障,该部分损失应由该车的实际所有人孟某在应当投保的交强险责任限额内按照实际损失承担赔偿责任。案见上海一中院(2012)沪一中民一(民)终字第840号"某保险公司与樊某等机动车交通事故责任纠纷上诉案"。

【附注】

**参考案例索引**:上海二中院(2010)沪二中民一〔民〕终字第1353号"赵某等诉

某保险公司等交通事故损害赔偿案",法院判决管某、林某赔偿原告损失39万余元,周某赔偿原告损失17万余元,运输公司、卫某与管某、林某对第1项赔偿承担连带责任,管某、林某、周某对第1、2项赔偿互负连带责任。见《机动车号牌出借方应对套牌车肇事承担连带责任》(徐子良、赵俊),载《人民司法·案例》(2011 18:26)。①广东梅州中院(2010)梅中法民三终字第32号"郑某诉某保险公司保险合同纠纷案",见《保险公司应为"套牌车"投保买单——郑露诉中华联合财产保险股份有限公司梅州中心支公司保险合同纠纷案》(肖锋),载《人民法院案例选·月版》(2010 03:8),另见《保险公司应为套牌车投保买单》(肖庆浪、肖锋),载《人民司法·案例》(2011 06:38)。②辽宁沈阳皇姑区法院(2010)皇民三初字第331号"某保险公司诉某培训学校保险合同纠纷案",见《中华联合财产保险股份有限公司沈阳中心支公司诉沈阳飞跃教育培训学校保险合同案》(李祥玉),载《中国法院2012年度案例:保险纠纷》(53)。③广东广州中院(2007)穗中法民一终字第626号"孙某诉卢某交通事故损害赔偿案",见《孙国营诉卢锵仪道路交通事故人身损害赔偿案》(龙碧霞),载《中国审判案例要览》(2008民事:365)。④天津二中院(2002)二中民终字第114号"廉某等诉某运输场人身损害赔偿案",一审判决冯某赔偿6.5万元,危险品运输场在冯某不能履行时负垫付责任,二审改判冯某赔偿,如不能履行,由杜某、危险品运输场、汽车运输场垫付。见《廉悦海等诉天津市东方红汽车运输场人身损害赔偿案》(鲁士春、李同友、张学仁),载《中国审判案例要览》(2003民事:260)。

## 15. 挂靠车辆的责任区分
——挂靠车肇事,是否连带责?

【挂靠车辆】

【案情简介及争议焦点】

陈某转让中巴给王某但未办过户,王某与汽运公司签订《代理客车经营合同》,约定汽运公司代交规费,及代办各种营运手续、保险等,王某每月向汽运公司交纳200元。2000年2月,王某所雇司机华某驾驶该车致行人李某伤残,华某逃逸。一审判王某赔偿李某9万余元,陈某负连带责任;抗诉再审维持;受害人申诉,中院再审改判汽运公司承担连带责任;汽运公司申诉,高院再审改判汽运公司不承担连带责任;受害人不服,申诉到最高人民法院。2006年,最高人民法院裁定提审。

争议焦点:1. 是否系挂靠? 2. 如何认定"运行支配"与"运行利益"? 3. 汽运公司应否承担连带责任?

**【裁判要点】**

**1. 挂靠法律关系的认定。**肇事车辆无论是线路经营权还是进站经营权,都归属汽运公司而非个体车主,代理客车经营合同及汽运公司章程中有汽运公司代理经营,接受其管理且收取代理费、交通规费、统一办理客运线路营运审批、汽车进站手续、证件领发、车辆报废及更新等其他明显具备管理职能的条款,故车主与汽运公司并非单纯的有偿服务合同,本质上系地方政府为加强管理而实施的事实上的一种体现管理与被管理的挂靠关系。

**2. 运行支配与运行利益。**运行支配,不限于对运行自身存在直接、现实的支配场合,而只要出于事实上能够支配、管理机动车运行的地位和对机动车的运行能够下指示、控制的地位,就是运行支配。运行利益不仅包括直接利益,亦包括间接利益,甚至包括因心理因素而产生的利益。本案情形下被挂靠单位对挂靠机动车存在"运行支配"和"运行利益"。

**3. 被挂靠人的赔偿责任。**汽运公司本应按合同约定和章程规定,严格履行自己的管理职责,从而避免和减少代理经营的风险,但其怠于行使自己的义务,未对肇事车辆办理车辆保险,未有效监督代理车辆的运营状况,对于车辆是否适合安全运营、转让等重大事项置若罔闻,存在明显的管理不当和失责,车辆发生交通事故后,被挂靠单位的汽运公司应承担赔偿责任。《代理客车经营合同》中关于侵权责任承担的约定仅成为客运代理中向车主追偿的法律依据,而不能产生对外效力,不能对抗有理由信赖肇事车辆乃汽运公司所有的一般善意第三人。

**【裁判依据或参考】**

**1. 法律规定。**《民法典》(2021年1月1日)第1211条:"以挂靠形式从事道路运输经营活动的机动车,发生交通事故造成损害,属于该机动车一方责任的,由挂靠人和被挂靠人承担连带责任。"《民法通则》(1987年1月1日,2021年1月1日废止)第43条:"企业法人对他的法定代表人和其他工作人员的经营活动承担民事责任。"

**2. 行政法规及国务院规范性文件。**国务院《道路运输条例》(2012年11月9日修订)第18条:"班线客运经营者取得道路运输经营许可证后,应当向公众连续提供运输服务,不得擅自暂停、终止或者转让班线运输。"国务院《关于加强道路交通安全工作的意见》(2012年7月22日 国发〔2012〕30号)第3条:"规范道路运输企业生产经营行为。严格道路运输市场准入管理,对新设立运输企业,要严把安全管理制度和安全生产条件审核关。强化道路运输企业安全主体责任,鼓励客运企业实行规模化、公司化经营,积极培育集约化、网络化经营的货运龙头企业。严禁客运车辆、危险品运输车辆挂靠经营。"国务院《**关于坚持科学发展安全发展促进安全生产形势持续稳定好转的意见**》(2011年11月26日 国发〔2011〕40号)第17条:"……强化交通运输企业安全主体责任,禁止客运车辆挂靠运营,禁止非法改装车辆从事旅客运输。"国务院《**关于加强道路交通安全管理工作情况的报告**》(2010年4月28日)第2条:"……一些交通运输企业挂靠经营问题突出,不履行对驾驶人的安全管理和教育职责,驾驶人聘用把关不严。据统计,在一次死亡10人以上重特大道路交通事故中,80%是由营运车辆及其驾驶人交通违法行为导致的。"国务院办公厅《**转发全国道路交通安全工作部际联席会议关于进一步落实"五整顿""三加强"工作措施意见的通知**》(2007年5月9日 国办发〔2007〕35号)第16条:"建设、安全监管部门要加强对城市客运市场的监管,加大对城市公共交通线路实行挂靠、个体承包、转包等经营形式的清理整顿力度,进一步落实安全运营责任制。"国务院办公厅《**关于进一步规范出租汽车行业管理有关问题的通知**》(2004年11月12日)第4条:"各地要根据实际情况制订合理的出租汽车承包费标准,合理调整出租汽车企业与司机的收益分配关系。由行业主管部门根据实际情况统一测定出租汽车每小时营业收入定额标准,依法规定司机的工作时间,并以此计算司机运营收入和成本费用。要坚决制止企业利用出租汽车经营权,以车辆挂靠、一次性'买断'、收取'风险抵押金'、'财产抵押金'、'运营收入保证金'和'高额承包'等方式向司机转嫁投资和经营风险,牟取暴利。"

**3. 司法解释**。最高人民法院《**关于车辆挂靠其他单位经营车辆实际所有人聘用的司机与挂靠单位是否形成事实劳动关系的答复**》(2013年10月29日〔2013〕民一他字第16号):"……个人购买的车辆挂靠其他单位且以挂靠单位的名义对外经营的,其聘用的司机与挂靠单位之间不具备劳动关系的基本特征,不宜认定其形成了事实劳动关系。"最高人民法院《**关于审理道路交通事故损害赔偿案件适用法律若干问题的解释**》(2012年12月21日,2020年修改时删除该条,2021年1月1日实施)第3条:"以挂靠形式从事道路运输经营活动的机动车发生交通事故造成损害,属于该机动车一方责任,当事人请求由挂靠人和被挂靠人承担连带责任的,人民法院应予支持。"最高人民法院《**2011年全国民事审判工作会议纪要**》(2011年11月9日 法办〔2011〕442号)第6条:"……挂靠机动车发生交通事故造成他人损害,由挂靠车主承担损害赔偿责任,被挂靠单位承担补充赔偿责任。"最高人民法院《**关于实际车主肇事后其挂靠单位应否承担责任的复函**》(2001年11月8日〔2001〕民一他字第23号):"本案的被挂靠单位湖北洋丰股份有限公司从挂靠车辆的运营中取得了利益,因此应承担适当的民事责任……机动车登记不是所有权登记。"最高人民法院《关于执行案件中车辆登记单位与实际出资购买人不一致应如何处理问题的复函》(2000年11月21日　〔2000〕执他字第25号):"……本案被执行人即登记名义人上海福久快餐有限公司对其名下的三辆机动车并不主张所有权;其与第三人上海人工半岛建设发展有限公司签订的协议书与承诺书意思表示真实,并无转移财产之嫌;且第三人出具的购买该三辆车的财务凭证、银行账册明细表、缴纳养路费和税费的凭证,证明第三人为实际出资人,独自对该三辆机动车享有占有、使用、收益和处分权。因此,对本案的三辆机动车不应确定登记名义人为车主,而应当依据公平、等价有偿原则,确定归第三人所有。故请你院监督执行法院对该三辆机动车予以解封。"最高人民法院《关于适用〈中华人民共和国民事诉讼法〉若干问题的意见的通知》(1992年7月14日　法发〔1992〕22号)第43条:"个体工商户、个人合伙或私营企业挂靠集体企业并以集体企业的名义从事生产经营活动的,在诉讼中,该个体工商户、个人合伙或私营企业与其挂靠的集体企业为共同诉讼人。"

4. **部门规范性文件**。交通部办公厅《关于"挂靠经营"含义的复函》(2016年7月8日　交办运函〔2016〕703号):"《道路旅客运输及客运站管理规定》所称'挂靠经营',是指道路客运车辆的机动车登记证书及行驶证的所有(权)人不具备道路客运经营资质,但以其他具备资质的企业名义从事道路旅客运输经营活动的行为。挂靠经营者的相关经营行为由被挂靠的企业承担相应的法律责任。"交通运输部《道路旅客运输及客运站管理规定》(2012年12月11日修正)第5条:"国家实行道路客运企业等级评定制度和质量信誉考核制度,鼓励道路客运经营者实行规模化、集约化、公司化经营,禁止挂靠经营。"第18条:"道路运输管理机构应当按照《中华人民共和国道路运输条例》和《交通行政许可实施程序规定》以及本规定规范的程序实施道路客运经营、道路客运班线经营和客运站经营的行政许可。"国务院安委会办公室《关于印发道路交通安全专题形势分析会议纪要的通知》(2012年2月15日　安委办〔2012〕11号)第2条:"……三是道路交通运输企业的交通安全主体责任不落实。一些交通运输企业安全管理制度不健全,重效益、轻安全,不履行对驾驶人的安全管理和教育职责,驾驶人聘用把关不严,特别是挂靠经营车辆、客运包车以及指使、纵容驾驶员疲劳驾驶等问题突出。"交通运输部、公安部、安全监管总局《关于印发道路旅客运输企业安全管理规范(试行)的通知》(2012年1月19日　交运发〔2012〕33号)第47条:"……道路旅客运输企业不得挂靠经营,不得违法转租、转让客运车辆和线路牌。"公安部《关于机动车财产所有权转移时间问题的复函》(2000年6月16日　公交管〔2000〕110号):"根据现行机动车登记法规和有关规定,公安机关办理的机动车登记,是准予或者不准予机动车上道路行驶的登记,不是机动车所有权登记。因此,将车辆管理部门办理过户登记的时间作为机动车财产所有权转移的时间没有法律依据。"公安部《关于确定机动车所有权人问题的复函》(2000年6月5日　公交管〔2000〕98号):"……根据现行机动车登记法规和有关规定,公安机关办理的机动车登记,是准予或者不准予上道路行驶的登记,不是机动车所有权登记。为了交通管理工作的需要,公安机关车辆管理所在办理车辆牌证时,凭购车发票或者人民法院判决、裁定、调解的法律文书等机动车来历凭证确认机动车的车主。因此,公安机关登记的车主,不宜作为判别机动车所有权的依据。"

**5. 地方司法性文件**。河南高院《关于机动车交通事故责任纠纷案件审理中疑难问题的解答》(2024年5月)第8条:"网约出租汽车发生交通事故时,如何认定平台公司的责任? 答:网约出租汽车发生交通事故,属于网约出租汽车一方责任,由该车辆交强险和商业第三者责任险赔偿后仍不足的,应分情况由平台公司承担相应责任:一是网约出租汽车系平台公司自营的,由平台公司承担赔偿责任。平台公司承担赔偿责任后,可以向有故意或者重大过失的驾驶人追偿;二是网约出租汽车非平台公司自营,当事人请求网约车平台承担赔偿责任的,应由平台公司先承担赔偿责任。平台公司承担赔偿责任后,可依据其与驾驶人签订的挂靠、承包、合作等相关协议约定另行主张权利;三是平台公司仅向巡游出租汽车经营公司提供信息媒介服务的,由巡游出租汽车经营公司承担赔偿责任。平台公司有过错的,承担相应的赔偿责任。"第9条:"以车主既定目的地点为终点、顺路搭乘、分摊行驶成本的顺风车发生交通事故时,保险人能否以保险标的危险程度显著增加为由主张免责? 答:一般不予支持。《最高人民法院关于适用〈中华人民共和国保险法〉若干问题的解释(四)》第四条规定:'人民法院认定保险标的是否构成保险法第四十九条、第五十二条规定的"危险程度显著增加"时,应当综合考虑以下因素:(一)保险标的的用途的改变;(二)保险标的的使用范围的改变;(三)保险标的的所处环境的变化;(四)保险标的的因改装等原因引起的变化;(五)保险标的的使用人或者管理人的改变;(六)危险程度增加持续的时间;(七)其他可能导致危险程度显著增加的因素。保险标的的危险程度虽然增加,但增加的危险属于保险合同订立时保险人预见或者应当预见的保险合同承保范围的,不构成危险程度显著增加。'以车主既定目的地点为终点、顺路搭乘、分摊行驶成本的顺风车发生交通事故时,因是否有合乘乘客不会导致投保车辆使用频率增加,且行驶范围、行驶路线亦在合理可控范围内,车辆危险程度并未显著增加。需要注意的是,对于部分实际载客经营的顺风车,由于车辆用途发生了改变,可以认定车辆危险程度显著增加。"第19条:"挂靠经营车辆的停运损失应否予以赔偿? 答:应当赔偿合理停运损失。根据《最高人民法院关于审理道路交通事故损害赔偿案件适用法律若干问题的解释》第十一条规定,道路交通安全法第七十六条规定的'财产损失',是指因机动车发生交通事故侵害被侵权人的财产权益所造成的损失。在挂靠经营车辆发生交通事故时,停运损失系营运车辆在遭受事故无法经营情况下必然产生的财产损失。根据损失填补原则和公平原则,对挂靠经营车辆的合理停运损失,应当予以赔偿。"广东高院《关于审理机动车交通事故责任纠纷案件的指引》(2024年1月31日 粤高法发〔2024〕3号)第9条:"网络预约出租汽车在运营过程中发生交通事故造成损害,属于该机动车一方责任,当事人请求网约车平台公司承担赔偿责任的,应予支持。网约车平台公司以其和驾驶人签订了挂靠、承包、合作协议等为由,主张不承担赔偿责任的,不予支持。网约车平台公司仅向巡游出租汽车经营公司提供信息媒介服务的,由巡游出租汽车经营公司承担赔偿责任。网约车平台公司有过错的,承担相应的赔偿责任。"江西宜春中院《关于印发〈审理机动车交通事故责任纠纷案件的指导意见〉的通知》(2020年9月1日 宜中法〔2020〕34号)第19条:"以挂靠形式从事道路运输经营活动的机动车发生交通事故造成损害的,属于该机动车一方责任的,由挂靠人和被挂靠人承担连带赔偿责任。"安徽合肥中院《关于道路交通事故损害赔偿案件的审判规程(试行)》(2019年3月18日)第12条:"【挂靠车辆的责任】以挂靠形式从事道路运输经营活动的机动车发生交通事故造成损害,属于该机动车一方责任的,由挂靠人和被挂靠人承担连带责任。"山东日照中院《机动车交通事故责任纠纷赔偿标准参考意见》(2018年5月22日)第5条:"车辆分期付款且已交付,所有权保留一方的责任。以分期购买、所有权保留方式购买的车辆,购车人在未付清全部购车款前,享有车辆使用权,不享有所有权,车辆发生交通事故赔偿的,所有权人不承担责任,购车人与出售人之间同时存在挂靠经营关系的除外。"重庆高院《印发〈关于保险合同纠纷法律适用问题的解答〉的通知》(2017年4月20日 渝高法〔2017〕80号)第10条:"挂靠机动车发生道路交通事故时商业三者险赔偿请求权主体如何确定?答:根据《最高人民法院关于审理道路交通事故损害赔偿案件适用法律若干问题的解释》第三条的规定,以挂靠形式从事道路运输经营活动的机动车发生交通事故造成损害,属于该机动车一方责任的,挂靠人与被挂靠人负有连带赔偿责任。故挂靠人与被挂靠人均享有商业三者险的保险利益,二者在赔偿责任确定后均有权请求保险人向第三者直接赔偿保险金,也可以在其实际承担赔偿责任后在赔偿范围内请求保险人赔偿保险金。"北京三中院《类型化案件审判指引:机动车交通事故责任纠纷类审判指引》(2017年3月28日)第2-2.3部分"承担连带赔偿责任的当事人范围—常见问题解答"第1条:"'挂靠',责任主体及责任承担?《道交解释》第三条规定,以挂靠形式从事道路运输经营活动的机动车发生交通事故造成损害,属于该机动车一方责任,当事人请求由挂靠人和被挂靠人承担连带责任的,人民法院应予支持。"天津高院《关于印发〈机动车交通事故责任纠纷案件审理指南〉的通知》(2017年1月20日 津高法〔2017〕14号)第3条:"……以挂靠形式从事道路运输经营活动的机动车发生交通事故造成损害,属于该机动车一方责任的,经当事人请求,由挂靠人和被挂靠人承担连带责任。"重庆高院民二庭《关于2016年第二季度高、中两级法院审判长联席会会议综述》(2016年6月30日)第14条:"关于挂靠车辆发生保险事故时保险金请求权的问题。参会法官一致认为,被挂靠人作为被保险人投保车辆第三者责任险的,享有保险给付请求权。但是被挂靠人怠于行使给付请求权,挂靠人举证证明挂靠关系存在且被挂靠人怠于行使保险索赔权的,挂靠人基于其对投保车辆享有的保险利益,对保险人享有保险金给付请求权。挂靠人作为记名被保险人的,可以请求保险人给付保险金。"广东深圳中院《关于审理财产保险合同纠纷案件的裁判指引(试行)》(2015年12月28日)第13条:"挂靠车主以被挂靠单位为被保险人向保险人投保,发生保险事故后,挂靠车主以本人名义向人民法院提起诉讼的,人民法院应裁定驳回其起诉。被保险人以挂靠车主已向第三者承担赔偿责任为由,要求保险人承担保险责任的,人民法院应予支持。诉讼中,可以通知挂靠车主作为第三人参加诉讼。被挂靠单位同意保险金直接赔付给实际车主的,人民法院可直接判决保险人向实际车主支付保险金。"安徽马鞍山中院《关于审理交通事故损害赔偿案件的指导意见(试行)》(2015年3月)第8条:"【出租车事故责任的认定】出租车实际所有人通过将出租车交由他人运营获取营运收入,并向他人支付一定报酬的,对于因出租车发生交通事故给第三人造成的损害,由出租车实际所有人承担赔偿责任。出租车实际所有人收取一定的费用,在固定时间内将出租车交给他人营运的,对于因出租车发生交通事故给第三人造成的损害,由出租车使用人承担赔偿责任。出租车实际所有人对损害的发生亦有过错的,承担相应的赔偿责任。"浙江高院民一庭《民事审判法律适用疑难问题解答》(2014年第16期):"……问:机动车交通事故责任纠纷案件审理中,投保人、车主、驾驶员均未到庭参加诉讼,无法查明投保人是否车辆被挂靠单位,能否径行判决投保人与侵权行为人承担连带责任?答:民事诉讼中,当事人一方经合法传唤未到庭参加诉讼,该缺席审理的行为不能视为对到庭一方当事人陈述或举证的默认。法院仍需对到庭一方当事人的举证和陈述进行审查,并据此作出缺席判决。在机动车交通事故责任纠纷案件审理中,投保人、车主、驾驶员均未到庭参加诉讼的,法院需依据有关证据规定,要求主张挂靠连带责任一方当事人承担相应的举证责任,当事人不能举证证明事故车辆存在挂靠关系的,应承担相应的举证不能的法律后果。"安徽高院《关于审理道路交通事故损害赔偿纠纷案件若干问题的指导意见》(2014年1月1日 皖高法〔2013〕487号)第16条:"出租车所有人收取一定的费用,在固定时间内将出租车交给他人运营,造成第三人损害的,按照侵权责任法第四十九条、《关于审理道路交通事故损害赔偿案件适用法律若干问题的解释》第一条的规定确定所有人应承担的责任。"广东高院《关于印发〈全省民事审判工作会议纪要〉的通知》(2012年6月26日 粤高法〔2012〕240号)第41条:"挂靠机动车发生交通事故造成他人损害,由挂靠车主承担损害赔偿责任,被挂靠单位承担补充赔偿责任。"上海高院民一庭《道路交通事故纠纷案件疑难问题研讨会会议纪要》(2011年12月31日)第1条:"挂靠车辆发生交通事故的责任承担。《侵权责任法》第49条仅列举了所有人与使用人分离的两种具体情形,即租赁和借用,对于挂靠车辆是否属于该条所调整的所有人与使用人未作明确规定。根据近日下发的最高院法办〔2011〕442号文,即全国民事审判工作会议纪要的精神,挂靠机动车发生交通事故造成他人损害,由挂靠车主承担损害赔偿责任,被挂靠单位承担补充赔偿责任。考虑到上海地区的实际情况,对于2012年1月1日之后作出一审判决的此类案件,被挂靠单位承担补充责任,此前一审法院判决的案件按照高院2007年6月18日下发的《关于道路交通事故损害赔偿责任主体若干问题的意见》处理。"江苏高院《保险合同纠纷案件审理指南》(2011年11月15日)第6条:"……(2)车辆挂靠人以被挂靠单位名义投保,保险人能否以挂靠人无保险利益为由拒赔。车辆挂靠现象在现实生活中较为普遍。个人系实际车主,但将车辆挂靠登记在运输公司名下,对外以运输公司名义从事经营活动。名义上的投保人、被保险人均为运输公司,但保费实际由个人交纳。出险后保险人往往以车辆挂靠人并无保险利益为由拒赔。保险利益为损害之反面,事故损害由谁承受,保险利益就应归属于准。挂靠人作为实际车主,车辆发生保险事故受到损害势必会影响其利益,挂靠人对被保险车辆具有保险利益,出险时有权直接要求保险人赔付保险金。车辆挂靠人发生保险事故后直接以自己的名义起诉保险人,并能够证明其与被挂靠单位之间存在挂靠关系的,对于保险人以挂靠人无保险利益为由要求裁定驳回起诉或拒绝赔偿保险金的请求,人民法院不予支持。"新疆高院《关于印发〈关于审理道路交通事故损害赔偿案件若干问题的指导意见(试行)〉的通知》(2011年9月29日 新高法〔2011〕155号)第12条:"挂靠经营的机动车发生道路交通事故造成损害,由挂靠人和被挂靠单位对超出机动车交强险责任限额之外的损害承担连带责任。"第13条:"机动车在承包期间发生道路交通事故造成损害的,由承包人和发包人对超出机动车交强险责任限额之外的损害承担连带责任。"江苏南通中院《关于处理交通事故损害赔偿案件中有关问题的座谈纪要》(2011年6月1日 通中法〔2011〕85号)第2条:"挂靠经营的车辆发生交通事故致人损害的,由挂靠人与被挂靠人承担连带赔偿责任。挂靠人与被挂靠人约定被挂靠人对交通事故不承担赔偿责任的,不得对抗第三人。"第3条:"车辆发包给他人承包经营期间,承包车辆发生交通事故致人损害的,由承包人与发包人承担连带赔偿责任。发包人与承包人约定发包人对交通事故不承担赔偿责任的,不得对抗第三人。"安徽宣城中院

《关于审理道路交通事故赔偿案件若干问题的意见(试行)》(2011年4月)第7条:"挂靠经营的机动车发生交通事故致人损害的,由保险公司在交强险限额内予以赔偿。不足部分,挂靠人与被挂靠单位承担连带赔偿责任。挂靠人与挂靠单位的免责约定不能对抗第三人。"第8条:"承包经营的机动车发生交通事故致人损害的,由保险公司在交强险份额内予以赔偿,不足部分,由发包人与承包人承担连带赔偿责任。"第10条:"从事道路经营的机动车发生交通事故致人损害的,实际经营人与名义经营人不一致的,由实际经营人与名义经营人对超出交强险的限额承担连带赔偿责任。"第11条:"出租车发生交通事故致人损害的,由保险公司在机动车责任强制险限额内予以赔偿,不足部分,车辆属于出租车公司的,出租车公司承担赔偿责任,挂靠经营的,按照第七条处理。"山东高院《关于印发审理保险合同纠纷案件若干问题意见(试行)的通知》(2011年3月17日)第12条:"财产保险中,非保险标的所有人基于租借、挂靠、保管等合同对保险标的享有占有、使用等权利而进行投保的,发生保险事故时,应认定其对保险标的具有保险利益。"第32条:"因挂靠等原因导致车辆的实际所有人与登记所有人相分离,以登记所有人名义进行了投保,在发生保险事故后,登记所有人怠于主张权利的,车辆实际所有人有权作为原告对保险人提起诉讼。该类案件人民法院可以追加登记所有人为第三人。"江苏高院《印发〈关于审理保险合同纠纷案件若干问题的讨论纪要〉的通知》(2011年1月12日 苏高法审委〔2011〕1号)第23条:"车辆挂靠人以被挂靠单位名义投保,发生保险事故后直接以自己的名义起诉保险人,并能够证明其与被挂靠单位之间存在挂靠关系的,对于保险人以挂靠人无保险利益为由要求裁定驳回起诉或拒绝赔偿保险金的请求,人民法院不予支持。"江西鹰潭中院《关于审理道路交通事故损害赔偿纠纷案件的指导意见》(2011年1月1日 鹰中法〔2011〕143号)第7条:"机动车发生交通事故造成人身伤亡、财产损失的,由保险公司在机动车第三者责任强制保险责任限额内予以赔偿。未参加机动车强制保险,发生道路交通事故人身损害的,由机动车所有人在相应的机动车强制保险责任限额范围内先行赔偿,机动车所有人与使用人不是同一人的,对机动车强制保险责任限额范围内的损害赔偿承担连带责任。"山东淄博中院民三庭《关于审理道路交通事故损害赔偿案件若干问题的指导意见》(2011年1月1日)第13条:"挂靠车辆发生交通事故的,被挂靠人应当承担连带赔偿责任。"第17条:"在车辆发包给他人期间,承包车辆发生交通事故的,应由承包人承担赔偿责任;车辆所有人或车辆发包人对损害的发生有过错的,应承担相应的赔偿责任。"江苏高院民一庭《侵权损害赔偿案件审理指南》(2011年)第7条:"道路交通事故责任……10.城市出租车交通事故责任。无论城市出租车公司采取公司制运营模式还是采取挂靠制运营模式,无论出租车司机与出租车公司之间的内部关系如何约定,考虑到运行利益和运行控制的判断标准、风险与收益的相互匹配、充分保护受害人等因素,以及《侵权责任法》第34条关于用人单位工作人员因执行工作任务造成他人损害责任承担的规定,应当认定出租车公司为赔偿责任主体。"江西高院《关于印发〈关于审理保险合同纠纷案件若干问题的指导意见(一)〉的通知》(2010年12月21日 赣高法〔2010〕280号)第11条:"车辆保险中,因挂靠等原因导致车辆的实际所有人与投保人、被保险人相分离,车辆实际所有人在侵权案件中被法院或交通事故处理机关确定为赔偿义务人的,车辆实际所有人提出要求保险人承担保险责任的,应予支持。"江苏无锡中院《关于印发〈关于审理道路交通事故损害赔偿案件若干问题的指导意见〉的通知》(2010年11月8日 锡中法发〔2010〕168号)第4条:"【挂靠机动车的事故赔偿责任】挂靠经营的机动车发生道路交通事故致人损害的,由挂靠人与被挂靠单位承担连带赔偿责任。被挂靠单位以挂靠合同约定为由主张免责的,不予支持。"江苏常州中院《关于道路交通事故损害赔偿案件的处理意见》(2010年10月13日 常中法〔2010〕104号)第1条:"……(12)机动车所有人将机动车挂靠在他人名下,该机动车发生交通事故的,应由挂靠人与被挂靠人承担连带赔偿责任。如果二者之间约定被挂靠人对交通事故的损害赔偿免责的,该约定不能对抗第三人。被挂靠人承担赔偿责任后,可以就交强险限额以外的部分,向挂靠人进行追偿。车辆是否属于挂靠关系,应根据双方的约定、车辆的投保人、相关费用的支付人、车辆的实际受益人、以被挂靠人名义从事经营活动的范围等因素综合判断。借用他人身份证向车辆管理部门办理牌照登记的机动车、非机动车发生交通事故的,按挂靠关系处理……"河南郑州中院《审理交通事故损害赔偿案件指导意见》(2010年8月20日 郑中法〔2010〕120号)第29条:"挂靠车辆发生交通事故的,由挂靠人承担责任,不足部分由被挂靠人承担补充赔偿责任。"第28条:"承包他人机动车在承包期内,发生交通事故的,由发包人和承包人承担连带赔偿责任。"河南周口中院《关于侵权责任法实施中若干问题的座谈会纪要》(2010年8月23日 周中法〔2010〕130号)第10条:"在机动车的所有人和使用人不一致的情形下,责任主体的认定及责任方式确定,主要是采用'运行支配'和'运行利益'两个标准综合判断,同时还要结合过错责任来作为补充。在实践中,既要充分体现对受害人的保护,还要注意促进经济发展、保障行为人的行为自由,另外还要兼顾制裁交通违法行为人、遏制交通事故发生、维护交通安全的目的。结合保险法中分散风险、救济受害人等功能,积极稳妥化解故意逃避赔偿责任等形式的道德风险,应当根据下列不同情形,分别确定责任人及责任方式:1.挂靠车辆发生交通事故造成他人损害的,分别根据下列情形承担责任:如果受害人与被挂靠人形成运输合同关系,受害人请求违约赔偿的,应当由被挂靠人直接承担责任;如果被挂靠人与挂靠人之间形成事实上的联运或者共同经营关系的,由被挂靠人与挂靠人承担共同赔偿责任;被挂靠人虽然不介入营运,但收取一定的费用,从挂靠车辆的运营收入中获得一定的利益,由被挂靠人按照获利的比例承担适当的相应赔偿责任;如果被挂靠人是专门从事运输的企业,挂靠人以被挂靠人的名义从事道路交通运输的,被挂靠人与挂靠人承担连带责任;如果被挂靠人对事故车辆既无支配权和控制权,也不从事故车辆的运行中取得任何利益,被挂靠人不承担责任。但是对允许事故车辆挂靠经营有过错的,应当承担与其过错程度相适应的补充赔偿责任……4. 机动车在承包经营期间发生交通事故造成他人损害的,车辆所有人或者管理人与承包人承担共同赔偿责任。承包双方可以根据合同约定或利益分配比例进行追偿。"浙江高院民一庭《关于审理道路交通事故损害赔偿纠纷案件若干问题的意见(试行)》(2010年7月1日)第5条:"《侵权责任法》第四十九条规定的机动车所有人'承担相应的赔偿责任',系与其过错相适应的按份责任;证明机动车所有人过错的举证责任应由主张机动车所有人需承担责任的一方当事人负担。机动车所有人知道或应当知道租用人或借用人不具备驾驶资格、酒后驾车或存在其他不利于安全驾车的事由,或者机动车存在安全隐患等情形的,应认定其具有过错。"第6条:"从事道路运输经营的机动车发生道路交通事故致人损害,实际经营人与名义经营人不一致的,由实际经营人和名义经营人对超出机动车强制保险责任限额的损害赔偿承担连带责任。"第7条:"机动车在承包期间发生道路交通事故致人损害的,由保险公司在机动车强制保险责任限额范围内予以赔偿。不足部分,由承包人承担赔偿责任;发包人对损害的发生有过错的,承担相应的赔偿责任。"第17条:"未参加机动车强制保险,发生道路交通事故致人损害的,由机动车所有人在相应的机动车强制保险责任限额范围内先行赔偿;机动车所有人与使用人不是同一人的,对机动车强制保险责任限额范围内的损害赔偿承担连带责任。"山东东营中院《关于印发道路交通事故处理工作座谈会纪要的通知》(2010年6月2日)第27条:"道路交通事故损害赔偿案件的责任主体,一般应根据机动车运行支配权和运行利益归属予以确定。依据上述原则无法确定的,可以根据机动车注册登记的车主予以认定。"第29条:"机动车挂靠经营情形下发生交通事故的,由挂靠机动车的所有人承担赔偿责任;被挂靠人向挂靠人收取一定费用的,由挂靠人与被挂靠人承担连带责任。"第32条:"机动车承包经营情形下发生交通事故的,发包人与承包人承担连带责任。"第34条:"出租车在营运期间发生交通事故造成他人损害的,由交通事故责任人承担赔偿责任,出租公司承担连带责任。"重庆高院《印发〈全市法院保险纠纷案件审判实务研讨会会议纪要〉的通知》(2010年4月7日 渝高法〔2010〕101号)第17条规定:"关于挂靠车辆发生保险事故时保险金请求权的问题。会议认为,被挂靠人作为被保险人投保车辆第三者责任险的,享有保险给付请求权。但是被挂靠人怠于行使给付请求权,挂靠人举证证明挂靠关系存在且被挂靠人怠于行使保险索赔权的,挂靠人基于其对投保车辆享有的保险利益,对保险人享有保险金给付请求权。挂靠人作为记名被保险人的,可以请求保险人给付保险金。"安徽合肥中院民一庭《关于审理道路交通事故损害赔偿案件适用法律若干问题的指导意见》(2009年11月16日)第3条:"出租车发生道路交通事故致人损害的,车辆属于出租车公司的,出租车公司承担赔偿责任;挂靠经营的,按第四条处理。"第4条:"挂靠经营的机动车发生道路交通事故致人损害的,由挂靠人与被挂靠单位承担连带赔偿责任。"第5条:"承包经营的机动车发生道路交通事故致人损害的,由承包人与发包人承担连带赔偿责任。"江苏南京中院民一庭《关于审理交通事故损害赔偿案件有关问题的指导意见》(2009年11月)第23条:"机动车所有人将车辆挂靠在他人名下,挂靠车辆发生交通事故的,应由被挂靠人与挂靠人承担连带赔偿责任。挂靠人与被挂靠人之间关于被挂靠人对交通事故损害赔偿免责的约定,不能对抗受害人。"浙江高院《关于审理财产保险合同纠纷案件若干问题的指导意见》(2009年9月8日 浙高法〔2009〕296号)第22条:"车辆保险中,因挂靠等原因导致车辆的实际所有人与投保人、被保险人相分离,车辆实际所有人在侵权案件中被法院或交通事故处理机关确定为赔偿义务人,车辆实际所有人提出要求保险人承担保险责任的,应予支持。"云南高院《关于审理人身损害赔偿案件若干问题的会议纪要》(2009年8月1日)第2条:"……挂靠车辆在运行中造成他人损失的,由挂靠人和被挂靠单位承担连带赔偿责任。

9. 机动车承包后发生交通事故的,由承包人承担赔偿责任,发包人承担连带责任。"辽宁高院《关于印发全省法院民事审判工作座谈会会议纪要的通知》(2009年6月1日 辽高法〔2009〕120号)第20条:"关于出租汽车及挂靠运营车辆的事故责任承担。出租汽车或挂靠运营车辆肇事后,应由责任方车主承担主要的事故赔偿责任。若受害方提出请求,可根据出租汽车公司或被挂靠单位的过错程度,综合考虑其对运营车辆管理的紧密程度以及车辆运营收益的分配情况等因素,确定出租汽车公司或被挂靠单位是否应当承担赔偿责任以及赔偿责任的大小。"广东佛山中院《关于审理道路交通事故损害赔偿案件的指导意见》(2009年4月8日)第18条:"挂靠经营的机动车发生道路交通事故致人损害的,由挂靠人与被挂靠单位承担连带赔偿责任。承包经营的机动车发生道路交通事故致人损害的,由承包人与发包人承担连带赔偿责任。租赁的机动车发生道路交通事故致人损害的,由承租人与出租人承担连带赔偿责任。"第19条:"挂靠人、承包人或者承租人驾驶机动车发生道路交通事故致其自身受到损害的,被挂靠单位、发包人或者出租人原则上不承担赔偿责任,当事人另有约定的除外。"第20条:"挂靠人、承包人或者承租人雇佣他人驾驶机动车,该雇员因驾驶机动车发生道路交通事故致其自身受到损害的,由挂靠人、承包人或者承租人承担赔偿责任。雇佣关系以外的第三人造成雇员损害的,赔偿权利人可以请求第三人承担赔偿责任,也可以请求挂靠人、承包人或者承租人承担赔偿责任。"辽宁大连中院《当前民事审判（一庭）中一些具体问题的理解与认识》（2008年12月5日 大中法〔2008〕17号）第28条："交通事故损害赔偿责任主体的具体认定问题。交通事故中赔偿义务人确定的基本原则：由机动车的所有人或实际占有人（实际使用人）承担赔偿责任。处理原则是所有人和实际占有人不一致的，根据运行支配（支配和控制）和运行利益（与机动车运行有关的经济利益）原则确定赔偿义务人。为保证受害人的利益，在诉讼中当行使必要的释明权，告知当事人尽可能将与肇事车有关人员追加为共同被告，对原告在释明后所作出的选择，法院应作好记录……（7）挂靠经营（强调有挂靠协议或受害人认可）的机动车发生交通事故致人损害的，由挂靠人承担赔偿责任，根据最高院的批复精神，此类案件被挂靠单位应当承担适当的民事责任。目前，在审判实务中判决被挂靠单位承担补充赔偿责任为宜。"山东高院《2008年民事审判工作会议纪要》（2008年9月）第2条："……（七）关于机动车挂靠经营情形下发生交通事故如何确定赔偿责任的问题。机动车挂靠经营的情形比较复杂，但都是法律所禁止的，目前审判实务中对机动车挂靠经营情形下发生道路交通事故如何确定被挂靠人的损害赔偿责任存在较大的分歧，各地做法不一，《2005年全省民事审判工作座谈会纪要》依据最高人民法院内部批复的精神，规定被挂靠人在收益范围内承担赔偿责任。这样规定相对比较合理，但实践中不易操作，鉴于挂靠经营的不法性以及实务中的可操作性，对于机动车挂靠经营情形下发生道路交通事故的，原则上由挂靠人与被挂靠人承担连带赔偿责任。"福建高院民一庭《关于审理人身损害赔偿纠纷案件疑难问题的解答》（2008年8月22日）第7条："问：挂靠经营的机动车发生交通事故致人损害的，由谁承担赔偿责任？答：实践中之所以会产生挂靠关系，通常是双方出于经济利益的需要，被挂靠单位往往能从挂靠中得到一定的经济利益和好处；同时考虑到，既然被挂靠单位同意挂靠人以其名义对外从事生产经营活动，那么，被挂靠单位就负有对挂靠人的行为进行监督和管理的义务。因此，挂靠经营的车辆发生交通事故时，应由挂靠人承担赔偿责任，被挂靠单位承担连带责任。"浙江杭州中院《关于道路交通事故损害赔偿纠纷案件相关问题的处理意见》（2008年6月19日）第1条："原告已单独起诉实际车主承担责任并获支持，原告可否再另行起诉挂靠单位，要求其承担连带责任？从程序上而言，因两次诉讼的被告不同、诉求不同、依据的事实和理由不同，故原告享有程序上另行起诉挂靠单位的诉权。"江苏宜兴法院《关于审理交通事故损害赔偿案件若干问题的意见》（2008年1月28日 宜法〔2008〕第7号）第6条："车辆所有人将车辆发包给他人承包经营期间，承包人使用该车辆发生交通事故的，应由发包人与承包人承担连带赔偿责任。车辆所有人将车辆挂靠在他人名下，挂靠车辆发生交通事故的，应由被挂靠人与挂靠人承担连带赔偿责任。发包人与承包人、挂靠人与被挂靠人之间的免责约定不能对抗第三人。"陕西高院《关于审理道路交通事故损害赔偿案件若干问题的指导意见(试行)》(2008年1月1日 陕高法〔2008〕258号)第1条:"机动车发生道路交通事故致人损害的,应当由该机动车所有权人承担相应的赔偿责任。法律、行政法规及本意见有其他规定的除外。"第4条:"挂靠经营的机动车发生道路交通事故致人损害的,由挂靠人和被挂靠单位承担连带赔偿责任。"第5条:"承包他人的机动车发生道路交通事故致人损害的,由承包人与发包人承担连带赔偿责任。"第27条:"合同约定一方驾驶他方机动车并以他方名义从事经营,他方收取固定利益的,应当认定为承包合同。"第28条:"合同约定一方将自有机动车登记在他方名下,并以他方名义从事运营的,应当认定为挂靠合同。"湖北十堰中院《关于审理机动车损害赔偿案件适用法律若干问题的意见(试行)》(2007年11月20日)第6条:"机动车的有权占有人的责任按照下列原则确定:……(3)被挂靠车辆在运行中造成他人损害的,由挂靠人承担责任。被挂靠人从挂靠车辆的经营中取得利益的,应承担适当的赔偿责任……"上海高院《关于道路交通事故损害赔偿责任主体若干问题的意见》(2007年6月18日 沪高法民一〔2007〕11号)第2条:"挂靠机动车发生交通事故造成他人损害的,由挂靠人与被挂靠人(包括单位或个人)承担连带赔偿责任。机动车是否属于挂靠关系的认定,应根据双方的约定、机动车的投保人、养路费用的支付人、机动车的实际受益人、以被挂靠方名义从事经营活动的范围等因素综合判断。"第3条:"被挂靠人承担赔偿责任后,可以就机动车交通事故责任强制保险责任限额以外的部分,向挂靠人追偿。挂靠人与被挂靠人之间的责任,应根据双方合同的约定、各自过错的大小等因素确定。"第4条:"借用他人身份证取得车辆管理部门登记的机动车、非机动车发生交通事故的,按照挂靠关系处理。"湖北武汉中院《关于审理交通事故损害赔偿案件的若干指导意见》(2007年5月1日)第11条:"车主将车辆挂靠在他人名下,被挂靠人从挂靠车辆的运营中取得了利益的,应承担适当的民事责任。"第13条:"车辆承包、租赁经营的,发包人、出租人承担连带赔偿责任。"第14条:"客运出租车发生交通事故的,原则上应由客运出租车所属单位承担赔偿责任。"第15条:"实际车主与名义车主不一致的,根据运行支配原则及运行利益归属原则确定赔偿责任主体。"江西高院民一庭《关于审理道路交通事故人身损害赔偿案件适用法律若干问题的解答》(2006年12月31日)第17条:"挂靠车辆因交通事故致人损害的,应由挂靠人承担赔偿责任,对于挂靠人不能支付的部分,由被挂靠人予以垫付;被挂靠人承担垫付后,可以另案向挂靠人追偿;挂靠人与被挂靠人请求区分内部责任的,可告知当事人另案处理。如赔偿权利人主张挂靠人与被挂靠人承担连带赔偿责任的,人民法院不予支持。"重庆高院《关于审理道路交通事故损害赔偿案件适用法律若干问题的指导意见》(2006年11月1日)第1条:"机动车发生道路交通事故致人损害的,一般由对该机动车具有运行支配力的主体与享有运行利益的主体承担相应赔偿责任。"第2条:"挂靠经营的机动车发生道路交通事故致人损害的,由挂靠人与被挂靠单位承担连带赔偿责任。"第3条:"承包经营的机动车发生道路交通事故致人损害的,由承包人与发包人承担连带赔偿责任。"第5条:"挂靠人、承包人或者承租人驾驶机动车发生道路交通事故受到损害,请求被挂靠单位、发包人或者出租人承担赔偿责任的,按照当事人之间的约定处理。"第6条:"挂靠人、承包人或者承租人雇佣他人驾驶机动车,该雇员因驾驶机动车发生道路交通事故受到损害的,由挂靠人、承包人或者承租人承担相应赔偿责任。雇佣关系以外的第三人造成雇员损害的,赔偿权利人可以请求第三人承担赔偿责任,也可以请求挂靠人、承包人或者承租人承担赔偿责任。"甘肃高院《关于被挂靠单位对机动车发生交通事故损害赔偿如何承担责任的答复》(2005年12月27日 甘高法〔2005〕311号):"……被挂靠单位收取了管理费,并对挂靠车辆的运营有一定支配权的,承担连带责任;反之,则不承担责任。被挂靠单位收取了管理费,对挂靠车辆运营没有支配权的,被挂靠单位仅在收取管理费的范围内承担有限连带责任,但私人自用非营利性车辆除外。"江西赣州中院《关于审理道路交通事故人身损害赔偿案件的指导性意见》(2006年6月9日)第3条:"客运出租公司的出租车在运行中致人损害的,由出租公司承担赔偿责任。客运出租车由个人购买,《经营许可证》、《客运出租汽车准运证》登记在出租公司名下的,由出租公司承担赔偿责任。"第4条:"客运出租车由个人购买,《经营许可证》和《客运出租汽车准运证》登记在车主名下,出租车在运行中致人损害的,由车主承担赔偿责任。"第5条:"机动车所有人将车辆发包、租赁给他人经营致人损害:由承包人、租赁人承担赔偿责任,承包人、出租人承担连带责任。"第6条:"挂靠机动车在运行中致人损害,由挂靠人承担赔偿责任,被挂靠人承担补充赔偿责任。"贵州高院、省公安厅《关于处理道路交通事故案件若干问题的指导意见(一)》(2006年5月1日)第23条:"承包的机动车发生交通事故的,由发包人、承包人承担连带责任。"第24条:"机动车挂靠情形下发生交通事故的,由挂靠人、被挂靠人承担连带责任。"安徽高院《审理人身损害赔偿案件若干问题的指导意见》(2005年12月26日)第8条:"机动车发生交通事故造成他人损害的,由在机动车管理部门登记的车辆所有人承担赔偿责任。在机动车管理部门登记的车辆所有人与他人签订协议转让机动车的所有权,但没有到机动车管理部门办理变更登记,机动车发生交通事故造成他人损害的,按本意见规定的挂户车辆处理。"第9条:"挂户车辆发生交通事故造成他人损害的,由挂户单位(个人)与车辆实际所有人承担连带责任。车辆挂户是指按口头或书面的协议,在机动车管理部门将车辆登记在他人名下。"第10条:"挂户单位(个人)承担责任后,有权向车辆实际所有人追偿。车辆实际所有人能举证证明已向挂户单位(个人)交纳了管理费用,但挂户单位(个人)没有履行挂户合同约定的监督管理义务的,挂户单位(个人)应自行承担一定责任。挂户单位(个人)收取管理费用,又与车辆实际所有人有'发生交通事故后不承担任何责任'等类似约定,要求车辆实际所有人承担全部责任的,不予支持。"第 11 条:"出租车发生交通事故造成他人人身伤亡、财产损失,车辆属出租车公司的,出租车公司承担责任;挂户经营的,按前两条的规定处理。"山东高院《关于印发〈全省民事审判工作座谈会纪要〉的通知》(2005 年 11 月 23 日 鲁高法〔2005〕201 号)第 3 条:"……(七)关于交通事故损害赔偿责任主体的确定问题。道路交通损害赔偿案件是一类特殊的侵权案件,根据最高人民法院有关司法解释的精神,其责任主体一般应根据对机动车运行支配权与运行利益的归属来确定。对于机动车挂靠经营情形下发生道路交通事故的,原则上应由挂靠人或者实际车主承担损害赔偿责任,但被挂靠人从挂靠车辆的经营中取得利益的,应承担适当的赔偿责任;对于机动车出借情形下发生道路交通事故的,原则上应由借用人承担赔偿责任,但出借人在出借行为中存在过失的,应根据其过错程度承担适当的赔偿责任;对于机动车实行租赁、承包情形下发生道路交通事故的,原则上应由承租人、承包人与出租人、发包人承担连带损害赔偿责任……"江苏高院、省公安厅《关于处理交通事故损害赔偿案件有关问题的指导意见》(2005 年 9 月 1 日 苏高法〔2005〕282 号 2020 年 12 月 31 日起被苏高法〔2020〕291 号文废止)第 34 条:"本意见中的'车辆实际支配人',是指买卖车辆未办理过户手续的买受人连环购车均未办理过户手续的,为最后一次买卖关系中的买受人、受赠人以及车辆承租人、借用人、挂靠人和承包经营者等。"浙江杭州中院《关于审理道路交通事故损害赔偿纠纷案件问题解答》(2005 年 5 月)第 2 条:"……车辆挂靠时的责任主体确定问题。挂靠是名义上的车辆所有人与实际的车辆所有人不同的一种情形,在查明挂靠关系的前提下,原则上应由名义上的车辆所有人(被挂靠单位)与实际车辆所有人承担连带责任。9.车辆承包时的责任主体确定问题。车辆所有人将其所有的车辆承包给他人使用,收取承包费的行为,是车辆所有人将自己对车辆的直接支配权交给他人的表现。但是,车辆所有人仍有权决定是否收回承包权,故其仍是车辆的运行支配者和运行利益的归属者。承包人发生事故致人损害,车辆所有人应承担连带责任。"广东高院、省公安厅《关于〈道路交通安全法〉施行后处理道路交通事故案件若干问题的意见》(2004 年 12 月 17 日 粤高法发〔2004〕34 号)第 37 条:"根据《道路交通安全法》第九条、第十二条的规定,机动车所有人是指机动车在车辆管理机关登记的单位和个人。指导意见所称'车辆实际支配人'是指在车辆异动中未办理过户手续的买受人(发生多手交易均未过户的,为最后一次买卖关系的买受人)、受赠人、车辆承租人、借用人、挂靠人和承包经营人。"湖北高院《民事审判若干问题研讨会纪要》(2004 年 11 月)第 3 条:"……关于道路交通事故人身损害赔偿案件责任主体的确定问题。确定道路交通事故人身损害赔偿的责任主体,以'运行支配权'和'运行利益归属权'作为判断标准,即谁是肇事机动车一方运行支配权或运行利益归属权的享有者,谁就是道路交通事故损害赔偿的责任主体。"天津高院《关于审理交通事故赔偿案件有关问题经验总结》(2004年5月18日　津高法〔2004〕64号)第1条:"客运出租车公司所有的出租车在运行中造成他人损害的,由出租车公司根据事故责任比例承担赔偿责任。"第2条:"客运出租车由司机个人购买,但《客运出租汽车经营许可证》、《客运出租汽车准运证》登记在出租车名下,该出租车在运行中造成他人损害的,应由司机根据事故责任比例向受害人承担赔偿责任。当其财产不足以清偿时,不足部分由出租车公司承担赔偿责任。"第3条:"客运出租车由司机个人所有,司机有《个体工商户营业执照》,且《客运出租汽车经营许可证》、《客运出租汽车准运证》登记在司机个人名下,该出租车在运行中造成他人损害的,应由司机个人根据事故责任比例向受害人承担赔偿责任,对该出租车进行集中管理和服务的机构不承担责任。"第4条:"被挂靠车辆在运行中造成他人损害的,按下列规定处理:(1)若被挂靠单位收取了管理费或得到了经济利益,由挂靠人承担赔偿责任,被挂靠单位在收取的管理费和得到经济利益总额内承担连带责任。(2)若被挂靠单位未收取管理费或未取得其他经济利益,仅仅是基于地方政府管理的要求挂靠或强制挂靠,被挂靠单位不承担赔偿责任。"第5条:"机动车所有人将车辆发包,承包人在运行中造成损害的,由承包人承担赔偿责任,由发包人承担连带责任。"山东高院《关于审理道路交通事故损害赔偿案件的若干意见》(2004年5月1日)第8条:"道路交通事故损害赔偿案件的责任主体,一般应根据机动车运行支配权利和运行利益归属予以确定;依据上述原则无法确定的,可以根据机动车注册登记的所有权人确定……机动车挂靠经营情形下发生交通事故的,原则上由挂靠机动车所有权人承担赔偿责任;但被挂靠人向挂靠人收取一定费用的,其应在获取全部费用的范围内承担赔偿责任……"吉林高院《关于印发〈关于审理道路交通事故损害赔偿案件若干问题的会议纪要〉的通知》(2003年7月25日　吉高法〔2003〕61号)第15条:"承包机动车的,承包人自己驾驶车辆发生道路交通事故或者承包人雇佣的人驾驶机动车发生道路接通事故的,以发包人和承包人为共同被告,由发包人和承包人承担连带责任。"第27条:"出租车公司的出租车发生道路交通事故造成损害的,以出租车公司为被告,由出租车公司承担损害赔偿责任。出租车营运手续为出租车公司所有,出租车所有权为个人所有,该出租车发生道路交通事故造成损害的,应当由出租车所有人承担损害赔偿责任,出租车公司承担连带责任。"第29条:"发生道路交通事故的机动车属于个人所有而挂靠在国有、集体单位或其他单位名下的,应当将挂靠人和被挂靠人列为共同被告,由挂靠人和被挂靠人承担连带赔偿责任。"北京高院《关于部分道路交通事故损害赔偿案件的受案与审理应以北京市公安局下属各分、县局为被告的通知》(2003年5月14日)："……市公安局下属各分、县局的公用车辆统一登记在市公安局名下,是由政府采购和指定主体登记的统一规定决定的,具有不可选择性和不可变更性。鉴于上述情况,我院认为,各公安分、县局不仅是车辆驾驶员的所在单位,也是车辆的实际所有人,其具有民事主体和诉讼主体资格,完全能够也应当对外独立承受民事权利义务。为此,参照国务院《道路交通事故处理办法》的相关规定,我院经研究确定,自本通知下发之日起,各法院受理此类案件,应以肇事车辆驾驶员所在单位为被告,不再列北京市公安局为被告。"内蒙古高院《全区法院交通肇事损害赔偿案件审判实务研讨会会议纪要》(2002年2月)第8条："承包他人车辆发生交通事故引起损害赔偿诉讼的,发包人对承包人应当承担的责任负连带赔偿责任。"第9条："挂靠他人名义下的车辆发生交通事故引起损害赔偿诉讼的,被挂靠人对挂靠人应当承担的责任负连带赔偿责任。"江苏高院《2001年全省民事审判工作座谈会纪要》(2001年10月18日　苏高法〔2001〕319号　2020年12月31日起被苏高法〔2020〕291号文废止)第7条："……挂靠经营的机动车发生交通事故造成他人损害的,应由挂靠人和被挂靠人连带承担赔偿责任。挂靠人与被挂靠人之间约定被挂靠人对交通事故的后果免责的,仅在双方之间具有约束力,不能对抗第三人。"广东高院、省公安厅《关于印发〈关于处理道路交通事故案件若干具体问题的补充意见〉的通知》(2001年2月24日　粤高法发〔2001〕6号　2021年1月1日起被粤高法〔2020〕132号文废止)第1条："公安交通管理部门在处理交通事故过程中,应当准确认定交通事故车辆驾驶人的身份,同时查明交通事故车辆所有人、车辆实际支配人的情况,以及交通事故车辆驾驶人、车辆所有、车辆实际支配人之间的关系。"第15条："当事人只起诉车辆驾驶人、车辆所有人或实际支配人中部分主体的,人民法院应当告知其他有关人员的责任。当事人坚持只起诉部分主体的,人民法院应当准许,对不起诉部分,视为放弃权利。车辆所有人主张因车辆异支致使车辆所有人与车辆实际支配人不一致的,应当承担举证责任。不能查明车辆实际支配人的,车辆所有人应承担交通事故损害赔偿责任。"辽宁高院、省公安厅《关于道路交通事故案件若干问题的处理意见》(辽公交〔2001〕62号)第9条："机动车所有人是指依法在车辆管理机关注册登记的单位或个人。机动车实际占有人是指借用关系的借用人,租赁关系的承租人,承包关系的承包人、挂靠登记的挂靠人、车辆交易未过户的最后承买人、车辆交易实行分期付款方式肋分期付款人、其它合法的实际占有人。机动车所有人与机动车实际占有人不一致时,可按下列不同情况分别确定责任的承担……(5)挂靠登记的挂靠人发生交通事故并负有责任的,由挂靠人承担赔偿责任,被挂靠单位收取挂靠人管理费用的,由被挂靠单位在收取的管理费总额内承担有限连带责任。"四川高院《关于道路交通事故损害赔偿案件审判工作座谈会纪要(试行)》(1999年11月

12日　川高法〔1999〕454号)第4条:"……(9)车辆所有人未经有关主管部门同意将车辆挂靠其他单位的,由车辆实际所有人承担赔偿责任。车辆所有人暂时无力偿付时,由挂靠单位垫付。车辆所有人应有关主管部门要求强制性挂靠的,由挂靠单位承担赔偿责任;如原告起诉车辆实际所有人的,应追加挂靠单位为被告,由挂靠单位承担赔偿责任,车辆实际所有人承担连带责任。"江苏高院《全省民事审判工作座谈会纪要》(1999年11月1日　苏高法〔1999〕466号)第3条:"……关于车辆挂靠经营纠纷的处理。车辆挂靠经营是指个人出资取得的机动车挂靠在他人名下,并以他人的名义办理车辆行驶证件及营运证件从事经营活动的行为。挂靠人与被挂靠人订立的挂靠经营协议,未违反国家法律、行政法规的强制性规定,是当事人真实意思的表示,应认定为有效,当事人应当按照协议约定行使权利、履行义务。挂靠人将车辆转让给他人经营,系转让车辆的经营权,这种权利义务的转让应征得被挂靠人的同意。被挂靠人不同意的,挂靠人与他人签订的转让协议无效。"河南高院《关于审理道路交通事故损害赔偿案件若干问题的意见》(1997年1月1日　豫高法〔1997〕78号)第10条:"承包车辆,承包人自己驾驶发生交通事故或者承包人雇佣的人驾驶发生交通事故,应以发包人和承包人为被告。"第17条:"发生交通事故的车辆所属单位名为国营或集体,实为个体或合伙,如应当将车辆所有人列为被告时,仍应以原登记的车辆所有人为被告,但该被告承担事故赔偿责任后有权向车辆的实际所有人追偿。"第18条:"发生交通事故的车辆属于私人所有而挂靠在国营或集体单位名下,或自己所有的车辆挂靠在其他单位名下的,应当把挂靠人和被挂靠人列为共同被告。"

**6. 地方规范性文件。**江苏省《道路运输条例》(2013年4月1日)第30条:"鼓励班车、包车、旅游客运经营者实行公司化经营。实行公司化经营应当遵守下列规定:(一)车辆产权属于客运经营者所有;(二)客运经营者与车辆司乘人员签订劳动合同,依法办理社会保险;(三)车辆营业收入全部上缴客运经营者,并由客运经营者统一考核营运成本,司乘人员劳动报酬不与单车利润直接挂钩;(四)客运经营者统一经营管理车辆,并承担全部经营风险和安全管理责任;(五)不以承包、租赁等任何方式转让或者变相转让客运经营权。"第40条:"严格控制出租汽车客运经营权有偿出让。已经实行出租汽车客运经营权有偿出让的,应当逐步实行无偿使用;确需继续实行有偿出让或者以有偿出让方式新增出租汽车客运运力的,应当报省人民政府批准。有偿出让所得资金,应当实行收支两条线管理,专项用于出租汽车客运服务设施建设与管理。以无偿使用方式新增出租汽车客运运力的,应当经设区的市人民政府批准,并报省交通运输主管部门备案。"第42条:"出租汽车客运企业应当全额出资购买营运车辆,不得利用出租汽车客运经营权、收取抵押金或者要求驾驶员垫资、借款等方式,向驾驶员转嫁投资和经营风险。出租汽车客运经营者实行承包经营的,应当与驾驶员签订书面承包经营合同,承包费用应当公平合理。承包经营合同格式文本由省交通运输主管部门会同工商、价格等部门制定。"

**7. 最高人民法院审判业务意见。**● 该运业公司是否应承担民事赔偿责任?《人民司法》研究组:"……本案中运业公司的行为不是保留车辆所有权的分期买卖,而是垫付部分购车款并以车辆所有权作担保的借款行为,本质上是董某某借款买车,与运业公司和董某某的责任承担没有必然的联系。肇事货车的行驶证、登记证、车门上的营运标志均是运业公司,而实际车主是董某某,属典型的挂靠经营。车辆挂靠经营的实质是,运输企业向不具备运输经营资格的主体非法转让、租借运输经营权或部分运输经营权的行为,是违背行政许可、规避国家有关行业市场准入制度的行为。参照《民诉法意见》第43条之规定,在民事诉讼中,挂靠者和被挂靠者应列为共同诉讼人,虽然该条解决的是在程序上的诉讼主体问题,但实际上让被挂靠人参与诉讼蕴含着实体上应当承担责任的假设。根据《道路交通安全法》第76条之规定,机动车发生交通事故导致人身损害的,首先应由机动车一方承担相应的责任。本案中,运业公司和董某某就是机动车一方,不管运业公司与董某某的内部关系如何,对外都要承担赔偿责任。" ○ 挂靠经营车辆发生交通事故,被挂靠单位应否承担连带赔偿责任?《人民司法》研究组:"挂靠经营车辆发生交通事故引起的损害赔偿责任,应由车辆业主承担,车辆业主不能承担的,由被挂靠单位承担。被挂靠单位承担责任的大小,应综合考虑各种因素。如果被挂靠单位收取的费用较高,其所应承担的责任也相应较大。反之,如果收取的费用很少,所应承担的责任也相对较小。总之,被挂靠单位应根据其所获取的利益等综合因素,承担相应的责任。"

**8. 参考案例。**① 2016年重庆某交通事故纠纷案,2013年,王某将挂靠物流公司车辆转让给贾某,并将该转让事宜通知了物流公司,公司表示同意。其后,贾某又将该车转让给谭某。2014年,谭某驾驶该车发生交通事故致熊某伤残。事故发生时,该车辆已过交强险保险期间。法院认为:肇事车辆无论是线路经营权还是进站经营权,均归属汽运公司而非个体车主,代理客车经营合同及汽运公司章程中有汽运公司代理经营,接受其管理且收取代理费、交通规费,统一办理客运线路营运审批、汽车进站手续、证件领发、车辆报废及更新等其他明显具备管理职能的条款,故车主与汽运公司并非单纯的有偿服务合同,本质上系地方政府为加强管理而实施的事实上的一种体现管理与被管理的挂靠关系。运行支配,不限于对运行自身存在直接、现实支配场合,而只要出于事实上能支配、管理机动车运行地位和对机动车运行能下指示、处于控制地位,即为运行支配。运行利益不仅包括直接利益,亦包括间接利益,甚至包括因心理因素而产生的利益。本案情形下被挂靠单位对挂靠机动车存在"运行支配"和"运行利益"。汽运公司本应按合同约定和章程规定，严格履行自己管理职责，从而避免和减少代理经营风险，但其怠于行使自己义务，未对肇事车辆办理车辆保险，未有效监督代理车辆运营状况，对于车辆是否适合安全运营、转让等重大事项置若罔闻，存在明显管理不当和失责，车辆发生交通事故后，被挂靠单位汽运公司应承担赔偿责任。代理客车经营合同中关于侵权责任承担约定仅成为客运代理中向车主追偿法律依据，而不能产生对外效力，不能对抗有理由信赖肇事车辆乃汽运公司所有的一般善意第三人。判决王某赔偿李某9万余元，汽运公司承担连带责任。②2015年四川某保险合同纠纷案，2014年，程某驾驶挂靠物流公司车辆转运物品时，被陈某沙石场车辆碾压飞石砸伤致死。程某近亲属获得陈某85万元赔偿后，以程某曾通过物流公司办理车上人员责任险为由，诉请保险公司支付保险金20万元。法院认为：《保险法》第12条第2款规定："财产保险的被保险人在保险事故发生时，对保险标的应当具有保险利益。"保险利益是指投保人或者被保险人对保险标的具有的法律上承认的利益。第48条规定："保险事故发生时，被保险人对保险标的不具有保险利益的，不得向保险人请求赔偿保险金。"本案中，程某虽非涉案保险合同当事人，但系该合同实际投保人，并依约缴纳了保费，鉴于保险事故发生时其对保险标的具有保险利益，故其具备法定的保险金请求权行使要件，故理应享有保险金请求权。现程某去世，其法定继承人享有保险金请求权。《保险法》第17条第2款规定："对保险合同中免除保险人责任的条款，保险人在订立合同时应当在投保单、保险单或者其他保险凭证上作出足以引起投保人注意的提示，并对该条款的内容以书面或者口头形式向投保人作出明确说明；未作提示或者明确说明的，该条款不产生效力。"最高人民法院《关于适用〈保险法〉若干问题的解释（二）》第13条第1款规定："保险人对其履行了明确说明义务负举证责任。"本案中，保险公司提交证据不足以证明其履行了提示或明确说明义务，同时依《保险法》第60条第1款"因第三者对保险标的的损害而造成保险事故的，保险人自向被保险人赔偿保险金之日起，在赔偿金额范围内代位行使被保险人对第三者请求赔偿的权利"规定，保险人赔付后依法享有向第三者进行追偿的权利。判决保险公司支付原告理赔款20万元。③2015年福建某保险合同纠纷案，2014年，黄某挂靠运输公司并投保承运人责任险的货车因事故造成货损，黄某在赔偿货主损失后向保险公司理赔遭拒致诉。一审法院以黄某非保险合同相对人为由，认定其非适格原告，裁定驳回起诉。法院认为：依《保险法》第12条规定，财产保险的被保险人在保险事故发生时，对保险标的应具有保险利益；财产保险是以财产及其有关利益为保险标的的保险；保险利益是指投保人或被保险人对保险标的具有法律上承认的利益。本案所涉保险险种为承运人责任险，其保险标的是被保险人使用被保险车辆在运输或装卸货物过程中造成货损时应负的赔偿责任，而使用被保险车辆发生保险事故的责任主体并不限于保险单上载明的被保险人,还应包括被保险人所许可使用车辆之人以及其他与保险车辆存在利益关系之人。黄某主张其系事故车辆实际车主即赔偿责任实际承担人,并提交了运输公司出具的证明以证明其享有保险利益。因黄某提起本案诉讼,实质上系行使被保险人保险金请求权,故应追加具名被保险人运输公司作为第三人参与本案诉讼,避免权利冲突并有利于查明双方挂靠关系等相关事实,裁定撤销一审裁定,指令一审法院继续审理。④2014年青海某客运合同纠纷案,2014 年,李某乘坐许某挂靠出租车公司的出租车肇事而受伤致9级伤残。李某起诉出租车公司、许某及出租车公司投保承运人责任险的保险公司索赔。法院认为:李某搭乘出租车,基于与该车辆承运人形成的客运合同关系,该车辆承运人有义务将李某安全送到目的地。依法律规定,承运人应对运输过程中旅客伤亡承担损害赔偿责任。许某系出租车实际所有人和营运人,系该车实际承运人,应承担赔偿责任。出租车公司系案涉车辆注册所有人,并向该出租车实际车主收取管理费,系挂靠人和管理人。根据法律规定,以挂靠形式从事道路交通运输经营活动发生交通事故造成损害的,挂靠人和被挂靠人承担连带责任。出租车公司与许某签订管理服务合同系其内部管理行为,对外不具有法律约束力。出租车公司在履行赔偿责任后,按与许某所签管理服务合同可行使追偿权。案涉出租车在保险公司投保了道路客运承运人责任保险,保险公司应在保险限额内承担赔偿责任。判决保险公司在保险限额内赔偿李某医疗费、伤残赔偿金等14万余元。⑤2010年江苏某交通事故损害赔偿执行案,2009 年7 月,张某驾驶挂靠在运输公司名下并投保交强险和商业三责险的货车与余某驾驶车辆碰撞,致余某受伤及其车内乘员宗某死亡。法院判决保险公司赔偿死者家属11万元,张某赔偿23万余元,余某赔偿10万余元,张某与余某负连带责任,运输公司对张某赔偿部分负连带责任,张某赔偿23万余元后,因余某未履行,死者家属申请执行并冻结了保险公司的商业保险理赔款12万余元。保险公司提出执行异议。法院认为:案涉肇事车辆在保险公司投保商业险是以运输公司名义投保,保险合同关系发生在保险公司与运输公司之间,被保险人为运输公司,保险利益应归属运输公司。申请执行人提出的肇事车辆实际车主是张某,运输公司只是该车挂靠单位,保险理赔款应属张某所有的观点,不符合上述合同关系。张某与余某在赔偿损失中相互承担连带赔偿责任,系张、余二人对损害后果存在相应过错而承担的共同责任。运输公司对张某应分担的赔偿部分承担连带责任,系基于肇事车辆挂靠在其单位进行营运的事实,而余某与运输公司之间不存在挂靠关系,运输公司不应对余某应承担的赔偿份额承担连带责任,故运输公司承担的连带责任的范围应仅限于张某在事故中应承担的赔偿份额,不应包含余某应承担的赔偿份额,运输公司对余某应赔偿的份额不承担连带赔偿责任。张某在履行自身的赔偿义务后,法院再执行运输公司在保险公司的商业保险理赔款没有法律依据。运输公司提出的复议请求,理由成立。⑥2009年**江苏某交通肇事案**,2009年8月,施某驾驶本人所有但挂靠在运输公司名下的重型货车碰撞顾某驾驶的摩托车致顾某死亡,施某被认定全责并以交通肇事罪被判处1年5个月,缓刑2年。法院认为:<u>运输公司与施某虽系挂靠关系,但其不能以其与施某有约定而免责,其亦不能在所收管理费的范围内承担有限责任,其应与施某共同承担连带责任</u>。因施某已承担刑事责任,其所驾驶的货车挂靠于运输公司,故其及保险公司依法不承担精神损害抚慰金,运输公司依规定除应承担精神损害抚慰金外,还应与施某承担连带赔偿责任,判决施某赔偿原告27万余元,运输公司承担连带责任,另赔偿原告精神损害抚慰金5万元。⑦**2008年北京某侵权纠纷案**,张某将其货车挂靠在物流公司,并以物流公司名义从事运营。2007年1月,胡某驾驶该车运输渣土过程中翻车身亡。法院认为:胡某在驾驶车辆从事雇主所指派的活动中造成其死亡的后果,对该损害后果,雇主应当承担损害赔偿责任。本案中,物流公司与张某就其各自是否与死者胡某之间形成雇佣关系存有争议。经查,该车实际所有人为张某,机动车登记证书所载明的机动车所有人为物流公司,张某每年都要向物流公司交纳一定的管理费用。结合上述情况,法院认为,<u>物流公司对于该车的运营享有相应利益</u>,故判决物流公司和张某连带赔偿原告30万余元。⑧**2007年江苏某交通事故损害赔偿案**,2006年5月,乘坐郑某摩托车的那某在与谢某驾驶的客车相撞的交通事故中身亡。交警认定谢某应负同等责任,郑某、那某共同承担事故的同等责任。谢某驾驶的车辆系与妻解某家庭经营并挂靠在出租汽车公司名下的运营车辆。法院认为:谢某、郑某对事故发生主观上虽无共同过失或故意,但二者直接结合造成那某死亡的损害后果,构成共同侵权,应承担连带责任。<u>谢某所驾车辆系家庭购买,该车用于出租经营并与出租汽车公司达成车辆挂靠关系</u>,出租汽车公司收取挂靠费用并负责管理,从中获得利益,故该公司依法应对谢某、解某在事故发生后应承担的赔偿份额承担连带赔偿责任。根据事故责任比例,本案谢某、解某承担50%的赔偿责任,郑某承担40%赔偿责任,受害人自负10%赔偿责任。谢某、解某、郑某作为共同侵权人互相承担连带责任,出租汽车公司对谢某、解某的赔偿责任负连带责任。⑨2006年**河南某交通事故损害赔偿案**,2000年7月,曹某将其货车挂靠于运输公司经营,次年终止挂靠合同,但未到车管部门对该车的车牌号及行驶证进行变更登记。2005年7月,曹某驾驶该车肇事致许某死亡。许某近亲属起诉曹某赔偿,并要求运输公司连带赔偿。法院认为:曹某是事故的直接责任人,应承担相关民事赔偿责任。<u>根据"运行支配与运行利益"的理论,如挂靠单位实际支配挂靠机动车辆运行,且从挂靠机动车辆的运营中获得利益,那么挂靠单位就应对交通事故损害承担连带责任</u>,反之,则不承担责任。故曹某要求运输公司承担连带赔偿责任缺乏法律依据,对曹某的该项诉讼请求法院不予支持。⑩**2005年福建某运输合同案**,2005年,机床公司与汽车公司签约租用后者客车运送职工上下班,汽车公司一直委派的车主为金某的客车因事故,导致司机马某连同机床公司员工7死29伤,事故责任认定马某负全责,机床公司为此赔偿216万余元,然后依租用协议向汽车公司主张赔偿责任,同时认为汽车公司原始股东张某、杜某抽逃出资,钟某等8名受让股份的新股东未将转让款交验资,均应负连带责任。诉讼中,汽车公司辩称其系挂靠单位,不应承担责任。法院认为:汽车公司是涉案车辆挂靠单位,非车辆实际支配人,金某不持有道路运输经营许可证,挂靠在汽车公司名下,自事故发生之前就一直运送机床公司职工上下班,是肇事车辆实际车主,因而<u>金某与汽车公司之间形成挂靠关系</u>,机床公司有<u>权依法律规定和合同约定向汽车公司主张赔偿责任</u>。钟某等8人为受让股权的新股东,受让价款已支付转让股权的股东,不存在虚假出资行为,不应承担连带责任。汽车公司原始股东张某、杜某投入注册资金后不久,即以汽车公司名义提取资金或转账至未办理工商登记的公司,构成抽逃出资。年度财务审计报告上的资产数额与注册资金不属同一性质款项,资产数额不能说明注册资金是否到位及是否抽逃情况,故张某、杜某应在出资额范围内对汽车公司应承担的民事赔偿责任承担连带赔偿责任。判决汽车公司支付机床公司赔偿款216万余元,张某、杜某各在出资额范围内承担连带责任。⑪**2004年湖北某运输合同案**,2002年4月,李某驾驶出租车因交通肇事导致车上乘客余某、马某、郭某三人受伤,交警认定李某负全责。该车属杜某所有,以出租汽车公司名义运营。法院认为:<u>所有权与经营权同时并存情形下应承担连带责任</u>。本案车辆所有权属于杜某,营运权属出租汽车公司,二者是一种依托关系。车门喷印依托企业名称,行车证载明企业名称及经营者个人姓名,公司每月向车辆所有人收取服务费,且车票上印有依托企业印章,故该车所有权与经营权虽分离,但作为营运时同时并存,李某执行职务行为造成交通事故,故本案客运合同承运人应为车辆所有人杜某及经营权人出租汽车公司,二者应对余某等人损害负连带赔偿责任。⑫**2000年吉林某交通事故损害赔偿案**,1998年,运输公司车籍、实际车主为任某的出租汽车,在司机张某驾驶期间,与谢某驾驶的公交车相撞,致李某伤残。交警认定谢某、张某负同等责任。法院认为:李某无辜受伤,两车司机应承担民事责任,因司机在履行营运职务,各自的赔偿责任应分别由公交公司和雇主任某承担。肇事出租车车籍虽在运输公司处,但<u>任某既是实际所有人,又是车辆营运收入的受益人,应独立承担交通事故的民事责任</u>(点评认为出租车公司应承担有限连带责任——编者注)。⑬**1998年新疆某交通事故损害赔偿案**,1996年,韩某将其挂靠在出租汽车公司的中巴私自卖给赵某,由赵某每月向出租公司缴纳管理费。赵某所雇司机武某在营运期间,将肖某撞伤致残。法院认为:赵某所雇用司机武某在营运期间将肖某撞伤,赵某作为雇主,同时也是作为车辆实际所有人,应当承担损害赔偿责任。韩某将车卖给赵某后未办理车辆过户手续,应视为该车的所有权未发生实际转移,车主仍为韩某,故韩某应与赵某共同承担赔偿责任(依当时的道路交通安全法规——编者注)。出租汽车公司作为车辆挂靠单位,并按月向挂靠人收取了管理费用,理应履行管理职责,现挂靠车辆肇事将肖某撞伤,所造成的经济损失,由出租汽车公司承担连带赔偿责任。

【同类案件处理要旨】

从事道路运输经营的机动车发生交通事故造成损害,实际经营人与名义经营人不一致的,赔偿权利人请求由实际经营人和名义经营人承担连带赔偿责任的,法院应予支持。出租车发生交通事故造成损害,赔偿权利人请求经营出租车的单位或个人对超出机动车第三者责任强制保险责任限额之外的损害承担赔偿责任的,法院应予支持。

【相关案件实务要点】

1.【基本趋势】挂靠机动车肇事,收取管理费的被挂靠单位承担何种责任,以往在司法实践中主要存在补充责任、有限连带责任、无限连带责任的三种裁判思路。而后者之无限连带责任成为主流做法。最高人民法院审监庭2011年编著的《全国法院再审典型案例评注》推出的三篇关于挂靠机动车责任承担的再审典型案例,均以连带责任定案。见《机动车挂靠情形下发生交通事故时挂靠者和被挂靠单位应承担无限连带责任——李保珍与临朐县长途汽车运输有限公司道路交通事故人身损害赔偿纠纷再审案》(何抒、杨心忠),载《全国法院再审典型案例评注》(2011:236),另载《审判监督指导》(201001:67);《挂靠车辆肇事,被挂靠单位应承担连带赔偿责任,而不是在其交纳的管理费范围内承担责任——张西新与阿勒泰市北屯桑达公共交通有限责任公司、李文超、王彦章道路交通事故人身损害赔偿纠纷再审案》(刘霞),载《全国法院再审典型案例评注》(2011:246);《被挂靠单位是挂靠人的收益与管理者,在挂靠车辆发生事故时应承担连带责任损害赔偿责任——陈彬彬与福建省霞浦县祥龙汽车出租有限公司、李阿省道路交通事故人身损害赔偿纠纷案》(田小成),载《全国法院再审典型案例评注》(2011:252)。

2.【有限连带责任】有限连带责任说的裁判思路为:(1)私人所有的机动车挂靠集体单位并由集体单位收取管理费的,该私人仍为机动车所有人。若发生交通事故,应追加该挂靠单位为赔偿主体,由机动车所有人承担赔偿责任。该挂靠单位负有限连带责任(一般以其收取挂靠的各种管理费为限)。案见新疆乌鲁木齐中院(1998)乌中民终字第870号"肖某诉某出租汽车公司等交通事故损害赔偿案"。(2)虽然车辆是在被挂靠人名下,但是挂靠人实际控制车辆,发生交通事故也是挂靠人的责任,与被挂靠人关联不大。而且被挂靠人只是出借其名义,并不参与实际车辆的经营与运行,其只是收取了少量的出让费,根据权利、义务相一致原则,被挂靠人在其收取的管理费范围内承担责任是适当的。

3.【无限连带责任】无限连带责任说的裁判思路为:我国基本上是通过运行支配和运行利益的"二元说"来认定机动车损害赔偿责任的主体。但实务中不能机械地理解"二元说",应当结合个案从实质公平的理念恰当地阐释运行支配和运行利益。运行支配,不限于对运行自身存在直接、现实的支配场合,而只要出于事实上能够支配、管理机动车运行的地位和对机动车运行能够下指示、控制的地位,就是运行支配。运行利益不但包括直接利益,也包括间接利益,甚至包括因心理因素而产生的利益。本案情形下被挂靠单位对挂靠机动车存在"运行支配"和"运行利益",其应当与挂靠者共同承担连带责任,而且是无限连带责任。案见最高人民法院(2006)民一提字第8号"李某诉某运输公司等交通事故损害赔偿案"。

4.【共同连带承担】挂靠机动车辆发生交通事故所产生的法律责任由挂靠单位和被挂靠单位共同承担,二者之间形成连带责任,受害人可向任何一方请求全部赔偿。案见福建厦门湖里区法院(2005)湖民初字第1945号"某机床公司诉某汽车公司等运输合同案"。

5.【雇佣关系】挂靠车辆驾驶人在从事雇佣活动中遭受人身损害时,一般应由挂靠单位及实际车主承担连带责任。案见北京一中院(2008)一中民终字第13129号"张某等诉某物流公司等侵权案"。

6.【出租车挂靠】出租车挂靠情形,一般认为:出租车的所有权与经营分离,但作为营运时同时并存,所有权者与经营权者应对乘客损害负连带民事责任。案见湖北宜昌中院(2004)宜民终字第230号"余某等诉杜某等运输合同案"。早期司法实践观点认为:挂靠出租车肇事后,被挂靠的出租车公司在公司收取的挂靠费(亦称管理费和劳务费)范围内承担有限连带责任。案见吉林高院(2000)吉高法民终字第260号"李某诉某公交公司人身损害赔偿案"。

7.【连环连带情形】交通事故损害赔偿案件中,如存在连环连带责任关系,即,挂靠人就其与共同侵权人承担的内部份额对外承担连带责任时,被挂靠人只应按法律明确规定的责任范围及挂靠人的内部份额独立连带,而不能以法律主体有交叉为由,类推适用连带责任。案见江苏扬州中院(2007)扬民一再终字第0023号"那某等诉郑某等交通事故损害赔偿案"。

8.【连带责任份额】未实施侵权行为的被挂靠人与直接实施侵权行为的侵权第三人之间不存在法律关系,被挂靠人未从侵权第三人的驾驶行为中得到任何利益,亦无对该第三人的驾驶行为进行指导和监督的义务和可能性,被挂靠人不应承担基于该第三人侵权应承担的连带责任份额。案见江苏常州中院(2010)常执复字第

8号"宗某等与某运输公司等交通事故损害赔偿执行案"。

9.**【挂靠关系终止】**挂靠关系终止后,挂靠单位既不能支配原挂靠车辆的营运,也不能从车辆营运中获得利益,根据"运行支配与运行利益"理论,挂靠单位也不承担责任。案见河南安阳龙安区法院(2006)龙民初字第27号"许某等诉曹某交通事故损害赔偿案"。

**【附注】**

**参考案例索引：**最高人民法院(2006)民一提字第8号"李某诉某运输公司等交通事故损害赔偿案",见《机动车挂靠情形下发生交通事故时挂靠者和被挂靠单位应承担无限连带责任》(何抒、杨心忠),载《全国法院再审典型案例评注》(2011：236),另见《机动车挂靠情形下发生交通事故时挂靠者和被挂靠单位应承担无限连带责任——李保珍与临朐县长途汽车运输有限公司道路交通事故人身损害赔偿纠纷再审案》,载《审判监督指导》(201001：67)。①重庆高院(2016)渝民申471号"熊某与王某等交通事故纠纷案",见《被挂靠人对车辆转让但未变更登记,发生交通事故仍担连带责任——重庆二中院判决熊某某诉王某某等机动车交通事故责任纠纷案》(艾朝辉、梅念章),载《人民法院报·案例精选》(20171116：06)。②四川雅安中院(2015)雅民终字第922号"程某等与某保险公司保险合同纠纷案",见《程明洪、郑翠光等诉中华联合财产保险股份有限公司雅安中心支公司财产保险合同纠纷案——保险合同中相对性的突破及保险人的举证责任》(李垚),载《人民法院案例选》(201608/102：170)。③福建福州中院(2015)榕民终字第5063号"黄某与某保险公司保险合同纠纷案",见《黄道柱诉长安责任保险股份有限公司福州中心支公司财产保险合同纠纷案——承运人责任险中附加被保险人的认定》(卓垚磊、陈光卓),载《人民法院案例选》(201605/99：142)。④青海西宁城北区法院(2014)北民甘初字第275号"李某与某出租车公司等客运合同纠纷案",见《李君诉青海省中国青年旅行社出租租赁汽车有限公司等客运合同纠纷案(保险公司在客运合同诉讼中的诉讼地位)》(李妍),载《中国审判案例要览》(2015民：90)。⑤江苏常州中院(2010)常执复字第8号"宗某等与某运输公司等交通事故损害赔偿执行案",见《车辆挂靠单位在道路交通事故中承担的责任范围》(颜国容、金瑞彬),载《人民司法·案例》(201122：105)。⑥江苏启东法院(2009)启民一初字第3001号"顾某等诉施某交通肇事案",见《顾卫珍等诉施伟交通肇事案》(徐晋),载《中国审判案例要览》(2010民事：319)。⑦北京一中院(2008)一中民终字第13129号"张某等诉某物流公司等侵权案",见《张宗连等诉张盛斌等侵权案》(张蒉),载《中国审判案例要览》(2009民事：356)。⑧江苏扬州中院(2007)扬民一再终字第0023号"那某等诉郑某等交通事故损害赔偿案",终审判决谢某、解某连带赔偿原告损失的50%共18万余元,郑某赔偿40%,那某自负10%,谢某、解某与郑某负连带责任,出租汽车公司对谢某、解某应赔偿部分负连带责任;二审明确出租汽车连带责任仅限于谢某、解某应承担的50%。见《交通事故中连环连带责任份额的确定》(李益松、罗晓夏),载《人民司法·案例》(201012:33)。⑨河南安阳龙安区法院(2006)龙民初字第27号"许某等诉曹某交通事故损害赔偿案",见《挂靠关系终止后挂靠单位不承担责任——许守付等诉曹玉芳交通事故赔偿案》(杨如意、郝兴军),载《人民法院报·案例指导》(20061009:5)。⑩福建厦门湖里区法院(2005)湖民初字第1945号"某机床公司诉某汽车公司等运输合同案",见《厦门锻压机床有限公司诉厦门鹭陆达通勤汽车服务有限公司等运输合同案》(欧海),载《中国审判案例要览》(2007商事:122)。⑪湖北宜昌中院(2004)宜民终字第230号"余某等诉杜某等运输合同案",一审认为出租车所有人即是经营者,同时驾驶员与所有人之间存在经营关系,承运人在运送乘客过程中因交通事故致乘客受伤,承运人应承担损害赔偿责任,因原告无充分证据证明出租汽车公司是运输合同一方,故出租汽车公司不承担民事责任,判决杜某和李某承担连带赔偿原告300余元责任。二审改判杜某、出租汽车公司连带赔偿。见《余书琴等因乘坐的出租汽车发生交通事故造成人身损害诉宜昌交运集团公司、杜支龙、李华运输合同案》(都睿),载《人民法院案例选》(200503:114)。⑫吉林高院(2000)吉高法民终字第260号"李某诉某公交公司人身损害赔偿案",一审判决公交公司赔偿李某41万余元,任某赔偿李某47万余元,运输公司对李某的赔偿承担连带责任,二审维持,但撤销了运输公司的赔偿责任部分。见《李郁诉长春市公共交通总公司等案》(冯彦彬),载《中国审判案例要览》(2001民事:371);另见《李郁诉长春市公交公司的车辆与好运出租汽车公司车籍、车主李传仁的车辆相撞致其人身损害赔偿案》(冯彦彬),载《人民法院案例选》(200201:152)。⑬新疆乌鲁木齐中院(1998)乌中民终字第870号"肖某诉某出租汽车公司等交通事故损害赔偿案",判决韩某、赵某共同赔偿肖某各项损失共计2.4万余元,内部各承担50%责任,出租汽车公司负连带责任。见《肖生忠诉乌鲁木齐市出租汽车联营公司等交通肇事损害赔偿案》(马晓琴),载《中国审判案例要览》(1999民事:322)。

**参考观点索引**:●该运业公司是否应承担民事赔偿责任?见《该运业公司是否应承担民事赔偿责任?》,载《人民司法·司法信箱》(200911:111)。○挂靠经营车辆发生交通事故,被挂靠单位应否承担连带赔偿责任?见《挂靠经营车辆发生交通事故,被挂靠单位应否承担连带赔偿责任?》,载《人民司法·司法信箱》(200011:63)。

## 16. 分期付款车肇事责任

——分期付款车，谁负事故损？

【分期付款】

【案情简介及争议焦点】

2006年2月，熊某驾驶分期购买因未付清车款、车主仍登记为贸易公司的货车承运运输公司接受其他单位托运的货物，因事故造成人伤及车、货损，交警认定熊某全责。运输公司以保险未获赔付货损31万余元向贸易公司、熊某索赔。

争议焦点：1. 事故责任赔偿主体？2. 贸易公司应否承担责任？

【裁判要点】

1. **事故责任赔偿主体**。熊某单方过错导致事故发生，应负事故全部责任。

2. **贸易公司不应赔偿**。涉案货车系熊某以分期付款方式向贸易公司购买，虽贸易公司为登记车主，但其作为保留所有权的出卖方，依法不承担民事责任。

【裁判依据或参考】

1. **法律规定**。《道路交通安全法》(2004年5月1日实施，2011年4月22日修正)第12条："有下列情形之一的，应当办理相应的登记：(一)机动车所有权发生转移的；(二)机动车登记内容变更的；(三)机动车用作抵押的；(四)机动车报废的。"

2. **行政法规**。《机动车交通事故责任强制保险条例》(2013年3月1日修改施行)第11条："投保人投保时，应当向保险公司如实告知重要事项。重要事项包括机动车的种类、厂牌型号、识别代码、牌照号码、使用性质和机动车所有人或者管理人的姓名(名称)、性别、年龄、住所、身份证或者驾驶证号码(组织机构代码)、续保前该机动车发生事故的情况以及保监会规定的其他事项。"第18条："被保险机动车所有权转移的，应当办理机动车交通事故责任强制保险合同变更手续。"

3. **司法解释**。最高人民法院《关于经销商对分期付款保留所有权的车辆应否承担缴纳养路费义务问题的答复》(2006年4月6日〔2005〕行他字第18号)："……

《公路养路费征收管理规定》第四条和《山西省公路养路费征收管理规定》第二条的规定,车辆的所有权人应当依照有关规定缴纳养路费。"最高人民法院研究室《关于如何认定买卖合同中机动车财产所有权转移时间问题的复函》(2000年12月25日 法(研)〔2000〕121号):"……关于如何认定买卖合同中机动车财产所有权转移时间问题,需进一步研究后才能作出规定,但请示中涉及的具体案件,应认定机动车所有权从机动车交付时起转移。"最高人民法院《关于购买人使用分期付款购买的车辆从事运输因交通事故造成他人财产损失保留车辆所有权的出卖方不应承担民事责任的批复》(2000年12月8日 法释〔2000〕38号):"……采取分期付款方式购车,出卖方在购买方付清全部车款前保留车辆所有权的,购买方以自己名义与他人订立货物运输合同并使用该车运输时,因交通事故造成他人财产损失的,出卖方不承担民事责任。"

4. 部门规范性文件。公安部《关于机动车财产所有权转移时间问题的复函》(2000年6月16日 公交管〔2000〕110号):"根据现行机动车登记法规和有关规定,公安机关办理的机动车登记,是准予或者不准予机动车上道路行驶的登记,不是机动车所有权登记。因此,将车辆管理部门办理过户登记的时间作为机动车财产所有权转移的时间没有法律依据。"公安部《关于确定机动车所有权人问题的复函》(2000年6月5日 公交管〔2000〕98号):"……根据现行机动车登记法规和有关规定,公安机关办理的机动车登记,是准予或者不准予上道路行驶的登记,不是机动车所有权登记。为了交通管理工作的需要,公安机关车辆管理所在办理车辆牌证时,凭购车发票或者人民法院判决、裁定、调解的法律文书等机动车来历凭证确认机动车的车主。因此,公安机关登记的车主,不宜作为判别机动车所有权的依据。"

5. 地方司法性文件。山东日照中院《机动车交通事故责任纠纷赔偿标准参考意见》(2018年5月22日)第5条:"车辆分期付款且已交付,所有权保留一方的责任。以分期购买、所有权保留方式购买的车辆,购车人在未付清全部购车款前,享有车辆使用权,不享有所有权,车辆发生交通事故赔偿的,所有权人不承担责任,购车人与出售人之间同时存在挂靠经营关系的除外。"北京三中院《类型化案件审判指引:机动车交通事故责任纠纷类审判指引》(2017年3月28日)第2-2.2部分"赔偿义务人范围—常见问题解答"第5条:"'分期付款车辆',责任主体及责任车到哪?根据最高院《关于购买人使用分期付款购买的车辆从事运输因交通事故造成他人财产损失,保留车辆所有权的出卖人不应承担民事责任的批复》:采取分期付款方式购车,出卖方在购买方付清全部车款前保留车辆所有权的,购买方以自己名义与他人订立货物运输合同并使用该车运输时,因交通事故造成他人财产损失的,出卖方不承担民事责任。"江苏南通中院《关于处理交通事故损害赔偿案件中有关问题的座谈纪要》(2011年6月1日 通中法〔2011〕85号)第11条:"采取分期付款方式购车,出卖人在购买人付清全部车款前保留车辆所有权期间,购买人使用该车辆发生交通事故致人损害的,应由购买人承担赔偿责任。"安徽宣城中院《关于审理道路交通事故赔偿案件若干问题的意见(试行)》(2011年4月)第21条:"采取分期付款方式购车,出卖人在保留车辆所有权期间购买人使用该车辆发生交通事故致人损害的,由保险公司在交强险限额内承担赔偿责任。不足部分,由购买人承担赔偿责任。"山东淄博中院民三庭《关于审理道路交通事故损害赔偿案件若干问题的指导意见》(2011年1月1日)第21条:"采取分期付款方式出卖车辆,出卖人在保留车辆所有权期间,该车辆发生交通事故的,出卖人不承担赔偿责任,应由相关责任人承担赔偿责任。"江西高院《关于印发〈关于审理保险合同纠纷案件若干问题的指导意见(一)〉的通知》(2010年12月21日 赣高法〔2010〕280号)第9条:"以分期付款方式向汽车销售公司购买汽车,在车款未全部付清之前,登记车主为汽车销售公司,汽车销售公司以自己名义进行投保,期间发生保险事故,保险人以实际车主不是被保险人拒绝承担保险责任的,不予支持。但销售公司可向实际车主主张其已经实际支付的相应保费。"江苏常州中院《关于道路交通事故损害赔偿案件的处理意见》(2010年10月13日 常中法〔2010〕104号)第1条:"……(13)采取分期付款方式购买机动车,出卖人在保留机动车所有权期间,购买人使用该机动车发生交通事故的,应由购买人承担赔偿责任……"河南郑州中院《审理交通事故损害赔偿案件指导意见》(2010年8月20日 郑中法〔2010〕120号)第32条:"以分期付款方式购车,出卖方在未全部收回车款前,保留所有权的车辆发生交通事故造成他人财产损失的,由购买方承担赔偿责任。"河南周口中院《关于侵权责任法实施中若干问题的座谈会纪要》(2010年8月23日 周中法〔2010〕130号)第10条:"在机动车的所有人和使用人不一致的情形下,责任主体的认定及责任方式确定,主要是采用'运行支配'和'运行利益'两个标准综合判断,同时还要结合过错责任来作为补充。在实践中,既要充分体现对受害人的保护,还要注意促进经济发展、保障行为人的行为自由,另外还要兼顾制裁交通违法行为人、遏制交通事故发生、维护交通安全的目的。结合保险法中分散风险、救济受害人等功能,积极稳妥化解故意逃避赔偿责任等形式的道德风险,应当根据下列不同情形,分别确定责任人及责任方式:……分期付款购买的车辆发生交通事故造成他人损害的,保留车辆所有权的出卖方不承担赔偿责任;非专门经销车辆的运输企业与车辆实际所有人签订的名为分期付款买卖、实为挂靠经营协议的,按照本条第1项原则确定责任承担。"湖南长沙中院《关于道路交通事故人身损害赔偿纠纷案件的审理意见》(2010年)第一部分第1条:"……分期付款买卖,出卖人保留对车辆的所有权,在购买方违约时,依据其所有权可以取回车辆的情形下,责任主体应是购买人,而不是出卖人……"江苏南京中院民一庭《关于审理交通事故损害赔偿案件有关问题的指导意见》(2009年11月)第24条:"采取分期付款方式购车,出卖人在保留车辆所有权期间,购买人使用该车辆发生交通事故的,应由购买人承担赔偿责任。"浙江高院《关于审理财产保险合同纠纷案件若干问题的指导意见》(2009年9月8日 浙高法〔2009〕296号)第17条:"以分期付款方式向汽车销售公司购买汽车,在车款未全部付清之前,登记车主为汽车销售公司,汽车销售公司以自己名义进行投保,期间发生保险事故,保险人以实际车主不是被保险人拒绝承担保险责任的,不予支持。但销售公司可向实际车主主张其已经实际支付的相应保费。"广东佛山中院《关于审理道路交通事故损害赔偿案件的指导意见》(2009年4月8日)第14条:"属于下列情形之一的,机动车登记所有人或者实际支配人不承担责任……(4)机动车买卖中出卖人保留所有权,机动车在运行中致人损害的,保留所有权的出卖人不承担赔偿责任。"江苏宜兴法院《关于审理交通事故损害赔偿案件若干问题的意见》(2008年1月28日 宜法〔2008〕第7号)第11条:"采取分期付款方式购车,出卖人在保留车辆所有权期间,购买人使用该车辆发生交通事故的,应由购买人承担赔偿责任。"陕西高院《关于审理道路交通事故损害赔偿案件若干问题的指导意见(试行)》(2008年1月1日 陕高法〔2008〕258号)第1条:"机动车发生道路交通事故致人损害的,应当由该机动车所有权人承担相应的赔偿责任。法律、行政法规及本意见有其他规定的除外。"第3条:"采取分期付款方式购买机动车,出卖人在购买人付清全部购车款前保留车辆所有权的,购买人实际使用车辆发生交通事故造成受害人损害的,由购买人承担赔偿责任。"湖北十堰中院《关于审理机动车损害赔偿案件适用法律若干问题的意见(试行)》(2007年11月20日)第6条:"机动车的有权占有人的责任按照下列原则确定:(1)保留所有权的机动车因交通事故而产生损害的,由机动车的买受人承担赔偿责任,出卖人不承担责任……"广东高院《关于转让车辆未办理过户手续的登记车主对机动车发生交通事故致人损害应否承担民事责任问题的批复》(2007年10月9日 粤高法民一复字〔2007〕12号):"……根据《道路交通安全法》第七十六条、《民法通则》第一百二十三条的规定,机动车运输属于高度危险作业,因高度危险作业致人损害的,危险设施的所有权人即机动车所有人应当负赔偿责任。根据《道路交通安全法》第九条的规定,申请机动车登记的,应当提交机动车所有人的身份证明。根据该法第十二条的规定,机动车所有权发生转移的,应当办理相应的登记。可见,公安机关对机动车辆的登记属于所有权登记,在当事人签订车辆买卖合同并实际交付车辆后,如未办理机动车所有权登记手续,虽不影响买卖合同的效力,也不影响车辆的交付使用,但由于登记的所有权具有公示作用,因而对于第三人而言,登记车主就是机动车所有权人,故其仍需对机动车所造成的损害承担赔偿责任。但如果符合最高人民法院《关于被盗机动车辆肇事后由谁承担损害赔偿责任问题的批复》(法释〔1999〕13号)和《关于购买人使用分期付款购买的车辆从事运输因交通事故造成他人财产损失保留车辆所有权的出卖方不应承担民事责任的批复》(法释〔2000〕38号)规定的车辆被盗抢和分期付款保留车辆所有权情形的除外。对于最高人民法院民一庭于2001年12月31日作出的〔2001〕民一他字第32号批复,应注意其在《道路交通安全法》施行后据以批复的法律基础已发生了变化,且该批复与司法解释也有所不同。是否参照,应依现行法律和社会生活的实际情况而定。"上海高院《关于道路交通事故损害赔偿责任主体若干问题的意见》(2007年6月18日沪高法民一〔2007〕11号)第1条:"机动车发生交通事故造成他人损害的,一般由机动车管理部门登记的车辆所有人(以下简称登记所有人)承担赔偿责任。登记所有人与实际使用人不一致的责任承担,按本意见其他条款处理。"第6条:"汽车销售公司以保留所有权方式,由买方分期付款购买机动车,买受人占有后发生交通事故造成他人损害的,即使尚未办理变更登记手续,亦应由买受人承担赔偿责任。"第7条:"以融资租赁方式购买的机动车发生交通事故造成他人损害的,由承租人承担赔偿责任。"湖北武汉中院《关于审理交通事故损害赔偿案件的若干指导意见》(2007年5月1日)第15条:"实际车主与名义车主不一致的,根据运行支配原则及运行利益归属原则确定赔偿责任主体。"第16条:"在下列情形下买卖车辆未过户的,名义车主对交通事故的赔偿权利人承担连带赔偿责任:(一)买卖报废车辆的;(二)买卖年检不合格车辆或买卖未经年检车辆的;(三)其他应由名义车主承担连带赔偿责任情形的。"重庆高院《关于审理道路交通事故损害赔偿案件适用法律若干问题的指导意见》(2006年11月1日)第1条:"机动车发生道路交通事故致人损害的,一般由对该机动车具有运行支配力的主体与享有运行利益的主体承担相应赔偿责任。"江西高院民一庭《关于审理道路交通事故人身损害赔偿案件适用法律若干问题的解答》(2006年12月31日)第19条:"以分期购买、所有保留方式购买车辆的方式是一种融资租赁合同法律关系,购车人在未付清全部购车款前,享有车辆使用权,不享有所有权,如果购车人与出售人之间不同时存在挂靠经营的关系,车辆发生交通事故赔偿的,所有权人不承担责任。"江西赣州中院《关于审理道路交通事故人身损害赔偿案件的指导性意见》(2006年6月9日)第8条:"机动车买卖出卖人保留所有权,机动车在运行中致人损害的,保留所有权的出卖人不承担赔偿责任。"贵州高院、省公安厅《关于处理道路交通事故案件若干问题的指导意见(一)》(2006年5月1日)第18条:"赔偿权利人仅起诉驾驶人的,人民法院应当向赔偿权利人释明可将机动车所有人、实际支配人作为共同被告一并参与诉讼。"第19条:"机动车所产生的损害赔偿责任由机动车所有人承担。但下列情况下,机动车所有人不承担赔偿责任:……(3)分期付款买卖中所有权未转移到买主的机动车发生交通事故的;(4)法律、司法解释规定不承担赔偿责任的其他情形。"江西赣州中院《民事审判若干问题解答》(2006年3月1日)第32条:"分期付款的出卖人与买受人协商在买受人未付清车款之前,出卖人保留车辆所有权,出卖人对车辆造成交通事故损害赔偿应否承担连带赔偿责任?答:根据最高法院《关于购买人使用分期付款购买的车辆从事运输因交通事故造成他人财产损失保留车辆所有权的出卖方不应当承担民事责任的批复》,购买方在付清价款前虽然不能取得所有权,但是将机动车供自己运行使用,出卖方既无运行支配权利,也无运行利益,所以不应承担交通事故责任。"安徽高院《审理人身损害赔偿案件若干问题的指导意见》(2005年12月26日)第8条:"机动车发生交通事故造成他人损害的,由在机动车管理部门登记的车辆所有人承担赔偿责任。在机动车管理部门登记的车辆所有人与他人签订协议转让机动车的所有权,但没有到机动车管理部门办理变更登记,机动车发生交通事故造成他人损害的,按本意见规定的挂户车辆处理。"山东高院《关于印发〈全省民事审判工作座谈会纪要〉的通知》(2005年11月23日 鲁高法〔2005〕201号)第3条:"……(七)关于交通事故损害赔偿责任主体的确定问题。道路交通损害赔偿案件是一类特殊的侵权案件,根据最高人民法院有关司法解释的精神,其责任主体一般应根据对机动车运行支配权与运行利益的归属来确定……对于机动车未过户情形下发生交通事故的,原机动车所有人不承担损害赔偿承担责任,由买受人承担损害赔偿责任……"浙江杭州中院《关于审理道路交通事故损害赔偿纠纷案件问题解答》(2005年5月)第2条:"……分期付款购车的责任主体确定问题。若买卖双方没有就保留所有权作出约定,也没有就车辆所有权的转移作出其他专门约定,则车辆所有权自交付时起转移。交付后发生交通事故的,应由买方承担民事责任。若买卖双方约定在买方付清全部价款前由卖方保留车辆所有权的,由买方承担责任。根据最高人民法院《关于购买人使用分期付款购买的车辆从事运输因交通事故造成他人财产损失保留所有权的出卖方不应承担民事责任的批复》规定:'采取分期付款方式购车,出卖方在购买方付清全部车款前保留车辆所有权的,购买方以自己名义与他人订立货物运输合同并使用该车运输时,因交通事故造成他人财产损失的,出卖方不承担民事责任。'在分期付款而保留所有权的车辆买卖中,虽然卖方在购买方付清全部购车款之前保留车辆的所有权,而买方只是车辆的占有人,但是卖方所保留的所有权仅是对买卖合同价金债权的一种担保,该所有权对车辆的运行并不具有控制和支配作用,且所有权人对车辆的运行也不再具有运行利益。因此,应由对车辆的运行具有运行支配和运行利益的买方承担赔偿责任。"广东高院《关于买卖车辆未办理过户手续车辆发生交通事故致人损害原车主应否承担赔偿责任的请示的批复》(2004年12月31日 粤高法民一复字〔2004〕13号):"……鉴于此类案件具体情况差异较大,应当根据具体情况作出不同的处理。2004年5月1日《道路交通安全法》实施前发生的交通事故致人损害诉至法院的,依据《道路交通事故处理办法》第三十一条和我院与省公安厅《关于处理道路交通事故案件若干具体问题的意见》(粤高法发〔1996〕15号)第七条等有关规定,确定登记车主的民事责任。2004年5月1日《道路交通安全法》实施后发生的交通事故致人损害诉至法院的,依照《民法通则》第一百二十三条、《道路交通安全法》第九条、第十二条、第七十六条和我院与省公安厅《关于〈道路交通安全法〉施行后处理道路交通事故案件若干问题的意见》(粤高法发〔2004〕34号)第三十七条等有关规定,确定登记车主的民事责任。但如果登记车主系分期付款买卖的卖方或在车辆被盗用后致人损害的情形下,根据最高人民法院《关于购买人使用分期付款购买的车辆从事运输因交通事故造成他人财产损失保留车辆所有权的出卖方不应承担民事责任的批复》(法释〔2000〕38号)和《关于被盗机动车辆肇事后由谁承担损害赔偿责任问题的批复》(法释〔1999〕13号)的规定,登记车主不需承担民事责任。"广东高院、省公安厅《关于〈道路交通安全法〉施行后处理道路交通事故案件若干问题的意见》(2004年12月17日　粤高法发〔2004〕34号　2021年1月1日起被粤高法〔2020〕132号文废止)第37条:"根据《道路交通安全法》第九条、第十二条的规定,机动车所有人是指机动车在车辆管理机关登记的单位和个人。指导意见所称'车辆实际支配人'是指在车辆异动中未办理过户手续的买受人(发生多手交易均未过户的,为最后一次买卖关系的买受人)、受赠人、车辆承租人、借用人、挂靠人和承包经营人。"湖北高院《民事审判若干问题研讨会纪要》(2004年11月)第3条:"……关于道路交通事故人身损害赔偿案件责任主体的确定问题。确定道路交通事故人身损害赔偿的责任主体,以'运行支配权'和'运行利益归属权'作为判断标准,即谁是肇事机动车一方运行支配权或运行利益归属权的享有者,谁就是道路交通事故损害赔偿的责任主体。"天津高院《关于审理交通事故赔偿案件有关问题经验总结》(2004年5月18日　津高法〔2004〕64号)第9条:"分期付款买卖的机动车交付给买方后,在运行中造成他人损害的,由买方承担赔偿责任,卖方不承担责任。"吉林高院《关于印发〈关于审理道路交通事故损害赔偿案件若干问题的会议纪要〉的通知》(2003年7月25日　吉高法〔2003〕61号)第25条:"分期付款且保留所有权的机动车辆买卖转移占有给买受方后在运行中发生道路交通事故造成财产损害的,买受方为被告,由买受人承担损害赔偿责任。出卖方不承担损害赔偿责任。"辽宁高院、省公安厅《关于道路交通事故案件若干问题的处理意见》(辽公交〔2001〕62号)第9条:"机动车所有人是指依法在车辆管理机关注册登记的单位或个人。机动车实际占有人是指借用关系的借用人、租赁关系的承租人,承包关系的承包人,挂靠登记的挂靠人、车辆交易未过户的最后承买人、车辆交易实行分期付款方式肋分期付款人,其它合法的实际占有人。机动车所有人与机动车实际占有人不一致时,可按下列不同情况分别确定责任的承担……实行分期付款方式购车期间发生交通事故,分期付款人负有责任的,由分期付款人承担赔偿责任……"四川高院《关于道路交通事故损害赔偿案件审判工作座谈会纪要(试行)》(1999年11月12日 川高法〔1999〕454号)第4条:"道路交通事故案件赔偿责任的具体划分。赔偿责任的划分确定,是处理道路交通事故案件的重点。会议认为,依照我国现行法律法规的规定,结合审判实践,道路交通事故损害赔偿案件民事责任的确定具体可划分为以下情况……(5)购车人通过银行汽车消费借款购买机动车的,购车人是车辆所有人,发生交通事故的,由车辆所有人承担赔偿责任。(6)机动车买卖双方约定保留车辆所有权买卖的,在约定的所有权转移条件成就前发生交通事故的,由买受人承担赔偿责任;买受人暂时无力赔偿的,由保留所有权人垫付……"江苏高院《全省民事审判工作座谈会纪》(1999年11月1日 苏高法〔1999〕466号)第3条:"……(5)未办理交易过户手续的机动车发生交通事故致人损害的,因原机动车所有人已丧失了对机动车的运行支配和运行利益,对交通事故的发生无法防范控制,未办理过户手续的行为与致人损害的后果之间不具有因果关系,一般不应承担损害赔偿责任。如应承担赔偿责任的当事人下落不明或者确实无力赔偿时,可以判令原机动车所有人分担一部分民事责任。"

  **6. 最高人民法院审判业务意见。**●该运业公司是否应承担民事赔偿责任?《人民司法》研究组:"……本案中运业公司的行为不是保留车辆所有权的分期买卖,而是垫付部分购车款并以车辆所有权作担保的借款行为,本质上是董某某借款买车,与运业公司和董某某的责任承担没有必然的联系。肇事货车的行驶证、登记证、车门上的营运标志均是运业公司,而实际车主是董某某,属典型的挂靠经营。车辆挂靠经营的实质是,运输企业向不具备运输经营资格的主体非法转让、租借运输经营权或部分运输经营权的行为,是违背行政许可、规避国家有关行业市场准入制度的行为。参照《民诉法意见》第43条之规定,在民事诉讼中,挂靠者和被挂靠者应列为共同诉讼人,虽然该条解决的是在程序上的诉讼主体问题,但实际上让被挂靠人参与诉讼蕴含着实体上应当承担责任的假设。根据《道路交通安全法》第76条之规定,机动车发生交通事故导致人身损害的,首先应由机动车一方承担相应的责任。本案中,运业公司和董某某就是机动车一方,不管运业公司与董某某的内部关系如何,对外都要承担赔偿责任。"○分期付款车辆肇事,出卖方是否承担责任?《人民司法》研究组:"采用分期付款方式签订的买卖合同,在标的物交付后、价款尚未完全付清之前,出卖方有保留标的物所有权的权利,但标的物风险责任与其所有权是分离的,即由买受人负担。保留所有权买卖主要是为出卖方提供一种担保功能,确保其能如期、完全地获取应得价款。如果买受人违约,出卖人可依法采取补救措施,从而实现自己的利益。在价款未付清之前,虽然所有权尚未完全转移,但由于标的物已由买受人实际占有、控制、使用,此间发生的标的物毁损、灭失或造成与第三人的侵权诉讼等,其责任都与出卖人无关。从这一原则出发,买受人使用分期付款方式购买的车辆从事运输,自车辆交付之日起,风险责任就已经转由买受人承担,因发生交通事故给他人造成损失的,保留车辆所有权的卖主对此不承担民事责任。"

**7. 参考案例**。①2017年**江西某生命权纠纷案**,2013年,彭某、肖某合伙出资以分期付款保留所有权形式向运输公司购买货车。2014年,彭某驾车为材料公司送货,装卸工陈某卸货过程中从车上跌落成植物人。经调解,材料公司赔偿伤者家属93万余元后,诉请彭某、肖某及运输公司连带赔偿损失。法院认为:案涉车辆采取了分期付款购买所有权保留形式后,车辆机动车登记证书以及行驶证所有权人均为运输公司,而非彭某、肖某,同时,该车亦系登记于运输公司名下,故<u>不能直接判定运输公司与彭某、肖某构成挂靠经营法律关系</u>。在彭某、肖某未有证据证明情况下,应认定涉案业务非以运输公司名义对外承揽。运输公司要求出售的车辆登记于本公司名下并以部分运营收入折抵车款,是车辆分期付款买卖中所有权保留形式的一种体现,在兼营道路运输及车辆销售的企业中,是为担保债权实现所采用的一种较为常见的固有售车模式,并非为控制车辆运行并获取利益,且本案中彭某、肖某亦是以自己名义对外经营,故应认定双方不构成挂靠关系,不适用《侵权责任法》第12条及最高人民法院《关于适用〈民事诉讼法〉的解释》第54条规定,而应依《侵权责任法》第6条、第35条等相关规定,判决由彭某、肖某自行承担本次事故赔偿责任。②2011年**四川某购销合同纠纷案**,2008年4月,李某驾驶从车业公司分期购买但未投保的车辆因操作不当,发生翻车事故,花去修理费6.4万余元。购车协议约定车业公司附加服务为"代购保险和上牌",车业公司以双方未约定购买保险时间及具体险种为由拒赔。法院认为:车业公司作为汽车销售专业公司,应当明知购买保险是汽车上路行驶的前提条件之一,且车业公司收取李某的6万元付款中包含了代购保险和上牌的费用,具备了为李某代购保险的条件。根据本案的实际,<u>车业公司在将车辆交付给李某时就应当履行代为购买保险的义务。车业公司怠于购买保险的行为构成违约,其违约行为与李某不能通过保险理赔的方式来化解车辆损失之间存在因果关系,李某所遭受的损失是车业公司在订立合同时应当预见到的</u>,判决车业公司承担赔偿李某损失6.4万余元。③2005年**江苏某赔偿纠纷案**,2002年,羊某通过汽车销售公司从银行贷款分期购车,并办理了分期付款履约保险,但购车发票却显示车主为食品厂。保险公司在羊某未支付分期贷款依保险合同先行赔付银行6万余元后,认为羊某、汽车销售公司恶意串通假买卖真贷款,于是以侵权为由向汽车销售公司、羊某及羊某之妻陈某行使追偿权。法院认为:<u>保险公司依分期付款购车履约保证保险约定先行赔付后有权向借款人追偿</u>。

因其对销售发票瑕疵未尽到谨慎审查义务,应自负部分责任。因购车行为发生在夫妻关系存续期间,陈某亦知晓羊某购车事实,故羊某、陈某应承担的赔付损失为夫妻共同债务,应由二人共同清偿。因汽车销售公司未提供真实发票,亦未依法先行收取羊某首付购车款,并在实际收取购车贷款后又转付他人,故其行为实际上并非向羊某销售汽车,而是利用其从事汽车销售能办理贷款的便利条件,在羊某向他人购买汽车而无法办理汽车消费贷款情况下,编造虚假合同替羊某向银行骗取贷款,此种有违诚信行为显不属其自称的代理,对造成保险公司损失,显然具有过错,应对羊某应承担的赔付金额,在羊某无力赔偿情况下,负补充赔偿责任。判决保险公司自负15%损失,余下85%由羊某和陈某共同负担,汽车销售公司对此承担补充赔偿责任。④2004年福建某保险理赔执行案,2003年,曾某所乘他人驾驶的摩托车与韩某所驾货车相撞致残,法院判决韩某赔偿曾某19万余元,执行韩某分期付款购买的车辆第三者责任保险金时,保险公司以保险合同约定车辆抵押借款银行属约定第一受益人为由提出异议。法院认为:三者责任险最直接作用是保障投保车辆出险后对不特定第三人给付赔偿金,受害人是该保险合同指向的最终受益人。保险合同当事人订立合同时,不能违背三者责任险立法目的,以第三人受害或死亡为代价,将受害人应得保险赔款设定他人享有优先受偿权。本案险种包含了三者责任险,《保险法》立法目的是在机动车出险后,保险人应支付保险赔偿金,最终起到减少事故责任人经济损失和对受害人进行经济补偿的作用。保险公司提出应将本案全部保险金支付给按揭银行,有悖法律规定,该约定无效,故应驳回保险公司异议。⑤2003年北京某反担保纠纷案,2000年,杨某购车,与机电公司签订分期付款购销合同。李某应杨某要求签署被担保人为杨某的担保书。次日,杨某与保险公司签订车辆保险合同,与银行签借款合同,机电公司与银行签订保证合同。2个月后,因杨某酒后超速驾驶致车毁人亡,交警认定杨某负全责。保险公司依约免责。机电公司依保证合同向银行偿还2万余元贷款后,以杨某无遗产,起诉要求李某承担反担保责任。法院认为:李某提供的担保属于反担保,其签署的担保书中虽未列明合同相对方,但因该担保书由机电公司出具并持有,故应视其为该担保合同的相对人,亦即机电公司系该反担保合同之担保权人,李某为反担保合同中担保人。作为一般保证人,在被保证人杨某不能履行债务时,李某应承担保证责任。机电公司在其承担保证责任取得追偿权后,有权向反担保人追偿。鉴于目前机电公司尚未履行全部债务,故其只能就已履行部分向李某追偿,判决李某给付机电公司2万余元。⑥2001年福建某损害赔偿案,2000年7月,邱某被陈某驾驶的登记车主为农机公司但通过《租赁车辆分期付款合同》作价8万余元分期卖给梅某的货车相撞,陈某逃逸,被认定全责。法院认为:农机公司以承租人在约定期限内分期付款、付清后转移车辆所有权方式,将其车辆租赁给梅某,双方所签订的租赁合同,实质是买卖合同,卖方有条件保留所有权,实为保证收回货款担保。虽车辆所有权尚未转移,但双方对车辆交付后危险负担作了特别约定,不违反法律规定,应予适用。梅某取得该车后,行使占有、管理、使用、收益权,系该车实际控制人,依据"谁享受利益谁承担风险"原则,梅某应承担该车的风险责任。依据最高人民法院法释〔2000〕38号《关于购买人使用分期付款购买的车辆从事运输因交通事故造成他人财产损失保留车辆所有权的出卖方不应承担民事责任的批复》,农机公司属保留车辆所有权的出卖方,故不承担本案民事责任。经合法传唤,梅某、陈某无正当理由拒不出庭参加诉讼,无法确认该两人之间是合伙关系还是雇佣关系,无法确定责任类型和主体,应推定两人为共同民事责任主体,对受害人承担连带清偿责任。

**【同类案件处理要旨】**

依最高人民法院《关于购买人使用分期付款购买的车辆从事运输因交通事故造成他人财产损失,保留车辆所有权的出卖方不应承担民事责任的批复》,采取分期付款方式购车,出卖方在购买方付清全部车款前保留车辆所有权的,购买方以自己名义与他人订立货物运输合同并使用该车运输时,因交通事故造成他人财产损失的,出卖方不承担民事责任。

**【相关案件实务要点】**

1.【危险负担约定】双方当事人以《租赁车辆分期付款合同》约定承租人在一定期限内分期付款、付清后转移车辆所有权方式,实质是买卖合同,卖方有条件保留所有权,实为保证收回货款担保。虽车辆所有权尚未转移,但双方对车辆交付后危险负担作了特别约定,不违反法律规定,应予适用。案见福建龙岩中院2001年7月18日判决"邱某诉某农机公司等赔偿案"。

2.【代购保险约定】机动车分期付款购销合同约定销售商为购车人代为购买汽车保险但未约定购买时间的,销售商应当在交付车辆之前履行代购汽车保险的义务,该义务在性质上属于合同的给付义务而非附随义务。销售商违反该合同义务造成购车人损失的,应承担赔偿责任。案见四川成都中院(2011)成民终字第151号"李某诉某车业公司购销合同纠纷案"。

3.【虚假按揭贷款】保险公司依保险合同先行赔付后,可以向侵权人代位追偿,汽车消费借款中的销售商利用其能办理汽车消费贷款的便利,编造虚假销售合同替购车人向银行骗取贷款,造成保险公司赔付损失具有明显过错的,应承担侵权责任,保险公司未尽谨慎审查义务,亦应承担相应责任。案见江苏无锡中院(2005)锡民终字第278号"某保险公司诉某汽车销售公司等汽车买卖赔偿纠纷案"。

4.【按揭反担保】汽车销售方在为购车人贷款购车向银行提供担保前,为保证其在承担保证责任后自身债权的实现,要求债务人即购车人或第三人向其提供反担保,在其承担保证责任后,有权向反担保人追偿。案见北京宣武区法院2001年11月26日判决"某机电公司诉李某反担保案"。

**【附注】**

**参考案例索引**:广西大新法院(2006)新民初字第102号"某运输公司诉熊某等财产损害赔偿案",见《上海轩昂运输有限公司诉熊超军等道路交通事故财产损害赔偿案》(赵权富),载《中国审判案例要览》(2007民事:462)。①江西新余中院(2017)赣05民终78号"某实业公司与某运输公司等生命权纠纷案",见《分期付款所有权保留形式购车后的交通事故责任分配——江西新余中院判决日新线业有限公司诉景豪汽车运输有限公司等生命权纠纷案》(丁锐),载《人民法院报·案例精选》(20170928:06)。②四川成都中院(2011)成民终字第151号"李某诉某车业公司购销合同纠纷案",见《销售商为购车人代购保险的性质认定》(曾耀林、王长军),载《人民司法·案例》(201124:79)。③江苏无锡中院(2005)锡民终字第278号"某保险公司诉某汽车销售公司等汽车买卖赔偿纠纷案",见《中国太平洋财产保险股份有限公司无锡中心支公司诉无锡市宝龙汽车销售有限公司等汽车买卖赔偿纠纷案》(李旭强),载《人民法院案例选》(200702:326)。④福建南靖法院(2004)靖执申字第396号"曾某保险理赔执行案",见《车辆保险合同中能否约定车辆抵押权人为第三者责任险的第一受益人——曾辛兰请求中国人民财产保险股份有限公司海阳支公司支付第三者责任险理赔款案》(翁志刚、黄志雄),载《人民法院案例选·月版》(200904:101)。⑤北京宣武区法院2001年11月26日判决"某机电公司诉李某反担保案",见《售车人联拓公司为购车人的汽车消费信贷担保并履行部分担保义务后诉李玉兰承担为购车人的分期付款购车合同及汽车消费信贷合同向其提供的反担保责任案》(薛峰、宋洪印),载《人民法院案例选》(200303:266)。⑥福建龙岩中院2001年7月18日判决"邱某诉某农机公司等损害赔偿案",一审判决陈某、农机公司赔偿邱某4.5万余元,二审改判梅某、陈某连带赔偿邱某4.5万余元。见《邱水长宝在交通事故中受伤后诉保留车辆所有权的分期付款买卖合同卖方广昌农机公司等赔偿案》(罗金钗),载《人民法院案例选》(200103:101)。

**参考观点索引**:●该运业公司是否应承担民事赔偿责任?见《该运业公司是否应承担民事赔偿责任?》,载《人民司法·司法信箱》(200911:111)。○分期付款车辆肇事,出卖方是否承担责任?见《采取分期付款方式购车的买方,在付清全部车款前使用该车运输时,造成他人人身、财产损失的,出卖方是否承担民事责任?》,载《人民司法·司法信箱》(200206:77)。

## 17. 盗抢机动车肇事责任
### ——盗抢机动车，车主有无责？
### 【盗抢车辆】

【案情简介及争议焦点】

周某轿车交强险2008年11月7日到期后未续保，2008年12月26日该车被盗。被盗后当日，该车发生交通事故致陈某死亡，肇事驾驶员逃逸。交警认定该驾驶员负主要责任。陈某近亲属起诉周某要求赔偿交强险11万元。

争议焦点：1. 周某应否承担事故责任？2. 周某到期未续保是否承担赔偿责任？

【裁判要点】

1. 过错。周某车辆交强险到期后未续保，随后车辆被盗并肇事，故周某虽与事故无关，但其到期未续保行为，违反交强险条例规定，其行为具有过错。

2. 赔偿。因周某未续保行为导致受害人丧失了要求保险公司在交强险限额范围内赔偿权利，故周某应在交强险责任限额范围对原告损失负赔偿责任。

【裁判依据或参考】

1. 法律规定。《民法典》(2021年1月1日)第1212条："未经允许驾驶他人机动车，发生交通事故造成损害，属于该机动车一方责任的，机动车使用人应当承担赔偿责任；机动车所有人或者管理人有过错的，承担相应的赔偿责任，但是本章另有规定的除外。"第1215条："盗窃、抢劫或者抢夺的机动车发生交通事故造成损害的，由盗窃人、抢劫人或者抢夺人承担赔偿责任。盗窃人、抢劫人或者抢夺人与机动车使用人并非同一人，发生交通事故后属于该机动车一方责任的，由盗窃人、抢劫人或者抢夺人与机动车使用人承担连带责任。保险人在机动车强制保险责任限额范围内垫付抢救费用的，有权向交通事故责任人追偿。"《侵权责任法》(2010年7月1日，2021年1月1日废止)第52条："盗窃、抢劫或者抢夺的机动车发生交通事故造成损害的，由盗窃人、抢劫人或者抢夺人承担赔偿责任。保险公司在机动车强制保险责任限额范围内垫付抢救费用的，有权向交通事故责任人追偿。"

2. 行政法规。《机动车交通事故责任强制保险条例》(2013年3月1日修改施行)第16条:"投保人不得解除机动车交通事故责任强制保险合同,但有下列情形之一的除外:(一)被保险机动车被依法注销登记的;(二)被保险机动车办理停驶的;(三)被保险机动车经公安机关证实丢失的。"第22条:"有下列情形之一的,保险公司在机动车交通事故责任强制保险责任限额范围内垫付抢救费用,并有权向致害人追偿:……(二)被保险机动车被盗抢期间肇事的……有前款所列情形之一,发生道路交通事故的,造成受害人的财产损失,保险公司不承担赔偿责任。"国务院《车船税法实施条例》(2012年1月1日)第19条:"……在一个纳税年度内,已完税的车船被盗抢、报废、灭失的,纳税人可以凭有关管理机关出具的证明和完税凭证,向纳税所在地的主管税务机关申请退还自被盗抢、报废、灭失月份起至该纳税年度终了期间的税款。已办理退税的被盗抢车船失而复得的,纳税人应当从公安机关出具相关证明的当月起计算缴纳车船税。"

**3. 司法解释**。最高人民法院《关于审理道路交通事故损害赔偿案件适用法律若干问题的解释》(2012年12月21日,2020年修改时删除该条,2021年1月1日实施)第2条:"未经允许驾驶他人机动车发生交通事故造成损害,当事人依照侵权责任法第四十九条的规定请求由机动车驾驶人承担赔偿责任的,人民法院应予支持。机动车所有人或者管理人有过错的,承担相应的赔偿责任,但具有侵权责任法第五十二条规定情形的除外。"最高人民法院《关于被盗机动车辆肇事后由谁承担损害赔偿责任问题的批复》(1999年7月3日 法释〔1999〕13号,2021年1月1日废止):"……使用盗窃的机动车辆肇事,造成被害人物质损失的,肇事人应当依法承担损害赔偿责任,被盗机动车辆的所有人不承担损害赔偿责任。"

**4. 部门规范性文件**。公安部《机动车登记规定》(2012年9月12日修正)第48条:"已注册登记的机动车被盗抢的,车辆管理所应当根据刑侦部门提供的情况,在计算机登记系统内记录,停止办理该车的各项登记和业务。被盗抢机动车发还后,车辆管理所应当恢复办理该车的各项登记和业务。机动车在被盗抢期间,发动机号码、车辆识别代号或者车身颜色被改变的,车辆管理所应当凭有关技术鉴定证明办理变更备案。"第64条:"……经公安机关破案发还的被盗抢且已向原机动车所有人理赔完毕的机动车,其来历证明是《权益转让证明书》。"中国保监会《关于交强险有关问题的复函》(2007年4月10日 保监厅函〔2007〕77号)第2条:"根据《条例》和《条款》,被保险机动车在驾驶人未取得驾驶资格、驾驶人醉酒、被保险机动车被盗抢期间肇事、被保险人故意制造交通事故情形下发生交通事故,造成受害人受伤需要抢救的,保险人对于符合规定的抢救费用,在医疗费用赔偿限额内垫付。被保险人在交通事故中无责任的,保险人在无责任医疗费用赔偿限额内垫付。对于其他损失和费用,保险人不负责垫付和赔偿。"公安部交管局《关于被盗机动车辆肇事后应由谁承担损害赔偿责任问题的意见的函》(1998年7月9日　公交管〔1998〕181号)："……犯罪分子使用盗窃车辆或者他人使用犯罪分子盗窃的机动车辆肇事的,均应对盗车的犯罪分子提起刑事附带民事诉讼解决,被盗机动车辆所有人作为受害人一般不存在对机动车辆被盗的过错责任问题,因此也不应承担任何法律责任,包括代为赔偿责任。"

**5. 地方司法性文件**。江西宜春中院《关于印发〈审理机动车交通事故责任纠纷案件的指导意见〉的通知》(2020年9月1日　宜中法〔2020〕34号)第10条："盗窃、抢劫或者抢夺的机动车发生交通事故造成损害的,由盗窃人、抢劫人或者抢夺人承担赔偿责任。保险公司仅承担交强险责任限额内垫付抢救费用的义务,并对其垫付的抢救费用享有对侵权人的追偿权。"湖南高院《关于印发〈审理道路交通事故损害赔偿纠纷案件的裁判指引(试行)〉的通知》(2019年11月7日　湘高法〔2019〕29号)第14条："机动车所有人或实际支配人主张其机动车被盗抢的事实,并向人民法院提交被盗抢案件发生地县级以上公安机关出具的相关证明的,人民法院应当据此认定。如有其他充分证据足以证明机动车被盗抢事实的,人民法院亦可结合具体案情予以认定。涉及商业保险赔偿事宜的以商业保险合同约定为准。"四川高院《关于印发〈四川省高级人民法院机动车交通事故责任纠纷案件审理指南〉的通知》(2019年9月20日　川高法〔2019〕215号)第18条："【被盗抢车辆的交强险负担问题】盗窃、抢劫或者抢夺的机动车发生交通事故造成损害的,由盗窃人、抢劫人或者抢夺人承担赔偿责任。保险公司仅承担在交强险责任限额内垫付抢救费用的义务,并就其垫付抢救费用对侵权人享有追偿权。"安徽合肥中院《关于道路交通事故损害赔偿案件的审判规程(试行)》(2019年3月18日)第11条："【盗窃、抢劫、抢夺车辆人员的责任】盗窃、抢劫或者抢夺的机动车发生交通事故造成损害的,由盗窃人、抢劫人或者抢夺人承担赔偿责任;保险公司在交强险责任限额范围内垫付抢救费用的,有权向交通事故责任人追偿。"山东济南中院《关于保险合同纠纷案件94个法律适用疑难问题解析》(2018年7月)第55条："交强险项下保险人的代位求偿权。交强险条例第二十二条规定有下列情形之一的,保险公司在机动车交通事故责任强制保险责任限额范围内垫付抢救费用,并有权向致害人追偿：……(二)被保险机动车被盗抢期间肇事的……"四川成都中院《关于印发〈机动车交通事故责任纠纷案件审理指南(试行)〉的通知》(2017年7月5日　成中法发〔2017〕116号)第17条："被盗抢车辆发生交通事故造成损害的,保险公司仅承担在交强险限额内垫付抢救费用的义务,并对交通事故责任人享有追偿权。"北京三中院《类型化案件审判指引：机动车交通事故责任纠纷类审判指引》(2017年3月28日)第2-2.2部分"赔偿义务人范围—常见问题解答"第3条："'擅自驾驶他人车辆',责任主体及责任承担?《道交解释》第二条规定,未经允许驾驶他人机动车发生交通事故造成损害,当事人依照侵权责任法第四十九条的规定请求由机动车驾驶人承担赔偿责任的,人民法院应予支持。机动车所有人或者管理人有过错的,承担相应的赔偿责任,但具有《侵权责任法》第五十二条规定情形的除外。而《侵权责任法》第五十二条规定的是盗窃、抢劫或者抢夺的机动车发生交通事故造成损害的情形。"广东广州中院《机动车交通事故责任纠纷案件审判参考》(2017年3月27日 穗中法〔2017〕79号)第1条:"机动车所有人或管理人存在《最高人民法院关于审理道路交通事故损害赔偿案件适用法律若干问题的解释》第一条规定的过错情形的,应当按照实际驾驶人承担责任的过错比例承担相应的补充清偿责任。该条规定中的实际驾驶人无法查明的,机动车所有人或管理人应举证证明其与实际驾驶人之间的关系,但肇事车辆被盗窃、抢劫或者抢夺的除外。"天津高院《关于印发〈机动车交通事故责任纠纷案件审理指南〉的通知》(2017年1月20日 津高法〔2017〕14号)第3条:"……未经机动车所有人、管理人允许驾驶他人机动车发生交通事故造成损害,由驾驶人承担赔偿责任。机动车所有人、管理人有过错的,承担相应的赔偿责任。机动车所有人或管理人疏于对机动车的保管或管理导致他人擅自驾车引发事故的,应认定为有过错,承担按份责任。盗窃、抢劫或抢夺的机动车发生交通事故造成损害的,由盗窃人、抢劫人、抢夺人承担赔偿责任……套牌机动车在被盗窃、抢劫、抢夺期间发生交通事故的,应由盗窃人、抢劫人、抢夺人承担赔偿责任。"江苏徐州中院《关于印发〈民事审判实务问答汇编(五)〉的通知》(2016年6月13日)第4条:"……(4)对《机动车交通事故责任强制保险条例》第22条和《机动车交通事故责任强制保险条款》第9条规定应如何理解?答:该条例第22条规定:有下列情形之一的,保险公司在机动车交通事故责任强制保险责任限额范围内垫付抢救费用,并有权向致害人追偿。(一)驾驶人未取得驾驶资格或者醉酒的;(二)被保险机动车被盗抢期间肇事的;(三)被保险人故意制造道路交通事故的。有前款所列情形之一,发生道路交通事故的,造成受害人的财产损失,保险公司不承担赔偿责任。对于上述规定应结合该条第2款的规定全面理解,不能只依据第1款的规定而认为保险公司在上述四种情形下只垫付抢救费用,对于受害人的其他损失则一概不予赔偿。上述第22条第2款中的财产损失,是因交通事故侵害了受害人的财产权益而产生的损失。而对于交通事故导致受害人人身权益受到侵害的情形,无论是受害人为救治而支出的费用,还是受害人因伤残或死亡而获得的赔偿金,实质上是对其人身权益被损害的救济,都不属于财产损失的范畴,保险公司对此都应当赔偿。对于这些问题,最高人民法院《关于审理道路交通事故损害赔偿案件适用法律若干问题的解释》第18条对大部分内容进一步进行了明确,明确规定上述情形下导致第三人人身损害,由保险公司在交强险限额范围内予以赔偿。另外,交强险条款第9条规定:被保险机动车在本条(一)至(四)之一的情形下发生交通事故,造成受害人受伤需要抢救的,保险人在接到公安机关交通管理部门的书面通知和医疗机构出具的抢救费用清单后,按照国务院卫生主管部门组织制定的交通事故人员创伤临床诊疗指南和国家基本医疗保险标准进行核实。对于符合规定的抢救费用,保险人在医疗费用赔偿限额内垫付。被保险人在交通事故中无责任的,保险人在无责任医疗费用赔偿限额内垫付。对于其他损失和费用,保险人不负责垫付和赔偿。(一)驾驶人未取得驾驶资格的;(二)驾驶人醉酒的;(三)被保险机动车被盗抢期间肇事的;(四)被保险人故意制造交通事故的。对于垫付的抢救费用,保险人有权向致害人追偿。上述交强险条款第9条对此作了进一步限制规定:对于符合规定的抢救费用,保险人在医疗费用赔偿限额内垫付。对于其他损失和费用,保险人不负责垫付和赔偿。上述规定中'对于其他损失和费用,保险人不负责垫付和赔偿',显然与交强险条例第22条第2款的规定相抵牾,造成了与交通安全法第76条、交强险条例第22条等上位法规定之间的冲突,在司法实践中不宜适用。保险公司依据交强险条款第9条的规定而制定的保险合同条款,也因其属于合同法第40条所规定的提供格式条款的一方免除己方责任、加重对方责任的情形而无效。"广东深圳中院《关于道路交通事故损害赔偿纠纷案件的裁判指引》(2014年8月14日 深中法发〔2014〕3号)第9条:"被盗抢机动车所有人或实际支配人向人民法院提交的被盗抢证明,应当是被盗抢案件发生地县级以上公安机关出具的证明。"安徽高院《关于审理道路交通事故损害赔偿纠纷案件若干问题的指导意见》(2014年1月1日 皖高法〔2013〕487号)第12条:"机动车被盗窃、抢劫、抢夺期间发生交通事故,赔偿权利人要求承保交强险的保险公司垫付抢救费用外再承担死亡伤残、财产损失赔偿责任的,人民法院不予支持。"贵州高院《关于印发〈关于审理涉及机动车交通事故责任强制保险案件若干问题的意见〉的通知》(2011年6月7日 黔高法〔2011〕124号)第7条:"有下列情形之一,机动车交通事故造成受害第三者人身伤亡的,保险公司在责任强制保险限额范围内承担赔偿责任,保险公司承担赔偿责任后有权向赔偿义务人追偿。(一)驾驶人未取得驾驶资格或者醉酒的;(二)被保险机动车被盗抢期间肇事的;(三)被保险人故意制造道路交通事故的。前款所称'赔偿义务人',是指道路交通事故的致害人,被保险人与实际致害人不是同一主体时,被保险人与实际致害人对机动车强制保险责任限额范围内的损害赔偿承担连带责任,但盗窃车辆除外。"浙江宁波中院《关于印发〈民事审判若干问题解答(第一辑)〉的通知》(2011年4月13日 甬中法〔2011〕13号)第6条:"机动车驾驶人存在酒后驾驶、无证驾驶等情形造成交通事故,保险公司在承担交通事故强制责任险后,是否可向机动车方追偿?答:根据交强险条例规定和交强险条款约定,发生道路交通事故时驾驶人存在醉酒驾驶、无证驾驶、被保险人故意制造道路交通事故的,肇事车辆的强制保险单位不承担赔偿责任,因此保险公司在承担交通事故强制责任险后,可向机动车方追偿。被保险车辆被盗期间肇事,根据《中华人民共和国侵权责任法》第五十二条规定:盗窃、抢劫或者抢夺的机动车发生交通事故造成损害的,由盗窃人、抢劫人或者抢夺人承担赔偿责任。保险公司承担交通事故强制责任险后,有权向交通事故责任人追偿。"江苏常州中院《关于道路交通事故损害赔偿案件的处理意见》(2010年10月13日 常中法〔2010〕104号)第1条:"……(3)使用以盗窃、抢劫、抢夺等手段非法占有的机动车发生交通事故的,应由盗窃人、抢劫人、抢夺人承担赔偿责任。机动车所有人或实际支配人必须提供盗窃、抢劫、抢夺机动车案件发生地公安机关出具的相关证明……"安徽宣城中院《关于审理道路交通事故赔偿案件若干问题的意见(试行)》(2011年4月)第23条:"未投交强险的车辆被盗窃、抢劫或抢夺期间发生交通事故致人损害的,由盗窃人、抢劫人、抢夺人承担赔偿责任,但未投交强险属投保义务人责任的,由投保义务人在交强险范围内承担补充赔偿责任。"山东高院《关于印发审理保险合同纠纷案件若干问题意见(试行)的通知》(2011年3月17日)第21条:"有下列情形之一导致受害人人身损害的,保险人根据《机动车交通事故责任强制保险条例》第二十二条、二十三条规定向受害人支付死亡伤残赔偿金和医疗费用后向致害人追偿的,人民法院应予支持:(1)驾驶人未取得驾驶资格或者醉酒的;(2)被保险机动车被盗抢期间肇事的;(3)被保险人故意制造道路交通事故的。前款情形,致害人向受害人支付死亡伤残赔偿金和医疗费用后,依责任强制保险合同要求保险人承担保险责任的,人民法院不予支持。"江苏高院《印发〈关于审理保险合同纠纷案件若干问题的讨论纪要〉的通知》(2011年1月12日苏高法审委〔2011〕1号)第10条:"保险人依据机动车交通事故责任强制保险条款,主张对于驾驶人未取得驾驶资格或者醉酒的、被保险机动车被盗抢期间肇事的、被保险人故意制造道路交通事故的情形下,保险人只负责垫付抢救费用而对于财产损失之外的死亡伤残赔偿金等损失不予赔偿的,人民法院不予支持。保险人赔偿保险金后向致害人追偿的,人民法院予以支持。"山东淄博中院民三庭《关于审理道路交通事故损害赔偿案件若干问题的指导意见》(2011年1月1日)第4条:"有下列情形之一的,承保交强险的保险公司应当在交强险责任限额内承担赔偿责任:1.盗窃、抢劫、抢夺的机动车发生交通事故的;2.驾驶人未取得驾驶资格、醉酒、滥用麻醉药品或精神药品驾驶机动车发生交通事故的;3.被保险人故意制造交通事故的。"江苏高院民一庭《侵权损害赔偿案件审理指南》(2011年)第7条:"道路交通事故责任……6.特殊情形下保险公司的赔偿责任。有下列情形之一导致受害人人身损害的,由保险公司在机动车第三者责任强制保险责任限额范围内承担赔偿责任;造成受害人财产损失的,保险公司不承担责任。保险人向受害人赔偿后,有权向交通事故责任人追偿:(1)盗窃、抢劫或者抢夺的机动车发生交通事故的……"安徽六安中院《关于印发〈审理道路交通事故人身损害赔偿案件若干问题的意见〉的通知》(2010年12月7日 六中法〔2010〕166号)第3条:"未经机动车所有人或者管理人同意,又非基于盗窃、抢劫或者抢夺等非法占有目的擅自驾驶他人车辆发生交通事故致人损害的,由擅自驾驶人承担赔偿责任。机动车所有人或者管理人未尽合理限度范围内的管理义务的,应当承担与其过错相适应的补充赔偿责任。"河南郑州中院《审理交通事故损害赔偿案件指导意见》(2010年8月20日 郑中法〔2010〕120号)第19条:"未投交强险的机动车被盗窃、抢劫或抢夺期间发生交通事故的,由盗窃人、抢劫人或抢夺人承担赔偿责任,但未投交强险属投保义务人责任的,由投保义务人在交强险范围内承担补充赔偿责任。"河南周口中院《关于侵权责任法实施中若干问题的座谈会纪要》(2010年8月23日 周中法〔2010〕130号)第10条:"在机动车的所有人和使用人不一致的情形下,责任主体的认定及责任方式确定,主要是采用'运行支配'和'运行利益'两个标准综合判断,同时还要结合过错责任来作为补充。在实践中,既要充分体现对受害人的保护,还要注意促进经济发展、保障行为人的行为自由,另外还要兼顾制裁交通违法行为人、遏制交通事故发生、维护交通安全的目的。结合保险法中分散风险、救济受害人等功能,积极稳妥化解故意逃避赔偿责任等形式的道德风险,应当根据下列不同情形,分别确定责任人及责任方式:……机动车在被盗抢期间发生交通事故造成他人损害的,机动车所有人或管理人不承担赔偿责任。如果机动车所有人或管理人没有尽到适当的保管义务或者被盗后没有及时报案,或者存在其他过错的,机动车所有人或管理人应当承担与其过错程度相适应的补充赔偿责任。"浙江高院民一庭《关于审理道路交通事故损害赔偿纠纷案件若干问题的意见(试行)》(2010年7月1日)第8条:"未经机动车所有人、管理人许可,擅自使用机动车发生道路交通事故致人损害的,由保险公司在机动车强制保险责任限额范围内予以赔偿。不足部分,由机动车使用人承担赔偿责任;机动车所有人在管理上有过错的,承担相应的赔偿责任。"第15条:"属于《机动车交通事故责任强制保险条例》第二十二条第一款规定情形发生道路交通事故,造成受害人人身伤亡的,保险公司应在机动车强制保险责任限额范围内承担垫付责任;保险公司垫付后,可向赔偿义务人追偿。造成受害人财产损失的,保险公司不承担垫付责任。前款所称'赔偿义务人'是指道路交通事故中的致害人,被保险人与致害人不是同一人的,对机动车强制保险责任限额范围内的损害赔偿承担连带责任,但被盗抢车辆除外。机动车已经转让并交付但未办理保险变更手续的,受让人视为被保险人。本条所称'人身伤亡'是指道路交通事故导致受害人的人身损害,包括财产性损失和精神损害抚慰金;所称'财产损失'是指道路交通事故导致受害人的车辆等实物财产毁损、灭失的损失。"北京高院民一庭《关于道路交通损害赔偿案件的疑难问题》(2010年4月9日)第1条:"……(三)盗窃、抢劫或者抢夺的机动车发生交通事故造成损害的责任承担条文:《侵权责任法》第五十二条 盗窃、抢劫或者抢夺的机动车发生交通事故造成损害的,由盗窃人、抢劫人或者抢夺人承担赔偿责任。保险公司在机动车强制保险责任限额范围内垫付抢救费用的,有权向交通事故责任人追偿。《机动车交通事故责任强制保险条款》第九条规定,被保险机动车在本条(1)至(4)之一的情形下发生交通事故,造成受害人受伤需要抢救的,保险人在接到公安机关交通管理部门的书面通知和医疗机构出具的抢救费用清单后,按照国务院卫生主管部门组织制定的交通事故人员创伤临床诊疗指南和国家基本医疗保险标准进行核实。对于符合规定的抢救费用,保险人在医疗费用赔偿限额内垫付。被保险人在交通事故中无责任的,保险人在无责任医疗费用赔偿限额内垫付。对于其他损失和费用,保险人不负责垫付和赔偿。(1)驾驶人未取得驾驶资格的;(2)驾驶人醉酒的;(3)被保险机动车被盗抢期间肇事的;(4)被保险人故意制造交通事故的。对于垫付的抢救费用,保险人有权向致害人追偿。问题:(1)本条的规定是仅仅明确了保险公司的追偿权,还是说,保险公司对于受害人的其他损失和费用,保险公司不承担垫付及赔偿责任。具体说,机动车被盗抢期间肇事的情形下,保险公司是否应承担交强险赔偿责任?交强险条例第22条规定保险公司负责垫付抢救费用,不用赔偿财产损失。有的基层法院判保险公司赔偿,有的没有判保险公司赔偿,这里'负责垫付抢救费用,不用赔偿财产损失'应如何理解,存在分歧。尤其是在受害人损失惨重,又无力获得救济的情况下,我们认为可以判决保险公司在交强险范围赔偿。(2)以后对于机动车司机未取得驾驶资格或者醉酒的,是否可以判决由保险公司在交强险责任限额范围内赔偿?"广东广州中院《民事审判若干问题的解答》(2010年)第24条:"【盗抢机动车责任主体的确定】盗窃、抢劫或者抢夺的机动车发生交通事故造成损害的,如何确定赔偿义务主体?答:由盗窃人、抢劫人或者抢夺人承担赔偿责任。保险公司在机动车强制保险责任限额范围内垫付抢救费用的,有权向交通事故责任追偿。"湖南长沙中院《关于道路交通事故人身损害赔偿纠纷案件的审理意见》(2010年)第一部分第1条:"……被盗窃、抢劫、抢夺车辆发生交通事故时,由肇事者承担赔偿责任;肇事者与盗窃、抢劫、抢夺者不同一的,还可由盗窃、抢劫、抢夺者承担责任……"安徽合肥中院民一庭《关于审理道路交通事故损害赔偿案件适用法律若干问题的指导意见》(2009年11月16日)第13条:"盗窃、抢劫或者抢夺的机动车发生交通事故造成损害的,由盗窃人、抢劫人或者抢夺人承担赔偿责任。"云南高院《关于审理人身损害赔偿案件若干问题的会议纪要》(2009年8月1日)第2条:"……被盗抢的车辆在被盗抢期间发生的交通事故,机动车所有人、车辆原实际支配人不承担赔偿责任。"福建高院民一庭《关于审理人身损害赔偿纠纷案件疑难问题的解答》(2008年8月22日)第8条:"问:被盗窃的机动车肇事后致人损害的,车辆所有人是否应承担赔偿责任?答:最高人民法院《关于被盗机动车辆肇事后由谁承担损害赔偿责任问题的批复》认为,使用盗窃的机动车辆肇事,造成被害人物质损失的,肇事人应当依法承担损害赔偿责任,被盗机动车辆所有人不承担赔偿责任。该批复虽然是针对'造成被害人物质损失的',但批复的精神同样可适用于'造成被害人人身损害的'情形。"广东佛山中院《关于审理道路交通事故损害赔偿案件的指导意见》(2009年4月8日)第14条:"属于下列情形之一的,机动车登记所有人或者实际支配人不承担责任:(1)受雇人以外的第三人擅自驾驶机动车致人损害,机动车的登记人或实际支配人除非存在管理上的瑕疵,否则不承担赔偿责任;机动车登记所有人或者实际支配人对车辆的经营与管理未尽注意义务的,应当承担相应的补充赔偿责任;(2)机动车被盗抢致人损害的,机动车登记所有人或实际支配人无过错的,不承担责任,由盗抢人承担赔偿责任;但机动车登记所有人或实际支配人必须提供被盗抢的相关证明……"陕西高院《关于审理道路交通事故损害赔偿案件若干问题的指导意见(试行)》(2008年1月1日 陕高法〔2008〕258号)第10条:"被盗抢机动车发生交通事故致人损害的,机动车所有权人不承担赔偿责任。"湖北十堰中院《关于审理机动车损害赔偿案件适用法律若干问题的意见(试行)》(2007年11月20日)第7条:"机动车的无权占有人的责任按照下列原则确定:(1)使用盗窃的机动车肇事,造成他人损害的,肇事人承担损害赔偿责任,被盗机动车的所有人不承担损害赔偿责任……"上海高院《关于道路交通事故损害赔偿责任主体若干问题的意见》(2007年6月18日 沪高法民一〔2007〕11号)第11条:"机动车在被盗抢期间发生交通事故造成他人损害的,机动车所有人不承担赔偿责任。"第14条:"盗用、冒用他人身份证取得车辆管理部门登记的机动车、非机动车发生交通事故的,由盗用人、冒用人承担赔偿责任,销售方有过错的,承担连带赔偿责任。"湖北武汉中院《关于审理交通事故损害赔偿案件的若干指导意见》(2007年5月1日)第20条:"被盗抢的车辆在被盗抢期间发生的交通事故,机动车所有人、车辆实际支配人不承担赔偿责任,但机动车所有人或实际支配人必须提供被盗抢的相关证明。"江西高院民一庭《关于审理道路交通事故人身损害赔偿案件适用法律若干问题的解答》(2006年12月31日)第21条:"被盗窃车辆发生交通事故致人身损害的,按照《最高人民法院关于被盗机动车辆肇事后由谁承担损害赔偿责任问题的批复》(法释〔1999〕13号)关于'使用盗窃的机动率辆肇事,造成被害人物质损失的,事故人应当依法承担损害赔偿责任,被盗机动车辆的所有人不承担损害赔偿责任'的规定处理。但被盗窃车辆在被盗窃前应当投保'交强险'而未投保的,车辆所有人应当在机动车交通事故责任强制保险责任限额范围内垫付抢救费用。车辆所有人在垫付后,可以向加害人追偿。道路交通事故社会救助基金管理机构先行垫付部分费用的,车辆所有人对前者垫付的差额承担垫付责任。赔偿权利人要求对车辆运行支配和运行利益均无关的车辆所有人及道路交通事故社会救助基金管理机构先行垫付有关费用的,仅限于无法找到直接的侵权责任人或者直接的侵权责任人无能力赔偿的情况。本'解答'其他情况涉及类似情况的处理应遵循该原则。"江西赣州中院《关于审理道路交通事故人身损害赔偿案件的指导性意见》(2006年6月9日)第15条:"机动车被盗抢致人损害的,机动车所有人或管理人无过错的,不承担责任,由盗抢人承担赔偿责任。"贵州高院、省公安厅《关于处理道路交通事故案件若干问题的指导意见(一)》(2006年5月1日)第18条:"赔偿权利人仅起诉驾驶人的,人民法院应当向赔偿权利人释明可将机动车所有人、实际支配人作为共同被告一并参与诉讼。"第19条:"机动车所产生的损害赔偿责任由机动车所有人承担。但下列情况下,机动车所有人不承担赔偿责任:(1)被盗窃的机动车发生交通事故的……"广东深圳中院《道路交通事故损害赔偿案件研讨会纪要》(2005年9月26日)第15条:"被盗抢机动车所有人或者实际支配人向人民法院提交的被盗抢证明,应当是被盗抢案件发生地县级以上公安机关出具的证明。"广东高院、省公安厅《关于〈道路交通安全法〉施行后处理道路交通事故案件若干问题的意见》(2004年12月17日 粤高法发〔2004〕34号 2021年1月1日起被粤高法〔2020〕132号文废止)第22条:"被盗抢的车辆在被盗抢期间发生的交通事故,如车辆参加第三者责任强制保险的,由保险公司在责任限额内承担赔偿责任,肇事人在责任限额外承担赔偿责任。机动车所有人、车辆实际支配人不承担赔偿责任,但机动车所有人或实际支配人必须提供盗抢案件发生地公安机关出具的证明。"吉林高院《关于印发〈关于审理道路交通事故损害赔偿案件若干问题的会议纪要〉的通知》(2003年7月25日 吉高法〔2003〕61号)第20条:"使用盗窃、抢劫的机动车发生道路交通事故给他人造成损害的,肇事人为被告,由肇事人承担损害赔偿责任。被盗、被抢机动车的所有人不承担损害赔偿责任。"第21条:"经审查确属被盗窃、被抢劫的机动车在被盗窃、被抢劫期间发生的交通事故,机动车所有人不承担损害赔偿责任。但机动车所有人或者机动车实际支配人应当提供盗窃、抢劫案件发生地、县(市、区)以上的公安机关出具的证明。"广东高院、省公安厅《关于印发〈关于处理道路交通事故案件若干具体问题的补充意见〉的通知》(2001年2月24日 粤高法发〔2001〕6号 2021年1月1日起被粤高法〔2020〕132号文废止)第5条:"被盗抢的机动车辆在被盗抢期间发生道路交通事故的,车辆所有人或者车辆实际支配人必须提供盗抢案件发生地县(市)、市辖区公安局、公安分局或者相当于同级的公安局、公安局刑事侦查部门出具的证明。"河南高院《关于审理道路交通事故损害赔偿案件若干问题的意见》(1997年1月1日 豫高法〔1997〕78号)第14条:"偷开他人车辆发生事故的,一般应以偷开者为被告。"江苏高院《全省民事审判工作座谈会纪要》(1999年11月1日 苏高法〔1999〕466号)第3条:"……机动车被盗后发生交通事故致人损害,应由肇事人承担损害赔偿责任,被盗机动车的所有人不承担赔偿责任。"广东高院、省公安厅《关于处理道路交通事故案件若干具体问题的通知》(1996年7月13日 粤高法发〔1996〕15号 2021年1月1日起被粤高法〔2020〕132号文废止)第8条:"经审查确属被盗抢的车辆在被盗期间发生的交通事故,车辆所有人不承担赔偿责任。"

**6. 最高人民法院审判业务意见。**●被盗机动车辆肇事,被盗车辆所有人是否应担垫付责任?《人民司法》研究组:"盗窃分子驾驶所盗车辆发生交通事故致人伤害的,依据最高人民法院有关司法解释的规定,应由盗窃分子承担损害赔偿责任,被盗机动车辆所有人不承担损害赔偿责任。那么,被盗车辆脱离了车辆所有人的控制范围,车辆所有人本身也是受害者,既无需承担损害赔偿责任,也没有义务对盗窃分子所造成的后果承担垫付责任。因此,除非车辆所有人出于自愿,否则,交通事故中的受害者和法院都无权要求其承担垫付责任。"

**7. 参考案例。**①2011年河南某交通事故损害赔偿案,2009年1月,某单位所有的投保交强险的轿车被盗期间,与赵某驾驶、搭载李某的车辆相撞,致李某受伤。交警认定前车逃逸驾驶员负主要责任,赵某负次要责任。法院认为:对于保险公司,免除赔偿义务的唯一事由是受害人的故意行为,车辆被盗并非免责事由,故保险公司关于投保车辆被盗期间发生交通事故属免责范围的辩解理由不充分,不予采信。某单位所投保轿车在保险合同期限内发生交通事故,保险公司应在交强险责任限额范围内赔偿李某包括医疗费、误工费、护理费、住院伙食补助费、营养费、交通费等各项损失。某单位对本次交通事故无过错,故不承担赔偿责任。②2010年浙江某交通事故损害赔偿案,2008年12月,开办汽车服务中心的裘某名下的车辆被陈某承租期间,因陈某被诈骗转抵给赵某,赵某无证驾驶撞伤王某致残,赵某逃逸,王某起诉赵某、裘某和裘某投保交强险的保险公司。法院认为:交强险具有法定性和强制性,只有损失系由被害人故意造成,保险公司才不予赔偿,故本案保险公司应承担交强险赔付责任。肇事车辆车主裘某对其所有的机动车在被非法占有期间发生交通事故,其已丧失了对车辆的支配权,故裘某无过错,不应承担赔偿责任。赵某无证驾驶且肇事逃逸,是造成事故的直接原因,故应对王某因事故造成的损失超出交强险责任限额部分承担赔偿责任。③2009年上海某交通事故损害赔偿案,2009年6月,刘某挂靠保洁服务所的车辆由雇员葛某驾驶并停靠装运建筑垃圾期间,因未取出钥匙亦未锁车门,导致精神病人张某强行驾驶该车撞死骑自行车的陶某。法院认为:案涉交通肇事属于《道路交通安全法》所规定的交通事故,保险公司就本案所涉人身损害不具有免责事由。判决保险公司在死亡伤残责任限额内赔偿原告死亡赔偿金、丧葬费、亲属误工费、交通费、住宿费等费用6万元,及精神损害抚慰金5万元,并在交强险医疗费用限额内赔偿原告医疗费650余元,超过限额部分,由张某从其本人财产中赔偿原告45万余元,不足部分,由张某监护人陈某赔偿;葛某对事故发生存在过错,应赔偿原告5万余元,刘某、保洁服务所承担连带责任。

**【同类案件处理要旨】**

盗窃、抢劫或者抢夺的机动车发生交通事故造成损害的,由盗窃人、抢劫人或者抢夺人承担赔偿责任,被盗机动车辆的所有人、车辆原实际支配人不承担损害赔偿责任。保险公司在交强险责任限额范围内赔偿第三者人身损害后,有权向交通事故责任人追偿。车主未投保交强险或交强险到期后未续保情况下,车辆被盗并发生交通事故致人死伤,机动车所有人应在交强险责任限额内对受害人的损失承担赔偿责任。

**【相关案件实务要点】**

1.【免责事由】对于保险公司,免除赔偿义务的唯一事由是受害人的故意行为,车辆被盗并非免责事由。案见河南洛阳中院(2011)洛民终字第2195号"某保险公司与李某、某单位道路交通事故人身损害赔偿纠纷案"。

2.【保险理赔】机动车被盗抢期间肇事不构成交强险保险公司的免责事由。案见上海虹口区法院(2009)虹民一(民)初字第5852号"王某等诉张某等交通事故损害赔偿案"。

3.【非法占有】机动车在被非法占有期间发生交通事故造成他人损害,保险公司应在交强险责任限额内赔偿。案见浙江绍兴中院(2010)浙绍民终字第879号"王某诉赵某等交通事故损害赔偿案"。

4.【未投保交强险】车主未投保交强险或交强险到期后未续保情况下,车辆被盗并发生交通事故致人死伤,机动车所有人应在交强险责任限额内对受害人的损失承担赔偿责任。案见江苏常州中院(2009)常民一终字第1198号"顾某等诉周某交通事故损害赔偿案"。

**【附注】**

参考案例索引:江苏常州中院(2009)常民一终字第1198号"顾某等诉周某交通事故损害赔偿案",一审判决周某赔偿11万元,二审经调解由周某赔偿6万元。见《机动车被盗期间发生交通事故时车主的赔偿责任》(王利冬、陈卫),载《人民司法·案例》(201006:29)。①河南洛阳中院(2011)洛民终字第2195号"某保险公司与李某、某单位道路交通事故人身损害赔偿纠纷案"。②浙江绍兴中院(2010)浙绍民终字第879号"王某诉赵某等交通事故损害赔偿案",见《王斌钧诉赵亚东等道路交通事故人身损害赔偿案》(邹永明),载《中国法院2012年度案例:道路交通纠纷》(142)。③上海虹口区法院(2009)虹民一(民)初字第5852号"王某等诉张某等交通事故损害赔偿案",见《王秀英等诉张学敏等道路交通事故人身损害赔偿案》(卞良、丁忆宁),载《中国法院2012年度案例:道路交通纠纷》(11)。

**参考观点索引:** ●被盗机动车辆肇事,被盗车辆所有人是否应承担垫付责任?见《被盗机动车辆肇事,被盗车辆所有人是否应承担垫付责任》,载《人民司法·司法信箱》(200003:62)。

# 18. 擅自偷开机动车肇事
## ——偷开他人车,肇事该谁赔?
### 【擅自偷开】

**【案情简介及争议焦点】**

2008年7月,周某驾驶覃某所有的货车停在路边,车门未锁,车钥匙插在电门上,徐某遂开动撞伤行人钟某,交警认定徐某全责。覃某、周某预支费用2万余元。钟某起诉徐某、覃某、周某及保险公司。保险公司以徐某无证驾驶拒赔。

争议焦点:1. 如何确定侵权责任? 2. 保险公司能否免责?

**【裁判要点】**

**1. 侵权赔偿。**本案所涉及的交通事故系徐某未经车主即覃某同意无证驾驶且行驶违章造成,交警部门所作出的责任认定符合客观事实,定性准确,予以采信。徐某应对事故的发生承担责任。覃某、周某对于该车存在管理不善的责任,致使车辆被人偷开发生交通事故,应对钟某的损失承担一定的赔偿责任。钟某的损失扣除覃某、周某支付款项,剩余损失21万余元应由徐某赔偿。

**2. 保险赔偿。**肇事车辆在保险公司投保强制险及商业险,故保险公司应按规定在强制险赔偿限额内予以赔偿,不足部分由徐某赔偿。保险公司提出徐某无证驾驶车辆造成交通事故不属于保险赔偿范围。经查,保险合同对无证驾驶的行为只是对保险公司垫付的责任的约定,并非免责,故保险公司的此项抗辩不成立,不予支持。

**【裁判依据或参考】**

**1. 法律规定。**《民法典》(2021年1月1日)第1212条:"未经允许驾驶他人机动车,发生交通事故造成损害,属于该机动车一方责任的,机动车使用人应当承担赔偿责任;机动车所有人或者管理人有过错的,承担相应的赔偿责任,但是本章另有规定的除外。"《治安管理处罚法》(2013年1月1日修正实施)第64条:"有下列行为之一的,处五百元以上一千元以下罚款;情节严重的,处十日以上十五日以下拘留,并处五百元以上一千元以下罚款:(一)偷开他人机动车的;(二)未取得驾驶证驾驶或者偷开他人航空器、机动船舶的。"《侵权责任法》(2010年7月1日,2021年1月1日废止)第49条:"因租赁、借用等情形机动车所有人与使用人不是同一人时,发生交通事故后属于该机动车一方责任的,由保险公司在机动车强制保险责任限额范围内予以赔偿。不足部分,由机动车使用人承担赔偿责任;机动车所有人对损害的发生有过错的,承担相应的赔偿责任。"

**2. 司法解释**。最高人民法院《关于审理道路交通事故损害赔偿案件适用法律若干问题的解释》(2012年12月21日,2020年修改时删除该条,2021年1月1日实施)第2条:"未经允许驾驶他人机动车发生交通事故造成损害,当事人依照侵权责任法第四十九条的规定请求由机动车驾驶人承担赔偿责任的,人民法院应予支持。机动车所有人或者管理人有过错的,承担相应的赔偿责任,但具有侵权责任法第五十二条规定情形的除外。"最高人民法院研究室《关于住宿期间旅客车辆丢失赔偿案件如何适用法律问题的答复》(2004年10月12日 法研〔2004〕163号):"……根据《中华人民共和国合同法》第六十条的规定,旅客在宾馆住宿期间,依宾馆的指示或者许可,将车辆停放于宾馆内部场地后,宾馆对车辆即负有保管义务。但是,宾馆未对车辆停放单独收费且证明自己对车辆被盗没有重大过失的,不承担损害赔偿责任。"

**3. 地方司法性文件**。江西宜春中院《关于印发〈审理机动车交通事故责任纠纷案件的指导意见〉的通知》(2020年9月1日 宜中法〔2020〕34号)第18条:"未经机动车所有人、管理人允许驾驶他人机动车发生交通事故造成损害的,由驾驶人承担赔偿责任。机动车所有人、管理人有过错的,承担相应的赔偿责任。机动车所有人或管理人疏于对机动车的保管或管理,导致他人擅自驾车引发交通事故的,应认定为有过错,承担相应的赔偿责任。"山东日照中院《机动车交通事故责任纠纷赔偿标准参考意见》(2018年5月22日)第2条:"公车私用发生交通事故造成损害的处理。单位工作人员擅自驾驶行为与执行工作任务无关,应适用《交通事故损害赔偿解释》第二条规定认定车辆驾驶人和所有人的责任。由未经允许驾驶机动车的驾驶人承担赔偿责任,机动车所有人或管理人有过错的,依据过错程度承担相应的赔偿责任。"上海高院民一庭《道路交通事故纠纷案件疑难问题研讨会会议纪要》(2011年12月31日)第4条:"擅自使用他人机动车发生交通事故的责任承担。《侵权责任法》中对租用、借用、盗抢等情况下发生交通事故的责任承担均做了明确规定,但对于擅自使用他人机动车的情况并未作出规定,我们认为,一般可以比照租用、借用的情况,所有人仅在有过错的前提下承担与过错相对应的赔偿责任。"江苏南通中院《关于处理交通事故损害赔偿案件中有关问题的座谈纪要》(2011年6月1日 通中法〔2011〕85号)第6条:"未经车辆所有人或控制人的同意,擅自驾驶他人车辆发生交通事故致人损害的,由擅自驾驶人承担赔偿责任。机动车所有人对他人擅自驾驶有过错的,承担相应的赔偿责任。"安徽宣城中院《关于审理道路交通事故赔偿案件若干问题的意见(试行)》(2011年4月)第13条:"擅自驾驶他人机动车发生交通事故致人损害的,由保险公司在机动车强制责任险限额内予以赔偿。不足部分,擅自驾驶人承担赔偿责任。机动车所有人未尽合理限度的范围内的管理义务的,应当承担相应的赔偿责任。"山东淄博中院民三庭《关于审理道路交通事故损害赔偿案件若干问题的指导意见》(2011年1月1日)第16条:"未经车辆所有人或管理人同意,擅自驾驶他人车辆发生交通事故的,应由驾驶人承担损害赔偿责任。如果车辆所有人或管理人有过错的,应承担相应的补充赔偿责任。"江苏无锡中院《关于印发〈关于审理道路交通事故损害赔偿案件若干问题的指导意见〉的通知》(2010年11月8日 锡中法发〔2010〕168号)第8条:"【擅自驾驶机动车的事故赔偿责任】未经许可擅自驾驶他人机动车发生道路交通事故致人损害的,一般由擅自使用人承担赔偿责任。机动车所有人未尽管理义务的,应当根据其过错承担赔偿责任,赔偿比例一般不超过30%。"江苏常州中院《关于道路交通事故损害赔偿案件的处理意见》(2010年10月13日 常中法〔2010〕104号)第1条:"……(6)未经机动车所有人或实际控制人许可,擅自驾驶他人机动车发生交通事故的,由驾驶人承担赔偿责任。机动车所有人或实际控制人有过错的,应当对造成的损害承担与其过错相适应的赔偿责任……"河南郑州中院《审理交通事故损害赔偿案件指导意见》(2010年8月20日 郑中法〔2010〕120号)第23条:"擅自驾驶或者利用与车辆所有人之间有某种便利条件,以及其他未经许可驾驶他人车辆发生交通事故的,由驾驶人承担赔偿责任,但有证据证明车辆所有人存在过错的,车辆所有人承担相应的赔偿责任。"河南周口中院《关于侵权责任法实施中若干问题的座谈会纪要》(2010年8月23日 周中法〔2010〕130号)第10条:"在机动车的所有人和使用人不一致的情形下,责任主体的认定及责任方式确定,主要是采用'运行支配'和'运行利益'两个标准综合判断,同时还要结合过错责任来作为补充。在实践中,既要充分体现对受害人的保护,还要注意促进经济发展、保障行为人的行为自由,另外还要兼顾制裁交通违法行为人、遏制交通事故发生、维护交通安全的目的。结合保险法中分散风险、救济受害人等功能,积极稳妥化解故意逃避赔偿责任等形式的道德风险,应当根据下列不同情形,分别确定责任人及责任方式:……未经车辆所有人或者管理人同意,他人擅自使用车辆发生交通事故造成他人损害的,由擅自使用人承担赔偿责任,车辆所有人或者管理人应当承担补充赔偿责任。车辆所有人或者管理人不能提供充分证据证明他人使用车辆,属违背真实意志的,不认定为他人擅自使用车辆。"浙江高院民一庭《关于审理道路交通事故损害赔偿纠纷案件若干问题的意见(试行)》(2010年7月1日)第8条:"未经机动车所有人、管理人许可,擅自使用机动车发生道路交通事故致人损害的,由保险公司在机动车强制保险责任限额范围内予以赔偿。不足部分,由机动车使用人承担赔偿责任;机动车所有人在管理上有过错的,承担相应的赔偿责任。"第10条:"机动车在质押期间发生道路交通事故致人损害的,由保险公司在机动车强制保险责任限额范围内予以赔偿。不足部分,由质押权人承担赔偿责任;质押人对损害的发生有过错的,承担相应的赔偿责任。"山东东营中院《关于印发道路交通事故处理工作座谈会纪要的通知》(2010年6月2日)第31条:"未经允许擅自驾驶他人机动车发生交通事故的,由擅自驾驶人承担赔偿责任;机动车所有权人存在过错的,按其过错程度承担相应的责任。"北京高院民一庭《关于道路交通损害赔偿案件的疑难问题》(2010年4月9日)第2条:"……擅自驾驶机动车的情形我们认为,未经所有人或保管人同意擅自驾驶他人机动车发生交通事故给他人造成损害的,由擅自驾驶人承担损害赔偿责任;该机动车所有人或保管人存在管理上的瑕疵的,由机动车所有人或保管人在其过错范围内与擅自驾驶人承担连带赔偿责任。调研中,有法院提出,未经所有人同意,为娱乐、练习等目的,擅自驾驶所有人车辆发生事故的场合,由于车辆是基于所有人意志以外的原因脱离控制,所有人丧失了对车辆的实际控制,不享有利益,保有关系因不可预见因素中断,因此,所有人不应当承担损害赔偿责任。但是,也有不同的意见认为,所有人基于保有关系应承担较高程度的注意义务,在车辆所有人对车辆的保管存在过失的情况下,如离开车辆未熄火、未锁车门、未关好车窗等,是对注意义务违反,应当与肇事者承担不真正连带赔偿责任,以加强对受害人的保护……"湖南长沙中院《关于道路交通事故人身损害赔偿纠纷案件的审理意见》(2010年)第一部分第1条:"……擅自驾驶情形下,一种是存在雇佣关系的擅自驾驶,公司职员或雇员应当和该机动车的所有人或保管人承担连带赔偿责任;另一种是不存在雇佣关系的其他人擅自驾驶他人车辆,机动车的所有人或保管人除非存在管理上的瑕疵,否则不承担赔偿责任,机动车的所有人或保管人如对车辆的保管未尽应有的注意义务,应车辆所有人或保管人与擅自驾驶人连带承担赔偿责任……"江西南昌中院《关于审理道路交通事故人身损害赔偿纠纷案件的处理意见(试行)》(2010年2月1日)第32条:"擅自驾驶情形下责任主体的确定:(1)擅自驾驶人与车辆所有人存在隶属关系的,适用本意见第31条第(2)项的规定;(2)不存在隶属关系的其他人员驾驶他人车辆发生交通事故的,机动车的所有人或保管人未尽应有的注意义务,车辆所有人或保管人与擅自驾驶人承担连带责任。"广东广州中院《民事审判若干问题的解答》(2010年)第21条："【擅自驾驶他人机动车发生交通事故的责任主体】未经许可擅自驾驶他人机动车发生交通事故的,如何确定赔偿义务主体?答:应当类推适用《侵权责任法》第四十九条的规定,首先由保险公司在机动车强制保险责任限额范围内予以赔偿。不足部分,由机动车使用人承担赔偿责任;机动车所有人对损害的发生有过错的,承担相应的赔偿责任。"安徽合肥中院民一庭《关于审理道路交通事故损害赔偿案件适用法律若干问题的指导意见》(2009年11月16日)第7条："擅自驾驶他人机动车发生道路交通事故致人损害的,由擅自驾驶人承担赔偿责任。机动车所有人未尽合理限度范围内的管理义务的,应当承担相应的补充赔偿责任。"江苏南京中院民一庭《关于审理交通事故损害赔偿案件有关问题的指导意见》(2009年11月)第18条："未经机动车所有人或控制人的同意,擅自驾驶他人机动车发生交通事故的,应由擅自驾驶人承担赔偿责任。如果该机动车的所有人或控制人未尽注意或管理义务,应承担连带赔偿责任。"云南高院《关于审理人身损害赔偿案件若干问题的会议纪要》(2009年8月1日)第2条："……未经车辆所有人、管理人同意擅自使用他人车辆造成损害的,由行为人承担赔偿责任。车辆所有人、管理人如对车辆的保管,未尽应有的注意义务,应由车辆所有人、管理人与行为人承担连带赔偿责任。"广东佛山中院《关于审理道路交通事故损害赔偿案件的指导意见》(2009年4月8日)第14条："属于下列情形之一的,机动车登记所有人或者实际支配人不承担责任:(1)受雇人以外的第三人擅自驾驶机动车致人损害,机动车的登记人或实际支配人除非存在管理上的瑕疵,否则不承担赔偿责任;机动车登记所有人或者实际支配人对车辆的经营与管理未尽注意义务的,应当承担相应的补充赔偿责任……雇员在受雇期间因履行职务或者擅自驾驶雇主的机动车发生道路交通事故致人损害,如雇员在事故中存在故意或者重大过失情形,则应当与雇主承担连带赔偿责任。雇主因此而承担连带赔偿责任的,可以向雇员追偿。雇员承担交通事故的全部责任或主要责任的,可认定其具有重大过失。法人及其他组织的工作人员发生上述情形的,适用上述规定。"辽宁大连中院《当前民事审判(一庭)中一些具体问题的理解与认识》(2008年12月5日 大中法〔2008〕17号)第28条："交通事故损害赔偿责任主体的具体认定问题。交通事故中赔偿义务人确定的基本原则:由机动车的所有人或实际占有人(实际使用人)承担赔偿责任。处理原则是所有人和实际占有人不一致的,根据运行支配(支配和控制)和运行利益(与机动车运行有关的经济利益)原则确定赔偿义务人。为保证受害人的利益,在诉讼中当行使必要的释明权,告知当事人尽可能将与肇事车有关人员追加为共同被告,对原告在释明后所作出的选择,法院应作好记录……(2)未经许可擅自使用他人机动车发生交通事故致人损害的,由擅自使用人赔偿责任,车主承担连带责任……(4)出质的机动车发生交通事故致人损害的,质权人承担赔偿责任。"江苏宜兴法院《关于审理交通事故损害赔偿案件若干问题的意见》(2008年1月28日 宜法〔2008〕第7号)第7条:"未经车辆所有人或控制人的同意,擅自驾驶他人车辆发生交通事故的,应由擅自驾驶人承担赔偿责任。如果该车辆的所有人或者管理人有过错的,应当承担相应的赔偿责任。"陕西高院《关于审理道路交通事故损害赔偿案件若干问题的指导意见(试行)》(2008年1月1日 陕高法〔2008〕258号)第9条:"未经许可擅自使用他人机动车发生道路交通事故致人损害的,由机动使用人承担赔偿责任。机动车所有权人未尽管理义务的,应当承担连带赔偿责任。"湖北十堰中院《关于审理机动车损害赔偿案件适用法律若干问题的意见(试行)》(2007年11月20日)第7条:"机动车的无权占有人的责任按照下列原则确定:……(2)未经所有人或者实际支配人同意擅自驾驶机动车造成他人损害的,由擅自驾驶人承担赔偿责任,车辆所有人或者管理人未尽管理义务的,应当与擅自驾驶人承担连带赔偿责任。"湖北武汉中院《关于审理交通事故损害赔偿案件的若干指导意见》(2007年5月1日)第17条:"未经机动车的所有人或保管人同意擅自驾驶的,如果该机动车的所有人或保管人存在过错的,所有人或保管人与擅自驾驶人承担连带赔偿责任。如果该机动车的所有人或保管人不存在过错的,所有人或保管人不承担赔偿责任。"重庆高院《关于审理道路交通事故损害赔偿案件适用法律若干问题的指导意见》(2006年11月1日)第8条:"擅自驾驶他人机动车发生道路交通事故致人损害的,由擅自驾驶人承担赔偿责任。机动车所有人未尽合理限度范围内的管理义务的,应当承担相应的补充赔偿责任。"第11条:"雇员在受雇期间擅自驾驶雇主的机动车发生道路交通事故致人损害的,由雇员与雇主承担连带赔偿责任。法人及其他组织的工作人员发生上述情形的,适用前款规定。"江西赣州中院《关于审理道路交通事故人身损害赔偿案件的指导性意见》(2006年6月9日)第1条:"法人或其他组织的驾驶员驾驶视动车在执行职务中致人损害的,由法人或其他组织承担赔偿责任。法人或其他组织的驾驶员擅自驾驶机动车致人损害由驾驶员和单位承担连带责任,单位承担责任后可向有过错的驾驶员追偿。"第14条:"擅自驾驶他人机动车致人损害,机动车的所有人或保管人能证明自己无过错的,不承担赔偿责任。"浙江杭州中院《关于审理道路交通事故损害赔偿纠纷案件问题解答》(2005年5月)第2条:"……未经车辆所有人同意,擅自驾驶他人的机动车造成交通事故的责任主体确定问题。事故发生在2004年5月1日前的,由肇事者承担责任,暂时无力承担时,由车辆所有人垫付。事故发生在2004年5月1日后的,对于存在雇佣或劳动关系的擅自驾驶,若雇员的行为符合《人身损害赔偿解释》第九条第二款规定的'从事雇佣活动',则应根据该条规定确定责任主体和责任比例;同样,若职员的行为符合《人身损害赔偿解释》第8条规定的'执行职务',则应由该职员所在单位承担民事责任。若该行为并非《人身损害赔偿解释》第九条第二款规定的'从事雇佣活动',或属与执行职务无关的个人行为,则应由该行为人承担责任;车辆所有人若在车辆管理上存有瑕疵,应与行为人承担连带责任。对于不存在雇佣或劳动关系的擅自驾驶,若车辆所有人不存在管理上的瑕疵,则其不应承担赔偿责任;若车辆所有人存有管理上的瑕疵,或者知道他人使用其机动车而不作否认表示并及时加以制止的,则应与行为人承担连带责任……车辆质押时的责任主体确定问题。车辆被质押后,所有人丧失了对车辆的占有和支配,不再是运行支配者和运行利益的归属者。质押权人因车辆质押仅取得对车辆的占有权,并无使用权。因此,在车辆所有人并未授权质押权人使用其车辆时,质押权人使用车辆发生事故的,所有人不承担赔偿责任。在所有人授权质押权人使用其车辆时,则所有人应承担连带责任。"湖北高院《民事审判若干问题研讨会纪要》(2004年11月)第3条:"……关于道路交通事故人身损害赔偿案件责任主体的确定问题。确定道路交通事故人身损害赔偿的责任主体,以'运行支配权'和'运行利益归属权'作为判断标准,即谁是肇事机动车一方运行支配权或运行利益归属权的享有者,谁就是道路交通事故损害赔偿的责任主体。"山东济南中院《贯彻落实〈道路交通安全法〉座谈会纪要》(2004年5月14日)第5条:"……机动车被他人擅自使用的,所有人不承担责任。但擅自使用人与所有人有特殊的关系的,如系所有人的职工、雇员、近亲属时,所有人应当承担责任;因所有人对车辆未尽到应有保管义务导致擅自使用过程中发生事故的,擅自使用人与所有人承担连带责任。"山东高院《关于审理道路交通事故损害赔偿案件的若干意见》(2004年5月1日)第8条:"道路交通事故损害赔偿案件的责任主体,一般应根据机动车运行支配权利和运行利益归属予以确定;依据上述原则无法确定的,可以根据机动车注册登记的所有权人确定……擅自驾驶他人机动车发生交通事故的,由擅自驾驶人承担赔偿责任;但机动车所有权人存在过错的,应与擅自驾驶人共同承担连带赔偿责任……"吉林高院《关于印发〈关于审理道路交通事故损害赔偿案件若干问题的会议纪要〉的通知》(2003年7月25日 吉高法〔2003〕61号)第19条:"未经许可擅自驾驶他人的机动车发生道路交通事故致人损害的,以驾驶人为被告,承担损害赔偿责任。但机动车所有人或占有人有重大过失的,应将其列为共同被告,由机动车所有人或占有人和擅自驾驶人承担责任连带赔偿责任。"内蒙古高院《全区法院交通肇事损害赔偿案件审判实务研讨会会议纪要》(2002年2月)第3条:"……车辆驾驶员非受雇主或所在单位指派,私自使用雇主或所在单位车辆肇事的,车辆驾驶员承担责任。车辆驾驶员暂时无力赔偿的,由雇主或车辆驾驶员所在单位或机动车的所有人负责垫付。"河南高院《关于审理道路交通事故损害赔偿案件若干问题的意见》(1997年1月1日 豫高法〔1997〕78号)第14条:"偷开他人车辆发生事故的,一般应以偷开者为被告。"

**4. 参考案例。**①2012年重庆某交通事故责任纠纷案,2012年4月,张某无证驾驶妻子祁某的摩托车与唐某驾驶并搭乘余某的摩托车相撞致余某受伤,交警认定张某全责。祁某称摩托车及钥匙放家里,系张某擅自驾驶。法院认为:无证驾驶并不属于《道路交通安全法》和交强险条例所规定的保险公司对受害人直接赔偿义务的免责事由,保险公司负有在交强险责任限额范围内向交通事故受害人赔偿人身伤亡损失的法定义务。祁某作为摩托车主,在明知张某未取得驾驶资格,而将该车及车钥匙存放于张某处,对可能发生的风险采取放任态度,存在一定的过错,应当承担一定的赔偿责任,根据本案情况,超过交强险责任限额部分,由祁某承担20%的责任,张某承担80%的责任。②2011年上海某交通事故损害赔偿案,2009年1月,酒店工作人员李某擅自驾驶住客荀某车辆与运输公司司机驾驶的车辆相撞,致运输公司车辆受损、乘客受伤,交警认定李某全责。法院认为:根据公安部门认定,李某涉嫌盗窃肇事车辆,其擅自取走钥匙偷开车辆行为并非履行职务行为,不能仅因其酒店保安身份而予以认定,但酒店作为从事住宿经营活动的单位,未在合理限度范围对住客的财产尽到安全保障义务,在人员招聘登记身份证信息并核实、对住客上交车辆钥匙的保管和使用等制度管理上存在诸多瑕疵,应当承担相应的补充赔偿责任。荀某作为住客,已按要求将车辆停放酒店停车场,并上交钥匙,双方形成车辆保管合同,现酒店疏于履行保管义务,导致其车辆被盗,故荀某对事故造成的损失不应承担责任,判决李某赔偿运输公司损失1.6万余元,酒店承担补充赔偿责任。③1999年辽宁某损害赔偿纠纷案,1999年,餐饮公司司机卢某擅自驾驶餐饮公司法定代表人于某私人车辆,带卢某亲属外出途中,不慎撞倒沈阳故宫博物院一级文物下马碑。卢某身亡,交警认定卢某全责。经鉴定,被撞文物保险价值2000万元。法院认为:盗窃驾驶,乃秘密窃取他人车辆供自己运行之用,应以非法占有为目的。餐饮公司虽在审理中提交报案记录,尚不足以证明卢某系以非法占有为目的,秘密窃取他人车辆供自己运行之用,故盗窃驾驶之说应难成立。擅自驾驶指未经所有人、使用人或管理人同意,擅自为私用目的而驾驶他人车辆。卢某非于某私人司机,无证据表明其驾驶于某车辆已经于某授权或同意,发生交通事故当时亦无证据表明其系为餐饮公司利益或于某个人利益。从车上成员系卢某亲属这一事实看,卢某为私人目的擅自驾驶他人车辆判断应具有高度盖然性。结合本案情况,应认定受雇人及亲属以外第三人擅自驾驶情形,汽车保有人不承担运行供用者责任而承担管理瑕疵的过错责任。因于某不能提供充分证据证明肇事车辆钥匙如何被肇事司机卢某拿到,故应认定于某对其所有车辆管理不当,应对下马碑因肇事撞毁承担一定责任。判决于某赔偿博物院100万元。

**【同类案件处理要旨】**

未经允许驾驶他人机动车发生交通事故造成损害,由保险公司在机动车强制保险责任限额范围内予以赔偿。不足部分,由机动车使用人承担赔偿责任;机动车所有人或者管理人有过错的,承担相应的赔偿责任。

**【相关案件实务要点】**

1.**【酒店寄存】**住客停放酒店的车辆被酒店工作人员擅自开走并发生交通事故,酒店不承担雇主的替代责任,但酒店应在其未尽安全保障义务的范围内承担相应的补充赔偿责任,并可向直接侵权人追偿。住客由于对车辆失去了运行支配权,亦丧失了运行利益,故不应承担责任。案见上海黄浦区法院(2011)黄民一(民)初字第493号"某运输公司诉李某等交通事故损害赔偿案"。

2.**【夫妻关系】**车主在明知他人未取得驾驶资格,而将该车及车钥匙存放于他人处,对可能发生的风险采取放任态度,存在一定的过错,故对他人擅自驾驶机动车肇事造成第三者损害,应当承担一定的赔偿责任。案见重庆永川区法院(2012)永法民初字第04139号"余某诉张某等交通事故责任纠纷案"。不同观点认为:特殊关系的擅自使用人与所有人,如系所有人的职工、雇员、近亲属时,所有人应当承担责任;因所有人对车辆未尽到应有保管义务导致擅自使用过程中发生事故的,擅自使用人与所有人承担连带责任。案见山东济南中院《贯彻落实〈道路交通安全法〉座谈会纪要》(2004年5月14日)。

3.**【智障者偷开】**车主对于机动车存在管理不善的责任,致使车辆被无民事行为能力人偷开发生交通事故,应对第三者的损失承担一定的赔偿责任。案见广西贵港中院(2009)民二终字第135号"钟某诉某保险公司等交通事故损害赔偿案"。

**【附注】**

**参考案例索引:**广西贵港中院(2009)民二终字第135号"钟某诉某保险公司等交通事故损害赔偿案",判决保险公司在交强险赔偿限额内赔偿钟某经济损失12万元,徐某赔偿钟某9万余元。见《钟有兰诉华安财产保险股份有限公司贵港中心支公司等道路交通事故人身损害赔偿案》(梁涛),载《中国审判案例要览》(2010民事:299)。①重庆永川区法院(2012)永法民初字第04139号"余某诉张某等交通事故责任纠纷案"。②上海黄浦区法院(2011)黄民一(民)初字第493号"某运输公司诉李某等交通事故损害赔偿案",见《酒店保安盗开住客车辆发生交通事故之酒店责任》(徐婷姿),载《人民司法·案例》(201202:23)。③见《对侵权案件中预见不能的损害结果应当适用可预见性规则限制其赔偿范围》(陈现杰,最高人民法院民一庭),载《民事审判指导与参考·指导性案例》(200802/34:75)。

# 19. 未过户车辆事故责任
## ——买卖未过户,肇事谁来赔?

【未办过户】

【案情简介及争议焦点】

2002年,顾某购买高某货车未办过户,聘请司机孙某,依与饲料厂协议,驾车为该厂做产品宣传。孙某肇事致行人周某死亡后逃逸,交警认定孙某全责。

争议焦点:1. 饲料厂应否赔偿? 2. 顾某、高某应否赔偿?

【裁判要点】

**1. 饲料厂应当承担赔偿责任。**饲料厂在使用顾某车辆时,该车运行支配权已完全由饲料厂控制,故双方形成的是车辆租用关系。另外,饲料厂在该车的运行中做产品广告宣传,其目的是通过广告获取更大的经济利益。饲料厂既是车辆运行的支配者,也可从车辆运行中获得收益,故当然是本案的责任主体,在使用车辆期间发生交通事故造成周某死亡,饲料厂应当承担损害赔偿责任。顾某作为车辆的实际占有人,应对雇用驾驶员孙某所造成的损失承担民事赔偿责任。

**2. 登记车主高某不承担责任。**高某将该车辆卖给顾某,虽未办理过户手续,但对该车已失去了运行支配和运行利益,故不应承担民事赔偿责任。

【裁判依据或参考】

**1. 法律规定。**《民法典》(2021年1月1日)第121条:"当事人之间已经以买卖或者其他方式转让并交付机动车但是未办理登记,发生交通事故造成损害,属于该机动车一方责任的,由受让人承担赔偿责任。"《侵权责任法》(2010年7月1日,2021年1月1日废止)第50条:"当事人之间已经以买卖等方式转让并交付机动车但未办理所有权转移登记,发生交通事故后属于该机动车一方责任的,由保险公司在机动车强制保险责任限额范围内予以赔偿。不足部分,由受让人承担赔偿责任。"第51条:"以买卖等方式转让拼装或者已达到报废标准的机动车,发生交通事故造成损害的,由转让人和受让人承担连带责任。"《道路交通安全法》(2004年5月1日实施,2011年4月22日修正)第12条:"有下列情形之一的,应当办理相应的登记:(一)机动车所有权发生转移的;(二)机动车登记内容变更的;(三)机动车用作抵押的;(四)机动车报废的。"《物权法》(2007年10月1日)第15条:"当事人之间订立有关设立、变更、转让和消灭不动产物权的合同,除法律另有规定或者合同另有约定外,自合同成立时生效;未办理物权登记的,不影响合同效力。"第23条:"动产物权的设立和转让,自交付时发生效力,但法律另有规定的除外。"第24条:"船舶、航空器和机动车等物权的设立、变更、转让和消灭,未经登记,不得对抗善意第三人。"

**2. 行政法规。**《机动车交通事故责任强制保险条例》(2013年3月1日修改施行)第11条:"投保人投保时,应当向保险公司如实告知重要事项。重要事项包括机动车的种类、厂牌型号、识别代码、牌照号码、使用性质和机动车所有人或者管理人的姓名(名称)、性别、年龄、住所、身份证或者驾驶证号码(组织机构代码)、续保前该机动车发生事故的情况以及保监会规定的其他事项。"第14条:"保险公司不得解除机动车交通事故责任强制保险合同;但是,投保人对重要事项未履行如实告知义务的除外。投保人对重要事项未履行如实告知义务,保险公司解除合同前,应当书面通知投保人,投保人应当自收到通知之日起5日内履行如实告知义务;投保人在上述期限内履行如实告知义务的,保险公司不得解除合同。"第18条:"被保险机动车所有权转移的,应当办理机动车交通事故责任强制保险合同变更手续。"

**3. 司法解释。**最高人民法院《关于审理道路交通事故损害赔偿案件适用法律若干问题的解释》(2012年12月21日,2020年修改,2021年1月1日实施)第2条:"被多次转让但是未办理登记的机动车发生交通事故造成损害,属于该机动车一方责任,当事人请求由最后一次转让并交付的受让人承担赔偿责任的,人民法院应予支持。"最高人民法院《关于审理买卖合同纠纷案件适用法律问题的解释》(2012年7月1日 法释〔2012〕8号,2020年修正,2021年1月1日实施)第7条:"出卖人就同一船舶、航空器、机动车等特殊动产订立多重买卖合同,在买卖合同均有效的情况下,买受人均要求实际履行合同的,应当按照以下情形分别处理:(一)先行受领交付的买受人请求出卖人履行办理所有权转移登记手续等合同义务的,人民法院应予支持;(二)均未受领交付,先行办理所有权转移登记手续的买受人请求出卖人履行交付标的物等合同义务的,人民法院应予支持;(三)均未受领交付,也未办理所有权转移登记手续,依法成立在先合同的买受人请求出卖人履行交付标的物和办理所有权转移登记手续等合同义务的,人民法院应予支持;(四)出卖人将标的物交付给买受人之一,又为其他买受人办理所有权转移登记,已受领交付的买受人请求将标的物所有权登记在自己名下的,人民法院应予支持。"最高人民法院《关于陈文海交通肇事刑事附带民事诉讼一案的请示与答复——没有依法办理机动车过户登记手续,机动车原车主和转售人如何对购车人造成的交通事故承担责任》(2006年):"……在机动车连环转售过程中,没有依法办理机动车过户登记手续的情况下,最后的购车人驾驶该机动车发生交通事故,造成他人伤亡后,原车主和转售人不是导致或促使肇事者发生交通肇事致他人损伤的原因之一,不构成致害他人的共同侵权行为,不承担连带赔偿责任……由于原车主未办理过户手续而出售机动车,依法仍为该机动车的所有人,应承担垫付责任。附带民事被告人赖永琪未办理过户手续而出售机动车,依法仍为该机动车的所有人。其对该车发生的交通肇事致人损害的后果,应依照国务院1991年9月22日颁布的《道路交通事故处理办法》第三十一条(该款规定了车主的垫付责任,但该办法后被2004年5月1日实施的《道路交通安全法实施条例》废止,故该答复意见仅针对特定个案具有指导性——编者注)的规定承担责任,即在被告人陈文海暂无赔偿能力的情况下,负垫付责任。"最高人民法院《关于连环购车未办理过户手续,原车主是否对机动车发生交通事故致人损害承担责任的请示的批复》(2001年12月31日〔2001〕民一他字第32号):"……连环购车未办理过户手续,因车辆已经交付,原车主既不能支配该车的营运,也不能从该车的营运中获得利益,故原车主不应对机动车发生交通事故致人损害承担责任。但是,连环购车未办理过户手续的行为,违反有关行政管理法规的,应受其规定的调整。"最高人民法院研究室《关于如何认定买卖合同中机动车财产所有权转移时间问题的复函》(2000年12月25日 法(研)〔2000〕121号):"……关于如何认定买卖合同中机动车财产所有权转移时间问题,需进一步研究后才能作出规定,但请示中涉及的具体案件,应认定机动车所有权从机动车交付时起转移。"最高人民法院《关于购买人使用分期付款购买的车辆从事运输因交通事故造成他人财产损失保留车辆所有权的出卖方不应承担民事责任的批复》(2000年12月8日 法释〔2000〕38号):"……采取分期付款方式购车,出卖方在购买方付清全部车款前保留车辆所有权的,购买方以自己名义与他人订立货物运输合同并使用该车运输时,因交通事故造成他人财产损失的,出卖方不承担民事责任。"最高人民法院《关于执行案件中车辆登记单位与实际出资购买人不一致应如何处理问题的复函》(2000年11月21日 〔2000〕执他字第25号):"……本案被执行人即登记名义人上海福久快餐有限公司对其名下的三辆机动车并不主张所有权;其与第三人上海人工半岛建设发展有限公司签订的协议书与承诺书意思表示真实,并无转移财产之嫌;且第三人出具的购买该三辆车的财务凭证、银行账册明细表、缴纳养路费和税费的凭证,证明第三人为实际出资人,独自对该三辆机动车享有占有、使用、收益和处分权。因此,对本案的三辆机动车不应确定登记名义人为车主,而应当依据公平、等价有偿原则,确定归第三人所有。故请你院监督执行法院对该三辆机动车予以解封。"

4. 部门规范性文件。公安部《关于机动车财产所有权转移时间问题的复函》

(2000年6月16日　公交管〔2000〕110号)："根据现行机动车登记法规和有关规定,公安机关办理的机动车登记,是准予或者不准予机动车上道路行驶的登记,不是机动车所有权登记。因此,将车辆管理部门办理过户登记的时间作为机动车财产所有权转移的时间没有法律依据。"公安部《关于确定机动车所有权人问题的复函》(2000年6月5日　公交管〔2000〕98号)："……根据现行机动车登记法规和有关规定,公安机关办理的机动车登记,是准予或者不准予上道路行驶的登记,不是机动车所有权登记。为了交通管理工作的需要,公安机关车辆管理所在办理车辆牌证时,凭购车发票或者人民法院判决、裁定、调解的法律文书等机动车来历凭证确认机动车的车主。因此,公安机关登记的车主,不宜作为判别机动车所有权的依据。"公安部交管局《关于人民法院判决的机动车办理转籍过户登记有关问题的答复》(1999年6月28日　公交管〔1999〕146号,2004年8月19日废止)："……人民法院判决(裁定、调解)财产所有权转移的机动车在办理转籍过户登记时,对车辆及其档案符合转籍过户有关规定,而原车主拒不在《机动车变更、过户、改装、停驶、复驶、报废审批申请表》上签字或盖章的,车辆管理所应当告知新车主,依据《中华人民共和国民事诉讼法》第二百三十条规定,新车主可以到判决(裁定、调解)的人民法院申请出具《协助执行通知书》。车辆管理所应当凭人民法院出具的《协助执行通知书》和新车主提供的判决(裁定、调解)书,直接办理转籍过户登记手续。属于进口机动车的,应当按照进口车转籍过户有关规定履行审批程序。判决(裁定、调解)书复印件和《协助执行通知书》原件存入车辆档案。转出地车管所办理转籍过户登记后,应当以书面形式告知原车主。"公安部交管局《对关于法院判决、裁定的车辆能否办理注册登记手续的请示的答复》(1992年9月9日　公交管〔1992〕156号,2004年8月19日废止)："……人民法院依法审理经济案件、民事案件和刑事附带民事诉讼案件时,判决或裁定车辆所有权转移,其判决书或裁定书具有法律效力,能够证明车辆所有权转移的合法性和真实性(法院判决或裁定的车辆应该有合格的注册登记档案)。公安机关车辆管理部门应根据人民法院的判决书或裁定书为当事人办理变更、转出、转入手续。"公安部交管局《关于车辆转卖未过户发生事故经济赔偿问题的批复》(1990年11月28日,2004年8月19日废止)："……《中华人民共和国民法通则》第七十二条规定:'财产所有权的取得,不得违反法律规定。按照合同或者其他合法方式取得财产的,财产所有权从财产交付起转移,法律另有规定或者当事人另有约定的除外。'《机动车管理办法》第十五条和国务院办公厅转发的国家工商行政管理局《关于汽车交易市场管理的暂行规定》对机动车辆产权的转移有特殊要求,即必须经过汽车交易市场并同所有人或车辆所属单位及时向当地车辆管理机关办理过户登记手续。未履行以上二项手续的交易,应视为无效,发生事故后,由事故责任者和车辆所有人或所属单位负责损害赔偿。当事人对此若有异议,可告之向当地人民法院提起民事诉讼。"

**5. 地方司法性文件。**广东高院《关于审理机动车交通事故责任纠纷案件的指引》(粤高法发〔2024〕3号 2024年1月31日)第6条:"被多次转让但未办理转移登记的机动车发生交通事故造成损害,属于该机动车一方责任,由最后一次转让并交付的受让人承担赔偿责任。当事人对机动车转让事实存在争议,机动车登记所有权人、转让人未举证证明机动车已经转让并交付的,应当承担赔偿责任。"江西宜春中院《关于印发〈审理机动车交通事故责任纠纷案件的指导意见〉的通知》(2020年9月1日 宜中法〔2020〕34号)第20条:"被多次转让但未办理转移登记的机动车发生交通事故造成损害,属于该机动车一方责任的,由最后一次转让并交付的受让人承担赔偿责任。拼装车、报废车、未达到国家机动车运行安全技术标准的改装车或依法禁止行驶的其他机动车被多次转让发生交通事故造成损害的,由所有的转让人和受让人承担连带赔偿责任。"安徽合肥中院《关于道路交通事故损害赔偿案件的审判规程(试行)》(2019年3月18日)第16条:"【车辆买受人的责任】已经以买卖等方式转让并交付机动车但未办理转移登记的,发生交通事故后属于该机动车一方责任的,由受让人承担赔偿责任。"北京三中院《类型化案件审判指引:机动车交通事故责任纠纷类审判指引》(2017年3月28日)第2-2.2部分"赔偿义务人范围—常见问题解答"第4条:"'连环购车未办理转移登记',责任主体及责任承担?根据最高院《关于连环购车未办理过户手续原车主是否对机动车发生交通事故致人损害承担责任的复函》,原车主不承担责任,多次转卖的,由最后一次受让人承担赔偿责任。根据《侵权责任法》第五十条规定,应由保险公司在交强险范围内承担,不足部分,由受让人承担赔偿责任。根据《道交解释》第四条规定,当事人请求由最后一次转让并交付的受让人承担赔偿责任的,人民法院应予支持。在审判实务中,存在着转让双方恶意串通、将赔偿风险转嫁给没有偿付能力的受让人的情形,故应从严审查当事人提出的上述事实主张。(1)在程序上,应当向双方当事人释明是否追加受让人为被告,如一方当事人申请,则应当追加受让人为被告。(2)在实体上,应审查有无书面买卖合同、车款的数额和支付方式、车辆交付情况及保险合同投保人是否变更等内容来认定机动车是否已经以买卖等方式转让并交付,以进一步确定责任主体。如仅有书面买卖合同的,一般不应认定机动车已转让并交付。"天津高院《关于印发〈机动车交通事故责任纠纷案件审理指南〉的通知》(2017年1月20日 津高法〔2017〕14号)第3条:"……被多次转让但未办理转移登记的机动车发生交通事故造成损害,属于该机动车一方责任,由最后一次转让并交付的受让人承担赔偿责任。最后一次转让并交付的受让人指受让人一方,不限于受让人本人。"新疆高院《关于印发〈关于审理道路交通事故损害赔偿案件若干问题的指导意见(试行)〉的通知》(2011年9月29日 新高法〔2011〕155号)

第1条:"机动车发生道路交通事故致人损害的,一般应根据机动车支行支配权和运行利益归属的原则确定赔偿责任主体。机动车实际车主身份的确定,应当结合相关合同及购车款等款项支付、车辆交付、投保人变更等证据综合认定;仅有登记车主与实际车主一致自认,并无其他证据印证的,应当根据查明的事实及赔偿权利人的选择确定赔偿主体。"第14条:"以买卖等方式转让未办理过户手续,但已实际交付的机动车发生交通事故造成损害的,一般应由机动车受让人承担赔偿责任;出卖人对损害的发生有过错的,承担相应的赔偿责任。"贵州高院《关于印发〈关于审理涉及机动车交通事故责任强制保险案件若干问题的意见〉的通知》(2011年6月7日 黔高法〔2011〕124号)第1条:"保险公司与被保险机动车方的诉讼地位,应根据下列情况列明:(一)交通事故赔偿权利人仅起诉保险公司的,应当追加机动车方作为案件的共同被告参加诉讼。(二)交通事故赔偿权利人仅起诉机动车方的,应当追加保险公司作为案件的共同被告参加诉讼,但保险公司已经在机动车第三者责任强制保险责任限额范围内予以赔偿的除外。前款各项所称'机动车方',是指机动车的所有人、管理人、驾驶人。"第13条:"被保险机动车转让后未办理机动车第三者责任强制保险变更手续,发生交通事故致人损害的,保险公司以未办理合同变更手续为由主张免除赔偿责任的,人民法院不予支持。"江苏南通中院《关于处理交通事故损害赔偿案件中有关问题的座谈纪要》(2011年6月1日 通中法〔2011〕85号)第1条:"机动车发生交通事故致人损害的,一般应根据机动车运行支配权利为主运行利益归属为辅的原则确定相应的赔偿责任。"安徽宣城中院《关于审理道路交通事故赔偿案件若干问题的意见(试行)》(2011年4月)第6条:"机动车发生道路交通事故致人损害的,一般由对该机动车具有运行支配力的主体与享有运行利益的主体承担相应赔偿责任。"第9条:"机动车发生交通事故致人损害的,由保险公司在交强险份额内予以赔偿。不足部分,机动车登记所有人承担赔偿责任,机动车登记所有人与实际所有人不一致的,由实际所有人承担赔偿责任。"山东高院《关于印发审理保险合同纠纷案件若干问题意见(试行)的通知》(2011年3月17日)第32条:"因挂靠等原因导致车辆的实际所有人与登记所有人相分离,以登记所有人名义进行了投保,在发生保险事故后,登记所有人怠于主张权利的,车辆实际所有人有权作为原告对保险人提起诉讼。该类案件人民法院可以追加登记所有人为第三人。"江西鹰潭中院《关于审理道路交通事故损害赔偿纠纷案件的指导意见》(2011年1月1日 鹰中法〔2011〕143号)第6条:"机动车已经转让并交付但未办理保险变更手续的,受让人视为被保险人。"第7条:"机动车发生交通事故造成人身伤亡、财产损失的,由保险公司在机动车第三者责任强制保险责任限额内予以赔偿。未参加机动车强制保险,发生道路交通事故人身损害的,由机动车所有人在相应的机动车强制保险责任限额范围内先行赔偿,机动车所有人与使用人不是同一人的,对机动车强制保险责任限额范围内的损害赔偿承担连带责任。"山东淄博中院民三庭《关于审理道路交通事故损害赔偿案件若干问题的指导意见》(2011年1月1日)第18条:"机动车买卖等方式转让并已交付但未办理过户登记情形下发生交通事故的,应由受让人承担赔偿责任;但机动车所有权人交付的机动车存在质量瑕疵未及时告知买受人的,机动车所有权人应承担相应赔偿责任。"江苏高院民一庭《侵权损害赔偿案件审理指南》(2011年)第7条:"道路交通事故责任……4.机动车交付占有但未过户的认定。最高人民法院在《关于连环购车未办理过户手续原车主是否对机动车发生交通事故致人损害承担责任的复函》中进行了明确规定:'连环购车未办理过户手续,因车辆已交付,原车主既不能支配该车的运营,也不能从该车的运营中获得利益,故原车主不应对机动车发生交通事故致人损害承担责任。但是,连环购车未办理过户手续的行为,违反有关行政管理法规的,应受其规定的调整。'《侵权责任法》第50条沿袭了机动车保有人是机动车损害赔偿责任主体的观点,规定:'当事人之间已经以买卖等方式转让并交付机动车但未办理所有权转移登记,发生交通事故后属于该机动车一方责任的,由保险公司在机动车强制保险责任限额范围内予以赔偿。不足部分,由受让人承担赔偿责任。'但为防止转让双方恶意串通,将赔偿风险转嫁给没有偿付能力的受让人,对于是否'已经以买卖等方式转让并交付',应给予被侵权人充分的抗辩,被侵权人能够提供证据证明买卖双方恶意串通的,机动车登记所有人不能免除赔偿责任。同时,人民法院在审查是否'已经以买卖等方式转让并交付'应持谨慎审查的态度,应围绕机动车转让双方是否订有书面合同,该合同是否真实,机动车是否实际交付,机动车保险的投保是否发生变更等因素综合予以认定。"安徽六安中院《关于印发〈审理道路交通事故人身损害赔偿案件若干问题的意见〉的通知》(2010年12月7日 六中法〔2010〕166号)第1条:"机动车发生道路交通事故致人损害,由机动车登记所有人承担赔偿责任。机动车实际所有人通过与他人协议将机动车登记在他人名下的,登记所有人与实际所有人承担连带赔偿责任。机动车登记所有人以事故发生时机动车已经通过买卖、赠与等方式转让并交付给他人为由提出免责抗辩的,应当就机动车的转让、交付及受让方的实际控制、未办理过户登记的原因等情况充分举证。对于受让方的自认,应当结合其他相关证据进行综合审查判断。"江苏无锡中院《关于印发〈关于审理道路交通事故损害赔偿案件若干问题的指导意见〉的通知》(2010年11月8日 锡中法发〔2010〕168号)第2条:"【事实车主身份的认定】事实车主身份的确定,应结合相关合同以及购车款支付、车辆交付、投保人变更等证据综合认定;仅有登记车主与事实车主陈述一致,但无其他证据印证的,人民法院应当根据已查明的事实及赔偿权利人的选择确定赔偿主体。除《侵权责任法》第五十二条规定的情形外,肇事者下落不明或不能证明存在事实车主的,由登记车主先行承担赔偿责任。"江苏常州中院《关于道路交通事故损害赔偿案件的处理意见》(2010年10月13日 常中法〔2010〕104号)第1条:"……(14)机动车以买卖等方式转让未办理过户手续,但机动车已实际交付,发生交通事故造成第三人损害的,应由机动车受让人或实际控制人承担赔偿责任……"河南郑州中院《审理交通事故损害赔偿案件指导意见》(2010年8月20日 郑中法〔2010〕120号)第30条:"机动车已转让并交付,但转让人怠于履行登记协助义务或者容忍、许可受让人以其名义运行该机动车发生交通事故的,由转让人承担补充赔偿责任。"第31条:"多次转让车辆未投交强险或已超过交强险有效期发生交通事故,先由受让人承担赔偿责任,未投交强险属转让人责任的,由转让人在交强险限额内承担补充赔偿责任。车辆转让后未办理交强险合同变更手续发生交通事故的,保险公司以此为由主张免除赔偿责任的,法院不予支持。"河南周口中院《关于侵权责任法实施中若干问题的座谈会纪要》(2010年8月23日 周中法〔2010〕130号)第10条:"在机动车的所有人和使用人不一致的情形下,责任主体的认定及责任方式确定,主要是采用'运行支配'和'运行利益'两个标准综合判断,同时还要结合过错责任来作为补充。在实践中,既要充分体现对受害人的保护,还要注意促进经济发展、保障行为人的行为自由,另外还要兼顾制裁交通违法行为人、遏制交通事故发生、维护交通安全的目的。结合保险法中分散风险、救济受害人等功能,积极稳妥化解故意逃避赔偿责任等形式的道德风险,应当根据下列不同情形,分别确定责任人及责任方式:……未办理过户手续交易的车辆发生交通事故造成他人损害的,由发生交通事故时的实际所有人承担赔偿责任。但是,转让拼装或已达到报废标准的机动车以及其他不应当交易的机动车,发生交通事故造成他人损害的,出卖人与买受人承担连带赔偿责任;出卖人对交易车辆未办理过户手续有过错的,出卖人承担与其过错程度相适应的补充赔偿责任。认定出卖人'对交易车辆未办理过户手续'的过错,可以参考以下几种情形:(1)出卖人有条件为买受办理过户手续而没有办理的;(2)因为出卖人的原因,致使不能办理过户手续的;(3)因为出卖的车辆与登记不符致使无法办理过户手续的;(4)其他应当认定出卖人有过错的情形。……7.车辆登记的所有人主张其不是车辆实际所有人的,除应当提供车辆挂靠协议或者车辆交易协议以外,还需要提供车辆实际所有人的真实身份资料、真实出资情况、以及车辆运行的实际支配和收益情况等。"浙江高院民一庭《关于审理道路交通事故损害赔偿纠纷案件若干问题的意见(试行)》(2010年7月1日)第15条:"属于《机动车交通事故责任强制保险条例》第二十二条第一款规定情形发生道路交通事故,造成受害人人身伤亡的,保险公司应在机动车强制保险责任限额范围内承担垫付责任;保险公司垫付后,可向赔偿义务人追偿。造成受害人财产损失的,保险公司不承担垫付责任。前款所称'赔偿义务人'是指道路交通事故中的致害人,被保险人与致害人不是同一人的,对机动车强制保险责任限额范围内的损害赔偿承担连带责任,但被盗抢车辆除外。机动车已经转让并交付但未办理保险变更手续的,受让人视为被保险人。本条所称'人身伤亡'是指道路交通事故导致受害人的人身损害,包括财产性损失和精神损害抚慰金;所称'财产损失'是指道路交通事故导致受害人的车辆等实物财产毁损、灭失的损失。"第17条:"未参加机动车强制保险,发生道路交通事故致人损害的,由机动车所有人在相应的机动车强制保险责任限额范围内先行赔偿;机动车所有人与使用人不是同一人的,对机动车强制保险责任限额范围内的损害赔偿承担连带责任。"山东东营中院《关于印发道路交通事故处理工作座谈会纪要的通知》(2010年6月2日)第33条:"当事人之间以买卖等方式转让并交付机动车,未办理所有权转移登记手续的,发生交通事故后属于该机动车一方的责任,由保险公司在机动车强制保险责任限额范围内予以赔偿,不足部分,由受让人承担赔偿责任。但是,机动车出卖人交付的机动车存在质量问题影响行车安全未告知买受人的,机动车出卖人应承担相应的赔偿责任。"江西南昌中院《关于审理道路交通事故人身损害赔偿纠纷案件的处理意见(试行)》(2010年2月1日)第29条:"机动车发生道路交通事故造成损害的,由对该机动车具有运行支配力和享有运行利益的主体作为机动车一方承担赔偿责任;无法确定的,以机动车注册登记的所有人作为机动车一方承担赔偿责任。"第33条:"买卖机动车未过户的,由实际车主作为机动车一方承担责任,出卖时未投交强险的,由出卖方在车辆出卖起一年内对该车辆造成的事故损害在交强险限额范围内作为机动车一方与实际车主承担连带责任。"广东广州中院《民事审判若干问题的解答》(2010年)第22条:"【机动车买卖未办理所有权转移手续责任主体的确定】当事人之间已经以买卖等方式转让并交付机动车但未办理所有权转移登记,发生交通事故后属于该机动车一方责任的,登记车主是否应当承担赔偿责任?答:首先由保险公司在机动车强制保险责任限额范围内予以赔偿。不足部分,由受让人承担赔偿责任。登记车主不再与受让人承担连带赔偿责任。但在审理这类案件时应当注意以下两点:一是在审查机动车买卖合同时,在证据上应当严格把握。二是在否定了机动车买卖等转让关系真实性的情况下,不能一概判决机动车登记车主承担责任,而是应当根据《侵权责任法》第四十九条的规定具体处理。"湖南长沙中院《关于道路交通事故人身损害赔偿纠纷案件的审理意见》(2010年)第一部分第1条:"……车辆买卖(或其他方式转让)已交付机动车但未过户情形下,由买方(受让人)承担赔偿责任,登记车主不承担赔偿责任……"江苏南京中院民一庭《关于审理交通事故损害赔偿案件有关问题的指导意见》(2009年11月)第25条:"机动车买卖未办理过户手续,但车辆已实际交付的,车辆发生交通事故后,应由车辆买受人或实际控制人承担赔偿责任。如果车辆买受人或控制人下落不明时,可判令车辆原登记所有人分担部分赔偿责任。"安徽合肥中院民一庭《关于审理道路交通事故损害赔偿案件适用法律若干问题的指导意见》(2009年11月16日)第1条:"机动车发生道路交通事故致人损害的,一般由对该机动车具有运行支配力的主体与享有运行利益的主体承担相应赔偿责任。"第2条:"机动车发生道路交通事故致人损害,由机动车登记所有人承担赔偿责任;机动车登记所有人与实际所有人不一致的,由实际所有人承担赔偿责任。"第12条:"买卖拼装的或者已达到报废标准的机动车,发生交通事故造成损害的,买卖双方承担连带责任。"浙江高院《关于审理财产保险合同纠纷案件若干问题的指导意见》(2009年9月8日 浙高法〔2009〕296号)第16条:"保险标的转让后,未及时通知保险人,保险人以保险标的转让未及时通知,被保险人与受让人不同为由主张不承担保险责任的,不予支持。但保险标的转让后使用性质等发生变化,导致保险标的危险程度显著增加而发生保险事故,保险人不承担保险责任。"云南高院《关于审理人身损害赔偿案件若干问题的会议纪要》(2009年8月1日)第2条:"……3.机动车发生交通事故致人损害的,一般由对该机动车具有运行支配力和享有运行利益的主体承担相应的赔偿责任。4.买卖车辆已交付但未过户,发生交通事故的,由买受人承担损害赔偿责任,但出卖方未尽瑕疵担保义务且与损害的发生具有因果关系的,出卖方应承担与其过错相适应的民事责任。5.具有下列情形的,出卖方与买受方对交通事故的赔偿权利人承担连带赔偿责任:(1)买卖报废车辆或者出借、出卖车牌的;(2)买卖年检不合格或未经年检车辆的;(3)其他应由名义车主承担连带赔偿责任的。"辽宁大连中院《当前民事审判(一庭)中一些具体问题的理解与认识》(2008年12月5日 大中法〔2008〕17号)第28条:"交通事故损害赔偿责任主体的具体认定问题。交通事故中赔偿义务人确定的基本原则:由机动车的所有人或实际占有人(实际使用人)承担赔偿责任。处理原则是所有人和实际占有人不一致的,根据运行支配(支配和控制)和运行利益(与机动车运行有关的经济利益)原则确定赔偿义务人。为保证受害人的利益,在诉讼中当行使必要的释明权,告知当事人尽可能将与肇事车有关人员追加为共同被告,对原告在释明后所作出的选择,法院应作好记录……(10)出卖报废车辆,出卖人与买受人连带承担赔偿责任。"山东高院《2008年民事审判工作会议纪要》(2008年9月)第2条:"……(五)关于道路交通事故损害赔偿责任主体的确定原则问题。根据最高人民法院司法解释的精神,道路交通事故损害赔偿责任主体的确定原则仍以机动车运行支配和机动车运行利益归属为标准,凡是符合其中一个标准的均应当为确定承担赔偿责任的主体,但是否承担连带责任应当区别不同的情形加以判断。(六)关于机动车买卖未办理过户手续情形下发生交通事故如何确定赔偿责任主体的问题。根据《物权法》的规定,机动车买卖未办理登记过户手续的,只要出卖人将标的物交付给买受人,便完成了《物权法》规定的动产物权变动,是否必须办理机动车的登记过户,既非机动车交易双方的强制性义务,亦非机动车所有权转移的标志,在此情形下发生交通事故的,应当由实际支配机动车辆的买受人承担道路交通事故损害赔偿责任。"浙江杭州中院《关于道路交通事故损害赔偿纠纷案件相关问题的处理意见》(2008年6月19日)第1条:"……二手车辆交易已交付但未过户的情形下发生交通事故的,登记车主与实际车主是否承担连带责任?实际车主和名义车主应承担连带责任。二手车辆交易中,名义车主在车辆未过户就交付买受方的情形下,应当预见到车辆交付后所可能发生的风险或事故,并就该预见采取相应的风险控制措施,但其没有预见或者放任风险的发生,故其对车辆发生的事故具有过错,应与实际车主承担连带责任。最高人民法院于2001年12月31日给江苏省高级人民法院《关于连环购车未办理过户手续,原车主是否对机动车发生交通事故致人损害承担责任》的复函(〔2001〕民一他字第32号)中也仅仅是针对连环购车的情形,不能扩大应用于一般的二手车辆交易。此外,从保护受害人的角度,实际车主与名义车主连带责任的确定为受害人的救济提供了强有力的保障,同时也有助于避免以假交易逃避事故责任情形的发生。"江苏宜兴法院《关于审理交通事故损害赔偿案件若干问题的意见》(2008年1月28日 宜法〔2008〕第7号)第10条:"使用报废车辆发生交通事故造成受害人损害的,报废车辆所有人或者管理人视情与使用人对损害承担连带赔偿责任。"第12条:"车辆买卖未办理过户手续,但车辆已实际交付的,车辆发生交通事故后,应由车辆买受人或控制人承担赔偿责任。如果车辆买受人或控制人下落不明或无力赔偿时,可判令车辆登记所有人分担不超过三分之一的垫付责任。"陕西高院《关于审理道路交通事故损害赔偿案件若干问题的指导意见(试行)》(2008年1月1日 陕高法〔2008〕258号)第1条:"机动车发生道路交通事故致人损害的,应当由该机动车所有权人承担相应的赔偿责任。法律、行政法规及本意见有其他规定的除外。"第2条:"在下列情况下,买卖机动车未办理过户登记手续的,出卖人对交通事故赔偿权利人承担连带赔偿责任:(一)买卖报废车辆人;(二)买卖年检不合格或未经年检的机动车的;(三)买卖的机动车存在足以造成安全隐患的缺陷的。"湖北十堰中院《关于审理机动车损害赔偿案件适用法律若干问题的意见(试行)》(2007年11月20日)第4条:"机动车损害赔偿责任的主体,应从其是否对该机动车的运行于事实上位于支配管理的地位和是否从机动车的运行中获取了利益两方面加以判断。"第5条:"机动车所有权人的责任按照下列原则确定:(1)当机动车的所有人驾驶机动车造成非机动车驾驶人或者行人损害时,所有人为赔偿责任主体。当机动车的所有人有数个(共同共有或者按份共有)时,该机动车的损害赔偿责任主体为数个所有人,他们就受害人的损害承担连带赔偿责任。(2)未办理所有权转移登记的机动车因交通事故产生损害的,由实际支配人承担赔偿责任,所有权人不承担赔偿责任。"第17

条:"本意见所称'车辆实际支配人'是指在车辆异动中未办理过户手续的买受人(发生多次交易均未过户的,为最后一次买卖关系的买受人)、受赠人、车辆承租人、借用人、挂靠人和承包经营人。"广东高院《关于转让车辆未办理过户手续的登记车主对机动车发生交通事故致人损害应否承担民事责任问题的批复》(2007年10月9日 粤高法民一复字〔2007〕12号):"……根据《道路交通安全法》第七十六条、《民法通则》第一百二十三条的规定,机动车运输属于高度危险作业,因高度危险作业致人损害的,危险设施的所有权人即机动车所有人应当负赔偿责任。根据《道路交通安全法》第九条的规定,申请机动车登记的,应当提交机动车所有人的身份证明。根据该法第十二条的规定,机动车所有权发生转移的,应当办理相应的登记。可见,公安机关对机动车辆的登记属于所有权登记,在当事人签订车辆买卖合同并实际交付车辆后,如未办理机动车所有权登记手续,虽不影响买卖合同的效力,也不影响车辆的交付使用,但由于登记的所有权具有公示作用,因而对于第三人而言,登记车主就是机动车所有权人,故其仍需对机动车所造成的损害承担赔偿责任。但如果符合最高人民法院《关于被盗机动车辆肇事后由谁承担损害赔偿责任问题的批复》(法释〔1999〕13号)和《关于购买人使用分期付款购买的车辆从事运输因交通事故造成他人财产损失保留车辆所有权的出卖方不应承担民事责任的批复》(法释〔2000〕38号)规定的车辆被盗抢和分期付款保留车辆所有权情形的除外。对于最高人民法院民一庭于2001年12月31日作出的〔2001〕民一他字第32号批复,应注意其在《道路交通安全法》施行后据以批复的法律基础已发生了变化,且该批复与司法解释也有所不同。是否参照,应依现行法律和社会生活的实际情况而定。"上海高院《关于道路交通事故损害赔偿责任主体若干问题的意见》(2007年6月18日 沪高法民一〔2007〕11号)第1条:"机动车发生交通事故造成他人损害的,一般由机动车管理部门登记的车辆所有人(以下简称登记所有人)承担赔偿责任。登记所有人与实际使用人不一致的责任承担,按本意见其他条款处理。"第5条:"登记所有人与他人签订协议转让机动车的所有权,未到机动车管理部门办理变更登记,发生交通事故的,登记所有人与受让人承担连带责任。"湖北武汉中院《关于审理交通事故损害赔偿案件的若干指导意见》(2007年5月1日)第15条:"实际车主与名义车主不一致的,根据运行支配原则及运行利益归属原则确定赔偿责任主体。"第16条:"在下列情形下买卖车辆未过户的,名义车主对交通事故的赔偿权利人承担连带赔偿责任:(一)买卖报废车辆的;(二)买卖年检不合格车辆或买卖未经年检车辆的;(三)其他应由名义车主承担连带赔偿责任情形的。"江西高院民一庭《关于审理道路交通事故人身损害赔偿案件适用法律若干问题的解答》(2006年12月31日)第27条:"连环购车中关于登记所有人提出请求追究逃匿人刑事责任,并将案件中止审理或者移送公安机关侦查的情况如何处理?答:交通事故的后果较重,法律规定为重伤一人以上逃匿的构成交通事故罪,被起诉的车主认为构成交通肇事犯罪嫌疑,应进行刑事侦查的具备法律依据。但民事赔偿诉讼无需中止,不需移送。车主可同时也可在民事赔偿后请求公安机关立案侦查。"广东深圳罗湖区法院《关于交通事故损害赔偿案件的处理意见》(2006年11月6日)第3条:"在人身损害赔偿纠纷案件中,原告应当是受害人;如受害人的伤情构成伤残,其被抚养人亦可以作为共同原告起诉;如受害人死亡,原告则应是受害人的继承人(按继承法确定的顺序认定原告资格)。在财产损害赔偿纠纷案件中,原告应当是该受损财产的所有权人,例如车主;当机动车所有人与车辆实际支配人不一致时,如果机动车所有人证明实际支配人承担了该车辆的损失,该车辆的实际支配人可以作为原告起诉;如果车辆所有人证明司机已支付该车辆损失的费用,则司机亦可以作为原告起诉。"重庆高院《关于审理道路交通事故损害赔偿案件适用法律若干问题的指导意见》(2006年11月1日)第1条:"机动车发生道路交通事故致人损害的,一般由对该机动车具有运行支配力的主体与享有运行利益的主体承担相应赔偿责任。"江西赣州中院《关于审理道路交通事故人身损害赔偿案件的指导性意见》(2006年6月9日)第9条:"买卖下列机动车致人损害的,出卖人与买受人承担连带赔偿责任:(1)买卖已报废的机动车或已达到报废条件的机动车;(2)买卖拼装或非法改装的机动车。"第10条:"机动车转让后未办理登记过户手续,在运行中致人损害,由车辆的实际所有人承担赔偿责任,出卖方不承担责任。"第11条:"机动车的实际所有人在发生事故后逃匿,导致赔偿权利人无法确定加害人的,赔偿权利人请求在车辆管理部门登记的所有人承担垫付责任的,应予以支持。在车辆管理部门登记的所有人承担垫付责任后,可以向实际所有人或后一手转让人追偿。登记所有人有证据证明实际所有人或其后一手受让人存在并申请追加为第三人的,人民法院应当准许。"江西赣州中院《民事审判若干问题解答》(2006年3月1日)第33条:"车辆转让后,未办理过户手续,原登记车主是否对转让后的交通事故损害赔偿承担连带责任?答:车辆转让后没有办理过户手续,发生交通事故赔偿时,由车辆的实际所有人承担赔偿责任。实际所有人在发生事故后逃逸,导致赔偿权利人无法确认加害人的,赔偿权利人请求在车辆管理部门登记的所有人承担垫付责任的,应予支持。在车辆管理部门登记的所有人承担垫付责任后,可以向实际所有者或后手转让人追偿。如果是连环购车,登记所有人有证据证明其后手受让人存在并申请追加为第三人的,人民法院应当准许。"安徽高院《审理人身损害赔偿案件若干问题的指导意见》(2005年12月26日)第8条:"机动车发生交通事故造成他人损害的,由在机动车管理部门登记的车辆所有人承担赔偿责任。在机动车管理部门登记的车辆所有人与他人签订协议转让机动车的所有权,但没有到机动车管理部门办理变更登记,机动车发生交通事故造成他人损害的,按本意见规定的挂户车辆处理。"山东高院《关于印发〈全省民事审判工作座谈会纪要〉的通知》(2005年11月23日 鲁高法〔2005〕201号)第3条:"……(七)关于交通事故损害赔偿责任主体的确定问题。道路交通损害赔偿案件是一类特殊的侵权案件,根据最高人民法院有关司法解释的精神,其责任主体一般应根据对机动车运行支配权与运行利益的归属来确定……对于机动车未过户情形下发生交通事故的,原机动车所有人不承担损害赔偿承担责任,由买受人承担损害赔偿责任……"江苏高院、省公安厅《关于处理交通事故损害赔偿案件有关问题的指导意见》(2005年9月1日 苏高法〔2005〕282号)第34条:"本意见中的'车辆实际支配人',是指买卖车辆未办理过户手续的买受人连环购车均未办理过户手续的,为最后一次买卖关系中的买受人、受赠人以及车辆承租人、借用人、挂靠人和承包经营者等。"浙江杭州中院《关于审理道路交通事故损害赔偿纠纷案件问题解答》(2005年5月)第2条:"……连环购车未过户的责任主体确定问题。在《合同法》施行前,一般认为机动车买卖是要式法律行为,但是根据《合同法》的规定,除法律、行政法规规定应当办理批准、登记等手续生效的合同外,依法成立的合同自成立时生效。车辆买卖合同作为动产买卖合同,交付和过户登记都是合同履行的内容,且以交付为所有权转移的标志,而非以过户登记作为所有权转移的标志。车辆交付后,买方即成了所有权人,其对车辆的运行有运行支配和运行利益,应就车辆发生事故致人损害承担赔偿责任。最高人民法院于2001年12月31日给江苏省高级人民法院《关于连环购车未办理过户手续,原车主是否对机动车发生交通事故致人损害承担责任》的复函(〔2001〕民一他字第32号)中,认为'连环购车未办理过户手续,因车辆已交付,原车主既不能支配该车的营运,也不能从该车的营运中获得利益,故原车主不应对机动车发生交通事故致人损害承担责任。'"广东高院、省公安厅《关于〈道路交通安全法〉施行后处理道路交通事故案件若干问题的意见》(2004年12月17日 粤高法发〔2004〕34号 2021年1月1日起被粤高法〔2020〕132号文废止)第37条:"根据《道路交通安全法》第九条、第十二条的规定,机动车所有人是指机动车在车辆管理机关登记的单位和个人。指导意见所称'车辆实际支配人'是指在车辆异动中未办理过户手续的买受人(发生多手交易均未过户的,为最后一次买卖关系中的买受人)、受赠人、车辆承租人、借用人、挂靠人和承包经营人。"湖北高院《民事审判若干问题研讨会纪要》(2004年11月)第3条:"……关于道路交通事故人身损害赔偿案件责任主体的确定问题。确定道路交通事故人身损害赔偿的责任主体,以'运行支配权'和'运行利益归属权'作为判断标准,即谁是肇事机动车一方运行支配权或运行利益归属权的享有者,谁就是道路交通事故损害赔偿的责任主体。"天津高院《关于审理交通事故赔偿案件有关问题经验总结》(2004年5月18日 津高法〔2004〕64号)第8条:"买卖车辆未过户发生交通事故的,参照最高人民法院(2001)民一他字第32号复函的精神,出卖方不承担责任。但凡与保障第三人安全有关的保险,出卖人在过户前未经买受人同意退保的,出卖人应在保险理赔范围内承担连带责任。"吉林高院《关于印发〈关于审理道路交通事故损害赔偿案件若干问题的会议纪要〉的通知》(2003年7月25日 吉高法〔2003〕61号)第26条:"机动车买卖未办理过户手续,但机动车已交付,发生道路交通事故造成损害的,以实际所有人为被告,由实际所有人为被告,由实际所有人承担损害赔偿责任。机动车原所有人不承担责任。机动车买卖未办理或户手续的,人民法院在审理过程中可以建议管理部门予以行政处理。"内蒙古高院《全区法院交通肇事损害赔偿案件审判实务研讨会会议纪要》(2002年2月)第1条:"确立道路交通事故损害赔偿责任主体应符合侵权责任的一般构成要件,即要有侵权行为、损害后果、因果关系。凡不是肇事车辆的实际所有人、运行控制人或运行受益人的,一般不应列为赔偿责任主体。"第4条:"同一标的车辆几经交易,且买卖合同合法有效但均未办理过户手续的,发生交通事故引起损害赔偿诉讼,肇事责任者和最后买受人承担责任,登记车主及之后的其他转卖人不应追加。但对当事人因此规避国家税费和登记手续等行为,应向有关行政机关发出司法建议。"第5条:"交易车辆为非法拼装、报废等法律法规禁止使用、交易的车辆的,肇事责任者和所有出卖人、买受人承担责任。"辽宁高院、省公安厅《关于道路交通事故案件若干问题的处理意见》(辽公交〔2001〕62号)第9条:"机动车所有人是指依法在车辆管理机关注册登记的单位或个人。机动车实际占有人是指借用关系的借用人,租赁关系的承租人,承包关系的承包人、挂靠登记的挂靠人、车辆交易未过户的最后承买人、车辆交易实行分期付款方式助分期付款人、其它合法的实际占有人。机动车所有人与机动车实际占有人不一致时,可按下列不同情况分别确定责任的承担……车辆交易未过户的最后承买人发生交通事故并负有责任的,由最后承买人承担赔偿责任。最后承买人暂时无力赔偿的,由车辆所有人负责垫付……"四川高院《关于道路交通事故损害赔偿案件审判工作座谈会纪要(试行)》(1999年11月12日 川高法〔1999〕454号)第3条:"道路交通事故赔偿案件诉讼主体的确定。道路交通事故赔偿案件的原告是指因道路交通事故受到人身损害、财产损失的个人和单位,或者死者的继承人,或者因交通事故被公安机关指定预付抢救费用的有关单位和个人等,具体包括以下几个方面……(3)车辆买卖未过户的事实车主和车辆借用人、租用人、承包人在道路交通事故中无责任或责任轻,要求有过错一方承担赔偿责任的,事实车主车、辆借用人、租用人、承包人为原告……"第4条:"道路交通事故案件赔偿责任的具体划分。赔偿责任的划分确定,是处理道路交通事故案件的重点。会议认为,依照我国现行法律法规的规定,结合审判实践,道路交通事故损害赔偿案件民事责任的确定具体可划分为以下情况……(4)多次转卖均未办理过户手续的,由最后买受人承担赔偿责任,车辆所有人承担连带责任。"江苏高院《全省民事审判工作座谈会纪要》(1999年11月1日 苏高法〔1999〕466号)第3条:"……(5)未办理交易过户手续的机动车发生交通。事故致人损害的,因原机动车所有人已丧失了对机动车的运行支配和运行利益,对交通事故的发生无法防范控制,未办理过户手续的行为与致人损害的后果之间不具有因果关系,一般不应承担损害赔偿责任。如应承担赔偿责任的当事人下落不明或者确实无力赔偿时,可以判令原机动车所有人分担一部分民事责任。"第4条:"关于连环购车纠纷当事人的确定。连环购车且均未办理过户等手续的当事人因履行合同发生纠纷,应列发生纠纷的双方为原被告,不需追加所有买卖环节的出卖人和买受人为当事人,但需要判决责令当事人补办手续的,应列原车辆所有人为第三人。"河南高院《关于审理道路交通事故损害赔偿案件若干问题的意见》(1997年1月1日 豫高法〔1997〕78号)第15条:"交易车辆尚未办理过户手续发生交通事故的,应以原车辆所有人和购买人为共同被告。如车辆交易行为不合法,不论车辆是否办理过户手续,均应将交易的双方当事人列为共同被告。车辆转卖多次均不合法的,以车辆原所有人、第一次买主和发生道路交通事故时的买主为共同被告。"

**6. 最高人民法院审判业务意见。**●连环购车未办理转移登记机动车发生交通事故致人损害登记车主应否承担损害赔偿责任?最高人民法院民一庭倾向性意见:"连环购车未办理转移登记或者变更登记手续,机动车发生交通事故时登记的机动车所有人应否承担赔偿责任,应当根据案件具体情况分别进行处理:如果机动车已实际交付买受人并已交付相关登记资料,登记所有人不享有运行支配权和运行利益,而负有办理变更(转移)登记法定义务的买受人怠于办理登记手续的,机动车登记所有人不承担交通事故损害赔偿责任;但在机动车交通事故责任强制保险合同有效期内,登记所有人未依法办理该责任强制保险合同变更手续的,应在机动车交通事故责任强制保险责任限额范围内与交通事故责任人(现机动车所有人)承担无过错连带赔偿责任。"○车辆在办理过户手续期间发生交通事故,诉讼主体被告及赔偿责任应如何确定?最高人民法院民一庭《民事审判实务问答》编写组:"分两种情况:第一,买卖车辆的双方虽已签订车辆转让合同,但车辆仍未交付的,则诉讼主体及承担责任的主体仍应为卖方,买方尚未取得车辆,不承担事故责任;第二,根据最高人民法院《关于购买人使用分期付款购买的车辆从事运输因交通事故造成他人财产损失保留车辆所有权的出卖方不应承担民事责任的批复》以及最高人民法院《关于连环购车未办理过户手续,原车主是否应对机动车发生交通事故致人损害承担责任的复函》的规定精神,如果车辆已实际交付,原车主失去了对车辆的实际控制,虽然车辆的所有权尚未通过过户登记而公示转移,但买受人已实际控制车辆,并享有车辆的运营利益,而原车主则丧失了车辆的支配,故对在此期间发生的交通事故,原车主不应承担责任,应当由车辆买受人来承担赔偿责任,责任主体只列买受人则可。"●受害人只起诉加害人,而没有起诉机动车车主或驾驶员所在单位,法院应否主动追加？最高人民法院民一庭《民事审判实务问答》编写组:"在道路交通事故损害赔偿案件中,受害人只起诉肇事加害人,而没有起诉机动车车主或驾驶员所在单位,法院应当区别情形处理。如果驾驶员是车主或所在单位的雇工或员工,且在执行职务期间发生事故,则车主、所在单位依法应当向受害者承担转承、替代责任,因而是损害赔偿案件的必要诉讼人,人民法院在查明相关情况后应当告知受害人起诉车主或驾驶员所在单位,也可以依职权直接追加为共同被告;如果不属上述情形,应当由肇事驾驶员承担直接赔偿责任的,机动车车主或驾驶员所在单位仅承担垫付责任、补充责任的,则可向原告行使释明权,告知其可起诉或追加肇事车辆的车主或驾驶员所在单位,并记录在案。当事人坚持只起诉加害人,不要求追究车主或驾驶员所在单位的补充清偿责任的,人民法院应当予以尊重,不应主动追加被告。"○机动车所有人和驾驶员所在单位不同一时承担交通事故赔偿责任有无先后顺序之分？最高人民法院民一庭《民事审判实务问答》编写组:"《道路交通安全法》及其《实施条例》对此问题没有作出规定。被废止的《道路交通事故处理办法》第31条规定：'交通事故责任者对交通事故造成的损失,应当承担赔偿责任。承担赔偿责任的机动车驾驶员暂时无力偿还的,由驾驶员所在单位或者机动车的所有人负责垫付。但是,机动车驾驶员在执行职务中发生交通事故,负有交通事故责任的,由驾驶员所在单位或者机动车的所有人承担赔偿责任;驾驶员所在单位或者机动车的所有人在赔偿损失后,可以向驾驶员追偿部分或者全部费用'。垫付责任在民法上应当属于补充清偿责任的性质,在机动车所有人和驾驶员所在单位不同一时,承担垫付责任应属于平行性、选择性的责任,没有先后顺序之分。"●车辆登记人与车辆实际支配人不一致时,登记车主是否仍要负赔偿责任？最高人民法院民一庭《民事审判实务问答》编写组:"依照《道路交通安全法》第8条、《道路交通安全法实施条例》第4条、第7条第1款的规定：'国家对机动车实行登记制度'、'机动车的登记,分为注册登记、变更登记、转移登记、抵押登记和注销登记'、'已注册登记的机动车所有权发生转移的,应当及时办理转移登记'。根据上述规定,公安机关的车辆登记属于车辆所有权的登记。由于承担交通事故损害赔偿责任主体的依据不应是车辆所有权的归属,而应是能够支配车辆运行并从车辆运行中获取利益的人。在车辆买卖中,出卖方、购买方在各自履行完毕车辆交付、价款支付的义务后,虽然没有到公安机关办理车辆的过户手续,但是否办理车辆的过户手续应属双方车辆买卖合同纠纷中所处理的问题,与车辆交付后该车发生交通事故没有任何因果关系。车辆交付后该车的行驶和营运是在实际支配人即购车方的控制下,出卖方既不能支配车辆的行驶和营运,也不能从车辆营运中获得任何利益,仅依据出卖方是登记车主,名义上的所有权人就令其承担民事责任,有失公允。因此,如车辆登记车主与车辆实际支配人不一致时,登记车主对该机动车发生道路交通事故造成的损害不需承担垫付责任。"

**7. 参考案例。**①2017年河南某交通事故纠纷案,2011年,赵某将车辆卖与葛某。2013年,葛某将未年检、未投保交强险该车卖给魏某。2015年,魏某驾驶该车与郭某电动三轮车相撞,造成郭某受伤。交警认定双方同等责任。2017年,郭某诉请赵某、葛某、魏某连带赔偿损失。法院认为:最高人民法院《关于审理道路交通事故损害赔偿案件适用法律若干问题的解释》第6条规定:"拼装车、已达到报废标准的机动车或者依法禁止行驶的其他机动车被多次转让,并发生交通事故造成损害,当事人请求由所有的转让人和受让人承担连带责任的,人民法院应予支持。"车辆年检意义在于及时消除车辆安全隐患,减少交通事故发生,并直接降低对公民生命健康造成的威胁,每个车主或车辆管理者均应履行年检义务,确保车辆合格安全。然而交通事故并非能全部杜绝,为保证在发生交通事故后,受害人生命、健康、财产权利得到最低限度的救济与经济上的弥补,政府又设置了机动车交通事故责任强制保险制度,要求机动车必须投保交强险,并在交通安全法律法规中予以规定,未投保交强险机动车依法禁止上路行驶,故未年检合格、未投保交强险机动车便成为禁止行驶的机动车辆。本案中,案涉车辆几经转让,从赵某转让给葛某,葛某又转让给魏某,车辆从年检合格、投保有交强险的状态转变为未年检、未投保交强险状态。在赵某转让给葛某时,该车辆投保有交强险,并依法进行了年检,虽未将车辆及时过户,但赵某对事故发生并无过错,故赵某不应对郭某损失承担责任。车辆由葛某转让给魏某时,未进行年检,更未投保交强险,此时该车已属于"依法禁止行驶的其他机动车"。葛某将未投保交强险、未年检且多次违章的车辆转让,主观上有明显故意,故葛某应对郭某损失承担连带赔偿责任。判决魏某、葛某连带赔偿郭某6万余元。②2015年黑龙江某交通事故纠纷案,2005年,张某将登记在岳父吴某名下机动车转卖给肖某,肖某将车辆登记其姨荣某名下。肖某驾驶该车期间,发生全责追尾事故,致乘坐该车的徐某一级伤残。法院认为:现有证据足以认定肇事车辆原所有人是吴某,交通事故发生时所有人是肖某。吴某、张某和肖某在诉讼中均主张事故发生时肇事车辆已出卖并实际交付给肖某,肖某是车辆所有权人。肖某作为肇事车辆驾驶人,对损害事实发生具有过错,依法应承担赔偿责任。张某既不能支配该车辆运行,亦不能从车辆运行中获得利益,且对损害事实发生没有过错,故不应承担赔偿责任。判决肖某给付徐某各项赔偿共计73万余元。③2010年福建某交通事故损害赔偿案,2009年9月,水某将名下快到报废期的机动车转让给陈某,随后陈某将已到报废期的该车再次转让给钟某,钟某又转让给奚某,奚某转让给朱某。2010年3月,朱某驾驶该车肇事,撞死罗某,交警认定罗某、朱某负同等责任。法院认为：原告因交通事故造成的损失为21万余元，因肇事车辆未投保交强险，应由朱某在交强险范围内赔偿12万元，不足部分，按事故责任大小由朱某承担50%。根据《侵权责任法》规定，转让协议中规避连带责任的内容无效，故转让报废车辆的钟某、奚某、陈某对朱某交强险外的赔偿部分负连带责任。

④2009年**江苏某交通事故损害赔偿案**，2007年9月，秦某无证驾驶无牌二轮摩托车，与刘某驾驶三轮摩托车相撞，秦某受伤，刘某逃逸。交警认定秦某与刘某负同等责任。三轮摩托行驶证登记车主薛某。刘某和薛某被起诉后，拒绝到庭，二审时薛某提交了机动车转让合同。法院认为：刘某是本案直接侵权行为人，所驾三轮摩托车行驶证登记所有人为薛某，但二被告未到庭证明二人之间是雇佣关系或买卖关系或存在其他法律关系。为保护受害者合法权益，刘某、薛某应对秦某损失承担连带赔偿责任，待实际承担责任后，二被告可根据其内部法律关系分担责任行使追偿权。刘某、薛某拒绝参加一审庭审，应视为对其诉讼权利的放弃。故薛某在二审期间提供卖车合同，不能当然认定为二审新证据，且该证据系孤证，双方亦未办理车辆过户手续，不能证实薛某已将三轮摩托车卖给刘某。⑤2005年**四川某交通事故损害赔偿案**，2001年8月，王某将运营客车及公交线路经营权一并转让给袁某，但未办过户；2003年6月，该车撞伤行人。法院认为：涉案车辆登记车主虽为王某，但王某已将该车连同该车所享有的线路经营权一并转让给了袁某，此后，王某既不能通过支配车辆运营进而对车辆的安全进行控制，亦未从车辆运营中获取利益，故王某对事故所引发的损失不应承担赔偿责任，袁某作为肇事车辆的实际所有人且拥有该车的经营权，应承担责任。⑥2002年**江苏某交通事故损害赔偿案**，2001年6月，许某驾驶拖拉机与胡某无证驾驶的农用运输车相撞，许某受伤，交警认定胡某负全责。运输车系2个月前解某转卖给胡某，但未办过户手续。法院认为：胡某无证驾驶农用运输车与许某驾驶的拖拉机相撞，致许某受伤，胡某负该事故全部责任，故对许某人身损害后果应承担全部赔偿责任。解某已将农用运输车卖给胡某，虽事后双方未办理交易过户手续，但根据江苏省高院1999年10月12日通过的《全省民事审判工作座谈会纪要》的精神，自车辆交付时起，解某就丧失了对该车的运行支配和运行利益，对交通事故的发生无法防范控制，且未办理交易过户手续行为与致人损害后果间不具有因果关系，故不应承担损害赔偿责任。且胡某在本案审理过程中并未主张其无力赔偿，故许某对于解某的诉讼请求无法律依据，故不予支持，判决胡某赔偿许某2.1万余元及精神损失费3000元。⑦2002年**浙江某交通事故损害赔偿案**，杨某1997年7月购买李某面包车但未办过户手续，同年10月，杨某驾驶该车撞伤孔某致6级伤残，交警认定杨某负全责，经调解，达成杨某赔偿孔某6.6万余元的协议后，杨某申请保险理赔并获得全部理赔款后，携款下落不明。孔某起诉李某和杨某。法院认为：车辆转让时未办理过户手续，发生交通事故

致人身损害,受害人起诉要求车辆实际所有人承担赔偿责任的,依法应予以支持。实际所有人在发生事故后逃匿,导致赔偿权利人无法确定加害人的,赔偿权利人可以以在车辆管理部门登记的所有人为被告承担垫付责任。在车辆管理部门登记的所有人垫付后,可以向其转让的实际所有人追偿。本案原审审结前,车辆买卖属要式法律行为,未办过户登记手续,车辆所有权不发生转移。受让人驾驶所转让车辆发生交通事故并负有事故赔偿责任时,出让人作为车辆所有人应负连带责任。因调解协议形成的债务是侵权之债而非合同之债,孔某自知道车主李某应承担连带责任后一直未放弃要求李某承担赔偿责任的权利,故孔某要求李某承担连带责任的请求正当、合法,应予支持。⑧1998年福建某交通事故损害赔偿案,1996年,行人卢某被一辆摩托撞伤致残,肇事者逃逸,车辆所有人为徐某。法院认为:徐某摩托车撞伤卢某致伤残,事实清楚,证据充分,徐某在无法举证行为人情况下,依法应先垫付行为人应赔偿卢某的医疗费用。徐某在承担垫付责任后,有权再向直接侵权人追偿,判决徐某赔偿卢某4.1万余元。

【同类案件处理要旨】

当事人之间以买卖等方式转让并交付机动车但未办理所有权转移登记,发生交通事故后属于该机动车一方责任的,由保险公司在机动车强制保险责任限额范围内予以赔偿;机动车未依法投保交强险的,当事人有权要求投保义务人在交强险责任限额范围内予以赔偿;投保义务人和侵权人不是同一人的,二者应在交强险责任限额范围内承担连带责任;交强险责任限额赔付不足部分,由受让人承担赔偿责任;连环转让均未办理转移登记的,由最后一次转让并交付的受让人承担赔偿责任。买卖标的物属于拼装或者已达到报废标准的机动车,发生交通事故造成损害的,由转让人和受让人承担连带责任。

【相关案件实务要点】

1.【沿革】《道路交通事故处理办法》明确规定了机动车所有人的垫付及赔偿责任;之后司法解释对此做了修正,在旧法明确废止后,司法实践和理论中,多对不具有运行支配力也不享有运行利益机动车名义所有人不承担责任持肯定态度。但在交通事故责任者与机动车的登记车主不一致的情况下,作为机动车一方,未举证或者所举证据不能证明二者之间或与他人之间存在雇佣、买卖、出租等法律关系的情形下,应承担举证不利后果,即作为赔偿责任主体对受害方承担赔偿责任。即车辆所有人主张因车辆异支致使车辆所有人与车辆实际支配人不一致的,应当承担举证责任。不能查明车辆实际支配人的,车辆所有人应承担交通事故损害赔偿责任。

2.【运行支配和利益】确定交通事故损害赔偿的责任主体,其标准是谁对车辆的运行享有支配控制权和车辆运行的利益归属。案见江苏淮安中院(2003)淮民一终字第447号"周某等诉顾某等交通事故损害赔偿案"。

3.【一般原则】未办理交易过户手续的机动车发生交通事故致人损害的,因原机动车所有人已丧失了对机动车的运行支配和运行利益,对交通事故的发生无法防范控制,未办理过户手续的行为与致人损害的后果之间不具有因果关系,一般不应承担损害赔偿责任。如应承担赔偿责任的当事人下落不明或者确实无力赔偿时,可以判令原机动车所有人分担一部分民事责任。案见江苏丹阳法院(2002)丹民初字第581号"许某诉胡某等人身损害赔偿案"。

4.【举证责任】车辆所有人主张因车辆异支致使车辆所有人与车辆实际支配人不一致的,应当承担举证责任。不能查明车辆实际支配人的,车辆所有人应承担交通事故损害赔偿责任。案见江苏徐州中院(2009)徐民一终字第1225号"秦某诉刘某等交通事故损害赔偿案"。

5.【连带责任】机动车辆发生交通事故,事故责任人逃逸或者事故责任人不明的情况下,事故责任人所在单位或者机动车辆的所有人,应当承担连带赔偿责任。案见福建泉州中院(1998)泉民终字第456号"卢某诉徐某交通事故损害赔偿案"。

6.【买卖报废机动车】转让车辆系已达报废标准的机动车,因该车肇事,应由转让人依照《侵权责任法》强制性规定承担连带责任,转让协议中约定转让车辆产生的所有责任由受让人负责的内容无效。案见福建长汀法院(2010)汀民初字第1981号"罗某等诉朱某等交通事故损害赔偿案"。

【附注】

参考案例索引:江苏淮安中院(2003)淮民一终字第447号"周某等诉顾某等交通事故损害赔偿案",一审判决顾某赔偿原告10万余元,二审改判顾某、饲料厂连带赔偿原告10万余元。见《周长怀等诉顾同成、高峰、淮安市维大饲料厂道路交通事故人身损害赔偿案》(卓洋),载《中国审判案例要览》(2004民事:214)。①河南焦作中院(2017)豫08民终1435号"郭某与魏某等交通事故纠纷案",见《转让未投保交强险、未年检的车辆发生交通事故后赔偿责任的认定——河南焦作中院裁定郭某诉魏某等机动车交通事故责任纠纷案》(宋鹏、訾东东),载《人民法院报·案例精选》(20170824:06)。②黑龙江高院"张某与徐某等交通事故损害赔偿纠纷案",见《张某与徐某、肖某等道路交通事故人身损害赔偿纠纷抗诉案》,载《审判监督指导·最高人民检察院公布13起检察机关民事诉讼监督典型案例》(201501/51:165)。③福建长汀法院(2010)汀民初字第1981号"罗某等诉朱某等交通事故损害赔偿案",见《罗泽洪等诉朱俊伟等道路交通事故人身损害赔偿案》(黄田火),载《中国法院2012年度案例:道路交通纠纷》(42)。④江苏徐州中院(2009)徐民一终字第1225号"秦某诉刘某等交通事故损害赔偿案",见《交通事故赔偿责任主体的举证——徐州中院判决秦建岗诉刘北斗、刘学春交通事故损害赔偿纠纷案》(韩涛),载《人民法院报·案例指导》(20100325:6)。⑤四川成都中院2005年"姜某诉王某等交通事故人身损害赔偿纠纷案",见《人民法院对于交通事故责任认定书,应结合交通事故发生的事实,客观地分析其证明力,不能先入为主地赋予其预决效力——袁明刚与姜贤芳、王定中、成都市出租汽车服务公司等道路交通事故人身损害赔偿纠纷案》(刘建敏),载《全国法院再审典型案例评注》(2011:208)。⑥江苏丹阳法院(2002)丹民初字第581号"许某诉胡某等人身损害赔偿案",见《许小兵诉胡建兆等人身损害赔偿案》(张素琴),载《中国审判案例要览》(2003民事:266)。⑦浙江磐安法院(2002)磐民再初字第3号"孔某诉杨某等道路交通事故损害赔偿案",一审判决杨某支付孔某赔偿6.6万余元,再审改判李某与杨某承担连带赔偿责任。见《孔庆忠诉杨向东、李志雄道路交通事故损害赔偿案》(张晓平),载《中国审判案例要览》(2004民事:253)。⑧福建泉州中院(1998)泉民终字第456号"卢某诉徐某交通事故损害赔偿案",见《卢广彩诉徐向阳人身损害赔偿案》(蔡德泉、郭于芬),载《中国审判案例要览》(1999民事:367)。

**参考观点索引**:●连环购车未办理转移登记机动车发生交通事故致人损害登记车主应否承担损害赔偿责任?见《连环购车未办理转移登记机动车发生交通事故致人损害登记车主应否承担损害赔偿责任》,载《民事审判指导与参考·指导性案例》(200803:155)。○车辆在办理过户手续期间发生交通事故,诉讼主体被告及赔偿责任应如何确定?见《车辆在办理过户手续期间发生交通事故,诉讼主体被告及赔偿责任应如何确定?》,载《民事审判实务问答》(2008:144)。●受害人只起诉加害人,而没有起诉机动车车主或驾驶员所在单位,法院应否主动追加?见《在道路交通事故损害赔偿中,受害人只起诉加害人,而没有起诉机动车车主或驾驶员所在单位,法院应否主动追加?》,载《民事审判实务问答》(2008:145)。○机动车所有人和驾驶员所在单位不同一时承担交通事故赔偿责任有无先后顺序之分?见《机动车所有人和驾驶员所在单位不同一时承担交通事故赔偿垫付责任有无先后顺序之分?》,载《民事审判实务问答》(2008:145)。●车辆登记人与车辆实际支配人不一致时,登记车主是否仍要负赔偿责任?见《根据最高院答复江苏高院的复函,连环购车未办理过户手续,原车主不承担对机动车发生交通事故致人损害承担责任。审判实践中,如车辆登记人与车辆实际支配人不一致时,登记车主是否仍要负垫付责任?》,载《民事审判实务问答》(2008:151)。○《关于陈文海交通肇事刑事附带民事诉讼一案的请示与答复——没有依法办理机动车过户登记手续,机动车原车主和转售人如何对购车人造成的交通事故承担责任》(马盛平),载《审判监督指导》(200602:55)。

# 20. 特种车辆优先通行权
## ——特种机动车,肇事怎定责?

【特种车辆】

【案情简介及争议焦点】

2008年8月,急救中心员工张某驾驶救护车执行急救任务,过路口时,与高速行驶的詹某驾驶的运输公司的出租车碰撞,造成救护车损坏及张某、急救车上2名员工受伤。交警无法认定责任。

争议焦点:1. 事故责任及比例? 2. 运输公司的责任?

【裁判要点】

**1. 事故责任及比例。** 特种车辆在执行紧急任务时,应尽到注意义务,并使用警报器、标志灯具以警示其他道路交通参与者。本案中的救护车在事故发生时警灯开启但未鸣号,以至于未能引起通行车辆的足够注意,是导致事故发生的原因之一,对此存在一定的过错,不能免除其在本起事故中的责任。而詹某驾驶出租车高速行驶,对于正在通过的救护车未尽注意义务,未减速让行,违反道路交通法规,是导致事故发生的主要原因。故詹某在该起事故中应负70%的主要责任。

**2. 运输公司的责任。** 由于詹某系运输公司的驾驶员,事故发生时,其正在履行职务行为,故运输公司作为用人单位,对其职员在从事职务活动中造成原告损害的后果,依法应承担赔偿责任。判决运输公司对该起事故承担70%的赔偿责任。

【裁判依据或参考】

**1. 法律规定。**《道路交通安全法》(2004年5月1日实施,2011年4月22日修正)第15条:"警车、消防车、救护车、工程救险车应当按照规定喷涂标志图案,安装警报器、标志灯具。其他机动车不得喷涂、安装、使用上述车辆专用的或者与其相类似的标志图案、警报器或者标志灯具。警车、消防车、救护车、工程救险车应当严格按照规定的用途和条件使用。公路监督检查的专用车辆,应当依照公路法的规定,设置统一的标志和示警灯。"第53条:"警车、消防车、救护车、工程救险车执行紧急任务时,可以使用警报器、标志灯具;在确保安全的前提下,不受行驶路线、行驶方向、行驶速度和信号灯的限制,其他车辆和行人应当让行。警车、消防车、救护车、工程救险车非执行紧急任务时,不得使用警报器、标志灯具,不享有前款规定的道路优先通行权。"第54条:"道路养护车辆、工程作业车进行作业时,在不影响过往车辆通行的前提下,其行驶路线和方向不受交通标志、标线限制,过往车辆和人员应当注意避让。洒水车、清扫车等机动车应当按照安全作业标准作业;在不影响其他车辆通行的情况下,可以不受车辆分道行驶的限制,但是不得逆向行驶。"

**2. 行政法规。**国务院《道路交通安全法实施条例》(2004年5月1日,2017年10月7日修订)第18条:"警车、消防车、救护车、工程救险车标志图案的喷涂以及警报器、标志灯具的安装、使用规定,由国务院公安部门制定。"

**3. 司法解释。**最高人民法院《关于转发公安部"关于实施〈警车管理规定〉若干问题的通知"的通知》(1995年9月20日 法计〔1995〕19号)第3条:"10月1日以后,凡新购囚车、刑场指挥车、法医勘察车申领警车分配单的,要控制在定编数以内,并审查是否符合《警车管理规定》的要求,除继续凭发票复印件外,还要开具盖院印的申领单(暂用《囚车分配单开单申请》代替)。"

**4. 部门规范性文件。**公安部交管局《关于特种车辆在执行任务中发生交通事故后驶离现场定性问题的答复》(1999年4月29日 公交管〔1999〕105号,2004年8月19日废止)第1条:"交通肇事逃逸案件是指发生道路交通事故后,当事人为逃避责任,故意驾驶车辆或者弃车逃离交通事故现场的案件。因此,执行任务的特种车辆在发生交通事故后,为了履行法定的职责离开现场,不能认定为交通肇事逃逸。"第2条:"根据《中华人民共和国交通管理条例》第五十五条第一款的规定,特种车辆执行任务时,其他车辆和行人必须让行。"公安部交管局《关于发牌代号为"O"的专段民用号牌车辆是否享有通行便利的答复》(1997年8月22日 公交管〔1997〕185号):"……根据《中华人民共和国道路交通管理条例》、《警车管理规定》、《公安部关于特种车辆安装使用警报器和标志灯具范围的通知》和《公安部关于取消公安专用车辆号牌换发民用号牌的通知》的有关规定,发牌代号为'O'的专段专用号牌车辆不属于警车,不能安装使用警报器和标志灯具;因此,不适用《中华人民共和国道路交通管理条例》和《警车管理规定》中有关警车管理的条款。"公安部交管局《关于对司法行政机关车辆是否核发警车号牌请示的答复》(1996年4月18日 公交管〔1996〕63号)第1条:"根据《公安部关于特种车辆安装使用警报器和标志灯具范围的通知》(公通字〔1994〕15号)和《警车管理规定》(公安部令第27号)的规定,除监狱、劳动教养机关用于押解罪犯、运送劳教人员的囚车或者专用车和追缉逃犯的车辆,经批准可以核发警车号牌外,省、自治区、直辖市司法厅、局车辆可以核发二副警车号牌,负有管理监狱、劳动教养机关任务的地(市)司法局车辆可以核发一副警车号牌。其他司法行政机关及其下属机关车辆不核发警车号牌。"第2条:"《警车管理规定》第三条中监狱、劳动教养机关用于押解罪犯、运送劳教人员的专用车是指:监狱、劳动教养机关用于指挥押解罪犯、运送劳教人员的指挥车。"公安部交管局《关于实施〈警车管理规定〉若干问题的通知》(1995 年 9 月 12 日　公交管〔1995〕176 号)第 1 条:"《规定》确定的使用警车范围中,公安机关包括列入公安机关序列的铁路、交通、民航、林业公安机关。消防车属于特种车辆的一种,区别于警车,不使用警车号牌;使用武警号牌或者民用号牌,车身颜色仍为红色。"第 7 条:"警车车身应当按照《规定》和本通知规定喷涂颜色、各部门简称汉字,不得附加特殊颜色和各部门其他标志、各警种标志。"公安部《关于国家安全机关车辆使用"特别通行"标志的通知》(1995 年 7 月 17 日　公交管〔1995〕136 号,2004 年 8 月 19 日废止):"……国家安全机关为执行国家安全工作紧急任务需要,制发了车辆'特别通行'标志。该标志仅限于国家安全机关的指挥车、执行侦察和保卫任务的车辆以及囚车(均为小型客车)在紧急情况下与警灯、警报器同时使用。各地公安机关交通管理部门对国家安全机关持'特别通行'标志使用警灯、警报器的车辆,应给予通行方便。"公安部交管局《关于对民航快递车辆给予邮政车通行待遇的通知》(1995 年 6 月 22 日　公交管〔1995〕116 号,2004 年 8 月 19 日废止)第 1 条:"中国民航快递中心及其下属企业的快递专用车辆,在不妨碍交通正常通行的情况下可以享受与邮政车辆同等的通行待遇。"第 3 条:"中国民航快递中心下属企业须持中国民航快递中心的快递专用车辆证明,向所在地的公安交通管理部门申请办理特许通行手续。公安交通管理部门按审批邮政车程序严格审批,核发专用通行证。"公安部交管局《关于特种车辆安装使用警报器和标志灯具范围的通知》(1994 年 3 月 7 日):"为了加强对特种车辆警报器和标志灯具的管理,严格控制特种车辆数量,保证特种车辆执行紧急任务时顺利通行,维护社会治安和交通秩序,经国务院同意,现将特种车辆安装使用警报器和标志灯具范围规定如下:一、警车:(一)公安机关用于侦查、警卫和治安、交通管理的巡逻车、勘察车、护卫车、囚车以及其他执行特别紧急任务的车辆;(二)国家安全机关用于执行侦察和其他特殊任务的车辆;(三)人民检察院用于侦查刑事犯罪案件的现场勘察车和押解人犯的囚车;(四)人民法院用于押解人犯的囚车;(五)司法行政机关用于押解罪犯、运送劳教人员的囚车或专用车和追缉逃犯的车辆。二、消防车:公安消防部队和其他消防部门用于灭火的专用车辆和现场指挥车辆。三、救护车:急救、医疗机构和卫生防疫部门用于抢救危重病人或处理紧急病情的专用车辆。四、工程救险车:防汛、水利、电力、矿山、城建、交通、铁道等部门用于抢修公用设施、抢救人员生命财产的专用车辆和现场指挥车辆。"公安部交管局《关于实习驾驶员驾驶特种车辆问题的批复》(1994 年 1 月 18 日　公交管〔1994〕9 号,2004 年 8 月 19 日废止):"……警车是指公安、检察、法院、司法机关用于执行特别紧急任务,并经核准安装、使用警灯和警报器的车辆。按照《道路交通管理条例》的有关规定,公安机关的实习驾驶员可以驾驶,遵守交通法规中有关行驶的规定。"公安部交管局《关于公路征费、路政管理车辆是否按特种车辆管理的复函》(1990年11月26日〔90〕公交管第165号):"……根据国务院批准的《关于特种车辆安装、使用警报器和标志灯具的规定》,以及公路路政、征费专用车辆的实际情况,除路政管理用于抢修公路、桥梁的专用车辆,可按工程救险车管理,经当地县、市公安局批准后,安装、使用黄色标志灯具和相应警报器以外,其他车辆不符合特种车辆的条件,不能安装、使用警报器和标志灯具。"公安部交管局《关于公路征费车辆安装、使用专用标志灯饰和警报器问题的答复》(1990年7月28日〔90〕公交管办第118号,2004年8月19日废止):"……特种车辆是指具有特殊专门用途、专门设施,用于执行紧急任务的车辆。根据国务院的指示,公安部于一九八三年九月制定了《关于特种车辆安装、使用警报器和标志灯具的规定》,明确规定特种车辆包括警车、消防车、工程救险车、救护车,除特种车外,其他车辆一律不准安装、使用警报器和标志灯具。一九八七年八月实施的国家标准《机动车运行安全技术条件》(GB 7258—87)对特种车辆也规定'其他车辆不经批准,不得设置警报器和标志灯'。公路征费车辆是公路规费征收稽查工作用车,不属于特种车范围,不能安装、使用警报器和警灯。对于某些非特种车辆擅自安装、使用警灯和警报器的,公安机关有权制止,请有关单位自行拆除;对劝阻不听的,可依照《治安管理处罚条例》的有关规定予以处罚,直至强行拆除、没收警灯和警报器。至于公路征费车辆按《公路管理条例实施细则》的规定设置专用标志灯饰,也应按国家标准《机动车运行安全条件》的规定,报经公安机关批准,其标志灯饰的颜色、形状必须与特种车辆标志灯具有明显区别。"公安部交管局《关于防汛抢险车辆使用"防汛"系列标志牌的复函》(1989年11月13日〔89〕公交管第174号,2004年8月19日废止):"……根据机动车管理和特种车辆管理的有关规定,我们意见,汛期调用其他车辆为防汛服务时,应保证通行方便,但这种临时调用的车辆不宜使用'防汛'系列标志牌,按特种车辆管理。为了适应防汛抢险的需要,可以按附样制发非金属临时性标志,加盖当地公安交通管理部门印章,在汛期,发给被临时调用的为防汛服务的车辆,在执行任务时贴在前挡风玻璃上,公安机关将保证其通行便利。汛期过后任务结束时收回。"

**5. 地方司法性文件**。河南高院《关于机动车交通事故责任纠纷案件审理中疑难问题的解答》(2024年5月)第5条:"用于起重的特种机动车辆作业过程中发生责任事故,是否属于交强险赔偿范围?答:属于交强险赔偿范围。《机动车交通事故责任强制保险条例》第四十三条规定:'机动车在道路以外的地方通行时发生事故,造成人身伤亡、财产损失的赔偿,比照适用本条例。'交强险作为法定强制责任险种,目的在于分散风险、保障机动车肇事责任事故的受害人能够及时从保险人处得到经济赔偿。原中国保险监督管理委员会办公厅《关于交强险条例适用问题的复函》(函〔2008〕345号)显示:'根据《机动车交通事故责任强制保险条例》第四十三条的立法精神,用于起重的特种机动车辆在进行作业时发生的责任事故,可以比照使用该条例。'据此,用于起重的特种机动车辆在作业过程中导致除本车人员、被保险人以外的受害人人身伤亡、财产损失,属于交强险的赔偿范围。"江西宜春中院《关于印发〈审理机动车交通事故责任纠纷案件的指导意见〉的通知》(2020年9月1日 宜中法〔2020〕34号)第12条:"允许在道路通行的特种车辆在通行时发生事故造成第三人损害的,保险公司应当承担交强险赔偿责任。特种车辆进行特种作业时发生事故造成第三人损害的,保险公司不承担交强险赔偿责任。"山东德州中院《机动车交通事故责任纠纷案件审判疑难问题解答》(2020年4月)第5条:"问题五:特种车辆在通行、作业时发生事故造成第三者损失的,能否适用交强险进行赔偿?解答:根据《机动车交通事故责任强制保险条例》第43条的立法精神,用于起重的特种机动车在进行作业时的责任事故,可以比照适用该条例。因此,特种车辆通行、作业时发生交通事故应适用交强险赔偿。"第6条:"问题六:驾驶人实习期内驾驶营运车辆或者特种车辆、牵引挂车的车辆,是否应免除商业三者险保险公司的赔偿责任?解答:《中华人民共和国道路交通安全法实施条例》第二十二条第二、三款规定,机动车驾驶人初次申领机动车驾驶证后的12个月为实习期。在该实习期内不得驾驶公共汽车、营运客车或者执行任务的警车、消防车、救护车、工程救险车以及载有爆炸物品、易燃易爆化学物品、剧毒或者放射性等危险物品的机动车,驾驶的机动车不得牵引挂车。根据《最高人民法院关于适用〈中华人民共和国保险法〉若干问题的解释(二)》第十条的规定,保险人对上述行政法规禁止性规定的免责事由,尽到提示义务后,该免责条款生效,免除保险人的商业三者险赔偿责任。对于驾驶员处于增驾实习期的,增驾实习期不同于上述规定的实习期,保险人如能够举证证明其对增驾实习期的具体含义、内容尽到明确说明义务的,应免除其商业三者险赔偿责任。"辽宁沈阳中院《机动车交通事故责任纠纷案件审判实务问题解答》(2020年3月23日)第10条:"特种车辆在通行、作业时发生事故造成第三者损失的,能否适用交强险进行赔偿?解答:特种车辆在通行、作业时发生事故造成第三者损失的,保险公司均应承担交强险赔偿责任。理由:对此问题市法院民一庭征求了相关行业主管部门意见,认为此种情况建议保险公司承担交强险赔偿责任。"山东高院民二庭《关于审理保险纠纷案件若干问题的解答》(2019年12月31日)第15条:"特种车辆因作业而引发的责任事故,是否属于交强险保险责任范围?答:特种作业车辆属于《中华人民共和国道路交通安全法》第一百一十九条第三项规定的机动车范畴,必须投保机动车交通事故责任强制保险。从交强险条款的规定来看,被保险人在使用被保险机动车过程中发生交通事故,致使受害人遭受人身伤亡或者财产损失,应当由被保险人依法承担损害赔偿责任。对于"使用"一词,根据文义理解,应当包含驾驶、作业在内,交强险条款并未将作业事故排除在保险责任范围之外,故特种车辆因作业而引发的责任事故应属于交强险保险责任范围。此外,特种车辆交强险的保费金额往往高于普通机动车交强险保费金额。基于保险的对价平衡原则,特种车辆因作业发生的责任事故也不应排除在交强险保险范围之外。"四川高院《关于印发〈四川省高级人民法院机动车交通事故责任纠纷案件审理指南〉的通知》(2019年9月20日 川高法〔2019〕215号)第12条:"【特种车辆的交强险责任】允许在道路通行的特种车辆在通行时发生事故造成第三人损害的,保险公司应当承担交强险赔偿责任。特种车辆进行特种作业时发生事故造成第三人损害的,保险公司不承担交强险赔偿责任。"江苏宿迁中院《机动车交通事故责任纠纷审判工作有关问题的解答》(2018年12月25日 宿中发民三电〔2018〕4号)第5条:"机动车商业第三者责任险的保险范围是否仅限于交通事故造成的损失?答:对保险条款的理解应从最基础的文字含义出发,商业第三者责任险的保险责任系'车辆使用过程中因意外事故导致的直接损失,在交强险限额之外的部分'。从文义上理解,'使用'的含义不限于驾驶,具有特殊功能的特种车辆,进行特种作业应认定为使用。'意外事故'不限于交通事故,只要系非出于故意,由于不可抗拒或不可预见的原因产生的损害,都应属于意外事故导致的损害。条款最后内容'直接损失中超出交强险限额的部分',只是对商业第三者责任保险与交强险之间的关系的表述,并不能得出交强险各限额的赔付系商业三者险赔前置条件的结论。在交通事故案件中,存在交强险的理赔,这种关系可以适用;在其他事故造成的损失产生时,不存在交强险的理赔,故应直接由商业第三者责任保险赔偿,交强险与商业三者险的这种关系不具备适用的前提。"山东日照中院《机动车交通事故责任纠纷赔偿标准参考意见》(2018年5月22日)第1条:"机动车交通事故责任纠纷的适用范围。机动车在道路上发生损害赔偿,构成交通事故,不限于通行状态。在道路以外的地方(包括断路施工而且未竣工或者已竣工未移交公安交通管理部门管理的路段),机动车只有处于通行状态时发生损害赔偿,根据《最高人民法院关于审理道路交通事故损害赔偿案件适用法律若干问题的解释》《以下简称交通事故损害赔偿解释》第二十八条规定,才可以参照道路交通事故损害赔偿案件的处理规则处理。在道路以外的地方,机动车处于停驶状态,如停放在道路以外的地方或者特种车辆(包括专项作业车或专业作业车以及轮式专用机械车)处于停车状态下的施工作业等,不属于参照道路交通事故损害赔偿案件的处理规则处理情形,应适用《侵权责任法》的相关规定。交强险适用于机动车在道路上或者在道路以外的地方通行时发生的事故,商业三者险适用于机动车在使用时(不限于通行)发生的事故。"广东惠州中院《关于审理机动车交通事故责任纠纷案件的裁判指引》(2017年12月16日)第51条:"用于起重或其他用途的特种机动车辆作业时发生责任事故造成损害,受害人请求判令保险人在交强险赔偿限额内承担赔偿责任的,人民法院不予支持,但事故属于机动车交通事故的除外。"四川成都中院《关于印发〈机动车交通事故责任纠纷案件审理指南(试行)〉的通知》(2017年7月5日 成中法发〔2017〕116号)第12条:"特种车辆通行时发生事故造成第三者损失的,保险公司应承担交强险赔偿责任。特种车辆进行特种作业时发生事故造成第三者损失的,保险公司不承担交强险赔偿责任。"安徽淮南中院《关于审理机动车交通事故责任纠纷案件若干问题的指导意见》(2014年4月24日)第35条:"以机动车为运行方式的起重机、自卸车等特种用途车辆停止行驶,在执行起重、自卸等作业过程中伤及第三人,受害人请求承保交强险或商业第三者责任险的保险公司承担赔偿责任的,人民法院应予支持。"浙江杭州中院民一庭《关于道路交通事故责任纠纷案件相关疑难问题解答》(2012年12月17日)第1条:"……特种车辆(如:挖掘机、吊车等)发生的事故,保险公司应否承担交强险赔付责任?答:应以是否系交通事故作为确定保险公司应否承担交强险赔付责任的依据。工程车辆多以工程作业为主要目的,而非通行,因此工程车辆发生的事故可分为安全责任事故和交通事故。而交强险的全称是机动车交通事故责任强制保险,根据《机动车交通事故责任强制保险条例》第三条规定,本条例所称机动车交通事故责任强制保险,是指由保险公司对被保险机动车发生道路交通事故造成本车人员、被保险人以外的受害人的人身伤亡、财产损失,在责任限额内予以赔偿的强制性责任保险。同时第四十三条规定,机动车在道路以外的地方通行时发生事故,造成人身伤亡、财产损失的赔偿,比照适用本条例。由此可见,交强险系以交通事故的发生作为赔付前提,安全责任事故不属于交强险赔付范围。如:吊车在从事吊装作业的过程中因所吊物品坠落致他人受伤,挖掘机在挖掘作业时误将他人铲伤,该类事故属于安全责任事故,非交通事故,不属于交强险赔付范围。"重庆高院《关于审理道路交通事故损害赔偿案件适用法律若干问题的指导意见》(2006年11月1日)第25条:"从事道路环境卫生作业的环卫工人未按照规范要求采取必要的安全、警示措施,发生道路交通事故受到损害的,应当酌情减轻机动车方的赔偿责任。"

  **6. 地方规范性文件**。山东省潍坊市《道路交通安全条例》(2023年3月1日)第41条:"遇有执行紧急任务的警车、消防车、救护车、工程救险车,其他车辆和行人应当在确保安全的前提下按照下列规定让行:(一)同车道行驶的前方车辆应当及时变更车道;(二)相邻车道行驶的车辆应当减速慢行,注意避让;(三)通过交叉路口时,等待执行紧急任务的车辆通过后再通行。"江苏无锡市《道路交通安全管理办法》(2012年10月11日修改)第36条:"……执行任务的警车、消防车、救护车、工程抢险车等特种车辆,必要时可以借用公交专用车道行驶。"广东珠海市《道路交通安全管理条例》(2011年10月1日)第17条:"……驾驶机动车在道路上行驶时,须避让执行紧急任务的警车、消防车、救护车、工程救险车。"第72条:"……因避让执行紧急任务的警车、消防车、救护车、工程救险车而被交通技术监控设备记录或者录入道路交通违法信息管理系统的,应当予以消除,并免予行政处罚。"

7. 参考案例。①2015年江苏某保险合同纠纷案,2014年,负责仓储公司装配车间工程项目施工的钢构公司将部分工程分包给名义分包人材料公司,实际施工人周某雇请驾驶重型专项作业车的张某从事吊运工作时,卸货过程中吊臂碰倒钢结构墙,砸死钢构公司泥工王某。周某因此与王某近亲属达成赔偿协议并支付63.5万元。2015年,周某与张某签订追偿赔偿协议,由张某赔偿周某60万元。随后,张某向保险公司主张在交强险11万元和商业三责险30万元范围内赔偿。保险公司以车辆非在通行时发生事故、赔偿协商数额对其无约束力为由抗辩。法院认为:仓储公司装配车间工程项目钢结构部分实际施工人系周某,周某委托张某从事吊运工作,张某具有驾驶证及相应作业资格。吊运作业本身具有相当危险性,张某在从事吊运过程中,未仔细观察环境,未通知地面人员及时撤离,且在操作过程中,存在吊钩摆动幅度过大的操作不当行为,该操作不当直接导致事故发生,张某对本案损害事故发生具有过错。王某在工作时未佩戴安全帽,安全防护措施不到位,亦具有过错。钢构公司作为项目施工方以及王某用人单位,在安全管理上存在一定疏漏之处,并因此受到安监部门行政处罚。考虑到各方过错程度及与损害后果之间的因果联系,认定对王某死亡损失,张某承担40%赔偿责任,王某及钢构公司一方共承担60%责任。周某实际赔偿63.5万元,未超过王某死亡所发生的实际损失,故该赔偿额系真实合理的,应予确认。案涉车辆属重型专项作业车,该车辆除具备在道路行驶功能外,更重要的是具备专项作业功能,且就一般情况而言,该类车辆更多时间是用于专项作业,专项作业是其最主要使用功能。保险公司未举证证明保险条款将涉案类型车辆转向作业时发生事故排除在保险责任范围外,故案涉车辆作业时发生事故属保险事故,应在其投保交强险范围内得到相应赔偿。判决保险公司在交强险限额范围内赔偿11万元,余下52.5万元中的40%即21万元系张某应承担的赔偿责任,判决保险公司在交强险和商业三责险范围内赔偿张某32万元。②2013年湖北某保险合同纠纷案,2011年,吴某驾驶杨某名下吊车在建筑工地原地起吊作业时,将另一车上人员宋某撞落致7级伤残。交强险公司主张免责。法院认为:交强险条例第3条规定"本条例所称机动车交通事故责任强制保险,是指由保险公司对被保险机动车发生道路交通事故造成本车人员、被保险人以外的受害人的人身伤亡、财产损失,在责任限额内予以赔偿的强制性责任保险"。第44条规定"机动车在道路以外的地方通行时发生事故,造成人身伤亡、财产损失的赔偿,比照适用本条例"。根据上述两条规定,适用交强险前提是发生的事故属于交通事故范畴或虽不属于交通事故范畴但系机动车处于通行时发生事故而造成人身伤亡、财产损失。《道路交通安全法》第119条第1款规定"道路,是指公路、城市道路和虽在单位管辖范围但允许社会机动车通行的地方,包括广场、公共停车场等用于公众通行的场所"。本案中,事故发生地点为建筑工地施工现场。作为建筑工地,由于其现场施工环境危险性和一定封闭性,一般只允许施工车辆及施工人员进入、通行,而社会车辆及人员均被禁止进入其中,故建筑工地不具备公众通行性质,不属于《道路交通安全法》第119条第1款所规定道路范畴。依《道路交通安全法》第119条第5款"交通事故,是指车辆在道路上因过错或者意外造成的人身伤亡或者财产损失的事件"规定,交通事故必须发生在道路上,故在建筑工地发生的事故不属交通事故。所谓通行,并不仅指车辆始终处于行驶当中,而是既指车辆处于行驶状态中,亦指虽处于静止但欲通行状态中,如等红灯、起步发动等。就以上两种状态而言,车辆所呈现的均为交通工具特性。本案中,涉案车辆为特种车辆,其既可作为交通工具行驶,亦可作为起重机械进行施工作业。在本案事故发生时,该车辆系停在原地进行起重作业而非停在原地等待通行,即驾驶员在操作该车辆时,并无等待通行意图,此时该车辆呈现的是起重作业机械特性,而非交通工具特性,故本案中事故不应认定为是车辆在通行中发生的事故,不属于交强险赔付范围。判决驳回杨某诉请。③2012年江苏某保险合同纠纷案,2011年,王某投保吊车在厂区发生事故,致人死伤及厂房设备受损,王某据此向受害人赔偿20万余元后,诉请保险公司理赔交强险。法院认为:交强险制度本身具有保障性救济的重要价值意义,以保障投保人或受害人能及时从保险公司获得经济赔偿为首要目的。本案中被保险的起重机属特种作业车辆,其主要用途在于特种作业而非道路行驶,其发生事故通常多在作业区域内,保险公司对此应明确知晓。既然已同意投保,那么在涉及该车的理赔事宜时,保险公司如将投保起重机的被保险范围限定在公共道路上行驶,并据此拒绝理赔,显然有违诚实信用原则,且严重违背交强险制度设立宗旨,有损投保人及受害人合法权益。《道路交通安全法》第77条规定:"车辆在道路以外通行时发生的事故,公安机关交通管理部门接到报案的,参照本法有关规定办理。"《机动车交通事故责任强制保险条例》第43条规定:"机动车在道路以外的地方通行时发生事故,造成人身伤亡、财产损失的赔偿,比照适用本条例。"根据上述法律、法规规定,本案投保车辆在厂区内发生事故与通常意义上的交通事故并无本质区别,即使交警部门未出具道路交通事故认定书认为该起事故为道路交通事故,亦应同样予以救济保障,比照《机动车交通事故责任强制保险条例》规定予以赔偿,并认定涉案事故属交强险保险范围。判决保险公司支付交强险保险金11万余元。④2010年广东某保险合同纠纷案,2008年,梁某投保起重机在为科技公司吊装玻璃钢夹套罐过程中,因钢绳后面连接断裂,造成该玻璃钢夹套罐掉下并损坏,梁某按保险公司理算向科技公司赔偿5万元后,保险公司以被吊装物品属于被保险人雇用人员控制财产构成特种设备责任保险免赔范围为由拒赔致诉。法院认为:本案投保的特种吊装车辆在保险期间进行吊装作业过程中,因钢绳后面连接断裂造成吊装物损坏,此事故符合保险合同约定的承保事由,事发后梁某亦及时通知保险公司出险并与科技公司协商赔偿事宜。保险公司后发出告知函,对该案赔款进行了理算,梁某随后向科技公司赔偿了5万元,故保险公司应向梁某支付保险金5万元。本案特种吊装车辆在科技公司厂内吊装物品,是操作过程中必经程序,不能理解为被吊装物品属于被保险人雇用人员控制财产。保险公司称"本案受损财物当时已在被保险人雇佣人员控制范围之内,符合《特种设备责任保险条款》第9条规定,故不属于保险责任范围"之辩称,不能成立。判决保险公司给付梁某保险金5万元。⑤2011年河南某交通事故责任纠纷案,2011年4月,闫某驾车与王某驾驶的警车相撞,造成王某及车上人员蔡某受伤,交警认定闫某未避让执行紧急任务的警车,负全责。法院认为:闫某驾驶机动车未避让执行紧急任务的警车,是形成事故的全部原因,应承担事故的全部责任,法院对此予以确认。据此闫某对于此次事故的发生存在过错,就交强险责任限额之外的部分,闫某应承担全部赔偿责任。

**【同类案件处理要旨】**

享有优先通行权的特种车辆在执行紧急任务时,应当尽到注意义务,并使用警报器、标志灯具以警示其他道路交通参与者。特种车辆未尽注意义务,对事故发生存在一定过错的,不能免除其事故责任。

**【相关案件实务要点】**

1.【注意义务】特种车辆优先通行权只是赋予优先权人优先于他人通行的权利,而不是在通行方法上免除其应当承担的义务,如果忽视了自己应尽的注意义务,仍然要承担责任。案见福建厦门湖里区法院(2009)湖民初字第165号"某急救中心诉詹某等财产损害赔偿案"。

2.【避让义务】机动车驾驶员未避让执行紧急任务的警车,是形成事故的全部原因,应承担事故的全部责任。案见河南新郑法院(2011)新民初字第1898号"王某等诉某保险公司机动车交通事故责任纠纷案"。

**【附注】**

参考案例索引:福建厦门湖里区法院(2009)湖民初字第165号"某急救中心诉詹某等财产损害赔偿案",见《厦门市医疗急救中心诉詹明亮、厦门联亿汽车运输有限公司财产损害赔偿案》(胡林蓉、邓剑斌),载《中国审判案例要览》(2010民事:315)。①江苏苏州吴江区法院(2015)吴江商初字第1075号"张小川、张育楷与中国太平洋财产保险股份有限公司吴江中心支公司等保险合同纠纷案",该案生效判决以63.5万元的40%确定交强险及商业三责险全部赔偿额,"编后补评"予以纠正,但"此种处理方法在本案中不会造成不同结果"有误。见《特种车辆作业事故可在交强险内获赔》(戴顺娟),载《人民司法·案例》(201635:72)。②湖北武汉中院(2013)鄂武汉中民商终字第01115号"杨某与某保险公司保险合同纠纷案",见《施工车辆停在原地施工发生事故不属交强险赔付范围——湖北省武汉市中院判决杨传华诉人寿财险公司保险合同纠纷案》(易齐立),载《人民法院报·案例指导》(20140327:06)。③江苏扬州中院(2012)扬商终字第0228号"王某与某保险公司保险合同纠纷案",见《王恒生诉安邦财保公司非道路交通事故拒赔不当及无证车辆投保之理赔责任保险纠纷案》,载《江苏省高级人民法院公报》(201303/27:59)。④广东中山中院(2010)中中法民二终字第384号"梁某与某保险公司等保险合同纠纷案",见《梁忠贤等诉中国平安财产保险股份有限公司中山中心支公司保险合同案(免责条款)》(曾令生、刘运允),载《中国审判案例要览》(2011商:440)。⑤河南新郑法院(2011)新民初字第1898号"王某等诉某保险公司机动车交通事故责任纠纷案"。

# 特殊活动事故

## 21. 无偿搭乘的车主责任
### ——好意搭乘车，肇事车主赔？

【好意同乘】

【案情简介及争议焦点】

2001年11月，卢某无偿搭乘林某摩托车下班途中，与徐某驾驶的小客车相撞，致林某、卢某受伤，交警认定林某负全责。卢某诉请林某赔偿5万元。

争议焦点：1. 林某应否赔偿？2. 卢某有无责任？

【裁判要点】

1. **林某应当赔偿**。因林某过失行为致卢某损害，卢某要求林某赔偿医疗费、误工费、护理费、住院伙食补助费及残疾者生活补助费等于法有据。

2. **卢某自身过错**。卢某长期无偿搭乘林某的车辆上下班，将自身安全无条件交与林某，对此次事故的发生亦负有一定责任，其要求林某全额赔偿的理由不符合风险与利益共存的原则，故只对卢某赔偿请求部分支持（90%）。

【裁判依据或参考】

1. 法律规定。《民法典》（2021年1月1日）第1217条："非营运机动车发生交通事故造成无偿搭乘人损害，属于该机动车一方责任的，应当减轻其赔偿责任，但是机动车使用人有故意或者重大过失的除外。"《道路交通安全法》（2004年5月1日实施，2011年4月22日修正）第76条："机动车发生交通事故造成人身伤亡、财产损失的，由保险公司在机动车第三者责任强制保险责任限额范围内予以赔偿；不足的部分，按照下列规定承担赔偿责任：……"《侵权责任法》（2010年7月1日，2021年1月1日废止）第6条："行为人因过错侵害他人民事权益，应当承担侵权责任。根据法律规定推定行为人有过错，行为人不能证明自己没有过错的，应当承担侵权责任。"第26条："被侵权人对损害的发生也有过错的，可以减轻侵权人的责任。"《民法通则》（1987年1月1日，2021年1月1日废止）第106条："……公民、法人由于过错侵害国家的、集体的财产，侵害他人财产、人身的应当承担民事责任。"第131条："受害人对于损害的发生也有过错的，可以减轻侵害人的民事责任。"

**2. 司法解释。** 最高人民法院《关于适用〈中华人民共和国民法典〉时间效力的若干规定》(2021年1月1日　法释〔2020〕15号)第18条:"民法典施行前,因非营运机动车发生交通事故造成无偿搭乘人损害引起的民事纠纷案件,适用民法典第一千二百一十七条的规定。"最高人民法院《关于审理道路交通事故损害赔偿案件适用法律若干问题的解释》(2012年12月21日,2020年修改,2021年1月1日实施)第6条:"机动车试乘过程中发生交通事故造成试乘人损害,当事人请求提供试乘服务者承担赔偿责任的,人民法院应予支持。试乘人有过错的,应当减轻提供试乘服务者的赔偿责任。"

**3. 地方司法性文件。** 广东高院《关于审理机动车交通事故责任纠纷案件的指引》(2024年1月31日　粤高法发〔2024〕3号)第8条:"机动车试驾中发生交通事故造成损害,属于该机动车一方责任,当事人请求试驾人承担赔偿责任的,应予支持;提供试驾服务一方有过错的,承担相应的赔偿责任。"江西宜春中院《关于印发〈审理机动车交通事故责任纠纷案件的指导意见〉的通知》(2020年9月1日　宜中法〔2020〕34号)第25条:"机动车试乘过程中发生交通事故造成第三人损害的,由试乘服务提供者承担赔偿责任。机动车试乘过程中发生交通事故造成试乘人损害的,由试乘服务提供者承担赔偿责任。试乘人有过错的,应适当减轻试乘服务提供者的赔偿责任。"辽宁沈阳中院《机动车交通事故责任纠纷案件审判实务问题解答》(2020年3月23日)第5条:"好意同乘法律责任如何认定?解答:无偿搭乘机动车发生交通事故造成搭乘人损害,被搭乘人有过错的,应承担适当的赔偿责任。搭乘人有过错的,应当减轻被搭乘人的责任。搭乘人明知机动车存在超载或酒后驾驶、未取得驾驶资格等情形的,搭乘人仍坚持搭乘的,应当认定存在'过错'。理由:现行法律对无偿搭乘机动车导致受伤情形,被搭乘人应否承担赔偿责任没有明确规定。无偿乘车人在学理上称为好意同乘者,是指交通事故中在遭受损害的机动车内的无偿乘车人,即所谓的搭乘便车。好意同乘责任是交通事故赔偿责任之一。有过错的被搭乘人对好意同乘者造成人身损害的,应适用侵权责任法的规定,在符合侵权赔偿责任构成要件时,应承担侵权的损害赔偿责任,具体而言,应承担道路交通事故的损害赔偿责任。被搭乘人不因乘车人是无偿乘车而免责。但是,考虑无偿乘车的特殊性和驾驶的无偿服务,被搭乘人承担责任的赔偿范围应当有所限制,赔偿项目不应包含精神损害抚慰金。"安徽合肥中院《关于道路交通事故损害赔偿案件的审判规程(试行)》(2019年3月18日)第21条:"【试乘、试驾服务方的责任】机动车试乘过程中发生交通事故造成试乘人损害,由提供试乘服务者承担赔偿责任,试乘人有过错的,应当减轻提供试乘服务者的赔偿责任;机动车试驾过程中发生交通事故造成他人损害,由试驾者承担赔偿责任,提供试驾服务者有过错的,承担相应的赔偿责任。"第 22 条:"【好意同乘、无偿搭乘机动车一方的责任】基于好意同意他人搭乘机动车,无偿搭乘人因该机动车发生道路交通事故受到损害的,应当酌情减轻机动车一方的赔偿责任,但有下列情形之一的除外:(1)机动车方基于经营目的提供无偿搭乘的(如售楼处提供的免费看房车、超市提供的免费交通车等);(2)受害人按照规定免票乘车的。"江西上饶中院《关于机动车交通事故责任纠纷案件的指导意见(试行)》(2019 年 3 月 12 日)第 3 条:"……(八)在'好意同乘'(指无偿搭载,如搭顺风车等)情形下,机动车发生道路交通事故造成本车无偿搭乘者损害的,应适当减轻本车赔偿义务人对搭车人的损害赔偿责任,但本车驾驶人有重大过错的除外。无偿搭乘者有过错的,应相应减轻本车赔偿义务人的责任。"安徽淮北中院《关于审理道路交通事故损害赔偿案件若干问题的会议纪要》(2018 年)第 3 条:"其他需要规范的法律问题……(十三)无偿搭乘的责任承担。无偿搭乘机动车发生交通事故造成搭乘人损害的,可以适当减轻被搭乘方的赔偿责任,被搭乘方有重大过错的除外。无偿搭乘人有过错的,应当减轻被搭乘方的赔偿责任。被搭乘方以营利为目的提供无偿搭乘(免费看房、超市免费班车、按照相关规定享受免费乘车待遇等情形),造成乘客损害的,不适用本条规定。"广东惠州中院《关于审理机动车交通事故责任纠纷案件的裁判指引》(2017 年 12 月 16 日)第 47 条:"好意同乘者因交通事故导致人身损害,侵权责任人有过错的,应当承担相应的损害赔偿责任。好意同乘者也有过错的,可减轻侵权责任人的责任,如明知驾驶员无证或者酒驾或者其不带头盔等情形。"天津高院《关于印发〈机动车交通事故责任纠纷案件审理指南〉的通知》(2017 年 1 月 20 日 津高法〔2017〕14 号)第 3 条:"……机动车试乘过程中发生交通事故造成第三人损害的,由试乘服务提供者承担赔偿责任。机动车试乘过程中发生的交通事故造成试乘人损害的,由试乘服务提供者承担赔偿责任;试乘人有过错的,应适当减轻试乘服务提供者的赔偿责任。"上海高院民一庭《全市法院民事审判工作庭长例会》(《上海审判规则》2016 年第 1 期)第 3 条:"'好意同乘'案件中,驾驶员对搭乘人的赔偿责任。驾驶员出于好意让他人乘坐自己的车,发生交通事故,驾驶员负事故全责,驾驶员应否对被伤害的搭乘人员承担赔偿责任?倾向性意见认为,好意同乘中,车辆驾驶人一经允诺同乘者搭乘,即负有将同乘者安全送达目的地的义务。同乘者请求搭乘,并不意味着同乘者自愿承担风险,也不意味着赋予了驾驶人免责的权利。所以对于车辆驾驶人而言,其行为的无偿性不可以作为免责的事由。但考虑到搭乘是因车辆驾驶人好意施惠,如仅是一般过失而让驾驶人承担全部的赔偿责任,不仅有违善良风俗,也有失公允。故在好意同乘中,如果事故的发生是由于第三方的过错造成的,则应当由第三方承担赔偿责任;如果事故的发生是由驾驶人的过错造成的,并且这种过错属于一般过失的,可以适当减轻驾驶人的责任;如果驾驶人的过错属于重大过失甚至是故意的,一般不应当减轻驾驶人的责任;如果损害后果的产生,搭乘人自己有过错的,可以在过错范围内减轻驾驶人的责任。"安徽淮南中院《关于审理机动车交通事故责任纠纷案件若干问题的指导意见》(2014年4月24日)第6条:"无偿搭乘他人机动车,因该机动车发生道路交通事故受到损害的,应当酌情减轻机动车方的赔偿责任,机动车方承担的责任比例不得低于50%。但以下情形不应视为无偿搭乘:(一)机动车方基于经营目的提供无偿搭乘的(如售楼处提供的免费看房车、超市提供的免费交通车等);(二)受害人按照规定免票的。"新疆高院《关于印发〈关于审理道路交通事故损害赔偿案件若干问题的指导意见(试行)〉的通知》(2011年9月29日 新高法〔2011〕155号)第18条:"机动车发生交通事故造成本车好意同乘者损害,不能免除机动车一方的赔偿责任,但可以适当减轻责任,搭乘者有过错的,应当减轻机动车一方的赔偿责任。"江苏南通中院《关于处理交通事故损害赔偿案件中有关问题的座谈纪要》(2011年6月1日 通中法〔2011〕85号)第14条:"无偿搭乘他人机动车,因该机动车发生交通事故受到损害的,应当酌情减轻机动车方的赔偿责任。但基于经营目的提供无偿搭乘以及受害人按照规定免票的除外。"安徽宣城中院《关于审理道路交通事故赔偿案件若干问题的意见(试行)》(2011年4月)第20条:"无偿搭乘他人车辆发生交通事故造成搭乘人损害的,应当酌情减轻机动车方的赔偿责任。但有下列情形之一的除外:(一)机动车方基于经营目的提供无偿搭乘的;(二)受害人按规定免票的。"江西鹰潭中院《关于审理道路交通事故损害赔偿纠纷案件的指导意见》(2011年1月1日 鹰中法〔2011〕143号)第10条:"机动车发生交通事故,造成本车无偿搭乘者损害的,应适当减轻本车赔偿义务人的赔偿责任,但本车驾驶人有重大过错的除外。无偿搭乘者有过错的,应相应减轻本车赔偿义务人的责任。"山东淄博中院民三庭《关于审理道路交通事故损害赔偿案件若干问题的指导意见》(2011年1月1日)第14条:"因交通事故导致好意搭乘人损害的,车辆所有人或车辆实际控制人应依据其过错承担损害赔偿责任。好意搭乘人自身有过错的,可以减轻侵权人的赔偿责任。"江苏高院民一庭《侵权损害赔偿案件审理指南》(2011年)第7条:"道路交通事故责任……9.好意施乘的责任。私人之间免费搭乘机动车发生交通事故造成搭乘人损害,超出机动车第三者责任强制保险责任限额之外的部分,属于搭乘一方机动车责任的,可以适当减轻对搭乘人的赔偿责任,无偿搭乘者的行为并不意味着其甘愿冒一切风险。"安徽六安中院《关于印发〈审理道路交通事故人身损害赔偿案件若干问题的意见〉的通知》(2010年12月7日 六中法〔2010〕166号)第8条:"非基于经营目的无偿搭载他人并因交通事故致无偿搭乘人损害的,可以酌情减轻机动车方的赔偿责任。"江苏常州中院《关于道路交通事故损害赔偿案件的处理意见》(2010年10月13日 常中法〔2010〕104号)第1条:"……(18)车辆所有人或实际控制人邀请或允许他人无偿搭乘车辆,发生交通事故造成搭乘人人身损害的,车辆所有人或实际控制人有过错的,应承担赔偿责任。但可以减轻车辆所有人或实际控制人的赔偿责任……"河南郑州中院《审理交通事故损害赔偿案件指导意见》(2010年8月20日 郑中法〔2010〕120号)第22条:"无偿搭乘他人车辆发生交通事故造成搭乘人员损害的,驾驶人员应承担相应的责任。驾驶人无过错的,不承担赔偿责任,但可酌情予以补偿;驾驶人有过错的,可适当减轻赔偿责任。"浙江高院民一庭《关于审理道路交通事故损害赔偿纠纷案件若干问题的意见(试行)》(2010年7月1日)第18条:"机动车发生道路交通事故,造成本车无偿搭乘者损害的,应适当减轻本车赔偿义务人的赔偿责任,但本车驾驶人有重大过错的除外。无偿搭乘者有过错的,应相应减轻本车赔偿义务人的赔偿责任。"北京高院民一庭《关于道路交通损害赔偿案件的疑难问题》(2010年4月9日)第2条:"……关于搭乘机动车情形的在以往的研讨中,形成三种意见。第一种意见认为,乘车人有偿搭乘他人的机动车,发生交通事故造成损害的,车辆提供者应当承担损害赔偿责任。乘车人无偿搭乘他人的机动车,发生交通事故造成损害的,车辆提供者应当给予适当的补偿。第二种意见认为:乘车人有偿搭乘他人的机动车,发生交通事故造成损害的,车辆提供者应当承担损害赔偿责任。乘车人无偿搭乘他人的机动车,发生交通事故造成损害的,车辆提供者也应当承担相应的损害赔偿责任。第三种意见认为:乘车人搭乘他人的机动车,发生交通事故造成损害的,车辆提供者应当承担损害赔偿责任。在此次调研中,有法院提出,'好意同乘'是指机动车一方无偿允许他人搭乘的情形。如果搭乘车辆在行使过程中发生交通事故,并导致搭乘人受伤害的,搭乘人能否要求本车一方承担赔偿责任。该院对该问题的认识存在分歧。有观点认为,尽管好意同乘中本车一方是无偿允许他人搭乘,而搭乘人进入机动车后,其人身、财产安全在一定程度上处于本车一方的控制下,因此本车一方仍应对搭车人的安全负有注意义务。但由于无偿搭乘意味着搭乘人自愿接受一定的风险,因此搭乘行为本身就意味着利益共享,风险共担。故综合上述情况,如果本车一方在交通事故中仅有轻微过失,则搭乘人无权要求本车一方承担赔偿责任;如果本车一方存在故意或者重大过失,则搭乘人可要求本车一方承担赔偿责任。"江西南昌中院《关于审理道路交通事故人身损害赔偿纠纷案件的处理意见(试行)》(2010年2月1日)第34条:"好意同乘者因交通事故导致人身损害的,车辆所有人或控制人作为运行支配者和运行利益的归属者有过错的,承担相应损害赔偿责任。如好意同乘者也有过错的,可减轻车辆所有人或控制人的责任。"湖南长沙中院《关于道路交通事故人身损害赔偿纠纷案件的审理意见》(2010年)第一部分第1条:"……好意同乘(不包括强行同乘或有偿同乘)情形下,好意同乘者因交通事故导致人身损害的,所有人或控制人应当承担赔偿责任;如果好意同乘者有过错的,可减轻所有人或控制人的责任……"江苏南京中院民一庭《关于审理交通事故损害赔偿案件有关问题的指导意见》(2009年11月)第28条:"机动车所有人或控制人无偿邀请或允许搭乘的人因交通事故导致人身损害的,机动车所有人或控制人应承担赔偿责任。如果乘车人有过错的,可减轻机动车所有人或控制人的责任。"安徽合肥中院民一庭《关于审理道路交通事故损害赔偿案件适用法律若干问题的指导意见》(2009年11月16日)第19条:"无偿搭乘他人机动车,因该机动车发生道路交通事故受到损害的,应当酌情减轻机动车方的赔偿责任。但有下列情形之一的除外:(一)机动车方基于经营目的提供无偿搭乘的(如售楼处提供的免费看房车、超市提供的免费交通车等);(二)受害人按照规定免票的。"云南高院《关于审理人身损害赔偿案件若干问题的会议纪要》(2009年8月1日)第2条:"……在好意同乘造成损害的情况下,应适当减轻提供搭乘人的责任。"广东佛山中院《关于审理道路交通事故损害赔偿案件的指导意见》(2009年4月8日)第25条:"无偿搭乘他人机动车,因该机动车发生道路交通事故受到损害的,车辆登记所有人或者车辆实际支配人应当承担赔偿责任,但乘车人有过错的,应当酌情减轻机动车方的赔偿责任。但有下列情形之一的除外:(一)机动车方基于经营目的提供无偿搭乘的;(二)受害人按照规定免票的。"辽宁大连中院《当前民事审判(一庭)中一些具体问题的理解与认识》(2008年12月5日 大中法〔2008〕17号)第28条:"……无偿搭乘他人机动车(好意同乘),因该机动车发生交通事故受到损害的应酌情减轻机动车一方的赔偿责任。但基于经营目的实施的无偿搭乘以及依法享受免票的,机动车一方应承担全部赔偿责任。"江苏宜兴法院《关于审理交通事故损害赔偿案件若干问题的意见》(2008年1月28日 宜法〔2008〕第7号)第3条:"为车辆驾驶人好意搭乘的人,因交通事故遭受人身损害、财产损失的,责任人应承担赔偿责任,但可酌情减轻10~20%的责任。乘车人有过错的,应在此基础上再相应减轻责任人的赔偿责任。"陕西高院《关于审理道路交通事故损害赔偿案件若干问题的指导意见(试行)》(2008年1月1日 陕高法〔2008〕258号)第19条:"无偿搭乘他人机动车,因该机动车发生道路交通事故受到损害的,应酌情减轻机动车一方的赔偿责任。但基于经营目的实施的无偿搭乘以及依法享受免票的除外。"重庆高院《关于审理道路交通事故损害赔偿案件适用法律若干问题的指导意见》(2006年11月1日)第24条:"无偿搭乘他人机动车,因该机动车发生道路交通事故受到损害的,应当酌情减轻机动车方的赔偿责任。但有下列情形之一的除外:(一)机动车方基于经营目的提供无偿搭乘的;(二)受害人按照规定免票的。"江西赣州中院《关于审理道路交通事故人身损害赔偿案件的指导性意见》(2006年6月9日)第19条:"机动车在运行中致免费搭乘人损害的,受害人可以请求机动车方承担赔偿责任。机动车方请求减轻责任的,可以适当减轻其赔偿责任。免费搭乘人有过错的,减轻机动车方的责任。"贵州高院、省公安厅《关于处理道路交通事故案件若干问题的指导意见(一)》(2006年5月1日)第25条:"无偿搭乘他人交通工具,发生交通事故造成损害的,提供交通工具的机动车一方应给予适当的赔偿。"山东高院《关于印发〈全省民事审判工作座谈会纪要〉的通知》(2005年11月23日 鲁高法〔2005〕201号)第3条:"……关于交通事故损害赔偿责任主体的确定问题。道路交通损害赔偿案件是一类特殊的侵权案件,根据最高人民法院有关司法解释的精神,其责任主体一般应根据对机动车运行支配权与运行利益的归属来确定……对于经机动车驾驶人同意,无偿搭乘他人机动车且在交通事故中遭受损害的,由驾驶人依其过错承担相应的赔偿责任。"吉林高院《关于印发〈关于审理道路交通事故损害赔偿案件若干问题的会议纪要〉的通知》(2003年7月25日 吉高法〔2003〕61号)第42条:"有偿搭乘他人的机动车,发生道路交通事故造成损害的,机动车一方应当承担民事责任。经营运人或其工作人员同意无偿搭乘客运机动车,发生交通事故造成搭乘人损害的,适用前款规定。无偿搭乘他人的非客运机动车发生道路交通事故造成损害,肇事对方无赔偿责任或无赔偿能力的,机动车一方可以给予适当的补偿。"内蒙古高院《全区法院交通肇事损害赔偿案件审判实务研讨会会议纪要》(2002年2月)第15条:"发生交通事故造成好意同乘者损害的,原则上不能免除驾驶员的责任,但好意同乘者具有过错或为好意同乘者的利益服务的,应当酌情减轻或免除驾驶员的责任。好意同乘者是指无偿搭乘他人车辆或无偿利用他人车辆运载自己货物的人。"河南高院《关于审理道路交通事故损害赔偿案件若干问题的意见》(1997年1月1日 豫高法〔1997〕78号)第40条:"无偿乘坐他人车辆,在无偿搭乘他人车辆期间,因交通事故受到损害,如能证明其搭乘经车辆驾驶员或车辆所有人同意,应比照客运车辆发生道路交通事故致乘客遭受损害的情形酌情处理。"广东高院、省公安厅《关于处理道路交通事故案件若干具体问题的通知》(1996年7月13日 粤高法发〔1996〕15号 2021年1月1日起被粤高法〔2020〕132号文废止)第9条:"负有交通事故责任的机动车一方对无偿乘车人造成的损害,应负赔偿责任。"

**4. 最高人民法院审判业务意见。**●"好意同乘"发生交通事故责任如何认定?最高人民法院民一庭倾向性意见:"依据《中华人民共和国民法通则》第119条的规定,侵害公民身体造成伤害的,应当赔偿医疗费、因误工减少的收入、残废者生活补助费等费用;造成死亡的,并应当支付丧葬费、死者生前扶养的人必要的生活费等费用。驾驶者应当对好意同乘者承担责任。好意同乘者无偿搭乘的行为并不意味着其甘愿冒一切风险。驾驶者对于好意同乘者的注意义务并不因为有偿与无偿而加以区分。对于驾驶者同样适用无过错责任。搭乘者有过错的,应减轻驾驶者的民事责任;搭乘者无过错的,可以适当酌情减轻驾驶者的民事责任,但是对于精神损害赔偿法院不应予以支持。"○免费乘搭机动车导致受伤,乘车人可否请求有过错的机动车驾驶员赔偿？最高人民法院民一庭《民事审判实务问答》编写组："无偿乘车人在学理上称为好意同乘者,是指交通事故中在遭受损害的机动车内的无偿乘车人,即所谓的搭便车。好意同乘者责任是道路交通事故赔偿责任的处理规则之一。有过错的驾驶员对好意同乘者造成人身损害的,应适用侵权法律的规定,在符合侵权损害赔偿责任构成要件时,应承担侵权的损害赔偿责任,具体而言,应承担道路交通事故的损害赔偿责任。驾驶员不因乘车人是无偿乘车而免责。但是,考虑无偿乘车的特殊性和驾驶员的无偿服务,驾驶员承担责任的赔偿范围应有所限制,与一般的人身损害赔偿范围有区别,赔偿项目不应包括精神损害抚慰金,除精神损害抚慰金的其他赔偿项目在造成损失的情况下均应予赔偿。"

**5. 参考案例。**①2016年贵州某交通事故纠纷案,2013年,罗某无偿搭乘杨某、韩某等人去参加婚礼,之前,李某也临时随杨某乘车同行,导致车辆超载。途中发生单方交通事故,造成韩某一级伤残。交警认定罗某全责。法院认为:无偿搭乘情形,人身、财产受到损害的乘客可依过错责任要求提供无偿搭乘的机动车一方承担责任,但提供无偿搭乘者无故意或明显重大过失时,可适当减轻其赔偿责任。同行无偿搭乘人员增加或提高了交通事故发生时风险,且该风险是导致交通事故损害后果原因之一的,同行无偿搭乘人员亦应承担相应赔偿责任。本案中,交警部门已认定罗某对此次交通事故发生承担全部责任,故其应承担相应侵权赔偿责任。在机动车交通事故中,只有车内乘客有过错时,才应根据过错程度适当减轻机动车一方赔偿责任,无偿提供车辆并运送到指定地点这一事实并不能单独成为减轻机动车驾驶人赔偿责任事由,这一制度安排,除考虑到机动车作为高速运输工具所具有高度危险外,亦有促使机动车驾驶人最大限度尽到谨慎、安全驾驶义务的考量。同时,由于罗某是基于朋友关系而善意提供车辆,并无偿运送韩某等人往返目的地,且罗某在驾驶过程中亦无醉酒、飙车、明知机件故障而驾驶等明显重大过失,为鼓励社会互助,维护善良风俗,可在罗某所需承担赔偿责任范围内适当减轻其赔偿责任。罗某操作不当是导致韩某受伤这一损害后果直接原因,而杨某未明确拒绝李某搭车请求造成车辆超载则是导致损害后果另一原因,两个原因相互结合才致使损害后果达到如此严重程度,故杨某在本次交通事故中亦存在一定过错,亦应承担相应赔偿责任。判决保险公司在车上人员责任险限额范围内向韩某支付保险赔偿款,就韩某人身损失费,罗某承担80%赔偿责任,杨某承担20%赔偿责任,在罗某承担责任范围内,又减轻其25%责任。②2016年江苏某交通事故纠纷案,2016年,茅某驾驶机电公司车辆与李某所驾投保车辆相撞,致茅某车上无偿搭乘的王某死亡及其他人受伤。交警认定李某、茅某分负主、次责任。王某近亲属诉请赔偿。法院认为:由于本起交通事故致多人受伤,故保险公司应在交强险及商业三责险限额内预留部分份额以赔偿其他人,对于超出交强险赔偿限额部分,由李某、茅某按责任比例分别承担70%、30%赔偿责任,机电公司与茅某承担连带责任。好意同乘属情谊行为,驾驶人与同乘人并未设定法律上权利义务关系,应由道德规范来调整。好意同乘是我国社会乐于助人良好社会道德风尚的具体体现,其核心要素是车辆供乘者不以牟利为目的,而是旨在为他人提供帮助。虽然好意同乘本身系一种不受法律调整的情谊行为,但搭乘者无偿或以较小成本乘坐他人车辆并不意味着其甘愿冒一切风险,车辆供乘人因邀请或允许他人搭乘的情谊行为履行而负有保障搭乘者人身和财产安全的安全注意义务。在好意同乘中发生交通事故,造成搭乘人损害情形下,好意同乘行为就转变为侵权行为,车辆驾驶人应对其过错承担法律责任。鉴于该侵权事实系发生在情谊行为过程中,基于鼓励助人为乐、相互帮助的公序良俗,可根据案件具体情况,酌情减轻车辆驾驶人对搭乘者的赔偿责任。本案中,王某等人无偿搭乘茅某所驾驶车辆肇事,应适当减轻茅某赔偿责任,法院综合全案案情,酌定减轻茅某责任比例以5%为宜。最高人民法院《关于审理道路交通事故损害赔偿案件适用法律若干问题的解释》第13条规定,多辆机动车发生交通事故造成第三人损害,当事人请求多个侵权人承担赔偿责任的,人民法院应当区分不同情况,依据侵权责任法第十条、第十一条或者第十二条的规定,确定侵权人承担连带责任或者按份责任。《侵权责任法》第10条系关于共同危险行为规定,第11条系关于虽分别实施侵权行为但都能造成全部损害时承担连带责任的规定。本案李某与茅某各自驾驶机动车,两车相撞致损害结果发生,交警部门对事故责任已作出明确划分,故应适用《侵权责任法》第12条规定,据此,李某与茅某应各自承担相应责任,即按份而非连带责任。判决受害人损失67万余元,由保险公司赔偿交强险6万元后,余款61万元,由李某赔偿70%即42万余元,其中保险公司在商业三责险范围内赔偿30万元,李某赔偿12万余元,茅某与机电公司连带赔偿25%即15万余元。③2015年江苏某交通事故纠纷案,2014年,周某酒后驾车送娱乐会所服务员陈某回家,中途抛锚,陈某寻求救援时溺水身亡。法院认为:周某与陈某之间并无法定或约定权利义务关系,周某驾车送陈某回住处行为系无偿好意施惠行为。陈某死亡并非周某好意施惠行为所致,而系陈某自行离开车辆寻求救援过程中不幸溺水死亡。虽然周某饮酒后驾车行为存在明显过错,但该过错行为与陈某死亡之间无直接因果关系,故李某要求周某按过错承担全部赔偿责任缺乏事实和法律依据。鉴于陈某离开车辆寻求救援行为系出于陈某和周某共同利益,此情形下周某处于受益人地位,陈某在为双方共同利益进行活动过程中遭受人身损害,周某应给予陈某一定经济补偿。李某举证能证明陈某生前已在城市连续居住一年以上,且不以农业收入作为主要生活来源,故本案应按城镇居民标准进行补偿。判决周某补偿李某26万元。④2014年广东某保险合同纠纷案,2011年,陈某搭载李某等4人途中肇事,交警认定陈某无责。陈某请求保险公司赔付车上人员险2万余元时,保险公司以保险合同中约定免责条款"保险车辆方无事故责任的,保险人不承担赔偿责任"为由拒赔。法院认为:双方在保险合同中约定免责条款"保险车辆方无事故责任的,保险人不承担赔偿责任"。因保险公司未能举证证明其就该条款曾履行过提示及明确说明义务,故该条款未生效。保险人承担保险责任前提是保险事故成就。车上人员险是一种责任保险,该种保险标的为被保险人因交通意外而可能对车上人员所负担的民事赔偿责任。本案陈某搭载李某等人行为法理上属好意施惠行为。由于陈某对涉案事故发生并无过错,亦不负事故责任,作为好意施惠者的陈某对李某等人依法不应承担赔偿责任。据此表明,<u>陈某所投保车上人员责任险并不成就</u>,故保险公司无须对陈某好意施惠行为承担保险赔偿责任,判决驳回陈某诉请。⑤2013年天津某交通事故纠纷案,2013年,肖某无偿搭乘苏某驾驶车辆,因发生单方事故致二人死亡。交警认定苏某全责。肖某近亲属诉请苏某近亲属赔偿。法院认为:本案现有证据不能推翻交警所作事故认定书认定事实。在确定责任承担上,因本案系好意同乘情形,考虑到权利义务平衡及鼓励好意施惠行为因素,<u>应酌情减轻责任人赔偿责任,并对原告方精神损害赔偿请求不予支持</u>。判决被告方赔偿原告方死亡赔偿金、丧葬费80%共计34万余元。⑥2011年四川某生命权纠纷案,2010年,石某驾驶谢某车辆长途运输过程中,搭乘邓某期间,<u>谢某与邓某共同饮酒后,因邓某在高速公路上中途下车呕吐后拒绝上车,石某、谢某驾车离去。后邓某醉酒在高速路上被撞身亡</u>。法院认为:谢某作为事实车主,同意邓某搭乘后,在车辆行进中不注意安全,与邓某共同饮酒,并任由酒后处于非正常状态的邓某滞留高速公路,以致邓某被撞身亡。<u>谢某基于同行组织者身份及高速公路特定环境,其应对邓某负有同行关照等义务,醉酒导致其不能履行相应义务,依《侵权责任法》第33条第2款规定,应承担相应赔偿责任</u>。石某作为驾驶员,在谢某、邓某均处于醉酒状态尤其邓某失去自控拒绝上车时,<u>未采取有效措施将其带上车,亦未报警</u>,对邓某死亡负有过错,应承担相应责任。谢某、石某共同行为造成邓某死亡,对损害应承担连带赔偿责任。邓某作为受害人对损害发生有过错,依《侵权责任法》第26条规定,可减轻侵权人赔偿责任。斟酌各方过错程度、原因力比例,对本案所生损害,判决谢某、石某分别承担35%、25%即14万余元、10万余元赔偿责任,谢某、石某对前述赔偿承担连带责任。⑦2010年重庆某交通事故损害赔偿案,2009年,张某与秦某等10人饮酒后搭乘秦某驾驶的轿车肇事,张某死亡。法院认为:张某作为完全民事行为能力人,在与秦某一同饮酒后,明知秦某酒后驾驶超载车辆,在乘车极具风险的情况下,既未进行劝阻,更未拒乘,对可能出现的风险采取放任态度,故张某存在重大过错。尽管秦某被交警部门认定应负事故全责,但因张某存在重大过失,结合秦某驾车是友人同行,并未谋利的实际情况,故应适当减轻秦某责任。事故责任与损害赔偿责任既有紧密联系,也有区别。对事故发生虽无责任,但对损害有过错的,同样适用过失相抵原则,减轻侵权人责任。根据本案情况,应由侵权人承担事故80%的责任,张某承担20%为宜。⑧2010年**北京某交通事故损害赔偿案**,2010年2月,董某无偿搭乘张某驾驶的车辆回家过节途中,因车辆与路边护栏相撞致董某10级伤残,交警认定张某全责。法院认为:董某请求搭乘张某车辆,张某予以同意,则张某在驾驶车辆过程中即对董某负有注意义务。张某因过失致董某受伤,应承担赔偿责任。鉴于董某乘车期间未系好安全带,其自身对损失发生亦有过错,且张某的搭载系出于友情的无偿行为,考虑到两种情节,应减轻张某所负责任,判决张某赔偿董某4万余元。⑨2009年**河南某交通事故损害赔偿案**,2005年,郭某同堂兄郭来某、好友王某饮酒后,驾驶从水泥公司购买的轿车肇事致郭某及乘车人郭来某、王某死亡。交警认定郭某负全责,乘车人无责。法院认为:郭某酒后驾车致郭来某死亡,郭某妻应在继承郭某遗产范围内承担赔偿责任。水泥公司已将该车卖给郭某,虽未办过户,但该车被郭某实际占有、使用、收益,水泥公司无权控制、指挥该车,故不应承担赔偿责任。搭乘人郭来某明知郭某已饮酒,而未阻止其开车并乘坐该车,虽交警认定郭某负全责,但该事故认定书只是对该事故发生过程责任的认定,故郭来某对事故发生也应承担一定责任。双方责任比例按6:4划分为宜。⑩2008年**黑龙江某交通事故损害赔偿案**,2007年4月,张某将机动车交给无驾驶证的李某驾驶时与吕某驾驶的机动车碰撞,造成李某及李某车上乘客王某死亡,交警认定吕某与李某负同等责任。王某近亲属起诉吕某、李某妻、张某同时,将同时搭乘李某车的车某、光某作共同被告。法院认为:吕某、李某违反道路交通法规导致事故发生,并负同等责任,应承担事故赔偿责任。李某系为大家利益,同时亦为完成车主利益,应减轻其赔偿责任。因李某死亡,其妻应在继承遗产范围内承担相应的责任。张某作为车主应自行完成任务,其将机动车交给无驾驶资格的李某驾驶,主观上有一定过错,故应承担相应的民事赔偿责任。因其过错与本案交通事故的发生无直接因果关系,故张某与吕某不构成共同侵权,二者不应承担连带责任。搭乘人车某、光某作为受益人亦应承担补充赔偿责任。判决7万余元赔偿款,由吕某承担50%,张某赔偿20%,李某妻在遗产范围内赔偿10%,所有搭乘人各补偿5%计3900余元。⑪2007年**福建某交通事故损害赔偿案**,2006年,车主黄某所雇司机邹某驾车免费搭乘郑某时违章侧翻致郑某伤。法院认为:郑某在邹某允许下免费搭乘,双方形成好意同乘关系。好意同乘不能成为驾驶员或车主免责或减轻责任的根据,即使是好意同乘,机动车驾驶员仍负有高度安全注意义务,不能因为免费搭载而置好意同乘者生命于不顾。本事故系邹某违章造成,与免费搭乘并无因果关系,故不能减免责任。邹某从事雇佣活动中致人损害,故雇主黄某依法应承担赔偿责任。邹某违章致事故发生,存在重大过失,应与雇主承担连带赔偿责任。⑫**2007年新疆某交通事故损害赔偿案**,2006年5月,孙某找胡某开着运输公司车办事,请胡某喝酒后搭乘办事途中,与李某驾驶的挂靠在商贸公司名下车相撞,交警认定李某与胡某负同等责任。法院认为:胡某与李某驾驶车辆造成交通事故致孙某人身损害,因胡某与李某被认定负交通事故的同等责任,故应对孙某人身损害各承担50%赔偿责任。孙某明知胡某酒后驾车,其仍然乘坐,自身具有一定责任,故可减轻胡某的赔偿责任。综合全案情况,应由胡某承担35%的赔偿责任。胡某虽为运输公司职员,但其非为履行职务而驾驶车辆肇事,故运输公司不承担民事赔偿责任。商贸公司作为肇事车挂靠单位,具有运营利益,应在收取挂靠管理费范围内与李某承担连带赔偿责任。⑬**2001年广西某交通事故损害赔偿案**,1997年,锅炉公司司机张某驾驶的货车与李某驾驶公路局的车辆相撞,造成货车上无偿搭乘的石某骨折。交警认定张某负主要责任,李某负次要责任。法院认为:案涉事故造成石某受伤,应按共同认可的责任认定书赔偿。石某无偿搭乘张某货车,石某与张某之间不构成客运合同关系,为此不能按等价有偿的合同关系处理本案。锅炉公司是好意搭载,石某是无偿搭顺风车,是受益人,依公平原则,应减轻锅炉公司、司机的赔偿责任。

**【同类案件处理要旨】**

无偿搭乘他人机动车,因该机动车发生道路交通事故受到损害的,肇事方应承担侵权责任。一般情况下,好意同乘者应作为一般受害人得到赔偿,但应由法院斟酌具体情形,减少责任人的赔偿。基于经营目的实施的无偿搭乘以及依法享受免票的,机动车一方应承担全部赔偿责任。

**【相关案件实务要点】**

1.【法律关系】因好意同乘的运送人无受约束的意思表示,故非属合同行为,不适用《合同法》关于客运合同规定;因同乘人已明确作出搭乘的意思表示,故非属事实行为,不适用无因管理的规定。好意同乘属于好意施惠的情谊行为,因其系对人身权这一绝对权利的侵害,故属侵权法的调整范围。考虑运送人自行负担汽车成本无偿运送同乘人,出于公平考虑和对好意同乘行为的肯定,将其作为减轻责任的一种情形,对运送人所负的责任予以适当减轻。案见北京朝阳区法院(2010)朝民初字第28074号"董某诉张某交通事故损害赔偿案"。

2.【赔偿责任】交通肇事并不因好意同乘即免费搭乘的情谊行为而减免侵权赔偿之责。案见福建龙岩中院(2007)岩民终字第016号"郑某诉邹某等人身损害赔偿案"。

3.【过错责任】搭乘人与驾车人酒后好意同乘,发生交通事故的,驾车人应按过错责任归责原则进行赔偿,同时应认定搭乘人放任危险的发生,对造成交通事故也有一定的责任。案见河南南阳中院(2009)南民二终字第 909 号"郭某等诉某水泥公司人身损害赔偿案"。

4.【醉酒搭乘】乘车人明知司机醉酒仍予搭乘,视为其自愿承担交通事故风险,因交通事故造成损害的,该乘车人应自行承担部分责任。案见新疆乌鲁木齐中院(2007)乌中民一终字第 908 号"孙某诉胡某等人身损害赔偿案"。

5.【公平原则】无偿搭乘货车发生交通事故,给无偿乘车人造成损害,搭载人对交通事故负有过错责任,在这种情况下,根据公平原则,无偿乘车人应分担部分损失。案见广西梧州中院(2001)梧民再终字第 3 号"石某诉某锅炉公司等交通事故损害赔偿案"。

6.【无过错责任】在无过错情况下,受益人基于法律规定,在受益范围内对受害人给予适当补偿,适用无过错责任原则。案见黑龙江大庆中院(2008)庆民一终字第 313 号"李某等诉吕某等交通事故人身损害赔偿案"。

【附注】

参考案例索引:四川成都龙泉驿区法院(2002)龙泉民初字第 1057 号"卢某诉林某损害赔偿案",判决林某赔偿卢某损失的 90% 共计 4.8 万余元。见《卢元明诉林福春损害赔偿案》(廖文全),载《中国审判案例要览》(2003 民事:256)。①贵州遵义中院(2016)黔 03 民终 1368 号"韩某与杨某等交通事故纠纷案",见《无偿搭乘中的过错责任与风险分担——贵州遵义中院判决韩峰诉杨先亮等机动车交通事故责任纠纷案》(万亿),载《人民法院报·案例精选》(20160714:06)。②江苏南京玄武区法院(2016)苏 0102 民初 1002 号"钱某等与李某等机动车交通事故责任纠纷案",见《钱玉生、钱向东等诉李春军、茅伟等好意同乘机动车交通事故责任纠纷案》,载《江苏省高级人民法院公报》(201606/48:37)。③江苏苏州中院(2015)苏中民终字第 01295 号"李学仙与周桂华、张家港市航道管理处等交通事故责任纠纷案",见《施惠人非因故意或重大过失无需对好意施惠过程中发生的损害承担赔偿责任》(林扬操),载《人民司法·案例》(201635:45)。④广东广州中院(2014)穗中法金民终字第 742 号"陈某与某保险公司保险合同纠纷案",见《陈荣军诉中国平安财产保险股份有限公司广东分公司保险合同纠纷案——责任保险中保险事故成就的认定》(王灯、辛野),载《人民法院案例选》(201602/96:155)。⑤天津一中院(2013)一中民少终字第 61 号"李某等诉徐某等机动车交通事故责任纠纷案",见《李源等诉徐建等机动车交通事故责任纠纷案——机动车交通事故责任案件中证据的运用及好意同乘中民事责任的承担》(路诚),载《人民法院案例选》(201402/88:164)。⑥四川成都中院(2011)成少民终字第 253 号"邓某与某运输公司等生命权纠纷案",见《邓祥根、胡炳华等诉天宝汽车运输有限公司、谢清良、石明海生命权纠纷案——因好意施惠引发的不作为侵权的认定》(徐文波、黄承军),载《人民法院案例选》(201301/83:113)。⑦重庆五中院(2010)渝五中法民终字第845号"罗某等诉秦某交通事故损害赔偿案",法院判决秦某赔偿原告损失的80%共计33万余元。见《交通事故无责的一同饮酒乘坐人应担部分责任——重庆五中院判决罗开碧等诉秦联志交通事故人身损害赔偿案》(胡智勇、胡军),载《人民法院报·案例指导》(20100708:6)。⑧北京朝阳区法院(2010)朝民初字第28074号"董某诉张某交通事故损害赔偿案",见《董少华诉张速鹏道路交通事故人身损害赔偿案》(牛元元),载《中国法院2012年度案例:道路交通纠纷》(237)。⑨河南南阳中院(2009)南民二终字第909号"郭某等诉某水泥公司人身损害赔偿案",见《酒后好意同乘事故适用过错责任原则——河南南阳中院判决贾玉兰诉万基公司等交通事故赔偿案》(魏建国),载《人民法院报·案例指导》(20100429:6)。⑩黑龙江大庆中院(2008)庆民一终字第313号"李某等诉吕某等交通事故人身损害赔偿案",见《在交通事故中车主与乘车人如何承担责任——李国宝、李洪波、王守祥及牛桂霞诉吕川武、张成才、车万龙及李广生道路交通事故人身损害赔偿纠纷案》(刘波),载《人民法院案例选·月版》(200905:55)。⑪福建龙岩中院(2007)岩民终字第016号"郑某诉邹某等人身损害赔偿案",判决邹某与黄某连带赔偿郑某3万余元。见《好意同乘的定性分析及责任承担》(钟富胜、胡新),载《人民司法·案例》(200902:31)。⑫新疆乌鲁木齐中院(2007)乌中民一终字第908号"孙某诉胡某等人身损害赔偿案",判决孙某损失,由胡某承担35%,孙某承担15%,由李某赔偿50%,商贸公司在收取管理费范围内与李某承担连带责任。见《孙永青诉胡有磊等人身损害赔偿纠纷案》(杨善明),载《人民法院案例选》(200804:84)。⑬广西梧州中院(2001)梧民再终字第3号"石某诉某锅炉公司等交通事故损害赔偿案",一审判决张某、李某共同赔偿石某1.6万余元,其中,张某按90%比例赔偿,锅炉公司负连带垫付责任,李某按10%比例赔偿,公路局负连带垫付责任;二审改判锅炉公司赔偿石某6400余元,公路局赔偿1400余元,再审维持。见《梧州锅炉集团股份有限公司诉石家声等案》(廖克东、莫冬云),载《中国审判案例要览》(2002民事:362)。

**参考观点索引:**●"好意同乘"发生交通事故责任如何认定?见《"好意同乘"发生交通事故责任如何认定》(王毓莹),载《民事审判指导与参考·指导性案例》(200804:114)。○免费乘搭机动车导致受伤,乘车人可否请求有过错的机动车驾驶员赔偿?见《免费乘搭机动车导致受伤,乘车人可否请求有过错的机动车驾驶员赔偿?》,载《民事审判实务问答》(2008:119)。

## 22. 情谊活动中事故责任
### ——相约户外游,车祸共同担?

【情谊活动】

【案情简介及争议焦点】

2007年11月,苏某搭乘郑某车辆外出海钓,从驾车到钓鱼,将近20小时未睡觉,苏某轮换驾车夜间回程高速路上肇事,苏某亡。交警认定苏某负全责。

争议焦点:1.郑某有无责任?2.如何赔偿?

【裁判要点】

**1. 苏某负主要责任。** 苏某与郑某在共同实施出海钓鱼这一增进情谊的户外活动中,作为均具有一定驾驶经验的成年人,在当时双方均已长时间未休息、身体疲劳且夜间高速行车情况下,苏某仍执意在高速路上驾车,且未与前车保持安全距离,造成自身死亡的交通事故,故苏某对其自身死亡应承担主要责任。

**2. 郑某负次要责任。** 郑某作为唯一与苏某同车同行的人,在当时特定情况下,应谨慎提醒,或采取要求住宿、停车休息等相互保护措施,但其未尽到谨慎提醒和采取积极有效措施避免或减轻致害后果发生的义务,其不作为与事故发生之间存在相当因果关系,对苏某之死存在一定过错,应承担相应责任。

【裁判依据或参考】

**1. 法律规定。**《民法典》(2021年1月1日)第1165条:"行为人因过错侵害他人民事权益造成损害的,应当承担侵权责任。依照法律规定推定行为人有过错,其不能证明自己没有过错的,应当承担侵权责任。"第1166条:"行为人造成他人民事权益损害,不论行为人有无过错,法律规定应当承担侵权责任的,依照其规定。"第1167条:"侵权行为危及他人人身、财产安全的,被侵权人有权请求侵权人承担停止侵害、排除妨碍、消除危险等侵权责任。"第1173条:"被侵权人对同一损害的发生或者扩大有过错的,可以减轻侵权人的责任。"第1174条:"损害是因受害人故意造成的,行为人不承担责任。"第1176条:"自愿参加具有一定风险的文体活动,因其他参加者的行为受到损害的,受害人不得请求其他参加者承担侵权责任;但是,其他参加者对损害的发生有故意或者重大过失的除外。活动组织者的责任适用本法第一千一百九十八条至第一千二百零一条的规定。"《道路交通安全法》(2004年5月1日实施,2011年4月22日修正)第76条:"机动车发生交通事故造成人身伤亡、财产损失的,由保险公司在机动车第三者责任强制保险责任限额范围内予以赔偿;不足的部分,按照下列规定承担赔偿责任:……"《侵权责任法》(2010年7月1日,2021年1月1日废止)第6条:"行为人因过错侵害他人民事权益,应当承担侵权责任。根据法律规定推定行为人有过错,行为人不能证明自己没有过错的,应当承担侵权责任。"第24条:"受害人和行为人对损害的发生都没有过错的,可以根据实际情况,由双方分担损失。"第26条:"被侵权人对损害的发生也有过错的,可以减轻侵权人的责任。"《民法通则》(1987年1月1日,2021年1月1日废止)第106条:"……公民、法人由于过错侵害国家的、集体的财产,侵害他人财产、人身的应当承担民事责任。"第131条:"受害人对于损害的发生也有过错的,可以减轻侵害人的民事责任。"第132条:"当事人对造成损害都没有过错的,可以根据实际情况,由当事人分担民事责任。"

**2. 地方司法性文件。**河南周口中院《关于侵权责任法实施中若干问题的座谈会纪要》(2010年8月23日　周中法〔2010〕130号)第5条:"适用公平原则的前提是导致损害的发生,受害人和行为人双方在主观状态下都无过错,又没有法律规定无过错责任适用的情形,基于利益平衡和维持社会公德的价值判断,由双方合理分担损失,因公平原则是在不构成侵权责任的情况下,由法官根据实际情况确定损失分担,所以在实践中,应当对公平原则的适用严格掌握,避免该原则无限制的滥用……(5)适用侵权责任法第二十四条规定,确定双方分担损失的,在司法实践中主要有以下情形:第一,自发形成的体育、游戏等活动过程中,行为人致人损害,其与受害人都无过错的,由行为人给予受害人适当补偿;第二,没有谋取利益的旅游、登山、体育、游戏等活动的组织者,对活动过程中非人为因素受到损害的参加者,给予适当补偿;第三,共同活动过程中,各参加者之间互相照顾的道德义务,比如朋友聚会,其中一人喝醉后,其他人应当妥善照顾等……在考虑适用公平原则的损失额时,应仅限于直接物质损失,不包括间接物质损失,同时还要排除精神损害赔偿的适用。"

**3. 最高人民法院审判业务意见。**●**相约进行户外集体探险或自助游发生意外伤害事故应当如何承担民事责任?**最高人民法院民一庭意见:"当事人进行野外集体探险或者结伴自助游,各参加人系成年人,有完全民事行为能力,对野外集体探险或者结伴自助游具有一定风险应当明知。各参与者之间基于对风险的认识而产生结伴互助的依赖和信赖,具有临时互助团体的共同利益。尽管受害人的死亡属于意外身亡,参加野外集体探险或者结伴自助游的各当事人已尽必要的救助义务,主观上并无过错,但根据《民法通则》第132条'当事人对造成损害都没有过错的,可以根据实际情况,由当事人分担民事责任'以及《最高人民法院关于贯彻执行〈中华人民共和国民法通则〉若干问题的意见(试行)》第157条'当事人对造成损害均无过错,但一方是在为对方的利益或者共同的利益进行活动的过程中受到损害的,可以责令对方或者受益人给予一定的经济补偿'的规定,可由参加野外集体探险或者结伴自助游的各当事人分担民事责任,给予被上诉人以经济上的适当补偿。鉴于各当事人对损害结果均无过错,故其不应再承担精神损害赔偿责任。"

**4. 参考案例。**①2010年**河南某生命权、健康权、身体权纠纷案**,2010年5月,吴某与韩某联系,约定韩某作为季节工为其驾驶收割机收麦,工资总额为5000元。当日,韩某骑摩托车到冯某家,韩某在吴某家与吴某等4人饮用了啤酒。饭后,韩某驾驶摩托车回家,第二天被发现尸体,其摩托车与路边树木发生碰撞。经交警认定,系酒后驾驶肇事死亡。法院认为:韩某虽然是吴某在收麦期间所找的季节工,但其死亡不是因为从事劳务活动所致,故韩某死亡和其履行职务无关。吴某等4人作为共同饮酒人,在韩某饮酒时及酒后应尽到提醒、劝阻、照顾、护送和通知义务,但他们在明知韩某酒后需要驾驶摩托车回家的情况下,未对其进行劝阻、制止,亦未对其护送或通知其家人,违背了公序良俗的原则,在主观上对韩某的死亡存在一定的过错,应承担相应的赔偿责任。韩某作为完全民事行为能力人,对自己的行为有认知能力和控制能力,明知酒后驾驶摩托车存在一定的危险性,仍然酒后驾驶摩托车回家,对其死亡应承担主要责任,判决吴某等4人共同赔偿死者家属等经济损失2.5万余元。②2009年**江苏某交通事故损害赔偿案**,2007年,费某接朋友邓某告知后,到同为朋友的程某亡夫家吊唁,开车参加出殡回程中肇事,致自己及包括邓某在内的其他搭乘人受伤,交警认定费某负全责。费某花去医疗费12万余元,诉请程某和邓某负担40%人身损害赔偿。法院认为:费某到程某家奔丧、守灵及参加出殡活动,均属于<u>自愿的情谊行为,不应产生相应的法律后果</u>,即双方间不<u>因此形成具有法律约束力的某种权利义务关系,亦不成立帮工关系</u>。费某基于情谊行为导致损害后果发生,根据本案案情,可酌定由受益人即程某承担一定的补偿责任。邓某虽通知费某奔丧,但既未直接或具体指挥费某实施帮忙行为,又非受益人,其与费某之间不因通知而形成帮工关系,其搭乘费某车辆共同参加出殡,通常不作为帮工关系而是好意同乘,这种搭乘与允许同乘仍为情谊行为,相互之间不应产生具有权利义务内容的约束关系,判决程某补偿费某2万元。③2009年**上海某交通事故损害赔偿案**,2008年4月,王某与陈某等5人共同饮酒后,搭乘该5人醉驾肇事,王某身亡,交警认定王某全责。法院认为:王某作为完全民事行为能力人,应具有常人应具备的保护自身安全的意识和能力,根据自己酒量大小等实际情况适当饮酒,亦应知醉酒状态下驾车违反法律规定,但其依然醉酒驾车,将自己置于一种极其危险的状态,对事故发生应负主要责任。5 名乘员与王某一起喝酒、共同出行,因而产生了同伴之间相互照顾、保障彼此安全和防止危害结果发生的义务,但其明知王某系酒后驾车,非但未有效劝阻,反而同乘纵容,致使法律所保护的某种权利处于危险状态,故 5 名同伴未尽合理注意义务,主观上存在一定过错,且与王某死亡后果存在相当因果关系,应承担相应赔偿责任,判决各自承担原告损失的 5% 即 3.1 万余元。④2008 年浙江某交通事故损害赔偿案,2007 年 7 月,翦某驾驶摩托车,搭乘江某一起去钓鱼,与肖某无证驾驶的无牌电动自行车相撞致江某一项四级、二项八级伤残。交警认定肖某负主要责任,翦某、江某负次要责任。法院认为:交警部门认定在本次事故中肖某负主要责任、翦某负次要责任、江某负自身次要责任的事故责任结论合法得当。结合本案实际情况,本院判决宜由江某自行负担其事故合理损失的 30%,余下 70% 的事故合理损失由肖某负担其中 60%、翦某负担其中 40%。因江某与翦某系朋友,本次交通事故系两人一起钓鱼后江某搭乘翦某摩托车回家途中发生,本着善良风俗原则和本案实际情况,应相应减轻翦某的赔偿责任,判决翦某负担 13 万余元、翦某负担 19 万余元。⑤2006 年北京某交通事故损害赔偿案,2006 年 2 月,王某与蒋某等 7 人共同饮酒后,由崔某开车护送回家到楼下,王某自行下车,其他人各自乘车返回住所。第二天王某被发现酒后冻死在路边。法院认为:死者王某作为完全民事行为能力人,应对自己饮酒和饮酒后的行为负责。本案无证据证实各被告对王某有恶意劝酒行为,也无证据证实王某在饮酒时和下车后出现醉酒不能自理或发生其他危险情形,故各被告对王某无劝阻和照顾的法律义务。因饮酒与人被冻死无必然联系,故王某饮酒后冻死是各被告所不能预见的,应属意外事件,各被告人不应对无过错且不能预见的后果承担法律责任。原告要求被告承担王某死亡的过错赔偿责任不予支持。鉴于王某因饮酒冻死后原告确有损失发生,而各被告又表示愿意给原告一定的经济补偿,故法院酌定各被告给予原告适当的经济补偿,判决确认蒋某等自愿共同给付原告经济补偿金 6 万元。⑥2005 年江苏某交通事故损害赔偿案,2004 年,王某应邀到侯某家饮酒,同饮者还有其他 7 人,其中殷某等 2 人未饮酒。王某驾摩托车回家途中肇事死亡,交警认定王某酒后驾驶,负全责。法院认为:王某作为具有完全民事行为能力的摩托车驾驶员,自身应当能够预见酒后驾车的危险性,但其仍酒后驾车肇事致死,故应自负主要责任。侯某等 7 人作为请客吃饭的主人或共同饮酒者,明知酒后驾车存在危险,未能尽到提醒义务,存在过错,均应承担一定的民事赔偿责任,判决侯某等 7 人分别承担 1500 元到 5000 元不等的赔偿责任,并对全部赔偿 1.8 万元互负连带责任。⑦1999 年河南某交通事故损害赔偿案,1999 年 2 月,丁某开四轮车与尹某去镇里买货,途中发生交通事故,造成丁某被撞死、尹某被撞伤。肇事车辆逃逸。丁某近亲属认为尹某属于丁某雇主,雇主应承担责任。法院认为:丁某与尹某同去镇里,返回途中丁某遭车祸身亡,尹某也被撞伤。此次事故的发生尹某没有责任,主观上也没有过错。丁某是为与尹某将货物运到家这一共同利益而进行活动,丁某在此情况下遭遇意外死亡,尹某应适当给予原告经济补偿。原告主张是受尹某邀请,因未举证证明,故不予支持。尹某在事发当时虽有挪动丁某身体及卸四轮车头的行为,但主要是为了救助丁某及其自己,并非故意破坏现场,况且肇事车辆逃逸是本次交通事故不能侦破的主要原因。原告以尹某故意破坏现场为理由,要求尹某承担过错赔偿责任,理由不足,故不予支持,判决殷某补偿原告5000元。

**【同类案件处理要旨】**

当事人相约进行自驾游、钓鱼、爬山、探险等自助活动或共同饮酒的情谊活动过程中发生交通事故,共同行为人在特定情况下负有注意义务,包括可能导致损害后果的预见义务和为避免该后果发生而应采取积极措施的避免义务。同乘同伴或同行同伴未尽合理注意义务,主观上存在一定过错,且与交通事故损害后果存在相当因果关系,应承担相应赔偿责任。

**【相关案件实务要点】**

1.【自助活动同行者注意义务】好友相约自驾游、钓鱼、爬山、探险等自助活动的同行者在特定情况下负有注意义务,包括对可能导致损害后果的预见义务和为避免该后果发生而应采取积极措施的避免义务。案见福建厦门思明区法院(2008)思民初字第3510号"刘某等诉郑某交通事故损害赔偿案"。

2.【受益人补偿原则】情谊行为不成立帮工关系。因情谊行为导致的损害,可根据案情酌定受益人承担一定的补偿责任。案见江苏南京中院(2009)宁民一终字第14号"费某诉程某等人身损害赔偿案"。

3.【公平责任原则】当事人对造成的损害均无过错,但一方是在为对方的利益或者共同利益进行活动的过程中受到损害的,可以责令对方或受益人给予一定的经济补偿。案见河南鹿邑法院1999年10月9日判决"丁某诉尹某交通事故损害赔偿案"。

4.【共饮者注意义务】按照侵权法中的注意义务理论,共同饮酒者应对因共同饮酒引发的侵权行为承担一定的损害赔偿责任。案见江苏射阳法院(2005)射民一初字第326号"王某等诉侯某等人身损害赔偿案"。

5.【共饮者注意义务内容】共同饮酒后出现人身伤亡事件,如共同饮酒人未尽到提醒、劝阻、照顾、护送和通知义务,应对造成人身伤亡的饮酒人承担过错赔偿责任。案见河南遂平法院(2010)遂民初字第626号"吴某等诉吴凤某等侵权纠纷案"。

6.【酒后同乘过错责任】当事人一起饮酒、共同出行,因而产生了同伴之间相互照顾、保障彼此安全和防止危害结果发生的义务,但同伴明知行为人系酒后驾车,非但未有效劝阻,反而同乘纵容,致使法律所保护的某种权利处于危险状态,故应认定同乘同伴未尽合理注意义务,主观上存在一定过错,且与同伴死亡后果存在相当因果关系,应承担相应赔偿责任。案见上海金山区法院(2009)金民一(民)字第1681号"王某等诉陈某等交通事故损害赔偿案"。

7.【共饮者免责情形】只有因共同饮酒行为使他人发生特定的危险,其他共饮人才产生特定的义务,否则相互之间无法律上的权利义务关系。案见北京一中院(2006)一中清民初字第7号"王某等诉蒋某等人身损害赔偿案"。

【附注】

参考案例索引:福建厦门思明区法院(2008)思民初字第3510号"刘某等诉郑某交通事故损害赔偿案",判决郑某承担15%共计8.4万余元的赔偿责任。见《刘艳等诉郑文辉人身损害赔偿纠纷案》(戴建平),载《人民法院案例选》(200902:113)。①河南遂平法院(2010)遂民初字第626号"吴某等诉吴凤某等侵权纠纷案",见《共同饮酒造成人身伤亡应承担过错赔偿责任——河南遂平法院判决吴梅香等诉吴凤齐等侵犯生命权、健康权、身体权纠纷案》(曹国忠、李锋),载《人民法院报·案例指导》(20110728:6)。②江苏南京中院(2009)宁民一终字第14号"费某诉程某等人身损害赔偿案",见《吊唁活动中的帮忙行为是否构成帮工》(金鑫、张静),载《人民司法·案例》(200910:74)。③上海金山区法院(2009)金民一(民)字第1681号"王某等诉陈某等交通事故损害赔偿案",见《王道林等诉陈月双等道路交通事故人身损害赔偿案》(俞凤秀),载《中国法院2012年度案例:道路交通纠纷》(196)。④浙江温岭法院(2008)温民一初字第605号"江某诉肖某等道路交通事故人身损害赔偿案",见《江正宝诉江肖肖、江恩明、江建国道路交通事故人身损害赔偿案》,载《浙江高院·案例指导》(2009)。⑤北京一中院(2006)一中清民初字第7号"王某等诉蒋某等人身损害赔偿案",见《共同因救人不应对饮酒者意外死亡承担侵权责任》(于宏伟),载《人民司法·案例》(200724:72)。⑥江苏射阳法院(2005)射民一初字第326号"王某等诉侯某等人身损害赔偿案",见《共同喝酒人之间相互负有注意义务》(周永军),载《人民司法·案例》(200724:67)。⑦河南鹿邑法院1999年10月9日判决"丁某诉尹某交通事故损害赔偿案",见《丁兆亚诉丁钦印破坏交通事故现场致不能查出逃逸肇事车辆应负其父在车祸中死亡的赔偿责任案》(魏峰),载《人民法院案例选》(200102:147)。

**参考观点索引:** ●相约进行户外集体探险或自助游发生意外伤害事故应当如何承担民事责任?见《相约进行户外集体探险或自助游发生意外伤害事故应当如何承担民事责任》(陈现杰),载《民事审判指导与参考·指导性案例》(200802:69)。

# 23. 帮工活动中事故责任
## ——帮工出车祸,损失谁负担?

### 【帮工活动】

**【案情简介及争议焦点】**

2003年,葛某驾车帮朋友郑某迎亲,与王某驾驶的客运三轮摩托追尾,造成摩托车上乘客张某夫妇受伤。交警认定葛某负主要责任,王某负次要责任。

争议焦点:张某夫妇损害后果由谁承担责任?

**【裁判要点】**

1. 葛某与郑某责任。葛某是为郑某无偿提供劳务帮工活动中致人损害,依法应由郑某承担责任。鉴于葛某帮工中存在重大过失,二者应承担连带责任。

2. 王某与原告责任。王某驾驶的三轮摩托车载客营运,虽有交管部门营运手续,但交通事故前5个月未向主管部门交纳运营管理费,其上路载客营运有违法律规定,且应对造成事故负有责任,亦应承担一定赔偿责任。张某夫妇系乘车人,在乘车过程中无过错,对所遭受的损害不能预见,故不承担民事责任。

**【裁判依据或参考】**

1. 法律规定。《民法典》(2021年1月1日)第1165条:"行为人因过错侵害他人民事权益造成损害的,应当承担侵权责任。依照法律规定推定行为人有过错,其不能证明自己没有过错的,应当承担侵权责任。"第1166条:"行为人造成他人民事权益损害,不论行为人有无过错,法律规定应当承担侵权责任的,依照其规定。"第1167条:"侵权行为危及他人人身、财产安全的,被侵权人有权请求侵权人承担停止侵害、排除妨碍、消除危险等侵权责任。"第1173条:"被侵权人对同一损害的发生或者扩大有过错的,可以减轻侵权人的责任。"第 1174 条:"损害是因受害人故意造成的,行为人不承担责任。"第 1186 条:"受害人和行为人对损害的发生都没有过错的,依照法律的规定由双方分担损失。"第 1192 条:"个人之间形成劳务关系,提供劳务一方因劳务造成他人损害的,由接受劳务一方承担侵权责任。接受劳务一方承担侵权责任后,可以向有故意或者重大过失的提供劳务一方追偿。提供劳务一方因劳务受到损害的,根据双方各自的过错承担相应的责任。提供劳务期间,因第三人的行为造成提供劳务一方损害的,提供劳务一方有权请求第三人承担侵权责任,也有权请求接受劳务一方给予补偿。接受劳务一方补偿后,可以向第三人追偿。"第 1193 条:"承揽人在完成工作过程中造成第三人损害或者自己损害的,定作人不承担侵权责任。但是,定作人对定作、指示或者选任有过错的,应当承担相应的责任。"《道路交通安全法》(2004 年 5 月 1 日实施,2011 年 4 月 22 日修正)第 76 条:"机动车发生交通事故造成人身伤亡、财产损失的,由保险公司在机动车第三者责任强制保险责任限额范围内予以赔偿;不足的部分,按照下列规定承担赔偿责任:……"《侵权责任法》(2010 年 7 月 1 日,2021 年 1 月 1 日废止)第 6 条:"行为人因过错侵害他人民事权益,应当承担侵权责任。根据法律规定推定行为人有过错,行为人不能证明自己没有过错的,应当承担侵权责任。"

**2. 司法解释。** 最高人民法院《关于审理人身损害赔偿案件适用法律若干问题的解释》(2004 年 5 月 1 日 法释〔2003〕20 号,2020 年修正,2021 年 1 月 1 日实施)第 4 条:"无偿提供劳务的帮工人,在从事帮工活动中致人损害的,被帮工人应当承担赔偿责任。被帮工人承担赔偿责任后向有故意或者重大过失的帮工人追偿的,人民法院应予支持。被帮工人明确拒绝帮工的,不承担赔偿责任。"第 5 条:"无偿提供劳务的帮工人因帮工活动遭受人身损害的,根据帮工人和被帮工人各自的过错承担相应的责任;被帮工人明确拒绝帮工的,被帮工人不承担赔偿责任,但可以在受益范围内予以适当补偿。帮工人在帮工活动中因第三人的行为遭受人身损害的,有权请求第三人承担赔偿责任,也有权请求被帮工人予以适当补偿。被帮工人补偿后,可以向第三人追偿。"

**3. 地方司法性文件。** 江西高院《关于印发〈审理人身侵权赔偿案件指导意见(试行)〉的通知》(2017 年 9 月 5 日 赣高法〔2017〕169 号)第 14 条:"工作人员使用个人车辆执行单位事务途中发生交通事故致他人损害的,分别以下情形处理:……(2)工作人员因单位负责人个人要求,使用自有车辆或者单位负责人提供的车辆执行单位事务的,按照义务帮工侵权法律关系处理,该工作人员是帮工人,单位负责人是被帮工人,在车辆保险不能赔偿的部分,由单位负责人承担赔偿责任,工作人员在驾驶车辆中存在故意或者重大过失,单位负责人可以在承担了赔偿责任后要求工作人员承担与其重大过失相适应的赔偿责任;如该工作人员未提出其系帮工行为抗辩,人民法院只列受害方起诉的当事人为被告;工作人员在承担了责任后,可以另行要求单位负责人承担相应责任。"第15条:"车辆代驾时发生交通事故,受害人可以起诉车辆所有人或者车辆管理人承担赔偿责任,也可以起诉代驾人与车辆所有人或者车辆管理人共同承担赔偿责任。代驾人的赔偿责任,按照以下规定处理:(1)无偿代驾的,按帮工法律关系处理。代驾人只存在轻微过错的,不承担赔偿责任;代驾人故意或者有重大过失的,应当与车辆所有人或者车辆管理人承担连带责任;代驾人明知自己无驾驶证或者不具备实际驾驶经验仍然代驾的,视为代驾人有重大过失;车辆所有人或者车辆管理人明知该情形仍然要求或者同意其驾驶车辆的,应当由车辆所有人或者车辆管理人承担主要的赔偿责任,代驾人承担次要赔偿责任……"山东淄博中院民三庭《关于审理道路交通事故损害赔偿案件若干问题的指导意见》(2011年1月1日)第24条:"因个人之间无偿代驾出现交通事故的,视为帮工,按照最高人民法院《关于审理人身损害赔偿案件适用法律若干问题的解释》第十三条与第十四条的规定处理;代驾人有重大过错或故意的,按照最高人民法院《关于审理人身损害赔偿案件适用法律若干问题的解释》第二条的规定处理。"广东佛山中院《关于审理道路交通事故损害赔偿案件的指导意见》(2009年4月8日)第26条:"帮工人帮他人驾驶机动车致人损害的,由被帮工人承担赔偿责任。帮工人存在故意或重大过失的,与被帮工人承担连带赔偿责任。被帮工人在承担赔偿责任后可向帮工人追偿。"江西赣州中院《关于审理道路交通事故人身损害赔偿案件的指导性意见》(2006年6月9日)第13条:"义务帮他人驾驶机动车致人损害的,由被帮工人承担赔偿责任。义务驾车人存在故意或重大过失的,与被帮工人承担连带责任。被帮工人在承担赔偿责任后可向义务驾车人追偿。"江苏高院《关于审理附带民事诉讼案件若干问题的意见(试行)》(2005年9月16日)第15条:"基于下列民事法律关系,被害人提起附带民事诉讼的,可以告知被害人另行单独提起民事诉讼。被害人坚持提起附带民事诉讼的,人民法院也可以受理:……刑事被告人在从事帮工活动中犯罪致被害人物质损失,或者被害人在从事帮工活动中因刑事被告人的犯罪行为遭受物质损失,被害人起诉刑事被告人和被帮工人的。"山东高院《关于审理人身损害赔偿案件若干问题的意见》(2001年2月22日)第35条:"义务帮工人员在从事帮工活动中致人损害或者自身受到伤害,被帮工人员作为受益人应列为被告,并给予受害人适当的补偿;损害是由第三人造成的,应以第三人为被告承担赔偿责任。"

**4. 最高人民法院审判业务意见。**○帮工人死亡的,被帮工人能以帮工人有重大过失并给其造成经济损失为由提起反诉吗?《人民司法》研究组:"本案中帮工人已经死亡,不再具有民事诉讼主体地位,被帮工人不能以帮工人为被告提起反诉,只能等到确定继承关系后另案起诉。故对于被帮工人的反诉,人民法院不予受理。另一方面,本诉中,根据最高人民法院《关于审理人身损害赔偿案件适用法律若干问题的解释》第2条的规定,如果帮工人有过失的,被帮工人可以主张过失相抵。"

**5. 参考案例。**①2018年辽宁某交通事故纠纷案,2017年,贺某酒后在唐某授意下驾驶唐某车辆送唐某回家,途中与王某驾驶的租赁张某机动车相撞,造成张某车辆受损,交警认定贺某全责。张某就其停运修理共107天的营运损失1万余元,诉请贺某、唐某连带赔偿。法院认为:驾驶人为车辆所有人利益无偿代为驾驶车辆而发生交通事故,所有人对车辆既具有运行支配权,亦享有运行利益,应承担赔偿责任。无偿驾驶人和车辆所有人之间构成义务帮工法律关系,无偿驾驶人是否承担连带赔偿责任,应依据其主观过错进行判断。本案中,张某车辆系从事经营性活动的机动车,因本案交通事故发生导致其无法从事相应经营活动所产生合理停运损失,属机动车发生交通事故造成的直接财产损失。贺某在事故中被交警部门认定为全部责任,生效判决已确认唐某、贺某为朋友关系,贺某不计报酬代驾行为符合最高人民法院《关于审理人身损害赔偿案件若干问题解释》第13条规定的义务帮工性质,故贺某在从事帮工活动中致人损害的,被帮工人唐某应承担赔偿责任。由于帮工人贺某酒后驾驶且负事故全部责任,存在重大过失,故贺某对此应承担连带责任,故张某主张贺某、唐某赔偿因本案事故所致车辆停运损失应予支持。判决唐某、贺某连带赔偿张某车辆停运损失1万余元。②2012年云南某损害赔偿纠纷案,2012年,钱某子相中郭某之女,郭某按当地习俗邀约其亲友到钱某家做客、"瞧人家"。钱某无证驾驶三轮摩托车且严重超载送郭某亲友回家途中,因单方交通事故身亡且致车上人员王某死亡。钱某近亲属赔偿王某18万余元后,诉请郭某赔偿。法院认为:本案中,钱某子相中郭某之女,郭某邀约其亲友到钱某家做客、"瞧人家",该行为符合当地习俗。钱某帮忙送郭某亲友回家行为,属于对郭某义务帮工。该行为一是表现热情好客之道,二是想通过这一行为撮合儿女婚事,亦系为双方共同利益。钱某在送郭某亲友回家过程中,发生事故,且产生了损失,主要是钱某违法驾驶所造成。但郭某在送其亲友回家过程中疏忽大意,放任无证驾驶且严重超载的钱某送其亲友回家,其本身亦有一定过错,应承担一定责任。综合本案实际,由郭某承担本案损失20%责任较为适当,判决郭某一次性补偿原告3.7万余元。③2010年福建某交通事故损害赔偿案,2009年1月,李某、林某、易某酒后,由林某向杨某借车,并由林某请来韦某驾驶,因发生交通事故致李某伤残,交警认定韦某全责。法院认为:韦某受朋友林某委托,无偿为李某和林某、易某驾驶车辆,与李某、林某、易某三人之间形成帮工关系,韦某是帮工人,在帮工过程中致人损害,被帮工人林某、易某应当承担损害赔偿责任,李某亦系被帮工人,亦应自行承担一定的责任。韦某在帮工过程中造成事故的发生并承担事故全部责任,存在重大过错,应承担连带赔偿责任。事故车辆的保险公司应根据保险合同的约定在保险限额5万元内承担赔偿责任。超过限额部分由李某和林某、易某各承担赔偿1/3,韦某对林某、易某的赔偿责任承担连带责任。杨某把车辆出借给林某后就失去对车辆的实际控制,林某把车辆交给有驾驶资格执照的韦某驾驶时发生事故,与杨某没有法律上的因果关系,故杨某对李某的损害不承担赔偿责任,判决保险公司赔偿李某5万元,林某、易某各自赔偿李某4.6万余元,韦某、林某、易某对后项赔偿内容承担连带责任。④2008年河南某健康权纠纷案,2008年6月,李某对到其开办的家电门市购买家电的张某承诺免费送货,因在送货返回途中汽车刹车失灵发生交通事故,导致骨折治疗花费1万余元。法院认为:商家为履行买卖合同"免费送货"时发生事故,买方不承担赔偿责任。张某在李某门市购买家电商品,双方已形成买卖合同关系,李某对其家电门市所有商品作出"免费送货"承诺属家电买卖合同的附随义务,故本案不适用义务帮工的法律关系。张某在履行合同附随义务中受伤,不应由李某承担赔偿责任。⑤2008年山东某刑事附带民事赔偿案,2006年,冯某购二手车后请荆某开回送修,其间荆某肇事逃逸致史某亡。法院认为:道路交通损害赔偿责任主体一般根据对机动车运行支配权与运行利益的归属来确定。对于机动车未过户情形下发生交通事故的,原机动所有人不承担损害赔偿责任,由买受人承担损害赔偿责任。故本案冯某作为最后的机动车辆买受人,是实际的肇事车主,依法应当承担损害赔偿的民事责任。冯某与荆某系帮工关系,帮工人荆某酒后驾车肇事后,既不报警又不施救,而驾车逃逸,系故意逃避法律责任,应与冯某承担连带责任,判决冯某赔偿原告28万余元,荆某负连带责任。⑥2007年山东某交通事故损害赔偿案,2006年,李某应司机程某之请,帮忙推车过程中被挤压,致8级伤残。法院认为:李某的损伤系因在为程某推车的帮工活动中造成。程某作为帮工活动的受益人,依最高人民法院司法解释相关规定,应承担赔偿责任。程某未提供证据证明其明确拒绝李某为其帮工,对于李某损失,程某应当全赔。李某因从事帮工活动遭受人身损害所产生的医疗费、误工费、护理费、残疾赔偿金、交通费、营养费,属于被帮工人程某应当赔偿范围。⑦2006年山东某交通事故损害赔偿案,2004年6月,经常有偿为村民提供拖拉机运输服务的常某为村民陈某运送小麦上坡时,陈某从拖拉机上不慎摔下来致7级伤残。常某称系无偿帮忙运输。一审按义务帮工判赔35%共1.7万余元,二审未区分雇佣或帮工,认为因交通事故中引发的人身损害赔偿,无论当事人之间是否存在义务帮工或雇佣等特殊法律关系,损害后果与之均无因果联系,常某明知陈某乘坐其拖拉机违反交通安全法规却允许乘坐,未尽到安全注意和保护义务,且系无证驾驶,故对造成陈某损伤应负主要过错。陈某违法乘坐,对损害发生有过错,应减轻对方赔偿责任。确定常某赔偿60%,经调解由常某给付陈某2万元。⑧2005年北京某交通事故损害赔偿案,2005年2月,刘某驾驶车主为运输公司的重型车,与冯某酒后驾驶的货车相撞,造成货车上的货主马某死亡。冯某系用毛织厂的货车无偿帮马某运货。交警认定冯某负本次事故的主要责任,刘某应承担次要责任,马某不承担责任。法院认为:根据最高人民法院关于人身损害的司法解释规定,帮工人在从事帮工活动中致人损害的,被帮工人应当承担赔偿责任。本案中,作为帮工行为的受益人,马某受到了冯某的无偿帮助,因此应当减轻赔偿义务人对马某的赔偿责任,故认定赔偿范围为马某全部损失的80%合理。毛纺厂作为车辆的所有人,具有运营支配权,并负有对该车辆的管理义务,毛纺厂虽然建立有完善的规章制度,但未严格执行,对于其司机冯某私自驾车行为未尽到注意义务,据此,毛纺厂应承担对原告损失的补充赔偿责任。冯某作为直接侵权人,醉酒后驾驶机动车上路行驶未按规定让行是发生交通事故的直接原因。故冯某应作为赔偿义务人主体,在其无力赔偿时,由毛纺厂补充赔偿。毛纺厂承担责任的基础是其未尽管理司机及车辆的义务,从而承担补充赔偿责任,故其应对冯某承担的责任进行补充赔偿。

**【同类案件处理要旨】**

为他人无偿提供劳务的帮工人,在帮工活动中因交通事故遭受人身损害的,被帮工人应当承担赔偿责任;被帮工人明确拒绝帮工的,不承担赔偿责任,但可以在受益范围内予以适当补偿。帮工人驾驶机动车从事帮工活动中因交通事故致人损害的,被帮工人应承担赔偿责任;帮工人存在故意或重大过失,赔偿权利人可以请求帮工人和被帮工人承担连带责任。

**【相关案件实务要点】**

1.【事故责任】因交通事故中引发的人身损害赔偿,无论当事人之间是否存在义务帮工或雇佣等特殊法律关系,损害后果与之均无因果联系,驾驶人均应承担事故责任。案见山东日照市岚山区法院(2006)岚民一再字第1号"陈某诉常某交通事故损害赔偿案"。

2.【帮工人损害】帮工因帮工活动遭受人身损害的,被帮工人应当承担赔偿责任,被帮工人明确拒绝帮工的,不承担赔偿责任,但可以在受益范围内予以适当补偿。案见河南滑县法院(2007)滑民初字第968号"李某诉程某交通事故损害赔偿案"。

3.【被帮工人损害】帮工人因帮工活动过失致使被帮工人遭受人身损害的,应减轻帮工人的赔偿责任。明知驾车人饮酒驾车,仍然乘坐造成损害的,应当适用过失相抵原则。案见北京一中院(2005)一中民终字第13508号"袁某等诉某毛织厂等人身损害赔偿案"。

4.【帮工人致他人损害】义务帮工人在帮工活动中造成他人损害的,应当由被帮工人承担责任,帮工人具有故意或者重大过失的,应承担连带责任。车主将车辆出借给他人后就失去对该车辆的实际控制,对该车在借用期间发生事故造成损害,没有法律上的因果关系,因此,车主不应承担损害赔偿责任。案见福建漳州中院(2010)漳民终字第917号"李某诉某保险公司等交通事故损害赔偿纠纷案"。

5.【"送货上门"性质】作为商品交易市场惯有的商业行为规则,商家"免费送货"属于依照买卖合同所约定的从给付义务,不具有义务帮工的互助、临时、无偿、一次性消费等特点,故商家"免费送货"时发生事故造成自身损失,不应由买方承担赔偿责任。案见河南内乡法院(2008)内法民初字第951号"李某诉张某健康权案"。

【附注】
参考案例索引:河南长垣法院(2004)长民初字第597号"张某等诉葛某等人身损害赔偿案",判决15万余元赔偿款由葛某、郑某连带赔偿,王某对其中10万余元负连带责任。见《张建春、张景荣诉葛随生帮工活动中与王洪才发生交通事故人身损害赔偿案》(付凤杰),载《人民法院案例选》(200503:101)。①辽宁铁岭中院(2018)辽12民终1193号"张帆与唐东、贺宇交通事故纠纷案",见《无偿代驾应认定为义务帮工》(王金利、郭娜),载《人民司法·案例》(201829:10)。②云南曲靖中院(2012)曲中民终字第1132号"潘某与郭某损害赔偿纠纷案",见《潘乔焕等诉郭自祥义务帮工受害赔偿案(义务帮工、情谊行为、损害赔偿)》(刘跃昌),载《中国审判案例要览》(2013民:309)。③福建漳州中院(2010)漳民终字第917号"李某诉某保险公司等交通事故损害赔偿纠纷案",见《义务帮工人致被帮工人损害的责任》(林振通),载《人民司法·案例》(201104:20)。④河南内乡法院(2008)内法民初字第951号"李某诉张某健康权案",见《商家免费送货归途中发生交通事故,买方不应承担责任——李华军诉张昌兴健康权案》(宁红丽、杨慧文、郭晓菊),载《人民法院案例选·月版》(200903:68)。⑤山东德州中院(2007)德中刑一终字第9号"史某等诉荆某等附带民事赔偿案",见《机动车买受人与无偿帮工肇事司机的连带赔偿责任——刑事附带民事诉讼原告人史振英等对被告人荆荣刚等民事赔偿案》(王振洁),载《人民法院报·案例指导》(20080808:5)。⑥河南滑县法院(2007)滑民初字第968号"李某诉程某交通事故损害赔偿案",判决程某赔偿李某3万余元。见《因帮工受损害的责任承担》(王昊、曹从杰、景素贞),载《人民司法·案例》(200720:22)。⑦山东日照市岚山区法院(2006)岚民一再字第1号"陈某诉常某交通事故损害赔偿案",见《特殊法律关系下一般侵权行为的认定——山东日照市岚山区法院再审陈长玲诉陈长礼人身损害赔偿纠纷案》(刘晓凤、牟立华、李云),载《人民法院报·案例指导》(20090410:5)。⑧北京一中院(2005)一中民终字第13508号"袁某等诉某毛织厂等人身损害赔偿案",一审判决毛织厂、运输公司赔偿原告28万余元,冯某对其中的14万余元承担连带责任;二审改判冯某、运输公司赔偿原告28万余元,无力赔偿不足部分由毛织厂补充赔偿。见《袁守忠等诉北京市高丽营毛织厂等道路交通事故人身损害赔偿案》(吕云成),载《中国审判案例要览》(2006民事:385)。

参考观点索引:●帮工人死亡的,被帮工人能以帮工人有重大过失并给其造成经济损失为由提起反诉吗?见《帮工人死亡的,被帮工人能以帮工人有重大过失并给其造成经济损失为由提起反诉吗?》,载《人民司法·司法信箱》(201009:110)。

# 24. 代驾情形与事故责任

## ——代驾出事故,赔偿谁之责?

### 【代驾肇事】

**【案情简介及争议焦点】**

2010年8月,余某上班途中,搭乘邰某车辆,并支付40元车费。余某代驾过程中,与王某驾驶的挂靠在货运公司的实际车主为孙某的货车相撞,致余某受伤。交警认定王某、余某分负主、次责任。余某起诉邰某、货运公司、保险公司等要求赔偿。

争议焦点:1. 赔偿顺序? 2. 余某与邰某之间的法律关系?

**【裁判要点】**

1. **保险公司的交强险赔付责任。**鉴于本案对方肇事车辆投保了交强险,故余某的损失,应由保险公司在交强险范围内先行支付,剩余部分再按责任比例由相关责任人分担。由于肇事对方车辆实际车主系孙某,王某是其聘用司机,该车挂靠在货运公司名下,故对于交强险责任限额之外的损失,按该车方所负主要责任比例,由孙某及货运公司连带承担70%的赔偿责任。

2. **余某与邰某之间的法律关系。**余某与邰某之间系多重法律关系的竞合,一是余某驾车酿成事故,余某是直接侵权人,邰某是受害人,属侵权法律关系;二是余某有偿搭乘邰某的车辆,余某是乘客,邰某是承运人,属乘运合同关系;三是余某无偿为邰某司车,无证据显示系临时雇佣关系,应认定为义务帮工,属义务帮工关系。

故对此互负赔偿义务的法律关系的竞合,依据公平原则,可对共同承担的法律责任进行分担,即在负事故次要责任的余某承担本案全部赔偿责任30%的范围内,由邵某分担一半,即邵某、余某各承担15%的赔偿责任。

**【裁判依据或参考】**

**1. 法律规定。**《民法典》(2021年1月1日)第1165条:"行为人因过错侵害他人民事权益造成损害的,应当承担侵权责任。依照法律规定推定行为人有过错,其不能证明自己没有过错的,应当承担侵权责任。"第1166条:"行为人造成他人民事权益损害,不论行为人有无过错,法律规定应当承担侵权责任的,依照其规定。"第1191条:"用人单位的工作人员因执行工作任务造成他人损害的,由用人单位承担侵权责任。用人单位承担侵权责任后,可以向有故意或者重大过失的工作人员追偿。劳务派遣期间,被派遣的工作人员因执行工作任务造成他人损害的,由接受劳务派遣的用工单位承担侵权责任;劳务派遣单位有过错的,承担相应的责任。"第1192条:"个人之间形成劳务关系,提供劳务一方因劳务造成他人损害的,由接受劳务一方承担侵权责任。接受劳务一方承担侵权责任后,可以向有故意或者重大过失的提供劳务一方追偿。提供劳务一方因劳务受到损害的,根据双方各自的过错承担相应的责任。提供劳务期间,因第三人的行为造成提供劳务一方损害的,提供劳务一方有权请求第三人承担侵权责任,也有权请求接受劳务一方给予补偿。接受劳务一方补偿后,可以向第三人追偿。"第1193条:"承揽人在完成工作过程中造成第三人损害或者自己损害的,定作人不承担侵权责任。但是,定作人对定作、指示或者选任有过错的,应当承担相应的责任。"《道路交通安全法》(2004年5月1日实施,2011年4月22日修正)第76条:"机动车发生交通事故造成人身伤亡、财产损失的,由保险公司在机动车第三者责任强制保险责任限额范围内予以赔偿;不足的部分,按照下列规定承担赔偿责任:……"《侵权责任法》(2010年7月1日,2021年1月1日废止)第6条:"行为人因过错侵害他人民事权益,应当承担侵权责任。根据法律规定推定行为人有过错,行为人不能证明自己没有过错的,应当承担侵权责任。"第24条:"受害人和行为人对损害的发生都没有过错的,可以根据实际情况,由双方分担损失。"第26条:"被侵权人对损害的发生也有过错的,可以减轻侵权人的责任。"第49条:"因租赁、借用等情形机动车所有人与使用人不是同一人时,发生交通事故后属于该机动车一方责任的,由保险公司在机动车强制保险责任限额范围内予以赔偿。不足部分,由机动车使用人承担赔偿责任;机动车所有人对损害的发生有过错的,承担相应的赔偿责任。"《民法通则》(1987年1月1日,2021年1月1日废止)第106条:"……公民、法人由于过错侵害国家的、集体的财产,侵害他人财产、人身的应当承担民事责任。"第131条:"受害人对于损害的发生也有过错的,可以减轻侵害人的民事责任。"第132条:"当事人对造成损害都没有过错的,可以根据实际情况,由当事人分担民事责任。"

**2. 司法解释**。最高人民法院《关于审理道路交通事故损害赔偿案件适用法律若干问题的解释》(2012年12月21日,2020年修改,2021年1月1日实施)第1条:"机动车发生交通事故造成损害,机动车所有人或者管理人有下列情形之一,人民法院应当认定其对损害的发生有过错,并适用民法典第一千二百零九条的规定确定其相应的赔偿责任:(一)知道或者应当知道机动车存在缺陷,且该缺陷是交通事故发生原因之一的;(二)知道或者应当知道驾驶人无驾驶资格或者未取得相应驾驶资格的;(三)知道或者应当知道驾驶人因饮酒、服用国家管制的精神药品或者麻醉药品,或者患有妨碍安全驾驶机动车的疾病等依法不能驾驶机动车的;(四)其它应当认定机动车所有人或者管理人有过错的。"最高人民法院《关于审理人身损害赔偿案件适用法律若干问题的解释》(2004年5月1日 法释〔2003〕20号,2020年修正,2021年1月1日实施)第4条:"无偿提供劳务的帮工人,在从事帮工活动中致人损害的,被帮工人应当承担赔偿责任。被帮工人承担赔偿责任后向有故意或者重大过失的帮工人追偿的,人民法院应予支持。被帮工人明确拒绝帮工的,不承担赔偿责任。"第5条:"无偿提供劳务的帮工人因帮工活动遭受人身损害的,根据帮工人和被帮工人各自的过错承担相应的责任;被帮工人明确拒绝帮工的,被帮工人不承担赔偿责任,但可以在受益范围内予以适当补偿。帮工人在帮工活动中因第三人的行为遭受人身损害的,有权请求第三人承担赔偿责任,也有权请求被帮工人予以适当补偿。被帮工人补偿后,可以向第三人追偿。"

**3. 地方司法性文件**。江西宜春中院《关于印发〈审理机动车交通事故责任纠纷案件的指导意见〉的通知》(2020年9月1日 宜中法〔2020〕34号)第24条:"宾馆、酒店等服务场所提供泊车、代驾服务过程中发生交通事故造成损害,属于该机动车一方责任的,由服务提供方承担赔偿责任。接受服务方对损害的发生有过错的,承担相应的赔偿责任。'网约车'提供服务过程中发生交通事故造成损害,属于'网约车'一方责任的,由驾驶人承担赔偿责任。'网约车'平台服务提供者对'网约车'未按国家法律、法规、规章及行业标准的相关规定尽审慎审查义务的,应承担相应的赔偿责任。"安徽合肥中院《关于道路交通事故损害赔偿案件的审判规程(试行)》(2019年3月18日)第13条:"【网约车、网约代驾平台公司的责任】网约车平台公司对乘客承担承运人责任;网约车运行中造成车外人员损害的,在明确网约车平台公司与司机之间法律关系的基础上依法认定各自的赔偿责任。网约代驾人员驾驶车辆造成他人损害,比照上述规定处理。"安徽合肥中院《关于道路交通事故损害赔偿案件的审判规程(试行)》(2019年3月18日)第20条:"【泊车、代驾服务方的责任】酒店、宾馆等服务场所提供泊车、代驾服务过程中发生交通事故造成损害,属于该机动车一方责任的,由服务提供方承担赔偿责任;接受服务方对损害的发生有过错的,承担相应的赔偿责任。"江西高院《**关于印发〈审理人身侵权赔偿案件指导意见(试行)〉的通知**》(2017年9月5日 赣高法〔2017〕169号)第15条:"车辆代驾时发生交通事故,受害人可以起诉车辆所有人或者车辆管理人承担赔偿责任,也可以起诉代驾人与车辆所有人或者车辆管理人共同承担赔偿责任。代驾人的赔偿责任,按照以下规定处理:(1)无偿代驾的,按帮工法律关系处理。代驾人只存在轻微过错的,不承担赔偿责任;代驾人故意或者有重大过失的,应当与车辆所有人或者车辆管理人承担连带责任;代驾人明知自己无驾驶证或者不具备实际驾驶经验仍然代驾的,视为代驾人有重大过失;车辆所有人或者车辆管理人明知该情形仍然要求或者同意其驾驶车辆的,应当由车辆所有人或者车辆管理人承担主要的赔偿责任,代驾人承担次要赔偿责任;(2)有偿代驾的,按照委托合同法律关系处理。代驾人根据其过错承担赔偿责任,车辆所有人或者车辆管理人承担连带责任;代驾人系由代驾公司或者酒店类消费场所派遣的,由代驾公司或者酒店类消费场所承担代驾人的过错赔偿责任;代驾人系由电话、网络平台提供的,如代驾人无驾驶车辆资格的,电话、网络平台应当与代驾人共同承担过错赔偿责任;代驾人事故后逃逸,提供代驾服务的电话、网络平台应当按照受害人、被代驾人的要求提供代驾人身份、住址、联系电话等起诉立案的必要信息,如拒绝提供或者无法提供真实信息并导致无法查找代驾人,由电话、网络平台先行承担赔偿责任,电话、网络平台可以在承担责任后向代驾人追偿;(3)受害人只起诉车辆所有人或者车辆管理人,车辆所有人或者车辆管理人以代驾人有过错为由要求追加代驾人为被告的,应当征得受害人同意;受害人不同意的,人民法院告知被告另行解决;(4)处理代驾车辆肇事赔偿案件时,应当先按照一般的交通事故损害赔偿案件处理,有车辆第三者责任强制保险的,先按照第三者责任强制保险的处理规定确定赔偿,不足部分按照车辆投有的车辆责任事故商业保险的规定处理;代驾人被起诉或者被追加的,再有不足部分由代驾人根据本条规定承担赔偿责任,并由车辆所有人或者车辆管理人承担连带责任。"天津高院《**关于印发〈机动车交通事故责任纠纷案件审理指南〉的通知**》(2017年1月20日 津高法〔2017〕14号)第3条:"……酒店、宾馆等服务场所提供泊车、代驾服务过程中发生交通事故造成损害,属于该机动车一方责任的,由服务提供方承担赔偿责任;接受服务方对损害的发生有过错的,承担相应的赔偿责任。"江苏高院《**关于审理消费者权益保护纠纷案件若干问题的讨论纪要**》(2016年12月12日 苏高法〔2016〕10号)第10条:"关于网络约车问题,会议认为,交通运输部等六部门联合出台的《网络预约出租汽车经营服务管理暂行办法》明确规定网络约车平台公司承担承运人责任。因此,网约车平台公司从事网络约车服务发生交通事故的,受害人要求网约车平台公司承担承运人责任的,人民法院应予支持。网约车辆只投保非营业性保险未投保营业性保险,被保险人从事网络约车服务未通知保险公司,发生保险事故的,保险公司以危险程度增加为由抗辩不承担赔付责任的,可予支持,但机动车交强险除外。"上海高院民一庭《全市法院民事审判工作庭长例会》(《上海审判规则》2016 年第 1 期)第 2 条:"代驾服务公司对代驾驾驶员的法律责任。在通过代驾平台召唤的代驾服务中,因代驾驾驶人的过错造成交通事故,导致他人人身受到伤害,保险责任以外的民事赔偿责任应当如何承担?倾向性意见认为,根据驾驶人接受并通过代驾服务公司的考核,在服务过程中须遵守公司的规章制度及行为规范,穿着统一制服、佩戴胸卡,并且根据公司制定的标准收取费用,对外系以代驾服务公司的名义提供服务的事实判断,双方之间具有一定的管理与被管理的关系,符合民事雇佣关系的法律特征。依照《最高人民法院关于审理人身损害赔偿案件适用法律若干问题的解释》第九条的规定,雇员在从事雇佣活动中致人损害的,雇主应当承担赔偿责任;雇员因故意或者重大过失致人损害的,应当与雇主承担连带赔偿责任。雇主承担连带赔偿责任的,可以向雇员追偿。故在代驾服务中,代驾人造成他人损害的,保险责任以外的赔偿责任,应当由代驾服务公司承担。代驾人存在故意或者重大过失的,应当与代驾服务公司承担连带赔偿责任。"安徽淮南中院《关于审理机动车交通事故责任纠纷案件若干问题的指导意见》(2014 年 4 月 24 日)第 7 条:"为机动车使用人提供泊车、代驾等服务过程中发生道路交通事故致人损害的,由保险公司在交强险范围内予以赔偿。不足的部分由服务提供方承担赔偿责任;接受服务方确有过错的,承担相应的赔偿责任。以下情形视为机动车使用人确有过错:(一)接受服务方未对服务提供方有无驾驶资质进行审查或明知服务提供者存在饮酒、吸毒等不适合驾驶机动车等情形接受服务的;(二)对车辆的行驶在指示上存在过错的。"新疆高院《关于印发〈关于审理道路交通事故损害赔偿案件若干问题的指导意见(试行)〉的通知》(2011 年 9 月 29 日 新高法〔2011〕155 号)第 16 条:"提供泊车、代驾等服务过程中发生交通事故造成损害的,由提供服务方对超出机动车交强险责任限额之外的损害承担赔偿责任;机动车所有人有过错的,承担相应的赔偿责任。"山东淄博中院民三庭《关于审理道路交通事故损害赔偿案件若干问题的指导意见》(2011 年 1 月 1 日)第 23 条:"因个人之间有偿代驾出现交通事故造成第三人损害的,由车主承担赔偿责任;代驾人存在故意或重大过失的,应承担连带赔偿责任,车主在承担赔偿责任后可以向其追偿;交通事故造成车主或代驾人损害的,可以按照双方各自的过错承担责任。"第 24 条:"因个人之间无偿代驾出现交通事故的,视为帮工,按照最高人民法院《关于审理人身损害赔偿案件适用法律若干问题的解释》第十三条与第十四条的规定处理;代驾人有重大过错或故意的,按照最高人民法院《关于审理人身损害赔偿案件适用法律若干问题的解释》第二条的规定处理。代驾公司或酒店提供代驾服务,出现交通事故造成第三人或车主损害的,应由代驾公司或酒店承担赔偿责任;造成代驾人损害的,应按照工伤处理原则,由代驾公司或酒店承担赔偿责任。"河南郑州中院《审理交通事故损害赔偿案件指导意见》(2010年8月20日 郑中法〔2010〕120号)第33条:"代驾车辆在代驾过程中发生交通事故的,由驾驶人员或安排代驾的人承担赔偿责任。原驾驶人有过错的,应承担与其过错相应的赔偿责任。"浙江高院民一庭《关于审理道路交通事故损害赔偿纠纷案件若干问题的意见(试行)》(2010年7月1日)第9条:"为机动车使用人提供泊车、代驾等服务过程中发生道路交通事故致人损害的,由保险公司在机动车强制保险责任限额范围内予以赔偿。不足部分,由提供服务方承担赔偿责任;接受服务方确有过错的,承担相应的赔偿责任。"辽宁大连中院《当前民事审判(一庭)中一些具体问题的理解与认识》(2008年12月5日 大中法〔2008〕17号)第28条:"交通事故损害赔偿责任主体的具体认定问题。交通事故中赔偿义务人确定的基本原则:由机动车的所有人或实际占有人(实际使用人)承担赔偿责任。处理原则是所有人和实际占有人不一致的,根据运行支配(支配和控制)和运行利益(与机动车运行有关的经济利益)原则确定赔偿义务人。为保证受害人的利益,在诉讼中当行使必要的释明权,告知当事人尽可能将与肇事车有关人员追加为共同被告,对原告在释明后所作出的选择,法院应作好记录……(9)酒后代驾情形,针对某些单位和个人推出了有某种利益的代驾服务,车主与代驾人连带承担赔偿责任。"江西高院民一庭《关于审理道路交通事故人身损害赔偿案件适用法律若干问题的解答》(2006年12月31日)第24条:"酒店、宾馆等服务场所在提供代客泊车时,其员工驾驶车辆发生交通事故致人身损害的,由酒店、宾馆等服务企业承担赔偿责任,赔偿权利人同时起诉车辆所有人的,由二者承担连带赔偿责任,车辆所有人承担责任后,可以向酒店、宾馆等服务企业追偿。"

**4. 地方规范性文件**。广东深圳市《道路交通安全管理条例》(2012年1月1日)第49条:"餐饮、娱乐场所等服务单位,指派或者聘请取得机动车驾驶证的人员为其服务对象提供机动车代理驾驶服务的,应当签订代驾协议,登记代驾人和服务对象相关个人资料、目的地及车辆资料。代驾人应当谨慎驾驶,将服务对象安全送达目的地。代驾人在代驾期间有道路交通安全违法行为或者造成道路交通事故的,代驾人和服务单位应当依据代驾协议和法律规定承担相应责任。"第117条:"餐饮、娱乐场所等服务单位违反本条例第四十九条第一款规定,未签订代驾协议或者未登记代驾人和服务对象相关个人资料、目的地及车辆资料的,由市公安机关交通管理部门处二千元罚款。"

**5. 最高人民法院审判业务意见**。●无偿代驾发生交通事故,如何认定无偿驾驶人和车辆所有人的责任?最高人民法院民一庭意见:无偿代驾纠纷中,无论是否存在所有人与使用人分离情形,因所有人对车辆具有运行支配和运行利益,故不属《侵权责任法》第49条适用范畴,车辆所有人与无偿代驾人之间构成义务帮工关系,车辆所有人应承担赔偿责任。

**6. 参考案例。**①2018年辽宁某交通事故纠纷案,2017年,贺某酒后在唐某授意下驾驶唐某车辆送唐某回家,途中与王某驾驶的租赁张某机动车相撞,造成张某车辆受损,交警认定贺某全责。张某就其停运修理共107天的营运损失1万余元,诉请贺某、唐某连带赔偿。法院认为:本案中,张某车辆系从事经营性活动的机动车,因本案交通事故发生导致其无法从事相应经营活动所产生合理停运损失,属机动车发生交通事故造成的直接财产损失。贺某在事故中被交警部门认定为全部责任,生效判决已确认唐某、贺某为朋友关系,<u>贺某不计报酬代驾行为符合最高人民法院《关于审理人身损害赔偿案件若干问题解释》第13条规定的义务帮工性质</u>,故贺某在从事帮工活动中致人损害的,被帮工人唐某应承担赔偿责任。由于帮工人贺某酒后驾驶且负事故全部责任,存在重大过失,故贺某对此应承担连带责任,故张某主张贺某、唐某赔偿因本案事故所致车辆停运损失应予支持。判决唐某、贺某连带赔偿张某车辆停运损失1万余元。②2017年**重庆某交通事故纠纷案**,2016年,周某有偿代驾陈某车辆致行人李某死亡。事故发生后,陈某立即报警及拨打急救电话,并积极保护事故现场、等待救援与事故处理,而代驾人周某偷偷逃离事故现场。交警认定周某、李某分负主、次责任。李某近亲属张某诉请保险公司赔偿时,保险公司以周某肇事逃逸为由主张免除商业三责险赔付责任。法院认为:日常生活中,代驾服务人员一般情况下提供代驾服务时系自主根据车辆状况、道路状况、天气状况独立操作,自行规避行驶中存在的安全风险,按合理路线将接受服务人员及车辆安全送往目的地,不受车主或车辆使用人指挥和管理。即代驾服务工作性质决定了该服务独立性、自主性,这一特性更符合承揽合同中承揽人独立完成工作,不受定作人指挥、管理的法律构成要件,故<u>应认定周某为陈某提供代驾服务系承揽而非雇佣合同关系</u>。保护现场和救助伤员是交通事故当事人法定义务,法律禁止交通肇事逃逸,立法本意主要是督促肇事者积极履行救助义务,最大限度地降低损害后果,避免危害结果进一步发生。严惩交通肇事逃逸不仅在于肇事者存在"逃避法律责任追究"侥幸心理,更在于督促交通事故当事人不得违反"救助义务之履行",因在发生交通事故后往往有受害人需要救助。本案中,交通事故发生后,被代驾人依法采取措施,积极履行救助义务,并未造成"交通事故受害人得不到及时救助"后果,代驾司机私自离开事故现场之行为,亦未对交通事故的损害后果造成进一步影响,<u>代驾司机肇事逃逸行为并不影响事故责任实质认定</u>。公平原则是订立保险合同应遵循的基本原则。《保险法》第11条规定,"订立保险合同,应当协商一致,遵循公平原则确定各方的权利和义务。"保险公司作为提供格式条款的一方,在格式条款约定上,应遵循公平原则确定当事人之间权利和义务。从商业三责险立法目的来看,投保人投保商业三责险系为分散自身责任风险,"脱离不利请求权"是责任保险最重要权利,此权利若被格式条款不当限制,将影响投保人订立责任保险目的实现。在代驾法律关系中,实际驾驶车辆的代驾人与机动车投保人并非同一主体,此时机动车并未因代驾行为而发生占有转移,其仍由被代驾人实际占有和控制,故被代驾人基于投保商业三责险所产生的合理期待并未发生变化。对保险合同免责条款理解,既要考虑保险人合理诉求,亦应符合合理期待原则,避免保险责任免除使投保人合理期待落空。保险公司将法律禁止性规定引入保险合同约定应符合立法本意,能否作为商业三责险免责事由,应结合商业险立法目的与《保险法》第11条规定进行实质评判。本案中代驾人逃逸而被代驾人履行了法定救助义务,若机械适用免责条款,会使投保人合理期待落空,不符合公平原则。本案中,虽然周某在事故发生后离开事故现场,但陈某一直在事故现场等待救援与事故处理,周某系代驾司机,陈某对案涉车辆持续享有实际控制权,保险合同约定的关于逃逸的免责事由不适用本案。判决保险公司在交强险和商业三责险承保范围内予以赔付。③2016年重庆某交通事故纠纷案,2014年,设立中的代驾公司指派何某为肖某提供代驾服务。后何某因操作不当发生交通事故,肖某受伤。法院认为:本案所涉法律关系应为服务合同纠纷,其标的是提供代驾服务,服务内容是将车辆中所乘坐的人安全送达指定目的地,合同当事人应为代驾公司与接受代驾服务的肖某。本案合同签订时代驾公司虽尚在设立之中,但代驾公司事实上提供了代驾服务,且服务过程中未完全履行合同义务,造成肖某受伤的交通事故。代驾公司行为系违约行为,其应对肖某因事故产生的损失承担赔偿责任。代驾公司作为本案责任主体适格。判决代驾公司向肖某赔偿损失6万余元。④2015年北京某交通事故纠纷案,2014年,李某通过代驾公司e拼车平台,搭乘拼车乘客徐某过程中发生交通事故,交警认定李某全责。李某车辆使用的是外地车牌,且车辆未续保。法院认为:在网络平台为代驾司机提供代驾结束后的返程拼车(顺风车)服务中,拼车车主驾驶的自有车辆不符合安全上路条件且网络平台未尽审核义务,由于拼车车主全责产生交通事故导致作为乘车人的代驾司机受损。拼车车主使用套牌车辆进行返城拼车(顺风车)服务,本身属于违法行为且增加了运营风险,网络平台未尽审核、管理义务,侵害了网络平台使用者代驾司机(乘车人)作为消费者合法权益的,网络平台应与拼车车主对受害人损失承担连带赔偿责任。本案中,李某提供的手机品牌、型号与代驾公司认可的合作代驾司机徐某所持以及证人所述代驾公司发放的手机品牌、型号一致。李某手机中e拼车软件系该手机中独有软件,通过网络并未发现有可自行下载途径。李某手机中e拼车软件,经依法鉴定,能认定该软件所有者、发布者、后台维护者和操作者为代驾公司。现有证据前后衔接,已形成了比较完整证据链,可确认徐某、李某于事发当晚分别通过 e 代驾司机端、e 拼车获取对方信息、取得联系这一事实具有高度盖然性,应认定李某系代驾公司合作返城拼车司机。在前述事实认定基础上,代驾公司与李某应对本次交通事故造成徐某各项损失承担连带责任。代驾公司作为网络交易平台提供者,未能尽到审核、管理之义务,属应知服务者利用其平台侵害消费者合法权益,未采取必要措施。结合对代驾公司与李某之间法律关系分析,代驾公司义务范围、过错程度及其过错与本次交通事故关联性等因素,从价值判断及利益衡平角度出发,判决李某与代驾公司连带赔偿徐某 54 万余元。⑤2015 年上海某交通事故纠纷案,2013 年,实业公司员工潘某酒后通过代驾公司找来的代驾赵某驾驶过程中肇事,致骑电瓶车的陶某 10 级伤残。交警认定赵某全责。法院认为:因租赁、借用等情形机动车所有人与使用人非同一人时,发生交通事故后属于该机动车一方责任的,由保险公司在交强险范围内赔偿。不足部分,由机动车使用人赔偿。机动车所有人对损害发生有过错的,承担相应赔偿责任。本案机动车所有人实业公司,其员工通过委托代驾服务协议将机动车实际使用权转移给赵某,其作为机动车所有人仅在对损害发生存在过错情况下才承担赔偿责任。现陶某无证据证明实业公司对损害发生存在过错,故其要求实业公司承担连带责任请求,法院不予支持。赵某系收到代驾公司短信通知,要求其完成代驾服务,且通过代驾服务确认单可认定,委托代驾服务协议系由实业公司与代驾公司签订,赵某并非协议当事人,故赵某代驾行为系接受代驾公司指令为履行协议所作特定行为。从赵某与代驾公司约定看,赵某系经代驾公司考核并认可的代驾驾驶员,在其代驾服务过程中,必须接受代驾公司制定的规章制度及行为规范,并需穿着公司统一的制服及胸卡,故赵某在工作时间内接受代驾公司管理。另外,赵某根据代驾公司制定的标准收取费用,对于代驾费用赵某并无议价权,其仅以付出的劳动获取相应报酬。从雇佣关系特征看,雇佣关系是当事人一方在一定或不定期内为另一方当事人提供特定或不特定劳动且接受另一方当事人安排指挥,并以此获取劳动报酬的法律关系,本质特征在于一方当事人接受另一方的一定管理,并向其提供劳务以获取报酬。本案赵某与代驾公司之间符合雇佣关系一般特征,应认定双方之间属雇佣关系。赵某事发时是在执行职务过程中,属职务行为。根据法律规定,雇员在从事雇佣活动中致人损害的,雇主应承担赔偿责任,故判决保险公司交强险和商业三责险之外的 3 万余元,由代驾公司赔偿陶某。⑥2013 年重庆某交通事故纠纷案,2013 年,代驾公司代驾员王某为供水公司代驾车辆过程中,与骑摩托车的李某相撞致李某 10 级伤残,交警认定王某全责。肇事轿车投保了交强险及 50 万元商业三责险。法院认为:《道路交通安全法》第 76 条规定,机动车发生交通事故造成人身伤亡、财产损失的,由保险公司在机动车第三者责任强制保险责任限额范围内予以赔偿;不足的部分,按照下列规定承担赔偿责任：(一)机动车之间发生交通事故的,由有过错的一方承担赔偿责任;双方都有过错的,按照各自过错的比例分担责任;(二)机动车与非机动车驾驶人、行人之间发生交通事故的,由机动车一方承担责任。本案中,肇事轿车已依法投保了交强险,且本次交通事故发生在保险有效期限内,故保险公司应在死亡伤残赔偿限额 11 万元内赔偿李某精神损害抚慰金、残疾赔偿金、误工费、护理费、交通费;在医疗费用赔偿限额 1 万元内赔偿李某医疗费、续医费;在财产损失赔偿限额 2000 元内赔偿李某摩托车维修费和衣物损失费。供水公司与代驾公司所签代驾协议约定,代驾公司服务人员驾车被判定需要承担责任的,代驾公司承担除去保险公司应赔偿之外的部分;王某系代驾公司员工,<u>其驾车行为系执行工作任务的行为</u>,故其驾车造成李某损害的后果,依法应由代驾公司承担赔偿责任。判决保险公司在交强险和商业三责险内赔偿李某损失。⑦2011 年<u>河南某交通事故责任纠纷案</u>,2008 年 1 月,尚某酒后致电好友晁某,请求代驾,晁某明知中午也喝酒情况下,仍代为驾驶,致撞伤行人康某,交警认定晁某全责。刑事附带民事判决晁某赔偿康某各项损失 12 万余元,登记车主尚某及实际车主村委会负连带责任。康某因后续治疗费用再次诉请赔偿 74 万余元。法院认为:尚某在酒后打电话让晁某代驾,双方构成帮工关系,<u>作为被帮工人,应妥善处理帮工事宜。在明知晁某饮酒的情况下,将车辆交给晁某并发生交通事故,尚某存在重大过失,应与晁某承担连带赔偿责任</u>。村委会作为实际车主亦应承担连带赔偿责任。

【同类案件处理要旨】

个人之间代驾发生交通事故,如代驾系有偿的,可参照按雇佣关系处理;无偿代驾的按帮工处理。代驾公司或酒店提供代驾服务,出现交通事故造成第三人或车主损害的,由提供服务方对超出机动车交强险责任限额之外的损害承担赔偿责任;机动车所有人有过错的,承担相应的赔偿责任。

【相关案件实务要点】

1.【帮工关系】乘员无偿为车主代驾,无证据显示系临时雇佣关系,应认定为义务帮工,属义务帮工关系。由此造成的事故损害,依据公平原则,可对共同承担的法律责任进行分担,即在代驾人所负事故责任比例赔偿范围内,由代驾人与车主平均承担赔偿责任。案见河南光山法院(2010)光民初字第 1027 号"余某诉某货运公司等交通事故责任纠纷案"。

2.【被帮工人过错】作为被帮工人,应妥善处理帮工事宜。在明知帮工人饮酒的情况下,将车辆交给其代驾并发生交通事故,被帮工人存在重大过失,应与帮工人承担连带赔偿责任。案见河南郑州中院(2011)郑民一终字第 1095 号"康某等诉尚某等交通事故责任纠纷案"。

**【附注】**

**参考案例索引**：河南光山法院(2010)光民初字第1027号"余某诉某货运公司等交通事故责任纠纷案"。①辽宁铁岭中院(2018)辽12民终1193号"张帆与唐东、贺宇交通事故纠纷案"，见《无偿代驾应认定为义务帮工》（王金利、郭娜），载《人民司法·案例》(201829：10)。②重庆一中院(2017)渝01民终8526号"张某与某保险公司交通事故损害赔偿纠纷案"，见《代驾属于提供劳务》（林洋、黄庆华），载《人民司法·案例》(201829：7)；另见《代驾人逃逸而被代驾人积极履行救助义务商业险不得拒赔——重庆一中院判决张爱红诉人保沙坪坝公司等交通事故损害赔偿案》（余彦龙、黄晨、刘婷婷），载《人民法院报·案例精选》(20181101：06)。③重庆五中院(2016)渝05民终3169号"肖某与重庆速润汽车服务有限公司、何某交通事故纠纷案"，见《设立中的代驾公司对代驾司机肇事仍应承担责任》（姚芳、郝绍彬），载《人民司法·案例》(201829：4)。④北京三中院(2015)三中民终字第04810号"徐小银与李晓增、北京亿心宜行汽车技术开发服务有限公司等交通事故纠纷案"，见《网络平台为代驾司机提供返程拼车服务中的损害赔偿责任承担》（齐晓丹、刘栋），载《人民司法·案例》(201829：12)。⑤上海一中院(2015)沪一中(民)终字第1373号"陶某与赵某等交通事故损害赔偿纠纷案"，见《有偿代驾与交通事故赔偿责任主体认定》（谈卫峰、戴娇、曹书谕），载《人民司法·案例》(201602：4)。⑥重庆渝北区法院(2013)渝北法民初字第16407号"李安平与王星辰、重庆鑫诚汽车驾驶技术服务有限公司等交通事故损害赔偿纠纷案"，见《代驾人的交通事故赔偿责任承担》（窦锦玲、孙普），载《人民司法·案例》(201602：9)；另参阅《有偿代驾交通事故之关系厘清与责任归结》（李清伟），载《人民司法·案例》(201602：11)。⑦河南郑州中院(2011)郑民一终字第1095号"康某等诉尚某等交通事故责任纠纷案"。

**最高人民法院审判业务意见**。●见《无偿代驾发生交通事故，如何认定无偿驾驶人和车辆所有人的责任》（王友祥，最高院民一庭），载《民事审判指导与参考·指导性案例》(201401/57：138)。

## 25. 维修期间的车辆损害
### ——车辆维修期，事故谁之责？
### 【维修车辆】

**【案情简介及争议焦点】**

2001年，窑业公司将租用工业公司轿车送维修公司修理期间，因维修工将车辆擅自驶离修理车间发生交通事故致车被撞损。残车价值鉴定为7万余元。

争议焦点：1. 工业公司能否作为原告？2. 维修公司如何承担责任？

**【裁判要点】**

**1. 工业公司不具有原告主体资格。** 工业公司虽为车辆所有者，但和维修公司之间无直接联系，只和窑业公司存在车辆有偿租赁使用的法律关系，故工业公司在本案中作为原告的基础法律关系不存在，应驳回工业公司诉讼请求。

**2. 维修公司应承担损害赔偿责任。** 维修公司维修中将车辆损坏，应负全部责任。因双方基础法律关系为修理合同关系，修理是维修公司第一义务，故本案本着能修理的仍应修理，实在不能修复，才可更换或赔偿损失的精神处理，故判决维修公司1个月内将车辆修复，经检测合格后交付窑业公司使用，如检测不合格，维修公司赔偿窑业公司汽车损失7万余元，该车残值归维修公司所有，维修公司按每月3000元标准赔偿该车撞损之日至交付给窑业公司使用或赔偿汽车损失时止。

**【裁判依据或参考】**

**1. 法律规定。**《民法典》（2021年1月1日）第1165条："行为人因过错侵害他人民事权益造成损害的，应当承担侵权责任。依照法律规定推定行为人有过错，其不能证明自己没有过错的，应当承担侵权责任。"第1166条："行为人造成他人民事权益损害，不论行为人有无过错，法律规定应当承担侵权责任的，依照其规定。"第1191条："用人单位的工作人员因执行工作任务造成他人损害的，由用人单位承担侵权责任。用人单位承担侵权责任后，可以向有故意或者重大过失的工作人员追偿。劳务派遣期间，被派遣的工作人员因执行工作任务造成他人损害的，由接受劳务派遣的用工单位承担侵权责任；劳务派遣单位有过错的，承担相应的责任。"第

1193条:"承揽人在完成工作过程中造成第三人损害或者自己损害的,定作人不承担侵权责任。但是,定作人对定作、指示或者选任有过错的,应当承担相应的责任。"《道路交通安全法》(2004年5月1日实施,2011年4月22日修正)第76条:"机动车发生交通事故造成人身伤亡、财产损失的,由保险公司在机动车第三者责任强制保险责任限额范围内予以赔偿;不足的部分,按照下列规定承担赔偿责任:……"《侵权责任法》(2010年7月1日,2021年1月1日废止)第6条:"行为人因过错侵害他人民事权益,应当承担侵权责任。根据法律规定推定行为人有过错,行为人不能证明自己没有过错的,应当承担侵权责任。"第49条:"因租赁、借用等情形机动车所有人与使用人不是同一人时,发生交通事故后属于该机动车一方责任的,由保险公司在机动车强制保险责任限额范围内予以赔偿。不足部分,由机动车使用人承担赔偿责任;机动车所有人对损害的发生有过错的,承担相应的赔偿责任。"《民法通则》(1987年1月1日,2021年1月1日废止)第106条:"……公民、法人由于过错侵害国家的、集体的财产,侵害他人财产、人身的应当承担民事责任。"

**2. 司法解释。**最高人民法院《关于审理道路交通事故损害赔偿案件适用法律若干问题的解释》(2012年12月21日,2020年修改,2021年1月1日实施)第1条:"机动车发生交通事故造成损害,机动车所有人或者管理人有下列情形之一,人民法院应当认定其对损害的发生有过错,并适用民法典第一千二百零九条的规定确定其相应的赔偿责任:(一)知道或者应当知道机动车存在缺陷,且该缺陷是交通事故发生原因之一的;(二)知道或者应当知道驾驶人无驾驶资格或者未取得相应驾驶资格的;(三)知道或者应当知道驾驶人因饮酒、服用国家管制的精神药品或者麻醉药品,或者患有妨碍安全驾驶机动车的疾病等依法不能驾驶机动车的;(四)其它应当认定机动车所有人或者管理人有过错的。"

**3. 部门规范性文件。**中国保监会《关于"车上责任保险条款"有关问题解释的复函》(1999年6月14日 保监法〔1999〕8号)第2条:"就一般情况而言,《机动车辆附加保险条款》中已规定,'本条款附加于《机动车辆保险条款》,……未尽之处以《机动车辆保险条款》为准。'《机动车辆保险条款》第五条第二款规定'进场修理'属除外责任,即进场修理期间发生的损失,保险人不负责赔偿。这一除外责任规定同样适用于车上责任险。"

**4. 地方司法性文件。**安徽滁州中院《关于审理道路交通事故损害赔偿案件座谈会纪要》(2013年8月2日)第2条:"机动车送交他人维修、保管及扣押、出质、留置期间,因维修人、保管人或者扣押人、质权人、留置权人使用机动车发生道路交通事故造成他人损害,并负有事故责任的,由维修人、保管人、或者扣押人、质权人、留置权人承担相应的赔偿责任。"新疆高院《关于印发〈关于审理道路交通事故损害赔偿案件若干问题的指导意见(试行)〉的通知》(2011年9月29日 新高法〔2011〕155号)第17条:"机动车送交修理期间,修理人驾驶车辆发生交通事故造成损害的,由修理人对超出机动车交强险责任限额之外的损害承担赔偿责任,机动车所有人有过错的,承担相应的赔偿责任。"江苏南通中院《关于处理交通事故损害赔偿案件中有关问题的座谈纪要》(2011年6月1日 通中法〔2011〕85号)第7条:"车辆送交修理或交付保管期间,修理人或保管人使用车辆发生交通事故致人损害的,应由修理人或保管人承担赔偿责任。机动车所有人对损害的发生有过错的,承担相应的赔偿责任。"安徽宣城中院《关于审理道路交通事故赔偿案件若干问题的意见(试行)》(2011年4月)第14条:"机动车送交他人维修、保管期间,维修人或者保管人驾驶该机动车发生交通事故致人损害的,由保险公司在机动车强制责任险限额内予以赔偿。不足部分,由保管人、维修人承担赔偿责任。机动车所有人对损害的发生有过错的,承担相应的赔偿责任。"第22条:"机动车在质押期间发生交通事故致人损害的,由保险公司在交强险限额内予以赔偿。不足部分,由质押权人承担赔偿责任,质押人对损害发生有过错的,承担相应的赔偿责任。"山东淄博中院民三庭《关于审理道路交通事故损害赔偿案件若干问题的指导意见》(2011年1月1日)第15条:"车辆在维修、保养及扣押、出质、留置期间发生交通事故的,车辆所有人不承担赔偿责任,由车辆管理人与其他责任人承担赔偿责任。"安徽六安中院《关于印发〈审理道路交通事故人身损害赔偿案件若干问题的意见〉的通知》(2010年12月7日 六中法〔2010〕166号)第4条:"在机动车因修理、保管、质押等原因而交由他人占有期间,占有人未经机动车所有人同意使用机动车发生交通事故致人损害的,由占有人承担赔偿责任。占有人允许他人使用机动车发生交通事故致人损害的,应与使用人共同承担赔偿责任。"江苏常州中院《关于道路交通事故损害赔偿案件的处理意见》(2010年10月13日 常中法〔2010〕104号)第1条:"……(15)机动车送交修理或交付保管期间,修理人或保管人使用该机动车发生交通事故的,应由修理人或保管人承担赔偿责任。但机动车所有人有过错的,应当对损害承担相应的赔偿责任……"河南周口中院《关于侵权责任法实施中若干问题的座谈会纪要》(2010年8月23日 周中法〔2010〕130号)第10条:"在机动车的所有人和使用人不一致的情形下,责任主体的认定及责任方式确定,主要是采用'运行支配'和'运行利益'两个标准综合判断,同时还要结合过错责任来作为补充。在实践中,既要充分体现对受害人的保护,还要注意促进经济发展、保障行为人的行为自由,另外还要兼顾制裁交通违法行为人、遏制交通事故发生、维护交通安全的目的。结合保险法中分散风险、救济受害人等功能,积极稳妥化解故意逃避赔偿责任等形式的道德风险,应当根据下列不同情形,分别确定责任人及责任方式:……车辆所有人或者送修人在将机动车交付修理期间,修理人控制车辆期间发生交通事故造成他人损害的,车辆所有人或者送修人不承担赔偿责任,但车辆所有人或者送修人对送修机动车发生交通事故造成他人损害的有过错的,应当承担相应的赔偿责任。"浙江高院民一庭《**关于审理道路交通事故损害赔偿纠纷案件若干问题的意见(试行)**》(2010年7月1日)第11条:"机动车在维修业者管理期间发生道路交通事故致人损害的,由保险公司在机动车强制保险责任限额范围内予以赔偿。不足部分,由维修业者承担赔偿责任;机动车所有人对损害的发生有过错的,承担相应的赔偿责任。"湖南长沙中院《**关于道路交通事故人身损害赔偿纠纷案件的审理意见**》(2010年)第一部分第1条:"……车辆送交修理或保管期间,修理厂和保管人承担赔偿责任……"安徽合肥中院民一庭《**关于审理道路交通事故损害赔偿案件适用法律若干问题的指导意见**》(2009年11月16日)第8条:"机动车送交他人维修、保管期间,维修人或者保管人驾驶该机动车发生道路交通事故致人损害的,由维修人、保管人承担赔偿责任。"四川高院《**关于道路交通事故损害赔偿案件审判工作座谈会纪要(试行)**》(1999年11月12日 川高法〔1999〕454号)第4条:"道路交通事故案件赔偿责任的具体划分。赔偿责任的划分确定,是处理道路交通事故案件的重点。会议认为,依照我国现行法律法规的规定,结合审判实践,道路交通事故损害赔偿案件民事责任的确定具体可划分为以下情况……(10)车辆所有人与他人建立维修、保管关系的,在维修、保管期间,因维修人、保管人的过错造成交通事故时,由维修人、保管人承担赔偿责任……"江苏南京中院民一庭《**关于审理交通事故损害赔偿案件有关问题的指导意见**》(2009年11月)第26条:"机动车送交修理或交付保管期间,修理人或保管人因使用车辆发生交通事故的,应由修理人或保管人承担赔偿责任。"云南高院《**关于审理人身损害赔偿案件若干问题的会议纪要**》(2009年8月1日)第2条:"……在车辆修理、委托保管、扣押、出质、留置期间,承修人、保管人、扣押人、质权人、留置权人擅自驾驶车辆造成他人损害的,承修人、保管人、扣押人、质权人、留置权人应当承担赔偿责任,机动车所有人不承担赔偿责任。"广东佛山中院《**关于审理道路交通事故损害赔偿案件的指导意见**》(2009年4月8日)第14条:"属于下列情形之一的,机动车登记所有人或者实际支配人不承担责任……(3)机动车在送交修理、委托保管及扣押、出质、留置期间致人损害,由占有人承担赔偿责任,机动车登记所有人不承担赔偿责任;但机动车登记所有人或者实际支配人同意占有人使用的除外……"辽宁大连中院《**当前民事审判(一庭)中一些具体问题的理解与认识**》(2008年12月5日 大中法〔2008〕17号)第28条:"交通事故损害赔偿责任主体的具体认定问题。交通事故中赔偿义务人确定的基本原则:由机动车的所有人或实际占有人(实际使用人)承担赔偿责任。处理原则是所有人和实际占有人不一致的,根据运行支配(支配和控制)和运行利益(与机动车运行有关的经济利益)原则确定赔偿义务人。为保证受害人的利益,在诉讼中当行使必要的释明权,告知当事人尽可能将与肇事车有关人员追加为共同被告,对原告在释明后所作出的选择,法院应作好记录……(1)机动车送交他人维修、保管期间,因维修人、保管人使用机动车发生交通事故致人损害的,由维修人、保管人承担赔偿责任。"福建高院民一庭《关于审理人身损害赔偿纠纷案件疑难问题的解答》(2008年8月22日)第9条:"问:机动车交由他人保管、维修期间发生交通事故的,机动车所有人是否应承担责任?答:机动车在交由他人保管、维修期间发生交通事故的,由于车主既失去了对机动车的控制,又没有从机动车运行中得利,所以,车主不应承担责任。"江苏宜兴法院《关于审理交通事故损害赔偿案件若干问题的意见》(2008年1月28日 宜法〔2008〕第7号)第8条:"在车辆送交修理或交付保管期间,修理人或保管人因使用车辆发生交通事故的,应由修理人或保管人承担赔偿责任。"陕西高院《关于审理道路交通事故损害赔偿案件若干问题的指导意见(试行)》(2008年1月1日 陕高法〔2008〕258号)第8条:"机动车送交他人维修、保管及扣押、出质、留置期间,因维修人、保管人或者扣押人、质权人、留置权人使用机动车发生道路交通事故致人损害的,由维修人、保管人或者扣押人、质权人、留置权人承担赔偿责任,机动车所有权人不承担赔偿责任。"湖北十堰中院《关于审理机动车损害赔偿案件适用法律若干问题的意见(试行)》(2007年11月20日)第6条:"机动车的有权占有人的责任按照下列原则确定:……(4)车辆被送交修理、委托保管及出质期间,承修人、保管人、质权人(擅自)驾驶车辆造成他人损害的,承修人、保管人、质权人应当承当承担赔偿责任,机动车的所有人不承担赔偿责任。"上海高院《关于道路交通事故损害赔偿责任主体若干问题的意见》(2007年6月18日 沪高法民一〔2007〕11号)第12条:"机动车在送修理、委托保管期间,承修人、保管人驾驶车辆造成他人损害的,由承修人、保管人直接承担赔偿责任。"湖北武汉中院《关于审理交通事故损害赔偿案件的若干指导意见》(2007年5月1日)第21条:"车辆被送交修理、委托保管及扣押、出质、留置期间,承修人、保管人或者扣押人、质权人、留置权人擅自驾驶车辆造成他人损害的,承修人、保管人或者扣押人、质权人、留置权人应当承担赔偿责任,机动车所有人不承担赔偿责任。"江西高院民一庭《关于审理道路交通事故人身损害赔偿案件适用法律若干问题的解答》(2006年12月31日)第23条:"车辆在交付修理期间,修理工驾车发生交通事故致人损害的,由修理厂承担赔偿责任,车辆所有人不承担赔偿责任。车辆所有人对交付修理的事实应承担举证责任。"重庆高院《关于审理道路交通事故损害赔偿案件适用法律若干问题的指导意见》(2006年11月1日)第9条:"机动车送交他人维修、保管期间,维修人或者保管人驾驶该机动车发生道路交通事故致人损害的,由维修人、保管人承担赔偿责任。"江西赣州中院《关于审理道路交通事故人身损害赔偿案件的指导性意见》(2006年6月9日)第16条:"机动车在送交修理、委托保管及扣押、出质、留置期间致人损害,由占有人承担赔偿责任,机动车所有人不承担赔偿责任。"贵州高院、省公安厅《关于处理道路交通事故案件若干问题的指导意见(一)》(2006年5月1日)第18条:"赔偿权利人仅起诉驾驶人的,人民法院应当向赔偿权利人释明可将机动车所有人、实际支配人作为共同被告一并参与诉讼。"第19条:"机动车所产生的损害赔偿责任由机动车所有人承担。但下列情况下,机动车所有人不承担赔偿责任:……(2)修理中或者出质中的机动车发生交通事故的……"浙江杭州中院《关于审理道路交通事故损害赔偿纠纷案件问题解答》(2005年5月)第2条:"……车辆送交修理或保管期间的责任主体确定问题。车辆送交修理期间,依车辆所有人的意思,车辆已停止运行,并实际脱离车辆所有人的控制和支配,修理方依合同取得了对该车的控制支配权。车辆所有人对修理方试车或使用车辆过程中发生事故致人损害的后果,不具有过错,也无侵权行为,故不应承担责任。单纯的委托保管关系中,车辆在保管期间发生事故的,应由保管人承担赔偿责任。若所有人允许保管人在保管期间无偿或有偿使用其车辆,则形成车辆借用关系或车辆租赁关系,所有人应承担连带责任。"天津高院《关于审理交通事故赔偿案件有关问题经验总结》(2004年5月18日 津高法〔2004〕64号)第10条:"车辆被送交修理、委托保管及出质期间,承修人、保管人、或者质权人擅自驾驶车辆造成他人损害的,承修人、保管人、或者质权人应当承担赔偿责任,机动车所有人不承担赔偿责任。"吉林高院《关于印发〈关于审理道路交通事故损害赔偿案件若干问题的会议纪要〉的通知》(2003年7月25日 吉高法〔2003〕61号)第22条:"机动车在送交修理期间,修理人驾驶机动车发生道路交通事故造成损害的,修理人为被告,由修理人承担损害赔偿责任。机动车所有人、实际支配人不承担损害赔偿责任。"第23条:"机动车在委托保管期间,保管人擅自驾驶机动车发生道路交通事故造成损害的,保管人为被告,由保管人承担损害赔偿责任。机动车所有人、实际支配人不承担损害赔偿责任。"内蒙古高院《全区法院交通肇事损害赔偿案件审判实务研讨会会议纪要》(2002年2月)第7条:"保管、修理及其他情形下擅自使用他人车辆发生交通事故引起损害赔偿诉讼的,保管人、修理人及擅自使用承担责任。"

**5. 参考案例。**①2018年贵州某交通事故纠纷案,2017年,徐某因拖拉机故障,电话联系保养场请求维修,保养场让其将车开至保养场维修。途中因车辆故障加重无法行驶而停靠于公路弯道处,保养场安排员工前往查看,因天色已晚且难以修理,保养场承诺第二天继续为其维修,双方遂离开现场。次日凌晨,杨某无证驾驶无号牌摩托车载人行驶至拖拉机停靠路段时,与拖拉机相撞,造成杨某受伤及乘客死亡的道路交通事故。交警认定杨某、徐某分负主、次责任。事故发生时,徐某和杨某均未为各自车辆投保交强险。法院认为:判断机动车之间事故责任纠纷案件因果关系,应严格依《侵权责任法》过错责任原则,综合案件证据材料作出认定。本案中,根据事故认定书及当事人各方陈述、现场照片、司法鉴定意见书等证据材料综合分析,造成本次事故原因有两个方面:首先是杨某无证驾驶、驾驶前轮制动装置不合格的摩托车以及观察不细未能确保安全通行所致;其次是徐某拖拉机在道路上发生故障时,未合理设置安全警示标志、在弯道停车且未及时采取报警措施所致,以上行为皆违反了《道路交通安全法》和《道路交通安全法实施条例》规定,构成当事人各自的过错,同时也是导致本次事故的侵权责任法上的原因。从因果关系分析,本案风险源开启者是徐某,从公安机关询问笔录等证据看,其明知车辆存在故障、未年检、未投保交强险而驾驶车辆上路,其因开启风险源故对风险负有管控义务,当其车辆因为故障停驶时,虽然保养场确已派人前往维修,但故障车辆占有并未发生转移,车辆实际控制人还是徐某本人,其仍系风险源管控者,对于《道路交通安全法》所要求设置安全警示标志、及时报警处置等事务负有义务,其未履行义务而选择弃车离去显然未能减少或降低事故发生可能性,故应成为风险后果承担者。依最高人民法院《关于审理人身损害赔偿案件适用法律若干问题的解释》第10条规定,"承揽人在完成工作过程中对第三人造成损害或者造成自身损害的,定作人不承担赔偿责任",承揽性质法律关系种类繁多,欲令承揽人承担前述责任,须综合考量承揽业务性质、承揽人条件能力、定作人协作义务等因素始能对"完成工作过程中"作出适当判断。在本案所涉车辆修理场合,车辆若开至保养场,修理人员在修理、调试等过程中致人损害,或保养场派员赴现场修车,修理人员在修理过程致人损害的,定作人尚可援引前述规定以为抗辩,若仅是电话联络承诺修理,或于公共道路上修理不能时约定另择时间再行修理,超出社会一般人常识预期,故保养场不是本案侵权人,更不与徐某构成共同侵权,其与本案交通事故发生无侵权责任法上的因果关系,其在本案中不承担赔偿责任。判决徐某赔偿杨某相应损失。

②2014年云南某交通事故纠纷案,2013年,董某驾驶汽车公司所有、未投保交强险车辆与李某电动自行车、韦某机动车相撞致李某死亡。交警认定董某、李某分负主、次责任,韦某无责。经查,董某从修理厂租赁场地,以个人名义从事车辆维修业务。法院认为:董某所驾车辆未投保交强险,车辆所有人为汽车公司,依《道路交通安全法》第76条第1款"机动车发生交通事故造成人身伤亡、财产损失的,由保险公司在机动车第三者责任强制保险责任限额范围内予以赔偿;不足的部分,按照下列规定承担赔偿责任……(二)机动车与非机动车驾驶人、行人之间发生交通事故,非机动车驾驶人、行人没有过错的,由机动车一方承担赔偿责任;有证据证明非机动车驾驶人、行人有过错的,根据过错程度适当减轻机动车一方的赔偿责任……"及最高人民法院《关于审理道路交通事故损害赔偿案件适用法律若干问题的解释》第19条第1、2款"未依法投保交强险的机动车发生交通事故造成损害,当事人请

求投保义务人在交强险责任限额范围内予以赔偿的,人民法院应予支持。投保义务人和侵权人不是同一人,当事人请求投保义务人和侵权人在交强险责任限额范围内承担连带责任的,人民法院应予支持"规定,本案交通事故应由汽车公司及董某在交强险赔偿范围内连带赔偿原告死亡赔偿金 7 万元、精神抚慰金 4 万元。韦某在本次事故中无责,故其车辆投保保险公司在交强险无责限额范围内支付原告死亡赔偿金 1.1 万元。原告超出交强险外损失 34 万余元,因李某对事故承担次要责任,可适当减轻董某赔偿责任,以承担 80% 为宜。汽车公司作为肇事车辆所有人,因车辆故障而将车辆交由董某维修,在维修期间车辆保管、管理权已一并转移至董某,在董某驾车造成交通事故中,汽车公司并无过错,故汽车公司不承担责任。原告未能提交证据证实修理厂系董某驾驶车辆修理单位,即车辆管理人,故修理厂不承担责任。③2014 年江苏某损害赔偿纠纷案,2013 年,杨某车辆在修理厂修理期间,修理厂员工驾车外出肇事致王某受伤,该车先后被公安扣押、法院保全。杨某诉请修理厂赔偿租车费,修理厂以杨某未提保全异议造成损失扩大为由抗辩。法院认为:《合同法》第 121 条规定:"当事人一方因第三人的原因造成违约的,应当向对方承担违约责任。当事人一方和第三人之间的纠纷,依照法律规定或按照约定解决。"本案中,杨某将车辆送至修理厂修理,双方之间形成修理合同关系,修理厂作为修理人应完成修理工作后及时将车辆交还杨某,其无法向杨某交还车辆,即构成对杨某的违约,至于无法交还车辆的原因是修理厂员工个人造成还是案外人王某申请法院保全造成,依合同相对性原则,均不影响修理厂作为修理合同相对人,向杨某承担违约责任,即赔偿杨某因其违约产生的租车费用损失。《合同法》第 119 条第 1 款规定:"当事人一方违约后,对方应当采取适当措施防止损失的扩大;没有采取适当措施致使损失扩大的,不得就扩大的损失要求赔偿。"本案中,判断杨某是否应承担损失扩大的责任,关键要看其在法院对车辆采取保全措施后未提出异议是否符合减损的合理性范畴。向法院提出诉讼保全异议,对作为社会普通人的杨某来说,是一项复杂的、要求较高的且具有不确定性的法律诉讼程序,该项法律程序的启动,明显有别于杨某通常从事的商业程序活动,对杨某是一种特别要求,杨某无义务采取该法律程序措施。杨某作为距离交通事故事发地和实施保全措施法院较远的外地当事人,其本身从事餐饮公司的经营业务,如向法院提出诉讼保全异议,必然产生或支出超出其本人从事正常经营活动之外的额外成本,从普通意识和公平角度考量,该成本支出,对杨某不具有合理性。修理厂自身亦具备向法院提出保全异议的条件和同等机会,杨某无须承担采取减损措施的义务。修理厂作为修理合同的承揽人,是事故发生时案涉车辆的合法控制人,与该车辆具有直接而密切的经济利益关系,在案涉车辆被保全,导致其不能返还车辆而违约时,修理厂完全有理由且能依其与车辆利益关系向法院提出保全异议或采取其他替代措施申请法院解除车辆保全。因而，修理厂作为违约方，在明知其违约可能造成杨某损失，并有机会采取措施减少损失时，其自身负有采取措施减损的责任，现修理厂将这种责任推卸给守约方杨某，要求杨某履行申请保全异议的义务，不具有合理性。诉讼保全措施是法院在紧急情况下，经当事人申请，为防止将来的裁判无法执行而依法采取的法律强制程序。本案中，因案涉车辆系肇事车辆，在赔偿责任负担确定之前，事故受害人对肇事车辆申请诉讼保全是否错误，法院是否支持保全异议，需经相关法律程序认定后方能确定，因而，即使杨某向法院申请保全异议，能否减损尚不能确定，该法律风险由守约方杨某负担不具有合理性。综上，杨某在车辆被法院保全后，采取租车这一替代性措施来减少因无法使用车辆产生的损失，对杨某而言，是合理性的减损措施，但向法院申请保全异议，对杨某而言，超出了要求其采取减损措施的合理范畴，保全期间的车辆损失非杨某扩大损失，不应由其承担。判决修理厂赔偿杨某租车费用1.8万元。④2010年**江苏某损害赔偿纠纷案**，2009年，刘某驾车运货途中翻车，造成押运员薛某死亡、孙某受伤及车辆损坏。交警认定事故系车辆直拉杆球头自行脱落造成方向失控所致。刘某以该车13天前刚在王某、张某修理部花1.2万元大修为由诉请赔偿。法院认为：承揽人交付的工作成果不符合质量要求的，定作人可要求承揽人赔偿损失。本案刘某在车辆受损后交由王某修理，王某接受工作后与张某共同完成车辆修理工作，刘某与王某、张某之间存在承揽关系。根据事故发生后交警部门委托专业检测机构的检测结果及现场照片，显示事故引发原因与直拉杆有关。从事故车辆维修过程看，作为车辆所有人其在车辆发生损坏后，并不知晓车辆需修理和维护的具体部件，只有专业修理机构进行检查后才能确定，王某、张某既然已接受修理业务，其有义务对刘某车辆进行检查，并对车辆可能存在的安全隐患进行维修，故从该点看，王某、张某未尽谨慎检查和修理车辆义务，应对此引发的交通事故造成的损害后果承担赔偿责任。另从时间上看，车辆修理完毕交付至事故发生，相隔仅13天，作为一辆经过大修的车辆在修理完毕后13天内再次因直拉杆球头自行脱落造成方向失控引发交通事故，该时间未超出车辆修理质量保证期，王某、张某应共同对刘某损失承担赔偿责任。本案事故原因，还与刘某运输货物未固定、明显超过核载标准有关，存在自身过错，综合各方过错程度、作用与原因力大小，确认王某、张某承担65%、刘某自身承担35%责任。判决王某、张某连带赔偿刘某财产损失24万余元。⑤2010年**北京某保险合同纠纷案**，2009年8月，赵某车辆在机动车检测场由检测员龙某驾驶该车验车时，因撞墙造成车辆修理费损失6.8万余元。保险公司以保险合同约定"竞赛、测试，在营业性维修、养护所修理、养护期间不论任何原因造成被保险机动车损失，保险人均不负责赔偿"为由拒赔。法院认为：免责条款内容应理解为竞赛、测试活动本身对车辆造成的损坏及在营业性场所修理养护期间造成的损失不属于保险公司赔偿范围。本案事故发生地点为机动车检测场,非属营业性维修、养护场所,且车辆当时并未处于检测状态下,并非由于测试活动使车辆发生损坏,故保险公司主张免责理由不能成立。⑥2009年山东某交通事故损害赔偿案,2009年1月,机械公司将名下车辆送到修理厂修理期间,正值春节年假,修理厂职工田某将该车私驾外出,后又将该车借予乔某驾驶期间肇事撞伤骑电动自行车的王某,交警认定乔某、王某分负主、次责任。法院认为:事发时王某驾驶的系非机动车,负次要责任,故机动车一方在扣除交强险赔偿限额后应负80%的赔偿责任。田某未经机动车所有人和修理厂负责人同意,擅自驾驶该车并借予他人,导致该车事故发生,其应与乔某承担连带赔偿责任。修理厂对到该厂送修的车辆在送修期间有妥善保管义务,其应在扣除交强险责任限额后的80%责任范围内承担适当赔偿责任。机械公司在车辆送修期间,已丧失对车辆的控制支配权,不应承担本次事故的赔偿责任。⑦2008年北京某交通事故责任认定案,2004年11月,付某将出租车送到修理部修理,修理期间该车将行人李某撞伤,交警认定机动车方全责,付某作为驾驶员在事故认定书上签字。付某主张,事发时,实际驾驶员系修理工马某,事发后,马某和其雇主孙某以马某无照驾驶会被拘留为由希望付某在事故认定书上签字并承诺负担受害人医药费,付某为此提交了马某和孙某出具的证明。一审认为:马某、孙某与付某所立证明及在法庭上的陈述的证明效力并不弱于交警根据付某陈述制作的事故认定书,判决孙某赔偿李某医疗费、误工费、护理费等共计9万余元。二审维持。再审认为:付某作为完全民事行为能力人,其在交通事故认定书上签字,表明其已成为交通事故一方当事人,是交通事故责任主体,其应承担该事故所引起的法律责任。出租车公司作为付某雇主及汽车所有权人,对出租车享有运营利益,应承担相关赔偿责任,孙某给付某出具证明并作出意思表示,基于此,孙某与付某、出租车公司之间形成另外的法律关系,出租车公司、付某可另行解决,判决出租车公司赔偿李某损失9万余元。⑧2005年福建某保险合同纠纷案,2004年2月,修理厂员工刘某将修好的车辆交还旅游公司途中与罗某相撞,造成车损人伤,交警认定不能确认哪方违章行为造成。经诉讼调解,刘某及修理厂赔偿罗某1.7万余元,该款项罗某同意以保险理赔金额为准。事后旅游公司办理车辆综合险索赔时保险公司以保养维修期出险免赔约定为由拒赔。法院认为:车辆综合险承保目的主要在于防范车辆正常使用过程中发生自然灾害或意外事故。保险合同相关约定主要系因车辆在营业性修理场所维修、保养期间,车辆的适驾性无保障且脱离投保人掌控。故从保险车辆进入营业性修理场所开始到维修、保养结束并验收合格提车时止,保险公司的保险责任免除。保险车辆是否处于维修保养期间,不在于保险车辆是否仍处于维修场所,关键在于其是否维修、保养完毕且交付投保人。本案旅游公司已委托修理厂刘某提车,修理厂及刘某均确认该委托行为,罗某未向旅游公司索赔及刘某、修理厂与罗某达成调解协议,并不代表旅游公司的委托行为不发生法律效力。同时,该车已维修完毕,故可认定被保险车辆在出险时不存在车辆的适驾性没有保障和脱离投保人掌控的问题,应认定被保险车辆实际已维修、保养完毕且交付旅游公司,不属于维修、保养期间。且根据《保险法》规定,对保险合同条款存有争议时,应作有利于被保险人和受益人的解释,故在对保险合同条款适用有争议情况下,亦应作出有利于旅游公司的解释。保险公司的代位求偿权是在保险车辆发生保险责任范围内的损失应由第三方负责赔偿的情况下,保险公司自向被保险人赔偿保险金之日起,在赔偿金额范围内代位行使被保险人对第三方请求赔偿的权利。民事调解书是在事故发生后交警部门未能认定事故责任的情况下,罗某向法院起诉要求刘某和修理厂承担全部责任,修理厂与刘某在法院的主持下与罗某达成的调解协议,是经法院确认自愿、合法、有效而制作的生效法律文书,不存在保险公司向罗某代位求偿的问题。同时,民事调解书明确约定,罗某赔偿款项同意以保险理赔金额为准,故该民事调解书并非修理厂及刘某自行承诺支付的赔偿金额。关于车辆损失险的赔偿问题,因民事调解书未涉及车辆损失的处理问题,故该调解书并不能作为旅游公司放弃了对第三者请求赔偿的权利的依据。根据旅游公司提供的车辆维修定损清单可以认定经过保险公司估价和定损的车辆损失金额。对于第三者责任险的赔偿金额因保险公司在本案的审理过程中并未提出具体核赔金额是多少,在此情况下,可以以民事调解书确认的赔偿罗某的金额,作为旅游公司应对第三者罗某赔偿的金额。⑨1998年辽宁某财产损害赔偿案,1998年6月,郑某将轿车送至陈某开办的保养厂修理,按陈某指示到工贸公司购买油泵阀体等配件,陈某安装后,因该油泵阀体总成中泵轮装反致车损。法院认为:郑某与工贸公司之间存在购销关系属实。工贸公司销售油泵阀体总成中泵轮装反造成车损,且销售时工贸公司未能说明该总成的情况,系其未尽妥善说明的义务。陈某未对该总成进行检查即予装配,安装后又未经调试合格即准许车辆出厂使用,系其未尽妥善维修的义务。工贸公司或陈某,如善尽上述义务,即能避免发生本案车损的结果,上述二被告的过错行为,造成了郑某车辆损坏的后果,已侵害了郑某的财产,应依法共同承担民事责任。陈某与工贸公司二被告就基于不同发生原因而产生的同一内容的给付,应各自承担全部履行的义务,二被告之间成立不真正连带债务,判决陈某、工贸公司连带赔偿郑某汽车修理费、租赁费共3万余元。

【同类案件处理要旨】

机动车送交修理、委托保管及扣押、出质、留置期间致人损害,占有人驾驶车辆发生交通事故造成损害的,由占有人对超出机动车交强险责任限额之外的损害承担赔偿责任,机动车所有人有过错的,承担相应的赔偿责任。

## 【相关案件实务要点】

1.【**修理厂责任**】修理厂对于送修的车辆负有保管责任,送修车辆在保管期间被第三人擅自驾驶并出借导致发生交通事故,修理厂应对损害后果承担适当赔偿责任。案见山东济南商河法院(2009)商民一初字第203号"王某诉乔某等交通事故损害赔偿案"。

2.【**赔偿范围**】车辆维修合同中一方不履行合同义务或履行义务不符合约定的,在履行义务或采取补救措施后,对方还有其他损失的应当赔偿。案见江苏南京秦淮区法院2002年2月28日判决"某窑业公司等诉某工业公司财产损害赔偿案"。

3.【**事故认定**】道路交通事故责任认定书,是交通管理人员在发生事故后第一时间到达事故现场,经过现场勘验、听取事故当事人陈述而作出的文书,是道路交通事故损害赔偿纠纷案件中最为重要的证据,故在确定交通事故责任主体时,应以交通事故责任认定书记载的当事人为准,确定了责任主体后,再依据有关法律法规确定民事赔偿主体。案见北京二中院再审"李某诉孙某等交通事故人身损害赔偿案"。

4.【**不当修理**】销售商产品责任侵权与修理厂不当修理结合,造成他人损失的,构成不真正连带债务,应承担连带赔偿责任。案见辽宁大连经济技术开发区法院1998年11月30日判决"郑某诉陈某等财产损害赔偿案"。

5.【**保险事故**】机动车在维修、保养后交付车主的过程中出险,投保人在交警部门没有作出责任认定和没有法院判决,双方责任不明的情况下,与受害人达成调解协议后,仍可向保险公司要求理赔。案见福建省厦门市中级人民法院(2005)厦民终字第1945号"某旅游公司诉某保险公司保险合同纠纷案"。

## 【附注】

**参考案例索引**:江苏南京秦淮区法院2002年2月28日判决"某窑业公司等诉某工业公司财产损害赔偿案",见《青龙山窑业有限公司诉弘达汽车维修公司在修理中损坏被修车辆要求赔偿车辆损失和另租车使用的损失案》(戚秋生),载《人民法院案例选》(200303:231)。①贵州遵义中院(2018)黔03民终1492号"杨某与徐某等交通事故责任纠纷",见《故障车辆等待维修过程中发生交通事故之责任判断——贵州遵义中院判决杨某等诉徐修福、时代汽车保养场机动车交通事故责任纠纷案》(万亿),载《人民法院报·案例精选》(20180927:06)。②云南昆明中院(2014)昆民三终字第237号"肖某与董某等机动车交通事故责任纠纷案",见《肖月先、李义诉董远彬、云南昊宇汽车销售服务有限公司等机动车交通事故责任纠纷案——机动车交通事故责任纠纷责任主体及责任范围的认定》(侯佳、龚钰),载

《人民法院案例选》(201502/92:171)。③江苏宿迁中院(2014)宿中商终字第0028号"杨某与某汽车公司损害赔偿纠纷案",见《杨春雷诉上众腾峰汽车公司车辆修理期间引发交通事故被保全要求赔偿损失案》,载《江苏省高级人民法院公报》(201505/41:52)。④江苏宿迁中院(2010)宿中民终字第0728号"刘某与王某等损害赔偿纠纷案",见《刘荣诉王军、张立新等因车辆维修存在质量问题引发交通事故损害赔偿纠纷案》,载《江苏省高级人民法院公报》(201006/12:33)。⑤北京一中院(2010)一中民终字第9899号"赵某诉某保险公司保险合同纠纷案",见《赵卫奇诉中国人民财产保险股份有限公司北京市大兴支公司保险合同案》(魏应杰),载《中国法院2012年度案例:保险纠纷》(38)。⑥山东济南商河法院(2009)商民一初字第203号"王某诉乔某等交通事故损害赔偿案",见《王超速王乔镇等道路交通事故人身损害赔偿案》(孙海霞),载《中国法院2012年度案例:道路交通纠纷》(133)。⑦北京二中院(2008)二中民终字第10878号"李某诉孙某等交通事故人身损害赔偿案",见《道路交通事故责任主体应以交通事故责任认定书记载为准——李文荟与孙友清、北京北方出租汽车有限责任公司、付立水道路交通事故人身损害赔偿纠纷案》(吴宏),载《全国法院再审典型案例评注》(2011:203)。⑧福建省厦门市中级人民法院(2005)厦民终字第1945号"某旅游公司诉某保险公司保险合同纠纷案",一审认为汽车修理系加工承揽关系,合同完成以标的物交付为标志,保险车辆未交付,仍处于维修保养期间,符合保险合同约定的免赔情形,判决驳回旅游公司诉讼请求,二审改判保险公司支付旅游公司保险金2万余元。见《厦门国旅旅运服务有限公司诉中国太平洋财产保险股份有限公司厦门分公司保险合同案》(尤冰宁),载《中国审判案例要览》(2006商事:351);另载《人民法院案例选》(200601:244)。⑨辽宁大连经济技术开发区法院1998年11月30日判决"郑某诉陈某等财产损害赔偿案",见《郑善成诉陈善军以菲夫公司出售的瑕疵配件修理汽车致车损成立不真正连带债务案》(谷东芳),载《人民法院案例选》(200002:82)。

## 26. 学习驾驶员事故赔偿

——新手出车祸,教练陪练责?

【培训陪练】

【案情简介及争议焦点】

2010年4月,驾校学员黄某在教练缪某指导下学习驾驶,与李某驾驶的摩托车相撞致李某10级伤残,交警认定教练员缪某负主要责任,李某负次要责任。驾校除承担医药费1万余元外,协议赔偿李某6万余元,实际赔付李某5万余元后办理理赔遭拒。

争议焦点:1.事故责任承担? 2.保险公司应否理赔?

**【裁判要点】**

1. 事故责任认定。根据《道路交通安全法实施条例》,学员在学习驾驶中有道路交通安全违法行为或者造成交通事故的,由教练员承担责任。交通队关于教练员缪某承担事故责任的认定,符合法律规定,应予采纳。保险公司虽辩称黄某非驾校学员,但未能提出相反证据;保险公司又提出事发地不属于练车场所,因目前尚无相关法律法规对机动车驾驶学员练车场所进行强制性规定,且双方在签订交强险合同时亦无相关约定,故法院对此不予认可。

2. 保险责任承担。驾校向伤者赔偿后,保险公司应依照保险合同约定予以理赔。关于赔偿数额,因驾校与伤者协商时保险公司并未参与,故应重新进行核定。

**【裁判依据或参考】**

1. 法律规定。《民法典》(2021年1月1日)第1165条:"行为人因过错侵害他人民事权益造成损害的,应当承担侵权责任。依照法律规定推定行为人有过错,其不能证明自己没有过错的,应当承担侵权责任。"第1166条:"行为人造成他人民事权益损害,不论行为人有无过错,法律规定应当承担侵权责任的,依照其规定。"第1167条:"侵权行为危及他人人身、财产安全的,被侵权人有权请求侵权人承担停止侵害、排除妨碍、消除危险等侵权责任。"第1191条:"用人单位的工作人员因执行工作任务造成他人损害的,由用人单位承担侵权责任。用人单位承担侵权责任后,可以向有故意或者重大过失的工作人员追偿。劳务派遣期间,被派遣的工作人员因执行工作任务造成他人损害的,由接受劳务派遣的用工单位承担侵权责任;劳务派遣单位有过错的,承担相应的责任。"《道路交通安全法》(2004年5月1日实施,2011年4月22日修正)第20条:"机动车的驾驶培训实行社会化,由交通主管部门对驾驶培训学校、驾驶培训班实行资格管理,其中专门的拖拉机驾驶培训学校、驾驶培训班由农业(农业机械)主管部门实行资格管理。驾驶培训学校、驾驶培训班应当严格按照国家有关规定,对学员进行道路交通安全法律、法规、驾驶技能的培训,确保培训质量。任何国家机关以及驾驶培训和考试主管部门不得举办或者参与举办驾驶培训学校、驾驶培训班。"第76条:"机动车发生交通事故造成人身伤亡、财产损失的,由保险公司在机动车第三者责任强制保险责任限额范围内予以赔偿;不足的部分,按照下列规定承担赔偿责任:……"《侵权责任法》(2010年7月

1日,2021年1月1日废止)第6条:"行为人因过错侵害他人民事权益,应当承担侵权责任。根据法律规定推定行为人有过错,行为人不能证明自己没有过错的,应当承担侵权责任。"第49条:"因租赁、借用等情形机动车所有人与使用人不是同一人时,发生交通事故后属于该机动车一方责任的,由保险公司在机动车强制保险责任限额范围内予以赔偿。不足部分,由机动车使用人承担赔偿责任;机动车所有人对损害的发生有过错的,承担相应的赔偿责任。"《合同法》(1999年10月1日,2021年1月1日废止)第107条:"当事人一方不履行合同义务或者履行合同义务不符合约定的,应当承担继续履行、采取补救措施或者赔偿损失等违约责任。"第113条:"当事人一方不履行合同义务或者履行合同义务不符合约定,给对方造成损失的,损失赔偿额应当相当于因违约所造成的损失,包括合同履行后可以获得的利益,但不得超过违反合同一方订立合同时预见到或者应当预见到的因违反合同可能造成的损失。"第121条:"当事人一方因第三人的原因造成违约的,应当向对方承担违约责任。当事人一方和第三人之间的纠纷,依照法律规定或者按照约定解决。"第122条:"因当事人一方的违约行为,侵害对方人身、财产权益的,受损害方有权选择依照本法要求其承担违约责任或者依照其他法律要求其承担侵权责任。"

**2. 行政法规。** 国务院《道路运输条例》(2023年7月20日第五次修订并实施)第38条:"从事机动车驾驶员培训的,应当具备下列条件:(一)取得企业法人资格;(二)有健全的培训机构和管理制度;(三)有与培训业务相适应的教学人员、管理人员;(四)有必要的教学车辆和其他教学设施、设备、场地。"第46条:"机动车驾驶员培训机构应当按照国务院交通主管部门规定的教学大纲进行培训,确保培训质量。培训结业的,应当向参加培训的人员颁发培训结业证书。"国务院《道路交通安全法实施条例》(2004年5月1日,2017年10月7日修订)第20条:"学习机动车驾驶,应当先学习道路交通安全法律、法规和相关知识,考试合格后,再学习机动车驾驶技能。在道路上学习驾驶,应当按照公安机关交通管理部门指定的路线、时间进行。在道路上学习机动车驾驶技能应当使用教练车,在教练员随车指导下进行,与教学无关的人员不得乘坐教练车。学员在学习驾驶中有道路交通安全违法行为或者造成交通事故的,由教练员承担责任。"第22条:"机动车驾驶人初次申领机动车驾驶证后的12个月为实习期。在实习期内驾驶机动车的,应当在车身后部粘贴或者悬挂统一式样的实习标志。机动车驾驶人在实习期内不得驾驶公共汽车、营运客车或者执行任务的警车、消防车、救护车、工程救险车以及载有爆炸物品、易燃易爆化学物品、剧毒或者放射性等危险物品的机动车;驾驶的机动车不得牵引挂车。"

**3. 司法解释。** 最高人民法院《关于审理道路交通事故损害赔偿案件适用法律若干问题的解释》(2012年12月21日,2020年修改,2021年1月1日实施)第5条:"接受机动车驾驶培训的人员,在培训活动中驾驶机动车发生交通事故造成损害,属于该机动车一方责任,当事人请求驾驶培训单位承担赔偿责任的,人民法院应予支持。"

**4. 部门规范性文件。**公安部《**机动车登记规定**》(2012年9月12日修正)第64条:"机动车驾驶人初次申请机动车驾驶证和增加准驾车型后的12个月为实习期。新取得大型客车、牵引车、城市公交车、中型客车、大型货车驾驶证的,实习期结束后三十日内应当参加道路交通安全法律法规、交通安全文明驾驶、应急处置等知识考试,并接受不少于半小时的交通事故案例警示教育。在实习期内驾驶机动车的,应当在车身后部粘贴或者悬挂统一式样的实习标志。"第65条:"机动车驾驶人在实习期内不得驾驶公共汽车、营运客车或者执行任务的警车、消防车、救护车、工程救险车以及载有爆炸物品、易燃易爆化学物品、剧毒或者放射性等危险物品的机动车;驾驶的机动车不得牵引挂车。驾驶人在实习期内驾驶机动车上高速公路行驶,应当由持相应或者更高准驾车型驾驶证三年以上的驾驶人陪同。其中,驾驶残疾人专用小型自动挡载客汽车的,可以由持有小型自动挡载客汽车以上准驾车型驾驶证的驾驶人陪同。在增加准驾车型后的实习期内,驾驶原准驾车型的机动车时不受上述限制。"第69条:"机动车驾驶人在实习期内有记满12分记录的,注销其实习的准驾车型驾驶资格。被注销的驾驶资格不属于最高准驾车型的,还应当按照第六十八条第一款规定,注销其最高准驾车型驾驶资格。持有大型客车、牵引车、城市公交车、中型客车、大型货车驾驶证的驾驶人在一年实习期内记6分以上但未达到12分的,实习期限延长一年。在延长的实习期内再次记6分以上但未达到12分的,注销其实习的准驾车型驾驶资格。"交通部《**机动车驾驶员培训管理规定**》(2006年4月1日)第2条:"机动车驾驶员培训业务是指以培训学员的机动车驾驶能力或者以培训道路运输驾驶人员的从业能力为教学任务,为社会公众有偿提供驾驶培训服务的活动。包括对初学机动车驾驶人员、增加准驾车型的驾驶人员和道路运输驾驶人员所进行的驾驶培训、继续教育以及机动车驾驶员培训教练场经营等业务。"第25条:"教练员从事教学活动时,应当随身携带《教练员证》,不得转让、转借《教练员证》。在道路上学习驾驶时,随车指导的教练员应当持有相应的《教练员证》。"第42条:"机动车驾驶员培训机构在道路上进行培训活动,应当遵守公安交通管理部门指定的路线和时间,并在教练员随车指导下进行,与教学无关的人员不得乘坐教学车辆。"公安部交管局《关于对〈关于驾车人未领取驾驶证驾驶车辆是否属无证驾驶的请示〉的答复》(1998年5月25日 公交管〔1998〕123号):"……依据《中华人民共和国道路交通管理条例》第二十五条的规定,机动车驾驶员必须经过车辆管理机关考试合格,领取驾驶证,方可驾驶车辆。在考试合格后,核发驾驶证期间,不得驾驶车辆。"公安部交管局《关于驾驶员在学习期内能否在高速公路上驾驶车辆的答复》(1997年7月18日 公交管〔1997〕152号,2004年8月19日废止):"……《中华人民共和国机动车驾驶证管理办法》取消了'中华人民共和国机动车学习驾驶证',同时在第七条中规定初次领证的第一年为实习期。驾驶证制度这一改革,既减少了证件种类,免去持证人持实习证换证的环节,又保留了驾驶实习制度。在实习期内的驾驶员即为实习驾驶员,持驾驶证应遵守《高速公路交通管理办法》有关规定不能在高速公路上驾驶车辆。"公安部交管局《关于机动车驾驶员考核发证几个具体问题的批复》(1996年5月6日 公交管〔1996〕74号,2004年8月19日废止)第4条:"凡教练车上道路进行教练时,必须按公安交通管理机关批准的路线、时间进行教练。不按公安交通管理机关批准的路线、时间学习驾驶机动车的,依照《中华人民共和国治安管理处罚条例》第二十七条(已废止——编者注),处15日以下拘留和200元以下罚款。"

**5. 地方司法性文件。**江西宜春中院《关于印发〈审理机动车交通事故责任纠纷案件的指导意见〉的通知》(2020年9月1日 宜中法〔2020〕34号)第22条:"接受机动车驾驶培训的人员在培训活动中驾驶机动车发生交通事故造成损害,属于该机动车一方责任的,由驾驶培训单位承担赔偿责任。"第23条:"机动车陪练中发生交通事故造成损害,属于该机动车一方责任的,由驾驶人承担赔偿责任。陪练人对损害的发生有过错的,承担相应的赔偿责任。"广东佛山中院《关于审理道路交通事故损害赔偿案件的指导意见》(2009年4月8日)第24条:"学习驾驶员在驾驶培训机构学习期间,驾驶学习机动车发生道路交通事故致人损害的,由驾驶培训机构承担赔偿责任。驾驶培训机构赔偿后可以向存在故意行为的学习驾驶员追偿。"安徽合肥中院《关于道路交通事故损害赔偿案件的审判规程(试行)》(2019年3月18日)第19条:"【驾驶培训单位、陪练人员的责任】接受机动车驾驶培训的人员,在培训活动中驾驶机动车发生交通事故造成损害,属于该机动车一方责任的,由驾驶培训单位承担赔偿责任。机动车陪练中发生交通事故造成损害,属于该机动车一方责任的,由驾驶人承担赔偿责任,陪练人对损害发生有过错的,承担相应的赔偿责任。"天津高院《关于印发〈机动车交通事故责任纠纷案件审理指南〉的通知》(2017年1月20日 津高法〔2017〕14号)第3条:"……接受机动车驾驶培训的人员在培训活动中驾驶机动车发生交通事故造成损害,属于该机动车一方责任的,经当事人请求,由驾驶培训单位承担赔偿责任。"第3条:"……机动车陪练中发生交通事故造成损害,属于该机动车一方责任的,由驾驶人承担赔偿责任,陪练人对损害发生有过错的,承担相应的赔偿责任。"河南三门峡中院《关于审理道路交通事故损害赔偿案件若干问题的指导意见(试行)》(2014年10月1日)第2条:"道路交通事故中,与车辆所有人之间有旅客运输、驾驶员培训等合同关系的机动车乘员受到人身损害的,构成道路交通事故损害赔偿请求权和违反上述合同中保障乘员人身安全的附随义务违约请求权的竞合,应由原告择一请求权行使。"江苏南通中院《关于处理交通事故损害赔偿案件中有关问题的座谈纪要》(2011年6月1日 通中法〔2011〕85号)第9条:"学习驾驶员在驾驶培训机构学习期间,驾驶学习机动车发生交通事故致人损害的,由驾驶培训机构承担赔偿责任。学习驾驶员擅自驾驶学习机动车发生交通事故致人损害的,驾驶培训机构没有过错的,应由学习驾驶员承担赔偿责任;驾驶培训机构有过错的,承担相应赔偿责任。"安徽宣城中院《关于审理道路交通事故赔偿案件若干问题的意见(试行)》(2011年4月)第15条:"学习驾驶人员在驾驶机构学习期间,驾驶学习机动车发生交通事故致人损害的,由保险公司在机动车强制责任险限额内予以赔偿。不足部分,驾驶机构承担赔偿责任。"山东淄博中院民三庭《关于审理道路交通事故损害赔偿案件若干问题的指导意见》(2011年1月1日)第20条:"学员在驾驶培训机构学习期间,在教学活动中,驾驶教练车发生道路交通事故致人损害的,由驾驶培训机构承担赔偿责任。"江苏无锡中院《关于印发〈关于审理道路交通事故损害赔偿案件若干问题的指导意见〉的通知》(2010年11月8日 锡中法发〔2010〕168号)第9条:"【驾训机构的事故赔偿责任】学员在接受驾驶培训期间,驾驶教练车发生道路交通事故致人损害的,由驾驶培训机构承担赔偿责任。有驾驶资格的驾驶人与驾驶培训机构订有陪驾服务合同,在陪驾期间发生交通事故的,一般应由驾驶人承担赔偿责任;驾驶培训机构有过错的,承担相应的赔偿责任。"浙江高院民一庭《关于审理道路交通事故损害赔偿纠纷案件若干问题的意见(试行)》(2010年7月1日)第12条:"机动车驾驶受训人员在培训活动中发生道路交通事故致人损害的,由保险公司在机动车强制保险责任限额范围内予以赔偿。不足部分,由培训单位承担赔偿责任。"第13条:"机动车陪练过程中发生道路交通事故致人损害的,由保险公司在机动车强制保险责任限额范围内予以赔偿。不足部分,由驾驶人承担赔偿责任;陪练人有过错的,承担相应的赔偿责任。但驾驶人未取得驾驶执照的,由驾驶人与陪练人对超出机动车强制保险责任限额的损害赔偿承担连带责任。"安徽合肥中院民一庭《关于审理道路交通事故损害赔偿案件适用法律若干问题的指导意见》(2009年11月16日)第11条:"学习驾驶员在驾驶培训机构学习期间,驾驶学习机动车发生道路交通事故致人损害的,由驾驶培训机构承担赔偿责任。"云南高院《关于审理人身损害赔偿案件若干问题的会议纪要》(2009年8月1日)第2条:"……15. 学习驾驶员在驾驶培训机构学习期间,驾驶学习机动车发生道路交通事故致人损害的,由驾驶培训机构承担赔偿责任。"陕西高院《关于审理道路交通事故损害赔偿案件若干问题的指导意见(试行)》(2008年1月1日 陕高法〔2008〕258号)第12条:"学习驾驶员在驾驶培训机构学习期间,驾驶学习机动车发生道路交通事故致人损害的,由驾驶培训机构承担赔偿责任。"重庆高院《关于审理道路交通事故损害赔偿案件适用法律若干问题的指导意见》(2006年11月1日)第14条:"学习驾驶员在驾驶培训机构学习期间,驾驶学习机动车发生道路交通事故致人损害的,由驾驶培训机构承担赔偿责任。"第15条:"驾驶人取得机动车驾驶证后,由驾驶培训机构指派教练员陪练,发生道路交通事故致人损害,驾驶人自行提供机动车的,由驾驶人与驾驶培训机构承担同等赔偿责任;驾驶培训机构提供学习机动车的,由驾驶培训机构与驾驶人承担连带赔偿责任。"江西赣州中院《关于审理道路交通事故人身损害赔偿案件的指导性意见》(2006年6月9日)第2条:"学习驾驶员在学习过程中驾驶机动车致人损害,由培训机构承担赔偿责任。培训机构赔偿后可以向有重大过错的学习驾驶员追偿。"四川高院《关于道路交通事故损害赔偿案件审判工作座谈会纪要(试行)》(1999年11月12日 川高法〔1999〕454号)第4条:"道路交通事故案件赔偿责任的具体划分。赔偿责任的划分确定,是处理道路交通事故案件的重点。会议认为,依照我国现行法律法规的规定,结合审判实践,道路交通事故损害赔偿案件民事责任的确定具体可划分为以下情况……(14)学习驾驶员在驾校学习期间驾驶学习车辆发生交通事故的,由驾校承担赔偿责任……"

**6. 地方规范性文件。**安徽省《道路运输管理条例》(2023年4月3日修正实施)第51条:"申请从事机动车驾驶员培训业务的,依法向市场监督管理部门办理有关登记手续后,应当向交通运输主管部门申请取得道路运输经营许可证。机动车驾驶员培训机构需要终止经营的,应当在终止之日起三十日前告知原许可机关,办理有关注销手续。"第52条:"机动车驾驶员培训机构应当在核定的教学场地进行驾驶培训;在道路上进行驾驶培训的,应当遵守公安机关交通管理部门指定的路线和时间,并在教练员随车指导下进行,与教学无关的人员不得乘坐教学车辆。机动车驾驶员培训机构应当使用经公安机关交通管理部门登记、具有统一标识的教学车辆从事驾驶培训。教学车辆的统一标识由机动车驾驶员培训经营者按照规定的样式自行制作、使用和管理。"第53条:"机动车驾驶员培训机构应当按照国务院交通运输主管部门规定的教学大纲进行培训,确保培训质量,并如实签署培训记录。"西藏自治区《道路交通安全条例》(2023年1月18日修正实施)第26条:"教练车应当符合国家标准和相应技术要求,悬挂公安机关交通管理部门核发的教练车号牌,安装教练员可以控制车辆行驶的安全装置。"云南省《道路交通安全条例》(2022年11月30日修正实施)第16条:"在道路上学习驾驶的学员,应当依法取得机动车驾驶技能准考证明。机动车驾驶培训机构不得安排未取得机动车驾驶技能准考证明的申请人上道路学习驾驶机动车。"第17条:"机动车教练员在教练过程中,除应当遵守相关规定外,并遵守下列规定:(一)携带机动车驾驶证和教练员证;(二)使用教练车进行教练;(三)按照经批准的教学计划和内容开展教练;

(四)不得超载和搭乘与教学无关的人员;(五)有本条例第十五条第二款规定的情形,不得从事教学活动。"江西省公安厅《关于印发〈江西省道路交通事故责任认定规则〉的通知》(2015年11月27日 赣公字〔2015〕184号)第17条:"学员在教练员陪同下学习驾驶中造成交通事故的,由教练员承担相应的事故责任,学员不承担责任。"广东省交通运输厅《关于机动车驾驶培训教练员的管理办法》(2013年1月1日)第17条:"教练员不得在未经交通运输主管部门核定的教练场地或使用无IC卡道路运输证的教练车从事驾驶培训教学活动。在道路上进行驾驶培训教学的,应当按照公安机关交通管理部门指定的路线、时间进行。教练员应当随车指导,与教学无关的人员不得搭乘教练车。驾培机构不得使用报废的、检测不合格的和其他不符合国家规定的车辆从事驾驶操作训练。"北京市公安局交管局《关于指定小型客车学习驾驶和考试路线的通告》(2012年8月8日)第2条:"在道路上学习机动车驾驶技能应当使用教练车,在教练员随车指导下进行,与教学无关人员不得乘坐教练车。"湖北省武汉市《道路运输管理规定》(2012年8月1日)第25条:"机动车驾驶员培训机构应当在运管机构核定的教学场地开展教学活动。鼓励机动车驾驶员培训机构建设综合性训练场或者在专业驾驶员培训基地集中开展教学活动。"第27条:"机动车驾驶员培训机构应当与学员签订培训合同,约定培训周期、培训费用、教练员和违约责任等事项,并在约定的培训周期内,根据学员预约的时间提供教学服务,不得在合同约定范围外增加收费项目。"浙江省《道路运输条例》(2012年7月1日)第52条:"从事机动车驾驶员培训经营的,其场地、设施设备、教学人员配备等应当符合机动车驾驶员培训开业的有关标准。教练车辆应当符合有关技术标准,配备副制动器、副后视镜、灭火器以及培训学时计时管理设备,并取得经公安机关交通管理部门注册登记的教练车辆号牌。"第54条:"机动车驾驶员培训经营者应当遵守下列规定:(一)与学员签订机动车驾驶员培训合同,明确双方权利义务;(二)在核定的教学场地和公安机关交通管理部门指定的教练路线、时间进行培训;(三)如实签署培训记录,建立教学日志、学员档案;(四)不得利用非教练车辆从事驾驶培训经营;(五)增减教练车辆的,自增减发生之日起二十日内向市、县道路运输管理机构备案。"江苏省苏州市《道路运输条例》(2012年1月30日修正)第26条:"从事机动车驾驶员培训经营的,应当依法取得道路运输经营许可证件和教练车道路运输证件。机动车驾驶员培训经营者应当在道路运输管理机构批准的注册地经营,并在核定的教学场地开展教学活动。"广东省广州市公安局交管局《关于机动车学习驾驶人训练考试路段的通告》(2012年1月1日)第3条:"机动车学习驾驶人训练、考试期间,指定路段的其他车辆、行人不因训练、考试受通行限制。"江西省《道路运输条例》(2011年1月1日)第68条:"机动车驾驶员培训机构应当在核定的教学场地进行驾驶培训;在道路上进行驾驶培训的,应当按照公安机关交通管理部门指定的路线和时间,并在教练员随车指导下进行。机动车驾驶员培训机构应当使用符合有关标准、取得牌证和具有统一标识的教学车辆从事驾驶培训,为教学车辆安装培训学时记录设备,并保证其正常使用。"山东省《道路交通事故责任确定规则(试行)》(2010年1月1日)第11条:"学员在教练员陪同下学习驾驶中造成道路交通事故的,由教练员承担事故责任,学员不承担责任。"上海市公安局《关于印发〈关于道路交通事故责任认定的若干规定〉的批复》(2006年7月8日 沪公发〔2007〕261号)第9条:"学员在教练员陪同下学习驾驶中造成道路交通事故的,由教练员承担相应的当事人责任,学员不承担责任。"广东省《道路交通事故责任认定规则(试行)》(2008年10月1日)第8条:"……(五)学员在教练员陪同下学习驾驶中造成交通事故的,由教练员承担事故责任,学员不承担责任。"

**7. 参考案例。**①2014年福建某保险合同纠纷案,2014年,商贸公司实习驾驶员王某独自驾驶投保机动车上高速,因操作不当撞上护栏,产生修车费5万余元,因保险公司拒绝理赔致诉。法院认为:保险合同中责任免除条款采取列举加兜底方式阐述免责事由范围。该"其他情况下驾车"条款性质上属概括性条款,虽未直接明确列举不允许驾车其他情形,但内容指向非常明确。外延上强调的是法律、法规或公安机关交通管理部门所作不允许驾车相关规定,与合同前文约定"无证驾驶""驾驶证有效期已届满"等列举规定系并列协调关系,亦系对列举规定的补充。依《机动车驾驶证申领和使用规定》第65条第2款:"驾驶人在实习期内驾驶机动车上高速公路行驶,应当由持相应或者更高准驾车型驾驶证三年以上的驾驶人陪同。"本案中商贸公司驾驶人系在实习期内单独驾驶机动车上高速公路,其行为已违反前述规定,故商贸公司驾驶人行为属保险合同约定的免责事由。综合本案投保单中商贸公司签章、商业保险单中"重要提示"内容、保险条款中"责任免除"部分字体和内容,可认定保险公司对保险合同中前述免责条款已履行提示义务。法律、法规、规章自公布后即具有法律效力,社会公众应知悉和理解,且车辆驾驶人更应学习、了解和遵守道路交通安全法律、法规和规章,故保险公司对前述概括性条款作出提示和告知后,不必再就其具体内容作明确说明和解释。判决驳回商贸公司诉请。②2014年生命权纠纷案,2013年,刚取得驾照的刘某请求好友孙某让其免费跟随工程车实习,孙某同意。次日空车返回途中,孙某停车检查车辆时,刘某下车手扶油箱金属防护栏,结果当场触电身亡。2014年,刘某近亲属以案涉损害发生在雇佣期间为由提起诉讼,要求孙某赔偿损失。法院认为:刘某经孙某同意无偿跟车实习,目的是为掌握驾驶技术,而非提供劳务,故两者之间不构成雇佣关系,而是形成不具有法律约束力的纯粹生活层面的友情陪练。然而,因实习人员经验不足,在线路选择和驾驶操作等方面仍依赖于陪练人员指挥,而孙某疏于观察周围环境,对车辆停靠不当未能尽到应有的提醒义务,致使受害人陷入危险发生损害,存有过失,应承担一定责任。受害人拥有驾驶资质,对风险判断具备完全能力,却疏忽大意,以致停靠地点选择不当,主观存有重大过失,据此应减轻孙某责任。判决孙某承担10%责任,赔付原告8万余元。③2014年江苏某交通肇事案,2006年,朱某在其无驾驶教练资格的丈夫李某指导下无证驾驶无号牌轿车练车,因操作失误,将夏某父母二人撞倒,后经抢救无效死亡。交警认定朱某全责。朱某驾驶车辆系李某以曹某名义从交通局以1万元价格购买,购买时已属报废车辆,交通局、曹某及李某对交易时车辆状况均明知。法院认为:依《道路交通安全法》第14条规定,国家实行机动车强制报废制度。交通局为追求经济利益,将达到报废标准的车辆对外出售,其作为交通主管部门存在明显过错。交通局与朱某、李某作为实际转让人和受让人,应预见到驾驶达到报废标准的机动车辆上路行驶发生交通事故可能性,却放任或未采取积极措施予以阻止,导致本案损害后果发生。交通局违规出售报废汽车与李某、朱某开车肇事之间虽无意思联络,但各自侵权行为之间紧密、直接结合,与交通肇事结果发生原因力和加害结果无法区分,具有共同关联性和致害结果一致性,依据最高人民法院《关于审理人身损害赔偿案件适用法律若干问题的解释》第3条第1款的规定,交通局和朱某、李某构成共同侵权,应承担共同侵权连带责任。判决朱某、李某赔偿夏某等人死亡赔偿金、丧葬费、交通费、被抚养人生活费等合计77万余元,交通局承担连带赔偿责任。④2013年江苏某保险合同纠纷案,2012年,驾校教练李某车下指挥学员倒车入库时被撞身亡。驾校赔偿李某亲属70万元后,诉请保险公司赔偿交强险12万元。法院认为:保险合同是投保人与保险人约定保险权利义务关系的协议,在保险合同中所约定的保险事故发生后,保险人应履行赔付保险金义务,但对符合责任免除情形的保险事故,保险人可依约免除赔付保险金责任。本案中,驾校与保险公司之间交强险合同依法成立并生效,对双方均有约束力。根据该合同所附条款约定,被保险机动车在驾驶人未取得驾驶资格情况下发生交通事故,保险公司仅垫付抢救费用,对于其他损失和费用不负垫付和赔偿,且对于垫付抢救费用,保险公司有权向致害人追偿。涉案被保险机动车虽为教练车,主要用于培训学员驾驶技能,而学员一般均未取得驾驶资格,但依据《道路交通安全法实施条例》第20条第2款的规定,学员在道路上学习机动车驾驶技能应使用教练车,且教练员应随车进行指导,学员在学习驾驶过程中有道路交通违法行为或发生交通事故,由教练员承担责任。由此可见,学员在教练场驾驶教练车时,教练员须随车进行指导,如教练员未随车指导,学员单独驾车即为无证驾驶,驾校作为专业的驾驶员培训机构,对此规定应清楚和明知,故涉案保险合同条款中虽未约定学员在驾驶被保险车辆过程中教练员必须随车指导,但不能据此认为保险公司放弃了主张该免责事由权利。判决驳回驾校诉请。⑤2013年江苏某

**保险合同纠纷案**,2011年,驾校学员胡某驾驶学习时不慎撞倒许某停放摩托车,摩托车倒地砸伤费某。交警认定非道路交通事故,教练全责。交强险赔付了1万元医药费。驾校支付费某4万余元后续医药费后,要求保险公司赔付商业三责险,保险公司以该车未投保教练车特约条款为由拒赔。法院认为:根据保险公司提交的投保单,其在签订保险合同时对投保车辆为教练车是明知的,对该车辆用于教学练习的正常用途也是明知的,但保险公司仍予以承保,应视为对教学练习免责情形抗辩权放弃。虽然三责险条款约定对教学练习中损失免责,但该约定不仅违背了投保人投保初衷,也排除了投保人依法享有的权利,使投保人投保目的无法实现,该免责条款无效。本案中,保险人并未明确告知投保人不投保教练车附加险,在教练过程中发生事故将得不到赔偿的后果;保险人不能在未明确告知不投保教练车附加险后果情况下,由投保人自行选择,以此转嫁保险风险。判决保险公司向驾校支付三责险理赔款4万余元。⑥2013年**江苏某保险合同纠纷案**,2012年,驾校为教练车投保车损险。保险期间,学员训练单边桥时撞桥墩,产生修理费9000余元。保险公司以保险合同明确用于教练用途免责、驾校未投保专用教练车特约附加条款为由拒赔。法院认为:投保人驾校是专业机动车驾驶培训机构,其投保车辆车号明显系教练车,车辆用途本身就是"教练"。保险公司提交的投保单显示,其在缔结保险合同时已对投保车辆进行了详细了解,知晓投保车辆教练用途,但其仍然承保并收取保费、签发保单。在发生保险事故后,又以保险合同格式条款约定车辆用于教练用途属于保险责任免责情形,不予理赔,不能成立,故保险公司应当承担保险赔付责任。⑦2012年**浙江某教育培训合同纠纷案**,2009年4月,驾校学员陈某驾驶学员车与驾校另一辆学员车相撞,陈某受伤构成两处10级伤残,交警认定沈某不负事故责任。法院认为:陈某与驾校签订的学员驾驶培训合同合法有效,依法应予保护,驾校依法应履行陈某在接受教育培训期间的人身安全保障义务。陈某在接受教育培训期间遭遇交通事故受伤是造成本案纠纷的原因,对此,驾校应承担赔偿损失的违约责任。作为机动车驾驶培训合同的当事人,陈某与驾校在签订学员驾驶培训合同时,应当预见到可能发生人身伤害并由此造成损失的情况,事实上,合同中有关驾校有义务提醒、建议学员购买意外人身伤害保险的内容已足以说明合同双方已预见到该损失发生的可能。故陈某参照人身损害赔偿的计算方法,要求驾校赔偿相关损失21万余元,未超出合同双方可预见的损失范围。⑧2012年**重庆某保险合同纠纷案**,2009年4月,驾校教练曹某带领学员驾驶投保交强险和商业险的教练车肇事致第三者魏某受伤,驾校垫付赔偿费用1.7万余元后办理理赔,保险公司以学员无证驾驶依约拒赔。法院认为:虽然保险条款中有关于驾驶人无驾驶证发生事故造成第三者损害赔偿责任保险人不应赔付保险金的免责条款约定,但本案驾校投保的教练车系培训驾驶员的学员车,学员车不同于普通车辆,需要长期培训无驾驶证的学员驾驶车辆,保险公司在接受驾校投保时也清楚该事实,如学员因无驾驶证驾驶车辆造成的第三者损害赔偿责任其不赔偿保险金,则应在驾校投保时向其明确说明。驾校作为投保人本就应在投保单上盖具印章,其在投保单上投保人声明一栏下方盖具印章的行为并不能证实某保险公司已就免责条款向驾校履行了明确说明义务,因此该免责条款对驾校不产生效力。综上,驾校作为教练车的被保险人和实际赔付人,保险公司应当向其赔付第三者责任保险和机动车损失保险的保险金。⑨2010年湖北某交通事故损害赔偿案,2009年11月,陈某驾驶自己出资购买,登记在驾校名下的教练车,载学员王某途中撞上道路旁的山坡,致万某从副驾驶的车门甩出,坠至道旁水沟身亡,交警认定陈某全责。法院认为:陈某作为肇事教练车的实际车主和驾驶员,应对万某死亡造成的损失承担全部赔偿责任。驾校作为名义车主,以其名义招收学员,并收取培训费,故应承担连带责任。事故发生前,万某坐在副驾驶室,系车上人员,但事故发生时,由于右前车门在碰撞过程中开启,致使万某被甩出,此时受害人已从车上人员转化为第三者,故保险公司应在交强险限额内承担赔偿责任,超过部分由陈某赔偿,驾校承担连带责任。⑩2006年浙江某交通事故损害赔偿案,2006年1月,陆某酒后驾驶驾校教练车,因操作不当,造成车上乘员富某死亡,交警认定陆某全责。法院认为:富某是有完全民事行为能力的成年人,且已通过汽车驾驶员培训,其应熟知交通法规,而其与陆某同桌饮酒,在明知陆某酒后驾车的情况下仍搭乘该车,对损害发生也有过错。再则,富某是无偿搭乘陆某驾驶的汽车,属好意同乘,可减轻侵权人的赔偿责任。根据驾校提供的证据,该校与陆某签订《教练员安全生产目标管理责任书》可认定,陆某系驾校聘用的汽车驾驶教练员,双方之间属雇佣关系。陆某无固定工资,根据其联系招收学员,并通过培训考试合格学员的数量计发工资。驾校未规定教练员的作息时间,只规定"教练员不得擅离工作岗位,做到车动必教练在"。即应理解为驾校的教练员只要在配置的车上行驶就是履行职务。根据驾校给教练员计发工资的方式,可以理解为教练员外出与人聚会,广交朋友与招收学员的职务行为有内在联系。驾校应对陆某在从事雇佣活动中致受害人损害的后果承担赔偿责任。而且,驾校是事故车辆的车主,其将教练车长期交教练员保管和使用的做法,应属职务授权,教练车致人损害,应当承担赔偿责任。陆某酒后驾车属违法行为,也违反了驾校禁止酒后驾车的规定,其行为对损害发生存在重大过失,应与驾校承担连带赔偿责任。判决驾校、陆某连带赔偿原告23万余元。

**【同类案件处理要旨】**

接受机动车驾驶培训的人员,在培训活动中驾驶机动车发生交通事故造成损害,由保险公司在机动车强制保险责任限额范围内予以赔偿。不足部分,由驾驶培训机构承担赔偿责任。机动车陪练过程中发生道路交通事故致人损害的,由驾驶人承担赔偿责任;陪练人有过错的,承担相应的赔偿责任。但驾驶人未取得驾驶执照的,由驾驶人与陪练人对超出机动车强制保险责任限额的损害赔偿承担连带责任。

**【相关案件实务要点】**

1.**【安全保障】**学员与驾校签订的驾驶培训合同合法有效,驾校依法应履行陈某在接受教育培训期间的人身安全保障义务。学员在接受教育培训期间遭遇交通事故受伤,驾校应承担赔偿损失的违约责任。案见浙江杭州中院(2012)浙杭民终字第855号"陈某与某驾校教育培训合同纠纷上诉案"。

2.**【转承责任】**驾校与教练员有法律上的雇佣关系,教练员下班后驾校将教练车交教练员保管使用,系职务授权。教练员驾车外出聚会与招收学员职务行为有内在联系,其酒后驾驶教练车发生事故,驾校应承担赔偿责任。案见浙江湖州南浔区法院(2006)湖浔民(一)初字第1536号"朱某等诉某驾校等交通事故损害赔偿案"。

3.**【保险理赔】**驾校学员在学习驾驶中造成交通事故的,由随车教练员承担责任。驾校投保交强险的,应认定该事故属于保险责任范围,保险公司应予理赔。案见江苏金湖法院(2011)金商初字第0384号"某驾校诉某保险公司保险合同纠纷案"。

4.**【无证驾驶】**学员车不同于普通车辆,需要长期培训无驾驶证的学员驾驶车辆,保险公司在接受驾校投保时也清楚该事实,如学员因无驾驶证驾驶车辆造成的第三者损害赔偿责任其不赔偿保险金,则应在驾校投保时向其明确说明。驾校作为投保人本就应在投保单上盖具印章,其在投保单上投保人声明一栏下方盖具印章的行为并不能证实某保险公司已就免责条款向驾校履行了明确说明义务,因此该免责条款对驾校不产生效力。案见重庆江北区法院(2012)江法民初字第1543号"某驾校诉某保险公司保险合同纠纷案"。

**【附注】**

**参考案例索引**:江苏金湖法院(2011)金商初字第0384号"某驾校诉某保险公司保险合同纠纷案",判决保险公司赔偿驾校6.4万余元,见《淮安长城驾培公司诉人保金湖支公司因学员练车发生交通事故理赔被拒保险合同纠纷案》(朱宝宏、杜新珍),载《江苏高院公报·参阅案例》(201202:83)。①福建厦门中院(2014)厦民终字第1991号"某商贸公司与某保险公司保险合同纠纷案",见《厦门车缘商贸有限公司诉中国人民财产保险股份有限公司厦门市分公司财产保险合同纠纷案——

概括性免责条款提示说明义务的认定》(胡欣),载《人民法院案例选》(201609/103:159)。②江苏阜宁法院(2014)阜少民初字第0008号"刘某与孙某等生命权纠纷案",见《友情陪练中产生损害的责任承担——江苏阜宁法院判决刘丙羊等诉孙青松生命权纠纷案》(刘干、梁晓婷),载《人民法院报·案例精选》(20150709:06)。③江苏高院(2014)苏刑抗字第0001号"夏冬京等与朱小敏、李问问、邳州市交通局、曹劲松交通肇事罪刑事附带民事赔偿抗诉案",见《夏某某等与朱某某、李某某等交通肇事附带民事赔偿纠纷抗诉案》,载《审判监督指导·最高人民检察院公布13起检察机关民事诉讼监督典型案例》(201501/51:166)。④江苏宿迁中院(2013)宿中商终字第0220号"某驾校与某保险公司保险合同纠纷案",见《宿迁市安捷机动车驾驶员培训有限公司诉中国人民财产保险股份有限公司泗阳支公司保险合同纠纷案(无证驾驶与交强险理赔)》(刘玲),载《中国审判案例要览》(2014商:290)。⑤江苏常州中院(2013)常商终字第516号"江苏省常州市武进诚信机动车驾驶技术培训中心与阳光财产保险股份有限公司常州中心支公司保险合同纠纷案",见《教练车在教练中发生事故属于保险责任范围》(郑仪),载《人民司法·案例》(201414:59)。⑥江苏常州中院(2013)常商终字第348号"某驾校与某保险公司保险合同纠纷案",见《明都机动车驾训公司诉阳光保险公司保险合同约定的"教练"免责条款无效请求理赔案》,载《江苏省高级人民法院公报》(201401/31:77)。⑦浙江杭州中院(2012)浙杭民终字第855号"陈某与某驾校教育培训合同纠纷上诉案"。⑧重庆江北区法院(2012)江法民初字第1543号"某驾校诉某保险公司保险合同纠纷案"。⑨湖北宜昌夷陵区法院(2010)宜中民一终字第00473号"万某等诉陈某等交通事故损害赔偿案",见《万忠楷等诉陈泽雄等道路交通事故人身损害赔偿案》(曹琼),载《中国法院2012年度案例:道路交通纠纷》(223)。⑩浙江湖州南浔区法院(2006)湖浔民(一)初字第1536号"朱某等诉某驾校等交通事故损害赔偿案",见《朱兴勤等诉陆建忠、湖州百佳驾驶员培训有限公司交通事故损害赔偿纠纷——如何处理雇佣关系中的侵权责任》,载《浙江高院·案例指导》(2007/2008:253)。

## 27. 事故救援期间的损害
——事故救援期，损害谁赔偿？

【事故救援】

**【案情简介及争议焦点】**

2009年3月，董某雇员魏某驾驶货车因超载抛锚，报警后，汽修厂按交通队指令派雇员梅某维修，拆卸轮胎时，因轮胎爆炸致梅某身亡。汽修厂赔偿梅某家属35万余元后向董某追偿。

争议焦点：1. 本案法律关系？2. 损害赔偿责任？

**【裁判要点】**

**1. 本案法律关系。** 承揽合同纠纷作为合同纠纷的一种，主要追究当事人的违约责任，而雇员受害赔偿追偿纠纷属人身损害赔偿纠纷，主要追究当事人的侵权责任，两者各自隶属不同的责任性质。汽修厂员工为董某车辆更换轮胎系修理合同法律关系，属于承揽合同法律关系。该员工在修理过程中意外死亡，汽修厂向其家属赔偿，属雇员受害赔偿性质，现向董某追偿，系雇员受害损害赔偿纠纷，隶属人身损害赔偿纠纷，不能以提起诉讼的前提是承揽合同，便认定该案为承揽合同纠纷。本案应以确定雇员所受的人身损害是否因雇佣关系以外的第三人造成为基础，因此需对涉案事故的原因进行认定。

**2. 损害赔偿责任。** 对于涉案事故发生的主要原因，根据鉴定报告，"维修操作不当造成人身伤亡是后果亦是关键因素"。同时，在本案中，董某所雇用的驾驶员魏某在发现车辆故障后向交警部门求助，汽修厂雇员梅某在修理时已明确轮胎损伤，根据最高人民法院《关于审理人身损害赔偿案件适用法律若干问题的解释》第10条的规定，"承揽人在完成工作过程中对第三人造成损害或自身损害的，定作人不承担赔偿责任，但定作人对定作、指示或者选任有过失的，应当承担相应的赔偿责任"。董某所雇用的驾驶员魏某已经尽到了妥善处理事故车辆、及时联系交警队维修以及告知轮胎损伤的义务，不存在定作、指示或者选任上的过失。汽修厂主张轮胎爆炸系因涉案车辆使用不当且存在多处不符合国家相关强制标准导致，对此，法院认为，涉案车辆发生故障后，董某雇用的驾驶员魏某停车寻求帮助，并采取适当措施予以预防，而汽修厂派员前往修理也是为了解决车辆故障，在其修理过程中,应查清原因,查勘故障状况,并采取有效措施避免修理过程中发生意外。现事故的发生与处置不当直接关联,与车辆受损原因无关,故判决驳回汽修厂诉讼请求。

**【裁判依据或参考】**

**1. 法律规定。**《道路交通安全法》(2004年5月1日实施,2011年4月22日修正)第68条:"机动车在高速公路上发生故障时,应当依照本法第五十二条的有关规定办理;但是,警告标志应当设置在故障车来车方向一百五十米以外,车上人员应当迅速转移到右侧路肩上或者应急车道内,并且迅速报警。机动车在高速公路上发生故障或者交通事故,无法正常行驶的,应当由救援车、清障车拖曳、牵引。"第70条:"在道路上发生交通事故,车辆驾驶人应当立即停车,保护现场;造成人身伤亡的,车辆驾驶人应当立即抢救受伤人员,并迅速报告执勤的交通警察或者公安机关交通管理部门。因抢救受伤人员变动现场的,应当标明位置。乘车人、过往车辆驾驶人、过往行人应当予以协助。在道路上发生交通事故,未造成人身伤亡,当事人对事实及成因无争议的,可以即行撤离现场,恢复交通,自行协商处理损害赔偿事宜;不即行撤离现场的,应当迅速报告执勤的交通警察或者公安机关交通管理部门。在道路上发生交通事故,仅造成轻微财产损失,并且基本事实清楚的,当事人应当先撤离现场再进行协商处理。"《合同法》(1999年10月1日,2021年1月1日废止)第251条:"承揽合同是承揽人按照定作人的要求完成工作,交付工作成果,定作人给付报酬的合同。承揽包括加工、定作、修理、复制、测试、检验等工作。"第253条:"承揽人应当以自己的设备、技术和劳力,完成主要工作,但当事人另有约定的除外。承揽人将其承揽的主要工作交由第三人完成的,应当就该第三人完成的工作成果向定作人负责;未经定作人同意的,定作人也可以解除合同。"《民法通则》(1987年1月1日,2021年1月1日废止)第93条:"没有法定的或者约定的义务,为避免他人利益受损失进行管理或者服务的,有权要求受益人偿付由此而支付的必要费用。"第109条:"因防止、制止国家的、集体的财产或者他人的财产、人身遭受侵害而使自己受到损害的,由侵权人承担赔偿责任,受益人也可以给予适当的补偿。"

**2. 行政法规。**国务院《关于加强道路交通安全工作的意见》(2012年7月22日 国发〔2012〕30号)第20条:"完善道路交通事故应急救援机制。地方各级人民政府要进一步加强道路交通事故应急救援体系建设,完善应急救援预案,定期组织演练。健全公安消防、卫生等部门联动的省、市、县三级交通事故紧急救援机制,完善交通事故急救通信系统,加强交通事故紧急救援队伍建设,配足救援设备,提高施救水平。地方各级人民政府要依法加快道路交通事故社会救助基金制度建设,制定并完善实施细则,确保事故受伤人员的医疗救治。"

**3. 司法解释。**最高人民法院《关于审理人身损害赔偿案件适用法律若干问题的解释》(2004年5月1日 法释〔2003〕20号,2020年修正,2021年1月1日实施)第1条:"因生命、身体、健康遭受侵害,赔偿权利人起诉请求赔偿义务人赔偿物质损害和精神损害的,人民法院应予受理。本条所称'赔偿权利人',是指因侵权行为或者其他致害原因直接遭受人身损害的受害人以及死亡受害人的近亲属。本条所称'赔偿义务人',是指因自己或者他人的侵权行为以及其他致害原因依法应当承担民事责任的自然人、法人或者非法人组织。"第2条:"赔偿权利人起诉部分共同侵权人的,人民法院应当追加其他共同侵权人作为共同被告。赔偿权利人在诉讼中放弃对部分共同侵权人的诉讼请求的,其他共同侵权人对被放弃诉讼请求的被告应当承担的赔偿份额不承担连带责任。责任范围难以确定的,推定各共同侵权人承担同等责任。人民法院应当将放弃诉讼请求的法律后果告知赔偿权利人,并将放弃诉讼请求的情况在法律文书中叙明。"最高人民法院《关于贯彻执行〈中华人民共和国民法通则〉若干问题的意见(试行)》(1988年4月2日 法〔办〕发〔1988〕6号 2021年1月1日废止)第132条:"民法通则第九十三条规定的管理人或者服务人可以要求受益人偿付的必要费用,包括在管理或者服务活动中直接支出的费用,以及在该活动中受到的实际损失。"

**4. 部门规范性文件。**公安部交管局《关于对高速公路上故障车肇事车清障主管机关的答复》(1996年6月26日 公交管〔1996〕113号):"……高速公路上故障车、肇事车的清障应当由公安机关交通管理部门负责。公安机关交通管理部门也可以根据情况,委托或指派有关部门承担全部、部分清障任务。"

**5. 地方司法性文件。**山东济南中院《关于保险合同纠纷案件94个法律适用疑难问题解析》(2018年7月)第12条:"不用提示说明就当然有效的情形。保险法第五十七条第一款规定:'保险事故发生时,被保险人应当尽力采取必要的措施,防止或者减少损失。'合同法第一百一十九条规定:'当事人一方违约后,对方应当采取适当措施防止损失的扩大;没有采取适当措施致使损失扩大的,不得就扩大的损失要求赔偿。当事人因防止损失扩大而支出的合理费用,由违约方承担。'根据上述法律规定可知,关于被保险人减损义务的规定属于强制性规范,是被保险人的法定义务,必须遵守。故被保险人未尽施救义务的,就扩大的损失部分保险人不承担保险责任的保险条款不需保险人的提示及明确说明义务就当然有效。"第44条:"施救减损费用合理必要性的判断标准。保险法第五十七条第二款规定:'保险事故发生后,被保险人为防止或者减少保险标的的损失所支付的必要的、合理的费用,由保险人承担;保险人所承担的费用数额在保险标的损失赔偿金额以外另行计算,最高不超过保险金额的数额。'被保险人依据保险法第五十七条第二款支付的费用是否为必要、合理,应以一般理性被保险人的标准判断。被保险人为防止或者减少保险标的的损失所采取的措施,即使未发生防止或减少保险标的损失的效果,但因此支付的费用依据当时的情况符合前款规定的标准,被保险人主张保险人承担的,应予支持。"天津高院《关于印发〈机动车交通事故责任纠纷案件审理指南〉的通知》(2017年1月20日 津高法〔2017〕14号)第6条:"……财产损失赔偿项目。直接损失:车辆维修费、车载物品损失、施救费、车辆重置费用。间接损失:停运损失、通常替代性交通工具费用……(三)施救费。因对事故车辆救援所产生的施救费用,按照施救机构出具的发票所载金额予以赔偿……"天津高院《关于印发〈机动车交通事故责任纠纷案件审理指南〉的通知》(2017年1月20日 津高法〔2017〕14号)第5条:"【未履行施救义务致损失扩大】保险人依据'被保险人未尽施救义务的,就扩大的损失部分保险人不承担保险责任'的保险条款,主张对于因被保险人方未尽施救义务而扩大的损失部分不予赔偿的,人民法院予以支持。"江苏高院《印发〈关于审理保险合同纠纷案件若干问题的讨论纪要〉的通知》(2011年1月12日 苏高法审委〔2011〕1号)第11条:"保险人依据'被保险人未尽施救义务的,就扩大的损失部分保险人不承担保险责任'的保险条款,主张对于因被保险人未尽施救义务而扩大的损失部分不予赔偿的,人民法院予以支持。"

**6. 参考案例**。①2004年江苏某交通事故损害赔偿案,2004年1月,刘某请廖某拉货,并让费某驾车对廖某的货车进行倒牵引拖发动,其间钢缆脱落,廖某货车无刹车且临危处置不当,导致路人葛某被撞伤。法院认为:廖某是以其自备的交通工具从事个体运输的人员,不受刘某的控制、指挥与监督,故刘某与廖某之间应是运输合同关系,而非雇佣关系。至于有关出车费用由刘某承担的问题,这并非判断雇佣关系是否成立的关键,在运输合同中并不排除当事人之间可存在这样的约定。廖某与费某作为具有相应驾驶资质的驾驶员,在明知倒牵引拖车是违章行为,及被拖车刹车失灵应采用硬牵引装置牵引的情况下进行软牵引拖车,进而造成损害结果的发生,其二人在主观上具有共同的过错,并因共同违章行为造成同一损害结果,构成共同侵权,应承担连带责任。鉴于廖某的车辆刹车失灵并存在违章行为,是造成事故的直接原因,应负主要责任,费某负次要责任。由于事故是由廖某和费某而非刘某违章造成,且刘某无驾驶资质,对如何连结钢缆、如何指挥拖车均无专业能力,而这些方面则是廖某和费某应注意的义务而不依赖于刘某,故刘某不应承担责任。②2002年江苏某侵权损害赔偿案,1999年10月,成某的货车于便道避让时发生侧翻,保安公司、路桥公司施救时因缆绳捆绑不当及操作失误,致车辆两次坠落,加剧了事故车辆的损坏。法院认为:保安公司和路桥公司收取起吊费为成某起吊车辆,应尽心尽责完成工作。起吊中,因缆绳捆绑不当及起吊操作失误等原因,致车头两次坠地,严重加剧了车辆损坏程度,保安公司和路桥公司对其行为应负民事赔偿责任。成某车辆停车让道,便道边缘下沉有一个缓冲过程,车辆翻入便道后,从事故照片上看汽车没有多大变形,车辆损失不大,起吊坠地后车头严重变形。根据证人证言及现场照片等证据,应认定起吊车辆坠地损失大于翻车损失。综合考虑成某翻车因素、车辆已使用年限、修理费用组成等因素,认定车辆总损失53755元中,成某翻车损失为10815元,两被告行为造成成某车损42940元。现成某主张两被告赔偿3万元是依法处分自己民事权利行为,应予支持。因两被告系混合过错,应共同赔偿成某损失,且应互相承担连带责任。③2010年**浙江某损害赔偿案**,顾某驾车肇事,施某为救燕某母女、顾某女儿,数度入水,后受寒入院。法院认为:施某不顾危险,跳河救助溺水者,与溺水者之间形成无因管理关系。因救助溺水者而导致身体受损,为此造成的医疗费、误工费、护理费、营养费等损失,属于无因管理行为支出的费用,有权要求受益人偿付。顾某是其未成年人女儿的监护人,依法负有保护被监护人身体健康的监护职责,这是其应尽义务。施某在无法定和约定义务情形下,救助溺水的顾某女儿,避免了顾某监护女儿这一利益遭受损失。由此,顾某实际获得了利益而成为受益人。尽管顾某不是施某直接救助的对象,但顾某驾车不当,致车辆翻入河中,车中四人生命健康权遭受严重威胁,客观上这已形成一起道路交通事故。顾某作为驾驶员依法负有抢救受害者等义务,并负有按照交通事故责任承担相应的损害赔偿责任。施某入水救人的行为,无论是行为表现还是行为目的,都与顾某应履行的法定抢救义务是一致的,实质上其行为也是在为顾某利益进行服务的活动。顾某因此成为受益人,应承担补偿责任。

【同类案件处理要旨】

交通事故发生后,专业施救者未在自己注意范围内小心谨慎地护理救援活动,应对损害后果承担赔偿责任;因实施见义勇为等无因管理行为而使自己受到损害的,可以据以无因管理关系向受益人主张权利。

【相关案件实务要点】

1.【无因管理】因实施见义勇为等无因管理行为而使自己受到损害的,既可以据以损害赔偿关系向不法侵害人主张权利,又可以据以无因管理关系向受益人主张权利。在存在数个受益人的情况下,应当由直接受益人补偿。案见江苏南通中院(2001)通中民终字第1521号"施某诉顾某无因管理案"。

2.【注意义务】专业施救者未在自己注意范围内小心谨慎地护理救援活动,应对损害后果承担赔偿责任。案见江苏盱眙法院(2001)盱民初字第410号"成某诉某保安公司侵权损害赔偿案"。

【附注】

参考案例索引：浙江湖州中院 2010 年 3 月 25 日判决"某汽修厂诉董某损害赔偿纠纷案"，见《浙江省德清县上武汽车修理厂诉董艳峰损害赔偿纠纷案》，载《最高人民法院公报·案例》(2011:488)；另见《雇员受害赔偿纠纷中的第三方责任》（梁方元、吴宾宾），载《人民司法·案例》(201206:4)。①江苏无锡中院(2004)锡民终字第 400 号"葛某诉费某等交通事故损害赔偿案"，判决廖某赔偿葛某损失 70%，费某赔偿 30%，一审认为非连带，二审改为连带责任。见《葛柳英诉费家超、廖祥志、刘军非道路交通事故损害赔偿案》（李旭强），载《中国审判案例要览》(2005 民事:375)。②江苏盱眙法院(2001)盱民初字第 410 号"成某诉某保安公司侵权损害赔偿案"，判决保安公司、路桥公司连带赔偿成某车辆损失 3 万元。见《成德同诉盱眙县保安服务公司等在施救过程中操作失误致事故车加重损害请求赔偿加重损失案》（刘洋），载《人民法院案例选》(200204:172)，另载《江苏高院·参阅案例研究》(民事卷 01:281)。③江苏南通中院(2001)通中民终字第 1521 号"施某诉顾某无因管理案"，一审判决顾某、燕某共同补偿施某 1.9 万余元，二审经调解，顾某补偿施某 1.6 万余元。见《施洪权诉顾伟等案》（樊建兵、金建飞），载《中国审判案例要览》(2002 民事:584)。

# 28. 上下车辆时事故致损

## ——上下车受伤，是否车方责？

【上下车辆】

【案情简介及争议焦点】

2005 年，罗某驾驶出租车等红灯时，黄某跑到机动车道上前拉门欲乘坐，与同方向起步行驶的车主为钟某，由郑某无偿借用驾驶的货车碰刮受伤。

争议焦点：1. 事故责任主体？2. 责任比例？

【裁判要点】

1. **罗某与出租车公司不承担责任。**罗某驾车等待放行，其行为本身并无过错，对黄某忽然拉开车门的瞬间行为也不可能预见。当黄某拉开的出租车车门与货车发生碰刮时，罗某驾驶的出租车仍处于静止状态。故引起本案事故发生原因非罗某行为,而是黄某拉开车门与郑某驾驶的货车相碰刮引起,罗某与黄某之间不存在交通事故,其不应承担本案赔偿责任,故与罗某有承包经营关系的出租汽车公司以及与该公司有保险合同关系的保险公司也不应承担责任。

**2. 黄某和郑某应为事故责任主体。**郑某在驾驶货车起步时,将黄某致伤,故应认定郑某实施了侵权行为,其与黄某之间构成了交通事故。在此次交通事故中,黄某违反了《道路交通安全法实施条例》"不得在机动车道上拦乘机动车"以及"开关车门不得妨碍其他车辆和行人通行"的规定。郑某在驾驶货车起步时,时遇雨天、路滑、能见度低,当其听到黄某叫声时,采取了立即刹车并开启应急灯的措施。故根据《道路交通安全法》规定,认定黄某承担此次交通事故80%的责任,郑某承担此次通事故20%的责任。

**【裁判依据或参考】**

**1. 法律规定。**《民法典》(2021年1月1日)第814条:"客运合同自承运人向旅客出具客票时成立,但是当事人另有约定或者另有交易习惯的除外。"第822条:"承运人在运输过程中,应当尽力救助患有急病、分娩、遇险的旅客。"第823条:"承运人应当对运输过程中旅客的伤亡承担赔偿责任;但是,伤亡是旅客自身健康原因造成的或者承运人证明伤亡是旅客故意、重大过失造成的除外。前款规定适用于按照规定免票、持优待票或者经承运人许可搭乘的无票旅客。"第824条:"在运输过程中旅客随身携带物品毁损、灭失,承运人有过错的,应当承担赔偿责任。旅客托运的行李毁损、灭失的,适用货物运输的有关规定。"《合同法》(1999年10月1日,2021年1月1日废止)第293条:"客运合同自承运人向旅客交付客票时成立,但当事人另有约定或者另有交易习惯的除外。"第294条:"旅客应当持有效客票乘运。旅客无票乘运、超程乘运、越级乘运或者持失效客票乘运的,应当补交票款,承运人可以按照规定加收票款。旅客不交付票款的,承运人可以拒绝运输。"第302条:"承运人应当对运输过程中旅客的伤亡承担损害赔偿责任,但伤亡是旅客自身健康原因造成的或者承运人证明伤亡是旅客故意、重大过失造成的除外。前款规定适用于按照规定免票、持优待票或者经承运人许可搭乘的无票旅客。"

**2. 行政法规。**国务院《道路运输条例》(2023年7月20日第五次修订并实施)第16条:"客运经营者应当为旅客提供良好的乘车环境,保持车辆清洁、卫生,并采取必要的措施防止在运输过程中发生侵害旅客人身、财产安全的违法行为。"

**3. 部门规范性文件。**交通运输部《道路旅客运输及客运站管理规定》(2012年12月11日修正)第47条:"客运班车应当按照许可的线路、班次、站点运行,在规定的途经站点进站上下旅客,无正当理由不得改变行驶线路,不得站外上客或者沿途揽客。"建设部《城市公共汽电车客运管理办法》(2005年6月1日)第18条:

"城市公共汽电车在营运过程中不得到站不停,不得在规定站点范围外上下客,不得无正当理由拒载乘客、中途逐客、滞站揽客。"第 27 条:"城市公共汽电车客运过程中发生乘客伤亡的,城市公共汽电车经营者应当依法承担相应的损害赔偿责任;能够证明伤亡人员故意或者自身健康原因造成的除外。"

**4. 地方司法性文件。**辽宁沈阳中院《机动车交通事故责任纠纷案件审判实务问题解答》(2020 年 3 月 23 日)第 11 条:"乘客开车门造成车外人员受伤的赔偿责任如何认定?解答:乘车人开车门造成第三人损害的,机动车驾驶人违章停车与乘车人开车门之间在主观上具有共同过失时,则构成共同侵权,驾驶人和乘车人应对受害人承担连带责任,从而交强险与商业三者险均应在其赔偿限额范围内承担全部赔偿责任。理由:《中华人民共和国侵权责任法》第八条规定的共同侵权行为,限于意思关联的主观共同侵权,应以行为人之间有共同故意或者共同过失为必要条件。机动车驾驶人违章停车,乘车人开车门之间在主观上具有共同过失,因此构成共同侵权,驾驶人和乘车人应对受害人承担连带责任,从而交强险与商业三者险均应在其赔偿限额范围内承担全部的赔偿责任。"北京三中院《类型化案件审判指引:机动车交通事故责任纠纷类审判指引》(2017 年 3 月 28 日)第 2 - 1.1 部分"机动车交通事故责任纠纷的认定—常见问题解答"第 4 条:"如乘客在乘坐出租车过程中因交通事故遭受人身或财产损害,其可以'出租汽车运输合同纠纷'的案由将出租车公司作为被告,诉至法院,亦可以'机动车交通事故责任'的案由将出租车公司作为被告,诉至法院。在可能存在责任竞合的情况下,法官应释明当事人固定案由,之后才能确定受诉法院是否有管辖权以及当事人的请求权基础是否符合法律、案件当事人是否适格。"北京高院研究室、民一庭《北京法院机动车交通事故责任纠纷案件审理疑难问题研究综述》(2017 年 3 月 25 日)第 7 条:"小客车驾驶人违章停车,乘车人开车门致第三人损伤时赔偿责任应如何确定?商业三者险应如何赔付?第一种观点认为:《侵权责任法》第 8 条规定的共同侵权行为,限于意思关联共同的主观共同侵权,应以行为人之间有共同故意或者共同过失为必要要件。小客车驾驶人违章停车,乘车人开车门之间在主观上具有共同过失,因此构成共同侵权,驾驶人和乘车人应对受害人承担连带责任,从而交强险与商业三者险均应在其赔偿限额范围内承担 100% 的赔偿责任。第二种观点认为:《侵权责任法》第 8 条规定的为共同加害行为,即狭义的共同侵权行为,不包括数个侵权人之间存在共同过失的情形,故小客车驾驶人违章停车,乘车人开车门致人伤害的行为应属于无意思联络的数人侵权,因该情形并非每个人的侵权行为都足以造成全部的损害,故应适用《侵权责任法》第十二条处理,由侵权人各自承担相应的责任,即按照其过错、原因力大小承担按份赔偿责任,从而车辆商业三者险只应赔付驾驶人应承担的责任部分。我们倾向于第一种观点,原因如下:共同侵权的成立必须以各行为人主观上具有意思联络为要件。通说认为意思联络应不限于共同故意,共同过失亦可构成共同侵权。而所谓共同过失,是指各个行为人对损害后果都具有共同的可预见性,但因疏忽或者过于自信等原因造成了同一损害后果。《侵权责任法》第八条规定的共同侵权行为,限于意思关联共同的主观共同侵权,应以行为人之间有共同故意或者共同过失为必要要件。从共同侵权与无意思联络的数人侵权的区别来看,一是无意思联络的数人侵权,各行为人之间通常没有任何身份关系和其他联系,彼此之间完全互不相识,因而不可能认识到他人的行为性质和后果,尤其是各行为人不能预见到自己的行为会与他人的行为发生结合并造成对受害人的同一损害。所以无意思联络的数个行为人彼此间在主观上没有共同的预见性。然而,在共同侵权的情况下,共同过错是其本质特征,各行为人能够预见和认识到自己的行为必然会与他人的行为结合,并造成对受害人的同一损害。二是无意思联络的数人侵权中各行为人的行为结合在一起的因素,不是主观因素,而是行为人所不能预见和认识的客观的、外来的、偶然的情况。而共同侵权中共同侵权人行为的结合是必然的而非偶然的。从我们所讨论的情形来看,驾驶人与乘车人通常是熟识或存在运输合同关系的,彼此之间存在一定的联系,因而存在主观上的共同预见性。而且乘车人开车门致人损害并非驾驶人与乘车人所不能预见和认识的客观的、外来的、偶然的情况,而是司机违章停车与乘车人未尽注意义务结合必然导致的结果。因此,我们认为对于小客车驾驶人违章停车,乘车人开车门致第三人损伤的情形以认定为共同侵权为宜。认定为共同侵权后,保险公司应当基于驾驶人与乘车人之间的连带责任对受害人在商业三者险赔偿限额范围内承担全部赔偿责任,由于驾驶人与乘客作为连带责任人在内部还存在着追偿关系,故保险公司在商业三者险范围内赔偿后根据《中华人民共和国保险法》第六十条第一款,其还享有基于驾驶人对乘客连带责任内部追偿权而来的代位求偿权,因此让保险公司在商业三者险范围内承担全部赔偿责任是适当的。"河南三门峡中院《关于审理道路交通事故损害赔偿案件若干问题的指导意见(试行)》(2014年10月1日)第2条:"道路交通事故中,与车辆所有人之间有旅客运输、驾驶员培训等合同关系的机动车乘员受到人身损害的,构成道路交通事故损害赔偿请求权和违反上述合同中保障乘员人身安全的附随义务违约请求权的竞合,应由原告择一请求权行使。"浙江杭州中院民一庭《关于道路交通事故责任纠纷案件相关疑难问题解答》(2012年12月17日)第2条:"……乘客在乘坐公交车的过程中发生交通事故遭受人身、财产损害的,能否适用消费者权益保护法所确定的赔偿标准?答:对于乘客在乘坐公交车的过程中发生交通事故造成人身或财产损害的,一方面,乘客与公交公司之间形成客运合同关系;另一方面,乘客的伤害是公交公司车辆的交通事故所造成,双方又形成侵权法律关系,故基于同一事实形成了合同关系和侵权法律关系的竞合,乘客作为受害人有权选择上述两种法律关系之一主张权利。当事人选择合同之诉并主张按照消法标准赔偿的,应予支持,对公交公司以其具有公益性质等为由要求按照一般人损的赔偿标准进行赔偿不予支持。在具体的赔偿项目和数额的计算上,根据《中华人民共和国消费者权益保护法》和《浙江省实施〈中华人民共和国消费者权益保护法〉办法》确定。无论公交公司按照何种赔偿标准向乘客赔付的,均可依照相同标准向交通事故责任人追偿。"浙江宁波中院《关于印发〈民事审判若干问题解答(第一辑)〉的通知》(2011年4月13日 甬中法〔2011〕13号)第5条:"公交车辆上乘客受伤后,乘客能否以消费者权益保护法的相关规定向公交公司主张赔偿?答:根据浙江省高级人民法院(2008)浙民一他字第3号批复精神,乘客享有消费者的地位,可以按照消费者权益保护法的相关规定向公交公司主张赔偿。"浙江高院民一庭《全省法院民事审判业务培训班问题解答》(2008年6月25日)第18条:"汽运公司按客运合同支付乘客的损失后,汽运公司能否向肇事对方车辆所投保的保险公司起诉要求支付第三者责任强制保险部分?答:不能。因为汽运公司不是交通事故的直接受害人,其对肇事对方所投保的保险公司不能请求交强险赔偿。汽运公司根据客运合同对直接受害的乘客承担赔偿责任,并不因此当然获得乘客对保险公司的赔偿请求权。"

5. **地方规范性文件**。贵州省《城市公共交通条例》(2013年3月1日)第41条:"公共汽车驾驶人在运营服务中应当遵守下列规定:……(四)按照规定线路运营,不得追抢、中途调头、到站不停、滞站揽客、站外上下乘客、中途甩客……"第42条:"出租汽车驾驶人在运营服务中应当遵守下列规定:……(九)在专用点候客的,规范停靠、按序载客,在临时停靠站点不得滞站揽客……"云南省昆明市《道路交通安全条例》(2012年7月1日)第30条:"城市客运出租汽车专用候客泊位仅供城市客运出租汽车使用,其他车辆不得占用。城市客运出租汽车在候客泊位内候客的,驾驶人不得离开车体,不得占用泊位维修、清洗车辆。遇有紧急情况时,应当立即驶离。"第31条:"营运客车应当按指定的时间、路线行驶,不得在道路上停车等候、沿街揽客或者在站(点)外上下乘客。"北京市《实施〈道路交通安全法〉办法》(2010年12月23日修正)第37条:"出租汽车上下站、出租汽车停靠站为出租汽车专用停车地点,其他车辆不得占用。在设置出租汽车上下站的地点,出租汽车可以临时停车上下乘客,上下乘客后应当立即驶离。在设置出租汽车停靠站的地点,出租汽车可以临时停车上下乘客或者顺序排队等候。"第51条:"公共汽车、电车驶入停靠站应当遵守下列规定:(一)在停靠站一侧单排靠边停车;(二)不得在停靠站以外的地点停车上下乘客;(三)不得在停靠站内待客、揽客。"

6. **参考案例**。①2013年江苏某人身损害赔偿纠纷案,2012年,陈某乘坐马某驾驶客运公司客车,凌晨两点时,在高速公路上下车后即被栾某驾驶、实际车主为常某、挂靠运输公司的货车撞致重伤。法院认为：从引发本次交通事故发生原因看，主要是陈某违法在夜间行走在高速公路上，且靠超车道一侧行走相对于外侧危险性更大。受夜间能见度及道路中间隔离带对光线影响，加之陈某身高相对较矮，高速公路上机动车行驶速度较快，给机动车驾驶员发现陈某并采取应急措施造成不利影响。且高速公路专属于机动车行驶道路，尤其是在夜间，机动车驾驶员在正常情况下很难预料到行人行走在高速公路上。但栾某驾驶的货车存在装载货物超宽的违法行为，虽因发生二次事故导致无法确定货车何部位与陈某相撞，但从事故现状看，货车违法行为是引发该事故不可或缺的因素。综合本次事故客观成因，同时结合陈某所受损失，认定栾某承担30%赔偿责任较为适当。客运公司向陈某出售车票后，在售票时未作特殊约定或特别说明情况下，应将陈某送至交通行政主管部门许可的乘客下车地点。运输公司为证明马某驾驶的客车是受到陈某胁迫才停车，并让陈某在高速公路下车的，但提供的证人均不能提交乘车凭证，亦不能提供其他证据加以佐证。从运输公司及马某陈述可看出，只要不是在终点站下车的乘客，均在高速公路出口处下车，即涉案客车具有在未驶离高速公路情况下就将欲在中途下车的乘客放下车的惯例。运输公司称是陈某采取胁迫手段要求客车驾驶员让其下车，即使陈某提出在高速路上下车，作为从事客运业务的人员应知行人夜间在高速上下车的危险性，不应仅为了方便自身将乘客置于危险境地。虽然陈某下车后未能及时离开高速公路存在过错，但应当考虑高速公路的封闭性以及人出于本能考虑在深夜中更愿意选择将自身置于相对熟悉的环境。综上，<u>虽然陈某存在一定过错，根源还是承运方运输公司未按规定下客</u>。结合肇事货车方责任承担情况，确定运输公司承担50%赔偿责任，余下20%责任由陈某负担。判决保险公司赔偿陈某4万余元，常某、运输公司连带赔偿陈某2万余元，客运公司赔偿4万余元。②2012年**安徽某交通事故纠纷案**，2010年，胡某乘坐公交车下车时被刚启动的公交车碰伤致9级伤残。交强险公司以胡某非第三者为由拒赔。法院认为：在被保险汽车发生保险事故造成机动车内乘坐人员的人身伤亡，不属交强险赔偿范围；但乘坐人员在下车着地之间或其后，被保险机动车造成其人身伤亡的，其应属交强险中的第三者，保险人应承担赔偿责任。本案中，根据胡某陈述其受伤经过，可确认胡某脚已落地，其身体重心已离开公交车，其只是因人未站稳公交车就启动并将其刮倒而导致骨折受伤，故胡某被公交车刮倒受伤瞬间，其身体已离开公交车车体。即使上下车时发生，保险公司排除三责险责任的格式合同亦不能被认定为有效，故胡某应不属于公交车车内人员受伤情形，依法应认定为交强险赔偿范畴。判决保险公司承担交强险赔付责任。③2009年**北京某交通事故损害赔偿案**，2009年4月，乘客张某从王某驾驶的公交车前门下车时，被后面骑自行车的刘某撞伤，交警认为无法查证各方过错，对事故成因无法查清。法院认为：王某进站停车停靠距离过宽,在未能注意或忽视右侧车辆动态的情况下打开车门放行;另外,根据社会通常的认知,**公交车前门应为上车门**,该公交车司乘人员任由张某从本应是上车门的前门下车,一定程度上可能导致右侧车辆对于上下车人员情况的误判,故公交车工作人员具有较为明显的过错。刘某在公交车进站后,应判断到可能会有人员上下车情况发生,但其未尽合理的注意义务,致使事故发生,亦具有一定过错。**张某在未能充分注意到公交车右侧车辆动态情况下,选择本应是上车门的前门下车,且未能保证安全**,其疏于注意对自身安全的保护,亦存在一定过错,故判决张某损失,由保险公司承担,超过责任限额部分,由公交公司承担60%的赔偿责任,刘某承担30%,张某自负10%的责任。④2009年**江苏某交通事故损害赔偿案**,2008年7月,花甲之年的郭某乘坐运输公司客车,在公路上途中停车时,车未停稳,售票员即打开车门,乘客郭某随即下车,导致郭某倒地摔伤后死亡。法院认为:案涉事故发生时,车辆在承运人掌管、操作下,相对于老人郭某而言,运输公司对运输过程中的行车、停车等情况更为了解和掌握。运输公司在车辆尚未停稳的情况下打开车门,郭某下车后倒地受伤,由此造成损害,运输公司无证据证明系郭某故意或重大过失所致,故其应承担损害赔偿责任。本案属合同纠纷,故精神损害赔偿金不属于本案损害赔偿范围。⑤2007年**江苏某交通事故损害赔偿案**,2006年,赵某持汽车公司售出的车票坐巴士公司的**客车,在轮渡公司待渡区,按渡口和客车司机要求下车待渡时,不慎从乘坐客车的踏板上摔倒致伤**。法院认为:赵某持有的客票系汽车公司签出,赵某亦按客票指定时间、地点乘坐车辆,故与赵某存在旅客运输关系的相对方应为汽车公司。运输车辆虽系巴士公司所有,但赵某乘坐的系汽车公司安排的车辆,巴士公司并非客运合同当事人。本起事故发生在轮渡公司待渡区,巴士公司车辆已支付摆渡费,而摆渡费是根据车型一次收取,故轮渡公司与巴士公司之间形成客车摆渡运输关系,与赵某不构成客运关系。根据合同相对性原则,与赵某存在旅客运输关系的仅为汽车公司。本案赵某选择合同之诉,故其损失赔偿主体应为汽车公司。赵某下车待渡,客车已停稳,然车身较高,赵某应意识到有一定的危险,但其未尽充分注意义务,不慎踏空摔倒,此系赵某未尽谨慎注意义务所致,应认定其具有重大过失。在严格责任归责情形下,因赵某对其损害的发生自身具有重大过失,故依法可减轻承运人汽车公司的损害赔偿责任,判决赵某损失由汽车公司承担70%共计2.4万余元,30%由赵某自己承担。⑥2006年**河南某交通事故损害赔偿案**,2002年,张某中途拦公交车,上车时被何某驾驶的出租车撞伤,交警认定何某负主要责任,出租车登记车主李某随意停车未锁车致何某酒后无证驾驶,负次要责任,公交车司机孙某未按规定停车负次要责任,张某不负责任。事发后,张某子以父亲名义与公交公司私了并获赔2200元。张某诉公交公司索赔。法院认为:张某向孙某驾驶的公交车招手表示搭乘该车的行为是向对方发出要约,孙某驾车停靠打开车门,让张某上车是对要约的承诺;张某踏上了公交车,按照城市公交客运交易习惯,张某与公交公司形成了客运合同关系。公交公司与张某之子所签订一次性赔偿的调解协议是张某之子未经其父委托的情况下达成,事后张某不予追认,应视为协议无效。公交公司作为承运人对运输过程中旅客的伤亡承担赔偿责任,然后可向该交通事故其他责任人追偿。孙某驾驶公交车属于执行职务行为,个人不应承担赔偿责任,判决张某损失2万余元由公交公司赔偿。⑦2004年四川某交通事故损害赔偿案,2003年12月,杨某从何某驾驶的所有人为潘某的出租车下车开门过程中,将正常骑自行车行驶的王某撞伤。交警认定何某、杨某共负全责,王某无责任。法院认为:何某驾驶出租车违反道路交通法规停车,杨某作为乘客也违反道路交通法规在开车门下车时妨碍他人通行,其违规行为已经交管部门确认,对于其行为给王某造成的损伤,应承担赔偿责任。何某作为驾驶员,在车辆行驶包括停放过程中,其注意义务应高于乘客和行人,故何某对行人的权利和利益负有特别注意义务,杨某作为乘客对行人的权利和利益负有一般注意义务。由于交管部门在事故责任认定书中确认王某对事故没有责任,故何某、杨某应根据双方过失大小比例各自赔偿王某因此产生的损失。由于二被告对事故的发生没有共同的故意和过失,且何某违章停车与杨某未尽注意义务开车门撞伤他人的行为本身也无必然联系,不构成共同侵权,故二者承担按份责任。判决何某赔偿王某损失的80%共计1万余元,杨某赔偿20%共计2700余元,潘某对何某的赔偿义务负责垫付。⑧1998年浙江某交通事故损害赔偿案,1998年2月,朱某承包经营集团公司的客车由雇请的叶某驾驶途中,董某酒后中途拦车搭乘,不慎头部撞上损坏的车门,又因票价问题与售票员周某争吵。后董某在中途晕倒在车厢,被送医院后死亡。交警确认不属于交通事故。法院认为:虽然董某系中途拦车搭乘,上车之后才购票,但当董某向承运人作出示意停车搭乘这一要约,承运人表示承诺,停车并接纳其上车,在停车这一刻,双方即已形成一种旅客运输合同之法律关系。董某头部撞在车门上正好发生在这一法律关系存续期间。董某付钱购票,应认定是持有效车票的、享有旅客身份的运输合同当事人,董某与集团公司、朱某之间的旅客运输合同法律关系成立。作为承运人的集团公司、朱某有义务将董某安全运送至目的地。承运人集团公司、朱某在提供服务的客车车门存在安全隐患的情况下,仍投入使用,且未明示警示标志,应认定服务存在瑕疵,对董某损害后果应承担主要责任。董某作为一个完全民事行为能力人,对车门狭窄可能导致的后果缺乏应有的预见和必要的防范,同时不能排除董某当日饮酒与造成损害之间有一定的联系,故自身对本案的损害结果应承担次要的民事责任,判决集团公司赔偿原告各项费用2.6万元,朱某负连带责任。

【同类案件处理要旨】

客运合同自承运人向旅客交付客票时成立,但当事人另有约定或者另有交易习惯的除外。旅客上、下车过程属于运输过程组成部分,其间非因不可抗力、旅客故意或重大过失造成旅客伤亡后果的,承运人应承担赔偿责任。

【相关案件实务要点】

1.【交通事故】机动车损害赔偿特定前提条件为"机动车发生交通事故"。在等待信号灯的路口,处于临时停车状态的,属安全停车位置,并且在事故发生的整个过程中,车辆均处于静止状态,在此情形下,应视为无潜在危险性,对行人及非机动车驾驶人不构成人身、财产安全的威胁,故其与行为人之间不应定性为"交通事故"。案见四川成都中院(2005)成民终字第2535号"黄某诉罗某等人身损害赔偿案"。

2.【合同成立】客运合同自承运人向旅客交付客票时成立,但依交易习惯,不提前预售某班次车辆的车票,而是乘客先上车,然后再购票或自动投币的除外。案见河南商丘市中院(2006)商民终字第910号"张某诉某公交公司人身损害赔偿案"。

3.【归责原则】旅客下车过程属于运输过程组成部分,其间非因不可抗力、旅客故意或重大过失造成旅客伤亡后果的,承运人应承担赔偿责任。案见江苏无锡中院(2009)锡民二终字第0085号"钱某等诉某运输公司运输合同案"。

4.【转承责任】《道路交通安全法》施行后,机动车所有人对机动车驾驶人的垫付责任并未彻底取消。该法第76条"机动车一方"并非仅指机动车驾驶人,它应是一个与该项"非机动车驾驶人、行人"相对称的概念,其一方不是指一人,而是指与"非机动车驾驶人、行人"相对的机动车方面因素的各类人,包括机动车的驾驶人、所有人和驾驶人所在单位等。案见四川成都成华区法院(2004)成华民初字第914号"王某诉何某等交通事故人身损害赔偿案"。

5.【严格责任】合同严格责任不排除因受害人自身重大过失而导致的相对方的减轻赔偿。案见江苏南通中院(2007)通民一终字第0447号"赵某诉某巴士公司等人身损害赔偿案"。

6.【社会习惯】交通事故受害人在下车时违背了"前门上车后门下车"的社会习惯做法,且未能尽到谨慎的注意义务,其行为有可能造成其他行为人预期发生偏差,应认定受害人存在一定过错,应承担相应责任。案见北京朝阳法院(2009)朝民初字第32372号"张某诉刘某等交通事故损害赔偿案"。

【附注】

**参考案例索引**:四川成都中院(2005)成民终字第2535号"黄某诉罗某等人身

损害赔偿案",判决郑某支付黄某6300余元。见《黄煜诉罗世维等道路交通事故人身损害赔偿案》(杨塞兰),载《中国审判案例要览》(2006民事:363)。①江苏宿迁中院(2013)宿中民终字第0971号"陈某与栾某等人身损害赔偿纠纷案",见《陈晓红诉栾中攀、郑州运输集团等在高速公路上违法下客致损侵权赔偿纠纷案》,载《江苏省高级人民法院公报》(201404/34:49)。②江苏淮安中院(2012)淮中民终字第0251号"胡某与某保险公司等交通事故人身损害赔偿纠纷案",见《胡以琴诉太平洋财保淮安支公司、淮安市公交公司等乘客下车过程中遭该车刮碰道路交通事故人身损害赔偿案》,载《江苏省高级人民法院公报》(201301/25:67)。③北京朝阳法院(2009)朝民初字第32372号"张某诉刘某等交通事故损害赔偿案",见《张革静诉刘伟平等道路交通事故人身损害赔偿案》(蔡峰),载《中国法院2012年度案例:道路交通纠纷》(81)。④江苏无锡中院(2009)锡民二终字第0085号"钱某等诉某运输公司运输合同案",法院判赔31万余元。见《乘客下车过程属运输过程的组成部分——钱生坤等诉新国线集团(江阴)运输有限公司公路旅客运输合同纠纷案》(徐竹君、成志昀),载《人民法院案例选·月版》(200907:51)。⑤江苏南通中院(2007)通中民一终字第0447号"赵某诉某巴士公司等人身损害赔偿案",见《赵姝婧诉南通文峰旅游公司等客运合同案》(周舜隆、任智峰),载《中国审判案例要览》(2008民事:270);另见《旅客下车不慎摔伤,承运人当依法赔偿——江苏南通中院判决赵姝婧诉南通文峰公司等合同纠纷案》(任智峰),载《人民法院报·案例指导》(20071019:5)。⑥河南商丘市中院(2006)商民终字第910号"张某诉某公交公司人身损害赔偿案",见《城市公交运输合同成立时间的认定——商丘市中院判决张茂林诉公交公司案》(戴惠、杨新建),载《人民法院报·案例指导》(20071102:5)。⑦四川成都成华区法院(2004)成华民初字第914号"王某诉何某等交通事故人身损害赔偿案",见《王蓉诉何沛俊、杨宗学、潘兰萍道路交通事故人身损害赔偿案》(晏莉、邓华茂),载《中国审判案例要览》(2005民事:363)。⑧浙江义乌法院(1998)义经初字第1073号"董某等诉某集团公司人身损害赔偿案",见《董天华等诉浙江恒风集团公司等公路旅客人身损害赔偿案》(陈洵敬),载《中国审判案例要览》(1999经济:373)。

# 29. 乘客非事故损害赔偿
## ——乘客受损害，车方有无责？

【安全保障】

【案情简介及争议焦点】

2006年12月，张某在公交车上为制止小偷盗窃同伴的财物孤身奋战，遭到小偷的殴打和刺伤，司法鉴定为轻伤，经工伤鉴定构成10级伤残。案未破。

争议焦点：1. 公交公司应否赔偿？2. 鉴定结论能否作为赔偿依据？

【裁判要点】

**1. 违约责任。** 公交公司作为承运人，未履行保障旅客安全的义务，事先不能防止事故发生，事中未制止歹徒行凶，事后亦未尽到救助义务，根据《合同法》严格责任原则，公交公司应承担违约责任，对张某所受损失，应予赔偿。

**2. 鉴定结论。** 鉴定结论所依据的鉴定标准属于工伤伤残等级鉴定标准，但张某只是一般人身损害，非工伤和职业病，故对该司法鉴定书的鉴定结论不予采信，对张某要求公交公司赔偿残疾赔偿金和鉴定费的诉讼请求不予支持。

【裁判依据或参考】

**1. 法律规定。**《民法典》(2021年1月1日)第814条："客运合同自承运人向旅客出具客票时成立，但是当事人另有约定或者另有交易习惯的除外。"第822条："承运人在运输过程中，应当尽力救助患有急病、分娩、遇险的旅客。"第823条："承运人应当对运输过程中旅客的伤亡承担赔偿责任；但是，伤亡是旅客自身健康原因造成的或者承运人证明伤亡是旅客故意、重大过失造成的除外。前款规定适用于按照规定免票、持优待票或者经承运人许可搭乘的无票旅客。"第824条："在运输过程中旅客随身携带物品毁损、灭失，承运人有过错的，应当承担赔偿责任。旅客托运的行李毁损、灭失的，适用货物运输的有关规定。"第1198条："宾馆、商场、银行、车站、机场、体育场馆、娱乐场所等经营场所、公共场所的经营者、管理者或者群众性活动的组织者，未尽到安全保障义务，造成他人损害的，应当承担侵权责任。因第三人的行为造成他人损害的，由第三人承担侵权责任；经营者、管理者或者组织者未尽到安全保障义务的,承担相应的补充责任。经营者、管理者或者组织者承担补充责任后,可以向第三人追偿。"《合同法》(1999年10月1日,2021年1月1日废止)第121条:"当事人一方因第三人的原因造成违约的,应当向对方承担违约责任。当事人一方和第三人之间的纠纷,依照法律规定或者按照约定解决。"第122条:"因当事人一方的违约行为,侵害对方人身、财产权益的,受损害方有权选择依照本法要求其承担违约责任或者依照其他法律要求其承担侵权责任。"第290条:"承运人应当在约定期间或者合理期间内将旅客、货物安全运输到约定地点。"第293条:"客运合同自承运人向旅客交付客票时成立,但当事人另有约定或者另有交易习惯的除外。"第301条:"承运人在运输过程中,应当尽力救助患有急病、分娩、遇险的旅客。"第302条:"承运人应当对运输过程中旅客的伤亡承担损害赔偿责任,但伤亡是旅客自身健康原因造成的或者承运人证明伤亡是旅客故意、重大过失造成的除外。前款规定适用于按照规定免票、持优待票或者经承运人许可搭乘的无票旅客。"

**2. 行政法规。**国务院《道路运输条例》(2012年11月9日修订)第16条:"客运经营者应当为旅客提供良好的乘车环境,保持车辆清洁、卫生,并采取必要的措施防止在运输过程中发生侵害旅客人身、财产安全的违法行为。"第36条:"客运经营者、危险货物运输经营者应当分别为旅客或者危险货物投保承运人责任险。"

**3. 司法解释。**最高人民法院《关于审理人身损害赔偿案件适用法律若干问题的解释》(2004年5月1日 法释〔2003〕20号,2020年修正,2021年1月1日实施)第1条:"因生命、身体、健康遭受侵害,赔偿权利人起诉请求赔偿义务人赔偿物质损害和精神损害的,人民法院应予受理。本条所称'赔偿权利人',是指因侵权行为或者其他致害原因直接遭受人身损害的受害人以及死亡受害人的近亲属。本条所称'赔偿义务人',是指因自己或者他人的侵权行为以及其他致害原因依法应当承担民事责任的自然人、法人或者非法人组织。"第2条:"赔偿权利人起诉部分共同侵权人的,人民法院应当追加其他共同侵权人作为共同被告。赔偿权利人在诉讼中放弃对部分共同侵权人的诉讼请求的,其他共同侵权人对被放弃诉讼请求的被告应当承担的赔偿份额不承担连带责任。责任范围难以确定的,推定各共同侵权人承担同等责任。人民法院应当将放弃诉讼请求的法律后果告知赔偿权利人,并将放弃诉讼请求的情况在法律文书中叙明。"

**4. 部门规范性文件。**交通运输部《道路旅客运输及客运站管理规定》(2012年12月11日修正)第37条:"县级以上道路运输管理机构应当定期对客运车辆进行审验,每年审验一次。审验内容包括:……(五)客运经营者为客运车辆投保承运人责任险情况。"第52条:"客运经营者应当为旅客提供良好的乘车环境,确保车辆设备、设施齐全有效,保持车辆清洁、卫生,并采取必要的措施防止在运输过程中发生侵害旅客人身、财产安全的违法行为。当运输过程中发生侵害旅客人身、财产安全的治安违法行为时,客运经营者在自身能力许可的情况下,应当及时向公安机关报告并配合公安机关及时终止治安违法行为。"第53条:"客运经营者应当为旅客投保承运人责任险。"

**5. 地方司法性文件。**北京三中院《类型化案件审判指引:机动车交通事故责任纠纷类审判指引》(2017年3月28日)第2-1.1部分"机动车交通事故责任纠纷的认定—常见问题解答"第4条:"如乘客在乘坐出租车过程中因交通事故遭受人身或财产损害,其可以'出租汽车运输合同纠纷'的案由将出租车公司作为被告,诉至法院,亦可以'机动车交通事故责任'的案由将出租车公司作为被告,诉至法院。在可能存在责任竞合的情况下,法官应释明当事人固定案由,之后才能确定受诉法院是否有管辖权以及当事人的请求权基础是否符合法律、案件当事人是否适格。"北京高院研究室、民一庭《北京法院机动车交通事故责任纠纷案件审理疑难问题研究综述》(2017年3月25日)第7条:"小客车驾驶人违章停车,乘车人开车门致第三人损伤时赔偿责任应如何确定?商业三者险应如何赔付?第一种观点认为:《侵权责任法》第8条规定的共同侵权行为,限于意思关联共同的主观共同侵权,应以行为人之间有共同故意或者共同过失为必要要件。小客车驾驶人违章停车,乘车人开车门之间在主观上具有共同过失,因此构成共同侵权,驾驶人和乘车人应对受害人承担连带责任,从而交强险与商业三者险均应在其赔偿限额范围内承担100%的赔偿责任。第二种观点认为:《侵权责任法》第8条规定的为共同加害行为,即狭义的共同侵权行为,不包括数个侵权人之间存在共同过失的情形,故小客车驾驶人违章停车,乘车人开车门致人伤害的行为应属于无意思联络的数人侵权,因该情形并非每个人的侵权行为都足以造成全部的损害,故应适用《侵权责任法》第十二条处理,由侵权人各自承担相应的责任,即按照其过错、原因力大小承担按份赔偿责任,从而车辆商业三者险只应赔付驾驶人应承担的责任部分。我们倾向于第一种观点,原因如下:共同侵权的成立必须以各行为人主观上具有意思联络为要件。通说认为意思联络应不限于共同故意,共同过失亦可构成共同侵权。而所谓共同过失,是指各个行为人对损害后果都具有共同的可预见性,但因疏忽或者过于自信等原因造成了同一损害后果。《侵权责任法》第八条规定的共同侵权行为,限于意思关联共同的主观共同侵权,应以行为人之间有共同故意或者共同过失为必要要件。从共同侵权与无意思联络的数人侵权的区别来看,一是无意思联络的数人侵权,各行为人之间通常没有任何身份关系和其他联系,彼此之间完全互不相识,因而不可能认识到他人的行为性质和后果,尤其是各行为人不能预见到自己的行为会与他人的行为发生结合并造成对受害人的同一损害。所以无意思联络的数个行为人彼此间在主观上没有共同的预见性。然而,在共同侵权的情况下,共同过错是其本质特征,各行为人能够预见和认识到自己的行为必然会与他人的行为结合,并造成对受害人的同一损害。二是无意思联络的数人侵权中各行为人的行为结合在一起的因素,不是主观因素,而是行为人所不能预见和认识的客观的、外来的、偶然的情况。而共同侵权中共同侵权人行为的结合是必然的而非偶然的。从我们所讨论的情形来看,驾驶人与乘车人通常是熟识或存在运输合同关系的,彼此之间存在一定的联系,因而存在主观上的共同预见性。而且乘车人开车门致人损害并非驾驶人与乘车人所不能预见和认识的客观的、外来的、偶然的情况,而是司机违章停车与乘车人未尽注意义务结合必然导致的结果。因此,我们认为对于小客车驾驶人违章停车,乘车人开车门致第三人损伤的情形以认定为共同侵权为宜。认定为共同侵权后,保险公司应当基于驾驶人与乘车人之间的连带责任对受害人在商业三者险赔偿限额范围内承担全部赔偿责任,由于驾驶人与乘客作为连带责任人在内部还存在着追偿关系,故保险公司在商业三者险范围内赔偿后根据《中华人民共和国保险法》第六十条第一款,其还享有基于驾驶人对乘客连带责任内部追偿权而来的代位求偿权,因此让保险公司在商业三者险范围内承担全部赔偿责任是适当的。"浙江杭州中院民一庭《关于道路交通事故责任纠纷案件相关疑难问题解答》(2012年12月17日)第2条:"……乘客在乘坐公交车的过程中发生交通事故遭受人身、财产损害的,能否适用消费者权益保护法所确定的赔偿标准?答:对于乘客在乘坐公交车的过程中发生交通事故造成人身或财产损害的,一方面,乘客与公交公司之间形成客运合同关系;另一方面,乘客的伤害是公交公司车辆的交通事故所造成,双方又形成侵权法律关系,故基于同一事实形成了合同关系和侵权法律关系的竞合,乘客作为受害人有权选择上述两种法律关系之一主张权利。当事人选择合同之诉并主张按照消法标准赔偿的,应予支持,对公交公司以其具有公益性质等为由要求按照一般人损的赔偿标准进行赔偿不予支持。在具体的赔偿项目和数额的计算上,根据《中华人民共和国消费者权益保护法》和《浙江省实施〈中华人民共和国消费者权益保护法〉办法》确定。无论公交公司按照何种赔偿标准向乘客赔付的,均可依照相同标准向交通事故责任人追偿。"浙江宁波中院《关于印发〈民事审判若干问题解答(第一辑)〉的通知》(2011年4月13日 甬中法〔2011〕13号)第5条:"公交车辆上乘客受伤后,乘客能否以消费者权益保护法的相关规定向公交公司主张赔偿?答:根据浙江省高级人民法院(2008)浙民一他字第3号批复精神,乘客享有消费者的地位,可以按照消费者权益保护法的相关规定向公交公司主张赔偿。"浙江高院民一庭《全省法院民事审判业务培训班问题解答》(2008年6月25日)第18条:"汽运公司按客运合同支付乘客的损失后,汽运公司能否向肇事对方车辆所投保的保险公司起诉要求支付第三者责任强制保险部分?答:不能。因为汽运公司不是交通事故的直接受害人,其对肇事对方所投保的保险公司不能请求交强险赔偿。汽运公司根据客运合同对直接受害的乘客承担赔偿责任,并不因此当然获得乘客对保险公司的赔偿请求权。"山东潍坊中院《2008年民事审判工作会议纪要(人身损害赔偿部分)》(2008年)第1条:"无意思联络的数人侵权中,数个行为直接结合的属于共同侵权,各行为人对受害人承担连带赔偿责任;数个行为间接结合的则为'多因一果',各行为人对受害人承担按份赔偿责任。所谓直接结合,就是指数个行为结合程度非常紧密,对加害后果而言,各自的原因力和加害部分无法区分,虽然这种结合具有偶然因素,但其紧密程度使数个行为凝结为一个共同的加害行为共同对受害人产生了损害。如两车相撞致行人或其中一车上的乘客受伤的情形,均属直接结合,应由肇事车辆的赔偿义务人对受害人承担连带赔偿责任,两赔偿义务人之间按过错大小确定各自的责任比例。所谓间接结合,是指多个原因行为的结合具有偶然性,但这些行为对损害结果而言并非全部都是直接或者必然地导致损害结果发生的行为,其中某些行为或者原因只是为另一个行为或者原因直接或者必然导致损害创造了条件,而其本身并不会也不可能直接或必然引发损害后果。如触电案件中,违章建筑本身并不会直接或必然导致受害人被电击身亡,却在事实上为受害人被电击这一损害结果的发生创造了条件。"

**6. 地方规范性文件。**安徽省《道路运输管理条例》(2023年4月3日修正实施)第16条:"客运经营者不得有下列行为:(一)采取欺骗手段招揽旅客或者强迫旅客乘车;(二)中途甩客、敲诈旅客或者将旅客移交他人运输;(三)擅自更换客运车辆;(四)阻碍其他经营者的正常经营活动;(五)其他侵害旅客合法权益的行为。因客运车辆损毁、无法正常行驶,更换客运车辆或者将旅客移交他人运输的,客运经营者不得重复收费。"山东省潍坊市《道路交通安全条例》(2023年3月1日)第39条:"城市公交车辆进出停靠站应当遵守下列规定:(一)按照交通标线停靠,无交通标线的应当距离道路右侧边缘一米以内单排停靠,安全上下乘客后立即驶离;(二)暂时不能进入停靠站的,在最右侧机动车道单排等候进站;(三)不得在停靠站以外上下乘客;(四)驶离停靠站时,依次单排顺序行驶。"第40条:"出租汽车临时停车上下乘客应当在不影响交通的情况下按照顺行方向停靠,车身右侧距离道路边缘不得超过三十厘米。乘客应当从出租汽车的右侧车门上下。"云南省《道路交通安全条例》(2022年11月30日修正实施)第40条:"机动车在道路上停放、临时停车应当遵守下列规定:(一)在划有停车泊位的路段,应当在停车泊位内停放;(二)按顺行方向,车身紧靠道路右侧边缘线;(三)设有站点的,不得在站点外临时停车上下乘客,不准在站点修理车辆或者停车候客,未设站点的,靠道路右侧顺行方向临时停车上下乘客;(四)机动车在道路上临时停车,应当开启危险报警闪光灯;(五)在隧道内行驶或者夜间临时停车的,还应当开启前照灯、示廓灯和后位灯。"江西省《道路运输条例》(2011年1月1日)第18条:"……道路客运经营者应当为旅客提供良好的乘车环境,保持车辆清洁、卫生,并采取必要的措施防止在运输过程中发生侵害旅客人身、财产安全的违法行为。运输过程中发生侵害旅客人身、财产安全的治安违法行为时,道路客运经营者应当及时向公安机关报告,并配合公安机关及时制止治安违法行为。"河南省《道路运输条例》(2008年5月1日)第19条:"客运经营者应当采取必要的措施防止在运输过程中发生侵害旅客人身、财产安全的违法行为。当违法行为发生时,司乘人员应当及时报警,积极救助。"

**7. 最高人民法院审判业务意见。**●出售未注明实际承运人客票的公共客运站应否与实际承运人一并认定为运输合同相对方?最高人民法院民一庭倾向性意见:"依据《中华人民共和国合同法》第293条的规定,客运合同自承运人向旅客交付客票时成立,但当事人另有约定或者另有交易习惯的除外。公共汽车客运站是否是运输合同的相对人,一般来讲,其出售的客票未注明实际承运人的,应当将其认定为运输合同的相对人,但当事人另有约定或者根据交易习惯能判断出实际承运人的除外。"○汽车运输合同中承运人应否对第三人侵权造成的旅客人身伤亡承担责任?最高人民法院民一庭意见:"《合同法》对旅客运输合同中,承运人是否应对第三人侵权造成的旅客人身伤亡承担责任作出明确规定。在此情况下,应当参照现有法律及司法解释的规定,对这一问题的法律适用进行类推。可以参照最高人民法院《人身损害赔偿解释》第6条第2款规定精神,在查明运输公司在运输过程中对旅客受到的伤害是否存在过错的前提下,确定运输公司应否承担相应的补充赔偿责任。"●公共汽车上发生打架,被害人要求停车,但司机不理会,被害人跳车致伤的,司机与其所在单位是否应承担责任?最高人民法院民一庭《民事审判实务问答》编写组:"依照《合同法》第288条、第290条、第301条、第302条的规定,乘客乘坐公共汽车,乘客与汽车承运人间形成了客运运输合同关系,承运人在乘客购票至下车的运输过程中,负有安全运送义务,包括负有保障乘客生命财产安全的义务。承运人在运输过程中,应当尽力救助遇险的乘客,并应当对运输过程中乘客的伤亡承担损害赔偿责任。承运人承担赔偿责任的条件包括:第一,损害发生在运输过程中,从合同成立时起至合同终止时止;第二,伤亡不是因乘客自身健康原因造成或乘客故意、重大过失造成。因此,对运输过程中乘客在车上发生打架遇险时,司机应采取有效的制止或救助措施,如停车制止或报警求助等,司机在被害人要求停车时不予理会则违反了安全运送义务。对被害人因跳车致伤的,除该损害承运人能够证明是乘客的故意或重大过失导致,才能抵减或免除承运人的责任,否则承运人应对被害人跳车受伤造成的损害后果承担赔偿责任。司机的行为属于执行职务期间的行为,应由其所在单位即承运人承担赔偿责任。"○公路客运中车辆失控致使乘客跳车身体受伤,是否应承担赔偿责任?最高人民法院民一庭《民事审判实务问答》编写组:"依照《合同法》第302条规定:'承运人应当对运输过程中旅客的伤亡承担损害赔偿责任,但伤亡是旅客自身健康原因造成的或者承运人证明伤亡是旅客故意、重大过失造成的除外。'乘客买票乘坐承运人的客车,双方之间形成客运合同关系。为此,承运人负有在运输的全过程中将乘客安全送达目的地的义务。公路客运中车辆失控,乘客为此跳车导致身体受伤,该损害发生在运输过程中,承运人只有证明乘客伤亡是其自身健康原因造成的或者是故意、重大过失造成的情况下才可免责。如承运人不能举证证明是乘客的故意或重大过失造成的,乘客为排除车辆失控的险境而跳车属于必要的避险行为,承运人应承担相应的赔偿责任。"●乘客在公共汽车上受到第三人的不法侵害,承运人是否具有赔偿责任?最高人民法院民一庭《民事审判实务问答》编写组:"承运人应承担赔偿责任。理由:《合同法》第302条规定:'承运人应当对运输过程中旅客的伤亡承担损害赔偿责任,但伤亡是旅客自身健康原因造成的或者承运人证明伤亡是旅客故意、重大过失造成的除外。承运人承担赔偿责任后,可以向第三人追偿'。乘客购票上车,与承运人之间形成了客运合同关系。所谓客运合同,是指承运人将旅客及其行李安全运送到目的地,旅客为此支付运费的合同。因此,承运人的主要义务是将旅客安全送达目的地,承运人对旅客在运输过程中受到的损害应负加重责任,除非法定事由,否则不能免除。乘客在公共汽车上受到第三人的不法侵害,说明承运人没有尽到安全运送旅客的主要义务,因此承运人应承担相应的赔偿责任。"

**8. 参考案例。**①2014年青海某客运合同纠纷案,2014年,李某乘坐许某挂靠出租车公司的出租车肇事而受伤致9级伤残。李某起诉出租车公司、许某及出租车公司投保承运人责任险的保险公司索赔。法院认为:李某搭乘出租车,基于与该车辆承运人形成的客运合同关系,该车辆承运人有义务将李某安全送到目的地。依法律规定,承运人应对运输过程中旅客伤亡承担损害赔偿责任。许某系出租车实际所有人和营运人,系该车实际承运人,应承担赔偿责任。出租车公司系案涉车辆注册所有人,并向该出租车实际车主收取管理费,系挂靠人和管理人。根据法律规定,以挂靠形式从事道路交通运输经营活动发生交通事故造成损害的,挂靠人和被挂靠人承担连带责任。出租车公司与许某签订管理服务合同系其内部管理行为,对外不具有法律约束力。出租车公司在履行赔偿责任后,按与许某所签管理服务合同可行使追偿权。案涉出租车在保险公司投保了道路客运承运人责任保险,保险公司应在保险限额内承担赔偿责任。判决保险公司在保险限额内赔偿李某医疗费、伤残赔偿金等14万余元。②2007年四川某交通事故损害赔偿案,2006年9月,张某乘坐客运公司长途客车返乡,途中张某出现不适,多次小解,最后一次小解后不能自主上下车和返回座位,司乘人员未对张某进行疾病询问和寻求医疗救治。到终点后,发现张某已神志不清,经抢救无效死亡。法院认为:张某自购票乘坐客车,便与客运公司建立了公路客运合同关系。张某自出现身体不适到不省人事,时间长达数小时,其急病特征明显,为具有正常智力的成年人依日常生活经验可判断。负有尽力救助患急病旅客义务的承运人依救助常识更应判断、知晓,应观察、询问患急病的旅客张某,积极寻求医疗救治。客运公司对张某未履行谨慎注意和尽力救助义务:既未根据客运救助常识对患急病的旅客张某进行疾病询问,亦未积极寻求医疗救治,而是想当然地认为张某属于普通乘车不适反应,不是身患急病、急需救治,连续行驶直奔客运目的地,导致患急病旅客张某延误救治而死亡。客运公司不履行救助义务与张某延误救治而死亡有一定的因果关系,应承担相应的法律责任。张某死亡结果的发生,自身患急病是主要原因,客运公司未履行尽力救助义务是次要原因。张某死亡给原告造成的财产和精神损害,应包括医疗费、丧葬费、死亡补偿费、交通费和误工费等,应由原告和被告分担,判决客运公司赔偿原告损失的30%共计5.4万余元。③2007年陕西某故意杀人、抢劫案,2007年2月,李某雇用的出租车司机秦某被吴某等人抢劫并杀害,出租车亦被焚毁。在刑事附带民事诉讼中,秦某近亲属同时要求李某承担雇主责任。法院认为:李某与被害人秦某之间的雇主责任纠纷,与本案审理的刑事犯罪之间无联系,不属于刑事附带民事诉讼的范围,不应在本案中合并审理。李某经营的出租车被损毁,可通过附带民事诉讼主张赔偿。④2007年河南某客运合同纠纷案,2005年12月,岳某乘坐运输公司客车,依司乘人员要求将行李存放在车下的行李舱,后岳某行李丢失。岳某称货物系17部手机及配件价值1.8万元。法院认为:岳某从购票上车起,旅客运输合同已成立。运输公司作为承运人,依合同有将旅客及其随身携带行李物品安全运送到目的地的义务。岳某按司乘人员要求将行李存放到车下行李仓,使乘客失去了对物品的控制权,直到客车到站下车时才能恢复。此期间,乘客对物品保管义务同时转移给承运人,应由承运人尽到安全保管行李的义务,且在运输过程中该车的行李仓也未上锁。同时,当运输公司司乘人员明确要求乘客把所带的行李放在车的行李仓时,应按照货运合同的有关规定与乘客办理有关的手续,或履行告知义务,而运输公司并未履行好保管义务及告知义务,造成岳某行李的丢失,存在过错。岳某在发现行李丢失后,在当时报案的陈述及出示的购货清单和相关证人证言等均证明其行李中存在17部手机及配件的事实。根据诚实信用原则及其实际所处环境,其举证能力已穷尽,运输公司对岳某携带行李未提出检查,亦未出示相反证据予以否定,岳某出示证据显示行李内有手机事实成立。但岳某在携带贵重物品上车情况下未将进行登记申报或将行李内财物情况告知运输公司司乘人员,以此督促其尽到足够的注意义务,来减少不必要的损失,对此岳某也具有一定过错。故依《合同法》中的公平原则及诚实信用原则,运输公司在本次事件中应承担主要的赔偿责任,岳某应承担次要责任。⑤2005年浙江某人身损害赔偿纠纷案,2005年1月,吴某(女)坐倪某经营的出租车回家,被该车驾驶员勾某故意杀害致死,审判中勾某称系因服务态度及车费问题与吴某激烈争吵,其因激愤杀人,法院最终认定勾某故意杀人动机不明确,但不影响故意杀人、盗窃的认定,对勾某判处死刑。吴某父母以雇主责任起诉倪某要求索赔65万余元。法院认为:原告称驾驶员自认系服务质量纠纷而导致杀人事实缺乏充分证据证明,亦与驾驶员故意杀人行为缺乏通常的合理的关联,该杀人行为与其雇员身份缺乏直接和密切的联系,而是出于其个人的犯罪故意,与雇主的利益缺乏客观联系,据此,该驾驶员的侵权行为与其履行职务之间不存在内在联系,本案中雇主责任不成立。另外,被害人吴某乘坐出租车的行为系人们日常生活中普通的交易行为,不能认定为"是在为对方的利益或共同的利益进行活动"的行为,本案不符合适用公平责任的法定条件。原告无证据证明倪某对其经营之车辆及驾驶人员的管理中存有过错,而勾某所实施的侵害行为,已为雇主自身的风险控制能力所不及,超出了倪某作为客运出租车辆经营者所应负担安全保障义务的合理范围,故原告主张由被告承担违反安全保障义务、损害消费者权益的侵权责任,亦不予支持,原告该项主张亦缺乏事实依据,故应予驳回。⑥2002年河南某财产损害赔偿案,2002年,盖某乘坐长途运输公司客车途中打盹导致价值2000元的手机被盗,发现后下车追赶扒手时,司乘人员未予协助,导致3个扒手在眼前逃脱。法院认为:盖某乘车,与长途运输公司建立运输合同关系。司乘人员在盖某告知其手机被盗后,未及时履行积极帮助盖某追赶扒手、查找手机挽救损失的义务,致使其手机灭失,在履行合同中有过错,应当承担损害赔偿责任。盖某未尽充分注意义务,对财物损害后果,应负次要责任,故判决长途运输公司赔偿手机价值90%即1800元。⑦2001年江西某运输合同纠纷案,2000年,潘某等5人包租唐某汽车南下调货。唐某中途停车吃夜宵时,未叫醒熟睡的潘某等人,亦未关门摇窗,导致潘某装有8000元现金的提包被盗。法院认为:双方建立的运输合同有效。潘某等人随车同行是该合同约定内容之一,唐某对潘某等人的人身和财产安全负有责任。潘某提包被盗,乃是因唐某中途停车离开时,明知潘某等人已睡觉而对自身物品无保护意识,不叫醒潘某等人,也未将车门关牢及上好玻璃所致。如唐某尽到应尽义务,损失即不可能发生,故唐某对潘某财物被盗具有过错,应负赔偿责任。潘某睡觉中财物被盗,自身并无过错,其报案如告破,损失追回,在唐某承担本案赔偿责任后,追回的赃款即应归唐某所有,故判决唐某赔偿潘某经济损失8000元。⑧2000年北京某赔偿纠纷案,晚11点,朱某乘出租车时突发癫痫昏睡,司机付某以为其毒瘾发作将朱某弃于路旁。朱某起诉出租车公司及付某,要求赔偿精神损失及财物丢失损失。法院认为:朱某乘坐出租车,即与出租车公司建立客运合同关系。朱某系旅客,享有安全抵达目的地的权利。付某在履行运输职责时,对突发疾病的朱某不仅不尽救助的法定义务,反而中途停车,将昏睡中的朱某弃于路旁,使朱某处于危险状态下。付某行为虽未危及朱某生命、健康,但对朱某精神造成一定刺激,侵犯了朱某作为旅客应享有的合法权利。付某执行公司运输任务给他人造成损失,应由公司承担民事责任。朱某主张财物丢失,因证据不足,不予支持。判决出租车公司向朱某口头道歉,赔偿朱某精神抚慰金 3000 元。

**【同类案件处理要旨】**

承运人应当对运输过程中旅客的伤亡承担损害赔偿责任,但伤亡是旅客自身健康原因造成的或者承运人证明伤亡是旅客故意、重大过失造成的除外。承运人承担赔偿责任后,可以向第三人追偿。

**【相关案件实务要点】**

1.【责任竞合】旅客在公共汽车上受第三人侵害,可依侵权关系追究第三人或第三人和承运人的侵权责任。同时,也可以依合同关系追究承运人的违约责任。案见广东东莞中院(2008)东中法民二终字第 121 号"张某诉某公交公司旅客运输合同案"。

2.【附随义务】承运人在运输过程中,未履行尽力救助患有急病、分娩、遇险旅客的附随义务,导致旅客人身损害,应当承担相应赔偿责任。案见四川泸州龙马潭区法院(2007)龙马民初字第 162 号"徐某诉某客运公司人身损害赔偿案"。

3.【雇主责任】刑事附带民事诉讼案件中,不宜受理对被害人的雇主提起的附带民事诉讼,但对起诉被告人的雇主承担赔偿责任,法院应予受理。案见陕西高院(2007)陕刑一终字第 296 号"吴某等故意杀人、抢劫案"。

4.【财物损失】旅客自带物品毁损、灭失,承运人有过错的,应承担侵权赔偿责任;旅客托运物品毁损、灭失的,承运人应当承担违约责任。案见河南郑州中院(2007)郑民三终字第 102 号"岳某诉某运输公司客运合同案"。

**【附注】**

参考案例索引:广东东莞中院(2008)东中法民二终字第 121 号"张某诉某公交公司旅客运输合同案",法院判赔 4800 余元。见《公共汽车公司应对旅客遭受第三人不法侵害承担责任》(戴俊勇),载《人民司法·案例》(200814:77)。①青海西宁城北区法院(2014)北民甘初字第 275 号"李某与某出租车公司等客运合同纠纷案",见《李君诉青海省中国青年旅行社出租租赁汽车有限公司等客运合同纠纷案(保险公司在客运合同诉讼中的诉讼地位)》(李妍),载《中国审判案例要览》

(2015民:90)。②四川泸州龙马潭区法院(2007)龙马民初字第162号"徐某诉某客运公司人身损害赔偿案",见《承运人未尽救助义务的责任承担——四川泸州龙马潭区法院判决徐官清诉泸州宏运公司不履行客运救助义务案》(汪相益、谢红),载《人民法院报·案例指导》(20090515:5)。③陕西高院(2007)陕刑一终字第296号"吴某等故意杀人、抢劫案",附带民事部分,一审判决李某作为雇主垫付原告21万余元,二审撤销该判项。见《雇员遭犯罪侵害不可向雇主提出附带民事诉讼——陕西高院改判吴杰等故意杀人、抢劫案》(尤青),载《人民法院报·案例指导》(20090724:5)。④河南郑州中院(2007)郑民三终字第102号"岳某诉某运输公司客运合同案",一审驳回岳某诉讼请求,二审改判运输公司偿还岳某损失1.06万元。见《客运合同中旅客的物品丢失责任的承担——郑州中院判决岳群益诉郑交公司客运合同纠纷案》(龚磊),载《人民法院报·案例指导》(20080912:5)。⑤浙江高院(2005)浙民一终字第267号"吴某等诉倪某交通事故损害赔偿案",两审均驳回原告诉讼请求,二审中雇主书面承诺考虑到原告实际情况和自身经济承受能力,自愿补偿5万元,法院照准。见《吴吉南等诉倪德华人身损害赔偿案》(王辉),载《中国审判案例要览》(2007民事:452);另见《吴吉南、李建英诉倪德华人身损害赔偿纠纷案——雇员侵权,雇主是否承担赔偿责任》,载《浙江高院·案例指导》(2007/2008:248)。⑥河南濮阳市区中原法庭判决"盖某诉某长途运输公司财产损害赔偿案",见《盖宪诉济南市长途汽车运输有限责任公司因旅客运输合同财产损害赔偿案》(林春江),载《人民法院案例选》(2004民事:290)。⑦江西赣州中院2001年4月20日判决"潘某诉唐某运输合同案",见《乘客潘大玉诉承运人唐小阶晚上停车时未关好门窗及叫醒正在睡觉的乘客致其自带提包被盗贼打开车门盗走赔偿案》(刘胜林、彭曰东、廖少华),载《人民法院案例选》(200301:112)。⑧2000年北京朝阳法院判决"朱某诉付某等赔偿纠纷案",见《朱杭诉长阔出租汽车公司、付建启赔偿纠纷案》,载《最高人民法院公报·案例》(2002:253)。

**参考观点索引**:●出售未注明实际承运人客票的公共客运站应否与实际承运人一并认定为运输合同相对方?见《出售未注明实际承运人客票的公共客运站应当与实际承运人一并认定为运输合同相对方》(王毓莹),载《民事审判指导与参考·指导性案例》(200804:103)。○汽车运输合同中承运人应否对第三人侵权造成的旅客人身伤亡承担责任?见《汽车运输合同中承运人应否对第三人侵权造成的旅客人身伤亡承担责任问题研究》(关丽),载《民事审判指导与参考·指导性案例》(200604:35)。●公共汽车上发生打架,被害人要求停车,但司机不理会,被害人跳车致伤的,司机与其所在单位是否应承担责任?见《公共汽车上发生打架,被害人要求停车,但司机不理会,被害人跳车致伤的,司机与其所在单位是否应承担责任?》,载《民事审判实务问答》(2008:120)。○公路客运中车辆失控致使乘客跳车身体受伤,是否应承担赔偿责任?见《公路客运中车辆失控致使乘客跳车身体受伤,是否应承担赔偿责任?》,载《民事审判实务问答》(2008:122)。●乘客在公共汽车上受到第三人的不法侵害,承运人是否具有赔偿责任?见《乘客在公共汽车上受到第三人的不法侵害,承运人是否具有赔偿责任?》,载《民事审判实务问答》(2008:122)。

## 30. 非道路事故责任承担
——非道路事故,责任如何定?

【特殊交通】

【案情简介及争议焦点】

2007年,童某骑电瓶三轮车剐蹭集贸市场大门,倒塌的大门砸伤周某致残。

争议焦点:1. 童某和集贸市场责任比例? 2. 是否应承担连带责任?

【裁判要点】

1. 责任比例。车辆在道路以外通行时发生的事故,依法参照《道路交通安全法》有关规定办理。集贸市场系营利的经营服务场所,其在经营过程中负有对场内设施维护、保养及消除安全隐患的义务和责任,对入场的经营者、消费者的人身安全也负有一定的保障义务。集贸市场所有并负责管理的大门防护设施缺失系大门倒下的重要内在因素,该内在缺陷在一定外力作用下随时会出现损害后果的发生,且鉴于市场获取的利益与其承担的责任相对称的原则,市场在本案损害后果中的原因力比例较大,应负主要的赔偿责任。童某不当驾驶三轮车的行为系大门安全隐患发生的直接因素,根据其原因力比例,应负次要责任。

2. 多因一果。童某和集贸市场对损害后果发生无共同故意或共同过失,因间接结合导致周某损害,应依各自过失大小或原因力比例各自负赔偿责任,判决集贸市场赔偿周某损失的70%即2.8万余元,童某赔偿30%即1.3万余元。

【裁判依据或参考】

1. 法律规定。《道路交通安全法》(2004年5月1日实施,2011年4月22日修正)第77条:"车辆在道路以外通行时发生的事故,公安机关交通管理部门接到报案的,参照本法有关规定办理。"第119条:"本法中下列用语的含义:(一)'道路',是指公路、城市道路和虽在单位管辖范围但允许社会机动车通行的地方,包括广场、公共停车场等用于公众通行的场所……"

**2. 行政法规。**《机动车交通事故责任强制保险条例》(2013年3月1日修改施行)第43条:"机动车在道路以外的地方通行时发生事故,造成人身伤亡、财产损失的赔偿,比照适用本条例。"《道路交通安全法实施条例》(2004年5月1日,2017年10月7日修订)第97条:"车辆在道路以外发生交通事故,公安机关交通管理部门接到报案的,参照道路交通安全法和本条例的规定处理。车辆、行人与火车发生的交通事故以及在渡口发生的交通事故,依照国家有关规定处理。"

**3. 司法解释。**最高人民法院《关于审理道路交通事故损害赔偿案件适用法律若干问题的解释》(2012年12月21日,2020年修改,2021年1月1日实施)第25条:"机动车在道路以外的地方通行时引发的损害赔偿案件,可以参照适用本解释的规定。"最高人民法院、公安部《关于处理道路交通事故案件有关问题的通知》(1992年12月1日 法发〔1992〕39号,2013年1月18日废止)第2条:"发生在公路、城市街道和胡同(里巷)以及公共广场、公共停车场等专供车辆、行人通行的地方的交通事故,公安机关应当依照《办法》第五条的规定处理。其中公路是指《中华人民共和国公路管理条例》规定的,经公路主管部门验收认定的城间、城乡间、乡间能行驶汽车的公共道路(包括国道、省道、县道和乡道)。当事人就非道路上发生的与车辆、行人有关的事故引起的损害赔偿纠纷起诉,符合民事诉讼法第一百零八条规定的起诉条件的,人民法院应当受理。"

**4. 部门规范性文件。**财政部、中国保监会、公安部、卫生部、农业部《道路交通事故社会救助基金管理试行办法》(2010年1月1日)第38条:"机动车在道路以外的地方通行时发生事故,造成人身伤亡的,比照适用本办法。"公安部《道路交通事故处理程序规定》(2018年5月1日)第64条:"道路交通事故认定书应当载明以下内容:(一)道路交通事故当事人、车辆、道路和交通环境等基本情况;(二)道路交通事故发生经过;(三)道路交通事故证据及事故形成原因分析;(四)当事人导致道路交通事故的过错及责任或者意外原因;(五)作出道路交通事故认定的公安机关交通管理部门名称和日期。道路交通事故认定书应当由交通警察签名或者盖章,加盖公安机关交通管理部门道路交通事故处理专用章。"第110条:"车辆在道路以外通行时发生的事故,公安机关交通管理部门接到报案的,参照本规定处理。涉嫌犯罪的,及时移送有关部门。"公安部《关于对施工路段路面发生交通事故有关问题的答复》(2000年12月18日 公交管〔2000〕258号,2004年8月19日废止):"……根据交通部《公路工程竣工验收办法》(交公路发〔1995〕1081号,已被2004年10月1日实施的《公路工程竣(交)工验收办法》废止——编者注)第四条'公路工程验收分为交工验收和竣工验收两个阶段'、第五条'分段完成的路段或单项工程,具有独立使用价值,可分段交工,经交工验收合格后交付使用,全部完成后统一进行竣工验收'和第七条'未经交工验收的工程不得交付使用'的规定,如公路部门允许新建或改建公路车辆通行,应视为该公路已经公路部门交工验收合格。因此,在虽未经竣工验收,但已经交工验收合格的公路上发生的交通事故,应当属于道路交通事故。公路形成交叉时,支、干线的划分,应当由县以上公路部门和公安交通管理部门根据国家公路等级划分标准、各公路的流量、用途等综合情况共同确定。"公安部《关于对未经验收但已通车的公路发生交通事故如何处理的答复》(2000年12月18日 公交管〔2000〕259号,2004年8月19日废止):"……在未经统一竣工验收,但已经交工验收合格、剪彩通车的公路上发生的交通事故,应当属于道路交通事故,公安交通管理部门应当根据《道路交通事故处理办法》的有关规定依法办理。根据《最高人民法院、公安部关于处理道路交通事故案件有关问题的通知》(法发〔1992〕39号)第二条规定:'其中公路是指《中华人民共和国道路交通管理条例》规定的,经公路主管部门验收认定的城间、城乡间、乡间能行使汽车的公共道路。'对于未经交工验收的新建或改建公路上发生的车辆事故,不属于《道路交通事故处理办法》确定的道路交通事故。如发生此类事故,公安交通管理部门应当立即派员赶赴现场,抢救伤者和财产,勘查现场,收集证据;如果认为当事人的行为已构成犯罪,依法应当追究刑事责任的,应当根据案件性质,依照公安部刑事案件管辖分工规定,移交公安机关有关部门处理。"公安部交管局《关于林业运材道路归属范围的答复》(1993年2月11日 公交管〔1993〕16号,2004年8月19日废止):"……为加强对道路交通的统一管理,保障交通安全与畅通,通行社会车辆的林业季节性运材道路应纳入道路交通管理范围,适用统一的交通法规。"公安部交管局《关于道路外交通事故主管与处理问题的答复》(1991年8月5日 公交管〔1991〕96号,2004年8月19日废止):"……凡属《道路交通管理条例》所称道路范围以外'乡(镇)村自行修建的道路和自然通车形成的道路'以及'住宅楼群道路,机关团体单位的内部道路,厂矿企事业的专用道路上发生的车辆事故',由于不属于道路交通管理的范围,其事故公安机关只能应单位要求比照有关道路交通法规配合单位处理。"公安部交管局《关于交叉路口如何认定等问题的答复》(1991年2月27日 公交管〔1991〕17号,2004年8月19日废止)第1条:"关于平面交叉路口如何认定的问题。《中华人民共和国道路交通管理条例》第四十三条所称的交叉路口,指平面交叉路口,即两条或两条以上道路在同一平面相交的部位。这里的道路,包括城市街道、胡同、里巷(仅与城市街道两侧人行道平面相交的胡同、里巷除外)和公路。符合该条件的即可视为交叉路口。公路与未列入公路范围的乡村小路的平面交叉点,不属于交叉路口。"公安部交管局《关于天津港区道路纳入道路交通管理范围的答复》(1989年4月4日 〔89〕公交管第53号,2004年8月19日废止):"……鉴于天津港区道路与城市道路直接相通,通行车辆百分之九十以上是社会车辆,为加强对道路交通的统一管理,保障交通安全与畅通,经研究,我们同意将天津港区道路纳入道路交通管理范围,由天津港公安局交通队按照《道路交通管理条例》及其他道路交通管理法规的规定实施管理。但由于港区道路涉及市政管理问题,建议请市局报告市人民政府同意后执行。"

**5. 地方司法性文件**。山东济南中院《关于保险合同纠纷案件94个法律适用疑难问题解析》(2018年7月)第50条:"车险中如何确定'使用被保险车辆'。省法院民二庭对第三者责任险理赔范围问题的电话答复聊城市中级人民法院:你院《关于保险车辆的押车人员在打开车斗挡板卸货时被挡板打倒,货物滑落押车人员被砸死亡,是否属于第三者责任险理赔范围问题的请示》收悉。经研究,答复如下:《机动车第三者责任保险条款》第四条约定:'保险期限内,被保险人或其合法的驾驶人在使用被保险机动车过程中发生意外事故,致使第三者遭受人身伤亡或财产直接损毁,依法应当由被保险人承担的损害赔偿责任,保险人依照本保险合同的约定,对于超过机动车交通事故责任强制保险各分项赔偿限额以上的部分负责赔偿。'你院对该条款规定的'在使用被保险机动车的过程中'存在两种理解:一种意见认为车辆在行驶中才属于使用车辆,另一种意见认为装货和卸货也是使用车辆的一种方式。省法院民二庭审判长联席会研究认为,首先,保险法第三十条规定,采用保险人提供的格式条款订立的保险合同,保险人与投保人、被保险人或者受益人对合同条款有争议的,应当按照通常理解予以解释。按照通常理解,'使用被保险机动车'不仅包括车辆在行驶中的使用,也应包括车辆处于静止状态时装货或卸货的使用。其次,保险法第三十条同时规定了不利解释原则,即采用保险人提供的格式条款订立的保险合同有两种以上解释的,人民法院或仲裁机构应当作出不利于保险人的解释。将装货或卸货理解为对被保险车辆的使用,符合保险法规定的保险法解释原则。因此,保险车辆的押车人员在打开车斗挡板卸货时被挡板打倒,货物滑落押车人员被砸死亡,应当认定被保险车辆使用过程中发生的保险事故。第一种意见认为,车险中的'使用被保险车辆'不仅包括车辆在行驶中的使用,也应当包括车辆处于静止状态时装货或卸货的使用,受害人在上述过程中遭受保险事故的,保险公司应当按照约定承担支付保险金的赔付义务。(倾向性意见)第二种意见认为,交通事故认定的关键在于车辆处于通行状态。静止停放状态的车辆,既没有发挥车辆的行驶或运输功能,也不会对他人车辆带来危险,对损害后果的发生没有发挥作用,不存事故损害上的原因,因人与处于静止状态的机动车发生交通事故造成损失,机动车一方无事故责任,机动车一方不承担赔偿责任。"山东日照中院《机动车交通事故责任纠纷赔偿标准参考意见》(2018年5月22日)第1条:"机动车交通事故责任纠纷的适用范围。机动车在道路上发生损害赔偿,构成交通事故,不限于通行状态。在道路以外的地方(包括断路施工而且未竣工或者已竣工未移交公安交通管理部门管理的路段),机动车只有处于通行状态时发生损害赔偿,根据《最高人民法院关于审理道路交通事故损害赔偿案件适用法律若干问题的解释》《以下简称交通事故损害赔偿解释》第二十八条规定,才可以参照道路交通事故损害赔偿案件的处理规则处理。在道路以外的地方,机动车处于停驶状态,如停放在道路以外的地方或者特种车辆(包括专项作业车或专业作业车以及轮式专用机械车)处于停车状态下的施工作业等,不属于参照道路交通事故损害赔偿案件的处理规则处理情形,应适用《侵权责任法》的相关规定。交强险适用于机动车在道路上或者在道路以外的地方通行时发生的事故,商业三者险适用于机动车在使用时(不限于通行)发生的事故。"北京三中院《类型化案件审判指引:机动车交通事故责任纠纷类审判指引》(2017年3月28日)第2-1.1部分"机动车交通事故责任纠纷的认定—常见问题解答"第3条:"道路之外的交通事故如何认定?机动车在住宅小区内、停车场、施工现场等区域造成损害,实践中交管部门通常会以不属于其管辖范围为由而认为不属于交通事故,不进行处理,也不会出具事故认定书(举个例子,曾经出现过施工现场因生产安全事故造成人员伤亡,当事人故意伪造交通事故,企图骗保的情形)。但是《道交法》第七十七条规定,车辆在道路以外通行时发生的事故,公安机关交通管理部门接到报案的,参照本法有关规定办理。也就是说,如果交管部门接警后参照《道交法》处理并出具事故认定书或说明书的,我们可以直接按照交管部门认定作出裁判;如果交管部门未出警或未出具事故认定书,则法院应根据当事人提交的证据情况来认定各方的责任和过错,相应地作出裁判。"浙江省高院、省检察院、省公安厅公布《印发〈关于办理"醉驾"案件若干问题的会议纪要〉的通知》(2017年1月17日 浙高法〔2017〕12号)第4条:"关于道路的认定。刑法第一百三十三条之一中的'道路',按道路交通安全法第一百一十九条第(一)项规定执行,即是指公路、城市道路和虽然在单位管辖范围但允许社会机动车通行的地方,包括广场、公共停车场等用于公众通行的场所,不包括居民小区、学校校园、机关企事业单位内等不允许机动车自由通行的通道及专用停车场。对于醉酒在广场、公共停车场等公众通行的场所挪动车位的,或者由他人驾驶至居民小区门口后接替驾驶进入居民小区的,或者驾驶出公共停车场、居民小区后即交由他人驾驶的,可以不作为犯罪处理。"江苏徐州中院《关于印发〈民事审判实务问答汇编(五)〉的通知》(2016年6月13日)第1条:"车辆在仓库、工地等发生事故能否认定交通事故?答:对于车辆在仓库、工地等发生事故,实质上涉及到是否属'道路交通事故'的认定问题,根据《道路交通安全法》第一百一十九条第(一)和第(五)项的规定,'道路',是指公路、城市道路和虽在单位管辖范围但允许社会机动车通行的地方,包括广场、公共停车场等用于公众通行的场所;'交通事故',是指车辆在道路上因过错或者意外造成的人身伤亡或者财产损失的事件。同时根据《机动车交通事故责任强制保险条例》第四十四条的规定,机动车在道路意外的地方通行时发生事故,造成人身伤亡、财产损失的赔偿,比照适用本条例。因此,第一,车辆在道路上造成事件(造成人身伤亡或者财产损失),可认定为交通事故;第二,车辆在道路以外(如仓库、工地等)通行时发生事故,可认定为交通事故。保险公司均应按照有关规定承担赔付责任……工程车辆(如挖掘机、吊车等)发生事故时应如何认定?答:工程车辆多以工程作业为主要目的,但有时也会在通行过程中发生事故,因此工程车辆发生的事故可分为交通事故和安全责任事故。第一,工程车辆非作业情形下在道路以外通行时或道路上发生事故,可认定为交通事故,保险公司均应承担交强险赔付责任。根据《机动车交通事故责任强制保险条例》第三条规定,本条例所称机动车交通事故责任强制保险,是指由保险公司对被保险机动车发生道路交通事故造成本车人员、被保险人以外的受害人的人身伤亡、财产损失,在责任限额内予以赔偿的强制性责任保险。同时第四十四条规定,机动车在道路以外的地方通行时发生事故,造成人身伤亡、财产损失的赔偿,比照适用本条例。由此可见,交强险系以交通事故的发生作为赔付前提,如认定为交通事故,保险公司应承担交强险赔付责任。第二,工程车辆在作业时发生事故,不应认定为交通事故,保险公司不应承担交强险赔付责任。如吊车在从事吊装作业的过程中因所吊物品坠落致他人受伤;挖掘机在挖掘作业时误将他人铲伤,该类事故属于安全责任事故,非交通事故,安全责任事故不属于交强险赔付范围,保险公司不应承担交强险赔付责任。当然工程车辆投保商业三者险的,工程车辆方可按商业三者险保险合同的约定请求保险公司承担责任。"重庆高院民一庭《民一庭高、中两级法院审判长联席会议〈机动车交通事故责任纠纷中的法律适用问题解答(二)〉会议综述》(2015年6月26日)第11条:"关于机动车在非行驶状态发生的侵权是否认定为交通事故的问题。根据《中华人民共和国道路交通安全法》第一百一十九条规定,交通事故是指'车辆在道路上因过错或者意外造成的人身伤亡或者财产损失的事件'。该规定的本意是车辆在行驶过程中导致的侵权应认定为交通事故。在车辆处于非行驶状态时发生的侵权,不宜认定为交通事故。例如:车辆在非行驶状态进行吊装作业、发生爆胎,致人损害的,因不具备通行行为,驾驶人员操作不当也并非违反《道路交通安全法》之规定,不宜认定为交通事故。"浙江高院民一庭《民事审判法律适用疑难问题解答》(2014年第15期):"……问:挖掘机、吊车等工程车在施工作业中发生事故,是否属于交通事故,保险公司应否在交强险范围内承担责任?答:根据《机动车交通事故责任强制保险条例》第四十三条,机动车在道路以外地方通行时发生事故,造成人身伤亡、财产损失的赔偿比照适用该条例。由此,如工程车在工地范围内通行过程中发生事故,或事故经公安交警部门认定为交通事故的,保险公司应当在交强险范围内承担责任。但挖掘机、吊车等工程车在工程施工作业过程中发生事故的,如挖掘机在挖土或者吊车在吊装作业过程中发生事故,不属于道路交通事故,应按照侵权责任法的有关规定进行处理。"浙江杭州中院民一庭《关于道路交通事故责任纠纷案件相关疑难问题解答》(2012年12月17日)第1条:"……仓库、工地等发生的交通事故,保险公司应否承担交强险赔付责任?答:对该问题应从宽把握。该问题涉及到对'道路'的认定问题,根据《道路交通安全法》第一百一十九条第(一)和第(五)项的规定,'道路',是指公路、城市道路和虽在单位管辖范围但允许社会机动车通行的地方,包括广场、公共停车场等用于公众通行的场所;'交通事故',是指车辆在道路上因过错或者意外造成的人身伤亡或者财产损失的事件。同时根据《机动车交通事故责任强制保险条例》第四十三条的规定,机动车在道路以外的地方通行时发生事故,造成人身伤亡、财产损失的赔偿,比照适用本条例。因此,保险公司对于在道路和道路以外发生的交通事故,均应承担交强险赔付责任。"山东淄博中院《全市法院人身损害赔偿案件研讨会纪要》(2012年2月1日)第20条:"……依照《中华人民共和国道路交通安全法》第七十七条,《机动车交通事故责任强制保险条例》第四十三条的规定,机动车在道路以外的地方通行时发生事故,造成人身伤亡、财产损失的,应比照适用以上法律规定处理。因此,如出现上述情况,则保险公司仍应在交强险限额内承担相应赔偿责任。"江苏南通中院《关于处理交通事故损害赔偿案件中有关问题的座谈纪要》(2011年6月1日通中法〔2011〕85号)第25条:"非道路上发生交通事故引起的损害赔偿案件,原则上参照道路交通事故损害赔偿案件的审判原则处理。"山东淄博中院民三庭《关于审理道路交通事故损害赔偿案件若干问题的指导意见》(2011年1月1日)第6条:"机动车在道路以外的地方通行时发生事故,承保交强险的保险公司应在交强险限额内承担相应赔偿责任。"山东东营中院《关于印发道路交通事故处理工作座谈会纪要的通知》(2010年6月2日)第2条:"交通事故是车辆在道路上因过错或者意外造成人身伤亡或者财产损失的事件。《道路交通安全法》第一百一十九条第一项对'道路'有明确规定,在认定是否构成道路交通事故时应当按此标准。除此之外的交通事故案件,可按照《道路交通安全法》第七十七条的规定参照处理。"第3条:"按照《道路交通安全法》第七十七条规定参照处理的交通事故,由交警部门进行现场勘查、案件调查、责任认定,并依据《道路交通安全法》的有关规定进行处罚。"第4条:"在道路外发生的一般伤害及财产损失的交通事故,其勘查、调查、认定可依前项办理,但是,在发生重伤、死亡等可能涉及当事人犯罪的情况下,由具有管辖权的公安机关办理。"第5条:"按照《道路交通安全法》第七十七条规定参照处理的交通事故案件,事故发生区域包括大型停车场、大型企业内部生产路、农村田间生产路、允许社会车辆通行的学校、公共娱乐场所、居民小区内部道路等。"北京高院民一庭《关于道路交通损害赔偿案件的疑难问题》(2010年4月9日)第2条:"……现在交通队确定事故责任往往将行政管理责任纳入事故责任,如一起交通事故中,甲车在人行道上违法停车,行人在机动车道被乙车撞伤,受害人与甲车没有接触,但交通队认定甲车负事故次要责任。还有一个案例,非机动车行驶过程中撞上路边一合法停车的机动车,交通队也认定这是一起交通事故。对此,有法院提出,前者甲车纯粹是行政管理责任,对交通事故没有因果关系;对于后者,该院认为合法停车静止的车辆更像个普通的物,该事故不应认定为交通事故。"江西南昌中院《关于审理道路交通事故人身损害赔偿纠纷案件的处理意见(试行)》(2010年2月1日)第1条:"车辆在道路上进行与交通有关活动,因过错或意外造成的人身伤亡或财产损失而提起诉讼的案件,适用本意见的规定。"第2条:"车辆在道路以外通行时发生的事故所引发的损害赔偿纠纷案件,可比照本意见的相关规定处理。"上海高院民一庭《关于机动车交通事故责任强制保险若干问题的解答》(2006年12月21日 沪高法〔2006〕18号)第4条:"交通事故强制责任保险在非道路交通事故中的适用。根据《中华人民共和国道路交通安全法》第77条规定,车辆在道路以外通行时发生的事故,公安机关交通管理部门接到报案的,参照本法有关规定办理。因此,非道路交通事故造成的损害赔偿亦适用交通事故强制保险相关规定。"广东深圳罗湖区法院《关于交通事故损害赔偿案件的处理意见》(2006年11月6日)第2条:"(一)对道路交通事故损害赔偿的争议,当事人直接向法院提起民事诉讼,或者道路交通事故损害赔偿争议经公安机关交通管理部门调解,当事人未达成协议或者调解书生效后不履行的,当事人向法院提起民事诉讼,都应当受理。受害人与侵权人就交通事故损害达成具体的赔偿协议,侵权人没有赔偿,受害人起诉的,法院应当受理。(二)非道路交通事故损害赔偿案件,当事人直接向法院提起民事诉讼的,法院应当受理。(三)同一道路交通事故中有多名受害人,其中部分受害人及其相关赔偿权利人起诉的,应当受理。其他未起诉的受害人及其相关赔偿权利人在案件开庭前申请参加诉讼的,应当准许;如在开庭后申请参加诉讼的,告知其另行起诉。"广东深圳罗湖区法院《处理道路交通事故赔偿纠纷案件实施意见》(2005年10月14日)第7条:"非道路交通事故案件由法院直接受理,事故责任由法院根据事故具体情况作出认定,赔偿标准参照道路交通事故赔偿标准计算。"山东高院《关于审理道路交通事故损害赔偿案件的若干意见》(2004年5月1日)第10条:"非道路上发生交通事故引起的损害赔偿案件,原则上参照道路交通事故损害赔偿案件的审判原则处理。"第12条:"《道路交通安全法》规定的'道路交通事故'仅限于机动车辆在道路上造成人身损害和财产损失的事件;虽在道路上发生,但不是机动车辆造成的人身损害和财产损失,不属于交通事故的范围,按照一般损害赔偿案件予以处理。"第 13 条:"《道路交通安全法》规定的'道路'是指公路、城市道路、属于单位管辖范围但允许社会机动车辆通行的道路、广场、公共停车场。"吉林高院《关于印发〈关于审理道路交通事故损害赔偿案件若干问题的会议纪要〉的通知》(2003 年 7 月 25 日 吉高法〔2003〕61 号)第 10 条:"当事人就非道路上发生的与机动车、行人有关的事故引起的损害赔偿纠纷起诉,符合民事诉讼法第一百零八条规定的起诉条件的,人民法院应当参照道路交通事故损害赔偿纠纷以予受理。"第 48 条:"本规定所指的道路包括公路、城市街道和胡同(里巷)以及公共广场、公共停车场等供机动车、行人通行的地方。公路是指《中华人民共和国公路管理条例》规定的,经公路主管部门验收认定的城间、城乡间、乡间能行使机动车的公共道路,包括公路的路基、路面、桥梁、涵洞、隧道等,分国道、省道、县道和乡道和专用公路五个等级。城市街道是指城市规划区以内等级较低的公路通道。一般是划、设有人行道、车行道,两侧或一侧有连续建筑群的主、次交通干线。城市胡同(里巷)是指城市规划区内等级较低的公路通道。一般是不划、设人行道、车行道,两侧或一侧有连续建筑群的住宅区(或商业区)内路面较窄的一切交通支线。公共广场是指城市规划在道路用地范围内,专供公共集会、游憩、步行和交通集散的场地。公共停车场是指规划在道路用地范围内专门划、设出供车辆停放的车辆集散场地。专用公路是指专供或主要供厂矿、林区、油田、农场、旅游区、军事要地等与外部联络的公路。"第 49 条:"在厂区、矿区、林区、农场等单位自建的专用通道、乡间小道、田野机耕道、城市楼房之间的通道,机关、学校、单位大院内的通道不属于本会议纪要所指的道路。在其上发生的事故,不属于道路交通事故。"内蒙古高院《全区法院交通肇事损害赔偿案件审判实务研讨会会议纪要》(2002 年 2 月)第 26 条:"对在非道路上发生的与车辆、行人有关的事故引起的损害赔偿诉讼,可比照上述意见处理。非道路上发生的与车辆、行人有关的事故是指在《道路交通管理条例》所称的道路范围以外的乡(镇)、村自行修建的道路、自然通车形成的道路、住宅区内的道路、机关团体单位的内部道路以及厂矿企事业单位的专用道路上发生的车辆事故。"山东高院《关于审理人身损害赔偿案件若干问题的意见》(2001年 2 月 22 日)第 10 条:"……在道路维修改造期间,当事人发生的与车辆、行人有关的事故引起的损害赔偿纠纷,向人民法院起诉的,人民法院可以直接受理。当事人就非道路上发生的与车辆、行人有关的事故引起的损害赔偿纠纷,向法院起诉的,法院可直接受理,不适用国务院《道路交通事故处理办法》的规定。"辽宁高院、省公安厅《关于道路交通事故案件若干问题的处理意见》(辽公交〔2001〕62 号)第 1 条:"公安交通管理机关接到报案后,应认真做好登记,立案受理。经现场勘查属于非道路交通事故的,公安交通管理机关应参照《道路交通事故处理办法》的有关规定办理,并依法送达当事人或其代理人,告知向有关主管部门申请解决或向有管辖权的人民法院提起民事诉讼。"第 2 条："以下情况属于非道路交通事故：（1）在铁路道口和渡口范围内发生的事故；（2）车辆尚未开动发生的人员挤摔伤亡事故；（3）厂矿自建的不通行社会车辆的专用道路，用于田间耕作、供农机具行走的机耕道，机关、单位大院内，火车站、汽车总站、货场内道路上发生的事故；（4）参加军事演习，体育竞赛，道路施工的车辆自身发生的事故；（5）在未经公路主管部门验收认定的城间，城乡间、乡间公路上发生的事故；（6）在经审批建立的贸易市场内（公共停车场除外）发生的事故；（7）由于不可抗拒的自然灾害造成的事故；（8）其他属于非道路的交通事故。"第 27 条："公安交通管理机关向道路交通事故当事人送达交通事故责任认定书或责任重新认定书、调解书、调解终结书，参加调解的书面通知，非道路交通事故通知书以及有关证明等，应直接送达受送达人，且必须有送达回证，由受送达且人在送达回证上记明收到日期、签名或盖章。不能直按送达的，应参照民事诉讼法有关规定依法送达。"第 32 条："经公安交通管理机关确认属于非道路上发生的与车辆、行人有关的事故引起的损害赔偿纠纷，当事人向人民法院提起民事诉讼时，应提交公安交通管理机关制作的相关法律文书，符合民事诉讼法第 108 条规定的起诉条件的，人民法院可以直接受理。"第 39 条："人民法院对于非道路上发生的与车辆、行人有关的事故引起的赔偿案件，其案由仍确定为'交通事故赔偿'，并可参照《办法》和本意见于以处理。公安交通管理机关在事故责任认定方面应给予积极的协助。"广东高院、省公安厅《关于处理道路交通事故案件若干具体问题的通知》(1996 年 7 月 13 日 粤高法发〔1996〕15 号 2021 年 1 月 1 日起被粤高法〔2020〕132 号文废止）第 27 条："经公安交通管理部门确认属于非道路上发生的交通事故引起的损害赔偿纠纷，当事人向人民法院起诉，符合民事诉讼法第一百零八条规定的起诉条件的，人民法院可以直接受理。对该类事故责任的认定，公安交通管理部门应积极予以协助，在作出非道路交通事故结论的同时，以书面方式提出对事故责任的认定意见，以利于案件的处理。"

**6. 地方规范性文件**。山东省潍坊市《道路交通安全条例》(2023 年 3 月 1 日）第 58 条："车辆在道路以外发生交通事故，公安机关交通管理部门接到报案的，参照有关法律、法规和本条例的规定，可以对事故造成的财产损失先行调解，经调解达成协议的，形成调解协议书，由各方当事人签收。调解不成或者当事人不同意调解的，由公安机关交通管理部门出具出警证明，分别送达各方当事人，并告知事故当事人可以申请人民调解委员会进行调解或者依法向人民法院提起诉讼。涉嫌犯罪的，及时移送有关部门处理。"云南省《道路交通安全条例》(2022 年 11 月 30 日修正实施）第 68 条："车辆在道路以外通行发生的事故，公安机关交通管理部门接到报案的，参照有关法律、法规和本条例的规定办理。"北京市财政局《关于印发〈北京市道路交通事故社会救助基金财务管理及会计核算暂行办法〉的通知》

(2012年11月18日 京财金融〔2012〕2462号)第13条:"农业机械在道路以外发生交通事故的,农业机械管理部门依照本章相关规定可以向救助基金管理办公室申请相关救助费用。"江苏省《道路交通安全条例》(2012年1月12日修正)第52条:"有下列情形之一,当事人直接向保险公司报告的,保险公司应当依法理赔:(一)当事人依法自行协商处理的交通事故;(二)仅造成自身车辆损失的单方交通事故;(三)车辆在道路以外通行时发生的事故。"

**7. 最高人民法院审判业务意见。**●车辆在道路以外通行时发生事故的赔偿案件应如何适用法律?最高人民法院民一庭《民事审判实务问答》编写组:"《道路交通安全法》第77条规定:'车辆在道路以外通行时发生的事故,公安机关交通管理部门接到报案的,参照本法有关规定办理'。属于非道路上发生的交通事故的损害赔偿纠纷,当事人向人民法院起诉,只要符合《民事诉讼法》规定的起诉条件的,人民法院可以直接受理。审理过程中,对事故责任的认定问题,可以征求公安交警部门对事故责任的认定的意见,以利于案件的处理。处理非道路交通事故赔偿案件,应适用《民法通则》第106条、第119条、第132条以及《最高人民法院关于审理人身损害赔偿案件适用法律若干问题的解释》的相关规定。"

**8. 参考案例。**①2016年**江苏某交通事故纠纷案**,2015年,金某驾驶中型专项作业车在省道上行驶时,因车辆漏油,嗣后导致吴某骑电动自行车摔倒受伤,交警认定金某、吴某分负事故主、次责任。保险公司以该损害非交通事故为由拒赔。法院认为:《道路交通安全法》第119条第1款第5项规定,交通事故是指车辆在道路上因过错或者意外造成的人身伤亡或者财产损失的事件。法律并未明确规定交通事故必须以发生碰撞为必要条件。本案中,金某驾驶的专项作业车在道路上行驶,因车辆故障发生漏油,且该车辆漏油导致吴某驾驶电动车时摔倒受伤,应认定本次事故为交通事故。吴某受伤与金某驾驶车辆在道路上驾驶行为,存在法律上的直接因果关系,应认定本次事故为交通事故,该起交通事故造成车辆以外第三人吴某受伤,保险公司应承担相应保险赔付责任。至于金某未及时采取措施设置警示标志等措施,只是认定金某对本次事故过错程度和交通事故责任的重要情节,并不能免除保险公司责任。判决保险公司对吴某进行赔付。②2015年**天津某交通事故纠纷案**,2014年,岑某在工地施工过程中,被马某驾驶的、正在进行吊装作业的机械公司重型专项作业车所掉货物砸伤致10级伤残。岑某诉请人寿公司在该车辆所投交强险范围内、人保公司在商业第三者责任保险限额内承担赔偿责任。法院认为:依《道路交通安全法》第119条规定,道路交通事故系车辆在道路上因过错或意外造成的人身伤亡或财产损失事件。最高人民法院《关于审理道路交通事故损害赔偿案件适用法律若干问题的解释》第28条规定,机动车在道路以外的地方通行时引发的损害赔偿案件,可以参照适用该司法解释。根据已查明事实,本案事故系肇事起重车在工地进行货物吊装作业时货物坠落所导致,车辆作业时肇事车辆固定在地面上,并未处于通行状态,由此发生的纠纷并非道路交通事故责任纠纷,故人寿公司无须在交强险范围内承担岑某各项损害赔偿责任。依《保险法》第65条规定,保险人对责任保险的被保险人给第三者造成的损害,可依法律规定或合同约定,直接向该第三者赔偿保险金。责任保险的被保险人给第三者造成损害,被保险人对第三者应负的赔偿责任确定的,根据被保险人请求,保险人应直接向该第三者赔偿保险金。被保险人怠于请求的,第三者有权就其应获赔偿部分直接向保险人请求赔偿保险金。本案机械公司就其所有的肇事起重车在人保公司投保第三者责任保险,对该车辆作业中导致的岑某人身损害赔偿损失,依该第三者责任保险合同约定,应由人保公司在第三者责任保险范围内予以赔偿。判决人保公司在商业第三者责任保险责任限额内赔偿岑某10.9万余元。③2014年**江苏某保险合同纠纷案**,2012年,曹某驾车发现车胎没气,遂通知流动补胎的孙某,拆卸下来的轮胎充气过程中爆炸炸伤孙某致死。法院认为:依交强险条例规定,交强险应对因道路交通事故产生的损害进行赔偿,而《道路交通安全法》第119条第5项将"交通事故"定义为"车辆在道路上因过错或者意外造成的人身伤亡或财产损失的事件"。该定义指明:首先,交通事故发生须有车辆参与,失去了车辆这个主体则不构成"交通事故"。本案发生爆炸的轮胎已与车辆完全脱离较长时间,应视为一独立物,单独放置的车胎不属于可在道路上行驶的交通工具,所酿成的事故不符合交通事故构成要件。其次,交强险条例第1条规定,机动车强制险的立法目的在于保障机动车道路交通事故受害人依法得到赔偿,促进道路交通安全。所以交强险保障范围,应理解为对机动车通行事故受害人的权益保障,而不应扩大到所有与机动车相关的事故中。而本案事故发生在车辆停车修理状态且爆炸车胎已卸离车毂,故不属交强险可赔偿的道路交通事故的范围。本案中,曹某与孙某系承揽关系,孙某作为专业修胎人员自身操作不当,是导致爆炸事故发生的主要原因,应承担事故主要责任。车主曹某发现轮胎漏气而未及时提醒孙某对轮胎进行全面检查,是爆炸事故发生的次要原因,应承担事故次要责任。判决曹某赔偿原告13万余元。④2014年**江苏某交通事故纠纷案**,2014年,高某驾车在自家门前水泥地上操作不慎,撞倒母亲史某致死。史某近亲属放弃保险之外的赔偿,检察院对高某作出相对不起诉决定。保险公司以非交通事故为由拒绝交强险赔付。法院认为:《道路交通安全法》第119条规定,"道路",是指公路、城市道路和虽在单位管辖范围内但允许社会机动车通行的地方,包括广场、公共停车场等用于公众通行的场所。第77条规定,车辆在道路以外通行时发生的事故,公安机关交通管理部门接到报案的,参照本法有关规定办理。《机动车交通事故责任强制保险条例》第44条规定,机动车在道路以外的地方通行时发生事故,造成人身伤亡、财产损失的赔偿,比照适用本条例。本案事故发生在受害人史某家门前的水泥场地,不属一般意义上的"道路",交警部门亦未出具交通事故责任认定书,但此类事故与通常意义上的交通事故并无本质区别。根据上述规定,高某驾驶机动车在通行时发生事故致史某死亡,保险公司仍应承担赔偿责任。⑤2013年江苏某交通事故纠纷案,2012年,薛某路过魏某违规停放市区路边的货车,被突然爆炸的轮胎炸伤。保险公司以非交通事故拒赔。法院认为:依《道路交通安全法》第119条第1项规定,"道路"是指公路、城市道路和虽在单位管辖范围但允许社会机动车通行的地方,包括广场、公共停车场等用于公众通行的场所。第5项规定,"交通事故"是指车辆在道路上因过错或者意外造成的人身伤亡或者财产损失的事件。本案中,事故发生地点位于市区道路,符合该法有关"道路"范围。薛某系正常从该车旁行走,其对损害发生不能也不应预见,故薛某对该起事故并无过错。魏某长期从事货物运输,对车辆使用较为频繁,而其更换轮胎系在一年前,导致车辆存在安全隐患,对事故发生存在主观过错。同时,魏某明知事发地点未规划停车位,而将车辆违章停放在路边,而该道路系行人往来较多的支干路,若其能将车辆停放在规定的停车位上,可能会较少有行人从旁经过,有可能避免事故发生,故魏某应承担全部责任。案涉事故属法律意义上的道路交通事故,保险公司依法应在交强险和第三者责任险范围内对受害人承担赔偿责任。判决保险公司赔偿薛某2万余元。⑥2013年江苏某交通事故纠纷案,2012年,物流公司司机圣某驾驶货车在金属公司内发生溜坡,将魏某驾驶的装载机撞翻,造成魏某受伤及装载机损坏。交警部门认为发生在公司内,未作出交通事故认定书。法院认为:交警部门作出的交通事故认定书非行政行为,亦非对交通事故当事人之间民事赔偿权利和义务关系内容作出的判定。交通事故认定书只是法院据以认定交通事故赔偿案件事实的证据材料,而非法院据以判定当事人之间赔偿权利和义务关系内容的唯一依据。本案中,公安交警大队未作出交通事故认定书,法院应综合双方当事人举证证据材料,充分审查现场勘验笔录等交通事故案件全部相关证据,按《道路交通安全法》及《道路交通安全法实施条例》相关规定,综合运用逻辑推理和日常生活经验,对交通事故发生事实及各方当事人有无过错进行判断并作出认定,以确定各方当事人民事责任。依交强险条例第3条规定,非道路交通事故不在保险公司责任限额赔偿之列。依《道路交通安全法》规定,交通事故是指车辆在道路上因过错或者意外造成的人身伤亡或者财产损失的事件。而道路是指公路、城市道路和虽在单位管辖范围但允许社会机动车通行的地方,包括广场、公共停车场等用于公众通行的场所。这里的道路应作广义理解,厂区或公司内允许社会机动车辆通行区域仍属道路范畴,如私人庭院则不属于道路范畴。本案中的交通事故虽发生在公司内,但该公司门口并没有禁止机动车辆通行的警示标志,属于允许社会机动车通行的地方。该种情况应符合上述《道路交通安全法》规定的"道路"范畴,故本起交通事故应属道路交通事故,应适用最高人民法院《关于审理道路交通事故损害赔偿案件适用法律若干问题的解释》第16条的规定,即同时投保交强险及商业三责险的机动车发生交通事故造成损害,当事人同时起诉侵权人和保险公司的,法院应按照下列规则确定赔偿责任:先由承保交强险的保险公司在责任限额范围内予以赔偿;不足部分,由承保商业三责险的保险公司根据保险合同予以赔偿;仍有不足的,依《道路交通安全法》和《侵权责任法》相关规定由侵权人予以赔偿。判决魏某损失34万余元,由保险公司在交强险和商业三责险限额内赔偿。⑦2013年上海某健康权纠纷案,2010年,刘某驾驶周某挂靠运输公司名下车辆,因轮胎爆炸,停靠路边,经营流动补胎的华某为轮胎充气时,轮胎爆炸,弹起刘某撞击停靠路边由代某雇佣司机驾驶、挂靠物流公司车辆的车架上致9级伤残。刘某诉请华某、代某、物流公司及周某、代某投保的保险公司共同赔偿其损失。法院认为:《道路交通安全法》规定,"交通事故",是指车辆在道路上因过错或意外造成的人身伤亡或财产损失事件。定性为"交通事故"前提应是,车辆与道路交通行为相关。并非在道路上发生的事故均系交通事故。本案中,从整个过程的特征分析,刘某车辆与轮胎分离,修理轮胎并充气行为,脱离了道路交通行为要素本身,应系安全作业行为,并非道路交通行为,故本案事故不属交通事故,应系安全事故,不属"交强险"赔偿范围。代某车辆所停路段系开放行车道,且未按规定放置警示标志,系违法行为,该违法行为虽与轮胎爆炸本身无因果关系,但与刘某头部受伤后果之间存在一定因果关系,故应认定代某雇佣驾驶员存在一定过错,对刘某合理损失,应负10%责任,因属雇佣关系,故该责任由代某承担,物流公司作为被挂靠单位,对此负连带责任。华某在开放行车道上为刘某所驾车辆轮胎充气,且缺乏安全技能,未尽到安全注意义务,致爆炸事故发生,应承担主要过错,其对原告合理损失承担60%赔偿责任。刘某发现轮胎破裂后,叫来华某在开放的行车道上为轮胎修理、充气,且在充气时未保证自身安全,致自己受伤,亦存在一定过错,其对自己合理损失,应自负30%责任。代某投保的保险公司,因车辆驾驶员违法停车,致使刘某受伤,保险公司应在商业三责险保险范围内对代某应负责任承担10%赔偿责任。因本案事故系非道路交通事故,且刘某系周某车辆允许的驾驶员,故刘某以本案为交通事故为由,要求周某投保的保险公司在"交强险"及商业三责险责任范围内先行赔偿损失意见,无事实、法律根据。判决代某投保的保险公司赔偿刘某2万余元,华某赔偿刘某12万余元,代某赔偿刘某100余元,物流公司对代某应赔偿款项负连带责任。⑧2012年上海某交通事故纠纷案,2012年,毕某驾驶运输公司货车因车轮陷入泥土打滑,尹某帮忙推车时不慎被轮胎碾压致10级伤残。保险公司以非交通事故为由拒赔交强险。法院认为:《道路交通安全法》第119条规定,交通事故是指车辆在道路上因过错或者意外造成的人身伤亡或者财产损失的事件。由此可见,我国现行法律所界定的交通事故并不限于机动车在物理意义的车体移位状态下导致的事故。本事故发生于机动车和行人之间,毕某所驾驶机动车在行驶过程中,不慎驶入泥地,导致车轮打滑,车辆无法前行,但车辆并未熄火,发动机保持运转,应视为处于车辆行驶状态;尹某在给予帮助过程中,因毕某在启动车辆时疏于观察导致本事故发生,且双方对事故发生均无主观故意。本事故虽不同于普通交通事故,但其基本特征符合现行法律对交通事故的界定,故确认本起事故属交通事故范畴,保险公司应承担交强险赔偿责任。毕某明知尹某等人正在采用多种方法帮助车辆驶出泥坑,但疏于观望、提示,未在确定全体帮助人员与车体已保持安全距离情况下,贸然启动车辆,导致本事故发生,毕某重大过失行为与本事故发生存在直接因果关系,故其应负事故全部责任。尹某在无偿帮助过程中并无明显过失,不应承担事故责任。判决保险公司赔偿尹某10万余元。⑨2012年山东某交通事故纠纷案,2011年,高某挂靠运输公司车辆违章停放路边期间,3岁的欧某与王某、徐某、李某三名未成年人攀爬车辆过程中,欧某被翻下的车厢挡板砸伤致死。保险公司以非交通事故为由拒赔交强险。法院认为:依《道路交通安全法》第119条第5项的规定,本案事故符合道路交通事故各项特征,应认定为道路交通事故,由某保险公司在交强险限额内承担相应赔偿责任。依《侵权责任法》第10条的规定,结合本案具体情况,在致害原因不明情况下,该三未成年被告行为有造成被害人损害的高度可能性,应认定其三人构成共同危险行为。高某违章停放车辆、车辆状况不符合安全要求,应与上述三被告人根据原因力大小分别承担损害赔偿责任。原告对其未成年子女看护不力,具有一定过错,亦应承担相应责任。判决保险公司在交强险医疗损失限额和死亡赔偿限额内赔偿原告损失11万余元,超出部分43万余元,高某承担60%责任、运输公司承担连带责任,徐某、李某、王某连带承担30%责任,原告自负10%责任。⑩2012年河南某损害赔偿纠纷案,2012年,杨某驾驶雷某吊车,在施工工地上往厂房上方吊装钢梁过程中,抬臂将厂房上方钢梁碰掉,砸住了在下方施工的车某,导致车某死亡。法院认为:本案事故发生时,杨某驾驶雷某起重车在往工地厂房上方吊钢梁,吊装一根钢梁之后需要通行到另一位置继续吊装钢梁,起重机作业过程中必然在工地上通行。依最高人民法院《关于审理道路交通事故损害赔偿案件适用法律若干问题的解释》第28条的规定:机动车在道路以外的地方通行时引发的损害赔偿案件,可以参照适用本解释的规定。本案属于机动车在道路以外的地方通行引发的损害赔偿案件,可参照交通事故进行处理。同时,考虑到此案如按交通事故损害赔偿案件进行处理,受害人损失可由保险公司在交强险和商业险范围内进行赔偿,更有利于维护受害人合法权益。依最高人民法院《关于审理道路交通事故损害赔偿案件适用法律若干问题的解释》第16条的规定,同时投保交强险和商业三责险的机动车发生交通事故造成损害,应先由承保交强险的保险公司在责任限额范围内予以赔偿,不足部分,由承保商业三责险的保险公司根据保险合同予以赔偿,仍有不足的,依《道路交通安全法》和《侵权责任法》相关规定由侵权人予以赔偿。本案中,首先应由保险公司在交强险限额内承担赔偿责任,再在商业险限额内承担赔偿责任,不足部分应由雷某承担赔偿责任。同时,依最高人民法院《关于审理人身损害赔偿案的司法解释》第9条的规定:雇员在从事雇佣活动中致人损害的,雇主应当承担赔偿责任;雇员因故意或者重大过失致人损害的,应当与雇主承担连带赔偿责任。杨某为雷某雇用的司机,具有驾驶资质,在这起事故中明显不属于故意或重大过失,故不应承担赔偿责任。判决保险公司赔偿交强险11万元,赔偿商业三责险15万余元。⑪2011年上海某保险合同纠纷案,2008年11月,机电公司法定代表人叶某驾驶公司投保交强险和三责险的车辆出小区门口时,因停车费问题与保安发生争执,在保安拉着车辆情况下,叶某驾车出门将保安带倒致其9级伤残,法院判决叶某赔偿保安18万余元,叶某赔偿后,机电公司向保险公司办理理赔遭拒。法院认为:叶某通过交通工具对争执对象所实施的拖带行为存在重大过失,虽未受到刑事追究,当属民事侵权行为,受害者与责任方已通过民事损害赔偿诉讼解决了纠纷。该起纠纷并非交通事故,不属于保险合同所承保的保险事故,由此产生的损失系驾驶员叶某作为侵权责任人的赔偿款项,不在保险公司承保范围。被保险人机电公司在相关民事赔偿案件中并非当事人,亦未承担民事赔偿责任,其并无经济损失,故其诉请保险理赔,应予驳回。⑫2010年**重庆某交通事故损害赔偿案**,2009年1月,李某驾驶游某所有并挂靠在运输公司名下的货车到水泥公司卸货,在水泥公司料场倒车时,将下车溜达的游某撞伤,并与江某停靠货车相撞,致两车损坏。交警认定不属于道路交通事故。法院认为:此次事故虽未在《道路交通安全法》规定的道路上发生,但属于该法第77条和国务院《机动车交通事故责任强制保险条例》第43条规定的情形,游某受到的损害,可适用道路交通事故的有关规定获得赔偿。李某驾车将游某压伤,应承担相应的赔偿责任。由于李某受雇于游某,所驾车系游某所有,该车挂靠于运输公司从事运输业务,运输公司对事故的发生也存在管理上的过失,故亦应承担相应的赔偿责任。根据原、被告之间的法律关系及过错程度,确定由李某承担20%的赔偿责任,运输公司承担80%的赔偿责任。运输公司在保险公司为该车投保了交强险,且在保险期内,虽该车曾更换了发动机,但肇事车辆确系投保车辆,保险公司应在交强险限额内承担保险责任。本案游某应获得的赔偿费用合计为102万余元,保险公司在交强险限额内赔偿游某伤残赔偿限额11万元,医疗费用赔偿限额1万元,财产损失赔偿限额2000元;运输公司赔偿游某损失费用72万余元;李某赔偿游某损失18万余元。⑬2010年**山东某交通事故损害赔偿案**,2009年3月,姜某驾车在居委会楼下倒车将曹某撞伤,鉴定机构依据《职工工伤与职业病伤残程度鉴定标准》鉴定曹某伤情构成8级伤残。法院认为:本案系道路以外发生的事故,但仍系道路交通事故人身损害赔偿纠纷,保险公司应在交强险限额范围内承担赔偿责任,不足部分由姜某赔偿。工伤的伤残鉴定标准系建立在用人单位对劳动者所负有的特殊保障义务基础上的,故此一标准只能适用于劳动者因在工作中导致的伤残事故进行的鉴定,而不能适用于其他类型的人身损害伤残鉴定。本案既系为道路交通事故人身损害赔偿纠纷,对于曹某的伤残等级鉴定即应按《道路交通事故受伤人员伤残评定》作为鉴定依据,一审判决对于曹某的伤残等级的鉴定结论系依据《职工工伤与职业病致残程度鉴定标准》,导致本案对曹某的伤残等级,认定事实不清,故裁定发回重审。⑭<u>2010年广西某交通事故损害赔偿案</u>,2009年2月,石某驾驶大客车在机动车检测场调试刹车时,将车下调试的卢某压伤构成10级伤残,保险公司以非道路交通事故认为不应承担交强险保险责任。法院认为:本案事故发生地位于检测场停车场内,使用人和使用目的特定化,而不供以社会机动车通行,故属于"公路、城市道路和虽在单位管辖范围但允许社会机动车通行的地方,包括广场、公共停车场等用于公众通行的场所"以外的场所,<u>石某未进入检测台,因车辆发生倒退而导致卢某受伤,应认定为非道路交通事故</u>。该事故系通行中发生的事故,根据交强险条例第43条规定,卢某要求保险公司在交强险责任限额内赔偿其损失应予支持。根据本案事故发生的实际情况,系因石某驾车及卢某为车辆检修均未尽谨慎注意义务而引起,法院确认双方负事故的同等责任。⑮<u>2004年北京某交通事故损害赔偿案</u>,2004年5月,以每小时不低于20公里的速度驶离停车场的陆某被路边南某所放并落下的风筝挡住视线,造成行驶中的机动车将正常行走的王某撞伤。法院认为:南某在公众通行场所从事放风筝的非交通活动,违反了《道路交通安全法》规定,其作为风筝及风筝线的管理、控制人,在放风筝过程中,应对在停车场放风筝时风筝及风筝线可能对他人造成的各种损害情形包括本案致王某人身和财物损失的情形有所预见,并加以防范。本案中,南某违反法定义务,且未尽到上述管理、控制义务,故虽其对本案损害后果发生不具有主观故意,但具有明显的主观过失。陆某事发时其行车速度不低于每小时20公里,而停车场内通常的限速要求为每小时5公里,明显超过了停车场内通常限速。故基于风筝线是由于南某在停车场违规放风筝和风筝突然落地致使风筝线缠绕在陆某的车上,陆某对此突发情况难以预见,但由于其车速过快,不能立即采取有效措施防止或减少损失发生,其对王某损失亦存在一定的主观过失。<u>南某违规放风筝行为与陆某驾驶中的车速过快行为在同一时间、地点相互结合在一起</u>,成为致王某人身及衣物损失这一同一损害后果的唯一的、无法分割的原因,符合上述构成要件,构成共同侵权。基于此,南某和陆某应对王某的损失负连带赔偿责任。但在二人之间,由于南某的主观过错较之陆某更为明显,故法院酌定南某承担70%的责任,陆某承担30%的责任。⑯2003年<u>浙江某</u>

**交通事故损害赔偿案**,2002年11月,冼某在农村道路上占道晒豆并与人搭话聊天时,与骑自行车下坡的孔某相撞,孔某摔倒并死亡。孔某近亲属索赔16万余元中的5万元。法院认为:本案系发生在农村道路上的自行车与行人相撞的非交通事故。国家对农村道路的交通规则,并未明文规定。虽然无交通规则的规定,但骑车者与行人在农村道路上通行时,仍然应当以实现行路安全为最终的目的。本案孔某骑自行车通过下坡道路时,道路的一边尚有足够的空间容许自行车安全通行,同时,对于骑车者而言,遇下坡路段通行时的安全防范更为重要,但由于孔某骑车不慎,没有履行安全注意义务及采用避让措施,仍与路边的冼某相撞,并造成本人死亡的损害后果,对此,孔某本人应负主要责任。冼某在自家房屋旁边的道路一侧晒豆,并与他人聊天,也未履行安全注意义务,主观上有一定过错,对损害后果应负一定责任。⑰2002年**江苏某动物致人损害赔偿案**,2002年,许某无证驾驶无牌摩托车,未戴安全头盔途经村里邵某、王某家门口时被院子里突然奔出来的狗惊吓,导致摩托车失控倒地,许某头部受伤。法院认为:根据查明事实可认定,邵某、王某家的狗与许某摩托失控、头部受伤存在联系。邵某、王某生活在同一院内,应被认定为狗的共同饲养人。邵某、王某饲养动物,未尽管理责任,对许某所受损害,应承担适当责任。许某无证驾驶无照摩托车,在村道上行驶,未尽适当注意义务,更未系戴安全头盔,致使摩托车失控倒地后受伤,对损害结果应负主要责任。⑱2001年**江西某行政赔偿案**,2000年,胡某驾驶摩托车后座搭乘两人被交警示意停车检查后逃逸,被交警推了一下右肩,使胡某连人带车摔倒致伤残。胡某起诉交警队要求国家赔偿。法院认为:胡某驾驶二轮摩托车时,后座搭乘两人属于一种违章行为,在交警示意停车接受检查处理情况下,胡某驾车逃逸也是一种违法行为。即便胡某行为违法,交警应知摩托车的平衡性、驾驶稳定性差,在行驶过程中受到外力作用易发生车翻人伤事故,其在追截胡某过程中仍采用危险方法,致胡某受伤,故被告方交警行为具有违法性,应承担行政赔偿责任。因本案纠纷由事实行为引起,不能适用3个月诉讼时效的规定,判决确认交警队在执行职务时致伤胡某行为违法,交警队赔偿胡某各项费用共计4万余元。⑲1999年**安徽某交通事故损害赔偿案**,1999年,小学生赵某放学回家,被运输公司职工任某驾驶的拖拉机剐蹭致残。交警认定任某无行驶证负全责,后该责任认定因事发地属乡间路不属道路交通事故处理范围而被撤销。运输公司已于1年前将该车卖给任某但未过户。法院认为:任某驾驶无行驶证的拖拉机,违背了"车辆行人必须在确保安全的原则下通行"有关规定,剐蹭赵某并致其受伤,应负本事故全部责任。运输公司将肇事车转让给任某,但未办理过户手续,且任某在承包经营期间仍为运输公司职工,具有运营利益,依法应负连带赔偿责任,判决任某赔偿赵某3.7万余元,运输公司负连带责任。

**【同类案件处理要旨】**

非道路上发生交通事故引起的损害赔偿案件,原则上参照道路交通事故损害赔偿案件的审判原则处理,承保交强险的保险公司应在交强险限额内承担相应赔偿责任。

**【相关案件实务要点】**

1.【参照处理】车辆在乡镇或村社自行修建的道路和自然通车形成的道路以及住宅楼群道路、机关团体单位的内部道路、厂矿企事业单位的专用道路上行驶时发生的事故,不属于《道路交通安全法》规定的交通事故。根据《道路交通事故处理办法》的规定,这类事故原则上应作为普通民事侵权行为,由当事人通过诉讼或者单位的调解处理,不属于公安机关交通管理部门的管辖和职责范围,但公安机关可将道路外发生的交通事故参照道路交通事故进行处理。法院亦可以依照《道路交通安全法》第77条的规定进行裁判。案见重庆一中院(2010)渝一中法民终字第2122号"游某诉某保险公司等道路交通事故损害赔偿纠纷案"。

2.【责任认定】非道路交通事故的处理,依然要对事故当事人各方的责任作出认定。案见浙江磐安法院(2003)磐民一初字第13号"孔某等诉孔仙某非道路交通事故损害赔偿案"。

3.【归责原则】机动车与行人之间发生的非道路交通事故赔偿适用特殊侵权归责原则。案见安徽马鞍山当涂法院(1999)当民初字第338号"赵某诉任某等人身损害案"。

4.【多因一果】多因一果的数人侵权,在间接结合情形,应根据各侵权人过失大小或原因力比例各自承担相应的赔偿责任。依《侵权责任法》规定,若各侵权人行为均足以造成全部损害,侵权人应承担连带责任,能够确认责任大小的,各自承担相应责任;难以确定责任大小的,平均承担赔偿责任。案见江苏苏州中院(2008)苏中民一终字第1942号"周某诉童某等人身损害赔偿案"。

5.【数人侵权】二人以上无共同故意或共同过失,但其分别实施的数个行为间接结合发生同一损害后果的,应根据过失大小或者原因力比例各自承担相应的赔偿责任。案见北京二中院(2004)二中民终字第09639号"王某诉南某等人身损害赔偿案"。

6.【动物致损】动物致人损害,动物饲养人或者管理人首先应无条件承担民事责任。其要免除责任,必须举证证明:其饲养或管理的动物与损害没有事实关系,或者受害人、第三人对动物造成损害有过错。案见江苏无锡滨湖区法院(2002)锡滨民一初字第249号"许某诉邵某等动物致人损害赔偿案"。

7.【行政赔偿】行政机关在对相对人行为作出处理过程中,应严格依照法律规定执法,不能因为相对人行为具有违法性而超出法律规定,否则,由此造成相对人损失应由行政机关承担。案见江西信丰法院2001年3月13日判决"胡某诉某交警队行政赔偿案"。

8.【伤残鉴定】车辆在道路以外通行时发生的事故,仍系道路交通事故人身损害赔偿纠纷,受害人的伤残等级鉴定即应按照《道路交通事故受伤人员伤残评定》而非《职工工伤与职业病致残程度鉴定标准》作为鉴定依据。案见山东淄博中院(2010)淄民三终字第464号"曹某诉姜某等交通事故损害赔偿案"。

9.【间接故意】保险人对于被保险人故意行为造成的保险事故免责,此故意包括直接故意与间接故意。被保险车辆驾驶员与小区保安因停车费发生争执,驾驶员不顾保安拉着车辆未松手,仍开动车辆致保安被车辆带倒受伤,应认定驾驶员属间接故意造成保险事故。案见上海一中院(2011)沪一中民六(商)终字第94号"某机电公司诉某保险公司保险合同纠纷案"。

【附注】

参考案例索引:江苏苏州中院(2008)苏中民一终字第1942号"周某诉童某等人身损害赔偿案",见《无意思联络的数人侵权的责任如何承担》(吴海强、袁春湘),载《人民法院案例选·月版》(200911:8)。①江苏苏州中院(2016)苏05民终9936号"吴某与某保险公司等交通事故纠纷案",见《车辆漏油致伤构成交通事故的,保险公司应赔付——江苏苏州中院判决吴某某诉某污水处理公司、保险公司机动车交通事故责任纠纷案》(沈君燕),载《人民法院报·案例精选》(20170817:6)。②天津二中院(2015)二中民三终字第146号"岑某与某保险公司侵权责任纠纷案",见《岑建海与中国人寿财产保险股份有限公司天津市分公司等高度危险活动损害责任纠纷案——重型专项作业车辆在道路以外作业时发生事故是否属于交强险责任的认定》(胡浩、姚强、王丽平),载《人民法院案例选》(201601/95:114)。③江苏高院(2014)苏民再提字第0140号"薛某与某保险公司等保险合同纠纷案",见《薛以巧等诉人保连云港公司等因车辆维修中造成人身损害主张交强险赔偿责任被驳回案》,载《江苏省高级人民法院公报》(201502/38:66)。④江苏泰州中院(2014)泰中民终字第0833号"高某等与某保险公司交通事故责任纠纷案",见《高浩杰等诉平安保险公司因被保险人驾驶车辆不慎撞死亲属索赔案》,载《江苏省高级人民法院公报》(201501/37:56)。⑤江苏淮安中院(2013)淮中民终字第1265号"薛继永与魏洪林、中国人寿财产保险股份有限公司淮安市中心支公司、江苏淮安苏食肉品有限公司交通事故损害赔偿纠纷案",见《停放在道路边的机动车爆胎致人损害属于交通事故》(马作彪),载《人民司法·案例》(201418:33);另见《薛继永因道路上停放的车辆爆胎致其受伤诉魏洪林及保险公司交通事故损害赔偿案》,载《江苏省高级人民法院公报》(201306/30:60)。⑥江苏南京溧水法院(2013)溧民初字第813号"魏某与某保险公司交通事故纠纷案",见《未作道路交通事故认定书的责任承担——江苏南京溧水法院判决魏信喜诉浙商财险江苏分公司等机动车交通事故责任纠纷案》(陈精文),载《人民法院报·案例指导》(20131226:6)。⑦上海一中院(2013)沪一中民一(民)终字第1896号"刘某与某物流公司等健康权纠纷案",见《刘夫伟诉被告上海国佳国际物流有限公司等健康权案("交通事故"的司法认定、"交强险"及商业三者险赔偿之适用)》(徐进),载《中国审判案例要览》(2014民:123);另见《非交通事故致人损害时保险赔偿之适用——上海一中院判决刘夫伟诉国佳物流公司等健康权纠纷案》(徐进),载《人民法院报·案例精选》(20140703:6)。⑧上海浦东新区法院(2012)浦民一(民)初字第18683号"尹清旺诉毕大昌等机动车交通事故责任纠纷案",见《机动车处于行驶状态应成为交通事故要件之一》(金劲松、孙猛),载《人民司法·案例》(201318:80)。⑨山东青岛中院(2012)青少民终字第85号"王某昊等与欧某某等交通事故纠纷上诉案",见《停放车辆引发损害的定性及责任承担》(姜杨),载《人民司法·案例》(201312:76)。⑩河南孟州法院(2012)孟民初字第1352号"车某父母等诉杨某等损害赔偿纠纷案",见《机动车在道路以外造成他人死亡的处理——河南省孟州市法院判决车金的父母等诉杨转运等损害赔偿案》(李沙弟),载《人民法院报·案例指导》(20140123:6)。⑪上海一中院(2011)沪一中民六(商)终字第94号"某机电公司诉某保险公司保险合同纠纷案",见《机动车第三者责任险中被保险人间接故意行为的认定》(刘赟),载《人民司法·案例》(201216:27)。⑫重庆一中院(2010)渝一中法民终字第2122号"游某诉某保险公司等道路交通事故损害赔偿纠纷案",见《道路交通事故中雇员致伤雇主的责任承担》(田斌、张勇),载《人民司法·案例》(201104:74)。⑬山东淄博中院(2010)淄民三终字第464号"曹某诉姜某等交通事故损害赔偿案",见《曹桂芳诉姜兴瑄等道路交通事故人身损害赔偿案》(刘海红),载《中国法院2012年度案例:道路交通纠纷》(64)。⑭广西玉林中院(2010)玉中民三终字第149号"卢某等诉某汽车总站等交通事故损害赔偿案",见《卢剑等诉北流汽车总站等交通事故人身损害赔偿案》(李棍麟),载《中国法院2012年度案例:道路交通纠纷》(98)。⑮北京二中院(2004)二中民终字第09639号"王某诉南某等人身损害赔偿案",判决南某、陆某连带赔偿王某损失2300余元,南某与陆某内部责任比例分别为70%、30%。见《王静霞诉南金成等人身损害赔偿案》(刘建刚),载《中国审判案例要览》(2005民事:255)。⑯浙江磐安法院(2003)磐民一初字第13号"孔某等诉孔仙某非道路交通事故损害赔偿案",判决孔仙某赔偿原告6000元。见《孔金荣等诉孔仙娥非道路交通事故损害赔偿案》(胡希华),载《中国审判案例要览》(2004民事:229)。⑰江苏无锡滨湖区法院

(2002)锡滨民一初字第249号"许某诉邵某等动物致人损害赔偿案",判决邵某等赔偿许某5万元。见《许赛荣诉邵琴妹等动物致人损害赔偿案》(陈燕、吴子浩),载《中国审判案例要览》(2004民事:277)。⑱江西信丰法院2001年3月13日判决"胡某诉某交警队行政赔偿案",见《胡开宙申请新丰县公安局交警大队行政赔偿案》(刘吉宝、兰蔚生),载《人民法院案例选》(200303:488)。⑲安徽马鞍山当涂法院(1999)当民初字第338号"赵某诉任某等人身损害案",见《赵慧诉任家富等人身损害赔偿案》(陈根生),载《中国审判案例要览》(2000民事:178)。

**参考观点索引**:●车辆在道路以外通行时发生事故的赔偿案件应如何适用法律?见《车辆在道路以外通行时发生事故的赔偿案件应如何适用法律?》,载《民事审判实务问答》(2008:144)。

# 特殊償付主体

## 31. 雇员受损与雇主赔偿
### ——雇员事故伤，雇主是否赔？

【雇员损害】

【案情简介及争议焦点】

2004年2月，石某驾驶车主南某的货车发生交通事故。2天后石某乘坐谢某的轿车去处理事故途中，又与张某驾驶的轿车、许某驾驶的出租车发生交通事故，交警认定张某全责。石某起诉张某后，2004年12月，判决张某赔偿石某近7万元。2005年12月，执行法院以执行不能终结执行。石某遂以与南某存在雇佣关系为由，要求承担雇主责任。

争议焦点：1. 雇佣关系能否认定？2. 石某是否还有权主张雇主责任？

【裁判要点】

**1. 雇佣关系。** 石某作为司机，在车辆发生交通事故后，参与协助处理应为附随义务。石某在处理事故地乘车时又发生交通事故而受伤，应视为在为雇主利益工作中受第三人侵权形成损害。作为雇主的南某依法应承担赔偿责任。

**2. 诉讼权利。** 石某受伤，依法可请求侵权第三人张某赔偿，也可请求雇主南某赔偿，二者之间形成不真正连带之债。生效判决已经对该损失的赔偿义务主体和数额作出了认定，在法律意义上石某已经得到了赔偿。由于侵权诉讼与雇主责任诉因不同，法律关系各自独立，在诉讼程序上受害人仅能选择其中一个诉因提起诉讼，法院判决予以支持后，受害人不能就同一损害事实对另一责任人提起诉讼，故石某的起诉应予驳回。

【裁判依据或参考】

**1. 法律规定。**《民法典》(2021年1月1日)第1165条："行为人因过错侵害他人民事权益造成损害的，应当承担侵权责任。依照法律规定推定行为人有过错，其不能证明自己没有过错的，应当承担侵权责任。"第1166条："行为人造成他人民事权益损害，不论行为人有无过错，法律规定应当承担侵权责任的，依照其规定。"第1167条："侵权行为危及他人人身、财产安全的，被侵权人有权请求侵权人承担停止侵害、排除妨碍、消除危险等侵权责任。"第1192条:"个人之间形成劳务关系,提供劳务一方因劳务造成他人损害的,由接受劳务一方承担侵权责任。接受劳务一方承担侵权责任后,可以向有故意或者重大过失的提供劳务一方追偿。提供劳务一方因劳务受到损害的,根据双方各自的过错承担相应的责任。提供劳务期间,因第三人的行为造成提供劳务一方损害的,提供劳务一方有权请求第三人承担侵权责任,也有权请求接受劳务一方给予补偿。接受劳务一方补偿后,可以向第三人追偿。"第1193条:"承揽人在完成工作过程中造成第三人损害或者自己损害的,定作人不承担侵权责任。但是,定作人对定作、指示或者选任有过错的,应当承担相应的责任。"《民事诉讼法》(2013年1月1日修正实施)第124条:"人民法院对下列起诉,分别情形,予以处理:……(五)对判决、裁定、调解书已经发生法律效力的案件,当事人又起诉的,告知原告申请再审,但人民法院准许撤诉的裁定除外……"《侵权责任法》(2010年7月1日,2021年1月1日废止)第35条:"个人之间形成劳务关系,提供劳务一方因劳务造成他人损害的,由接受劳务一方承担侵权责任。提供劳务一方因劳务自己受到损害的,根据双方各自的过错承担相应的责任。"

2. 司法解释。最高人民法院行政审判庭《关于车辆挂靠其他单位经营车辆实际所有人聘用的司机工作中伤亡能否认定为工伤问题的答复》(2007年12月3日〔2006〕行他字第17号):"……个人购买的车辆挂靠其他单位且以挂靠单位的名义对外经营的,其聘用的司机与挂靠单位之间形成了事实劳动关系,在车辆运营中伤亡的,应当适用《劳动法》和《工伤保险条例》的有关规定认定是否构成工伤。"最高人民法院《关于审理人身损害赔偿案件适用法律若干问题的解释》(2004年5月1日 法释〔2003〕20号,2020年修正,2021年1月1日实施)第1条:"因生命、身体、健康遭受侵害,赔偿权利人起诉请求赔偿义务人赔偿物质损害和精神损害的,人民法院应予受理。本条所称'赔偿权利人',是指因侵权行为或者其他致害原因直接遭受人身损害的受害人以及死亡受害人的近亲属。本条所称'赔偿义务人',是指因自己或者他人的侵权行为以及其他致害原因依法应当承担民事责任的自然人、法人或者非法人组织。"第2条:"赔偿权利人起诉部分共同侵权人的,人民法院应当追加其他共同侵权人作为共同被告。赔偿权利人在诉讼中放弃对部分共同侵权人的诉讼请求的,其他共同侵权人对被放弃诉讼请求的被告应当承担的赔偿份额不承担连带责任。责任范围难以确定的,推定各共同侵权人承担同等责任。人民法院应当将放弃诉讼请求的法律后果告知赔偿权利人,并将放弃诉讼请求的情况在法律文书中叙明。"

3. 部门规范性文件。中国保监会《关于保险理赔纠纷咨询意见的复函》(2003年7月21日 保监办函〔2003〕113号)第3条:"本案中,车上责任险的被保险人是吴忠配件厂,第三者肖忠武是被保险人的员工。发生车祸后,吴忠配件厂对第三者肖忠武负有损害赔偿责任,其责任构成车上责任险的保险标的。鉴于第三者是被保险人的员工,这个损害赔偿责任是建立在被保险人对第三者负有的雇主责任或其他依法应承担的企业对其职工因公死亡的赔偿责任基础之上的。因此,本案应当明确吴忠配件厂清算组已经赔偿的金额是否为吴忠配件厂对肖忠武因公死亡所承担的全部经济赔偿责任。如果是全部赔偿责任,则所支付的赔偿金中在法理上应当包括保险公司支付给被保险人的保险金;如果吴忠配件厂没有支付全部赔偿金且金额低于保险金,肖忠武的家属可以要求以保险金支付赔偿不足的部分。"

**4. 地方司法性文件。**安徽淮北中院《关于审理道路交通事故损害赔偿案件若干问题的会议纪要》(2018年)第3条:"其他需要规范的法律问题……(七)合并审理的情形。交通事故损害赔偿案件的被侵权人包括在交通事故中遭受人身损害的受害人和在交通事故中车辆、物品等财产遭受损害的财产所有权人或其他权利人。财产所有权人或其他权利人作为雇主承担了作为受害人的雇佣驾驶员及车上人员的人身损害及其他费用,其作为原告可以要求侵权方承担车损等财产损失,又可以要求侵权方赔偿雇佣驾驶员及车上人员的人身损害及其他费用,两种诉讼可以合并审理,不属于人身伤亡保险金请求权转让。驾驶员在受雇佣期间发生交通事故受伤,自身承担部分过错责任,同时起诉侵权方和雇主的,两种诉讼种类不同,人民法院不予准许合并审理,受害人可选择其一诉讼。"江苏高院民一庭负责人《在全省民事审判工作例会上的讲话》(2016年9月14日)第18条:"对于侵权责任法第34条、35条及人损司法解释第11条的关系,实践中需要把握以下两点:(1)对于用人单位工作人员或提供劳务的一方对他人造成损害的,侵权责任法第34条和第35条规定的规则是一致的,由用人单位或者接受劳务的一方承担责任。(2)对于雇员自身遭受损害的,应当区分两种情况:(一)对于个人与个人之间形成的劳务关系,适用侵权责任法第35条的规定,归责原则采用过错责任。(二)对于雇员与单位之间的劳务关系,侵权责任法第34条并未作明确的规定,可适用人损司法解释第11条的规定,归责原则为无过错责任,由用人单位承担赔偿责任。属于《工伤保险条例》调整的劳动关系和工伤保险范围的,不适用本条规定。"重庆高院民一庭《关于机动车交通事故责任纠纷相关问题的解答》(2014年)第15条:"驾驶员发生交通事故受到伤害,可否请求本车车主承担机动车事故赔偿责任?还是只能请求车主承担雇主责任?此种情况应以受害人或受害人的近亲属的选择为准。当事人既可以选择交通事故损害赔偿,也可选择车主承担雇主责任。但按交通事故损害赔偿起诉的,应当按照《道路交通安全法》和《侵权责任法》的规定办理。"安徽滁州中院《关于审理道路交通事故损害赔偿案件座谈会纪要》(2013年8月2日)第1条:"法人及其他组织的工作人员、雇员在上班或者下班途中,驾驶自己所有的机动车发生道路交通事故造成他人损害,并负有事故责任的,由其自己承担相应的赔偿责任。"新疆高院《关于印发〈关于审理道路交通事故损害赔偿案件若干问题的指导意见(试行)〉的通知》(2011年9月29日 新高法〔2011〕155号)第15条:"雇员在从事雇佣活动中驾驶机动车发生交通事故造成损害的,应当由雇主承担赔偿责任;雇员存在故意或重大过失的,应当与雇主承担连带赔偿责任。雇主承担连带赔偿责任后,可以向雇员追偿。雇员非因雇佣活动驾驶机动车造成损害,雇员驾车经雇主同意的,雇员与雇主担连带赔偿责任,雇员驾车未经雇主同意的,由雇员承担赔偿责任,雇主有过错的,承担相应的赔偿责任。"安徽合肥中院民一庭《关于审理道路交通事故损害赔偿案件适用法律若干问题的指导意见》(2009年11月16日)第35条:"道路交通事故中,对事故的发生负有全部或主要责任的当事人,应视为具有重大过失;负事故同等责任的,应结合实际情况判定是否具有重大过失。"浙江宁波中院《关于印发〈民事审判若干问题解答(第三辑)〉的通知》(2011年5月11日 甬中法〔2011〕18号)第11条:"在审理雇员受害赔偿纠纷中,雇员在从事雇佣活动中受伤,雇主应如何承担赔偿责任?答:最高人民法院《关于审理人身损害赔偿案件适用法律若干问题的解释》第十一条规定,雇员在从事雇佣活动中遭受人身损害,雇主应承担赔偿责任,适用的是无过错责任的归责原则。《侵权责任法》第三十五条规定,个人之间形成劳务关系,提供劳务一方因劳务造成他人损害的,由接受劳务一方承担侵权责任;提供劳务一方因劳务自己受到损害的,根据双方各自的过错承担相应的责任。适用的是过错责任原则。根据最高人民法院主编的《侵权责任法条文理解与适用》中的观点,《侵权责任法》第三十五条已取代了司法解释的规定。"江苏常州中院《关于道路交通事故损害赔偿案件的处理意见》(2010年10月13日 常中法〔2010〕104号)第1条:"……(8)雇员在驾驶机动车从事雇佣活动中发生交通事故的,应由雇主承担赔偿责任。雇员有故意或重大过失的,应当与雇主承担连带赔偿责任。雇主在承担赔偿责任后,可以向雇员追偿……"广东佛山中院《关于审理道路交通事故损害赔偿案件的指导意见》(2009年4月8日)第20条:"挂靠人、承包人或者承租人雇佣他人驾驶机动车,该雇员因驾驶机动车发生道路交通事故致其自身受到损害的,由挂靠人、承包人或者承租人承担赔偿责任。雇佣关系以外的第三人造成雇员损害的,赔偿权利人可以请求第三人承担赔偿责任,也可以请求挂靠人、承包人或者承租人承担赔偿责任。"湖南常德中院民一庭《关于当前民事审判工作中应当注意的几个问题》(2008年8月7日)第4条:"……雇员人身损害赔偿案件中是否应划分过错比例。按传统习惯性的做法在雇员受害的案件中,一般不考虑雇员自身的过错,由雇主全额赔偿。最高人民法院《关于审理人身损害赔偿案件使用法律若干问题的解释》第十一条也仅规定雇员在从事雇佣活动遭受人身损害,雇主应当承担赔偿责任。但根据该解释第二条,适用民法通则第一百零六条第三款规定确定赔偿义务人的赔偿责任时,受害人有重大过失的,可以减轻赔偿义务人的赔偿责任。因此对有重大过失的雇员,也应划分一定的比例。"第4条:"……雇佣关系以外的第三人造成雇员人身损害的,赔偿权利人可以请求第三人承担赔偿责任,也可以请求雇主承担赔偿责任,是选择性诉讼还是并列诉讼?对于这一问题的处理,根据最高人民法院《关于审理人身损害赔偿案件适用法律若干问题的解释》第十一条的规定,雇佣关系以外的第三人造成雇员人身损害的,雇主应当依法对该雇员承担无过错责任,同时第三人应当对雇员承担侵权损害赔偿责任,故雇主与第三人对雇员的损害承担不真正连带责任。据此,雇员可以请求第三人承担赔偿责任,也可以请求雇主承担赔偿责任,还可以同时请求第三人和雇主承担赔偿责任。雇主在承担赔偿责任后,可依法对第三人依法应当承担的赔偿责任部分进行追偿。"第4条:"……雇佣关系、承揽合同关系和劳务关系及劳动关系之间的区别。(1)概念不同。雇佣关系是指受雇佣人在一定或不特定的期间内,从事雇主授权或者指示范围内的生产经营生活或者其他劳务活动,雇佣人接受受雇佣人提供的劳务并按约定给付报酬的权利义务关系。承揽关系是承揽人按照定作人的要求完成工作,交付工作成果,定作人给付报酬的权利义务关系。劳务关系是指劳动者提供劳动力,用人单位使用劳动力,双方形成劳动力的支配与被支配关系,劳动关系是指用人单位与劳动者运用劳动能力实现劳动过程中形成的一种社会关系。(2)双方当事人之间的人身支配与服从管理关系不同。雇用关系中雇主与雇员之间的地位是不平等的,双方之间具有支配服从的关系,雇佣人必须为受雇人提供合理的劳动条件和安全保障,同时对其工作进行监督管理,受雇人则需听从雇佣人的安排,按其意志提供劳务;承揽合同关系中双方当事人的地位是平等的不存在支配与服从的关系,在劳动中承揽人一般是自行决定自己的操作规程和劳动过程,不受定作人的组织指挥和监督管理,承揽人在完成工作中具有独立性;而劳务关系中双方只形成劳动力的支配与被支配关系,劳动者提供劳务,一方当事人提供报酬,进行等价交换,双方地位平等,并不存在服从管理与被服从管理关系。劳动关系中用人单位与劳动者之间有行政隶属关系,即管理与被管理的关系,劳动者的行为必须在用人单位的各项制度范围内进行,劳动者从事用人单位分配的工作和服从用人单位的人事安排。(3)提供劳动和支付报酬的内容不同。雇佣关系中,雇工所付出的主要是劳动力,当然也包含一定的技术成果,但通常其技术含量比较低,其报酬成分也比较单一,仅仅包括劳动力的价值。雇主享有雇工劳动的一切成果,这种成果不是雇主付酬的直接对象。而在加工承揽关系中,承揽人所付出的主要是一定技术成果,其次才是一定的劳动力;承揽事项应具有特殊性,它一般需要具备相应的设备条件,蕴涵一定的技术成份,为此,合同法规定承揽事项包括加工、定作、修理、复制、测试、检验等相类似的工作,且规定了承揽人应当以自己的设备、技术和劳力,完成主要工作承揽。承揽关系中的报酬也不同于一般劳务关系中的报酬,其报酬不仅仅包含劳动力的价值,还应当含有技术成份的价值以及一定的利润成分,即定作人接受承揽人物化的劳动成果,该成果是定作人付酬的直接对象;劳务关系中劳动者只提供单纯的体力劳动,没有技术含量的成分,所获报酬也仅是劳动力的价值。劳动关系中劳动者的报酬则是劳动力价值的综合体现,劳动者除获取报酬外,还有相关社会保险和福利待遇。(4)承担法律责任不同。雇佣关系中雇工在从事雇佣活动中遭受人身损害,雇主应当承担赔偿责任。加工承揽关系中承揽人在完成工作过程中造成自身损害的,定作人不承担赔偿责任。但定作人对定作、指示或者选任有过失的,应当承担相应的赔偿责任。而劳务关系中,由于双方当事人的损害的发生上均无过错,故适用公平原则,即由受益人在受益范围内对受损害方的经济损失作适当补偿。劳动关系中劳动者受伤,则按照工伤程序处理。"山东潍坊中院《2008年民事审判工作会议纪要(人身损害赔偿部分)》(2008年)第2条:"雇佣关系与承揽关系的区分。两者之间最直接的区分在于雇佣是以直接提供劳务为目的,受雇人从事工作必须听从雇佣人的支配,承揽则是以完成工作成果为目的,承揽人在完成工作中具有独立性。如当事人之间存在控制、支配和从属关系,由一方指定工作场所、提供劳动工具或设备,限定工作时间,定期给付劳动报酬,所提供的劳动是接受劳务一方生产经营活动的组成部分的,可以认定为雇佣。反之,则应当认定为承揽。雇佣关系中雇主的责任为无过错责任,对雇员致人损害的承担替代责任,对雇员自身损害承担赔偿责任;承揽关系中定作人的责任则为过错责任,对承揽人致人损害和自身损害原则上不承担赔偿责任,只有在定作、指示或者选任上有过错的才承担赔偿责任。"重庆五中院《关于印发〈审理人身损害赔偿案件座谈会议纪要〉的通知》(2007年10月30日 渝五中法〔2007〕91号)第19条:"在雇主责任中,雇员因自己的重大过失而受伤,应当适用《解释》第二条第二款的规定,减轻雇主的赔偿责任。《解释》规定的过失相抵,不仅适用于过错责任为归责原则的一般侵权行为领域,而且也适用于以无过错责任为归责原则的特殊侵权领域。在雇佣关系中,雇主无过错责任与雇员的过错责任之间可以适用过失相抵。与适用过错责任适用过失相抵不同的是,无过错责任适用过失相抵时,只有受害人有重大过失的,才可以减轻赔偿义务人的赔偿责任,而不能免除责任。"内蒙古兴安盟中院《关于人身损害赔偿案件伤残鉴定如何适用鉴定标准的通知》(2009年10月14日)第2条:"雇佣关系中发生的赔偿案件伤残鉴定适用《交通标准》,比照交通事故赔偿标准赔偿。这里所指的雇佣关系是狭义的雇佣关系,是未纳入依照法律法规规定应当参加工伤保险统筹的雇佣关系,不包括劳动法所指的劳动关系。"第3条:"特殊主体雇佣关系中发生的赔偿案件伤残鉴定适用《工伤标准》,参照《工伤保险条例》给予赔偿。这里所指的雇佣关系属于劳动法和工伤保险条例调整的劳动关系。"重庆高院《关于审理道路交通事故损害赔偿案件适用法律若干问题的指导意见》(2006年11月1日)第6条:"挂靠人、承包人或者承租人雇佣他人驾驶机动车,该雇员因驾驶机动车发生道路交通事故受到损害的,由挂靠人、承包人或者承租人承担相应赔偿责任。雇佣关系以外的第三人造成雇员损害的,赔偿权利人可以请求第三人承担赔偿责任,也可以请求挂靠人、承包人或者承租人承担赔偿责任。"第13条:"法人及其他组织的工作人员、雇员为上班或者下班,驾驶自有机动车发生道路交通事故致人损害的,由该驾驶人承担赔偿责任。"山东高院《关于审理道路交通事故损害赔偿案件的若干意见》(2004年5月1日)第8条:"道路交通事故损害赔偿案件的责任主体,一般应根据机动车运行支配权利和运行利益归属予以确定;依据上述原则无法确定的,可以根据机动车注册登记的所有权人确定……雇员在从事雇佣活动期间发生交通事故的,由雇主承担赔偿责任;但雇主有证据证明雇员对于交通事故的发生具有故意或者重大过失的,雇员应与雇主承担连带赔偿责任……"河南高院《关于审理道路交通事故损害赔偿案件若干问题的意见》(1997年1月1日 豫高法〔1997〕78号)第8条:"驾驶人员在执行职务中发生交通事故的,应以驾驶人员所在单位为被告;驾驶人员驾驶单位车辆在非执行职务期间发生交通事故的,应以驾驶人员及其所属单位为共同被告。"第9条:"受人委派驾驶车辆发生交通事故的,如车辆所有人就是委派人的,以车辆所有人为被告,委派人不是车辆所有人的,以车辆所有人和委派人为共同被告。"

**5. 最高人民法院审判业务意见。**●在一起交通事故中,受害人能否基于不同的法律关系向不同的相对人分别提起诉讼要求赔偿?《民事审判指导与参考》研究组:"……在这起交通事故中,涉及到了两个法律关系,人身损害赔偿关系和运输合同关系。这两个法律关系涉及的当事人不同,人身损害赔偿关系发生在乘客与货车方之间,而运输合同关系发生在乘客与出租车方之间;法律关系的性质不同,乘客与货车方之间是侵权法律关系,乘客与出租车之间是运输合同关系;诉讼标的不同,乘客与货车方的诉讼是要求损害赔偿,乘客与出租车之间的诉讼标的是要求承担违约责任。基于上述不同,三当事人之间可以形成两个独立的诉讼,不能产生'一事不再理'的法律后果。如果乘客分别提起两个诉讼,不违反《民事诉讼法》第108条的规定,但应注意,《侵权责任法》所确立的损害赔偿原则是填补原则,即有损害才有赔偿,且损害实际发生多少,赔偿就偿付多少,这起交通事故给乘客造成的损失是10万元,并且生效民事判决已经对该损失的赔偿义务主体和数额作出了认定,在法律意义上乘客已经得到了赔偿。如果乘客再提起违约诉讼,其诉讼请求的赔偿额不应当包括其侵权诉讼中已经判赔的数额,否则,其诉讼请求可能不会被支持。"○赔偿权利人可否在起诉第三人得不到全部赔偿的情况下起诉雇主,要求雇主承担不足的部分?《人民司法》研究组:"最高人民法院《人身损害赔偿解释》第 11 条第 1 款涉及到的实体问题是不真正连带之债,即受害人在执行职务中受到雇佣关系以外的第三人侵害,既可以直接向第三人请求赔偿损失,也可以请求雇主按照雇主责任的规定承担赔偿责任,两者责任的原因一是基于侵权,二是基于雇佣关系,发生原因不同,但给付对象、给付内容一致。按照不真正连带之债的原理,其中一个责任人承担责任后,受害人的请求权获得满足,实体权利已经得到保护,受害人不能就同一损害向另一责任人主张权利,即不能获得双重赔偿。我们认为,由于两者诉因不同,法律关系各自独立,所以在诉讼程序上受害人仅能选择其中一个诉因提起诉讼,人民法院判决予以支持后,受害人不能就同一损害事实对另一责任人提起诉讼。"●**雇员在从事雇佣活动中受到伤害时如何适用法律?** 最高人民法院民一庭意见:"雇员在从事雇佣活动中遭受人身损害,雇主应当承担赔偿责任。雇佣关系以外的第三人造成雇员人身损害的,赔偿权利人可以请求第三人承担赔偿责任,也可以请求雇主承担赔偿责任。雇主承担赔偿责任后,可以向第三人追偿。雇员在从事雇佣活动中因安全生产事故遭受人身损害的,发包人、分包人知道或者应当知道接受发包或者分包业务的雇主没有相应资质或者安全生产条件的,应当与雇主承担连带赔偿责任。属于《工伤保险条例》调整的劳动关系和工伤保险范畴的,不适用这一原则。"○**第三人侵权造成雇员人身损害的雇主责任如何确定?** 最高人民法院民一庭意见:"雇佣关系以外的第三人造成雇员人身损害的,赔偿权利人可以请求第三人承担赔偿责任,也可以请求雇主承担赔偿责任。雇主承担责任后,可以向第三人追偿。"●**支付受伤雇员全部医疗费用的雇主能否取得向交通事故责任方的追偿权?** 最高人民法院民一庭《民事审判实务问答》编写组:"雇主对雇员的工伤应当直接承担赔偿责任,而且是无过错责任。雇佣关系以外的第三人侵权行为造成的工伤,受害人可以同时请求第三人和雇主承担赔偿责任,第三人与雇主的责任为不真正连带的侵权赔偿责任。不真正的连带债务是指数个债务人基于不同的发生原因而对于同一债权人负有以同一给付为标的的数个债务,因一个债务人的履行而使全体债务均归于消灭。在多数情况下,不真正连带债务有终局责任人,所谓终局责任人,是指最后真正承担债务责任的人。具体到第三人致雇员伤害的赔偿责任上,即是:侵权第三人与雇主都应承担责任,但两者承担责任的原因不同;受害人可选择向第三人主张或雇主主张,这两个请求权是分别独立的;雇主及侵权第三人对雇员所负的赔偿债务的发生,既无共同行为,也无相互的约定;侵权第三人和雇主向受害人所负的债务,其内容完全相同,只要其中一人向受害人履行了赔偿义务,受害人就不能再向另一人求偿;第三人作为直接的侵权行为人是最终的责任承担者,雇主在履行赔偿责任后,可以向第三人追偿,但第三人不能向雇主追偿。因此,作为不真正连带债务的责任承担问题,雇主只有在承担赔偿责任后,才可以对第三人进行追偿,这种追偿是代位清偿的追偿权。综上,雇主为雇员支付了医疗费用后,雇主可以取得向交通事故责任方的追偿权。"

**6. 参考案例。**①2015年*河南某人身损害赔偿纠纷案*,2014年,赵某驾驶雇主闫某挂靠运输公司货车送货,在机械公司车间卸货时被吊车砸伤。法院认为:赵某系闫某雇佣司机,在帮助卸货过程中受伤。帮助卸货行为是驾驶车辆送货行为延续,二者存在内在联系。依最高人民法院《关于审理人身损害赔偿案件适用法律若干问题的解释》第9条第2款规定,帮助卸货行为应视为履行职务行为,即从事雇佣活动。赵某在机械公司车间帮助卸货过程中,被坠落重物砸伤住院,该公司未尽安全管理和安全保障义务,对赵某人身损害应承担侵权责任。同时,赵某亦系在从事雇佣活动中遭受侵害,闫某应承担雇主责任。两者责任发生基础虽不同,但因同一事故引起,且给付对象和给付内容一致,二者责任为不真正连带责任,赵某可选择二者之一要求其承担全部赔偿责任,亦可要求二者共同承担赔偿责任。在赵某要求二者共同承担赔偿责任情况下,二者对赵某应共同承担赔偿责任。因二者责任基础不同,结合本案查明事实,机械公司应承担主要赔偿责任。判决闫某、机械公司各自赔偿赵某损失35%、65%。②2012年*江苏某人身损害赔偿纠纷案*,2010年,建筑公司将承接工程违法分包给陈某,陈某雇用的同村民工程某晚上加班后回家,途中被王某所驾车辆撞伤致一级伤残。法院认为:程某与陈某系同村人,程某系陈某雇佣的建筑工人,长年一直跟随陈某在其承接的各工程工地上工作干活,程某与陈某间存在紧密的、稳定的雇佣关系。事发时,程某亦系在陈某承接的建筑公司违法分包的工程中施工,为方便施工,陈某为包括程某在内的工地工人在工地的马路对面租赁了民房,供工地工人休息。程某当晚加班工作亦系受雇主陈某指示所为,其下班穿过马路返回的民房亦系雇主为方便其往返工地而事先租赁并安排的临时住处,程某并非在前往其他非雇主指令的场所过程中因交通事故受伤,故事发时程某直接从事的施工工作虽已结束,但程某返回民房行为仍应视为与其履行职务有内在联系的行为,作为雇主的陈某理应承担相应赔偿责任。依最高人民法院《关于审理人身损害赔偿案件适用法律若干问题的解释》规定,只有在雇员因安全生产事故遭受人身损害情况下,分包人才需承担相应赔偿责任,但本案中,该雇员并非因安全生产事故遭受人身损害,故分包人无须承担连带赔偿责任。经法院调解,由陈某补偿程某各项损失30万元。③2012年*江苏某保险合同纠纷案*,2011年,运输公司起重机因单方交通事故将雇员王某碰伤。运输公司支付王某23万余元医疗费后向保险公司索赔。运输公司为该起重机选择投保了起重机械综合保险中财产损失险、第三者责任险,而未投保雇主责任险。法院认为:因起重机用途特殊,其风险与普通车辆有较大区别。保险人推出的起重机械综合保险系商业保险,其中包括财产损失保险、第三者责任保险、雇主责任保险及附加起重货物责任保险等险种,系针对被保险车辆使用过程中可能发生的不同风险所设置的。投保人可根据自身需求选择其中一种或几种保险予以投保。运输公司作为专业从事大件运输、大件起重设备安装、吊车租赁等业务的公司,应知晓起重机械在作业过程中对于从事现场操作工作的雇员面临的风险,在明知起重机械综合保险条款包含雇主责任保险情形下,却选择只投保财产损失保险和第三者责任保险,由此产生的风险应由投保人自行承担。且保险公司就保险合同免责条款已尽到明确说明义务,该保险条款约定并未排除保险人主要责任,应合法有效。受害人系运输公司雇员,其受伤所致损失依约不应由保险公司理赔。④2009年福建某交通事故损害赔偿案,2007年,郭某雇用的司机黄某驾车肇事致6级伤残,交警认定黄某全责。法院认为:黄某从事雇佣活动中接受雇主郭某的指示和监督,利用郭某提供的条件,以自身的技能为郭某提供劳务,并由郭某支付报酬,双方形成雇佣关系。黄某从事雇佣活动中因交通事故受伤依法应由郭某承担赔偿责任。黄某在本案交通事故中被交警认定承担事故全部责任,证明本身存在重大过失,依法应适用过失相抵原则,由黄某自负本案损失的30%。⑤2008年重庆某交通事故损害赔偿案,享受低保的柳某申请成为街道办的社区义务巡逻员并另领取每月200元的补贴。2007年2月,柳某夜间巡逻中被车撞,肇事车辆逃逸,公安侦查未果。法院认为:柳某生前系无固定职业的低保人员,自愿参加街道办组织的社区义务巡逻队,既符合中央、国务院、本市本区规定和倡导的有关加强社会秩序管理和治安工作的精神,也是依法履行低保人员义务,其生前与街道办既未签订劳动合同,双方亦不具备事实劳动关系,更不具有雇佣关系,其死亡系交通事故责任人侵权所致,由此产生的经济损失应由交通肇事责任人承担。柳某生前是在为政府的综合治理工作,在夜间巡逻时因交通事故死亡,在肇事车主逃逸的情况下,考虑到柳某死亡给原告造成的身心伤害及其家庭经济困难情况,本案应酌情由街道办给予原告一定的经济补偿金。⑥2008年天津某交通事故损害赔偿案,2007年5月,商业学校安排在食品公司实习、每月领取600元报酬的王某坐食品公司班车途中因交通事故受伤。交警认定食品公司司机负主要责任,发生车辆碰撞的对方司机负次要责任,王某不负责任。食品公司与商业学校签订的学生毕业实习就业协议约定食品公司对王某在实习期间的人身安全负责。法院认为:王某实习期间向食品公司提供劳动系有偿劳动,故可认定双方形成劳务关系。食品公司依法应承担雇主责任,其后可向侵权第三人追偿。王某实习内容系商业学校安排,实习本身即接受学校教育的一种方式,学校有义务保障学生实习安全,故王某遂在食品公司实习期间出现人身损害,不能认定商业学校对王某的人身损害无任何关联、不承担任何责任。毕业实习就业协议虽约定由食品公司保障王某的人身安全,但该约定不直接对王某发生效力,故商业学校应对王某人身损害与食品公司承担连带责任。⑦2007年河南某交通事故损害

**赔偿案**,2005年8月,叶某雇请的司机王某驾驶车辆发生交通事故造成车损人伤,交警认定王某负全责。王某以人身损害起诉,判决叶某承担70%责任,即给付王某6300余元。叶某随后以造成财产损害起诉王某,要求赔偿损失1万余元。法院认为:根据《民法通则》权利义务对等原则,雇员王某对雇主叶某享有获取劳动报酬权利的同时,也应承担安全从事雇佣劳动生产活动的义务,否则,应承担过错责任,王某负事故全责,故应对车辆受损承担赔偿责任。由于雇员的职务过错责任是一种特殊侵权责任,又因雇员与雇主的地位和经济能力差异,雇员对雇主财产损害只可承担适当赔偿责任。⑧2007年**湖北某交通事故损害赔偿案**,2006年,刘某所雇临时司机王某驾车时脑出血死亡。王某生前患有高血压。法院认为:本案刘某与王某系雇佣关系,尽管王某未受外力侵害,但其系从事雇佣活动中发生人身损害,雇主刘某应无条件承担王某的赔偿责任。王某自身疾病是其死亡的主要原因和直接原因,从事雇佣活动只是诱因。作为雇员的王某最了解自己身体状态,应服药预防或从事与身体状况相适应的事务,其隐瞒自身疾病并对其疾病的严重性认识不足,导致在受雇途中发病死亡,其自身应承担主要责任。因刘某不存在对王某管理使用中的过错,故应减轻刘某雇主责任的承担份额,法院酌定刘某赔偿份额为30%。⑨2007年**河南某雇员受害赔偿案**,2007年,蒿某雇张某随车运送货物,因交通事故,张某成植物人。交警认定张某与肇事任某负同等责任。任某支付4000元后未再支付。张某遂诉蒿某。法院认为:张某在蒿某雇用的时间、工作范围内,在押运货物期间受伤,应认定在雇佣活动中受伤。张某向雇主主张赔偿责任,应适用无过错责任。张某在交通事故中存在一定过错,但不属故意和重大过失情形,不适用过失相抵的原则,不能减轻雇主的赔偿责任,蒿某应全部赔偿。⑩2006年**江苏某交通事故损害赔偿案**,2005年11月,张某驾驶无牌三轮摩托车途经建设公司和建筑集团承建的公路段时,碰撞到建筑集团雇请的清扫公路的工人黄某,致后者十级伤残。交警认定张某负事故的全部责任。黄某起诉建设公司和建筑集团主张雇主责任。法院认为:依最高人民法院《关于审理人身损害赔偿案件适用法律若干问题的解释》规定,黄某作为雇员,可请求雇主即建设公司、建筑集团赔偿。建设公司、建筑集团作为雇主向黄某承担人身损害赔偿责任后,依前述司法解释的规定,可以向造成雇员受伤的第三人张某进行追偿。⑪2005年**云南某雇佣合同纠纷案**,2005年3月,周某花3.7万余元购买二手车,聘请的司机李某将车停在小区门口大街上时被盗,报案未果。周某遂起诉李某要求赔偿该车价格8万余元。法院认为:案涉机动车被盗确实涉及刑事犯罪,但刑事部分在不能破获犯罪嫌疑人的情况下,是不可能给当事人一个明确的结论的,而本案当事人之间存在的雇佣合同关系属民事法律关系,二者是两种不同的法律关系。我国并无法律限制当事人须先在刑事有结论之后才能对民事部分作出处理,原告认为自己的合法权益受到侵害,其有权向法院提起民事诉讼。无论是周某买卖的收条反映的价格和当时实际成交的价格都不能作为认定该车价值的依据。结合该车从买回来到车辆丢失也使用了有四个月之久,而丢失前未再次做过评估,现已无法准确地衡量其价值,故法院以中介部门原评估价格为基础,综合上述因素酌情予以减少。对自己的重大生产工具可能存在的意外提供安全保障的义务更多是在雇主一方,如采取投保盗抢险、将车辆停放在安全的场所等措施。本案虽无法确认原告对被告作了停放方面的要求,但被告作为驾驶员,在车辆停放时仍应尽到必要的注意义务。本案被告将车停在小区门口的大街上,而自己却到离停放地点很远的地方住宿,显然未尽监管责任。故其应对自己存在的过失承担相应的民事责任,判决李某赔偿周某损失1.2万元。⑫2002年山东某交通事故损害赔偿案,1999年7月,姜某受表姑委托找到张某等人到陈某家挖食材,完工后陈某付了工钱,张某返回途中,酒后乘坐姜某姐夫张荣某驾驶的三轮车翻车致伤。法院认为:姜某为其表姑雇佣张某等人挖食材,并未收取陈某工钱,且当晚又未随张某等人返回,故对张某致伤不负责任。张某等人完工后,陈某即时付清工钱,雇佣合同已履行完毕,故陈某亦对张某伤害不负赔偿责任。张荣某用三轮车将张某致伤,应负主要责任。张某明知张荣某农用三轮车不能载客,又酒后坐乘,对自己身体致残应负次要责任,判决张荣某负担张某损失的60%计8100余元,张某自负40%。⑬2001年广东某交通事故损害赔偿案,2000年,邢某雇请的司机王某驾驶货车肇事并死亡,交警认定王某负全责。法院认为:王某是邢某雇员,双方虽未订立劳动合同,但存在事实雇佣关系。王某在履行司机职务运货过程中发生事故死亡,邢某应承担雇主责任。因王某行车忽视交通安全造成事故,对此,王某有过错。依《民法通则》规定,可适当减轻邢某责任,酌定减免邢某40%责任较合理。

**【同类案件处理要旨】**

雇员在从事雇佣活动中因交通事故遭受人身损害,赔偿权利人可以请求造成雇员人身损害的第三人承担赔偿责任,也可以请求雇主承担赔偿责任。

**【相关案件实务要点】**

1.**【不真正连带责任请求权】**雇佣关系中不真正连带责任请求权在司法实践中存在争议,即,受害雇员选择了请求权,但其实体权利未实现情况下,是以其程序上胜诉还是实体上获赔作为认定请求权实现的标准?(1)一种符合实质正义的应然逻辑为:根据不真正连带责任的法律特征,受害人享有的不同的损害赔偿请求权,须以其选择的一个请求权全部实现之后,其他请求权才能消灭。雇员因第三人侵权,侵权之债虽获法院支持,但债务并未实际履行情况下,基于不真正连带之债的性质,雇员仍可以向雇主主张雇主责任。案见河南商丘中院(2006)商民终字第684号"石某诉南某等雇员受害赔偿案"。(2)尽管情理上前一种裁判思路更应受到尊重,但目前教科书式的法理逻辑及裁判倾向仍是对上述"补充请求权"的存在予以否定。当前的立法表述,关于普通不真正连带法律关系的请求权,仍是"可以……,也可以……"的不可双选的学理逻辑,亦是不真正连带责任所以独立于连带责任存在的特征所在。(3)编者寄望立法或司法就不真正连带责任请求权何谓实现进行释明,在实质正义的最大前提下,从充分保护受害人实体权利角度出发,明确不真正连带关系中债权人的补充请求权,至于由此可能带来的逻辑不适或操作不便,应均是法律作为工具可以调整或克服的范围。

2.【责任竞合】雇员损害赔偿责任与第三人侵权责任竞合时,受害人可以选择,前者适用无过错责任,非存在重大过失,不适用过失相抵,后者适用过错责任(特殊侵权责任除外),采用过失相抵。案见河南商丘中院(2007)商民终字第918号"张某诉蒿某雇员受害赔偿案"。

3.【自身疾病】雇主对雇员在驾驶车辆的雇佣活动中因自身疾病引发死亡应承担适当的赔偿责任。案见湖北宜昌葛洲坝法院(2007)葛民初字第402号"王某等诉刘某等人身损害赔偿案"。

4.【特殊侵权】雇员的职务过错责任是一种特殊侵权责任,且雇员与雇主的地位和经济能力差异,故雇员对雇主财产损害只可承担适当赔偿责任。案见河南信阳中院(2007)信中法民终字第958号"叶某诉王某交通事故损害赔偿案"。

5.【重大过失】雇员因交通事故被交警认定承担事故全部责任,证明本身存在重大过失,依法应适用过失相抵原则。案见福建漳州中院(2009)漳民终字第37号"黄某诉郭某等交通事故损害赔偿案"。

6.【保管义务】雇员对雇主交给自己使用的财产(生产工具)负有监管义务,这显然是合同的附随义务。在雇佣合同中,雇员在其从事生产经营的过程中是受雇主的指令进行活动,其只对故意或重大过失造成的损失承担责任。案见云南玉溪红塔区法院(2005)玉红民二初字第160号"周某诉李某雇佣合同纠纷案"。

7.【安全保障】附补贴公益活动参加者在活动中因交通事故受到人身损害,组织者未尽安全保障义务的,应承担相应赔偿责任,若已尽安全保障义务,应依公平原则分担合理损失。案见重庆一中院(2008)渝一中法民终字第1810号"姜某诉某街道办人身损害赔偿案"。

8.【实习学生】实习学生在实习过程中因交通事故发生人身损害,如系有酬实习,则实习单位应承担雇主责任;如系无酬实习,实习单位应依过错承担人身损害赔偿责任,安排实习的学生应与有过错的实习单位承担连带责任。案见天津二中院(2008)二中民终字第26号"王某诉某食品公司等人身损害赔偿案"。

**【附注】**

**参考案例索引**:河南商丘中院(2006)商民终字第684号"石某诉南某等雇员受害赔偿案",一审认为石某对张某提起诉讼并得到支持,应视为求偿权已经行使,根据一事不再理原则,不应再提起本次诉讼,裁定驳回起诉;二审撤销原裁定,指令审理,其理由:石某受伤,依法可请求侵权第三人张某赔偿,也可请求雇主南某赔偿,二者之间形成不真正连带之债。侵权之债虽已获法院支持,但受诉法院对该案已终结执行,该债务并未实际履行,石某债权并未得到实现,石某和其他应承担赔偿责任的债务人之间债权债务关系并未消灭。基于不真正连带之债的性质,石某继续享有请求的选择权,故石某仍可向南某主张雇主责任(编者倾向于一审裁判理由,故"裁判要点"并未以二审裁判结论及表述为准——编者注)。见《石佰平诉商丘市交通运输有限公司、南红雇员受害赔偿纠纷案》(杨帆、周永辉),载《人民法院案例选》(200802:76)。①河南永城法院(2015)永民初字第2672号"赵某与闫某等人身损害赔偿纠纷案",见《因第三人造成雇员人身损害的赔偿责任——河南永城法院判决赵某诉闫某等人身损害赔偿纠纷案》(黄建民、王莉),载《人民法院报·案例精选》(20151217:6)。②江苏泰州中院(2012)泰中民终字第0649号"陈某某诉陈永和、江苏广宇建设集团有限公司人身损害赔偿纠纷案",见《关于公布江苏省维护残疾人合法权益十大典型案(事)例的通知》,载《江苏省高级人民法院公报》(201705/53:24)。③江苏南京中院(2012)宁商终字第952号"某运输公司与某保险公司保险合同纠纷案",见《镇江九龙大件运输公司诉中国人民财产保险股份有限公司南京分公司保险合同纠纷案——交强险保险事故的认定及格式免责条款的司法审查》(王静),载《人民法院案例选》(201402/88:247);另见《交强险保险事故的认定及格式免责条款的审查》(王静),载《人民司法·案例》(201312:88)。④福建漳州中院(2009)漳民终字第37号"黄某诉郭某等交通事故损害赔偿案",一审判决雇主赔偿黄某损失的70%共计21万余元,二审经调解由雇主在给付3万余元基础上,再给付13万余元。见《过失相抵原则在雇员受害赔偿案中的适用》(林振通),载《人民司法·案例》(201008:79)。⑤重庆一中院(2008)渝一中法民终字第1810号"姜某诉某街道办人身损害赔偿案",在街道办已给付1.6万余元基础上,判决再补偿3.5万元。见《附补贴公益劳动组织者对参加者之伤亡赔偿责任》(李传海),载《人民司法·案例》(201008:83)。⑥天津二中院(2008)二中民终字第26号"王某诉某食品公司等人身损害赔偿案",见《实习学生与实习单位法律关系的认定——王彪诉食品公司、商业学校人身损害赔偿案》(石鑫润),载《人民法院案例选·月版》(200911:57)。⑦河南信阳中院(2007)信中法民终字第958号"叶某诉王某交通事故损害赔偿案",一审判决王某赔偿60%责任,二审改判为40%即6200余元。见《雇员因过失致雇主财产损失的责任承担》(冯叶、冯琦),载

《人民司法·案例》(200808:16)。⑧湖北宜昌葛洲坝法院(2007)葛民初字第402号"王某等诉刘某等人身损害赔偿案",一审判赔30%共计8万余元,二审发回重审,重审经调解由刘某一次性补偿原告2万元。见《雇主对雇员在雇佣活动中因自身疾病引发死亡应适当担责》(李祖旺),载《人民司法·案例》(200806:74)。⑨河南商丘中院(2007)商民终字第918号"张某诉蒿某雇员受害赔偿案",一审认为雇员自负50%责任即15万余元,二审经调解蒿某赔偿18万元。见《张庆超诉蒿广辉雇员受害赔偿纠纷案》(庞伟涛、杨中凡),载《人民法院案例选》(200802:82)。⑩江苏南通市崇川区法院(2006)崇民一初字第1063号"黄某诉某集团公司人身损害赔偿案",法院判决建设公司和建筑集团共同赔偿黄某3.9万余元。见《从事雇佣活动受到他人伤害可要求雇主承担赔偿责任》(张志成),载《人民法院报·案例指导》(20060928:5)。⑪云南玉溪红塔区法院(2005)玉红民二初字第160号"周某诉李某雇佣合同纠纷案",见《周俊伟与李祥波雇佣合同纠纷案》(张剑),载《中国审判案例要览》(2006民事:220)。⑫山东苍山法院(2002)苍民再初字第17号"张某诉姜某等人身损害赔偿案",见《张体华诉张荣雷等人身损害赔偿案》(郭明龙),载《中国审判案例要览》(2003民事:510)。⑬广东广州中院(2001)穗中法民终字第2522号"王某等诉邢某雇主责任案",一审判决被告补偿原告10%即1.4万余元,二审改判赔偿4.3万余元。见《王水香等诉王永兴案》(官润之),载《中国审判案例要览》(2002民事:408)。

**参考观点索引**：●在一起交通事故中,受害人能否基于不同的法律关系向不同的相对人分别提起诉讼要求赔偿？见《在一起交通事故中,受害人能否基于不同的法律关系向不同的相对人分别提起诉讼要求赔偿》,载《民事审判指导与参考·民事审判信箱》(201104:258)。○赔偿权利人可否在起诉第三人得不到全部赔偿的情况下起诉雇主,要求雇主承担不足的部分？见《赔偿权利人可否在起诉第三人得不到全部赔偿的情况下起诉雇主,要求雇主承担不足的部分》,载《人民司法·司法信箱》(200813:111)。●雇员在从事雇佣活动中受到伤害时如何适用法律？见《雇员在从事雇佣活动中受到伤害时如何适用法律》(贾劲松),载《中国民事审判前沿》(200501:102)。○第三人侵权造成雇员人身损害的雇主责任如何确定？见《第三人侵权造成雇员人身损害的雇主责任》(关丽),载《中国民事审判前沿》(200501:111)。●支付受伤雇员全部医疗费用的雇主能否取得向交通事故责任方的追偿权？见《雇员在执行职务过程中因交通事故致伤住院,第三人负事故的全部责任,雇员无责任。雇主为雇员支付了全部的医疗费用,雇主能否取得向交通事故责任方的追偿权？》,载《民事审判实务问答》(2008:126)。

# 32. 雇员肇事与雇主责任
## ——雇员闯的祸,对外雇主赔?

### 【雇主责任】

### 【案情简介及争议焦点】

2007年5月,顾某与物流中心所签运输协议,由雇请的无驾驶资格的司机马某到机械厂运货,马某自行绑扎的大型机械设备在行车过程中滑动造成货车驾驶室脱离,酿成司机马某、副驾驶位的顾某死亡事故,交警认定马某全责。

争议焦点:1. 雇主顾某是否承担责任? 2. 物流中心、机械厂应否承担责任?

### 【裁判要点】

**1. 雇主顾某承担主要责任。** 顾某作为货车车主,雇用无驾驶资格的马某为司机,其选用雇员行为存在过错,应对本次事故承担主要责任。顾某与马某自行固定、捆扎货物,预见到运输危险,但其未按公路载运特种货物的规定固牢货物,是造成本次事故的主要原因,应承担主要责任。

**2. 物流中心承担次要责任。** 物流中心在货运合同中未向承运人注明货物性质、货物外廓尺寸等内容,亦未给承运人提供运输要求说明书,未履行应尽的安全注意义务,根据《货物运输规则》规定,物流中心作为托运人存在"匿报货物重量、规格、性质"的过错,应对本案发生的损害赔偿承担次要责任。

**3. 机械厂应予补偿赔偿。** 机械厂是货运合同关系中发货人,又是买卖合同关系中的出卖方,当货物未交付前,货物运输安全的风险责任未转移。故机械厂虽委托物流中心托运货物,但其直接为承运人吊装了需要采取特殊固定措施才能运输的货物,其有义务向承运人提供运输说明书,声明货物的性质、规格、重量等内容,还需特别提示对货物固定、捆扎的运输安全要求,但其未提供、未明示,应承担未尽合理限度范围内的安全保障义务的相应补充赔偿责任。

### 【裁判依据或参考】

1. **法律规定。**《民法典》(2021年1月1日)第1165条:"行为人因过错侵害他人民事权益造成损害的,应当承担侵权责任。依照法律规定推定行为人有过错,其不能证明自己没有过错的,应当承担侵权责任。"第1166条:"行为人造成他人民事权益损害,不论行为人有无过错,法律规定应当承担侵权责任的,依照其规定。"第1167条:"侵权行为危及他人人身、财产安全的,被侵权人有权请求侵权人承担停止侵害、排除妨碍、消除危险等侵权责任。"第1192条:"个人之间形成劳务关系,提供劳务一方因劳务造成他人损害的,由接受劳务一方承担侵权责任。接受劳务一方承担侵权责任后,可以向有故意或者重大过失的提供劳务一方追偿。提供劳务一方因劳务受到损害的,根据双方各自的过错承担相应的责任。提供劳务期间,因第三人的行为造成提供劳务一方损害的,提供劳务一方有权请求第三人承担侵权责任,也有权请求接受劳务一方给予补偿。接受劳务一方补偿后,可以向第三人追偿。"第1193条:"承揽人在完成工作过程中造成第三人损害或者自己损害的,定作人不承担侵权责任。但是,定作人对定作、指示或者选任有过错的,应当承担相应的责任。"《侵权责任法》(2010年7月1日,2021年1月1日废止)第35条:"个人之间形成劳务关系,提供劳务一方因劳务造成他人损害的,由接受劳务一方承担侵权责任。提供劳务一方因劳务自己受到损害的,根据双方各自的过错承担相应的责任。"

**2. 司法解释**。最高人民法院《关于审理人身损害赔偿案件适用法律若干问题的解释》(2004年5月1日 法释〔2003〕20号,2020年修正,2021年1月1日实施)第1条:"因生命、身体、健康遭受侵害,赔偿权利人起诉请求赔偿义务人赔偿物质损害和精神损害的,人民法院应予受理。本条所称'赔偿权利人',是指因侵权行为或者其他致害原因直接遭受人身损害的受害人以及死亡受害人的近亲属。本条所称'赔偿义务人',是指因自己或者他人的侵权行为以及其他致害原因依法应当承担民事责任的自然人、法人或者非法人组织。"第2条:"赔偿权利人起诉部分共同侵权人的,人民法院应当追加其他共同侵权人作为共同被告。赔偿权利人在诉讼中放弃对部分共同侵权人的诉讼请求的,其他共同侵权人对被放弃诉讼请求的被告应当承担的赔偿份额不承担连带责任。责任范围难以确定的,推定各共同侵权人承担同等责任。人民法院应当将放弃诉讼请求的法律后果告知赔偿权利人,并将放弃诉讼请求的情况在法律文书中叙明。"

**3. 地方司法性文件**。江苏徐州中院《关于印发〈民事审判实务问答汇编(五)〉的通知》(2016年6月13日)第3条:"……(4)雇主行使追偿权的比例范围应如何确定?答:依据《人身损害司法解释》第9条的规定,雇员因故意或重大过失的,应与雇主承担连带赔偿责任。雇员在事故中负事故全部或主要责任的,一般应视为雇员有重大过失。但交通事故中驾驶人负主要责任的,应结合驾驶人的过错以及驾驶行为对交通事故的原因力综合认定驾驶人是否有重大过失。雇主承担连带赔偿责任的,可以向雇员追偿。第一,雇员在事故中负事故全部责任的,雇主追偿的比例不超过50%;第二,雇员在事故中负事故主要责任的,雇主追偿的比例不超过30%。"安徽淮南中院《关于审理机动车交通事故责任纠纷案件若干问题的指导意见》(2014年4月24日)第5条:"雇员在从事雇佣活动中发生交通事故造成他人损害的,由雇主承担赔偿责任;雇员在交通事故的发生上有故意或重大过失的,应与雇主承担连带赔偿责任。机动车方在交通事故中负事故全部或主要责任的应视为雇员有重大过失。"安徽滁州中院《关于审理道路交通事故损害赔偿案件座谈会纪要》(2013年8月2日)第1条:"法人及其他组织的工作人员、雇员在上班或者下班途中,驾驶自己所有的机动车发生道路交通事故造成他人损害,并负有事故责任的,由其自己承担相应的赔偿责任。"山东淄博中院《全市法院人身损害赔偿案件研讨会纪要》(2012年2月1日)第22条:"关于雇员重大过失如何认定的问题。认定雇佣司机是否存在重大过失,除了依据交警部门出具的道路交通事故认定书关于交通事故原因力分析和责任认定外,还应重点考虑雇佣司机是否存在无证驾驶、酒驾或醉驾、飙车、严重超载、交通肇事逃逸等明显违法违规的情况,将以上情况综合分析才能正确认定雇佣司机是否存在重大过失,应否对雇主承担连带赔偿责任。"上海高院民一庭《道路交通事故纠纷案件疑难问题研讨会会议纪要》(2011年12月31日)第5条:"职务行为、提供劳务过程中发生交通事故的责任承担。机动车驾驶人在履行职务行为或在提供劳务过程中发生交通事故造成第三人损害的,应当由驾驶员所在单位或接受劳务一方承担责任。如劳动者或提供劳务一方有故意或者重大过失的,多数意见认为可根据《最高人民法院关于审理人身损害赔偿案件适用法律若干问题的解释》第9条规定,用人单位或接受劳务一方在承担了赔偿责任后,可以向劳动者或提供劳务一方追偿。"江苏南通中院《关于处理交通事故损害赔偿案件中有关问题的座谈纪要》(2011年6月1日 通中法[2011]85号)第13条:"雇员驾驶车辆在从事雇佣活动中发生交通事故致人损害的,应由雇主承担赔偿责任。雇员存在重大过失的,应当与雇主承担连带赔偿责任。雇主在承担赔偿责任后,可向雇员追偿。"安徽宣城中院《关于审理道路交通事故赔偿案件若干问题的意见(试行)》(2011年4月)第19条:"雇佣驾驶人员在从事雇佣活动中,发生交通事故致人损害时,由保险公司从交通事故强制责任险限额内予以赔偿,不足部分,由雇主承担赔偿责任。驾驶员有下列情形之一的,视为有重大过失,与雇主承担连带赔偿责任,雇主赔偿后,可以向驾驶员追偿:(一)负事故全部责任;(二)负事故主要责任,造成一人以上死亡或三人以上重伤,或者被追究刑事责任;(三)负事故主要责任,并存在无证驾驶、无证行驶、酒后驾驶、超载驾驶,或者明知机动车存在安全隐患仍上路行驶等严重违章行为之一;(四)因本次事故被吊销驾驶执照的。"山东高院《关于印发审理保险合同纠纷案件若干问题意见

（试行）的通知》（2011年3月17日）第27条："第三者责任保险中，被保险人允许的合法驾驶人在驾驶被保险车辆时发生交通事故致第三者人身伤亡和财产损失的，在承担损害赔偿责任后，有权要求保险人按照第三者责任保险合同约定赔付。"安徽六安中院《关于印发〈审理道路交通事故人身损害赔偿案件若干问题的意见〉的通知》（2010年12月7日 六中法〔2010〕166号）第7条："受雇或者无偿帮助他人驾驶车辆发生交通事故致雇主或者被帮助人损害的，可以减轻驾驶人的赔偿责任。"江苏常州中院《关于道路交通事故损害赔偿案件的处理意见》（2010年10月13日 常中法〔2010〕104号）第1条："……（8）雇员在驾驶机动车从事雇佣活动中发生交通事故的，应由雇主承担赔偿责任。雇员有故意或重大过失的，应当与雇主承担连带赔偿责任。雇主在承担赔偿责任后，可以向雇员追偿……"河南郑州中院《审理交通事故损害赔偿案件指导意见》（2010年8月20日 郑中法〔2010〕120号）第24条："雇佣驾驶人员在从事雇佣活动时，造成交通事故的，由雇主承担赔偿责任；驾驶人员有酒后驾车、被认定为负事故全部或主要责任、被行政拘留、吊销驾驶证等重大过失的，与雇主承担连带赔偿责任。"河南周口中院《关于侵权责任法实施中若干问题的座谈会纪要》（2010年8月23日 周中法〔2010〕130号）第6条："……雇员在从事雇佣活动中或者从事与其职务相关联的活动中致人损害，雇主应当依照无过错责任原则承担赔偿责任。雇员在从事雇佣活动中或者从事与其职务相关联的活动中，自身受到损害的，根据双方各自的过错承担相应的责任。判断雇佣关系可以从劳动合同、事实劳动关系、劳动报酬、风险承担、工作中的人身依附性、除工资外的期望利润等方面考察，正确区分承揽关系和雇佣关系。属《工伤保险条例》调整的劳动关系和工伤保险范围的，按照劳动争议案件处理。因为用人单位以外的第三人侵权造成劳动者人身损害的，受害人是否获得工伤保险补偿不影响其向第三人请求侵权损害赔偿。没有参加工伤保险的私人企业和个体工商户的雇佣人员，自身受到伤害，受害人可以选择工伤保险请求权或雇佣损害赔偿请求权之一，来主张权利。上条及本条所规定的'从事与其职务相关联的活动'主要是指：利用法人或其他组织、雇主的交通工具、办公用具等物件从事的活动；为完成职务而从事的辅助活动；为法人或者其他组织、雇主的利益而从事的非职务要求的活动；为执行职务或从事雇佣活动的人员提供非本人职务要求的帮助活动等。"山东东营中院《关于印发道路交通事故处理工作座谈会纪要的通知》（2010年6月2日）第27条："道路交通事故损害赔偿案件的责任主体，一般应根据机动车运行支配权和运行利益归属予以确定。依据上述原则无法确定的，可以根据机动车注册登记的车主予以认定。"第30条："雇员在从事雇佣活动中发生交通事故造成他人损害的，由雇主承担赔偿责任；有证据证明雇员对于交通事故的发生具有故意或者重大过失的，雇员与雇主承担连带责任。雇员自身受到损害的，雇员与雇主根据各自的过错程度承担相应的责任。"北京高院民一庭《关于道路交通损害赔偿案件的疑难问题》(2010年4月9日)第1条:"……(三)关于雇员在履行职务中发生交通事故,造成第三人损害的赔偿责任问题。(1)有法院提出,根据《最高人民法院关于审理人身损害赔偿案件适用法律若干问题的解释》第9条第1款的规定,雇员有故意或重大过失的,应当与雇主承担连带赔偿责任,该院在司法实践中对雇员存在重大过失的认定一般从严掌握,主要包括严重超速、严重违反交通标志线规定、醉酒驾车等,对于采取措施不利的,一般不认为有重大过失。此种做法的合理性在于避免加重雇员的责任,同时也是为了加大雇主对雇员的管理。而《侵权责任法》的第35条应当是雇员、雇主承担赔偿责任的规定,但规定中已没有了雇员重大过失或故意造成他人损害的,应当与雇主承担连带赔偿责任的规定,在《侵权责任法》实施以后,司法解释的有关规定是否停止适用,应该予以明确。(2)另外,如果雇员在驾驶车辆过程中雇主同乘的,发生交通事故让雇主受损,雇主是否可以要求雇员按照过错承担相应的赔偿责任。按照《侵权责任法》第35条第二句话的意思表示,是否暗含了上述意思,还是雇主无权要求赔偿。"第2条:"北京市法院系统尚未统一认识的问题……(2)在存在雇主赔偿(或者运输合同纠纷)和交通事故赔偿竞合的情况下,受害人以雇员受害赔偿纠纷向雇主起诉或者以运输合同纠纷向输运方起诉获赔后,就其他损失能否再向肇事方和保险公司起诉主张交通事故赔偿?调研中,有法院提出,雇主赔偿(或者运输合同纠纷)和交通事故赔偿只能择一起诉,受害人不能再行起诉交通事故赔偿。"湖南长沙中院《关于道路交通事故人身损害赔偿纠纷案件的审理意见》(2010年)第一部分第1条:"受雇人驾驶情形下,原则上仍然应由所有人承担赔偿责任,所有人承担赔偿责任后,可以根据其与受雇人的雇佣合同向受雇人追偿。雇员因故意或者重大过失发生交通事故的,应当与雇主承担连带赔偿责任。重大过失是指:被追究刑事责任、行政拘留、吊销驾驶证以及被认定为负全部责任……"江西南昌中院《关于审理道路交通事故人身损害赔偿纠纷案件的处理意见(试行)》(2010年2月1日)第31条:"雇员驾驶车辆发生交通事故责任主体的确定:(1)雇员在受雇期间,因实施雇佣行为发生交通事故的,雇主作为机动车一方承担赔偿责任。(2)雇员在受雇期间,非因实施雇佣行为而发生交通事故,其表现形式是履行职务或与履行职务有内在联系的,应由雇主作为机动车一方承担赔偿责任。雇主承担赔偿责任后,可以向雇员追偿。雇员因故意或者重大过失发生交通事故的,应当与雇主承担连带赔偿责任。前款重大过失是指:被追究刑事责任、行政拘留、吊销驾驶证以及被认定负全部责任等。"安徽合肥中院民一庭《关于审理道路交通事故损害赔偿案件适用法律若干问题的指导意见》(2009年11月16日)第9条:"雇员为实施雇佣行为,驾驶自有机动车发生道路交通事故致人损害的,由雇主与雇员承担连带赔偿责任。但雇主事前对雇员驾驶自有机动车实施雇佣行为明确反对的除外。法人及其他组织的工作人员发生上述情形的,适用前款规定。"第35条:"道路交通事故中,对事故的发生负有全部或主要责任的当事人,应视为具有重大过失;负事故同等责任的,应结合实际情况判定是否具有重大过失。"江苏南京中院民一庭《**关于审理交通事故损害赔偿案件有关问题的指导意见**》(2009年11月)第19条:"以驾驶为职业的雇员因实施雇佣行为发生交通事故的,应由雇主承担赔偿责任。雇员因故意或者重大过失发生交通事故的,应当与雇主承担连带赔偿责任。雇主在承担赔偿责任后,可向雇员追偿。雇员的行为超过授权范围,但其表现形式是履行职务或与履行职务有内在联系的,仍应由雇主承担赔偿责任;雇主在承担赔偿责任后,可向雇员追偿。"云南高院《**关于审理人身损害赔偿案件若干问题的会议纪要**》(2009年8月1日)第2条:"……雇员驾驶车辆在执行职务过程中发生交通事故致人损害的,或经雇主同意后驾驶车辆从事与职务无关的活动时造成交通事故致人损害的,雇主为赔偿主体。雇员非因实施职务行为且未经雇主同意驾驶雇主车辆发生交通事故致人损害的,应由雇员承担赔偿责任,雇主承担连带责任。法人或其他组织的工作人员发生交通事故致人伤害的,参照前款规定执行。"四川泸州中院《**关于民商审判实践中若干具体问题的座谈纪要(二)**》(2009年4月17日 泸中法〔2009〕68号)第7条:"交通事故人身损害赔偿中,雇佣的驾驶员是否应当作为共同被告?是否承担连带责任?驾驶员的重大过失是否以交通事故认定书为准,即主要责任就认定为重大过失?基本意见:民法通则关于被雇佣人承担连带责任的规定是为了保护受害人的利益,因此,是否把驾驶员作为共同被告,是受害人的权利,原告把驾驶员作为共同被告起诉的或者要求追加的,应当列为共同被告。连带责任限于故意或重大过失,是为了保护雇员的利益,以免其承担过重的责任。交通事故认定中的责任划分是把驾驶员和机动车作为一个整体对待的,不能机械的以交通事故责任认定作为判断驾驶员是否具有重大过失的惟一标准,即使交通事故认定作为判断驾驶员是否具有过失的惟一标准,即使交通事故认定机动车一方负主要责任,也不能一概认定驾驶员具有重大过失,而应当具体分析驾驶员所违反的规定及其性质。"广东佛山中院《**关于审理道路交通事故损害赔偿案件的指导意见**》(2009年4月8日)第14条:"属于下列情形之一的,机动车登记所有人或者实际支配人不承担责任:(1)受雇人以外的第三人擅自驾驶机动车致人损害,机动车的登记人或实际支配人除非存在管理上的瑕疵,否则不承担赔偿责任;机动车登记所有人或者实际支配人对车辆的经营与管理未尽注意义务的,应当承担相应的补充赔偿责任……"第21条:"雇员在受雇期间因履行职务或者擅自驾驶雇主的机动车发生道路交通事故致人损害,如雇员在事故中存在故意或者重大过失情形,则应当与雇主承担连带赔偿责任。雇主因此而承担连带赔偿责任的,可以向雇员追偿。雇员承担交通事故的全部责任或主要责任的,可认定其具有重大过失。法人及其他组织的工作人员发生上述情形的,适用上述规定。"第22条:"雇员为实施雇佣行为,驾驶自有机动车发生道路交通事故致人损害的,由雇主与雇员承担连带赔偿责任。但雇主事前对雇员驾驶有机动车实施雇佣行为明确反对的除外。法人及其他组织的工作人员发生上述情形的,适用前款规定。"福建泉州中院民一庭《全市法院民一庭庭长座谈会纪要》(泉中法民一〔2009〕05号)第47条:"在雇员人身损害赔偿案件中,雇员对事故的发生存在重大过失的,是否适用《人身损害赔偿解释》第二条第二款的规定,减轻雇主的赔偿责任。如何认定'雇员存在重大过失'?答:在雇员人身损害赔偿案件中,雇员对事故的发生存在重大过失的,应适用《人身损害赔偿解释》第二条第二款的规定,减轻雇主的赔偿责任。'雇员存在重大过失'应根据具体案情分析认定。"广东高院《关于审理刑事附带民事诉讼案件若干问题的指导意见(试行)》(2008年10月13日粤高法发〔2008〕36号)第11条:"雇员在从事雇佣活动中犯罪致人损害的,雇主应当承担赔偿责任。没有订立书面雇佣合同,但具备下列情形之一的可认定为从事雇佣活动:(一)雇员依据雇主的授权或指示在其职权范围内所实施的行为;(二)雇员在工作时间、工作地点范围内实施的与其履行职务有内在联系的其他行为;(三)雇员为雇主利益实施的行为;(四)雇员使用履行职务的工具实施的与其履行职务有内在联系的行为。雇员在雇佣过程中,实施了与从事雇佣活动无关的行为,附带民事诉讼赔偿责任由其本人承担。"福建高院民一庭《关于审理人身损害赔偿纠纷案件疑难问题的解答》(2008年8月22日)第5条:"问:最高人民法院《关于审理人身损害赔偿案件适用法律若干问题的解释》第九条第一款规定:'雇员在从事雇佣活动中致人损害的,雇主应当承担赔偿责任;雇员因故意或者重大过失致人损害的,应当与雇主承担连带责任。'在审理交通事故损害赔偿案件中,如何认定雇员是否构成故意或者重大过失?答:受雇的机动车驾驶员在从事雇佣活动中致人损害,经公安交通管理部门认定应负全部责任或者主要责任的,可以认定损害是由雇员故意或者重大过失造成的,并判令其与雇主承担连带责任;雇员仅负同等责任、次要责任或者没有责任的,由雇主承担赔偿责任。"江苏宜兴法院《关于审理交通事故损害赔偿案件若干问题的意见》(2008年1月28日 宜法〔2008〕第7号)第2条:"雇员驾驶车辆在从事雇佣活动中发生交通事故,其有下列情形之一的视为有重大过失,应与雇主负连带赔偿责任:(1)负事故全部责任的;(2)负事故主要责任,并造成死亡一人或者重伤三人以上,或者被追究刑事责任的;(3)负事故主要责任,并存在无证驾驶、无证行驶、酒后驾驶、超载驾驶,或者明知车辆本身存在安全隐患仍上路行驶等严重违章情形之一的;(4)因本次事故被吊销驾驶证的。"陕西高院《关于审理道路交通事故损害赔偿案件若干问题的指导意见(试行)》(2008年1月1日 陕高法〔2008〕258号)第11条:"雇员在受雇期间非因从事雇佣活动驾驶雇主的机动车发生道路交通事故致人损害的,由雇主承担赔偿责任。雇员存在故意或重大过失的,雇员与雇主承担连带赔偿责任。"湖北十堰中院《关于审理机动车损害赔偿案件适用法律若干问题的意见(试行)》(2007年11月20日)第3条:"驾驶人和所有人、实际支配人之间可以依据雇主责任的规定由雇主承担责任,但在作为雇员的驾驶员具有故意或重大过失时,应由雇主与雇员承担连带赔偿责任。"上海高院《关于道路交通事故损害赔偿责任主体若干问题的意见》(2007年6月18日 沪高法民一〔2007〕11号)第13条:"机动车驾驶员执行职务或者从事雇佣活动期间发生交通事故造成他人损害的,根据最高人民法院《关于审理人身损害赔偿案件适用法律若干问题的解释》的相关规定,由驾驶员所在单位或雇主承担赔偿责任。机动车驾驶员从事雇佣活动时因故意或者重大过失造成交通事故的,应当与雇主承担连带赔偿责任。雇主承担赔偿责任后,可以向机动车驾驶员追偿。"重庆高院《关于审理道路交通事故损害赔偿案件适用法律若干问题的指导意见》(2006年11月1日)第6条:"挂靠人、承包人或者承租人雇佣他人驾驶机动车,该雇员因驾驶机动车发生道路交通事故受到损害的,由挂靠人、承包人或者承租人承担相应赔偿责任。雇佣关系以外的第三人造成雇员损害的,赔偿权利人可以请求第三人承担赔偿责任,也可以请求挂靠人、承包人或者承租人承担赔偿责任。"第11条:"雇员在受雇期间擅自驾驶雇主的机动车发生道路交通事故致人损害的,由雇员与雇主承担连带赔偿责任。法人及其他组织的工作人员发生上述情形的,适用前款规定。"第12条:"雇员为实施雇佣行为,驾驶自有机动车发生道路交通事故致人损害的,由雇主与雇员承担连带赔偿责任。但雇主事前对雇员驾驶自有机动车实施雇佣行为明确反对的除外。法人及其他组织的工作人员发生上述情形的,适用前款规定。"第13条:"法人及其他组织的工作人员、雇员为上班或者下班,驾驶自有机动车发生道路交通事故致人损害的,由该驾驶人承担赔偿责任。"江西赣州中院《关于审理道路交通事故人身损害赔偿案件的指导性意见》(2006年6月9日)第12条:"雇佣司机驾驶机动车在执行职务时致人损害,由雇主承担赔偿责任。雇佣司机存在故意或重大过失的,与雇主承担连带赔偿责任。雇主承担责任后可以向雇佣司机追偿。雇佣司机未经雇主同意将车交给他人驾驶致人损害的,对该损害承担连带责任。"贵州高院、省公安厅《关于处理道路交通事故案件若干问题的指导意见(一)》(2006年5月1日)第20条:"机动车驾驶人在执行职务(雇佣活动)过程中发生交通事故,被确定对交通事故的发生负有责任时,由机动车的所有人(雇主)承担赔偿责任。属于《最高人民法院关于审理人身损害赔偿案件适用法律若干问题的解释》第九条规定情形的,机动车驾驶人在雇佣活动中对交通事故损害的发生有故意或重大过失的,与雇主共同承担连带赔偿责任。机动车所有人(雇主)在符合法律规定的条件下,可以向机动车驾驶人进行追偿。"安徽高院

《审理人身损害赔偿案件若干问题的指导意见》(2005年12月26日)第15条:"机动车驾驶员执行职务或从事雇佣活动驾驶机动车发生交通事故造成他人人身伤亡、财产损失的,根据《关于审理人身损害赔偿案件适用法律若干问题的解释》第八条第一款和第九条第一款的规定,由驾驶员所在单位或雇主承担赔偿责任。驾驶员承担交通事故的全部责任或主要责任的,与雇主承担连带赔偿责任。驾驶员所在单位或雇主承担赔偿责任后依据有关规定,有权向驾驶员追偿。"浙江杭州中院《关于审理道路交通事故损害赔偿纠纷案件问题解答》(2005年5月)第2条:"……3.驾驶员在非执行职务中的责任主体确定问题。对于2004年5月1日前发生的道路交通事故,适用《道路交通事故处理办法》的规定,由驾驶员承担赔偿责任;该驾驶员暂时无力承担时,由其所在单位或机动车的所有人承担垫付责任。对于2004年5月1日后发生的道路交通事故,因《道路交通事故处理办法》已经废止,则不能判由驾驶员所在单位或机动车的所有人承担垫付责任,根据《最高人民法院关于审理人身损害赔偿案件适用法律若干问题的解释》(以下简称《人身损害赔偿解释》)第8、9条的规定,若能认定系实施与职务无关的行为或者并非从事雇佣活动中致人损害的,应由驾驶员承担赔偿责任。4.驾驶员在执行职务时的责任主体和诉讼主体确定问题。根据《人身损害赔偿解释》第8条、第9条的规定,应区分驾驶员执行职务的性质,即其执行的是所在单位(法人或其他组织)的职务还是其雇主分派的事务。若是执行法人或者其他组织的职务,由该法人或者其他组织承担民事责任。若是执行雇主分派的事务,则视该驾驶员有无过错,按照《人身损害赔偿解释》第9条的规定处理。对于诉讼主体,若原告起诉时仅以驾驶员所在单位为被告,后原告申请追加驾驶员为共同被告,则由于是否系执行职务行为中致人损害需要人民法院审查,故依法应予准许;经审理查明确属执行职务中致人损害,则根据《人身损害赔偿解释》第8条的规定,判由驾驶员所在的单位承担赔偿责任。若原告起诉时仅以驾驶员所在单位为被告,被告在诉讼过程中申请追加驾驶员为共同被告,则依法不应准许。因为驾驶员与其所在单位之间并不存在同时对受害人承担赔偿责任的可能,并非必须共同参加诉讼的当事人,人民法院不能将其追加为共同被告,若人民法院经审理查明驾驶员系非执行职务过程中致人损害,认为驾驶员所在单位不应承担赔偿责任的,则应驳回原告诉讼请求,原告可另行起诉驾驶员。若原告起诉时仅以驾驶员的雇主为被告,后原告申请追加驾驶员为共同被告,应予以准许;若在审理过程中发现雇员在从事雇佣活动中有故意或重大过失,因根据《人身损害赔偿解释》第9条的规定,雇员与雇主存在同时对受害人承担民事责任的可能,故人民法院可根据被告的申请,追加驾驶员为共同被告。"广东高院、省公安厅《关于〈道路交通安全法〉施行后处理道路交通事故案件若干问题的意见》(2004年12月17日 粤高法发〔2004〕34号)第21条:"人民法院经审理依法确定各自应承担的责任后,对于未超过责任限额范围的部分,根据受害方的请求,可判决由保险公司承担赔偿责任,也可判决由机动车所有人、车辆实际支配人及驾驶员承担连带赔偿责任,还可判决保险公司和机动车所有人、车辆实际支配人及驾驶员承担连带赔偿责任。对于超过责任限额范围的部分,判决由机动车所有人、车辆实际支配人、驾驶员承担连带赔偿责任。驾驶员是在执行职务时发生交通事故的,除符合最高人民法院《关于审理人身损害赔偿案件适用法律若干问题的解释》第九条规定的情形外,驾驶员不承担赔偿责任。"山东高院《关于审理道路交通事故损害赔偿案件的若干意见》(2004年5月1日)第8条:"道路交通事故损害赔偿案件的责任主体,一般应根据机动车运行支配权利和运行利益归属予以确定;依据上述原则无法确定的,可以根据机动车注册登记的所有权人确定……雇员在从事雇佣活动期间发生交通事故的,由雇主承担赔偿责任;但雇主有证据证明雇员对于交通事故的发生具有故意或者重大过失的,雇员应与雇主承担连带赔偿责任……"吉林高院《关于印发〈关于审理道路交通事故损害赔偿案件若干问题的会议纪要〉的通知》(2003年7月25日 吉高法〔2003〕61号)第13条:"雇佣他人驾驶机动车发生道路交通事故致人损害的,以雇主为被告,由雇主承担损害赔偿责任。"第14条:"委托他人驾驶机动车发生道路交通事故致人损害的,以委托人和受托人为共同被告,由委托人和受托人承担连带责任。"内蒙古高院《全区法院交通肇事损害赔偿案件审判实务研讨会会议纪要》(2002年2月)第2条:"车辆驾驶员为车辆所有权人,又被确认为事故责任人的,车辆驾驶员承担责任。"第3条:"车辆驾驶员受雇主或所在单位指派履行职务时肇事,由雇主或驾驶员所在单位或机动车的所有人承担责任。"辽宁高院、省公安厅《关于道路交通事故案件若干问题的处理意见》(辽公交〔2001〕62号)第7条:"驾驶员在执行单位职务中或在进行雇佣合同规定的活动中发生交通事故并负有责任的,由驾驶员所执行职务的单位或雇主承担赔偿责任。"第8条:"驾驶员驾驶所在单位或雇主的车辆,在非职务行为或非雇佣活动中发生交通事故并负有责任的,由驾驶员承担赔偿责任。驾驶员暂时无能力赔偿的,由驾驶员所在单位或雇主负责垫付。"四川高院《关于道路交通事故损害赔偿案件审判工作座谈会纪要(试行)》(1999年11月12日 川高法〔1999〕454号)第4条:"道路交通事故案件赔偿责任的具体划分。赔偿责任的划分确定,是处理道路交通事故案件的重点。会议认为,依照我国现行法律法规的规定,结合审判实践,道路交通事故损害赔偿案件民事责任的确定具体可划分为以下情况……(3)驾驶员受车辆所有人雇佣从事雇用事务过程中发生道路交通事故的,由车辆所有人(即雇佣人)承担赔偿责任;车辆所有人承担赔偿责任以后,可向驾驶员进行追偿。驾驶员从事非雇用事务发生交通事故的,由驾驶员承担赔偿责任,驾驶员暂时无力赔偿,由车辆所有人垫付。车辆所有人与驾驶员就是否为执行雇用事务发生争议,又无法对各自的主张提供证据的,由车辆所有人承担赔偿责任……"江苏高院《全省民事审判工作座谈会纪要》(1999年11月1日 苏高法〔1999〕466号)第3条:"……(3)机动车驾驶员在执行职务中发生交通事故致人损害,应由该职务所归属的主体承担损害赔偿责任。"河南高院《关于审理道路交通事故损害赔偿案件若干问题的意见》(1997年1月1日 豫高法〔1997〕78号)第8条:"驾驶人员在执行职务中发生交通事故的,应以驾驶人员所在单位为被告;驾驶人员驾驶单位车辆在非执行职务期间发生交通事故的,应以驾驶人员及其所属单位为共同被告。"第9条:"受人委派驾驶车辆发生交通事故的,如车辆所有人就是委派人的,以车辆所有人为被告,委派人不是车辆所有人的,以车辆所有人和委派人为共同被告。"

**4. 最高人民法院审判业务意见。**●如何处理雇佣司机开车过程中发生的交通事故损害赔偿?《人民司法》研究组:"第一个问题,车主雇佣司机开车过程中发生交通事故,实践中通常的做法是认定车主与司机对外承担责任。本案中车主对外承担赔偿责任后,在车主与司机事先没有做特别约定的情况下,车主完全有权要求司机赔偿理应由其负担的那部分损失,法院应予立案受理。第二个问题,甲雇佣乙开车送货,因单方交通事故致甲受伤,甲的权利受到侵害,甲作为受害人,有权向侵权人乙提起侵权之诉并要求赔偿损失,符合立案条件。"○合伙人执行合伙事务遭受其雇员侵害时的处理?最高人民法院民一庭倾向性意见:"在合伙经营过程中,合伙人在执行合伙事务过程中如因其雇员的侵权行为受损时,可追究其雇员和作为雇主的其他合伙人的连带责任。当无法追究到雇员的责任时,则可直接要求作为雇主的其他合伙人承担连带责任。至于其他合伙人内部的具体赔偿数额则可根据合伙人之间约定的债务承担比例或盈余分配比例(债务承担比例无约定时)进行确定。"●受害人只起诉加害人,而没有起诉机动车车主或驾驶员所在单位,法院应否主动追加?最高人民法院民一庭《民事审判实务问答》编写组:"在道路交通事故损害赔偿案件中,受害人只起诉肇事加害人,而没有起诉机动车车主或驾驶员所在单位,法院应当区别情形处理。如果驾驶员是车主或所在单位的雇工或员工,且在执行职务期间发生事故,则车主、所在单位依法应当向受害者承担转承、替代责任,因而是损害赔偿案件的必要诉讼人,人民法院在查明相关情况后应当告知受害人起诉车主或驾驶员所在单位,也可以依职权直接追加为共同被告;如果不属上述情形,应当由肇事驾驶员承担直接赔偿责任的,机动车车主或驾驶员所在单位仅承担垫付责任、补充责任的,则可向原告行使释明权,告知其可起诉或追加肇事车辆的车主或驾驶员所在单位,并记录在案。当事人坚持只起诉加害人,不要求追究车主或驾驶员所在单位的补充清偿责任的,人民法院应当予以尊重,不应主动追加被告。"

**5. 参考案例。**①2017年浙江某侵权纠纷案,2013年,骆某驾驶雇主闫某车辆与胡某车辆发生碰撞,骆某死亡,交警认定骆某、胡某分负主、次责任。2015年,经法院调解,胡某赔偿骆某近亲属损失30%即34万余元。2016年,骆某近亲属诉请闫某赔偿。法院认为:最高人民法院《关于审理人身损害赔偿案件适用法律若干问题的解释》第11条第1款明确了雇主与第三人之间为不真正连带责任,即雇员一方既可直接向第三人主张赔偿,亦可请求雇主赔偿,任何一方承担赔偿责任后均导致损害赔偿请求权消灭,雇员一方不能获得双重赔偿。该规定隐含前提是第三人侵权造成损害而雇员和雇主均无过错,此亦系雇主作为中间责任人履行替代责任后,可向承担终局责任的侵权第三人请求赔偿的理据所在。若损害后果由第三人、雇员等二人以上的各自过错结合导致,第三人侵权仅系致害原因之一,必然只需承担部分责任。该司法解释规定雇主承担无过错责任,实质是让个人雇主对雇员承担与用人单位同样的劳动保障责任。《侵权责任法》第35条取代了前述司法解释第11条相关内容,明确规定雇主承担过错责任。本案中,骆某于凌晨在高速公路驾驶超载车辆,未足够观察路况,采取转向、制动措施不当,撞上前方因堵车滞留车辆,骆某作为驾驶员的过错程度与雇主闫某相比,应负主要责任;闫某对雇员劳务行为负有监管和安全防范职责,却对车辆超载未尽监管,应负次要责任。判决闫某对骆某近亲属在机动车交通事故责任纠纷中未获赔部分损失即由骆某承担的70%责任承担30%赔偿责任。②2012年江苏某交通事故纠纷案,2009年,王某驾驶运输公司制动不合格车辆碰撞池某车辆,导致池某车上臧某等三名乘员死亡,交警认定王某、池某分负主、次责任。王某因此被以交通肇事罪判处有期徒刑4年。臧某近亲属诉请运输公司、保险公司及池某共同赔偿包括精神损害抚慰金在内的各项损失。法院认为:依最高人民法院《关于确定民事侵权精神损害赔偿责任若干问题的解释》、最高人民法院《关于审理人身损害赔偿案件适用法律若干问题的解释》的相关规定,侵害他人生命、健康、身体等人身权益,致人精神损害,造成严重后果的,侵权人应当赔偿精神损害抚慰金。本案中,王某和池某共同侵权行为造成臧某死亡,给其亲属造成了严重的精神损害,王某和池某应连带承担精神损害赔偿责任。运输公司作为王某雇主,依最高人民法院《关于审理人身损害赔偿案件适用法律若干问题的解释》规定,亦应连带承担赔偿责任。因王某行为已构成交通肇事罪,被判处有期徒刑4年,依《刑事诉讼法》、最高人民法院《关于人民法院是否受理刑事案件被害人提起精神损害赔偿民事诉讼问题的批复》规定,人民法院不受理刑事案件被害人对由于被告人的犯罪行为遭受精神损失而提起的民事诉讼,且原告已撤回对王某起诉,故就王某精神损害赔偿责任,法院不予理涉。因王某是运输公司雇佣人员,其驾驶车辆所有人为运输公司,依最高人民法院《关于审理人身损害赔偿案件适用法律若干问题的解释》规定,运输公司依法应承担雇主责任,而运输公司提供给王某驾驶的机动车制动系不合格,其对本案民事侵权行为发生负有重大过错,故依法应承担被侵权人的精神损害赔偿责任。根据交通事故责任认定,本案王某对事故负主要责任,池某负次要责任。结合侵权人过错对造成损害结果的原因力比例,判决原告损失50万余元(含精神损害抚慰金5万元),保险公司赔偿3万余元,超额部分46万余元,运输公司赔偿85%即39万余元,池某赔偿15%即7万余元,运输公司与池某互负连带责任。③2010年**云南某交通事故损害赔偿案**,2010年6月,王某驾驶李某、石某所有并挂靠于搬运公司的带挂货车,与姜某驾驶的车辆相撞,致姜某死亡及两车损坏,交警认定肇事逃逸的王某全责。法院认为:王某系驾驶员,其有义务对自己所驾车辆进行保养、维护、安检,正是由于其疏忽,使所驾车辆不符合安全行驶标准,存有安全隐患,致事故发生并承担全责,故王某对交强险赔付不足部分承担赔偿责任。王某作为雇员,从事雇佣活动中致人损害,依法应与雇主石某、李某承担连带赔偿责任,搬运公司作为挂靠单位应对原告赔付不足的损失承担连带赔偿责任。④2009年**安徽某财产损害赔偿案**,2006年10月,朱某雇用的驾驶员黄某、向某运输货物途中,部分货物丢失,报案未果。朱某为此赔偿货主货物损失5万余元,随后向黄某、向某追偿。法院认为:本案丢失的货物占总量的小部分,货物丢失路段是封闭的高速公路,事发时间又是夜间。同时,丢失原因至今未查明,故不能认定黄某、向某存在重大过失。但二人作为驾驶员,其职责应不仅限于安全驾驶,其对于在途运输的货物亦应负有一定的管理和注意义务。货物丢失数量之多,且是在二人实际控制车辆期间,故应认定其对于货物丢失存在一定程度的共同过失。根据权利义务相一致以及保护弱者的立法和司法价值取向,在雇佣关系中雇员的权利应受到特别的保护。对于运输货物的在途风险,车主有能力通过专人押车等形式加以防范。否则,若将该风险完全交由雇员承担,那么雇佣法律关系与货物运输合同的法律关系将不存在实质差异,将造成雇员与雇主之间的权利义务关系失衡,明显有失公平。在货物丢失原因至今未能查明的情况下,应斟酌全部案情和当事人的过错程度,依公平原则衡量各方当事人的利益,进而确定当事人之间的权利义务关系,以雇主承担主要责任为宜。⑤2008年**河南某交通事故损害赔偿案**,2008年3月,冯某雇佣的14周岁的王某驾驶三轮车时发生交通事故,撞伤程某。事故发生后,王某弃车逃逸。交警认定王某和冯某承担事故全部责任。法院认为:冯某作为雇主雇佣未成年人,存在过错,应承担赔偿责任。王某仅14岁,其认知能力、判断能力均不及成年人,故不能苛求其应尽到成年人的注意义务,且驾驶车辆系在冯某指示下进行,不存在重大过失。相反,雇主冯某让未成年人驾驶车辆,明显未尽到一般人注意义务,存在重大过失,故王某不承担连带赔偿责任,其监护人亦无须承担赔偿责任,判决冯某赔偿程某2.4万余元。⑥2001年**河南某交通事故损害赔偿案**,2000年,柳某雇请的司机程某驾驶车辆与郑某驾驶的车辆相撞,交警认定程某行车证未年审,所驾车辆压占路中心实线,应负事故主要责任。因程某属职务行为,柳某赔偿4万余元后,向程某及未及时清扫道路积雪的公路局追偿。法院认为:程某行车证未按规定年审,且所驾车辆又压占中心线,违反靠右行驶交通规则,对此事故有一定过错责任;柳某作为车主在雇佣司机时审验不严,对此事故损失有一定责任,根据《道路交通事故处理办法》规定,驾驶员所在单位或机动车所有人赔偿损失后,可向驾驶员追偿部分或全部费用,根据公平原则和过错归责原则,驾驶员应适当承担部分责任。对路面积雪,从事故现场照片上及勘查图上看,该积雪不足以影响车辆正常通行,故公路局不应向柳某承担责任,判决程某支付柳某4万余元的20%即8000余元。⑦**2000年福建某交通事故损害赔偿案**,1999年,林某骑摩托车被师傅所开修理厂未出师徒弟无证驾驶的修理车辆碰撞致残,交警认定徒弟负全责。事后师徒约定林某损失按七三比例各自赔偿。法院认为:虽然徒弟在本案的交通事故中负全部责任,但是师傅与徒弟已形成师徒关系,在徒弟拜师学艺过程中,师傅对徒弟应尽监督、管理、教育、培训的义务,对徒弟在执行职务时致人损害的行为应承担民事赔偿责任。徒弟修车过程中明知自己无驾驶证,仍上车试车,也应承担一定责任。师傅与徒弟自愿达成协议,约定对林某损失由师傅承担70%,徒弟承担30%,该约定不违反法律规定,应予准许。但师徒二人应互负连带责任。⑧**1999年四川某交通事故损害赔偿案**,1999年2月,袁某雇请代某运肥料,雇请徐某、蒋某装卸。因代某无证驾驶无号牌农用车造成翻车致搭人员徐某、蒋某受伤。交警认定代某负全部责任。法院认为:代某无证驾驶无号牌机动车发生交通事故,造成徐某、蒋某受伤后果,是交通事故直接责任人,应承担主要损害赔偿责任。代某出车为袁某运货,袁某支付运费,双方之间是一种运输合同关系。两原告为袁某提供劳务,袁某支付酬金,双方是雇佣关系。袁某作为两原告的雇主,有义务为雇员提供适于安全劳动的条件。但袁某在雇请运输过程中疏于安全管理,造成两原告乘坐无证驾驶人员驾驶的无号牌农用车后受伤,是造成二原告受伤的次要原因,其应承担次要赔偿责任,判决代某分别赔偿徐某、蒋某损失的70%,袁某分别赔偿徐某、蒋某损失的30%。

【同类案件处理要旨】

雇用驾驶人员在从事雇佣活动中,发生交通事故致人损害时,由保险公司在交强险责任险限额内予以赔偿,不足部分,由雇主承担赔偿责任。驾驶员有重大过失的,与雇主承担连带赔偿责任,雇主赔偿后,可以向驾驶员追偿。

【相关案件实务要点】

1.【**追偿权**】雇主对受雇人员在执行所分配的工作中致第三人损害,雇主承担民事赔偿责任后,雇员有重大过失或故意情况下,根据其过错程度,雇主可向雇员追偿。案见河南延津法院 2001 年 2 月 16 日判决"柳某诉程某等交通事故赔偿案"。

2.【追偿权限制】雇员过错导致第三人损害,雇主行使追偿权时,基于对雇员利益的特殊保护,应当对雇主追偿权的行使有所限制。案见安徽淮北中院(2009)淮民一终字第 0255 号"朱某诉黄某、向某交通事故损害赔偿案"。

3.【混合过错】货物运输途中,因单方交通事故造成人身伤亡和财产损害,托运人、发货人的损害赔偿责任应依其是否尽到合理的安全注意义务而定。案见宁夏吴忠中院(2007)吴民初字第 49 号"纪某等诉某物流中心等交通事故损害赔偿案"。

4.【雇佣关系】劳动者不受监督管理,只受合同约束,双方地位平等,工作短时,工作性质临时,应认定劳动者系独立合同工而非雇工,双方间并未建立起以劳动保护、劳动福利等为核心内容的雇佣劳动关系。案见山东潍坊中院 2003 年 5 月 9 日判决"杨某等诉孙某交通事故损害赔偿案"。

5.【未成年雇员】未成年雇员从事雇佣活动中致人损害即使存在重大过失,雇主亦应承担赔偿责任。案见河南睢县法院(2008)睢民初字第 304 号"程某诉王某等人身损害赔偿案"。

6.【学徒工】未出师徒弟在执行职务中造成的道路交通事故,修理厂与肇事司机应对受害人承担过错赔偿责任。案见福建武平法院(2000)武民初字第 476 号"林某诉林某贵人身损害赔偿案"。

【附注】

参考案例索引:宁夏吴忠中院(2007)吴民初字第 49 号"纪某等诉某物流中心等交通事故损害赔偿案",判决原告损失的 30% 即 6 万余元由物流中心承担,70% 由原告方自行承担,机械厂补充赔偿 2 万元。见《纪某等五人诉宁夏吴忠市鑫盛物流中心、河南省平顶山煤矿机械厂道路交通事故人身损害赔偿及其财产损害赔偿纠纷案》(向建忠),载《人民法院案例选》(200902:57)。①浙江湖州中院(2017)浙 05 民终 1376 号"骆某与闫某等侵权纠纷案",见《雇佣关系以外的第三人造成雇员人身损害时雇员一方的权利保护——浙江湖州中院判决骆某甲等诉闫某提供劳务者受害责任纠纷案》(蒋莹),载《人民法院报·案例精选》(20180712:6)。②江苏高院(2012)苏民再提字第 0116 号"李某与某运输公司等交通事故人身损害赔偿纠纷案",见《李成亮等诉杰达公司等道路交通事故精神损害赔偿纠纷案》,载《江苏省高级人民法院公报》(201404/34:38)。③云南石林法院(2010)石民初字第 820 号"姜某等诉李某等交通事故损害赔偿案",见《姜贤永等诉李运中等道路交通事故人身损害赔偿案》(唐云龙),载《中国法院 2012 年度案例:道路交通纠纷》

(213)。④安徽淮北中院(2009)淮民一终字第0255号"朱某诉黄某、向某财产损害赔偿案",一审判决雇员赔偿70%,二审改判赔偿30%即1.6万余元。见《雇主向雇员行使追偿权应有所限制——安徽淮北中院判决朱振军诉黄守民、朱克翔财产损害赔偿纠纷案》(朱文),载《人民法院报·案例指导》(20091218:5)。⑤河南睢县法院(2008)睢民初字第304号"程某诉王某等人身损害赔偿案",见《未成年人从事雇佣活动致人损害的责任承担——河南睢县法院判决程艳梅诉王峰等道路交通事故人身损害赔偿案》(梁锦学、刘丰波),载《人民法院报·案例指导》(20090724:5)。⑥河南延津法院2001年2月16日判决"柳某诉程某等交通事故赔偿案",见《雇主柳永福被判承担交通事故赔偿责任后诉其所雇肇事司机程相顺及公路局路况不好也有责任追偿案》(魏立山、段连芳),载《人民法院案例选》(200301:125)。⑦福建武平法院(2000)武民初字第476号"林某诉林某贵人身损害赔偿案",判决师傅赔偿林某8500余元,徒弟赔偿3600余元,师徒二人互负连带责任。见《林永明诉林永贵等案》(兰通),载《中国审判案例要览》(2001民事:375)。⑧四川蒲江法院1999年6月18日判决"徐某等诉代某等人身损害赔偿案",见《徐子良等诉代绍勤无证驾驶无号牌农用车为蒋中元运输途中发生负全责的交通事故致其人身伤害赔偿案》(李国勇、李刚),载《人民法院案例选》(200004:147)。

**参考观点索引:**●如何处理雇佣司机开车过程中发生的交通事故损害赔偿?见《如何处理雇佣司机开车过程中发生的交通事故损害赔偿》,载《人民司法·司法信箱》(200002)。○合伙人执行合伙事务遭受其雇员侵害时的处理?见《合伙人执行合伙事务遭受其雇员侵害时的处理》(肖峰),载《民事审判指导与参考·指导性案例》(201002:175)。●受害人只起诉加害人,而没有起诉机动车车主或驾驶员所在单位,法院应否主动追加?见《在道路交通事故损害赔偿中,受害人只起诉加害人,而没有起诉机动车车主或驾驶员所在单位,法院应否主动追加?》,载《民事审判实务问答》(2008:145)。

# 33. 胎儿利益的民法保护
——胎儿未出生,事故可索赔?

【胎儿利益】

**【案情简介及争议焦点】**

2006年,罗某驾驶摩托车与贺某驾驶的运输公司投保的大货车相撞,罗某死亡。交警认定罗某负主要责任。法院判决保险公司赔偿罗某近亲属各项费用。其后,罗某遗腹子出生,该遗腹子作为原告,由其母亲担任法定代理人,诉请运输公司承担被扶养人生活费,并追加保险公司为第三人。

争议焦点:1. 罗某之子是否有权主张被扶养人生活费? 2. 被扶养人生活费如何计算?

**【裁判要点】**

**1. 权利。**依据我国民法对自然人的权利延伸保护理论,受害人的子女在受害人死亡后出生的,侵权人应赔偿其被扶养人生活费。出生后的婴儿,对于怀孕期间胎儿或胎儿父母受到损害,则认可其享有独立的损害赔偿请求权或被扶养人生活费请求权。前述请求权应待胎儿出生后,由婴儿本人享有并行使,但在其不具备民事行为能力时,该请求权由监护人代为行使。本案原告系受害人罗某的遗腹子,其主张被扶养人生活费的诉讼请求应予支持。

**2. 标准。**按最高人民法院《关于审理人身损害赔偿案件适用法律若干问题的解释》第28条规定,"被扶养人为未成年人的,计算至18周岁"和"被扶养人有数人的,年赔偿总额累计不超过上一年度城镇居民人均消费性支出额或者农村居民人均年生活消费支出额",计算得出被扶养人生活费总额后,按确定的事故责任比例,由运输公司承担其中的40%。因该数额与其他已赔付数额在保险公司赔偿限额范围内,依法应由保险公司承担直接赔付责任。

**【裁判依据或参考】**

**1. 法律规定。**《民法典》(2021年1月1日)第1155条:"遗产分割时,应当保留胎儿的继承份额。胎儿娩出时是死体的,保留的份额按照法定继承办理。"《婚姻法》(2001年4月28日,2021年1月1日废止)第21条:"父母对子女有抚养教育的义务;子女对父母有赡养扶助的义务。父母不履行抚养义务时,未成年的或不能独立生活的子女,有要求父母付给抚养费的权利。"《民法通则》(1987年1月1日,2021年1月1日废止)第9条:"公民从出生时起到死亡时止,具有民事权利能力,依法享有民事权利,承担民事义务。"第119条:"侵害公民身体造成伤害的,应当赔偿医疗费、因误工减少的收入、残废者生活补助费等费用;造成死亡的,并应当支付丧葬费、死者生前扶养的人必要的生活费等费用。"《继承法》(1985年10月1日,2021年1月1日废止)第16条:"未成年人的父母是未成年人的监护人。未成年人的父母已经死亡或者没有监护能力的,由下列人员中有监护能力的人担任监护人:(一)祖父母、外祖父母;(二)兄、姐;(三)关系密切的其他亲属、朋友愿意承担监护责任,经未成年人的父、母的所在单位或者未成年人住所地的居民委员会、村民委员会同意的。对担任监护人有争议的,由未成年人的父、母的所在单位或者未成年人住所地的居民委员会、村民委员会在近亲属中指定。对指定不服提起诉讼的,由人民法院裁决。没有第一款、第二款规定的监护人的,由未成年人的父、母的所在单位或者未成年人住所地的居民委员会、村民委员会或者民政部门担任监护人。"第28条:"遗产分割时,应当保留胎儿的继承份额。胎儿出生时是死体的,保留的份额按照法定继承办理。"

**2. 司法解释**。最高人民法院《关于适用〈中华人民共和国民法典〉继承编的解释(一)》(2021年1月1日 法释〔2020〕23号)第31条:"应当为胎儿保留的遗产份额没有保留的,应从继承人所继承的遗产中扣回。为胎儿保留的遗产份额,如胎儿出生后死亡的,由其继承人继承;如胎儿娩出时是死体的,由被继承人的继承人继承。"最高人民法院《关于适用〈中华人民共和国民法典〉婚姻家庭编的解释(一)》(2021年1月1日 法释〔2020〕22号)第49条:"抚养费的数额,可以根据子女的实际需要、父母双方的负担能力和当地的实际生活水平确定。有固定收入的,抚养费一般可以按其月总收入的百分之二十至三十的比例给付。负担两个以上子女抚养费的,比例可以适当提高,但一般不得超过月总收入的百分之五十。无固定收入的,抚养费的数额可以依据当年总收入或者同行业平均收入,参照上述比例确定。有特殊情况的,可以适当提高或者降低上述比例。"最高人民法院《关于适用〈中华人民共和国侵权责任法〉若干问题的通知》(2010年6月30日 法释〔2010〕23号)第4条:"人民法院适用侵权责任法审理民事纠纷案件,如受害人有被扶养人的,应当依据《最高人民法院关于审理人身损害赔偿案件适用法律若干问题的解释》第二十八条的规定,将被扶养人生活费计入残疾赔偿金或死亡赔偿金。"最高人民法院《关于审理人身损害赔偿案件适用法律若干问题的解释》(2004年5月1日 法释〔2003〕20号)第17条:"受害人遭受人身损害,因就医治疗支出的各项费用以及因误工减少的收入,包括医疗费、误工费、护理费、交通费、住宿费、住院伙食补助费、必要的营养费,赔偿义务人应当予以赔偿。受害人因伤致残的,其因增加生活上需要所支出的必要费用以及因丧失劳动能力导致的收入损失,包括残疾赔偿金、残疾辅助器具费、被扶养人生活费,以及因康复护理、继续治疗实际发生的必要的康复费、护理费、后续治疗费,赔偿义务人也应当予以赔偿。受害人死亡的,赔偿义务人除应当根据抢救治疗情况赔偿本条第一款规定的相关费用外,还应当赔偿丧葬费、被扶养人生活费、死亡补偿费以及受害人亲属办理丧葬事宜支出的交通费、住宿费和误工损失等其他合理费用。"第28条:"被扶养人生活费根据扶养人丧失劳动能力程度,按照受诉法院所在地上一年度城镇居民人均消费性支出和农村居民人均年生活消费支出标准计算。被扶养人为未成年人的,计算至十八周岁;被扶养人无劳动能力又无其他生活来源的,计算二十年。但六十周岁以上的,年龄每增加一岁减少一年;七十五周岁以上的,按五年计算。被扶养人是指受害人依法应当承担扶养义务的未成年人或者丧失劳动能力又无其他生活来源的成年近亲属。被扶养人还有其他扶养人的,赔偿义务人只赔偿受害人依法应当负担的部分。被扶养人有数人的,年赔偿总额累计不超过上一年度城镇居民人均消费性支出额或者农村居民人均年生活消费支出额。"第30条:"赔偿权利人举证证明其住所地或者经常居住地城镇居民人均可支配收入或者农村居民人均纯收入高于受诉法院所在地标准的,残疾赔偿金或者死亡赔偿金可以按照其住所地或者经常居住地的相关标准计算。被扶养人生活费的相关计算标准,依照前款原则确定。"最高人民法院《关于贯彻执行〈中华人民共和国继承法〉若干问题的意见》(1985年9月11日)第45条:"应当为胎儿保留的遗产份额没有保留的应从继承人所继承的遗产中扣回。为胎儿保留的遗产份额,如胎儿出生后死亡的,由其继承人继承;如胎儿出生时就是死体的,由被继承人的继承人继承。"

**3. 部门规范性文件。**劳动和社会保障部《因工死亡职工供养亲属范围规定》(2004年1月1日)第2条:"本规定所称因工死亡职工供养亲属,是指该职工的配偶、子女、父母、祖父母、外祖父母、孙子女、外孙子女、兄弟姐妹。本规定所称子女,包括婚生子女、非婚生子女、养子女和有抚养关系的继子女,其中,婚生子女、非婚生子女包括遗腹子女;本规定所称父母,包括生父母、养父母和有抚养关系的继父母……"劳动部《劳动保险条例实施细则修正草案》(1953年1月1日)第47条:"工人职员因工死亡后,其遗腹子得列为供养直系亲属。"

**4. 地方司法性文件。**四川高院《关于印发〈四川省高级人民法院机动车交通事故责任纠纷案件审理指南〉的通知》(2019年9月20日 川高法〔2019〕215号)第28条:"【胎儿被扶养人生活费的预留】为胎儿预留被扶养人生活费仅限于交通事故发生时已经怀孕的情形。胎儿出生时为活体的予以支付,反之则不予支付。"广东惠州中院《关于审理机动车交通事故责任纠纷案件的裁判指引》(2017年12月16日)第13条:"道路交通事故损害赔偿争议中,父母代理未出生的胎儿主张赔偿请求权的,不予支持。"四川成都中院《关于印发〈机动车交通事故责任纠纷案件审理指南(试行)〉的通知》(2017年7月5日 成中法发〔2017〕116号)第27条:"为胎儿预留被扶养人生活费仅限于交通事故发生时已经怀孕的情形。胎儿出生时为活体的予以支付,反之则不予支付。"山东淄博中院《全市法院人身损害赔偿案件研讨会纪要》(2012年2月1日)第7条:"……受害人遭受人身损害时,尚未出生的胎儿,还不具有权利能力,本不应列入被扶养人范围。但考虑到对胎儿的保护系人身权延伸保护范围,近年来国内理论界均倾向于将胎儿列为被扶养人,及该做法为各国立法通例的情况,我们认为可以将受害人遭受人身损害时,尚未出生的胎儿列入被扶养人范围,但应以起诉前已出生且尚存活为必要前提条件。"北京高院民一庭《关于道路交通损害赔偿案件的疑难问题》(2010年4月9日)第1条:"……《最高人民法院关于审理人身损害赔偿案件适用法律若干问题的解释》中的赔偿范围包括被扶养人生活费,但《侵权责任法》的第16条赔偿范围中无被抚养人生活费,在7月1日以后,是否就不再赔偿被抚养人生活费。另根据《民法通则》的规定,受害人怀孕应当给予胎儿保留份额,胎儿的保留份额主要是被抚养人生活费,在《侵权责任法》实施后胎儿的权益如何加以保护。有法院建议提高精神损害抚慰金数额,以对胎儿权益加以保护。"江西南昌中院《关于审理道路交通事故人身损害赔偿纠纷案件的处理意见(试行)》(2010年2月1日)第13条:"道路交通事故损害赔偿争议中,父母代理未出生的胎儿主张赔偿请求权的,不予受理。告知待胎儿出生后另行主张。"辽宁高院《关于印发全省法院民事审判工作座谈会会议纪要的通知》(2009年6月1日 辽高法〔2009〕120号)第16条:"关于人身损害赔偿案件的胎儿份额。父母遭受人身损害致残或死亡的,在计算被抚养人生活费时,应当为已经怀孕、尚未出生的胎儿预留赔偿份额,自出生时起计算至十八周岁,胎儿出生时为死体的,该赔偿义务灭失,但受胎儿因素影响而降低的其他被抚养人的生活费份额应当重新计算。胎儿出生后死亡的,该笔赔偿款按婴儿的遗产处理。"福建泉州中院民一庭《全市法院民一庭庭长座谈会纪要》(泉中法民一〔2009〕05号)第36条:"原告主张应赔偿未出生婴儿将来需要扶养的扶养费,应如何处理?答:根据《人身损害赔偿解释》第二十八条的规定,被扶养人生活费是指交通事故发生时,受害人依法应当承担扶养义务的未成年人或者丧失劳动能力又无其他生活来源的成年近亲属的生活费。因此,受害人要求赔偿其未出生婴儿将来需要扶养的扶养费没有法律依据,不予支持。"浙江高院民一庭《全省法院民事审判业务培训班问题解答》(2008年6月25日)第2条:"受害人死亡后,其妻子腹内胎儿能否作为赔偿责任主体或者直接计算赔偿款项?答:胎儿不是民法主体,不应列为案件的当事人。在不列为案件当事人的情形下,直接在主文判决胎儿的份额,一则与法理冲突,二则因胎儿出生是否为活体具有不确定性,使得判决主文的确定性也成为问题,操作性较差。为保护胎儿的利益,可中止诉讼待其出生后恢复审理,或者告知当事人待胎儿出生后另行主张。"广东深圳罗湖区法院《关于交通事故损害赔偿案件的处理意见》(2006年11月6日)第7条:"……交通事故造成怀孕妇女死亡或者受伤流产的,胎儿不列入损害赔偿范围,但应当赔偿适当的精神抚慰金。"江苏高院《2001年全省民事审判工作座谈会纪要》(2001年10月18日 苏高法〔2001〕319号)第7条:"……死者在因交通事故死亡前,其配偶已经受孕但尚未生产,如胎儿出生后系活体的,应当赔偿其必要的生活费。"河南高院《印发〈关于审理人身损害赔偿案件中确定赔偿范围及标准的意见〉的通知》(1999年1月15日 豫高法〔1999〕20号)第16条:"间接受害人的扶养费。指没有其他生活来源、依靠受害人丧失劳动能力前实际扶养,或失去受害人扶养后虽有其他生活来源但不足以维持当地居民基本生活水平的人为维持基本生活所必需的费用。未出生的胎儿,视为间接受害人。"广东高院、省公安厅《关于处理道路交通事故案件若干具体问题的通知》(1996年7月13日 粤高法发〔1996〕15号 2021年1月1日起被粤高法〔2020〕132号文废止)第38条:"'被抚养人'包括胎儿和违反计划生育政策出生的子女。被其抚养人在公安交通管理部门或者人民法院结案前已死亡的,其生活费计至死亡之日。"第39条:"交通事故造成怀孕妇女死亡或受伤流产的,胎儿不列入损害赔偿范围。"第40条:"残者或死者属于二个以上的抚养人中的其中之一的,被抚养人生活费按残者或死者应承担的份额计算。"

**5. 最高人民法院审判业务意见。**●怀孕期间胎儿或胎儿父母受到伤害,出生后婴儿可否请求赔偿?最高人民法院民一庭倾向性意见:"尽管我国法律在个别问题上保护胎儿的利益,但这并不能说明胎儿就有民事权利能力。婴儿出生前,对于胎儿的侵害只能视为对于其母亲的侵害,因为他的出生具有不确定性。若其出生时是死胎,即不能成为民事主体,当然也就不享有请求权。胎儿出生后是活体的,由于其出生事实已经确定,他已成为民事主体,其抚养费要实际发生,此时,应肯认其抚养费请求权。出生后的婴儿,其抚养费请求权应当由婴儿本人享有并行使,但在其不具备行为能力时,请求权由监护人代为行使。实务中的做法是,如果侵权行为发生时,胎儿尚未出生,诉讼开始前或诉讼结束前仍未出生,或推迟整个案件的审理和判决,待胎儿出生后确定其所受的实际损害,然后一并审理;或对其他受害人的请求先行审理判决,待胎儿出生并确定其损害后另案处理。婴儿对于母亲在怀孕期间受到的损害享有请求权,对于加害其父的侵权人享有抚养费请求权。抚养费的请求数额,可以根据相关法律规定做出判决。"○胎儿能否要求赔偿抚养费?《人民司法》研究组:"胎儿并不具有民事权利能力,其不是民事主体,不享有请求权,对于怀孕期间,胎儿父母因侵权致死,胎儿也不能请求赔偿抚养费。但出生后的婴儿,对于怀孕期间胎儿或胎儿父母受到损害,则认可其享有独立的损害赔偿请求权或抚养费请求权。其损害赔偿请求权或抚养费请求权应当待胎儿出生后,由婴儿本人享有并行使,但在其不具备民事行为能力时,其损害赔偿请求权或抚养费请求权由监护人代为行使。本案中,可以中止审理,待胎儿出生后,再继续审理,如是活体则可要求支付抚养费,如是死体则没有相应权利,也可以就程某的请求先行审理判决,待胎儿出生后就其支付抚养费的请求另案处理。"

**6. 参考案例。**①2016年重庆某侵权纠纷案,2015年,唐某在医院分娩。患儿出生后即发现无自主呼吸,约30秒患儿心跳微弱,仍无自主呼吸,约15分钟患儿心跳停止,后被宣告临床死亡。唐某夫妇诉请医院赔偿。法院认为:标志生命活动存在的生命体征主要有心率、呼吸、体温、脉搏、血压、瞳孔和意识等。目前我国医学和法律上,亦尚以呼吸、心跳停止作为判定死亡标准。无自主呼吸仅指生物个体在自然状态下不能由自己调节和控制的呼吸过程,并非意味死亡。本案中,唐某腹中胎儿于娩出脱离母体后,虽无自主呼吸,但在胸外按压、插管等施救措施下,有不同频率心跳,且心跳在娩出15分钟后才停止,并经查体无自主呼吸及心跳,瞳孔散大固定,宣布临床死亡。由此,唐某所分娩胎儿脱离母体经抢救后是有生命体征的。根据我国法律规定,公民从出生之日起到死亡时止,具有民事权利能力,依法享有民事权利,承担民事义务。本案中,唐某所产之子具有民事权利能力,有权获得死亡赔偿金。②2012年江苏某侵权纠纷案,2011年,陈某摩托车与乔某车辆相撞,致摩托车上乘客曹某父死亡,交警认定乔某、陈某分负主、次责任。经交警部门调解,乔某赔偿死者家属34万元。2个月后,曹某出生,诉请乔某支付抚养费。法院认为:乔某车辆已投保交强险,其损失应由保险公司在交强险限额内承担赔偿责任,余款由当事人按责任承担。本案中,保险公司已在伤残死亡赔偿责任限额内赔付11万元,故曹某被抚养人生活费应由乔某按责赔偿。案涉和解协议签订时,曹某尚未出生,故载明权利人不包括曹某,且对曹某出生后的被抚养人生活费未作明确约定,故对乔某辩称和解协议约定的赔偿款包括曹某被抚养人生活费,证据不足。曹某主张按城镇居民标准计算被抚养人生活费,证据不足。根据曹某年龄,判决乔某支付曹某被抚养人生活费6.9万余元。③2011年河南某抚养费赔偿案,2009年5月,曹某随百货公司经理出差途中,因交通事故死亡。随后,曹某家属与百货公司达成赔偿协议,由百货公司赔偿各项损失45万余元,同时约定曹某妻子"怀孕子女的抚养费、抚恤金,待子女出生后,受害方有权向百货公司追偿"。同年10月,曹某儿子出生,其母作为法定代理人诉请百货公司支付抚养费及精神损害抚慰金。法院认为:曹某之子在其父发生交通事故时虽然尚未出生,但出生并存活后即享有民事权利,可以成为民事主体,故其作为本案的原告主体适格,其诉讼请求的合理数额应当得到法律支持,判决百货公司赔偿曹某之子9.7万余元。④2011年四川某交通事故损害赔偿案,2009年8月,何某驾车撞伤行人李某致7级伤残,交警认定同等责任。争议焦点:2010年7月李某生下的儿子的抚养费应否计算在赔偿范围。法院认为:虽然在事故发生时,李某的妻子并未怀孕,李某儿子不具有权利主体资格,但李某结婚后生育小孩是人类的自然繁衍,且在诉讼时效内起诉时,其子已出生,已成为李某的实际被扶养人,应当获得被扶养人生活费赔偿,故判决包括李某之子抚养费在内的赔偿金额合计29万余元,保险公司按交强险的规定进行赔付,余下部分再按何某承担60%、李某承担40%进行赔付。⑤2010年河南某交通事故损害赔偿案,2009年10月,卫某与米某在清真寺依穆斯林习俗结为夫妻,但未办结婚登记。同年12月,卫某驾驶轿车搭载王某途中因与谢某驾驶的带挂货车相撞,致卫某、王某死亡。2010年1月,米某经诊断已怀有身孕。法院认为:根据我国《婚姻法》和《继承法》规定,胎儿(子女)不论是婚生还是非婚生,均受法律保护。对胎儿抚养权利的保护,属于人身权延伸保护的范畴。胎儿在未出生前虽不具有权利能力,但基于胎儿必定出生的既定事实和有损害即有救济的裁判原则,胎儿抚养费可由保险公司先行支付。判决保险公司依商业三责险赔偿米某怀孕的胎儿抚养费3.4万余元,该赔款暂由法院保管,待胎儿出生为活体,且经亲子鉴定系死者子女时,由胎儿母亲领回赔款,否则该赔款退回保险公司。⑥2006年河南某交通事故损害赔偿案,2005年,王某被仝某所雇司机驾车撞残。一审诉讼期间,王某妻产一子。法院认为:仝某作为肇事车车主亦雇主,依法应向王某承担赔偿责任。《继承法》第28条"遗产分割时,应该保留胎儿的继承份额"及劳动和社会保障部颁发的《因工死亡职工供养亲属范围规定》中"遗腹子女可以申请供养亲属抚恤金"规定,体现了我国法律保护胎儿权利的立法精神,亦为"特留份"制度;此外我国民法有一个"延伸保护"原则,为胎儿将来出生预留合理的利益空间,待胎儿出生并成活后,便于依法保护胎儿的合法权益。王某孩子出生时间虽在交通事故发生之后,但孩子出生以后,王某抚养是其法定义务,故应支持王某要求支付被抚养人生活费的主张。⑦2005年江苏某交通事故损害赔偿案,2004年12月,张某酒后驾驶摩托车,中途触碰龚某家门口石块堆发生事故死亡。交警认定张某负事故主要责任,龚某违规占用道路堆放物品,从事非交通活动,负事故次要责任。2005年2月1日,张某近亲属向龚某索赔。2月22日,张某妻生下张某女。张某妻以法定代理人身份代张某女申请参加诉讼。法院认为:龚某应负事故的次要责任,故应承担相应民事责任。依据我国民法对自然人的权利保护一直有权利延伸保护的理论,受害人的子女在受害人死亡后出生的,侵权人应当赔偿其被抚养人生活费。张某女在诉讼中已出生,张某因交通事故死后,对其应承担的抚养义务无从实现,故龚某应赔偿张某被抚养人张某女的生活费,判决龚某赔偿原告损失30%即8万余元及1万元精神抚慰金。⑧2003年福建某交通事故损害赔偿案,2002年,王某父骑摩托车在与施某相撞中死亡,交警认定王某父负主要责任,施某负次要责任。诉讼期间,王某出生,母代理起诉施某索赔抚养费40%。法院认为:王某请求赔偿胎儿期受到损害造成的损失,符合我国法律对公民出生后的继承权益延伸保护至胎儿期的立法精神,应予支持。王某是交通事故中死者的婚生女,享有请求父母抚养的权利,但王某出生后其被抚养权因父亲死亡得不到实现而受到侵害,该损害结果与王某父、施某的共同违章行为之间有因果关系。施某有违章行为,其违章行为侵害了王某的被抚养权,依法应承担赔偿王某抚养费损失的责任,判决施某赔偿王某扶养费1.92万元的40%即7680元。⑨2003年四川某交通事故损害赔偿案,2002年4月,挂靠在汽车队下的杨某驾车撞死王某父亲,以交通肇事罪附带赔偿死者近亲属各项费用后,因与死者未婚同居并怀孕的牟某主张胎儿份额未被支持,在王某生下来后,以王某名义向杨某及汽车队主张其教育、生活费。法院认为:父母对子女的抚养教育义务,是由父母与子女间血缘关系决定,不因父母间是否存在婚姻关系而发生实质性变化。<u>王某与死者存在父子关系,是死者生前应抚养的人。</u>王某出生后,向侵权人主张赔偿,符合《民法通则》相关规定。因杨某加害行为,致王某出生前其父死亡,使其不能接受抚养,本应由死者负担的王某生活费、教育费等必要费用的一半,由杨某赔偿。死者在交通事故中亦有一定过错,可减轻杨某赔偿责任。汽车队系杨某车辆挂靠单位,在杨某不能给付赔偿金时,应承担垫付责任。判决生活费按 2002 年泸州市最低生活保障每月 130 元,教育费按每年 444 元标准,计算至 18 周岁时止,乘以 90% 再除以 2,所得 1.6 万余元由杨某赔偿,在杨某不能给付时,由汽车队承担垫付责任。⑩2001 年**江苏某交通事故损害赔偿案**,1999 年 12 月,秦某在材料公司司机负全责的事故中丧生。秦某妻子作为原告之一起诉后,生下儿子秦某子,法院追加秦某子为人身损害赔偿共同原告。法院认为:材料公司司机驾驶单位车辆,在执行职务中发生交通事故,依法由材料公司承担赔偿责任。原告主张的具体赔偿费用,应按有关规定计算。<u>秦某子在事故发生时,虽尚未出生,但应视为死者秦某生前实际抚养的被抚养人,其要求材料公司赔偿生活费的诉讼请求,应予支持。</u>⑪2001 年**江苏某交通事故损害赔偿案**,2001 年,怀孕 6 个月的裴某散步时,被钱某所驾摩托车尾箱撞腹部,裴某当晚出现异常,不到半月生下早产儿吴某,因早产儿免疫力低,花费药费若干。法院认为:对于胎儿在母体中遭受的损害,出生后能否行使损害赔偿请求权的问题,目前在理论界尚是有争议的问题,但胎儿的合法利益应当得到保护,这一点是毫无疑问的。我国《民法通则》第 9 条明确规定了公民的权利能力始于出生,终于死亡。法院认为可以采用变通办法即<u>胎儿的权益通过其母亲的主张得到保护</u>。对于吴某的主体资格问题,吴某以其遭受精神损害为由提出赔偿请求,符合《民事诉讼法》规定的起诉条件,应为适格原告。必然因果关系说缩小了责任的客观基础和范围,不应被采纳。在该案中,裴某被送医院的时间与钱某驾驶的摩托车碰撞相隔一天两夜,裴某被医院诊断为先兆早产。医疗理论认为,在对临床病例分析中,早产原因包括激烈情绪波动或过劳、意外受伤或手术。故<u>根据相当因果关系说,有足够的理由与依据认为碰撞与早产存在因果关系</u>。钱某驾驶摩托车超越前方同向行人时,应当保持安全距离,因其未做到这一点,对事故的发生应负主要过错。裴某在机动车辆临近时突然转向,未注意观察道路状况,也有部分过错,判决钱某赔偿裴某 5400 余元。⑫2000 年**福建某交通事故损害赔偿案**,1999 年,吴某在父亲与吕某交通肇事,负主要责任的父亲死亡时尚未出生。法院认为:吴某在其父因交通事故死亡时尚未出生,但已成功受孕。其父如健在,抚养吴某既是其愿望,也是其应尽义务,其间的抚养与被抚养的权利义务关系因其血缘而存在,并不因吴某出生早晚而发生变化,只要其正常出生,其即为受害人生前抚养的人,有权利向加害人请求赔偿。本案吴某<u>因抚养关系产生损害赔偿属于胎儿出生后的损害赔偿,实质是侵权纠纷间接受害人基于抚养关系而产生的损害赔偿</u>。吴某作为间接受害人享有向加害人吕某索赔的主体资格和赔偿请求权。⑬**1998年福建某交通事故损害赔偿案**,王某所雇司机邹某驾驶货车与李某所驾摩托车发生碰撞,造成李某死亡,交警认定邹某全责。李某次子在事故发生时尚是胎儿,起诉时已出生7个月。法院认为:本案李某次子有权利能力,能为维护自己的权益提起诉讼,可成为诉讼主体。此外,李某作为次子亲生父亲,抚养次子是其本人愿望,也是我国《婚姻法》规定的其必然承担的义务,他们之间的抚养与被抚养关系因血缘关系不可改变。故<u>李某次子应视为李某生前抚养的人</u>,是本案合法的原告。驾驶员邹某受王某雇佣,在执行职务中肇事,邹某负事故全部责任,故该事故造成的全部损害赔偿责任应由车辆所有人即王某来承担。

**【同类案件处理要旨】**

我国法律仅对公民在出生后的继承权益延伸保护至胎儿期,亦即仅赋予继承人享有延伸至胎儿期时的民事权利能力。司法实践中,通常对公民其他民事权益的保护延伸至公民在胎儿期时。故受害人因交通事故遭受人身损害时,已受孕但尚未出生的胎儿,在出生后有权获得被扶养人生活费。

**【相关案件实务要点】**

1.【被扶养人生活费】编者认为:道路交通事故损害赔偿纠纷或生命权、健康权、身体权纠纷中,无论损害发生时尚未出生的胎儿,还是损害发生后出生的婴儿,其基于被抚养关系产生的请求权内容,作为损害赔偿项目的严谨表述应为"被扶养人生活费"。"抚养费"系《婚姻法》上的概念,由此形成的"被抚养人生活费"概念固然能与"被赡养人生活费"共同作为"被扶养人生活费"的组成部分不存在曲解,但在道路交通事故损害赔偿纠纷案件处理中,在现行法律和司法解释框架内,无论当事人起诉,还是法院判决,均应以"被扶养人生活费"的表述为宜。

2.【因事故而早产】通过母体来实现对胎儿权利保护的方式将胎儿与母体视为一个整体,将胎儿的损害看作母体的损害,将胎儿的损失视为母体的损失,通过母体这个法律上承认的"人"来行使赔偿权,使胎儿的权利得到保护。案见江苏无锡滨湖区法院(2001)滨马民初字第129号"裴某等诉钱某交通事故损害赔偿案"。

3.【事故时受孕起诉时已出生】胎儿一旦脱离母体并成活,即具有民事权利能力,是合法的民事主体。判断一个人是否具有诉讼权利能力,是以诉讼时当事人的状况为标准,不是以引起诉讼发生的事件发生时间为准。案见福建晋江法院(1998)晋民初字第 1336 号"庄某等诉王某等交通事故损害赔偿案"。

4.【事故时受孕起诉时已出生】民事损害发生时已受孕但尚未出生的胎儿出生后有权获得抚养费的赔偿。案见江苏苏州中院 2000 年 8 月 30 日判决"秦某等诉某材料公司交通事故损害赔偿案"。

5.【事故时受孕起诉时已出生】尚未出生的胎儿应包括在间接受害人之内。案见福建厦门集美区法院(2000)集民初字第 317 号"吴某等诉吕某交通事故损害赔偿案"。

6.【调解后出生的遗腹子】交通事故损害赔偿已达成调解协议的,侵权发生后出生的婴儿,有权就未出生期间其抚养人受到的侵害主张抚养费赔偿。案见河南南阳中院(2011)南民二终字第 297 号"曹某诉某公司抚养费赔偿案"。

7.【判决后出生的遗腹子】受害人的遗腹子应当享有因受扶养权产生的赔偿请求权。案见四川宜宾法院(2007)宜宾民初字第 1064 号"罗某诉某运输公司等人身损害赔偿案"。

8.【判决后出生的非婚生子】侵害公民身体造成死亡的,加害人应向被害人一方支付死者生前扶养的人必要的生活费等费用。"死者生前扶养的人",既包括死者生前实际扶养的人,也包括法律上应由死者抚养,但因为死亡事故的发生,死者尚未抚养的非婚生子女。案见四川泸州江阳区法院 2003 年 5 月 28 日判决"王某诉杨某等损害赔偿案"。

9.【事故后孕育并出生的孩子】在人身损害赔偿纠纷中,被抚养人的范围不能仅以侵权行为发生时实际存在的人员计算,应以"与被侵权人具有法定身份关系,形成法定抚养义务"为原则来确定。案见四川成都中院(2011)成民终字第 1905 号"李某等诉何某等人身损害赔偿案"。

10.【事故时受孕起诉时未出生】胎儿在未出生前虽不具有权利能力,但基于胎儿必定出生的既定事实和有损害即有救济的裁判原则,胎儿抚养费可由保险公司先行支付。该赔款暂由法院保管,待胎儿出生为活体,且经亲子鉴定系死者子女时,由胎儿母亲领回赔款,否则该赔款退回保险公司。案见河南南阳中院(2010)南民一终字第 362 号"马某等诉某保险公司等交通事故损害赔偿案"。

【附注】
参考案例索引:四川宜宾法院(2007)宜宾民初字第 1064 号"罗某诉某运输公司等人身损害赔偿案",判决保险公司直接支付罗某被扶养人生活费 1.6 万余元。见《罗芯瑞诉四川宜宾长峰运业有限责任公司等道路交通事故人身损害赔偿案》(曾开平),载《人民法院案例选》(200804:127)。①重庆一中院(2016)渝 01 民终

5395号"某医院与刘某侵权纠纷案",见《自然人出生标准宜采用"生命体征说"——重庆一中法院判决刘某等诉重庆市渝北区妇幼保健院医疗损害责任纠纷案》(李立新、黄琦),载《人民法院报·案例精选》(20170511:6)。②江苏沭阳法院(2012)沭民初字第2769号"曹某与乔某等侵权纠纷案",见《曹某某诉乔学才交通事故追索胎儿被抚养生活费纠纷案》,载《江苏省高级人民法院公报》(201302/26:22)。③河南南阳中院(2011)南民二终字第297号"曹某诉某公司抚养费赔偿案",见《遗腹子女抚养费赔偿请求权的认定——河南南阳中院判决曹志淋诉南阳多尔玛公司抚养费赔偿案》(李金伟、李克),载《人民法院报·案例指导》(20111208:6)。④四川成都中院(2011)成民终字第1905号"李某等诉何某等人身损害赔偿案",见《侵权时未出生子女的抚养费应计算在赔偿数额中——成都中院判决李刚等诉何芳等人身损害赔偿纠纷案》(朱文),载《人民法院报·案例指导》(20120322:6)。⑤河南南阳中院(2010)南民一终字第362号"马某等诉某保险公司等交通事故损害赔偿案",见《非婚生遗腹胎儿享有抚养费预留权》(卢国伟、李锐),载《人民司法·案例》(201202:57)。⑥河南内乡法院(2006)内法民初字第270号"王某诉仝某交通事故损害赔偿案",见《王国富诉仝学刚道路交通事故人身损害赔偿纠纷案》(程振华、杨慧文),载《人民法院案例选》(200703:144)。⑦江苏扬州中院(2005)扬民一终字第0400号"张某等诉龚某交通事故损害赔偿案",见《侵权人应负担遗腹子的抚养费》(赵明),载《人民法院报·案例指导》(20061018:5)。⑧福建福清法院(2003)融宏民初字第041号"王某诉施某交通事故人身损害赔偿案",见《王某诉施某道路交通事故人身损害赔偿案》(陈杰鸣),载《中国审判案例要览》(2004民事:239)。⑨四川泸州江阳区法院2003年5月28日判决"王某诉杨某等损害赔偿案",见《王德钦诉杨德胜、泸州市汽车二队交通事故损害赔偿纠纷案》,载《最高人民法院公报·案例》(2006:420);另见《胎儿权益的民法保护》(李海昕),载《人民司法·案例》(200924:17)。⑩江苏无锡滨湖区法院(2001)滨马民初字第129号"裴某等诉钱某交通事故损害赔偿案",见《裴红霞等诉钱明伟人身损害赔偿案》(唐锡铭、李思红),载《中国审判案例要览》(2003民事:277)。⑪江苏苏州中院2000年8月30日判决"秦某等诉某材料公司交通事故损害赔偿案",见《秦惠其等诉万泉公司道路交通事故及死者遗腹子抚养费赔偿案》(刘扣荣、李红、戚庚生),载《人民法院案例选》(200104:196)。⑫福建厦门集美区法院(2000)集民初字第317号"吴某等诉吕某交通事故损害赔偿案",经调解,由吕某给付吴某等5人共计4万余元。见《吴美治等诉吕认识案》(苏敏昌),载《中国审判案例要览》(2001民事:379)。⑬福建晋江法院(1998)晋民初字第1336号"庄某等诉陈某等交通事故损害赔偿案",判决陈某、王某赔偿原告各项费用9万余元。见《庄某等诉陈某等交通事故损害赔偿案》(叶佩芬),载《中国审判案例要览》(1999民事:326)。

**参考观点索引**:●怀孕期间胎儿或胎儿父母受到伤害,出生后婴儿可否请求赔偿?见《怀孕期间胎儿或胎儿父母受到伤害,出生后婴儿可否请求赔偿》(王毓莹),载《民事审判指导与参考·指导性案例》(200602:184)。○胎儿能否要求赔偿抚养费?见《胎儿能否要求赔偿抚养费》,载《人民司法·司法信箱》(200609:109)。

## 34. 无名受害人死亡赔偿
—— 死者无名氏,损失如何赔?

【无名死者】

【案情简介及争议焦点】

2005年,王某、吕某交通肇事致一流浪乞讨男子亡,公安登报寻找死者近亲属未果,当地民政局作为原告起诉王某、吕某、保险公司,要求向其支付损害赔偿款项。

争议焦点:1. 民政局能否作为无名死者赔偿权利人? 2. 有无法律依据?

【裁判要点】

**1. 民政局与本案无利害关系**。对照相关司法解释,民政局显非属于法定"赔偿权利人",不具备就本案无名男子的死亡要求肇事方及保险公司向其承担人身损害赔偿的主体资格,亦未提供其已支付本案受害男子丧葬善后费用的证据,不能认定民政局与各被告间存在民事权利义务关系,即与本案无利害关系。

**2. 民政局之诉请无法律依据**。民政局及救助站法定工作职责并不包括代表或代替城市生活无着的流浪乞讨人员提起民事诉讼,其在无法律授权情况下介入民事诉讼,有悖我国法律基本原则。另外,虽经公安机关登报刊发启事,赔偿权利人尚未出现,但不能排除该权利人客观存在及知悉本案情况后索赔的可能,故保险公司应承担的民事赔偿责任并未彻底免除,故判决驳回民政局起诉。

【裁判依据或参考】

**1. 法律规定**。《民事诉讼法》(2013年1月1日修正实施)第119条:"起诉必须符合下列条件:(一)原告是与本案有直接利害关系的公民、法人和其他组织;

(二)有明确的被告;(三)有具体的诉讼请求和事实、理由;(四)属于人民法院受理民事诉讼的范围和受诉人民法院管辖。"《刑事诉讼法》(2013年1月1日修改实施)第77条:"被害人由于被告人的犯罪行为而遭受物质损失的,在刑事诉讼过程中,有权提起附带民事诉讼。如果是国家财产、集体财产遭受损失的,人民检察院在提起公诉的时候,可以提起附带民事诉讼。"

**2. 行政法规**。国务院《城市生活无着的流浪乞讨人员救助管理办法》(2003年8月1日)第7条:"救助站应当根据受助人员的需要提供下列救助:(一)提供符合食品卫生要求的食物;(二)提供符合基本条件的住处;(三)对在站内突发急病的,及时送医院救治;(四)帮助与其亲属或者所在单位联系;(五)对没有交通费返回其住所地或者所在单位的,提供乘车凭证。"

**3. 司法解释**。最高人民法院《第八次全国法院民事商事审判工作会议纪要》(2016年11月30日)第6条:"鉴于侵权责任法第十八条明确规定被侵权人死亡,其近亲属有权请求侵权人承担侵权责任,并没有赋予有关机关或者单位提起请求的权利,当侵权行为造成身份不明人死亡时,如果没有赔偿权利人或者赔偿权利人不明,有关机关或者单位无权提起民事诉讼主张死亡赔偿金,但其为死者垫付的医疗费、丧葬费等实际发生的费用除外。"最高人民法院《2015年全国民事审判工作会议纪要》(2015年4月)第9条:"鉴于侵权责任法第十八条只明确规定被侵权人死亡,其近亲属有权请求侵权人承担侵权责任,没有赋予有关机关或者单位提起请求的权利,故侵权行为造成身份不明人死亡时,如果没有赔偿权利人或者赔偿权利人不明,有关机关或者单位无权提起民事诉讼主张死亡赔偿金。"最高人民法院《关于侵权行为导致流浪乞讨人员死亡,无赔偿权利人或者赔偿权利人不明的,民政部门能否提起民事诉讼的复函》(2010年12月9日 〔2010〕民一他字第23号):"……流浪乞讨人员因侵权行为导致死亡,无赔偿权利人或者赔偿权利人不明,在法律未明确授权的情况下,民政部门向人民法院提起民事诉讼的,人民法院不予受理。已经受理的,驳回起诉。"最高人民法院《关于审理道路交通事故损害赔偿案件适用法律若干问题的解释》(2012年12月21日,2020年修改,2021年1月1日实施)第23条:"被侵权人因道路交通事故死亡,无近亲属或者近亲属不明,未经法律授权的机关或者有关组织向人民法院起诉主张死亡赔偿金的,人民法院不予受理。侵权人以已向未经法律授权的机关或者有关组织支付死亡赔偿金为理由,请求保险公司在交强险责任限额范围内予以赔偿的,人民法院不予支持。被侵权人因道路交通事故死亡,无近亲属或者近亲属不明,支付被侵权人医疗费、丧葬费等合理费用的单位或者个人,请求保险公司在交强险责任限额范围内予以赔偿的,人民法院应予支持。"最高人民法院《关于审理人身损害赔偿案件适用法律若干问题的解释》(2004年5月1日 法释〔2003〕20号,2020年修正,2021年1月1日实施)第

1条:"因生命、身体、健康遭受侵害,赔偿权利人起诉请求赔偿义务人赔偿物质损害和精神损害的,人民法院应予受理。本条所称'赔偿权利人',是指因侵权行为或者其他致害原因直接遭受人身损害的受害人以及死亡受害人的近亲属。本条所称'赔偿义务人',是指因自己或者他人的侵权行为以及其他致害原因依法应当承担民事责任的自然人、法人或者非法人组织。"最高人民法院《2011年全国民事审判工作会议纪要》(2011年11月9日 法办〔2011〕442号)第6条:"……鉴于侵权责任法只明确规定被侵权人死亡,其近亲属有权请求侵权人承担侵权责任,没有赋予有关机关或者单位提起请求的权利,故侵权行为造成身份不明人死亡时,如果没有赔偿权利人或者赔偿权利人不明,有关机关或者单位提起民事诉讼主张死亡赔偿金的,应不予受理;已经受理的,应驳回起诉。"最高人民法院《关于执行〈中华人民共和国刑事诉讼法〉若干问题的解释》(1998年9月8日 法释〔1998〕23号,2013年1月1日废止)第84条:"人民法院受理刑事案件后,可以告知因犯罪行为遭受物质损失的被害人(公民、法人和其他组织)、已死亡被害人的近亲属、无行为能力或者限制行为能力被害人的法定代理人,有权提起附带民事诉讼。有权提起附带民事诉讼的人放弃诉讼权利的,应当准许,并记录在案。"

**4. 部门规范性文件**。财政部、中国保监会、公安部、卫生部、农业部《道路交通事故社会救助基金管理试行办法》(2010年1月1日)第6条:"救助基金的来源包括:……(五)救助基金管理机构依法向机动车道路交通事故责任人追偿的资金……"第17条:"……对无主或者无法确认身份的遗体,由公安部门按照有关规定处理。"公安部《关于印发〈道路交通事故处理工作规范〉的通知》(2009年1月1日 公交管〔2008〕277号)第82条:"对未知名死者的人身损害赔偿,公安机关交通管理部门应当将其所得赔偿费交付有关部门保存,其损害赔偿权利人确认后,通知有关部门交付损害赔偿权利人。"公安部交管局《关于对死者身份不明的交通事故如何结案的请示的批复》(1998年5月21日 公交管〔1998〕122号,2004年8月19日废止):"……对于死者身份无法查明的交通事故,应依据调查的事实分清责任;依法处罚身份明确的其他责任人;依法确定赔偿数额,由赔偿一方付款签字后即结案。对身份不明死者的赔偿费和遗物,由办案机关妥善保管。按照《中华人民共和国民事诉讼法》关于公民申请人民法院'宣告失踪'的时限规定,二年后依然无亲属认领的,其赔偿费和遗物上缴国库。"

**5. 地方司法性文件**。广东高院《关于审理机动车交通事故责任纠纷案件的指引》(粤高法发〔2024〕3号 2024年1月31日)第2条:"原告仅以'某某车驾驶人''无名氏'为被告提起诉讼的,人民法院可以告知原告补正。原告补正后仍不能确定明确的被告的,人民法院不予受理。"辽宁沈阳中院《机动车交通事故责任纠纷案件审判实务问题解答》(2020年3月23日)第2条:"机动车道路交通事故致受害人死亡的,死者无赔偿权利请求人或者赔偿权利请求人不明时,行政部门或机构是否有权代表受害人诉讼?解答:交通事故致身份不明人员死亡,无赔偿权利请求人或者赔偿权利请求人不明的,行政部门或机构未经法律明确授权,向法院提起民事诉讼的,不予受理;已经受理的,驳回起诉。但其为死者垫付的医疗费、丧葬费等实际发生的费用除外。理由:最高人民法院《第八次全国法院民事商事审判工作会议(民事部分)纪要》第六条规定,即鉴于侵权责任法第十八条明确规定被侵权人死亡,其近亲属有权请求侵权人承担侵权责任,并没有赋予有关机关或者单位提起请求的权利,当侵权行为造成身份不明人死亡时,如果没有赔偿权利人或者赔偿权利人不明,有关机关或者单位无权提起民事诉讼主张死亡赔偿金,但其为死者垫付的医疗费、丧葬费等实际发生的费用除外。"四川高院《关于印发〈四川省高级人民法院机动车交通事故责任纠纷案件审理指南〉的通知》(2019年9月20日 川高法〔2019〕215号)第6条:"【机关、有关组织和个人的诉权】身份不明的受害人因道路交通事故死亡,无赔偿权利人或者赔偿权利人不明,未经法律授权的机关、有关组织、个人向人民法院提起诉讼主张死亡赔偿金的,人民法院不予受理;已经受理的,驳回起诉。前款规定情形,支付受害人医疗费、丧葬费等合理费用的单位和个人,请求保险公司在交强险责任限额内予以赔偿的,人民法院应予支持。"四川成都中院《关于印发〈机动车交通事故责任纠纷案件审理指南(试行)〉的通知》(2017年7月5日 成中法发〔2017〕116号)第6条:"交通事故致身份不明人员死亡,无赔偿权利人或者赔偿权利人不明的,行政部门或机构未经法律明确授权,向法院提起民事诉讼的,不予受理;已经受理的,驳回起诉。但其为死者垫付的医疗费、丧葬费等实际发生的费用除外。"北京三中院《类型化案件审判指引:机动车交通事故责任纠纷类审判指引》(2017年3月28日)第2-2.1.1部分"原告主体范围—常见问题解答"第3条:"受害人因道路交通事故死亡,无近亲属或者近亲属不明,未经法律授权的机关或者有关组织垫付费用,如何处理?《道交解释》第二十六条规定,受害人因道路交通事故死亡,无近亲属或者近亲属不明,未经法律授权的机关或者有关组织向人民法院起诉主张死亡赔偿金的,人民法院不予受理。侵权人以已向未经法律授权的机关或者有关组织支付死亡赔偿金为理由,请求保险公司在交强险责任限额范围内予以赔偿的,人民法院不予支持。受害人因道路交通事故死亡,无近亲属或者近亲属不明,支付受害人医疗费、丧葬费等合理费用的单位或者个人,请求保险公司在交强险责任限额范围内予以赔偿的,人民法院应予支持。"广东高院《关于道路交通事故社会救助基金管理办公室能否主张死亡赔偿金的批复》(2015年5月7日〔2015〕粤高法民复字第2号):"行政机关及其他行政公务组织行使职权必须由法律规定或赋予。道路交通事故社会救助基金管理机构未经法律授权可代替无名死者主张死亡赔偿金,也与案件无直接利害关系,故其无权代无名死者起诉请求死亡赔偿金。侵权人或保险公司将死亡赔偿金交由道路交通事故社会救助基金管理机构代为保存的做法,是其对自身权利的处分,法律不作干涉。"重庆高院《关于道路交通事故社会救助基金管理涉及诉讼若干问题的通知》(2014年3月5日　渝高法〔2014〕5号)第1条:"关于诉讼收费。道路交通事故社会救助基金垫付被侵权人人身伤亡的抢救、丧葬等费用后,其管理机构向交通事故责任人追偿垫付费用提起的民事诉讼,道路交通事故社会救助基金管理机构申请缓交诉讼费并提交证明其公益机构性质的相关材料的,人民法院可以决定全额缓交诉讼费,缓交期限至案件一审结案……"第5条:"关于主体资格。被侵权人因道路交通事故死亡,无损害赔偿权利人或者损害赔偿权利人不明,道路交通事故社会救助基金管理机构向人民法院起诉主张死亡赔偿金的,因道路交通事故社会救助基金管理机构未经法律授权不具备该起诉的诉讼主体资格,对其起诉应不予受理,已经受理的,裁定驳回起诉。"湖北高院《民事审判工作座谈会会议纪要》(2013年9月)第5条:"最高人民法院《关于审理道路交通事故损害赔偿案件适用法律若干问题的解释》第二十六条第二款规定:'侵权人以已向未经法律授权的机关或者有关组织支付死亡赔偿金为理由,请求保险公司在交强险责任限额范围内予以赔偿的,人民法院不予支持'。民政部门、道路交通事故社会救助基金管理机构、交警部门均不属于'法律授权的机关或者有关组织'。"山东高院《关于印发〈全省民事审判工作会议纪要〉的通知》(2011年11月30日　鲁高法〔2011〕297号)第6条:"……(二)关于无赔偿权利人或者赔偿权利人不明的情形下,有关部门能否行使损害赔偿请求权的问题。因道路交通事故等侵权行为造成流浪乞讨等身份不明的人死亡,无赔偿权利人或者赔偿权利人不明的情形下,民政部门等有关单位向赔偿义务人提起民事诉讼,主张侵权损害赔偿的,没有法律依据,人民法院应不予受理;已经受理的,应驳回起诉。"湖南衡阳中院《关于审理机动车交通事故责任保险以及保险代理合同案件的若干具体意见》(2011年1月24日　衡中法〔2011〕2号)第6条:"道路交通事故造成无名氏死亡,湖南省人民政府指定的或市、县人民政府临时指定的道路交通事故社会救助基金管理机构作为赔偿权利人向人民法院提起诉讼的,人民法院可予受理。"浙江高院民一庭《关于审理道路交通事故损害赔偿纠纷案件若干问题的意见(试行)》(2010年7月1日)第21条:"机动车发生道路交通事故致人死亡,在合理时间内确实无法确认受害人的身份及其近亲属或法定代理人,道路交通事故社会救助基金管理机构向人民法院起诉,请求赔偿义务人、保险公司支付受害人的道路交通事故损害赔偿金的,人民法院可予以受理。前款所称'受害人的道路交通事故损害赔偿金',一般可参照城镇人口赔偿标准计算;并先支付由道路交通事故社会救助基金管理机构先行垫付的丧葬费或抢救费用,超出部分由道路交通事故社会救助基金管理机构提存保管。"山东东营中院《关于印发道路交通事故处理工作座谈会纪要的通知》(2010年6月2日)第44条:"交通事故中死亡人员身份无法确认,致害人不积极主动赔偿的,按照《山东省实施〈道路交通安全法〉办法》第六十八条的规定,可由县级以上人民政府指定的部门代为行使原告权利提起民事赔偿诉讼,赔偿费由县级以上人民政府指定的部门暂时保管,待死亡人员身份确定后予以转交。"广东佛山中院《关于审理道路交通事故损害赔偿案件的指导意见》(2009年4月8日)第12条:"交通事故肇事人弃车逃逸,经公安交通管理部门调查公告,无法找到交通肇事逃逸人,公安管理部门应受害人的要求出具交通事故认定书,赔偿权利人以此交通事故认定书中列明的'某某车驾驶人'、'无名氏'为被告提起诉讼,法院不予受理。共同侵权情形下,若只是部分共同侵权人身份不明确,赔偿权利人仅起诉身份明确的侵权人,法院应予受理,但不应追加其他身份不明的侵权人参加诉讼。赔偿权利人同时起诉身份明确和身份不明确的共同侵权人,仅列身份明确的共同侵权人为被告。在裁判文书表述中,涉及身份不明的加害人或者该部分身份不明的共同侵权人的,以'无名氏'或者'某某车驾驶人'代替。"贵州高院、省公安厅《关于处理道路交通事故案件若干问题的指导意见(一)》(2006年5月1日)第7条:"交通事故死亡人员身份不明但其他事实基本清楚的,公安机关交通管理部门可以出具事故认定书并认定事故责任,身份不明者可以用'无名氏'等字样表述。"第8条:"交通事故肇事人弃车逃逸的,经公安机关交通管理部门调查并公告,无法找到交通肇事逃逸人的,公安机关交通管理部门可以应受害人的要求出具交通事故认定书,认定书中对不明身份的当事人可以使用'××车驾驶人'、'无名氏'等字样表述。"第37条:"交通事故死亡人员身份不明,肇事方同意赔偿的,死亡人员按照城镇居民的标准计算赔偿费用。经法医鉴定死亡人员男性年龄在二十三周岁以上、六十周岁以下,女性在二十一周岁以上、五十五周岁以下的,被扶养人推定为1人,被扶养人生活费计算10年。'无名尸'的损害赔偿费用交道路交通事故社会救助基金管理机构或有关部门暂存。"广东高院、省公安厅《关于〈道路交通安全法〉施行后处理道路交通事故案件若干问题的意见》(2004年12月17日 粤高法发〔2004〕34号 2021年1月1日起被粤高法〔2020〕132号文废止)第9条:"交通事故死亡人员身份不明但其他事实基本清楚的,公安交通管理部门可以出具事故认定书并认定事故责任,身份不明者可以用'无名氏'等字样表述。"第10条:"交通事故肇事人弃车逃逸的,经公安交通管理部门调查并公告,无法找到交通肇事逃逸人的,公安交通管理部门可以应受害人的要求出具交通事故认定书,认定书中对不明身份的当事人可以使用'××车驾驶人'、'无名氏'等字样表述。"第31条:"交通事故死亡人员身份不明,肇事方同意赔偿的,死亡人员按照城镇居民的标准计算赔偿费用。经法医鉴定死亡人员男性年龄在二十三周岁以上、六十周岁以下,女性在二十一周岁以上、五十五周岁以下的,被扶养人推定为1人,被扶养人生活费计算10年。'无名尸'的损害赔偿费用交由道路交通事故社会救助基金管理机构提存。"广东高院、省公安厅《关于印发〈关于处理道路交通事故案件若干具体问题的补充意见〉的通知》(2001年2月24日 粤高法发〔2001〕6号 2021年1月1日起被粤高法〔2020〕132号文废止)第10条:"交通肇事逃逸案或者属无名氏的重大交通事故,经公安交通管理部门调查取证后,案件的基本事实清楚、基本证据确实充分,仅当事人身份未能查明的,公安交通管理部门可以根据已查清的事实和已取得的证据作出交通事故责任认定。责任认定书中对不明身份的当事人可用'××车驾驶员'或'无名氏(男或女)'等名词进行表述。此类案件,人民法院对符合民事诉讼法第108条规定的,应当受理;在审理中对用上述方式认定的交通事故责任,应予采纳。"广东高院、省公安厅《关于处理道路交通事故案件若干具体问题的通知》(1996年7月13日 粤高法发〔1996〕15号 2021年1月1日起被粤高法〔2020〕132号文废止)第42条:"对'无名尸'的处理,其死亡补偿费按照省公安厅公布的城镇居民的平均生活费计算,补偿十年,因年龄问题需减少补偿年限的,按《办法》三十七条第(八)项规定处理。经法医鉴定,凡男死者年龄在二十三周岁以上、六十周岁以下,女死者年龄在二十一周岁以上、五十五周岁以下的,被抚养人一律推定为一人,抚养十年,其他年龄范围不定被抚养人。'无名尸'的死亡补偿费和被抚养人生活费由公安交通管理部门提存保管。对交通事故中的下落不明者,经公安交通管理部门查明是失踪的,视为死亡人员,其交通事故损害赔偿费按《办法》有关规定和省公安厅公布的赔偿标准计算。"

**6. 地方规范性文件。**天津市财政局、市银保监局、市公安局、市卫健委、市农业农村委、市民政局《关于印发〈天津市道路交通事故社会救助基金管理实施细则〉的通知》(2023年1月1日 津财金〔2022〕107号)第32条:"道路交通事故受害人或者其继承人已经从机动车道路交通事故责任人或者通过其他方式获得赔偿的,应当退还救助基金垫付的相应费用。对身份无法确认或者其受益人不明的道路交通事故死亡人员所得损害赔偿款,救助基金管理机构可以在扣除垫付的抢救费用和丧葬费用后代为保管。死亡人员身份或者其受益人身份确定后,应当依法处理。"山东省《道路交通事故社会救助基金管理暂行办法》(2012年7月1日 鲁政办发〔2012〕60号)第21条:"救助基金垫付丧葬费用:(一)道路交通事故造成受害人死亡,符合救助基金救助情形的,由受害人法定继承人或委托代理人凭公安机关道路交通事故处理机构出具的证明文件、《尸体处理通知书》和本人身份证明向救助基金管理机构提出书面垫付申请。(二)对未知名死者,公安机关道路交通事故处理机构在向殡葬服务机构送达《尸体处理通知书》的同时,应当告知殡葬服务机构书面申请当地救助基金管理机构垫付丧葬费用。(三)救助基金管理机构收到丧葬费用垫付申请和有关证明材料后,对符合垫付要求的,应当在3个工作日内按照有关标准垫付丧葬费用,并书面告知公安机关道路交通事故处理机构;对不符合垫付要求的,不予垫付,并向申请人说明理由。"第28条:"赔付人赔付交通事故未知名死者的人身损害赔偿,应通过银行转账方式转入当地救助基金账户,并注明赔付具体事故受害人,并保留银行转账凭证作为已支付证明。救助基金管理机构收到赔偿后,应书面告知承办事故的公安机关交通管理机构。"甘肃省《道路交通安全条例》(2012年1月1日)第71条:"交通事故死亡人员身份无法确认的,身份按照城镇居民认定。赔偿费用由道路交通事故社会救助基金管理机构保管,待死亡人员身份确定后转交赔偿权利人。赔偿权利人可以按本条例第七十条的规定追偿死亡人员被扶养人的生活费。"山东省《道路交通事故社会救助基金使用及追偿管理细则(暂行)》(2011年7月1日)第35条:"道路交通事故中无损害赔偿权利人或者未知名死者的损害赔偿款,基金管理人应当及时负责提存保管。交通事故结案前,公安机关交通管理部门应当督促交通事故责任人或者其他赔偿义务人向基金管理机构缴纳死亡赔偿金。"第36条:"未知名死者死亡赔偿金根据《侵权责任法》,按城镇居民的标准和法医鉴定的死者年龄计算。未知名死者的损害赔偿权利人申请返还死亡赔偿金的,救助基金管理人应在审核确认无误后,及时交付损害赔偿权利人。"浙江省宁波市《道路交通事故社会救助基金管理试行办法》(2011年5月1日)第18条:"……对无主或者无法确认身份的死者或伤者,由公安机关按照有关规定处理后,其损害赔偿的权利由当地救助基金管理机构代为主张并提存保管损害赔偿款项。"重庆市《道路交通事故社会救助基金管理暂行办法》(2010年1月1日)第13条:"道路交通事故未知名死者或者明确无损害赔偿权利人的道路交通事故死者丧葬费和死亡赔偿金,基金管理中心代管二年后,依法上交市财政,纳入基金,按交通事故处理专项进行管理。"第28条:"机动车发生交通事故后逃逸,需要基金管理中心垫付未知名死者丧葬费用的,由市公安机关交通管理部门或者市高速公路执法机构通知基金管理中心,比照本暂行办法第二十二条、第二十三条和第二十五条的规定办理,垫付费用直接划入殡葬机构银行账户。"宁夏回族自治区《道路交通安全条例》(2006年6月1日)第78条:"交通事故死亡人员身份无法确认的,交通事故责任人应当予以赔偿。其死亡人员身份暂按城镇居民计算,年龄暂按法医鉴定报告的大约年龄段取中间年龄计算。按照推定的年龄,男性在23周岁至60周岁之间,女性在21周岁至55周岁之间,被扶养人推定为一人。公安机关交通管理部门应当将其所得赔偿费交由道路交通事故社会救助基金管理机构保管。身份核实后,按照实际身份、年龄重新计算。公安机关交通管理部门应当通知道路交通事故社会救助基金管理机构将赔偿费交付损害赔偿权利人。"广东省惠州市《印发〈惠州市道路交通事故社会救助基金管理暂行办法〉的通知》(2006年2月

1日　惠府〔2006〕2号)第4条:"道路交通事故社会救助基金的主要来源:……依照有关法律法规收取的小汽车号牌选号费、未购买机动车第三者强制保险的罚款、交通事故责任方对无名尸的赔偿费用、按比例从保险公司提取的机动车保险费收入……"

**7. 最高人民法院审判业务意见。**●死亡受害人身份不明时,附带民事赔偿由谁起诉?《人民司法》研究组:"根据最高人民法院《关于审理人身损害赔偿案件适用法律若干问题的解释》第1条的规定,本案的赔偿权利人是死亡被害人的近亲属,是有权提起附带民事赔偿诉讼的民事主体。根据民事诉讼法第一百零八条的规定,原告必须是与案件有直接利害关系的公民、法人和其他组织,死亡被害人的近亲属符合这一条件。来信中提到的被害人事故发生地的居民委员会、村民委员会或者民政部门,或者肇事地的公安交通管理部门,都与案件没有直接利害关系,因此,不是适格的原告。现死亡被害人身份不明,也就不能确定谁是其近亲属,也就是说,没有确定的原告提起附带民事诉讼。因此,我们认为,本案由于没有适格的原告,无法提起附带民事赔偿诉讼。"○侵权行为导致身份不明的受害人死亡,民政部门或其他机构是否有权提起民事诉讼?最高人民法院民一庭意见:"因侵权行为导致流浪乞讨人员等身份不明人员死亡,无赔偿权利人或者赔偿权利人不明,在法律未明确授权的情况下,民政部门等行政部门或机构向人民法院提起民事诉讼的,人民法院不予受理;已经受理的,驳回起诉。"

**8. 参考案例。**①2016年江苏某交通事故纠纷案,2013年,身份不明的流浪未成年人先后被王某、袁某所驾摩托车撞倒、二度碾压致残。交警认定前一事故中,王某负主要责任、受害人负次要责任,后一事故中,袁某负次要责任。2015年,受害人由民政局接管。2016年,民政局作为受害人法定代理人提起道路交通事故损害赔偿之诉。法院认为:《民法通则》第16条规定,对没有合适的自然人或单位担任未成年人监护人的情况下,民政部门可以担任未成年人的监护人。本案中,原告因交通事故受伤并治疗后,因身份不明而被送到救助站,由民政部门接管。根据我国社会保障方面的法律法规,民政部门下属社会福利机构承担孤儿、流浪儿童等特殊群体监护义务,履行社会事务管理的民政部门对其监护行为实施监督管理。本案中,原告是未成年人,民政局已实际履行监护人职责,故民政局在原告合法权益遭受侵害情况下,以其监护人身份为其诉讼维权,是民政部门职责和职权所在,并无不当。诉讼时效期间从知道或应当知道权利被侵害时起计算。诉讼时效因提起诉讼、当事人一方提出要求或同意履行义务而中断。从中断时起,诉讼时效期间重新计算。本案中,原告受伤后至医院住院治疗,之后被送至专业护理院护理,一直产生护理费用等交通事故直接损失直至评残之前日,故原告可视情形随时提起诉讼;退一步而言,本案诉讼前,保险公司、王某、袁某赔偿了除保险公司垫付款之外的其他医疗费。至 2016 年 2 月,王某仍在支付原告护理费用,应视为王某持续地履行赔偿义务,诉讼时效亦可中断。本案之诉并不超过法律规定的诉讼时效期间。王某驾驶未投保交强险的机动车上道路行驶并肇事,且肇事后逃逸,漠视他人生命健康权,其过错明显,本应积极赔偿,抚慰伤者,然其以超过诉讼时效为由拒绝承担法定赔偿义务,于法于情皆不合,法院予以批评。我国法律规定,在道路上行驶的机动车的所有人或管理人,应依《道路交通安全法》规定投保交强险。未依法投保交强险的机动车发生交通事故造成损害,当事人请求投保义务人在交强险责任限额范围内予以赔偿的,法院应予支持。本案中,王某作为肇事车辆所有人,依法负有为肇事车辆投保交强险义务,然其怠于履行,故应在交强险责任限额范围内赔偿原告损失。根据本案事故事实,王某、袁某分别实施违法交通行为,导致原告受伤的损害后果。法律规定,二人以上分别实施侵权行为造成同一损害,能够确定责任大小的,各自承担相应责任。判决原告事故损失 74 万余元,由王某赔偿 42 万余元、袁某赔偿 11 万余元、保险公司赔偿 8.6 万余元。②2015 年*江苏某交通事故纠纷案*,2013 年,徐某驾车碰撞无名氏致死,交警认定徐某负主要责任。徐某支付无名氏丧葬费及车辆维修费,并向江苏省政府指定的道路救助基金管理人财保公司提存 31 万元赔偿款后,诉请保险公司支付。法院认为:依《道路交通安全法》第 17 条规定,国家实行机动车第三者责任强制保险制度,设立道路交通事故社会救助基金。具体办法由国务院规定。依经国务院同意,财政部、保监会、公安部、卫生部和农业部联合颁布的《道路交通事故社会救助基金管理试行办法》第 3 条规定,救助基金实行统一政策、地方筹集、分级管理、分工负责;省级人民政府应当设立救助基金。救助基金主管部门及省级以下救助基金管理级次由省级人民政府确定。根据《道路交通安全法》《机动车交通事故责任强制保险条例》、江苏省《道路交通安全条例》等法律法规,江苏省财政厅、保监局、公安厅等部门联合制定了江苏省《道路交通事故社会救助基金管理实施办法》,该办法规定省人民政府设立"江苏省道路交通事故社会救助基金管理工作协调小组",作为救助基金的主管部门,并由该协调小组决定聘请财保公司作为省道路交通事故社会救助基金管理人。因此省政府依该办法设立"江苏省道路交通事故社会救助基金管理工作协调小组"并聘请财保公司作为省道路交通事故社会救助基金管理人,有法律依据。本案中,从交警部门出具的交通事故收据、结算单及证明可看出,徐某向财保公司支付死亡赔偿金,是交警部门依职能和道路交通事故社会救助基金管理办法相关规定,通知徐某缴纳相应赔偿款,并由财保公司提存保管,故徐某缴纳死亡赔偿款有事实和法律依据。徐某作为交通事故责任人,理应承担相应赔偿责任。由于本案受害人系无名氏,无法查明其身份、年龄状况等,且徐某在保险公司投保交强险及商业三责险 30 万元,其根据受害人衣着、样貌等确定受害人大概年龄,并依据相关规定暂确定受害人死亡赔偿金为31万元,未超过保险限额。江苏省《道路交通事故社会救助基金管理实施办法》第18条规定对交通事故死亡人员身份无法确认的,其遗体由公安部门按照有关规定处理。其损害赔偿款,由公安机关交通管理部门通知救助基金管理人提存保管。交通事故死亡人员身份无法确认的赔偿款,应当在救助基金账户内分账核算,不得冲销,待死者身份确定后再依法处理。该条规定了无名氏死亡赔偿金管理、赔偿。本案徐某将受害人无名氏死亡赔偿金31万元提存至财保公司,若日后能确定受害人无名氏身份及死亡赔偿金计算标准,依上述规定,无名氏死亡赔偿金亦会依法处理,并不会损害保险公司权益,故判决保险公司向徐某赔偿保险金31万元、丧葬费及车辆维修费等3万余元。③2013年**江苏某保险合同纠纷案**,2010年,孙某驾车撞死身份不明路人。民政局提起附带民事诉讼中,经法院调解,孙某将死亡赔偿金18万余元及丧葬费1.7万余元支付给民政局。2012年,孙某向保险公司理赔时遭拒。法院认为:孙某与保险公司之间交强险合同合法有效,被保险车辆在交通事故中对第三人造成的人身伤亡、财产损失,依法由孙某承担的,应由保险公司依双方之间交强险合同予以理赔。最高人民法院《关于审理道路交通事故损害赔偿案件适用法律若干问题的解释》第26条规定,被侵权人因道路交通事故死亡,无近亲属或者近亲属不明,未经法律授权的机关或者有关组织向人民法院起诉主张死亡赔偿金的,人民法院不予受理;侵权人以已向未经法律授权的机关或者有关组织支付死亡赔偿金为理由,请求保险公司在交强险责任范围内予以赔偿的,人民法院不予支持。本案中,孙某驾车肇事,致行人死亡,孙某虽在法院主持下,与民政局达成调解协议,向民政局支付死亡赔偿金及丧葬费,但死亡赔偿金是对被侵权人近亲属物质和精神上的补偿,被侵权人死亡的,其近亲属有权请求侵权人承担侵权责任。本案交通事故中受害人身份不明,民政局无权向孙某主张死亡赔偿金。孙某支付的丧葬费,系交通事故造成的损失,亦系民政局实际支出费用,保险公司应理赔。判决保险公司支付孙某保险金1.7万余元。④2012年**广西某保险合同纠纷案**,2011年,黄某驾驶韦某名下机动车与徐某车辆相撞,致路上行人无名氏身亡,交警认定无名氏主要责任,黄某、徐某共同负次要责任。黄某将包括无名氏死亡赔偿金在内的各项费用支付给道路交通事故社会救助基金后,向保险公司主张理赔时遭拒诉致。法院认为:《道路交通事故社会救助基金管理试行办法》第6条规定:"救助基金的来源包括……(五)救助基金管理机构依法向机动车道路交通事故责任人追偿的资金。"广西公安厅《道路交通事故社会救助基金管理工作规范(试行)》(2011年11月11日)第7条规定:"交通事故未知死亡者的人身损害赔偿,应通过银行转账方式转入当地救助基金账户,并注明赔付具体事故受害人,赔付人保留银行转账凭证作为已支付证明。救助基金管理机构收到赔偿款后,应书面告知承办的公安机关交通管理部门。"道路交通事故社会救助基金是各级政府根据国务院规定设立的具有公益性质的管理机构,设立目的在于及时救助在道路交通事故中需要救助的受害人的健康及生命,其不仅负有筹集救助基金、垫付、追偿款项,亦负有其他管理救助基金职责,故黄某作为在此次事故中承担次要责任的事故责任人,<u>道路交通事故救助基金管理机构有权向其追偿</u>,交通管理部门亦应按规定通知黄某将无名氏死亡赔偿金交付到道路交通事故救助基金管理机构。采取前述做法不仅便于无名氏继承人出现后及时得到赔偿,且有利于保护无名氏继承人利益。黄某在将赔偿款交付给道路交通事故救助基金管理机构后,应认定为对事故受害人承担了赔偿责任,<u>有权基于保险合同关系向保险公司主张理赔</u>。保险公司应在承保保险限额范围内,承担黄某对受害人应负的民事赔偿责任。判决保险公司赔偿黄某殡葬服务费、医疗费、车辆损失费、拖车费、检测费及死亡赔偿金等6万余元。⑤2012年<u>湖北某行政诉讼案</u>,2010年7月,陶某雇请的司机王某驾驶货车肇事,致一无名男子死亡。交警队认定王某负事故主要责任,随后陶某向交警队交纳了7万元事故预交款。2011年7月,法院裁定以当地民政局无诉讼主体资格为由,驳回民政局代交通事故中无名男子的权利人要求陶某、王某给予赔偿的起诉。随后,陶某、王某以无名男子一方并无权利人主张权利为由,要求交警队返还事故预交款,交警队以该款应纳入交通事故社会救助基金为由拒绝返还。一审以交警队收取事故预交款是一种具体行政行为、本案不属法院民事案件受理范围为由裁定驳回起诉。法院认为:交警队收取事故预交款并未行使行政权,收取事故预交款亦未对陶某、王某产生行政法意义上的法律效果,故交警队收取事故预交款<u>行为不属于具体行政行为</u>。交警队代收陶某、王某事故预交款,待事故处理完毕或和解协商后,转交给受害人家属,该行为在法律关系上应定性为基于调解而产生的自愿给付行为,即<u>交警队与陶某、王某之间形成代收、代付民事法律关系</u>,本案属于法院审理民事案件受案范围。法院应予继续审理。⑥2012年<u>湖北某委托合同纠纷案</u>,2010年7月,陶某雇请的司机王某驾驶货车肇事,致一无名男子死亡。交警队认定王某负事故主要责任,随后陶某向交警队交纳了7万元事故预交款。2011年7月,法院裁定当地民政局无诉讼主体资格为由,驳回民政局代交通事故无名男子的权利人要求陶某、王某给予赔偿的诉请。随后,陶某、王某以无名男子一方并无权利人主张权利为由,要求交警队返还事故预交款,交警队以该款应纳入交通事故社会救助基金为由拒绝返还。一审以交警队收取事故预交款是一种具体行政行为、本案不属于法院民事案件受理范围为由裁定驳回。二审认为:<u>交警队收取事故预交款并未行使行政权,收取事故预交款亦未对陶某、王某产生行政法意义上的法律效果,故交警队收取事故预交款的行为不属于具体行政行为</u>。交警队代收陶某、王某事故预交款,待事故处理完毕或和解协商后,转交给受害人家属,该行为在法律关系上应定性为基于调解而产生的自愿给付行为,即交警队与陶某、王某之间形成代收、代付的民事法律关系,本案属于人民法院审理民事案件的受案范围。
⑦2009年北京某保险合同纠纷案,2007年,客运公司驾驶员刘某驾驶保险车辆不慎将一无名氏撞倒致死,交警认定刘某全责,经交警调解,客运公司向交警队交付了赔偿款25万余元后取得被扣押的车辆,客运公司向保险公司办理理赔时遭拒。法院认为:交通肇事侵权人造成被撞的行人死亡,不管该行人是否为身份不明的无名氏,肇事方均须承担赔偿责任。交警队根据此次交通事故的实际情况,根据《道路交通安全法》及公安部《交通事故处理程序规定》,代表受害的无名氏一方与客运公司就赔偿问题达成调解并收取客运公司交纳的赔偿金暂时代为保管,并无不妥。保险公司关于交警队不是赔偿权利人,其无权代表受害人就赔偿问题进行调解并收取赔款,只有在无名氏的身份确定后,只能由近亲属主张赔偿权利的主张,明显不妥。因按该主张,如无名氏的身份最终无法确定或其身份虽然得以确定但无任何近亲属或继承人,那么侵权的肇事方就不用赔偿,显然该主张具有逃避赔偿之嫌。且按该主张,即使未知的若干年后,无名氏的身份以及其近亲属或继承人的身份均得以确定,也由于事过境迁、证据灭失等原因,造成难以赔偿或赔偿成本过大的后果。故交警队的做法在当时的情况下乃权宜之举,既依法及时惩戒了交通肇事行为人,也切实有效地保护了受害人一方的合法权益,值得肯定。交警队收取客运公司交纳的赔偿金是按照被撞无名氏为当地城镇居民的赔偿标准计算的,虽然当时无法确定被撞无名氏的身份为城镇居民,但同样也无法确定被撞无名氏的身份为农村居民,在这种情况下,交警队本着就高不就低的原则确定赔偿标准,不仅无可厚非,而且体现了对交通事故中作为弱势群体一方行人的合法权益的充分保护。本案系保险合同纠纷,客运公司依据其与交警队签署的调解书已为无名氏的死亡支付了赔偿金,损失已实际发生,对此损失保险公司依法应予理赔。保险公司作为利害关系人,如对交警队的调解或支付行为有异议,可通过其他途径另行主张或解决。判决保险公司给付客运公司保险赔偿金25万余元。⑧2009年广东某保险合同纠纷案,2008年6月,付某雇请的司机廖某驾驶投保交强险和车损险的车辆撞死无名氏,交警认定无名氏全责。事故发生后,经交通队调解,由廖某在交强险责任限额内赔偿无名氏1.1万余元,另廖某承担超出交强险责任限额之外的1.7万余元死亡赔偿金,无名氏共计2.8万余元的死亡赔偿金暂由当地道路交通事故社会救助基金管理机构代为保存。争议焦点在于车损险应否无责免赔,以及无名受害人死亡后特定的寻家属广告费等应否理赔?法院认为:由于车损险保险条款中没有对驾驶人不承担事故责任时保险人应否承担赔偿责任的情形进行明确,在事故无责时保险公司就有赔或不赔两种不同的理赔情形,按格式条款不利解释规则,应作出有利于非提供格式条款一方的解释,故保险公司应予理赔车损险。寻家属广告费、验尸费、DNA检测费既不属于保险公司应赔偿的无名氏人身伤亡费用,

也不属于无名氏的财产损毁,投保人的该部分主张没有法律依据,应不获支持。判决保险公司给付付某交强险1.1万元级车损险6万余元。⑨**2009年江苏某医疗费纠纷案**,2008年4月,尹某驾驶拖拉机撞倒行人,经医院抢救无效死亡,交警无法认定事故责任。死者身份不明。医院起诉尹某和保险公司支付尚拖欠的医疗费。法院认为:保险公司、机动车方法律上负有对交通事故伤者承担责任的义务,因均未足额支付抢救费用,医院因积极抢救产生了对抢救对象的医疗费债权。本案客观上无人行使受害方的医疗费支付请求权,此种情况下,允许医院直接主张权利,与我国《合同法》设立代位权制度的立法宗旨并不相悖。医院在无名氏死亡后可就其垫付医疗费用向事故责任人及保险公司追偿。无论是基于法律规定,还是人道主义要求,医院均负有及时抢救义务,在此情况下,如不允许医院直接就医疗费主张权利,显然对医院有失公平,既不利于鼓励医院积极地进行救死扶伤,也不符合我国民法公平原则,故本案保险公司应在责任险限额范围内支付医疗费,超出部分由尹某承担。⑩**2009年江苏某刑事附带民事诉讼案**,2008年1月,焦某驾车撞死行人(身份待查),民政局作为刑事附带民事诉讼原告要求赔偿。法院认为:民政局与本案无名被害人没有直接权利义务关系,亦无法律特别规定的对无名被害人进行救助的其他权利义务关系,不享有民事赔偿请求权,不应成为本案的适格主体,故判决驳回其起诉。⑪**2006年浙江某刑事附带民事诉讼案**,2005年10月,姚某驾车撞死行人(身份无法确认),交警认定姚某负全责。当地民政局作为刑事附带民事原告参加诉讼,向姚某主张损害赔偿责任。法院认为:姚某违反交通运输管理法规,酿成事故,致1人死亡,且负全责,构成交通肇事罪。因其犯罪行为而致他人遭受经济损失,依法应予赔偿。民政局是人民政府负责处理社会救助事务的部门,由民政部门代被害人的近亲属主张权利,并无不妥,该赔偿款可暂由该民政局提存保管。⑫**2000年河南某交通事故损害赔偿案**,2000年7月,军某所雇司机驾驶机动车撞伤聋哑流浪儿李某,民政局索赔。法院认为:民政局作为事故发生地的民政部门,为维护李某的合法权益,主动承担起监护人的责任,代其提起诉讼,其法定代理人的资格适格,且这样亦不违背民政局的职责,也便于民事诉讼管辖的执行。军某所雇司机未尽到安全驾驶责任,是造成事故的主要原因。李某系限制民事行为能力人,且事发时处于脱离监护状态,对事故发生本人无过错,故军某应对其给李某造成的损失承担赔偿责任。

【同类案件处理要旨】

无近亲属或近亲属不明的被侵权人因道路交通事故死亡,未经法律授权的机关或者有关组织无权起诉主张死亡赔偿金。侵权人以已向未经法律授权的机关或者有关组织支付死亡赔偿金为由,请求保险公司在交强险责任限额范围内予以赔偿的,人民法院不予支持。被侵权人因道路交通事故死亡,无近亲属或者近亲属不明,支付被侵权人医疗费、丧葬费等合理费用的单位或者个人,有权请求保险公司在交强险责任限额范围内予以赔偿。

**【相关案件实务要点】**

1.**【民政部门】**交通事故中死亡的受害人为城市生活无着的流浪乞讨人员,在近亲属无法寻找的情况下,因民政部门非法定的赔偿权利人,与案件不存在民事权利义务关系,且其法定职责不包括代表或代替城市生活无着的流浪乞讨人员提起民事诉讼,故民政部门非人身损害赔偿案件的适格的诉讼主体,其起诉应依法驳回。案见江苏南京中院(2007)宁民一终字第329号"某民政局诉王某等人身损害赔偿案"。此前,司法实践中,多认为:(1)流浪乞讨人员、"三无"人员死亡后身份无法确认的无名尸,事故发生地的民政部门作为法定临时社会救助机构,可以代无名尸近亲属提起诉讼。案见浙江桐庐法院(2006)桐刑初字第241号"姚某交通肇事罪附带民事诉讼案"。(2)对于无法确定住所和身份的受人身损害未成年人,民政部门作为其法定代理人主张权利,应当视为具备诉讼主体资格。案见河南郑州管城回族区法院2000年11月15日判决"李某诉军某交通事故损害赔偿案"。

2.**【公安部门】**在交通事故死亡人员身份无法确认的情况下,由谁来行使赔偿请求权以及赔偿标准如何确定,缺乏统一、明确的法律规定。实践中一般是由处理事故的公安交管部门代为行使,并保管赔偿金。保险公司对于被保险人已承担的赔偿责任,除不属于保险合同约定的赔偿责任外,不得拒绝理赔。案见北京一中院(2009)一中民终字第5098号"某客运公司诉某保险公司保险合同纠纷案"。

3.**【保险理赔】**因交通事故无名受害人产生的寻家属广告费、验尸费、DNA检测费既不属于保险公司应赔偿的无名氏人身伤亡费用,也不属于无名氏的财产损毁,投保人就该部分费用向保险公司提出的理赔主张没有法律依据,应不获支持。案见广东广州中院(2009)穗中法民二终字第1822号"付某与某保险公司保险合同纠纷案"。

**【附注】**

**参考案例索引**:江苏南京中院(2007)宁民一终字第329号"某民政局诉王某等人身损害赔偿案",见《高淳县民政局诉王昌胜、吕芳、天安保险江苏分公司交通事故人身损害赔偿纠纷案》,载《最高人民法院公报·案例》(2007:475);另见《高淳:民政局为流浪汉维权,主体不适格》(邢光虎、徐铮),载《人民司法·案例》(200703:97);另见《公权不得非法侵越私权——再论民政局等不能替代提起民事诉讼》(戚珊珊、高岩),载《人民司法·案例》(200806:4);另见《高淳县民政局替代未明权利人诉王昌胜等道路交通事故人身损害赔偿案》(王静、路兴),载《江苏高院·参阅案例研究》(民事卷01:294)。①江苏泰州中院(2016)苏12民终2759号"靖江市民政局代理流浪未成年人诉王金根、袁志平等机动车交通事故责任纠纷案",见《关于公布江苏省维护残疾人合法权益十大典型案(事)例的通知》,载《江苏省高级人民法院公报》(201705/53:19)。②江苏宿迁中院(2015)宿中商终字第00490号"徐某与某保险公司机动车交通事故责任纠纷案",见《徐贵勇诉人保宿城公司撞死无名氏向道路救助基金管理机构提存赔偿款后要求赔偿纠纷案》,载《江苏省高级人民法院公报》(201702/50:33)。③江苏南京中院(2013)宁商终字第149号"孙某与某保险公司保险合同纠纷案",见《孙全革因交通肇事致不明身份人死亡并以向民政局支付了死亡赔偿金为由诉人保南京分公司要求理赔被驳回案》,载《江苏省高级人民法院公报》(201305/29:55)。④广西柳州中院(2012)柳市民二终字第253号"韦某与某保险公司保险合同纠纷案",见《韦爱莉等诉中国人民财产保险股份有限公司柳州市分公司财产保险合同案(道路交通事故社会救助基金)》(邵巧玲),载《中国审判案例要览》(2013商:296)。⑤湖北荆门中院(2012)鄂荆门民一终字第00158号"陶某等与湖北省京山县公安局交通警察大队返还事故预交款纠纷上诉案",见《交警收取事故预交款行为的性质》(肖芃),载《人民司法·案例》(201302:31)。⑥湖北荆门中院(2012)鄂荆门民一终字第00158号"陶某等诉某交警队委托合同纠纷案",见《交警收取事故预收款行为的性质》(肖梵),载《人民司法·案例》(201302:31)。⑦北京一中院(2009)一中民终字第5098号"某客运公司诉某保险公司保险合同纠纷案",见《北京祥龙省际客运股份有限公司诉中国人民财产保险股份有限公司北京市西城支公司受害人为无名氏的责任保险理赔纠纷案》(张瑞存),载《人民法院案例选》(201104:219);另载《中国审判案例要览》(2010商事:273)。⑧广东广州中院(2009)穗中法民二终字第1822号"付某与某保险公司保险合同纠纷案",见《付桂桃诉中国平安财产保险股份有限公司广州市花都支公司保险合同案》(胡运如),载《中国审判案例要览》(2010商事:303)。⑨江苏宜兴法院(2009)宜民一初字第3688号"某医院诉尹某等医疗费纠纷案",判决保险公司支付医院1万元,余下3万余元由尹某支付。见《无名氏死亡后,医疗机构可直接向事故责任人求偿医疗费》(戴华春、丁云赟),载《人民司法·案例》(201002:61)。⑩江苏扬州广陵区法院(2008)扬广刑初字第162-1号"焦某交通肇事案",判决驳回民政局诉讼请求。见《焦银芝交通肇事案》(吴玉琳),载《中国审判案例要览》(2009刑事:89)。⑪浙江桐庐法院(2006)桐刑初字第241号"姚某交通肇事罪附带民事诉讼案",判决姚某赔偿被害人死亡赔偿款共计33万余元,由附带民事诉讼原告人即民政局提存保管。见《桐庐:民政局为无名尸维权,主体适格》(何建华),载《人民司法·案例》(200703:93)。⑫河南郑州管城回族区法院2000年11月15日判决"李某诉军某交通事故损害赔偿案",判决军某赔偿李某各项损失4.6万余元。见《居无定所的流浪儿李义由交通事故发生地的民政局作法定代理人诉李小军人身损害赔偿案》(李晖),载《人民法院案例选》(200201:159)。

**参考观点索引**:●死亡受害人身份不明时,附带民事赔偿由谁起诉?见《死亡受害人身份不明时,附带民事赔偿由谁起诉?》,载《人民司法·司法信箱》(201101:111)。○侵权行为导致身份不明的受害人死亡,民政部门或其他机构是否有权提起民事诉讼?见《侵权行为导致身份不明的受害人死亡,民政部门或其他机构是否有权提起民事诉讼》(姜强),载《民事审判指导与参考·指导性案例》(201102:111)。

# 35. 侵权人死亡赔偿主体
## ——司机肇事亡,损失谁来赔?

### 【赔偿主体】

**【案情简介及争议焦点】**

冯某丈夫潘某购买货车用于家庭经营,车主登记为潘某,并投保了车上人员责任险,潘某另雇用陈某为司机。2006年8月,潘某驾车不慎发生单方交通事故,造成潘某和副驾驶座位的替班驾驶员陈某死亡,交警认定潘某负事故全部责任。诉讼中,被告冯某声明放弃继承权,不愿承担赔偿陈某家属的责任。

争议焦点:1. 冯某应否承担赔偿责任? 2. 保险应否理赔?

**【裁判要点】**

**1. 冯某责任。**本案原告选择以雇员受损求偿起诉,故不应追加潘某其他继承权人作为共同被告,承担侵权赔偿责任。潘某与冯某在婚姻关系存续期间共同购置货车等大型生产资料,双方无特别约定,则该车所有权为夫妇二人共有,车主虽为潘某,但不排斥共有人冯某亦为车主之一。夫妇将该车用于家庭经营,并以营运收入作为家庭主要收入,充分说明二人共同行使该车的经营权。潘某对该车的管理,仅是夫妇经营分工不同。雇佣陈某,冯某并无异议,即是对双方雇佣关系的认可。故陈某受雇驾驶,其雇主应是该车的所有权人和经营权人,在潘某死亡后,冯某应对陈某在从事雇佣活动中所受损害承担赔偿责任。

2. 保险理赔。保险公司应在车上人员险范围内向原告承担直接赔偿责任。

【裁判依据或参考】

1. 法律规定。《民法典》(2021年1月1日)第1179条:"侵害他人造成人身损害的,应当赔偿医疗费、护理费、交通费、营养费、住院伙食补助费等为治疗和康复支出的合理费用,以及因误工减少的收入。造成残疾的,还应当赔偿辅助器具费和残疾赔偿金;造成死亡的,还应当赔偿丧葬费和死亡赔偿金。"第1180条:"因同一侵权行为造成多人死亡的,可以以相同数额确定死亡赔偿金。"第1181条:"被侵权人死亡的,其近亲属有权请求侵权人承担侵权责任。被侵权人为组织,该组织分立、合并的,承继权利的组织有权请求侵权人承担侵权责任。被侵权人死亡的,支付被侵权人医疗费、丧葬费等合理费用的人有权请求侵权人赔偿费用,但是侵权人已经支付该费用的除外。"第1182条:"侵害他人人身权益造成财产损失的,按照被侵权人因此受到的损失或者侵权人因此获得的利益赔偿;被侵权人因此受到的损失以及侵权人因此获得的利益难以确定,被侵权人和侵权人就赔偿数额协商不一致,向人民法院提起诉讼的,由人民法院根据实际情况确定赔偿数额。"第1183条:"侵害自然人人身权益造成严重精神损害的,被侵权人有权请求精神损害赔偿。因故意或者重大过失侵害自然人具有人身意义的特定物造成严重精神损害的,被侵权人有权请求精神损害赔偿。"《侵权责任法》(2010年7月1日,2021年1月1日废止)第32条:"无民事行为能力人、限制民事行为能力人造成他人损害的,由监护人承担侵权责任。监护人尽到监护责任的,可以减轻其侵权责任。有财产的无民事行为能力人、限制民事行为能力人造成他人损害的,从本人财产中支付赔偿费用。不足部分,由监护人赔偿。"《婚姻法》(2001年4月28日,2021年1月1日废止)第17条:"夫妻在婚姻关系存续期间所得的下列财产,归夫妻共同所有:(一)工资、奖金;(二)生产、经营的收益;(三)知识产权的收益;(四)继承或赠与所得的财产,但本法第十八条第三项规定的除外;(五)其他应当归共同所有的财产。夫妻对共同所有的财产,有平等的处理权。"《继承法》(1985年10月1日,2021年1月1日废止)第33条:"继承遗产应当清偿被继承人依法应当缴纳的税款和债务,缴纳税款和清偿债务以他的遗产实际价值为限。超过遗产实际价值部分,继承人自愿偿还的不在此限。继承人放弃继承的,对被继承人依法应当缴纳的税款和债务可以不负偿还责任。"

2. 司法解释。最高人民法院《关于适用〈中华人民共和国民法典〉继承编的解释(一)》(2021年1月1日 法释〔2020〕23号)第44条:"继承诉讼开始后,如继承人、受遗赠人中有既不愿参加诉讼,又不表示放弃实体权利的,应当追加为共同原告;继承人已书面表示放弃继承、受遗赠人在知道受遗赠后六十日内表示放弃受遗赠或者到期没有表示的,不再列为当事人。"最高人民法院《关于审理人身损害赔偿案件适用法律若干问题的解释》(2004年5月1日  法释〔2003〕20号,2020年修正,2021年1月1日实施)第1条:"因生命、身体、健康遭受侵害,赔偿权利人起诉请求赔偿义务人赔偿物质损害和精神损害的,人民法院应予受理。本条所称'赔偿权利人',是指因侵权行为或者其他致害原因直接遭受人身损害的受害人以及死亡受害人的近亲属。本条所称'赔偿义务人',是指因自己或者他人的侵权行为以及其他致害原因依法应当承担民事责任的自然人、法人或者非法人组织。"第2条:"赔偿权利人起诉部分共同侵权人的,人民法院应当追加其他共同侵权人作为共同被告。赔偿权利人在诉讼中放弃对部分共同侵权人的诉讼请求的,其他共同侵权人对被放弃诉讼请求的被告应当承担的赔偿份额不承担连带责任。责任范围难以确定的,推定各共同侵权人承担同等责任。人民法院应当将放弃诉讼请求的法律后果告知赔偿权利人,并将放弃诉讼请求的情况在法律文书中叙明。"最高人民法院负责人《在公布〈关于审理人身损害赔偿案件适用法律若干问题的解释〉新闻发布会上的讲话》(2003年12月29日):"……关于受害人仅免除部分侵权人责任的效力问题。传统民法理论认为,受害人仅免除部分侵权人责任的,对全体被诉共同侵权人发生绝对效力,即'免除一部等于免除全部'。我们根据理论的最新发展和审判实践,对这种免责表示采纳相对效力的观点,以充分尊重债权人对自己权利的处分自由,同时平衡各债务人之间的利益。"最高人民法院《关于未成年的侵权人死亡其父母作为监护人能否成为诉讼主体的复函》(1990年1月20日 〔1989〕民他字第41号):"……经研究认为,未成年人阿拉腾乌拉携带其父额尔登巴图藏在家中的炸药到那木斯来家玩耍,将炸药引爆,炸毁那木斯来家房屋顶棚及部分家具。那木斯来以额尔登巴图为被告要求赔偿损失,人民法院应依法受理,并依据《民法通则》及《婚姻法》的有关规定妥善处理。"最高人民法院《关于贯彻执行〈中华人民共和国继承法〉若干问题的意见》(1985年9月11日,2021年1月1日废止)第61条:"继承人中有缺乏劳动能力又没有生活来源的人,即使遗产不足清偿债务,也应为其保留适当遗产,然后再按继承法第三十三条和民事诉讼法第一百八十条的规定清偿债务。"

**3. 地方司法性文件。** 湖南高院《关于印发〈审理道路交通事故损害赔偿纠纷案件的裁判指引(试行)〉的通知》(2019年11月7日  湘高法〔2019〕29号)第4条:"机动车交通事故中身份明确的侵权人死亡后没有继承人又无人受遗赠,但留有遗产的,赔偿权利人可以侵权人遗产的最终所有人或者遗产管理人为被告提起诉讼。遗产的最终所有人或者遗产管理人在遗产范围内承担民事赔偿责任。"安徽合肥中院《关于道路交通事故损害赔偿案件的审判规程(试行)》(2019年3月18

日)第4条:"【侵权人死亡时诉讼主体认定】交通事故侵权人死亡,以其继承人、受遗赠人为被告;没有继承人又无人受遗赠,但留有遗产的,以侵权人遗产的占有人或管理人为被告。"广东惠州中院《关于审理机动车交通事故责任纠纷案件的裁判指引》(2017年12月16日)第4条:"机动车交通事故责任纠纷案件的被告包括以下主体:(一)肇事车辆的驾驶人。(二)机动车所有人、保管人、实际支配人等对机动车的运行有相应的支配和管理权限的主体。(三)道路交通事故中身份明确的侵权人死亡之后,其遗产继承人或受遗赠人。(四)投保交强险的保险人。(五)投保商业险的保险人。(六)与所有权人不一致的机动车辆保险的投保人。依法应当垫付相关费用的道路交通事故社会救助基金管理机构。"广东惠州中院《关于审理机动车交通事故责任纠纷案件的裁判指引》(2017年12月16日)第14条:"道路交通事故中身份明确的侵权人死亡之后,没有继承人又无人受遗赠,但留有遗产的,赔偿权利人以侵权人遗产的最终所有人为被告提起诉讼的,应当受理。"广东深圳中院《关于道路交通事故损害赔偿纠纷案件的裁判指引》(2014年8月14日 深中法发〔2014〕3号)第6条:"道路交通事故中身份明确的侵权人死亡后没有继承人又无人受遗赠,但留有遗产的,赔偿权利人可以侵权人遗产的最终所有人为被告提起诉讼。侵权人遗产的最终所有人在接受侵权人遗产的范围内承担民事赔偿责任。"安徽淮南中院《关于审理机动车交通事故责任纠纷案件若干问题的指导意见》(2014年4月24日)第13条:"责任主体应承担以下举证责任:(一)被告主体资格方面的证据,如身份证、户口本、驾驶证等;(二)被告无责任或责任轻方面的证据,如交通事故责任认定书、受害人存在过错等方面的证据;(三)责任主体已全部或部分履行赔偿义务方面的证据,如垫付款收条、代交医药费发票等;(四)车辆已投保应由保险公司承担赔偿责任方面的证据,如保险合同和保单;(五)鉴定意见书、交通事故责任认定书等不能作为定案依据方面的证据;(六)反驳对方当事人证据或证明观点方面的证据;(七)其他证据。"江苏南通中院《关于处理交通事故损害赔偿案件中有关问题的座谈纪要》(2011年6月1日 通中法〔2011〕85号)第20条:"侵权人死亡的,其继承人应作为被告参加诉讼,在所继承的遗产范围内承担赔偿责任;没有继承人或继承人放弃继承的,以其遗产管理人为被告,在遗产范围内承担责任。"江西鹰潭中院《关于审理道路交通事故损害赔偿纠纷案件的指导意见》(2011年1月1日 鹰中法〔2011〕143号)第2条:"同一交通事故中有多名受害人的,其中部分受害人或相关赔偿权利人起诉的,应当受理;其他未起诉的人及其相关赔偿权利人在开庭前另行起诉的,经双方当事人同意,可合并审理。"第4条:"在共同侵权的道路交通事故中,赔偿权利人以身份明确的部分共同侵权人为被告提起诉讼,应当受理。赔偿权利人明确免除其他赔偿义务人的责任或达成调解协议,如影响到该被告的赔偿数额,可以减轻或免除该被告的赔偿责任。"江西南昌中院《关于审理道路交通事故人身损害赔偿纠纷案件的处理意见(试行)》(2010年2月1日)第14条:"道路交通事故中身份明确的侵权人死亡之后,没有继承人又无人受遗赠,但留有遗产的,赔偿权利人以侵权人遗产的最终所有人为被告提起诉讼的,应当受理。"安徽合肥中院民一庭《关于审理道路交通事故损害赔偿案件适用法律若干问题的指导意见》(2009年11月16日)第26条:"道路交通事故中身份明确的侵权人死亡后没有继承人又无人受遗赠,但留有遗产的,赔偿权利人可以侵权人遗产的最终所有人或财产管理人为被告提起诉讼。侵权人遗产的最终所有人或财产管理人在接受侵权人遗产或管理遗产的范围内承担民事责任。"第27条:"道路交通事故人身赔偿案件中,公司为赔偿义务人的,如该公司被吊销营业执照而未被依法清算完毕并注销企业法人营业执照的,无论是否成立清算组,均应以公司为被告。"云南高院《关于审理人身损害赔偿案件若干问题的会议纪要》(2009年8月1日)第2条:"……负有交通事故损害赔偿责任的赔偿义务人在交通事故中死亡的,应将死者的继承人确定为赔偿责任主体,判令其在继承死者的遗产实际价值范围内承担赔偿责任。如果死者的继承人在诉讼中明确表示放弃继承的,可在判决该继承人不负赔偿责任的同时,一并判决以死者的遗产赔偿受害人的损失。"广东佛山中院《关于审理道路交通事故损害赔偿案件的指导意见》(2009年4月8日)第3条:"侵权人在道路交通事故中死亡,以其继承人为被告;其继承人放弃继承或者没有继承人的,以其遗产的实际管理人为被告。侵权人应承担的赔偿责任,由其遗产继承人或者实际管理人在继承或者管理遗产的范围内承担民事赔偿责任。"陕西高院《关于审理道路交通事故损害赔偿案件若干问题的指导意见(试行)》(2008年1月1日 陕高法〔2008〕258号)第13条:"赔偿义务人死亡的,其继承人应作为被告参加诉讼,在所继承的遗产范围内承担赔偿责任;没有继承人或继承人放弃继承的,以其财产管理人为被告,在遗产范围内承担赔偿责任。"湖北武汉中院《关于审理交通事故损害赔偿案件的若干指导意见》(2007年5月1日)第18条:"负有赔偿责任的一方死亡的,其继承人应作为被告参与诉讼,在所继承的遗产范围内承担赔偿责任。"重庆高院《关于审理道路交通事故损害赔偿案件适用法律若干问题的指导意见》(2006年11月1日)第35条:"加害人在道路交通事故中死亡,其继承人放弃继承或者没有继承人的,以其财产管理人为被告。"第36条:"存在多个侵权赔偿义务人时,赔偿权利人仅起诉部分赔偿义务人的,按照以下情形处理:(一)案件为必要共同诉讼的,人民法院应当追加其他赔偿义务人为共同被告。赔偿权利人明确表示不要求追加的被告承担责任的,不判决该追加的被告承担责任,但在确定其他被告的赔偿责任时,应将追加的被告应当承担的赔偿责任予以扣除;(二)案件为普通共同诉讼的,人民法院应当向赔偿权利人释明可以追加其他赔偿义务人为被告。赔偿权利人明确表示不追加的,不得追加为被告。"广东深圳罗湖区法院《关于交通事故损害赔偿案件的处理意见》(2006年11月6日)第3条:"……道路交通事故中身份明确的侵权人死亡后没有继承人又无受遗赠人,但留有遗产的,赔偿权利人可以侵权人遗产的最终所有人为被告提起诉讼。侵权人遗产的最终所有人在接受侵权人遗产的范围内承担民事责任。"安徽高院《审理人身损害赔偿案件若干问题的指导意见》(2005年12月26日)第28条:"侵权人死亡,判决其继承人在继承遗产的范围内承担责任的,应当查明侵权人遗产的范围。"广东深圳中院《道路交通事故损害赔偿案件研讨会纪要》(2005年9月26日)第6条:"道路交通事故中身份明确的侵权人死亡后没有继承人又无人受遗赠,但留有遗产的,赔偿权利人可以侵权人遗产的最终所有人为被告提起诉讼。侵权人遗产的最终所有人在接受侵权人遗产的范围内承担民事赔偿责任。"山东高院《关于审理人身损害赔偿案件若干问题的意见》(2001年2月22日)第13条:"侵害人死亡,并留有遗产的,受害人起诉要求侵害人的继承人或遗产保管人赔偿损失的,法院应予受理;如果侵害人是未成年人,在侵害中或侵害后死亡的,受害人起诉要求其监护人赔偿损失的,法院应予受理。"四川高院《关于道路交通事故损害赔偿案件审判工作座谈会纪要(试行)》(1999年11月12日 川高法〔1999〕454号)第4条:"道路交通事故案件赔偿责任的具体划分。赔偿责任的划分确定,是处理道路交通事故案件的重点。会议认为,依照我国现行法律法规的规定,结合审判实践,道路交通事故损害赔偿案件民事责任的确定具体可划分为以下情况……(22)承担赔偿责任的车辆所有人或者使用人已经死亡的,可以责任人的继承人为被告提起诉讼,并在责任人的遗产范围内承担责任。如责任人确有遗产且遗产明确的,在遗产尚未分割前或者继承人明确表示放弃继承时,可以将遗产的管理人作为被告提起诉讼;在继承人已经实际继承遗产后应以该继承人为被告提起诉讼。"河南高院《关于审理道路交通事故损害赔偿案件若干问题的意见》(1997年1月1日 豫高法〔1997〕78号)第16条:"发生交通事故的车辆属于个人合伙且应当把车辆所有人列为被告时,如个人合伙起有字号,应当将依法核准登记的字号列为被告;个人合伙未起字号的,应当将全体合伙人列为共同被告。"

4. **地方规范性文件**。湖南省公交警总队《关于在交通事故认定中不宜将监护人列入交通事故责任主体的通知》(2005年4月13日 湘公交管〔2005〕57号):"……交通事故责任是公安机关交通管理部门根据当事人的行为对发生交通事故所起的作用以及过错程度的一种确认。因此,交通事故责任的主体,必须在交通事故中起直接作用或有与事故直接关联的过错行为。学龄前儿童、精神病人等无民事行为能力或者限制行为能力人发生交通事故时,应依据其自身违法行为在交通事故中所起的作用以及过错程度确定其事故责任。监护人作为其法定代理人,在交通事故发生过程中未履行监护人义务的,监护人应承担相应的民事责任,但因其未履行监护义务的行为与交通事故并无直接关联,因此不宜将监护人列入交通事故责任主体。"

**5. 参考案例。**①**2014年重庆某环境污染责任纠纷案**,2010年,李某驾驶杨某所有、挂靠运输公司牵引车与货运公司所有的重型罐式货车尾随相撞发生交通事故,造成杨某死亡、罐式货车所载甲胺溶液发生泄漏,产生环境污染。交警认定李某全责。因当地鱼塘、农田受到污染,村组提起诉讼,请求判令运输公司、货运公司、李某、杨某妻子黎某及其他继承人连带赔偿因环境污染造成的财产损失7500元。法院认为:依《侵权责任法》第68条规定,环境污染者即使因第三人过错造成他人损失,亦不能免责,故货运公司应承担环境污染的损害赔偿责任,其在赔偿后有权向有过错的其他责任人追偿。杨某一方在交通事故中负有全部责任,对于村组遭受的环境污染损害具有过错,亦应承担赔偿责任。现杨某已死亡,该债务发生在杨某与黎某婚姻关系存续期间,故黎某应对该债务承担连带责任,杨某某等杨某的继承人应在继承杨某遗产范围内承担赔偿责任。杨某所有的车辆,挂靠在运输公司名下,故运输公司应承担补充赔偿责任。李某系杨某雇用的驾驶员,其在从事雇佣活动中造成他人损害的,依法应由雇主对外承担侵权责任。事故发生后,政府职能部门作出的损失情况统计表应予采纳。被告对污染行为与损害之间不存在因果关系未予举证证明,故对其辩解不予采信。判决货运公司、黎某赔偿村组损失7500元,运输公司承担补充赔偿责任,杨某某等继承人在继承杨某遗产范围内对前款债务承担清偿责任。②**2013年重庆某交通事故纠纷案**,2011年,法院判决刘某、牛某分别赔偿交通事故受害人周某各项损失36万余元、8万余元。宣判后、送达前,刘某死亡。判决生效后,周某申请再审。再审过程中,周某撤回了对刘某妻、子而未撤回对刘某父的再审请求。审理中,经调解,牛某自愿另行向申请再审人周某支付赔偿金10万元(已履行),周某自愿放弃一审判决确定的其余民事权利,并向法院提出撤回其再审申请。法院认为:再审程序中,只要不损害国家、集体、他人合法权益,权利人可与部分债务人达成全案和解协议。民事案件调解结案应以各方当事人共同达成调解协议为前提,权利人与部分义务人达成的和解协议不能以民事调解书进行确认。本案中,刘某父未参与调解,亦无必要参与调解,要求其参与调解徒增其讼累,故本案不能以调解方式结案,可以申请再审人撤回再审申请方式结案。参照最高人民法院指导案例"吴梅诉四川省眉山西城纸业有限公司买卖合同纠纷案"裁判要点,周某与牛某达成的和解协议具有实践性合同性质,不具备强制执行效力,双方当事人亦不能依该协议提起新的诉讼。为防止履行和解协议时发生争议,应要求债务人当即履行。依最高人民法院《关于适用〈中华人民共和国民事诉讼法〉审判监督程序若干问题的解释》第34条规定,裁定准许申请再审人撤回再审申请的,原判的全部效力同时恢复,通常情况下,应裁定恢复原判决执行。

民事判决执行力是指以强制执行实现给付判决所宣告给付义务效力。民事强制执行启动以当事人主义为主,法院职权主义为辅,即以当事人申请执行为原则,法院移送执行为例外。强制执行目的在于实现生效法律文书确定的权利人民事权利,但权利人是否要求实现这一权利,取决于权利人自主意愿。权利人可主张权利,亦可选择放弃权利,此亦系处分原则在执行程序中具体体现,故生效法律文书执行,一般应由当事人依法提出申请,当事人不主动提出申请的,执行程序一般不会启动。执行力虽系给付判决一个基本属性,但应然执行力转化为实然执行力一般需以当事人申请为前提。在执行程序中,申请人可与被执行人达成和解协议而终结案件执行;在再审程序中,权利人亦可与债务人达成和解协议而放弃申请继续执行权利,法院应尊重当事人处分权。当事人放弃申请执行权是其处分行为,并非司法裁判行为,故在裁定书主文中不宜有"原判不再执行"等内容,应在案件事实中予以叙明。准许撤回再审申请裁定生效后,执行法院可凭此终结原判执行。③2011年**上海某交通事故损害赔偿案**,2007年12月,吴某将其机动车交由维修公司维修期间,维修公司员工曹某酒后驾驶该车与张某驾驶的挂靠物流公司的货车相撞,致曹某及其车上4名乘客即妻子康某、女儿,以及徐某、夏某当场死亡。交警认定曹某、张某分负主、次责任。康某父母诉请索赔,法院追加曹某父母为第三人。法院认为:张某和曹某违法行为造成本次事故,但二人不存在共同故意或共同过失,属于分别实施的数个行为间接结合发生同一损害后果,应根据过失大小或原因力比例各自承担相应的赔偿责任。张某负次要责任,故张某应承担交强险之外30%的赔偿责任。物流公司作为货车登记车主和挂靠单位,应与张某承担连带责任。维修公司擅自将事故车辆交由公司职员曹某适用,未尽妥善管理义务,具有过错,应承担交强险以外15%的赔偿责任。吴某在送修期间已失去对车辆的实际控制,故不承担责任。康某明知曹某醉驾仍然乘坐,主观上具有一定过错,依法可减轻侵权人的赔偿责任,故酌定曹某承担交强险之外55%的赔偿责任。由于曹某与康某系夫妻关系,曹某侵权行为发生在夫妻关系存续期间,二人在同一起事故中死亡,依法推定二人同时死亡,互相不发生继承和赔偿。康某女儿及康某父母作为近亲属具有向曹某以外的其他相关责任人求偿的权利,获得的赔偿款,每人均分可得1/3,因曹某女儿死亡,则赔偿款继续分配予其法定继承人即作为本案原告的外祖父母、作为第三人的祖父母,故第三人夫妻可得其中的1/6,原告夫妻可得其中的5/6,故原告从保险公司、张某、维修公司获得的赔偿款,按5:1的比例在原告、第三人间予以分配。④2005年**北京某交通事故损害赔偿案**,2004年10月,杜某无证、酒后驾驶摩托车与侯某驾驶并搭载妻子刘某的摩托车碰撞,杜某死亡,侯某、刘某受伤。交警认定杜某负全责。侯某、刘某起诉杜某近亲属要求赔偿时,除杜某妻子李某外,其他继承人表示放弃继承。法院认为:杜某无证、酒后驾驶摩托车是造成该起事故全部原因,交通管理部门经调查取证,认定杜某负事故全部责任,并无不当。杜某近亲属虽提出交通管理部门对责任认定有误,但未提供证据证明,故法院不予考虑。鉴于该事故责任人已死亡,根据《继承法》相关规定,由其继承人在其遗产范围内承担赔偿责任。因除李某外其他继承人均表示放弃对杜某的遗产继承权,故应由李某在杜某遗产范围内赔偿侯某、刘某经济损失,判决李某在杜某遗产范围内赔偿侯某、刘某经济损失各2.7万余元、4.1万余元。⑤2000年福建某交通事故损害赔偿案,1999年,兰某驾驶熊某的轿车肇事,造成兰某及车上乘员熊某、邓某等5人死亡。交警认定兰某负全责。邓某父母起诉兰某妻子荀某和熊某妻子赖某。法院认为:本案荀某和赖某是法定保管遗产的人,其均对遗产负有妥善保管的义务。而从本案实际情况出发,被继承人的遗产不足以清偿债务。故以二被告作为诉讼主体符合《继承法》有关法学理论和法律规定。兰某与熊某及受害者间均不属于同一单位人员,相互之间无利害关系,无证据证明兰某驾车行为是有偿的劳务行为或商务行为,无法得出兰某的驾车行为是为家庭利益服务。同时由于兰某的驾车行为是为车主熊某提供方便,由此产生的后果则应由车主先行承担。因兰某驾车行为只能视为个人行为,其所产生民事责任亦应由车主承担赔偿责任,故荀某不承担责任。由于车主已死亡,故赖某应以其与熊某的全部夫妻共同财产承担赔偿责任,故判决赖某赔偿原告7万余元。

**【同类案件处理要旨】**

交通事故侵权赔偿义务人死亡的,其继承人应作为被告参加诉讼,在所继承的遗产范围内承担赔偿责任;没有继承人或继承人放弃继承的,以其财产管理人为被告,在遗产范围内承担赔偿责任。

**【相关案件实务要点】**

1.【责任主体】交通事故责任者和交通事故损害赔偿的责任主体不同。案见福建三明市梅列区法院(2000)梅民初字第288号"邓某等诉荀某等人身损害赔偿案"。

2.【索赔对象】赔偿权利人提起人身损害赔偿请求时,有权选择讼争对象和适用法律,法院行使释明权后,对赔偿权利人的选择应充分尊重,而不应擅自追加当事人。案见陕西勉县法院(2006)勉民初字第879号"陈某等诉冯某等人身损害赔偿案"。

3.【遗产继承】继承遗产应当清偿被继承人依法应当缴纳的税款和债务,缴纳税款和清偿债务以他的遗产实际价值为限。超过遗产实际价值部分,继承人自愿偿还的不在此限。继承人放弃继承的,对被继承人依法应当缴纳的税款和债务可以不负偿还责任。事故责任人已死亡情况下，根据《继承法》相关规定，由其继承人在其遗产范围内承担赔偿责任。案见北京平谷区法院（2005）平民初字第3221号"侯某等诉李某等道路交通事故损害赔偿案"。

4.【诉讼地位】同一起交通事故造成多名家庭成员死亡，因继承关系，侵权人的继承人在诉讼中可能既要承担赔偿责任又享有一定受偿权利，此时应让侵权人的继承人作为第三人参加诉讼。案见上海奉贤区法院（2011）奉民一（民）重字第2195号"康某等诉吴某等交通事故损害赔偿案"。

【附注】

参考案例索引：陕西勉县法院（2006）勉民初字第879号"陈某等诉冯某等人身损害赔偿案"，判决保险公司赔偿原告2万元，冯某赔偿其余损失4万余元。见《赔偿权利人有权选择讼争对象和适用的法律》（孙涌），载《人民司法·案例》（200722：37）。①见《重庆市长寿区龙河镇盐井村1组与蒙城县利超运输有限公司等环境污染责任纠纷案》，载《最高人民法院公报·最高人民法院公布环境资源审判典型案例》（201411/217：22）。②重庆五中院（2013）渝五中法民提字第00031号"周渡江与刘涛、石光海、徐利华、刘徐交通事故损害赔偿纠纷案"，见《从本案看再审程序的三个盲点及其处理》（代贞奎、何小兵，重庆五中院审监庭），载《审判监督指导·实务研讨》（201402/48：203）；另见《裁定准许撤回再审申请不当然恢复原判决执行——重庆五中院裁定周渡江申请再审案》（代贞奎、何小兵），载《人民法院报·案例指导》（20140227：06）。③上海奉贤区法院（2011）奉民一（民）重字第2195号"康某等诉吴某等交通事故损害赔偿案"，见《多名家庭成员死亡的交通事故案中当事人的诉讼地位及责任承担》（甘青峰、林庆强），载《人民司法·案例》（201212：21）。④北京平谷区法院（2005）平民初字第3221号"侯某等诉李某等道路交通事故损害赔偿案"，见《侯玉梅、刘凤平诉李云、杜金英、杜银英、杜灵芝道路交通事故人身损害赔偿案》（李征），载《中国审判案例要览》（2006民事：512）。⑤福建三明市梅列区法院（2000）梅民初字第288号"邓某等诉荀某等人身损害赔偿案"，见《邓木森等诉荀国霞等交通事故人身损害赔偿案》（高德扬），载《中国审判案例要览》（2002商事：558）。

## 36. 受害人死亡求偿主体
### ——受害人死亡，如何去求偿？

【求偿主体】

【案情简介及争议焦点】

2005年9月，年满18周岁的高三学生张某驾驶摩托车搭乘同学刘某，因与陈某驾驶的货车相撞，张某、刘某在事故中死亡。交警认定陈某负事故次要责任，张某负主要责任。刘某父母起诉要求张某父母和陈某承担赔偿责任。

争议焦点：1.张某父母是否有垫付责任？2.陈某应否赔偿？

【裁判要点】

**1. 张某父母不承担责任。**张某已年满18周岁，属成年人，因其系在校学生，无经济收入和赔偿支付能力，亦无独立的个人财产，完全靠父母生活。从表面上看，依《民法通则》司法解释应由张某扶养人即其父母垫付。但从法理上而言，"垫付"可追偿，而本案中张某已在事故中死亡，张某的父母完全丧失了向张某追偿的可能性，故本案不应适用该规定。如果判决张某的父母来承担赔偿责任，就会将一个完全民事行为能力人因侵权行为引起的民事责任强加给两个完全无辜、未实施任何侵权行为的人身上，这既有失公允，也有悖情理。

**2. 陈某应承担赔偿责任。**陈某负事故次要责任，应承担相应的赔偿责任。

【裁判依据或参考】

**1. 法律规定。**《民法典》(2021年1月1日)第1181条："被侵权人死亡的，其近亲属有权请求侵权人承担侵权责任。被侵权人为组织，该组织分立、合并的，承继权利的组织有权请求侵权人承担侵权责任。被侵权人死亡的，支付被侵权人医疗费、丧葬费等合理费用的人有权请求侵权人赔偿费用，但是侵权人已经支付该费用的除外。"《侵权责任法》(2010年7月1日，2021年1月1日废止)第18条："被侵权人死亡的，其近亲属有权请求侵权人承担侵权责任。被侵权人为单位，该单位分立、合并的，承继权利的单位有权请求侵权人承担侵权责任。被侵权人死亡的，支付被侵权人医疗费、丧葬费等合理费用的人有权请求侵权人赔偿费用，但侵权人已支付该费用的除外。"

**2. 行政法规。**国务院《农村五保供养条例》(2006年3月1日)第11条:"农村五保供养资金,在地方人民政府财政预算中安排。有农村集体经营等收入的地方,可以从农村集体经营等收入中安排资金,用于补助和改善农村五保供养对象的生活。农村五保供养对象将承包土地交由他人代耕的,其收益归该农村五保供养对象所有。具体办法由省、自治区、直辖市人民政府规定。"第12条:"农村五保供养对象可以在当地的农村五保供养服务机构集中供养,也可以在家分散供养。农村五保供养对象可以自行选择供养形式。"第13条:"集中供养的农村五保供养对象,由农村五保供养服务机构提供供养服务;分散供养的农村五保供养对象,可以由村民委员会提供照料,也可以由农村五保供养服务机构提供有关供养服务。"

**3. 最高人民法院司法解释或其他司法性文件。**最高人民法院《关于审理道路交通事故损害赔偿案件适用法律若干问题的解释》(2012年12月21日,2020年修改,2021年1月1日实施)第23条:"被侵权人因道路交通事故死亡,无近亲属或者近亲属不明,未经法律授权的机关或者有关组织向人民法院起诉主张死亡赔偿金的,人民法院不予受理。侵权人以已向未经法律授权的机关或者有关组织支付死亡赔偿金为理由,请求保险公司在交强险责任限额范围内予以赔偿的,人民法院不予支持。被侵权人因道路交通事故死亡,无近亲属或者近亲属不明,支付被侵权人医疗费、丧葬费等合理费用的单位或者个人,请求保险公司在交强险责任限额范围内予以赔偿的,人民法院应予支持。"最高人民法院《关于审理人身损害赔偿案件适用法律若干问题的解释》(2004年5月1日 法释〔2003〕20号,2020年修正,2021年1月1日实施)第1条:"因生命、身体、健康遭受侵害,赔偿权利人起诉请求赔偿义务人赔偿物质损害和精神损害的,人民法院应予受理。本条所称'赔偿权利人',是指因侵权行为或者其他致害原因直接遭受人身损害的受害人以及死亡受害人的近亲属。本条所称'赔偿义务人',是指因自己或者他人的侵权行为以及其他致害原因依法应当承担民事责任的自然人、法人或者非法人组织。"第2条:"赔偿权利人起诉部分共同侵权人的,人民法院应当追加其他共同侵权人作为共同被告。赔偿权利人在诉讼中放弃对部分共同侵权人的诉讼请求的,其他共同侵权人对被放弃诉讼请求的被告应当承担的赔偿份额不承担连带责任。责任范围难以确定的,推定各共同侵权人承担同等责任。人民法院应当将放弃诉讼请求的法律后果告知赔偿权利人,并将放弃诉讼请求的情况在法律文书中叙明。"最高人民法院负责人《在公布〈关于审理人身损害赔偿案件适用法律若干问题的解释〉新闻发布会上的讲话》(2003年12月29日):"……关于受害人仅免除部分侵权人责任的效力问题。传统民法理论认为,受害人仅免除部分侵权人责任的,对全体被诉共同侵权人发生绝对效力,即'免除一部等于免除全部'。我们根据理论的最新发展和审判实践,对这种免责表示采纳相对效力的观点,以充分尊重债权人对自己权利的处分自由,同时平衡各债务人之间的利益。"最高人民法院《关于确定民事侵权精神损害赔偿责任若干问题的解释》(2001年3月10日 法释〔2001〕7号,2020年修正,2021年1月1日实施)第1条:"因人身权益或者具有人身意义的特定物受到侵害,自然人或者其近亲属向人民法院提起诉讼请求精神损害赔偿的,人民法院应当依法予以受理。"最高人民法院《关于如何处理农村五保对象遗产问题的批复》(2000年8月3日 法释〔2000〕23号,2021年1月1日废止):"……农村五保对象死亡后,其遗产按照国务院《农村五保供养工作条例》第十八条、第十九条的有关规定处理。"(编者注:1994年1月23日实施的《农村五保供养工作条例》设第五章"财产处理",其中第18条规定:"五保对象的个人财产,其本人可以继续使用,但是不得自行处分;其需要代管的财产,可以由农村集体经济组织代管。"第19条:"五保对象死亡后,其遗产归所在的农村集体经济组织所有;有五保供养协议的,按照协议处理。"但在2006年3月1日实施的《农村五保供养工作条例》中,第五章"财产处理"全部删除)最高人民法院民事审判庭《关于招远县陆许氏遗产应由谁继承的电话答复》(1985年10月28日 〔85〕民他字第24号):"……经我们研究认为,原则上以承认陆许氏为'五保户'比较合适,其遗产应按最高人民法院《关于贯彻执行民事政策法律若干问题的意见》第47条有关规定处理。入社前,被继承人依靠女儿陆玉芳生活,入社后一个月病故尽管遗产分割多年,陆玉芳要求继承是有道理的。我们的意见:一、承认陆玉芳有继承权;二、原房已卖掉,现只能将陆家村所售房屋价款作为遗产归陆玉芳继承;三、陆家村为陆许氏所花丧葬费和医药费,从卖房款中扣除。并请作好双方当事人的调解工作。此意见系根据本案的特殊情况提出来的变通处理办法,请参照此意见,妥善处理。"最高人民法院《关于贯彻执行民事政策法律若干问题的意见》(1984年8月30日,2019年7月20日废止,2021年1月1日废止)第47条:"'五保户'遗产,原则上应归集体组织所有。实行'五保'时,双方有协议的按协议处理。没有协议的,如死者有遗嘱或法定继承人要求继承的,在扣还死者生前的合法债务和'五保'费用后,按法定继承或遗嘱继承处理。"

4. **地方司法性文件**。河南高院《关于机动车交通事故责任纠纷案件审理中疑难问题的解答》(2024年5月)第13条:"如何把握交通事故中赔偿权利人的范围?答:根据《最高人民法院关于审理人身损害赔偿案件适用法律若干问题的解释》第一条第一款、第二款规定:'因生命、身体、健康遭受侵害,赔偿权利人起诉请求赔偿义务人赔偿物质损害和精神损害的,人民法院应予受理。本条所称"赔偿权利人"是指因侵权行为或者其他致害原因直接遭受人身损害的受害人以及死亡受害人的近亲属。'在受害人因侵权行为受伤、致残的情况下,赔偿权利人原则上是受害人本人,即直接受害人;受害人死亡的,因直接受害人死亡而蒙受生活资源损失和精神损害的直接受害人的近亲属,则为'间接受害人',应为赔偿权利人。《中华人民共和国民法典》第一千零四十五条第二款规定:'配偶、父母、子女、兄弟姐妹、祖父母、外祖父母、孙子女、外孙子女为近亲属。'据此,在审理案件时,应严格把握赔偿权利人的范围,除法律规定的近亲属外,其他人员(如五保户的其他亲属)请求死亡赔偿金、精神赔偿金等损失的,一般不予支持。但为被侵权人垫付医疗费、丧葬费等合理费用后请求返还的除外。"广东高院《关于审理机动车交通事故责任纠纷案件的指引》(2024年1月31日 粤高法发〔2024〕3号)第1条:"交通事故受害人死亡的,其配偶、父母、子女作为第一顺序近亲属有权提起诉讼。受害人无第一顺序近亲属的,其兄弟姐妹、祖父母、外祖父母、孙子女、外孙子女可以作为第二顺序近亲属提起诉讼。"江苏宿迁中院《机动车交通事故责任纠纷审判工作有关问题的解答》(2018年12月25日 宿中发民三电〔2018〕4号)第2条:"农村五保户发生交通事故后受伤或死亡产生损失的计算标准如何确定?答:根据国务院《农村五保供养工作条例》的规定,农村五保户系无劳动能力、无生活来源又无法定赡养、抚养、扶养义务人,或者其法定赡养、抚养、扶养义务人无赡养、抚养、扶养能力的老年、残疾或者未满16周岁的村民。供养的标准为不低于当地村民的平均生活水平。供养方式分为集中供养和分散供养两种。以分散供养方式进行供养的农村五保户,长期居住在农村,其发生交通事故后产生的损失,按照农村居民标准计算。长期居住于城镇供养机构的农村五保户发生交通事故后产生的损失,也应当按照农村居民标准计算。从人员特征上分析,五保供养对象是农村村民;从生活物质条件分析,五保户的供养标准以农村村民的平均生活标准为供养标准。在城镇养老院集中供养、无收入来源的五保户虽然居住于城镇区域,但以集体居住、定额供养的形式生活。五保户的居住形式、生活标准等系国家政策决定,属于居住于城镇区域的特殊群体,与普通城镇居民在居住形式、消费标准等方面存在区别,其发生交通事故后产生的死亡赔偿金等损失也应当按照农村居民标准计算。"广东惠州中院《关于审理机动车交通事故责任纠纷案件的裁判指引》(2017年12月16日)第3条:"机动车交通事故责任纠纷案件的原告包括以下主体:(一)因道路交通事故直接遭受人身损害的受害人或死亡受害人的近亲属。(二)因道路交通事故遭受财产损失的财产所有权人或遭受财产损失的实际承受人。(三)已依法承担赔偿、垫付责任,又向其他相关责任人追偿的人。如车辆所有权人、保险人、道路交通事故社会救助基金管理机构等。"江西高院《关于印发〈审理人身侵权赔偿案件指导意见(试行)〉的通知》(2017年9月5日 赣高法〔2017〕169号)第3条:"无民事行为能力、限制民事行为能力的侵权人造成他人损害,侵权人及其监护人为共同被告。(1)无民事行为能力人、限制民事行为能力人的父母离异或者未办理结婚登记,不影响双方对外承担赔偿责任。未承担直接抚养的父、母的监护责任不因离异或者未办理结婚登记而免除,如承担直接监护义务的一方独立承担赔偿责任确有困难的,另一方应当承担共同赔偿责任,但另一方被依法撤销监护权的除外。无民事行为能力人、限制民事行为能力人的父母因无婚姻登记,导致原告不能查明侵权人生母或者生父一方的,由已知的生母或者生父一方承担举证责任;(2)未成年人造成他人损害,被起诉时已经成年,但没有独立可支付赔偿财产的,原监护人应当承担赔偿责任。"第6条:"受害人因遭受伤害致暂时失去意识,或者明显不能自由表达意思,在此状况持续期间可以按照无民事行为能力人对待,其配偶、父母或者成年子女等可以临时监护人身份代表受害人行使起诉、应诉等民事诉讼权利至受害人恢复意识时止。受害人出现以上情形的,其临时监护人应当提供由医疗单位出具相应的病情、伤情及神智情况的证明。"北京三中院《**类型化案件审判指引:机动车交通事故责任纠纷类审判指引**》(2017年3月28日)第2-2.1.1部分"原告主体范围—常见问题解答"第1条:"受害人死亡后,权利主张人的主体问题?受害人已死亡,由受害人亲属起诉,即依法由受害人承担扶养义务的被扶养人以及死亡受害人的近亲属。根据《人身损害赔偿解释》(2004年5月1日起施行)第一条第二款规定,'赔偿权利人'是指因侵权行为或者其他致害原因直接遭受人身损害的受害人、依法由受害人承担扶养义务的被扶养人以及死亡受害人的近亲属。虽然根据《民通意见》第十二条,近亲属包括配偶、父母、子女、兄弟姐妹、祖父母、外祖父母、孙子女、外孙子女。但根据《中华人民共和国继承法》(1985年10月1日起施行)第十条,配偶、父母、子女系第一顺位法定继承人,兄弟姐妹、祖父母、外祖父母为第二顺位法定继承人,孙子女、外孙子女虽为死者近亲属,但并非法定继承人。《人身损害赔偿解释》的规定主要针对受害人亲属的内部遗产继承问题。在死者有配偶、父母、子女时,由上述主体作为原告起诉;在没有上述主体时,死者的孙子女、外孙子女可以作为原告起诉。需要逐一的是,上述亲属关系中的父母、祖父母、外祖父母仅指血亲,不包含公婆或岳父母等身份关系,除非当事人符合《中华人民共和国继承法》第十二条,丧偶儿媳对公、婆,丧偶女婿对岳父、岳母,尽了主要赡养义务的,作为第一顺序继承人等规定。"第2条:"受害人死亡,仅有部分法定继承人参加诉讼,无法通知其他法定继承人时如何处理?受害人死亡的,受害人的法定继承人应作为原告参加诉讼。有些案件中法定继承人因关系不和睦或长时间没有音讯,一部分提起诉讼,有时法院无法查清是否还有其他法定继承人,或者能够查清存在其他法定继承人,但具体身份状况、住址无法查清,法院无法向其征询是否参加诉讼的意见,使案件处理陷入僵局。在过去的司法实践中法院一般会采取中止审理的方法。根据《最高人民法院关于贯彻执行〈中华人民共和国继承法〉若干问题的意见》第四十四条规定,人民法院在审理继承案件时,如果知道有继承人而无法通知的,分割遗产时,要保留其应继承的遗产,并确定该遗产的保管人或保管单位。"第3条:"受害人因道路交通事故死亡,无近亲属或者近亲属不明,未经法律授权的机关或者有关组织垫付费用,如何处理?《道交解释》第二十六条规定,受害人因道路交通事故死亡,无近亲属或者近亲属不明,未经法律授权的机关或者有关组织向人民法院起诉主张死亡赔偿金的,人民法院不予受理。侵权人以已向未经法律授权的机关或者有关组织支付死亡赔偿金为理由,请求保险公司在交强险责任限额范围内予以赔偿的,人民法院不予支持。受害人因道路交通事故死亡,无近亲属或者近亲属不明,支付受害人医疗费、丧葬费等合理费用的单位或者个人,请求保险公司在交强险责任限额范围内予以赔偿的,人民法院应予支持。"重庆高院民一庭《民一庭高、中两级法院审判长联席会议〈机动车交通事故责任纠纷中的法律适用问题解答(一)〉会议综述》(2015年3月25日)第2条:"因交通事故所致成为'植物人'的受害人提起诉讼时,是否需要启动特别程序认定受害人的民事行为能力并指定监护人?多数与会代表人为,'植物人'系医学概念而非法律概念。医疗机构出具的医学证明或者鉴定意见,只能作为人民法院认定公民无民事行为能力或者限制民事行为能力的事实依据,而不能直接据此认定公民无民事行为能力或者限制民事行为能力。作为法律概念的'民事行为能力'是民事主体通过自己的行为行使民事权利,履行民事义务的能力。认定公民无民事行为能力或者限制民事行为能力,必须经过法定程序,由利害关系人依法提出申请,由人民法院依法判决。少数与会代表人为,启动特别程序增加当事人讼累,不利于对受害人的保护。因此在受害人家属无异议的情况下,不宜启动特别程序,应直接认定受害人为无民事行为能力并为其指定监护人。市高法院民一庭倾向于多数意见。"浙江高院民一庭《民事审判法律适用疑难问题解答》(2015年第8期):"……问:侵权行为造成被侵权人死亡且该被侵权人无近亲属的,被侵权人依法指定的监护人能否向侵权人主张死亡赔偿金?答:根据《中华人民共和国侵权责任法》第十八条的规定:'被侵权人死亡的,其近亲属有权请求侵权人承担侵权责任。'据此,依法指定的非属于近亲属的监护人,仅以监护人身份主张被监护人死亡赔偿金的,缺乏法律依据。对其提起的的有关诉讼,可参照《最高人民法院关于审理道路交通事故损害赔偿案件适用法律若干问题的解释》第二十六条有关规定处理。"重庆高院民一庭《关于忠县法院〈关于农村五保人员因交通事故死亡后,乡镇人民政府是否属于"道路交通事故损害赔偿司法解释"第二十六条规定的"经法律授权的机关或有关组织"的咨询报告〉的答复》(2014年9月3日〔2014〕渝高法民一复字第28号):"《农村五保供养工作条例》第六条规定:'老年、残疾或未满16周岁的村民,无劳动能力、生活来源又无法定赡养、扶养、抚养能力的,享受农村五保供养待遇',依据该规定,因近亲属无赡养、扶养、抚养能力而享受五保待遇的人员死亡的,不适用《道路交通事故损害赔偿司法解释》第二十六条,应由五保对象的近亲属主张死亡赔偿金;五保对象无法定赡养、扶养、抚养义务人的,因乡镇人民政府并非'法律明确授权的机关或者有关组织',故也不应适用《道路交通事故损害赔偿司法解释》第二十六条。对于乡镇人民政府主张死亡赔偿金的,人民法院应不予受理。已经受理的,人民法院应裁定驳回起诉。《侵权责任法》及《人身损害赔偿司法解释》对'死亡赔偿金'的性质均采纳了'继承丧失说',即受害人因人身伤害死亡,家庭可以预期的其未来的收入因此减少或丧失,使家庭成员在财产上蒙受的消极损失。受害人若没有近亲属,则没有人因其死亡而产生该损失。需要注意的是,尽管《最高人民法院关于如何处理农村五保对象遗产问题的批复》(法释〔2000〕23 号)规定'五保对象死亡后其遗产归所在农村集体经济组织所有,有五保供养协议的按协议处理',但因死亡赔偿金不属于受害人遗产,故受害人所在农村集体经济组织向人民法院起诉主张死亡赔偿金的,人民法院应不予受理。已经受理的,人民法院应裁定驳回起诉……综上,乡镇人民政府不属于经法律授权的机关或者有关组织,不能代表因交通事故死亡的五保人员向侵权人主张死亡赔偿金。但若乡镇人民政府为死亡的五保人员支付了医疗费、丧葬费等合理费用的,可以根据《道路交通事故损害赔偿司法解释》二十六条的规定,请求保险公司在交强险范围内赔偿。"安徽淮南中院《关于审理机动车交通事故责任纠纷案件若干问题的指导意见》(2014 年 4 月 24 日)第 3 条:"受害人未死亡的,受害人本人为适格原告;受害人死亡的,受害人的第一顺序继承人和被抚养人为适格原告,无第一顺序继承人的,第二顺序继承人和被抚养人为适格原告。"第 4 条:"受害人在一审举证期限届满前死亡的,人民法院应通知受害人的相关继承人和被抚养人参加诉讼,并告知相关权利人有变更诉讼请求的权利;受害人在一审举证期限届满后和二审诉讼过程中死亡的,人民法院应通知受害人的相关继承人和被抚养人参加诉讼,并围绕受害人的一审诉请和上诉人的上诉理由进行审理;人民法院可就受害人一审起诉时未涉及到的诉请进行调解,调解不成的,告知当事人另行起诉。"第 12 条:"原告应承担以下举证责任:(一)原告是案件适格诉讼主体方面的证据,如身份证、户口本、原告或受害人所在居委会或村委会证明等;(二)原告或死亡受害人遭受侵权行为及侵权行为系被告实施或被告因其他原因应当承担责任方面的证据,如交通事故责任认定书认定的事实、证人证言、视听资料等;(三)被告存在过错及应承担责任的比例方面的证据,如交通事故责任认定书等;(四)原告因侵权行为遭受损失数额或计算方式及标准方面的证据,如当事人的户籍性质、年龄、职业、居住地等方面的证据;(五)保险公司应承担赔偿责任方面的证据,如保险合同、保单等;(六)其他证据。"浙江高院民一庭《民事审判法律适用疑难问题解答》(2014 年第 12 期):"……问:符合代位继承条件的受害人孙辈亲属能否作为死亡赔偿金的赔偿权利人?相关死亡赔偿金又该如何分割?答:受害人的子女先于受害人死亡,受害人子女的晚辈直系血亲符合代位继承条件的,其作为受害人的近亲属可以作为死亡赔偿金的赔偿权利人。但死亡赔偿金不是遗产,原则上应由家庭生活共同体成员共同取得。受害人的近亲属要求分割的,宜按照《继承法》规定的法定继承顺序,并考虑家庭共同生活的精密程度进行分割。"安徽滁州中院《关于审理道路交通事故损害赔偿案件座谈会纪要》(2013年8月2日)第27条:"受害人死亡的,其近亲属为赔偿权利人。只有部分赔偿权利人起诉的,应按照必要的共同诉讼通知其他赔偿权利人参加诉讼。"贵州贵阳中院《关于适用〈中华人民共和国侵权责任法〉若干问题的解答》(2013年3月13日 筑中法发〔2013〕32号)第1部分第8条:"无民事行为能力人、限制民事行为能力人造成他人损害的侵权案件中,监护人应当作为何种诉讼主体地位?答:应当以无民事行为能力、限制民事行为能力人及其监护人为被告,若受害人仅起诉致人损害的被监护人或仅起诉监护人,法院应依职权追加监护人或致人损害的被监护人为共同被告。"云南高院《关于印发〈关于统一全省保险合同纠纷案件裁判标准的会议纪要〉的通知》(2012年5月15日)第3条:"……(三)会议认为,一起交通事故造成多人损害,其中一人或部分受害人提起诉讼,人民法院应当通知其他受害人或死亡受害人的继承人参加诉讼。人民法院通知后明确表示不参加诉讼的,应当记录在案,其应享有的赔偿金份额分配给其他受害人。人民法院应当按照各受害人的损失占全体受害人总损失的比例确定其从机动车第三者责任强制保险限额范围内应获得的赔偿数额。确实无法通知的交通事故责任认定书确定的受害人,人民法院根据个案实际判决是否向其预留份额……"山东淄博中院《全市法院人身损害赔偿案件研讨会纪要》(2012年2月1日)第9条:"关于受害人在定残后至法院判决前死亡的,其近亲属提出伤残赔偿金、死亡赔偿金和丧葬费等诉讼请求,应否支持的问题。受害人定残后至法院判决前死亡的,伤残赔偿金仅应计算至其死亡前,死亡后的残疾赔偿金不应予以支持。而对于受害人死亡后所致各项赔偿项目,应考虑受害人死亡原因及与致害行为的因果关系确定。如果受害人死亡原因是事故直接造成的,其近亲属要求侵权人支付赔偿的,应予支持;如果死亡原因与事故无关,而是由其他原因造成的,其主张则不应支持;如果死亡原因与在事故中受到的伤害有一定因果关系,则按原因力的大小的比例适当判决侵权人承担赔偿责任;如果死亡原因无法确定,不宜判决侵权人承担赔偿责任。"江西鹰潭中院《关于审理道路交通事故损害赔偿纠纷案件的指导意见》(2011年1月1日 鹰中法〔2011〕143号)第2条:"同一交通事故中有多名受害人的,其中部分受害人或相关赔偿权利人起诉的,应当受理;其他未起诉的人及其相关赔偿权利人在开庭前另行起诉的,经双方当事人同意,可合并审理。"第4条:"在共同侵权的道路交通事故中,赔偿权利人以身份明确的部分共同侵权人为被告提起诉讼,应当受理。赔偿权利人明确免除其他赔偿义务人的责任或达成调解协议,如影响到该被告的赔偿数额,可以减轻或免除该被告的赔偿责任。"河南周口中院《关于侵权责任法实施中若干问题的座谈会纪要》(2010年8月23日 周中法〔2010〕130号)第3条:"……受害人死亡的,其配偶、父母、子女为赔偿权利人,没有配偶、子女或者配偶、父母、子女死亡的,其兄弟姐妹、祖父母、外祖父母、孙子女、外孙子女为赔偿权利人。赔偿权利人有二人以上的,为必要的共同诉讼,没有参加诉讼也没有明确表示放弃赔偿权利的,人民法院应当通知其参加诉讼。"北京高院民一庭《关于道路交通损害赔偿案件的疑难问题》(2010年4月9日)第2条:"北京市法院系统尚未统一认识的问题……(4)同一起交通事故造成多人损害的情况下诉讼程序问题。在部分交通事故受害人诉至法院的情况下,法院能否受理,是否要求其他原告也参加诉讼;是否应由法院向没有提起诉讼的受害人释明其有权向保险公司索赔并告知其尽快提起诉讼,待全部受害人均向法院提起诉讼后再将案件合并审理?如果法院穷尽手段都无法通知到同一起交通事故中的没有向法院提起诉讼的受害人如何处理?在法院依法向没有起诉的受害人释明其享有向保险公司主张保险赔偿的权利后,如果其表示不放弃对保险公司的赔偿权利并其愿意在其治疗终结或者损失数额确定后诉至法院,在其尚未起诉的情况下,法院能否将已经立案受理的案件中止审理以等待其起诉后将全部案件合并审理?调研中,有法院提出:受害人死亡的,受害人的法定继承人应作为原告参加诉讼。有些案件中法定继承人因关系不和睦或长时间没有音讯,一部分人提起诉讼,有时法院无法查清是否还有其他法定继承人,或者能够查清存在其他法定继承人,但具体身份状况、住址无法查清,法院无法向其征询是否参加诉讼的意见,使案件处理陷入僵局。在过去的司法实践中该院一般会采取中止审理的方法,但有时起诉的原告会对法院的作法不理解,出现闹访的情况。该院拟采取的处理方法为针对受害人的其他法定继承人发布公告,向其告知享有的权利,责成其在一定期限内(60天)向法院表达参与诉讼或放弃继承的意见,公告期满后恢复审,如确有其他法定继承人未参加诉讼,但又无法与其取得联系,在'本院认为'部分表述该人可向取得赔偿的其他法定继承人追索其应享有的份额。5.关于特殊情形下保险公司的诉讼地位问题有的案件货车的机头与挂车在不同的保险公司分别投保了交强险,交通事故责任认定书中记载是车辆的车头部与另一方相撞,为了更好的查明案件事实,我们认为应通知挂车所投保的交强险的保险公司一并参加诉讼。"江苏南京中院民一庭《关于审理交通事故损害赔偿案件有关问题的指导意见》(2009年11月)第9条:"受害人死亡,其近亲属提起交通事故损害赔偿之诉的,受害人的同一顺序继承人为必要的共同诉讼人,应作为共同原告参加诉讼。必须共同进行诉讼的当事人没有参加诉讼的,人民法院应当通知其参加。应当作为共同原告参加诉讼的权利人,明确表示放弃向被告主张实体权利的,可不予追加;

明确表示不参加诉讼但将实体权利转让其他原告的,或者既不愿意参加诉讼也不放弃实体权利的,仍应追加为原告,其不参加诉讼,不影响人民法院对案件的审理和依法作出判决。"江苏南京中院民一庭《关于审理交通事故损害赔偿案件有关问题的指导意见》(2009年11月)第33条:"机动车方因交通事故致两人以上人身、财产损害的,保险公司在第三者责任险限额内对受害人的赔偿,应根据以下原则确定:(一)在既有人身伤亡,又有财产损失的情况下,应在保险限额内优先对人身伤亡进行赔偿;(二)在对人身伤亡进行赔偿时,应在保险限额内优先对抢救、医疗费用进行赔偿。比例视以下情形而定:(1)受害人均已治疗终结或受害人死亡的,各受害人可按其伤亡的损失在总损失中的相应比例进行分割。(2)部分受害人治疗终结、部分受害人治疗未终结的,各受害人可按其医疗费(包含已经发生的和将要发生且可以预计的)损失在总损失中的相应比例进行分割;医疗费赔偿后保险限额仍有余额的,可按双方均已发生的同一项下的损失在总损失中的相应比例进行分割。(3)部分受害人死亡、部分受害人受伤且治疗尚未终结的,各受害人分配比例可依其损害程度酌情确定。"四川泸州中院《关于民商审判实践中若干具体问题的座谈纪要(二)》(2009年4月17日 泸中法〔2009〕68号)第17条:"人身损害赔偿案件中,受害人受伤致残,在诉讼中又因其他原因死亡的,残疾赔偿金是否应当支持?基本意见:人身损害赔偿的请求权自损害发生之时就已经产生,不管受害人什么时候死亡,都应当赔偿残疾赔偿金。"广东佛山中院《关于审理道路交通事故损害赔偿案件的指导意见》(2009年4月8日)第1条:"在道路交通事故人身损害赔偿纠纷案件中,受害人是原告;如受害人的伤情构成伤残,其被扶养人可以作为共同原告起诉;如受害人死亡,受害人的继承人是原告。受害人死亡,只有部分合法继承人作为原告提起诉讼的,应追加其他合法继承人作为共同原告参加诉讼。被通知的继承人不愿意参加诉讼,且已明确表示放弃实体权利的,不再列为当事人。受害人的部分被扶养人未就被扶养人生活费起诉的,人民法院不必追加该部分被扶养人作为原告参加诉讼。"第10条:"在受害人处于持续昏迷或者已经成为植物人的情况下,受害人的近亲属以受害人名义起诉到法院的,人民法院应予受理。受害人的近亲属先向有管辖权的法院提起宣告受害人为无民事行为能力或者限制民事行为能力特别程序诉讼,非人民法院受理此类案件的必经程序。"浙江杭州中院《关于道路交通事故损害赔偿纠纷案件相关问题的处理意见》(2008年6月19日)第1条:"……受害人若经交通事故造成智力中度障碍的,诉讼时是否需要法定代理人?诉讼程序上如何操作,是否需经特别程序宣告受害人为无民事行为能力人或者限制民事行为能力人?受害人若经交通事故造成智力中度障碍的,应先对受害人进行智力鉴定,若原告家属及被告对该智力鉴定结论无异议,且涉案相关证据材料争议不大的,无须以特别宣告程序为道交案件裁判的前提。"重庆五中院《关于印发〈审理人身损害赔偿案件座谈会议纪要〉的通知》(2007年10月30日 渝五中法〔2007〕91号)第23条:"受害人死亡的人身损害赔偿案件,死者第一顺序继承人可以在法官释明后全列为原告参加诉讼。会议认为:《解释》第一条的赔偿权利人,是指因侵权行为或者其他致害原因直接遭受人身损害的受害人、依法由受害人承担扶养义务的被扶养人以及死亡受害人的近亲属。这些人都有权利提起损害赔偿之诉,其中一些人没有提起诉讼,要么不知道、要么放弃权利。此时,法官行使告知义务一是能够防止诉讼风险,二是有利于保护其他权利人。《最高院关于适用〈中华人民共和国民事诉讼法〉若干问题的意见》第五十七条规定:必须共同进行诉讼的当事人没有参加诉讼的,人民法院应当依照民事诉讼法第一百一十九条的规定,通知其参加。第五十八条规定:应当追加的原告,已明确表示放弃实体权利的,可不予追加,既不愿意参加诉讼,又不放弃实体权利的,仍追加为共同原告。依照上述规定,法院在审理人身损害赔偿案件的过程中应通知其他继承人参加诉讼,如他们明确表示放弃权利则可不予追加,否则应列为共同原告。"江苏溧阳法院《关于审理交通事故损害赔偿案件若干问题的意见》(2006年11月20日)第4条:"侵权责任主体因与共同生活有关而驾车发生交通事故死亡的,并导致受害人损失,侵权责任主体配偶应承担赔偿责任。如果发生继承的,其他继承人则要接受死者遗产的范围内承担责任。"安徽高院《关于审理人身损害赔偿案件若干问题的指导意见》(2005年12月26日)第27条:"受害人在一审判决前死亡,继承人参与诉讼的,应要求继承人变更诉讼请求,并根据当事人变更后的诉讼请求进行审理。受害人在一审判决后二审判决前死亡的,其继承人参与诉讼后诉讼地位的称谓按受害人的诉讼地位称谓确定。受害人在一审判决后二审判决前死亡的,相关的赔偿项目和赔偿数额可以在组织当事人质证后确定,不必将案件发回重审。"吉林高院《关于印发〈关于审理道路交通事故损害赔偿案件若干问题的会议纪要〉的通知》(2003年7月25日 吉高法〔2003〕61号)第11条:"道路交通事故受害人死亡的,其配偶、父母、子女可以作为原告起诉;为由上述人员的,其兄弟姐妹、祖父母、外祖父母、孙子女、外孙子女可以作为原告起诉。"北京高院《关于人身损害赔偿案件判决生效后权利人死亡如何处理问题的意见》(2001年6月25日 京高法发〔2001〕159号):"……在人身损害赔偿案件中,判令义务人赔偿权利人及其亲属有关费用的判决生效后,权利人死亡的,不宜以此为由提起再审。死亡权利人的亲属向法院申请执行,如符合执行立案条件,应当根据民事诉讼法的有关规定及时立案,并根据案件的具体情况区别处理:一、被申请人未提出异议的,应当按照裁判文书内容执行。二、被申请人提出异议的,应当在充分尊重当事人意愿的基础上,促使双方自行和解,达成协议。三、被申请人提出异议,当事人不能和解,应当分别以下情况处理:1.如果判决对死亡权利人的赔偿部分和对其亲属的赔偿部分明确区分的,可根据

《中华人民共和国民事诉讼法》第二百三十五条第(六)项的规定对死亡权利人的未发生的赔偿部分裁定终结执行;但对死亡权利人已发生的赔偿项目和数额以及对其亲属的赔偿仍应依照生效裁判文书和法律规定执行。死亡权利人的亲属提出新的赔偿请求的,应当在裁定书中告知其依据权利人死亡的新事实向有管辖权的法院另行提起民事诉讼。2. 如果判决对死亡权利人的赔偿部分和对其亲属的赔偿部分没有明确区分的,应当裁定终结执行,并在裁定书中告知当事人可依据权利人死亡的新事实向有管辖权的法院另行提起民事诉讼。"山东高院《关于审理人身损害赔偿案件若干问题的意见》(2001年2月22日)第22条:"人身损害赔偿案件的当事人,原告是受害人,被告是侵害人和依照法律规定对侵害人的侵权行为承担民事责任的公民、法人和其他组织。受害人因侵权行为致死,或者自然人死亡后,其人格或遗体遭受侵害,死者的配偶、父母、子女向人民法院起诉请求赔偿精神损害的,应列其配偶、父母、子女为原告;没有配偶、父母、子女的,可以由其他近亲属提起诉讼,列其他近亲属为原告。"辽宁高院、省公安厅《关于道路交通事故案件若干问题的处理意见》(辽公交〔2001〕62号)第37条:"交通事故赔偿中的死者的继承人(表示放弃继承权的除外)、生前被抚养人均应为诉讼中的当事人,并可委托其中的一名代表作为诉讼代理人。"北京高院《关于印发〈关于审理人身伤害赔偿案件若干问题的处理意见〉的通知》(2000年7月11日)第26条:"死者的近亲属以受害人死亡给自己造成精神痛苦为由请求死亡赔偿金的,应予支持。赔偿金数额可根据致害行为的性质、致害人的过错程度、请求权人所受痛苦之程度以及其与死者的关系等酌定,但一般不得超过我市城镇职工上年平均工资的10倍。死者的近亲属限于死者的配偶、父母、子女。死者的配偶、父母、子女缺位的,形成赡养、抚养、扶养关系的其他近亲属有权请求死亡赔偿金。"四川高院《关于道路交通事故损害赔偿案件审判工作座谈会纪要(试行)》(1999年11月12日 川高法〔1999〕454号)第3条:"道路交通事故赔偿案件诉讼主体的确定。道路交通事故赔偿案件的原告是指因道路交通事故受到人身损害、财产损失的个人和单位,或者死者的继承人,或者因交通事故被公安机关指定预付抢救费用的有关单位和个人等,具体包括以下几个方面:(1)道路交通事故造成人身伤害的,受害人为原告;受害人死亡的,其父母、配偶、子女、被扶养人为共同原告。(2)道路交通事故造成财产损失的,财产所有人(包括公民、法人、其他组织)或者财产占有、使用人为原告……(4)道路交通事故发生后被公安机关指定预付费用抢救伤者费用,后经公安机关认定无责任或责任轻,当事人要求返还预付费用或者要求有责任方承担费用的,该预付费用的当事人为原告。会议认为,道路交通事故赔偿案件的被告原则上应为造成交通事故的直接责任人。如何正确确定道路交通事故损害赔偿案件的责任主体,实践中应从以下几个方面审查:第一、车辆的权属关系,按照谁所有谁负责、谁使用谁负责的民法理论,车辆所有人和使用权人(如承包人、承租人、借用人)原则上应承担道路交通事故引发的民事赔偿责任。起出发点在于考虑谁对车辆拥有法律上和事实上的所有权、支配权、使用权、控制占有权。第二、车辆驾驶员与车辆所有人的关系,即两者之间是否存在职务关系、雇用关系,分清内部责任和外部责任,并以此作为判定驾驶员是否承担道路交通事故损害赔偿责任的标准。第三、车辆使用利益归属。考虑此点的目的在于按照民法中风险与利益共存的理论,确定谁受益谁承担责任。需要说明的是,这里的受益不仅指经济利益,而且包括其他利益。至于应由谁作为被告才算合格被告,实践中应根据上述原则,结合以下有关道路交通事故赔偿责任的认定分别处理。"河南高院《关于审理道路交通事故损害赔偿案件若干问题的意见》(1997年1月1日 豫高法〔1997〕78号)第7条:"道路交通事故受害人死亡的,其配偶、父母、子女可作为原告起诉;没有上述人员的,其兄弟姐妹、祖父母、外祖父母、孙子女、外孙子女也可以作为同等起诉。"第16条:"发生交通事故的车辆属于个人合伙且应当把车辆所有人列为被告时,如个人合伙起有字号,应当将依法核准登记的字号列为被告;个人合伙未起字号的,应当将全体合伙人列为共同被告。"

**5. 最高人民法院审判业务意见。**●**农村"五保户"因交通事故等侵权行为致死获赔的死亡赔偿金应归谁所有?** 最高人民法院民一庭意见:"农村'五保户'因交通事故死亡获赔的死亡赔偿金,不应归属具有公益事业性质的乡敬老院所有。根据《侵权责任法》第十八条第一款规定的'被侵害人死亡的,其近亲属有权请求侵权人承担侵权责任',死亡赔偿金的请求权主体只能是死者近亲属。"○**判决确定的债权人死亡后,执行法院还应否执行判决确定的护理费?**《人民司法》研究组:"人民法院在执行程序中只能根据执行依据确定的内容进行执行,如果在执行过程中发生可能导致执行依据内容发生变动的事实,应当由相关利害关系人通过相关审判监督程序申请予以确定,执行法院在执行程序中无权变更执行依据所确定的债务数额。因此,第一种意见是正确的。"●**农村"五保户"因交通事故等侵权行为致死获赔的丧葬费应归谁所有?** 最高人民法院民一庭倾向性意见:"农村'五保户'因交通事故死亡产生的丧葬费,不应归属具有公益事业性质的乡敬老院所有。根据《侵权责任法》第16条、第18条第1款的规定,被侵权人死亡的,其近亲属有权请求侵权人承担侵权责任,赔偿范围包括丧葬费。丧葬费由他人垫付,垫付实际支出费用在合理范围内的,垫付人有权根据《侵权责任法》第18条第2款的规定请求侵权人赔偿。其实际支出费用少于合理范围的,多出部分,被侵权人近亲属有权主张。"○**农村"五保户"因交通事故死亡获赔的交通事故死亡补偿金等费用应归谁所有?** 最高人民法院民一庭《民事审判实务问答》编写组:"《最高人民法院关于贯彻执行〈继承法〉若干问题的意见》第55条规定:'集体组织对"五保户"实行"五保"时,双方有扶养协议的,按协议处理;没有扶养协议,死者有遗嘱继承人或法定继承人要求继承的,按遗嘱继承或法定继承处理,但集体组织有权要求扣回"五保"费用'。根据该条规定,五保户因交通事故死亡获赔的死亡补偿金等费用应归承担五保户'五保'责任的集体组织所有。"

**6. 参考案例。**①2011年北京某交通事故损害赔偿案,2010年10月,王某步行推轮椅与陈某驾驶妻子张某名下的机动车相撞,轮椅上乘坐的王某母亲即沈某经抢救无效死亡。交警认定王某、陈某同等责任。法院认为:"当事人主义"模式并未完全否定法官的"职权"作用,对于道路交通事故案件此种涉及社会性纠纷,原告罗列主体对案件审理及当事人权益保护不利时,法官应发挥"职权主义"的功能,将兼具"侵害人"及"受害人法定继承人"身份的人列为被告。故本案王某应列为被告。按照优者危险负担规则,认定陈某负本次交通事故65%的民事责任,王某负本次交通事故35%的民事责任。保险公司应在交强险责任限额内予以赔偿,超出部分,由陈某、王某按上述比例分担民事责任。陈某驾驶张某名下轿车,张某对此有运行支配权,其对陈某所负民事责任承担连带责任。原告诉请主张陈某、张某对超出交强险责任限额之外的数额按照50%的比例分担民事责任,法院对此不持异议。②2010年江苏某执行异议案,2005年12月,孙某驾车撞死行人李某,法院生效调解书确认保险公司、孙某雇主赔偿李某妻、继女、父、母、继子共6名原告各项费用共计16.2万元。李某女、父、母申请执行,要求保险公司支付8万元赔偿款,保险公司以已将全部赔偿款16.2万元支付给了李某妻为由提出执行异议。法院认为:交通事故人身损害赔偿的多个债权人,虽基于同一事实,但由于赔偿对象、数额、责任划分与债权人身份密切相关,故而各自享有相对独立的请求权,彼此不具可替代性,这符合可分之债的表征。同时,若将其认定为共同债权,将一人受领视为全体受领,必然会对其他债权人的债权实现带来危险,这不符合交通事故赔偿款设立的宗旨与目的,故可判断交通事故赔偿款应属可分之债。异议人具有分别给付的能力和现实条件,调解书概括性给付的表述,不足以也不宜成为异议人分别给付赔偿款的法律或事实上的障碍。异议人将全额赔偿款16.2万元给付李某妻一人的行为,确存在瑕疵。申请执行权是法律赋予债权人借助司法程序保障其合法债权实现的权利,其本质等同于诉权,是诉权在执行程序中的延伸,申请执行权与债权人是否具有完全行为能力无关,亦与是否可独立行使诉讼权利无关。对于未成年人如何行使诉权,根据民诉法规定,无诉讼行为能力人由他的监护人作为法定代理人代为诉讼。本案中,李某女与继母即李某妻并无事实上的抚养教育关系。根据《民法通则》规定,父母死亡的未成年人,其祖父母、外祖父母可为监护人,故法院应驳回保险公司的异议申请。③2010年四川某交通事故损害赔偿案,2008年12月,吴某驾驶陈某所有的车辆在高速路上撞死福利院院民艾某。交警认定吴某、艾某分负主、次责任。焦点:供养艾某40余年的福利院能否求偿?法院认为:艾某生前由福利院长期扶养、照顾,且无其他近亲属,根据权利义务统一原则,福利院作为孤老残幼的法定收养单位,在履行扶养义务同时,亦应享有相对的权利。受害人艾某死亡后存在赔偿权利而又无近亲属可主张该权利情形下,基于福利院在艾某生前对其履行了扶养和照顾义务,故有权就艾某因人身损害赔偿而应得到的赔偿金进行主张,判决保险公司在交强险和商业三责险范围内赔偿福利院15万余元(编者注:个案处理,合法合情合理。作为一般裁判原则提炼,难免与现行法规龃龉)。

④2010年**重庆某交通事故损害赔偿案**,2010年4月,朱某雇请的驾驶员张某驾驶挂靠物流公司的货车将横过马路的行人黎某撞伤致死。交警认定张某、黎某分负主、次责任。黎某自2004年8月1日即被镇政府确定为"五保户",并于2009年8月由镇政府与敬老院签订供养协议,约定"五保户"在敬老院期间死亡,其遗产归敬老院或按继承法选一处理。黎某无第一、二顺序近亲属。法院认为:受害人黎某无第一、二顺序近亲属,其生前就以五保户身份入住敬老院,并与敬老院签订协议,虽本案道路交通事故损害赔偿所得不属于遗产范围,法律亦未明确规定五保户遭受人身损害时的赔偿权利主体,但根据相关规定和协议约定,该赔偿所得可参照遗产处理,故敬老院有权作为原告主体主张赔偿。⑤2010年**四川某交通事故损害赔偿案**,2009年2月,叶某驾车撞死行人曹某,交警认定同等责任。争议焦点:曹某被作为五保户由镇政府集中供养8年多,镇政府是否有权诉请赔偿?一审支持了镇政府要求赔偿21万余元的诉讼请求,二审经调解,由保险公司和叶某共同赔偿镇政府6万余元(编者注:"五保户"因交通事故遭受人身侵权,政府或其部门不能作为损害求偿主体有公报案例和权威司法意见支持,此亦为二审之顾忌,故力促调解)。

⑥2008年**江西某交通事故损害赔偿案**,2007年2月,张某父被谢某车辆碰撞身亡,交警认定谢某负全责。张某母因已与张某父离婚,张某随父生活,张某父死后,张某母与谢某达成5万余元赔偿协议。因张某母不愿作法定代理人出庭,丧父后的张某随叔叔生活,张某叔被村委会指定为张某监护人后,作为法定代理人以张某名义起诉谢某索赔。法院认为:张某母是未成年原告当然监护人,其监护人、法定代理人资格未被依法撤销。其虽与张某父离婚多年,但离婚并未离掉其法定代理人身份。张某未征得其法定代理人同意,亦无张某母参与,无权独自提起民事诉讼。张某叔以代理人身份代理张某提起本案交通事故损害赔偿诉讼,违反了法律规定,属于无效代理,且某一主体是否有权独立提起诉讼,属于诉讼程序问题,故应裁定驳回无权代理人张某叔以张某名义提起的诉讼。⑦2008年**山东某交通事故损害赔偿案**,2005年4月,刘某无证驾驶摩托与邹某驾驶高某所有的无牌大货车相撞。刘某亡,邹某逃逸后自首。交警认定同等责任。诉讼中,刘某父母相继死亡。法院认为:综合事故当事人在事故中的过错程度及对事故发生的作用力和原因力,对事

故导致刘某死亡给原告造成的相关损失,被告应承担50%的赔偿责任。高某作为肇事车辆的实际车主应承担雇主责任,同时邹某作为驾驶人行驶过程中不注意安全,事发后逃逸,主观过错较大,应承担连带赔偿责任。刘某父母诉讼中死亡,因刘某死亡而依法享有的赔偿请求权份额,依法应由该两人的继承人取得,故刘某父母继承人具有原告主体资格。⑧2007年四川某交通事故损害赔偿案,2007年,罗某驾驶车主为王某、挂靠运输公司、投保交强和三者险的客车肇事致行人李某死亡。李某无近亲属,仅有唯一亲属侄子,生前共同生活居住。法院认为:罗某驾车撞死李某,实际车主王某应承担赔偿责任。该车挂靠运输公司营运,运输公司应承担连带责任。该车投保了交强险和商业三者险,按照法律规定和受害方请求,保险公司应将保险赔款直接支付给受害方。侄子虽非死者近亲属,但属旁系血亲关系,且与李某长期共同居住生活,李某死亡,必然造成侄子家庭费用的直接支出和经济收入的丧失,精神上亦使之痛苦,故侄子可作为赔偿权利人。保险公司应直接将保险赔偿支付给侄子,超过保险责任限额范围的部分,由王某和运输公司连带赔偿。⑨2000年江苏某姓名权纠纷案,1996年7月,左某委托洪某处理其夫因交通事故死亡赔偿事宜,洪某弟到村委会、派出所开证明,将非为受害人母亲的周某名字列为被扶养人。后因事发,增加赔偿的6000元扶养费被没收。周某认为左某、洪某等侵害其姓名权。法院认为:左某在其夫发生交通事故死亡后,全权委托洪某负责事故处理工作。在整个事故处理过程中,洪某弟盗用周某的姓名向对方多索取赡养费6000元,根据《民法通则》规定,被代理人左某对代理人洪某的代理行为,应当承担民事责任。因而本案构成侵犯周某的姓名权。洪某弟为恶意索赔而侵权,致使周某姓名被冒用,应承担姓名权侵权的主要责任,左某与洪某承担连带责任。本案村委会和公安局,因未尽到严格审核义务,出具证明不实,亦应承担次要责任。

【同类案件处理要旨】

被侵权人因道路交通事故死亡,无近亲属或者近亲属不明,未经法律授权的机关或者有关组织向人民法院起诉主张死亡赔偿金的,人民法院不予受理。侵权人以已向未经法律授权的机关或者有关组织支付死亡赔偿金为理由,请求保险公司在交强险责任限额范围内予以赔偿的,人民法院不予支持。被侵权人因道路交通事故死亡,无近亲属或者近亲属不明,支付被侵权人医疗费、丧葬费等合理费用的单位或者个人,请求保险公司在交强险责任限额范围内予以赔偿的,人民法院应予支持。

【相关案件实务要点】

1.【多重身份】道路交通事故赔偿纠纷诉讼中,侵害人同时是事故中已死亡受害人的法定继承人,其诉讼地位应列为被告。案见北京一中院(2011)一中民终字第12889号"王某等诉陈某等道路交通事故人身损害赔偿纠纷案"。

2.【福利院】交通事故受害人死亡后存在赔偿权利而又无近亲属可主张该权利情形下,基于福利院在受害人生前对其履行了扶养和照顾义务,故有权主张就其因人身损害赔偿而应得到的赔偿金。案见四川成都中院(2010)成民终字第5026号"某福利院诉陈某等交通事故损害赔偿案"。

3.【养老院】无近亲属的"五保户"与养老机构签订的供养协议视为遗赠扶养协议,养老机构依扶养关系取得近亲属的法律地位,其有权就五保户死亡获得的人身损害赔偿向法院起诉。案见重庆江津区法院(2010)津法民初字第4097号"某敬老院诉朱某等交通事故损害赔偿案"。

4.【继承赔偿】赔偿权利人诉讼中死亡的,其享有的赔偿份额依法由其合法继承人取得。案见山东淄博博山区法院(2008)博民初字第564号"翟某等诉高某等道路交通事故人身损害赔偿案"。

5.【赔偿对象】针对交通事故赔偿金的多个权利人,保险公司仅给付一人全款,其他权利人申请执行其份额的,应当支持。未成年人享有申请执行权。案见江苏徐州中院(2010)徐执复字第0034号"某保险公司执行异议案"。

6.【未成年人】侵权人侵权时虽已年满18周岁,但并未独立生活,无经济来源,亦无个人财产,其死亡后,其因侵权而产生的民事责任不应由其扶养人垫付。案见四川南部法院(2005)南民初字第1955号"刘某等诉张某等交通事故损害赔偿案"。

7.【监护资格】未成年人的父母是未成年人的监护人、法定代理人。离婚且未与未成年子女生活的一方并不代表其监护人资格及法定代理人资格的丧失。案见江西兴国法院(2008)兴民再初字第2号"张某等诉谢某等人身损害赔偿案"。

8.【事实扶养】基于特殊的家庭成员关系,家庭成员间产生的事实上的扶养关系,以及家庭经济利益因侵权造成相关损失,家庭成员即使非为近亲属,亦可享有请求侵权人赔偿的权利。案见四川纳溪法院(2007)纳溪民初字第581号"李某诉王某等交通事故损害赔偿案"。

9.【冒领责任】假冒他人名义或以其他方式欺骗、愚弄他人或第三人,致使他人或第三人财产或名誉受到损害,应当视为侵犯姓名权。案见江苏淮阴中院(2000)淮民终字第521号"周某诉左某姓名权纠纷案"。

【附注】

**参考案例索引**:四川南部法院(2005)南民初字第1955号"刘某等诉张某等交通事故损害赔偿案",判决陈某赔偿原告1.9万余元。见《扶养人不应承担完全行为能力人的民事责任——刘金祥等诉张文强等交通事故人身损害赔偿案》(杜夕宏),载《人民法院报·案例指导》(20061023:5)。①北京一中院(2011)一中民终字第12889号"王某等诉陈某等道路交通事故人身损害赔偿纠纷案",见《王效凡等诉王小文、陈轶宁、张萌、中国人民财产保险股份有限公司丰台支公司机动车道路交通事故人身损害赔偿纠纷案》(韩毅强、张璇),载《人民法院案例选》(201203:189)。②江苏徐州中院(2010)徐执复字第0034号"某保险公司执行异议案",见《交通事故赔偿案保险公司执行异议的审查——江苏徐州中院裁定永安财产保险公司执行异议案》(张璟、向志),载《人民法院报·案例指导》(20110519:6)。③四川成都中院(2010)成民终字第5026号"某福利院诉陈某等交通事故损害赔偿案",见《荥经县社会福利院诉陈端永、吴捷道路交通事故人身损害赔偿案》(龚桂莲、王俐),载《中国法院2012年度案例:道路交通纠纷》(181)。④重庆江津区法院(2010)津法民初字第4097号"某敬老院诉朱某等交通事故损害赔偿案",见《养老机构可作为五保户死亡损害赔偿纠纷的原告》(蔚琼琼、夏娇),载《人民司法·案例》(201204:73)。⑤四川自贡中院(2010)自民一终字第20号"某镇政府诉叶某等交通事故损害赔偿案",见《中国人民财产保险股份有限公司宜宾市封死营业部上诉荣县度佳镇人民政府等道路交通事故人身损害赔偿案》(尤艳),载《中国法院2012年度案例:道路交通纠纷》(188)。⑥江西兴国法院(2008)兴民再初字第2号"张某等诉谢某等人身损害赔偿案",一审判决谢某赔偿张某8万余元,再审经调解由谢某赔偿张某5万余元。见《血亲≠姻亲:离不掉的义务》(谢兼明),载《人民司法·案例》(200808:67)。⑦山东淄博博山区法院(2008)博民初字第564号"翟某等诉高某等道路交通事故人身损害赔偿案",判决高某赔偿原告6万余元,邹某负连带责任。见《翟玉珍等诉高长社等道路交通事故人身损害赔偿案》(刘可彬),载《人民法院案例选》(200901:165)。⑧四川纳溪法院(2007)纳溪民初字第581号"李某诉王某等交通事故损害赔偿案",判决赔偿款由保险公司直接向侄子支付,王某与运输公司连带赔偿精神损害抚慰金5000元。见《李龙维诉四川省汽车运输成都公司、王明惠、永安财产保险公司成都市武侯支公司交通事故损害赔偿案》(陈立生),载《人民法院案例选》(200802:152)。⑨江苏淮阴中院(2000)淮民终字第521号"周某诉左某姓名权纠纷案",判决左某、洪某及弟弟、村委会、公安局停止姓名权侵权行为并赔礼道歉,洪某兄弟连带赔偿周某精神损害抚慰金300元,其他被告承担连带责任,没收非法所得6000元。见《周王氏诉左桂英等案》(丁爱国、许红霞),载《中国审判案例要览》(2001民事:427)。

**参考观点索引:**●农村"五保户"因交通事故等侵权行为致死获赔的死亡赔偿金应归谁所有?见《农村"五保户"因交通事故等侵权行为致死获赔的死亡赔偿金应归谁所有》(王丹),载《民事审判指导与参考·指导性案例》(201101:135),另见

(201102∶119)。○判决确定的债权人死亡后,执行法院还应否执行判决确定的护理费?见《判决确定的债权人死亡后,执行法院还应否执行判决确定的护理费?》,载《人民司法·司法信箱》(200809∶110)。●农村"五保户"因交通事故等侵权行为致死获赔的丧葬费应归谁所有?见《农村"五保户"因交通事故等侵权行为致死获赔的丧葬费应归谁所有》(王丹),载《民事审判指导与参考·指导性案例》(201102∶122)。○"五保户"因交通事故死亡获赔的交通事故死亡补偿金等费用应归谁所有?见《五保户因交通事故死亡获赔的交通事故死亡补偿金等费用应归谁所有?》,载《民事审判实务问答》(2008∶147)。

# 37. 涉外事故的特殊规定
——外籍受害人,处理何特殊?

【涉外事故】

**【案情简介及争议焦点】**

2007年7月,熊某驾驶雇主余某挂靠农机站的货车与刘某车辆相撞,致刘某及刘某车上加拿大籍的周某死亡,交警认定熊某全责。

争议焦点:1. 如何认定外籍人士经常居住地? 2. 死亡赔偿标准?

**【裁判要点】**

**1. 法律适用。** 最高人民法院《关于审理人身损害赔偿案件适用法律若干问题的解释》第30条所指的赔偿权利人的住所地或经常居住地系针对我国国内不同的地域,不包括境外当事人的住所地或经常居住地。境外当事人的住所地或经常居住地不适用该解释第30条规定。

**2. 赔偿标准。** 考虑本案受害人居住地经济状况与受诉法院所在地的经济状况差距很大的实际情况,本案适用受诉法院所在地标准明显不妥。依据综合考虑优先保护受害人和均衡保护责任人的原则,本案受害人死亡赔偿金和被扶养人生活费赔偿标准可参照国内城镇最高标准来确定。根据相关统计数据结果,2007年度全国城镇居民因交通事故死亡赔偿金及被扶养人生活费标准最高为上海市,故本案赔偿权利人应得死亡赔偿金和被扶养人生活费应以之为据。

**【裁判依据或参考】**

**1. 法律规定。**《民事诉讼法》(2013年1月1日修正实施)第5条:"外国人、无国籍人、外国企业和组织在人民法院起诉、应诉,同中华人民共和国公民、法人和其他组织有同等的诉讼权利义务。外国法院对中华人民共和国公民、法人和其他组织的民事诉讼权利加以限制的,中华人民共和国人民法院对该国公民、企业和组织的民事诉讼权利,实行对等原则。"第261条:"对享有外交特权与豁免的外国人、外国组织或者国际组织提起的民事诉讼,应当依照中华人民共和国有关法律和中华人民共和国缔结或者参加的国际条约的规定办理。"第263条:"外国人、无国籍人、外国企业和组织在人民法院起诉、应诉,需要委托律师代理诉讼的,必须委托中华人民共和国的律师。"第264条:"在中华人民共和国领域内没有住所的外国人、无国籍人、外国企业和组织委托中华人民共和国律师或者其他人代理诉讼,从中华人民共和国领域外寄交或者托交的授权委托书,应当经所在国公证机关证明,并经中华人民共和国驻该国使领馆认证,或者履行中华人民共和国与该所在国订立的有关条约中规定的证明手续后,才具有效力。"《涉外民事关系法律适用法》(2011年4月1日)第44条:"侵权责任,适用侵权行为地法律,但当事人有共同经常居所地的,适用共同经常居所地法律。侵权行为发生后,当事人协议选择适用法律的,按照其协议。"《民法通则》(1987年1月1日,2021年1月1日废止)第8条:"在中华人民共和国领域内的民事活动,适用中华人民共和国法律,法律另有规定的除外。本法关于公民的规定,适用于在中华人民共和国领域内的外国人、无国籍人,法律另有规定的除外。"第146条:"侵权行为的损害赔偿,适用侵权行为地法律。当事人双方国籍相同或者在同一国家有住所的,也可以适用当事人本国法律或者住所地法律。中华人民共和国法律不认为在中华人民共和国领域外发生的行为是侵权行为的,不作为侵权行为处理。"

**2. 司法解释。** 最高人民法院《关于原告蓝婕诉被告马腾和荷兰驻广州总领事馆等机动车交通事故责任纠纷一案受理问题的请示的复函》(2012年8月15日〔2012〕民四他字第31号)第1条:"本案为机动车交通事故责任纠纷。马腾虽然为荷兰驻广州总领事馆领事,但根据《维也纳领事关系公约》及《中华人民共和国领事特权与豁免条例》的相关规定,对于因车辆在我国境内造成的事故涉及损害赔偿的诉讼,领事官员并不享有司法豁免权。蓝婕以马腾为被告提起的诉讼,符合《中华人民共和国民事诉讼法》规定的受理条件,人民法院应予受理。"第2条:"荷兰驻广州总领事馆系荷兰派驻我国的外交代表机构,其不具备民事诉讼主体资格,不应作为本案被告参加诉讼,且根据我国一贯坚持的国家绝对豁免原则,亦不能将该领事馆的派遣国荷兰作为本案的被告,故对于蓝婕以荷兰驻广州总领事馆为被告提起的诉讼,人民法院不应受理。"第3条:"本案被告之一为外国驻华领事,案件具有一定的特殊性和影响,根据《中华人民共和国民事诉讼法》第十九条的规定,此案应由广州市中级人民法院作为一审法院审理。"最高人民法院《关于审理人身损害赔偿案件适用法律若干问题的解释》(2004年5月1日　法释〔2003〕20号,2020年修正,2021年1月1日实施)第1条:"因生命、身体、健康遭受侵害,赔偿权利人起诉请求赔偿义务人赔偿物质损害和精神损害的,人民法院应予受理。本条所称'赔偿权利人',是指因侵权行为或者其他致害原因直接遭受人身损害的受害人以及死亡受害人的近亲属。本条所称'赔偿义务人',是指因自己或者他人的侵权行为以及其他致害原因依法应当承担民事责任的自然人、法人或者非法人组织。"第22条:"本解释所称'城镇居民人均可支配收入''农村居民人均纯收入''城镇居民人均消费性支出''农村居民人均年生活消费支出''职工平均工资',按照政府统计部门公布的各省、自治区、直辖市以及经济特区和计划单列市上一年度相关统计数据确定。'上一年度',是指一审法庭辩论终结时的上一统计年度。"最高人民法院《关于涉外民商事案件诉讼管辖若干问题的规定》(2002年3月1日　法释〔2002〕5号)第5条:"涉及香港、澳门特别行政区和台湾地区当事人的民商事纠纷案件的管辖,参照本规定处理。"最高人民法院《关于贯彻执行〈中华人民共和国民法通则〉若干问题的意见(试行)》(1988年4月2日　法〔办〕发〔1988〕6号,2021年1月1日废止)第178条:"凡民事关系的一方或者双方当事人是外国人、无国籍人、外国法人的;民事关系的标的物在外国领域内的;产生、变更或者消灭民事权利义务关系的法律事实发生在外国的,均为涉外民事关系。人民法院在审理涉外民事关系的案件时,应当按照民法通则第八章的规定来确定应适用的实体法。"第179条:"定居国外的我国公民的民事行为能力,如其行为是在我国境内所为,适用我国法律;在定居国所为,可以适用其定居国法律。"第180条:"外国人在我国领域内进行民事活动,如依其本国法律为无民事行为能力,而依我国法律为有民事行为能力,应当认定为有民事行为能力。"

**3. 部门规范性文件。**公安部《道路交通事故处理程序规定》(2018年5月1日)第96条:"外国人在中华人民共和国境内发生道路交通事故的,除按照本规定执行外,还应当按照办理涉外案件的有关法律、法规、规章的规定执行。公安机关交通管理部门处理外国人发生的道路交通事故,应当告知当事人我国法律、法规、规章规定的当事人在处理道路交通事故中的权利和义务。"第97条:"外国人发生道路交通事故有下列情形之一的,不准其出境:(一)涉嫌犯罪的;(二)有未了结的道路交通事故损害赔偿案件,人民法院决定不准出境的;(三)法律、行政法规规定不准出境的其他情形。"第98条:"外国人发生道路交通事故并承担全部责任或者主要责任的,公安机关交通管理部门应当告知道路交通事故损害赔偿权利人可以向人民法院提出采取诉前保全措施的请求。"第100条:"享有外交特权与豁免的人员发生道路交通事故时,应当主动出示有效身份证件,交通警察认为应当给予暂扣或者吊销机动车驾驶证处罚的,可以扣留其机动车驾驶证。需要对享有外交特权与豁免的人员进行调查的,可以约谈,谈话时仅限于与道路交通事故有关的内容。需要检验、鉴定车辆的,公安机关交通管理部门应当征得其同意,并在检验、鉴定后立即发还。公安机关交通管理部门应当根据收集的证据,制作道路交通事故认定书送达当事人,当事人拒绝接收的,送达至其所在机构;没有所在机构或者所在机构不明确的,由当事人所属国家的驻华使领馆转交送达。享有外交特权与豁免的人员应当配合公安机关交通管理部门的调查和检验、鉴定。对于经核查确实享有外交特权与豁免但不同意接受调查或者检验、鉴定的,公安机关交通管理部门应当将有关情况记录在案,损害赔偿事宜通过外交途径解决。"第101条:"公安机关交通管理部门处理享有外交特权与豁免的外国人发生人员死亡事故的,应当将其身份、证件及事故经过、损害后果等基本情况记录在案,并将有关情况迅速通报省级人民政府外事部门和该外国人所属国家的驻华使馆或者领馆。"公安部《道路交通事故处理程序规定》(2009年1月1日)第68条:"外国人在中华人民共和国境内发生道路交通事故的,除按照本规定执行外,还应当按照办理涉外案件的有关法律、法规、规章的规定执行。公安机关交通管理部门处理外国人发生的道路交通事故,应当告知当事人我国法律、法规规定的当事人在处理道路交通事故中的权利和义务。"公安部《关于印发〈道路交通事故处理工作规范〉的通知》(2009年1月1日公交管〔2008〕277号)第88条:"外国人涉嫌交通肇事逃逸或者涉嫌交通肇事犯罪的,公安机关交通管理部门可以按照有关规定办理边控手续,依法不准其出境。外国人可能承担道路交通事故民事赔偿责任的,公安机关交通管理部门应当告知赔偿权利人可以申请依法不准该外国人出境。赔偿权利人提交书面申请的,公安机关交通管理部门应当按照有关规定办理。"

**4. 地方司法性文件**。浙江宁波中院《关于涉外商事审判若干疑难问题的解答(二)》(2015年5月19日)第2条:"原告只能提供外籍自然人被告的国籍和护照号码,对该被告如何送达诉讼材料?答:首先,应查明被告是否真实存在。如该外籍自然人曾在我国出入境或在我国办理过外国人就业工作证、境外人员临时住宿登记单等,则法院可根据原告提供的国籍和护照信息前往我国相关部门核实国籍、护照信息是否真实。如果不符,则可以被告不存在为由裁定驳回原告的起诉。其次,在查明被告确实存在的前提下,应查明受送达国与我国是否已签订双边民商事司法互助条约或是否为《关于从国外调取民事或商事证据的公约》(《海牙取证公约》)成员国。如果未签订双边民商事司法互助条约,受送达国也非《海牙取证公约》成员国,原告亦无法提供被告的其他送达地址,则可公告送达。如果存在双边民商事司法互助条约或受送达国是《海牙取证公约》成员国,则法院可向受送达国发出调查取证申请书调取受送达人在该国的住所信息后,按照受送达国提供的住所地址进行涉外送达。如果无法查明受送达人国外住所、送达回执显示未送达受送达人或自我国有关机关将司法文书转递受送达人所在国有关机关之日起满六个月,未能收到送达与否的证明文件,且根据各种情况不足以认定已经送达的,可以公告送达。"第 3 条:"外籍当事人提供的护照是否需要办理公证认证手续?答:一般情况下,护照作为国际通行的本国公民出入国境和在国外证明国籍和身份的证件证明,在持有人办妥签证和入境手续后,其提交的护照可以作为外籍当事人的'身份证明'使用,无须办理公证、认证手续。但未办妥签证和入境手续的外籍当事人提供的护照,不能证明其合法身份,应当要求外籍当事人对其提供的护照参照域外证据办理公证、认证手续,或根据其国籍国的规定办理其他足以证明其合法身份的手续。"浙江宁波中院《关于涉外商事审判若干疑难问题的解答(三)》(2013 年 11 月 30 日)第 1 条:"外国当事人作被告时,原告能够提供被告确切存在的证明(如护照等复印件),但无法提供有效送达地址,此时应当如何向被告送达? 答:原告起诉时提供了被告存在的证明,但未提供被告的明确住址,或者法院依据原告所提供的被告住址无法送达的,应要求原告补充提供被告的明确住址。原告无法补充提供或者补充后仍不能确定被告住址的,可向被告公告送达相关诉讼文书。"第 2 条:"向香港当事人邮寄送达的诉讼文书被退回时应如何处理? 答:《最高人民法院关于以法院专递方式邮寄送达民事诉讼文书的若干规定》并不适用香港当事人,向香港当事人邮寄送达的诉讼文书并非通过法院专递形式,若香港的受送达人拒收的,不能视为已送达。如果退回邮件面单显示的送达结果为'不到收',是指该地址有人居住,但送邮件时无人在家,邮局相关人员遂留下邮件编号,要求受送达人前往邮局自取,但是受送达人未去邮局领取邮件。'不到收'情形下,受送达人实际并不知晓送达材料名称及内容,也未实际收到,亦不能视为已送达。如果退回邮件面单显示的送达结果为'查无此人'、'无人居住'、'收件人并无安排转递业务'、'地址不全'或'无此地址'等五种情形,并不能认定邮寄送达成功。出现上述七种情形邮件被退回的,人民法院应及时要求原告提供受送达人其他有效地址以便再次送达。如果原告无法提供新的有效送达地址,可公告送达相关民事诉讼文书。"第 4 条:"外国当事人能否自带翻译参加庭审? 答:《中华人民共和国民事诉讼法》第二百六十二条规定:'人民法院审理涉外民事案件,应当使用中华人民共和国通用的语言、文字。当事人要求提供翻译的,可以提供,费用由当事人承担。'根据该条规定,当事人要求提供翻译的,原则上应由人民法院指定,费用由当事人承担,翻译作为诉讼参与人参加诉讼。但基于诉讼便利原则,对于当事人自带翻译参加诉讼的,可不认定该翻译的诉讼参与人身份,而是将该翻译的陈述视为当事人自己的陈述,在此前提下允许翻译在庭审中发言。同时,人民法院应向该自带翻译的当事人释明,若翻译人员翻译错误,后果由该当事人自负。"第 5 条:"原告向法院起诉时是否有义务提供境外被告确实存在且住所明确的证明,若未能提供被告的相关主体证明材料,法院应如何处理? 答:原告起诉时没有提供境外被告存在、住所明确的证明,仅在起诉状中列明了被告的姓名或名称、住所等情况的,法院应针对不同的情况分别处理:(1)根据起诉状列明的情况对被告按照法定的送达途径(公告送达除外)无法予以送达,且无法确认该被告是否存在的,可以认定为没有明确的被告,依照《中华人民共和国民事诉讼法》第一百一十九条第(二)项的规定裁定驳回原告的起诉;(2)根据起诉状列明的情况对被告按照法定的送达途径(公告送达除外)无法予以送达,但能够确认该被告确实存在的,可依法进行公告送达并实体审理,不得以被告不明确为由裁定驳回起诉;(3)根据起诉状列明的情况对被告按照法定的送达途径(公告送达除外)能够送达的,应视为原告的起诉有明确的被告并进行实体审理。"第6条:"国外原告在起诉状中的签名、签章是否需办理公证认证手续? 答:国外原告向我国法院提交起诉状,其在起诉状上签名、签章这一诉讼行为发生在我国领域之外的,应当办理该起诉状系其出具的公证认证手续,但法院依照其他情形能够认定该起诉状确系原告出具的,可以不要求原告再办理相应的公证认证手续。若原告委托我国律师参加诉讼,对律师的授权范围包括代为提起诉讼事项,且就该授权委托书办理了公证认证手续的,该律师可代为提起诉讼,并有权在诉状中签署律师姓名,法院无须让原告再提交其本人出具起诉状的公证认证手续。"第7条:"国外原告在我国法院提起诉讼时提交了经公证认证的授权委托书,表明其代理人的代理权限为特别授权、全权代理,若被告提起反诉并被法院合并审理,国外原告是否应就反诉案件中的授权委托事项另行办理公证认证手续? 答:国外原告提交的授权委托书虽系针对本诉,但因属特别授权,原则上应理解为包括应对反诉部分的授权,为减少当事人讼累,可无须让国外原告另行办理公证认证手续。"第8条:"被告国籍为中国,但居住地在国外,相关诉讼材料、法律文书应如何送达? 答:根据最高法院、外交部、司法部于1986年发布的《关于我国法院和外国法院通过外交途径相互委托送达法律文书若干问题的通知》第五条及《中华人民共和国民事诉讼法》第二百六十七条的规定,对不在我国领域内居住的中国人可以委托其所在国的我国使、领馆送达。领事送达无需将诉讼文书翻译。同时也可以适用《海牙送达公约》进行送达。"北京高院《关于印发〈北京市法院一审案件移送工作规范(试行)〉的通知》(2012年7月10日 京高法发〔2012〕219号)第13条:"……被告为外国人、无国籍人的,当事人向外国人、无国籍人在中华人民共和国内的居住地法院起诉的,应提供当地居委会、物业公司出具的证明,不能仅凭外国人、无国籍人就职单位的住所地证据确定案件管辖。"江西南昌中院《关于审理道路交通事故人身损害赔偿纠纷案件的处理意见(试行)》(2010年2月1日)第24条:"对香港、澳门、台湾同胞和华侨、外国人、无国籍人的损害赔偿,按受诉法院所在地城镇居民的赔偿标准计算,其交通费按实际的必需费用计算。"上海高院民五庭《关于印发〈关于审理保险合同纠纷案件若干问题的解答(二)〉的通知》(2012年1月31日)第4条:"在涉外案件中,被保险人与第三者事先达成的仲裁条款,对行使保险代位求偿权的保险人有无效力?案件具有涉外因素的,应当按照最高人民法院有关涉外案件的规定处理。即保险人取得保险代位求偿权后,被保险人对第三人的实体权利相应的转移给保险人;但保险人未明确接受仲裁协议的,被保险人和第三者事先达成的仲裁协议对保险人不具有约束力。根据《最高人民法院关于处理与涉外仲裁及外国仲裁事项有关问题的通知》第一条的规定,人民法院在决定受理此类案件之前,必须报请高院进行审查;如果高院同意受理,应将其审查意见报最高人民法院。在最高人民法院未作答复前,可暂不予受理。"福建高院民一庭《关于审理人身损害赔偿纠纷案件疑难问题的解答》(2008年8月22日)第19条:"问:最高人民法院《关于审理人身损害赔偿案件适用法律若干问题的解释》第三十条规定:'赔偿权利人举证证明其住所地或者经常居住地城镇居民人均可支配收入或者农村居民人均纯收入高于受诉法院所在地标准的,残疾赔偿金或者死亡赔偿金可以按照其住所地或者经常居住地的相关标准计算。'如果受害人为外国居民,其住所地或者经常居住地人均收入高于我国居民的人均收入,因此要求按国外的标准赔偿,人民法院是否予以支持?答:按照侵权法原则,应填补受害人的损失,但我国目前与发达国家在人均可支配收入、人均消费性支出等方面均存在较大的差距,如果按照填补原则进行处理,由于我国的赔偿义务人负担能力有限,可能出现外国的赔偿权利人的利益得不到实际保护的情形,故此类案件的处理原则为:外国居民以其住所地或者经常居住地的收入高于受诉法院所在地标准为由,要求按照其住所地或者经常居住地的相关标准计算残疾赔偿金、死亡赔偿金的,人民法院可予支持;但其赔偿标准超过我国内地城镇居民人均最高地区的赔偿标准的,按照我国内地的最高赔偿标准赔偿。香港、澳门特别行政区和台湾地区的居民,可参照前款原则执行。"上海高院《关于下发〈关于审理道路交通事故损害赔偿案件若干问题的解答〉的通知》(2005年12月31日 沪高法民一〔2005〕21号)第6条:"赔偿权利人为外籍人或港、澳、台同胞,误工费、被抚养人生活费、残疾赔偿金或死亡赔偿金依何标准计算?答:司法实践中有适用受诉法院所在地的赔偿标准的观点,亦有按赔偿权利人住所地标准的做法。我们认为,《最高人民法院关于人身损害赔偿案件适用法律若干问题的解释》出于填平受害人损失的考虑,规定在赔偿权利人确有证据证明其住所地或经常居住地的标准高于受诉法院所在地的前提下,可以按照其住所地或经常居住地的标准。但是,鉴于我国目前尚属于发展中国家,与发达国家和地区在人均可支配收入、人均消费性支付等方面均存在很大的差距,如果按解释中确定的原则进行处理,由于我国的赔偿义务人负担能力有限,即使考虑其经济能力,也可能出现外国或港澳台地区赔偿权利人的利益得不到实际保护的情形,也会使法院的判决成为一纸空文。故在确定赔偿标准时,仍以参照受诉法院所在地标准为宜。"广东高院、省公安厅《关于〈道路交通安全法〉施行后处理道路交通事故案件若干问题的意见》(2004年12月17日 粤高法发〔2004〕34号 2021年1月1日起被粤高法〔2020〕132号文废止)第28条:"对现役军人、香港、澳门、台湾同胞和华侨、外国人、无国籍人的人身损害赔偿,按照城镇居民的有关标准计算赔偿数额。"第34条:"在交通事故中需承担民事赔偿义务的境外来华人员,离境前应当履行赔偿义务或者提供相应的担保。"上海高院《关于印发〈几类民事案件的处理意见〉的通知》(1999年1月1日 沪高法〔1999〕528号)第1条:"……精神损害赔偿的数额不能脱离国情。精神损害赔偿数额应当在受害人主张的范围内酌定。人民法院无权责令加害人承担超出受害人主张范围的赔偿数额。至于具体的数额除了要考虑侵权人的过错程度,侵权的手段、方式,受害人的损害程度,侵权行为的社会影响等因素外,还应当与当地居民的实际生活水平相适应,盲目地追求高额赔偿而不加以限制,只会贬低精神损害赔偿的意义,误导人们追求不当利益。因此我们考虑就目前上海市实际生活水平而言,精神损害赔偿额以一般最高不超过人民币5万元为宜(上海人均GDP的二倍),不考虑外国人与本国人、法人与自然人、获利与未获利情况。因为精神损害赔偿虽有对精神利益进行补偿的因素,但更多的是一种加罚措施,受害人的其他损失可以通过经济赔偿弥补,加害人的获利也可以通过制裁方式收缴,侵权人和受害人的特殊身份不应成为确定赔偿额的因素。当然如果加害行为特别恶劣,受害人的损害程度特别严重或者社会影响特别大,需要提高赔偿额的话,也可以适当提高,但为谨慎和统一起见,判决前须报高院民庭复核。"广东高院、省公安厅《关于处理道路交通事故案件若干具体问题的通知》(1996年7月13日 粤高法发〔1996〕15号 2021年1月1日起被粤高法〔2020〕132号文废止)第32条:"对香港、澳门、台湾同胞和华侨、外国人、无国籍人的损害赔偿,按省公安厅公布的城镇居民的赔偿标准计算。"第37条:"……当事人为华侨、外国人、无国籍人的,其亲属从境外来华参加处理交通事故所需交通费按照实际必需的费用计算,凭据支付;误工费、住宿费按照《办法》和省公安厅公布的损害赔偿标准计算。参加处理交通事故必须以接到公安交通管理部门的通知为准。对于当事人及其亲属无公安交通管理部门通知,往返造成的不合理的交通、住宿费用,不列入赔偿范围。"

5. **地方规范性文件**。云南省《道路交通安全条例》(2022年11月30日修正实施)第23条:"从我省口岸、通道入境的外国籍机动车和驾驶人,应当按照我国规定申领机动车临时入境牌证和临时机动车驾驶许可证后,方可上道路行驶,并遵守我国的道路交通安全法律、法规及规章。我国与相关国家签订协议有规定的,从其规定。"第24条:"进入我省境内的外国籍机动车,需要由中国的机动车驾驶人驾驶的,应当到入境地的公安机关交通管理部门办理相关手续。"第25条:"经省人民政府批准,外国籍机动车和驾驶人可以临时进入云南省境内参加有组织的旅游以及其他政府间的交往活动。公安机关交通管理部门按照国家的规定给予外国籍机动车和驾驶人办理相关入出境手续。"

**6. 参考案例。**①2010年北京某旅游合同纠纷案,2008年,澳大利亚籍公民彼得与旅游公司签订《北京市国内旅游合同》,并交纳旅游费。在乘坐旅游公司安排的大巴在昆明行驶过程中,因交通事故致7级伤残。法院认为:案涉旅游合同履行过程中,因旅行社方面责任致彼得身体受到伤害,未完全实现合同目的,故旅游公司应退还彼得未履行的相关款项。因此次交通事故导致彼得伤残,故旅游公司应支付伤残赔偿金,依我国法律规定,侵权行为的损害赔偿,适用侵权行为地法律,且彼得与旅游公司签订的系《北京市国内旅游合同》,故彼得要求按照其居住国澳大利亚生活标准及工资支付其伤残赔偿金、误工费没有依据,应按北京市上一年度"城镇居民人均可支配收入"标准计算伤残赔偿金,并参照国内同行业工资标准支付彼得误工损失。双方虽系合同关系,但旅游公司确实造成了彼得伤残,给彼得造成了精神伤害,故旅游公司应适当支付精神损害抚慰金,判决旅游公司返还彼得旅游团费并支付伤残赔偿金、误工损失费、后续治疗费等共24万余元。②2012年云南某交通事故责任纠纷案,2011年5月,郭某驾驶货运公司名下的货车与得某驾驶的轿车相撞,造成得某车上的缅甸公民董某10级伤残。交警认定郭某全责。法院认为:外国人的生命健康权在我国境内依法受我国法律保护。本案董某作为缅甸公民在我国境内发生交通事故并造成伤害,应当适用我国法律,同时参照受诉人民法院所在地标准,即按云南省赔偿标准计算。关于残疾赔偿费,因董某常往来于缅甸和中国做玉石生意,其收入和支出不低于城镇居民的收入和支出,董某主张按城镇居民标准计算正当合理,应予支持。根据我国法律规定,董某的各项费用确定如下:医疗费85,283.95元,误工费50元/天×235天=11,750元,护理费50元/天×56天=2800元,鉴定费2525元,住院伙食补助费50元/天×56天=2800元,交通费8100元,住宿费1000元(酌定),残疾赔偿费262,998.40元(其中残疾赔偿金16,065元/年×20年×66%=212,058元,被抚养人生活费11,074元/年×4.6年=50,940.40元),残疾辅助器具费28,000元/副×5副=140,000元,左股骨内固定物拆除术后续治疗费5000元,车辆损失费32,000元,精神抚慰金30,000元(酌定)。综上,此次交通事故致董某损失费用合计人民币584,257.35元。依照我国《道路交通安全法》规定,由保险公司在机动车交强险责任限额范围内予以赔偿;不足的部分,按照过错的比例由郭某全部赔偿,货运公司作为肇事车的所有者,应与郭某承担连带赔偿责任。③2011年浙江某交强险合同纠纷案,2010年7月,巴基斯坦公民拉某持本人所有的巴基斯坦驾照驾驶自有轿车与陈某发生碰撞致陈某死亡,交警认定负同等责任。保险公司依法院判决履行交强险赔付责任后向拉某追偿。法院认为:拉某系巴基斯坦国公民,持有巴基斯坦国驾驶证。依据我国机动车驾驶证申领和适用规定,持境外机动车驾驶证的人在中国驾驶,需提交相应的申请并通过相关的考试,拉某在未办理上述手续,未取得我国法律认可的驾驶证的情形下驾驶,属于未取得驾驶资格。保险公司在交强险责任限额范围内垫付抢救费用的,有权向致害人追偿。保险公司作为涉案事故车辆的交强险承保单位,已在交强险限额范围内为拉某垫付了死者陈某的死亡赔偿金11万元,该垫付的费用可向拉某追偿。拉某辩称保险公司只可就抢救费用进行追偿,法院认为,交强险条例明确规定了对受害人的财产损失,保险公司不承担赔偿责任,但对抢救费用以外的人身伤亡损失并未规定保险公司免责,故对该部分费用,保险公司仍须在交强险责任限额内予以垫付并享有追偿权,故判决拉某返还保险公司垫付的赔偿款11万元。

**【同类案件处理要旨】**

外国公民的生命健康权在我国境内依法受我国法律保护。对我国香港、澳门、台湾地区同胞和华侨、外国人、无国籍人的损害赔偿,一般应按受诉法院所在地城镇居民的赔偿标准计算。

**【相关案件实务要点】**

1.【法律适用】外国人的生命健康权在我国境内依法受我国法律保护。外国公民在我国境内发生交通事故并造成伤害,应当适用我国法律,同时参照受诉人民法院所在地标准计算。案见云南腾冲法院(2012)腾民一初字第363号"董某诉郭某等交通事故责任纠纷案"。

2.【经常居住地】最高人民法院《关于审理人身损害赔偿案件适用法律若干问题的解释》第30条所指的赔偿权利人的住所地或经常居住地系针对我国国内不同的地域,不包括境外当事人的住所地或经常居住地,境外当事人的住所地或经常居住地不适用该第30条规定。鉴于受诉法院所在地标准与国外当事人住所地或经常居住地标准两者之间差距过大,故在确定发达国家外国人在我国境内遭受交通事故人身损害所产生的死亡赔偿金和被扶养人生活费时,应参照国内最高省份城镇标准计算赔偿金额。案见江西南昌中院(2009)洪少民终字第16号"江某等诉某农机站等交通事故损害赔偿案"。

3.【外国驾照】持境外机动车驾驶证,未取得我国法律认可的驾驶证的外国公民在中国驾驶,属于未取得驾驶资格无证驾驶。保险公司在交强险责任限额范围内垫付第三者人身损害赔偿费用的,有权向致害人追偿。案见浙江杭州萧山区法院(2011)杭萧民初字第2222号"某保险公司诉拉某交强险合同纠纷案"。

【附注】

**参考案例索引**：江西南昌中院(2009)洪少民终字第16号"江某等诉某农机站等交通事故损害赔偿案"，见《涉外民事侵权损害赔偿纠纷的法律适用和赔偿标准》(陈幸欢、闵遂庚)，载《人民司法·案例》(201222:30)。①北京东城区法院(2010)东民初字第3300号"彼得与某旅游公司旅游合同纠纷案"，见《彼得·迈克莱恩诉中青旅控股股份有限公司旅游合同案(外国人赔偿标准)》(孙莉)，载《中国审判案例要览》(2011民:312)。②云南腾冲法院(2012)腾民一初字第363号"董某诉郭某等交通事故责任纠纷案"。③浙江杭州萧山区法院(2011)杭萧民初字第2222号"某保险公司诉拉某交强险合同纠纷案"。

# 38. 高速公路管理者责任

—— 高速路出事，管理者何责？

【高速公路】

【案情简介及争议焦点】

2005年11月，宋某乘坐郭某驾驶车辆在高速公路上遇障碍物，因采取紧急避险措施不当，造成车辆侧翻，致宋某、郭某死亡。法医检验郭某血样中乙醇含量为17mg/100ml，事故地离上一收费站20.5公里，用时约11分钟，该路段限速80公里/小时。宋某近亲属起诉高速公路公司要求赔偿。

争议焦点：1. 能否认定郭某酒驾超速？2. 高速公路公司应否赔偿？

【裁判要点】

**1. 本案驾驶员具有过错。**事故车辆驾驶员血液中的乙醇含量未达到饮酒驾车的最低标准，不能认定为饮酒驾车；事故车辆驶离收费站20.5公里仅用时约11分钟，平均车速约为110公里/小时，超过该路段限速行驶标准80公里/小时，结合迟于其后30秒通过收费站同向行驶的另一车辆到达事发地时车速不低于127公里/小时的客观事实，应认定事故车辆超速行驶，驾驶员有过错。

**2. 高速公路公司应赔偿。**导致本案交通事故的障碍物是前车在通过收费站20.5公里处掉落的。高速公路公司对通过收费站的车辆装载情况是否符合安全要求负有检查义务，并应禁止存在潜在物体坠落危险的车辆驶入高速公路。本案事故是由前车坠落障碍物的行为和事故车辆驾驶员超速行驶的行为共同造成的。前车坠落障碍物是导致此次交通事故的主要原因,事故车辆的超速行驶则是次要原因。由于高速公路公司负有保障高速公路安全畅通的义务,对高速公路上前车坠落的障碍物没有及时发现和清除,未能保证该段公路畅通,使其后行驶的车辆及乘车人员处于不安全状态,视为高速公路公司未尽到合理限度的安全保障义务,理应承担相应责任。

**【裁判依据或参考】**

1. 法律规定。《民法典》(2021年1月1日)第1236条:"从事高度危险作业造成他人损害的,应当承担侵权责任。"第1240条:"从事高空、高压、地下挖掘活动或者使用高速轨道运输工具造成他人损害的,经营者应当承担侵权责任;但是,能够证明损害是因受害人故意或者不可抗力造成的,不承担责任。被侵权人对损害的发生有重大过失的,可以减轻经营者的责任。"第1241条:"遗失、抛弃高度危险物造成他人损害的,由所有人承担侵权责任。所有人将高度危险物交由他人管理的,由管理人承担侵权责任;所有人有过错的,与管理人承担连带责任。"第1243条:"未经许可进入高度危险活动区域或者高度危险物存放区域受到损害,管理人能够证明已经采取足够安全措施并尽到充分警示义务的,可以减轻或者不承担责任。"第1244条:"未经许可进入高度危险活动区域或者高度危险物存放区域受到损害,管理人能够证明已经采取足够安全措施并尽到充分警示义务的,可以减轻或者不承担责任。"第1256条:"在公共道路上堆放、倾倒、遗撒妨碍通行的物品造成他人损害的,由行为人承担侵权责任。公共道路管理人不能证明已经尽到清理、防护、警示等义务的,应当承担相应的责任。"第1257条:"因林木折断、倾倒或者果实坠落等造成他人损害,林木的所有人或者管理人不能证明自己没有过错的,应当承担侵权责任。"第1258条:"在公共场所或者道路上挖掘、修缮安装地下设施等造成他人损害,施工人不能证明已经设置明显标志和采取安全措施的,应当承担侵权责任。窨井等地下设施造成他人损害,管理人不能证明尽到管理职责的,应当承担侵权责任。"《道路交通安全法》(2004年5月1日实施,2011年4月22日修正)第29条:"道路、停车场和道路配套设施的规划、设计、建设,应当符合道路交通安全、畅通的要求,并根据交通需求及时调整。公安机关交通管理部门发现已经投入使用的道路存在交通事故频发路段,或者停车场、道路配套设施存在交通安全严重隐患的,应当及时向当地人民政府报告,并提出防范交通事故、消除隐患的建议,当地人民政府应当及时作出处理决定。"第30条:"道路出现坍塌、坑漕、水毁、隆起等损毁或者交通信号灯、交通标志、交通标线等交通设施损毁、灭失的,道路、交通设施的养护部门或者管理部门应当设置警示标志并及时修复。公安机关交通管理部门发现前款情形,危及交通安全,尚未设置警示标志的,应当及时采取安全措施,疏导交通,并通知道路、交通设施的养护部门或者管理部门。"第31条:"未经许可,任何单位和个人不得占用道路从事非交通活动。"第32条:"因工程建设需要占用、挖掘道路,或者跨越、穿越道路架设、增设管线设施,应当事先征得道路主管部门的同意;影响交通安全的,还应当征得公安机关交通管理部门的同意。施工作业单位应当在经批准的路段和时间内施工作业,并在距离施工作业地点来车方向安全距离处设置明显的安全警示标志,采取防护措施;施工作业完毕,应当迅速清除道路上的障碍物,消除安全隐患,经道路主管部门和公安机关交通管理部门验收合格,符合通行要求后,方可恢复通行。对未中断交通的施工作业道路,公安机关交通管理部门应当加强交通安全监督检查,维护道路交通秩序。"第55条:"高速公路、大中城市中心城区内的道路,禁止拖拉机通行。其他禁止拖拉机通行的道路,由省、自治区、直辖市人民政府根据当地实际情况规定。"第67条:"行人、非机动车、拖拉机、轮式专用机械车、铰接式客车、全挂拖斗车以及其他设计最高时速低于70公里的机动车,不得进入高速公路。高速公路限速标志标明的最高时速不得超过120公里。"第68条:"机动车在高速公路上发生故障时,应当依照本法第五十二条的有关规定办理;但是,警告标志应当设置在故障车来车方向一百五十米以外,车上人员应当迅速转移到右侧路肩上或者应急车道内,并且迅速报警。机动车在高速公路上发生故障或者交通事故,无法正常行驶的,应当由救援车、清障车拖曳、牵引。"《侵权责任法》(2010年7月1日,2021年1月1日废止)第74条:"遗失、抛弃高度危险物造成他人损害的,由所有人承担侵权责任。所有人将高度危险物交由他人管理的,由管理人承担侵权责任;所有人有过错的,与管理人承担连带责任。"第76条:"未经许可进入高度危险活动区域或者高度危险物存放区域受到损害,管理人已经采取安全措施并尽到警示义务的,可以减轻或者不承担责任。"《公路法》(2004年8月28日)第35条:"公路管理机构应当按照国务院交通主管部门规定的技术规范和操作规程对公路进行养护,保证公路经常处于良好的技术状态。"第66条:"依照本法第五十九条规定受让收费权或者由国内外经济组织投资建成经营的公路的养护工作,由各该公路经营企业负责。各该公路经营企业在经营期间应当按照国务院交通主管部门规定的技术规范和操作规程做好对公路的养护工作。在受让收费权的期限届满,或者经营期限届满时,公路应当处于良好的技术状态。前款规定的公路的绿化和公路用地范围内的水土保持工作,由各该公路经营企业负责。第一款规定的公路的路政管理,适用本法第五章的规定。该公路路政管理的职责由县级以上地方人民政府交通主管部门或者公路管理机构的派出机构、人员行使。"

**2. 行政法规。**国务院《公路安全保护条例》(2011年7月1日)第43条:"车辆应当规范装载,装载物不得触地拖行。车辆装载物易掉落、遗洒或者飘散的,应当采取厢式密闭等有效防护措施方可在公路上行驶。公路上行驶车辆的装载物掉落、遗洒或者飘散的,车辆驾驶人、押运人员应当及时采取措施处理;无法处理的,应当在掉落、遗洒或者飘散物来车方向适当距离外设置警示标志,并迅速报告公路管理机构或者公安机关交通管理部门。其他人员发现公路上有影响交通安全的障碍物的,也应当及时报告公路管理机构或者公安机关交通管理部门。公安机关交通管理部门应当责令改正车辆装载物掉落、遗洒、飘散等违法行为;公路管理机构、公路经营企业应当及时清除掉落、遗洒、飘散在公路上的障碍物。车辆装载物掉落、遗洒、飘散后,车辆驾驶人、押运人员未及时采取措施处理,造成他人人身、财产损害的,道路运输企业、车辆驾驶人应当依法承担赔偿责任。"国务院《**道路交通安全法实施条例**》(2004年5月1日,2017年10月7日修订)第78条:"高速公路应当标明车道的行驶速度,最高车速不得超过每小时120公里,最低车速不得低于每小时60公里。"第80条:"机动车在高速公路上行驶,车速超过每小时100公里时,应当与同车道前车保持100米以上的距离,车速低于每小时100公里时,与同车道前车距离可以适当缩短,但最小距离不得少于50米。"第81条:"机动车在高速公路上行驶,遇有雾、雨、雪、沙尘、冰雹等低能见度气象条件时,应当遵守下列规定:(一)能见度小于200米时,开启雾灯、近光灯、示廓灯和前后位灯,车速不得超过每小时60公里,与同车道前车保持100米以上的距离;(二)能见度小于100米时,开启雾灯、近光灯、示廓灯、前后位灯和危险报警闪光灯,车速不得超过每小时40公里,与同车道前车保持50米以上的距离;(三)能见度小于50米时,开启雾灯、近光灯、示廓灯、前后位灯和危险报警闪光灯,车速不得超过每小时20公里,并从最近的出口尽快驶离高速公路。遇有前款规定情形时,高速公路管理部门应当通过显示屏等方式发布速度限制、保持车距等提示信息。"国务院办公厅《关于交通部门在**道路上设置检查站及高速公路管理问题的通知**》(1992年3月31日)第2条:"根据国务院有关规定,在高速公路管理中,公路及公路设施的修建、养护和路政、运政管理及稽征等,由交通部门负责;交通管理(维护交通秩序、保障交通安全和畅通等)由公安部门负责。"

3. **司法解释**。最高人民法院《**关于审理道路交通事故损害赔偿案件适用法律若干问题的解释**》(2012年12月21日,2020年修改,2021年1月1日实施)第7条:"因道路管理维护缺陷导致机动车发生交通事故造成损害,当事人请求道路管理者承担相应赔偿责任的,人民法院应予支持。但道路管理者能够证明已经依照法律、法规、规章的规定,或者按照国家标准、行业标准、地方标准的要求尽到安全防护、警示等管理维护义务的除外。依法不得进入高速公路的车辆、行人,进入高速公路发生交通事故造成自身损害,当事人请求高速公路管理者承担赔偿责任的,适用民法典第一千二百四十三条的规定。"最高人民法院《关于高长林等六人与河南高速公路发展有限责任公司违约赔偿纠纷一案的函复》(2003年6月25日〔2002〕民一他字第6号):"……本案交通事故发生的直接原因在于肇事车辆违章调头,交通事故责任方应当承担侵权的民事责任。河南高速公路发展有限公司(以下简称河南高速公司),为修建高速公路服务区施工方便,在禁止货车通行期间,允许为其运送沙子的货车驶入高速公路,应当预见到该货车通过高速公路中间隔离带开口处就近驶入在建服务区的潜在危险。因此,河南高速公司未尽必要的安全保障义务,其不作为行为亦是事故发生的原因,应当承担相应的民事责任。具体处理时可先由肇事车辆方承担赔偿责任,不足部分由河南高速公司承担补充赔偿责任。"

**4. 部门规范性文件**。交通运输部《公路养护技术规范》(2010年1月1日)第4条:"公路路面养护应贯彻'预防为主,防治结合'的方针,应加强路况日常巡视,随时掌握路面使用状况,根据路面的实际情况制定经常性、预防性和周期性养护工程计划,安排养护工程,使路面经常处于良好技术状态。"公安部《关于印发〈高速公路交通应急管理程序规定〉的答复》(2008年12月3日 公通字〔2008〕54号)第2条:"因道路交通事故、危险化学品泄漏、恶劣天气、自然灾害以及其他突然发生影响安全畅通的事件,造成高速公路交通中断和车辆滞留,各级公安机关按照本规定进行应急处置。"交通部《关于对〈关于请求明确"公路养护技术规范"有关条款含义的紧急请示〉的答复》(2001年6月5日 交公便字〔2001〕66号):"……公路养护单位,要对公路进行定期清扫,定期清扫时的作业标准是清除杂物,做到路面清洁。定期清扫的频率应根据各地关于公路小修保养工作的相关规定执行。另外,该条规定中的'及时'并不等于'随时',《公路养护技术规范》没有也不可能要求公路养护单位对路面杂物做到随时清除。因此,如果公路养护单位按照规定的频率或有关工作要求做到了定期清扫,即不能认为其'疏于养护'。"公安部交管局《关于做好低能见度气象条件下高速公路交通安全工作的通知》(1998年12月31日 公交管〔1998〕346号)第2条:"加强低能见度气象条件下高速公路的交通管理,保障高速公路安全和畅通。各地公安交通管理部门要按照公安部《通告》的规定,在能见度低于50米时,应果断采取必要的交通管制措施,实施全线或局部封闭高速公路。要制订和完善相应的工作预案,提前做好演练,并加强与有关部门和相邻地区的协同和配合,共同做好高速公路交通事故的预防工作。在低能见度气象条件下,要增派警力,加强巡逻,维护高速公路正常的交通秩序,保障畅通。发生事故或接到事故报案后,应当立即赶赴现场,采取有效的防范措施,避免再次发生交通事故。"第3条:"根据在用车安装后雾灯和高速公路的实际情况,突出重点,开展检查工作,防止发生乱扣、乱罚等现象。在用车安装后雾灯是在低能见度气象条件下,保障高速公路交通安全的一项重要措施。因此,各地要对低能见度条件下进入高速公路的机动车安装使用后雾灯进行检查,对违反《通告》规定的,依法予以处罚,并责令就近驶出高速公路;对未安装后雾灯的不准进入高速公路。正常气象条件下对正常行驶的车辆不得实施检查。对军队和武警部队的车辆不作检查。"公安部《关于对汽车专用公路交通管理有关问题的批复》(1998年2月19日 公交管〔1998〕44号):"……汽车专用公路与高速公路均为专供汽车行驶的道路,虽然汽车专用公路适用的管理法规不同于高速公路,且道路安全设施和速度限制方面也存在差异,但造成交通事故的原因、条件基本一致。因此,可结合汽车专用公路的特点,比照《关于加强低能见度气象条件下高速公路交通管理的通告》执行。"公安部《关于发布〈关于加强低能见度气象条件下高速公路交通管理的通告〉的通知》(1997年12月26日 交公管〔1997〕312号,2004年8月19日废止)第3条:"能见度小于50米时,公安机关依照规定可采取局部或全路段封闭高速公路的交通管制措施。实施高速公路交通管制后,除执行任务的警车和高速公路救援专用车辆外,其他机动车禁止驶入高速公路。此时已进入高速公路的机动车辆,驾驶员必须按规定开启雾灯和防眩目近光灯、示廓灯、前后位灯,在保证安全的原则下,驶离雾区、但最高时速不得超过20公里。未按国家标准安装雾灯的机动车辆,必须就近驶入紧急停车带或者路肩停车,并按规定开启危险报警闪光灯和设置故障车警告标志。"公安部交管局《关于〈高速公路交通管理办法〉有关条款如何理解的答复》(1996年12月19日 公交管〔1996〕225号,2004年8月19日废止)第1条:"《高速公路交通管理办法》中的匝道是指高速公路与其他公路相互立体交叉时,供机动车驶入、驶出高速公路的道路。紧急停车带是指与最右侧行车道相邻,包括硬路肩在内宽度3米以上、有效长度大于或者等于30米,可以满足机动车停靠需要的路面部分。路肩是指高速公路最右侧行车道边缘到路基边缘,经加固后(称为硬路肩)可供机动车紧急停车使用的路面。匝道、紧急停车带、路肩的具体分界依交通标志、标线或者几何线形划分。"第2条:"驾驶员在遇雨、雪、雾天等能见度不足以从低速行驶的机动车中看清前方指示标志的情况下,将车停在超车道、行车道以外观看前方指示,并按规定采取了安全措施,不应视为违章;但驾驶员下车观看指示路牌,应当依据其是否在路肩内和相关规定等情况,分析、确定其行为是否违章。"公安部交管局《关于对高速公路上故障车肇事车清障主管机关的答复》(1996年6月26日 公交管〔1996〕113号):"……高速公路上故障车、肇事车的清障应当由公安机关交通管理部门负责。公安机关交通管理部门也可以根据情况,委托或指派有关部门承担全部、部分清障任务。"

**5. 地方司法性文件。** 江西宜春中院《关于印发〈审理机动车交通事故责任纠纷案件的指导意见〉的通知》(2020年9月1日 宜中法〔2020〕34号)第26条:

"因道路管理维护缺陷导致机动车发生交通事故造成损害的,应由道路管理者承担相应的赔偿责任。道路管理者能够证明自己已按照法律、法规、规章等规定尽到了安全防护、警示等管理维护义务的除外。在道路上堆放、倾倒、遗撒物品等妨碍通行的行为引发交通事故造成损害的,由堆放、倾倒、遗撒物品的行为人承担赔偿责任。道路管理者不能证明自己已按照法律、法规、规章等规定尽到管理、防护、警示等义务的,承担相应的赔偿责任。未按照法律、法规、规章或者国家标准、行业标准、地方标准的强制性规定设计、施工,致使道路存在缺陷并造成交通事故致人损害的,由建设单位与施工单位承担相应的赔偿责任。不允许进入高速公路的行人、非机动车及其他车辆违法进入高速公路发生交通事故造成损害,赔偿权利人请求高速公路管理者承担相应赔偿责任的,人民法院应予支持。但高速公路管理者已按规定采取了安全措施并尽到警示义务的,可以免除赔偿责任。"天津高院《关于印发〈机动车交通事故责任纠纷案件审理指南〉的通知》(2017年1月20日　津高法〔2017〕14号)第3条:"……因道路管理维护缺陷导致机动车发生交通事故造成损害,经当事人请求,应由道路管理者承担相应的赔偿责任。道路管理者能够证明自己按照法律、法规、规章、国家标准、行业标准或者地方标准尽到安全防护、警示等管理维护义务的除外……行人、非机动车、拖拉机、轮式专用机械车、铰接式客车、全挂拖斗车、其他设计最高时速低于70公里的机动车,进入高速公路发生交通事故造成自身损害,当事人请求高速公路管理者承担赔偿责任的,应予支持,但管理人已采取安全措施并尽到警示义务的,可以减轻或免除责任。"第3条:"……未按照法律、法规、规章或者国家标准、行业标准、地方标准的强制性规定设计、施工,致使道路存在缺陷并造成交通事故,经当事人请求,由建设单位与施工单位承担相应的赔偿责任。"江苏南通中院《关于处理交通事故损害赔偿案件中有关问题的座谈纪要》(2011年6月1日　通中法〔2011〕85号)第15条:"道路配套设施设置不符合道路安全管理规定,或者当道路出现损毁时,应当及时设置相应警示标志,采取防护措施而未作为,造成道路交通事故致人损害的,由负有相关职责的单位承担相应赔偿责任。若机动车驾驶人对道路交通事故的发生也有可归责事由的,机动车方应当与有关单位按照原因力的大小分别承担赔偿责任。"山东淄博中院民三庭《关于审理道路交通事故损害赔偿案件若干问题的指导意见》(2011年1月1日)第22条:"行人、非机动车驾驶人未经许可进入高速公路引发交通事故,造成损害的,高速公路管理部门未尽到安全防护、警示等义务的,应当承担相应的赔偿责任。"广东广州中院《民事审判若干问题的解答》(2010年)第6条:"【机动车与非机动车驾驶人、行人发生交通事故时责任比例的确定】机动车与非机动车驾驶人、行人发生交通事故,依据《道交法》第七十六条的规定需要减轻机动车方赔偿责任的,应当遵循何种原则?答:根据《道交法》第七十六条、《广东省道路交通安全条例》第四十八条的规定,一般按照下列原则处理……(四)机动车一方无责任的,承担10%的赔偿责任;(五)非机动车驾驶人、行人在禁止非机动车和行人通行的城市快速路、高速公路发生交通事故,机动车一方无责任的,承担5%的赔偿责任;(六)交通事故是由非机动车驾驶人、行人故意造成的,机动车一方不承担赔偿责任。"福建泉州中院民一庭《全市法院民一庭庭长座谈会纪要》(泉中法民一〔2009〕05号)第16条:"行人进入高速公路发生事故受害,交警部门认定其负全责,对此应依《中华人民共和国道路交通安全法》第六十七条的禁止性规定不予判赔,还是依第七十六条的赔偿条款处理?答:应依《中华人民共和国道路交通安全法》第七十六条及《福建省实施〈中华人民共和国道路交通安全法〉办法》第五十三条的规定,判决机动车一方承担不超过10%的赔偿责任。"四川泸州中院《关于民商审判实践中若干具体问题的座谈纪要(二)》(2009年4月17日 泸中法〔2009〕68号)第15条:"因公路上的障碍物,造成机动车交通事故或者人身损害的,公路管理部门是否承担赔偿责任?基本意见:根据《最高人民法院关于审理人身损害赔偿案件适用法律若干问题的解释》第十六条的规定,道路、桥梁、隧道等人工建造的构筑物因维护、管理瑕疵致人损害的,适用民法通则第一百二十六条的规定,由所有人或者管理人承担赔偿责任,但能够证明自己没有过错的除外。因此,如果公路管理部门不能证明自己没有过错,应当承担民事赔偿责任。"辽宁沈阳中院民一庭《关于审理涉及机动车第三者责任险若干问题的指导意见》(2006年11月20日)第3条:"……(四)机动车一方无责任的,如正在高速公路上按规则行驶的车辆,突然从上方坠落行人或物品,致使车辆躲闪不及,发生交通事故造成损害,或责任完全在行人或非机动车一方,又非故意而为的,机动车一方应承担20%责任。(五)道路交通事故是由受害人故意造成的,机动车一方和保险公司均不赔偿。(六)审理涉及商业保险的责任分担比例,参照强制保险限额责任分担的原则处理,当事人另有约定的除外。"重庆高院《关于审理道路交通事故损害赔偿案件适用法律若干问题的指导意见》(2006年11月1日)第16条:"施工人挖掘道路、占用道路施工,未按规定设置明显标志和采取安全措施,或者竣工后未及时清理现场、修复路面,造成道路交通事故致人损害的,由施工人承担相应赔偿责任。"第17条:"行为人有下列情形之一,造成道路交通事故致人损害的,由行为人承担相应赔偿责任:(一)违法占用道路从事非交通活动,或者破坏道路及道路配套设施的;(二)在道路两侧及隔离带上种植植物或者设置广告牌、管线等,遮挡路灯、交通信号灯、交通标志,妨碍安全视距的;(三)实施其他妨碍道路正常通行行为的。"第18条:"道路配套设施设置不符合道路安全管理规定,或者当道路出现损毁时,应当及时设置相应警示标志、采取防护措施而未作为,造成道路交通事故致人损害的,由负有相关职责的单位承担相应赔偿责任。"第19条:"发生本意见第十七条、第十八条、第十九条规定的情形,机动车驾驶人对道路交通事故发生也有可归责事由的,机动车方应当与有关单位或个人按照原因力的大小分别承担赔偿责任。"山东济南中院《贯彻落实〈道路交通安全法〉座谈会纪要》(2004年5月14日)第6条:"经讨论,与会同志认为,行人、非机动车及拖拉机等根据《道路交通安全法》第67条规定不得进入高速公路的机动车违反规定擅自进入高速公路造成交通事故的,推定其对事故的发生具有重大过失。根据重大过失等同于故意的原则,依照《道路交通安全法》第76条第2款、法释〔2003〕20号司法解释第2条的规定,对方当事人能够证明行为发生时其已采取必要处置措施的,可以免除责任。"山东高院《关于审理人身损害赔偿案件若干问题的意见》(2001年2月22日)第10条:"……在道路维修改造期间,当事人发生的与车辆、行人有关的事故引起的损害赔偿纠纷,向人民法院起诉的,人民法院可以直接受理。"第38条:"在道路、通道上的堆放物或防护装置致人损害,道路管理部门未尽到善良管理人的注意义务,可认定道路管理部门具有道路管理的瑕疵责任,应由其承担受害人的损害赔偿责任;但道路管理部门能够证明是因第三人的过错造成损害的,应以第三人为被告承担赔偿责任。"第41条:"在公共场所、道旁和通道上挖坑、修缮安装地下设施等实施对周围环境具有危险性的行为,没有设置明显标志和采取安全措施造成他人损害的,应以施工人为被告,由其承担民事赔偿责任,不应由建设单位承担责任;设置的标志和采取的安全措施被第三人破坏的,施工人仍应承担赔偿责任,但可以向第三人追偿。"第42条:"在公共场所、道旁和通道上因地下管、线的安全防护设施致人损害的,应以该设施的管理人或所有人为被告承担民事责任。但管理人或所有人能够证明是由第三人的过错造成损害的除外。"

**6. 地方规范性文件。**江苏省《道路交通安全条例》(2023年7月27日修订 2024年1月1日实施)第16条:"道路以及道路交通安全设施的养护、管理单位应当按照有关技术规范等规定实施养护、管理,保证道路处于良好技术状态;发现道路损毁或者道路交通安全设施损毁、灭失影响安全通行的,应当及时设置警示标志,采取相应的防护措施,组织抢修或者排除险情,并报告道路主管部门、公安机关交通管理部门。"吉林市《市政设施管理条例》(2023年6月28日修订 2023年8月1日实施)第5条:"城市供电、供水、消防、燃气、供热、通信、有线电视、交通、治安监控、公交场站等依附于城市道路、桥涵设置的各种设施(以下简称依附设施)依据相关规定,由各自行业主管部门负责管理,其建设、运营和维护管理应当符合本条例的相关规定。非政府投资建设的市政设施,由产权人或者出资人自行管理和维修养护,并接受市政设施行政主管部门的监督。"第15条:"市政设施及依附设施的所有权人或者其委托的管理人,应当定期对有关设施进行巡查、养护,发现损坏、缺失或者接到报修通知的,必须立即采取安全措施,及时维修、补缺,保证正常使用,及时制止并报告侵占、破坏市政设施等违法行为。"第17条:"井盖、护栏、路标等设施因沉陷、缺失、损坏影响车辆、行人安全的,设施所有权人或者其委托的管理人必须在接到通知后1小时内到达现场,及时进行补装、更换或者维修。除特殊情况外,维修工作应当在6小时内结束。其他养护、维修、抢修作业应当按照规定期限完成。"第47条:"市政设施管理机构应当制定相应的管理、维修、养护和疏浚制度,按照相关技术规程定期进行维护,保障排水设施的完好、畅通和安全运行。城市排水设施堵塞、渗漏、塌陷时,市政设施管理机构应当及时清掏、疏浚、修复。"河南省《高速公路条例》(2023年6月1日)第23条:"因雨、雪、雾、路面结冰、道路施工作业、交通事故、突发事件以及其他情况,影响车辆正常行驶的,高速公路经营者应当及时组织除雪融冰、应急抢修;公安机关高速公路交通管理部门可以采取限制车速、限制车型、调换车道等交通管制措施。采取前款交通管制措施仍难以保证交通安全,确需关闭高速公路时,由省公安机关高速公路交通管理部门商省高速公路管理机构后作出决定,及时向社会发布信息,高速公路经营者配合实施。关闭高速公路的情况消除后应当及时开通高速公路,并发布开通信息。"第24条:"行人、非机动车、拖拉机、轮式专用机械车、履带车、铰接式客车、全挂拖斗车、摩托车、三轮机动车、悬挂试车号牌和教练车号牌的车辆以及设计最高时速低于七十公里的机动车,不得进入高速公路。"第25条:"车辆在高速公路上行驶时,不得倒车、逆行,不得穿越中央隔离带掉头或者转弯,非紧急情况不得占用应急车道。"第26条:"车辆因遇障碍、发生故障、事故等停车后,驾驶员应当立即开启危险报警闪光灯,并在来车方向一百五十米以外设置故障车警告标志牌;夜间和雨、雪、雾天还应当同时开启示宽灯、尾灯和后雾灯。"第27条:"高速公路经营者应当加强对所管辖高速公路桥下空间和涵洞的日常巡查和管理,发现违法堆积物品或者搭建设施的,应当立即劝阻和制止,向交通运输综合行政执法机构报告,并及时消除安全隐患。"第36条:"高速公路经营者应当开展日常养护巡查,并制作巡查记录;发现高速公路及其附属设施损坏或者存在安全隐患的,应当立即设置警示标志和安全防护设施,及时组织抢修或者采取措施消除安全隐患。高速公路养护作业应当避开交通高峰时段和恶劣天气,除雪融冰、应急抢修等除外。"第37条:"高速公路施工作业需要半幅封闭或者中断交通的,高速公路经营者应当编制施工路段现场管理和交通组织方案,报省高速公路管理机构、省公安机关高速公路交通管理部门同意,在施工前五日通过新闻媒体和高速公路可变信息板发布施工作业路段、时间等信息,并在施工路段前方设置提示牌。"山东省潍坊市《道路交通安全条例》(2023年3月1日)第42条:"在城市道路范围内,运输渣土、砂石等建筑材料或者建筑垃圾的机动车应当按照公安机关交通管理部门指定的时间、路线、速度通行。行驶过程中应当采取覆盖、密闭或者其他措施防止物料遗撒。"云南省《道路交通安全条例》(2022年11

月30日修正实施)第28条:"道路交通信号、交通安全设施和交通安全监控设施,应当与道路同时设计、同时施工、同时验收和同时投入使用。公安机关交通管理部门应当参与交通信号、交通安全设施和交通安全监控设施的设计、审核和验收。交通信号、交通安全设施和交通安全监控设施的主管部门,应当根据道路通行需要和公安机关交通管理部门的意见,规范设置,及时调换、更新交通信号及交通安全设施和交通安全监控设施。道路交通安全限速监控设施应当设置在明显位置,城市道路之外的限速监控设施应当提前至少1公里警示。"贵州省《高速公路管理条例》(2012年7月1日)第42条:"高速公路经营者应当按照国家有关规定设置、维护交通标志、标线,保持交通标志、标线清晰、醒目、准确、完好,并根据高速公路路网结构的变化和交通安全管理的需要及时进行调整。"第43条:"高速公路经营者应当定期检查和维护高速公路及其桥梁、隧道的监控、照明、排水、通风、报警、消防、救援、安全防护等附属设施,保证设施处于完好状态和正常使用。因交通事故等原因造成相关设施损毁的,应当及时维修、恢复。"第47条:"……高速公路上行驶车辆的装载物掉落、遗洒或者飘散的,车辆驾驶人、押运人员应当及时采取措施处理;无法处理的,应当在掉落、遗洒或者飘散物来车方向150米外设置警示标志,并迅速报告高速公路管理机构或者公安机关交通管理部门。其他人员发现高速公路上有影响交通安全的障碍物的,应当及时报告高速公路管理机构或者公安机关交通管理部门。"天津市《高速公路路政管理规定》(2012年5月21日修正)第18条:"高速公路管理部门应当加强对高速公路及其用地和设施的养护与维修,保持高速公路的良好状态。高速公路的养护维修包括路基、路面及结构物的日常维修和周期性养护,交通肇事损坏及灾后损毁恢复,绿化与环境保护,路面清扫,积雪清除,标志、标线增补,沿线设施的维修等。"广东省《高速公路管理条例》(2012年1月9日修正)第42条:"……'高速公路附属设施'是指高速公路的排水、交通安全、通讯、监控、养护、收费、供电、供水、照明等设施和防护构造物、界碑、里程碑(牌)、花草、树木、管理用房等。"第43条:"全部控制出入并收取车辆通行费的汽车专用公路的管理,参照本条例执行。"浙江省《高速公路运行管理办法》(2011年12月31日修正)第11条:"公路管理机构应当加强对高速公路养护工作的监督检查,发现高速公路及其附属设施达不到规定技术标准的,应当责令高速公路经营单位限期养护;发现高速公路养护作业以及现场管理不规范的,应当责令高速公路经营单位或者其委托的公路养护单位改正。"河北省《高速公路交通安全规定》(2011年10月20日修订)第7条:"除从事高速公路养护作业、路政管理、故障清理、事故救援等工作的人员和专用车辆、机具外,行人、非机动车、低速载货汽车、三轮汽车、拖拉机、轮式专用机械车、铰接式客车、全挂拖斗车和其他设计最高时速低于七十公里的机动车,不得进入高速公路。"吉林省《高速公路管理办法》(2010年9月1

日)第14条:"高速公路养护义务单位,应当按照国家和省的有关规定进行高速公路养护巡查。发现高速公路及其附属设施不符合养护规定的,应当设置警示标志,发布警示信息,并按照国家有关技术规范和操作规程的规定养护高速公路。"广西《高速公路管理办法》(2009年10月15日)第25条:"高速公路经营者应当加强高速公路巡查,发现坍塌、坑槽、水毁、隆起等影响车辆安全通行的,应当立即设置警示标志,及时发布信息并采取措施修复;对三类以上桥梁、A类隧道、危涵,应当及时采取维修加固、大修等措施排除险情。"

**7. 参考案例。**①2014年浙江某代位求偿权纠纷案,2013年,韩某驾车碰撞高速公路路面遗撒物肇事。保险公司理赔后行使代位求偿权,诉请公路公司赔偿2万余元。公路公司举证证明其每天二次巡查。法院认为:从《公路法》第4章"公路养护"部分第35条,及《公路安全保护条例》第4章"公路养护"部分第44条、第47条可以看出,现行法律法规规定了应由高速公路经营企业对高速公路进行管理时,其负有保证高速公路经常处于良好技术状态即巡查并制作巡查记录义务,但该义务履行应达到何种程度,参考交通运输部《公路养护技术规范》,"各种路面应定期清扫,及时清除杂物,以保持路面和环境的清洁",交通部亦对该条款作出过具体明确的解释,即"该条规定中的'及时'并不等于'随时',《公路养护技术规范》没有也不可能要求公路养护单位对路面杂物做到随时清除。因此,如果公路养护单位按照规定的频率或有关工作要求做到了定期清扫,即不能认为其'疏于养护'。"参照《公路沥青路面养护技术规范》对高速公路沥青路面的日常养护之规定,<u>高速公路经营企业保障高速公路安全、通畅行驶环境应达到何种程度,可具体化为两项义务:其一为尽量避开流量高峰时段的全程清扫,其二为每天一次双向全程的日常巡查、定期巡查</u>。公路公司作为事故路段经营管理者负有对事故路段进行日常养护,保障公路安全、畅通义务。根据公路公司提供的清扫保洁记录、巡查记录及相关制度等证据,公路公司已按《公路养护技术规范》《公路沥青路面养护技术规范》相关规定进行了定期清扫及巡查,履行了日常养护,确保公路安全、畅通义务。技术规范中规定的"及时"清扫杂物并不等于"随时"清除杂物,事实上亦不可能要求公路养护单位对路面杂物做到随时清除,如公路养护单位按规定频率或有关工作要求做到了定期清扫,即不能认为其"疏于养护"。<u>公路公司已举证证明按有关规定履行了清扫、巡查义务</u>,对本起事故发生并无过错,判决驳回保险公司诉请。②2013年江苏某人身损害赔偿纠纷案,2009年,龚某驾车在高速公路上碾压一铁制品造成车辆侧翻,乘车人丁某受伤,交警认定系意外事故。丁某诉请高速公路公司、龚某赔偿其损失26万余元。法院认为:高速公路是由专门机构管理的具备高速、封闭、机动车专用等特点的道路。在高速公路上,直接引发事故因素往往除了机动车(含事故车和其他违章车辆)驾驶人员外,还可能包括非机动车因素,如不应进入高速公路的人或物,以及其他车辆的抛撒、散落物体等。在此情况下事故赔偿主体应不限于导致事故发生的人或物的支配者,亦可能包括未尽相关管理义务的高速公路经营者。本案系侵权之诉,公路公司是否构成侵权主体及是否应承担赔偿责任,关键看其是否已尽管理义务。车辆进入高速公路系通过付费方式以获得运行高效的保障,高速公路管理者应保证道路畅通安全,如未尽管理义务或管理有瑕疵,应承担相应赔偿责任。最高人民法院《关于审理人身损害赔偿案件适用法律若干问题的解释》第16条规定,"道路、桥梁、隧道等人工建造的构筑物因维护、管理瑕疵致人损害的,由所有人或管理人承担赔偿责任,但能够证明自己没有过错的除外。"据此,高速公路管理者如想减免己方责任,其前提是须证明已尽及时巡视和清障义务,否则将因自身不作为而承担相应赔偿责任。本案中,龚某与公路公司系有偿使用高速公路的民事合同关系,公路公司收取车辆通行费用,即应保障龚某、丁某等司乘人员在通过高速公路时的安全、畅通。现公路公司未举证证明其已尽及时巡查义务,更不能证明已达到保障公路安全通行目的,据此可认定其存在疏于管理的不作为。公路公司怠于巡查和清障不作为,与事故发生有相当因果关系,其依法应对丁某损失承担主要赔偿责任。龚某在高速公路上驾驶机动车,未尽充分的安全谨慎义务,未及时发现障碍物,对事故发生亦存在一定过错,判决丁某损失26万余元分别由公路公司、龚某赔偿80%、20%。③2013年广东某代位求偿权纠纷案,2012年,贸易公司司机尹某驾车撞上高速公路上残留轮胎肇事,交警认定尹某采取措施不当。贸易公司支付了路产赔偿费1600元、拖车费及修车费共1万余元,交强险保险公司予以理赔后向公路公司代位求偿。法院认为:依《机动车交通事故责任强制保险条例》第3条、第22条规定,交强险是保险公司对被保险人以外的受害人财产损失在责任限额内予以赔偿的强制性责任保险。保险公司追偿对象是交通事故致害人。本案中,保险公司赔付给被保险人的1600元系公路公司路产损失,公路公司系该损失受害人,非属保险公司法定追偿范围。本案被保险人进入高速路后即与公路公司形成有偿服务合同关系。按合同权利义务相一致原则,公路公司有收取费用权利,亦有提供保障公路安全、通畅义务。公路公司虽有证据证实定期巡查公路,但该行为并未达到保障公路安全通行目的,未及时清除路面上轮胎,致使被保险人与路面上轮胎发生碰撞,公路公司在履行义务时存在瑕疵,应承担相应违约责任。合同责任虽以严格责任为归责原则,但双方当事人对损害结果发生是否存在过错,在确定合同责任时仍是须虑及的重要因素。权利人有过失的,应相应减轻违约方违约责任。本案中,依事故认定书,被保险人对事故发生存在过失,应适当减轻公路公司违约责任,酌定公路公司承担被保险人损失80%,故判决公路公司赔偿保险公司8900余元。④2013年山东某追偿权纠纷案,2010年,金某雇请的司机伍某驾车,因高速路上避让铁块不及肇事,致车上金某雇员刘某、李某死亡。金某赔偿死者家属共计79万元后,诉请公路公司赔偿。法院认为:依最高人民法院《关于审理人身损害赔偿案件适用法律若干问题的解释》第11条规定,雇员在从事雇佣活动中遭受人身损害,雇主应当承担赔偿责任,雇佣关系以外的第三人造成雇员人身损害的,赔偿权利人可以请求第三人承担赔偿责任,也可以请求雇主承担赔偿责任,雇主承担赔偿责任后,可以向第三人追偿。本案金某系刘某、李某雇主,在承担雇主责任后,诉请公路公司赔偿,故本案案由应为追偿权纠纷,而非机动车交通事故责任纠纷。最高人民法院《关于审理人身损害赔偿案件适用法律若干问题的解释》第3条规定,二人以上没有共同故意或者共同过失,但其分别实施的数个行为间接结合发生同一损害后果的,应当根据过失大小或者原因力比例各自承担相应的赔偿责任。本案事故发生系伍某违章驾驶和公路公司未及时清理遗留在路面铁块结合导致,在金某赔偿受害人后,有权向伍某和公路公司追偿。金某仅诉请公路公司承担责任而不诉伍某,系其对诉讼权利的处分。公路公司提交的巡查记录,只能证明其按路政管理制度履行了巡查义务,并不能证明其已达到保障公路安全通行目的。公路公司作为高速公路管理部门,依国家有关法规规定,有权向过往车辆收取通行费,而缴费车辆则享有使用高速公路并安全通行的权利。当高速公路出现障碍物后,公路公司未及时清除,未能保障公路安全和畅通,其消极不作为与伍某违章驾驶间接结合,造成了本次事故发生,公路公司应承担一定比例的赔偿责任。综合考虑驾驶员伍某过错,法院酌定公路公司承担30%即23万余元赔偿责任。⑤2013年广东某代位求偿权纠纷案,2012年,贸易公司车辆行驶在高速公路上,因碰撞路面轮胎引发事故,造成车辆损失1.1万余元及路产损失1600元。保险公司赔偿贸易公司后向高速公路公司追偿。法院认为:依《机动车交通事故责任强制保险条例》第3条、第22条规定,交强险系保险公司对被保险人以外的受害人的财产损失,在责任限额内予以赔偿的强制性责任保险。保险公司追偿对象是交通事故致害人。本案中,保险公司赔付给被保险人的交通事故强制保险金1600元是指高速公路公司路产损失。高速公路公司系该路产损失受害人,不属于保险公司法定追偿范围。依《保险法》第60条规定,保险公司赔付给被保险人机动车损失险1.1万余元系高速公路公司原因造成被保险人机动车损失,属于保险公司代位向高速公路公司赔偿范围。本案中的被保险人进入高速公路后即与高速公路公司形成有偿服务合同关系。按合同权利义务相一致原则,高速公路公司有收取费用的权利,亦有提供保障公路安全、通畅义务。高速公路公司虽有证据证实定期巡查公路,但该行为并未达到保障公路安全通行目的,未及时清除路面上轮胎,致使被保险人车辆与路面上轮胎发生碰撞,高速公路公司在履行义务时存在瑕疵,应承担相应违约责任。合同责任虽以严格责任为归责原则,但当事人双方对损害结果发生是否存在过错,在确定合同责任时仍系须考虑的重要因素。权利人有过失的,应相应地减少违约方责任。本案中,根据交警部门的事故认定书,被保险人发生事故原因系未发现地上轮胎及措施不当,可证明被保险人在驾驶方面存在过失,应适当减轻高速公路公司违约责任。综合双方责任,判决高速公路公司承担被保险人80%损失即8900余元。⑥2012年山东某服务合同纠纷案,2012年,王某驾车在高速公路因撞路面石头而受损2万余元。法院认为:王某与公路局形成了合法有效的服务合同关系,王某享有使用高速公路并安全通行的权利,公路局有依法收取通行费的权利和承担保障好高速公路完好、安全、畅通义务。公路局在管理上存有疏漏,其未能及时发现并清理高速公路上障碍物,构成违约。王某在高速公路上驾驶车辆行驶未尽到安全、谨慎的高度注意义务,亦构成违约。结合实际情况,判决公路局承担王某损失60%即1.3万余元责任。⑦2012年浙江某追偿权纠纷案,2011年,邹某驾车在高速公路上碰撞地面铁块,造成车辆受损。保险公司赔偿邹某修理费1万余元后,向公路公司追偿。法院认为:被保险人驾驶车辆在高速公路上行驶,被保险人与高速公路管理者之间即形成了有偿使用高速公路的合同关系。作为高速公路运营管理者,公路公司应履行保障高速公路安全、畅通职责,保障车辆安全通行。现路面铁块造成了车辆损失,证明公路公司并未尽到保障高速公路安全畅通义务,公路公司属违约。公路公司提供了清扫、巡查记录表拟证明其已按《公路养护技术规范》要求,对事故相关路段进行了清扫、巡查及养护,不存在任何过错和违约行为,无须承担被保险人损失,但《公路养护技术规范》是一个行业标准,公路公司按行业标准要求进行巡查、养护,是在履行其日常经营管理行为,对于被保险人与公路公司之间的有偿使用合同关系而言,并不具有法律效力,即使上述证据真实合法,亦不足以证明公路公司行为已足以保障高速公路安全畅通。驾驶员在高速公路上行驶,应集中注意力谨慎驾驶,由于其未按操作规范安全驾驶,对于事故发生亦存在过错,应承担相应责任。综合考虑双方过错,应各自承担50%责任,判决公路公司赔付保险公司5000余元。⑧2012年江苏某服务合同纠纷案,2010年,徐某驾驶蔬菜公司货车,在高速公路上与突然出现的一条狗相撞,产生车辆修理费13万余元。蔬菜公司诉请公路公司赔偿。法院认为:高速公路经营者和通行服务提供者,负有保障路面安全的合同义务,该义务不因其内部制度如何规范被削减。如高速公路路面上突现家畜牲口等较大类动物导致交通事故发生,应认定高速公路经营者违反了保障路面安全的合同义务。此类问题尽管难以绝对避免,但因其属于营利性服务合同中的服务提供者和责任承担者,故应对车辆通行者损害承担赔偿责任。该项赔偿规则的确立本身亦是对通行安全的导向和保障。驾驶人对损害发生有责任的,可适当减轻高速公路经营者赔偿责任。本案中,公路公司向蔬菜公司发放道路通行卡并放行,双方之间基于涉案车辆通行、收费等事宜即达成合意,形成了事实上的服务合同关系。公路公司作为道路通行服务提供者,享有向通行车辆收取过路费的合同权利,同时负有保障路面安全的合同义务。基于高速公路封闭性和单向行驶特点,车辆通行者有理由相信,高速公路路面上不应突现障碍。高速公路道路上突现牲畜,与高速公路应保持安全畅通的性能要求不符,应认定公路公司未能履行保障道路安全之义务。公路公司巡查制度如何制定实施不能构成对路面出现牲畜并造成损害发生的有效抗辩。蔬菜公司在高速公路通行时,应安全谨慎驾驶,其作为受损方,本身亦违反了安全谨慎驾驶的义务,对其损失,应自行承担部分责任。公路公司作为高速公路经营者和通行服务的提供者,虽难能随时清理路面障碍物、突现物,但因此而造成损害仍须认定其服务瑕疵和不足,因其系服务提供者、责任承担者,亦系收费获利者,故其应赔偿。考量到公路公司虽未能尽到保障道路安全的合同义务,但本案事故的确具有偶发性,公路公司并非故意违约,且蔬菜公司亦有一定责任,故应适当减轻公路公司赔偿责任。综合上述因素,判决公路公司赔偿蔬菜公司损失70%即9万余元。⑨2011年北京某保险合同纠纷案,2009年,杨某聘请的司机王某驾驶投保车辆在高速公路上行驶,因撞上道路上的方钢(前面大货车掉下来的保险杠)致车辆损害。交警认定王某全责。保险公司支付杨某18万余元理赔款后,向高速公路公司代位求偿。法院认为:依《公路法》第43条第2款规定,公共道路管理部门负有保障公共道路安全和畅通的法定义务。《侵权责任法》第89条规定:"在公共道路上堆放、倾倒、遗撒妨碍通行的物品造成他人损害的,有关单位或者个人应当承担侵权责任。"收费公路上遗撒物妨碍通行致人损害的,受害人可依《收费公路管理条例》第26条和《民法通则》第106条第2款规定,追究收费公路管理者未履行"对收费公路及沿线设施进行日常检查、维护""保证收费公路处于良好的技术状态"的法定义务的侵权责任。该责任属安全保障责任范畴,在归责和责任承担时适用过错责任原则和过失相抵规则。本案所涉事故发生原因在交通事故认定书中有记载,系投保车辆撞路面长形方钢所致。高速公路公司系高速路管理者,其向在该道路上通行的车辆收取相应费用,与交费人之间形成有偿使用公路的合同关系。本案被保险人杨某履行了缴费义务,高速公路公司应履行道路管理者义务,在巡视和清扫公路过程中及时发现道路上的方钢,设置相应警示标志并尽快清除方钢。因其未尽到上述管理义务,导致本案所涉交通事故发生,应承担相应赔偿责任。保险公司向杨某赔付后,向高速公路公司享有代位求偿权。考虑投保车辆在高速路上行驶,驾驶员应集中注意力谨慎驾驶,因其未尽足够注意义务避免事故发生,本身亦存在过失,应适当减轻高速公路公司赔偿责任,依双方提交证据,酌定此次事故,由高速公路公司承担70%赔偿责任,故判决高速公路公司给付保险公司12万余元。⑩2011年安徽某交通事故纠纷案,2010年,王某在高速公路上,因未及避让路面横着的一截木头,致车损人伤。2011年,王某诉请公路公司赔偿。公路公司以路面养护单位及疑似韩某车辆掉落木头为由要求追加被告。法院认为：王某车辆碾压到遗落在高速公路路面上树木是导致事故发生的直接原因，对高速公路负有管理职责的公路公司未提供安全的通行环境，尤其是在接到路面障碍物报警电话后长达三小时时间内亦未清理路面，公路公司对涉案事故发生具有不可推卸的责任，其对事故造成的损失应承担赔偿责任。公路公司将路面养护等事务对外发包与本案不具关联性，承包单位非本案必要共同被告，故公路公司申请追加被告要求不予准许。公路公司未能举证证明造成涉案事故树木系韩某车上散落，故其关于韩某承担责任的理由缺乏事实依据，不能成立，不予支持。判决公路公司赔偿王某医疗费、残疾赔偿金等4.9万余元。⑪2011年北京某高速公路服务合同纠纷案〔农用车〕，2010年4月，琚某雇用的司机陈某驾驶农用车在高速公路上与武某驾驶车主为王某的客车相撞，致两车损坏、武某死亡，交警认定同等责任，法院判决琚某赔偿武某法定继承人39万余元。琚某认为高速公路允许其农用车进入高速存在过错应当赔偿。法院认为：《道路交通安全法》及其实施条例、农用运输车安全基准均对低速货车不允许进入高速公路作出相应规定，陈某作为司机，对此应明知，但其仍主动驶入高速路，相对于高速公路公司具有更大的过错。作为事故发生时该农用车的实际控制人，琚某应承担由此造成的损失。高速公路公司提供的服务是快速通行，而快速通行中车辆危险系数明显增加，故该服务具有一定的特殊性，高速公路公司在缔结合同中应对服务的对象、范围进行严格审查和甄别。虽相关规范均表明四轮农用车无权进入高速公路，但上述规范均是以时速作为高速公路准入的界定标准，并非以车型、外观作为评判依据。涉案车辆虽为农用车，但在外观上不具有典型特征，而高速公路公司工作人员仅通过目测时速，存在难以区分该车是否属于准入范围的客观障碍，故高速公路公司仅承担次要责任。判决高速公路公司赔偿琚某损失的20%共计7.9万余元。⑫2011年河南某交通事故损害赔偿案〔农用车〕，2008年9月，宁某驾驶车辆在高速路上与叶某驾驶的低速四轮农用运输车发生追尾肇事，致轿车报废，宁某及其子受伤，妻及女死亡，交警认定宁某全责，叶某不负事故责任。法院认为：高速公路公司作为高速公路的经营者、管理者，其应按照省《高速管理条例》规定履行职责，有阻止禁止设计最高时速低于70公里的机动车进入高速公路的义务。且农用车牌照与非农用车的牌照有明显的区别，高速公路公司在管理上存在疏漏。其辩称高速公路安全畅通是公安机关高速交警一方责任的理由不能成立。宁某获取通行卡后即与高速公路公司形成服务合同，后者有确保道路安全畅通的义务，对该事故的发生高速公路公司应承担相应的责任。宁某驾车在高速公路上行驶未保持适当的车距，是导致事故发生的主要原因，对事故造成的损失应承担主要责任，判决高速公路公司对宁某的损失承担30%的赔偿责任。⑬2010年北京某服务合同纠纷案〔施工工具〕，2009年11月，刘某驾驶车辆在高速公路上为躲避中间车道内的编织布覆盖物、油漆桶而撞防护栏,造成修车费等5万余元。法院认为:刘某驶入首发集团管理的高速公路并领取高速公路通行券后,即与首发集团建立了以首发集团为刘某提供安全通畅的高速公路通行服务、刘某支付相应对价的服务合同关系。首发集团作为高速公路管理部门,在与刘某的合同关系中负有管理高速公路的义务,即注意义务,现前者未能尽到善良管理人的注意义务,导致刘某因为高速路路面的障碍物发生交通事故,首发集团应该对刘某的损失承担赔偿责任。⑭2009年四川某交通事故损害赔偿案〔飞石〕,2007年10月,三小孩在立交桥上玩掷石头,其中一块鹅卵石击穿高速路上王某乘坐轿车的挡风玻璃,击中王某胸部致王某死亡,死者家属起诉三小孩的监护人和高速公路公司。法院认为:高速公路公司作为事发天桥的经营者和管理者,应对桥梁设施、设置尽到维护、管理义务,但安全保障义务应以"合理"为其限度。高速公路公司提交证据能证明事发天桥的设计立项、实际施工量及竣工工程量中,均包含了防护网的设计和安装,以及事发现场天桥安装了防护网。2006年发布和实施的《高速公路交通工程及沿线设施通用规范》《公路交通安全设施设计细则》虽然规定了防抛网的高度,但因规定的适用范围仅限于新建和改建的公路,对本案涉及的天桥不具有溯及既往的效力,故上述规范性文件不适用于本案。依据高速公路的相关管理规定,高速公路公司对其管辖路段采取检视道路、设施、标识、处理交通事故、制止违章行为的方式进行巡视管理,尽到了必要的管理职责。因高速公路公司不能对本案三小孩攀爬防护网实施的故意侵权行为事先预见,故该故意侵权行为造成的损害后果不在高速公路公司的控制范围内,故不能认定高速公路公司未尽管理职责,判决三小孩的监护人连带赔偿原告24万余元。⑮2008年新疆某交通事故损害赔偿案〔煤块〕,2007年11月,因高速公路车道上散落着大小不等的煤块,导致高速公路上缴费通行的公司法定代表人杨某驾车避让不及,碰撞路边护栏,交警认定杨某负全责。公司赔偿了公路护栏损失1万余元,另事故车维修花了25万余元。法院认为:交警事故责任认定仅是对驾驶员有无违章行为认定,不涉及双方间合同责任,故交通事故责任认定不能作为交管局免除合同责任依据。公司向交管局缴纳通行费后,双方间即形成事实上的服务合同关系,交管局应恪尽职守,履行勤勉、谨慎的注意义务,确保该高速公路畅通无阻。本案发生时,该高速公路上散落着煤块,阻碍了车辆正常通行,致使公司车辆碰撞护栏造成损失,说明交管局未尽到对路面异常情况及时发现并予以清除及确保车辆安全通行的高度注意义务,故交管局负有未及时清除该障碍物的违约责任,对因交通事故造成公司的全部经济损失负有民事赔偿责任。⑯1999年江苏某损害赔偿案〔障碍物〕,1997年11月,副业公司驾驶员孙某驾驶单位车辆,因途经的高速公路出现障碍物,为避让而撞护栏,致乘坐人员一死三伤。交警认定为意外事故。副业公司因此支付各项事故赔偿23万余元,保险公司理赔车辆损3万余元。副业公司起诉收取通行费的高速公路管理处,主张未尽管理义务应负赔偿责任。法院认为:高速公路管理处作为机场高速公路的管理部门,依据国家公路法规及事业单位法人登记证核准的范围,向过往车辆收取通行费,同时应履行养护公路,保障公路安全畅通的义务;副业公司履行了缴纳车辆通行费的义务,即享有使用高速公路并安全通行的权利。因副业公司向高速公路管理处交纳车辆通行费行为而形成了二者之间的合同关系,双方均应自觉履行。因高速公路管理处对公路上出现障碍物未及时清除,未履行保障公路安全畅通义务,违反约定,致副业公司遭受损失,依法应承担违约责任。副业公司要求高速公路管理处赔偿在处理事故中支付的各项费用,其中符合道路交通事故处理规定的应予支持,已向保险公司索赔的应予扣除,判决高速公路管理处赔偿副业公司损失14万余元。

**【同类案件处理要旨】**

因高速公路管理维护缺陷导致机动车发生交通事故造成损害,除非高速公路管理者能够证明已按照法律、法规、规章、国家标准、行业标准或者地方标准尽到安全防护、警示等管理维护义务,否则应承担相应赔偿责任。依法不得进入高速公路的车辆、行人,进入高速公路发生交通事故造成自身损害,高速公路管理者应承担赔偿责任,管理人已经采取安全措施并尽到警示义务的,可以减轻或者不承担责任。高速公路抛撒障碍物造成他人损害,抛撒人应承担侵权责任,收取通行费的高速公路管理部门对该损害应承担违约赔偿责任,二者属于不真正连带责任。受害人在此责任竞合情形下,可以选择任一主体行使债权请求权。

**【相关案件实务要点】**

1.**【合理限度的安全保障义务】**高速公路的经营者和管理者,应对高速公路及其配套设施、设置尽到维护、管理义务,但安全保障义务应以"合理"为其限度。若其已在合理限度内尽到了建构、维护、防护、管理高速公路及其配套设施的安全保障义务而仍无法避免事故损害发生,则高速公路经营者和管理者不应承担相应赔偿责任。案见四川成都中院(2009)成少民终字第84号"王某等诉某高速公路公司人身损害赔偿案"。

2.**【保障通行】**高速公路管理人在代行路政管理及征收规费行政权力时,也为解决自己经营活动所需经费向过往车辆收取车辆通行费权利,故其有履行保障高速公路完好、安全、畅通的职责与义务,因高速公路瑕疵致交通事故时应承担赔偿责任。案见新疆昌吉中院(2008)昌中民二终字第0308号"某公司诉某交管局服务合同案"。

3.**【遗撒物】**高速公路遗撒物致人损害时,公路管理部门或公路经营企业应对受害人承担违约损害赔偿责任。案见北京二中院(2010)二中民终字第22227号"刘某诉某高速公路公司服务合同纠纷案"。

4.【障碍物】高速公路经营者应当保障道路交通有序、安全、畅通,如果未及时清扫路面障碍物,视为未尽到合理的安全保障义务,应承担补充赔偿责任。案见重庆五中院(2011)渝五中法民再终字第17号"郑某等诉某高速公路公司人身损害赔偿案"。

5.【低速车】高速公路公司作为高速公路的经营管理单位,应履行查禁低速车进入高速公路的义务。如果其怠于履行这种义务,一旦低速车肇事,高速公路公司应承担相应责任。案见河南平顶山中院(2011)平民二终字第169号"宁某等诉某高速公路公司人身损害赔偿案"。

6.【农用车】高速公路公司提供的是车辆快速通行服务,该服务的高度危险性要求在缔结高速公路服务合同时应对服务对象进行严格审查和甄别。高速公路公司对禁止通行的农用车放行,导致其发生交通事故,农用车所有人可以向高速公路公司追偿,高速公路公司应在其过错范围内承担相应的赔偿责任。案见北京密云区法院(2011)密民初字第1062号"琚某诉某高速公路公司服务合同纠纷案"。

【附注】

**参考案例索引**:重庆五中院(2011)渝五中法民再终字第17号"郑某等诉某高速公路公司人身损害赔偿案",一审判决高速公路公司赔偿70%责任,二审认为事故发生在凌晨,事故系障碍物引起,路面障碍物的形成时间距事故发生相差约一小时,事故发生前没有人对路面障碍物报警要求清除,高速公路公司对此无法预见,同时也不能防止就此引起的事故。按照行业标准《公路养护安全作业规程》的规定,公路严禁在能见度差(如夜间、大雾天)的条件下进行人工清扫,故高速公路公司不能安排职工在夜间对高速公路的路面进行清洁维护。高速公路公司对路面障碍物应当及时清扫,但不可能做到随时清扫,按照重庆市高速公路养护实施细则规定,有的路段每天清扫一次,而有的路段二天或三天才清扫一次。根据交通部的解释,及时清扫并不等于随时清扫。高速公路公司按照规定对事故路段进行了每日巡查和清洁维护,故本案路面障碍物的出现,公司是根本无法预见的,根据交警对本案事故成因分析,该次事故的发生确属意外事件,应认定为意外事故,且驾驶员超速酒驾,故改判驳回原告诉讼请求;再审维持一审。见《高速公路公司夜间未及时清障之义务限度》(李亮、张华荣),载《人民司法·案例》(201124:75)。①浙江奉化法院(2014)甬奉溪商初字第179号"某保险公司与某公路公司保险人代位求偿权纠纷案",见《大地财产保险股份有限公司宁波分公司诉宁波剡界岭高速公路有限公司保险人代位求偿权纠纷案——高速公路经营企业应否对散落物引发的事故承担赔偿责任之认定》(郭建标),载《人民法院案例选》(201503/93:188);另见《高速公路经营企业应及时而非随时清除散落物》(郭建标),载《人民司法·案例》(201510:98)。②江苏扬州中院(2013)扬民终字第 0132 号"丁某与某公路公司等人身损害赔偿纠纷案",见《丁启章诉江苏京沪高速公路有限公司等人身损害赔偿纠纷案》,载《最高人民法院公报·案例》(201610/240:35);另见《丁启章诉江苏京沪高速公司等因未及时清理路障引发交通事故损害赔偿纠纷案》,载《江苏省高级人民法院公报》(201405/35:31)。③广东广州中院(2013)穗中法金民终字第 57 号,见《中国人民财产保险股份有限公司广州市分公司诉广州北环高速公路有限公司保险人代位求偿权纠纷案——高速公路管理者对路面障碍物造成公路使用人的财产损失应否承担民事责任的认定》(杨斯森),载《人民法院案例选》(201403/89:259)。④山东枣庄中院(2013)枣民二商终字第 10 号"金某诉某公路公司等追偿权纠纷案",见《金继典诉山东高速集团有限公司、山东高速集团有限公司枣庄分公司追偿权纠纷案——多因一果间接侵权行为的认定和责任分担》(张硕),载《人民法院案例选》(201402/88:205);另见《高速公路管理公司间接侵权的责任承担》(张硕),载《人民司法·案例》(201408:46)。⑤广东广州中院(2013)穗中法金民终字第 57 号"某保险公司与某高速公路公司保险人代位求偿权纠纷案",见《中国人民财产保险股份有限公司广州市分公司诉广州高速公路公司保险人代位求偿权纠纷案(高速公路管理者的赔偿责任)》(杨斯森),载《中国审判案例要览》(2014 商:296)。⑥山东垦利法院(2012)垦商初字第 102 号"王某与某公路管理局服务合同案",见《王继峰与山东省东营市公路管理局服务合同案(高速公路遗洒物致人损害)》(孙建平),载《中国审判案例要览》(2013 商:76)。⑦浙江宁波中院(2012)浙甬商终字第 553 号"浙江沪杭甬高速公路股份有限公司宁波管理处等与安诚财产保险股份有限公司宁波分公司追偿权纠纷上诉案",见《高速公路上撒落物造成车辆损失的责任承担》(张丽),载《人民司法·案例》(201304:89)。⑧江苏宿迁中院(2012)宿中商终字第 0053 号"某蔬菜公司与某公路公司服务合同纠纷案",见《运康公司诉宁宿徐高速公路有限公司因在高速公路通行突遇障碍物发生事故服务合同纠纷案》,载《江苏省高级人民法院公报》(201205/23:18)。⑨北京一中院(2011)一中民终字第 8578 号"某保险公司与某公路公司保险合同纠纷案",见《中国平安财产保险股份有限公司北京分公司诉华北高速公路股份有限公司财产保险合同纠纷案——高速公路管理者保障公路完好、安全、畅通的责任》(李大华),载《人民法院案例选》(201301/83:224)。⑩安徽六安中院(2011)六民一终字第 00514 号"王某与某高速公路公司等交通事故责任纠纷案",见《王军等诉安徽交通投资集团金寨高速公路管理有限责任公司等机动车交通事故责任案》(郝诗亮),载《中国审判案例要览》(2012 民:373)。⑪北京密云区法院(2011)密民初字第 1062 号"琚某诉某高速公路公司服务合同纠纷案",见《农用车上高速致追尾的责任追偿》(陈琼、李强),载《人民司法·案例》(201210:85)。⑫河南平顶山中院(2011)平民二终字第 169 号"宁某等诉某高速公路公司人身损害赔偿案",见《高速公路公司放任低速车进入高速公路肇事后的责任——河南平顶山中院判决宁照静等诉中原高速公路公司人身损害赔偿案》(张春阳、王红梅、陈斌),载《人民法院报·案例指导》(20111013:6)。⑬北京二中院(2010)二中民终字第 22227 号"刘某诉某高速公路公司服务合同纠纷案",见《高速公路遗洒物致人损害时公路管理部门的违约责任——北京二中院判决刘晓鹏诉北京首发集团公司服务合同纠纷案》(卓燕平),载《人民法院报·案例指导》(20111124:6)。⑭四川成都中院(2009)成少民终字第 84 号"王某等诉某高速公路公司人身损害赔偿案",见《高速公路经营者的安全保障义务仅限于可预见、可防范的范围之内——王颖、王德琼诉四川成南高速公路有限责任公司其他人身损害赔偿纠纷案》(张倩),载《人民法院案例选·月版》(201003:54)。⑮新疆昌吉中院(2008)昌中民二终字第 0308 号"某公司诉某交管局服务合同案",判决交管局赔偿公司 26 万余元。见《高速公路存在瑕疵致交通事故的赔偿责任——石河子富侨保健服务有限公司诉新疆维吾尔自治区交通建设管理局及其昌吉管理处服务合同纠纷案》(杨善明),载《人民法院案例选·月版》(200902:78)。⑯江苏南京中院(1999)宁民终字第 573 号"某副业公司诉某高速公路管理处损害赔偿案",见《江宁县东山镇副业公司与江苏省南京机场高速公路管理处损害赔偿纠纷上诉案》,载《最高人民法院公报·案例》(2000:198);另见《江苏省南京市江宁县东山镇副业公司诉江苏省南京机场高速公路管理处损害赔偿案》(沈亚峰),载《中国审判案例要览》(2000 民事:293)。

# 39. 道路通行障碍致事故
## ——道路障碍物,肇事谁负责?

【通行障碍】

【案情简介及争议焦点】

2006 年 6 月,许某无证驾驶无牌摩托车未戴安全帽在交通局负责管理的公路上撞上沙堆酿成事故,4 天后许某伤重死亡。交警无法查清并认定事故责任。

争议焦点:1. 交管局有无责任? 2. 能否过失相抵?

**【裁判要点】**

**1. 交管局责任。** 交通局未及时清理公路上堆放的沙堆，对其所维护、管理的道路存在管理瑕疵，造成机动车通行缺乏安全性，该事故的发生与交通局维护管理道路存在瑕疵有事实上的因果关系，故依法应承担相应的赔偿责任。

**2. 受害人责任。** 死者许某无证无牌行车，遇突发事件处置不当，车速过快，是造成损害后果发生的主要原因，尤其是其未戴安全头盔，是造成损害扩大的根本原因，而许某驾驶摩托车时存在上述情形属于具有重大过失，违反了法律的禁止性规定，故许某本人应承担主要责任，应自负事故80%的损害责任。

**【裁判依据或参考】**

**1. 法律规定。**《民法典》（2021年1月1日）第1236条："从事高度危险作业造成他人损害的，应当承担侵权责任。"第1240条："从事高空、高压、地下挖掘活动或者使用高速轨道运输工具造成他人损害的，经营者应当承担侵权责任；但是，能够证明损害是因受害人故意或者不可抗力造成的，不承担责任。被侵权人对损害的发生有重大过失的，可以减轻经营者的责任。"第1241条："遗失、抛弃高度危险物造成他人损害的，由所有人承担侵权责任。所有人将高度危险物交由他人管理的，由管理人承担侵权责任；所有人有过错的，与管理人承担连带责任。"第1243条："未经许可进入高度危险活动区域或者高度危险物存放区域受到损害，管理人能够证明已经采取足够安全措施并尽到充分警示义务的，可以减轻或者不承担责任。"第1244条："未经许可进入高度危险活动区域或者高度危险物存放区域受到损害，管理人能够证明已经采取足够安全措施并尽到充分警示义务的，可以减轻或者不承担责任。"第1256条："在公共道路上堆放、倾倒、遗撒妨碍通行的物品造成他人损害的，由行为人承担侵权责任。公共道路管理人不能证明已经尽到清理、防护、警示等义务的，应当承担相应的责任。"第1258条："在公共场所或者道路上挖掘、修缮安装地下设施等造成他人损害，施工人不能证明已经设置明显标志和采取安全措施的，应当承担侵权责任。窨井等地下设施造成他人损害，管理人不能证明尽到管理职责的，应当承担侵权责任。"《治安管理处罚法》（2013年1月1日修正实施）第37条："有下列行为之一的，处五日以下拘留或者五百元以下罚款；情节严重的，处五日以上十日以下拘留，可以并处五百元以下罚款：……（二）在车辆、行人通行的地方施工，对沟井坎穴不设覆盖物、防围和警示标志的，或者故意损毁、移动覆盖物、防围和警示标志的……"《道路交通安全法》（2004年5月1日实施，2011年4月22日修正）第29条："道路、停车场和道路配套设施的规划、设计、建设，应当符合道路交通安全、畅通的要求，并根据交通需求及时调整。公安机关交通管理部门发现已经投入使用的道路存在交通事故频发路段，或者停车场、道路配套设施存在交通安全严重隐患的,应当及时向当地人民政府报告,并提出防范交通事故、消除隐患的建议,当地人民政府应当及时作出处理决定。"第 30 条:"道路出现坍塌、坑槽、水毁、隆起等损毁或者交通信号灯、交通标志、交通标线等交通设施损毁、灭失的,道路、交通设施的养护部门或者管理部门应当设置警示标志并及时修复。公安机关交通管理部门发现前款情形,危及交通安全,尚未设置警示标志的,应当及时采取安全措施,疏导交通,并通知道路、交通设施的养护部门或者管理部门。"第 31 条:"未经许可,任何单位和个人不得占用道路从事非交通活动。"第 32 条:"因工程建设需要占用、挖掘道路,或者跨越、穿越道路架设、增设管线设施,应当事先征得道路主管部门的同意;影响交通安全的,还应当征得公安机关交通管理部门的同意。施工作业单位应当在经批准的路段和时间内施工作业,并在距离施工作业地点来车方向安全距离处设置明显的安全警示标志,采取防护措施;施工作业完毕,应当迅速清除道路上的障碍物,消除安全隐患,经道路主管部门和公安机关交通管理部门验收合格,符合通行要求后,方可恢复通行。对未中断交通的施工作业道路,公安机关交通管理部门应当加强交通安全监督检查,维护道路交通秩序。"

《侵权责任法》(2010 年 7 月 1 日,2021 年 1 月 1 日废止)第 85 条:"建筑物、构筑物或者其他设施及其搁置物、悬挂物发生脱落、坠落造成他人损害,所有人、管理人或者使用人不能证明自己没有过错的,应当承担侵权责任。所有人、管理人或者使用人赔偿后,有其他责任人的,有权向其他责任人追偿。"第 86 条:"建筑物、构筑物或者其他设施倒塌造成他人损害的,由建设单位与施工单位承担连带责任。建设单位、施工单位赔偿后,有其他责任人的,有权向其他责任人追偿。因其他责任人的原因,建筑物、构筑物或者其他设施倒塌造成他人损害的,由其他责任人承担侵权责任。"第 88 条:"堆放物倒塌造成他人损害,堆放人不能证明自己没有过错的,应当承担侵权责任。"第 91 条:"在公共场所或者道路上挖坑、修缮安装地下设施等,没有设置明显标志和采取安全措施造成他人损害的,施工人应当承担侵权责任。窨井等地下设施造成他人损害,管理人不能证明尽到管理职责的,应当承担侵权责任。"《公路法》(2004 年 8 月 28 日)第 32 条:"改建公路时,施工单位应当在施工路段两端设置明显的施工标志、安全标志。需要车辆绕行的,应当在绕行路口设置标志;不能绕行的,必须修建临时道路,保证车辆和行人通行。"第 35 条:"公路管理机构应当按照国务院交通主管部门规定的技术规范和操作规程对公路进行养护,保证公路经常处于良好的技术状态。"第 50 条:"超过公路、公路桥梁、公路隧道或者汽车渡船的限载、限高、限宽、限长标准的车辆,不得在有限定标准的公路、公路桥梁上或者公路隧道内行驶,不得使用汽车渡船。超过公路或者公路桥梁限载标准确需行驶的,必须经县级以上地方人民政府交通主管部门批准,并按要求采取有效的防护措施;运载不可解体的超限物品的,应当按照指定的时间、路线、时速行驶,并悬挂明显标志。运输单位不能按照前款规定采取防护措施的,由交通主管部门帮助其采取防护措施,所需费用由运输单位承担。"

**2. 行政法规。**《公路安全保护条例》(2011年7月1日)第16条:"禁止将公路作为检验车辆制动性能的试车场地。禁止在公路、公路用地范围内摆摊设点、堆放物品、倾倒垃圾、设置障碍、挖沟引水、打场晒粮、种植作物、放养牲畜、采石、取土、采空作业、焚烧物品、利用公路边沟排放污物或者进行其他损坏、污染公路和影响公路畅通的行为。"第47条:"公路管理机构、公路经营企业应当按照国务院交通运输主管部门的规定对公路进行巡查,并制作巡查记录;发现公路坍塌、坑槽、隆起等损毁的,应当及时设置警示标志,并采取措施修复……"

**3. 司法解释。**最高人民法院《关于审理道路交通事故损害赔偿案件适用法律若干问题的解释》(2012年12月21日,2020年修改,2021年1月1日实施)第7条:"因道路管理维护缺陷导致机动车发生交通事故造成损害,当事人请求道路管理者承担相应赔偿责任的,人民法院应予支持。但道路管理者能够证明已经依照法律、法规、规章的规定,或者按照国家标准、行业标准、地方标准的要求尽到安全防护、警示等管理维护义务的除外。依法不得进入高速公路的车辆、行人,进入高速公路发生交通事故造成自身损害,当事人请求高速公路管理者承担赔偿责任的,适用民法典第一千二百四十三条的规定。"最高人民法院《关于审理人身损害赔偿案件适用法律若干问题的解释》(2004年5月1日 法释〔2003〕20号,2020年修正,2021年1月1日实施)第1条:"因生命、身体、健康遭受侵害,赔偿权利人起诉请求赔偿义务人赔偿物质损害和精神损害的,人民法院应予受理。本条所称'赔偿权利人',是指因侵权行为或者其他致害原因直接遭受人身损害的受害人以及死亡受害人的近亲属。本条所称'赔偿义务人',是指因自己或者他人的侵权行为以及其他致害原因依法应当承担民事责任的自然人、法人或者非法人组织。"第2条:"赔偿权利人起诉部分共同侵权人的,人民法院应当追加其他共同侵权人作为共同被告。赔偿权利人在诉讼中放弃对部分共同侵权人的诉讼请求的,其他共同侵权人对被放弃诉讼请求的被告应当承担的赔偿份额不承担连带责任。责任范围难以确定的,推定各共同侵权人承担同等责任。人民法院应当将放弃诉讼请求的法律后果告知赔偿权利人,并将放弃诉讼请求的情况在法律文书中叙明。"最高人民法院《关于陈贵松等27人诉竹山县交通局、竹山县公路段人身损害赔偿纠纷一案受理问题的复函》(2003年6月19日 〔2003〕民一他字第9号):"……政府授权部门对重大事故的调查处理,属于行政处理程序,但不能因此而排除当事人向人民法院提起损害赔偿诉讼的权利。只要当事人提起的民事诉讼,符合《中华人民共和国民事诉讼法》第一百零八条规定,人民法院就应当受理。至于本案所述的灾害事故是否属于《中华人民共和国民法通则》第一百零七条规定的不可抗力,是当事人的抗辩事由,不应当作为案件是否受理的条件。"

4. 部门规范性文件。交通运输部《公路养护技术规范》(2010年1月1日)第4条:"公路路面养护应贯彻'预防为主,防治结合'的方针,应加强路况日常巡视,随时掌握路面使用状况,根据路面的实际情况制定经常性、预防性和周期性养护工程计划,安排养护工程,使路面经常处于良好技术状态。"公安部《关于在公路上打场晒粮的行为如何适用法律和管辖问题的批复》(2002年5月23日,2004年8月19日废止):"……对在公路上打场、晒粮的行为,公安机关应当按照《条例》的规定和《公安部关于组建公路巡逻民警队在公路上实施统一执法工作的通知》(公通字〔1996〕58号)的精神,由交通管理部门(包括公路巡逻民警支队、队)依法查处。其中,对在乡村公路(《公路法》规定的乡道)上打场、晒粮的行为,省级人民政府公安机关根据本地区的实际情况,可以规定由公安派出所依法查处。"交通部《关于对〈关于请求明确"公路养护技术规范"有关条款含义的紧急请示〉的答复》(2001年6月5日 交公便字〔2001〕66号):"……公路养护单位,要对公路进行定期清扫,定期清扫时的作业标准是清除杂物,做到路面清洁。定期清扫的频率应根据各地关于公路小修保养工作的相关规定执行。另外,该条规定中的'及时'并不等于'随时',《公路养护技术规范》没有也不可能要求公路养护单位对路面杂物做到随时清除。因此,如果公路养护单位按照规定的频率或有关工作要求做到了定期清扫,即不能认为其'疏于养护'。"公安部《关于对施工路段路面发生交通事故有关问题的答复》(2000年12月18日 公交管〔2000〕258号,2004年8月19日废止):"……根据交通部《公路工程竣工验收办法》(交公路发〔1995〕1081号,已被2004年10月1日实施的《公路工程竣(交)工验收办法》废止——编者注)第四条'公路工程验收分为交工验收和竣工验收两个阶段'、第五条'分段完成的路段或单项工程,具有独立使用价值,可分段交工,经交工验收合格后交付使用,全部完成后统一进行竣工验收'和第七条'未经交工验收的工程不得交付使用'的规定,如公路部门允许新建或改建公路车辆通行,应视为该公路已经公路部门交工验收合格。因此,在虽未经竣工验收,但已经交工验收合格的公路上发生的交通事故,应当属于道路交通事故。公路形成交叉时,支、干线的划分,应当由县以上公路部门和公安交通管理部门根据国家公路等级划分标准、各公路的流量、用途等综合情况共同确定。"公安部《关于对汽车专用公路交通管理有关问题的批复》(1998年2月19日 公交管〔1998〕44号):"……汽车专用公路与高速公路均为专供汽车行驶的道路,虽然汽车专用公路适用的管理法规不同于高速公路,且道路安全设施和速度限制方面也存在差异,但造成交通事故的原因、条件基本一致。因此,可结合汽车专用公路的特点,比照《关于加强低能见度气象条件下高速公路交通管理的通告》执行。"公安部《关于发布〈关于加强低能见度气象条件下高速公路交通管理的通告〉的通知》(1997年12月26日　交公管〔1997〕312号)第3条:"能见度小于50米时,公安机关依照规定可采取局部或全路段封闭高速公路的交通管制措施。实施高速公路交通管制后,除执行任务的警车和高速公路救援专用车辆外,其他机动车禁止驶入高速公路。此时已进入高速公路的机动车辆,驾驶员必须按规定开启雾灯和防眩目近光灯、示廓灯、前后位灯,在保证安全的原则下,驶离雾区、但最高时速不得超过20公里。未按国家标准安装雾灯的机动车辆,必须就近驶入紧急停车带或者路肩停车,并按规定开启危险报警闪光灯和设置故障车警告标志。"

**5. 地方司法性文件**。江西宜春中院《关于印发〈审理机动车交通事故责任纠纷案件的指导意见〉的通知》(2020年9月1日　宜中法〔2020〕34号)第26条:"因道路管理维护缺陷导致机动车发生交通事故造成损害的,应由道路管理者承担相应的赔偿责任。道路管理者能够证明自己已按照法律、法规、规章等规定尽到了安全防护、警示等管理维护义务的除外。在道路上堆放、倾倒、遗撒物品等妨碍通行的行为引发交通事故造成损害的,由堆放、倾倒、遗撒物品的行为人承担赔偿责任。道路管理者不能证明自己已按照法律、法规、规章等规定尽到管理、防护、警示等义务的,承担相应的赔偿责任。未按照法律、法规、规章或者国家标准、行业标准、地方标准的强制性规定设计、施工,致使道路存在缺陷并造成交通事故致人损害的,由建设单位与施工单位承担相应的赔偿责任……"天津高院《关于印发〈机动车交通事故责任纠纷案件审理指南〉的通知》(2017年1月20日　津高法〔2017〕14号)第3条:"……因道路管理维护缺陷导致机动车发生交通事故造成损害,经当事人请求,应由道路管理者承担相应的赔偿责任。道路管理者能够证明自己按照法律、法规、规章、国家标准、行业标准或者地方标准尽到安全防护、警示等管理维护义务的除外……"江苏南通中院《关于处理交通事故损害赔偿案件中有关问题的座谈纪要》(2011年6月1日　通中法〔2011〕85号)第15条:"道路配套设施设置不符合道路安全管理规定,或者当道路出现损毁时,应当及时设置相应警示标志,采取防护措施而未作为,造成道路交通事故致人损害的,由负有相关职责的单位承担相应赔偿责任。若机动车驾驶人对道路交通事故的发生也有可归责事由的,机动车方应当与有关单位按照原因力的大小分别承担赔偿责任。"安徽宣城中院《关于审理道路交通事故赔偿案件若干问题的意见(试行)》(2011年4月)第16条:"施工人挖掘道路、占用道路施工,未按规定设置明显标志和采取安全措施,或竣工后未及时清理现场、修复路面,存在安全隐患,造成交通事故致人损害的,由施工人承担相应赔偿责任。"山东淄博中院民三庭《关于审理道路交通事故损害赔偿案件若干问题的指导意见》(2011年1月1日)第23条:"在公共道路上堆放、倾倒、遗撒妨碍通行的物品造成交通事故,对他人造成损害的,由行为人承担赔偿责任;公路管理人不能证明自己没有过错的,应当承担相应的补充赔偿责任。"江苏无锡中院《关于印发〈关于审理道路交通事故损害赔偿案件若干问题的指导意见〉的通知》(2010年11月8日 锡中法发〔2010〕168号)第11条:"【妨碍交通的事故赔偿责任】行为人有下列情形之一,造成道路交通事故致人损害的,由行为人承担相应的赔偿责任:(1)违法占用道路从事非交通活动,或者破坏道路及道路配套设施的;(2)未经批准在道路两侧及隔离带上种植植物或者设置广告牌、管线等,遮挡路灯、交通信号灯、交通标志,妨碍安全视距的;(3)施工人占道施工,未按规定设置警示标志、采取安全措施,或未及时清理现场、修复路面的;(4)实施其他妨碍正常通行或危害交通安全行为的。"安徽合肥中院民一庭《关于审理道路交通事故损害赔偿案件适用法律若干问题的指导意见》(2009年11月16日)第14条:"施工人挖掘道路、占用道路施工,未按规定设置明显标志和采取安全措施,或者竣工后未及时清理现场、修复路面,存在安全隐患,造成道路交通事故致人损害的,由施工人承担相应赔偿责任。"第17条:"发生本意见第十四条、第十五条、第十六条规定的情形,机动车驾驶人对道路交通事故发生也有可归责事由的,机动车方应当与有关单位或个人按照原因力的大小分别承担赔偿责任。"四川泸州中院《关于民商审判实践中若干具体问题的座谈纪要(二)》(2009年4月17日 泸中法〔2009〕68号)第15条:"因公路上的障碍物,造成机动车交通事故或者人身损害的,公路管理部门是否承担赔偿责任?基本意见:根据《最高人民法院关于审理人身损害赔偿案件适用法律若干问题的解释》第十六条的规定,道路、桥梁、隧道等人工建造的构筑物因维护、管理瑕疵致人损害的,适用民法通则第一百二十六条的规定,由所有人或者管理人承担赔偿责任,但能够证明自己没有过错的除外。因此,如果公路管理部门不能证明自己没有过错,应当承担民事赔偿责任。"广东佛山中院《关于审理道路交通事故损害赔偿案件的指导意见》(2009年4月8日)第27条:"行为人有下列情形之一,造成道路交通事故致人损害的,由行为人承担相应赔偿责任:(一)违法占用道路从事非交通活动,或者破坏道路及道路配套设施的;(二)在道路两侧及隔离带上种植植物或者设置广告牌、管线等,遮挡路灯、交通信号灯、交通标志,妨碍安全视距的;(三)施工人挖掘道路、占用道路施工,未按规定设置明显警示标志和采取安全防护措施,或者竣工后未及时清理现场、修复路面的;(四)实施其他妨碍道路正常通行行为的。"第28条:"道路配套设施设置不符合道路安全管理规定,或者当道路出现损毁时,应当及时设置相应警示标志、采取安全防护措施而未作为,造成道路交通事故致人损害的,由负有相关职责的单位承担相应赔偿责任。"重庆高院《关于审理道路交通事故损害赔偿案件适用法律若干问题的指导意见》(2006年11月1日)第16条:"施工人挖掘道路、占用道路施工,未按规定设置明显标志和采取安全措施,或者竣工后未及时清理现场、修复路面,造成道路交通事故致人损害的,由施工人承担相应赔偿责任。"第17条:"行为人有下列情形之一,造成道路交通事故致人损害的,由行为人承担相应赔偿责任:(一)违法占用道路从事非交通活动,或者破坏道路及道路配套设施的;(二)在道路两侧及隔离带上种植植物或者设置广告牌、管线等,遮挡路灯、交通信号灯、交通标志,妨碍安全视距的;(三)实施其他妨碍道路正常通行行为的。"第18条:"道路配套设施设置不符合道路安全管理规定,或者当道路出现损毁时,应当及时设置相应警示标志、采取防护措施而未作为,造成道路交通事故致人损害的,由负有相关职责的单位承担相应赔偿责任。"第19条:"发生本意见第十七条、第十八条、第十九条规定的情形,机动车驾驶人对道路交通事故发生也有可归责事由的,机动车方应当与有关单位或个人按照原因力的大小分别承担赔偿责任。"山东高院《关于审理人身损害赔偿案件若干问题的意见》(2001年2月22日)第10条:"……在道路维修改造期间,当事人发生的与车辆、行人有关的事故引起的损害赔偿纠纷,向人民法院起诉的,人民法院可以直接受理。"第38条:"在道路、通道上的堆放物或防护装置致人损害,道路管理部门未尽到善良管理人的注意义务,可认定道路管理部门具有道路管理的瑕疵责任,应由其承担受害人的损害赔偿责任;但道路管理部门能够证明是因第三人的过错造成损害的,应以第三人为被告承担赔偿责任。"第41条:"在公共场所、道旁和通道上挖坑、修缮安装地下设施等实施对周围环境具有危险性的行为,没有设置明显标志和采取安全措施造成他人损害的,应以施工人为被告,由其承担民事赔偿责任,不应由建设单位承担责任;设置的标志和采取的安全措施被第三人破坏的,施工人仍应承担赔偿责任,但可以向第三人追偿。"第42条:"在公共场所、道旁和通道上因地下管、线的安全防护设施致人损害的,应以该设施的管理人或所有人为被告承担民事责任。但管理人或所有人能够证明是由第三人的过错造成损害的除外。"四川高院《关于道路交通事故损害赔偿案件审判工作座谈会纪要(试行)》(1999年11月12日 川高法〔1999〕454号)第4条:"道路交通事故案件赔偿责任的具体划分。赔偿责任的划分确定,是处理道路交通事故案件的重点。会议认为,依照我国现行法律法规的规定,结合审判实践,道路交通事故损害赔偿案件民事责任的确定具体可划分为以下情况……(15)施工单位占用、挖掘道路时,因未设置明显标志和安全防护措施,或竣工后未及时清理现场、修复路面和道路设施的原因造成交通事故的,由施工单位承担赔偿责任。机动车驾驶员有责任的,按照本纪要有关精神确定责任主体,与施工单位按责任大小共同承担赔偿责任。(16)单位或个人违反规定擅自在道路上设置检查站拦截、检查车辆,造成交通事故的,由设置检查站的单位或个人承担赔偿责任。机动车驾驶员对事故的发生的,按照本纪要有关精神确定责任主体,与有关单位或个人共同承担赔偿责任。(17)单位或个人在道路上打场、晒粮、放牧、堆物、倾倒废物的造成交通事故的,由有关单位或者个人共同承担赔偿责任。车辆驾驶员有责任的,按照本纪要有关精神确定责任主体,与有关单位或者个人共同承担赔偿责任……"

**6. 地方规范性文件。**江苏省《道路交通安全条例》(2023年7月27日修订2024年1月1日实施)第16条:"道路以及道路交通安全设施的养护、管理单位应当按照有关技术规范等规定实施养护、管理,保证道路处于良好技术状态;发现道路损毁或者道路交通安全设施损毁、灭失影响安全通行的,应当及时设置警示标志,采取相应的防护措施,组织抢修或者排除险情,并报告道路主管部门、公安机关交通管理部门。"第43条:"因工程建设需要占用、挖掘道路,或者跨越、穿越道路架设、增设管线设施,应当事先征得道路主管部门的同意;影响交通安全的,还应当征得公安机关交通管理部门的同意。遇有交通堵塞或者其他紧急情况时,公安机关交通管理部门可以要求暂时停止道路施工、作业,临时恢复通行。"第45条:"在道路上进行施工、绿化、养护、环卫等作业时,应当遵守下列规定:(一)作业车辆持续开启示警灯和危险报警闪光灯;(二)在车行道停车作业时,白天在来车方向不少于五十米、夜间不少于一百米的地点设置反光的安全警示标志;(三)作业人员按照规定穿戴反光服饰,横穿车行道时直行通过,注意避让来往车辆;(四)除应急、抢修等特殊情形外,作业时间避开交通流量高峰期。"吉林市《市政设施管理条例》(2023年6月28日修订 2023年8月1日实施)第16条:"市政设施及依附设施维修作业现场,必须设置明显标志和采取安全防护措施,保障行人、行车安全;施工作业单位应当在经批准的路段和时限内施工作业,在主要街路应当安排夜间施工,确需白天施工的,应当避开交通高峰时段;施工时应当采取低噪音、防扬尘的施工设备和方法,符合环境保护要求;施工结束后,应当及时清理现场,恢复原状。承担市政设施养护、维修、抢修任务的专用车辆必须使用统一标志,执行任务时,在保证交通安全畅通的情况下,不受禁行日期、禁行路线的限制。"第18条:"依附设施的建设、管理及养护,应当符合城市道路的设计和养护规范,并设置行业或者专业标志。依附设施在拆除时,产权单位应当恢复城市道路原状,涉及道路结构施工的,按照道路挖掘相关规定执行。市政设施管理机构对无法确认权属单位并且危及公共交通安全或者人身安全的缺损检查井,可按照废弃井填充处理。"第23条:"禁止擅自占用城市道路。因特殊情况确需临时占用城市道路的,审批部门应当事先征得公安交通管理部门及所占道路范围内依附设施的产权单位的同意。对符合规定条件的,由申请人缴纳占道费并办理道路占用许可证后方可占用。占用道路应当遵守下列规定:(一)因重大庆典活动临时占用城市道路的期限不得超过7日;(二)因建设施工临时占用城市道路的期限根据施工工期确定;(三)占用期满后,应当及时清理占用现场,恢复城市道路原状。占用城市道路造成损坏的,应当修复或者给予赔偿。"第24条:"禁止擅自挖掘城市道路。确需挖掘城市道路的,应当持规划和自然资源主管部门批准的相关材料到市政设施行政主管部门办理道路挖掘许可证并缴纳道路挖掘费后,方可挖掘。挖掘城市道路对交通安全构成影响的,还必须经市公安交通管理部门同意。工程结束后,挖掘单位应当在规定的时间内按照标准回填,经市政设施管理机构验收合格后,由市政设施管理机构按照规定标准恢复路面。"第25条:"严格控制道路重复挖掘。埋设地下管线等施工符合非开挖条件的应当采取非开挖技术;能够结合其他正在或者将要开展的施工活动的,应当合并施工。除供电、供水、供热、燃气设施抢修外,自十月十日至翌年四月十五日期间,禁止挖掘城市道路。"第27条:"经批准挖掘城市道路的单位和个人,必须遵守下列规定:(一)临时封闭道路的,登报通告后方可施工。(二)道路挖掘现场应当设置工程信息公示牌、安全防围、护栏、明显标志等安全防护设施。(三)公示挖掘许可证,接受有关部门的监督。(四)按照批准的位置、范围、用途、时限挖掘。(五)挖掘施工前,建设单位应当查明挖掘位置的地下管线情况,与相关产权单位协商,采取防护措施后方可施工。施工中触及地下其它设施时,应当立即停止施工,并报告有关部门处理。(六)挖掘沥清混凝土路面或者水泥混凝土路面的,应当使用路面切割设备切割沟槽边线。(七)回填土方必须按照规范分层夯实,保证质量,不得混入垃圾及其它杂物。(八)挖掘期限届满,应当及时拆除障碍物,清理平整场地,并接受市政设施行政主管部门的检查验收;确需延长期限的,必须事前办理延期手续。"第33条:"在城市桥涵上架设供水、排水、供热、燃气、电力、电信等管线,应当先由原设计单位或者有资质的技术鉴定机构提出技术安全意见,经市政设施行政主管部门同意,报规划和自然资源主管部门批准后方可实施。产权单位维修养护作业时,应当在市政设施管理机构的监管下进行。在城市桥涵上设置广告、悬挂物等附属物的,应当出具相应的风载、荷载实验报告及原设计单位或者有资质的技术鉴定机构的技术安全意见报市政设施行政主管部门批准后方可实施,并由产权单位负责维修养护。城市桥涵维修、改建、扩建时,架设的管线等设施及附属物有碍施工的,应当在规定时间内无条件拆除。"第34条:"在城市桥涵设施安全保护区域内从事河道疏浚、挖掘、打桩、地下管道铺设、爆破、采集砂石、取土等作业的,在施工作业前,应当经市政设施行政主管部门批准。需要其他相关部门批准的,按照有关法律、法规的规定执行。"第35条:"需要临时占用城市桥涵及其净空施工作业、堆放物品、停放车辆和停泊船只的,应当经市政设施行政主管部门批准;影响安全的,还应当经交通运输、公安交通管理等部门同意。"第47条:"市政设施管理机构应当制定相应的管理、维修、养护和疏浚制度,按照相关技术规程定期进行维护,保障排水设施的完好、畅通和安全运行。城市排水设施堵塞、渗漏、塌陷时,市政设施管理机构应当及时清掏、疏浚、修复。"西藏自治区《道路交通安全条例》(2023年1月18日修正实施)第33条:"道路建设、养护和管理部门应当根据道路状况,在急弯、陡坡、临崖、泥石流和冰雪等危险路段,设置有效的安全防护设施和警示标志;在距离学校、村庄、岔路口等路段五十米以外设置明显的警示标志。新建、改建、扩建的道路,应当将交通安全设施按照国家标准与道路同时设计、同时施工、同时投入使用。设计交通安全设施应当征求公安机关交通管理部门的意见,并邀请公安机关交通管理部门参加对道路交通安全设施的验收。"第36条:"对道路进行维修、养护等作业的,应当遵守下列规定:(一)在批准的路段和时间内施工作业,白天在距离作业区来车方向不少于五十米、夜间在不少于一百米的地点设置反光的危险警告标志或者施工标志,采取防护措施;(二)因施工作业需中断、占用道路的,施工作业单位于中断、占用道路五日前向社会公告;(三)作业人员穿戴反光服饰。施工作业单位应当于施工作业完毕后立即清除道路上的障碍物,消除安全隐患,经道路主管部门和公安机关交通管理部门验收合格、符合通行要求后,方可恢复通行。对未中断交通的施工作业道路,公安机关交通管理部门应当加强安全监督检查。发生交通阻塞时,及时做好分流、疏导,维护道路交通秩序。"云南省《道路交通安全条例》(2022年11月30日修正实施)第30条:"因工程建设需要中断高速公路、国道、省道交通,需要半幅封闭或者在城市道路施工、维修、养护作业,影响道路交通安全的,应当征得公安机关交通管理部门同意并提前向社会公告。在高速公路上施工作业,需要中断交通的,应当采取分流措施;不具备分流条件必须并道通行的,应当执行交通部《公路养护安全作业规程》相关要求。发生交通阻塞或者其他紧急情况时,公安机关交通管理部门可以要求暂时停止道路施工作业,临时恢复通行,相关单位和人员应当配合。"第31条:"经批准占用道路从事非交通活动或者施工作业的,应当在批准的路段和时间内进行,并遵守下列规定:(一)在距离被占用道路或者施工作业地点来车方向按照交通部《公路养护安全作业规程》中道路作业交通安全标志的要求采取警示、安全防护措施;(二)占用道路从事非交通活动或者施工作业的人员应当穿戴反光安全警示服装,并注意避让车辆和行人;(三)占用道路从事非交通活动或者施工作业完毕,应当迅速清除障碍物,修复损毁路面,消除安全隐患,经道路主管部门和公安机关交通管理部门验收合格,符合通行要求后,方可恢复通行。"第32条:"道路养护施工单位、环卫部门、交通设施主管部门在道路上作业,除遵守本条例第三十一条的规定外,还应当遵守下列规定:(一)作业时间应当避开道路交通流量高峰期;(二)作业车辆、机械应当有明显的标志图案并持续开启示警灯和危险报警闪光灯,按照顺行方向行驶。"山西省《公路条例》(2013年1月1日)第15条:"省公路管理机构所属的驻县(市、区)的公路管理机构负责国道、省道的养护;县(市、区)人民政府交通运输主管部门所属的公路管理机构负责县道的养护;收费公路的养护由公路经营者负责。"江苏省苏州市《公路条例》(2012年11月29日修正)第24条:"在公路、公路用地范围内设置的各类管线及检查井(孔)等设施,应当符合公路管理的相关规定。因管线及检查井(孔)等设施质量、缺损、移位、下沉等影响公路通行安全的,所有权人应当及时补缺或者修复,并承担由此产生的法律责任。在公路用地、公路建筑控制区范围内,经许可设置的管线、电缆等设施及其他建筑物、构筑物,在公路建设、养护管理需要时,所有权人应当迁移或者加固。"甘肃省《农村公路条例》(2013年1月1日)第25条:"县(市、区)交通运输主管部门及其公路管理机构负责县道和主要乡道的养护工作,并对乡道、村道的养护和管理工作进行监督和技术指导。乡(镇)人民政府及其公路管理机构负责乡道、村道的养护工作,指导村民委员会组织村民做好村道的日常管护工作。"广东省《公路条例》(2012年7月26日)第21条:"利用、占用公路和公路用地的下列行为,应当经公路管理机构批准:(一)公路接线设置道口;(二)拆除分隔带;(三)埋设管线、设置电杆、变压器和类似设施;(四)修建跨(穿)越公路的各种桥梁、牌楼、涵洞、渡槽、隧道、管线等设施;(五)履带车、铁轮车及其他有损公路路面的车辆上路行驶;(六)其他利用、占用公路和公路用地的行为。从事前款第(三)项、第(四)项行为,影响交通安全的,还须征得有关公安机关的同意。"吉林省《公路条例》(2012年1月1日)第28条:"公路管理机构、公路经营企业应当按照国家和省有关技术规范和操作规程养护公路及其附属设施,及时清除路面积雪,保证公路及其附属设施经常处于良好的技术状态。"北京市《公路条例》(2010年12月23日)第17条:"公路养护作业单位应当按照国家和本市有关标准规范,建立公路养护巡查制度,定时进行养护巡查;建立公路养护维修信息档案,记录养护作业、巡查、检测以及其他相关信息;设立公示牌,公示单位名称、养护路段以及报修和投诉电话。"

**7. 参考案例。**①2017年北京某交通事故纠纷案[水泥墩],2016年,刘某驾驶运输公司货车,不慎撞上公路边突出的水泥墩,致乘坐副驾驶的张某受伤,交警认定刘某负事故全责。路政局以其与养护公司签订了道路养护协议为由抗辩。法院认为:道路障碍物导致交通事故造成损害,道路管理者未尽到充分管理义务的,应承担相应赔偿责任。对于道路管理者的判断,应结合具体案情及相应法律规定。《公路法》第43条规定:"各级地方人民政府应当采取措施,加强对公路的保护。县级以上地方人民政府交通主管部门应当认真履行职责,依法做好公路保护工作,并努力采用科学的管理方法和先进的技术手段,提高公路管理水平,逐步完善公路服务设施,保障公路的完好、安全和畅通。"最高人民法院《关于审理道路交通事故损害赔偿案件适用法律若干问题的解释》第10条明确:道路管理者不能证明已按照法律、法规、规章、国家标准、行业标准或者地方标准尽到清理、防护、警示等义务的,应当承担相应的赔偿责任。在本起交通事故中,从损害发生原因力来看,道路管理者对于道路负有清理、防护等法定职责,未尽到充分合理注意义务,疏于照管未能及时排除堆放物,系事故发生原因之一,系一种消极不作为,理应承担与其原因力相对应的过错责任。行政机关通过签订协议方式将法定职责范围内具体事项交由社会组织完成,此系其履行法定职责的方式方法,即使双方之间明确约定此后因提供的产品或服务产生的侵权责任由社会组织承担,该约定系合同行为,在合法有效前提下亦仅约束合同双方主体,并不能免除行政机关应承担的侵权责任。涉案公路已实际投入使用,路政局作为负责路政具体管理工作的行政机关,对于道路上堆放的水泥墩并未采取相关安全防范措施,此情形存在与本起事故发生具有一定关联,路政局应对张某合理损失承担一定赔偿责任。综合事发经过、路面状况等因素,确认刘某一方承担事故80%赔偿责任,路政局一方承担事故20%赔偿责任。判决刘某、运输公司等连带赔偿张某各项损失共计25万余元,路政局、养护公司连带赔偿张某各项损失共计6万余元。②2017年河南某生命权纠纷案〔灯箱〕,2015年,崔某无证醉驾二轮摩托车,撞上道路东侧的垃圾箱式广告灯箱,崔某受伤经抢救无效死亡。交警认定崔某全责。死者近亲属诉请灯箱广告监管单位城管局、安装制作单位广告部共同赔偿。法院认为:《侵权责任法》第6条规定:"行为人因过错侵害他人民事权益,应当承担侵权责任。根据法律规定推定行为人有过错,行为人不能证明自己没有过错的,应当承担侵权责任。"本案中,城管局、广告部是否应承担赔偿责任,关键在于其对崔某死亡是否存在过错。住建部《城市户外广告设施技术规范(CJJ 149-2010)》只是设置广告牌时应遵守的操作规范,不是认定交通事故相关方过错依据。依《道路交通安全法》第28条第2款规定:"道路两侧及隔离带上种植的树木或者其他植物,设置的广告牌、管线等,应当与交通设施保持必要的距离,不得遮挡路灯、交通信号灯、交通标志,不得妨碍安全视距,不得影响通行。"原告无证据证明事发广告牌对崔某驾驶行为产生了干扰,事实上,崔某死亡根本原因在于其无视道路交通法律法规无证醉酒驾驶,故城管局、广告部对崔某死亡无直接因果关系。事发广告牌位于人行道上,那么广告牌定位和设计须考虑多方面因素,避免产生安全隐患。城管局作为事发广告牌定位方和底座施工方,不足0.4m,城管局、广告部对广告牌设置不符合标准均存在过错。同时,城管局作为户外广告定点监督管理单位,其负有对广告牌监督管理职责,对广告牌设置不符合标准,其责任更大。另外,城管局收取广告部出让金,广告部对外广告招租,城管局、广告部均是广告牌受益人。城管局、广告部均应对原告损失给予一定补偿。结合原告实际损失情况,判决广告部、城管局分别补偿原告1万元、2万元。③2014年**江苏某损害赔偿纠纷案〔树木〕**,2013年,成某驾车通过路口时,因路旁生长茂盛植物遮挡,未能发现袁某驾驶电动三轮车从该路口出行,以致发生交通事故,造成袁某死亡。交警认定袁某、成某分负主、次责任。成某据此赔偿死者家属交强险之外的11万元后,以公路管理站未尽养护职责为由,诉请赔偿其损失。法院认为:《道路交通安全法》第28条第2款规定,道路两侧及隔离带上种植的树木或者其他植物,设置的广告牌、管线等,应当与交通设施保持必要的距离,不得遮挡路灯、交通信号灯、交通标志,不得妨碍安全视距,不得影响通行。第30条规定,道路出现坍塌、坑漕、水毁、隆起等损毁或者交通信号灯、交通标志、交通标线等交通设施损毁、灭失的,道路、交通设施的养护部门或者管理部门应当设置警示标志并及时修复。《公路法》第35条规定,公路管理机构应当按照国务院交通主管部门规定的技术规范和操作规程对公路进行养护,保证公路经常处于良好的技术状态。第42条第1款规定,公路绿化工作,由公路管理机构按照《公路工程技术标准》组织实施。《公路工程技术标准》第9.0.5条规定,一级公路与农村道路交叉时,可采用部分平面交叉。其余各级公路与农村道路交叉时,可采用部分或全部平面交叉。平面交叉应选在视距良好的地点,农村道路应加铺一段与交叉公路相同的路面。第10.0.7条规定,在公路交叉范围内和弯道内侧植树,应满足视距要求。江苏省《公路条例》第4条规定,县道由县公路管理机构履行监督管理职责。依上述法律法规规定,<u>公路养护、管理部门有义务对道路两侧种植的树木或者其他植物进行剪伐修护,以保障车辆驾驶人员有足够的安全视距发现道路周围的异常情况</u>。本案中,从成某提交的事故发生路段照片及事故发生现场照片可看出,在事故发生时,该事发道路与机耕道交叉处植物生长较为茂盛,机耕道路口不明显,通过时不易发现该机耕道路口。管理站作为该路段的公路管理养护部门,未对案涉路口树木或其他植物进行剪伐修护,与成某驾驶车辆通过该路口时未能发现袁某驾驶电动三轮车从该路口出行以致发生交通事故,具有一定因果关系,根据双方过错程度、因果关系等因素综合考虑,判决管理站支付成某代为垫付的赔偿款2.2万元。④2013年**广东某交通事故纠纷案〔电线〕**,2012年某晚,梁某下班骑摩托车回家途中,被垂落电线绊倒。当晚回家后出现脑疝,交警接到报案后做了现场勘查,认定路侧电线杆系鸡场业主欧某架设、欧某当天雇人接驳过电线、摩托车下落不明、梁某脖子有三条勒痕,"凭现有证据,无法查清事故发生地点及成因"。就医疗费10万余元,梁某诉请欧某及供电局共同赔偿。法院认为:本案虽只有一个目击证人,但证人证言与交警现场勘验及拍摄现场照片,以及法院现场勘验相吻合,故对证人证言予以采信。况且欧某在庭审中对交警现场照片有关电线接驳口指认位置和欧某雇请线路人员在法院现场勘验时指认电线接驳口位置,将交警现场照片与现场可见参照物对比,可与勘验现场景象吻合,故可肯定事故发生当天在勘验现场确实有电线断掉过,并由人重新接驳。虽欧某指认另一个接驳口所在地,但该地点无法与其在庭审中指认现场照片及接驳人在勘验现场指认现场相片相吻合,故欧某所指认并非事发时现场。欧某未提供证据证明梁某在此期间发生过其他事故,而梁某提供的证据能够形成较为完整的证据链,<u>可证明其在案涉路段被电线绊倒致伤,即本案事故发生现场和原因可确定。欧某作为电线产权人,依法应尽到完全的管理义务,对于从线杆上脱落电线未及时处理,负有疏于监督检查过错,是造成本案事故主要原因</u>,对于梁某损失应依法承担主要责任。供电局虽非电线产权人,但作为供电企业未落实用户安全生产责任,特别是未针对类似欧某户这样供电线路较长用户制定明确的安全巡查制度,未督促用户做好安全用电措施,负有疏于督促检查过错,是造成本案事故原因之一,对于梁某损失依法应承担相应责任。梁某驾驶二轮摩托车在道路上行驶,未注意路面情况,遇事采取措施不当,操作失误,未及时避险,对于自身受到伤害亦有过错,应减轻对方当事人民事责任。考虑到本案实际情况,酌定欧某承担赔偿梁某60%责任,供电局承担10%责任,梁某自负30%责任。由于欧某与供电局侵权行为无共同意思联络,虽造成同一损害,但能确定责任大小,应各自承担相应责任。判决欧某赔偿梁某5万余元,供电局赔偿梁某9000余元。⑤2011年重庆**某人身损害赔偿纠纷案〔占道〕**,2009年,龚某驾驶客车行驶途中刹车失灵,其操作不当,且水泥公司占用公路装运水泥无法避让,造成与同向货车追尾事故。龚某诉请水泥公司赔偿自身及受伤乘坐人人身和财产损失费共计5万余元。法院认为:本案中,水泥公司装运水泥车辆占用公共道路,妨碍了在此道路上通行的其他车辆正常行驶权利,对道路安全构成隐患。因占道行为客观上影响了龚某避险操作,造成道路交通事故发生,损害了他人人身和财产权益,水泥公司应预见占用公路可能对交通安全造成危险,未设任何警示标志,故应负一定赔偿责任。此次事故发生主要原因是龚某所驾驶客车刹车失灵、龚某操作不当所致,其应承担本案主要责任。考虑到水泥公司占道行为对事故产生的影响度,确定龚某承担85%、水泥公司承担15%责任比例。判决水泥公司赔偿龚某各项损失5万余元。⑥2011年**山东某侵权责任纠纷案〔土堆〕**,2010年11月,张某驾驶摩托车撞上建设公司施工留在公路上的土堆而摔倒,随后张某又与路侧房产公司的广告牌接触,致头部严重受伤。交警认定张某、建设公司分负主、次责任。法院认为:二人以上分别实施侵权行为造成同一损害,能够确定责任大小的,各自承担相应的责任;难以确定责任大小的,平均承担赔偿责任。建设公司在事故地点施工时未设置明显的警示标志或采取安全措施,导致张某损害,依事故责任比例应承担40%的侵权赔偿责任。房产公司未经工商部门批准登记,在道路上设立广告牌,违反了有关法律规定,也是造成张某人身损害的原因之一,应承担20%的赔偿责任,张某夜间行驶观察路面情况不够,未降低行驶速度,未戴安全头盔,应自负40%责任。⑦2010年**辽宁某交通事故损害赔偿案〔土堆〕**,2010年4月,王某无证酒后驾驶无牌摩托车,晚上7点半撞到公路右侧土堆摔倒致死。法院认为:王某本次事故中虽存在多重违法行为,但如无该土堆,就有可能避免其死亡。生命无价,即使受害人有各种严重过错,作为道路交通管理部门亦应保证道路畅通与安全,确保任何人包括自身违反相关交通法律的人在此通行不会因道路的潜在危险而受到伤害。虽该土堆为修路所需,但其所处位置属于本应保证正常通行处,应尽最大可能避免或减少其占用正常通行的道路,但本案土堆大小及位置已足以构成车辆行驶的潜在危险,且该道路无路灯,尤其视线不清的夜里或雾天,其危险性将明显增强,作为道路施工方应设置明显的警示标志或及时消除危险,公路段未提供证据证明其堆放该土堆符合相关操作规程,故应承担相应责任(30%),王某自身过错,应承担主要(70%)责任。⑧2010年山东某交通事故损害赔偿案[沙堆],2010年3月,李某醉酒后无证驾驶超年检期限的摩托车连续碰撞方某于路侧堆放的沙堆后摔亡。法院认为:方某擅自在道路上堆放沙子,且侵占道路,必然影响道路通行,李某无证醉驾,二者间接结合造成事故,李某应承担主要责任(70%),方某承担次要责任(30%)。镇政府作为事发路段的管理维护者,对于道路上堆积的沙子未及时巡查清理,对此负有管理上瑕疵责任,应在方某赔偿不足情况下,在方某赔偿限额内承担10%的补充赔偿责任。⑨2009年江苏某损害赔偿案[路坑],2008年,龚某骑摩托车在公路公司管理道路上时,因路面大坑摔倒致残。法院认为:公路公司作为养护人,应对所承担的养护路段进行维护、管理,确保路面安全畅通,现其对本案事故路段路面疏于维护、管理,导致路面出现缺陷,致使正在驾车通行的龚某受伤,依法应承担相应的民事赔偿责任。龚某驾车时未对路面情况仔细观察,未注意行车安全,车速较快,未戴头盔,对事故发生也有一定责任,可适当减轻公路公司赔偿责任。⑩2008年四川某健康权纠纷案[路板],2007年3月,程某承包公路段的路板恢复工程,因堆放的路板造成酒后无证驾驶摩托车的任某车损人伤。施工现场设有用砼板涂漆做成的红白警示带。法院认为:程某的安全警示标志和安全防护设施不符合规定,不能认为其已尽到善良管理人的足够谨慎的注意义务,其主观上存在一定程度的过失,是导致损害发生的间接原因之一。公路段将工程发包给没有建筑资质的程某修建,存在选任承揽人的过失,也是导致损害发生的间接原因之一。任某酒后无证驾驶机动车,且在任某途经程某施工路段时,应对路面情况有所注意和预判,却未保持安全车速,降低行驶速度,是导致本案人身损害事故发生的主要原因,故任某自身应对损害后果负主要责任,程某和公路段应按过失大小或原因力比例各自承担相应的次要责任,判决公路段、程某共同赔偿任某损失的15%共计1万余元。⑪2006年山东某交通事故损害赔偿案[沙堆],2006年1月末,任某深夜骑摩托车因躲避单某违法占道沙堆摔倒死亡。交警事故责任认定:任某未确保安全,负主要责任;单某违规占道,负次要责任。法院认为:因本案交通事故并非机动车辆之间、机动车和非机动车之间、机动车或非机动车与行人之间所发生的交通事故,而是机动车因所行驶的路面堆放障碍物所发生的交通事故,故对于本案事故的责任认定,除依据《道路交通安全法》外,还应当依据相关的民事法律、法规予以确定。单某在未经相关部门批准的情况下,擅自在公路上堆放障碍物,且未在障碍物来车方向安全距离处设置明显的安全警示标志,其行为给公路交通带来了巨大隐患,是造成本次事故的主要原因。事故发生的时间为农历月末深夜,自然光的光照条件很差,且该路段无路灯等人工照明设施,死者任某所驾车辆又系两轮摩托车,驾驶人员的视线状况较差。因单某未在沙堆的来车方向设置警示灯及具有反光性质的警示牌,加之死者处理情况不当,致使事故发生,故单某对该次事故的发生应负主要责任,任某负次要责任,判决单某赔偿原告5万余元。⑫2005年湖北某交通事故损害赔偿案〔沙石料〕,2003年4月,商某无证驾驶无牌农用车,在公路管理段管理的公路上行驶时,因绕行工程公司施工堆放的沙石料而翻车并致身亡,交警认定商某负全责。法院认为:工程公司对未封闭施工现场,未设置明显警示标志和安全防围设施,未尽施工单位应尽安全注意义务,是造成事故主要原因。商某作为驾驶员明知道路未全部通行,应注意谨慎驾驶,其驾驶无牌无证车辆,车速过快,采取措施不力,亦是造成事故重要原因。交通事故责任认定具有行政性质,与民事纠纷划分系不同性质,工程公司以此免责理由不予采信。公路管理段系改建工程业主,对工程公司承包工程负有监督管理义务,因其未全面履行,致使损害赔偿发生,应与工程公司承担连带责任。双方对安全事故承担的内部约定不具有对抗第三人的效力。判决工程公司、公路段连带承担60%赔偿责任(一审确定为8万余元,二审调整为4万余元),商某自负40%责任。⑬2005年安徽某交通事故损害赔偿案〔石堆〕,2004年,年某无证驾驶无牌摩托车撞到公路一侧施某擅自堆放的石子堆导致身亡,交警认定年某与施某负同等责任。年某父母向施某和公路局诉请赔偿。法院认为:施某无视交通安全,擅自在公路上堆放建筑材料,占用道路,影响通行,造成重大交通事故,其应负赔偿责任。年某无证驾驶无牌摩托车,且未戴安全帽,与施某应负事故同等责任,故双方民事责任相同。公路局作为事故路段所有者和建设者,依法应对该公路享有管理和保护权利,有权制止各种非法占用道路行为。因其未严格履行职责,对事故发生存在过失,应对施某给年某造成的损害承担连带赔偿责任,判施某和公路局连带赔偿50%即7万余元责任。⑭2001年湖北某交通事故损害赔偿案〔土石堆〕,2000年11月,乔某在别某门前路边施工,将所挖土石堆在路边,别某蹲在坑边观看。王某驾车经过,车轮压飞一石头击伤别某致脾脏摘除,构成伤残。法院认为:乔某在公路边挖坑、乱堆挖掘物,致安全隐患,具有违法性。王某驾驶车辆疏忽大意,导致车轮压飞石头击伤别某,亦有一定过错。乔某与王某过错行为不能排除与别某损害后果之间的合理的因果关系,推定成立法律上的因果关系,故二被告应对别某的损失承担赔偿责任,判决乔某、王某各赔偿别某一半损失。

【同类案件处理要旨】

公共场所道旁或者通道上挖坑、修缮安装地下设施等,没有设置明显标志和采取安全措施造成他人损害的,施工人应承担民事责任。所有人或管理人对道路等人工建造的构筑物因维护、管理瑕疵致人损害的,应承担赔偿责任,但能证明自己没有过错的除外。

**【相关案件实务要点】**

1.**【管护瑕疵】**道路因维护、管理瑕疵致人损害的,由道路所有人或管理人承担赔偿责任,但能够证明自己没有过错的除外,受害人有重大过失的,减轻侵权人的赔偿责任。案见福建龙岩新罗区法院(2006)龙新民初字第1577号"许某等诉某交通局人身损害赔偿案"。

2.**【路面障碍】**因路面堆放障碍物所发生的交通事故,行政机关作出的责任认定比例并不等于当事人承担民事责任的比例。案见山东临沂兰山区法院(2006)临兰民一初字第1645号"任某近亲属诉单某交通事故损害赔偿案"。

3.**【混合过错】**几个与损害结果有间接因果关系的行为与一个同损害结果有直接因果关系的行为间接结合导致同一损害结果的发生,应根据各行为人的过失程度或者其行为与损害结果的原因力大小确定其应当承担的责任份额。案见四川米易法院(2008)米易民初字第266号"任某诉程某等健康权纠纷案"。

4.**【管理瑕疵】**公路局作为行政机关,对属其所有或管理的道路构筑物不履行或不适当履行行政管理职权,致使道路欠缺所应具备的安全性,存在管理瑕疵,致他人损害,应承担民事连带赔偿责任。案见安徽蚌埠中院(2005)蚌民一终字第109号"年某等诉施某等人身损害赔偿案"。

5.**【免责抗辩】**作为道路交通管理部门应保证道路畅通与安全,确保任何人包括自身违反相关交通法律的人在此通行不会因道路的潜在危险而受到伤害,否则,即使受害人存在各种严重过错,道路管理人亦应承担相应责任。案见辽宁本溪法院(2010)本县民初字第1066号"张某等诉某公路段交通事故损害赔偿案"。

6.**【巡查义务】**对乡村公路负有管理责任的乡镇政府因其管理不到位,未能及时巡查清理占用道路所堆放的杂物,对由此造成的交通事故损害后果应承担一定的责任,因其并非直接侵权人,故应承担补充赔偿责任。案见山东济南历城区法院(2010)民商初字第669号"李某等诉方某等交通事故损害赔偿案"。

**【附注】**

**参考案例索引:**新疆昌吉中院(2008)昌中民二终字第0308号"某公司诉某交管局服务合同案",判决交管局赔偿公司26万余元。见《高速公路存在瑕疵致交通事故的赔偿责任——石河子富侨保健服务有限公司诉新疆维吾尔自治区交通建设管理局及其昌吉管理处服务合同纠纷案》(杨善明),载《人民法院案例选·月版》(200902:78)。①北京二中院(2017)京02民终11233号"张某与刘某等交通事故责任纠纷案",见《道路行政机关不因养护工作外包而免除道路障碍物致人损害之责——北京大兴法院判决张某诉刘某、某路政局等机动车交通事故责任纠纷案》(赵志、樊振国),载《人民法院报·案例精选》(20180726:6)。②河南焦作中院(2017)豫08民终1945号"楮某与某广告公司等生命权纠纷案",见《广告牌的设置不符合标准而发生人身损害的赔偿责任认定——河南沁阳法院判决原告楮某等与被告沁阳市某广告制作部等生命权纠纷案》(宋鹏、张小娇),载《人民法院报·案例精选》(20171207:6)。③江苏南京中院(2014)宁民终字第847号"成某与某管理站损害赔偿纠纷案",见《成国军诉南京市六合区公路管理站等因未尽管理养护职责引发交通事故损害赔偿纠纷案》,载《江苏省高级人民法院公报》(201502/38:50)。④广东肇庆中院(2013)肇中法民四终字第149号"梁青青与欧国如、广东电网公司肇庆广宁供电局交通事故损害赔偿纠纷案",见《交通事故认定书的证据属性》(彭汉文、何宝新),载《人民司法·案例》(201412:42)。⑤重庆二中院(2011)渝二中法民终字第920号"龚某与某实业公司人身损害赔偿纠纷案",见《公共侵扰类侵权行为的责任认定——重庆二中院判决龚一述诉金海公司人身损害赔偿纠纷案》(张艳敏),载《人民法院报·案例指导》(20120503:6)。⑥山东淄博中院(2011)淄民三终字第441号"张某诉某建设公司等侵权责任纠纷案",见《张光诉山东高阳建设有限公司、淄博集成房地产发展有限公司侵权责任纠纷案》(王宜宝),载《人民法院案例选》(201202:231)。⑦辽宁本溪法院(2010)本县民初字第1066号"张某等诉某公路段交通事故损害赔偿案",见《张艳玲等诉本溪满族自治县公路管理段道路交通事故人身损害赔偿案》(王兴燚),载《中国法院2012年度案例:道路交通纠纷》(194)。⑧山东济南历城区法院(2010)民商初字第669号"李某等诉方某等交通事故损害赔偿案",见《李生云等诉李方英等道路交通事故人身损害赔偿案》(岳进),载《中国法院2012年度案例:道路交通纠纷》(259)。⑨江苏南通中院(2009)通中民一终字第0567号"龚某诉某公路公司等损害赔偿案",见《道路管理瑕疵致人损害案中管理者义务分析》(徐晋),载《人民司法·案例》(201010:73)。⑩四川米易法院(2008)米易民初字第266号"任某诉程某等健康权纠纷案",见《多因一果导致损害的责任承担——四川米易法院判决任俊冬诉程宽其、米易公路段健康权纠纷案》(王锡怀),载《人民法院报·案例指导》(20090807:5)。⑪山东临沂兰山区法院(2006)临兰民一初字第1645号"任某近亲属诉单某交通事故损害赔偿案",见《路上堆沙致人死亡应承担主要赔偿责任——山东临沂兰山法院判决一起人身损害赔偿案》(邵泽毅、丁瑞祥),载《人民法院报·案例指导》(20061225:5)。⑫湖北宜昌中院(2005)宜民一终字第95号"郭某等诉某公路段人身损害赔偿案",见《郭俭银等因其亲属违规驾驶车辆运输木材翻车致死诉夷陵公路段等在道路两侧堆放沙石料未设置相关警示标识承担人身损害赔偿责任案》(肖杰),载《人民法院案例选》(200602:116)。⑬安徽蚌埠中院(2005)蚌民一终字第109号"年某等诉施某等人身损害赔偿案",见《年福荣、周万华诉施金学、蚌埠市公路管理局人身损害赔偿案》(张绍斌),载《人民法院案例选》(200602:125)。⑭湖北宜昌中院(2001)宜中民终字第420号"别某等诉王某等人身损害赔偿案",见《别发平等诉王大武等案》(万忠南、史成喜),载《中国审判案例要览》(2002民事:412)。

# 40. 道路设施或设计缺陷
## ——设施有缺陷,事故谁该赔?
### 【道路设施】

**【案情简介及争议焦点】**

2005年7月,刘某驾驶登记车主为牛某的货车操作不当撞上市政处管理的立交桥护栏,护栏的钢管扶手被撞落,砸伤桥下坐在邓某车上的高某并致一级伤残。

争议焦点:1. 市政处应否承担责任? 2. 如何承担责任?

**【裁判要点】**

**1. 市政处责任。** 市政处在道路养护上并未证明其采取了任何预防扶手坠落的措施,正因其瑕疵作为、消极不作为行为,被撞脱落钢管才会毫无阻碍地砸落在事先未得到任何警示的高某乘坐车上并致伤高某,故市政处对于特殊地段的桥梁的维护管理存在一定瑕疵,亦未尽合理限度内安全保障义务,由于其未能证明对事故发生不具有过错,建筑物及其他地上物侵权损害成立,市政处应承担赔偿责任。在钢管扶手承撞能力符合设计标准、行业规范对其安全性未有规定情况下,市政处仍负有安全保障义务,市政处的鉴定请求也就不具有意义。

**2. 按份责任。** 因货车撞击是钢管扶手坠落并致伤高某的直接、主要原因,而市政处管理维护瑕疵及不作为只是未尽可能地阻止损害结果的发生,本身不会也不可能直接或必然引发高某受伤,属间接偶然结合所致,是间接、次要的原因,二者不存在主观上的意思联络,故不构成共同侵权,应承担按份责任。

**【裁判依据或参考】**

1. 法律规定。《民法典》(2021年1月1日)第1236条:"从事高度危险作业造成他人损害的,应当承担侵权责任。"第1240条:"从事高空、高压、地下挖掘活动或者使用高速轨道运输工具造成他人损害的,经营者应当承担侵权责任;但是,能够证明损害是因受害人故意或者不可抗力造成的,不承担责任。被侵权人对损害的发生有重大过失的,可以减轻经营者的责任。"第1252条:"建筑物、构筑物或者其他设施倒塌、塌陷造成他人损害的,由建设单位与施工单位承担连带责任,但是建设单位与施工单位能够证明不存在质量缺陷的除外。建设单位、施工单位赔偿后,有其他责任人的,有权向其他责任人追偿。因所有人、管理人、使用人或者第三人的原因,建筑物、构筑物或者其他设施倒塌、塌陷造成他人损害的,由所有人、管理人、使用人或者第三人承担侵权责任。"第1255条:"堆放物倒塌、滚落或者滑落造成他人损害,堆放人不能证明自己没有过错的,应当承担侵权责任。"第1256条:"在公共道路上堆放、倾倒、遗撒妨碍通行的物品造成他人损害的,由行为人承担侵权责任。公共道路管理人不能证明已经尽到清理、防护、警示等义务的,应当承担相应的责任。"第1257条:"因林木折断、倾倒或者果实坠落等造成他人损害,林木的所有人或者管理人不能证明自己没有过错的,应当承担侵权责任。"第1258条:"在公共场所或者道路上挖掘、修缮安装地下设施等造成他人损害,施工人不能证明已经设置明显标志和采取安全措施的,应当承担侵权责任。窨井等地下设施造成他人损害,管理人不能证明尽到管理职责的,应当承担侵权责任。"《道路交通安全法》(2004年5月1日实施,2011年4月22日修正)第29条:"道路、停车场和道路配套设施的规划、设计、建设,应当符合道路交通安全、畅通的要求,并根据交通需求及时调整。公安机关交通管理部门发现已经投入使用的道路存在交通事故频发路段,或者停车场、道路配套设施存在交通安全严重隐患的,应当及时向当地人民政府报告,并提出防范交通事故、消除隐患的建议,当地人民政府应当及时作出处理决定。"第30条:"道路出现坍塌、坑漕、水毁、隆起等损毁或者交通信号灯、交通标志、交通标线等交通设施损毁、灭失的,道路、交通设施的养护部门或者管理部门应当设置警示标志并及时修复。公安机关交通管理部门发现前款情形,危及交通安全,尚未设置警示标志的,应当及时采取安全措施,疏导交通,并通知道路、交通设施的养护部门或者管理部门。"第31条:"未经许可,任何单位和个人不得占用道路从事非交通活动。"第32条:"因工程建设需要占用、挖掘道路,或者跨越、穿越道路架设、增设管线设施,应当事先征得道路主管部门的同意;影响交通安全的,还应当征得公安机关交通管理部门的同意。施工作业单位应当在经批准的路段和时间内施工作业,并在距离施工作业地点来车方向安全距离处设置明显的安全警示标志,采取防护措施;施工作业完毕,应当迅速清除道路上的障碍物,消除安全隐患,经道路主管部门和公安机关交通管理部门验收合格,符合通行要求后,方可恢复通行。对未中断交通的施工作业道路,公安机关交通管理部门应当加强交通安全监督检查,维护道路交通秩序。"第105条:"道路施工作业或者道路出现损毁,未及时设置警示标志、未采取防护措施,或者应当设置交通信号灯、交通标志、交通标线而没有设置或者应当及时变更交通信号灯、交通标志、交通标线而没有及时变更,致使通行的人员、车辆及其他财产遭受损失的,负有相关职责的单位应当依法承担赔偿责任。"《侵权责任法》(2010年7月1日,2021年1月1日废止)第85条:"建筑物、构筑物或者其他设施及其搁置物、悬挂物发生脱落、坠落造成他人损害,所有人、管理人或者使用人不能证明自己没有过错的,应当承担侵权责任。所有人、管理人或者使用人赔偿后,有其他责任人的,有权向其他责任人追偿。"第86条:"建筑物、构筑物或者其他设施倒塌造成他人损害的,由建设单位与施工单位承担连带责任。建设单位、施工单位赔偿后,有其他责任人的,有权向其他责任人追偿。因其他责任人的原因,建筑物、构筑物或者其他设施倒塌造成他人损害的,由其他责任人承担侵权责任。"《公路法》(2004年8月28日)第32条:"改建公路时,施工单位应当在施工路段两端设置明显的施工标志、安全标志。需要车辆绕行的,应当在绕行路口设置标志;不能绕行的,必须修建临时道路,保证车辆和行人通行。"第35条:"公路管理机构应当按照国务院交通主管部门规定的技术规范和操作规程对公路进行养护,保证公路经常处于良好的技术状态。"

**2. 行政法规。**《公路安全保护条例》(2011年7月1日)第13条:"在公路建筑控制区内,除公路保护需要外,禁止修建建筑物和地面构筑物;公路建筑控制区划定前已经合法修建的不得扩建,因公路建设或者保障公路运行安全等原因需要拆除的应当依法给予补偿。在公路建筑控制区外修建的建筑物、地面构筑物以及其他设施不得遮挡公路标志,不得妨碍安全视距。"第48条:"公路管理机构、公路经营企业应当定期对公路、公路桥梁、公路隧道进行检测和评定,保证其技术状态符合有关技术标准;对经检测发现不符合车辆通行安全要求的,应当进行维修,及时向社会公告,并通知公安机关交通管理部门。"第49条:"公路管理机构、公路经营企业应当定期检查公路隧道的排水、通风、照明、监控、报警、消防、救助等设施,保持设施处于完好状态。"

**3. 司法解释。**最高人民法院《关于审理道路交通事故损害赔偿案件适用法律若干问题的解释》(2012年12月21日,2020年修改,2021年1月1日实施)第7条:"因道路管理维护缺陷导致机动车发生交通事故造成损害,当事人请求道路管理者承担相应赔偿责任的,人民法院应予支持。但道路管理者能够证明已经依照法律、法规、规章的规定,或者按照国家标准、行业标准、地方标准的要求尽到安全防护、警示等管理维护义务的除外。依法不得进入高速公路的车辆、行人,进入高速公路发生交通事故造成自身损害,当事人请求高速公路管理者承担赔偿责任的,适用民法典第一千二百四十三条的规定。"第8条:"未按照法律、法规、规章或者国家标准、行业标准、地方标准的强制性规定设计、施工,致使道路存在缺陷并造成交通事故,当事人请求建设单位与施工单位承担相应赔偿责任的,人民法院应予支持。"最高人民法院《关于审理人身损害赔偿案件适用法律若干问题的解释》(2004年5月1日 法释〔2003〕20号)第16条:"下列情形,适用民法通则第一百二十六条的规定,由所有人或者管理人承担赔偿责任,但能够证明自己没有过错的除外:(一)道路、桥梁、隧道等人工建造的构筑物因维护、管理瑕疵致人损害的;(二)堆放物品滚落、滑落或者堆放物倒塌致人损害的;(三)树木倾倒、折断或者果实坠落致人损害的。前款第(一)项情形,因设计、施工缺陷造成损害的,由所有人、管理人与设计、施工者承担连带责任。"

**4. 地方司法性文件。**江西宜春中院《关于印发〈审理机动车交通事故责任纠纷案件的指导意见〉的通知》(2020年9月1日 宜中法〔2020〕34号)第26条:"因道路管理维护缺陷导致机动车发生交通事故造成损害的,应由道路管理者承担相应的赔偿责任。道路管理者能够证明自己已按照法律、法规、规章等规定尽到了安全防护、警示等管理维护义务的除外。在道路上堆放、倾倒、遗撒物品等妨碍通行的行为引发交通事故造成损害的,由堆放、倾倒、遗撒物品的行为人承担赔偿责任。道路管理者不能证明自己已按照法律、法规、规章等规定尽到管理、防护、警示等义务的,承担相应的赔偿责任。未按照法律、法规、规章或者国家标准、行业标准、地方标准的强制性规定设计、施工,致使道路存在缺陷并造成交通事故致人损害的,由建设单位与施工单位承担相应的赔偿责任……"江苏南通中院《关于处理交通事故损害赔偿案件中有关问题的座谈纪要》(2011年6月1日 通中法〔2011〕85号)第15条:"道路配套设施设置不符合道路安全管理规定,或者当道路出现损毁时,应当及时设置相应警示标志,采取防护措施而未作为,造成道路交通事故致人损害的,由负有相关职责的单位承担相应赔偿责任。若机动车驾驶人对道路交通事故的发生也有可归责事由的,机动车方应当与有关单位按照原因力的大小分别承担赔偿责任。"安徽宣城中院《关于审理道路交通事故赔偿案件若干问题的意见(试行)》(2011年4月)第17条:"道路配套设施设置不符合道路安全管理规定,或者当道路出现损毁,应当及时设置警示标志,采取防护措施而未作为,造成道路交通事故致人损害的,由负有相关职能的单位承担相应赔偿责任。"江苏无锡中院《关于印发〈关于审理道路交通事故损害赔偿案件若干问题的指导意见〉的通知》(2010年11月8日 锡中法发〔2010〕168号)第12条:"【道路及其配套设施职能单位的事故赔偿责任】道路及其配套设施不符合道路安全管理规定,或者当道路出现损毁时,未在合理时间内设置警示标志或采取有效防护措施,造成道路交通事故致人损害的,由负有管理职能的相关单位承担相应赔偿责任。"安徽合肥中院民一庭《关于审理道路交通事故损害赔偿案件适用法律若干问题的指导意见》(2009年11月16日)第16条:"道路配套设施设置不符合道路安全管理规定,或者当道路出现损毁时,应当及时设置相应警示标志、采取防护措施而未作为,造成道路交通事故致人损害的,由负有相关职责的单位承担相应赔偿责任。"第17条:"发生本意见第十四条、第十五条、第十六条规定的情形,机动车驾驶人对道路交通事故发生也有可归责事由的,机动车方应当与有关单位或个人按照原因力的大小分别承担赔偿责任。"广东佛山中院《关于审理道路交通事故损害赔偿案件的指导意见》(2009年4月8日)第27条:"行为人有下列情形之一,造成道路交通事故致人损害的,由行为人承担相应赔偿责任:(一)违法占用道路从事非交通活动,或者破坏道路及道路配套设施的;(二)在道路两侧及隔离带上种植植物或者设置广告牌、管线等,遮挡路灯、交通信号灯、交通标志,妨碍安全视距的;(三)施工人挖掘道路、占用道路施工,未按规定设置明显警示标志和采取安全防护措施,或者竣工后未及时清理现场、修复路面的;(四)实施其他妨碍道路正常通行行为的。"第28条:"道路配套设施设置不符合道路安全管理规定,或者当道路出现损毁时,应当及时设置相应警示标志、采取安全防护措施而未作为,造成道路交通事故致人损害的,由负有相关职责的单位承担相应赔偿责任。"重庆高院《关于审理道路交通事故损害赔偿案件适用法律若干问题的指导意见》(2006年11月1日)第16条:"施工人挖掘道路、占用道路施工,未按规定设置明显标志和采取安全措施,或者竣工后未及时清理现场、修复路面,造成道路交通事故致人损害的,由施工人承担相应赔偿责任。"第17条:"行为人有下列情形之一,造成道路交通事故致人损害的,由行为人承担相应赔偿责任:(一)违法占用道路从事非交通活动,或者破坏道路及道路配套设施的;(二)在道路两侧及隔离带上种植植物或者设置广告牌、管线等,遮挡路灯、交通信号灯、交通标志,妨碍安全视距的;(三)实施其他妨碍道路正常通行行为的。"第18条:"道路配套设施设置不符合道路安全管理规定,或者当道路出现损毁时,应当及时设置相应警示标志、采取防护措施而未作为,造成道路交通事故致人损害的,由负有相关职责的单位承担相应赔偿责任。"第19条:"发生本意见第十七条、第十八条、第十九条规定的情形,机动车驾驶人对道路交通事故发生也有可归责事由的,机动车方应当与有关单位或个人按照原因力的大小分别承担赔偿责任。"山东高院《关于审理人身损害赔偿案件若干问题的意见》(2001年2月22日)第10条:"……在道路维修改造期间,当事人发生的与车辆、行人有关的事故引起的损害赔偿纠纷,向人民法院起诉的,人民法院可以直接受理。"第38条:"在道路、通道上的堆放物或防护装置致人损害,道路管理部门未尽到善良管理人的注意义务,可认定道路管理部门具有道路管理的瑕疵责任,应由其承担受害人的损害赔偿责任;但道路管理部门能够证明是因第三人的过错造成损害的,应以第三人为被告承担赔偿责任。"第41条:"在公共场所、道旁和通道上挖坑、修缮安装地下设施等实施对周围环境具有危险性的行为,没有设置明显标志和采取安全措施造成他人损害的,应以施工人为被告,由其承担民事赔偿责任,不应由建设单位承担责任;设置的标志和采取的安全措施被第三人破坏的,施工人仍应承担赔偿责任,但可以向第三人追偿。"第42条:"在公共场所、道旁和通道上因地下管、线的安全防护设施致人损害的,应以该设施的管理人或所有人为被告承担民事责任。但管理人或所有人能够证明是由第三人的过错造成损害的除外。"

5. **地方规范性文件**。江苏省《道路交通安全条例》(2023年7月27日修订2024年1月1日实施)第16条:"道路以及道路交通安全设施的养护、管理单位应当按照有关技术规范等规定实施养护、管理,保证道路处于良好技术状态;发现道路损毁或者道路交通安全设施损毁、灭失影响安全通行的,应当及时设置警示标志,采取相应的防护措施,组织抢修或者排除险情,并报告道路主管部门、公安机关交通管理部门。"第36条:"新建、改建、扩建道路,应当按照有关标准和规定同步配套建设道路交通安全设施。道路交通安全设施未经验收或者验收不合格的,道路不得投入使用。供电部门因检修、错峰用电、系统升级等原因,确需对交通信号灯和交通监控设施采取停电措施的,应当提前四十八小时书面通知公安机关交通管理部门。"第37条:"县级以上地方人民政府应当加强行人过街设施建设,减少行人、非机动车与机动车的相互影响。学校、幼儿园、医院、养老院、儿童福利机构、未成年人救助机构门前,以及商业街区、车站、码头周边等道路交叉路口和行人横过道路较为集中的路段,应当按照有关标准设置行人过街设施或者施划人行横道线,设置规范的警示标志、让行标志、减速设施等道路交通安全设施。施划人行横道线的,应当设置人行横道信号灯或者提示标志。盲道、人行道应当保持安全、畅通。任何单位和个人不得擅自改变盲道等无障碍设施的用途,不得非法占用、损毁盲道等无障碍设施,不得非法占用、损毁人行道。"第38条:"允许社会机动车通行的居住区道路、单位自建道路,应当在公安机关交通管理部门指导下,按照有关标准设置交通标志、交通标线等道路交通安全设施。"第39条:"新建、改建、扩建道路,应当科学合理规划、设计、施工,保障通行安全,提高通行效率。新建、改建、扩建城市道路,应当保障慢行交通通行空间,改善非机动车和行人交通出行环境。现有城市道路机动车道挤占非机动车道、人行道的,应当进行优化。机动车和非机动车、行人混合通行,存在交通安全隐患的道路,有条件的应当设置隔离设施。"第40条:"道路沿线单位、居住区的机动车出入口,应当设置在交通流量相对较小的路段上,并按照有关标准设置停车让行或者减速让行的交通标志、交通标线。在道路上增设、改造平面交叉道口、出入口,应当符合有关规定,并依法办理审批手续。"第44

条:"利用立交桥、人行过街天桥悬挂、张贴物品或者横跨道路设置横幅等,应当符合设置的有关规定,不得遮挡交通标志、交通信号灯、交通监控设施,不得妨碍安全通行。道路两侧及隔离带上种植的树木或者其他植物,设置的广告牌、管线等,应当与道路交通安全设施保持必要的距离,不得遮挡路灯、交通信号灯、交通标志,不得妨碍安全视距,不得影响通行;遮挡道路交通安全设施或者妨碍交通安全视距的,其所有人、管理人应当及时采取措施排除妨碍。"吉林市《市政设施管理条例》(2023年6月28日修订 2023年8月1日实施)第4条:"市市政设施行政主管部门负责全市城市道路、桥涵、排水等市政设施的管理工作。市城市管理行政主管部门负责全市城市功能照明设施的管理工作。各城区和吉林高新技术产业开发区、吉林经济技术开发区(以下简称开发区)市政设施主管部门按照职责分工,管理本辖区内的市政设施。市、区市政设施管理机构按照职责分工,具体负责市政设施的日常管理和维修养护工作。市财政、规划和自然资源、公安交通、交通运输、水利、生态环境、通信管理等相关部门应当按照职责分工,共同做好市政设施管理工作。"第11条:"市政设施新建、改建、扩建及维修、养护工程的设计与施工,必须执行国家的技术标准、规范和操作规程,并按照国家规定,实行招投标制度、质量保修制度和工程监理制度。承担市政工程设计、施工、监理的单位必须具备相应资质。"第12条:"城市道路、桥涵、排水等市政设施的建设,实行施工许可制度。凡进行建设的,必须经市市政设施行政主管部门批准并核发市政设施施工许可证后,方可开工。"第13条:"市政设施新建、改建、扩建及维修工程竣工后,建设单位应当及时申请市政设施、城市管理行政主管部门竣工验收,建立并移交完整的工程档案。未经验收或者验收不合格的,不得交付使用。政府投资和社会捐资建设的市政设施,按照职责由市或者城区(开发区)市政设施、城市管理行政主管部门接收管理。自筹资金建设的市政设施,由出资人自行管理和维修养护,并接受市政设施、城市管理行政主管部门的监督;符合接收条件的,按照管理范围可由市或者城区(开发区)市政设施、城市管理行政主管部门接收管理和维修养护。"第21条:"本条例所称城市道路设施包括机动车道、非机动车道、人行道、具有交通功能的广场、街头空地、利用市政设施用地设置的公共停车场及边石、界石、路肩、边沟、挡墙、护坡、护栏、街路标牌等附属设施。"第30条:"城市道路设施管理范围内,禁止下列行为:(一)擅自搭建建(构)筑物和悬挂广告牌等悬挂物;(二)焚烧垃圾、祭祀用品及其他物品;(三)堆放、倾倒、撒漏易燃、易爆、有毒、有放射性、有强烈异味、粉尘飞扬的物品;(四)在路面上搅拌混凝土、水泥砂浆及其他拌合物;(五)擅自修筑或者封闭道路出入口或者在车行道和人行道间设置接坡;(六)其他侵占、损坏城市道路及其附属设施的行为。"第31条:"本条例所称城市桥涵设施包括桥梁(含高架道路、立体交叉桥、人行天桥、管线桥)、地下通道、涵洞、隧道及其附属设施。"第34条:"在城市桥涵设施安全保护区域内从事河道疏浚、挖掘、打桩、地下管道铺设、爆破、采集砂石、取土等作业的,在施工作业前,应当经市政设施行政主管部门批准。需要其他相关部门批准的,按照有关法律、法规的规定执行。"第35条:"需要临时占用城市桥涵及其净空施工作业、堆放物品、停放车辆和停泊船只的,应当经市政设施行政主管部门批准;影响安全的,还应当经交通运输、公安交通管理等部门同意。"第54条:"城市改造、综合开发、住宅建设中的城市功能照明设施,应当按照城市功能照明规划建设,与主体工程同步设计、施工、验收和使用,并采用节能、环保的照明新光源、新技术和新设备。城市功能照明设施必须经竣工验收合格后,方可交付使用。"云南省《道路交通安全条例》(2022年11月30日修正实施)第29条:"公安机关交通管理部门需要的高速公路报警、监控、电子引导及通信等技术系统信息资料,高速公路经营单位应当提供。"第49条:"高速公路沿车辆顺行方向右侧的路肩、停车车道和紧急停车带为应急车道,其他车道为行车道。遇紧急情况需要停车的,应当紧靠应急车道的最右侧停车,并在来车方向150米以外设置警告标志。"第50条:"机动车在高速公路上行驶,应当遵守下列规定:(一)按照车道规定的行驶车速行驶,除超车外,禁止低速车辆占用快速车道行驶;(二)除遇障碍或者发生交通事故外,不得停车上下乘客或者装卸货物;(三)遇前方道路受阻、车辆停车排队等候或者车辆缓慢行驶时,应当开启危险报警闪光灯,不得在应急车道上行驶或者停车;(四)因交通事故,施援、清障车辆及人员需要上高速公路实施救援、清障作业的,应当服从公安机关交通管理部门或者现场交通警察的指挥。重型、中型载货汽车除超车外,应当靠道路最右侧行车道或者慢车道行驶。"第51条:"禁止任何单位和个人在高速公路上从事经营性活动和影响道路交通安全的活动。禁止在高速公路车行道、桥梁、隧道和紧急避险车道检修车辆,确因故障无法行驶的,应当按照本条例第四十九条的规定设置警告标志并立即报警。"第53条:"高速公路经营单位发现行人、牲畜或者禁止进入高速公路的车辆进入高速公路,应当进行阻止;不听劝阻的,通知公安机关交通管理部门处理。"安徽省《农村公路条例》(2013年1月1日)第38条:"县级农村公路管理机构或者乡(镇)人民政府可以根据保护乡道、村道的需要,在乡道、村道的出入口设置必要的限高、限宽设施,但是不得影响消防和卫生急救等应急通行需要,不得向通行车辆收费。"江苏省《公路条例》(2012年1月12日修正)第30条:"公路管理机构、乡镇人民政府或者公路经营企业应当定期对养护的公路桥梁进行检查。需要进行检测的,应当委托符合资质条件的机构进行检测。公路桥梁经检测荷载等级达不到原标准的,应当设置明显的限载标志,并及时采取维修和加固等有效措施;经检测发现公路桥梁严重损坏影响通行安全的,应当先行设置禁止通行和绕行标志,并及时采取修复措施。对特大型公路桥梁,应当采取措施,及时做好雨、雾、雪等恶劣天气和突发事故情况下的养护管理工作,保持清障、救援等设备齐全完好。"江苏省《收费公路管理条例》(2012年1月12日修正)第38条:"收费公路的交通标志、标线、隔离栅等交通安全设施的设置应当符合国家标准和技术规范,与公路同时建设、验收、使用。收费公路经营管理者应当按照国家有关标准,做好交通安全设施的维护工作,发现其损毁、灭失的,应当及时修复;影响交通安全的,还应当设置警示标志。公安机关交通管理部门发现交通安全设施损毁、灭失,危及交通安全,尚未设置警示标志的,应当及时采取安全措施,疏导交通,并通知收费公路经营管理者。收费公路经营管理者接到通知后应当及时整改。交通运输主管部门应当结合标志、标线现状和公路通行、路网、沿线设施状况等,提出调整、完善交通标志、标线的要求,并由收费公路经营管理者组织实施。"西藏《公路条例》(2011年11月24日修正)第39条:"公路管理机构应当按照公路桥梁养护技术规范的规定对公路桥梁定期进行检测和评定,经检测荷载等级达不到原设计标准的,应当设置明显限载标志。经检测公路桥梁严重损坏影响通行安全的,应当设置禁止通行和绕行标志,并及时采取维修和加固等修复措施,保证桥梁的技术状况符合有关标准。"北京市《公路条例》(2010年12月23日)第21条:"附设于公路的地下管线的检查井及其井盖等设施,应当符合公路养护技术规范,产权单位应当加强巡查。对因井盖等设施缺损、移位、下沉等影响公路通行安全的,产权单位应当及时补缺或者修复。"

**6. 最高人民法院审判业务意见。**●公共设施设置或管理瑕疵致人损害的归责原则如何确定?最高人民法院民一庭倾向性意见:"公共设施设置或者管理瑕疵致人损害的责任,适用《民法通则》一般侵权损害赔偿的规定处理。"

**7. 参考案例。**①2010年北京某交通事故损害赔偿案〔井盖〕,2009年11月,崔某驾车与道路上由某通信公司管理的井盖接触,车辆侧翻,崔某受伤,经抢救无效死亡,交警队出具道路交通事故证明:车辆底部痕迹符合与路面井盖接触形成。法院认为:崔某驾车正常行驶时车辆底部与某通信公司所有并管理的路面井盖接触,致车辆侧翻。受害人崔某系因该井盖致害,其对此的因果关系举证已经完毕,法院认定交警队出具的道路交通事故证明真实、合法、有效,应予采信。某通信公司对涉案路面井盖未进行及时、有效的维护、保养,未能尽到管理层面的注意义务,其仅提交自行记录的工作日志等证据材料,不能免除其应负有的民事责任,判决某通信公司赔偿原告64万余元。②2010年山东某交通事故损害赔偿案〔限宽水泥墩〕,2007年12月,冯某酒后驾驶摩托车载人与刘某驾驶的货车相遇,摩托车撞在道路限宽水泥墩上,该道路宽6米,水泥墩限宽2.85米。法院认为:冯某酒后驾车未戴安全头盔,未尽谨慎注意义务,未能合理避让障碍并防止事故发生,存在重大过失,应承担事故主要责任。事发路段两侧设置水泥墩致使路面宽度突然变窄,且水泥墩较低被土掩埋,已成危险路段,对通行特别是夜间通行存在潜在危险,作为该道路养护管理部门的县交通局未尽管理职责行为与事故发生有一定因果关系，应根据交通局过错程度及其未履行法定职责在此事故中所起所用酌情认定其应承担15%的责任。③2009年河南某健康权纠纷案[桥板裂缝]，2008年，李某乘坐其父无证驾驶的机动三轮车，途经乡政府管理的某桥时，由于不慎驾驶，三轮车车轮掉在桥板裂缝处，造成车辆侧翻，李某被摔到桥下，致一级残。桥头有"此桥危险禁止车通行"的警示标。李某同时起诉乡政府和县水泥局。法院认为：驾驶员无证驾驶机动车且违法载人，明知桥面存在危险情况下，对危险视而不见过于自信，未采取有效措施保障安全行驶，造成机动三轮车侧翻、李某受伤的事故，该驾驶员存在重大过失，应对事故负主要责任。该桥桥板折断且存在裂缝，系危桥，其管理者应及时维修而未进行维修，存在一定过错，对此事故应负次要责任。由于该桥梁系国家出资建造，而作为国家机关的县政府已发文将该桥的管护责任交给乡政府，从发文之日起，乡政府对该桥即负有维修、管护的职责。乡政府虽设立警示标志，但未采取有效措施禁止车辆通行，故乡政府应对李某的损失负次要责任即10%的赔偿责任。水利局仅对县级以上河道及部分水闸具有管理职责，对案涉桥梁无管理、维修责任，李某请求水利局承担赔偿责任证据不足，不予支持。④2007年**浙江某交通事故损害赔偿案[公路桥缺口]**，2007年7月，杨某驾驶电动自行车从公路桥上的缺口坠入河中受伤。法院认为：公路段作为公路的管理机构，在距窄桥的一定距离处设置警示标志是其应尽的管理义务，而公路段在事故发生时没有在窄桥附近设置警示标志，具有一定的过错；且公路段未设置警示标志与杨某的受伤具有一定的因果关系，故应由公路段赔偿杨某的部分损失。但杨某在恶劣天气条件下未能谨慎驾驶，是造成事故的主要原因，其应承担事故的主要责任。⑤2008年**广东某交通事故损害赔偿案[通风采光井]**，2004年，刘某跨越绿化隔离带通过政府项目办建设、研究院设计的隧道顶部，由通风采光井坠入隧道，被隧道内行驶车辆碾轧致残，事故认定属意外。一审以刘某受伤系因其不遵守《道路交通安全法》规定，跨越隧道绿化隔离设施造成，作为一个有完全民事行为能力的成年人，其具有辨认、控制、判断自己行为的能力，但其既不按规定走画有斑马线的人行横道，也不从标示显著、易于通行的地下行人隧道通过，却偏偏选择不是道路的绿化带隔离设施行走，从而酿成本次事故，该损害后果与被告设计、建设并无关联性，故驳回刘某诉讼请求。二审认为：尽管该公共构筑物的设计和施工符合国家建设工程质量标准，但通风采光井上未采取任何覆盖或其他保护措施，在设计上存在安全隐患。通风采光井旁虽有警示标识，但该标识显著性不足，且缺损警示标识未及时修缮，可认定该构筑物在管理和维护上存在瑕疵，故因该设计缺陷及管理瑕疵致刘某人身损害，设计及管理单位应承担适当的赔偿责任。⑥2005年**山东某交通事故损害赔偿案[电线]**，2004年，董某无证驾驶摩托车，被电信公司架设并管理的电缆线杆拉线刮倒致伤残。1年前村委会为拓宽道路,使原本靠边的电线杆位于路中间而无护墩。法院认为:村委会拓宽村内道路,致使电信公司架设的电缆线杆及拉线位置由路边到了路中间,增加了地上工作物的危险性,电信公司作为线杆及拉线的所有人,承担着对其进行日常管理、养护的责任,在线杆、拉线位置发生变化时,未及时采取相应措施,因此对过往行人及车辆安全共同构成一定威胁,电信公司具有过错,故对董某所受伤害应承担相应责任。村委会原本不应对该线杆及其构件有法定或合同的提示注意或采取措施的义务,但由于其施工行为致使该地上工作物由路边到了路中间,增加了原有的危险性,此时,便产生了相应的责任,但其未采取防范措施和未设立警示标志,致使董某在驾驶摩托车行驶中被线杆拉线刮倒受伤,对此,村委会具有过错,亦应承担相应责任。受害人在晴朗的白天,且是中午11点多,骑摩托车被线杆的拉线刮倒,可见,其自身疏于安全注意的义务非一般过失和轻微过失所能包含,其在行驶过程中未尽到相当的注意义务,对其所受伤害亦应承担相应责任,判决董某损失9900余元由村委会承担40%,电信公司承担30%,董某自负30%。⑦2000年江苏某交通事故损害赔偿案〔桥板断裂〕,1998年5月,雇佣司机刘某驾驶挂靠在货运公司的货车超载行驶在管理站维护、管理的乡镇公路桥梁上时,因桥板断裂,车辆翻落,同乘车主赵某溺亡。赵某近亲属和货运公司将管理站、交通局、乡政府、水利站作为共同被告起诉。法院认为:货运公司与赵某签订有车辆挂靠合同,车辆所有权属于赵某,该事故对货运公司未造成直接损失,对于车辆损失应由赵某的继承人起诉,货运公司不具备主体资格,故应驳回其诉讼请求。案涉公路在事发时,仍由管理站负责养护和管理,其未尽到养护和管理职责,亦未在桥上设置必要的限载标志等安全设施,是事故发生主要原因,故公路站应承担主要责任。交通局、乡政府、水利站不是该路管理人,不负养护和管理职责,三被告非本案直接责任人,故应驳回原告对被告交通局、乡政府、水利站的诉讼请求。原告方车辆严重超载,主观上有明显过错,对于事故发生也有一定责任,也应承担一部分民事责任。⑧1999年福建某损害赔偿案〔道路缺口〕,1997年11月,颜某夜间驾驶农用车在公路局管护的国道路段因道路缺口而翻车坠河,损失4万余元。交警认定肇事车转向器故障,颜某负全部责任。法院认为:颜某所驾肇事车辆,转向器不合安全要求,驾驶员平时缺乏对车辆安全检查,未及时发现并排除安全隐患,是造成这起事故的重要原因,对车辆人员损害造成的经济损失,应承担主要的民事赔偿责任。公路局对损坏路面未及时设置警示标志,以便来往行驶的车辆驾驶员采取措施避开或减速经过损坏路面,肇事地段所损坏路面已影响车辆安全行驶,是引发本起事故的原因,故本案应承担次要民事责任。⑨1999年河南某交通事故损害赔偿案〔公路防护墙〕,1998年8月,工会司机魏某在当地40年不遇的暴雨中驾车时,因机动车道积水不能通行,遂在非机动车道行驶,公路段负责养护维修的公路防护墙因雨水浸泡倒塌,致车毁人亡。工会与魏某近亲属起诉公路段要求赔偿事故损失。法院认为:本案属特殊侵权案件,应适用过错推定而非过错责任原则。郊区公路段虽对公路防护墙进行了管理和养护,但提不出自己无过错的证据,故不能抗辩防护墙造成车毁人亡的事实,应负赔偿责任。魏某违章沿非机动车道行驶,与公路防护墙倒塌无因果关系,不应承担民事责任,判决公路段赔偿工会汽车损失2万余元,赔偿魏某等5万余元。

**【同类案件处理要旨】**

因道路管理维护缺陷导致机动车发生交通事故造成损害,道路管理者除非能够证明已按照法律、法规、规章、国家标准、行业标准或者地方标准尽到安全防护、警示等管理维护义务,否则应承担相应赔偿责任。未按照法律、法规、规章或者国家标准、行业标准、地方标准的强制性规定设计、施工,致使道路存在缺陷并造成交通事故,建设单位与施工单位应承担相应赔偿责任。

**【相关案件实务要点】**

1.【道路瑕疵】道路管理者违反一般注意义务,导致道路瑕疵致人损害的,应承担相应赔偿责任。案见江苏南通中院(2009)通中民一终字第0567号"龚某诉某公路公司等损害赔偿案"。

2.【管修义务】机动车经过道路、桥梁、隧道等人工建造的构筑物时发生事故,造成驾驶员或随车人员伤害,所有人或者管理者未尽职责范围内的维修、管护义务,对事故的发生有一定过错,应负相应责任。案见河南开封中院(2009)汴民终字第584号"李某诉某乡政府等健康权纠纷案"。

3.【消极不作为】道路交通安全设施专门的设计、施工、维护应遵守行业规范,行业规范未有规定时,管理单位据此消极不作为,此时从实现保护自然人生命权、健康权等基本民事权益的基础性法律价值、从适用效力层次更高的民事规范的角度来审视,管理单位存在过错,应承担民事责任。案见贵州高院(2007)黔高民一终字第34号"高某诉某市政处人身损害赔偿案"。

4.【原因竞合】当存在不可抗力与管理瑕疵的竞合时,依据民法理论中原因竞合之规则,管理者应当承担民事赔偿责任。案见河南洛阳中院1999年3月24日判决"某工会等诉某公路段等人身损害赔偿案"。

5.【桥梁断裂】因桥梁断裂而引发的非道路交通事故,适用无过错责任原则。案见江苏淮安中院2000年10月25日判决"赵某等诉某管理站等人身损害赔偿案"。

6.【限宽标志】道路上设置不合理的限宽水泥墩对交通通行存在潜在危险,并造成实际损害后果的,作为道路管理养护单位应对根据其过错程度及其未履行法定职责在此事故中所起作用承担相应的赔偿责任。案见山东聊城中院(2010)聊民一终字第137号"冯某诉某交通局等交通事故损害赔偿案"。

7.【路面井盖】路面井盖的所有人或管理人未进行及时、有效的维护、保养,未能尽到管理层面的注意义务,应对由此造成交通事故导致他人人身和财产损害承担赔偿责任。案见北京一中院(2010)一中民终字第13691号"崔某等诉某通信公司交通事故损害赔偿案"。

8.【混合过错】由第三人过错行为与地上工作物的所有人、管理人的过错行为相结合而发生致害结果,依共同过错责任处理。如受害人有过错的,又构成混合过错,实行过失相抵,可适当减轻赔偿义务主体的赔偿责任。案见山东泰安泰山区法院(2005)泰山民初字第1360号"董某诉某村委会等人身损害赔偿案"。

9.【安全标准】公共构筑物符合国家建筑工程的技术规范,不等于其亦符合相应的公共安全标准。符合建筑工程技术规范但不符合公共安全标准的公共构筑物设计缺陷或管理瑕疵致人损害的,设计人或管理人应承担相应的国家赔偿责任。个人因此享有的国家损害赔偿请求权,属于民法上的损害赔偿请求权相同性质的私权,可以通过普通的民事诉讼程序来请求。案见广东广州中院(2006)穗中法民一终字第587号"刘某诉某研究院等公共构筑物致害人身损害赔偿案"。

**【附注】**

**参考案例索引**:贵州高院(2007)黔高民一终字第34号"高某诉某市政处人身损害赔偿案",一审判市政处与牛某、刘某承担连带赔偿责任,二审改判承担按份责任,由市政处按份赔偿40%即23万余元,牛某、刘某赔偿60%即35万余元。见《高某诉贵阳市市政工程管理处人身损害赔偿案》(赵传毅),载《人民法院案例选》(200803:140)。①北京一中院(2010)一中民终字第13691号"崔某等诉某通信公司交通事故损害赔偿案",见《崔金红等诉联通公司北京分公司道路交通事故损害赔偿案》(谷岳),载《中国法院2012年度案例:道路交通纠纷》(255)。②山东聊城中院(2010)聊民一终字第137号"冯某诉某交通局等交通事故损害赔偿案",见《冯海波诉茌平县交通局等道路交通事故人身损害赔偿案》(赵青山),载《中国法院2012年度案例:道路交通纠纷》(252)。③河南省开封中院(2009)汴民终字第584号"李某诉某乡政府等健康权纠纷案",见《危桥管理者未尽管理义务应负赔偿责任——河南开封中院判决李鹏程诉杞县裴村店乡政府等健康权纠纷案》(李冰、翟渊涛),载《人民法院报·案例指导》(20100225:6)。④浙江省宁波鄞州区法院(2007)甬鄞民一初字第3698号"杨某诉某公路段交通事故损害赔偿案",见《杨炳义诉宁波市鄞州区公路管理段道路交通事故损害赔偿纠纷案》,载《浙江高院·案例指导》(2007/2008：281)。⑤广东省广州中院(2006)穗中法民一终字第587号"刘某诉某研究院等公共构筑物致害人身损害赔偿案",二审经法院调解后刘某撤回上诉。见《刘佰良诉广州市中心区交通项目领导小组办公室、广州市市政工程研究院公共构筑物致害人身损害赔偿案》(陈冬梅、陈丹),载《人民法院案例选》(200801：150)。⑥山东泰安泰山区法院(2005)泰山民初字第1360号"董某诉某村委会等人身损害赔偿案",见《地上工作物致害的赔偿责任——泰安泰山区法院判决董纪涛诉北留村委与泰安网通公司赔偿案》(戚桂亮、李建、王晓东),载《人民法院报·案例指导》(20070115：5)。⑦江苏淮安中院2000年10月25日判决"赵某等诉某管理站等人身损害赔偿案",判决管理站赔偿原告损失的70%共计6.7万余元。见《赵展鹏等诉淮阴县公路管理站等公路桥梁未设限载标志超限车通行时桥断致车毁人亡赔偿案》(刘洋),载《人民法院案例选》(200102：158)。⑧福建三明中院(1999)三民终字第40号"颜某诉某公路局损害赔偿案",一审判决颜某承担50%责任,二审改判颜某承担60%责任。见《颜宝璋诉三明市公路局永安分局损害赔偿案》(刘明田),载《中国审判案例要览》(2000民事：487)。⑨河南洛阳中院1999年3月24日判决"某工会等诉某公路段等人身损害赔偿案",见《偃师市总工会等诉洛阳市公路总段等管理的公路防护墙在暴雨中倒塌造成车毁人亡赔偿案》(牛振宇),载《人民法院案例选》(200002：132)。

**参考观点索引**：●公共设施设置或管理瑕疵致人损害的归责原则如何确定?见《公共设施设置或管理瑕疵致人损害的赔偿责任》(陈朝仑),载《中国民事审判前沿》(200501：146)。

# 混合责任情形

## 41. 侵权责任与工伤赔偿

### ——工伤已获赔,侵权再主张?

【工伤赔偿】

【案情简介及争议焦点】

2005年2月,运输公司员工梁某乘坐单位司机驾驶的客车肇事致残,劳动部门认定为工伤,运输公司依工伤支付清单补偿了梁某医药费、一次性伤残补偿金共计2万余元。梁某又主张误工费、伙食补助费、护理费、伤残补助金等。

争议焦点:1. 侵权赔偿与工伤赔偿能否兼得?2. 如何计算赔偿费用?

【裁判要点】

**1. 可以兼得。** 梁某受伤,经劳动部门认定为工伤,依法享有请求运输公司赔偿的权利,将工伤待遇和交通事故人身损害赔偿相互竞合,实行差额互补。

**2. 差额互补。** 因梁某住院期间运输公司已向其发放工资,故梁某诉请误工费不予支持。梁某残疾补助金扣除已从运输公司领取的一次性伤残补助金后,差额应予支持。梁某诉请的护理费、伙食补助费有法律依据,应予支持。

【裁判依据或参考】

**1. 法律规定。**《社会保险法(2018年修正)》(2018年12月29日)第30条:"下列医疗费用不纳入基本医疗保险基金支付范围:(一)应当从工伤保险基金中支付的;(二)应当由第三人负担的;(三)应当由公共卫生负担的;(四)在境外就医的。医疗费用依法应当由第三人负担,第三人不支付或者无法确定第三人的,由基本医疗保险基金先行支付。基本医疗保险基金先行支付后,有权向第三人追偿。"第42条:"由于第三人的原因造成工伤,第三人不支付工伤医疗费用或者无法确定第三人的,由工伤保险基金先行支付。工伤保险基金先行支付后,有权向第三人追偿。"

**2. 行政法规。**《工伤保险条例》(2011年1月1日)第14条:"职工有下列情形之一的,应当认定为工伤:……(六)在上下班途中,受到非本人主要责任的交通事故或者城市轨道交通、客运轮渡、火车事故伤害的……"第62条:"用人单位依照本条例规定应当参加工伤保险而未参加的,由社会保险行政部门责令限期参加,补缴应当缴纳的工伤保险费,并自欠缴之日起,按日加收万分之五的滞纳金;逾期仍不缴纳的,处欠缴数额1倍以上3倍以下的罚款。依照本条例规定应当参加工伤保险而未参加工伤保险的用人单位职工发生工伤的,由该用人单位按照本条例规定的工伤保险待遇项目和标准支付费用。用人单位参加工伤保险并补缴应当缴纳的工伤保险费、滞纳金后,由工伤保险基金和用人单位依照本条例的规定支付新发生的费用。"

**3. 司法解释。** 最高人民法院《第八次全国法院民事商事审判工作会议纪要》(2016年11月30日)第9条:"被侵权人有权获得工伤保险待遇或者其他社会保险待遇的,侵权人的侵权责任不因受害人获得社会保险而减轻或者免除。根据社会保险法第三十条和四十二条的规定,被侵权人有权请求工伤保险基金或者其他社会保险支付工伤保险待遇或者其他保险待遇。"第10条:"用人单位未依法缴纳工伤保险费,劳动者因第三人侵权造成人身损害并构成工伤,侵权人已经赔偿的,劳动者有权请求用人单位支付除医疗费之外的工伤保险待遇。用人单位先行支付工伤保险待遇的,可以就医疗费用在第三人应承担的赔偿责任范围内向其追偿。"最高人民法院《2015年全国民事审判工作会议纪要》(2015年4月)第13条:"劳动者所在的用人单位未参加工伤保险,因第三人侵权造成劳动者人身损害,同时构成工伤的,如果劳动者已经获得侵权赔偿,用人单位应当承担的工伤保险责任中应扣除第三人已支付的医疗费、护理费、营养费、交通费、住院伙食补助费、残疾器具辅助费和丧葬费等实际发生的费用。用人单位先行支付工伤保险赔偿的,可以在第三人应当承担的赔偿责任范围内向第三人追偿。"第14条:"劳动者所在的用人单位参加了工伤保险,因第三人侵权造成人身损害,劳动者获得第三人支付的损害赔偿后,仍有权请求工伤保险基金管理机构支付工伤保险待遇,但就第三人已支付的医疗费、护理费、营养费、交通费、住院伙食补助费、残疾器具辅助费和丧葬费等实际发生的费用,工伤保险基金可以拒绝支付。"第15条:"劳动者所在的用人单位参加了工伤保险,因第三人侵权造成人身损害的,劳动者获得工伤保险待遇后,仍有权请求侵权人依照法律规定赔偿损失。"最高人民法院《关于对"统一第三人侵权工伤赔偿案件裁判标准"问题的答复》(2011年11月23日):"……最高人民法院《审理人身赔偿案件适用法律若干问题的解释》第十二条和《关于审理劳动争议案件适用法律若干问题的解释(二)》第六条中规定,均认可了第三人侵权工伤赔偿,受害人可获得双份赔偿的原则。最高人民法院作出〔2006〕行他字第12号答复,是对这一原则的重申。在最高人民法院有关此问题的解释出台以后,社保部门的同志和一些学者持有不同意见,他们认为应当采取补充补偿模式。为解决此问题,全国人大常委会在起草《社会保险法》过程中,曾就此问题组织了论证会。社保部门和部分学者的意见是,此类问题的赔偿应当为补充模式。即发生工伤后,受到第三人侵权的工伤职工可同时主张侵权行为损害赔偿和工伤保险给付,但其最终所获得的赔偿或补偿,以实际损失为限,不得超过其实际遭受的损害。理由有二:一是工伤保险具有补偿功能,侵权损害适用于填平法则,采取补充模式符合公平原则。二是采取补充模式所有受到工伤的职工补偿待遇是基本相同的。如果因第三人侵害工伤可以得到双份赔偿,将会造成一般工伤的待遇与因第三人做成的工伤待遇相差太大,产生新的不公平。也有不少学者主张,因第三人侵害工伤可以得到双份赔偿。其理由归纳起来有以下三点:一是工伤保险条例明确规定了构成工伤应享受相关待遇,同时没有规定第三人侵权工伤应当扣减第三人赔偿部分,也没有规定工伤基金或用人单位追偿权。各地地方法规的补差规定违背上位法工伤保险条例的规定;二是侵权损害填平法则难以适用于人身损害赔偿,生命健康无法用金钱来衡量,不存在填平问题;三是不论项目是否重复,多得一份或数份(侵权赔偿,责任保险,工伤待遇)也不为过,况且法律没有限制当事人可以重复获得赔偿(补偿),不存在公平问题。一些律师还提出,受到工伤的职工打民事官司要花费很大的人力和金钱成本。如果把打官司的成本除去,受到工伤的职工即使打赢官司,扣除成本后所多获得的利益是非常有限的。也有人认为,补充模式有一定道理,如果非要实行补充模式,就应当先行工伤补偿,而后保险机构代为被侵害职工打官司,民事赔偿完全到位后,从中扣除社保机构已支付的工伤保险待遇。由于各方观点分歧较大,都有一定的道理,立法机关在社会保险法和修改后的《工伤保险条例》中均未明确该问题。最高人民法院目前正在起草《关于审理工伤认定行政案件若干问题的规定》,通过进一步论证,力争解决这一问题。"最高人民法院《**2011年全国民事审判工作会议纪要**》(2011年11月9日 法办〔2011〕442号)第6条:"……职工遭受工伤事故后非因自身原因未进行工伤认定,赔偿权利人请求侵权人承担民事赔偿责任的,应予受理。"最高人民法院《**关于因第三人造成工伤的职工或其亲属在获得民事赔偿后是否还可以获得工伤保险补偿问题的答复**》(2006年12月28日 〔2006〕行他字第12号):"……原则同意你院审判委员会的倾向性意见。即根据《中华人民共和国安全生产法》第四十八条以及最高人民法院《关于审理人身损害赔偿案件适用法律若干问题的解释》第十二条的规定,因第三人造成工伤的职工或其近亲属,从第三人处获得民事赔偿后,可以按照《工伤保险条例》第三十七条的规定,向工伤保险机构申请工伤保险待遇补偿。"最高人民法院《**关于审理人身损害赔偿案件适用法律若干问题的解释**》(2004年5月1日 法释〔2003〕20号,2020年修正,2021年1月1日实施)第3条:"依法应当参加工伤保险统筹的用人单位的劳动者,因工伤事故遭受人身损害,劳动者或者其近亲属向人民法院起诉请求用人单位承担民事赔偿责任的,告知其按《工伤保险条例》的规定处理。因用人单位以外的第三人侵权造成劳动者人身损害,赔偿权利人请求第三人承担民事赔偿责任的,人民法院应予支持。"第6条:"医疗费根据医疗机构出具的医药费、住院费等收款凭证,结合病历和诊断证明等相关证据确定。赔偿义务人对治疗的必要性和合理性有异议的,应当承担相应的举证责任。医疗费的赔偿数额,按照一审法庭辩论终结前实际发生的数额确定。器官功能恢复训练所必要的康复费、适当的整容费以及其他后续治疗费,赔偿权利人可以待实际发生后另行起诉。但根据医疗证明或者鉴定结论确定必然发生的费用,可以与已经发生的医疗费一并予以赔偿。"最高人民法院负责人《在公布〈关于审理人身损害赔偿案件适用法律若干问题的解释〉新闻发布会上的讲话》(2003年12月29日):"……鉴于工伤保险实行社会统筹和用人单位无过错责任,有利于受害人及时获得充分救济;有利于企业摆脱高额赔付造成的困境,避免因行业风险过大导致竞争不利;还有利于劳资关系和谐,避免劳资冲突和纠纷,因此,我们赞成用人单位通过缴纳工伤保险费的方式承担责任。这对用人单位和劳动者双方都有利。但如果劳动者遭受工伤,是由于第三人的侵权行为造成,第三人不能免除民事赔偿责任。"

4. 部门规范性文件。人力资源和社会保障部办公厅《关于工伤保险有关规定处理意见的函》(2011年6月23日 人社厅函〔2011〕339号)第1条:"该条规定的'上下班途中'是指合理的上下班时间和合理的上下班路途。"第2条:"该条规定的'非本人主要责任'事故包括非本人主要责任的交通事故和非本人主要责任的城市轨道交通、客运轮渡和火车事故。其中,'交通事故'是指《道路交通安全法》第一百一十九条规定的车辆在道路上因过错或者意外造成的人身伤亡或者财产损失事件。'车辆'是指机动车和非机动车;'道路'是指公路、城市道路和虽在单位管辖范围但允许社会机动车通行的地方,包括广场、公共停车场等用于公众通行的场所。"第3条:"'非本人主要责任'事故认定应以公安机关交通管理、交通运输、铁道等部门或司法机关,以及法律、行政法规授权组织出具的相关法律文书为依据。"

5. 地方司法性文件。北京高院、北京市劳动人事争议仲裁委《关于印发〈北京市高级人民法院、北京市劳动人事争议仲裁委员会关于审理劳动争议案件解答(一)〉的通知》(京高法发〔2024〕534号 2024年4月30日)第88条:"因第三人侵权而发生的工伤,如用人单位未为劳动者缴纳工伤保险费,应如何处理?因第三人侵权而发生的工伤,如用人单位未为劳动者缴纳工伤保险费,应由用人单位按照《工伤保险条例》的有关规定向劳动者(或直系亲属)支付工伤保险待遇。侵权的第三人已全额给付劳动者(或直系亲属)医疗费,用人单位不必再重复给付。"辽宁沈阳中院《机动车交通事故责任纠纷案件审判实务问题解答》(2020年3月23日)

第14条:"单位员工在从事劳动活动中发生交通事故,工伤保险赔偿与交通事故引发的侵权赔偿能否兼得?解答:伤者享有工伤保险待遇或者其他社会保险待遇的请求权,亦享有因第三人的原因受到伤害的赔偿请求权。伤者无论通过何种途径主张权利保护,其主张损失均应符合民事填补原则。对于两种权利保护途径中的医疗费等物质损失和精神损失赔偿相同项目不可兼得;对于损失中有区别的特有赔偿项目(比如一次性伤残补助金、伤残津贴、供养亲属抚恤金和一次性工亡补助金、解除或终止劳动合同给予相应待遇等),可以兼得。理由:最高人民法院《第八次全国法院民事商事审判工作会议(民事部分)纪要》第九条,被侵权人有权获得工伤保险待遇或者其他社会保险待遇的,侵权人的侵权责任不因受害人获得社会保险而减轻或者免除。根据社会保险法第三十条和四十二条的规定,被侵权人有权请求工伤保险基金或者其他社会保险支付工伤保险待遇或者其他保险待遇。"重庆高院《印发〈关于审理工伤行政案件若干问题的解答〉的通知》(2020年1月2日)第16条:"职工因工外出期间发生交通事故、安全事故、意外事故等事故伤害,并符合认定工伤的其他条件,社会保险行政部门认定为工伤的,人民法院是否支持?答:人民法院应予支持,但职工从事纯属个人活动导致伤亡的除外。"第17条:"用工单位违反法律、法规规定将承包业务转包、分包给不具有用工主体资格的组织或者自然人,该组织或者自然人聘用的职工在上下班途中发生非本人主要责任的交通事故,社会保险行政部门认定该用工单位为承担工伤保险责任单位的,人民法院是否支持?答:人民法院应予支持。按照《工伤保险条例》第十四条第六项的规定,职工上下班途中发生非本人主要责任的交通事故属应当认定工伤的情形。被聘用职工因从事用工单位违法转包、分包业务而在上下班途中发生非本人主要责任的交通事故,应由用工单位承担工伤保险责任。"第22条:"工伤职工因第三方侵权责任受伤,与该第三方协议放弃医疗费之后,社会保险行政部门对其要求属工伤保险基金支付、但经协议所放弃医疗费的申请不予支付的,人民法院是否支持?答:人民法院应予支持。根据《社会保险法》第四十二条、《工伤保险经办规程》第七十四条第一款及《最高法院关于审理工伤保险行政案件若干问题的规定》第八条的规定,因第三方侵权责任导致的工伤,工伤医疗待遇不得重复享受;工伤保险经办机构将民事伤害赔偿法律文书确定的医疗费与工伤待遇中的医疗费相比较,不足部分由工伤保险基金予以补足,已由侵权的第三方支付了医疗费的,工伤保险基金不再支付。工伤职工以协议或其他方式免除侵权的第三方应当承担的医疗费,系自愿对自己权利的放弃,不应在工伤保险赔偿中再行主张。"江西上饶中院《关于机动车交通事故责任纠纷案件的指导意见(试行)》(2019年3月12日)第3条:"……(四)受害人因同一起交通事故分别提起机动车交通事故责任赔偿和工伤保险待遇赔偿请求的,受害人在机动车交通事故责任纠纷案件中的总损失应扣除工伤保险待遇赔偿纠纷案件中用人单位或保险机构已承担的医疗费。"北京高院《关于市一中院就民事侵权案件审理中相关问题请示的答复》(2018年10月30日)第3条："关于人身损害赔偿案件中医疗费赔偿是否适用双赔的相关问题。《社会保险法》第三十条第二款规定：'医疗费用依法应当由第三人负担，第三人不支付或者无法确定第三人的，由基本医疗保险基金先行支付。基本医疗保险基金先行支付后，有权向第三人追偿。'该条款的立法本意在于维护公民的社会保险合法权益，使基本医疗保险待遇与第三人侵权责任相衔接，保证受害的参保人员能够获得及时的医疗救治。基本医疗保险基金先行支付后，医疗保险经办机构取得代位追偿权，有权向侵权人追偿医疗费用。鉴于医疗费属于可补偿性的具体财产损失，如果许可受害人获得重复赔偿，则违背了民法的实际损失填平的基本原则，亦与上述《社会保险法》第三十条第二款所体现出的立法目的相悖，故我们认为在人身损害赔偿案件中受害人已经由基本医疗保险基金先行支付的费用不应纳入赔偿范围，在计算赔偿金额时应将该费用予以扣除。同时为了不使直接侵权的第三人因此获得不当利益，保证社会保险经办机构追偿权的行使，在判决作出后应将判决事项及直接侵权的第三人的相关情况通知相关社会保险经办机构。"山东日照中院《机动车交通事故责任纠纷赔偿标准参考意见》(2018年5月22日)第6条："社保机构支付医疗费后侵权人的赔偿责任。侵权人不因社保机构支付了医疗费而免除赔偿责任，受害人仍然就已报销部分起诉侵权人，社保机构又未参加诉讼的情况下，人民法院可以判决侵权人予以赔偿，侵权人履行了赔偿责任后，受害人将报销的医疗费是否退还给社会保险机构，应根据有关社会保险法律规定另行处理。"陕西榆林中院《人身损害赔偿标准调研座谈会会议纪要》(2018年1月3日)第1条："医疗费。问题：1. 因第三人侵权造成劳动者人身损害，同时构成工伤的，劳动者的医疗费能否双重赔偿……解决：针对问题1，用人单位未依法缴纳工伤保险费，劳动者因第三人侵权造成人身损害并构成工伤，侵权人已经赔偿的，劳动者有权请求用人单位支付除医疗费之外的工伤保险待遇。用人单位先行支付工伤保险待遇的，可以就医疗费用在第三人应承担的赔偿责任范围内向其追偿……"安徽淮北中院《关于审理道路交通事故损害赔偿案件若干问题的会议纪要》(2018年)第3条："其他需要规范的法律问题……（四）工伤保险待遇的竞合。已获得工伤赔偿的交通事故受害人，向侵权人主张交通事故造成的损失的，人民法院应予支持，但已获赔偿的医疗费不能重复主张。"广东广州中院《机动车交通事故责任纠纷案件审判参考》(2017年3月27日 穗中法〔2017〕79号)第7条："保险公司根据商业险条款，主张对超出国家基本医疗标准的医疗费用不予赔偿的，应审查其是否已就该保险条款向投保人履行了明确说明义务，以及保险公司是否充分举证证实超出部分的用药不属于国家基本医疗标准范围。"第8条："受害人通过基本医疗保险基金报销部分医疗费,属于其参保缴纳相应保费后应得的补偿,侵权人的赔偿责任不应当因社会保险的风险分担功能得到减免,因此该已报销的医疗费部分不应予以扣除。"广东惠州中院《关于审理机动车交通事故责任纠纷案件的裁判指引》(2017年12月16日)第15条:"因用人单位以外的第三人引发交通事故,造成劳动者工伤人身损害,赔偿权利人请求第三人承担民事赔偿责任的,应先对当事人有权申请工伤认定进行释明,当事人坚持起诉的,应当受理。工伤赔偿和侵权赔偿竞合的情形下,应抵扣医疗费、辅助器具费、误工费和丧葬费,除此之外,伤残补助费和残疾赔偿金、停工留薪期工资等费用无需扣除差额。受害人通过社保赔付了医药费的,应予扣除。"江西南昌中院《机动车交通事故责任纠纷案件指引》(2015年4月30日 洪中法〔2015〕45号)第1条:"……工伤与侵权竞合的处理。即:因交通事故同时构成工伤的,受害人已经享受的工伤保险待遇中医疗费、生活护理费、辅助器具费、丧葬补助金这四项应当核减。【注意事项】:因交通事故导致工伤的,根据社会保险法的相关规定,社保机构有权向侵权人追偿。故就上述扣减的费用实际上即便保险公司暂时无需向受害人支付,但法院也会发函给社保机构告知追偿。因此,是否核减上述费用其实对保险公司并无实际意义,类似案件建议尽量协商处理。"浙江高院民一庭《民事审判法律适用疑难问题解答》(2015年第7期):"……问:侵权纠纷的受害人同时构成工伤,在停工留薪期内用人单位支付其原工资福利待遇,其在侵权纠纷中主张误工费的,能否予以支持?答:根据《工伤保险条例》第三十三条规定,职工因工作遭受事故伤害需要暂停工作接受工伤医疗的,在停工留薪期内,原工资福利待遇不变,由所在单位按月支付。因此,侵权纠纷的受害人在停工留薪期间取得的工资,并非其提供劳动所获得的收入,而是属于工伤保险待遇。受害人享受停工留薪待遇的,不影响其依法要求侵权人赔偿误工费损失。"广东深圳中院《关于道路交通事故损害赔偿纠纷案件的裁判指引》(2014年8月14日 深中法发〔2014〕3号)第16条:"赔偿义务人在本案诉讼之前或诉讼之中确实已经向赔偿权利人赔偿的款项,无论赔偿义务人是否在本案诉讼之中提起反诉,只要赔偿义务人主张抵扣赔偿权利人可得赔偿的,均应当予以支持。"安徽高院《关于审理道路交通事故损害赔偿纠纷案件若干问题的指导意见》(2014年1月1日 皖高法〔2013〕487号)第14条:"保险公司对受害方承担的赔偿款数额应扣除机动车一方已支付给受害人的赔偿数额,但机动车一方与受害人另有约定的除外。"重庆高院民一庭《关于机动车交通事故责任纠纷相关问题的解答》(2014年)第8条:"若受害人的医疗费用部分在医保中心报销的,报销的费用是否应该在侵权人的赔偿费用中扣除?《社会保险法》第三十条规定:'下列医疗费用不纳入基本医疗保险基金支付范围:(一)应当从工伤保险基金中支付的;(二)应当由第三人负担的;(三)应当由公共卫生负担的;(四)在境外就医的。医疗费用依法应当由第三人负担,第三人不支付或者无法确定第三人的,由基本医疗保险基金先行支付。基本医疗保险基金先行支付后,有权向第三人追偿'。根据上述规定,若由第三人侵权所造成的伤害,受害人已在医保中心报销了部分费用,医保中心有权向第三人追偿。故应从赔偿费用中扣除受害人已在医保中心报销的部分医疗费。"浙江高院民一庭《关于审理劳动争议纠纷案件若干疑难问题的解答》(2012年12月)第15条:"因第三人侵权导致工伤的,采用何种赔偿模式?《社会保险法》实施后,因第三人侵权导致工伤的,仍继续适用浙政发〔2009〕50号通知的规定。职工因劳动关系以外的第三人侵权造成人身损害,同时构成工伤的,依法享受工伤保险待遇。如职工获得侵权赔偿,用人单位承担的工伤保险责任相对应项目中应扣除第三人支付的下列五项费用:医疗费,残疾辅助器具费,工伤职工在停工留薪期间发生的护理费、交通费、住院伙食补助费。"广东高院、省劳动人事争议仲裁委员会《关于审理劳动人事争议案件若干问题的座谈会纪要》(2012年8月2日 粤高法〔2012〕284号)第6条:"劳动者工伤由第三人侵权所致,第三人已承担侵权赔偿责任,劳动者或者其近亲属又请求用人单位支付工伤保险待遇的,用人单位所承担的工伤保险责任应扣除医疗费、辅助器具费和丧葬费。"山东淄博中院《全市法院人身损害赔偿案件研讨会纪要》(2012年2月1日)第8条:"关于双重赔偿的问题。1.参照山东省高级人民法院的相关文件精神,该'双重赔偿'并不能等同于'双倍赔偿'。工伤职工实际支出的费用,作为已花费的直接费用,不能获得'双重赔偿'。工伤职工在获得第三人赔偿的医疗费、丧葬费、护理费、残疾生活辅助器具费、误工费、交通费、住宿费或者相对应的用人单位支付的医疗费、丧葬补助金、生活护理费、伤残辅助器具费、停工留薪期工资、交通费、住宿费后,不能再重复主张。其余费用均不为直接费用,职工可另行主张。另外,适用双重赔偿应注意以下问题:(1)工伤保险机构或用人单位在支付职工相关工伤待遇后,无权向侵权第三人进行追偿。(2)雇员在从事雇佣活动中遭受第三人人身损害的,不能适用'双重赔偿'原则。(3)'双重赔偿'内外有别,即如果侵权人是用人单位或者是同一单位其他劳动者造成工伤的,受害人只能请求工伤待遇,不能请求侵权损害赔偿。2.双重赔偿仅限于由第三人原因造成的工伤事故。对于非工伤事故或由于本单位原因造成职工损害的,不应适用'双重赔偿'。"江苏常州中院《关于审理劳动争议案件的指导意见》(2011年5月27日 常中法〔2011〕35号)第33条:"因第三人侵权造成劳动者人身损害,同时构成工伤的,如果劳动者已获得侵权赔偿,用人单位承担的工伤保险责任中应扣除第三人已支付的医疗费、护理费、营养费、交通费、住院伙食补助费、残疾辅助器具费、丧葬费、误工费等费用。用人单位先行支付工伤保险待遇的,可以在第三人应当承担的赔偿责任范围内向第三人追偿。"浙江宁波中院《关于印发〈民事审判若干问题解答(第一辑)〉的通知》(2011年4月13日 甬中法〔2011〕13号)第7条:"因旅游公司车辆发生交通事故,造成旅客受伤,当事人以旅游合同起诉,要求赔偿伤残赔偿金等,其伤残的鉴定标准,应该依据《人体损伤残疾程度鉴定标准(试行)》,还是《道路交通事故受伤人员伤残评定》的标准?答:2005年1月1日最高人民法院颁布施行的《人体损伤残疾程度鉴定标准(试行)》,对其适用范围作出了明确的规定,即'本标准适用于人民法院审理刑事、民事和行政案件中涉及的人体损伤残疾程度的鉴定。属于工伤与职业病和道路交通事故所致残疾程度的鉴定,不适用本标准',将因工伤与职业病和道路交通事故所致残疾程度的鉴定排除在适用范围之外。旅游公司车辆发生交通事故,造成旅客受伤,不管是以合同起诉还是以侵权起诉,致伤原因都是道路交通事故,因此应适用《道路交通事故受伤人员伤残评定标准》。"江苏高院《行政审判庭工伤认定行政案件审理指南》(2011年)第14条:"关于工伤保险补偿责任与民事侵权损害赔偿责任竞合的双重赔付理解。职工因第三人的侵权而受伤,同时又满足《工伤保险条例》有关工伤认定的情形,能否进行双赔,《工伤保险条例》没有明确规定。能否进行双赔,关键看工伤保险补偿责任与民事侵权损害赔偿责任之间的关系。工伤保险补偿主要是为了解决工伤职工的康复、医疗和基本生活保障问题。只要是工作原因所导致的人身伤害,都可以被认定为工伤。不管用人单位是否有责任,都要承担补偿责任。正因为其认定门槛比较低,相应的其补偿标准也有所降低,工伤保险补偿不能赔付工伤职工的全部损失。在一些具体的赔偿项目上,例如伤残补助金和死亡补助金,其标准低于民事侵权损害赔偿的标准。即工伤保险补偿,只是用以补偿受伤职工的医疗费用、康复费用和因工作能力受到伤害而遭受损失的部分费用,并不包括财产损失和精神损害赔偿。一般认为,当第三人侵权导致工伤事故时,同时满足了工伤保险补偿责任与民事侵权损害赔偿责任的构成要件。从本质上讲,第三人侵权是造成职工伤害的直接原因,应当由第三人给予民事侵权损害赔偿。而第三人已经赔偿的部分,就不再是受伤职工的损失,受伤职工无权就该部分寻求工伤保险补偿。但实践中往往出现第三人没有或缺乏赔偿能力,而且受伤职工通过民事途径寻求救济往往耗时过长,直接影响到受伤职工的及时康复,因此,实践中受伤职工往往先寻求工伤保险补偿。我们认为,如果第三人侵权造成的事故同时满足工伤认定的构成要件,在工伤保险补偿责任与民事侵权损害赔偿责任竞合的情况下,受害职工有权选择不同的法律并根据不同的法律规范而选择不同的请求权,一是基于劳动法律关系而产生的工伤保险补偿请求权,二是基于民事法律关系产生的民事侵权损害赔偿请求权。即受害职工有权选择对其有利而对加害人不利的方式提起诉讼和请求。'如果两种责任的请求权范围不一致,在执行一种责任后使权利人依另一种责任范围仍有一部分得不到满足时,未满足部分仍不妨碍其继续存在,责任人仍应就未满足的部分承担责任。'最高人民法院在《关于因第三人造成工伤的职工或其亲属在获得民事赔偿之后是否还可以工伤保险补偿问题的答复》中规定,'根据《中华人民共和国安全生产法》第四十八条以及最高人民法院《关于审理人身损害赔偿案件适用法律若干问题的解释》第十二条的规定,因第三人造成工伤的职工或其近亲属,从第三人处获得民事赔偿后,可以按照《工伤保险条例》第三十七条的规定,向工伤保险机构申请工伤保险待遇补偿'。受伤职工获得工伤保险补偿后,就未被工伤保险补偿范围所覆盖的赔偿事项依然拥有提起民事赔偿诉讼的权利,可以对其遭受的精神损害、财产损失以及未被补偿到位的医疗、康复费用等事项主张权利。第三人侵权不仅包括通勤事故,也包括工作事故。许多在工作场所、工作时间发生的事故,实质上是因为第三人侵权所造成,对于这种情况下第三人原因造成的工伤事故,一般不存在双赔的问题。根据《最高人民法院关于审理人身损害赔偿案件适用法律若干问题的解释》第13条规定,如果侵权人是用人单位或者受雇于同一用人单位的其他劳动者,受害人应当申请工伤保险,不得请求侵权损害赔偿。《最高人民法院公报》2006年第8期刊载的杨文伟诉宝二十冶公司人身损害赔偿纠纷案,其裁判摘要表明如下意见:因用人单位以外的第三人侵权造成劳动者人身损害,构成工伤的,该劳动者既是工伤事故中的受伤职工,又是侵权行为的受害人,有权同时获得工伤保险赔偿和人身损害赔偿;用人单位和侵权人均应依法承担各自所负赔偿责任,即使劳动者已从其中一方先行获得赔偿,亦不能免除或减轻另一方的赔偿责任。"安徽六安中院《关于印发〈审理道路交通事故人身损害赔偿案件若干问题的意见〉的通知》(2010年12月7日 六中法〔2010〕166号)第35条:"交通事故的受害者已获得工伤赔偿的,仍有权利向交通事故的责任方主张赔偿,但工伤赔偿主体与交通事故的责任主体同节的除外。"河南周口中院《关于侵权责任法实施中若干问题的座谈会纪要》(2010年8月23日 周中法〔2010〕130号)第3条:"……人身损害赔偿的范围和标准的计算,有特别法规定的国家赔偿、工伤保险等适用特别法以外,其他都应当按照《最高人民法院关于审理人身损害赔偿案件适用法律若干问题的解释》的规定予以确定,该司法解释中有与侵权责任法不一致的,依照侵权责任法。"第6条:"……属《工伤保险条例》调整的劳动关系和工伤保险范围的,按照劳动争议案件处理。因为用人单位以外的第三人侵权造成劳动者人身损害的,受害人是否获得工伤保险补偿不影响其向第三人请求侵权损害赔偿。没有参加工伤保险的私人企业和个体工商户的雇佣人员,自身受到伤害,受害人可以选择工伤保险请求权或雇佣损害赔偿请求权之一,来主张权利。"山东东营中院《关于印发道路交通事故处理工作座谈会纪要的通知》(2010年6月2日)第37条:"发生交通事故后,受害人经劳动行政主管部门认定为工伤的,除享有工伤保险待遇外,还可以请求交通事故责任人承担损害赔偿责任,但因交通事故产生的直接费用不予重复计算。"江西南昌中院《关于审理道路交通事故人身损害赔偿纠纷案件的处理意见

（试行）》（2010年2月1日）第15条："因用人单位以外的第三人引发交通事故，造成劳动者工伤人身损害，赔偿权利人请求第三人承担民事赔偿责任的，应先对当事人有权申请工伤认定进行释明，当事人坚持起诉的，应当受理。"安徽合肥中院民一庭《关于审理道路交通事故损害赔偿案件适用法律若干问题的指导意见》（2009年11月16日）第22条："受害人已接受工伤事故赔偿的，不影响其向侵权人要求道路交通事故人身损害赔偿。"江西九江中院《关于印发〈九江市中级人民法院关于审理道路交通事故人身损害赔偿案件若干问题的意见（试行）〉的通知》（2009年10月1日 九中法〔2009〕97号）第7条："道路交通事故中的受害人因参加工伤保险而依据《工伤保险条例》或者参加人寿保险获得的保险赔偿金，以及享受医社保待遇、农村合作医疗报销了部分医疗费用，赔偿义务人主张从损害赔偿费用总额中加以扣除的，法院不予支持。"北京高院、北京市劳动争议仲裁委员会《关于劳动争议案件法律适用问题研讨会会议纪要》（2009年8月17日）第34条："因第三人侵权而发生的工伤，如用人单位未为劳动者缴纳工伤保险费，应由用人单位按照《工伤保险条例》的有关规定向劳动者（或直系亲属）支付工伤保险待遇。侵权的第三人已全额给付劳动者（或直系亲属）医疗费、交通费、残疾用具费等需凭相关票据给予一次赔偿的费用，用人单位不必再重复给付。"云南高院《关于审理人身损害赔偿案件若干问题的会议纪要》（2009年8月1日）第2条："……22. 因乘坐本单位车辆出差发生交通事故死亡，所在单位向劳动和社会保障部门提出工伤申请认定为工伤，并经有关部门核准了丧葬费、一次性抚恤金等费用的，死者家属不能再以单位为被告提起交通事故损害赔偿诉讼。23. 赔偿权利人在道路交通事故中因第三人侵权造成工伤后，其按照规定享受工伤保险待遇的事实，不影响其向第三人主张人身损害赔偿的权利。"辽宁高院《关于印发全省法院民事审判工作座谈会会议纪要的通知》（2009年6月1日 辽高法〔2009〕120号）第19条："关于工伤保险待遇与第三人侵权赔偿的关系。依法应当参加工伤保险统筹的用人单位的劳动者，因工伤事故遭受人身损害，劳动者或其近亲属请求用人单位承担民事赔偿责任的，告知其按《工伤保险条例》的规定处理。因用人单位以外的第三人侵权造成劳动者人身损害，权利人请求第三人承担民事赔偿责任的，应予支持。劳动者在工作期间因第三人侵权造成人身伤害，既请求工伤保险待遇，又请求第三人承担民事赔偿责任的均应予以支持。"四川泸州中院《关于民商审判实践中若干具体问题的座谈纪要（二）》（2009年4月17日 泸中法〔2009〕68号）第9条："劳动者在工作过程中遭受交通事故，用人单位未参加工伤保险，劳动者单独起诉要求用人单位工伤赔偿，经工伤鉴定为十级伤残。用人单位赔偿后，起诉车主追偿。车主抗辩认为若按交通事故鉴定标准，则不构成十级伤残，如何处理？基本意见：这实际上涉及到工伤鉴定标准（一般人身损害均适用）和交通事故鉴定标准的衔接问题。劳动者要求工伤损害赔偿,应当适用工伤鉴定标准。为了保护劳动者利益,工伤鉴定标准比较宽松,而交通事故鉴定标准则较严格。在鉴定标准不统一的情况下,应当根据不同的法律关系选择不同的鉴定标准。用人单位承担的是工伤赔偿责任,劳动者能否在得到工伤赔偿之后再向机动车一方要求人身损害赔偿,参照以前的规定处理。如果劳动者向机动车一方要求人身损害赔偿,应当适用交通事故人身损害鉴定的标准。"浙江高院《关于审理劳动争议案件若干问题的意见(试行)》(2009年4月16日)第37条:"劳动者因他人的侵权行为导致工伤的,一般应先向侵权人请求民事侵权赔偿;如其就民事侵权已实际获得相应赔偿,其可以要求用人单位或社会保险机构在工伤待遇总额内补足工伤待遇。如因侵权人逃逸等原因,劳动者无法向侵权人主张赔偿的,其可以要求用人单位或者社会保险机构依法先行支付工伤停工留薪期工资福利、伤残津贴、工伤医疗费、丧葬补助金、供养亲属抚恤金等工伤保险待遇;其向侵权人主张后实际获得民事侵权赔偿的,可在工伤保险待遇范围内按总额补差的办法结算;其向侵权人主张后仍不能实际获得民事侵权赔偿的,用人单位或者社会保险机构应依法支付工伤保险待遇。用人单位或者社会保险机构支付相关费用后,可以向民事侵权人进行追偿,人民法院可视情追加劳动者为当事人。在用人单位或社会保险机构向劳动者已经支付全部或部分工伤保险待遇后,劳动者又向侵权人提起民事侵权诉讼的,人民法院应追加用人单位或社会保险机构为当事人,使其依法行使对侵权人的全部或部分追偿权。"江苏高院《关于在当前宏观经济形势下妥善审理劳动争议案件的指导意见》(2009年2月27日)第2条:"……对于劳动关系以外的第三人侵权造成劳动者人身损害,同时构成工伤的,如果劳动者已获得侵权赔偿,用人单位承担的工伤保险责任中应扣除第三人已支付的医疗费、护理费、营养费、交通费、住院伙食补助费、残疾辅助器具费和丧葬费等实际发生费用。用人单位先行支付工伤保险赔偿的,可以在第三人应当承担的赔偿责任范围内向第三人追偿。"江苏南京中院、南京市劳动争议仲裁委员会《关于劳动争议案件仲裁与审判若干问题的指导意见》(2008年11月27日 宁中法〔2008〕238号)第17条:"劳动者因第三人侵权被认定为工伤的,劳动者已从第三人的人身损害赔偿纠纷中获得赔偿的,在劳动争议案件中用人单位不再支付。但下列情况用人单位仍应支付:(一)劳动者在与第三人的人身损害赔偿纠纷中因自身过错承担责任,未获赔付的部分。(二)因劳动者未参加工伤保险导致工伤保险基金未支付的一次性伤残补助金。(三)劳动关系解除(终止)前提下的一次性就业补助金与一次性医疗补助金。"湖北武汉中院《关于审理劳动争议案件若干问题纪要》(2008年9月25日)第25条:"因第三人侵权造成劳动者工伤的,劳动者既可以选择要求致害人按人身损害赔偿承担侵权责任,也可以要求用人单位按工伤保险赔偿责任。劳动者已获得民事赔偿的,对其相应医疗费、交通费、误工工资等明显重复的项目,不应再享受工伤保险的对应待遇。"福建高院民一庭《关于审理人身损害赔偿纠纷案件疑难问题的解答》(2008年8月22日)第17条:"问:劳动者因用人单位以外的第三人侵权构成工伤,获工伤赔偿后,是否可再请求第三人承担侵权赔偿责任? 答:最高人民法院《关于审理人身损害赔偿案件适用法律若干问题的解释》第十二条规定:'依法应当参加工伤保险统筹的用人单位的劳动者,因工伤事故遭受人身损害,劳动者或者近亲属向人民法院起诉请求用人单位承担民事赔偿责任的,告知其按《工伤保险条例》的规定处理。因用人单位以外的第三人侵权造成劳动者损害,赔偿权利人请求第三人承担民事赔偿责任的,人民法院应予支持。'这表明,因第三人侵权造成工伤的,不影响劳动者向第三人提出侵权赔偿之诉。最高人民法院《关于审理劳动争议案件适用法律若干问题的解释》(二)第六条规定:'劳动者因为工伤等,请求用人单位依法承担给予工伤保险待遇争议,经劳动争议仲裁委员会仲裁后,当事人起诉的,人民法院应予受理。'也就是说,不论是用人单位还是第三人的原因造成工伤,劳动者都可以依法享受工伤待遇。结合以上两个司法解释规定的精神,劳动者有权同时获得第三人侵权赔偿和用人单位工伤待遇。"湖南常德中院民一庭《关于当前民事审判工作中应当注意的几个问题》(2008年8月7日)第5条:"……在发生工伤为第三人侵权并存的情况下,如受害人已从第三人处获得了赔偿,是否还能向用人单位申请工伤赔偿? 最高人民法院《关于申请人身损害赔偿案件适用法律若干问题的解释》第二十八条规定:'依法应当参加工伤保险统筹的用人单位的劳动者,因工伤事故遭受人身损害,劳动者或者近亲属向人民法院起诉请求用人单位承担民事赔偿责任的,告知其按照《工伤保险条例》的规定处理。因用人单位以外的第三人侵权造成人身损害,赔偿权利人请求第三人承担民事赔偿责任的,人民法院应予支持。'该条第一款规定的是一般工伤的取代模式,即以工伤赔偿取代侵权赔偿,该条第二款规定的是因第三人侵权造成工伤的情况下采取完全兼得模式,受害人即可以从第三人处获得赔偿,可此由用人单位申请工伤赔偿。"浙江杭州中院《关于道路交通事故损害赔偿纠纷案件相关问题的处理意见》(2008年6月19日)第3条:"……1. 职工上下班途中发生的道路交通事故与工伤事故竞合情况下的赔偿标准问题。若因用人单位侵权造成职工上下班途中发生的道路交通事故与工伤事故竞合的,对该责任竞合情形下的赔偿问题,应依照《最高人民法院关于审理人身损害赔偿案件适用法律若干问题的解释》第十二条第一款的规定,由用人单位承担工伤赔偿责任。若因用人单位以外的第三人侵权造成职工上下班途中发生的道路交通事故与工伤事故竞合的,对该责任竞合情形下的赔偿问题,应以补差为原则计赔。实体审查时,要注意对受害人一方提供的证据,特别是证据原件的审查,避免重复获赔情形的发生。"山东潍坊中院《2008年民事审判工作会议纪要(劳动争议部分)》(2008年)第2条:"……工伤保险待遇与人身损害赔偿的关系,按照人身损害司法解释第十二条的规定,劳动者因工伤事故遭受人身损害的,对于是按工伤保险待遇还是人身损害赔偿来处理,劳动者并没有选择权,原则上只能按工伤保险待遇纠纷处理。但对于没有工伤认定的情况,从保护劳动者合法权益出发,可以允许劳动者选择按人身损害赔偿纠纷处理。对于第三人侵权导致劳动者工伤的情况,劳动者既可向用人单位主张工伤保险待遇,同时可向第三人主张人身损害赔偿,可以获得双重赔偿。对于视同工伤的几种情况,如在工作岗位突发疾病死亡没有认定为工伤的,则不宜按人身损害赔偿纠纷处理,这是因为工伤保险待遇与人身损害赔偿中的雇主责任相比较,前者的涵盖范围要大于后者。"重庆高院**《关于当前民事审判若干法律问题的指导意见》**(2007年11月22日)第5条:"……劳动者发生工伤事故后,用人单位与劳动者均没有申请工伤事故认定,双方就劳动者的工伤保险待遇达成协议,一方就工伤保险待遇问题诉至法院的,人民法院应当按照工伤保险待遇处理。对劳动者以一般民事侵权赔偿纠纷向人民法院起诉的,用人单位可以以构成工伤事故为由进行抗辩,但应承担相应的举证责任。如果劳动部门没有认定工伤,则可以按照一般民事侵权赔偿予以处理。如果劳动者没有进行劳动能力鉴定,人民法院认为有必要,也可以委托劳动能力鉴定机构进行鉴定;如果劳动者的工伤系第三人侵权所致,根据我院《关于审理工伤赔偿案件若干问题的意见》,按照补充求偿的模式予以赔偿。"第20条:"因他人侵权行为受到伤害,同时又构成工伤的,当事人获得工伤待遇后又向侵权人要求人身损害赔偿的,应予支持。当事人获得人身损害赔偿后,又要求工伤待遇的,应予支持。工伤待遇中以货币形式支付的,可以扣除第三人已经实际赔偿的部分,但营养费、精神抚慰金不应扣除。工伤赔偿和人身损害赔偿的责任主体是同一单位的,受害人只能选择一种赔偿。"重庆五中院**《关于印发〈审理人身损害赔偿案件座谈会议纪要〉的通知》**(2007年10月30日 渝五中法〔2007〕91号)第21条:"在适用《解释》第十二条时,赔偿权利人可以选择起诉第三人侵权责任,也可以选择起诉工伤赔偿。但侵权行为人是终局赔偿责任人,用工单位在侵权行为人不能完全赔偿时,用人单位应在工伤赔偿标准范围内补足。在法律、法规尚未明确规定的情况下,重庆市高级法院2005年12月渝高法发〔2005〕16号《关于审理工伤赔偿案件若干问题的意见》已经确立了工伤损害赔偿与第三人侵权赔偿竞合时,采取补充求偿的方式,审判实践中应当参照该规定的精神指导办理类似案件。"北京高院**《关于印发〈关于审理工伤认定行政案件若干问题的意见〉(试行)的通知》**(2007年4月13日 京高法发〔2007〕112号)第12条:"因机动车事故引起的工伤,应当首先按照《道路交通安全法》等相关法律、法规的规定处理赔偿问题。机动车事故赔偿已给付医疗费、护理费、残疾用具费、误工工资、丧葬费等费用的,工伤保险经办机构不再支付相应待遇。机动车事故赔偿已给付死亡补偿费或者残疾生活补助费的,不再发给工伤保险的一次性工亡补助金或者一次性伤残补助金。但交通事故赔偿低于工伤保险的一次性工亡补助金或者一次性伤残补助金的,应由工伤保险经办机构补足差额部分。因机动车事故肇事者逃逸或者其他原因,受伤害职工不能获得机动车事故赔偿的,经有权机关证明,工伤保险经办机构应按照《工伤保险条例》等相关规定给予工伤保险待遇。"广东深圳中院《关于审理劳动争议案件相关法律适用问题的座谈纪要》(2006年9月2日 深中法2006〔88〕号)第16条:"劳动者因他人的民事侵权行为导致工伤的,如其就民事侵权已获得相应赔偿,不影响其享受工伤待遇,但对于医疗费、辅助器具更换费、丧葬费等不得重复享有。"山东淄博中院《关于职工上下班途中发生交通事故导致工伤而引起的赔偿问题的意见》(2006年3月10日)第1条:"职工上下班途中发生交通事故,经劳动部门认定为工伤的,职工在获得交通肇事相对方的赔偿以后,又因单位未参加工伤保险而要求用人单位承担工伤赔付责任的,用人单位应当根据交通事故未获得赔偿部分的比例(即职工自己承担责任部分)承担工伤赔付责任。但是,职工在交通事故和工伤中赔偿得到的赔付总额,不得低于全部工伤待遇;职工在交通事故赔偿中得到的精神损害抚慰金,不得与工伤待遇相折抵。"第2条:"交通肇事相对方的赔偿责任已经明确但因客观原因不能履行赔偿义务或者肇事者逃逸的,用人单位应当先承担全部工伤赔付责任,保证职工实现工伤待遇。职工先选择用人单位提起诉讼的,用人单位可以申请追加交通肇事相对方作为第三人参加诉讼,用人单位应当在工伤赔付责任范围内对该第三人承担连带责任。用人单位承担工伤赔付责任后,可以向第三人行使追偿权。"第3条:"职工为获得交通事故赔偿所支付的合理诉讼费用和法定律师代理费,就其性质来讲是为减少用人单位的负担而支出的费用,应由用人单位负担。"江西赣州中院《民事审判若干问题解答》(2006年3月1日)第16条:"企业职工在劳动中因第三人侵权造成损害,受损害的职工已投保工伤保险的,赔偿权人能否既向工伤保险机构主张权利,又向侵权人请求赔偿?答:工伤保险不能减轻第三人的侵权责任。赔偿权人既可以向工伤保险机构主张权利,又可以向侵权人请求赔偿。根据最高法院《关于审理人身损害赔偿案件适用法律若干问题的解释》第十二条……已投保工伤责任保险的雇员如果受到第三人侵权损害,其既可以主张工伤保险赔偿,也可以向侵权的第三人主张侵权损害赔偿,两者并行不悖。"重庆高院《关于审理工伤赔偿案件若干问题的意见》(2005年12月2日)第3条:"劳动者因第三人侵权造成工伤事故遭受人身损害,用人单位已依法为其办理工伤保险统筹事宜的,赔偿权利人可要求第三人承担民事赔偿责任;也可按《工伤保险条例》的规定请求工伤保险经办机构及用人单位支付相应的工伤保险待遇。赔偿权利人已获得第三人民事赔偿的,工伤保险经办机构及用人单位不再支付工伤保险待遇;但第三人赔偿的总额低于工伤保险的,工伤保险经办机构及用人单位应当补足差额部分。"第 4 条:"用人单位未给因第三人侵权造成工伤事故遭受人身损害的劳动者办理工伤保险统筹事宜的,赔偿权利人可要求第三人承担民事赔偿责任;也可按《工伤保险条例》的规定请求用人单位支付工伤保险待遇。赔偿权利人已获得第三人民事赔偿的,用人单位不再支付工伤保险待遇;但第三人赔偿的总额低于工伤保险待遇的,用人单位应当补足差额部分。"第 5 条:"前两条中'第三人赔偿的总额'系指已实际执行的金额扣除精神损害赔偿部分后所得的数额。赔偿权利人因第三人逃逸或其确无赔偿能力而未能获得赔偿的,工伤保险经办机构及用人单位也应当依法支付工伤保险待遇。"第 6 条:"工伤保险经办机构或用人单位支付赔偿权利人相应的工伤保险待遇后,对侵权第三人进行追偿的,人民法院应当予以支持。工伤保险经办机构或用人单位向第三人追偿的金额以第三人应承担的赔偿金额为限,第三人已给付赔偿权利人的部分应在追偿总额中予以扣减。工伤保险经办机构或用人单位向第三人进行追偿时,人民法院可以通知赔偿权利人参加诉讼。工伤保险经办机构或用人单位向第三人进行追偿的诉讼时效期间为一年,从其支付工伤保险待遇并知道或应知道第三人之日起计算。"第 7 条:"赔偿权利人对侵权第三人提起民事诉讼时,工伤保险经办机构或用人单位可以申请参加诉讼。"第 8 条:"赔偿权利人对侵权第三人提起民事诉讼时,人民法院查明该案涉及工伤保险经办机构或用人单位权益的,应告知工伤保险经办机构或用人单位参加诉讼。"第 9 条:"工伤保险经办机构或用人单位支付工伤保险待遇后,赔偿权利人又从侵权第三人处获得民事赔偿,工伤保险经办机构或用人单位要求其返还获得重复赔偿部分的,人民法院应当予以支持。重复赔偿部分系指民事赔偿总额(不包含精神损害赔偿部分)与工伤保险待遇总额中重叠的部分。工伤保险经办机构或用人单位要求赔偿权利人返还获得重复赔偿部分的;诉讼时效期间为二年,从其知道或应知道赔偿权利人获得重复赔偿之日起计算。"第 10 条:"赔偿权利人对侵权第三人提起民事诉讼,同时又对工伤保险经办机构或用人单位提起诉讼要求支付工伤保险待遇的,人民法院应当中止后一诉讼,并告知工伤保险经办机构或用人单位参加前一诉讼。"第 11 条:"本意见中赔偿权利系指因工伤事故遭受人身损害的劳动者或其近亲属。"山东高院《关于印发〈全省民事审判工作座谈会纪要〉的通知》(2005 年 11 月 23 日 鲁高法[2005]201 号)第 1 条:"……如果劳动者的工伤系第三人侵权所致,按照我国现行法律和最高人民法院司法解释的规定,用人单位仍应承担劳动者的工伤保险待遇,但劳动者也可追究第三人的侵权赔偿责任,即劳动者可以在工伤事故中获得双重赔偿,但因工伤事故产生的直接费用,原则上不予重复计算。"山东济南中院《关于印发〈全市法院劳动争议案件法律适用座谈会会议纪要〉的通知》(2005 年 9 月 8 日 济中法[2005]83 号)第 20 条:"关于工伤和第三人侵权的责任竞合问题。企业职工在执行职务时因第三人原因受伤,一方面可依侵权行为法向加害人请求损害赔偿,另一方面可依据工伤保险的规定请求保险给付。请求支付工伤保险待遇和请求侵权损害赔偿,二者由于请求权基础不同,归责原则和权利保护范围不一样。前者适用无过错责任原则,后者则适用过错责任原则;前者不能要求精神损害赔偿,后者则可以。前者不适用混合过错,后者则适用过错相抵。由于存在以上区别,对于两者如何适用,在审判实践中存有争议。第一种意见认为,应充分保护劳动者的合法权益,尊重其选择权,即劳动者可向任何一方主张权利。但是不得向双方同时主张权利。第二种意见认为,根据最高人民法院《关于审理人身损害赔偿案件适用法律若干问题的解释》第十二条的规定,依法应当参加工伤保险统筹的用人单位的劳动者,因工伤事故遭受人身损害,劳动者或者其近亲属向人民法院起诉请求用人单位承担民事赔偿责任的,告知其按《工伤保险条例》的规定处理。因用人单位以外的第三人侵权造成劳动者人身损害,赔偿权利人请求第三人承担民事赔偿责任的,人民法院应予支持。基于劳动关系主张的工伤与第三人侵权系两种不同的法律关系,故劳动者可以同时向用人单位和侵权人主张权利,并同时得到用人单位和侵权人给予劳动者的工伤待遇和赔偿。但是对于已经获得赔偿的项目再重复要求的,如已经获得的医疗费等,不予支持。与会人员倾向于第二种意见。"湖北高院《民事审判若干问题研讨会纪要》(2004年11月)第4条:"……关于保险金应否扣除问题。发生第三人侵权人身损害赔偿纠纷后,受害人因参加工伤保险而依据《工伤保险条例》或者参加人寿保险获得的保险赔偿金,赔偿义务人主张从损害赔偿费中加以扣除的,不予支持。"山东高院《关于审理道路交通事故损害赔偿案件的若干意见》(2004年5月1日)第9条:"道路交通事故损害赔偿案件的赔偿范围和标准执行最高人民法院法释〔2003〕20号司法解释的规定;精神抚慰金的赔偿数额依据最高人民法院法释〔2001〕7号司法解释并参照省高院2001年《关于审理人身损害赔偿案件若干问题的意见》予以确定。发生道路交通事故后,受害人被劳动行政主管部门认定为工伤的,除享有工伤保险待遇外,还可以请求交通事故责任人承担损害赔偿责任。"新疆高院兵团分院《关于审理人身损害赔偿案件若干问题的指导意见》(2005年4月29日　新高兵法发〔2005〕4号)第1条:"……对因工伤事故遭受人身损害的,应当按照国务院《工伤保险条例》的相关规定请求工伤保险赔偿,不能直接对用人单位提起人身损害赔偿的民事诉讼。即使用人单位没有给劳动者建立工伤保险关系,只要该单位依法应当参加工伤保险统筹,皆适用《工伤保险条例》予以赔偿。劳动者或者其近亲属向人民法院起诉请求用人单位承担民事损害赔偿责任的,人民法院应告知其按《工伤保险条例》的规定处理。劳动者不服用人单位赔偿的,先经劳动仲裁解决,后才能提起诉讼。经过仲裁提起的诉讼,人民法院仍应按《工伤保险条例》处理,不适用《解释》中的赔偿规定。《解释》第十二条第二款规定'因用人单位以外的第三人侵权造成劳动者人身损害,赔偿权利人请求第三人承担民事赔偿责任的,人民法院应予支持'。该规定赋予了受害人(赔偿权利人)对于第三人有独立的赔偿请求权,不再规定保险机构享有代位求偿权。因第三人侵权赔偿与工伤赔偿机制目前在法律上是并行不悖的,一个属于私权力范畴,一个属于公权力范畴,二者不能混用,也不能相互替代。所以,劳动者因第三人的侵权行为造成的工伤,比如交通事故,除按《工伤保险条例》获得赔偿外,向第三人主张损害赔偿的,人民法院应当支持。"湖北高院《关于审理劳动争议案件若干问题的意见(试行)》(2004年3月21日)第19条:"劳动者的工伤系第三人侵权所致,用人单位以劳动者已获侵权损害赔偿为由拒绝承担工伤保险赔付的,人民法院不予支持。劳动者的工伤待遇由用人单位承担的,劳动者依人身保险合同获得的赔偿,用人单位不得在工伤待遇中扣除。"安徽高院《关于审理劳动争议案件若干问题的意见》(2003年12月31日)第5条:"……劳动者在履行劳动合同中遭受人身伤害,劳动者或其近亲属以一般人身损害赔偿纠纷为由直接向人民法院起诉用人单位的,不予受理,告知其按《工伤保险条例》的规定先申请劳动保障行政部门进行工伤认定。劳动者或其近亲属对劳动保障行政部门作出的是否构成工伤认定决定不服,请求人民法院对认定决定予以变更、撤销的,可按行政案件受理。"第31条:"劳动者的工伤系第三人侵权行为所致,劳动者先获得侵权损害赔偿的,用人单位承担的工伤补偿应扣除第三人已经赔偿部分。劳动者的工伤待遇由用人单位承担的,劳动者又依人身保险或工伤保险合同获得的赔偿,用人单位不得在工伤待遇中扣除。但用人单位为劳动者办理的雇主责任险理赔的部分除外。"河南高院《关于当前民事审判若干问题的指导意见》(2003年11月)第74条:"……劳动者在劳动过程中人身遭受损害,如存在本单位以外的第三人侵权的,劳动者可以工伤为由提请劳动仲裁,也可以侵权为由直接起诉实施侵权行为的第三人。用人单位在按工伤对劳动者进行赔偿后,可以就自己所支出的费用向侵权人进行追偿。以上两种诉讼形式受害人选择一种起诉后;又选择另外一种诉讼形式起诉的,在确认后一诉讼的赔偿额时,应减去前一诉讼的判决中已经确认的受害人所应获得的赔偿,只支持后一诉讼与前一诉讼的赔偿额不足差额部分。同一损害后果,不能获得双重赔偿。后一诉讼的提起,应受法定诉讼时效期间的限制。"广东高院《关于印发〈关于审理劳动争议案件若干问题的指导意见〉的通知》(2002年9月15日 粤高法发〔2002〕21号)第25条:"劳动者的工伤系第三人侵权所致,劳动者先获得侵权赔偿的,用人单位承担的工伤补偿应扣除已支付的医疗费和丧葬费。劳动者的工伤待遇由用人单位承担的,劳动者依人身保险合同获得的赔偿,用人单位不得主张在工伤待遇中扣除。"福建高院《关于审理劳动争议案件若干问题的意见》(2001年12月19日)第35条:"劳动者的伤亡既是工伤又是第三人的侵权行为造成,劳动者分别对用人单位与第三人起诉的,根据补偿与损失相当的原则,劳动者已在侵权案件中得到补偿的损失部分在工伤赔偿案件中不再赔偿或应偿还用人单位。"浙江高院《关于印发〈劳动争议案件疑难问题讨论纪要〉的通知》(2001年1月9日　浙高法〔2001〕240号)第22条:"在工伤引起的劳动争议案件中,若存在用人单位以外的致害人的,劳动者有权选择向致害人主张侵权损害赔偿,或者向工伤保险经办机构或用人单位要求享受工伤补偿待遇;原则上劳动者可首先主张侵权损害赔偿,在获得赔偿后,可就低于工伤补偿待遇部分,要求工伤保险经办机构或用人单位予以补足。如果劳动者因客观原因无法向致害人主张或不能从致害人处获得赔偿的,工伤保险经办机构或用人单位应支付劳动者工伤实偿金。"

**6. 地方规范性文件。**浙江省《关于进一步做好工伤保险工作的通知》(2009年7月31日　浙政发〔2009〕50号)第3条:"调整工伤保险有关政策规定,为进一步保障职工工伤保险权益,完善有关工伤保险政策,对《浙江省人民政府关于贯彻执行〈工伤保险条例〉有关事项的通知》(浙政发〔2003〕52号)中关于'职工因交通事故或其他事故伤害被认定或视同为工伤的,其待遇按总额补差的办法支付'的规定调整为:'在遭遇交通事故或其他事故伤害的情形下,职工因劳动关系以外的第三人侵权造成人身损害,同时构成工伤的,依法享受工伤保险待遇。如职工获得侵权赔偿,用人单位承担的工伤保险责任相对应项目中应扣除第三人支付的下列五项费用:医疗费,残疾辅助器具费,工伤职工在停工留薪期间发生的护理费、交通费、住院伙食补助费。'这一规定适用于本通知下发之日起发生的工伤事件……"江苏省劳动争议仲裁委员会《关于印发〈江苏省劳动仲裁案件研讨会纪要〉的通知》(2006年1月10日　苏劳仲委〔2006〕1号)第9条:"根据原劳动部《企业职工工伤保险试行办法》及原《江苏省城镇企业职工工伤保险规定》的规定,同一工伤事故,兼有民事赔偿的,按照先民事赔偿,后工伤待遇支付的顺序处理。《工伤保险条例》实施后,原有的规定被替代。《工伤保险条例》对工伤职工应享受的各项待遇作了明确规定。劳动者因工负伤,就工伤保险待遇提请劳动仲裁的,仲裁委员会应依法受理,并依照《工伤保险条例》的规定裁决工伤职工应享受的各项工伤保险待遇。"福建省厦门市《实施〈工伤保险条例〉规定》(2005年1月1日)第37条:"因第三人责任导致职工工伤的,第三人已经赔付的医疗费用,工伤保险基金不再重复支付。"湖南省长沙市《关于印发〈长沙市工伤保险办法〉的通知》(2004年10月1日　长政发〔2004〕34号)第42条:"职工由于交通事故引起的工伤,应先按照有关规定取得人身伤害赔偿。获得人身伤害赔偿的总额低于工伤保险待遇,所在单位参加了工伤保险的,由工伤保险基金补足差额部分;所在单位未参加工伤保险的,由所在单位补足差额部分。无法取得人身伤害赔偿的,凭确定无法取得赔偿的法律文书或证明,由所在单位申报享受工伤保险待遇或由所在单位承担工伤保险责任。"黑龙江省《贯彻〈工伤保险条例〉若干规定的通知》(2004年1月1日 黑政发〔2003〕89号)第17条:"由于交通事故造成的工伤,应当首先按照《道路交通事故处理办法》及有关规定处理,再按工伤保险有关规定执行。(一)交通事故赔偿标准低于工伤保险待遇标准的,由工伤保险基金和用人单位补足差额部分。(二)由于交通肇事者逃逸或其他原因致使受伤害职工不能获得交通事故赔偿的,由工伤保险基金支付工伤职工应享受的工伤保险待遇。事故责任人归案后,由公安交通管理部门通知社会保险经办机构向事故责任人追偿。"第18条:"工伤事故兼有第三者民事赔偿责任的,先按民事赔偿处理,赔偿低于工伤保险待遇的,由工伤保险基金补足差额;用人单位或者社会保险经办机构已垫付了工伤医疗费及其他费用的,当事人获得民事赔偿后,应当偿还垫付的费用。"内蒙古自治区政府办公厅《关于印发〈内蒙古自治区工伤保险条例实施办法〉的通知》(2003年12月30日 内政办字〔2003〕462号)第13条:"由于交通事故引起的工伤,应当首先按照《道路交通法》和有关规定处理,赔偿低于工伤保险待遇的,由工伤保险基金补足差额;由于交通肇事者逃逸或其他原因,受伤职工不能获得交通事故赔偿的,由工伤保险经办机构按照《条例》和本办法的规定支付待遇。"第14条:"工伤事故兼有第三者民事赔偿责任的,先按民事赔偿处理,赔偿低于工伤保险待遇的,由工伤保险基金补足差额。"北京市劳动局《关于印发〈企业职工工伤认定补充规定〉的通知》(1998年12月7日 京劳职安〔1998〕266号)第6条:"对于交通肇事者逃逸等一时难于结案的交通事故,符合工伤范围的,可自公安交通部门出具责任裁决书或责任划分证明之日起15日内,按有关规定申请办理。"上海市劳动和社会保障局《关于因交通事故引起工伤的企业职工工伤保险待遇处理的补充规定的通知》(1998年11月25日 沪劳保发〔1998〕52号)第2条:"企业应当帮助因道路交通事故引起工伤的职工向交通肇事者索赔,获得赔偿前可垫付有关医疗、津贴等费用。交通事故赔偿已给付了医疗费、丧葬费、护理费、残疾用具费、误工工资的,企业不再支付相应待遇(交通事故赔偿的误工工资相当于工伤津贴)。企业先期垫付有关费用的,职工或其亲属获得'交通事故赔偿'后应当予以退还。"第3条:"交通事故赔偿给付的死亡补偿费或者残疾生活补助费,已由伤亡职工或其亲属领取的,企业不再发给工伤保险的一次性因工死亡补助金或者一次性伤残补助金。但交通事故赔偿给付的死亡补偿费或者残疾生活补助费低于工伤保险的一次性因工死亡补助金或者一次性伤残补助金的,由企业补足差额部分。"第4条:"职工因交通事故死亡或者致残的,除按照本补充规定第二、三条处理有关待遇外,其他工伤保险待遇按照《关于本市企业职工工伤保险待遇等若干问题规定的通知》(沪劳保发〔96〕104号)规定执行。"

7. 最高人民法院审判业务意见。●司机可否向负有事故责任的第三人既起诉请求交通事故损害赔偿,又起诉请求工伤事故损害赔偿?最高人民法院民一庭《民事审判实务问答》编写组:"《最高人民法院关于审理人身损害赔偿案件适用法律若干问题的解释》对工伤保险与民事损害赔偿的关系按照混合模式处理,即在用人单位责任范围内以完全的工伤保险取代民事损害赔偿,但若劳动者遭受工伤是由于第三人的侵权行为所致,则第三人不能免除民事赔偿责任。该解释第12条规定:'依法应当参加工伤保险统筹的用人单位的劳动者,因工伤事故遭受人身损害,劳动者或者其近亲属向人民法院起诉请求用人单位承担民事赔偿责任的,告知其按《工伤保险条例》的规定处理。因用人单位以外的第三人侵权造成劳动者人身损害,赔偿权利人请求第三人承担民事赔偿责任的,人民法院应予支持'。据此规定,司机在履行职务过程中因第三人侵权发生道路交通事故导致工伤,有权既享受工伤保险待遇,也有权请求负有交通事故责任的第三人承担民事赔偿责任。"

**8. 参考案例。**①**2018年江苏某交通事故纠纷案**,2016年,纺织公司司机驾驶单位客车撞倒本公司下班途中的曹某致曹某死亡。曹某近亲属诉请纺织公司及保险公司承担道路交通事故损害赔偿责任。案件审理过程中,经曹某近亲属申请,人社局认定曹某受到的交通事故伤害属于工伤。法院认为:从最高人民法院《关于审理人身损害赔偿案件适用法律若干问题的解释》第12条关于民事侵权赔偿和工伤赔偿区别处理的规定可看出,仅可归责于用人单位责任的侵权行为造成该单位职工工伤时,受害人只能主张工伤赔偿,用人单位对其不承担侵权赔偿责任。只有存在用人单位以外第三人侵权主体时,方才存在工伤与侵权赔偿"双赔"情形。《工伤保险条例》对属于工伤情形进行了列举式表述,分为"应当认定为工伤"(第14条)与"视同工伤"(第15条)两类,前者中的情形属于标准意义上的工伤,后者中的情形本身不属于工伤但出于保护目的也参照工伤处理。"途中工伤"规定出现在《工伤保险条例》第14条第1款第6项中,在法律上同属于标准的工伤情形,不能因其在"上下班途中"和"事故责任"两大核心认定要件上存在一定不确定性和复杂性,而作出差别对待处理。基于第三人侵权情形下"部分兼得"模式处理,用人单位将既承担侵权赔偿责任又承担工伤赔偿责任,过分加重了用人单位责任,明显不公且不合理。本案中,驾驶员许某虽为直接侵权人,但其驾驶车辆行为为职务行为,用人单位纺织公司为侵权赔偿责任最终承担者。曹某系纺织公司员工,其在下班途中所遭受人身损害属于工伤,纺织公司非用人单位以外第三人,故曹某遭受的人身损害应按《工伤保险条例》相关规定处理。保险公司承担赔偿责任前提是被保险人纺织公司应对曹某承担侵权损害赔偿责任,故保险公司在本案中亦不应承担赔偿责任。判决驳回原告诉请。②**2017年河南某劳动争议纠纷案**,2013年,建筑公司项目部负责人李某驾车带工人返回途中发生交通事故,致工人蒋某死亡。经刑事附带民事诉讼调解,李某赔偿蒋某近亲属丧葬费、死亡赔偿金等损失共28万元。2014年,蒋某死亡被认定为工伤。2016年,蒋某近亲属诉请建筑公司支付工伤保险赔偿78万余元。法院认为:《社会保险法》第41条第1款规定:"职工所在用人单位未依法缴纳工伤保险费,发生工伤事故的,由用人单位支付工伤保险待遇。用人单位不支付的,从工伤保险基金中先行支付。"《工伤保险条例》第39条第1款规定:"职工因工死亡,其近亲属按照下列规定从工伤保险基金领取丧葬补助金、供养亲属抚恤金和一次性工亡补助金:(一)丧葬补助金为6个月的统筹地区上年度职工月平均工资;(二)供养亲属抚恤金按照职工本人工资的一定比例发给由因工死亡职工生前提供主要生活来源、无劳动能力的亲属。标准为:配偶每月40%,其他亲属每人每月30%,孤寡老人或者孤儿每人每月在上述标准的基础上增加10%。核定的各供养亲属的抚恤金之和不应高于因工死亡职工生前的工资。供养亲属的具体范围由国务院社会保险行政部门规定;(三)一次性工亡补助金标准为上一年度全国城镇居民人均可支配收入的20倍。"因此,蒋某近亲属因蒋某死亡可享有丧葬补助金、一次性工亡补助金和供养亲属抚恤金。最高人民法院《关于审理工伤保险行政案件若干问题的规定》第8条第3款规定:"职工因第三人的原因导致工伤,社会保险经办机构以职工或者其近亲属已经对第三人提起民事诉讼为由,拒绝支付工伤保险待遇的,人民法院不予支持,但第三人已经支付的医疗费用除外。"本案中,蒋某系因李某驾车带其返回途中发生交通事故而死亡,属于因工死亡,故蒋某近亲属可对李某提起民事诉讼,亦可起诉建筑公司要求享受工伤保险待遇。蒋某近亲属称其从李某处获得的赔偿款28万元,不应从建筑公司应支付的工伤保险待遇中予以扣除请求符合法律规定,应予支持。判决建筑公司支付蒋某近亲属丧葬补助金、一次性工亡补助金和供养亲属抚恤金共78万余元。③2016年**四川某工伤保险待遇纠纷案**,2015年,黄某乘坐同事魏某驾驶车辆去开会。途中车辆侧翻,黄某经抢救无效死亡。交警认定魏某负事故全部责任。之后,黄某近亲属与魏某自愿达成赔偿协议,由魏某一次性支付10万元。同年7月,有关部门认定黄某为工伤。同年10月,黄某近亲属到社保局提出核定并支付工伤待遇请求,社保局以应先起诉第三人魏某交通事故赔偿为由不予核定支付。法院认为:工伤保险作为社会保险重要组成部分,是国家对职工履行的社会责任,也是职工应享受的基本权利。社会保险机构是否核定支付工伤保险待遇,取决于工伤职工是否缴纳工伤保险。该案受害人所在单位为其缴纳了工伤保险,并依法申请了工伤认定,社保部门不应拒绝核定其工伤保险待遇。第三人侵权赔偿与工伤保险理赔不具有相互替代补充关系。第三人侵权赔偿属私权范畴,产生于民事法律关系;工伤保险理赔则属于公权范畴,产生于行政法律关系。依最高人民法院《关于对"统一第三方侵权工伤赔偿案件裁判标准"问题的答复》、《关于审理人身损害赔偿案件适用法律若干问题的解释》及《关于审理劳动争议案件适用法律若干问题的解释(二)》

等规定,在第三人侵权导致工伤时,可得出医疗费应当单赔的结论,即当第三人赔偿了医疗费时,核定工伤保险待遇时,社保部门应予扣除,其他侵权赔偿不应扣除。判决社保局核定支付黄某近亲属应享有的工伤保险待遇。④**2015年江苏某健康权纠纷案**,2013年,赵某在机械公司工作时不慎被钢材砸伤。2014年,劳动人事争议仲裁委员会确认双方存在劳动关系。2015年,生效法律文书以赵某申请工伤保险待遇超过法定期限为由裁定不予受理。赵某遂以侵权为由,诉请机械公司赔偿损失。法院认为:用人单位与劳动者应按法律规定行使各自权利、履行相应义务。本案中,赵某在机械公司工作中受伤,应获得相应赔偿。工伤认定是伤者获得工伤保险待遇前提和依据,因赵某工伤认定申请超过法定期限,人社局对该申请不予受理,且机械公司亦不认可赵某所受伤害为工伤,故劳动仲裁程序虽裁决赵某与机械公司存在劳动关系,但赵某不能通过工伤保险途径获得救济。最高人民法院《关于审理人身损害赔偿案件适用法律若干问题的解释》规定"依法应当参加工伤保险统筹的用人单位的劳动者,因工伤事故遭受人身损害,劳动者或者其近亲属向人民法院起诉请求用人单位承担民事赔偿责任的,告知其按《工伤保险条例》的规定处理"。该规定并未排除伤者在不能按《工伤保险条例》规定获得救济时,可通过一般民事赔偿途径获得救济。《安全生产法》规定"因生产安全事故受到损害的从业人员,除依法享有工伤社会保险外,依照有关民事法律尚有获得赔偿的权利的,有权向本单位提出赔偿要求"。根据有伤害就有救济原则,本案赵某有权提起本案诉讼,以求获得伤害救济。只是在普通民事损害赔偿诉讼中,应根据侵权责任法律规定考量伤者对损害发生是否具有过错。在侵权法律关系中,受害人对同一损害发生或扩大有故意、过失的,依法可减轻赔偿义务人赔偿责任。本案中,赵某在工作中因身旁堆放钢材倒下被砸伤,无证据证明其主观或客观上对其受伤具有过错,且对企业安全生产管理系机械公司之责,该公司有义务保护员工在工作中不受事故伤害,故认定机械公司承担此次事故全部责任,赵某不负责任。判决机械公司赔偿赵某医疗费、住院伙食补助费、营养费、护理费、误工费、残疾赔偿金、精神损害抚慰金、交通费等共计10万余元。⑤2015年**安徽某劳动争议纠纷案**,2013年,学校老师李某上班途中遭遇对方全责交通事故致9级伤残。2014年,李某获侵权赔偿后,诉请学校支付工伤保险待遇。法院认为:第三人侵权赔偿是基于侵权而承担赔偿责任,工伤是基于工伤保险关系作出的赔偿。两种不同的法律关系,不能相互替代。职工不能因第三人侵权与工伤竞合在一份损失前提下获得两份赔偿从而获益,故医疗费只能赔偿一份,侵权中残疾赔偿金、误工费、护理费等待遇和工伤赔偿中的一次性伤残补助金、停工留薪期工资等待遇仍可兼得。劳动者合法权益应依法保护。李某在建休期满后未到学校上班,学校无证据证明其通知和安排李某回学校上班,且一直未向李某出具解除劳动合同通知,故应认定李某与学校之间的劳动关系解除时间应为李某递交仲裁申请之日,依本省《工资支付规定》规定,学校应按市最低工资标准70%支付李某生活费,共计1万余元。李某虽两次在门诊进行复查和就诊,但无证据证明其需暂停工作,根据医嘱,应认定停工留薪期为4个月。《工伤保险条例》第33条规定:职工因工作遭受事故伤害需暂停工作接受工伤医疗的,在停工留薪期内,原工资福利待遇不变,由所在单位按月支付。判决学校支付给李某工资1万余元,一次性伤残补助金、一次性工伤医疗补助金和一次性伤残就业补助金共8万余元,同时学校应支付给李某解除劳动合同经济补偿金3万余元。

⑥2015年贵州某工伤保险纠纷案,2012年,金某上班途中因交通事故死亡,法院判决肇事方及保险公司赔偿金某近亲属死亡赔偿金、丧葬费等34万余元。工伤保险待遇方面,因社保局仅同意支付一次性工亡补助金10万余元致诉。法院认为:依《工伤保险条例》第46条规定,社保局作为社会保险经办机构,应履行核定工伤保险待遇、支付工伤保险待遇等法定职责。《社会保险法》第42条规定:"由于第三人的原因造成工伤,第三人不支付工伤医疗费用或者无法确定第三人的,由工伤保险基金先行支付。工伤保险基金先行支付后,有权向第三人追偿。"最高人民法院《关于审理人身损害赔偿案件适用法律若干问题的解释》第12条规定:"依法应当参加工伤保险统筹的用人单位的劳动者,因工伤事故遭受人身损害,劳动者或者其近亲属向人民法院起诉请求用人单位承担民事赔偿责任的,告知其按《工伤保险条例》的规定处理。因用人单位以外的第三人侵权造成劳动者人身损害,赔偿权利人请求第三人承担民事赔偿责任的,人民法院应予支持。"最高人民法院《关于审理工伤保险行政案件若干问题的规定》第8条第3款规定:"职工因第三人的原因导致工伤,社会保险经办机构以职工或者其近亲属已经对第三人提起民事诉讼为由,拒绝支付工伤保险待遇的,人民法院不予支持,但第三人已经支付的医疗费用除外。"人力资源和社会保障部《工伤保险经办规程》第74条第1款规定:"业务部门根据民事伤害赔偿法律文书确定的医疗费与工伤待遇中的医疗费比较,不足部分予以补足,其工伤医疗待遇不得重复享受。"工伤保险待遇与民事侵权赔偿性质不同。工伤保险设立目的系保障因工作遭受事故伤害或患职业病的职工获得医疗救助和经济补偿,促进工伤预防和职业康复,分散用人单位工伤风险,故工伤保险待遇属公法领域补偿。人身损害赔偿则属私法领域赔偿,二者不能混用,亦不能互相替代。工伤保险费缴纳主体系用人单位,而非侵权第三人,用人单位以外第三人承担民事责任,并不能免除工伤保险经办机构支付工伤保险待遇的法定义务。另外,从现行法律规定看,职工因第三人原因导致工伤或工亡,除从第三人处获得赔偿外,还可从工伤保险基金中获得工伤保险待遇,且只有医疗待遇不可重复享受,上述规定无关于其他待遇如一次性工亡补助金和丧葬补助金等差额补偿或在工伤保险待遇中抵充规定,故原告作为金某近亲属,有权依《工伤保险条例》第39条第1款规

定要求社保局支付相关工伤保险待遇。判决社保局支付原告一次性工亡补助金32万余元及丧葬补助金1.4万余元。⑦2014年云南某劳动争议纠纷案,2011年,装卸公司员工陈某驾车与另一员工张某相撞,致张某受伤,交警认定陈某全责。2014年,机动车交通事故责任纠纷案一案中,法院判决保险公司赔偿张某6万余元。随后,张某以装卸公司未办理工伤保险为由,诉请支付工伤保险待遇。法院认为:依最高人民法院《关于审理人身损害赔偿案件适用法律若干问题的解释》第12条规定,对于因工伤事故遭受损害,且该损害系第三人造成的,赔偿权利人可主张侵权损害赔偿和工伤保险给付,但该规定并未明确赔偿权利人是否可同时主张。依《社会保险法》第42条规定,对医疗费用部分不能获得重复赔偿予以明确,同时规定承担赔偿责任的最终主体仍为实际侵权人,工伤保险基金承担的是先行代为支付义务。人身损害赔偿及工伤保险待遇虽基于同一损害事实,但存在于不同法律关系中,并不因支付主体相同而使受害人无法享受工伤保险待遇。基于"受害人不应因遭受侵害获得意外收益"这一基本法理及民法公平原则,对于同时主张侵权损害赔偿和工伤保险给付的,应以填补受害人实际损失为主,受害人不应因遭受侵害而获得意外收益。对于劳动者已获得人身损害赔偿的,用人单位在支付的工伤保险待遇中应扣除侵权第三人已支付费用。张某在另案人身损害及工伤保险赔偿中,依法院释明,选择以交通事故责任纠纷主张权利,其放弃以工伤保险赔偿主张权利仅系针对另案而言,并不意味着张某不能再以工伤法律关系主张权利。因装卸公司未为张某办理工伤保险,张某工伤保险待遇依法应由装卸公司支付。对于侵权第三人已支付的医疗费、住院伙食补助费、交通费,工伤保险待遇不再重复支付。停工留薪期工资已由装卸公司支付,故不再予以确认。判决装卸公司支付张某一次性伤残就业补助金、一次性工伤医疗补助金共8万余元。⑧2014年上海某工伤认定纠纷案,2013年,胡某上班途中遭遇己方无责交通事故,导致右大腿外伤,经鉴定,胡某同期治疗的急性冠心病、急性心肌梗死与交通事故关联度为10%~15%。社保局据此将胡某因交通事故直接造成的右大腿外伤认定为工伤,而未将胡某在交通事故后诱发的冠心病、急性心肌梗死作为工伤认定。胡某起诉社保局。法院认为:社保局依法具有对辖区内企业职工进行工伤认定的行政职权。社保局受理工伤认定申请后依法进行了调查、核实,在60日内作出工伤认定,并予以送达,执法程序合法。依《工伤保险条例》第14条规定,职工在上下班途中,受到非本人主要责任的交通事故伤害的,应当认定为工伤。本案中,胡某在上班途中遭遇己方无责交通事故并受伤害,应认定为工伤。胡某在交通事故后诱发的冠心病急性发作,根据司法鉴定结论,并非由于交通事故所直接产生或与交通事故存在较大关联,其主要是胡某自身健康问题所导致,交通事故与其冠心病发作关联度仅为10%~15%,故社保局将胡某因交通事故直接造成的右大腿外伤认定为工伤,而未将胡某在交通事故后诱发的冠心病、急性心肌梗死作为工伤认定,并无不当。判决驳回胡某的诉讼请求。⑨**2013年江苏某保险赔偿纠纷案**,2011年,陆某驾驶园林公司车辆撞伤李某,交警认定陆某全责。李某各项损失18万余元,其中医疗费、住院伙食补助费、营养费12万余元,已由社保中心垫付7万余元、陆某垫付4万余元,李某自行支付2.51元。2012年,李某诉请侵权赔偿,索赔范围包括医疗等费用。法院将社保中心追加为当事人。法院认为:《社会保险法》第30条规定:应当由第三人负担的医疗费用不纳入基本医疗保险基金支付范围;医疗费用依法应当由第三人负担,第三人不支付或者无法确定第三人的,由基本医疗保险基金先行支付。基本医疗保险基金先行支付后,有权向第三人追偿。依上述规定,医保基金支付本案大病统筹费用后,有权向第三人追偿。如社保机构未参加案件诉讼,法院应向其告知诉讼情况,支持其依法行使追偿权。交强险及三责险保险人应在保险责任限额内向社保机构赔偿相关费用,超出保险责任限额部分,由侵权人承担。本案中,医疗费、住院伙食补助费、营养费由交强险限额赔付后超出1万元部分,应由保险公司在机动车三责险限额承担的部分、园林公司承担的部分,均直接返还给社保中心。李某余下损失9万余元,应由保险公司在交强险限额内承担全部赔偿,判决保险公司赔偿李某9万余元,同时分别返还陆某、社保中心1万余元、7万余元。⑩**2013年湖北某工伤保险待遇纠纷案**,2009年,建筑公司职工刘某因交通事故受工伤。法院判决侵权人赔偿刘某40万余元,诉讼中,建筑公司为刘某出具收入证明,证实刘某月平均工资为3916元。2012年,建筑公司起诉刘某,要求确认刘某工伤待遇为从社保机构按每月593元领取伤残津贴。法院认为:刘某因道路交通事故导致工伤,经法定机构进行工伤认定及劳动能力鉴定,应享受工伤保险待遇。刘某虽对交通事故相关责任人提起侵权之诉,但并不影响其作为劳动者对用人单位要求获得工伤保险待遇赔偿的请求。工伤保险待遇与第三人侵权赔偿项目存在性质上相同和相近部分,根据充分保障工伤职工合法权利不受损害原则,受伤职工从侵权责任人处未获或赔偿未实际履行的,用人单位应按《工伤保险条例》相关规定履行义务后再依法行使追偿权。刘某受伤后向交通肇事者主张权利过程中,建筑公司向司法机关为刘某出具收入证明,证实刘某月平均工资为3916元。该证明已被法院在审理刘某道路交通事故人身、财产损害赔偿纠纷案中确认,并作为认定刘某相关损失的赔偿依据,故应认定刘某受伤前月平均工资为3916元。由于建筑公司未如实申报刘某社会保险缴费基数,导致其发生工伤保险事故后所享受的工伤待遇受损,该损失部分理应由建筑公司承担。判决驳回建筑公司的诉讼请求,刘某保留与建筑公司劳动关系,退出工作岗位,至法定退休期间,建筑公司以刘某伤残津贴为基数(含单位津贴补差)为其申报缴纳职工基本养老保险、职工基本医疗保险,其中个人应缴纳部分由刘某自行承担;建筑公司支付刘某一次性伤残补助金差额

4万余元、停工留薪期工资差额3万余元、至法定退休时的伤残津贴差额。⑪2013年江苏某工伤赔偿纠纷案,2010年,光电公司员工凌某下班途中被蔡某驾车撞伤,法院判令保险公司赔偿凌某7万余元。2011年,凌某被认定为工伤且构成10级伤残,遂又诉请未办理工伤保险的光电公司赔偿工伤保险待遇14万余元。法院认为:劳动者因第三人侵权同时构成工伤的,可基于民事侵权赔偿和工伤保险待遇两种不同法律关系同时主张权利,光电公司以凌某已从第三人处获得赔偿为由拒绝支付相应工伤保险待遇的,不予支持,但对于凌某已获赔的医疗费、护理费、营养费、交通费、住院伙食补助费等实际发生的费用,不应兼得。工伤认定及伤残评定的交通、食宿费,因不属于工伤保险待遇范畴,故法院不予支持。鉴于工伤保险待遇中的停工留薪期工资是指劳动者因工伤停工治疗期间的工资福利收入,民事侵权赔偿中的误工费是指劳动者因受伤无法工作期间减少的实际收入,两者均系针对劳动者因工伤停工治疗期间实际产生的具体收入损失给予的赔偿,二者原则上应一致,但由于计算方法和标准不尽相同,二者实际计算结果会有所差别。本案中,凌某在侵权赔偿纠纷中已获误工费赔偿,现又主张用人单位支付停工留薪期工资,为实现对劳动者的充分救济,法院可依"就高不就低"原则,判令用人单位支付停工留薪期工资与误工费之间的差额。判决光电公司支付凌某一次性伤残补助金、一次性工伤医疗伤残补助金、一次性工伤医疗补助金、停工留薪期工资共5万余元。⑫2012年河南某交通事故纠纷案,2007年,杜某驾驶挂靠运输公司车辆与李某驾驶实业公司车辆相撞,致李某受伤、李某车上乘客宋某死亡。2008年,李某、宋某受伤被认定为工伤。2011年,生效判决判令实业公司支付宋某近亲属工伤赔偿23万余元。随后,宋某近亲属起诉运输公司、杜某及实业公司,主张人身损害赔偿责任。法院认为:依最高人民法院《关于审理人身损害赔偿案件适用法律若干问题的解释》第12条规定:"依法应当参加工伤保险统筹的用人单位的劳动者,因工伤事故遭受人身损害,劳动者或其近亲属向人民法院起诉请求用人单位承担民事赔偿责任的,告知其按《工伤保险条例》的规定处理。因用人单位以外的第三人侵权造成劳动者人身损害,赔偿权利人请求第三人承担民事赔偿责任的,人民法院应予支持。"本案中,宋某系实业公司职工,系因工死亡并已认定为工伤,因实业公司并非"用人单位以外的第三人",故对宋某死亡仅承担工伤赔偿责任,该责任与杜某应承担的交通事故损害赔偿责任系两种不同性质,两者之间不构成连带责任。《侵权责任法》第34条第1款规定:"用人单位的工作人员因执行工作任务造成他人损害的,由用人单位承担侵权责任。"国家建立工伤保险制度,强制用人单位为其职工缴纳工伤保险费,其目的不仅在于补偿受害人,亦系为分散用人单位工伤风险。其中,用人单位工作人员执行工作任务时造成其他工作人员损害风险,正是工伤保险支付分散风险之一。此时,遭受人身损害的工作人员或其近亲属不应以"用人单位以外的第三人"侵权为由,要求用人单位为其工作人员造成的损害承担民事赔偿责任。判决杜某赔偿原告30万余元,运输公司承担连带责任。⑬2012年广西某工伤保险待遇纠纷案,2011年,卫生院负责人秦某因交通事故死亡,人力资源和社会保障局认定为工伤。秦某直系亲属获得交通事故赔偿后,以卫生院未办工伤保险为由,诉请工伤保险待遇。法院认为:最高人民法院《关于审理人身损害赔偿案件适用法律若干问题的解释》第12条规定:"依法应当参加工伤保险统筹的用人单位的劳动者,因工伤事故遭受人身损害,劳动者或者其近亲属向人民法院起诉请求用人单位承担民事赔偿责任的,告知其按《工伤保险条例》的规定处理。因用人单位以外的第三人侵权造成劳动者人身损害,赔偿权利人请求第三人承担民事赔偿责任的,人民法院应予支持。"故秦某直系亲属享有两种不同性质的权利,即侵权之债请求权和工伤保险待遇请求权,该两种权利按现行法律法规规定并不冲突,在司法审判实践中可同时享有,用人单位和侵权人均应依法承担各自所负赔偿责任。即使权利人已从其中一方先行获得赔偿,亦不能免除或减除另一方赔偿责任。由于《工伤保险条例》第39条规定,职工因工死亡,其近亲属从工伤保险基金中领取工亡补助金,并未给工伤保险待遇享受设置其他法律障碍。本案双方发生纠纷主要原因是卫生院不履行法定职责,未为秦某办理工伤保险手续,致使秦某直系亲属不能从社会工伤保险基金中领取秦某因工亡应有待遇的补助金,故卫生院应依法承担向秦某直系亲属支付全部工伤保险待遇的赔偿责任。判决卫生院支付原告丧葬补助金、一次性工亡补助金共40万余元,并按月支付供养亲属抚恤金各700余元。⑭2010年江苏某工伤保险待遇纠纷案,2007年,服装公司员工浦某下班途中被孙某所驾车辆碰撞,经抢救无效死亡。经法院调解,孙某及保险公司赔偿了浦某近亲属张某医疗费、护理费、丧葬费等费用。2009年,社保部门认定浦某属工伤。2010年,仲裁委裁决服装公司支付张某一次性工亡补助金及丧葬费。服装公司不服而起诉。法院认为:第三人侵权赔偿是普通民事赔偿,属私法领域内赔偿,而工伤保险赔偿是社会保险待遇赔偿,属公法领域内赔偿,两者性质不同,不可相互替代,同时,第三人侵权赔偿并未加重用人单位赔偿责任。本案浦某因交通事故死亡构成工伤,张某虽已因第三人侵权获得赔偿,但其还应获得工伤赔偿。对于损失中包含的医疗费、护理费、营养费、交通费、住院伙食补助费、残疾辅助器具费和丧葬费等属于实际发生的费用已从第三人处获得赔偿,不应再获得赔偿,对于一次性工亡补助金,因不属于实际支出的费用,故服装公司还应按《工伤保险条例》规定进行赔偿。⑮2008年广东某工伤赔偿案,2002年6月,贾某加班后回家途中遭遇交通事故,致左大腿高位截肢,通过调解协议,事故责任方赔偿贾某医疗费、住院伙食费、误工费、护理费、定残费、残疾补助金、残疾器具补偿款、扶养费、交通费共31万余元。2003年1月,社保部门认定贾某为工伤,鉴定为4级伤残,经劳动仲裁,公司未为贾某办理工伤保险,应支付贾某伤残补偿金及残疾退休金共8.7万余元,双方不服,法院一审判决公司支付贾某住院伙食费、护理费、工资、假肢、一次性伤残补偿金、残疾退休金共计18万余元;双方均不服,二审改判为公司支付贾某一次性伤残补偿金、残疾退休金共计8.7万余元;高院及最高人民法院均维持二审判决。二审法院认为:贾某下班途中发生交通事故依法可享受工伤保险待遇,作为用人单位的公司未为贾某办理工伤保险,由此产生的工伤保险待遇责任由公司承担。贾某在交通事故的处理中,与肇事者已就医疗费、住院伙食补助费、误工费、护理费、交通费、残疾等级评估费、残疾生活补助费、残疾器具费和扶养费达成调解协议并已实际履行完毕。该协议赔偿额虽与法律规定的计算值有差异,但协议内容是贾某真实意思表示,是贾某放弃自己权利的行为,应予确认。依照《企业职工工伤保险试行办法》规定,贾某除残疾退休金外的其他工伤待遇项目在交通肇事赔偿案中已调解并履行,得到了赔偿,不应重复计算,贾某要求公司就假肢费和医疗费再支付费用没有依据。⑯2007年浙江某工伤赔偿案,2005年12月,管道公司员工汪某上班途中因对方全责交通事故受工伤,从肇事司机处获赔9.01万余元后,汪某向管道公司主张工伤赔偿9.19万元。法院认为:《工伤保险条例》所规定的各项工伤保险待遇非福利待遇,而是劳动者依目前社会价值评判全面而又基本的需要,应包含了人身损害赔偿的内容。而民事侵权赔偿贯彻全部赔偿原则,即以补偿受害人损失为目的,应认为劳动者获得其中一种赔偿后,还可以就其余另一种赔偿之间的差额另行主张,但两者间的差额不能简单地以赔偿金额为唯一标准进行认定,应全面考虑两种赔偿的项目性质及工伤待遇并非全部为一次性待遇的特殊性来综合认定。汪某主张的医疗费、住院伙食补助费、交通费、停工留薪期工资、一次性伤残补助金、一次性医疗补助金、一次性就业补助金等请求,在交通事故赔偿案件中分别以医药费、误工费、护理费、住院伙食补助费、伤残赔偿金、交通费形式得到了一定赔偿,管道公司应就两者差额部分支付汪某。汪某在两案中分别主张的鉴定费性质不同,本案中不应扣减;汪某在交通事故赔偿案件中主张的精神损害抚慰金,不属于工伤保险待遇范围,也不应扣减,判决管道公司支付汪某工伤保险待遇差额款1.22万余元。⑰2006年福建某工伤保险待遇案,2004年4月,包装公司驾驶员卢某在运货中与吴某驾驶的车主为范某的农用车发生碰撞,致卢某身亡。经法院调解。范某、吴某赔偿卢某近亲属22万余元,随后卢某近亲属向包装公司主张工伤保险待遇10万余元并获仲裁支持。法院认为:受害人近亲属在提起工伤保险待遇诉讼之前,要求第三人承担侵权赔偿责任,该两诉属相互独立的请求权。享有工伤待遇是劳动者的法定权利。现行法律、法规及相关司法解释并未规定当事人只能选择侵权与工伤之一种救济方式,故两种权利可同时并存,并不违反法律、法规禁止性规定,也不存在民事侵权损害范畴的损益相抵,且实行双重赔偿符合我国劳动法和社会保障法的立法意图,不会增加企业负担,故原告的工伤保险待遇应得到保护。⑱**2006年广西某交通事故损害赔偿案**,2002年,徐某受运输公司派遣到码头公司与林某一起为硅业公司装卸,因硅业公司负责人钟某、江某指挥有误,使码头公司开吊车的司机李某吊装货物时砸伤徐某。安监局认定三家单位均负有领导责任,其中硅业公司承担主要责任。码头公司垫付了4万余元的医疗费。后徐某被认定为工伤,用人单位运输公司应赔偿27万余元,但只执行回来2万余元。运输公司起诉码头公司要求返还其垫付给徐某的2万余元,并以人身损害赔偿为由追加李某、硅业公司、钟某、江某、林某为共同被告,以徐某为第三人,诉请赔偿额为27万余元。一审认为:安监局事故处理意见可参照作为认定本案事实和事故责任分担的依据,判决运输公司应支付给第三人徐某因工伤的27万元,由运输公司承担10%,码头公司30%,硅业公司50%,徐某10%,钟某、江某、李某、林某皆职务行为不承担。二审认为:运输公司员工徐某在从事装卸搬运工作中受伤,已被认定为工伤并经仲裁,工伤赔偿仲裁裁决已生效,运输公司应予履行。<u>运输公司在尚未按生效仲裁裁决书付清工伤赔偿款给徐某的情况下,其起诉要求码头公司、硅业公司以及钟某等人承担民事赔偿责任没有法律依据</u>,也不符合立案受理条件,应予驳回运输公司起诉。⑲**2006年福建某工伤保险待遇案**,2004年,供电所职工陈某上班途中因车祸身亡,劳动保障部门认定为工伤。经交警调解,由交通事故肇事方一次性赔偿陈某家属各项费用6万余元。陈某妻、女向社保公司申请工伤保险待遇时,被以申请人已从道路交通事故损害赔偿中获得赔偿款高于工伤保险待遇为由,做出不再支付工伤保险待遇的决定。法院认为:<u>《工伤保险条例》并未对职工及其直系亲属获得工伤保险金的权利做出任何限制性规定,职工因交通事故工亡,其直系亲属有权获得交通事故损害赔偿和工伤保险金双份利益</u>。劳动和社会保障局做出《工伤认定决定书》,已确认陈某因工死亡,其直系亲属按照规定可从工伤保险基金领取丧葬补助金等保险待遇。社保公司不再支付工伤保险待遇的决定不符合规定,应撤销。⑳**2003年福建某工伤事故赔偿案**,2001年,戴某到叶某修理店学艺期间,因乘叶某摩托车到外面维修时与张某货车相撞,戴某死亡,交警认定张某负全责。在张某刑事附带民事诉讼案中,法院判赔张某赔偿经济损失并获执行。随后戴某父母要求叶某承担工伤赔偿。法院认为:戴某被父母送到叶某处学习维修技术,双方之间形成的是学艺与授艺关系,戴某在学艺期间协助叶某工作是为自己学到技术,叶某传授给戴某技术是尽为师之责,双方之间不存在事实劳动关系。<u>戴某学艺期间遭遇交通事故死亡,不属于工伤事故</u>,但戴某父母可基于与叶某与戴某之间授艺和学艺关系,选择要求叶某承担民事赔偿责任,也可选择要求交通肇事的责任人承担交通事故赔偿责任,鉴于已选择后者,且经法院判决并获赔,再要求承担雇主责任不予支持。且戴某因交通事故死亡距离以工伤事故申请仲裁,已达90

天,又未举证证明存在不可抗力或其他正当理由,其申请仲裁也超过期限,故原告诉请应驳回。㉑2000年湖北某交通事故损害赔偿案,1998年,曾某乘坐机电公司的班车肇事身亡,交警认定司机负全责。在交警主持下,曾某近亲属获得机电公司工伤赔偿7万余元后,又主张侵权赔偿。法院认为:职工乘坐本单位车辆下班发生交通事故引起工亡,原告与机电公司达成损害赔偿调解协议,由劳动部门对双方协商的赔偿范围及数额予以确认、兑付。根据不重复享受原则,原告领取赔偿金后,又要求机电公司再行赔偿被抚养人生活费及抚恤费没有事实和法律依据,故法院不应支持。未足额支付死亡补偿费差额400元应由机电公司支付。

**【同类案件处理要旨】**

第三人侵权赔偿与工伤保险补偿竞合不是同一民事责任的竞合,不能参照适用法律关于违约责任和侵权责任竞合的规定,要求受害人只能择一而诉。劳动者在劳动过程中因用人单位以外的第三人侵权行为受伤害,在第三人承担赔偿责任后,有权请求用人单位依法给予工伤保险待遇。因第三人侵权而发生的工伤,如用人单位未为劳动者缴纳工伤保险费,应由用人单位按照《工伤保险条例》的有关规定向劳动者(或其近亲属)支付工伤保险待遇。侵权的第三人已全额给付劳动者(或其近亲属)医疗费、交通费、残疾用具费等需凭相关票据给予一次赔偿的费用,用人单位不必再重复给付。

**【相关案件实务要点】**

1.【补充赔偿模式】因用人单位以外的第三人侵权导致劳动者遭受工伤的,工伤保险赔偿与第三人侵权赔偿竞合,受害人所获赔偿采取补充赔偿模式,符合我国民法和劳动法的原则精神,符合我国国情。案见浙江湖州中院(2007)湖民一终字第168号"汪某诉某管道公司工伤赔偿案"。

2.【不重复享受】劳动者在劳动过程中因用人单位负责任的交通肇事而因工伤残、死亡的,劳动者或者其遗属起诉要求用人单位侵权损害赔偿的,应本着不重复享受的原则处理。案见湖北宜昌中院(2000)宜中民终字第99号"向某等诉某电业公司人身损害赔偿案"。

3.【独立请求权】受害人近亲属在提起工伤保险待遇诉讼之前,要求第三人承担侵权赔偿责任,该两诉属相互独立的请求权。享有工伤待遇是劳动者的法定权利。现行法律、法规及相关司法解释并未规定当事人只能选择侵权与工伤之一种救济方式,故两种权利可同时并存,并不违反法律、法规禁止性规定。案见福建南平中院(2006)南民终字第405号"某包装公司诉周某等工伤保险待遇案"。

4.【学徒受损】学徒在学艺过程中自身受到损害的,可以参照雇工与雇主的关系,选择由雇主承担民事责任,也可以选择由侵权第三人承担民事责任。案见福建泉州中院2003年判决"叶某诉戴某工伤事故赔偿案"。

5.【追偿权】因用人单位以外的第三人侵权造成劳动者人身损害,构成工伤的,劳动者具有双重主体身份,即工伤事故中的受伤职工和人身侵权的受害人,劳动者有权向用人单位主张工伤保险赔偿,同时也有权向侵权人主张人身损害赔偿,即有权获得双重赔偿。在此情形下,用人单位和侵权人应当依法承担各自所负的赔偿责任,不因受伤职工先行获得一方赔偿、实际损失已得到全部或部分补偿而免除或减轻另一方的责任。实践中,用人单位履行对劳动者的工伤赔偿责任后,就工伤赔偿部分行使对实施侵权行为的第三人的追偿权,尚无法律依据。案见广西梧州中院(2006)梧民终字第229号"某运输公司诉某码头公司等人身损害赔偿案"。

**【附注】**

**参考案例索引**:广东湛江中院(2006)湛中法民一终字第499号"梁某诉某运输公司交通事故损害赔偿案",判决运输公司再行支付梁某人身损害赔偿11万余元。见《工伤待遇和交通事故人身损害赔偿竞合时的处理》(袁南利),载《人民司法·案例》(200806:70)。①江苏盐城中院(2018)苏09民终288号"孙某与某纺织公司等交通事故纠纷案",见《用人单位车辆引发"途中工伤"不发生赔偿责任竞合——江苏盐城中院判决孙某等诉茉织华公司等交通事故损害赔偿案》(杨曦希),载《人民法院报·案例精选》(20180830:6)。②河南焦作中院(2017)豫08民再31号"蒋某近亲属与建筑公司劳动争议纠纷案",见《工亡受害人亲属已获得的侵权赔偿款应否从工伤保险赔偿中扣除——蒋代书、邓增福、田静、蒋某某与金达建筑公司劳动争议纠纷案》(许红,河南温县法院;曹艳娜,河南焦作中院),载《审判监督指导·案例评注》(201704/62:94)。③四川巴中中院(2016)川19行终4号"吴某与某社保局工伤保险待遇纠纷案",见《工伤保险待遇核定时不应扣减第三人侵权赔偿金——四川省巴中市恩阳区法院判决吴某某、黄某诉恩阳区社保局给付工伤保险待遇纠纷案》(扈磊、张可),载《人民法院报·案例精选》(20170601:6)。④江苏无锡中院(2015)锡民终字第2970号"赵某与某机械公司健康权纠纷案",见《赵祥云诉无锡丰源机械制造有限公司生命权、健康权、身体权案——劳动者不能享受工伤保险待遇情况下的侵权救济》(杜伟建、翁强),载《人民法院案例选》(201708/114:67)。⑤安徽铜陵中院(2015)铜中民一终字第00238号"李某与某学校劳动争议纠纷案",见《李正圣诉铜陵英才学校劳动争议纠纷案——工伤与侵权竞合的处理》(戴瑞亭),载《人民法院案例选》(201707/113:56)。⑥贵州凯里法院(2015)凯行初字第42号"王某等与某社保局工伤保险待遇纠纷案",见《王德香等五人诉黔东南苗族侗族自治州社会保险事业局履行足额支付工伤保险待遇案——获得机动车交通事故损害赔偿后并不排除要求支付工伤保险待遇的权利》(夏林),载《人民法院案例选》(201605/99:214)。⑦云南昆明西山区法院(2014)西法民初字第4082号"某装卸公司与张某劳动争议纠纷案",见《昆明博安装卸服务有限公司诉张玉莲劳动争议纠纷案(工伤与第三人侵权竞合)》(王琴丽),载《中国审判案例要览》(2015民:394)。⑧上海一中院(2014)沪一中行终字第40号"胡某与上海市闵行区人力资源和社会保障局、上海闵行客运服务有限公司工伤认定纠纷案",见《因交通事故间接诱发疾病认定工伤的标准》(李欣、余凤),载《人民司法·案例》(201506:87)。⑨江苏南京秦淮区法院(2013)秦民初字第1507号"李某与陆某等保险赔偿案",见《李仁风诉陆雨、南京河西园林工程有限公司等及第三人南京市社会保险管理中心保险赔偿案——已由社会保险先行支付的医疗费用,在机动车侵权纠纷中如何赔付》(王静),载《人民法院案例选》(201502/92:275);另见《已由社会保险先行支付的医疗费用可向第三人追偿》(王静),载《人民司法·案例》(201514:48)。⑩湖北宜昌中院(2013)鄂宜昌中民三终字第00033号"某建筑公司与刘某工伤保险待遇纠纷案",见《湖北省清江路桥建筑有限公司诉刘俊工伤保险待遇纠纷案(工伤保险与第三人侵权竞合的法律适用)》(周斌),载《中国审判案例要览》(2014民:520)。⑪江苏射阳法院(2013)射民初字第00901号"凌某与某光电公司工伤赔偿纠纷案",见《凌炳文诉江苏金来顺光电公司因第三人侵权构成工伤要求工伤赔偿纠纷案》,载《江苏省高级人民法院公报》(201604/46:43)。⑫河南郑州中院(2012)郑民一终字第1437号"宋某与某实业公司等机动车交通事故责任纠纷案",见《宋培安等诉郑州大亚兽药有限公司等机动车交通事故责任纠纷案——同一用人单位,一工作人员因执行职务行为造成另一工作人员损害之责任认定》(王明振),载《人民法院案例选》(201402/88:172)。⑬广西玉林中院(2012)玉中立民终字第159号"某医院与黎某等工伤保险待遇纠纷案",见《博白县那林镇卫生院诉黎雪芳等工伤保险待遇纠纷案(工伤保险待遇、交通事故赔偿、双重赔偿)》(谢凤),载《中国审判案例要览》(2013民:435)。⑭江苏宿迁中院(2010)中民终字第0991号"某服装公司与张某工伤保险待遇案",见《泗阳蓝祺服装公司诉张桂香工伤保险待遇案(工伤待遇)》(邢军),载《中国审判案例要览》(2011民:487)。⑮最高人民法院(2008)民监字第179号"贾某诉某公司工伤保险待遇纠纷案",见《贾翠平诉肇南公司工伤保险待遇纠纷案》(刘京川),载《人民法院案例选》(201201:235)。⑯浙江湖州中院(2007)湖民一终字第168号"汪某诉某管道公司工伤赔偿案",见《因第三人侵权受工伤的职工能否获得双份赔偿》(陈洪),载《人民司法·案例》(200816:67)。⑰福建南平中院(2006)南民终字第405号"某包装公司诉周某等工伤保险待遇案",一审判包装公司支付工伤赔偿约10万元,二审经调解赔偿6万余元。见《南平鸿志兴包装装潢有限公司诉周淑英等工伤保险待遇案》(吴裕生),载《中审判案例要览》(2007民事:539)。⑱广西梧州中院(2006)梧民终字第229号"某运输公司诉某码头公司等人身损害赔偿案",见《广西梧州市白云运输服务公司诉广西梧州市外运仓码有限公司等人身损害赔偿案》(黎江玲),载《中国审判案例要览》(2007民事:428)。⑲福建龙岩中院(2006)岩行初字第45号"钟某等诉某社保公司工伤保险待遇案",见《钟宁秀、陈丽英诉武平县社会劳动保险公司不支付工伤保险金案》(许培清),载《人民法院案例选》(200803:466)。⑳福建泉州中院2003年判决"叶某诉戴某工伤事故赔偿案",判决不支持戴某父母要求叶某赔偿死亡抚恤金的诉讼请求。见《叶荣生诉戴良根等不应向其索要工伤事故赔偿款案》(黄荣辉),载《人民法院案例选》(2004民事:479)。㉑湖北宜昌中院(2000)宜中民终字第99号"向某等诉某电业公司人身损害赔偿案",一审判决驳回原告诉请,二审改判机电公司赔偿原告死亡补偿费差额400元。见《向延明等诉天宇电业公司对因单位应负责任的交通事故因工死亡负担劳动保险待遇后再负损害赔偿责任案》(朱友学),载《人民法院案例选》(200104:189)。

**参考观点索引:**●司机可否向负有事故责任的第三人既起诉请求交通事故损害赔偿,又起诉请求工伤事故损害赔偿?见《司机在执行职务期间因交通事故导致受伤,可否向负有事故责任的第三人既起诉请求交通事故损害赔偿,又起诉请求工伤事故损害赔偿?》,载《民事审判实务问答》(2008:153)。

## 42. 违约与侵权责任竞合
——乘车受伤害,违约侵权赔?

### 【违约竞合】

**【案情简介及争议焦点】**

2005年,袁某挂靠在公交公司的客车,与任某挂靠在运输公司并由王某驾驶的货车相撞,导致客车上包括刘某在内的4人死亡。交警认定王某负全责。刘某以外的其他受害人通过提起对运输公司和任某的侵权诉讼获得生效判决并得到部分执行,但运输公司、任某已无足够偿还能力,刘某近亲属于是以客运合同起诉公交公司和袁某。被告认为本案应适用《道路运输条例》进行限额赔偿(限额条款当时有效,且标准为4万元,2007年9月1日提高至限额15万元,2012年11月9日限额条款被国务院令第628号文件删除——编者注）。

争议焦点：1. 承运人应否承担赔偿责任？2. 是否适用限额赔偿原则？

【裁判要点】

**1. 连带责任。** 刘某购票乘坐客车，袁某等2人及公交公司作为承运人，负有将刘某安全运输到约定地点的义务，在运输过程中造成刘某死亡，应承担无过错损害赔偿责任。其中袁某等2人是实际车主和实际承运人，公交公司是登记车主，是向乘客出具车票的人，并对车辆管理收益，依法应承担连带责任。

**2. 赔偿标准。** 从司法平等原则角度分析，只有适用和侵权之诉同样的赔偿标准，才能实现同一事故不同受害人的公平受偿，实现法律在当事人面前的人人平等。同时，本案《道路运输条例》与《合同法》关于违约方承担违约损害赔偿范围的规定不一致，法院就应按《立法法》规定的上位法优于下位法的适用规则直接适用上位法规定。另从利益衡量的角度分析，刘某乘坐被告的客运车辆，被告在运输过程中因与其他车辆发生交通事故，致使刘某死亡。被告虽在该交通事故中无责任，且亦为该事故的受害者，但其未将刘某安全运输到约定地点，原告以被告构成违约为由提起合同之诉，符合法律规定。虽然同为受害者，但刘某是在被告经营的客运业务时使自己的生命权益受损，被告受损的则主要是自己的经营利益。二者相比，原告受到的损害显然比被告更为深重。根据《合同法》的相关规定和原告的经济状况，为平衡双方当事人的受损结果，适用最高人民法院《关于审理人身损害赔偿案件适用法律若干问题的解释》规定的赔偿标准，由被告足额而不是限额赔偿原告的经济损失，符合公平原则，判决刘某、袁某赔偿原告合计15万余元，公交公司承担连带赔偿责任。

【裁判依据或参考】

**1. 法律规定。**《民法典》（2021年1月1日）第814条："客运合同自承运人向旅客出具客票时成立，但是当事人另有约定或者另有交易习惯的除外。"第822条："承运人在运输过程中，应当尽力救助患有急病、分娩、遇险的旅客。"第823条："承运人应当对运输过程中旅客的伤亡承担赔偿责任；但是，伤亡是旅客自身健康原因造成的或者承运人证明伤亡是旅客故意、重大过失造成的除外。前款规定适用于按照规定免票、持优待票或者经承运人许可搭乘的无票旅客。"第824条："在运输过程中旅客随身携带物品毁损、灭失，承运人有过错的，应当承担赔偿责任。旅客托运的行李毁损、灭失的，适用货物运输的有关规定。"《合同法》（1999年10月1日，2021年1月1日废止）第121条："当事人一方因第三人的原因造成违约的,应当向对方承担违约责任。当事人一方和第三人之间的纠纷,依照法律规定或者按照约定解决。"第 122 条:"因当事人一方的违约行为,侵害对方人身、财产权益的,受损害方有权选择依照本法要求其承担违约责任或者依照其他法律要求其承担侵权责任。"第 302 条:"承运人应当对运输过程中旅客的伤亡承担损害赔偿责任,但伤亡是旅客自身健康原因造成的或者承运人证明伤亡是旅客故意、重大过失造成的除外。前款规定适用于按照规定免票、持优待票或者经承运人许可搭乘的无票旅客。"《消费者权益保护法》(1994 年 1 月 1 日)第 41 条:"经营者提供商品或者服务,造成消费者或者其他受害人人身伤害的,应当支付医疗费、治疗期间的护理费、因误工减少的收入等费用,造成残疾的,还应当支付残疾者生活自助具费、生活补助费、残疾赔偿金以及由其扶养的人所必需的生活费等费用;构成犯罪的,依法追究刑事责任。"

**2. 行政法规**。国务院《道路运输条例》(2023 年 7 月 20 日第五次修订并实施)第 35 条:"客运经营者、危险货物运输经营者应当分别为旅客或者危险货物投保承运人责任险。"第 67 条:"违反本条例的规定,客运经营者、危险货物运输经营者未按规定投保承运人责任险的,由县级以上道路运输管理机构责令限期投保;拒不投保的,由原许可机关吊销道路运输经营许可证。"

**3. 司法解释**。最高人民法院《关于审理道路交通事故损害赔偿案件适用法律若干问题的解释》(2012 年 12 月 21 日,2020 年修改,2021 年 1 月 1 日实施)第 10 条:"多辆机动车发生交通事故造成第三人损害,当事人请求多个侵权人承担赔偿责任的,人民法院应当区分不同情况,依照民法典第一千一百七十条、第一千一百七十一条、第一千一百七十二条的规定,确定侵权人承担连带责任或者按份责任。"最高人民法院《关于就客运合同纠纷案件中,对无过错承运人如何适用法律有关问题的请示的答复》(2007 年 10 月 12 日 〔2006〕民监他字第 1 号):"……1. 请示报告显示,该交通事故系由第三人的过错造成,承运人和旅客均无过错。受到损害的旅客依据《中华人民共和国合同法》第一百二十一条的规定,仅选择承运人提起客运合同纠纷诉讼的,人民法院应当就该客运合同纠纷案件进行审理。2. 承运人虽在交通事故中无过错,但在旅客提起的客运合同纠纷诉讼中,应按《中华人民共和国合同法》第三百零二条的规定,对旅客的伤亡承担损害赔偿责任。旅客关于精神损害的赔偿请求,应向造成交通事故的侵权人主张。在旅客仅选择提起客运合同纠纷诉讼的情况下,人民法院不应支持其向违约责任人主张精神损害赔偿的诉讼请求。3. 承运人向旅客支付的损害赔偿金额构成承运人在该交通事故中损失的一部分,可以向造成交通事故的侵权人主张。"最高人民法院《关于适用〈中华人民共和国合同法〉若干问题的解释(一)》(1999 年 12 月 29 日 法释〔1999〕19 号,2021 年 1 月 1 日废止)第 30 条:"债权人依照合同法第一百二十二条的规定向人民法院起诉时作出选择后,在一审开庭以前又变更诉讼请求的,人民法院应当准许。对方当事人提出管辖权异议,经审查异议成立的,人民法院应当驳回起诉。"

**4. 部门规范性文件。**交通运输部《道路旅客运输及客运站管理规定》(2012年12月11日修正)第53条:"客运经营者应当为旅客投保承运人责任险。"交通运输部、公安部、安全监管总局《关于印发道路旅客运输企业安全管理规范(试行)的通知》(2012年1月19日 交运发〔2012〕33号)第11条:"道路旅客运输企业应当按照《机动车交通事故责任强制保险条例》和《中华人民共和国道路运输条例》的规定,为营运车辆投保机动车交通事故责任强制保险以及为旅客投保承运人责任险。"

**5. 地方司法性文件。**广东高院《关于审理机动车交通事故责任纠纷案件的指引》(粤高法发〔2024〕3号 2024年1月31日)第4条:"同一交通事故的多个被侵权人在同一人民法院起诉的,可以合并审理。多个被侵权人分别向不同的人民法院起诉且受理案件的人民法院均有管辖权的,后受理的人民法院可以将案件移送给最先受理的人民法院合并审理,也可以向当事人释明申请撤诉后,向最先受理的人民法院重新起诉。仅有部分被侵权人起诉的,人民法院应当通知已知的其他被侵权人,其他被侵权人未表示放弃权利的,人民法院应当为其预留交强险赔偿份额。预留交强险赔偿份额可结合各被侵权人受伤程度、家庭经济情况以及侵权人的赔付能力等因素予以酌定。"北京三中院《类型化案件审判指引:机动车交通事故责任纠纷类审判指引》(2017年3月28日)第2-1.1部分"机动车交通事故责任纠纷的认定——常见问题解答"第4条:"如乘客在乘坐出租车过程中因交通事故遭受人身或财产损害,其可以'出租汽车运输合同纠纷'的案由将出租车公司作为被告,诉至法院,亦可以'机动车交通事故责任'的案由将出租车公司作为被告,诉至法院。在可能存在责任竞合的情况下,法官应释明当事人固定案由,之后才能确定受诉法院是否有管辖权以及当事人的请求权基础是否符合法律、案件当事人是否适格。"河北承德中院《2015年民事审判工作会议纪要》(2015年)第33条:"交通事故损害赔偿案件应当首先选择侵权之诉。《侵权责任法》第48条规定:'机动车发生交通事故造成损害的,依照道路交通安全法的有关规定承担赔偿责任。'因此,在立案时应当引导当事人选择侵权责任起诉,在发生侵权与合同责任或其它法律关系竞合的情况下,依法应当首先选择侵权之诉,因为我国实行的是机动车第三者责任强制保险、强制赔偿制度。应对当事人充分释明,经释明后当事人仍坚持选择要求赔偿义务人承担合同责任或其他责任的,可以按当事人的选择立案。"安徽高院《关于审理道路交通事故损害赔偿纠纷案件若干问题的指导意见》(2014年1月1日 皖高法〔2013〕487号)第9条:"受害人因道路交通事故同时按运输合同纠纷和机动车交通事故责任纠纷主张权利的,人民法院根据合同法第一百二十二条的规定,要求当事人选择一种法律关系主张权利。赔偿权利人按照运输合同法律关系主张权利的,责任人承担的责任数额中扣除交强险应赔偿的数额。"贵州高院《关于印发〈关于审理涉及机动车交通事故责任强制保险案件若干问题的意见〉的通知》(2011年6月7日 黔高法〔2011〕124号)第10条:"两辆或多辆的机动车发生交通事故造成非机动车驾驶人、行人损害的,各机动车均投保了第三者责任强制保险的,如受害第三者的损失低于或等于各保险公司的交强险责任限额总额,各保险公司应在各自的交强险责任限额内对受害第三者承担平均赔偿责任;如受害第三者的损失高于各保险公司的交强险责任限额总额,先由各保险公司在交强险责任限额内对受害第三者承担赔偿责任,不足部分按侵权责任法和道路交通安全法的相关规定确定赔偿责任。"第11条:"两辆或多辆的机动车互碰致人损害的,各机动车均投保了第三者责任强制保险的,由各保险公司在各自的交强险责任限额内,承担对方机动车内人员损害的赔偿责任。不足部分,按侵权责任法和道路交通安全法的相关规定确定赔偿责任。"第12条:"发生交通事故造成受害第三者人身伤亡、财产损失,受害第三者强制保险赔偿请求权优先于被保险人理赔请求权。在被保险人没有依法向受害人承担赔偿责任的情况下,保险公司不能以其已向被保险人理赔完毕为由,对抗受害第三者的赔偿请求权。"江西鹰潭中院《关于审理道路交通事故损害赔偿纠纷案件的指导意见》(2011年1月1日 鹰中法〔2011〕143号)第5条:"同一道路交通事故中有数家保险公司的,机动车强制保险责任的赔偿数额以数家保险公司的责任限额总和为限,在赔偿数额总和以内的,各保险公司按其投保的机动车在事故中的责任按比例承担赔偿责任。"山东淄博中院民三庭《关于审理道路交通事故损害赔偿案件若干问题的指导意见》(2011年1月1日)第19条:"公路客运情形下发生交通事故的,产生客运合同与侵权法律关系的竞合,应依据当事人的请求确定责任主体。"上海高院民五庭《关于印发〈关于审理保险代位求偿权纠纷案件若干问题的解答(一)〉的通知》(2010年9月19日 沪高法民五〔2010〕2号)第4条:"《保险法》第六十条的赔偿请求权是否限于《侵权责任法》上的赔偿请求权?答:保险代位制度的立法目的在于防止被保险人藉由保险合同获得超出实际损失以外的不当利益。当被保险人就其损失既可以向保险人主张保险赔偿金请求权,又可以向第三者主张任何一种赔偿请求权的,就有通过保险事故获得双重赔付的可能,也就应当适用保险代位制度。故当被保险人因侵权、违约等对第三者享有请求权的,保险人均可以行使保险代位求偿权。具体而言,《保险法》第六十条的赔偿请求权不仅包括侵权行为所产生的损害赔偿请求权,也包括违约赔偿请求权,还包括不当得利返还请求权、所有物返还请求权、占有物返还请求权、连带责任的内部追偿权等。"第5条:"就保险事故所致损失,被保险人对同一第三者享有数个竞合的赔偿请求权,保险人在承担保险赔偿责任后提起保险代位求偿权诉讼的,如何处理?答:被保险人因同一法律事实,依据不同法律规定,可以向同一第三者主张两个以上请求权,而这些不同的请求权又不能同时得到满足的,属于请求权竞合。根据《合同法》第一百二十二条、《最高人民法院关于适用〈中华人民共和国合同法〉若干问题的解释(一)》第三十条的规定,保险人依据保险代位制度行使原属被保险人的上述竞合的请求权时,法院应当予以释明,要求保险人进行选择。保险人经法院释明后作出明确选择的,法院按照保险人确定的请求权进行审理。释明后,保险人未作选择的,法院应根据最有利于纠纷解决的原则依职权确定。"广东广州中院《民事审判若干问题的解答》(2010 年)第 25 条:"【数车相撞时各机动车内部责任的分担】两机动车相撞,致使其中一辆机动车上的乘客发生损害,如果该乘客的损害超过了交强险的责任限额,则两机动车方应当如何对该乘客承担赔偿责任?答:根据《中华人民共和国道路交通安全法》第七十六条的规定,两机动车相撞给乘客造成损害的,保险公司应在责任限额范围内先行赔偿,对于超出保险公司责任限额部分,再由两机动车根据过错程度分担责任。"福建泉州中院民一庭《全市法院民一庭庭长座谈会纪要》(泉中法民一〔2009〕05 号)第 18 条:"交通事故中,两车相撞造成第三人(车上人员或车外人员)人身损害的,两辆肇事车的责任人是按份各自承担赔偿责任,还是承担连带赔偿责任?答:根据最高人民法院《关于人身损害赔偿案件若干问题的解释》(以下简称'《人身损害赔偿解释》')第三条第一款的规定,如认定两辆肇事车的责任人构成共同侵权,应承担连带赔偿责任的,则应先确定两辆肇事车赔偿义务人各自应赔偿的数额后,再判决互负连带赔偿责任。"上海高院《关于处理道路交通事故纠纷若干问题的解答》(2009 年 6 月 20 日 沪高法民一〔2009〕9 号)第 2 条:"两车或多车相撞引发的交通事故中,机动车双方或多方均有过错,一方或多方车内人员主张损害赔偿的处理。在交通事故中,两车或多车相撞造成一方或多方车内人员损害,车内人员以合同关系主张赔偿的,由合同相对方先行承担责任。车内人员以侵权关系主张赔偿的,造成交通事故的车辆各责任方应对车内人员损害承担连带赔偿责任;如车内人员与本车一方存在配偶关系或车内人员系本车一方未成年子女的,其他各方要求扣除本车一方根据责任大小应承担份额的,可以支持。"河南周口中院《关于侵权责任法实施中若干问题的座谈会纪要》(2010 年 8 月 23 日 周中法〔2010〕130 号)第 3 条:"……人身损害赔偿的范围和标准的计算,有特别法规定的国家赔偿、工伤保险等适用特别法以外,其他都应当按照《最高人民法院关于审理人身损害赔偿案件适用法律若干问题的解释》的规定予以确定,该司法解释中有与侵权责任法不一致的,依照侵权责任法。"辽宁高院《关于印发全省法院民事审判工作座谈会会议纪要的通知》(2009 年 6 月 1 日 辽高法〔2009〕120 号)第 22 条:"关于客货运输合同违约赔偿诉讼与道路交通事故侵权赔偿诉讼的关系。在道路交通事故中遭受人身伤亡、财产损失的乘客或托运人,既可以依据《合同法》的相关规定请求承运人承担违约赔偿责任,也可以依据《民法通则》及相关司法解释的规定请求事故责任人承担侵权赔偿责任。受诉法院应在充分释明的基础上尊重当事人的选择。当事人在同一诉讼中同时提出上述两种请求的,应当判决事故责任人承担侵权赔偿责任,承运人承担补充赔偿责任。"湖南高院《关于审理涉及机动车交通事故责任强制保险案件适用法律问题的指导意见》(2008年12月12日)第7条:"发生交通事故造成受害第三者损害为两辆或者两辆以上的机动车,且均投保了交强险的,如机动车各方之间对损害承担连带责任,受害第三者请求保险人之间也承担连带责任的,不予支持。"第9条:"受害第三者和被保险人均请求保险人支付强制保险赔偿金,受害第三者请求优先支付的,应予支持。"第10条:"保险人向被保险人支付强制保险赔偿金后,在受害第三者未获足额赔偿的情况下,被保险人的其他债权人请求以该保险赔偿金实现其债权的,不予支持。"辽宁大连中院《当前民事审判(一庭)中一些具体问题的理解与认识》(2008年12月5日 大中法〔2008〕17号)第29条:"在客运合同履行中发生交通事故的,如何处理?(1)承运人不承担事故责任的,乘客可以向侵权人主张侵权赔偿责任,也可以向承运人主张违约责任。(2)承运人承担全部事故责任的,乘客既可以向承运人主张违约责任也可以主张侵权责任。(3)承运人承担部分事故责任的,乘客可依客运合同向承运人主张违约责任,也可以向承运人和其他侵权人主张侵权赔偿责任,乘客提起违约之诉的,不应追加其他侵权人为被告;乘客提起侵权之诉的应将承运人和其他侵权人列为共同被告。"江苏宜兴法院《关于审理交通事故损害赔偿案件若干问题的意见》(2008年1月28日 宜法〔2008〕第7号)第16条:"交通事故中的受害人依据客运合同向承运人主张违约责任的,可以适用《中华人民共和国民法通则》、《中华人民共和国合同法》、《中华人民共和国消费者权益保护法》等相关规定。但承运人承担的违约责任,不应超过国务院《中华人民共和国道路运输条例》规定的限额:人身伤亡的赔偿责任限额为人民币15万元,财物损失的赔偿责任限额为人民币2000元(可以书面约定高于前款规定的赔偿责任限额),并不承担精神损害抚慰金。如果因为受害人的损失超过前述限额的,对于超出部分,受害人再起诉除承运人外(其已对本机动车方选择了违约之诉,应视为已放弃对该侵权人的诉讼请求)的其他共同侵权人的,应予准许。但其他共同侵权人对被放弃诉讼请求的承运人应当承担的赔偿份额不承担连带责任。承运人在赔偿乘客的损失之后,可以要求交通事故其他责任人偿付应由其承担的侵权损害赔偿份额。"山东潍坊中院《2008年民事审判工作会议纪要(人身损害赔偿部分)》(2008年)第1条:"无意思联络的数人侵权中,数个行为直接结合的属于共同侵权,各行为人对受害人承担连带赔偿责任;数个行为间接结合的则为'多因一果',各行为人对受害人承担按份赔偿责任。所谓直接结合,就是指数个行为结合程度非常紧密,对加害后果而言,各自的原因力和加害部分无法区分,虽然这种结合具有偶然因素,但其紧密程度使数个行为凝结为一个共同的加害行为共同对受害人产生了损害。如两车相撞致行人或其中一车上的乘客受伤的情形,均属直接结合,应由肇事车辆的赔偿义务人对受害人承担连带赔偿责任,两赔偿义务人之间按过错大小确定各自的责任比例。所谓间接结合,是指多个原因行为的结合具有偶然性,但这些行为对损害结果而言并非全部都是直接或者必然地导致损害结果发生的行为,其中某些行为或者原因只是为另一个行为或者原因直接或者必然导致损害创造了条件,而其本身并不会也不可能直接或必然引发损害后果。如触电案件中,违章建筑本身并不会直接或必然导致受害人被电击身亡,却在事实上为受害人被电击这一损害结果的发生创造了条件。"湖北十堰中院《关于审理机动车损害赔偿案件适用法律若干问题的意见(试行)》(2007年11月20日)第8条:"机动车损害赔偿的范围依照最高人民法院《关于审理人身损害赔偿案件适用法律若干问题的解释》的规定确定。"湖北武汉中院《关于审理交通事故损害赔偿案件的若干指导意见》(2007年5月1日)第19条:"两辆或两辆以上的机动车对交通事故的发生负有责任的,人民法院在明确机动车各自责任份额的基础上,判定各机动车对赔偿权利人承担连带赔偿责任。"重庆高院《关于审理道路交通事故损害赔偿案件适用法律若干问题的指导意见》(2006年11月1日)第20条:"两机动车先后发生道路交通事故,导致同一人受到损害,两机动车各自的原因力可以区分的,由两机动车方根据原因力大小分别承担相应的赔偿责任;两机动车各自的原因力无法区分的,由两机动车方承担连带赔偿责任。"江西赣州中院《关于审理道路交通事故人身损害赔偿案件的指导性意见》(2006年6月9日)第18条:"机动车之间发生交通事故致车上人员损害的,根据各机动车的过错程度或原因力比例分担责任。"江西赣州中院《民事审判若干问题解答》(2006年3月1日)第30条:"旅客运输合同中,受伤旅客依旅客运输合同作为请求权基础,并要求精神损害抚慰金,是否可以支持?答:受伤的旅客可以依据旅客运输合同向承运人主张合同违约责任,也可以依据侵权法向侵权人主张侵权责任。侵权责任中受伤的旅客可以主张精神损害抚慰金,而违约责任中没有精神损害抚慰金。因此,当受伤的旅客依据旅客运输合同向承运人主张违约责任的时候不能请求精神损害抚慰金。"广东深圳中院《道路交通事故损害赔偿案件研讨会纪要》(2005年9月26日)第5条:"道路交通事故构成共同侵权,其中部分共同侵权人身份明确,赔偿权利人以此身份明确的部分共同侵权人为被告提起诉讼的,人民法院应当受理,且不必追加其他身份不明的共同侵权人参加诉讼。"江苏常州中院《关于印发〈常州市中级人民法院关于审理交通事故损害赔偿案件若干问题的意见〉的通知》(2005年9月13日 常中法〔2005〕第67号)第13条:"对于两个以上机动车方分别实施的数个行为间接结合发生同一损害后果,致他人人身、财产遭受损害的,各机动方对各自侵权行为后果负责。如各机动车方的损害部分不能单独确定,则应按照各自过错程度和原因力大小确定各自应承担的赔偿责任。如各机动车方不能证明自己和他人的过错程度,则应按公平原则,由人民法院根据案件具体情况,令各方分担适当的责任。对于各机动车方的过错程度不明显,难以确定各机动车方的行为对损害结果所起作用的,或没有证据确定各机动车方责任的,也可采取平均分担的办法。如机动车方投保第三者责任险的,保险公司应首先在该机动车方所应承担的责任范围内承担赔偿责任。"广东高院、省公安厅《关于〈道路交通安全法〉施行后处理道路交通事故案件若干问题的意见》(2004年12月17日　粤高法发〔2004〕34号　2021年1月1日起被粤高法〔2020〕132号文废止)第24条:"两辆以上机动车相撞,造成他人人身损害的,人民法院在判决各肇事车辆的赔偿义务人对受害人承担连带赔偿责任时,应根据各肇事车辆的赔偿义务人之间的过错大小确定各自的责任份额。一辆机动车的赔偿义务人在多支付了应承担的责任份额后,可向另一方予以追偿。"河南高院民一庭《关于当前民事审判若干问题的指导意见》(2003年11月)第51条:"客运车辆发生道路交通事故致乘客遭受损害,乘客既可以客运合同纠纷为由起诉承运人,亦可以侵权损害赔偿纠纷为由起诉事故责任者。乘客以客运合同纠纷为由向人民法院起诉的,无须再追加承运人以外的其他事故责任者为被告。"吉林高院《关于印发〈关于审理道路交通事故损害赔偿案件若干问题的会议纪要〉的通知》(2003年7月25日　吉高法〔2003〕61号)第30条:"道路交通事故受害人既可以起诉承运人,又可以起诉道路交通事故损害赔偿责任人的,应当告知受害人可以选择承运人或道路交通事故损害赔偿人为被告,由该承运人或道路交通事故损害赔偿责任人承担损害赔偿责任。"第40条:"机动车发生道路交通事故致乘客遭受损害的,乘客可以按旅客运输合同起诉承运人要求进行赔偿。承运人赔偿乘客损失后,可以追究事故赔偿责任人的赔偿责任。"广东高院、省公安厅《关于印发〈关于处理道路交通事故案件若干具体问题的补充意见〉的通知》(2001年2月24日　粤高法发〔2001〕6号　2021年1月1日起被粤高法〔2020〕132号文废止)第20条:"因履行运输合同发生交通事故,侵害当事人的人身、财产权益的,当事人有权选择依照《道路交通事故处理办法》要求过错方承担侵权损害赔偿责任,或者依照《中华人民共和国合同法》的有关规定,要求承运方承担违约责任。"河南高院《关于审理道路交通事故损害赔偿案件若干问题的意见》(1997年1月1日　豫高法〔1997〕78号)第38条:"客运车辆发生道路交通事故致乘客遭受损害,如果乘客对交通事故的发生没有过错,乘客可以起诉承运人,要求进行赔偿。承运人在赔偿了乘客的损失之后,如认为有必要,可以侵权损害赔偿为由,向人民法院提起诉讼,追究事故责任人的赔偿责任。由于乘客的过错引起道路交通事故而致自身损害的,应按照处理道路交通事故损害赔偿案件的原则来处理。"

**6. 最高人民法院审判业务意见。**●在一起交通事故中,受害人能否基于不同的法律关系向不同的相对人分别提起诉讼要求赔偿?《民事审判指导与参考》研究组:"……在这起交通事故中,涉及了两个法律关系,人身损害赔偿关系和运输合同关系。这两个法律关系涉及的当事人不同,人身损害赔偿关系发生在乘客与货车方之间,而运输合同关系发生在乘客与出租车方之间;法律关系的性质不同,乘客与货车方之间是侵权法律关系,乘客与出租车之间是运输合同关系;诉讼标的不同,乘客与货车方的诉讼是要求损害赔偿,乘客与出租车之间的诉讼标的是要求承担违约责任。基于上述不同,三当事人之间可以开成两个独立的诉讼,不能产生'一事不再理'的法律后果。如果乘客分别提起两个诉讼,不违反《民事诉讼法》第108条的规定,但应注意,《侵权责任法》所确立的损害赔偿原则是填补原则,即有损害才有赔偿,且损害实际发生多少,赔偿就偿付多少,这起交通事故给乘客造成的损失是10万元,并且生效民事判决已经对该损失的赔偿义务主体和数额作出了认定,在法律意义上乘客已经得到了赔偿。如果乘客再提起违约诉讼,其诉讼请求的赔偿额不应当包括其侵权诉讼中已经判赔的数额,否则,其诉讼请求可能不会被支持。"○运输公司在对乘客赔偿责任确定前能否向第三者行使追偿权?《人民司法》研究组:"所谓追偿权,是指权利人因他人的行为而承担责任,在承担责任后向他人追偿实际损失的权利。行使追偿权的前提是已经被生效裁判确定承担责任。本案中,某汽车运输有限责任公司行使追偿权的前提是,其已经被生效裁判确定由支付黄某医疗费、误工费、护理费等费用的义务。因为旅客运输合同纠纷一案的裁判文书未生效之前,某汽车运输有限责任公司与黄某之间的权利义务还未确定,即还不能确定某汽车运输有限责任公司的具体责任承担,只有在其责任确定后才有追偿权行使的可能。故只有在旅客运输合同纠纷一案的裁判文书生效后,追偿权纠纷一案才可受理。"●以合同之诉提起精神损害赔偿是否支持?最高人民法院民一庭倾向性意见:"当事人以违约之诉,主张精神损害赔偿时,法官应行使释明权。对于当事人仍坚持提起违约之诉,主张精神损害赔偿的,人民法院不予支持。"○对侵权案件中预见不能的损害结果应当适用可预见性规则限制其赔偿范围?最高人民法院民一庭意见:"对于可预见性规则的运用,现行相关法律、司法解释没有明确规定,仅在《合同法》第113条有明文规定,在侵权案件中能否适用,存在疑问。我们认为,违约损害赔偿与侵权损害赔偿在赔偿的理念和价值取向上是基本一致的,尤其是在违约与侵权发生竞合时,选择不同的诉因如果导致大相径庭的损害赔偿结果,有违公平正义的法律理念。因此,可预见性规则作为限制损害赔偿范围的一项基本规则,在侵权案件中可以参照适用。"●汽车运输合同中承运人应否对第三人侵权造成的旅客人身伤亡承担责任?最高人民法院民一庭意见:"《合同法》对旅客运输合同中,承运人是否应对第三人侵权造成的旅客人身伤亡承担责任作出明确规定。在此情况下,应当参照现有法律及司法解释的规定,对这一问题的法律适用进行类推。可以参照最高人民法院《人身损害赔偿解释》第6条第2款规定精神,在查明运输公司在运输过程中对旅客受到的伤害是否存在过错的前提下,确定运输公司应否承担相应的补充赔偿责任。"

**7. 参考案例。**①2018年河南某运输合同纠纷案,2017年,金某乘坐运输公司客车,在服务区休息期间,金某未上车情况下,客车驶离该服务区。数日后,金某尸体被发现在服务区净水池内。金某近亲属诉请运输公司及投保道路客运承运人责任保险的保险公司赔偿。法院认为:《合同法》第288条规定,运输合同是承运人将旅客或者货物从起运地点运输到约定地点,旅客、托运人或者收货人支付票款或者运输费用的合同。旅客购买车票,旅客与承运人之间即达成了客运合同,旅客已履行支付票款义务,承运人应履行将旅客安全运送至目的地义务。旅客依承运人合理安排,在停靠过程中下车休息,因此时承运人尚未将旅客运送至目的地,即承运人尚未完成合同应履行义务。旅客暂时离开车厢这一特定状态,未脱离承运人履行客运运输过程范围,故仍属于客运运输途中。旅客此时遭受人身伤亡或财产损失,旅客或其近亲属可选择依侵权或客运合同纠纷进行诉讼。本案中,原告选择通过侵权纠纷提起诉讼,即依《侵权责任法》规定,运输公司未清点人数驶离,将金某滞留服务区,其存在过错行为,且不能证明伤亡是金某故意或重大过失造成,运输公司应当承担相应赔偿责任。《保险法》第17条规定,对保险合同中免除保险人责任的条款,保险人在订立合同时应当在投保单、保险单或者其他保险凭证上作出足以引起投保人注意的提示,并对该条款的内容以书面或者口头形式向投保人作出明确说明;未作提示或者明确说明的,该条款不产生效力。即保险公司应对保险合同中免责条款尽到明确提示说明义务承担举证责任,保险公司不能举证证明其尽到该项义务,即承运人与保险公司签订保险合同中的免责条款不发生效力,保险公司应按保险合同约定承担相应赔偿责任。判决保险公司赔偿金某近亲属20万余元。②2014年河南某保险合同纠纷案,2011年,陈某驾驶运输公司客车与柳某车辆相撞致客车上旅客杜某受伤,交警认定柳某全责。杜某诉请运输公司车辆保险公司在承运人责任险内赔偿其医疗费、误工费等损失1万余元。法院认为:杜某作为旅客在乘坐被保险人提供的客运车辆途中遭受人身损害,运输公司作为承运人按承运合同应承担损害赔偿责任。虽然杜某所受伤害是因其他人侵权造成的,但在侵权责任与合同违约责任竞合情况下,杜某可选择按客运合同要求承运人承担责任,保险公司亦应在运输公司投保道路客运承运人责任险赔偿限额内对杜某所受损害承担保险责任。《合同法》第302条规定:"承运人应当对运输过程中旅客的伤亡承担损害赔偿责任,但伤亡是旅客自身健康原因造成的或者承运人证明伤亡是旅客故意、重大过失造成的除外。"此次事故中,杜某无责任,故运输公司作为承运人应对杜某所受损害承担全部责任。《保险法》第65条规定:"保险人对责任保险的被保险人给第三者造成的损害,可以依照法律的规定或者合同的约定,直接向该第三者赔偿保险金。"据此,杜某除运输公司垫付医疗费外,有权就其应获赔偿部分直接向保险公司主张保险金,保险公司理赔后取得向侵权人追偿的权利。判决保险公司支付杜某1万余元。③2011年<u>上海某服务合同纠纷案</u>,2006年,超市服务班车行驶途中为躲避他人货车而刹车不慎,致车上顾客陈某跌倒受伤。法院认为:<u>商家提供接送客户的服务班车属商业活动中的服务行为,"免费"并不等同于"免责"。一旦乘客乘坐上超市的免费班车,即使没有消费凭证,双方之间的合同关系仍然成立。对于乘坐超市免费班车时受伤的乘客而言,享有两种损害赔偿的请求权:基于侵权行为法的赔偿请求权;基于合同关系的违约责任请求权</u>。在这两个请求权发生竞合时,法律赋予了受损一方对请求权的基础进行选择的权利,如果其中的一项请求权实现,则其余的请求权随之消灭。本案中的受损乘客可以向经营者追究责任,也可以将经营者和服务班车一并起诉。本案在交通事故人身损害赔偿与服务合同之间的两个法律关系中,现乘客诉讼请求选择了服务合同中的违约之诉,要求由超市承担经营者的责任,不主张追究事故其他责任人的责任,属当事人的自主选择。经营者的违约行为侵害消费者人身、财产权益,消费者选择合同之诉,要求经营者承担违约赔偿责任,依照《合同法》相应规定,《消费者权益保护法》中调整消费者合同法律关系的法条可以适用。根据特别法优于普通法的规则,《消费者权益保护法》还应优先适用。本案中超市以乘客未能提供购物发票为由主张其不能以消费者身份提出违约之诉。对此,法院认为,既然乘客得以乘坐超市的免费班车,超市即负有将乘客安全送至目的地的义务。现超市违反了该项义务,即构成违约。《消费者权益保护法》出于保护消费者权益的目的,明确了较为具体的人身损害救济制度,以使经营者赔偿受损害的消费者所蒙受的全部的不利益。故受损乘客选择《消费者权益保护法》要求超市承担违约责任的诉讼请求应予支持。④2011年<u>海南某交通事故损害赔偿案</u>,2010年8月,朱某驾驶挂靠在运输公司的客车与钟某租坐的摩托车相撞,钟某倒地后被朱某的客车碾轧致死。摩托车司机逃逸,一直无法查明其身份。交警认定摩托车司机负主要责任,朱某负次要责任,钟某无责任。法院认为:本案中,造成钟某死亡后果的有两个行为:一个是摩托车驾驶人超车时翻车并导致乘车人钟某摔倒的行为;另一个是朱某刹车不及,致使车辆碾轧钟某的行为。上述两个行为虽然结合发生了钟某死亡的同一损害后果,但两个行为并非同时发生,而是连续发生,偶然竞合,在时空上形成关联的进程,共同作用,产生了同一损害后果,且就摩托车驾驶人超车时翻车并导致钟某摔倒这一行为而言,亦并不必然导致钟某死亡结果的发生,仅是创造了条件,故综合来看,本案中,朱某与摩托车驾驶人并无共同故意和共同过失,双方无共同的意思联络,其行为应属"间接结合",两人并不构成共同侵权,相互不应承担连带责任,而应根据过失大小比例各自承担相应的赔偿责任。故确定摩托车驾驶人和朱某应各自承担70%与30%的民事赔偿责任。⑤2010年浙江某消费合同纠纷案,2008年8月,王某乘坐公交车,因驾驶员操作不当,致王某10级伤残。王某请求按照《消费者权益保护法》标准进行赔偿。法院认为:王某乘坐公交公司经营的公共汽车,双方形成乘客运输合同关系,在运输过程中发生事故并造成王某身体伤害,王某要求公交公司承担赔偿责任,应予支持。王某在接受公交公司客运服务的过程中受伤这一事实同时构成客运合同、消费合同和侵权三个法律关系,由此产生基于《消费者权益保护法》的损害赔偿请求权与侵权损害赔偿请求权、违约损害赔偿请求权,三者是请求权的竞合关系,王某享有选择的权利。依照《消费者权益保护法》及相关规定,乘客享有消费者的地位,并未限定对乘客运输合同纠纷中的受害人在适用《消费者权益保护法》赔偿时,需以经营者存在欺诈行为为条件,也未将享受国家补贴的公益性企业排除在外或在适用赔偿标准上有所区别。故根据《消费者权益保护法》及本省实施办法规定,判决公交公司赔偿王某医疗费、误工费、残疾赔偿金、一次性生活补助费(98274元)、住院伙食补助费、残疾者生活自助具费、护理费、鉴定费合计38万余元及精神损害赔偿金5000元。⑥2007年浙江某客运合同损害赔偿案,2006年3月,客运公司车辆与他人车辆碰撞,致前车上旅游的乘客康某9级伤残,交警认定两事故车同等责任。康某起诉客运公司,请求按照《消费者权益保护法》和《合同法》规定承担损害赔偿责任。法院认为:康某为生活消费需要而接受客运公司的客运服务,故双方之间亦构成消费者与经营者之间的关系。康某在接受客运公司的客运服务过程中受伤致残。作为原告方的康某,本既可选择依据侵权法规范行使侵权损害赔偿请求权,又可依据《合同法》规范行使违约损害赔偿请求权。而《消费者权益保护法》第41条规定,经营者提供商品或者服务,造成消费者或者其他受害人人身伤害的,应当支付医疗费、治疗期间的护理费、因误工减少的收入等费用,造成残疾的,还应当支付残疾者生活自助具费、生活补助费、残疾赔偿金以及由其扶养的人所必需的生活费等费用。该条款赋予了消费者在因接受经营者提供的商品或服务而受到人身损害时的损害赔偿请求权。该项基于《消费者权益保护法》的损害赔偿请求权与前述之侵权损害赔偿请求权、违约损害赔偿请求权之间并非法条竞合关系,而是请求权竞合关系。在请求权竞合的情形下,作为原告的康某有权选择行使基于《消费者权益保护法》的损害赔偿请求权。至于客运公司提出的《合同法》与《消费者权益保护法》之间的位阶关系问题,虽《合同法》是由全国人民代表大会制定,《消费者权益保护法》则是由全国人民代表大会常务委员会制定,但根据《立法法》的规定,上述两法均属于法律,不存在位阶高低之别。客运公司关于《合同法》比《消费者权益保护法》位阶更高,《消费者权益保护法》的有关规定与《合同法》存在冲突,本案应排除《消费者权益保护法》的适用的理由缺乏法律依据,不予采纳。省人大常委会制定的《实施〈消费者权益保护法〉办法》是浙江省为将《消费者权益保护法》付于具体实施而制定的地方性法规,在康某选择了基于《消费者权益保护法》的损害赔偿请求权的情形下,法院在审理本案过程中亦应当适用浙江省的《办法》的有关规定。故法院根据本案的事实并适用该《办法》的规定确定客运公司应赔偿康某的款项共计 26 万余元。至于案外人货车的保有者应承担的责任,客运公司可另案追偿解决。⑦2006 年**江苏某交通事故损害赔偿案**,2005 年,邵某乘坐客运公司的客车与其他机动车相撞,致邵某伤残,交警认定客运公司司机负主要责任,邵某无过错。邵某起诉客运公司主张违约责任。法院认为:<u>本案属于责任竞合,邵某有权选择客运公司主张违约责任</u>。客运公司未安全将邵某送达目的地,构成违约,适用最高人民法院《关于审理人身损害赔偿案件适用法律若干问题的解释》规定的赔偿标准,由客运公司赔偿经济损失。因系违约之诉,故精神损害赔偿金不应支持,判决汽运公司赔偿邵某 7 万余元。⑧2005 年**浙江某交通事故损害赔偿案**,2003 年,运输公司客车抛锚,王某乘坐的客运公司客车停车牵引,王某随其他乘客下车行走时,被驾驶超载农用货车的陈某躲闪运输公司客车时撞致伤残。交警认定属封闭施工路段,为非道路交通事故。王某通过起诉从客运公司得到 5.5 万元赔偿后,起诉陈某和运输公司要求连带赔偿各项损失 21 万余元。法院认为:<u>王某以违约之诉起诉客运公司与王某以侵权之诉起诉陈某、运输公司不是王某在请求权竞合情况下的选择</u>,王某提起本案诉讼符合法律规定。王某在诉客运公司一案中得到的赔偿款 5.5 万元应在本案的总标的中扣除。陈某驾车驶入封闭路段,车辆严重超载,临危时未采取任何措施,撞伤王某造成伤害,应负本起事故的主要责任。运输公司客车驶入封闭路段,在车辆抛锚不能行驶影响道路通行后,未及时将车移开,也未在车前后设置警告标志,在本起事故中也有过错,应负次要责任。王某在横穿道路时未注意观察来往车辆,未尽安全注意义务,对损害发生也有过错,可减轻被告赔偿责任,根据各自过错程度,确认陈某、运输公司与王某的过错比例为 6∶2∶2,即由陈某对王某的各项经济损失承担 60% 的赔偿责任,运输公司对王某的各项经济损失承担 20% 的赔偿责任,王某自负 20% 责任。陈某和运输公司数行为间接结合发生王某损害同一后果,应根据过失大小比例各自承担相应责任,判决陈某赔偿王某 7.5 万余元,运输公司赔偿 2.5 万余元。⑨2005 年**福建某债务追偿案**,2003 年 4 月,客运公司轿车与吴某摩托车剐蹭,摩托车司机吴某及车上乘客郑某受伤,交警认定吴某负主要责任。客运公司事发后支付吴某 8000 余元,支付郑某 3 万元(实际损失应为 3.7 万元)。客运公司认为自己承担 40% 责任只需赔偿 1.8 万余元,吴某应返还自己 1.9 万余元。法院将郑某追加为第三人。

法院认为:本案系客运公司因交通事故承担连带责任,代吴某偿付第三人的赔偿超过其应承担数额而引发的债务追偿纠纷。郑某作为与本案处理结果有利害关系的第三人参加诉讼,因其已取得赔偿,故对争议标的不具有请求权,属无独立请求权第三人。郑某伤害赔偿属于另一法律关系,不应与本案并处。双方对责任分担四六开比例无异议,交通事故各项损失已确定,客运公司已实际支付数额超过应承担份额,故可就其代垫部分向吴某追偿。⑩2004年河南某交通事故损害赔偿案,2001年,兄无证驾驶无牌机动三轮车载弟行驶,因与行驶证标明为集团公司、实际为叉车厂车辆并由杨某驾驶的货车相撞,兄、弟皆伤,交警认定兄无证驾驶无牌机动车与事故发生无因果关系,故兄、弟不承担事故责任,杨某负全责。法院认为:根据双方过错程度,兄应负次要责任,杨某负主要责任,弟作为乘客不负责任。杨某驾车系职务行为,应由其所在单位叉车厂承担赔偿责任,该车行驶证登记单位集团公司对此承担连带责任,故依此确定民事赔偿责任。负事故主要责任的叉车厂应承担兄损失70%。弟虽对事故不负责任,但其损失系由兄与叉车厂共同侵权形成,叉车厂亦对其损失承担70%赔偿责任,其余30%可由其向兄求偿。集团公司对叉车厂应承担的赔偿责任负连带责任。⑪1999年浙江某保险合同纠纷案,1997年9月,诸葛某驾驶的汽车与包某驾驶的挂靠在实业公司的货车相撞,致前车上的乘客彭某死亡,陈某、黄某受伤。交警认定包某负全责。法院判决包某和实业公司承担连带赔偿受害人责任。因执行过程中包某、实业公司无执行能力。1998年11月,保险公司依申请,根据诸葛某投保的车上人员险,将对彭某、陈某、黄某的保险赔偿7万余元交由诸葛某。因诸葛某未转交导致保险公司被受害人或其家属起诉。法院认为:附加车上人员责任险是一种为第三人利益设立的条款,只要条件成就时,第三人就享有获得保险赔款的权利。本案受害人乘坐由诸葛某驾驶的保险车辆发生事故后,作为乘客及乘客家属的原告就应该享有从保险公司获得保险赔款的权利。保险公司接受受害人要求理赔的全部材料并核算保险金,应视为保险公司同意接受原告将法院认定的判决赔偿数额的转让。在保险金的支付问题上,《保险法》未明确规定该款应向谁支付,根据《保险法》第30条规定,结合实际,本案的保险赔款应由保险公司分别支付给受害人。诸葛某在未取得原告委托领款情况下,将属于原告所有的赔款全部领走,其行为显属侵权,应承担返还责任,并赔偿由此造成的经济损失。保险公司明知保险赔款属于原告,且原告亦未委托诸葛某领取,亦明知原告要求其不能将属于其所有的保险金支付给诸葛某,但其仍将所有的赔款全部支付给诸葛某,导致侵占结果发生,存在过错,侵犯了原告的财产权,诸葛某和保险公司的共同侵权行为侵犯了原告合法权益,故依法应承担连带责任。⑫1996年广西某交通事故损害赔偿案,1994年11月,庄某乘坐的运输公司客车售票员因与驾驶摩托车的第三人李某发生争吵,被李某砸烂的玻璃窗碎片击伤坐在该客车车门旁的庄某右眼。法院认为:庄某选择运输公司为被告,运输公司要求将李某列为共同被告没有依据。由于运输公司履行给付义务后有权向李某追偿,故李某与本案的处理结果有利害关系,应将李某列为无独立请求权的第三人参与本案诉讼。庄某与运输公司之间成立运输合同关系,运输公司负有将乘客安全送达目的地的义务,运输公司在行车过程中因与第三人李某发生纠纷,导致庄某右眼致伤的结果发生,故庄某可请求运输公司承担损害赔偿责任,判决运输公司赔偿庄某16万余元。

【同类案件处理要旨】

因客运合同产生的道路交通事故,乘客可就违约责任或侵权责任择一而诉。

【相关案件实务要点】

1.【同案同判】同一交通事故中,受害人选择违约之诉或侵权之诉,法院有权选择法律适用规则确定法律规范,从而实现同一事故当事人适用同样的赔偿标准,做到与其他受害人依侵权之诉得到赔偿数额相当,达致同案同判。案见江苏铜山县法院(2005)铜民二初字第1484号"刘某等诉某公交公司客运合同赔偿案"。

2.【损失填补】根据民事责任以填补受害人所受损失为目的,以受害人实际上受有损害为要件的理论,义务人的赔偿责任应和权利人所遭受的损失相适应,受害人不能获得超出其损失的赔偿。案见浙江磐安法院(2005)磐民一初字第00002号"王某诉陈某等人身损害赔偿纠纷案"。

3.【按份责任】乘客虽对事故不负责任,但其损失系由其乘坐车辆司机与另一肇事车辆共同侵权形成,另一肇事车辆亦只在责任范围内对乘客承担按份责任。案见河南洛阳西工区法院判决"武某等诉某叉车厂交通事故赔偿案"。

4.【车上人员险】在合同约定的交通事故发生时,保险人负有向第三人乘客依照车上人员责任险赔偿的义务,作为第三人的乘客及乘客家属也应享有保险金的请求权。案见浙江金华中院(1999)金中民终字第823号"曹某等诉某保险公司保险合同纠纷案"。

5.【追偿权】追偿权纠纷与交通事故损害赔偿纠纷不属同一法律关系,前者属于对外承担连带责任后当事人依内部应承担的份额进行结算,就多偿付的部分向其他侵权人追偿。案见福建莆田中院(2005)莆民终字第15号"某客运公司诉吴某等债务追偿案"。

6.【免费班车】商家提供免费班车,是其吸引消费者的营销策略,应当作为服务场所的延伸。商家与乘坐班车的消费者之间形成合同关系,前者对后者负有安全保障义务。案见上海一中院(2011)沪一中民一(民)终字第1008号"某超市与陈某服务合同纠纷案"。

7.【数人侵权】无意思联络的数人侵权行为结合发生同一损害后果,但各行为并非都能直接或者必然导致同一损害后果发生,其中某些行为只是为另一个行为直接或者必然导致该损害结果发生创造了条件,此种数人侵权行为应属间接结合,不构成共同侵权。案见海南第一中院(2011)海南一中民二终字第305号"徐某等诉朱某等道路交通人身损害赔偿案"。

8.【法律适用】客运合同关系中,乘客享有消费者的地位,其有权基于《消费者权益保护法》的损害赔偿请求权。在存在第三人侵权的情形下,承运人在向乘客承担赔偿责任后,其有权以已支付给乘客的赔偿额作为其损失的依据,向该侵权第三人追偿。案见浙江宁波中院(2007)甬民一终字第894号"康某与某客运公司客运合同损害赔偿纠纷案"。

9.【多重法律关系竞合】公交运输致乘客人身损害同时构成了客运合同、侵权损害和消费合同三个法律关系,由此产生违约损害赔偿请求权、侵权损害赔偿请求权和基于《消费者权益保护法》的损害赔偿请求权,受害人乘客享有选择其一的权利来维护自身权益。案见浙江宁波中院(2010)浙甬民二终字第252号"王某诉某公交公司消费合同纠纷案"。

【附注】

参考案例索引:江苏铜山县法院(2005)铜民二初字第1484号"刘某等诉某公交公司客运合同赔偿案",被告认为:依《道路运输条例》第21条(2012年11月9日修订时已删除——编者注)及交通部《道路旅客运输及客运站管理规定》第54条规定,客运经营者在运输过程中造成旅客人身伤亡,行李毁损、灭失,当事人对赔偿数额有约定的,依照其约定;没有约定的,参照国家有关港口间海上旅客运输和铁路旅客运输赔偿责任限额的规定办理。《铁路旅客运输损害赔偿规定》(1994年9月1日生效,2007年9月1日被《铁路交通事故应急救援和调查处理条例》废止,原限额数值分别增加到15万元和2000元,2012年11月9日修订时,该责任限额被取消——编者注)第5条规定,铁路运输企业对每名旅客人身伤亡的赔偿责任限额为人民币4万元,自带行李损失赔偿责任限额为人民币800元。法院判赔15万余元,由实际车主和公交公司承担连带责任。见《刘洪喜等诉徐州市公共交通有限责任公司、刘修文、袁庆才客运合同赔偿纠纷案》(王松、李修满),载《人民法院案例选》(200704:163);另见《同一交通事故的受害人有的提起侵权之诉,有的提起违约之诉——法院应当按照同一标准确定赔偿数额》(王松、李修满),载《人民法院报·案例指导》(20070803:5);另见《从本案赔偿标准的确定谈民事案件的同案同判》(王松、李修满),载《人民司法·案例》(200703:101)。①河南濮阳中院

(2018)豫09民终1650号"某保险公司与金某等运输合同纠纷案",见《旅客中途暂时下车休息仍属客运合同履行过程中——河南濮阳中院判决中国平安保险股份有限公司濮阳中心支公司与金某等运输合同权纠纷一案》(李辉、李洁),载《人民法院报·案例精选》(20180927:06)。②河南南阳中院(2014)南民三终字第00416号"阳光财产保险股份有限公司南阳中心支公司与杜泉霖、南阳宛运集团有限公司客运西峡分公司责任保险合同纠纷",见《交强险与承运人责任险并存时的赔偿》(应泽栓、周彦丽),载《人民司法·案例》(201424:98)。③上海一中院(2011)沪一中民一(民)终字第1008号"某超市与陈某服务合同纠纷案",见《商家对搭乘免费班车受伤乘客负责——上海一中院判决上海采莲超市公司与陈国华服务合同纠纷案》(敖颖婕),载《人民法院报·案例指导》(20110609:6)。④海南第一中院(2011)海南一中民二终字第305号"徐某等诉朱某等道路交通人身损害赔偿案",见《侵权行为中直接结合与间接结合的认定——海南一中院判决许坤福等诉朱海林等道交事故人身损害赔偿案》(彭志新),载《人民法院报·案例指导》(20110818:6)。⑤浙江宁波中院(2010)浙甬民二终字第252号"王某诉某公交公司消费合同纠纷案",见《城市公交运输致乘客人身损害的消费者权益保护》(李炜),载《人民司法·案例》(201114:18)。⑥浙江宁波中院(2007)甬民一终字第894号"康某与某客运公司客运合同损害赔偿纠纷案",见《康明甩诉奉化市溪口公路运输有限公司客运合同损害赔偿纠纷案》,载《浙江高院·案例指导》(2007/2008:266)。⑦江苏南通崇川区法院(2006)崇民二初字第220号"邵某诉某汽运公司人身损害赔偿案",见《承运人对旅客负有安全运送义务》(张志成),载《人民法院报·案例指导》(20070214:5)。⑧浙江磐安法院(2005)磐民一初字第00002号"王某诉陈某等人身损害赔偿纠纷案",见《王玲珠诉陈万龙、浙江省仙居安达汽车运输有限公司非道路交通事故人身损害赔偿案》(杨良杰),载《中国审判案例要览》(2006民事:373)。⑨福建莆田中院(2005)莆民终字第15号"某客运公司诉吴某等债务追偿案",一审追加郑某为有独立请求权的第三人,判决客运公司及吴某连带赔偿郑某经济损失4万余元,内部按份为四六开,客运公司与吴某履行上述赔偿后,双方按四六开进行结算,由吴某返还客运公司多支付的赔偿款。见《莆田市快速客运有限公司诉吴洪林等债务追偿案》(方蔚文、王诺),载《中国审判案例要览》(2007民事:370)。⑩河南洛阳西工区法院判决"武某等诉某叉车厂交通事故赔偿案",见《武喜卫、武喜杰诉一拖洛阳叉车厂及中国一拖集团有限公司交通事故赔偿案》(李洛伟),载《人民法院案例选》(2004民事:222)。⑪浙江金华中院(1999)金中民终字第823号"曹某等诉某保险公司保险合同纠纷案",判决诸葛某返还原告赔偿款本息,保险公司负连带责任。见《曹小琴等诉中国人民保险公司兰溪市支公司等返还财产案》(范红),载《中国审判案例要览》(2000民事:258)。

⑫广西南宁中院(1996)南民初字第43号"庄某诉某运输公司人身损害赔偿案",见《庄司芳康诉南宁汽车运输总公司人身损害赔偿案》(李俊),载《中国审判案例要览》(1999民事:332)。

**参考观点索引:**●在一起交通事故中,受害人能否基于不同的法律关系向不同的相对人分别提起诉讼要求赔偿?见《在一起交通事故中,受害人能否基于不同的法律关系向不同的相对人分别提起诉讼要求赔偿》,载《民事审判指导与参考·民事审判信箱》(201104:258)。○运输公司在对乘客赔偿责任确定前能否向第三者行使追偿权?见《运输公司在对乘客赔偿责任确定前能否向第三者行使追偿权?》,载《人民司法·司法信箱》(201005:110)。●以合同之诉提起精神损害赔偿是否支持?见《以合同之诉提起精神损害赔偿是否支持》(王毓莹),载《民事审判指导与参考·指导性案例》(2000902:194)。○对侵权案件中预见不能的损害结果应当适用可预见性规则限制其赔偿范围?见《对侵权案件中预见不能的损害结果应当适用可预见性规则限制其赔偿范围》(陈现杰),载《民事审判指导与参考·指导性案例》(200802:75)。●汽车运输合同中承运人应否对第三人侵权造成的旅客人身伤亡承担责任?见《汽车运输合同中承运人应否对第三人侵权造成的旅客人身伤亡承担责任问题研究》(关丽),载《民事审判指导与参考·指导性案例》(200604:35)。

## 43. 两车相撞致他人损害

——两车致人伤,是否连带责?

### 【数人侵权】

**【案情简介及争议焦点】**

2008年5月,张某驾驶挂靠运输公司并投保交强险和商业三责险的货车,与米某驾驶的未投保摩托车及胡某驾驶的摩托车发生碰撞,致米某、胡某及胡某车后座人员唐某受伤,交警认定张某、米某同等责任,其他人无责。后胡某、唐某向法院起诉索赔23万余元,法院判决货车投保的保险公司在交强险责任限额12.2万元范围内赔偿胡某、唐某损失,米某在其应投保责任限额12.2万元范围内赔偿胡某、唐某损失,因损失未超过两份交强险总额,故无须再按事故责任划分民事赔偿责任,应由保险公司、米某各自赔偿11.6万余元,张某、运输公司对米某应支付的赔偿款承担连带责任。保险公司依判决支付11.6万余元后,因米某下落不明,其应承担的赔偿款11.6万余元由连带责任人张某支付胡某、唐某8.9万余元后,张某转向保险公司索赔未果,遂诉至法院。

争议焦点:1. 张某再次赔付责任性质? 2. 保险公司应否理赔?

**【裁判要点】**

**1. 保险赔付。**被保险人承担的连带责任不在第三者责任险范畴,保险人对此不负赔偿责任。根据商业三责险文义,保险人仅对被保险人直接侵权所致损失承担赔付责任,而连带责任与被保险人的侵权行为之间并无直接因果关系。同时保险合同约定:保险人依据被保险机动车驾驶人在事故中所负的事故责任比例,承担相应的赔偿责任。由此可见,保险人只依据被保险人在事故中应负的责任比例进行相应赔偿,所谓责任应依据有责任有赔偿,无责任无赔偿,多少责任多少赔偿的原则。连带责任虽系民事赔偿的一种责任类型,但该处责任与机动车驾驶人在事故中所负责任,二者的含义并不相同,保险人所应赔偿的第三者责任险仅对驾驶人在事故中所负责任而衍生出的赔偿责任进行赔付,而不涉及其他。连带责任是基于法律规定或当事人约定的责任形式,《保险法》并未规定连带责任属第三者责任险范畴,且双方在保险合同中也未对此进行约定,故被保险人所承担的连带责任不在第三者责任险的范畴。

**2. 追偿对象。**本案中,保险公司已在交强险的限额内进行了赔付,而该赔付数额正是张某在事故中所应负的责任比例所生赔偿。至于张某为米某连带赔偿的部分,该责任最终应由米某承担。其基于共同侵权而生的连带责任应当而且可以通过追偿的方式来实现,现其将这种连带责任转嫁给保险公司来承担,缺乏事实和法律依据,故应驳回张某诉讼请求。

**【裁判依据或参考】**

**1. 法律规定。**《民法典》(2021年1月1日)第1168条:"二人以上共同实施侵权行为,造成他人损害的,应当承担连带责任。"第1170条:"二人以上实施危及他人人身、财产安全的行为,其中一人或者数人的行为造成他人损害,能够确定具体侵权人的,由侵权人承担责任;不能确定具体侵权人的,行为人承担连带责任。"第1171条:"二人以上分别实施侵权行为造成同一损害,每个人的侵权行为都足以造成全部损害的,行为人承担连带责任。"第1172条:"二人以上分别实施侵权行为造成同一损害,能够确定责任大小的,各自承担相应的责任;难以确定责任大小的,平均承担责任。"《道路交通安全法》(2004年5月1日实施,2011年4月22日修正)第76条:"机动车发生交通事故造成人身伤亡、财产损失的,由保险公司在机动车第三者责任强制保险责任限额范围内予以赔偿;不足的部分,按照下列规定承担赔偿责任:(一)机动车之间发生交通事故的,由有过错的一方承担赔偿责任;双方都有过错的,按照各自过错的比例分担责任。(二)机动车与非机动车驾驶人、行人之间发生交通事故,非机动车驾驶人、行人没有过错的,由机动车一方承担赔偿责任;有证据证明非机动车驾驶人、行人有过错的,根据过错程度适当减轻机动车一方的赔偿责任;机动车一方没有过错的,承担不超过百分之十的赔偿责任。交通事故的损失是由非机动车驾驶人、行人故意碰撞机动车造成的,机动车一方不承担赔偿责任。"《侵权责任法》(2010年7月1日实施,2021年1月1日废止)第10条:"二人以上实施危及他人人身、财产安全的行为,其中一人或者数人的行为造成他人损害,能够确定具体侵权人的,由侵权人承担责任;不能确定具体侵权人的,行为人承担连带责任。"第11条:"二人以上分别实施侵权行为造成同一损害,每个人的侵权行为都足以造成全部损害的,行为人承担连带责任。"第12条:"二人以上分别实施侵权行为造成同一损害,能够确定责任大小的,各自承担相应的责任;难以确定责任大小的,平均承担赔偿责任。"《民法通则》(1987年1月1日实施,2021年1月1日废止)第87条:"债权人或者债务人一方人数为二人以上的,依照法律的规定或者当事人的约定,享有连带权利的每个债权人,都有权要求债务人履行义务;负有连带义务的每个债务人,都负有清偿全部债务的义务,履行了义务的人,有权要求其他负有连带义务的人偿付他应当承担的份额。"第130条:"二人以上共同侵权造成他人损害的,应当承担连带责任。"

2. 司法解释。最高人民法院《关于适用〈中华人民共和国保险法〉若干问题的解释(四)》(2018年9月1日施行,2020年修正,2021年1月1日实施)第16条:"责任保险的被保险人因共同侵权依法承担连带责任,保险人以该连带责任超出被保险人应承担的责任份额为由,拒绝赔付保险金的,人民法院不予支持。保险人承担保险责任后,主张就超出被保险人责任份额的部分向其他连带责任人追偿的,人民法院应予支持。"第17条:"责任保险的被保险人对第三者所负的赔偿责任已经生效判决确认并已进入执行程序,但未获得清偿或者未获得全部清偿,第三者依法请求保险人赔偿保险金,保险人以前述生效判决已进入执行程序为由抗辩的,人民法院不予支持。"最高人民法院《对"关于完善〈最高人民法院审理道路交通事故赔偿案件适用法律若干问题的解释〉第十九条的建议"的答复》(2014年7月17日):"……关于未投保交强险的机动车之间相撞造成机动车一方人员伤亡能否适用上述司法解释第十九条的问题,我们认为,仍然应当适用。主要理由是:第一,根据《机动车交通事故责任强制责任保险条例》及前述司法解释的规定,我国交强险的赔偿在一定范围内与侵权责任脱钩,即发生交通事故后,交强险都应当予以赔付,但赔付多少,要看被保险机动车一方在事故中有责还是无责,如果是有责,交强险即在有责限额内赔付;如果是无责,则交强险在无责限额内赔付。超出限额的部分,则根据被保险机动车一方的侵权责任赔偿。第二,在此前提下,如果机动车一方未投保,司法解释第十九条的基本思想是,对于投保义务人违反《道路交通安全法》和《机动车交通事故责任强制保险条例》的规定未投保交强险的,投保义务人应当先按照已投保情形下保险公司的赔付数额对受害人进行赔偿,之后再依据侵权责任确定侵权人的侵权责任。第三,依据上述规则,实践中可能发生如下案例,例如:都未投保交强险的甲(A驾驶,甲为乘客)乙(B驾驶)两车发生交通事故。A应承担70%的主要责任,但乘客甲发生的医疗费为1万元;B应承担30%的次要责任,但其医疗费为5千元。按照司法解释第十九条的规定,应当由A先在交强险限额内赔偿B的医疗费用5千元,由B在交强险限额内赔偿A的乘客甲的医疗费用1万元。因都未超出交强险的限额,最终结果是侵权责任较小的B反倒承担了较多的赔偿责任,侵权责任较大的A则承担了较少的赔偿责任,如此处理是否显失公平?我们认为,并非显失公平,因为,之所以有观点认为上例中的结果不公平,其原因在于其混淆了交通事故中的两种赔偿责任,即交强险保险公司的赔偿责任和侵权责任的界限。上例中,侵权责任较小的一方承担较多的赔偿责任,其原因并非基于其侵权行为,而是基于其未投保交强险给A的乘客甲所造成的损失;反之亦然。如前所述,在侵权责任与交强险在一定范围内脱钩的背景下,对受害人的损失填补,在一定范围内由交强险承担,这与侵权人的侵权责任关系不大,也因此,不能仅仅从各自赔偿数额的角度认为司法解释第十九条的规定在此情形下不应适用。相反,正是在这样的案例中,结果上的'不公平'恰恰反映了交强险的功能,也彰显了交强险作为一种法定义务的重要性,同时也说明本条规则的重要意义。"最高人民法院《关于审理道路交通事故损害赔偿案件适用法律若干问题的解释》(2012年12月21日,2020年修改,2021年1月1日实施)第10条:"多辆机动车发生交通事故造成第三人损害,当事人请求多个侵权人承担赔偿责任的,人民法院应当区分不同情况,依照民法典第一千一百七十条、第一千一百七十一条、第一千一百七十二条的规定,确定侵权人承担连带责任或者按份责任。"最高人民法院《关于审理人身损害赔偿案件适用法律若干问题的解释》(2004年5月1日 法释〔2003〕20号,2020年修正,2021年1月1日实施)第1条:"因生命、身体、健康遭受侵害,赔偿权利人起诉请求赔偿义务人赔偿物质损害和精神损害的,人民法院应予受理。本条所称'赔偿权利人',是指因侵权行为或者其他致害原因直接遭受人身损害的受害人以及死亡受害人的近亲属。本条所称'赔偿义务人',是指因自己或者他人的侵权行为以及其他致害原因依法应当承担民事责任的自然人、法人或者非法人组织。"第2条:"赔偿权利人起诉部分共同侵权人的,人民法院应当追加其他共同侵权人作为共同被告。赔偿权利人在诉讼中放弃对部分共同侵权人的诉讼请求的,其他共同侵权人对被放弃诉讼请求的被告应当承担的赔偿份额不承担连带责任。责任范围难以确定的,推定各共同侵权人承担同等责任。人民法院应当将放弃诉讼请求的法律后果告知赔偿权利人,并将放弃诉讼请求的情况在法律文书中叙明。"

**3. 地方司法性文件。**安徽亳州中院《关于审理道路交通事故损害赔偿案件的裁判指引(试行)》(2020年4月1日)第3条:"存在多个侵权赔偿义务人时,赔偿权利人仅起诉部分赔偿义务人的,需要在各赔偿义务人之间划分按份责任的,应向赔偿权利人释明追加其他赔偿义务人为共同被告,赔偿权利人不同意追加的,可依职权追加为第三人。多辆机动车发生交通事故,其中部分车辆无事故责任的,应向当事人释明追加无责车辆方及承保交强险的保险公司为被告,经释明后,赔偿权利人仍不追加的,可不追加,但应在赔偿总额中扣除相应的交强险无责限额。"山东德州中院《机动车交通事故责任纠纷案件审判疑难问题解答》(2020年4月)第10条:"问题十:交通事故案件中,当事人起诉要求对方车辆和乘坐车辆共同承担赔偿责任的,可否一并审理?解答:乘车人在交通事故中受损,其损害后果可能由对方车辆与乘坐车辆共同造成,因此,乘车人起诉要求对方车辆与乘坐车辆共同承担赔偿责任的,人民法院可以一并予以处理。"山东济南中院《关于保险合同纠纷案件94个法律适用疑难问题解析》(2018年7月)第48条:"保险人就被保险人因共同侵权而承担的连带责任是否应予赔偿。第一种观点认为,在投保人与保险人签订的三者险合同中,如果没有明确约定,被保险人基于共同侵权(如辆机动车相撞造成第三者损失)引致的连带赔偿责任不宜纳入保险责任范围。被保险人与第三人对受害人共同侵权,互负连带赔偿之债,保险人只赔偿被保险人应承担的比例。第二种观点认为,三者险合同约定保险人依照被保险机动车驾驶人在事故中所负的事故责任比例承担相应的赔偿责任的,被保险机动车驾驶人就基于连带责任而支付的超过其责任比例的赔偿数额,有权要求保险人在保险金额范围内赔付。保险人承担连带责任后,有权就超出被保险人责任份额部分代位行使被保险人对其他责任人的追偿权。(倾向性意见)"第2条:"侵权方在内部中有多个连带责任人,受害人可以只起诉部分责任人,并由其承担全部赔偿责任,但应当在裁判文书中释明被告在承担责任后可以按照法律规定向其他责任人另行追索。在诉讼中,除本《指导意见(试行)》规定的原告选择不起诉达成赔偿和解协议的侵权人之外,被告提供了存在其他责任人的证据并要求追加为共同被告的,人民法院应当向原告释明是否需要追加其为被告参加诉讼、是否放弃对其他侵权人的赔偿请求。如果原告表示放弃对其赔偿请求的,可以不追加,但各被告只承担应当承担的份额,未参加诉讼的侵权人按照法律规定应当承担的份额不得转嫁给各被告;否则,应当准许。但如果其他连带责任人是否存在的事实难以确定,或者需要通过认定其他法律关系后才能确定,或者其他连带责任人身份不明、下落不明而难以通知参加诉讼的,人民法院可以不予追加。"安徽淮北中院《关于审理道路交通事故损害赔偿案件若干问题的会议纪要》(2018年)第3条:"其他需要规范的法律问题……(十二)追加无责车辆承担交强险责任。多机动车发生交通事故致人损害的,即使有的车辆被交通事故认定书确定为无责,该车辆的所有人及保险公司亦应作为共同被告参加诉讼,并在交强险限额内承担无责赔付责任。"广东惠州中院《关于审理机动车交通事故责任纠纷案件的裁判指引》(2017年12月16日)第10条:"共同侵权的道路交通事故,赔偿权利人以身份明确的部分共同侵权人为被告提起诉讼的,应当受理。"第46条:"共同侵权致使第三人损害,能区分责任大小的,应按份担责,不能区分的承担连带责任。"江西高院《关于印发〈审理人身侵权赔偿案件指导意见(试行)〉的通知》(2017年9月5日 赣高法〔2017〕169号)第8条:"同乘人员在机动车之间的交通事故中受有伤害,同乘人员起诉要求本车的车上人员责任险、其他机动车的第三者责任强制保险赔偿的,应予支持。(1)乘坐车与多个其他机动车发生交通事故,同乘人所受损害在其他机动车第三者责任强制责任保险赔偿总额之内的,按照其他机动车的责任比例分摊;超出第三者责任强制保险赔偿总额的部分,在乘坐车与其他机动车之间,按照责任大小分摊;(2)同乘人乘坐车辆同时投保了车上人员责任险,符合该保险理赔条件的,同乘人同时主张其他机动车的第三者责任强制保险和车上人员责任险赔偿的,予以支持;其乘坐车辆驾驶员对事故发生负有责任的,车上人员责任险赔偿可以冲抵乘坐车辆责任人部分或者全部赔偿责任;其他机动车责任人要求冲抵的,不予支持。"北京三中院《类型化案件审判指引:机动车交通事故责任纠纷类审判指引》(2017年3月28日)第2-4.1部分"交强险的处理—常见问题解答"第5条:"一起交通事故涉及多个交强险保险公司或多个受害人时在诉讼程序上如何处理?分情况处理:(1)一起事故中存在多辆机动车及多个保险公司的情况下,如果受害人仅起诉其中一辆机动车的保险公司,必须追加其他机动车的保险公司为共同被告;(2)一起事故中存在多个受害人,但只有一个受害人起诉的情况下,应通知其他受害人尽快起诉,分别立案,统一协调各案中的交强险赔偿。但如果存在无法通知到的受害人时,则不必为其预留交强险份额,在限额内优先赔付先诉受害人。"河北石家庄中院《关于规范机动车交通事故责任纠纷案件审理工作座谈会会议纪要》(2016年1月11日 石中法〔2016〕4号)第6条:"多车相撞,如其中一车的权利人提起诉讼,如何确定诉讼当事人。(一)如果公安交管部门的交通事故认定书对同一事故中的多次碰撞分别进行了责任认定的,按照事故认定书认定的情况确定当事人,即被告应为原告车辆所涉及的碰撞中的其他车辆关系人(所有人、管理人、驾驶人、保险人等)。(二)公安交管部门没有对同一事故中的各次碰撞分别进行责任认定,只对多次碰撞统一进行了责任认定,或者没有作出责任认定,按照因果关系原则确定当事人,即被告应为与原告车辆发生过直接或间接碰撞,并且与原告所受损失有因果关系的其他车辆关系人,没有与原告车辆发生过直接或间接碰撞,与原告所受损失没有因果关系的车辆关系人,原则上不应追加为被告。(三)如果原告起诉只主张财产损失,需要追加的被告中无责车辆(投保了交强险)的关系人可不必追加(原告坚持要求追加的,应当追加),承保其车辆的交强险保险公司在无责限额内应承担的财产赔偿责任,按照保监会的有关规定,由有责车辆的交强险保险公司代为赔付,并在判决论理部分予以说明。(四)对于必须追加的被告,经向原告释明后,原告明确表示不追加的,可不予追加,但对于该部分被告应承担的赔偿责任,应在判决中予以相应扣减。"广东深圳中院《关于审理财产保险合同纠纷案件的裁判指引(试行)》(2015年12月28日)第15条:"被保险人以其在两人或多人共同致害的交通事故中已向受害人承担连带责任为由向保险人主张保险金的,保险人根据保险条款中之被保险机动车驾驶人在事故中所负的事故责任比例承担相应赔偿责任的规定进行抗辩的,人民法院应予支持。"安徽马鞍山中院《关于审理交通事故损害赔偿案件的指导意见(试行)》(2015年3月)第5条:"【多车事故赔偿责任的认定】多辆机动车因相撞、追尾、避让发生交通事故,造成相对方机动车的车上人员人身伤亡和财产损害的,遭受损失的机动车各方互为第三者,保险公司在交强险的责任限额内向第三者承担赔偿责任。多辆机动车均无责的,相互之间应按无责赔付的规定赔偿对方人身伤亡损失,对于财产损失不承担赔偿责任。"广东深圳中院《关于道路交通事故损害赔偿纠纷案件的裁判指引》(2014年8月14日 深中法发〔2014〕3号)第4条:"多辆机动车发生交通事故造成第三人损害,均承担事故责任的,人民法院应当依照《侵权责任法》第十条、第十一条或者第十二条的规定,认定侵权人承担连带责任或者按份责任。如有侵权车辆方身份不明确的,则不必追加该身份不明者。"第5条:"多车发生交通事故,如存在不承担事故责任的车辆方的,经人民法院释明后赔偿权利人坚持不起诉无责任事故车辆方的交强险承保公司的,人民法院应将交强险无责限额予以扣除。"重庆高院民一庭《关于机动车交通事故责任纠纷相关问题的解答》(2014年)第6条:"发生多车相撞事故公安机关交通事故认定书认定某一车辆为无责时,承保无责车辆交强险的保险公司是否应追加为被告?是否审查车辆与受害人有无接触?无论有无接触均追加,还是有接触的情况下才追加?应当审查在是一次交通事故还是多次交通事故。如果是一次交通事故,无论无责车辆是否与受害人有无接触,均应将承保无责车辆交强险的保险公司追加为被告。如果当事人不同意追加,应当先从赔偿额中扣除承保无责车辆交强险的保险公司的无责责任限额。"湖北高院《民事审判工作座谈会会议纪要》(2013年9月)第4条:"多辆机动车发生交通事故的,人民法院应根据事故发生的原因力及事故发生的时间间隔、连贯性等因素来综合认定为一次交通事故或多次交通事故。"第6条:"无意思联络数人侵权的,当事人请求多个侵权人承担赔偿责任的,人民法院应当区分不同情况,根据《侵权责任法》第十一条、第十二条之规定,确定侵权人承担连带责任或按份责任。最高人民法院《关于审理人身损害赔偿案件适用法律若干问题的解释》中相关规定与《侵权责任法》第十一条、第十二条之规定发生冲突时,以《侵权责任法》为准。"第7条:"赔偿权利人根据《侵权责任法》第十三条规定仅起诉部分共同侵权人的,人民法院应当允许,但其他共同侵权人不参加诉讼不能查明案件事实的,人民法院可以将其他共同侵权人追加为第三人;被起诉的部分共同侵权人请求人民法院将其他共同侵权人追加为被告的,应当追加;赔偿权利人在诉讼中放弃对部分共同侵权人的诉讼请求的,经人民法院明确告知法律后果的,其他共同侵权人对被放弃诉讼请求的赔偿份额不承担责任。"贵州贵阳中院《关于适用〈中华人民共和国侵权责任法〉若干问题的解答》(2013年3月13日 筑中法发〔2013〕32号)第2部分第3条:"多辆机动车发生交通事故造成第三人损害,对第三人的损害各侵权人应承担何种责任?答:一般情况下应区分各机动车对于引起损害的过错程度以及原因力大小,在可以区分各机动车责任份额的情况下,按《侵权责任法》第十二条规定承担责任;在无法区分各机动车责任份额的情况下,可以考察引起第三人损害的数辆机动车是构成等价因果关系还是构成共同危险行为,确定是适用《侵权责任法》第十条或第十一条的规定承担责任。"浙江高院民一庭《民事审判法律适用疑难问题解答》(2013年第14期):"……问:侵权纠纷案件中,原告依据《侵权责任法》第十三条规定,仅起诉部分连带责任赔偿义务人承担责任的,人民法院能否追加其他连带责任人参加诉讼?答:侵权纠纷案件中,原告依据《侵权责任法》规定,选择起诉部分连带责任赔偿义务人的,为查明案件事实,人民法院可依职权追加其他连带责任人为诉讼当事人,并向原告释明是否变更诉讼请求。原告同意变更诉请的,可追加其他连带责任人为共同被告;原告坚持原诉请的,可追加其他连带责任人为第三人。"浙江杭州中院民一庭《关于道路交通事故责任纠纷案件相关疑难问题解答》(2012年12月17日)第1条:"……多车事故中的交强险赔付比例具体应如何计算?答:根据省高院的规定,多车事故中的无责方保险公司在无责限额内(即:12100元)承担交强险赔付责任;如果各保险公司的交强险赔付总额不足赔付受害人总损失的,则受害人的总损失在扣除各保险公司应承担的交强险赔付限额后根据过错比例由事故各方进行分担;如果各保险公司的交强险赔付总额超过受害人总损失的,则按照比例计算各保险公司应负担的交强险赔付数额。例如:甲、乙、丙、丁四车相撞,丁车无责任,甲、乙、丙车各负20%、30%、50%事故责任,现甲车损失共计10万元,并主张乙、丙、丁三车的保险公司在交强险范围内赔偿,各保险公司的赔偿数额计算公式应为:甲车总损失×[各保险公司对应的交强险赔付限额/(乙车交强险赔付限额+丙车交强险赔付限额+丁车交强险赔付限额)],即乙车、丙车保险公司赔偿数额均为10万×[12.2万/(12.2万+12.2万+

1.21万)],丁车保险公司赔偿数额为10万×[1.21万/(12.2万+12.2万+1.21万)]。"浙江宁波中院《关于印发〈审理机动车交通事故责任纠纷案件疑难问题解答〉的通知》(2012年7月5日 甬中法〔2012〕24号)第4条:"两辆机动车相撞造成第三方损害,其中一车未投保交强险,承保交强险的保险公司是否对未投保的侵权人应承担的赔偿额部分负连带责任?答:机动车投保交强险系机动车所有人的法定义务,未投保交强险的机动车所有人应先在交强险范围内承担赔偿责任,再根据其过错程度承担赔偿责任。承保交强险的保险公司对其承保车辆承担交强险责任,不应对未投保的侵权人所应承担的赔偿额部分负连带责任。"第5条:"两机动车发生交通事故造成第三人人身损害,其中一车全责,一车无责,对受害人的损失(指未超过交强险赔偿责任限额),如何确定两机动车承保的保险公司的赔偿责任?答:两保险公司应在交强险赔偿限额范围内按责任比例分别负担。即对医疗费损失,由有责方保险公司承担其中的10/11,无责方保险公司承担1/11;对死亡或伤残赔偿金,由有责方保险公司承担其中的110/121,无责方保险公司承担11/121。"广东高院《关于印发〈全省民事审判工作会议纪要〉的通知》(2012年6月26日 粤高法〔2012〕240号)第42条:"两辆或两辆以上的机动车发生交通事故造成损害,根据各侵权人的过错和原因力等因素能够合理分开各自造成的损害,由各赔偿义务人各自承担相应的赔偿责任;不能合理分开各自造成的损害的,应区分不同情况,依据《侵权责任法》第十条、第十一条的规定确定责任。但是,侵权行为发生在《侵权责任法》施行前的,应依据最高人民法院《关于审理人身损害赔偿案件适用法律若干问题的解释》第三条的规定,由各侵权人承担连带责任。"浙江嘉兴中院民一庭《关于机动车交通事故责任纠纷若干问题意见》(2011年12月7日)第1条:"关于机动车交通事故责任强制保险的几个问题……机动车与非机动车或行人发生的交通事故,不论机动车一方是否负事故责任,承保机动车辆交强险的保险公司均应在交强险责任赔偿限额122000元内承担赔偿责任;(3)在两辆机动车碰撞引起的交通事故中,无责机动车一方保险公司应在交强险限额范围内对有责一方机动车上受伤人员承担赔偿责任。无责机动车一方保险公司以《浙江省高级人民法院民一庭关于审理道路交通事故损害赔偿纠纷案件若干问题的意见(试行)》第十四条规定进行抗辩的,不予支持……"山东高院《关于印发〈全省民事审判工作会议纪要〉的通知》(2011年11月30日 鲁高法〔2011〕297号)第6条:"……关于机动车之间发生交通事故造成同一损害的赔偿责任问题。依据《道路交通安全法》第76条的规定,机动车之间发生交通事故的,实行过错责任,而机动车之间发生交通事故致第三人损害的,机动车之间如何承担赔偿责任没有明确规定。机动车之间发生交通事故造成同一损害,如果能够明确各自责任的,适用《侵权责任法》第12条的规定处理,由机动车之间各自承担赔偿责任;如果无法明确责任,且每个机动车的肇事行为都足以造成全部损害的,适用《侵权责任法》第11条的规定,由各机动车承担连带责任。"新疆高院《关于印发〈关于审理道路交通事故损害赔偿案件若干问题的指导意见(试行)〉的通知》(2011年9月29日 新高法〔2011〕155号)第5条:"两辆或两辆以上机动车发生交通事故造成损害的,由各机动车交强险的保险公司在各自交强险总限额内平均赔付;不足部分,由各机动车按照各自责任大小承担相应的赔偿责任。"第6条:"一起事故中有多个受害人,如果赔偿权利人均已在同一人民法院起诉,应当合并审理;如果仅有部分赔偿权利人起诉,人民法院应当通知未起诉的赔偿权利人作为有独立请求权的第三人参加诉讼,一并审理;如果其不同意参加诉讼,视为放弃权利,交强险赔偿款由提出请求的赔偿权利人分配享有。如果赔偿权利人分别在不同的人民法院起诉,后受理的人民法院应当将案件移交先受理的人民法院合并审理。"贵州高院《关于印发〈关于审理涉及机动车交通事故责任强制保险案件若干问题的意见〉的通知》(2011年6月7日 黔高法〔2011〕124号)第10条:"两辆或多辆的机动车发生交通事故造成非机动车驾驶人、行人损害的,各机动车均投保了第三者责任强制保险的,如受害第三者的损失低于或等于各保险公司的交强险责任限额总额,各保险公司应在各自的交强险责任限额内对受害第三者承担平均赔偿责任;如受害第三者的损失高于各保险公司的交强险责任限额总额,先由各保险公司在交强险责任限额内对受害第三者承担赔偿责任,不足部分按侵权责任法和道路交通安全法的相关规定确定赔偿责任。"江苏南通中院《关于处理交通事故损害赔偿案件中有关问题的座谈纪要》(2011年6月1日 通中法〔2011〕85号)第28条:"两辆或两辆以上的机动车发生交通事故致人损害的,由各机动车的交强险的保险公司在各自责任保险限额内平均承担赔偿责任;不足的部分,由各机动车一方按照各自责任大小承担相应的责任;难以确定责任大小的,平均承担责任。"安徽宣城中院《关于审理道路交通事故赔偿案件若干问题的意见(试行)》(2011年4月)第4条:"存在多个侵权赔偿义务人时,赔偿权利人仅起诉部分义务人,按照以下情形处理:(一)案件为必要共同诉讼的,人民法院应当追加其他赔偿义务人作为共同被告,赔偿权利人明确表示不要求其赔偿的,人民法院也应当追加,但在确定其他赔偿义务人赔偿责任时,应当将该赔偿义务人应该承担的赔偿责任份额予以扣除。(二)案件为普通共同诉讼的,人民法院应当向赔偿权利人释明可以追加其他赔偿义务人作为共同被告,赔偿权利人明确表示不予以追加的,则不予追加。"第27条:"同一道路交通事故中有数家保险公司的,机动车强制保险的赔偿数额,以数家保险公司的责任限额总额为限,并由各保险公司均等负担;但其中无过错机动车保险公司在机动车强制保险无责任限额内承担赔偿责任。"江西鹰潭中院《关于审理道路交通事故损害赔偿纠纷案件的指导意见》(2011年1月1日 鹰中法〔2011〕143号)第5条:"同一道路交通事故中有数家保险公司的,机动车强制保险责任的赔偿数额以数家保险公司的责任限额总和为限,在赔偿数额总和以内的,各保险公司按其投保的机动车在事故中的责任按比例承担赔偿责任。"山东淄博中院民三庭《关于审理道路交通事故损害赔偿案件若干问题的指导意见》(2011年1月1日)第10条:"两辆或两辆以上的机动车发生交通事故的,第三人的损失大于或等于各机动车已有或应有的交强险责任限额之和的,则各保险公司与应当承担交强险的赔偿义务主体均应按责任限额全额赔偿第三人的损失。第三人的损失额不超过各机动车已有或应有的交强险责任限额之和的,由各保险公司与应当承担交强险的赔偿义务主体按照各自交强险赔偿限额所占已有或应有交强险赔偿限额之和的比例赔偿;各交强险的赔偿义务主体在该车辆交强险的责任限额与按比例确定的赔偿额的差额范围内对其他交强险赔偿义务主体的按比例承担的赔偿份额承担连带赔偿责任,承担连带责任后享有追偿权。按照第九条的规定,未参加交强险的机动车所有人或管理人属于应当承担交强险责任的赔偿义务主体。"第29条:"两个以上机动车分别实施的数个行为结合发生同一损害后果,致他人人身、财产遭受损害的,各机动车方依照各自过错程度和原因力大小确定应承担的赔偿责任。但各机动车方的行为都足以造成全部损害后果,难以区分事故责任的,各机动车方应承担连带赔偿责任。"江苏高院民一庭《侵权损害赔偿案件审理指南》(2011年)第7条:"道路交通事故责任……5.道路交通事故责任强制保险的适用。(1)多辆机动车发生一起交通事故造成第三人损害的,机动车交通事故责任强制保险的赔偿数额,以保险公司承保的机动车交通事故责任强制保险的限额总和为限,并由各保险公司平均负担。"河南郑州中院《审理交通事故损害赔偿案件指导意见》(2010年8月20日 郑中法〔2010〕120号)第10条:"投保交强险多辆机动车发生交通事故的,有责任的机动车无论其责任大小,各机动车在交强险限额内平均承担赔偿责任,无责任的机动车也应在其交强险限额内承担赔偿责任或与有责任的机动车的保险公司按各自交强险限额比例分担赔偿责任。交通事故造成多人损害的,由保险公司在交强险限额内按各受害人所遭受损害占总损害的比例承担赔偿责任。投保交强险机动车与未投保交强险机动车发生交通事故的,投保交强险机动车的保险公司应先行在交强险限额内承担赔偿责任。保险公司在承担赔偿后对超过其应承担的份额可向未投保交强险的机动车一方追偿。"浙江高院民一庭《关于审理道路交通事故损害赔偿纠纷案件若干问题的意见(试行)》(2010年7月1日)第14条:"同一道路交通事故中有数家保险公司的,机动车强制保险责任的赔偿数额,以数家保险公司的责任限额总和为限,并由各保险公司均等负担;但其中无过错机动车方保险公司在机动车强制保险无责任赔偿限额范围内承担赔偿责任。"北京高院民一庭《关于道路交通损害赔偿案件的疑难问题》(2010年4月9日)第2条:"北京市法院系统尚未统一认识的问题……(3)两车以上多车相撞的情况下,如果有一方事故全责,受害人是否要将其他所有无责的机动车及其保险公司都追加诉讼?调研中发现,有的基层法院如果受害人只起诉全责机动车一方,可以不用追加其他无责的机动车及其保险公司主张,尤其是多车相撞,追加起来相当麻烦。有法院提出,从共同侵权的角度,不管有无事故责任,所有机动车都是交通事故的侵权人,都应参加诉讼。"北京高院民一庭**《关于道路交通损害赔偿案件的疑难问题》**(2010年4月9日)第2条:"……多车相撞,一方承担全部责任,受害方起诉时将全责方车辆的强制险投保公司及无责方车辆强制险的投保公司均列为被告,各个保险公司应如何承担责任?调研中,有法院提出:当前,在审判实践中,常遇到多车相撞,仅有一方为责任方,应承担事故的全部责任,其他车辆均为无责方,但是在起诉时,受害方将所有车辆的强制险保险公司均列为被告或有的是全责方保险公司要求追加无责方保险公司,要求该保险公司在无责赔付范围内承担责任的情况。在法律规定方面,《侵权责任法》与《道路交通安全法》在此问题的规定不是十分明确。按照《道路交通安全法》第七十六条的规定:机动车发生交通事故造成人身伤亡、财产损失的,由保险公司在机动车第三者责任强制保险责任限额范围内予以赔偿;不足的部分,机动车之间发生交通事故的,由有过错的一方承担赔偿责任;双方都有过错的,按照各自过错的比例分担责任。机动车与非机动车驾驶人、行人之间发生交通事故,非机动车驾驶人、行人没有过错的,由机动车一方承担赔偿责任;有证据证明非机动车驾驶人、行人有过错的,根据过错程度适当减轻机动车一方的赔偿责任;机动车一方没有过错的,承担不超过百分之十的赔偿责任。即按照《道路交通安全法》第七十六条的规定,只要机动车发生交通事故造成人身伤亡、财产损失,保险公司均应在机动车第二责任强制保险责任限额内承担赔偿责任,也就是说强制险保险公司所承担的是法定责任,而不是以投保机动车在事故中是否应承担责任为前提。《侵权责任法》第四十八条规定:机动车发生交通事故造成损害的,依照道路交通安全法的有关规定承担赔偿责任。审判实践中,当受害方将全责方保险公司及无责方保险公司均列为被告要求其承担保险责任时,一般存在几种情况:第一种情况是,无责方车辆与受害方车辆不存在接触,在这种情况下,该院认为无责方车辆未与受害方车辆接触,故与其损害后果间不存在因果关系,故无责方保险公司不应对受害方的损失承担赔偿责任。(案例:A车闯红灯与正常行驶的B车相撞,B车失控后将正在排队等候红灯的C车、D车相撞,A车失控后与正在等候红灯的E车、F车相撞,造成六车损坏,A车的驾驶人及两名乘车人受伤。经交通队认定A车负全部责任,B、C、D、E、F车属无责方。A车的驾驶人及两名乘车人起诉要求B、C、D、E、F车的强制险保险公司承担赔偿责任。最后,该我院判决B车、E车、F车与A车有实际接触,三车的强制险保险公司应在无责范围内承担赔偿责任,C车、D车与A车没有实际接触,与 A 车上人身及财产损失均不存在因果关系,故保险公司不承担责任。)第二种情况是,受害方车辆与无责方车辆存在接触,受害方损失较大,超过了全责方保险公司的保险限额及无责方保险限额,在此种情况下,各家保险公司在保险限额内承担全额赔付或无责赔付责任,超过部分,由侵权人承担赔偿责任。(举例:三车相撞,造成 A 车上一死一伤,A 车将承担全部责任的 B 车司机及保险公司、无责任的 C 车司机及保险公司均列为被告,最后判决 B 车保险公司承担 12 万元的赔偿责任、C 车保险公司承担 1.2 万元无责赔付保险责任,超过部分由 B 车司机承担赔偿责任)第三种情况是,受害方车辆与无责方车辆存在接触,但损失较小,全责方保险公司的保险金额即足以赔偿全部损失,此种情况应如何处理?审判实践中,有两种不同的观点:一种观点认为,应由全责方保险公司在强制保险限额内承担赔偿责任,如果已经足以赔偿受害人的全部损失,则不应再要求无责方保险公司承担无责赔付的责任。另一种观点认为,强制险保险公司所承担的赔偿责任是法定责任,而不以所投保车辆是否承担事故责任为前提,故在此情况下,应由两家保险公司在保险限额内平均承担赔偿责任。比如,两家保险公司的总赔偿金额应为 12 万元 + 1.2 万元 = 13.2 万元,如果受害人的经济损失为 13200 元,为总保险金额的 10%,则两家保险公司各自在其应赔付金额的 10% 内赔偿受害人,即全责方保险公司赔偿受害人 1.2 万元、无责保险公司赔偿受害人 1200 元。该院认为,依据立案精神和便于受害人获得赔偿的宗旨,应该按照第一种观点,即由全责方保险公司赔偿受害人经济损失为宜,不足以赔偿受害人全部损失时,再由无责方保险公司赔偿,更为简便且符合立法本意。"江西南昌中院《关于审理道路交通事故人身损害赔偿纠纷案件的处理意见(试行)》(2010 年 2 月 1 日)第 10 条:"共同侵权的道路交通事故,赔偿权利人以身份明确的部分共同侵权人为被告提起诉讼的,应当受理。"第 11 条:"存在多个身份明确的赔偿义务人时,赔偿权利人仅起诉部分赔偿义务人的,按照以下情形处理:(1)案件为必要共同诉讼的,人民法院应当追加其他赔偿义务人为共同被告。赔偿权利人明确免除一个或数个被告的赔偿责任的,如该责任免除影响到其他被告的赔偿数额,其他被告在赔偿权利人放弃权利的范围内减轻或免除赔偿责任。(2)案件为普通共同诉讼的,人民法院应当向赔偿权利人释明可以追加其他赔偿义务人为被告。赔偿权利人明确表示不追加的,不得追加为被告。"广东广州中院《民事审判若干问题的解答》(2010 年)第 25 条:"【数车相撞时各机动车内部责任的分担】两机动车相撞,致使其中一辆机动车上的乘客发生损害,如果该乘客的损害超过了交强险的责任限额,则两机动车方应当如何对该乘客承担赔偿责任?答:根据《中华人民共和国道路交通安全法》第七十六条的规定,两机动车相撞给乘客造成损害的,保险公司应在责任限额范围内先行赔偿,对于超出保险公司责任限额部分,再由两机动车根据过错程度分担责任。"江苏南京中院民一庭《关于审理交通事故损害赔偿案件有关问题的指导意见》(2009年11月)第32条:"机动车之间相撞造成交通事故后一方逃逸,公安机关交通管理部门认定逃逸方承担全部责任,受害人起诉机动车另一方及保险公司要求赔偿损失的,该另一方机动车及保险公司应承担赔偿责任。在履行了全部赔偿责任后,有权要求肇事逃逸一方机动车及其保险公司承担相应的赔偿责任。"安徽合肥中院民一庭《关于审理道路交通事故损害赔偿案件适用法律若干问题的指导意见》(2009年11月16日)第18条:"两机动车相撞导致同一人受到损害,双方均有过错的,构成共同侵权,两机动车方承担连带赔偿责任;两机动车先后发生道路交通事故,导致同一人受到损害,两机动车各自的原因力可以区分的,由两机动车方根据原因力大小分别承担相应的赔偿责任;两机动车各自的原因力无法区分的,由两机动车方承担连带赔偿责任。"第24条:"存在多个侵权赔偿义务人时,赔偿权利人仅起诉部分赔偿义务人的,按照以下情形处理:(一)案件为必要共同诉讼的,人民法院应当追加其他赔偿义务人为共同被告,赔偿权利人明确表示不要求其赔偿的,人民法院也应当追加,但在确定其他他赔偿义务人的赔偿责任时,应将该赔偿义务人应当承担的赔偿责任份额予以扣除。(二)案件为普通共同诉讼的,人民法院应当向赔偿权利人释明可以追加其他赔偿义务人为被告。赔偿权利人明确表示不追加的,则不予追加。"第25条:"道路交通事故构成共同侵权,其中部分共同侵权人身份明确,赔偿权利人以身份明确的部分共同侵权人为被告提起诉讼的,人民法院应当受理,不必追加其他身份不明确的部分共同侵权人参加诉讼。"云南高院《关于审理人身损害赔偿案件若干问题的会议纪要》(2009年8月1日)第2条:"……两辆以上的机动车发生交通事故,对行人、非机动车造成损害且各机动车均负有责任的,在明确机动车各自责任份额的基础上,由事故机动车各方承担连带赔偿责任。"山东高院《关于道路交通事故人身损害赔偿案件中致第三人死亡的,肇事车辆双方在主次责任可以分清的情况下,其责任承担是按份责任还是连带责任的答复》(2009年7月7日〔2009〕鲁民一字第4号):"……因机动车双方发生道路交通事故致第三人死亡的,属于无意思联络数人侵权中侵权行为直接结合发生同一损害后果的情形。根据《民法通则》第一百三十条及最高人民法院《关于审理人身损害赔偿案件适用法律若干问题的解释》第三条第一款之规定,肇事机动车应当承担连带责任。机动车道路交通事故责任的认定,可以作为肇事车辆承担内部按份责任的依据,但不影响肇事车辆对外应当承担的责任。"广东佛山中院《关于审理道路交通事故损害赔偿案件的指导意见》(2009年4月8日)第29条:"发生本意见第二十七条、第二十八条规定的情形,机动车驾驶人对道路交通事故发生也有可归责事由的,机动车方应当与有关单位或个人按照过错程度或原因力的大小分别承担赔偿责任。"第30条:"机动车之间发生交通事故致各机动车本车人员以外的第三人损害,各机动车均有过错的,对该第三人承担连带赔偿责任。各机动车内部赔偿责任根据过错程度或原因力比例确定。交通事故完全是一方机动车的过错所造成,他方无过错的,无过错方不承担赔偿责任。"第 31 条:"机动车之间发生交通事故致除驾驶人以外的其他车上人员损害,各机动车均有过错的,各机动车方对该车上人员承担连带赔偿责任。机动车之间发生交通事故致车上的驾驶人损害,各机动车驾驶人均有过错的,受损害的驾驶人可要求有过错的他方机动车驾驶人及该车的所有人、保险公司依法承担民事赔偿责任。"第 32 条:"两辆或者两辆以上机动车先后发生道路交通事故,导致同一人受到损害,各机动车各自的原因力可以区分的,由各机动车方根据原因力大小分别承担相应的赔偿责任;各机动车各自的原因力无法区分的,由各机动车方承担连带赔偿责任。"第 35 条:"涉案机动车为两辆或两辆以上,且全部投保了机动车交通事故责任强制保险,受害人的实际损失未超过强制责任保险限额的,由各保险公司在交通事故责任保险限额内按均等原则赔偿受害人的实际损失。"福建泉州中院民一庭《全市法院民一庭庭长座谈会纪要》(泉中法民一〔2009〕05 号)第 9 条:"多辆车相撞造成第三者伤害的交通事故,各承保交强险的保险公司应如何承担交强险保险赔偿责任?答:事故受害人的损失数额由应承担交强险保险赔偿责任的各保险公司在交强险责任限额内平均承担赔偿责任。"第 18 条:"交通事故中,两车相撞造成第三人(车上人员或车外人员)人身损害的,两辆肇事车的责任人是按份各自承担赔偿责任,还是承担连带赔偿责任?答:根据最高人民法院《关于人身损害赔偿案件若干问题的解释》(以下简称'《人身损害赔偿解释》')第三条第一款的规定,如认定两辆肇事车的责任人构成共同侵权,应承担连带赔偿责任的,则应先确定两辆肇事车赔偿义务人各自应赔偿的数额后,再判决互负连带赔偿责任。"湖南高院《关于审理涉及机动车交通事故责任强制保险案件适用法律问题的指导意见》(2008 年 12 月 12 日)第 7 条:"发生交通事故造成受害第三者损害为两辆或者两辆以上的机动车,且均投保了交强险的,如机动车各方之间对损害承担连带责任,受害第三者请求保险人之间也承担连带责任的,不予支持。"四川高院民一庭《关于审理交通事故损害赔偿案件法律适用问题研讨会纪要》(2008 年 5 月 8 日)第 1 条:"分歧不大,认识基本一致的问题……(三)两车相撞致他人损害应承担的赔偿责任问题。我们认为,两车相撞致他人损害,首先应判断是否两车驾驶人均存在违章驾驶的过错责任,最高人民法院《关于审理人身损害赔偿案件适用法律若干问题的解释》第三条'二人以上共同故意或者共同过失致人损害,或者虽无共同故意、共同过失,但其侵害行为直接结合发生同一损害后果的,构成共同侵权,应当依照民法通则第一百三十条规定承担连带责任'的规定,两车相撞致他人损害,首先应判断两驾驶人员对造成损害是否均存在违章驾驶的过错责任,在两者均存在过错责任的情况下,虽然二者之间无共同侵权的意思联络,行为之间的结合具有偶然性,但两个侵权行为的结合对受害人的损害而言是必然的。由于该行为的结合造成他人损害,其各自的原因力和加害部分难以区分的,应由致害人对损害后果连带承担赔偿责任;如致害人的过错责任能够区分的,两机动车则应按各自的过错大小按比例承担责任,但对外仍应承担连带赔偿责任。"江苏宜兴法院《关于审理交通事故损害赔偿案件若干问题的意见》(2008年1月28日 宜法〔2008〕第7号)第14条:"两个以上机动车或者非机动车共同侵权致他人人身损害的,其精神损害抚慰金赔偿,除被追究刑事责任的侵权方外,其他未被追究刑事责任的侵权方仍应赔偿自己应当承担的份额。"第24条:"两个以上机动车共同侵权致他人人身损害、财产损失的,如受害人的损失超出交强险限额总和的,各保险公司以其交强险限额对受害人承担连带赔偿责任;超过交强险限额的部分,由交通事故当事人根据《道路交通安全法》第76条第1款、《省道路交通安全条例》第52条的规定承担连带赔偿责任。"山东潍坊中院《2008年民事审判工作会议纪要(人身损害赔偿部分)》(2008年)第1条:"无意思联络的数人侵权中,数个行为直接结合的属于共同侵权,各行为人对受害人承担连带赔偿责任;数个行为间接结合的则为'多因一果',各行为人对受害人承担按份赔偿责任。所谓直接结合,就是指数个行为结合程度非常紧密,对加害后果而言,各自的原因力和加害部分无法区分,虽然这种结合具有偶然因素,但其紧密程度使数个行为凝结为一个共同的加害行为共同对受害人产生了损害。如两车相撞致行人或其中一车上的乘客受伤的情形,均属直接结合,应由肇事车辆的赔偿义务人对受害人承担连带赔偿责任,两赔偿义务人之间按过错大小确定各自的责任比例。所谓间接结合,是指多个原因行为的结合具有偶然性,但这些行为对损害结果而言并非全部都是直接或者必然地导致损害结果发生的行为,其中某些行为或者原因只是为另一个行为或者原因直接或者必然导致损害创造了条件,而其本身并不会也不可能直接或必然引发损害后果。如触电案件中,违章建筑本身并不会直接或必然导致受害人被电击身亡,却在事实上为受害人被电击这一损害结果的发生创造了条件。"重庆五中院《关于印发〈审理人身损害赔偿案件座谈会议纪要〉的通知》(2007年10月30日 渝五中法〔2007〕91号)第17条:"共同侵权行为中,侵害行为直接结合发生同一损害后果的,构成共同侵权,承担连担责任。分别实施的数个行为间接结合发生同一损害后果的,应当根据过失大小或原因力比例各自承担相应的赔偿责任。审判中,应注意区分'直接结合'、'间接结合'。直接结合——一般是指数个行为直接结合,共同成为受害人损害发生的一个原因,也就是受害人发生损害的原因只有一个。在因果关系的形态中,属于一因一果的情形。各加害人的行为具有关联性,构成一个统一的、不可分割的行为整体;各加害人的行为均构成损害后果发生原因不可或缺一部分。间接结合——一般是指数人的行为并没有结合为一个原因,而是构成受害人发生的多个原因之一,各个行为人的单独行为都足以使得损害发生。在多个现象的侵权行为中,多个加害人的行为都是导致损害结果发生的原因。"湖北武汉中院《关于审理交通事故损害赔偿案件的若干指导意见》(2007年5月1日)第19条:"两辆或两辆以上的机动车对交通事故的发生负有责任的,人民法院在明确机动车各自责任份额的基础上,判定各机动车对赔偿权利人承担连带赔偿责任。"江苏溧阳法院《关于审理交通事故损害赔偿案件若干问题的意见》(2006年11月20日)第2条:"两车相撞导致第三者人身或财产损失的,两车上的赔偿责任主体构成共同侵权,如果第三者不明确放弃对一方的赔偿,均要列为被告参加诉讼。两车所投保的保险公司如按规定应在保险限额内承担无过错责任的,也均要列为被告参加到诉讼中来。"重庆高院《关于审理道路交通事故损害赔偿案件适用法律若干问题的指导意见》(2006年11月1日)第20条:"两机动车先后发生道路交通事故,导致同一人受到损害,两机动车各自的原因力可以区分的,由两机动车方根据原因力大小分别承担相应的赔偿责任;两机动车各自的原因力无法区分的,由两机动车方承担连带赔偿责任。"江西赣州中院《关于审理道路交通事故人身损害赔偿案件的指导性意见》(2006年6月9日)第17条:"机动车之间发生交通事故致各机动车本车人员以外的第三人损害,各机动车均有过错的,对该第三人承担连带赔偿责任。各机动车内部的责任根据过错程度或原因力比例确定。交通事故完全是一方机动车的过错所造成的,他方无过错的,无过错方不承担赔偿责任。"江西赣州中院《民事审判若干问题解答》(2006年3月1日)第29条:"两机动车违章行驶发生交通事故致使第三人受到损害的,是否属于共同侵权?答:两机动车违章行驶发生交通事故,致第三人受到损害,属于无意思联络的共同侵权。无意思联络的数人侵权属于共同侵权时,各行为人承担连带责任;属于单独侵权时,各行为人分别承担责任。但仅机动车一方违章行驶,他方无违章行驶情形时,不得适用连带责任。"贵州高院、省公安厅《关于处理道路交通事故案件若干问题的指导意见(一)》(2006年5月1日)第31条:"两辆以上机动车发生交通事故,造成他人人身损害的,人民法院在判决各肇事车辆的赔偿义务人对受害人承担连带赔偿责任时,应根据各肇事车辆的赔偿义务人之间的过错大小确定各自的责任份额。一辆机动车的赔偿义务人在多支付了应承担的责任份额后,可向另一方予以追偿。"江苏无锡中院《全市民事审判疑难问题研讨会纪要》(2006年3月14日)第6条:"数车相撞导致第三人损失,部分车辆投保而部分车辆未投保,投保车辆的保险公司在责任限额范围内对事故损失先行承担赔偿责任。"广东深圳中院《道路交通事故损害赔偿案件研讨会纪要》(2005年9月26日)第5条:"道路交通事故构成共同侵权,其中部分共同侵权人身份明确,赔偿权利人以此身份明确的部分共同侵权人为被告提起诉讼的,人民法院应当受理,且不必追加其他身份不明的共同侵权人参加诉讼。"江苏常州中院《关于印发〈常州市中级人民法院关于审理交通事故损害赔偿案件若干问题的意见〉的通知》(2005年9月13日 常中法〔2005〕第67号)第12条:"两辆以上机动车共同侵权致他人人身、财产遭受损害的,如果该两辆以上机动车都投保第三者责任险的,各方当事人及其保险公司按投保人的过错责任依法对受害人承担相应的赔偿责任,保险公司在限额内赔偿后,由各机动方之间对其应承担的赔偿部分承担连带赔偿责任。人民法院应结合机动车方的过错程度及因果关系确定各保险公司的责任范围。对于各机动车方的过错程度不明显,难以确定各机动车方的行为对损害结果所起作用的,也可按平均分担的办法处理。一方机动车逃逸的,受害人可以另一机动车方及保险公司为被告提起诉讼请求赔偿。该机动车方或保险公司履行了全部赔偿义务后,有权要求其他肇事机动车方及保险公司承担其应承担的相应份额。"第13条:"对于两个以上机动车方分别实施的数个行为间接结合发生同一损害后果,致他人人身、财产遭受损害的,各机动方对各自侵权行为后果负责。如各机动车方的损害部分不能单独确定,则应按照各自过错程度和原因力大小确定各自应承担的赔偿责任。如各机动车方不能证明自己和他人的过错程度,则应按公平原则,由人民法院根据案件具体情况,令各方分担适当的责任。对于各机动车方的过错程度不明显,难以确定各机动车方的行为对损害结果所起作用的,或没有证据确定各机动车方责任的,也可采取平均分担的办法。如机动车方投保第三者责任险的,保险公司应首先在该机动车方所应承担的责任范围内承担赔偿责任。"第14条:"机动车方因同一交通事故致两人以上受伤、死亡,机动车方投保第三者责任险的,其保险限额款项可按受害人的人数平均等分享有。如其中受害人应得到的赔偿数额低于保险限额等分款的,按其赔偿款额作为限额等分款。除其以外的受害人对剩余的保险限额可再按人数进行等分享有。各受害人可以作为共同原告提起诉讼,也可以分别提起诉讼。机动车方未投保第三者责任险的,对于机动车方应当投保的最低限额部分,由交通事故受害人根据上述原则予以分配。"浙江杭州中院《关于审理道路交通事故损害赔偿纠纷案件问题解答》(2005年5月)第2条:"……根据《人身损害赔偿解释》第3条的规定,在道路交通事故中,两车以上相撞,各侵权人应负连带责任。此时,受害人是特指肇事车辆以外的第三人还是包括肇事车辆上的所有人员?如果交通事故共同侵权人之一是原告的亲属或有其他特殊关系的人员,原告起诉时放弃对该侵权人的赔偿请求,人民法院是否要追加被告?实体部分如何处理?受害人是指肇事车辆驾驶员以外的所有人员,包括肇事车辆上的乘客。若因交通事故共同侵权人之一是原告的亲属或有其他特殊关系的人员,原告在起诉时未将该侵权人列为共同被告,根据《人身损害赔偿解释》第5条的规定,人民法院应当追加其为共同被告。若原告在诉讼过程中放弃对该侵权人的诉讼请求,则人民法院应当根据《人身损害赔偿解释》第5条的规定处理。若原告在起诉状中明确表示放弃对该侵权人的赔偿请求,则人民法院在审理过程中应当将放弃诉讼请求的法律后果告知赔偿权利人,并将放弃诉讼请求的情况在法律文书中叙明。"广东高院、省公安厅《关于〈道路交通安全法〉施行后处理道路交通事故案件若干问题的意见》(2004年12月17日 粤高法发〔2004〕34号 2021年1月1日起被粤高法〔2020〕132号文废止)第24条:"两辆以上机动车相撞,造成他人人身损害的,人民法院在判决各肇事车辆的赔偿义务人对受害人承担连带赔偿责任时,应根据各肇事车辆的赔偿义务人之间的过错大小确定各自的责任份额。一辆机动车的赔偿义务人在多支付了应承担的责任份额后,可向另一方予以追偿。"吉林高院《关于印发〈关于审理道路交通事故损害赔偿案件若干问题的会议纪要〉的通知》(2003年7月25日 吉高法〔2003〕61号)第4条:"原告只起诉机动车驾驶人、机动车所有人或实际支配人中的部分主体的,人民法院应当告知其他有关人员可能承担的责任。原告以书面形式坚持只起诉部分主体的,人民法院应当允许,对不起诉部分,视为放弃程序权利和实体权利。但人民法院认为其他有关人员可能承担责任的,应当将该有关人员追加为共同被告。"

**4. 最高人民法院审判业务意见。**●共同过失致人损害的责任如何承担?最高人民法院民一庭意见:"两机动车违章行驶发生交通事故,致第三人受到损害,属于无意思联络的共同侵权。无意思联络数人侵权属于共同侵权时,各行为人承担连带责任,属于单独侵权时,各行为人分别承担责任。赔偿权利人只起诉部分共同侵权人的,人民法院应当追加其他共同侵权人作为共同被告。赔偿权利人坚持对部分共同侵权人放弃诉讼请求的,人民法院不得干预,但其他共同侵权人对被放弃的诉讼侵权的侵权人应当承担的份额不承担连带责任,并应当从判决总额中予以扣除,剩余部分由应当承担责任的共同侵权人承担连带责任。"○未被起诉的共同侵权人如果无法确定如何处理?最高人民法院民一庭《民事审判实务问答》编写组:"如果未被起诉的共同侵权人无法确定,根据《民事诉讼法》第108条第2项关于被告必须明确的规定,该纠纷可以在原告与已经确定的被告之间进行。但应当注意的是,这种无法确定是指该人的自然情况以及为民事诉讼进行所必需的联系地址的不明。比如,共同侵权人之一仅有一个绰号,至于其住所地等情况均为不明。如果其住所地是确定的,只是无法查找,则应当根据具体情况采用不同的送达方式解决之。不能仅以可能会造成'诉讼拖延'为由,简单处理并损害当事人的实体权利或者诉讼权利。"●对人民法院就免除债务的份额不服并提起上诉的主体资格如何认定?最高人民法院民一庭《民事审判实务问答》编写组:"赔偿权利人放弃对部分共同侵权人之诉讼请求的意思表示一经确定,人民法院在判决时就应当从赔偿总额中对赔偿权利人放弃部分予以扣除。剩余部分由应当承担责任的共同侵权人承担连带责任。对人民法院确定的共同侵权人各自应当承担的赔偿份额,赔偿权利人如果认为判决确定的被放弃的共同侵权人所应承担的份额过重,可以上诉。未被放弃诉讼请求的共同侵权人若认为判决确定的被放弃诉讼请求的共同侵权人的责任承担份额过轻,可以提起上诉。因为对上述当事人而言,该判决确定的内容关系到他们的实体权利。对此不服的,理应享有上诉权。"○**交通事故中双方对事故发生均具有过错,其对无过错的第三方造成的损害是否承担连带责任?**最高人民法院民一庭《民事审判实务问答》编写组:"《最高人民法院关于审理人身损害赔偿案件适用法律若干问题的解释》第3条规定:'二人以上共同故意或者共同过失致人损害,或者虽无共同故意、共同过失,但其侵害行为直接结合发生同一损害后果的,构成共同侵权,应当依照民法通则第一百三十条规定承担连带责任。二人以上没有共同故意或者共同过失,但其分别实施的数个行为间接结合发生同一损害后果的,应当根据过失大小或者原因力比例各自承担相应的赔偿责任'。根据上述规定,对双方过错造成无过错的第三方损害,有过错的双方当事人应当承担连带责任。"

**5. 参考案例。**①2017年北京某交通事故纠纷案,2015年,张某与王某竞驾过程中发生碰撞,致王某车上乘客李某9级伤残。交警认定张某、王某同等责任,李某无责。张某、王某被以危险驾驶罪被判处刑罚后,李某诉请张某、王某及各自保险公司赔偿。法院认为:依交强险条例第3条规定,交强险中"第三人"范围为被保险人、车上人员之外的受害人,即被保险人对之负有损害赔偿责任之人。上述受害人遭受人身或财产损害时,可作为"第三人"获得保险公司赔偿。最高人民法院《关于审理道路交通事故损害赔偿案件适用法律若干问题的解释》第18条中规定的"当事人"应指在交通事故中受害的第三人和被保险人,并非包括诉讼中参加诉讼的全部当事人。本案中,李某系在交通事故中受害的第三人,张某系驾驶车辆的被保险人,其均可作为前述司法解释第18条规定的"当事人"要求张某驾驶车辆的保险公司先行在交强险责任限额范围内赔偿李某合理损失,但保险公司对侵权人张某享有追偿权。而作为另一侵权人之一的王某在李某提起的机动车交通事故责任纠纷中,并非交强险中第三人,亦非张某驾驶车辆的被保险人,故其无权要求张某驾驶车辆的保险公司承担向李某的赔偿责任。判决张某车辆投保保险公司在交强险限额责任范围内赔偿李某损失,不足赔偿部分由张某、王某各赔偿50%。②2009年江苏某交通事故纠纷案,2007年,均未投保交强险的张某所驾客车与陈某所骑摩托车相撞,造成陈某及搭乘摩托车的陈某妻子周某受伤、两车损坏。交警认定张某、陈某分负主、次责任。周某、陈某人身损害部分分别为8万余元、9万余元。法院认为:未参加交强险机动车发生交通事故,应参照《道路交通安全法》第76条规定在投保责任限额内按实际损失赔偿。因交强险主要目的在于保护道路通行中弱势群体利益,车上人员可与机动车视为一个整体,故应排除对未投保交强险机动车之间肇事造成车上乘员伤亡情形适用。本案张某所驾驶客车与陈某所骑摩托车相撞,两车均未投保交强险,依法应按未投保交强险机动车与机动车之间发生交通事故一般责任承担原则处理,直接由张某对陈某人身损害承担70%民事赔偿责任。判决张某赔偿陈某约6万元。③2012年重庆某交通事故责任纠纷案,2011年10月,吕某驾驶刘某所有并挂靠汽贸公司经营的货车,为避让骑自行车的肖某,吕某驾驶的货车又与张某驾驶章某所有并挂靠运输公司的货车相撞,因反作用力,吕某车辆调头过程中又与骑自行车的肖某相撞,造成自行车上搭乘的谭某当场死亡、吕某货车上无偿搭乘的郭某10级伤残。交警认定吕某负主要责任,肖某、张某共同负次要责任。谭某近亲属起诉后,法院判决张某驾驶货车的保险公司在交强险责任限额内赔偿11万元。现郭某起诉各被告要求赔偿。法院认为:因过错侵害他人合法权益的,应承担相应赔偿责任。吕某驾驶刘某所有的货车,在避让骑自行车搭乘谭某的肖某过程中,与张某驾驶的货车相撞,致使前车又与骑自行车的肖某相撞,造成郭某受伤的交通事故。吕某承担本次事故的主要责任,张某、肖某共同承担本次事故的次要责任。张某驾驶的货车投保了交强险,郭某的损失应由该保险公司在交强险限额内承担赔偿责任。因该保险公司已在交强险限额内承担了对因谭某死亡产生的死亡赔偿金、误工费、丧葬费、精神抚慰金、交通费11万元,且该判决已生效,故保险公司仅在交强险医疗费部分1万元限额内承担对郭某的赔偿责任。吕某是刘某聘请的驾驶员,刘某作为雇主应对郭某在本次事故中的损失承担相应赔偿责任,根据吕某在本次事故中的过错,酌定由刘某对郭某超出交强险的损失承担70%的责任。因该案中郭某系免费搭乘吕某驾驶的车辆,故应适当减轻车方的赔偿责任,酌减比例为5%。吕某所驾车辆挂靠汽贸公司,汽贸公司应对刘某承担的责任承担补充赔偿义务(最新司法解释规定车辆被挂靠人应负连带责任,下同——编者注)。章某作为张某所驾货车的登记车主,其本人同意对郭某超过交强险部分的损失承担相应赔偿责任,故根据张某的过错程度,酌定由张某承担15%的赔偿责任。该车在运输公司挂靠经营,运输公司应对张某的赔偿责任承担补充赔偿义务。肖某在本次事故中承担次要责任,其虽为事故中非机动车一方,但其横穿公路对事故的发生存有过错,根据其过错程度,酌情由其承担郭某超出交强险限额外损失15%的赔偿责任。④2012年湖南某交通事故责任纠纷案,2011年11月,昌某驾驶并搭乘申某的摩托车与刘某驾驶的货车相撞致申某死亡,交警认定刘某、昌某分负主、次责任。法院认为:申某死亡,保险公司在交强险责任限额内赔偿11万元,之外的27万余元,依据刘某、昌某在此次事故中的作用大小,分别承担80%、20%的赔偿责任。因刘某与昌某对此次事故的发生没有意识上的共同作用,两人不承担事故的连带赔偿责任。⑤2012年浙江某交通事故责任纠纷案,2011年8月,张某驾驶客运公司客车与骑自行车的陈某相撞,致坐在自行车后座的乘客贾某倒地受伤,审理过程中,法院认定张某负主要责任,陈某、贾某均作为未成年人,骑行、搭乘自行车存在过错,应负次要责任。法院认为:交强险责任限额之外,按事故责任比例,确定客运公司赔偿贾某损失的80%。因贾某和陈某负本次事故的次要责任,并自行承担20%的损失,故不存在保险公司的追偿权,且依据有关司法解释,机动车一方不能向非机动车方就损失行使追偿权,故保险公司抗辩认为贾某放弃对陈某的诉讼请求,则其他侵权人对被放弃诉讼请求的相对人应承担的赔偿份额不承担连带责任,不予采信。⑥2012年广西某交通事故责任纠纷案,2011年2月,李某无证驾驶尚某未投保交强险的摩托车搭乘冯某,与陆某驾驶并搭乘韦某的摩托车相撞,致冯某当场死亡、韦某经抢救无效死亡。交警认定李某、陆某分负主、次责任。本案系由韦某父母起诉李某、尚某、陆某。法院认为:交警部门的事故认定合法有效,法院予以采信;李某主张事故认定不清,由三被告承担连带责任没有法律依据。因冯某出借给李某的摩托车未投保交强险,故对原告损失,冯某、李某应在交强险责任限额内予以连带赔偿,超出限额部分,由三被告按责任分担,即李某承担60%、陆某承担40%,冯某作为车辆所有人,将未投保交强险的机动车出借给无证驾驶的李某驾驶,应与李某承担连带责任。⑦2011年**湖南某交通事故损害案**,2010年8月,刘某驾驶摩托车与曾某驾驶的摩托车相撞,造成曾某及搭乘曾某摩托车的曾某父受伤,交警认定曾某、刘某分负主、次责任,曾某、曾某父共同起诉刘某要求赔偿。法院认为:曾某的损失按其事故责任比例承担,确定由刘某赔偿40%,曾某自行承担60%。依据《侵权责任法》第12条的规定,曾某父的损失由曾某、刘某按照事故责任的大小分担,因曾某父未对其子曾某主张权利,故对应由曾某赔偿的部分不予考虑,确定由曾某赔偿60%,刘某赔偿40%。⑧2011年**江苏某保险合同纠纷案**,2010年2月,李某步行时被一汽车撞击后汽车逃逸,倒地的李某被电器公司驾驶员杨某驾驶的轿车挂在轿车底盘下拖行,李某在事故中死亡。交警对事故责任未作认定。生效判决判令李某损失54万余元,由保险公司在交强险责任限额内赔偿11万余元,余下损失43万余元由电器公司赔偿。电器公司支付赔偿款后,依商业三责险合同向保险公司理赔未果,致本案诉讼。法院认为:责任保险是指以被保险人对第三人依法应负的赔偿责任作为保险标的的保险。该赔偿责任,须依法确定,可以是根据被保险人过错大小而确定的按份责任,也可以是共同侵权中依法确定须由被保险人承担的连带责任。因共同侵权行为所致各赔偿义务人负担的连带责任,属于依法应由被保险人支付的赔偿范围。责任保险性质上属于填补损失的保险合同,以填补被保险人的实际损失为目的,电器公司因交通事故被判令赔偿43万余元后已实际履行给付义务,即电器公司已经对第三者的损害依法承担了属于由"被保险人依法应支付的赔偿金额"给付义务。保险条款特别是责任免除条款并未明确保险人的保险责任范围不包括被保险人的连带责任部

· 697 ·

分,故保险公司仅对电器公司按份责任负责赔偿而对连带责任不负责赔偿的抗辩主张没有法律依据,不予支持。本案中逃逸汽车投保情况不明,该车交强险范围内责任主体无法确定,为了及时弥补受害人损失,从保护弱者原则出发,法院仅扣除电器公司交强险投保公司应承担的交强险责任限额,并基于电器公司与逃逸汽车方侵权的连带关系,判决电器公司全额承担扣除交强险公司应承担的交强险责任限额,并基于电器公司与逃逸汽车方侵权的连带关系,判决电器公司全额承担扣除交强险责任限额后的款项。责任保险在一定程度上是为受害人的利益而存在的,若在逃逸汽车投保情况不明情况下扣除该车交强险范围内责任限额,显然不利于及时填补受害方的损失,保险公司对逃逸汽车方交强险范围限额内的责任承担后,可在查实后依法进行追偿。⑨2011年湖南某交通事故损害案,2010年4月,杨某驾驶摩托车搭载汤某与廖某驾驶的货车相撞,致杨某、汤某死亡,交警认定杨某、汤某分负主、次责任。法院认为:本案发生在《侵权责任法》实施之前,故应适用最高人民法院关于人身损害赔偿的司法解释确定共同侵权人的赔偿责任。本次事故中,杨某与廖某均存在过失,且都分别实施了不同的侵权行为,系两种侵权行为的直接结合,造成了同一个损害后果,构成共同侵权,应连带赔偿汤某损失的责任。杨某继承人放弃遗产继承,不应再承担杨某应承担的义务,但杨某存有的遗产应以其实际价值为限承担清偿义务。保险公司在此次事故中不具有直接侵权事实,只依照法律规定和保险合同约定承担保险赔偿责任,故保险公司无须承担连带责任。⑩2010年江西某交通事故损害案,2010年2月,晏某、骆某、罗某各自驾驶的摩托车在路口相撞,致罗某死亡,交警认定晏某负主要责任,骆某、罗某负次要责任,三辆机动车均未投保交强险。法院认为:因晏某、骆某所有并驾驶的机动车未投保交强险,造成原告不能从保险公司获得限额范围内的赔偿金24万元,应由晏某、骆某各承担12万元,超出交强险责任限额部分的17万余元,根据晏某、骆某及死者罗某在本次事故中过错大小,确定晏某承担60%责任,骆某及罗某各承担20%责任。⑪2007年福建某保险合同纠纷案,2005年6月,陈某投保机动车与李某车辆碰撞致第三者刘某伤残,法院判决陈某、李某各赔偿刘某50%即3.9万余元并互负连带责任,陈某所负赔偿责任由保险公司承担后,因李某未支付赔偿款,法院以连带责任执行陈某,将投保车辆拍卖得款2.5万余元付给刘某。陈某据此向保险公司索赔2.5万余元。法院认为:保险车辆发生保险事故后,保险公司已依法院生效判决和保险合同约定履行保险赔偿责任,故保险公司不应再履行保险事故赔付责任。案涉执行拍卖款虽然亦为被保险人陈某因为投保车辆发生交通事故而产生的损失,但该损失系因陈某依法应对交通事故中另一致害人李某所应承担的刘某损失的50%所负的连带责任而产生,该责任最终应由李某承担,陈某在履行了连带责任后即取得了对李某的追偿权。即陈某所应负的连带赔偿责任是基于共同侵权行为而产生,应通过对另一共同侵权人行使追偿权来实现权利,而不能将此侵权连带责任转嫁给保险公司,故对其诉请不予支持。

**【同类案件处理要旨】**

两辆或两辆以上机动车违章行驶发生交通事故致第三人损害,属于无意思联络的数人侵权。能够确定责任大小的,各自承担相应的责任;难以确定责任大小的,平均承担赔偿责任。

**【立法与司法实践沿革】**

● "事故责任比例"可否视为"能够区分过错大小或原因力比例",作为对外按份责任承担的基础?

《侵权责任法》第12条关于无意思联络的数人侵权间接结合形式承担按份责任,专门做了列示,即:"二人以上分别实施侵权行为造成同一损害,能够确定责任大小的,各自承担相应的责任;难以确定责任大小的,平均承担赔偿责任。"

一般认为,上述条款系从2004年最高人民法院关于人身损害赔偿的司法解释第3条第2款剥离开来,稍作技术处理而成,本身并无对传统规则予以变更或修正意义,但司法实践中,基本上将《侵权责任法》第12条作为系对2004年人身损害赔偿司法解释第3条第1款、第5条的一个改头换面式的修正。人身损害赔偿司法解释第3条第1款规定:"二人以上共同故意或者共同过失致人损害,或者虽无共同故意、共同过失,但其侵害行为直接结合发生同一损害后果的,构成共同侵权,应当依照民法通则第一百三十条规定承担连带责任。"第2款规定:"二人以上没有共同故意或者共同过失,但其分别实施的数个行为间接结合发生同一损害后果的,应当根据过失大小或者原因力比例各自承担相应的赔偿责任。"第5条规定:"赔偿权利人起诉部分共同侵权人的,人民法院应当追加其他共同侵权人作为共同被告。赔偿权利人在诉讼中放弃对部分共同侵权人的诉讼请求的,其他共同侵权人对被放弃诉讼请求的被告应当承担的赔偿份额不承担连带责任。责任范围难以确定的,推定各共同侵权人承担同等责任。人民法院应当将放弃诉讼请求的法律后果告知赔偿权利人,并将放弃诉讼请求的情况在法律文书中叙明。"

2012年最新公布实施的最高人民法院关于道路交通事故司法解释,第13条延续了《侵权责任法》传统,将两车相撞致第三人损害责任承担方式引向《侵权责任法》第10~12条。其中,最有特色的是两车相撞如何适用《侵权责任法》第12条的按份责任,而此种情形,在2004年人身损害赔偿司法解释中,几乎无一例外地被认为应按该司法解释第3条第1款共同侵权定案,即便在两车事故责任比例清晰化的情况下,亦适用连带责任。

由此,新法的革新意义在实践中被过于强调。如广东高院2012年6月26日实施的《全省民事审判工作会议纪要》(粤高法240号文)第42条就明确指出:"两辆或两辆以上的机动车发生交通事故造成损害,根据各侵权人的过错和原因力等因素能够合理分开各自造成的损害,由各赔偿义务人各自承担相应的赔偿责任;不能合理分开各自造成的损害的,应区分不同情况,依据《侵权责任法》第十条、第十一条的规定确定责任。但是,侵权行为发生在《侵权责任法》施行前的,应依据最高人民法院《关于审理人身损害赔偿案件适用法律若干问题的解释》第三条的规定,由各侵权人承担连带责任。"

与上述裁判思路相一致的大量司法实务案例,基本上可以呈现出如下直观结论:交通事故发生在《侵权责任法》之前,两车相撞对第三人损害后果应按"直接结合"处理,由两车承担连带责任,按内部(事故)责任比例多承担的一方有权依据人身损害赔偿司法解释第5条向另一方追偿;《侵权责任法》之后,两车相撞致第三人损害,事故责任比例能认定的,视同人身损害赔偿司法解释第3条第2款的"过失大小或原因力比例",等于《侵权责任法》第12条的"责任大小",适用按份责任。

笔者认为:无论2004年的司法解释,还是后来的《侵权责任法》,以及最新的道路交通事故司法解释,体系上并不冲突,条文内容上并不矛盾,亦不存在后者对前者的修正问题,而是司法实践中一种蔚为主流的"创新"意识。在新法实施后,希望通过新法寄托一种努力实现的"公平"理念,而对该理念的重新解读,并不存在一种必然的逻辑。事实就是:问题还在那儿,受害第三人基于两车相撞,原来确定的连带责任,比起当下的分别按份求偿,得失利弊,因人而异。

事故责任与民事责任历来是交通事故案件中一组相伴相生的概念。《侵权责任法》第12条特别提到"责任大小",改变了2004年人身损害赔偿司法解释第3条中的"过失大小或者原因力比例",笔者认为无须多疑,实质意义上并无二致。但《侵权责任法》的表述确实会让公众更敏感,导致将该"责任大小"直接与交通事故认定书中的责任划分等同,从而勃兴一种维新变法的趋势,不可遏抑。立法与司法实践之演绎路径,洵可慨叹。

【相关案件实务要点】

1.【两车相撞】两车相撞致其中一辆车上的乘员受伤,两机动车驾驶员分负主、次责任的,由两机动车的赔偿义务人依据《侵权责任法》第12条规定,按主次责任比例各自承担按份赔偿责任。案见江西南昌法院(2010)度南民初字第192号"胡某等诉晏某等交通事故损害赔偿案"、湖南岳阳中院(2011)岳中民一终字第142号"曾某等诉刘某交通事故损害赔偿案"。

2.【三车相撞】三车相撞致其中一辆车上无偿搭乘的乘员受伤,交强险责任限额赔付不足部分,由各机动车按事故责任比例承担相应的过错赔偿责任,搭乘受伤原告的机动车因其无偿搭乘行为另行减轻部分赔偿责任。案见重庆荣昌法院(2012)荣法民初字第03378号"郭某诉刘某等交通事故责任纠纷案"。

3.【放弃诉请】机动车与非机动车相撞致非机动车上乘员损害,分别承担主、次责任的,受伤第三人仅起诉机动车一方,其他侵权人以受害第三人放弃对另一侵权人的诉讼请求,主张在放弃承担的相应份额内减免责任的,不予采信。案见浙江绍兴中院(2012)浙绍民终字第425号"某保险公司与贾某等交通事故责任纠纷案"。

4.【放弃诉请】两机动车相撞致第三者损害,出借机动车的车辆所有人应在交强险限额责任内与无证驾驶的借用人承担连带责任,超过责任限额部分,再按事故认定书承担相应的连带赔偿责任。案见广西桂林中院(2012)桂市民三终字第14号"李某与陆某等交通事故责任纠纷案"。

5.【法律适用】交通事故发生在《侵权责任法》实施之前,应适用侵权行为发生时的法律规定。两辆机动车相撞致第三者损害,两机动车驾驶员均存在过失,且都分别实施了不同的侵权行为,系两种侵权行为的直接结合,造成了同一个损害后果,构成共同侵权,应承担连带赔偿受害第三者的责任。案见湖南常德中院(2010)常民一终字第503号"廖某等与朱某等交通事故损害赔偿案"。

6.【连带责任与保险赔付】两机动车相撞造成第三者损失,在两机动车应对第三者的损失承担连带赔偿责任的情况下,保险公司对超出被保险车辆应负的事故责任比例以外的连带赔偿责任是否有权拒赔存在争议。司法实践中基于"责任险"的理解出发,存在两种截然不同的裁判思路,且均持之有据。(1)保险公司仅在保险责任限额内对责任人承担保险责任,对被保险人基于共同侵权行为而承担的连带赔偿责任,保险人不承担责任。案见福建漳州中院(2007)漳民终字第46号"陈某等诉某保险公司保险合同纠纷案"、安徽芜湖中院(2011)芜中民抗字第0001号"张某诉某保险公司等保险合同纠纷案"。(2)商业第三者责任险保险的范围是被保险人依法承担的对第三者的赔偿责任,连带责任也应属于责任保险的范围。在被保险人履行了连带赔偿责任后,并在保险赔偿限额内,被保险人有权要求保险公司承担该赔偿责任。案见江苏常州中院(2011)常商终字第207号"陈某诉某保险公司保险合同纠纷案"(见本书案例4"二次事故与连环事故");机动车第三者责任保险以被保险人对第三人依法应负的赔偿责任为保险标的,在保险条款特别是责任免除条款并未明确保险人的保险责任范围不包括被保险人的连带责任部分的情况下,对被保险人基于共同侵权行为而承担的连带赔偿责任,保险人应予理赔。案见江苏苏州中院(2011)苏中商终字第0035号"某电气公司诉某保险公司保险合同纠纷案"。提引案例按第(1)种思路裁决。

【附注】

参考案例索引：安徽芜湖中院(2011)芜中民抗字第 0001 号"张某诉某保险公司等保险合同纠纷案"，见《被保险人承担的连带责任保险公司不应赔偿》(杨良胜、黄飞)，载《人民司法·案例》(201108:89)。①北京三中院(2017)京 03 民终 2053 号"李某与张某等交通事故纠纷案"，见《竞驾人无权要求对方车辆的保险公司向本车乘客承担赔偿责任——北京三中院判决李二龙诉张文凯、中国人寿北京分公司等机动车交通事故责任纠纷案》(张清波)，载《人民法院报·案例精选》(20170420:6)。②江苏无锡中院(2009)锡民终字第 1278 号"陈某诉张某交通事故损害赔偿案"，见《未投保交强险的机动车与机动车之间发生交通事故，如何承担赔偿责任——陈国良与张伯仁交通事故损害赔偿纠纷案》(王一川)，载《人民法院案例选·月版》(200911/11:84)。③重庆荣昌法院(2012)荣法民初字第 03378 号"郭某诉刘某等交通事故责任纠纷案"。④湖南益阳中院(2012)益法民一终字第 256 号"某保险公司与符某等交通事故责任纠纷案"。⑤浙江绍兴中院(2012)浙绍民终字第 425 号"某保险公司与贾某等交通事故责任纠纷案"。⑥广西桂林中院(2012)桂市民三终字第 14 号"李某与陆某等交通事故责任纠纷案"。⑦湖南岳阳中院(2011)岳中民一终字第 142 号"曾某等诉刘某交通事故损害赔偿案"。⑧江苏苏州中院(2011)苏中商终字第 0035 号"某电器公司诉某保险公司保险合同纠纷案"，见《吴江市正大电器有限公司诉中国太平洋财产保险股份有限公司吴江支公司财产保险合同纠纷案》(钮晓丰、张勇)，载《人民法院案例选》(201203:274)。⑨湖南常德中院(2010)常民一终字第 503 号"廖某等与朱某等交通事故损害赔偿案"。⑩江西南昌法院(2010)度南民初字第 192 号"胡某等诉晏某等交通事故损害赔偿案"，见《胡福梅等诉晏春友等道路交通事故人身损害赔偿案》(徐鸣)，载《中国法院 2012 年度案例:道路交通纠纷》(145)。⑪福建漳州中院(2007)漳民终字第 46 号"陈某等诉某保险公司保险合同纠纷案"，一审判决保险公司支付陈某 2.5 万余元，二审改判驳回陈某诉讼请求。见《保险公司不承担被保险人因共同侵权行为所负连带责任》(林振通)，载《人民司法·案例》(200814:87)。

参考观点索引：●共同过失致人损害的责任如何承担？见《共同过失致人损害的责任承担》(刘竹梅)，载《中国民事审判前沿》(200502:113)。○未被起诉的共同侵权人如果无法确定如何处理？见《〈最高人民法院关于审理人身损害赔偿案件适用法律若干问题的解释〉第五条规定:"赔偿权利人起诉部分共同侵权人的，人民法院应当追加其他共同侵权人作为共同被告……"未被起诉的共同侵权人如果无法确定怎么办？》，载《民事审判实务问答》(2008:129)。●对人民法院就免除债务的份额不服并提起上诉的主体资格如何认定？见《〈最高人民法院关于审理人身损害赔偿案件适用法律若干问题的解释〉第五条规定："赔偿权利人起诉部分共同侵权人的,人民法院应当追加其他共同侵权人作为共同被告。赔偿权利人在诉讼中放弃对部分共同侵权人的诉讼请求的,其他共同侵权人对被放弃诉讼请求的被告应当承担的赔偿份额不承担连带责任……"何人可以对人民法院就免除债务的份额不服并提起上诉？》,载《民事审判实务问答》(2008:130)。○交通事故中双方对事故发生均具有过错,其对无过错的第三方造成的损害是否承担连带责任？见《交通事故中双方对事故发生均具有过错,其对无过错的第三方造成的损害是否承担连带责任？》,载《民事审判实务问答》(2008:149)。

# 44. 承揽关系与事故赔偿
## ——承揽人受伤,定作人赔否？

【承揽关系】

【案情简介及争议焦点】

2007年,村委会将修路工程发包给菅某,菅某找来自带车辆的谢某装卸土方,其间因谢某操作不当致路人崔某受伤。交警认定谢某无证驾驶,负事故全责。

争议焦点:1. 谢某与菅某是雇用关系还是承揽关系？2. 村委会应否承担责任？

【裁判要点】

1. 赔偿责任。谢某按菅某指示完成土方拉运,应是一种独立的承揽合同关系,事故发生虽由谢某操作不当直接造成,但谢某本人无驾驶资格,其车辆属无牌号改装翻斗车,对事故发生存在潜在的安全隐患,菅某同意其拉土,显然对人员的选任未尽到相应的安全注意义务,亦存在一定过错,应承担一定的赔偿责任,结合其过错程度及与事故发生的因果关系,由其承担30%责任为宜。

2. 发包责任。因村委会和菅某之间系承包合同关系,拉土人员由菅某具体选任,村委会对此事故的发生并无过错,故作为发包方,不应承担赔偿责任。

【裁判依据或参考】

1. 法律规定。《民法典》(2021年1月1日)第770条:"承揽合同是承揽人按照定作人的要求完成工作,交付工作成果,定作人支付报酬的合同。承揽包括加工、定作、修理、复制、测试、检验等工作。"第 772 条:"承揽人应当以自己的设备、技术和劳力,完成主要工作,但是当事人另有约定的除外。承揽人将其承揽的主要工作交由第三人完成的,应当就该第三人完成的工作成果向定作人负责;未经定作人同意的,定作人也可以解除合同。"第 773 条:"承揽人可以将其承揽的辅助工作交由第三人完成。承揽人将其承揽的辅助工作交由第三人完成的,应当就该第三人完成的工作成果向定作人负责。"第 774 条:"承揽人提供材料的,应当按照约定选用材料,并接受定作人检验。"第 1193 条:"承揽人在完成工作过程中造成第三人损害或者自己损害的,定作人不承担侵权责任。但是,定作人对定作、指示或者选任有过错的,应当承担相应的责任。"《合同法》(1999 年 10 月 1 日,2021 年 1 月 1 日废止)第 251 条:"承揽合同是承揽人按照定作人的要求完成工作,交付工作成果,定作人给付报酬的合同。承揽包括加工、定作、修理、复制、测试、检验等工作。"第 253 条:"承揽人应当以自己的设备、技术和劳力,完成主要工作,但当事人另有约定的除外。承揽人将其承揽的主要工作交由第三人完成的,应当就该第三人完成的工作成果向定作人负责;未经定作人同意的,定作人也可以解除合同。"第 259 条:"承揽工作需要定作人协助的,定作人有协助的义务。定作人不履行协助义务致使承揽工作不能完成的,承揽人可以催告定作人在合理期限内履行义务,并可以顺延履行期限;定作人逾期不履行的,承揽人可以解除合同。"第 268 条:"定作人可以随时解除承揽合同,造成承揽人损失的,应当赔偿损失。"

**2. 司法解释**。最高人民法院《**2015 年全国民事审判工作会议纪要**》(2015 年 4 月)第 10 条:"要准确理解适用侵权责任法第三十五条的规定,只有在两个自然人之间形成的劳务关系,才适用该条关于个人因劳务造成他人损害或者自己受到伤害产生的责任主体认定问题。对于个人与提供劳务的一方所在单位,其他组织之间签订承揽合同,在履行合同期间提供劳动一方因劳务造成他人损害或者自己受到损害的,接受劳务一方不承担责任,但是接受劳务一方在选任、指示等方面存在过失的,应当承担相应的责任。"最高人民法院《**关于审理人身损害赔偿案件适用法律若干问题的解释**》(2004 年 5 月 1 日 法释〔2003〕20 号,2020 年修正,2021 年 1 月 1 日实施)第 1 条:"因生命、身体、健康遭受侵害,赔偿权利人起诉请求赔偿义务人赔偿物质损害和精神损害的,人民法院应予受理。本条所称'赔偿权利人',是指因侵权行为或者其他致害原因直接遭受人身损害的受害人以及死亡受害人的近亲属。本条所称'赔偿义务人',是指因自己或者他人的侵权行为以及其他致害原因依法应当承担民事责任的自然人、法人或者非法人组织。"

**3. 地方司法性文件**。河南周口中院《**关于侵权责任法实施中若干问题的座谈会纪要**》(2010 年 8 月 23 日 周中法〔2010〕130 号)第 6 条:"……判断雇佣关系可以从劳动合同、事实劳动关系、劳动报酬、风险承担、工作中的人身依附性、除工资外的期望利润等方面考察,正确区分承揽关系和雇佣关系。"辽宁高院《关于印发全省法院民事审判工作座谈会会议纪要的通知》(2009年6月1日 辽高法〔2009〕120号)第23条:"关于承揽关系和雇佣关系的区别标准。承揽关系和雇佣关系的区别主要表现在以下三点:第一,承揽关系中,承揽人提供的是工作成果。雇佣关系中,雇员提供的是劳动本身;第二,承揽关系中承揽人独立安排自己的工作。雇佣关系中,雇员的工作受雇主支配;第三,承揽关系中,承揽人获取报酬以提供符合约定的工作成果为条件。雇佣关系中,雇员获取报酬以提供劳动为条件。"福建泉州中院民一庭《全市法院民一庭庭长座谈会纪要》(泉中法民一〔2009〕05号)第48条:"农民自建低层住宅承包给个体工匠承建,施工过程中造成人身损害的损害赔偿案件,业主与承包人之间的关系应认定为承包合同关系还是承揽合同关系,应如何处理?答:农民将自建低层住宅承包给个体工匠承建,在施工中造成人身损害的损害赔偿案件,业主与承包人之间的关系应认定为承揽合同关系。根据《人身损害赔偿解释》第十条的规定,承揽人在完成工作过程中对第三人造成损害或者造成自身损害的,定作人不承担赔偿责任。但定作人对定作、指示或者选任有过失的,应当承担相应的赔偿责任。"山东潍坊中院《2008年民事审判工作会议纪要(人身损害赔偿部分)》(2008年)第2条:"雇佣关系与承揽关系的区分。两者之间最直接的区分在于雇佣是以直接提供劳务为目的,受雇人从事工作必须听从雇佣人的支配,承揽则是以完成工作成果为目的,承揽人在完成工作中具有独立性。如当事人之间存在控制、支配和从属关系,由一方指定工作场所、提供劳动工具或设备,限定工作时间,定期给付劳动报酬,所提供的劳动是接受劳务一方生产经营活动的组成部分的,可以认定为雇佣。反之,则应当认定为承揽。雇佣关系中雇主的责任为无过错责任,对雇员致人损害的承担替代责任,对雇员自身损害承担赔偿责任;承揽关系中定作人的责任则为过错责任,对承揽人致人损害和自身损害原则上不承担赔偿责任,只有在定作、指示或者选任上有过错的才承担赔偿责任。"

**4. 参考案例。**①2014年江苏某保险合同纠纷案,2012年,曹某驾车发现车胎没气,遂通知流动补胎的孙某,拆卸下来的轮胎充气过程中爆炸炸伤孙某致死。法院认为:依交强险条例规定,交强险应对因道路交通事故产生的损害进行赔偿,而《道路交通安全法》第119条第5项将"交通事故"定义为"车辆在道路上因过错或者意外造成的人身伤亡或财产损失的事件"。该定义指明:首先,交通事故发生须有车辆参与,失去了车辆这个主体则不构成"交通事故"。本案发生爆炸的轮胎已与车辆完全脱离较长时间,应视为一独立物,单独放置的车胎不属于可在道路上行驶的交通工具,所酿成的事故不符合交通事故构成要件。其次,交强险条例第1条规定,机动车强制险的立法目的在于保障机动车道路交通事故受害人依法得到赔偿,促进道路交通安全。所以交强险保障范围,应理解为对机动车通行事故受害人的权益保障,而不应扩大到所有与机动车相关的事故中。而本案事故发生在车辆停车修理状态且爆炸车胎已卸离车毂,故不属交强险可赔偿的道路交通事故的范围。本案中,曹某与孙某系承揽关系,孙某作为专业修胎人员自身操作不当,是导致爆炸事故发生的主要原因,应承担事故主要责任。车主曹某发现轮胎漏气而未及时提醒孙某对轮胎进行全面检查,是爆炸事故发生的次要原因,应承担事故次要责任。判决曹某赔偿原告13万余元。②2010年浙江某交通事故损害赔偿案,2009年4月,为保洁公司清运垃圾的钟某驾驶拖拉机与杨某驾驶的电动三轮车相撞,致杨某1级伤残,杨某认为保洁公司为雇主,保洁公司认为其与钟某系承揽关系。法院认为:钟某受保洁公司指派负责清运生活垃圾,保险公司对钟某清运垃圾范围和每天的工作任务均有规定,上述事实有保洁公司与镇政府所签保洁协议及保洁公司与他人签订的生活垃圾清理协议内容证明,而根据后一份协议,保洁公司对垃圾清运人员工作纪律和奖惩制度方亦均有相应规定。结合本案钟某所付出劳动力性质和获取报酬高低,应认定钟某在清运垃圾过程中受保洁公司管理和监督,双方存在管理与被管理的雇用关系,依法应由保洁公司与钟某对应赔款项承担连带赔偿责任。③2008年山东某损害赔偿案,2007年6月,闵某收到张某费用及报酬后,为张某购买新轮胎并安装,并将换下来的旧轮胎搬上车,张某叫来徐某帮忙,徐某操作不慎致闵某5级伤残。法院认为:闵某与张某之间更换轮胎系承揽关系,闵某作为承揽人,应按约向张某交付工作成果。按修理、更换轮胎行业惯例,承揽人将更换后旧胎为定作人放置车上应认定为附随义务。张某和徐某应被认定为义务帮工人。闵某作为承揽人未采取合理的安全措施保护其人身安全,亦未尽合理限度范围内的安全保障义务致自己损害,其存在过错,应承担主要责任。张某作为受益人,在选任帮工人方面存在过错,应负次要责任。徐某在帮工过程中,缺乏安全意识,未尽注意义务,因过失致伤闵某,亦应相应赔偿,判决张某、徐某分别赔偿20%责任即1.5万余元及精神损害抚慰金2000元予闵某,闵某自负60%即4万余元。④2003年山东某交通事故损害赔偿案,2001年,自带拖拉机在孙某石料厂倒运石料并按吨位结算的杨某因拖拉机发生翻车事故,致杨某死亡。交警经勘查和调查,认定不属于道路交通事故。法院认为:劳动者不受监督管理,只受合同约束,双方地位平等,工作短时,工作性质临时,应认定劳动者系独立合同工而非雇工,双方间并未建立起以劳动保护、劳动福利等为核心内容的雇佣劳动关系。杨某生前用自己拖拉机从石料厂运石头,装车工作由采石厂人员负责,每次装车的重量由杨某自己确定,双方均对运送石头的数量做记录,按实际运送的吨位依约定的价格结算运送费用,该行为符合运输合同的法律特征。杨某作为承运人在履行运输合同中因翻车身亡,孙某亦无侵害杨某人身的事实,不应承担杨某人身损害的赔偿责任,故应驳回原告诉请。⑤2001年**江西某损害赔偿案**,2000年,李某将米厂委托运输的价值1.9万余元大米运送并交付给指定收货人,结果收货人骗走大米后下落不明。米厂以李某未履行带回货款的承诺起诉李某。法院认为:李某将承运的大米运到目的地,并交付给了指定收货人,已按合同约定全面履行了义务,米厂应按合同约定给付李某运费。<u>李某在承运米厂大米时接受了米厂带回货款的委托,但由于收货人等的犯罪行为,导致李某无法将大米款带回,李某并无过错,依法不承担民事责任</u>,米厂应向犯罪分子追索。由于双方约定的运费已含收回米款的费用,李某也认可是无偿委托,并未主张收取报酬的请求,李某未完成受托事务,故运费应按不带回米款的当地市场价计算标准支付给李某。

【同类案件处理要旨】

承揽人在完成工作过程中因交通事故对第三人造成损害或者造成自身损害的,定作人不承担赔偿责任。但定作人对定作、指示或者选任有过失的,应当承担相应的赔偿责任。

【相关案件实务要点】

1.【**自带车辆承包**】自带车辆为工程承包人装卸土方过程中致人损害的,致害人与该承包人之间形成承揽合同关系,定作方存在选任过失的,应承担相应的赔偿责任。案见河南商丘中院(2008)商民终字第1300号"崔某等诉谢某等人身损害赔偿案"。

2.【**承揽人受伤**】承揽人履行合同附随义务过程中因帮工人过错受伤,应根据过错确定各当事人责任比例。案见山东费县法院(2008)费民初字第830号"闵某诉张某等案"。

3.【**无偿委托**】受托人利用承运的便利,帮委托人从与委托人有法律关系的第三人处取回货款,因不可归责于受托人的情事,法律后果由委托人自行承担。案见江西赣州中院2001年10月25日判决"某米厂诉李某损害赔偿案"。

4.【**雇用与承揽区分**】区分雇用关系和承揽合同关系,主要区别在于双方是否存在管理与被管理关系,以及劳动力性质和报酬内容不同。雇用关系中,雇员主要付出劳动力,其报酬中极少有技术含量,所获报酬仅是劳动力价值;而承揽中,一般要求承揽人有一定的技术水平,其报酬也相对较高。案见浙江诸暨法院(2010)绍诸草民初字第47号"杨某诉钟某等交通事故损害赔偿案"。

【附注】

**参考案例索引**:河南商丘中院(2008)商民终字第1300号"崔某等诉谢某等人

身损害赔偿案",一审判决谢某赔偿,二审判决谢某赔偿70%,营某赔偿30%。见《定作人选任承揽人不当应担责——河南商丘中院改判崔译文、焦爱莲诉谢怀平等道路交通事故人身损害赔偿纠纷案》(戴蕙、杨新建),载《人民法院报·案例指导》(20090925:5)。①江苏高院(2014)苏民再提字第0140号"薛某与某保险公司等保险合同纠纷案",见《薛以巧等诉人保连云港公司等因车辆维修中造成人身损害主张交强险赔偿责任被驳回案》,载《江苏省高级人民法院公报》(201502/38:66)。②浙江诸暨法院(2010)绍诸草民初字第47号"杨某诉钟某等交通事故损害赔偿案",见《杨志坚诉钟光灿等道路交通事故人身损害赔偿案》(王涛),载《中国法院2012年度案例:道路交通纠纷》(227)。③山东费县法院(2008)费民初字第830号"闵某诉张某等案",见《合同附随义务界定对侵权责任的影响》(邵泽毅、任元国、刘霞),载《人民司法·案例》(200916:71)。④山东潍坊中院2005年5月9日判决"杨某等诉孙某交通事故损害赔偿案",原告损失19万余元,一审判决孙某补偿5.5万元,二审发回重审,重审一审判决赔偿4万元,二审改判驳回原告全部诉讼请求。见《杨春荣等因其亲属自备运输工具在为被告经营的石料厂拉运石料中翻车致死诉孙世荣按雇佣关系承担人身损害赔偿责任案》(王学堂、孙广胜),载《人民法院案例选》(200304:158)。⑤江西赣州中院2001年10月25日判决"某米厂诉李某损害赔偿案",一审判决李某赔偿米厂大米损失1.9万余元,米厂给付李某运费840元;二审改判米厂给付李某运费720元。见《游洲米厂诉李永刚承运其货物时同意带回货款因他人犯罪行为未带回赔偿货款损失案》(蓝蔚生),载《人民法院案例选》(200202:201)。

# 45. 刑事责任与民事赔偿

## ——交通肇事罪,民事如何赔?

### 【刑民冲突】

**【案情简介及争议焦点】**

2007年11月,黄某驾驶与肖某合伙经营并缴纳管理费、挂靠汽运公司的货车,因与无证驾驶无牌摩托车的李某发生碰撞事故并致李某死亡。交警认定黄某、李某分负主、次责任。黄某因交通肇事被判刑后,李某近亲属另行起诉肖某、黄某、汽运公司、保险公司索赔,要求支付精神损害赔偿等各项损失。

争议焦点:1. 事故中的次要责任,赔偿时能否承担全部责任? 2. 本案责任主体? 3. 黄某构成交通肇事犯罪,原告能否主张精神损害赔偿?

**【裁判要点】**

**1. 责任认定。**事故发生时,李某驾车正常行驶,因黄某严重违章肇事,主观上具有重大过失。李某虽无证无牌上路,其无牌无证驾驶行为应承担行政责任,公安机关有权对其行为实施相应的行政处罚,但因该无牌无证行为与本次交通事故发生并无法律上的因果关系,即使李某取得驾驶证,车辆也经过登记,依然不能幸免此次交通事故,故本次交通事故应由黄某承担全部赔偿责任。

**2. 责任主体。**肖某与黄某合伙经营该车,共享利益并共担风险,应对合伙债务承担连带责任。肖某将车挂靠在汽运公司,该公司是肇事车辆法律上的所有权人,通过挂靠收取费用获取利益,根据风险与利益共享的原则,汽运公司应承担连带责任。因肇事车在保险公司投保交强险和商业三责险,故保险公司应对黄某在本次事故中应负的赔偿责任,在保险限额责任内承担赔付责任。

**3. 精神损害。**刑事责任与民事责任是两种不同的法律责任,前者属公权力范畴,不等于对受害人精神损害的民事赔偿。最高人民法院《关于人民法院是否受理刑事案件被害人提起精神损害赔偿民事诉讼问题的批复》有严格适用范围,该司法解释并未规定受害人未提起刑事附带民事诉讼而直接提起民事诉讼时,受害人也不得主张精神损害赔偿。构成犯罪的侵权行为远比一般侵权行为严重,后者受害人可以主张精神赔偿而前者却不能,有悖公平、正义的价值理念。故本案原告在单独提起的民事诉讼中主张精神损害抚慰金,应予支持。

**【裁判依据或参考】**

**1. 法律规定。**《刑事诉讼法》(2013年1月1日修改实施)第99条:"被害人由于被告人的犯罪行为而遭受物质损失的,在刑事诉讼过程中,有权提起附带民事诉讼。被害人死亡或者丧失行为能力的,被害人的法定代理人、近亲属有权提起附带民事诉讼。如果是国家财产、集体财产遭受损失的,人民检察院在提起公诉的时候,可以提起附带民事诉讼。"《刑法》(2011年5月1日修正实施)第36条:"由于犯罪行为而使被害人遭受经济损失的,对犯罪分子除依法给予刑事处罚外,并应根据情况判处赔偿经济损失。承担民事赔偿责任的犯罪分子,同时被判处罚金,其财产不足以全部支付的,或者被判处没收财产的,应当先承担对被害人的民事赔偿责任。"《侵权责任法》(2010年7月1日,2021年1月1日废止)第4条:"侵权人因同一行为应当承担行政责任或者刑事责任的,不影响依法承担侵权责任。因同一行为应当承担侵权责任和行政责任、刑事责任,侵权人的财产不足以支付的,先承担侵权责任。"《治安管理处罚法》(2006年3月1日)第8条："违反治安管理的行为对他人造成损害的,行为人或者其监护人应当依法承担民事责任。"《民法通则》(1987年1月1日,2021年1月1日废止)第110条："对承担民事责任的公民、法人需要追究行政责任的,应当追究行政责任;构成犯罪的,对公民、法人的法定代表人应当依法追究刑事责任。"

**2. 司法解释。** 最高人民法院《关于适用〈中华人民共和国刑事诉讼法〉的解释》(2013年1月1日 法释〔2012〕21号)第155条："对附带民事诉讼作出判决,应当根据犯罪行为造成的物质损失,结合案件具体情况,确定被告人应当赔偿的数额。犯罪行为造成被害人人身损害的,应当赔偿医疗费、护理费、交通费等为治疗和康复支付的合理费用,以及因误工减少的收入。造成被害人残疾的,还应当赔偿残疾生活辅助具费等费用;造成被害人死亡的,还应当赔偿丧葬费等费用。驾驶机动车致人伤亡或者造成公私财产重大损失,构成犯罪的,依照《中华人民共和国道路交通安全法》第七十六条的规定确定赔偿责任。附带民事诉讼当事人就民事赔偿问题达成调解、和解协议的,赔偿范围、数额不受第二款、第三款规定的限制。"第159条："附带民事诉讼应当同刑事案件一并审判,只有为了防止刑事案件审判的过分迟延,才可以在刑事案件审判后,由同一审判组织继续审理附带民事诉讼;同一审判组织的成员确实不能继续参与审判的,可以更换。"第160条："人民法院认定公诉案件被告人的行为不构成犯罪,对已经提起的附带民事诉讼,经调解不能达成协议的,应当一并作出刑事附带民事判决。人民法院准许人民检察院撤回起诉的公诉案件,对已经提起的附带民事诉讼,可以进行调解;不宜调解或者经调解不能达成协议的,应当裁定驳回起诉,并告知附带民事诉讼原告人可以另行提起民事诉讼。"第164条："被害人或者其法定代理人、近亲属在刑事诉讼过程中未提起附带民事诉讼,另行提起民事诉讼的,人民法院可以进行调解,或者根据物质损失情况作出判决。"最高人民法院办公厅《对十一届全国人大四次会议第6039号建议的答复(附带民事赔偿范围)》(2011年5月28日 法办〔2011〕159号)："关于附带民事诉讼案件赔偿范围是否应当包括精神损害赔偿问题,司法实践中争议很大,各方有不同意见。为规范附带民事诉讼审判工作,我院曾先后下发过四个司法解释。随着形势的发展,刑事政策的完善,当事人更加重视民事权利的维护。但是,由于各地经济、社会发展不平衡,以及当事人经济状况不同,法院审理刑事附带民事诉讼案件出现了'执法标准不一,赔偿数额过高,空判现象严重'等新问题。这些问题严重影响了宽严相济刑事政策的贯彻落实,引发了许多涉诉上访问题,地方各级人民法院和社会各界反应强烈,要求尽快解决。为了规范和做好附带民事诉讼工作,解决审判实践中存在的问题,我院于2007年启动了规范附带民事诉讼赔偿标准的司法解释起草工作,但由于各方意见分歧,司法解释暂时还难以出台,有关问题正在研究中。关于刑事附带民事诉讼赔偿范围问题,我院的倾向性意见是:附带民事诉讼案件依法只应赔偿直接物质损失,即按照犯罪行为给被害人造成的实际损害赔偿,一般不包括死亡赔偿金和残疾赔偿金,但经过调解,被告人有赔偿能力且愿意赔偿更大数额的,人民法院应当支持;调解不成,被告人确实不具备赔偿能力,而被害人或者其近亲属坚持在物质损失赔偿之外要求赔偿金的,人民法院不予支持;对于却有困难的被害人,给予必要的国家救助。"最高人民法院《关于人民法院是否受理刑事案件被害人提起精神损害赔偿民事诉讼问题的批复》(2002年7月20日法释〔2002〕17号):"……对于刑事案件被害人由于被告人的犯罪行为而遭受精神损失提起的附带民事诉讼,或者在该刑事案件审结以后,被害人另行提起精神损害赔偿民事诉讼的,人民法院不予受理。"最高人民法院《关于刑事附带民事诉讼范围问题的规定》(2000年12月19日 法释〔2000〕47号)第1条:"因人身权利受到犯罪侵犯而遭受物质损失或者财物被犯罪分子毁坏而遭受物质损失的,可以提起附带民事诉讼。对于被害人因犯罪行为遭受精神损失而提起附带民事诉讼的,人民法院不予受理。"第5条:"犯罪分子非法占有、处置被害人财产而使其遭受物质损失的,人民法院应当依法予以追缴或者责令退赔。被追缴、退赔的情况,人民法院可以作为量刑情节予以考虑。经过追缴或者退赔仍不能弥补损失,被害人向人民法院民事审判庭另行提起民事诉讼的,人民法院可以受理。"最高人民法院《关于执行〈中华人民共和国刑事诉讼法〉若干问题的解释》(1998年9月8日 法释〔1998〕23号,2013年1月1日废止)第86条:"附带民事诉讼中依法负有赔偿责任的人包括:(一)刑事被告人(公民、法人和其他组织)及没有被追究刑事责任的其他共同致害人;(二)未成年刑事被告人的监护人;(三)已被执行死刑的罪犯的遗产继承人;(四)共同犯罪案件中,案件审结前已死亡的被告人的遗产继承人;(五)其他对刑事被告人的犯罪行为依法应当承担民事赔偿责任的单位和个人。"第99条:"对于被害人遭受的物质损失或者被告人的赔偿能力一时难以确定,以及附带民事诉讼当事人因故不能到庭等案件,为了防止刑事案件审判的过分迟延,附带民事诉讼可以在刑事案件审判后,由同一审判组织继续审理。如果同一审判组织的成员确实无法继续参加审判的,可以更换审判组织成员。"

**3. 地方司法性文件。** 河南高院《关于机动车交通事故责任纠纷案件审理中疑难问题的解答》(2024年5月)第16条:"交通肇事构成刑事犯罪的,当事人或其近亲属请求支付残疾赔偿金或死亡赔偿金、精神损害赔偿的,应否予以支持?答:当事人或其近亲属提起民事诉讼请求支付残疾赔偿金或死亡赔偿金、精神损害赔偿的,应当予以支持。《最高人民法院关于适用〈中华人民共和国刑事诉讼法〉的解释》第一百九十二条第三款规定:'驾驶机动车致人伤亡或者造成公私财产重大损失,构成犯罪的,依照《中华人民共和国道路交通安全法》第七十六条的规定确定赔偿责任。'《最高人民法院关于审理道路交通事故损害赔偿案件适用法律若干问题的解释》第十一条规定:'道路交通安全法第七十六条规定的"人身伤亡",是指机动车发生交通事故侵害被侵权人的生命权、身体权、健康权等人身权益所造成的损害,包括民法典第一千一百七十九条和第一千一百八十三条规定的各项损害。'残疾赔偿金或死亡赔偿金、精神损害赔偿属于《中华人民共和国民法典》第一千一百七十九条、第一千一百八十三条确定的赔偿范围。因此,交通肇事构成刑事犯罪的,赔偿责任人仍应赔偿残疾赔偿金或死亡赔偿金、精神损害赔偿等相关费用。"湖南高院《关于印发〈审理道路交通事故损害赔偿纠纷案件的裁判指引(试行)〉的通知》(2019年11月7日 湘高法〔2019〕29号)第13条:"机动车驾驶人因道路交通事故被追究刑事责任,赔偿权利人要求刑事附带民事赔偿后又提起民事诉讼,请求刑事附带民事赔偿中未获支持赔偿项目的,对其起诉不予受理;已经受理的,驳回起诉。赔偿权利人未主张刑事附带民事赔偿,单独提起民事赔偿之诉的,人民法院应当受理。"安徽合肥中院《关于道路交通事故损害赔偿案件的审判规程(试行)》(2019年3月18日)第8条:"【侵权人承担刑事责任】侵权人因道路交通事故被追究刑事责任,赔偿权利人提出附带民事赔偿请求后又单独提起民事诉讼主张附带民事赔偿中未获支持的赔偿项目或单独就精神损害抚慰金提起民事赔偿诉讼的,对其起诉不予受理。"北京高院《关于市一中院就民事侵权案件审理中相关问题请示的答复》(2018年10月30日)第1条:"关于刑民交叉案件中精神损害赔偿的相关问题。我院民一庭在2014年全市法院民事审判工作座谈会中对此问题已有明确意见,具体内容如下:'处理此类问题,首先应当着重加强调解工作,力求从根本上有效化解矛盾纠纷;调解不成的,应当在正确理解立法与司法解释精神的基础上,综合考虑社会实际情况、司法惯例以及个案特点等,慎重、稳妥地作出裁判。'关于精神抚慰金,《最高人民法院关于适用〈中华人民共和国刑事诉讼法〉的解释》第一百三十八条第二款明确规定:'因受到犯罪侵犯,提起附带民事诉讼或者单独提起民事诉讼要求赔偿精神损失的,人民法院不予受理。'今后应当严格执行。关于死亡、残疾赔偿金,上述司法解释并未将此排除在刑事附带民事诉讼的赔偿范围之外;当事人就此另行提起民事诉讼的,应当区分不同情况予以处理:刑事审判部门在刑事附带民事诉讼中就此已经作出处理的(包括调解结案),应当依照'一事不再理'的原则裁定驳回当事人的起诉;刑事附带民事诉讼就此未作处理的,应当依照侵权责任法及相关司法解释的规定予以处理;当事人已经自行达成和解协议的,如无法定事由,不得推翻协议效力。我们认为,关于刑民交叉案件中精神损害赔偿的相关问题涉及到民事审判与刑事审判理念的差异,对此无论是在理论界还是审判实务领域均长期存在争议,鉴于《最高人民法院关于适用〈中华人民共和国刑事诉讼法〉的解释》对此已有明确规定,故在立法部门及最高法院尚未出台新的法律规则和裁判精神的情况下,仍应按照上述司法解释及2014年全市法院民事审判工作座谈会的精神严格执行。"江苏高院《当前民事审判中30个热点难点问题》(2017年11月3日)第26条:"关于侵权责任与刑事责任的关系问题。《民法总则》第187条规定,民事主体因同一行为应当承担民事责任、行政责任和刑事责任的,承担行政责任或者刑事责任不影响承担民事责任。最高法院刑事诉讼法司法解释第155条规定附带民事诉讼只赔物质损害。两者规定不一致,如何处理?实践中构成刑事犯罪的,除交通肇事犯罪外,对于死亡赔偿金和残疾赔偿金不予赔偿。对于未构成刑事犯罪的雇主、安全保障义务人、连带侵权人是否应当赔偿'两金',对于车辆肇事中不构成交通肇事罪名但构成以危险方法危害公共安全罪、故意伤害罪的是否赔偿'两金',需要予以厘清。"江西高院《关于印发〈审理人身侵权赔偿案件指导意见(试行)〉的通知》(2017年9月5日 赣高法〔2017〕169号)第7条:"两辆以上车辆造成同一交通事故致人损害,部分侵权人承担了刑事责任,受害人要求未承担刑事责任的侵权人承担精神损害赔偿的,予以支持,但应当扣减承担了刑事责任的侵权人行为责任所占份额。"北京三中院《类型化案件审判指引:机动车交通事故责任纠纷类审判指引》(2017年3月28日)第2-4.2部分"机动车商业三者险的处理—常见问题解答"第8条:"侵权人因交通肇事构成犯罪受到刑事处罚,能否单独提起民事诉讼要求赔偿精神损害抚慰金?关于精神抚慰金,《最高人民法院关于适用〈中华人民共和国刑事诉讼法〉的解释》第一百三十八条第二款明确规定,因受到犯罪侵犯,提起附带民事诉讼或者单独提起民事诉讼要求赔偿精神损失的,人民法院不予受理。今后应当严格执行。关于死亡、残疾赔偿金,上述司法解释并未将此排除在刑事附带民事诉讼的赔偿范围之外。当事人就此另行提起民事诉讼的,应当区分不同情况予以处理:刑事审判部门在刑事附带民事诉讼中就此已经作出处理的(包括调解结案),应当依照'一事不再理'的原则裁定驳回当事人的起诉;刑事附带民事诉讼就此未作处理的,应当依照侵权责任法及相关司法解释的规定予以处理;当事人已经自行达成和解协议的,如无法定事由,不得推翻协议效力。"江西景德镇中院《关于印发〈关于审理人身损害赔偿案件若干问题的指导意见〉的通知》(2017年3月1日 景中法〔2017〕11号)第15条:"……肇事者被判处刑罚情况下精神损害抚慰金的确定。在肇事司机被追究了刑事责任的情况下,受害人或其近亲属提起精神损害抚慰金请求的,不予支持。"江苏高院民一庭负责人《在全省民事审判工作例会上的讲话》(2016年9月14日)第16条:"关于侵权责任与刑事责任的关系问题。《侵权责任法》第4条规定侵权人承担刑事责任的,不影响承担侵权责任。最高法院刑事诉讼法司法解释第155条规定附带民事诉讼只赔物质损害。两者规定不一致,如何处理?实践中需要把握以下几点:(一)关于赔偿范围的确定。(1)对于精神损害赔偿问题。根据最高法院刑事诉讼法司法解释第138条规定,刑事被害人一方要求赔偿精神损失的,人民法院不予受理。因此,构成刑事犯罪的,受害人主张精神损害赔偿的,一律不予支持。(2)关于'两金'问题。刑事被害人一方要求赔偿死亡赔偿金、残疾赔偿金(含被扶养人生活费)损失的,原则上不予支持,但驾驶机动车致人伤亡或者造成公私财产重大损失,构成交通肇事犯罪的,应当依照《道路交通安全法》第76条的规定予以支持。(二)关于侵权主体责任的确定。(1)侵害主体为个人且被追究刑事责任的,在刑事附带民事诉讼中,承担除精神损害赔偿及'两金'之外的赔偿责任。(2)对于侵权主体为多人,其中个人或少数人承担刑事责任的,应区分共同侵权人的对内按份责任与对外连带责任具体处理。对内,共同侵权人(包括承担刑事责任的侵权人)根据各自对受害人造成损害的过错程度承担按份责任,承担刑事责任的侵权人应扣除按责任比例其应承担的'两金'份额,其他共同侵权人按份承担各自责任比例的赔偿责任;对外,则根据扣除承担刑事责任的侵权人的'两金'份额之外的所有债务,共同对受害人承担连带责任。(3)对于存在共同侵权之外的雇主、安全保障义务人情形的,应当根据其过错程度在其责任范围内承担相应比例的赔偿责任,包括死亡赔偿金或者残疾赔偿金。"河北石家庄中院《关于规范机动车交通事故责任纠纷案件审理工作座谈会会议纪要》(2016年1月11日　石中法〔2016〕4号)第11条:"侵权人已经被追究刑事责任的,是否还应当判决给付受害人精神损害抚慰剂。《侵权责任法》虽然规定受害人可以要求精神损害赔偿,但精神损害赔偿的方式有多种,精神损害抚慰金只是其中一种方式。《侵权责任法》关于受害人可以请求精神损害赔偿的规定,不应当被理解为必须判决给付受害人精神损害抚慰金。如果侵权人被追究了刑事责任,从某种程度上讲,也是对受害人的一种精神安慰和补偿,再判决给付精神损害抚慰金并非是必要。所以,如果侵权人已经被追究刑事责任,应当按照《最高人民法院关于适用〈中华人民共和国刑事诉讼法〉的解释》第一百六十四条的规定,不再支持受害人关于精神损害抚慰金的诉讼请求。但是,如果侵权人同意支付精神损害抚慰金的,可以支持受害人关于精神损害抚慰金的诉讼请求。"江西南昌中院《机动车交通事故责任纠纷案件指引》(2015年4月30日 洪中法〔2015〕45号)第1条:"……先刑后民原则。即:肇事司机涉嫌交通肇事罪等刑事犯罪的,应待刑案审结后再做民事判决。【注意事项】:先刑后民原则主要涉及精神抚慰金的赔偿以及对关键事实认定的争议,如果刑事判决作出了认定,则民事判决应以该刑事判决作为依据。先刑后民将导致保险公司案件结案流程加长,司法实践中建议对涉嫌刑事犯罪的案件,如果基本事实争议不大,在核减精神损害抚慰金的基础上,可尽量调解处理,以缩短理赔周期,提高结案率。"重庆高院民一庭《民一庭高、中两级法院审判长联席会议〈机动车交通事故责任纠纷中的法律适用问题解答(一)〉会议综述》(2015年3月25日)第6条:"受害人请求构成刑事犯罪的侵权人赔偿精神损害抚慰金的,人民法院如何处理?与会代表一致认为,判决前已有生效判决确定侵权人构成刑事犯罪的,受害人请求侵权人赔偿精神损害抚慰金的,根据最高人民法院关于适用《中华人民共和国刑事诉讼法》的解释第一百三十八条第二款的规定,对精神损害赔偿的请求,不予支持。判决前尚没有生效判决确定侵权人构成刑事犯罪的,受害人请求侵权人赔偿精神损害抚慰金的,应当予以支持。存在多个侵权人的,受害人请求未构成刑事犯罪的其他责任主体赔偿精神损害抚慰金的,应当予以支持。"浙江绍兴中院《关于审理涉及机动车保险领域民商事纠纷案件若干问题指导意见》(2014年11月4日)第6条:"【精神损害抚慰金】道路交通事故引起的赔偿纠纷案件中,若机动车驾驶人因交通肇事已经被追究刑事责任,赔偿权利人向其他责任主体主张精神损害抚慰金的,人民法院不予支持。"河南三门峡中院《关于审理道路交通事故损害赔偿案件若干问题的指导意见(试行)》(2014年10月1日)第1条:"道路交通事故损害赔偿案件由侵权行为发生地法院受理。对交通事故构成刑事犯罪的,受害人单独提起民事赔偿诉讼,由审理刑事案件的法院受理。"第10条:"驾驶人员因交通肇事受到刑事处罚的,赔偿权利人针对驾驶人员所提起的精神损害赔偿,法院不予支持。但受害人要求交通肇事犯罪的被告人之外的其他责任主体赔偿精神损害抚慰金的,可予以支持。"湖南长沙中院民一庭《关于长沙市法院机动车交通事故责任纠纷案件审判疑难问题座谈会纪要》(2014年7月23日)第10条:"构成交通肇事罪或其他犯罪的,当事人提起刑事附带民事诉讼或另行提起民事诉讼时,对于死亡赔偿金、残疾赔偿金等诉讼请求怎么处理?交通肇事罪中,当事人提起刑事附带民事诉讼或另行提起民事诉讼时,对于死亡赔偿金、残疾赔偿金予以支持,其他犯罪的,不予支持。《最高人民法院关于适用〈中华人民共和国刑事诉讼法〉的解释》第一百五十五条第三款规定,驾驶机动车致人伤亡或者造成公私财产重大损失,构成犯罪的,依照《道路交通安全法》第七十六条的规定确定赔偿责任,即'由保险公司在机动车第三者责任强制保险责任限额范围内予以赔偿'。而根据《最高人民法院关于审理道路交通事故损害赔偿案件适用法律若干问题的解释》第十四条,《道路交通安全法》第七十六条规定的'人身伤亡',是指机动车发生交通事故侵害被侵权人的生命权、健康权等发生人身权益所造成的损害,包括侵权责任法第十六条和第二十二条规定的各项损害。所以驾驶机动车致人伤亡或者造成公私财产重大损失,构成交通肇事罪的(包括缓刑),当事人提起刑事附带民事诉讼或者另行提起民事诉讼时的民事赔偿责任应包括死亡赔偿金、残疾赔偿金,但不包括精神损害赔偿。构成其他犯罪的,仍应适用刑事诉讼法关于刑事附带民事诉讼的有关规定,不支持残疾赔偿金、死亡赔偿金及精神损害赔偿。"安徽高院《关于审理道路交通事故损害赔偿纠纷案件若干问题的指导意见》(2014年1月1日 皖高法〔2013〕487号)第7条:"机动车驾驶人因道路交通事故被追究刑事责任,赔偿权利人要求刑事附带民事赔偿后又提起民事诉讼,请求刑事附带民事赔偿中未获支持赔偿项目的,对其起诉不予受理;已经受理的,驳回起诉。"第20条:"机动车驾驶人因道路交通事故被追究刑事责任,赔偿权利人单独提起民事赔偿诉讼的,按照侵权责任法和最高人民法院有关司法解释确定赔偿的项目和标准。"湖北高院《民事审判工作座谈会会议纪要》(2013年9月)第8条:"根据《侵权责任法》第16条和最高人民法院《关于适用〈中华人民共和国刑事诉讼法〉的解释》第164条的规定,刑事案件中被害人或者其法定代理人、近亲属在刑事诉讼过程中未提起附带民事诉讼,可以另行提起民事诉讼,要求侵权人赔偿相关损失。侵权人构成犯罪,并被判处刑事处罚,其侵权行为造成被害人人身损害的,应当赔偿医疗费、护理费、交通费等为治疗和康复支付的合理费用,以及因误工减少的收入。造成被害人残疾的,还应当赔偿残疾生活辅助具费等费用;造成被害人死亡的,还应当赔偿丧葬费等费用。对于侵权人构成犯罪,判处刑事处罚的,被害人或者其法定代理人、近亲属要求侵权人支付精神损害赔偿金、伤残赔偿金、死亡赔偿金的,不予支持。驾驶机动车致人伤亡或者造成公私财产重大损失,构成犯罪的,依照《道路交通安全法》第76条的规定确定赔偿责任。"安徽滁州中院《关于审理道路交通事故损害赔偿案件座谈会纪要》(2013年8月2日)第8条:"交通事故中的驾驶人因交通肇事负刑事责任,赔偿权利人向其他赔偿义务人起诉要求精神抚慰金赔偿的,应予以支持。"广东高院《关于已被追究刑事责任的犯罪应否承担精神损害赔偿民事责任的批复》(2013年1月30日 粤高法民一复字〔2012〕3号):"……关于已被追究刑事责任的犯罪人应否承担精神损害赔偿民事责任的问题,依据《中华人民共和国侵权责任法》、最高人民法院《关于确定民事侵权精神损害赔偿责任若干问题的解释》、《关于审理人身损害赔偿案件适用法律若干问题的解释》及其他相关规定,人民法院应对当事人关于精神损害赔偿的诉讼请求进行实体审理,并依法认定应否予以支持。"山东淄博中院《全市法院人身损害赔偿案件研讨会纪要》(2012年2月1日)第1条:"关于精神损害抚慰金的问题……依据《侵权责任法》第四条的规定,侵权人因同一行为应承担行政责任或刑事责任的,不影响依法承担侵权责任。而该法第二十二条明确精神损害赔偿属于侵权责任,因此,即使侵权人因侵权行为承担行政或刑事责任后,也不应免除其精神损害赔偿责任。因《侵权责任法》在效力上明显高于最高人民法院《关于人民法院是否受理刑事案件被害人提起精神损害赔偿民事诉讼问题的批复》(法释〔2002〕17号),因此,对于刑事案件被害人由于被告人的犯罪行为而遭受精神损失,在该刑事案件审结以后,被害人另行提起精神损害赔偿民事诉讼的,人民法院应予支持。"江苏南通中院《关于处理交通事故损害赔偿案件中有关问题的座谈纪要》(2011年6月1日 通中法〔2011〕85号)第30条:"机动车肇事者已被追究刑事责任(包括缓刑),不应免除其他赔偿义务主体的精神损害赔偿责任。"浙江衢州中院《关于人身损害赔偿标准的研讨纪要》(2011年5月13日 衢中法〔2011〕56号)第5条:"……(3)道路交通事故人身损害赔偿案件中,若驾驶员已经追究刑事责任的,精神损害抚慰金不予支持。驾驶员是雇员的,赔偿权利人向雇主主张赔偿,可予支持。"安徽宣城中院《关于审理道路交通事故赔偿案件若干问题的意见(试行)》(2011年4月)第49条:"赔偿义务人之一或是赔偿义务人所雇请人员在本案道路交通事故中的行为经刑事审判认定构成犯罪,赔偿权利人在刑事案件审结后,向其他赔偿义务人提起交通事故损害赔偿民事诉讼,要求精神抚慰金赔偿的,经审理认为赔偿权利人应得到精神损害抚慰金的,人民法院可予支持。"贵州遵义中院《关于审理道路交通事故人身损害赔偿案件的意见》(2010年11月1日)第12条:"刑事被告人因犯罪行为被追究刑事责任,受害方请求被告人赔偿精神抚慰金、死亡赔偿金、残疾赔偿金的,不予支持。受害方请求其他民事赔偿责任主体承担精神抚慰金、死亡赔偿金、残疾赔偿金的,区分下列情况处理:(1)其他民事赔偿责任主体与刑事被告人构成共同侵权的,其他民事赔偿责任主体应当按照《侵权责任法》第十四条的规定,承担相应的精神抚慰金、死亡赔偿金、残疾赔偿金……"河南郑州中院《审理交通事故损害赔偿案件指导意见》(2010年8月20日 郑中法〔2010〕120号)第20条:"驾驶人员因交通肇事受到刑事处罚的,赔偿权利人仅对驾驶人员所提起的精神损害赔偿,法院不予支持。"河南周口中院《关于侵权责任法实施中若干问题的座谈会纪要》(2010年8月23日 周中法〔2010〕130号)第1条:"……在侵权责任法与刑事附带民事诉讼在法律适用上的关系上,民事审判上尽量不要涉及刑事附带民事诉讼的内容,刑事案件的受害人单独提起民事诉讼,如果赔偿义务人不一致,比如交通肇事案件中,刑事被告人与承担民事赔偿责任的主体(车主、保险公司等)不一致,人民法院应当按照民事案件受理。"山东东营中院《关于印发道路交通事故处理工作座谈会纪要的通知》(2010年6月2日)第9条:"人民法院已生效的刑事判决,是交警部门作出行政处罚的重要依据,各县区法院在交通肇事犯罪案件审结完毕后,应于30日内将生效的刑事法律文书抄告同级交警部门。"第43条:"在涉及交通肇事犯罪的情况下,受害人可单独提起民事诉讼,也可提起刑事附带民事诉讼。"安徽六安中院《关于印发〈审理道路交通事故人身损害赔偿案件若干问题的意见〉的通知》(2010年12月7日 六中法〔2010〕166号)第26条:"驾驶机动车肇事涉嫌犯交通肇事罪已经进入侦查、起诉、审判等刑事诉讼程序的,受害人单独提起民事赔偿诉讼的,对受害人要求交通肇事的犯罪嫌疑人或者被告人赔偿精神损害抚慰金的诉讼请求不予支持。对肇事者是否构成交通肇事罪存在较大疑问的,可以中止民事案件的审理,待刑事案件审结并生效后再恢复审理。受害人要求交通肇事犯罪嫌疑人或者被告人之外的其他责任主体赔偿精神损害抚慰金的,可予以支持。"江苏常州中院《关于道路交通事故损害赔偿案件的处理意见》(2010年10月13日 常中法〔2010〕104号)第9条:"精神损害赔偿问题……机动车驾驶员因交通事故造成他人损害而被追究刑事责任,受害人或者其近亲属要求该机动车驾驶员赔偿精神损害抚慰金的,不予支持。如果机动车驾驶员是在执行职务或者从事雇佣活动期间发生交通事故的,受害人或者其近亲属可以请求机动车驾驶员所在单位或雇主承担精神损害赔偿责任。共同侵权中,部分共同侵权人被追究刑事责任,部分共同侵权人未被追究刑事责任,受害人或者其近亲属要求共同侵权人承担精神损害抚慰金的,可以判令未被追究刑事责任的共同侵权人承担精神损害赔偿责任。"福建福州中院民一庭《民事司法信箱回复:侵权责任法律适用若干问题专版》(2010年9月10日)第11条:"机动车肇事者被追究刑事责任后,应否对单独提起民事诉讼的受害人赔偿精神损害抚慰金? 答:关于该问题,目前实践中有两种观点。第一种观点认为,根据最高人民法院2002年《关于人民法院是否受理刑事案件被害人提起精神损害赔偿民事诉讼问题的批复》精神,肇事者已被追究刑事责任的,受害人另行提起精神损害赔偿民事诉讼的,人民法院不予受理。因此,对受害人单独提起精神损害赔偿民事诉讼的,依法不予受理,已经受理的应当裁定驳回该项起诉。第二种观点认为,2004年最高人民法院《关于审理人身损害赔偿若干问题的解释》事实上已宣告《最高人民法院关于人民法院是否受理刑事案件被告人提起精神损害赔偿民事诉讼问题的批复》失去法律效力,且自《关于审理人身损害赔偿若干问题的解释》施行后,全国各地法院已有在受害人另行提起的民事诉讼案件中对已被追加刑事责任的加害人判决其承担精神损害赔偿的案例。故可根据肇事者的过错程度、受害人遭受的损害及当地的平均生活水平,判决已被追究刑事责任的肇事者赔偿相应的精神损害抚慰金。我们认为,福建省高级人民法院民一庭已经明确该问题的处理方法。根据福建省高级人民法院(2010)闽民申字第102号民事裁定书裁定,对于受害人在刑事案件审结后另行提起精神损害赔偿民事诉讼的情况,应当严格适用《最高人民法院关于人民法院是否受理刑事案件被害人提起精神损害赔偿民事诉讼问题的批复》的规定,不予受理。"北京高院民一庭《关于道路交通损害赔偿案件的疑难问题》(2010年4月9日)第1条:"……(四)关于《侵权责任法》第22条规定的精神损害赔偿……(2)在道路交通事故人身损害赔偿案件中,有相当比例的案件涉及交通肇事犯罪,在此类纠纷中,对被侵权人能否要求精神损害抚慰金存在争议。依据现行的司法解释规定,被侵权人在刑事诉讼后向法院起诉要求精神损害抚慰金的,人民法院不予受理。在《侵权责任法》颁布后,根据该法第4条及第22条的规定,我们倾向于认为,对罪犯的刑事处罚并不与其应承担的民事赔偿责任相冲突,在民事诉讼中可以考虑由侵权人承担赔偿精神损害抚慰金的责任。"第2条:"……关于受害人构成伤残,要求致害机动车一方及保险公司共同赔偿精神损害抚慰金是否支持,以及交通肇事司机构成犯罪的情况下是否支持精神损害抚慰金的问题。与会人员一致认为:受害人构成伤残,有权要求肇事方及保险公司赔偿精神损害抚慰金;肇事司机构成犯罪的,关于精神损害抚慰金问题应依照现行法律和司法解释处理。"安徽合肥中院民一庭《关于审理道路交通事故损害赔偿案件适用法律若干问题的指导意见》(2009年11月16日)第33条:"赔偿义务人之一或是赔偿义务人所雇请人员在本案道路交通事故中的行为经刑事审判认为构成犯罪,赔偿权利人在刑事案件审结后,向其他赔偿义务人提起交通事故损害赔偿民事诉讼,要求精神抚慰金赔偿的,经审理认为赔偿权利人应得到精神抚慰金的,人民法院可予支持。"江苏南京中院民一庭《关于审理交通事故损害赔偿案件有关问题的指导意见》(2009年11月)第41条:"肇事机动车驾驶人受刑事制裁,受害人或其近亲属要求驾驶人赔偿精神损害抚慰金的,不予支持。驾驶人因执行职务或雇用事务发生交通事故并受刑事制裁,受害人向其他责任人主张精神损害抚慰金的,应予支持。"甘肃高院《关于刑事附带民事诉讼案件中赔偿范围是否包括死亡赔偿金问题的答复》(2009年5月29日 甘高法〔2003〕123号):"……刑事附带民事诉讼范围只能是被害人因犯罪行为已经遭受的实际物质损失和必然遭受的物质损失,精神损失不属于附带民事诉讼范围。因此,按照最高法院的司法解释,死亡赔偿金属于精神损失赔偿,不属于附带民事诉讼的受理范围。"北京高院《关于印发〈关于审理刑事附带民事诉讼案件若干问题的解答(试行)〉的通知》(2009年5月27日 京高法发〔2009〕226号)第1条:"附带民事诉讼的受案范围如何确定?答:法院审理附带民事诉讼案件的受案范围,应只限于被害人因人身权利受到犯罪行为侵犯和财物被犯罪行为损毁而遭受的物质损失,不包括因犯罪分子非法占有、处置被害人财产而使其遭受的物质损失。附带民事诉讼赔偿只限于犯罪行为直接造成的物质损失,不包括精神损失和间接造成的物质损失。对一审开庭前尚未实际发生的后续治疗费、康复费、护理费,尚未评定伤残等级而要求的残疾赔偿金、残疾辅助器具费等,被害人可以向法院另行提起民事诉讼解决。"第1条:"附带民事诉讼的受案范围如何确定?答:法院审理附带民事诉讼案件的受案范围,应只限于被害人因人身权利受到犯罪行为侵犯和财物被犯罪行为损毁而遭受的物质损失,不包括因犯罪分子非法占有、处置被害人财产而使其遭受的物质损失。附带民事诉讼赔偿只限于犯罪行为直接造成的物质损失,不包括精神损失和间接造成的物质损失。对一审开庭前尚未实际发生的后续治疗费、康复费、护理费,尚未评定伤残等级而要求的残疾赔偿金、残疾辅助器具费等,被害人可以向法院另行提起民事诉讼解决。"福建泉州中院民一庭《全市法院民一庭庭长座谈会纪要》(泉中法民一〔2009〕05号)第44条:"交通肇事驾驶员因交通肇事被判处刑罚后,受害人在另行提起的民事赔偿诉讼中主张精神损害抚慰金的,能否支持? 答:不予支持。"陕西高院《关于审理刑事附带民事诉讼案件的指导意见(试行)》(2009 年 5 月 26 日　陕高法〔2009〕117 号)第 1 条:"被害人因人身权利受到犯罪侵犯而遭受物质损失或者财物被犯罪分子毁坏而遭受物质损失的,可以提起附带民事诉讼。被害人因犯罪行为遭受精神损失而提起附带民事诉讼的,人民法院不予受理。"第 9 条:"雇员在从事雇佣活动中因故意或者重大过失实施犯罪行为致人损害,雇员与雇主依法承担连带赔偿责任的,在附带民事诉讼中为共同被告人。雇员在从事雇佣活动中,因他人的犯罪行为遭受人身损害,向雇主提出赔偿要求的,不属于附带民事诉讼受理范围。"第 13 条:"附带民事诉讼的赔偿范围仅指被告人因其犯罪行为给被害人造成的物质损失。物质损失包括被害人因犯罪行为已经遭受的实际损失和必然遭受的损失。死亡赔偿金不属于刑事附带民事诉讼的赔偿范围,但被告人基于真诚悔罪愿意赔偿,双方当事人以调解的方式达成赔偿协议的,人民法院应当准许。"第 14 条:"附带民事诉讼的人身损害赔偿标准,参照最高人民法院《关于审理人身损害赔偿案件具体应用法律若干问题的解释》的规定执行。被告人确无实际赔偿能力或者赔偿能力有限的,可以根据案件的具体情况,酌情判处。"辽宁大连中院《当前民事审判(一庭)中一些具体问题的理解与认识》(2008 年 12 月 5 日　大中法〔2008〕17 号)第 31 条:"交通事故的主要责任人已经承担刑事责任,交通事故中的受害人要求交通事故中承担次要责任的人承担精神抚慰金,能否支持? 可以适当给予。"广东高院《关于审理刑事附带民事诉讼案件若干问题的指导意见(试行)》(2008 年 10 月 13 日　粤高法发〔2008〕36 号)第 11 条:"雇员在从事雇佣活动中犯罪致人损害的,雇主应当承担赔偿责任。没有订立书面雇佣合同,但具备下列情形之一的可认定为从事雇佣活动:(一)雇员依据雇主的授权或指示在其职权范围内所实施的行为;(二)雇员在工作时间、工作地点范围内实施的与其履行职务有内在联系的其他行为;(三)雇员为雇主利益实施的行为;(四)雇员使用履行职务的工具实施的与其履行职务有内在联系的行为。雇员在雇佣过程中,实施了与从事雇佣活动无关的行为,附带民事诉讼赔偿责任由其本人承担。"广东深圳中院《关于审理道路交通事故损害赔偿纠纷案件的指导意见(试行)》(2008 年 7 月 12 日)第 2 条:"赔偿义务人之一或是赔偿义务人所雇请人员在本案道路交通事故中的行为经刑事案件审理认为构成犯罪,赔偿权利人请求精神抚慰金赔偿的,无论赔偿权利人的请求在何时针对何人提出,均不予支持。"浙江高院民一庭《全省法院民事审判业务培训班问题解答》(2008 年 6 月 25 日)第 9 条:"在行人和机动车发生道路交通事故的案件中,若机动车驾驶员已经被追究刑事责任,根据最高院的司法解释,对受害人向驾驶员主张赔偿的话,精神损害抚慰金是不予支持的。但是若驾驶员是雇员,而受害人仅仅起诉雇主时,精神损害抚慰金是否应予支持? 答:可以支持。根据最高人民法院《关于执行〈中华人民共和国刑事诉讼法〉若干问题的解释》(法释〔2000〕47号)第一条第二款、《关于人民法院是否受理刑事案件被害人提起精神损害赔偿民事诉讼问题的批复》(法释〔2002〕17号)的规定,被害人要求精神损害赔偿的,人民法院不予支持(受理)。上述规定主要是考虑到刑事被告人往往没有赔付能力。而本问题中雇主或者用人单位,一则不是刑事案件的被告人,二则往往具有赔付能力,应当对上述解释规定的范围作适当限缩,不包括本问题中对雇主或者用人单位主张雇主责任的情形。"浙江杭州中院《关于道路交通事故损害赔偿纠纷案件相关问题的处理意见》(2008年6月19日)第3条:"……(十四)精神损害抚慰金问题……多个事故责任主体的,若其中一人被追究刑事责任,其他责任人是否还需承担精神损害抚慰金?对该问题,应区分情况而定:(1)对于各侵权人的侵权行为间接结合造成受害人伤亡的,各侵权行为人承担的按份赔偿责任,故对精神损害抚慰金的赔偿责任也应是按份责任,故未被追究刑事责任的责任主体还需承担其应承担的精神损害抚慰金的份额;(2)对于各侵权人侵权行为直接结合造成受害人伤亡的,各侵权人承担连带赔偿责任,其中一人被追究刑事责任的,也免除了其他责任主体对受害人的精神损害抚慰金赔偿责任。"江苏宜兴法院《关于审理交通事故损害赔偿案件若干问题的意见》(2008年1月28日 宜法〔2008〕第7号)第14条:"两个以上机动车或者非机动车共同侵权致他人人身损害的,其精神损害抚慰金赔偿,除被追究刑事责任的侵权方外,其他未被追究刑事责任的侵权方仍应赔偿自己应当承担的份额。"北京高院《北京市法院道路交通事故损害赔偿法律问题研讨会会议纪要》(2007年12月4日)第3条:"……6. 关于受害人构成伤残,要求致害机动车一方及保险公司共同赔偿精神损害抚慰金是否支持,以及交通肇事司机构成犯罪的情况下是否支持精神损害抚慰金的问题。与会人员一致认为:受害人构成伤残,有权要求肇事方及保险公司赔偿精神损害抚慰金;肇事司机构成犯罪的,关于精神损害抚慰金问题应依照现行法律和司法解释处理。"河南高院民一庭庭长《在全省法院民事审判工作座谈会上的讲话》(2007年5月11日):"……关于精神损害赔偿的问题,最高人民法院2000年《关于附带民事诉讼范围问题的规定》明确了对于因精神损害提起刑事附带民事诉讼的,不予梳理;最高人民法院2002年《关于人民法院是否受理刑事案件被害人提起精神损害赔偿民事诉讼的批复》又进一步规定,在刑事附带民事诉讼中或另行提起民事诉讼提起精神损害赔偿的,均不予受理。根据这两个司法解释,我们目前一般不能在民事诉讼中支持当事人精神损害赔偿的诉讼请求。但是这两个司法解释在民事诉讼中引起了很大的争议,持反对意见的主要理由是认为刑罚的公法惩罚功能不足以吞并精神损害赔偿的私发救济功能。公法和私法的保护应当并行不悖。为此,我们在民事审判中应当注意行使好释明权,明确告知最高法院2001年《关于确定民事侵权精神损害赔偿责任若干问题的解释》第9条,即'精神损害抚慰金包括以下方式:致人残疾的为残疾赔偿金,致人死亡的为死亡赔偿金,以其他损害情形的精神抚慰金'已经被最高院 2004 年《关于审理人身损害赔偿案件若干问题的解释》第 25 条、第 29 条代替而实际废止,残疾赔偿金、死亡赔偿金的性质已经从精神抚慰金变为财产损害赔偿项目。因此,当事人的诉讼请求项目可以包括残疾赔偿金或死亡赔偿金。除此之外,当事人提出的精神损害赔偿,是不予受理或者应予驳回……"陕西高院《关于印发〈关于审理刑事附带民事诉讼案件的指导意见〉的通知》(2006 年 2 月 15 日　陕高法发〔2006〕7 号)第 4 条:"附带民事诉讼的赔偿原则、赔偿范围及标准。(1)赔偿原则问题。应依据《中华人民共和国刑法》第三十六条和《解释》的规定确定赔偿原则。被告人应负赔偿责任与被告人有无赔偿能力是两个不同性质的概念,应负赔偿责任是法律概念,是法律的规定。有无赔偿能力是被告人的实际赔偿支付能力问题,是判决后的执行问题。因此,一般案件原则上应对附带民事诉讼的实际损失全额判赔,但是,对于判处死刑的案件和一些特殊案件可以根据案件实际情况判处。被告人对被害人物质损失的赔偿情况,可以作为量刑情节予以考虑。(2)赔偿范围及标准。《解释》为人身损害赔偿制定了统一的赔偿范围与标准。按照附带民事诉讼案件适用法律的原则,附带民事诉讼的赔偿范围和标准应执行此《解释》的规定,但精神损害赔偿因刑事司法解释明确规定不予赔偿,故应除外。残疾赔偿金、死亡补偿金是财产性损失,故对残疾赔偿金、死亡补偿金的请求,应予支持。"江苏高院、省公安厅《关于处理交通事故损害赔偿案件有关问题的指导意见》(2005 年 9 月 1 日　苏高法〔2005〕282 号　2020 年 12 月 31 日起被苏高法〔2020〕291 号文废止)第 33 条:"对涉嫌构成交通肇事罪的交通事故,当事人在刑事部分处理之前就损害赔偿问题请求交通事故巡回法庭调解的,交通事故巡回法庭应当及时调解。经交通事故巡回法庭主持调解,当事人对涉嫌犯罪的交通事故损害赔偿问题达成的调解协议,具有法律效力。当事人又就交通肇事罪的同一事实向人民法院提起刑事附带民事诉讼的,审理刑事案件的人民法院应当在刑事附带民事判决书中对交通事故巡回法庭的调解结果予以确认,并判决驳回当事人附带民事诉讼的诉讼请求。"福建泉州中院《关于印发〈关于审理道路交通事故人身损害赔偿案件若干问题的指导意见(试行)〉的通知》(2005 年 8 月 3 日　泉中法〔2005〕91 号)第 1 条:"受理问题。道路交通事故发生后,公安机关以肇事机动车驾驶人涉嫌交通肇事罪立案侦查的:(1)若肇事机动车驾驶人没有逃逸,受害人在公安机关侦查终结前提起民事诉讼的,应暂不受理,待公安机关侦查终结后,依照有关诉讼程序进行处理。(2)若肇事机动车驾驶人在肇事后逃逸,公安交警部门作出交通事故认定书后,受害人在公安机关侦查终结前提起民事诉讼的,应予受理。"浙江杭州中院《关于审理道路交通事故损害赔偿纠纷案件问题解答》(2005 年 5 月)第 1 条:"肇事车辆驾驶员涉嫌交通肇事逃逸后,社会救助基金未建立时,受害人的赔偿费用无法落实。公安机关一般给受害人一份告知书,通知其可先向人民法院提起民事诉讼。问题是:人民法院直接受理民事诉讼是否违反'先刑后民'的原则?如果受理,赔偿标准是否与刑事附带民事诉讼的赔偿标准一致?是否应支持原告的精神损害赔偿请求?该类案件人民法院原则上可不受理。考虑到受害人的实际困难情况,确有必要先行处理的,可受理,但应严格控制。受理的条件是:肇事驾驶员是职务行为,且原告放弃对驾驶员的民事赔偿请求,只告肇事车辆所有人的情况。赔偿标准与刑事附带民事赔偿一致,不应支持其精神损害赔偿请求,但在判决书中给原告留个余地:若肇事驾驶员不构成犯罪,则原告可以就精神损害赔偿部分另行起诉。根据《最高人民法院关于确定民事侵权精神损害赔偿责任若干问题的解释》第6条的规定,当事人在侵权诉讼中没有提出赔偿精神损害的诉讼请求,诉讼终结后又基于同一侵权事实另行起诉请求赔偿精神损害的,人民法院不予受理。因此,只要当事人在侵权诉讼中已经提出精神损害赔偿请求,人民法院没有就此作出判决,而告知其可另行起诉,则该另行起诉不属于上述司法解释第6条规定的不予受理的情形。"第4条:"……道路交通事故的肇事车辆驾驶员被判处刑罚后,受害人的精神抚慰金赔偿请求是否应当支持?不应支持。理由:(1)肇事车辆驾驶员被判处刑罚的事实,对于受害人而言具有精神抚慰的功能;(2)《最高人民法院关于刑事附带民事诉讼范围问题的规定》第1条将刑事附带民事诉讼的范围限定于物质损害,明确规定排除了精神损害;(3)《最高人民法院关于人民法院是否受理刑事案件被告人提起精神损害赔偿民事诉讼问题的批复》(法释〔2002〕17号)规定:'对于刑事案件被害人由于被告人的犯罪行为而遭受精神损失提起的附带民事诉讼,或者在该刑事案件审结以后,被害人另行提起精神损害赔偿民事诉讼的,人民法院不予受理。'据此,不论民事侵权行为的赔偿义务人是否为肇事车辆驾驶员,受害人的精神损害是因该肇事车辆驾驶员的犯罪行为而遭受的,故都不应支持该请求;(4)《人身损害赔偿解释》把残疾赔偿金、死亡赔偿金等定位为物质损害赔偿,也就是考虑到与上述两个司法解释对接的问题。"北京高院《关于刑事案件被害人或其近亲属在刑事案件审结后另行提起的民事赔偿诉讼中精神损害赔偿请求部分不予支持的答复》(2003年5月28日):"……《最高人民法院关于人民法院是否受理刑事案件被害人提起精神损害赔偿民事诉讼问题的批复》明确规定:'对于刑事案件被害人由于被告人的犯罪行为而遭受精神损失提起的附带民事诉讼,或者在该刑事案件审结以后,被害人另行提起精神损害赔偿民事诉讼的,人民法院不予受理。'根据此批复的精神,对于刑事案件被害人或其近亲属在刑事案件审结后,又另行提起的民事赔偿诉讼中含有精神损害赔偿请求内容的部分,不予支持。"江苏高院《2001年全省民事审判工作座谈会纪要》(2001年10月18日 苏高法〔2001〕319号 2020年12月31日起被苏高法〔2020〕291号文废止)第7条:"……因犯罪行为致被害人遭受损害,刑事被告与民事被告是同一人、且被依法追究刑事责任的,不论被害人提起刑事附带民事诉讼,还是单独提起民事诉讼,赔偿范围和标准均参照省法院《关于审理附带民事诉讼案件的若干规定》确定。因犯罪行为致被害人遭受损害,刑事被告与民事被告是同一人、依法不予追究其刑事责任的,或者刑事被告与民事被告不是同一人,被害人单独提起民事诉讼的,均按照民事赔偿的有关规定处理。"山东高院《关于审理人身损害赔偿案件若干问题的意见》(2001年2月22日)第2条:"侵害人致人损害造成重伤或死亡的,受害人或死者的近亲属向法院提起民事诉讼,经审查认为侵害人的行为构成犯罪的,法院应告知当事人向公安机关申请处理或移送公安机关处理;当事人坚持起诉的,应当裁定不予受理或驳回起诉;经审查认为不构成犯罪的或者公安机关认为侵害人的行为不构成犯罪或犯罪情节轻微没有给予刑事处分的,受害人向法院起诉请求赔偿的,人民法院应当作为民事案件受理。"第3条:"侵害人致人损害造成轻伤,受害人起诉时已明确表示放弃追究侵害人的刑事责任,或刑事自诉由原告撤回或由法院驳回的,受害人只提出赔偿请求的,人民法院应当作为民事案件受理。"第4条:"在刑事诉讼中,受害人没有提出附带民事诉讼,刑事诉讼结束后,受害人又起诉请求侵害人赔偿损失的,人民法院应当作为民事案件予以受理;在刑事诉讼中,受害人明确表示放弃民事赔偿请求或撤回附带民事诉讼的,刑事诉讼结束后,受害人又请求赔偿的,应予受理。"第5条:"当事人提起人身损害赔偿诉讼,法院作为民事案件受理后,又以同一事实和理由要求追究侵害人的刑事责任的,应中止民事诉讼,待刑事案件审结后,根据不同情况进行处理:对于不构成犯罪,或犯罪情节轻微,没有给予被告人刑事处分的,或刑事诉讼已由原告撤回或者被驳回的,应恢复民事诉讼;对于民事诉讼请求已在刑事附带民事诉讼中解决的,应裁定驳回起诉。"北京高院《关于印发〈关于审理人身伤害赔偿案件若干问题的处理意见〉的通知》(2000年7月11日)第28条:"刑事附带民事诉讼中涉及的索赔精神损失问题,按最高法院有关司法解释执行。"

**4. 最高人民法院审判业务意见。**●被告人应否承担对被害人的精神损害赔偿责任?《人民司法》研究组:"最高人民法院《关于确定民事侵权精神损害赔偿责任若干问题的解释》于2001年公布施行,主要针对的是民事侵权案件中的精神损害赔偿责任问题。而最高人民法院《关于人民法院是否受理刑事案件被害人提起精神损害赔偿民事诉讼问题的批复》于2002年施行,针对的是刑事案件中的精神损害赔偿诉讼问题。来信提到的问题应当适用后者的规定,对于刑事案件被害人由于被告人的犯罪行为而遭受精神损害提起的附带民事诉讼,或者在该刑事案件审结以后,被害人另行提起精神损害赔偿民事诉讼的,人民法院不予受理。"○刑事案件审结后,对于被害人以同一事实另行提起民事赔偿诉讼中的精神损害赔偿,法院是否支持?《人民司法》研究组:"最高人民法院《关于人民法院是否受理刑事案件被害人提起精神损害赔偿民事诉讼问题的批复》(法释〔2002〕17号)规定:'对于刑事案件被害人由于被告人的犯罪行为而遭受精神损失提起的附带民事诉讼,或者在该刑事案件审结以后,被害人另行提起精神损害赔偿民事诉讼的,人民法院不予受理。'根据上述批复规定,在刑事案件审结以后,被害人以同一事实另行提起民事赔偿诉讼(包括精神损害赔偿)的,对于其中精神损害赔偿的请求,人民法院不予支持。"●交通事故死者的近亲属对肇事逃逸司机所在单位提起民事诉讼,是否应"先刑后民"?最高人民法院民一庭《民事审判实务问答》编写组:"这种抗辩不应支持。司机与其所在单位形成雇佣关系,司机是在执行其所在单位的职务过程中肇事的,其单位作为雇主应对司机肇事造成的损害承担赔偿责任。《最高人民法院关于审理人身损害赔偿案件适用法律若干问题的解释》第9条第1款规定:'雇员在从事雇佣活动中致人损害的,雇主应当承担赔偿责任;雇员因故意或者重大过失致人损害的,应当与雇主承担连带赔偿责任。雇主承担连带赔偿责任的,可以向雇员追偿'。该条款专门规定了雇员侵权的雇主责任,该责任适用无过错责任的归责原则,属于特殊侵权行为的民事赔偿责任,雇员因故意或者重大过失致人损害的,应当与雇主承担连带赔偿责任,雇主在先行承担赔偿责任后,对雇员享有追偿权。因此,受害人的近亲属有权先行请求肇事司机的所在单位先行承担赔偿责任,该责任的承担不以对肇事司机的刑事责任追究为前提。因此,司机所在单位以'先刑后民'作抗辩的理由不成立,人民法院不应予以支持。"○被害人可否对交通肇事车车主提起刑事附带民事诉讼?《人民司法》研究组:"根据最高人民法院《关于执行刑事诉讼法若干问题的解释》第86条的规定,附带民事诉讼中依法负有赔偿责任的人包括:1.刑事被告人及没有被追究刑事责任的其他共同致害人;2.未成年刑事被告人的监护人;3.已被执行死刑的罪犯的遗产继承人;4.共同犯罪案件中,案件审结前已死亡的被告人的遗产继承人;5.其他对刑事被告人的犯罪行为依法应当承担民事赔偿责任的单位和个人。对上述负有赔偿责任的人,被害人一方均可提起刑事附带民事诉讼。因此,如果伍某作为车主,依法应对王某交通肇事的犯罪行为承担民事赔偿责任,则被害人亲属可以对伍某提起刑事附带民事诉讼。"●被害人能否因犯罪行为遭受精神损失而提起刑事附带民事诉讼?《人民司法》研究组:"最高人民法院《关于刑事附带民事诉讼范围问题的规定》第1条明确规定:因人身权利受到犯罪侵犯而遭受物质损失或者财物被犯罪分子毁坏而遭受物质损失的,可以提起附带民事诉讼。对于被害人因犯罪行为遭受精神损失而提起附带民事诉讼的,人民法院不予受理。因此,人民法院在审理刑事附带民事诉讼案件中,对被害人因犯罪行为遭受精神损失而提起的附带民事诉讼,应当不予受理。上述司法解释是就刑事附带民事诉讼范围问题作出的规定,而《关于确定民事侵权精神损害赔偿责任若干问题的解释》则是就民事侵权行为造成精神损害的有关问题作出的规定,二者并不矛盾。"

**5. 参考案例。**①2015年浙江某交通事故纠纷案,2014年,沙某驾驶货车撞死洪某,交警认定沙某全责。沙某为减轻刑事责任,与洪某近亲属达成和解协议,由沙某赔偿原告精神损害抚慰金及其他经济损失共计26万元。洪某近亲属随后又诉请保险公司理赔。法院认为:依《刑事诉讼法》规定,对于达成和解协议的案件,法院可依法对被告人从宽处罚。同时,《刑事诉讼法》司法解释对达成和解协议的案件,规定法院应对被告人从轻处罚。本案中,肇事者沙某为获得被害者家属谅解从而达到获得较轻刑事处罚目的,赔偿原告精神损害抚慰金及其他经济损失共计26万元,故该26万元款项应属刑事和解款,不应纳入民事考虑范畴。虽在交通事故中受害者请求权只有一个即人身损害赔偿请求权,但被害者家属与肇事者签订的和解协议与被害者家属及保险公司之间侵权赔偿责任属不同法律关系,受害者家属获赔刑事和解款与保险公司理赔款互不排斥,即肇事者与被害者家属签订和解协议赔偿的和解款并不必然减轻保险公司赔偿责任。依最高人民法院《关于审理人身损害赔偿案件适用法律若干问题的解释》第12条规定,当事人不仅可以申请工伤保险,还可以要求侵权人承担赔偿责任,并不能因此认定受害人在其遭受的侵害中获取利益。比对该规定,同理,受害者家属在获得刑事和解款后还可请求保险公司理赔。本案受害者家属获得沙某和解款26万元属于刑事范畴,不影响其在民事纠纷中向保险公司申请赔偿,亦不构成因侵害获利情形。肇事者行为构成交通肇事罪后还应承担精神损害赔偿责任。根据2013年最高人民法院《关于适用〈刑事诉讼法〉的解释》第155条规定,驾驶机动车致人伤亡或者公私财产重大损失,构成犯罪的,依《道路交通安全法》第76条规定确定赔偿责任。最高人民法院《关于审理道路交通事故损害赔偿案件适用法律若干问题的解释》第14条对《道路交通安全法》第76条进行了明确,明确人身权益的损害赔偿包括《侵权责任法》第22条的精神损害赔偿。从保险合同约定看,保险公司应在法律规定或合同明确约定范围内进行理赔,故如保险公司无法出示其不在交强险范围内赔偿精神损害抚慰金证据的,法院不应支持其诉请。判决保险公司支付原告保险理赔款。②2013年江苏某保险合同纠纷案,2010年,运输公司驾驶员叶某驾驶运输车辆发生交通事故,致王某死亡。交警认定叶某全责。事发后,运输公司向受害者家属支付了6万元精神抚慰金后,诉请保险公司在交强险限额内赔偿5万元。刑事附带民事判决未支持受害者亲属主张的精神抚慰金。法院认为:通常情况下,因受到犯罪侵犯,权利人有权主张因人身权利受到犯罪侵犯或者财物被犯罪分子毁坏而遭受的物质损失;要求赔偿精神损失的,法院不予受理。但因交通肇事受到犯罪侵犯,由于交强险合同中权利义务存在和交强险强制性,保险人应依保险合同履行与保险费对价的保险金义务,而精神损失属交强险合同中的赔偿项,被侵权人或其近亲属有权据此向保险人主张保险责任限额内精神损害赔偿。《刑事诉讼法》司法解释对精神损失赔偿问题作出一般规定时,对特殊情形的赔偿问题做了除外规定,包括,驾驶机动车致人伤亡或者造成公私财产重大损失,构成犯罪的,依《道路交通安全法》第 76 条规定确定赔偿责任。而此第 76 条规定,机动车发生交通事故造成人身伤亡、财产损失的,由保险公司在机动车第三者责任强制保险责任限额范围内予以赔偿,故该保险人需赔偿的损失包括交强险合同项下的物质损失和精神损失。同时,《刑事诉讼法》司法解释对当事人双方存在合约的特殊情形侵权赔偿问题作出了规定,即,附带民事诉讼当事人就民事赔偿问题达成调解、和解协议的,赔偿范围、数额按合约处理。本案系交通肇事犯罪侵权,由于精神抚慰金在交强险合同约定赔偿范围,运输公司有权依合同约定向保险公司主张赔偿。刑事附带民事判决虽未支持受害者家属向侵权人叶某主张的精神损失,但其对运输公司及其合法驾驶人不具有约束力,因其同为交强险被保险人,有权依保险合同主张合同之债。另,最高人民法院《关于审理道路交通事故损害赔偿案件适用法律若干问题的解释》第 16 条第 2 款规定,被侵权人或者其近亲属有权主张精神损害优先在交强险中赔偿。此系权利人选择权,该效力应及于已向第三者赔偿的被保险人,故被保险人可依《保险法》规定主张权利,即责任保险被保险人给第三者造成损害,被保险人已向该第三者赔偿的,保险人应向被保险人赔偿保险金。判决保险公司向运输公司给付保险金 5 万元。③2012 年江苏某交通事故纠纷案,2009 年,王某驾驶运输公司制动不合格车辆碰撞池某车辆,导致池某车上臧某等三名乘员死亡,交警认定王某、池某分负主、次责任。王某因此被以交通肇事罪判处有期徒刑 4 年。臧某近亲属诉请运输公司、保险公司及池某共同赔偿包括精神损害抚慰金在内的各项损失。法院认为:依最高人民法院《关于确定民事侵权精神损害赔偿责任若干问题的解释》、最高人民法院《关于审理人身损害赔偿案件适用法律若干问题的解释》的相关规定,侵害他人生命、健康、身体等人身权益,致人精神损害,造成严重后果的,侵权人应当赔偿精神损害抚慰金。本案中,王某和池某共同侵权行为造成臧某死亡,给其亲属造成了严重的精神损害,王某和池某应连带承担精神损害赔偿责任。运输公司作为王某雇主,依最高人民法院《关于审理人身损害赔偿案件适用法律若干问题的解释》规定,亦应连带承担赔偿责任。因王某行为已构成交通肇事罪,被判处有期徒刑 4 年,依《刑事诉讼法》、最高人民法院《关于人民法院是否受理刑事案件被害人提起精神损害赔偿民事诉讼问题的批复》规定,人民法院不受理刑事案件被害人对由于被告人的犯罪行为遭受精神损失而提起的民事诉讼,且原告已撤回对王某起诉,故就王某精神损害赔偿责任,法院不予理涉。因王某是运输公司雇用人员,其驾驶车辆所有人为运输公司,依最高人民法院《关于审理人身损害赔偿案件适用法律若干问题的解释》规定,运输公司依法应承担雇主责任,而运输公司提供给王某驾驶的机动车制动系不合格,其对本案民事侵权行为发生负有重大过错,故依法应承担被侵权人的精神损害赔偿责任。根据交通事故责任认定,本案王某对事故负主要责任,池某负次要责任。结合侵权人过错对造成损害结果的原因力比例,判决原告损失50万余元(含精神损害抚慰金5万元),保险公司赔偿3万余元,超额部分46万余元,运输公司赔偿85%,即39万余元,池某赔偿15%,即7万余元,运输公司与池某互负连带责任。④2010年**山东某交通肇事附带民事诉讼案**,2009年6月,肖某驾驶货车与郑某驾驶的车辆相撞,致后者车上乘客张某经抢救无效死亡。交警认定肖某全责。肖某被以交通肇事罪追究刑事责任。附带民事诉讼一审判决赔偿项目中支持受害人诉请的精神损害抚慰金2万元。二审认为:肖某已由刑事案件另案处理,依据最高人民法院《关于人民法院是否受理刑事案件被害人提起精神损害赔偿民事诉讼的批复》规定,对于刑事案件被害人由于被告人的犯罪行为而遭受精神损失提起的附带民事诉讼,或者在该刑事案件审结以后,被害人另行提起精神损害赔偿民事诉讼的,人民法院不予支持,故本案原告的精神损害抚慰金不应支持。⑤2010年**四川某交通事故损害赔偿案**,2008年10月,未知名人驾驶陈某名下车辆与吴某驾驶的摩托车相撞,造成搭乘摩托车的乘员童某死亡,未知名人逃逸。交警认定未知名人与吴某分负主、次责任。法院认为:陈某作为肇事车辆所有人,对他人使用自己车辆应履行严格的审查义务,且诉讼中不到庭应诉和举证,应与实际驾车人承担连带赔偿责任。保险公司主张实际驾车人涉嫌交通肇事刑事范围,交强险不应承担精神损害抚慰金的主张,不予支持。超过交强险责任限额部分,由陈某、吴某按80%、20%的责任比例赔付。⑥2009年**北京某交通事故损害赔偿案**,2009年4月,许某驾驶客运公司客车与陈某驾驶的电动三轮车发生交通事故导致陈某死亡,许某被认定全责并以交通肇事罪被判处有期徒刑10个月。焦点:侵权赔偿中是否还应包括精神损害抚慰金?法院认为:许某驾车越过施划有禁止穿越的道路中心线与道路上的其他车辆发生交通事故,是发生此次事故的全部原因,其对此次事故的发生具有完全过错。因客运公司的肇事车辆在保险公司处投了交强险,故保险公司应在此保险责任限额范围内对原告的合理经济损失进行赔偿;超出此保险责任限额部分的损失,因许某在从事雇佣活动过程中发生此次交通事故,且负此次事故的全部责任(具有重大过失),故应由许某与客运公司对此部分损失承担连带赔偿责任。由于许某在事故发生后依法承担了刑事责任,故原告再要求给付精神损害抚慰金的诉讼主张有悖于法律规定,法院不予支持,判决保险公司给付原告死亡伤残赔偿金11万元、医疗费用赔偿金270元,客运公司与许某连带赔偿原告12万余元。⑦2009年**河南某交通事故损害赔偿案**,2007年,建设公司将承包的工程分包给无建筑资质的葛某。2008年3月,工地工人时某下班到伙房吃饭,穿越马路时发生交通事故被撞身亡。交警认定肇事方负主要责任,时某负次要责任。时某近亲属在刑事附带民事诉讼中与肇事方调解,获得4万余元赔偿金后,又起诉建设公司和葛某要求承担赔偿责任。法院认为:根据司法解释规定,因用人单位以外第三人侵权造成人身损害,赔偿权利人请求第三人承担民事赔偿责任的,人民法院应予支持。该规定明确了对第三人侵权行为,导致劳动者工伤的,劳动者除可享受工伤待遇之外,还可以依法要求第三人承担侵权民事责任。受害人向第三人请求赔偿,并未加重雇主责任,故原告有权向雇主和雇用关系以外的第三人请求赔偿。原告虽已在刑事附带民事诉讼中与直接侵权第三人达成了调解协议,但该协议对葛某无约束力。因葛某与时某系雇用关系,葛某非直接侵权人,故葛某与建设公司不应承担给付时某近亲属精神损害抚慰金的赔偿责任。⑧**2008年北京某道路交通事故损害赔偿案**,2008年,程某酒后驾驶小客车与他人驾驶车辆相撞,致乘车人韩某死亡,对方车辆肇事后逃逸。法院认为:程某违反道路交通安全法规禁止酒后驾车的强制性规定,致使发生交通事故导致同车人死亡,对此负有民事过错,依法应承担民事赔偿责任。韩某明知程某酒后驾车仍然搭乘,可减轻程某赔偿责任。事故相对方肇事司机驾车逃逸所应承担的刑事责任,与程某所承担的民事过错赔偿责任,是不同法律范畴的责任问题。公安机关立案侦查最终对肇事司机进行公诉,并不妨碍死亡人亲属对民事索赔权的行使及对诉求对象、途径的选择。程某对韩某死亡承担民事赔偿责任之后,可以在刑事附带民事诉讼中向肇事司机进行追偿,由刑事附带民事赔偿案件依法审查,作出应否由肇事司机承担责任的处理。程某主张先刑后民、法院对民事案件无权审理、只能通过刑事附带民事途径追偿等于法无据,不能成立。另外,韩某生前所在单位对死亡人家属作出的补偿处理,不能免除程某应承担的民事赔偿责任,故程某提出的单位赔偿了死亡人家属20万元,不应再由其负担丧葬费的主张,法院不予支持。⑨2008年**上海某故意伤害案**,2007年11月,黄某酒后赌博,赢钱后欲开车离开,遭赌友张某、杨某跳上车拦阻、殴打。途中张某、杨某跳车,致一死一伤。检察院以黄某犯故意伤害罪提起公诉,被害人家属提起附带民事诉讼。审理中,检察院撤诉。法院认为:本案被告人对非法进入车辆并自行跳车的人员不负有职务上的或者先行行为产生的安全保障义务,不作为义务来源不存在,因此被告人构成不作为故意伤害罪的前提不存在。两名被害人非法进入黄某驾驶的货车驾驶室殴打黄某,并在驾驶过程中自行跳车,造成一死一伤的后果,对此黄某客观上没有危害行为,主观上既无故意也无过失,因此不构成犯罪,对被害人的伤害结果不负刑事责任,裁定同意检察院撤回起诉,并驳回附带民事诉讼原告人的起诉,告知可另行提起民事诉讼。⑩**2002年江苏某损害赔偿案**,2001年,承包运输公司出租车的王某所雇司机张某运营中被杀,凶手服法。附带民事诉讼支持了赡养费、抚育费。张某近亲属再起诉王某、运输公司索赔。法院认为：王某作为雇主对张某在完成受雇指派工作中遇害身亡，应负赔偿责任。对刑事附带民事支持的赡养费、抚育费之外的死亡赔偿金、丧葬费应由王某补充赔偿，因损害后果非因王某造成，故无须给付精神损害赔偿金。发包方运输公司与张某死亡无因果关系，故无须赔偿，判决王某赔偿张某近亲属死亡赔偿金、丧葬费6.3万余元。⑪2002年*江苏某道路交通损害赔偿案*，2001年7月，孙某驾驶孙宝某的小客车因临危措施不当，撞上骑自行车的王道某致后座的王道某女儿王某死亡，交警认定孙某负主要责任，王道某负次要责任。孙某后因交通肇事被判处2年有期徒刑缓刑3年。王某近亲属另提起民事诉讼。法院认为：根据王道某与孙某在道路交通事故中的违章行为，法院确定因王某死亡给原告造成的损失包括丧葬费、死亡补偿费由二人按三七分担。判决孙某赔偿原告损失的70%计2.5万余元，孙某无力赔偿的，由车主孙宝某承担垫付责任。

【同类案件处理要旨】

　　刑事案件被害人因被告人的犯罪行为而遭受精神损失提起附带民事诉讼，或在该刑事案件审结后，被害人另行提起精神损害赔偿民事诉讼，法院均不予受理。

【相关案件实务要点】

　　1.【精神损害】当被告被追究刑事责任，依现行法律，在刑事附带民事诉讼中不应支持原告精神损害抚慰金请求，但原告单独提起民事赔偿并同时主张精神抚慰金的，对该诉请应予支持。案见四川德阳中院（2008）德民终字第300号"李某诉黄某等交通事故损害赔偿案"。

　　2.【雇佣关系】刑事附带民事案件中不能充分得到保护的权利可在雇用关系中得到相应补充，以充分保障受害人法律权利的完整性。案见江苏淮安中院（2002）淮民终字第202号"张某等诉王某等损害赔偿案"。

　　3.【死亡赔偿金】最高人民法院2000年12月通过的《关于刑事附带民事诉讼范围问题的规定》中确定的赔偿范围不包括物质损失之外的精神损失，最高人民法院《关于人民法院是否受理刑事案件被害人提起精神损害赔偿民事诉讼问题的批复》（2002年法释17号）关于被害人另行提起精神损害赔偿民事诉讼的，人民法院不予受理的批复意见，不能得出受害人基于民事侵权丧失死亡赔偿金请求的权利。案见江苏南通港闸区法院（2002）港富民一初字第655号"王某等诉孙某等道路交通事故损害赔偿案"。

　　4.【刑事制裁】交通肇事责任人承担刑事责任能够作为一种精神损害的救济方式，足以对受害人（或家属）进行精神抚慰，无须侵权人另行赔偿精神损害抚慰金。持此意见的人认为，对侵权人处以刑事制裁，使其人身自由受到剥夺或限制、财产权利受到处罚,受害人(或家属)可以从中得到安慰。案见北京平谷区法院(2009)平民初字第04964号"陈某等诉陆某等道路交通事故损害赔偿案"。

5.【撤诉公诉】被害人非法进入运货车辆然后在行驶途中自行跳车伤亡的,驾驶员没有安全保障义务,也不构成犯罪;检察院撤回起诉的公诉案件,其刑事附带民事诉讼部分不应继续审理,受害人可另行提起民事诉讼。案见上海浦东新区法院(2008)浦刑初字第1763号"黄某故意伤害案"。

6.【保险理赔】交通肇事一方构成或涉嫌交通肇事刑事犯罪时,民事诉讼中,保险公司仍应在交强险责任保险范围内赔付精神损害抚慰金。案见四川金堂法院(2010)金堂民初字第145号"田某等诉陈某等交通事故损害赔偿案"。

【附注】

参考案例索引:四川德阳中院(2008)德民终字第300号"李某诉黄某等交通事故损害赔偿案",判决保险公司给付原告交强险6万元,商业三者险21万余元,黄某赔偿原告4万余元及精神损害抚慰金2万元,李某、汽运公司承担连带责任。见《无证无牌正常行驶者对交通事故的发生应否担责》(王长军),载《人民司法·案例》(200824:65)。①浙江宁波中院(2015)浙甬民二终字第154号"胡某与某运输公司等交通事故纠纷案",见《刑事和解款不能免除或减轻保险责任——浙江宁波中院判决胡某等诉峰阳公司等机动车交通事故责任纠纷案》(张颖璐、李春燕),载《人民法院报·案例精选》(20150813:06)。②江苏淮安中院(2013)淮中商终字第22号"某实业公司与某保险公司保险合同纠纷案",见《交通肇事犯罪之精神损害请求权的认定——江苏淮安中院判决长丰公司诉洪泽保险公司保险合同纠纷案》(马作彪),载《人民法院报·案例精选》(20140515:06)。③江苏高院(2012)苏民再提字第0116号"李某与某运输公司等交通事故人身损害赔偿纠纷案",见《李成亮等诉杰达公司等道路交通事故精神损害赔偿纠纷案》,载《江苏省高级人民法院公报》(201404/34:38)。④山东淄博中院(2010)淄民三终字第282号"郑某等诉肖某等交通事故损害赔偿案",见《郑翠香等诉肖木春等道路交通事故人身损害赔偿案》(刘海红),载《中国法院2012年度案例:道路交通纠纷》(38)。⑤四川金堂法院(2010)金堂民初字第145号"田某等诉陈某等交通事故损害赔偿案",见《田兴凤等诉陈俊仙等道路交通事故人身损害赔偿案》(刘晓斌),载《中国法院2012年度案例:道路交通纠纷》(174)。⑥北京平谷区法院(2009)平民初字第04964号"陈某等诉陆某等道路交通事故损害赔偿案",见《陈朝英等诉北京陆峰达客运有限公司等道路交通事故人身损害赔偿案》(王雁),载《中国审判案例要览》(2010民事:310)。⑦河南漯河中院(2009)漯民一终字第15号"王某等诉某建设公司人身损害赔偿案",一审判决葛某与建设公司连带赔偿原告2.5万余元及精神损害抚慰金2万元。二审经调解,建设公司和葛某各自一次性给付原告1.25万元。见《工伤与侵权的竞合以及精神损害赔偿问题——王二妮等6人诉葛朝红、河南嘉豫建设有限公司人身损害赔偿纠纷案》(王宗欣、滕宝成),载《人民法院案例选·月版》(200908:64)。⑧北京一中院(2008)一中民终字第3753号"马某等诉程某道路交通事故损害赔偿案",见《马金兰等诉程子章道路交通事故人身损害赔偿案》(王鸣越),载《中国审判案例要览》(2009 民事:311)。⑨上海浦东新区法院(2008)浦刑初字第1763号"黄某故意伤害案",见《驾驶员对非法上车并自行跳车伤亡的被害人不负刑事责任》(马超杰、肖波),载《人民司法·案例》(201106:17)。⑩江苏淮安中院(2002)淮民终字第202号"张某等诉王某等损害赔偿案",见《张甜甜等诉王磊因张甜甜之父张桂明在受雇开车过程中被害请求损害赔偿案》(周玉美、刘洋),载《人民法院案例选》(200501:246)。⑪江苏南通港闸区法院(2002)港富民一初字第655号"王某等诉孙某等道路交通事故损害赔偿案",见《王峰等诉孙琴等道路交通事故损害赔偿案》(潘建明、管丽琴),载《中国审判案例要览》(2003 民事:293)。

　　**参考观点索引**:●被告人应否承担对被害人的精神损害赔偿责任?见《被告人应否承担对被害人的精神损害赔偿责任?》,载《人民司法·司法信箱》(200915:111)。○刑事案件审结后,对于被害人以同一事实另行提起民事赔偿诉讼中的精神损害赔偿,法院是否支持?见《刑事案件审结后,对于被害人以同一事实另行提起民事赔偿诉讼中的精神损害赔偿,法院是否支持?》,载《人民司法·司法信箱》(200610:107)。●交通事故死者的近亲属对肇事逃逸司机所在单位提起民事诉讼,是否应"先刑后民"?见《发生交通肇事致人死亡后司机逃逸,公安部门立案缉拿逃逸司机未果,死者的近亲属对司机所在单位提起民事诉讼,请求司机所在单位承担赔偿责任,司机所在单位虽承认司机是其雇佣且在执行职务时肇事,但以"先刑后民"作抗辩,不同意赔偿,对这种抗辩应否支持?》,载《民事审判实务问答》(2008:147)。○被害人可否对交通肇事车车主提起刑事附带民事诉讼?见《被害人可否对交通肇事车车主提起刑事附带民事诉讼?》,载《人民司法·司法信箱》(200202:80)。●被害人能否因犯罪行为遭受精神损失而提起刑事附带民事诉讼?见《被害人能否因犯罪行为遭受精神损失而提起刑事附带民事诉讼?》,载《人民司法·司法信箱》(200205:75)。

## 46. 医疗侵权与事故责任
### ——交通再医疗,两事故怎赔?
【医疗侵权】

**【案情简介及争议焦点】**

2005年6月,沈某因与王某开车碰撞骨折,医院做了截肢手术,后经鉴定构成医疗事故,医院负次要责任。经交警调解,沈某医疗费10万余元,由王某赔偿50%。医院主张其应赔额应扣除沈某从王某处已获得的5万余元医疗费。

争议焦点:1. 医院医疗侵权赔偿比例？2. 沈某已获赔的医疗费应否扣减？

**【裁判要点】**

**1. 医疗赔偿。** 根据鉴定结论,医院应就医疗事故承担40%赔偿责任。

**2. 医疗费用。** 沈某从王某处就医疗费获得50%赔偿,如从医院再次获得40%赔偿,则沈某获赔医疗费总和为其实际支出的90%,并不存在超额受偿情形,故沈某已获赔医疗费在本案中不应扣除。且医院虽主张医疗费应剔除沈某用于治疗交通事故原发疾病费用,但医院并未就此举证沈某主张医疗费中每一笔用途及用于交通事故原发疾病所花费之具体数额。故应推定医疗费均由医疗事故产生,医疗机构不能以受害人从交通事故已获部分赔偿为由主张减免。

**【裁判依据或参考】**

**1. 法律规定。**《民法典》(2021年1月1日)第1165条:"行为人因过错侵害他人民事权益造成损害的,应当承担侵权责任。依照法律规定推定行为人有过错,其不能证明自己没有过错的,应当承担侵权责任。"第1170条:"二人以上实施危及他人人身、财产安全的行为,其中一人或者数人的行为造成他人损害,能够确定具体侵权人的,由侵权人承担责任;不能确定具体侵权人的,行为人承担连带责任。"第1171条:"二人以上分别实施侵权行为造成同一损害,每个人的侵权行为都足以造成全部损害的,行为人承担连带责任。"第1172条:"二人以上分别实施侵权行为造成同一损害,能够确定责任大小的,各自承担相应的责任;难以确定责任大小的,平均承担责任。"第1173条:"被侵权人对同一损害的发生或者扩大有过错的,可以减轻侵权人的责任。"第1218条:"患者在诊疗活动中受到损害,医疗机构或者其医务人员有过错的,由医疗机构承担赔偿责任。"第1220条:"因抢救生命垂危的患者等紧急情况,不能取得患者或者其近亲属意见的,经医疗机构负责人或者授权的负责人批准,可以立即实施相应的医疗措施。"第1221条:"医务人员在诊疗活动中未尽到与当时的医疗水平相应的诊疗义务,造成患者损害的,医疗机构应当承担赔偿责任。"第1222条:"第一千二百二十二条 患者在诊疗活动中受到损害,有下列情形之一的,推定医疗机构有过错:(一)违反法律、行政法规、规章以及其他有关诊疗规范的规定;(二)隐匿或者拒绝提供与纠纷有关的病历资料;(三)遗失、伪造、篡改或者违法销毁病历资料。"第1224条:"患者在诊疗活动中受到损害,有下列情形之一的,医疗机构不承担赔偿责任:(一)患者或者其近亲属不配合医疗机构进行符合诊疗规范的诊疗;(二)医务人员在抢救生命垂危的患者等紧急情况下已经尽到合理诊疗义务;(三)限于当时的医疗水平难以诊疗。前款第一项情形中,医疗机构或者其医务人员也有过错的,应当承担相应的赔偿责任。"《道路交通安全法》(2004年5月1日实施,2011年4月22日修正)第75条:"医疗机构对交通事故中的受伤人员应当及时抢救,不得因抢救费用未及时支付而拖延救治。肇事车辆参加机动车第三者责任强制保险的,由保险公司在责任限额范围内支付抢救费用;抢救费用超过责任限额的,未参加机动车第三者责任强制保险或者肇事后逃逸的,由道路交通事故社会救助基金先行垫付部分或者全部抢救费用,道路交通事故社会救助基金管理机构有权向交通事故责任人追偿。"《侵权责任法》(2010年7月1日,2021年1月1日废止)第12条:"二人以上分别实施侵权行为造成同一损害,能够确定责任大小的,各自承担相应的责任;难以确定责任大小的,平均承担赔偿责任。"第54条:"患者在诊疗活动中受到损害,医疗机构及其医务人员有过错的,由医疗机构承担赔偿责任。"第55条:"医务人员在诊疗活动中应当向患者说明病情和医疗措施。需要实施手术、特殊检查、特殊治疗的,医务人员应当及时向患者说明医疗风险、替代医疗方案等情况,并取得其书面同意;不宜向患者说明的,应当向患者的近亲属说明,并取得其书面同意。医务人员未尽到前款义务,造成患者损害的,医疗机构应当承担赔偿责任。"第57条:"医务人员在诊疗活动中未尽到与当时的医疗水平相应的诊疗义务,造成患者损害的,医疗机构应当承担赔偿责任。"

**2. 行政法规。**国务院《机动车交通责任强制保险条例》(2013年3月1日修改施行)第32条:"医疗机构应当参照国务院卫生主管部门组织制定的有关临床诊疗指南,抢救、治疗道路交通事故中的受伤人员。"国务院《医疗事故处理条例》(2002年9月1日)第5条:"医疗机构及其医务人员在医疗活动中,必须严格遵守医疗卫生管理法律、行政法规、部门规章和诊疗护理规范、常规,恪守医疗服务职业道德。"

第10条:"患者有权复印或者复制其门诊病历、住院志、体温单、医嘱单、化验单(检验报告)、医学影像检查资料、特殊检查同意书、手术同意书、手术及麻醉记录单、病理资料、护理记录以及国务院卫生行政部门规定的其他病历资料。患者依照前款规定要求复印或者复制病历资料的,医疗机构应当提供复印或者复制服务并在复印或者复制的病历资料上加盖证明印记。复印或者复制病历资料时,应当有患者在场。医疗机构应患者的要求,为其复印或者复制病历资料,可以按照规定收取工本费。具体收费标准由省、自治区、直辖市人民政府价格主管部门会同同级卫生行政部门规定。"第49条:"医疗事故赔偿,应当考虑下列因素,确定具体赔偿数额:(一)医疗事故等级;(二)医疗过失行为在医疗事故损害后果中的责任程度;(三)医疗事故损害后果与患者原有疾病状况之间的关系。不属于医疗事故的,医疗机构不承担赔偿责任。"

**3. 司法解释。** 最高人民法院《关于审理医疗损害责任纠纷案件适用法律若干问题的解释(2020年修正)》(2021年1月1日实施)第2条:"患者因同一伤病在多个医疗机构接受诊疗受到损害,起诉部分或者全部就诊的医疗机构的,应予受理。患者起诉部分就诊的医疗机构后,当事人依法申请追加其他就诊的医疗机构为共同被告或者第三人的,应予准许。必要时,人民法院可以依法追加相关当事人参加诉讼。"第4条:"患者依据民法典第一千二百一十八条规定主张医疗机构承担赔偿责任的,应当提交到该医疗机构就诊、受到损害的证据。患者无法提交医疗机构或者其医务人员有过错、诊疗行为与损害之间具有因果关系的证据,依法提出医疗损害鉴定申请的,人民法院应予准许。医疗机构主张不承担责任的,应当就民法典第一千二百二十四条第一款规定情形等抗辩事由承担举证证明责任。"第9条:"当事人申请医疗损害鉴定的,由双方当事人协商确定鉴定人。当事人就鉴定人无法达成一致意见,人民法院提出确定鉴定人的方法,当事人同意的,按照该方法确定;当事人不同意的,由人民法院指定。鉴定人应当从具备相应鉴定能力、符合鉴定要求的专家中确定。"第16条:"对医疗机构或者其医务人员的过错,应当依据法律、行政法规、规章以及其他有关诊疗规范进行认定,可以综合考虑患者病情的紧急程度、患者个体差异、当地的医疗水平、医疗机构与医务人员资质等因素。"第19条:"两个以上医疗机构的诊疗行为造成患者同一损害,患者请求医疗机构承担赔偿责任的,应当区分不同情况,依照民法典第一千一百六十八条、第一千一百七十一条或者第一千一百七十二条的规定,确定各医疗机构承担的赔偿责任。"第24条:"被侵权人同时起诉两个以上医疗机构承担赔偿责任,人民法院经审理,受诉法院所在地的医疗机构依法不承担赔偿责任,其他医疗机构承担赔偿责任的,残疾赔偿金、死亡赔偿金的计算,按下列情形分别处理:(一)一个医疗机构承担责任的,按照该医疗机构所在地的赔偿标准执行;(二)两个以上医疗机构均承担责任的,可以按照其中赔偿标准较高的医疗机构所在地标准执行。"最高人民法院《2011年全国民事审判工作会议纪要》(2011年11月9日 法办〔2011〕442号)第6条:"……要积极探索医疗损害赔偿案件审理的新思路,及时研究举证责任、证明标准等新问题,既要充分保护患者权益,也要为医疗机构的正常运转、医学发展和医疗水平的提高提供司法保障。患者一方请求医疗机构承担侵权责任,应证明与医疗机构之间存在医疗关系及受损害的事实,并提供医疗机构及其医务人员有过错的初步证据。对于是否存在医疗关系,应综合挂号单、交费单、病历、出院证明及其他能证明存在医疗行为的证据加以认定。医疗机构以损害是由于患者或者其近亲属不配合医疗机构进行符合诊疗规范的诊疗造成,或者医务人员在抢救生命垂危的患者等紧急情况下已经尽到合理诊疗义务,或者限于当时的医疗水平难以诊疗等为由,主张不承担赔偿责任的,应承担举证责任。"最高人民法院《关于审理人身损害赔偿案件适用法律若干问题的解释》(2004年5月1日 法释〔2003〕20号,2020年修正,2021年1月1日实施)第1条:"因生命、身体、健康遭受侵害,赔偿权利人起诉请求赔偿义务人赔偿物质损害和精神损害的,人民法院应予受理。本条所称'赔偿权利人',是指因侵权行为或者其他致害原因直接遭受人身损害的受害人以及死亡受害人的近亲属。本条所称'赔偿义务人',是指因自己或者他人的侵权行为以及其他致害原因依法应当承担民事责任的自然人、法人或者非法人组织。"第2条:"赔偿权利人起诉部分共同侵权人的,人民法院应当追加其他共同侵权人作为共同被告。赔偿权利人在诉讼中放弃对部分共同侵权人的诉讼请求的,其他共同侵权人对被放弃诉讼请求的被告应当承担的赔偿份额不承担连带责任。责任范围难以确定的,推定各共同侵权人承担同等责任。人民法院应当将放弃诉讼请求的法律后果告知赔偿权利人,并将放弃诉讼请求的情况在法律文书中叙明。"最高人民法院《关于参照〈医疗事故处理条例〉审理医疗纠纷民事案件的通知》(2003年1月6日 法〔2003〕20号)第1条:"条例施行后发生的医疗事故引起的医疗赔偿纠纷,诉到法院的,参照条例的有关规定办理;因医疗事故以外的原因引起的其他医疗赔偿纠纷,适用民法通则的规定。人民法院在条例施行前已经按照民法通则、原《医疗事故处理办法》等法律、法规审理的民事案件,依法进行再审的,不适用条例的规定。"

4. 部门规范性文件。卫生部《关于印发〈道路交通事故受伤人员临床诊疗指南〉的通知》(2007年5月31日 卫医发〔2007〕175号)第2篇第1条:"医疗机构对道路交通事故中的受伤人员应当及时抢救,不得因抢救费用未及时支付而拖延救治。"第4条:"处置原则和认定只限于对道路交通事故人员创伤及其并发症、合并症的医疗处置,不包括伤者自身的既往伤病和伴发病等的处置。后二者需考虑伤病的参与度,划分为完全、主要、同等、次要、轻微及无因果关系等六个等级。"

**5. 地方司法性文件。**四川高院《关于印发〈四川省高级人民法院机动车交通事故责任纠纷案件审理指南〉的通知》(2019年9月20日 川高法〔2019〕215号)第1条:"【涉及医疗机构诊疗行为过错的】交通事故损害赔偿案件中,赔偿权利人认为医疗机构诊疗行为造成其损害,申请追加医疗机构作为被告的,人民法院应予准许;必要时,人民法院可以依法追加。医疗机构参加诉讼的,案由仍应确定为机动车交通事故责任纠纷。"四川成都中院《关于印发〈机动车交通事故责任纠纷案件审理指南(试行)〉的通知》(2017年7月5日 成中法发〔2017〕116号)第1条:"交通事故案件中,受害人认为医疗机构诊疗行为有过错的,应追加医疗机构为被告,案由仍确定为机动车交通事故责任纠纷。"安徽淮南中院《关于审理机动车交通事故责任纠纷案件若干问题的指导意见》(2014年4月24日)第34条:"受害人发生交通事故后送医疗机构治疗,医疗机构在治疗过程中存在过错,受害人分别向同一人民法院起诉交通事故责任人和医疗机构的,人民法院应结合交通事故责任认定书、伤残等级鉴定意见书、医疗过错参与度鉴定意见书等证据综合认定交通事故责任人和医疗机构所应承担的赔偿比例和数额。"广东高院《关于人民法院委托医疗损害鉴定若干问题的意见(试行)》(2011年11月17日 粤高法发〔2011〕56号)第17条:"医疗过错行为通常情况下会导致损害后果的,应认定医疗过错行为与损害后果具有因果关系。医疗过错行为在损害后果中的原因力大小可分为:(一)全部因素,指损害后果完全由医疗过错行为造成,参与度为91%~100%;(二)主要因素,指损害后果主要由医疗过错行为造成,其他因素起次要作用,参与度为61%~90%;(三)同等因素,指损害后果由医疗过错行为和其他因素共同造成,参与度为41%~60%;(四)次要因素,指损害后果主要由其他因素造成,医疗过错行为起次要作用,参与度为21%~40%;(五)轻微因素,指损害后果绝大部分由其他因素造成,医疗过错行为起轻微作用,参与度为1%~20%;(六)无因果关系,指损害后果全部由其他因素造成,参与度为0。"第24条:"人民法院应根据医疗机构的过错大小、医疗过错行为对损害后果的原因力以及损害后果确定医疗机构的赔偿责任。"浙江高院民一庭《关于审理医疗纠纷案件若干问题的意见(试行)》(2010年7月1日)第5条:"患者因交通事故或其他伤害而就医后,患者一方以医疗机构的医疗行为有过错,并使患者遭受损害为由请求赔偿的,人民法院一般应将医疗机构和其他侵权人作为共同被告;各被告依法承担相应的赔偿责任。"贵州高院、省公安厅《关于处理道路交通事故案件若干问题的指导意见(一)》(2006年5月1日)第30条:"当事人认为医疗机构未及时抢救导致受伤人员死亡或伤情加重,将医疗机构和交通事故赔偿义务人作为共同被告的,人民法院应予允许。经审查,医疗机构确实存在拖延救治情形的,可根据其过错大小和拖延救治行为与损害后果之间的原因力比例,判决医疗机构和交通事故赔偿义务人各自承担相应的赔偿责任。拖延救治行为与损害后果之间的原因力大小难以确定的,可依法委托有关鉴定机构进行鉴定。"江西赣州中院《民事审判若干问题解答》(2006年3月1日)第31条:"当事人因交通事故受伤后在医院治疗,因医院过失导致其死亡或伤残的损害结果,是否属于人身损害赔偿司法解释第3条第2款规定的责任情形;应如何确定医疗事故的侵权人和医疗机构的赔偿责任?答:交通事故受伤后住院治疗,又因医院过失导致死亡,这是一种无意思联络数人侵权,原则上属于人身损害司法解释第3条第2款规定的责任情形,应各自承担责任。如果这两种情况直接结合之情况则应由各方负连带损害赔偿责任。如经查实,医院在此事件中确无过失,则不承担责任。"山东高院《关于印发〈全省民事审判工作座谈会纪要〉的通知》(2005年11月23日 鲁高法〔2005〕201号)第3条:"……关于共同侵权中侵害行为直接结合的认定问题。无意思联络的数人侵权中,侵害行为直接结合构成共同侵权是指数个行为结合程度非常紧密,对加害后果而言,各自的原因力和加害部分无法区分。其构成要件包括:(1)各行为人都有积极的加害行为,而且加害行为具有时空上的一致性;(2)损害结果是一个整体,各行为后果在受害人的损害后果中是无法区分的;(3)各行为人的加害行为和损害结果之间具有直接因果关系,就是原因行为直接引起损害结果,不存在中间媒介的传递。对于无意思联络数人侵权中加害行为间接结合导致同一损害结果的,不构成共同侵权,应当按照过失程度及原因力的大小来综合确定责任份额。"上海高院《医疗过失赔偿纠纷案件办案指南》(2005年9月20日 沪高法〔2005〕17号)第13条:"因果关系的判断,通过直接因果关系、相当因果关系、复杂因果关系分析分别加以认定,并确定医疗过失原因力的大小。〔说明〕现有的法律法规表明,医疗过失与损害结果的因果关系是医疗事故和医疗差错的重要构成要件。如过失行为与损害结果不具有因果关系,也不能构成医疗事故和医疗差错,医方不承担赔偿责任。由于人类生命结构与功能的高度复杂性、疾病发生、发展的多样性、人类认识的局限性、生命科学和医学还存在许多未知领域,造成多方面的原因影响医疗的实际效果,目前通常分医方的原因、患方自身的原因和致病因子的原因三大类。不同的损害结果有不同原因行为,有直接原因和间接原因、单一原因和共同原因、主要原因和次要原因。原因行为不同,医疗过失行为所承担的责任程度不同。简单的一因一果系医疗过失直接造成损害结果,医方承担全部的赔偿责任;多种原因共同作用形成的复杂因果关系,根据医疗过失原因力的大小,确定相应的赔偿责任;医疗过失行为实质上增加损害结果发生客观可能性和不可欠缺的条件系具有相当因果关系。根据医疗过失的参与度确定赔偿责任的大小。"广东高院、省公安厅《关于〈道路交通安全法〉施行后处理道路交通事故案件若干问题的意见》(2004年12月17日 粤高法发〔2004〕34号 2021年1月1日起被粤高法〔2020〕132号文废止)第23条:"当事人认为医疗机构未及时抢救导致受伤人员死亡或伤情加重,将医疗机构和交通事故赔偿义务人作为共同被告的,人民法院应予允许。经审查,医疗机构确实存在拖延救治情形的,可根据其过错大小和拖延救治行为与损害后果之间的原因力比例,判决医疗机构和交通事故赔偿义务人各自承担相应的赔偿责任。拖延救治行为与损害后果之间的原因力大小难以确定的,可依法委托有关鉴定机构进行鉴定。"

**6. 最高人民法院审判业务意见。**○交通事故被害人因其他病因死亡,判决赔偿的标准应以死亡补偿标准还是以伤残补偿标准?最高人民法院民一庭《民事审判实务问答》编写组:"这种情况下,关键要看被害人这种致死的疾病,是否与交通事故有内在联系,是否因交通事故而诱发的,如果存在因果关联,则判决赔偿的标准应以死亡补偿标准计算,如果不是,则应以交通事故造成的损害后果来计算赔偿额,被害人后因病死亡与事故损害赔偿计赔无关。"

**7. 参考案例。**①2014年北京某医疗侵权纠纷案,2011年,卢某与王某车辆相撞,导致卢某车上乘客鲁某受伤,后在医院死亡。法院判决交强险不足赔偿部分,分别由王某、卢某按主、次责任(70%、30%)赔偿46万余元、19万余元。后经鉴定,医院手术存在的医疗过错行为与鲁某损害后果之间存在一定因果关系,医院负共同责任,参与度为D级(理论系数值50%)。2014年,鲁某近亲属诉请医院过错赔偿。法院认为:二人以上分别实施侵权行为造成同一损害,能够确定责任大小的,各自承担相应责任;患者在诊疗活动中受到损害,医疗机构及其医务人员有过错的,由医疗机构承担赔偿责任。根据本案查明事实,案外人王某与卢某发生交通事故,致使鲁某受伤,后鲁某接受了医院急救和手术治疗,但因医治无效死亡。对于鲁某死亡原因,经司法鉴定,认为医院在对鲁某诊疗过程中存在医疗过错行为。上述医疗过错行为与鲁某损害后果之间存在一定因果关系,医院负共同责任,参与度为D级(理论系数值50%)。对于鲁某死亡,系多因一果造成,王某与卢某造成的交通事故与医院诊疗过失均是造成鲁某死亡原因,医院与王某、卢某构成无意思联络的数人侵权,各方应按各自过错责任比例对鲁某死亡承担侵权责任。判决医院赔偿医药费、住院伙食补助费、护理费、丧葬费、死亡赔偿金、交通费并酌定赔偿精神损害抚慰金等相关费用共46万余元。②2005年山东某侵权纠纷案,2002年,张某因车祸致伤,送医院抢救3小时后死亡。经医疗鉴定,构成一级医疗技术事故。张某近亲属诉请医院赔偿。法院认为:医院在抢救张某过程中,存在过失并可认定张某死亡与医院过失行为之间存在因果关系相当性。医疗救治行为虽由交通肇事行为引起,但由于抢救中医疗过失行为介入,从根本上改变了医疗救治正常进程,造成了张某病情恶化而不可逆,最终导致其生命终结,侵害了张某生命权,应承担相应赔偿责任。尽管交通肇事致张某受伤亦系导致其死亡原因之一,但交通肇事行为并未致张某死亡,仅侵害了张某健康权。交通肇事行为人与医院并不具有共同致张某损害故意或过失,二者无主观上共同过错,不符合共同侵权行为构成要件,且交通事故损害赔偿纠纷与医疗事故损害赔偿纠纷亦非同一法律关系,肇事车主在本案中不属于必须参加诉讼的共同诉讼人。至于受害方选择何方主张损害赔偿,应属其诉权自主行使问题,判决医院赔偿原告相关损失。③2010年江苏某交通事故损害赔偿案,2008年10月,周某驾车致管某受伤,交警认定周某、管某分负主、次责任。管某被送医院治疗,手术截肢。后经鉴定,构成三级丙等医疗事故。法院认为:管某当前的人身损害结果系道路交通事故和医疗事故两个原因结合导致,属多因一果,应由存在过错的各方当事人分别承担责任。医院对管某的医疗行为构成医疗事故,客观上扩大了管某的损害后果,且经鉴定在医疗事故中医院负次要责任,法院确定由医院先行承担管某损失的35%,另加精神损害抚慰金1.2万元,共计13万余元,周某承担交通事故的主要责任,应由保险公司在交强险责任限额内赔偿,不足部分,由周某按事故责任比例,按75%的比例赔偿管某10万余元,另加精神损害抚慰金1.3万元。④2010年河南某医疗事故损害赔偿案,2008年5月,范某因交通事故受伤入中医院治疗,当晚经中医院同意,范某被转至人民医院,随后经抢救无效死亡。法医鉴定医方存在过失行为,构成一级甲等医疗事故,医方承担次要责任。法院认为:依据医疗事故鉴定结论,中医院的治疗行为对范某的死亡结果存在因果关系,应承担民事赔偿责任。中医院与人民医院不存在共同的故意和过失,也并非侵权行为的直接结合发生同一损害后果,不符合共同侵权的要件,不应被追加为共同被告。关于赔偿数额、赔偿责任的划分,中医院按40%承担责任较为适中,故判决中医院赔偿原告因范某死亡的丧葬费、死亡赔偿金、被扶养人生活费等共计37万余元的40%,即为14万余元,精神损害抚慰金1.7万余元。⑤2009年福建某交通事故损害赔偿案,2008年8月,曾某驾车撞伤行人郎某,交警认定同等责任。郎某被送医院后经抢救无效死亡,经司法鉴定确认郎某死亡和外伤存在一定的因果关系。曾某与郎某在事故发生后达成22万余元赔偿的协议,但未实际履行。法院认为:本案争议法律关系系交通事故人身侵权纠纷,而医院在诊治受害人时是否存在医疗事故或过错属于医疗侵权纠纷,与本案争议法律关系并不相同,保险公司主张追加医院参与诉讼的意见不予采纳。郎某死亡经鉴定与本案交通事故存在因果关系,调解协议具有民事合同性质,已包含了因郎某死亡产生的各项赔偿费用,不存在无效或可撤销情形,应作为法院审查的对象和裁判的根据,根据该协议,曾某应支付死者家属22万余元,扣除保险公司应支付的交强险限额内的理赔款11万余元,曾某还应支付原告11万余元。⑥1998年河南某医疗事故损害赔偿案,1996年,吴某将车辆交给无驾驶证的周某驾驶,因交通肇事致吴某骨折,在卫生院施行截肢手术,后吴某查知本可不需截肢。经鉴定不构成医疗事故。法院认为:吴某将汽车交给没有驾驶证的周某驾驶导致发生交通事故,对该损害的发生,吴某、周某均负有一定责任。法院酌定各自承担20%责任。<u>医疗事故技术鉴定结论,是民事诉讼中的一项重要证据,但它不是可以当然采信的证据</u>。在吴某受伤后被送至卫生院诊疗过程中,值班医生作了初诊,事后补写的病历记录在诉讼中即为一方当事人陈述,无其他证据相印证,且与对方当事人陈述不尽一致;又根据《急症骨科学》论述来看,即使依据初诊医生的诊断也难以对症,再根据权威外科医学关于"截肢术"适应症的著述来看,卫生院初诊吴某伤情未达到"皮肤、肌肉、神经、血管、骨骼"处于无法修补的状态,且在手术时未进行会诊、与家属签订手术协议,此情况下行截肢术,侵害了吴某的健康权,对吴某所造成的损害后果负有主要赔偿责任。判决周某赔偿原告损失的20%,即7900余元,卫生院赔偿原告损失的60%,共计2.3万余元。

【同类案件处理要旨】

当事人因交通事故受伤后在医院治疗,因医院过失导致其死亡或伤残的损害结果,属于一种无意思联络数人侵权,一般应由医疗机构和其他侵权人作为共同被告,并依法承担相应的赔偿责任。

【相关案件实务要点】

1.【医疗费】受害人先后因交通事故和医疗事故遭受人身损害,如医疗机构不能举证医疗费的构成,则推定医疗费均由医疗事故产生,医疗机构不能以受害人从交通事故已获部分赔偿为由主张减免。案见上海一中院(2007)沪一中民一(民)终字第1915号"沈某诉某医院侵权纠纷案"。

2.【转院治疗】患者在转院治疗过程中,如转入医院与初入医院的侵权行为无直接结合或间接结合的,则不承担侵权赔偿责任。案见河南南阳中院(1998)南民终字第53号"吴某诉某卫生院等医疗事故损害赔偿案"。

3.【保险近因】保险关系上的近因是指造成损失的最直接、最有效的起主导作用或支配性作用的原因,只要该近因属于保险责任范围,保险公司就应承担赔偿责任。案见福建厦门中院(2009)民终字第2155号"戴某等与曾某等交通事故损害赔偿案"。

4.【合并处理】交通事故与医疗事故系两种不同的侵权行为,当两起事故对同一受害人先后发生时,当前司法实践的通常做法是要求或规劝受害人就两起事故分别进行诉讼。这种做法侵害了受害人的合法利益,也不符合司法高效的要求,而一案中合并处理两起事故的审判思路更符合司法价值的追求,也具有理论依据和实践可行性。受害人因交通事故住院治疗,后又遭受医疗事故致损害扩大,其所受人身损害系交通事故和医疗事故两个原因结合导致,属"多因一果",应由存在过错的各方当事人根据过失大小或者原因力比例各自承担相应的赔偿责任。案见江苏高邮法院(2010)邮民初字第0536号"管某诉某医院等人身损害赔偿纠纷案"。

**【附注】**

**参考案例索引：**上海一中院(2007)沪一中民一(民)终字第1915号"沈某诉某医院侵权纠纷案"，判决医院赔偿沈某损失的40%，共计12万余元。见《交通事故与医疗事故并存时的医疗费赔偿》(王永亮、董永强)，载《人民司法·案例》(200802:31)。①北京三中院(2014)三中民终字第05637号"石某与某红十字会等医疗侵权纠纷"，见《石景兰、杨桂清、鲁峥、鲁静诉北京市红十字会急诊抢救中心医疗侵权案——其他人身侵权与医疗侵权共同作用造成人身损害的民事案件审判思路》(陈晓东、宋晓佩)，载《人民法院案例选》(201704/110:134)。②案见"枣庄市山亭区中心人民医院与张永富、张文文等侵权纠纷案"，见《共同侵权行为的认定与医疗侵权纠纷中被告的责任范围》(刘学圣，山东高院民一庭)，载《民事审判指导与参考·判解研究》(200501/21:117)。③江苏高邮法院(2010)邮民初字第0536号"管某诉某医院等人身损害赔偿纠纷案"，见《管平龙诉高邮市医院、周学时等治疗交通事故伤害中发生医疗事故人身损害赔偿纠纷案》(赵广才、徐智渊)，载《江苏高院公报·参阅案例》(201204:23)；另见《交通事故与医疗事故交合下之合并处理》(戚新明)，载《人民司法·案例》(201114:64)。④河南南阳中院(2010)南民二终字第469号"范某等诉某医院医疗损害赔偿案"，见《转入医院不应对患者初入医院的侵权行为担责——南阳中院判决范中生等诉河南省内乡县中医院医疗损害赔偿案》(魏建国、杨慧文)，载《人民法院报·案例指导》(20110317:6)。⑤福建厦门中院(2009)民终字第2155号"戴某等与曾某等交通事故损害赔偿案"，见《近因属于保险责任范围的应承担赔偿责任——原告戴季华等与被告曾荣生等交通事故损害赔偿案》(郑松青、陈进杰)，载《人民法院案例选·月版》(201003:2)。⑥河南南阳中院(1998)南民终字第53号"吴某诉某卫生院等医疗事故损害赔偿案"，见《吴兴永诉南召县南河店镇中心卫生院等医疗事故损害赔偿案》(阎道跃、赵清军)，载《中国审判案例要览》(1999民事:314)。

**参考观点索引：**○交通事故被害人因其他病因死亡，判决赔偿的标准应以死亡补偿标准还是以伤残补偿标准？见《道路交通事故赔偿案在审理中，被害人因其他病因死亡，判决赔偿的标准应以死亡补偿标准还是以伤残补偿标准？》，载《民事审判实务问答》(2008:147)。

## 47. 职务行为与法人责任
### ——驾驶单位车，肇事谁负责？

【法人责任】

【案情简介及争议焦点】

2005年，公安厅干部薛某驾驶单位车辆肇事撞伤郝某，郝某提起国家赔偿行政诉讼被驳回后，提起民事诉讼。

争议焦点：1. 民事诉讼还是国家赔偿行政诉讼？2. 公安厅应否承担责任？

【裁判要点】

**1. 法律适用。** 薛某驾车外出行为，不属于《国家赔偿法》所规定的国家工作人员行使职权即"公共管理职权"范畴，故处理该案不适用《国家赔偿法》。

**2. 民事责任。** 薛某不仅是公安厅工作人员，而且为公安厅的车辆管理者，拥有对车辆的调控权，故其驾车外出应视为公安厅对其授权与认可。再则，公安厅作为薛某管理部门，对其负有管理责任，因公安厅疏于管理，以致发生薛某驾车撞人后果，对薛某交通肇事造成郝某损害后果，公安厅亦应承担责任。

【裁判依据或参考】

**1. 法律规定。**《民法典》（2021年1月1日）第1165条："行为人因过错侵害他人民事权益造成损害的，应当承担侵权责任。依照法律规定推定行为人有过错，其不能证明自己没有过错的，应当承担侵权责任。"第1166条："行为人造成他人民事权益损害，不论行为人有无过错，法律规定应当承担侵权责任的，依照其规定。"第1191条："用人单位的工作人员因执行工作任务造成他人损害的，由用人单位承担侵权责任。用人单位承担侵权责任后，可以向有故意或者重大过失的工作人员追偿。劳务派遣期间，被派遣的工作人员因执行工作任务造成他人损害的，由接受劳务派遣的用工单位承担侵权责任；劳务派遣单位有过错的，承担相应的责任。"第1209条："因租赁、借用等情形机动车所有人、管理人与使用人不是同一人时，发生交通事故造成损害，属于该机动车一方责任的，由机动车使用人承担赔偿责任；机动车所有人、管理人对损害的发生有过错的，承担相应的赔偿责任。"《侵权责任法》(2010年7月1日,2021年1月1日废止)第34条:"用人单位的工作人员因执行工作任务造成他人损害的,由用人单位承担侵权责任。劳务派遣期间,被派遣的工作人员因执行工作任务造成他人损害的,由接受劳务派遣的用工单位承担侵权责任;劳务派遣单位有过错的,承担相应的补充责任。"《民法通则》(1987年1月1日,2021年1月1日废止)第43条:"企业法人对它的法定代表人和其他工作人员的经营活动,承担民事责任。"第121条:"国家机关或者国家机关工作人员在执行职务中,侵犯公民、法人的合法权益造成损害的,应当承担民事责任。"

2. 司法解释。最高人民法院《关于审理人身损害赔偿案件适用法律若干问题的解释》(2004年5月1日 法释〔2003〕20号,2020年修正,2021年1月1日实施)第1条:"因生命、身体、健康遭受侵害,赔偿权利人起诉请求赔偿义务人赔偿物质损害和精神损害的,人民法院应予受理。本条所称'赔偿权利人',是指因侵权行为或者其他致害原因直接遭受人身损害的受害人以及死亡受害人的近亲属。本条所称'赔偿义务人',是指因自己或者他人的侵权行为以及其他致害原因依法应当承担民事责任的自然人、法人或者非法人组织。"第2条:"赔偿权利人起诉部分共同侵权人的,人民法院应当追加其他共同侵权人作为共同被告。赔偿权利人在诉讼中放弃对部分共同侵权人的诉讼请求的,其他共同侵权人对被放弃诉讼请求的被告应当承担的赔偿份额不承担连带责任。责任范围难以确定的,推定各共同侵权人承担同等责任。人民法院应当将放弃诉讼请求的法律后果告知赔偿权利人,并将放弃诉讼请求的情况在法律文书中叙明。"

3. 地方司法性文件。安徽合肥中院《关于道路交通事故损害赔偿案件的审判规程(试行)》(2019年3月18日)第14条:"【用人单位的责任】对交通事故发生负有责任的车辆驾驶人一般是侵权人,应承担侵权赔偿责任,但用人单位的工作人员在执行工作任务中驾驶车辆发生交通事故的,由用人单位承担赔偿责任。"山东日照中院《机动车交通事故责任纠纷赔偿标准参考意见》(2018年5月22日)第2条:"公车私用发生交通事故造成损害的处理。单位工作人员擅自驾驶行为与执行工作任务无关,应适用《交通事故损害赔偿解释》第二条规定认定车辆驾驶人和所有人的责任。由未经允许驾驶机动车的驾驶人承担赔偿责任,机动车所有人或管理人有过错的,依据过错程度承担相应的赔偿责任。"江西高院《关于印发〈审理人身侵权赔偿案件指导意见(试行)〉的通知》(2017年9月5日 赣高法〔2017〕169号)第14条:"工作人员使用个人车辆执行单位事务途中发生交通事故致他人损害的,分别以下情形处理:(1)工作人员使用自有车辆或者借用他人车辆履行其自有工作职责的,按照其自有车辆或者车辆借用侵权法律关系处理,受害方以该工作人员身份关系或者系执行单位事务为由,要求单位承担赔偿责任的,不予支持;该工作人员提出职务行为抗辩,主张单位应承担赔偿主体责任的,不予支持;(2)工作人员因单位负责人个人要求,使用自有车辆或者单位负责人提供的车辆执行单位事务的,按义务帮工侵权法律关系处理,该工作人员是帮工人,单位负责人是被帮工人,在车辆保险不能赔偿的部分,由单位负责人承担赔偿责任,工作人员在驾驶车辆中存在故意或者重大过失,单位负责人可以在承担了赔偿责任后要求工作人员承担与其重大过失相适应的赔偿责任;如该工作人员未提出其系帮工行为抗辩,人民法院只列受害方起诉的当事人为被告;工作人员在承担了责任后,可以另行要求单位负责人承担相应责任。"天津高院《关于印发〈机动车交通事故责任纠纷案件审理指南〉的通知》(2017年1月20日 津高法〔2017〕14号)第3条:"……对事故发生负有责任的事故车辆驾驶人一般是侵权人,承担侵权赔偿责任,但用人单位的工作人员执行工作任务中驾驶车辆发生交通事故的,由用人单位承担赔偿责任。"江苏高院民一庭负责人《在全省民事审判工作例会上的讲话》(2016年9月14日)第18条:"对于侵权责任法第34条、第35条及人损司法解释第11条的关系,实践中需要把握以下两点:(1)对于用人单位工作人员或提供劳务的一方对他人造成损害的,侵权责任法第34条和第35条规定的规则是一致的,由用人单位或者接受劳务的一方承担责任。(2)对于雇员自身遭受损害的,应当区分两种情况:(一)对于个人与个人之间形成的劳务关系,适用侵权责任法第35条的规定,归责原则采用过错责任。(二)对于雇员与单位之间的劳务关系,侵权责任法第34条并未作明确的规定,可适用人损司法解释第11条的规定,归责原则为无过错责任,由用人单位承担赔偿责任。属于《工伤保险条例》调整的劳动关系和工伤保险范围的,不适用本条规定。"广东深圳中院《关于审理财产保险合同纠纷案件的裁判指引(试行)》(2015年12月28日)第12条:"《机动车交通事故责任强制保险条例》第二十二条第一款规定的致害人和《最高人民法院关于审理交通事故损害赔偿案件适用法律若干问题的解释》第十八条第二款规定的侵权人,均应理解为在道路交通事故损害赔偿责任纠纷中依法应当承担民事侵权责任的主体,包括单位与个人,如驾驶员的行为系职务行为,则致害人、侵权人应为其所在的单位。"安徽淮南中院《关于审理机动车交通事故责任纠纷案件若干问题的指导意见》(2014年4月24日)第8条:"有独立主体资格的单位工作人员公车私用发生交通事故,属于公车一方责任,赔偿权利人请求单位承担赔偿责任的,人民法院结合单位是否尽到管理职责等因素确定单位是否承担赔偿责任,单位未尽到管理职责的,根据单位管理过错大小,确定由单位承担20%至50%的赔偿责任。"安徽滁州中院《关于审理道路交通事故损害赔偿案件座谈会纪要》(2013年8月2日)第1条:"法人及其他组织的工作人员、雇员在上班或者下班途中,驾驶自己所有的机动车发生道路交通事故造成他人损害,并负有事故责任的,由其自己承担相应的赔偿责任。"山东淄博中院《全市法院人身损害赔偿案件研讨会纪要》(2012年2月1日)第17条:"关于职务行为应如何界定的问题。职务行为是指行为人担任法人或其他组织的相关职务,在职务范围内代表法人或其他组织从事的经营管理活动,法人或其他组织对该行为后果要承担民事责任。应从行为的起因,过程,范围,目的,以及结果的受益分析,为履行本职工作或为完成单位交付的工作任务而实施的一定行为属职务行为,是否受到指派是认定的关键。"上海高院民一庭《道路交通事故纠纷案件疑难问题研讨会会议纪要》(2011年12月31日)第5条:"职务行为、提供劳务过程中发生交通事故的责任承担。机动车驾驶人在履行职务行为或在提供劳务过程中发生交通事故造成第三人损害的,应当由驾驶员所在单位或接受劳务一方承担责任。如劳动者或提供劳务一方有故意或者重大过失的,多数意见认为可根据《最高人民法院关于审理人身损害赔偿案件适用法律若干问题的解释》第9条规定,用人单位或接受劳务一方在承担了赔偿责任后,可以向劳动者或提供劳务一方追偿。"江苏南通中院《关于处理交通事故损害赔偿案件中有关问题的座谈纪要》(2011年6月1日 通中法〔2011〕85号)第12条:"法人或者其他组织的法定代表人、负责人以及工作人员,在驾驶车辆执行职务过程中发生交通事故致人损害的,由该法人或者其他组织承担民事责任。"安徽宣城中院《关于审理道路交通事故赔偿案件若干问题的意见(试行)》(2011年4月)第18条:"法人及其他组织工作人员、雇员在上下班途中,驾驶自由机动车发生交通事故致人损害的,由保险公司在机动车强制责任险限额内予以赔偿,不足部分由该驾驶人承担赔偿责任。"山东高院《关于印发审理保险合同纠纷案件若干问题意见(试行)的通知》(2011年3月17日)第27条:"第三者责任保险中,被保险人允许的合法驾驶人在驾驶被保险车辆时发生交通事故致第三者人身伤亡和财产损失的,在承担损害赔偿责任后,有权要求保险人按照第三者责任保险合同约定赔付。"江苏常州中院《关于道路交通事故损害赔偿案件的处理意见》(2010年10月13日 常中法〔2010〕104号)第1条:"……(7)法人或其他组织的法定代表人、负责人以及工作人员,在驾驶机动车执行职务过程中发生交通事故的,由该法人或其他组织承担民事责任……"河南周口中院《关于侵权责任法实施中若干问题的座谈会纪要》(2010年8月23日 周中法〔2010〕130号)第6条:"法人或者其他组织的法定代表人、负责人以及工作人员,在执行职务中或者从事与其职务相关联的活动中致人损害的,由该法人或者其他组织承担无过错的民事责任……上条及本条所规定的'从事与其职务相关联的活动'主要是指:利用法人或其他组织、雇主的交通工具、办公用具等物件从事的活动;为完成职务而从事的辅助活动;为法人或者其他组织、雇主的利益而从事的非职务要求的活动;为执行职务或从事雇佣活动的人员提供非本人职务要求的帮助活动等……3.法人或者其他组织的法定代表人、负责人、工作人员以及受雇人故意加害他人的,法人或者其他组织以及雇佣人在应当预期到该加害行为发生或者对防止损害的发生没有尽到足够的注意义务的或者损害的发生存在其他过错的,应当承担与其过错相适应的赔偿责任。"安徽合肥中院民一庭《关于审理道路交通事故损害赔偿案件适用法律若干问题的指导意见》(2009年11月16日)第9条:"雇员为实施雇佣行为,驾驶自有机动车发生道路交通事故致人损害的,由雇主与雇员承担连带赔偿责任。但雇主事前对雇员驾驶自有机动车实施雇佣行为明确反对的除外。法人及其他组织的工作人员发生上述情形的,适用前款规定。"第10条:"法人及其他组织的工作人员、雇员为上班或者下班,驾驶自有机动车发生道路交通事故致人损害的,由该驾驶人承担赔偿责任。"江苏南京中院民一庭《关于审理交通事故损害赔偿案件有关问题的指导意见》(2009年11月)第6条:"机动车方当事人包括机动车所有人、实际控制人和驾驶人。受害人仅起诉机动车所有人或实际控制人的,如果机动车驾驶人非系履行职务行为,人民法院应当追加驾驶人为共同被告,受害人明确表示不向驾驶人主张权利的除外。"广东佛山中院《关于审理道路交通事故损害赔偿案件的指导意见》(2009年4月8日)第23条:"法人及其他组织的工作人员、雇员在上班或者下班途中,驾驶自有机动车发生道路交通事故致人损害的,由该驾驶人承担赔偿责任。"浙江高院民一庭《全省法院民事审判业务培训班问题解答》(2008年6月25日)第8条:"交通事故发生后,肇事驾驶员和车辆所有人之间的法律关系不明确,而受伤方起诉要求两者赔偿,肇事驾驶员和车辆所有人应承担何种赔偿责任?答:应当判决肇事驾驶员和车辆所有人对受害人的损害承担连带赔偿责任。理由是:驾驶员是侵权行为人,在不能证明与他人之间存在雇佣关系且履行职务行为等情形时,应对其行为承担责任;机动车所有人对机动车运行具有支配权,并享有运行利益,除非能证明其与侵权行为人之间有免除责任的情形(如车辆被盗、被抢等)存在,否则应当承担赔偿责任。"重庆高院《关于审理道路交通事故损害赔偿案件适用法律若干问题的指导意见》(2006年11月1日)第11条:"雇员在受雇期间擅自驾驶雇主的机动车发生道路交通事故致人损害的,由雇员与雇主承担连带赔偿责任。法人及其他组织的工作人员发生上述情形的,适用前款规定。"第13条:"法人及其他组织的工作人员、雇员为上班或者下班,驾驶自有机动车发生道路交通事故致人损害的,由该驾驶人承担赔偿责任。"江西赣州中院《关于审理道路交通事故人身损害赔偿案件的指导性意见》(2006年6月9日)第1条:"法人或其他组织的驾驶员驾驶机动车在执行职务中致人损害的,由法人或其他组织承担赔偿责任。法人或其他组织的驾驶员擅自驾驶机动车致人损害由驾驶员和单位承担连带责任,单位承担责任后可向有过错的驾驶员追偿。"安徽高院《关于审理人身损害赔偿案件若干问题的指导意见》(2005年12月26日)第15条:"机动车驾驶员执行职务或从事雇佣活动驾驶机动车发生交通事故造成他人人身伤亡、财产损失的,根据《关于审理人身损害赔偿案件适用法律若干问题的解释》第八条第一款和第九条第一款的规定,由驾驶员所在单位或雇主承担赔偿责任。驾驶员承担交通事故的全部责任或主要责任的,与雇主承担连带赔偿责任。驾驶员所在单位或雇主承担赔偿责任后依据有关规定,有权向驾驶员追偿。"浙江杭州中院《关于审理道路交通事故损害赔偿纠纷案件问题解答》(2005年5月)第2条:"……3.驾驶员在非执行职务中的责任主体确定问题。对于2004年5月1日前发生的道路交通事故,适用《道路交通事故处理办法》的规定,由驾驶员承担赔偿责任;该驾驶员暂时无力承担时,由其所在单位或机动车的所有人承担垫付责任。对于2004年5月1日后发生的道路交通事故,因《道路交通事故处理办法》已经废止,则不能判由驾驶员所在单位或机动车的所有人承担垫付责任,根据《最高人民法院关于审理人身损害赔偿案件适用法律若干问题的解释》(以下简称《人身损害赔偿解释》)第8、9条的规定,若能认定系实施与职务无关的行为或者并非从事雇佣活动中致人损害的,应由驾驶员承担赔偿责任。4.驾驶员在执行职务时的责任主体和诉讼主体确定问题。根据《人身损害赔偿解释》第8条、第9条的规定,应区分驾驶员执行职务的性质,即其执行的是所在单位(法人或其他组织)的职务还是其雇主分派的事务。若是执行法人或者其他组织的职务,由该法人或者其他组织承担民事责任。若是执行雇主分派的事务,则视该驾驶员有无过错,按照《人身损害赔偿解释》第9条的规定处理。对于诉讼主体,若原告起诉时仅以驾驶员所在单位为被告,后原告申请追加驾驶员为共同被告,则由于是否系执行职务行为中致人损害需要人民法院审查,故依法应予准许;经审查明确属执行职务中致人损害,则根据《人身损害赔偿解释》第8条的规定,判由驾驶员所在的单位承担赔偿责任。若原告起诉时仅以驾驶员所在单位为被告,被告在诉讼过程中申请追加驾驶员为共同被告,则依法不应准许。因为驾驶员与其所在单位之间并不存在同时对受害人承担赔偿责任的可能,并非必须共同参加诉讼的当事人,人民法院不能将其追加为共同被告,若人民法院经审理查明驾驶员系非执行职务过程中致人损害,认为驾驶员所在单位不应承担赔偿责任的,则应驳回原告诉讼请求,原告可另行起诉驾驶员。若原告起诉时仅以驾驶员的雇主为被告,后原告申请追加驾驶员为共同被告,应予以准许;若在审理过程中发现雇员在从事雇佣活动中有故意或重大过失,因根据《人身损害赔偿解释》第9条的规定,雇员与雇主存在同时对受害人承担民事责任的可能,故人民法院可根据被告的申请,追加驾驶员为共同被告。"吉林高院《关于印发〈关于审理道路交通事故损害赔偿案件若干问题的会议纪要〉的通知》(2003年7月25日 吉高法〔2003〕61号)第12条:"驾驶员在执行职务中发生道路交通事故致人损害的,应以驾驶员所在单位为被告,由驾驶员所在单位承担损害赔偿责任;驾驶单位机动车在非执行职务期间发生道路交通事故致人损害的,应以驾驶员及所属单位为共同被告,由驾驶员及其所属单位承担连带赔偿责任。"北京高院《关于部分道路交通事故损害赔偿案件的受案与审理应以北京市公安局下属各分、县局为被告的通知》(2003年5月14日):"……市公安局下属各分、县局的公用车辆统一登记在市公安局名下,是由政府采购和指定主体登记的统一规定决定的,具有不可选择性和不可变更性。鉴于上述情况,我院认为,各公安分、县局不仅是车辆驾驶员的所在单位,也是车辆的实际所有人,其具有民事主体和诉讼主体资格,完全能够也应当对外独立承受民事权利义务。为此,参照国务院《道路交通事故处理办法》的相关规定,我院经研究确定,自本通知下发之日起,各法院受理此类案件,应以肇事车辆驾驶员所在单位为被告,不再列北京市公安局为被告。"辽宁高院、省公安厅《关于道路交通事故案件若干问题的处理意见》(辽公交〔2001〕62号)第7条:"驾驶员在执行单位职务中或在进行雇佣合同规定的活动中发生交通事故并负有责任的,由驾驶员所执行职务的单位或雇主承担赔偿责任。"第8条:"驾驶员驾驶所在单位或雇主的车辆,在非职务行为或非雇佣活动中发生交通事故并负有责任的,由驾驶员承担赔偿责任。驾驶员暂时无能力赔偿的,由驾驶员所在单位或雇主负责垫付。"四川高院《关于道路交通事故损害赔偿案件审判工作座谈会纪要(试行)》(1999年11月12日　川高法〔1999〕454号)第4条:"道路交通事故案件赔偿责任的具体划分。赔偿责任的划分确定,是处理道路交通事故案件的重点。会议认为,依照我国现行法律法规的规定,结合审判实践,道路交通事故损害赔偿案件民事责任的确定具体可划分为以下情况:(1)驾驶员在驾驶本单位车辆执行职务过程中发生交通事故且负有责任的,由驾驶员所在单位承担责任。(2)驾驶员在非执行职务过程中驾驶本单位或者他人所有的车辆发生交通事故的,由驾驶员承担赔偿责任;车辆所在单位有过错的,按过错大小承担责任。承担赔偿责任的驾驶员暂时无力赔偿的,由驾驶员所在单位或者车辆所有人负责垫付。驾驶员所在单位或者车辆所有人在诉讼中请求判令在其垫付后由驾驶员本人承担责任的,属内部法律关系,不能合并审理,应另案起诉……"河南高院《关于审理道路交通事故损害赔偿案件若干问题的意见》(1997年1月1日　豫高法〔1997〕78号)第8条:"驾驶人员在执行职务中发生交通事故的,应以驾驶人员所在单位为被告;驾驶人员驾驶单位车辆在非执行职务期间发生交通事故的,应以驾驶人员及其所属单位为共同被告。"第9条:"受人委派驾驶车辆发生交通事故的,如车辆所有人就是委派人的,以车辆所有人为被告,委派人不是车辆所有人的,以车辆所有人和委派人为共同被告。"

**4. 最高人民法院审判业务意见。**●机动车所有人和驾驶员所在单位不同一时承担交通事故赔偿垫付责任有无先后顺序之分?最高人民法院民一庭《民事审判实务问答》编写组:"《道路交通安全法》及其《实施条例》对此问题没有作出规定。被废止的《道路交通事故处理办法》第31条规定:'交通事故责任者对交通事故造成的损失,应当承担赔偿责任。承担赔偿责任的机动车驾驶员暂时无力偿还的,由驾驶员所在单位或者机动车的所有人负责垫付。但是,机动车驾驶员在执行职务中发生交通事故,负有交通事故责任的,由驾驶员所在单位或者机动车的所有人承担赔偿责任;驾驶员所在单位或者机动车的所有人在赔偿损失后,可以向驾驶员追偿部分或者全部费用'。垫付责任在民法上应当属于补充清偿责任的性质,在机动车所有人和驾驶员所在单位不同一时,承担垫付责任应属于平行性、选择性的责任,没有先后顺序之分。"(车主垫付责任后已变更为过错赔偿责任。——编者注)〇司机在执行职务时发生交通事故致人损害,应如何确定案件的被告?最高人民法院民一庭《民事审判实务问答》编写组:"《民法通则》中没有规定关于雇员致人损害如何承担赔偿责任的规定。《最高人民法院关于适用〈民事诉讼法〉若干问题的意见》第45条规定:'个体工商户、农村承包经营户、合伙组织雇佣的人员在进行雇佣合同规定的生产经营活动中造成他人损害的,其雇主是当事人'。该解释从程序法上确定了雇主应当作为雇员职务损害赔偿责任案件的当事人。《最高人民法院关于审理人身损害赔偿案件适用法律若干问题的解释》第九条也规定:'雇员在从事雇佣活动中致人损害的,雇主应当承担赔偿责任;雇员因故意或者重大过失致人损害的,应当与雇主承担连带赔偿责任。雇主承担连带赔偿责任的,可以向雇员追偿。''前款所称从事雇佣活动,是指从事雇主授权或者指示范围内的生产经营活动或者其他劳务活动。雇员的行为超出授权范围,但其表现形式是履行职务或者与履行职务有内在联系的,应当认定为从事雇佣活动'。因此,人民法院应依照上述规定,确定雇请该肇事司机的雇主为该类损害赔偿案件的被告。"●对交通事故损害赔偿承担法人责任的私营独资企业主是否负无限清偿责任?最高人民法院民一庭《民事审判实务问答》编写组:"依照《个人独资企业法》第2条、第31条的规定,个人独资企业是指依照本法在中国境内设立,由一个自然人投资,财产为投资人个人所有,投资人以其个人财产对企业债务承担无限责任的经营实体。个人独资企业财产不足以清偿债务的,投资人应当以其个人的其他财产予以清偿。在交通事故损害赔偿案件中,肇事车辆的车主是私营独资企业,企业作为车主应承担损害赔偿责任。虽然私营独资企业业主对企业的债务负无限清偿责任,但企业主不是道路交通事故损害赔偿案件的责任主体,与案件无关,无需判令其对企业的上述债务承担无限清偿责任。当然,在私营独资企业的财产不足以承担赔偿责任时,可在执行程序追加企业主承担清偿责任。"

**5. 参考案例**。①2017年江苏某损害赔偿纠纷案,2014年,运输公司货车驾驶员赵某运货过程中发生单方道路交通事故,交警认定赵某全责。运输公司诉请赵某赔偿损失3万余元。法院认为:《劳动合同法》第29条规定,用人单位与劳动者应当按照劳动合同的约定,全面履行各自的义务。劳动者在履行劳动合同过程中,由于违反法律规定或者劳动合同约定,给用人单位造成经济损失的,用人单位有权给予劳动者一定的惩戒,甚至解除劳动合同。但对于劳动者在履职过程中造成的损失,劳动者是否应负赔偿责任,现行法律法规不甚明晰。根据有权利即有保护、有损害必有救济的法律原则,用人单位因劳动者履职过程中造成的经济损失亦应获得相应赔偿。考虑到劳动关系不同于一般民事关系,具有一定特殊性。用人单位作为单位财产所有人、管理人,其不仅对劳动者所创造劳动成果享有所有权,亦对劳动者负有管理义务,为保证用人单位正常生产经营,用人单位支付给劳动者报酬必然低于劳动者创造的劳动成果价值,用人单位占有劳动者创造的劳动成果价值与劳动者获得报酬之间的不对等性,决定了用人单位承担经营风险应高于劳动者应承担的工作风险。用人单位对劳动者负有管理、培训等义务,亦决定了劳动者不应因工作过程中一般过失而对用人单位损失承担赔偿责任,劳动者仅应在故意或重大过失给用人单位造成损失情况下,才对给用人单位造成的损失承担赔偿责任。本案中,赵某作为驾驶员应严格遵守道路安全相关规定,安全驾驶,但赵某在驾驶车辆时未能确保安全,引发单方交通事故,负事故全部责任,其对本案事故发生存在重大过失。赵某在履行劳动合同过程中存在重大过失,未能全面安全地履行劳动合同义务,应承担相应赔偿责任。判决赵某赔偿运输公司9000元。②2017年**湖南某健康权纠纷案**,2015年,楚某货车在实业公司仓库卸货后,仓库管理员李某驾驶叉车关门过程中,车门压伤楚某手指致10级伤残。楚某诉请李某及实业公司赔偿。法院认为:本案中,货物装卸需借助机械力量即叉车完成,但楚某并未随车配有叉车和装卸工人,其无法自行完成货物装卸,从现有证据来看,实际完成卸货的应系实业公司。又因楚某驾驶的货车需移动打开货厢栏杆来装卸货物,而栏杆移动需借助机械力量完成,楚某亦无法自行完成,故实业公司卸完货后仍有义务协助楚某装好栏杆,该义务属卸完货后附随义务,在该过程中致人损害的,可根据过错大小划分责任。就具体过错而言,楚某在栏杆移动时未处于安全范围内,忽视自身安全,具有过错;李某驾驶叉车移动栏杆时未尽到审慎观察注意义务,亦具有过错,双方过错大小相当,可认定各自负担50%责任。从李某与实业公司所签劳动合同内容看,李某虽系仓库管理员,但仓库管理员工作应还包括驾驶叉车装卸货物等内容,实业公司亦因此制定了仓库管理员在货物装卸、叉车使用中的各项规范及考核制度,李某亦持有叉车驾驶资格证书。实业公司称李某系擅自驾驶,其工作内容不包括开叉车,但除实业公司自己陈述外未能提供叉车日常管理、驾驶员安排等证据予以反驳。二者相比较,李某提供的证据更占优势,法院依证据优势规则认定李某驾驶叉车是职务行为,而不属擅自驾驶。李某作为实业公司员工在履行卸货工作职责过程中致人损害的,实业公司应承担相应赔偿责任。判决实业公司赔偿楚某各项损失50%共4万余元。③2013年**安徽某劳动争议案**,2012年,徐某购买货车后挂靠在运输公司并聘请王某之子杨某驾驶,因交通肇事致杨某死亡。王某以杨某与运输公司之间存在劳动关系为由申请仲裁。仲裁裁决确认存在劳动关系后,运输公司不服向法院起诉。法院认为:"挂靠"一词并非法律用语。挂靠是一种不正当竞争行为,遏制挂靠行为系行政管理重点,认定劳动关系则需用《劳动合同法》来界定。2008年1月1日实施的《劳动合同法》第10条规定:"建立劳动关系,应当订立书面劳动合同。已建立劳动关系,未同时订立书面劳动合同的,应当自用工之日起一个月内订立书面劳动合同。用人单位与劳动者在用工前订立劳动合同的,劳动关系自用工之日起建立。"本案中,肇事货车系徐某个人购买,挂靠在运输公司并以运输公司名义对外经营;杨某劳动所创造价值最主要部分亦非交给运输公司,很大一部分由徐某取得,运输公司只是每年收取一定管理费;给杨某发工资的是徐某而非运输公司,故杨某与运输公司之间不具备劳动关系基本特征。本案无论是从法律规定,还是从价值取向、社会影响、社会效果看,均不宜认定杨某与运输公司之间形成了事实劳动关系。④2013年**浙江某保险合同纠纷案**,2012年,广告公司职员吴某驾驶单位车辆停车后,该车后排乘员即广告公司职员朱某开车门时与同方向李某驾驶电动自行车发生碰撞,造成李某受伤。交警认定朱某负主要责任,吴某、李某各负次要责任。法院判决广告公司赔偿李某在交强险责任限额范围外经济损失1.2万余元。广告公司履行后向保险公司理赔,保险公司以乘员朱某既非车辆投保人亦非投保人允许的合法驾驶人,故其非交强险中被保险人为由拒赔致诉。法院认为:投保人订立保险合同,可为自己利益,亦可为他人利益。被保险人由投保人和保险人在保险合同中予以约定。财产保险合同被保险人对保险标的应具有保险利益。责任保险的保险标的是被保险人对于第三人"依法应负的损害赔偿责任"。责任保险的保险利益属消极期待利益,是被保险人因特定意外事故发生,将承担的金钱上损失,故责任保险的保险利益属财产上保险利益,投保人可兼为被保险人。在同乘人系被保险人工作人员情形,用人单位工作人员因执行工作任务造成他人损害的,由用人单位即被保险人承担侵权责任;保险人应对同乘人承担的超过交强险赔偿限额部分给予赔偿,但工作人员在使用被保险车辆时因故意或重大过失致人损害的除外。本案中,广告公司系投保人,亦系合同约定的被保险人,事故发生时驾驶人吴某、同乘人朱某系广告公司员工且正在执行工作任务,造成他人损害,由用人单位广告公司承担侵权赔偿责任,该赔偿责任依法应属保险范围。判决保险公司赔偿广告公司1.2万余元。⑤2013年**江苏某劳动争议案**,2008年,段某驾驶机械公司起重机碰撞骑自行车的王某致死,交警认定王某、段某分负主、次责任。2009年,段某与死者家属达成赔偿协议,约定各项损失45万余元,由段某承担32万元(含交强险赔付11万元),机械公司指派安全生产员亦在赔偿协议上签字。段某事后诉请机械公司返还21万元。机械公司以公司制度规定"发生一般交通责任事故,按责任性质对事故责任人处罚1000~3000元,因事故造成的经济损失由责任人全额赔偿"为由主张免责。法院认为:最高人民法院《关于审理劳动争议案件适用法律若干问题的解释》第19条规定,用人单位通过民主程序制定的规章制度,不违反国家法律、行政法规及政策规定,并已向劳动者公示的,可以作为人民法院审理劳动争议案件的依据。据此,用人单位有权根据经营管理需要,制定内部规章制度,但用人单位制定的规章制度不得违反法律规定,不得免除自身应承担的法定责任,损害劳动者合法权益。由于机动车在行驶中不可避免地存在造成他人损害风险,而劳动者受用人单位指派驾驶机动车是用人单位生产经营活动组成部分,能为用人单位创造利润,基于风险与收益相一致原则,<u>用人单位应对非劳动者故意或重大过失致人损害行为承担赔偿责任</u>。用人单位经法定程序制定的内部规章制度虽明确规定,对工作中职工造成第三人损害由职工自行承担,但该内部规章制度因违反法律规定,免除了用人单位自身法定责任,损害了劳动者合法权益,故应认定无效。发生涉案交通事故时,段某驾车行为系在执行职务,作为用人单位机械公司应向受害人承担赔偿责任。依事故认定书,<u>段某不存在故意或重大过失致人损害情形</u>,不适用最高人民法院《关于审理人身损害赔偿案件若干问题的解释》第9条关于雇主与雇员承担连带赔偿责任的规定。公安机关处理交通事故时,机械公司委托单位负责安全生产的职员参加了事故处理,并在调解协议和赔偿调解书上签字确认,可证明机械公司对调解书内容是认可的,故段某承担责任后要求按法定计算赔偿款数额,由机械公司返还相应赔偿款,应予支持。赔偿协议确定受害者各项损失合计为45万余元,减去交强险赔付11万元,余额34<u>万余元由机动车方承担40%,即13万余元,应由机械公司返还段某</u>。段某实际个人支付给受害人家属21万元,减去机械公司应承担的13万余元,多支付的7万余元应自行承担。判决机械公司返还段某交通事故赔偿款13万余元。⑥2013年<u>山东某损害赔偿纠纷案</u>,2012年,商贸公司驾驶员刘某经领导批准,驾驶单位车辆外出维修,途中因接一朋友,与宋某电动车相撞致宋某受伤,交警认定刘某全责。宋某损失110万余元,保险公司已支付商业险20万元及交强险12万元,刘某支付4万元,余下74万余元,宋某诉讼请求商贸公司和刘某共同赔偿。法院认为:《侵权责任法》第34条第1款规定:"用人单位的工作人员因执行工作任务造成他人损害的,由用人单位承担侵权责任。"<u>判断是否属于执行工作,除一般原则外,还须考虑行为内容、时间地点、名义、受益人及是否与用人单位意志有关联等</u>。本案中,刘某在上班时间、因用人单位车辆故障、为了用人单位利益、经领导批准而驾车外出修车,从外在表现形式看其行为是执行工作任务,其因公外出,虽在办理个人事务过程中发生事故,对外仍应由用人单位承担赔偿责任。至于用人单位是否采取有效措施管理其人员和车辆,属于其内部管理问题,不能对抗受害人诉请,判决商贸公司赔偿宋某各项损失83万余元。⑦2010年<u>上海某交通事故纠纷案</u>,2008年,货代公司老板的司机李某驾驶个人所有的轻便二轮摩托车上班途中撞倒王某致后者一级伤残,交警因无法查证王某是横过道路还是清扫道路,故对事故责任未予认定。法院认为:是否以单位名义从事单位指派任务是判断职务行为一般原则。一般在工作时间内的行为可视为职务行为,而对于工作时间外行为并非简单地以是否归属于工伤保险范畴的上下班时间来确定,而是需借助于行为人所为行为内容、时间、地点、场合、行为之名义及行为受益人、是否与用人单位意志有关联等情况综合加以判别。依查明事实,涉案交通事故侵权人李某系货代公司聘用人员,工作内容为司机,主要工作方式是利用单位提供的机动车接送公司老板上下班,工作起始地点:老板家。涉案交通事故发生时间是早上8点多,系李某正前往老板家途中。从时间节点看,系在工作时间之外,故就执行职务时间角度而言不能判断李某于事发当时所为行为属履行职务行为,且至老板家中方式与路途亦非单位可支配、指定领域。从李某事故发生当时使用的驾驶工具来看,其驾驶的是其自有的二轮摩托车,非其所在单位为促使李某完成职务而提供的工具,故无论从涉案事故发生时间、李某实施该行为内容与行为客观外象来看,均无从判别该危险行为与其从事职务内容有关联,故判决保险公司赔付王某交强险12万余元,李某赔付王某57万余元。

⑧2010年江苏某损害赔偿纠纷案,2007年,月工资1500元的朱某驾驶旅游公司车辆与胡某摩托车相撞,致胡某及胡某车上乘客王某死亡,交警认定朱某、胡某同等责任。旅游公司应赔偿40万余元,扣除交强险和商业三责险部分,直接承担的赔偿数额为5万余元。2009年,旅游公司以劳动合同中有关朱某违反交通法规及其个人原因造成的损失由朱某承担、旅游公司不予负责的约定诉请朱某赔偿10万元。法院认为:因劳动者本人原因给用人单位造成经济损失的,用人单位可与劳动者约定赔偿责任,但约定的赔偿责任不能免除自己法定责任,从而将风险全部转嫁于劳动者。本案中,朱某系旅游公司驾驶员,该工作岗位具有较高风险特性,而双方在劳动合同中有关朱某违反交通法规及其个人原因造成的损失由朱某承担、旅游公司不予负责的约定,免除了旅游公司经营风险,转嫁了作为雇主的法定责任,完全排除了用人单位义务,加重了劳动者风险负担,依《劳动合同法》第26条规定,该劳动合同部分无效,即有关损失全部由朱某承担的约定应为无效。该约定无效后,并不免除朱某相应赔偿责任,朱某应承担与其过失轻重、损害程度和劳动者实际收入水平相应的赔偿责任。依交通事故认定书,朱某在通过有信号灯路口时疏于观察,未按信号灯指示通行,遇情况未及时采取措施,朱某在事故中负有同等责任,故朱某作为职业驾驶员违反交通法规,对事故发生有重大过错。本案所涉交通事故中,朱某驾驶车辆制动不良,故旅游公司对机动车管理亦有疏忽,对此亦应承担管理不善责任。朱某月收入1500元,推算其年收入应为1.8万元。综上,由于朱某、旅游公司对本案交通事故均有过错,劳动者重大过错对用人单位造成直接损

失责任主要仍应归因于劳动风险、安全教育、管理措施、保障水平等多方面因素与劳动者过错结合，故依约依法即使应由劳动者承担责任的，其亦应承担小部分为妥。兼顾劳动者实际收入水平，判决朱某按年收入30%赔偿旅游公司5400元。

⑨**2010年江苏某运输合同纠纷案**，2008年9月，运输公司司机杜某驾驶货车运送张某货物途中因车祸身亡，货物尽焚，交警认定杜某全责。张某与杜某签约时留存的行驶证复印件注明货车所有权人为运输公司。法院认为：车辆行驶证所记载的车主是法定车主，杜某在签订合同时向张某出示了车辆行驶证以表明车辆所有权人是运输公司，其亦系以运输公司名义签订合同。运输公司的企业名称中有"运输"字样，案涉货车的车身上亦标有该公司名称，双方签订的也是货物运输合同。张某查验了该车的行驶证并确认杜某当时实际控制着该车，其有理由相信杜某有权代表运输公司签订和履行运输合同，故应认定运输公司是本案所涉运输合同的承运人，运输公司应对所争议的损失承担赔偿责任。虽然张某不能提供杜某收到预付运费的收据，但托运方预先支付部分运费给承运方符合运输合同交易惯例，且双方在货物运输协议中约定预付运费及违反合同者承担一切经济损失，而本案货物灭失不能实现合同目的的责任完全在运输公司，故对张某要求运输公司返还预付运费的请求应予支持。⑩**2010年山东某交通事故损失赔偿案**，2009年4月，水产公司职工卢某驾驶单位货车与驾驶电动自行车的徐某相撞，致徐某伤残。交警认定卢某全责。法院认为：<u>卢某系水产公司工作人员，卢某驾车系职务行为</u>，故在保险公司承担交强险限额赔偿责任后，<u>未赔偿部分由水产公司承担全部赔偿责任，同时由卢某承担连带责任</u>。⑪**2007年江苏某交通事故损害赔偿案**，2007年，担任水泥厂厂长助理兼总调度长的郭某为迎接上级检查，安排职工与自己加班而错过晚班车，遂在未履行审批手续情况下，驾驶厂里车辆送加班工人回家，并约定翌晨一起继续加班。第二天早上6点，郭某搭载其妻陈某回单位途中车辆发生事故双双身亡。交警认定事故系由郭某造成。陈、郭两家各从二人单位获得工伤赔偿后，陈某父母起诉水泥厂主张法人责任，索赔44万余元。审理中，因郭某为事故责任人，法院追加郭某法定继承人为共同被告。法院认为：原告有权以郭某职务行为造成人身损害要求承担法人责任。郭某作为厂长助理，组织、安排单位职工加班以迎接检查，属于其职责范围，虽其自行驾驶单位车辆，并搭载其妻，但事故发生之时，其<u>驾车主要是为了搭载同事继续加班完成工作任务，郭某驾车行为与其职责范围直接相关，是为了实现单位生产经营活动的需要，属于职务行为，其驾驶车辆发生交通事故所造成的损失，应当由其法人单位即水泥厂承担侵权赔偿责任</u>。⑫**1998年河北某损害赔偿案**，1997年8月，王某、凌某驾驶甲醇厂液化气槽车，不顾禁行标志，驶入县城，当驾车进宾馆大门时，车罐顶部安全阀被大门顶部过梁撞坏，引起液化气外泄着火，司机王某、凌某弃车逃跑。后液化气罐发生爆炸，宾馆及周围商户

遭到严重损毁。附近居民及过往群众 61 人被大火烧伤,其中 2 人死亡。宾馆业主唐某、周围 29 户商户及事故 2 名死者近亲属、59 名伤者起诉甲醇厂索赔。法院认为:司机王某、凌某驾驶甲醇厂装有液化气体的槽车,不顾道路口所设的禁行标志,驶入县城内人口密集的繁华地段,违反了《道路交通管理条例》(该法规已被 2004 年 5 月 1 日实施的《道路交通安全法实施条例》废止。——编者注)第 15 条:"车辆、行人必须遵守交通标志和交通标线的规定。"该车欲在宾馆住宿,其行为违反了《化学危险物品安全管理条例》(该法规已被 2002 年 3 月 15 日实施的《危险化学品安全管理条例》废止。——编者注)、《旅馆业治安管理办法》的有关规定。由于司机王某、凌某二人的过错行为,使液化气槽车气罐安全阀被损坏且发生气体外泄、失火,在此情况下,其既不采取紧急措施止漏、灭火,又未将车移至安全地带,且未及时向当地公安消防部门报警,反而弃车逃离现场,违反了《液化石油气汽车槽车安全管理规定》,导致液化气罐失火爆炸。这一事故的发生,甲醇厂有直接的责任,对于该起事故给原告方造成的巨大财产损失和人身损害,甲醇厂承担赔偿责任。甲醇厂称该车系私车公挂,非甲醇厂车辆,但其所提供证人证言与该槽车登记档案相矛盾,肇事车系甲醇厂车辆,甲醇厂作为企业法人,应对其工作人员的经营活动承担民事责任。故甲醇厂免责理由不能成立。

**【同类案件处理要旨】**

法人工作人员的职务行为非为个人行为,其职务行为所产生的法律后果归属于法人,对外产生的赔偿责任性质上不是法人侵权的直接责任,而是法定的损害赔偿的替代责任。

**【相关案件实务要点】**

1.**【诉讼程序】**国家机关或其工作人员执行职务侵害公民、法人合法权益造成损害的,应承担民事责任,因违法行使职权造成损害的,受害人可提起国家赔偿。因国家机关工作人员驾车外出行为不属《国家赔偿法》规定的国家工作人员行使职权即"公共管理职权"范畴,故不属行政诉讼。案见新疆乌鲁木齐中院(2007)乌中民一终字第 749 号"郝某诉某公安厅人身损害赔偿案"。

2.**【非职务行为】**当事人一方在上下班途中骑车致另一方当事人受伤,肇事方行为不能视为职务行为,由此所造成的损害结果不应由其所工作的单位承担雇主替代赔偿责任。案见上海一中院(2010)沪一种民一(民)初字第 1407 号"王某诉李某等交通事故责任纠纷案"。

3.**【表见代理】**承运车辆车身上标有车辆所在运输公司名称的标识,驾驶员出示表明车辆所属公司的车辆行驶证,使托运人有理由相信驾驶员有权代表运输公司签订、履行货物运输合同,该行为构成表见代理。案见江苏淮安中院(2010)淮中商再终字第 11 号"赵某诉某保险公司保险合同纠纷案"。

4.【连带责任】当事人履行职务行为时应由公司承担其因过失造成的损失,有重大过失的当事人与公司之间互负连带责任。案见山东日照经济开发区法院(2010)日开民一初字第 598 号"徐某诉卢某等交通事故损害赔偿案"。

【附注】

参考案例索引:新疆乌鲁木齐中院(2007)乌中民一终字第 749 号"郝某诉某公安厅人身损害赔偿案",见《郝雅平诉新疆维吾尔自治区公安厅交通事故人身损害赔偿纠纷案》(杨善明),载《人民法院案例选》(200803:110)。①江苏东台法院(2017)苏 0981 民初 3908 号"江苏诸利电气有限公司与赵龙扣损害赔偿纠纷案",见《履职过程中因故意或重大过失致单位损失应承担赔偿责任》(吴海燕、夏裕峰),载《人民司法·案例》(201832:46)。②湖南郴州中院(2017)湘 10 民终 825 号"楚某与李某等健康权纠纷案",见《楚学宾诉李文敏、广东省深圳市万厦居业有限公司郴州分公司等生命权、健康权、身体权纠纷案——职务行为中公平责任原则的适用》(刘斌),载《人民法院案例选》(201806/124:27)。③安徽蚌埠中院(2013)蚌民一终字第 00045 号"怀远县万成运输有限公司与王大华劳动争议案",见最高人民法院《关于车辆实际所有人聘用的司机与挂靠单位之间是否形成事实劳动关系的答复》(2013 年 10 月 28 日 〔2013〕民一他字第 16 号),见《〈关于车辆实际所有人聘用的司机与挂靠单位之间是否形成事实劳动关系的答复〉的解读》(吴晓芳,最高院民一庭),载《民事审判指导与参考·请示与答复》(201402/58:125);另见《车辆实际所有人聘用的司机与车辆挂靠单位之间是否存在事实劳动关系的认定》(王惠玲,安徽高院民一庭),载《民事审判指导与参考·地方法院案件解析》(201401/57:219)。④浙江宁波中院(2013)浙甬商终字第 231 号"某广告公司与某保险公司保险合同纠纷案",见《同乘人致人损害保险责任的承担——浙江宁波中院判决文邦公司诉太保公司保险合同纠纷案》(陈晴、杨锴),载《人民法院报·案例指导》(20130822:06)。⑤江苏徐州中院(2013)徐民再终字第 0004 号"段某与某机械公司劳动争议案",见《段继友诉徐州机械公司内部规章制度免除用人单位法定责任无效案》,载《江苏省高级人民法院公报》(201503/39:46)。⑥山东淄博中院(2013)淄民三终字第 321 号"宋宗海与刘鹏程、山东省高青县永峰商贸有限公司交通事故损害赔偿纠纷案",见《公车私用发生交通事故的单位责任认定》(荣明潇、胡晓梅),载《人民司法·案例》(201605:48)。⑦上海一中院(2010)沪一中民一(民)终字第 1407 号"王某与李某等机动车交通事故责任纠纷案",见《王亚仙诉李骏、龙腾货代有限公司、中国大地财产保险股份有限公司上海分公司机动车交通事故责任纠纷案》(田文杰),载《人民法院案例选》(201103/77:119)。⑧江苏南京中院(2010)宁民终字第2400号"某旅游公司与朱某损害赔偿纠纷案",见《嘉诺公司诉朱贤斌因劳动中过错导致公司损失损害赔偿纠纷案》,载《江苏省高级人民法院公报》(201203/21:52)。⑨上海一中院(2010)沪一种民一(民)初字第1407号"王某诉李某等交通事故责任纠纷案",见《王亚仙诉李骏、龙腾货代有限公司、中国大地财产保险股份有限公司上海分公司机动车交通事故责任纠纷案》(田文杰),载《人民法院案例选》(201103:119)。⑩江苏淮安中院(2010)淮中商再终字第11号"张某与某运输公司运输合同纠纷案",见《张成武诉大庆市嘉谊伟业运输有限公司物流运输合同纠纷案》(周伟、马作彪),载《人民法院案例选》(201202/80:183);另见《运输合同案中有权代理的权利外观——江苏淮安中院再审判决张成武诉大庆市嘉谊伟业运输公司运输合同纠纷案》(马作彪、周伟),载《人民法院报·案例指导》(201101/20:6);另见《张成武诉大庆市嘉谊伟业运输公司物流运输合同纠纷案》,载《江苏省高级人民法院公报》(201006/12:55)。⑪山东日照经济开发区法院(2010)日开民一初字第598号"徐某诉卢某等交通事故损害赔偿案",见《徐程诉卢绪军等道路交通事故人身损害赔偿案》(王建新),载《中国法院2012年度案例:道路交通纠纷》(229)。⑫江苏南京中院(2007)宁民一终字第1497号"陈某等诉朱某等交通事故损害赔偿案",一审认为郭某行为不构成职务行为,原告损失不应由车辆所有人赔偿,应由郭某法定继承人在郭某个人遗产范围内承担赔偿责任,判决朱某赔偿42万余元;二审改判由水泥厂承担。见《陈敬国、张桂珍诉中国水泥厂、朱珏交通事故损害赔偿纠纷案》(王静、刘峥),载《人民法院案例选》(200802:145)。⑬河北景县法院(1998)民初字第357号"石某等诉某甲醇厂损害赔偿案",判决甲醇厂赔偿石某等27户被损财产直接经济损失132万余元,停业经济损失7.5万余元,赔偿唐某直接经济损失49万余元及停业经济损失4.7万余元,赔偿张某及59名伤者和2名死者继承人共计59万余元。见《石振庭等诉濮阳市甲醇厂损害赔偿案》(郭红蕾),载《中国审判案例要览》(1999民事:301)。

**参考观点索引:** ●机动车所有人和驾驶员所在单位不同一时承担交通事故赔偿垫付责任有无先后顺序之分?见《机动车所有人和驾驶员所在单位不同一时承担交通事故赔偿垫付责任有无先后顺序之分?》,载《民事审判实务问答》(2008:145)。○司机在执行职务时发生交通事故致人损害,应如何确定案件的被告?见《司机在执行职务时发生交通事故致人损害,应如何确定案件的被告?》,载《民事审判实务问答》(2008:146)。●对交通事故损害赔偿承担法人责任的私营独资企业主是否负无限清偿责任?见《在交通事故损害赔偿案件中,如果须承担责任的肇事车辆的车主是某私营独资企业,那么在判决该企业承担垫付责任的同时,是否要判令企业主对企业的该债务负无限清偿责任?》,载《民事审判实务问答》(2008:152)。

## 48. 侵权责任与人身保险
——侵权已获赔,保险再一份?

【人身保险】

【案情简介及争议焦点】

2005年6月,冯某因被黄某驾驶的机动车撞伤,交警认定对方负全责,经调解获赔近2万元。冯某再向保险公司主张人身意外伤害保险赔偿金时,被拒。

争议焦点:1.侵权赔偿性质? 2.冯某能否获赔保险金?

【裁判要点】

**1. 侵权赔偿性质**。交通事故损害赔偿义务人对冯某所予赔偿,系基于侵权行为而产生的侵权责任赔偿,与保险公司保险赔偿的合同义务非同一性质。

**2. 保险应予赔偿**。本案系基于冯某与保险公司所签个人意外伤害保险合同所发生的纠纷,涉案事故属于该险种保险条款所规定的保险事故。保险公司不能以冯某已获得肇事司机赔偿,冯某因事故损失已得到必要、充分的填补,不应就损失再次向保险公司索赔,否则违背损失补偿原则的抗辩理由不成立。

【裁判依据或参考】

**1. 法律规定**。《社会保险法(2018年修正)》(2018年12月29日)第23条:"职工应当参加职工基本医疗保险,由用人单位和职工按照国家规定共同缴纳基本医疗保险费。"第30条:"……医疗费用依法应当由第三人负担,第三人不支付或者无法确定第三人的,由基本医疗保险基金先行支付。基本医疗保险基金先行支付后,有权向第三人追偿。"第42条:"由于第三人的原因造成工伤,第三人不支付工伤医疗费用或者无法确定第三人的,由工伤保险基金先行支付。工伤保险基金先行支付后,有权向第三人追偿。"《保险法(2015年修正)》(2015年4月24日)第46条:"被保险人因第三者的行为而发生死亡、伤残或者疾病等保险事故的,保险人向被保险人或者受益人给付保险金后,不享有向第三者追偿的权利,但被保险人或者受益人仍有权向第三者请求赔偿。"

**2. 部门规范性文件。**国家旅游局办公室《2010年度旅行社责任保险统保示范项目宣传材料》(2009年12月2日)第14条:"意外险能不能替代责任险?保了意外险是不是可以降低责任险的保费?第一,游客意外险保属于人身保险,保的不是旅行社,是游客自身。从意外险中获得保险赔偿,游客仍然可以根据旅游合同向旅行社提出索赔请求,法院给予支持。这已经为实践所证明。第二,旅行社为游客购买意外险,不具有保险利益,没有为游客购买意外险的权利和资格,除非游客授权旅行社这样做。第三,意外险和责任险相互补充,相得益彰。未来游客购买意外险或者由旅行社经其授权代为购买意外险,由于旅行社已经购买了责任险,其意外险保费可以降低。"中国保监会《健康保险管理办法》(2006年9月1日)第4条:"医疗保险按照保险金的给付性质分为费用补偿型医疗保险和定额给付型医疗保险。费用补偿型医疗保险是指,根据被保险人实际发生的医疗费用支出,按照约定的标准确定保险金数额的医疗保险。定额给付型医疗保险是指,按照约定的数额给付保险金的医疗保险。费用补偿型医疗保险的给付金额不得超过被保险人实际发生的医疗费用金额。"中国保监会《关于商业医疗保险是否适用补偿原则的复函》(2001年7月25日 保监函〔2001〕156号)第2条:"根据《中华人民共和国保险法》第十七条'保险合同中规定有关于保险人责任免除条款的,保险人在订立保险合同时应当向投保人明确说明,未明确说明的,该条款不产生效力',对于条款中没有明确说明不赔的保险责任,保险公司应当赔偿。"中国保监会《关于界定责任保险和人身意外伤害保险的通知》(1999年12月15日 保监发〔1999〕245号)第2条:"责任保险与人身意外伤害保险界定的原则:(一)责任保险的保险标的是被保险人对他人依法承担的民事赔偿责任;人身意外伤害保险的保险标的是被保险人的身体和生命。(二)责任保险的被保险人可以是自然人,也可以是法人,是可能承担民事赔偿责任的人;人身意外伤害保险的被保险人只能是自然人,是可能遭受意外伤害的人。(三)责任保险只有当被保险人依据法律对第三者负有法律赔偿责任时,保险人才履行赔偿责任;人身意外伤害保险则不论事故的起因,凡属于保险责任范围内的事故造成被保险人死亡、伤残,保险人均负责赔偿。(四)责任保险适用补偿原则,责任保险的保险金额是赔偿限额,保险事故发生后,保险人按被保险人对第三者实际承担的民事赔偿责任核定保险赔款,并且保险赔款金额以不超过保险金额为限,保险人赔款后依法享有代位求偿权;人身意外伤害保险适用定额给付原则,赔偿金额是根据保险合同中规定的死亡或伤残程度给付标准来给付保险金,保险人给付保险金,不产生代位求偿权。(五)责任保险的投保人与被保险人一般为同一人,同时也是缴费义务人;人身意外伤害保险的投保人既可以为自己投保,也可以为与其有保险利益的其他自然人投保,投保人与被保险人可以为同一人(此时被保险人为缴费义务人),也可不为同一人(此时被保险人不是缴费义务人)。"中国人民银行《关于医疗费用重复给付问题的答复》(1998年7月1日 银保险〔1998〕63号):"……如果在意外伤害医疗保险条款中无关于'被保险人由于遭受第三者伤害,依法应由第三者负赔偿责任时,保险人不负给付医疗费责任'之约定,保险人应负给付医疗费的责任……保险人给付上述医疗费后,不享有向第三者追偿的权利。"

3. 地方司法性文件。山东济南中院《关于保险合同纠纷案件94个法律适用疑难问题解析》(2018年7月)第31条:"人身保险因不具有保险利益导致保险合同无效的法律后果。保险法第三十一条第三款规定:'订立合同时,投保人对被保险人不具有保险利益的,合同无效。'合同法第五十八条规定:合同无效后,因该合同取得的财产,应当予以返还;不能返还或者没有必要返还的,应当折价补偿。有过错的一方应当赔偿对方因此所受到的损失,双方都有过错的,应当各自承担相应的责任。保险法解释(二)第二条规定:'人身保险中,因投保人对被保险人不具有保险利益导致保险合同无效,投保人主张保险人退还扣减相应手续费后的保险费的,人民法院应予支持。'根据上述法律规定,应注意以下几个问题:第一,正确认定保险费返还的范围。保险合同无效后,保险人应当返还的保险费是保险公司从投保人处收取的全部保险费,而不是投保人的保单现金价值,这是保险合同无效与保险合同解除的重要区别。第二,正确计算应当扣减的手续费。投保人对人身保险合同无效存在过错的,保险人在退还保险费时可以扣除相应的手续费。保险人扣减的手续费应当是合理的,而且只能扣减与投保人过错相对应的手续费。第三,正确认定其他法律后果。实践中,有些保险公司业务员在明知投保人不具有保险利益的情况下仍劝说投保人投保,保险公司在核保时也同意承保,这种行为有违诚信原则,故审判实践中,即使保险合同无效,仍可依据缔约过失责任判决保险合同承担相应的赔偿责任。"江西高院《关于印发〈审理人身侵权赔偿案件指导意见(试行)〉的通知》(2017年9月5日 赣高法〔2017〕169号)第16条:"致害事件投有人身意外伤害商业保险的,受害方在起诉民事侵权责任人的同时,起诉商业保险承保人为共同被告的,应当告知受害方对商业保险的理赔另行处理。在认定赔偿责任人责任时,按以下情形处理:(1)购买商业保险的费用系由受害人支付,或者该费用系从受害人工资中扣缴,赔偿责任人主张以商业保险金抵付部分或者全部赔偿的,不予支持;(2)购买商业保险的费用虽未由受害人另行支付,但受害人证明其支付的服务价格中包含了购买商业保险的费用,赔偿责任人主张以商业保险金抵付部分或者全部赔偿的,不予支持;(3)购买商业保险的费用系由赔偿责任人支付,赔偿责任人主张以商业保险金抵付部分或者全部赔偿的,应予以支持。"重庆高院《印发〈关于保险合同纠纷法律适用问题的解答〉的通知》(2017年4月20日 渝高法

〔2017〕80号)第1条:"用人单位为与其具有劳动关系的劳动者投保团体人身保险的,被保险人如何确定? 答:保险人在承保时应当要求投保人提交被保险人名单,未要求投保人提交被保险人名单的,应视为不记名承保,可将具有团体成员身份的人确定为被保险人。保险人以记名方式承保,被保险人名单发生变动的,用人单位应当书面通知保险人,双方就名单变动达成一致或保险人未在合理期间内提出异议的,应按变动后的被保险人名单确定被保险人;保险人及时提出异议,且双方未就被保险人名单变动达成一致的,应按原被保险人名单确定被保险人。"江苏徐州中院《关于印发〈民事审判实务问答汇编(五)〉的通知》(2016年6月13日)第6条:"……(2)如何认定'医保标准'赔偿条款的效力? 答:对于'保险人按照基本医疗保险的标准核定医疗费用的赔偿金额'的条款,系保险公司对医疗费用赔付范围的限制,应当属于免除保险人责任的条款。对此,保险人在订立保险合同时应向投保人履行提示和明确说明义务。同时保险公司应当对该条款的涵义、内容与法律后果是否履行提示和明确说明义务承担举证证明责任,如未履行提示和明确说明义务的,该条款不产生效力。如果保险公司已经履行了提示和明确说明义务,则该条款有效。但保险公司还应当对医疗费中'超过基本医疗保险同类医疗费用标准'的部分承担举证证明责任。最高人民法院《关于适用〈中华人民共和国保险法〉若干问题的解释(三)》第19条规定,'保险合同约定按照基本医疗保险的标准核定医疗费用,保险人以被保险人的医疗支出超出基本医疗保险范围为由拒绝给付保险金的,人民法院不予支持;保险人有证据证明被保险人支出的费用超过基本医疗保险同类医疗费用标准,要求对超出部分拒绝给付保险金的,人民法院应予支持'。据此,对于基本医疗保险范围外的医疗项目支出,保险人应当按照基本医疗保险范围内的同类医疗费用标准赔付。同时保险公司应当对超过'基本医疗保险同类医疗费用标准'的费用承担举证证明责任。保险公司对此不能举证证明的,则保险公司关于该项费用予以扣除的主张不予支持。也就是说,对于基本医疗保险范围之外的医疗项目或用药支出,医保范围内有同种或者同功能替代药品的,保险人应当按照基本医疗保险范围内的同类医疗费用标准赔付。总之,对于'医保标准'赔偿条款,应当对保险公司的举证证明责任从严掌握。其一,被侵权人在接受医疗机构救治时,对于是否属于基本医疗保险范围的医疗项目支出,并非受害人所能左右。其二,对于基本医疗保险范围以内或以外有用药,在目前市场条件下,完全有同种或者同功能可使用的药品相互代替,基本医疗保险范围以内用药对于受害人治疗来说并非有唯一性,完全按照基本医疗保险的标准核定医疗费用,对于受害人来说不公平。其三,有时被侵权人在接受医疗机构救治时医疗项目支出量大类多,核算非医保用药费用存在现实困难,具有不可操作性。从举证责任分配的角度来处理'医保标准'赔偿条款,既保护了被侵权人的利益,又未从实质上损害保险人利益,

较为公平。"上海高院民五庭《全市法院民事审判工作庭长例会》(《上海审判规则》2016年第2期)第1条:"医保条款问题。(1)问题的由来。为控制经营风险,商业保险产品往往会引入医保标准条款,即保险公司对被保险人或第三人支出的医疗费用,按照当地基本医疗保险的标准核定医疗费用。举例来说,心血管疾病中需要置入的支架,有进口支架,也有国产支架,当地基本医疗保险一般仅赔付国产的支架,故如被保险人手术时置入的是进口支架,保险公司一般都会拒赔。(2)我们的倾向性观点。保险合同约定保险人按照基本医疗保险的标准核定医疗费用,保险人以医疗支出超出基本医疗保险范围为由全部拒赔的,法院不予支持;保险人有证据证明被保险人支出的费用超过基本医疗保险同类医疗费用标准,要求对超出部分拒赔的,法院应予支持。在前述例子中,如进口支架1万元,国产支架6千元,被保险人虽置入的是进口支架,超出基本医疗标准,但保险公司仍需赔付,只是赔付标准是基本医疗标准的国产支架6千元,不是实际支出的1万元。"重庆高院民一庭《民一庭高、中两级法院审判长联席会议〈机动车交通事故责任纠纷中的法律适用问题解答(二)〉会议综述》(2015年6月26日)第8条:"关于'保险人按照国家基本医疗保险的标准核定医疗费用的赔偿金额'条款的理解与适用问题。根据《城镇职工基本医疗保险用药范围管理暂行办法》(劳社部发〔1999〕15号)规定,为保障职工基本医疗用药,合理控制药品费用,规范基本医疗保险用药范围管理,制定了《基本医疗保险药品目录》,规范了属于职工临床治疗必需的,纳入基本医疗保险给付范围内的药品。国家基本医疗保险是为补偿劳动者因疾病风险造成的经济损失而建立的一项具有福利性质的社会保险制度。为控制医疗保险药品费用的支出,国家基本医疗保险限定了药品的使用范围。关于三者险保险合同中'保险人按照国家基本医疗保险的标准核定医疗费用的赔偿金额'条款,可能产生两种理解:一是保险人对《国家基本医疗保险药品目录》外的药品不承担赔偿责任;二是保险人对《国家基本医疗保险药品目录》外的药品应承担赔偿责任,但是应当参照与实际用药相类似的医保药品的标准来核定医疗费用的赔偿金额。因三者险是商业性质的保险合同,保险人收取的保费金额远远高于国家基本医疗保险,投保人对加入保险的利益期待也远远高于国家基本医疗保险。在上述两种解释均为合理解释时,应当作出不利于保险公司的解释。参照与实际用药相类似的医保药品的标准来核定医疗费用在审判实践中操作起来十分困难,并且容易出现计算错误。为快速化解纠纷,宜由市高法院与保监局、保险行业协会、保险公司协商,确立按非医保用药之百分比来确定赔偿金额的裁判规则。"广东深圳中院《关于道路交通事故损害赔偿纠纷案件的裁判指引》(2014年8月14日 深中法发〔2014〕3号)第21条:"机动车交通事故造成人身伤亡,在交强险理赔中,赔偿权利人主张的医疗费无论是否超出基本医疗保险项目的,保险公司均应予赔偿。但保险公司能够举证证明上述诊疗项目不属于必须诊疗行为的除外。受害人主张后续治疗费用的,应当提交县级以上医院的证明或者符合规定的鉴定结论,该证明或鉴定结论中应当列明后续治疗的诊疗科目及相关诊疗目的、时间和费用。"安徽高院《关于审理道路交通事故损害赔偿纠纷案件若干问题的指导意见》(2014年1月1日　皖高法〔2013〕487号)第5条:"商业三者险合同约定超出国家基本医疗保险标准的医疗费用不予赔偿的,由受害方提供药品及费用清单,保险公司对不属于赔偿范围的费用承担举证责任。"第15条:"商业三者险合同中超出国家基本医疗保险标准的医疗费用不予赔偿的约定,为保险法第十七条第二款规定的'免除保险人责任条款',人民法院应根据《最高人民法院关于适用〈中华人民共和国保险法〉若干问题的解释(二)》的规定,审查保险公司是否履行了解释提示和明确说明义务。"浙江高院民一庭《关于印发〈关于人身损害赔偿费用项目有关问题的解答〉的通知》(2013年12月27日　浙高法民一〔2013〕5号)第1条:"受害人因享受医疗社保待遇或参加新型农村合作医疗,报销了部分或全部医疗费用,赔偿义务人因侵权应承担的医疗费用能否因此而减免?答:受害人因侵权行为造成人身伤害就医发生的医疗费用,已在其享受的城镇职工(居民)基本医疗保险待遇或者参加的新型农村合作医疗中核销部分或全部医疗费用的,系其与有关社会保险机构之间的关系,赔偿义务人的侵权责任不能据此减轻。赔偿义务人抗辩从损害赔偿费用总额中扣除有关核销部分医疗费的,不予采纳。"上海高院民五庭《关于印发〈关于审理保险合同纠纷案件若干问题的解答(二)〉的通知》(2012年1月31日)第2条:"被保险人住所地人民法院对人身保险合同纠纷案有无管辖权?《民事诉讼法》第二十六条规定:'因保险合同纠纷提起的诉讼,由被告住所地或者保险标的所在地人民法院管辖。'当事人因人身保险合同产生纠纷的,可以由被保险人住所地人民法院管辖。"江苏高院《保险合同纠纷案件审理指南》(2011年11月15日)第4条:"……(12)'发生保险事故按照《人身保险残疾程度与保险金给付比例表》赔付保险金'的保险条款是否具有约束力。现行理赔残疾给付标准是按照中国保监会下发的〔1999〕237号《人身保险残疾程度与保险金给付比例表》执行的,该《比例表》共计七级34条。因道路交通事故或者工伤事故致残,相关职能部门依据《道路交通事故受伤人员伤残评定》或者《职工工伤与职业病致残程度鉴定标准》相关标准评定相应的伤残级别。由于后两个伤残鉴定表分为十级,且前七级标准也与《人身保险残疾程度与保险金给付比例表》不完全对应。则在发生第八级至第十级伤残或者虽是前七级伤残但相互不对应的情形时,保险人与被保险人就会发生争执。鉴于《人身保险残疾程度与保险金给付比例表》系保险监管机构明令各保险人采用的,是费率厘定、条款制定的基础,应予尊重并作适当变通。对于依照《道路交通事故受伤人员伤残评定》或者《职工工伤与职业病致残程度鉴定标准》相关标准评定的伤残级别与《人身保险残疾程度与保险金给付比例表》相一致的,保险人应当按照《人身保险残疾程度与保险金给付比例表》对应的赔付比例赔付。对于依照《道路交通事故受伤人员伤残评定》或者《职工工伤与职业病致残程度鉴定标准》相关标准评定构成残疾而在《人身保险残疾程度与保险金给付比例表》中找不到对应等级的,保险人应当按照评定结论确定的残疾等级,对应《人身保险残疾程度与保险金给付比例表》中相应等级的赔付比例赔付。对于依照《道路交通事故受伤人员伤残评定》或者《职工工伤与职业病致残程度鉴定标准》相关标准评定构成八至十级残疾的,保险人应当按照《人身保险残疾程度与保险金给付比例表》中的七级残疾标准赔付……"新疆高院《关于印发〈关于审理道路交通事故损害赔偿案件若干问题的指导意见(试行)〉的通知》(2011年9月29日 新高法〔2011〕155号)第7条:"交强险的保险公司主张扣除赔偿权利人公费报销的医疗费的,人民法院不予支持。"江苏南通中院《关于处理交通事故损害赔偿案件中有关问题的座谈纪要》(2011年6月1日 通中法〔2011〕85号)第19条:"交通事故受害人在诉讼中主张的医疗费用,人民法院依照最高人民法院《关于审理人身损害赔偿案件适用法律若干问题的解释》的相关规定予以审查,保险公司主张按医疗保险标准审理确认的请求不予支持。经过医保报销的医疗费,受害人仍可凭有关证据向侵权人主张权利。"江苏高院《印发〈关于审理保险合同纠纷案件若干问题的讨论纪要〉的通知》(2011年1月12日 苏高法审委〔2011〕1号)第9条:"保险条款约定'保险人按照基本医疗保险的标准核定医疗费用的赔偿金额'的,对于基本医疗保险范围外的医疗项目支出,保险人应当按照基本医疗保险范围内的同类医疗费用标准赔付。"上海高院民五庭《关于印发〈关于审理保险代位求偿权纠纷案件若干问题的解答(一)〉的通知》(2010年9月19日 沪高法民五〔2010〕2号)第1条:"在医疗费用保险中,保险人能否向第三者行使保险代位求偿权?答:根据中国保险监督管理委员会《健康保险管理办法》第二条、第四条的规定,医疗费用保险可以分为补偿性医疗保险(亦称费用补偿型医疗保险)和非补偿性医疗保险(亦称定额给付型医疗保险)。补偿性医疗保险适用补偿原则和保险代位制度,非补偿性医疗保险不适用补偿原则和保险代位制度。在保险代位求偿权纠纷中,法院应根据保险合同的约定,确定系争保险是否属于补偿性医疗保险。保险合同明确约定本保险适用补偿原则、'以实际支出医疗费作为赔付依据'等内容的,保险人在向被保险人支付保险赔偿金后,有权向第三者行使保险代位求偿权。保险合同明确约定本保险为定额给付保险或不适用补偿原则等内容的,保险人在向被保险人支付保险赔偿金后,无权向第三者行使保险代位求偿权。医疗费用保险合同对是否适用补偿原则未作约定或约定不明的,视为非补偿性医疗保险,保险人无权向第三者行使保险代位求偿权。"第12条:"保险人根据保险合同的约定,仅就被保险人所受损失中的特定项目承担保险赔偿责任后,能否就其他赔偿项目向第三者行使保险代位求偿权?答:保险代位求偿权的内容,必须与保险人填补损失的内容具有一致性,保险人才能代位行使。当被保险人有多项损失,而保险人依据保险合同的约定仅就其中部分项目的损失予以赔付的,被保险人可以就未获赔付的损失项目,向第三者行使赔偿请求权。保险人则只能就已经给付保险赔偿金的损失项目行使保险代位求偿权。比如在补偿性医疗费用保险中,被保险人因侵害产生医疗费用、误工费、护理费等损失。保险人仅就医疗费用损失承担保险赔偿责任后,被保险人可以就其他损失继续向侵权人主张赔偿请求权,保险人则只能就医疗费用行使保险代位求偿权。"江西九江中院《关于印发〈九江市中级人民法院关于审理道路交通事故人身损害赔偿案件若干问题的意见(试行)〉的通知》(2009年10月1日 九中法〔2009〕97号)第7条:"道路交通事故中的受害人因参加工伤保险而依据《工伤保险条例》或者参加人寿保险获得的保险赔偿金,以及享受医社保待遇、农村合作医疗报销了部分医疗费用,赔偿义务人主张从损害赔偿费用总额中加以扣除的,法院不予支持。"广东佛山中院《关于审理道路交通事故损害赔偿案件的指导意见》(2009年4月8日)第57条:"受害人因道路交通事故致伤,引发其本身原有疾病,因此而需指出的医疗费,除由受害人自行承担不超过30%的份额外,余下部分由双方当事人根据各自在事故中的过错程度或原因力比例分担责任。"杭州中院《关于道路交通事故损害赔偿纠纷案件相关问题的处理意见》(2008年6月19日)第3条:"……医保支付部分的扣除问题。从人身损害赔偿损失填补功能角度出发,在计算肇事人及保险公司具体的赔付数额时,应将医保已支付部分予以扣除。"江苏溧阳法院《关于审理交通事故损害赔偿案件若干问题的意见》(2006年11月20日)第16条:"对于医疗费用主要是根据《人赔司法解释》第十九条规定进行认定,而对于是否属于医保内用药等则无需考虑。"湖北高院《民事审判若干问题研讨会纪要》(2004年11月)第4条:"……关于保险金应否扣除问题。发生第三人侵权人身损害赔偿纠纷后,受害人因参加工伤保险而依据《工伤保险条例》或者参加人寿保险获得的保险赔偿金,赔偿义务人主张从损害赔偿费中加以扣除的,不予支持。"北京高院《关于印发〈关于审理人身伤害赔偿案件若干问题的处理意见〉的通知》(2000年7月11日)第8条:"受害人的损害赔偿请求权不因其所在单位已垫付或报销医疗费而消灭,受害人仍得以自己名义请求侵害人支付医疗费。作出生效裁判的法院可将处理结果告知受害人所在单位。"

**4. 地方规范性文件。**中国保监会福建监管局《关于被保险人同时参加公费医疗、社会医疗保险与商业性费用补偿型医疗保险有关问题的通知》(2009年9月17日)第1条:"被保险人同时参加公费医疗、社会医疗保险与商业性费用补偿型医疗保险,保险公司在销售费用补偿型医疗保险产品时未对被保险人是否拥有和使用公费医疗、社会医疗保险进行区别对待(即未实施差别费率)的,保险公司在理算赔款时,不应区别对待,即赔付时不得扣除公费医疗、社会医疗保险所支付的费用。"第 2 条:"被保险人已从公费医疗、社会医疗保险方面获得医疗费用赔偿,无法出具原始医疗费用凭证原件的,公司应告知被保险人可提供加盖已报销单位公章的原始医疗费用凭证复印件、原始医疗凭证收取机构的分割单等证明文件,并予以认可。"第 3 条:"对于各公司现售的费用补偿型医疗保险产品,未实施差别费率且在条款中约定赔付时需扣除公费医疗、社会医疗保险已经支付的费用的,公司应向总公司申请改造该产品相关条款,待符合《健康保险管理办法》后再行销售。"第 4 条:"本通知所称的费用补偿型医疗保险包括意外伤害医疗费用保险与疾病医疗费用保险;社会医疗保险包括城镇职工基本医疗保险、城镇居民基本医疗保险、特困居民医疗救助、新型农村合作医疗等政府举办的基本医疗保障项目。"

**5. 参考案例**。①**2007 年四川某保险合同纠纷案**,2005 年,中学生杨某被欧某摩托车撞倒致伤,交警认定欧某全责。欧某赔偿杨某医疗费 2 万余元。2006 年,杨某向投保学生平安险的保险公司申请理赔时,保险公司以保险合同约定"被保险人如从其他途径获得医疗费补偿,则本公司只承担其符合社保规定的医疗费用的剩余部分的保险责任"为由拒赔。法院认为:《保险法》第 92 条第 1 款第 2 项规定,人身保险业务,包括人寿保险、健康保险、意外伤害保险等保险业务,故保险公司与杨某订立的学生平安保险合同属人身保险合同。按《保险法》第 68 条规定,人身保险的被保险人因第三者的行为而发生死亡、伤残或者疾病等保险事故的,保险人向被保险人或者受益人给付保险金后,不得享有向第三者追偿的权利,但被保险人或者受益人仍有权向第三者请求赔偿。被保险人杨某既有权向第三人即肇事方欧某主张侵权赔偿,亦有权依据学生平安保险合同向保险公司主张保险赔偿。本案中学生平安保险合同约定损失补偿原则,与《保险法》以上规定相违背。同时,本案学生平安保险合同属保险公司制定的格式合同,按《合同法》第 40 条关于"提供格式条款一方免除其责任、加重对方责任、排除对方主要权利的,该条款无效"规定,该合同关于免责条款约定属无效条款。此外,《保险法》第 18 条规定,保险合同中规定有关于保险人责任免除条款的,保险人在订立保险合同时应当向投保人明确说明,未明确说明的,该条款不产生效力。保险公司未举证证明自己对该免责条款已向杨某尽到明确充分说明义务,故保险公司以本案保险属补偿性保险,应按双方合同约定进行理赔的理由与法律规定相违背,其请求不能成立。判决保险公司支付杨某医疗保险金和住院医疗保险金 1.7 万余元。②**2006 年福建某保险合同纠纷案**,2006 年,谢某无证驾驶无牌摩托车,被逆行的同样无证驾驶无牌摩托车的汤某碰撞身亡,交警认定汤某全责。谢某生前投保的人寿保险合同约定保险合同免责情形包括被保险人"无有效驾驶执照驾驶"或"驾驶无有效行驶证的机动交通工具"导致被保险人身故或残疾。法院认为:依保险合同约定,被保险人身故需与被保人驾驶无有效行驶证的机动交通工具有因果关系,保险人才不负保险责任,否则,保险人应负保险责任。根据交通事故认定书,交通事故发生是因汤某无证驾驶无牌机动车且逆行造成,该系列行为亦系造成谢某死亡近因。谢某驾驶无牌机动车虽属违法行为,与事故发生无因果关系,不负事故责任,该行为违法性与死亡后果间并非原因和结果而只是条件与结果关系,第三者行为导致谢某死亡,属本案保险公司承保风险,保险公司应承担赔偿责任。③2006年北京某保险合同纠纷案,2002年,镇政府劳动科为宣某等30人投保人身意外伤害险,每人10万元,合同上指定的受益人为刘某。2003年,宣某在交通事故中死亡。2006年,宣某近亲属以保险合同未有宣某签名请求确认保险合同中指定受益人为刘某的条款无效。保险公司称过诉讼时效。法院认为:依《保险法》第61条规定,人身保险受益人由被保险人或投保人指定,投保人指定受益人须经被保险人同意。本案中,刘某作为宣某受益人,亦应基于投保人指定,但保险单上无被保险人宣某确认签名,故应认定刘某作为宣某受益人未经宣某同意。原告起诉的诉讼请求为确认保险合同条款无效,不适用诉讼时效规定。原告作为宣某法定继承人,对该保险合同有利害关系,其提起诉讼符合法律规定。判决保险公司与劳动科所签保险合同中,指定刘某为宣某受益人保险条款无效。④2010年北京某交通事故损害赔偿案[附加意外伤害医疗险],2009年10月,刘某骑电动自行车撞伤骑自行车的程某致骨折。事后,程某在按其投保的附加意外伤害医疗保险报销医疗费8800余元,报销费用总额中包括刘某垫付的医疗费1900余元。法院认为:刘某未尽谨慎注意义务,应在其过错范围内对程某的损失承担赔偿责任。因程某在人寿保险公司自行购买附加意外伤害医疗保险,此属商业保险,开庭前程某已向该保险公司报销部分医疗费,根据《保险法》第46条规定,程某作为被保险人向保险公司报销相应费用后,仍有权向刘某主张赔偿,但程某保险费用总额中包括刘某所花费的部分医疗费,应按相应报销比例予以扣除。⑤2010年福建某交通事故损害赔偿案[人寿保险],2009年10月,庄某无证驾驶刘某的摩托车,撞伤行人黄某,交警认定庄某全责。保险公司认为黄某从人寿保险公司获赔的3400余元应从交强险医疗费中扣除。法院认为:黄某经交警认定无责任,其对损害结果发生无过错,更无故意情形,故保险公司应予赔付交强险。保险公司向黄某赔付交强险系基于法律强制性规定,而黄某基于其另行向人寿保险公司投保而获得赔偿,两者性质不同,该商业险与交强险并不互相排斥,故保险公司提出应扣减该部分金额的理由不能成立。⑥2010年重庆某保险合同纠纷案[新农合医保],2008年7月,运输公司驾驶员许某驾车撞伤行人文某,运输公司支付医药费1.5万余元,许某参加当地新型农村合作医疗保险,就上述医药费在新农合报销4400余元。运输公司理赔时,保险公司审核认为1.5万余元医药费符合赔付标准的计8700余元,扣除文某已报销的费用,只能理赔4300余元。法院认为:保险公司自行按照当地社会基本医疗保险规定的标准对第三人的医疗费进行审核,确定应赔付医疗费金额为8700余元,该结果系其单方审核结果,在运输公司不予认可情况下,保险公司却不能提供充分证据证明其审核结果的准确性和合理性,故保险公司依法应承担举证不能的法律后果。第三人文某因参加新农合医保而获得的医疗费补偿系其交纳新农合医保保险费并按照新农合医保的规定而应得的补偿,不应在保险公司赔付的交强险医疗费中扣除,故保险公司应依约在交强险条款规定的医疗费限额1万元内予以赔付,现已赔付4300余元,还应承担5600余元的民事责任。⑦2004年湖北某保险合同纠纷案〔学生意外伤害医疗险〕,李某投保学生意外伤害医疗险。2004年1月,李某因交通事故发生的医疗费在其他保险机构办理理赔后,又向保险公司申请理赔,保险公司以李某已获得其他保险机构的赔付为由拒绝理赔,同时认为医疗费凭证只提供了复印件。法院认为:《保险法》第92条明确将意外伤害保险划分在人身保险中,故意外伤害医疗保险应属人身保险范畴。《保险法》第68条明确限制人身保险保险人行使代位追偿权,但被保险人或受益人仍有权向第三者请求赔偿,且该法对人身保险并无重复投保的限制,故损失补偿原则不适用于人身保险,当然也不适用于本案中人身保险的意外伤害医疗保险。本案保险人对于被保险人发生保险事故的事实并不否认,而以医疗费票据复印件不是有效票据为由不予理赔,无法律依据。在保险公司未举证证明自己对投保人明确说明第三人已赔偿或理赔是免责事由,而以要求被保险人提供医疗费用单据原件的方法对重复理赔加以控制无法律依据,不予支持,故判决保险公司给付李某医疗保险金1000余元。

**【同类案件处理要旨】**

《保险法》对人身保险并无重复投保的限制,"损失补偿原则"不适用于人身保险。人身保险的被保险人因第三者行为死亡或伤残,保险人向被保险人或受益给付保险金后,不得享有向第三者追偿的权利,但被保险人或受益人仍有权向第三者请求赔偿。

**【相关案件实务要点】**

1.【赔偿条件】在处理人身保险赔偿事宜时,只要被保险人提供的有关证明和资料能确认保险事故及相关费用已经发生,保险公司就应按保险合同履行给付保险金的义务,而不应以被保险人是否出具相关费用单据原件为必备条件,对保险责任范围内的索赔,保险公司只有在相关法律和保险合同有明确规定情况下,才能予以拒赔。案见湖北宜昌中院2004年11月16日判决"李某诉某保险公司保险合同案"。

2. **【费用扣除】** 因交通事故致人身保险的被保险人人身受损时，对于商业保险公司报销的数额，被保险人仍可请求侵权人赔偿，但报销费用总额中包括侵权人所垫付的部分医疗费应按相应报销比例予以扣除。案见北京密云法院（2010）密民初字第 2942 号"程某诉刘某交通事故损害赔偿案"。

3. **【新农合医保】** 第三人因参加新农合医保而获得的医疗费补偿系其缴纳新农合医保保险费并按照新农合医保的规定而应得的补偿，与交强险无任何关联性，系两种性质不同的独立险种，不应在保险公司赔付的交强险医疗费中扣除。案见重庆涪陵去法院（2010）涪法民初字第 3067 号"某运输公司诉某保险公司保险合同纠纷案"。

**【附注】**

**参考案例索引**：天津和平区法院 2006 年判决"冯某诉某保险公司保险合同案"，判决保险公司支付冯某保险金 5000 元。见《冯跃顺诉广大永明人寿保险有限公司保险合同纠纷案》，载《最高人民法院公报·案例》（2007：524）。①四川达州中院（2007）达中民终第 169 号"中华联合财产保险公司达州中心支公司与杨峰保险合同纠纷上诉案"，见《人身保险不适用损失补偿原则》（蒋敏、舒劲松），载《人民司法·案例》（200916：90）。②福建龙岩中院（2006）岩民终字第 335 号"谢某等诉某保险公司保险合同案"，见《谢新霞等诉中国人寿保险股份有限公司龙岩分公司保险合同案（近因原则、承保风险）》（林朝晖），载《中国审判案例要览》（2007 商：317）。③北京房山区法院（2006）房民初字第 3700 号"马某等与某保险公司保险合同纠纷案"，见《马秀玲等诉中国人寿保险股份有限公司北京市房山支公司等保险合同案（受益人）》（扈秀康、刘恋砚），载《中国审判案例要览》（2007 商：345）。④北京密云法院（2010）密民初字第 2942 号"程某诉刘某交通事故损害赔偿案"，见《程立芹诉刘兴雨道路交通事故人身损害赔偿案》（张维霞），载《中国法院 2012 年度案例：道路交通纠纷》（76）。⑤福建莆田中院（2010）莆民终字第 746 号"黄某等诉庄某等交通事故损害赔偿案"，见《黄某等诉庄某等道路交通事故人身损害赔偿案》（庄莉琳），载《中国法院 2012 年度案例：道路交通纠纷》（153）。⑥重庆涪陵去法院（2010）涪法民初字第 3067 号"某运输公司诉某保险公司保险合同纠纷案"，见《重庆市涪陵区菁峰运输有限责任公司诉中国大地财产保险股份有限公司重庆分公司涪陵中心支公司保险合同案》（熊卫东、常洪艳），载《中国法院 2012 年度案例：保险纠纷》（4）。⑦湖北宜昌中院 2004 年 11 月 16 日判决"李某诉某保险公司保险合同案"，见《李思佳诉西陵人保公司人身保险合同纠纷案》，载《最高人民法院公报·案例》（2006：462）。

## 49. 夫妻关系与侵权之债
### ——乘坐配偶车，受伤是否赔？
【夫妻关系】

**【案情简介及争议焦点】**

2003年8月，孙某无证驾驶无牌摩托车，搭载妻子冯某，与驾驶无牌拖拉机的吕某碰撞，孙某、冯某受伤。孙某负主要责任，吕某负次要责任，冯某不负责任。

争议焦点：1. 事故责任比例如何确定？2. 夫妻之间损害能否获赔？

**【裁判要点】**

**1. 事故责任承担比例。** 孙某、吕某应按各自所负的事故责任承担相应赔偿责任。结合各方交通违法行为对本起事故所起作用分析，确定由孙某承担其中的70%，吕某承担30%，因二人行为属于共同侵权，应互负连带赔偿责任。

**2. 夫妻损害赔偿责任。** 夫妻共同财产制固然能够成为追究侵权人的损害赔偿责任的障碍，但夫妻关系存续期间，夫妻财产制并不局限于夫妻共同财产所有制这一种形式，不能仅因此认为婚内夫妻侵权行为可免除损害赔偿责任。这是因为，夫妻损害赔偿责任的实现因夫妻财产状况的不同而呈现出不同的表现形态。若夫妻间实行约定财产制，侵权人可从约定的个人财产中支付相应的赔偿数额；如夫妻未对财产的归属进行约定，侵权人基于《婚姻法》的规定也可以拥有法定的个人财产，损害赔偿责任的实现同样不存在障碍。即使夫妻之间只存在夫妻共同财产，也完全有理由加以克服，因为根据《婚姻法》规定，夫妻一方受到伤害获得的医疗费、残疾人生活补助费等费用属于夫妻一方的个人财产，故可从夫妻共同财产中单独划出一部分作为受害人的个人财产，一旦以后涉及夫妻共同财产的分割，可将履行损害赔偿责任时划出的个人财产数额再结合予以考虑。倘若现在没有夫妻共同财产和个人财产，一旦将来夫妻拥有了共同财产，或者侵权人取得了法定或约定的个人财产，基于上述相同的理由，同样可以满足受害人的赔偿请求。故本案中孙某对配偶的赔偿责任不能免除。

**【裁判依据或参考】**

**1. 法律规定。**《婚姻法》(2001年4月28日，2021年1月1日废止)第18条：

"有下列情形之一的,为夫妻一方的财产:……(二)一方因身体受到伤害获得的医疗费、残疾人生活补助费等费用……"《民法通则》(1987年1月1日,2021年1月1日废止)第5条:"公民、法人的合法的民事权益受法律保护,任何组织和个人不得侵犯。"第120条:"公民的姓名权、肖像权、名誉权、荣誉权受到侵害的,有权要求停止侵害,恢复名誉,消除影响,赔礼道歉,并可以要求赔偿损失。法人的名称权、名誉权、荣誉权受到侵害的,适用前款规定。"

**2. 司法解释。**最高人民法院《关于适用〈中华人民共和国婚姻法〉若干问题的解释(二)》(2004年4月1日 法释〔2003〕19号,2021年1月1日废止)第27条:"当事人在婚姻登记机关办理离婚登记手续后,以婚姻法第四十六条规定为由向人民法院提出损害赔偿请求的,人民法院应当受理。但当事人在协议离婚时已经明确表示放弃该项请求,或者在办理离婚登记手续一年后提出的,不予支持。"最高人民法院《关于适用〈中华人民共和国婚姻法〉若干问题的解释(一)》(2001年12月27日 法释〔2001〕30号,2021年1月1日废止)第19条:"婚姻法第十八条规定为夫妻一方所有的财产,不因婚姻关系的延续而转化为夫妻共同财产。但当事人另有约定的除外。"最高人民法院《关于确定民事侵权精神损害赔偿责任若干问题的解释》(2001年3月10日 法释〔2001〕7号,2020年修正,2021年1月1日实施)第1条:"因人身权益或者具有人身意义的特定物受到侵害,自然人或者其近亲属向人民法院提起诉讼请求精神损害赔偿的,人民法院应当依法予以受理。"最高人民法院《关于贯彻执行〈中华人民共和国继承法〉若干问题的意见》(1985年9月11日,2021年1月1日废止)第2条:"相互有继承关系的几个人在同一事件中死亡,如不能确定死亡先后时间的,推定没有继承人的人先死亡。死亡人各自都有继承人的,如几个死亡人辈份不同,推定长辈先死亡;几个死亡人辈份相同,推定同时死亡,彼此不发生继承,由他们各自的继承人分别继承。"

**3. 地方司法性文件。**北京高院《关于印发〈关于审理刑事附带民事诉讼案件若干问题的解答(试行)〉的通知》(2009年5月27日 京高法发〔2009〕226号)第3条:"夫妻之间发生的侵害人身权利刑事案件中,被害方能否提起附带民事诉讼?答:对于夫妻之间发生的侵害人身权利犯罪,可允许被害方依法提起附带民事诉讼。法院审理此类附带民事诉讼案件,应限于附带赔偿物质损失的民事诉讼,不宜扩大审理其他民事诉讼。"广东佛山中院《关于审理道路交通事故损害赔偿案件的指导意见》(2009年4月8日)第7条:"道路交通事故的受害人与其中一个侵权人之间是配偶或者未成年父母子女关系的,在诉讼中,法院不应将该侵权人作为当事人,仅列其他的侵权人或保险公司为被告,相应的赔偿责任根据其他侵权人的过错程度予以确定。"

**4. 最高人民法院审判业务意见。**●在夫妻一方因犯罪需要于附带民事诉讼中支付巨额赔偿的情况下,其配偶以保留更多财产为目的诉请分割夫妻共同财产能否得到支持？最高人民法院民一庭《民事审判实务问答》编写组："……问题中所述的夫妻应当是未实行约定财产制且对于分割夫妻共同财产没有约定,因此,请求分割夫妻共同财产应当是'共同共有的基础丧失或者有重大理由'。对于夫妻来说,共同共有的基础丧失应当是发生了离婚的法律事实,而在不离婚的条件下需要分割夫妻共同财产的重大理由则已经由《最高人民法院关于适用〈中华人民共和国婚姻法〉若干问题的解释(三)》第四条明确规定为'一方有隐藏、转移、变卖、毁损、挥霍夫妻共同财产或者伪造夫妻共同债务等严重损害夫妻共同财产利益行为的'和'一方负有法定抚养义务的人患重大疾病需要医治,另一方不同意支付相关医疗费用的'两种情况。从'立法'技术层面看,该司法解释在列举了上述两项'重大理由'后,没有兜底性条款或者采用'等'字,以给适用者根据案件具体情况灵活掌握的余地。之所以这样规定,主要是考虑夫妻共同财产是维系婚姻当事人家庭生活的主要经济基础,轻易动摇这个基础,会对婚姻当事人的家庭生活以及夫妻感情产生负面影响。因此,在不离婚的情况下,通过诉讼分割夫妻共同财产是一种极为特殊的情况,人民法院在司法实践中应当严格掌握适用条件,不得擅自扩大适用范围。故在夫妻一方故意犯罪,且需在刑事附带民事诉讼中支付巨额赔偿金的情况下,其配偶出于为自己包括未成年子女保留更多的财产的目的,诉请分割夫妻共同财产,人民法院不应予以支持。另外,人民法院在执行附带民事诉讼判决时,不会将被执行人的其他家庭成员的个人财产作为执行标的,如果执行夫妻共同财产,也会给被执行人的家庭成员留下满足其基本生活必需的财产。"○**夫妻之间是否有请求损害赔偿的权利？**《人民司法》研究组："我们认为,中华人民共和国公民的人身权利受法律保护,任何人不得非法侵害,夫妻之间也不例外。在社会主义制度下,夫妻在家庭中地位完全平等。当夫妻一方受到另一方的人身损害时,和任何公民一样,受害方有权依照法律规定向加害方提出损害赔偿。但根据我国婚姻法第13条的规定,夫妻在婚姻关系存续期间所得的财产,归夫妻共同所有,他们有平等的处理权。因此,一般地说,夫妻间一方向另一方提出损害赔偿,没有实际的意义。但另一方若有婚前个人财产,或有'另有约定'的个人财产时,受害方在诉讼中请求损害赔偿,人民法院则应予以支持,依法作出裁决。"

**5. 参考案例。**①2016年北京某交通事故纠纷案,2015年,李某驾驶妻子王某名下机动车送妻子上班途中撞伤潘某致残。对于超出交强险及商业三责险外的33万余元是否由王某与李某连带清偿成为争议焦点。法院认为:根据本案现有证据可认定,李某与王某系夫妻关系,涉案车辆登记在王某名下,事发时由李某驾车,搭载王某共同前往地铁站上班途中,亦即事发时李某驾车行为属于为夫妻二人共同利益行为,因此产生的侵权之债,应认定为夫妻共同债务,故对潘某超出交强险限额的合法损失,应由李某与王某共同承担赔偿责任。对李某、王某应承担的赔偿责任,保险公司应根据其承保商业三责险保险合同予以赔偿,赔偿后仍有不足的,由李某及王某实际承担。判决保险公司在交强险范围内赔偿潘某1.2万元;在商业三责险范围内赔偿潘某20万元,李某、王某赔偿潘某33万余元。②2011年<u>天津某交通事故纠纷案</u>,2009年,喻某驾车不慎撞护栏致自己及同乘配偶阎某身亡,交警认定喻某全责。阎某近亲属诉请喻某继承人在继承财产范围内赔偿。法院认为:因本案发生在《侵权责任法》施行前,依最高人民法院《关于适用〈侵权责任法〉若干问题的通知》第1条规定,本案应适用侵权行为发生当时的法律规定。《民法通则》第106条第2款规定:"公民、法人由于过错侵害国家的、集体的财产,侵害他人财产、人身的,应当承担民事责任。"该条规定了一般侵权责任,该项侵权责任的构成强调主观过错、侵权行为、损害后果及侵权行为与侵权结果之间的因果关系。但本案是一种特殊侵权关系,阎某与喻某在交通事故发生时,尚处于夫妻关系存续期间,适用一般侵权处理原则,不符合案件自身特点。虽然《婚姻法》第46条规定了重婚、有配偶与他人同居、家庭暴力以及虐待、遗弃家庭成员等四种侵权行为,但仅系为解决离婚损害赔偿问题作出的特别规定,并未涵盖夫妻间侵权行为所有类型。基于夫妻之间是特殊身份关系,夫妻双方以永久共同生活为目的,要求夫妻之间和谐互助、恩爱贤德,对彼此行为应有一定宽容与谅解,对夫妻之间侵权行为不能仅从普通法理上评判,还应适用道德标准进行考量,故<u>不宜因轻微过失或一般过失即认定夫妻侵权</u>,而应限定于有故意或重大过失情形。本案喻某行为确实导致阎某死亡严重后果,但不能因后果严重或交管部门认定喻某负事故全责即认定喻某对阎某死亡存在故意或重大过失,而应结合主客观因素进行具体分析。从喻某、阎某二人共同外出,接待朋友并一同送朋友情况看,喻某和阎某夫妻关系融洽、恩爱和睦,应排除故意制造交通事故可能。本案是一起单方交通事故,交管部门认定喻某负交通事故全责,主要是基于喻某在事故中的单方作用作出的认定,且喻某在该起事故中不存在无照驾驶、酒后驾驶、超速驾驶、明知车况不良而驾驶等明显违章行为,交管部门在责任事故认定中以违反操作规范予以认定,不能认定喻某存在对危险结果有高度或然性认识的过失,故<u>喻某在主观上不构成重大过失</u>,其行为不构成夫妻间侵权行为,不应承担赔偿责任,判决驳回原告诉请。③2009年<u>江苏某交通事故纠纷案</u>,2008年,张某父驾驶农用运输车劳作回来路上翻车,致张某死亡、张某同居女友陆某6级伤残,交警认定张某父全责。陆某诉请张某父赔偿。法院认为:民事主体权利、义务与责任承担,应体现公平原则,兼顾各方当事人利益。本案中,陆某与张某在事故发生前已同居,且在同居期间生育一女,并与张某父亲共同生活,所生育孩子一直由张某母亲抚养,陆某与张家虽无合法婚姻家庭关系,但陆某在张家共同生活、劳作,分享着共同劳动成果,同样应共同分担劳动风险。

张某父系从事家庭共同劳动事务行为,在共同劳作中发生交通事故,造成伤亡后果,陆某及张家均因此遭受了巨大损失。基于陆某与张家已不再共同生活,且亦无法继续共同生活的实际情况,张某父对交通事故发生负全部责任,故对陆某要求张某父赔偿诉请,法院予以部分支持。结合张某父在陆某受伤后积极为其治疗情形及其现实给付能力,法院酌定张某父赔偿陆某损失70%,即4.7万余元。④2011年上海某交通事故损害赔偿案,2007年12月,曹某酒后驾车与张某驾驶的挂靠物流公司的货车相撞,致曹某及其车上4名乘客,即妻子康某、女儿,以及徐某、夏某当场死亡。交警认定曹某、张某分负主、次责任。康某父母诉请索赔,法院追加曹某父母为第三人。法院认为:曹某与康某系夫妻关系,曹某侵权行为发生在夫妻关系存续期间,二人在同一起事故中死亡,依法推定二人同时死亡,互相不发生继承和赔偿。康某女儿及康某父母作为近亲属具有向曹某以外的其他相关责任人求偿的权利,获得的赔偿款每人均分可得1/3,因曹某女儿死亡,则赔偿款继续分配予其法定继承人即作为本案原告的外祖父母、作为第三人的祖父母,故第三人夫妻可得其中的1/6,原告夫妻可得其中的5/6,故原告获得的赔偿款,按5:1的比例在原告、第三人间予以分配。⑤2010年山东某交通事故损害赔偿案,2010年5月,赵某驾车与安某车辆相撞,造成后车乘员陶某死亡,交警认定赵某、安某分负主、次责任。死者近亲属索赔时,将安某妻子应某追加为共同被告。法院认为:安某与应某系夫妻关系,肇事车辆系夫妻二人共同所有,并以该车经营收入作为双方家庭生活的共同来源,故应某应与安某在其所承担的责任限额内承担连带赔偿责任。⑥2010年湖北某交通事故损害赔偿案,2010年4月,徐某驾驶拖拉机搭乘周某因翻车事故致徐某、周某死亡,交警认定徐某全责,周某近亲属起诉徐某妻子常某要求索赔。法院认为:由于徐某个人过失,导致该起交通事故,由此导致的侵权之债,不属于常某、徐某夫妻共同生活所负的债务,且原告未提交证据证实徐某是否存在遗产,故常某不应承担赔偿责任,判决驳回原告诉讼请求。⑦2004年河南某交通事故损害赔偿案,2001年,兄无证驾驶无牌机动三轮车载弟行驶,因与行驶证标明为集团公司,实际为叉车厂车辆并由杨某驾驶的货车相撞,兄、弟皆伤,交警认定兄无证驾驶无牌机动车与事故发生无因果关系,故兄、弟不承担事故责任,杨某负全责。法院认为:根据双方过错程度,兄应负次要责任,杨某负主要责任,弟作为乘客不负责任。杨某驾车系职务行为,应由其所在单位叉车厂承担赔偿责任,该车行驶证登记单位集团公司对此承担连带责任,故依此确定民事赔偿责任。负事故主要责任的叉车厂应承担兄损失70%。弟虽对事故不负责任,但其损失系由兄与叉车厂共同侵权形成,叉车厂亦对其损失承担70%赔偿责任,其余30%可由其向兄求偿。集团公司对叉车厂应赔偿的责任负连带责任。

**【同类案件处理要旨】**

夫妻之间的侵权之债,不因双方之间尚存在夫妻关系这一障碍而消灭。

**【相关案件实务要点】**

1.【个人之债】根据《婚姻法》第 18 条规定,夫妻一方因身体受侵权而获得的赔偿非夫妻共同财产,而是一方个人财产,故夫妻一方对外侵权之债,亦非夫妻共同债务,而是侵权一方的个人债务。案见湖北远安法院(2010)远民初字第 372 号"宋某等诉常某交通事故损害赔偿案"。

2.【侵权之债】夫妻之间的侵权之债,不因双方之间尚存在夫妻关系这一障碍而消灭。案见浙江诸暨法院(2005)诸民一初字第 979 号"冯某诉孙某等道路交通人身损害赔偿案"。

3.【按份之债】乘客虽对事故不负责任,但其损失系由其乘坐车辆司机与另一肇事车辆共同侵权形成,另一肇事车辆亦只在责任范围内对乘客承担按份责任。案见河南洛阳西工区法院 2003 年判决"武某等诉某叉车厂交通事故赔偿案"。(肇事车方与所搭载乘员若系夫妻关系,乘员因交通事故受伤,另一肇事车方承担按份责任还是连带责任,可参见本书案例 43"两车相撞致他人损害"。——编者注)。

4.【连带之债】作为夫妻共同财产的机动车,其经营收入作为双方家庭生活的共同来源,夫妻一方驾驶该车肇事致人损害,配偶应承担连带赔偿责任。案见山东淄博博山区法院(2010)博民初字第 923 号"陶某等诉赵某等交通事故损害赔偿案"。

5.【继承和赔偿关系】夫妻二人在同一起交通事故中死亡,依法推定二人同时死亡,互相不发生继承和赔偿。案见上海奉贤区法院(2011)奉民一(民)重字第 2195 号"康某等诉吴某等交通事故损害赔偿案"。

**【附注】**

**参考案例索引**:浙江诸暨法院(2005)诸民一初字第 979 号"冯某诉孙某等道路交通人身损害赔偿案",判决孙某、吕某赔偿冯某经济损失各 1.5 万余元、6500 余元。见《冯杏英诉孙曹军、吕国夫道路交通人身损害赔偿案》(郭昕),载《中国审判案例要览》(2006 民事:484)。①北京海淀区法院(2016)京 0108 民初 14325 号"潘某与李某等机动车交通事故责任纠纷案",见《潘亚战诉李春明、王秋芳等机动车交通事故责任纠纷案——侵权行为之债能否为夫妻共同债务的认定》(左慧玲、苏振),载《人民法院案例选》(201801/119:57)。②天津二中院(2011)二中民三终字第 180 号"阎某等与喻某等交通事故人身损害赔偿纠纷案",见《阎贵柱等诉喻小龙等交通事故人身损害赔偿纠纷案》(李季红、刘希婧),载《人民法院案例选》(201204/82:153)。③江苏南京江宁区法院(2009)江宁民一初字第 133 号"陆某与张某交通事故人身损害赔偿纠纷案",见《陆荣诉张兴利交通事故人身损害赔偿纠纷案》,载《江苏省高级人民法院公报》(200904/4:41)。④上海奉贤区法院(2011)奉民一(民)重字第 2195 号"康某等诉吴某等交通事故损害赔偿案",见《多名家庭成员死亡的交通事故案中当事人的诉讼地位及责任承担》(甘青峰、林庆强),载《人民司法·案例》(201212:21)。⑤山东淄博博山区法院(2010)博民初字第 923 号"陶某等诉赵某等交通事故损害赔偿案",见《陶绪孟等诉赵会等道路交通事故人身损害赔偿案》(徐雪),载《中国法院 2012 年度案例:道路交通纠纷》(262)。⑥湖北远安法院(2010)远民初字第 372 号"宋某等诉常某交通事故损害赔偿案",见《宋凤英等诉常训芬道路交通事故人身损害赔偿案》(汪袁平),载《中国法院 2012 年度案例:道路交通纠纷》(242)。⑦河南洛阳西工区法院 2004 年判决"武某等诉某叉车厂交通事故赔偿案",见《武喜卫、武喜杰诉一拖洛阳叉车厂及中国一拖集团有限公司交通事故赔偿案》(李洛伟),载《人民法院案例选》(2004民事:222)。

**参考观点索引**:●在夫妻一方因犯罪需要于附带民事诉讼中支付巨额赔偿的情况下,其配偶以保留更多财产为目的诉请分割夫妻共同财产能否得到支持?见《在夫妻一方因犯罪需要于附带民事诉讼中支付巨额赔偿的情况下,其配偶以保留更多财产为目的诉请分割夫妻共同财产能否得到支持》,载《民事审判指导与参考·民事审判信箱》(201203:233)。○夫妻之间是否有请求损害赔偿的权利?见《夫妻之间是否有请求损害赔偿的权利?》,载《人民司法·司法信箱》(198705:31)。

## 50. 旅游过程中交通事故
### ——交通肇事亡,旅行社何责?
【安保义务】

**【案情简介及争议焦点】**

2003 年 7 月,10 岁的宋某在姑夫带领下随旅行社到新疆旅游。途中宋某下车横穿马路时被新疆某运输公司的客车撞伤致死,交警认定宋某与肇事司机负同等责任,调解协议约定由运输公司赔偿3万余元,同时旅行社依保险合同由保险公司赔偿了受害人家属7万余元。宋某父母以旅行社未尽安全保障义务诉请赔偿。

争议焦点:旅行社应否赔偿?

【裁判要点】

1. 重复请求。宋某在旅游途中因交通肇事身亡,经交警确认其与交通肇事人负同等责任,宋某父母依此法律事实已得到交通事故损害赔偿金和保险公司保险理赔款,现起诉要求旅行社给付宋某相关赔偿,属重复请求,不予支持。

2. 安全保障。虽旅行社负有在合理限度范围内的安全保障义务,但此义务履行程度如何,并不必然导致宋某死于交通事故,故对原告诉请不予支持。

【裁判依据或参考】

1. 法律规定。《民法典》(2021年1月1日)第1165条:"行为人因过错侵害他人民事权益造成损害的,应当承担侵权责任。依照法律规定推定行为人有过错,其不能证明自己没有过错的,应当承担侵权责任。"第1166条:"行为人造成他人民事权益损害,不论行为人有无过错,法律规定应当承担侵权责任的,依照其规定。"第1173条:"被侵权人对同一损害的发生或者扩大有过错的,可以减轻侵权人的责任。"第1174条:"损害是因受害人故意造成的,行为人不承担责任。"第1191条:"用人单位的工作人员因执行工作任务造成他人损害的,由用人单位承担侵权责任。用人单位承担侵权责任后,可以向有故意或者重大过失的工作人员追偿。劳务派遣期间,被派遣的工作人员因执行工作任务造成他人损害的,由接受劳务派遣的用工单位承担侵权责任;劳务派遣单位有过错的,承担相应的责任。"《民法通则》(1987年1月1日,2021年1月1日废止)第98条:"公民享有生命健康权。"第131条:"受害人对于损害的发生也有过错的,可以减轻侵害人的民事责任。"《侵权责任法》(2010年7月1日,2021年1月1日废止)第16条:"侵害他人造成人身损害的,应当赔偿医疗费、护理费、交通费等为治疗和康复支出的合理费用,以及因误工减少的收入。造成残疾的,还应当赔偿残疾生活辅助具费和残疾赔偿金。造成死亡的,还应当赔偿丧葬费和死亡赔偿金。"第22条:"侵害他人人身权益,造成他人严重精神损害的,被侵权人可以请求精神损害赔偿。"《消费者权益保护法》(1994年1月1日)第7条:"消费者在购买、使用商品和接受服务时享有人身、财产安全不受损害的权利。消费者有权要求经营者提供的商品和服务,符合保障人身、财产安全的要求。"第18条:"经营者应当保证其提供的商品或者服务符合保障人身、财产安全的要求。对可能危及人身、财产安全的商品和服务,应当向消费者作出真实的说明和明确的警示,并说明和标明正确使用商品或者接受服务的方法以及防止危害发生的方法。"

**2. 行政法规。** 国务院《**道路运输条例**》(2023年7月20日第五次修订并实施)第35条:"客运经营者、危险货物运输经营者应当分别为旅客或者危险货物投保承运人责任险。"国务院《**旅行社条例**》(2009年5月1日)第38条:"旅行社应当投保旅行社责任险。旅行社责任险的具体方案由国务院旅游行政主管部门会同国务院保险监督管理机构另行制定。"第39条:"旅行社对可能危及旅游者人身、财产安全的事项,应当向旅游者作出真实的说明和明确的警示,并采取防止危害发生的必要措施。发生危及旅游者人身安全的情形的,旅行社及其委派的导游人员、领队人员应当采取必要的处置措施并及时报告旅游行政管理部门;在境外发生的,还应当及时报告中华人民共和国驻该国使领馆、相关驻外机构、当地警方。"国务院《**中国公民出国旅游管理办法**》(2002年7月1日)第14条:"组团社应当按照旅游合同约定的条件,为旅游者提供服务。组团社应当保证所提供的服务符合保障旅游者人身、财产安全的要求;对可能危及旅游者人身安全的情况,应当向旅游者作出真实说明和明确警示,并采取有效措施,防止危害的发生。"第18条:"旅游团队领队在带领旅游者旅行、游览过程中,应当就可能危及旅游者人身安全的情况,向旅游者作出真实说明和明确警示,并按照组团社的要求采取有效措施,防止危害的发生。"国务院法制办《**对〈旅行社管理条例〉有关"旅游意外保险"的含义的答复**》(2002年3月26日 国法函〔2002〕32号):"……《旅行社管理条例》(后被2009年5月1日实施的《旅行社条例》废止——编者注)第二十一条规定:'旅行社组织旅游,应当为旅游者办理旅游意外保险,并保证所提供的服务符合保障旅游者人身、财物安全的要求;对可能危及旅游者人身、财物安全的事宜,应当向旅游者作出真实的说明和明确的警示,并采取防止危害发生的措施'。该条中规定的'旅行社组织旅游,应当为旅游者办理旅游意外保险',含意是:旅行社组织旅游,应当为旅游者办理旅行社责任保险。"

**3. 司法解释。** 最高人民法院《**关于审理旅游纠纷案件适用法律若干问题的规定(2020年修正)**》(2021年1月1日实施)第3条:"因旅游经营者方面的同一原因造成旅游者人身损害、财产损失,旅游者选择请求旅游经营者承担违约责任或者侵权责任的,人民法院应当根据当事人选择的案由进行审理。"第4条:"因旅游辅助服务者的原因导致旅游经营者违约,旅游者仅起诉旅游经营者的,人民法院可以将旅游辅助服务者追加为第三人。"第5条:"旅游经营者已投保责任险,旅游者因保险责任事故仅起诉旅游经营者的,人民法院可以应当事人的请求将保险公司列为第三人。"第6条:"旅游经营者以格式条款、通知、声明、店堂告示等方式作出排除或者限制旅游者权利、减轻或者免除旅游经营者责任、加重旅游者责任等对旅游者不公平、不合理的规定,旅游者依据消费者权益保护法第二十六条的规定请求认定该内容无效的,人民法院应予支持。"第7条:"旅游经营者、旅游辅助服务者未尽到安全保障义务,造成旅游者人身损害、财产损失,旅游者请求旅游经营者、旅游辅助服务者承担责任的,人民法院应予支持。因第三人的行为造成旅游者人身损害、财产损失,由第三人承担责任;旅游经营者、旅游辅助服务者未尽安全保障义务,旅游者请求其承担相应补充责任的,人民法院应予支持。"第8条:"旅游经营者、旅游辅助服务者对可能危及旅游者人身、财产安全的旅游项目未履行告知、警示义务,造成旅游者人身损害、财产损失,旅游者请求旅游经营者、旅游辅助服务者承担责任的,人民法院应予支持。旅游者未按旅游经营者、旅游辅助服务者的要求提供与旅游活动相关的个人健康信息并履行如实告知义务,或者不听从旅游经营者、旅游辅助服务者的告知、警示,参加不适合自身条件的旅游活动,导致旅游过程中出现人身损害、财产损失,旅游者请求旅游经营者、旅游辅助服务者承担责任的,人民法院不予支持。"第10条:"旅游经营者将旅游业务转让给其他旅游经营者,旅游者不同意转让,请求解除旅游合同、追究旅游经营者违约责任的,人民法院应予支持。旅游经营者擅自将其旅游业务转让给其他旅游经营者,旅游者在旅游过程中遭受损害,请求与其签订旅游合同的旅游经营者和实际提供旅游服务的旅游经营者承担连带责任的,人民法院应予支持。"第11条:"除合同性质不宜转让或者合同另有约定之外,在旅游行程开始前的合理期间内,旅游者将其在旅游合同中的权利义务转让给第三人,请求确认转让合同效力的,人民法院应予支持。因前款所述原因,旅游经营者请求旅游者、第三人给付增加的费用或者旅游者请求旅游经营者退还减少的费用的,人民法院应予支持。"第13条:"签订旅游合同的旅游经营者将其部分旅游业务委托旅游目的地的旅游经营者,因受托方未尽旅游合同义务,旅游者在旅游过程中受到损害,要求作出委托的旅游经营者承担赔偿责任的,人民法院应予支持。旅游经营者委托除前款规定以外的人从事旅游业务,发生旅游纠纷,旅游者起诉旅游经营者的,人民法院应予受理。"第14条:"旅游经营者准许他人挂靠其名下从事旅游业务,造成旅游者人身损害、财产损失,旅游者依据民法典第一千一百六十八条的规定请求旅游经营者与挂靠人承担连带责任的,人民法院应予支持。"第17条:"旅游者在自行安排活动期间遭受人身损害、财产损失,旅游经营者未尽到必要的提示义务、救助义务,旅游者请求旅游经营者承担相应责任的,人民法院应予支持。前款规定的自行安排活动期间,包括旅游经营者安排的在旅游行程中独立的自由活动期间、旅游者不参加旅游行程的活动期间以及旅游者经导游或者领队同意暂时离队的个人活动期间等。"第18条:"旅游者在旅游行程中未经导游或者领队许可,故意脱离团队,遭受人身损害、财产损失,请求旅游经营者赔偿损失的,人民法院不予支持。"最高人民法院《关于审理人身损害赔偿案件适用法律若干问题的解释》(2004年5月1日 法释〔2003〕20号,2020年修正,2021年1月1日实施)第1条:"因生命、身体、健康遭受侵害,赔偿权利人起诉请求赔偿义务人赔偿物质损害和精神损害的,人民法院应予受理。本条所称'赔偿权利人',是指因侵权行为或者其他致害原因直接遭受人身损害的受害人以及死亡受害人的近亲属。本条所称'赔偿义务人',是指因自己或者他人的侵权行为以及其他致害原因依法应当承担民事责任的自然人、法人或者非法人组织。"第2条:"赔偿权利人起诉部分共同侵权人的,人民法院应当追加其他共同侵权人作为共同被告。赔偿权利人在诉讼中放弃对部分共同侵权人的诉讼请求的,其他共同侵权人对被放弃诉讼请求的被告应当承担的赔偿份额不承担连带责任。责任范围难以确定的,推定各共同侵权人承担同等责任。人民法院应当将放弃诉讼请求的法律后果告知赔偿权利人,并将放弃诉讼请求的情况在法律文书中叙明。"

**4. 地方司法性文件**。上海高院民一庭《全市法院民事审判工作庭长例会》(《上海审判规则》2016年第1期)第1条:"旅游合同中争议仲裁裁决的范围。旅游纠纷中,旅游者和旅游公司对争议解决方式约定为仲裁的前提下,旅游者在旅游中因第三方原因受伤,旅游者选择按侵权之诉起诉第三方和旅游公司,对此类案件法院是否有管辖权?倾向性意见认为,法院有管辖权。《仲裁法》第二条的规定,平等主体的公民、法人和其他组织之间发生的合同纠纷和其他财产权益纠纷,可以仲裁。按照《仲裁法》的规定,仲裁的事项并不包括人身权益。所以旅游合同中约定的仲裁管辖条款,应当解决的是合同纠纷,不包括侵害人身权的侵权纠纷。旅游者如果以旅游公司违反合同义务为由起诉的,应当依照管辖条款通过仲裁解决。现旅游者是以侵权为由起诉,已经超出了仲裁裁决的事项范围。此外,仲裁作为一种纠纷解决方式,应当以当事人达成合意并作出约定为前提,现仅旅游者与旅游公司达成了合意。而实施侵权行为的第三方并未与任何一方达成过合意,所以管辖约定也不能约束第三方。"浙江宁波中院《关于印发〈民事审判若干问题解答(第一辑)〉的通知》(2011年4月13日 甬中法〔2011〕13号)第7条:"因旅游公司车辆发生交通事故,造成旅客受伤,当事人以旅游合同起诉,要求赔偿伤残赔偿金等,其伤残的鉴定标准,应该依据《人体损伤残疾程度鉴定标准(试行)》,还是《道路交通事故受伤人员伤残评定》的标准?答:2005年1月1日最高人民法院颁布施行的《人体损伤残疾程度鉴定标准(试行)》,对其适用范围作出了明确的规定,即'本标准适用于人民法院审理刑事、民事和行政案件中涉及的人体损伤残疾程度的鉴定。属于工伤与职业病和道路交通事故所致残疾程度的鉴定,不适用本标准',将因工伤与职业病和道路交通事故所致残疾程度的鉴定排除在适用范围之外。旅游公司车辆发生交通事故,造成旅客受伤,不管是以合同起诉还是以侵权起诉,致伤原因都是道路交通事故,因此应适用《道路交通事故受伤人员伤残评定标准》。"

**5. 地方规范性文件。** 江苏省《道路运输条例》(2013年4月1日)第34条:"包车、旅游客运经营者从事客运经营应当向道路运输管理机构申请领取包车客运标志牌。包车、旅游客运运行线路一端应当在车籍所在地,旅游客运运行线路至少有一端应当在旅游景区(点)。旅行社不得将旅游客运业务交给未取得相应客运经营资格的单位或者个人承运。"海南省《道路旅游客运管理若干规定》(2012年7月1日)第9条:"禁止未取得道路运输经营许可证和车辆营运证的单位和个人从事旅游客运经营。旅行社不得向未取得道路运输经营许可证或车辆营运证的单位或个人租用车辆接待旅游团队。道路旅游客运经营者应当在许可的经营范围内从事经营活动,不得向未取得旅行社业务经营许可证从事旅行社业务的单位或个人提供道路旅游客运服务。"第15条:"道路旅游客运经营者应当为旅游者投保承运人责任险。鼓励道路旅游客运经营者共同建立道路旅游客运交通安全互助金,提高道路旅游客运企业抵御交通事故风险的能力。"湖北省武汉市《道路运输管理规定》(2012年8月1日)第35条:"……旅游管理部门应当加强对旅行社、景区、星级饭店的监督检查,发现使用或者租用证牌不齐全的车辆从事旅游客运经营的,依法予以查处。"

**6. 最高人民法院审判业务意见。** ○旅游合同之诉能否获得精神损害赔偿?《民事审判指导与参考》研究组:"从审判的角度讲,人民法院既不能突破法律规定,支持旅游者以违约之诉主张精神损害赔偿,又要对旅游者因旅游遭受人身权益损害提起精神损害赔偿的诉求依法予以支持。(1)旅游者向侵权人主张精神损害赔偿,必须提起侵权之诉。在旅游过程中,旅游者属于弱势群体,如果旅游者提起违约之诉,法官应在第一次开庭前向其释明变更诉因,不以侵权起诉将承担不利后果。(2)正确把握旅游精神损失赔偿的要件,对不符合以下要件的请求不予支持。(3)正确确定精神损害赔偿数额。对此,法官应综合下列因素考量:侵权人的过错程度;侵害人的手段、场合、行为方式等具体情节;侵权行为所造成的后果;侵权人的获利情况;侵权人承担责任责任的经济能力;受诉法院所在地平均生活水平。"

**7. 参考案例。** ①2013年江苏某旅游合同纠纷案,2011年,于某向旅游公司报名参加学生假期旅游活动并交纳旅游服务费用。于某在旅游公司安排下,乘坐由旅行社租用的客车在旅游途中与一货车发生碰撞,造成包括于某在内的游客多人伤亡。交警认定,客车负全责。法院认为:最高人民法院《关于审理旅游纠纷案件适用法律若干问题的规定》第7条规定,旅游经营者、旅游辅助服务者未尽到安全保障义务,造成旅游者人身损害、财产损失的,旅游者请求旅游经营者、旅游辅助服务者承担责任的,人民法院应予支持。本案中,于某与旅游公司存在旅游合同关系,旅游公司在提供旅游服务过程中,因其安排游客乘坐的旅游车辆发生交通事故导致包括于某在内的多人受伤,旅游公司未能全面履行旅游服务合同的行为构成违约,应当对违约行为造成的于某的损失承担赔偿责任。旅游公司虽在销售代理协议中约定由旅行社承担旅游行程的全部责任,但按照合同相对性原则,该约定不能对抗第三人,故旅游公司以此约定主张免责无法得到支持。旅行社虽与于某不存在直接合同关系,但其作为旅游辅助服务者,所提供的服务亦应符合保障旅游者人身、财产安全要求,因其未尽到安全保障义务导致于某身体受到伤害,旅行社亦应承担民事赔偿责任。判决旅游公司和旅行社连带赔偿于某各项损失69万余元。②2010年**山东某交通事故损害赔偿案**,1999年,陆某参加旅行社安排的观光活动,途中乘坐的旅游大巴肇事致五级、九级两处伤残,该旅游大巴系建设公司所有,事发时租给旅行社使用,并派公司职工杨某驾驶,交警认定旅行社司机全责。法院认为:旅行社未确保游客在旅游途中的人身安全,违反了旅游合同约定,对于陆某的损失应承担赔偿责任。驾驶员杨某接受建设公司指派,驾驶客车运送陆某等游客,途中因其违章驾驶造成交通事故,建设公司对杨某违章驾驶造成的损失亦应承担赔偿责任。陆某依据旅游合同可要求旅行社予以赔偿,依据乘车途中受到人身伤害亦可要求建设公司赔偿。旅行社与建设公司虽基于不同的原因而承担赔偿义务,但二者在本案中所承担的赔偿数额一致,其中一方赔偿完毕,则二者与陆某的债务均归于消灭,这种情况属于不真正连带债务。陆某的人身伤害是建设公司驾驶员杨某违章所致,故旅行社赔偿后可向建设公司追偿,建设公司承担的是终局责任,故判决旅行社与建设公司共同赔偿陆某各项损失34万余元,旅行社赔偿后有权向建设公司追偿。③2008年**新疆某财产损害赔偿案**,2003年9月,马某驾驶挂靠于运输公司的客车运送旅行社游客旅游途中发生3死3伤的特大交通事故,交警认定马某负事故全部责任。旅行社投保责任险的保险公司赔偿伤亡者保险费用共计39万余元后,向运输公司及马某追偿。法院认为:本案保险公司与旅行社签订的责任保险合同,其保险既不属于人身保险范围,也不属于财产保险范围,是一种独立的保险险种。《保险法》关于责任保险的规定均未涉及保险人行使追偿权的问题,即按现行《保险法》规定在责任保险合同关系中,保险人向第三人行使追偿权缺少明确的法律根据,故本案应驳回保险公司诉讼请求。④2006年**广东某交通事故损害赔偿案**,2005年9月,参加旅游公司组织的旅游团成员杜某在过人行马路时被李某所驾车辆碰撞身亡。交警认定李某、杜某负同等责任。杜某近亲属诉旅游公司。法院认为:杜某参加由旅游公司组织的旅游团,接受旅游公司提供的旅游服务,而旅游公司亦是向包括杜某在内的游客而非杜某生前所在单位提供服务。杜某单位与旅游公司签订旅游合同仅是代理员工而为,享受旅游合同权利、承担旅游合同义务者均是。杜某在接受服务过程中发生交通事故而遭受人身损害,杜某近亲属与本案有直接利害关系,是为本案适格原告。旅游公司除应按合同约定的旅游景点、景点停留时间、住宿饮食及舟车标准等向游客提供旅游服务外,还负有尽其所能保障游客人身安全这一附随义务。案发现场机动车流量较大,且通行速度偏高,旅游车辆固定停放点与景点间跨越双向多车道,景点又恰在该路段弯道处。而因弯道的视觉阻挡,自北往南行驶的机动车驾驶人在拐弯前并不能看清在弯道处活动的行人。旅游公司对该景点附近的交通状况并不乏专业认识,故其应能预见游客从停车点或从景点直接穿越马路均具有高度的危险性。在杜某参观完景点横过马路返回停车点时,旅游公司导游却仍停留在景点处为其他游客拍照,可见旅游团当时因该公司疏于专业管理而处于松散状态,在杜某意欲直接横穿马路时,导游并未发现并及时劝阻,未尽其所能地避免事故发生。故即便杜某存在过失并违反了《道路交通安全法》,旅游公司亦因未尽其所能地保障游客人身安全,而应承担部分杜某在此期间发生交通事故而致损失的违约责任,判决旅游公司赔偿原告15万余元。⑤2006年福建某交通事故损害赔偿案,2005年,张某参加旅行社组织的到旅游公司景点的自驾游。暴风雨来临前,导游不顾游客劝阻,坚持带队上山,结果张某被景点山上折断的树木砸伤致死。法院认为:导游不顾恶劣天气坚持带游客冒险进入林区的错误行为,旅游公司管理不善致使树木折断伤人,事件发生后又未尽最大救助努力,上述三因素均是致张某死亡后果发生的原因,其中导游的错误行为是次要原因,其原因力酌定为20%,旅游公司管理不善为主要原因,酌定为80%。本案导游既代表旅行社,又代表旅游公司,故基于导游错误行为而产生的责任,应由旅行社和旅游公司共同连带承担。判决原告损失,由旅行社赔偿10%,即5万余元,旅游公司赔偿90%,即49万余元,旅行社与旅游公司在10%即5万余元赔偿范围内承担连带责任。⑥2003年河南某旅游合同纠纷案,2002年,李某参加旅行社的组团游,途中导游安排游客下车如厕,因旅游车违规停放,且导游未进行安全指导,致李某被后面驶来的摩托车撞伤致残。法院认为:李某与旅行社签订了旅游服务合同,旅行社应按合同提供优质的服务,履行相应义务,并保证李某在旅游过程中的人身财产安全。现旅行社在旅游过程中车辆停靠违规,疏于安全管理,未能保证李某人身财产安全,给李某造成了较大的经济损失,对此,旅行社应承担赔偿责任。依《民法通则》规定,旅行社应赔偿李某医疗费、护理费、住院伙食补助费、交通费、住宿费、残疾生活补助费、直接财产损失等。李某所诉请误工费,因其为退休职工,又未从事其他职业,故该请求不予支持。另李某诉请亲属探望交通住宿就餐费,无法律依据,亦不予支持。判决旅行社赔偿李某各项费用2.1万余元。⑦2003年福建某交通事故损害赔偿案,1999年,小学组织春游,中途在一下坡路段停车,刚满10周岁的小学四年级学生陈某横穿公路时被车撞伤,交警认定陈某负主要责任。经调解,认定总损失为10万元,肇事者赔偿3.4万元后,陈某父母起诉小学索赔17万余元。一审认为学校过错占60%,应赔偿4万余元;二审认为陈某受伤系其自身及肇事车辆司机的混合过错共同造成,双方应根据各自过错大小承担相应民事责任,陈某实际上亦已通过交警部门调解从肇事司机处得到了相应赔偿,小学在组织春游过程中虽采取安全措施不够严密,有失职,但并非造成陈某受伤的直接原因,二者之间不存在法律上必然的因果关系,判决酌情由小学在支付5460余元后再补偿陈某5000元;经检察院抗诉,再审认为:小学组织春游,有防止学生人身安全事故发生的责任,但该校在途中选择在危险地段公路边停车让学生下车,且未采取切实有效的人身安全防范措施,导致陈某被撞伤,对余下赔偿款,应由小学承担80%赔偿责任。事故发生时,陈某已满10周岁,有一定判断能力,对事故发生有一定过错,应自行承担20%责任,相应减免赔偿的损失由其监护人承担,故再审改判和解协议确认的10万元由陈某自行负担的6.6万元中的80%,即4.7万余元由学校承担赔偿责任。

【同类案件处理要旨】
提供旅游服务的旅行机构未向旅游者提示危险,未尽其所能消除威胁旅游者人身安全的隐患,保障旅游者人身安全,导致旅游者因交通事故遭受人身损害,旅行机构应承担相应的赔偿责任。

【相关案件实务要点】
1.【补充赔偿责任】因第三人侵权导致损害结果发生的,由实施侵权行为的第三人承担赔偿责任,安全保障义务人有过错的,应当在其能够防止或制止范围内承担相应的补充赔偿责任。案见新疆乌鲁木齐中院(2004)乌中民一终字第2473号"宋某等诉某旅行社人身损害赔偿案"。

2.【按份赔偿责任】旅游服务机构及其导游对自然风险的防患意识应高于游客,未尽安全保障义务造成游客损害后果发生的,应根据过失大小或原因力比例承担相应责任。案见福建厦门中院2006年判决"吴某等诉某旅行社等人身损害赔偿案"。

3.【不真正连带责任】在旅游合同履行过程中,因偶然因素发生旅游合同之外的第三人直接造成游客人身损害、财产损失的,旅行社与直接侵权人构成不真正连带责任,应根据受害人选择起诉对象的不同,判决一方或者多方共同承担民事赔偿责任。案见山东日照中院(2010)日民一终字第202号"陆某诉某旅行社等人身损害赔偿案"。

4.【违约侵权竞合】不法行为人实施故意或过失侵犯他人权利并造成他人损害的侵权行为时,如在加害人和受害人之间事先存在一种合同关系,使加害人对受害人的损害行为,不仅可以作为侵权行为,也可以作为违反了当事人事先规定的义务的违约行为,可以由受害人择一而诉。案见河南濮阳华龙区法院(2003)华法经初字第 326 号"李某诉某旅行社旅游合同纠纷案"。

5.【违约责任】提供旅游服务的旅行机构未向游客提示危险,未尽其所能消除威胁游客人身安全的隐患,保障游客人身安全,即使游客的伤亡系因自身过失,旅行机构也应承担部分赔偿游客伤亡致损的违约责任。案见广东珠海中院(2006)珠中法民二终字第 269 号"杜某等诉某旅游公司人身损害赔偿案"。

6.【校园伤害】学生因交通事故受人身损害,分析学校是否有过错,应从学校的职责方面及学校是否尽了相当注意义务来看,根据通常预见水平和能力预见潜在危险或应认识到危险结果而未注意或未采取避免危害结果的措施,就是未尽相当注意义务,应负相应责任。案见福建泉州中院 2003 年判决"陈某诉某小学人身损害赔偿案"。

7.【旅游责任险】保险追偿权仅适用于财产保险。旅游责任保险的保险人在向被保险人给付了保险金后,对保险标的损害而造成保险事故的第三人不享有代位追偿权。案见新疆昌吉中院(2008)昌中民一终字第 615 号"某保险公司诉某运输公司等财产损害赔偿案"。

【附注】

**参考案例索引**:新疆乌鲁木齐中院(2004)乌中民一终字第 2473 号"宋某等诉某旅行社人身损害赔偿案",一审判赔 1.8 万余元,二审改判不赔,同时确认旅行社在不承担责任前提下给付近 3 万元。见《宋君胜、张玲玲诉乌鲁木齐辰光旅行社因过错致其女宋姝颐旅游途中死于交通事故要求其赔偿损失案》(杨善明),载《人民法院案例选》(200602:167)。①江苏建湖法院(2013)建少民初字第 0033 号"于森诉建湖山水旅行社有限公司等公司旅游合同纠纷案",见《江苏省高级人民法院发布 2013 年度十大消费者权益保护典型案例:未尽安全保障义务旅游经营者与旅游辅助服务者共担责》,载《江苏省高级人民法院公报》(201402/32:30)。②山东日照中院(2010)日民一终字第 202 号"陆某诉某旅行社等人身损害赔偿案",见《旅游合同纠纷中的不真正连带责任——山东日照中院判决卢萍诉日照旅行社等旅游合同人身损害赔偿纠纷案》(张宝华、马德健),载《人民法院报·案例指导》(20110602:6)。③新疆昌吉中院(2008)昌中民一终字第 615 号"某保险公司诉某运输公司等财产损害赔偿案",见《中国人民财产保险股份有限公司乌鲁木齐市分公司诉昌吉市快客运输有限责任公司财产损害赔偿纠纷案》(杨善明),载《人民法院案例选》(200902:311)。④广东珠海中院(2006)珠中法民二终字第 269 号"杜某等诉某旅游公司人身损害赔偿案",见《旅行社对游客应尽人身安全保障义务》(陈捷、李烈斌),载《人民法院报·案例指导》(20061129:5)。⑤福建厦门中院 2006 年判决"吴某等诉某旅行社等人身损害赔偿案",见《吴文景、张恺逸、吴彩娟诉厦门市康健旅行社有限公司、福建省永春牛姆林旅游发展服务有限公司人身损害赔偿纠纷案》,载《最高人民法院公报·案例》(2006:443);另见《旅游服务机构的安全保障义务》(郑文雅),载《人民司法·案例》(200824:7)。⑥河南濮阳华龙区法院(2003)华法经初字第326号"李某诉某旅行社旅游合同纠纷案",见《李建国诉郑州站旅行社濮阳分社旅游合同纠纷案》(马洁),载《中国审判案例要览》(2004民事:94)。⑦福建泉州中院2003年判决"陈某诉某小学人身损害赔偿案",见《陈清瑜诉德化县第二实验小学组织"春游"未履行监护职责人身损害赔偿案》(赵永奇、林琪峰),载《人民法院案例选》(2004民事:69)。

**参考观点索引**:●旅游合同之诉能否获得精神损害赔偿?见《旅游合同之诉能否获得精神损害赔偿》,载《民事审判指导与参考·民事审判信箱》(201201:262)。

# 中编 赔偿编

# 人身损害赔偿

## 51. 交通事故医疗费赔偿
——伤者医疗费，如何去主张？

【医疗费用】

**【案情简介及争议焦点】**

2010年1月，熊某驾驶投保交强险和商业三者责任险（未投保不计免赔）的车辆撞伤骑电动自行车的吴某致10级伤残，交警认定熊某全责。吴某应得赔偿包括：医疗费3.5万余元、住院伙食补助费2000余元、营养费820元、伤残赔偿金2.8万余元、误工费9800余元、护理费2800余元、交通费600元、精神损害抚慰金4000元、车损费350元、鉴定费1300余元；其中，熊某为吴某垫付医疗费2.7万余元。

争议焦点：1. 保险公司如何赔偿？2. 熊某垫付医疗费如何处理？

**【裁判要点】**

**1. 交强险与商业三责险赔付范围。** 保险公司应在交强险死亡伤残赔偿限额内赔偿吴某：医疗费1万元，伤残赔偿金、误工费、护理费、交通费、精神损害抚慰金、车损费、鉴定费等共计5.7万余元。同时在商业三责险内，吴某医疗费2.5万余元，住院伙食补助费、营养费，按不计免赔（20%）扣除约定，由保险公司赔偿1.8万余元。

**2. 保险公司返还熊某垫付医疗费。** 熊某垫付的医疗费，在扣除商业三责险赔付项目免赔部分后，应由保险公司返还2万余元。

**【裁判依据或参考】**

**1. 法律规定。**《民法典》（2021年1月1日）第1179条："侵害他人造成人身损害的，应当赔偿医疗费、护理费、交通费、营养费、住院伙食补助费等为治疗和康复支出的合理费用，以及因误工减少的收入。造成残疾的，还应当赔偿辅助器具费和残疾赔偿金；造成死亡的，还应当赔偿丧葬费和死亡赔偿金。"《侵权责任法》（2010年7月1日，2021年1月1日废止）第16条："侵害他人造成人身损害的，应当赔偿医疗费、护理费、交通费等为治疗和康复支出的合理费用，以及因误工减少的收入。造成残疾的，还应当赔偿残疾生活辅助具费和残疾赔偿金。造成死亡的，还应当赔偿丧葬费和死亡赔偿金。"第61条:"医疗机构及其医务人员应当按照规定填写并妥善保管住院志、医嘱单、检验报告、手术及麻醉记录、病理资料、护理记录、医疗费用等病历资料。患者要求查阅、复制前款规定的病历资料的,医疗机构应当提供。"《民法通则》(1987年1月1日,2021年1月1日废止)第119条:"侵害公民身体造成伤害的,应当赔偿医疗费、因误工减少的收入、残废者生活补助费等费用;造成死亡的,并应当支付丧葬费、死者生前扶养的人必要的生活费等费用。"

**2. 行政法规。**国务院《机动车交通事故责任强制保险条例》(2013年3月1日修改施行)第42条:"……抢救费用,是指机动车发生道路交通事故导致人员受伤时,医疗机构参照国务院卫生主管部门组织制定的有关临床诊疗指南,对生命体征不平稳和虽然生命体征平稳但如果不采取处理措施会产生生命危险,或者导致残疾、器官功能障碍,或者导致病程明显延长的受伤人员,采取必要的处理措施所发生的医疗费用。"国务院《关于开展城镇居民基本医疗保险试点的指导意见》(2007年7月10日 国发〔2007〕20号)第6条:"城镇居民基本医疗保险基金重点用于参保居民的住院和门诊大病医疗支出,有条件的地区可以逐步试行门诊医疗费用统筹。城镇居民基本医疗保险基金的使用要坚持以收定支、收支平衡、略有结余的原则。要合理制定城镇居民基本医疗保险基金起付标准、支付比例和最高支付限额,完善支付办法,合理控制医疗费用。探索适合困难城镇非从业居民经济承受能力的医疗服务和费用支付办法,减轻他们的医疗费用负担。城镇居民基本医疗保险基金用于支付规定范围内的医疗费用,其他费用可以通过补充医疗保险、商业健康保险、医疗救助和社会慈善捐助等方式解决。"

**3. 司法解释。**最高人民法院《关于适用〈中华人民共和国保险法〉若干问题的解释(三)》(2015年12月1日,2020年修正,2021年1月1日实施)第19条:"保险合同约定按照基本医疗保险的标准核定医疗费用,保险人以被保险人的医疗支出超出基本医疗保险范围为由拒绝给付保险金的,人民法院不予支持;保险人有证据证明被保险人支出的费用超过基本医疗保险同类医疗费用标准,要求对超出部分拒绝给付保险金的,人民法院应予支持。"最高人民法院《关于审理道路交通事故损害赔偿案件适用法律若干问题的解释》(2012年12月21日,2020年修正,2021年1月1日实施)第23条:"……被侵权人因道路交通事故死亡,无近亲属或者近亲属不明,支付被侵权人医疗费、丧葬费等合理费用的单位或者个人,请求保险公司在交强险责任限额范围内予以赔偿的,人民法院应予支持。"最高人民法院《关于审理人身损害赔偿案件适用法律若干问题的解释》(2004年5月1日 法释〔2003〕20号,2020年修正,2021年1月1日实施)第3条:"依法应当参加工伤保险统筹的用人单位的劳动者,因工伤事故遭受人身损害,劳动者或者其近亲属向人民法院起诉请求用人单位承担民事赔偿责任的,告知其按《工伤保险条例》的规定处理。因用人单位以外的第三人侵权造成劳动者人身损害,赔偿权利人请求第三人承担民事赔偿责任的,人民法院应予支持。"第 6 条:"医疗费根据医疗机构出具的医药费、住院费等收款凭证,结合病历和诊断证明等相关证据确定。赔偿义务人对治疗的必要性和合理性有异议的,应当承担相应的举证责任。医疗费的赔偿数额,按照一审法庭辩论终结前实际发生的数额确定。器官功能恢复训练所必要的康复费、适当的整容费以及其他后续治疗费,赔偿权利人可以待实际发生后另行起诉。但根据医疗证明或者鉴定结论确定必然发生的费用,可以与已经发生的医疗费一并予以赔偿。"最高人民法院《关于审理触电人身损害赔偿案件若干问题的解释》(2001 年 1 月 21 日　法释〔2001〕3 号)第 4 条:"因触电引起的人身损害赔偿范围包括:(一)医疗费:指医院对因触电造成伤害的当事人进行治疗所收取的费用。医疗费根据治疗医院诊断证明、处方和医药费、住院费的单据确定。医疗费还应当包括继续治疗费和其他器官功能训练费以及适当的整容费。继续治疗费既可根据案情一次性判决,也可根据治疗需要确定赔偿标准。费用的计算参照公费医疗的标准。当事人选择的医院应当是依法成立的、具有相应治疗能力的医院、卫生院、急救站等医疗机构。当事人应当根据受损害的状况和治疗需要就近选择治疗医院。"最高人民法院《关于贯彻执行〈中华人民共和国民法通则〉若干问题的意见(试行)》(1988 年 4 月 2 日　法〔办〕发〔1988〕6 号,2021 年 1 月 1 日废止)第 144 条:"医药治疗费的赔偿,一般应以所在地治疗医院的诊断证明和医药费、住院费的单据为凭。应经医务部门批准而未获批准擅自另找医院治疗的费用,一般不予赔偿;擅自购买与损害无关的药品或者治疗其他疾病的,其费用则不予赔偿。"最高人民法院《关于贯彻执行民事政策法律若干问题的意见》(1984 年 8 月 30 日,2019 年 7 月 20 日废止,2021 年 1 月 1 日废止)第 79 条:"对医药治疗费的赔偿,应以治疗医院的诊断证明和医药费的单据为凭。凡治疗与损害无关的疾病,或没有转院证明、未经医务部门的批准,另找医院治疗及擅自购买药品的,其费用原则上不予赔偿。"

**4. 部门规范性文件**。财政部、中国银保监会、公安部、国家卫健委、农业农村部《道路交通事故社会救助基金管理办法》(2021 年 12 月 1 日)第 14 条:"有下列情形之一时,救助基金垫付道路交通事故中受害人人身伤亡的丧葬费用、部分或者全部抢救费用:(一)抢救费用超过交强险责任限额的;(二)肇事机动车未参加交强险的;(三)机动车肇事后逃逸的。救助基金一般垫付受害人自接受抢救之时起 7 日内的抢救费用,特殊情况下超过 7 日的抢救费用,由医疗机构书面说明理由。具体费用应当按照规定的收费标准核算。"第 15 条:"依法应当由救助基金垫付受害人丧葬费用、部分或者全部抢救费用的,由道路交通事故发生地的救助基金管理机构及时垫付。"第 16 条:"发生本办法第十四条所列情形之一需要救助基金垫付部分或者全部抢救费用的,公安机关交通管理部门应当在处理道路交通事故之日起3个工作日内书面通知救助基金管理机构。"第17条:"医疗机构在抢救受害人结束后,对尚未结算的抢救费用,可以向救助基金管理机构提出垫付申请,并提供需要垫付抢救费用的相关材料。受害人或者其亲属对尚未支付的抢救费用,可以向救助基金管理机构提出垫付申请,医疗机构应当予以协助并提供需要垫付抢救费用的相关材料。"第18条:"救助基金管理机构收到公安机关交通管理部门的抢救费用垫付通知或者申请人的抢救费用垫付申请以及相关材料后,应当在3个工作日内按照本办法有关规定、道路交通事故受伤人员临床诊疗相关指南和规范,以及规定的收费标准,对下列内容进行审核,并将审核结果书面告知处理该道路交通事故的公安机关交通管理部门或者申请人:(一)是否属于本办法第十四条规定的救助基金垫付情形;(二)抢救费用是否真实、合理;(三)救助基金管理机构认为需要审核的其他内容。对符合垫付要求的,救助基金管理机构应当在2个工作日内将相关费用结算划入医疗机构账户。对不符合垫付要求的,不予垫付,并向处理该交通事故的公安机关交通管理部门或者申请人书面说明理由。"第19条:"发生本办法第十四条所列情形之一需要救助基金垫付丧葬费用的,由受害人亲属凭处理该道路交通事故的公安机关交通管理部门出具的《尸体处理通知书》向救助基金管理机构提出书面垫付申请。对无主或者无法确认身份的遗体,由县级以上公安机关交通管理部门会同有关部门按照规定处理。"第20条:"救助基金管理机构收到丧葬费用垫付申请和相关材料后,对符合垫付要求的,应当在3个工作日内按照有关标准垫付丧葬费用;对不符合垫付要求的,不予垫付,并向申请人书面说明理由。救助基金管理机构应当同时将审核结果书面告知处理该道路交通事故的公安机关交通管理部门。"第21条:"救助基金管理机构对抢救费用和丧葬费用的垫付申请进行审核时,可以向公安机关交通管理部门、医疗机构和保险公司等有关单位核实情况,有关单位应当予以配合。"第22条:"救助基金管理机构与医疗机构或者其他单位就垫付抢救费用、丧葬费用问题发生争议时,由救助基金主管部门会同卫生健康主管部门或者其他有关部门协调解决。"第28条:"救助基金管理机构根据本办法垫付抢救费用和丧葬费用后,应当依法向机动车道路交通事故责任人进行追偿。发生本办法第十四条第三项情形救助基金垫付丧葬费用、部分或者全部抢救费用的,道路交通事故案件侦破后,处理该道路交通事故的公安机关交通管理部门应当及时通知救助基金管理机构。有关单位、受害人或者其继承人应当协助救助基金管理机构进行追偿。"第29条:"道路交通事故受害人或者其继承人已经从机动车道路交通事故责任人或者通过其他方式获得赔偿的,应当退还救助基金垫付的相应费用。对道路交通事故死亡人员身份无法确认或者其受益人不明的,救助基金管理机构可以在扣除垫付的抢救费用和丧葬费用后,代为保管死亡人员所得赔偿款,死亡人员身份或者其受益人身份确定后,应当依法处理。"财政部、保监会、公安部、卫生部、农业部《道路交通事故社会救助基金管理试行办法》(2010年1月1日　农办机〔2009〕47号)第36条:"本办法所称抢救费用,是指机动车发生道路交通事故导致人员受伤时,医疗机构按照《道路交通事故受伤人员临床诊疗指南》,对生命体征不平稳和虽然生命体征平稳但如果不采取处理措施会产生生命危险,或者导致残疾、器官功能障碍,或者导致病程明显延长的受伤人员,采取必要的处理措施所发生的医疗费用。"中国保监会《健康保险管理办法》(2006年9月1日)第4条:"医疗保险按照保险金的给付性质分为费用补偿型医疗保险和定额给付型医疗保险。费用补偿型医疗保险是指,根据被保险人实际发生的医疗费用支出,按照约定的标准确定保险金数额的医疗保险。定额给付型医疗保险是指,按照约定的数额给付保险金的医疗保险。费用补偿型医疗保险的给付金额不得超过被保险人实际发生的医疗费用金额。"

**5. 地方司法性文件。**山东高院审监二庭《关于审理机动车交通事故责任纠纷案件若干问题的解答(一)》(2024年4月)第5条:"对于超出基本医疗保险范围部分的医疗费用,承保商业三者险的保险公司以非医保用药免赔条款主张扣除的,能否支持?答:《中国保险行业协会机动车商业保险示范条款(2020版)》第二十四条规定,'下列人身伤亡、财产损失和费用,保险人不负责赔偿:……(六)超出《道路交通事故受伤人员临床诊疗指南》和国家基本医疗保险同类医疗费用标准的费用部分;……'保险公司根据上述条款,主张医疗支出超出基本医疗保险范围,扣除非医保用药的,应当审查保险公司在订立合同时对非医保用药免赔条款是否履行提示和明确说明义务。如果保险公司已经履行了提示和明确说明义务,则该条款有效。保险公司有证据证明医疗支出超过基本医疗保险同类医疗费用标准,要求对超出部分拒赔的,法院应予支持。"浙江高院《印发〈关于人身损害赔偿项目计算标准的指引〉的通知》(2022年8月24日　浙高法审〔2022〕2号)第1条:"医疗费原则上根据医疗机构出具的医药费、住院费等收款凭据,按照一审法庭辩论终结前实际发生的数额确定。受害人主张后续医疗费用的,应告知其待实际发生后另行主张,但根据医疗证明或者鉴定意见能够确定必然发生的后续治疗项目,且金额可以确定,该费用可以一并处理。"第2条:"赔偿义务人确有证据证明医药费中存在不必要、不合理用药的,应予核减。"第3条:"受害人因侵权行为发生的医疗费用全部或部分由社会保险核销的,不影响其要求赔偿义务人赔偿相关费用。"第4条:"受害人因侵权行为发生的医疗费用全部或者部分由人身意外伤害保险理赔的,不影响其要求赔偿义务人赔偿相关费用,但人身意外伤害保险系该赔偿义务人为其投保的除外。"内蒙古高院《关于道路交通事故损害赔偿案件赔偿项目审核认定标准汇编》(2022年1月1日)第1条:"医疗费。1.计算方法。医疗费根据医疗机构出具的医药费、住院费等收款凭证,结合病历、诊断证明和费用清单等据实计算。

2. 相关证据。赔偿权利人应提供医疗费发票、医疗费清单、病历、诊断证明等证据，院外购药需有医院处方或者医嘱证明及购药发票。3. 说明。过度医疗、挂床、贵宾医疗、治疗陈旧性疾病等不合理费用，不计入赔偿范围，医嘱确定的与治疗交通事故损害有关必要的院外购药费用可以计入赔偿范围。"海南高院《关于印发〈海南省道路交通事故人身损害赔偿标准〉的通知》（2021年1月1日 琼高法〔2020〕325号）第2条："各赔偿项目的单证标准与计算原则。（一）医疗费。医疗费根据有资质的医疗机构出具的医药费、诊疗费、住院费等收款凭证，结合病历和诊断证明等相关证据确定。1. 单证标准：门诊病历、住院病历档案（含首页和出院小结、诊断证明等）、医疗费发票原件（如发票原件已在社保等机构获得报销的，需提供分割单并加上相应机构的公章）、住院费用明细清单（医院盖章）、检查报告单、X光片等诊断材料。2. 计算原则：根据医院出具的收款票据，结合病历、诊断证明和住院费用明细清单等相关证据资料进行审核，所就诊的医疗机构需具有卫生行政部门颁发的《医疗机构执业许可证》，且符合就近治疗原则。其中，下列情形发生的费用应予扣除：（1）与本次事故无关的治疗、检查费用；（2）擅自（无病历本记录及相应处方单等）购买药品的费用，但是结合案件事实确属必要且合理的药品费用除外；（3）已从工作单位、社会保障部门等获得报销的费用；（4）受害人自行重复检查，检查结果一致的，重复检查的费用，但是结合案件事实确属必要且合理的检查费用除外；（5）应经医务部门批准而未经批准，在未经初始治疗单位允许，擅自转院治疗所支付的费用。"安徽亳州中院《关于审理道路交通事故损害赔偿案件的裁判指引（试行）》（2020年4月1日）第24条："对于机动车责任方先行垫付的费用，无论赔偿权利人的诉请中是否包含该部分费用的，均应一并处理，扣除机动车责任方应当承担的损失部分，余下垫付费用由保险公司直接返还给机动车责任方，但后续治疗费可能超出保险限额的，对责任方的垫付款项可暂不处理。"江西宜春中院《关于印发〈审理机动车交通事故责任纠纷案件的指导意见〉的通知》（2020年9月1日 宜中法〔2020〕34号）第5条："当事人应提供相应的医疗费、住院费发票等医疗费原始凭证，人民法院应结合病历、诊断证明、住院期间用药清单等相关原始凭证认定医疗费；未提供发票原始凭证的，不予支持（医疗单位出具了证明的除外）；人民法院应将发票原始凭证附卷保存。"第27条："医疗费根据医疗机构出具的医疗费、住院费等收据凭证，结合病历资料、诊断证明、住院期间用药清单等相关原始凭证，按照一审法庭辩论终结前实际发生的数额确定。当事人未提供发票原始凭证的，不予支持。但确因欠费等客观原因不能提供发票原始凭证的，由医疗机构出具情况说明的，结合病历资料、医疗费用清单据实计算。当事人主张院外购药费用的，应以医嘱为前提，同时还应证明该药品的必要性以及该药品与治疗交通事故所致伤情有关。赔偿义务人主张受害人的医疗费系治疗自身疾病或与本次交通事故无因果关系的,应提供证据证明。提供的证据能够证明受害人的部分医疗费用与本次交通事故不存在因果关系的,该部分费用应从赔偿数额中剔除。但交通事故导致受害人自身原有疾病或其他缺陷加重所产生的医疗费应计入赔偿范围。赔偿义务人主张受害人存在'挂床'、'过度医疗'等情形,要求扣减相关费用的,应提供相应的证据予以证明。受害人已通过基本医疗保险(包括工伤保险)包销部分医疗费用,但仍主张全部医疗费用的,对已报销部分不予支持。受害人已通过商业医疗保险获得赔偿的,不影响对赔偿义务人主张损失。必要的康复费、整容费以及后续治疗费应根据医疗证明或司法鉴定意见确定的费用据实计算。医疗证明或司法鉴定意见不一致的,原则上以鉴定意见为准。"第28条:"非医疗保险用药应根据最高人民法院《关于适用〈中华人民共和国保险法〉若干问题的解释(三)》第十九条的规定进行审理。保险人以被保险人的医疗支出费用超出基本医疗保险同类医疗费用标准,要求对超出部分拒绝给付保险金的,除应履行提示和明确说明义务外,还应承担对超出基本医疗保险同类医疗费用标准的举证责任。保险人尽到了提示和明确说明义务及相关举证证明责任的,人民法院对超出基本医疗保险同类医疗费用标准的部分应从医疗费用中扣除。非医保费用当事人可以协商处理或委托鉴定。鉴定机构对超出基本医疗保险同类医疗费用标准部分不能做出鉴定意见的,人民法院可以综合案件具体情况酌定非医保费用的扣除比例,但扣除比例最高不超过10%。依法扣除的非医保费用,由侵权人按照相应的侵权责任承担。"山西高院《关于人身损害赔偿标准的办案指引》(2020年7月1日 晋高法〔2020〕34号)第1条:"医疗费包含现场及转运途中的院前急救费用。"第2条:"挂床以受害人在住院期间有无接受实质性的检查及治疗为判定标准,结合医疗机构的住院病历及相关案情综合认定。挂床期间的住院费、误工费、护理费、住院伙食补助费,营养费不予支持。"第3条:"赔偿权利人主张住院期间的外购药品、器械费用的,应当提供医嘱及购药清单等证据证明该药品、器械与治疗侵权行为导致的伤情有关。赔偿权利人主张出院后的门诊费及药品,器械费用的,应当提供医嘱、门诊病历,购药清单等证据证明该费用与治疗侵权行为导致的伤情有关。"第4条:"部分医药费用已由基本医疗保险基金支付,赔偿权利人就此部分费用又向赔偿义务人提出主张的,不予支持。"湖南高院《关于印发〈审理道路交通事故损害赔偿纠纷案件的裁判指引(试行)〉的通知》(2019年11月7日 湘高法〔2019〕29号)第22条:"机动车交通事故造成人身伤亡,在交强险理赔中,赔偿权利人主张的医疗费无论是否超出基本医疗保险项目,保险公司均应予赔偿。但保险公司能够举证证明上述诊疗项目不属于必须诊疗项目的除外。"四川高院《关于印发〈四川省高级人民法院机动车交通事故责任纠纷案件审理指南〉的通知》(2019年9月20日 川高法〔2019〕215号)第42条:"【医疗费中的非医保费用部分】保险公司赔偿的医疗费可以根据保险合同扣除非医保费用部分。在非医保部分费用不能确定的情况下,当事人可以就非医保费用进行协商或委托鉴定。当事人就非医保部分费用不能达成协议且不申请鉴定的,人民法院可综合案件具体情况酌定非医保部分费用扣除比例,扣除比例最高不超过15%。"安徽黄山中院《关于印发〈黄山市中级人民法院关于审理道路交通事故损害赔偿纠纷案件相关事项的会议纪要(试行)〉的通知》(2019年9月2日 黄中法〔2019〕82号)第1条:"医疗费:指已发生的费用,住院期间院外购买的器具、药品等,需有诊断证明、费用清单、医嘱等证据证明。1.根据医疗机构出具的医药费、住院费等发票,结合病历和诊断证明等相关证据确定(按受害人实际支付金额确定)。赔偿义务人对治疗的必要性和合理性有异议的,应当承担相应的举证责任。2.保险合同约定按照基本医疗保险的标准核定医疗费用,保险人以被保险人的医疗支出超出基本医疗保险范围为由拒绝给付保险金的,不予支持;保险人有证据证明被保险人支付的费用超过基本医疗保险同类医疗费用标准,要求对超过部分拒绝给付保险金的,予以支持。"浙江金华中院《人身损害赔偿细化参照标准》(2019年5月27日)第7条:"非医保费用问题。在机动车投保了交强险、商业三者险的交通事故案件中(有责赔付),因交通事故而产生的合理医疗费,总额在10000元以内的不区分医保与非医保费用,均在交强险医疗费限额内赔付;总额超过10000元的,先在交强险医疗费限额内赔付,超出部分,结合案件的实际情况,一般按3—8%的比例酌定为超过医保同类医疗费用部分,由侵权人按赔偿责任比例承担,不在商业险范围内赔付。(举例:如合理医疗费总额为50000元,其中10000元在交强险限额内赔付,剩余40000元,如按5%的比例酌定为超过医保同类医疗费用部分,即2000元由侵权人按赔偿责任比例承担。)"安徽合肥中院《关于道路交通事故损害赔偿案件的审判规程(试行)》(2019年3月18日)第7条:"【已享受社会保险待遇】受害人已享受基本社会保险待遇的,不影响其向侵权人主张交通事故人身损害赔偿,但对已获赔偿的医疗费等项目的主张,不予支持。"江西上饶中院《关于机动车交通事故责任纠纷案件的指导意见(试行)》(2019年3月12日)第1条:"医疗费。根据医疗机构出具的医药费、住院费等收款凭证,结合病历资料和医疗费清单据实计算,同时,法院应将发票原始凭证附卷保存。当事人未提供发票原始凭证的,不予支持,但确因欠费等客观原因不能提供发票原始凭证的,由医疗机构出具情况说明后,结合病历资料和医疗费清单据实计算。说明:(1)医嘱确定的与交通事故损害有关的院外购药费用应计入赔偿范围。(2)医嘱确定的受害人原有疾病控制治疗费用应计入赔偿范围,但是,侵权人或保险人对医疗措施的必要性和合理性有异议申请司法鉴定的,可以准许。经鉴定确无因果关系的治疗费用应从医疗费用中核减。(3)过度医疗、挂床、贵宾医疗等不合理费用不计入赔偿范围,按照'谁主张,谁举证'原则确定举证责任分配。(4)当事人已经在相关社会保险机构(主要指医保、工伤保险机构)报销了部分医疗费,无法提供发票原始凭证的,应提供相应的报销原始凭证,法院应将其报销的费用在损失总额中扣除。(5)保险公司在交强险医疗费用赔偿限额10000元内主张核减超国家基本医疗保险标准用药的,不予支持;具体操作方法为:如医疗费用未超过10000元的,按照实际支出医疗费用赔付;对于医疗费用超过10000元限额的,在当事人主张的情况下,非医保用药优先在交强险医疗费用赔偿限额项下优先赔付,超出交强险医疗费用赔偿限额10000元的部分,应审查保险人是否对'非医保不赔'条款履行了提示和明确说明义务,如果保险人履行了提示和明确说明义务,则保险人有权对超过国家基本医疗保险标准的医疗费用拒绝赔付,具体数额应由具有相关资质的鉴定机构核定,该举证责任属保险人;如果保险人不能举证证明其履行了提示和明确说明义务,则应在商业三者险范围内予以赔偿。依法核减的超国家基本医疗保险标准的医疗费用,由侵权人按照相应责任负担。(6)必要的康复费和整容费以及其他后续治疗费,根据医疗证明或者司法鉴定意见确定必然发生的费用据实计算,与已经发生的医疗费一并予以赔偿。医疗证明与司法鉴定意见不一致的,一般以鉴定意见为准。"湖北鄂州中院《关于审理机动车交通事故责任纠纷案件的指导意见》(2018年7月6日)第1条:"医疗费根据医疗机构出具的医药费、住院费等收款凭证,结合病历和诊断证明等相关证据,按照一审法庭辩论终结前实际发生的数额确定。赔偿义务人对治疗的必要性和合理性有异议的,应当承担相应的举证责任。赔偿义务人主张受害人存在'挂床住院'情形,要求扣减相应费用的,应提供相应证据予以证明。受害人已通过基本医疗保险报销部分医疗费用,但仍主张全部医疗费用的,对已报销部分不予支持。受害人已通过商业医疗保险获得赔偿的,不影响对赔偿义务人主张损失。赔偿义务人主张受害人的医疗费系治疗自身原有疾病或与本次交通事故无因果关系的,应提供证据证明。提供的证据能够证明受害人的部分医疗费用与交通事故不存在因果关系的,该部分费用应从赔偿数额中剔除。受害人原有疾病或其他缺陷,导致交通事故损害后果加重的,人民法院对于其自身疾病或缺陷对后果的参与度不作评定。"第2条:"非医疗保险用药费用一般不在医药费用中扣除,但保险公司是否承担非医疗保险用药费用应根据保险合同的约定进行处理。保险合同约定保险公司对医疗费用超出国家基本医疗保险标准部分不负赔偿责任的条款,保险公司未尽提示和说明义务的,可认定该条款无效。保险公司主张不承担非医疗保险用药费用的,应对该费用负举证责任;保险公司不能举证的,一般按5%的比例扣除非医疗保险用药费用处理。"山东济南中院《关于保险合同纠纷案件94个法律适用疑难问题解析》(2018年7月)第34条:"医保用药问题。责任保险合同或人身保险合同对医疗费用赔付标准有约定的,从其约定。没有约定或约定不明的,一般应参照当地社会医疗保险主管部门规定的医疗报销标准确定。

因治疗确需使用标准以外的药品,被保险人主张列入保险赔付范围的,人民法院应予支持,但被保险人能够举证证明上述药品不属于治疗必需药品的除外。"湖北十堰中院《印发〈关于进一步规范机动车交通事故责任纠纷案件审理工作的意见〉的通知》(2018 年 6 月 28 日 十中法〔2018〕79 号,2020 年 7 月 10 日废止)第 1 条:"医疗费根据医疗机构出具的医药费、住院费等收款凭证,结合病历、出院记录和诊断证明等相关证据确定。赔偿义务人对治疗的必要性和合理性有异议的,应当承担相应的举证责任,但受害人应向人民法院提供住院治疗期间的每日清单、用药明细等相关材料。当事人提供证据证明受害人的医疗费系治疗自身疾病或与本次交通事故无因果关系的,该费用不应由侵权人承担,应在医疗费用中扣除。非医疗保险用药系医疗机构根据病情需要所决定,其作用是用于治疗患者伤情,不应在医药费中扣除,但是否由保险公司承担,则需根据保险合同的约定进行处理。受害人在社会医疗保险机构报销的部分或全部医疗费用,系受害人应享受的医疗保险待遇,与人身损害赔偿系两个不同的法律关系,该费用不应在医疗费中扣除,仍应由侵权人承担。如已通过社会医疗保险机构报销部分或全部医疗费的,社会医疗保险机构可向受害人进行追偿,但不能因此减轻侵权人的赔偿责任。"山东日照中院《机动车交通事故责任纠纷赔偿标准参考意见》(2018 年 5 月 22 日)第 15 条:"商业险非医保用药不予理赔的审查。商业三者险保险合同约定保险人按照国家基本医疗保险的标准核定医疗费用的赔偿金额,实质上免除了保险公司的部分赔偿责任,应认定为免责条款。依据《保险法》第十七条第二款、《保险法解释(二)》第十一条规定,免责条款在当事人之间是否有约束力应根据保险公司是否履行了提示及明确说明义务进行认定。根据《保险法解释(二)》第十三条规定:'投保人对保险人履行了符合保险法解释(二)第十一条第二款要求的明确说明义务在相关文书上签字、盖章或者以其他形式予以确认的,应当认定保险人履行了该项义务。但另有证据证明保险人未履行明确说明义务的除外。'因此,判断机动车第三者责任商业保险合同中的非医保用药条款是否有效,应依据上述法律关于免责条款的规定进行认定。若约定有效,保险公司申请对超出医保范围用药按医保范围内同种类或同功能药品价格标准核定赔付,应予支持,必要时委托鉴定。"第 22 条:"牙齿损伤的认定。单纯的牙齿修复、矫正,属于治疗费用,由保险人在交强险医疗费责任限额内赔偿。牙齿完全损坏,无法恢复,需要种植牙的,种植牙及后需更换费用,属于残疾辅助器具费用,由保险人在交强险死亡伤残责任限额内赔偿。"陕西榆林中院《人身损害赔偿标准调研座谈会会议纪要》(2018 年 1 月 3 日)第 1 条:"医疗费。问题:……2.伤者在治疗过程中自行转院导致的医疗费用增多……5.法官对医疗费的证据审查标准不统一。解决:……针对问题 2,需要结合病历和诊断证明来确定医疗费的合理性,同时通过当事人的举证责任分配,即由赔偿义务人就受害人的医疗费不合理承担举证责任……针对问题5,医疗费的证据审查应做到,抢救费用的单据,门诊治疗的费用需要门诊病历,住院需有医院的住院费收据、费用明细单、医疗费收据、医疗处方单,医院治疗诊断证明书、病历、转院治疗证明、法医鉴定意见,医疗终结,需要继续治疗的应当有医院的治疗意见或鉴定意见,自购药品、医疗用具应当附治疗医院的处方单,相关治疗和用药应与侵权行为有因果关系。"安徽淮北中院《关于审理道路交通事故损害赔偿案件若干问题的会议纪要》(2018年)第1条:"赔偿项目和标准。(一)医疗费。依据医疗机构出具的医药费发票、住院费等收款凭证,结合病历和诊断证明等相关证据据实计算。人民法院应将发票原始凭证附卷保存,当事人未提供发票原始凭证的,不予支持,但确因欠费等客观原因不能提供发票原始凭证的,由医疗机构出具情况说明,结合病历和医疗费清单认定。根据医嘱和病历外购药费用应计入赔偿范围。主张过度医疗、挂床、异地治疗、贵宾医疗等费用不计入赔偿范围的,由主张方负举证责任……"第3条:"其他需要规范的法律问题……(二)非医保费用承担。受害人请求非医保费用在交强险医疗费用赔偿限额1万元范围内优先赔偿的,人民法院应予准许。受害人的医疗费支出超出5万元的,保险公司在举证期限内提出申请非医保费用鉴定的,人民法院应予准许。超出交强险医疗费用赔偿限额1万元的部分,应审查保险人是否对'非医保不赔'条款履行了提示和明确说明义务,如果保险人履行了提示和明确说明义务,则保险人有权对超出国家基本医疗保险标准的医疗费用拒绝赔付,如果保险人不能举证证明其履行了提示和明确说明义务,则应在商业三者险范围内予以赔偿。依法核减的超国家基本医疗保险标准的医疗费用,由侵权人按照相应责任负担。(三)已享受社会保险待遇。受害人因交通事故受伤产生的医疗费已通过国家基本医疗保险报销的,就已报销部分向侵权人主张赔偿的,人民法院应予支持,并向医保部门发函建议追回受害人已报销的医疗费。"广东惠州中院《关于审理机动车交通事故责任纠纷案件的裁判指引》(2017年12月16日)第7条:"受害人欠付医疗款项的,医院可以作为第三人参加诉讼。"第31条:"医疗费根据医疗机构出具的医药费、住院费等收款凭证,结合病历和诊断证明等相关证据确定。赔偿义务人对治疗的必要性和合理性有异议的,应当承担相应的举证责任……保险合同约定按照基本医疗保险的标准核定医疗费用,保险人以被保险人的医疗支出超出基本医疗保险范围为由拒绝给付保修金的,人民法院不予支持;保险人对非医保用药费用免责条款尽到了提示及说明义务,且有充分证据证实受害人支出的医疗费超过基本医疗保险同类医疗费用标准,要求对超出部分不予承担赔偿义务的,人民法院应予支持。"湖北黄冈中院《关于审理机动车交通事故责任纠纷案件的指导意见(一)》(2017年10月1日)第1条:"[医疗费的认定]医疗费根据医疗机构出具的医药费、住院费等收款凭证,结合病历、出院小结和诊断证明等相关证据认定。医疗费的赔偿数额,按照一审法庭辩论终结前实际发生的数额确定。"湖北黄冈中院《关于审理机动车交通事故责任纠纷案件的指导意见(一)》(2017年10月1日)第3条:"[非医疗保险用药费用的处理]非医疗保险用药系医疗机构根据病情需要所决定,患者对此没有选择权。同时,非医疗保险用药的作用仍是用于治疗患者伤情,故非医疗保险用药不应在医药费中扣除,但是否由保险公司承担则需根据保险合同的约定进行处理。"第4条:"[已在社会医疗保险部门报销费用的处理]受害人在社会医疗保险部门报销的部分或全部医疗费用系受害人应享受的医疗保险待遇,与人身损害赔偿系两个不同的法律关系,且根据《中华人民共和国社会保险法》第三十条规定,应当由第三人负担的医疗费用不纳入基本医疗保险基金支付范围,第三人不支付或者无法确定第三人的,由基本医疗保险基金先行支付。基本医疗保险基金先行支付后,有权向第三人追偿。因此,受害人已在社会医疗保险部门报销的部分或全部医疗费用不应在医疗费中扣除,该费用仍应由侵权人承担。如已通过医疗保险机构报销部分或全部医疗费的,应由医疗保险机构进行追偿,不能因此减轻侵权人的赔偿责任。"第5条:"[医疗费用中与本次交通事故无关费用的处理]当事人提供证据证明,受害人的医疗费系治疗自身原有疾病或与本次交通事故无因果关系的,该费用不应由侵权人承担,应在医疗费用中扣除。"第6条:"[住院期间在外购药的处理]住院期间在门诊或药店购买药品的费用一般不予支持,但有医疗机构或医疗专家证明系治疗伤情所必需的费用除外。"海南海口中院《印发〈关于审理海口市道路交通事故人身损害赔偿案件若干问题的意见(试行)〉的通知》(2017年8月16日 海中法发〔2017〕78号)第2条:"各赔偿项目的单证标准与计算原则。(一)医疗费。根据有资质的医疗机构出具的医药费、诊疗费、住院费等收款凭证,结合病历和诊断证明等相关证据确定。1. 单证标准:门诊病历、住院病历档案(含首页和出院小结、诊断证明等)、医疗费发票原件(如发票原件已在社保等机构获得赔偿的,需提供分割单并加上相应机构的公章)、住院费用明细清单(医院盖章)、检查报告单、X光片等诊断材料。2. 计算原则:根据医院出具的收款票据,结合病历、诊断证明和住院费用明细清单等相关证据资料进行审核,所就诊的医疗机构需具有卫生行政部门颁发的《医疗机构执业许可证》,且符合就近治疗原则。其中,下列情形发生的费用应予扣除:(1)与本次事故无关的治疗、检查费用;(2)擅自(无病历本记录及相应处方单等)购买药品的费用;(3)已从工作单位、社会保障部门等获得赔偿的费用;(4)受害人自行重复检查,检查结果一致的,重复检查的费用;(5)应经医务部门批准而未经批准,在未经初始治疗单位允许,擅自转院治疗所支付的费用。治疗过程中对原有疾病难以区别的,医疗费按比例协商确定。"北京三中院《类型化案件审判指引:机动车交通事故责任纠纷类审判指引》(2017年3月28日)第2-3.3.1.1部分"医疗费—常见问题解答"第1条:"对于受害人已支出医疗费用,被告提出合理性及必要性抗辩,应如何分配举证责任?如受害人年老体弱,或患有慢性疾病,在交通事故发生后,其所产生医疗费用在包含治疗外伤费用外,往往包含治疗其他病症的费用。也有部分受害人病情较轻,但在受伤后没有必要住院,拒不出院或自行转院。被告往往对受害人所支出医疗费等费用不予认可。根据《人身损害赔偿解释》第十九条第一款规定,医疗费根据医疗机构出具的医疗费、住院费等收款凭证,结合病历和诊断证明等相关证据确定。赔偿义务人对治疗的必要性和合理性有异议的,应当承担相应的举证责任,所以应由赔偿义务人负举证责任,由其提供相应证据,或提出治疗费用的合理性、必要性的鉴定申请,并承担不能作出鉴定意见时的不利后果,法院不主动审查。但是,对于明显不合理费用,可以依法剔除。例如,受害人仅是轻微腿外伤,其在受伤数月后为购买感冒药支出相应费用,如果被告未出庭抗辩,法官也应要求原告说明其关联性,并可依法扣除。"北京高院研究室、民一庭《北京法院机动车交通事故责任纠纷案件审理疑难问题研究综述》(2017年3月25日)第5条:"交强险与商业三者险一并处理时,被侵权人医疗费中超出医保范围用药的部分与其他医疗费用应如何赔付?赔付顺序如何?我们认为,从我国交强险制度设置的目的看,交强险将对事故受害人进行及时有效的救治作为首要目标,其具有一定的社会保障功能和强制性。为了充分发挥交强险制度的功能和作用,保障受害人最大程度地获得赔偿,在适用交强险对被侵权人的医疗费予以赔偿时无需区分是否属于医保范围,应一律在交强险医疗费用赔偿限额项下予以赔偿。在交强险与商业三者险一并处理时,被侵权人医疗费中超医保范围用药的部分不超过交强险医疗费用赔偿限额一万元时,为使得伤者能够及时得到治疗和赔付,人民法院应在充分释明且当事人主张的情况下根据案件情况将'超医保用药'的医疗费在交强险医疗费用赔偿限额项下优先赔付;超出交强险医疗费用赔偿限额一万元的部分,法院应按照《最高人民法院关于适用〈中华人民共和国保险法〉若干问题的解释(二)》第十条至第十三条的规定审查保险人是否对'超医保不赔'条款履行了充分的提示及明确说明义务,如果保险人履行了提示及明确说明义务,则保险人有权对超过国家基本医疗保险标准的医疗费用拒绝理赔,反之则保险人需在商业三者险范围内予以赔偿。"江西景德镇中院《关于印发〈关于审理人身损害赔偿案件若干问题的指导意见〉的通知》(2017年3月1日 景中法〔2017〕11号)第9条:"医疗费的确定。医疗费根据医疗机构出具的医疗费、住院费等收款凭证,结合病历和诊断证明等相关证据并按照一审法庭辩论终结前实际发生的数额确定。非医保用药不赔系保险公司免责条款,如保险公司未尽提示与明确说明义务的,该条款无效,保险公司应予赔付。若保险公司尽到了提示与明确义务,并对医保用药金额进行了举证,则非医保用药由侵权人赔偿。"天津高院《关于印发〈机动车交通事故责任纠纷案件审理指南〉的通知》(2017年1月20日 津高法〔2017〕14号)第5条:"……医疗费。(1)医疗费包括挂号费、检查费、医药费、治疗费、住院费、整容费、后续治疗费等。(2)主张医疗费的当事人应提供诊断证明、门诊/住院病历、医疗费单据、住院费用清单、用药清单等证据,各单据上所载患者姓名应与主张权利的受害人姓名一致。(3)当事人主张外购药品费用的,应证明该药品的必要性以及该药品与治疗交通事故所致伤情有关。(4)医疗费数额一般应按照一审法庭辩论终结前实际发生的数额确定。(5)当事人主张后续治疗费,应提供医疗机构证明或者鉴定意见证明该费用必然发生,并列明后续治疗的诊疗科目、诊疗目的、时间和具体费用数额。当事人有权在后续治疗费用实际发生后另行起诉,不以其在前诉中明确声明保留后续治疗费诉权为前提。(6)商业三者险保险公司援引保险合同中关于非医保用药免赔的约定主张免赔的,应对下列事项承担举证责任:①对非医保用药免赔条款尽到了提示及明确说明义务;②非医保用药的具体项目和数额。对于保险公司能够完成上述举证责任的非医保用药费用,应优先在交强险医疗费用限额内予以赔偿。"江苏徐州中院《关于印发〈民事审判实务问答汇编(五)〉的通知》(2016年6月13日)第6条:"……(2)如何认定'医保标准'赔偿条款的效力?答:对于'保险人按照基本医疗保险的标准核定医疗费用的赔偿金额'的条款,系保险公司对医疗费用赔付范围的限制,应当属于免除保险人责任的条款。对此,保险人在订立保险合同时应向投保人履行提示和明确说明义务。同时保险公司应当对该条款的涵义、内容与法律后果是否履行提示和明确说明义务承担举证证明责任,如未履行提示和明确说明义务的,该条款不产生效力。如果保险公司已经履行了提示和明确说明义务,则该条款有效。但保险公司还应当对医疗费中'超过基本医疗保险同类医疗费用标准'的部分承担举证证明责任。最高人民法院《关于适用〈中华人民共和国保险法〉若干问题的解释(三)》第19条规定,'保险合同约定按照基本医疗保险的标准核定医疗费用,保险人以被保险人的医疗支出超出基本医疗保险范围为由拒绝给付保险金的,人民法院不予支持;保险人有证据证明被保险人支出的费用超过基本医疗保险同类医疗费用标准,要求对超出部分拒绝给付保险金的,人民法院应予支持'。据此,对于基本医疗保险范围外的医疗项目支出,保险人应当按照基本医疗保险范围内的同类医疗费用标准赔付。同时保险公司应当对超过'基本医疗保险同类医疗费用标准'的费用承担举证证明责任。保险公司对此不能举证证明的,则保险公司关于该项费用予以扣除的主张不予支持。也就是说,对于基本医疗保险范围之外的医疗项目或用药支出,医保范围内有同种或者同功能替代药品的,保险人应当按照基本医疗保险范围内的同类医疗费用标准赔付。总之,对于'医保标准'赔偿条款,应当对保险公司的举证证明责任从严掌握。其一,被侵权人在接受医疗机构救治时,对于是否属于基本医疗保险范围的医疗项目支出,并非受害人所能左右。

其二,对于基本医疗保险范围以内或以外有用药,在目前市场条件下,完全有同种或者同功能可使用的药品相互代替,基本医疗保险范围以内用药对于受害人治疗来说并非有唯一性,完全按照基本医疗保险的标准核定医疗费用,对于受害人来说不公平。其三,有时被侵权人在接受医疗机构救治时医疗项目支出量大类多,核算非医保用药费用存在现实困难,具有不可操作性。从举证责任分配的角度来处理'医保标准'赔偿条款,既保护了被侵权人的利益,又未从实质上损害保险人利益,较为公平。"上海高院民五庭《**全市法院民事审判工作庭长例会**》(《上海审判规则》2016年第2期)第1条:"医保条款问题。(1)问题的由来。为控制经营风险,商业保险产品往往会引入医保标准条款,即保险公司对被保险人或第三人支出的医疗费用,按照当地基本医疗保险的标准核定医疗费用。举例来说,心血管疾病中需要置入的支架,有进口支架,也有国产支架,当地基本医疗保险一般仅赔付国产的支架,故如被保险人手术时置入的是进口支架,保险公司一般都会拒赔。(2)我们的倾向性观点。保险合同约定保险人按照基本医疗保险的标准核定医疗费用,保险人以医疗支出超出基本医疗保险范围为由全部拒赔的,法院不予支持;保险人有证据证明被保险人支出的费用超过基本医疗保险同类医疗费用标准,要求对超出部分拒赔的,法院应予支持。在前述例子中,如进口支架1万元,国产支架6千元,被保险人虽置入的是进口支架,超出基本医疗标准,但保险公司仍需赔付,只是赔付标准是基本医疗标准的国产支架6千元,不是实际支出的1万元。"重庆高院民一庭《**民一庭高、中两级法院审判长联席会议〈机动车交通事故责任纠纷中的法律适用问题解答(二)〉会议综述**》(2015年6月26日)第8条:"关于'保险人按照国家基本医疗保险的标准核定医疗费用的赔偿金额'条款的理解与适用问题。根据《城镇职工基本医疗保险用药范围管理暂行办法》(劳社部发〔1999〕15号)规定,为保障职工基本医疗用药,合理控制药品费用,规范基本医疗保险用药范围管理,制定了《基本医疗保险药品目录》,规范了属于职工临床治疗必需的,纳入基本医疗保险给付范围内的药品。国家基本医疗保险是为补偿劳动者因疾病风险造成的经济损失而建立的一项具有福利性质的社会保险制度。为控制医疗保险药品费用的支出,国家基本医疗保险限定了药品的使用范围。关于三者险保险合同中'保险人按照国家基本医疗保险的标准核定医疗费用的赔偿金额'条款,可能产生两种理解:一是保险人对《国家基本医疗保险药品目录》外的药品不承担赔偿责任;二是保险人对《国家基本医疗保险药品目录》外的药品应承担赔偿责任,但是应当参照与实际用药相类似的医保药品的标准来核定医疗费用的赔偿金额。因三者险是商业性质的保险合同,保险人收取的保费金额远远高于国家基本医疗保险,投保人对加入保险的利益期待也远远高于国家基本医疗保险。在上述两种解释均为合理解释时,应当作出不利于保险公司的解释。参照与实际用药相类似的医保药品的标准来核定医疗费用在审判实践中操作起来十分困难,并且容易出现计算错误。为快速化解纠纷,宜由市高法院与保监局、保险行业协会、保险公司协商,确立按非医保用药之百分比来确定赔偿金额的裁判规则。"江西宜春中院《关于审理机动车交通事故责任纠纷案件的指导意见》(2016年1月1日　宜中法〔2015〕91号)第28条:"侵权人或保险人能够提供基本证据证实受害人治疗项目与交通事故损伤不具有因果关系,对治疗的必要性和合理性有异议并提出司法鉴定申请的,人民法院应予准许。"江西南昌中院《机动车交通事故责任纠纷案件指引》(2015年4月30日　洪中法〔2015〕45号)第2条:"关于交通事故具体赔偿项目的要求……医疗费用的认定标准。(1)医疗费应提供原件,原件由法院附卷保存。(2)医疗费已报销的应扣除,但法院应告知社保部门追偿。(3)医保用药限制条款有效,法院审理时酌定15%以下。(4)争议较大的非医保费用案件,可通过司法鉴定。【注意事项】:医疗费是否报销实际与保险公司理赔没有关系,无论是否报销保险公司都需承担,只是向谁承担的问题。非医保费用问题将得到法院支持,目前司法实践在10%左右,15%的基本没有。建议公司在调解处理时折中12%较为妥当。"安徽马鞍山中院《关于审理交通事故损害赔偿案件的指导意见(试行)》(2015年3月)第11条:"【医疗费】受害人主张由赔偿义务人承担已通过医保部门报销或者其他途径报销的医疗费的,不予支持,已报销部分应予扣除。受害人主张后续治疗费的,应提供医疗机构出具的意见书,赔偿义务人对医疗意见书有异议的,可征求专家咨询员的意见,必要时应启动司法鉴定程序。对于非医保用药费用,保险公司主张按一定比例从医疗费中扣除不予承担,各方当事人均无异议的,可按该比例扣除一定数额的医疗费,由侵权责任人承担。"浙江绍兴中院《关于审理涉及机动车保险领域民商事纠纷案件若干问题指导意见》(2014年11月4日)第4条:"【医保外费用】保险人主张扣除医保外费用的,若医疗费用总额在机动车第三者责任强制保险医疗费用赔偿限额以内,人民法院不予支持;若医疗费用总额超过机动车第三者责任强制保险医疗费用赔偿限额,在第三者责任商业保险范围内赔偿部分,且保险人履行了保险条款的明确说明义务,则可根据第三者责任商业保险合同约定进行理赔。"河南三门峡中院《关于审理道路交通事故损害赔偿案件若干问题的指导意见(试行)》(2014年10月1日)第17条:"对于过度治疗部分的医疗费,保险公司不予承担责任。"湖北汉江中院民一庭《关于审理交通事故损害赔偿案件疑难问题的解答》(2014年9月5日)第3条:"问:赔偿权利人公费报销的医疗费,或通过农村(城镇)合作医疗报销的医疗费应否从赔偿费用中予以扣减?答:不应扣减。"广西高院《关于印发〈审理机动车交通事故责任纠纷案件有关问题的解答〉的通知》(2014年9月5日　桂高法〔2014〕261号)第5条:"保险公司主张扣除医保外用药费用的,能否支持?答:保险合同约定'医保外用药不予理赔'的条款属于免责条款,在保险公司尽到提示义务和说明义务的情况下,该条款有效,商业三者险保险公司主张在赔偿医疗费用数额中扣除医保外用药并能提供证据证明的,应予支持。交强险保险公司主张扣除医保外用药费用的,一般不予支持。"湖南长沙中院民一庭《**关于长沙市法院机动车交通事故责任纠纷案件审判疑难问题座谈会纪要**》(2014年7月23日)第1条:"非医保用药是否应该扣除?在交强险范围内承担赔偿责任的情形之下,保险公司抗辩或举证或申请对医疗费中的非医保用药进行鉴定,要求扣除非医保用药费用的,均不予支持。在商业第三者责任险的情形下,如在商业保险合同中约定了非医保用药保险公司不予赔偿的有效条款,保险公司提出抗辩的,人民法院应当予以审查并处理。但保险公司对其提出的商业险非医保用药的费用应当扣减的抗辩理由负有举证义务,一是须证明保险合同中关于非医保用药不予赔偿的免责条款已尽到合理的告知义务;二是应举证证明医疗费用中哪些属于非医保用药。对此,保险公司如向人民法院申请鉴定,人民法院可依法予以同意。保险公司虽提出抗辩但未申请鉴定或鉴定申请超过举证期限的,人民法院不予支持,应视为保险公司未完成举证责任。在审理过程中,如果保险公司与被保险人就核减非医保用药费用的比例或数额经协商达成一致的,人民法院应予支持,从医疗费用总额中予以扣除非医保用药,该扣除的医疗费用保险公司不予承担,而应由侵权人承担。"安徽淮南中院《关于审理机动车交通事故责任纠纷案件若干问题的指导意见》(2014年4月24日)第15条:"受害人为配合医疗机构治疗购买的医疗辅助用品(如卫生纸、尿不湿等)所花费的必要费用要求赔偿的,人民法院应结合医嘱或治疗机构要求、治疗需要、用量、所购物品普通适用型价格等情况综合予以认定,将该部分费用计入医疗费。受害人出院后经医嘱确认确需通过购买药品、挂水或其他方式进行巩固或恢复治疗的,应当到符合营业条件的医疗机构或药店进行治疗或购药:(一)受害人主张出院后继续治疗医疗费的,应当向人民法院提供以下证据:1.关于受害人出院后需继续巩固或恢复治疗的病历、医嘱等;2.就诊医疗机构出具的治疗病历;3.用药品牌、名称、清单及收费发票。(二)受害人主张出院后继续治疗购买药品费用的,应当向人民法院提供以下证据:1.关于受害人出院后需继续巩固或恢复治疗的病历、医嘱等;2.购药发票。(三)受害人仅举出出院后治疗机构出具的收费证明或药店发票,要求赔偿出院后治疗费或医药费的,人民法院不予支持。因交通事故所必然产生的后续治疗费经鉴定后,人民法院应当向权利人行使释明权,由权利人选择一并判决赔偿或待实际费用发生后另行主张。"重庆高院民一庭《关于机动车交通事故责任纠纷相关问题的解答》(2014年)第9条:"在审理三者险合同时,对超过医保范围的治疗费用应否赔偿?承保商业三者险的保险公司,其承担最高人民法院《关于审理道路交通事故损害赔偿案件适用法律若干问题的解释》第十六条规定的赔偿义务的性质系合同义务,应当根据其与投保人之间签订的保险合同的约定以及《保险法》的相关规定赔偿。商业三者险的保险合同均约定了'保险人按照国家基本医疗保险标准核定医疗费用',保险人和投保人对该条款的理解分歧较大。保险人认为,保险人按照国家基本医保标准核定医疗费用的赔偿金额,既是保险合同的约定,也是保险行业传统的通行做法,由于保险公司对医院实施的诊疗项目是否必要无法控制,现阶段存在部分医疗机构胡乱用药、投保人对自费药采取放任态度等现象,基于保险公司风险管控的需要,对医保范围外的医疗费用不予理赔。投保人则认为,有的费用尽管超出国家医保范围,但是属于抢救期间的必要药物,伤者治疗都是医院和医生掌控,投保人无法控制和监督用药情况,如果因为伤者急需治疗的药品不属于医保范围内就禁止将该药用于治疗,明显有违公平和道义,实践中也不可行。因此,不管是自费药还是医保内的药保险人均应赔偿。我们认为,《合同法》第四十一条规定:对格式条款的理解发生争议的,应当按照通常理解予以解释。对格式条款有两种以上解释的,应当作出不利于提供格式条款一方的解释。格式条款与非格式条款不一致的,应当采用非格式条款。同时,《保险法》第十七条规定,对保险合同中免除保险人责任的条款,应当向投保人明确说明。未作提示或明确说明的,该条款不产生效力。据此,保险合同中约定的'保险人按照国家基本医疗保险的标准核定医疗费用'不能理解为'医保外用药不予理赔'。因此,保险公司对超过医保范围的费用也应予以赔偿。"浙江宁波中院《关于商事审判若干疑难或需统一问题的解答》(2013年11月15日)第26条:"保险合同中关于按照医疗保险的规定核定的约定是否有效? 保险人仅赔付医保范围内的用药支出既是条款的明确约定,也是保险精算的基础,保险公司是依据医保范围来确定费率水平,故法院对此应予尊重,不应干预私权利的行使。"安徽滁州中院《关于审理道路交通事故损害赔偿案件座谈会纪要》(2013年8月2日)第9条:"受害人在住院治疗期间需外购药品,应由医疗机构出具证明,并与伤情治疗的需要相符,在此情况下受害人要求赔偿外购药品费用的,应予支持。受害人主张外地专家会诊费用,应提供医疗机构出具的证明及支付外地专家会诊费用的凭证等证据支持。"四川成都中院《关于对人身损害赔偿纠纷案件的经验总结》(2013年6月25日)第1条:"医疗费。以门诊医疗费用发票、住院医疗费用发票结合相关病历材料、用药及费用清单等确定。其中:A. 被侵权人其原有疾病和本次交通事故无关伤情的医疗费用应予扣除;B. 非社保用药(包括非社保治疗项目和非社保服务项目,如治疗费、检查费、特殊材料费等)应从保险公司理赔范围内扣除。其扣除比例如双方当事人能达成一致,以当事人自行确认的比例为准;当事人申请鉴定的,以鉴定结论为准;如不能达成一致,又不申请鉴定的,原则上在15—20%范围内予以酌定。"广东广州中院《商事审判中的法律适用疑难问题指导意见》(2013年)第1条:"关于在第三者责任保险合同中,'在社会医疗保险范围内赔付'的约定是否属于免责条款?《广东省高级人民法院关于审理保险合同纠纷案件若干问题指导意见》第20条规定'责任保险合同或人身保险合同对医疗费用赔付标准有约定的,从其约定。没有约定或约定不明的,一应参照当地社会医疗保险主管部门规定的医疗报销标准确定。治疗确需使用标准以外的药品,被保险人主张列入保险赔付范的,人民法院应予支持,但保险人能够举证证明上述药品不属于治疗必需药品的除外'。从该条可以看出在社会医疗保险范围内赔付是不属于免责条款的。根据最高人民法院2011年第3期的案例《段天国诉中国人民财产保险股份有限公司南京市分公司保险合同纠纷案》认为,(1)'国家基本医疗保险'标准,并无具体含义,因为格式条款,而对保险公司作出不利解释;(2)保险公司未尽明确说明义务;(3)国家基本医疗保险是一项福利性的社会保险制度,因此国家为了控制医疗保险药品的支出,限定了药品的使用范围,而商业保险中保险公司收取的保费远远高于国家基本医疗保险,投保人对于加入保险的利益也远远高于国家基本医疗保险。因此,认为保险公司于医保外用药不予理赔的解释,明显降低了保险公司的风险,减少了保险公司的义务,限制了投保人的权利。保险公司按照商业性保险收取保费,却按照国家基本医疗保险的标准理赔,有违诚信。根据上述案例,在社会医疗保险范围内赔付是免责条款,保险人应当提示并明确说明。与上级法院的意见不一致,我们认为,从效力层级而言,在均是指导意见的前提下,应当适用最高人民法院发布的指导意见。其次,从公平而言,省院的指导意见更多的是保障了保险人的利益。就目前现实而言,中国的保险公司是以盈利为目标的,且是出于强势地位,从保障被保险人的利益和公平,建议明确此类条款属于免责条款。"浙江宁波中院《关于印发〈审理机动车交通事故责任纠纷案件疑难问题解答〉的通知》(2012年7月5日 甬中法〔2012〕24号)第10条:"受害人通过医保支付了医疗费,是否应在其赔偿额中予以相应扣除?答:不应在其赔偿额中予以相应扣除。虽然民事赔偿以填补损失为原则,但受害人享受医保待遇系以其支付保险费为代价,医保账户内医疗费的使用权亦归属于受害人,如扣除则实际减轻了侵权人的责任。"广东高院《关于印发〈全省民事审判工作会议纪要〉的通知》(2012年6月26日 粤高法〔2012〕240号)第48条:"机动车交通事故造成人身伤亡的,对于基本医疗保险范围外的诊疗项目支出,赔偿权利人请求机动车第三者责任强制保险的保险公司在责任限额范围内按照基本医疗保险的同类诊疗项目费用标准赔付的,应予支持。如确需使用基本医疗保险费用标准外的诊疗项目,赔偿权利人主张列入交强险赔付范围的,人民法院亦应予支持,但保险公司能够举证证明上述诊疗项目不属于必需诊疗行为的除外。"山东淄博中院《全市法院人身损害赔偿案件研讨会纪要》(2012年2月1日)第2条:"关于医疗费的问题。(1)受害人要求赔偿医疗费的,除需提供医疗费单据外,还应提供诊断证明、病历进行佐证。有住院情况的,还需提供用药明细单,以证明住院期间用药情况。在审理中,应结合具体案情,对受害人用药、转院是否合理,总体花费与病情是否相符等情况予以审查。(2)经过审查后,赔偿义务人对受害人治疗及用药的必要性、合理性有异议的,应承担相应举证责任。"第20条:"……其中死亡伤残限额包括受害人死亡、受伤、残疾三种情况,具体赔偿项目有:丧葬费、死亡赔偿金、受害人亲属办理丧葬事宜支出的交通费用、残疾赔偿金、残疾辅助器具费、护理费、康复费、交通费、被扶养人生活费、住宿费、误工费、精神损害抚慰金。医疗费限额赔偿项目有:医药费、诊疗费、住院费、住院伙食补助费,必要的、合理的后续治疗费、整容费、营养费。"浙江嘉兴中院民一庭《关于机动车交通事故责任纠纷若干问题意见》(2011年12月7日)第2条:"关于赔偿权利人主张的部分具体赔偿项目。(1)医疗费。医疗费原则上应提供原件,已在社保机构报销的医疗费,赔偿权利人不得再行向赔偿义务人主张,但赔偿权利人个人医保帐户支付的部分除外。赔偿义务人不得以医药费不在医保范围拒绝偿付……"江苏高院《保险合同纠纷案件审理指南》(2011年11月15日)第4条:"……(6)按医保标准核定医疗费用条款的效力。保险条款约定'保险人按照基本医疗保险的标准核定医疗费用的赔偿金额'的,对于基本医疗保险范围外的医疗项目支出,保险人应当按照基本医疗保险范围内的同类医疗费用标准赔付。比如,使用了医保范围外的药品,而医保范围中有同种类或者同功能可使用的药品,则应按医保范围内同种类或者同功能药品的标准予以赔付。如此处理,既保护了被保险人利益,又未从实质上损害保险人利益,较为公平……"新疆高院《关于印发〈关于审理道路交通事故损害赔偿案件若干问题的指导意见(试行)〉的通知》(2011年9月29日 新高法〔2011〕155号)第7条:"交强险的保险公司主张扣除赔偿权利人公费报销的医疗费的,人民法院不予支持。"广东高院《关于审理保险合同纠纷案件若干问题的指导意见》(2011年9月2日 粤高法发〔2011〕44号)第19条:"责任保险合同或人身保险合同对医疗费用赔付标准有约定的,从其约定。没有约定或约定不明的,一般应参照当地社会医疗保险主管部门规定的医疗报销标准确定。因治疗确需使用标准以外的药品,被保险人主张列入保险赔付范围的,人民法院应予支持,但被保险人能够举证证明上述药品不属于治疗必需药品的除外。"江苏南通中院《关于处理交通事故损害赔偿案件中有关问题的座谈纪要》(2011年6月1日 通中法〔2011〕85号)第19条:"交通事故受害人在诉讼中主张的医疗费用,人民法院依照最高人民法院《关于审理人身损害赔偿案件适用法律若干问题的解释》的相关规定予以审查,保险公司主张按医疗保险标准审理确认的请求不予支持。经过医保报销的医疗费,受害人仍可凭有关证据向侵权人主张权利。"安徽宣城中院《关于审理道路交通事故赔偿案件若干问题的意见(试行)》(2011年4月)第33条:"对于交通事故第三者责任保险合同中有非医保用药免赔约定的,人民法院应要求原告提供医疗用药清单,由保险公司举证证明用药免赔范围。"第39条:"医疗费的赔偿数额,按照一审法庭辩论终结前实际发生的数额确定。人民法院不能以超过举证期限为由不予以审查。赔偿义务人对治疗的必要性和合理性有异议的,应承担相应的举证责任,器官功能恢复训练所必要的康复费、适当的整容费以及其他后续治疗费,赔偿权利人可以待费用实际发生后另行起诉。但根据医疗证明或鉴定结论确属必然发生的下列费用,可以一并予以赔偿:(一)受害人体内固定物取出等必然发生的费用;(二)受害人为避免导致伤残、恢复器官功能等所必需的康复费用;(三)受害人用于维持生命体征所必需的辅助费用。"江西鹰潭中院《关于审理道路交通事故损害赔偿纠纷案件的指导意见》(2011年1月1日 鹰中法〔2011〕143号)第19条:"受害人提出后续治疗费用的,应当提交县级以上医院的证明,或者符合规定的鉴定结论,该证明或鉴定结论中应列明后续治疗的诊疗科目及相关诊疗目的、时间和费用等。"江苏无锡中院《关于印发〈关于审理道路交通事故损害赔偿案件若干问题的指导意见〉的通知》(2010年11月8日 锡中法发〔2010〕168号)第28条:"【医疗费】医疗费应当根据医疗机构出具的医药费、住院费等收款凭证,结合病历和诊断证明等相关证据确定。受害人在住院治疗期间需外购药品的,应当由该医疗机构出具相应的证明,并与伤情治疗的需要相符。购买与损害无关的药品或治疗其他疾病的,其费用不予赔偿。受害人治疗因侵害引发并发症的费用,赔偿义务人提出异议的,应当参照医疗机构的诊断或听取主治医生的意见,根据侵害行为与并发症之间的原因力大小确定赔偿的范围、比例。如按上述程序仍不能确定的,人民法院可以根据异议人的申请委托司法鉴定。对于符合生活常识且确有必要的医疗及辅助费用,人民法院可以在合理范围内依法予以认定。"江苏常州中院《关于道路交通事故损害赔偿案件的处理意见》(2010年10月13日 常中法〔2010〕104号)第3条:"医疗费根据医疗机构出具的医药费、住院费等收款凭证,结合病历和诊断证明等相关证据确定。病情与医药费数额过于悬殊足以引起合理怀疑的,以及非因该损害引起的医药费用,可通过司法鉴定或要求受害人提供用药清单,以证明其合理性。医疗费的数额,以一审法庭辩论终结前实际发生的数额为限……"上海高院民五庭《关于印发〈关于审理保险代位求偿权纠纷案件若干问题的解答(一)〉的通知》(2010年9月19日 沪高法民五〔2010〕2号)第1条:"在医疗费用保险中,保险人能否向第三者行使保险代位求偿权?答:根据中国保险监督管理委员会《健康保险管理办法》第二条、第四条的规定,医疗费用保险可以分为补偿性医疗保险(亦称费用补偿型医疗保险)和非补偿性医疗保险(亦称定额给付型医疗保险)。补偿性医疗保险适用补偿原则和保险代位制度,非补偿性医疗保险不适用补偿原则和保险代位制度。在保险代位求偿权纠纷中,法院应根据保险合同的约定,确定系争保险是否属于补偿性医疗保险。保险合同明确约定本保险适用补偿原则、'以实际支出医疗费作为赔付依据'等内容的,保险人在向被保险人支付保险赔偿金后,有权向第三者行使保险代位求偿权。保险合同明确约定本保险为定额给付保险或不适用补偿原则等内容的,保险人在向被保险人支付保险赔偿金后,无权向第三者行使保险代位求偿权。医疗费用保险合同对是否适用补偿原则未作约定或约定不明的,视为非补偿性医疗保险,保险人无权向第三者行使保险代位求偿权。"第12条:"保险人根据保险合同的约定,仅就被保险人所受损失中的特定项目承担保险赔偿责任后,能否就其他赔偿项目向第三者行使保险代位求偿权?答:保险代位求偿权的内容,必须与保险人填补损失的内容具有一致性,保险人才能代位行使。当被保险人有多项损失,而保险人依据保险合同的约定仅就其中部分项目的损失予以赔付的,被保险人可以就未获赔付的损失项目,向第三者行使赔偿请求权。保险人则只能就已经给付保险赔偿金的损失项目行使保险代位求偿权。比如在补偿性医疗费用保险中,被保险人因侵害产生医疗费用、误工费、护理费等损失。保险人仅就医疗费用损失承担保险赔偿责任后,被保险人可以就其他损失继续向侵权人主张赔偿请求权,保险人则只能就医疗费用行使保险代位求偿权。"江西宜春中院《关于审理保险案件若干问题的指导意见》(2010年9月17日宜中法〔2010〕92号)第4条:"超出国家基本医疗保险用药目录的医疗费,如何理赔?医疗费用在保险限额范围内的,在保险条款有约定且尽到了说明、提示义务的前提下,按保险条款约定办理,如没有约定或未尽到说明,超出基本医疗保险标准目录用药产生的医疗费,在保险公司能提供证据证明超出目录的用药与事故造成损害所需用药没有关联时,由此产生的医疗费用,保险公司可以拒赔;反之,应予理赔。"河南周口中院《关于侵权责任法实施中若干问题的座谈会纪要》(2010年8月23日 周中法〔2010〕130号)第3条:"……医疗费:住院治疗的医疗费用,除需要提供正规医疗费票据外,还需要提供一日清单进行认定;外购药除需购药发票外还应有医嘱;转院治疗一般需要原治疗医院的转院证明,根据病情需要确需转院的除外;后续治疗费原则上应当一并解决,不超过5000元的,可以根据医院出具的证明确认,超过5000元以上的,需要经过司法技术鉴定进行确定。"山东东营中院《关于印发道路交通事故处理工作座谈会纪要的通知》(2010年6月2日)第42条:"致害人垫付的医疗费等超出其所应承担的数额,受害人应将超出的款项返还致害人。受害人拒不返还的,致害人可通过司法手段寻求救济,人民法院应予受理。"湖南长沙中院《关于道路交通事故人身损害赔偿纠纷案件的审理意见》(2010年)第一部分第2条:"……关于医疗费:(1)注意票据与相关病历或疾病诊断书和出院证明或处方相对应,如无相关病历或疾病诊断书和处方相对应佐证,不予认定,无相关药名的医药费应核减,不是治疗事故和人身损害的医疗费应相应核减;(2)注意指导当事人将医疗费与鉴定费用区别,分开举证;(3)赔偿义务人对治疗的必要性和合理性有异议的,应当承担相应的举证责任;(4)医疗费的赔偿数额,按照一审法庭辩论终结前实际发生的数额确定,关于器官功能恢复训练所必要的康复费、适当的整容费及后续治疗费,应有医疗机构出具的证明或者鉴定结论来确定必然发生的费用,才可与已经发生的医疗费一并处理,否则告诉赔偿权利人可以待实际发生后另行起诉。医疗机构的证明或者鉴定结论应符合程序要求(要有印章),不支持心理康复费。"安徽合肥中院民一庭《关于审理道路交通事故损害赔偿案件适用法律若干问题的指导意见》(2009年11月16日)第32条:"赔偿义务人在本案诉讼之前或诉讼之中已经向赔偿权利人赔偿的款项,无须提出反诉,只要赔偿义务人主张抵扣赔偿权利人可得赔偿的,应当予以支持。"第59条:"对于交通事故第三者责任险合同中有非医保用药免赔约定的,人民法院应要求原告提交治疗用药清单,由保险公司举证证明用药免赔范围。"江西九江中院《关于印发〈九江市中级人民法院关于审理道路交通事故人身损害赔偿案件若干问题的意见(试行)〉的通知》(2009年10月1日 九中法〔2009〕97号)第9条:"医疗费包括交通事故受害人接受医学上的检查、治疗和康复所必需的费用,主要包括:挂号费、检验费、医药费、治疗费、住院费及其他必要的医疗费用。医疗费的数额结合医疗机构的处方单据、诊断证明,依据相应的收费凭据加以确认。如果赔偿义务人有证据证明医疗费系与交通事故所致伤情治疗和身体康复无关的药品或其他物品所支出的费用,赔偿义务人可不予赔偿;有证据证明受害人伤情显著轻微不需住院或伤情已经痊愈应当出院而仍然住院所支出的住院费等,赔偿义务人可不予赔偿。经县级以上医疗机构出具医疗证明或者鉴定机构出具鉴定结论确定受害人必然要发生的后续治疗费可以与已经发生的医疗费一并判决赔偿义务人赔付,但是仅凭治疗医生估算后续治疗费的证明,不能作为赔付的证据。机动车一方投保机动车第三者责任商业险的,保险公司要求按照保险合同的约定,按照国家基本医疗保险的标准核定医疗费用赔偿金额的,应予支持。"云南高院《关于审理人身损害赔偿案件若干问题的会议纪要》(2009年8月1日)第4条:"……医疗费一般应以受害人治疗医院出具的诊断证明、医药费单据、住院费单据认定。受害人在治疗医院以外购买的与处方不相符且不是用于治疗损伤而擅自购买药品所发生的费用,不予赔偿。"安徽蚌埠中院《关于审理人身损害赔偿案件若干问题的指导意见》(2009年7月2日)第1条:"关于保险理赔的医药费范围问题。依据法律规定或被保险人与保险人在合同中的约定,保险人只承担医保报销范围内的医疗费的,按照法律规定或约定确定保险人赔偿的数额。保险人主张应剔除非医保报销部分医药费的,由保险人负举证责任。"福建泉州中院民一庭《全市法院民一庭庭长座谈会纪要》(泉中法民一〔2009〕05号)第10条:"……(2)关于非医保部分的医药费赔偿问题,目前在法律法规及上级法院没有新的规定之前,非医保部分的医药费原则上由保险公司在交强险责任限额内优先予以赔偿。"第 5 条:"受害人的医疗费用清单中体现有些药物属于部分自费,如乙类 25% 自费,对于该自费部分的医疗费是否视为非医保部分?答:医疗费中自费的部分应属于非医保范围。"辽宁大连中院《当前民事审判(一庭)中一些具体问题的理解与认识》(2008 年 12 月 5 日　大中法〔2008〕17 号)第 12 条:"怎么确定人身损害赔偿案件中的医疗费数额?该赔偿数额,按照一审辩论终结前实际发生的数额。若对方不予认可,应以法医鉴定为准;对于转院治疗的情况,可视其合理性而定。康复费、适当的整容费、后续治疗费,赔偿权利人可以待实际发生后另行起诉。但根据医疗证明或者鉴定结论确定必然发生的费用,可以与已经发生的医疗费一并予以赔偿。"浙江高院民一庭《全省法院民事审判业务培训班问题解答》(2008 年 6 月 25 日)第 12 条:"保险公司在商业保险条款中,约定医疗费用赔偿仅限于医保范围,这一约定使保险公司免除了部分医疗费的赔偿责任,是否属于《合同法》第三十九条规定的'一方当事人限制其责任'的格式条款?商业保险合同中免责条款的效力如何认定?答:对于商业保险合同,原则上尊重当事人的意思自治。一方面,商业保险目的在于分散被保险人(可能的加害人)的责任风险,而不是为了给受害人提供基本保障,这与交强险有根本的不同;另一方面,商业保险制度是建立保险费合理核算的基础上的,不应轻易否定保险条款的效力。保险条款对医疗费用赔偿范围约定限于医保范围的,没有逾越商业保险的规划范围,不应当否认其效力:一是从内容的适当性上审查,这是审查的重点,从能否为被保险人合理预见,对被保险人利益影响的程度、商业惯例等因素综合考虑确定;二是从是否履行告知义务上审查。"江苏宜兴法院《关于审理交通事故损害赔偿案件若干问题的意见》(2008 年 1 月 28 日　宜法〔2008〕第 7 号)第 26 条:"医疗费的数额:按照法庭辩论终结前实际发生的数额确定。"第 27 条:"医疗费的认定原则:(1)医疗机构出具的医药费、住院费等收款凭证,结合病历和诊断证明等相关证据确定。擅自购买与损害无关的药品或者治疗其他疾病的,其费用不予赔偿。(2)赔偿义务人对治疗的必要性和合理性有异议的,应当承担相应的举证责任。(3)器官功能恢复训练所必要的康复费、适当的整容费以及其他后续治疗费,赔偿权利人可以待实际发生后另行起诉。但根据医疗证明或者鉴定结论确属必然发生的费用,并且金额在 6000 元以下的,可以一并予以赔偿。"北京高院《北京市法院道路交通事故损害赔偿法律问题研讨会会议纪要》(2007 年 12 月 4 日)第 3 条:"……7. 关于伤者要求法院先予执行应如何处理以及对保险公司能否先予执行的问题。与会人员一致认为:对于道路交通事故损害赔偿案件中受伤当事人一方提出的先予执行申请,法院应依照《民事诉讼法》及相关司法解释的规定,对符合先予执行条件的裁定先予执行。致害机动车一方投保交强险,保险公司未在责任限额范围内支付抢救费用的,法院可以对保险公司裁定先予执行。"江苏溧阳法院《关于审理交通事故损害赔偿案件若干问题的意见》(2006年11月20日)第16条:"对于医疗费用主要是根据《人赔司法解释》第十九条规定进行认定,而对于是否属于医保内用药等则无需考虑。"江苏常州中院《关于印发〈常州市中级人民法院关于审理交通事故损害赔偿案件若干问题的意见〉的通知》(2005年9月13日 常中法〔2005〕第67号)第2条:"当事人因道路交通事故人身受到损害,其治疗虽为终结,但对于已经发生的和今后治疗所必需的医疗费用,如交通事故受害人或其近亲属无力支付,相关保险公司或机动车方经交警部门通知后又未先行支付的,一方当事人凭交警部门的有关证明、医疗单位治疗的有关票据或病情证明等起诉至人民法院要求赔偿的,人民法院应依法予以受理。当事人申请先予执行的,人民法院应依法进行审查,并可依据保险合同,在保险公司应承担的第三者责任险限额内,对已发生或医疗机构证明治疗所必需的费用依法先予执行。如机动车方未投保第三者责任险的,可在其应投保的第三者责任险最低限额范围内,对上述费用依法先予执行。"第3条:"当事人向人民法院申请诉前保全或财产保全,要求扣押机动车方的车辆,并提供了担保,经审查符合条件的,人民法院应当及时作出裁定并依法采取必要的措施。情况紧急的,应在二十四小时内办理相关的扣押手续。对车辆采取保全措施的,应根据实际情况在裁定书中明确车辆保管的地点和方式。已由交警部门扣留的车辆,原则上不变更保管场所。人民法院对于保全的车辆不得使用。"第6条:"交通事故一方当事人在起诉前已支付部分医疗费等给交通事故受害人,交通事故受害人就赔偿余额提起诉讼,要求机动车方和保险公司承担赔偿责任的,人民法院应对各类赔偿项目及数额进行全面审查,对相关赔偿问题依《道路交通安全法》第七十六条规定和《若干意见》的精神一并审理。判决主文可表述为:保险公司应赔偿交通事故受害人金额若干元,其中向交通事故受害人支付若干元,向另一方当事人(机动车方)支付若干元。"江苏高院、省公安厅《关于处理交通事故损害赔偿案件有关问题的指导意见》(2005年9月1日 苏高法〔2005〕282号 2020年12月31日起被苏高法〔2020〕291号文废止)第4条:"适用一般程序处理交通事故时,公安机关交通管理部门应当对机动车登记所有人、实际支配人、驾驶人的姓名、住所或实际居住地、联系方式以及肇事车辆是否参加机动车第三者责任强制保险、参保的保险公司和责任限额等情况进行调查。公安机关交通管理部门调查收集的有关当事人住所或者实际居住地的证据,可以作为人民法院确认送达地址的依据。"第5条:"交通事故造成人员受伤的,公安机关交通管理部门应当依照《道路交通安全法》第七十五条、《道路交通安全法实施条例》第九十条等规定通知相关保险公司或道路交通事故社会救助基金管理机构支付抢救费用,也可以通知机动车驾驶人、登记所有人、实际支配人预付抢救费用。交通事故造成人员死亡的,尸体处理费用的支付参照上款规定处理。"第6条:"保险公司、道路交通事故社会救助基金管理机构、机动车驾驶人、登记所有人、实际支配人不在规定的时间内支付抢救治疗费用或尸体处理费用的,公安机关交通管理部门应当及时制作交通事故认定书送达当事人,并告知当事人可以向人民法院起诉并申请先予执行。"第7条:"适用一般程序处理交通事故时,公安机关交通管理部门应当依法及时将肇事车辆予以扣留。机动车登记所有人、实际支配人自愿预交损害赔偿费用的,公安机关交通管理部门可以代为保管。"第8条:"对扣留的车辆进行检验鉴定后,公安机关交通管理部门在依法送达技术检验鉴定结论时,应当告知各方当事人返还机动车的时限。"浙江杭州中院《关于审理道路交通事故损害赔偿纠纷案件问题解答》(2005年5月)第2条:"……道路交通事故发生后,公安机关通知机动车方向其交纳事故押金,然后逐笔支付给受害者或医院后,没有向受害人收集医疗费收据或其他发票等凭据。后机动车方以其不应承担赔偿责任或者其已付押金超过其应承担的赔偿责任为由,根据最高院与公安部《关于处理道路交通事故案件有关问题的通知》(1992年1月1日)第七条的规定(该条规定如下:道路交通事故发生后,被公安机关指定预付抢救伤者费用的当事人,以其无道路交通事故责任或者责任轻而对预付费用有异议的,持公安机关调解书、调解终结书或者认定该事故不属于任何一方当事人违章行为造成的结论,可以向人民法院起诉,符合民事诉讼法第一百零八条规定的起诉条件的,人民法院亦应当受理。)起诉的,被告应当是事故受害人还是公安机关? 如果是事故受害人,诉讼请求应以整个事故的赔偿费用为诉讼标的还是单独对指定预付金额不服为诉讼标的? 作为民事诉讼,已经支付费用者作为原告,如根据最高院、公安部上述通知的第七条提起诉讼,不论其起诉的案由是道路交通事故人身损害赔偿还是不当得利返还,只能以受害人为被告提起民事诉讼,而不能以公安机关为被告提起民事诉讼。因为从道路交通事故人身损害赔偿而言,公安机关与原告之间并没有事故的发生;从不当得利角度而言,公安机关并未将款项占为己有,并未取得任何利益。诉讼请求的具体内容如何确定是原告的权利,是否能全部支持视其起诉的案由、所依据的证据与被告的反驳等情况而定。"广东高院、省公安厅《关于〈道路交通安全法〉施行后处理道路交通事故案件若干问题的意见》(2004年12月17日 粤高法发〔2004〕34号 2021年1月1日起被粤高法〔2020〕132号文废止)第25条:"交通事故受害人未经原住院治疗的医疗机构同意,擅自转院治疗的,对其因转院治疗增加的费用,人民法院不予支持。但确有因原住院治疗的医疗机构不具备相应的治疗条件又不同意受害人转院或其他正当理由的除外。"山东高院《关于审理道路交通事故损害赔偿案件的若干意见》(2004年5月1日)第5条:"当事人依据《道路交通安全法》第76条的规定的机动车第三者责任强制保险制度,请求保险公司先行支付抢救费用或者承担交通事故赔偿责任的,在有关部门未出台相应的强制保险规范之前,暂不支持。"第7条:"已经建立道路交通事故社会救济基金的地区,受害人请求其垫付抢救费用,应予支持;道路交通事故社会救济基金垫付抢救费用后,可以以交通事故责任人为被告予以追偿。"内蒙古高院《全区法院交通肇事损害赔偿案件审判实务研讨会会议纪要》(2002年2月)第22条:"受害人因交通事故请求法院先予执行医疗费用,符合下列条件的,人民法院应予支持:(1)申请人书面申请;(2)交通事故责任认定明确;(3)申请人伤势严重,急需医疗费;(4)被申请人有履行能力;(5)申请人有条件的,可责令其提供担保。先予执行的数额应适当,一般应以医疗机构证明的当事人治疗必需的数额为宜。"广东高院、省公安厅《关于印发〈关于处理道路交通事故案件若干具体问题的补充意见〉的通知》(2001年2月24日 粤高法发〔2001〕6号 2021年1月1日起被粤高法〔2020〕132号文废止)第2条:"人民法院在审理道路交通事故损害赔偿案件过程中,当事人对急需的医疗费、生活费、护理费申请先予执行的,人民法院可根据案件情况裁定先予执行,并向公安交通管理部门发出协助执行通知书。公安交通管理部门在收到先予执行裁定书和协助执行通知书后,可以从被执行人交纳的交通事故责任保证金中支付相应的款额。支付交通事故责任保证金额须经县级或相当于县级以上的公安交通管理部门负责人核准,并由公安交通管理部门的财务部门办理有关支付手续。"第4条:"因交通事故伤者伤情变化等原因,导致交通事故损害赔偿数额增大,已交纳的交通事故责任保证金数额少于交通事故当事人应承担的赔偿数额时,公安交通管理部门可以要求当事人及其所在单位或者车辆所有人、车辆实际支配人补交交通事故责任保证金不足额部分。当事人拒绝交纳的,公安交通管理部门可以再次扣留交通事故车辆。"第7条:"对边远山区发生的交通事故,当地没有一近的县级医院的,交通事故伤者确因抢救治疗需要,而在乡镇医院支付的医疗费,公安交通管理部门可据实认定。"山东高院《关于审理人身损害赔偿案件若干问题的意见》(2001年2月22日)第65条:"当事人对医疗费用单据有异议,必须经过庭审质证进行认真审核。审核的重点包括发票存根、处方、病历等。经审核发票确属超出正常治疗范围的,不予认定。未经庭审质证的各种费用单据,不得作为定案根据。"第66条:"医疗费。(1)医疗费包括挂号费、诊查费、化验费、医药费、住院费等。医疗费必须是治疗因侵害行为造成的外伤或损伤引起的疾病开支,原则上是补救因侵害给受害人带来的财产损失,与治疗损伤无关的医疗费用一般不予赔偿。对于因侵害行为引起的其他疾病的医疗费用,应根据损伤与其他疾病的因果关系,结合治疗单位的诊断或法医的鉴定意见,予以适当赔偿。(2)除特殊情况外,受害人原则上应在侵害行为发生地或受害人住所地医院就医。转外地医院或有关专科医院治疗的,须出具当地治疗医院的证明;未经同意擅自转院治疗的,转院后的医疗费用一般不予赔偿。但受害人能够证明当地医院的条件无法满足治疗需要,无正当理由不同意转院的除外。(3)根据我国医疗体制改革的要求,受害人在治疗医院以外药店持有治疗医院出具的处方购买的处方药品应予赔偿;对受害人在药店购买的非处方药品,如确系治疗损伤所用,也应予赔偿。与处方不相符或不是用于治疗损伤而擅自购买的药品,不予赔偿。(4)受害人在紧急情况下自行到医院就医或自行找私立医院、个人医师治疗的,如果治疗效果明显,经法医鉴定医疗费支出合理,应予赔偿。受害人与侵害人约定或经侵害人同意由私立医院、个人医师治疗的,医疗费应全部予以赔偿。(5)对于在康复医院治疗的医疗费用,应当区别以下情况进行处理:有条件在普通医院就医而选择康复医院的,其医疗费用应按普通医院治疗同种伤疾的收费标准赔偿;无条件在普通医院就医而选择康复医院的,其医疗费用适当赔偿,但一般不低于同种伤病在普通医院治疗所花的费用;在普通医院就医后,经治疗医院诊断需要进行康复治疗的,在康复医院的医疗费应予赔偿;在康复医院以疗养为主住院治疗的,其医疗费可适当补偿或不予赔偿。(6)受害人故意拖延出院,多支付的医疗费用,不予赔偿。(7)受害人尚未完全康复,需要今后继续治疗的医疗费,诉讼中能够确定的,可以一并处理;不能确定的,终止审理,告知当事人以后另行起诉。"北京高院《关于印发〈关于审理人身伤害赔偿案件若干问题的处理意见〉的通知》(2000年7月11日)第4条:"医疗费包括受害人为治疗伤疾而支付的挂号费、检查费、治疗费、手术费、医药费、住院费等费用。确定医疗费的数额应以医疗单位的诊断证明和医疗费单据为凭。"第5条:"受害人应根据就近医疗原则选择医院治疗,确有必要转院治疗的,应经初诊医院允许。受害人擅自在就诊医院以外的医疗、药品销售单位接受治疗和购买药品的费用原则上不予赔偿,但确有正当理由的除外。"河南高院《关于审理道路交通事故损害赔偿案件若干问题的意见》(1997年1月1日 豫高法〔1997〕78号)第25条:"医疗主要应当包括挂号费、检查费、手术费、治疗费、住院费和药费。其赔偿标准,应按照医院对当事人的交通事故创作治疗所必需的费用计算,凭据支付。人民法院结案后确需继续治疗的,继续治疗费按照治疗所必需的费用给付。治疗医院一般应为县(市、市辖区)级以上医院。如需紧急援救,也可以到其他就近医疗单位进行治疗。需转院治疗,应有原经治医院证明。借助机械的、电子的、光学的、核能的医疗检查设备,对伤处、病理组织等进行检测化验的,必须由治疗医生建议。需要住院的,必须有医院证明。伤情已痊愈,医院通知出院的,应按通知日期出院,未按通知日期出院所导致的费用应由伤者自己承担。医药费应当是医生认为治疗创作所必需使用的药品费用。非经治疗单位同意,伤者自购的药品和治疗非交通事故造成的损伤、疾病的药品费用应由伤者自己承担。医疗费用的赔偿,一般应以治疗医院的诊断证明和医疗费单据为凭。虽然没有诊断证明,但治疗医院证明当事人所持的医疗费单据确是其出具,且经人民法院审查也认为合理的,也应予赔偿。对继续治疗费用,应按照必需的费用给付。计算时应参照结案前已用费用,并考虑有关专家的建议。"江苏高院《关于审理人身损害赔偿案件若干具体问题的意见》(1996年3月1日)第57条:"医药治疗费的赔偿,一般应以所在地治疗医院的诊断证明和医药费、治疗费、住院费的单据或病历、处方认定。必要时,可以委托法医予以鉴定。所在地治疗医院,一般是指距离受害人住所或侵权行为发生地较近的医院。"第58条:"受害人先后到数个距离基本相等的医院治疗的,一般应认定最先就诊医院的医疗费,但该医院治疗失误或有其他特殊情况的除外。"第59条:"应经医务部门批准而未获准擅自另找医院治疗的费用,一般不予赔偿。"第61条:"受害人擅自购买与损害无关的药品或治疗其他疾病的,其费用不予赔偿。"第62条:"受害人确需住院治疗或观察的,其费用应予赔偿。但出院通知下达后故意拖延,或治疗与损害无关的疾病而延长住院时间的,其延长期间的住院费不予赔偿。"第63条:"受害人进行与损害有关的必要的补救性治疗的费用,应予赔偿。"第64条:"在诉讼过程中,治疗尚未结束的,除对已经治疗的费用赔偿外,对尚需继续治疗的费用,经有关医疗机构证明或者经调解双方达成协议的,可以一次性给付;也可以依照民事诉讼法的有关规定,告知受害人在治疗结束后另行起诉。"广东高院、广东卫生厅《关于医疗费赔偿有关问题的联合通知》(1990年7月2日 粤法民字〔1990〕第188号)第1条:"因人身伤害要求验伤治疗的,必须到乡镇卫生院以上(含卫生院)的医疗单位就诊。各医疗单位对伤者应当详细了解致伤原因,接诊医生应详细记录伤情。伤情诊断结论应当准确规范,并由主管医生签名。伤情复杂需要主管部门组织论断的,由作出诊断结论的单位负责人签名,并加盖单位印章。"第2条:"对于伤情好转不需要继续住院的伤者,医疗单位应当及时通知其出院。伤者拒不出院,或者不需住院而伤者本人坚持要住院的,医疗单位应在有关医疗记录材料中注明。伤者要求转院治疗的,应经主管医生同意。擅自转院的,其费用一般不列入赔偿的范围。"第3条:"要严格控制滋补药品的配发。滋补药应当以治疗伤害所确实必需者为限。伤者自己或家属要求开滋补药的,接诊医生应在处方上注明'自购'字样。其他药品也应按实际需要适量配给,不得滥发。"第5条:"医疗单位开具的医疗费收据应当有处方可查,该处方应按规定保存三年。人民法院认为伤者的医疗费及其他有关单据所载数额明显与其伤情不符的,可以向有关医疗单位查询,有关医疗单位应如实提供情况,以便人民法院实事求是地认定合理费用的范围和数量。对伤者提出的不合理费用,一律不予赔偿。"第7条:"人民法院在审理案件中发现医务人员违反职业道德的事实时,应向主管机关通报情况。对于无处方为当事人乱开医疗费收据,增大医疗费数额,伪造医疗记录或伤情结论等伪造证据的行为,主管部门应当严肃处理。情节严重的,人民法院可以依照民事诉讼法的有关规定处理,直至依法刑事责任。"第8条:"人民法院对于拖欠医疗单位的医疗费和其他有关费用引起纠纷,医疗单位提起诉讼的,应当作为债务纠纷立案,及时审判,以维护医疗卫生工作的正常秩序。"

**6. 地方规范性文件**。湖南省医疗保障局《关于加强职工医保普通门诊统筹基金使用监管工作的通知》(2023年5月10日 湘医保函〔2023〕36号)第1条:"进一步明确职工医保普通门诊统筹基金支付范围。职工医保普通门诊统筹基金用于支付参保患者本人因常见病、慢性病在医保定点医药机构门诊就医与购药发生的医保政策范围内的费用。以下情形医药费用普通门诊统筹基金不予支付:……2.应当由第三人负担的,如交通事故、医疗事故,以及有第三人责任伤害等……"广西保险行业协会《关于印发〈广西保险行业道路交通事故人身损害调处理赔统一标准(2016版)〉的通知》(2016年10月9日 保协桂发〔2016〕174号)第2条:"各赔偿项目的单证标准与计算原则。(一)医疗费。根据有资质的医疗机构出具的医药费、诊疗费、住院费等收款凭证,结合病历和诊断证明等相关证据确定。1.单证标准:门诊病历、住院病历首页和出院小结、诊断证明、医疗费发票原件、住院费用明细清单(医院盖章)、检查报告单、X光片等诊断材料。2.计算原则:根据医院出具的收款票据,结合病历、诊断证明和住院费用明细清单等相关证据资料进行审核,参照《道路交通事故受伤人员临床诊疗指南》和国家基本医疗保险的同类医疗费用标准核定医疗费用的赔偿金额。所就诊的医疗机构需具有卫生行政部门颁发的《医疗机构执业许可证》,且符合就近治疗原则。其中,下列情形发生的费用应予扣除:(1)与本次事故无关的治疗费用;(2)擅自(无病历本记录及相应处方单等)购买药品的费用;(3)住院期间到门诊开药的费用;(4)已从其他保险公司、工作单位、社会保障部门等获得赔偿的费用;(5)其他不符合《道路交通事故受伤人员临床诊疗指南》规定的项目。诊疗过程中对原有疾病难以区别的,医疗费按比例协商确定。"重庆市保险行业协会《道路交通事故赔偿案件有关调解项目参考标准(试行)》(2014年7月22日)第1条:"医疗费。(一)实际产生的医疗费。以门诊医疗费用发票、住院医疗费用发票结合相关病历材料、用药及费用清单等确定医疗费用,同时遵循以下原则:(1)被侵权人治疗自身原有疾病所产生的医疗费用和与本次交通事故无因果关系的医疗费用应予扣除。(2)尊重保险合同约定,在保险人履行了明确说明义务的情况下,对超出国家基本医疗保险标准的医疗费用应从保险公司理赔范围内扣除。在被侵权人一方提供医疗票据的前提下,保险公司对不属于赔偿范围内的医疗费用承担举证责任。法院也可根据案件实际情况,在征求各方当事人意见的基础上,按照一定比例扣除非医保费用。(3)在保险人不能证明履行了明确说明义务的情况下,对不属于国家基本医疗保险标准赔偿范围内的医疗费用扣除比例,应由双方当事人先行协商,以当事人自行确认的比例为准。(4)在被侵权人已在医保中心报销了部分或全部医疗费用,就其包销部分费用,保险公司和侵权方有权不予赔偿。(5)交强险医疗费1万元限额内可以不扣除非医保费用……"浙江省司法厅《浙江省第二届法医临床鉴定业务研讨会会议纪要》(2009年9月29日 浙司办〔2009〕71号)第1条:"人身损害赔偿案件中法医临床鉴定的范围。伤残程度评定、医疗费合理性评定、后期医疗费评定、医疗护理依赖程度评定、治疗时限评定、法医临床鉴定文证审查和误工、护理、营养时限评定等,属于法医临床鉴定范围。伤后医疗费、误工费、护理费、后期医疗费和营养费等具体数额的确定,及残疾辅助器具配置的具体价格、使用年限,不属于法医临床鉴定范围。精神疾病治疗的医疗费合理性评定属于法医精神病鉴定范围,不属于法医临床鉴定范围。"第2条:"医疗费合理性评定。医疗费合理性评定,是指对被鉴定人伤后医疗过程中已发生的医疗措施是否符合医疗技术操作常规治疗原则作出的分析判断。医疗费是否合理,应从以下方面分析评定:(1)确定人体损伤是否客观存在;(2)甄别伤前有否疾病存在;(3)明确伤病之间的因果关系;(4)根据损伤与疾病的情况,作出在治疗过程中损伤参与度的评价;(5)是否存在超范围、超时间、超剂量等滥用医疗措施的情况。在上述分析基础上,根据医疗技术操作常规,评定已发生的诊察、检查、检验、中西药物、手术治疗、理疗、护理、治疗等医疗措施的合理性。医疗费合理性评定不使用裁判性语言,不计算具体金额,不对床位、空调、陪客等产生的费用进行评定。"第3条:"后期医疗费评定。后期医疗费评定,是指当被鉴定人损伤经治疗伤情已基本稳定,根据医疗技术操作常规治疗原则,对必然要发生的医疗措施进行的评估。后期医疗费评定不涉及对非必需的康复等医疗措施的评估。经医疗终结、伤残等级评定后,原则上不再进行后期医疗费评定;但对因有遗留症状、体征或异物,不继续治疗会使被鉴定人伤情加重或复发的,可根据实际情况作出评估。"中国保监会福建监管局《关于被保险人同时参加公费医疗、社会医疗保险与商业性费用补偿型医疗保险有关问题的通知》(2009年9月17日)第1条:"被保险人同时参加公费医疗、社会医疗保险与商业性费用补偿型医疗保险,保险公司在销售费用补偿型医疗保险产品时未对被保险人是否拥有和使用公费医疗、社会医疗保险进行区别对待(即未实施差别费率)的,保险公司在理算赔款时,不应区别对待,即赔付时不得扣除公费医疗、社会医疗保险所支付的费用。"第2条:"被保险人已从公费医疗、社会医疗保险方面获得医疗费用赔偿,无法出具原始医疗费用凭证原件的,公司应告知被保险人可提供加盖已报销单位公章的原始医疗费用凭证复印件、原始医疗凭证收取机构的分割单等证明文件,并予以认可。"第3条:"对于各公司现售的费用补偿型医疗保险产品,未实施差别费率且在条款中约定赔付时需扣除公费医疗、社会医疗保险已经支付的费用的,公司应向总公司申请改造该产品相关条款,待符合《健康保险管理办法》后再行销售。"第4条:"本通知所称的费用补偿型医疗保险包括意外伤害医疗费用保险与疾病医疗费用保险;社会医疗保险包括城镇职工基本医疗保险、城镇居民基本医疗保险、特困居民医疗救助、新型农村合作医疗等政府举办的基本医疗保障项目。"

**7. 最高人民法院审判业务意见。**●医生签名确认准购的非处方药品,是否属于赔偿医疗费的范围?最高人民法院民一庭《民事审判实务问答》编写组:"确因伤情医治和护理上的需要,医生确认或要求伤者购买的非处方药品、医护用品、血液制品、辅助营养品等,不属伤者擅自购买与损害无关的药品,依法可以纳入赔偿范围。"○当事人擅自转院治疗,后来医院补办准予转院手续,转院后的治疗费用是否属于赔偿范围?最高人民法院民一庭《民事审判实务问答》编写组:"未经医务部门批准自行转院发生的医疗费用原则上不予赔偿,但是,医院补办准予转院手续,可以视为医院同意转院。对转院是合理的,转院后的治疗费用,应当审查花费与病情是否相符,是否属于与损害有关的治疗,并结合病历和诊断证明等相关证据,综合审查判断是否属于医疗费的赔偿范围。"

**8. 参考案例。**①2017年江西某交通事故纠纷案,2015年,高某因交通事故受伤,因此住院治疗320天,出院诊断为双膝半月板损伤,住院费近8万元。经鉴定为伤残十级。法官审理期间,就高某住院治疗情况询问其经管医生得知:高某住院属实,不存在挂床现象,医生告知高某住院治疗意义不大,高某未接受医生建议,因高某按时交付住院费,为了处理好医患关系,医院未强行责令高某出院。法院认为:医疗终结时间是指损伤之日至经治疗达到治疗效果稳定之日的时间段,医疗终结时间的相对确定意味着住院时间相对确定(医疗终结时间等于住院时间加上必要的门诊时间)。由于医疗终结时间对于每个人存在一定个体差异,因而要结合具体情况进行综合分析。医院方面无疑对于伤者伤情、选择何种治疗方案以及需要多长的住院治疗时间最为了解,故法院向伤者的诊疗科室尤其是经管医生进行调查极有必要。高某在住院期间各月份所发生住院费用数额不存在异常,法院依职权调取的高某体温、脉搏、呼吸等生命体征病历记录过程完整,难以证明高某存在挂床行为。参照公安部颁布的《人身损害受伤人员误工损失日评定准则》规定,受伤者关节部位损伤误工时间标准:关节韧带损伤为70日,主要肌腱断裂为70日,肢体离断为90日。高某被诊断为双膝半月板损伤,住院320日(住院时间至少不大于误工时间),与上述标准相比,明显过长,故高某存在过度医疗情况,额外加重了赔偿责任人负担,有失公平,故高某对其过错扩大损失,应承担相应责任。高某误工期、护理期和营养期均酌定为150天,高某超期170天住院期间所产生床位费、护理费、空调取暖降温费合计8000余元(包含在住院费用之内),由高某自担。对高某超期170天计算出来的自请人员护理费、住院伙食补助费、营养费和误工费4.2万余元亦应作相应扣减。判决保险公司在交强险及商业三责险限额范围内赔偿高某各项损失15万余元。②2015年某交通事故纠纷案,2015年,李某因医院诊疗过错诉请赔偿,关于8万元的医疗费赔偿项目,医院以社保报销3万元、商业保险机构赔付2.5万元为由,主张李某实际损失仅为2.5万元。法院认为:社会保险和商业保险合同关系与侵权民事关系系不同法律关系。李某提起的是侵权损害赔偿之诉,医院对其侵权行为给李某造成的医疗费损失应承担全部赔偿责任。李某获得保险赔付不应成为减轻医院责任理由。医院赔偿后,李某与保险机构关系可另行处理。《保险法》第46条规定,被保险人因第三者的行为而发生死亡、伤残或者疾病等保险事故的,保险人向被保险人或者受益人给付保险金后,不享有向第三者追偿的权利,但被保险人或者受益人仍有权向第三者请求赔偿。依该规定,李某自商业保险机构获得保险金,不影响其向医院求偿。《社会保险法》第30条第2款规定,医疗费用依法应当由第三人负担,第三人不支付或者无法确定第三人的,由社会医疗保险基金先行支付。社会保险基金先行支付后,有权向第三人追偿。依该规定,侵权人不因社会保险机构支付了医疗费而免除赔偿责任,社会保险机构有权追偿。在李某已起诉医院情况下,可在案件中确定医院应赔金额。若医院实际履行了赔偿责任,李某将报销的医疗费用是否退还社会医疗保险机构,应依有关社会医疗保险法律规定另行处理。③2014年某交通事故纠纷案,2013年6月,实业公司职员刘某驾驶机动车撞伤张某致10级伤残。张某索赔项目包含医疗费8.4万元,其中张某自费4000元,其余8万元由社保机构支付。保险公司主张其只应承担4000元。法院认为:因交通事故侵权行为导致人身损害,涉及受害人、侵权人与社保部门。受害人因侵权行为主张赔偿医疗费,以及基于与社保部门存续医疗保险关系而报销医疗费,分属侵权法和社会保险法调整范畴,两者在效力上并不存在竞合冲突,故医疗保险垫付的医疗费用不能从损害赔偿中直接扣减,亦不能将此部分费用由侵权人赔偿给受害人。在社保中心未参加诉讼情况下,应通知社保中心作为有独立请求权第三人参加诉讼,直接判令其向侵权人追偿垫付的医药费。④2014年浙江某保险合同纠纷案,2013年,王某驾车肇事,交警认定同等责任。有关商业三责险赔付医疗费项目,保险公司认为合同约定"国家基本医疗保险的标准"即为"医保用药"之意,据此认为非医保费用不属于理赔范围。法院认为:保险人在订立保险合同时须向投保人就责任免除条款作出提示并明确说明,该义务系法定义务,亦系特别告知义务,该义务不仅要求保险人在保险单上提示投保人特别注意,更为重要的是要对有关免责条款内容作出明确解释,否则该免责条款不产生效力。本案中,车辆投保单及车辆保险特别提示"投保人签名"栏虽有王某签名,保险单重要提示一栏中亦注明要求投保人"仔细阅读保险条款,特别是责任免除和投保人、被保险人义务"字样,但一方面保险公司既未将该条款采用黑色字体,亦未将该条款列入车辆保险条款中的责任免除部分,故保险公司未对该条款作出足以引起投保人注意的提示。另一方面,保险公司亦未能举证证明其对该条款内容作出过明确解释,即"国家基本医疗保险的标准"包含"医保外用药不予理赔"含义,即使该条款可理解为"医保外用药不予理赔",涉案保险合同中亦并无保险公司不承担医保范围之外用药的特别约定条款,保险公司亦未向王某明确说明有不承担医保范围之外用药的特别约定,故该条款未能发生相应法律效力,保险公司不能对王某非医保部分医疗费用进行核减。判决保险公司支付王某1.4万余元。⑤2014年**浙江某保险合同纠纷案**,2013年,丁某车辆碰撞潘某车辆,潘某人伤车损,丁某方全责。保险公司以合同约定"按医保标准核定医疗费用赔偿金额"为由,对潘某非医保范围医疗费11万余元拒赔。法院认为:保险公司和丁某所签机动车第三者责任保险合同约定,保险人按照国家基本医疗保险标准核定医疗费用赔偿金额,但该合同对超出国家基本医疗保险标准的医疗费用赔偿问题未作约定。因保险合同涉及第三者利益,依民法基本原理,非经第三者同意合同双方不能对合同之外的第三者合法利益作出限制,而潘某治疗过程完全由医疗机构决定,且保险公司亦未举证证明医疗机构在对潘某使用非医保医疗手段上不具有必要性和合理性的事实,故保险公司应对潘某非医保医疗费用在机动车第三者责任保险限额内承担赔偿责任。原审法院已判令保险公司在机动车第三者责任保险限额内赔偿潘某医保范围内医疗费、后续治疗费、护理费、残疾人赔偿金、交通费、住院伙食补助费、营养费、误工费、车辆损失费、拖车费等26万余元,由于保险额限制,其尚应赔偿潘某非医保医疗费3万余元,潘某其余非医保医疗费7万余元应由丁某承担。保险公司赔偿保险金限额已经满足,无须承担其他赔偿责任。⑥2013年**上海某交通事故纠纷案**,2011年,彭某被阚某驾车撞伤。关于彭某医疗费部分,保险公司以保险合同"非医保免赔"约定主张免责。法院认为:国家基本医疗系为补偿劳动者因疾病风险造成的经济损失而建立的一项具有福利性的社会保险制度。为控制医疗保险药品费用支出,才对药品使用范围予以限定。本案中保险合同属于商业保险合同,保险人收取的保险费远高于国家基本医疗保险,投保人对保险利益、被保险人期待亦远高于国家基本医疗保险,故"非医保免赔"条款明显减轻保险人责任、限制投保人权利,应认定为免责条款。保险人对免责条款应尽提示和明确说明义务。明确说明要求保险人对保险合同中有关免除保险人责任条款概念、内容及法律后果以书面或口头形式向投保人作常人能理解的说明。本案中,保险人既未在保险合同及相关保险凭证上对"非医保免赔"概念、内容、范围等作出解释,亦无其他证据证明其已履行明确说明义务。"正常人能理解"一般指具有普通智识能力的主体能理解,但即便是专业人士,尚不完全明了"国家基本医疗保险""非医保"用药种类和范围,且"国家基本医疗保险"并不等同于"非医保",故本案"非医保免赔"条款应认定无效。⑦2013年**江苏某行政诉讼案**,2011年,石某受雇于胡某期间,因所驾拖拉机爆胎撞树而致残。胡某赔偿石某医疗费13万余元后,石某以其参保农村新型合作医疗为由,要求合作医疗管委办报销其中5万余元医疗费时被拒。石某遂以卫生局和合作医疗管委办为被告起诉。法院认为:石某参加新型农村合作医疗并缴纳费用,在出现补偿情形时,其有权申请补偿。卫生局是农村合作医疗工作行政主管部门,其主要职责是行政管理,对参合人员、定点医疗机构、经办机构等违反规定行为进行调查并给予处罚,并不包括新型农村合作医疗补偿费审核和支付,故卫生局不是本案适格被告。而合作医疗管委办虽是事业单位法人,但其作为经办机构负责新型农村合作医疗日常运行服务、业务管理和基金会计核算等具体业务工作,是地方性法规明确授权的组织,负有审核、支付新型农村合作医疗补偿费的职责,故合作医疗管委办是本案适格被告。新型农村合作医疗是由政府组织引导,农民自愿参加,按照个人缴费、集体扶持、政府补助方式筹集资金的医疗保障制度,并非单纯商业保险性质。故省《新型农村合作医疗条例》规定,应当由第三人负担医药费用的,该医药费用不纳入新型农村合作医疗基金补偿范围。石某在发生交通事故时受雇于胡某,系从事雇佣活动过程中发生损害,且已取得了胡某赔偿,故属于应由第三人负担医药费用情形,不属于新型农村合作医疗补偿范围。判决驳回石某诉讼请求。⑧2013年福建某医疗服务合同纠纷案,2010年,公交公司驾驶员程某驾车撞倒一名行人(无名氏)。事故发生后,交警无法查清道路交通事故成因和事故责任。无名氏在医院治疗费为24万余元,公交公司已给付医院17万元。2012年,医院诉请公交公司支付拖欠的医疗费7万余元及利息。法院认为:程某未按操作规范安全驾驶而违法通行,其对造成无名氏损害负有过错。程某驾车行为属执行工作任务,因此产生的侵权责任依法由公交公司承担。本案医院追索医疗费情形,与《合同法》规定的代位权最相类似,可参照该法第73条"因债务人怠于行使其到期债权,对债权人造成损害的,债权人可以向人民法院请求以自己的名义代位行使债务人的债权,但该债权专属于债务人自身的除外"规定。判决公交公司应支付本案无名氏医疗费7万余元给医院。⑨2012年河南某交通事故纠纷案,2011年,马某驾驶货车与胡某电动车相撞致胡某10级伤残,交警认定马某、胡某分负主、次责任。胡某起诉主张保险公司赔偿医疗费、误工费等人身损失6万余元,马某主张其垫付的2万余元应由保险公司直接支付给自己。法院认为:马某驾驶货车未保持安全车速,而胡某驾驶非机动车横过机动车道时未下车推行,未确认安全后通过,造成此次事故,致胡某受伤住院。因双方对事故发生均有过错,综合案情,胡某与马某责任比例可按3:7划分。事故发生后马某垫支医疗费2万余元,因事故车辆在保险公司投保交强险,按《道路交通安全法》第76条规定,保险公司应承担赔付责任,故马某垫付医疗费应由保险公司返还马某,判决保险公司赔偿胡某6万余元,其中,向胡某支付3万余元,向马某支付2万余元。⑩2012年江苏某交通事故纠纷案,2011年,刘某摩托车碰撞严某,交警认定刘某、严某分负主、次责任。严某医疗费7万余元,其中刘某支付6000余元,保险公司支付1万元,救助基金支付1.7万余元。2012年,严某诉请刘某、保险公司赔偿医疗费,救助基金作为第三人要求严某返还垫付的1.7万余元。法院认为:刘某车辆致严某受伤,严某有权主张由此产生的各项损失。刘某摩托车投保了交强险,保险公司应在交强险限额范围内先行履行赔偿义务,超出部分再由刘某按其事故责任进行赔偿。保险公司已支付了医疗费用项下1万元,故其在本案中不应再承担赔偿责任。严某医疗费用超过1万元部分应由刘某赔偿80%即5万余元。道路交通事故社会救助基金管理机构在为受害人垫付抢救费或丧葬费用后,有权依法直接以自己名义向交通事故赔偿义务人进行追偿,要求交通事故赔偿义务人偿还救助基金已垫付的抢救费、丧葬费以及因追偿而支出的合理费用,故本案第三人救助基金垫付医疗费应予以返还。判决严某医疗费7万余元,由保险公司赔偿1万元(已履行),刘某赔偿4万余元(已扣除支付的6000余元),严某在收到上述赔偿款后返还给第三人救助基金垫付的医疗费1.7万余元。⑪2011年重庆某交通事故纠纷案,2011年,任某被代某驾驶运输公司货车撞成重伤,交警认定代某全责。诉讼中,任某申请先予执行,法院裁定代某、运输公司、保险公司先行支付任某医药费25万元。1个月后,任某再次申请先行支付医药费15万元。法院认为:先予执行是指法院在终局判决之前,为解决权利人生活或生产经营急需,依法裁定义务人预先履行一定数额金钱或财物等措施的制度。《民事诉讼法》关于当事人对财产保全或先予执行裁定不服,可申请复议一次的规定,是指对每一份裁定的复议,即一个裁定书可复议一次,而非限制先予执行次数。本案任某提供的诊断证明、住院费用清单已证明第一次先予执行费用使用情况,及尚需继续治疗费用情况。任某申请先予执行符合法律规定,法院应予准许。裁定代某、运输公司、保险公司再向任某先行支付15万元。⑫2007年四川某保险合同纠纷案,2005年,中学生杨某被欧某摩托车撞倒致伤,交警认定欧某全责。欧某赔偿杨某医疗费2万余元。2006年,杨某向投保学生平安险的保险公司申请理赔时,保险公司以保险合同约定"被保险人如从其他途径获得医疗费补偿,则本公司只承担其符合社保规定的医疗费用的剩余部分的保险责任"为由拒赔。法院认为:《保险法》第92条第1款第2项规定,人身保险业务,包括人寿保险、健康保险、意外伤害保险等保险业务,故保险公司与杨某订立的学生平安保险合同属人身保险合同。按《保险法》第68条规定,人身保险的被保险人因第三者的行为而发生死亡、伤残或者疾病等保险事故的,保险人向被保险人或者受益人给付保险金后,不得享有向第三者追偿的权利,但被保险人或者受益人仍有权向第三者请求赔偿。被保险人杨某既有权向第三人即肇事方欧某主张侵权赔偿,亦有权依据学生平安保险合同向保险公司主张保险赔偿。本案中学生平安保险合同约定损失补偿原则,与《保险法》以上规定相违背。同时,本案学生平安保险合同属保险公司制定的格式合同,按《合同法》第40条关于"提供格式条款一方免除其责任、加重对方责任、排除对方主要权利的,该条款无效"规定,该合同关于免责条款约定属无效条款。此外,《保险法》第18条规定,保险合同中规定有关于保险人责任免除条款的,保险人在订立保险合同时应当向投保人明确说明,未明确说明的,该条款不产生效力。保险公司未举证证明自己对该免责条款已向杨某尽到明确充分说明义务,故保险公司以本案保险属补偿性保险,应按双方合同约定进行理赔的理由与法律规定相违背,其请求不能成立。判决保险公司支付杨某医疗保险金和住院医疗保险金1.7万余元。⑬2010年**江西某交通事故损害赔偿案**,2009年10月,乐某驾驶运输公司投保交强险和商业三责险的客车与黄某驾驶的摩托车相撞,致摩托车上乘客王某受伤,因伤势过重,2009年11月,王某死亡。交警认定乐某、黄某分负主、次责任。死者家属诉请乐某、运输公司及保险公司赔偿各项费用45万余元,其中,保险条款约定了医保用药范围外的2.1万余元是否由保险公司赔偿成为争议焦点。法院认为:保险条款虽约定了医疗用药的赔偿范围,一般约定为医疗保险范围内的用药,但审判过程中应结合具体情况,具体分析。本案2.1万余元医疗费虽为医保外用药费,但该用药费不同于一般的治疗费用,是抢救生命所必需的费用,一般情况下,死亡后果比受伤后果更严重,保险人承担的赔付责任亦更大,该费用发生符合保险人的利益;同时,作为被保险人的运输公司在保险单上无任何签字或盖章,且被保险人与落款签字不一致,故应认定保险公司对其格式免责条款未尽说明义务,保险公司应就诉争医药费承担赔付责任。⑭2010年**四川某交通事故损害赔偿案**,2009年10月,胡某驾驶投保交强险和商业三责险的车辆撞伤行人刘某,交警认定胡某全责。保险公司主张依商业三责险条款约定对自费药及鉴定费不承担责任。法院认为:商业三责险条款关于保险人按照国家基本医疗保险的标准核定医疗费用赔偿金额的约定,实际是一项对不属于基本医疗保险标准的医疗费免除赔偿责任的条款,保险公司虽称其在保单上对阅读免责条款进行了提示,但该条约定并未书写在有加粗标记的责任免除部分中,根据《保险法》相关规定,此一免责约定不产生效力。案涉鉴定费系为确定保险标的的损失程度所支付的必要的、合理的费用,按照《保险法》第64条规定,应由保险人承担,且在保险条款责任免除部分中亦并未明确对鉴定费进行约定,故保险公司关于自费药和鉴定费不应赔偿的抗辩意见不予支持。⑮2005年**四川某交通事故损害赔偿案**,2004年,高某到卫生院就诊,行切除右肾术。因术后16小时无尿遂转院治疗,卫生院与高某达成赔偿14万余元一次性了结协议。后经鉴定卫生院违反诊疗常规,存在医疗过失,构成二级甲等医疗事故,卫生院承担主要责任。因每年都需血液透析,光一年透析费就需6万元。高某主张原调解协议无效。法院认为:合同约定造成人身伤害的免责条款无效,因双方签订私了协议约定有卫生院不承担高某继续治疗等费用条款,违反法律规定,应属无效。本次医疗事故是医方卫生院违反诊疗常规的过失行为所致,其行为是直接导致本次医疗事故的根本原因,高某仅存在原发疾病,自负责任应确定在20%。计算护理费所依据的"日平均工资"应以劳动和社会保障部确定的工作日为基数。续医期间所发生的必要交通费和一人护理费,属于本次医疗事故的赔偿范围,续医费用按年度支付给高某对医患双方均有利,应予支持。

**【同类案件处理要旨】**

交通事故造成他人人身损害的,应当赔偿包括医疗费在内的各项人身损害费用。确定医疗费的数额应以医疗单位的诊断证明和医疗费单据为凭。

**【相关案件实务要点】**

1.【非医保用药】保险条款虽约定了医疗用药的赔偿范围,一般约定为医疗保险范围内的用药,但审判过程中应结合具体情况,具体分析。医疗费虽为医保外用药费,但该用药费是抢救生命所必需的费用,不同于一般的治疗费用,保险公司应承担赔付责任。案见江西萍乡中院(2010)萍民一终字第230号"张某等诉乐某等交通事故损害赔偿案"。

2.【保险理赔】商业三责险条款关于保险人按照国家基本医疗保险的标准核定医疗费用赔偿金额的约定,实际是一项对不属于基本医疗保险标准的医疗费免除赔偿责任的条款,保险公司虽称其在保单上对阅读免责条款进行了提示,但该条约定并未书写在有加粗标记的责任免除部分中,根据《保险法》相关规定,此一免责约定不产生效力。案见四川成都金牛区法院(2010)金牛民初字第1634号"刘某诉张某等交通事故损害赔偿案"。

3.【后续医疗费】与人身损害赔偿案件受害人生存期限有关的医疗损害赔偿费用不宜一次性支付。案见四川高院(2005)川民终字第571号"高某诉某卫生院人身损害赔偿案"。

**【附注】**

参考案例索引:江西南长青山湖区法院(2010)湖蛟民初字第275号"吴某诉熊某等交通事故损害赔偿案",见《吴保妹诉熊正凯等道路交通事故人身损害赔偿案》(金锋),载《中国法院2012年度案例:道路交通纠纷》(13)。①江西南昌中院(2017)赣01民终1077号"高某与魏某等交通事故纠纷案",见《长期住院是否属于过度医疗行为的司法认定——江西南昌中院裁定高某诉魏某等机动车交通事故责任纠纷案》(李智辉),载《人民法院报·案例精选》(20170810:6)。②见《债权人承担的人身损害赔偿金额中应否扣减保险机构赔付的款项》(《民事审判指导与参考》研究组),载《民事审判指导与参考·民事审判信箱》(201504/64:241)。③见

《人身损害赔偿纠纷案件中社会医疗保险机构所支付医疗费的追偿方式》(李明义,最高院民一庭),载《民事审判指导与参考·指导性案例》(201401/57:133)。④浙江奉化法院(2014)甬奉商初字第948号"王某与某保险公司保险合同纠纷案",见《王甩叶诉中国平安财产保险股份有限公司奉化支公司保险合同纠纷案——被保险人对外不承担赔偿责任时保险公司应否按约理赔》(郭建标),载《人民法院案例选》(201603/97:200)。⑤浙江宁波中院(2014)浙甬民二终字第275号"潘金波与丁万俊、河南省南乐县伟鑫汽车服务有限公司、中国人民财产保险股份有限公司河南省濮阳市分公司保险合同纠纷案",见《商业险的保险人对非医保费用应当理赔》(张远金),载《人民司法·案例》(201506:58)。⑥上海二中院(2013)沪二中民一(民)终字第1338号"彭某与阚某等机动车交通事故责任纠纷案",见《彭聚有诉阚丽等机动车交通事故责任纠纷案("非医保免赔"保险条款的法律性质及效力认定)》(王强祥、纪学鹏、邵文龙、董春凯),载《中国审判案例要览》(2014民:146)。⑦江苏宿迁中院(2013)宿中行终字第33号"石某与泗洪县卫生局、泗洪县农村新型合作医疗管理委员会办公室行政诉讼案",见《新型农村合作医疗支付纠纷诉讼的适格被告》(崔永峰),载《人民司法·案例》(201410:91)。⑧福建福州中院(2013)榕民终字第1563号"某医院与某实业公司医疗服务合同纠纷案",见《代位权在医疗服务合同纠纷中的适用——福建福州中院判决福建医科大医院诉闽运公司医疗服务合同纠纷案》(庄章斌、梅贤明、熊裴彦),载《人民法院报·案例精选》(20140710:6)。⑨河南南阳中院(2012)南民二终字第541号"胡玉良与马成龙、太平洋财险平凉公司交通事故损害赔偿纠纷案",见《交通事故中肇事方垫付款返还的司法处理》(成越),载《人民司法·案例》(201408:53)。⑩江苏南京江宁区法院(2012)江宁民初字第191号"严素玲诉刘先根等交通事故赔偿纠纷案",见《社会救助基金管理机构追偿诉讼地位的确定》(黄祝祯),载《人民司法·案例》(201306:24)。⑪重庆綦江法院(2011)綦法民初字第1073号"任某诉代某等机动车交通事故责任纠纷案",见《先予执行可以重复适用》(周海浪),载《人民司法·案例》(201118:108)。⑫四川达州中院(2007)达中民终第169号"中华联合财产保险公司达州中心支公司与杨峰保险合同纠纷上诉案",见《人身保险不适用损失补偿原则》(蒋敏、舒劲松),载《人民司法·案例》(200916:90)。⑬江西萍乡中院(2010)萍民一终字第230号"张某等诉乐某等交通事故损害赔偿案",见《张琪等诉乐安等道路交通事故人身损害赔偿案》(葛淋),载《中国法院2012年度案例:道路交通纠纷》(35)。⑭四川成都金牛区法院(2010)金牛民初字第1634号"刘某诉张某等交通事故损害赔偿案",见《刘东文诉张泮辉等交通事故人身损害赔偿案》(蔡敏敏),载《中国法院2012年度案例:道路交通纠纷》(89)。⑮四川高院(2005)川民终字第571号"高某诉某卫生院人身损害赔偿案",见《高晓慧因医疗过失丧失肾功能诉双流县籍田中心卫生院医疗事故损害赔偿纠纷案》(陈敏),载《人民法院案例选》(200602:154);另见《医疗事故损害赔偿纠纷"日平均工资"的计算不含法定节假日——四川高院判决高晓惠诉双流县籍田中心卫生院医疗事故赔偿上诉案》(陈敏、沈法研),载《人民法院报·案例指导》(2006年9月28日:5)。

**【参考观点索引】:** ●医生签名确认准购的非处方药品,是否属于赔偿医疗费的范围?见《在人身损害赔偿诉讼中,医生签名确认准购的非处方药品,是否属于赔偿医疗费的范围?》,载《民事审判实务问答》(2008:137)。○当事人擅自转院治疗,后来医院补办准予转院手续,转院后的治疗费用是否属于赔偿范围?见《当事人擅自转院治疗,后来医院补办准予转院手续,转院后的治疗费用是否属于赔偿范围?》,载《民事审判实务问答》(2008:137)。

## 52. 误工费赔偿原则确定
### ——误工费赔偿,如何定标准?
### 【误工费用】

**【案情简介及争议焦点】**

2004年7月,林某与张某、赖某就交通事故损害赔偿纠纷,在交警主持下达成调解协议,由林某一次性支付残疾赔偿金、误工费等共计22万余元。后林某认为身为教师的张某、赖某在事故后,所在学校仍足额发放工资,故约定误工费损失5万余元不应支付,以重大误解要求撤销调解协议中关于误工费一项。

争议焦点:1. 调解协议有无效力?2. 误工费项目是否存在可撤销理由?

**【裁判要点】**

**1. 调解协议有效。** 双方当事人发生交通事故后,在交警主持下,经过反复利益衡量和充分的自由协商,对于赔偿项目和金额均作出一定让步,最终达成调解协议,该协议是双方真实意思表示,不违反法律禁止性规定,合法有效。

**2. 协议继续履行。** 发生事故后,张某、赖某工资均虽由单位足额发放,但其工作单位出具的情况说明,证实事故发生后,两人在职务晋升、经济待遇方面受到较大影响,具有相当损失,故本案实难认定林某对于交通事故调解书中的赔偿金额存在错误认识,及构成重大误解,林某应当继续履行调解协议。

【裁判依据或参考】

**1. 法律规定。**《民法典》(2021年1月1日)第1179条:"侵害他人造成人身损害的,应当赔偿医疗费、护理费、交通费、营养费、住院伙食补助费等为治疗和康复支出的合理费用,以及因误工减少的收入。造成残疾的,还应当赔偿辅助器具费和残疾赔偿金;造成死亡的,还应当赔偿丧葬费和死亡赔偿金。"第1182条:"侵害他人人身权益造成财产损失的,按照被侵权人因此受到的损失或者侵权人因此获得的利益赔偿;被侵权人因此受到的损失以及侵权人因此获得的利益难以确定,被侵权人和侵权人就赔偿数额协商不一致,向人民法院提起诉讼的,由人民法院根据实际情况确定赔偿数额。"《侵权责任法》(2010年7月1日,2021年1月1日废止)第16条:"侵害他人造成人身损害的,应当赔偿医疗费、护理费、交通费等为治疗和康复支出的合理费用,以及因误工减少的收入。造成残疾的,还应当赔偿残疾生活辅助具费和残疾赔偿金。造成死亡的,还应当赔偿丧葬费和死亡赔偿金。"第61条:"医疗机构及其医务人员应当按照规定填写并妥善保管住院志、医嘱单、检验报告、手术及麻醉记录、病理资料、护理记录、医疗费用等病历资料。患者要求查阅、复制前款规定的病历资料的,医疗机构应当提供。"《民法通则》(1987年1月1日,2021年1月1日废止)第119条:"侵害公民身体造成伤害的,应当赔偿医疗费、因误工减少的收入、残废者生活补助费等费用;造成死亡的,并应当支付丧葬费、死者生前扶养的人必要的生活费等费用。"

**2. 司法解释。**最高人民法院《对"关于误工费的计算方法问题"的答复》(2014年10月31日):"根据《最高人民法院关于审理人身损害赔偿案件适用法律若干问题的解释》第二十条的规定,误工费根据受害人的误工时间和收入状况确定,误工时间根据受害人接受治疗的医疗机构出具的证明确定。就你来信中所提的问题,主要涉及到误工费的计算方法,根据《侵权责任法》和上述司法解释的规定,误工费赔偿的是受害人因治疗期间所产生的误工损失。如果误工期间仅计算工作日,则应以工作日的工资收入为标准;如果误工期间包括休息日,则应以包括休息日在内的平均工资为标准。"最高人民法院《关于审理人身损害赔偿案件适用法律若干问题的解释》(2004年5月1日　法释〔2003〕20号,2020年修正,2021年1月1日实施)第7条:"误工费根据受害人的误工时间和收入状况确定。误工时间根据受害人接受治疗的医疗机构出具的证明确定。受害人因伤致残持续误工的,误工时间可以计算至定残日前一天。受害人有固定收入的,误工费按照实际减少的收入计算。受害人无固定收入的,按照其最近三年的平均收入计算;受害人不能举证证明其最近三年的平均收入状况的,可以参照受诉法院所在地相同或者相近行业上一年度职工的平均工资计算。"最高人民法院《关于贯彻执行〈中华人民共和国民法通则〉若干问题的意见(试行)》(1988年4月2日 法〔办〕发〔1988〕6号 2021年1月1日废止)第143条:"受害人的误工日期,应当按其实际损害程度、恢复状况并参照治疗医院出具的证明或者法医鉴定等认定。赔偿费用的标准,可以按照受害人的工资标准或者实际收入的数额计算。受害人是承包经营户或者个体工商户的,其误工费的计算标准,可以参照受害人一定期限内的平均收入酌定。如果受害人承包经营的种植、养殖业季节性很强,不及时经营会造成更大损失的,除受害人应当采取措施防止损失扩大外,还可以裁定侵害人采取措施防止扩大损失。"最高人民法院行政审判庭《关于赔偿金有关问题的答复》(1998年3月18日〔1997〕行他字第31号):"……《国家赔偿法》第二十七条(一)项所规定的因误工减少的收入的赔偿金应按'国家上年度职工日平均工资×实际误工工日'的公式计算,所乘之积超过国家上年度职工年平均工资的5倍的,亦只能按国家上年度职工年平均工资的5倍计算。"

**3. 部门规范性文件。**公安部《人身损害受伤人员误工损失日评定准则》(2005年3月1日)第1条:"本标准规定了人体损伤后受伤人员误工损失日评定的原则、方法和内容。本标准适用于人身损害赔偿案件中受伤人员误工损失日的评定。"第2条:"本标准的目的是为人身损害受伤人员误工损失日的确定提供评定依据。"第3条:"人身损害受伤人员误工损失日指人体损伤后经过诊断、治疗达到临床医学一般原则所承认的治愈(即临床症状和体征消失)或体征固定所需要的时间。"附录2第3条:"损伤后经治疗在人身损害受伤人员误工损失日内未愈仍需继续治疗的,可酌情适当延长误工损失日,但应有鉴定人员意见。"第4条:"对损伤后经治疗未达到人身损害受伤人员误工损失日既已治愈的,应按实际治疗天数计算。"第5条:"原发性损伤伴合并症或需二期治疗的根据临床治疗恢复情况确定。"第6条:"'根据临床治疗情况确定'是指由于原发损伤较重,受害人的伤情预后变化很大,或者出现严重感染、并发症、合并症等情况,不能单纯根据损伤就能确定预后恢复的情况,需要结合临床治疗情况明确。根据临床治疗情况确定应掌握以下原则:a)全面分析、综合评定的原则;b)应考虑损伤引起的并发症或合并症等情况;c)应考虑受害人是否存在潜在性疾病或个体差异的情况;d)摒弃主观武断,深入科学分析的原则。"

**4. 地方司法性文件。**河南高院《关于机动车交通事故责任纠纷案件审理中疑难问题的解答》(2024年5月13日)第14条:"如何计算受害人获赔残疾赔偿金后又因二次治疗产生的误工费?答:应采用填补原则。侵权纠纷采用损害填补原则,残疾赔偿金系因伤致残的受害人在全部或部分丧失劳动能力的情况下,对其未来收入损失的弥补。在此情况下,受害人又因二次治疗请求支付误工费的,应当在计算二次治疗期间实际产生的误工费基础上,将该期间按比例获取的残疾赔偿金数额予以扣除。"第20条:"部分交通事故赔偿项目的适用标准应如何把握?答:发回重审案件应按照发回重审前即原一审辩论终结前上一年度标准计算相应误工费、护理费、残疾赔偿金或死亡赔偿金及被扶养人生活费。受害人二次手术后再次提起诉讼,请求支付误工费、护理费的,应按照该次诉讼中一审法庭辩论终结时的上一统计年度相关标准计算。"广东高院《关于审理机动车交通事故责任纠纷案件的指引》(粤高法发〔2024〕3号 2024年1月31日)第14条:"交通事故受害人死亡的,其近亲属请求侵权人赔偿处理丧葬事宜支出的交通费、住宿费和误工损失等合理费用的,应予支持。"浙江高院《印发〈关于人身损害赔偿项目计算标准的指引〉的通知》(2022年8月24日 浙高法审〔2022〕2号)第18条:"受害人主张按照固定收入或者最近三年的平均收入计算误工费,但仅提供用人单位开具的收入证明,无法提供工资单、银行流水等有关收入的直接证据,且赔偿义务人有异议的,按照无固定收入且无法证明最近三年平均收入情况处理。"第19条:"受害人无固定收入且无法证明最近三年平均收入状况的,误工费按照受诉法院所在地省、计划单列市上一年度私营单位从业人员年平均工资标准计算。"第20条:"误工时间根据受害人接受治疗的医疗机构出具的证明或者鉴定意见确定。两者不一致的,一般以鉴定意见为准。受害人因伤残持续误工的,误工时间计算至定残日前一天。当事人对定残日是否存在不合理延迟有争议的,结合医疗机构出具的证明及鉴定意见予以确定。"第21条:"误工费按照下列公式计算:误工费=年工资额÷年天数(365天)×误工天数(日历天数)。"第22条:"受害人有证据证明其年满60周岁仍从事劳动,且因侵权行为而减损收入的,可以根据受害人提交的相关收入证据,结合其年龄、健康状况等因素确定误工费。"内蒙古高院《关于道路交通事故损害赔偿案件赔偿项目审核认定标准汇编》(2022年1月1日)第3条:"误工费。误工费根据受害人的误工时间和收入状况确定。1.计算方法。(1)误工时间。①合理的住院期间(住院期间如有明显的无液体、无具体治疗过程超过一周的,应视为挂床,挂床不计入合理住院天数)。②出院后的误工时间,以受害人伤情对照公安部《人身损害误工期、护理期、营养期评定规范》取范围中值确定。③鉴定意见中的误工期应从受害人受损伤之日起算。④受害人定残的,误工时间可以计算至定残前一日。(2)受害人有固定收入的。误工费按受害人实际减少的收入计算。(3)受害人无固定收入的。误工费按照受害人最近三年的平均收入计算;受害人不能举证证明其最近三年平均收入状况的,可以参照内蒙古自治区人民政府统计部门公布的上一年度相同或者相近行业职工的平均工资计算。2.相关证据。(1)受害人有固定收入的。赔偿权利人应提供用人单位登记资料、受害人劳动合同、连续6个月以上工资银行流水(达到纳税起征点的还需完税证明)、社保证明、用人单位出具的因误工实际减少收入的证明。(2)不能举证受害人有固定收入的。赔偿权利人应提供受害人所从事行业和最近三年的收入证明。3.说明。(1)已达法定退休年龄的原则上不支持误工费,但能够证明仍正常工作且有固定收入的,可以支持误工费。(2)农村居民从事农业生产,并以此为收入的,视为有劳动能力,赔偿权利人应提供土地承包经营的相关证据,按照每年农村居民人均纯收入标准除以365天,按日计算。"海南高院《关于印发〈海南省道路交通事故人身损害赔偿标准〉的通知》(2021年1月1日 琼高法〔2020〕325号)第2条:"各赔偿项目的单证标准与计算原则……(五)误工费。误工费根据受害人的误工时间和收入状况确定。1.单证标准。(1)个人收入证明:受害人受伤前、受伤后的收入或者职业情况证明。①有固定工作单位的,需提供劳动合同或者工作证明、误工期间收入损失证明或者其他可以证明伤者收入损失的证明(包括但不限于收入减少证明、工资表、银行工资卡明细等),个人收入达到国家规定个人所得税起征点的需提交个税缴纳证明;②从事个体经营的,需提供个体工商营业执照复印件,个人收入达到国家规定个人所得税起征点的需提交个税缴纳证明;③无固定工作单位和非个体经营的,需提供户籍证明或身份证。(2)误工天数:根据医院证明或司法鉴定书核定,出院后有误工的应提供医院出具的休息证明并加盖医院公章。2.计算原则:实际误工损失日金额×误工天数。误工期间收入没有减少的,不予赔付。达到国家法定退休年龄的人员,如能够提供证据证明劳务真实存在的,误工费可予以支持。(1)实际误工损失日金额:①有固定工作单位和收入的,按照实际减少收入金额/实际误工天数计算;②受害人无固定收入的,按照其最近三年的平均收入计算。受害人不能举证证明其最近三年的平均收入状况的,可以参照受诉法院所在地相同或者相近行业上一年度职工的平均工资计算;③无固定收入,又不能证明其工作性质的,按照100元/人/天的标准计算。(2)误工天数。误工时间根据受害人接受治疗的医疗机构出具的证明确定。受害人因伤致残持续误工的,误工时间可以计算至定残日前一天。对受害人提出的误工休息时间明显超出合理范围产生争议的,参照公安部发布的《人身损害受伤人员误工损失日评定准则》或司法鉴定、医学专家意见等确定。"安徽亳州中院《关于审理道路交通事故损害赔偿案件的裁判指引(试行)》(2020年4月1日)第9条:"误工期一般根据医疗机构出具的证明确定,无法按照医疗机构出具的证明确定误工期的,按鉴定意见确定,误工期最多计算至定残前一日。对于从事农业生产经营的农村居民、误工费参照农、林、牧、渔行业在岗职工平均工资计算、受害人年龄超过六十周岁的,一般不支持误工费,但有充分证据证明其有固定收入的,按照实际减少的收入计算;受害人年龄超过七十周岁的,原则上不支持误工费。"第12条:"受害人近亲属办理丧葬事宜产生的交通费、住宿费和误工费,原则上总额以 2000 元为限。"江西宜春中院《关于印发〈审理机动车交通事故责任纠纷案件的指导意见〉的通知》(2020 年 9 月 1 日　宜中法〔2020〕34 号)第 29 条:"事故发生前具有劳动能力的受害人,包括 1. 已经达到法定退休年龄的城镇居民或已年满六十周岁的农村居民仍实际从事劳动;2. 损害发生时已年满十六周岁、不满十八周岁(另一种意见是未成年人)以自己的劳动收入为主要收获来源的受害人,可以主张误工费。(是否要加以年龄限制,如受害人年满七十五周岁的,一般不予支持。)误工费根据受害人的误工时间和收入状况确定。误工时间应以医疗机构的证明、医嘱或鉴定机构的鉴定意见为依据。受害人不构成伤残的,误工时间根据医疗机构出具的证明确定,计算至医嘱休息届满日。受害人构成伤残的,原则上根据鉴定意见确定误工时间。没有鉴定意见的,可计算至定残日前一天。对伤残程度重新鉴定的,均以原鉴定作出之日或医疗机构出具的证明确定定残日。误工收入分下列两种情形计算:1. 受害人有固定收入并提供(1)用人单位劳动合同;(2)事故发生前连续一年以上的工资银行流水或工资原始财务凭证或个人所得税凭证或社保证明;(3)用人单位出具的因误工实际收入减少的证明等证据证实的,误工费按照实际减少的收入计算。2. 受害人没有固定收入,但能提供证据证实所从事职业的,误工费参照江西省相同或近似行业上一年度私营单位职工就业人员年平均工资计算。计算公式为:上一年度私营单位职工就业人员年平均工资÷12 个月÷30 天×误工时间。受害人仅提供用人单位出具的证明或工资财务凭证的,用人单位应出庭作证。"山西高院《关于人身损害赔偿标准的办案指引》(2020 年 7 月 1 日　晋高法〔2020〕34 号)第 5 条:"误工期根据医疗机构出具的意见确定。但因医疗机构的意见不清晰、不合理等原因导致当事人争议较大的,可以参照公安部《人身损害误工期、护理期、营养期评定规范》结合案情确定误工期,或可以根据当事人的申请委托司法鉴定。"第 6 条:"受害人无固定收入且不能举证证明其最近三年的平均收入状况的,误工费参照 80 元/天的标准计算。"第 7 条:"受害人的日均工资按照每年 365 日计算。"第 8 条:"受害人已经达到法定退休年龄(农村居民比照企业一般工人职工认定),但有充分证据证明其仍然从事生产工作且实际合法收入因侵权行为而减少的,可以支持误工费损失。受害人已满 16 周岁未满 18 周岁的,但有充分证据证明以自己的合法劳动收入为主要生活来源且实际收入因侵权行为而减少的,可以支持误工费损失。"山东德州中院《机动车交通事故责任纠纷案件审判疑难问题解答》(2020 年 4 月)第 8 条:"问题八:受害人的残疾赔偿金已经生效判决支持,受害人另案起诉要求赔偿因后续治疗产生的误工费,是否应予支持? 解答:受害人定残后的误工费转由残疾赔偿金进行赔偿。因此,对于残疾赔偿金已经生效判决支持的受害人,除有证据证明其后续治疗期间的误工费高于残疾赔偿金标准外,原则上不应支持后续治疗期间的误工费。"湖南高院《关于印发〈审理道路交通事故损害赔偿纠纷案件的裁判指引(试行)〉的通知》(2019年11月7日 湘高法〔2019〕29号)第25条:"赔偿权利人无固定收入,既不能证明最近三年的平均收入,也不能证明其所从事的行业,但其确有劳动能力,且有证据证明其从事过相关劳动,其误工费的计算标准可以参照一审法庭辩论终结时的上一统计年度各市、州最低工资标准。"第26条:"误工时间一般根据受害人接受治疗的医疗机构出具的证明确定。赔偿权利人主张误工时间计算至定残日前一天的,应提供由医疗机构出具的持续治疗且休息的证明。证明确定的休息届满日晚于首次定残日的,计算至定残前一日。医疗机构出具证明的休息届满日或至首次定残日前一日超过GA/T 1193—2014《人身损害误工期、护理期、营养期评定规范》的,以后者为准。"第27条:"受害人年龄超过六十周岁,有证据证明其有固定收入的,按照实际减少的收入计算。未提供收入证明,但其确有劳动能力,且有证据证明其从事相关劳动的,应参照其实际从事的行业上一年度在岗职工的平均标准,根据其劳动能力状况按一定比例予以计算。不能举证证明其实际从事的行业的,按最低工资标准计算。赔偿权利人年满70周岁,主张误工费的,原则上不予支持。"四川高院《关于印发〈四川省高级人民法院机动车交通事故责任纠纷案件审理指南〉的通知》(2019年9月20日 川高法〔2019〕215号)第29条:"【误工费的特殊赔偿对象】受害人已经达到法定退休年龄或者已满16周岁未满18周岁,有证据证明其实际收入因交通事故减少并主张侵权人支付误工费的,人民法院应依法予以支持。"第30条:"【特殊误工时间】医嘱休息届满日早于首次定残日的,误工时间以医嘱休息届满日为准;医嘱休息届满日晚于首次定残日的,误工时间计算至首次定残前一日。后续治疗期在定残后的,不计算误工费。当事人在案件审理中申请重新鉴定伤残等级的,误工时间仍以前款规定为准,特殊情形除外。"第31条:"【误工费标准】受害人有固定收入的,误工费按照其实际减少的收入计算;受害人无固定收入的,按照其最近三年的平均收入计算;受害人不能举证证明其最近三年平均收入状况的,可参照一审法庭辩论终结前受诉人民法院所在地相同或相近行业上一年度职工的平均工资计算。误工费应当按照自然日计算,即每月30天,误工期间不扣除休息日。"安徽黄山中院《关于印发〈黄山市中级人民法院关于审理道路交通事故损害赔偿纠纷案件相关事项的会议纪要(试行)〉的通知》(2019年9月2日 黄中法〔2019〕82号)第5条:"误工费:提供的收入证明包括劳动合同、社保记录、工资单、完税证明、银行流水等,且需要有收入减少的证明。1.误工时间按照受害人接受治疗的医疗机构出具的证明或鉴定意见确定;受害人因伤残持续误工的,其误工时间最长计算至定残日前一天。2. 70周岁以下的受害人有固定收入,误工费按照实际减少的收入计算;受害人无固定收入的,误工费按照其最近三年的平均收入计算;受害人不能举证证明其最近三年的平均收入状况的,但能够证明其所从事行业的,误工费参照本省相同或者相近行业上一年度职工平均工资标准计算。3.60周岁以下有劳动能力的受害人无证据证明其从事工作和行业的,误工费按80元/天计算;60-70周岁的受害人无充分证据证明其从事的工作和行业的,不支持误工费主张;70周岁以上的受害人主张误工费,原则上不予支持。"第15条:"处理事故人员误工费:收入证明包括劳动合同、工资单、银行流水等,且需有收入减少的证明。"浙江金华中院《**人身损害赔偿细化参照标准**》(2019年5月27日)第1条:"全省居民人均可支配收入45840元/年,125.59元/天(日赔偿额按照年可支配收入÷365天计算)。【说明:2013年省高院民一庭关于人身损害赔偿费用项目有关问题的解答第四条《关于误工费具体数额如何计算》的答复为:误工费可按下列方式计算:误工费=年工资额÷年天数(365)×误工天数(日历天数)。本公式系按日历天数计算。虽然原劳动与社会保障部《关于职工全年月平均工作时间和工资折算问题的通知》(劳社部发〔2008〕3号)规定制度工作时间的年工作日为250天、计薪天数为261天。但261天计薪天数为基数得出的日平均工资标准相对应的误工期间不能连续计算,必须扣除其中的节假日、双休日。经实际测算,按日历天数和按计薪天数计算的误工费并无明显差距。因此,基于标准化、简易化和可操作性考虑,误工天数统一按日历天数计算。具体计算公式为误工费=日赔偿额×误工天数(日历天数)……误工费:16—60周岁的受害人请求赔偿义务人支付误工费的,一般应予支持,但在校生、无民事行为能力人、限制行为能力人在没有劳动收入的情况下除外;当事人有充分证据证明年满60周岁仍从事劳动,且因侵权行为丧失劳动能力和劳动报酬的,可根据当事人提交的相关收入证明,结合当事人的年龄、健康状况和从事的具体行业等因素,酌情确定误工费。误工费计算标准:按固定收入实际减少的数额计算(一般以伤前1年劳动合同及工资清单为据);无固定收入的按最近3年平均收入计算;不能举证证明最近3年平均收入的,按相同或相近行业上1年度职工平均工资计算;均无上述计算标准的,按上1年度全省居民人均可支配收入日赔偿额125.59元/天计算。误工时间的认定:误工时间应根据受害人接受治疗的医疗机构出具的证明或者有关司法鉴定意见确定。受害人因伤致残持续误工的,误工时间一般可计算至定残日前一天。赔偿义务人提供证据证明实际定残日存在不合理迟延的,误工时间可参照侵权行为直接所致的损伤治疗终结时间与医疗机构诊断证明书中建议的休息时间来确定。两者时间不一致的,一般应以相对在后的时间为标准确定。当事人对治疗终结时间或者医疗机构建议的休息时间均有异议,且依现有证据无法确认误工时间的,人民法院可通过鉴定、征询专家意见等方式确定相应时间。"江西上饶中院《**关于机动车交通事故责任纠纷案件的指导意见(试行)**》(2019年3月12日)第1条:"……(二)误工费。(1)误工时间。门诊:医治时间+医嘱休息时间(门诊1次,按照误工1天计算);住院:住院时间+出院后医嘱休息时间。医嘱休息期间定残的,计算至定残日前一天。受害人因伤致残持续误工的,误工时间可以计算至定残日前一天。说明:误工时间以医疗机构的证明、医嘱为依据,但误工时间最长不超过定残日前一天;当事人申请重新鉴定,重新鉴定的伤残等级改变的,按照重新鉴定作出之日确定定残日,重新鉴定维持原残疾等级的,按照原鉴定作出之日确定定残日。(2)误工收入。①受害人有固定收入的,误工费按照实际减少的收入计算。需同时提供以下证据:a. 用人单位登记资料;b. 事发前连续满一年以上的工资银行流水或工资原始财务会计凭证或个人所得税凭证或社保证明(个人所得税凭证和社保证明的缴纳时间为事发前);c. 用人单位出具的因误工实际收入减少的证明。②受害人无固定收入的,a. 当事人能提供以下证据之一的,参照受诉法院所在地相同或相近行业上一年度私营单位职工就业人员年平均工资计算:事发前不到一年的工资银行流水或工资原始财务会计凭证或个人所得税凭证或社保凭证(个人所得税凭证和社保证明的缴纳时间为事发前);发生交通事故时受害人已在城镇实际从事商业经营一年以上的证据(如营业执照、纳税证明等)。b. 上述 a 项的证据要求均不能满足且当事人未达到法定退休年龄的,城镇居民的,参照受诉法院所在地上一年度城镇私营单位居民服务业就业人员年平均工资确定其收入标准;农村居民的,参照受诉法院所在地上一年度城镇私营单位农、林、牧、渔业就业人员年平均工资确定其收入标准。计算公式为:上一年度私营单位职工就业人员年平均工资/上一年度城镇私营单位居民服务业就业人员年平均工资/上一年度城镇私营单位农、林、牧、渔业就业人员年平均工资÷365 天×误工时间。说明:①被侵权人无法举证其有固定收入的,按照无固定收入计算误工费。②事故发生时受害人未成年或者已经达到法定退休年龄的(男 60 周岁、女 55 周岁),不计算误工费,但其举证证明确有劳动收入并以此为主要生活来源的除外。③因误工收入实际减少的证明应当由用工单位负责人以及制作证明材料的人员签名或者盖章,并加盖单位印章。"安徽阜阳中院《机动车交通事故责任纠纷案件裁判标准座谈会会议纪要》(2018 年 9 月 10 日)第 5 条:"误工费应根据受害人收入来源地确定,实践中应以严把握,受害人需要提供劳务合同、工资单、误工证明等。误工费原则上应计算至定残前一日。对年龄超过 60 周岁的居民,如只提供居委会和村委会证明,可按上年度城镇居民人均可支配收入或农村常住居民人均可支配收入确定误工费数额。"第 15 条:"已判决支持伤残赔偿金,后续治疗期间的误工费不予支持。"湖北鄂州中院《关于审理机动车交通事故责任纠纷案件的指导意见》(2018 年 7 月 6 日)第 3 条:"在事故发生前具有劳动能力的受害人,可以主张误工费。但受害人年满(含)七十五周岁的,一般不予支持。已经达到法定退休年龄的城镇居民或年满六十周岁的农村居民,仍实际从事劳动的,在损害发生时年满十六周岁、不满十八周岁以自己的劳动收入为主要生活来源的(有证据证明其实际收入因交通事故减少的),受害人可以主张误工费。受害人主张误工费,应提交劳动合同、发放工资银行记录等证明存在误工损失的证据。受害人仅提供用人单位出具的证明或工资表的,用人单位应出庭作证。受害人未提供劳动合同、发放工资银行记录等证据,仅提供所从事职业证据的,可参照相同或相近行业上一年度职工的平均工资计算误工费。受害人不构成伤残的,误工时间根据医疗机构出具的证明确定,计算至医嘱休息届满日。受害人构成伤残的,原则上根据鉴定意见确定误工时间。没有鉴定意见的,可计算至定残日前一天。对伤残程度重新鉴定的,以首次确定伤残等级之日为定残日。"湖北十堰中院《印发〈关于进一步规范机动车交通事故责任纠纷案件审理工作的意见〉的通知》(2018年6月28日 十中法〔2018〕79号,2020年7月10日废止)第2条:"在损害发生前具有劳动能力的受害人,可以主张误工费。以下几类特殊主体向人民法院主张误工费的,根据其提供的证据予以综合认定:1.在损害发生时年满十六周岁、不满十八周岁,以自己的劳动收入为主要生活来源的;2.具有劳动能力的家庭妇女;3.已达到法定退休年龄仍实际从事劳动的;4.七十五周岁以上的,一般不予支持,但有证据证明其仍实际从事劳动的除外。误工时间根据受害人接受治疗的医疗机构出具的证明确定,即:误工时间=住院时间+医嘱休息时间。受害人因伤致残的,可计算至定残日的前一天,但受害人必须举证证明存在持续误工至定残日的情形。医疗机构的证明时间长于定残日前一天的,计算至定残日的前一天。受害人请求依据鉴定机构确定的误工时间认定误工费的,不予支持,对方当事人认可的除外。受害人主张误工费的,不仅应提交收入状况证据,还应提交因本次交通事故导致其收入减少的证据。受害人有固定收入的,应提交包括但不限于劳动合同、单位证明、员工花名册、工资发放凭证、银行流水、社会保险等证据。受害人无固定收入的,能够提供证据证明其最近三年的平均收入状况的,应提交包括但不限于三年内的劳务合同、员工花名册、工资发放凭证、银行流水等证据证明其收入情况。受害人无固定收入,又不能举证证明其最近三年的平均收入状况的,可以参照受诉法院所在地相同或者相近行业上一年度在岗职工人均年平均工资计算。受害人定残后的收入损失已通过残疾赔偿金得到弥补,定残后又继续住院治疗的,不再支持误工费。"河北唐山中院《关于审理机动车交通事故责任纠纷、保险合同纠纷案件的指导意见(试行)》(2018年3月1日)第10条:"[误工费]医嘱休息届满日早于定残日的,误工时间以医嘱休息届满日为准;医嘱休息届满日晚于定残日的,误工时间计算至定残前一日。后续治疗期在定残后的,不再支持后续治疗期间的误工费。受害人有固定收入的,误工费按照实际减少的收入计算;受害人无固定收入的,按照其最近三年的平均收入计算;收入证明应提供工资银行流水、完税证明、单位为其缴纳社会保险金等客观证据。受害人不能举证证明其最近三年平均收入状况的,可参照一审法庭辩论终结前上一年度农村居民人均纯收入或城镇居民人均可支配收入计算。受害人在损害发生时系16周岁以上、18周岁以下已实际就业或者有其他合法收入的,以及系已满60周岁的居民,具备劳动能力并实际从事劳动的,或者虽然已经退休并领取退休工资,但另行聘用在其他单位工作的,应当计算误工费。"山东日照中院《机动车交通事故责任纠纷赔偿标准参考意见》(2018年5月22日)第17条:"年满60周岁的受害人主张误工费的处理。男年满60周岁、女年满55周岁的农村居民或者已经办理退休、离休,享受养老保险待遇的城镇居民,原则上不再支持其误工费。男年满60周岁、女年满55周岁的城乡居民提供劳务合同、聘用合同、工资表、单位误工证明等主张误工费的,人民法院应当在严格审查基础上,予以支持。男年满60周岁、女年满55周岁的农村居民仍然从事农业生产并以此为主要生活来源的,提供当地村民委员会证明主张误工费的,人民法院也可以予以支持。"陕西榆林中院《人身损害赔偿标准调研座谈会会议纪要》(2018年1月3日)第7条:"误工费。问题:1.'护理期、误工期、营养期'的鉴定意见各地法院、法官的裁判结果不尽一致;2.受害人因伤致残不在治疗终结及时进行鉴定,拖延鉴定,增加误工费用;3.误工费的计算法官不考虑受害人有无劳动能力和固定收入、实际减少的收入、从事的劳动、是否退休人员等情况,一律按照受诉法院上一年度在岗职工平均工资标准计算赔付。解决:针对问题1,误工时间根据当事人接受治疗的医疗机构出具的诊治证明确定,没有出具诊治证明的,可采鉴定意见。因伤致残持续误工的,误工时间可以计算至最终评定伤残的前一日。针对问题2,赔偿义务人可就误工时间提出异议,并申请法医鉴定机构对受害人误工日期进行鉴定。针对问题3,受害人无劳动能力且无劳动收入的,不应支持误工费。受害人有固定收入的,按照实际减少的收入计算,无固定收入又不能证明其最近三年的平均收入,可以按照陕西省上一年度职工月平均工资标准计算。受害人为未成年人、退休人员的,如果不能提供收入减少的证明,不应支持误工费。受害人只进行门诊治疗,对劳动、工作没有影响的,不应支持误工费。"安徽淮北中院《关于审理道路交通事故损害赔偿案件若干问题的会议纪要》(2018年)第1条:"赔偿项目和标准……(二)误工费。门诊误工时间以医疗时间和医嘱休息时间确定,住院误工时间以住院天数和出院医嘱休息时间确定但不得超过《人身损害误工期、护理期、营养期评定》(中华人民共和国公安部发布的公共安全行业标准,GA/T 1119—2014)规定标准的上限。因伤残持续误工的,误工时间可以计算至定残日前一天。当事人申请重新伤残鉴定,鉴定结果改变原鉴定意见的,重新伤残鉴定意见作出之日为定残日;维持原鉴定意见,以原鉴定意见作出之日为定残日。受害人有固定收入的,包括但不限于以下证据认定实际减少的收入:1.个体工商户、法人组织、非法人组织及分支机构设立文件、营业执照、登记证书;2.事发前连续一年的工资银行流水、工资原始会计凭证、个人所得税缴纳凭证,社保账户证明;3.用人单位出具误工减少收入证明及相关证据。年满60周岁以上受害人能够提供劳务合同、聘用合同、工资表、单位误工证明、从事农业生产并以此为主要生活来源证明等主张误工损失的,可以按照实际收入减少计算,年满75周岁的受害人,原则上不支持误工费。"广东惠州中院《关于审理机动车交通事故责任纠纷案件的裁判指引》(2017年12月16日)第32条:"误工费。根据受害人的误工时间和收入状况确定。受害人无伤残的,误工时间计至治疗终结日。受害人因伤致残的,应当在治疗终结日起三个月内评残,误工时间可计至定残日前一天。超出前述时间迟延评残且无正当理由的,对超出的误工时间不予支持。受害人在治疗终结前评残,侵权人及保险人无异议的,可以采信该评残意见,误工时间计至定残日前一天。受害人在治疗终结前评残,侵权人及保险人有异议的,不予采信该评残意见。若重新评残的定残日在治疗终结之日起三个月内的,误工时间计至定残日前一天,重新评残的定残日在治疗终结之日起三个月后的,误工时间以治疗终结日后延三个月为限。治疗终结日是指医疗机构出具的出院日或全休届满之日。受害人有内固定物且影响关节活动度的,为拆除内固定物之日;受害人的内固定物不影响关节活动度,医疗机构出具的出院日或全休届满日为治疗终结日。受害人主张误工费仅提供用人单位出具的工资证明或工资表,无发放工资的银行记录、个人银行储蓄记录或其他证据辅助证明的,一般应参照相同或相近行业上一年度职工的平均工资计算误工费。受害人无法证明其所从事行业及收入的,按广东省私营单位职工上一年度平均工资计算误工费。"湖北黄冈中院《关于审理机动车交通事故责任纠纷案件的指导意见(一)》(2017年10月1日)第8条:"[误工主体的认定]在损害发生前具有劳动能力的受害人,可以主张误工费。但受害人年满(含)七十五周岁的,一般不予支持。受害人还包括:(1)在损害发生时年满十六周岁、不满十八周岁以自己的劳动收入为主要生活来源的;(2)已经达到法定退休年龄的城镇居民或年满六十周岁的农村居民,仍实际从事劳动的。"第9条:"[误工时间的认定]误工时间根据受害人接受治疗的医疗机构出具的证明确定,即:误工时间=住院时间+医嘱休息时间;受害人因伤致残的,可计算至定残日前一天(不含定残日当天),但受害人必须举证证明其因伤致残存在持续误工的情形。医疗机构的证明与定残前一天时间不一致的,按'就短不就长'的原则确定。受害人请求依据鉴定机构确定的误工时间认定误工费的,不予支持。"第10条:"[重新鉴定时定残日的确定]当事人申请重新鉴定,无论重新鉴定的意见是否改变原鉴定意见中的伤残等级,仍以原鉴定作出之日为定残日。经重新鉴定不构成伤残的,误工时间以医疗机构的证明予以认定。"第11条:"[受害人收入状况的认定]受害人的收入状况按以下原则确定:(1)害人有固定收入的,误工费按实际减少的收入计算。受害人应提供劳动合同、单位证明、工资发放凭证、银行发放流水等证明有固定收入的证据,达到纳税标准的,还应提供纳税凭证。同时,受害人还要提供收入减少的证明。(2)受害人无固定收入的,按照其最近三年的平均收入计算。受害人应提供近三年的劳务合同、工资发放凭证、银行发放流水等证据证明近三年的收入情况。(3)受害人无固定收入,又不能举证证明其最近三年的平均收入状况的,可以参照受诉法院所在地相同或者相近行业上一年度职工的平均工资计算。"第12条:"[定残后又继续住院治疗是否支持误工费的问题]受害人定残后的收入损失已通过残疾赔偿金得到弥补,定残后又继续住院治疗的,不应再支持误工费。"江西高院《关于印发〈审理人身侵权赔偿案件指导意见(试行)〉的通知》(2017年9月5日赣高法〔2017〕169号)第20条:"误工费计算。误工费是指受害方在治疗期间实际减少的收入。(1)受诉法院所在地标准,指的是受诉法院所在的省、自治区、直辖市一级的标准;(2)受害人在损害发生前无劳动能力的,对其误工费损失请求不予支持;受害人在损害发生时系16周岁以上、18周岁以下已实际就业或者有其它合法收入的,或者系已满60周岁的农村居民,具备劳动能力并实际从事劳动的,或者虽然已经退休并领取退休工资,但另行聘用在其他单位工作的,应当计算误工费;受害人在损害发生前已经确定就业,但因损害发生导致就业时间推迟的,计算自确定的就业时间起至治疗结束或者定残前一日期间的误工损失;有固定收入的受害人,误工费只计算实际损失的部分;受害人有正常的劳动能力,虽未在外参加工作,但承担了照料家庭工作的,可以按照当地在职职工最低工资标准计算误工费;赔偿责任人证明受害人主张的收入损失系违法的,赔偿权利人应当提供其主张误工费的合法证明;(3)误工费计算至定残日前一天,受害人故意拖延伤残鉴定导致无法及时定残的,以具备定残条件之日作为定残日;鉴定机构未在委托鉴定的合理期限作出鉴定的,按照委托指定期间或者有关鉴定期间规定的最后一日确定定残日;当事人申请重新鉴定,重新鉴定的残疾等级改变的,按照重新鉴定作出之日确定定残日,重新鉴定维持原残疾等级的,按照原鉴定作出之日确定定残日。"海南海口中院《印发〈关于审理海口市道路交通事故人身损害赔偿案件若干问题的意见(试行)〉的通知》(2017年8月16日 海中法发〔2017〕78号)第2条:"……(五)误工费。根据受害人的误工时间和收入状况确定。误工时间根据受害人接受治疗的医疗机构出具的证明确定。受害人因伤致残持续误工的,误工时间可以计算至定残日前一天。1.单证标准。个人收入证明:受害人受伤前、受伤后的收入或者职业情况证明。(1)有固定工作单位的,需提供劳动合同或者工作证明、误工期间收入损失证明或者其他可以证明伤者收入损失的证明(包括但不限于收入减少证明、工资表、银行工资卡明细等),个人收入达到国家规定个人所得税起征点的需提交个税缴纳证明;(2)从事个体经营的,需提供个体工商营业执照复印件,个人收入达到国家规定个人所得税起征点的需提交个税缴纳证明;(3)无固定工作单位和非个体经营的,需提供户籍证明或身份证。误工天数:根据医院证明或司法鉴定书核定,出院后有误工的应提供医院出具的休息证明并加盖医院公章。2.计算原则:实际误工损失日金额×误工天数。误工期间收入没有减少的,不予赔付。达到国家法定退休年龄的人员,如能提供劳务合同、聘用合同、工资表或单位误工证明等证据的,误工费可予以支持。误工损失日金额计算。(1)有固定工作单位和收入:实际减少收入金额/实际误工天数。(2)受害人无固定收入的,按照其最近三年的平均收入计算;受害人不能举证证明其最近三年的平均收入状况的,可以参照受诉法院所在地相同或者相近行业上一年度职工的平均工资计算。(3)无固定收入,又不能证明其工作性质的,按照100元/人/天的标准计算。误工天数计算。根据受害人住院天数及医院出具的休息证明天数计算,住院前在医院观察治疗的时间按住院计算。受害人因伤致残持续误工的,误工时间一般可计算至定残日前一天,应根据受害人接受治疗的医疗机构出具的证明或者司法鉴定意见确定。对受害人提出的误工休息时间明显超出合理范围产生争议的,参照公安部发布的《人身损害受伤人员误工损失日评定准则》或司法鉴定、医学专家意见等确定。"四川成都中院《关于印发〈机动车交通事故责任纠纷案件审理指南(试行)〉的通知》(2017年7月5日 成中法发〔2017〕116号)第28条:"已经达到法定退休年龄、已满16周岁未满18周岁或者其他受害人有证据证明其实际收入因交通事故减少的,应予支持误工费。"第29条:"医嘱休息届满日早于定残日的,误工时间以医嘱休息届满日为准;医嘱休息届满日晚于定残日的,误工时间计算至定残前一日。后续治疗期在定残后的,不计算误工费。当事人在案件审理中申请重新鉴定伤残等级的,误工时间仍以前款规定为准,特殊情形除外。"第30条:"受害人有固定收入的,误工费按照实际减少的收入计算;受害人无固定收入的,按照其最近三年的平均收入计算;受害人不能举证证明其最近三年平均收入状况的,可参照一审法庭辩论终结前受诉法院所在地相同或相近行业上一年度职工的平均工资计算。误工费应当按照自然日计算,即每月30天,误工期间不扣除休息日。"北京三中院《类型化案件审判指引:机动车交通事故责任纠纷类审判指引》(2017年3月28日)第2-3.3.2.1部分"误工费—常见问题解答"第1条:"误工时间依据不足时如何认定误工期间?在无医嘱或者误工时间明显过长的情况下,应参考公安部《人身损害受伤人员误工损失日评定准则》中关于医疗时限的规定,综合考虑受害人的具体伤害情况、工作情况、医嘱休假情况等因素异议合理认定。必要时可以释明由当事人申请鉴定,通过司法鉴定进行判断。'必要时'主要是指明显超出合理修养误工期限,且当事人争议较大等情况,可由法官在个案中自行把握,从诉讼经济原则出发,应少用慎用鉴定,如双方当事人均同意以劳动行政部门出具的意见为准,可以尊重当事人的选择,但同样需要事先释明。"第2条:"受害人误工费的计算标准如何认定?是否需要考虑个人应缴纳的社会保险、公积金、税金?误工费的标准如何确定?误工费所对应的受害人收入为应发收入,包含税金、个人应缴纳的各项社会保险、公积金等。人民法院应根据受害人的具体主张来进行审查,对于税金、个人应缴纳的各项社会保险、公积金,当事人确能证明已由其自己另行支付的,应予以支持。在确定误工费的标准时,应考虑以下几个方面:(1)对于有固定收入的受害人,应当结合受害人提供的完税凭证、扣发证明、个人工资账户明细等来确定;(2)对于无固定收入的受害人,应结合受害人提供的收入减少证明、近三年平均收入的证明来确定。无法证明近三年平均收入的,应参照相同或近似行业的年度平均工资予以确定;(3)对于单位出具的收入证明、扣发证明应当严格审查,在形式上需要符合《民诉法解释》第一百一十五条的规定,在内容上需要结合工资账户明细或相应的支付凭证来审查。如果受害人到庭的情形下,可以询问其单位名称、工作地点、岗位要求等信息,以便核实其提交证据的真伪。同时还可以登录企业信用查询网,查证当事人主张的用工单位是否依法存在。"第3条:"待业人员或家庭主妇误工费是否应当支持?对于有劳动能力的受害人,即使其在受伤时并未工作,其亦因受伤丧失进行工作的机会,除非是确无劳动能力的受害人,均应判决支持误工费,但误工费标准不宜过高,具体标准可参照北京市职工最低工资标准予以确定。"第4条:"在已经支持受害人残疾赔偿金的情况下,对其二次手术期间发生的误工费,是否予以支持?在具体数额的认定上是否应当扣减误工期所对应的残疾赔偿金?受害人在定残后又从事工作,如果进行二次手术发生实际误工费,且受害人能够证明二次手术的必要性、二次手术与交通事故有因果关系,可支持相应的误工费。关于误工费的具体数额,无需扣减误工期所对应的残疾赔偿金。"第5条:"受害人已退休,是否一律不支持误工费?不能片面地以一定的年龄作为劳动能力丧失的依据。已办理退休手续的受害人,原则上不应支持误工费。但有证据证明受害人以返聘、个体经营等方式继续工作并获得收入的,应判决支持误工费,相应证据审查标准应严格把握。"第2-3.3.3部分"财产损失类—常见问题解答"第8条:"受损车辆的车主索要误工费,应列入交强险的何种赔偿限额?如伤者同时是受损车辆的所有人,其以遭受人身伤害无法正常运营车辆为由要求赔偿误工费的,应列入交强险死亡伤残赔偿限额(110000元)中的误工费一项。超过交强险部分可由保险公司在商业三者险限额内进行赔偿。"广东广州中院《机动车交通事故责任纠纷案件审判参考》(2017年3月27日　穗中法〔2017〕79号)第12条:"受害人主张误工费但无固定收入,其既不能举证证明最近三年的平均收入,又无法查清其所从事的行业,但其确有劳动能力的,其误工费的计算标准可以参照一审法庭辩论终结时的上一统计年度法院所在地市最低工资标准。事发时已达法定退休年龄的受害人能够提供证据证明仍然从事生产工作并以此为主要生活来源的,人民法院应支持其误工费的主张。"江西景德镇中院《关于印发〈关于审理人身损害赔偿案件若干问题的指导意见〉的通知》(2017年3月1日 景中法〔2017〕11号)第10条:"误工费的确定。(一)误工时间的确定。误工时间一般从侵权结果发生时起算,实践中可按以下标准把握。(1)未构成伤残的,住院治疗期间可全额计算误工费;医疗机构有明确建休意见的,误工时间按照受害人实际住院天数+建休期确定,可全额计算误工费;受害人自行门诊治疗时间,不作为误工时间计算。(2)构成伤残的,住院治疗期间可全额计算误工费。如受害人因伤残持续误工的,误工时间可计算至定残日前一天,该时间段可全额计算误工费;如受害人并未因伤残持续误工的,误工时间按照受害人实际住院天数+建休期确定,可全额计算误工费;如受害人伤情与医院建休期明显不符,法院可根据实际情况酌情加以调整。(二)误工收入的确定。(1)受害人有固定收入的,按照用人单位出具的工资减少证明等证据确定。(2)受害人属于在职工作人员,除本职工作收入外,从事其他工作获得的收入一般不予赔偿。但按照国家规定允许开展第二职业的在职人员的误工收入,可适当赔偿。(3)受害人没有固定收入,按照其最近三年的平均收入计算。受害人不能举证证明最近三年的平均收入状况的,可按以下标准把握:①受害人没有固定工资收入,但有劳动收入的,应根据其从事的职业,参照我市同行业平均收入计算;②受害人是城镇居民,其劳动收入不固定的,误工损失可参照受诉法院所在地城镇居民人均年收入计算;③受害人是农村居民,其误工损失可参照受诉法院所在地农村居民人均年收入计算;④受害人是个体工商户或承包经营户的,误工损失可参照其上一年度税后平均收入或当地个体经营的同行业、同工种、同等劳动力的平均收入计算;⑤公司高管等高工资收入人群,收入高于上一年度职工平均工资3倍以上的,按3倍计算。(三)已达退休年龄人员误工费的计算。在计算误工费时,法律法规及司法解释并未区分受害人退休或未退休,因此,只要已退休年龄人员能举证证明其还具有劳动能力、继续从事劳动生产并有误工损失的,就应计算误工费。"天津高院《关于印发〈机动车交通事故责任纠纷案件审理指南〉的通知》(2017年1月20日 津高法〔2017〕14号)第5条:"……(六)误工费。误工费根据受害人的误工期和收入状况确定。1.误工期的确定。(1)误工期一般根据医疗机构出具的证明确定,并遵循以下规则:①住院期间合理的住院期间计入误工期。②出院后的误工期。赔偿权利人主张出院后合理期限内的连续误工期的,应提供医疗机构出具的载有建议休息意见的出院记录、诊断证明等证据,医疗机构出具的多份建议休息意见上建议休息的时间,除节假日外,一般应当连贯、无间断。赔偿权利人主张出院后因复查与交通事故有关伤情所致误工费,并提供与复查有关的挂号条、就诊记录等证据,且复查次数、频率及诊疗内容合理的,应支持相应的误工费用。(2)无法按照医疗机构出具的证明确定误工期的,可由人民法院参照天津市司法鉴定协会《人身损害受伤人员误工期、营养期、护理期评定准则(试行)》酌定或根据当事人的申请启动司法鉴定程序,将误工期限问题提交司法鉴定机构作出鉴定意见。(3)误工期最多计算至定残前一日。2.误工费标准。(1)受害人有固定收入的,误工费按照实际减少的收入计算。赔偿权利人主张按照减少的固定收入计算误工费的,应提供用人单位出具的误工证明、工资卡(存折)收支流水等工资发放证明,超过个税起征点的还应提供纳税证明。(2)受害人无固定收入的,按照其最近三年的平均收入计算。(3)受害人无固定收入且无法举证证明最近三年的平均收入状况但能证明其实际从事行业的,误工费参照天津市相同或相近行业上一年度在岗职工的平均工资计算。(4)无法举证证明受害人实际从事行业或受害人具有劳动能力但未实际就业的,误工费参照天津市居民服务和其他服务业上一年度在岗职工平均工资计算。(5)受害人(不分性别)年龄超过六十周岁的,一般不支持误工费。但有证据证明其有固定收入的,按照实际减少的收入计算。(6)对于农村居民误工费问题,如果受害人成规模地承包土地、鱼塘、果园等,从事农业、林业、牧业、渔业生产经营的,误工费按照农、林、牧、渔行业在岗职工平均工资计算;其他人员按照其实际从事的职业确定误工费标准。不能举证证明其实际从事的行业的,参照天津市居民服务和其他服务业上一年度在岗职工平均工资计算。"江苏徐州中院《关于印发〈民事审判实务问答汇编(五)〉的通知》(2016年6月13日)第2条:"……(4)目前误工费应如何确定?答:依据《人身损害司法解释》第20条规定,误工费根据受害人的误工时间和收入状况确定。误工时间根据受害人接受治疗的医疗机构出具的证明确定。受害人因伤致残持续误工的,误工时间可以计算至定残日前一天。误工费是拟制法律事实,而不是客观事实,从事不同行业或岗位,获取收入的方式不同,必然存在误工费计算的差异。第一,对于受害人有固定收入的,按实际减少的收入计算,即以受害人遭受侵害前后收入的差额作为计算标准。可按固定收入减少的证明,如受害前后的工资单、单位证明、税单等作为认定依据。如受害人工资、奖金等收入未被工作单位扣发的,其关于误工费的主张不予支持。第二,对于无固定收入的,受害人因遭受侵害导致收入减少而支持其误工损失。对于受害人无固定收入的理解,首先关注的是其有收入,只是收入不固定而已,因此与无业人员无收入有本质上的区别,因此,在审理过程中,应从严审查受害人在被侵害前的从业状况。其一,受害人能够举证证明其最近三年从业状况的,按照其最近三年的平均收入计算。其二,受害人不能举证证明其最近三年的平均收入状况的,可以参照受诉法院所在地相同或者相近行业上一年度职工的平均工资计算。例如,受害人如果是出租车司机,并有证据表明从事出租车经营的,可按上一年度交通运输行业平均工资标准计算其误工费。其三,受害人不能证明最近三年平均收入,也不能证明其所从事的工作或者相近行业的,误工费参照上一年度城镇居民人均可支配收入或农村居民人均纯收入标准计算。第三,对于持续误工的理解问题。《人身损害司法解释》第20条第2款的规定,强调的是受害人因伤残不能正常工作而造成'持续误工'的情况,因此,不能简单理解为凡受害人构成伤残的,误工时间一律可计算至定残日前一天。如治疗终结后没有正当理由不及时诉讼迟延评残或伤后几年评残,则应按照诚实信用原则,酌情扣除自行拖延时间,不能直接计算至定残日前一天。具体误工时间应当根据受害人接受治疗的医疗机构出具的医学诊断休息证明书等,并结合受害人的伤残程度、受伤部位、年龄、从事的职业等因素确定误工时间。如果确实因伤残属于持续务工者可计算至定残日前一天。第四,对于男满60周岁或女满55周岁以上达到退休年龄的受害人,如果系城镇居民中的退休人员,提供的证据能够证明其又受聘于其他单位并因受伤实际减少了收入的,其主张误工损失的,应予支持;如果无证据证明其受聘于其他单位有收入的退休人员,其主张误工损失的,不予支持。如果系农村居民,有证据证明其收货来源于劳动收入的,其主张误工损失的,应予支持。"河北石家庄中院《关于规范机动车交通事故责任纠纷案件审理工作座谈会会议纪要》(2016年1月11日　石中法〔2016〕4号)第8条:"关于误工费及护理费的证明标准。(一)有固定收入的受害人主张误工费损失的,应当提供以下证据:1.与用人单位签订的劳动合同或劳动用工证明、聘用证明、任职证明;2.用人单位的营业执照或组织机构代码,但用人单位属于国家机关的除外;3.事故发生前连续三个月的工资表(单)以及工资(劳动报酬)发放证明(银行转账凭证或者工资、劳动报酬的发放凭据);4.因事故而被停发、扣发工资(劳动报酬)的证明……"第9条:"受害人达到法定退休年龄后是否还应支持误工费。(一)超过退休年龄的农村居民,如果在事故发生前确有劳动能力、正常从事生产劳动的,应当支持其误工费损失,但是受害人年龄超过国民平均预期寿命(以国家统计局公布数据为准)的,原则上不再支持误工费。(二)达到退休年龄、领取退休金的城市居民主张误工费损失的,可以支持,但应提供如下证据:1.退休后被用人单位聘用的证明;2.用人单位的营业执照或组织机构代码,但用人单位属于国家的除外;3.事故发生前连续三个月的工资表(单)以及工资、劳动报酬发放证明(银行转账凭证或者工资、劳动报酬发放凭据);4.因事故而被停发、扣发工资、劳动报酬的证明。"江西宜春中院《关于审理机动车交通事故责任纠纷案件的指导意见》(2016年1月1日　宜中法〔2015〕91号)第7条:"误工时间以医疗机构的证明、医嘱为依据。受害人因伤残持续误工的误工时间可以计算至定残日前一天;多次进行伤残鉴定,且每次都构成伤残的,以首次定残的伤残鉴定时间作为最长误工时间(无论该此定残鉴定一家是否采信)。"江西南昌中院《机动车交通事故责任纠纷案件指引》(2015年4月30日　洪中法〔2015〕45号)第2条:"关于交通事故具体赔偿项目的要求……误工费用的认定标准。(1)有固定收入的按固定收入减少赔偿误工费。

(2)能够证明自己职业的,按照私营单位行业标准计算误工费。(3)无职业的,城镇按在岗职工平均工资,农村按农村居民人均纯收入计算误工费。(4)误工期按医嘱,最长计算至定残前一日。(5)多次定残的,以首次定残前一日计算误工费。【注意事项】:由于文件规定较为严格,受害人在今后起诉过程中可能会伪造相关工作证明以获取更高误工费赔偿标准,故建议误工费在调解时适当保持现有标准,如80元/日。另外,误工期可参考三期评定标准由公司医审岗给出较为合理的意见。"安徽马鞍山中院《关于审理交通事故损害赔偿案件的指导意见(试行)》(2015年3月)第12条:"【误工费】受害人因造成伤残持续误工的,误工时间最长计算至定残日前一天;受害人主张定残后误工损失的,不予支持。误工期限可根据医疗机构出具的出院诊断证明书、建议休息意见书认定,但最长不应超过公安部《人身损害受伤人员误工损失日评定准则》标准的两倍。受害人主张的误工期限过长的,可征求专家咨询员的意见,必要时应启动司法鉴定程序。受害人仅提供单位误工证明主张误工费的,应责令其补充提供事故发生前单位向其发放工资的相关证据。赔偿义务人对受害人所举的误工证据真实性有异议。且理由充分的,人民法院应当进行调查核实。经核实受害人提供虚假证明,或受害人所举证据不足以证明事故发生前收入标准的,误工费按无固定收入标准计算。常年在城镇务工的农村居民受害人没有固定工作的,误工费参照城镇居民标准计算。已达法定退休年龄的受害人主张误工损失,应当提供事故发生前提供劳务或从事农业生产的相关证据。"河北承德中院《2015年民事审判工作会议纪要》(2015年)第41条:"……一起交通事故人身损害赔偿案件中,受害人经过两次或多次伤残鉴定,误工时间应计算至第一次定残日前一天。"河南三门峡中院《关于审理道路交通事故损害赔偿案件若干问题的指导意见(试行)》(2014年10月1日)第7条:"有固定收入的误工费,一般应根据伤者单位在伤者治疗及参加事故处理期间因误工实际减少固定收入的证明,按照本人因误工减少的固定收入计算。受害人无固定收入的,按照最近三年的平均收入计算;受害人不能举证证明其最近三年的平均收入状况的,可以参照受诉法院所在地相同或者相近行业上一年度职工的平均工资计算。受害人为有劳动能力的城镇无业人员的,误工费按受害人所在地上一年度城镇居民人均可支配收入计算。受害人为务农的农村居民的,误工费按受害人所在上一年度农村居民平均纯收入标准计算。已达到退休年龄的人员,如能举证证明在退休金之外尚有其他通过劳动获得的较为固定的收入的,可按其举证情况合理确定误工费的数额。受害人的收入在误工期间未全部丧失的,按其减少的收入计算误工费的数额。误工日期为实际误工的日期,一般应以医院出具的证明、单位证明等为依据。但有证据证明医院出具的证明存在虚假不真实的除外。"湖北汉江中院民一庭《关于审理交通事故损害赔偿案件疑难问题的解答》(2014年9月5日)第4条:"问:受害人为城镇无业人员,能否主张误工费?答:受害人为城镇无业人员,只要具有劳动能力,遭受人身损害后仍可主张误工损失,误工费可以参照服务行业在岗人员收入标准计算。"第5条:"问:受害人已达退休年龄且无固定收入的,能否主张误工费?答:《最高人民法院关于审理人身损害赔偿案件适用法律若干问题的解释》第二十条对误工费进行规定,没有从年龄上加以限定。受害人已达退休年龄,能否支持误工费,应根据受害人在发生交通事故时是否从事劳动或工作的实际情况进行判断。如果赔偿权利人能够提供证据证明受害人仍在从事劳动或工作,则予以认定;反之,不予认定。"第6条:"问:既有医院医嘱休息时间,又有误工时间鉴定,还有伤残等级鉴定的,如何认定误工时间?答:仅有医院医嘱休息时间的,以医嘱休息时间为准;既有医院医嘱休息时间又有误工时间鉴定的,以鉴定的误工时间为准;既有医院医嘱休息时间,又有误工时间鉴定,还有伤残等级鉴定的,若鉴定的误工时间在定残日之后,应计算至定残前一日。"广西高院《关于印发〈审理机动车交通事故责任纠纷案件有关问题的解答〉的通知》(2014年9月5日 桂高法〔2014〕261号)第10条:"误工费如何确定?答:(一)误工时间的确定。误工时间应根据受害人接受治疗的医疗机构出具的证明或者司法鉴定意见确定;受害人因伤致残持续误工的,误工时间一般可计算至定残日前一天,但对于受害人误工休息时间明显超出合理范围的,其误工时间可参照公安部2004年11月19日发布的《人身损害受伤人员误工损失日评定准则》或司法鉴定、医学专家意见等予以确定。(二)收入标准的确定。1.受害人有固定收入且收入水平高于同行业标准的,除提供收入证明外,还应进一步提供完税证明予以佐证,不能提供的,收入标准参照《广西壮族自治区道路交通事故人身损害赔偿项目计算标准》第4项确定;2.受害人无固定收入,又不能举证证明最近三年的平均收入状况且无法确定其所从事的行业的,参照《广西壮族自治区道路交通事故人身损害赔偿项目计算标准》第1项确定。(三)误工费具体数额的计算。误工费具体数额可按下列公式计算:误工费=年收入标准÷365天(或月收入标准÷30天)×误工日历天数。"第11条:"达到国家法定退休年龄的城镇居民或者60周岁以上的农村居民主张误工费的,能否支持?答:达到国家法定退休年龄的城镇居民,能够提供劳务合同、聘用合同、工资表或单位误工证明等证据的,误工费可予以支持;60周岁以上的农村居民,能提供充分证据证明其仍然从事农业生产并以此为主要生活来源的,误工费可予以支持。"广东深圳中院《关于道路交通事故损害赔偿纠纷案件的裁判指引》(2014年8月14日 深中法发〔2014〕3号)第17条:"赔偿权利人无固定收入,既不能证明最近三年的平均收入,也不能证明其所从事的行业,但其确有劳动能力的,其误工费的计算标准可以参照一审法庭辩论终结时的上一统计年度深圳市最低工资标准。"第18条:"误工时间根据受害人接受治疗的医疗机构出具的证明确定。赔偿权利人主张误工时间计算至定残日前一天的,应提供由医疗机构出具的持续治疗且休息的证明。"湖南长沙中院民一庭《关于长沙市法院机动车交通事故责任纠纷案件审判疑难问题座谈会纪要》(2014年7月23日)第6条:"机动车交通事故案件中,受害人主张误工费的,不能查明其职业,误工费的计算以什么为标准？根据最高人民法院《关于审理人身损害赔偿案件适用法律若干问题的解释》第二十条规定,受害人有固定收入的,误工费按照实际减少的收入计算。受害人无固定收入的,按照其最近三年的平均收入计算;受害人不能举证证明其最近三年的平均收入状况的,可以参照受诉法院所在地相同或者相近行业上一年度职工的平均工资计算。对于法律没有明确规定,即无固定收入且不能证明最近平均三年收入,又不能证明其所从事的行业,但其却有劳动能力的,其误工费的计算标准可以参照湖南省最低工资标准计算。"浙江金华中院《人身损害赔偿细化参照标准》(2014年5月1日)第1条:"……误工费:16—60周岁的受害人请求赔偿义务人支付误工费的一般予以支持;当事人有充分证据证明年满60周岁仍从事劳动,且因侵权行为丧失劳动能力和劳动报酬的,可根据当事人提交的相关收入证明,结合当事人的年龄、健康状况和从事具体行业等因素,酌情确定误工费。(1)误工费计算标准:按固定收入实际减少的数额计算(一般以伤前1年劳动合同及工资清单为据);无固定收入的按最近3年平均收入计算;不能举证证明最近3年平均收入的,按相同或相近行业上1年度职工平均工资计算;不能举证证明收入减少的城镇居民或城镇无固定职业居民按104元/日计,农村居民按62元/日计。(2)误工时间的认定:误工时间应根据受害人接受治疗的医疗机构出具的证明或者有关司法鉴定意见确定。受害人因伤残持续误工的,误工时间一般可计算至定残日前一天。赔偿义务人提供证据证明实际定残日存在不合理迟延的,误工时间可以参照侵权行为直接所致的损伤治疗时间与医疗机构诊断书中建议的休息时间来确定。两者时间不一致的,一般以相对在后的时间标准确定。当事人对治疗终结时间或者医疗机构建议的休息时间均有异议,且依现有证据无法确认误工时间的,人民法院可以通过鉴定、征询专家意见等方式确定相应时间。"安徽淮南中院《关于审理机动车交通事故责任纠纷案件若干问题的指导意见》(2014年4月24日)第16条:"人民法院依据当事人住院病例或医嘱等材料上载明的期限确定误工期、护理期和营养期天数;相关病例及医嘱等材料对上述三期有明确说明,当事人又申请对三期进行鉴定的,人民法院不予准许,但当事人提供证据证明以上三期期限明显依据不足、医嘱出具医院或医生不具有相应资质或医嘱等材料出具人员因收受他人财物、接受请托等原因故意延长或缩短三期期限的除外。"第17条:"受害人死亡,受害人近亲属起诉请求赔偿办理丧事人员误工费的,人民法院按照每天五人,办理丧事期限不超过三天的标准,有固定收入的按照实际减少的损失计算误工费,无固定收入的,结合当地在岗职工平均工资数额计算误工费。"重庆高院民一庭《关于机动车交通事故责任纠纷相关问题的解答》(2014年)第3条:"农村人口误工费是主张50元/天还是主张80元/天?参照西部多数法院的做法,综合考虑本辖区的实际情况,将农村人口误工费调高至80元/天。"安徽高院《关于审理道路交通事故损害赔偿纠纷案件若干问题的指导意见》(2014年1月1日 皖高法〔2013〕487号)第21条:"年满60周岁的受害人提供劳务合同、聘用合同、工资表、单位误工证明等主张误工费的,人民法院予以支持。年满60周岁的农村居民受害人仍然从事农业生产并以此为主要生活来源,提供当地村民委员会证明主张误工费的,人民法院予以支持。"第22条:"受害人为延长计算误工费时间,故意拖延起诉或者鉴定的,应委托司法鉴定确定其误工时间。"第23条:"无业、没有固定收入的城镇居民受害人不能证明'最近三年平均收入',也不能证明从事工作'相同或者相近行业职工平均工资'的,误工费参照上一年安徽省城镇居民人均可支配收入标准计算。常年在城镇务工的农村居民受害人没有固定工作,误工费参照前款规定标准审查认定。"第24条:"从事农业生产的农村居民受害人误工费可以参照上一年度安徽省农林牧渔行业职工平均工资计算。"浙江高院民一庭《关于印发〈关于人身损害赔偿费用项目有关问题的解答〉的通知》(2013年12月27日 浙高法民一〔2013〕5号)第2条:"误工时间是否必须计算至定残日前一天?答:误工时间应根据受害人接受治疗的医疗机构出具的证明或者有关司法鉴定意见确定。受害人因伤致残持续误工的,误工时间一般可计算至定残日前一天。赔偿义务人提供证据证明实际定残日存在不合理迟延的,误工时间可参照侵权行为直接所致的损伤治疗终结时间与医疗机构诊断证明书中建议的休息时间来确定。两者时间不一致的,一般应以相对在后的时间为标准确定。当事人对治疗终结时间或者医疗机构建议的休息时间均有异议,且依现有证据无法确认误工时间的,人民法院可通过鉴定、征询专家意见等方式确定相应时间。"第3条:"如何确定误工费的计算依据?答:当事人提交的有关误工费的证据宜根据个案具体情况作出认定。赔偿权利人未提供工资单等有关工资收入的直接证据,仅提供用人单位开具的收入证明且相对方有异议的,人民法院应结合浙江省行业工资标准和其他证据综合认定收入证明的效力和误工费计算标准。受害人无固定收入且无法证明最近三年平均收入状况以及所从事行业的,可以参照'全省全社会单位在岗职工年平均工资'标准计算误工费。赔偿义务人提供证据证明受害人有固定收入,经人民法院释明后,赔偿权利人拒不提供收入相关证据的,可依据赔偿义务人提供的证据确定受害人的收入或者所从事的行业。"第4条:"误工费具体数额如何计算?答:误工费可按下列方式计算:误工费=年工资额÷年天数(365)×误工天数(日历天数)。本公式系按日历天数计算。虽然劳动与社会保障部《关于职工全年月平均工作时间和工资折算问题的通知》(劳社部发〔2008〕3号)规定制度工作时间的年工作日为250天、计薪天数为261天。但261天计薪天数为基数得出的日平均工资标准相对应的误工期间不能连续计算,必须扣除其中的节假日、双休日。经实际测算,按日历天数和按计薪天数计算的误工费并无明显差距。因此,基于标准化、简易化和可操作性考虑,误工天数统一按日历天数计算。"第5条:"年满60周岁的受害人(不论男女),请求赔偿义务人赔偿其误工费的,能否予以支持?答:当事人有充分证据证明年满60周岁仍从事劳动,且因侵权行为丧失劳动能力和劳动报酬的,可根据当事人提交的相关收入证明,结合当事人的年龄、健康状况和从事的具体行业等因素,酌情确定误工费。"湖北高院《民事审判工作座谈会会议纪要》(2013年9月)第10条:"误工费的计算方式为受害人的实际工资或平均工资除以365天乘以实际误工天数;护理费的计算方式参照误工费的计算方式。"安徽滁州中院《关于审理道路交通事故损害赔偿案件座谈会纪要》(2013年8月2日)第10条:"受害人的误工时间一般应根据受害人接受治疗的医疗机构出具的证明确定。医疗机构出具证明确定的误工时间与根据《人身损害受伤人员误工损失日评定准则(GA/T 521—2004)》规定的误工时间相比较,如果相差悬殊的,赔偿义务人提出异议并申请误工期限鉴定,应予准许;如果基本相符,对医疗机构出具证明确定的误工时间应采信,赔偿义务人提出异议并申请误工期限鉴定的,不予准许。受害人主张误工时间计算至定残前一天,应有证据证明。受害人所举证据既有医疗机构出具的证明,又有司法鉴定机构的鉴定意见,对误工时间的确定,一般应采信司法鉴定机构的鉴定意见,但有《最高人民法院关于民事诉讼证据的若干规定》第二十七条规定情形之一的除外。"第11条:"受害人有固定收入的,误工费按照实际减少的收入计算。受害人应当提供证据证明其固定收入以及因伤误工导致收入减少的具体数额。受害人无固定收入,也不能提供证据证明其最近三年平均收入的,不论是农村居民还是城镇居民,如果能够提供证据证明其从事的工作,其误工费用可以参照本省上一年度国有经济单位相同或者相近行业在岗职工平均工资计算。受害人无固定收入,也不能提供证据证明其最近三年平均收入的,如果受害人为农村居民,未能举证证明从事何种工作,其误工费可按本省国有经济单位农、林、牧、渔业在岗职工平均工资计算;如果受害人为城镇居民,未能举证证明从事何种工作,但其确有劳动能力的,其误工费可以参照本省上一年度国有经济单位主要行业最低平均工作计算。"第12条:"受害人男性满60周岁以上、女性满55周岁以上,如果能够举证证明其仍然参加工作或实际劳动,其主张误工费损失的,应予支持。"北京高院民一庭《关于审理道路交通事故损害赔偿案件的会议纪要》(2013年4月7日)第10条:"在定残后受害人又进行二次手术且发生实际误工费,受害人主张赔偿时如何处理?受害人在定残后又从事工作,如果进行二次手术发生实际误工费,且能够证明二次手术的必要性及与交通事故有因果关系,则可以支持相应的误工费损失。"贵州贵阳中院《关于适用〈中华人民共和国侵权责任法〉若干问题的解答》(2013年3月13日　筑中法发〔2013〕32号)第1部分第4条:"对于受害人因伤致残的误工时间应如何计算?答:误工时间根据受害人接受治疗的医疗机构出具的证明确定,受害人因伤致残持续误工的,误工时间一般计算至定残日前一天,但对定残日距离事故发生时间明显超过合理定残期间的,且对方当事人对误工时间提出异议的,可以根据受害人的伤情、医院的出院证明、受害人职业性质,参照公安部《人身损害受伤人员误工损失日评定准则》综合考虑误工时间。"第1部分第5条:"误工费、护理费的计算中涉及按上一年度同行业平均工资标准计算时,应如何计算每日平均工资?答:根据劳动和社会保障部《关于职工全年月平均工作时间和工资折算问题的通知》月计薪天数=(365天-104天)÷12月=21.75天,因此日平均工资应为:年平均工资÷12月÷21.75天。由于上述计薪日扣除了104天的休息日,因此在计算误工费时也应扣除相应的休息日。"第6条:"关于农村居民的误工费应按何种标准?答:可按照农林牧渔业职工平均工资标准计算。"浙江杭州中院民一庭《关于道路交通事故责任纠纷案件相关疑难问题解答》(2012年12月17日)第3条:"……文审的启动程序和效力认定问题。答:首先,进一步明确和规范人损损害赔偿纠纷案件中可进行文审的项目范围:伤残程度评定,医疗费合理性评定,后期医疗费评定,医疗护理依赖程度评定,治疗时限评定,营养时限,误工时限,护理时限。其中,伤残程度评定的确定应以鉴定结论为依据,故对残疾等级的文审应建立在当事人对既有鉴定结论不服的基础上,如果文审结论和鉴定结论不同的,除双方当事人一致认可外,不应以文审结论直接作为裁判依据,法院应释明当事人申请重新鉴定,即对伤残等级的文审结论仅是法院作为是否采信鉴定结论以及是否需要重新启动鉴定程序的参考。其次,文审仅仅是法院内部专业机构或人员对证据的审核,文审的启动只能由法院依职权启动,文审结论仅是法院裁判的参考,不能作为证据使用,法院可以参考文审结论进行裁判或决定启动鉴定程序。第三,文审材料务必装订于副卷。"天津高院民一庭《关于人身损害赔偿案件确定误工费标准的通知》(2012年7月16日　津高法〔2012〕13号)第1条:"误工费属于受害人如未遭受人身侵害应获得却因侵权人的侵害行为而丧失的利益。误工费的赔偿以受害人具有劳动能力为前提,在确定赔偿标准时主要根据受害人所从事的行业、收入等因素确定。"第2条:"对于有证据证明受害人有固定收入的,误工费按照实际减少的收入计算。受害人无固定收入的,误工费按照其最近三年的平均收入计算。受害人不能举证证明其最近三年平均收入状况的,误工费参照其实际从事行业的在岗职工平均工资计算。"第3条:"对于受害人具有劳动能力但未就业或不能举证证明其实际从事的行业的,误工费参照天津市居民服务和其他服务业在岗职工平均工资计算。"第4条:"对于农村居民误工费问题,如果受害人成规模地承包土地、鱼塘、果园等,从事农业、林业、牧业、渔业生产经营的,误工费按照农、林、牧、渔行业在岗职工平均工资计算,其他人员按照实际从事的置业确定误工费标准,不能举证证明其实际从事的行业的,根据本通知第三条规定确定误工费标准。"第5条:"受害人(不分性别)年龄超过六十周岁的,一般不支持误工费的请求,但有证据证明其有固定收入的,误工费按照实际减少的收入计算。"山东淄博中院《全市法院人身损害赔偿案件研讨会纪要》(2012年2月1日)第3条:"关于误工费的问题。(1)受害人误工时间应依据医疗机构出具的休息证明确定,受害人提供的证明足以证实其持续误工的可以计算至定残前一日。但对于受害人误工休息时间明显超出合理范围的,其误工时间可参照公安部2004年11月19日发布的《人身损害受伤人员误工损失日评定准则》确定。(2)受害人有固定收入的,可要求其提交单位出具工资证明、受害前六个月及治疗期间单位工资表,以证明其受伤前工资标准及工资扣发情况。受害人工资水平明显高于同行业标准的,应进一步提供完税证明予以佐证,不能提供的,其工资标准按照上一年度同行业平均工资确定。受害人已提供以上证据的情况下,赔偿义务人仍对受害人误工费提出异议,应承担相应举证责任。但受害人仅提供单位出具证明的,应视为受害人未完成必要举证责任,对其误工费的请求可以予以保留,要求其在补充证据后,另行主张。(3)误工费是指受害人本应获得,却因侵权行为导致的未能获得的收入损失,既包括固定收入,也包括年终奖等其他收益。受害人虽然达到法定退休年龄或已退休、离岗,但其仍从事适当的生产经营活动获取一定劳动收入,其受伤必然产生收入减少的后果。由于该收入减少的损失系侵权人的侵权行为所致,侵权人应予赔偿。(4)城镇家庭主妇和无业人员的误工费可按照一审法庭辩论终结前上一年度城镇居民人均可支配收入的标准计算。(5)误工费的赔偿仅限于受害前有劳动能力的受害人,对于受害前没有劳动能力的受害人,不应支持其误工费。(6)受害人伤残情况经多次鉴定的,应按第一次鉴定时间为准。因再次鉴定只是对伤残程度的重新认定,但定残的确定时间是第一次的鉴定时间,且如果按重新鉴定的时间确定,实践中容易产生受害人为了多获得赔偿(统计数据在逐年增长)而恶意申请再次鉴定的情况。"上海高院民一庭《道路交通事故纠纷案件疑难问题研讨会会议纪要》(2011年12月31日)第10条:"已达退休年龄人员误工费的问题。退休在某种意义上更多的是国家法定的企业职工的一种待遇,而广大农村多数农民还不能享受这种退休待遇。实践中多数农村老年人在超过退休年龄后仍然继续劳动自食其力。同时,在现实生活中,即使是国家法定的企业已退休人员,还有大量的被返聘现象。因此,片面地以一定的年龄作为劳动能力丧失的依据,既无明确的法律依据,也与我国的国情、社情不相符。应根据受害人在发生交通事故时是否从事劳动工作的实际情况来判断。如果权利人无证据证明其实际有工作或仍参加劳动的,可以不予赔偿。对于有证据证明其仍在从事劳动或工作的则根据证据予以确定。"浙江嘉兴中院民一庭《关于机动车交通事故责任纠纷若干问题意见》(2011年12月7日)第2条:"关于赔偿权利人主张的部分具体赔偿项目……(3)误工费。受害人有固定收入的,误工费按实际减少的收入计算。受害人无固定收入的,按其最近三年平均收入计算;不能举证证明最近三年平均收入状况的,按相同或相近行业上一年度职工平均工资计算;相同或相近行业不清楚或城镇无固定职业居民按浙江省统计局公布的《全社会单位在岗职工分行业年平均工资》'全社会单位在岗职工年平均工资'中'私营单位'的平均工资计算(113元/天),农村居民按浙江省统计局公布的《全社会单位在岗职工分行业年平均工资》'(一)农、林、牧、渔业'中的'私营单位'数额计算。误工时间:按医院证明或司法鉴定确定,构成伤残的可计算至定残日前一天。赔偿权利人故意拖延伤残鉴定的,定残日应以事故直接所致的损伤或确因损伤所致的并发症治疗终结为准。对治疗终结意见不一致时,由当事人申请法院委托鉴定机构确定治疗终结时间。男60周岁、女55周岁以上的,原则上不予计算误工费。如有证据证明超过该法定退休年龄后仍有实际劳务收入的,可按其实际劳务收入损失酌情计算误工损失……"四川广元中院、市公安交警支队、市保险行业协会《关于印发〈广元市道路交通事故人身损害赔偿项目及标准〉的通知》(2011年7月18日 广中法〔2011〕56号)第2条:"误工费。(一)必备单证。1. 当事人治疗医院出具的病假或者病休证明(包括住院时间和出院时间)。2. 误工损失证明资料。(1)有固定收入的:①伤者出具误工期间工资实际收入减少明细清单(盖单位人事部门鲜章/财务鲜章/行政鲜章/盖其他保险公司理赔章的复印件)+出险前三个月的工资明细单(盖单位人事部门鲜章/财务鲜章/行政鲜章/盖其他保险公司理赔章的复印件)+超过纳税金额的须提供纳税证明(工资明细单中如有个税扣除的也认可);②出险时间与索赔时间在同一个月,如果伤者不能出具误工期间实际收入减少明细清单,则需要提供出险前三个月的工资明细清单+超过纳税金额的须提供纳税证明(工资明细单中如有个税扣除的也认可);③伤者若不能提供第①、②项证明的,按户籍性质核定误工费标准。(2)无固定收入的:根据受害人所从事的相同或者相近行业上一年度平均工资计算。3. 受害人亲属办理丧葬事宜的误工损失日标准参照上述第2项处理。4. 受害人有证据证明因伤残持续误工的,误工时间计算至定残日前一天,定残后不得计算误工费。5. 受害人年龄超过法定退休年龄,原则上不予计算误工费。农村劳动者参照本条执行,但未丧失劳动能力且有证据证明仍从事劳动取得收入的应当予以计算。(二)操作流程:在社保认可医院治疗、伤者或务工人员所在工作单位出具证明。(三)计算方法:无固定收入者的误工费=最近三年平均收入(四川省相同或者相近行业上一年度平均工资计算)÷365天×误工天数。固定收入者的误工费=事发前三个月平均工资÷365天×误工天数,月收入超过个人所得税起征点的需提供个人所得税缴纳证明,如不能提供视为无固定收入。"江苏南通中院《关于处理交通事故损害赔偿案件中有关问题的座谈纪要》(2011年6月1日 通中法〔2011〕85号)第18条:"受害人男年满60周岁、女年满55周岁,视为丧失劳动能力,赔偿权利人主张受害人误工费的,一般不予支持,但确有证据证明受害人从事相对固定的工作,有相对固定收入的除外。"浙江衢州中院《关于人身损害赔偿标准的研讨纪要》(2011年5月13日 衢中法〔2011〕56号)第1条:"误工费。(1)赔偿权利人有固定(收入)工作的,按实际减少的收入计算,需提供工资单、扣减工资证明等原始证据。(包括机关、事业单位在编人员、无固定期限劳动合同工、在同一单位连续工作三年以上)。(2)赔偿权利人无固定(收入)工作的,能够证明最近三年平均收入的,按照其最近三年平均收入计算。(3)赔偿权利人无固定(收入)工作的,无法证明最近三年平均收入状况的,能够证明具体劳动行业(从事同行业工作三年以上),参照浙江省相同或相近行业在岗职工年平均工资计算。(4)赔偿权利人无固定(收入)工作的,无法证明最近三年平均收入状况的,也不能够证明具体劳动行业,参照浙江省农、林、牧、渔业在岗职工年平均工资计算。(5)赔偿权利人已年满60周岁的,一般不予支持,确有证据证明因侵权行为导致实际劳务收入减少的,酌情确定误工费。"浙江宁波中院《关于印发〈民事审判若干问题解答(第三辑)〉的通知》(2011年5月11日 甬中法〔2011〕18号)第14条:"在审理人身损害赔偿案件中,误工时间应如何确定?答:误工时间应根据最高人民法院《关于审理人身损害赔偿案件适用法律若干问题的解释》第二十条的规定来确定,即根据受害人接受治疗的医疗机构出具的证明确定,因伤残致持续误工的,可计算至定残日前一天。需要注意的是,如果司法鉴定结论对休息时间已作了认定,那么应以司法鉴定结论为准;如果未就休息时间进行司法鉴定,那么误工时间原则上按照医疗机构出具的证明确定;如果医疗机构的证明中,休息时间持续到鉴定结论作出之后,那么误工费与残疾赔偿金的计算时间不能重合,误工费最长应计算到定残前一日。"浙江宁波中院《关于印发〈民事审判若干问题解答(第一辑)〉的通知》(2011年4月13日 甬中法〔2011〕13号)第4条:"道路交通事故人身损害赔偿案件中,退休人员误工费如何确定?答:根据最高人民法院《关于审理人身损害赔偿案件适用法律若干问题的解释》第二十条第一款的规定,误工费根据受害人的误工时间和收入状况确定。受害人如系退休人员,确实有证据证实有实际误工损失的,应予保障,具体结合案件实际情况处理。"四川高院研究室《关于宗教教职人员因交通事故遭受人身损害如何计算赔偿费用的请示的答复》(川高法研〔2011〕40号)第3条:"宗教教职人员取得合法收入的权利,人民法院应予依法平等保护。如经审理查明,宗教教职人员确因交通事故受到人身伤害导致合法收入减少,请求赔偿误工费的,人民法院应予支持。"安徽六安中院《关于印发〈审理道路交通事故人身损害赔偿案件若干问题的意见〉的通知》(2010年12月7日 六中法〔2010〕166号)第21条:"受害人为有劳动能力的城镇无业人员的,误工费按受害人所在地企业最低工资标准计算。受害人为务农的农村居民的,误工费按安徽省上一年度农、林、牧、渔业平均工资标准计算。"第22条:"已达到退休年龄的人员,如能举证证明在退休金之外尚有其他通过劳动获得的较为固定的收入的,可按其举证情况合理确定误工费的数额。受害人的收入在误工期间未全部丧失的,按其减少的收入计算误工费的数额。"安徽宣城中院《关于审理道路交通事故赔偿案件若干问题的意见(试行)》(2011年4月)第4条:"受害人如果是有劳动能力的无业人员,其误工费标准可以参照受害人所在地或本市上年度企业最低工资标准计算;受害人如果是农村土地承包人,并有证据表明还从事农业、养殖、渔业等经营的,可以按照省上一年度农林牧渔行业的平均工资标准计算误工费。男满60周岁以上、女满55周岁以上的受害人,如果无证据表明又受聘于其他单位并因受伤实际减少了收入的,其主张误工费的,不予支持。受害人构成伤残的,误工时间一般可以计算至定残日前一天。具体误工时间应根据受害人接受治疗的医疗机构出具的医学诊断休息证明书等证明合理确定。如果证明开具的误工期与公安部发布的《人身损害受伤人员误工损失日评定准则》中的规定期限过于悬殊,可以根据当事人的申请,通过对误工期限进行鉴定的方式予以确认。"浙江金华中院《2011年人身损害赔偿细化参照标准》(2011年)第1条:"城镇居民人均可支配收入27359元/年,104.82元/日;农村居民人均纯收入11303元/年,43.31元/日。(日赔偿额不是按全年数额÷365天计算,而是根据劳社部发〔2008〕3号文件中的月计薪天数21.75天计,按每年12个月算。但为了缩小城乡差别,再由于城市居民享受双休日及节假日,我国农村居民无双休日及节假日,故计算建休天数时,城市居民应扣除休息天数;农村居民建休天数按实计算,不应扣除休息天数。计算时可采用以下公式:城市居民的误工费=74.96元/日×实际建休天数;农村居民的误工费=43.31元/日×实际建休天数……(2)误工费:按固定收入实际减少的数额计算(一般以伤前1年劳动合同及工资清单为据);无固定收入的按最近3年平均收入计算;不能举证证明最近3年平均收入的,按相同或相近行业上1年度职工平均工资计算;不能举证证明收入减少的城镇居民或城镇无固定职业居民按74.96元/日计,农村居民按43.31元/日计;计算时间按医院证明或司法鉴定,伤残的可计算至应当定残日前一天。按法定劳动年龄从16周岁计算至男60周岁、女55周岁;误工时间可以计算至定残日前一天。伤残评定时机应以事故直接所致的损伤或确因损伤所致的并发症治疗终结为准。对治疗终结意见不一致时,由法院委托鉴定机构确定治疗终结时间。"江苏无锡中院《关于印发〈关于审理道路交通事故损害赔偿案件若干问题的指导意见〉

的通知》(2010年11月8日 锡中法发〔2010〕168号)第30条:"【误工费】权利人主张误工费的,应当证明其实际收入情况以及因事故误工导致收入减少的具体数额。误工期间应当以医疗机构的证明、医嘱或鉴定机构的结论为依据。对于已达法定退休年龄但仍有其他固定收入的当事人,其提供的证据能够证明因事故误工导致该收入减少的,人民法院应予支持。当事人不能举证证明其正当职业、收入状况及因事故误工导致收入减少的具体数额,可以根据误工期间,并按照本意见第二十九条第三款的标准计算误工费。"江苏常州中院《关于道路交通事故损害赔偿案件的处理意见》(2010年10月13日 常中法〔2010〕104号)第4条:"误工费根据受害人的误工时间和收入状况确定。①误工时间应当根据受害人接受治疗的医疗机构出具的医学诊断休息证明书等证明材料进行确定。如果医疗机构建议休息的时间与公安部《人身损害受伤人员误工损失日评定准则》中的期限过于悬殊的,可以根据当事人的申请,通过对误工期限进行司法鉴定予以确认。②收入状况受害人有固定职业的,应当根据其提供的劳动合同、所在单位出具的误工证明、工资单和收入实际减少的证明等予以确定。如受害人所在单位未扣发其工资、奖金等,其误工费主张不予支持。如受害人主张的误工损失月平均工资超过法定个人所得税纳税标准的,则应提供完税证明。受害人是具有劳动能力的无业人员的,可按目前公布的职工最低工资标准确定其误工费用;受害人是有劳动能力的农民的,可参照受诉法院所在地上一年度农村居民纯收入标准确定其误工费用;受害人不能提供收入减少情况的相应证据,但能提供证据证明其所具体从事的行业的,可按行业标准计算误工费用;受害人是无劳动能力的人员,原则上不考虑误工损失。年满60周岁的男性、年满55周岁的女性,因已达到法定退休年龄,可视为无劳动能力人。如有确切证据证明受害人在事故发生前身体健康状况良好,仍受聘于其他单位从事一定劳务,有固定收入的,或者无子女赡养,需要以自己的劳动收入作为主要生活来源的,其因实际收入减少而主张误工费用的,可根据具体情况对误工费用作适当赔偿。"福建福州中院民一庭《民事司法信箱回复:侵权责任法律适用若干问题专版》(2010年9月10日)第1条:"误工时间根据治疗的医疗机构出具的证明确定或者计算至定残日前一天,误工时间如何认定?支持残疾赔偿金后是否还需支付定残日之后的误工费?恶意挂床行为如何处理?答:误工费的计算在实践中较为混乱,提出以下参考标准:1. 仅门诊治疗的,一般按照门诊时间天数计算误工时间;2. 经住院治疗,医疗机构或司法鉴定机构未出具建休意见的,一般计算住院期间的误工费;医疗机构或司法鉴定机构有出具建休意见的,可以医疗机构或司法鉴定机构建休的期限计算误工费;3. 一次治疗终结出院,受害人经司法鉴定构成伤残等级的,误工期限根据上述1、2点标准确定的误工期限为准,但最长不宜超过从事故发生之日起至定残日前一天止的期间;一次治疗未终结出院,根据上述1、2点标准分阶段确定误工时间;4. 已支付残疾赔偿金后,一般不再支付定残日之后的误工费;5. 关于'挂床':医院实际已无治疗方案,但患者由于自身故意不办理出院手续,或者由于患者未缴清费用而医院不予办理出院手续的,即所谓'挂床'的情况,一般应结合病历、长短期医嘱单的治疗方案,合理认定住院期间;6. 首次伤残鉴定的结论经再次鉴定被推翻后,而后一份鉴定的结论仍然为构成伤残的,误工期限的计算应以上述1—4点为准,其截止日期一般不超过第一次鉴定日。"第2条:"如何认定受害人有固定收入以及误工费?如何计算无固定收入人员的误工费?有固定收入的举证责任由受害人承担,但审判实践中对证明标准要求不一,我们认为,一般应当由受害人提供以下证据:1. 所就职单位的营业执照;2. 事故前三个月或六个月的工资单;3. 病休期间有无发放工资或其他收入的证明,以证实其实际减少的收入。无法提供以上证据的,一般认定为无固定收入,可以参照福建省相同或相近行业上一年度职工的平均工资计算误工费。无法认定行业的,一般参考农林牧渔业(农业人口)或者职工平均工资(城镇人口)确定误工费。但是,受害人自行认可的工资标准低于法定标准的,按照受害人自行认可的标准计算误工费。"第3条:"如何认定已退休人员的误工费?特别是单位出具证明退休人员仅上班一个月即发生事故后就未再上班以及财会人员或有执业医师资格证的医师退休后在多个单位上班领取多份工资时情形?答:误工费的赔偿依据受害者举证实际收入是否减少来确定,对受害者的年龄没有作出特别的规定。我们认为,在计算受害者误工费时,应视案件具体情况,依据当事人提供的与受害人的健康状况、退休后的实际工作情况等有关的证据确定是否存在误工费损失。但在审查已退休受害者提供的证据时应严格审查证据的真实性及证明力等,对特殊行业多处务工的从业人员一般应按照行业职工的平均工资标准确定赔偿上限。"河南郑州中院《审理交通事故损害赔偿案件指导意见》(2010年8月20日 郑中法〔2010〕120号)第14条:"受害人误工期限以实际日期计算(包含法定节假日),其日工资标准按上年度公布的数额除以365天。"河南周口中院《关于侵权责任法实施中若干问题的座谈会纪要》(2010年8月23日 周中法〔2010〕130号)第3条:"……误工费以受害人实际减少的收入来计算。受害人无固定收入且不能提供证据证明实际减少的收入数额,可以按照上年度城镇居民人均可支配性收入或者农村居民人均纯收入标准计算。因伤残致持续误工的,误工时间可以计算至定残日前一天。受害人有条件进行伤残评定而无正当理由拖延伤残评定的期间内,可以不计算误工费。"山东东营中院《关于印发道路交通事故处理工作座谈会纪要的通知》(2010年6月2日)第22条:"农村居民误工费的计算按照山东省统计局公布的上一年度农民纯收入标准计算。"第23条:"受害人、护理人员提供误工费、护理费证据,证明其工资收入超过个人所得税起征点,但并未提供其缴纳个人所得税完税证明,又无其他有效证据印证的,按照山东省统计局公布的上一年度农民纯收入或城镇居民可支配收入标准计算误工费。"第 24 条:"受害人因伤致残并经多次鉴定构成残疾的,以首次鉴定结论的出具时间认定误工期限。"江西九江中院民一庭《关于审理道路交通事故人身损害赔偿纠纷案件的处理意见(试行)》(2010 年 2 月 20 日)第 2 条:"《意见》中误工费、护理费的计算涉及江西省统计局公布的上年度全省相同或者相近行业职工的平均工资数据(如 2008 年居民服务和其他服务业职工年平均工资为 18420元),可登录江西省统计局网站,进入数据统计——年度数据统计中获得;不得不区分行业,一律套用全省职工年平均工资标准,这有悖于最高人民法院《关于审理人身损害赔偿案件适用法律若干问题的解释》规定的精神。"第 3 条:"《意见》第十条第四款关于日平均工资的计算方式,是依据原劳动和社会保障部(现称人力资源和社会保障部)发布的《关于职工全年月平均工作时间和工资折算问题的通知》(劳社部发〔2008〕3 号文)的规定,月计薪天数为 21.75 天,每月其余天数为非计薪天数;有些法官对此一条款理解出现偏差,判决每年、月误工费、护理费时超过了统计部门公布的年、月职工平均工资标准;为了便于理解和操作,误工费、护理费的数额可统一采用:误工(护理)天数×上年度(相同或相近行业)职工平均工资÷12 月÷30 天的计算方式。"湖南长沙中院《关于道路交通事故人身损害赔偿纠纷案件的审理意见》(2010 年)第一部分第 2 条:"……关于误工费:(1)以误工时间为计算依据之一。有固定收入的,按固定收入即实际减少的收入计算;无固定收入的,按照其最近 3 年的平均收入计算,受害人不能举证证明其最近 3 年的平均收入状况的,参照湖南省相同或相近行业上一年度职工的平均工资计算,计算日平均工资为年工资÷360 天;(2)根据相关医疗机构出具的证明确定住院日和全休日之和,丧失劳动能力的以鉴定书确定的范围为准,可计算至第一个定残日前,如鉴定日后还需继续全休的继续计算,最长不超过 20 年;(3)注意应向当事人释明并作好记录:当事人仅提供其单位的工资证明未提供其减少工资收入的证明的,属于证据不足,应补充提交原始合同书、工资表(出事前和出事后至开庭前的)或工资领条或原始财务记录及相关企业的营业执照等(即要求能明确体现两点:1.该固定收入有合法证明;2.该固定收入是受害人实际减少的,如果不能确切证明受害人受到损害后,其供职单位扣发其收入,则其误工费应不赔),如系无固定收入进行相关经营的,则应提供相关纳税凭证以证明其最近 3 年的平均收入状况。"广东广州中院《民事审判若干问题的解答》(2010 年)第二部分第 6 条:"受害人的兼职收入能否计入其误工费损失?答:如果当事人有足够证据证实其兼职收入是长期、稳定的,可以列入其误工费损失。"第 8 条:"如果受害人达到退休年龄后,要求赔偿误工费,是否能支持?答:如果受害人能够提供足够证据证实其达到退休年龄后,仍从事劳动,有长期、稳定的收入,可以支持其请求。"安徽合肥中院民一庭《关于审理道路交通事故损害赔偿案件适用法律若干问题的指导意见》(2009年11月16日)第41条:"赔偿权利人无固定收入且不能证明最近三年的平均收入,也不能证明其所从事的行业,但其确有劳动能力的,其误工费的计算标准可以参照本省上一年度最低行业平均工资标准(目前为农林牧渔业)。"第42条:"受害人为农村居民,其不能证明最近三年平均收入的,其误工费可按本省上一年度的农林牧渔业平均工资标准计算。"第43条:"当事人对误工期限有争议的,且法院难以认定的,可委托鉴定机关对误工期限进行鉴定,或在伤残等级鉴定时一并进行鉴定。"山东临沂中院《民事审判工作座谈会纪要》(2009年11月10日 临中法〔2009〕109号)第1条:"……(五)关于享受误工费及赡养费的年龄确定问题。根据《中华人民共和国老年人权益保障法》的规定,当事人年龄超过(包括)60周岁的,即进入老年人行列,原则上不再参与营业性劳动。对于农村居民,其承包地等由子女耕种,收入无偿归老年人所有,故亦不存在误工费的赔偿问题,但却存在赡养费的问题。因此,无论是城镇还是农村居民,享受赡养费的年龄为60周岁以上,60周岁以上的当事人原则上不计算误工费损失。(六)关于农村居民误工费、护理费的标准问题。农村居民年人均纯收入加消费性支出大致相当于其年收入数额,可以该两项统计数据之和作为计算农民误工费、护理费赔偿的依据。(七)关于误工时间的确定问题。最高法院《关于审理人身损害赔偿案件适用法律若干问题的解释》第二十条第一款明确规定,误工时间根据受害人接受治疗的医疗机构出具的证明确定。受害人因伤致残持续误工的,误工时间可以计算至定残日前一天。实践中,个别鉴定机构应受害人申请,在鉴定书中一并对伤后可能误工时间作出说明,个别鉴定机构甚至一方面作出伤残等级的鉴定结论,另一方面又出具伤后误工时间的结论,致使有的案件将误工费计算到评残日之后。会议认为,误工时间原则上应以医疗机构出具的证明确定,对鉴定机构出具的证明应严格审查,原则上不予采纳。此外,个别受害人出院后迟迟不做伤残鉴定,致使按照最高法院解释计算的误工期限过长,既侵害了被告的合法权益,又不利于维护诚信和谐的社会秩序。根据民间医疗常识,如确实存在过分迟延伤残鉴定的问题,原则上支持住院时间加15天的误工费用,必要时,可酌情增加至出院后3个月的期间。"浙江台州中院民一庭《关于误工费、护理费标准的通知》(2009年11月3日)第1条:"误工费每日确定为71元……以上标准的适用,以2009年10月12日为时间点。在2009年10月12日之前已经审结的,适用原来的标准进行裁判;在2009年10月12日之后审结的,适用以上新的标准。对适用误工费、护理费新的标准,法院应及时行使释明权。"浙江高院民一庭《关于误工费计算方法的通知》(2009年10月12日 浙法民一明传〔2009〕18号):"……误工费计算公式:误工费 = 年工资额/年天数(365) × 误工天数。"江西九江中院《关于印发〈九江市中级人民法院关于审理道路交通事故人身损害赔偿案件若干问题的意见(试行)〉的通知》(2009年10月1日 九中法〔2009〕97号)第10条:"误工费是指受害人因身体受到伤害不能正常工作所减少的正当收入。误工时间包括受害人住院日期和出院后经受害人接受治疗的医疗机构出具证明确定的全休日期;受伤致残的,误工时间从住院之日起计算至定残之日止,受害人伤情痊愈后拖延定残的,误工日期参照公安部颁布的《人身损害受伤人员误工损失日评定准则》所确定的日期计算;受害人经住院治疗无效最终死亡的,误工时间按住院之日起至死亡之日止计算;受害人伤情轻微无须住院治疗的,可酌情考虑受害人就诊、换药当日的误工费。受害人为没有劳动收入的未成年人,其主张误工费的,不予支持;受害人为男性年满60周岁、女性年满55周岁的,推定其无劳动能力,但另谋职业的离、退休人员,其主张误工费的,对其实际减少的收入应予赔偿;上述年龄以上的城镇无业人员及农村居民,有证据证明其有劳动收入的,对其实际较少的收入应予赔偿;受害人为有固定收入的在职人员,其主张误工费的,应提供证明收入减少的相应证据,在对证据审核无误后依法判赔;受害人依法从事第二职业的,其实际减少的收入,应当予以赔偿。误工费中日平均工资的计算方式为:上一年度职工平均工资÷12月÷月计薪天数【月计薪天数=(365天-104天)÷12月=21.75天】,即日平均工资=上一年度职工平均工资÷12月÷21.75天。"江西景德镇中院《关于人身损害赔偿案件中有关赔偿项目、赔偿标准的指导意见》(2009年8月20日)第1条:"误工费的确定。(一)误工时间的确定。误工时间一般从侵权结果发生时起算。实践中可按以下标准掌握:1. 未伤残的,住院治疗期间和医疗机构或法医有明确意见的门诊治疗时间,可全额计算误工费;受害人自行门诊治疗的,不作为误工时间计算误工费。2. 评定为1至10级伤残的,住院治疗期间和医疗机构或法医有明确意见的门诊治疗时间,可全额计算误工费;治疗终结后至定残日期间(含受害人自行门诊治疗的时间)的误工费根据伤残程度计算,计算公式为:时间×收入或平均工资×伤残赔偿系数。(伤残赔偿系数为:10级10%,9级20%,8级30%……以此类推。)(二)误工收入的确定。1. 受害人有固定工资收入的,根据其用人单位出具的工资收入减少的证明赔偿。2. 受害人属于在职工作人员,除本职工作的收入外,其从事其他工作获取的报酬一般不予赔偿;但按照国家有关规定,允许开展第二职业的在职人员的误工收入,可适当赔偿。3. 受害人没有固定收入,按照其最近三年的平均收入计算,受害人不能举证最近三年的平均收入状况的,可按以下几种情形操作:①受害人没有固定工资收入的,但有劳动收入的,应根据其从事的执业,参照我市同行业的平均收入予以赔偿;②受害人是城镇居民,其劳动收入不固定的,其误工损失可参照受诉法院所在地城镇居民的人均年收入予以赔偿;③受害人是农村居民,其误工损失参照受诉法院所在地农村居民人均年收入赔偿;④受害人是个体工商户或承包经营户,其误工减少的收入可参照其上一年的税后平均收入或当地个体经营的同行业、同工种、同等劳动力的平均收入来确定;⑤公司高管等高工资收入人群,收入高于上一年度职工年平均工资3倍以上的,按3倍计算。"浙江高院民一庭《关于误工费、护理费等费用计算标准适用问题的通知》(2009年8月3日 浙法民一明传〔2009〕14号):"……有关统计部门今年发布的全省上一年度平均工资统计公报项目信息,较往年发生了较大变化,对我省法院审理人身损害赔偿等案件造成较大影响;尤其是对'受害人无固定收入且无法证明最近三年平均收入状况'的情形,此前全省法院一般按照'其他单位'一栏的统计数据,计算误工费或护理费,但今年发布的统计公报中已无'其他单位'一栏,故造成适用困难。日前,嘉兴市中院民一庭就'无固定收入如何计算误工费、护理费等费用及标准适用问题',向我庭书面请示,一些法院民庭也向我庭口头请示。鉴于该问题在全省法院范围内普遍存在,且亟待解决,我庭经认真研究,现统一答复如下:(一)受害人无固定收入且无法证明最近三年平均收入状况的,对误工费的计算,适用'全省全社会单位在岗职工年平均工资'标准……(四)对医疗事故中误工费和陪护费的计算,适用'全省全社会单位在岗职工年平均工资'标准。"云南高院《关于审理人身损害赔偿案件若干问题的会议纪要》(2009年8月1日)第4条:"……(5)受害人因伤残持续误工的,误工时间应参照受害人的实际伤害程度、恢复情况等因素予以确定。(6)因职业、劳动收入不固定,也不能证明最近三年平均收入情况,受害人是城镇居民的,其误工损失按照城镇居民的人均可支配收入计算予以赔偿;受害人是农村居民,其误工损失按照农村居民人均年纯收入予以赔偿。"安徽蚌埠中院《关于审理人身损害赔偿案件若干问题的指导意见》(2009年7月2日)第2条:"关于误工费问题。(一)受害人是农村居民的,参照上一年度农林牧副渔业职工平均工资计算。(二)受害人在遭受人身损害时已年满60周岁,赔偿权利人请求赔偿误工费的,一般不予支持。但有证据证明受害人有劳动收入且该劳动收入是其主要生活来源的,应予支持。(三)误工时间,应当按照医疗机构的证明确定,但有相反证据证明医疗机构的证明不符合实际情况的除外。"广东佛山中院《关于审理道路交通事故损害赔偿案件的指导意见》(2009年4月8日)第54条:"受害人无固定收入且不能证明最近三年的平均收入,也不能证明其所从事的行业,但其确有劳动能力的,其误工费的计算标准可以参照佛山市上一年度最低工资标准。"福建泉州中院民一庭《全市法院民一庭庭长座谈会纪要》(泉中法民一〔2009〕05号)第8条:"受害人因交通事故受伤住院治疗,但其伤情程度未达到伤残等级,其住院期间造成的误工费、护理费、交通费等不属于交强险中的医疗费用赔偿项目范围,该部分损失是否应由承保交强险的保险公司在强制保险责任限额内赔偿?答:受害人因交通事故受伤住院治疗,但其伤情程度未达到伤残等级的,根据《机动车交通事故责任强制保险条款》第八条的规定,受害人住院期间造成的误工费、护理费、交通费等损失应属于交强险中的死亡残疾赔偿范围,应在交强险中的死亡残疾赔偿限额内予以赔偿。"第24条:"根据《人身损害赔偿解释》第二十条第二款的规定,受害人因伤持续误工的,误工时间计算至定残日前一天。但实践中经常出现对伤残鉴定有异议而重新鉴定的情形,对此,定残日是按第一次鉴定时间或重新鉴定的时间认定?答:无论进行多少次伤残鉴定,均应以作为定案依据的那次鉴定的时间作为定残日。如果能够作为定案依据的几次鉴定结论相同,则以第一次鉴定时间为准。"第25条:"受害人致残的,误工费可以计算至定残日前一天。'可以'如何理解。是否要求受害人提供证据证明其确实休息至定残日前一天,或直接计算至定残日前一天?答:受害人致残情况下,其误工费并不必然计算至定残日前一天。根据《人身损害赔偿解释》第二十条的规定,因伤致残持续误工的,误工时间可以计算至定残日前一天。而对于受害人是否因伤残导致持续误工问题,则应根据受害人伤残程度及其伤残是否影响工作,造成持续误工的情况进行审查。原告对(受害人)是否因伤致残持续误工负举证责任。"第26条:"误工费的赔偿标准如何认定?答:根据《人身损害赔偿解释》第二十条规定,存在三种情形:(1)有固定收入的,误工费按照实际减少的收入计算;(2)无固定收入的,按照其最近三年的平均收入计算;(3)受害人既无固定收入,又不能举证证明其最近三年的平均收入状况的,可以参照受诉法院所在地相同或者相近行业上一年度职工的平均工资计算。受害人未能提供证据证明其所从事行业的,若是城镇户口,一般可参照城镇单位在岗职工年平均工资计算;若是农村户口,一般可参照省统计局公布的各行业职工平均工资中的"农、林、牧、渔业"职工工资标准计算。"第30条:"误工费、护理费的计算是否要扣除法定节假日?答:误工费、护理费的计算,如果是按年平均工资除以365天计算的,不扣除法定节假日;如果是按年平均工资除以12个月再除以法定工作日计算的,应扣除误工、护理期间的法定休息日,以法定工作天数计算。前一种计算方式比较方便。"辽宁大连中院《当前民事审判(一庭)中一些具体问题的理解与认识》(2008年12月5日 大中法〔2008〕17号)第13条:"误工费数额及时间怎样确定?根据受害人的误工时间和收入状况确定。受害人因伤残持续误工的,误工时间可以计算到定残日前一天。"广东深圳中院《关于审理道路交通事故损害赔偿纠纷案件的指导意见(试行)》(2008年7月12日)第21条:"赔偿权利人无固定收入且不能证明最近三年的平均收入,也不能证明其所从事的行业,但其确有劳动能力的,其误工费用的计算标准可以参照深圳经济特区上一年度最低工资标准。"浙江杭州中院《关于道路交通事故损害赔偿纠纷案件相关问题的处理意见》(2008年6月19日)第1条:"……(一)误工费的认定:是否仅凭单位证明?对误工费的认定,应个案审查,鉴于现在实践中单位开具的收入证明较随意,故对误工费的认定应同时结合浙江省行业工资标准认定,并可以结合其他证据认定受害人的误工费。"第 3 条:"……(九)误工费问题。1. 对无固定收入的农民按照'农林牧'项目中的其他单位进行误工费计算,可能出现农村居民的误工费高于城镇居民(一般以单位证明加上税收证明认定)的情形,这是否合理?误工费的计算以损失填补为标准,对无固定收入的农民按照'农林牧'项目中的其他单位进行误工费计算是法定计算标准,应当适用。实践中农村居民误工费高于城镇居民情形的出现是现在经济发展、农村开发所导致的,而误工费是当事人因事故所产生的实际损失,故该情形的出现不应影响误工费的计算。2. 对于'无固定收入'的情形,是按照行业标准还是按照全省职工标准计算误工费?若按照行业标准,需细分到什么程度?对于'无固定收入'情形下误工费的计算标准依照原告主张而定,若原告主张按照行业标准且该行业标准有明确规定的,则适用行业标准;若原告主张按照全省职工标准的,则按照全省职工标准。对方当事人对原告的主张持有异议的,负举证责任。3. 定残后的误工费问题。误工费根据受害人的误工时间和收入状况确定。误工费的赔偿是对受害人因交通事故丧失劳动机会和劳动报酬的赔偿,被告若确有证据证明受害人在定残后仍从事一定工作的,可以相应折抵误工费的赔偿数额。4. 60 周岁以上仍在工作的受害人的误工费问题。60 周岁以上仍在工作的受害人的误工费应当依据个案酌定。《老年人权益保障法》明确规定,60 周岁以上的公民属于老年人,对于该类人群不以劳动报酬为生活来源,也不负有劳动的义务。但随经济发展、生活改善,人的劳动能力和健康状况得以有效改善,出现了一批 60 周岁以上仍在工作的人,该类人群若因交通事故丧失劳动能力和劳动报酬的,致害人应当予以误工费的赔偿,但考虑到该类人群的年龄因素,误工费的计算时间不宜过长,可结合个案中当事人的身体状况、年龄、从事的具体工作等酌定。5. 对于构成伤残但伤残程度较轻、且在定残前早已康复的受害人的误工费计算时间,可否不计至定残前一日,而以医疗机构的诊断证明确定?对于构成伤残但伤残程度较轻、且在定残前早已康复的受害人的误工费计算时间,可以不计至定残前一日,而以医疗机构的诊断证明确定。《最高人民法院关于审理人身损害赔偿案件适用法律若干问题的解释》第二十条第二款规定,误工时间根据受害人接受治疗的医疗机构出具的证明确定。受害人因伤致残持续误工的,误工时间可以计算至定残日前一天。从该规定可见,误工费的计算以受害人接受治疗的医疗机构出具的证明确定为原则,以计至定残日前一天为例外。该例外的适用前提为:一是因伤残误工;二是持续误工。对于在伤残情况较轻,且定残前早已康复的受害人,不符合持续误工的条件,故其误工费的计算仍应以医疗机构出具的证明为准。"江苏宜兴法院**《关于审理交通事故损害赔偿案件若干问题的意见》**(2008 年 1 月 28 日　宜法[2008]第 7 号)第 28 条:"误工费。受害人有固定收入的,按实际减少的收入计算。其实际减少的收入,可按固定收入合法证明,如税单、单位证明、工资单等为认定依据。如受害人工资、奖金等收入单位未扣发的,其误工费主张不予支持。"第29条:"受害人如果是有劳动能力的无业人员,其误工费标准可参照本市上年度企业最低工资标准(2006年为750元/月,2007年10月后为850元/月)计算;受害人如果是农村土地承包人,并有证据表明还从事养殖、渔业等经营的,可按省上一年度农、林、牧、渔业行业平均工资标准计算误工费。"第30条:"男满60周岁以上、女满55周岁以上,视为已丧失劳动能力,如果无证据表明又受聘于其他单位并因受伤实际减少了收入的,其主张误工损失的,不予支持。"第31条:"《人身损害赔偿案件适用法律若干问题的解释》第20条规定的'受害人因伤残持续误工的,误工时间和收入计算至定残日前一天',强调的是受害人因伤残不能正常工作而造成'持续误工的'情况,因此,不能简单理解为凡受害人构成伤残的,误工时间一律可计算至定残日前一天。如伤后几年评残,则应计算实际误工时间,不能计算至定残日前一天。具体误工时间应当根据受害人接受治疗的医疗机构出具的医学诊断休息证明书等证明确定。但是,如果证明开具的误工期限与公安部发布的《人身损害受伤人员误工损失日评定准则》中的规定期限过于悬殊,或者医疗机构出具的医学诊断休息证明书在二次以上的,可以根据当事人的申请,通过对误工期限进行鉴定的方式予以确认。"山东潍坊中院《2008年民事审判工作会议纪要(人身损害赔偿部分)》(2008年)第6条:"赔偿标准问题。(1)关于误工费问题。对虚开收入证明的情况,除审查单位证明外,还应要求当事人提供所在单位的出勤表、工资表及工资条、工资卡等证据。对有劳动能力的农村居民的误工费,目前并没有对应的赔偿标准,国有经济同行业平均工资中的农、林、牧、渔业是指国有农场、林场、牧场、渔场等单位职工的平均工资,与有劳动能力的农村居民的收入情况并不具有对应性,而按照人身损害司法解释的意见,农民人均纯收入与农民家庭人均生活消费支出额相加约等于农村居民的平均收入,故可以该两项相加额作为农村居民误工费的计算依据。(2)关于城镇、农村居民不同赔偿标准的适用问题。人身损害司法解释针对城镇居民和农村居民分别确定了不同的赔偿标准,这是考虑到当前我国城乡差别的实际情况而制定的,但从保护受害者利益出发,在两种标准存在交叉的情形下,可以按照'就高不就低'的原则确定具体的赔偿标准。对于农村人口在城镇住所地至起诉时已连续居住一年以上的,可以按照城镇居民标准计算损害赔偿数额,对于城乡结合部或'城中村'的农村居民,因其生活状态介于城镇与农村之间,如有的在城区工作,在农村居住,家中还有部分土地,有的土地虽被征收但可以获得相应的补偿,故可以按城镇居民标准与农村居民标准的平均值来计算损害赔偿数额。(3)关于被扶养人生活费问题。司法解释第二十八条第二款规定被扶养人是指受害人依法应当承担扶养义务的未成年人或者丧失劳动能力又无其他生活来源的成年近亲属。对成年近亲属为被扶养人的,应从是否丧失劳动能力及有无其他生活来源为标准考量。具体案件处理过程中,可以将法定退休年龄作为丧失劳动能力的一般标准,未达到法定退休年龄的是否丧失劳动能力则应以劳动能力鉴定为准……"重庆五中院《关于印发〈审理人身损害赔偿案件座谈会议纪要〉的通知》(2007年10月30日　渝五中法〔2007〕91号)第5条:"误工费是当事人实际发生的损失,属于受害人如未遭受人身损害而应获得却因侵权人的损害行为无法得到或者无法完全得到的利益。会议认为,《解释》中确立的损害赔偿方法是:具体损失差额赔偿、抽象损失定型化赔偿。审判人员在具体案件处理中,应当运用这一方法计算各项赔偿费用,由于个案的不同,允许结果的不同。差额赔偿,是以受害人发生损害前后费用增加或财产减少的算术差额作为赔偿依据的赔偿原则。主要包括医疗、误工、护理、交通、住宿、伙食、营养、残具等八项费用。定型化赔偿,是不考虑具体受害人个人财产损失的算术差额,而从损害赔偿的社会妥当性和社会公正性出发,为损害确定固定标准的赔偿原则,主要包括残疾赔偿金、被扶养人生活费、死亡赔偿金三项费用。"第6条:"当事人在外从事多份工作,或退休后仍在兼职,遭受人身损害后,误工费应当以证据证明的收入为差额赔偿原则,以相近行业上一年度职工的平均工资定型化赔偿为补充。会议认为,《解释》以完全赔偿为原则,主张权利人有多少'固定收入'损失,义务人就应当赔偿多少。《解释》改变了原《道路交通事故处理办法》关于误工损失不高于当地平均工资三倍的限制。打多份工或退休兼职不能证明'固定收入'的,可以适用《解释》第二十条第三款,以'最近三年的平均收入'计算。误工费损失计算关键在于用证据证明'固定收入'、'最近三年的平均收入'的事实。只要有证据证明,并通过审理依法应当采信,当事人的所有收入损失,都是其误工损失。在无法证明收入多少或收入多少的证明不被采信时,才能以相近行业上一年度职工的平均工资作为定型化赔偿的补充。"第7条:"误工费的时间计算应以医疗机构出据的证明或者司法文证审查确认的医疗时限为准。会议认为,《解释》第二十条规定误工时间根据受害人接受治疗的医疗机构出具的证明确定,误工费的计算应从实际误工日开始起,至定残前一天为时间段。这些原则在人民法院审查当事人主张误工时应当采用。如果当事人主动要求医疗机构为其多开休假证明,或有意延长治疗期限,拖延定残时间,达到获得更多误工费的目的时,人民法院应当准许当事人提出治疗期限、治疗方法、护理依赖是否存在扩大医疗进行鉴定的申请,委托有资质的法医学鉴定机构对治疗过程进行文证审查鉴定,并结合案件实际情况作出误工费、医疗费、护理费的综合认定。"江苏溧阳法院《关于审理交通事故损害赔偿案件若干问题的意见》(2006年11月20日)第12条:"对于受害人构成伤残的误工费认定问题。《最高人民法院关于审理人身损害赔偿案件适用法律若干问题的解释》第二十条第二款规定'误工时间可以计算至定残日前一天',但前提条件是'受害人因伤残致持续误工的'。由此可见,该条实质上是针对受害人在定残后仍然不能参加劳动的情形,明确误工时间计算的最迟截止时间是'定残日前一天',而对于定残后的'误工损失'不是不赔,而是转化为'残疾赔偿金'项目来进行赔偿。因此对于受害人伤残的误工时间认定还是与其他受害人一样,即根据医疗证明书、门诊病历和专家意见等证据进行认定,而不能只要受害人构成伤残,误工时间就一律计算至'定残日前一天'。"第14条:"《常州中院事故纪要》第十八条规定可以视为无劳动能力的年龄,是针对是否可以享受扶养费而言的,不能以此作为确定是否可以享受误工费的标准。误工费是否支持应以是否实际误工和收入是否因此减少来进行确定。"山东淄博中院《关于人身损害案件赔偿标准问题的意见》(2006年3月10日)第2条:"农民、城镇无业人员的误工费按山东省上年度农民人均收入和本地最低工资标准计算;有营业执照的个体工商业者(即无固定收入者),按上年度山东省相同或者相近行业职工平均工资计算;受伤人员的误工时间按照公安部2004年11月19日发布的《人身损害受伤人员误工损失日评定准则》执行。"上海高院《关于下发〈关于审理道路交通事故损害赔偿案件若干问题的解答〉的通知》(2005年12月31日 沪高法民一〔2005〕21号)第3条:"对于有劳动能力的当事人未提供因误工而实际减少的收入证明,对其误工费用是否应予以支持?答:就此问题,司法实践中存在以举证不能为由、驳回当事人相应诉请的做法。我们认为,可在依法释明后,参照目前公布的本市职工最低工资标准确定其误工费用。其理由为:据日常经验法则可知,劳动收入是有劳动能力的当事人的主要生活来源,交通事故在客观上将导致其收入的实际减少。此外,当事人未提供误工证明,往往存在相应的客观原因,如用工单位出于利益关系不愿出具相关证明等。如经释明,当事人仍未就其误工减少的收入提供相应证据的,可视为其就诉请举证不能,不能按其诉请支持其误工损失。但是如当事人能提供证据证明其所具体从事的行业的,可按照行业标准计算其误工费用;如当事人既不能举证证明其收入状况,又不能提供证据证明其具体行业的,可比照下岗失业人员、无业人员等人员,参照目前公布的本市职工最低工资标准确定其误工费用。"山东高院《关于审理人身损害赔偿案件若干问题的意见》(2001年2月22日)第66条:"误工损失。(1)受害人因医治伤害而造成误工损失的,应根据其实际伤害程度、恢复情况并参照治疗医院出具的证明或法医的鉴定等予以赔偿。(2)误工日期以治疗医院出具的医疗期证明或法医鉴定确定的休治时间为依据。(3)受害人有固定工资收入的,根据其用人单位出具的工资收入减少的证明全额赔偿。但应当注意审查单位证明的真实性。(4)受害人属于在职工作人员,除本职工作的收入外,其从事其他工作获取的报酬一般不予赔偿;按照国家有关规定,允许开展第二职业的在职人员的误工收入,可适当赔偿。(5)受害人是另谋职业的离退休人员,其因误工而减少的收入区别以下情况处理:法律、政策明确认可的,按照实际减少的收入予以赔偿;法律、政策未明确认可,也未明令禁止的,参照原在岗工资标准予以赔偿,但新的收入低于在岗工资的,按照新的收入予以赔偿;违反法律、政策规定而减少的收入,不予赔偿。(6)受害人没有固定工资收入,但有劳动收入的,应根据其从事的职业,按照侵害行为发生地(县市区)同行业的平均收入予以赔偿。(7)受害人是城镇居民,其劳动收入不固定的,其误工损失按照侵害行为发生地(县市区)城镇居民的人均年收入予以赔偿。(8)受害人是农村村民,其误工损失按照侵害行为发生地(县市区)农村农民人均年收入赔偿。(9)受害人是个体工商户或承包经营户的,其误工减少的收入可参照其上一年的税后平均收入或当地(县市区)个体经营的同行业、同工种、同等劳动力的平均收入来确定。"北京高院《关于印发〈关于审理人身伤害赔偿案件若干问题的处理意见〉的通知》(2000年7月11日)第9条:"误工费是受害人因受伤害不能工作而丧失的工资、奖金等合法收入。误工费的赔偿标准是:受害人有固定收入的,一般应按照实际减少的收入额计算,受害人固定收入超过我市职工上一年度平均收入3倍的,按3倍计算;受害人无固定收入的,参照受害人上一年的平均收入酌定,也可以参照当地同行业、同等劳力上一年的平均收入酌定。"第10条:"受害人误工时间应根据受害人治疗及恢复所实际需要的时间确定。当事人对误工时间有争议的,可参照受害人伤情和治疗医院出具的治疗时限证明或法医意见等有关证据认定。"第11条:"致受害人残疾的,在定残前应赔偿误工费,定残后则赔偿残疾生活补助费,二者不应重复计算。"第12条:"受害人在治疗期间或治疗后生活仍不能自理,需要设专人护理的,护理人员的误工损失或劳动报酬,由侵害人承担。护理人员的误工损失一般按其实际收入损失额计算;实际收入过高的,参照劳务市场上雇佣临时工的一般报酬标准的3倍以下酌情确定。雇人护理的护理费的赔偿标准,可按照当地有关部门公布的家政劳务市场上雇聘临时工护理同类病人一般应支出的费用计算。"河南高院《关于审理道路交通事故损害赔偿案件若干问题的意见》(1997年1月1日 豫高法〔1997〕78号)第26条:"有固定收入的误工费,一般应根据伤者单位在伤者治疗及参加事故处理期间因误工实际减少固定收入的证明,按照本人因误工减少的固定收入计算,如果固定收入高于交通事故发生地平均生活费3倍的,按照交通事故发生地平均生活费3倍计算,无固定收入的误工费,按照道路交通事故发生地所在的省级人民政府统计的该地上一年度国营同行业平均收入计算,即按照交通事故发生地全民所有制相关部门和职工平均工资计算。误工日期为实际误工的日期,一般应以医院出具的证明、单位证明等为依据。如需继续治疗,因继续治疗误工而致收入减少的,应参照上述原则予以酌情考虑。"

**5. 地方规范性文件。**北京市司法鉴定业协会《关于印发〈人身损害受伤人员误工期、营养期、护理期评定准则(试行)〉的通知》(2011年3月1日)第2条:"人身损害受伤人员误工期、营养期和护理期的确定应以原发性损伤及后果为依据,包括损伤当时的伤情、损伤后的并发症和后遗症等,并结合治疗方法及效果,全面分析个案的年龄、体质等因素,进行综合评定。"第3条:"误工期(亦称休息期、医疗休息期),是指人体损伤后经过诊断、治疗达到临床医学一般原则所承认的治愈(即临床症状和体征消失)或体征固定所需要的时间。"附录:"……对于一些损伤后恢复期比较长但已进入调解程序或诉讼程序的,误工期评定的上限可以至伤残评定前一日;但一般不超过24个月……损伤后经治疗在人身损害受伤人员误工期内未愈仍需继续治疗的,可酌情适当延长三期时限,但'三期'的上限不长于伤残评定的前一日,并应有鉴定人员意见说明……'根据临床治疗情况确定'是指由于原发损伤较重,被鉴定人的伤情预后变化很大,或者出现严重感染、并发症、合并症等情况,不能单纯根据损伤就能确定预后恢复的情况,需要结合临床治疗情况予以明确;'根据临床治疗恢复情况确定者','三期'最长至评残日前一日。"浙江省司法厅《**浙江省第二届法医临床鉴定业务研讨会会议纪要**》(2009年9月29日 浙司办〔2009〕71号)第1条:"人身损害赔偿案件中法医临床鉴定的范围。伤残程度评定、医疗费合理性评定、后期医疗费评定、医疗护理依赖程度评定、治疗时限评定、法医临床鉴定文证审查和误工、护理、营养时限评定等,属于法医临床鉴定范围。伤后医疗费、误工费、护理费、后期医疗费和营养费等具体数额的确定,及残疾辅助器具配置的具体价格、使用年限,不属于法医临床鉴定范围。精神疾病治疗的医疗费合理性评定属于法医精神病鉴定范围,不属于法医临床鉴定范围。"第5条:"误工损失日,是指被鉴定人损伤后经过诊断、治疗达到临床医学一般原则所承认的治愈(即临床症状和体征消失)或体征固定所需要的时间。误工评定,应根据原发性损伤部位、损伤严重性、复杂程度、理论上损伤愈合进程、实际愈合过程、功能恢复状态及治疗过程、治疗效果、愈合状态等因素,结合被鉴定人自身年龄、健康状态等客观情况,参照《人身损害受伤人员误工损失日评定准则》(GA/T 521—2004)、《事故伤害损失工作日标准》(GB/T 15499—1995)等标准,进行全面分析、综合衡量。"

**6. 最高人民法院审判业务意见。**●两次伤残鉴定,受害人的误工费应算至哪一次定残日前一天?《民事审判指导与参考》研究组:"理论上,对受害人的赔偿采完全赔偿原则,受害人受伤之日至定残日之前一日的误工损失与定残之后的残疾赔偿金之和正好是对其所受伤害的完全赔偿。《最高人民法院关于审理人身损害赔偿案件适用法律若干问题的解释》第20条第2款规定,误工的时间应当根据受害人接受治疗到康复所需的时间确定,其标准以相应医疗机构出具的证明为依据,受害人因伤致残或者死亡的,误工时间应当计算至定残之日的前一日或者按照实际误工损失时间计算。据此,这里所指的定残日应是指被法院确认有法律效力的伤残鉴定结果作出之日。本案中第一次伤残鉴定结论是没有法律效力的,故应以第二次伤残鉴定结论作出的时间来确定误工费的数额。因此,我们认为,第二种意见是正确的。"○当事人于住院治疗期间因春节等节日请假回家休养的时间,能否计算误工费?当事人在门诊就诊期间,医嘱休息的时间能否计算误工费?最高人民法院民一庭《民事审判实务问答》编写组:"误工费属于受害人如未遭人身侵害而本应获得却因侵权人的侵权行为无法得到或者无法完满得到的利益……误工时间的确定应当根据受害人自接受治疗到康复所需的时间确定,其标准以相应医疗机构出具的证明为依据。误工费是当事人实际发生的损失。当事人于住院治疗期间因春节等节日请假回家休养,是基于传统节日合家团聚的传统习俗,是病人精神上的需要,也有利于治疗,只要有医院的准假证明证实这段时间仍属治疗、按医嘱休息的时间,应当作为误工期间计算误工费。当事人在门诊就诊期间医嘱休息,如有相应的医疗机构出具的证明证实该期间尚属于接受治疗至康复所需的时间,则应当作为误工时间计算误工费。"●残疾者的误工费和生活补助费能否重复计算?《人民司法》研究组:"关于民法通则第 119 条规定的因误工减少的收入,是指伤者在治疗期间因耽误正常工作而使其收入减少的部分,依法应予赔偿。赔偿范围是该伤者如未受伤而正常工作时所能获得的固定收入与因伤导致所获得的实际收入之间的差额部分。法院判决时,通常按实际误工天数计算误工费。残疾者生活补助费是为了维持伤者治疗结束后的正常生活,使其能保持所在地区一般生活水平而规定的。生活补助费通常与当地的生活水平及残疾者致残程度有关,而与伤者受伤前所从事的职业及收入无太大关系。因此,我们认为残疾者的误工费和生活补助费是不能重复计算的,故同意来信所述的第一种意见。"

**7. 参考案例**。①2013 年河南某交通事故纠纷案,2012 年,63 岁的张某驾驶电动车被王某驾驶的货车碰撞,造成张某受伤。交警认定张某、王某分负主、次责任。张某诉请王某及保险公司赔偿其误工费、残疾赔偿金等损失。法院认为:我国有关法律规定劳动者退休年龄为男 60 周岁、女 50 周岁(女干部 55 周岁),故 60 岁以上老年人不属《劳动法》和《劳动合同法》中的劳动者,但他们仍受其他法律保护。《老年人权益保障法》鼓励老年人在自愿和量力情况下,做一些力所能及的事情,其第 42 条规定:"老年人参加劳动的合法收入受法律保护。"故老年人从事力所能及的劳动是受法律保护的。所谓误工费,是指赔偿义务人应向赔偿权利人支付的受害人从遭受伤害到完全治愈这一期间内(即误工时间),因无法从事正常工作或劳动而失去或减少的工作、劳动收入赔偿费用。法律和司法解释均未排除老人误工费求偿权。只要遭受了收入丧失或减少,无论年龄多大,均可计算误工费。退休在某种意义上讲,更多的是一种待遇,并非必然丧失劳动能力的年龄标准。现实生活中,60 岁以上的人被返聘工作或从事雇工、从事农业生产的很普遍。如其遭受人身损害,从遭受伤害到完全治愈这一期间内,势必无法从事正常工作或因无法劳动而减少收入。侵害人给受害人造成的劳动收入损失,这是一种具体财产损害,依法应予赔偿。当然,在计算误工费赔偿数额时,应考虑劳动者的劳动能力和收入状况,以及伤害对劳动能力和收入多少的影响程度。本案中,张某所在公司出具相关证明,可见,张某虽已超过法定退休年龄,但并未丧失劳动能力,仍以自己劳动收入在维持生计。张某因伤住院治疗期间<u>不能像往常一样进行生产活动,其收入必然会减少</u>,理应获得相应误工赔偿。判决保险公司赔付张某各项费用4万余元。

②2012年<u>浙江某交通事故纠纷案</u>,2011年,江某驾车与骑电动车的殷某相撞,交警认定江某全责。殷某诉请江某及其投保交强险的保险公司赔偿项目,包括其受伤期间<u>承包摊位租金损失1万余元</u>。法院认为:保险公司作为机动车交强险受理单位,应在交强险责任限额范围内赔偿殷某经济损失;江某作为肇事车辆使用人,负事故全部责任,应赔偿殷某剩余经济损失。停业期间摊位租金易被理解为间接损失,但因该租金支付并非系由交通事故直接引起,<u>与交通事故缺乏法律上因果关系</u>。本案殷某举证即便能证实其2011年支付摊位费2万余元的事实,但该摊位费亦已支付,并不会因交通事故发生而带来增加或减少的改变。同时,因交通事故导致停摊而产生的损失,实质是误工损失,应通过误工费赔偿请求来解决,故判决保险公司支付殷某医疗费、误工费、护理费、交通费、车辆维修费共计3万余元,江某赔偿殷某余下经济损失8000余元,殷某关于赔偿摊位租金损失诉请不予支持。

③2010年<u>北京某交通事故损害赔偿案</u>,2010年2月,李某驾车撞伤78岁老人姚某,是否支付误工费成为焦点。姚某所在村委会出具证明,载明姚某有3亩地,自己耕种,由亲戚协助耕种,身体健康,子女定期看望,给些生活补助。法院认为:姚某未提交证据证明实际收入的减少,虽提交证据证明有承包地,但其<u>年满78周岁</u>,已是<u>退出劳动、由子女赡养的年纪</u>,本次事故不会给其带来误工的损失,故对其该项诉请不予支持。

④2010年<u>河南某人身损害赔偿案</u>,2007年,退休后承包土地种植林果的刘某遭受人身损害,误工费计算成为争议焦点之一。法院认为:刘某<u>虽系退休人员,有退休工资</u>,但其在退休后仍从事社会劳动,有一定经济收入,不能因为有退休工资而否认其收入减少的事实,因侵权导致人身损害计算赔偿金时,应比照行业收入标准予以赔偿。

⑤2010年<u>四川某交通事故损害赔偿案</u>,2009年12月,李某驾驶从罗某处转让但未过户的车辆撞伤胡某,农村户口的胡某提供了2009年11月在县城机砖厂务工领取1516元的工资表,诉讼期间,胡某农村土地被征用并办理了"农转非"。法院认为:罗某在此次交通事故发生时已非肇事车辆物权所有人,依法不承担赔偿责任。<u>胡某受伤时及住院期间系农村居民户,其虽提供了事发前1个月的工资表,但未能提供其持续误工的相关证据佐证,故其误工费按农村居民标准计算</u>;而残疾赔偿金系对其受伤致残后的补偿,胡某评残前因土地全部被征用已由农村居民户口转为城镇居民户口,故对其残疾赔偿金应适用城镇居民赔偿标准;

因被扶养人系农村居民户口,并长期居住农村,故应按本省上一年度农村居民人均年生活消费支出标准计算。⑥2008年河南某交通事故损害赔偿案,2008年4月,71岁农民黄某骑三轮车去县城卖蔬菜过程中,被骑摩托车的张某碰撞致骨折住院近3个月,交警认定张某负全责。双方对误工费有争议。法院认为:张某负事故全部责任,故对黄某的全部损失应承担赔偿责任。法律未规定自然人在多大年龄下丧失劳动能力,且黄某提供村委会证明也证实其靠自己劳动为生,并未丧失劳动能力。同时,黄某系农村承包经营的种植、卖菜专业户,属于有固定收入的人,故其误工费应得到支持,判决张某赔偿黄某1.3万余元。⑦2006年湖南某交通事故损害赔偿案,2005年,退休后领取退休工资,又开诊所经营的周某被王某驾车撞伤。法院认为:根据我国《民法通则》规定,侵害公民身体造成伤害的,应赔偿因误工减少的收入。前述"公民",应理解为包括离退休人员在内的自然人;"误工"中的"工",应理解为社会劳动,包括在职人员的正常工作和退休人员退休后的有偿劳动;"因误工减少的收入",应视为耽误一切劳动或工作而减少的收入,包括耽误退休人员所从事的正常有偿劳动而减少的收入。退休人员受伤后造成退休费用之外的其他劳动收入减少,属于"因误工减少的收入",侵权责任人应比照行业人员的收入标准予以赔偿。

**【同类案件处理要旨】**

交通事故造成他人人身损害的,应当赔偿包括误工费在内的各项人身损害费用。误工费根据受害人的误工时间和收入状况确定。误工时间根据受害人接受治疗的医疗机构出具的证明确定。受害人因伤致残持续误工的,误工时间可以计算至定残日前一天。受害人有固定收入的,误工费按照实际减少的收入计算。受害人无固定收入的,按照其最近三年的平均收入计算;受害人不能举证证明其最近三年的平均收入状况的,可以参照受诉法院所在地相同或者相近行业上一年度职工的平均工资计算。

**【相关案件实务要点】**

1.【从事社会劳动的退休人员】退休后从事社会劳动,有一定经济收入,因人身损害计算赔偿金额时,其误工费应比照行业收入标准予以支持。案见河南南阳中院(2010)南民二终字第237号"刘某诉某医院医疗侵权案"。

2.【领取退休工资的退休人员】虽然领取退休工资,但受伤前仍从事社会劳动的退休人员,应比照相关行业收入标准计算误工赔偿。案见湖南株洲中院(2006)株中法民一终字第140号"周某诉某保险公司人身损害赔偿案"。

3.【务农老人】我国立法和司法实践对误工费性质采用生活来源丧失说,即赔偿标准非丧失的劳动能力,而是生活补助费,故对农村仍靠从事种植、养殖等承包经营为生的老人,人身损害赔偿中的误工费应得到支持。案见河南内乡法院(2008)内法民初字第2723号"黄某诉张某交通事故损害赔偿案"。

4.【误工损失证明】交通事故受害人虽提交证据证明其有承包地,但因其年满78周岁,是退出劳动应由子女赡养的年纪,在其不能提供证据证明其实际收入减少的情况下,不应认定交通事故给其带来误工损失,故不支持其误工费诉请。案见北京一中院(2010)一中民终字第3488号"姚某诉李某等交通事故损害赔偿案"。

5.【调解协议】交通事故人身损害发生后,当事人签订的调解协议,即使部分赔偿项目如误工费未实际发生,赔偿义务人也不得以重大误解为由,申请法院撤销。案见广东深圳中院(2005)深中法民一终字第3908号"张某等诉林某交通事故损害赔偿案"。

6.【人户分离人员】虽然是农业人口户口,但人户分离到城镇连续工作、居住、生活达一年以上,且其经济收入、生活来源已与农村和农业生产相分离的人员,如在诉讼时能提供其居住证明、工作证明、收入证明等证据的,则应作为城镇常住人口,计算误工费时按城镇居民的标准对待。案见四川天全法院(2010)天全民初字第250号"胡某诉李某等交通事故损害赔偿案"。

【附注】

**参考案例索引**:广东深圳中院(2005)深中法民一终字第3908号"张某等诉林某交通事故损害赔偿案",一审支持林某反诉请求,撤销了调解协议中关于误工费的项目,二审改判认定调解协议有效。见《对人身损害赔偿协议中重大误解的认定》(张辉辉),载《人民司法·案例》(200706:37)。①河南南阳中院(2013)南民二终字第00414号"张某与王某等交通事故纠纷案",见《六十岁以上的人受到人身损害也可主张误工损失——河南南阳中院判决张百俊诉王晓哲等机动车交通事故纠纷案》(陈自勇、谢蕊娜),载《人民法院报·案例指导》(20130829:06)。②浙江奉化法院(2012)甬奉民三初字第139号"殷某与江某等交通事故责任纠纷案",见《殷彩侠诉江雪芬、浙商财产保险股份有限公司鄞州支公司机动车交通事故责任纠纷案》(张远金、陈海洲),载《人民法院案例选》(201204/82:159)。③北京一中院(2010)一中民终字第3488号"姚某诉李某等交通事故损害赔偿案",见《姚美荣诉李建奇等道路交通事故人身损害赔偿案》(吕迪),载《中国法院2012年度案例:道路交通纠纷》(267)。④河南南阳中院(2010)南民二终字第237号"刘某诉某医院医疗侵权案",见《退休人员从事他业的误工费赔偿——河南南阳中院判决刘天德诉内乡县人民医院医疗损害赔偿案》(杨慧文、郭晓菊),载《人民法院报·案例指导》(20100916:6)。⑤四川天全法院(2010)天全民初字第250号"胡某诉李某等交通事故损害赔偿案",见《胡贵云诉李仕兵等道路交通事故人身损害赔偿案》(王钰、胡轩),载《中国法院2012年度案例:道路交通纠纷》(185)。⑥河南内乡法院(2008)内法民初字第2723号"黄某诉张某交通事故损害赔偿案",见《黄金定诉张红军道路交通事故误工费赔偿纠纷案》(杨慧文、杨志平),载《人民法院案例选》(200901:148)。⑦湖南株洲中院(2006)株中法民一终字第140号"周某诉某保险公司人身损害赔偿案",见《有他业收入的退休人员被致伤误工应获得误工赔偿——湖南株洲中院判决周海凡道路交通事故人身损害赔偿案》(秦飞雁、沈建平),载《人民法院报·案例指导》(20070521:5)。

**参考观点索引:**●两次伤残鉴定,受害人的误工费应算至哪一次定残日前一天?见《两次伤残鉴定,受害人的误工费应算至哪一次定残日前一天》,载《民事审判指导与参考·民事审判信箱》(201003:238),另载《人民司法·司法信箱》(201003:111)。○当事人于住院治疗期间因春节等节日请假回家休养的时间,能否计算误工费?当事人在门诊就诊期间,医嘱休息的时间能否计算误工费?见《在损害赔偿案件中,当事人于住院治疗期间因春节等节日请假回家休养的时间,能否计算误工费?当事人在门诊就诊期间,医嘱休息的时间能否计算误工费?》,载《民事审判实务问答》(2008:141)。●残疾者的误工费和生活补助费能否重复计算?见《残废者的误工费和生活补助费能否重复计算?》,载《人民司法·司法信箱》(200105:64)。

# 53. 护理费赔偿计算标准

——护理人员费,如何定标准?

【护理费用】

【案情简介及争议焦点】

2004年7月,何某驾驶机动车撞伤杨某,交警认定何某、杨某分负主、次责任。杨某索赔44万余元,其中包括20年的护理费24万余元。经司法鉴定,认为杨某"尚不构成护理等级,但日常生活中需他人部分督促和提醒"。一审未支持护理费部分,抗诉再审过程中,重新鉴定结论为"尚不构成护理依赖等级,但由于其存在中度智能障碍,在日常生活中,必要时需他人监护"。

争议焦点:1. 诉讼请求不明确,法院应否释明? 2. 护理费的诉讼请求如何支持?

**【裁判要点】**

**1. 住院期间护理费。** 护理费是受伤的人因生活不能自理需要他人帮助而付给护理人员的报酬,计算期间包括住院期间和出院以后两个阶段。原审诉讼中,杨某虽未明确护理费部分是否包含住院期间的护理费,但再审期间明确表示20年的护理费诉请已包括住院护理费,且原审诉讼中何某亦基本认可,故该住院期间护理费应予支持。

**2. 出院之后护理费。** 根据鉴定结论,虽不构成护理依赖等级,但需要监护。作为与杨某共同生活的其他家庭共同成员,因照顾、料理杨某的日常生活必然要付出一定的劳动时间和精力,并带来一定的经济收入减少,本着适当补偿的原则,对杨某出院后护理费的赔偿请求,应予酌情支持。

**【裁判依据或参考】**

**1. 法律规定。**《民法典》(2021年1月1日)第1179条:"侵害他人造成人身损害的,应当赔偿医疗费、护理费、交通费、营养费、住院伙食补助费等为治疗和康复支出的合理费用,以及因误工减少的收入。造成残疾的,还应当赔偿辅助器具费和残疾赔偿金;造成死亡的,还应当赔偿丧葬费和死亡赔偿金。"第1182条:"侵害他人人身权益造成财产损失的,按照被侵权人因此受到的损失或者侵权人因此获得的利益赔偿;被侵权人因此受到的损失以及侵权人因此获得的利益难以确定,被侵权人和侵权人就赔偿数额协商不一致,向人民法院提起诉讼的,由人民法院根据实际情况确定赔偿数额。"《侵权责任法》(2010年7月1日,2021年1月1日废止)第16条:"侵害他人造成人身损害的,应当赔偿医疗费、护理费、交通费等为治疗和康复支出的合理费用,以及因误工减少的收入。造成残疾的,还应当赔偿残疾生活辅助具费和残疾赔偿金。造成死亡的,还应当赔偿丧葬费和死亡赔偿金。"

**2. 司法解释。** 最高人民法院《关于审理人身损害赔偿案件适用法律若干问题的解释》(2004年5月1日 法释〔2003〕20号,2020年修正,2021年1月1日实施)第8条:"护理费根据护理人员的收入状况和护理人数、护理期限确定。护理人员有收入的,参照误工费的规定计算;护理人员没有收入或者雇佣护工的,参照当地护工从事同等级别护理的劳务报酬标准计算。护理人员原则上为一人,但医疗机构或者鉴定机构有明确意见的,可以参照确定护理人员人数。护理期限应计算至受害人恢复生活自理能力时止。受害人因残疾不能恢复生活自理能力的,可以根据其年龄、健康状况等因素确定合理的护理期限,但最长不超过二十年。受害人定残后的护理,应当根据其护理依赖程度并结合配制残疾辅助器具的情况确定护理级别。"最高人民法院《关于贯彻执行〈中华人民共和国民法通则〉若干问题的意见(试行)》(1988年4月2日 法〔办〕发〔1988〕6号,2021年1月1日废止)第145条:"经医院批准专事护理的人,其误工补助费可以按收入的实际损失计算。应得奖金一般可以计算在应赔偿的数额内。本人没有工资收入的,其补偿标准应以当地的一般临时工的工资标准为限。"

**3. 地方司法性文件**。河南高院《关于机动车交通事故责任纠纷案件审理中疑难问题的解答》(2024年5月)第20条:"部分交通事故赔偿项目的适用标准应如何把握? 答:发回重审案件应按照发回重审前即原一审辩论终结前上一年度标准计算相应误工费、护理费、残疾赔偿金或死亡赔偿金及被扶养人生活费。受害人二次手术后再次提起诉讼,请求支付误工费、护理费的,应按照该次诉讼中一审法庭辩论终结时的上一统计年度相关标准计算。"浙江高院《印发〈关于人身损害赔偿项目计算标准的指引〉的通知》(2022年8月24日 浙高法审〔2022〕2号)第5条:"受害人住院期间的护理费,有支出凭据且未明显高于市场价的,据实计算。没有支出凭据的,按照受诉法院所在地省、计划单列市上一年度私营单位从业人员年平均工资标准计算。"第6条:"受害人在重症加强护理病房(ICU)期间一般不计算护理费,但确需额外护理的除外。"第7条:"受害人非住院期间的护理费,按照受诉法院所在地省、计划单列市上一年度私营单位从业人员年平均工资标准,结合护理依赖程度计算:完全护理依赖为100%,大部分护理依赖为80%,部分护理依赖为50%。受害人出院后仅需短期护理的,护理费按照部分护理依赖计算。"第8条:"受害人已配置残疾辅助器具的,应按配置后的情况进行护理依赖程度评定。"第9条:"护理期限应计算至受害人恢复生活自理能力时止。完全护理依赖或受害人75周岁以上的,一般暂按5年计算。其他情况受害人因残疾不能恢复生活自理能力的,根据年龄、健康状况等合理确定护理期限。期满后确需继续护理的,受害人可另行主张。"内蒙古高院《关于道路交通事故损害赔偿案件赔偿项目审核认定标准汇编》(2022年1月1日)第4条:"护理费。1.计算方法。(1)护理人员有固定收入的。护理费参照误工费的规定计算。(2)护理人员无固定收入或雇佣护工的。护理费参照内蒙古自治区护工从事同等级别护理的劳务报酬标准计算。2.相关证据。赔偿权利人应提供医嘱或者司法鉴定意见等证明需要护理以及护理期限、护理依赖程度等。3.说明。(1)护理期限。护理期限计算至受害人恢复生活自理能力时止。受害人因残疾不能恢复生活自理能力的,可以根据其年龄、健康状况等因素确定合理的护理期限,但最长不超过二十年。①住院护理期限,应以合理住院天数确定。②短期康复护理期限,应结合受害人伤情、医疗证明或鉴定意见确定。③长期护理依赖期限,受害人伤残等级较高,需常年护理的,根据鉴定意见结合受害人年龄、健康状况等确定合理护理期限,以定期金方式给付护理费。(2)护理人数。护理人员原则上为一人,但医疗机构或者鉴定机构有明确意见的,可以参照确定护理人员人数。"海南高院《**关于印发〈海南省道路交通事故人身损害赔偿标准〉的通知**》(2021年1月1日 琼高法〔2020〕325号)第2条:"各赔偿项目的单证标准与计算原则……(六)护理费。护理费根据护理人员的收入状况、护理人数和护理期限确定。护理期限应计算至受害人恢复生活自理能力时止。1.单证标准。(1)护理人员的收入状况:护理人员有收入的,参照误工费的认定标准;雇佣护工的,提供已支付护理费收费的有效凭证、护工户籍证明或者身份证复印件。残后护理的,提供司法鉴定机构出具的残后护理等级的鉴定意见书原件。(2)护理人数:护理人员原则上为1人,但医疗机构或者司法鉴定机构有明确意见的,可以参照确定护理人员人数。(3)护理期限:根据医院证明、司法鉴定书确定。2.计算原则:护理人员实际误工损失日金额×护理天数×护理人数。(1)护理人员实际误工损失日金额:护理人员有收入的,参照误工费的规定计算。护理人员没有收入或雇佣护工的,参照当地护工从事同等级别护理的劳动报酬标准计算,最高不超过250元/天/人。对于护理级别及护理标准无法确定的,按照120元/天/人的标准赔付。(2)护理期限:原则上以实际住院天数为准。司法鉴定书确定的护理天数少于实际住院天数的,应以实际住院天数确定护理期限。根据医院证明或司法鉴定书核定出院后确实需要护理的,不应超过公安部发布的《人身损害受伤人员误工损失日评定准则》对应的创伤误工期标准。受害人因残疾不能恢复生活自理能力的,可以根据其年龄、健康状况等因素确定合理的护理期限,但最长不超过20年。对于受害人因伤残不能恢复生活自理能力的(伤残等级在5级以下),可按照一次性或分期的方式计算和给付护理费。按照分期方式计算护理费的,每期最高不超过5年,总和不超过20年。受害人定残后的护理,应根据其护理依赖程度并结合配制残疾辅助器具的情况确定护理级别。受害人定残后的护理级别参照《人身损害护理依赖程度评定》(GA/T 800—2008)执行。"安徽亳州中院《**关于审理道路交通事故损害赔偿案件的裁判指引(试行)**》(2020年4月1日)第10条:"护理期按住院期间和医嘱护理期确定,有争议的,按鉴定意见确定。受害人需要长期护理的,护理期限最长不超过20年,60周岁以上每增加1岁减少1年,75周岁以上的计算5年。"江西宜春中院《**关于印发〈审理机动车交通事故责任纠纷案件的指导意见〉的通知**》(2020年9月1日 宜中法〔2020〕34号)第30条:"护理期限原则上依据鉴定意见确定。没有鉴定意见的,受害人主张住院期间护理费的,人民法院应予以支持;主张出院后护理费的,有医嘱的,予以支持。护理人员有收入的,护理费及其证据标准按照误工费的规定计算。护理人员没有收入的,护理费的标准按照江西省上一年度城镇私营单位居民服务业就业人员年平均工资计算。受害人雇佣护工的,护理费据实计算,但不应超过江西省上一年度护理行业年平均工资。护理人员原则上为一人,医疗机构或鉴定机构有明确意见的,可以参照确定护理人员人数,但最高不得超过二人。定残后受害人需要护理的,应提供鉴定机构关于护理依赖程度的鉴定意见。护理依赖的赔偿系数为完全护理依赖100%、大部分护理依赖80%、部分护理依赖50%。完全护理依赖或者受害人年满七十五周岁以上的护理期限暂按5年计算,5年后发生的另行主张;其他情况暂按10年计算,10年后发生的另行主张,但侵权人或保险公司认为护理期限应当低于10年的,可以申请司法鉴定,人民法院根据鉴定意见确定。护理费的计算公式:上一年度城镇私营单位居民服务业就业人员年平均工资/上一年度护理行业年平均工资÷12个月÷30天×护理期限×护理人数。"山西高院《关于人身损害赔偿标准的办案指引》(2020年7月1日 晋高法〔2020〕34号)第9条:"护理期可以参照公安部《人身损害误工期、护理期、营养期评定规范》结合案情确定,或可以根据当事人的申请委托司法鉴定。"第10条:"当事人不能证明护理人员的收入状况的,护理费参照120元/天的标准计算。"第11条:"受害人定残后的护理依赖程度可以根据司法鉴定机构作出的鉴定意见确定。护理依赖程度的赔偿系数一般为完全护理依赖100%、大部分护理依赖80%、部分护理依赖50%,可以根据受害人配置残疾辅助器具的情况适当调整上述比例。"第12条:"受害人伤残等级较高(七级以上,含七级)需要常年护理的,可以参照《最高人民法院关于审理人身损害赔偿案件适用法律若干问题的解释》第三十三条、第三十四条的规定,以定期金方式给付护理费。"湖南高院《关于印发〈审理道路交通事故损害赔偿纠纷案件的裁判指引(试行)〉的通知》(2019年11月7日 湘高法〔2019〕29号)第28条:"护理人员有固定收入的,参照误工费的规定计算;护理人员没有收入的,参照当地护工从事同等级别护理的劳务报酬标准计算。当事人不能举证证实护理人员收入的,护理费参照当地居民服务业行业标准。"第29条:"定残后护理费的期限应根据个案中受害人年龄、健康状况等因素确定,但受害人在定残时不满六十周岁的,定残后护理期限最长不超过二十年。受害人定残时年满六十周岁的,年龄增加一岁减少一年。七十五周岁以上的,按五年计算。超过上述护理期限上限,赔偿权利人确需继续后续护理的,可另诉主张,人民法院可酌情判令赔偿义务人继续给付一定数量的护理费。受害人因残疾不能恢复生活自理能力主张定残后护理费的,需有明确的司法鉴定意见确定护理依赖程度。护理依赖程度为:完全护理依赖100%,大部分护理依赖60%—80%,部分护理依赖30%—50%。"四川高院《关于印发〈四川省高级人民法院机动车交通事故责任纠纷案件审理指南〉的通知》(2019年9月20日 川高法〔2019〕215号)第32条:"【护理费标准】护理人员有收入的,参照误工费的规定计算;护理人员没有收入或者雇佣护工的,参照当地护工从事同等级别护理的劳务报酬标准计算。当事人不能举证证实护理人员收入的,护理费参照受害人治疗所在地一般护工、特级护工的收入标准计算。特级护理一般是指卧床不能行动、需24小时护理的情况。"第33条:"【护理人数】护理人员原则上为一人,但医疗机构或者鉴定机构有明确意见的,可以参照医疗机构或者鉴定机构意见确定护理人员人数。"第34条:"【护理期限】护理期限应计算至受害人恢复生活自理能力时止。对于伤残等级较高的尤其是植物人状态的受害人,或者年满75周岁以上的受害人,人民法院判决支持护理费的赔偿期限一般不超过5年,期限届满以后受害人可另行主张。"第35条:"【护理依赖】人民法院应当根据鉴定意见确定受害人的护理依赖程度。护理依赖的赔偿标准为受诉人民法院所在地上一年度服务行业的平均工资。护理依赖的赔偿系数为:完全护理依赖100%;大部分护理依赖80%;部分护理依赖50%。"安徽黄山中院《关于印发〈黄山市中级人民法院关于审理道路交通事故损害赔偿纠纷案件相关事项的会议纪要(试行)〉的通知》(2019年9月2日 黄中法〔2019〕82号)第6条:"护理费:需有医院证明或鉴定意见需要护理。护理人员身份明确的,需有医院证明具体的护理人员身份以及护理人员收入证明。1.护理费原则上参照本省上一年度居民服务行业在岗职工平均工资标准计算;如有证据证明实际发生的,按实际发生的数额确定。2.护理期限按住院期限和医嘱护理期限确定,有争议的,按鉴定意见确定。3.受害人需要长期护理的,护理期限最长不超过20年,60周岁以上每增加1岁减少1年,75周岁以上的计算5年。4.受害人因严重伤残需要完全或大部分护理依赖的,可以根据年龄、健康状况等因素先行支持5年的后期护理费,受害人之后仍需护理的,可另行主张。5.完全护理依赖按护理费100%比例计算,大部分护理依赖按护理费60%—80%比例计算,部分护理依赖按护理费20%—40%比例计算。6.护理人员原则上为1人。"浙江金华中院《人身损害赔偿细化参照标准》(2019年5月27日)第1条:"……护理费:除长期护理的情形外,不区分住院期间和非住院期间,统一按照150元/天计算护理费。长期护理依赖的计算比例为:全部(1级)护理依赖(进食、翻身、大小便、穿衣洗漱、自我移动共5项均需护理),按非住院期间的护理费的50%,大部分(2级)护理依赖(5项中的3项)40%,部分(3级)护理依赖(5项中的1项)30%;最长不超过20年,60周岁以上每增加1岁减1年,75周岁以上按5年。护理期限:应计算至受害人恢复生活自理能力时止,受害人因残疾不能恢复生活自理能力的,可以根据其年龄、健康状况等因素确定合理的护理期限,但最长不超过20年。伤残的可按医院证明或司法鉴定计算至定残日前1天、按日计算。定残后仍需长期护理的,应根据司法鉴定确定其护理依赖程度并结合配制残疾辅助器具的情况确定护理级别。"江西上饶中院《关于机动车交通事故责任纠纷案件的指导意见(试行)》(2019年3月12日)第1条:"……(三)护理费。(1)住院护理。护理费=X元/天×住院天数×护理人数,需提供住院证明、医嘱。(2)出院护理。①短期医嘱护理。护理费=X元/天×医嘱护理天数,需提供医嘱证明。医嘱护理期间评残的,计算至定残日前一天。②长期康复护理(定残后受害人需要护理的)。护理费＝X元/天×护理依赖系数(完全护理依赖按照100%,大部分护理依赖按照80%,部分护理依赖按照50%)×护理年限×365天。说明:①护理人员有收入的,证据标准按照误工费证据要求认定。护理人员没有收入或雇佣护工的,参照上一年度当地城镇非私营单位居民服务业就业人员年平均工资计算。②长期康复护理(定残后受害人需要护理的),应提供司法鉴定机构关于护理依赖程度的鉴定意见。护理依赖程度分为三个等级,即完全护理依赖,全额计算护理费;大部分护理依赖,按80%计算护理费;部分护理依赖,按50%计算护理费。完全护理依赖或者受害人75周岁以上的护理期限暂按5年计算,5年后发生的另行主张;其他情况暂按10年计算,10年后发生的另行主张,但侵权人或者保险公司认为护理期限应当低于10年的,可以申请司法鉴定,根据鉴定意见认定。③护理人员原则上为一人,但医疗机构或者鉴定机构有明确意见的,可以参照确定护理人员人数。"湖北鄂州中院《关于审理机动车交通事故责任纠纷案件的指导意见》(2018年7月6日)第6条:"护理期限原则上依据鉴定意见确定。没有鉴定意见的,受害人主张住院期间护理费的,一般予以支持;主张出院后护理费,有医嘱的,予以支持。护理人员原则上为一人,有鉴定意见的,可以参照鉴定意见确定护理人员人数,但最高不得超过二人。护理依赖程度根据鉴定意见确定。护理依赖的赔偿系数为完全护理依赖100%、大部分护理依赖80%、部分护理依赖50%。护理人员有收入的,护理费参照误工费的规定计算。护理人员的收入过高,赔偿义务人要求按照本地护工从事同等级别护理的劳务报酬标准计算护理费的,应否予以支持。护理人员没有收入,护理费的标准按照受诉法院所在地上一年度居民服务行业的平均工资计算。受害人雇佣护工的,护理费据实计算,原则上不应超过本地护工从事同等级别护理的劳务报酬标准。"湖北十堰中院《印发〈关于进一步规范机动车交通事故责任纠纷案件审理工作的意见〉的通知》(2018年6月28日 十中法〔2018〕79号,2020年7月10日废止)第3条:"护理期限应计算至受害人恢复生活自理能力时止。受害人是否恢复生活自理能力,应参照医疗机构的诊断意见或鉴定机构的鉴定意见综合认定。受害人能恢复生活自理能力的,参照医疗机构的诊断意见和鉴定机构的鉴定意见认定合理的护理期限;受害人不能恢复生活自理能力的,应根据受害人的伤残等级、住院时间、年龄以及身体状况等因素,参照鉴定机构的鉴定意见综合认定合理的护理期限,但最长不超过二十年。受害人伤残等级较重又年龄较大的,不宜简单判决一次性支付二十年的护理费,可根据案件具体情况酌情处理。"河北唐山中院《关于审理机动车交通事故责任纠纷、保险合同纠纷案件的指导意见(试行)》(2018年3月1日)第9条:"['三期'鉴定意见的认定]一般情况下,对误工期、营养期、护理期的认定不应单独采信司法鉴定机构的'三期'鉴定意见,还应结合受害人伤情和住院治疗情况及医疗机构的意见综合确定。"第11条:"[护理费]护理费应计算至受害人恢复生活自理能力时止,可参照医疗机构的意见一次性给付。对于伤残等级较高的,尤其是植物人状态的被侵权人,视情况可分期支付,届满以后可另行主张。根据鉴定意见确定受害人的护理依赖程度。护理费的赔偿标准为受诉法院所在地上一年度居民服务业标准。护理依赖的赔偿系数为完全护理依赖100%、大部分护理依赖80%、部分护理依赖50%。"山东日照中院《机动车交通事故责任纠纷赔偿标准参考意见》(2018年5月22日)第18条:"护理期、误工期、营养期的鉴定问题。人民法院原则上不对护理期、误工期、营养期对外委托鉴定,可以按医疗机构意见并参照公安部发布的《人身损害误工期、护理期、营养期评定规范GA/T 1193—2014》予以处理,原公安部《人身损害受伤人员误工损失日评定准则》不宜再参照适用。"第21条:"定残之后护理费、二次治疗的误工费问题。定残之后护理费,应当根据诊断证明和受害人年龄、伤情、健康状况及残疾辅助器具费的配置情况,确定其护理级别和护理人数、护理期限,但最长不超过20年。可一次性判决,但伤残等级较重的(如一级、二级),应分段支付,建议五年一付。定残之前的治疗费、误工费等加上定残之后的残疾赔偿金之和,为受害人的全部损失,受害人定残之后,原则上不再支持其后续治疗的误工费。"陕西榆林中院《人身损害赔偿标准调研座谈会会议纪要》(2018年1月3日)第2条:"护理费。问题:1.'护理期、误工期、营养期'的鉴定意见和护理人数各地法院、法官的裁判结果不尽一致;2.护理费的支付标准不统一;3.护理依赖程度和护理依赖的期限。解决:针对问题1,护理期和护理人数是专门性问题,如有医疗机构出具医嘱证明或诊断书确定护理时间和护理人数,那么法官就采信,否则,鉴定意见的护理期、护理人数法院应当采信,还有就是住院期间不能认定为当然的护理期限。针对问题2,护理人员有收入的,参照误工费的规定计算,护理人员没有收入或者雇用护工的,按照陕西省上一年度职工月平均工资标准计算。针对问题3,护理依赖程度参照《工伤保险条例》规定,生活护理费按照生活完全不能自理、生活大部分不能自理或者生活部分不能自理3个不同等级支付,其标准分别为陕西省上年度职工月平均工资的50%、40%或者30%。护理依赖的期限按照伤残赔偿金给付的年限计算。"安徽淮北中院《关于审理道路交通事故损害赔偿案件若干问题的会议纪要》(2018年)第1条:"赔偿项目和标准……(三)护理费。护理费根据护理人员的收入状况和护理人数、护理期限确定。护理人员有收入的,按照误工费证据标准认定。护理人员没有收入或雇佣护工的,参照本市护工从事同等级别护理的劳动报酬标准计算。不能证明本市护工从事同等级别护理的劳动报酬标准的,参照上一年度安徽省居民服务和其他服务业平均工资计算。护理人员原则上为一人,但医疗机构或者鉴定机构有明确意见的,可以参照确定护理人员人数。护理期限分住院护理和出院护理。住院护理费计算为 X 元/天×住院天数×护理人数。出院护理费计算一般为 X 元/天×医嘱护理天数×护理人数。鉴定为伤残的,出院护理以残疾不能恢复生活自理能力的原因细分定残前护理和定残后护理,一般计算至定残日前一天,因残疾不能恢复生活自理能力的,按照司法鉴定机构作出的护理依赖程度鉴定意见,继续计算为 X 元/天×护理依赖系数×护理年限×365 天,最长不超过 20 年。完全护理依赖系数按 100% 计算,大部分护理依赖系数按 60%—80% 计算,部分护理依赖系数按 20%—40% 计算。完全护理依赖受害人或者 75 周岁以上的大部分护理依赖、部分护理依赖受害人,护理期限暂按照 5 年计算,5 年后受害人可依据实际情况另行主张。其他情形暂按照 6 年计算,6 年后受害人可依据实际情况另行主张,侵权人或保险公司对护理期限有异议的,可以申请司法鉴定予以认定。"广东惠州中院《关于审理机动车交通事故责任纠纷案件的裁判指引》(2017 年 12 月 16 日)第 33 条:"住院期间的护理费。护理人员有收入的,参照误工费的规定计算;护理人员没有收入或者雇佣护工的,参照当地护工从事同等级别护理的劳务报酬标准计算。出院后的护理费。受害人定残后的护理费按照完全护理依赖、大部分护理依赖、部分护理依赖 3 个等级支付,其标准分别为道路交通事故发生时各县(区)一级护理报酬的 100%、80%、50% 标准。完全护理依赖计算五年,大部分护理依赖、部分护理依赖计算 10 年,超过上述期限后,赔偿权利人确需继续后续护理的,可另行诉讼;护理等级的确定。受害人定残后的护理,应当根据其护理依赖程度并结合配制残疾辅助器具的情况确定护理级别。受害人应先鉴定护理伤残等级,并结合配置残疾辅助器具的情况,鉴定护理依赖程度。(住院护理暂定 150 元/天,出院后护理按 120 元/天×护理依赖系数)"湖北黄冈中院《关于审理机动车交通事故责任纠纷案件的指导意见(一)》(2017 年 10 月 1 日)第 13 条:"[护理费的认定]护理费根据护理人员的收入状况、护理人数、护理期限和护理依赖程度确定。"第 14 条:"[护理人员收入的认定]护理人员有收入的,参照误工费的规定计算;护理人员无收入或受害人聘请护工的,参照当地护工从事同等级别护理的劳务报酬标准计算。根据本市实际情况,如有证据证明受害人实际支付的护理费高于当地护工标准的,可酌情处理,但在乡镇卫生院住院的,最高不超过 100 元/天;在省、市、县级医院住院的,最高不超过 150 元/天。"第 15 条:"[护理人数的认定]护理人数原则上为一人,但医疗机构或者鉴定机构有明确意见的,可以参照确定护理人员人数,但最高不超过两人。"第 16 条:"[护理期限的认定]护理期限应计算至受害人恢复生活自理能力时止。受害人是否恢复生活自理能力,应参照医疗机构的诊断意见和鉴定机构的鉴定意见综合认定。受害人能恢复生活自理能力的,参照医疗机构的诊断意见和鉴定机构的鉴定意见认定合理的护理期限;受害人不能恢复生活自理能力的,应根据受害人的伤残等级、住院时间、年龄以及身体状况等因素,参照鉴定机构的鉴定意见综合认定合理的护理期限,但最长不超过二十年。"第17条:"[受害人定残后护理费的认定]受害人定残后的护理费,应当根据鉴定机构作出的护理依赖程度的鉴定结论,结合配制残疾辅助器具的情况确定护理级别,并根据本意见第十四条规定的护理人员收入标准综合认定。"第18条:"[受害人伤残等级较重护理费的处理]受害人伤残等级较重,可能有生命危险的,不宜判决一次性支付二十年的护理费,可以根据案件具体情况先行支持一部分,一次性不超过五年,后期生存的另行主张。"海南海口中院《印发〈关于审理海口市道路交通事故人身损害赔偿案件若干问题的意见(试行)〉的通知》(2017年8月16日 海中法发〔2017〕78号)第2条:"……(六)护理费。根据护理人员的收入状况、护理人数和护理期限确定。护理期限应计算至受害人恢复生活自理能力时止……计算原则:护理人员实际误工损失日金额×护理天数×护理人数。(1)护理人员实际误工损失日金额:护理人员有收入的,参照误工费的规定计算。护理人员没有收入或雇佣护工的,参照当地护工从事同等级别护理的劳动报酬标准计算;对于护理级别及护理标准无法确定的,按照120元/天/人的标准赔付。(2)护理期限:原则上只计算住院天数,根据医院证明或司法鉴定书核定出院后确实需要护理的,不应超过《人身损害受伤人员误工损失日评定准则》对应创伤误工期标准。受害人因残疾不能恢复生活自理能力的,可以根据其年龄、健康状况等因素确定合理的护理期限,但最长不超过20年。对于受害人因伤残不能恢复生活自理能力的(伤残等级在5级以下),可分期计算和给付护理费,每期最高不超过5年,总和不超过20年。受害人定残后的护理,应根据其护理依赖程度并结合配制残疾辅助器具的情况确定护理级别。受害人定残后的护理级别参照《人身损害护理依赖程度评定》(GA/T 800—2008)执行。"四川成都中院《关于印发〈机动车交通事故责任纠纷案件审理指南(试行)〉的通知》(2017年7月5日 成中法发〔2017〕116号)第31条:"护理人员有收入的,参照误工费的规定计算;护理人员没有收入或者雇佣护工的,参考当地护工从事同等级别护理的劳务报酬标准计算。当事人不能举证证实护理人员收入的,护理费按照成都市主城区一般护工120元/天、特级护工200元/天;非主城区一般护工80元/天、特级护工120元/天计算。特级护理一般是指卧床不能行动,需24小时护理的情况。"第32条:"护理人员原则上为一人,但医疗机构或者鉴定机构有明确意见的,可以参照确定护理人员人数。"第33条:"护理期限应计算至受害人恢复生活自理能力时止,可参照医疗机构的意见。对于伤残等级较高的,尤其是植物人状态的被侵权人,法院判决支持护理费的赔偿期限以5年为宜,届满以后可另行主张。"第34条:"根据鉴定意见确定受害人的护理依赖程度。护理依赖的赔偿标准为受诉法院所在地上一年度服务行业的平均工资。护理依赖的赔偿系数为完全护理依赖100%、大部分护理依赖80%、部分护理依赖50%"。北京三中院《类型化案件审判指引：机动车交通事故责任纠纷类审判指引》(2017年3月28日)第2-3.3.2.2部分"护理费—常见问题解答"第1条："护理费的认定标准？(1)对于是否需要护理，原则上应当以医院出具的护理证明为依据。但在一些特殊情况下，例如受害人为老、幼、病、残、孕等需特别照顾的群体或有需特别进行照顾的其他合理因素，即使没有医院护理证明，也可以根据受害人的具体情况来认定。(2)对于护理人数，原则上为一人，如果二人以上护理，必须由医疗机构或者鉴定机构出具的诊断证明或结论。(3)受害人住院的，虽无护理的证明，可考虑护理时间为住院时间。(4)虽未提交医嘱，但受害人伤情严重时，可参照北京司法鉴定业协会于2011年2月11日下发的《人身损害受伤人员误工期、营养期、护理期评定准则(试行)》(保险公司通常认可该标准)。"第2条："如何确定护理费的计算标准？(1)受害人是由其家属或亲友进行护理时，此情形等同于护理人员发生误工，按照误工费的计算标准来确定，但如果家属护理的误工损失过高且明显无必要性的，可以酌情参照护工市场价格予以适当降低。若护理人员有劳动能力但在护理期间没有工作，考虑到亲属或亲友付出的劳动和丧失的休息也是一种民事利益，同时考虑到受害人如选择雇用护工亦可获得赔偿，故对于此种情况下的护理费用也可酌情考虑。(2)受害人是雇用护工进行护理时，应按照雇用护工的通常市场价格酌情确定。(3)受受害人定残并被确定护理依赖后，应根据雇用护工的通常市场价格确定将来护理费。"第3条："如何确定护理依赖程度？生活自理范围主要包括五项，即进食、翻身、大小便、穿衣、洗嗽、自我移动。护理依赖赔付比例是指各护理依赖程度等级所需护理费用的比例，分以下三等：完全护理依赖100%(最高护理期限不超过20年，年岁较大的一般可结合当地人均寿命酌定)；大部分护理依赖80%(护理期限一般不超过15年)；部分护理依赖50%(护理期限一般不超过10年)。可在确定通常情况下的护理费后，通常乘以上述百分比系数确定最终的护理费数额。"广东广州中院《机动车交通事故责任纠纷案件审判参考》(2017年3月27日 穗中法〔2017〕79号)第10条："受害人出院后或定残后的护理费，护理等级可参考《人身损害护理依赖程度评定》的护理标准，分为生活完全护理依赖、大部分护理依赖和部分护理依赖三个等级，由法官综合伤情、年龄、鉴定报告等具体情况酌定护理年限，以不超过二十年为宜。"江西景德镇中院《关于印发〈关于审理人身损害赔偿案件若干问题的指导意见〉的通知》(2017年3月1日 景中法〔2017〕11号)第11条："护理费的确定。(1)护理人员收入的确定。护理人员有收入的，参照误工费的规定计算；护理人员没有收入或雇佣护工的，参照本市从事同等级别护理的劳务报酬计算。护工收入可根据实际情况一般按100—150元/天计算。(2)护理依赖费的确定。护理依赖程度鉴定由当事人申请启动，所选定的鉴定机构应有合法资质。护理依赖程度分为三个等级,即完全护理依赖,全额计算护理费;大部分护理依赖,按80%计算;部分护理依赖,按50%计算。"天津高院《关于印发〈机动车交通事故责任纠纷案件审理指南〉的通知》(2017年1月20日 津高法〔2017〕14号)第5条:"……(七)护理费。1.护理费。护理费=护理人日收入状况×护理期限×护理人数。(1)护理人收入。护理人员有收入的,参照误工费的规定计算;雇佣护工的,按照实际支出的合理费用计算;受害人不能提供证据证明雇佣护工的实际支出或护理人员没有收入的,参照天津市居民服务和其他服务业上一年度在岗职工平均工资计算。(2)护理期限。护理期限可根据医疗机构的意见确定,可由人民法院参照天津市司法鉴定协会《人身损害受伤人员误工期、营养期、护理期评定准则(试行)》酌定,或根据当事人的申请启动司法鉴定程序,将护理期限问题提交司法鉴定机构作出鉴定意见。(3)护理人数。护理人员原则上为1人,但医疗机构或鉴定机构有明确意见的,可参照确定护理人员人数。2.定残后护理费。定残后护理费=天津市居民服务和其他服务业上一年度在岗职工平均工资×护理期限×护理依赖程度×护理人数。(1)护理期限。定残后护理费的期限应根据个案中受害人年龄、健康状况等因素确定,但受害人在定残时不满60周岁的,定残后护理期限最长不应超过20年,受害人定残时年满60周岁的,护理期限最长不超残疾赔偿金的赔付年限。超过上述护理期限上限,受害人向法院起诉请求继续给付护理费的,应予受理。受害人确需继续护理的,应当判令赔偿义务人继续给付5-10年的护理费。(2)护理依赖程度。受害人因残疾不能恢复生活自理能力主张定残后护理费的,需有明确的司法鉴定意见确定护理依赖程度。护理依赖程度为:完全护理依赖100%,大部分护理依赖80%,部分护理依赖50%。受害人配置有残疾辅助器具的,对上述比例可根据个案情况予以调整。(3)护理人数。定残后的护理人数按照1人计算,但司法鉴定意见确定需多人护理的除外。"江苏徐州中院《关于印发〈民事审判实务问答汇编(五)〉的通知》(2016年6月13日)第2条:"……(5)护理费中护工费的标准应如何掌握?护理期限应如何确定?答:依据《人身损害司法解释》第21条第2款规定,护理人员没有收入或者雇佣护工的,参照当地护工从事同等级别护理的劳务报酬标准计算。首先要确定护理人员的身份,是受害人的近亲属护理,还是雇佣护工护理;对于受害人的近亲属护理还要查清其是有工作还是无工作。对于雇佣护工护理的,如果护工劳务合同及报酬标准等方面的证据不充分,应结合受害人的伤情、伤残程度、年龄、护理期限、护理依赖程度、当地经济发展水平等因素确定。第一,护工费用的确定问题。护工费用的计算,一般以每天不超过80元为宜;伤残特别严重的,以每天不超过100元为宜;需要两人以上护理的,护理费的计算一般以每天不超过150元为宜。一般情况下,伤残程度越高、护理依赖程度越高、年龄越大,护理费用要相对提高;相反,护理费用要酌情降低。第二,护理期限的确定问题。首先,一般护理期限的确定问题。护理期限的确定以受害人生活自理能力是否恢复作为判断标准,护理期限应计算至受害人恢复生活自理能力时止,具体护理期限一般应根据医疗机构明确意见以及当事人提供的证据确定。护理期限(以及误工期限、营养费期限等)实际上是事实认定问题,而不是专业技术问题或专门性问题,当事人对此提出鉴定申请的,一般不予允许。其次,较长护理期限的确定问题。《人身损害司法解释》第21条第3款规定,受害人因残疾不能恢复生活自理能力的,可以根据其年龄、健康状况等因素确定合理的护理期限,但最长不超过20年。对于该条款的理解,首先是要根据其年龄、伤残等级、受害部位等因素确定合理的护理期限,而不宜直接判决20年;其次,对于确定20年的护理期限要慎重使用。超过确定的护理期限的,对于之后确需护理而请求继续给付护理费的,受害方可按相关规定另行起诉。第三,存在护理依赖情形的护理费确定问题。评残后的护理费,可根据鉴定意见中的护理级别确定。护理依赖程度等级:一般分为完全护理依赖、大部分护理依赖、部分护理依赖。护理依赖赔付比例,可按以下情形确定:完全护理依赖的赔付比例,可按护理费×100%确定赔偿数额;大部分护理依赖的赔付比例,可按护理费×80%确定赔偿数额;部分护理依赖的赔付比例,可按护理费×50%确定赔偿数额。"河北石家庄中院《关于规范机动车交通事故责任纠纷案件审理工作座谈会会议纪要》(2016年1月11日 石中法〔2016〕4号)第8条:"关于误工费及护理费的证明标准……(二)护理人员(非专业护工)有固定收入的,参照以上证明标准确定护理费。(三)误工、护理的期限按照医院诊断证明或者医嘱中载明的休息时间、护理时间确定。(四)确有误工事实存在,但没有医院诊断证明或者医嘱证实误工期限的,参照公安部《人身损害受伤人员误工损失日评定准则》的有关规定确定误工期限。"江西宜春中院《关于审理机动车交通事故责任纠纷案件的指导意见》(2016年1月1日 宜中法〔2015〕91号)第8条:"定残前受害人需要护理的,参照县级以上医疗机构的意见。护理人员有收入的,证据标准按照误工费证据要求认定;无法证明护理人员收入的,参照上一年度江西省城镇私营单位居民服务业就业人员年平均工资计算。定残后受害人需要护理的,应提供司法鉴定机构关于护理依赖程度的鉴定意见。护理标准参照上一年度当地城镇私营单位居民服务业就业人员年平均工资计算;护理期限可以根据其年龄、健康状况等因素确定;护理依赖程度及系数参照中华人民共和国公安部颁布的《人身损害护理依赖程度评定 GA/T 800—2008》确定(完全护理依赖100%,大部分护理依赖80%、部分护理依赖50%)。赔偿项目中同时存在残疾辅助器具费的,确定护理期限应相应缩减,原则上不超过十年。护理期限应计算至受害人恢复生活自理能力时止,最长不超过20年。受害人年满60周岁以上的,年龄每增加一岁,护理期限减少一年;75周岁以上的,护理期限按5年计算。"江西南昌中院《机动车交通事故责任纠纷案件指引》(2015年4月30日 洪中法〔2015〕45号)第2条:"关于交通事故具体赔偿项目的要求……护理费的认定标准。(1)护理人员有收入的参照误工费标准处理。(2)护理费原则上按私营护理行业标准计算。(3)后续护理期限原则上一次性最长判决十年。(4)护理依赖程度分为:完全100%、大部分80%和部分50%。【注意事项】:后续护理依赖不会一次性判决二十年,至多10年,但十年后受害人可另行再次主张。"重庆高院民一庭《民一庭高、中两级法院审判长联席会议〈机动车交通事故责任纠纷中的法律适用问题解答(一)〉会议综述》(2015年3月25日)第8条:"受害人已在医疗费用中主张住院期间特护费,另行主张护理费的,人民法院是否支持?与会代表一致认为,特护费是医院根据治疗需要依照相关规定收取并包含于医疗费中的费用,护理费是指生活需要特殊照顾或无法自理的人需要他人护理而支出的费用,二者性质并不相同。受害人提出关于护理费的主张,人民法院应当按照法律关于护理费的支付规定进行审查,不应以受害人主张的医疗费中包含有特护费为由不予支持。"安徽马鞍山中院《关于审理交通事故损害赔偿案件的指导意见(试行)》(2015年3月)第13条:"【护理费】受害人住院期间和出院后需要护理的,护理人数和护理期限可参照医疗机构出具的意见确定,护理费参照上一年度安徽省居民服务和其他服务业平均工资标准计算。受害人定残后确需护理的,应根据护理依赖级别酌情确定护理费的标准,护理期限计算最长不超过20年。赔偿义务人对受害人定残后护理的人数、期限及费用标准有异议的,可征求专家咨询员的意见,必要时应启动司法鉴定程序。"河北承德中院《2015年民事审判工作会议纪要》(2015年)第45条:"护理费、住院伙食补助费、营养费标准。受害人住院期间的护理费,如果护理人员没有收入的或者雇佣护工的,确定为每人每日100元……"河南三门峡中院《关于审理道路交通事故损害赔偿案件若干问题的指导意见(试行)》(2014年10月1日)第8条:"受害人住院期间的护理费,如果护理人员没有收入的或者雇佣护工的,护理费参照受害人所在地上一年度城镇居民人均可支配收入计算。出院后,城镇居民的护理费参照受害人所在地上一年度城镇居民人均可支配收入计算,农村居民的护理费参照受害人所在上一年度农村居民平均纯收入标准计算。"湖北汉江中院民一庭《关于审理交通事故损害赔偿案件疑难问题的解答》(2014年9月5日)第7条:"问:护理费是以实际护理人的收入损失或以服务行业收入或以在岗职工平均工资为标准?答:护理费应根据《人身损害赔偿司法解释》第二十一条'护理费根据护理人员的收入状况和护理人数、护理期限确定。护理人员有收入的,参照误工费的规定计算;护理人员没有收入或者雇佣护工的,参照当地护工从事同等级别护理的劳务报酬标准计算'的规定进行认定。"第8条:"问:受害人后期护理依赖程度如何确定?答:根据鉴定部门作出的鉴定意见确定。"第9条:"问:受害人需终身完全护理依赖,护理费如何计算?有的按照护理行业标准计算住院期间的护理费+出院后20年的护理费(100%),有的按照护理行业标准直接计算20年,还有的参照《工伤保险条例》,按照统筹地区上年度职工月平均工资的50%计算20年,以哪种计算方式为宜?答:《人身损害赔偿司法解释》第二十一条规定,护理期限应计算至受害人恢复生活能力时止。受害人因残疾不能恢复生活自理能力的,可以根据年龄、健康状况等因素确定合理的护理期限,但最长不超过二十年。此处的二十年包含住院期间的护理时间,住院期间的护理一般有亲属护理,多参照误工费标准计算,人数上也不确定,出院后的护理一般根据护理依赖程度确定护理标准、护理人数,所以应当分开计算,但最长不超过二十年。"广东深圳中院《关于道路交通事故损害赔偿纠纷案件的裁判指引》(2014年8月14日　深中法发〔2014〕3号)第20条:"受害人住院期间的护理费,如果护理人员没有收入的,依照一审法庭辩论终结时的上一年度广东省人身损害赔偿计算标准中国有同行业在岗职工年平均工资中居民服务业年平均工资予以计算。"第23条:"符合以下情形之一,受害人主张出院或定残后的护理费用可予以支持:(一)受害人伤残等级为三级或三级以上;(二)经鉴定,受害人出院后其生活确实不能自理的。"第24条:"受害人定残后的护理费可以参照《工伤保险条例》第三十二条第二款规定,按照生活完全不能自理、生活大部分不能自理或者生活部分不能自理3个等级支付。其标准为道路交通事故发生时广东省高级人民法院发布的广东省最新年度人身损害赔偿计算标准中深圳市国有单位在岗职工年平均工资的50%、40%或者30%,计算五年。上述五年,从受害人出院后起算,多次住院的,以最后一次出院后起算。超过五年后,赔偿权利人确需继续后续护理的,可另行诉讼。"安徽淮南中院《关于审理机动车交通事故责任纠纷案件若干问题的指导意见》(2014年4月24日)第18条:"因交通事故造成受害人完全护理依赖的,赔偿义务人按照100%的比例赔偿护理费,造成大部分护理依赖的赔偿义务人按照66%的比例赔偿护理费,造成受害人部分护理依赖的赔偿义务人按照33%的比例赔偿护理费。"重庆高院民一庭《关于当前民事审判疑难问题的解答》(2014年4月3日)第5条:"1—4级伤残等级的侵权行为受害人请求一次性给付护理费,被告提出分期给付的,如何处理?答:最高人民法院《关于审理人身损害赔偿案件适用法律若干问题的解释》(法释〔2003〕20号)第三十一条规定:'人民法院应当按照民法通则第一百三十一条以及本解释第二条的规定,确定第十九条至第二十九条各项财产损失的实际赔偿金额。前款确定的物质损害赔偿金与按照第十八条第一款规定确定的精神损害抚慰金,原则上应当一次性给付。'根据该条规定,护理费原则上应当一次性支付,分期支付的适用情形应从严掌握。有下列情形之一,法院可以判决分期给付:(1)受害人与赔偿义务人达成一致的;(2)赔偿义务人提供相应担保的;(3)护理费数额巨大并且明显超出赔偿义务人一次性支付能力的。除上述情形外,人民法院不得依职权判决分期给付护理费。"重庆高院民一庭《关于机动车交通事故责任纠纷相关问题的解答》(2014年)第2条:"根据现在的经济发展水平,护理费主张50元/天明显低于市场价格,是否将护理费调高至80元/天为宜? 参照西部多数法院的做法,综合考虑本辖区的实际情况,将护理费调高至80元/天。"第7条:"出院后完全护理依赖程度的护理人数问题。鉴定结论为受害人需完全护理依赖,没有确定护工人数的,是根据伤残等级、个案情况确定护理人数1—2人? 还是只能主张1人护理? 完全护理依赖应按1人确定护理人数。"安徽高院《关于审理道路交通事故损害赔偿纠纷案件若干问题的指导意见》(2014年1月1日　皖高法〔2013〕487号)第25条:"当事人不能举证证明《关于审理人身损害赔偿案件适用法律若干问题的解释》第二十一条第二款规定的'当地护工从事同等级别护理的劳务报酬'标准的,参照上一年度安徽省居民服务和其他服务业平均工资计算护理费。"浙江高院民一庭《关于印发〈关于人身损害赔偿费用项目有关问题的解答〉的通知》(2013年12月27日　浙高法民一〔2013〕5号)第6条:"护理费应如何计算? 答:护理费一般可区分住院期间和非住院期间采取不同的计算标准。住院期间的护理费可按照当地医院护工从事同等级别护理的劳务报酬计算。非住院期间的护理费可根据护理人员的收入状况、护理期限、护理级别,参照'全省全社会单位在岗职工年平均工资'标准酌情确定。"安徽滁州中院《关于审理道路交通事故损害赔偿案件座谈会纪要》(2013年8月2日)第13条:"受害人住院期间的护理费给予赔偿。出院后是否需要护理及护理天数应有医疗机构的意见或司法鉴定意见为依据。受害人亲属进行护理的,其护理费按护理人员的误工费损失计算;赔偿权利人不能举证证明护理人员的误工损失或者护理人员没有收入或者雇佣护工的,护理费参照本市护工现有的劳务报酬标准计算(目前可按照每位护理人员每天60元的标准计算,赔偿权利人主张的护理费为每天60元以内的应予支持)。定残后的护理期限一次性判决一般不超过10年。之后确需护理的,受害方可按《最高人民法院关于审理人身损害赔偿案件适用法律若干问题的解释》的规定另行起诉。"贵州贵阳中院《关于适用〈中华人民共和国侵权责任法〉若干问题的解答》(2013年3月13日　筑中法发〔2013〕32号)第1部分第5条:"误工费、护理费的计算中涉及按上一年度同行业平均工资标准计算时,应如何计算每日平均工资? 答:根据劳动和社会保障部《关于职工全年月平均工作时间和工资折算问题的通知》月计薪天数=(365天-104天)÷12月=21.75天,因此日平均工资应为:年平均工资÷12月÷21.75天。由于上述计薪日扣除了104天的休息日,因此在计算误工费时也应扣除相应的休息日。"第1部分第7条:"关于受害人定残后的护理费应如何计算? 答:一般应按照居民服务业及其他服务业职工平均工资标准计算,并根据鉴定机构认定的护理级别,按生活完全不能自理、大部分不能自理、部分不能自理三个级别对应的护理费赔偿比例分别为100%、50%以上及50%以下;若受害人配置了残疾辅助器具的,应结合配置器具后的生活自理情况适当考虑护理费问题:在没有护理级别鉴定的情况下可以根据受害人在(1)进食(2)翻身(3)大、小便(4)穿衣、洗漱(5)自我移动这五个方面的护理依赖程度,并结合受害人配置残疾辅助器具后的情况,将护理级别分别确定为生活完全不能自理(上述5项均需护理)、大部分不能自理(上述5项中有3—4项需要护理)、部分不能自理(上述5项中有1—2项需要护理)计算护理费。"浙江宁波中院《关于印发〈审理机动车交通事故责任纠纷案件疑难问题解答〉的通知》(2012年7月5日 甬中法〔2012〕24号)第8条:"受害人定残后的护理费如何确定?应否考虑全部护理、大部分护理及部分护理的护理级别?答:受害人定残后需要护理的,其护理费标准应区分全部护理、大部分护理或部分护理三种情形,具体可参照国务院《工伤保险条例》第三十四条的规定,相应地按照宁波市上一年度社会职工平均工资的50%、40%和30%计算。"山东淄博中院《全市法院人身损害赔偿案件研讨会纪要》(2012年2月1日)第4条:"关于护理费的问题。(1)受害人在住院期间,护理人员至少为一人;医疗机构有明确意见的,原则上不应超过两人。(2)对于受害人主张出院后至定残前护理费的,应根据医疗机构意见及受害人身体状况综合确定应否支持。(3)对于受害人定残后的护理费,应委托相关鉴定机构对受害人的护理依赖程度进行鉴定。受害人配制残疾辅助器具的,应根据其配制残疾辅助器具后的身体状况进行鉴定。确定护理依赖程度后,可参照《工伤保险条例》的规定,按照上一年度农村居民人均纯收入或城镇居民人均可支配收入标准,根据完全护理依赖50%、大部分护理依赖40%、部分护理依赖30%的等级计算护理费。"浙江嘉兴中院民一庭《关于机动车交通事故责任纠纷若干问题意见》(2011年12月7日)第2条:"关于赔偿权利人主张的部分具体赔偿项目……(4)护理费。护理人员有固定收入的,按实际减少的收入计算;护理人员没有固定收入的,按浙江省统计局公布的《全社会单位在岗职工分行业年平均工资》'全社会单位在岗职工年平均工资'中'私营单位'的平均工资数额计算。(113元/天)41272元。护理人数原则上为1人,医院机构或鉴定机构有明确意见的,可以参照确定护理人数,但最多不超过2人。护理时间计算至恢复生活自理能力时止,一般按住院时间按日计算;出院后仍需护理的,按医疗机构或鉴定机构确定的护理期限为准。定残后仍需长期护理的,应根据鉴定机构确定的护理依赖程度及配制残疾辅助器具的情况确定护理级别;按浙江省统计局公布的《全社会单位在岗职工分行业年平均工资》'全社会单位在岗职工年平均工资'中的'私营单位'数额计算,比例为:全部(1级)护理依赖(进食、翻身、大小便、穿衣洗漱、自我移动共5项均需护理)的为100%,大部分(2级)护理依赖(上述5项中的3项)的为三分之二,部分(3级)护理依赖(上述5项中的1项)的为三分之一;最长不超过 20 年,60 周岁以上每增加 1 岁减 1 年,75 周岁以上按 5 年……"江苏南通中院《关于处理交通事故损害赔偿案件中有关问题的座谈纪要》(2011 年 6 月 1 日　通中法〔2011〕85 号)第 33 条:"交强险'死亡伤残赔偿限额'应当包括死亡、构成残疾的人身损害和不构成残疾的人身损害等情形。"浙江衢州中院《关于人身损害赔偿标准的研讨纪要》(2011 年 5 月 13 日　衢中法〔2011〕56 号)第 2 条:"护理费。(1)定残之前,每天 50 元。(2)护理人数一般 1 人,医院证明和司法鉴定确定人数除外。(3)护理期限按医院证明和司法鉴定确定。(4)定残后仍需长期护理的按浙江省全社会在岗职工年平均工资计算。全部护理依赖 50%,大部分护理 40%,部分护理 30%,护理期限最长不超过 20 年,60 周岁以上每增加 1 岁减 1 年,75 周岁以上按 5 年计算。"安徽宣城中院《关于审理道路交通事故赔偿案件若干问题的意见(试行)》(2011 年 4 月)第 41 条:"护理费根据受害人治疗期间的护理需要,按照本地护工从事同等级别护理的劳务报酬计算。护理人员原则上为一人,特殊情况下可参照医疗机构或者鉴定机构的意见确定。护理期限应计算至受害人恢复生活自理能力时为止,具体护理期限应根据医疗机构证明意见(受害人提供的就诊医疗机构证明意见对方有异议并明显不合理的,应告知异议方或受害人申请鉴定确认)或者鉴定部门鉴定结论确定。但第一次判决最长不超过 20 年。之后确需护理的,告知受害方。可按《人身损害赔偿案件适用法律若干问题的解释》规定,另行起诉。定残后的护理费用应根据护理级别确定:完全护理依赖,护理费×100%;大部分护理依赖 70%;部分护理依赖 30%。并应该注意定残后的护理费与残疾辅助器具费的关联和平衡。"江西鹰潭中院《关于审理道路交通事故损害赔偿纠纷案件的指导意见》(2011 年 1 月 1 日　鹰中法〔2011〕143 号)第 15 条:"符合下列情形之一,受害人主张出院或定残后的护理费用予以支持:(一)受害人伤残等级为三级或三级以上;(二)经鉴定,受害人出院后其生活确实不能自理的。"第 16 条:"受害人定残后的护理费可以参照《工伤保险条例》第三十二条第二款规定,按照生活完全不能自理,生活大部分不能自理,或者生活部分不能自理三个等级支付,其标准分别为发生事故时上一年度职工平均工资的 50%、40% 或 30%,计算五年。上述五年从受害人出院后计算,多次住院的,以最后一次出院后计算,超过五年后,赔偿权利人确实需要继续护理的,可另行诉讼。"第 17 条:"挂床期间的护理费、误工费、住院期间的伙食补助费原则上不宜认定。挂床的认定以医疗机构的体温单、医疗病程记录及医嘱综合认定。"浙江金华中院《2011 年人身损害赔偿细化参照标准》(2011 年)第 1 条:"城镇居民人均可支配收入 27359 元/年,104.82 元/日;农村居民人均纯收入 11303 元/年,43.31 元/日。(日赔偿额不是按全年数额÷365 天计算,而是根据劳社部发〔2008〕3 号文件中的月计薪天数 21.75 天计,按每年 12 个月算。但为了缩小城乡差别,再由于城市居民享受双休日及节假日,我国农村居民无双休日及节假日,故计算建休天数时,城市居民应扣除休息天数;农村居民建休天数按实计算,不应扣除休息天数。计算时可采用一下公式:城市居民的误工费=74.96元/日×实际建休天数;农村居民的误工费=43.31元/日×实际建休天数……(3)护理费:按70元/天计,不分城市居民与农村居民。护理人数:一般为一人,也可按医院证明或司法鉴定确定人数;丧失劳动能力(经鉴定为交通事故伤残1—5级或工伤残疾1—4级)或治疗后死亡的,护理人数为2人。护理期限:计算至恢复生活自理能力时止,一般按住院时间、按日计算;伤残的可按医院证明或司法鉴定计算至定残日前1天、按日计算。定残后仍需长期护理的,应根据司法鉴定确定其护理依赖程度并结合配制残疾辅助器具的情况确定护理级别;按70元/天计算,比例为:全部(1级)护理依赖(进食、翻身、大小便、穿衣洗漱、自我移动共5项均需护理)的50%,大部分(2级)护理依赖(5项中的三项)的40%,部分(三级)护理依赖(5项中的1项)30%;最长不超过20年,60周岁以上每增加1岁减1年,75周岁以上按五年。"安徽六安中院《关于印发〈审理道路交通事故人身损害赔偿案件若干问题的意见〉的通知》(2010年12月7日 六中法〔2010〕166号)第23条:"受害人起诉主张护理费但未确定具体护理人员的,住院期间,护理费参照安徽省上一年度居民服务和其他服务业平均工资标准计算;出院后,城镇居民的护理费参照安徽省上一年度居民服务和其他服务业平均工资标准计算,农村居民的护理费参照安徽省上一年度农、林、牧、渔业平均工资标准计算。受害人被评定为完全护理依赖、大部分护理依赖、部分护理依赖的,护理费的赔付比例分别为100%、80%、50%。受害人配制了残疾辅助器具并导致护理依赖程度减轻或者不再需要护理的,应当酌情减少或者免除护理费的赔付。"江苏无锡中院《关于印发〈关于审理道路交通事故损害赔偿案件若干问题的指导意见〉的通知》(2010年11月8日 锡中法发〔2010〕168号)第31条:"【护理费】人民法院应当根据当地医院护工从事相应级别护理的费用计算护理费,护理期间、护理等级、护理人数遵医嘱或参照司法鉴定部门的意见。受害人家属亲自护理的,其护理费标准应当按照实际误工费标准计算,但人民法院应当从家属亲自护理的必要性、合理性以及护理期限、护理级别等方面进行审核,并据此作出调整。"江苏常州中院《关于道路交通事故损害赔偿案件的处理意见》(2010年10月13日 常中法〔2010〕104号)第7条:"护理期限的确定问题。护理期限一般计算至受害人恢复生活自理能力时,具体护理期限应根据医疗机构证明意见加以确定,另一方当事人有异议的,可申请鉴定机构进行鉴定。受害人因伤残不能恢复生活自理能力的,可以根据其年龄、健康状况等因素确定合理的护理期限,从定残之日起计算,可一次性判决不超过三至五年,告知受害人,之后仍确需护理的,可另行起诉。定残后的护理级别,应当根据其护理依赖程度并结合配制残疾辅助器具的情况进行确定,应考虑定残后的护理费与残疾辅助器具费之间的关联和平衡。一般情况下分为:(1)完全护理依赖护理费×100%;(2)大部分护理依赖护理费×(60%—80%);(3)部分护理依赖护理费×(20%—40%)。"福建福州中院民一庭《民事司法信箱回复:侵权责任法律适用若干问题专版》(2010年9月10日)第4条:"如何计算护理费?答:护理人员无固定工作或雇佣护工,按照当地护工同等级护理劳务报酬标准计算,实践中各法院确定当地护工同等级护理劳务报酬标准不一。我们认为,无固定收入的护理人员或者雇佣护工的,住院期间护理费标准按50—80元/日掌握,在市区住院的可以就高,在县城或农村住院的就低。住院期间需特别护理,护理费支出有医院盖章出具证明的,可以支持。出院后有医院证明需要继续护理的,一般在50元/日标准以下酌情认定护理费。"河南周口中院《关于侵权责任法实施中若干问题的座谈会纪要》(2010年8月23日 周中法〔2010〕130号)第3条:"……护理费以护理人员实际减少的收入或者雇佣护理人员实际支出的费用来计算。受害人不能提供证据证明护理人员实际减少的收入数额,可以按照上年度城镇居民人均可支配性收入或者农村居民人均纯收入标准计算。护理人员虽然有二人以上,但护理费的计算原则上为一人。受害人完全丧失生活自理能力,可以确定护理人员二人,但截止到出院之日。出院后,仍需要护理的,原则上也是一人。"江西九江中院民一庭《关于审理道路交通事故人身损害赔偿纠纷案件的处理意见(试行)》(2010年2月20日)第2条:"《意见》中误工费、护理费的计算涉及江西省统计局公布的上年度全省相同或者相近行业职工的平均工资数据(如2008年居民服务和其他服务业职工年平均工资为18420元),可登录江西省统计局网站,进入数据统计——年度数据统计中获得;不得不区分行业,一律套用全省职工年平均工资标准,这有悖于最高人民法院《关于审理人身损害赔偿案件适用法律若干问题的解释》规定的精神。"第3条:"《意见》第十条第四款关于日平均工资的计算方式,是依据原劳动和社会保障部(现称人力资源和社会保障部)发布的《关于职工全年月平均工作时间和工资折算问题的通知》(劳社部发〔2008〕3号文)的规定,月计薪天数为21.75天,每月其余天数为非计薪天数;有些法官对此一条款理解出现偏差,判决每年、月误工费、护理费时超过了统计部门公布的年、月职工平均工资标准;为了便于理解和操作,误工费、护理费的数额可统一采用:误工(护理)天数×上年度(相同或相近行业)职工平均工资÷12月÷30天的计算方式。"江西南昌中院《关于审理道路交通事故人身损害赔偿纠纷案件的处理意见(试行)》(2010年2月1日)第19条:"【护理费的调整】护理人员的收入过高,赔偿义务人要求按照当地护工从事同等级别护理的劳务报酬标准计算护理费的,应当予以支持。"安徽合肥中院民一庭《关于审理道路交通事故损害赔偿案件适用法律若干问题的指导意见》(2009年11月16日)第44条:"受害人住院期间的护理费,如果护理人员没有收入的或者雇佣护工的,参照本市护工从事同等级别护理的劳务报酬标准计算,没有护理劳务报酬标准的,按本省上一年度服务行业平均工资标准计算。"浙江台州中院民一庭《关于误工费、护理费标准的通知》(2009年11月3日)第1条:"护理费。住院期间至出院后定残前护理费每日确定为60元。定残后护理费:完全护理依赖确定每日60元;大部分护理依赖每日确定45元;部分护理依赖每日确定30元……以上标准的适用,以2009年10月12日为时间点。在2009年10月12日之前已经审结的,适用原来的标准进行裁判;在2009年10月12日之后审结的,适用以上新的标准。对适用误工费、护理费新的标准,法院应及时行使释明权。"江西九江中院《关于印发〈九江市中级人民法院关于审理道路交通事故人身损害赔偿案件若干问题的意见(试行)〉的通知》(2009年10月1日 九中法〔2009〕97号)第11条:"护理费是指因护理受害人而造成的误工损失或雇佣必要的护理人员所支出的费用,护理时限于受害人因伤害所导致生活不能自理或不能完全自理的期限。下列情形应支付受害人的护理费:住院治疗期间护理的,出院后医疗机构医嘱证明或诊断书确定全休期间确需护理的,因残疾不能恢复生活自理能力需长期护理的。护理人员没有收入或者雇佣护工的,其护理费参照江西省统计局公布的上一年度全省服务行业平均工资标准计算。受害人残疾不能恢复生活自理能力需长期护理的,应由相应鉴定机构评定护理依赖程度,确定受害人属完全护理依赖、大部分护理依赖和部分护理依赖中的何种情形,受害人需要完全护理依赖的,以1人护理为原则按照100%的比例计算20年;需要大部分护理依赖的,其护理费按照完全护理依赖金额2/3的比例计算;需要部分护理依赖的,其护理费按照完全护理依赖金额1/3的比例计算。但受害人60周岁以上的,年龄每增加一岁减少一年,七十五周岁以上的,按五年计算。"江西景德镇中院《关于人身损害赔偿案件中有关赔偿项目、赔偿标准的指导意见》(2009年8月20日)第2条:"护理费的确定。(一)护理人员收入的确定。护理人员有收入的参照误工费的规定计算,护理人员没有收入或雇佣护工的,参照本市护理从事同等级别护理的劳务报酬标准计算,护工收入可根据实际情况按30—50元/天计算。(二)护理级别的确定。受害人定残后的护理,应当根据其护理依赖承担并结合配制残疾辅助器具的情况确定护理级别。实践中可按以下标准掌握:受害人依据《工伤保险条例》的规定申请对其终审护理依赖程度作出评定并评定为生活完全不能自理、生活大部分不能自理的,其终审护理费用可参照《解释》第二十一条第二、三款规定的方法计算后再分别乘以50%和30%计。"浙江高院民一庭《关于误工费、护理费等费用计算标准适用问题的通知》(2009年8月3日 浙法民一明传〔2009〕14号):"……有关统计部门今年发布的全省上一年度平均工资统计公报项目信息,较往年发生了较大变化,对我省法院审理人身损害赔偿等案件造成较大影响;尤其是对'受害人无固定收入且无法证明最近三年平均收入状况'的情形,此前全省法院一般按照'其他单位'一栏的统计数据,计算误工费或护理费,但今年发布的统计公报中已无'其他单位'一栏,故造成适用困难。日前,嘉兴市中院民一庭就'无固定收入如何计算误工费、护理费等费用及标准适用问题',向我庭书面请示,一些法院民庭也向我庭口头请示。鉴于该问题在全省法院范围内普遍存在,且亟待解决,我庭经认真研究,现统一答复如下:……(二)护理人员无固定收入的,对护理费的计算,适用'全省全社会单位在岗职工年平均工资'标准……(四)对医疗事故中误工费和陪护费的计算,适用'全省全社会单位在岗职工年平均工资'标准。"云南高院《关于审理人身损害赔偿案件若干问题的会议纪要》(2009年8月1日)第4条:"……7. 护理期限应以受害人恢复到生活基本自理为原则。确认生活能否自理有困难的,一般应通过司法鉴定确定其护理依赖程度,后期护理人员一般不超过一人,护理费按最高人民法院《关于审理人身损害赔偿纠纷案件适用问题的解释》确定的城镇居民人均可支配收入或者农村居民人均纯收入计算。"安徽蚌埠中院《关于审理人身损害赔偿案件若干问题的指导意见》(2009年7月2日)第3条:"关于护理费计算标准问题。护理人员没有收入或雇佣护工的,参照上一年度护工劳务报酬标准计算。政府统计部门没有公布该项统计指标的,参照上一年度职工平均工资标准计算。"广东佛山中院《关于审理道路交通事故损害赔偿案件的指导意见》(2009年4月8日)第55条:"受害人住院期间的护理费,如果护理人员没有收入或者雇佣护工的,参照当地护工从事同等级别护理的劳务报酬标准计算。出院后医疗机构证明确需护理的,参照上述规定确定。定残后的护理费根据受害人在进食、翻身、大小便、穿衣洗漱、自我移动等五个方面的护理依赖程度,并考虑受害人配置残疾辅助器具的情况,将护理级别确定为生活完全不能自理、生活大部分不能自理和生活部分不能自理3个不同等级支付,其标准分别为佛山市地区上年度职工月平均工资的50%、40%或者30%。"福建泉州中院民一庭《全市法院民一庭庭长座谈会纪要》(泉中法民一〔2009〕05号)第27条:"护理期限如何认定?定残后需要护理的,护理期限又应如何认定?答:根据《人身损害赔偿解释》第二十一条规定,受害人需要护理的,护理期限计算至受害人恢复生活自理能力时止;受害人因残疾不能恢复生活自理能力的,可以根据其年龄、健康状况等因素确定合理的护理期限,但最长不超过二十年。"第28条:"护理期限最长不超过二十年,'二十年'是自受伤之日起计算还是定残日起计算?答:受害人因残疾不能恢复生活自理能力,需要长期护理的,其护理期限最长不超过二十年,这里的二十年期限应指自定残日起计算。"第29条:"护理费赔偿标准如何认定?答:(1)护理人员有收入的,参照误工费的规定计算;(2)雇佣他人护理的,按照支付雇佣人员的实际工资予以赔偿,但应审查雇佣工资是否合理,不合理部分应由受害人自行承担;(3)当事人未能提供证据证明护理人员的收入情况或者雇佣护工的工资的,护理费参照误工费的计算方式确定,即受害人属城镇户口的,一般可参照省统计局公布的全省城镇单位在岗职工年平均工资计算;受害人是农村户口的,一般可参照全省各行业职工平均工资中的'农、林、牧、渔业'职工工资标准计算。"辽宁大连中院《当前民事审判(一庭)中一些具体问题的理解与认识》(2008年12月5日 大中法〔2008〕17号)第14条:"护理费数额如何确定?根据护理人员的收入和护理期限确定。注意:护理人员没有收入或者雇佣护工的,参照当地护工从事同等级护理的劳务报酬标准计算。护理人员原则上为一人,但医疗机构或鉴定机构有明确意见的可以参照其确定护理人员人数。其次,护理期限应计算到受害人恢复生活自理能力时止。但最长不超过20年。"广东深圳中院《关于审理道路交通事故损害赔偿纠纷案件的指导意见(试行)》(2008年7月12日)第22条:"受害人住院期间的护理费,如果护理人员没有收入的,参照深圳地区护工现劳动报酬的情况,按每个护理人员每天人民币50元的计算标准。"浙江高院民一庭《全省法院民事审判业务培训班问题解答》(2008年6月25日)第13条:"受害人原本有一只眼睛失明,因交通事故受伤害而造成另外一只眼睛失明,所产生的护理费(仅一眼失明不用护理)是否应予判赔?答:应当判赔。因为护理费的产生与加害人的致害行为有直接因果关系,不能因为受害人本身固有缺陷而减轻加害人责任。"浙江杭州中院《关于道路交通事故损害赔偿纠纷案件相关问题的处理意见》(2008年6月19日)第3条:"……(十)护理费问题。1.护理费的一般标准。护理人员有固定收入的,按照误工费的标准确定护理费;护理人员没有固定收入的,参照当地护工从事同等级别护理的劳务报酬标准确定护理费;当事人对护理人员固定收入无法举证的,可以参照护理人员从事相近行业的误工费标准计算护理费;当事人对护理人员从事的行业无法举证的,可以参照当地护工从事同等级别护理的劳务报酬标准确定护理费。2.定残后的护理费问题。护理费的计算标准应把握功能填补的原则,与残疾辅助器具的配备情况相结合,对于经残疾辅助器具配备后护理等级或护理程度减轻的受害人,应当相应折抵其护理费,具体应按照护理依赖、护理等级鉴定为准,鉴定时间为残疾器具配备后。3.护理费的折算问题。根据人身损害赔偿损失填补的功能,护理费应当按照伤残等级和护理依赖等级计算。实践操作中,一般应以鉴定机构的意见为准,不宜随意折算。4.护理费计算年限问题。依据《最高人民法院关于审理人身损害赔偿案件适用法律若干问题的解释》第21条第3款的规定,护理期限应计算至受害人恢复生活自理能力时止,受害人因残疾不能恢复生活自理能力时的,可以根据其年龄、健康状况等因素确定合理的护理期限,但最长不超过二十年。"江苏宜兴法院《关于审理交通事故损害赔偿案件若干问题的意见》(2008年1月28日 宜法〔2008〕第7号)第32条:"根据受害人治疗期间的护理需要,按照本地护工从事同等级别护理的劳务报酬(现阶段一般掌握在35元/天)计算。护理人员原则上为一人,特殊情况下可参照医疗机构或鉴定机构的意见确定。"第33条:"护理期限应计算至受害人恢复生活自理能力时止,具体护理期限应根据医疗机构证明意见(受害人提供的就诊医疗机构证明意见对方有异议并明显不合理的,应告知有异议方或者受害方申请鉴定确认)或者鉴定部门鉴定结论确定。但一次性判决最长不超过10年。之后确需护理的,告知受害方,可按《人身损害赔偿案件适用法律若干问题的解释》规定,另行起诉。定残后的护理费应根据护理级别确定:完全护理依赖:护理费×100%;大部分护理依赖:护理费×70%;部分护理依赖:护理费×30%。并应注意定残后的护理费与残疾辅助器具费的关联和平衡。"重庆高院《关于当前民事审判若干法律问题的指导意见》(2007年11月22日)第23条:"确定《关于审理人身损害赔偿案件适用法律若干问题的解释》第二十一条第四款规定的受害人定残后的护理级别时,可以根据受害人在进食、翻身、大小便、穿衣洗漱、自我移动等五个方面的护理依赖程度,并考虑受害人配置残疾辅助器具的情况,将护理级别确定为生活完全不能自理、生活大部分不能自理和生活部分不能自理,对应的护理费赔偿比例分别为100%、50%以上和50%以下。"重庆五中院《关于印发〈审理人身损害赔偿案件座谈会议纪要〉的通知》(2007年10月30日 渝五中法〔2007〕91号)第24条:"赔偿权利人定残后的护理,可以参照国家制定的工伤与职业病致残程度鉴定标准(国家标准GB/T 16180—1996),对赔偿权利人伤残后丧失劳动能力的程度和护理依赖程度进行等级鉴定或者认定,并结合配制残疾辅助器具的情况,区别不同情况确定后续护理费。会议认为,《解释》二十一条规定第三、四款主要规范赔偿权利人定残后的护理费主张的考虑情节,在审判实践中应当有别于其定残前的护理费主张。护理依赖是指因伤致残者因生活不能自理需依赖他人护理。生活自理范围主要包括下列五项:(1)进食;(2)翻身;(3)大、小便;(4)穿衣、洗漱;(5)自我移动。护理依赖程度分为三级:(1)完全护理依赖指生活不能自理,上述五项均需护理者。(2)大部分护理依赖指生活大部分不能自理,上述五项中有三项需护理者。(3)部分护理依赖指部分生活不能自理,上述五项中有一项需护理者。劳动部、财政部、中华全国总工会《关于调整企业工伤全残职工护理费标准的通知》中护理费标准,按照完全、大部分、部分护理依赖程度,一般分别为当地社会平均工资的50%、40%、30%。对于完全护理依赖者中的特别严重者,护理费标准可以高于社会平均工资的50%,对于部分护理依赖者中的较轻者,护理费标准可以低于社会平均工资的30%,这些规定可以作为法官自由裁量后续护理费的参考。"安徽高院《审理人身损害赔偿案件若干问题的指导意见》(2005年12月26日)第23条:"确定《关于审理人身损害赔偿案件适用法律若干问题的解释》第二十一条第四款规定的受害人定残后的护理级别时,可以根据受害人在进食、翻身、大小便、穿衣洗漱、自我移动等五个方面的护理依赖程度,并考虑受害人配置残疾辅助器具的情况,将护理级别确定为生活完全不能自理、生活大部分不能自理和生活部分不能自理,对应的护理费赔偿比例分别为100%、50%以上和50%以下。"山东高院《关于审理人身损害赔偿案件若干问题的意见》(2001年2月22日)第67条:"护理费。(1)受害人住院治疗经治疗医院批准,需要设立护理人员的,其护理费应予赔偿,但护理人员限定为一人,需要日夜护理的,不能超过两人。未住院治疗或残疾者需要设立护理人员的,必须是生活完全不能自理者。(2)护理期限应以受害人恢复到生活基本自理为原则。确认生活能否自理有困难的,应征询医疗部门或法医意见。(3)护理费的赔偿数额参照第67条误工损失的赔偿标准,按护理人员收入的实际损失计算(以侵害行为发生的年度为准)。"辽宁高院、省公安厅《关于道路交通事故案件若干问题的处理意见》(辽公交〔2001〕62号)第13条:"残疾者残疾等级评定为三级以上(含三级),应考虑治疗出院后的护理费,按照交通事故发生地平均生活费计算,自出院之月起,赔偿20年。但50周岁以上的,年龄每增加1岁减少1年,最低不少于10年;70周岁以上的,按5年计算。同时根据残疾等级,一级的按100%计算,每减少1级减少10%。"北京高院《关于印发〈关于审理人身伤害赔偿案件若干问题的处理意见〉的通知》(2000年7月11日)第12条:"受害人在治疗期间或治疗后生活仍不能自理,需要设专人护理的,护理人员的误工损失或劳动报酬,由侵害人承担。护理人员的误工损失一般按其实际收入损失额计算;实际收入过高的,参照劳务市场上雇佣临时工的一般报酬标准的3倍以下酌情确定。雇人护理的护理费的赔偿标准,可按照当地有关部门公布的家政劳务市场上雇聘临时工护理同类病人一般应支出的费用计算。"第13条:"护理人数应考虑受害人实际需要,根据治疗单位提出的护理意见或法医意见确定。"第14条:"护理期限应至受害人恢复生活自理能力为止。受害人因残疾而不能恢复生活自理能力的,可按其可能生存的年限确定护理期限(可能生存年限为:我市人均期望寿命减去受害人当前年龄,最低不少于5年)。"河南高院《关于审理道路交通事故损害赔偿案件若干问题的意见》(1997年1月1日 豫高法〔1997〕78号)第28条:"护理费的赔偿。护理人员有收入的,按照道路交通事故伤者、残者或死亡者的误工费规定计算;护理人员无收入的,按照交通事故发生地平均生活费计算。护理人员收入低于交通事故发生地平均生活费的按无收入对待。是否需要护理,一般应以医院建议为准。护理人数一般应为1至3人,伤情严重必须24小时护理的,可有2至4名护理人员。医院要求增加护理人员或伤情特别严重等特殊情况可适当增加护理人数。"

**4. 地方规范性文件。**北京市司法鉴定业协会《关于印发〈人身损害受伤人员误工期、营养期、护理期评定准则(试行)〉的通知》(2011年3月1日)第2条:"人身损害受伤人员误工期、营养期和护理期的确定应以原发性损伤及后果为依据,包括损伤当时的伤情、损伤后的并发症和后遗症等,并结合治疗方法及效果,全面分析个案的年龄、体质等因素,进行综合评定。"第3条:"……护理期(亦称护理陪护期),是指人体损伤后,在医疗或者功能康复期间生活不能自理,需要他人帮助的时间。"附录:"……损伤后经治疗在人身损害受伤人员误工期内未愈仍需继续治疗的,可酌情适当延长三期时限,但'三期'的上限不长于伤残评定的前一日,并应有鉴定人员意见说明……'根据临床治疗情况确定'是指由于原发损伤较重,被鉴定人的伤情预后变化很大,或者出现严重感染、并发症、合并症等情况,不能单纯根据损伤就能确定预后恢复的情况,需要结合临床治疗情况予以明确;'根据临床治疗恢复情况确定者','三期'最长至评残日前一日。"浙江省司法厅《浙江省第二届法医临床鉴定业务研讨会会议纪要》(2009年9月29日 浙司办〔2009〕71号)第1条:"人身损害赔偿案件中法医临床鉴定的范围。伤残程度评定、医疗费合理性评定、后期医疗费评定、医疗护理依赖程度评定、治疗时限评定、法医临床鉴定文证审查和误工、护理、营养时限评定等,属于法医临床鉴定范围。伤后医疗费、误工费、护理费、后期医疗费和营养费等具体数额的确定,及残疾辅助器具配置的具体价格、使用年限,不属于法医临床鉴定范围。精神疾病治疗的医疗费合理性评定属于法医精神病鉴定范围,不属于法医临床鉴定范围。"第4条:"医疗护理依赖程度评定。医疗护理依赖程度评定,是指对被鉴定人因损伤导致生活不能自理需要依赖他人护理的程度作出的评估。医疗护理依赖程度评定,应在伤残等级评定基础上,根据不同案由,分别适用《劳动能力鉴定职工工伤与职业病致残等级》(GB/T 16180—2006)4.1.4条、《人体损伤残疾程度鉴定标准(试行)》(浙高法〔2004〕264号)B.1条的规定,进行全面分析,综合评定。鉴于《道路交通事故受伤人员伤残评定》无医疗护理依赖程度评定标准,其医疗护理依赖程度评定应参照《劳动能力鉴定职工工伤与职业病致残等级》4.1.4条规定执行。适用《劳动能力鉴定职工工伤与职业病致残等级》,被鉴定人构成四级以上伤残的,可评定护理依赖等级。适用《人体损伤残疾程度鉴定标准(试行)》、《道路交通事故受伤人员伤残评定》,被鉴定人构成六级以上伤残的,可评定护理依赖等级。单侧肢体截肢缺失,安装假肢后,不评定护理依赖等级。医疗护理依赖程度评定,应根据损伤对被鉴定人进食、大小便、翻身、穿衣洗漱、自主行动等生活自理能力丧失的情况作出评估。"第5条:"……护理时限评定,是指运用法医临床学的理论和技术对被鉴定人因损伤导致生活自理能力丧失需要专人护理的合理期限作出的评估。专人护理是指被鉴定人因损伤导致生活部分或完全不能自理、必须有专人护理的情况。"

**5. 最高人民法院审判业务意见。** ●判决确定的债权人死亡后,执行法院还应否执行判决确定的护理费?《人民司法》研究组:"人民法院在执行程序中只能根据执行依据确定的内容进行执行,如果在执行过程中发生可能导致执行依据内容发生变动的事实,应当由相关利害关系人通过相关审判监督程序申请予以确定,执行法院在执行程序中无权变更执行依据所确定的债务数额。因此,第一种意见是正确的。"

**6. 参考案例。**①2011年江苏某交通事故纠纷案,2010年,6岁的陆某坐母亲电动车时被朱某轿车碰撞致10级伤残,交警认定朱某全责。陆某住院4个多月后下床活动时跌倒形成二次手术,保险公司称二次手术费用不应承担,且陆某系农村户口,应按农村标准赔偿。法院认为:陆某遭受交通事故受伤时年仅6岁,导致行走、活动受严重影响,根据医嘱三个月内不能下床,但一年内要四次前往医院摄片复诊,并进行必要的功能锻炼,故陆某在伤后经治疗好转出院已有四个多月时下床活动,并未违反医嘱,此时跌倒,虽有其监护人作为护理人员监护不力因素,但因首次受伤而植入的内固定亦在很大程度上影响着陆某活动。根据上述实际情况,结合司法鉴定机构对陆某两次受伤情形所做分析,应认定陆某第二次受伤虽与案涉交通事故无直接关联,但亦非绝无联系。保险公司辩称不同意赔偿陆某二次受伤所造成损失,与实际情况并不完全相符,法院不能全部采信。但陆某不考虑自身因素,全额主张所有损失,缺乏事实和法律依据,法院很难全额支持。农村户口的学生、学龄前儿童及婴幼儿作为纯消费人群,无论其身处农村还是城镇,在日常生活、教育、医疗等领域内开支与城镇户口学生、儿童等相比已无甚区别,根据公平和利益原则,当其人身受损时应参照城镇居民标准计算。陆某年仅6岁即因交通事故受伤致残,必然给其在精神上造成特别严重伤害,要求赔偿义务人赔偿相应精神损害抚慰金,既符合相关法律规定,亦能对陆某予以精神上的慰藉,结合相关法律规定、肇事者过错程度、事故发生情况、本地生活水平、原告陆某个人情况、伤残情况及家庭结构等因素,同时考虑陆某就护理费损失主张较少、陆某主张精神损害抚慰金为5000元且保险公司认可,故应予支持。判决保险公司在交强险医疗费用限额范围内赔偿陆某医疗费(含二次手术费)、住院伙食补助费、营养费等损失中的1万元,保险公司在交强险死亡伤残限额范围内赔偿陆某交通费、护理费、残疾赔偿金、精神损害抚慰金5万余元,其余2万余元,由朱某赔偿。②2011年湖北某交通事故损害赔偿案,2008年7月,唐某驾车肇事致8级伤残,交警认定其主要责任。法院认为:关于唐某的人身损害赔偿范围,除已发生的医疗费8.9万余元外,住院伙食补助费1万余元(三次住院,共计204天,每天按50元或20元标准计算),交通费1200余元应予支持;护理费,因其构成8级伤残,需要3级护理依赖,其主张住院治疗和定残后后续护理费并无不妥,护理费可按居民服务业和其他服务业标准(16518元/年)计算,即从受伤住院到定残共656天,16518元/年×656天÷365天/年=29687元,后续护理费可参照《工伤保险条例》第32条第2款规定,生活部分不能自理的按30%和本市2009年工伤统筹标准18420元计赔为宜,即18420

元/年×20年×30% =11052元,两项护理费合计140207元;误工费可按交通运输行业的标准计算为宜,即,656天×25912元/年÷365天/年=46570元;唐某属于非农业户口,其残疾赔偿金为14367元/年20年×20年×30% =86202元;关于后续治疗费,可根据司法鉴定意见书意见认定为9万元。因其负事故主要责任,精神损害抚慰金不予认定。③2011年广西某交通事故损害赔偿案,2009年8月,黄某驾车碰撞骑自行车的12岁的陈某,经鉴定,陈某右大腿截肢,构成5级伤残,护理依赖程度为3级。交警认定同等责任。赔偿项目中,残疾辅助器具费及护理费如何计算成为焦点。法院认为:根据配置机构意见,要求给付残疾辅助器具费年限至70周岁,综合本案双方当事人具体情况,参照配置机构有关更换周期的意见及司法解释有关护理费最长给付年限不超过20年的规定,暂予支持20年。超过上述确定的给付年限,陈某可依法另行起诉。生活自理范围主要包括五项:进食、翻身、大小便、穿衣洗漱、自我移动;护理依赖程度分3级:完全护理依赖、大部分护理依赖、部分护理依赖。本案中,陈某属于部分护理依赖,装配右大腿假肢后,其截肢导致生活自理能力下降的状况得到改善,生活自理能力得到一定程度的恢复,根据日常生活经验,显然能推定出其可以独自完成上述五项法律规定给付护理费的生活自理事项,对陈某请求给付20年的护理费不予支持。④2011年四川某交通事故损害赔偿案,2010年5月,谢某驾车撞伤骑自行车的杨某,交警认定谢某全责。经调解,杨某医疗费3600余元、护理费450余元、住院伙食补助费90元、营养费90元、误工费3400余元协议由谢某赔偿,随后保险公司依谢某申请,给付谢某保险金6000余元(部分赔偿项目认为过高),杨某以未收到赔偿为由,起诉谢某和保险公司。法院认为:杨某损失,保险公司应在交强险医疗费用赔偿限额项下负责赔偿医疗费2700余元、住院伙食补助费90元、营养费90元,在交强险死亡伤残赔偿限额项下负责赔偿护理费450余元、误工费3400余元,合计赔偿6800余元,扣除已向谢某支付的6000余元中所包含的人身损害赔偿款5100余元,保险公司尚应赔偿1600余元。谢某已领取的保险赔偿金中有3300余元应归杨某所有,谢某应支付给杨某,根据《保险法》第65条及第177条规定,责任保险的被保险人给第三者造成损害,被保险人未向该第三者赔偿的,保险人不得向被保险人赔偿保险金,违反本法规定,给他人造成损害的,依法承担民事责任,故保险公司对谢某的该3300余元金钱给付义务,在谢某财产不足以清偿情形下应承担相应的补充赔偿责任。

**【同类案件处理要旨】**

交通事故造成他人人身损害的,应当赔偿包括护理费在内的各项人身损害费用。护理费根据护理人员的收入状况和护理人数、护理期限确定。护理人员有收入的,参照误工费的规定计算;护理人员没有收入或者雇用护工的,参照当地护工从事同等级别护理的劳务报酬标准计算。护理人员原则上为一人,但医疗机构或者鉴定机构有明确意见的,可以参照确定护理人员人数。护理期限应计算至受害人恢复生活自理能力时止。受害人因残疾不能恢复生活自理能力的,可以根据其年龄、健康状况等因素确定合理的护理期限,但最长不超过 20 年。受害人定残后的护理,应当根据其护理依赖程度并结合配制残疾辅助器具的情况确定护理级别。

【相关案件实务要点】

1.【最长护理】当事人请求 20 年护理费未明确起始时间,法官在庭审中应予释明;申请人自行委托或检察机关依职权委托鉴定护理依赖等级的结论不能成为再审定案的依据。案见浙江余姚中院 2006 年再审判决"杨某诉何某等交通事故人身损害赔偿案"。

2.【护理等级】交通事故受害人虽不构成护理等级,但存在中度智能障碍,其出院后的护理费赔偿请求应予酌情支持。案见浙江余姚中院 2006 年再审判决"杨某诉何某等交通事故人身损害赔偿案"。

3.【保险理赔】交通事故受害人不构成残疾的,交强险保险公司应在死亡伤残赔偿限额项下赔偿受害人的护理费、误工费、交通费、住宿费等。案见四川成都新都区法院(2010)新都民初字第 1948 号"杨某诉谢某交通事故损害赔偿案"。

【附注】

参考案例索引:浙江余姚中院 2006 年再审判决"杨某诉何某等交通事故人身损害赔偿案",再审判决支持杨某住院期间护理费 5000 余元,出院后护理费 3 万元。见《杨钿夫、余姚市公路管理段与何瑞平道路交通事故损害赔偿纠纷案——如何判定道路交通事故损害赔偿案件中的护理费》(关盈华),载《审判监督指导》(200701:39)。①江苏海安法院(2011)安少民初字第 0029 号"陆某与朱某等交通事故损害赔偿纠纷案",见《陆屏诉朱何生、中国大地财产保险股份有限公司南通中心支公司交通事故损害赔偿案》(钱军、唐霄),载《中国审判案例要览》(2012 民:287)。②湖北枝江法院(2011)枝民再初字第 1 号"唐某诉周某等交通事故损害赔偿案",见《唐开祥诉周德山等道路交通事故人身损害赔偿案》(余晶晶),载《中国法院 2012 年度案例:道路交通纠纷》(7)。③广西河池中院(2010)河市民一终字第 263 号"陈某诉黄某等交通事故损害赔偿案",见《陈建涛诉黄仲良等道路交通事故人身损害赔偿案》(覃江萍),载《中国法院 2012 年度案例:道路交通纠纷》(74)。④四川成都新都区法院(2010)新都民初字第 1948 号"杨某诉谢某交通事故损害赔偿案",见《杨天军诉谢启松道路交通事故人身损害赔偿案》(蒋娜娜),载《中国法院 2012 年度案例:道路交通纠纷》(92)。

**参考观点索引:**●判决确定的债权人死亡后,执行法院还应否执行判决确定的护理费?见《判决确定的债权人死亡后,执行法院还应否执行判决确定的护理费?》,载《人民司法·司法信箱》(200809:110)。

## 54. 被扶养人生活费计算
——扶养生活费,确定何标准?

### 【被扶养人】

**【案情简介及争议焦点】**

2009 年 2 月,蒋某驾车在高速路上与杨某驾驶的客车相撞后,再次与叶某驾驶的车辆撞击受损。杨某客车上的乘客廖某事故后滞留于慢速车道上,在随后朱某与颜某分别驾驶的车辆碰撞中身亡。交警认定第一起事故中,杨某、蒋某分负主、次责任;第二起事故中,朱某、杨某、廖某负事故同等责任。廖某生前离婚后,孩子由前妻抚养,并由廖某一次性支付了抚养费。现孩子作为被扶养人的生活费应否包括在侵权赔偿项目内成为争议焦点。

争议焦点:1. 侵权责任如何确定? 2. 侵权赔偿应否包括被扶养人生活费?

**【裁判要点】**

**1. 侵权责任的承担。**两起事故先后发生,数行为人之间事先既无共同意思联络,亦无共同过错,只是由于行为客观联系和间接结合,共同致同一损害结果,属主观无过错联系之共同加害行为。在无法区分各行为人行为对损害后果的原因力、划分责任份额情况下,推定两起事故对朱某所致损害后果平均承担责任。超出交强险限额范围外的原告损失,按事故责任比例,由杨某承担 50%,蒋某承担 20%,朱某承担 15%。其中,蒋某、朱某分别在其应赔份额内与杨某承担连带赔偿责任。

**2. 被扶养人生活费。**根据《最高人民法院关于适用〈中华人民共和国侵权责任法〉若干问题的通知》第 4 条的规定,法院适用《侵权责任法》审理民事纠纷案件,如受害人有被扶养人的,应当依据《最高人民法院关于审理人身损害赔偿案件适用法律若干问题的解释》第 28 条规定,将被扶养人生活费计入残疾赔偿金或死亡赔偿金,即虽然"被扶养人生活费"这一独立赔偿项目不复存在,但已计入残疾赔偿金或死亡赔偿金中,《侵权责任法》实施后的残疾赔偿金和死亡赔偿金,实际上就包含原有的两部分:一是被扶养人生活费;二是残疾赔偿金或死亡赔偿金。原告尚未成年,依照法律规定应属于受害人廖某生前的被扶养人。受害人因交通事故不幸死亡,依照法律规定,原告有权请求赔偿被扶养人生活费。虽然受害人生前与前妻离婚时支付了原告的抚养费,但法律并未规定在此情况下,原告不再享有向赔偿义务人请求赔偿被扶养人生活费的权利,故侵权赔偿中应包括被扶养人生活费。

【裁判依据或参考】

**1. 法律规定。**《民法典》(2021 年 1 月 1 日)第 1179 条:"侵害他人造成人身损害的,应当赔偿医疗费、护理费、交通费、营养费、住院伙食补助费等为治疗和康复支出的合理费用,以及因误工减少的收入。造成残疾的,还应当赔偿辅助器具费和残疾赔偿金;造成死亡的,还应当赔偿丧葬费和死亡赔偿金。"第 1182 条:"侵害他人人身权益造成财产损失的,按照被侵权人因此受到的损失或者侵权人因此获得的利益赔偿;被侵权人因此受到的损失以及侵权人因此获得的利益难以确定,被侵权人和侵权人就赔偿数额协商不一致,向人民法院提起诉讼的,由人民法院根据实际情况确定赔偿数额。"《侵权责任法》(2010 年 7 月 1 日,2021 年 1 月 1 日废止)第 16 条:"侵害他人造成人身损害的,应当赔偿医疗费、护理费、交通费等为治疗和康复支出的合理费用,以及因误工减少的收入。造成残疾的,还应当赔偿残疾生活辅助具费和残疾赔偿金。造成死亡的,还应当赔偿丧葬费和死亡赔偿金。"《民法通则》(1987 年 1 月 1 日,2021 年 1 月 1 日废止)第 119 条:"侵害公民身体造成伤害的,应当赔偿医疗费、因误工减少的收入、残废者生活补助费等费用;造成死亡的,并应当支付丧葬费、死者生前扶养的人必要的生活费等费用。"

**2. 司法解释。** 最高人民法院《第八次全国法院民事商事审判工作会议纪要》(2016 年 11 月 30 日)第 8 条:"……在计算被扶养人生活费时,如果受害人是农村居民但按照城镇标准计算残疾赔偿金或者死亡赔偿金的,其被扶养人生活费也应按照受诉法院所在地上一年度城镇居民人均消费性支出标准计算。被扶养人生活费一并计入残疾赔偿金或者死亡赔偿金。"最高人民法院《关于如何理解〈最高人民法院关于适用"中华人民共和国侵权责任法"若干问题的通知〉第四条的答复》(2010 年 12 月 21 日):"本条规定了新的规定出台之前,确定残疾赔偿金和死亡赔偿金的方法。《最高人民法院审理人身损害赔偿案件适用法律若干问题的解释》(以下简称《人身损害赔偿司法解释》)第十七条第二、三款规定侵害生命健康权的,应支付残疾赔偿金、死亡赔偿金和被扶养人生活费。侵权责任法第十六条规定了残疾赔偿金和死亡赔偿金,没有被扶养人生活费一项。从立法解释上来说,一般认为侵权责任法第十六条规定改变了既有法律和司法解释关于死亡赔偿金、残废赔偿金和被扶养人生活费的关系,原来司法解释规定的死亡赔偿金、残疾赔偿金并不包含被扶养人生活费,但是现在被扶养人生活费已经被侵权责任法第十六条的死亡赔偿金、残疾赔偿金吸收了。为此,新近出台的司法解释作出规定:'如受害人有被扶养人的,应当依据《人身损害赔偿司法解释》第二十八条的规定,将被扶养人生活费计入残疾赔偿金或死亡赔偿金。'这就使有被扶养人的残疾赔偿金和死亡赔偿金与立法精神一致了,同时也与我们以前的作法完全一致。通俗地讲,侵权责任法规定的死亡赔偿金、残疾赔偿金等于司法解释规定的死亡赔偿金、残疾赔偿金和被扶养人生活费之和。以上答复仅供参考。"最高人民法院《关于适用〈中华人民共和国侵权责任法〉若干问题的通知》(2010年6月30日 法释〔2010〕23号)第4条:"人民法院适用侵权责任法审理民事纠纷案件,如受害人有被扶养人的,应当依据《最高人民法院关于审理人身损害赔偿案件适用法律若干问题的解释》第二十八条的规定,将被扶养人生活费计入残疾赔偿金或死亡赔偿金。"最高人民法院民一庭《关于经常居住地在城镇的农村居民因交通事故伤亡如何计算赔偿费用的复函》(2006年4月3日 〔2005〕民他字第25号):"……人身损害赔偿案件中,残疾赔偿金、死亡赔偿金和被扶养人生活费的计算,应当根据案件的实际情况,结合受害人住所地、经常居住地等因素,确定适用城镇居民人均可支配收入(人均消费性支出)或者农村居民人均纯收入(人均年生活消费支出)的标准。本案中,受害人唐顺亮虽然农村户口,但在城市经商、居住,其经常居住地和主要收入来源地均为城市,有关损害赔偿费用应当根据当地城镇居民的相关标准计算。"最高人民法院《关于审理人身损害赔偿案件适用法律若干问题的解释》(2004年5月1日 法释〔2003〕20号,2020年修正,2021年1月1日实施)第16条:"被扶养人生活费计入残疾赔偿金或者死亡赔偿金。"第17条:"被扶养人生活费根据扶养人丧失劳动能力程度,按照受诉法院所在地上一年度城镇居民人均消费性支出和农村居民人均年生活消费支出标准计算。被扶养人为未成年人的,计算至十八周岁;被扶养人无劳动能力又无其他生活来源的,计算二十年。但六十周岁以上的,年龄每增加一岁减少一年;七十五周岁以上的,按五年计算。被扶养人是指受害人依法应当承担扶养义务的未成年人或者丧失劳动能力又无其他生活来源的成年近亲属。被扶养人还有其他扶养人的,赔偿义务人只赔偿受害人依法应当负担的部分。被扶养人有数人的,年赔偿总额累计不超过上一年度城镇居民人均消费性支出额或者农村居民人均年生活消费支出额。"第18条:"赔偿权利人举证证明其住所地或者经常居住地城镇居民人均可支配收入或者农村居民人均纯收入高于受诉法院所在地标准的,残疾赔偿金或者死亡赔偿金可以按照其住所地或者经常居住地的相关标准计算。被扶养人生活费的相关计算标准,依照前款原则确定。"第 22 条:"本解释所称'城镇居民人均可支配收入''农村居民人均纯收入''城镇居民人均消费性支出''农村居民人均年生活消费支出''职工平均工资',按照政府统计部门公布的各省、自治区、直辖市以及经济特区和计划单列市上一年度相关统计数据确定。'上一年度',是指一审法庭辩论终结时的上一统计年度。"

3. 部门规范性文件。公安部法制司《对海南省公安厅法制处〈关于"无劳动能力的人"标准的请示〉的答复》(1998 年 5 月 14 日　公发〔1998〕28 号):"……按照《劳动保险条例》第十五条的规定和《国务院关于工人退休、退职的暂行办法》第一条第一项的规定,男工人与男职员年满六十岁,女工人与女职员年满五十岁,应该退休并可以享受退职养老补助费。据此,男性农民满六十周岁,女性农民满五十周岁,可视为'无劳动能力'。另据《国务院关于工人退休、退职的暂行办法》第一条第二项的规定,从事井下、高空、高温、特别繁重体力劳动或者其他有害身体健康的工作,男年满五十五周岁,女年满四十五周岁,连续工龄满十年的全民所有制企业、事业单位和国家机关、人民团体的工人,应该退休。符合第二项规定精神的男性农民,年满五十五周岁,女性农民年满四十五周岁,也可视为无劳动能力。此外,在考虑年龄因素的同时,如果被扶养人主要是靠死者扶养或者身体状况不好,从事农业劳动确有困难的,在赔偿时也可适当给予照顾。"

4. 地方司法性文件。河南高院《关于机动车交通事故责任纠纷案件审理中疑难问题的解答》(2024 年 5 月)第 17 条:"被扶养人有数人的,如何计算被扶养人生活费? 答:根据《最高人民法院关于审理人身损害赔偿案件适用法律若干问题的解释》第十七条第二款规定:'被扶养人是指受害人依法应当承担扶养义务的未成年人或者丧失劳动能力又无其他生活来源的成年近亲属。被扶养人还有其他扶养人的,赔偿义务人只赔偿受害人依法应当负担的部分。被扶养人有数人的,年赔偿总额累计不超过上一年度城镇居民人均消费支出额。'被扶养人有数人,应当先依据各被扶养人的扶养年限与抚养人丧失劳动能力程度计算出各自被扶养人生活费赔偿数额,再以相加后的年赔偿总额不超过上一年度城镇居民人均消费性支出额为限。"第 20 条:"部分交通事故赔偿项目的适用标准应如何把握? 答:发回重审案件应按照发回重审前即原一审辩论终结前上一年度标准计算相应误工费、护理费、残疾赔偿金或死亡赔偿金及被扶养人生活费。受害人二次手术后再次提起诉讼,请求支付误工费、护理费的,应按照该次诉讼中一审法庭辩论终结时的上一统计年度相关标准计算。"山东高院审监二庭《关于审理机动车交通事故责任纠纷案件若干问题的解答(一)》(2024 年 4 月)第 11 条:"受害人因交通事故致残,在计算被扶养人生活费时,如何评定受害人劳动能力丧失程度? 答:鉴于劳动能力丧失程度的评定在民事诉讼中难以通过鉴定认定,司法实践中可以依据受害人伤残等级按系数计算被扶养人生活费。如赔偿义务人有证据证明受害人伤残情况不影响其劳动能力的,人民法院可以根据实际情况,对被扶养人生活费酌情认定。"第12条:"六十周岁以上特别是高龄受害人,认定被扶养人抚养年限时,是否考虑受害人年龄?答:我国法律并未将受害人的年龄作为计算被扶养人生活费的依据,在最高法院没有明确规定之前,不宜突破现有司法解释的规定,因此在认定被扶养人扶养年限时,不应考虑受害人的年龄。"第13条:"如何认定受害人的成年近亲属为被扶养人?答:被扶养人是指受害人依法应当承担抚养义务的未成年人或者丧失劳动能力又无其他生活来源的成年近亲属。无劳动能力的证明可以是:1.能够证明被扶养人无劳动能力的残疾证;2.被扶养人劳动能力鉴定意见;3.医院诊断证明被扶养人患有严重影响劳动能力的疾病。对于是否无收入来源需要提交相应证据证实,享有低保及基本生活保障的不宜认定为有收入来源。"浙江高院《印发〈关于人身损害赔偿项目计算标准的指引〉的通知》(2022年8月24日 浙高法审〔2022〕2号)第28条:"受害人因2021年9月8日(含当日)后发生的侵权行为致残或者死亡的,被扶养人生活费按照受诉法院所在地省、计划单列市上一年度城镇居民人均消费性支出标准计算。赔偿权利人举证证明受害人住所地或者经常居住地的城镇居民人均消费性支出高于受诉法院所在地标准的,可以就高确定被扶养人生活费计算标准。"第29条:"被扶养人生活费计入残疾赔偿金或死亡赔偿金,起算时间与残疾赔偿金或死亡赔偿金一致。"第30条:"被扶养人人数的确定以侵权行为发生时为准。对侵权行为发生时已经存在的胎儿应予计算被扶养人生活费,但胎儿娩出时为死体的除外。"第31条:"依照《最高人民法院关于审理人身损害赔偿案件适用法律若干问题的解释》第十七条计算的扶养年限,与受害人残疾赔偿金、死亡赔偿金的计算年限不一致的,以时间短者确定扶养年限。"第32条:"被扶养人生活费按照下列公式计算:(1)被扶养人生活费=年赔偿总额×伤残赔偿指数×扶养年限。(2)单个被扶养人的年赔偿总额=上一年度城镇居民人均消费性支出÷该被扶养人的扶养人数;(3)受害人有多个被扶养人的,年赔偿总额按照公式(2)进行累加,累加后不得超过上一年度城镇居民人均消费性支出。多个被扶养人扶养年限不一致的,扶养年限分段计算。"第33条:"受害人的父母年满60周岁,且领取的养老金、退休工资以及其他持续稳定的收入累计未达到受诉法院所在地省、计划单列市上一年度城镇居民人均消费性支出标准的,应予计算被扶养人生活费。计算时采用补充差额的方式。"内蒙古高院《关于道路交通事故损害赔偿案件赔偿项目审核认定标准汇编》(2022年1月1日)第12条:"被扶养人生活费。1.计算方法。(1)受害人伤残的。被扶养人生活费=内蒙古自治区人民政府统计部门公布的上一年度城镇居民人均消费性支出×扶养年限÷扶养义务人人数×伤残赔偿指数。被扶养人有数人的,年赔偿总额累计不超过内蒙古自治区人民政府统计部门公布的上一年度城镇居民人均消费性支出乘以伤残赔偿指数。(2)受害人死亡的。被扶养人生活费=内蒙古自治区人民政府统计部门公布的上一年度城镇居民人均消费性支出×扶养年限÷扶养义务人人数。被扶养人有数人的,年赔偿总额累计不超过内蒙古自治区人民政府统计部门公布的上一年度城镇居民人均消费性支出。2.相关证据。(1)赔偿权利人应提供其与受害人之间的关系证明,包括户籍证明、户口簿、身份证、街道办事处或村委会等户籍所在地相关机构出具的扶养关系及被扶养人情况的证明。(2)被扶养人为成年近亲属的,赔偿权利人应提供相应的劳动能力鉴定部门出具的劳动能力鉴定意见或者医院诊断证明等证据证明被扶养人劳动能力以及生活来源情况。3.说明。(1)被扶养人的年龄应当以受害人定残之日或死亡之日为起点计算。(2)扶养年限:被扶养人为未成年人的,扶养年限计算至十八周岁;被扶养人为无劳动能力又无其他生活来源的成年近亲属,计算二十年;但六十周岁以上的,年龄每增加一岁减少一年,七十五周岁以上的,按五年计算。"

海南高院《关于印发〈海南省道路交通事故人身损害赔偿标准〉的通知》(2021年1月1日 琼高法〔2020〕325号)第2条:"……被扶养人生活费:被扶养人指的是受害人依法应承担扶养义务的未成年人或者丧失劳动能力又无其他生活来源的成年近亲属。被扶养人生活费指加害人非法侵害受害人的生命权、健康权、身体权致使其丧失劳动能力时,受害人的被扶养人因此丧失生活来源而请求加害人或者其他赔偿义务人予以赔偿的费用。(1)单证标准:①被扶养人未满18周岁的,提供户口簿或与扶养人关系的户口证明的复印件;②被扶养人为已达到国家法定退休年龄的近亲属老人,应提供户口簿或与扶养人关系的户口证明和复印件,以及街道办事处或乡、镇政府出具的无生活来源证明;③被扶养人为身体残疾而丧失劳动能力且无其它生活来源的成年近亲属,应提供当地县级民政局颁发的残疾证、与扶养人关系的户口证明、相关人员户口簿的复印件、街道办事处或乡(镇)政府出具的无生活来源证明;④被扶养人为因重大疾病而丧失劳动能力且无其它生活来源的成年近亲属,应提供以往病历和治疗医院证明以及有资质部门出具的丧失劳动能力鉴定书、与扶养人关系的户口证明、相关人员户口簿复印件、街道办事处或乡(镇)政府出具的无生活来源证明;⑤被扶养人超过1人的或扶养人为多人的,应提供被扶养人与扶养人关系的相关户籍证明;⑥发生收养关系的,需提供收养证明;⑦遗腹子待胎儿出生后为活体的,需提供医学出生证明为受害人的子女,无法确认或者特殊情况时可进行DNA亲子鉴定;⑧被扶养人为除配偶、父母、子女以外的近亲属,需提供受害人生前或残疾前承担了主要扶养义务的相关证明。(2)计算原则。①受害人死亡的:年度扶养费赔偿金标准×扶养年限×扶养义务比例;②受害人伤残的:年度扶养费赔偿金标准×扶养年限×扶养义务比例×残疾等级对应系数(或劳动能力丧失程度)。不予赔付的情况:①被扶养人未达到国家法定退休年龄的,因身体先天残疾而丧失劳动能力且无其它生活来源的除外;②丧失劳动能力但有生活来源的;③被扶养人因非先天性疾病导致身体残疾而丧失劳动能力,但已经获得其他赔偿的。年度扶养费赔偿金标准:以海南省上一年度城镇居民人均消费性支出为标准。扶养年限:根据扶养人死亡日或定残日确定被扶养人的年龄。被扶养人为未成年人的,计算到18周岁(含18周岁);被扶养人为成年近亲属的,60周岁以下(含60周岁)按20年计算;60周岁以上,每增加1周岁减少1年;75周岁以上,按5年计算。扶养义务比例:受害人子女的扶养义务比例原则为1/2。受害人父母的扶养义务比例由受害人兄弟姐妹均摊,如父母中一人有劳动能力或生活来源,应加入分摊其配偶的扶养费。被扶养人有数人的,年赔偿总额累计不超过年度城镇居民人均消费性支出额。残疾等级对应系数:受害人伤残需要赔偿扶养费的,根据伤残等级比例或劳动能力鉴定部门出具的劳动能力丧失程度计算。"安徽亳州中院**《关于审理道路交通事故损害赔偿案件的裁判指引(试行)》**(2020年4月1日)第4条:"机动车交通事故受害人以自己名义主张被扶养人生活费,应提供证据证明被扶养人的身份信息,被扶养人可不作为权利人参加诉讼。"第13条:"以发生交通事故之日确定被扶养人年龄,扶养年限按照有利于受害人一方的原则取整数。"江西宜春中院**《关于印发〈审理机动车交通事故责任纠纷案件的指导意见〉的通知》**(2020年9月1日 宜中法〔2020〕34号)第36条:"被扶养人是指受害人依法应当承担扶养义务的未成年人或者丧失劳动能力且无其他生活来源的成年近亲属;被扶养人生活费以满足被扶养人最基本的生活需要为原则,其计算方式为:江西省上一年度城镇居民人均消费性支出×扶养年限÷扶养义务人个数×伤残赔偿指数。被扶养人年满十八周岁、不足六十周岁的,赔偿权利人应提供被扶养人无劳动能力的证明,无劳动能力的证明可以是下列之一:(1)能够证明被扶养人无劳动能力的残疾证;(2)被扶养人劳动能力鉴定意见;(3)被扶养人患有严重影响劳动能力疾病的医院诊断证明。赔偿权利人应提供被扶养人无其他生活来源的证明。该证明应当是其户籍所在地乡镇、街道以上政府部门出具的书面证明。被扶养人虽有一定生活来源或有一定劳动能力,但不足以满足其最基本生活需要的,人民法院应支持其被扶养人生活费,但数额上应结合被扶养人的生活来源以及劳动能力情形酌情减少。夫、妻一方在未丧失劳动能力或有其他生活来源的情况下,原则上不支持被扶养人生活费。但夫妻无子女或子女无赡养能力,又没有其他法定扶养人,夫妻一方依靠另一方扶养的,可以支持被扶养人生活费。受害人为六十周岁以上且有劳动能力和收入来源的,其成年子女丧失劳动能力且无收入来源的,可以支持被扶养人生活费。被扶养人有数人的,年赔偿总额累计不得超过江西省上一年度城镇居民人均消费性支出标准。年赔偿总额累计超过江西省上一年度城镇居民人均消费性支出标准(以下称上限)的,赔偿义务人按照该上限数额支付该年度被扶养人生活费,各被扶养人在该年度中获得赔偿的被扶养人生活费数额,应予调整,调整的方式为:(1)分别计算出每一年度中各位被扶养人的被扶养人生活费,并计算该年度中被扶养人生活费总和;(2)需要调整的,用城镇居民人均消费性支出除以该年度中被扶养人生活费总和,用该比例数分别乘以第一步中计算出的各位被扶养人的被扶养人生活费,结果即为各位被扶养人该年度中实得的被扶养人生活费数额。"山西高院《关于人身损害赔偿标准的办案指引》(2020年7月1日 晋高法〔2020〕34号)第23条:"被扶养人生活费自受害人定残之日起计算。"第24条:"侵权行为发生于2020年1月1日之后的人身损害赔偿纠纷,被扶养人生活费按照受诉法院所在地上一年度城镇居民人均消费支出计算。侵权行为发生于2020年1月1日之前的人身损害赔偿纠纷,被扶养人生活费按照《最高人民法院关于审理人身损害赔偿案件适用法律若干问题的解释》第二十八条的规定计算;受害人是农村居民,但按照城镇居民标准计算残疾赔偿金或者死亡赔偿金的,其被扶养人生活费按照城镇居民标准计算;受害人户籍为居民户籍或未标注户籍性质的,被扶养人生活费按城镇居民标准计算。"湖南高院《关于印发〈审理道路交通事故损害赔偿纠纷案件的裁判指引(试行)〉的通知》(2019年11月7日 湘高法〔2019〕29号)第30条:"被扶养人生活费,应当按照受害人身份状况,适用城镇居民或农村居民标准计算。计算被扶养人生活费或受害人其他损失,需要确定被扶养人、受害人年龄的,以道路交通事故发生时为起算点。"四川高院《关于印发〈四川省高级人民法院机动车交通事故责任纠纷案件审理指南〉的通知》(2019年9月20日 川高法〔2019〕215号)第26条:"【被扶养人生活费的赔偿标准】被扶养人生活费赔偿标准按照扶养人的赔偿标准,从有利于被扶养人的角度确定。受害人是农村居民但按照城镇标准计算残疾赔偿金或者死亡赔偿金的,其被扶养人生活费应按照受诉人民法院所在地上一年度城镇居民人均消费性支出标准计算。计算被抚养人生活费时,应以受害人在道路交通事故发生时的个人情况确定适用城镇标准还是农村标准。"第27条:"【成年被扶养人主体标准】成年被扶养人应同时符合'丧失劳动能力'和'无其他生活来源'两个条件。'丧失劳动能力'一般应指男年满60周岁、女年满55周岁,其他丧失劳动能力的情形以劳动能力鉴定为准。被抚养人领取的社保金额明显低于城镇居民人均消费性支出或者农村居民人均消费性支出的,应补足差额部分。"安徽黄山中院《关于印发〈黄山市中级人民法院关于审理道路交通事故损害赔偿纠纷案件相关事项的会议纪要(试行)〉的通知》(2019年9月2日 黄中法〔2019〕82号)第8条:"被抚养人生活费:该项费用为受害人依法承担义务的未成年人或者丧失劳动能力又无其他生活来源的成年近亲属,一般包括子女(未满18周岁)、父母(60周岁以上,需提供无生活来源证明)。1.对受害人依法抚养的年龄未满18周岁或者60周岁以上的近亲属,或者年龄在18周岁以上、

60周岁以下,丧失劳动能力的近亲属,应当支付被抚养人生活费。2. 抚养年限自抚养人定残日(死亡日)开始计算。被抚养人为未成年人的,计算至18周岁;被抚养人为成年人的,计算20年。但60周岁以上每增加1岁减少1年;75周岁以上的,按5年计算。3. 被抚养人生活费按照本省上一年度城镇居民人均消费性支出或者农村居民人均年生活消费支出标准计算,并乘以抚养年限和相应的伤残赔偿指数。以抚养人的身份确定被抚养人生活费适用的赔偿标准。受害人为农村居民,但按照城镇居民标准计算残疾赔偿金或者死亡赔偿金的,其被抚养人生活费也应按照城镇居民人均消费性支付标准计算。4. 受害人未构成伤残等级的,原则上不支持被抚养人生活费。5. 被抚养人有数人的,赔偿义务人应当承担的年赔偿总额累计不超过上一年度城镇居民人均消费性支出额或者农村居民人均年生活消费支出额。"浙江金华中院《人身损害赔偿细化参照标准》(2019年5月27日)第2条:"……被扶养人生活费。项目列支:《侵权责任法》第十六条关于人身损害赔偿项目的规定确未包含被扶养人生活费这一项目,但同时该法也未明确在不计取被扶养人生活费情况下残疾赔偿金或死亡赔偿金的计算标准。有鉴于此,《最高人民法院关于适用〈中华人民共和国侵权责任法〉若干问题的通知》第四条规定,如受害人有被扶养人的,应当依据《最高人民法院关于审理人身损害赔偿案件适用法律若干问题的解释》第二十八条的规定,将被扶养人生活费计入残疾赔偿金或死亡赔偿金。因此,《侵权责任法》实施之后,被扶养人生活费不再作为单独的人身损害赔偿项目进行计取,有关费用金额应合并计入残疾赔偿金或死亡赔偿金,作为赔偿金项目费用的组成部分。被扶养人的界定:必须满足被扶养人无劳动能力又无其他生活来源这两个条件,60周岁以下(包括60周岁)按20年计算,60周岁以上每增加1岁减1年,75周岁以上按5年,未成年人计算至18周岁(成年后仍无劳动能力的再计算20年)。男、女均年满60周岁的,一般可视为丧失劳动能力。侵权责任的承担应以侵权行为人的合理可预见性为原则,即赔偿义务人的赔偿范围限于侵权行为人在实施侵权行为当时可以合理预见的损害后果。因此,被扶养人情况应以侵权行为发生时的情况进行核计。被扶养人生活费的起算时间:起算时间与残疾赔偿金(死亡赔偿金)的计算时间相一致,一般自定残日(死亡之日)起开始起算。被扶养人生活费的计算方式:被扶养人有数人的,每年的赔偿总额累计不超过29471元(即在此每年总额内按人数比例分配计算出各被扶养人的生活费数额)。扶养人因侵权行为构成伤残等级的,应依照伤残等级按比例支付被扶养人生活费。具体计算方法可参考附件《人身损害赔偿费用项目中关于被扶养人生活费计算规定的具体适用》,适用时注意侵权行为发生于2016年11月1日以后的案件不再区分城农标赔偿。"江西上饶中院《关于机动车交通事故责任纠纷案件的指导意见(试行)》(2019年3月12日)第1条:"……(十一)被扶养人生活费。计算方法:

受诉法院所在地或者受害人户籍地、经常居住地(以标准高者为准)上一年度城镇居民人均消费性支出或者农村居民人均年生活消费支出×扶养年限÷扶养人人数×伤残赔偿指数。证据要求:(1)户口簿等亲属关系证明;(2)未达到退休年龄(男60周岁、女55周岁)成年近亲属主张其为被扶养人的,应提交丧失劳动能力鉴定意见和户籍所在地乡、镇以上政府部门出具的无其他生活来源的书面证明。说明:(1)受害人死亡的,被扶养人生活费从受害人死亡之日起计算;受害人伤残的,从定残之日起计算。(2)被扶养人为未成年人的,扶养年限计算至18周岁;被扶养人为无劳动能力又无其他生活来源的成年近亲属,计算20年,但60周岁以上的,年龄每增加1岁减少1年;75周岁以上的,按5年计算。(3)事故发生时,被扶养人年龄男满60周岁,女满55周岁的,应提供户籍所在地乡、镇以上政府部门出具的无其他生活来源的书面证明。(4)被扶养人生活费是否适用城镇标准与残疾赔偿金、死亡赔偿金保持一致。(5)被扶养人生活费纳入死亡赔偿金或残疾赔偿金统一赔付。(6)被扶养人领取的社保金额明显低于城镇消费性支出或者农村生活消费支出的,应补足差额部分。(7)被扶养人有数人的,在计算时先以每个被扶养人生活费标准数额乘以侵权人过错比例和受害人应当承担的扶养分额,得出每个被扶养人的年生活费数额后累计相加,但每年赔偿总额累计不超过上一年度城镇居民人均消费性支出额或者农村居民人均年生活消费支出额。各个被扶养人可得赔偿的生活费时间长短不同的,要先将不同的被扶养人划分出各个最小相同年份段,再将每个相同年分段中可得赔偿的被扶养人年生活费累计相加。受害人残疾的,在计算损失时应当先根据残疾等级确定损失额,再依照本款方法计算。"江苏宿迁中院《机动车交通事故责任纠纷审判工作有关问题的解答》(2018年12月25日宿中发民三电〔2018〕4号)第1条:"交通事故受伤人员被扶养人生活费的起算点如何确定?答:《最高人民法院关于适用〈中华人民共和国侵权责任法〉若干问题的通知》规定,审理民事纠纷案件,如受害人有被扶养人的,应当依据《人损解释》第二十八条的规定,将被扶养人生活费计入残疾赔偿金或死亡赔偿金。《侵权责任法》已经用死亡赔偿金和残疾赔偿金吸收了被扶养人生活费项目。在受害人死亡的情形下,被扶养人生活费的计算,应当从受害人死亡之日起算。在受害人构成伤残的情况下,被扶养人生活费的起算时间点应为定残之日。结合《人损解释》第二十条关于受害人因伤致残持续误工时间可以计算至定残日前一天的规定,考察被扶养人生活费系死亡赔偿金、残疾赔偿金组成项目的性质,从定残之日确定被扶养人生活费更符合立法和司法解释的精神。另外,如从受伤之日起算被扶养人生活费,会造成与误工费用叠加重复赔偿损失的问题,对侵权人不公平。"安徽阜阳中院《机动车交通事故责任纠纷案件裁判标准座谈会会议纪要》(2018年9月10日)第9条:"被扶养人生活费不能一律支持,应根据受害人丧失劳动能力情况确定,原则上7级以下不支持(7级以下经鉴定丧失劳动能力的可以支持),被扶养人为未成年人的,一般予以支持;被扶养人为成年人的,如果不能提供丧失劳动能力又无生活来源的证据,不予支持。因被扶养人生活来源于受害人,故被扶养人生活应以受害人为标准。被扶养人生活费的计算应乘以伤残等级系数。被扶养人生活费应考虑扶养人的扶养能力,被扶养人的年龄确定是否支持及支持的年限。被扶养人本身没有劳动能力的,不应支持其被扶养人生活费。被扶养人年龄在60周岁以下支付被扶养人生活费20年,在60周岁以上的计算至80岁,75周岁以上的最长5年。"湖北鄂州中院《关于审理机动车交通事故责任纠纷案件的指导意见》(2018年7月6日)第5条:"被扶养人生活费=抚养年限×城镇居民人均消费性支出或农村居民人均年生活消费支出标准×丧失劳动能力系数。丧失劳动能力系数根据扶养人(受害人)残疾程度确定,一级为100%,二级为90%,依次类推。被扶养人生活费适用城镇居民标准或农村居民标准,与残疾赔偿金采用标准一致。夫、妻一方在未丧失劳动能力或有其他生活来源的情况下,原则上不支持被扶养人生活费。但如夫妻无子女或子女无赡养能力,且又没有其他法定扶养人,夫妻一方靠另一方扶养的,可以支持被扶养人生活费。受害人为六十周岁以上且有劳动能力和收入来源的,其成年子女丧失劳动能力且无收入来源的,可以支持被扶养人生活费。事故发生时,受害人或其配偶已经怀孕,其主张胎儿被扶养人生活费的,不予支持,但胎儿出生后为活体的,可另行主张。"湖北十堰中院《印发〈关于进一步规范机动车交通事故责任纠纷案件审理工作的意见〉的通知》(2018年6月28日 十中法〔2018〕79号,2020年7月10日废止)第8条:"被扶养人生活费的计算标准与受害人的身份标准保持一致,即:受害人的死亡赔偿金或残疾赔偿金按照城镇居民标准计算的,无论被扶养人生活在城镇还是农村,均以城镇居民标准计算生活费。被扶养人生活费以受害人定残之日为起算时间。多个被扶养人的,年赔偿总额累计不得超过上一年度城镇居民人均消费性支出额或者农村居民人均年生活消费支出额。年赔偿总额计算公式:年赔偿总额=上一年度城镇居民人均消费性支出额或者农村居民人均年生活消费支出额×受害人伤残赔偿系数。多个被扶养人生活费的年赔偿额累计相加不得超过受害人年赔偿总额,超出部分,不予支持。夫、妻一方在未丧失劳动能力或有其他生活来源的情况下,原则上不予支持被扶养人生活费。但如夫妻无子女或子女无赡养能力,且又没有其他法定扶养人,夫、妻一方靠另一方扶养的,可以支持被扶养人生活费。受害人为六十周岁以上且有劳动能力和收入来源,其成年子女丧失劳动能力且无收入来源,该成年子女尚无其他扶养人的,原则上应支持被扶养人生活费。但受害人七十五周岁以上的,一般不予支持。"河北唐山中院《关于审理机动车交通事故责任纠纷、保险合同纠纷案件的指导意见(试行)》(2018年3月1日)第15条:"[被抚养人生活费的赔偿标准]被扶养人生活费的赔偿标准按照扶养人的赔偿标准,按照1—10级的伤残等级比例计算。受害人是农村居民但按照城镇标准计算残疾赔偿金或者死亡赔偿金的,其被扶养人生活费应按照受诉法院所在地上一年度城镇居民人均消费性支出标准计算。成年被扶养人应同时符合'丧失劳动能力'和'无其他生活来源'两个条件。'丧失劳动能力'一般应指男满60周岁、女满55周岁。"山东日照中院《机动车交通事故责任纠纷赔偿标准参考意见》(2018年5月22日)第14条:"被扶养人生活费与死亡、伤残赔偿金的同一问题。受害人是农村居民,但按照城镇标准计算残疾赔偿金或者死亡赔偿金的,其被扶养人生活费也应按照受诉法院所在地上一年度城镇居民人均消费性支出标准计算。被扶养人生活费应考虑丧失劳动能力程度,不能单纯依据残疾等级确定,必要时可进行劳动能力丧失程度鉴定。"第27条:"计算被扶养人生活费时如何处理夫妻相互扶养义务。夫妻有相互扶养的义务,夫妻一方因交通事故受到人身损害,丧失劳动能力又无生活来源的另一方可以主张被扶养人生活费;夫妻一方超过法定退休年龄,享受养老保险待遇或者有证据证明仍然从事一定劳动并取得收入的,另一方仍然可以主张被扶养人生活费。"陕西榆林中院《人身损害赔偿标准调研座谈会会议纪要》(2018年1月3日)第13条:"被抚养人生活费。问题:1.受害人是农村居民按照城镇标准计算残疾赔偿金或者死亡赔偿金的,被扶养人生活费各地法院、法官按照农村人均生活消费性支出标准计算,裁判文书仍然单独列出被扶养人生活费;2.未出生的胎儿的抚养费;3.被抚养人是成年人时,须具备哪些条件。解决:针对问题1,在计算被扶养人生活费时,如果受害人是农村居民但按照城镇标准计算残疾赔偿金或者死亡赔偿金的,其被扶养人生活费也应按照受诉法院所在地上一年度城镇居民人均消费性支出标准计算。被扶养人生活费一并计入残疾赔偿金或者死亡赔偿金。针对问题2,法院可以判决赔偿义务人将胎儿的抚养费提存到法院,如果胎儿出生为活体的,法院将该笔抚养费交给母亲保管,如果胎儿出生不是活体,则由法院将该笔抚养费返还给赔偿义务人。针对问题3,男性60周岁以上、女性55周岁以上,可视为无劳动能力,男性60周岁以下、女性55周岁以下的成年人,必须同时具备丧失劳动能力和无其他生活来源,且证据充分(参照提供无劳动能力的鉴定意见或县级以上医院出具的证明,同时提供村民委员会或居民委员会证明其无其他生活来源的书面证明)。"安徽淮北中院《关于审理道路交通事故损害赔偿案件若干问题的会议纪要》(2018年)第1条:"赔偿项目和标准……(九)被扶养人生活费。根据扶养人丧失劳动能力情况,按照上一年度安徽省城镇居民人均消费性支出计算。受害人被评定为八级至十级伤残,且未能证明丧失劳动能力,不予支持被扶养人生活费。受害人被评定为一级至二级伤残,被扶养人生活费赔偿比例为100%,被评定为三级伤残,赔偿比例为80%,被评定为四级至七级伤残,赔偿比例依次递减15%。"广东惠州中院《关于审理机动车交通事故责任纠纷案件的裁判指引》(2017年12月16日)第34条:"被扶养人生活费。如果受害人是农村居民但经常居住地在城镇的,被扶养人生活费可按照城镇居民人均消费性支出标准计算。受害人死亡的,被抚养人生活费从受害人死亡之日起算;受害人伤残的,从定残之日起算。被抚养人为胎儿或者未成年人的,抚养期限至18周岁。男60周岁以上,女55周岁以上,推定无生活来源,但有相反证据推翻的除外。被抚养人有数人的,年赔偿总额累计不超过上一年度城镇居民人均消费性支出额或者农村居民人均年生活费支出额。上述年赔偿总额不考虑事故责任比例。"第50条:"夫妻之间有互相扶养义务,若具备扶养能力的一方因机动车交通事故致残或死亡,其配偶符合被扶养人条件的应当列为被抚养人。"江苏高院《当前民事审判中30个热点难点问题》(2017年11月3日)第27条:"关于被抚养人生活费的问题。最高人民法院《关于适用〈中华人民共和国侵权责任法〉若干问题的通知》第4条规定:人民法院适用侵权责任法审理民事纠纷案件,如受害人有被抚养人的,应当依据《人损司法解释》第28条的规定,将被抚养人生活费计入残疾赔偿金或死亡赔偿金。此处所谓的'计入',究竟是按照《人损司法解释》规定同时计取被抚养人生活费和'两金',还是被抚养人生活费已经被'两金'所吸收,需要理论与实务界进一步研究。"湖北黄冈中院《关于审理机动车交通事故责任纠纷案件的指导意见(一)》(2017年10月1日)第27条:"[被扶养人生活费的认定标准]被扶养人生活费根据扶养人(受害人)丧失劳动能力程度,并以被扶养人的身份情况按受诉法院所在地上一年度城镇居民人均消费性支出额或者农村居民人均年生活消费支出额标准计算。"第28条:"[被扶养人主体的认定]被扶养人是指受害人依法应当承担扶养义务的未成年人或者丧失劳动能力又无其他生活来源的成年近亲属。"第29条:"[扶养人丧失劳动能力程度的认定]受害人(扶养人)的伤残程度被评定为9—10级,因已支持其残疾赔偿金,在未提交丧失劳动能力鉴定意见的情况下,原则上认定为不影响劳动能力,被扶养人生活费一般不予支持。受害人(扶养人)的伤残程度被评定为8级(含8级)以上伤残的,在未提交丧失劳动能力鉴定意见的情况下,可认定其部分丧失劳动能力并依据对应的比例系数计算被扶养人生活费,即8级伤残对应劳动能力丧失程度为30%,7级为40%,6级为50%,依此类推,1级为100%。"第30条:"[被扶养人生活费的计算年限]被扶养人为未成年人的,计算至十八周岁;被扶养人无劳动能力又无其他生活来源的,计算二十年。但六十周岁以上的,年龄每增加一岁减少一年;七十五周岁以上的,按五年计算。"第31条:"[夫妻间的被扶养人生活费问题]夫、妻一方在未丧失劳动能力或有其他生活来源的情况下,原则上不予支持被扶养人生活费。但如夫妻无子女或子女无赡养能力,且又没有其他法定扶养人,夫妻一方靠另一方扶养的,可以支持被扶养人生活费。"第32条:"[六十周岁以上受害人的扶养义务问题]受害人为六十周岁以上且有劳动能力和收入来源,其成年子女丧失劳动能力且无收入来源的,在该成年子女尚无其他扶养人的情况下,原则上应支持被扶养人生活费。但受害人年满(含)七十五周岁的,一般不予支持。"第33条:"[受害人有多个被扶养人的处理]被扶养人有数人的,以各被扶养人身份标准分别计算被扶养人生活费,但年赔偿总额累计不得超过上一年度城镇居民人均消费性支出额或者农村居民人均年生活消费支出额。当总额累计已超过,且因各被扶养人身份、经常居住地不一致,出现两种标准时,按'就高不就低'的原则处理。"第34条:"[被扶养人还有其他扶养人的处理]被扶养人还有其他扶养人的,赔偿义务人只赔偿受害人(扶养人)依法应当负担的部分。"江西高院《关于印发〈审理人身侵权赔偿案件指导意见(试行)〉的通知》(2017年9月5日 赣高法〔2017〕169号)第5条:"如被抚养人不是直接受害人或者其他被侵权人,且后者怠于行使残疾赔偿金或者死亡赔偿金赔偿请求的,被抚养人可以单独就被抚养人生活费提起赔偿诉讼。受害人抚养的人请求侵权人赔偿抚养费的,在确定损失后根据侵权人过错比例、该受害人承担的扶养份额,计算侵权责任人的赔偿数额,按照如下规定处理:(1)被抚养人是未成年人或者丧失劳动能力又无其他生活来源的成年近亲属;(2)成年近亲属丧失劳动能力,但参加了城乡居民基本养老保险的,在计算被扶养人生活费时,只计算城镇居民人均消费性支出或农村居民人均年生活消费支出与城乡居民基本养老保险金的差额部分;(3)成年近亲属已经达到城镇职工养老保险法定退休年龄,既无离休、退休工资或者城镇职工养老保险,也没有参加城乡居民基本养老保险的;(4)被抚养人残疾的,请求赔偿扶养费除需要有效的残疾证明外,还要审查其是否有其他生活来源,如果有其他收入,只计算其收入与城镇居民人均消费性支出或农村居民人均年生活消费支出的差额部分;(5)被扶养人有数人的,在计算时先以每个被扶养人生活费标准数额乘以侵权人过错比例和受害人应当承担的扶养份额,得出每个被扶养人的年生活费数额后累计相加,但每年赔偿总额累计不超过上一年度城镇居民人均消费性支出额或者农村居民人均年生活消费支出额。各个被扶养人可得赔偿的生活费时间长短不同的,要先将不同的被扶养人划分出各个最小相同年份段,再将每个相同年份段中可得赔偿的被扶养人年生活费累计相加。受害人残疾的,在计算损失是应当先根据残疾等级确定损失额,再依照本款方法计算。"海南海口中院《印发〈关于审理海口市道路交通事故人身损害赔偿案件若干问题的意见(试行)〉的通知》(2017年8月16日 海中法发〔2017〕78号)第2条:"……(九)残疾赔偿金:受害人在人身损害中因伤残导致收入减少,或者因加害人的行为导致被害人因伤残导致丧失生活来源,而应给予的财产损害性质的赔偿。根据《最高人民法院关于适用〈中华人民共和国侵权责任法〉若干问题的通知》(法发〔2010〕23号)第四条规定,受害人有被扶养人的,应当根据《最高人民法院关于审理人身损害赔偿案件适用法律若干问题的解释》第二十八条规定,将被扶养人生活费计入残疾赔偿金或者死亡赔偿金一并赔偿……计算原则:根据海南省公安厅制定的《海南省公安机关推进户籍制度改革实施细则(试行)》规定,我省自2016年9月26日开始实施城乡统一的户口登记制度,取消农业户口与非农业户口的性质区分,户口登记不再标注户口性质,统一登记为'居民户口'。鉴于此,侵权行为发生在2016年9月26日以后的机动车交通事故人身损害赔偿纠纷案件,不再区分城乡标准,统一按照政府统计部门公布的上一年度相关统计数据中的城镇居民人均可支配收入标准计算残疾赔偿金,自定残之日起按20年计算。60周岁以上的,年龄每增加1岁减少1年,75周岁以上的,按5年计算……被扶养人生活费:指加害人非法侵害受害人的生命权、健康权、身体权致使其丧失劳动能力时,由受害人扶养的第三人因此丧失生活来源而请求加害人或者其他赔偿义务人予以赔偿的费用。被扶养人指的是受害人依法应承担扶养义务的未成年人或者丧失劳动能力又无其他生活来源的成年近亲属。1.单证标准。被扶养人未满18周岁的,提供户口簿或与扶养人关系的户口证明的复印件;被扶养人为已达到国家法定退休年龄(男60周岁、女55周岁及以上且无其它生活来源)的近亲属老人,应提供户口簿或与扶养人关系的户口证明和复印件,以及街道办事处或乡、镇政府出具的无生活来源证明;被扶养人为身体残疾而丧失劳动能力且无其它生活来源的成年近亲属,应提供当地县级民政局颁发的残疾证、与扶养人关系的户口证明、相关人员户口簿的复印件、街道办事处或乡(镇)政府出具的无生活来源证明;被扶养人为因重大疾病而丧失劳动能力且无其它生活来源的成年近亲属,应提供以往病历和治疗医院证明以及有资质部门出具的丧失劳动能力鉴定书、与扶养人关系的户口证明、相关人员户口簿复印件、街道办事处或乡(镇)政府出具的无生活来源证明;被扶养人超过1人的或扶养人为多人的,应提供派出所出具的相关户籍证明;发生收养关系的,需提供收养证明;遗腹子待胎儿出生后为活体的,需提供医学出生证明为受害人的子女,无法确认或者特殊情况时可径行DNA亲子鉴定;被扶养人为除配偶、父母、子女以外的近亲属,需提供受害人生前或残疾前承担了主要扶养义务的相关证明。2.计算原则。受害人死亡的:年度扶养费赔偿金标准×扶养年限×扶养义务比例;受害人伤残的:年度扶养费赔偿金标准×扶养年限×扶养义务比例×残疾等级对应系数(或劳动能力丧失程度)。不予赔付的情况:(1)被扶养人未达到国家法定退休年龄(男60周岁、女55周岁及以上且无其它生活来源)的,因身体先天残疾而丧失劳动能力且无其它生活来源的除外;(2)丧失劳动能力但有生活来源的;(3)被扶养人因非先天性疾病导致身体残疾而丧失劳动能力,但已经获得其他赔偿的。年度扶养费赔偿金标准:侵权行为发生在2016年9月26日以后的机动车交通事故人身损害赔偿纠纷案件,被扶养人生活费不再区分城乡标准,统一按照海南省上一年度城镇居民人均消费性支出标准计算。扶养年限:根据扶养人死亡日或定残日确定被扶养人的年龄。被扶养人为未成年人的,计算到18周岁(含18周岁);被扶养人为成年近亲属的,最高计算20年,其中,19—60周岁赔偿20年,60周岁以上,每增加1岁减少1年,75周岁以上,按5年计算。扶养义务比例:受害人子女的扶养义务比例原则为1/2。受害人父母的扶养义务比例由受害人兄弟姐妹均摊,如父母中一人有劳动能力或生活来源,应加入分摊其配偶的扶养费。被扶养人有数人的,年赔偿总额累计不超过年度城镇居民人均消费性支出额。受害人伤残需要赔偿扶养费的,还需根据伤残等级比例或劳动能力鉴定部门出具的劳动能力丧失程度计算。"四川成都中院《关于印发〈机动车交通事故责任纠纷案件审理指南(试行)〉的通知》(2017年7月5日 成中法发〔2017〕116号)第25条:"被扶养生活费的赔偿标准按照扶养人的赔偿标准,从有利于被扶养人的角度确定。受害人是农村居民但按照城镇标准计算残疾赔偿金或者死亡赔偿金的,其被扶养人生活费应按照受诉法院所在地上一年度城镇居民人均消费性支出标准计算。计算被扶养人生活费时,应以受害人在道路交通事故发生时的个人情况确定适用城镇标准还是农村标准。"第26条:"成年被扶养人应同时符合'丧失劳动能力'和'无其他生活来源'两个条件。'丧失劳动能力'一般应指男年满60周岁、女年满55周岁。丧失劳动能力程度应以劳动能力鉴定为依据。被扶养人领取的社保金额明显低于城镇消费性支出或者农村生活消费支出的,应补足差额部分。"北京三中院《**类型化案件审判指引:机动车交通事故责任纠纷类审判指引**》(2017年3月28日)第2-3.3.2.5部分"被扶养人生活费—常见问题解答"第1条:"计算被扶养人生活费时,被扶养人的年龄应以何时为准?应当以受害人定残之日或死亡之日为准。同时,对于适用《侵权责任法》审理的案件,应依据《最高人民法院关于适用〈中华人民共和国侵权责任法〉若干问题的通知》第四条的规定,将被扶养人生活费计入残疾赔偿金或死亡赔偿金。"第2条:"被扶养人生活费的计算标准,应以被扶养人还是受害人为依据?被扶养人生活费的来源依据是受害人伤残或死亡后导致的被扶养人逸失利益的损失,其属于受害人死亡或伤残后个人收入中用于家庭共同消费或者家庭积累部分的减少范畴,故而在计算时与受害人的实际情况相关联,应以受害人在道路交通事故发生时的个人情况确定适用城镇标准还是农村标准。"第3条:"何种情况应视为无劳动能力?如无残疾,至受害人定残时或死亡时,男60周岁以上,女55周岁以上,可视为无劳动能力(目前延迟退休政策可能会对此种计算方式有影响,应结合相关政策酌定);如有残疾(依据残疾人证、鉴定意见),或者虽未鉴定为身体残疾,但身患多种疾病(依据民政部门出具的证明、诊断证明书、住院病历等),又无其他经济来源的受害人家属可以判决给付被扶养人生活费。"第4条:"被扶养人生活费的年赔偿总额累计不超过上一年度城镇居民人均消费性支出额或者农村居民人均年生活消费支出额,如何计算? 根据《人身损害赔偿解释》第二十八条第二款规定,被扶养人有数人的,年赔偿总额累计不超过上一年度城镇居民人均消费性支出额或者农村居民人均生活消费支出额。当受害人已死亡或伤残程度较高时,保险公司常会提出此项抗辩。该问题较为复杂。举例说明:受害人 A 系非农业户口,被定为 3 级伤残,伤残赔偿指数为 80%,至定残时,其妻 B,40 岁,丧失劳动能力,靠受害人 A 照顾,其父 C、其母 D 均为 60 岁,均丧失劳动能力,除依靠 A 和另一成年子女 E 赡养外,无其他收入来源。A 与 B 未生育子女。2013 年法庭辩论终结。2012 年北京市城镇居民人均消费性支出为 24046 元。计算:被扶养人 B 的生活费:$24046 \times 20 \times 80\% = 384736$ 元;被扶养人 C、D 的生活费共计:$24046 \times 20 \times 80\% \div 2 \times 2 = 384736$ 元;则 3 人的被扶养人生活费年赔偿总额:$(384736 + 384736) \div 20 = 38473.6 > 24046$ 元,所以 3 人的被扶养人生活费总额只能为 $24046 \times 20 = 480920$ 元。"广东广州中院《机动车交通事故责任纠纷案件审判参考》(2017 年 3 月 27 日 穗中法〔2017〕79 号)第 11 条:"被扶养人生活费自定残之日起算。被扶养人在事故发生时已形成胚胎但尚未出生,在一审法庭辩论终结前出生并存活的,其被扶养人生活费的期限从出生之日起算。事故发生时未达法定退休年龄的被扶养人,赔偿权利人能举证证明该被扶养人已丧失劳动能力又无生活来源的,可以支持被扶养人生活费的诉请。被扶养人事故发生时已达法定退休年龄,赔偿权利人主张被扶养人生活费的,应由其举证证明该被扶养人无其他生活来源。如果被扶养人的其他生活来源收入尚达不到受诉法院所在地上一年度城镇居民人均消费性支出标准,赔偿权利人要求赔偿义务人补足差额的,人民法院可支持差额部分。"北京高院研究室、民一庭《北京法院机动车交通事故责任纠纷案件审理疑难问题研究综述》(2017 年 3 月 25 日)第 4 条:"在计算被扶养人生活费时,是应以被扶养人的个人情况还是应以受害人的个人情况作为判断适用城镇还是农村标准的依据? 第一种观点认为:被扶养人系生活费的需求一方,所以应根据被扶养人的身份及居住地确定被扶养人生活费的计算标准。这种观点的理论依据是'扶养丧失说'。根据该说,被扶养人生活费确定的依据是受害人死亡后,其生前依法定扶养义务供给生活费的人丧失了可靠的生活来源,赔偿义务人应当对此予以赔偿,此时的赔偿权利人实际上是死者的近亲属即间接受害人。获得赔偿的是对间接受害人的具体的、直接的、积极的财产损失进行赔偿。第二种观点认为:被扶养人的生活费用源自于受害人,故应以受害人的身份及居住地确定被扶养人生活费的计算标准。我们同意第二种观点。被扶养人生活费是与受害人的情况密切相关的,原因主要有两个方面:一是从司法解释的理论基础来看,被扶养人生活费的计算方法最初是在最高法院《人身损害赔偿司法解释》中予以规定的,该司法解释关于被扶养人生活费采取的并非'扶养丧失说',而是受害人死亡时采用'继承丧失说',受害人残疾时采用'收入丧失说'结合'劳动能力丧失说',根据这些理论,被扶养人生活费赔偿的并非被扶养人的实际生活需要,而是因受害人伤残或死亡后导致的受害人个人收入中用于家庭成员生活消费需要的减少的部分。二是从法律规定的前后演变来看,当时最高法院制定《人身损害赔偿司法解释》时,确定对于受害人死亡或伤残的赔偿均系对受害人未来收入损失的赔偿,本来采取残疾赔偿金、死亡赔偿金的概念即可涵盖,但考虑到《中华人民共和国民法通则》中有赔偿'被扶养人生活费'的规定,为了保持与相关法律的协调和一致,故《人身损害赔偿司法解释》将受害人未来的收入损失人为的分解为死亡赔偿金(残疾赔偿金)和被扶养人生活费两个部分,也就是死亡赔偿金或者残疾赔偿金加上被扶养人生活费就等于受害人的全部收入损失。《中华人民共和国侵权责任法》(以下简称《侵权责任法》)实施后,最高法院又下发了通知,明确了不再将被扶养人生活费作为单独的赔偿项目,而是将被扶养人生活费计入残疾赔偿金或死亡赔偿金中予以赔偿,也就是侵权责任法实施后的死亡赔偿金或残疾赔偿金实际等于《人身损害赔偿司法解释》规定的死亡赔偿金或残疾赔偿金与被扶养人生活费相加之和,这样就终于明确了残疾赔偿金、死亡赔偿金就是对受害人未来收入的完整的赔偿。综上,无论是从被扶养人生活费的理论基础还是历史演变均可以看出,相关法律、司法解释规定的被扶养人生活费自始至终都是属于受害人未来收入损失的一部分,因而是与受害人的实际情况相关联,与被扶养人的个人情况无关,在具体赔偿时应以受害人在道路交通事故发生时的个人情况来确定是适用城镇标准还是农村标准予以计算。"江西景德镇中院《关于印发〈关于审理人身损害赔偿案件若干问题的指导意见〉的通知》(2017年3月1日 景中法〔2017〕11号)第16条:"被扶养人生活费的确定。被扶养人生活费根据扶养人丧失劳动能力程度确定,成年近亲属被扶养人应同时符合丧失劳动能力又无其他生活来源两个标准。(1)对'丧失劳动能力'的认定,在实践中可按以下标准把握。①特殊情形:被评定为1—5级伤残的人;重病而长期未参加劳动的人。②自然情形:男性脑力劳动者60周岁以上,女性脑力劳动者55周岁以上;男性体力劳动者55周岁以上,女性体力劳动者50周岁以上。(2)对'无其他生活来源'的认定,应由赔偿权利人举证证明被扶养人无其他生活来源。"天津高院《关于印发〈机动车交通事故责任纠纷案件审理指南〉的通知》(2017年1月20日 津高法〔2017〕14号)第5条:"……(十三)被扶养人生活费。被扶养人生活费按照以下方式计算后,计入残疾赔偿金或死亡赔偿金。被扶养人生活费=天津市上一年度城镇居民人均消费性支出/农村居民人均生活消费支出[3]×扶养年限÷扶养义务人个数×伤残赔偿指数。(1)被扶养人的范围。受害人的被扶养人是指受害人依法应当承担扶养义务的未成年人或者丧失劳动能力且无其他生活来源的成年近亲属。被扶养人年满十八周岁、不足六十周岁的,赔偿权利人应提供被扶养人无劳动能力的证明,无劳动能力的证明可以是下列之一:①能够证明被扶养人无劳动能力的残疾证;②被扶养人劳动能力鉴定意见;③被扶养人患有严重影响劳动疾病的,应提供医院诊断证明。(2)被扶养人生活费的计算标准。被扶养人生活费,应当按照受害人身份状况,适用城镇居民或农村居民标准计算,受害人身份状况应与残疾赔偿金、死亡赔偿金的受害人身份状况一致。确定受害人属于农村居民或城镇居民的,见(八)残疾赔偿金第2条的相关内容。(3)扶养年限。计算被扶养人生活费,需要确定被扶养人年龄的,一般以受害人定残或死亡之时为起算点,扶养年限按照有利于受害人一方的原则取整数。被扶养人为未成年人的,扶养年限计算至18周岁;被扶养人无劳动能力又无其他生活来源的,计算20年,但60周岁以上的被扶养人,年龄每增加1岁,扶养年限减少1年,被扶养人75周岁以上的,扶养年限计算5年。(4)扶养义务人人数。被扶养人为受害人父母的,扶养义务人人数按照有关机构出具的书面证明确定。(5)被扶养人生活费的上限。被扶养人有数人的,年赔偿总额累计不得超过天津市上一年度城镇居民人均消费性支出额或农村居民人均年生活消费支出额。年赔偿总额应为按上述公式计算所得的各被扶养人生活费数额之和,与事故责任比例无关,但与伤残赔偿指数有关。即据以判断是否超过上限的年赔偿总额,不应是乘以赔偿义务人事故责任比例之后的数额,但应乘以伤残赔偿指数。年赔偿总额累计超过上限的,赔偿义务人按照该上限数额支付该年度被扶养人生活费,各被扶养人在该年度中获得赔偿的被扶养人生活费数额,应予调整,调整方法为:①分别计算出每一年度中各位被扶养人的被扶养人生活费,并计算该年度中被扶养人生活费总和,确定是否需要调整;②需要调整的,用城镇居民人均消费性支出或农村居民人均生活消费支出除以该年度中被扶养人生活费总和,用该比例数分别乘以第一步中计算出的各位被扶养人的被扶养人生活费,结果即为各位被扶养人该年度中实得的被扶养人生活费数额。"江苏徐州中院《关于印发〈民事审判实务问答汇编(五)〉的通知》(2016年6月13日)第2条:"……(6)被扶养人生活费部分问题如何计算?答:依据《人身损害司法解释》第28条的规定,被扶养人生活费是根据扶养人(受害人)丧失劳动能力程度计算的,因此该项费用源于扶养人收到侵害而产生,故被扶养人生活费,应当按照扶养人(受害人)身份状况(城镇居民或农村居民)来计算。例如,受害人属于城镇居民,而其父母是农村居民,被扶养人生活费则应根据受害人属于城镇居民这一身份状况计算,即以上一年度城镇居民人均消费性支出计算。被扶养人生活费时间计算具体到年,年龄每增加不满一周岁的,不作增或减。例如,经计算时间为3年10个月的,被扶养人生活费以3年计算。受害人遭受不法侵害前的未成年子女为残疾人或者精神病人,且今后必然不具备或不完全具备劳动能力的,可要求赔偿义务人将其成年后的生活费与未成年期间的生活费一并给付,但成年后的生活费计算时间一般不超过10年,但总计给付期限不超过20年。"重庆高院民一庭《关于道路交通事故人身损害赔偿项目及标准的更正通知》(2016年1月29日):"如果扶养人的身份为城镇居民的,无论被扶养人的住所地、经常居住地是否在城镇,其生活费均应按照受诉法院所在地上一年度城镇居民人均消费性支出标准计算。如果扶养人的身份为农村居民的,被扶养人生活费应按照受诉法院所在地上一年度农村居民人均年生活消费支出标准计算。扶养人的身份虽然是农村居民但是经常居住地在城镇,同时被扶养人经常居住地也在城镇的,被扶养人生活费应按照受诉法院所在地上一年度城镇居民人均消费性支出标准计算。"河北石家庄中院《关于规范机动车交通事故责任纠纷案件审理工作座谈会会议纪要》(2016年1月11日　石中法〔2016〕4号)第16条:"受害人未做丧失劳动能力程度鉴定,应否支持被扶养人生活费。伤残鉴定不等同于劳动能力丧失鉴定。当事人要求给付被扶养人生活费的,应当提交劳动能力丧失程度的证明。必要时,法院应向当事人释明,建议当事人做劳动能力丧失程度的鉴定。没有鉴定证明的,原则上不支持被扶养人生活费。但受害人伤残等级为二级(含)以上的,推定丧失全部劳动能力的,并可以支持相应的被扶养人生活费。"江西宜春中院《关于审理机动车交通事故责任纠纷案件的指导意见》(2016年1月1日　宜中法〔2015〕91号)第6条:"被扶养人生活费以受害人死亡或构成伤残为前提,共计入残疾赔偿金或死亡赔偿金项目中,统称为残疾赔偿金或者死亡赔偿金。当事人主张被扶养人生活费的,应当提供下列证据:(1)事故发生时,被扶养人年龄男满60周岁,女满55周岁的,应提供户籍所在地乡、镇、街道办事处或以上行政机关出具的无其他生活来源的书面证明;(2)事故发生时,被扶养人年龄男性18周岁以上未满60周岁,女性18周岁以上未满55周岁的,应提供相关劳动能力鉴定部门出具的全部或部分丧失劳动能力的鉴定意见和户籍所在地乡、镇、街道办事处或以上级别行政机关出具的无其他生活来源的书面证明。有证据证明被扶养人享有退休工资或养老金等固定收入,但退休工资或养老金低于本地城镇居民最低生活保障或最低一档基本养老保险金的,在计算被扶养人生活费时应将该部分固定收入扣除。被扶养人生活按被扶养人身份状况确定适用的标准。被扶养人为未成年的,计算至18周岁;被扶养人年满18周岁且无劳动能力又无其他生活来源的,计算20年;被扶养人年满60周岁以上的,年龄每增加一岁减少一年。年满75周岁以上的,被扶养人年限按5年计算。"江西南昌中院《机动车交通事故责任纠纷案件指引》(2015年4月30日　洪中法〔2015〕45号)第1条:"……以受害人身份统一赔偿标准。即:死亡赔偿金、残疾赔偿金和被扶养人生活费的赔偿标准均以受害人的身份状况统一认定。【注意事项】:该条意味着如果受害人系农村户口,但在城镇务工居住的,残疾赔偿金可按城镇标准计算,其父母虽居住农村但由于受害人是在城镇,故被扶养人生活费也是跟着扶养人走,按城镇标准。该条规定符合最高院人身损害赔偿司法解释第 30 条的规定。"重庆高院民一庭《民一庭高、中两级法院审判长联席会议〈机动车交通事故责任纠纷中的法律适用问题解答(一)〉会议综述》(2015 年 3 月 25 日)第 9 条:"受害人及其配偶均已达到退休年龄的,受害人的配偶是否享有获得被扶养人生活费的权利?与会代表一致认为,根据《婚姻法》规定,夫妻之间有相互扶养的义务。受害人达到法定退休年龄,除退休金外,尚有通过提供劳务、开办企业等途径获取其他经济来源的,若因事故导致其收入减少的,其配偶仍然享有获得被扶养人生活费的权利。"第 10 条:"受害人依法应当承担扶养义务的成年近亲属虽有一定生活来源,但其收入低于城镇或农村人均消费支出标准的,是否应当补足被扶养人生活费?与会代表一致认为,被抚养人是指受害人依法应当承担扶养义务的未成年人或者丧失劳动能力又无其他生活来源的成年近亲属。对于被抚养人有一定生活来源,但该来源又不足以维持当地最低生活标准的,参照最高人民法院《关于审理人身损害赔偿案件适用法律若干问题的解释》第二十八条规定,被扶养人生活费计算标准为上一年度城镇或农村人均消费支出标准,低于该标准的,应当补足。"安徽马鞍山中院《关于审理交通事故损害赔偿案件的指导意见(试行)》(2015 年 3 月)第 16 条:"【被扶养人生活费】受害人因交通事故受伤致残或者死亡的,被扶养人生活费从受害人定残之日或者死亡之日起算。受害人近亲属是否需要扶养,根据诉讼时的情况审查认定。被扶养人生活费的标准根据事故发生前受害人的收入情况确定。受害人伤残较轻的,可根据伤残等级确定相应比例的赔偿标准,如十级伤残按 10%的比例确定赔偿标准。受害人伤残等级较高,基本丧失劳动能力的,被扶养人生活费按全额标准计算。"河北承德中院《2015 年民事审判工作会议纪要》(2015 年)第 43 条:"残疾赔偿金或死亡赔偿金的计算标准。应根据案件的实际情况,结合受害人住所地、经常居住地、主要收入来源等因素,确定应适用的标准。在计算被扶养人生活费时,如果受害人经常居住地在城镇,被扶养人生活费也应按照受诉法院所在地上一年度城镇居民人均消费性支出标准计算。"第 44 条:"被扶养人生活费的计算问题。2010 年 6 月 30 日,最高人民法院关于适用《中华人民共和国侵权责任法》若干问题的通知,第四条规定:'人民法院适用侵权责任法审理民事纠纷案件,如受害人有被抚养人的,应当依据《最高人民法院关于审理人身损害赔偿案件适用法律若干问题的解释》第二十八条的规定,将被抚养人生活费计入残疾赔偿金或死亡赔偿金。'对于该规定应当理解为,按照人身损害赔偿司法解释计算出的被扶养人生活费数额,与计算出的残疾或死亡赔偿金数额相加计算,相加之和最终确定为残疾赔偿金或死亡赔偿金数额。对被扶养人承担扶养义务的扶养主体有两个以上时,赔偿义务人只赔偿受害人自己依法应当承担的那一部分;在受害人有两个以上需要其扶养的被扶养人时,赔偿义务人所应当赔偿的年赔偿总额累计不超过一人总额。被扶养人生活费根据扶养人丧失劳动能力程度确定。受害人劳动能力丧失程度应根据鉴定机构作出的伤残等级确定,一至五级伤残等级的,可视为丧失劳动能力,六至十级视为部分丧失劳动能力,被扶养人生活费应乘以伤残赔偿系数。不到丧失劳动能力的被(抚)扶养人生活费,应该予以支持。六、七十岁农村居民没有丧失劳动能力,应当支持误工费。"河南三门峡中院《关于审理道路交通事故损害赔偿案件若干问题的指导意见(试行)》(2014年10月1日)第5条:"已达法定退休年龄(即男60周岁以上、女55周岁以上)的被扶养人原则上可以获赔被扶养人生活费,但有退休工资者除外。未达法定退休年龄(即男18—60周岁、女18—55周岁)的被扶养人原则上没有被扶养人生活费,但丧失劳动能力又无其他生活来源者除外……对于丧失劳动能力的,应以劳动能力鉴定委员会出具的《劳动能力鉴定结论》或者县级以上人民医院出具的丧失劳动能力证明为依据。对于无其他生活来源的,应以被扶养人所在地的村委会、居委会、街道办、政府等出具的无其他生活来源的书面证明为依据。"湖北汉江中院民一庭《关于审理交通事故损害赔偿案件疑难问题的解答》(2014年9月5日)第10条:"问:赔偿权利人仅提供扶养人的伤残等级证明,而未提供丧失劳动能力程度证明,如何认定被扶养人生活费?答:根据《人身损害赔偿司法解释》第二十八条的规定,被扶养人生活费是否应当支持根据扶养人丧失劳动能力程度来做出判断。在赔偿权利人仅提供扶养人的伤残等级证明的情况下,根据扶养人的伤残等级程度来确定其丧失劳动能力程度。"第11条:"问:《侵权责任法》实施后,在受害人医疗时间较长时,应以什么时间为起点计算被扶养人的生活费(事发之日、治疗终结之日、定残之日)?答:被扶养人的生活费应从定残之日起计算。"第12条:"问:受害人已年满60周岁,生前有固定收入的,其配偶主张被扶养人生活费是否支持?生前没有固定收入的,其配偶举张被扶养人生活费是否支持?答:受害人年满60周岁,其配偶主张被扶养人生活费时应满足如下条件:丧失劳动能力、无其他生活来源、由被害人生前实际扶养。"第13条:"问:开庭时统计数据才公布,当事人提出更改赔偿数额,是否作为变更了诉讼请求进行处理?答:一审法庭辩论终结前,本年度的道路交通事故损害赔偿标准已公布的,应向当事人行使释明权,由当事人决定是否变更诉讼标的额。当事人提出更改赔偿数额,按照变更后的诉讼请求进行处理。"广西高院《关于印发〈审理机动车交通事故责任纠纷案件有关问题的解答〉的通知》(2014年9月5日桂高法〔2014〕261号)第9条:"如何确定被扶养人生活费的计算标准是城镇还是农村?答:被扶养人生活费属于扶养人收入的损失,与扶养人的身份相关联,应当按照扶养人的身份确定适用城镇或农村标准计算。"广东深圳中院《关于道路交通事故损害赔偿纠纷案件的裁判指引》(2014年8月14日 深中法发〔2014〕3号)第10条:"本市两级法院审理道路交通事故损害赔偿纠纷案件需要确定受诉法院所在地的'城镇居民人均可支配收入'、'农村居民人均纯收入'、'城镇居民人均消费性支出'、'农村居民人均年生活消费支出'、'职工平均工资'等标准时,均适用一审法庭辩论终结时由广东省高级人民法院发布的广东省最新年度人身损害赔偿计算标准。案件被发回重审的,赔偿权利人在举证期限内要求以重审法庭辩论终结时由广东省高级人民法院发布的广东省最新年度人身损害赔偿计算标准的,人民法院可予支持。"第15条:"被扶养人生活费,应当按照受害人身份状况,适用城镇居民或农村居民标准计算。计算被扶养人生活费,需要确定被扶养人年龄的,以道路交通事故发生时为起算点。计算受害人其他损失,需要确定受害人年龄的,以道路交通事故发生时为起算点。"安徽淮南中院《关于审理机动车交通事故责任纠纷案件若干问题的指导意见》(2014年4月24日)第29条:"被扶养人生活费依扶养人身份状况计算,但扶养人为农村居民,而被扶养人为在城镇接受学历教育的未成年人的,该被扶养人的生活费按城镇居民标准计算。受害人被评定为Ⅷ(八)至Ⅹ(十)级伤残,且未提供丧失劳动能力证明的,其被扶养人请求支付被扶养人生活费的,不予支持。受害人被评定为Ⅰ(一)至Ⅱ(二)级伤残的,被扶养人生活费的赔偿比例为100%;被评定为Ⅲ(三)级伤残的,被扶养人生活费的赔偿比例为80%;被评定为Ⅳ(四)至Ⅶ(七)级的伤残的,被扶养人生活费赔偿比例依次递减15%。被扶养人有其他生活来源,且该生活来源高于被扶养人生活费,又请求赔偿被抚养人生活费的,人民法院不予支持。"重庆高院民一庭《关于当前民事审判疑难问题的解答》(2014年4月3日)第4条:"被扶养人生活费计算标准如何确定?答:最高人民法院《关于审理人身损害赔偿案件适用法律若干问题的解释》(法释〔2003〕20号)第二十五条、第二十八条、第二十九条关于残疾赔偿金、被扶养人生活费、死亡赔偿金赔偿标准的理论基础均为受害人'收入丧失说'。如果扶养人的身份为城镇居民的,无论被扶养人的住所地、经常居住地是否在城镇,其生活费均应按照受诉法院所在地上一年度城镇居民人均可支配收入标准计算。如果扶养人的身份为农村居民的,被扶养人生活费应按照受诉法院所在地上一年度农村居民人均纯收入标准计算。但是,依照最高人民法院《2011年全国民事审判工作会纪要》的精神,扶养人的身份虽然是农村居民但是经常居住地在城镇,同时被扶养人经常居住地也在城镇的,被扶养人生活费应按照受诉法院所在地上一年度城镇居民人均消费性支出标准计算。"安徽高院《关于审理道路交通事故损害赔偿纠纷案件若干问题的指导意见》(2014年1月1日 皖高法〔2013〕487号)第27条:"当事人对受害人的某一亲属是否为被抚养人产生争议的,适用婚姻法的有关规定审查认定。受害人的近亲属是否需要抚养,根据诉讼时的情况审查认定。"浙江高院民一庭《民事审判法律适用疑难问题解答》(2014年第3期):"问:《关于人身损害赔偿费用项目有关问题的解答》第十条、第十三条规定了被扶养人生活费计算问题,审判实践中,具体应如何适用?答:《关于人身损害赔偿费用项目有关问题的解答》第十条规定'被扶养人生活费应以侵权行为发生时被扶养人的情况为标准进行核计',第十三条规定:'受害人部分丧失劳动能力且有多个被扶养人,对每个被扶养人生活费应结合受害人劳动能力丧失程度分别计算后累加,累计数额不得超过一个上一年度城镇居民人均消费性支出额或者农村居民人均年生活消费支出额。'上述规定的具体适用举例说明如下:设受害人甲因交通事故致四级伤残,赔偿义务人负全部责任,甲在城镇工作生活,受诉法院所在地上一年度城镇居民人均年生活消费支出标准为 M,农村居民人均年生活消费支出标准为 N(设 N = 0.5M)。假定情形一:甲的被扶养人只有其子,12 岁,在城镇随父居住生活,有扶养人 2 人(包括甲)。则被扶养人生活费金额为:M×(1/2)×70%×6。假定情形二:甲的被扶养人只有其父,60 岁,在农村居住生活,无劳动能力又无其他生活来源,共有扶养人 3 人(包括甲)。则年被扶养人生活费为 N×(1/3)×70%,累计金额为:N×(1/3)×70%×20。假定情形三:甲的被扶养人有两人:其子 12 岁,在城镇随父居住生活,有扶养人 2 人(包括甲);其父 60 岁,在农村居住生活,无劳动能力又无其他生活来源,共有扶养人 3 人(包括甲)。因甲子和甲父的获赔年限不同,需分不同年限计算。第一阶段为 6 年,每年 M×(1/2)×70% + N×(1/3)×70%,(合计约 0.47M,未超过一个 M,按实计算);第二阶段为 14 年,每年 N×(1/3)×70%(未超过一个 M,按实计算)。则累计被扶养人生活费金额为:[M(1/2)×70% + N(1/3)×70%]×6 + N×(1/3)×70%×14。假定情形四:甲的被扶养人有两人:其子 12 岁,在城镇随父居住生活,扶养人只 1 人(即甲);其父 60 岁,在农村居住生活,无劳动能力又无其他生活来源,扶养人只 1 人(即甲)。因甲子和甲父的获赔年限不同,需分不同年限计算。第一阶段为 6 年,每年[M×70% + N×70%] = 0.7M + 0.7N,(合计 1.05M,已经超过一个 M,按一个 M 计算),即年被扶养人生活费为 M;第二阶段为 14 年,每年 N×70%(未超过一个 M,按实计算)。则累计被扶养人生活费金额为 M×6 + N×70%×14。"浙江高院民一庭《关于印发〈关于人身损害赔偿费用项目有关问题的解答〉的通知》(2013 年 12 月 27 日 浙高法民一〔2013〕5 号)第 9 条:"《侵权责任法》实施之后,还有被扶养人生活费这一赔偿项目吗?答:《侵权责任法》第十六条关于人身损害赔偿项目的规定确未包含被扶养人生活费这一项目,但同时该法也未明确在不计取被扶养人生活费情况下残疾赔偿金或死亡赔偿金的计算标准。有鉴于此,《最高人民法院关于适用〈中华人民共和国侵权责任法〉若干问题的通知》第四条规定,如受害人有被扶养人的,应当依据《最高人民法院关于审理人身损害赔偿案件适用法律若干问题的解释》第二十八条的规定,将被扶养人生活费计入残疾赔偿金或死亡赔偿金。因此,《侵权责任法》实施之后,被抚养人生活费不再作为单独的人身损害赔偿项目进行计取,有关费用金额应合并计入残疾赔偿金或死亡赔偿金,作为赔偿金项目费用的组成部分。"第 10 条:"受害人在城镇工作,其被扶养人在农村居住生活的,被扶养人生活费的计算标准应如何确定? 答:受害人与被扶养人分别居住在城镇和农村的,被扶养人生活费应依照被扶养人实际生活的环境,即按照农村居民标准计算。"第 11 条:"被扶养人生活费应从什么时候开始起算? 答:被扶养人生活费的计算时间应与残疾赔偿金(死亡赔偿金)的计算时间相一致,一般自定残日(死亡之日)起开始起算。"第 12 条:"受害人在侵权行为发生后、起诉前被扶养人情况发生变化的,被扶养人生活费应如何计算? 答:侵权责任的承担应以侵权行为人的合理可预见性为原则,即赔偿义务人的赔偿范围应限于侵权行为人在实施侵权行为当时可以合理预见的损害后果。由此,被扶养人生活费应以侵权行为发生时被扶养人的情况为标准进行核计。"第 13 条:"受害人有多个被扶养人的,被扶养人生活费应如何计算? 答:受害人部分丧失劳动能力且有多个被扶养人,对每个被扶养人生活费应结合受害人劳动能力丧失程度分别计算后累加,累计数额不得超过一个上一年度城镇居民人均消费性支出额或者农村居民人均年生活消费支出额。"浙江宁波中院《关于印发〈民事审判若干问题解答(第四辑)〉的通知》(2013 年 11 月 8 日)第 3 条:"人身损害赔偿案件中,被扶养人享有最低生活保障的,计算被扶养人生活费时是否应当扣除最低生活保障费的数额? 答:被扶养人享有最低生活保障的,可根据案件具体情况对被扶养人生活费予以适当调整。"第 4 条:"被扶养人生活费的计算标准按照扶养人还是被扶养人的身份确定? 答:被扶养人生活费属于扶养人收入的损失,与扶养人的身份相关联,应当按照扶养人的身份确定适用农村或城镇居民标准计算。"安徽滁州中院《关于审理道路交通事故损害赔偿案件座谈会纪要》(2013 年 8 月 2 日)第 19 条:"受害人依法扶养年龄在 18 周岁以下的未成年人,或者年龄在 60 周岁以上且无其他生活来源的成年人,赔偿义务人应当支付被扶养人生活费;受害人依法扶养年龄在 18 周岁以上、60 周岁以下,并且有证据证明丧失劳动能力且无其他生活来源的人,赔偿义务人应当支付被扶养人生活费。不论被扶养人是城镇居民还是农村居民,被扶养人生活费均应依据扶养人身份状况,按受诉法院所在地上一年度城镇居民人均消费性支出或农村居民人均年生活消费支出标准进行计算。扶养人所举证据有伤残等级司法鉴定意见,而无丧失劳动能力程度司法鉴定意见,被扶养人生活费可予以支持;扶养人丧失劳动能力程度应比照伤残赔偿指数进行确定。扶养人所举证据既有伤残等级司法鉴定意见,又有丧失劳动能力程度司法鉴定意见,扶养人丧失劳动能力程度也应比照伤残赔偿指数进行确定。确定被扶养人年龄,应当以道路交通事故发生时为基点。"辽宁高院民一庭《传统民事案件审判问题解答》(2013 年 8 月)第 8 条:"在人身损害赔偿案件中,被侵权人系农村户口,但只有经常居住地或主要收入来源地之一项在城镇,这种情况下,人身损害赔偿的数额应按农村标准还是按城镇标准计算?参考意见:按照最高法院的相关复函意见,经常居住地和主要收入来源地均为城镇的农村人口,可以适用城镇标准计算相应的人身损害赔偿数额,且该规则准用于计算被抚养人生活费。如果该农村人口只有经常居住地或主要收入来源地之一项在城镇,可以考虑适用农村标准和城镇标准的中间值来计算相应的人身损害赔偿数额。"浙江高院民一庭《**民事审判法律适用疑难问题解答**》(2013年第19期):"……问:人身损害赔偿纠纷案件中,对于受害人负有赡养义务的父母,能否仅以其已届退休年龄为由认定属于被扶养人?答:根据最高人民法院《关于审理人身损害赔偿案件适用法律若干问题的解释》第二十八条第二款规定,成年被扶养人是受害人依法应当承担扶养义务的,丧失劳动能力又无其他生活来源的成年近亲属。因此,受害人遭受人身损害致死亡或残疾前负有赡养义务的父母是否属于被扶养人,须依据上述规定进行判断。另根据《老年人权益保障法》第二条关于六十周岁以上的公民为老年人的规定,结合司法解释第二十八条第一款有关被扶养人生活费计算年限的规定,对于受害人负有赡养义务的父母已满六十周岁的,一般可视为已丧失劳动能力。"浙江宁波中院《**关于印发〈审理机动车交通事故责任纠纷案件疑难问题解答〉的通知**》(2012年7月5日 甬中法〔2012〕24号)第6条:"受害人部分丧失劳动能力且有多个被扶养人,如何理解最高人民法院《关于审理人身损害赔偿案件若干问题的解释》第二十八条第二款关于被扶养人有数人的,被扶养人生活费年赔偿总额累计不超过上一年度城镇居民人均消费性支出额或农村居民人均年生活消费支出额的规定?答:对被扶养人生活费年赔偿总额应理解为按伤残等级折算后的数额,即折算后的赔偿总额不得超过上一年度城镇居民人均消费性支出额或农村居民人均年生活消费支出额。"广东高院《**关于印发〈全省民事审判工作会议纪要〉的通知**》(2012年6月26日 粤高法〔2012〕240号)第50条:"根据最高人民法院《关于适用〈中华人民共和国侵权责任法〉若干问题的通知》第四条的规定,应将被扶养人生活费计入残疾赔偿金或死亡赔偿金,即《侵权责任法》规定的残疾赔偿金或死亡赔偿金数额包括最高人民法院《关于审理人身损害赔偿案件适用法律若干问题的解释》规定的残疾赔偿金或死亡赔偿金与被扶养人生活费两部分。如果受害人是农村居民但经常居住地在城镇的,被扶养人生活费可按照城镇居民人均消费性支出标准计算。"广东高院《**关于冯秀英与张业文、东莞市翔威汽车运输有限公司、中国平安财产保险股份有限公司东莞分公司交通事故责任纠纷一案的批复**》(2012年5月28日 粤高法民一复字〔2012〕1号):"……根据本案查明的事实,本案冯秀英被认定为一级伤残,完全丧失劳动能力,基本依靠其配偶欧河扶养。虽然本案事故发生时受害人欧河已年满73周岁,但并不能据此认定其已完全丧失劳动能力,不能否定其对冯秀英承担的扶养义务。在扶养人欧河死亡后,被扶养人冯秀英既无劳动能力又无其他生活来源,应根据最高人民法院《关于审理人身损害赔偿案件适用法律若干问题的解释》第28条的规定,计算冯秀英主张的被扶养人生活费。为妥善处理本案,请你院进一步加强调解工作,争取调解结案。同时建议你院与有关部门沟通联系,落实冯秀英的基本生活保障。"山东淄博中院**《全市法院人身损害赔偿案件研讨会纪要》**(2012年2月1日)第7条:"关于被扶养人生活费的问题。(1)虽然《侵权责任法》取消了被扶养人生活费的赔偿项目,但依照最高人民法院《关于适用〈中华人民共和国侵权责任法〉若干问题的通知》(法发〔2010〕23号)第四条的规定,其应计入残疾赔偿金或死亡赔偿金,计算方法应依据《人身损害赔偿司法解释》第二十八条的规定确定。(2)受害人有多名被扶养人的,被扶养人生活费不应超过受害人本人上一年度居民消费性支出。即,受害人的残疾赔偿金或死亡赔偿金按照城镇居民标准计算的,其被扶养人生活费不应超过城镇居民可消费性支出;而受害人的残疾赔偿金或死亡赔偿金按照农村居民标准计算的,其被扶养人生活费不应超过农村居民可消费性支出。(3)受害人遭受人身损害时,尚未出生的胎儿,还不具有权利能力,本不应列入被扶养人范围。但考虑到对胎儿的保护系人身权延伸保护范围,近年来国内理论界均倾向于将胎儿列为被扶养人,及该做法为各国立法通例的情况,我们认为可以将受害人遭受人身损害时,尚未出生的胎儿列入被扶养人范围,但应以起诉前已出生且尚存活为必要前提条件。(4)被扶养人生活费的赔偿权利主体是被扶养人,而非受害人,因此,其计算标准应以被扶养人情况为准。"上海高院民一庭**《道路交通事故纠纷案件疑难问题研讨会会议纪要》**(2011年12月31日)第7条:"被抚养人生活费的计算应否考虑抚养人的年龄。《最高人民法院关于审理人身损害赔偿案件适用法律若干问题的解释》仅规定了根据被抚养人的年龄确定被抚养人生活费,并未针对抚养人的年龄作出相应的规定。例如抚养人年龄超过六十周岁,但被抚养人已满十八周岁不满六十周岁,属无劳动能力又无其他生活来源,此时被抚养人生活费是否应考虑抚养人的年龄?对于此问题,我们认为在最高院没有明确规定之前,不宜突破原司法解释的规定,不考虑抚养人自身的年龄。"第14条:"被抚养人的判断标准。根据《人身损害司法解释》第28条的规定,被抚养人是指受害人依法应当承担抚养义务的未成年人或者丧失劳动能力又无其他生活来源的成年近亲属。对于成年近亲属,无论是否超过60岁,判断其是否符合被抚养人的标准应当是丧失劳动能力且无其他生活来源。故对于有劳动能力但没有工作的成年近亲属,不属于被抚养人范围。对于已经退休且有退休收入的,也不属于被抚养人范围。"第15条:"被抚养人生活费的认定标准。根据《人身损害司法解释》的规定,被抚养人生活费是否应当支持应根据扶养人丧失劳动能力程度来做出判断。审判实践中,对于构成伤残的,一般情况下可按照如下原则处理:一至三级伤残可以直接认定完全丧失劳动能力;四至七级伤残认定为对劳动能力有影响,可按照 80%、60%、40%、20% 的比例酌定;八至十级原则上认定为不影响劳动能力。如有特殊情况,当事人需举证证明伤残对劳动能力的影响。"浙江嘉兴中院民一庭《关于机动车交通事故责任纠纷若干问题意见》(2011 年 12 月 7 日)第 2 条:"关于赔偿权利人主张的部分具体赔偿项目……(5)被扶养人生活费。根据最高人民法院《人身损害司法解释》第二十八条第一款的规定,请求被扶养人生活费应以受害人死亡或构成伤残为前提,根据扶养人丧失劳动能力程度,按照相关规定标准计算。适用'城镇居民'还是'农村居民'的标准,原则上应按扶养人(即受害人)情况确定,但也应结合被抚养人的情况确定。如果受害人是城镇居民,但其被扶养人为农村居民的,按农村居民标准确定。如果受害人是农村居民,但其被扶养人为城镇居民的,按农村居民标准确定。如果受害人是农村居民,但经常居住地在城镇,且其被抚养人经常居住地也在城镇的,按城镇居民标准确定。有证据证明被扶养人享有退休工资或养老金等固定收入的,但退休工资或养老金低于本地城镇居民最低生活保障或最低一档基本养老保险金的,在计算被扶养人生活费时应将该部分固定收入扣除。被扶养人为未成年人的,计算至十八周岁;被扶养人年满十八周岁,但既无劳动能力又无其他生活来源的,计算二十年。丧失劳动能力的确定,以法定退休年龄为基本原则。最高人民法院《人身损害司法解释》第二十八条第二款中所作'被扶养人有数人的,年赔偿总额累计不超过上一年度城镇居民人均消费性支出额或者农村居民人均年平均生活消费支出额'的规定之适用,应受第一款中'根据扶养人丧失劳动能力程度'之规定的限制。第二款中规定的'年赔偿总额',是指考虑'扶养人丧失劳动能力程度'之后的数额。'年赔偿总额累计不超过上一年度城镇居民人均消费性支出额或者农村居民人均年平均生活消费支出额'是案件中确定被扶养人生活费的上限,是指扶养人死亡或构成一级伤残情形下赔偿权利人可获赔的被扶养人生活费的数额。其他情形下,被扶养人生活费的具体数额应考虑扶养人的伤残等级。如:扶养人为'城镇居民',构成伤残 7 级,其有多个被扶养人,被扶养人生活费年赔偿总额至多不超过 7143.2 元(17858 元/年 × 40%)……"山东高院《关于印发〈全省民事审判工作会议纪要〉的通知》(2011 年 11 月 30 日 鲁高法〔2011〕297 号)第 6 条:"……(四)关于受害人被扶养人生活费的赔偿问题。最高人民法院《关于适用〈中华人民共和国侵权责任法〉若干问题的通知》第 4 条规定,人民法院适用侵权责任法审理民事纠纷案件时,如受害人有被扶养人的,应当依据最高人民法院《关于审理人身损害赔偿案件适用法律若干问题的解释》第 28 条的规定,将被扶养人生活费计入残疾赔偿金或者死亡赔偿金。依据该规定,在裁判说理中,被扶养人生活费和残疾赔偿金、死亡赔偿金应分别计算,但在判决主文中将被扶养人生活费和残疾赔偿金、死亡赔偿金合并计算作为一个判项,被扶养人生活费在判项中不再出现。"浙江衢州中院《关于人身损害赔偿标准的研讨纪要》(2011年5月13日　衢中法〔2011〕56号)第4条:"计入残疾赔偿金、死亡赔偿金中的被抚养人生活费。(1)计算标准,以被抚养人的身份为依据,城镇居民按人均消费支出计算,农村居民按人均生活消费支出计算。(2)年满60周岁或丧失劳动能力的成年人,又没有其他生活来源的,按20年计算,60周岁以上每增加1岁减1年,75周岁以上按5年计算。未成年人计算至18周岁。(3)受害人伤残等级为1—4级,视为完全丧失劳动能力;受害人伤残等级为5—8级,可根据受害人的职业特点、因伤残导致实际收入减少等因素综合参照伤残标准酌情考虑。受害人伤残等级9—10级,一般不予考虑。"浙江宁波中院《关于印发〈民事审判若干问题解答(第三辑)〉的通知》(2011年5月11日　甬中法〔2011〕18号)第12条:"在审理人身损害赔偿案件中,被扶养人生活费的赔偿责任系数应如何确定?答:根据最高人民法院《关于审理人身损害赔偿案件适用法律若干问题的解释》第二十八条,被扶养人生活费应根据扶养人丧失劳动能力的程度计算。实践中,丧失劳动能力的程度一般以伤残等级评定及劳动能力丧失程度鉴定作为依据,但根据伤残等级评定1—10级所确定的相应赔偿系数只是一种抽象损失标准,并非绝对、机械地套用公式。如:有的2—4级伤残也已完全丧失了劳动能力,10级伤残并不意味着赔偿系数一律按10%确定,也需综合考虑受害人是否因伤残导致实际收入减少等情况综合确定赔偿责任系数。"浙江宁波中院《关于印发〈民事审判若干问题解答(第一辑)〉的通知》(2011年4月13日　甬中法〔2011〕13号)第2条:"受害人主张被扶养人生活费的条件是什么,是只要构成伤残等级就可以主张,还是要伤残等级达到一定级别才可以主张?答:根据最高人民法院《关于审理人身损害赔偿案件适用法律若干问题的解释》第二十八条规定,被扶养人生活费根据扶养人丧失劳动能力程度,按照受诉法院所在地上一年度城镇居民人均消费性支出和农村人均年生活消费支出标准结算。一般来说,受害人的伤残等级与丧失劳动能力程度相一致,对劳动能力丧失程度需要鉴定的可以进行鉴定,不需要鉴定的,可以按照伤残等级进行认定。"第3条:"《中华人民共和国侵权责任法》对被扶养人生活费未作规定,当事人提出该项诉请,是否应当支持?答:最高人民法院关于适用《中华人民共和国侵权责任法》若干问题的通知(法发〔2010〕23号)第四条明确,人民法院适用侵权责任法审理民事纠纷案件,如受害人有被抚养人的,应当依据最高人民法院《关于审理人身损害赔偿案件适用法律若干问题的解释》第二十八条的规定,将被抚养人生活费计入残疾赔偿金或死亡赔偿金。该通知第四条中'被抚养人生活费'实际与最高人民法院《关于审理人身损害赔偿案件适用法律若干问题的解释》中的'被扶养人生活费'相同。"安徽宣城中院《关于审理道路交通事故赔偿案件若干问题的意见(试行)》(2011年4月)第48条:"对受害人依法扶养的年龄在十八周岁以下或年龄在十八周岁以上、六十周岁以下的丧失劳动能力的近亲属,应当支付被扶养人生活费(2010 年 7 月 1 日以后发生交通事故的,被扶养人生活费并入死亡赔偿金或残疾赔偿金)。但被扶养人有其他生活来源,且该生活来源高于被扶养人生活费的除外。受害人因道路交通事故致残,一般按照受害人的伤残等级,由赔偿义务人按照相应比例支付被扶养人生活费,一级伤残支付比例为 100%,依次递减,十级伤残的支付比例为 10%。尚在接受高中及以下学历教育的成年子女,被扶养人生活费用时间应计算至其学业终结(结业或毕业)。受害人遭受不法侵害前的子女为残疾人或者精神病人,且今后必然不具备或不完全具备劳动能力的,可要求赔偿义务人将其成年后的生活费与未成年期间的生活费一并给付,但成年后的生活费用不超过 10 年,且总计不超过 20 年。"浙江金华中院《2011 年人身损害赔偿细化参照标准》(2011 年)第 2 条:"城镇居民人均消费性支出 17,858 元/年;农村居民人均年生活消费支出 8390 元/年。被扶养人生活费:男 60 周岁、女 55 周岁或丧失劳动能力(经鉴定为交通事故伤残 1—5 级或工伤残疾 1—4 级)按 20 年,未成年人计算至 18 周岁(仍无劳动能力按 20 年),60 周岁以上每增加 1 岁减一年,75 周岁以上按 5 年。被扶养人有数人的,每年的赔偿总额累计城镇不超过 17,858 元、农村不超过 8390 元(即在此每年总额内按人数比例分配计算出各被扶养人的生活费数额)。部分丧失劳动能力的(经鉴定为交通事故伤残 6—10 级或工伤残疾 5—10 级),可根据受害人的职业特点、是否因伤残导致实际收入减少等因素综合考虑,从高到低依次减少赔偿额、酌情确定被扶养人生活费,但不能绝对地、机械地套用公式。"四川高院研究室《关于宗教教职人员因交通事故遭受人身损害如何计算赔偿费用的请示的答复》(川高法研〔2011〕40 号)第 2 条:"《民法通则》、《婚姻法》等民事法律规定的亲属扶养义务,不因宗教教职人员身份而免除。因此,宗教教职人员因交通事故遭受人身损害,确有被扶养人需要扶养,请求赔偿被扶养人生活费的,人民法院应当依照有关法律规定处理。"安徽六安中院《关于印发〈审理道路交通事故人身损害赔偿案件若干问题的意见〉的通知》(2010 年 12 月 7 日六中法〔2010〕166 号)第 17 条:"被扶养人生活费依扶养人身份状况计算,但扶养人为农村居民,而被扶养人为在城镇接受学历教育的未成年人的,该被扶养人的生活费按城镇居民标准计算。对于年满 60 周岁的男性和年满 55 周岁的女性,无其他稳定的收入来源的,可以认定为被扶养人。被扶养人有数人的,自事故发生时起向后计算每一年各被扶养人生活费的总和,若超过年度城镇居民人均消费性支出额或者农村居民人均年生活消费支出额的,各被扶养人的生活费按该限额与计算所得的被扶养人生活费总和的比例折算,其中不同的被扶养人依本条第一款规定分别适用城镇居民和农村居民标准的,适用城镇居民的限额(举例见附录 1)。适用《中华人民共和国侵权责任法》审理的案件,依据《最高人民法院关于审理人身损害赔偿案件适用法律若干问题的解释》第二十八条的规定计算被扶养人生活费所得的数额,与依据该解释计算所得的残疾赔偿金或死亡赔偿金数额相加所得之和,即为应当赔偿残疾赔偿金或死亡赔偿金的数额,不再单列被扶养人生活费这一赔偿项目。第十八条:"审理道路交通事故人身损害赔偿案件,受害人的伤残等级应当依据《中华人民共和国国家标准道路交通事故受伤人员伤残评定》进行评定。"第19条:"受害人被评定为Ⅷ(八)至Ⅹ(十)级伤残的,其被扶养人请求支付被扶养人生活费的,不予支持。受害人被评定为Ⅰ(一)至Ⅱ(二)级伤残的,被扶养人生活费的赔偿比例为100%;被评定为Ⅲ(三)级伤残的,被扶养人生活费的赔偿比例为80%;被评定为Ⅳ(四)至Ⅶ(七)级的伤残的,被扶养人生活费赔偿比例依次递减15%。"第20条:"受害人因道路交通事故致残,依据(11-伤残等级数)×10%的比例确定残疾赔偿金数额。受害人构成多处伤残的,参照《中华人民共和国国家标准道路交通事故受伤人员伤残评定》附录B 多等级伤残赔偿的计算方法确定残疾赔偿金的数额。伤残等级最高处的伤残赔偿指数按本条前款的规定计算。增加一处伤残的伤残赔偿附加指数参酌增加伤残的等级及其与最高伤残等级的级差两个因素,确定为(10-增加伤残的等级数?最高伤残等级数×1/2)%(详见附录2)。增加的伤残不止一处的,伤残赔偿附加指数累加计算,但最高不得超过10%,累加后的伤残赔偿指数不得高于100%。"江苏无锡中院《关于印发〈关于审理道路交通事故损害赔偿案件若干问题的指导意见〉的通知》(2010年11月8日 锡中法发〔2010〕168号)第32条:"【被抚养人生活费】当事人主张被抚养人生活费的,人民法院应当根据《最高人民法院关于适用〈中华人民共和国侵权责任法〉若干问题的通知》要求,适用《最高人民法院关于审理人身损害赔偿案件适用法律若干问题的解释》第二十八条的规定。需要将被抚养人生活费计入残疾赔偿金或死亡赔偿金的,相应损失应当叠加计算,并在所属赔偿项目下分别列明。"江苏常州中院《关于道路交通事故损害赔偿案件的处理意见》(2010年10月13日 常中法〔2010〕104号)第5条:"被扶养人生活费的确定问题。被扶养人的范围:(1)受害人依法应当承担抚养义务的未成年人。包括:①未成年子女;②父母已经死亡或父母无力抚养的未成年孙子女、外孙子女;③父母已经死亡或父母无力抚养的未成年弟、妹;(2)受害人依法应当承担扶养义务的丧失劳动能力又无其他生活来源的成年近亲属。包括:①丧失劳动能力又无其他生活来源的配偶;②丧失劳动能力又无其他生活来源的父母、继父母;③不能独立生活的成年子女,包括尚在学校接受教育的成年子女;④子女已经死亡或子女无力赡养的祖父母、外祖父母;⑤受害人由兄、姐抚养成人,其缺乏劳动能力又缺乏生活来源的兄、姐。对被扶养人无劳动能力的界定,一般可参照职工退休年龄加以确定,即男性年满60周岁,女性年满55周岁。对于低于该年龄段的人员,则应提供相关的证据如医院病历、劳动能力鉴定结论、伤残鉴定报告等,以证明其无劳动能力。《中华人民共和国侵权责任法》第十六条规定:侵害他人造成人身损害的,应当赔偿医疗费、护理费、交通费等为治疗和康复支出的合理费用,以及因误工减少的收入。造成残疾的,还应当赔偿残疾生活辅助具费和残疾赔偿金。造成死亡的,还应当赔偿丧葬费和死亡赔偿金。根据法发〔2010〕23号《最高人民法院关于适用〈中华人民共和国侵权责任法〉若干问题的通知》第四条规定:人民法院适用侵权责任法审理民事纠纷案件,如受害人有被扶养人的,应当依据《最高人民法院关于审理人身损害赔偿案件适用法律若干问题的解释》第二十八条的规定,将被扶养人生活费计入残疾赔偿金或死亡赔偿金。因此,在适用侵权责任法审理交通事故损害赔偿案件时,判决主文中不应再出现被扶养人生活费一项,应当将该笔费用计算入残疾赔偿金或死亡赔偿金。"河南周口中院《关于侵权责任法实施中若干问题的座谈会纪要》(2010年8月23日 周中法〔2010〕130号)第3条:"……关于被扶养人生活费,根据《最高人民法院关于适用〈中华人民共和国侵权责任法〉若干问题的通知》(法发〔2010〕23号)中要求:'四、人民法院适用侵权责任法审理民事纠纷案件,如受害人有被扶养人的,应当依据《最高人民法院关于审理人身损害赔偿案件适用法律若干问题的解释》第二十八条的规定,将被扶养人生活费计入残疾赔偿金或死亡赔偿金'。侵权责任法并没有规定被扶养人生活费,而是将其包含在残疾赔偿金或死亡赔偿金之中,为了充分保护受害人及其近亲属的权益,在残疾赔偿金或死亡赔偿金标准没有提高之前,将被扶养人生活费计入残疾赔偿金或死亡赔偿金也符合立法精神,人民法院应当按照该通知要求,在确定残疾赔偿金或死亡赔偿金的数额时,额外加上被扶养人生活费,只是在列项时不再单独列被扶养人生活费的项目。"山东东营中院《关于印发道路交通事故处理工作座谈会纪要的通知》(2010年6月2日)第36条:"在确定被扶养人无劳动能力时,男性与女性适用同一标准,均以年满60周岁为丧失劳动能力的标准。"北京高院民一庭《关于道路交通损害赔偿案件的疑难问题》(2010年4月9日)第1条:"……《最高人民法院关于审理人身损害赔偿案件适用法律若干问题的解释》中的赔偿范围包括被扶养人生活费,但《侵权责任法》的第16条赔偿范围中无被抚养人生活费,在7月1日以后,是否就不再赔偿被抚养人生活费。另根据《民法通则》的规定,受害人怀孕应当给予胎儿保留份额,胎儿的保留份额主要是被抚养人生活费,在《侵权责任法》实施后胎儿的权益如何加以保护。有法院建议提高精神损害抚慰金数额,以对胎儿权益加以保护。"广东广州中院《民事审判若干问题的解答》(2010年)第二部分第1条:"被扶养人生活费是计算到年还是计算到月?答:被抚养人为成年人的,其生活费按年计算;被抚养人为未成年人的,其生活费按月计算。"第2条:"被扶养人生活费的计算标准如何确定?答:原则上被扶养人生活费计算标准时根据扶养人的情况来确定。一般情况应当按照受诉法院所在地上一年度城镇居民人均消费性支出和农村居民人均年生活消费支出标准计算。如果扶养人住所地或者经常居住地在城镇的,则按照受诉法院所在地上一年度城镇居民人均消费性支出计算;如果扶养人住所地在农村的,则按照受诉法院所在地农村居民人均年生活消费支出标准计算。在赔偿权利人举证证明其住所地或者经常居住地上一年度城镇人均消费性支出和农村居民人均年生活消费支出标准高于受诉法院所在地标准的,适用最高人民法院《关于审理人身损害赔偿案件适用法律若干问题的解释》第三十条的规定,但应当从严把握,一般应证明其在该地有长期或稳定居住、生活的证明。被扶养人还有其他扶养人的,赔偿义务人只赔偿受害人依法应当负担的部分。被扶养人有数人的,年赔偿总额累计不超过上一年度城镇居民人均消费性支出或者农村居民人均年生活消费支出。"第3条:"双方当事人对损害结果均有责任时,受害人的被扶养人有数人,年赔偿总额累计不超过上一年度城镇居民人均消费性支出或者农村居民人均年生活费支出额,应当如何理解? 答:先按责任比例计算双方当事人各自应负担的部分,再计算受害人数个被扶养人的生活费总额是否超过上一年城镇居民人均消费性支出或者农村居民人均年生活费支出额(即先分后总)。"第4条:"成年被扶养人人丧失生活来源或者劳动能力如何认定? 答:对于已满55周岁的女性或已年满6周岁的男性,并且确实没有其他生活来源的,可以列为被扶养人。对于其他丧失劳动能力又没有其他生活来源的成年被扶养人,当事人应当提供残疾证明、医学证明或当地民政部门出具的证明等证据,如果仅有所在村民委员会的证明不足以证实其主张。"第5条:"夫妻一方能否在诉讼中作为对方被扶养人主张被扶养人生活费? 答:夫妻一方如果没有劳动能力,主要依赖于对方的经济收入的,在对方死亡或者伤残时,可以作为被扶养人主张被扶养人生活费,但应当适当考虑其子女作为扶养人等因素。"江苏南京中院民一庭《关于审理交通事故损害赔偿案件有关问题的指导意见》(2009年11月)第46条:"被扶养人生活费根据扶养人丧失劳动能力程度确定。受害人劳动能力丧失程度应根据鉴定机构作出的伤残等级确定,一至四级伤残等级的,可视为丧失劳动能力,五至十级伤残等级的,应综合考虑受害人是否因伤残导致收入实际减少等情况,确定受害人丧失劳动能力的程度。"第47条:"对被扶养人承担扶养义务的扶养义务主体有两个以上时,赔偿义务人只赔偿受害人自己依法应当承担的那一部分;在受害人有两个以上需要其扶养的被扶养人时,赔偿义务人所应当赔偿的年赔偿总额累计不超过上一年度城镇居民人均消费性支出额或者农村居民人均年生活消费支出额。被扶养人居住在城镇的,适用上一年度城镇居民人均消费性支出标准;被扶养人居住在农村的,适用上一年度农村居民人均年生活消费标准。"安徽合肥中院民一庭《关于审理道路交通事故损害赔偿案件适用法律若干问题的指导意见》(2009年11月16日)第23条:"道路交通事故造成人员伤残,受害人起诉时可以主张被扶养人生活费,也可以由被扶养人作为原告参与诉讼予以主张。"第39条:"计算'被扶养人生活费',依被扶养人身份状况,分别适用城镇居民或农村居民标准。"第40条:"对受害人依法扶养的年龄在十八周岁以下或者六十周岁以上的近亲属,或者年龄在十八周岁以上、六十周岁以下,丧失劳动能力的近亲属,应当支付被扶养人生活费。但被扶养人有其他生活来源,且该生活来源高于被扶养人生活费的除外。"江西九江中院《关于印发〈九江市中级人民法院关于审理道路交通事故人身损害赔偿案件若干问题的意见(试行)〉的通知》(2009年10月1日 九中法〔2009〕97号)第13条:"受害人的被扶养人包括依法应当承担扶养义务的未成年人和丧失劳动能力且无其他生活来源的成年近亲属。对于未依法进行收养登记,但确实已形成了事实收养关系的被扶养人,应视为被扶养人。对于年满60周岁的男性和年满55周岁的女性,主张扶养费的,一般应予支持;男性18周岁以上、60周岁以下,女性18周岁以上、55周岁以下的,赔偿权利人应提供其无劳动能力的证据予以证明。成年被扶养人有其他生活来源,且该生活来源高于城镇居民人均消费性支出或农村居民人均年生活消费支出的,可不赔付被扶养人生活费;但是生活来源不足城镇居民人均消费性支出或农村居民人均年生活消费支出的,应由赔偿义务人予以补足。对于成年被扶养人有其他生活来源的事实,应由赔偿义务人提供证据予以证明。被扶养人生活费应结合受害人的伤残等级由赔偿义务人按照相应比例支付,一级伤残支付比例为100%,一次递减,十级伤残支付比例为10%。"江西景德镇中院《关于人身损害赔偿案件中有关赔偿项目、赔偿标准的指导意见》(2009年8月20日)第7条:"被扶养人生活费的确定。有以下两种情形的,应认定成年近亲属被扶养人属于'丧失劳动能力':(1)特殊情形:被评定1-5级残疾的人,重病而长期未参加劳动的人;(2)自然情形:脑力劳动者男60周岁以上,女55周岁以上;体力劳动者男55周岁以上,女50周岁以上。至于'无其他生活来源'则由赔偿权利人进行举证。"云南高院《关于审理人身损害赔偿案件若干问题的会议纪要》(2009年8月1日)第4条:"……被扶养人数以受害人丧失劳动能力前依靠其实际扶养而又没有其他生活来源,或虽有其他生活来源,但不足维持当地居民基本生活水平的人为限。被扶养人生活费按实际人数给付。被扶养人有数人的,年赔偿总额累计不超过受害人上一年度城镇居民人均消费性支出额或者农村居民人均年生活消费支出额。"安徽蚌埠中院《关于审理人身损害赔偿案件若干问题的指导意见》(2009年7月2日)第5条:"被扶养人为多人时,被扶养人生活费如何计算的问题。被扶养人有数人的,年赔偿总额累计不超过上一年度城镇居民人均消费性支出额(一人)或者农村居民人均年生活消费支出额(一人),即:累计超过上一年度城镇居民人均消费性支出额(一人)或者农村居民人均年生活消费支出额(一人)的部分,不予支持。对于被扶养人中有的因被扶养条件消除(如被扶养人年满十八周岁)而不再是被扶养人,其余被扶养人的生活费仍应当按照《最高人民法院关于审理人身损害赔偿案件适用法律若干问题的解释》第二十八条的规定计算,对此,应当作出确定的判决。数被扶养人中既有城镇居民又有农村居民的,被扶养人生活费均按城镇居民人均消费性支出标准计算。"第6条:"被扶养人生活费计算标准的问题。赔偿权利人能举证证明,赔偿权利人住所地或经常居住地人均可支配收入高于受诉法院所在地的相关标准的,可以按照赔偿权利人举证证明的较高的标准计算。受害人仅受伤未死亡的,受害人所在地标准高于受诉法院地标准的,被抚养人生活费按照受害人所在地标准计算;受害人死亡的,被抚养人所在地标准高于受诉法院地标准的,被抚养人生活费按照被抚养人所在地标准计算;数被抚养人不在一地生活的,按被抚养人所在地较高标准计算。"四川泸州中院《关于民商审判实践中若干具体问题的座谈纪要(二)》(2009年4月17日 泸中法〔2009〕68号)第16条:"夫妻一方因公致残,已经获取工伤保险待遇。其后,另一方因交通事故死亡,已经获得工伤保险待遇的一方是否属于被扶养人范围? 基本意见:根据《人身损害赔偿司法解释》第二十八条第二款的规定,'被扶养人是指受害人依法应当承担扶养义务的未成年人或丧失劳动能力又无其他生活来源的成年近亲属'。对于已经获取工伤保险赔偿的人,虽然已经丧失劳动能力,但是因为存在其他生活来源,不属于被扶养人的范围。对于已经获得民事赔偿或者有退休金的丧失劳动能力者,按照同样办法处理。"北京高院**《关于印发〈关于审理刑事附带民事诉讼案件若干问题的解答(试行)〉的通知》**(2009年5月27日 京高法发〔2009〕226号)第5条:"被害人死亡后,其继父母或继子女能否作为适格的原告人提起附带民事诉讼? 答:被害人的继父母或继子女能否成为适格的附带民事诉讼原告人,要看继父母或继子女与被害人之间是否存在事实上的抚养与被抚养的关系。确实存在事实上的抚养与被抚养关系的,可以作为适格的原告人提起附带民事诉讼;反之,则不能提起。证明继父母或继子女与被害人之间是否存在事实上的抚养与被抚养关系的举证责任,依照"谁主张谁举证"的原则确立。"第6条:"被害人死亡后,与其没有法定扶养关系,但由其生前实际扶养的丧失劳动能力又无其他生活来源的成年近亲属能否就扶养费提起附带民事诉讼? 答:有权提起附带民事诉讼的被扶养人包括被害人依法应当承担扶养义务的未成年人或者丧失劳动能力又无其他生活来源的成年近亲属。与被害人没有法定扶养关系,但由其生前实际扶养的丧失劳动能力又无其他生活来源的成年近亲属就扶养费提起附带民事诉讼,并提交抚养关系证明的,应当受理。"第19条:"一审宣判前附带民事诉讼原告人死亡的如何处理? 答:一审宣判前附带民事诉讼原告人死亡的,应通知已死亡附带民事诉讼原告人的继承人参加诉讼;如果附带民事诉讼原告人没有继承人或者其继承人放弃诉讼权利的,应当终结附带民事诉讼。"广东佛山中院《关于审理道路交通事故损害赔偿案件的指导意见》(2009年4

月8日)第1条:"在道路交通事故人身损害赔偿纠纷案件中,受害人是原告;如受害人的伤情构成伤残,其被扶养人可以作为共同原告起诉;如受害人死亡,受害人的继承人是原告。受害人死亡,只有部分合法继承人作为原告提起诉讼的,应追加其他合法继承人作为共同原告参加诉讼。被通知的继承人不愿意参加诉讼,且已明确表示放弃实体权利的,不再列为当事人。受害人的部分被扶养人未就被扶养人生活费起诉的,人民法院不必追加该部分被扶养人作为原告参加诉讼。"第5条:"对受害人依法应当承担扶养义务的男性年龄在18周岁以下或60周岁以上,女性年龄在18周岁以下或55周岁以上的近亲属,以及男性年龄在18周岁以上、60周岁以下,女性年龄在18周岁以上、55周岁以下,丧失劳动能力的近亲属,应当支付被扶养人生活费。但被扶养人有其他生活来源,且该生活来源高于被扶养人生活费的除外。计算被扶养人生活费,应依被扶养人身份状况,适用城镇居民标准或者农村居民标准。户籍为农村居民的被扶养人,在城镇居住(包括上学)超过一年的,按城镇居民标准计算。被扶养人为数人,有城镇居民,也有农村居民的,对于被扶养人所得被扶养人生活费,按各自的身份状况适用相应标准,年赔偿总额累计不超过上一年度城镇居民的人均消费性支出额。"福建泉州中院民一庭《*全市法院民一庭庭长座谈会纪要*》(泉中法民一〔2009〕05号)第34条:"当事人主张被扶养人生活费必须是以被扶养人无劳动能力又无生活来源为前提,无劳动能力如何确定,是否以60岁起算?答:被扶养人生活费应根据《人身损害赔偿解释》第二十八条的规定予以认定。被扶养人满60周岁的,一般可视为无劳动能力;被扶养人未满60周岁,受害人主张被扶养人生活费的,应提供证据证明被扶养人无劳动能力又无生活来源,依法应由受害人承担扶养义务的事实。"第35条:"受害人伤残,但未丧失劳动能力,是否可以请求被扶养人生活费。如果可以,按什么标准计算,是否按伤残等级依法计算?答:受害人未丧失劳动能力的,根据《人身损害赔偿解释》第二十八条的规定,其要求赔偿被扶养人生活费,不应支持。对于部分丧失劳动能力的是否应支持,根据该规定,应根据扶养人丧失劳动能力程度来确定,一般掌握在:受害人的伤残在1—3级的,被扶养人生活费应按第二十八条的规定计算,全额予以支持;受害人的伤残在7—10级的,被扶养人生活费一般不予支持;受害人的伤残程度属于其他伤残等级的,被扶养人生活费应根据受害人丧失劳动能力程度,结合案件具体情况,酌情予以支持。"第37条:"被扶养人生活费是以'年'为单位计算还是以'月'或以'日'为单位计算。若是以'年'为单位计算,一年一个月是否计算为二年?答:根据《人身损害赔偿解释》第二十八条的规定,被扶养人为未成年人的,计算至十八周岁;被扶养人无劳动能力又无其他生活来源的,计算二十年。但六十周岁以上的,年龄每增加一岁减少一年;七十五周岁以上的,按五年计算。因此,被扶养人为未成年人的,应以'月'为单位计算至十八周岁,未满一个月的,按一个月计算;被扶养人已成年的,应按'年'为单位计算。"辽宁大连中院《当前民事审判(一庭)中一些具体问题的理解与认识》(2008年12月5日 大中法〔2008〕17号)第20条:"……关于被扶养人生活费。被扶养人的年龄男性在十八周岁以下,60周岁以上,女性在十八周岁以下,55周岁以上的,应当支付被扶养人生活费,但被扶养人有其他收入来源的,且该收入高于被扶养人生活费的除外。除上述所罗列之外的人要求的,应当提供证据证明被扶养人丧失劳动能力且无其他生活来源。应当注意的是,被扶养人有数人的,赔偿额累计不超过上一年度城镇居民人均消费支出额或者农村军民人均年生活消费支出额。考虑角度:保护受害者。"湖南常德中院民一庭《关于当前民事审判工作中应当注意的几个问题》(2008年8月7日)第4条:"……被抚养人有数人的情况下如何计算被抚养人的生活费。最高人民法院《关于审理人身损害赔偿案件适用法律若干问题的解释》第二十八条的规定:'被抚养人的生活费根据抚养人丧失劳动能力程度,按照受诉法院所在地上一年度城镇居民人均消费性支出和农村居民人均年生活消费支出标准计算……被抚养人还有其他抚养人,赔偿义务人只赔偿受害人依法应当负担的部分。被抚养人有数人的,年赔偿额累计不超过上一年度城镇居民人均消费支出额或者农村居民人均年消费支出额'。根据该规定,对于被抚养人有数人特别是被抚养人中既有城镇居民又有农村居民的情况下,我们应把握两点:一是应根据抚养人的身份来确定被抚养人生活费的赔偿标准,二是赔偿义务人年赔偿额累计不超过上一年度城镇居民人均消费支出额或者农村居民人均年消费支出额。根据我们掌握的情况来看,许多法官并未按规定计算。这里,举一例说明。被告人冯某酒后驾车肇事,致被害人段某死亡后逃逸,其应当承担刑事及民事赔偿责任。段某系农民,生前与其妻共同抚养以下四人:长子1992年4月3日出生,差6年满18周岁,次子1995年3月出生差9年满18岁,段父1945年9月出生,现年60岁,无劳动能力。段某1945年6月出生,现年60岁,无劳动能力。段某有姐、妹各一人,均有劳动能力。除被害人段某外,长子、次子还另有抚养人一人(母亲),段父、段母还另有抚养人二人。被告人冯某只赔偿段某应承担的份额。据查实,事发时,段某所在的该市年农村居民人均年生活消费支出标准为3297元。对于此类案件的处理,实践中的做法有以下两种:一是分别计算出每个被抚养人的数额再相加。段某长子3297元/2×6 = 9891元;段某次子3297元/2×9 = 14836.5元;段父3297元/3×20 = 21980元;段母3297元/3×20 = 21980元,四被抚养人的数额相加为68687.5元即为冯某的总赔偿额。二是考虑四被抚养人的生活费最高额为3297元/年×20年 = 65940元,故以此为标准,按照比例计算每个被抚养人的获赔数额:段某长子9891元/68687.5元×65940元 = 9495.4元;段某次子14836.5元/68687.5元×65940元 = 14243元;段父21980元/68687.5元×65940元 = 21100.8元;段母与段父的一样。四被抚养人的抚养费总额为65940元。正确的计算方法为:在被抚养人为数人的情况下,一般来说,各被抚养人的获赔年限是不同的,有几个获赔年限,就应当分几个年限段,再在各年限段内计算出各被抚养人所占比例,这样,各被抚养人的获赔额以及总额就可计算出来。本案四被抚养人共有三个获赔年限制,因此,应分为三个阶段计算。第一阶段为6年,被抚养人为段某长子、次子、段父、段母共四人。冯某总赔偿额为:3297元/年×6年=19782元。在这个阶段,四被抚养人都有法律上平等并非比例相同的获赔权。因段某长子和次子还另有抚养人一人,其父母还另有抚养人二人,所以,段某长子和次子可各获年赔偿额为:3279元/2=1648.5元。段某父母可各获年赔偿额为3297元/3=1099元。在这一阶段,四被抚养人可获年赔偿额为:1648.5元×2+1099元×2=5495元。但因此数超过了法律规定的上限3297元/年,所以,只能将此上限按比例分配。被抚养人各自的分配比例:段某长子和次子各为1648.5/5495;段某父母各为1099/5495。段某长子和次子获赔数额各为:3297元/年×1648.5/5495×6=5934.6元;段某父母获赔数额为:3297元/年×1099/5495×6=3956.4。四被抚养人获赔总额为:5934.6元×2+3956.4元×2=19782元。与冯某在这个阶段的总赔偿额相等。第二阶段为3年,段某长子年满18岁,被抚养人减为段某次子、段父、段母。冯某总赔偿额为:3297元/年×3年=9891元。在这个阶段,只有段某次子和父母三个受赔人。段某次子可获年赔偿额为1648.5元,段某父母可各获年赔偿为1099元,三人总的年可获赔偿1648.5元+1099元×2=3846.5元。此数也超过法定上限,所以,也要按比例进行分配。根据前面的计算方法,段某次子获赔数额为3297元/年×1648.5/3846.5×3=4239元;段某父母获赔数额各为3297元/年×1099/3846.5×3=2826元。三被抚养人获赔总额为:4239元+2826元×2=9891元,与冯某在这个阶段的总赔偿额相等。第三阶段为11年,在这个阶段,段某次子已年满18岁,只有段某父母二个受赔人。因二受赔人年获赔额为1099元,合计年获赔偿额未超过赔偿上限,且为段某应当承担的抚养份额,所以,应按受赔人年应获赔额各1099元计算,每人应获赔1099元/年×11年=12089。将四被抚养人在三个阶段的赔偿数合计:段某长子获赔数额为5934.6元;段某次子获赔数额为5934.6元+4239元=10173.6元;段某父母各获赔数额为3956.4元+2826元+12089元=18871.4元。四被抚养人总获赔数额为5934.6元+10173.6元+18871.4元/人×2人=53851元。"浙江杭州中院《关于道路交通事故损害赔偿纠纷案件相关问题的处理意见》(2008年6月19日)第3条:"……(七)对女性被扶养年限的确定标准问题。是以55岁还是60岁为准?女性被扶养年限应以60周岁为准。《老年人权益保障法》第2条明确规定了老年人是指60周岁以上的公民。《最高人民法院关于审理人身损害赔偿案件适用法律若干问题的解释》中也是以60周岁为计算标准……(十一)被扶养人生活费问题。1. 一般原则。侵权案件的赔偿以损失填补为标准,被扶养人生活费以满足被扶养人最基本的生活需要为原则。对于有一定生活来源或者有一定劳动能力的被扶养人,要酌情减少或者不予支持其生活费。在确定被扶养人生活费时,要结合被扶养人的生活来源地和生活标准来确定适用城镇标准还是农村标准。被扶养人生活费一般以年计,但对涉及个别跨年度数月不能按年计算的,从有益于被扶养人的角度,应按月计算。2. 道路交通事故人身损害赔偿案件中,对《婚姻法》中夫妻相互扶养义务的理解与适用问题。《婚姻法》对夫妻相互扶养义务的规定是个广义的感念,不仅是经济上协助(该经济上的协助与人身损害赔偿案件中扶养人和被扶养人之间的经济依赖不同),更是精神上的扶助,强调的是婚姻家庭的稳定。因此,不能依照《婚姻法》对夫妻相互扶养义务的规定在夫或妻一方发生交通事故时计算另一方的扶养费,否则不仅是对《婚姻法》条文的狭义理解,更是对'被扶养人生活费'概念的误解。若配偶方无劳动能力又无其他生活来源的,可作为人身损害赔偿中被扶养人范围。"江苏宜兴法院《关于审理交通事故损害赔偿案件若干问题的意见》(2008年1月28日　宜法[2008]第7号)第41条:"受害人依法应当承担抚养义务的未成年人,包括:(1)未成年子女;(2)父母已经死亡或父母无力抚养的未成年孙子女与未成年外孙子女;(3)父母已经死亡或父母无力抚养的未成年的弟、妹。"第42条:"受害人依法应当承担扶养义务的丧失劳动能力又无其他生活来源的成年近亲属,包括:(1)丧失劳动能力又无其他生活来源的配偶;(2)丧失劳动能力又无其他生活来源的父母、继父母;(3)不能独立生活的成年子女:包括尚在校接受高中及其以下学历教育的成年子女;(4)子女已经死亡或子女无力赡养的祖父母、外祖父母;(5)受害人系由兄、姐抚养长大的原有负担能力的弟、妹,对缺乏劳动能力又缺乏生活来源的兄、姐。"第43条:"被扶养人生活费从受害人定残(或者死亡)时起算,其中:(1)丧失劳动能力又无其他生活来源的成年被扶养人生活费时间计算具体到年,六十周岁以上的,年龄每增加不满一周岁的,不作递减,七十五周岁以上的,按5年计算。未成年的被抚养人生活费时间计算上应计算至18周岁,并具体到年。(2)尚在校接受高中及其以下学历教育的成年子女,应计算至其学业终结(结业或者毕业)。(3)受害人遭受不法侵害前的未成年子女为残疾人或者精神病人,且今后必然不具备或不完全具备劳动能力的,可要求赔偿义务人将其成年后的生活费与未成年期间的生活费一并给付,但成年后的生活费计算时间不超过10年,且总计不超过20年。"第44条:"受害人有多个被扶养人的,应从受害人伤残或者死亡时同时计算被扶养人生活费,并且,赔偿义务人承担的年赔偿总额,不应超过受诉法院所在地上一年度城镇居民人均消费性支出额或农村居民人均年生活消费性支出额。"陕西高院《关于审理道路交通事故损害赔偿案件若干问题的指导意见(试行)》(2008年1月1日　陕高法[2008]258号)第26条:"户籍登记地在农村的赔偿权利人在发生道路交通事故时已经在城镇连续居住一年以上,赔偿权利人系完全民事行为能力人,以其在城镇的稳定收入作为主要生活来源的,在计算赔偿数额时可按城镇居民处理。"重庆五中院《关于印发〈审理人身损害赔偿案件座谈会议纪要〉的通知》(2007年10月30日 渝五中法〔2007〕91号)第1条:"被扶养人中既有城镇居民,也有农村居民,被扶养人生活费应当以扶养人属于城镇居民还是农村居民来确定被扶养人生活费问题的计算标准。会议认为,《最高人民法院关于审理人身损害赔偿案件若干问题的解释》(以下简称《解释》)第二十八条规定的被扶养人生活费是以扶养人丧失劳动能力的程度决定赔偿费用的多少。因此,计算该笔费用时,不再考虑被扶养人的身份问题,而只能以扶养人自己的身份作为费用计算的标准,同时考虑扶养人在多大程度上损失了劳动能力。"第2条:"赔偿权利人获得'被扶养人生活费'的前提条件应当是:一、扶养人在侵权行为中遭受死亡或残疾伤害,二、被扶养人系未成年人或者丧失劳动能力又无其他生活来源的成年近亲属。会议认为,(1)《解释》第二十八条规定:被扶养人是指受害人依法应当承担扶养义务的未成年人或者丧失劳动能力又无其他生活来源的成年近亲属。因此,被扶养人为男性18周岁以上60周岁以下,女性18周岁以上55周岁以下的,应由赔偿权利人提供其无劳动能力和无其他生活来源的证据证明后,才能主张被扶养人生活费。(2)农村居民男年满60周岁,女年满55周岁,可视为其无劳动能力,如又无其他生活来源,可以主张被扶养人生活费。(3)如果有证据证明农村居民男年满60周岁,女年满55周岁,不属于视为丧失劳动能力又无其他生活来源之情况,则不能获得被扶养人生活费。"第3条:"扶养人受到伤害后,已经进行了伤残等级确定的,其伤残等级可以作为赔偿权利人获得被扶养人生活费的参考。会议认为,扶养人和被扶养人同时丧失劳动能力或部分劳动能力,是获得《解释》第二十八条规定的被扶养人生活费的法定条件;其次,扶养人和被扶养人劳动能力的丧失与否,判断方法是通过设在各区县劳动局的劳动能力鉴定委员会的鉴定;第三,由于上述两个劳动能力的丧失与否是作为取得被扶养人生活费的条件,因此,只要鉴定出扶养人劳动能力的丧失程度,就可以算出赔偿义务人需要对扶养人补偿的程度;第四,根据渝高法〔2003〕25号《重庆市高级人民法院适用〈道路交通事故受伤人员伤残评定〉标准(GB 18667—2002)的通知》的规定,在审理人身损害赔偿案件时应当参照适用。该评定标准确定的伤残等级为十个级别,由于伤残等级与劳动能力的丧失程度无对应关系的具体规定,可在劳动能力鉴定不便实施的情况下,酌情按扶养人的伤残等级从零级开始,每增加一级增加10%的被扶养人生活费(如:九级伤残的城镇居民扶养人,计算其被扶养人生活费为:城镇居民人均消费性支出额×20%×扶养年数÷扶养人数)。"第4条:"扶养人有多个被扶养人,其被扶养人生活费的计算不能超过上年度城镇居民人均消费性支出额或农村居民人均年生活消费支出额。会议认为,《解释》规定的年赔偿总额累计不超过按扶养人身份计算的上一年度城镇居民人均消费性支出额或农村居民人均年生活消费支出额,是指一年中各个被扶养人应当得到的被扶养人生活费相加,总额累计不得超过按扶养人身份计算的上一年度城镇居民人均消费性支出额或者农村居民人均年生活消费支出额,而不应当考虑被扶养人可能存在的不同身份问题。同时,在审理人身损害赔偿案件时,原则上不处理赔偿权利人内部多个被扶养人之间如何分配被扶养人生活费。一定需要处理时。可按扶养人的意愿或者均等分配。"辽宁沈阳中院民一庭《关于审理涉及机动车第三者责任险若干问题的指导意见》(2006 年 11 月 20 日)第 5 条:"……(七)关于被扶养人年龄问题。最高法院关于审理人身损害赔偿的司法解释没有明确给付被扶养人生活费的年龄标准,对此参照辽宁省辽劳险 1992 年 141 号《企业职工供养直系亲属管理暂行办法》规定,即受害人依法扶养的年龄在 18 周岁以下的人或者男 60 周岁以上、女 50 周岁以上的人应支付被扶养人生活费;对 18 周岁以上的人男 60 周岁以下,女 50 周岁以下丧失劳动能力的被扶养人,也应支付生活费。"江苏溧阳法院《关于审理交通事故损害赔偿案件若干问题的意见》(2006 年 11 月 20 日)第 13 条:"对于年满 60 周岁的男性和年满 55 周岁女性,可以认定为丧失劳动能力,认定年龄应以事故发生时间为准。"第 14 条:"《常州中院事故纪要》第十八条规定可以视为无劳动能力的年龄,是针对是否可以享受扶养费而言的,不能以此作为确定是否可以享受误工费的标准。误工费是否支持应以是否实际误工和收入是否因此减少来进行确定。"重庆高院《关于审理道路交通事故损害赔偿案件适用法律若干问题的指导意见》(2006 年 11 月 1 日)第 26 条:"最高人民法院《关于审理人身损害赔偿案件适用法律若干问题的解释》规定的残疾赔偿金、死亡赔偿金、被扶养人生活费的赔偿标准,按照受害人在道路交通事故发生时系城镇居民或者农村居民确定。"第 27 条:"对最高人民法院《关于审理人身损害赔偿案件适用法律若干问题的解释》规定的城镇居民与农村居民的认定,一般以户籍登记地为准。但户籍登记地在农村的受害人,在发生道路交通事故时已经在城镇连续居住一年以上,且有正当生活来源的,可以按照城镇居民标准计算赔偿数额。"第 28 条:"对受害人依法扶养的年龄在十八周岁以下或者六十周岁以上的近亲属,以及年龄在十八周岁以上、六十周岁以下,丧失劳动能力的近亲属,应当支付被扶养人生活费。但被扶养人有其他生活来源,且该生活来源高于被扶养人生活费的除外。"江西赣州中院《关于审理道路交通事故人身损害赔偿案件的指导性意见》(2006 年 6 月 9 日)第 42 条:"被扶养人为男性 18 周岁以上、60 周岁以下,女性 18 周岁以上、55 周岁以下的,赔偿权利人提供其无劳动能力或无其他生活来源的证据予以证明。"第 47 条:"被抚(扶)养人为数人,有城镇居民,也有农村居民的,每年的赔偿总额累计不超过上一年度城镇居民的人均消费性支出额。"贵州高院、省公安厅《关于处理道路交通事故案件若干问题的指导意见(一)》(2006年5月1日)第35条:"依靠受害人扶养的被扶养人,男性年龄在十八周岁以上、六十周岁以下,女性在十八周岁以上、五十五周岁以下的,赔偿权利人一般应提供被扶养人丧失劳动能力又无其他生活来源的书面证明。"第36条:"被扶养人有多个扶养人的,赔偿义务人只赔偿受害人依法应当承担的部分。受害人有两个以上需要其扶养的被扶养人的,赔偿义务人只赔偿限额内的一份被扶养人生活费给数个被扶养人。"江西赣州中院《民事审判若干问题解答》(2006年3月1日)第25条:"公民因侵权伤害死亡,死者的父母在起诉损害赔偿的项目中含赡养费,而其本人是退休人员,领取有退休金,这是否影响索赔?答:根据最高法院《关于审理人身损害赔偿案件适用法律若干问题的解释》第二十八条第二款之规定,此种情况下如果退休金低于城镇居民人均消费性支出,仍需要死者生前扶养的,则不足部分可以向致害人索赔。"上海高院《关于下发〈关于审理道路交通事故损害赔偿案件若干问题的解答〉的通知》(2005年12月31日 沪高法民一〔2005〕21号)第6条:"赔偿权利人为外籍人或港、澳、台同胞,误工费、被抚养人生活费、残疾赔偿金或死亡赔偿金依何标准计算?答:司法实践中有适用受诉法院所在地的赔偿标准的观点,亦有按赔偿权利人住所地标准的做法。我们认为,《最高人民法院关于人身损害赔偿案件适用法律若干问题的解释》出于填平受害人损失的考虑,规定在赔偿权利人确有证据证明其住所地或经常居住地的标准高于受诉法院所在地的前提下,可以按照其住所地或经常居住地的标准。但是,鉴于我国目前尚属于发展中国家,与发达国家和地区在人均可支配收入、人均消费性支付等方面均存在很大的差距,如果按解释中确定的原则进行处理,由于我国的赔偿义务人负担能力有限,即使考虑其经济能力,也可能出现外国或港澳台地区赔偿权利人的利益得不到实际保护的情形,也会使法院的判决成为一纸空文。故在确定赔偿标准时,仍以参照受诉法院所在地标准为宜。"山东高院《关于印发〈全省民事审判工作座谈会纪要〉的通知》(2005年11月23日 鲁高法〔2005〕201号)第3条:"……(五)关于城镇、农村人口不同赔偿标准的适用问题。最高人民法院法释〔2003〕20号司法解释针对城镇居民和农村居民分别确定了不同的赔偿标准,这是考虑到当前我国城乡差别的实际情况而制定的。但随着我省农村城镇化水平的提高,城乡差别逐步缩小,从保护受害者利益出发,在两种标准存在交叉的情形下,可以按照'就高不就低'的原则确定具体的赔偿标准。对于农村人口在城镇住所地至起诉时已连续居住一年以上的,可以按照城镇人口标准计算损害赔偿数额;对于实行城乡户口统一登记管理的地方,计算标准也可以统一适用城镇人口统计标准。"广东深圳中院《道路交通事故损害赔偿案件研讨会纪要》(2005年9月26日)第4条:"道路交通事故造成人员伤残,伤残人员的被抚养人起诉的,人民法院应当受理。"第13条:"计算'被扶养人生活费',依扶养人身份状况,适用城镇居民或农村居民标准。被扶养人有数人且既有城镇居民又有农村居民的,对于各被扶养人所得'被扶养人生活费',按各自的身份状况适用相应标准;对于赔偿义务人应支付的'年赔偿总额',依城镇居民标准计算。"江苏常州中院《关于印发〈常州市中级人民法院关于审理交通事故损害赔偿案件若干问题的意见〉的通知》(2005年9月13日 常中法〔2005〕第67号)第15条:"由于我市属经济比较发达地区,部分地区已实行户籍制度改革,不再分城镇居民与农村居民,全省法院在《道路交通安全法》实施前均按省公安厅发布的同一标准对当事人进行赔偿,实施后因原农村居民的赔偿标准低于城镇居民赔偿标准较多,也低于实施前的赔偿标准较多,审判实践中全市法院按上级规定对赔偿金额的差额均以精神损害赔偿的名义补足。为了对审理道路交通事故案件更规范统一,全市法院自本意见公布之日起都以同一标准即城镇居民的有关标准执行,不再区分城镇居民与农村居民的标准。外地来我市工作的务工人员,如其在我市办理暂住证在一年以上的,可按我市城镇居民的相关标准赔偿。"第18条:"对于年满60周岁的男性和年满55周岁的女性,可以被认定为无劳动能力。"上海高院《关于审理人身损害赔偿案件中赔偿适用标准的通知》(2005年6月1日 沪高法〔2005〕131号)第2条:"……(十)被抚养人生活费:根据被抚养人丧失劳动能力程度,按照上海上一年度城镇居民人均消费性支出和农村居民人均年生活消费支出标准计算。被抚养人为未成年的,计算至十八周岁;被抚养人无劳动能力又无其它生活来源的,计算二十年。但六十周岁以上的,年龄每增加一岁减少一年;七十五周岁以上的,按五年计算。被抚养人是指受害人依法应当承担抚养义务的未成年人或者丧失劳动能力又无其他生活来源的成年近亲属。被抚养人还有其他抚养人的,赔偿义务人只赔偿受害人依法应当负担的部分。被抚养人有数人的,赔偿总额累计不超过上一年度城镇居民人均消费性支出额和农村居民人均年生活消费支出额。"广东高院、省公安厅《关于〈道路交通安全法〉施行后处理道路交通事故案件若干问题的意见》(2004年12月17日 粤高法发〔2004〕34号)第27条:"受害人的户口在农村,但发生交通事故时已在城镇居住一年以上、且有固定收入的,在计算赔偿数额时按城镇居民的标准对待。"第30条:"被扶养人的年龄男性在十八周岁以上、六十周岁以下,女性在十八周岁以上、五十五周岁以下的,赔偿权利人应提供劳动能力鉴定结论或县级以上人民医院出具的证明,同时应提供村民委员会或居民委员会证明其无其他生活来源的书面证明。"第38条:"'被抚养人'包括胎儿和违反计划生育政策出生的子女。被其抚养人在公安交通管理部门或者人民法院结案前已死亡的,其生活费计至死亡之日。"第39条:"交通事故造成怀孕妇女死亡或受伤流产的,胎儿不列入损害赔偿范围。"第40条:"残者或死者属于二个以上的扶养人中的其中之一的,被扶养人生活费按残者或残者应承担的份额计算。"北京高院《关于印发〈关于审理人身伤害赔偿案件若干问题的处理意见〉的通知》(2000年7月11日)第21条:"被扶养人的必要的生活费请求权人包括与受害人之间存在法定抚养、赡养和扶养权利义务关系的人,以及与受害人之间没有法定扶养关系,但事实上一直由受害人扶养的人。"第22条:"被扶养人的必要的生活费给付数额,应根据受害人实际负担数额、扶养请求权人的经济状况确定,被扶养人还有受害人以外其他扶养义务人的,扶养费应按照受害人应承担的比例确定。"第23条:"被扶养人为未成年人的,扶养费的给付年限一般至其成年为止;被扶养人无劳动能力又无其他收入来源的,按其可能生存的年限(我市人均期望寿命减去被扶养人实际年龄)给付,最低不少于5年;受害人的扶养能力的年限短于此年限的,按受害人具备扶养能力的年限计算,最低不少于5年。"

**5. 地方规范性文件。**甘肃省《道路交通安全条例》(2012年1月1日)第70条:"对因交通事故造成人身伤亡的,残疾赔偿金、死亡赔偿金按本省城镇居民上年度人均可支配收入标准计算,其被扶养人的生活费按被扶养人经常居住地所在省(直辖市、自治区)上年度城镇居民人均消费性支出标准或者农村居民人均年生活消费支出标准计算。"广西壮族自治区《道路交通安全条例》(2010年1月1日)第50条:"因交通事故伤亡的经常居住地在城镇的农村居民,其残疾赔偿金、死亡赔偿金按城镇居民人均可支配收入标准计算,其被扶养人生活费按城镇居民人均消费性支出标准计算。"

**6. 最高人民法院审判业务意见。**●受害人诉请加害人支付被扶养人生活费的人身损害赔偿案件,法院应否通知被扶养人参加诉讼?《人民司法》研究组:"受害人因伤致残时,残疾赔偿金是对受害人本人未来收入损失的赔偿,直接受害人对于残疾赔偿金(包含了被扶养人生活费)有当然的赔偿请求权。但如果受害人有法定被扶养人,此法定被扶养人是否具有独立的赔偿请求权?这也是来信提到的问题。我们认为,因残疾赔偿金包含了被扶养人生活费,如果加害人已经赔偿了残疾赔偿金,被扶养人只能要求就该残疾赔偿金进行析分,无权向加害人主张。如果直接受害人或其他被侵权人怠于行使该赔偿请求权,其有权诉请加害人支付被扶养人生活费。也就是说,一般情况下,如果受害人已经主张了残疾赔偿金(该残疾赔偿金包含了被扶养人生活费),法院无须通知被扶养人参加诉讼;如果受害人怠于主张,则被扶养人可以直接起诉,要求加害人支付被扶养人生活费。"○《侵权责任法》实施后,被扶养人生活费是否取消?《民事审判指导与参考》研究组:"《最高人民法院审理人身损害赔偿案件适用法律若干问题的解释》(以下简称《人身损害赔偿司法解释》)第1条第2、3款规定侵害生命健康权的,应支付残疾赔偿金、死亡赔偿金和被扶养人生活费。侵权责任法第16条规定了残疾赔偿金和死亡赔偿金,没有被扶养人生活费一项。从立法解释上来说,一般认为侵权责任法第16条规定改变了既有法律和司法解释关于死亡赔偿金、残疾赔偿金和被扶养人生活费的关系,原来司法解释规定的死亡赔偿金、残疾赔偿金并不包含被扶养人生活费,但是现在被扶养人生活费已经被侵权责任法第 16 条的死亡赔偿金、残疾赔偿金吸收了。为此,新近出台的《最高人民法院关于适用〈中华人民共和国侵权责任法〉若干问题的通知》第 4 条作出规定:'如受害人有被扶养人的,应当依据《人身损害赔偿司法解释》第 28 条的规定,将被扶养人生活费计入残疾赔偿金或死亡赔偿金。'这就使有被扶养人的残疾赔偿金和死亡赔偿金与立法精神一致了,同时也与我们以前的做法完全一致。通俗地讲,侵权责任法规定的死亡赔偿金、残疾赔偿金等于司法解释规定的死亡赔偿金、残疾赔偿金和被扶养人生活费之和。因此,被扶养人生活费仍是人身损害赔偿的范围。"●人身损害赔偿案件中,被扶养人的生活费和死亡赔偿金应如何计算?《人民司法》研究组:"受害人人身损害的赔偿额,包括需要由其扶养之人所需的必要的生活费用。一般而言,被扶养人都是自己缺乏独立生活能力的未成年人或者老年人。老年人随着年龄的增加,需要扶养人负担扶养义务的时间将越来越短,自受害人受损害时起,被扶养人的年龄越大,需由其实际负担的生活费用的总额也越少。因此,根据被扶养人的年龄来确定此项费用的多少,是符合客观实际的。而且,被扶养人所需生活费用,是一种对实际支出的补偿,与被扶养人的年龄、收入状况等并无直接、必然的联系,所以在确定此项费用时,通常不必考虑扶养人的年龄因素。"○"被扶养人生活费"应由受害人还是被扶养人主张?最高人民法院民一庭《民事审判实务问答》编写组:"由扶养人或被扶养人主张均应允许。理由在于:扶养人对被扶养人负有法律上或事实上的扶养责任,且一直维持这种扶养关系,因为行为人的过错造成受害人死亡或者残疾,不能履行对特定人的扶养义务时,对扶养人而言是剥夺了其抚养能力,导致其不能尽扶养之责,对被扶养人而言是剥夺了其被扶养的权利,两者都是受害者,故均可以自己利益受损为由起诉致害人。"●受害人因交通事故致残向人民法院起诉请求致害方赔偿,是否应将被扶养人列为共同原告?最高人民法院民一庭《民事审判实务问答》编写组:"《最高人民法院关于审理人身损害赔偿案件适用法律若干问题的解释》第 1 条规定:'因生命、健康、身体遭受侵害,赔偿权利人起诉请求赔偿义务人赔偿财产损失和精神损害的,人民法院应予受理。本条所称赔偿权利人,是指因侵权行为或者其他致害原因直接遭受人身损害的受害人、依法由受害人承担扶养义务的被扶养人以及死亡受害人的近亲属'。按照该条第二款的规定,直接受害人依法承担扶养义务的被扶养人作为间接受害人,被扶养人是赔偿权利人,享有损害赔偿请求权,而且,其损害赔偿请求权具有独立请求权的性质。因此,在诉讼法上,被扶养人享有独立的诉讼请求权,可以原告的身份起诉。如只有受害人本人起诉,其起诉的诉讼请求包括被扶养人生活费的,应将被扶养人列为共同原告参加诉讼。"○如何判断被扶养人没有其他生活来源?最高人民法院民一庭《民事审判实务问答》编写组:"可以按以下标准判定:被扶养人自己没有劳动能力,主要由死者生前或者残者丧失劳动能力前实际扶养,又没有经常性的收入以维持其基本生活,或虽有偶然性收入,但不足以维持本人正常生活的。"●**领取退休金的被扶养人能否主张赡养费?**最高人民法院民一庭《民事审判实务问答》编写组:"《最高人民法院关于审理人身损害赔偿案件适用法律若干问题的解释》第28条第2款规定:'被扶养人是指受害人依法应当承担扶养义务的未成年人或者丧失劳动能力又无其他生活来源的成年近亲属。被扶养人还有其他扶养人的,赔偿义务人只赔偿受害人依法应当负担的部分。被扶养人有数人的,年赔偿总额累计不超过上一年度城镇居民人均消费性支出额或者农村居民人均年生活消费支出额'。根据这个规定,死者的父亲是退休工人,虽有领取退休金,但如果退休金尚不足维持其生活,仍需要死者生前扶养的,则仍然可以向致害人索赔。"

**7. 参考案例。**①2015年浙江某交通事故纠纷案,2012年,张某驾驶机动车撞伤施某致10级伤残,交警认定张某全责。施某有5个兄弟姐妹,父、母均年满75岁,父亲每月领取养老金175元,母亲每月领取退休金1061.9元。法院认为:依最高人民法院《关于审理人身损害赔偿案件适用法律若干问题的解释》28条规定,在计算被扶养人生活费时,如被扶养人还有其他扶养人的,赔偿义务人只赔偿受害人依法应负担部分。同时,如被扶养人尚有一定收入的,在计算被扶养人生活费时,亦应将该收入予以相应扣减。本案中,施某父亲的被扶养人生活费为2115.7元[(23257元－175元×12月)×10%÷5×5年],其母亲的被扶养人生活费为1471.99元[(23257元－1061.9元×12月)×10%÷5×7年]。上述两项合计3587.69元,加上施某子女的被扶养人生活费16279.9元,本案被扶养人生活费共计19867.59元。②2015年北京某交通事故纠纷案,2014年,郭某因交通事故被撞致残。郭某经常居住地和主要生活来源地均位于城镇,关于其农业户口母亲赵某被扶养人生活费按城镇标准还是农村标准计算产生争议。法院认为:最高人民法院《关于审理人身损害赔偿案件适用法律若干问题的解释》第28条规定,被扶养人生活费根据扶养人丧失劳动能力程度,按照受诉法院所在地上一年度城镇居民人均消费性支出和农村居民人均年生活消费支出标准计算……被扶养人是指受害人依法应当承担扶养义务的未成年人或者丧失劳动能力又无其他生活来源的成年近亲属。被扶养人还有其他扶养人的,赔偿义务人只赔偿受害人依法应当负担的部分。被扶养人有数人的,年赔偿总额累计不超过上一年度城镇居民人均消费性支出额或者农村居民人均年生活消费支出额。本案中,赵某生活费来源基于郭某劳动能力,受害人郭某因侵权致使劳动能力受损,间接导致赵某生活费受损,故赵某生活费标准应参照受害人郭某实际情况确定。因郭某经常居住地和主要生活来源地均位于城镇,故应按城镇标准计算被扶养人生活费。③2014年河南某行政诉讼案,2012年,章某车辆与程某父摩托车相撞致程某父死亡,交警认定程某父、章某分负主、次责任。随后,程某出生。程某及程某母诉请章某及保险公司赔偿。章某以程某父母未办结婚证,亦未领取准生证,医院为程某出具出生医学证明并载明死者系程某父亲事实错误为由,诉请撤销出生医学证明。法院认为:出具出生医学证明行为属于确认婴儿出生的法律事实、其与生母、生父之间法律关系以及其作为我国公民的法律地位一种证明,属行政确认行为范畴中行政证明行为。《母婴保健法》第23条规定:"医疗保健机构和从事家庭接生的人员按照国务院卫生行政部门的规定,出具统一制发的新生儿出生医学证明。"本案中医院属于法律、法规授权组织,其出具出生医学证明行为属于依法行使行政管理职权行为。出生医学证明是新生儿申报户口依据。出具出生医学证明行为属于确认婴儿出生的法律事实、其与生母、生父之间法律关系以及其作为我国公民法律地位的一种证明。新生儿以及与新生儿具有身份关系的近亲属才与出生医学证明具有法律上利害关系。本案章某并非新生婴儿程某近亲属,且章某将要承担的交通事故赔偿义务与医院出具出生医学证明行为之间并无法律上因果关系。判决驳回章某诉请。④2008年福建某人身损害赔偿纠纷案,2007年,陈某掉入市政处维护管理的市政排水沟死亡。陈某有子35岁,系精神分裂症,无民事行为能力,每月从陈某退休的单位领取生活费285元,从民政部门领取低保金95元。法院认为:事发排水沟欠缺通常所应具备安全性,应推定该排水沟存在维护、管理上重大瑕疵,市政处不能证明其对本案事故发生无过错,应承担侵权赔偿责任。受害人系成年人,因未注意安全掉入事故排水沟,自身有过错,依法可减轻侵害人赔偿责任。陈某扶养疾患之子应得被扶养人生活费的赔偿款项与其从陈某单位领取的生活费及从民政部门领取的最低生活保障金性质不同,不适用损益相抵原则,不应从侵害人应赔偿被扶养人生活费中扣除。判决被告赔偿原告损失50%共计15万余元,其中被扶养人生活费未扣除从父亲单位领取的生活费和从民政部门领取的最低生活保障金。⑤2011年江苏某交通事故损害赔偿案,2010年9月,史某父驾驶无牌机动车撞上储某、胡某合伙收购并堆放在道路上的水草堆跌倒受伤后身亡。事发时史某17周岁,2008年度江苏省农村人均居民消费支出5328元/年。法院认为:史某父无证驾驶无牌机动车,未谨慎、安全驾驶肇事,应承担主要责任,以60%为宜;储某、胡某将水草堆放在行驶道上,长时间占用道路、妨碍交通,对本案事故承担次要责任,各负15%责任,并负连带责任;公路管理处未善尽管理之责,对事故发生有一定过错,应承担10%责任。本次事故人身损失合计43万余元,其中被扶养人生活费:史某在事故发生时仅17周岁,按上一年度本省农村人均居民消费支出计算1年,又因史某母亲也应承担一半的抚养费,故史某主张的被扶养人生活费2664元(5328元÷2)应予支持。

⑥2008年北京某侵权纠纷案,2007年1月,胡某驾驶张某所有并挂靠物流公司名下的货车运输渣土过程中翻车身亡。胡某有母(生于1952年11月19日)、妻、子(生于1997年9月14日)、女(生于1999年9月10日)、兄。法院认为:胡某在驾驶车辆从事雇主所指派的活动中造成其死亡的后果,对该损害后果,雇主应当承担损害赔偿责任,物流公司对于该车的运营享有相应利益,应与张某承担连带赔偿责任。关于被扶养人生活费,经查明,需死者胡某扶养的共有3人,分别是其母、子、女;其中其母共有2名扶养人,即胡某及其兄;胡某子、女分别有2名扶养人,即胡某及胡某妻。根据被扶养人出生日期,确定胡某母、胡某子、女分别需要扶养20年、8年、10年;本市2007年度农村居民人均生活消费支出额为6828元,根据最高人民法院关于人身损害赔偿的司法解释规定,被扶养人为数人的,年赔偿总额累计不超过上一年度城镇居民人均消费性支出额或农村居民人均年生活消费支出额,故被扶养人胡某母的扶养费可按下列方式计算:6828÷3×8+6828÷2×2+6828÷2×10;被扶养人胡某女的扶养费为:6828÷3×8+6828÷2×2;胡某子的扶养费为:6828÷3×8;故,赔偿义务人所应当支付的被扶养人生活费应为102,420元。⑦2007年上海某交通事故损害赔偿案,2008年,吴某驾车撞上骑自行车的周某致周某亡,交警认定双方同等责任。周某有一成年同胞兄弟,自幼痴呆,未婚娶,父母去世后,一直由周某扶养。法院认为:保险公司作为保险人,应依法在交强险范围内承担赔偿责任。超出保险范围的,考量事故当事人之违章情形、本案系机动车与非机动车相撞发生的交通事故等情节,吴某应承担60%的赔偿责任。周某同胞兄弟未结婚,父母均已去世,虽成年,但自幼患精神病,丧失劳动能力,需要有负担能力的其他成年近亲属对其进行扶助和监护,故依《婚姻法》第29条规定,受害人周某对其负有扶养义务。且受害人实际一直与该同胞兄弟共同生活,履行扶养义务,故该原告属于法律规定的受害人依法应承担扶养义务的、丧失劳动能力又无其他生活来源的成年近亲属,其可以作为受害人的被扶养人向被告主张被扶养人生活费,判决保险公司赔偿原告11万元(包括精神损害抚慰金2.6万元),吴某赔偿原告16万余元。⑧2007年上海某交通事故损害赔偿案,2006年10月,汽运公司车辆撞死86岁的老人王某,交警认定汽运公司司机负事故全部责任。王某之子当时52岁,重智残、无业,一直由王父扶养。法院认为:司法解释规定60周岁以下无劳动能力又无其他生活来源的被扶养人,生活费按20年计算,以及受害人75周岁以上的,死亡赔偿金按5年计算,该两条规定并无法律意义上的关联。故王某虽超过75周岁,但其被扶养人因在60周岁以下无劳动能力又无其他生活来源,生活费应按20年计算。本案王某之子的生活费,应以本地区上一年度城镇居民人均消费性支出计算20年,扣除其每月社会救助金后,由被告承担赔偿责任。⑨2001年上海某交通事故损害赔偿案,2000年11月,11岁的杨某在公交站点候车,当驾驶员驾驶公交车进

站时,因该站点设施简陋、管理责任不到位、候车人秩序混乱、驾驶员未确保行车安全,候车人一拥而上,致杨某被人群带倒卷入正在运动的该车右后轮被碾轧致死。

法院认为:公交公司因对站点疏于管理及其驾驶员进站时未尽充分的安全注意义务,故存在过错,杨某遇难与公交公司的过错存有因果关系,公交公司对杨某生命权利的侵害成立。公交公司作为站点使用者和管理者,在使用过程中明知站点设施简陋,应加强管理职责,以弥补设施简陋的不足,防患于未然,而不能放之任之。候车人秩序混乱也系公交公司未完全尽管理职责的具体表现,故公交公司以此为据主张其只应负主要责任,理由欠充分,不予采信。不法侵害致人死亡的,赔偿范围应包括死者丧葬费及受害人家属为抚养杨某支出的医疗费、教育费等。同时因公交公司的过失,使杨某瞬间丧命于车轮之下,此不该发生的事故,给两原告造成无法弥补的精神伤害,故依公交公司过错程度及后果等因素,充分体现精神损害赔偿兼具补偿、抚慰和惩罚的功能,且公交公司也曾自愿表示同意赔偿两原告精神损失费人民币5万元,故对两原告主张的精神损失费人民币30万元,酌定为人民币9.5万元。

**【同类案件处理要旨】**

交通事故造成受害人死亡或伤残的,应当赔偿受害人或其近亲属包括死亡或伤残赔偿金在内的各项人身损害费用。如受害人有被扶养人的,应将被扶养人生活费计入残疾赔偿金或死亡赔偿金。被扶养人有数人的,年赔偿总额累计不超过上一年度城镇居民人均消费性支出额或者农村居民人均年生活消费支出额。被扶养人有多个扶养人的,赔偿义务人只赔偿受害人依法应当承担的部分。

**【相关案件实务要点】**

1.**【离异后被扶养人生活费】**被扶养人父亲在离婚时已向被扶养人一次性支付过抚养费,在其父亲因交通事故身亡时,被扶养人仍有权请求侵权人赔偿被扶养人生活费。案见浙江宁波中院(2009)浙甬民二终字第645号"廖某等诉朱某等道路交通事故人身损害赔偿纠纷案"。

2.**【成年弟、妹】**无劳动能力又无其他生活来源的弟、妹虽已成年,仍可作为兄、姐的被扶养人主张被扶养人生活费。案见江苏南京中院(2009)宁民一终字第123号"周某等诉吴某等交通事故损害赔偿案"。

3.**【高龄受害人】**加害人致受害人死亡后所承担的被扶养人生活费与死亡赔偿金并无法律上的关联,所计年限互不影响。对于75周岁以上的受害人生前扶养的60周岁以下的无劳动能力又无其他生活来源的人的生活费年限,应计算20年而非5年。案见上海一中院(2007)沪民一终字第1567号"王某等诉某汽运公司等人身损害赔偿案"。

4.【**数个被扶养人**】被扶养人还有其他扶养人的,赔偿义务人只赔偿受害人依法应当负担的部分。被扶养人有数人的,年赔偿总额累计不超过上一年度城镇居民人均消费性支出额或者农村居民人均年生活消费支出额。案见北京一中院(2008)一中民终字第13129号"张某等诉某物流公司等侵权案"。

5.【**抚养利益损失**】未成年人因交通事故死亡,侵权人应按抚养教育未成年人所实际支出的费用赔偿未成年人父母或者其他监护人的抚养利益损失。案见上海长宁区法院(2001)长民初字第1009号"杨某等诉某公交公司人身损害赔偿案"〔该案当时系参照《最高人民法院关于审理人身损害赔偿案件若干问题的解释》(征求意见稿)第16条第3项规定予以判决。——编者注〕。

【**附注**】

参考案例索引:浙江宁波中院(2009)浙甬民二终字第645号"廖某等诉朱某等道路交通事故人身损害赔偿纠纷案",见《廖嘉毅等诉朱勇等道路交通事故人身损害赔偿纠纷案》(郭建标),载《人民法院案例选》(201104:143);另见《父母亲离婚时已获抚养费不影响抚养人死亡时再向侵权人主张》(郭建标),载《人民司法·案例》(201202:61)〔本案侵权裁判部分参考江苏张家港法院(2010)张乐民初字第0069号"朱某与陶某等交通事故损害赔偿案"——编者注〕。①浙江嘉兴中院(2015)浙嘉民终字第491号"施某与张某等交通事故责任纠纷案",见《施永良诉张建新、阳光财产保险股份有限公司嘉兴中心支公司机动车交通事故责任纠纷案——丧失劳动能力但有少量收入的成年近亲属也可主张被扶养人生活费》(张远金),载《人民法院案例选》(201603/97:159)。②北京三中院(2015)三中民终字第08171号"郭某与贺某等机动车交通事故责任纠纷案",见《郭天童诉贺永楠、中国人寿财产保险股份有限公司北京市分公司机动车交通事故责任纠纷案——被扶养人生活费的计算标准应以受害人的情况确定》(赵纳、刘栋),载《人民法院案例选》(201601/95:130)。③河南南阳中院(2014)南行终字第00168号"章某与某卫生院行政诉讼案",见《非新生儿近亲属无权诉请撤销〈出生医学证明〉——河南南阳中院裁定章功省诉唐河妇幼保健院卫生行政确认案》(白云),载《人民法院报·案例精选》(20150326:06)。④福建龙岩中院(2008)岩民终字第671号"陈某等诉某市政处等人身损害赔偿案",见《陈志强等诉龙岩市市政维护管理处等人身损害赔偿案》(郭小春),载《人民法院案例选》(200902/68:88)。⑤江苏金坛法院(2011)坛民初字第2177号"史某诉储某等人身损害赔偿案",见《史佳鑫诉金坛市公路处、储夕清等堆放水草致交通事故人身损害赔偿纠纷案》(刘智),载《江苏高院公报·参阅案例》(201203:34)。⑥北京一中院(2008)一中民终字第13129号"张某等诉某物流公司等侵权案",见《张宗连等诉张盛斌等侵权案》(张薏),载《中国审判案例要览》(2009民事:356)。⑦江苏南京中院(2009)宁民一终字第123号"周某等诉吴某等交通事故损害赔偿案",见《丧失劳动能力、没有生活来源且无其他扶养义务人的成年弟、妹可以作为兄、姐的被扶养人主张权利——周荣池等诉中国人民财产保险股份有限公司南京市分公司、吴昌保交通事故损害赔偿纠纷案》(王静),载《人民法院案例选·月版》(200912:64)。⑧上海一中院(2007)沪民一终字第1567号"王某等诉某汽运公司等人身损害赔偿案",判决被告赔偿原告各项费用34万余元,其中被扶养人王某生活费按20年计算,扣除其每月的社会救助金后为17万余元。见《死亡赔偿金与被扶养人生活费在计算年限方面没有关联》(王庆廷、董永强),载《人民司法·案例》(200804:18)。⑨上海长宁区法院(2001)长民初字第1009号"杨某等诉某公交公司人身损害赔偿案",判决公交公司赔偿原告22万余元。见《杨某等诉上海巴士四汽公共交通有限公司案》(梁玫),载《中国审判案例要览》(2002民事:367)。

**参考观点索引**:●受害人诉请加害人支付被扶养人生活费的人身损害赔偿案件,法院应否通知被扶养人参加诉讼?见《受害人诉请加害人支付被扶养人生活费的人身损害赔偿案件,法院应否通知被扶养人参加诉讼?》,载《人民司法·司法信箱》(201105:110)。○《侵权责任法》实施后,被扶养人生活费是否取消?见《被扶养人生活费仍是人身损害赔偿的范围》,载《民事审判指导与参考·民事审判信箱》(201004:302)。●人身损害赔偿案件中,被扶养人的生活费和死亡赔偿金应如何计算?见《人身损害赔偿案件中,被扶养人的生活费和死亡赔偿金应如何计算?》,载《人民司法·司法信箱》(200508:110)。○"被扶养人生活费"应由受害人还是被扶养人主张?见《"被扶养人生活费"应由受害人还是被扶养人主张?》,载《民事审判实务问答》(2008:123)。●受害人因交通事故致残向人民法院起诉请求致害方赔偿,是否应将被扶养人列为共同原告?见《受害人因交通事故致残向人民法院起诉请求致害方赔偿,是否应将被扶养人列为共同原告?》,载《民事审判实务问答》(2008:143)。○如何判断被扶养人没有其他生活来源?见《如何判断被扶养人没有其他生活来源?》,载《民事审判实务问答》(2008:123)。●领取退休金的被扶养人能否主张赡养费?见《公民因交通事故死亡,死者的父亲在起诉损害赔偿的项目中含被抚养人生活费、赡养费,而他本人是退休工人,有领取退休金,这影响他索赔被抚养人生活费、赡养费吗?》,载《民事审判实务问答》(2008:148)。

## 55. 交通住宿营养等费用
### ——差旅营养费,支付何条件?

【其他费用】

【案情简介及争议焦点】

2007年8月,食品厂退休职工江某驾驶电动车与粟某驾驶的摩托车相撞,江某受伤致残。交警认定粟某全责。2008年10月,法院判决粟某赔偿江某各项人身损害赔偿费用共计26万余元。其后,江某因感不适,多次住院、转院治疗,其妻作为陪护人员。2010年5月,江某入住福利院,并于当年11月死亡。其继承人起诉粟某要求赔偿各项人身损害费用,其中,包括交通费、住宿费、营养费和丧葬费。

争议焦点:1. 交通费和住宿费? 2. 营养费和丧葬费?

【裁判要点】

**1. 交通费及住宿费。**根据最高人民法院《关于审理人身损害赔偿案件适用法律若干问题的解释》第22条的规定,交通费根据受害人及其必要的陪护人员因就医或者转院治疗实际发生的费用计算。交通费应当以正式票据为凭;有关凭据应当与就医地点、时间、人数、次数相符合。故本案原告主张的因颅骨修补手术在医院住院而产生的交通费应由粟某负担。虽然原告未提交载有明确时间的交通费票据,但江某作为重度伤残的残疾人,乘坐公共交通工具多有不便,其妻子作为当时必要的陪护人员亦产生相应的交通费用,故酌情认定其上述期间的交通费为1000元,此款应由粟某支付。关于留陪人员住宿费的问题,江某在医院住院76天期间,其妻作为必要的陪护人员,向医院交纳了371元的住宿费是客观存在的事实,此款应由粟某支付。

**2. 营养费和丧葬费。**营养费应根据受害人伤残情况参照医疗机构的意见确定原告提交了医疗机构出具的江某确需要补充营养的意见,但原告主张的费用过高,法院酌定为800元。原告提交的福利院病历虽载明了江某的死亡原因中包含颅脑损伤,但该份证据系复印件,无原件相印证,且受害人的具体死亡原因应由相关的医学权威部门通过鉴定确认,福利院不具备对受害人的死亡原因作出结论的资质,因原告主张江某的死亡与交通事故存在法律上的直接的因果关系没有确凿的证据证实,故对其诉请的丧葬费等费用均不予支持。

【裁判依据或参考】

**1. 法律规定。**《民法典》(2021年1月1日)第1179条:"侵害他人造成人身损害的,应当赔偿医疗费、护理费、交通费、营养费、住院伙食补助费等为治疗和康复支出的合理费用,以及因误工减少的收入。造成残疾的,还应当赔偿辅助器具费和残疾赔偿金;造成死亡的,还应当赔偿丧葬费和死亡赔偿金。"第1182条:"侵害他人人身权益造成财产损失的,按照被侵权人因此受到的损失或者侵权人因此获得的利益赔偿;被侵权人因此受到的损失以及侵权人因此获得的利益难以确定,被侵权人和侵权人就赔偿数额协商不一致,向人民法院提起诉讼的,由人民法院根据实际情况确定赔偿数额。"《侵权责任法》(2010年7月1日,2021年1月1日废止)第16条:"侵害他人造成人身损害的,应当赔偿医疗费、护理费、交通费等为治疗和康复支出的合理费用,以及因误工减少的收入。造成残疾的,还应当赔偿残疾生活辅助具费和残疾赔偿金。造成死亡的,还应当赔偿丧葬费和死亡赔偿金。"

**2. 司法解释。**最高人民法院《关于审理人身损害赔偿案件适用法律若干问题的解释》(2004年5月1日 法释〔2003〕20号,2020年修正,2021年1月1日实施)第9条:"交通费根据受害人及其必要的陪护人员因就医或者转院治疗实际发生的费用计算。交通费应当以正式票据为凭;有关凭据应当与就医地点、时间、人数、次数相符合。"第10条:"住院伙食补助费可以参照当地国家机关一般工作人员的出差伙食补助标准予以确定。受害人确有必要到外地治疗,因客观原因不能住院,受害人本人及其陪护人员实际发生的住宿费和伙食费,其合理部分应予赔偿。"第11条:"营养费根据受害人伤残情况参照医疗机构的意见确定。"最高人民法院《关于第一审人身损害赔偿案件级别管辖的请示的复函》(2004年4月30日〔2004〕民立他字第10号):"……根据诉讼标的金额确定级别管辖是《民事诉讼法》及相关司法解释确定的原则,不应随意扩大解释,故请你院依照法律规定的上述原则确定级别管辖。"最高人民法院《关于贯彻执行民事政策法律若干问题的意见》(1984年8月30日,2019年7月20日废止,2021年1月1日废止)第81条:"需送医院抢救或必须转院治疗的受害人,其交通费和住宿费,应根据实际情况,由加害人酌情补付。"

**3. 部门规范性文件。**财政部、中国银保监会、公安部、国家卫健委、农业农村部《道路交通事故社会救助基金管理办法》(2021年12月1日)第14条:"有下列情形之一时,救助基金垫付道路交通事故中受害人人身伤亡的丧葬费用、部分或者全部抢救费用:(一)抢救费用超过交强险责任限额的;(二)肇事机动车未参加交强险的;(三)机动车肇事后逃逸的。救助基金一般垫付受害人自接受抢救之时起7日内的抢救费用,特殊情况下超过7日的抢救费用,由医疗机构书面说明理由。具体费用应当按照规定的收费标准核算。"第15条:"依法应当由救助基金垫付受害人丧葬费用、部分或者全部抢救费用的,由道路交通事故发生地的救助基金管理机构及时垫付。"第19条:"发生本办法第十四条所列情形之一需要救助基金垫付丧葬费用的,由受害人亲属凭处理该道路交通事故的公安机关交通管理部门出具的《尸体处理通知书》向救助基金管理机构提出书面垫付申请。对无主或者无法确认身份的遗体,由县级以上公安机关交通管理部门会同有关部门按照规定处理。"第20条:"救助基金管理机构收到丧葬费用垫付申请和相关材料后,对符合垫付要求的,应当在3个工作日内按照有关标准垫付丧葬费用;对不符合垫付要求的,不予垫付,并向申请人书面说明理由。救助基金管理机构应当同时将审核结果书面告知处理该道路交通事故的公安机关交通管理部门。"第21条:"救助基金管理机构对抢救费用和丧葬费用的垫付申请进行审核时,可以向公安机关交通管理部门、医疗机构和保险公司等有关单位核实情况,有关单位应当予以配合。"第22条:"救助基金管理机构与医疗机构或者其他单位就垫付抢救费用、丧葬费用问题发生争议时,由救助基金主管部门会同卫生健康主管部门或者其他有关部门协调解决。"第28条:"救助基金管理机构根据本办法垫付抢救费用和丧葬费用后,应当依法向机动车道路交通事故责任人进行追偿。发生本办法第十四条第三项情形救助基金垫付丧葬费用、部分或者全部抢救费用的,道路交通事故案件侦破后,处理该道路交通事故的公安机关交通管理部门应当及时通知救助基金管理机构。有关单位、受害人或者其继承人应当协助救助基金管理机构进行追偿。"第29条:"道路交通事故受害人或者其继承人已经从机动车道路交通事故责任人或者通过其他方式获得赔偿的,应当退还救助基金垫付的相应费用。对道路交通事故死亡人员身份无法确认或者其受益人不明的,救助基金管理机构可以在扣除垫付的抢救费用和丧葬费用后,代为保管死亡人员所得赔偿款,死亡人员身份或者其受益人身份确定后,应当依法处理。"第43条:"本办法所称丧葬费用,是指丧葬所必需的遗体接运、存放、火化、骨灰寄存和安葬等服务费用。具体垫付费用标准由救助基金主管部门会同有关部门结合当地实际,参考有关规定确定。"财政部、中国保监会、公安部、卫生部、农业部《道路交通事故社会救助基金管理试行办法》(2010年1月1日)第37条:"本办法所称丧葬费用,是指丧葬所必需的遗体运送、停放、冷藏、火化的服务费用。具体费用应当按照机动车道路交通事故发生地物价部门制定的收费标准确定。"

**4. 地方司法性文件。**

①交通费。广东高院《关于审理机动车交通事故责任纠纷案件的指引》(粤高

法发〔2024〕3号　2024年1月31日)第14条:"交通事故受害人死亡的,其近亲属请求侵权人赔偿处理丧葬事宜支出的交通费、住宿费和误工损失等合理费用的,应予支持。"浙江高院《印发〈关于人身损害赔偿项目计算标准的指引〉的通知》(2022年8月24日　浙高法审〔2022〕2号)第10条:"受害人及其必要的陪护人员因同城就医产生的交通费按照30元/天计算,结合门诊次数或者住院天数确定。"第11条:"受害人确有必要外地就医的,受害人及其必要陪护人员发生的住宿费,按照正式票据计算;外地就医产生的交通费,对长途汽车、火车、飞机等交通工具按照正式票据计算;但住宿费、交通费均不得超过受诉法院所在地省、计划单列市国家机关一般工作人员出差标准。"内蒙古高院《关于道路交通事故损害赔偿案件赔偿项目审核认定标准汇编》(2022年1月1日)第7条:"交通费。1.计算方法。交通费根据受害人及其必要的陪护人员因就医或转院治疗实际发生的合理费用计算。2.相关证据。赔偿权利人应提供病历、转院凭证、交通费正式票据等。3.说明。交通费应与就医地点、时间、人数、次数相符合。"海南高院《关于印发〈海南省道路交通事故人身损害赔偿标准〉的通知》(2021年1月1日　琼高法〔2020〕325号)第2条:"各赔偿项目的单证标准与计算原则……(七)交通费。交通费指受害人及其必要的陪护人员因就医或者转院治疗实际发生的用于交通的费用。陪护人员不超过2人。1.单证标准:与就医地点、时间、人数、次数相符合的交通费票据。2.计算原则:一般以实际票据确认,按搭乘公共汽车、地铁、出租车等普通公共交通工具的标准计算,异地交通费以火车硬卧标准为限。如果未能提供交通票据,但根据医院病历能够确认受害人有往返医院记录的,按照40元/天的标准计算交通费。如果未能提供票据,也没有医院病历,但根据受害人的伤情,确需治疗的,酌情认定交通费,最高不得超过800元。"安徽亳州中院《关于审理道路交通事故损害赔偿案件的裁判指引(试行)》(2020年4月1日)第12条:"受害人近亲属办理丧葬事宜产生的交通费、住宿费和误工费,原则上总额以2000元为限。"江西宜春中院《关于印发〈审理机动车交通事故责任纠纷案件的指导意见〉的通知》(2020年9月1日　宜中法〔2020〕34号)第33条:"交通费根据受害人及其必要的陪护人员就医或者转院治疗实际发生的费用计算。交通费应当以正式票据为凭,且该正式票据应予就医地点、时间、人数、次数相符合。无法提供正式票据的,可按门诊次数或者住院天数,以当地居民消费水平为依据酌情按每人每天10—20元确定。转院治疗的,赔偿权利人应提供转院医嘱、交通费正式票据、乘坐救护车、出租车、飞机等交通工具的合理性证据等证据材料。转院治疗的陪同人员不超过2人,交通费(包括外地住院住宿费)的计算不超过国家一般工作人员的出差标准。"第41条:"通常替代性交通工具损失应根据赔偿权利人日常且合理的出行需要、车辆的用途等进行判断。赔偿侵权人主张租赁车辆作为替代性交通工具的,应严格审查租车的必要性、合理性、租车费是否已经实际发生等。替代性交通工具损失的赔偿期间,参照停运期间确定。"湖南高院《关于印发〈审理道路交通事故损害赔偿纠纷案件的裁判指引(试行)〉的通知》(2019年11月7日 湘高法〔2019〕29号)第32条:"是否支持替代性交通工具费用以及支持的具体数额,应在个案中根据赔偿权利人日常且合理的出行需要、车辆的用途等进行判断。赔偿权利人已实际支出的必要公共交通费用应予支持。赔偿权利人确需租赁车辆作为替代性交通工具的,应严格审查租车的必要性、合理性、车型、是否已实际发生租车费用等情形。替代性交通工具费用的赔偿期间,参照停运期间确定。"安徽黄山中院《关于印发〈黄山市中级人民法院关于审理道路交通事故损害赔偿纠纷案件相关事项的会议纪要(试行)〉的通知》(2019年9月2日 黄中法〔2019〕82号)第10条:"交通费:根据实际发生的交通费结合票据计算。依据住院天数或就诊次数(未住院的),按受害人提供的正式票据,结合就医时间、地点、次数等因素计算。"江西上饶中院《关于机动车交通事故责任纠纷案件的指导意见(试行)》(2019年3月12日)第1条:"……(五)交通费。根据受害人及其必要的陪护人员因就医或者转院治疗实际发生的费用计算。交通费应当以正式票据为凭。有关凭据应当与就医地点、时间、人数、次数相符合。无法提供正式票据的,可按门诊次数或者住院天数并按20元/天标准酌定,需提供病历资料。转院治疗的,乘坐长途汽车、火车、飞机等交通工具,按照交通费发票据实计算,但不得超过国家一般工作人员出差标准,需提供交通费发票,转院医嘱等,且异地、转院治疗陪同人员不超过2人。特殊情况下,可以乘坐救护车、出租车,但应由受害人提供证据证明使用的合理性……(七)外地就医住宿费。按照住宿发票据实计算,但不得超过国家机关一般工作人员出差标准,需提供转院医嘱、住宿费发票。说明:外地就医住宿费是指受害人确有必要到外地治疗,因客观原因不能住院产生的受害人及其陪护人员实际住宿费用,时间一般不超过20天,陪同人员不超过2人……通常替代性交通工具费用。人民法院应审查替代性车辆的使用是否必要、合理。计算标准:一般可参照国家一般公务人员市内交通费用标准;当事人主张按照同类车型的市场租车费用计算的,应按照合理的事故时间和维修时间内发生的租车费用,据实计算,需提供租车合同及租金发票等。说明:间接财产损失不计入交强险赔付范围。"湖北十堰中院《印发〈关于进一步规范机动车交通事故责任纠纷案件审理工作的意见〉的通知》(2018年6月28日 十中法〔2018〕79号,2020年7月10日废止)第4条:"交通费根据受害人及其必要的陪护人员因就医或者转院治疗实际发生的费用计算。受害人应提供与其就医地点、时间、人数、次数相符合的正式票据。受害人未能提供正式票据,但根据其伤情、医疗机构所在地、诊疗时间等确需发生交通费的,可酌情按不超过10元/天的标准计算。"山东日照中院《机动车交通事故责任纠纷赔偿标准参考意见》(2018年5月22日)第20

条:"交通费、营养费、住院伙食补助费、护理费。交通费根据当事人提供的票据按照实际发生的费用确定,当事人不能提供票据的,由人民法院根据受害人住院天数长短、是否转院以及住所地等情况,予以认定……"陕西榆林中院《人身损害赔偿标准调研座谈会会议纪要》(2018年1月3日)第4条:"交通费。问题:当事人提交的交通费发票与就医时间、地点、人数、次数不相符,法院往往酌情认定数额高低不等。解决:法官酌情认定交通费可参照陕西省国家机关一般工作人员出差的差旅费标准,市内交通费按出差自然(日历)天数计算,赴外省出差按每人每天80元标准包干使用,赴省内各市(区)出差按每人每天50元标准包干使用。"安徽淮北中院《关于审理道路交通事故损害赔偿案件若干问题的会议纪要》(2018年)第1条:"赔偿项目和标准……(四)住院伙食补助费。根据受害人住院天数确定,按30元/天计算。"广东惠州中院《关于审理机动车交通事故责任纠纷案件的裁判指引》(2017年12月16日)第38条:"交通费以实际发生为准,也可以酌情合理确定。"湖北黄冈中院《关于审理机动车交通事故责任纠纷案件的指导意见(一)》(2017年10月1日)第19条:"[交通费的认定]交通费根据受害人及其必要的陪护人员因就医或者转院治疗实际发生的费用计算。交通费应当根据受害人提供的与就医地点、时间、人数、次数相符合的正式票据综合予以认定。对于受害人未能提供正式票据,但根据伤情、就诊医院距离、就诊持续时间等因素判断确有交通费用产生的,针对当事人的诉请酌情认定交通费。在本市辖区内一般不超过500元。"北京三中院《类型化案件审判指引:机动车交通事故责任纠纷类审判指引》(2017年3月28日)第2-3.3.1.1部分"医疗费—常见问题解答"第2条:"对于受害人在急救过程中支出救护车费,是作为医疗费用列入交强险医疗费用赔偿限额,还是作为交通费列入交强险死亡伤残赔偿限额?抢救后,医院或急救中心会向受害人出具北京市医疗急救收费专用收据(会主张为医疗费)、北京市救护车收费专用收据(会主张为医疗费或交通费)两份收据。无论受害人如何主张,只要赔偿义务人认可,均依法认定。如赔偿义务人有异议,因北京市救护车收费专用收据系医疗机构出具,可认定为医疗费,其又系受害人及其必要的陪护人员因就医或者转院治疗实际发生的费用,亦可认定为交通费。可灵活掌握,依据受害人的主张确定即可。"第2-3.3.2.3部分"交通费—常见问题解答"第1条:"受害人主张交通费,但提供的证据为一卡通充值卡票据、加油票、个人出具的租车费用说明等证据,如何处理?原则上应依据《人身损害赔偿解释》第二十二条的规定,以当事人提供的正式票据为准,并审查交通费用与受害人及其必要的陪护人员就医或者转院治疗的地点、时间、人数、次数是否相符。只有在特殊情况下,如受害人居住位置偏远或情况紧急,无法使用正规运营车辆,以及客观上必然会产生交通费用,但当事人提供的正式票据又无法反映乘坐交通工具的具体情况时,才可结合受害人就医的路程、次数等实际情况酌情对交通费数额予以认定。"第2-3.3.3部分"财产损失类—常见问题解答"第2条:"《道交解释》第十五条第(四)款中的'通常替代性交通工具的合理费用'应如何理解,是同型号车辆的租赁费用或者普通交通工具(如公交车)的费用,还是酌情考虑? 对于'通常替代性交通工具的合理费用',应当根据日常需要出行的情况进行判断,通常以实际支出且必要的出租车费作为计算损失的依据。非经营性车辆使用中断损失是受害人因车辆招手侵权而产生的使用权益损失。受害人应举证证明车辆使用权益的合理需求,并提供发生实际损失的相关证据,如打车票、租车发票等,人民法院应根据事故车辆的本身价值和用途,遵循必要性、合理性的原则来确定实际损失。"广东广州中院《机动车交通事故责任纠纷案件审判参考》(2017年3月27日 穗中法〔2017〕79号)第13条:"赔偿权利人主张受损机动车修理期间替代性交通工具费用的,人民法院应审查替代性车辆的使用是否必要、合理。替代性交通工具费用损失的计算标准,一般可参照国家公务人员市内交通费标准;当事人主张按照同类车型的市场租车费用计算的,应提供相应证据证实。"江西景德镇中院《关于印发〈关于审理人身损害赔偿案件若干问题的指导意见〉的通知》(2017年3月1日 景中法〔2017〕11号)第12条:"交通费的确定。交通费根据受害人及其必要的陪护人员因就医或者转院治疗实际发生的费用计算。交通费应当以正式票据为凭;有关凭据应当于就医地点、时间、人数、次数相符合。受害人无法提供正式票据的,可按住院天数并按10—15元/天标准酌定。在实践中按以下标准把握。(1)受害人及其必要的陪护人员乘坐的交通工作以普通公共交通为主,特殊情况下,可以乘坐救护车、出租车,但应由受害人说明使用的合理性。乘坐火车应当以硬卧、二等座为主,特殊情况需要乘坐软卧、一等座的,由受害人就此说明合理性。受害人乘坐飞机的,一般情况下对该费用不予支持,参照硬卧费用处理。(2)在经济不发达、离市区较远的偏僻乡镇,没有公共交通工具,受害人因治疗需要而使用其他交通工具的,尽管没有正式票据,只有司机收款收据,可结合案情参照当地乘坐出租车价格支持往返的出租车费。(3)如受害人无法前往医疗机构诊疗,而是由医生出诊,该部分交通费支出只要合理,赔偿义务人亦应给予赔偿。"天津高院《关于印发〈机动车交通事故责任纠纷案件审理指南〉的通知》(2017年1月20日 津高法〔2017〕14号)第5条:"……(五)交通费。交通费根据受害人及其必要的陪护人员因就医或转院治疗实际发生的费用计算。赔偿权利人提供的交通费凭证无法全部予以认定的,人民法院应在凭证合计金额基础上,综合考虑受害人伤情、就医地点、住院时间、陪护人数、复诊次数、可供选择交通工具的种类等因素酌情确定交通费数额。"第6条:"……(六)通常替代性交通工具费用。是否支持替代性交通工具费用以及支持该费用的具体数额,应在个案中根据赔偿权利人日常且合理的出行需要、车辆的用途等进行判断。赔偿权利人已实际支出的必要公共交通费用、出租车费用应予支持。赔偿权利人主张租赁车辆作为替代性交通工具的,应严格审查租车的必要性、合理性、车型、是否已经实际发生租车费用等。替代性交通工具费用的赔偿期间,参照停运期间确定。"河北承德中院《2015年民事审判工作会议纪要》(2015年)第53条:"代步费的审查认定。交强险中没有规定的由保险公司承担代步费,可由侵权人赔偿,但要严格审查证据的客观性、真实性。"安徽淮南中院《关于审理机动车交通事故责任纠纷案件若干问题的指导意见》(2014年4月24日)第19条:"如受害人提供的票据不足以证明系因交通事故所花费交通费的,本市按照每天5元的标准计算市内交通费。受害人亲属、朋友为看望受害人所花费的交通费请求赔偿的,人民法院不予支持。"安徽高院《关于审理道路交通事故损害赔偿纠纷案件若干问题的指导意见》(2014年1月1日皖高法〔2013〕487号)第26条:"《关于审理人身损害赔偿案件适用法律若干问题的解释》第二十二条、第二十三条第二款规定的交通费、住宿费、伙食费标准参照当地国家机关一般工作人员出差标准审查认定,超出部分不予支持。"安徽滁州中院《关于审理道路交通事故损害赔偿案件座谈会纪要》(2013年8月2日)第14条:"受害人及其必要的陪护人员因就医或者转院治疗发生交通费用的,受害人未提供交通费票据或者提供票据存在瑕疵不能证明实际发生的交通费,人民法院可酌情确定交通费数额,但应考虑受害人住所地与就医地点之间公共交通工具的票价、住院时间、人数、次数等因素进行合理确定。受害人因治疗紧急或因伤情特殊需要,其主张的租车费用或列车软卧费用,应予支持。"北京高院民一庭《关于审理道路交通事故损害赔偿案件的会议纪要》(2013年4月7日)第1条:"《道交解释》第十五条(四)中的'通常替代性交通工具的合理费用'应如何理解,是同型号车辆的租赁费用或者普通交通工具(如公交车)的费用,还是酌情考虑?对'通常替代性交通工具的合理费用',应当根据日常需要出行的情况进行判断,通常以实际支出且必要的出租车费用作为计算损失的依据;对于有特殊需要且能证明合理性的,可以租车作为通常替代性交通工具,但费用不超过同型号车辆的租赁费用。"浙江嘉兴中院民一庭《关于机动车交通事故责任纠纷若干问题意见》(2011年12月7日)第2条:"……(2)交通费:市内凭票据计算,但每日不得超过10元(首次住院及最后出院可凭票据按实计算),市外凭票据按实计算……"浙江衢州中院《关于人身损害赔偿标准的研讨纪要》(2011年5月13日 衢中法〔2011〕56号)第8条:"交通费每日10元。"安徽宣城中院《关于审理道路交通事故赔偿案件若干问题的意见(试行)》(2011年4月)第45条:"交通费是受害人及其必要的陪护人员因就医或者转院治疗而实际发生的交通费用。交通费要结合受害人的伤情、治疗的紧急程度、搭乘公共交通工具的合理性等多种因素加以确定,以正式票据为凭。受害人或者其亲属使用私家车取代搭乘公共交通工具前往就医的,可以比照搭乘合理的公共交通工具的费用予以赔偿。"浙江金华中院《2011年人身损害赔偿细化参照标准》(2011年)第5条:"……(2)交通费:市内20元/日、凭据(首、末次可凭据、据实),市外据实、凭据。"江苏无锡中院《关于印发〈关于审理道路交通事故损害赔偿案件若干问题的指导意见〉的通知》(2010年11月8日 锡中法发〔2010〕168号)第36条:"【其他合理费用】参加处理交通事故的当事人亲属的误工费参照本意见相关标准计算,原则上计算费用的人数不得超过三人,期间不得超过七天。受害人外地亲属参加处理交通事故的,交通费、住宿费一般不得超出本地区国家机关一般工作人员的差旅费标准,超出部分不予认定。情况特殊且费用必要、属实的,人民法院可在上述基础上酌定增加。"河南周口中院《关于侵权责任法实施中若干问题的座谈会纪要》(2010年8月23日 周中法〔2010〕130号)第3条:"……(4)交通费根据受害人提供的正式票据进行审核计算。受害人提供的票据与就医的地点、时间、人次等不相符合的,不予支持。"江西景德镇中院《关于人身损害赔偿案件中有关赔偿项目、赔偿标准的指导意见》(2009年8月20日)第3条:"交通费的确定。在实践中按以下情形确定:(一)受害人及其必要的陪护人员乘坐的交通工具以普通公共交通为主,特殊情况下,可以乘坐救护车、出租车,但应当由受害人说明使用的合理性。乘坐火车应当以硬卧为主,特殊情况需要乘坐软卧,由受害人就此说明合理性。一般情况下,乘坐飞机,该交通费不予支持,参照火车硬卧费用处理。(二)在经济不发达、离市区较远的偏僻乡镇,没有公共交通,受害人因治疗需要而使用其他交通工具的。尽管没有正式票据只有司机收款收据,可结合案情参照当地乘坐出租车价格支持往返的出租车费。(三)如果受害人无法前往医疗,而是由医生出诊,该部分支付只要合理,赔偿义务人亦应给予赔偿。"云南高院《关于审理人身损害赔偿案件若干问题的会议纪要》(2009年8月1日)第4条:"……交通工具一般应以当地普通交通工具为限。因病情需要而使用出租车或其他交通工具的,交通费应予赔偿;对于不适当选用交通工具而支出的高额交通费用,超出部分不予赔偿。"福建泉州中院民一庭《全市法院民一庭庭长座谈会纪要》(泉中法民一〔2009〕05号)第8条:"受害人因交通事故受伤住院治疗,但其伤情程度未达到伤残等级,其住院期间造成的误工费、护理费、交通费等不属于交强险中的医疗费用赔偿项目范围,该部分损失是否应由承保交强险的保险公司在强制保险责任限额内赔偿?答:受害人因交通事故受伤住院治疗,但其伤情程度未达到伤残等级的,根据《机动车交通事故责任强制保险条款》第八条的规定,受害人住院期间造成的误工费、护理费、交通费等损失应属于交强险中的死亡残疾赔偿范围,应在交强险中的死亡残疾赔偿限额内予以赔偿。"福建泉州中院民一庭《全市法院民一庭庭长座谈会纪要》(泉中法民一〔2009〕05号)第39条:"交通费是否均以正式发票计算。若受害人自己租车,其实际应支出的交通费如何计算?答:受害人提供的交通费发票往往存在公交车票或出租车车票数量较多、大量联号或者号码相近、发票内容与其住院治疗的实际需要不符等问题,因此,不能完全以正式票据作为认定交通费的依据。根据受害人的治疗过程及实际情况,确实需要支付交通费用的,可根据其实际需要,合理地确定交通费数额。不能对当事人提供的票据未加分析全部认定,也不宜因当事人提供的票据存在问题而对交通费不予支持。对于使用自己的车辆或者借用他人车辆的,原告主张赔偿其汽油费用和其他合理的费用(如过路费等),应予支持。"辽宁大连中院《当前民事审判(一庭)中一些具体问题的理解与认识》(2008年12月5日 大中法〔2008〕17号)第15条:"交通费数额如何确定?不仅包括受害人本人医疗发生的费用,而且包括家属为此发生的交通费。可根据情况紧急程度、客观上需要程度、家属与受害人关系亲疏程度等方面进行确定。"浙江杭州中院《关于道路交通事故损害赔偿纠纷案件相关问题的处理意见》(2008年6月19日)第1条:"……(二)交通费的认定:连号票据的情形下,可否依照就医次数、人数酌情予以支持?交通费的认定应以确有必要和实际发生为标准,连号票据只是提供证据方提供证据的形式,故应当结合就医次数、人数等酌情确定。"江苏宜兴法院《关于审理交通事故损害赔偿案件若干问题的意见》(2008年1月28日 宜法〔2008〕7号)第37条:"交通费应根据受害人及其必要的陪护人员因就医或者转院治疗实际发生的费用,结合受害人伤情、治疗的紧急程度、搭乘公共交通工具的合理性等多种因素综合加以认定,以正式票据为凭。受害人或其亲属使用私家车取代搭乘公共交通工具前往就医的,也可比照搭乘合理的公共交通工具的费用予以赔偿。"第54条:"受害人亲属办理丧葬事宜支出的交通费、住宿费和误工损失等费用,一般可考虑人数不超过3人,期限不超过7天。"广东深圳罗湖区法院《关于交通事故损害赔偿案件的处理意见》(2006年11月6日)第7条:"……交通费。受害人的亲属因处理交通事故发生的交通费,应当予以赔偿。当事人及其亲属参加处理交通事故时采用出租车、自行驾车方式或者乘坐飞机、火车软卧前往的,租车费、汽油费或者飞机、软卧费以不超过当地国家机关一般工作人员的差旅费标准为限,超过部分不列入赔偿范围。属于情况紧急需要迅速赶赴事故现场协助处理事故的,其交通费由法院视具体情况确定。当事人为华侨、外国人、无国籍人的,其亲属从境外来华处理交通事故发生的交通费按照实际必须的费用计算,凭票支付。受害人住院期间的交通费,根据受害人及其必要的陪护人员因就医或转院治疗实际发生的费用计算,并以正式的票据为凭;有关凭证应与就医地点、时间、人数、次数相符合。对往返造成的不合理的交通费,不列入赔偿范围。"江西赣州中院《关于审理道路交通事故人身损害赔偿案件的指导性意见》(2006年6月9日)第45条:"当事人及其亲属采用租车、自行开车或者乘坐火车前往参加处理交通事故的,燃油费可以根据实际支出予以赔偿,租车费、火车票以不超出国家机关一般工作人员的差旅费标准为限,超出部分不列入赔偿范围。但是,属情况紧急需迅速赶赴事故现场协助处理事故的除外。"广东深圳罗湖区法院《处理道路交通事故赔偿纠纷案件实施意见》(2005年10月14日)第4条:"……交通费:按照当事人实际必须的费用计算,凭据支付……参加处理交通事故的当事人亲属的交通费、误工费、住宿费参照前述标准计算,但计算费用的人数不得超过3人。"山东高院《关于审理人身损害赔偿案件若干问题的意见》(2001年2月22日)第68条:"交通费。(1)交通费的赔偿一般以送医院治疗和转院治疗过程中实际发生的费用计算。需转院治疗的,护送人员的人数,应以安全护送为标准。(2)交通费赔偿一般应以正式的票据为凭据,并与前往就医的地点、时间、人数、往返次数相一致。(3)交通工具一般应以当地普通交通工具为限;因病情需要而使用出租车或其他交通工具的,交通费一般应予赔偿;对于不适当使用交通工具而支出的高额交通费用,超出部分不予赔偿。(4)交通费的赔偿范围包括受害人和护送人员的交通费用。"河南高院《关于审理道路交通事故损害赔偿案件若干问题的意见》(1997年1月1日　豫高法〔1997〕78号)第34条:"交通费,即道路交通事故伤、残者就医、配制残疾用具,以及参加处理道路交通事故等用的车船费。其赔偿标准,按照国家机关一般工作人员出差交通费用计算,凭据支付。"第36条:"参加处理道路交通事故的当事人亲属,或者当事人亲属委托的代理人所需的交通费、误工费、住宿费的赔偿,计算费用的人数不得超过3人;超过3人(不含3人)的,费用自理。在3人以内,其所需的误工费、交通费、住宿费参照《道路交通事故处理办法》第37条规定计算,按照当事人的交通事故责任合理分担。"广东高院、省公安厅《关于处理道路交通事故案件若干具体问题的通知》(1996年7月13日　粤高法发〔1996〕15号　2021年1月1日起被粤高法〔2020〕132号文废止)第37条:"当事人及其亲属参加处理交通事故时采用租车、自行开车方式或者乘坐飞机、火车软卧前往的,租车费、汽油费或者飞机、软卧费以不超出国家机关一般工作人员的差旅费标准为限,超出部分不列入赔偿范围。但是,属情况紧急需迅速赶赴事故现场协助处理事故的,其交通费用由公安交通管理部门和人民法院视具体情况酌定。当事人为华侨、外国人、无国籍人的,其亲属从境外来华参加处理交通事故所需交通费按照实际必需的费用计算,凭据支付;误工费、住宿费按照《办法》和省公安厅公布的损害赔偿标准计算。参加处理交通事故必须以接到公安交通管理部门的通知为准。对于当事人及其亲属无公安交通管理部门通知,往返造成的不合理的交通、住宿费用,不列入赔偿范围。"

②住宿费。广东高院《关于审理机动车交通事故责任纠纷案件的指引》(粤高法发〔2024〕3号　2024年1月31日)第14条:"交通事故受害人死亡的,其近亲属请求侵权人赔偿处理丧葬事宜支出的交通费、住宿费和误工损失等合理费用的,应

予支持。"浙江高院《印发〈关于人身损害赔偿项目计算标准的指引〉的通知》(2022年8月24日 浙高法审〔2022〕2号)第11条:"受害人确有必要外地就医的,受害人及其必要陪护人员发生的住宿费,按照正式票据计算;外地就医产生的交通费,对长途汽车、火车、飞机等交通工具按照正式票据计算;但住宿费、交通费均不得超过受诉法院所在地省、计划单列市国家机关一般工作人员出差标准。"内蒙古高院《关于道路交通事故损害赔偿案件赔偿项目审核认定标准汇编》(2022年1月1日)第8条:"外地就医住宿费。1.计算方法。外地就医住宿费根据受害人及其必要的陪护人员因就医或转院治疗实际发生的合理费用计算。2.相关证据。赔偿权利人应提供病历、转院凭证、就诊记录、住宿费票据等证据证明外地就医的必要性以及实际发生的合理住宿费。3.说明。外地就医住宿费应与就医地点、时间、人数、次数相符合且最高不超过国家机关一般工作人员出差住宿费标准。"海南高院《关于印发〈海南省道路交通事故人身损害赔偿标准〉的通知》(2021年1月1日 琼高法〔2020〕325号)第2条:"各赔偿项目的单证标准与计算原则……(八)住宿费。住宿费系受害人及其必要的陪护人员确有必要到外地治疗,因客观原因不能住院而必须发生的合理住宿费用。1.单证标准:住宿票据。2.计算原则:不超过150元/天/人。"安徽亳州中院《关于审理道路交通事故损害赔偿案件的裁判指引(试行)》(2020年4月1日)第8条:"交通费根据受害人及其必要的陪护人员因就医或转院治疗实际发生的费用计算,赔偿权利人提供的交通费凭证无法全部予以认定的,综合考虑受害人伤情、就医地点、住院时间、陪护人数、复诊次数、可供选择交通工具的种类等因素酌情确定交通费数额,按每天30元计算。"第12条:"受害人近亲属办理丧葬事宜产生的交通费、住宿费和误工费,原则上总额以2000元为限。"安徽黄山中院《关于印发〈黄山市中级人民法院关于审理道路交通事故损害赔偿纠纷案件相关事项的会议纪要(试行)〉的通知》(2019年9月2日 黄中法〔2019〕82号)第13条:"黄山市以外就医住宿费、伙食费:根据实际发生的费用,结合票据计算。受害人确有必要外地治疗(以原治疗医院出具的转院手续为依据),因客观原因不能住院治理期间产生的住宿费、伙食费总额按300元/天计算(含病人及1名陪护人员),特殊情况需要增加1名陪护人员的,每天增加100元。"第19条:"替代性交通工具费用。被损坏车辆维修期间短暂(15天以内),原则上不予支持;因被损坏车辆定损和维修导致长期无法使用的,可酌定合理期间,按50元/天计算。"陕西榆林中院《人身损害赔偿标准调研座谈会会议纪要》(2018年1月3日)第3条:"住宿费。问题:1.住宿费的范围、人数不明确;2.住宿费的标准不统一。解决:针对问题1,住宿费应包括:伤者到外地就医就诊等待检查结果,需等待床位不能住院,本人及其陪护人员的住宿费;伤者需要转院治疗,往返途中本人及其陪护人员的住宿费;伤者及参加事故处理人员的住宿费。受害人的陪护人员和参加事故处理的人员不应超过三人(《触电人身损害赔偿解释》第4条有相关规定)。针对问题2,参照陕西省国家机关一般工作人员出差住宿费标准计算。陕西省财政厅《省级机关差旅费管理办法》规定国家机关一般工作人员省内差旅住宿费标准每人每天不得超过320元。"广东惠州中院《关于审理机动车交通事故责任纠纷案件的裁判指引》(2017年12月16日)第36条:"住宿费和住院伙食补助费标准以广东省高级人民法院印发的《广东省××年度人身损害赔偿计算标准》为准。"天津高院《关于印发〈机动车交通事故责任纠纷案件审理指南〉的通知》(2017年1月20日 津高法[2017]14号)第5条:"……(三)外地就医住宿费及伙食费。住宿费、伙食费的赔偿以受害人确有必要到外地治疗且因客观原因不能住院为前提。赔偿权利人对赴外地治疗的必要性及外地治疗期限承担举证责任。对于合理的治疗期间内受害人本人及陪护人员的伙食费,参照就医地国家机关一般工作人员的出差伙食补助日标准予以赔偿。受害人本人及其陪护人员的住宿费的合理部分应予赔偿,赔偿权利人应提供住宿费支付凭证……"江苏徐州中院《关于印发〈民事审判实务问答汇编(五)〉的通知》(2016年6月13日)第2条:"……(3)确有必要到外地治疗的住宿费计算标准应如何掌握?答:对于住宿费确定问题,《人身损害司法解释》第23条第2款规定:确有必要到外地治疗的,因客观原因不能住院,受害人实际发生的住宿费和伙食费,其合理部分应予赔偿。目前可以不超过事故发生地国家机关一般工作人员的出差住宿标准来确定受害人实际发生的住宿费。参照徐州市一般工作人员的出差住宿标准,以不超过310元至350元来确定受害人实际发生的住宿费。对于到外地治疗产生的住宿费,要依据上述规定从严把握:第一,确有必要到外地治疗;第二,因客观原因不能住院;第三,实际发生的住宿费……"安徽高院《关于审理道路交通事故损害赔偿纠纷案件若干问题的指导意见》(2014年1月1日 皖高法[2013]487号)第26条:"《关于审理人身损害赔偿案件适用法律若干问题的解释》第二十二条、第二十三条第二款规定的交通费、住宿费、伙食费标准参照当地国家机关一般工作人员出差标准审查认定,超出部分不予支持。"浙江嘉兴中院民一庭《关于机动车交通事故责任纠纷若干问题意见》(2011年12月7日)第2条:"……住宿费:依照规定需要计算住宿费的,需凭票据,但住在嘉兴地区的,不得超过120元/日/人;住在嘉兴地区外不得超过150元/日/人;(7)一审法庭辩论终结时,上一年度统计数据已经公布的,当事人要求按照新公布的统计数据计算,应予准许……"浙江衢州中院《关于人身损害赔偿标准的研讨纪要》(2011年5月13日 衢中法[2011]56号)第9条:"住宿费每人每日不超过120元。"安徽宣城中院《关于审理道路交通事故赔偿案件若干问题的意见(试行)》(2011年4月)第43条:"住宿费参照当地国家机关一般工作人员的出差住宿标准予以确定。计算费用的人数不超过3人。"浙江金华中院《2011年人身损害赔偿细化参照标准》(2011年)第5条:"……(3)住宿费:住金华地区内120元/日、凭据;住省内金华地区外150元/日、凭据;省外200元/日、凭据。"江苏无锡中院《关于印发〈关于审理道路交通事故损害赔偿案件若干问题的指导意见〉的通知》(2010年11月8日 锡中法发〔2010〕168号)第36条:"【其他合理费用】参加处理交通事故的当事人亲属的误工费参照本意见相关标准计算,原则上计算费用的人数不得超过三人,期间不得超过七天。受害人外地亲属参加处理交通事故的,交通费、住宿费一般不得超出本地区国家机关一般工作人员的差旅费标准,超出部分不予认定。情况特殊且费用必要、属实的,人民法院可在上述基础上酌定增加。"云南高院《关于审理人身损害赔偿案件若干问题的会议纪要》(2009年8月1日)第4条:"……住宿费的赔偿应当以住宿费收据为凭据,但超过当地国家机关一般工作人员出差住宿标准的,超过部分不予赔偿。"江苏宜兴法院《关于审理交通事故损害赔偿案件若干问题的意见》(2008年1月28日 宜法〔2008〕第7号)第35条:"住宿费参照当地国家机关一般工作人员的出差住宿标准予以确定。计算费用的人数不超过3人。"辽宁大连中院《当前民事审判(一庭)中一些具体问题的理解与认识》(2008年12月5日 大中法〔2008〕17号)第16条:"住宿费数额如何确定?可以参照法释〔2001〕3号规定办。其数额参照事故发生地国家机关一般工作人员的出差住宿标准计算。"江苏宜兴法院《关于审理交通事故损害赔偿案件若干问题的意见》(2008年1月28日 宜法〔2008〕第7号)第54条:"受害人亲属办理丧葬事宜支出的交通费、住宿费和误工损失等费用,一般可考虑人数不超过3人,期限不超过7天。"广东深圳罗湖区法院《处理道路交通事故赔偿纠纷案件实施意见》(2005年10月14日)第4条:"……住宿费:按照交通事故发生地国家机关一般工作人员的出差住宿标准计算,凭据支付。深圳市的标准为每人每天人民币130元……参加处理交通事故的当事人亲属的交通费、误工费、住宿费参照前述标准计算,但计算费用的人数不得超过3人。"山东高院《关于审理人身损害赔偿案件若干问题的意见》(2001年2月22日)第69条:"住宿费。(1)受害人到外地医院就医,因客观原因不能立即住院或需等检查结果,确需就地住宿的,住宿费应予赔偿;需要设立护理人员的,护理人员的住宿费应予赔偿。(2)当地具备医疗条件,而受害人舍近到外地就医的,或者受害人未经当地医院同意擅自到外地医院就医的,住宿费一般不予赔偿。(3)住宿费的赔偿应当以住宿费收据为凭据,但超过当地国家机关一般工作人员出差住宿标准的,超过部分不予赔偿。"北京高院《关于印发〈关于审理人身伤害赔偿案件若干问题的处理意见〉的通知》(2000年7月11日)第15条:"就医交通费应根据受害人及其陪护人员到医院治疗和转院治疗中实际发生的合理费用计算。"第16条:"交通工具一般应以当地普通交通工具为限,为抢救或治疗、就诊需要而必须租乘其他车辆的,费用应予赔偿。交通费赔偿应以正式票据为凭,并与前往就医的地点、时间、人数、次数相一致。"河南高院《关于审理道路交通事故损害赔偿案件若干问题的意见》(1997年1月1日 豫高法〔1997〕78号)第35条:"住宿费,即道路交通事故伤者、残者到外地就医、配制残疾用具,参加事故处理等需要的住宿费用。住宿费按照交通事故发生地国家机关一般工作人员的出差住宿标准计算,凭据支付。"第36条:"参加处理道路交通事故的当事人亲属,或者当事人亲属委托的代理人所需的交通费、误工费、住宿费的赔偿,计算费用的人数不得超过3人;超过3人(不含3人)的,费用自理。在3人以内,其所需的误工费、交通费、住宿费参照《道路交通事故处理办法》第37条规定计算,按照当事人的交通事故责任合理分担。"广东高院、省公安厅《关于处理道路交通事故案件若干具体问题的通知》(1996年7月13日 粤高法发〔1996〕15号 2021年1月1日起被粤高法〔2020〕132号文废止)第37条:"……住宿费按照《办法》和省公安厅公布的损害赔偿标准计算。参加处理交通事故必须以接到公安交通管理部门的通知为准。对于当事人及其亲属无公安交通管理部门通知,往返造成的不合理的交通、住宿费用,不列入赔偿范围。"

③住院伙食补助费。浙江高院《印发〈关于人身损害赔偿项目计算标准的指引〉的通知》(2022年8月24日 浙高法审〔2022〕2号)第13条:"住院伙食补助费按照100元/天计算。"第14条:"受害人在重症加强护理病房(ICU)期间,一般不计算住院伙食补助费、营养费,但需要鼻饲进食的除外。"内蒙古高院《关于道路交通事故损害赔偿案件赔偿项目审核认定标准汇编》(2022年1月1日)第6条:"伙食补助费。1.计算方法。伙食补助费=内蒙古自治区国家机关一般工作人员出差伙食补助标准×住院天数。2.相关证据。赔偿权利人应提供病历、住院记录等证据证明住院事实以及住院天数。"海南高院《关于印发〈海南省道路交通事故人身损害赔偿标准〉的通知》(2021年1月1日 琼高法〔2020〕325号)第2条:"各赔偿项目的单证标准与计算原则……(三)住院伙食补助费。住院伙食补助费即受害人住院期间的伙食补助。受害人确有必要到外地治疗,因客观原因不能住院,受害人本人及其必要的陪护人员实际发生的合理的伙食费应予赔偿。1.单证标准:参照本标准医疗费项目的单证要求。2.计算原则:事故发生地国家机关一般工作人员出差伙食补助日标准×住院天数。2021年海南省国家机关一般工作人员出差伙食补助标准为100元/人/天。不予赔付或扣除的部分:(1)实际未住院(门诊留观治疗除外);(2)住院挂床部分;(3)治疗非本次事故伤害或疾病的住院部分。"安徽亳州中院《关于审理道路交通事故损害赔偿案件的裁判指引(试行)》(2020年4月1日)第6条:"住院伙食补助费根据受害人住院天数,按100元/天计算。"江西宜春中院《关于印发〈审理机动车交通事故责任纠纷案件的指导意见〉的通知》(2020年9月1日 宜中法〔2020〕34号)第32条:"住院伙食补助费参照

受诉法院所在地居民消费水平确定,原则上每人每天不超过50元。"安徽黄山中院《关于印发〈黄山市中级人民法院关于审理道路交通事故损害赔偿纠纷案件相关事项的会议纪要(试行)〉的通知》(2019年9月2日 黄中法〔2019〕82号)第3条:"住院伙食补助费:按住院天数,50元/天计算。"湖北十堰中院《印发〈关于进一步规范机动车交通事故责任纠纷案件审理工作的意见〉的通知》(2018年6月28日 十中法〔2018〕79号,2020年7月10日废止)第5条:"住院伙食补助费根据受害人的住院时间计算,具体标准为:在本市城区内医院住院治疗的,按50元/天计算,在本市辖各县(市)内医院住院治疗的,按40元/天计算。如受害人确有必要到外地治疗,且住院所在地的生活消费水平明显高于受诉法院所在地的生活消费水平的,可适当调整,但最高不超过100元/天。"山东日照中院《机动车交通事故责任纠纷赔偿标准参考意见》(2018年5月22日)第20条:"交通费、营养费、住院伙食补助费、护理费……住院伙食补助费按国家机关一般工作人员出差伙食补助计算,酌定为每人每天50元……"四川高院《关于印发〈四川省高级人民法院机动车交通事故责任纠纷案件审理指南〉的通知》(2019年9月20日 川高法〔2019〕215号)第40条:"【住院伙食补助费】住院伙食补助费参照当地国家机关一般工作人员的出差伙食补助标准,按照住院天数计算。"安徽阜阳中院《机动车交通事故责任纠纷案件裁判标准座谈会会议纪要》(2018年9月10日)第8条:"住院伙食补助费每天50元、营养费每天30元,不区分统筹地区内外。交通费应以票据为准。"河北唐山中院《关于审理机动车交通事故责任纠纷、保险合同纠纷案件的指导意见(试行)》(2018年3月1日)第12条:"[住院伙食补助费]参照本省国家机关一般工作人员的出差伙食补助标准予以确定,在居住地市内住院的按照40元/天计算,到其他省、市、地区住院的按照100元/天计算。"陕西榆林中院《人身损害赔偿标准调研座谈会会议纪要》(2018年1月3日)第5条:"住院伙食补助费。问题:各地法院、法官裁判标准不统一。解决:参照陕西省国家机关一般工作人员出差伙食补助标准计算。陕西省财政厅《省级机关差旅费管理办法》规定国家机关一般工作人员省内差旅伙食补助标准每人每天100元标准包干使用,省外出差按出差目的地的标准补助(见附表1)。"广东惠州中院《关于审理机动车交通事故责任纠纷案件的裁判指引》(2017年12月16日)第36条:"住宿费和住院伙食补助费标准以广东省高级人民法院印发的《广东省××年度人身损害赔偿计算标准》为准。"湖北黄冈中院《关于审理机动车交通事故责任纠纷案件的指导意见(一)》(2017年10月1日)第20条:"[住院伙食补助费的认定]住院伙食补助费根据受害人实际住院的时间,在本市辖区内住院原则上按50元/天计算。但如受害人确有必要到外地治疗,且住院所在地的生活消费水平明显高于受诉法院所在地的生活消费水平的,可适当调整,但最高不超过100元/天。"江西高院《关于印发〈审理人身侵权赔偿案件指导意见(试行)〉的通知》(2017年9月5日　赣高法〔2017〕169号)第21条:"住院伙食补助费。住院所在地的生活消费水平更高的,可以参照当地国家机关一般工作人员的出差伙食补助标准确定。"北京三中院《类型化案件审判指引:机动车交通事故责任纠纷类审判指引》(2017年3月28日)第2-3.3.1.2部分"住院伙食补助费—常见问题解答"第1条:"住院伙食补助费认定标准?《人身损害赔偿解释》第二十三条规定,住院伙食补助费可以参照当地国家机关一般工作人员的出差伙食补助标准予以确定。受害人确有必要到外地治疗,因客观原因不能住院,受害人本人及其陪护人员实际发生的住宿费和伙食补助费,其合理部分应予赔偿。而参照《北京市国家机关和事业单位差旅费管理办法》,每日的住院伙食补助费应为100元(目前仍有大部分裁判标准为50元,应当予以及时调整)。"天津高院《关于印发〈机动车交通事故责任纠纷案件审理指南〉的通知》(2017年1月20日　津高法〔2017〕14号)第5条:"……(三)外地就医住宿费及伙食费。住宿费、伙食费的赔偿以受害人确有必要到外地治疗且因客观原因不能住院为前提。赔偿权利人对赴外地治疗的必要性及外地治疗期限承担举证责任。对于合理的治疗期间内受害人本人及陪护人员的伙食费,参照就医地国家机关一般工作人员的出差伙食补助日标准予以赔偿。受害人本人及其陪护人员的住宿费的合理部分应予赔偿,赔偿权利人应提供住宿费支付凭证……"江苏徐州中院《关于印发〈民事审判实务问答汇编(五)〉的通知》(2016年6月13日)第2条:"……(2)目前住院伙食补助费的计算标准应如何确定? 答:《人身损害司法解释》第23条第1款规定,住院伙食补助费可以参照当地国家机关一般工作人员的出差伙食补助费标准予以确定。据此,参照2015年《徐州市市级机关差旅费管理办法》第十五条的规定,受害人住院伙食补助费以不超过每人每天50元的标准确定……"安徽马鞍山中院《关于审理交通事故损害赔偿案件的指导意见(试行)》(2015年3月)第14条:"【住院伙食补助费、营养费】住院伙食补助费、营养费均暂按每天20元标准计算。受害人出院后的营养期限,可参照医疗机构的建议确定。赔偿义务人对赔偿期限有异议的,可征求专家咨询员的意见,必要时应启动司法鉴定程序。"安徽滁州中院《关于审理道路交通事故损害赔偿案件座谈会纪要》(2013年8月2日)第15条:"受害人住院伙食补助费参照当地国家机关一般工作人员的出差伙食补助费标准计算(目前本市国家机关工作人员执行《安徽省省直机关差旅费管理办法》的规定,省内伙食补助费为每人每天30元,省外伙食补助费为每人每天50元。因此,赔偿权利人主张在省内住院治疗的住院伙食补助费为每人每天30元以内的,在省外住院治疗的住院伙食补助费为每天50元以内的,应予支持)。"山东淄博中院《全市法院人身损害赔偿案件研讨会纪要》(2012年2月1日)第5条:"关于住院伙食补助费的问题。住院伙食补助费计算标准:(1)在淄博市范围内住院的,参照淄博市政府规定的每天12元计算;(2)市外在山东省范围内异地住院的,参照山东省省直机关工作人员省内出差误餐费每天30元的标准计算;(3)在省外异地住院的,参照山东省省直机关工作人员省外出差误餐费每天50元的标准计算。"浙江嘉兴中院民一庭《关于机动车交通事故责任纠纷若干问题意见》(2011年12月7日)第2条:"关于赔偿权利人主张的部分具体赔偿项目……(1)住院伙食补助费:住嘉兴地区医院15元/日;住嘉兴地区外医院30元/日……"浙江衢州中院《关于人身损害赔偿标准的研讨纪要》(2011年5月13日 衢中法〔2011〕56号)第7条:"住院伙食补偿费每天30元。"安徽宣城中院《关于审理道路交通事故赔偿案件若干问题的意见(试行)》(2011年4月)第42条:"住院伙食补助参照当地国家机关一般工作人员的出差住宿标准确定,一般为15元/天。"浙江金华中院《2011年人身损害赔偿细化参照标准》(2011年)第5条:"……住院伙食补助费:住金华地区医院30元/日;住省内金华地区外医院40元/日;省外医院50元/日。"安徽六安中院《关于印发〈审理道路交通事故人身损害赔偿案件若干问题的意见〉的通知》(2010年12月7日 六中法〔2010〕166号)第24条:"住院伙食补助费按照本市国家机关一般工作人员的出差伙食补助标准予以确定,目前为每人每天20元……"福建福州中院民一庭《民事司法信箱回复:侵权责任法律适用若干问题专版》(2010年9月10日)第5条:"住院伙食补助费标准如何确定?答:住院伙食补助费系因受害人住院治疗,伙食费支出超出其原在家标准,对超过的部分予以补助,补助标准参照当地国家机关一般工作人员的出差标准确定。审判中发现大量由于标准不一引起的上诉案件,我们认为,参考《福建省直行政机关和事业单位差旅费管理办法》、《福州市直行政机关和事业单位差旅费管理办法》的相关规定,建议受害人到住所地所在市辖区以外地区住院的,伙食补助费标准为50元/日为宜,在市、市辖县、农村当地住院的伙食补助费标准为30元/天为宜。"福建泉州中院民一庭《全市法院民一庭庭长座谈会纪要》(泉中法民一〔2009〕05号)第40条:"住院伙食补助费的赔偿标准如何认定?答:根据《人身损害赔偿解释》第二十三条'住院伙食补助费可以参照当地国家机关一般工作人员的出差伙食补助标准予以确定'的规定,住院伙食补助费以所在地县级国家机关一般工作人员的出差伙食补助标准予以计算。"安徽合肥中院民一庭《关于审理道路交通事故损害赔偿案件适用法律若干问题的指导意见》(2009年11月16日)第45条:"受害人住院期间的伙食补助费按本市公务人员的出差伙食补助标准计算。目前本市为每人每天20元。"辽宁大连中院《当前民事审判(一庭)中一些具体问题的理解与认识》(2008年12月5日 大中法〔2008〕17号)第17条:"住院伙食补助费的标准怎样确定?可以参照当地国家机关一般工作人员的出差伙食补助标准予以确定。"浙江杭州中院《关于道路交通事故损害赔偿纠纷案件相关问题的处理意见》(2008年6月19日)第3条:"……(十二)住院伙食补助费问题。经讨论决定,杭州地区住院伙食补助费现统一为15元/天。"江苏宜兴法院《关于审理交通事故损害赔偿案件若干问题的意见》(2008年1月28日 宜法〔2008〕第7号)第34条:"住院伙食补助费参照当地国家机关一般工作人员的出差伙食补助标准确定为15元/天。"北京高院《关于印发〈关于审理人身伤害赔偿案件若干问题的处理意见〉的通知》(2000年7月11日)第17条:"受害人住院治疗期间的伙食补助费可参照当地国家机关一般工作人员的出差伙食补助标准给予赔偿。"河南高院《关于审理道路交通事故损害赔偿案件若干问题的意见》(1997年1月1日 豫高法〔1997〕78号)第27条:"交通事故的伤者、残者、死亡者生前住院伙食费的赔偿,以必须的住院期间为限,按照交通事故发生地国家机关工作人员出差伙食补助费标准计算。"

④营养费。浙江高院《印发〈关于人身损害赔偿项目计算标准的指引〉的通知》(2022年8月24日 浙高法审〔2022〕2号)第12条:"营养费按照30元/天计算,营养期参照鉴定机构、医疗机构意见确定。"第13条:"住院伙食补助费按照100元/天计算。"第14条:"受害人在重症加强护理病房(ICU)期间,一般不计算住院伙食补助费、营养费,但需要鼻饲进食的除外。"内蒙古高院《关于道路交通事故损害赔偿案件赔偿项目审核认定标准汇编》(2022年1月1日)第5条:"营养费。1.计算方法。营养费＝内蒙古自治区国家机关一般工作人员出差伙食补助标准×营养期。2.相关证据。赔偿权利人应提供病历证明、鉴定意见等证据证明确需加强营养。3.说明。属于特殊体质、胃肠道受损或大型创伤等有医嘱或经鉴定需特殊营养的,应支持营养费。"海南高院《关于印发〈海南省道路交通事故人身损害赔偿标准〉的通知》(2021年1月1日 琼高法〔2020〕325号)第2条:"各赔偿项目的单证标准与计算原则……(四)营养费。营养费根据受害人伤残情况,参照医疗机构的意见确定。1.单证标准:医院证明或司法鉴定书。2.计算原则:根据受害人的伤残情况确定,一般按照50元/天/人的标准计算,计算时间不超过住院天数或司法鉴定机构确认的营养期限。无医院证明或司法鉴定书的,不予认可,但是结合案件事实确属必要且合理的费用除外。"安徽亳州中院《关于审理道路交通事故损害赔偿案件的裁判指引(试行)》(2020年4月1日)第7条:"营养费参照住院时间和医疗机构的医嘱,按30元/天计算;医嘱未明确营养期的,可参照鉴定意见确定。"江西宜春中院《关于印发〈审理机动车交通事故责任纠纷案件的指导意见〉的通知》(2020年9月1日 宜中法〔2020〕34号)第31条:"营养费依据鉴定机构确定的营养时限认定,没有鉴定意见的,按医嘱确定。既没有鉴定意见也没有医嘱的,按住院时间确定。营养费一般按每人每天30元的标准计算。"第32条:"住院伙食补助费参照受诉法院所在地居民消费水平确定,原则上每人每天不超过50元。"第33条:"交通费根据受害人及其必要的陪护人员就医或者转院治疗实际发

生的费用计算。交通费应当以正式票据为凭,且该正式票据应予就医地点、时间、人数、次数相符合。无法提供正式票据的,可按门诊次数或者住院天数,以当地居民消费水平为依据酌情按每人每天10—20元确定。转院治疗的,赔偿权利人应提供转院医嘱、交通费正式票据、乘坐救护车、出租车、飞机等交通工具的合理性证据等证据材料。转院治疗的陪同人员不超过2人,交通费(包括外地住院住宿费)的计算不超过国家一般工作人员的出差标准。"第44条:"为查明和确定保险事故的性质、原因和保险标的的损失程度所支付的鉴定费,属于《中华人民共和国保险法》第六十四条规定的情形,应由保险人承担。重新鉴定改变了原鉴定意见的,鉴定费的承担参照《诉讼费用交纳办法》的相关规定处理。鉴定意见未被人民法院采信的,鉴定费用不予支持。保险公司在机动车交通事故责任纠纷案件中诉讼费的承担按以下方法确定:一审案件及保险公司未上诉的二审案件,适用保险合同的约定;保险合同没有约定以及保险公司上诉的二审案件,适用《诉讼费用交纳办法》的相关规定。"山西高院《关于人身损害赔偿标准的办案指引》(2020年7月1日 晋高法〔2020〕34号)第13条:"营养期可以参照公安部《人身损害误工期、护理期、营养期评定规范》结合案情确定,或可以根据当事人的申请委托司法鉴定。"第14条:"营养费参照50元/天的标准计算。"第15条:"受害人及其必要的陪护人员就医或转院时以普通交通工具为主。以飞机、火车软卧、动车或高铁一等座以上(含一等座)、网约专车等方式通勤的,由赔偿权利人说明必要性、合理性。"第16条:"住院伙食补助费按《最高人民法院关于审理人身损害赔偿案件适用法律若干问题的解释》第二十三条第一款的规定执行。赔偿权利人对赴外地治疗的必要性及治疗期间承担举证责任。赴外地治疗的住宿费和伙食费原则上不超过当地国家机关一般工作人员出差的住宿及伙食补助标准。"四川高院《关于印发〈四川省高级人民法院机动车交通事故责任纠纷案件审理指南〉的通知》(2019年9月20日 川高法〔2019〕215号)第39条:"【营养费】受害人的伤残程度是确定营养费的主要标准,医嘱仅为参照标准。营养费为酌定赔偿项目,不在判决书中表述具体计算过程。"安徽黄山中院《关于印发〈黄山市中级人民法院关于审理道路交通事故损害赔偿纠纷案件相关事项的会议纪要(试行)〉的通知》(2019年9月2日 黄中法〔2019〕82号)第4条:"营养费:住院期间主张营养费的,予以支持;出院后主张营养费的,需有医嘱或司法鉴定意见等有效证明需要加强营养。按医嘱加强营养天数,30元/天计算,营养期限有争议的,按鉴定意见确定。"湖北十堰中院《印发〈关于进一步规范机动车交通事故责任纠纷案件审理工作的意见〉的通知》(2018年6月28日 十中法〔2018〕79号,2020年7月10日废止)第6条:"营养费根据受害人伤残情况参照医疗机构的意见确定。具体标准为:在本市城区内医院住院治疗的,按30元/天计算,在本市辖区各县(市)内医院住院治疗的,按20元/天计算。院内医嘱需加强营养的,按住院时间计算营养费用。出院后医嘱需加强营养的,营养时间可比照医嘱休息时间确定。受害人请求依据鉴定机构确定的营养时间认定营养费的,不予支持,对方当事人认可除外。"山东日照中院《机动车交通事故责任纠纷赔偿标准参考意见》(2018年5月22日)第20条:"交通费、营养费、住院伙食补助费、护理费……营养费根据诊断证明和医嘱予以支持,酌定为每人每天20元……"陕西榆林中院《人身损害赔偿标准调研座谈会会议纪要》(2018年1月3日)第6条:"营养费。问题:1.'护理期、误工期、营养期'的鉴定意见各地法院、法官的裁判结果不尽一致;2.营养费的标准不统一。解决:针对问题1,营养费的认定必须要参照医疗机构意见,如果医疗机构没有出具营养意见,就不采信营养期的鉴定意见,不对营养费进行赔偿。如果医疗机构出具了营养意见,就可采信营养期的鉴定意见,对营养费进行赔偿。针对问题2,营养费可参照陕西省国家机关一般工作人员出差伙食补助标准计算。"安徽淮北中院《关于审理道路交通事故损害赔偿案件若干问题的会议纪要》(2018年)第1条:"赔偿项目和标准……(五)营养费。根据受害人伤残情况参照医疗机构的意见,按30元/天计算。"广东惠州中院《关于审理机动车交通事故责任纠纷案件的裁判指引》(2017年12月16日)第37条:"营养费。医疗机构没有出具相关意见,赔偿权利人主张营养费的,原则上不予支持。受害人未构成残疾的,营养费20元/天,最高不超过500元。构成残疾的,十级伤残500元,以此级递增,一级伤残5000元。"湖北黄冈中院《关于审理机动车交通事故责任纠纷案件的指导意见(一)》(2017年10月1日)第21条:"[营养费的认定]营养费依据医疗机构的意见,分住院期间的营养费和出院后的营养费两部分。住院期间的营养费根据住院的天数,按30元/天的标准计算;出院后的营养费结合受害人的伤残情况、年龄、身体状况等,酌情确定营养费的金额,一般不超过500元。两部分营养费总额一般不超过2000元。受害人请求依据鉴定机构确定的营养时间认定营养费的,不予支持。"四川成都中院《关于印发〈机动车交通事故责任纠纷案件审理指南(试行)〉的通知》(2017年7月5日 成中法发〔2017〕116号)第38条:"受害人的伤残程度是确定营养费的主要标准,医嘱仅为参照标准。"北京三中院《类型化案件审判指引:机动车交通事故责任纠纷类审判指引》(2017年3月28日)第2-3.3.1.3部分"营养费—常见问题解答"第1条:"营养费的认定标准?《人身损害赔偿解释》第二十四条规定,营养费根据受害人伤残情况参照医疗机构的意见确定。(1)此处的营养并非等同于一般生活意义上的不从营养,原则上赔偿营养费应当有医嘱(一般诊断证明或住院病案中有'加强营养'字样)。但在一些特殊情况下,如受害人伤情较重,或受害人系老幼病等体质较弱的群体,即使没有医嘱也可以适当考虑营养费。(2)营养费的具体数额,由法院根据实际情况确定,但一般不宜过高,除非医嘱有明确的营养费数额要求。可考虑为每人50元(目前裁判尺度不统一,有20元—50元/天),可根据受害人伤情进行调整。(3)虽未提交医嘱,但受害人伤情严重时,在提交了鉴定意见的情形下,可参照鉴定意见进行处理。"天津高院《关于印发〈机动车交通事故责任纠纷案件审理指南〉的通知》(2017年1月20日 津高法〔2017〕14号)第5条:"……(四)营养费。是否支持营养费及营养期参照医疗机构意见确定。医疗机构未出具营养费意见或根据该意见无法确定营养期限的,可由人民法院参照天津市司法鉴定协会《人身损害受伤人员误工期、营养期、护理期评定准则(试行)》酌定或根据当事人的申请启动司法鉴定程序,将营养期限问题提交司法鉴定机构作出鉴定意见……"江苏徐州中院《关于印发〈民事审判实务问答汇编(五)〉的通知》(2016年6月13日)第2条:"……(1)目前营养费的计算标准应如何确定?答:依据最高人民法院《关于审理人身损害赔偿案件适用法律若干问题的解释》第24条的规定:营养费根据受害人伤残情况参照医疗机构的意见确定。在数额确定问题上,以不超过上一年度城镇人均生活消费性支出50%的比例确定营养费数额。营养费的计算期限可参照医疗机构的意见酌定。住院期间一般应给予营养费,出院后是否需要营养,应根据受害人伤残情况并参照医疗机构或者鉴定机构的意见确定。对方对受害人提供的就诊医疗机构证明意见有异议,审理时可进一步联系就诊医疗机构出具明确具体意见。异议方认为营养费的确定不合理,异议方对此应承担举证责任。如:2014年江苏省城镇人均消费性支出23476元,按该统计数据的50%比例计算,2015年受害人的每天营养费应为32元;2015年江苏省城镇人均消费性支出24966元,按该统计数据的50%比例计算,2016年受害人的每天营养费应为34元,以后支出类推……"安徽马鞍山中院《关于审理交通事故损害赔偿案件的指导意见(试行)》(2015年3月)第14条:"【住院伙食补助费、营养费】住院伙食补助费、营养费均暂按每天20元标准计算。受害人出院后的营养期限,可参照医疗机构的建议确定。赔偿义务人对赔偿期限有异议的,可征求专家咨询员的意见,必要时应启动司法鉴定程序。"河北承德中院《2015年民事审判工作会议纪要》(2015年)第45条:"护理费、住院伙食补助费、营养费标准。受害人住院期间的护理费,如果护理人员没有收入的或者雇佣护工的,确定为每人每日100元。受害人住院期间的伙食补助费标准,确定为每人每天50元。受害人营养费的给付,应有医嘱依据,营养费标准确定为每人每天20元。"安徽高院《关于审理道路交通事故损害赔偿纠纷案件若干问题的指导意见》(2014年1月1日 皖高法〔2013〕487号)第26条:"《关于审理人身损害赔偿案件适用法律若干问题的解释》第二十二条、第二十三条第二款规定的交通费、住宿费、伙食费标准参照当地国家机关一般工作人员出差标准审查认定,超出部分不予支持。营养费一般参照住院伙食补助费的标准确定。"湖北高院《民事审判工作座谈会会议纪要》(2013年9月)第11条:"受害人主张营养费的,一般不予支持。但根据医疗机构和鉴定机构的意见,确有必要的,可以酌情支持。"安徽滁州中院《关于审理道路交通事故损害赔偿案件座谈会纪要》(2013年8月2日)第16条:"受害人住院期间的营养费一般应予赔偿。出院后是否需要加强营养及营养天数应有医疗机构的意见或司法鉴定意见为依据。营养费标准可参照住院伙食补助费标准。"浙江衢州中院《关于人身损害赔偿标准的研讨纪要》(2011年5月13日 衢中法〔2011〕56号)第10条:"营养费每日不超过30元,时间由医院证明和司法鉴定确定。"安徽宣城中院《关于审理道路交通事故赔偿案件若干问题的意见(试行)》(2011年4月)第44条:"住院期间应给予的营养费,一般确定为15元/天。出院后是否需要营养,应根据受害人伤残情况参照医疗机构或者鉴定机构的意见确定。受害人提供的就诊医疗机构证明意见对方有异议并明显不合理的,应告知有异议方或者受害方申请鉴定确认。"浙江金华中院《2011年人身损害赔偿细化参照标准》(2011年)第5条:"……(4)营养费:按医院证明或司法鉴定确定营养时间,最高不超过年平均生活费的2倍。按365天/年计算,取城乡人均消费支出平均值的1倍为35.96元/日,中间值为53.94元/日,2倍为71.91元/日,按创伤、失血、手术造成的健康损害程度酌定。"安徽六安中院《关于印发〈审理道路交通事故人身损害赔偿案件若干问题的意见〉的通知》(2010年12月7日 六中法〔2010〕166号)第24条:"……营养费根据医嘱参照前款标准赔付,受害人的伤情有特殊需要的可视情增加。"河南周口中院《关于侵权责任法实施中若干问题的座谈会纪要》(2010年8月23日 周中法〔2010〕130号)第3条:"……(5)为治疗和康复支出的合理费用。包括辅助器械治疗、康复锻炼、按摩以及营养费,必须根据医疗机构的意见及国内辅助器械生产单位的证明予以确定。必要情况下,也可以通过司法鉴定予以确定。"江西南昌中院《关于审理道路交通事故人身损害赔偿纠纷案件的处理意见(试行)》(2010年2月1日)第2条:"医疗机构没有出具相关意见,赔偿权利人主张住院期间的营养费的,合理部分可以支持。"安徽合肥中院民一庭《关于审理道路交通事故损害赔偿案件适用法律若干问题的指导意见》(2009年11月16日)第45条:"受害人住院期间的伙食补助费按本市公务人员的出差伙食补助标准计算。目前本市为每人每天20元。"第46条:"受害人营养费的给付,应有医嘱依据。营养费标准可参照住院伙食补助费标准。"江西九江中院《关于印发〈九江市中级人民法院关于审理道路交通事故人身损害赔偿案件若干问题的意见(试行)〉的通知》(2009年10月1日 九中法〔2009〕97号)第12条:"受害人住院治疗的,赔偿义务人应赔偿营养费。其中,未构成残疾的,营养费的赔偿数额每天一般不超过十元;构成残疾的,按照残疾等级递加,但每天一般不超过二十元。计营养费的时间,以恢复伤情需要补充营养的实际期限计算,但计赔时间最长不超过六个月。"江西景德镇中院《关于人身损害赔偿案件中有关赔偿项目、赔偿标准的指导意见》(2009年8月20日)第4条:"营养费的确定。《解释》第二十四条规定:营养费根据受害人伤残情况参照医疗机构的意见确定。如医疗机构对营养费的标准未作出明确意见的,可根据受害人的伤残情况酌定营养费10~15元/天。"云南高院《关于审理人身损害赔偿案件若干问题的会议纪要》(2009年8月1日)第4条:"……营养费除受害人年幼、年迈或因病情需要等特殊情况外,一般不予赔偿。但经治疗医院出具证明作为辅助治疗的营养费,应予赔偿。"安徽蚌埠中院《关于审理人身损害赔偿案件若干问题的指导意见》(2009年7月2日)第4条:"关于营养费问题。营养费根据受害人伤残情况参照医疗机构的意见确定,参照国家机关一般工作人员出差生活补助费标准计算。如医疗机构没有关于加强营养的意见,则一般不支持赔偿权利人关于营养费的请求。"福建泉州中院民一庭《全市法院民一庭庭长座谈会纪要》(泉中法民一〔2009〕05号)第38条:"受害人请求赔偿营养费,但医疗机构没有明确的意见,而营养费又是确实需要的,法院是否酌情予以支持?答:根据《人身损害赔偿解释》第二十四条"营养费根据受害人伤残情况参照医疗机构的意见确定"的规定,受害人主张营养费的,有医疗机构的明确意见,参照医疗机构的意见处理;医疗机构没有出具意见的,根据受害人的受害情况及实际需要,可予酌情考虑,不宜采取统一的赔偿标准。但判决营养费的赔偿数额不宜过高,可以考虑在医疗费的5%-15%的幅度之间酌处,且最高不宜超过一万元。"辽宁大连中院《当前民事审判(一庭)中一些具体问题的理解与认识》(2008年12月5日大中法〔2008〕17号)第18条:"营养费的标准如何确定?根据受害人伤残情况参照医疗机构的意见确定。鉴定结论中确定营养费标准的,按照鉴定结论计算;未确定标准的,可按每天15元计算。"江苏宜兴法院《关于审理交通事故损害赔偿案件若干问题的意见》(2008年1月28日 宜法〔2008〕第7号)第36条:"住院期间一般应予给付营养费,出院后是否需要营养,应根据受害人伤残情况参照医疗机构或者鉴定机构的意见确定(受害人提供的就诊医疗机构证明意见对方有异议并明显不合理的,应告知有异议方或者受害方申请鉴定确认)。目前,标准参照上一年度城镇居民生活消费支出的40~60%比例确定为15元/天。"广东高院、省公安厅《关于〈道路交通安全法〉施行后处理道路交通事故案件若干问题的意见》(2004年12月17日 粤高法发〔2004〕34号)第29条:"交通事故受伤人员康复必需的营养费,根据受害人伤残情况参照医疗机构的意见确定。"山东高院《关于审理人身损害赔偿案件若干问题的意见》(2001年2月22日)第72条:"营养费。(1)对营养费的赔偿应从严掌握,除受害人年幼、年迈或因伤害影响饮食等特殊情况外,一般不予赔偿。(2)营养费的赔偿,应经治疗医院或法医鉴定,并经人民法院审查核实受害人确需补充营养食品,作为辅助治疗的,可以营养费单据为凭予以适当赔偿。"北京高院《关于印发〈关于审理人身伤害赔偿案件若干问题的处理意见〉的通知》(2000年7月11日)第18条:"营养费是指受害人为辅助治疗或使身体尽快康复而购买日常饮食以外的营养品所支出的费用。受害人是否需要补充营养,应根据治疗医院或法医的意见确定。营养费给付标准可根据受害人实际需要补充营养情况酌定。"

⑤**丧葬费**。浙江高院《印发〈关于人身损害赔偿项目计算标准的指引〉的通知》(2022年8月24日 浙高法审〔2022〕2号)第34条:"统计部门未公布全社会单位就业人员年平均工资标准的,丧葬费按照受诉法院所在地省、计划单列市上一年度非私营单位从业人员年平均工资标准计算。受害人亲属办理丧葬事宜支出的交通费、住宿费、误工损失等其他费用不再另行计算。"第36条:"宁波海事法院派出法庭适用省相关标准。法律、司法解释另有规定的,按照相关规定执行。"内蒙古高院《关于道路交通事故损害赔偿案件赔偿项目审核认定标准汇编》(2022年1月1日)第14条:"丧葬费。1.计算方法。丧葬费=内蒙古自治区人民政府统计部门公布的上一年度职工月平均工资标准×6个月。2.相关证据。赔偿权利人应提供受害人死亡医学证明、火化证明、户籍注销证明等证据。"海南高院《关于印发〈海南省道路交通事故人身损害赔偿标准〉的通知》(2021年1月1日 琼高法〔2020〕325号)第2条:"……(十二)丧葬费。丧葬费参照海南省上一年度职工月平均工资标准,按6个月计算。1.单证标准:居民死亡医学证明书或死亡证明书、尸检报告、死者户口簿和身份证复印件。2.计算原则:海南省上一年度职工月平均工资标准×6个月。(十三)亲属办理丧葬事宜支出的交通费、住宿费和误工损失等合理费用。亲属办理丧葬事宜支出的交通费、住宿费和误工损失等合理费用指参与处理死者丧葬事宜人员实际发生的交通、住宿和误工费用总和。1.单证标准:住宿发票、交通费票据,误工费参照本标准中误工费项目的单证要求。2.计算原则:亲属人数原则上不超过3人,每人不超过5天,具体可以结合案情遵循合情合理原则酌情确定。交通费、住宿费、误工费参照本标准中对应项目的计算原则。"安徽黄山中院《关于印发〈黄山市中级人民法院关于审理道路交通事故损害赔偿纠纷案件相关事项的会议纪要(试行)〉的通知》(2019年9月2日 黄中法〔2019〕82号)第9条:"丧葬费:根据当地上一年度职工月均工资乘以六个月。1.按本省上一年度职工月平均工资标准,计算6个月。2.对受害人近亲属举证证明存在办理丧葬事宜支出的交通费、住宿费和误工费损失等其他合理费用的,应据实、合理认定,原则上以2000元为限。"陕西榆林中院《人身损害赔偿标准调研座谈会会议纪要》(2018年1月3日)第10条:"丧葬费。问题:丧葬费是否包括停尸费、运尸费、整容费、雇请丧葬人员的劳务费等。解决:丧葬费按照陕西省上一年度职工月平均工资标准,以六个月总额计算。停尸费、运尸费、整容费、雇请丧葬人员的劳务费等必须包括在丧葬费内,超出部分由死者家属自行承担。"安徽淮北中院《关于审理道路交通事

故损害赔偿案件若干问题的会议纪要》(2018年)第1条:"赔偿项目和标准……(八)丧葬费。按照安徽省上一年度职工月平均工资标准,以六个月总额计算,受害人亲属办理丧葬事宜支出的交通费、住宿费和误工损失,原则上以2000元为限。"湖北黄冈中院《关于审理机动车交通事故责任纠纷案件的指导意见(一)》(2017年10月1日)第26条:"[丧葬费的认定]丧葬费以受诉法院所在地上一年度职工月平均工资标准,以六个月总额计算。"安徽马鞍山中院《关于审理交通事故损害赔偿案件的指导意见(试行)》(2015年3月)第19条:"【处理丧葬事宜费用】受害人在交通事故中死亡,赔偿权利人主张处理丧葬事宜费用的,暂按5000元计算。赔偿权利人有证据证明其实际花费超过5000元的,对合理费用应予支持。"安徽淮南中院《关于审理机动车交通事故责任纠纷案件若干问题的指导意见》(2014年4月24日)第19条:"如受害人提供的票据不足以证明系因交通事故所花费交通费的,本市按照每天5元的标准计算市内交通费。受害人亲属、朋友为看望受害人所花费的交通费请求赔偿的,人民法院不予支持。"第28条:"权利人在主张丧葬费的同时,又主张火化费、购买墓地费等费用的,人民法院不予支持。"第31条:"对于受害人主张衣物、车辆毁损灭失的小额赔偿请求,人民法院可结合衣服和车辆的品牌、定价、新旧、损害程度等因素酌情予以支持。"第32条:"受害人死亡,受害人近亲属请求赔偿停尸费的,人民法院不予支持。"安徽滁州中院《关于审理道路交通事故损害赔偿案件座谈会纪要》(2013年8月2日)第18条:"丧葬费包含丧礼费、停尸费、尸体运送费、尸体整容费、火化费等,判决已支持丧葬费赔偿的,对当事人主张的丧礼费、停尸费、尸体运送费、尸体整容费、火化费等赔偿,不予支持。殡葬服务机构已免予收取的服务费用,当事人主张赔偿的,不予支持。"浙江衢州中院《关于人身损害赔偿标准的研讨纪要》(2011年5月13日 衢中法〔2011〕56号)第6条:"丧葬费。按6个月的全省全社会单位在岗职工年平均工资计算。"浙江金华中院《2011年人身损害赔偿细化参照标准》(2011年)第3条:"全省城镇单位职工平均工资41,505元/年,3458.75元/月。丧葬费:月平均工资×6个月=20,752.50元/人。"江苏无锡中院《关于印发〈关于审理道路交通事故损害赔偿案件若干问题的指导意见〉的通知》(2010年11月8日 锡中法发〔2010〕168号)第29条:"【收入标准的认定】当事人提供下列证据的,人民法院经审核后可以认定为有固定收入:(1)与用人单位签订的劳动合同及参与社保、工资领取凭证等其他原始证据;(2)事发前领取工资三个月以上的原始证据;(3)从事合法经营的登记文件及相应的纳税证明文件;(4)个人所得税纳税凭证;(5)其他可以证明实际收入的证据。当事人有证据证明其从事正当职业但不能有效证明其收入状况的,人民法院可以参照相同或相近分细行业的江苏省在岗职工平均工资标准确定其收入标准。当事人对其从事的正当职业及收入状况均不能有效证明,城镇居民的,可以参照上一年度本地区在岗职工最低工资标准确定其收入标准;农村居民的,可以参照上一年度全省农村居民人均纯收入确定其收入标准。"福建泉州中院民一庭《全市法院民一庭庭长座谈会纪要》(泉中法民一〔2009〕05号)第43条:"丧葬费的认定?答:根据《人身损害赔偿解释》第二十七条的规定,丧葬费采取定额赔偿办法,实行一次性给付赔偿,即按照受诉法院所在地上一年度职工月平均工资标准,赔偿6个月。当事人在诉讼中另行主张与丧葬有关的其它费用,一般不予支持。"浙江高院民一庭《关于误工费、护理费等费用计算标准适用问题的通知》(2009年8月3日 浙法民一明传〔2009〕14号):"……有关统计部门今年发布的全省上一年度平均工资统计公报项目信息,较往年发生了较大变化,对我省法院审理人身损害赔偿等案件造成较大影响;尤其是对'受害人无固定收入且无法证明最近三年平均收入状况'的情形,此前全省法院一般按照'其他单位'一栏的统计数据,计算误工费或护理费,但今年发布的统计公报中已无'其他单位'一栏,故造成适用困难。目前,嘉兴市中院民一庭就'无固定收入如何计算误工费、护理费等费用及标准适用问题',向我庭书面请示,一些法院民庭也向我庭口头请示。鉴于该问题在全省法院范围内普遍存在,且亟待解决,我庭经认真研究,现统一答复如下:……(三)对丧葬费的计算,适用'全省全社会单位在岗职工年平均工资'的标准。"江苏宜兴法院《关于审理交通事故损害赔偿案件若干问题的意见》(2008年1月28日 宜法〔2008〕第7号)第54条:"受害人亲属办理丧葬事宜支出的交通费、住宿费和误工损失等费用,一般可考虑人数不超过3人,期限不超过7天。"北京高院《关于印发〈关于审理人身伤害赔偿案件若干问题的处理意见〉的通知》(2000年7月11日)第24条:"丧葬费包括丧葬过程中支出的合理费用。给付数额可参照国家机关工作人员丧葬费给付标准。"

5. **地方规范性文件**。北京市司法鉴定业协会《关于印发〈人身损害受伤人员误工期、营养期、护理期评定准则(试行)〉的通知》(2011年3月1日)第2条:"人身损害受伤人员误工期、营养期和护理期的确定应以原发性损伤及后果为依据,包括损伤当时的伤情、损伤后的并发症和后遗症等,并结合治疗方法及效果,全面分析个案的年龄、体质等因素,进行综合评定。"第3条:"……营养期(亦称营养补偿期),是指人体损伤后,需要补充必需的营养物质,以提高治疗质量或者加速损伤康复的时间。"附录:"……损伤后经治疗在人身损害受伤人员误工期内未愈仍需继续治疗的,可酌情适当延长三期时限,但'三期'的上限不长于伤残评定的前一日,并应有鉴定人员意见说明……'根据临床治疗情况确定'是指由于原发损伤较重,被鉴定人的伤情预后变化很大,或者出现严重感染、并发症、合并症等情况,不能单纯根据损伤就能确定预后恢复的情况,需要结合临床治疗情况予以明确;'根据临床治疗恢复情况确定者','三期'最长至评残日前一日。"浙江省司法厅《浙江省第二届法医临床鉴定业务研讨会会议纪要》(2009年9月29日 浙司办〔2009〕71号)第1条:"人身损害赔偿案件中法医临床鉴定的范围。伤残程度评定、医疗费合理性评定、后期医疗费评定、医疗护理依赖程度评定、治疗时限评定、法医临床鉴定文证审查和误工、护理、营养时限评定等,属于法医临床鉴定范围。伤后医疗费、误工费、护理费、后期医疗费和营养费等具体数额的确定,及残疾辅助器具配置的具体价格、使用年限,不属于法医临床鉴定范围。精神疾病治疗的医疗费合理性评定属于法医精神病鉴定范围,不属于法医临床鉴定范围。"第5条:"……营养时限评定,是指对被鉴定人因严重创伤导致机体代谢异常,单纯依靠日常饮食不能满足受损机体对热能和各种营养的需求,必须从其他食品中获得营养的时限作出的评估。营养时限评定应根据被鉴定人损伤的严重程度,结合有无大出血、严重感染等并发症、大手术治疗以及机体高消耗低吸收性后遗症等因素,提出需要加强营养的时限。对伤情稳定、机体代谢状况已改善的,不进行营养时限评定。"

**6. 参考案例。**①**2011年北京某交通事故损害赔偿案**,2010年10月,王某步行推轮椅与陈某驾驶妻子张某名下的机动车相撞,轮椅上乘坐的王某母亲即沈某经抢救无效死亡。交警认定王某、陈某同等责任。法院认为:按照优者危险负担规则,认定陈某负本次交通事故65%的民事责任,王某负本次交通事故35%的民事责任。保险公司应在交强险责任限额内予以赔偿,超出部分,由陈某、王某按上述比例分担民事责任。陈某驾驶张某名下轿车,张某对此有运行支配权,其对陈某所负民事责任承担连带责任。原告诉请主张陈某、张某对超出交强险责任限额之外的数额按照50%的比例分担民事责任,法院对此不持异议。根据上述判理,保险公司应在交强险责任限额内赔偿沈某医疗费2864.60元、死亡赔偿金,按户口类别、年龄计算:29,073元/年×5年×100%=145,365元中的11万元;陈某、张某应赔偿沈某死亡赔偿金145,365元中的17,682.50元、丧葬费(按照北京市2010年度在岗职工平均工资的6个月计算:50,415元/年÷12个月×6个月=25,207.50元)中的12,603.75元、交通费(按照票据酌情判定2000元)中的1000元、精神损害抚慰金(按照案情酌情判定2万元)中的1万元。②**2011年新疆某交通事故损害赔偿案**,2009年12月,李某被张某驾驶的公交车撞伤。交警认定同等责任。司法鉴定意见:李某的伤残程度鉴定为六级、七级、八级;护理依赖程度鉴定为部分护理依赖(三级);部分护理依赖期限鉴定为2~3年。争议焦点包括了营养费和交通费。法院认为:李某因车祸导致其身体多处伤残,合理补充营养是促进其康复的物质基础,也有利于李某创伤的转归。李某向法庭提交的出院疾病证明,医嘱也要求李某注意合理饮食,加强营养。故本案中李某主张赔付营养费的主张合法正当,理由充分。李某提出赔付营养费1.4万余元,因其未提供购买营养费的凭证,法院无法判明该项费用主张的合理性,故对其主张的赔付数额难以支持,但考虑到李某因伤残需要补充营养的必要性,结合本地区生活消费水平,本院酌情按每日10元的标准,支持1年,公交公司应赔付营养费3650元。李某主张其住院期间家属送饭、鉴定过程中产生1000元费用,公交公司认为应当支付入院、出院、转院等必要合理的费用,因李某多处伤残,其间进行了多次检查,故酌情支持500元。③2011年辽宁某交通事故损害赔偿案,2010年9月,张某驾车与于某所驾车辆相撞,致张某两处10级伤残,交警认定于某、张某分负主、次责任。赔偿项目中包含了营养费、住院伙食补助费。法院认为:因于某在此事故中负主要责任,故按比例应赔偿张某合理经济损失,赔偿比例确定为70%为宜。保险公司应在交强险限额范围进行全额赔偿,超出部分按照在商业三者险范围内按照70%比例进行赔偿。张某的住院伙食补助费按照50元/日标准和住院天数计算;虽然张某对于衣物损失没有提供有效证据,但考虑到本次交通事故给其造成的伤情和抢救情况,其衣物损失存在必然性和合理性,故张某衣物损失酌定为800元;因张某没有提供扣发工资的证明、补充营养的医嘱证明、手机损坏的有效证据,故对于其误工费、营养费、手机损失的诉讼请求,法院不予支持。④2011年福建某交通事故责任纠纷案,2011年4月,罗某驾车撞伤驾驶电动自行车的徐某致10级伤残,交警认定同等责任。赔偿项目中住院伙食补助费、营养费、交通费双方有争议。法院认为:徐某主张住院天数为24天,住院伙食补助费为70元/天×24天=1680元。保险公司认为住院伙食补助费应当按照每天60元的标准计算,天数为24天。法院认为,住院伙食补助费应当按照本市住院伙食费的平均标准即60元/天进行计算,故住院伙食补助费应为60元/天×24天=1440元。营养费一项,徐某主张3000元,保险公司认为医院并无加强营养的建议,故不应支持,法院认为,虽然医院没有出具徐某需要补充营养的相关医嘱,但是徐某因交通事故造成身体左脚踝关节骨折,构成10级伤残,从徐某身体恢复考虑应当加强营养补充,本院酌情定为1000元。交通费一项,徐某主张500元,保险公司认为徐某应当提供相应的支出票据,否则徐某主张交通费没有事实依据,不应支持,法院认为,交通费应当依据受害人及其必要陪护人员就医治疗实际发生的费用计算,徐某虽未提供票据证明,但其主张交通费确系合理必要,故法院结合徐某住院天数和复查次数,对于徐某的交通费酌定为280元。⑤2009年河南某交通事故损害赔偿案,2007年12月,吴某驾车与孙某驾驶的电动车相撞,致电动车上乘员包某受伤。交警认定无法查明事故成因。包某诉请赔偿项目包括营养费、住院伙食补助费、交通费。法院认为:本案属机动车与非机动车相撞,根据双方违规情形,确定吴某负主要责任,应承担包某人身损害80%的赔偿责任。关于包某要求吴某赔偿营养费5475元的诉讼请求,司法鉴定所出具的补充说明载明包某的伤情所需医疗时限约半年,医疗时限内需补充营养。根据包某的伤残情况,营养费按照每天10元计算,吴某应赔偿包某营养费1440元(10元/天×180天×80%)。包某要求吴某赔偿营养费过高部分的诉讼请求,不予支持。包某要求吴某赔偿住院伙食补助费可以参照当地国家机关一般工作人员的出差伙食补助标准予以确定。包某住院共计32天,吴某应赔偿包某住院伙食补助费768元(30元/天×32天×80%)。交通费根据受害人及其必要的陪护人员因就医或者转院治疗实际发生的费用计算。包某因治疗病情必然乘坐交通工具,但其支出的数额不十分合理,应以吴某承担500元为宜。

**【同类案件处理要旨】**

受害人因交通事故遭受人身损害,因就医治疗支出的各项费用包括交通费、住宿费、住院伙食补助费、必要的营养费等,赔偿义务人应当予以赔偿。受害人死亡的,赔偿义务人还应当赔偿丧葬费以及受害人亲属办理丧葬事宜支出的交通费、住宿费等各项费用。交通费根据受害人及其必要的陪护人员因就医或者转院治疗实际发生的费用计算。交通费应当以正式票据为凭;有关凭据应当与就医地点、时间、人数、次数相符合。住院伙食补助费可以参照当地国家机关一般工作人员的出差伙食补助标准予以确定。受害人确有必要到外地治疗,因客观原因不能住院,受害人本人及其陪护人员实际发生的住宿费和伙食费,其合理部分应予赔偿。营养费根据受害人伤残情况参照医疗机构的意见确定。丧葬费按照受诉法院所在地上一年度职工月平均工资标准,以六个月总额计算。

**【相关案件实务要点】**

1.**【交通费】**交通费根据受害人及其必要的陪护人员因就医或者转院治疗实际发生的费用计算。受害人因治疗病情必然乘坐交通工具,但其支出的数额不十分合理,法院可以酌情部分支持。案见河南郑州中院(2009)郑民二终字第1951号"吴某与孙某等道路交通事故人身损害赔偿纠纷上诉案"。

2.**【营养费】**受害人因交通事故致其身体多处伤残,合理补充营养是促进其康复的物质基础,也有利于受害人创伤的转归,在受害人未提供相应费用发生的凭据下,法院考虑到因伤残需要补充营养的必要性,结合本地区生活消费水平,予以酌情支持。案见新疆乌鲁木齐中院(2011)乌中民一终字第1072号"李某与某公交公司道路交通事故人身损害赔偿纠纷上诉案"。

3.**【住院伙食补助费】**当事人对住院伙食补助费有争议的,住院伙食补助费可以参照当地国家机关一般工作人员的出差伙食补助标准予以确定。案见福建厦门思明区法院(2011)思民初字第12588号"徐某诉罗某等道路交通事故责任纠纷案"。

4.【丧葬费】因原告主张受害人的死亡与交通事故存在法律上的直接的因果关系没有确凿的证据证实,故对其诉请的丧葬费等费用不予支持。案见广西南宁中院(2011)南市民一终字第1830号"林某等与粟某等道路交通事故人身损害赔偿纠纷上诉案"。

5.【衣物损失】虽然交通事故受害人对于衣物损失没有提供有效证据,但考虑到本次事故给其造成的伤情和抢救情况,其衣物损失存在必然性和合理性,故法院可以酌情支持。案见辽宁沈阳中院(2011)沈民一终字第700号"某保险公司与张某等道路交通事故人身损害赔偿纠纷上诉案"。

【附注】

**参考案例索引**:广西南宁中院(2011)南市民一终字第1830号"林某等与粟某等道路交通事故人身损害赔偿纠纷上诉案"。①北京一中院(2011)一中民终字第12889号"王某等诉陈某等道路交通事故人身损害赔偿纠纷案",见《王效凡等诉王小文、陈轶宁、张萌、中国人民财产保险股份有限公司丰台支公司机动车道路交通事故人身损害赔偿纠纷案》(韩毅强、张璇),载《人民法院案例选》(201203:189)。②新疆乌鲁木齐中院(2011)乌中民一终字第1072号"李某与某公交公司道路交通事故人身损害赔偿纠纷上诉案"。③辽宁沈阳中院(2011)沈民一终字第700号"某保险公司与张某等道路交通事故人身损害赔偿纠纷上诉案"。④福建厦门思明区法院(2011)思民初字第12588号"徐某诉罗某等道路交通事故责任纠纷案"。⑤河南郑州中院(2009)郑民二终字第1951号"吴某与孙某等道路交通事故人身损害赔偿纠纷上诉案"。

# 56. 后续治疗费用的索赔
## ——后续治疗费,是否可再诉?

【后续治疗】

【案情简介及争议焦点】

2005年1月,刘某乘坐陈某驾驶的小客车与华某驾驶的小客车相撞,致刘某9级伤残,法院判决保险公司在三者责任强制险内赔偿刘某医疗费、住院伙食补助费、护理费、交通费共计9.5万余元,并已履行。2006

年,刘某继续治疗因事故引起的外伤性癫痫,并继续起诉,法院判决保险公司赔偿刘某医疗费、误工费、护理费、住院伙食补助费、交通费、住宿费、残疾赔偿金等损失共计10万余元,超出限额部分及营养费、精神损害抚慰金等共计2万余元由陈某与华某按比例承担,并互负连带责任。两次诉讼后,因外伤性癫痫时常发作,刘某继续住院治疗,2008年,刘某第三次起诉陈某、华某要求赔偿后续治疗发生的医疗费、住院伙食补助费、交通费等损失2万余元。

争议焦点:1. 刘某是否可主张后续费用? 2. 赔偿项目?

**【裁判要点】**

**1. 后续费用。** 刘某的事故伤害虽经诉讼及医疗鉴定,但交通事故作为一种侵权行为,受害人因交通事故产生的合理损失理应得到侵权法的救济,从而使受害人的损失获得弥补,尽可能恢复到受损前的状态。故在本案中,刘某因癫痫而再次入院治疗,相关的经济损失理应获得补偿。

**2. 赔偿项目。** 刘某的伤残为外伤性癫痫。区别于一般的伤残,外伤性癫痫具有难以痊愈性及常发性,故医学鉴定虽已作出,但作鉴定的时机尚不能视为医疗完全结束,而应结合伤情本身的特点,认定为医疗依赖。在医疗依赖的情况下,医疗费、住院伙食补助费、护理费、必要的交通费等项目属于正常支出,而误工费、营养费等赔偿项目,则因在前两次诉讼中刘某已经获得残疾赔偿金以及营养费赔偿,故不应予以支持。

**【裁判依据或参考】**

**1. 法律规定。**《民法典》(2021年1月1日)第1179条:"侵害他人造成人身损害的,应当赔偿医疗费、护理费、交通费、营养费、住院伙食补助费等为治疗和康复支出的合理费用,以及因误工减少的收入。造成残疾的,还应当赔偿辅助器具费和残疾赔偿金;造成死亡的,还应当赔偿丧葬费和死亡赔偿金。"第1182条:"侵害他人人身权益造成财产损失的,按照被侵权人因此受到的损失或者侵权人因此获得的利益赔偿;被侵权人因此受到的损失以及侵权人因此获得的利益难以确定,被侵权人和侵权人就赔偿数额协商不一致,向人民法院提起诉讼的,由人民法院根据实际情况确定赔偿数额。"《侵权责任法》(2010年7月1日,2021年1月1日废止)第16条:"侵害他人造成人身损害的,应当赔偿医疗费、护理费、交通费等为治疗和康复支出的合理费用,以及因误工减少的收入。造成残疾的,还应当赔偿残疾生活辅助具费和残疾赔偿金。造成死亡的,还应当赔偿丧葬费和死亡赔偿金。"《民法通则》(1987年1月1日,2021年1月1日废止)第119条:"侵害公民身体造成伤害的,应当赔偿医疗费、因误工减少的收入、残废者生活补助费等费用;造成死亡的,并应当支付丧葬费、死者生前扶养的人必要的生活费等费用。"

**2. 司法解释。**最高人民法院《关于适用〈中华人民共和国民法典〉时间效力的若干规定》(2021年1月1日　法释〔2020〕15号)第24条:"侵权行为发生在民法典施行前,但是损害后果出现在民法典施行后的民事纠纷案件,适用民法典的规定。"最高人民法院《关于审理人身损害赔偿案件适用法律若干问题的解释》(2004年5月1日　法释〔2003〕20号,2020年修正,2021年1月1日实施)第6条:"医疗费根据医疗机构出具的医药费、住院费等收款凭证,结合病历和诊断证明等相关证据确定。赔偿义务人对治疗的必要性和合理性有异议的,应当承担相应的举证责任。医疗费的赔偿数额,按照一审法庭辩论终结前实际发生的数额确定。器官功能恢复训练所必要的康复费、适当的整容费以及其他后续治疗费,赔偿权利人可以待实际发生后另行起诉。但根据医疗证明或者鉴定结论确定必然发生的费用,可以与已经发生的医疗费一并予以赔偿。"第21条:"人民法院应当在法律文书中明确定期金的给付时间、方式以及每期给付标准。执行期间有关统计数据发生变化的,给付金额应当适时进行相应调整。定期金按照赔偿权利人的实际生存年限给付,不受本解释有关赔偿期限的限制。"

**3. 地方司法性文件。**浙江高院《印发〈关于人身损害赔偿项目计算标准的指引〉的通知》(2022年8月24日　浙高法审〔2022〕2号)第1条:"医疗费原则上根据医疗机构出具的医药费、住院费等收款凭据,按照一审法庭辩论终结前实际发生的数额确定。受害人主张后续医疗费用的,应告知其待实际发生后另行主张,但根据医疗证明或者鉴定意见能够确定必然发生的后续治疗项目,且金额可以确定,该费用可以一并处理。"内蒙古高院《关于道路交通事故损害赔偿案件赔偿项目审核认定标准汇编》(2022年1月1日)第2条:"康复费、整容费及后续治疗费。1.计算方法。根据医疗证明或鉴定意见确定。2.相关证据。赔偿权利人应提供医疗证明或者鉴定意见。3.说明。(1)后续治疗费通过协商一次性解决的,应告知赔偿权利人就后续的误工费、护理费、营养费、交通费等其他损失不能再行主张。(2)受害人超过六十周岁,涉及手术拆除内固定物的后续治疗费,应在实际发生后另行主张赔付。"海南高院《关于印发〈海南省道路交通事故人身损害赔偿标准〉的通知》(2021年1月1日　琼高法〔2020〕325号)第2条:"各赔偿项目的单证标准与计算原则……(二)后续治疗费。后续治疗费系器官功能恢复训练所必要的康复费、适当的整容费以及其他后续治疗费等。1.单证标准:医院出具的后续治疗证明或鉴定机构出具的鉴定书原件、住院病历档案(含首页和出院小结、诊断证明等)、CT或X光片等诊断材料。2.计算原则:各方当事人对后续治疗费可以提前协商,无法提前协商调解的,可以待费用实际发生后另行计算,但根据医疗证明或者鉴定结论必然发生的费用,可以与医疗费一并予以赔偿。"湖南高院《关于印发〈审理道路交通事故损害赔偿纠纷案件的裁判指引(试行)〉的通知》(2019 年 11 月 7 日 湘高法〔2019〕29 号)第 23 条:"受害人主张后续治疗费用的,一般应当提交县级以上医院的证明或者符合规定的鉴定结论,该证明或鉴定结论中应当列明后续治疗的诊疗科目及相关诊疗目的、时间和费用。"第 24 条:"受害人一直未作伤残等级鉴定而持续治疗的,赔偿权利人主张因伤持续治疗的费用的,赔偿义务人如对持续治疗存在异议,应由赔偿义务人申请鉴定因伤治疗是否终结。赔偿义务人未申请鉴定或赔偿权利人不配合鉴定,则应承担相应的法律后果。"四川高院《关于印发〈四川省高级人民法院机动车交通事故责任纠纷案件审理指南〉的通知》(2019 年 9 月 20 日 川高法〔2019〕215 号)第 36 条:"【后续治疗费】人民法院应当根据医疗机构的有效证明或者有资质鉴定机构的有效鉴定意见确定后续治疗费。"第 37 条:"【面部疤痕的后期治疗】受害人就发生在面部、颈部等裸露部位、严重影响功能或美观的疤痕主张修复费用的,人民法院可认定为后续治疗费并予以支持。前款规定的后续治疗费影响伤残等级评定的,人民法院应当向当事人释明,告知其择一主张。疤痕修复不改变伤残等级的,受害人主张后续治疗费与残疾赔偿金一并赔偿的,人民法院应予支持。"安徽黄山中院《关于印发〈黄山市中级人民法院关于审理道路交通事故损害赔偿纠纷案件相关事项的会议纪要(试行)〉的通知》(2019 年 9 月 2 日 黄中法〔2019〕82 号)第 2 条:"后续治疗费:伤情基本治疗出院后若有余留内固定物或其它相关联的需后续治疗门诊、手术费、护理费等必须的相关费用。根据医疗证明或鉴定意见确定必然发生的费用一并赔偿,对是否必然发生或者金额有争议的,待实际发生后另行主张。"安徽阜阳中院《机动车交通事故责任纠纷案件裁判标准座谈会会议纪要》(2018 年 9 月 10 日)第 15 条:"已判决支持伤残赔偿金,后续治疗期间的误工费不予支持。"第 16 条:"尚未后续治疗,鉴定机构做出后续治疗的护理期、休息期、营养期的鉴定意见,一律不予支持。"第 18 条:"经鉴定需后期治疗的后期治疗费可以一并支持,但原则上以 2 万元为限,数额过大的待实际发生后另行主张。整容费一律待实际发生后另行主张。"陕西榆林中院《人身损害赔偿标准调研座谈会会议纪要》(2018 年 1 月 3 日)第 1 条:"医疗费。问题:……4.鉴定意见中,对后续治疗费用的鉴定不能确定是必定发生的治疗费用;5.法官对医疗费的证据审查标准不统一……针对问题 4,法院结合具体案件,考虑费用的大小,可采三种支付方法,一是一次性支付,二是对于今后发生的损失另行起诉,不在本次诉讼中解决,三是确定了一次性赔偿,如果之后实际治疗超出,可另行起诉。针对问题 5,医疗费的证据审查应做到,抢救费用的单据,门诊治疗的费用需要门诊病历,住院需有医院的住院费收据、费用明细单、医疗费收据、医疗处方单,医院治疗诊断证明书、病历、转院治疗证明、法医鉴定意见,医疗终结,需要继续治疗的应当有医院的治疗意见或鉴定意见,自购药品、医疗用具应当附治疗医院的处方单,相关治疗和用药应与侵权行为有因果关系。"广东惠州中院《关于审理机动车交通事故责任纠纷案件的裁判指引》(2017年12月16日)第31条:"……康复费、适当的整容费以及其他后续治疗费,赔偿权利人可以待实际发生后另行起诉。但根据医疗证明或者鉴定结论确定必然发生的费用,应当与已经发生的医疗费一并予以赔偿。受害人应当提交县级以上医院的证明或者有鉴定资质的鉴定机构的鉴定意见,该证明或鉴定结论中一般应当列明后续治疗的诊疗科目及相关诊疗目的、时间和费用等。医疗证明与鉴定意见不一致的,一般以鉴定意见为准。"湖北黄冈中院《关于审理机动车交通事故责任纠纷案件的指导意见(一)》(2017年10月1日)第2条:"[后续治疗费的处理]受害人已提出给付后续治疗费的诉讼请求,且根据医疗机构的证明或者鉴定机构的鉴定意见确定系必然发生的费用,可以与已发生的医疗费一并处理。但前期赔偿费用过大,侵权人明显一次支付不能的,可待实际发生后另行主张。"第7条:"[通过后续治疗改变伤残等级的处理]赔偿义务人有证据证明受害人经后续治疗后,改变原伤残等级的,应将原已支付(或判决)的后续治疗费作为前期医疗费用,并与伤残赔偿金一并予以调整。"海南海口中院《印发〈关于审理海口市道路交通事故人身损害赔偿案件若干问题的意见(试行)〉的通知》(2017年8月16日 海中法发〔2017〕78号)第2条:"……(二)后续治疗费。器官功能恢复训练所必要的康复费、适当的整容费以及其他后续治疗费等。1.单证标准:医院出具的后续治疗证明或鉴定机构出具的鉴定书原件、住院病历档案(含首页和出院小结、诊断证明等)、CT或X光片等诊断材料。2.计算原则:各方当事人对后续治疗费可以提前协商,无法提前协商调解的,可以待费用实际发生后另行计算,但根据医疗证明或者鉴定结论必然发生的费用,可以与医疗费一并予以赔偿。当事人愿意提前协商调解后续治疗费的,根据受害人伤情和医院意见等实际情况协商确定:(1)原则上无需后续手续的不赔付;(2)确需复诊的,根据治疗机构的意见结合当地医疗水平确定;(3)评残疾后就评残部位损伤不再支付后续治疗费,但取钢板、取髓内钉、颅骨修补手术等后续治疗费用,参考就诊医院同类治疗的费用标准计算。"四川成都中院《关于印发〈机动车交通事故责任纠纷案件审理指南(试行)〉的通知》(2017年7月5日 成中法发〔2017〕116号)第35条:"后续治疗费根据医疗机构的有效证明或鉴定意见确定。"第36条:"对于发生在面部、颈部等裸露部位,严重影响器官功能的疤痕,其修复费用可认定为后续治疗费,予以支持。前款规定的后续治疗费影响伤残等级评定的,应当释明,告知当事人择一主张。疤痕修复不改变伤残等级的,后续治疗费与残疾赔偿金一并支持。"北京三中院《类型化案件审判指引:机动车交通事故责任纠纷类审判指引》(2017年3月28日)第2-3.3.1.1部分"医疗费—常见问题解答"第3条:"对于受害人所主张后续治疗费（二次手续费）的认定标准，是否应一次性解决？《人身损害赔偿解释》第十九条第二款规定，医疗费的赔偿数额，按照一审法庭辩论终结前实际发生的数额确定。器官功能恢复训练所必要的康复费、适当的整容费以及其他后续治疗费，赔偿权利人可以待实际发生后另行起诉。但根据医疗证明或者鉴定意见确定必然发生的费用，可以与已经发生的医疗费一并予以赔偿。受害人请求的后续治疗费如果尚未发生，应当提供确需后续治疗及相关费用标准的证据，如果根据医疗证明（诊断证明书、住院病历等）或者鉴定意见确定后续治疗费系必然发生的费用，且数额相对确定，并非明显不当，应判决赔偿。如果依据现有证据确实不易认定的，可告知受害人待费用实际发生后另行解决。"天津高院《关于印发〈机动车交通事故责任纠纷案件审理指南〉的通知》（2017年1月20日　津高法〔2017〕14号）第5条："……（5）当事人主张后续治疗费，应提供医疗机构证明或者鉴定意见证明该费用必然发生，并列明后续治疗的诊疗科目、诊疗目的、时间和具体费用数额。当事人有权在后续治疗费用实际发生后另行起诉，不以其在前诉中明确声明保留后续治疗费诉权为前提……"江西宜春中院《关于审理机动车交通事故责任纠纷案件的指导意见》（2016年1月1日　宜中法〔2015〕91号）第10条："后续治疗费以确定必然发生的、必要的为条件，对于尚不确定的后续治疗费可以待实际发生后由受害人另行主张。受害人主张尚未发生的后续治疗费的，应当提交县级以上医疗机构出具的医疗证明或者鉴定机构出具的鉴定结论，该医疗证明或鉴定结论中应当列明受害人后续治疗的诊疗项目及相关诊疗目的、时间和费用等。"广东深圳中院《关于道路交通事故损害赔偿纠纷案件的裁判指引》（2014年8月14日　深中法发〔2014〕3号）第21条："机动车交通事故造成人身伤亡，在交强险理赔中，赔偿权利人主张的医疗费无论是否超出基本医疗保险项目的，保险公司均应予赔偿。但保险公司能够举证证明上述诊疗项目不属于必须诊疗行为的除外。受害人主张后续治疗费用的，应当提交县级以上医院的证明或者符合规定的鉴定结论，该证明或鉴定结论中应当列明后续治疗的诊疗科目及相关诊疗目的、时间和费用。"重庆高院民一庭《关于机动车交通事故责任纠纷相关问题的解答》（2014年）第4条："对于当事人提出的残疾赔偿金和续医费不能同时主张的问题，应如何处理？原则上残疾赔偿金和续医费应在一案中同时主张。如鉴定机构在鉴定结论中明确说明续医治疗后可降低伤残等级的，可给予当事人释明，择一主张。"浙江宁波中院《关于印发〈审理机动车交通事故责任纠纷案件疑难问题解答〉的通知》（2012年7月5日　甬中法〔2012〕24号）第13条："受害人因交通事故受伤安装假肢的，所使用的国产普通适用型和进口假肢的价格差距较大，应如何确定其安装假肢及后续更换的费用？答：对受害人已安装的假肢，如费用未明显超出普通适用型的价格，可予以支持。对后续更换假肢的费用，可参照普通适用型假肢的配置标准予以确定。"

山东淄博中院《全市法院人身损害赔偿案件研讨会纪要》(2012年2月1日)第2条:"……后续治疗费是指对损伤经治疗后体征固定而遗留功能障碍需再次治疗的或伤情尚未恢复需二次治疗所需要的费用。由于该费用在审理期间并未实际发生,鉴定机构出具的鉴定结论,如果有明确的数额,可以予以支持;如果只是对该费用的大体估算,并未确定该费用的准确数额,对该费用不应予以支持,但在裁判文书中应注明受害人可待该费用实际发生后另行主张权利。"浙江宁波中院《关于印发〈民事审判若干问题解答(第三辑)〉的通知》(2011年5月11日 甬中法〔2011〕18号)第15条:"在审理人身损害赔偿案件中,对于受害人的后续治疗费应当如何进行审查和认定?答:后续治疗费原则上应根据最高人民法院《关于审理人身损害赔偿案件适用法律若干问题的解释》第十九条确定,既可根据案情一次性判决,也可根据治疗需要确定赔偿标准。具体应把握如下原则:(1)应当是必然发生的,对损伤经治疗后体征固定而遗留功能障碍确需再次治疗,或伤情尚未恢复需二次治疗所需要的费用;(2)已评定伤残等级者,原则上不给予可能减轻伤残等级的后续治疗费用。未评定伤残等级者,可结合实际情况评估后续治疗费用;(3)后续治疗费可由司法鉴定机构在伤残等级评定中一并作出认定。"浙江宁波中院《关于印发〈民事审判若干问题解答(第一辑)〉的通知》(2011年4月13日 甬中法〔2011〕13号)第1条:"救护车费、输血费、康复费、整容费是否属于医疗费范围?后续治疗费能否与已经发生的医疗费一并予以处理?答:医疗机构对因该起交通事故造成伤害的当事人进行治疗所收取的费用,属医疗费的范畴。关于后续治疗费,根据最高人民法院《关于审理人身损害赔偿案件适用法律若干问题的解释》第十九条第二款规定,器官功能恢复训练所必要的康复费、适当的整容费以及其他后续治疗费,赔偿权利人可以待实际发生后另行起诉。但根据医疗证明或者鉴定结论确定必然发生的费用,可以与已经发生的医疗费一并予以赔偿。"安徽宣城中院《关于审理道路交通事故赔偿案件若干问题的意见(试行)》(2011年4月)第39条:"医疗费的赔偿数额,按照一审法庭辩论终结前实际发生的数额确定。人民法院不能以超过举证期限为由不予以审查。赔偿义务人对治疗的必要性和合理性有异议的,应承担相应的举证责任,器官功能恢复训练所必要的康复费、适当的整容费以及其他后续治疗费,赔偿权利人可以待费用实际发生后另行起诉。但根据医疗证明或鉴定结论确属必然发生的下列费用,可以一并予以赔偿:(一)受害人体内固定物取出等必然发生的费用;(二)受害人为避免导致伤残、恢复器官功能等所必须的康复费用;(三)受害人用于维持生命体征所必须的辅助费用。"江西鹰潭中院《关于审理道路交通事故损害赔偿纠纷案件的指导意见》(2011年1月1日 鹰中法〔2011〕143号)第19条:"受害人提出后续治疗费用的,应当提交县级以上医院的证明,或者符合规定的鉴定结论,该证明或鉴定结论中应列明后续治疗的诊疗科目及相关诊疗目的、时间和费用等。"江苏常州中院《关于道路交通事故损害赔偿案件的处理意见》(2010年10月13日 常中法〔2010〕104号)第3条:"……后续治疗费等,可以待实际发生后另行主张。根据医疗证明或者鉴定结论确定必然发生的费用,金额不超过8000元,受害人明确表示放弃主张后续治疗期间发生的误工费、住院伙食补助费、营养费、护理费、交通费等费用的,经赔偿义务人同意,可以与已经发生的医疗费一并予以赔偿。"河南郑州中院《审理交通事故损害赔偿案件指导意见》(2010年8月20日 郑中法〔2010〕120号)第16条:"受害人请求后续治疗费用的原则不予支持,该费用待实际发生后另行处理。但有下列费用之一的除外:(一)受害人体内固定物取出等必然发生的康复费用;(二)受害人为避免导致残疾、恢复器官功能等所必需的康复费用;(三)受害人用于维持生命体征而必需的辅助费用。上述所需费用的数额需由鉴定机构或医疗机构确定。"河南周口中院《关于侵权责任法实施中若干问题的座谈会纪要》(2010年8月23日 周中法〔2010〕130号)第3条:"……医疗费:住院治疗的医疗费用,除需要提供正规医疗费票据外,还需要提供一日清单进行认定;外购药除需购药发票外还应有医嘱;转院治疗一般需要原治疗医院的转院证明,根据病情需要确需转院的除外;后续治疗费原则上应当一并解决,不超过5000元的,可以根据医院出具的证明确认,超过5000元以上的,需要经过司法技术鉴定进行确定。"江西南昌中院《关于审理道路交通事故人身损害赔偿纠纷案件的处理意见(试行)》(2010年2月1日)第23条:"【后续治疗费用的确定】受害人主张后续治疗费用的,应当提交县级以上医院的证明或者符合规定的鉴定结论,该证明或鉴定结论中一般应当列明后续治疗的诊疗科目及相关诊疗目的、时间和费用等。"广东广州中院《民事审判若干问题的解答》(2010年)第二部分第10条:"如果当事人依据医疗机构出具的后续治疗费证明而请求后续治疗费,应当如何处理?答:根据受害人的受伤与治疗情况,后续治疗费是必然要发生的(如拆除手术后的内固定),医疗机构出具了后续治疗费的证明,且后续治疗费数额比较合理,为了减少当事人的诉累以及另行起诉是否能得到执行等实际情况,应当支付后续治疗费。如果后续治疗费不是必然发生的(如消除疤痕及功能性恢复),或者后续治疗费存在明显偏高等不合理的情形,不应该支持该后续治疗费,但可以告知当事人另行起诉。如果受害人再次起诉要求后续治疗费、误工费、住院伙食补助费、营养费等,依法可以支持。"江苏南京中院民一庭《关于审理交通事故损害赔偿案件有关问题的指导意见》(2009年11月)第42条:"医疗费的赔偿数额,按照一审法庭辩论终结前实际发生的数额确定。人民法院不能以超过举证期限为由不予审查。器官功能恢复训练所必要的康复费、适当的整容费以及其他后续治疗费,赔偿权利人可以待实际发生后另行起诉。但根据医疗证明或者鉴定结论确定必然发生的费用,可以与已经发生的医疗费一并予以赔偿。"

江西九江中院《关于印发〈九江市中级人民法院关于审理道路交通事故人身损害赔偿案件若干问题的意见(试行)〉的通知》(2009年10月1日 九中法〔2009〕97号)第9条:"……经县级以上医疗机构出具医疗证明或者鉴定机构出具鉴定结论确定受害人必然要发生的后续治疗费可以与已经发生的医疗费一并判决赔偿义务人赔付,但是仅凭治疗医生估算后续治疗费的证明,不能作为赔付的证据。机动车一方投保机动车第三者责任商业险的,保险公司要求按照保险合同的约定,按照国家基本医疗保险的标准核定医疗费用赔偿金额的,应予支持。"广东深圳中院《关于审理道路交通事故损害赔偿纠纷案件的指导意见(试行)》(2008年7月12日)第25条:"受害人主张后续治疗费用的,应当提交县级以上医院的证明或者符合规定的鉴定结论,该证明或鉴定结论中应当列明后续治疗的诊疗科目及相关诊疗目的、时间和费用。"浙江杭州中院《关于道路交通事故损害赔偿纠纷案件相关问题的处理意见》(2008年6月19日)第3条:"……2.定残后的后续治疗费问题。根据《最高人民法院关于审理人身损害赔偿案件适用法律若干问题的解释》第十七条第二款的规定,定残后的后续治疗费以确定发生的、必要的为限,对于尚不确定的后续治疗可以待实际发生后由受害人另行主张。"江苏宜兴法院《关于审理交通事故损害赔偿案件若干问题的意见》(2008年1月28日 宜法〔2008〕第7号)第27条:"医疗费的认定原则:……(3)器官功能恢复训练所必要的康复费、适当的整容费以及其他后续治疗费,赔偿权利人可以待实际发生后另行起诉。但根据医疗证明或者鉴定结论确属必然发生的费用,并且金额在6000元以下的,可以一并予以赔偿。"辽宁沈阳中院民一庭《关于审理涉及机动车第三者责任险若干问题的指导意见》(2006年11月20日)第5条:"关于损害赔偿范围和标准问题……(三)关于二次手术费或后续治疗费问题。受害方由于伤情严重,需要二次手术或继续治疗的,需区别对待。对于二次手术费或继续治疗费明确的,且赔偿限额没有用完,应判决给付,超出部分由加害方按责任分担;如其费用无法确定,且赔偿限额已经用完,可告知受害方另案向加害人请求赔偿。"贵州高院、省公安厅《关于处理道路交通事故案件若干问题的指导意见(一)》(2006年5月1日)第11条:"交通事故造成多人伤亡,因伤者治疗终结、定残、死者丧葬事宜结束的时间各不相同,造成各受害人损害赔偿的调解期限起始时间各不相同的,公安机关交通管理部门应根据各受害人的不同情况分别组织调解。根据伤情需要对伤者分期治疗的,公安机关交通管理部门可以在第一期治疗终结后组织调解。继续治疗的费用可以在征求医疗部门的意见后经双方协商达成赔偿协议,也可以另行提起民事诉讼。"第15条:"交通事故伤者经治疗已达到临床效果稳定,坚持继续治疗不愿出院,拒绝与赔偿义务人就赔偿费用进行协商的,赔偿义务人向人民法院起诉要求对损害赔偿金额进行确认,符合《中华人民共和国民事诉讼法》第一百零八条规定的,人民法院应当立案受理。同时,案件承办法官或合议庭应行使释明权,告知受害人及时进行费用结算,需继续治疗的可申请鉴定,或者告知其通过反诉来解决纠纷。"安徽高院《审理人身损害赔偿案件若干问题的指导意见》(2005年12月26日)第1条:"《民法通则》实施前已经过人民法院审理的人身损害赔偿案件,现当事人再次起诉,要求致害方按现行法律、法规及司法解释规定的赔偿项目进行赔偿的,不予受理。《民法通则》实施后,《关于审理人身损害赔偿案件适用法律若干问题的解释》实施前已经过人民法院审理的人身损害赔偿案件,现当事人再次起诉,要求致害方按司法解释规定的赔偿项目进行赔偿,一般不予受理。但如果原判决(调解)书已明确赔偿项目中不包括残疾用具费、后续治疗费,当事人起诉要求上述两项费用的,应予受理。"江苏常州中院《关于印发〈常州市中级人民法院关于审理交通事故损害赔偿案件若干问题的意见〉的通知》(2005年9月13日 常中法〔2005〕第67号)第2条:"当事人因道路交通事故人身受到损害,其治疗虽未终结,但对于已经发生的和今后治疗所必需的医疗费用,如交通事故受害人或其近亲属无力支付,相关保险公司或机动车方经交警部门通知后又未先行支付的,一方当事人凭交警部门的有关证明、医疗单位治疗的有关票据或病情证明等起诉至人民法院要求赔偿的,人民法院应依法予以受理。当事人申请先予执行的,人民法院应依法进行审查,并可依据保险合同,在保险公司应承担的第三者责任险限额内,对已发生或医疗机构证明治疗所必需的费用依法先予执行。如机动车方未投保第三者责任险的,可在其应投保的第三者责任险最低限额范围内,对上述费用依法先予执行。"北京高院《关于印发〈北京市高级人民法院关于审理保险纠纷案件若干问题的指导意见(试行)〉的通知》(2005年3月25日 京高法发〔2005〕67号)第38条:"被保险人或受到损害的第三者在保险金额的范围内,可以向保险人就后续治疗必要的费用提出主张。"内蒙古高院《内蒙古自治区道路交通事故损害赔偿项目和计算办法》(2004年12月10日 〔2004〕内民一通字第11号)第7条:"医疗费按照医疗机构对当事人创伤治疗所必需的费用计算,凭医疗机构出具的医药费、住院费等收款凭证支付。结案后确实需要继续治疗的,根据医疗机构诊断证明或者鉴(评)定机构出具的鉴(评)定结论,按照必需的费用给付。当事人身体受到损害,原则上应在县级以上(包括县级)的医疗机构进行诊治。但因抢救的需要,受伤当事人可以到最近的医疗机构(包括县级以下各种医疗机构)救治。当事人受伤经过治疗伤情平稳,但仍需继续进行康复、对症等治疗的,经县级或者县级以上医疗机构出具证明,可以在县级以下的医疗机构或者门诊治疗,其治疗费用由赔偿义务人承担。当事人在伤后住院治疗期间需要外购药品的,必须由该医疗机构出具相应的证明,并与伤情治疗的需要相符。赔偿义务人对当事人治疗费用的必要性和合理性有异议的,应当承担相应的举证责任。"吉林高院《关于印发〈关于审理道路交通事故损害赔偿案件若干问题的会议纪要〉的通知》(2003年7月25日　吉高法〔2003〕61号)第7条："道路交通事故发生后,公安机关对损害赔偿进行了调解,且当事人已经对调解书自动履行完毕或已被人民法院发生法律效力的裁判文书所确认后,受害人以伤情发生重大变化需增加医疗费及其他相关必要费用为由,向人民法院起诉,符合民事诉讼法规定的起诉条件,人民法院应当受理。"第8条："以道路交通事故引发的隐性伤害为由向人民法院起诉的,符合民事诉讼法第一百零八条规定的,人民法院应当予以受理,其诉讼时效起算时间从隐性伤害确诊之日起计算。道路交通事故引发的隐性伤害是指道路交通事故损伤当时未发现,但经过一段时间以后出现的,由原发性损伤引起的或者与原发性损伤有因果关系的继发性损伤或者合并症,如外伤性癫痫、外伤性精神障碍、骨折导致的骨不连等情况。"内蒙古高院《**全区法院交通肇事损害赔偿案件审判实务研讨会会议纪要**》(2002年2月)第19条："受害人因交通事故住院治疗后,经医疗机构同意,以继续治疗为目的,且该治疗为原住院治疗的连续,符合下列条件之一的家庭病床产生的费用,可予支持:(1)需住院,但无空闲床位的;(2)伤情平稳,但尚未痊愈的;(3)因经济原因,住院存在实际困难的;(4)有其他情形,确需建立家庭病床的。"第20条："对于受害人提出要求赔偿今后治疗费,今后护理费等尚未发生的费用,经审查如认为确需支出,且支出数额能够确定的,应予支持,根据现有情况不能确定具体数额或不属必须支出的,应告知其另行起诉或驳回该诉讼请求。"第21条："对受害人尚未完全康复,需继续治疗的医疗费,可根据医疗机构的证明确定赔偿数额,并一次性判决给付。判决给付后受害人继续治疗发生的实际费用超出医疗机构证明的数额,或因病情需要,需经一定时间后方可产生的治疗费用,可告知当事人在法定诉讼时效期间内另行起诉。"山东高院《关于审理人身损害赔偿案件若干问题的意见》(2001年2月22日)第66条："……(7)受害人尚未完全康复,需要今后继续治疗的医疗费,诉讼中能够确定的,可以一并处理;不能确定的,终止审理,告知当事人以后另行起诉。"北京高院《关于印发〈关于审理人身伤害赔偿案件若干问题的处理意见〉的通知》(2000年7月11日)第6条："受害人需要继续治疗的,侵害人还应赔偿继续治疗所需的医疗费。受害人伤疾已经治愈而仍继续不必要的诊治所造成的费用支出,属于扩大的损失,不予赔偿。当事人对是否治愈有争议的,应当根据治疗单位的诊断证明或法医鉴定结论认定。有证据证明的其他不合理的医疗费用,不予赔偿。"河南高院《关于审理道路交通事故损害赔偿案件若干问题的意见》(1997年1月1日　豫高法〔1997〕78号)第25条："医疗主要应当包括挂号费、检查费、手术费、治疗费、住院费和药费。其赔偿标准,应按照医院对当事人的交通事故创作治疗所必须的费用计算,凭据支付。人民法院结案后确需继续治疗的,继续治疗费按照治疗所必需的费用给付。治疗医院一般应为县(市、市辖区)级以上医院。如需紧急援救,也可以到其他就近医疗单位进行治疗。需转院治疗,应有原经治医院证明。借助机械的、电子的、光学的、核能的医疗检查设备,对伤处、病理组织等进行检测化验的,必须由治疗医生建议。需要住院的,必须有医院证明。伤情已痊愈,医院通知出院的,应按通知日期出院,未按通知日期出院所导致的费用应由伤者自己承担。医药费应当是医生认为治疗创作所必须使用的药品费用。非经治疗单位同意,伤者自购的药品和治疗非交通事故造成的损伤、疾病的药品费用应由伤者自己承担。医疗费用的赔偿,一般应以治疗医院的诊断证明和医疗费单据为凭。虽然没有诊断证明,但治疗医院证明当事人所持的医疗费单据确是其出具,且经人民法院审查也认为合理的,也应予赔偿。对继续治疗费用,应按照必需的费用给付。计算时应参照结案前已用费用,并考虑有关专家的建议。"

**4. 地方规范性文件。** 广西保险行业协会《关于印发〈广西保险行业道路交通事故人身损害调处理赔统一标准(2016版)〉的通知》(2016年10月9日 保协桂发〔2016〕174号)第2条:"各赔偿项目的单证标准与计算原则……(二)后续治疗费。器官功能恢复训练所必要的康复费、适当的整容费以及其他后续治疗费等。1. 单证标准:医院出具的后续治疗证明或鉴定机构出具的鉴定书原件、住院病历首页、诊断证明、CT或X光片等诊断材料和出院小结。2. 计算原则:各方当事人对后续治疗费可以提前协商,无法提前协商调解的,可以待费用实际发生后另行计算。当事人愿意提前协商调解后续治疗费的,根据受害人伤情和医院意见等实际情况协商确定:(1)原则上无需后续手术的不赔付;(2)确需复诊的,结合当地医疗水平确定;(3)评残疾后就评残部位损伤不再支付后续治疗费,但取钢板、取髓内钉、颅骨修补手术等后续治疗费用,参考就诊医院同类治疗的费用标准计算;(4)如已从其他保险公司、工作单位、社会保障部门等获得赔偿的部分应予扣除。"广东省司法鉴定协会《关于发布〈法医临床鉴定行业指引〉的通知》(2015年1月1日 粤鉴协〔2014〕12号)附则第4条:"……后续医疗费评定是对治疗未终结将继续发生的治疗费、治疗终结后必然发生的治疗费所需数额的评估认定。治疗终结前已经发生的治疗费和治疗未终结将继续发生的治疗费评定,按照最高人民法院规定的'差额化'赔偿原则,即只要合理和合格的医疗费,需要多少评定多少。治疗终结后必然发生的治疗费评定,按照最高人民法院规定的'定型化'赔偿原则,即按损害后果和类别所确定的固定标准评定。治疗未终结将继续发生的治疗费评定方法,可根据《道路交通事故受伤人员治疗终结时间(GA/T 1088—2013)》确定该伤治疗终结时间,扣除已治疗时间,计算出需继续医疗时间,参照已发生的医疗费按比例估算继续治疗的费用……治疗终结后必然发生的治疗项目和措施,是指临床转归必然发生的、客观规律合理发生的治疗项目和措施,不含理论上可能发生的治疗项目和措施,包括①前期治疗辅助措施观察和撤除,择期组织器官维护、修补或置换,医疗依赖者病因治疗、支持对症处理及并发症防治,即治疗终结后必要的后续治疗措施;②整容措施;③康复措施;④配备残疾辅助器具等。已经确认伤残并评定级别的损伤,原则上不给予可能减轻伤残等级的后续治疗费用。除根据需要给予治疗终结后后续治疗项目和措施所需费用外,不需其他后续治疗项目和措施的费用。如颅脑损伤评残后,不再给予营养脑细胞、高压氧等治疗费用。若伴有伤残以外其他部位损伤需要继续治疗,则只确定这部分的继续治疗费用。治疗终结后必然发生的治疗费数额估算准则,按照确定的治疗项目和措施,参照地市级三甲医院医疗用药标准计算需要的医药费。同一地区、同类损伤、同等程度损伤,医疗费应该相同或相近。损伤致严重残疾存在医疗依赖者,其后续医疗费用的评估应根据医学科学规律和最高人民法院规定的'定型化'赔偿的原则。治疗终结后必然发生的治疗项目和措施的费用评定,参照《必然发生的部分治疗项目和措施的费用标准》(附表)定型化标准进行评估,标准未列出的,可比照相近医疗项目和措施进行评估。"重庆市保险行业协会《道路交通事故赔偿案件有关调解项目参考标准(试行)》(2014年7月22日)第1条:"……(二)续医费。根据《最高人民法院关于审理人身损害赔偿案件适用法律若干问题的解释》,不是必然发生的续医费,待实际产生后再行处理。如根据医嘱或司法鉴定结论,后续治疗是必须的,且金额符合实际情况,则可以调解赔偿,但后续治疗期间产生的误工费、伙食补助费、护理费等费用,不应要求赔偿。如后续治疗直接影响伤残等级,导致伤残等级降低或消除的,则被侵权人仅有权选择其中一项,不应同时主张。"浙江省司法厅《浙江省第二届法医临床鉴定业务研讨会会议纪要》(2009年9月29日 浙司办〔2009〕71号)第1条:"人身损害赔偿案件中法医临床鉴定的范围。伤残程度评定、医疗费合理性评定、后期医疗费评定、医疗护理依赖程度评定、治疗时限评定、法医临床鉴定文证审查和误工、护理、营养时限评定等,属于法医临床鉴定范围。伤后医疗费、误工费、护理费、后期医疗费和营养费等具体数额的确定,及残疾辅助器具配置的具体价格、使用年限,不属于法医临床鉴定范围。精神疾病治疗的医疗费合理性评定属于法医精神病鉴定范围,不属于法医临床鉴定范围。"第3条:"后期医疗费评定。后期医疗费评定,是指当被鉴定人损伤经治疗伤情已基本稳定,根据医疗技术操作常规治疗原则,对必然要发生的医疗措施进行的评估。后期医疗费评定不涉及对非必需的康复等医疗措施的评估。经医疗终结、伤残等级评定后,原则上不再进行后期医疗费评定;但对因有遗留症状、体征或异物,不继续治疗会使被鉴定人伤情加重或复发的,可根据实际情况作出评估。"

**5. 最高人民法院审判业务意见。**●*失去自理能力的当事人就后续治疗费、护理费提出请求的,应如何处理?*最高人民法院民一庭《民事审判实务问答》编写组:"对于失去自理能力的受害人请求后续治疗费的,因后续治疗费难以估算,一般不必一并判决,待当事人在费用实际发生后再另行起诉。但根据医疗证明、鉴定结论可以肯定必然发生的费用,可以确定合理的赔偿数额的,可一并判决。而对于失去自理能力的受害人超过确定的护理期限的护理费,赔偿权利人确需继续护理的,一般不必一并判决,当事人可另行起诉,人民法院应按照上述解释的规定,判令赔偿义务人继续给付护理费五年至十年。"○医疗终结并评残后的医疗费应否赔偿?赔偿的标准如何把握,是否只要有病历记录和医疗费单就应支持?最高人民法院民一庭《民事审判实务问答》编写组:"在人身损害赔偿纠纷案件中,医疗终结并评残后的额医疗费应属后续治疗费,后续治疗费是指对损伤经治疗后体征固定而遗留后遗功能障碍确需再次治疗或伤情尚未恢复需二次治疗所需的费用,属人身损害赔偿项目中医疗费的组成部分。《最高人民法院关于审理人身损害赔偿案件适用法律若干问题的解释》第19条对医疗费采取'差额赔偿'的方法作为赔偿标准,对后续治疗费在费用实际发生后当事人可另行起诉主张……人民法院对受害人提供的证据材料,应当结合案情综合审查,不能一概而论。如果受害人提供的病历记录和医疗费单已经足以证明是基于已发生的人身损害而产生的必要和合理的后续治疗费,虽然赔偿义务人对治疗的必要性和合理性有异议,但又提供相应的反驳证据证明的,人民法院对受害人后续治疗费的请求可予以支持。"

**6. 参考案例。**①2017年*江苏某交通事故纠纷案*,2015年,严某被卢某车辆碰撞,鉴定意见显示"此类内固定一般终身不再取出,故内固定在位不影响伤残程度及三期评定"。严某按10级伤残获得赔付。2017年,严某取除内固定,诉请二次手术费8000余元。法院认为:健康权高于财产权。从事实角度评判,取除内固定属定残判决后新发生事实,没有理由阻止受害人进行二次手术。但从法律角度评判,受害人有权自主决定何时取除内固定,并不代表亦有权随时主张二次手术费。一事不再理原则是我国《民事诉讼法》基本原则,其基本要求是裁判发生法律效力后,当事人不得对争议事实再次提起诉讼。最高人民法院《关于适用〈民事诉讼法〉的解释》第247条规定:"当事人就已经提起的事项在诉讼过程中或者裁判生效后再次起诉,同时符合下列条件的,构成重复起诉:(一)后诉与前诉的当事人相同;(二)后诉与前诉的诉讼标的相同;(三)后诉与前诉的诉讼请求相同,或者后诉的诉讼请求实质上否定前诉裁判结果。当事人重复起诉的,裁定不予受理;已经受理的,裁定驳回起诉。"案涉两诉不仅当事人一致,且诉讼标的和诉讼请求亦是前诉包含后诉。正是基于内固定终身不取这一事实,鉴定机构才会确信治疗终结而进行伤残评定,并给出相应的在位等次意见,亦正是基于该意见,前诉才会作出不同于内固定不在位情形下的给付判决。现若支持二次手术费,显系以后诉推翻前诉裁判思路和裁判结果,不仅意味着原伤残评定时受害人治疗尚未终结,鉴定机构据此给出的伤残等次有误,且法院依该等次所为的司法确认和所作判决亦有误,但生效裁判非经再审不得撤销,故即便前诉判决有误,在通过再审撤销前,亦只能先驳回后诉,否则不仅程序违法,构成重复起诉,且实体上有失公平,不能让受害人在继续享受伤残等次错误高评所生红利同时,还让加害人负担本不该发生的二次费用,两者不可兼得。至于司法解释规定后续医疗费可待实际发生后另行起诉,此与一事不再理原则并不冲突,原因在于后续医疗费属《民事诉讼法》司法解释第248条规定的裁判生效后新发生的,并未被生效裁判所确认的,不在诉讼系属中的事实,而确定判决只对基准时即"事实审言词辩论终结时"之前发生的事项具有拘束力,基准时后发生的新事实,不受既判力拘束,当事人当然可再次提起诉讼。本案系争二次手术费实质上已被先诉生效判决所隐含评价,是法律不能亦不该发生之事实,故无法再诉。判决驳回严某诉请。②2008年河北某医疗侵权纠纷案,2003年,医院为申某手术,植入医疗器械公司生产的未申请国家注册的金属架。不到2年,该金属架有两根螺钉相继断裂。审理过程中,经鉴定,结论为需尽快手术,手术费共7万元到8万元。申某要求到国外治疗,医院要求在本医院再次手术。法院认为:医院为其侵权行为承担再次手术,限制了申某作为患者的就医选择权。根据第三方权威专科医院诊断和处理意见,鉴于治疗紧迫性及申某自身经济状况,如采取先由申某自费治疗并待治疗终结后再赔偿方式,将可能延误治疗,故医院和医疗器械公司应预付费用以保证申某得到及时治疗。考虑到治疗过程中还可能发生其他医疗费、住宿费、住院伙食补助费、必要的营养费、残疾辅助器具费等,其合理部分医院和医疗器械公司依法亦应赔偿,法院据此参照第三方医院估算手术费两倍作为被告应预付金额。如预付金额不足以支付最终实际发生的合理费用,申某可另行向医院和医疗器械公司主张。因治疗未终结,伤残等级未定,申某可待法定条件成就后另行主张。因再次手术造成申某精神损害,法院酌定为5万元。判决医院和医疗器械公司共同预付申某15万元作为合理医疗费、康复费、护理费、误工费、必要的营养费、交通费、住宿费、住院伙食补助费、残疾辅助器具费。③2012年重庆某交通事故损害赔偿案,2006年6月,张某驾驶公司货车不慎碾轧行人翁某双足致7级伤残,交警认定张某全责。法院判决张某及其公司连带赔偿翁某13万余元。1年后,翁某再次起诉,要求给付续医费、护理费及鉴定费,经鉴定属部分护理依赖,2009年4月,经法院调解,张某及其公司给付翁某续医费、护理费、鉴定费共计1.8万余元。其后翁某因左踝部破溃,多次到各医院治疗,2010年11月,法院判决张某及其公司给付翁某续医费、护理费共计2万余元。2011年1月后,翁某因咳嗽、喘累、腹痛、呕吐等症状到医院住院治疗,出院先后诊断为:慢阻肺急发、肺心病、冠状动脉粥样硬化性心脏病(不稳定性心绞痛型)、快速性房颤、心衰心功能3级、缺铁性贫血、急性胰腺炎、急性胆囊炎、慢性支气管炎、慢性阻塞性肺气肿、慢性肺源性心脏病、慢性心功能不全心功能Ⅲ级、糖耐量减低、左踝关节感染、左足外伤后畸形伴感染。由此,翁某第4次起诉要求续医费、护理费5万余元。法院认为:事故发生后,翁某因受伤部位左踝部破溃、反复流液而进行治疗属于后续治疗的范畴。但在本案中,翁某在其要求主张的三次住院费用,均不是因翁某受伤部位左踝部破溃到医院住院治疗,是因其他病到医院住院治疗。现翁某无证据证实住院治疗与受伤部位左踝部破溃有关的费用,亦未申请鉴定,故本院认为,本案中,翁某要求主张的医疗费用证据不足,本院不予主张。对翁某要求主张的护理费,根据第一次鉴定机构有关"目前属部分护理依赖"的鉴定结论和当时的"需专人护理"的出院医嘱,结合翁某的受伤治疗情况,翁某所请求的2010年4月1日至2012年3月25日共计725天护理费36,250元(50元/天×725天),其护理期限长短合适、护理人数合理、护理费计算方式符合护工的市场价格,故对护理费36,250元予以支持。④2012年陕西某交通事故损害赔偿案,2006年9月,黄某骑自行车与姬某驾驶的轿车相撞,黄某受伤,交警认定姬某全责。法院判决姬某赔偿黄某各项损失4万余元。之后,黄某先后在多家医院治疗,花去医疗费、交通费等近2万元。2011年,黄某向法院再次起诉。法院认为:黄某本次的诉讼主张是首次诉讼裁判文书生效以后的损失,其所举证据证明了其所治疗的伤病与交通事故有关,故姬某所持的黄某伤情与交通事故无关,不能赔偿的观点不能成立;根据医疗机构的诊疗记录,黄某所接受的是间接性的门诊治疗,多次治疗可视为一个治疗的过程,若黄某每次门诊治疗后都立即起诉,既无必要,也不合情理,故姬某所持诉讼时效期间已届满的理由不能成立,黄某在实际发生后另行起诉后续治疗费,符合法律规定。根据医疗机构的诊断证明,黄某治疗一直未终结,其对后续治疗所产生的费用提起诉讼符合法律规定,姬某称此次交通事故已经一次性赔偿过,黄某权利已消灭,其再次起诉要求姬某承担赔偿义务属于权利的重复主张,原审法院违反了"一事不再理"原则的理由依法不能成立,应予驳回,故判决姬某赔偿黄某1.9万余元。⑤2011年新疆某交通事故损害赔偿案,2005年6月,杨某因搭乘张某的出租车肇事受伤,交警认定张某全责。法院判决张某赔偿杨某各项损失2万余元。2011年,杨某再次起诉,要求赔偿续医费、误工费等3万余元。法院认为:杨某在本案中主张的是后续治疗费,不属"一事不再理"的范畴,张某应在合理的范围内予以赔偿。⑥2011年河南某交通事故损害赔偿案,2006年11月,陈某驾车撞伤王某,交警认定陈某、王某分负主、次责任。法院未支持后续治疗费用,只判决陈某赔偿王某各项损失5200余元。第二次起诉后,经鉴定,王某后续治疗的三颗贵金属烤瓷牙修复费用为5400~6000元,平均7~8年需更换一次。法院认为:医疗费的赔偿数额,按照一审法庭辩论终结前实际发生的数额确定。但根据医疗证明或者鉴定结论确定必然发生的费用,可以与已经发生的医疗费一并予以赔偿。故陈某称王某的修复费不应该一次性赔付,而应该在王某每次修复过后拿到相关票据后才能赔付的理由不能成立。根据司法鉴定意见,陈某称王某不应该用价格昂贵的贵金属烤瓷牙修复,而是应该用普通材质修复的理由不能成立,故判决陈某赔偿王某后续治疗费用1.6万余元。

**【同类案件处理要旨】**

交通事故受害人医疗费的赔偿数额,按照一审法庭辩论终结前实际发生的数额确定。器官功能恢复训练所必要的康复费、适当的整容费以及其他后续治疗费,赔偿权利人可以待实际发生后另行起诉。但根据医疗证明或者鉴定结论确定必然发生的费用,可以与已经发生的医疗费一并予以赔偿。

**【相关案件实务要点】**

1.【治疗终结】伤残评定的原则是对损伤医疗终结后不能恢复的后果进行评残,评定时机应以事故直接所致的损伤或确因损伤所致的并发症治疗终结为准。而"治疗终结"在《伤残评定规定》中则被定义为"临床医学一般原则所承认的临床效果稳定"。治疗终结可能是医疗结束,也可能是医疗依赖。案见江苏无锡惠山区法院(2008)惠民初字第858号"刘某诉陈某等交通事故损害赔偿案"。

2.【鉴定申请】交通事故发生后,受害人因其他疾病到医院诊疗产生费用,因受害人无证据证实后续诊疗费用与受伤部位有关,亦未申请鉴定,故其主张后续医疗费用证据不足,不予主张。案见重庆九龙坡区法院(2012)九法民初字第04360号"翁某诉张某等交通事故损害赔偿案"。

3.【诉讼时效】交通事故受害人在裁判文书生效之后新发生的续医费损失,时间跨度虽超过两年,但根据医疗机构的诊疗记录,受害人所接受的是间接性的门诊治疗,多次治疗可视为一个治疗的过程,若受害人每次门诊治疗后都立即起诉,既无必要,也不合情理,故不应视为超过诉讼时效。案见陕西榆林中院(2012)榆中法民二终字第00042号"姬某与黄某交通事故损害赔偿案"。

4.【一事不再理】交通事故受害人的续医费,不属于"一事不再理"的范畴。案见新疆乌鲁木齐中院(2012)乌中民一终字第1843号"张某与杨某交通事故损害赔偿案"。

5.【必然发生费用】医疗费的赔偿数额,按照一审法庭辩论终结前实际发生的数额确定。但根据医疗证明或者鉴定结论确定必然发生的费用,可以与已经发生的医疗费一并予以赔偿。案见河南郑州中院(2012)郑民一终字第1176号"陈某与王某等交通事故损害赔偿案"。

**【附注】**

**参考案例索引**:江苏无锡惠山区法院(2008)惠民初字第858号"刘某诉陈某等

交通事故损害赔偿案",见《刘长生诉陈玉龙等道路交通事故人身损害赔偿案》(赵旭东、钦骏),载《中国审判案例要览》(2009民事:381)。①江苏阜宁法院(2017)苏0923民初4641号"严某诉卢某等机动车交通事故责任纠纷案",见《以判决隐含的事实起诉构成重复起诉》(刘干),载《人民司法·案例》(201735:65)。②河北高院(2008)冀民一终字第00038号"申某诉医院等医疗侵权纠纷案",见《患者请求到美国治疗:医疗费如何赔偿?》(胡华军、邢荣允、宣建新),载《人民司法·案例》(200816:26)。③重庆九龙坡区法院(2012)九法民初字第04360号"翁某诉张某等交通事故损害赔偿案"。④陕西榆林中院(2012)榆中法民二终字第00042号"姬某与黄某交通事故损害赔偿案"。⑤新疆乌鲁木齐中院(2012)乌中民一终字第1843号"张某与杨某交通事故损害赔偿案"。⑥河南郑州中院(2012)郑民一终字第1176号"陈某与王某等交通事故损害赔偿案"。

**参考观点索引:**●失去自理能力的当事人就后续治疗费、护理费提出请求的,应如何处理?见《人身损害赔偿案件中,失去自理能力的当事人就后续治疗费、护理费提出请求的,应如何处理?》,载《民事审判实务问答》(2008:122)。○医疗终结并评残后的医疗费应否赔偿?赔偿的标准如何把握,是否只要有病历记录和医疗费单就应支持?见《在人身损害赔偿纠纷案件中,医疗终结并评残后的医疗费应否赔偿?赔偿的标准如何把握,是否只要有病历记录和医疗费单就应支持?》,载《民事审判实务问答》(2008:134)。

# 57. 精神损害抚慰金承担
## ——精神抚慰金,多少如何定?
### 【精神损害】

**【案情简介及争议焦点】**

2004年2月,杨某因交通事故当场死亡,肇事大货车司机弃车逃逸,查无线索。杨某尸体后被高速行驶的鲁某驾驶的车主为制造厂的车辆碾轧。交警认定鲁某对该起交通事故不负责任。制造厂为来料加工企业,外资方为铸造公司。杨某近亲属起诉鲁某等要求赔偿精神损害抚慰金。

争议焦点:1. 侵权责任主体? 2. 侵权责任如何承担?

**【裁判要点】**

1. **鲁某应承担过错赔偿责任**。从损害事实及因果关系看,鲁某驾车碾轧死者杨某遗体,直接造成死者遗体多处挫损,损害事实清楚,因果关系明确。鲁某在行车的过程中应保持适当车速并尽谨慎的注意义务,因其疏忽大意而未能履行该义务以致发生碾轧尸体的后果,故在该侵权行为中鲁某存在过失。受害人杨某因交通事故当场死亡,在死亡后尸体又遭到碾轧,确实给杨某近亲属精神上带来巨大痛苦,但精神痛苦的主要原因是交通事故造成受害人杨某死亡,鲁某碾轧尸体的行为仅为杨某近亲属精神痛苦的次要原因。故根据发生损害的原因力分析,本案中鲁某只对原告的精神痛苦承担部分的赔偿责任。

2. **本案侵权责任承担的主体**。因鲁某系制造厂司机,且涉案车辆为制造厂所有,而该厂又是来料加工企业,没有独立的民事行为能力,其民事责任应由铸造公司承担,故本案三被告应对鲁某的赔偿责任承担连带清偿责任。

【裁判依据或参考】

1. **法律规定**。《民法典》(2021年1月1日)第1183条:"侵害自然人人身权益造成严重精神损害的,被侵权人有权请求精神损害赔偿。因故意或者重大过失侵害自然人具有人身意义的特定物造成严重精神损害的,被侵权人有权请求精神损害赔偿。"《侵权责任法》(2010年7月1日,2021年1月1日废止)第22条:"侵害他人人身权益,造成他人严重精神损害的,被侵权人可以请求精神损害赔偿。"

2. **行政法规**。《机动车交通事故责任强制保险条例》(2013年3月1日修改施行)第3条:"本条例所称机动车交通事故责任强制保险,是指由保险公司对被保险机动车发生道路交通事故造成本车人员、被保险人以外的受害人的人身伤亡、财产损失,在责任限额内予以赔偿的强制性责任保险。"

3. **司法解释或最高人民法院其他司法性文件**。最高人民法院《关于审理道路交通事故损害赔偿案件适用法律若干问题的解释》(2012年12月21日,2020年修改,2021年1月1日实施)第11条:"道路交通安全法第七十六条规定的'人身伤亡',是指机动车发生交通事故侵害被侵权人的生命权、身体权、健康权等人身权益所造成的损害,包括民法典第一千一百七十九条和第一千一百八十三条规定的各项损害。道路交通安全法第七十六条规定的'财产损失',是指因机动车发生交通事故侵害被侵权人的财产权益所造成的损失。"最高人民法院《关于在道路交通事故损害赔偿纠纷案件中,机动车交通事故责任强制保险中的分项限额能否突破的请示的复函》(2012年5月29日 〔2012〕民一他字第17号):"……根据《中华人民共和国道路交通安全法》第十七条、《机动车交通事故责任强制保险条例》第二十三条,机动车发生交通事故后,受害人请求承保机动车第三者责任强制保险的保险公司对超出机动车第三者责任强制保险分项限额范围的损失予以赔偿的,人民法院不予支持。"最高人民法院《关于财保六安市分公司与李福国等道路交通事故人身损害赔偿纠纷请示的复函》(2008年10月16日 〔2008〕民一他字第25号)："……《机动车交通事故责任强制保险条例》第3条规定的'人身伤亡'所造成的损害包括财产损害和精神损害。精神损害赔偿与物质损害赔偿在强制责任保险限额中的赔偿次序,请求权人有权进行选择。请求权人选择优先赔偿精神损害,对物质损害赔偿不足部分由商业第三者责任险赔偿。"最高人民法院负责人《在公布〈关于审理人身损害赔偿案件适用法律若干问题的解释〉新闻发布会上的讲话》(2003年12月29日)："……关于死亡赔偿。赔偿权利人因受害人死亡所蒙受的财产损失可以有两种计算方法,一是以被扶养人丧失生活来源作为计算依据;二是以受害人死亡导致的家庭整体收入减少为计算依据。《解释》将'死亡赔偿金'的性质确定为收入损失的赔偿,而非'精神损害抚慰金'。赔偿数额,按照'人均可支配收入'的客观标准以二十年固定赔偿年限计算,即采取定型化赔偿模式。该计算方法既与过去的法律法规相衔接,又不致因主观计算导致贫富悬殊、两极分化。按照这一计算方法,死亡赔偿金比过去提高一倍多。例如:以2000年北京市城镇居民人均消费性支出8493.5元计算,过去的死亡赔偿金全额为84,935元。同年北京市城镇居民人均可支配收入为10,350元,依《解释》计算的全额死亡赔偿金可达207,000元。"最高人民法院《关于确定民事侵权精神损害赔偿责任若干问题的解释》(2001年3月10日 法释〔2001〕7号,2020年修正,2021年1月1日实施)第1条:"因人身权益或者具有人身意义的特定物受到侵害,自然人或者其近亲属向人民法院提起诉讼请求精神损害赔偿的,人民法院应当依法予以受理。"第5条:"精神损害的赔偿数额根据以下因素确定:(一)侵权人的过错程度,但是法律另有规定的除外;(二)侵权行为的目的、方式、场合等具体情节;(三)侵权行为所造成的后果;(四)侵权人的获利情况;(五)侵权人承担责任的经济能力;(六)受理诉讼法院所在地的平均生活水平。"最高人民法院副院长李国光《在全国民事审判工作会议上的讲话》(2000年10月28日)第4条:"审判实践表明,审理损害赔偿案件如何确定精神损害赔偿责任,是一个适用法律比较困难,且往往引起社会争议的问题。人民法院审理这类案件,既要严格依照法律规定,又要慎重稳妥,要特别注意三个问题:一要严格把握精神损害的赔偿范围。当前,请求精神损害赔偿范围已从民法通则规定的公民姓名权、肖像权、名誉权和荣誉权,扩展到生命健康权、人格尊严权、人身自由权和隐私权等方面,而且提出的索赔数额越来越高,从几千元到数百万元不等。这是一个值得注意的动向。人民法院处理精神损害赔偿问题时,要坚持以人身权利遭受侵害,造成受害人精神痛苦为原则,不要随意扩大受案范围。对因生命权、健康权遭受侵害向人民法院起诉要求赔偿精神损害的,只要符合民事诉讼法第108条规定的条件,就应当受理,慎重处理。二要严格掌握精神损害赔偿原则。对侵权情节轻微,未造成严重后果的,可以根据具体情况,依法判令加害人停止侵害,恢复名誉,消除影响,赔礼道歉,对赔偿精神损害抚慰金的请求,一般不予支持;加害人因故意或重大过失致人损害,造成精神损害的后果比较严重的,可根据加害人的过错程度、侵权情节、损害后果等具体情况,依法判令其赔偿精神损害抚慰金。三要合理确定赔偿数额。应当明确,人民法院通过审判活动,确认侵权人的精神损害赔偿责任,其目的在于抚慰受害人,教育、惩罚侵权行为人,在社会上树立起尊重他人人身权利和人格尊严的法制意识和良好道德风尚。赔偿数额要切合实际,原则上不宜过高。各地因经济、文化发展的情况不同,具体数额可有所差别,不要互相攀比。要正确引导当事人,对于过高数额的精神损害抚慰金的请求,一般不予支持,并向请求人说明诉讼费用的负担原则,以限制滥诉行为。"

**4. 地方司法性文件**。浙江高院《印发〈关于人身损害赔偿项目计算标准的指引〉的通知》(2022年8月24日 浙高法审〔2022〕2号)第35条:"精神损害抚慰金属于单独核算的人身损害赔偿项目,根据《最高人民法院关于确定民事侵权精神损害赔偿责任若干问题的解释》第五条规定,在确定数额时一般应考量侵权人的过错程度。但不能与物质损害赔偿项目累加后按照责任比例进行计算。"内蒙古高院《关于道路交通事故损害赔偿案件赔偿项目审核认定标准汇编》(2022年1月1日)第13条:"精神损害抚慰金。1.计算方法。受害人死亡的,精神损害抚慰金一般不超过5万元;受害人伤残的,精神损害抚慰金按伤残赔偿指数乘以3万元计算。2.相关证据。赔偿权利人应提供伤残程度等级鉴定意见书、死亡证明等证据。3.说明。(1)精神损害抚慰金可以在机动车第三者责任强制保险(以下简称交强险)责任限额内予以赔偿。(2)受害人对损害后果的发生有过错的,应根据过错程度酌减精神损害抚慰金数额。受害人负事故全部或主要责任的,原则上不支持精神损害抚慰金。(3)交通事故的侵权人被依法追究刑事责任的,该侵权人不再承担精神损害抚慰金的赔偿责任;其他未被追究刑事责任的,侵权人仍需在其责任份额内承担精神损害抚慰金的赔偿责任。"海南高院《关于印发〈海南省道路交通事故人身损害赔偿标准〉的通知》(2021年1月1日 琼高法〔2020〕325号)第2条:"……精神损害抚慰金即受害人或者死者近亲属因本次交通事故遭受严重精神损害,适用《最高人民法院关于确定民事侵权精神损害赔偿责任若干问题的解释》予以确定。计算原则:精神损害赔偿原则上不超过5万元,可以根据受害人伤残等级进行量化。十级伤残的精神损害抚慰金一般为5000元,伤残等级每增加一级,可以增加抚慰金5000元。"安徽亳州中院《关于审理道路交通事故损害赔偿案件的裁判指引(试行)》(2020年4月1日)第14条:"受害人自身有过错的,应考虑其过错程度适当减少精神抚慰金数额。受害人人身遭受的伤害已经构成一处伤残等级的,自十级伤残开始,精神抚慰金的数额一般每级不低于5000元,不高于8000元;构成多处伤残等级的,可在前述数额基础上适当增加。受害人死亡的,精神抚慰金数额一般不低于50000元,不高于80000元。"江西宜春中院《关于印发〈审理机动车交通事故责任纠纷案件的指导意见〉的通知》(2020年9月1日 宜中法〔2020〕34号)第37条:"受害人因交通事故致残或死亡的,受害人或其近亲属请求赔偿精神损害抚慰金的,人民法院应予支持。精神损害抚慰金根据以下原则确定:(1)受害人构成伤残的,根据受害人的伤残等级确定,每一级不超过5000元,一级伤残不超过50,000元。(2)受害人死亡的,一人死亡一般不超过50,000元,两人以上死亡的,一般不超过100,000元,最高不超过200,000元。(3)受害人负事故主要责任或同等责任的,精神损害抚慰金根据其承担的责任比例酌定。受害人负事故全部责任的,一般不予支持。受害人不构成伤残的,精神损害抚慰金一般不予支持。但受害人年幼、伤情特殊(如面部疤痕、流产等)、因伤严重影响受害人升学、就业等情形的,可以酌情确定精神损害抚慰金。侵权人的侵权行为构成犯罪的,不影响受害人在民事诉讼中的精神损害抚慰金赔偿。"第46条:"涉及道路交通事故受伤人员伤残评定的,应委托具有司法鉴定资质的鉴定机构及其鉴定人员担任。司法鉴定应符合国家对鉴定原则、鉴定资质、鉴定时机的规定。精神伤残的评定应当以事故直接所致的损伤或确因损伤所致的并发症治疗终结后进行,一般在脑外伤治疗终结的六个月后进行。如被评定人后遗精神异常主要表现为明显的精神病性症状等较严重情形的,应在进行系统精神专科治疗后进行。一般人体损害伤残的评定应当在临床效果稳定,医疗基本终结后进行。"山西高院《关于人身损害赔偿标准的办案指引》(2020年7月1日 晋高法〔2020〕34号)第27条:"受害人因侵权行为致残或致死的,赔偿权利人请求赔偿精神损害抚慰金的,应予支持。受害人未构成伤残,但面部受伤或受害人为儿童的,可以根据案情适当支持精神损害抚慰金。"第28条:"精神损害抚慰金的数额参照受害人的伤残等级并根据当事人的过错程度、侵权人承担责任的能力、当地的生活水平等具体案情确定。未构成伤残但符合本意见第二十七条第二款规定的情形或伤残十级的,精神损害抚慰金的数额不超过5000元;伤残九级的,在5000元至10,000元之间确定赔偿数额;以此类推,伤残一级或死亡的,在45,000元至50,000元之间确定赔偿数额,最高不超过50,000元。"四川高院《关于印发〈四川省高级人民法院机动车交通事故责任纠纷案件审理指南〉的通知》(2019年9月20日 川高法〔2019〕215号)第3条:"【精神伤残评定】涉及道路交通事故受伤人员精神伤残评定的,应委托具备法医精神病鉴定资质的司法鉴定人担任。精神伤残的评定应当以事故直接所致的损伤或确因损伤所致的并发症治疗终结后进行,一般在脑外伤治疗终结的六个月后进行。如被评定人后遗精神异常主要表现为明显的精神病性症状等较严重情形的,应在进行系统精神专科治疗后进行。对精神伤残评定,人民法院应当对鉴定人资质和评定时机进行审查,经审查认为需要启动重新鉴定程序的,人民法院应当向当事人释明。"第

10条:"【精神损害在交强险中的处理】赔偿权利人主张精神损害的,人民法院可以就是否请求承保交强险的保险公司优先赔偿向当事人释明。当事人主张承保交强险的保险公司优先赔偿的,人民法院应予支持。"安徽黄山中院《关于印发〈黄山市中级人民法院关于审理道路交通事故损害赔偿纠纷案件相关事项的会议纪要(试行)〉的通知》(2019年9月2日 黄中法〔2019〕82号)第12条:"精神损害抚慰金:根据本地赔偿标准及伤残情况计算。1.未构成伤残等级的,原则上不支持精神抚慰金。2.构成伤残等级的,十级为5000元,每加重一级,增加5000元。3.精神损害抚慰金在交强险死亡赔偿限额内优先赔付(机动车投保了精神损害附加商业保险的除外),受害人明确表示不在交强险死亡伤残赔偿限额内主张的除外。"浙江金华中院《人身损害赔偿细化参照标准》(2019年5月27日)第6条:"精神损害抚慰金:按最高人民法院《关于确定民事侵权精神损害赔偿责任若干问题的解释》第十条规定的六项因素,由法官自由裁量。具体可参照伤残等级予以量化:10级伤残3000-5000元,每增1个伤残等级加3000-5000元,1级伤残或死亡30,000-50,000元,不构成伤残的在5000元以下(不包括本数)酌情考虑。还应当按该司法解释第十一条规定综合考虑受害人的过错程度等因素予以酌减,按侵权人的主观恶意程度及受损后果的严重程度等因素予以裁量。被侵权人的损害程度特别严重或者社会影响特别大,可适当提高赔偿金额,但原则上不超过100,000元。在机动车投保了交强险的交通事故案件中,精神损害赔偿与物质损害赔偿在交强险限额中的赔偿次序,请求权人有权进行选择。请求权人选择在交强险范围内优先赔偿精神损害的,人民法院应予支持。"江西上饶中院《关于机动车交通事故责任纠纷案件的指导意见(试行)》(2019年3月12日)第1条:"……受害人没有构成伤残,一般不支持精神损害抚慰金。侵权人因交通事故中的行为被判处刑罚的,受害人又在民事诉讼中请求精神损害抚慰金的,不予支持。"安徽阜阳中院《机动车交通事故责任纠纷案件裁判标准座谈会会议纪要》(2018年9月10日)第2条:"因交通事故构成犯罪的,精神损害抚慰金诉讼请求应予支持;其他刑事犯罪造成人身损害的,精神损害抚慰金、伤残赔偿金、死亡赔偿金一律不予支持。精神损害抚慰金的计算可以以5000元为基数,从十级到五级,每增加一级增加5000元;从五级到一级,每增加一级增加10000元。数个同级别伤残,按残疾赔偿金计算方式,每多一个增加10%。精神损害抚慰金应考虑当事人过错等综合因素,单独计算,不重复扣减。"湖北鄂州中院《关于审理机动车交通事故责任纠纷案件的指导意见》(2018年7月6日)第1条:"精神损害抚慰金按以下原则确定:受害人死亡,一般不超过50,000元;受害人构成伤残,根据受害人的伤残等级确定,每一级不超过5000元,一级伤残不超过50,000元。精神损害赔偿数额=精神损害抚慰金×侵权责任比例。受害人不构成伤残等级,请求支付精神损害抚慰金的,人民法院不予支持。侵权人的侵权行为构成刑事犯罪的,不影响受害人在民事诉讼中的精神损害抚慰金赔偿。"山东济南中院《关于保险合同纠纷案件94个法律适用疑难问题解析》(2018年7月)第46条:"交强险、三者险、车上人员责任险项下人身伤亡损失的赔偿范围如何确定。《机动车交通事故责任强制保险条例》(以下简称交强险条例)第二十一条第一款规定,被保险机动车发生道路交通事故造成本车人员、被保险人以外的受害人人身伤亡、财产损失的,由保险公司依法在机动车交通事故责任强制保险责任限额范围内予以赔偿。根据上述规定,交强险赔偿范围包括两部分,一部分是人身伤亡,一部分是财产损失。该条并未对伤及何种程度作出限制性规定。交通事故责任人承担的是侵权责任,而交强险的承保对象则是责任人应负的侵权责任。《中华人民共和国侵权责任法》(以下简称侵权责任法)第十六条规定,侵害他人造成人身损害的,应当赔偿医疗费、护理费、交通费等为治疗和康复支出的合理费用以及因误工减少的收入。造成残疾的,还应当赔偿残疾生活辅助器具费和残疾赔偿金。造成死亡的,还应当赔偿丧葬费和死亡赔偿金。《最高人民法院关于审理人身损害赔偿案件适用法律若干问题的解释》第17条、第18条规定,道路交通事故损害赔偿纠纷案件的赔偿范围,包括医疗费、误工费、护理费、交通费、住宿费、住院伙食补助费、必要的营养费。受害人因伤致残的,还应赔偿残疾赔偿金、残疾辅助器具费、被抚养人生活费,以及因康复护理、继续治疗实际发生的必要的康复费、护理费、后续治疗费;受害人死亡,还应赔偿丧葬费、被抚养人生活费、死亡补偿费以及受害人亲属办理丧葬事宜支出的交通费、住宿费和误工损失等其他合理费用。受害人或者死者近亲属遭受精神损害,并可请求精神损害抚慰金。该司法解释第31条规定,残疾赔偿金、死亡补偿费属于物质损害赔偿金,与精神损害抚慰金性质不同。受害人或者死者近亲属获得残疾赔偿金、死亡补偿费的,亦可同时要求精神损害抚慰金。对精神损害抚慰金的数额,应根据《最高人民法院关于确定民事侵权精神损害赔偿责任若干问题的解释》的规定,并参照《山东省高级人民法院关于审理人身损害赔偿案件若干问题的意见》第85条规定的标准确定。最高人民法院第24号指导案例载明了保险公司应在交强险死亡伤残赔偿限额内赔偿被保险人护理费、残疾赔偿金、精神损害抚慰金、交通费。"河北唐山中院《关于审理机动车交通事故责任纠纷、保险合同纠纷案件的指导意见(试行)》(2018年3月1日)第16条:"[精神损害抚慰金]精神损害抚慰金的确定要依照相关司法解释确定的原则综合考虑,支持与否一般以受害人是否构成伤残为准。按伤残十个等级且最高额为50,000元对照赔付,如伤残十级为1000-5000元,伤残九级为5000-10,000元,以此类推。如未构成伤残的,一般不支持精神损害抚慰金,但特殊情况除外。在肇事司机被追究了刑事责任的情况下,受害人或其近亲属要求给付精神损害抚慰金的,不予支持。两辆以上车辆造成同一交通事故致人损害,部分侵权人承担了刑事责任,受害人要求未承担刑事责任的侵权人承担精神损害赔偿的,予以支持,但应当扣减承担了刑事责任的侵权人行为责任所占份额。"湖北十堰中院《印发〈关于进一步规范机动车交通事故责任纠纷案件审理工作的意见〉的通知》(2018年6月28日 十中法〔2018〕79号,2020年7月10日废止)第10条:"精神损害抚慰金的赔偿数额根据侵权人的责任大小、侵权行为所造成的后果、受诉法院所在地的生活水平等因素综合确定。按以下原则处理:(一)受害人死亡或构成一级伤残,且无过错的情况下,最高不超过4万元;(二)受害人构成伤残,且无过错的情况下,根据受害人的伤残等级确定,每一级不超过4000元;(三)如受害人有过错,根据其过错责任大小、损害后果及案件的具体情况综合确定赔偿数额。精神损害抚慰金不应计入受害人的总损失后再按过错比例予以划分确定。侵权人构成刑事犯罪的,赔偿权利人无论提起刑事附带民事诉讼还是单独提起民事诉讼请求精神损害抚慰金的,均不予支持。"山东日照中院《机动车交通事故责任纠纷赔偿标准参考意见》(2018年5月22日)第23条:"精神损害抚慰金与伤残等级及责任大小的关系。一般只有构成伤残的支持精神损害抚慰金,但对于涉及面部瘢痕、孕妇流产等特殊情形,虽不构成伤残但对受害人造成心理伤害的,人民法院法院可以酌情考虑精神损害。受害人无责任或者负次要责任的,支持精神损害抚慰金,受害人主要责任或全部责任的,一般不支持精神损害抚慰金。侵权人构成交通肇事罪并被判处刑罚,受害人另行提起民事诉讼要求赔偿的,不支持精神损害抚慰金。个人侵权的,一般为一级伤残1000元,即十级伤残1000元,九级伤残2000元,死亡的10,000元。单位侵权的,是个人侵权数额的五到十倍,构成伤残的一般为5000元起步。损害后果特别严重的,可在上述基础上适当提高赔偿标准。存在个人挂靠单位情形的,按自然人侵权对待。"陕西榆林中院《人身损害赔偿标准调研座谈会会议纪要》(2018年1月3日)第12条:"精神损害抚慰金。问题:精神损害抚慰金各地法院、法官的裁判结果不尽一致。解决:严格执行榆林市中级人民法院关于印发《统一精神损害抚慰金赔偿标准的会议纪要》的通知(榆中法【2013】85号)。对因伤致残提出精神损害赔偿的,精神抚慰金按总数50000元以下的金额酌情给付,并依据相应伤残等级,按每个级差10%递减计算。对当事人死亡其近亲属提出精神损害赔偿的,精神抚慰金一律按50000元给付。死者近亲属多人提出精神损害赔偿的,给付精神抚慰金的金额由死者近亲属自行协商分配。"安徽淮北中院《关于审理道路交通事故损害赔偿案件若干问题的会议纪要》(2018年)第1条:"赔偿项目和标准……(十一)精神损害抚慰金。未构成伤残等级的,原则上不支持精神损害抚慰金的请求。构成伤残等级的,精神损害抚慰金的数额结合受害人的伤残等级确定,十级伤残原则上为5000元,每增加一级,增加5000元。造成受害人死亡的,精神损害抚慰金一般支持5万元,考虑侵权人全部过错程度、侵权行为所造成的严重后果,结合侵害的手段、场合、行为方式等因素,可以支持精神损害抚慰金6—7万。当事人请求承保保险公司在交强险的限额内优先赔偿精神损害抚慰金的,应予支持。受害人自身有过错的,精神损害抚慰金按其过错程度酌情减少。精神损害抚慰金需单独计算,不得按事故责任比例重复核减。"广东惠州中院《关于审理机动车交通事故责任纠纷案件的裁判指引》(2017年12月16日)第39条:"精神损害抚慰金。精神损害抚慰金的赔偿额应综合考虑受害人的伤亡、致残情况及侵权人的赔偿能力等因素。受害人死亡的,精神损害抚慰金的赔偿标准原则上为8至10万元,10级伤残的为一万元,以此逐级递增一万元,1级伤残的为10万元。受害人多处伤残的,可在最高等级伤残的赔偿标准上略有浮动,没有伤残的原则上不支持精神损害抚慰金;精神损害抚慰金不考虑受害人在事故中的过错责任,并在交强险中优先赔偿。肇事司机被追究刑事责任的,仍应支持受害人或者受害人亲属的精神损害抚慰金。交通事故造成怀孕妇女受伤流产的,胎儿不列入损害赔偿范围,但应当赔偿适当的精神损害抚慰金。"湖北黄冈中院《关于审理机动车交通事故责任纠纷案件的指导意见(一)》(2017年10月1日)第35条:"[精神损害抚慰金的适用范围]受害人因伤死亡、残疾或者虽不构成伤残,但损害后果对受害人的生活、工作造成较大影响的,可以支持精神损害抚慰金。"第36条:"[精神损害抚慰金的数额确定]精神损害抚慰金的赔偿数额根据侵权人的责任大小、侵权行为所造成的后果、受诉法院所在地的生活水平等因素综合确定。按以下原则处理:(1)受害人死亡或构成一级伤残,且无过错的情况下,一般不超过3万元。(2)受害人构成伤残,且无过错的情况下,根据受害人的伤残等级确定,每一级不超过3000元。(3)如受害人有过错,再根据其过错责任大小及案件的具体情况综合确定精神损害抚慰金的赔偿数额。精神抚慰金不应再纳入受害人总损失并按过错比例予以划分。"第37条:"[侵权人构成刑事犯罪的,精神损害抚慰金的处理]根据《最高人民法院关于适用〈中华人民共和国刑事诉讼法〉的解释》第一百三十八条第二款规定,因受到犯罪侵犯,提起附带民事诉讼或者单独提起民事诉讼要求赔偿精神损失的,人民法院不予受理。因此,侵权人构成刑事犯罪,受害人在民事诉讼中要求赔偿精神损害抚慰金的,不予支持。"江西高院《关于印发〈审理人身侵权赔偿案件指导意见(试行)〉的通知》(2017年9月5日 赣高法〔2017〕169号)第22条:"精神损害抚慰金。受害人死亡或者因伤残等造成严重精神损害的,可以请求支持赔偿精神损害赔偿。精神损害赔偿金额一般不超过五万元;一级伤残或者两人以上死亡的一般不超过十万元,最高不超过二十万元。造成伤害的主要原因归于受害人或者由受害人故意造成的,对受害人的精神损害赔偿请求,不予支持。"四川成都中院《关于印发〈机动车交通事故责任纠纷案件审理指南(试行)〉的通知》(2017年7月5日 成中法发〔2017〕116号)第3条:"涉及精神类的伤残等级鉴定,应委托具备法医精神病司法鉴定资质的鉴定机构实施。颅脑损伤的精神类鉴定应当在治疗终结的六个月后进行,重型颅脑损伤的精神类鉴定应当在治疗终结的九个月后进行。对于鉴定意见是否符合前两款规定,法院应依职权进行审查,经审查认为需要启动重新鉴定程序的,法院应当进行释明。"第4条:"如当事人对鉴定意见提出的异议涉及专门性问题或者法院认为鉴定人有必要出庭的,应当通知鉴定人出庭接受质询。经法院通知,鉴定人无民事诉讼法第七十三条规定的情形而拒不出庭作证的,鉴定意见可以不作为认定事实的根据。法院根据鉴定人出庭的情况决定是否采信现有鉴定意见或启动重新鉴定程序。"第5条:"二审法院认为需要重新鉴定,经审查符合鉴定条件的,应当发回重审。但当事人均同意在二审委托鉴定并直接作出处理的除外。"北京三中院《类型化案件审判指引:机动车交通事故责任纠纷类审判指引》(2017年3月28日)第2-3.3.2.7部分"精神损害抚慰金—常见问题解答"第1条:"精神抚慰金认定的标准?精神抚慰金数额应当依照《精神损害赔偿解释》第八条、第十条的规定予以确定。其中损害后果的严重程度虽然是较为重要的参考因素,但受害人的过错也是重要因素之一。在受害人过错很大时,不宜判处高额的精神损害抚慰金。在北京市目前的社会经济条件下,原则上死亡或一级伤残不超过10万元为宜,其他伤残等级,通过乘以伤残赔偿指数确定。十类伤残等级,一般每级5000元,十级为最低,一级为最高。"第2条:"确定精神抚慰金数额时是否要考虑受害人的过错程度?虽然《道交解释》第十六条第二款规定,受害人或者其近亲属请求承保交强险的保险公司优先赔偿精神损害的,人民法院应予支持。但是在司法实践中,也不排除判决巨额精神损害抚慰金,已超出交强险限额的情况。(1)根据司法解释,精神损害抚慰金优先由交强险赔偿,而交强险的赔偿原则是在交强险限额内不区分过错,所以在确定精神损害抚慰金时,原则上不考虑受害人的过错。(2)但是,一起事故多人受伤,伤残赔偿指数完全一致,但过错程度差别较大时,不宜确定完全相同的精神损害抚慰金数额。(3)虽然受害人已定残,但其负此次事故的全部责任或主要责任时,即其具有重大过失时,也不宜判决较高的精神损害抚慰金。(4)如果受害人或其近亲属要求在交强险限额内优先赔偿物质损害,且精神损害抚慰金因此不能再交强险限额内赔偿时,因对于交强险限额外损失需考虑受害人的过错程度,为避免二次扣减,在确定此次事故所产生精神损害抚慰金数额时,应不考虑受害人过错。"第3条:"是否必须在受害人死亡或定残的情况下,权利人才能主张精神损害抚慰金?根据《侵权责任法》第二十二条,精神损害抚慰金应严格把握,限于侵权行为造成让人严重精神损害的情况。但不应仅以是否死亡或定残作为是否判决精神损害抚慰金的唯一依据。受害人虽未死亡或定残,但如果受害人为老、幼、病、残、孕等需特别照顾的群体或有需特别进行照顾的其他合理因素(如,在面部或颈部等外露器官留有疤痕;患有严重后遗症;住院时间长;需长期治疗,治疗始终未终结,无法进行伤残等级鉴定的;因年龄较小,无法进行伤残等级鉴定的),可以判决精神损害抚慰金。"天津高院《关于印发〈机动车交通事故责任纠纷案件审理指南〉的通知》(2017年1月20日 津高法〔2017〕14号)第5条:"……(十四)精神损害抚慰金。(1)精神损害抚慰金的赔偿权利人是遭受精神损害的受害人或死者近亲属。(2)受害人残疾或死亡的,受害人或其近亲属请求赔偿精神损害抚慰金的,应予支持。对于未构成伤残的受害人提出的精神损害抚慰金的诉讼请求,由受诉法院根据个案情况从严掌握,一般不予支持。(3)精神损害抚慰金数额,主要依据损害后果、侵权人和受害人过错程度确定。上述损害后果,在致受害人伤残的案件中,主要指受害人伤残等级,对于受害人年幼、伤情特殊、因伤严重影响受害人升学等个案中的其他损害后果,在确定精神损害抚慰金数额时可酌情考虑。受害人对损害后果的发生有过错的,应酌减精神损害抚慰金数额,此情况下若交强险限额不足以全额赔付精神损害抚慰金的,对于需由其他赔偿义务人赔付的精神损害抚慰金余额,不应再乘以该赔偿义务人的责任比例。(4)精神损害抚慰金的优先受偿。受害人或者其近亲属请求承保交强险的保险公司优先赔偿精神损害的,应予支持。被侵权人或近亲属对优先赔偿问题未做主张的,法院可予以释明。同一交通事故的多个被侵权人同时起诉且交强险限额不足以全部赔偿其损失的,被侵权人或其近亲属在交强险限额内优先获得赔偿的精神损害抚慰金数额不超过其按照损失比例分享到的交强险赔偿数额。"江苏高院民一庭负责人《在全省民事审判工作例会上的讲话》(2016年9月14日)第16条:"关于侵权责任与刑事责任的关系问题。《侵权责任法》第4条规定侵权人承担刑事责任的,不影响承担侵权责任。最高法院刑事诉讼法司法解释第155条规定附带民事诉讼只赔物质损害。两者规定不一致,如何处理?实践中需要把握以下几点:(一)关于赔偿范围的确定。(1)对于精神损害赔偿问题。根据最高法院刑事诉讼法司法解释第138条规定,刑事被害人一方要求赔偿精神损失的,人民法院不予受理。因此,构成刑事犯罪的,受害人主张精神损害赔偿的,一律不予支持……"河北石家庄中院《关于规范机动车交通事故责任纠纷案件审理工作座谈会会议纪要》(2016年1月11日 石中法〔2016〕4号)第12条:"受害人因交通事故遭受严重精神损害,应当给予精神损害抚慰金的,按照以下办法确定:(一)受害人的伤残等级为十级的,给予精神损害抚慰金2000—3000元;(二)受害人伤残等级为九至七级的,以十级伤残精神损害抚慰金最高赔偿数额3000元为基数,伤残等级每增加一级,精神损害抚慰金数额增加2000—3000元;(三)受害人的伤残等级为六级的,给予精神损害抚慰金15,000—20,000元;(四)受害人伤残等级为五至二级的,以六级伤残精神损害抚慰金最高赔偿数额20,000元为基数,伤残等级每增加一级,精神损害抚慰金数额增加4000—5000元;(五)受害人死亡或伤残等级为一级的,给予精神损害抚慰金50,000元;(六)受害人多处伤残的,按照其中最高伤残等级确定精神损害抚慰金;(七)受害人的伤残达不到评级标准,原则上不给付精神损害抚慰金;情况特殊,确有必要给付的,在不超过2000元的范围内,酌情确定;(八)依照前款规定确定的精神损害抚慰金数额,如果受害人对于损害的发生也有过错的,依照受害人过错程度,相应减少精神损害抚慰金的数额。受害人对损害的发生负全部责任的,在不超过10%的范围内,酌情确定应给付的精神损害抚慰金数额。"江西南昌中院《机动车交通事故责任纠纷案件指引》(2015年4月30日 洪中法〔2015〕45号)第2条:"关于交通事故具体赔偿项目的要求……精神损害抚慰金的认定标准。(1)受害人负主责或全责的,一般无精神损害。(2)不构成伤残的案件,一般无精神损害。(3)肇事者被判处刑罚的,无精神损害。【注意事项】:一般只有构成伤残的才有精神损害抚慰金,但对于涉及面部瘢痕、孕妇流产等特殊情形,虽不构成伤残但对受害人造成心理伤害的,法院仍然会酌情考虑精神损害。对于构成交通肇事罪的案件,即便受害人另行提起民事诉讼赔偿,也无精神损害赔偿。"安徽马鞍山中院《关于审理交通事故损害赔偿案件的指导意见(试行)》(2015年3月)第2条:"【精神损害抚慰金】受害人起诉时未明确提出精神损害抚慰金在交强险中优先赔偿的,人民法院应当进行释明并要求受害人作出明确的选择。在未进行释明的情况下,不得划分一定比例由保险公司和其他赔偿义务人分担精神损害抚慰金。受害人未构成伤残的,一般情况下可不支持受害人的精神损害抚慰金请求。受害人虽未构成伤残,但身体显要部位(如脸部留下疤痕等)遭受损害或其他特殊情形,确实给受害人造成严重精神损害的,应当酌情支持受害人精神损害抚慰金的请求。受害人构成伤残的,暂按每个等级6000元计算。受害人死亡的,暂按60000元计算。受害人对损害后果的发生亦有过错的,在确定精神损害抚慰金时应当按照过错责任比例扣减相应的数额。机动车驾驶人因道路交通事故被追究刑事责任,赔偿权利人单独提起交通事故损害赔偿诉讼,主张由机动车驾驶人及其他赔偿义务人承担精神损害抚慰金的,应予支持。"河北承德中院《2015年民事审判工作会议纪要》(2015年)第49条:"精神抚慰金赔偿标准。精神抚慰金赔偿考虑以下因素:1.侵权人的过错程度及侵权的行为方式;2.侵权行为所造成的后果;3.双方责任因素;4.侵权人承担责任的经济能力;5.受诉法院所在地平均生活水平,结合本地区的经济发展状况及平均生活水平,确定精神抚慰金最高限额为5万元。造成死亡的精神抚慰金确定为5万元,构成伤残的,精神损害抚慰金的赔偿数额确定为5万元以下,可按每个伤残等级递增10%,最高不超过5万元;不构成伤残的,精神损害抚慰金确定为1000元以上5000元以下。受害人对道路交通事故负全部责任和主要责任的,受害人或者赔偿权利人请求精神损害赔偿的,不予支持;在道路交通事故损害赔偿案件中,如果驾驶员已被追究交通肇事刑事责任的,不影响受害人主张精神损害抚慰金的权利,其在交通肇事刑事案件审结后提起的民事诉讼案件,应该支持精神损害赔偿金。"河南三门峡中院《关于审理道路交通事故损害赔偿案件若干问题的指导意见(试行)》(2014年10月1日)第9条:"受害人所受损伤不构成伤残的,除该损伤对受害人有特殊重大的不利影响及侵权行为存在特别恶劣情节等特殊情况外,一般不支持受害者要求赔付精神损害抚慰金的请求,确需赔付的,一般不超过5000元。受害人所受损伤构成伤残的,依据具体的伤残等级及侵权人所负事故责任等因素,确定精神损害抚慰金为:5000×(11-伤残等级数)×赔偿责任系数。其中赔偿责任系数为:侵权人负事故全部责任的,为80%—100%;侵权人负事故主要责任的,为60%—90%;侵权人负事故同等责任的,为50%—70%;侵权人负事故次要责任的,为20%—50%。具体的赔偿责任系数参酌侵权行为的具体情节、受害人的过错和侵权人承担责任的经济能力等因素确定。受害人所受损伤构成多处伤残的,伤残等级数为:伤残等级最高处的等级数-按本意见第六条第二款计算所得的伤残附加赔偿指数×10(如最高处伤残等级数为4,伤残附加赔偿指数为5%,则伤残等级数计算为:4-5%×10=3.5)。受害人死亡的,精神损害抚慰金参照Ⅰ级伤残的计算方法确定数额,可酌情适度提高,但最高不得超过8万元。"第10条:"驾驶人员因交通肇事受到刑事处罚的,赔偿权利人针对驾驶人员所提起的精神损害赔偿,法院不予支持。但受害人要求交通肇事犯罪的被告人之外的其他责任主体赔偿精神损害抚慰金的,可予以支持。"广西高院《关于印发〈审理机动车交通事故责任纠纷案件有关问题的解答〉的通知》(2014年9月5日桂高法〔2014〕261号)第12条:"精神损害抚慰金赔偿数额应如何确定?答:精神损害抚慰金应当按照《最高人民法院关于确定民事侵权精神损害赔偿若干问题的解释》第十条规定的六项因素予以确定。经济发达的地市,精神损害赔偿最高一般不超过5万元,经济欠发达的地市,精神损害赔偿最高一般不超过3万元,具体由各中级法院结合10个伤残等级予以量化。如果侵权行为情况特别恶劣,被侵权人的损害程度特别严重或者社会影响特别大的,可以适当提高赔偿金额。"广东深圳中院《关于道路交通事故损害赔偿纠纷案件的裁判指引》(2014年8月14日深中法发〔2014〕3号)第22条:"赔偿权利人请求承保交强险的保险公司优先赔偿精神损害抚慰金的,人民法院应予支持。赔偿权利人可于一审、二审期间提出于交强险中先行赔付精神损害抚慰金的请求;赔偿权利人未提出该请求的,人民法院应当予以释明,由其在法庭辩论终结前决定是否请求先行赔付精神损害抚慰金。赔偿权利人在二审诉讼中提出于交强险中先行赔付精神损害抚慰金的请求,人民法院可不将该请求视为一项独立的诉讼请求,而于判决说理部分予以明确。精神损害抚慰金应严格依照伤残等级确定,一级伤残为10万元,二级伤残为9万元,依次类推。"安徽淮南中院《关于审理机动车交通事故责任纠纷案件若干问题的指导意见》(2014年4月24日)第30条:"对于精神损害抚慰金的诉讼请求,人民法院应结合当事人的过错程度、损害后果等因素综合认定。受害人对道路交通事故负全部责任的,受害人或者赔偿权利人请求精神损害赔偿的,人民法院不予支持。受害人所受损伤不构成伤残的,除该损伤对受害人有特殊重大的不利影响及侵权行为存在特别恶劣情节等特殊情况外,一般不支持受害者要求赔付精神损害抚慰金的请求,确需赔付的,一般不超过2000元。"重庆高院民一庭《关于机动车交通事故责任纠纷相关问题的解答》(2014年)第13条:"最高人民法院《关于审理道路交通事故损害赔偿案件适用法律若干问题的解释》第二十二条规定:'同一交通事故的多个被侵权人同时起诉的,人民法院应当按照各被侵权人的损失比例确定交强险的赔偿数额。'而且规定精神损害抚慰金可以优先赔偿。那么,当多个受害人对多份交强险不能完全足额赔付时,是先扣除精神损害抚慰金后再按照损失比例分配,还是先按损失比例分配后,再根据各受害人情况先赔付精神损害抚慰金?当事人因多车相撞事故诉至法院,如其中有当事人要求精神损害抚慰金优先赔偿的,人民法院应当对参与诉讼的所有当事人释明是否要求精神损害抚慰金优先赔偿。具体处理时,先按当事人的损失比例将多份交强险限额之和在当事人之间分配后,然后在各受害人的分配金额范围内优先赔付精神损害抚慰金。但对没有参加诉讼的当事人不预留交强险份额。"湖北高院《民事审判工作座谈会会议纪要》(2013年9月)第13条:"对于身体权、健康权被侵害,权利人主张精神损害赔偿的,以达到伤残标准作为认定严重精神损害的依据,对于没有达到伤残标准的,则要结合侵害行为是否造成了受害人生活不便,是否降低了受害人的生活质量,是否给受害人造成严重的精神痛苦等因素考虑。对于姓名权、名誉权、荣誉权、肖像权、隐私权、婚姻自主权、监护权、人格尊严、人身自由等人身权益被侵害,严重的标准则要考虑受害人精神是否遭受极大的痛苦,受害人正常的工作、学习、劳动、生活秩序是否受到影响,是否造成了受害人精神疾病等后果。精神损害赔偿的数额一般不超过5万元。"安徽滁州中院《关于审理道路交通事故损害赔偿案件座谈会纪要》(2013年8月2日)第20条:"机动车交通事故案件审理中,受害人或者其近亲属未请求在交强险中优先赔偿精神抚慰金的,承办法官或合议庭应予释明,告之可请求在交强险限额内优先赔偿精神损害抚慰金。"第21条:"受害人构成伤残的,首先应根据受害人的过错程度、侵权行为造成的后果等因素在8000元以内确定精神损害抚慰金的基础数额,即十级伤残的精神损害抚慰金数额,再根据受害人实际构成的伤残等级确定基础数额的倍数,即十级伤残按1倍计算,九级伤残按2倍计算,其他依次类推。受害人构成多处伤残的精神损害抚慰金,以最高伤残等级的倍数乘以基础数额,每增加一处伤残增加精神损害抚慰金的数额按增加伤残的倍数乘以基数额20%左右进行确定。但累加计算所得的精神损害抚慰金最高不超过8万元。"第22条:

"受害人或其近亲属的精神损害抚慰金数额经考量受害人的过错等因素确定,在判决由赔偿义务人承担赔偿精神损害抚慰金时,不应再考虑受害人的过错而减少精神损害抚慰金的赔偿数额。"贵州贵阳中院《关于适用〈中华人民共和国侵权责任法〉若干问题的解答》(2013年3月13日 筑中法发〔2013〕32号)第1部分第1条:"因侵权造成他人人身损害的精神损害抚慰金的给付标准? 答:侵权行为致他人人身受到严重损害的,受害人可以请求给付精神损害抚慰金,根据贵州省的经济发展水平、平均生活水平、物价水平,一般不应超过全省上年度就业人员平均工资的2倍,在确定具体数额时,应根据侵权人的过错程度、侵害的手段、场合、行为方式、损害后果、伤残等级、受伤部位、侵权人承担责任的经济能力等综合考虑。在受害人亦有过错的情况下,由于在考虑其精神损害抚慰金已考虑了其过错程度,因此在计算总计费用时对精神损害抚慰金不应再重复分责。"第2部分第5条:"机动车交通事故责任强制保险与商业第三者责任险并存时,精神损害赔偿与物质损害赔偿应按何次序进行赔偿? 答:《道路交通安全法》第七十六条规定的"人身伤亡"是指机动车发生交通事故侵害被侵权人的生命权、健康权等人身权益所造成的损害,包括《侵权责任法》第十六条与第二十二条规定的各项损失。精神损害赔偿与物质损害赔偿在强制责任保险限额中的赔偿次序,请求权人有权进行选择。必要时法院可按照有利于保护受害人的角度出发进行释明。请求权人如果选择优先赔偿精神损害,对物质损害赔偿不足部分由商业第三者责任险赔偿。"浙江高院民一庭《民事审判法律适用疑难问题解答》(2013年第18期):"……问:道路交通事故纠纷中,被侵权人或者其近亲属请求承保交强险的保险公司优先赔偿精神损害的,人民法院在确定有关精神损害赔偿数额时是否应考虑侵权行为人的过错程度? 答:根据最高人民法院《关于确定民事侵权精神损害赔偿责任若干问题的解释》第十条的规定,确定精神损害的赔偿数额应考虑侵权人的过错程度、侵权行为的具体情节、侵权人的获利情况、侵权人的经济能力、当地平均生活水平等因素。据此,侵权人的过错程度系确定民事侵权精神损害赔偿责任应予考量的因素,且由此确定的精神损害赔偿数额不能再结合侵权人的过错责任比例进行计算。即精神损害赔偿数额属于单独核算的人身损害赔偿项目,不能和物质损害项目合并计算后结合责任比例进行折扣。交强险中的精神损害抚慰金属于民事侵权的精神损害赔偿责任,有关赔偿数额亦应遵循上述规则予以确定。"浙江杭州中院民一庭《关于道路交通事故责任纠纷案件相关疑难问题解答》(2012年12月17日)第2条:"……精神损害抚慰金问题。在受害人和致害人均负事故责任的情形下,如果损失总额超过交强险赔付限额,则受害人选择精神损害抚慰金是否在交强险中先行赔付,将导致其最终应得到赔偿金数额不同。而受害人选择精神损害抚慰金在交强险中先行赔付主要是基于商业险中对精神损害抚慰金一般不予赔付。例如:某甲自负30%的事故责任,某乙负事故70%的责任,某甲的总损失为20万元,其中根据伤残等级计算的精神损害抚慰金为1万元,如果某甲选择精神损害抚慰金1万元在交强险中先行赔付,则某甲的赔偿金数额为:12.2万 + (20万 − 12.2万) × 70% = 12.2万 + 5.46万 = 17.66万元。如果某甲选择精神损害抚慰金不在交强险中先行赔付,则某甲的赔偿金数额为:12.2万 + (19万 − 12.2万) × 70% + 1万元 = 17.96万元。二者相差0.3万元,即交强险中先行赔付精神损害抚慰金的,已经确定的精神损害抚慰金根据事故各方过错程度再次进行了打折计算。答:尊重受害人的选择。"山东淄博中院《全市法院人身损害赔偿案件研讨会纪要》(2012年2月1日)第1条:"关于精神损害抚慰金的问题。(1)残疾赔偿金、死亡赔偿金已转变为受害人家庭整体减少的收入,不再带有精神损害赔偿性质。当事人在要求赔偿残疾赔偿金、死亡赔偿金的同时,又提出精神损害抚慰金请求的,应予支持。(2)最高人民法院《关于确定民事侵权精神损害赔偿责任若干问题的解释》第六条的规定,当事人只能在侵权诉讼中提出精神损害赔偿的请求。如在侵权诉讼中没有提出,诉讼终结后再单独提出的,不应予以受理。已经受理的,应依据'一事不再理'原则,驳回原告起诉。(3)提出精神损害赔偿的主体,受害人伤残的为受害人本人;受害人死亡的,为受害人配偶、父母、子女,受害人没有配偶、父母、子女的,其他近亲属才可以提出精神损害赔偿。(4)赔偿数额应根据精神损害后果的严重程度确定。一般来说,受害人死亡或构成伤残的均应根据案件具体情况予以适当支持。受害人不构成伤残的,除侵权人具有故意精神侮辱情形外,原则上不予支持。(5)受害人对损害事实和损害后果的发生有过错的,可以根据其过错程度减轻或免除侵权人的精神损害赔偿责任。(6)依据《侵权责任法》第四条的规定,侵权人因同一行为应承担行政责任或刑事责任的,不影响依法承担侵权责任。而该法第二十二条明确精神损害赔偿属于侵权责任,因此,即使侵权人因侵权行为承担行政或刑事责任后,也不应免除其精神损害赔偿责任。因《侵权责任法》在效力上明显高于最高人民法院《关于人民法院是否受理刑事案件被害人提起精神损害赔偿民事诉讼问题的批复》(法释〔2002〕17号),因此,对于刑事案件被害人由于被告人的犯罪行为而遭受精神损失,在该刑事案件审结以后,被害人另行提起精神损害赔偿民事诉讼的,人民法院应予支持。(7)对精神损害抚慰金的赔偿数额应依据最高人民法院《关于确定民事侵权精神损害赔偿责任若干问题的解释》第十条的规定确定,而不宜按照被害人伤残程度具体量化。"浙江嘉兴中院民一庭《关于机动车交通事故责任纠纷若干问题意见》(2011年12月7日)第1条:"关于机动车交通事故责任强制保险的几个问题……(3)根据最高人民法院(2008)民一他字第25号最高人民法院《关于交强险中精神损害抚慰金赔偿问题的复函》的意见,精神损害赔偿与物质损害赔偿在强制责任保险限额中的赔偿次序,请求权人有权进行选择。请求权人选择优先赔偿精神损害的,精神损害抚慰金一般按10级伤残5000元,每增加1个伤残等级加5000元,1级伤残或死亡50000元在交强险限额内赔付……"山东高院《关于印发〈全省民事审判工作会议纪要〉的通知》(2011年11月30日 鲁高法[2011]297号)第6条:"……(九)关于精神损害抚慰金的赔偿标准问题。侵权致人损害,未造成严重后果的,受害人请求精神损害抚慰金赔偿的,一般不予支持;侵权致人损害,造成严重后果的,可以根据受害人一方的请求判令侵权人赔偿相应的精神损害抚慰金。精神损害抚慰金的赔偿数额应当根据侵权人的过错程度、侵权方式、侵权情节、影响范围、侵权获利情况、承担赔偿责任的能力等因素综合确定。精神损害抚慰金赔偿请求权的主体为受害人或者近亲属。近年来,随着经济社会的发展变化,人民群众生活水平的不断提高,会议认为应对精神损害抚慰金的赔偿标准予以适当调整。具体调整标准如下:侵权人是自然人的,一般精神损害,赔偿标准为1000元~5000元;严重精神损害,赔偿标准为5000元~10000元。侵权人是法人或其他社会组织的,一般按照自然人赔偿标准的五至十倍予以赔偿。损害后果特别严重的,可在上述基础上适当提高赔偿标准。"上海高院民一庭《关于印发〈侵权纠纷办案要件指南〉的通知》(2005年3月4日 沪高法民一[2005]1号)第20条:"(确定精神损害赔偿数额的一般方法)请求方请求人民法院判令相对方对法律未明确数额的精神损害承担赔偿责任的,人民法院应根据以下因素确定请求方遭受的精神损害的赔偿数额:(一)相对方意识状态的可归责程度,法律另有规定的除外;(二)侵害的手段、场合、行为方式等具体情节;(三)侵权行为所造成的后果;(四)相对方的获利情况;(五)相对方承担责任的经济能力;(六)受诉法院所在地平均生活水平。"江苏南通中院《关于处理交通事故损害赔偿案件中有关问题的座谈纪要》(2011年6月1日 通中法[2011]85号)第30条:"机动车肇事者已被追究刑事责任(包括缓刑),不应免除其他赔偿义务主体的精神损害赔偿责任。"浙江衢州中院《关于人身损害赔偿标准的研讨纪要》(2011年5月13日 衢中法[2011]56号)第5条:"精神损害抚慰金。(1)一般以50,000元为限,侵权行为特别恶劣等情节的可以适当提高,但需上报中院备案。(2)10级伤残为5000元以内。伤残等级提高同比增加。其他情况法官可以根据具体情况自由裁量。(3)道路交通事故人身损害赔偿案件中,若驾驶员已经追究刑事责任的。精神损害抚慰金不予支持。驾驶员是雇员的,赔偿权利人向雇主主张赔偿,可予支持。"安徽宣城中院《关于审理道路交通事故赔偿案件若干问题的意见(试行)》(2011年4月)第50条:"受害人对道路交通事故负全部责任的,受害人或赔偿权利人请求精神损害赔偿的,不予支持;受害人对道路交通事故负主要责任的,一般不予支持。"山东高院《关于印发审理保险合同纠纷案件若干问题意见(试行)的通知》(2011年3月17日)第22条:"责任强制保险合同纠纷案件中,保险人主张按照《机动车交通事故责任强制保险条例》规定和机动车交通事故责任强制保险合同约定,在死亡伤残赔偿限额、医疗费用赔偿限额和财产损失赔偿限额内分别确定单项赔偿数额的,人民法院应予支持。"江苏高院《印发〈关于审理保险合同纠纷案件若干问题的讨论纪要〉的通知》(2011年1月12日 苏高法审委〔2011〕1号)第28条:"同一车辆既存在机动车交通事故责任强制保险又存在机动车商业责任保险的,不论被保险人或者受害人是否行使选择权,人民法院均应将精神损害抚慰金计算在机动车交通事故责任强制保险的赔偿范围。"江西鹰潭中院《关于审理道路交通事故损害赔偿纠纷案件的指导意见》(2011年1月1日 鹰中法〔2011〕143号)第18条:"赔偿权利人请求精神损害抚慰金的,根据受害人受害情况酌定,但不能超过5万元。赔偿义务人之一或者是赔偿义务人所雇请人员在道路交通事故中行为经刑事案件审理认定为构成犯罪的,赔偿权利人请求精神损害抚慰金赔偿的,无论赔偿权利人的请求在何时针对何人提出,均不予支持。"浙江金华中院《2011年人身损害赔偿细化参照标准》(2011年)第6条:"精神损害抚慰金:按最高人民法院《关于确定民事侵权精神损害赔偿若干问题的解释》第十条规定的六项因素,由法官自由裁量。具体可参照伤残等级予以量化:10级伤残3000~5000元,每增1个伤残等级加3000~5000元,1级伤残或死亡30000~50000元。还应当按该司法解释第十一条规定综合考虑受害人的过错程度等因素予以酌减,按侵权人的主观恶意程度及受损后果的严重程度等因素予以裁量。"上海高院民五庭《关于印发〈审理保险合同纠纷案件若干问题的解答(一)〉的通知》(2010年12月17日 沪高法民五〔2010〕4号)第8条:"精神损害抚慰金应列为交强险还是商业责任保险的赔偿范围?答:如人身损害赔偿纠纷案的判决明确判令交强险保险人承担精神损害抚慰金的,商业责任保险保险人不再承担。前诉判决主文未明确交强险保险人是否承担精神损害抚慰金的,后续审理保险合同纠纷案的法院应当询问交通事故受害人,由其确定交强险赔付范围是否包括精神损害抚慰金。受害人选择由交强险保险人承担的,按前款规定处理。受害人选择不由交强险赔偿精神损害抚慰金的,商业责任保险合同又明确约定精神抚慰金不予赔偿的,商业责任保险保险人可以不承担精神抚慰金。"安徽六安中院《关于印发〈审理道路交通事故人身损害赔偿案件若干问题的意见〉的通知》(2010年12月7日 六中法〔2010〕166号)第25条:"受害人所受损伤不构成伤残的,除该损伤对受害人有特殊重大的不利影响及侵权行为存在特别恶劣情节等特殊情况外,一般不支持受害者要求赔付精神损害抚慰金的请求,确需赔付的,一般不超过5000元。受害人所受损伤构成伤残的,依据具体的伤残等级及侵权人所负事故责任等因素,确定精神损害抚慰金为:5000×(11-伤残等级数)×赔偿责任系数。其中赔偿责任系数为:侵权人负事故全部责任的,为80%-100%;侵权人负事故主要责任的,为60%-90%;侵权人负事故同等责任的,为 50% – 70%;侵权人负事故次要责任的,为 20% – 50%。具体的赔偿责任系数参酌侵权行为的具体情节、受害人的过错和侵权人承担责任的经济能力等因素确定。受害人所受损伤构成多处伤残的,伤残等级数为:伤残等级最高处的等级数 – 按本意见第二十条第二款计算所得的伤残附加赔偿指数 ×10(如最高处伤残等级数为 4,伤残附加赔偿指数为 5%,则伤残等级数计算为:4 – 5% ×10 = 3.5)。受害人死亡的,精神损害抚慰金参照Ⅰ级伤残的计算方法确定数额,可酌情适度提高,但最高不得超过 8 万元。案件有其他特殊侵权情节的,精神抚慰金的数额可以不按上述标准确定。"江苏无锡中院《关于印发〈关于审理道路交通事故损害赔偿案件若干问题的指导意见〉的通知》(2010 年 11 月 8 日 锡中法发〔2010〕168 号)第 33 条:"【精神损害赔偿】人民法院应当依据《最高人民法院关于确定民事侵权精神损害赔偿责任若干问题的解释》第十条、第十一条的规定确定精神损害的赔偿数额。人民法院对精神损害在交强险对应限额中优先赔偿的利弊,应当向赔偿权利人释明,并根据赔偿权利人的选择确定是否优先赔偿。"贵州高院《关于在交通肇事刑事附带民事诉讼案件中调整赔偿范围的通知》(2010 年 11 月 8 日 黔高法〔2010〕215 号):"《中华人民共和国侵权责任法》已于 2010 年 7 月 1 日起施行,该法第十六条规定,侵害他人造成人身损害的,应当赔偿医疗费、护理费、交通费等为治疗和康复支出的合理费用,以及因误工减少的收入。造成残疾的,还应当赔偿残疾生活辅助具费和残疾赔偿金。造成死亡的,还应当赔偿丧葬费和死亡赔偿金;第二十二条规定,侵害他人人身权益,造成他人严重精神损害的,被侵权人可以请求精神损害赔偿。为了维护法律适用的统一性,更好地保护刑事犯罪被害人的合法权益,经 2010 年 10 月 26 日第 41 次省法院审判委员会会议讨论认为,我省各级法院在审理 2010 年 7 月 1 日《中华人民共和国侵权责任法》施行后发生的交通肇事犯罪行为提起的刑事附带民事诉讼案件时,应当根据案件事实及实际情况,适用《中华人民共和国侵权责任法》第十六条和第二十二条调解或裁判。"江苏常州中院《关于道路交通事故损害赔偿案件的处理意见》(2010 年 10 月 13 日 常中法〔2010〕104 号)第 9 条:"精神损害赔偿问题。因交通事故造成严重精神损害的,受害人不承担事故的责任或承担事故的次要责任、同等责任的,受害人或者其近亲属可以请求精神损害赔偿。同一机动车同时投保交强险和商业第三者责任险的,发生交通事故后,受害人或者其近亲属有权选择精神损害赔偿与物质损害赔偿在交强险限额内的赔偿次序;选择优先赔偿精神损害的,物质损害赔偿不足部分由商业第三者责任险赔偿。机动车驾驶员因交通事故造成他人损害而被追究刑事责任,受害人或者其近亲属要求该机动车驾驶员赔偿精神损害抚慰金的,不予支持……"福建福州中院民一庭《民事司法信箱回复:侵权责任法律适用若干问题专版》(2010 年 9 月 10 日)第 20 条:"根据最高院(〔2008〕民一他字第 25 号复函)'精神损害赔偿与物质损害赔偿在强制责任保险限额中的赔偿次序,请求权人有权进行选择。请求权人选择优先赔偿精神损害,对物质损害赔偿不足部分由商业第三者责任险赔偿',实践中受害人诉请赔偿总额超过交强险金额时,诉讼请求一般未明确精神损害抚慰金是否在交强险范围内赔偿,仅要求保险公司在交强险范围内承担连带赔偿责任,但对投保人而言精神损害抚慰金是否在交强险范围内赔偿具有极大的意义,要求在判决主文明确交强险赔偿的范围,如何处理该问题?答:我们认为,根据最高院的复函精神,强制责任保险赔偿物质损害和精神损害的次序应当由请求权人选择行使,审理此类型案件,可由法官主动告知请求权人该项法律规定,由其选择是否行使;请求权人未明确要求的,投保人要求明确精神损害抚慰金在交强险范围内承担,目前没有明确的法律依据。"河南周口中院《关于侵权责任法实施中若干问题的座谈会纪要》(2010年8月23日 周中法〔2010〕130号)第4条:"……2.确定精神损害赔偿的数额,应当根据《最高人民法院〈关于确定民事侵权精神损害赔偿责任若干问题的解释〉》第十条的规定,具体由法官酌定。对侵害生命权和健康权的精神损害赔偿数额,按照下列方式确定:(1)受害人死亡的,精神损害赔偿金的数额最高为8万元。根据加害人的过错程序减少赔偿数额,最低不少于3万元。(2)受害人构成残疾的,区分以下四种情况确定:第一,全部丧失劳动能力和生活自理能力的,精神损害赔偿金的数额最高为8万元。根据加害人的过错程度减少赔偿数额,最低不少于3万元(一、二级伤残)。第二,大部分丧失劳动能力、生活自理能力及丧失生育或性生活功能的,精神损害赔偿金的数额最高为6万元,根据加害人的过错程度及受害人的残疾程度,可以酌情减少赔偿数额,最低不少于2万元(三、四、五级伤残)。第三,部分丧失劳动能力、生活自理能力及丧失人体器官功能的,精神损害赔偿金的数额最高为4万元。根据加害人的过错程度及受害人的残疾程度,可以酌情减少赔偿数额,最低不少于1万元(六、七、八级伤残)。第四,虽然构成残疾,但并没有丧失劳动能力、生活自理能力,也没有影响其生活的其他情形的,精神损害赔偿金的数额原则上在1万元以下5000元以上(九、十级伤残)。(3)故意以有悖于社会公德的方式加害他人,承担全部或主要责任的,虽然未造成受害人伤残,但受害人存在严重精神痛苦的,加害人也应当根据受害人的请求给付5000元以下的精神损害赔偿。"第9条:"……被保险机动车同时投保有强制保险和商业三者险时,机动车交通事故中的受害人,有权将精神损害赔偿金选择到强制保险中先行计算,其他物质损失再行计算。"福建高院民二庭《关于审理保险合同纠纷案件的规范指引》(2010年7月12日 〔2010〕闽民二3号)第20条:"(精神损害赔偿纳入理赔范围)保险合同对精神损害赔偿项目是否纳入理赔范围有明确约定的,应从其约定;未约定的,应纳入保险理赔范围。"浙江高院民一庭《关于审理道路交通事故损害赔偿纠纷案件若干问题的意见(试行)》(2010年

7月1日)第15条:"属于《机动车交通事故责任强制保险条例》第二十二条第一款规定情形发生道路交通事故,造成受害人人身伤亡的,保险公司应在机动车强制保险责任限额范围内承担垫付责任;保险公司垫付后,可向赔偿义务人追偿。造成受害人财产损失的,保险公司不承担垫付责任。前款所称'赔偿义务人'是指道路交通事故中的致害人,被保险人与致害人不是同一人的,对机动车强制保险责任限额范围内的损害赔偿承担连带责任,但被盗抢车辆除外。机动车已经转让并交付但未办理保险变更手续的,受让人视为被保险人。本条所称'人身伤亡'是指道路交通事故导致受害人的人身损害,包括财产性损失和精神损害抚慰金;所称'财产损失'是指道路交通事故导致受害人的车辆等实物财产毁损、灭失的损失。"山东东营中院《关于印发道路交通事故处理工作座谈会纪要的通知》(2010年6月2日)第25条:"交通事故造成受害人伤残、死亡或严重精神损害的,致害人应赔偿精神损害抚慰金。"第26条:"致害人为单位的,精神损害抚慰金的数额原则上不超过5万元,致害人为自然人的,精神损害抚慰金的数额原则上不超过5000元。"北京高院民一庭《关于道路交通损害赔偿案件的疑难问题》(2010年4月9日)第1条:"……(四)关于《侵权责任法》第22条规定的精神损害赔偿。(1)赔偿标准。有法院提出,过去的审判实践中,该院对给受害人造成死亡、残疾或未构成残疾,但影响容貌、体态或对从事特定职业有影响的(如从事表演、演奏等职业),亦判决给付一定的精神损害抚慰金。现在的难点在于精神损害抚慰金数额的确定,有的当事人主张的数额与死亡赔偿金相近或超过残疾赔偿金,是否精神损害抚慰金的标准不能高于死亡赔偿金或残疾赔偿金,是否应规定上限……"江西南昌中院《关于审理道路交通事故人身损害赔偿纠纷案件的处理意见(试行)》(2010年2月1日)第18条:"受害人因交通事故致残或死亡,赔偿权利人请求赔偿精神损害抚慰金的,应予支持。受害人死亡的,近亲属的精神抚慰金在人民币50,000元范围内酌定。构成伤残的,根据伤残等级确定精神抚慰金的具体数额。受害人在交通事故中负次要责任、同等责任的,精神抚慰金可酌情扣减;负主要责任的,一般不予支持;负全部责任,不予支持。受害人没有构成伤残,但是伤害结果给受害人造成较严重的精神损害的(如脸部留下疤痕影响容貌等),应当根据伤情酌定适当的精神抚慰金。赔偿义务人之一或者赔偿义务人所雇请人员因本案交通事故中的行为被判处刑罚的,赔偿权利人又在单独的民事诉讼中请求精神抚慰金的,不予支持。"广东广州中院《民事审判若干问题的解答》(2010年)第11条:"【精神损害赔偿与物质损害赔偿的赔偿次序】在机动车同时投保交强险和商业三者险的情况下,如何确定物质损害赔偿与精神损害赔偿在交强险责任限额内的赔偿次序?答:应当将精神损害赔偿首先纳入交强险责任限额,在赔偿了精神损害赔偿后交强险责任限额仍有余额的,才考虑将其他物质损害纳入交强险责任限额由保险公司赔偿。"安徽高院《关于如何理解和适用〈机动车交通事故责任强制保险条例〉第二十二条的通知》(2009年12月10日 皖高法〔2009〕371号):"本院在审查申请再审人董家玲与被申请人中国平安财产保险股份有限公司阜阳中心支公司财产保险合同纠纷一案中,对如何理解和适用《机动车交通事故责任强制保险条例》(以下简称《条例》)第二十二条形成不同意见。案经审判委员会讨论决定形成两种意见向最高人民法院请示。最高人民法院于2009年10月20日以〔2009〕民立他字第42号函答复我院。根据答复精神,对《条例》第二十二条中的'受害人的财产损失'应作广义的理解,即这里的'财产损失'应包括因人身伤亡而造成的损失,如伤残赔偿金、死亡赔偿金等。"安徽合肥中院民一庭《关于审理道路交通事故损害赔偿案件适用法律若干问题的指导意见》(2009年11月16日)第36条:"受害人对道路交通事故负全部责任的,受害人或者赔偿权利人请求精神损害赔偿的,不予支持;受害人对道路交通事故负主要责任的,一般不予支持。"江苏南京中院民一庭《关于审理交通事故损害赔偿案件有关问题的指导意见》(2009年11月)第40条:"受害人或其近亲属遭受精神损害,造成严重后果的,可以要求加害人给予精神损害赔偿。因侵权致人精神损害,但未造成严重后果,受害人请求赔偿精神损失的,一般不予支持。精神损害抚慰金的数额,一般确定在5万元以内。损害特别严重的,可以在5万元基础上适当提高。精神损害抚慰金由保险公司或侵权人根据《道路交通安全法》第七十六条第一款的规定承担赔偿责任,受害人不应承担,在判决中不应根据责任比例判决受害人承担。"江西九江中院《关于印发〈九江市中级人民法院关于审理道路交通事故人身损害赔偿案件若干问题的意见(试行)〉的通知》(2009年10月1日 九中法〔2009〕97号)第14条:"赔偿权利人请求精神损害抚慰金的,应根据最高人民法院《关于确定民事侵权精神损害赔偿责任若干问题的解释》第十条的规定,根据侵权人的过错程度、侵害情节、侵害后果、经济能力和当地平均生活水平等因素,结合受害人的伤情、伤残程度以及过错大小,确定赔付数额。受害人无过多且伤情构成轻微伤的,精神抚慰金的金额一般不超过500元;伤情在轻伤以上,尚未构成伤残等级的,精神抚慰金的数额一般不超过1000元;构成伤残等级的,精神抚慰金的数额按照2000元每级,逐级增加,但一级伤残最高不超过20,000元;导致受害人死亡的,最高不超过30,000元;案件有其他特殊侵权情节的,精神抚慰金的数额可以不按上述标准确定,但最高不超过50,000元。受害人具有同等责任或次要责任的,按照其过错程度结合上述伤残、伤情情况,对精神抚慰金作相应减少。受害人对道路交通事故负全部责任的,赔偿权利人请求精神抚慰金的,不予支持;受害人对道路交通事故负主要责任的,一般亦不支持精神抚慰金的请求。"江西景德镇中院《关于人身损害赔偿案件中有关赔偿项目、赔偿标准的指导意见》(2009年8月20日)第8条:"精神抚慰金的确定。精神抚慰金的确定,要依照相关司法解释确定的原则综合考虑。在审判实践中可按以下标准掌握:轻微损害或不构成伤残等级一般不予支持精神损害赔偿;构成伤残等级的按十个等级且最高额为5万元对照赔付,如伤残十级为1000~5000元,伤残九级为5000~10,000元,以此类推。"云南高院《关于审理人身损害赔偿案件若干问题的会议纪要》(2009年8月1日)第4条:"……13. 赔偿权利人要求赔偿义务人在支付死亡赔偿金的同时支付精神抚慰金的,应结合案件事实考虑是否予以支持。14. 精神抚慰金的赔偿数额,一般不得超过5万元,情况特殊的不得超过10万元。"安徽蚌埠中院《关于审理人身损害赔偿案件若干问题的指导意见》(2009年7月2日)第9条:"关于精神损害抚慰金标准问题。(一)自然人身体权、健康权遭受轻微伤害,不支持赔偿权利人的精神损害抚慰金请求;(二)自然人身体权、健康权(没有构成伤残等级的)、姓名权、肖像权、名誉权、人格尊严权、人身自由权遭受一般伤害的,精神损害抚慰金的数额一般为1000元至5000元,有医疗费支出的,原则上不超过该自然人已支出的医疗费用数额;(三)自然人身体权、健康权遭受伤害构成伤残的,精神损害抚慰金数额可以结合受害人的伤残等级确定,以50000元至80000元为基准幅度,乘以伤残等级所对应的百分比,得出的幅度为确定该等级伤残抚慰金的幅度。(四)造成自然人死亡的,精神损害抚慰金的数额一般不低于50000元,不高于80000元;(五)精神损害抚慰金总额确定后,计入受害人损失总额,再根据赔偿义务人应承担的责任比例,确定义务人实际应承担的赔偿数额。"上海高院《关于处理道路交通事故纠纷若干问题的解答》(2009年6月20日 沪高法民一〔2009〕9号)第6条:"最高人民法院2008年10月16日给安徽高院《关于机动车交通事故强制责任保险赔偿限额中物质损害赔偿和精神损害赔偿次序问题》的复函(〔2008〕民一他字第25号)已经明确,精神损害赔偿与物质损害赔偿在强制责任保险限额中的赔偿次序,由请求权人自己选择。请求权人选择优先赔偿精神损害,对物质损害赔偿不足部分由商业第三者责任险赔偿。故请求权人选择在交强险限额范围内优先赔偿精神损害的,可以支持。"广东佛山中院《关于审理道路交通事故损害赔偿案件的指导意见》(2009年4月8日)第36条:"赔偿权利人有权选择精神损害赔偿与物质损害赔偿项目在机动车交通事故责任强制保险中的赔偿次序。赔偿权利人选择在机动车交通事故责任强制保险中优先赔偿精神损害的,应予准许。赔偿权利人没有作出选择的,人民法院应当予以释明,由赔偿权利人作出选择。对于其他赔偿的不足部分可以由商业第三者责任险赔偿。"第53条:"在道路交通事故人身损害赔偿案件中,赔偿权利人请求精神损害抚慰金的,按照以下情形处理:(一)受害人对道路交通事故负全部责任的,不予支持;(二)受害人对道路交通事故负主要责任的,一般不予支持;(三)受害人对道路交通事故负同等责任、次要责任或者无责任的,应当按照最高人民法院《关于确定民事侵权精神损害赔偿责任若干问题的解释》的规定进行处理。精神损害抚慰金的数额最高一般不超过8万元。"福建泉州中院民一庭《全市法院民一庭庭长座谈会纪要》(泉中法民一〔2009〕05号)第10条:"交强险赔偿限额项下赔偿项目是按照有关项目依比例确定赔偿款还是可以全部判为某些项目,精神损害抚慰金及非医保部分可否在交强险限额内赔偿?答:一般情况下,可在确定原告的经济损失后,直接判决承保交强险的保险公司应承担的保险赔偿数额,不必计算出死亡伤残赔偿限额、医疗费用赔偿限额项下各具体赔偿项目的数额。涉及精神损害抚慰金及非医保部分医疗费问题的,按以下原则处理:(1)关于精神损害赔偿问题,最高人民法院在给安徽省高级人民法院的复函即《关于财保六安市分公司与李福国等道路交通事故人身损害赔偿纠纷请示的复函》(〔2008〕民一他字第25号复函)中已明确答复:《机动车交通事故责任强制保险条例》第3条规定的'人身伤亡'所造成的损害包括财产损害和精神损害。精神损害赔偿与物资损害赔偿在强制责任保险限额中的赔偿次序,请求权人有权进行选择。请求权人选择优先赔偿精神损害,对物资损害赔偿不足部分由商业第三者责任险赔偿……"辽宁大连中院《当前民事审判(一庭)中一些具体问题的理解与认识》(2008年12月5日 大中法〔2008〕17号)第23条:"如何确定精神损害赔偿金的赔偿原则?原则:抚慰为主,补助惩罚为辅;综合衡量原则。"第30条:"交通事故中精神损害赔偿数额如何掌握?受害人对事故负全部责任的,不予支持其精神损害抚慰金。受害人负同等责任、次要责任的,当综合审查。精神抚慰金的裁决标准原则上为死亡或构成伤残的。"福建高院民一庭《关于审理人身损害赔偿纠纷案件疑难问题的解答》(2008年8月22日)第21条:"问:因侵权行为导致受害人成为植物人的,受害人是否有权请求精神损害赔偿?答:根据最高人民法院《关于确定民事侵权精神损害赔偿若干问题的解释》第一条和第七条的规定,自然人的生命权、健康权、名誉权等人格权遭受非法侵害,有权请求精神损害赔偿;自然人死亡的,其配偶、父母、子女等近亲属有权提起精神损害赔偿。司法解释并没有排除植物人有权请求精神损害赔偿。如果植物人不能提出精神损害赔偿,就会导致未成为植物人的受害者可以请求精神损害赔偿,而受伤害更严重的植物人反而不能提出精神损害赔偿,这显然有失公平。因此,植物人享有请求精神损害赔偿的权利,既有法律依据,也符合情理。但鉴于植物人无民事行为能力,故应由其法定代理人代为诉讼。"第22条:"问:审判实践中,具体如何把握精神损害抚慰金的标准?答:根据我省的经济发展状况和生活水平,并结合审判实践经验,一般情况下,可以参照以下标准:(一)受害人遭受轻微伤害请求精神损害抚慰金的,人民法院不予支持;(二)受害人遭受一般伤害未构成伤残等级的,精神损害抚慰金在1000元至5000元之间酌定;(三)受害人遭受的伤害已构成伤残等级的,精神损害抚慰金在5000元至80,000元之间酌定;(四)受害人死亡的,精神损害抚慰金在50,000元至80,000元之间酌定。个别案情较为特殊的案件,精神损害抚慰金数额,可以不受上述标准限制。"湖南常德中院民一庭《关于当前民事审判工作中应当注意的几个问题》(2008年8月7日)第3条:"……精神损害抚慰金能否纳入保险公司的理赔范围及护理费的标准。对于精神损害抚慰金,由于属于受害人的损失,相关法律及司法结实均明确规定了此赔偿项目及标准,故应纳入保险公司理赔的范围,在具体处理时应考虑相关因素综合酌定,单独作为赔偿项目(不打折)。对于护理费的标准,可以固定收入的,按相关司法解释规定处理,没有固定收入的,根据本市目前的经济发展水平,在不考虑护理级别(注:医院的医疗护理分1、2、3级,这与赔偿无关,有关的是陪护,而陪护我国采用国际通用的'全陪'和'部分陪护'即部分护理)的情况下,住院期间的护理费以30—50元/日为宜,长期护理费以10—20元/日为宜。"浙江杭州中院《关于道路交通事故损害赔偿纠纷案件相关问题的处理意见》(2008年6月19日)第3条:"……(十四)精神损害抚慰金问题。1. 道交事故中负事故主要责任的一方,可否向负事故次要责任的一方主张精神损害抚慰金?受害人为负事故主要责任一方的,可以向负事故次要责任的一方主张精神损害抚慰金,但在精神损害抚慰金的数额上,法院应考虑到双方的过错程度予以确定。根据最高人民法院《关于确定民事侵权精神损害赔偿责任若干问题的解释》第10条的规定:精神损害的赔偿数额根据以下因素确定:(1)侵权人的过错程度,法律另有规定的除外;(2)侵害的手段、场合、行为方式等具体情节;(3)侵权行为所造成的后果;(4)侵权人的获利情况;(5)侵权人承担责任的经济能力;(6)受诉法院所在地平均生活水平。精神损害抚慰金是对受害人精神损失的补偿,过错仅是精神损害赔偿数额确定的要素之一。在道交事故中负主要责任的一方虽然对事故发生具有较大过错,但仍是受害者,且负事故次要责任一方对事故发生负有一定过错,故负事故主要责任一方可以向负事故次要责任一方主张精神损害抚慰金。在具体数额的确定上,应结合前述规定,并从社会公平和社会效果出发,强调过错程度在精神损害抚慰金确定中的作用。"辽宁高院《关于印发全省法院民事审判工作座谈会会议纪要的通知》(2009年6月1日 辽高法〔2009〕120号)第17条:"关于精神损害抚慰金的裁判标准。自然人生命权,健康权遭受侵害,造成死亡、残疾后果的,或其他人格权遭受侵害,造成严重精神痛苦的,受害人或其近亲属请求侵权人赔偿精神损害抚慰金,应予支持。在人身损害赔偿案件中确定精神损害抚慰金数额,应综合考虑最高人民法院相关司法解释规定的六项因素,按照受诉法院所在地上一年度城镇居民人均可支配收入或农村居民人均纯收入,比照《医疗事故处理条例》第五十条第(十一)项的规定计算。造成受害人死亡的,赔偿年限最长不超过六年;造成受害人残疾的,赔偿年限最长不超过三年。"江苏宜兴法院《关于审理交通事故损害赔偿案件若干问题的意见》(2008年1月28日 宜法〔2008〕第7号)第45条:"根据《最高人民法院关于确定民事侵权精神损害赔偿若干问题的解释》予以确定。因侵权致人精神损害,但未造成严重后果,受害人请求赔偿精神损害抚慰金的,一般不予支持。"第46条:"'严重后果'一般是指死亡、残疾。不构成残疾的人身损害,结合受害人受到的损害程度、住院时间,以及对受害人生活工作的影响等因素(如女受害人的面部、胸部、下身受伤,形成疤痕,经鉴定不构成残疾,但该后果对其婚姻、工作等可能造成较大影响的),可以考虑适当赔偿精神损害抚慰金,但赔偿总额不得超过3000元。"第47条:"在受害人无过错的情况下,造成死亡的或者1级伤残的,精神损害抚慰金赔偿一般不超过3万元(超出此限额的需分管院长批准同意),造成2～10级伤残的,按10%的比例依次(一般一个等级,精神损害抚慰金为3000元)递减。如果受害人对损害事实和损害后果的发生有过错的,可以根据受害人的过错程度计算侵权人应当承担的精神损害赔偿额。"山东潍坊中院《2008年民事审判工作会议纪要(人身损害赔偿部分)》(2008年)第6条:"赔偿标准问题……(4)关于精神损害抚慰金问题。凡是造成受害人死亡和残疾的,均应视为造成严重后果,可以支持受害人或者其近亲属提出的精神损害赔偿要求,但对于已获得高额死亡赔偿金、残疾赔偿金以及残疾器具费的,精神损害抚慰金的赔偿数额不宜过高。对于受害人虽不构成残疾但造成严重后果的情形,要根据具体案情来确定精神损害抚慰金的赔偿数额。精神损害抚慰金的赔偿标准,目前仍应参照省法院制定的《关于审理人身损害赔偿案件若干问题的意见》中规定的标准,赔偿义务人为个人的最高5000元,赔偿义务人为单位的最高50000元。对于医疗事故损害赔偿纠纷,如果根据《医疗事故处理条例》计算的赔偿数额明显低于按照人身损害司法解释计算的数额的,可酌情提高精神损害抚慰金的赔偿数额,但赔偿总额不应超过按照人身损害司法解释计算的数额。"北京高院《北京市法院道路交通事故损害赔偿法律问题研讨会会议纪要》(2007年12月4日)第3条:"……关于受害人构成伤残,要求致害机动车一方及保险公司共同赔偿精神损害抚慰金是否支持,以及交通肇事司机构成犯罪的情况下是否支持精神损害抚慰金的问题。与会人员一致认为:受害人构成伤残,有权要求肇事方及保险公司赔偿精神损害抚慰金;肇事司机构成犯罪的,关于精神损害抚慰金问题应依照现行法律和司法解释处理。"重庆高院《关于当前民事审判若干法律问题的指导意见》(2007年11月22日)第17条:"精神损害赔偿限于受害人因伤致残或死亡等情形。损害结果不是很严重的情形下,受害人请求精神损害赔偿原则上不予支持。精神损害赔偿费的具体数额,可以结合案件的具体情况加以确定,最高一般不超过10万元;精神损害抚慰金请求权的主体为残疾受害人本人或死者近亲属,其他人不能行使或继承。但受害人在诉讼中死亡的,其诉讼承担者可以继承或行使。"湖北十堰中院《关于审理机动车损害赔偿案件适用法律若干问题的意见(试行)》(2007年11月20日)第10条:"赔偿权利人向法院请求精神损害抚慰金的,适用《最高人民法院关于确定民事侵权精神损害赔偿责任若干问题的解释》予以确定。以二千元为起点,最高不超过三万元为宜。没有造成受害人伤残或者受害人对事故负主要责任的,可判决不予赔偿。确定精神损害赔偿金应当考虑受害人的过错,但可独立于物质损害赔偿,不必计入总额后再按比例确定。机动车驾驶人因此受到刑事追究的,赔偿权利人无论提起附带民事诉讼还是单独提起民事诉讼请求精神损害抚慰金的,法院都不应当支持。"重庆五中院《关于印发〈审理人身损害赔偿案件座谈会议纪要〉的通知》(2007年10月30日 渝五中法〔2007〕91号)第25条:"各类人身损害赔偿案件中,精神损害抚慰金主张的掌握标准。直辖后,本市高级法院在论证和调研的基础上出台了渝高法发〔2000〕14号《审理精神损害赔偿案件若干问题的意见(试行)》,对精神损害赔偿的标准提出了根据受害人遭受的损害程度按四种情况区别对待。对公民的身体权、健康权造成一般侵害的,赔偿金额一般不超过1000元;对公民的身体权、健康权造成较严重侵害的,赔偿金额一般不超过5000元;侵害公民的身体权、健康权,致使受害人轻微伤残的,赔偿金额一般不超过10,000元;精神损害赔偿金额最高限一般为10万元赔偿的指导意见。在没有新的具体规定时,可以运用该规定的精神分析裁量个案。"湖北武汉中院《关于审理交通事故损害赔偿案件的若干指导意见》(2007年5月1日)第22条:"对交通事故赔偿权利人的精神损害抚慰金的数额,依照《最高人民法院关于确定民事侵权精神损害赔偿责任若干问题的解释》第十条确定。"江苏溧阳法院《关于审理交通事故损害赔偿案件若干问题的意见》(2006年11月20日)第15条:"关于人身损害赔偿精神抚慰金的标准,应当统一执行。死亡的确定赔偿数额为30,000元,构成伤残的以3000元起步,每级3000递增。其他情况的精神抚慰金是否支付应视具体情况而定。"广东深圳罗湖区法院《关于交通事故损害赔偿案件的处理意见》(2006年11月6日)第7条:"……精神抚慰金。受害人或者死者近亲属遭受精神损害,赔偿权利人可以向人民法院请求赔偿精神损害抚慰金。精神抚慰金的请求权,不得让与或继承,但赔偿义务人已经以书面方式确定并给予金钱赔偿的,或者赔偿权利人已经向人民法院起诉的除外。精神抚慰金的数额可以根据侵权人的过错程度、侵权行为造成的后果、侵权人承担责任的经济能力以及受诉法院所在地平均生活水平等确定。在审判实践中,如果受害人构成伤残等级的,一般根据等级确定精神抚慰金的数额,如构成十级伤残的,精神抚慰金酌定为人民币10,000元;九级的,精神抚慰金酌定人民币20,000元,依次类推。死亡的,精神抚慰金酌定为人民币100,000元。即使受害人没有构成伤残,但是如果伤害结果在受害人的身体的重要或显要部位(如脸部)留下疤痕,亦应根据伤情酌定适当的精神抚慰金。赔偿义务人之一或者赔偿义务人所雇请人员在本案交通事故中的行为经刑事案件审理认为构成刑事犯罪,赔偿权利人请求精神抚慰金的,无论赔偿权利人的请求在何时针对何人提出,均不予支持。"重庆高院《关于审理道路交通事故损害赔偿案件适用法律若干问题的指导意见》(2006年11月1日)第31条:"在道路交通事故损害赔偿案件中,赔偿权利人请求精神损害赔偿的,按照以下情形处理:(一)受害人对道路交通事故负全部责任的,不予支持;(二)受害人对道路交通事故负主要责任的,一般不予支持;(三)受害人对道路交通事故负同等责任、次要责任或者无责任的,应当按照最高人民法院《关于确定民事侵权精神损害赔偿责任若干问题的解释》的规定进行处理。"江西赣州中院《民事审判若干问题解答》(2006年3月1日)第23条:"人身损害赔偿中的死亡赔偿金是一种物质赔偿金。最高法院在关于人身损害赔偿的司法解释对死亡赔偿金予以了明确的规定。该解释采纳'继承丧失说',将死亡赔偿金的性质确定为收入损失的范围。依该解释第十七条之规定,死亡赔偿金和残疾赔偿金赔偿的并不是精神损害,而是收入的丧失。人身损害赔偿的司法解释对赔偿金的定性已经改变了《关于确定民事侵权精神损害赔偿责任若干问题的解释》中的规定,受害人因伤致残或死亡的,受害人或死者的近亲属在主张残疾赔偿金或死亡赔偿金的同时,还可以主张精神损害抚慰金。"安徽高院《审理人身损害赔偿案件若干问题的指导意见》(2005年12月26日)第24条:"赔偿权利人要求赔偿义务人在支付死亡赔偿金或残疾赔偿金的同时,还有权根据《关于确定民事侵权精神损害赔偿责任若干问题的解释》的规定,要求赔偿义务人支付精神抚慰金。"第25条:"按照最高人民法院《关于确定民事侵权精神损害赔偿责任若干问题的解释》第十条的规定确定精神抚慰金的数额时可以参考下列标准:(一)公民身体权、健康权遭受轻微伤害,不支持赔偿权利人的精神抚慰金请求;(二)公民身体权、健康权遭受一般伤害没有构成伤残等级的,精神抚慰金的数额一般为1000元至5000元;(三)公民身体权、健康权遭受的伤害已经构成伤残等级,精神抚慰金的数额可以结合受害人的伤残等级确定,一般不低于5000元,但不能高于80,000元;(四)造成公民死亡的,精神抚慰金的数额一般不低于50,000元,但不得高于80,000元。案件有其他特殊侵权情节的,精神抚慰金的数额可以不按上述标准确定。"第26条:"按前条的规定确定精神抚慰金的数额后,根据《关于确定民事侵权精神损害赔偿责任若干问题的解释》第十一条的规定,受害人自身有过错的,应按其过错程度减少精神抚慰金数额。"山东高院《关于印发〈全省民事审判工作座谈会纪要〉的通知》(2005年11月23日 鲁高法〔2005〕201号)第3条:"……(四)关于精神损害抚慰金的赔偿数额问题。精神损害赔偿主要是限于受害人因伤致残或死亡等情形,损害结果不是很严重的情形下,受害人请求精神损害赔偿原则上不予支持。精神损害赔偿费的具体数额可参照省法院制定的《关于审理人身损害赔偿案件若干问题的意见》中规定的标准,结合案件的具体情况加以确定;精神损害抚慰金请求权的主体为残疾受害人本人或死者近亲属,其他人不能行使或继承。"广东深圳罗湖区法院《处理道路交通事故赔偿纠纷案件实施意见》(2005年10月14日)第5条:"当事人请求精神损害赔偿的,如受害人死亡、容貌受损或有残疾后果,可酌情支持。其中受害人死亡的,对其近亲属可根据侵权者过错程度、加害人经济承受能力及案件其他具体情况,按交通事故发生地上年度职工年平均工资标准计算赔偿20年,受害人不满16周岁的,每小1岁减1年,最低不少于5年;受害人60周岁以上的,每增加1岁减少1年,最低不少于5年。当事人以死亡补偿费、死亡赔偿金、抚恤费等称谓提出赔偿请求的,应认为其性质是精神损害赔偿。容貌受损或伤残的应根据伤残等级、受损害部位、侵权者过错程度、给受害人造成的精神损害后果和加害人的经济承受能力等情况,判决加害人适当赔偿受害人精神抚慰金,其数额原则上最高不超过致人死亡的抚慰金数额。对程度较轻的伤残,应从严掌握精神抚慰金赔偿数额,十级伤残一般不超过1万元。"江苏常州中院《关于印发〈常州市中级人民法院关于审理交通事故损害赔偿案件若干问题的意见〉的通知》(2005年9月13日 常中法〔2005〕第67号)第19条:"因交通事故导致受害人死亡、残疾,受害人或死者的近亲属请求赔偿精神损害抚慰金的,人民法院应依照《最高人民法院关于确定民事侵权精神损害赔偿责任若干问题的解释》进行审查,符合规定的应予支持。按上级的有关规定,道路交通事故赔偿案件的精神损害抚慰金数额一般不超过50,000元。当事人请求对方承担精神损害金的,其在交通事故中的责任一般不应超过50%。"第20条:"精神损害抚慰金不应作为保险公司第三者责任险限额的组成部分,而应由机动车方承担。"江苏高院、省公安厅《关于处理交通事故损害赔偿案件有关问题的指导意见》(2005年9月1日 苏高法〔2005〕282号 2020年12月31日起被苏高法〔2020〕291号文废止)第28条:"因交通事故遭受精神损害的受害人或者死者近亲属,向主持调解的公安机关交通管理部门或者向人民法院请求赔偿精神损害抚慰金的,公安机关交通管理部门、人民法院应当根据《最高人民法院关于确定民事侵权精神损害赔偿责任若干问题的解释》予以确定。确定精神损害抚慰金时,一般不宜超过5万元。"福建泉州中院《关于印发〈关于审理道路交通事故人身损害赔偿案件若干问题的指导意见(试行)〉的通知》(2005年8月3日 泉中法〔2005〕91号)第3条:"赔偿权利人请求赔偿精神损害抚慰金的,按照最高人民法院《关于审理人身损害赔偿案件适用法律若干问题的解释》及《关于确定民事侵权精神损害赔偿责任若干问题的解释》的规定处理。但最高人民法院《关于确定民事侵权精神损害赔偿责任若干问题的解释》第九条不再适用,赔偿义务人以该条主张赔偿精神损害抚慰金包括残疾赔偿金、死亡赔偿金的,不予采纳。"江苏姜堰法院《精神损害抚慰金裁判规范意见》(2005年4月13日)第2条:"精神损害抚慰金根据本市社会经济状况和平均生活水平,一般不低于500元,不高于50,000元。"第3条:"因侵权行为致人死亡构成精神损害,受害人无过错的,其精神损害抚慰金为50,000元;受害人有过错的,其精神损害抚慰金,按其过错的比例在上述数额的基础上,作相应的减少。"第4条:"因侵权行为致人残疾构成精神损害,受害人无过错的,其精神损害抚慰金按其残疾等级一至十级,分别为45,000、40,000、30,000、20,000、10,000、7000、5000、3000、2000、1000元;受害人有过错的,其精神损害抚慰金,按其过错的比例在与上述残疾等级对应数额的基础上,作相应的减少。不构成残疾等级构成精神损害且受害人无过错的,其精神损害抚慰金为500元。"第5条:"受害人被评为多个残疾等级的,先按照本意见第四条的规定分别计算出相应的抚慰金,尔后以最高等级为基数,再加上其他等级二分之一的和,计算确定精神损害抚慰金。"湖北高院《民事审判若干问题研讨会纪要》(2004年11月)第4条:"……关于残疾赔偿金、死亡赔偿金与精神损害抚慰金的关系。根据最高人民法院《关于审理人身损害赔偿案件适用法律若干问题的解释》的有关规定,残疾赔偿金是对受害人因残疾而导致的收入减少或生活来源丧失的赔偿,死亡赔偿金是对受害人家属丧失部分继承利益而导致家庭整体收入减少的赔偿,两者均为财产损害赔偿金,不具有精神损害抚慰金性质。人民法院在判决赔偿义务人偿付残疾赔偿金或死亡赔偿金的同时,可以另行判令其支付精神损害抚慰金,但对精神损害抚慰金的赔偿数额应从严掌握,一般以不超过5万元为宜。"江苏高院《2001年全省民事审判工作座谈会纪要》(2001年10月18日 苏高法〔2001〕319号 2020年12月31日起被苏高法〔2020〕291号文废止)第7条:"……自然人因侵权行为致死,或者自然人死亡后其人格或者遗体遭受侵害,作为原告向法院起诉要求赔偿精神损害的当事人,应当根据最高法院《关于确定民事侵权精神损害赔偿责任若干问题的解释》第七条确定。精神损害抚慰金是对符合原告主体资格的死者近亲属的共同抚慰和补偿,但在分割时,不应作为死者的遗产对待。"广东高院、省公安厅《关于印发〈关于处理道路交通事故案件若干具体问题的补充意见〉的通知》(2001年2月24日 粤高法发〔2001〕6号 2021年1月1日起被粤高法〔2020〕132号文废止)第19条:"因交通事故致人伤残或者死亡,当事人据此提起精神损害赔偿的,人民法院可以根据交通事故造成的后果、交通事故责任人的责任大小及经济能力等情况确定赔偿数额。因交通事故造成怀孕妇女流产的,交通事故责任人应承担适当的精神损害赔偿。"山东高院《关于审理人身损害赔偿案件若干问题的意见》(2001年2月22日)第82条:"精神损害赔偿的数额应根据以下因素综合确定:不法侵害人的过错程度(法律另有规定的除外);侵害行为所造成的后果;侵权的具体情节,包括侵权的手段、场合、行为方式、持续状态或时间等;侵害人的获利情况及其承担责任的能力;侵害人的家庭状况、经济能力及其他与精神利益相关的个人因素以及受诉法院所在地平均生活水平等。"第83条:"受害人是否因侵害人承担其他方式的民事责任而获得比较充分的物质赔偿和精神满足,应作为确定精神损害赔偿数额的参照因素。"北京高院《关于印发〈关于审理人身伤害赔偿案件若干问题的处理意见〉的通知》(2000年7月11日)第1条:"侵权行为致人身体一般伤害(指经治疗能够恢复健康,尚未造成残疾)的,侵害人应当赔偿受害人医疗费、误工费、护理费、就医交通费、就医住宿费、住院伙食补助费、必要的营养费等合理费用。侵权行为致人身体一般伤害,并造成严重后果的,受害人可以请求给付精神损害抚慰金。"第25条:"侵权行为致人身体伤残,受害人请求精神损害抚慰金的,可以根据受害人承受的肉体与精神痛苦情况给予一定金钱抚慰,给付数额可以根据伤残程度及侵害人的过错程度予以裁量。因侵害行为致受害人残疾的,赔偿数额一般不超过我市城镇职工上一年平均工资收入的5倍。受害人身体受到一般伤害,造成严重后果,确有必要给予精神损害抚慰金的,参照致人残疾的情况酌减。"第26条:"死者的近亲属以受害人死亡给自己造成精神痛苦为由请求死亡赔偿金的,应予支持。赔偿金数额可根据致害行为的性质、致害人的过错程度、请求权人所受痛苦之程度以及其与死者的关系等酌定,但一般不得超过我市城镇职工上年平均工资的10倍。死者的近亲属限于死者的配偶、父母、子女。死者的配偶、父母、子女缺位的,形成赡养、抚养、扶养关系的其他近亲属有权请求死亡赔偿金。"四川高院《关于道路交通事故损害赔偿案件审判工作座谈会纪要(试行)》(1999年11月12日 川高法〔1999〕454号)第5条:"关于道路交通案件的赔偿问题。会议认为,道路交通事故损害赔偿范围除《道路交通事故处理办法》所规定的医疗费、误工费、住院伙食补助费、护理费、残疾者生活补助费、残疾用具费、丧葬费、死亡补偿费、被抚养人生活费、交通费、住宿费和财产直接损失外,结合审判实际,依照民法通则的有关规定精神,还应包括以下费用:(1)如道路交通事故致受害人人身伤亡造成严重精神损害,受害人提起精神损害赔偿的,责任人应承担精神损害赔偿费用。精神损害赔偿数额的确定,应根据《民法通则》有关精神损害赔偿的规定精神,除应考虑其抚慰补偿性外,还应着重考察受害人精神损害程度即事故对受害人的精神所造成的伤害程度……"上海高院《关于印发〈几类民事案件的处理意见〉的通知》(1999年1月1日 沪高法〔1999〕528号)第1条:"……(3)精神损害赔偿请求权人一般仅限于受害人本人,只有当侵权行为致本人死亡时才可由其直系亲属行使。在公民人身权利遭受侵害时最痛苦的通常应是受害人本人,其他人的担忧、悲伤、焦虑等精神反应都是建立在受害人本人的痛苦、愤怒、失落等情绪之上的,并会随着本人生理、心理活动的变化而变化,所以如果受害人本人的精神权利得到了补偿,其他人的精神反应也会减弱。而当侵权行为致受害人死亡的情况下,由于受害人已不可能得到物质补偿和精神利益补偿,与他生活密切相关的直系亲属如果也不能获得请求精神损害赔偿的权利的话,那么他所产生的对亲人遭受痛苦的同情及自己失去亲人的悲哀等精神创伤就会叠加却无法弥补,这是不公平的。所以应当允许受害人的直系亲属在侵权行为致受害人本人死亡时,独立提出精神损害赔偿请求,直系亲属有多人的,赔偿金在多人中平分。(4)是否适用精神损害赔偿,应视具体案情确定。《民法通则》第120条关于精神损害赔偿的适用条文中用的是'并可以要求赔偿损失'的表述,说明对于适用精神损害赔偿存在着或然性,如果侵权行为手段、方式不恶劣,受害人的损害程度不严重,社会影响不大,或者侵权人的过错程度不深,用停止侵害,恢复名誉,消除影响,赔礼道歉等非财产性民事责任方式或者收缴非法所得等民事责任制裁方式足以填补损害,抚慰受害人并制裁违法行为的,可以不适用精神损害赔偿。(5)精神损害赔偿的数额不能脱离国情。精神损害赔偿数额应当在受害人主张的范围内酌定。人民法院无权责令加害人承担超出受害人主张范围的赔偿数额。至于具体的数额除了要考虑侵权人的过错程度,侵权的手段、方式,受害人的损害程度,侵权行为的社会影响等因素外,还应当与当地居民的实际生活水平相适应,盲目地追求高额赔偿而不加以限制,只会贬低精神损害赔偿的意义,误导人们追求不当利益。因此我们考虑就目前上海市实际生活水平而言,精神损害赔偿额以一般最高不超过人民币5万元为宜(上海人均GDP的二倍),不考虑外国人与本国人、法人与自然人、获利与未获利情况。因为精神损害赔偿虽有对精神利益进行补偿的因素,但更多的是一种加罚措施,受害人的其他损失可以通过经济赔偿弥补,加害人的获利也可以通过制裁方式收缴,侵权人和受害人的特殊身份不应成为确定赔偿额的因素。当然如果加害行为特别恶劣,受害人的损害程度特别严重或者社会影响特别大,需要提高赔偿额的话,也可以适当提高,但为谨慎和统一起见,判决前须报高院民庭复核。"

**5. 最高人民法院审判业务意见。**●旅游合同之诉能否获得精神损害赔偿?《民事审判指导与参考》研究组:"从审判的角度讲,人民法院既不能突破法律规定,支持旅游者以违约之诉主张精神损害赔偿,又要对旅游者因旅游遭受人身权益损害提起精神损害赔偿的诉求依法予以支持。(1)旅游者向侵权人主张精神损害赔偿,必须提起侵权之诉。在旅游过程中,旅游者属于弱势群体,如果旅游者提起违约之诉,法官应在第一次开庭前向其释明变更诉因,不以侵权起诉将承担不利后果。(2)正确把握旅游精神损失赔偿的要件,对不符合以下要件的请求不予支持。(3)正确确定精神损害赔偿数额。对此,法官应综合下列因素考量:侵权人的过错程度;侵害人的手段、场合、行为方式等具体情节;侵权行为所造成的后果;侵权人的获利情况;侵权人承担责任的经济能力;受诉法院所在地平均生活水平。"○精神损害赔偿的数额应确定为多少?最高人民法院民一庭《民事审判实务问答》编写组:"精神损害赔偿的数额属于法官行使自由裁量权的范畴。根据最高人民法院《关于确定民事侵权精神损害赔偿责任若干问题的解释》第10条规定,精神损害的赔偿数额根据以下因素确定：（一）侵权人的过错程度，法律另有规定的除外；（二）侵害的手段、场合、行为方式等具体情节；（三）侵权行为所造成的后果；（四）侵权人的获利情况；（五）侵权人承担责任的经济能力；（六）受诉法院所在地平均生活水平。另外，在实际中还应考虑受害人的社会地位及双方的经济状况及当地居民的平均生活水平。"

**6. 参考案例。**①2009年江苏某保险合同纠纷案，2008年，刘某驾车碰撞行人徐某致其身亡，交警认定同等责任。法院判决认定徐某损失医疗费5万余元、死亡赔偿金6万余元、丧葬费1万余元、精神损害赔偿金5万元。因商业三责险约定不赔偿精神损害部分，故刘某要求在其投保的交强险中优先赔付，不足赔付部分由商业三责险赔付。法院认为：刘某投保的交强险死亡伤残赔偿限额11万元包含精神损害抚慰金，而其投保的第三者责任险中约定保险人不负责赔偿精神损害。本案中因交通事故造成徐某死亡，在已生效的道路交通事故人身损害赔偿判决中已认定精神损害抚慰金5万元，包含在死亡伤残赔偿项下，故交强险赔付时应优先赔偿精神损害抚慰金，第三者责任险对交强险未能赔足的实际损失部分赔付，以符合当事双方双重设保的合同目的。判决精神损害抚慰金5万元由保险公司在交强险赔偿限额内优先赔付，不足赔偿部分，由第三者责任险赔付。②2010年北京某交通事故损害赔偿案，2009年，马某去世，肖某驾驶殡仪馆车辆送去火化途中，与张某驾驶借用牟某的车辆相撞，造成马某遗体损害及车上马某近亲属多人受伤，交警认定肖某、张某分负主、次责任。法院认为：事故发生后，殡仪馆虽对马某遗体进行了整容修复，但鉴于原告目睹了马某遗体损害的过程，给原告的身心造成了一定的精神痛苦，现原告要求殡仪馆赔偿其精神损害抚慰金，应予支持。考虑到损害发生后，殡仪馆对死者遗体进行了整容修复，积极采取补救措施，极力将近亲属的精神损害降到最低，故酌定精神损害抚慰金为1万元。③2009年浙江某交通事故损害赔偿案，2008年，胡某驾驶车主为朱某的投保出租车，与杨某所驾摩托车相撞，致杨某性功能受损，经鉴定构成伤残。交警认定胡某负主要责任，杨某次要责任。法院认为：根据事故双方在本起事故中的过错程度，酌情由胡某承担80%赔偿责任，朱某作为肇事出租车的车主，对杨某损失，依法应承担连带责任。因该出租车投保了交强险，故保险公司应在投保限额范围内承担赔偿责任。因本次事故造成杨某人身损害并造成其性功能障碍，对于尚未结婚生育的杨某来说，无疑对其今后生活的影响和造成的精神损害程度较为严重，故胡某在承担赔偿残疾赔偿金同时，还应赔偿杨某精神损害抚慰金，判决保险公司在交强险范围赔偿杨某包括残疾赔偿金4万余元、精神损害抚慰金4万元在内的人身损害及车辆损失共计11万余元，不足赔偿部分的80%即1.9万余元由胡某赔偿，扣除已付2.8万余元，胡某无须再支付，杨某赔偿胡某车辆损失600元。④2009年福建某交通事故损害赔偿案，2009

年5月,游某驾驶客运公司名下卧铺车因临危措施不当,导致车辆侧翻,车上乘客陈某受伤,未构成伤残,交警认定游某全责。陈某病历载明其前额部见一长约4厘米伤口。赔偿项目是否包括精神损失成为焦点。法院认为:陈某作为年轻的女性,事故造成其前额的伤疤对其容貌造成一定影响,女性的容貌在生活中的重要性不可否认,一定程度上降低了其社会评价,可能对其将来择偶、就业等造成影响,故受害人主张精神损害赔偿,应予支持。但受害人提供的照片只显示其右前额有一伤疤,未能显示照片的形成时间,且陈某未提交相应证据证明伤疤不能彻底治愈,故对于其要求精神损害赔偿1万元,法院根据当地的生活水平,酌情予以支持3000元。⑤2009年浙江某交通事故损害赔偿案,2008年8月,农村户口但在城镇从事个体工商户的张某驾驶无牌摩托车,因与出租汽车公司所有、胡某承包经营、魏某被雇驾驶的已投保机动车第三者责任强制保险的轿车发生碰撞,造成张某10级伤残,交警认定双方同等责任。法院认为:机动车发生交通事故造成人身损害,由保险公司在交强险限额范围内予以赔偿,故保险公司应首先在该保险责任限额内,对张某在交通事故中造成的损失进行赔偿。由于本次事故造成张某精神损害,故结合事故过错因素,由保险公司在前述限额范围内酌情赔偿张某精神损害抚慰金1500元。胡某系肇事车辆承包人和雇主,对魏某在从事雇佣活动中致张某损害,应对张某在交强险责任赔偿限额范围外的其余损失承担相应赔偿责任,出租汽车公司作为肇事车辆所有人,应对胡某的赔偿份额承担连带责任,故判决保险公司在机动车第三者强制保险责任限额范围内赔偿张某7.6万余元,胡某赔偿张某该限额外的损失2.7万余元的50%共1.7万余元,出租汽车公司对胡某赔偿责任承担连带义务。⑥2005年河南某旅游合同纠纷案,2003年8月,张某与旅行社签订旅游合同。旅游途中,因旅游车肇事,张某经抢救无效死亡。交警认定,旅行社租用的客车司机裴某负事故全部责任。法院认为:旅行社在提供旅游服务过程中,未保障张某生命安全,构成违约,应承担违约责任,赔偿损失。鉴于张某已死亡,原告作为张某近亲属有权要求赔偿。《合同法》第124条规定:"本法分则或其他法律没有明文规定的合同,适用本法总则的规定,并可以参照本法分则或其他法律最相类似的规定。"原告基于此规定参照最高人民法院《关于审理人身损害赔偿案件适用法律若干问题的解释》规定,要求旅行社赔偿医疗费、丧葬费、死亡补偿金、办理丧葬事宜支出的交通费、住宿费等其他合理费用符合法律规定,应予支持。《合同法》第107条规定的违约责任中的"损失"并未排除"精神损害"。就不同性质合同履行后果而言,违约方可能给合同相对方财产损害或人身损害或兼而有之,该条文中"损失"不仅包括财产损失,还包括非财产性损失,即精神损失,从而对违约可适用精神损害赔偿。但并非将精神损害赔偿范围任意扩大。本案张某的突然死亡使其父母晚年丧子,其妻子青年丧夫,使原告承受了失去亲人的巨大痛苦,事故的残酷性给原告将来的生活带来不可磨灭的影响,故应给予一定数额的金钱补偿,以抚慰其精神痛苦。考虑到本案旅行社过错程度,违约造成后果等因素,精神抚慰金由法院酌定,判决旅行社赔偿原告经济损失16万余元及精神抚慰金4.5万元。⑦2002年河南某精神损害赔偿案,2001年,郭某名下货车撞死张某后司机逃逸,交警认定张某负主要责任。争议焦点:死亡赔偿金和精神损害抚慰金能否同时主张? 法院认为:依现行法律规定,精神损害抚慰金与死亡赔偿金不可重复求偿(代表了早期的一种裁判倾向——编者注)。因最高人民法院《关于确定民事侵权精神损害赔偿责任若干问题的解释》已明确规定,致人死亡的,其精神损害抚慰金为死亡赔偿金,而死亡赔偿金与《道路交通事故处理方法》中所规定的死亡补偿费具有同一性质,属于精神损害抚慰金,据此,原告主张死亡补偿费同时又要求精神损失费的赔偿,因为重复,不应支持。

**【同类案件处理要旨】**

精神损害赔偿的数额属于法官行使自由裁量权的范畴。精神损害的赔偿数额,可根据以下因素确定:(一)侵权人的过错程度,但是法律另有规定的除外;(二)侵权行为的目的、方式、场合等具体情节;(三)侵权行为所造成的后果;(四)侵权人的获利情况;(五)侵权人承担责任的经济能力;(六)受理诉讼法院所在地的平均生活水平。

**【相关案件实务要点】**

1.**【遗体受损】**死者遗体因交通事故受损,给死者家属造成了精神损害,侵权人应按照最高人民法院《关于审理民事侵权精神损害赔偿责任的若干问题的解释》第7条的规定,赔偿死者近亲属精神损害抚慰金。案见北京密云法院(2010)密民初字第2100号"张某等诉某殡仪馆交通事故损害赔偿案"。

2.**【不宜过高】**侵害死者尸体的侵权责任主要适用精神损害赔偿的方法,法官根据自身的认知在确定精神损害赔偿数额时,应当受到相关法律法规和司法解释的约束,并综合考虑案情。结合我国的司法实践,精神抚慰金的数额一般不宜过高。案见广东东莞中院(2005)东法民一终字第1608号"鲍某等诉某铸造公司等侵权赔偿案"。

3.**【性功能受损】**性功能损害的残疾赔偿并不能包容伤者的精神损害赔偿,受害人在获得残疾赔偿同时可提起精神损害赔偿。案见浙江宁波中院(2009)甬民二终字第611号"杨某诉朱某等交通事故损害赔偿案"。

4.**【旅游合同】**旅游合同中违约方应承担赔偿责任,本人死亡后其近亲属依法可提起诉讼要求赔偿,赔偿应包括经济损失及精神抚慰金。案见河南鹤壁山城区法院(2005)山民初字第1301号"张某等诉某旅行社旅游合同案"(该判决不具有典型意义,裁判原则值得商榷——编者注)。

**【附注】**

**参考案例索引**:广东东莞中院(2005)东法民一终字第1608号"鲍某等诉某铸造公司等侵权赔偿案",判决三被告共同赔偿原告精神抚慰金5000元。见《鲍金花等诉香港森杨益精密铸造有限公司、鲁福标尸体侵权赔偿纠纷案》(陈东超),载《中国审判案例要览》(2006民事:465)。①江苏苏州中院(2009)苏中民二终字第0325号"刘某与某保险公司保险合同纠纷案",见《刘炳华诉人保太仓支公司在交强险中优先赔付精神损害赔偿金保险合同纠纷案》,载《江苏省高级人民法院公报》(201001/7:54)。②北京密云法院(2010)密民初字第2100号"张某等诉某殡仪馆交通事故损害赔偿案",见《张桂山等诉密云县殡仪馆交通事故损害赔偿案》(陈琼),载《中国法院2012年度案例:道路交通纠纷》(32)。③浙江慈溪法院(2009)甬慈民初字第914号"张某诉胡某等人身损害赔偿纠纷案",判决保险公司在机动车第三者强制保险责任限额范围内赔偿张某7.6万余元,胡某赔偿张某该限额外的损失2.7万余元的50%共1.7万余元,出租汽车公司对胡某赔偿责任承担连带义务。见《张新炳诉胡建威等四人道路交通事故人身损害赔偿、机动车交通事故责任强制保险合同纠纷案》(徐冬云、杨群芳),载《人民法院案例选》(200904:169)。④福建厦门湖里区法院(2009)湖民初字第3997号"陈某诉某客运公司等交通事故损害赔偿案",见《陈芳芳诉舫阳汽车公司等道路交通事故人身损害赔偿案》(苏天胜),载《中国法院2012年度案例:道路交通纠纷》(57)。⑤浙江宁波中院(2009)甬民二终字第611号"杨某诉朱某等交通事故损害赔偿案",见《残疾赔偿金与精神损害赔偿互为渗透性》(郭敬波),载《人民司法·案例》(201006:67);另见《"性福权"损害赔偿的性质——杨胜夫诉朱兰芳、胡爱龙、安邦财产保险股份有限公司宁波分公司人身损害赔偿纠纷案》(郭敬波),载《人民法院案例选·月版》(201001:107)。⑥河南鹤壁山城区法院(2005)山民初字第1301号"张某等诉某旅行社旅游合同案",见《旅游合同受害方可获得精神损害赔偿——王丽丽等诉假日旅行社旅游合同案》(陈焱、王丽君),载《人民法院报·案例指导》(20061204:5)。⑦河南洛阳西工区法院2002年判决"张某等诉郭某精神损害赔偿案",见《赵鲜英、张智子、张颜英诉郭丙法、张少峰交通肇事赔偿财产损失、精神损失案》(代章生),载《人民法院案例选》(2004民事:228)。

**参考观点索引**:●旅游合同之诉能否获得精神损害赔偿?见《旅游合同之诉能否获得精神损害赔偿》,载《民事审判指导与参考·民事审判信箱》(201201:262)。○精神损害赔偿的数额应确定为多少?见《精神损害赔偿的数额应确定为多少?》,载《民事审判实务问答》(2008:138)。

# 58. 残疾赔偿金确定标准
## ——残疾赔偿金,如何来确定?
### 【残疾赔偿】

【案情简介及争议焦点】

2005年1月,汽车厂货车发生交通事故,导致颜某被碰撞后受伤,法院判决汽车厂赔偿包括残疾赔偿金、精神损害抚慰金等在内的各项损失33万余元。一审判决作出次日,颜某因伤重死亡,其近亲属再行起诉索赔死亡赔偿金、精神损害抚慰金等。

争议焦点:1. 汽车厂应否再行赔偿?2. 如何确定再次赔偿项目和范围?

【裁判要点】

**1. 加重损失部分的赔偿。**生效判决系针对受害人因交通事故致残造成损失部分应获赔偿的民事判决,受害人死亡的后果较判决时残疾后果更为严重,且死亡后果与交通事故存在因果关系。颜某近亲属据此请求法院判令对后果加重部分的损失予以赔偿,符合侵权损害应全面赔偿原则和公平原则,应予支持。

**2. 赔偿项目及范围确定。**受害人在伤残评定之日至死亡之日已构成伤残,故其在此期间应享有一定的逸失利益损失,汽车厂对此应予赔偿。尽管颜某与其近亲属分别就残疾和死亡赔偿金向汽车厂主张权利,但根据法律精神,上述两种赔偿金都是对伤残者或死者近亲属未来经济损失所承担的赔偿责任。基于本诉之前,法院已判令汽车厂承担残疾赔偿金问题,故颜某近亲属仅能主张死亡赔偿金与残疾赔偿金之间的差额。颜某死亡较残疾是一个加重后果,原告据此诉求汽车厂给予精神损害抚慰金有法律依据和事实依据,根据先前判决已给付颜某精神损害抚慰金3万元,故汽车厂再赔偿原告精神损害抚慰金1.5万元。

【裁判依据或参考】

**1. 法律规定。**《民法典》(2021年1月1日)第1179条:"侵害他人造成人身损害的,应当赔偿医疗费、护理费、交通费、营养费、住院伙食补助费等为治疗和康复支出的合理费用,以及因误工减少的收入。造成残疾的,还应当赔偿辅助器具费和残疾赔偿金;造成死亡的,还应当赔偿丧葬费和死亡赔偿金。"第1182条:"侵害他人人身权益造成财产损失的,按照被侵权人因此受到的损失或者侵权人因此获得的利益赔偿;被侵权人因此受到的损失以及侵权人因此获得的利益难以确定,被侵权人和侵权人就赔偿数额协商不一致,向人民法院提起诉讼的,由人民法院根据实际情况确定赔偿数额。"第1183条:"侵害自然人人身权益造成严重精神损害的,被侵权人有权请求精神损害赔偿。因故意或者重大过失侵害自然人具有人身意义的特定物造成严重精神损害的,被侵权人有权请求精神损害赔偿。"《侵权责任法》(2010年7月1日,2021年1月1日废止)第16条:"侵害他人造成人身损害的,应当赔偿医疗费、护理费、交通费等为治疗和康复支出的合理费用,以及因误工减少的收入。造成残疾的,还应当赔偿残疾生活辅助具费和残疾赔偿金。造成死亡的,还应当赔偿丧葬费和死亡赔偿金。"《民法通则》(1987年1月1日,2021年1月1日废止)第119条:"侵害公民身体造成伤害的,应当赔偿医疗费、因误工减少的收入、残废者生活补助费等费用;造成死亡的,并应当支付丧葬费、死者生前扶养的人必要的生活费等费用。"

**2. 司法解释。**最高人民法院《关于审理人身损害赔偿案件适用法律若干问题的解释》(2004年5月1日　法释〔2003〕20号,2020年修正,2021年1月1日实施)第12条:"残疾赔偿金根据受害人丧失劳动能力程度或者伤残等级,按照受诉法院所在地上一年度城镇居民人均可支配收入或者农村居民人均纯收入标准,自定残之日起按二十年计算。但六十周岁以上的,年龄每增加一岁减少一年;七十五周岁以上的,按五年计算。受害人因伤致残但实际收入没有减少,或者伤残等级较轻但造成职业妨害严重影响其劳动就业的,可以对残疾赔偿金作相应调整。"第13条:"残疾辅助器具费按照普通适用器具的合理费用标准计算。伤情有特殊需要的,可以参照辅助器具配制机构的意见确定相应的合理费用标准。辅助器具的更换周期和赔偿期限参照配制机构的意见确定。"第22条:"本解释所称'城镇居民人均可支配收入''农村居民人均纯收入''城镇居民人均消费性支出''农村居民人均年生活消费支出''职工平均工资',按照政府统计部门公布的各省、自治区、直辖市以及经济特区和计划单列市上一年度相关统计数据确定。'上一年度',是指一审法庭辩论终结时的上一统计年度。"最高人民法院《关于授权开展人身损害赔偿标准城乡统一试点的通知》(2019年9月2日　法明传〔2019〕513号):"……当前,我国户籍制度改革的政策框架基本构建完成,城乡统一的户口登记制度全面建立,各地取消了农业户口与非农业户口性质区分。为贯彻落实中央精神,经充分调研,现就全国法院人身损害赔偿纠纷案件统一城乡居民赔偿标准问题通知如下:
一、授权各省、自治区、直辖市高级人民法院及新疆维吾尔自治区建设兵团分院根据各省具体情况在辖区内开展人身损害赔偿纠纷案件统一城乡居民赔偿标准试点工作。试点工作应于今年内启动。"最高人民法院《对"关于统一人身损害侵权案死亡和残疾赔偿金标准建议"的答复》(2014年5月28日):"最高人民法院《关于审理人身损害赔偿案件适用法律若干问题的解释》(法释〔2003〕20号)中规定的残疾赔偿金和死亡赔偿金,是对受害人因残疾或死亡,采取定型化赔偿的方法计算的赔偿金,是对受害人财产损失的赔偿。法释〔2003〕20号中有关残疾赔偿金和死亡赔偿金根据受诉法院所在地上一年度城镇居民人均可支配收入或者农村居民人均纯收入计算的规定,是在考虑到我国目前城乡差别和城镇居民与农村居民存在收入差异的现实情况的基础上,综合社会各界的意见制定的。法释〔2003〕20号实施后,曾引发了'双重标准'的争论,我院高度重视,从2005年初即着手进行研究。我们就完善人身损害赔偿司法解释曾经提出十余种方案,并多次组织法院系统的座谈会,五次召开专家座谈会,与相关中央国家机关多次交换意见,多次征求全国人大代表和全国政协委员的意见,就有关问题征求了最高人民法院特邀咨询员的意见,我院审判委员会也进行了六次讨论。但由于法律对于死亡赔偿金的性质、计算标准等规定不明确,加之人身损害赔偿问题本身的复杂性,对死亡赔偿金的适用问题难以达成共识。在《侵权责任法》制定过程中,其第三次审议稿中曾就死亡赔偿金、残疾赔偿金的计算标准明确规定,其基本思路与你在建议中提出的思路相似。但是在审议讨论过程中,各方意见分歧过大,最后未能通过。我们将对此问题继续进行研究,以寻求一种更符合国情的方案。网民所提出的建议我们会在研究过程中充分考虑。"最高人民法院《关于交通事故赔偿标准全国应该统一问题的答复》(2014年3月28日):"……基于以下原因,目前来看,交通事故赔偿标准全国统一的条件尚不成熟:第一,东西部差异、城乡差别是赔偿标准不能统一的现实条件。损害赔偿,既要考虑到被侵权人的损失填补,也要兼顾侵权人的赔偿负担。由于我国东西部差异、城乡差别仍然存在,甚至不少地区差别较大,如果实行全国统一的赔偿标准,在相当多的地区尤其是不发达地区,显然会过分加重侵权人的赔偿负担,会出现无力赔偿、赔偿不到位等情形,酿成新的矛盾。第二,从司法实践来看,人民法院也在根据法律和现实发展逐步调整赔偿标准。例如,根据侵权责任法第十七条的规定,同一侵权行为造成多人死亡的,按照相同数额予以赔偿。根据我国城镇化的实际情况,人民法院不再以户籍作为判断适用城镇标准或农村标准的唯一指标,而以受害人住所地、经常居住地、主要收入来源等因素综合判断适用何种赔偿标准,尽最大可能兼顾被侵权人的损失填补和侵权人损失赔偿可能性。当然,我国社会城镇化的稳步推进,保险制度的进一步发展,对损害赔偿标准作出相应的调整也是题中之义。对此,我们一直在积极研究相应的方案,争取尽早制定出更加符合我国实际的赔偿标准。"最高人民法院《关于雇员在雇佣活动中造成人身损害用什么标准评定伤残的答复》(〔2013〕他8复函):"……评定伤残的标准和计算损失赔偿的标准应相互对应。雇员在从事雇佣活动中遭受人身损害,若不属于《工伤保险条例》调整的劳动关系和工伤保险范围,在进行伤残程度评定时,不宜适用《职工工伤与职业病致残程度鉴定标准》。在统一的人身损害伤残评定国家标准出台之前,可参照适用《道路交通事故受伤人员伤残评定》等国家标准。"最高人民法院《2011年全国民事审判工作会议纪要》(2011年11月9日 法办〔2011〕442号)第6条:"……残疾赔偿金或死亡赔偿金的计算标准,应根据案件的实际情况,结合受害人住所地、经常居住地、主要收入来源等因素,确定应适用的标准。在计算被扶养人生活费时,如果受害人是农村居民但经常居住地在城镇,且其被扶养人经常居住地也在城镇的,被扶养人生活费也应按照受诉法院所在地上一年度城镇居民人均消费性支出标准计算。"最高人民法院《关于如何理解〈最高人民法院关于适用"中华人民共和国侵权责任法"若干问题的通知〉第四条的答复》(2010年12月21日):"本条规定了新的规定出台之前,确定残疾赔偿金和死亡赔偿金的方法。《最高人民法院审理人身损害赔偿案件适用法律若干问题的解释》(以下简称《人身损害赔偿司法解释》)第十七条第二、三款规定侵害生命健康权的,应支付残疾赔偿金、死亡赔偿金和被扶养人生活费。侵权责任法第十六条规定了残疾赔偿金和死亡赔偿金,没有被扶养人生活费一项。从立法解释上来说,一般认为侵权责任法第十六条规定改变了既有法律和司法解释关于死亡赔偿金、残疾赔偿金和被扶养人生活费的关系,原来司法解释规定的死亡赔偿金、残疾赔偿金并不包含被扶养人生活费,但是现在被扶养人生活费已经被侵权责任法第十六条的死亡赔偿金、残疾赔偿金吸收了。为此,新近出台的司法解释作出规定:'如受害人有被扶养人的,应当依据《人身损害赔偿司法解释》第二十八条的规定,将被扶养人生活费计入残疾赔偿金或死亡赔偿金。'这就使有被扶养人的残疾赔偿金和死亡赔偿金与立法精神一致了,同时也与我们以前的作法完全一致。通俗地讲,侵权责任法规定的死亡赔偿金、残疾赔偿金等于司法解释规定的死亡赔偿金、残疾赔偿金和被扶养人生活费之和。以上答复仅供参考。"最高人民法院《关于适用〈中华人民共和国侵权责任法〉若干问题的通知》(2010年6月30日 法释〔2010〕23号)第4条:"人民法院适用侵权责任法审理民事纠纷案件,如受害人有被扶养人的,应当依据《最高人民法院关于审理人身损害赔偿案件适用法律若干问题的解释》第二十八条的规定,将被扶养人生活费计入残疾赔偿金或死亡赔偿金。"最高人民法院民一庭《关于经常居住地在城镇的农村居民因交通事故伤亡如何计算赔偿费用的复函》(2006年4月3日 〔2005〕民他字第25号):"……人身损害赔偿案件中,残疾赔偿金、死亡赔偿金和被扶养人生活费的计算,应当根据案件的实际情况,结合受害人住所地、经常居住地等因素,确定适用城镇居民人均可支配收入(人均消费性支出)或者农村居民人均纯收入(人均年生活消费支出)的标准。本案中,受害人唐顺亮虽然农村户口,但在城市经商、居住,其经常居住地和主要收入来源地均为城市,有关损害赔偿费用应当根据当地城镇居民的相关标准计算。"

**3. 部门规章及地方规范性文件。**国家质量监督检验检疫总局、中国国家标准化管理委员会《假肢费用赔偿鉴定》(GB/T 24432—2009)第6条:"假肢的更换期限。(1)成年人(年满18周岁以上)配置假肢的更换期限,可按照 GB/T 13461、GB 14722、GB/T 18027、GB/T 18375(所有部分)和 MZ002 所规定的产品使用寿命来确定;对于尚未颁布国家标准或行业标准的产品,可参考假肢生产单位的产品说明书中规定的产品使用寿命来确定。(2)未成年人(年龄未满18周岁)配置假肢产品的更换期限,除根据产品的使用寿命外,还要考虑肢体伤残者的生长发育情况,年龄未满18周岁前,假肢产品每年至少需要更换一次接受腔或者也可以每年更换一次假肢……更换假肢接受腔的费用,由鉴定委员会按假肢的产品确定……假肢的日常维修费用包括假肢的保养和更换易损件的费用。可用占假肢配置费用总价格的合理比例计算。"公安部交管局《关于对申请重新伤残评定的"当事人"如何理解》(1997年9月12日 公交管〔1997〕208号,2004年8月19日废止):"……《道路交通事故处理办法》规定对交通事故受伤人员进行的伤残评定,关系到交通事故各方当事人的切身利益。因此,申请重新伤残评定的当事人不仅包括受伤一方当事人,也包括未受伤的其他各方当事人。"江西省司法厅司法鉴定管理局、江西省司法鉴定协会《关于〈道路交通事故受伤人员伤残评定〉与〈人体损伤致残程度分级〉标准衔接适用问题的意见》(2017年5月27日 〔2017〕赣司鉴8号)第1条:"2017年3月23日之前发生的人身损害,既往按照《道路交通事故受伤人员伤残评定》标准评定伤残,现在如需重新鉴定的,原则上适用《道路交通事故受伤人员伤残评定》标准评定;如鉴定委托方另有指定的,可按鉴定委托为准。"第2条:"2017年3月23日之前发生的人身损害现在评定伤残,原则上一律适用《人体损伤致残程度分级》标准进行评定。如鉴定委托方另有指定的,可按鉴定委托为准,但鉴定机构应告知不同标准适用的风险。"第3条:"2017年3月23日起发生的人身损害,鉴定机构接受委托进行伤残评定时,适用《人体损伤致残程度分级》标准。"上海市司法局司法鉴定管理处、上海市司法鉴定协会《关于〈道路交通事故受伤人员伤残评定〉(GB 18667—2002)与〈人体损伤致残程度分级〉标准衔接适用问题的意见》(2017年5月23日)第1条:"发生在2017年3月23日之前的交通事故或者其他人身损害,司法鉴定机构接受委托进行伤残鉴定时,适用的评残标准,以鉴定委托为准。"第2条:"2017年3月23日起发生的交通事故或者其他人身损害,司法鉴定机构接受委托进行伤残评定时,适用2016年4月18日最高人民法院、最高人民检察院、公安部、国家安全部、司法部联合发布《人体损伤致残程度分级》。"江苏省司法鉴定协会《关于道路交通事故受伤人员伤残程度鉴定标准适用问题的意见》(2017年4月7日 〔2017〕苏鉴协6号)第1条:"自2017年3月23日起,我省司法鉴定机构进行道路交通事故受伤人员伤残程度评定,应适用最高人民法院、最高人民法院检察院、公安部、国家安全部、司法部于2016年4月18日发布的《人体损伤致残程度分级》。"第2条:"办案机关委托鉴定时,以发生交通事故的时间为依据要求适用《道路交通事故受伤人员伤残评定》进行受伤人员伤残程度评定的,司法鉴定机构应根据委托要求适用该标准,而不能径行适用。"第3条:"办案机关在2017年3月23日以前的委托鉴定中明确要求适用《道路交通事故受伤人员伤残评定》,司法鉴定机构尚未出具鉴定意见的,应提请办案机关对适用何种伤残鉴定标准进行确认后,再出具鉴定意见。"广西保险行业协会《关于印发〈广西保险行业道路交通事故人身损害调处理赔统一标准(2016版)〉的通知》(2016年10月9日 保协桂发〔2016〕174号)第2条:"各赔偿项目的单证标准与计算原则……(七)残疾赔偿金……农业户籍人员能提供下列证据,证明交通事故发生前受害人在城镇工作、生活、学习持续满一年以上的,可按城镇居民标准计算:(1)劳动合同即工作单位收入证明;(2)社保证明或纳税证明;(3)租房合同即居住地居民委员会证明;(4)房屋产权证明及居住地居民委员会证明;(5)暂住证或派出所证明;(6)在城镇学校就读的证明材料;(7)能证明受害人经常居住地在城镇的其他材料。(上述证明材料并非每案必须全部具备,只要其中部分证明材料相互组合足以印证在城镇连续居住一年以上即可)"

**4. 地方司法性文件。**

①残疾赔偿金计算标准。河南高院《关于机动车交通事故责任纠纷案件审理中疑难问题的解答》(2024年5月)第15条:"受害人定残后又在诉讼中死亡的,如何计算残疾赔偿金?答:仍应按照《最高人民法院关于审理人身损害赔偿案件适用法律若干问题的解释》第十二条规定的相关标准计算残疾赔偿金。残疾赔偿金系因伤致残的受害人在全部或部分丧失劳动能力的情况下,对其未来收入损失的弥补。该损失在受害人定残之日已经确定,不因受害人死亡而减轻侵权人的赔偿责任,由侵权人承担该部分责任亦未加重侵权人的负担。"第20条:"部分交通事故赔偿项目的适用标准应如何把握?答:发回重审案件应按照发回重审前即原一审辩论终结前上一年度标准计算相应误工费、护理费、残疾赔偿金或死亡赔偿金及被扶养人生活费。受害人二次手术后再次提起诉讼,请求支付误工费、护理费的,应按照该次诉讼中一审法庭辩论终结时的上一统计年度相关标准计算。"山东高院审监二庭《关于审理机动车交通事故责任纠纷案件若干问题的解答(一)》(2024年4月)第14条:"受害人因交通事故致残,因交通事故以外的其他原因导致在诉讼前或者诉讼期间死亡,残疾赔偿金的计算年限应如何认定?答:《最高人民法院关于审理人身损害赔偿案件适用法律若干问题的解释》对残疾赔偿金采用了定型化的

计算方法,受害人的损失在事故发生时就已经确定,按固定年限计算,并不因受害人的实际存活年限变化而产生变动或返还。"浙江高院《印发〈关于人身损害赔偿项目计算标准的指引〉的通知》(2022年8月24日 浙高法审〔2022〕2号)第23条:"受害人因2021年9月8日(含当日)后发生的侵权行为致残或死亡的,残疾赔偿金、死亡赔偿金按照受诉法院所在地省、计划单列市上一年度城镇居民人均可支配收入标准计算。赔偿权利人举证证明受害人住所地或者经常居住地城镇居民人均可支配收入高于受诉法院所在地标准的,可以就高确定残疾赔偿金、死亡赔偿金计算标准。"第24条:"一级伤残的伤残赔偿指数为100%,二级伤残为90%,以此类推,十级伤残为10%。受害人有多处伤残的,伤残赔偿附加指数按照以下方式确定:以最高伤残等级的赔偿指数为基数,属二级至五级的,每增加一处,增加附加指数4%;属六级至十级的,每增加一处,增加附加指数2%。存在一级伤残时,其它等级被吸收,不再增加附加指数。附加指数合计不超过10%,伤残赔偿指数合计不超过100%。"第25条:"受害人在侵权行为发生时是否具备劳动能力、有无实际收入,不影响定型化计算残疾赔偿金。"内蒙古高院《关于道路交通事故损害赔偿案件赔偿项目审核认定标准汇编》(2022年1月1日)第9条:"残疾赔偿金。1.计算方法。残疾赔偿金根据受害人丧失劳动能力程度或者伤残等级,按照内蒙古自治区人民政府统计部门公布的上一年度城镇居民人均可支配收入标准,自定残之日起按二十年计算;但六十周岁以上的,年龄每增加一岁减少一年,七十五周岁以上的,按五年计算。残疾赔偿金=内蒙古自治区人民政府统计部门公布的上一年度城镇居民人均可支配收入×赔偿年限×伤残赔偿指数。2.相关证据。赔偿权利人应提供鉴定意见证明其伤残程度。3.说明。(1)一级伤残的伤残赔偿指数为100%,二级伤残为90%,依此类推,至十级伤残为10%;受害人构成多处伤残的,在最高等级的伤残赔偿指数基础上,对附加伤残等级为二至十级的,分别按9%、8%……1%累加,累加总计不超过10%,总伤残赔偿指数不超过100%……"海南高院《关于印发〈海南省道路交通事故人身损害赔偿标准〉的通知》(2021年1月1日 琼高法〔2020〕325号)第2条:"各赔偿项目的单证标准与计算原则……(九)残疾赔偿金。残疾赔偿金即受害人在人身损害中因伤残导致收入减少,或者因加害人的行为导致受害人因伤残丧失生活来源,而应给予的财产损害性质的赔偿。根据《最高人民法院关于适用〈中华人民共和国侵权责任法〉若干问题的通知》(法发〔2010〕23号)第四条规定,受害人有被扶养人的,应当依据《最高人民法院关于审理人身损害赔偿案件适用法律若干问题的解释》第二十八条规定,将被扶养人生活费计入残疾赔偿金或者死亡赔偿金一并赔偿。1.单证标准:伤残司法鉴定书原件、受害人户口簿(身份证或者派出所出具的户籍证明)。2.计算原则:残疾赔偿金=年度残疾赔偿金标准×赔偿年限×残疾等级对应系数+被扶养人生活费。受害人因伤致残但实际收入没有减少,或者伤残等级较轻但造成职业妨害严重影响劳动就业的,可以对残疾赔偿金作相应调整。(1)年度残疾赔偿金:以海南省上一年度城镇居民人均可支配收入为标准计算。(2)赔偿年限:根据伤者定残等级确定之日起的年龄计算赔偿年限,最高赔偿20年。未满60周岁赔偿20年;60周岁以上,每增加1周岁减少1年;75周岁以上,按5年计算……"江西宜春中院《关于印发〈审理机动车交通事故责任纠纷案件的指导意见〉的通知》(2020年9月1日 宜中法〔2020〕34号)第34条:"受害人死亡或定残时为六十周岁以下的,死亡(伤残)赔偿金按二十年计算;六十周岁以上的,年龄每增加一岁减少一年;七十五周岁以上的,按五年计算。死亡赔偿金计算公式:江西省上一年度城镇居民人均可支配收入标准×20年(受害人六十周岁以上的,年龄每增加一岁减少一年;七十五周岁以上的,按五年计算)。残疾赔偿金计算公式:江西省上一年度城镇居民人均可支配收入标准×20年(自定残之日起计算,六十周岁以上的,年龄每增加一岁减少一年;七十五周岁以上的,按五年计算)×系数。伤残赔偿指数的计算方法为:一级伤残的伤残赔偿指数为100%、二级伤残为90%,以此类推,九级伤残为20%,十级伤残为10%。受害人有多处伤残的,以最高伤残等级的伤残赔偿指数为基础,每增加一处伤残所增加的伤残赔偿附加指数,按照所增加伤残的伤残赔偿指数的十分之一确定,伤残赔偿附加指数之和不超过10%,总伤残赔偿指数不超过100%。"山西高院《关于人身损害赔偿标准的办案指引》(2020年7月1日 晋高法〔2020〕34号)第17条:"存在多次伤残鉴定时,以被采信的鉴定意见作出之日为定残日。"第18条:"侵权行为发生于2020年1月1日之后的人身损害赔偿纠纷,确定残疾赔偿金时不再区分城镇居民与农村居民,均按照上一年度城镇居民人均可支配收入计算。侵权行为发生于2020年1月1日之前的人身损害赔偿纠纷,受害人为城镇居民的,残疾赔偿金按照受诉法院所在地上一年度城镇居民人均可支配收入计算;受害人户籍为居民户籍或未标注户籍性质的,残疾赔偿金按城镇居民标准计算;受害人为农村居民的,残疾赔偿金按照受诉法院所在地上一年度农村居民人均可支配收入与农村居民人均消费支出之和计算。"第19条:"侵权行为发生于2020年1月1日之前的人身损害赔偿纠纷,受害人为农村居民,但赔偿权利人能够提供证据证明受害人具有下列情形之一的,可以按城镇居民的标准计算残疾赔偿金:(1)受害人的经常居住地在城镇的;(2)受害人承包的集体土地已经被国家征收,致其无法以农业为主要收入来源的;(3)受害人户籍所在地或经常居住地已纳入当地城镇行政规划但还未具体实施的。"第20条:"侵权行为发生于2020年1月1日之前的人身损害赔偿纠纷,受害人为农村居民,赔偿权利人能够提供证据证明受害人具有下列情形之一的,可以认定受害人经常居住地在城镇:(1)受害人可以提供已经在城镇居住一年以上的居住证、暂住证等身份证件;(2)受害人可以提供房屋租赁、买卖合同或房产证等证据,且有当地居委会出具的书面情况说明,证明其已经在城镇居住一年以上的;(3)受害人在城镇学校脱产学习满一年的学籍证明;(4)其他可以证明受害人在城镇居住一年以上的证据。"第 21 条:"受害人的伤残等级对应的伤残赔偿系数为:一级伤残为 100%,二级伤残为 90%,以此类推,十级伤残为 10%。受害人构成多处伤残且最高伤残等级非一级伤残的,以最高伤残等级的赔偿系数为基数,按以下方法增加赔偿系数:二级伤残增加 10%,三级伤残增加 9%,以此类推,十级伤残增加 2%。但增加赔偿系数的总和不超过 10%,总伤残赔偿系数不超过 100%。"湖南高院《关于印发〈审理道路交通事故损害赔偿纠纷案件的裁判指引(试行)〉的通知》(2019 年 11 月 7 日 湘高法〔2019〕29 号)第 19 条:"受害人登记的户籍在农村,但发生交通事故时已在城镇连续居住一年以上的,应按城镇居民的标准计算赔偿数额。受害人为农村户籍,事故发生时已随父母、子女一方在城镇连续居住一年以上的,应按城镇居民标准计算赔偿数额。同一交通事故中死亡的,受害人无论是城镇居民还是农村村民,应当按同一标准计算赔偿数额。"第 20 条:"受害人提供下列证据之一的,可以认定其在交通事故发生时已在城镇连续居住一年以上:(一)事故发生时在城镇已经连续居住满一年的居住证或暂住证;(二)事故发生时申领满一年且载明营业地点在城镇的个体工商营业执照;(三)事故发生时居住地公安机关出具的已在城镇连续居住满一年的书面证明;(四)事故发生时已取得城镇房屋权属且已连续居住一年以上的证明材料;(五)事故发生时居住地居民委员会出具书面证明且有相应房屋租赁连续一年以上证明材料的;(六)事故发生时与城镇用人单位签订的劳动合同及工资领取连续一年以上证明材料;(七)事故发生时受害人在城镇连续缴纳社保一年以上的证明材料;(八)事故发生时受害人在城镇从事合法经营的相关证照及纳税证明材料;(九)其他可以证明受害人已在城镇连续居住一年以上的证据。"四川高院《关于印发〈四川省高级人民法院机动车交通事故责任纠纷案件审理指南〉的通知》(2019 年 9 月 20 日 川高法〔2019〕215 号)第 23 条:"【死亡(残疾)赔偿金的赔偿标准】死亡(残疾)赔偿金以一审法庭辩论终结时受诉人民法院所在地上一年度城镇居民人均可支配收入或者农村居民人均可支配收入标准确定。赔偿权利人举证证明其住所地或者经常居住地城镇居民人均可支配收入或者农村居民人均可支配收入高于受诉人民法院所在地标准的,残疾赔偿金或者死亡赔偿金可以按照其住所地或者经常居住地的相关标准计算。经常居住地为城镇或者主要收入来源地为城镇的农村居民(包括未征地农村居民转城镇居民),可以按照城镇标准计算死亡(残疾)赔偿金。如果同一事故中死亡的受害人中既有城市居民又有农村居民的,根据具体情况确定一个统一的赔偿标准,一般采取'就高不就低'的做法。"第 24 条:"【死亡(残疾)赔偿金的赔偿年限】受害人死亡时或定残日为六十周岁以下的,死亡(残疾)赔偿金按二十年计算;六十周岁以上的,年龄每增加一岁减少一年;七十五周岁以上的,按五年计算。"第48条:"【统计数据的适用时间】四川省城镇居民人均可支配收入、农村居民人均可支配收入、城镇居民人均消费支出、农村居民人均消费支出、城镇全部单位就业人员平均工资、分行业城镇单位就业人员平均工资等与审理机动车交通事故赔偿责任纠纷案件有关的年度统计数据,自四川省统计局发布以上数据之日起适用。"安徽黄山中院《关于印发〈黄山市中级人民法院关于审理道路交通事故损害赔偿纠纷案件相关事项的会议纪要(试行)〉的通知》(2019年9月2日　黄中法〔2019〕82号)第7条:"残疾/死亡赔偿金:农村居民按城镇标准计算的,需要在有城镇居住满一年且稳定收入的证明,包括:居住证明、劳动合同、账户个人流水等。1. 按照本省上一年度城镇居民人均可支配收入或者农村居民人均纯收入计算20年并乘以相应伤残赔偿指数(从一级至十级分别为100%、90%……10%,死亡的按100%计,有多处残疾的,在最高伤残等级赔偿指数的基础上,每增加一处增加相应的赔偿附加指数,附加指数从一级至十级分别10%、9%……1%,赔偿指数总计不超过100%)。2. 受害人户籍登机的住址作为判断城镇或者农村居民的标准,户籍登记地属于城镇区划范围的,按照居民人均可支配收入计算残疾/死亡赔偿金。3. 具有下列情形之一的农村居民,其残疾/死亡赔偿金参照城镇居民标准计算:(1)受害人与用人单位签署劳动合同且已购买职工养老等社会保险的;(2)受害人或户内同住家庭成员在城镇购买商品房且已实际居住满一年的;(3)受害人系未成年人在城镇上学的;(4)结合受害人住所地、经常居住地、主要收入来源地、主要生活消费地等因素综合判断可以参照适用城镇居民赔偿标准的情形。4. 具有下列情形之一的农村居民,其残疾/死亡赔偿金参照城镇居民人均可支配收入和农村居民人均纯收入的平均值计算:(1)受害人所在集体的土地已被征收或者其承包的集体土地已被征收,致其无法以农业为主要收入来源的;(2)受害人住在农村,但在城镇工作稳定收入满一年以上的;(3)受害人住在城镇满一年以上,但无工作的。"江西上饶中院《关于机动车交通事故责任纠纷案件的指导意见(试行)》(2019年3月12日)第1条:"……(九)残疾赔偿金……证据要求:身份证、户口簿或者其他城镇户籍证明。农村居民在城镇稳定居住时间达到一年或者主要收入来源于城镇的,可以适用城镇标准确定赔偿,应当提供下列证据(事故发生前产生,且至事故发生时仍在有效期内)之一:(1)满一年的居住证;(2)满一年的暂住证;(3)在城镇从事商业经营6个月以上的证明(如工商营业执照等);(4)在城镇连续工作6个月以上的证明(如备案劳动合同、工作单位证明);(5)连续6个月以上的社保缴纳凭证;(6)连续6个月以上的银行工资流水或工资原始财务会计凭证;(7)乡、镇(含)以上国家土地管理部门出具的原农村承包土地被征收或征用后完全失地或户人均耕地低于0.3亩(含)不足以维持基本生活的证明;(8)在城镇就学满一年的证明。不能提供上述证据的,可以根据居住证明(事故发生时已在城镇居住满一年以上,如相应的房屋租赁合同或房屋产权证明或与子女等直系亲属共同居住在城镇的证明等,且有经常居住地居委会、物业管理中心等单位出具的证明相印证的)或用工(收入)证明综合认定。说明:(1)户籍性质根据户籍登记信息认定。户籍登记为居民的,按照国家统计局公布的户籍地城乡分类代码确定。城乡分类代码首位数是"1"的,为城镇;首位数是"2"的,为农村……"北京高院《关于市一中院就民事侵权案件审理中相关问题请示的答复》(2018年10月30日)第2条:"关于人身损害赔偿案件中残疾赔偿金适用标准的相关问题。经我院了解,自2015年开始,根据国家统计局城乡居民统计新口径要求,北京市统计局在每年发布的统计数据中将'农村居民人均纯收入'统一改为'农村居民人均可支配收入',故在审理人身损害赔偿类案件适用农村标准计算残疾赔偿金、死亡赔偿金时仍存在相关依据和标准,应按照一审法庭辩论终结时的上一统计年度北京市统计局发布的农村居民人均可支配收入数据计算残疾赔偿金、死亡赔偿金。"安徽阜阳中院《机动车交通事故责任纠纷案件裁判标准座谈会会议纪要》(2018年9月10日)第6条:"当事人提供证据证明住所地或经常居住地为城镇,可按城镇居民标准计算赔偿死亡或伤残赔偿金。失地农民按城镇居民标准计算。残疾赔偿金从定残之日起计算。同一起事故中多人的死亡赔偿金、残疾赔偿金原则上按相同标准。在城镇陪读的农民,如不能不能提供在城镇有固定收入的证据的,一般按农村标准。"北京高院、北京司法局《关于伤残评定问题研讨会会议纪要》(2018年8月20日 京高法发〔2018〕522号)第1条:"关于伤残等级和赔偿指数的评定。(1)受伤人员符合一处伤残等级者,一级伤残(人体致残率100%)相当于伤残赔偿指数100%,二级伤残(人体致残率90%)相当于伤残赔偿指数90%,依次类推,十级伤残(人体致残率10%)相当于伤残赔偿指数10%……"湖北鄂州中院《关于审理机动车交通事故责任纠纷案件的指导意见》(2018年7月6日)第4条:"受害人户籍所在地属鄂州市行政管辖区域以内的,死亡赔偿金、残疾赔偿金按照城镇标准计算;受害人户籍所在地属鄂州市行政管辖区域以外的,一般应按受害人户籍性质来认定。受害人虽为农村户籍,但有证据证明其经常居住地为城镇或者主要收入来源地为城镇的,可以按照城镇标准计算死亡(残疾)赔偿金。同一案件的受害人中既有城镇居民又有农村居民的,统一按照城镇标准计算死亡(残疾)赔偿金。发回重审的,死亡(残疾)赔偿金按原一审法庭辩论终结前上一年度的标准计算。"山东济南中院《关于保险合同纠纷案件94个法律适用疑难问题解析》(2018年7月)第15条:"发生保险事故按照人身保险残疾程度与保险金给付比例表赔付保险金的保险条款是否具有法律效力。现行理赔残疾给付标准是按照中国保监会下发的(1999)237号《人身保险残疾程度与保险金给付比例表》(以下简称《比例表》)执行的,该

《比例表》共计七级34条。因道路交通事故或工伤事故致残,相关职能部门依据道路交通事故受伤人员伤残评定或职工工伤与职业病致残程度鉴定相关标准评定相应的伤残级别。由于后两个伤残鉴定表分为十级,且前七级标准也与《比例表》不完全对应。则在发生第八至第十级伤残或虽是前七级但不对应的情形时,保险人与被保险人就会发生争议。保险人主张严格按照《比例表》进行理赔,而被保险人主张按照已经确定的伤残等级理赔,争议很大。对于《比例表》,从形式上看,它并不包含在保险条款中,而是一张单独的表格。保险合同成立后,保险人通常会将保险条款和保单一并交付给投保人,在保险条款中会有约定被保险人出险后保险公司按照比例表赔付保险金的内容。比例表本身的内容并不晦涩难懂,但却大大降低了保险人的赔付数额。保险人往往以比例表约定的是保险金的计算方式,故不属于免责条款为理由予以抗辩。人身保险的赔付项目包括医疗费和残疾赔偿金两部分,并且通常情况下残疾赔偿金的保险金额远远高于医疗费的保险金额,也就是说,投保人所负担的保费中大部分是基于残疾赔偿金而支付。因此几乎所有的投保人都认为,只要被保险人出险构成残疾,并且依法计算的残疾赔偿金不超过保单约定的保险金额,被保险人都会从保险人处获得全额赔偿。但根据比例表的约定七级以下伤残根本得不到任何赔付,这也就使投保人支付的对价与收益严重不相符,显然超出了一般人的认知范围。如果投保人在订立合同时对这种后果有充分了解,必然会重新慎重考虑是否要缔结合同。所以这种条款显然应当归类为免责条款,保险人有义务对此做出提示及明确说明。第一种意见认为,既然《比例表》是保险监管部门制定,其赔偿体系相对于工伤事故及道路交通事故而言应属不同的法律体系,被保险人强求适用工伤或道路交通事故标准无约定及法定依据。且从行业惯例的角度看,《比例表》已经存在多年,反复使用,在保险行业内客观上形成了商业惯例。故应以《比例表》作为案件处理的依据。第二种意见认为,《比例表》系保险监管机构强令各保险人采用的,是费率厘定、条款制定的基础,应予尊重并作适当变通。对于依照道路交通事故受伤人员伤残评定或职工工伤与职业病致残程度鉴定相关标准评定的伤残级别与《比例表》相一致的,应当按照《比例表》对应的赔付率赔付;对于依照道路交通事故受伤人员伤残评定或职工工伤与职业病致残程度鉴定相关标准评定构成残疾,而在《比例表》中找不到对应等级的,应依照评定结论确定的残疾状况,对应《比例表》中相应等级的赔付率赔付;对于依照道路交通事故受伤人员伤残评定或职工工伤与职业病致残程度鉴定相关标准评定构成八至十级残疾的,应当按照《比例表》中的七级标准赔付。(倾向性意见)"湖北十堰中院《印发〈关于进一步规范机动车交通事故责任纠纷案件审理工作的意见〉的通知》(2018年6月28日 十中法〔2018〕79号,2020年7月10日废止)第7条:"死亡赔偿金以受害人死亡之日为起算时间,残疾赔偿金以受害人定残之日为起算时间。死亡赔偿金、残疾赔偿金一般应按受害人户籍性质来认定。受害人为农村居民,但有证据证明其在城镇工作、生活,且经常居住地、主要收入来源地为城镇的,应按城镇居民标准计算。经常居住地应结合当事人提供的居住证、购房合同、房屋产权证明、租房合同、缴纳水电费证明、物业费凭证及居住地居委会、派出所出具的证明等证据综合进行认定。收入来源地应结合劳动合同、收入证明、缴纳社保证明、工资发放凭证、完税证明等证据综合进行认定。"第13条:"本意见所称'定残日',是指被法院作为证据使用的鉴定意见作出之日。"山东日照中院《机动车交通事故责任纠纷赔偿标准参考意见》(2018年5月22日)第16条:"农村居民参照城镇居民标准计算损失。在城镇打工,签有劳动合同,有相对稳定的工资收入,在城郊居住的农村居民;城市规划区内的失地农民;在城镇长期随子女居住、生活的农村居民,这些情况可参照城镇居民标准计算损失。到城镇子女家中,临时帮助照料孙子女(外孙子女),但没有脱离农业生产的,不宜参照城镇居民标准计算有关损失。"河北唐山中院《关于审理机动车交通事故责任纠纷、保险合同纠纷案件的指导意见(试行)》(2018年3月1日)第14条:"[死亡(残疾)赔偿金的赔偿标准]农村户籍的人员在交通事故发生前,具有下列情形之一的,其残疾赔偿金、死亡赔偿金参照城镇居民赔偿标准计算:(1)受害人的户籍在农村,但其所在集体的土地已被国家征收或者其承包的集体土地被国家征收,致其无法以农业为主要收入来源的;(2)受害人与用工单位签署劳动合同且已购买养老保险的;(3)受害人系在城区购买商品房且已办理房产证的所有权人或户内同住家庭成员的;(4)受害人系领取营业执照的个体工商户或私营企业业主且从业时间满一年的;(5)其他结合受害人住所地、经常居住地、主要收入来源地、主要生活消费地等因素综合判断可以参照适用城镇居民赔偿标准的情形。"第17条:"[数据适用]'城镇居民人均可支配收入'、'农村居民人均纯收入'、'城镇居民人均消费性支出'、'农村居民人均年生活消费支出'、'职工平均工资',数据使用的时间节点按照政府统计部门公布的时间为准,公告后即应采用该数据。"陕西榆林中院《人身损害赔偿标准调研座谈会会议纪要》(2018年1月3日)第8条:"残疾赔偿金。问题:经常居住在城镇的户籍登记地为农村的受害人,残疾赔偿金按城镇居民计算的证明标准。解决:残疾赔偿金的计算标准,应根据案件的实际情况,结合受害人住所地、经常居住地、主要收入来源等因素,确定适用城镇居民人均可支配收入或者农村居民人均纯收入的标准。对受害人的举证责任要减轻,只要举证证明在城镇连续居住一年以上或者在城镇有稳定收入残疾赔偿金就可按城镇居民标准计算。"安徽淮北中院《关于审理道路交通事故损害赔偿案件若干问题的会议纪要》(2018年)第1条:"赔偿项目和标准……(六)残疾赔偿金。根据受害人丧失劳动能力程度或伤残等级,按照上一年度安徽省城镇居民人均可支配收入计算。一级伤残的残疾赔偿金赔偿指数为

10%,二级伤残为90%,依此类推,九级伤残为20%,十级伤残为10%。受害人构成多处伤残等级的,以最高伤残等级残疾赔偿金赔偿指数为基础,每增加一处增加相应的赔偿附加指数。附加指数按照所增加伤残的残疾赔偿金赔偿指数的十分之一叠加,附加指数之和不超过10%,赔偿指数总和不超过100%。"广东惠州中院**《关于审理机动车交通事故责任纠纷案件的裁判指引》**(2017年12月16日)第35条:"残疾、死亡赔偿金。农村户籍当事人提供下列证据之一的,可以参照城镇居民赔偿标准:(一)满一年的居住证或暂住证;(二)经营者为受害人的个体工商营业执照;(三)取得的城镇房屋权属证明;(四)备案的劳动合同;(五)社保证明;(六)连续6个月以上的银行工资流水;(七)乡、镇一级人民政府出具的农村承包土地被征收的证明。当事人提供下列证据之一的,可以认定交通事故受害人在发生交通事故时已在城镇居住一年以上:(一)两张以上时间相继且其中一张尚且在有效期内身份证件;(二)居住地公安机关派出所出具的书面证明;(三)居住地居民委员会出具书面证明且有相应房屋租赁证明材料的或者缴交水电费凭证的;(四)受害人为产权人的城镇房屋产权证明文件;(五)用工单位出具书面证明居住在城镇,且有劳动合同等印证的;(六)其他可以证明受害人已在城镇居住一年以上的证据。当事人提供下列证据之一的,可以认定交通事故受害人在发生交通事故时主要收入来源为城镇:(一)与城镇用人单位签订的劳动合同及工资领取证明文件;(二)受害人在城镇从事合法经营的登记文件及相应的纳税证明文件;(三)受害人依法在城镇取得孳息且足以维持本人生活的证明文件;(四)受害人在一年以上的时间内较有规律地为数额稳定的储蓄存入交易的记录或者消费支出记录;(五)其他可以证明受害人在主要收入来源为城镇的证据。发生交通事故时,农村居民有下列情形,请求按照城镇居民标准赔偿的,可予以支持:(一)经常居住地在城镇,主要收入来源于城镇的;(二)随父母生活的未成年人,其父或母一方经常居住地在城镇,主要收入来源于城镇的;(三)随子女生活的老人,其子女经常居住地在城镇,主要收入来源于城镇的;(四)不享有土地承包经营权或虽享有土地承包经营权,但发生道路交通事故时承包土地全部已被有关部门实际征收的;(五)受害人在农村地区设立并领取工商营业执照的用人单位工作及住宿的。"湖北黄冈中院**《关于审理机动车交通事故责任纠纷案件的指导意见(一)》**(2017年10月1日)第22条:"[死亡赔偿金、残疾赔偿金的起算时间]死亡赔偿金、残疾赔偿金的起算时间以受害人死亡之日、定残之日为基准日。"第23条:"[死亡赔偿金、残疾赔偿金标准的认定]死亡赔偿金、残疾赔偿金一般应按受害人户籍性质来认定。受害人为农业户籍,但有证据证明其在城镇工作、生活、经商,居住满一年以上,且经常居住地和主要收入来源地均为城镇的,应按城镇居民标准计算。经常居住地,应结合当事人提供的居住证、租房合同、缴纳水电费证明、购房合同、房屋产权证明、居住地居委会、派出所出具的证明等证据综合进行认定。收入来源地,应结合劳动合同、收入证明、工资发放凭证、完税证明等证据综合进行认定。受害人为农业户籍,其经常居住地已纳入当地城镇行政规划,但还未具体实施的,如受害人的户籍身份未发生变化,且仍在当地居住和生活,应按农村居民标准计算死亡赔偿金和残疾赔偿金。"江西高院《关于印发〈审理人身侵权赔偿案件指导意见(试行)〉的通知》(2017年9月5日 赣高法〔2017〕169号)第4条:"侵权行为造成受害人残疾或者死亡,赔偿权利人请求赔偿范围内,既有残疾赔偿金或者死亡赔偿金,又有被抚养人生活费的,对被抚养人生活费的赔偿项目不予支持。"第19条:"受害人的经常居住地或者主要收入来源地在城镇的,按照城镇标准认定赔偿。(1)居住在原农(林)业生产区域、从事农(林)生产的居民(简称农村居民,原系城镇户口的不包含在内)在城镇稳定居住时间达到一年或者主要收入来源于城镇,侵权人以其未办理城镇居住证、暂住证、社会保险手续而不能适用城镇标准确定赔偿的,不予支持;(2)农村居民在城镇工作未达到一年,未办理居住证、暂住证手续,但已经办理了城镇职工社会保险手续,可以按照主要收入来源地原则,适用城镇标准确定赔偿;(3)农村居民在城镇办理了居住证、暂住证,在城镇居住的时间虽未达到一年的,能证明其主要收入来源于城镇的,适用城镇标准确定赔偿;(4)在城镇季节性从事工业、个体商业和其他职业,未办理城镇居住证、暂住证,也未参加城镇职工社会保险,仅以其主要收入来源于城镇为由主张按照城镇标准确定赔偿的,不予支持;(5)农村居民系城镇用人单位派驻在农村工作的人员,并按规定参加了城镇职工社会保险的,其主张按照城镇标准赔偿,应当支持;(6)外地(含外省市)单位派驻在本地工作,工资由外地用人单位发放,并按规定参加了当地城镇职工社会保险的赔偿权利人,可以选择本地或者用人单位所在地的标准;(7)农村居民不能证明其符合本条规定的城镇生活、工作条件,仅以其在城镇购有住房为由,主张按照城镇标准赔偿的,不予支持;但其属于与子女等直系亲属稳定居住在城镇的,应当按照城镇标准确定。"海南海口中院《印发〈关于审理海口市道路交通事故人身损害赔偿案件若干问题的意见(试行)〉的通知》(2017年8月16日 海中法发〔2017〕78号)第2条:"……(九)残疾赔偿金:受害人在人身损害中因伤残导致收入减少,或者因加害人的行为导致被害人因伤残导致丧失生活来源,而应给予的财产损害性质的赔偿。根据《最高人民法院关于适用〈中华人民共和国侵权责任法〉若干问题的通知》(法发〔2010〕23号)第四条规定,受害人有被扶养人的,应当根据《最高人民法院关于审理人身损害赔偿案件适用法律若干问题的解释》第二十八条规定,将被扶养人生活费计入残疾赔偿金或者死亡赔偿金一并赔偿……计算原则:根据海南省公安厅制定的《海南省公安机关推进户籍制度改革实施细则(试行)》规定,我省自2016年9月26日开始实施城乡统一的户口登记制度,取消农业户口与非农业户口的性质区分,户口登记不再标注户口性质,统一登记为'居民户口'。鉴于此,侵权行为发生在 2016 年 9 月 26 日以后的机动车交通事故人身损害赔偿纠纷案件,不再区分城乡标准,统一按照政府统计部门公布的上一年度相关统计数据中的城镇居民人均可支配收入标准计算残疾赔偿金,自定残之日起按 20 年计算。60 周岁以上的,年龄每增加 1 岁减少 1 年,75 周岁以上的,按 5 年计算。"四川成都中院《关于印发〈机动车交通事故责任纠纷案件审理指南(试行)〉的通知》(2017 年 7 月 5 日　成中法发〔2017〕116 号)第 22 条:"死亡(残疾)赔偿金以一审法庭辩论终结时受诉法院所在地上一年度城镇居民人均可支配收入或者农村居民人均纯收入标准确定。赔偿权利人举证证明其住所地或者经常居住地城镇居民人均可支配收入或者农村居民人均纯收入高于受诉法院所在地标准的,残疾赔偿金或者死亡赔偿金可以按照其住所地或者经常居住地的相关标准计算。经常居住地为城镇或者主要收入来源地为城镇的农村居民或未征地农转居,可以按照城镇标准计算死亡(残疾)赔偿金。如果同一案件的受害人中既有城市居民又有农村居民的,根据具体情况确定一个统一的赔偿标准,一般采取'就高不就低'的做法。"第 23 条:"受害人死亡时或定残时为六十周岁以下的,死亡(残疾)赔偿金按二十年计算;六十岁以上的,年龄每增加一岁减少一年;七十五周岁以上的,按五年计算。"浙江高院《关于在机动车交通事故责任纠纷案件审理中应统一适用相关人身损害赔偿标准进行裁量的通知》(2017 年 6 月 1 日　浙高法〔2017〕92 号)第 1 条:"机动车交通事故责任纠纷案件中涉农村户籍的务工人员除依现行法律和司法解释明确适用城镇居民赔偿标准外,交通事故发生前,具有下列情形之一的,其残疾赔偿金、死亡赔偿金参照城镇居民赔偿标准计算:(1)受害人的户籍在农村,但其所在集体的土地已被国家征收或者其承包的集体土地被国家征收,致其无法以农业为主要收入来源的;(2)受害人与用工单位签署劳动合同且已购买养老保险的;(3)受害人系在城区购买商品房且已办理房产证的所有权人或户内同住家庭成员的;(4)受害人系个体工商户或私营企业业主且从业时间满一年的;(5)其他结合受害人住所地、经常居住地、主要收入来源地、主要生活消费地等因素综合判定可以参照适用城镇居民赔偿标准的情形。"第 2 条:"受害人为农村居民但按照城镇居民赔偿标准计算残疾赔偿金或死亡赔偿金的,其被扶养人生活费也应按照受诉法院所在地上一年度城镇居民人均消费性支出标准计算。"北京三中院《类型化案件审判指引:机动车交通事故责任纠纷类审判指引》(2017 年 3 月 28 日)第 2 - 3.3.2.4 部分"死亡、伤残赔偿金—常见问题解答"第 1 条:"城乡二元户籍体制下的死亡伤残赔偿金的认定标准?我国长期存在城乡二元户籍体制,但是随着人口流动的加剧和户籍制度的改革,在同命同价的平等理念下,如何确定户籍与经常居住地、收入来源之间的冲突,是审判中的难点。总体上应当弱化城镇标准和农村标准的区分,在受害人经常居住地和主要收入来源地不一致的情形下,应将主要收入来源地作为死亡赔偿金、残疾赔偿金的主要判断因素。对于进城务工的农村户籍居民遭受人身损害,其经常居住地位于农村,但主要收入来源于城镇的,原则上应按城镇居民标准计算残疾赔偿金和死亡赔偿金。"第2条:'因同一交通事故造成多人死亡或受伤的,如何确定死亡赔偿金或残疾赔偿金?《侵权责任法》第十七条规定,因同一侵权行为造成多人死亡的,可以以相同数额确定死亡赔偿金。'因此,同一交通事故造成多人死亡的,可以以相同数额确定死亡赔偿金;在存在城乡差别时,对计算标准,通常就高不就低,但需针对具体案件具体认定。同一交通事故造成多人伤残的,因伤残指数或被扶养人情况可能不同,故不应不加区分地确定残疾赔偿金。但参照立法精神,在存在城乡差别时,对计算标准,应趋于一致,通常就高不就低,但需针对具体案件具体认定。"北京高院研究室、民一庭《北京法院机动车交通事故责任纠纷案件审理疑难问题研究综述》(2017年3月25日)第3条:"残疾赔偿金、死亡赔偿金的赔偿标准应如何把握?对于进城务工的农村户籍居民遭受人身损害,其经常居住地位于农村,但主要收入来源于城镇的,在确定具体赔偿金额时应按照怎样的标准来判断是适用城镇标准还是农村标准予以计算?第一种观点认为:根据2006年4月3日,《最高人民法院民一庭关于经常居住地在城镇的农村居民因交通事故伤亡如何计算赔偿费用对云南省高级人民法院作出复函》(以下简称《复函》),只有受害人经常居住地与主要收入来源地均位于城镇时才能适用城镇标准计算残疾赔偿金、死亡赔偿金,因此对于经常居住地在农村,主要收入来源于城镇的仍应适用农村标准计算。第二种观点认为:残疾赔偿金是对被侵权人未来收入损失的补偿,因此只要其主要收入来源于城镇,即可按城镇标准计算残疾赔偿金,而无需考虑其经常居住地是否位于城镇。我们认为,《复函》中'经常居住地和主要收入来源地均为城市'的判断依据仅针对云南省高院所请示的个案,复函中'应当根据案件的实际情况,结合受害人住所地、经常居住地等因素'才具有原则性的普遍指导价值。该复函改变了《最高人民法院关于审理人身损害赔偿案件适用法律若干问题的解释》(以下简称《人身损害赔偿司法解释》)单一的以受害人户籍作为判断标准的情形,从复函的内容以及具体表述来看,主要明确了一个标准,即受害人系农村户籍,进城务工后其经常居住地及主要收入来源地均位于城镇时,此时不以户籍作为判断因素,而是应当以受害人经常居住地和主要收入来源地作为主要判断因素,在计算残疾赔偿金、死亡赔偿金时适用城镇标准。而对于受害人系农村户籍,进城务工后其经常居住地与主要收入来源地不一致,即经常居住地仍在农村,但主要收入来源地位于城镇的情形最高法院的《复函》并未予以明确规定,故应从死亡赔偿金、残疾赔偿金的法律性质入手,确定判断的标准和规则。通过对侵权法理论的分析和《人身损害赔偿司法解释》制定本意的考究,死亡赔偿金、残疾赔偿金填受害人住所地、经常居住地、主要收入来源地等因素综合判断。对于进城务工的农村户籍居民遭受人身损害,其经常居住地位于农村,但主要收入来源于城镇的,原则上应按城镇居民标准计算残疾赔偿金和死亡赔偿金。"江西景德镇中院《关于印发〈关于审理人身损害赔偿案件若干问题的指导意见〉的通知》(2017年3月1日 景中法〔2017〕11号)第6条:"城镇规划区内居民赔偿标准的确定。根据现行法律法规及相关司法解释规定,'城乡二元'标准还应继续坚持。农村居民适用城镇标准计算赔偿数额应符合两个条件,即经常居住地和主要收入来源地为城镇。对于主张居住在城镇规划区内或城中村并应适用城镇居民标准计算相关费用的农村户籍居民,应由其举证证明居住在城镇规划区范围内或城中村,且主要收入来源地为城镇,方可按城镇居民标准计算。"第7条:"农村户籍在校学生赔偿标准的确定。对此要区分不同情况,主要根据其就读学校所在地、经常居住地、入学就读时间确定。只要学校驻地位于城镇,且其在校读书时间一年以上或经常居住地位于城镇的,即可按城镇居民标准计算相关赔偿。对于普通高等院校,校园所辖区域可视为城镇。"第20条:"赔偿权利人属城镇居民还是农村居民,应以侵权行为发生时赔偿权利人的户籍身份为准。如属农村户口,但经常居住地和主要收入来源地均为城镇的,残疾赔偿金、死亡赔偿金和被扶养人生活费均可按城镇居民标准计算。在侵权结果发生后,受害人或赔偿权利人将户口从农村迁移到城镇的,原则上按农村居民标准计算相关赔偿项目。"第21条:"当年统计数据公布时间到下一年度统计数据公布时间为'一年度',一审法庭辩论终结时的上一统计年度为'上一年度'。对于上一年度统计数据在一审法庭辩论终结前公布,法院应向赔偿权利人释明,如赔偿权利人同意适用新的统计数据,赔偿权利人可增加诉讼请求,法院据此作出裁判。对于发回重审的案件,如第二次审理与第一次审理系跨年度,由法院向当事人释明,如赔偿权利人同意变更诉讼请求,法院参照重审后法庭辩论终结前的上一年度数据裁判。"天津高院《关于印发〈机动车交通事故责任纠纷案件审理指南〉的通知》(2017年1月20日 津高法〔2017〕14号)第5条:"……农村居民按照城镇居民标准计算问题。(1)残疾赔偿金一般根据受害人的户籍性质计算。受害人户籍性质系农村居民,但主张按照城镇居民标准计算残疾赔偿金的,应符合以下条件:①受害人系成年人的,能够举证证明交通事故发生时其已在城镇连续居住一年以上且主要收入来源地为城镇;②受害人系未成年人的,如其户籍性质系农村居民或未进行户籍登记,其代理人应举证证明交通事故发生时该未成年受害人已在城镇连续居住一年以上。(2)受害人提供下列证据之一的,可以认为交通事故受害人在发生交通事故时已在城镇连续居住一年以上:①显示受害人已在城镇居住一年以上的居住证、暂住证等身份证件;②受害人城镇居住地的公安机关出具的书面证明;③受害人城镇居住地的居民委员会出具书面证明且有相应房屋租赁手续等证明材料;④房屋买卖合同或房产证且有实际在此居住一年以上的证明材料;⑤其他可以证明受害人已在城镇居住一年以上的证据。(3)受害人提供下列证据之一的,可以认为交通事故受害人在发生交通事故时主要收入来源地为城镇:①与城镇用人单位签订的劳动合同及工资领取证明文件;②受害人在事故发生时在城镇连续缴纳社保一年以上的;③受害人在城镇从事合法经营的登记文件及相应的纳税证明文件;④其他可以证明受害人主要收入来源地为城镇的证据。(4)对于事故发生时户籍性质为农村居民的受害人,但于一审法庭辩论终结前其户籍性质已依法变更为城镇居民的,应按城镇居民的标准计算。"江苏徐州中院《关于印发〈民事审判实务问答汇编(五)〉的通知》(2016年6月13日)第2条:"……(8)农村居民及城镇居民赔偿计算标准应如何确定?答:考虑到城镇居民的平均消费水平和收入水平均高于农村居民,为合理地补偿受害人的损失,而对城镇居民和农村居民的赔偿计算标准加以区别。不能简单的依据户籍登记确认赔偿计算标准,而应当综合考虑受害人的经常居住地、获取报酬地、工作地、生活消费地等因素加以判断。对于生活工作在城镇一年以上,收入相对稳定,消费水平也和一般城镇居民基本相同,已经融入城镇生活的农村居民,且主要收入来源地和生活消费地为城镇的,如果发生事故涉及赔偿问题的,应当按照城镇居民的标准计算赔偿金。当事人提供下列证据之一的,农村居民可按照城镇居民标准主张其赔偿金:(一)与城镇用人单位签订的劳动合同及工资领取等证明材料,在城镇用人单位工作一年以上相关证据的;或者受害人提供在城镇从事合法经营一年以上的登记文件及相应的纳税证明文件;(二)受害人在事故发生时在城镇连续缴纳社保费用一年以上的;(三)受害人在城镇缴纳物业费、水电费、天然气费、有线电视费、宽带费等与居住生活相关费用的证据,且至事故发生时实际缴费时间已超过一年以上;(四)受害人购买城镇房屋,至事故发生时已实际入住一年以上的相关证据;(五)事故发生时,持有一年以上的有效暂住证明;(六)城镇居住地的公安机关、街道办事处或居民委员会出具的书面材料,证明事故发生时受害人已经在当地连续居住一年以上的;(七)其他可证明受害人已在城镇工作、生活或者居住一年以上的证据。"河北石家庄中院《关于规范机动车交通事故责任纠纷案件审理工作座谈会会议纪要》(2016年1月11日 石中法〔2016〕4号)第13条:"农村居民按照城镇居民计算赔偿费用的证明标准。(一)农村居民提供下列证据之一的,可以认定经常居住地在城镇:1.城镇的房屋权属证书;2.城镇房屋的购房合同以及本人已实际入住所购房屋的证明;3.在有关部门备案的城镇房屋租赁合同,且租赁期间在事故发生前超过一年的;4.公安机关核发的城镇暂住证或居住证;5.城镇派出所、居委会、小区物业出具的在本地居住的证明,且事故发生前居住时间超过一年的;6.在城镇缴纳物业费、卫生费、车位费、水、电、暖、气等与居住有关的费用的有效凭证,且缴费时间在事故发生前超过一年的。(二)农村居民提供下列证据,可以认定主要收入来源地在城镇:1.与城镇用人单位签订的劳动合同或劳动用工证明、聘用证明、任职证明;2.用人单位的营业执照或组织机构代码,但用人单位属于国家机关的除外;3.事故发生前连续三个月的工资表(单)以及工资、劳动报酬发放证明(银行转账凭证或者工资、劳动报酬的发放凭据);4.在城镇自谋职业者,应当提供营业执照、有关部门批准的从(执)业证书或其他有效证明。"第14条:"在石家庄市人民政府作出关于鹿泉区、栾城区、藁城区的城乡并轨管理的统一规定之前,上述地区的农村居民,如其实际居住、生活地仍为农村地区的,按照农村居民标准计算赔偿费用,但其住所地如已完成社区改造,设立了居委会的,可以按照城镇居民标准计算赔偿费用。"江西宜春中院《关于审理机动车交通事故责任纠纷案件的指导意见》(2016年1月1日 宜中法〔2015〕91号)第1条:"关于农村、城镇标准的认定。1.人民法院对农村、城镇标准的适用应当以户籍登记所在地为原则,经常居住地为例外。乡、镇集镇地即城乡结合部原则上可以认定为城镇区域范围。"第2条:"当事人提供下列证据之一的,可以认定受害人在发生交通事故时已在城镇连续居住一年以上:(1)能证明发生事故时受害人已在城镇居住满一年的居住证;(2)经常居住地公安派出所与经常居住地居民委员会出具的发生事故时受害人已连续在城镇居住满一年的书面证明;(3)受害人为产权人(包括共有人)的城镇房屋产权证明文件且实际入住一年以上的相关证明材料(如与房屋产权证明文件相对应的水电费、物业费、固定电话费、有线电视费缴费单据等);(4)受害人在城镇学校脱产学习满一年的学籍证明;(5)其他可以证明受害人已在城镇连续居住一年以上的证据。"第3条:"当事人提供下列证据之一的,可以认定受害人主要收入来源于城镇:(1)发生交通事故时受害人已在城镇连续工作一年以上的证据(如劳动合同、社保缴纳凭证、工作单位证明、工资表及实际领取工资的证据等);(2)发生交通事故时受害人已在城镇实际从事合法商业经营一年以上的证据(如营业执照、组织机构代码及相对应的纳税证明等);(3)发生交通事故时受害人在一年以上的时间内较有规律地数额稳定的储蓄存入交易的记录或依法取得的孳息且足以维持本人生活的证明文件;(4)其他可以证明受害人主要收入来源于城镇的证据。"第4条:"完全失地的农民或部分失地且其主要收入来源于城镇的失地农民可以认定为城镇标准的适用对象。"上海高院民五庭《全市法院民事审判工作庭长例会》(《上海审判规则》2016年第2期)第2条:"人身保险中的伤残等级问题。(1)问题的由来。实务中,保险合同通常约定被保险人的伤残程度将按合同约定标准评定伤残等级,并按合同约定的保险金额乘以伤残等级所对应的保险金给付比例给付伤残保险金。以2014年1月1日起实施的《人身保险伤残评定标准》(以下简称'2014比例表')为例,最重的伤残等级为第一级,最轻为第十级。伤残程度第一级对应的保险金给付比例为100%,伤残程度第十级对应的保险金给付比例为 10%，每级相差 10%。双侧眼球缺失为一级伤残，按 100% 给付保险赔偿金；一侧眼球缺失为七级伤残按 40% 给付保险赔偿金。而在此前，各保险公司的合同均是按中国人民银行 1998 年的《人身保险残疾程度与保险金给付比例表》（以下简称'1998 比例表'）确定伤残等级，该表将伤残情况划分为七个等级，并按不同等级给付不同比例的赔偿金。实践中，该条款引发了三方面的争议：一是，被评定为低伤残等级的被保险人要求按较高伤残等级进行赔付如何处理。二是按《道路交通事故受伤人员伤残评定》（以下简称'道交伤残表'）或者《职工工伤与职业病致残程度鉴定标准》（以下简称'工伤伤残表'）评定为八级以下伤残的被保险人，主张合同约定按'1998 比例表'赔付属无效条款的，如何处理。三是按不同标准就同一伤残的等级评定不一致时，被保险人要求不按合同约定的伤残评定标准确定伤残等级并予以赔付的，如何处理。(2) 我们的倾向性观点。法院不宜轻易否定合同中有关按伤残等级和比例赔付的条款效力。当事人的伤残等级应当根据合同约定的标准确定，并根据约定的比例进行赔付。(3) 适用中需要注意的问题。2014 年 1 月 1 日开始实施'2014 比例表'后，保险公司一般会对过去已签合同的投保人发出书面通知，对旧合同中的伤残给付标准进行了适当调整，包括按原标准不予赔偿的属'道交伤残表'、'工伤伤残表'中八至十级伤残，按百分之五给付赔偿金。对该通知的效力，法院应审查通知的具体流程和内容综合判断。如通知内容属要约的，投保人亦在合理期间作出承诺的，可以视为变更合同内容。如从通知内容来看，无需投保人承诺就对保险人发生拘束力的，可以视为保险人加重自己义务的单方允诺。判决时，应当根据变更后的合同或单方允诺确定保险人的赔偿金额。对个别情况特殊的案件，法院确实需要否定条款约定进行赔付的，判决措词应当审慎。法院在合同约定外确定伤残等级标准和赔付比例的，需要在判决书中充分说明理由和依据。"浙江宁波中院《关于民商事纠纷管辖异议疑难问题的解答（二）》（2015 年 5 月 19 日）第 1 条："对于当事人为公民的案件，如何认定公民的经常居住地？《中华人民共和国民事诉讼法》第二十一条规定，对公民提起的民事诉讼，由被告住所地人民法院管辖；被告住所地与经常居住地不一致的，由经常居住地人民法院管辖。公民的经常居住地是指公民离开住所地至起诉时已连续居住一年以上的地方。但公民住院就医的地方除外。对于实践中如何认定公民经常居住地，我们认为，首先，公民经常居住地必须是至起诉时已连续居住一年以上的地方，如果曾经居住过一年以上，但在起诉时已离开该地方，则该地方不属于经常居住地。其次，证明公民经常居住地的证据必须能形成一定的证据链，比如有暂住证、居住证、当地管辖公安派出所出具的证明、街道或社区出具的证明、房屋权属证书、房屋租赁合同、房屋出租人出具的证人证言、房租缴费收据、水电费等各种缴费凭证、劳动合同、参加社保的证明、其他证人证言等证据结合，可以充分证明公民在起诉时其主要工作地、生活地在该地,且已有一年以上,即可以确定经常居住地。第三,如果出现相反的证据,所证明的事实相互矛盾,无法认定公民连续居住在唯一的地方,则不宜认定经常居住地,而应以公民的户籍地为住所地。最后,根据《中华人民共和国民法通则》第十五条规定,公民以他的户籍所在地的居住地为住所,经常居住地与住所不一致的,经常居住地视为住所。故一旦认定了公民的经常居住地,则裁定书中应以经常居住地为该公民的住址。"江西南昌中院《机动车交通事故责任纠纷案件指引》(2015年4月30日 洪中法〔2015〕45号)第1条:"……以受害人身份统一赔偿标准。即:死亡赔偿金、残疾赔偿金和被扶养人生活费的赔偿标准均以受害人的身份状况统一认定。【注意事项】:该条意味着如果受害人系农村户口,但在城镇务工居住的,残疾赔偿金可按城镇标准计算,其父母虽居住农村但由于受害人是在城镇,故被扶养人生活费也是跟着扶养人走,按城镇标准。该条规定符合最高院人身损害赔偿司法解释第30条的规定。"江西南昌中院《机动车交通事故责任纠纷案件指引》(2015年4月30日 洪中法〔2015〕45号)第2条:"关于交通事故具体赔偿项目的要求……城乡差异认定标准。(1)以户籍登记所在地为原则,经常居住地为例外。(2)经常居住地和主要收入来源地均为城镇的,可按城镇标准计算。(3)可适用国家统计局《统计用区划代码和城乡划分代码库》认定城乡标准。(4)失地农民可按城镇标准计算。【注意事项】:目前南昌地区居民家庭户口是否属于城镇可直接按国家统计局《统计用区划代码和城乡划分代码库》予以认定。"安徽马鞍山中院《关于审理交通事故损害赔偿案件的指导意见(试行)》(2015年3月)第10条:"【参照城镇居民标准的情形】农村居民在交通事故中受伤致残或死亡,有下列情形之一的,残疾赔偿金、死亡赔偿金可参照城镇居民标准计算:(1)受害人进城经商、务工,在城镇居住满一年的;(2)受害人系未成年人,在城镇上幼儿园、就读,或者在城镇随近亲属共同生活满一年的;(3)受害人系老年人,在城镇随成年子女共同生活满一年的;(4)事故发生前受害人家庭承包地被全部或大部分征迁的;(5)同一起交通事故中有其他受害人的残疾赔偿金、死亡赔偿金按照城镇居民标准计算的。"广东广州中院涉外商事庭《机动车交通事故责任纠纷处理及应对指引》(2015年1月):"……交通事故损害赔偿标准的确定。赔偿权利人的残疾赔偿金、死亡赔偿金、被扶养人生活费等人身损害赔偿项目的计算标准根据其身份情况分别按照城镇居民和农村居民的有关标准进行计算。实践中,受害人户口为城镇居民或受害人人身损害发生时为农业户口,一审终结前依法转为城镇户口并已在城镇居住生活的,按城镇居民的标准计算。广州法院审判实践认为,即使是农业户口,只要当事人能举证证明其在城镇工作、学习、生活、经商居住一年(含一年)以上的,也适用城镇标准计算。'一证两卡双合同'确保举证充分。广州法院审判实践中发现,受害人户口为农村居民但主张按城镇居民标准计算相关费用时,其所提供的举证材料多形成于交通事故发生后,如雇主出具的工资证明、当地村委会出具的居住证明等,虽均属于证明材料,但证明力低于原始证据如居住证或暂住证等,因此建议外来务工人员来穗后积极办理'一证两卡双合同',以使诉讼中举证充分,有力维护自身利益。(1)暂住证或居住证。外市人员来穗务工后及时前往当地派出所办理暂住证或居住证,并按时续办。有效的暂住证或居住证可直接证明受害人至事故发生时已在城镇地区举证满一年。(2)社保卡和银行卡。外来务工人员可直接向社保局等机构办理社保,社保记录可确保受害人在未能提供劳动合同的前提下,仍能有力证明其在事发前广州城镇地区工作满一年的事实,另银行卡流水证明则可证明受害人在广州城镇地区生活满一年以上的事实,并且因两卡均属于原始证据,故证明力高于用人单位在交通事故发生出具的工作证明、工资证明等证据。(3)房屋租赁合同和劳动合同。外来务工人员应及时与出租方签订书面房屋租赁合同,即使缺乏书面合同,也应妥善保管支付房租的收据。劳动合同直接证明事发前在广州城镇地区工作满一年,但鉴于目前用人市场劳资双方签订劳动合同仍未得到广泛落实,因此受害人能提供工资领取流水账目和相应的用人单位营业执照的,也可获得支持。另外,司法实践中考虑到外来务工人员在举证上存在困难,只要受害人提供了本地区居住地公安机关及相关户籍管理部门出具的其他书面证明、本地区居住地公安机关及相关户籍管理部门出具的其他书面证明、本地区居住地居民委员会出具的书面证明、房屋买卖合同、事发前被扶养人在本地区学习满一年的学籍证明或入学通知书及学费缴纳凭证、学校证明等一系列材料,也可按城镇居民标准判赔。"浙江高院民一庭《民事审判法律适用疑难问题解答》(2015年第14期):"……问:无劳动能力的精神病患者因侵权行为遭受人身损害,赔偿权利人请求赔付残疾赔偿金,赔偿义务人以受害人在事故发生前实际无劳动能力、不存在收入减损为由抗辩的,人民法院能否予以支持?答:《侵权责任法》第十六条规定,侵害他人造成人身损害的,应当赔偿医疗费、护理费、交通费等为治疗和康复支出的合理费用,以及因误工减少的收入。造成残疾的,还应当赔偿残疾生活辅助具费和残疾赔偿金。据此,受害人在事故发生前是否具备劳动能力,有无实际收入并不影响侵权人应该承担的侵权赔偿责任。赔偿义务人以受害人实际无劳动能力为由抗辩不需赔付残疾赔偿金的,人民法院不能予以支持。"河北承德中院《2015年民事审判工作会议纪要》(2015年)第43条:"残疾赔偿金或死亡赔偿金的计算标准。应根据案件的实际情况,结合受害人住所地、经常居住地、主要收入来源等因素,确定应适用的标准。在计算被扶养人生活费时,如果受害人经常居住地在城镇,被扶养人生活费也应按照受诉法院所在地上一年度城镇居民人均消费性支出标准计算。"湖北汉江中院民一庭《关于审理交通事故损害赔偿案件疑难问题的解答》(2014年9月5日)第2条:"问:取消农业户口和非农业户口区分后,农村居民和城镇居民以何作为判断标准？在城镇工作,在农村生活是否适用城镇居民标准？属于城镇居民,在农村从事农业生产以何为标准？在城镇上大学的农村居民以何为标准？答:一般将户籍住址作为主要判断标准,居住区域、收入来源等因素作为酌定标准。虽然是农村居民,但在城镇工作、居住,其经常居住地和主要收入来源地均为城镇,相关损害赔偿费用应当根据当地城镇居民的相关标准计算。在城镇工作,但生活在农村,由于其经常居住地和主要消费地在农村,以按农村居民标准计算相关损害赔偿费用为宜。属于城镇居民,在农村从事农业生产,应按城镇居民标准计算相关损害赔偿费用。在城镇上大学的农村居民,因其生活在城镇、消费支出在城镇,应按城镇居民标准计算相关损害赔偿费用。"广西高院《关于印发〈审理机动车交通事故责任纠纷案件有关问题的解答〉的通知》(2014年9月5日 桂高法〔2014〕261号)第8条:"经常居住地在城镇的农村居民主张按城镇标准赔偿的,提供哪些证据可以支持？答:当事人能提供下列证据之一,证明交通事故事故发生前受害人在城镇工作、生活、学习持续满一年以上的,可予以支持:(一)劳动合同及工作单位收入证明;(二)社保证明或纳税证明;(三)租房合同及居住地居民委员会证明;(四)房屋产权证明及居住地居民委员会证明;(五)暂住证或派出所证明;(六)在城镇学校就读的证明材料;(七)能证明受害人经常居住地在城镇的其他材料。"广东深圳中院《关于道路交通事故损害赔偿纠纷案件的裁判指引》(2014年8月14日 深中法发〔2014〕3号)第10条:"本市两级法院审理道路交通事故损害赔偿纠纷案件需要确定受诉法院所在地的'城镇居民人均可支配收入'、'农村居民人均纯收入'、'城镇居民人均消费性支出'、'农村居民人均年生活消费支出'、'职工平均工资'等标准时,均适用一审法庭辩论终结时由广东省高级人民法院发布的广东省最新年度人身损害赔偿计算标准。案件被发回重审的,赔偿权利人在举证期限内要求以重审法庭辩论终结时由广东省高级人民法院发布的广东省最新年度人身损害赔偿计算标准的,人民法院可予支持。"第12条:"受害人的户口在农村,但发生交通事故时已在城镇居住一年以上,且主要收入来源地为城镇的,在计算赔偿数额时按城镇居民的标准。受害人为未成年人,如其系农村居民或未进行户籍登记的,在事故发生时已在城镇居住一年以上者,应按城镇居民标准计算赔偿数额。"第13条:"当事人提供下列证据之一的,可以认为交通事故受害人在发生交通事故时已在城镇居住一年以上:(一)事故发生时在城镇已经居住一年以上的身份证件;(二)居住地公安机关出具的书面证明;(三)居住地居民委员会出具书面证明且有相应房屋租赁手续证明材料的;(四)其他可以证明受害人已在城镇居住一年以上的证据。"第14条:"当事人提供下列证据之一的,可以认为交通事故受害人在发生交通事故时主要收入来源地为城镇:(一)与城镇用人单位签订的劳动合同及工资领取证明文件;(二)受害人在事故发生时在城镇连续缴纳社保一年以上的;(三)受害人在城镇从事合法经营的登记文件及相应的纳税证明文件;(四)受害人依法取得孳息且足以维持本人生活的证明文件;(五)受害人有数额稳定的存款交易记录;(六)其他可以证明受害人主要收入来源地为城镇的证据。"湖南长沙中院民一庭《关于长沙市法院机动车交通事故责任纠纷案件审判疑难问题座谈会纪要》(2014年7月23日)第11条:"机动车交通事故案件中,因同一事故造成的人身损害赔偿,受害人既有城镇居民又有农村居民的,赔偿标准如何适用?最高人民法院针对云南省高级人民法院的一个请示,于2005年下发了《最高人民法院民一庭关于经常居住地在城镇的农村居民因交通事故伤亡如何计算赔偿费用的复函》(〔2005〕民他字第25号),全文如下:'你院《关于罗金会等五人与云南昭通交通运输集团公司旅客运输合同纠纷一案所涉法律理解及适用问题的请示》收悉。经研究,答复如下:人身损害赔偿案件中,残疾赔偿金、死亡赔偿金和被扶养人生活费的计算,应当根据案件的实际情况,结合受害人住所地、经常居住地等因素,确定适用城镇居民人均可支配收入(人均消费性支出)或者农村居民人均纯收入(人均年生活消费支出)的标准。本案中,受害人唐顺亮虽然农村户口,但在城市经商、居住,其经常居住地和主要收入来源地均为城市,有关损害赔偿费用应当根据当地城镇居民的相关标准计算。'该复函的目的实质上是在根据现实社会经济发展水平体现城乡差异的基础上兼顾公平,故农村居民能够提交其在城镇的合法暂住证明,在城镇有相对固定的工作和收入,已连续居住、生活满一年的,残疾赔偿金、死亡赔偿金按城镇居民标准计算。农村居民在城镇上学,残疾赔偿金、死亡赔偿金按城镇居民标准计算。《中华人民共和国侵权责任法》第十七条进一步规定'因同一侵权行为造成多人死亡的,可以以相同数额确定死亡赔偿金。'故,因同一机动车交通事故造成多人死亡的,受害人既有城镇居民又有农村居民的,基于相同数额这一规定,宜就高不就低,死亡赔偿金均按城镇居民标准计算更符合司法的公平和公正与户籍改革趋势。对于因同一机动车交通事故造成多人伤残或者既有伤残又有死亡的,其死亡赔偿金、伤残赔偿金仍按照一般规定分别确定适用城镇标准或农村标准。"浙江金华中院《人身损害赔偿细化参照标准》(2014年5月1日)第6条:"……城乡差别问题:为切实解决赔偿标准中城乡差别悬殊问题,应当根据案件的实际情况,结合受害人的住所地、经常居住地、主要收入来源地等因素综合判断。结合我省审判实践,受害人的户籍所在地在农村,但主要收入来源于城镇的;受害人所在集体的土地被国家征收或者其承包的集体土地被国家征收的,致其无法以农业为主要收入来源的;或者农村户口的未成年人,跟随父母在城镇居住生活,其经常居住地和主要生活消费地在城镇等情形,一般可按城镇居民标准计算。具体操作可采取以下对策:(1)农民进城务工人员,对户籍为金华市本市区的农民(主要是指市郊乡镇),应提供事故发生前(一般为事故前一年)的劳动合同(或企业证明)及工资单(盖企业公章或财务章,并由企业负责人及经办人分别签名或盖私章并附上经办人员联系方式以便核实)。对金华市区以外的农民,还应提供在金华事故前一年的居住证明(住工作单位的,由工作单位提供书面证明。不住工作单位的提供暂住证或租房合同)。(2)农民进城经商,提供事故发生前注册或年检的营业执照及纳税证明,配偶受伤还应当由当地工商所出具夫妻共同经营的证明。(3)失地农民,提供失地农民保障手册;如无失地农民保障手册的,但所在集体被征收或者其承包地被征收90%以上的,由当地县级国土局或土地征用办公室出具证明,并附上经办人元联系方式以便核实。(4)农村户籍的大学、中专、技校在校生,提供事故发生前注册的学生证上述人员按城镇居民相关赔偿标准计算,以贯彻平等原则。"安徽淮南中院《关于审理机动车交通事故责任纠纷案件若干问题的指导意见》(2014年4月24日)第22条:"同一交通事故造成多人受伤和死亡的,人民法院应当按照同一标准确定残疾赔偿金或死亡赔偿金的数额。"第23条:"在确定城镇居民与农村居民不同赔偿标准时,权利人提供证据符合下列情形之一的,应视为提供了在城市居住的暂住证明:(一)同时提供在城市租房合同及租住房屋所属居委会证明的;(二)提供公安机关出具的暂住证的;(三)同时提供劳动合同、工资表及用人单位关于职工在城镇居住证明的。"第24条:"农村户籍的未成年人在城镇接受学历教育期间发生交通事故的,按城镇居民标准计算赔偿数额。"第25条:"损害事故发生时受害人是农村居民,但在生效判决宣告前因居住区域城镇化等客观原因成为城镇居民的,可以按城镇居民的标准计算赔偿数额;但事故发生后受害人非因客观原因,为增加赔偿自行转移户籍的,不能按照城镇居民的标准计算赔偿数额。"第26条:"父母为农村户口,但父母满足在城镇居住满一年,且有固定收入的条件,子女在城镇出生并随父母居住在城镇,未办理城市户口,出生未满一年发生交通事故造成损害,权利人请求按照城镇标准赔偿死亡赔偿金或残疾赔偿金的,人民法院应予支持。"重庆高院民一庭《关于当前民事审判疑难问题的解答》(2014年4月3日)第3条:"受害人经鉴定为残疾,但在人民法院起诉前受害人因侵权行为以外的其他原因死亡,其残疾赔偿金的年限如何确定?答:最高人民法院《关于审理人身损害赔偿案件适用法律若干问题的解释》(法释〔2003〕20号)第二十五条规定:'残疾赔偿金根据受害人丧失劳动能力程度或者伤残等级,按照受诉法院所在地上一年度城镇居民人均可支配收入或者农村居民人均纯收入标准,自定残之日起按二十年计算。但六十周岁以上的,年龄每增加一岁减少一年;七十五周岁以上的,按五年计算。'该规定的理论基础是受害人'收入丧失说',同时基于受害人生存年限的不确定性,对残疾赔偿金的计算办法和标准采取了定型化赔偿的方式。如果受害人的生存年限在起诉前是确定的,则应按照定残之日至死亡之日的实际时间计算残疾赔偿金。"第6条:"如何认定户籍登记地在农村的受害人在发生道路交通事故时已经在城镇连续居住一年以上？答：有下列证据之一的，可以认定受害人在发生交通事故时已经在城镇连续居住一年以上，但有相反证据足以推翻的除外：(1)事故发生时，持有一年以上的有效暂住证；(2)城镇居住地的公安机关、街道办事处或居民委员会出具书面材料，证明事故发生时受害人已经在当地连续居住一年以上；(3)受害人以本人姓名或受害人借用他人（如出租人）名义，在城镇缴纳物业费、水电费、天然气费、有线电视费、宽带费等与居住生活相关的费用，且至事故发生时实际缴费时间已超过一年以上；(4)受害人购买城镇房屋，至事故发生时已实际入住一年以上。"浙江高院民一庭《关于印发〈关于人身损害赔偿费用项目有关问题的解答〉的通知》(2013年12月27日 浙高法民一〔2013〕5号)第14条："残疾赔偿金和死亡赔偿金的赔偿标准应如何确定？答：残疾赔偿金、死亡赔偿金的赔偿标准应当根据案件的实际情况，结合受害人住所地、经常居住地、主要收入来源地等因素综合判断。结合我省审判实践，受害人的户籍所在地在农村，但主要收入来源于城镇的；受害人所在集体的土地被国家征收或者其承包的集体土地被国家征收的，致其无法以农业为主要收入来源的；或者农村户口的未成年人，跟随父母在城镇居住生活，其经常居住地和主要生活消费地在城镇等情形，一般可按城镇居民标准计算。"浙江宁波中院《关于印发〈民事审判若干问题解答（第四辑）〉的通知》(2013年11月8日)第1条："计算人身损害赔偿数额时，如何确定上一年度的统计数据？答：人身损害赔偿有关项目的计算，应按照政府统计部门公布的上一年度的相关统计数据确定，上一年度是指一审法庭辩论终结时的上一统计年度。如果一审法庭辩论终结时，上一年度的统计数据已公布，那么可适用上一年度的统计数据。"第2条："当事人在租赁房屋和住所地之间经常往返，租赁房屋所在地是否可视为经常居住地？答：经常居住地是当事人离开住所地至起诉时已连续居住一年以上的地方，当事人在租赁房屋与住所地之间经常往返，需要考虑当事人往返的具体情况，并按照通常人的理解，判断是否属于离开住所地连续居住一年以上的情形。"安徽滁州中院《关于审理道路交通事故损害赔偿案件座谈会纪要》(2013年8月2日)第23条："受害人的户口在农村，但发生交通事故时在城镇居住一年以上，且有相对稳定工作和收入的，按城镇居民对待。农村户口的未成年人在城镇上学、生活的，按城镇居民对待。交通事故发生时，受害人是农村居民，但在生效判决宣告以前因法定事由成为城镇居民的，其残疾赔偿金等损失数额的计算按城镇居民对待。因城镇建设发展，周边农民的耕地被依法征收。被征收耕地对待农民的住所地已纳入或应纳入城镇规划范围，或者其房屋被拆迁，安置补偿房屋位于城镇范围内，对该农业家庭户的成员按城镇居民对待。城镇的范围是指在城市、县人民政府驻地镇及其他建制镇的建成区之内，镇人民政府驻地街道之外的其他镇属于街道及乡属街道不列入城镇范围。建成区是指市、区、县、镇政府驻地的实际建设连接到的居民委员会和其他区域。"第24条:"当事人提供事发前至事故发生时已满一年的暂住证,或居住地公安机关出具的书面证明,或居住地居委会出具的书面证明,还应再提供房屋租赁合同,或其他租赁房屋、居住房屋的书面材料,或受害人为产权人(包括共有人)的房屋产权证,或房屋买卖合同、支付房款证明,经审查属实,可以认定受害人在发生交通事故时已在城镇居住一年以上。当事人提供与用人单位签订的劳动合同,或用人单位出具的证明,或领取工资的原始凭证,或从事合法经营的登记文件,或个人所得税纳税证明等,经审查属实,可以认定受害人有相对稳定的工作和收入。"浙江高院民一庭《民事审判法律适用疑难问题解答》(2013年第12期):"……问:人身损害赔偿纠纷案件中受害人为农村户口的未成年人的,其残疾赔偿金、死亡赔偿金的赔偿标准应如何确定?答:在人身损害赔偿纠纷案件中,残疾赔偿金、死亡赔偿金的赔偿标准,应当根据案件的实际情况,结合受害人户口所在地、经常居住地、主要收入来源地、主要生活消费地等因素综合判断。农村户口的未成年人,跟随父母在城镇居住生活,其经常居住地和主要生活消费地在城镇的,一般应按城镇居民标准计算。"浙江宁波中院《关于印发〈审理机动车交通事故责任纠纷案件疑难问题解答〉的通知》(2012年7月5日　甬中法〔2012〕24号)第14条:"患有精神疾病的无劳动能力人在交通事故发生前一直未参加工作,现因交通事故致残,是否应当赔偿残疾赔偿金?如应予赔偿,如何计算赔偿数额?答:最高人民法院《关于审理人身损害赔偿案件适用法律若干问题的解释》第二十五条规定,残疾赔偿金根据受害人丧失劳动能力程度或者伤残等级,按照受诉法院所在地上一年度城镇居民人均可支配收入或者农村居民人均纯收入标准计算,故残疾赔偿金的计算与受害人在交通事故前是否具有劳动能力并无必然联系,受害人构成伤残等级的,应予支持。《侵权责任法》第十六条规定对此也予以保护,并未规定例外情形。"上海高院民一庭《道路交通事故纠纷案件疑难问题研讨会会议纪要》(2011年12月31日)第8条:"因交通事故受伤者,在定残后、诉讼期间因非本次交通事故原因死亡的,残疾赔偿金的计算标准。如交通事故受害人因事故受伤,在治疗终结经司法鉴定确定损害后果后,诉讼期间因非本次交通事故原因死亡的,其残疾赔偿金如何计算。例如,张某,35岁时因交通事故受伤,经司法鉴定评定为十级伤残,在诉讼期间因非本次交通事故原因身亡,死亡时间距其定残之日为2年,这种情况下,是按一般规定20年的标准计算残疾赔偿金,还是按照其实际生存年限2年的标准计算残疾赔偿金?根据《最高人民法院关于审理人身损害赔偿案件适用法律若干问题的解释》第25条第1款规定,受害人的残疾赔偿金的计算年限随实际年龄不同予以调整,但至少可以计算5年。为了保护受害人的权益,且不与该解释的精神相冲突,倾向性意见按照最低标准5年来计算残疾赔偿金。"第12条:"关于非本市户籍人员适用城镇居民标准赔偿的认定。根据最高院的解答及上海高院出台的指导意见,适用城镇居民标准赔偿需要满足两个条件,一是在城镇地区连续居住满一年,二是其主要收入来源为城镇。在认定上述条件时,我们认为不宜过于严苛。对于在城镇地区居住满一年的期间计算,截止日期为事故发生时。对于居住地为城镇的标准,原则上可以居住地基层组织是村民委员会还是居民委员会为识别标准。对于收入来源地的认定,劳动合同和工作证明为最主要的证据要求,证据可包括劳动合同、工资签收单、综合保险、工资账户定期收款凭证、税收证明等。户籍为学校集体户口的大学生,应适用城镇居民标准。"浙江嘉兴中院民一庭《关于机动车交通事故责任纠纷若干问题意见》(2011年12月7日)第2条:"关于赔偿权利人主张的部分具体赔偿项目……(2)残疾或死亡赔偿金的计算标准,原则上以受害人住所地作为确认标准,如经常居住地与住所地不一致的,且主要收入来源地也在经常居住地的,以经常居住地作为确认的标准。比如受害人住所地在农村,但经常居住地在城镇,主要收入来源地也在城镇的,按城镇居民标准确定。如经常居住地在城镇,但主要收入来源地仍在农村的,须按照农村居民标准计算……"四川高院研究室《关于宗教教职人员因交通事故遭受人身损害如何计算赔偿费用的请示的答复》(川高法研〔2011〕40号)第1条:"宗教教职人员因交通事故遭受人身损害的民事赔偿案件,人民法院一般可以根据其户籍地确定伤残赔偿金、死亡赔偿金计算标准。但是,宗教团体、宗教院校的专职宗教教职人员、城镇地区宗教活动场所的宗教教职人员,伤残赔偿金、死亡赔偿金可以参照当地城镇居民标准计算。"江苏南通中院《关于处理交通事故损害赔偿案件中有关问题的座谈纪要》(2011年6月1日 通中法〔2011〕85号)第16条:"最高人民法院《关于审理人身损害赔偿案件适用法律若干问题的解释》规定的残疾赔偿金、死亡赔偿金、被扶养人生活费的赔偿标准,原则上按照受害人在交通事故发生时系城镇居民或者农村居民确定。但受害人在二审终结前因正常的原因或正当的途径转为城镇居民,并已在城镇生活的除外。"第17条:"最高人民法院《关于审理人身损害赔偿案件适用法律若干问题的解释》规定的城镇居民与农村居民的认定,一般以户籍登记地为准。但具有下列情形之一的,可按城镇居民标准计算:(1)因实行户籍制度改革而无法确定是否为农业户口的;(2)虽是农业户口,但其承包地被国家征用的;(3)虽是农业户口,但在城镇生活居住、学习或工作满一年以上的;(4)从城镇机关或企、事业单位退休后回农村居住生活,并定期从单位领取退休工资的;主张以城镇居民标准计算赔偿数额的当事人应当承担举证责任。实践中,可从宽适用城镇居民的标准条件,但应从严审查相关证据。"浙江衢州中院《关于人身损害赔偿标准的研讨纪要》(2011年5月13日 衢中法〔2011〕56号)第3条:"残疾赔偿金、死亡赔偿金。(1)1级伤残或死亡的按20年计算,60周岁以上每增加1岁减1年,75周岁以上按5年计算。1级伤残赔偿比例按100%计算,伤残等级每降低一级,赔偿比例相应降低10%。"安徽宣城中院《**关于审理道路交通事故赔偿案件若干问题的意见(试行)**》(2011年4月)第46条:"伤残2~10级的以10%的比例依次递减计算残疾赔偿金。受害人75周岁以上的,除赔偿年限计算为5年外,伤残等级2~10级的仍应以10%的比例依次递减计算。"江西鹰潭中院《**关于审理道路交通事故损害赔偿纠纷案件的指导意见**》(2011年1月1日 鹰中法〔2011〕143号)第12条:"非城镇户口的当事人要确定其经常居住地为城镇的,应提供以下证据之一:(一)两张以上时间相继且其中一张尚在有效期内的暂住证;(二)经常居住地公安机关出具的书面证明;(三)经常居住地居委会、物业管理中心及用工单位出具书面证明,且有相应的房屋租赁合同、劳动合同等相印证的;(四)受害人为产权人的经常居住地房屋产权证明文件且实际入住此房一年以上的相关证明材料;(五)其他足以证明受害人经常居住地的证据。"第13条:"受害人为未成年人,无论受害人是否在城镇居住一年以上,在计算其应得赔偿款项时,均依其本人身份状况,适用城镇居民或农村居民标准。但未成年人在事故时已满十六周岁,且能够以自己劳动收入维持当地一般生活水平,在城镇居住一年以上,可以按城镇居民标准计算损失。"第14条:"受害人为成年人,虽随其抚养人在城镇居住生活一年以上,但其本人没有固定收入,在计算其应得赔偿款项时,依其本人户籍登记状况适用城镇居民或农村居民标准。"安徽六安中院《**关于印发〈审理道路交通事故人身损害赔偿案件若干问题的意见〉的通知**》(2010年12月7日 六中法〔2010〕166号)第9条:"适用《最高人民法院关于审理人身损害赔偿案件适用法律若干问题的解释》关于城镇居民与农村居民不同赔偿标准时,城镇的范围掌握在城市、县人民政府驻地镇及其他建制镇的建成区之内,镇人民政府驻地街道之外的其他镇属街道及乡属街道不列入城镇范围。建成区是指市、区、县、镇政府驻地的实际建设连接到的居民委员会和其他区域。"第10条:"居住在城郊的农民,在城镇工作或者从事经营活动且具有连续稳定的收入达一年以上的,可以按城镇居民的标准计算相关赔偿数额。"第11条:"农村居民举出合法的暂住证、房屋所有权证、基层组织出具的居住证明、租赁房屋证明、工作单位证明等证据,能够证明其在城镇有相对固定的工作和收入,且连续居住生活满一年的,按城镇居民标准计算相关赔偿数额。农村居民在城镇依靠其扶养人生活,在城镇无其他收入来源的,以及在城镇住院治疗的农村居民不能按城镇居民标准计算相关赔偿数额。"第12条:"因城镇建设等原因,土地被全部征收的失地农民,可以按城镇居民标准计算相关赔偿数额。农民的居住地被纳入城镇规划区,土地大部被征收,所余土地不能维持当地基本生活的,也可按城镇居民标准计算相关赔偿数额。"第13条:"农村居民为陪护在城镇接受教育的亲属而在城镇租赁房屋居住的,除其在城镇具有较为固定的收入来源一年以上的,一般仍按农村居民对待。"第14条:"农村户籍的未成年人在城镇接受学历教育的,按城镇居民的标准计算赔偿数额。"第15条:"损害事故发生时受害人是农村居民,但在生效判决宣告以前因法定事由成为城镇居民的,可以按城镇居民的标准计算赔偿数额,但事故发生后受害人非因法定事由自行转移户籍的,不能按照城镇居民的标准计算赔偿数额。"第16条:"在农村从事非农业经营活动满一年的农村居民,依法领取了经营证照且有纳税凭证等书面证据证明其收入不低于本市城镇职工平均工资收入的,可以按城镇居民的标准计算赔偿数额,否则仍按农村居民对待。"山东高院《关于农村户口的未成年人在城镇上学发生人身损害的残疾赔偿金、死亡赔偿金应否参照城镇居民标准计算请示报告的答复》(2010年11月17日〔2010〕鲁民一字第2号):"……对于具有农村户口身份的未成年人在城镇上学发生人身损害的,如至起诉时已在城镇连续居住满一年以上的,残疾赔偿金、死亡赔偿金的标准可以参照城镇居民标准计算损害赔偿数额。"江苏无锡中院《关于印发〈关于审理道路交通事故损害赔偿案件若干问题的指导意见〉的通知》(2010年11月8日 锡中法发〔2010〕168号)第27条:"【城镇居民与农村居民赔偿标准的认定】城镇居民与农村居民的认定一般以户籍登记地为准,但登记为农业户口的当事人举证证明其在发生道路交通事故时已经在城镇连续居住一年以上的,可以按照城镇居民的标准计算赔偿数额。受害人事发时为农业户口,一审终结前依法转为城镇户口并已在城镇居住生活的,可以按照城镇居民的标准计算赔偿数额。经质证,下列材料可以作为认定交通事故受害人在发生交通事故时已在本地区居住一年以上的证据使用:(1)事发前至事故发生时已满一年的暂住证;(2)本地区居住地公安机关及相关户籍管理部门出具的其他书面证明;(3)本地区居住地居民委员会出具书面证明且有相应的房屋租赁合同或其他书面证明;(4)受害人为产权人(包括共有人)的本地区城镇房屋产权证明文件或房屋买卖合同、支付房款证明及在事发前实际入住此房的相关证明材料;(5)事发前在本地区工作满一年的劳动合同及社保、工资等其他原始证据;(6)事发前在本地区工作满一年的雇佣证明及工资领取流水账目等原始证据;(7)事发前在本地区学习满一年的学籍证明或入学通知书及学费缴纳凭证、学校证明。前款(3)、(6)中证明的证据类型为书面证言,当事人对真实性有异议的,人民法院应当依照《最高人民法院关于民事诉讼证据的若干规定》进行审核认定。"江苏常州中院《关于道路交通事故损害赔偿案件的处理意见》(2010年10月13日 常中法〔2010〕104号)第2条:"城镇居民与农村居民的界定问题。在交通事故损害赔偿案件中,残疾赔偿金、死亡赔偿金的计算,应当根据案件的实际情况,结合受害人住所地、经常居住地和主要收入来源地等因素,按照受害人在交通事故发生时系镇居民或者农村居民,来确定适用城镇居民人均可支配收入(人均消费性支出)或者农村居民人均纯收入(人均年生活消费支出)的标准。常州市已实行户籍制度改革,不再区分城镇居民和农村居民,都按城镇居民标准计算。外来务工人员,一般以户籍登记作为标准,将登记为非农业户口的人确定为城镇居民,将登记为农业户口的人确定为农村居民。但是登记为农业户口的人有下列情形的,可按城镇居民标准计算:①因实行户籍制度改革而无法确定是否为农业户口且无其他证据证明是农村居民的;②虽是农业户口,但其承包土地已被国家征用,不再依靠种地等农业收入生活的;③虽是农业户口,但有证据证明其在城镇工作、学习、生活、经商居住,且以长期生活为目的的,并不要求必须满一定(一年)的期限。主张以城镇居民标准计算赔偿数额的当事人应当承担举证责任。司法实践中,对城镇居民的界定标准可以从宽,但对相关证据的审查应当从严把握,可根据受害人提供的暂住证、租房合同(或所在社区证明)、购房合同、房屋所有权证、劳动合同、工作单位证明、营业执照、纳税凭证、子女就学证明等证据予以确认。"江西宜春中院《关于审理保险案件若干问题的指导意见》(2010年9月17日 宜中法〔2010〕92号)第5条:"关于赔偿权利人的户籍所在地与经常居住地不符要求按经常居住地标准计算赔偿数额时,'经常居住地'的标准依据什么证据界定的问题。确定'经常居住地'不仅应有原户籍所在地村委会或居委会的证明材料,还应由现住地的相关证明材料(如买、租房合同,买、租房交费证明、小孩入学证明、营业执照),最终依据两方面的证据综合认定。"福建福州中院民一庭《民事司法信箱回复:侵权责任法律适用若干问题专版》(2010年9月10日)第16条:"发回重审案件,应该按照第一次庭审辩论终结时的计算标准还是按照最后一次庭审辩论止的标准计算相关赔偿数额? 答:依据《最高人民法院关于审理人身损害赔偿案件适用法律若干问题的解释》第三十五条第二款的规定:'上一年度,是指一审法庭辩论终结时的上一统计年度。'我们认为,受害人的伤残情况或者死亡原因经常经历多次鉴定、多次开庭,或者经发回重审,导致案件审理时间长达几年以上。此类案件应按照原告第一次起诉时一审法庭辩论终结时的上一年度的有关标准计算相关赔偿金。"第17条:"如何掌握'暂住达到一年以上及主要经济来源于城镇'的判断标准? 答:在司法实践中,损害赔偿案件不能简单地以受害人户籍所在地来判断适用'农村居民'还是'城镇居民'赔偿标准,应当从经常居住地、工作地或者薪酬获取地,生活消费地等方面进行研究,并结合户籍情况综合考虑。我们一般掌握的标准是,在城市经商、务工,且在城镇暂住达到一年以上的,应当按照当地城镇居民的有关标准计算人身损害赔偿金。对于暂住达到一年以上及主要经济来源于城镇的判断标准,可以结合以下结果标准掌握:当事人提供下列证据之一的,可以认为交通事故受害人在发生交通事故时已在城镇居住一年以上:(1)两份以上时间相继、时间相加在一年以上,且其中一张尚在有效期内的暂住证;(2)经常居住地派出所出具的暂住时间达一年以上的书面证明;(3)经常居住地居民委员会出具的暂住时间达一年以上的书面证明且有相应房屋租赁或其他相应的证明材料;(4)受害人为产权人的城镇房屋产权证明文件或虽未获得产权证但入住城镇房屋已达一年以上证明;(5)其他可以证明受害人已在城镇居住一年以上证据。当事人提供下列证据之一的,可以认为交通事故受害人在发生交通事故时主要经济来源于城镇:(1)与住所地在城镇的用人单位签订的劳动合同即用人单位合法证明文件;(2)受害人在城镇从事合法经营的工商注册登记证件;(3)其他证明材料。另外,随着城市化、工业化的进程,农村大量土地被征用,产生户口性质未变更登记的大量失地农民,在审理此类案件时,既要审查受害人户籍登记情况,又要结合土地被征用的证据及在土地征用后所从事工作等情况,合理认定是否适用城镇居民标准。"福建福州中院民一庭《民事司法信箱回复:侵权责任法律适用若干问题专版》(2010年9月10日)第18条:"如何认定'城镇'？答:人身损害赔偿解释中'城镇居民'如何界定在实践中存有争议。一般来说,'城镇居民'是指在一定时间里,在城镇居住的相对稳定的,而且其经济收入、生活与居住地密切联系的人。城镇指什么？国家统计局即将开始全国城镇住户调查,调查范围为居住在城镇区域范围内的常住户,城镇包括国务院批复的《统计上划分城乡的规定》中的城区和镇区。城区指在市辖区和不设区的市、区、市政府驻地的实际建设连接到的居委会和其他区域。镇区是指在城区以外的县人民政府驻地和其他镇、政府驻地的实际建设连接到的居民委员会和其他区域。与政府驻地的实际建设不连接,且常住人口在3000人以上的独立的工矿区、开发区、科研单位、大专院校等特殊区域及农场、林场的场部驻地也视为镇区。审判中所使用的上一年度损害赔偿有关数据均根据福建省统计局每年发布的《福建统计摘要》的相关数据认定,因此,审判实践可以参考国家统计局认定城镇的标准。"北京高院民一庭《关于道路交通损害赔偿案件的疑难问题》(2010年4月9日)第1条:"《侵权责任法》第十七条规定,'因同一侵权行为造成多人死亡的,可以以相同数额确定死亡赔偿金。'该法条是对以相同数额确定死亡赔偿金的规定,即俗称所谓'同命同价'的规定。至于什么情况下可以适用这法条,什么情况下不可以,分歧依然严重。具体说,如果在一个交通事故案件中适用'以相同数额确定死亡赔偿金'的规定时,以谁的标准确定赔偿标准？当数个死亡人员的经济等状况不同的,是就高还是就低？还是用别的计算标准,侵权责任法未予明确规定。而且,该法仍存在着不同交通事故中死亡赔偿金数额计算标准不一致的漏洞,对事故中被侵权人的利益保护仍不够充分。对此问题,建议可以制定统一的地区标准。有法院提出,《侵权责任法》第17条规定,同一侵权行为造成多人死亡的,可以以相同数额确定死亡赔偿金。该条规定可以推及适用到同一侵权行为造成一死多残或同一侵权行为造成多残的,都可以以相同数额确定残疾赔偿标准……关于死亡伤残赔偿金标准认定问题,实践中有很大分歧。尤其是证据要证明到何种情况下,农村户口方能按照城镇标准计算死亡伤残赔偿金、扶养费。如何把握赔偿案件中城镇居民标准与农村居民标准的问题。北京存在诸多城乡结合部,外地居民和外地农民进京人员比较多,如何综合考虑户籍、经常居住地、工作、生活等情况来认定赔偿标准,各法院各法官存在认识分歧。有法院提出,在最高人民法院的《复函》出台以前,该院对于受害人死亡赔偿金或残疾赔偿金的标准是以户籍区分的,《复函》下发后,该院的掌握标准为如查清受害人在本区有购房、开办企业、租赁柜台、签订有较长期限(一般为一年以上)的劳动合同、暂住证记载的暂住时间超过一年,可按城镇标准给付死亡赔偿金或残疾赔偿金。现在对上述情形掌握的越来越宽松。"江苏南京中院民一庭《关于审理交通事故损害赔偿案件有关问题的指导意见》(2009年11月)第43条:"城镇居民、农村居民划分标准,一般应以当事人户口簿注明的为准。失地农民,农村居民在城镇学习、务工,且主要以城镇为居住地的,可以参照城镇居民的相关标准进行赔偿。"第44条:"按农村居民的标准进行赔偿的,因该标准明显低于城镇居民的有关标准,也低于《道路交通安全法》实施前的有关标准,可以根据其减少的差额适当提高精神损害抚慰金数额。"安徽合肥中院民一庭《关于审理道路交通事故损害赔偿案件适用法律若干问题的指导意见》(2009年11月16日)第48条:"受害人因道路交通事故致残,评残标准应以《道路交通事故受伤人员伤残评定》规定的标准为依据。"第49条:"受害人因道路交通事故致残,一般按照受害人的伤残等级,由赔偿义务人按照相应比例支付被扶养人生活费与残疾赔偿金,一级伤残支付比例为100%,依次递减,十级伤残支付比例为10%。"云南高院《关于审理人身损害赔偿案件若干问题的会议纪要》(2009年8月1日)第4条:"……残疾赔偿金、死亡赔偿金赔偿的起算时间以侵权行为发生的年度为准。农村居民能够提交其在城镇的合法暂住证明,在城镇有相对固定的工作和收入,已连续居住、生活满一年的,残疾赔偿金、死亡赔偿金按城镇居民标准计算。农村居民在城镇上学,残疾赔偿金、死亡赔偿金按城镇居民标准计算。因同一事故造成人身损害,受害人既有城镇居民又有农村居民的,残疾赔偿金、死亡赔偿金均按城镇居民标准计算。"安徽蚌埠中院《关于审理人身损害赔偿案件若干问题的指导意见》(2009年7月2日)第7条:"残疾赔偿金是按照劳动能力丧失程度计算还是按照伤残等级计算的问题。残疾赔偿金按照受害人的伤残等级计算。如果没有依法对受害人的伤残等级进行司法鉴定,则向负有举证责任的当事人释明,告知其依法申请对受害人的伤残等级进行司法鉴定。"广东佛山中院《关于审理道路交通事故损害赔偿案件的指导意见》(2009年4月8日)第47条:"赔偿权利人起诉时,其诉讼请求中没有对部分法定的赔偿项目明晰计算方法与标准,法院应当行使释明权,要求其明晰。若赔偿权利人由于误解或认识错误等原因导致主张的部分赔偿项目的数额低于法定标准,但法院按法定标准计算所得的赔偿总额未超过当事人诉请的总金额时,对该赔偿项目应按法定标准予以计算。"第48条:"残疾赔偿金、死亡赔偿金的赔偿标准,一般按照受害人在道路交通事故发生时系城镇居民或者农村居民确定。但若原登记为'农业户口'的佛山地区农村居民于 2004 年 7 月 1 日前因道路交通事故致损,于 2004 年 7 月 1 日后起诉要求赔偿损失的,应以城镇居民标准计算相应的赔偿项目。其他地区的受害人于交通事故发生时是农村居民,但在一审法庭辩论终结前因法定事由成为城市居民的,其赔偿项目亦可按城镇居民的标准计算。"第 49 条:"城镇居民与农村居民的认定,一般以户籍登记地为准。但户籍登记地在农村的受害人,在发生道路交通事故时已经在城镇连续居住一年以上,且有生活来源的,可以按照城镇居民标准计算赔偿数额。"第 58 条:"各赔偿项目的计算单位及起算点分别为:(一)伤残赔偿金计算到年,起算点为定残之日;(二)死亡赔偿金计算至年,起算点为死亡之日;(三)被扶养人生活费计算到年,起算点为定残或死亡之日;(四)误工费、护理费计算到日,起算点为事故发生之日。"第 59 条:"伤残赔偿金和死亡赔偿金的计算标准时间为一审法庭辩论终结时的上一年度。但由于根据上一年度统计数据确定的'广东省道路交通事故人身损害赔偿计算标准',通常于每年的六月份左右才公布,因此应根据如下原则确定相关计算标准的适用:根据上一年度统计数据确定的《广东省道路交通事故人身损害赔偿计算标准》在一审法庭辩论终结时已经公布的,适用该计算标准;根据上一年度统计数据确定的《广东省道路交通事故人身损害赔偿计算标准》在一审法庭辩论终结时尚未公布的,则适用上一年度的计算标准。"福建泉州中院民一庭《全市法院民一庭庭长座谈会纪要》(泉中法民一〔2009〕05 号)第 31 条:"乡镇改为街道,但户籍登记仍为农村居民,且仍保留以前生活收入状况的,对此应认定为农村居民还是城镇居民,即农民与居民如何界定,社区居委会居民是否属于城区'居民'?答:原则上社区居委会居民应认定为城镇居民,村委会居民则按农村居民对待。"第 32 条:"残疾赔偿金的赔偿年限如何计算?答:根据《人身损害赔偿解释》第二十五条的规定,残疾赔偿金的计算期限应按 20 年计算,但 60 周岁以上的,年龄每增加 1 岁减少 1 年;75 周岁以上的,按 5 年计算。赔偿数额根据受害人丧失劳动能力程度或者伤残等级确定。目前可根据伤残等级确定,伤残等级为 10 级的,根据赔偿标准按 20 年(60 周岁以上的,年龄每增加 1 岁减少 1 年;75 周岁以上的,按 5 年计算)的 10% 计算,每增加一级,赔偿数额增加 10%,即伤残等级为 9 级的赔偿 20%,8 级的赔偿 30%,以此类推,伤残等级为 1 级的赔偿 100%。"第 46 条:"《人身损害赔偿解释》第三十五条第二款规定的'上一年度'指一审法庭辩论终结时的上一统计年度。如果一个案件经多次开庭,导致法庭辩论跨越两个统计年度,应适用哪个'上一年度'的标准?答:'一审法庭辩论终结时'应以一审审理过程中最后一次开庭审理的法庭辩论终结时间为准。"辽宁大连中院《当前民事审判(一庭)中一些具体问题的理解与认识》(2008 年 12 月 5 日 大中法〔2008〕17 号)第 21 条:"怎样区分城镇居民和农村居民的身份？区分城镇居民和农村居民,一般以户籍登记为准。焦点问题是如何处理户籍登记地在农村,实际居住在城镇的受害人,按照(2005)民他字第25号复函处理。另外,针对大连部分地方出现的小城镇建设中农转非情况,目前审判实务中按照城镇居民的标准处理。"第22条:"怎样确定死亡赔偿金、伤残赔偿金计算的标准？符合法律规定,属于大连地区居民的,依据大连市年度道路交通事故损害赔偿标准有关数据计算。针对长海县农民收入普遍高于城镇居民的特殊性,可以按照当地统计局确定的数额进行计算。"广东深圳中院《关于审理道路交通事故损害赔偿纠纷案件的指导意见(试行)》(2008年7月12日)第24条:"受害人为未成年人,无论受害人是否在城镇居住一年以上,在计算其应得赔偿款项时,均依其本人身份状况,适用城镇居民或农村居民标准。但未成年人在事故发生时已满十六周岁,且能够以自己劳动收入维持当地一般生活水平,在城镇居住一年以上,可以按城镇居民标准计算损失。受害人为未成年人,但没有进行户籍登记的,其身份状况依其抚养人身份状况确定。其抚养人中有一方是城镇居民的,可以确定其身份状况为城镇居民;其抚养人中双方均是农村居民的,确定其身份状况为农村居民。受害人为成年人,虽随其抚养人在城镇居住生活一年以上,但其本人没有固定收入,在计算其应得赔偿款项时,依其本人户籍登记状况适用城镇居民或农村居民标准。计算被抚养人生活费,需要确定被抚养人年龄的,以道路交通事故发生时为计算起点。计算受害人其他损失,需要确定受害人年龄的,以道路交通事故发生时为计算起点。"陕西高院《关于审理道路交通事故损害赔偿案件若干问题的指导意见(试行)》(2008年1月1日 陕高法〔2008〕258号)第25条:"发生道路交通事故后,在确定赔偿权利人的赔偿标准时,适用最高人民法院《关于审理人身损害赔偿案件适用法律若干问题的解释》的规定的赔偿费用,一般按照赔偿权利人在道路交通事故发生时的户籍情况确定赔偿标准。"第26条:"户籍登记地在农村的赔偿权利人在发生道路交通事故时已经在城镇连续居住一年以上,赔偿权利人系完全民事行为能力人,以其在城镇的稳定收入作为主要生活来源的,在计算赔偿数额时可按城镇居民处理。"上海高院民一庭《关于侵权损害赔偿标准若干问题的解答》(2006年12月21日 沪高法民一〔2006〕19号)第1条:"农村居民因交通事故伤亡适用城镇居民赔偿标准的把握。根据最高人民法院〔2005〕民一他字第25号'经常居住在城镇的农村居民因交通事故伤亡如何计算赔偿费用的复函'规定,经常居住在城镇的农村居民,因交通事故造成伤亡的赔偿,主要以受害人的经常居住地和主要收入来源地来确定是否适用城镇居民或农村居民标准。最高人民法院《关于适用〈民事诉讼法〉若干问题的意见》也明确规定,'公民的经常居住地是指公民离开住所地至起诉时已连续居住一年以上的地方',因此,农村居民在城镇连续居住一年以上,且在城镇有主要收入来源的,可适用城镇居民标准。"江苏溧阳法院《关于审理交通事故损害赔偿案件若干问题的意见》(2006年11月20日)第11条:"残疾赔偿金、死亡赔偿金在常州市范围内统一按照城镇居民标准执行,被扶养人生活费上还是应区分城镇和农村居民的标准。对于非常州市范围内的农村居民使用标准问题,应当根据案件的实际情况,结合受害人住所地、经常居住地(指离开住所地至事故发生时已连续居住一年以上的地方)等因素,确定适用城镇居民人均可支配收入(人均消费性支出)或者农村居民人均纯收入(人均年生活消费支出)的标准。"辽宁沈阳中院民一庭《关于审理涉及机动车第三者责任险若干问题的指导意见》(2006年11月20日)第5条:"……(八)关于城镇居民和农村居民身份的认定问题。一般以户籍登记地为准。但户籍在农村的受害人,如有证据证明道路交通事故发生时已在城镇连续居住一年以上,且有正当稳定生活来源的,可以参照城镇居民标准计算赔偿数额。"广东深圳罗湖区法院《关于交通事故损害赔偿案件的处理意见》(2006年11月6日)第6条:"按照城镇居民对待的情形。(一)受害人的户口在农村,但发生交通事故时在城镇居住一年以上,且有固定收入的,按城镇居民对待。(1)当事人提供下列证据之一的,可以认为交通事故受害人在发生交通事故时已在深圳市城镇居住一年以上:①两张以上时间相继且其中一张尚在有效期内的深圳市暂住证;②深圳市居住地公安机关派出所出具的书面证明;③深圳市居住地居民委员会出具书面证明且有相应房屋租赁登记材料的;④受害人为产权人的深圳市城镇房屋产权证明文件且实际入住此房一年以上的相关证明材料;⑤其他可以证明受害人已在深圳市城镇居住一年以上的证据。(2)当事人提供下列证据之一的,可以认为交通事故受害人在发生交通事故时在深圳市有固定收入:①深圳市用人单位签订的劳动合同及工资领取证明文件;②受害人在深圳市从事合法经营的登记文件及相应的纳税证明文件;③受害人依法取得孳息且足以维持本人生活的证明文件;④受害人在一年以上的时间内较为有规律地为数额稳定的储蓄存入交易的记录;⑤其他可以证明受害人在深圳市有固定收入的证据。(二)对香港、澳门、台湾同胞和华侨、外国人、无国籍人的损害赔偿,按城镇居民的赔偿标准计算。"重庆高院《关于审理道路交通事故损害赔偿案件适用法律若干问题的指导意见》(2006年11月1日)第26条:"最高人民法院《关于审理人身损害赔偿案件适用法律若干问题的解释》规定的残疾赔偿金、死亡赔偿金、被扶养人生活费的赔偿标准,按照受害人在道路交通事故发生时系城镇居民或者农村居民确定。"第27条:"对最高人民法院《关于审理人身损害赔偿案件适用法律若干问题的解释》规定的城镇居民与农村居民的认定,一般以户籍登记地为准。但户籍登记地在农村的受害人,在发生道路交通事故时已经在城镇连续居住一年以上,且有正当生活来源的,可以按照城镇居民标准计算赔偿数额。"第29条:"受害人因道路交通事故致残,一般按照受害人的伤残等级,由赔偿义务人按照相应比例支付被扶养人生活费与残疾赔偿金,一级伤残支付比例为100%,依次递减,十级伤残支付比例为10%。受害人因道路交通事故致残,但未影响其实际收入,或者伤残等级较轻,但造成职业妨碍,严重影响其劳动就业的,可以对被扶养人生活费与残疾赔偿金作相应调整。"江西赣州中院《关于审理道路交通事故人身损害赔偿案件的指导性意见》(2006年6月9日)第41条:"残疾者生活补助费根据伤残评定等级予以确定。Ⅰ级伤残给予100%的生活补助费,Ⅹ级伤残给予10%的生活补助费,相邻两级赔偿比例级差为10%。"江西赣州中院《民事审判若干问题解答》(2006年3月1日)第22条:"人身损害赔偿的司法解释第25条规定:残疾赔偿金根据受害人丧失劳动能力程度或伤残等级计算赔偿金额。如依丧失劳动能力的程度确定残疾赔偿金额,则丧失劳动能力的程度如何界定,残疾赔偿金如何计算?答:该条司法解释确定计算残疾赔偿金的基本标准是受害人丧失劳动能力程度或者伤残等级,是两个可以选择的判断标准,并非两个标准同时适用。当事人对此有选择权,并对所选择的标准负举证责任。如果当事人提供证据证明了其丧失劳动能力的程度以及证明了该丧失劳动能力程度所对应的残疾赔偿金,则可依其丧失劳动能力程度进行赔偿。由于伤残等级的标准比较好掌握,且适用性强,审判实践中常根据伤残等级来确定残疾赔偿金。但在某些特殊情况下,伤残等级并不是与丧失劳动能力成正比关系。如有证据证明伤残等级较轻但造成职业妨碍重影响其经济收入,也可以根据丧失劳动能力的程度来计算残疾赔偿金。"第24条:"在外地长期务工并连续居住超过一年以上的人员遭受人身损害,其残疾赔偿金或死亡赔偿金的标准如何计算?答:有证据证明受害人在外地务工并连续居住一年以上的,可以参照其居住地标准进行计算。如其户籍为农村户口,则按其居住地农村标准计算,如其户籍为城镇户口,则按其居住地城镇标准计算。"上海高院《关于下发〈关于审理道路交通事故损害赔偿案件若干问题的解答〉的通知》(2005年12月31日 沪高法民一[2005]21号)第6条:"赔偿权利人为外籍人或港、澳、台同胞,误工费、被扶养人生活费、残疾赔偿金或死亡赔偿金依何标准计算?答:司法实践中有适用受诉法院所在地的赔偿标准的观点,亦有按赔偿权利人住所地标准的做法。我们认为,《最高人民法院关于人身损害赔偿案件适用法律若干问题的解释》出于填平受害人损失的考虑,规定在赔偿权利人确有证据证明其住所地或经常居住地的标准高于受诉法院所在地的前提下,可以按照其住所地或经常居住地的标准。但是,鉴于我国目前尚属于发展中国家,与发达国家和地区在人均可支配收入、人均消费性支付等方面均存在很大的差距,如果按解释中确定的原则进行处理,由于我国的赔偿义务人负担能力有限,即使考虑其经济能力,也可能出现外国或港澳台地区赔偿权利人的利益得不到实际保护的情形,也会使法院的判决成为一纸空文。故在确定赔偿标准时,仍以参照受诉法院所在地标准为宜。"安徽高院《审理人身损害赔偿案件若干问题的指导意见》(2005年12月26日)第21条:"农村居民能提供在城镇的合法暂住证明,在城镇有相对固定的工作和收入,已连续居住、生活满一年的(短期回农村探亲等不视为中断),人身损害的残疾赔偿金、死亡赔偿金等按城镇居民的标准计算。农村户口的未成年人在城镇上学、生活的,人身损害的残疾赔偿金、死亡赔偿金等按城镇居民的标准计算。损害事故发生时受害人是农村居民,但在生效判决宣告以前因法定事由成为城市居民的,其残疾赔偿金按城镇居民的标准计算。因同一事由造成的人身损害赔偿,受害人既有城镇居民又有农村居民的,残疾赔偿金、死亡赔偿金等按城镇居民的标准确定。"山东高院《关于印发〈全省民事审判工作座谈会纪要〉的通知》(2005年11月23日 鲁高法〔2005〕201号)第3条:"……(五)关于城镇、农村人口不同赔偿标准的适用问题。最高人民法院法释〔2003〕20号司法解释针对城镇居民和农村居民分别确定了不同的赔偿标准,这是考虑到当前我国城乡差别的实际情况而制定的。但随着我省农村城镇化水平的提高,城乡差别逐步缩小,从保护受害者利益出发,在两种标准存在交叉的情形下,可以按照'就高不就低'的原则确定具体的赔偿标准。对于农村人口在城镇住所地至起诉时已连续居住一年以上的,可以按照城镇人口标准计算损害赔偿数额;对于实行城乡户口统一登记管理的地方,计算标准也可以统一适用城镇人口统计标准。"江苏常州中院《关于印发〈常州市中级人民法院关于审理交通事故损害赔偿案件若干问题的意见〉的通知》(2005年9月13日 常中法〔2005〕第67号)第15条:"由于我市属经济比较发达地区,部分地区已实行户籍制度改革,不再分城镇居民与农村居民,全省法院在《道路交通安全法》实施前均按省公安厅发布的同一标准对当事人进行赔偿,实施后因原农村居民的赔偿标准低于城镇居民赔偿标准较多,也低于实施前的赔偿标准较多,审判实践中全市法院按上级规定对赔偿金额的差额均以精神损害赔偿的名义补足。为了对审理道路交通事故案件更规范统一,全市法院自本意见公布之日起都以同一标准即城镇居民的有关标准执行,不再区分城镇居民与农村居民的标准。外地来我市工作的务工人员,如其在我市办理暂住证在一年以上的,可按我市城镇居民的相关标准赔偿。"

②多处残疾情形。浙江高院《印发〈关于人身损害赔偿项目计算标准的指引〉的通知》(2022年8月24日 浙高法审〔2022〕2号)第24条:"一级伤残的伤残赔偿指数100%,二级伤残为90%,以此类推,十级伤残为10%。受害人有多处伤残的,伤残赔偿附加指数按照以下方式确定:以最高伤残等级的赔偿指数为基数,属二级至五级的,每增加一处,增加附加指数4%;属六级至十级的,每增加一处,增加附加指数2%。存在一级伤残时,其它等级被吸收,不再增加附加指数。附加指数合计不超过10%,伤残赔偿指数合计不超过100%。"第25条:"受害人在侵权行为发生时是否具备劳动能力、有无实际收入,不影响定型化计算残疾赔偿金。"海

南高院《关于印发〈海南省道路交通事故人身损害赔偿标准〉的通知》(2021年1月1日 琼高法〔2020〕325号)第2条:"各赔偿项目的单证标准与计算原则……(九)残疾赔偿金……(3)残疾等级系数:①单处伤残等级参照《人体损伤致残程度分级》(2017年1月1日起实施)对应伤残等级系数计算,其中十级伤残系数10%,九级伤残系数20%,八级伤残系数30%、七级伤残系数40%、六级伤残系数50%、五级伤残系数60%、四级伤残系数70%、三级伤残系数80%、二级伤残系数90%、一级伤残系数100%。②受害人有两处以上伤残的,应当综合计算累计伤残指数。累计伤残赔偿指数=伤残等级最高处的伤残赔偿指数+伤残赔偿附加指数。伤残赔偿附加指数的确定标准:六~十级伤残,每增加一处,增加5%;二~五级伤残,直接增加10%。伤残赔偿附加指数不得超过10%;累计伤残赔偿指数不得超过100%。"四川高院《关于印发〈四川省高级人民法院机动车交通事故责任纠纷案件审理指南〉的通知》(2019年9月20日 川高法〔2019〕215号)第25条:"【多处伤残受害人的残疾赔偿系数】多处伤残的受害人,其残疾系数以评定的最高一级为基数,对附加伤残等级为2—10级的,分别按0.09、0.08、0.07、0.06、0.05、0.04、0.03、0.02、0.01累加,累加总计不超过0.1。"江西上饶中院《关于机动车交通事故责任纠纷案件的指导意见(试行)》(2019年3月12日)第1条:"……(九)残疾赔偿金……(2)伤残赔偿指数计算方法:一级伤残的伤残赔偿指数为100%、二级伤残为90%,依此类推,九级伤残为20%,十级伤残为10%。受害人有多处伤残的,以最高伤残等级的伤残赔偿指数为基础,每增加一处伤残所增加的伤残赔偿附加指数,按照所增加伤残的伤残赔偿指数的十分之一叠加,伤残赔偿附加指数之和不超过10%,总伤残赔偿指数不超过100%。即:伤残赔偿总指数=多个伤残等级中最高的伤残赔偿指数+次低一级伤残赔偿指数×10% +再次低一级伤残赔偿指数×10% +更低一级伤残赔偿指数×10%……(按伤残级别从高到低依次类推),伤残赔偿总指数小于或等于100%,伤残赔偿附加指数之和小于或等于10%。例:受害人的多个伤残级别分别为3级、5级、6级,8级的,其伤残赔偿总指数为:80%(3级)+60%×10%(5级)+50%×10%(6级)+30%×10%(8级)=0.8+(0.06+0.05+0.03>10%,按10%算)=0.9。(3)受害人为被扶养人且随主要扶养人共同生活的,按照主要扶养人情况确定赔偿标准。"北京高院、北京司法局《关于伤残评定问题研讨会会议纪要》(2018年8月20日 京高法发〔2018〕522号)第1条:"……(2)受伤人员符合两处以上伤残等级者,需综合计算累计伤残赔偿指数,具体计算方法如下:累计伤残赔偿指数=伤残等级最高处的伤残赔偿指数+伤残赔偿附加指数。伤残赔偿附加指数的确定:六~十级伤残,每增加一处,增加5%;二~五级伤残,直接增加10%。伤残赔偿附加指数不得超过10%;累计伤残赔偿指数不得超过100%……"湖北十堰中院《印发〈关于进一步规范机动车交通事故责任纠纷案件审理工作的意见〉的通知》(2018年6月28日 十中法〔2018〕79号,2020年7月10日废止)第7条:"……受害人在一起事故中身体多处受伤,分别构成不同级别伤残的,以最重损害后果的伤残等级为基数,即10级为10%,9级为20%,8级为30%……,其他伤残等级按10级为2%,9级为3%,8级为4%……的赔偿指数进行叠加,但增加赔偿指数的综合不得超过10%,即不能超过一个级别。"安徽淮北中院《关于审理道路交通事故损害赔偿案件若干问题的会议纪要》(2018年)第1条:"赔偿项目和标准……(六)残疾赔偿金。根据受害人丧失劳动能力程度或伤残等级,按照上一年度安徽省城镇居民人均可支配收入计算。一级伤残的残疾赔偿金赔偿指数为10%,二级伤残为90%,依此类推,九级伤残为20%,十级伤残为10%。受害人构成多处伤残等级的,以最高伤残等级残疾赔偿金赔偿指数为基础,每增加一处增加相应的赔偿附加指数。附加指数按照所增加伤残的残疾赔偿金赔偿指数的十分之一叠加,附加指数之和不超过10%,赔偿指数总和不超过100%。"广东惠州中院《关于审理机动车交通事故责任纠纷案件的裁判指引》(2017年12月16日)第42条:"伤残等级问题。因道路交通事故致残的伤残等级应该适用人身损害伤残等级的标准确定伤残等级,不能适用工伤伤残等级的标准确定伤残等级。鉴定的合理时间参照误工费条款的规定。受害人需行拆除内固定物手术的,应在治疗后三个月内申请鉴定。受害人的内固定物影响关节活动度,未予拆除直接进行鉴定的,不予采信鉴定意见,保险人或其他赔偿义务人无异议的除外。因重新鉴定拖延时间较长的,可以告知另案起诉残疾赔偿金、被抚养人生活费等赔偿项目。受害人构成多处伤残,增加一处伤残所增加的赔偿比例,按所增加伤残的伤残赔偿指数的十分之一确定。如,受害人构成一个八级伤残、二个九级伤残、一个十级伤残,则其中的伤残赔偿附加指数为0.02(即九级伤残赔偿指数0.2的十分之一)和0.01(即十级伤残赔偿指数0.1的十分之一),总的伤残赔偿指数为0.35(0.3+0.02×2+0.01)。"湖北黄冈中院《关于审理机动车交通事故责任纠纷案件的指导意见(一)》(2017年10月1日)第24条:"[受害人存在多处伤残的处理]受害人在一起事故中身体多处损伤,分别构成不同级别伤残的情况下,应由一审法院一并委托具备相应资质的鉴定机构作出伤残等级综合评定指数的意见。鉴定机构未作出的,应当进行补充鉴定。鉴定机构不能鉴定的,以其中最重损害后果的伤残等级为基数,原则上按以下方法增加赔偿指数:10级为2%,9级为3%,8级为4%,7级5%……进行叠加,但增加赔偿指数的总和不得超过10%,即不能超过一个级别。"四川成都中院《关于印发〈机动车交通事故责任纠纷案件审理指南(试行)〉的通知》(2017年7月5日 成中法发〔2017〕116号)第24条:"多处伤残的受害人,其残疾系数以评定的最高一级为基数,对附加伤残等级为2—10级的,分别按0.09、0.08、0.07、0.06、0.05、0.04、0.03、0.02、0.01累加,累加总计不超过0.1。"江西景德镇中院《关于印发〈关于审理人身损害赔偿案件若干问题的指导意见〉的通知》(2017年3月1日　景中法[2017]11号)第17条:"多处伤残赔偿金的确定。受害人被评定构成多个伤残等级,确定其残疾赔偿金时应以评定的最高伤残等级所对应的伤残赔偿系数为基数,每增加一处,即伤残1—5级的,赔偿系数提升4%;伤残6—10级的,赔偿系数提升2%。上述提升比例累计不能超过10%,合计伤残赔偿系数最高不能超过100%。"江西南昌中院《机动车交通事故责任纠纷案件指引》(2015年4月30日　洪中法[2015]45号)第2条:"关于交通事故具体赔偿项目的要求……伤残赔偿指数的计算。即:多个伤残的伤残赔偿总指数以最高的伤残赔偿指数＋次低一级伤残赔偿指数＊10%＋再次低一级伤残赔偿指数＊1%……以此类推。【注意事项】:多个伤残等级案件,如果保险公司对其中最高的伤残等级无异议,只是对附加伤残等级有异议,则重新鉴定毫无意义,因为附加伤残等级,尤其是到第三个附加伤残等级,基本忽略不计。"重庆高院民一庭《民一庭高、中两级法院审判长联席会议〈机动车交通事故责任纠纷中的法律适用问题解答(一)〉会议综述》(2015年3月25日)第4条:"受害人多处伤残的,如何确定赔偿原则?与会代表一致认为,根据《道路交通事故受伤人员伤残评定》(GB 18667—2002),受害人多处伤残的,在最高伤残等级残疾赔偿金指数的基础上,每增加一处增加相应的赔偿附加指数。附加指数从一级至十级应当分别确定,但附加指数之和不超过10%,赔偿指数综合不超过100%。关于附加指数如何确定,与会代表提出了不同意见,第一种意见对附加指数从一级至十级分别确定为10%,9%,8%……1%;第二种意见对一至四级确定附加指数3%,对五、六级确定附加指数为2%,对七至十级确定附加指数为1%;第三种意见对一至五级确定附加指数为4%,对六至十级确定附加指数为2%。市高法院民一庭倾向于第一种意见。"安徽马鞍山中院《关于审理交通事故损害赔偿案件的指导意见(试行)》(2015年3月)第15条:"【残疾赔偿金】受害人因伤构成伤残,主张按照城镇居民标准和农村居民标准的总和折中计算残疾赔偿金的,不予支持。受害人构成两处以上伤残等级的,在最高伤残等级残疾赔偿金赔偿指数的基础上,每增加一处增加相应的赔偿附加指数。附加指数从一级至十级依次确定为10%,9%,8%,……,1%,但附加指数之和不超过10%。"河南三门峡中院《关于审理道路交通事故损害赔偿案件若干问题的指导意见(试行)》(2014年10月1日)第6条:"受害人因道路交通事故致残,一般按照受害人的伤残等级,由赔偿义务人按照相应比例支付被扶养人生活费与残疾赔偿金,一级伤残支付比例为100%,依次递减,十级伤残支付比例为10%。受害人构成多处伤残的,以最高伤残等级的赔偿指数为基础,每增加一处伤残所增加的赔偿比例,按所增加伤残的伤残赔偿指数的十分之一确定,累计增加的伤残赔偿指数最高不得超过10%;多处伤残等级赔偿最高不超过100%。受害人伤残等级较轻,但造成职业妨碍,严重影响其劳动就业的,可以对被扶养人生活费与残疾赔偿金作相应调整。"广东深圳中院《关于道路交通事故损害赔偿纠纷案件的裁判指引》(2014年8月14日 深中法发〔2014〕3号)第25条:"受害人构成多处伤残,增加一处伤残所增加的赔偿比例,按所增加伤残的伤残赔偿指数的十分之一确定。如,受害人构成一个八级伤残、二个九级伤残、一个十级伤残,则其中的伤残赔偿附加指数为0.02(即九级伤残赔偿指数0.2的十分之一)和0.01(即十级伤残赔偿指数0.1的十分之一),总的伤残赔偿指数为0.35(0.3+0.02×2+0.01)。"安徽高院《关于审理道路交通事故损害赔偿纠纷案件若干问题的指导意见》(2014年1月1日 皖高法〔2013〕487号)第28条:"受害人构成两处以上伤残等级的,在最高伤残等级残疾赔偿金赔偿指数的基础上,每增加一处增加相应的赔偿附加指数。附加指数从一级至十级分别确定为10%,9%,8%……1%,但附加指数之和不超过10%,赔偿指数总和不超过100%。"浙江高院民一庭《关于印发〈关于人身损害赔偿费用项目有关问题的解答〉的通知》(2013年12月27日 浙高法民一〔2013〕5号)第7条:"受害人因侵权行为导致多处损害并构成不同伤残等级的,如何确定残疾赔偿附加指数?答:赔偿权利人多处伤残且伤残等级不同的,残疾赔偿附加指数按以下方式确定:以最高伤残等级的赔偿比例为基数,属二级至五级的,每增加一处,增加附加指数4%;属六级至十级的,每增加一处,增加附加指数2%。存在一级伤残时,其它等级被吸收,不再计算伤残赔偿附加指数。附加指数合计不超过10%,赔偿指数合计不超过100%。"安徽滁州中院《关于审理道路交通事故损害赔偿案件座谈会纪要》(2013年8月2日)第17条:"受害人构成多处伤残的,以最高伤残等级的赔偿指数为基数,每增加一处伤残的赔偿比例,按所增加伤残的残疾赔偿指数的十分之一确定,即最高伤残等级的赔偿指数+伤残赔偿附加指数(一级伤残10%、二级伤残9%、……十级伤残1%)累计增加的伤残赔偿附加指数最高不得超过10%;多处伤残等级赔偿最高不超过100%。"贵州贵阳中院《关于适用〈中华人民共和国侵权责任法〉若干问题的解答》(2013年3月13日 筑中法发〔2013〕32号)第1部分第3条:"关于多等级伤残的残疾赔偿金应如何计算?答:可以评定的最高伤残等级赔偿系数为基数,每增加一处按照伤残等级赔偿系数进行增加,如增加的一处为10级伤残,则增加赔偿系数为1%,如增加的一处为9级伤残,则增加赔偿系数为2%,以此类推;增加的赔偿系数合计不得超过10%;所有等级伤残累计最高赔偿系数合计不得超过100%。"上海高院民一庭《道路交通事故纠纷案件疑难问题研讨会会议纪要》(2011年12月31日)第16条:"多处伤残的等级计算。受害人有多处伤残的,对其的伤残等级应当叠加计算。但在计算时,其系数上限不得达到上一个级别的伤残等级。一般情况下,可以参照最高级别伤残系数+附加指数(大于等于0,小于等于10%,2、3、4、5级附加指数为每处4%,6、7、8、9、10级附加指数为每处2%,但累计小于等于10%)公式予以计算,但不宜直接在判决中出现计算公式。"浙江衢州中院《关于人身损害赔偿标准的研讨纪要》(2011年5月13日　衢中法〔2011〕56号)第3条:"……赔偿权利人多处伤残而且伤残等级不同的计算方法为,以最高伤残等级比例为基数,其他伤残等级二级至五级的每增加一处,增加附加指数4%,六级至十级的每增加一处,增加附加指数2%,存在一级伤残的其他等级被吸收,不再增加附加指数。附加指数合计不超过10%,赔偿指数合计不超过100%。"安徽宣城中院《关于审理道路交通事故赔偿案件若干问题的意见(试行)》(2011年4月)第46条:"……受害人构成多处伤残的,以最高伤残等级的赔偿指数为基础,每增加一处伤残所增加的赔偿比例,按所增加伤残的伤残赔偿指数的十分之一确定,累计增加的伤残赔偿指数最高不得超过10%;多处伤残等级赔偿最高不超过100%。"广东广州中院《民事审判若干问题的解答》(2010年)第二部分第7条:"人身损害赔偿案件中,当事人因事故造成两个或以上不同级别的伤残等级的,应如何计算赔偿比例?答:以最重的等级作为赔偿的主要依据,每增加一处伤残,则增加一定的比例,增加赔偿的比例之和不超过10%,伤残赔偿指数总和不超过100%,即最重的只能为1级伤残的赔偿额度。例如,一处8级,一处9级,则可定为7.6级,赔偿责任系数可定为34%。若还有一处9级,则可定为7.4级,赔偿责任系数相应为36%。除此之外无论还有几处轻于9级的伤残,伤残级别不得重于7级,赔偿责任系数则不得超过40%。"江苏南京中院民一庭《关于审理交通事故损害赔偿案件有关问题的指导意见》(2009年11月)第45条:"受害人在交通事故中多处受伤,鉴定机构认定其构成两处以上伤残等级,人民法院可在最高等级以上适当增加,增加幅度一般不超过一级。"安徽合肥中院民一庭《关于审理道路交通事故损害赔偿案件适用法律若干问题的指导意见》(2009年11月16日)第49条:"……受害人构成多处伤残的,以最高伤残等级的赔偿指数为基础,每增加一处伤残所增加的赔偿比例,按所增加伤残的伤残赔偿指数的十分之一确定,累计增加的伤残赔偿指数最高不得超过10%;多处伤残等级赔偿最高不超过100%。例:某受害人构成一处八级伤残、一处九级伤残、一处十级伤残,在计算残疾赔偿金时,应在最高伤残八级的赔偿指数30%基础上,提高一处九级伤残赔偿指数2%(即九级伤残赔偿指数20%的十分之一)和一处十级伤残赔偿指数1%(即十级伤残赔偿指数10%的十分之一),即该受害人残疾赔偿金的赔偿指数应为30%+2%+1%=33%。受害人因道路交通事故致残,但未影响其实际收入(如离退休人员等),或者伤残等级较轻,但造成职业妨碍,严重影响其劳动就业的,可以对被扶养人生活费与残疾赔偿金作相应调整。"江西九江中院《关于印发〈九江市中级人民法院关于审理道路交通事故人身损害赔偿案件若干问题的意见(试行)〉的通知》(2009年10月1日　九中法〔2009〕97号)第6条:"受害人在交通事故中多处受伤,鉴定机构认定其构成两处以上伤残等级,如果鉴定机构无法作出总的伤残等级,人民法院可按照《道路交通事故受伤人员伤残评定》中规定的多等级伤残的综合计算方法确定残疾赔偿金等。计算公式为:实际赔偿额=伤残赔偿总额×赔偿责任系数×(几个伤残等级最高处的伤残赔偿指数+……伤残赔偿附加指数n);其中伤残赔偿附加指数:二级伤残为10%,三级伤残为9%,四级伤残为8%,五级伤残为7%,六级伤残为6%,七级伤残为5%,八级伤残为4%,九级伤残为3%,十级伤残为2%。但最高赔偿比例不得超过100%。"江西景德镇中院《关于人身损害赔偿案件中有关赔偿项目、赔偿标准的指导意见》(2009年8月20日)第5条:"多处伤残赔偿金的确定。如果受害人被评定多处达到伤残等级,确定其残疾赔偿金时,以评定的最高伤残等级所对应的伤残赔偿系数为基数。每增加一处,伤残赔偿系数1~5级的提升4%,6~10级的提升2%。前述提升比例累计不能超过10%,合计伤残赔偿系数最高不能超过100%。"安徽蚌埠中院《关于审理人身损害赔偿案件若干问题的指导意见》(2009年7月2日)第8条:"关于两处以上伤残,确定残疾赔偿金比例问题。参照国家质量监督检验总局2002年12月1日发布施行的《道路交通事故受伤人员伤残评定》中的计算公式确定。对每增加一处伤残,按其伤残等级,从一级至十级,分别取附加指数10%,9%,8%,……,1%。但附加指数之和不超过10%,赔偿指数总和不超过100%。"辽宁高院《关于印发全省法院民事审判工作座谈会会议纪要的通知》(2009年6月1日 辽高法〔2009〕120号)第14条:"在人身损害赔偿纠纷案件中,如果受害人形成两处以上同等级伤残,可按上一等级伤残的标准确定赔偿数额。如果受害人形成两处以上同等级伤残,可参照国家质量监督检验检疫总局公布的《道路交通事故受伤人员伤残评定》(GB 18667-2002)附录B规定的多等级伤残的综合计算方法计算赔偿数额。"广东佛山中院《关于审理道路交通事故损害赔偿案件的指导意见》(2009年4月8日)第51条:"受害人因道路交通事故致残,一般按照受害人的伤残等级,由赔偿义务人按照相应比例支付被扶养人生活费与残疾赔偿金,一级伤残支付比例为100%,依次递减,十级伤残支付比例为10%。受害人多处伤残的,残疾赔偿金可以在其最高伤残等级赔偿标准上适当增加。他处伤残为二至五级,每增加1处,增加赔偿金五个百分点;他处伤残为六至十级的,每增加1处,增加赔偿金三个百分点;增加的赔偿金累计不得超过十个百分点。受害人因道路交通事故致残,但未影响其实际收入,或者伤残等级较轻,但造成职业妨碍,严重影响其劳动就业的,可以对被扶养人生活费与残疾赔偿金作相应调整。"福建泉州中院民一庭《全市法院民一庭庭长座谈会纪要》(泉中法民一〔2009〕05号)第33条:"受害人存在多个级别的伤残如何计算残疾赔偿金的问题。如一起交通事故中,受害人所受的伤经鉴定有的部位达到五级伤残,有的部位则分别达到八级、七级、六级等较低等级伤残,如何计算残疾赔偿金？答：根据《中华人民共和国国家标准道路交通事故受伤人员伤残评定》(中华人民共和国国家标准 GB 18667—2002)的附录 B - 多等级伤残的综合计算方法 B.1、B.2 规定的计算方式，当受害人存在多个级别的伤残等级时，其残疾赔偿金以其中最高的伤残等级的赔偿比例为基数(如最高伤残等级为五级的，其赔偿比例为 60%)，其他伤残等级每增加一处，增加的附加赔偿比例 0%—10%，几处伤残等级的赔偿比例累加后，计算总的伤残赔偿金。但所附加的几处伤残赔偿比例相加之和不得超过 10%，最高伤残等级的赔偿比例与附加赔偿比例的总和不得超过 100%。"吉林高院《关于印发〈关于审理人身损害赔偿案件若干问题的指导意见〉的通知》(2008 年 12 月 15 日　吉高法〔2008〕245 号)第 3 条："关于多等级伤残的赔偿计算方法的问题。参照国家质量监督检验检疫总局 2002 年发布的《道路交通事故受伤人员伤残评定》(GB 18667—2002)附录 b《多等级伤残的综合计算方法》的规定，确定多等级伤残的赔偿计算方法。如多个伤残等级中，有一个伤残等级是一级，则按 100% 计算残疾赔偿金，其他伤残等级的残疾赔偿金则不予支持；如多个伤残等级分别是 2—10 级，则以最重的伤残等级确定赔偿比例为基数，对于其他伤残，则按 10—8 级增加 1—5%，7—5 级增加 4—8%，4—2 级增加 7—9%，但增加的比例最高不超过 10%。"辽宁大连中院《当前民事审判(一庭)中一些具体问题的理解与认识》(2008 年 12 月 5 日　大中法〔2008〕17 号)第 24 条："对于受害人有多处伤残，经鉴定构成几个伤残，且伤残等级不同，如何计算伤残赔偿金？可在鉴定时要求鉴定部门作出综合评定。"浙江杭州中院《关于道路交通事故损害赔偿纠纷案件相关问题的处理意见》(2008 年 6 月 19 日)第 3 条："……(八)定残问题。多处伤残且伤残等级不同的，残疾赔偿金的计算标准问题。该问题在全国各地区尚未统一，杭州地区以往司法实践中也不尽一致。经会议讨论后，在相关法律或者司法解释尚未出台的情形下，现统一为：按照最高伤残等级的赔偿比例($I_h$)为基数，属二级至五级的，每增加一处，增加附加指数 4%；属六级至十级的，每增加一处，增加附加指数 2%。存在一级伤残时，其他等级被吸收，不再计算伤残赔偿附加指数。附加指数合计不超过 10%，赔偿指数合计不超过 100%。"重庆五中院《关于印发〈审理人身损害赔偿案件座谈会议纪要〉的通知》(2007 年 10 月 30 日　渝五中法〔2007〕91 号)第 27 条："计算多个伤残等级的赔偿费用时，多等级伤残的综合计算以最高一个伤残等级为基数，每多一处伤残增加 2% 的比例计算赔偿费用，但增加总额不应超过 10%。《交通事故受伤人员伤残评定》(GB 18667-2002)附录 B《多等级伤残的综合计算方法》明确规定了多个伤残等级计算赔偿费用的方法。"江西赣州中院《关于审理道路交通事故人身损害赔偿案件的指导性意见》(2006 年 6 月 9 日)第 41 条："……受害人多处伤残的，残疾者生活补助费可以在其最高伤残等级赔偿标准上适当增加。他处伤残为Ⅱ～Ⅴ级的，每增加 1

处,增加赔偿金五个百分点;他处伤残为Ⅵ~Ⅹ级的,每增加1处,增加赔偿金三个百分点;增加的赔偿金累计不得超过十个百分点,最高赔偿比例不得超过100%。"江苏常州中院《关于印发〈常州市中级人民法院关于审理交通事故损害赔偿案件若干问题的意见〉的通知》(2005年9月13日　常中法〔2005〕第67号)第16条:"受害人在交通事故中多处受伤,鉴定机构认定其构成两处以上伤残等级,人民法院应要求鉴定机构对其伤残等级进行综合评定作出总的伤残等级。鉴定机构如无法作出总的伤残等级,人民法院可分别情况确定伤残等级:即伤残等级不一致,可确定伤残等级中最高的;伤残等级相同,可在该等级基础上再加半级;如伤残等级中包含一级的,则应确定为一级。"第17条:"交通事故受害人要求以其伤残等级确定其残疾赔偿金的,其中伤残等级一级的按100%计算,二级的减少10%,其他依次类推。"

③**残疾鉴定程序及依据**。海南高院《关于印发〈海南省道路交通事故人身损害赔偿标准〉的通知》(2021年1月1日　琼高法〔2020〕325号)第2条:"……(十五)其他费用。受害人因本次交通事故申请司法鉴定支出的鉴定费,按照双方的过错比例进行分担。"内蒙古高院《关于道路交通事故损害赔偿案件赔偿项目审核认定标准汇编》(2022年1月1日)第9条:"残疾赔偿金……(2)受害人单方委托鉴定,保险公司或侵权人对伤残鉴定意见有异议的,可以申请重新鉴定。(3)涉及道路交通事故受伤人员精神伤残评定的,应委托具有法医精神病鉴定资质的司法鉴定人员担任。精神伤残的评定应当以事故直接所致的损伤或确因损伤所致的并发症治疗终结后进行,一般在脑外伤治疗终结的6个月后进行。如被评定人后遗精神异常主要表现为明显的精神病性症状等严重情形的,应在系统精神专科治疗后进行。对精神伤残评定,人民法院应当对鉴定人资质和评定时机进行审查,经审查认为需要启动重新鉴定程序的,人民法院应当向当事人释明。"第17条:"鉴定费。1.鉴定费按照鉴定机构出具的发票确定。2.为查明和确定事故性质、原因和损失程度所支付的必要鉴定费可作为损失认定,由受害人及侵权人根据各自的过错程度分担。"第18条:"评估费。评估费按照财产评估机构出具的发票确定。"江西宜春中院《关于印发〈审理机动车交通事故责任纠纷案件的指导意见〉的通知》(2020年9月1日　宜中法〔2020〕34号)第45条:"当事人对鉴定机构作出的鉴定意见有异议,申请重新鉴定的,要提供基本的证据和事实、理由,人民法院对其提供的证据和事实、理由,应依照最高人民法院《关于民事诉讼证据的若干规定》第四十条的规定进行审查,从严把握。二审法院认为需要重新鉴定,经审查符合鉴定条件的,裁定发回重审。但当事人均同意在二审委托鉴定并直接作出裁判的除外。经人民法院通知,鉴定人无民事诉讼法第七十三条规定的情形而拒不出庭作证的,鉴定意见不得作为认定事实的根据。"第46条:"涉及道路交通事故受伤人员伤残

评定的,应委托具有司法鉴定资质的鉴定机构及其鉴定人员担任。司法鉴定应符合国家对鉴定原则、鉴定资质、鉴定时机的规定。精神伤残的评定应当以事故直接所致的损伤或确因损伤所致的并发症治疗终结后进行,一般在脑外伤治疗终结的六个月后进行。如被评定人后遗精神异常主要表现为明显的精神病性症状等较严重情形的,应在进行系统精神专科治疗后进行。一般人体损害伤残的评定应当在临床效果稳定,医疗基本终结后进行。"安徽亳州中院《关于审理道路交通事故损害赔偿案件的裁判指引(试行)》(2020年4月1日)第15条:"鉴定费按照鉴定机构出具的发票所载金额予以确定,鉴定费属于赔偿义务人赔偿范围,投保有商业三者险的,由车辆保险公司在商业三者险保险责任限额内负担。重新鉴定的,赔偿权利人此前单方委托鉴定机构出具的鉴定意见未被采纳的,单方鉴定费用由赔偿权利人自行负担;部分未被采纳的,合理酌定各方应承担的比例;重新鉴定意见未被采纳的,重新鉴定费用由重新鉴定申请人负担。"辽宁沈阳中院《机动车交通事故责任纠纷案件审判实务问题解答》(2020年3月23日)第4条:"伤残等级鉴定时机选择如何把握？解答:交通事故伤者在治疗终结或康复期满后,方可进行伤残等级鉴定。针对伤者佩戴钢板等内置辅助器具的情形,一般应在伤者摘除内置辅助器具后启动伤残鉴定程序。如伤者经医疗机构医嘱确定其不需要摘除内置辅助器具的,其可以直接进行伤残等级鉴定,但交通事故赔偿责任主体不再赔偿后续摘除内置辅助器具发生的经济损失。理由:合理的伤残鉴定时机应该是以事故所致的损伤治疗终结为准。在审判实践中,多有伤者佩戴钢板等内固定物进行伤残等级鉴定,鉴定结论并未排除佩戴内固定物进行鉴定对鉴定结果的影响。对伤者在定残后,又提出取内固定物发生的诊疗费用诉讼主张同时予以支持,该种做法显然存在一定弊端,在一定程度上加重伤残等级、加大赔偿主体的赔偿责任,使一些在取出内固定物后不构成伤残的或较低伤残等级的伤者从中受益。"四川高院《关于印发〈四川省高级人民法院机动车交通事故责任纠纷案件审理指南〉的通知》(2019年9月20日 川高法〔2019〕215号)第3条:"【精神伤残评定】涉及道路交通事故受伤人员精神伤残评定的,应委托具备法医精神病鉴定资质的司法鉴定人担任。精神伤残的评定应当以事故直接所致的损伤或确因损伤所致的并发症治疗终结后进行,一般在脑外伤治疗终结的六个月后进行。如被评定人后遗精神异常主要表现为明显的精神病性症状等较严重情形的,应在进行系统精神专科治疗后进行。对精神伤残评定,人民法院应当对鉴定人资质和评定时机进行审查,经审查认为需要启动重新鉴定程序的,人民法院应当向当事人释明。"第4条:"【鉴定人出庭】如当事人对评定意见提出异议,涉及专门性问题或者人民法院认为鉴定人有必要出庭的,应当通知鉴定人出庭接受质询。经人民法院通知,鉴定人无民事诉讼法第七十三条规定的情形而拒不出庭作证的,评定意见不得作为认定事实的根据。人民法院应当根据鉴定人出庭的情况决定是否采信现有评定意见或者启动重新评定程序。"第5条:"【二审中重新鉴定】二审法院认为需要重新鉴定,经审查符合鉴定条件的,裁定发回重审,或者在二审程序中委托鉴定,查清事实后予以改判。"安徽黄山中院《关于印发〈黄山市中级人民法院关于审理道路交通事故损害赔偿纠纷案件相关事项的会议纪要(试行)〉的通知》(2019年9月2日 黄中法〔2019〕82号)第11条:"鉴定费:根据实际发生的鉴定费结合票据计算。1.由受害人申请鉴定而作出的鉴定意见被采信或未被重新鉴定的意见推翻的,按鉴定费票据支持鉴定费主张。2.该项费用由保险公司在交强险财产损失赔偿限额内先行赔付;对超过限额的部分,按商业三者险合同约定处理。"安徽阜阳中院《机动车交通事故责任纠纷案件裁判标准座谈会会议纪要》(2018年9月10日)第17条:"对鉴定机构出具的鉴定结论一般情况下予以采信,但存在明显不合理情形或重大瑕疵的可以不予采信。"第19条:"诉讼收费按照胜败诉情况由原被告分担,被告方应承但的部分原则上由侵权人承担。鉴定费由侵权人承担、但二次鉴定推翻第一次鉴定结论的,首次鉴定的费用由受害人承担,二次鉴定费由侵权人承担;部分改变的按照比例适当酌定。"江西上饶中院《关于机动车交通事故责任纠纷案件的指导意见(试行)》(2019年3月12日)第3条:"……(三)受害人向人民法院提交单方委托鉴定的司法鉴定报告,若其伤残等级为一级至八级的,侵权人或保险人对司法鉴定结论提出异议且申请重新鉴定的,一般应予准许。受害人伤残等级为九级、十级的,侵权人或保险人对司法鉴定结论提出异议且申请重新鉴定的,由人民法院审查决定是否准许。"北京高院、北京司法局《关于伤残评定问题研讨会会议纪要》(2018年8月20日 京高法发〔2018〕522号)第1条:"……(3)人民法院委托鉴定时,应当在委托函中写明鉴定事项包括评定受伤人员伤残等级和赔偿指数。受伤人员有一处伤残的,鉴定机构在鉴定报告中直接写明伤残等级和赔偿指数;受伤人员有多处伤残的,鉴定机构在鉴定报告中分别写明各处伤残的等级以及累计赔偿指数。(4)人民法院原则上应当依据鉴定机构评定的赔偿指数计算赔偿金额;确需调整赔偿指数的,应当在裁判文书中说明理由。"第2条:"关于新旧标准的适用。(1)侵权行为发生在2017年1月1日(不含)以前的,适用当时生效的伤残评定标准。(2)侵权行为发生在2017年1月1日(含)至2017年3月22日(含)之间的,道路交通事故人身损害赔偿类案件的伤残评定适用《道路交通事故受伤人员伤残评定》,其他人身损害赔偿类案件的伤残评定适用《人体损伤致残程度分级》。(3)侵权行为发生在2017年3月23日(含)之后的,全部人身损害赔偿类案件的伤残评定均适用《人体损伤致残程度分级》。(4)人民法院委托鉴定时,应当在委托函中写明案由及侵权行为发生时间;鉴定机构依据上述三条意见确定的标准进行鉴定,并在鉴定报告中写明所适用的标准。(5)对于本纪要印发前已经作出判决的案件,在二审或者再审程序中,不得以违背本纪要意见为由予以改判或者发回重审。"湖北鄂州中院《关于审理机动车交通事故责任纠纷案件的指导意见》(2018年7月6日)第15条:"当事人对鉴定机构作出的鉴定意见有异议,申请重新鉴定的,人民法院依据《最高人民法院关于民事诉讼证据的若干规定》第二十七条、第二十九条规定对鉴定意见有异议的部分进行审理,从严把握,不应随意启动重新鉴定程序。"湖北十堰中院《印发〈关于进一步规范机动车交通事故责任纠纷案件审理工作的意见〉的通知》(2018年6月28日 十中法〔2018〕79号,2020年7月10日废止)第11条:"当事人申请对伤残等级、护理期限进行鉴定的,应当提交真实、完整、充分的鉴定材料。提交的鉴定材料不符合要求的,人民法院应当通知当事人更换或者补充相应材料。在委托鉴定前,人民法院应当组织当事人对鉴定材料进行质证。鉴定机构鉴定时如有必要,应通知赔偿义务人参加。鉴定意见应当经当事人质证。当事人申请鉴定人出庭作证,经人民法院审查同意,或者人民法院认为鉴定人有必要出庭的,应当通知鉴定人出庭作证。双方当事人同意鉴定人通过书面说明、视听传输技术或者视听资料等方式作证的,可以准许。鉴定人因健康原因、自然灾害等不可抗力或者其他正当理由不能按期出庭的,可以延期开庭;经人民法院许可,也可以通过书面说明、视听传输技术或者视听资料等方式作证。无前款规定理由,鉴定人拒绝出庭作证,当事人对鉴定意见又不认可的,对该鉴定意见不予采信。当事人自行委托鉴定人作出的鉴定意见,其他当事人认可的,可予采信。当事人共同委托鉴定人作出的鉴定意见,一方当事人不认可的,应当提出明确的异议内容和理由。经审查,有证据足以证明异议成立的,对鉴定意见不予采信;异议不成立的,应予采信。"河北唐山中院《关于审理机动车交通事故责任纠纷、保险合同纠纷案件的指导意见(试行)》(2018年3月1日)第22条:"〔鉴定人出庭〕当事人对鉴定意见有异议或者法院认为鉴定人有必要出庭的,严格按照《中华人民共和国民事诉讼法》第七十八条的规定,由法院通知鉴定人出庭。鉴定机构的鉴定人未出庭的,鉴定意见不得作为认定事实的依据。鉴定人员出庭的相关交通、住宿等必要费用,按照机关事业单位工作人员差旅费用和补贴标准计算,由申请人预付,败诉方承担。"陕西榆林中院《人身损害赔偿标准调研座谈会会议纪要》(2018年1月3日)第14条:"申请法院委托鉴定,鉴定机构存在的诸多问题。问题:1.通过法院对外委托鉴定,鉴定机构做出鉴定意见不给出具发票,收费标准不统一;2.当事人要求鉴定人出庭接受质询,鉴定人要求高额的出庭费;3.一方当事人申请鉴定,选定鉴定机构、鉴定人时,不通知另一方当事人协商确定;4.当事人申请法院委托鉴定,部分区县法院,不直接委托鉴定,而是通过中院司法技术室对外委托,延迟了案件的审理期限;5.当事人、律师事务所、交警部门、法律援助机构委托的鉴定,在诉讼过程中,对方对鉴定的结果不服,申请重新鉴定,法官不审查证据直接决定是否同意。解决:针对问题

1,法院可向鉴定机构的主管机关发出司法建议书,要求鉴定机构严格按照物价部门核定的收费标准收费,并且必须出具正式发票。针对问题2,法院向鉴定机构提出,确因特殊原因无法出庭,要求其书面解答当事人的疑问。法院可向鉴定机构的主管机关发出司法建议书,要求规范出庭的收费标准。针对问题3,只要另一方当事人提出异议,法院可以程序违法,重新委托鉴定机构。针对问题4,严格执行《最高人民法院关于人民法院对外委托司法鉴定管理规定》第2条:'人民法院司法鉴定机构负责统一对外委托和组织司法鉴定。未设司法鉴定机构的人民法院,可在司法行政管理部门配备专职司法鉴定人员,并由司法行政管理部门代行对外委托司法鉴定的职责。'规定,审理案件的法院,摒弃委托中院司法技术室对外委托司法鉴定的做法,直接组织双方当事人协商确定具备资格的鉴定人,协商不成的,法院指定。针对问题5,《关于民事诉讼证据的若干规定》第28条规定,对方有证据足以反驳并申请重新鉴定的,法院才应准许,对于'有证据足以反驳'法官应当参照该规定第27条从严审查,决定是否准许重新鉴定。"安徽淮北中院《关于审理道路交通事故损害赔偿案件若干问题的会议纪要》(2018年)第3条:"其他需要规范的法律问题。(一)受害人体内固定未取出的伤残鉴定问题。受害人体内固定未取出,单方委托鉴定机构作出的该部位功能性损伤伤残鉴定,如果赔偿义务人对伤残鉴定的时机和等级提出异议,人民法院对其伤残损失不予支持,可告知受害人在行内固定取出术治疗终结,鉴定时机成熟后另行主张,但符合以下情形的,人民法院向赔偿义务人释明可申请重新鉴定:1.有三级甲等以上医院的证明载明内固定无需取出或不宜取出的;2.受害人已年满70周岁且明确表示不愿取出的。"四川成都中院《关于印发〈机动车交通事故责任纠纷案件审理指南(试行)〉的通知》(2017年7月5日 成中法发〔2017〕116号)第3条:"涉及精神类的伤残等级鉴定,应委托具备法医精神病司法鉴定资质的鉴定机构实施。颅脑损伤的精神类鉴定应当在治疗终结的六个月后进行,重型颅脑损伤的精神类鉴定应当在治疗终结的九个月后进行。对于鉴定意见是否符合前两款规定,法院应依职权进行审查,经审查认为需要启动重新鉴定程序的,法院应当进行释明。"第4条:"如当事人对鉴定意见提出的异议涉及专门性问题或者法院认为鉴定人有必要出庭的,应当通知鉴定人出庭接受质询。经法院通知,鉴定人无民事诉讼法第七十三条规定的情形而拒不出庭作证的,鉴定意见可以不作为认定事实的根据。法院根据鉴定人出庭的情况决定是否采信现有鉴定意见或启动重新鉴定程序。"第5条:"二审法院认为需要重新鉴定,经审查符合鉴定条件的,应当发回重审。但当事人均同意在二审委托鉴定并直接作出处理的除外。"江苏盐城中院《关于适用〈人体损伤致残程度分级〉有关问题的通知》(2017年3月6日 盐中法电〔2017〕45号)第1条:"损伤发生在2017年1月1日之后的人身损害致残程度鉴定一律适用《人体损伤致残程度分级》标准。"

第 2 条:"损伤发生在 2017 年 1 月 1 日前,人身损害致残程度鉴定时间在 2017 年 1 月 1 日后,原则上适用原标准鉴定。"第 3 条:"民事案件审理中需要对人体损伤致残程度进行鉴定的,人民法院委托鉴定机构时应明确向受托鉴定提出鉴定适用的标准。"江西景德镇中院《关于印发〈关于审理人身损害赔偿案件若干问题的指导意见〉的通知》(2017 年 3 月 1 日　景中法〔2017〕11 号)第 1 条:"'三期'鉴定意见的认定。(一)一般情况下,不采信'三期'鉴定意见。对误工期、营养期、护理期的认定,按照受害人伤情和住院治疗情况并结合医疗机构的意见确定。(二)下列情况下,法院可结合案情并参照'三期'鉴定意见合理确定误工期、营养期、护理期:(1)住院天数与伤情明显不符;(2)存在挂床行为;(3)其他特殊情形。"第 2 条:"司法鉴定意见系民事诉讼证据之一,对于司法鉴定机构依法作出的过错参与度比例鉴定意见,如诉讼双方均不持异议,可直接适用;若有一方提出异议,但该异议不成立,可直接适用鉴定意见;若异议成立的,可告知其申请重新鉴定,不申请的,可将鉴定意见作为认定案件事实、计算相关赔偿的参考,并根据案件情况酌情加以调整,但不能出现颠覆性调整,有相反证据足以推翻的情况除外。"第 3 条:"重新鉴定责任的认定。在诉讼过程中被告方申请重新鉴定,法院经审查认为符合鉴定条件而原告方不同意重新鉴定的,则应通过笔录等形式明确告知原告方不重新鉴定应承担的法律后果,如原告方坚持不同意重新鉴定,则对与鉴定有关的诉讼主张不予支持。对于鉴定意见直接涉及认定受害人伤情与侵权行为之间是否存在因果关系的,可驳回原告方的诉讼请求。如果原告方在诉讼过程中申请重新鉴定,被告方不同意,也应通过笔录等形式明确告知被告方不重新鉴定的法律后果。"江苏徐州中院《关于印发〈民事审判实务问答汇编(五)〉的通知》(2016 年 6 月 13 日)第 3 条:"……(3)对诉讼前出现的鉴定意见应如何处理？答:在当事人纠纷处理过程中,有些当事人个人或律师事务所委托有关鉴定机构对受害人进行了伤残鉴定或对车损进行了评估,如果有关鉴定机构或者评估部门有相应资质,且双方当事人在鉴定时均不持异议的,一方当事人在诉讼中无相反证据足以反驳的,其申请重新鉴定或者评估的请求一般不予准许。但遗漏重要证据或对关键证据未予质证、受害人未治疗终结或有其他需要重新鉴定情形的,一方当事人在诉讼中要求重新鉴定或者评估的,应予准许。"浙江宁波中院《关于涉外商事审判若干疑难问题的解答(二)》(2015 年 5 月 19 日)第 10 条:"法院可依职权启动鉴定的专门性问题如何界定？答:《中华人民共和国民事诉讼法》第七十六条第二款规定:'当事人未申请鉴定,人民法院对专门性问题认为需要鉴定的,应当委托具备资格的鉴定人进行鉴定。'但法院应慎重适用依职权启动鉴定程序规定,即司法鉴定原则上仍应基于一方当事人的申请而启动。现阶段依职权启动鉴定的范围可参照《最高人民法院关于民事诉讼证据的若干规定》第十五条关于法院依职权调查取证的规定,限定为

'涉及可能有损国家利益、社会公共利益或者他人合法权益的事实及涉及依职权追加当事人、中止诉讼、终结诉讼、回避等与实体争议无关的程序事项'。除此之外的相关事实应由当事人负举证责任,该方当事人未申请鉴定而导致事实难以查明的,应对此承担不利后果。"江西南昌中院《机动车交通事故责任纠纷案件指引》(2015年4月30日 洪中法〔2015〕45号)第1条:"……单方委托鉴定随时重新鉴定原则。即:受害人单方委托的司法鉴定,保险公司有异议的即可申请重新鉴定,法院一般予以准许。【注意事项】:就单方鉴定问题,法院赋予保险公司无限重新鉴定权利,但今后受害人也可能在诉讼过程中直接申请法院委托鉴定,而就法院委托的司法鉴定,如果保险公司有异议是不能随意申请重新鉴定的,即不适用本条。"重庆高院民一庭《民一庭高、中两级法院审判长联席会议〈机动车交通事故责任纠纷中的法律适用问题解答(一)〉会议综述》(2015年3月25日)第1条:"受害人已诉前单方委托或公安机关交通管理部门已经委托鉴定机构进行鉴定并作出鉴定意见的,侵权人或保险公司在诉讼中以未参与鉴定过程、鉴定材料不真实等为由申请重新鉴定的,人民法院如何处理?与会代表一致认为,受害人诉前单方委托和公安机关交通管理部门委托鉴定并作出的鉴定意见的证明力是不同的,人民法院在采信该类证据时应当有所区别。根据最高人民法院《关于民事诉讼证据若干问题的规定》第二十八条规定:'一方当事人自行委托有关部门作出的鉴定结论,另一方当事人有证据足以反驳并申请重新鉴定的,人民法院应予准许',对于受害人诉前单方委托专门机构进行鉴定并作出意见的,侵权人或保险公司在诉讼中申请重新鉴定的,人民法院一般应当允许。公安机关交通管理部门、高速公路执法部门系国家机关或其授权单位,其在行使相应职权的过程中依法委托鉴定机构进行鉴定并作出的鉴定意见,具有较高的证明力,原则上应当采信,一般不予重新鉴定。但具有下列情形之一的,人民法院应予准许重新鉴定:(一)公安机关交通管理部门在委托鉴定时未通知侵权人或保险公司参加鉴定的;(二)鉴定机构或鉴定人员不具备相关的鉴定资格的;(三)鉴定程序严重违法的;(四)鉴定结论明显依据不足的;(五)经过质证认定不能作为证据使用的其他情形。"第3条:"针对同一部位存在两个以上的伤残鉴定意见的,如何确定'定残日'?一些代表认为,在第一次鉴定意见作出之日伤残事实就已经确定,第二次鉴定意见仅仅是对伤残程度进行重新认定,并非是对残与非残的认定,故应以第一次鉴定意见作出之日作为确定'定残日'的标准。另一些代表认为,若第二次鉴定意见未改变第一次鉴定意见结论的,应当以第一次鉴定意见作出之日作为确定'定残日'的标准;若第二次鉴定意见改变了第一次鉴定意见结论的,应当以第二次鉴定意见作出之日作为确定'定残日'的标准。市高法院民一庭认为,启动第二次鉴定之时,第一次鉴定意见已经失效,故此时不存在'定残日'。第二次鉴定意见作出之时,'定残日'重新被明确。故针对同一事故、同一部位存在两个以上伤残鉴定意见的,应当以最终被采信的伤残鉴定意见作出之日作为'定残日'。"安徽马鞍山中院《关于审理交通事故损害赔偿案件的指导意见(试行)》(2015年3月)第2条:"【伤残鉴定程序的启动】受害人因发生交通事故造成的损伤需要进行伤残等级鉴定的,人民法院在办理案件立案登记手续时,应告知当事人提交书面鉴定申请及病历、X光片、诊断证明等相关鉴定材料,由人民法院统一对外委托鉴定。赔偿义务人对由受害人单方委托鉴定机构出具的鉴定意见书持有异议,并提交书面申请要求重新鉴定的,应予准许。"河北承德中院《2015年民事审判工作会议纪要》(2015年)第40条:"关于伤残鉴定问题。当事人对伤残鉴定有异议的,诉讼中申请重新鉴定,要严格审查是否符合重新鉴定的法定条件,为了保护受害者,避免诉讼拖延,以不准许重新鉴定为原则。如经审查确认存在与实际伤情差异较大,要经合议庭研究,主管院长批准方可进行重新鉴定。承德市公安局作出的法医学人体伤残程度鉴定,以后不再采纳,因其不具备鉴定资格,不在国家司法鉴定机构的名册之列。当事人因交通事故致残的,在治疗终结后,应当由具有资格的伤残鉴定机构评定伤残等级。伤残鉴定应在治疗终结后三个月内进行,但若伤情已稳定可以提前根据医疗机构的建议向有资格的伤残鉴定机构评定伤残等级。需要二次手术取出内固定物的,要在二次手术出院后算治疗终结。"河南三门峡中院《关于审理道路交通事故损害赔偿案件若干问题的指导意见(试行)》(2014年10月1日)第15条:"受害人单方委托的伤残等级、护理期限、误工期限、后续治疗费用等鉴定意见,不能以单方委托为由不予采信,但存在下列情形之一的,应予重新鉴定:(1)鉴定机构或者鉴定人员不具备相关的鉴定资格的;(2)鉴定程序严重违法的;(3)鉴定结论明显依据不足的;(4)经过质证认定不能作为证据使用的其他情形。"第18条:"交通事故赔偿中'上一年度'的起算点,应为原一审庭审辩论终结时。"第19条:"交通事故伤残评定标准应依据公安部发布的《道路交通事故受伤人员伤残评定》,其他标准不再适用。"第21条:"【鉴定费】受害人起诉前单方委托鉴定机构出具的伤残等级鉴定意见,赔偿义务人不持异议的,鉴定费由保险公司在交强险责任限额内承担。保险公司或其他赔偿义务人申请重新鉴定,原鉴定意见被推翻的,受害人单方委托发生的鉴定费由受害人自行承担,重新鉴定发生的费用保险公司在交强险责任限额内承担,经重新鉴定原鉴定结论被维持的,受害人单方委托发生的鉴定费由申请重新鉴定的当事人承担。由人民法院统一对外委托鉴定,鉴定意见被采信的,鉴定费由保险公司在交强险责任限额内承担。受害人起诉前单方委托鉴定误工期、护理期、营养期残疾辅助器具配置标准,鉴定意见被采信的,鉴定费由侵权责任人承担;鉴定意见未被采信的,鉴定费由受害人自行承担。人民法院委托鉴定上述项目发生的费用,根据案件实际情况确定承担主体及数额。"第22条:"【诉讼费】交通事故损害赔偿案件的诉讼费按下列原则承担:(1)交强险赔偿数额部分的相应诉讼费,由保险公司承担;(2)超出交强险责任限额赔偿数额部分的相应诉讼费由侵权责任人承担;商业第三者责任险合同对诉讼费的承担有约定的,按照约定承担;(3)受害方诉讼请求过高,未获支持部分的相应诉讼费,由受害方承担。"广东深圳中院《关于道路交通事故损害赔偿纠纷案件的裁判指引》(2014年8月14日 深中法发〔2014〕3号)第18条:"误工时间根据受害人接受治疗的医疗机构出具的证明确定。赔偿权利人主张误工时间计算至定残日前一天的,应提供由医疗机构出具的持续治疗且休息的证明。"第19条:"受害人一直未作伤残等级鉴定而持续治疗的,赔偿权利人主张因伤持续治疗的费用的,赔偿义务人如对持续治疗存在异议,应由赔偿义务人申请鉴定因伤治疗是否终结。"湖南长沙中院民一庭《关于长沙市法院机动车交通事故责任纠纷案件审判疑难问题座谈会纪要》(2014年7月23日)第5条:"伤残等级的鉴定标准,应如何确定? 在人身损害侵权赔偿案件中,目前主要的评残标准有:一是公安部发布2002年12月1日实施的《道路交通事故受伤人员伤残评定》(GB 18667—2002);二是劳动和社会保障部、卫生部提出2007-05-01实施的《劳动能力鉴定职工工伤与职业病致残程度鉴定》(GB/T 16180—2006);三是最高院《人体损伤残疾程度鉴定标准(试行)》。最高人民法院《关于审理刑事案件中涉及人体损伤残疾程度鉴定如何适用鉴定标准问题的请示的批复的通知》(〔2010〕刑他字第43号)中对北京市高级人民法院明确批复:对于你市法院审理刑事案件中涉及人体损伤残疾程度的鉴定标准,在新的国家统一标准出台之前,除职工工伤与职业病致残程度鉴定、道路交通事故受伤人员伤残评定等有国家标准的鉴定外,其他情况下可由你院酌情确定统一适用的鉴定标准。由此可知,工伤和职业病、道路交通事故导致的人体损伤残疾程度的鉴定标准应适用职工工伤与职业病致残程度鉴定、道路交通事故受伤人员伤残评定等国家标准,其他情况可各地高院酌情确定鉴定标准。湖南省高院于2003年3月7日下发的湘高法〔2003〕27号文件《关于确定人身损害伤残程度评定标准的通知》明确规定人身损害案件中的伤残评定,统一适用国家《职工工伤与职业病致残程度鉴定》标准。综上:①机动车交通事故致人身损害的,适用《道路交通事故受伤人员伤残评定》(GB 18667—2002)为评残标准;②除机动车交通事故之外致人身损害的,包括工伤和职业病、医疗损害责任、一般人身损害等均适用《职工工伤与职业病致残程度鉴定》(GB/T 16180—2006)。"第8条:"在已有一份鉴定结论的情况下,对于重新鉴定的申请如何处理? 根据《最高人民法院关于民事诉讼证据的若干规定》二十七条:'当事人对人民法院委托的鉴定部门作出的鉴定结论有异议申请重新鉴定,提出证据证明存在下列情形之一的,人民法院应予准许:(一)鉴定机构或者鉴定人员不具备相关的鉴定资格的;(二)鉴定程序严重违法的;(三)鉴定结论明显依据不足的;(四)经过质证认定不能作为证据使用的其他情形。对有缺陷的鉴定结论,可以通过补充鉴定、重新质证或者补充质证等方法解决的,不予重新鉴定。'第二十八条:'一方当事人自行委托有关部门作出的鉴定结论另一方当事人有证据足以反驳并申请重新鉴定的,人民法院应予准许。'因此,一个案件原则上只做一次鉴定,对于保险公司或其他当事人重新鉴定的申请,符合上述法定情形,且提供相应证据予以证明的,准许重新鉴定;对于没有明确依据且未提供证据反驳原鉴定结论的,不予准许重新鉴定。"安徽高院《关于审理道路交通事故损害赔偿纠纷案件若干问题的指导意见》(2014年1月1日 皖高法〔2013〕487号)第6条:"受害人单方委托的伤残等级、护理期限、误工期限、后续治理费用等鉴定意见,不能以单方委托为由不予采信,但存在《最高人民法院关于民事诉讼证据的若干规定》第二十七条第一款规定情形之一的,应予重新鉴定。"广东佛山中院《关于伤残等级鉴定标准适用的函》(2013年8月13日):"……为保证我市法院法医类鉴定委托工作的规范统一,经请示广东省高级人民法院,确定对伤残等级的鉴定标准一律适用中国人民共和国国家标准(GB 18667—2002),广东省司法鉴定协会的《关于印发法医临床、法医精神病、文书鉴定等6项行业指引的通知》(粤鉴协指〔2012〕2号)不再适用,凡在我院入册的鉴定机构均依照执行。"贵州贵阳中院《关于适用〈中华人民共和国侵权责任法〉若干问题的解答》(2013年3月13日 筑中法发〔2013〕32号)第1部分第2条:"对因侵权造成损害当事人进行伤残等级鉴定应采用何种标准?答:目前就伤残等级鉴定国家技术监督局发布有《劳动能力鉴定 职工工伤与职业病残疾等级》、《道路交通事故受伤人员伤残评定》两个标准,若审理中当事人对采用的伤残等级评定标准提出异议,工伤应按《劳动能力鉴定 职工工伤与职业病残疾等级》标准定残,非工伤的其他人身损害赔偿案件中应参照《道路交通事故受伤人员伤残评定》标准定残。如在非工伤案件中采用了《劳动能力鉴定 职工工伤与职业病残疾等级》进行鉴定,在当事人未提出异议的情况下,法院不宜主动释明,但在确定各自责任份额的大小时应充分考虑此因素。由法院委托进行伤残等级鉴定的,应在委托鉴定函中载明应采用的鉴定标准。"浙江杭州中院民一庭《关于道路交通事故责任纠纷案件相关疑难问题解答》(2012年12月17日)第3条:"……文审的启动程序和效力认定问题。答:首先,进一步明确和规范人损损害赔偿纠纷案件中可进行文审的项目范围:伤残程度评定,医疗费合理性评定,后期医疗费评定,医疗护理依赖程度评定,治疗时限评定,营养时限,误工时限,护理时限。其中,伤残程度评定的确定应以鉴定结论为依据,故对残疾等级的文审应建立在当事人对既有鉴定结论不服的基础上,如果文审结论和鉴定结论不同的,除双方当事人一致认可外,不应以文审结论直接作为裁判依据,法院应释明当事人申请重新鉴定,即对伤残等级的文审结论仅是法院作为是否采信鉴定结论以及是否需要重新启动鉴定程序的参考。其次,文审仅仅是法院内部专业机构或人员对证据的审核,文审的启动只能由法院依职权启动,文审结论仅是法院裁判的参考,不能作为证据使用,法院可以参考文审结论进行裁判或决定启动鉴定程序。第三,文审材料务必装订于副卷。"浙江宁波中院《关于印发〈审理机动车交通事故责任纠纷案件疑难问题解答〉的通知》(2012年7月5日 甬中法〔2012〕24号)第9条:"司法鉴定机构对受害人的劳动能力作出的鉴定意见,人民法院可否采纳?答:应根据司法鉴定机构是否具有劳动能力鉴定的资质而定,具有相应资质的,法院可予采纳。"浙江宁波中院《关于印发〈民事审判若干问题解答(第三辑)〉的通知》(2011年5月11日 甬中法〔2011〕18号)第13条:"在审理人身损害赔偿案件中,当事人以受害人受伤情况好转、伤残等级有变化为由申请重新鉴定,是否应当准许?答:是否允许重新鉴定应当按照最高人民法院《关于民事诉讼证据的若干规定》第二十七条予以确定。如果仅以受害人损伤情况好转、伤残等级有变化为由申请重新鉴定,原则上应不予准许,因为这并不属于《关于民事诉讼证据的若干规定》第二十七条规定的几种情形,并且司法鉴定的对象是受害者身体的损伤程度,以便保全和固定证据,用于确定具体的赔偿数额。随着时间的推移,人的身体具有一定的自我恢复能力,而诉讼通常需要较长时间,如果再次鉴定的结论与当初所遭受的损害存在较大差异,那么许多这类案件都会面临着赔偿数额的不确定问题,不利于保护受害人的权益。但在实务中也应把握初次鉴定的时机,应当在受害人具备鉴定条件的情况下进行鉴定,如经医疗机构治疗终结,伤情已基本稳定。"第7条:"因旅游公司车辆发生交通事故,造成旅客受伤,当事人以旅游合同起诉,要求赔偿伤残赔偿金等,其伤残的鉴定标准,应该依据《人体损伤残疾程度鉴定标准(试行)》,还是《道路交通事故受伤人员伤残评定》的标准?答:2005年1月1日最高人民法院颁布施行的《人体损伤残疾程度鉴定标准(试行)》,对其适用范围作出了明确的规定,即'本标准适用于人民法院审理刑事、民事和行政案件中涉及的人体损伤残疾程度的鉴定。属于工伤与职业病和道路交通事故所致残疾程度的鉴定,不适用本标准',将因工伤与职业病和道路交通事故所致残疾程度的鉴定排除在适用范围之外。旅游公司车辆发生交通事故,造成旅客受伤,不管是以合同起诉还是以侵权起诉,致伤原因都是道路交通事故,因此应适用《道路交通事故受伤人员伤残评定标准》。"江苏高院《印发〈关于审理保险合同纠纷案件若干问题的讨论纪要〉的通知》(2011年1月12日 苏高法审委〔2011〕1号)第15条:""对于依照《道路交通事故受伤人员伤残评定》或者《职工工伤与职业病致残程度鉴定标准》相关标准评定的伤残级别与《人身保险残疾程度与保险金给付比例表》相一致的,保险人应当按照《人身保险残疾程度与保险金给付比例表》对应的赔付率赔付。对于依照《道路交通事故受伤人员伤残评定》或者《职工工伤与职业病致残程度鉴定标准》相关标准评定构成残疾而在《人身保险残疾程度与保险金给付比例表》中找不到对应等级的,保险人应当按照评定结论确定的残疾等级,对应《人身保险残疾程度与保险金给付比例表》中相应等级的赔付率赔付。对于依照《道路交通事故受伤人员伤残评定》或者《职工工伤与职业病致残程度鉴定标准》相关标准评定构成八至十级残疾的,保险人应当按照《人身保险残疾程度与保险金给付比例表》中的七级残疾标准赔付。江苏常州中院《关于道路交通事故损害赔偿案件的处理意见》(2010年10月13日 常中法〔2010〕104号)第6条:"伤残等级的鉴定结论问题。交通事故发生后,公安交巡警部门根据各方当事人共同申请,依法对事故造成的损害赔偿进行调解过程中,可提供具有相应资质的司法鉴定机构给各方当事人选择,司法鉴定机构对受害人的伤情作出鉴定后,当事人如无足以反驳的证据,一般应认定鉴定结论的效力。司法鉴定机构接受律师事务所等单位或其他组织的委托,对受害人的伤情进行鉴定后所作出的鉴定结论,另一方当事人有证据足以反驳并申请重新鉴定的,应予以准许;如另一方当事人未提供反驳的证据,仅对鉴定结论有异议,而申请重新鉴定的,应不予准许,但需通知鉴定人出庭接受当事人的质询或以书面方式答复当事人的质询。"福建福州中院民一庭《民事司法信箱回复:侵权责任法律适用若干问题专版》(2010年9月10日)第6条:"交通事故致残的当事人应当在什么时候提出伤残评定申请?答:当事人因交通事故致残的,应当在治疗终结后,由具有资质的伤残鉴定机构评定伤残等级。评定时机应以事故直接所致的损伤或确因损伤所致的并发症治疗终结为准。有的受害人病情未稳定,或未进行二次手术情况下,自行委托鉴定机构作出伤残等级评定;有的受害人在一次治疗终结或二次手术出院后,半年甚至一、两年才进行伤残等级鉴定,对伤残评定时机的程序设置,审判实践中标准不一。我们认为,在赔偿义务人对受害人申请鉴定时间提出异议时,确定一个相对合理申请鉴定期限是必要的。受害人一次治疗终结,无需进行二次手术并无特殊事由的,一般在三个月期限内提出鉴定申请较为合理,超出三个月才申请鉴定的,应由当事人就延后申请鉴定作出合理解释,无法作出合理解释的,误工费计算一般不超过出院后三个月;一次治疗未终结需二次手术的,在二次手术前已申请鉴定并作出伤残等级评定,赔偿义务人认为评定时机未成熟,不认可评定结果的,可以要求鉴定机构出具补充鉴定意见,就二次手术是否会对伤残等级鉴定结论产生影响作出说明,二次手术不影响伤残等级鉴定结果的,可以采纳该鉴定结论;影响鉴定结果的,对鉴定结论不宜采纳,以实际的误工时间来确定误工费,并告知其二次手术出院后尽早申请鉴定。误工期限计算至定残日前一天的前提是构成'持续误工',而是否构成'持续误工',应根据案件情况具体分析。特殊病情的结合实际情况确定申请鉴定的合理期限。"安徽合肥中院民一庭《关于审理道路交通事故损害赔偿案件适用法律若干问题的指导意见》(2009年11月16日)第48条:"受害人因道路交通事故致残,评残标准应以《道路交通事故受伤人员伤残评定》规定的标准为依据。"山东临沂中院《**民事审判工作座谈会纪要**》(2009年11月10日 临中法〔2009〕109号)第1条:"除道路交通事故、医疗事故、工伤事故有明确的鉴定标准以外,对于雇员受害赔偿纠纷案件,经省高院批示,伤残等级参照《职工工伤与职业病致残程度鉴定》标准确定,其他一般人身损害赔偿案件,伤残等级参照《道路交通事故受伤人员伤残评定标准》确定。未按上述鉴定标准进行鉴定,当事人对鉴定结论提出异议并在规定期限内交纳鉴定费的,应准予重新鉴定。关于医疗事故的伤残鉴定,因卫生部《医疗事故分级标准(试行)》《卫生部令第32号,2002年9月1日施行》已根据医疗事故等级对应的伤残等级作出明确规定,该规章与相关法律法规并不冲突,故在医学会已经作出医疗事故等级鉴定的情况下,不应再通过司法鉴定机构单独作出伤残等级鉴定,而应直接依据卫生部的上述规定确定患者的伤残等级……关于残疾器具的配备标准问题。司法实践中,残疾器具的配备一直存在合理费用难确定的问题,山东省劳动和社会保障厅于2008年3月4日制定下发了鲁劳社〔2008〕13号《山东省工伤职工辅助器具配置管理暂行办法》,该文件规定的费用标准符合最高法院的相关规定,不论何种原因致残,需配制器具的,其费用标准可参照该规定执行。"内蒙古兴安盟中院《**关于人身损害赔偿案件伤残鉴定如何适用鉴定标准的通知**》(2009年10月14日)第4条:"在审判实践中,一定要坚持:以《交通标准》评残的,比照交通事故赔偿标准给予赔偿;以《工伤标准》评残的,比照《工伤保险条例》给予赔偿。不允许以《工伤标准》评残,而比照交通事故赔偿标准给予赔偿。"辽宁高院《**关于印发全省法院民事审判工作座谈会会议纪要的通知**》(2009年6月1日 辽高法〔2009〕120号)第12条:"因道路交通事故造成的伤残,应当适用《道路交通事故受伤人员伤残评定》标准。因工伤事故造成的伤残,应适用于《职工工伤与职业病致残程度》标准。雇员在从事雇佣活动中造成的伤残,比照适用该标准。因医疗事故造成的伤残,应当适用《医疗事故分级标准(试行)》。因医疗过错造成的伤残,比照适用该标准。因其他原因造成的伤残,比照适用《道路交通事故受伤人员伤残评定》标准。"广东佛山中院《**关于审理道路交通事故损害赔偿案件的指导意见**》(2009年4月8日)第61条:"受害人因道路交通事故致残。其于诉讼前或诉讼过程中自行委托有关鉴定机构作出的鉴定结论,赔偿义务人或者保险公司有异议,并存在下列情形之一的,应准许赔偿义务人或者保险公司的重新鉴定申请。"福建泉州中院民一庭《**全市法院民一庭庭长座谈会纪要**》(泉中法民一〔2009〕05号)第22条:"被告对原告自行委托的伤残等级鉴定不服并申请重新鉴定的,是否支持? 答:根据最高人民法院《关于民事诉讼证据的若干规定》第二十八条"一方当事人自行委托有关部门作出的鉴定结论,另一方当事人有证据足以反驳并申请重新鉴定的,人民法院应予准许"的规定,被告对原告自行委托的伤残等级鉴定有异议并提供足以反驳的证据的,其申请重新鉴定应予准许,由法院统一委托鉴定。"辽宁大连中院《当前民事审判(一庭)中一些具体问题的理解与认识》(2008年12月5日 大中法〔2008〕17号)第20条:"所失利益的赔偿标准如何确定?(1)关于残疾赔偿金。按照《人身损害赔偿解释》第二十五条规定处理。注意:在实践中是以丧失劳动能力程度为准还是以伤残等级为准,该选择权在受害者,目前作法,可以向受害人释明,并根据其选择作出司法鉴定。若当事人选择丧失劳动能力程度进行鉴定,可由法院委托劳动行政部门进行该项鉴定。"重庆五中院《关于印发〈审理人身损害赔偿案件座谈会议纪要〉的通知》(2007年10月30日 渝五中法〔2007〕91号)第26条:"伤者评残应以医疗机构或医学鉴定部门确认的治疗终结为时间段。会议认为,伤残评定前后赔偿权利人所主张的各种赔偿项目会有所不同,确定伤残评定时机是双方当事人正确适用法律的前提。根据重庆市高级人民法院渝高法(2003)25号《重庆市高级法院关于适用〈交通事故受伤人员伤残评定〉(GB 18667—2002)的通知》的精神,公民受到伤害致残需进行伤残评定时,参照《交通事故受伤人员伤残评定》(GB 18667—2002)标准进行评定。该标准3.2规定:评定时机应以事故直接所致的损伤或确因损伤所致的并发症治疗终结为准。对治疗终结意见不一致时,可由办案机关组织有关专业人员进行鉴定,确定其是否治疗终结。该规定可在审理人身损害赔偿案件时参考。"上海高院民一庭《关于侵权损害赔偿标准若干问题的解答》(2006年12月21日 沪高法民一〔2006〕19号)第4条:"症状固定或医疗终结前受害人已进行的伤残等级鉴定,对方当事人提出异议的残疾赔偿金处理。根据伤残等级鉴定有关规定,残疾定性鉴定的时机,原则上应在症状固定后进行。但在症状固定或医疗终结之前,受害人已进行了伤残等级鉴定,对方当事人提出异议,有证据证明已定残疾等级可能发生变化的,残疾赔偿金可暂不处理。"贵州高院、省公安厅《关于处理道路交通事故案件若干问题的指导意见(一)》(2006年5月1日)第32条:"当事人因交通事故致残的,公安机关交通管理部门和人民法院应告知当事人在具备伤残评定条件时向具有资格的伤残鉴定机构申请评定伤残等级。人民法院在审理案件过程中,对伤残评定结果的审查,适用最高人民法院《关于民事诉讼证据的若干规定》有关鉴定结论的规定。"广东高院、省公安厅《关于〈道路交通安全法〉施行后处理道路交通事故案件若干问题的意见》(2004年12月17日 粤高法发〔2004〕34号)第26条:"当事人因交通事故致残的,公安交通管理部门和人民法院应告知当事人在具备伤残评定条件时向具有资格的伤残鉴定机构申请评定伤残等级。人民法院在审理案件过程中,对伤残评定结果的审查,适用最高人民法院《关于民事诉讼证据的若干规定》有关鉴定结论的规定。"广东高院、省公安厅《关于印发〈关于处理道路交通事故案件若干具体问题的补充意见〉的通知》(2001年2月24日 粤高法发〔2001〕6号 2021年1月1日起被粤高法

〔2020〕132号文废止)第12条:"公安交通管理部门作出的事故责任认定书、伤残评定书、调解书、处罚决定书等,均应分别送达车辆所有人、车辆实际支配人、车辆驾驶人、事故受损害人及死者家属。上述各方对公安交通管理部门所作的事故责任认定、伤残评定不服的,均可以自己的名义向上一级公安交通管理部门申请重新认(评)定。上一级公安交通管理部门决定重新评定伤残等级,伤残方无正当理由拒不前往交通事故伤残评定机构进行伤残重新评定,造成交通事故伤残评定机构无法作出伤残重新评定结论的,交通事故伤残评定机构可作出不能评定伤残等级的结论。"第16条:"当事人没有在治疗终结后15日内申请伤残评定,致使伤残者没有伤残等级评定结论,当事人此时持调解书或调解终结书向人民法院起诉的,人民法院应当受理。当事人能举证证明伤残是交通事故造成的,人民法院可根据当事人的请求委托有关机构进行评定;对造成伤残原因不能查明的,驳回当事人有关残疾赔偿的诉讼请求。没有收到伤残评定书的当事人在诉讼中要求对伤残进行重新评定的,人民法院经审查认为确有必要的,应当允许,并通知公安交通管理部门另行送达,当事人可在受送达后15日内申请重新评定伤残等级。"第17条:"人民法院在审理道路交通事故损害赔偿案件中,当事人对伤残等级评定提出异议,人民法院经审查认为公安交通管理部门的伤残评定结论确有不当,或者公安交通管理部门依据前述第12条作出不能评定伤残等级结论后当事人有异议的,可以委托有关机构另行评定,并通知原作出评定的公安交通管理部门伤残评定机构。"

④残疾辅助器具费。浙江高院《印发〈关于人身损害赔偿项目计算标准的指引〉的通知》(2022年8月24日 浙高法审〔2022〕2号)第15条:"残疾辅助器具价格一般按照国产普及型的配置标准确定,以能起到功能补偿作用为标准。更换周期参照配置机构意见确定。"第16条:"未成年受害人的残疾辅助器具赔偿期限一般计算至其成年后20年;成年受害人的残疾辅助器具赔偿期限一般按照残疾赔偿金计算期限计算。但受害人伤残等级高,且预期生存寿命不确定性大的,可以按照护理期限确定残疾辅助器具的赔偿期限。期满确需继续配置的,受害人可另行主张。"第17条:"残疾辅助器具费赔偿总额按照下列公式计算:(1)残疾辅助器具费赔偿总额=残疾辅助器具费+残疾辅助器具维修费;(2)残疾辅助器具费=残疾辅助器具价格×器具配置次数;(3)残疾辅助器具维修费(适用于义肢)=义肢价格×年维修费率×(赔偿年限-器具维修次数);(4)器具配置次数=赔偿年限÷器具使用年限(得出的商有余数时,更换次数为商的整数值+1)。"内蒙古高院《关于道路交通事故损害赔偿案件赔偿项目审核认定标准汇编》(2022年1月1日)第10条:"残疾辅助器具费。1.计算方法。残疾辅助器具费=器具价格(以普通适用型为标准)×器具数量×器具更换次数(赔偿年限÷器具使用年限)。2.相关证据。赔偿权利人应提供医院诊断证明、病历资料、购买发票、器具配制机构或司法

鉴定机构意见等证据证明佩戴辅助器具的必要性以及辅助器具的价格、更换周期等。3.说明。(1)器具数量、器具使用年限应以受害人的实际配制情况结合配制机构或者鉴定机构的意见确定。配制机构与鉴定机构意见不一致的,一般以鉴定意见为准。(2)赔偿年限应根据受害人的年龄、健康状况等因素,参考配制机构或鉴定机构的意见确定,但一次性赔偿的最长年限不超过二十年。一般情况下,一级伤残或者受害人七十五周岁以上的赔偿年限暂按五年计算,期满确需继续配制的,可另行主张。(3)赔偿义务人请求待器具达到更换年限后,以受害人实际更换器具产生的合理费用为准进行赔付的,应予支持。"海南高院《关于印发〈海南省道路交通事故人身损害赔偿标准〉的通知》(2021年1月1日 琼高法〔2020〕325号)第2条:"……残疾辅助器具费按照普通适用器具的合理费用标准计算。1.单证标准:配置残疾辅助器具的医学证明、司法鉴定书或有资质的残疾辅助器具配置机构出具的残疾用具证明(包括但不限于残疾器具的种类、型号、价格、使用年限、维护费用等内容),第一次使用的应提供购置发票。2.计算原则:残疾辅助器具配置原则上应以'普通适用型'为标准,残疾辅助器具的功能需与残疾部位功能一致。残疾辅助器具按照出险地国产普及型用具的市场价计算,具体参照《中国康复辅助器具基本产品指导价格目录》,进口器具差额部分需事故当事双方协商自行负担。一次性安装可终生使用的,原则上待实际安装后凭医学证明及费用票据按普通适用型核定。需周期性更换的,参照司法鉴定书或有资质的残疾辅助器具配置机构出具的残疾器具使用年限、维护费用等证明计算。"安徽亳州中院《关于审理道路交通事故损害赔偿案件的裁判指引(试行)》(2020年4月1日)第11条:"残疾辅助器具费更换周期、赔偿期限参照辅助器具配制机构的意见或司法鉴定机构的鉴定意见确定,最长计算至受害人75周岁。在医院治疗期间已经产生的换牙、补牙等费用属于医疗费用,经鉴定机构出具鉴定意见后的更换义齿费用属于残疾辅助器具费。"江西宜春中院《关于印发〈审理机动车交通事故责任纠纷案件的指导意见〉的通知》(2020年9月1日 宜中法〔2020〕34号)第35条:"残疾辅助器具费的赔偿期限根据受害者的年龄、健康状况等因素,参考配置机构或司法鉴定机构的意见确定,但最长不超过二十年。残疾辅助器具的配置费用按照普通国家适用器具的合理费用标准计算。受害人伤情有特殊需要的,可以参照辅助器具配置机构的意见确定相应的合理费用标准。残疾辅助器具需要更换的,配置机构或鉴定机构应明确载明残疾辅助器具的价格、更换周期、每次更换的费用等。主张总额在1000元以下的残疾辅助器具,人民法院可以根据医疗机构的治疗情况、发票原件、市场价格酌情认定。"四川高院《关于印发〈四川省高级人民法院机动车交通事故责任纠纷案件审理指南〉的通知》(2019年9月20日 川高法〔2019〕215号)第38条:"【残疾辅助器具费】残疾辅助器具费按照普通适用器具的合理费用标准计算。伤情有特殊需要的,可以参照辅助器具配制机构的意见确定相应的合理费用标准。辅助器具的更换周期和赔偿期限参照配制机构的意见确定。受害人因日常生活或者就业需要,安装假肢、矫形器、假眼、假牙及配置轮椅等必要辅助器具,其费用应当认定为残疾辅助器具费。受害人配制残疾辅助器具后,护理依赖程度应当结合配制残疾辅助器具后的生活自理情况重新确定。"安徽黄山中院《关于印发〈黄山市中级人民法院关于审理道路交通事故损害赔偿纠纷案件相关事项的会议纪要(试行)〉的通知》(2019年9月2日 黄中法〔2019〕82号)第14条:"残疾辅助器具费:按普通适用器具的合理费用标准计算。参照辅助器具配置机构的意见确定普通适用器具的合理费用标准、更换周期和赔偿期限加以确定,辅助器具配制机构未明确赔偿期限的,计算至75周岁,残疾辅助器具费存在争议的,可以委托鉴定机构鉴定。"浙江金华中院《人身损害赔偿细化参照标准》(2019年5月27日)第4条:"残疾辅助器具费:根据《最高人民法院关于审理人身损害赔偿案件适用法律若干问题的解释》第二十六条规定,残疾辅助器具费用按照普通适用器具的合理标准计算。据此,残疾辅助器具一般应参照国产普及型的配置标准确定,即以能起到功能补偿作用为标准,包括有助于恢复生活自理能力,有助于从事生产劳动,有助于恢复性、回归性社交等功能。人民法院可选择两家或两家以上残疾辅助器具配置机构进行咨询,综合考量当事人的承受能力、材料性质、功能等因素确定残疾辅助器具的价格标准。实行过程中可参照金华市中级人民法院《关于人身损害赔偿案件中如何确定受害人配置残疾辅助器具标准问题的座谈会纪要》执行。"安徽阜阳中院《机动车交通事故责任纠纷案件裁判标准座谈会会议纪要》(2018年9月10日)第10条:"残疾辅助性器具判决周期、长期护理依赖用判决期限按照受害人年龄、伤残等级、护理依赖程度、辅助性器具费用区分处理。对于年龄在60周岁以上、四级以上伤残、大部或全部护理依赖、辅助性器具费昂贵等情,5年为一个周期较为符合实际。牙齿修复费属于残疾辅助器具。"湖北十堰中院《印发〈关于进一步规范机动车交通事故责任纠纷案件审理工作的意见〉的通知》(2018年6月28日 十中法〔2018〕79号,2020年7月10日废止)第9条:"残疾辅助器具费的赔偿期限根据受害人年龄、健康等因素确定,原则上不超过二十年。超过确定年限后,赔偿权利人向人民法院起诉要求继续给付残疾辅助器具费用的,在查明权利人确需继续配置残疾辅助器具的,可根据赔偿权利人的年龄、健康等因素酌情支持一定年限的残疾辅助器具费。"山东日照中院《机动车交通事故责任纠纷赔偿标准参考意见》(2018年5月22日)第19条:"定期金的适用范围及赔偿年限。定期金方式仅适用于给付残疾赔偿金、被扶养人生活费、残疾辅助器具费三种情形,侵权人应当提出申请并提供担保,由人民法院根据其赔付能力决定是否适用。残疾赔偿金、被扶养人生活费、残疾辅助器具费的最长赔偿年限为20年。超过给付期限仍然生存的,可以再次主张。"陕西榆林中院《人身损害赔偿标准调研座谈会会议纪要》(2018年1月3日)第9条:"残疾辅助器具费。问题:残疾辅助器具是否需要,配置超标,购买豪华型的、进口的器具。解决:由受害人提供县级以上医院对需要残疾辅助器具的证明,残疾辅助器具的配置标准是'普通',费用依据陕西省民政部门指定的国产普及型器具的价格标准确定。"安徽淮北中院《关于审理道路交通事故损害赔偿案件若干问题的会议纪要》(2018年)第1条:"赔偿项目和标准……(七)残疾辅助器具费。残疾辅助器具费需提供器具配置机构意见或者司法鉴定意见,按照普通国产适用器具的合理费用确定。更换周期和赔偿期限参照器具配置机构意见或者司法鉴定意见,但赔偿期限最长计算至受害人75周岁。超过75周岁,如还存在更换周期,可在实际产生费用后再次起诉。"广东惠州中院《关于审理机动车交通事故责任纠纷案件的裁判指引》(2017年12月16日)第40条:"残疾辅助器具费。残疾辅助器具费参照司法鉴定机构的意见确定价格、更换周期和赔偿期限及相关衍生的费用;伤情有特殊需要的,即受害人伤情有异于常人,普通器具达不到安全性或者稳定性的要求,可以参照辅助器具配制机构的意见确定相应的合理费用标准及更换周期和赔偿期限。辅助器具配制机构意见与司法鉴定机构意见不一致的,一般以司法鉴定机构意见为准。"第41条:"赔偿年度标准的适用。《最高人民法院关于审理道路交通事故损害赔偿案件适用法律若干问题的解释》第三十五条规定了赔偿标准为一审法庭辩论终结时的上一统计年度,应解释为开庭辩论终结时由广东省高级人民法院发布的广东最新年度标准。发回重审的一审案件,仍应适用第一次开庭辩论终结时的年度标准。"湖北黄冈中院《关于审理机动车交通事故责任纠纷案件的指导意见(一)》(2017年10月1日)第25条:"[残疾辅助器具费的认定]残疾辅助器具费按照普通适用器具的合理费用标准计算。伤情有特殊需要的,可以参照辅助器具配制机构的意见确定相应的合理费用标准。残疾辅助器具的更换周期和赔偿期限参照配制机构的意见确定。残疾辅助器具费的赔偿期限根据受害人年龄、健康等因素确定,原则上不超过二十年。超过确定年限后,赔偿权利人向人民法院起诉要求继续给付残疾辅助器具费用的,在查明赔偿权利人确需继续配置辅助器具的情况下,可酌情支持给付一定年限的残疾辅助器具费。受害人为未成年人的,由于其未来成长年限较长,赔偿义务人主体可能会发生变化,可以结合侵权人的履行能力,按人均寿命一次性支持残疾辅助器具费。"海南海口中院《印发〈关于审理海口市道路交通事故人身损害赔偿案件若干问题的意见(试行)〉的通知》(2017年8月16日 海中法发〔2017〕78号)第2条:"……(十)残疾辅助器具费。按照普通适用器具的合理费用标准计算。1.单证标准:配置残疾辅助器具的医学证明、司法鉴定书或有资质的残疾辅助器具配置机构出具的残疾用具证明(包括但不限于残疾器具的种类、型号、价格、使用年限、维护费用等内容),第一次使用的应提供购置发票。2.计算原则:残疾辅助器具配置原则上应以'普通适用型'为标准,残疾辅助器具的功能需与残疾部位功能一致。残疾辅助器具按照出险地国产普及型用具的市场价计算,具体参照《中国康复辅助器具基本产品指导价格目录》,进口器具差额部分需事故当事双方协商自行负担。一次性安装可终生使用的,原则上待实际安装后凭医学证明及费用票据按普通适用型核定。需周期性更换的,参照司法鉴定书或有资质的残疾辅助器具配置机构出具的残疾器具使用年限、维护费用等证明计算。"四川成都中院《关于印发〈机动车交通事故责任纠纷案件审理指南(试行)〉的通知》(2017年7月5日 成中法发〔2017〕116号)第37条:"残疾辅助器具费应按照'普通适用'的标准确定。安装、更换假牙的费用应当认定为残疾辅助器具费。"江西景德镇中院《关于印发〈关于审理人身损害赔偿案件若干问题的指导意见〉的通知》(2017年3月1日 景中法〔2017〕11号)第19条:"残疾器具辅助费按照普通适用器具的合理费用标准计算。伤情有特殊需要及辅助器具的更换周期和赔偿期限,参照配制机构的意见确定相应的合理费用标准。赔偿义务人对辅助器具的配制提出异议并申请鉴定的,应委托具有相应资质的鉴定机构进行鉴定。"天津高院《关于印发〈机动车交通事故责任纠纷案件审理指南〉的通知》(2017年1月20日 津高法〔2017〕14号)第5条:"……(九)残疾生活辅助具费。(1)残疾生活辅助具费,是指因伤致残的受害人为辅助残疾肢体器官功能、辅助实现生活自理或从事生产劳动而购置生活自助器具的费用。(2)残疾生活辅助具费按照普通适用器具的合理费用标准计算。受害人伤情有特殊需要的,可以参照辅助具配制机构的意见确定相应的合理费用标准。'普通适用器具',指符合稳定安全、对受害人能发挥有效补充作用、能够维持受害人基本生活需求并有助于其从事劳动和回归社交的要求的器具。赔偿权利人或人民法院应按照普通适用的标准,就残疾辅助具的价格、更换周期等问题向残疾辅助具配置机构询价并要求其出具正式书面意见,该意见经依法质证后可作为确定相关赔偿数额的依据。(3)残疾辅助具的赔偿期限根据受害人的年龄、健康状况等因素,参考配置机构或司法鉴定机构的意见确定,但最长不超过残疾赔偿金的给付年限。超过年限后,受害人确需继续配置辅助具的,赔偿义务人应继续给付残疾生活辅助具费用5—10年。"河北石家庄中院《关于规范机动车交通事故责任纠纷案件审理工作座谈会会议纪要》(2016年1月11日 石中法〔2016〕4号)第10条:"如何确定残疾辅助器具费赔偿年限。(一)如果残疾辅助器具的配制机构出具了关于赔偿期限的意见的,原则上可按照其意见确定赔偿年限。(二)如果残疾辅助器具的配制没有出具关于赔偿期限的意见的,按照以下办法处理:1.受害人要求分期给付残疾辅助器具费的,可以根据更换周期,判决分期给付,计算到受害人年满80周岁为止,同时告知受害人如果期限届满后仍然存活的,可以另行主张残疾辅助器具费。2.受害人要求一次性给付的,可以判决一次性给付,但按照最长不超过20年的赔偿期限计算残疾辅助器具费,同时告知受害人如果期限届满后仍然存活的,可以另行主张残疾球辅助费。"江西宜春中院《**关于审理机动车交通事故责任纠纷案件的指导意见**》(2016年1月1日 宜中法〔2015〕91号)第9条:"残疾辅助器具费的赔偿期限根据受害者的年龄、健康状况等因素确定,但一次性赔偿的最长期限不超过二十年。残疾辅助器具的配置费用按照普通国产适用器具的合理费用标准计算,如需更换的,鉴定机构需注明更换年限、每次费用。主张金额在1000元以下的残疾辅助器具,人民法院可以根据医疗机构的治疗情况、发票原件、市场价格酌情认定。"江西南昌中院《**机动车交通事故责任纠纷案件指引**》(2015年4月30日 洪中法〔2015〕45号)第2条:"关于交通事故具体赔偿项目的要求……残疾辅助器具费的认定标准。(1)残疾辅助器具费一次性赔偿最长期限二十年。(2)鉴定机构只需注明更换年限和每次费用。(3)残疾辅助器具费在1000元以下的可由法院酌定。【注意事项】:假肢费用等残疾辅助器具费的赔偿年限不再按照人均寿命赔付,最长一次性二十年,20年后可另行再次主张。"重庆高院民一庭《**民一庭高、中两级法院审判长联席会议〈机动车交通事故责任纠纷中的法律适用问题解答(一)〉会议综述**》(2015年3月25日)第7条:"伤残等级较高或成为'植物人'的受害人请求一次性支付赔偿金额,赔偿义务人请求分期支付的,人民法院如何处理?与会代表一致认为,根据最高人民法院《关于审理人身损害赔偿案件适用法律若干问题的解释》第三十一条第二款之规定,'前款确定的物质损害赔偿金与按照第十八条第一款规定确定的精神损害抚慰金,原则上应当一次性给付。'但第三十三条规定:'赔偿义务人请求以定期金方式给付残疾赔偿金、被扶养人生活费、残疾辅助器具费的,应当提供相应的担保。人民法院可以根据赔偿义务人的给付能力和提供担保的情况,确定以定期金方式给付相关费用。但一审法庭辩论终结前已经发生的费用、死亡赔偿金以及精神损害抚慰金,应当一次性给付。'根据前述规定,赔偿义务人请求以定期金方式给付残疾赔偿金、被扶养人生活费、残疾辅助器具费,且提供相应的担保,人民法院可以根据赔偿义务人的给付能力和提供担保的情况,判决分期给付。一般情况下,国家机关、实业单位、大型国企、信誉良好且实力雄厚的民营企业等侵权人请求以定期金方式支付的,可以判决分期给付。"安徽马鞍山中院《**关于审理交通事故损害赔偿案件的指导意见(试行)**》(2015年3月)第17条:"【残疾辅助器具费】对于受害人自行委托相关机构作出的残疾辅助器具配置意见,赔偿义务人有异议并申请由人民法院委托鉴定的,应予准许。配置标准、更换周期可参照鉴定意见确定,赔偿期限计算至受害人年满75周岁时止。"河北承德中院《**2015年民事审判工作会议纪要**》(2015年)第42条:"关于残疾辅助器具费用的赔偿标准和依据。残疾用具费应当根据伤残结果的实际需要,按照国产中档用具的标准予以赔偿。今后需要定期更换残疾用具的,所需费用可以一次性支付,也可以在后实际发生费用后另行解决。残疾辅助器具的价格、周期等,应由人民法院委托河北省内有鉴定资格的鉴定机构进行鉴定,残疾辅助器具的赔偿期限按全国人口平均寿命76岁,减去实际年龄剩余的年限计算,最低按5年计算,超过平均寿命的,按5年计算。"安徽淮南中院《关于审理机动车交通事故责任纠纷案件若干问题的指导意见》(2014年4月24日)第27条:"残疾辅助器具费具体计算方式为器具单价×(人均寿命-实际年龄)÷单器具使用年限。根据上述公式计算有余数的,按照整数+1确定器具更换次数。"浙江高院民一庭《关于印发〈关于人身损害赔偿费用项目有关问题的解答〉的通知》(2013年12月27日 浙高法民一〔2013〕5号)第8条:"残疾辅助器具的标准应如何确定?答:根据《最高人民法院关于审理人身损害赔偿案件适用法律若干问题的解释》第二十六条规定,残疾辅助器具费用按照普通适用器具的合理标准计算。据此,残疾辅助器具一般应参照国产普及型的配置标准确定,即以能起到功能补偿作用为标准,包括有助于恢复生活自理能力,有助于从事生产劳动,有助于恢复性、回归性社交等功能。人民法院可选择两家或两家以上残疾辅助器具配置机构进行咨询,综合考量当事人的承受能力、材料性质、功能等因素确定残疾辅助器具的价格标准。"湖北高院《民事审判工作座谈会会议纪要》(2013年9月)第12条:"残疾辅助器具费的赔偿期限根据受害人的年龄、健康等因素确定,原则上不超过二十年。超过确定年限后,赔偿权利人向人民法院起诉要求继续给付残疾辅助器具费用的,经法院审理查明,赔偿权利人确需继续配置辅助器具的,法院酌情判令义务人继续给付一定年限的残疾辅助器具费。"辽宁高院民一庭《传统民事案件审判问题解答》(2013年8月)第9条:"在人身损害赔偿案件中,残疾辅助器具费用应当如何确定?其最长赔偿年限如何确定?参考意见:按照最高法院相关解释的规定,残疾辅助器具费按照普通适用器具的合理费用标准计算。伤情有特殊需要的,可以参照辅助器具配制机构的意见确定相应的合理费用标准。辅助器具的更换周期和赔偿期限参照配制机构的意见确定。残疾辅助器具费的最长给付年限,建议参照残疾赔偿金给付年限计算,即一般按二十年计算。但六十周岁以上的,年龄每增加一岁减少一年;七十五周岁以上的,按五年计算。超过确定的残疾辅助器具费给付年限,赔偿权利人起诉请求继续给付的,如果赔偿权利人确需继续配制残疾辅助器具,可判令赔偿义务人继续给付五至十年。鉴于物价波动、被侵权人身体健康状况变化等不确定因素的存在,不建议确定过长的残疾辅助器具费赔偿年限。"浙江杭州中院民一庭《关于道路交通事故责任纠纷案件相关疑难问题解答》(2012年12月17日)第2条:"……残疾辅助器具费问题。问题:根据人损司法解释的规定,残疾辅助器具的配置以'普通适用型'为标准,对'普通适用型'的概念如何界定?司法实践中,受害人持假肢中心等的意见书主张残疾辅助器具费,其上记载的残疾辅助器具明确为'普通适用型',但价格较高,而法院审查缺乏统一标准。答:可选择两家浙江省内的残疾辅助器具配置机构进行咨询,以其报价作为确定残疾辅助器具费的上限。(具体以司法鉴定处与民政部门的沟通意见为准)"浙江宁波中院《关于印发〈审理机动车交通事故责任纠纷案件疑难问题解答〉的通知》(2012年7月5日 甬中法〔2012〕24号)第13条:"受害人因交通事故受伤安装假肢的,所使用的国产普通适用型和进口假肢的价格差距较大,应如何确定其安装假肢及后续更换的费用?答:对受害人已安装的假肢,如费用未明显超出普通适用型的价格,可予以支持。对后续更换假肢的费用,可参照普通适用型假肢的配置标准予以确定。"山东淄博中院《全市法院人身损害赔偿案件研讨会纪要》(2012年2月1日)第6条:"关于残疾辅助器具费的问题。(1)受害人是否需要配制残疾辅助器具,应根据相关医疗机构的意见确定。(2)鉴于目前残疾辅助器具配制市场价格混乱的现状,可参照《山东省工伤职工辅助器具配置管理暂行办法》的相关规定确定残疾辅助器具的更换期限和价格。"安徽宣城中院《关于审理道路交通事故赔偿案件若干问题的意见(试行)》(2011年4月)第47条:"残疾辅助器具费用给付年限,第一次判决一般不应超过20年,之后确需要更换辅助器具的,告知受害方可按《人身损害赔偿案件适用法律若干问题的解释》规定另行起诉。"江苏无锡中院《关于印发〈关于审理道路交通事故损害赔偿案件若干问题的指导意见〉的通知》(2010年11月8日 锡中法发〔2010〕168号)第35条:"【残疾辅助器具费】残疾辅助器具费的确定应当征求双方当事人意见,并参照当地民政企业关于国产普及型的配制费用标准确定。当事人有异议的,人民法院可委托民政部门下属专业机构进行鉴定。对于受害人已经安装残疾辅助器具或病情特殊的,应当先就合理性进行咨询,专业机构经评估认为合理的,人民法院可以径行确定残疾辅助器具费。"江苏常州中院《关于道路交通事故损害赔偿案件的处理意见》(2010年10月13日 常中法〔2010〕104号)第8条:"残疾辅助器具费的确定问题。残疾辅助器具的费用应按照普通适用型标准计算,有特殊需要的,可参照配制机构的意见确定合理的费用;残疾辅助器具的更换周期和赔偿期限,也可参照配制机构的意见确定。受害人起诉时已经安装残疾辅助器具的,可按照普通适用型标准确定赔偿数额。受害人起诉时尚未安装或者虽已安装但今后仍需要更换的残疾辅助器具,在配制机构没有出具辅助器具赔偿期限意见的情况下,依据《最高人民法院关于审理人身损害赔偿案件适用法律若干问题的解释》第三十二条的规定,残疾辅助器具的赔偿期限可参照护理费的赔偿期限确定,即根据受害人的年龄、健康状况等因素确定,一次性判决不超过三至五年,最长不超过二十年。超过确定年限后,受害人仍可主张继续给付残疾辅助器具费用。民政部门的假肢与矫形康复机构,是从事残疾辅助器具研究和生产的专业机构,可以从事残疾辅助器具的鉴定和配制。另一方当事人对受害人主张的残疾辅助器具费用、更换周期、赔偿期限有异议的,可申请法院委托江苏省伤残人康复中心组织专家鉴定组出具意见书;也可参照江苏省伤残人康复中心《江苏省交通事故及人身损害残疾辅助器具适配意见表》予以确定。"福建福州中院民一庭《民事司法信箱回复:侵权责任法律适用若干问题专版》(2010年9月10日)第7条:"如何结合残疾器具配置机构出具的意见认定残疾生活辅助具费赔偿的问题? 答:目前,未有残疾辅助器具的更换周期和赔偿期限明确的规定,残疾辅助器具的配置领域亦鲜有有资质的鉴定部门,实践中一般按照配置机构的配置意见来认定相关事实。但配置部门为了部门利益出具更换周期和期限的意见比较随意,造成多数法院对赔偿年限判决不宜,有的仅判决一个更换周期,有的判决两个更换周期,有的判决20年,有的按照人均期望寿命减去残疾者实际年龄认定期限,致使赔偿数额差距很大。我们认为,判决周期过短,会导致受害人权益无法得到保障,判决周期过长,客观上使赔偿义务人陷入债务危机。福建省人力资源和社会保障厅于2009年颁布的《福建省工伤职工配置辅助器具管理办法(试行)》(闽人社文〔2009〕76号),对因工伤引起的辅助器具配置项目和指导价目作出了价格限额指导,执行期限自2010年1月1日起至2010年12月31日止。我们建议,审判中可以结合配置机构的配置意见并参考该指导中对残疾配具的价格限额、使用年限的意见,结合受害人的年龄、赔偿义务人的赔偿能力等因素,酌定支持2-3此更换周期,其他可能发生的费用待实际发生后另行解决。"河南周口中院《关于侵权责任法实施中若干问题的座谈会纪要》(2010年8月23日 周中法〔2010〕130号)第3条:"……为治疗和康复支出的合理费用。包括辅助器械治疗、康复锻炼、按摩以及营养费,必须根据医疗机构的意见及国内辅助器械生产单位的证明予以确定。必要情况下,也可以通过司法鉴定予以确定。"江西南昌中院《关于审理道路交通事故人身损害赔偿纠纷案件的处理意见(试行)》(2010年2月1日)第22条:"【残疾辅助器具费的确定与调整】辅助器具的更换周期和赔偿期限参照配制机构的意见确定。受害人超过60岁的,先期更换次数及费用一般以5~6年为一期。到期后,(实际已经进行了更换但)相关费用不足的,受害人可另行主张。"江西景德镇中院《关于人身损害赔偿案件中有关赔偿项目、赔偿标准的指导意见》(2009年8月20日)第6条:"残疾辅助器具费的确定。残疾辅助器具费按照普通适用器具的合理费用标准计算。伤情有特殊需要及辅助器具的更换周期和赔偿期限,参照配制机构的意见确定相应的合理费用标准。赔偿义务人对辅助器具的配制提出异议,并申请鉴定的,应委托具有相应资质的鉴定机构进行鉴定。"广东佛山中院《关于审理道路交通事故损害赔偿案件的指导意见》(2009年4月8日)第52条:"残疾辅助器具费一般参照配制机构的意见,采用关于国产普及型的配制费用标准确定。受害人要求一次性支付的,可以支持,但最长不超过二十年。"福建泉州中院民一庭《全市法院民一庭庭长座谈会纪要》(泉中法民一〔2009〕05号)第41条:"残疾辅助器具费如何评估?答:根据《人身损害赔偿解释》第二十六条的规定,残疾辅助器具费一般根据辅助器具配制机构的意见来确定。至于由哪家辅助器具配制机构进行鉴定评估,可根据司法鉴定的相关规定,由双方当事人协商确定,双方协商不成的,由法院指定的机构进行鉴定评估。"第42条:"残疾辅助器具的赔偿期限没有明确规定,配制机构也很少对此问题提出意见。审判实践中,有的按20年计算,有的按人均寿命计算,应如何确定?答:辅助器具赔偿期限的确定,在辅助器具配制机构对赔偿期限有明确意见的情况下,参照辅助器具配制机构的意见确定;如辅助器具配制机构对此没有明确意见,可参照残疾赔偿金的计算年限确定,即按20年计算,但60周岁以上的,年龄每增加1岁减少1年;75周岁以上的,按5年计算。"辽宁大连中院《当前民事审判(一庭)中一些具体问题的理解与认识》(2008年12月5日 大中法〔2008〕17号)第19条:"残疾辅助器具的费用如何确定标准?原则上实行的是'定型化赔偿'的方法,即用国家普通适用型的标准。另外,为避免受害人以后重复诉讼将遭遇的麻烦以及风险,对该部分费用应判一次性给付。"浙江金华中院民一庭《关于人身损害赔偿案件中如何确定受害人配置残疾辅助器具标准问题的座谈会纪要》(2008年7月10日)第1条:"残疾辅助器具的配置原则。根据最高人民法院《关于审理人身损害赔偿案件适用法律若干问题的解释》第二十六条规定的精神,残疾辅助器具配置总的原则是普通适用型。即以配置的残疾辅助器具能起到功能补偿作用为标准,包括有助于恢复生活自理能力,有助于从事生产劳动,有助于恢复性、回归性社交。要符合稳定性、安全性,排斥奢侈型、豪华型。"第2条:"残疾辅助器具的价格。残疾辅助器具的价格,根据各假肢厂提供的资料,主要与辅助器具所用材料及补偿功能的程度相关。结合目前我市经济发展状况,考虑当事人的承受能力,材料方面,以国产普通材料为宜;功能补偿上,以相应肢体主要功能补偿为主。截瘫支具均系进口,暂不考虑。"第3条:"残疾辅助器具的更换年限。残疾辅助器具的更换年限,成年人的更换年限见附表。不满18岁的未成年人,为每3年更换一次,成年后,按成年人的更换年限确定。"第4条:"残疾辅助器具赔偿期限的确定。残疾辅助器具赔偿期限按照二十年。不满18周岁的未成年人,赔偿期限为成年前的年限加成年后二十年。"第5条:"残疾辅助器具费计算和维护费。残疾辅助器具费计算格式:残疾辅助器具费=义肢价格÷义肢使用年限×赔偿年限。残疾辅助器具维护费:每年义肢价格的10%。"第6条:"其他。根据受害人伤势情况,需改变残疾辅助器具标准的,应由市中院法医学技术审核专家小组审定。"浙江高院民一庭《全省法院民事审判业务培训班问题解答》(2008年6月25日)第3条:"如何确定假肢赔偿期限?当事人提供鉴定机构出具的假肢赔偿期限至人均期望寿命的证明,能否支持?

答:实践中有四种做法:一是确定假肢赔偿期限为20年;二是根据鉴定意见来确定,但如果鉴定意见不明确的,按照20年计算;三是如果受害人是未成年人,分为两部分计算,先计算从目前实际年龄到18周岁为第一阶段,再对18岁以后部分判20年;四是根据具体个案情形由法官裁量。应当说,这四种观点均有一定道理,比较合理的做法是,如果判决一次性支付的,计算20年;如果是定期金支付的,可计算到实际寿命。采取定期金支付时,应当综合考虑赔偿数额、致害人的赔付能力、双方的意愿等因素,并要求责任主体提供相应的担保。"江苏宜兴法院《关于审理交通事故损害赔偿案件若干问题的意见》(2008年1月28日 宜法〔2008〕第7号)第40条:"残疾辅助器具费。按照普通适用器具(不豪华、功能有效补偿、功能稳定安全)的合理费用标准计算。民政部门的假肢与矫形康复机构,是从事辅助器具研究和生产的专业机构,可以从事残疾辅助器具的鉴定和配制。辅助器具的更换周期和赔偿期限参照辅助器具配制机构的意见确定。残疾辅助器费给付年限,一次性判决不应超过10年,之后还确需更换辅助器具的,告知受害方,可按《人身损害赔偿案件适用法律若干问题的解释》规定,另行起诉。"重庆五中院《关于印发〈审理人身损害赔偿案件座谈会议纪要〉的通知》(2007年10月30日 渝五中法〔2007〕91号)第20条:"残疾辅助器具费可原则上比照《解释》第二十五条规定残疾赔偿金的计算赔偿期限。(1)《解释》第二十六条规定残疾辅助器具费的更换周期和赔偿期限参照配制机构的意见确定。在审判实践中配制机构往往只对更换周期提出意见,而赔偿期限需要法院作出裁量。会议认为,《解释》第二十五条规定的残疾赔偿金以二十年计算。因此,在配制机构没有对残疾辅助器具赔偿期限提出意见时,可以比照《解释》第二十五条规定的残疾赔偿金计算赔偿期限,但应当结合案情考虑赔偿权利人的年龄。"重庆高院《关于审理道路交通事故损害赔偿案件适用法律若干问题的指导意见》(2006年11月1日)第30条:"残疾辅助器具费一般参照当地民政企业关于国产普及型的配制费用标准确定。受害人要求一次性支付的,可以支持,但最长不超过二十年。"上海高院《关于下发〈关于审理道路交通事故损害赔偿案件若干问题的解答〉的通知》(2005年12月31日 沪高法民一〔2005〕21号)第4条:"不同残疾辅助用具配制机构生产的相同型号的残疾辅助器具费(均为普及型)价格悬殊,应据何标准确定赔偿数额?答:依据《最高人民法院关于审理人身损害赔偿案件适用法律若干问题的解释》第二十六条的规定,残疾辅助器具按照普通适用器具的合理费用标准计算。司法实践中,原告要求配备或已实际安装的残疾辅助器具,往往同被告提供的残疾辅助器具分属不同厂商且价格差异明显。我们认为,据相关司法解释'普通适用'的文意可知,可得求偿的残疾辅助器具需符合为受害人所必需、对受害人的功能确实起补充作用,且该用具系恢复功能性用具,并能维持基本生活要求(有助于从事生产劳动、有助于恢复性、回归性社交),符合稳定性和安全性要求等标准。对于原告起诉时已经安装的残疾辅助器具,可依其已实际支付的费用确定赔偿数额;对于尚未安装的残疾辅助器具或者虽已安装但今后需要更换的残疾辅助器具,应据具体案情依法向残疾辅助器具的配制机构询价,该询价结论经依法质证后可作为确定相关赔偿数额的依据。"第5条:"在残疾辅助器具的配制机构没有出具辅助器具的赔偿期限下,辅助器具的赔偿期限如何确定?答:在残疾辅助器具的配制机构没有出具辅助器具的赔偿期限意见的情况下,司法实践有参照立案时上海市人口平均寿命(男子77周岁,女子81周岁)予以赔偿的做法。我们认为,依据《最高人民法院关于审理人身损害赔偿案件适用法律若干问题的解释》第三十二条的规定,残疾辅助器具的赔偿期限应参照护理费的赔偿期限确定。即:残疾辅助器具的赔偿期限根据受害者的年龄、健康状况等因素确定,但最长不超过二十年。超过确定年限后,赔偿权利人向人民法院起诉请求继续给付残疾辅助器具费用的,经法院审理查明,赔偿权利人确需继续配制辅助器具的,法院应当判令赔偿义务人继续给付残疾辅助器具费用五至十年。"江西赣州中院《关于审理道路交通事故人身损害赔偿案件的指导性意见》(2006年6月9日)第44条:"残疾辅助器具的分期更换费用可以确定的,可按一审法庭辩论终结时的价格标准计算,判决一次性支付。"安徽高院《审理人身损害赔偿案件若干问题的指导意见》(2005年12月26日)第22条:"普通适用型残疾器具的标准,按照市场上国产的同类产品的中间价格确定。当事人对残疾器具的赔偿另有约定的,按照约定处理。"广东高院、省公安厅《关于〈道路交通安全法〉施行后处理道路交通事故案件若干问题的意见》(2004年12月17日 粤高法发〔2004〕34号 2021年1月1日起被粤高法〔2020〕132号文废止)第11条:"从香港、澳门进口的残疾用具,不列入国产普及型残疾用具范围。"山东高院《关于审理人身损害赔偿案件若干问题的意见》(2001年2月22日)第73条:"治疗残疾所必须的补救性治疗费,如假肢、假眼、整容等费用,应根据医院诊断和实际需要予以赔偿。"第74条:"受害人因治疗残疾需要配置补偿功能器具的,如轮椅、拐杖等,就凭医院证明,按照国产中档型器具的费用给予赔偿。"四川高院、省公安厅、省民政厅《关于印发〈交通、工伤、伤害、意外等人身损害事故中伤残人员安装假肢、辅助器具暂行办法〉的通知》(2001年12月15日 川高法〔2001〕字320号)第3条:"规范统一处理程序。首先由服务单位对伤残人员进行检查审定,确定安装类型、型号等,出具《假肢安装诊断证明书》,再由受伤致残人员将该证明书提供给相关事故、案件处理部门或机关,最后由事故、案件处理部门或机关进行审查处理。服务单位作出的《假肢安装诊断证明书》作为受伤致残人员举证和进行处理的基本材料。事故、案件处理部门或机关应当对《假肢安装诊断证明书》进行审查核实,经审查认定后才能据此进行处理。事故、案件处理法定期限内,受伤致残人员尚未治愈的,或法定期限不足以处理的,可以采取假肢或辅助器具滞后处理的办法,待伤残人员伤情稳定后,再由指定服务单位检查审定。"第4条:"假肢或辅助器具费用的计算。按事故、案件发生时,省民政厅此间公布的假肢或辅助器具基础价格确定。假肢或辅助器具的费用由基本价格乘以更换次数,计算公式为:基本价格×更换次数=费用总额。假肢或辅助器具的基本价格,依据事故、案件的具体情况,由处理事故、案件的部门或机关在基础价格内确定。国产普通型中等功能假肢或辅助器具的基础价格详见附件,列表价格已包含假肢或辅助器具的安装费和维修费。假肢或辅助器具安装过程中所需其它费用,如交通费、住宿费等,按实际情况确定。假肢或辅助器具的总使用年限按70年计算,即以伤残人员定残之月起,连续计算至其70周岁,其中定残时年龄在18岁以下的,其假肢或辅助器具的使用年限按每五年更换一次;18(含18岁)—50岁,按每七年更换一次;50(含50岁)—70岁,按每九年更换一次;使用年限计算至70岁时,所产生剩余年限不足9年的,按更换一次计算;定残年龄在70岁(含70岁)以上的,按安装一次计算;计算跨越年龄段的使用年限时,以上一年龄段使用年限连续计算至其下一年龄段后,再按下一年龄段使用年限进行计算;国家法律法规特别规定的除外。特殊类型假肢或辅助器具(如双侧多肢体假肢等)的费用计算,原则上参照服务单位《假肢安装诊断证明书》作相应处理。"广东高院、省公安厅《关于印发〈关于处理道路交通事故案件若干具体问题的补充意见〉的通知》(2001年2月24日 粤高法发〔2001〕6号 2021年1月1日起被粤高法〔2020〕132号文废止)第35条:"按《规定》的第二十一条规定,残疾用具在本省选用国产普及型产品(不包括高级豪华型的电子器具),如同一种类的国产普及型残疾用具有多种不同价格的,一般以最高价格的产品价格计算。从台湾进口的残疾用具,由于须在海关完税,故不列入国产普及型产品范围。"第36条:"残疾用具为上、下假肢的,其分期更换的费用按结案时的价格标准计算一次性付清。"北京高院《关于印发〈关于审理人身伤害赔偿案件若干问题的处理意见〉的通知》(2000年7月11日)第20条:"残疾用具费应当根据伤残结果和实际需要,按照国产中档用具费用标准予以赔偿。今后需要定期更换残疾用具的,所需费用可以一次性支付,也可以待今后实际发生费用后另行解决。"河南高院《关于审理道路交通事故损害赔偿案件若干问题的意见》(1997年1月1日 豫高法〔1997〕78号)第30条:"残疾用具费的赔偿应凭医院证明,按照普及型器具的费用计算。所谓普及型器具,是指交通事故发生地需要补偿同一类型功能中被广泛使用的器具,且一般应以国产的为限。具体计算时,应把这些器具的使用年限、更新、修理等费用考虑在内。"

⑤受伤后死亡情形。浙江高院《印发〈关于人身损害赔偿项目计算标准的指引〉的通知》(2022年8月24日 浙高法审〔2022〕2号)第26条:"受害人因侵权

行为受伤致残,在诉讼前或者诉讼期间因其他原因死亡的,不影响定型化计算残疾赔偿金。"安徽淮北中院《关于审理道路交通事故损害赔偿案件若干问题的会议纪要》(2018年)第3条:"其他需要规范的法律问题……(十四)一事不再理的问题。交通事故致伤构成伤残,残疾赔偿金等获得赔偿后,受害人因交通事故死亡,其近亲属主张死亡赔偿金的,原则上不予支持。但受害人定残后病情恶化,经抢救无效死亡,在确认死亡原因与事故伤害有因果关系,获赔的残疾赔偿金与死亡赔偿金金额差距较大,对抢救费用和死亡赔偿金可以请求,但应扣除已支付残疾赔偿金的数额,侵权人赔偿定残后护理费,受害人在护理期届满前死亡,侵权人以不当得利为由要求退还未发生的护理费的,人民法院不予支持。"北京三中院《类型化案件审判指引:机动车交通事故责任纠纷类审判指引》(2017年3月28日)第2-3.3.2.4部分"死亡、伤残赔偿金—常见问题解答"第3条:"交通事故受伤者在定残后、诉讼期间因非本次交通事故原因死亡的,残疾赔偿金应如何计算?根据《人身损害赔偿解释》第二十五条的规定,残疾赔偿金是根据受害者劳动能力丧失程度或伤残等级而拟制的补偿标准,仅在残疾程度与其实际收入严重不对称的情况下,可以对残疾赔偿金进行调整。且伤残对于受害人而言一般是终身的,受害人在定残后、诉讼期间因非本次交通事故原因死亡,并不减损机动车一方侵权行为的后果,故仍应根据《人身损害赔偿解释》第二十五条第一款的规定来计算残疾赔偿金,不得扣减残疾赔偿金的计算年限。"广东广州中院《机动车交通事故责任纠纷案件审判参考》(2017年3月27日 穗中法〔2017〕79号)第9条:"受害人起诉后在生效裁判作出前死亡的,受害人因交通事故受伤并定残后因交通事故以外的其他原因死亡的,其残疾赔偿金从定残之日计算至死亡之日止。"重庆高院民一庭《关于机动车交通事故责任纠纷相关问题的解答》(2014年)第1条:"受害人因交通事故致伤残,但在诉讼中却因自身其他疾病死亡,应主张死亡赔偿金还是主张残疾赔偿金?如主张残疾赔偿金,是按定型化赔偿20年或是仅计算至其死亡之日?如当事人因自身疾病在诉讼中死亡,可主张至死亡之日前的残疾赔偿金。从定残之日起至死亡时未满一年的,残疾赔偿金按一年计算,依此类推。"福建泉州中院民一庭《全市法院民一庭庭长座谈会纪要》(泉中法民一〔2009〕05号)第23条:"在诉讼过程中,受害人经法院委托进行了伤残等级鉴定,构成伤残,但在其后的诉讼过程中死亡,且没有证据证实该死亡与事故造成的伤情有因果关系的,对于受害人的残疾赔偿金应如何计算?答:受害人因交通事故致残,后在诉讼过程中死亡,若能够认定其死亡与交通事故造成的伤情没有因果关系,则其因交通事故致残的残疾赔偿金应自定残之日起计算至死亡之日止。"四川泸州中院《关于民商审判实践中若干具体问题的座谈纪要(二)》(2009年4月17日 泸中法〔2009〕68号)第17条:"人身损害赔偿案件中,受害人受伤致残,在诉讼中又因其他原因死亡的,残疾赔偿金是否应当支持？基本意见：人身损害赔偿的请求权自损害发生之时就已经产生，不管受害人什么时候死亡，都应当赔偿残疾赔偿金。"

**5. 最高人民法院审判业务意见。**○患有精神病的无劳动能力人在交通事故发生前一直未参加工作，现因交通事故致残，侵权人应否赔偿残疾赔偿金？《民事审判指导与参考》研究组：《侵权责任法》第16条规定，侵害他人造成人身损害的，应当赔偿医疗费、护理费、交通费等为治疗和康复支出的合理费用，以及因误工减少的收入。造成残疾的，还应当赔偿残疾生活辅助具费和残疾赔偿金。造成死亡的，还应当赔偿丧葬费和死亡赔偿金。该条对残疾赔偿金赔偿范围并未规定例外情形。受害人因交通事故受伤害已遭受严重肢体痛苦，且人的生命价值并无本质上区别，故残疾赔偿金计算与受害人在交通事故前是否具有劳动能力并无必然联系，如受害人因交通事故受伤构成残疾等级的，对残疾赔偿金部分仍应予支持。●**在道路交通事故案件审理中，受害人一直未作伤残等级鉴定，且每年均有治疗费用发生，如何确定费用承担？**《民事审判指导与参考》研究组：此种情况，首先需确定因伤治疗是否终结。是否治疗终结属客观性评定标准，双方当事人对治疗终结意见不一致时，任何一方均可提起鉴定申请。如相对方不进行必要配合，则可适用最高人民法院《关于民事诉讼证据的若干规定》第75条关于"有证据证明一方当事人持有证据无正当理由拒不提供，如果对方当事人主张该证据的内容不利于证据持有人，可以推定该主张成立"规定，认定治疗终结，进入伤残鉴定。对已进行伤残等级鉴定后的持续治疗，其治疗必要性以及与交通事故之间关联性举证责任在于伤者。至于举证证明标准要达到何种程度，最恰当方式依然是鉴定。○**人身损害赔偿纠纷中，应否按定残年度标准计算残疾生活补助费？**最高人民法院立案庭答复：侵权行为侵害健康权致劳动能力丧失，应予损害赔偿。我国立法和司法对劳动能力丧失损害赔偿所采理论依据系生活来源丧失说。确定受害人劳动能力赔偿，基本上不考虑受害人受害之前的体能、技能、教育状态等劳动能力构成因素，并因此而确定所丧失劳动能力的价值指标。在立法和司法实务看来，受害人因残废而丧失全部或部分劳动能力，所造成损害后果，是受害人因此减少或丧失的生活来源，所要赔偿的，正是受害人因此而减少或丧失的生活费。正因如此，立法和司法实务才确定这种损害赔偿内容只是生活补助费。结合本案情况，若受害人按1992年发生事故时受到的伤害定残，伤残等级肯定要高于现定伤残等级，其间经过一系列治疗，受害人已降低伤残等级。侵权人在承担医疗费用后，不必再承担因伤残等级降低而负担的费用，这个结果是客观的，对侵权人无疑亦是公允的。本案受害人虽于1998年评残，亦并非由于本人过错原因造成，故按定残年度标准计算残疾生活补助费比较符合立法原意，亦比较公平、合理，对侵权人也是公允的。●**受害人诉请加害人支付被扶养人生活费的人身损害赔偿案件，法院应否通知被扶养人参加诉**

讼?《人民司法》研究组:"根据侵权责任法第十六条的规定,在赔偿了残疾赔偿金的情况下,不再赔偿被扶养人生活费,因为被扶养人生活费已经包含在残疾赔偿金之中。但是由于目前没有新的残疾赔偿金计算标准,2010年6月30日最高人民法院《关于适用侵权责任法若干问题的通知》第4条规定:人民法院适用侵权责任法审理民事纠纷案件,如受害人有被扶养人的,应当依据最高人民法院《关于审理人身损害赔偿案件适用法律若干问题的解释》第28条的规定,将被扶养人生活费计入残疾赔偿金或死亡赔偿金。也就是说,在致人伤害的人身损害赔偿案件中,仍根据《关于审理人身损害赔偿案件适用法律若干问题的解释》计算残疾赔偿金和被扶养人生活费,两者相加就是侵权责任法第十六条所指的残疾赔偿金。"○**赔偿权利人在依据人身损害赔偿司法解释第32条确定的残疾赔偿金计算年限届满后仍然生存,能否继续请求赔偿义务人支付残疾赔偿金?**《民事审判指导与参考》研究组:"实践中,在人民法院根据人身损害赔偿司法解释第32条规定确定的赔偿义务期间届满后,赔偿权利人仍然可能继续生存,如果赔偿权利人没有劳动能力和生活来源,参照人身损害赔偿司法解释第32条规定精神,赔偿权利人向人民法院起诉赔偿义务人继续给付赔偿金的,人民法院应当受理。这是因为残疾赔偿金属于继续性发生的费用,在人民法院确定的赔偿期限届满后,如果赔偿权利人仍然生存,且没有劳动能力和生活来源,赔偿权利人向人民法院请求保护的诉权不应受到诉讼次数的限制。在此情况下,人民法院如何确定赔偿期限,法律、司法解释没有明确规定。一种观点认为,应当综合考虑受害人的年龄、身体状况等相关因素后,以一年期为单位确定赔偿期限。但是这种作法就需要赔偿权利人在生存年限内,每年都到人民法院起诉,无疑增加了赔偿权利人的诉讼成本,造成司法资源的浪费,且没有直接的法律依据;另一种观点认为,应当继续参照人身损害赔偿司法解释第32条的规定,在5到10年的期限内确定赔偿期限,这样操作一方面相对来说有司法解释规定依据;另一方面在5到10年期间确定赔偿年限可以减轻赔偿权利人的诉讼负担,同时也符合人身损害赔偿司法解释确立的定型化赔偿原则。比较而言,后一种观点更加符合侵权法确立的保护民事主体合法权益的立法目的。"●**诉讼期间受害人由农业户口转为城镇户口并已在城镇居住生活,应如何计算残疾赔偿金?**最高人民法院民一庭意见:"根据最高人民法院《人身损害赔偿解释》第25条、第30条之规定,在二审终结前,人身损害赔偿案件受害人由农村户口转为城镇户口,并已在城镇居住生活的,应当适用城镇居民可支配收入标准确定残疾赔偿金数额。"○**交通事故当事人起诉时尚未评残,对其残疾赔偿金的赔偿请求是驳回还是由人民法院委托评残后判决支持?**最高人民法院民一庭《民事审判实务问答》编写组:"受害人的残疾赔偿金原则上根据受害人丧失劳动能力程度或者伤残等级确定,而对劳动能力减少的程度,通常由鉴定机构鉴定。因此,对当事人在案件审理阶段医疗终结,符合评残条件但尚未评残的,当事人能举证证明伤残是交通事故造成的,人民法院可根据当事人的请求委托有关机构进行评定确定伤残等级,并根据上述规定计算相应的残疾赔偿金。如当事人造成伤残与道路交通损害无因果关系的,驳回当事人有关残疾赔偿金的诉讼请求。"●**如何理解"丧失劳动能力"?**《人民司法》研究组:"最高人民法院《关于贯彻执行〈中华人民共和国民法通则〉若干问题的意见(试行)》第147条规定中提及的丧失劳动能力问题,我们认为是既包括完全丧失劳动能力的情形,也包括部分丧失劳动能力的情形。对于丧失劳动能力者,不能仅在其完全丧失劳动能力之时才予以赔偿,而是应该按各种致伤残原因及伤残等级的程度等确定补偿数额及赔偿标准。一般对于造成伤残的,都将依法作出伤残等级评定。而伤残等级与丧失劳动能力之间的关系,即几级伤残属于完全丧失劳动能力,几级伤残属于部分丧失劳动能力的,目前没有统一的规定,而是分别在交通事故处理、工伤等级评定等规定中作出具体规定的。例如,涉及工伤评残的,在《企业职工工伤保险试行办法》第十四条中就规定了'符合评残标准一级至四级为全部丧失劳动能力;五级至六级为大部分丧失劳动能力;七级至十级为部分丧失劳动能力'。所以,对于具体致残的情况还应区分情况对待。"

**6. 参考案例。**①2017年江苏某交通事故纠纷案,2015年,严某被卢某车辆碰撞,鉴定意见显示"此类内固定一般终身不再取出,故内固定在位不影响伤残程度及三期评定"。严某按10级伤残获得赔付。2017年,严某取出内固定,诉讼请求二次手术费8000余元。法院认为:健康权高于财产权。从事实角度评判,取除内固定属定残判决后新发生事实,没有理由阻止受害人进行二次手术。但从法律角度评判,受害人有权自主决定何时取除内固定,并不代表亦有权随时主张二次手术费。一事不再理原则是我国《民事诉讼法》基本原则,其基本要求是裁判发生法律效力后,当事人不得对争议事实再次提起诉讼。最高人民法院《关于适用〈民事诉讼法〉的解释》第247条规定:"当事人就已经提起的事项在诉讼过程中或者裁判生效后再次起诉,同时符合下列条件的,构成重复起诉:(一)后诉与前诉的当事人相同;(二)后诉与前诉的诉讼标的相同;(三)后诉与前诉的诉讼请求相同,或者后诉的诉讼请求实质上否定前诉裁判结果。当事人重复起诉的,裁定不予受理;已经受理的,裁定驳回起诉。"案涉两诉不仅当事人一致,且诉讼标的和诉讼请求亦是前诉包含后诉。正是基于内固定终身不取这一事实,鉴定机构才会确信治疗终结而进行伤残评定,并给出相应的在位等次意见,亦正是基于该意见,前诉才会作出不同于内固定不在位情形下的给付判决。现若支持二次手术费,显系以后诉推翻前诉裁判思路和裁判结果,不仅意味着原伤残评定时受害人治疗尚未终结,鉴定机构据此给出的伤残等次有误,且法院依该等次所为的司法确认和所作判决亦有误,但生效裁判非经再审不得撤销,故即便前诉判决有误,在通过再审撤销前,亦只能先驳回后诉,否则不仅程序违法,构成重复起诉,且实体上有失公平,不能让受害人在继续享受伤残等次错误高评所生红利同时,还让加害人负担本不该发生的二次费用,两者不可兼得。至于司法解释规定后续医疗费可待实际发生后另行起诉,此与一事不再理原则并不冲突,原因在于后续医疗费属《民事诉讼法》司法解释第248条规定的裁判生效后新发生的,并未被生效裁判所确认的,不在诉讼系属中的事实,而确定判决只对基准时即"事实审言词辩论终结时"之前发生的事项具有拘束力,基准时后发生的新事实,不受既判力拘束,当事人当然可再次提起诉讼。本案系争二次手术费实质上已被先诉生效判决所隐含评价,是法律不能亦不该发生之事实,故无法再诉。判决驳回严某诉请。②2015年江苏某交通事故纠纷案,1993年,招待所职工李某驾驶单位车辆撞伤易某致一级伤残,李某被认定全责。1994年,经法院调解,招待所按20年赔偿期限一次性给付易某8.2万元,其中包括残疾者生活补助费5万余元。2014年,易某诉请招待所继续赔偿其残疾赔偿金32万余元。法院认为:原案并未将易某全部损失一次性处理完毕。原案审理时,我国法律尚未规定残疾赔偿金这一赔偿项目,司法实践中处理交通事故损害赔偿的法律依据是《道路交通事故处理办法》,该办法规定因交通事故造成受害人残疾的,赔偿义务人应根据伤残等级,按交通事故发生地平均生活费计算,赔偿受害人20年残废者生活补助费。双方当事人依该办法,在协商处理赔偿事宜时商定招待所按每月210元标准赔偿易某20年残疾生活补助费,加上误工费、伙食补助费、护理费、被扶养人生活费、交通费、住宿费等费用,共计赔偿易某8.2万元。但双方所签调解协议及法院出具的调解书并未载明该交通事故损害赔偿纠纷全部了结,亦未对残废者生活补助费赔偿年限届满后,易某残疾赔偿问题作出处理。易某因该起交通事故致一级伤残,终生丧失劳动能力。双方当事人在原案调解时约定招待所赔偿易某20年残疾者生活补助费5万余元,尽管按当时法律规定及物价水平,这一赔偿数额并不低,但随着我国物价上涨及人们生活成本提高,前述残疾者生活补助费实际上不可能满足易某20年内的基本生活,更谈不上解决20年之后易某面临的生活难题。在残疾生活补助费赔偿年限届满后,结合易某目前身体状况,招待所赔偿易某10年的残疾赔偿金符合客观实际情况,亦符合侵权损害赔偿"填平损害"原则。最高人民法院《关于审理人身损害赔偿案件适用法律若干问题的解释》第32条规定:"超过确定的护理期限、辅助器具费给付年限或者残疾赔偿金给付年限,赔偿权利人向人民法院起诉请求继续给付护理费、辅助器具费或者残疾赔偿金的,人民法院应予受理。赔偿权利人确需继续护理、配制辅助器具,或者没有劳动能力和生活来源的,人民法院应当判令赔偿义务人继续给付相关费用五至十年。"该司法解释明确了超出残疾赔偿金的给付年限后,受害人仍可继续向赔偿义务人主张残疾赔偿金。虽在事故发生时该司法解释尚未颁布实施,但在易某提起本案诉讼时,该司法解释是现行有效的,且易某主张的是 2014 年之后的残疾赔偿金,该司法解释完全可在本案中适用。判决招待所按 10 年计算一次性赔偿易某 32 万余元残疾赔偿金。③2015 年安徽某交通事故纠纷案,2011 年,贾某驾车撞伤鲁某,交警认定贾某全责。经司法鉴定,鲁某构成 4 级伤残。二审判决生效后,贾某以司法鉴定中心撤回鉴定意见为由,申请再审。法院认为:原审法院委托司法鉴定中心对鲁某伤残程度、护理依赖程度进行鉴定,委托鉴定程序合法,鉴定机构、鉴定人均符合资质要求,所作鉴定意见已经当庭出示、各方当事人质证,能作为认定案件事实证据。鉴定时间长短,并不能对鉴定意见形成实质性影响,不属于鉴定程序严重违法,故贾某提出重新鉴定申请,不符合最高人民法院《关于民事诉讼证据的若干规定》第 29 条规定情形,法院不予准许。贾某提供的视频,仅能反映鲁某在户外平地行走、坐下、喝水、拍腿等活动,不能证明鲁某在大小便、穿衣洗漱、自主行动等方面不需要护理,故不足以推翻上述司法鉴定意见。司法鉴定中心在其出具的鉴定意见已被本案生效判决确定为有效证据后,未有法定事由、未经法定程序,即向法院发出撤销函,无事实和法律依据,妨碍了民事诉讼,应为无效,故对贾某再审申请,不予支持。④2007 年广东某人身损害赔偿纠纷案,2004 年,黄某因交通事故致残。2005 年,黄某诉请全责方运输公司赔偿包括残疾赔偿金在内的各项损失,另赔偿黄某精神抚慰金。法院认为:最高人民法院《关于确定民事侵权精神损害赔偿责任若干问题的解释》第 9 条规定:"精神损害抚慰金包括以下方式:(一)致人残疾的,为残疾赔偿金……"本案交通事故发生在 2004 年 3 月,黄某于 2004 年 10 月提起诉讼。依最高人民法院《关于审理人身损害赔偿案件适用法律若干问题的解释》第 36 条规定:"本解释自 2004 年 5 月 1 日起施行。2004 年 5 月 1 日后新受理的一审人身损害赔偿案件,适用本解释的规定。已经作出生效裁判的人身损害赔偿案件依法再审的,不适用本解释的规定。在本解释公布施行之前已经生效施行的司法解释,其内容与本解释不一致的,以本解释为准。"本案应适用新司法解释。该解释第 18 条第 1 款规定:"受害人或者死者近亲属遭受精神损害,赔偿权利人向人民法院请求赔偿精神损害抚慰金的,适用《最高人民法院关于确定民事侵权精神损害赔偿责任若干问题的解释》予以确定。"最高人民法院《关于审理人身损害赔偿案件适用法律若干问题的解释》第 25 条对残疾赔偿金标准和范围也作了明确规定。由以上规定可看出,精神损害抚慰金与残疾赔偿金并不重叠,残疾赔偿金性质已不再是精神抚慰金,而是残疾者家庭整体减少的家庭收入。综上,新的司法解释实施后,残疾赔偿金已不具有精神抚慰性质。判决运输公司赔偿黄某包括残疾赔偿金在内的各项损失,另赔偿黄某精神抚慰金 1 万元。⑤2011 年重庆某交通事故损害赔偿案,2010 年 1 月,张某驾驶货车与吴某驾驶的货车相撞,致吴某及吴某车上乘客刘某受伤致残,交警认定张某全责。刘某系农业人口,2008 年 3 月起一直在县城一家个人独资的金属制品厂工作。现刘某起诉张某等要求赔偿各项损失 28 万余元。争议焦点:残疾赔偿金按农业居民还是城镇居民标准确定?法院认为:户籍登记地为农村的赔偿权利人,其伤残赔偿金是否按城镇居民标准计算,应当综合赔偿权利人的居住地、主要收入来源等因素确定。刘某诉讼中提交了村委会的证明、镇政府调整土地协议书、镇政府移民安置点承包地调整补偿资金表等证据,表明刘某已不再主要依赖农村土地收入为生活来源。综合刘某提交的金属制品厂的证明、劳动合同书、部分工资表等证据,对于刘某的伤残赔偿金按城镇居民标准计算更为合理,故判决张某等赔偿刘某伤残赔偿金 10 万余元。⑥**2010 年江苏某交通事故损害赔偿案**,2008 年 9 月,程某驾驶的摩托车与某物流公司司机驾驶的货车发生碰撞,造成程某左肱骨骨折,左桡神经损伤致左上肢功能丧失 25% 以上,同时肋骨骨折,颅脑损伤,经程某自行委托鉴定,被认为分别构成九、十级、八级伤残。法院认为:程某伤情在未进行二次手术,未取内固定物情况下,对该处损伤进行伤残等级鉴定时机尚未成熟,程某可在治疗终结,对该处损伤重新鉴定后再主张,相应的残疾赔偿金应予扣减。肋骨骨折的伤残等级依据的是肋骨断裂根数,故鉴定时机对伤残等级并无影响,对该十级的伤残等级予以认定。颅脑损伤致轻度精神障碍属精神疾病,对该损伤进行伤残鉴定的时间距离程某受伤之日已达 8 个多月,评定时机符合规定,予以认定。⑦2009 年**北京某交通事故损害赔偿案**,2008 年 10 月,曹某骑电动自行车与某冶金公司司机王某驾驶的面包车发生接触,致曹某车损人伤,交警认定王某全责。交通队委托的法医鉴定认定曹某构成 8 级伤残,庭审中,法院根据某冶金公司提出的异议,委托鉴定中心重新作出的司法鉴定结论为 9 级。两份鉴定结论如何采信成为本案焦点。法院认为:对于两份结论不一致的伤残等级鉴定,法院除了考察鉴定机构与鉴定人员的合法资质、鉴定程序和内容的合法性外,还从以下两方面考虑:一是法院委托的鉴定,其得出的鉴定结论在效力上优先于其他鉴定结论;二是资质高的鉴定机构、鉴定人出具的鉴定结论在效力上优先于其他鉴定结论。故本案对第二份鉴定结论予以采信。⑧2006 年**江苏某交通事故损害赔偿案**,2006 年,冷某被张某驾驶车主为沈某的投保交强险车辆碰撞致七级伤残,交警认定张某全责。因冷某脑损伤严重,存在轻度精神障碍,无法正常工作而被解雇。法院认为:张某因违规驾驶致冷某损害,应承担赔偿责任。车主沈某作为机动车一方,应承担连带责任。保险公司应在三者险限额范围内保险理赔。冷某因交通事故致残后生活上无法自理,且因脑部损伤严重,存在轻度精神障碍,情绪不稳定,今后继续从事原来工作的可能性不大,在当今社会很难再有类似单位接受,继续从事其他工作亦有很大难度。冷某的现实情况是已被原单位解雇,而专家证人证言也证实冷某今后的病情趋向复杂,最多能维持现状。故无论从现实还是从未来的可能性看,冷某在事故后客观上已产生严重职业妨害,故将其残疾赔偿金计算标准从7级提高到5级予以赔偿。

【同类案件处理要旨】

交通事故受害人有被扶养人的,应将被扶养人生活费计入残疾赔偿金或死亡赔偿金。残疾赔偿金的计算,应当根据案件的实际情况,结合受害人住所地、经常居住地等因素,确定适用城镇居民人均可支配收入(人均消费性支出)或者农村居民人均纯收入(人均年生活消费支出)的标准。

【相关案件实务要点】

1.【伤残鉴定时间】确定伤残等级鉴定时间应遵循在合理期限内临床效果稳定、后续治疗不会明显影响伤残等级的原则。若后续治疗仅是控制、稳定伤情或进行功能恢复等,则残疾赔偿金和后续治疗费可以同时主张。案见江苏扬州中院(2010)扬民终字第0212号"程某诉某物流公司交通事故损害赔偿案"。

2.【残疾赔偿金标准】我国残疾赔偿金兼采劳动能力与收入丧失标准,受害人因伤致残造成职业妨害调整残疾赔偿金时,不仅要考虑受害人个人身体健康状态、教育程度、专门技能、社会经验等方面因素,尚须注意到不同案件加害人之间利益的平衡。案见江苏南京秦淮区法院(2006)秦民一初字第381号"冷某诉张某等人身损害赔偿案"。

3.【因伤死亡】因交通事故致人身损害而伤残的,判决生效后,受害人因伤情恶化死亡,受害人近亲属再次起诉要求致害人承担损害赔偿责任的,应予支持。案见江苏建湖法院(2007)建民一初字第0870号"吴某等诉某汽车厂等人身损害赔偿案"。

4.【农村居民】残疾赔偿金是对受害人未来收入损失的赔偿。对有固定工作和以其为主要收入来源的农村居民,虽未在城镇居住,其伤残赔偿应按城镇居民标准计算。案见重庆五中院(2011)渝五中法民终字第507号"刘某诉张某等交通事故损害赔偿案"。

5.【伤残鉴定结论】对于两份结论不一致的伤残等级鉴定,法院除了考察鉴定机构与鉴定人员的合法资质、鉴定程序和内容的合法性外,还从以下两方面考虑:一是法院委托的鉴定,其得出的鉴定结论在效力上优先于其他鉴定结论;二是资质高的鉴定机构、鉴定人出具的鉴定结论在效力上优先于其他鉴定结论。案见北京密云法院(2009)密民初字第5266号"曹某诉某冶金公司等交通事故损害赔偿案"。

【附注】

参考案例索引:江苏建湖法院(2007)建民一初字第0870号"吴某等诉某汽车

厂等人身损害赔偿案",二审江苏盐城中院(2008)盐民一终字第251号"颜某等诉某汽车厂等人身损害赔偿案"。判决增加赔偿原告因颜某交通事故造成的后续治疗费、住院伙食补助费、营养费、护理费、误工费、丧葬费、处理丧葬事宜支出费用等各项损失6.1万余元。见《受害人生前诉讼终结后近亲属能否再行诉讼——江苏建湖县法院判决吴根兄等诉诸城汽车厂等人身损害赔偿案》(林毅、孙卫权),载《人民法院报·案例指导》(20080620:5);另见《受害人已起诉并获赔偿,死亡后其近亲属又诉请赔偿的处理》(林毅、孙卫权),载《人民司法·案例》(200810:84)。①江苏阜宁法院(2017)苏0923民初4641号"严国芸诉卢党生等机动车交通事故责任纠纷案",见《以判决隐含的事实起诉构成重复起诉》(刘干),载《人民司法·案例》(201735:65)。②江苏徐州中院(2015)徐民终字第1124号"易某诉徐州军分区招待所、徐州军分区机动车交通事故责任纠纷案",见《关于公布江苏省维护残疾人合法权益十大典型案(事)例的通知》,载《江苏省高级人民法院公报》(201705/53:20);另见《易来华诉军分区招待所等机动车交通事故责任纠纷案》,载《江苏省高级人民法院公报》(201604/46:39)。③最高人民法院(2015)民提字第00081号"鲁绪明与贾祥、中国平安财产保险股份有限公司安庆支公司等机动车交通事故责任纠纷案",见《鉴定机构的鉴定意见被作为裁判依据后鉴定机构要求撤回如何认定?——贾某与鲁某明、中国平安财产保险股份有限公司安庆中心支公司保险合同纠纷案》(丁铎,安徽高院审监庭),载《审判监督指导·地方法院案例评注》(201702/60:129)。④广东深圳中院(2007)深中法民一再字第48号"黄某与某运输公司人身损害赔偿纠纷案",见《黄纯六与深圳天诚运输实业有限公司人身损害赔偿纠纷再审案》,载《审判监督指导·裁判文书选登》(201001/31:152)。⑤重庆五中院(2011)渝五中法民终字第507号"刘某诉张某等交通事故损害赔偿案",见《有固定工作但未在城镇居住的农村居民伤残赔偿金的计算——重庆五中院判决刘新强诉张小亮等交通事故人身损害赔偿案》(胡军),载《人民法院报·案例指导》(20121115:6)。⑥江苏扬州中院(2010)扬民终字第0212号"程某诉某物流公司交通事故损害赔偿案",一审判赔45万余元,二审改判赔偿39万余元。见《伤残等级评定时机的确定及与后续治疗的关系——扬州中院判决程宝诉劳武物流公司道路交通事故损害赔偿纠纷案》(李萍),载《人民法院报·案例指导》(20100826:6)。⑦北京密云法院(2009)密民初字第5266号"曹某诉某冶金公司等交通事故损害赔偿案",见《曹庆武诉威客公司等道路交通事故人身损害赔偿案》(方淑梅),载《中国法院2012年度案例:道路交通纠纷》(67)。⑧江苏南京秦淮区法院(2006)秦民一初字第381号"冷某诉张某等人身损害赔偿案",见《因伤残造成置业妨害的残疾赔偿金调整》(吴良根、戴娟),载《人民司法·案例》(200814:23)。

**参考观点索引**：○见《患有精神病的无劳动能力人在交通事故发生前一直未参加工作,现因交通事故致残,侵权人应否赔偿残疾赔偿金》(《民事审判指导与参考》研究组),载《民事审判指导与参考·民事审判信箱》(201402/58:241);另见《对于无劳动能力人的损害赔偿问题》(《民事审判指导与参考》研究组),载《民事审判指导与参考·民事审判信箱》(201403/59:234)。●见《如何确定道路交通事故中因伤持续治疗费用承担问题》(《民事审判指导与参考》研究组),载《民事审判指导与参考·民事审判信箱》(201302/54:241)。○最高人民法院《关于陈海仓、乔香莲人身损害赔偿申请再审一案残疾生活补助费应按何种标准计算的复函》(〔2002〕民立他字第12号 2002年5月27日),载《立案工作指导·请示与答复》(200303/4:60);另见《关于陈海仓、乔香莲人身损害赔偿申请再审一案残疾生活补助费应按何种标准计算的请示与答复》(梁曙明,最高人民法院立案庭),载《立案工作指导·请示与答复》(200303/4:61)。●受害人诉请加害人支付被扶养人生活费的人身损害赔偿案件,法院应否通知被扶养人参加诉讼?见《受害人诉请加害人支付被扶养人生活费的人身损害赔偿案件,法院应否通知被扶养人参加诉讼?》,载《人民司法·司法信箱》(201105:110)。○赔偿权利人在依据人身损害赔偿司法解释第32条确定的残疾赔偿金计算年限届满后仍然生存,能否继续请求赔偿义务人支付残疾赔偿金?见《赔偿权利人在依据人身损害赔偿司法解释第32条确定的残疾赔偿金计算年限届满后仍然生存,能否继续请求赔偿义务人支付残疾赔偿金》,载《民事审判指导与参考·民事审判信箱》(201104:260)。●诉讼期间受害人由农业户口转为城镇户口并已在城镇居住生活,应如何计算残疾赔偿金?见《诉讼期间受害人由农业户口转为城镇户口并已在城镇居住生活,应如何计算残疾赔偿金》(贾劲松),载《民事审判指导与参考·指导性案例》(2009:176)。○交通事故当事人起诉时尚未评残,对其残疾赔偿金的赔偿请求是驳回还是由人民法院委托评残后判决支持?见《道路交通事故损害赔偿案件中,当事人起诉时尚未评残,对其残疾赔偿金的赔偿请求是驳回还是由人民法院委托评残后判决支持?》,载《民事审判实务问答》(2008:150)。●如何理解"丧失劳动能力"?见《如何理解"丧失劳动能力"?》,载《人民司法·司法信箱》(200305:79)。

# 59. 死亡赔偿金计算标准

## ——死亡赔偿金，地域定标准？

【同命同价】

【案情简介及争议焦点】

季某婚后一直在县城生活、工作多年，2005年11月，因驾驶摩托车在与穆某驾驶的货车相撞后身亡，交警认定季某负主要责任，穆某负次要责任。穆某驾驶的肇事车系徐某与孙某合伙期间购买，后徐某退出合伙后该车归孙某所有，但该车仍一直登记在徐某名下。该车投保了20万元限额的第三者责任险。

争议焦点：1. 死亡赔偿金是否按城镇居民标准计算？2. 赔偿义务主体？

【裁判要点】

**1. 死亡赔偿金的计算标准。** 按最高人民法院《关于审理人身损害赔偿案件适用法律若干问题的解释》第29条规定，死亡赔偿金应以受诉法院所在地上一年度城镇居民人均可支配收入或农村居民人均纯收入标准，按20年计算。因受害人季某户籍登记虽为农村居民，但根据现有证据，季某婚后常年居住于县城，季某生前曾在县城多家单位从事工作，有较稳定的收入，其主要消费地亦在县城，如按农村居民标准计算其死亡赔偿金，显不足以填补其损失，有失公平，故在确认季某赔偿金标准时，应客观考虑季某生前经常居住地、工作地、获取报酬地、生活消费地等均在城镇的因素，以城镇居民标准计算死亡赔偿金。

**2. 本案事故损害赔偿主体。** 徐某虽为登记车主，但在穆某具有驾驶资质并实际驾驶该车辆前提下，穆某是负有赔偿义务的侵权人，徐某对事故发生并无过错，故不应承担责任。鉴于季某对事故负主要责任，故对原告方所受损失超过三者责任险限额部分，应由穆某根据其在事故中应负责任予以赔偿。

【裁判依据或参考】

**1. 法律规定。**《民法典》(2021年1月1日)第1180条："因同一侵权行为造成多人死亡的，可以以相同数额确定死亡赔偿金。"《侵权责任法》(2010年7月1日，

2021年1月1日废止)第16条:"侵害他人造成人身损害的,应当赔偿医疗费、护理费、交通费等为治疗和康复支出的合理费用,以及因误工减少的收入。造成残疾的,还应当赔偿残疾生活辅助具费和残疾赔偿金。造成死亡的,还应当赔偿丧葬费和死亡赔偿金。"第17条:"因同一侵权行为造成多人死亡的,可以以相同数额确定死亡赔偿金。"《民法通则》(1987年1月1日,2021年1月1日废止)第119条:"侵害公民身体造成伤害的,应当赔偿医疗费、因误工减少的收入、残废者生活补助费等费用;造成死亡的,并应当支付丧葬费、死者生前扶养的人必要的生活费等费用。"

2. 司法解释。最高人民法院《关于审理人身损害赔偿案件适用法律若干问题的解释》(2004年5月1日　法释〔2003〕20号,2020年修正,2021年1月1日实施)第15条:"死亡赔偿金按照受诉法院所在地上一年度城镇居民人均可支配收入或者农村居民人均纯收入标准,按二十年计算。但六十周岁以上的,年龄每增加一岁减少一年;七十五周岁以上的,按五年计算。"第18条:"赔偿权利人举证证明其住所地或者经常居住地城镇居民人均可支配收入或者农村居民人均纯收入高于受诉法院所在地标准的,残疾赔偿金或者死亡赔偿金可以按照其住所地或者经常居住地的相关标准计算。被扶养人生活费的相关计算标准,依照前款原则确定。"第22条:"本解释所称'城镇居民人均可支配收入''农村居民人均纯收入''城镇居民人均消费性支出''农村居民人均年生活消费支出''职工平均工资',按照政府统计部门公布的各省、自治区、直辖市以及经济特区和计划单列市上一年度相关统计数据确定。'上一年度',是指一审法庭辩论终结时的上一统计年度。"最高人民法院《关于授权开展人身损害赔偿标准城乡统一试点的通知》(2019年9月2日法明传〔2019〕513号):"……当前,我国户籍制度改革的政策框架基本构建完成,城乡统一的户口登记制度全面建立,各地取消了农业户口与非农业户口性质区分。为贯彻落实中央精神,经充分调研,现就全国法院人身损害赔偿纠纷案件统一城乡居民赔偿标准问题通知如下:一、授权各省、自治区、直辖市高级人民法院及新疆维吾尔自治区建设兵团分院根据各省具体情况在辖区内开展人身损害赔偿纠纷案件统一城乡居民赔偿标准试点工作。试点工作应于今年内启动。"最高人民法院《对"关于统一人身损害侵权案死亡和残疾赔偿金标准建议"的答复》(2014年5月28日):"最高人民法院《关于审理人身损害赔偿案件适用法律若干问题的解释》(法释〔2003〕20号)中规定的残疾赔偿金和死亡赔偿金,是对受害人因残疾或死亡,采取定型化赔偿的方法计算的赔偿金,是对受害人财产损失的赔偿。法释〔2003〕20号中有关残疾赔偿金和死亡赔偿金根据受诉法院所在地上一年度城镇居民人均可支配收入或者农村居民人均纯收入计算的规定,是在考虑到我国目前城乡差别和城镇居民与农村居民存在收入差异的现实情况的基础上,综合社会各界的意见制定的。法释〔2003〕20号实施后，曾引发了'双重标准'的争论，我院高度重视，从2005年初即着手进行研究。我们就完善人身损害赔偿司法解释曾经提出十余种方案，并多次组织法院系统的座谈会，五次召开专家座谈会，与相关中央国家机关多次交换意见，多次征求全国人大代表和全国政协委员的意见，就有关问题征求了最高人民法院特邀咨询员的意见，我院审判委员会也进行了六次讨论。但由于法律对于死亡赔偿金的性质、计算标准等规定不明确，加之人身损害赔偿问题本身的复杂性，对死亡赔偿金的适用问题难以达成共识。在《侵权责任法》制定过程中，其第三次审议稿中曾就死亡赔偿金、残疾赔偿金的计算标准明确规定，其基本思路与你在建议中提出的思路相似。但是在审议讨论过程中，各方意见分歧过大，最后未能通过。我们将对此问题继续进行研究，以寻求一种更符合国情的方案。网民所提出的建议我们会在研究过程中充分考虑。"最高人民法院《关于交通事故赔偿标准全国应该统一问题的答复》（2014年3月28日）："……基于以下原因，目前来看，交通事故赔偿标准全国统一的条件尚不成熟：第一，东西部差异、城乡差别是赔偿标准不能统一的现实条件。损害赔偿，既要考虑到被侵权人的损失填补，也要兼顾侵权人的赔偿负担。由于我国东西部差异、城乡差别仍然存在，甚至不少地区差别较大，如果实行全国统一的赔偿标准，在相当多的地区尤其是不发达地区，显然会过分加重侵权人的赔偿负担，会出现无力赔偿、赔偿不到位等情形，酿成新的矛盾。第二，从司法实践来看，人民法院也在根据法律和现实发展逐步调整赔偿标准。例如，根据侵权责任法第十七条的规定，同一侵权行为造成多人死亡的，按照相同数额予以赔偿。根据我国城镇化的实际情况，人民法院不再以户籍作为判断适用城镇标准或农村标准的唯一指标，而以受害人住所地、经常居住地、主要收入来源等因素综合判断适用何种赔偿标准，尽最大可能兼顾被侵权人的损失填补和侵权人损失赔偿可能性。当然，我国社会城镇化的稳步推进，保险制度的进一步发展，对损害赔偿标准作出相应的调整也是题中之义。对此，我们一直在积极研究相应的方案，争取尽早制定出更加符合我国实际的赔偿标准。"最高人民法院《2011年全国民事审判工作会议纪要》（2011年11月9日　法办〔2011〕442号）第6条："……残疾赔偿金或死亡赔偿金的计算标准，应根据案件的实际情况，结合受害人住所地、经常居住地、主要收入来源等因素，确定应适用的标准。在计算被扶养人生活费时，如果受害人是农村居民但经常居住地在城镇，且其被扶养人经常居住地也在城镇的，被扶养人生活费也应按照受诉法院所在地上一年度城镇居民人均消费性支出标准计算。"最高人民法院《关于如何理解〈最高人民法院关于适用"中华人民共和国侵权责任法"若干问题的通知〉第四条的答复》（2010年12月21日）："本条规定了新的规定出台之前，确定残疾赔偿金和死亡赔偿金的方法。《最高人民法院审理人身损害赔偿案件适用法律若干问题的解释》（以下简称《人身损害赔偿司法解释》)第十七条第二、三款规定侵害生命健康权的,应支付残疾赔偿金、死亡赔偿金和被扶养人生活费。侵权责任法第十六条规定了残疾赔偿金和死亡赔偿金,没有被扶养人生活费一项。从立法解释上来说,一般认为侵权责任法第十六条规定改变了既有法律和司法解释关于死亡赔偿金、残疾赔偿金和被扶养人生活费的关系,原来司法解释规定的死亡赔偿金、残疾赔偿金并不包含被扶养人生活费,但是现在被扶养人生活费已经被侵权责任法第十六条的死亡赔偿金、残疾赔偿金吸收了。为此,新近出台的司法解释作出规定:'如受害人有被扶养人的,应当依据《人身损害赔偿司法解释》第二十八条的规定,将被扶养人生活费计入残疾赔偿金或死亡赔偿金。'这就使有被扶养人的残疾赔偿金和死亡赔偿金与立法精神一致了,同时也与我们以前的作法完全一致。通俗地讲,侵权责任法规定的死亡赔偿金、残疾赔偿金等于司法解释规定的死亡赔偿金、残疾赔偿金和被扶养人生活费之和。以上答复仅供参考。"最高人民法院《关于适用〈中华人民共和国侵权责任法〉若干问题的通知》(2010年6月30日 法释〔2010〕23号)第4条:"人民法院适用侵权责任法审理民事纠纷案件,如受害人有被扶养人的,应当依据《最高人民法院关于审理人身损害赔偿案件适用法律若干问题的解释》第二十八条的规定,将被扶养人生活费计入残疾赔偿金或死亡赔偿金。"最高人民法院民一庭《关于经常居住地在城镇的农村居民因交通事故伤亡如何计算赔偿费用的复函》(2006年4月3日 〔2005〕民他字第25号):"……人身损害赔偿案件中,残疾赔偿金、死亡赔偿金和被扶养人生活费的计算,应当根据案件的实际情况,结合受害人住所地、经常居住地等因素,确定适用城镇居民人均可支配收入(人均消费性支出)或者农村居民人均纯收入(人均年生活消费支出)的标准。本案中,受害人唐顺亮虽然农村户口,但在城市经商、居住,其经常居住地和主要收入来源地均为城市,有关损害赔偿费用应当根据当地城镇居民的相关标准计算。"

3. **地方司法性文件**。内蒙古高院《关于道路交通事故损害赔偿案件赔偿项目审核认定标准汇编》(2022年1月1日)第11条:"死亡赔偿金。1. 计算方法。死亡赔偿金按照内蒙古自治区人民政府统计部门公布的上一年度城镇居民人均可支配收入标准,按二十年计算;但六十周岁以上的,年龄每增加一岁减少一年,七十五周岁以上的,按五年计算。死亡赔偿金 = 内蒙古自治区人民政府统计部门公布的上一年度城镇居民人均可支配收入 × 赔偿年限。2. 相关证据。赔偿权利人应提供受害人死亡医学证明或尸检报告、户籍注销证明等证据证明受害人因事故死亡以及赔偿权利人与受害人亲属关系。3. 说明。赔偿权利人有证据证明受害人的死亡原因并非是交通事故单一原因导致的,而是由交通事故和受害人自身疾病等其他原因共同作用导致受害人死亡的,应按照交通事故对受害人的死亡参与度计算死亡赔偿金、被扶养人生活费、丧葬费等项目。"海南高院《关于印发〈海南省道路交通事故人身损害赔偿标准〉的通知》(2021年1月1日 琼高法〔2020〕325号)第2条:"……死亡赔偿金即受害人的近亲属因受害人死亡而遭受的未来可继承或可共享的受害人收入损失的赔偿责任。根据《最高人民法院关于适用〈中华人民共和国侵权责任法〉若干问题的通知》(法发〔2010〕23号)第四条规定,受害人有被扶养人的,应当依据《最高人民法院关于审理人身损害赔偿案件适用法律若干问题的解释》第二十八条规定,将被扶养人生活费计入残疾赔偿金或者死亡赔偿金一并赔偿。1.单证标准:居民死亡医学证明书或死亡证明书、尸检报告、死者户口簿和身份证复印件。2.计算原则:死亡赔偿金=年度死亡赔偿金标准×赔偿年限+被扶养人生活费。(1)年度死亡赔偿金标准:以海南省上一年度城镇居民人均可支配收入为标准计算。(2)赔偿年限:根据死者年龄计算,最高赔偿20年。死者未满60周岁,按照20年计算;60周岁以上,每增加1周岁减少1年;75周岁以上,按5年计算。(3)被扶养人生活费:与前述残疾赔偿金中计算被扶养人生活费的计算原则一致。"湖南高院《关于印发〈审理道路交通事故损害赔偿纠纷案件的裁判指引(试行)〉的通知》(2019年11月7日 湘高法〔2019〕29号)第19条:"受害人登记的户籍在农村,但发生交通事故时已在城镇连续居住一年以上的,应按城镇居民的标准计算赔偿数额。受害人为农村户籍,事故发生时已随父母、子女一方在城镇连续居住一年以上的,应按城镇居民标准计算赔偿数额。同一交通事故中死亡的,受害人无论是城镇居民还是农村村民,应当按同一标准计算赔偿数额。"第20条:"受害人提供下列证据之一的,可以认定其在交通事故发生时已在城镇连续居住一年以上:(一)事故发生时在城镇已经连续居住满一年的居住证或暂住证;(二)事故发生时申领满一年且载明营业地点在城镇的个体工商营业执照;(三)事故发生时居住地公安机关出具的已在城镇连续居住满一年的书面证明;(四)事故发生时已取得城镇房屋权属且已连续居住一年以上的证明材料;(五)事故发生时居住地居民委员会出具书面证明且有相应房屋租赁连续一年以上证明材料的;(六)事故发生时与城镇用人单位签订的劳动合同及工资领取连续一年以上证明材料;(七)事故发生时受害人在城镇连续缴纳社保一年以上的证明材料;(八)事故发生时受害人在城镇从事合法经营的相关证照及纳税证明材料;(九)其他可以证明受害人已在城镇连续居住一年以上的证据。"四川高院《关于印发〈四川省高级人民法院机动车交通事故责任纠纷案件审理指南〉的通知》(2019年9月20日 川高法〔2019〕215号)第23条:"【死亡(残疾)赔偿金的赔偿标准】死亡(残疾)赔偿金以一审法庭辩论终结时受诉人民法院所在地上一年度城镇居民人均可支配收入或者农村居民人均可支配收入标准确定。赔偿权利人举证证明其住所地或者经常居住地城镇居民人均可支配收入或者农村居民人均可支配收入高于受诉人民法院所在地标准的,残疾赔偿金或者死亡赔偿金可以按照其住所地或者经常居住地的相关标准计算。经常居住地为城镇或者主要收入来源地为城镇的农村居民(包括未征地农村居民转城镇居民),可以按照城镇标准计算死亡(残疾)赔偿金。如果同一事故中死亡的受害人中既有城市居民又有农村居民的,根据具体情况确定一个统一的赔偿标准,一般采取'就高不就低'的做法。"第24条:"【死亡(残疾)赔偿金的赔偿年限】受害人死亡时或定残日为六十周岁以下的,死亡(残疾)赔偿金按二十年计算;六十周岁以上的,年龄每增加一岁减少一年;七十五周岁以上的,按五年计算。"第48条:"【统计数据的适用时间】四川省城镇居民人均可支配收入、农村居民人均可支配收入、城镇居民人均消费支出、农村居民人均消费支出、城镇全部单位就业人员平均工资、分行业城镇单位就业人员平均工资等与审理机动车交通事故赔偿责任纠纷案件有关的年度统计数据,自四川省统计局发布以上数据之日起适用。"北京高院《关于市一中院就民事侵权案件审理中相关问题请示的答复》(2018年10月30日)第2条:"关于人身损害赔偿案件中残疾赔偿金适用标准的相关问题。经我院了解,自2015年开始,根据国家统计局城乡居民统计新口径要求,北京市统计局在每年发布的统计数据中将'农村居民人均纯收入'统一改为'农村居民人均可支配收入',故在审理人身损害赔偿类案件适用农村标准计算残疾赔偿金、死亡赔偿金时仍存在相关依据和标准,应按照一审法庭辩论终结时的上一统计年度北京市统计局发布的农村居民人均可支配收入数据计算残疾赔偿金、死亡赔偿金。"湖北鄂州中院《关于审理机动车交通事故责任纠纷案件的指导意见》(2018年7月6日)第4条:"受害人户籍所在地属鄂州市行政管辖区域以内的,死亡赔偿金、残疾赔偿金按照城镇标准计算;受害人户籍所在地属鄂州市行政管辖区域以外的,一般应按受害人户籍性质来认定。受害人虽为农村户籍,但有证据证明其经常居住地为城镇或者主要收入来源地为城镇的,可以按照城镇标准计算死亡(残疾)赔偿金。同一案件的受害人中既有城镇居民又有农村居民的,统一按照城镇标准计算死亡(残疾)赔偿金。发回重审的,死亡(残疾)赔偿金按原一审法庭辩论终结前上一年度的标准计算。"山东日照中院《机动车交通事故责任纠纷赔偿标准参考意见》(2018年5月22日)第16条:"农村居民参照城镇居民标准计算损失。在城镇打工,签有劳动合同,有相对稳定的工资收入,在城郊居住的农村居民;城市规划区内的失地农民;在城镇长期随子女居住、生活的农村居民,这些情况可参照城镇居民标准计算损失。到城镇子女家中,临时帮助照料孙子女(外孙子女),但没有脱离农业生产的,不宜参照城镇居民标准计算有关损失。"河北唐山中院《关于审理机动车交通事故责任纠纷、保险合同纠纷案件的指导意见(试行)》(2018年3月1日)第14条:"[死亡(残疾)赔偿金的赔偿标准]农村户籍的人员在交通事故发生前,具有下列情形之一的,其残疾赔偿金、死亡赔偿金参照城镇居民赔偿标准计算:(1)受害人的户籍在农村,但其所在集体的土地已被国家征收或者其承包的集体土地被国家征收,致其无法以农业为主要收入来源的;(2)受害人与用工单位签署劳动合同且已购买养老保险的;(3)受害人系在城区购买商品房且已办理房产证的所有权人或户内同住家庭成员的;(4)受害人系领取营业执照的个体工商户或私营企业业主且从业时间满一年的;(5)其他结合受害人住所地、经常居住地、主要收入来源地、主要生活消费地等因素综合判断可以参照适用城镇居民赔偿标准的情形。"第17条:"[数据适用]'城镇居民人均可支配收入'、'农村居民人均纯收入'、'城镇居民人均消费性支出'、'农村居民人均年生活消费支出'、'职工平均工资',数据使用的时间节点按照政府统计部门公布的时间为准,公告后即应采用该数据。"陕西榆林中院《人身损害赔偿标准调研座谈会会议纪要》(2018年1月3日)第11条:"死亡赔偿金。问题:除交通事故案件外的人身损害赔偿案件,农户和非农户死亡赔偿金是否区别赔偿?解决:所有人身损害赔偿案件不区别农户和非农户,死亡赔偿金均按其经常居住地城镇居民上年度人均可支配收入标准计算。"安徽淮北中院《关于审理道路交通事故损害赔偿案件若干问题的会议纪要》(2018年)第1条:"赔偿项目和标准……(十)死亡赔偿金。按照上一年度安徽省城镇居民人均可支配收入计算。"广东惠州中院《关于审理机动车交通事故责任纠纷案件的裁判指引》(2017年12月16日)第35条:"残疾、死亡赔偿金。农村户籍当事人提供下列证据之一的,可以参照城镇居民赔偿标准:(一)满一年的居住证或暂住证;(二)经营者为受害人的个体工商营业执照;(三)取得的城镇房屋权属证明;(四)备案的劳动合同;(五)社保证明;(六)连续6个月以上的银行工资流水;(七)乡、镇一级人民政府出具的农村承包土地被征收的证明。当事人提供下列证据之一的,可以认定交通事故受害人在发生交通事故时已在城镇居住一年以上:(一)两张以上时间相继且其中一张尚且在有效期内身份证件;(二)居住地公安机关派出所出具的书面证明;(三)居住地居民委员会出具书面证明且有相应房屋租赁证明材料的或者缴交水电费凭证的;(四)受害人为产权人的城镇房屋产权证明文件;(五)用工单位出具书面证明居住在城镇,且有劳动合同等印证的;(六)其他可以证明受害人已在城镇居住一年以上的证据。当事人提供下列证据之一的,可以认定交通事故受害人在发生交通事故时主要收入来源为城镇:(一)与城镇用人单位签订的劳动合同及工资领取证明文件;(二)受害人在城镇从事合法经营的登记文件及相应的纳税证明文件;(三)受害人依法在城镇取得孳息且足以维持本人生活的证明文件;(四)受害人在一年以上的时间内较有规律地为数额稳定的储蓄存入交易的记录或者消费支出记录;(五)其他可以证明受害人在主要收入来源为城镇的证据。发生交通事故时,农村居民有下列情形,请求按照城镇居民标准赔偿的,可予以支持:(一)经常居住地在城镇,主要收入来源于城镇的;(二)随父母生活的未成年人,其父或母一方经常居住地在城镇,主要收入来源于城镇的;(三)随子女生活的老人,其子女经常居住地在城镇,主要收入来源于城镇的;(四)不享有土地承包经营权或虽享有土地承包经营权,但发生道路交通事故时承包土地全部已被有关部门实际征收的;(五)受害人在农村地区设立并领取工商营业执照的用人单位工作及住宿的。"湖北黄冈中院《关于审理机动车交通事故责任纠纷案件的指导意见(一)》(2017年10月1日)第22条:"[死亡赔偿金、残疾赔偿金的起算时间]死亡赔偿金、残疾赔偿金的起算时间以受害人死亡之日、定残之日为基准日。"第23条:"[死亡赔偿金、残疾赔偿金标准的认定]死亡赔偿金、残疾赔偿金一般应按受害人户籍性质来认定。受害人为农业户籍,但有证据证明其在城镇工作、生活、经商,居住满一年以上,且经常居住地和主要收入来源地均为城镇的,应按城镇居民标准计算。经常居住地,应结合当事人提供的居住证、租房合同、缴纳水电费证明、购房合同、房屋产权证明、居住地居委会、派出所出具的证明等证据综合进行认定。收入来源地,应结合劳动合同、收入证明、工资发放凭证、完税证明等证据综合进行认定。受害人为农业户籍,其经常居住地已纳入当地城镇行政规划,但还未具体实施的,如受害人的户籍身份未发生变化,且仍在当地居住和生活,应按农村居民标准计算死亡赔偿金和残疾赔偿金。"江西高院《关于印发〈审理人身侵权赔偿案件指导意见(试行)〉的通知》(2017年9月5日 赣高法〔2017〕169号)第4条:"侵权行为造成受害人残疾或者死亡,赔偿权利人请求赔偿范围内,既有残疾赔偿金或者死亡赔偿金,又有被抚养人生活费的,对被抚养人生活费的赔偿项目不予支持。"第19条:"受害人的经常居住地或者主要收入来源地在城镇的,按照城镇标准认定赔偿。(1)居住在原农(林)业生产区域、从事农(林)生产的居民(简称农村居民,原系城镇户口的不包含在内)在城镇稳定居住时间达到一年或者主要收入来源于城镇,侵权人以其未办理城镇居住证、暂住证、社会保险手续而不能适用城镇标准确定赔偿的,不予支持;(2)农村居民在城镇工作未达到一年,未办理居住证、暂住证手续,但已经办理了城镇职工社会保险手续,可以按照主要收入来源地原则,适用城镇标准确定赔偿;(3)农村居民在城镇办理了居住证、暂住证,在城镇居住的时间虽未达到一年的,能证明其主要收入来源于城镇的,适用城镇标准确定赔偿;(4)在城镇季节性从事工业、个体商业和其他职业,未办理城镇居住证、暂住证,也未参加城镇职工社会保险,仅以其主要收入来源于城镇为由主张按照城镇标准确定赔偿的,不予支持;(5)农村居民系城镇用人单位派驻在农村工作的人员,并按规定参加了城镇职工社会保险的,其主张按照城镇标准赔偿,应当支持;(6)外地(含外省市)单位派驻在本地工作,工资由外地用人单位发放,并按规定参加了当地城镇职工社会保险的赔偿权利人,可以选择本地或者用人单位所在地的标准;(7)农村居民不能证明其符合本条规定的城镇生活、工作条件,仅以其在城镇购有住房为由,主张按照城镇标准赔偿的,不予支持;但其属于与子女等直系亲属稳定居住在城镇的,应当按照城镇标准确定。"四川成都中院《关于印发〈机动车交通事故责任纠纷案件审理指南(试行)〉的通知》(2017年7月5日 成中法发〔2017〕116号)第22条:"死亡(残疾)赔偿金以一审法庭辩论终结时受诉法院所在地上一年度城镇居民人均可支配收入或者农村居民人均纯收入标准确定。赔偿权利人举证证明其住所地或者经常居住地城镇居民人均可支配收入或者农村居民人均纯收入高于受诉法院所在地标准的,残疾赔偿金或者死亡赔偿金可以按照其住所地或者经常居住地的相关标准计算。经常居住地为城镇或者主要收入来源地为城镇的农村居民或未征地农转居,可以按照城镇标准计算死亡(残疾)赔偿金。如果同一案件的受害人中既有城市居民又有农村居民的,根据具体情况确定一个统一的赔偿标准,一般采取'就高不就低'的做法。"第23条:"受害人死亡时或定残时为六十周岁以下的,死亡(残疾)赔偿金按二十年计算;六十岁以上的,年龄每增加一岁减少一年;七十五周岁以上的,按五年计算。"浙江高院《关于在机动车交通事故责任纠纷案件审理中应统一适用相关人身损害赔偿标准进行裁量的通知》(2017年6月1日 浙高法〔2017〕92号)第1条:"机动车交通事故责任纠纷案件中涉农村户籍的务工人员除依现行法律和司法解释明确适用城镇居民赔偿标准外,交通事故发生前,具有下列情形之一的,其残疾赔偿金、死亡赔偿金参照城镇居民赔偿标准计算:(1)受害人的户籍在农村,但其所在集体的土地已被国家征收或者其承包的集体土地被国家征收,致其无法以农业为主要收入来源的;(2)受害人与用工单位签署劳动合同且已购买养老保险的;(3)受害人系在城区购买商品房且已办理房产证的所有权人或户内同住家庭成员的;(4)受害人系个体工商户或私营企业业主且从业时间满一年的;(5)其他结合受害人住所地、经常居住地、主要收入来源地、主要生活消费地等因素综合判定可以参照适用城镇居民赔偿标准的情形。"第2条:"受害人为农村居民但按照城镇居民赔偿标准计算残疾赔偿金或死亡赔偿金的,其被扶养人生活费也应按照受诉法院所在地上一年度城镇居民人均消费性支出标准计算。"北京三中院《类型化案件审判指引:机动车交通事故责任纠纷类审判指引》(2017年3月28日)第2-3.3.2.4部分"死亡、伤残赔偿金—常见问题解答"第1条:"城乡二元户籍体制下的死亡伤残赔偿金的认定标准?我国长期存在城乡二元户籍体制,但是随着人口流动的加剧和户籍制度的改革,在同命同价的平等理念下,如何确定户籍与经常居住地、收入来源之间的冲突,是审判中的难点。总体上应当弱化城镇标准和农村标准的区分,在受害人经常居住地和主要收入来源地不一致的情形下,应将主要收入来源地作为死亡赔偿金、残疾赔偿金的主要判断因素。对于进城务工的农村户籍居民遭受人身损害,其经常居住地位于农村,但主要收入来源于城镇的,原则上应按城镇居民标准计算残疾赔偿金和死亡赔偿金。"第2条:'因同一交通事故造成多人死亡或受伤的,如何确定死亡赔偿金或残疾赔偿金?《侵权责任法》第十七条规定,因同一侵权行为造成多人死亡的,可以以相同数额确定死亡赔偿金。'因此,同一交通事故造成多人死亡的,可以以相同数额确定死亡赔偿金;在存在城乡差别时,对计算标准,通常就高不就低,但需针对具体案件具体认定。同一交通事故造成多人伤残的,因伤残指数或被扶养人情况可能不同,故不应不加区分地确定残疾赔偿金。但参照立法精神,在存在城乡差别时,对计算标准,应趋于一致,通常就高不就低,但需针对具体案件具体认定。"北京高院研究室、民一庭《**北京法院机动车交通事故责任纠纷案件审理疑难问题研究综述**》(2017年3月25日)第3条:"残疾赔偿金、死亡赔偿金的赔偿标准应如何把握?对于进城务工的农村户籍居民遭受人身损害,其经常居住地位于农村,但主要收入来源于城镇的,在确定具体赔偿金额时应按照怎样的标准来判断是适用城镇标准还是农村标准予以计算? 第一种观点认为:根据2006年4月3日,《最高人民法院民一庭关于经常居住地在城镇的农村居民因交通事故伤亡如何计算赔偿费用对云南省高级人民法院作出复函》(以下简称《复函》),只有受害人经常居住地与主要收入来源地均位于城镇时才能适用城镇标准计算残疾赔偿金、死亡赔偿金,因此对于经常居住地在农村,主要收入来源于城镇的仍应适用农村标准计算。第二种观点认为:残疾赔偿金是对被侵权人未来收入损失的补偿,因此只要其主要收入来源于城镇,即可按城镇标准计算残疾赔偿金,而无需考虑其经常居住地是否位于城镇。我们认为,《复函》中'经常居住地和主要收入来源地均为城市'的判断依据仅针对云南省高院所请示的个案,复函中'应当根据案件的实际情况,结合受害人住所地、经常居住地等因素'才具有原则性的普遍指导价值。该复函改变了《最高人民法院关于审理人身损害赔偿案件适用法律若干问题的解释》(以下简称《人身损害赔偿司法解释》)单一的以受害人户籍作为判断标准的情形,从复函的内容以及具体表述来看,主要明确了一个标准,即受害人系农村户籍,进城务工后其经常居住地及主要收入来源地均位于城镇时,此时不以户籍作为判断因素,而是应当以受害人经常居住地和主要收入来源地作为主要判断因素,在计算残疾赔偿金、死亡赔偿金时适用城镇标准。而对于受害人系农村户籍,进城务工后其经常居住地与主要收入来源地不一致,即经常居住地仍在农村,但主要收入来源地位于城镇的情形最高法院的《复函》并未予以明确规定,故应从死亡赔偿金、残疾赔偿金的法律性质入手,确定判断的标准和规则。通过对侵权法理论的分析和《人身损害赔偿司法解释》制定本意的考究,死亡赔偿金、残疾赔偿金填受害人住所地、经常居住地、主要收入来源地等因素综合判断。对于进城务工的农村户籍居民遭受人身损害,其经常居住地位于农村,但主要收入来源于城镇的,原则上应按城镇居民标准计算残疾赔偿金和死亡赔偿金。"江西景德镇中院《**关于印发〈关于审理人身损害赔偿案件若干问题的指导意见〉的通知**》(2017年3月1日 景中法〔2017〕11号)第6条:"城镇规划区内居民赔偿标准的确定。根据现行法律法规及相关司法解释规定,'城乡二元'标准还应继续坚持。农村居民适用城镇标准计算赔偿数额应符合两个条件,即经常居住地和主要收入来源地为城镇。对于主张居住在城镇规划区内或城中村并应适用城镇居民标准计算相关费用的农村户籍居民,应由其举证证明居住在城镇规划区范围内或城中村,且主要收入来源地为城镇,方可按城镇居民标准计算。"第7条:"农村户籍在校学生赔偿标准的确定。对此要区分不同情况,主要根据其就读学校所在地、经常居住地、入学就读时间确定。只要学校驻地位于城镇,且其在校读书时间一年以上或经常居住地位于城镇的,即可按城镇居民标准计算相关赔偿。对于普通高等院校,校园所辖区域可视为城镇。"第20条:"赔偿权利人属城镇居民还是农村居民,应以侵权行为发生时赔偿权利人的户籍身份为准。如属农村户口,但经常居住地和主要收入来源地均为城镇的,残疾赔偿金、死亡赔偿金和被扶养人生活费均可按城镇居民标准计算。在侵权结果发生后,受害人或赔偿权利人将户口从农村迁移到城镇的,原则上按农村居民标准计算相关赔偿项目。"第21条:"当年统计数据公布时间到下一年度统计数据公布时间为'一年度',一审法庭辩论终结时的上一统计年度为'上一年度'。对于上一年度统计数据在一审法庭辩论终结前公布,法院应向赔偿权利人释明,如赔偿权利人同意适用新的统计数据,赔偿权利人可增加诉讼请求,法院据此作出裁判。对于发回重审的案件,如第二次审理与第一次审理系跨年度,由法院向当事人释明,如赔偿权利人同意变更诉讼请求,法院参照重审后法庭辩论终结前的上一年度数据裁判。"天津高院《关于印发〈机动车交通事故责任纠纷案件审理指南〉的通知》(2017年1月20日 津高法〔2017〕14号)第5条:"……农村居民按照城镇居民标准计算问题。(1)残疾赔偿金一般根据受害人的户籍性质计算。受害人户籍性质系农村居民,但主张按照城镇居民标准计算残疾赔偿金的,应符合以下条件:①受害人系成年人的,能够举证证明交通事故发生时其已在城镇连续居住一年以上且主要收入来源地为城镇;②受害人系未成年人的,如其户籍性质系农村居民或未进行户籍登记,其代理人应举证证明交通事故发生时该未成年受害人已在城镇连续居住一年以上。(2)受害人提供下列证据之一的,可以认为交通事故受害人在发生交通事故时已在城镇连续居住一年以上:①显示受害人已在城镇居住一年以上的居住证、暂住证等身份证件;②受害人城镇居住地的公安机关出具的书面证明;③受害人城镇居住地的居民委员会出具书面证明且有相应房屋租赁手续等证明材料;④房屋买卖合同或房产证且有实际在此居住一年以上的证明材料;⑤其他可以证明受害人已在城镇居住一年以上的证据。(3)受害人提供下列证据之一的,可以认为交通事故受害人在发生交通事故时主要收入来源地为城镇:①与城镇用人单位签订的劳动合同及工资领取证明文件;②受害人在事故发生时在城镇连续缴纳社保一年以上的;③受害人在城镇从事合法经营的登记文件及相应的纳税证明文件;④其他可以证明受害人主要收入来源地为城镇的证据。(4)对于事故发生时户籍性质为农村居民的受害人,但于一审法庭辩论终结前其户籍性质已依法变更为城镇居民的,应按城镇居民的标准计算。"江苏徐州中院《关于印发〈民事审判实务问答汇编(五)〉的通知》(2016年6月13日)第2条:"……(8)农村居民及城镇居民赔偿计算标准应如何确定?答:考虑到城镇居民的平均消费水平和收入水平均高于农村居民,为合理地补偿受害人的损失,而对城镇居民和农村居民的赔偿计算标准加以区别。不能简单的依据户籍登记确认赔偿计算标准,而应当综合考虑受害人的经常居住地、获取报酬地、工作地、生活消费地等因素加以判断。对于生活工作在城镇一年以上,收入相对稳定,消费水平也和一般城镇居民基本相同,已经融入城镇生活的农村居民,且主要收入来源地和生活消费地为城镇的,如果发生事故涉及赔偿问题的,应当按照城镇居民的标准计算赔偿金。当事人提供下列证据之一的,农村居民可按照城镇居民标准主张其赔偿金:(一)与城镇用人单位签订的劳动合同及工资领取等证明材料,在城镇用人单位工作一年以上相关证据的;或者受害人提供在城镇从事合法经营一年以上的登记文件及相应的纳税证明文件;(二)受害人在事故发生时在城镇连续缴纳社保费用一年以上的;(三)受害人在城镇缴纳物业费、水电费、天然气费、有线电视费、宽带费等与居住生活相关费用的证据,且至事故发生时实际缴费时间已超过一年以上;(四)受害人购买城镇房屋,至事故发生时已实际入住一年以上的相关证据;(五)事故发生时,持有一年以上的有效暂住证明;(六)城镇居住地的公安机关、街道办事处或居民委员会出具的书面材料,证明事故发生时受害人已经在当地连续居住一年以上;(七)其他可证明受害人已在城镇工作、生活或者居住一年以上的证据。"河北石家庄中院《关于规范机动车交通事故责任纠纷案件审理工作座谈会会议纪要》(2016年1月11日 石中法〔2016〕4号)第13条:"农村居民按照城镇居民计算赔偿费用的证明标准。(一)农村居民提供下列证据之一的,可以认定经常居住地在城镇:1.城镇的房屋权属证书;2.城镇房屋的购房合同以及本人已实际入住所购房屋的证明;3.在有关部门备案的城镇房屋租赁合同,且租赁期间在事故发生前超过一年的;4.公安机关核发的城镇暂住证或居住证;5.城镇派出所、居委会、小区物业出具的在本地居住的证明,且事故发生前居住时间超过一年的;6.在城镇缴纳物业费、卫生费、车位费、水、电、暖、气等与居住有关的费用的有效凭证,且缴费时间在事故发生前超过一年的。(二)农村居民提供下列证据,可以认定主要收入来源地在城镇:1.与城镇用人单位签订的劳动合同或劳动用工证明、聘用证明、任职证明;2.用人单位的营业执照或组织机构代码,但用人单位属于国家机关的除外;3.事故发生前连续三个月的工资表(单)以及工资、劳动报酬发放证明(银行转账凭证或者工资、劳动报酬的发放凭据);4.在城镇自谋职业者,应当提供营业执照、有关部门批准的从(执)业证书或其他有效证明。"第14条:"在石家庄市人民政府作出关于鹿泉区、栾城区、藁城区的城乡并轨管理的统一规定之前,上述地区的农村居民,如其实际居住、生活地仍为农村地区的,按照农村居民标准计算赔偿费用,但其住所地如已完成社区改造,设立了居委会的,可以按照城镇居民标准计算赔偿费用。"江西宜春中院《关于审理机动车交通事故责任纠纷案件的指导意见》(2016年1月1日　宜中法〔2015〕91号)第1条:"关于农村、城镇标准的认定。1.人民法院对农村、城镇标准的适用应当以户籍登记所在地为原则,经常居住地为例外。乡、镇集镇地即城乡结合部原则上可以认定为城镇区域范围。"第2条:"当事人提供下列证据之一的,可以认定受害人在发生交通事故时已在城镇连续居住一年以上:(1)能证明发生事故时受害人已在城镇居住满一年的居住证;(2)经常居住地公安派出所与经常居住地居民委员会出具的发生事故时受害人已连续在城镇居住满一年的书面证明;(3)受害人为产权人(包括共有人)的城镇房屋产权证明文件且实际入住一年以上的相关证明材料(如与房屋产权证明文件相对应的水电费、物业费、固定电话费、有线电视费缴费单据等);(4)受害人在城镇学校脱产学习满一年的学籍证明;(5)其他可以证明受害人已在城镇连续居住一年以上的证据。"第3条:"当事人提供下列证据之一的,可以认定受害人主要收入来源于城镇:(1)发生交通事故时受害人已在城镇连续工作一年以上的证据(如劳动合同、社保缴纳凭证、工作单位证明、工资表及实际领取工资的证据等);(2)发生交通事故时受害人已在城镇实际从事合法商业经营一年以上的证据(如营业执照、组织机构代码及相对应的纳税证明等);(3)发生交通事故时受害人在一年以上的时间内较有规律地数额稳定的储蓄存入交易的记录或依法取得的孳息且足以维持本人生活的证明文件;(4)其他可以证明受害人主要收入来源于城镇的证据。"第4条:"完全失地的农民或部分失地且其主要收入来源于城镇的失地农民可以认定为城镇标准的适用对象。"江西南昌中院《机动车交通事故责任纠纷案件指引》(2015年4月30日　洪中法〔2015〕45号)第1条:"……以受害人身份统一赔偿标准。即:死亡赔偿金、残疾赔偿金和被扶养人生活费的赔偿标准均以受害人的身份状况统一认定。【注意事项】:该条意味着如果受害人系农村户口,但在城镇务工居住的,残疾赔偿金可按城镇标准计算,其父母虽居住农村但由于受害人是在城镇,故被扶养人生活费也是跟着扶养人走,按城镇标准。该条规定符合最高院人身损害赔偿司法解释第30条的规定。"江西南昌中院《机动车交通事故责任纠纷案件指引》(2015年4月30日　洪中法〔2015〕45号)第2条:"关于交通事故具体赔偿项目的要求……城乡差异认定标准。(1)以户籍登记所在地为原则,经常居住地为例外。(2)经常居住地和主要收入来源地均为城镇的,可按城镇标准计算。(3)可适用国家统计局《统计用区划代码和城乡划分代码库》认定城乡标准。(4)失地农民可按城镇标准计算。【注意事项】：目前南昌地区居民家庭户口是否属于城镇可直接按国家统计局《统计用区划代码和城乡划分代码库》予以认定。"安徽马鞍山中院《关于审理交通事故损害赔偿案件的指导意见（试行）》（2015年3月）第10条："【参照城镇居民标准的情形】农村居民在交通事故中受伤致残或死亡，有下列情形之一的，残疾赔偿金、死亡赔偿金可参照城镇居民标准计算：(1)受害人进城经商、务工，在城镇居住满一年的；(2)受害人系未成年人，在城镇上幼儿园、就读，或者在城镇随近亲属共同生活满一年的；(3)受害人系老年人，在城镇随成年子女共同生活满一年的；(4)事故发生前受害人家庭承包地被全部或大部分征迁的；(5)同一起交通事故中有其他受害人的残疾赔偿金、死亡赔偿金按照城镇居民标准计算的。"广东广州中院涉外商事庭《机动车交通事故责任纠纷处理及应对指引》（2015年1月）："……交通事故损害赔偿标准的确定。赔偿权利人的残疾赔偿金、死亡赔偿金、被扶养人生活费等人身损害赔偿项目的计算标准根据其身份情况分别按照城镇居民和农村居民的有关标准进行计算。实践中，受害人户口为城镇居民或受害人人身损害发生时为农业户口，一审终结前依法转为城镇户口并已在城镇居住生活的，按城镇居民的标准计算。广州法院审判实践认为，即使是农业户口，只要当事人能举证证明其在城镇工作、学习、生活、经商居住一年（含一年）以上的，也适用城镇标准计算。'一证两卡双合同'确保举证充分。广州法院审判实践中发现，受害人户口为农村居民但主张按城镇居民标准计算相关费用时，其所提供的举证材料多形成于交通事故发生后，如雇主出具的工资证明、当地村委会出具的居住证明等，虽均属于证明材料，但证明力低于原始证据如居住证或暂住证等，因此建议外来务工人员来穗后积极办理'一证两卡双合同'，以使诉讼中举证充分，有力维护自身利益。(1)暂住证或居住证。外市人员来穗务工后及时前往当地派出所办理暂住证或居住证，并按时续办。有效的暂住证或居住证可直接证明受害人至事故发生时已在城镇地区举证满一年。(2)社保卡和银行卡。外来务工人员可直接向社保局等机构办理社保，社保记录可确保受害人在未能提供劳动合同的前提下，仍能有力证明其在事发前广州城镇地区工作满一年的事实，另银行卡流水证明则可证明受害人在广州城镇地区生活满一年以上的事实，并且因两卡均属于原始证据，故证明力高于用人单位在交通事故发生出具的工作证明、工资证明等证据。(3)房屋租赁合同和劳动合同。外来务工人员应及时与出租方签订书面房屋租赁合同，即使缺乏书面合同，也应妥善保管支付房租的收据。劳动合同直接证明事发前在广州城镇地区工作满一年，但鉴于目前用人市场劳资双方签订劳动合同仍未得到广泛落实，因此受害人能提供工资领取流水账目和相应的用人单位营业执照的，也可获得支持。另外，司法实践中考虑到外来务工人员在举证上存在困难，只要受害人提供了本地区居住地公安机关及相关户籍管理部门出具的其他书面证明、本地区居住地公安机关及相关户籍管理部门出具的其他书面证明、本地区居住地居民委员会出具的书面证明、房屋买卖合同、事发前被扶养人在本地区学习满一年的学籍证明或入学通知书及学费缴纳凭证、学校证明等一系列材料,也可按城镇居民标准判赔。"河北承德中院《**2015年民事审判工作会议纪要**》(2015年)第43条:"残疾赔偿金或死亡赔偿金的计算标准。应根据案件的实际情况,结合受害人住所地、经常居住地、主要收入来源等因素,确定应适用的标准。在计算被扶养人生活费时,如果受害人经常居住地在城镇,被扶养人生活费也应按照受诉法院所在地上一年度城镇居民人均消费性支出标准计算。"第46条:"同一事故多人死亡的赔偿。《侵权责任法》第十七条规定:'因同一侵权行为造成多人死亡的,可以以相同数额确定死亡赔偿金。'据此,在同一交通事故中造成多人死亡的,可以以相同数额确定死亡赔偿金,原则上就高不就低,按照个体赔偿数额较高的标准确定死亡赔偿金数额,死亡的受害人有一人按城镇居民标准确定死亡赔偿金的,其他死亡的受害人也按城镇标准计算死亡赔偿金。"河南三门峡中院《**关于审理道路交通事故损害赔偿案件若干问题的指导意见(试行)**》(2014年10月1日)第3条:"受害人户籍登记在农村,但下列证据之一且居住一年以上的,可视为其经常居住地为城镇:(1)两张以上时间相继且其中一张尚在有效期内的暂住证;(2)经常居住地公安机关、居民委员会所出具的书面证明;(3)相应房屋租赁登记手续或城镇房屋产权证明;(4)在城镇入托、就读等证明;(5)与用人单位所签订的劳动合同或工资领取证明或缴纳社会保险金的证明;(6)从事合法经营的登记文件及相应的纳税证明;(7)其他能够确认主要经济来源的城镇身份证明。"第4条:"道路交通事故发生时承包土地全部已被有关部门实际征收的农村居民,请求按照城镇居民标准赔偿,可予以支持。损害事故发生时受害人是农村居民,但在一审判决宣告以前因法定事由成为城镇居民的,可以按城镇居民的标准计算赔偿数额,但事故发生后受害人非因法定事由自行转移户籍的,不能按照城镇居民的标准计算赔偿数额。"湖北汉江中院民一庭《**关于审理交通事故损害赔偿案件疑难问题的解答**》(2014年9月5日)第2条:"问:取消农业户口和非农业户口区分后,农村居民和城镇居民以何作为判断标准?在城镇工作,在农村生活是否适用城镇居民标准?属于城镇居民,在农村从事农业生产以何为标准?在城镇上大学的农村居民以何为标准?答:一般将户籍住址作为主要判断标准,居住区域、收入来源等因素作为酌定标准。虽然是农村居民,但在城镇工作、居住,其经常居住地和主要收入来源地均为城镇,相关损害赔偿费用应当根据当地城镇居民的相关标准计算。在城镇工作,但生活在农村,由于其经常居住地和主要消费地在农村,以按农村居民标准计算相关损害赔偿费用为宜。属于城镇居民,在农村从事农业生产,应按城镇居民标准计算相关损害赔偿费用。在城镇上大学的农村居民,因其生活在城镇、消费支出在城镇,应按城镇居民标准计算相关损害赔偿费用。"广西高院《关于印发〈审理机动车交通事故责任纠纷案件有关问题的解答〉的通知》(2014年9月5日 桂高法〔2014〕261号)第8条:"经常居住地在城镇的农村居民主张按城镇标准赔偿的,提供哪些证据可以支持?答:当事人能提供下列证据之一,证明交通事故发生前受害人在城镇工作、生活、学习持续满一年以上的,可予以支持:(一)劳动合同及工作单位收入证明;(二)社保证明或纳税证明;(三)租房合同及居住地居民委员会证明;(四)房屋产权证明及居住地居民委员会证明;(五)暂住证或派出所证明;(六)在城镇学校就读的证明材料;(七)能证明受害人经常居住地在城镇的其他材料。"广东深圳中院《关于道路交通事故损害赔偿纠纷案件的裁判指引》(2014年8月14日 深中法发〔2014〕3号)第10条:"本市两级法院审理道路交通事故损害赔偿纠纷案件需要确定受诉法院所在地的'城镇居民人均可支配收入'、'农村居民人均纯收入'、'城镇居民人均消费性支出'、'农村居民人均年生活消费支出'、'职工平均工资'等标准时,均适用一审法庭辩论终结时由广东省高级人民法院发布的广东省最新年度人身损害赔偿计算标准。案件被发回重审的,赔偿权利人在举证期限内要求以重审法庭辩论终结时由广东省高级人民法院发布的广东省最新年度人身损害赔偿计算标准的,人民法院可予支持。"第12条:"受害人的户口在农村,但发生交通事故时已在城镇居住一年以上,且主要收入来源地为城镇的,在计算赔偿数额时按城镇居民的标准。受害人为未成年人,如其系农村居民或未进行户籍登记的,在事故发生时已在城镇居住一年以上者,应按城镇居民标准计算赔偿数额。"第13条:"当事人提供下列证据之一的,可以认为交通事故受害人在发生交通事故时已在城镇居住一年以上:(一)事故发生时在城镇已经居住一年以上的身份证件;(二)居住地公安机关出具的书面证明;(三)居住地居民委员会出具书面证明且有相应房屋租赁手续证明材料的;(四)其他可以证明受害人已在城镇居住一年以上的证据。"第14条:"当事人提供下列证据之一的,可以认为交通事故受害人在发生交通事故时主要收入来源地为城镇:(一)与城镇用人单位签订的劳动合同及工资领取证明文件;(二)受害人在事故发生时在城镇连续缴纳社保一年以上的;(三)受害人在城镇从事合法经营的登记文件及相应的纳税证明文件;(四)受害人依法取得孳息且足以维持本人生活的证明文件;(五)受害人有数额稳定的存款交易记录;(六)其他可以证明受害人主要收入来源地为城镇的证据。"湖南长沙中院民一庭《关于长沙市法院机动车交通事故责任纠纷案件审判疑难问题座谈会纪要》(2014年7月23日)第11条:"机动车交通事故案件中,因同一事故造成的人身损害赔偿,受害人既有城镇居民又有农村居民的,赔偿标准如何适用?最高人民法院针对云南省高级人民法院的一个请示,于2005年下发了《最高人民法院民一庭关于经常居住地在城镇的农村居民因交通事故伤亡如何计算赔偿费用的复函》

(〔2005〕民他字第25号),全文如下:'你院《关于罗金会等五人与云南昭通交通运输集团公司旅客运输合同纠纷一案所涉法律理解及适用问题的请示》收悉。经研究,答复如下:人身损害赔偿案件中,残疾赔偿金、死亡赔偿金和被扶养人生活费的计算,应当根据案件的实际情况,结合受害人住所地、经常居住地等因素,确定适用城镇居民人均可支配收入(人均消费性支出)或者农村居民人均纯收入(人均年生活消费支出)的标准。本案中,受害人唐顺亮虽然农村户口,但在城市经商、居住,其经常居住地和主要收入来源地均为城市,有关损害赔偿费用应当根据当地城镇居民的相关标准计算。'该复函的目的实质上是在根据现实社会经济发展水平体现城乡差异的基础上兼顾公平,故农村居民能够提交其在城镇的合法暂住证明,在城镇有相对固定的工作和收入,已连续居住、生活满一年的,残疾赔偿金、死亡赔偿金按城镇居民标准计算。农村居民在城镇上学,残疾赔偿金、死亡赔偿金按城镇居民标准计算。《中华人民共和国侵权责任法》第十七条进一步规定'因同一侵权行为造成多人死亡的,可以以相同数额确定死亡赔偿金。'故,因同一机动车交通事故造成多人死亡的,受害人既有城镇居民又有农村居民的,基于相同数额这一规定,宜就高不就低,死亡赔偿金均按城镇居民标准计算更符合司法的公平和公正与户籍改革趋势。对于因同一机动车交通事故造成多人伤残或者既有伤残又有死亡的,其死亡赔偿金、伤残赔偿金仍按照一般规定分别确定适用城镇标准或农村标准。"浙江高院民一庭《关于印发〈关于人身损害赔偿费用项目有关问题的解答〉的通知》(2013年12月27日 浙高法民一〔2013〕5号)第15条:"精神损害赔偿金额应如何确定?答:精神损害抚慰金数额应依据最高人民法院《关于确定民事侵权精神损害赔偿责任若干问题的解释》第十条的规定确定,根据我省审判实践,一般以5万元为限。如果侵权行为情节特别恶劣,被侵权人的损害程度特别严重或者社会影响特别大,可适当提高赔偿金额,但原则上不超过10万元。"湖北高院《民事审判工作座谈会会议纪要》(2013年9月)第14条:"死亡赔偿金的赔偿权利人为死者的近亲属,其内容是对死者家庭整体预期收入损失的赔偿,其性质是财产损害赔偿。死亡赔偿金是基于死者死亡对死者近亲属所支付的赔偿,不属于死者的遗产。"第15条:"人身损害赔偿案件中,受害人为农村户口,但在城市工作、居住,其经常居住地和主要收入来源地均为城市的,按当地城镇居民的相关标准计算有关损害赔偿费用。"山东淄博中院《全市法院人身损害赔偿案件研讨会纪要》(2012年2月1日)第10条:"关于农村居民参照城镇居民标准计算残疾赔偿金或死亡赔偿金的情形问题。受害人系农民身份要求按城镇居民人均纯收入标准计算其残疾赔偿金或死亡赔偿金的,应符合下列情形之一的,可以予以支持:(1)在城市连续居住满一年以上的;(2)失去土地的(不包括土地整体出租情况);(3)在城市较正规企业连续务工满一年以上的;(4)在农村较正规企业连续务工满一年以上的,能提供有效劳动合同和社会五险证明的;(5)农村户口未成年人在城市学校寄宿学习满一年以上的。凡不符合以上情形之一的,一律按农村居民人均纯收入标准计算残疾赔偿金或死亡赔偿金。"上海高院民一庭《道路交通事故纠纷案件疑难问题研讨会会议纪要》(2011年12月31日)第12条:"关于非本市户籍人员适用城镇居民标准赔偿的认定。根据最高院的解答及上海高院出台的指导意见,适用城镇居民标准赔偿需要满足两个条件,一是在城镇地区连续居住满一年,二是其主要收入来源为城镇。在认定上述条件时,我们认为不宜过于严苛。对于在城镇地区居住满一年的期间计算,截止日期为事故发生时。对于居住地为城镇的标准,原则上可以居住地基层组织是村民委员会还是居民委员会为识别标准。对于收入来源地的认定,劳动合同和工作证明为最主要的证据要求,证据可包括劳动合同、工资签收单、综合保险、工资账户定期收款凭证、税收证明等。户籍为学校集体户口的大学生,应适用城镇居民标准。"江苏南通中院《关于处理交通事故损害赔偿案件中有关问题的座谈纪要》(2011年6月1日 通中法〔2011〕85号)第16条:"最高人民法院《关于审理人身损害赔偿案件适用法律若干问题的解释》规定的残疾赔偿金、死亡赔偿金、被扶养人生活费的赔偿标准,原则上按照受害人在交通事故发生时系城镇居民或者农村居民确定。但受害人在二审终结前因正常的原因或正当的途径转为城镇居民,并已在城镇生活的除外。"第17条:"最高人民法院《关于审理人身损害赔偿案件适用法律若干问题的解释》规定的城镇居民与农村居民的认定,一般以户籍登记地为准。但具有下列情形之一的,可按城镇居民标准计算:(1)因实行户籍制度改革而无法确定是否为农业户口的;(2)虽是农业户口,但其承包地被国家征用的;(3)虽是农业户口,但在城镇生活居住、学习或工作满一年以上的;(4)从城镇机关或企、事业单位退休后回农村居住生活,并定期从单位领取退休工资的;主张以城镇居民标准计算赔偿数额的当事人应当承担举证责任。实践中,可从宽适用城镇居民的标准条件,但应从严审查相关证据。"浙江衢州中院《关于人身损害赔偿标准的研讨纪要》(2011年5月13日 衢中法〔2011〕56号)第3条:"残疾赔偿金、死亡赔偿金。(1)1级伤残或死亡的按20年计算,60周岁以上每增加1岁减1年,75周岁以上按5年计算。1级伤残赔偿比例按100%计算,伤残等级每降低一级,赔偿比例相应降低10%。(2)赔偿权利人多处伤残而且伤残等级不同的计算方法为,以最高伤残等级比例为基数,其他伤残等级二级至五级的每增加一处,增加附加指数4%,六级至十级的每增加一处,增加附加指数2%,存在一级伤残的其他等级被吸收,不再增加附加指数。附加指数合计不超过10%,赔偿指数合计不超过100%。"第2部分:"城镇居民标准的适用。1.非农业户口,按城镇居民标准赔偿。2.虽属于农业人口,但经常居住地在城镇其主要收入来源城镇,可以按城镇居民标准赔偿。暂住证、公安机关书面证明、居住证居委会书面证明、房屋租赁材料、房屋产权证明均可作为经常居住地证据。3.下列情形农业户口,可以按城镇居民标准赔偿。(1)受其抚养并随其共同生活的未成年人、丧失劳动能力又无其他生活来源的成年人。(2)所在集体土地100%被国家征收的。"安徽宣城中院《关于审理道路交通事故赔偿案件若干问题的意见(试行)》(2011年4月)第37条:"城镇居民、农村居民划分标准,一般应以当事人户口簿的注明为准。受害人户籍登记在农村,但有下列情形之一,可以参照城镇居民的相关标准进行赔偿:(一)暂住证或经常居住地公安机关所出具的书面证明,证明受害人在城镇连续居住、生活满一年以上的;(二)居住地居民委员会出具书面证明且有相应房屋租赁登记手续证明,证明受害人在城镇连续居住、生活满一年以上的;(三)受害人为产权人的城镇房屋产权证明文件且有实际入住此房满一年以上的相关证明;(四)在城镇入托、就读满一年以上等证明;(五)与用人单位所签订的劳动合同且提供一年以上的工资领取证明或缴纳社会保险金的证明;(六)在城镇从事合法经营一年以上的登记文件及相应的纳税证明;(七)其他能够确认城镇居民身份的证明。因城乡合并或城镇建设,耕地被依法征收的失地农村居民,应认定为城镇居民。"江西鹰潭中院《关于审理道路交通事故损害赔偿纠纷案件的指导意见》(2011年1月1日 鹰中法〔2011〕143号)第12条:"非城镇户口的当事人要确定其经常居住地为城镇的,应提供以下证据之一:(一)两张以上时间相继且其中一张尚在有效期内的暂住证;(二)经常居住地公安机关出具的书面证明;(三)经常居住地居委会、物业管理中心及用工单位出具书面证明,且有相应的房屋租赁合同、劳动合同等相印证的;(四)受害人为产权人的经常居住地房屋产权证明文件且实际入住此房一年以上的相关证明材料;(五)其他足以证明受害人经常居住地的证据。"第13条:"受害人为未成年人,无论受害人是否在城镇居住一年以上,在计算其应得赔偿款项时,均依其本人身份状况,适用城镇居民或农村居民标准。但未成年人在事故时已满十六周岁,且能够以自己劳动收入维持当地一般生活水平,在城镇居住一年以上,可以按城镇居民标准计算损失。"第14条:"受害人为成年人,虽随其抚养人在城镇居住生活一年以上,但其本人没有固定收入,在计算其应得赔偿款项时,依其本人户籍登记状况适用城镇居民或农村居民标准。"浙江金华中院《2011年人身损害赔偿细化参照标准》(2011年)第7条:"赔偿的城乡标准问题:确定赔偿数额的城乡标准时,按经常居住地和主要收入来源地两方面掌握。以下情况可以按城市标准计算赔偿数额:(1)农民进城务工人员,提供事故发生前(一般为事故前一年)的劳动合同(或企业证明)及工资单(盖企业公章或财务章,并由企业负责人及经办人分别签名或盖私章),在城市连续居住满一年以上的居住证据的;(2)农民进城经商的,提供事故发生前注册或年检的营业执照及纳税证明,配偶受伤的还应当由当地工商所出具夫妻共同经营的证明;(3)农民所在村民小组的集体土地被征收90%以上的,由当地县级国土局或土地征用办公室出具证明,或提供失地农民养老保险手册;(4)农村户籍的大学、中专、技校在校生,提供了事故发生前注册的学生证的。"浙江宁波中院《关于道路交通事故人身损害赔偿纠纷案件中农村居民适用赔偿标准若干问题的意见》(2010年8月25日)第1条:"农村居民按照城镇居民标准赔偿,以户籍登记为处理原则、经常居住地为例外情形,综合考虑主要收入来源。"第2条:"发生交通事故时,经常居住地在城镇的农村居民有下列情形,请求按照城镇居民标准赔偿的,可予以支持:(一)主要收入来源于非农业生产的;(二)本人虽然没有收入来源,但随其配偶生活,其配偶经常居住地在城镇,主要收入来源于非农业生产的;(三)随父母生活的未成年人,其父或母经常居住地在城镇,主要收入来源于非农业生产的。"第3条:"不享有土地承包经营权或虽享有土地承包经营权,但道路交通事故发生时承包土地全部已被有关部门实际征收的农村居民,请求按照城镇居民标准赔偿,可予以支持。"第4条:"对受害人的经常居住地是否在城镇,由赔偿权利人承担举证责任。人民法院可以根据赔偿权利人提供的房产证、租房合同、暂住证等证据结合所居住房屋的土地性质和居住地行政区划综合判断。"第5条:"对受害人的主要收入来源是否为非农业生产,由赔偿权利人承担举证责任。人民法院可以根据赔偿权利人提供的劳动合同、工资单、社会保险缴纳凭证及相关证明等综合判断。"第6条:"本意见所指的非农业生产是指除农业(种植业)、林业(造林营林)、牧业(牲畜或家禽的饲养)、副业(大田生产以外,附带经营的事业,如养猪、养鸡、编席、采集药材等)、渔业(开发、利用和培育各种水生生物资源的生产事业)之外的生产。"河南郑州中院《审理交通事故损害赔偿案件指导意见》(2010年8月20日 郑中法〔2010〕120号)第17条:"因同一交通事故造成多人死亡、残疾的可以以相同赔偿标准确定死亡、残疾赔偿金。"第21条:"受害人户籍登记在农村,但有下列证据之一且居住一年以上的,可视为其经常居住地为城镇:(一)暂住证或经常居住地公安机关、居民委员会所出具的书面证明;(二)相应房屋租赁登记手续或城镇房屋产权证明;(三)在城镇入托、保健、就读等证明;(四)与用人单位所签订的劳动合同或工资领取证明或缴纳社会保险金的证明;(五)从事合法经营的登记文件及相应的纳税证明;(六)其他能够确认城镇身份的证明。"山东东营中院《关于印发道路交通事故处理工作座谈会纪要的通知》(2010年6月2日)第15条:"乡镇以上人民政府驻地的居民,按城镇居民标准赔偿。"第16条:"农村居民在城镇居住生活至事故发生之日满1年以上(含1年)的,按城镇居民标准赔偿。"第17条:"在认定是否符合城镇居民赔偿标准时,由受害人一方承担举证责任。人民法院根据受害人提交的暂住证、劳动合同书和工资发放证明、工商营业执照、税务登记证、派出所的证明、居民委员会的证明等,综合认定是否适用城镇居民标准进行赔偿。"北京高院民一庭《关于道路交通损害赔偿案件的疑难问题》(2010年4月9

日)第1条:"《侵权责任法》第十七条规定,'因同一侵权行为造成多人死亡的,可以以相同数额确定死亡赔偿金。'该法条是对以相同数额确定死亡赔偿金的规定,即俗称所谓'同命同价'的规定。至于什么情况下可以适用这法条,什么情况下不可以,分歧依然严重。具体说,如果在一个交通事故案件中适用'以相同数额确定死亡赔偿金'的规定时,以谁的标准确定赔偿标准?当数个死亡人员的经济等状况不同的,是就高还是就低?还是用别的计算标准,侵权责任法未予明确规定。而且,该法仍存在着不同交通事故中死亡赔偿金数额计算标准不一致的漏洞,对事故中被侵权人的利益保护仍不够充分。对此问题,建议可以制定统一的地区标准。有法院提出,《侵权责任法》第17条规定,同一侵权行为造成多人死亡的,可以以相同数额确定死亡赔偿金。该条规定可以推及适用到同一侵权行为造成一死多残或同一侵权行为造成多残的,都可以以相同数额确定残疾赔偿标准……关于死亡伤残赔偿金标准认定问题,实践中有很大分歧。尤其是证据要证明到何种情况下,农村户口方能按照城镇标准计算死亡伤残赔偿金、扶养费。如何把握赔偿案件中城镇居民标准与农村居民标准的问题。北京存在诸多城乡结合部,外地居民和外地农民进京人员比较多,如何综合考虑户籍、经常居住地、工作、生活等情况来认定赔偿标准,各法院各法官存在认识分歧。有法院提出,在最高人民法院的《复函》出台以前,该院对于受害人死亡赔偿金或残疾赔偿金的标准是以户籍区分的,《复函》下发后,该院的掌握标准为如查清受害人在本区有购房、开办企业、租赁柜台、签订有较长期限(一般为一年以上)的劳动合同、暂住证记载的暂住时间超过一年,可按城镇标准给付死亡赔偿金或残疾赔偿金。现在对上述情形掌握得越来越宽松。"江西南昌中院《关于审理道路交通事故人身损害赔偿纠纷案件的处理意见(试行)》(2010年2月1日)第21条:"【农村户籍人员以城镇标准计算赔偿数额的证据要求】非城镇户口的当事人要求确定其经常居住地为城镇的,应提供以下证据之一:(1)两张以上时间相继且其中一张尚在有效期内的暂住证。(2)经常居住地公安机关出具的书面证明。(3)经常居住地居委会、物业管理中心及用工单位出具书面证明,且有相应房屋租赁合同、劳动合同等印证的。(4)其他足以证明受害人经常居住地的证据。"第24条:"【涉港、澳、台和国外人员的赔偿】对香港、澳门、台湾同胞和华侨、外国人、无国籍人的损害赔偿,按受诉法院所在地城镇居民的赔偿标准计算,其交通费按实际的必须费用计算。"安徽合肥中院民一庭《关于审理道路交通事故损害赔偿案件适用法律若干问题的指导意见》(2009年11月16日)第37条:"审理人身损害赔偿案件需要确定受诉法院所在地'城镇居民人均可支配收入'、'农村居民人均纯收入'、'城镇居民人均消费性支出'、'农村居民人均年生活费支出'、'职工平均工资'等标准时,均适用安徽省统计局公布的相关年度统计数额。"第38条:"因城乡合并或城镇建设,耕地被依法征收的失地农村居民,应认定为城镇居民。"山东临沂中院《民事审判工作座谈会纪要》(2009年11月10日 临中法〔2009〕109号)第1条:"……(三)关于农村居民与城镇居民标准的确定问题。有的观点认为,在确定赔偿标准方面可不再区分城镇、农村居民标准,按照'就高不就低'的精神统一适用城镇居民标准确定相关赔偿数额。这种观点突破了最高法院已有司法解释的规定,亦与我市农业大市的市情不符,如完全采用,将导致由农村居民(被告)以城镇居民标准赔偿农村居民(原告)损失的不公正后果。在新的规定出台以前,为最大限度地保护权利人的权利,又不过分突破现有规定,采取适当放宽,严格掌握的原则,'农村户口的按照农村标准,城镇户口的按照城镇标准,二者难以区别的按平均值计算'。下列情况可按城镇标准计算:一是在城镇居住连续一年以上,有城镇暂住证或在城镇有购买的房屋、公安机关备案的房屋租赁合同,或有劳动局备案的劳动合同等证明的;二是符合最高法院民一庭《关于经常居住地在城镇的农村居民因交通事故伤亡如何计算赔偿费用的复函》(〔2005〕民他字第25号)规定情形的;三是居住地已划入城市规划区,虽属农业户口但无地耕种的;农村居民虽然住在农村,但从事个体工商经营或者其他按农村标准计算明显偏低的情况,按二者的平均值计算,即按(城镇标准数额+农村标准数额)/2的方式确定赔偿数额。"云南高院《关于审理人身损害赔偿案件若干问题的会议纪要》(2009年8月1日)第4条:"……11.残疾赔偿金、死亡赔偿金赔偿的起算时间以侵权行为发生的年度为准。农村居民能够提交其在城镇的合法暂住证明,在城镇有相对固定的工作和收入,已连续居住、生活满一年的,残疾赔偿金、死亡赔偿金按城镇居民标准计算。农村居民在城镇上学,残疾赔偿金、死亡赔偿金按城镇居民标准计算。因同一事故造成人身损害,受害人既有城镇居民又有农村居民的,残疾赔偿金、死亡赔偿金均按城镇居民标准计算。"辽宁高院《关于印发全省法院民事审判工作座谈会会议纪要的通知》(2009年6月1日 辽高法〔2009〕120号)第10条:"根据最高人民法院《经常居住在城镇的农村居民因交通事故伤亡如何计算赔偿费用的复函》的精神,户籍在农村的受害人,如果已在城镇连续居住一年以上,且主要收入来源地为城镇的,有关人身损害赔偿费用应当根据当地城镇居民的相关标准计算。"第11条:"《辽宁省道路交通事故损害赔偿标准》与每年5月1日左右由省法院和省公安厅根据省政府统计部门提供的上一年度相关统计数据联合公布。审判实践中,应以第一次一审程序最后一次法庭辩论终结日为基准日,适用此前最新公布的赔偿标准。案件上诉或发回重审期间新公布的赔偿标准,不适用于本案。"四川泸州中院《关于民商审判实践中若干具体问题的座谈纪要(二)》(2009年4月17日 泸中法〔2009〕68号)第18条:"农村老年居民,到城市与子女共同生活,遭受人身损害,其残疾赔偿金和死亡赔偿金是否按照城市标准计算?基本意见:农村老年居民到城市生活的情况很复杂,有务工的,也有养老的,不能一概而论。对于已经基本丧失劳动能力,纯粹到城市养老的,可能也会帮助子女从事一些家务活动或者其他零杂活,在城市没有收入来源的,原则上不能按照城市标准计算。"广东佛山中院《关于审理道路交通事故损害赔偿案件的指导意见》(2009年4月8日)第47条:"赔偿权利人起诉时,其诉讼请求中没有对部分法定的赔偿项目明晰计算方法与标准,法院应当行使释明权,要求其明晰。若赔偿权利人由于误解或认识错误等原因导致主张的部分赔偿项目的数额低于法定标准,但法院按法定标准计算所得的赔偿总额未超过当事人诉请的总金额时,对该赔偿项目应按法定标准予以计算。"第48条:"残疾赔偿金、死亡赔偿金的赔偿标准,一般按照受害人在道路交通事故发生时系城镇居民或者农村居民确定。但若原登记为'农业户口'的佛山地区农村居民于2004年7月1日前因道路交通事故致损,于2004年7月1日后起诉要求赔偿损失的,应以城镇居民标准计算相应的赔偿项目。其他地区的受害人于交通事故发生时是农村居民,但在一审法庭辩论终结前因法定事由成为城市居民的,其赔偿项目亦可按城镇居民的标准计算。"第49条:"城镇居民与农村居民的认定,一般以户籍登记地为准。但户籍登记地在农村的受害人,在发生道路交通事故时已经在城镇连续居住一年以上,且有生活来源的,可以按照城镇居民标准计算赔偿数额。"第58条:"各赔偿项目的计算单位及起算点分别为:(一)伤残赔偿金计算到年,起算点为定残之日;(二)死亡赔偿金计算至年,起算点为死亡之日;(三)被扶养人生活费计算到年,起算点为定残或死亡之日;(四)误工费、护理费计算到日,起算点为事故发生之日。"第59条:"伤残赔偿金和死亡赔偿金的计算标准时间为一审法庭辩论终结时的上一年度。但由于根据上一年度统计数据确定的'广东省道路交通事故人身损害赔偿计算标准',通常于每年的六月份左右才公布,因此应根据如下原则确定相关计算标准的适用:根据上一年度统计数据确定的《广东省道路交通事故人身损害赔偿计算标准》在一审法庭辩论终结时已经公布的,适用该计算标准;根据上一年度统计数据确定的《广东省道路交通事故人身损害赔偿计算标准》在一审法庭辩论终结时尚未公布的,则适用上一年度的计算标准。"辽宁大连中院《当前民事审判(一庭)中一些具体问题的理解与认识》(2008年12月5日 大中法[2008]17号)第21条:"怎样区分城镇居民和农村居民的身份?区分城镇居民和农村居民,一般以户籍登记为准。焦点问题是如何处理户籍登记地在农村,实际居住在城镇的受害人,按照(2005)民他字第25号复函处理。另外,针对大连部分地方出现的小城镇建设中农转非情况,目前审判实务中按照城镇居民的标准处理。"第22条:"怎样确定死亡赔偿金、伤残赔偿金计算的标准?符合法律规定,属于大连地区居民的,依据大连市年度道路交通事故损害赔偿标准有关数据计算。针对长海县农民收入普遍高于城镇居民的特殊性,可以按照当地统计局确定的数额进行计算。"福建高院民一庭《关于审理人身损害赔偿纠纷案件疑难问题的解答》(2008年8月22日)第18条:"问:居住在城镇的农村居民,是按农村居民还是城镇居民的标准,计算残疾赔偿金和死亡赔偿金? 答:户籍是判断当事人是城镇居民还是农村居民的标准之一,但并不是惟一的标准。最高人民法院民一庭给云南省高院的复函(〔2005〕民一他字第25号)明确指出,'残疾赔偿金、死亡赔偿金和被扶养人生活费的计算,应当根据案件的实际情况,结合受害人的住所地、经常居住地等因素,确定适用城镇居民赔偿标准或者农村居民赔偿标准。'审判实践中,以下几种情形可按城镇居民标准计算相关赔偿费用:(一)农村居民在城镇务工、经商、经常居住地及主要收入来源地在城镇的;(二)农村户口的未成年人损害发生时在城镇上学、生活的;(三)损害事故发生时受害人是农村居民,但在生效判决宣告以前因法定事由成为城镇居民的。"第19条:"问:最高人民法院《关于审理人身损害赔偿案件适用法律若干问题的解释》第三十条规定:'赔偿权利人举证证明其住所地或者经常居住地城镇居民人均可支配收入或者农村居民人均纯收入高于受诉法院所在地标准的,残疾赔偿金或者死亡赔偿金可以按照其住所地或者经常居住地的相关标准计算。'如果受害人为外国居民,其住所地或者经常居住地人均收入高于我国居民的人均收入,因此要求按国外的标准赔偿,人民法院是否予以支持? 答:按照侵权法原则,应填补受害人的损失,但我国目前与发达国家在人均可支配收入、人均消费性支出等方面均存在较大的差距,如果按照填补原则进行处理,由于我国的赔偿义务人负担能力有限,可能出现外国的赔偿权利人的利益得不到实际保护的情形,故此类案件的处理原则为:外国居民以其住所地或者经常居住地的收入高于受诉法院所在地标准为由,要求按照其住所地或者经常居住地的相关标准计算残疾赔偿金、死亡赔偿金的,人民法院可予支持;但其赔偿标准超过我国内地城镇居民人均最高地区的赔偿标准的,按照我国内地的最高赔偿标准赔偿。香港、澳门特别行政区和台湾地区的居民,可参照前款原则执行。"浙江杭州中院《关于道路交通事故损害赔偿纠纷案件相关问题的处理意见》(2008年6月19日)第1条:"……(三)居住地的认定:单凭租住地居委会的居住证明或者工作单位的证明能否认定其生活在城镇且主要收入来源于城镇?对居住地的认定应以从宽为原则。居住地的认定涉及到赔偿标准(农村标准或城镇标准)的问题,故对原、被告双方均利益攸关。在居住地的认定上,应根据最高人民法院(2005)民一他字第25号《关于经常居住地在城镇的农村居民因交通事故伤亡如何计算赔偿费用的复函》、省高院原民一庭庭长赵国勇在2007年4月18日所作的《当前民事审判工作中的若干问题》精神,应结合受害人的户口所在地、经常居住地、主要收入所在地、主要消费地、生活来源等综合判断。如存在下列情形的:1.受害人的户口在农村,但发生交通事故时已在城镇居住一年以上、且有固定收入的;2.虽然是农村户口,但所在集体的土地均被国家征收的;3.受害人受人身损害时为农业户口,一审起诉前因正常的原因和正当的途径转为非农业户口的;4.户口已经统一的地方,主要根据住所地判断,并适当考虑经常居住地和主要生活来源、主要消费地等。从宽掌握。"江苏宜兴法院《关于审理交通事故损害赔偿案件若干问题的意见》(2008年1月28日 宜法〔2008〕第7号)第48条:"外来务工人员在无锡地区连续居住满1年以上,可按城镇居民对待,其中抚养人子女如果在无锡地区上学,也可按城镇居民对待。其老家农村的其他被抚养人,或者途经本地受伤的外地受害人户口为农村居民的,如果没有证据表明以当地法院处理也可按城镇居民对待的,则应按农村居民对待。对于连续居住满1年以上的事实,可参照受害人的暂住证、工作证明、租房证明、纳税凭证等证据予以确认。"陕西高院《关于审理道路交通事故损害赔偿案件若干问题的指导意见(试行)》(2008年1月1日 陕高法〔2008〕258号)第25条:"发生道路交通事故后,在确定赔偿权利人的赔偿标准时,适用最高人民法院《关于审理人身损害赔偿案件适用法律若干问题的解释》的规定的赔偿费用,一般按照赔偿权利人在道路交通事故发生时的户籍情况确定赔偿标准。"第26条:"户籍登记地在农村的赔偿权利人在发生道路交通事故时已经在城镇连续居住一年以上,赔偿权利人系完全民事行为能力人,以其在城镇的稳定收入作为主要生活来源的,在计算赔偿数额时可按城镇居民处理。"湖北十堰中院《关于审理机动车损害赔偿案件适用法律若干问题的意见(试行)》(2007年11月20日)第9条:"受害人户籍为城镇户口或者虽然户口在农村,但发生交通事故时已经在城镇居住一年以上的,在计算赔偿数额时按城镇居民对待。"上海高院民一庭《关于侵权损害赔偿标准若干问题的解答》(2006年12月21日 沪高法民一〔2006〕19号)第1条:"农村居民因交通事故伤亡适用城镇居民赔偿标准的把握。根据最高人民法院〔2005〕民一他字第25号'经常居住在城镇的农村居民因交通事故伤亡如何计算赔偿费用的复函'规定,经常居住在城镇的农村居民,因交通事故造成伤亡的赔偿,主要以受害人的经常居住地和主要收入来源地来确定是否适用城镇居民或农村居民标准。最高人民法院《关于适用〈中华人民共和国民事诉讼法〉若干问题的意见》也明确规定,'公民的经常居住地是指公民离开住所地至起诉时已连续居住一年以上的地方',因此,农村居民在城镇连续居住一年以上,且在城镇有主要收入来源的,可适用城镇居民标准。"江苏溧阳法院《关于审理交通事故损害赔偿案件若干问题的意见》(2006年11月20日)第11条:"残疾赔偿金、死亡赔偿金在常州市范围内统一按照城镇居民标准执行,被抚养人生活费上还是应区分城镇和农村居民的标准。对于非常州市范围内的农村居民使用标准问题,应当根据案件的实际情况,结合受害人住所地、经常居住地(指离开住所地至事故发生时已连续居住一年以上的地方)等因素,确定适用城镇居民人均可支配收入(人均消费性支出)或者农村居民人均纯收入(人均年生活消费支出)的标准。"重庆高院《关于审理道路交通事故损害赔偿案件适用法律若干问题的指导意见》(2006年11月1日)第26条："最高人民法院《关于审理人身损害赔偿案件适用法律若干问题的解释》规定的残疾赔偿金、死亡赔偿金、被扶养人生活费的赔偿标准，按照受害人在道路交通事故发生时系城镇居民或者农村居民确定。"第27条："对最高人民法院《关于审理人身损害赔偿案件适用法律若干问题的解释》规定的城镇居民与农村居民的认定，一般以户籍登记地为准。但户籍登记地在农村的受害人，在发生道路交通事故时已经在城镇连续居住一年以上，且有正当生活来源的，可以按照城镇居民标准计算赔偿数额。"贵州高院、省公安厅《关于处理道路交通事故案件若干问题的指导意见(一)》(2006年5月1日)第34条："确定适用城镇或农村居民的赔偿标准时，一般应以受害人户籍登记地为原则，以经常居住地为例外。对于受害人户籍上虽登记为农村居民，但有证据证实发生交通事故时受害人已在城镇居住一年以上的，在计算赔偿数额时按城镇居民的标准对待。"江西赣州中院《民事审判若干问题解答》(2006年3月1日)第24条："在外地长期务工并连续居住超过一年以上的人员遭受人身损害，其残疾赔偿金或死亡赔偿金的标准如何计算？答：有证据证明受害人在外地务工并连续居住一年以上的，可以参照其居住地标准进行计算。如其户籍为农村户口，则按其居住地农村标准计算，如其户籍为城镇户口，则按其居住地城镇标准计算。"上海高院《关于下发〈关于审理道路交通事故损害赔偿案件若干问题的解答〉的通知》(2005年12月31日　沪高法民一〔2005〕21号)第6条："赔偿权利人为外籍人或港、澳、台同胞，误工费、被抚养人生活费、残疾赔偿金或死亡赔偿金依何标准计算？答：司法实践中有适用受诉法院所在地的赔偿标准的观点，亦有按赔偿权利人住所地标准的做法。我们认为，《最高人民法院关于人身损害赔偿案件适用法律若干问题的解释》出于填平受害人损失的考虑，规定在赔偿权利人确有证据证明其住所地或经常居住地的标准高于受诉法院所在地的前提下，可以按照其住所地或经常居住地的标准。但是，鉴于我国目前尚属于发展中国家，与发达国家和地区在人均可支配收入、人均消费性支付等方面均存在很大的差距，如果按解释中确定的原则进行处理，由于我国的赔偿义务人负担能力有限，即使考虑其经济能力，也可能出现外国或港澳台地区赔偿权利人的利益得不到实际保护的情形，也会使法院的判决成为一纸空文。故在确定赔偿标准时，仍以参照受诉法院所在地标准为宜。"安徽高院《审理人身损害赔偿案件若干问题的指导意见》(2005年12月26日)第21条："农村居民能提供在城镇的合法暂住证明，在城镇有相对固定的工作和收入，已连续居住、生活满一年的(短期回农村探亲等不视为中断)，人身损害的残疾赔偿金、死亡赔偿金等按城镇居民的标准计算。农村户口的未成年人在城镇上学、生活的，人身损害的残疾赔偿金、死亡赔偿金等按城镇居民的标准计算。损害事故发生时受害人是农村居民，但在生效判决宣告以前因法定事由成为城市居民的,其残疾赔偿金按城镇居民的标准计算。因同一事由造成的人身损害赔偿,受害人既有城镇居民又有农村居民的,残疾赔偿金、死亡赔偿金等按城镇居民的标准确定。"山东高院《关于印发〈全省民事审判工作座谈会纪要〉的通知》(2005年11月23日 鲁高法〔2005〕201号)第3条:"……(五)关于城镇、农村人口不同赔偿标准的适用问题。最高人民法院法释〔2003〕20号司法解释针对城镇居民和农村居民分别确定了不同的赔偿标准,这是考虑到当前我国城乡差别的实际情况而制定的。但随着我省农村城镇化水平的提高,城乡差别逐步缩小,从保护受害者利益出发,在两种标准存在交叉的情形下,可以按照'就高不就低'的原则确定具体的赔偿标准。对于农村人口在城镇住所地至起诉时已连续居住一年以上的,可以按照城镇人口标准计算损害赔偿数额;对于实行城乡户口统一登记管理的地方,计算标准也可以统一适用城镇人口统计标准。"广东深圳中院《道路交通事故损害赔偿案件研讨会纪要》(2005年9月26日)第16条:"当事人提供下列证据之一的,可以认为交通事故受害人在发生交通事故时已在深圳市城镇居住一年以上:(一)两张以上时间相继且其中一张尚在有效期内的深圳市暂住证;(二)深圳市居住地公安机关派出所出具的书面证明;(三)深圳市居住地居民委员会出具书面证明且有相应房屋租赁登记手续证明材料的;(四)受害人为产权人的深圳市城镇房屋产权证明文件且实际入住此房一年以上的相关证明材料;(五)其他可以证明受害人已在深圳市城镇居住一年以上的证据。"第17条:"当事人提供下列证据之一的,可以认为交通事故受害人在发生交通事故时在深圳市有固定收入:(一)与深圳市用人单位签订的劳动合同及工资领取证明文件;(二)受害人在深圳市从事合法经营的登记文件及相应的纳税证明文件;(三)受害人依法取得孳息且足以维持本人生活的证明文件;(四)受害人在一年以上的时间内较为规律地为数额稳定的储蓄存入交易的记录;(五)其他可以证明受害人在深圳市有固定收入的证据。"江苏常州中院《关于印发〈常州市中级人民法院关于审理交通事故损害赔偿案件若干问题的意见〉的通知》(2005年9月13日 常中法〔2005〕第67号)第15条:"由于我市属经济比较发达地区,部分地区已实行户籍制度改革,不再分城镇居民与农村居民,全省法院在《道路交通安全法》实施前均按省公安厅发布的同一标准对当事人进行赔偿,实施后因原农村居民的赔偿标准低于城镇居民赔偿标准较多,也低于实施前的赔偿标准较多,审判实践中全市法院按上级规定对赔偿金额的差额均以精神损害赔偿的名义补足。为了对审理道路交通事故案件更规范统一,全市法院自本意见公布之日起都以同一标准即城镇居民的有关标准执行,不再区分城镇居民与农村居民的标准。外地来我市工作的务工人员,如其在我市办理暂住证在一年以上的,可按我市城镇居民的相关标准赔偿。"广东高院、省公安厅《关于〈道路交通安全法〉施行后处理道路交通事故案件若干问题的意见》(2004年12月17日 粤高法发〔2004〕34号)第27条:"受害人的户口在农村,但发生交通事故时已在城镇居住一年以上、且有固定收入的,在计算赔偿数额时按城镇居民的标准对待。"第28条:"对现役军人、香港、澳门、台湾同胞和华侨、外国人、无国籍人的人身损害赔偿,按照城镇居民的有关标准计算赔偿数额。"广东高院、省公安厅《关于处理道路交通事故案件若干具体问题的通知》(1996年7月13日 粤高法发〔1996〕15号 2021年1月1日起被粤高法〔2020〕132号文废止)第32条:"对香港、澳门、台湾同胞和华侨、外国人、无国籍人的损害赔偿,按省公安厅公布的城镇居民的赔偿标准计算。"

4.**最高人民法院审判业务意见。**●如何理解损害赔偿计算的标准时问题?《人民司法》研究组:"来信中提到的问题,实际上是损害赔偿计算的标准时问题。所谓损害赔偿计算的标准时,是指依据有关赔偿参数计算损害赔偿金额的大小时,应当以哪一时间点为标准进行计算。对于残疾赔偿金,其赔偿参数是'上一年度城镇居民人均可支配收入或者农村居民人均纯收入',该上一年度具体指侵权行为发生时的上一年度还是指侵权结果发生时的上一年度,或者是指损害结果确定的上一年度?理论上对该时间点主要有两种认识:一是侵权行为时,具体区分为侵权行为发生时或侵权结果发生时;二是一审法庭辩论终结时。后一时间点靠近对受害人损失的实际填补,通常对受害人较为有利。据此,最高人民法院《关于审理人身损害赔偿案件适用法律若干问题的解释》第35条确定以最近实际填补时间的一审法庭终结时作为损害赔偿计算的标准时。对于发回重审案件,原审判决已经被撤销,根据民事诉讼法第四十一条第二款规定,原审人民法院应当按照第一审程序另行组成合议庭。在重新审理的第一审程序中,当事人重新提交起诉书和答辩状,重新举证、质证并进行法庭辩论。显然重审法庭辩论终结时这一时间点对受害人损失的实际填补更为有利。所以,应当以重审法庭辩论终结时的上一年度为标准计算残疾赔偿金。因此,我们认为你院第一种意见是正确的。"○**侵权责任法实施后,死亡赔偿金和残疾赔偿金的计算标准可按照《关于审理人身损害赔偿案件适用法律若干问题的解释》的规定计算?**《民事审判指导与参考》研究组:"《最高人民法院关于审理人身损害赔偿适用法律若干问题的解释》(以下简称《人身损害赔偿司法解释》)第17条第2、3款规定侵害生命健康权的,应支付残疾赔偿金、死亡赔偿金和被扶养人生活费。《侵权责任法》第16条规定了残疾赔偿金和死亡赔偿金,没有被扶养人生活费一项。从立法解释上来说,一般认为《侵权责任法》第16条规定改变了既有法律和司法解释关于死亡赔偿金、残疾赔偿金和被扶养人生活费的关系,原来司法解释规定的死亡赔偿金、残疾赔偿金并不包含被扶养人生活费,但是现在被扶养人生活费已经被《侵权责任法》第16条的死亡赔偿金、残疾赔偿金吸收了。为此,最高人民法院专门以通知的形式作出规定:'如受害人由被扶养人的,应当依据《人身损害赔偿司法解释》第28条的规定,将被扶养人生活费计入残疾赔偿金或死亡赔偿金。'这就使有被扶养人的受害人的残疾赔偿金和死亡赔偿金与立法精神一致了,同时,也与我们以前的做法完全一致。通俗地讲,侵权责任法规定的死亡赔偿金、残疾赔偿金等于司法解释规定的死亡赔偿金、残疾赔偿金和被扶养人生活费之和。在审理人身伤害侵权纠纷时,应按照上述理解来确定残疾赔偿金和死亡赔偿金的计算标准。参照《国家赔偿法》的规定,以国家上年度职工的平均工资为计算标准没有法律依据。"● **残疾赔偿金、死亡赔偿金能否按照人身损害行为或者结果发生时的统计指标计算?**《民事审判指导与参考》研究组:"该问题涉及侵权法上关于损害赔偿金计算的一个重要问题,即损害赔偿计算的标准时问题。损害赔偿计算的标准时,是指依据有关赔偿参数计算损害赔偿金额的大小时,应当以哪一时间点为标准进行计算。例如残疾者生活补助费,其赔偿参数是'上一年度人均可支配收入',该'上一年度'具体是指侵权行为发生时的'上一年度'抑或侵权结果发生时的'上一年度',或者是指损害结果确定时的上一年度?需要在审判实务中予以明确。理论上对此有两种不同的观点,其一主张应以侵权行为时为损害赔偿计算的标准时,具体尚可区分为侵权行为发生时及侵权结果发生时。理由是侵权行为时通常就是损害发生时,而损害发生时也就是赔偿义务发生时,以此作为损害赔偿计算的标准时客观、公正。权利义务的发生与权利义务的内容相一致;其二主张以事实审言词辩论终结时作为损害赔偿计算的标准时,理由是损害赔偿的相关事实和损害后果的大小须经事实审言词辩论阶段方能在司法上予以确定,并以之作为损害赔偿的事实基础。传统观点认为应当以侵权行为发生时作为损害赔偿计算的标准时。我国立法对损害赔偿计算的标准时没有统一的界定。《道路交通事故处理办法》第37条第(5)项规定残疾者生活补助费'从定残之月起,赔偿二十年',本质上并不是对损害赔偿标准时的规定,而是对赔偿年限起算时间的规定。《最高人民法院关于审理人身损害赔偿案件适用法律若干问题的解释》第35条第3款首次明确了损害赔偿计算的标准时为一审法庭辩论终结时。该规定主要基于以下考虑:第一,涉及损害赔偿计算标准时的主要是残疾赔偿和死亡赔偿,其对赔偿权利人利益损失的填补主要是指向未来,因此确定以最接近实际填补时间的事实审言词辩论终结时作为损害赔偿计算的标准时符合赔偿未来财产损失的本质特征,对受害人利益的保护较为合理;第二,侵权行为发生时与诉讼行为发生时通常存在时间差,个别情形时间间隔还比较长,而物价指数的上涨因素等并未在计算中予以考虑。如果仍然按照侵权行为发生时的较低统计指标计算损害赔偿额,犹如'刻舟求剑',受害人难免会因物价指数上涨而有蒙受赔偿'缩水'之虞;赔偿义务人则会因违反诚信原则故意拖延赔偿而获取不当的期限利益;第三,赔偿以损害事实的确定为基础,而事实审言词辩论终结时即为损害事实确定时,以此作为损害赔偿计算的标准时亦有法理依据。综上所述,司法解释的规定充分考虑了损害填补的实际发生时间与损害填补的利益的未来指向,更好地平衡了赔偿权利人与赔偿义务人双方的利益,具有合理性,审判实践中应当遵照执行。"

**5. 参考案例。**①2015 年河南某保险合同纠纷案,2014 年,物流公司司机李某驾车与何某车辆相撞,李某死亡。李某近亲属在事故发生地宁夏法院起诉,调解书确认按城镇标准获赔交强险及商业三责险 21 万元。2015 年,李某近亲属以物流公司投保过车上责任险(驾驶员)、保险金额 20 万元、物流公司急于申请理赔为由,在保险合同签订地河南法院起诉。保险公司称原告曾在宁夏起诉又撤诉、保险公司只与物流公司存在保险关系、应按农村标准赔付。法院认为:依《仲裁法》第 26 条规定,在首次开庭前未对法院受理该案提出异议的,视为放弃仲裁协议,法院应继续审理。本案保险公司称开庭时才发现,无法律依据,该案继续审理。依《保险法》第 18 条规定,受益人是指人身保险合同中由被保险人或者投保人指定的享有保险金请求权的人,李某驾驶车辆在保险公司投保车上责任险(驾驶员),该商业险种名称即已明确车上驾驶员系对保险金享有请求权的人。李某系驾驶员,为受益人,原告作为李某法定继承人,享有保险金请求权。同一事故所产生的赔偿金额应具有同一性,不应因先后受理法院不同而产生不同的赔偿金额。案涉事故经宁夏法院审理,对赔偿金额已依当地规定及标准作出生效调解书。现原告按宁夏死亡赔偿金等城镇标准计算损失,符合一般人理解的公平正义。原告诉请死亡赔偿金和丧葬费两项即已超过 20 万元,故判决保险公司支付原告 20 万元。②2011 年江苏某行政诉讼案,2009 年,苗某被潘某农用三轮车碰撞身亡。死者家属在辖区派出所开具"非农业户口"证明。2010 年,潘某以该证明与事实不符为由,起诉公安局,要求撤销证明。法院认为:对公民、法人或其他组织权利义务不产生实际影响的行为,不属于法院行政诉讼受案范围。公安机关从已登记联网的公民信息系统中复制、拷贝特定户口信息并以此出具证明行为,实质仅是以国家名义见证和表明某种既有事实状态存在,其本身并未为相对人创设新的行政法上权利义务内容,对相对人实有权利亦未产生实际影响,对此不服提起诉讼,依法不属于行政诉讼受案范围。本案中,派出所根据户口信息系统及档案中存在的客观事实出具证明,并未改变户籍信息管理系统中苗某原有信息内容,未增加其他事实,未创设新的权利义务,与潘某交通事故赔偿数额无法律上因果关系,未侵害潘某合法权益,对潘某权利义务不产生实际影响。本案不属于法院行政案件受案范围,裁定驳回潘某起诉。③2010 年河南某保险合同纠纷案,2010 年 2 月,李某驾驶无牌摩托车与牛某驾驶的助力摩托车碰撞后,又与逯某驾驶的车主为王某的货车相撞,李某当场死亡。交警认定第一次碰撞中,李某全责;第二次碰撞中,李某与逯某同等责任。李某生前所居农村是城镇化试点,村内基本无耕地,居民全部收入靠在村办企业上班。法院认为:王某作为肇事车辆的车主,应在其司机逯某侵权责任范围内对原告方的损失承担赔偿责任。因肇事车辆在保险公司投有交强险及第三者责任险,故保险公司应在交强险限额内对原告的损失直接予以赔偿,不足部分按照责任比例划分在第三者责任险限额内对原告的损失承担赔偿责任。对原告等人要求按照其所居住的村农村人均纯收入计算死亡赔偿金的请求,虽被告方提出异议,但李某所在村作为省社会主义建设新村,是全省农村城镇化的试点,且该村村民的收入基本上来源于在村办企业上班的工资收入,而非耕种土地所得,如果搞"一刀切"按照上年度省农村居民人均纯收入标准计算,势必不利于保护当事人的权益,也不符合社会主义法治理念,故依据客观公正、尊重事实的原则,对原告等人的诉求应予支持,故判决保险公司在交强险限额内赔偿原告各项损失共计24万余元,不足部分12万余元在第三者责任险限额内按50%赔偿计款6万余元。④2010年**湖北某交通事故损害赔偿案**,2010年6月,覃某驾驶无牌摩托车在与向某驾驶的未投保交强险的拖拉机相撞中身亡,交警认定覃某、向某分负主、次责任。覃某是具有非农业户口的务农人员。法院认为:向某未履行投保交强险的法定义务,应先按交强险责任限额赔偿原告方损失,再按双方责任分担其余损失。受害人覃某虽是非农业人口,但其主要收入来源地和主要消费支出地均在农村,故应按农村居民的标准计算死亡赔偿金。⑤2010年**福建某交通事故损害赔偿案**,2010年8月,陈某酒后驾驶二轮摩托车与被告驾驶物流公司的带挂货车相撞,造成陈某及摩托车上包括张某在内的其他4名乘员共5人死亡。交警认定陈某、王某分负主、次责任。法院认为:王某以物流公司名义对外经营,物流公司应对侵权行为承担连带责任。死者张某作为车上乘客,系与陈某及其他乘客一同饮酒,其在明知陈某已醉酒且该摩托车严重超载仍乘坐,将自己置身于危险之中,并放任危险发生,本身存在过失,依法应适当减轻侵权人责任。死者张某于2009年6月办理暂住证,虽在事故发生前该暂住证已失效,但另案中其他死者已按城镇标准获得了死亡赔偿金,故作为同一侵权行为造成的死亡,可以相同数额确定死亡赔偿金。⑥2009年**浙江某交通事故损害赔偿案**,2008年8月,农村户口但在城镇从事个体工商户的张某驾驶无牌摩托车,因与出租汽车公司所有、胡某承包经营、魏某被雇驾驶的已投保机动车第三者责任强制保险的轿车发生碰撞,造成张某10级伤残,交警认定双方同等责任。法院认为:机动车发生交通事故造成人身损害,由保险公司在交强险限额范围内予以赔偿,故保险公司应首先在该保险责任限额内,对张某在交通事故中造成的损失进行赔偿。由于本次事故造成张某精神损害,故结合事故过错因素,由保险公司在前述限额范围内酌情赔偿张某精神损害抚慰金1500元。胡某系肇事车辆承包人和雇主,对魏某在从事雇佣活动中致张某损害,应对张某在交强险责任赔偿限额范围外的其余损失承担相应赔偿责任,出租汽车公司作为肇事车辆所有人,应对胡某的赔偿份额承担连带责任。张某虽为农村户口,但系个体工商户,并未以务农为生,居住地和主要收入来源地均在城镇,故损害赔偿应按本地城镇居民标准计算,故判决保险公司在机动车第三者强制保险责任限额范围内赔偿张某7.6万余元,胡某赔偿张某该限额外的损失2.7万余元的50%共1.7万余元,出租汽车公司对胡某的赔偿责任承担连带义务。⑦2007年湖南某交通事故损害赔偿案,2006年8月,张某驾驶李某所有的货车肇事撞死行人娄某,交警认定张某承担事故主要责任,娄某承担事故的次要责任。娄某生前带子女长期在城镇生活、工作。审理中,李某为肇事车辆投保的保险公司同意支付保险费4.2万元。法院认为:张某因交通违法行为给他人造成人身损害,根据事故责任认定比例,依法应承担事故80%的赔偿责任。李某作为车主,对肇事车辆负有管理义务,在本案事故发生时,李某未尽到管理义务,依法应承担连带责任。保险公司与原告达成的赔偿调解协议不违反法律规定,依法应予确认。死者娄某生前虽然户籍在农村,但其常年在城镇居住和经商,其经常居住地和主要收入来源地在城镇,对其死亡赔偿金的认定,不能单凭户籍来决定。从最有利于保护受害人利益的角度出发,对娄某的死亡赔偿金应按城镇居民标准计算。娄某的子女均随娄某在城镇生活、学习,对被扶养人生活费的相关计算标准,亦应当依照经常居住地的标准来认定和计算,判决张某赔偿原告14万余元,李某承担连带责任,保险公司赔偿原告4.2万元。⑧2006年河南某交通事故损害赔偿案,2005年,张某乘坐杨某驾驶的拖拉机与马某驾驶、门某从汽车公司分期购买并投保三者险的货车相撞,张某受伤。交警认定马某、杨某分负主、次责任。法院认为:根据杨某和马某违章行为和危害后果之间的因果关系,确定双方责任比例为8:2。门某是车主,应对该事故承担赔偿责任。该车在保险公司投保,保险公司应在约定的三者险范围内承担赔偿责任。该车虽登记在汽车公司名下,但门某未向汽车公司交纳管理费,故汽车公司不承担赔偿责任。张某虽系农村户口,但系建筑公司职工,一直在城镇生活,经常居住地和主要收入来源均为城市,故伤残赔偿金应按城镇居民标准计算,判决门某赔偿张某11万余元,保险公司在三者险20万元范围内支付门某赔偿的部分。⑨2005年山东某交通事故损害赔偿案,2005年4月,刘某驾驶器材公司租赁使用的车辆与郭某驾驶的轿车相撞,致后车乘坐的我国台湾地区居民滕某死亡。交警认定刘某、郭某负事故的同等责任。法院认为:刘某与郭某应对刘某负赔偿责任,因刘某所驾肇事车辆归器材公司控制使用,故器材公司应对刘某承担的赔偿义务承担连带责任。根据最高人民法院《关于民事诉讼证据的若干规定》,对当事人提交的在我国台湾地区形成的证据,应先由当事人在我国台湾地区公证,并取得公证书正本,再通过本省公证员协会与海峡交流基金会寄送的副本进行比对,相互认证后确认其真实性。原告所提供的证据均履行了上述证明手续,予以确认。滕某和部分原告居住在我国台湾地区,其余原告居住在辽宁或山东,诸原告住所地并不一致,根据目前处理人身损害赔偿案件"就高不就低"的司法实践以及"最大限度地填补受害人实际损害"的主流观点和做法,死亡赔偿金应按我国台湾地区标准计算,判决死亡赔偿金按我国台湾地区标准计算为29万余元及其他赔偿共计1万余元。

**【同类案件处理要旨】**

交通事故受害人有被扶养人的,应将被扶养人生活费计入残疾赔偿金或死亡赔偿金。残疾赔偿金的计算,应根据案件实际情况,结合受害人住所地、经常居住地等因素,确定适用城镇居民人均可支配收入(人均消费性支出)或者农村居民人均纯收入(人均年生活消费支出)的标准。因同一侵权行为造成多人死亡的,可以相同数额确定死亡赔偿金。

**【相关案件实务要点】**

1.【经常居住地】最高人民法院《关于审理人身损害赔偿案件适用法律若干问题的解释》第29条规定对城镇和农村居民死亡赔偿金计算标准加以区别,不能简单地理解为依户籍登记确认死亡赔偿金计算标准,而应综合考虑受害人的经常居住地、工作地、获取报酬地、生活消费地等因素加以判断。对于常年生活工作在城镇,收入相对稳定,消费水平也和一般城镇居民基本相同,已融入城镇生活的农村居民,如发生死亡事故,涉及赔偿问题的,应按城镇居民标准计算死亡赔偿金。案见江苏南通中院2006年3月8日裁定"季某等诉某保险公司交通事故损害赔偿案"。

2.【赔偿标准】常年生活、工作在城镇,收入相对稳定,消费水平也和一般城镇居民基本相同的农村居民遭受人身损害时,应当按照城镇居民的标准计算死亡或伤残赔偿金、被扶养人生活费等赔偿费用。案见湖南湘潭中院(2007)潭中民一终字第133号"娄某等诉张某等交通事故损害赔偿案"。

3.【考量标准】处理人身损害赔偿案件,适用城镇居民标准还是农村居民标准,要兼顾受害人的实际情况,在将户籍作为主要标准的同时,将居住区域、收入来源等因素作为考量因素。案见浙江慈溪法院(2009)甬慈民初字第914号"张某诉胡某等人身损害赔偿纠纷案"。

4.【参考标准】长期在城镇打工的农民工发生交通事故造成人身损害,应按城镇居民标准赔偿。户籍只能作为参考而非唯一依据。案见河南南阳中院(2006)南民二终字第672号"张某诉某汽车公司等人身损害赔偿案"。

5.【就高赔偿原则】赔偿权利人住所地或经常居住地城镇居民人均可支配收入高于受诉法院所在地标准的,死亡赔偿金可以按照其住所地或经常居住地的相关标准计算。案见山东日照东港区法院(2005)东民一初字第968号"滕某等诉刘某等人身损害赔偿案"。

6.【赔偿性质】死亡赔偿金的性质是财产性质的赔偿,而不是精神损害的赔偿,从侵权责任法的立法精神上看,规定死亡赔偿金这个赔偿项目,就是以弥补受害人因死亡而减少的实际收入及家庭收入等实际损失。在交通事故人身损害赔偿案件中,死亡赔偿金计算标准与依据的确定,不能一概而论,应依据客观公正原则对待审判实践中遇到的一些特殊情况。案见河南濮阳法院(2010)濮民初字第 376 号"李某等诉某保险公司保险合同纠纷案"。

7.【农村标准】受害人虽非农业户口,但长期居住在农村,主要收入来源地和主要消费支出地均在农村,死亡赔偿金应按农村居民标准计算。案见湖北长阳法院(2010)长民初字第 711 号"覃某诉向某等交通事故损害赔偿案"。

8.【同命同价】因同一侵权行为造成多人死亡,在另案中其他死者已按城镇标准获得了死亡赔偿金,死者虽为农村户口,亦可以相同数额确定其死亡赔偿金。案见福建厦门同安区法院(2010)同民初字第 2407 号"张某等诉王某等交通事故损害赔偿案"。

【附注】

参考案例索引:江苏南通中院 2006 年 3 月 8 日裁定"季某等诉某保险公司交通事故损害赔偿案",判决保险公司在第三者责任保险限额范围内赔偿 20 万元,穆某赔偿 4 万余元。见《季宜珍等诉财保海安支公司、穆广进、徐俊交通事故损害赔偿纠纷案》,载《最高人民法院公报·案例》(2006:481)。①河南安阳北关区法院(2015)北少民初字第 10 号"李大妮等与太平洋财险安阳支公司、永兴物流公司保险合同纠纷案",见《原告在事故发生地撤诉后在保险合同签订地又起诉的,法院应当受理》(罗晓莉、任悦),载《人民司法·案例》(201635:69);另见《交通事故保险纠纷当事人资格认定及异地生效裁判效力——河南安阳北关法院判决李大妮等诉太平洋财险安阳支公司等保险合同纠纷案》(张慧玲、杨永红),载《人民法院报·案例精选》(20161124:6)。②江苏宿迁中院(2011)宿中行终字第 11 号"潘坤与江苏省沭阳县公安局户口证明纠纷上诉案",见《公安机关户口证明行为的可诉性》(于元祝),载《人民司法·案例》(201120:52)。③河南濮阳法院(2010)濮民初字第 376 号"李某等诉某保险公司保险合同纠纷案",见《死亡赔偿金计算标准与依据的确定——河南濮阳法院判决李百同等诉太平洋财险公司等交通事故损害赔偿纠纷案》(赵同彪),载《人民法院报·案例指导》(20110811:6)。④湖北长阳法院(2010)长民初字第 711 号"覃某诉向某等交通事故损害赔偿案",见《覃红平诉向安树等道路交通事故人身损害赔偿案》(周德武),载《中国法院 2012 年度案例:道路交通纠纷》(156)。⑤福建厦门同安区法院(2010)同民初字第 2407 号"张某等诉王某等交通事故损害赔偿案",见《张维荣等诉王希涛等道路交通事故人身损害赔偿案》(李强、叶鑫欣),载《中国法院2012年度案例:道路交通纠纷》(191)。⑥浙江慈溪法院(2009)甬慈民初字第914号"张某诉胡某等人身损害赔偿纠纷案",见《张新炳诉胡建威等四人道路交通事故人身损害赔偿、机动车交通事故责任强制保险合同纠纷案》(徐冬云、杨群芳),载《人民法院案例选》(200904:169)。⑦湖南湘潭中院(2007)潭中民一终字第133号"娄某等诉张某等交通事故损害赔偿案",见《对在城镇生活工作的农村居民损害赔偿标准的确定——娄国庆等诉张露等交通事故赔偿案》(周清平、陈小珍),载《人民法院报·案例指导》(20081010:5)。⑧河南南阳中院(2006)南民二终字第672号"张某诉某汽车公司等人身损害赔偿案",见《对农民工应按城镇居民标准赔偿》(卢国伟),载《人民司法·案例》(200720:15)。⑨山东日照东港区法院(2005)东民一初字第968号"滕某等诉刘某等人身损害赔偿案",见《处理人身损害赔偿案件"就高不就低"的司法实践——日照东港区法院判决滕世平等诉刘福祥等赔偿案》(张宝华、李君),载《人民法院报·案例指导》(20061113:5)。

**参考观点索引**:●如何理解损害赔偿计算的标准时问题?见《如何理解损害赔偿计算的标准时问题?》,载《人民司法·司法信箱》(201111:111)。○《侵权责任法》实施后,死亡赔偿金和残疾赔偿金的计算标准可按照〈关于审理人身损害赔偿案件适用法律若干问题的解释〉的规定计算?见《〈侵权责任法〉实施后,死亡赔偿金和残疾赔偿金的计算标准可按照〈关于审理人身损害赔偿案件适用法律若干问题的解释〉的规定计算》,载《民事审判指导与参考·民事审判信箱》(201102:246)。●残疾赔偿金、死亡赔偿金能否按照人身损害行为或者结果发生时的统计指标计算?见《残疾赔偿金、死亡赔偿金能否按照人身损害行为或者结果发生时的统计指标计算》,载《民事审判指导与参考·民事审判信箱》(200804:279)。

# 60. 死亡赔偿金法律性质
——死亡赔偿金,是否算遗产?

【法律性质】

【案情简介及争议焦点】

2007年,俸某雇请的司机彭某驾车肇事死亡,交警认定彭某负全责,彭某近亲属起诉俸某获赔4万余元后,俸某起诉彭某近亲属,以雇员重大过失追偿。

争议焦点:1.俸某是否有权追偿？2.彭某近亲属应否赔偿？

**【裁判要点】**

**1.俸某依法有权行使追偿权。**依据人身损害赔偿司法解释,彭某从事雇佣活动遭受人身损害,俸某应承担赔偿责任,生效裁判对此已确认。彭某作为雇员存在重大过失,俸某依法可行使追偿权,故彭某近亲属作为被告主体适格。

**2.彭某近亲属不负赔偿责任。**生效裁判确定的赔偿款系丧葬费、被扶养人生活费、死亡补偿费及精神抚慰金的综合,兼有对死者亲属精神抚慰和经济补偿的性质,非属公民死亡时遗留财产。彭某近亲属作为继承人表示未继承彭某任何遗产,俸某亦未举证证明彭某留有遗产,故原告依法不应承担赔偿义务。

**【裁判依据或参考】**

**1.法律规定。**《侵权责任法》(2010年7月1日,2021年1月1日废止)第18条:"被侵权人死亡的,其近亲属有权请求侵权人承担侵权责任。"《民法通则》(1987年1月1日,2021年1月1日废止)第119条:"侵害公民身体造成伤害的,应当赔偿医疗费、因误工减少的收入、残废者生活补助费等费用;造成死亡的,并应当支付丧葬费、死者生前扶养的人必要的生活费等费用。"

**2.行政法规。**国务院《农村五保供养工作条例》(2006年3月1日)第11条:"农村五保供养资金,在地方人民政府财政预算中安排。有农村集体经营等收入的地方,可以从农村集体经营等收入中安排资金,用于补助和改善农村五保供养对象的生活。农村五保供养对象将承包土地交由他人代耕的,其收益归该农村五保供养对象所有。具体办法由省、自治区、直辖市人民政府规定。"第12条:"农村五保供养对象可以在当地的农村五保供养服务机构集中供养,也可以在家分散供养。农村五保供养对象可以自行选择供养形式。"第13条:"集中供养的农村五保供养对象,由农村五保供养服务机构提供供养服务;分散供养的农村五保供养对象,可以由村民委员会提供照料,也可以由农村五保供养服务机构提供有关供养服务。"

**3.司法解释。**最高人民法院《关于审理道路交通事故损害赔偿案件适用法律若干问题的解释》(2012年12月21日,2020年修改,2021年1月1日实施)第23条:"被侵权人因道路交通事故死亡,无近亲属或者近亲属不明,未经法律授权的机关或者有关组织向人民法院起诉主张死亡赔偿金的,人民法院不予受理。侵权人以已向未经法律授权的机关或者有关组织支付死亡赔偿金为理由,请求保险公司在交强险责任限额范围内予以赔偿的,人民法院不予支持。被侵权人因道路交通事故死亡,无近亲属或者近亲属不明,支付被侵权人医疗费、丧葬费等合理费用的单位或者个人,请求保险公司在交强险责任限额范围内予以赔偿的,人民法院应予支持。"最高人民法院《关于空难死亡赔偿金能否作为遗产处理的复函》(2005年3月22日 〔2004〕民一他字第26号):"……空难死亡赔偿金是基于死者死亡对死者近亲属所支付的赔偿。获得空难死亡赔偿金的权利人是死者近亲属,而非死者。故空难死亡赔偿金不宜认定为遗产。"最高人民法院《关于审理人身损害赔偿案件适用法律若干问题的解释》(2004年5月1日 法释〔2003〕20号,2020年修正,2021年1月1日实施)第1条:"因生命、健康、身体遭受侵害,赔偿权利人起诉请求赔偿义务人赔偿财产损失和精神损害的,人民法院应予受理。本条所称'赔偿权利人',是指因侵权行为或者其他致害原因直接遭受人身损害的受害人、依法由受害人承担扶养义务的被扶养人以及死亡受害人的近亲属。"最高人民法院负责人《在公布〈关于审理人身损害赔偿案件适用法律若干问题的解释〉新闻发布会上的讲话》(2003年12月29日):"……关于死亡赔偿。赔偿权利人因受害人死亡所蒙受的财产损失可以有两种计算方法,一是以被扶养人丧失生活来源作为计算依据;二是以受害人死亡导致的家庭整体收入减少为计算依据。《解释》将'死亡赔偿金'的性质确定为收入损失的赔偿,而非'精神损害抚慰金'。赔偿数额,按照'人均可支配收入'的客观标准以二十年固定赔偿年限计算,即采取定型化赔偿模式。该计算方法既与过去的法律法规相衔接,又不致因主观计算导致贫富悬殊、两极分化。按照这一计算方法,死亡赔偿金比过去提高一倍多。例如:以2000年北京市城镇居民人均消费性支出8493.5元计算,过去的死亡赔偿金全额为84935元。同年北京市城镇居民人均可支配收入为10350元,依《解释》计算的全额死亡赔偿金可达207000元。"最高人民法院《关于贯彻执行〈中华人民共和国继承法〉若干问题的意见》(1985年9月11日,2021年1月1日废止)第3条:"公民可继承的其他合法财产包括有价证券和履行标的为财物的债权等。"第4条:"承包人死亡时尚未取得承包收益的,可把死者生前对承包所投入的资金和所付出的劳动及其增值和孳息,由发包单位或者接续承包合同的人合理折价、补偿,其价额作为遗产。"最高人民法院《关于保险金能否作为被保险人的遗产进行赔偿问题的批复》(1988年3月24日 〔1987〕民他字第52号,2021年1月1日废止):"……经征求有关部门的意见,现就你院请示关于人身保险金能否作为被保险人的遗产进行赔偿的问题,答复如下:(一)根据我国保险法规有关条文规定的精神,人身保险金能否列入被保险人的遗产,取决于被保险人是否指定了受益人。指定了受益人的,被保险人死亡后,其人身保险金应付给受益人;未指定受益人的,被保险人死亡后,其人身保险金应作为其遗产处理,可以用来清偿债务或赔偿。(二)财产保险与人身保险不同,财产保险不存在指定受益人的问题,因而,财产保险金属于被保险人的遗产。孙文兴投保的车损险是属财产保险,属于他的遗产,可以用来清偿债务或赔偿。"

**4.部门规范性文件。**公安部《关于印发〈道路交通事故处理工作规范〉的通知》(2009年1月1日 公交管〔2008〕277号)第76条:"调解开始前,交通警察应当对调解参加人的资格进行审核:(一)是否属于道路交通事故当事人或其代理人,委托代理人提供的授权委托书是否载明委托事项和委托权限,当事人、法定代理人或其遗产继承人是否在授权委托书上签名或盖章,必要时可以要求对授权委托书进行公证;(二)是否是道路交通事故车辆所有人或者管理人;(三)是否是经公安机关交通管理部门同意的其他人员。对不具备资格的,交通警察应当告知其更换调解参加人或者退出调解。经审核,调解参加人资格和人数符合规定的,进行调解。"

**5.地方司法性文件。**浙江高院《印发〈关于人身损害赔偿项目计算标准的指引〉的通知》(2022年8月24日 浙高法审〔2022〕2号)第27条:"死亡赔偿金的权利人为受害人的近亲属,非属受害人遗产。"安徽马鞍山中院《关于审理交通事故损害赔偿案件的指导意见(试行)》(2015年3月)第18条:"【死亡赔偿金】机动车驾驶人对交通事故的发生有过错,在该交通事故中死亡的,同一起交通事故的其他受害人请求驾驶人近亲属以获赔的死亡赔偿金向其承担赔偿责任,或抵扣自己应向驾驶人近亲属承担的赔偿费用的,不予支持。"浙江高院民一庭《民事审判法律适用疑难问题解答》(2015年第2期):"……问:人身损害赔偿纠纷中的死亡赔偿金是否属于受害人遗产,能否用于清偿受害人生前所负债务? 答:在人身损害赔偿纠纷案件中,受害人死亡的,其近亲属系赔偿权利人,可以提起诉讼请求赔偿义务人赔偿财产损失和精神损害。死亡赔偿金是基于受害人死亡而对其近亲属的赔偿。死亡赔偿金的权利人是受害人近亲属,而非受害人。因此,死亡赔偿金不属遗产,不能用于清偿受害人生前所负债务。"浙江高院民一庭《民事审判法律适用疑难问题解答》(2014年第12期):"……问:符合代位继承条件的受害人孙辈亲属能否作为死亡赔偿金的赔偿权利人? 相关死亡赔偿金又该如何分割? 答:受害人的子女先于受害人死亡,受害人子女的晚辈直系血亲符合代位继承条件的,其作为受害人的近亲属可以作为死亡赔偿金的赔偿权利人。但死亡赔偿金不是遗产,原则上应由家庭生活共同体成员共同取得。受害人的近亲属要求分割的,宜按照《继承法》规定的法定继承顺序,并考虑家庭共同生活的精密程度进行分割。"安徽高院《关于审理道路交通事故损害赔偿纠纷案件若干问题的指导意见》(2014年1月1日 皖高法〔2013〕487号)第29条:"受害人死亡后,债权人要求用其死亡赔偿金承担赔偿责任或者清偿债务的,人民法院不予支持。"贵州贵阳中院《关于适用〈中华人民共和国侵权责任法〉若干问题的解答》(2013年3月13日 筑中法发〔2013〕32号)第1部分第9条:"死者的近亲属对死亡赔偿金的分配协商不成,起诉至人民法院时死亡赔偿金应如何分配? 答:死亡赔偿金的权利人为死者的近亲属,其性质是财产损害赔偿,是基于死者死亡由加害人对其近亲属给予的赔偿,不属于死者的遗产,债权人不能主张受害人近亲属在获得的死亡赔偿金的范围内清偿受害人生前债务。有第一顺序继承人的,应根据与死者共同生活的紧密程度及经济上的依赖程度在第一顺序继承人之间进行合理分配。无第一顺序继承人的,在第二顺序继承人中进行分配。"山东淄博中院《全市法院人身损害赔偿案件研讨会纪要》(2012年2月1日)第24条:"死亡赔偿金是基于受害人死亡对其家属所支付的赔偿费用,不属于死者的遗产,不能依据《继承法》确定的遗产分配原则进行分割,应根据与受害者关系远近及共同生活紧密程度合理分配。"江苏南通中院《关于处理交通事故损害赔偿案件中有关问题的座谈纪要》(2011年6月1日 通中法〔2011〕85号)第23条:"死亡赔偿金是赔偿义务人对受害人之法定继承人因受害人死亡而遭受的未来可继承或可共享的受害人损失的赔偿,死亡赔偿金不是受害人遗产,不可对其个人债务进行抵偿。"江苏无锡中院《关于印发〈关于审理道路交通事故损害赔偿案件若干问题的指导意见〉的通知》(2010年11月8日 锡中法发〔2010〕168号)第19条:"【侵权人死亡后遗产及近亲属所得赔偿的处理】道路交通事故中侵权人死亡后留有遗产但无人继承的,赔偿权利人可以侵权人的遗产管理人为被告提起民事诉讼。侵权人的遗产管理人在其管理的侵权人遗产范围内承担民事责任。侵权人近亲属因侵权人死亡所获死亡赔偿金在扣除被抚养人生活费后,剩余部分可以参照遗产处理。"河南周口中院《关于侵权责任法实施中若干问题的座谈会纪要》(2010年8月23日 周中法〔2010〕130号)第3条:"……死亡赔偿金属于死者近亲属可得利益的丧失,由赔偿权利人共同享有。赔偿权利人之间因为死亡赔偿金的分配发生争议,应由权利人按份平均分配。"广东广州中院《民事审判若干问题的解答》(2010年)第二部分第9条:"受害人死亡后,其近亲属列为当事人,死亡赔偿金是判决由近亲属共有,还是作为被继承人(受害人)的遗产予以分配?答:在人身损害赔偿纠纷中,死亡赔偿金在性质上不属于受害人的遗产,故法院应当判决死亡赔偿金由受害人近亲属共有,无需进行分配。"安徽合肥中院民一庭《关于审理道路交通事故损害赔偿案件适用法律若干问题的指导意见》(2009年11月16日)第47条:"因受害人死亡获得的死亡赔偿金,应作为遗产处理,可以用来赔偿或者清偿其他债务。"江西景德镇中院《关于人身损害赔偿案件中有关赔偿项目、赔偿标准的指导意见》(2009年8月20日)第9条:"公民迁移户口的认定。(一)赔偿权利人属城镇居民还是农村居民,一般情况下,以一审法庭辩论终结时提供的户籍身份为准。如果属农村户口,但在城镇经商、居住,其连续1年以上经常居住地和主要收入来源地均为城镇,残疾赔偿金、死亡赔偿金和被抚养人生活费应以城镇居民的相关标准计算。(二)在侵权结果发生后,受害人或赔偿权利人将户口从农村迁移城镇,实践中可按以下情形掌握:1.如其确因学习、就业或者拆迁等正当事由由农村户口转为城镇户口的,被抚养人生活费、伤残赔偿金、死亡赔偿金按城镇户口计算赔偿数额;2.如赔偿权利人将户口迁移城镇目的是为提高赔偿计算标准,主观上存在恶意,则以原农村户口计算赔偿数额。"第10条:"'上一年度'的确认。当年统计数据公布时间到下一年统计数据公布时间为'一年度'。"辽宁高院《关于印发全省法院民事审判工作座谈会会议纪要的通知》(2009年6月1日辽高法〔2009〕120号)第15条:"关于受害人死亡的人身损害赔偿案件中死亡赔偿金和精神损害抚慰金在近亲属之间的分配。审理人身损害赔偿纠纷案件,若死亡受害人的同一顺序法定继承人均参加诉讼,且均要求对死亡赔偿金、精神损害抚慰金进行分配的,可在案件处理中一并进行分配。死亡赔偿金、精神损害抚慰金应当在死亡受害人的第一顺序法定继承人之间进行分配。没有第一顺序法定继承人的,可在第二顺序法定继承人之间进行分配。死亡赔偿金原则上应平均分配。对生活特殊困难的继承人可给与适当照顾。精神损害抚慰金应平均分配。"辽宁大连中院《当前民事审判(一庭)中一些具体问题的理解与认识》(2008年12月5日大中法〔2008〕17号)第20条:"……关于死亡赔偿金的性质及处理。死亡赔偿金不属于遗产范围。死亡赔偿金是对死亡补偿费的赔偿,具有经济补偿的性质。若分配,可按照其近亲属的人数平均处理。公民因身体受到伤害而死亡,所以,死亡赔偿金不能作为遗产继承。在人身损害赔偿案件中不予一并处理。若当事人诉请分割死亡赔偿金的,可参照《继承法》规定处理。"福建高院民一庭《关于审理人身损害赔偿纠纷案件疑难问题的解答》(2008年8月22日)第20条:"问:最高人民法院《关于审理人身损害赔偿案件适用法律若干问题的解释》规定,受害人死亡的,其近亲属可请求侵权人支付死亡赔偿金。这里所指的'近亲属'范围应如何确定?如近亲属请求分割死亡赔偿金的,应如何确定具体份额? 答:死亡赔偿金是对因受害人死亡导致其近亲属在正常情况下所享有的被继承财产减少的赔偿,在性质上采纳'继承丧失说',故应当按照《继承法》规定的顺序,确定赔偿权利人。具体来说,可按以下方式确定近亲属的范围:第一顺序:配偶、父母、子女;死亡受害者的子女先于受害者死亡的,由死亡受害者子女的晚辈直系血亲代位。第二顺序:兄弟姐妹、祖父母、外祖父母。有第一顺序人员时,第二顺序人员无权提起诉讼。但是,死亡赔偿金虽是按'继承丧失说'确定损失,但其本身不属于遗产,如近亲属之间请求分割的,在同一顺序中,原则上按照与受害人共同生活的紧密程度决定各自的应得份额,而不适用《继承法》第十三条规定的同一顺序一般应当均等的原则。"浙江高院民一庭《全省法院民事审判业务培训班问题解答》(2008年6月25日)第4条:"死亡赔偿金是否属于死者的遗产? 依据《最高人民法院关于审理人身损害赔偿案件适用法律若干问题的解释》第一条第二款,并参照《最高人民法院关于空难死亡赔偿金能否作为遗产处理的复函》(〔2004〕民一他字第26号),死亡赔偿金的权利人是死者的近亲属,而非死者,死亡赔偿金不应认定为遗产。"重庆五中院《关于印发〈审理人身损害赔偿案件座谈会议纪要〉的通知》(2007年10月30日 渝五中法〔2007〕91号)第22条:"人身损害赔偿案件中,残疾赔偿金、死亡赔偿金和被扶养人生活费的计算,应当根据案件的实际情况,结合受害人住所地、经常居住地等因素,确定适用城镇居民人均可支配收入(人均消费性支出)或者农村居民人均纯收入(人均年生活消费支出)的标准。《解释》第二十五条、第二十八条、第二十九条规定的'城镇居民或农村居民标准'是残疾赔偿金、死亡赔偿金和被扶养人生活费三项费用计算时的两个不同的统计标准,在个案中对不同的赔偿权利人适用哪个标准,应参照最高法院(2005)民一他字第25号《经常居住在城镇的农村居民因交通事故伤亡如何计算赔偿费用的复函》精神,在考虑赔偿权利人或者赔偿权利人扶养人户籍登记情况的同时,还应当综合考虑其经常居住地、工作地、获得报酬地、生活消费地等因素进行确定,防止以一个因素确定适用标准。"山东高院《关于印发〈全省民事审判工作座谈会纪要〉的通知》(2005年11月23日 鲁高法〔2005〕201号)第3条:"……(三)关于死亡赔偿金的分配问题。死亡赔偿金的赔偿权利人为死者的近亲属,其内容是对死者家庭整体预期收入损失的赔偿,其性质是财产损害赔偿,而不是精神损害赔偿。死亡赔偿金是基于死者死亡对死者近亲属所支付的赔偿,不属于死者的遗产,不能依据《继承法》第十三条确定的遗产分配原则进行分割,应根据与死者关系的远近和共同生活的紧密程度合理分配。"浙江杭州中院《关于审理道路交通事故损害赔偿纠纷案件问题解答》(2005年5月)第4条:"……道路交通事故中,两车相撞,两车对事故的发生均有责任,其中一辆车的所有人(驾驶员)在事故中死亡,车上乘客受伤,乘客要求赔偿,死者遗产无法查清,可否用死者家属得到的死亡赔偿金作为死者应承担责任的部分?不可以。死亡赔偿金是对赔偿权利人收入损失的赔偿,而赔偿权利人不是已经死亡的车辆所有人,而是其具有民事权利能力的近亲属。因为对于权利能力已经消灭的死者而言,并不存在生活实态上可以填补的利益损失,因而也不存在对针对死者的死亡赔偿。此时需要填补的利益损失,是死者近亲属因死者死亡的事实导致的生活资源减少和丧失。因此,死亡赔偿金是死者家属的财产,并非死者的遗产。"湖北高院《民事审判若干问题研讨会纪要》(2004年11月)第4条:"……关于死亡赔偿金能否偿还死者生前债务问题。受害人因人身损害死亡,其继承人应在所获得的死亡赔偿金和继承的其他遗产范围内清偿受害人依法应当缴纳的税款和债务。"江苏高院《2001年全省民事审判工作座谈会纪要》(2001年10月18日 苏高法〔2001〕319号 2020年12月31日起被苏高法〔2020〕291号文废止)第7条:"……精神损害抚慰金是对符合原告主体资格的死者近亲属的共同抚慰和补偿,但在分割时,不应作为死者的遗产对待。"

**6. 最高人民法院审判业务意见。**●农村"五保户"因交通事故等侵权行为致死获赔的死亡赔偿金应归谁所有？最高人民法院民一庭意见："农村'五保户'因交通事故死亡获赔的死亡赔偿金，不应归属具有公益事业性质的乡敬老院所有。根据《侵权责任法》第十八条第一款规定的'被侵害人死亡的，其近亲属有权请求侵权人承担侵权责任'，死亡赔偿金的请求权主体只能是死者近亲属。"○死亡赔偿金该如何分配？《人民司法》研究组："继承法第三条规定，遗产是公民死亡时遗留的个人合法财产。死亡赔偿金在受害人死亡时尚未由其所有，故死亡赔偿金不属于遗产。侵权责任法第十八条规定，被侵权人死亡的，其近亲属有权请求侵权人承担侵权责任，故死亡赔偿金的请求权主体是死者近亲属。按照最高人民法院《关于贯彻执行〈中华人民共和国民法通则〉若干问题的意见（试行）》第12条的规定，近亲属的范围是配偶、父母、子女、兄弟姐妹、祖父母、外祖父母、孙子女、外孙子女。其中的子女包括养子女，故本案中，死者的养女饶某和死者的妻子刘某对该笔死亡赔偿金均享有请求权。由于侵权责任法中的死亡赔偿金是对死者未来收入损失的赔偿，其中包含了被扶养人生活费，故分割时应考虑当事人与死者的亲密程度、是否需要死者扶养等因素。"●死亡赔偿金能否作为执行款？《人民司法》研究组："根据最高人民法院《关于审理人身损害赔偿案件适用法律若干问题的解释》的规定，死亡赔偿金是对受害人死亡导致的财产损失的赔偿，应当以家庭整体收入的减少为标准进行计算。也就是说死亡赔偿金是对于具有经济性同一体性质的受害人家庭未来收入损失的赔偿，其前提当然是受害人因侵权事件而死亡。从时间顺序来看，应当是死亡事件发生在先，对由此产生的各项财产损失的损害赔偿请求权发生在后。死亡赔偿金在内容上是对构成经济性同一体的受害人近亲属未来收入损失的赔偿，其法律性质为财产损害赔偿，其赔偿请求权人为具有"钱袋共同"关系的近亲属，是受害人近亲属具有人身专属性质的法定赔偿金。因此，死亡赔偿金不是遗产，不能作为遗产继承，死亡人的债权人也不能主张受害人近亲属在获赔死亡赔偿金的范围内清偿受害人生前所欠债务。因此，我们认为，来信提到的案件中，该笔死亡赔偿金不能作为执行款给付原告。"○保险金作为遗产继承时是否适用死亡时间推定？《民事审判指导与参考》研究组："在保险金作为遗产继承时，相互有继承关系的被保险人和受益人的死亡时间应适用《保险法》的特别规定，除此之外，其他财产的继承仍应以现行《继承法》和相关司法解释为依据。"●"五保户"因交通事故死亡获赔的交通事故死亡补偿金等费用应归谁所有？最高人民法院民一庭《民事审判实务问答》编写组："《最高人民法院关于贯彻执行〈中华人民共和国继承法〉若干问题的意见》第55条规定：'集体组织对五保户实行五保时，双方有扶养协议的，按协议处理；没有扶养协议，死者有遗嘱继承人或法定继承人要求继承的，按遗嘱继承或法定继承处理，但集体组织有权要求扣回五保费用'。根据该条规定,五保户因交通事故死亡获赔的死亡补偿金等费用应归承担五保户'五保'责任的集体组织所有。"

**7. 参考案例。**①**2013年湖北某财产分割纠纷案**,2013年,张某因交通事故死亡,法院判赔死亡赔偿金及精神损害赔偿金10万余元。两外嫁女儿郭某、余某诉请儿子杨某均分。诉讼中,余某与杨某达成和解协议,领取5000元后放弃本案诉请。法院认为:死亡赔偿金系对死者家属整体预期收入损失的一种财产性损害赔偿,亦系对死者家属精神、心理损害的赔偿,应根据与死者关系远近、共同生活的亲密程度,分配权利人生活状况等情况综合考虑、合理分配,如有协议的按协议处理。余某与杨某之间签订和解协议,并放弃在本案中的诉讼请求,系其自愿对自己民事权利和诉讼权利进行的处分行为,应为有效。张某因交通事故去世前,自1990年丧失劳动能力以来,一直跟随杨某居住生活,杨某尽主要赡养义务,与张某共同生活的亲密程度较高,且杨某生活困难,经济状况较差,对赔偿款依赖性较高。综合以上情况,应对杨某予以多分。判决张某死亡赔偿金及精神损害赔偿金10万余元,由郭某分得3万元,杨某分得7万余元。②**2011年江苏某分割死亡赔偿金纠纷案**,2010年8月,朱某因交通事故死亡,获赔72万余元,其中死亡赔偿金41万余元、精神抚慰金3万元。朱某父、母起诉朱某妻、子要求分割死亡赔偿金和精神抚慰金。法院认为:根据《侵权责任法》的规定,原、被告作为死者朱某的近亲属,均有权依法分割精神抚慰金和死亡赔偿金。精神抚慰金是对受害人家属精神损害的补偿,朱某的死亡给原、被告带来的精神痛苦程度应是同等的,故精神抚慰金应由原、被告双方平均分割。死亡赔偿金是对死者家属整体预期收入损失的一种财产性损害赔偿,其赔偿权利人应为死者的近亲属,在死者近亲属之间应当根据其与死者关系的远近、共同生活的亲密程度、分配权利人的生活状况等情况合理分配。朱某因交通事故死亡,造成家庭的残缺,影响最大的应该是与朱某共同生活的妻子和儿子,即本案的两被告。故分割死亡赔偿金时考虑到共同生活的亲密程度,原告与被告以4∶6比例分割死亡赔偿金为宜。另外,两原告虽年老多病,但有固定的退休金收入,就医也有医疗保险予以一定比例的报销,且另有两名子女对其负有赡养义务;两被告中朱某子系未成年人,并患有儿童孤独症,需长期治疗,其母需照顾之,无法外出工作,无固定收入。结合当事人上述具体生活状况及对死亡赔偿金的依赖性,在按4∶6比例分配的基础上还应适当照顾被告。③**2009年广西某借款合同案**,2007年9月,黄某向信用社借款3万元,夏某担保。2007年10月,黄某因交通事故死亡,肇事方赔偿黄某家属17.5万元。法院认为:死亡赔偿金是死者死亡后责任方对死者近亲属所支付的赔偿,不属于《继承法》规定的遗产范围,故信用社主张以黄某因交通事故死亡后取得的死亡赔偿金清偿债务,不予支持。夏某是本案借款合同约定的连带责任保证人,依法应对主债务人所欠的借款本金及利息承担

1165

连带清偿责任,判决黄某欠款本息由夏某清偿。④2008年福建某交通事故损害赔偿案,2007年2月,王某雇请的司机陆某驾驶投保车辆与林某驾驶的无证且制动、灯光系统均不合格的摩托车相撞,造成林某死亡,交警认定陆某负事故主要责任,林某负事故次要责任。事发后王某垫付林某之母陈某3万元。此后正处怀孕期间的林某之妻罗某,在本案起诉前因病死亡,胎儿亦死腹中。罗某父母主张作为罗某继承人,应分得包括林某交通事故死亡赔偿金在内的赔偿款。法院认为:林某因交通事故死亡,陈某系其唯一法定继承人,有权索赔。保险公司应根据交强险和商业三者险保险合同约定承担相应的保险理赔责任。林某死后,其妻罗某在尚未提起本案起诉前又死亡,其父母虽系法定继承人,但死亡赔偿金不属罗某遗产,罗某对该死亡赔偿金的请求权亦不能让与或继承,故罗某父母无权要求继承其女罗某应得的林某死亡赔偿金。

**【同类案件处理要旨】**

公民因交通事故死亡而由近亲属获得的死亡赔偿金是基于受害人死亡对其家属所支付的赔偿费用,不属于死者的遗产,不能依据《民法典》确定的遗产分配原则进行分割,由于死亡赔偿金是对死者未来收入损失的赔偿,其中包含了被扶养人生活费,故分割时应考虑当事人与死者的关系远近及共同生活紧密程度、是否需要死者扶养等因素合理分配。

**【相关案件实务要点】**

1.【双重性质】公民因交通事故死亡而由近亲属获得的补偿费兼有对死者亲属精神抚慰和经济补偿的双重性质,非为遗产。案见广西恭城法院(2008)恭民初字第75号"俸某诉彭某近亲属等追偿案"。

2.【特殊债权】死亡赔偿金与自然人人身密不可分,该请求权只能是受害者近亲属或死者生前抚养的人才能享有,在赔偿权利人未提起诉讼前,死亡赔偿金不是一般债权,属于特殊债权,不能让与或继承。案见福建漳州中院(2007)漳民终字第611号"陈某等诉陆某等人身损害赔偿案"。

3.【财产性损害赔偿】死亡赔偿金是对死者家属整体预期收入损失的一种财产性损害赔偿,其赔偿权利人应为死者的近亲属,在死者近亲属之间应当根据其与死者关系的远近、共同生活的亲密程度、分配权利人的生活状况等情况合理分配。案见江苏淮安中院(2011)淮中民终字第250号"朱某等诉张某等分割死亡赔偿金纠纷案"。

4.【精神抚慰性质】根据最高人民法院《关于确定民事侵权精神损害赔偿责任若干问题的解释》,死亡赔偿金的性质是精神损害抚慰金(死亡赔偿金等于精神损害抚慰金的观点已被摒弃——编者注),是对死者亲属的精神抚慰,不是赔偿给死者的,故不属于遗产,不能被继承。案见广西钦州浦北法院(2009)浦民初字第500号"某信用社诉黄某等借款合同纠纷案"。

**【附注】**

**参考案例索引**:广西恭城法院(2008)恭民初字第75号"俸某诉彭某近亲属等追偿案",见《裁判要旨民事》,载《人民法院案例选·月版》(200905:194)。①湖北当阳法院(2013)鄂当阳民初字第00964号"郭某与杨某等财产分割案",见《郭先菊、余春莲诉杨清平财产分割案——财产分割纠纷中死亡赔偿金的性质认定及分配》(文晓威),载《人民法院案例选》(201401/87:168)。②江苏淮安中院(2011)淮中民终字第250号"朱某等诉张某等分割死亡赔偿金纠纷案",见《死亡赔偿金分配之司法认定——江苏淮安中院裁定朱礼龙等诉张红等分割死亡赔偿金纠纷案》(马作彪),载《人民法院报·案例指导》(20110526:6)。③广西钦州浦北法院(2009)浦民初字第500号"某信用社诉黄某等借款合同纠纷案",见《浦北县农村信用合作联社江城信用社诉黄君霞等借款合同案》(吴海),载《中国审判案例要览》(2010商事:200)。④福建漳州中院(2007)漳民终字第611号"陈某等诉陆某等人身损害赔偿案",一审判决保险公司赔偿陈某各项人身损害赔偿费用5万余元,并返还王某垫付款3万元。二审经调解,陈某分给罗某父母3.3万元。见《陈月英、陈妙英、罗遂荣诉王和平等人道路交通交通事故人身损害赔偿案》(王少华),载《人民法院案例选》(200804:104)。

**参考观点索引**:●农村"五保户"因交通事故等侵权行为致死获赔的死亡赔偿金应归谁所有?见《农村"五保户"因交通事故等侵权行为致死获赔的死亡赔偿金应归谁所有》(王丹),载《民事审判指导与参考·指导性案例》(201101:135);另见(201102:119)。○死亡赔偿金该如何分配?见《死亡赔偿金该如何分配?》,载《人民司法·司法信箱》(201123:104)。●死亡赔偿金能否作为执行款?见《死亡赔偿金能否作为执行款?》,载《人民司法·司法信箱》(201011:111)。○保险金作为遗产继承时是否适用死亡时间推定?见《保险金作为遗产继承时的死亡时间推定应适用〈保险法〉的特别规定》,载《民事审判指导与参考·民事审判信箱》(200902:308)。●"五保户"因交通事故死亡获赔的交通事故死亡补偿金等费用应归谁所有?见《五保户因交通事故死亡获赔的交通事故死亡补偿金等费用应归谁所有?》,载《民事审判实务问答》(2008:147)。